세계 世界史典 戰爭事
전쟁사
사 전

세계
世界 戰爭 事 界 史 典
전쟁사
사 전

조지 차일즈 콘 엮음 / 조행복 옮김

산처럼

편집자

조지 차일즈 콘

기고자

메리 L. 앨리슨

주디스 W. 오거스타

엘리자베스 클러기시

조지 차일즈 콘

신시아 S. 포멀로

메리 앤 라이어

애시워니 새더낸드

수잰 솔런스키

하워드 G. 제틀러

제3판 머리말

1986년에 초판이 발행되고 1999년에 개정판이 나온『세계 전쟁사 사전』의 주된 목적은 고대부터 현재까지 세계의 중요한 분쟁에 관하여 유익하고도 편리한 한 권짜리 참고도서를 제공하자는 것이었다. 제3판의 목적도 같다. 크고 작은 전쟁과 반란, 혁명, 봉기, 침입, 폭동에 관하여 명료하고 필수적이며 정확한 역사적 정보를 제시하려는 것이다. 오늘날 많은 나라와 지역은 여러 호전적 당파가 벌이는 분쟁에 휩싸여 있다. 이들은 전투적 과격분자나 반체제 인사, 무장 반군이나 폭도, 게릴라, 지하디스트, 파시스트, 분리주의자, 탈퇴주의자 등 다양한 이름을 갖고 있다. 어떤 곳에서는 분쟁이 영향력과 권력을 추구하는 정치적·종족적·종파적·종교적·인종적 집단들 간에 벌어진 내부 분쟁의 일부이거나, 그러한 분쟁들과 연결되어 있다.

현대의 전투와 군사적 조건은 변화를 겪고 있다. 대체적인 이유는 국내와 국제사회에서 테러와 폭력이 증가했기 때문이다. 테러리스트나 광적인 반란자들, 범죄 집단은 지도부가 종종 분열되어 있고 단결력이 떨어지며 때로 상당한 무기를 보유하고 있는데, 이들의 목적은 조직된 국가와 규율을 갖춘 군대의 전쟁 목적과는 다르다. 테러리스트들은 지역의 안정을 저해하고 폭력을 위한 폭력만을 원할 수도 있다. 두려움을 모르는 젊은이가 대부분인 이 테러리스트들은 방어할 힘이 없는 무고한 민간인을 죽임으로써 영광을 얻으려는지도 모른다. 이들은 인간 생명의 존엄성을 존중하지 않으며 자유와 민주주의의 가치라는 이상에 관심이 없다. 국내 테러리스트들은 큰 사회 불안과 소요를 촉발했으며, 체첸과 앙골라, 부룬디, 르완다, 소말리아, 이라크, 터키, 인도, 파키스탄, 인도네시아, 스리랑카, 수단, 페루, 시에라리온 등 여러 곳에서 대량학살과 제노사이드(집단학살)를 자행했다. 국제 테러리스트들은 사우디아라비아, 이스라엘, 에스파냐, 미국, 영국 등지에서 대규모의 유혈극을 초래했으며, 이들의 숫자는 증가하고 있다. 아마도 우리는 현재 전 세계적으로 '테러에 맞선 전쟁'을 경험하고 있다. 이 전쟁은 테러리스트들이(호전적인 반란자든 범죄자든, 종교적·민족적·이데올로기적 광신자들이든) 진압되거나 격퇴되어 그 특유의 포악한 행위를 그만둘 때까지 수십 년간 지속될 수도 있다.

1991년 냉전이 종식되고 마침내 소련이 해체된 뒤 러시아가 독립국가로 출현한 이래, 세계 도처에서 발생한 많은 분쟁과 참사는 이러저러한 방식으로 종교와 연관됐다. 예를 들면, 지난 15년간 이슬람교도와 그리스도교도는 필리핀과 인도네시아, 나이지리아, 수단, 아제르바이잔, 키프로스, 세르비아, 크로아티아, 보스니아헤르체고비나, 코소보 등지에서 산발적으로 서로를 죽였다. 스리랑카에서는 힌두교도인 타밀족과 불교도인 신할라족이 서로를 죽였다. 북아일랜드에서는 프로테스탄트와 가톨릭교도가 가끔 서로에게 총질을 해댔다. 이집트와 알제리, 아프가니스탄, 이라크 등지에서는 이슬람교 광신자들이 주기적으로 무고한 민간인과 이슬람교도인 동포를 학살했다. 이스라엘과 레바논에서는 유대인과 이슬람교도가 서로를 죽였다. 인도와 파키스탄, 카슈미르에서는 힌두교도, 이슬람교도, 그리고 때로는 시크교도가 서로를 죽였다. 사랑과 친절, 인류애를 신봉하는 종교가 증오로 가득한 수많은 유혈 충돌에 뒤얽힌 이유는 무엇인가. 이는 모순인 동시에 사람을 당혹스럽게 만드는 난제다. 그러나 종교는 언제나 사람들을 갈라놓았다. 종교적이고 민족적인 싸움과 박해, 살인에 대한 설명은 고대부터 십자군과 이단재판소, 종교 전쟁, 기타 종교 개혁 시기의 분쟁, 30년 전쟁, 이슬람교도의 지하드, 태평천국의 난, 러시아의 유대인 학살, 아르메니아인 학살, 유대인의 홀로코스트, 크메르루주의 '킬링필드', 카슈미르의 유혈사태, 그리고 특히 르완다의 제노사이드까지 추적할 수 있다.

일부 인간들은 서로 총을 쏘아대거나 죽일 핑계를 늘 찾고 있을 것이기에 전쟁은 어느 곳에서나 언제든 창궐할 것이다. 잡지와 신문, 텔레비전, 인터넷은 전쟁과 학살이 토해낸 주검들을 계속해서 보도하고 생생하게 사진과 화면으로 보여줄 것이다. 역사의 교훈도 테러나 전쟁, 제노사이드를 멈추지 못할 것이며 시간 역시 전쟁을 중단시키지 못하고 그 상처를 치유할 수 없을 것이다. 싸움의 뿌리는 인간의 본성에 있다. 인간의 투쟁 본능에서 야만성과 기괴성, 악을 보았던 철학자 조지 산타야나(1863~1952)는 이를 "피를 보고 희열을 느끼는 깊숙이 숨어 있는 감정"이라고 말했다. 산타야나는 그의 에세이 「전쟁론」에서 이렇게도 말한다. "한 국민의 재부를 낭비하고 그 산업을 메마르게 하며 그 전성기의 쇠퇴를 초래하고 그 동정심을 줄이며 야심가들의 지배를 받게 하며 작고 허약한 불구자들에게 다음 세대의 양육을 맡기는 것, 그것이 바로 전쟁이다." 산타야나에 따르면 인류가 전쟁광들이나 테러리스트들이 초래한 상처와 위험, 폐해, 해악에 대항하기 위해서는 진정한 용기와 선량함에 더하여 올바른 이성을 해독제로 쓸 줄 알아야 한다. 산타야나는 역사를 망각하지 말라는 유명한 경고도 내렸다. "역사를 기억하지 못하는 자는 역사를 되풀이할 운명에 처해 있다."

나는 제3판을 준비하면서 원문을 철저히 재검토했고 최근 내용을 추가했다. 자료의 신빙성을 검토했으며, 부적절해 보이는 기존 항목들은 내용을 보완했다. 개정판 출간 이후 전개된 최근의 중요한 사건들을 포함시키려고 각별히 노력을 기울였다. 약 1,850개에 달하는 항목 중 50개 이상은 대폭 수정하거나 새로이 추가한 것이다. 기고자들에게 큰 감사를 드린다. 이 책을 완성하는 데 필요한 오랜 연구와 작업은 이들의 도움으로 많이 빨라졌다. 이 특별한 기고자들의 이름을 앞쪽에 올려놓는다. 출판사 팩츠온파일과 최근까지 함께 작업했던 편집자 클로디아 샵, 부편집자였던 멜리사 컬런듀폰에게도 오랫동안 관심을 보여주고 지원해준 데 크게 감사한다. 어떤 식으로든 이 책의 탄생에 일조했던 크고 작은 여러 공·사립 도서관에게도 사의를 표한다.

2007년
조지 차일즈 콘

제1판 머리말

『세계 전쟁사 사전』을 편찬한 것은 도서관의 참고도서 서가를 채우려는 노력의 일환이었다. 고대부터 현재까지 군사적 충돌만을 간결하게 다룬 한 권짜리 참고도서가 진정으로 필요하다는 점은 연구와 저술이 진척되면서 더욱 확실해졌다. 나는 이 최종 결과물이 오랫동안 역사의 일부였던 주요 전쟁과 혁명, 봉기, 반란에 관하여 권위 있고 포괄적인 정보를 신속하고 편리하게 제공함으로써 일반 독자와 학생의 욕구를 모두 충족시키기를 희망한다.

이와 같은 한 권짜리 참고서적으로 모든 전쟁을 다 담을 수는 없다. 지면의 제약 탓에 모든 것을 포괄하기란 애초에 불가능하다. 게다가 시간과 공간에서 그토록 광범위한 주제를(기원전 2000년에서 현재까지 세계 도처에서 벌어진 전쟁) 다루는 과정에서 어느 것을 포함시키고 어느 것을 배제할 것인지 결정할 때에는 어느 정도 주관성의 개입을 피할 수 없다. 그러나 나는 항목을 선정하면서 세계 전체를 망라했고, 제시한 항목들로 독자들에게 인류를 괴롭혔던 충돌이 놀랍도록 다양하다는 것을 분명하게 전해줄 수 있으리라고 본다.

전쟁의 역사는 장구한 데다가 흥미를 유발하는데 서로 맞선 인간들이 상호간의 분쟁을 폭력으로써 해결하기로 결정했던 순간부터 인류 생존방식의 두드러진 특징이었다. 많은 사례들에서 한 민족의 역사는 그들이 경험했던 전쟁의 역사다. 나는 전쟁을 국민들 혹은 국가들 사이나(국제전) 한 나라 안의 여러 당파나 파벌, 주민들 사이에서(내전) 전개된 공공연한 무력 분쟁으로 상당히 넓게 정의했다. 전쟁의 이유는 잡다하다. 국제전은 보통 영토 분쟁이나 한 나라가 다른 나라의 국민에게 행한 불법 행위, 종족 문제와 편견, 상업적이고 경제적인 경쟁과 강제, 군사적 힘에 대한 질시, 단순한 정복욕에서 발발한다. 내전은 일반적으로 한 나라의 주권을 자기 것이라고 주장하는 자들의 다툼이나 다양한 성격의 정치적·시민적·종교적 자유를 획득하기 위한 투쟁에 원인이 있다. 권력을 장악하거나 정부를 무너뜨리고 압제를 피하기 위한 조직적인 노력은 흔히 반란이나 폭동, 봉기 등으로 부르며 성공할 경우 혁명이 된다. 이러한 종류의 분쟁은 정복과 침공, 포위공격, 학살, 습격, 주요 군 반란과 마찬가지로 『세계 전쟁사 사전』에 포함되어 있다. 그 밖에 특별히 복잡하고 중요한 다수의 전투를 별개의 항목으로 넣었다.

분쟁을 해석하는 것은 이 책의 취지가 아니다. 그것은 지리적으로나 역사적으로 범위를 제한시킨 연구서들에 남겨진 몫이다. 분쟁을 좀 더 풍부하고 이해가 쉽게 묘사하고자 종종 정치적·사회적·문화적 영향력들을 구체적으로 서술하기는 했지만, 이 책의 주된 관심은 군사 관련 정보다. 그래서 관련 있는 필수적 사실들을 모아 적절하게 평이한 서술을 구성하는 데 강조점을 두었다. 각 항목은 분쟁의 명칭과 분쟁이 일어나고 지속된 시기, 시작된 계기, 맞서 싸운 진영, 벌어진 사건들에 관한 간략한 설명이나 요약, 결과나 의미를 전한다. 그 밖에 왕, 황제, 술탄, 장군, 반란자 등을 언급했을 경우에는 생몰연도 또는 활동 시기를 병기했다.

편집 순서를 말하자면 가장 일반적인 명칭을 가나다순(원서는 ABC순)으로 정리했다. 일부는 널리 인정된 것이지만(예를 들면, 나폴레옹 전쟁, 십자군, 크림 전쟁), 친숙하지 않은 것들도 있으며(귀족 전쟁, 차코 전쟁, 태평천국의 난), 생소한 것들도 있다(1558년의 버마-라오스 전쟁, 1081~84년의 신성로마제국-교황령 전쟁, 후크발라하프 반란). 많은 분쟁이 두 개 이상의 이름으로 알려져 있어, 『세계 전쟁사 사전』은 항목에 참조 표시(◑)를 넣어 이러한 분쟁을 찾아보는 데 생기는 어려움을 덜어내고자 했다. 예를 들어 '네덜란드 독립 전쟁'을 찾았을 때 참조 표시를 보면 '80년 전쟁'을 만나게 되는 것이다. 다른 분쟁이 같은 이름을 가질 때에는 연대순으로 정리했다. 물론 연대는 가나다순으로 할 수 없다(예를 들면, '예니체리의 반란, 1730'은 '예니체리의 반란, 1807~08'보다 앞서며, 이는 '예니체리의 반란, 1826'보다 앞에 나온다). 이러한 방식은 독자에게 특정 지역의 군사사 전반을 파악하는 데 도움을 줄 것이다.

독자는 본문 안의 참조 표시를 이용해서 확인해본다면, 특정 분쟁에 관하여 더 넓은 시각을 얻을 수 있다.

마지막으로 전쟁과 반란, 분쟁의 명칭은 지리 찾아보기로, 즉 관련된 나라나 정체(국가, 제국 등)를 표제로 하여 그 아래에 연대순으로 정리했다. 아프리카와 아라비아 반도, 소아시아, 중앙아메리카, 카리브 해처럼 광대한 지역도 지리 찾아보기에 넣어 그곳에서 일어난 분쟁들을 찾아보기 쉽게 했다. 또한 특정한 전투와 조약, 군주, 군사 지도자, 정치 지도자에 관한 정보가 필요한 독자들을 돕기 위해 찾아보기도 마련해두었다.*

1986년

조지 차일즈 콘

---

* 원서는 지리 찾아보기 외에 찾아보기가 하나로 되어 있으나, 한글 번역본에서는 인명 찾아보기와 지명 찾아보기, 그리고 인명과 지명 외의 특정한 전투와 조약 등을 담은 사항 찾아보기를 따로 정리했다.

차례 | 세계 전쟁사 사전

일러두기

1. 이 책은 조지 차일즈 콘(George Childs Kohn)의 *The Dictionary of Wars*(Facts On File, Inc., Third Edition, New York, 2006)를 완역한 것이다.

2. 외래어 인명은 국립국어원의 외래어 표기법을 따르되 나라와 시대에 따라 기준을 달리했다. 비잔티움 제국 시대의 인명은 유스티니아누스 황제 때까지는 라틴 어로, 이후는 그리스어로 표기했다. 프랑크 왕국 시대의 인명은 카롤루스 왕조 까지는 라틴어로, 카페 왕조부터는 프랑스어로 표기했다. 오스만 제국 시대 인 명은 오스만 터키어를 기준으로 했다.

3. 서양 인명의 경우, of는 1000년을 기준으로 그 이전에는 직위나 출신지를 살 려 옮겼고(예를 들면 Isidore of Sevile. 세비야의 주교 이시도루스), 1000년 이후에 는 영어의 경우 of를 생략하고, 프랑스어나 독일어, 에스파냐어 등의 경우 영어 의 of를 각각 de. von 등으로 바꾸어 표기했다(예를 들면 John of Gaunt＝존 곤트, Eleanor of Aquitaine＝엘리너 애퀴테인(알리에노르 다키텐)).

4. 교황 이름은 한국 로마가톨릭교회가 사용하는 표준 표기에 따랐다.

5. 헝가리 인명은 헝가리에서 사용하는 대로 성(姓)을 먼저 표기했다.

6. 아메리카 인디언 부족의 이름은 로마자를 발음기호로 읽어 표기했다. 그러나 동 일한 로마자 철자로 지명 등이 표기된 고유명사는 외래어 표기법의 영어 표기를 따랐다.

7. 외래어 지명은 국립국어원의 외래어 표기법을 따랐으며 현재 소속된 국가를 기 준으로 했다. 다만 소속 국가가 빈번히 바뀌는 경우에는 당시의 국가에서 발음 되는 표기를 병기했으며, 시대에 따라 다르게 지명이 바뀐 경우에는 현재의 지명 을 병기했다.

8. 고대 그리스 문명권의 지명과 비잔티움 제국 시대의 지명은 고대 그리스어를 기 준으로 표기했다.

9. 국립국어원에 외래어 표기법이 마련되어 있지 않은 언어들은 대체로 일반적인 표기 원칙을 따랐으며, 미얀마어, 크메르어, 라오어 등은 국립국어원 외래어 표 기법의 타이어 표기법에 준하여 표기했다.

10. 영국의 경우 1707년 통합법 이전에는 잉글랜드와 스코틀랜드를 구분해 표기했 고, 이후에도 잉글랜드만 특정하여 가리킬 때에는 구분하여 표기했다.

11. 각 항목에 따른 각주는 옮긴이 주다.

〈가〉

가

가나 내전, 1994~95
Ghanian Civil War of 1994~95

1994년 2월 3일 서아프리카 가나의 노던 주에서 오랫동안 서로 반목했던 콘콤바족과 나눔바족이 전쟁을 벌였다. 콘콤바족은 이웃 나라 토고 출신이었는데도 나눔바족이 보유한 것과 유사한 전통적인 토지소유권을 요구했다. 격렬한 충돌의 결과로 최소 1천 명이 살해되고 15만 명이 넘는 난민이 발생한 뒤 가나 정부는 질서 회복을 위해 군대를 파견했다. 제리 존 롤링스 (1947~) 대통령은 7개 군에 비상사태를 선포하고 두 종족 간의 평화협정을 이끌었고, 토지 분쟁의 해결 가능성이 커졌다(1994년 6월 9일에 수도 아크라에서 체결됐다). 그러나 1995년에 노던 주에서, 특히 타말레 주변에서 교전이 재개됐다. 콘콤바족과 나눔바족 사이의 싸움으로 약 100명이 사망했다. 나눔바족은 다곰바족과 곤자족의 협력을 얻었다. 그 뒤 정부가 평화협정을 이끌어냈고 전쟁이 시작된 이래 집에서 쫓겨난 난민 약 20만 명을 지원하는 데 120만 달러를 투입했다. 2002년에 이전의 군사정권, 특히 롤링스 정권 (1979, 1981~2000)이 자행한 인권 침해를 조사하고 다루기 위해 국민화해위원회가 설치됐다.

○ 토고 내전, 1991~92

가산 왕조-라흠 왕조 전쟁, 500?~583
Ghassanid—Lakhmid Wars, c. 500~583

아라비아 반도의 지배권을 둘러싼 비잔티움 제국과 사산 왕조 페르시아 제국 사이의 싸움은 이슬람 이전의 두 아랍 왕조인 가산 왕조와 라흠 왕조에 영향을 미쳤다. 오늘날의 시리아와 요르단, 팔레스타인에 자리를 잡고 있던 가산 왕조는 비잔티움 제국에 우호적이었고, 오늘날 이라크 중남부의 알히라를 중심으로 한 라흠 왕조는 페르시아와 동맹했다. 두 아랍 왕국은 서로 부단히 싸웠는데, 대체로 비잔티움 제국이나 사산 왕조 페르시아가 부추긴 것이었다. 라흠 왕조는 알 문디르 3세(503~554) 때 가산 왕조에 도전하여 약간의 성공을 거두었으나 528년에 알 하리트 이븐 자발라(569년 사망)에 대패했다. 알 하리트 이븐 자발라는 이듬해 가산 왕조의 왕이 됐다. 라흠 왕조는 6세기 중반에 비잔티움 제국 영토인 시리아와 가산 왕조를 맹렬히 공격했으나 성공하지 못했다. 583년 비잔티움 제국의 황제가 단성론(예수 그리스도는 인성이 아니라 신성만을 지니며, 예수 그리스도의 신성이 인성을 흡수하여 소멸시켰다고 믿는 교파)을 채택한 가산 왕조에 분노하여 가산 왕조의 왕국을 속국으로 삼았고 그 국경을 지키기 위해 제국 군대를 파견했다. 라흠 왕조는 네스토리우스파(그리스도의 신격과 인격을 구분하는 이성설二性 說에 의해 성모 마리아는 예수 그리스도의 어머니이지만 신의 어머니는 아니라고 믿는 교파) 그리스도교도였던 마지막 통치자가 602년에 페르시아에 맞서 싸우다 사망하면서 종말을 고했다. 두 왕국은 7세기에 이슬람교도가 아랍 지역을 정복하면서 몰락하여 사라졌다.

● 비잔티움 제국-이슬람 전쟁 ; 이슬람의 페르시아 정복

가스코뉴 귀족 반란, 1368
Gascon Nobles' Revolt, 1368

아키텐의 통치자 흑태자 에드워드(1330~76)는 호화로운 생활과 억압적인 통치, 잉글랜드의 전비를 대기 위한 높은 세금의 부과로 아키텐 주민들을 분노하게 만들었다. 1368년 가스코뉴의 고위 영주들이 프랑스 왕 샤를 5세(1338~80)에게 도움을 요청했다. '현자賢者(le Sage)'라고 불릴 만큼 영리한 법률가였던 샤를 5세는 브레티니 조약이 프랑스 내부에서 잉글랜드가 보유한 영역을 크게 증가시켰으나 프랑스 왕과 잉글랜드 사이의 형식적 주군·봉신 관계를 종식시키지는 않은 것을 이용하여, 아키텐의 일부인 가스코뉴로부터 진정을 받자 잉글랜드에 반격을 개시했다. 샤를 5세는 기민하게 주군 자격으로 프랑스의 봉신이기도 한 흑태자를 파리로 소환했다. 흑태자는 예상대로 이를 거부했고, 샤를 5세는 1369년에 백년 전쟁을 재개했다. 잉글

랜드에 정복된 지역들은 반란을 일으켰으며, 프랑스는 몇 차례 패배하기도 했으나 전쟁에서 대체로 운이 좋았다(**○ 리모주 학살**).

가우가멜라(아르벨라) 전투, 기원전 331
Battle of Gaugamela(Arbela), BCE 331

아르벨라(오늘날 이라크 북부의 아르빌) 인근의 가우가멜라에서 알렉산드로스 (기원전 356~기원전 323) 대왕이 지휘하는 마케도니아 군대가 다리우스 3세 (기원전 380?~기원전 330)의 페르시아 군대를 격파한 것은 역사상 가장 결정적인 전투 중의 하나였다(**○ 알렉산드로스 대왕의 정복**). 전투로 단련된 알렉산드로스의 병사들은 이집트를 출발하여 티그리스 강과 유프라테스 강을 건너왔는데 보병 4만 명과 기병 7천 명으로 구성됐고, 아르벨라에 사령부를 둔 다리우스 3세의 군대는 코끼리 15마리를 포함하여 25만 명에 이르렀다. 마케도니아 군대는 기병대의 말을 날뛰게 만드는 코끼리를 피하기 위해 페르시아 군대의 좌익으로 돌격하여 그 중앙에 넓은 공간을 열었다. 알렉산드로스가 그 틈으로 돌진하여 코끼리들의 뒤로 돌아 페르시아 군대의 우익과 후방을 공격했다. 다리우스 3세는 도주했고 페르시아 군대가 뒤를 따랐으며 마케도니아 군대가 추격했다. 전사한 페르시아 병사는 4만 명에서 9만 명 사이로 추정되며 마케도니아의 사상자는 500명에 못 미쳤다.

가이아나 반란, 1969
Guyanan Rebellion of 1969

브라질에서 가이아나로 침략해 들어온 반군 집단이 국경 근처 서남부 지역의 레섬과 애너이를 점령했지만(1969년 1월 2일), 며칠 만에 가이아나 육군에 내쫓겼다. 경찰을 포함하여 여러 명이 목숨을 잃었다. 그 지역에 대규모 목장을 소유한 미국인들이 반군의 침략을 지원한 것이 확실했다. 미국인 목장주들은 린던 포브스 샘슨 버넘(1923~85) 총리가 이끄는 억압적인 가이아나 정부의 간섭에서 벗어나 자신들이 통제할 수 있는 별개의 국가를 수립하고자 했기 때문이다.

갈리아 전쟁, 기원전 58~기원전 51
Gallic Wars, BCE 58~BCE 51

로마가 갈리아(오늘날의 프랑스와 대체로 일치한다)에 거주하는 수많은 부족과 맞붙어 싸운 이 전쟁은 로마 장군 율리우스 카이사르(기원전 100~기원전 44)의 군사적 천재성을 보여주었다. 카이사르는 폼페이우스(기원전 106~기원전 48), 크라수스(기원전 115?~기원전 53)와 함께 이른바 제1차 삼두정치라는 비공식적 동맹을 결성하여 로마를 정치적으로 지배했다(기원전 60~기원전 51). 기원전 58년 카이사르의 첫 번째 원정은 서남쪽으로 이동하려던 게르만-켈트 부족인 헬베티족을 겨냥한 것이었다. 카이사르의 군단들은 헬베티족을 추격했고 손 강을 건너려 할 때 비브락테(오늘날의 몽뵈브레 산으로 추정) 전투에서 완파했다. 이어 카이사르는 로마에 우호적인 부족이 일단의 게르만 침략자를 물리치도록 도움을 주었다. 이듬해 카이사르는 북쪽의 벨가이족과 화평을 이루었으나 겨울 동안 벨가이족은 동맹을 깨고 카이사르의 주둔지를 공격했다. 카이사르는 이에 보복하려고 함대를 건설하여 반란을 주도한 베네티족(켈트족의 한 부족)의 아르모리카(오늘날의 브르타뉴) 요새를 공격했다. 그 뒤 로마는 갈리아 외해의 대서양 수역을 지배했다. 기원전 55년 카이사르와 그의 병사들은 동쪽에서 갈리아로 침공해 들어온 게르만 부족 우시페테스족과 텡크테리족을 사실상 완전히 제거했다. 카이사르는 향후의 침입을 저지하기 위해 라인 강을 가로지르는 거대한 다리를 건설하여(오늘날 독일의 본 근처) 게르마니아로 들어가 몇몇 부족을 가혹하게 정벌했고 돌아온 뒤 다리를 파괴하고 떠났다. 그 뒤 카이사르는 짧은 기간 동안 시험 삼아 브리타니아(그레이트브리튼 섬)로 원정을 갔으며(기원전 55년 8월), 이듬해 다시 대군을 이끌고 들어가 남부의 브리턴족을 정복했다. 기원전 54년에서 기원전 53년으로 넘어가는 겨울에는 갈리아 벨기카의 부족들이 다시 반란을 일으켜 겨울 숙영지에 있는 로마 군단 하나를 전멸시키고 다른 군단을 위협했는데, 그때 카이사르가 도착하여 반란을 진압했다. 이듬해 갈리아의 아르베르니족 족장 베르킨게토릭스(기원전 46년 사망)가 한층 더 심각한 반란을 일으켰다. 카이사르는 이 위협을 제거하고자 군단들을 이끌고 겨울에 알프스 산맥을 넘었으며, 베르킨게토릭스와 잘 훈련된 그의 군대는 도중에 마을을 불태우고 로마군이 유용하게 쓸 수 있는 보급품과 곡식을 파괴하며 천연 요새인 수도 게르고비아(오늘날의 클레르몽페랑 인근)로 철수했다. 로마 군대는 게르고비아를 포위하여 공격했으나 성공하지 못했다(기원전 52년 4~5월). 베르킨게토릭스는 갈리아의 동맹 부족들에게 지원을 요청하여 9만 명 규모의 군대를 이루어 뱅제안 강(손 강 상류의 작은 지류) 전투에서 카이사르와 대결했으나 승리하지는 못했다. 공세에 나선 카이사르는 아르베르니족 족장을 추적하여 구릉지의 알레시아 요새(디종 근처의 알리즈생트렌)에서 포위했다. 알레시아를 포위한 로마 군대 약 6만 명은 요새 둘레에 성벽과 보루를 쌓았으나 베르킨게토릭스를 지원하러 온 갈리아의 엄청난 원군(20만 명 이상)에 거꾸로 포위되어 공격을 받았다. 로마 군대는 알레시아를 계속 공격하면서 갈리아 원군을 격퇴했다. 기원전 52년 10월 베르킨게토릭스는 굶어 죽어가는 주민을 살리기 위해 항복했다. 그 뒤 로마에 포로로 끌려간 베르킨게토릭스는 개선 행사에 전시됐다가 사형당했다. 기원전 51년 카이사르는 갈리아 전역을 휩쓸며 남은 저항 세력을 진압했고, 그해 말 로마의 통치가 확립됐다. 그 뒤 갈리아인들은 카이사르와 로마의 충실한 지지자가 됐다.

● 카이사르의 내전

갈리폴리 전투, 1915
Gallipoli Campaign, 1915

제1차 세계대전 중 영국과 프랑스는 다르다넬스 해협과 이스탄불을 장악하면 흑해로 들이가 동맹국인 러시아에 선박으로 보급품을 전달할 수 있었다. 1915년 2월 영국·프랑스 해군 함대가 해협 안으로 진입하여 오스만 제국의 작은 요새 여러 곳을 파괴했으나, 한층 더 강력한 요새가 지키고 있던 북쪽으로 진출했다가 기뢰에 큰 손실을 입고 퇴각해야 했다. 그 뒤 연합군은 해협을 방어하는 갈리폴리 반도에 상륙하기로 결정했다. 영국·프랑스 원정군은 해협의 양쪽 끝에 상륙하여 중간에 있는 적을 섬멸하기로 했다. 그러나 오스만 제국은 독일군 포대와 장교들의 도움을 받아 울퉁불퉁한 지형의 고지에 참호를 파고 견고히 방비했으며, 연합군은 함포 사격으로도 오스만 제국 군대를 물러나게 할 수 없었다. 연합군은 1915년 4월에서 6월까지 석 달간 피비린내 나는 전투를 벌이면서 수천 미터를 전진했다가 다시 퇴각했다. 1915년 8월 연합군은 다시 공격을 시도했지만 추진력을 상실한 공격은 아무런 성과도 내지 못했다. 결국 그해 12월에 최고사령부는 희망이 없음을 인식하고 질병과 갈증으로 극도의 고통을 당하고 있던 군대를 철수했다. 이 전투에서 사상자는 영국군과 프랑스군이 약 25만 명에 달했고, 오스만 제국 군대는 약 30만 명 정도였다.

'감자 전쟁'
'Potato War'

○ 바이에른 계승 전쟁

개혁 전쟁, 1857~60
War of the Reform, 1857~60

1857년 멕시코 헌법이 구현하고 있는 개혁을 자유주의자들은 지지했고 보수주의자들은 반대했다. 1858년 초 보수주의자 펠릭스 술로아가(1813~98) 장군이 수도 멕시코시티를 장악하고 대통령의 권한을 차지하면서 자유주의적 대통령 이그나시오 코몬포르트(1812~63)는 추방됐다. 1859년 2월 보수주의자인 미겔 미라몬(1832~67) 장군이 술로아가를 몰아내고 대통령이 됐다. 1858년 케레타로에 모인 잔부殘部의회는 자유주의자인 베니토 후아레스(1806~72)를 대통령으로 선포했다. 멕시코시티에서는 보수주의자가 정규군을 장악했고 교회와 부자들의 지지를 받았다. 자유주의자들의 정부는 민병대를 갖추었으나 장비가 빈약하여 케레타로에서 과달라하라로 도피할 수밖에 없었고, 연이어 태평양 연안과 파나마로 도피했으며, 결국 1858년 5월 4일 멕시코의 항구도시 베라크루스를 수도로 삼았다. 1859년 미국은 베라크루스의 멕시코 정부를 승인했고 자유주의자들에게 무기를 보급했다. 산토스 데고야도(1811~61)가 지휘하는 자유주의 세력의 군대는 서쪽에서 싸웠으나 큰 전투에서 매번 패했다. 그중 가장 유명한 것은 타쿠바야 전투(1859년 4월 11일)와 셀라야 전투(1859년 11월)의 패배였다. 1859년 초 미라몬의 군대는 베라크루스에서 후아레스를 내몰고자 했으나 저지대에서 많은 병사가 병들어 죽으면서 실패했다. 1859년 4월 데고야도는 멕시코시티로 진격했으나 차풀테펙에서 패배했다. 자금이 절실하게 필요했던 후아레스 정부는 교회 재산을 몰수했고 이로써 군대에 무기를 더 원활하게 공급할 수 있었다. 헤수스 곤살레스 오르테가(1822~81)가 자유주의 세력의 군대를 이끌고 과달라하라 인근에서 승리했고 이후 칼데론에서도 승리를 거두었다(1860). 1860년 12월 22일 오르테가가 칼풀랄판 전투에서 미라몬의 군대에 결정적인 패배를 안기면서 멕시코시티로 진입할 길이 열렸고 1861년 1월 1일 후아레스가 멕시코시티에 입성했다. 그 뒤 후아레스는 국가를 장악하고 헌법에 명기되어 있는 개혁을 이행했다.

○ 멕시코-프랑스 전쟁, 1861~67

검은 전쟁, 1804~30
Black War, 1804~30

판 디먼의 땅(태즈메이니아)의 영국인 병사들과 정착민들은 원주민을 공격하고 원주민 소유의 귀중한 사냥터를 빼앗았다. 1804년 백인들이 사냥 모임에서 원주민을 공격하여 몇 사람을 살해하자 '게릴라전bush war'이 발생했다. 오래 지속된 이 전쟁으로 다음 세대의 원주민 수가 급감했다. 이 기간에 농촌의 무법자들인 비적匪賊이 강도짓을 자행하고 백인과 원주민 가릴 것 없이 살인을 저질러 또 다른 테러와 유혈극이 전개됐다. 1830년 섬의 총독인 서 조지 아서(1784~1854)는 겨우 여러 명의 비적을 잡아 교수형을 집행했으나 자신의 '블랙 라인'으로 원주민을 가두는 데는 실패했다. '블랙 라인'은 원주민을 내쫓기 위해 오지 삼림으로 파견된 수천 명의 정착민들이 만든 차단선이었다(겨우 소년 1명과 여인 1명이 쫓겨났다). 그러나 싸움은 끝났으며, 1835년 나머지 원주민도 설득을 받아들여 인근의 플린더스 섬으로 이주했다.

검투사 전쟁
Gladiators' War

○ (제3차) 노예 전쟁

게이브리얼의 반란, 1800
Gabriel's Rebellion, 1800

게이브리얼 프로서로도 알려진 신앙심 깊은 흑인 노예 게이브리얼(1776?~1800)은 버지니아 주에 흑인의 독립국가를 건설하려고 버지니아 주 헨라이코 카운티에서 대규모 흑인 봉기를 계획했다. 1800년 8월 30일 밤 1천 명이 넘는 노예로 구성된 게이브리얼의 '군대'는 몇 달 동안의 준비 끝에 총과 검, 곤봉으로 무장하고 버지니아 주 집결지에 모여 약 10킬로미터 떨어진 리치먼드로 진격했다. 그러나 엄청난 폭우가 쏟아져 다리가 떠내려가고 도로가 유실되면서 진격은 곧 중단됐다. 노예들은 해산할 수밖에 없었다. 노예들이 다시 집결하려 했을 때 모의에 관해 정보를 입수한 제임스 먼로(1758~1831) 버지니아 주지사가 주 방위군 600명에게 출동을 명령했다. 게이브리얼과 그의 충성스러운 추종자 34명을 포함하여 다수의 노예가 체포됐다. 모두 재판에서 유죄판결을 받고 1800년 10월 교수형을 당했다.

겐코元弘의 난,* 1331~33
Genkō War of 1331~33

교토京都의 천황과 가마쿠라 바쿠후鎌倉幕府는 둘 다 일본을 지배하고자 했다. 호조北條의 쇼군이 수십 년 동안 실질적인 권력을 행사했으나, 지지자인 미나모토 씨源氏조차도 이에 대해 회의와 불만을 품었다. 1331년 가마쿠라 바쿠후의 밀정들은 고다이고後醍醐(1288~1339) 천황이 가마쿠라 바쿠후를 타도할 계획을 세우고 있다는 사실을 알게 됐다. 고다이고 천황은 자신을 치러 온 군대에 맞서 저항했으나 1332년에 포로가 되어 오키隱岐 섬으로 유배됐다. 고다이고 천황은 이듬해 섬에서 탈출하여 본토로 돌아와 군대를 모았다. 일본 전역에서 불만을 품은 무사들이 구름처럼 몰려들었다. 가마쿠라 바쿠후의 가장 유능한 무사들까지 고다이고 천황 편으로 이탈했다. 가마쿠라 바쿠후의 유력 고케닌御家人** 아시카가 다카우지足利尊氏(1305~58)는 군대를 이끌고 천황의 군대에 맞서라는 명령을 받았으나 배반하여 군대와 함께 천황에 투항했다. 아시카가 다카우지와 가마쿠라 바쿠후의 고케닌이었던 닛타 요시사다新田義貞(미나모토 요시사다源義貞, 1301~38)는 가마쿠라 바쿠후를 완전히 파괴하고 호조 씨의 통치를 끝냈다. 그러나 평화는 짧았으며, 몇 해 지나지 않아 다시 싸움이 나라를 휩쓸게 됐다.

○ 일본 난보쿠초 시대의 내전, 1336~92

* 겐코(元弘)의 변(變)이라고도 한다.
** 가마쿠라 시대에 쇼군과 주종 관계를 맺은 무사를 일컫는 말이었으나 무사 일반을 가리키다가 점차 하급 무사를 지칭하는 용어가 됐다.

겐페이源平 전쟁(다이라 씨平氏-미나모토 씨源氏 전쟁), 1180~85
Genpei War(Taira-Minamoto War), 1180~85

미나모토 씨源氏의 지도자 미나모토노 요시토모源義朝의 아들인 미나모토노 요리토모源賴朝(1147~99)는 아버지가 살해될 때 일본 동부의 간토關東 지방으로 유배됐다(○ 헤이지의 난). 1180년 조정의 세력가 다이라 씨平氏에 반감을 지녔던 모치히토以仁(1151~80) 친왕이 미나모토노 요리마사源賴政(1104~80)의 요청을 받아들여 미나모토 씨 지도자들에게 거병을 촉구했다. 요리토모는 사태의 추이를 주시하고 있었으나 다이라 씨의 지도자 다이라노 기요모리平清盛(1118~81)가 모치히토 왕의 영지令旨를 받은 자들을 공격하려 한다는 사실을 알고 미나모토 씨의 흰 깃발을 들고 전투에 들어갔다. 처음에는 요리토모가 간토 지방의 다이라 씨 진영의 군대에 거의 전멸당했으나, 다이라 씨의 가혹한 통치에 불만을 품은 사람들이 몰려들어 요리토모의 세력이 꾸준히 커져갔다. 요리토모의 세력은 2년 만에 간토 지방에서 다이라 씨를 축출했으며, 1183년에 수도인 교토京都로 진격하여 점령했다. 이어 요리토모 세력은 다이라 씨의 힘이 여전히 강력했던 서쪽으로 방향을 틀었고 서서히 그 힘을 축소시켰다. 다이라 씨는 결국 1185년 4월에 세토내해瀨戶內海의 서쪽 끝 단노우라壇ノ浦 해전에서 몰락했다. 미나모토 씨의 성공은 요리토모의 어머니가 다른 동생 미나모토노 요시쓰네源義經(1159~89)에 힘입은 바가 컸는데, 요리토모는 점차 요시쓰네를 의심하게 됐다. 요시쓰네는 북쪽으로 도피하여 뒷날 그곳에서 할복했다. 1190년 일본 전체를 군사적으로 지배한 요리토모는 교토의 천황을 방문했고, 1192년 세이이타이쇼군征夷大將軍에 임명됐다. 요리토모는 이 직위를 받은 최초의 인물이다.

겨울 전쟁
Winter War

❍ 소련−핀란드 전쟁, 1939~40

고산넨後三年 전쟁, 1083~87
Japanese Later Three Years' War, 1083~87

일본 북부 무쓰노쿠니陸奧國의 기요하라 씨淸原氏에는 여러 지파支派가 있었는데, 이들은 늘 서로 다투었다. 무쓰노쿠니의 통치자 미나모토노 요시이에源義家(1039~1106)는 가문 지도자들 사이의 싸움을 중단시키려 했고, 폭력이 그치지 않자 군대를 이끌고 개입하기로 결정했다. 1086년 요시이에는 기요하라노 이에히라淸原家衡(1087년 사망)와 기요하라 씨의 반란자들이 겨울을 나기 위해 물러가 있던 성을 공격했으나 성공하지 못했다. 요시이에의 많은 병사가 극심한 추위와 굶주림으로 사망했고, 생존자들은 퇴각해야만 했다. 요시이에는 동생과 오슈 후지와라 씨奧州藤原氏가 모은 병사들로 군대를 보강하여 가나자와金澤에 있는 기요하라 씨의 성을 포위했다. 넉 달 뒤 적은 포기했고 기요하라 씨의 지도자들은 불타는 방책防柵에서 빠져나와 탈출하려던 중에 살해됐다. 이 전쟁의 이름인 고산넨(3년)은 사실을 오도한다. 실제 전투가 벌어진 기간만 계산했을 뿐 교전이 멈추었던 시기는 포함하지 않았기 때문이다.

고우리의 음모, 1600
Gowrie Conspiracy, 1600

루스번의 습격 뒤 사형당한 고우리 백작 윌리엄 루스번의 아들들인 루스번 남작들은 퍼스의 고우리 하우스로 잉글랜드 왕 제임스 1세가 되는 스코틀랜드 왕 제임스 6세(1566~1625)를 초대하여 왕권을 빼앗으려 했다. 이때 벌어진 일은 불가사의하다. 제임스 6세는 분명 새로 발견한 보물을 주겠다는 약속에 2층으로 안내를 받아 올라갔는데, 갑자기 큰소리로 도움을 요청했다. 왕을 구출하러 올라간 사람들이 루스번 가문의 아들들 즉 존 루스번과 알렉산더 루스번을 처치한 뒤 납치 음모를 확인했다. 사건에 대해 알려주는 것은 제임스 6세의 설명뿐이다. 제임스 6세는 루스번 가문의 권리와 영지, 작위를 영원히 박탈했다.

고트족-로마 전쟁
Gothic-Roman Wars

○ 로마-고트족 전쟁

고트족-사르마트족 전쟁, 332~334
Gothic-Sarmatians War, 332~334

다키아(대체로 루마니아에 해당한다)에 정착한 스키타이-게르만족인 사르마트족(사르마티아족)은 고트족 등 다른 게르만족의 침입에 압박을 받았다. 사르마트족은 로마 황제 콘스탄티누스 1세(272?~337) '대제'에게 지원을 요청했고, 황제의 장남이 군대를 이끌고 도나우 강을 건너 북진하여 사르마트족에 합세했다. 이 연합군은 332년에서 333년에 고트족과 그 동맹 부족들을 무찔렀으나 미개한 사르마트족이 로마 제국을 침입했다. 콘스탄티누스 1세는 고트족을 설득하여 사르마트족을 진압하게 했고, 로마의 지원을 받지 못한 사르마트족은 고트족에 압도됐다. 역설적이게도 황제는 살아남은 사르마트족 약 30만 명에게 제국 안에 정착할 수 있도록 허용했다. 고트족은 한동안 잠잠했고 로마와 좋은 이웃으로 지냈다. 울필라(울필라스, 311?~383) 주교의 선교 노력 덕이기도 했고, 포이데라티* 지위를 얻어 군역을 제공하는 대가로 보조금을 받았기 때문이기도 했다.

○ 로마-고트족 전쟁

* foederati. 로마 공화정 초기부터 서로마 제국이 멸망할 때까지 있었던 제도로 로마가 제공하는 자치권을 누리지만 시민권을 부여받지 못하여 병력을 제공할 의무가 있는 동맹 정치체다. 프랑크족, 반달족, 알란족, 서고트족 등이 있었다.

고트족(이탈리아) 전쟁, 534~554
Gothic(Italian) War of 534~554

동고트족의 왕이자 이탈리아의 정복자였던 테오데리쿠스(테오도리크, 454~526) '대왕'이 사망한 뒤 이탈리아는 고트족의 허약한 왕들이 연이어 통치했다. 서로마 제국(이탈리아)과 동로마 제국(비잔티움 제국)을 다시 통합하려 했던 유스티니아누스 1세(482?~565)는 콘스탄티노플(오늘날의 이스탄불)

에 체류하며 가장 유능한 벨리사리우스(500?~565) 장군에게 이탈리아의 고트족 정복을 맡겼다. 제국 군대는 시칠리아를 침공하여 점령한 뒤 이탈리아 남부에 상륙하여 북진했다. 536년에 나폴리와 로마를 점령한 제국 군대는 1년간 지속된 고트족의 포위공격을 막아낸 뒤(537~538) 북쪽으로 진격했으나 식량과 증원군이 부족한 상태에서 고트족의 공격을 받았다. 539년 말 벨리사리우스는 라벤나에서 고트족의 항복을 받아내고 왕 비티게스(재위 536~539)를 콘스탄티노플에 포로로 보냈다. 541년 벨리사리우스는 황제의 요청에 따라 콘스탄티노플로 돌아왔다(유스티니아누스 1세는 벨리사리우스가 서쪽에서 로마 황제가 될까봐 두려웠다). 고트족의 요새 대부분이 점령됐으므로 전쟁은 끝난 듯했다. 비티게스의 조카인 토틸라(바두일라, 552년 사망)는 고트족의 새로운 왕이 되자마자 제국 군대가 차지했던 도시와 요새들을 수복하는 데 나섰으며 결국 이탈리아의 대부분을 지배하게 됐다. 벨리사리우스는 유스티니아누스 1세의 간곡한 요청에 다시 이탈리아로 가서 다섯 차례 더 고트족과 싸웠다. 벨리사리우스는 로마를 되찾아 큰 성공을 거두었으나 로마를 지키지는 못했다. 벨리사리우스는 다시 소환됐다. 토틸라는 이제 시칠리아와 사르데냐, 코르시카까지 세력을 확장했다. 552년 유스티니아누스 1세는 비잔티움 제국의 나르세스(478?~573) 장군과 잘 무장한 해군과 육군을 아드리아 해로 보내 이탈리아를 다시 차지하려고 했다. 아펜니노 산맥을 넘어 로마로 진격한 나르세스의 군대 약 2만 명은 552년 7월 타기나이(부스타 갈로룸, 오늘날 이탈리아의 구알도 타디노) 전투에서 토틸라가 지휘하는 1만 5천 명의 고트족 군대에 결정적인 패배를 안겼다. 토틸라를 포함하여 많은 고트족 전사가 살해됐다. 지도자를 잃은 고트족은 로마 등지에서 나르세스의 군대에 항복했고, 이탈리아는 짧은 기간 동안이었지만 유스티니아누스 1세의 통치를 받았다. 나라의 상당 부분이 폐허가 됐으며, 전쟁으로 유스티니아누스 1세의 재정도 고갈됐다.

○ 반달족-로마의 북아프리카 전쟁 ; 테오데리쿠스-오도아케르 전쟁

공익 동맹 전쟁
War of the Public Weal

○ 프랑스-부르고뉴 공국 전쟁

과나후아토 학살, 1810
Guanajuato Massacre, 1810

멕시코의 사제 미겔 이달고 이 코스티야(1753~1811)는 에스파냐의 멕시코 지배가 끝나야 한다고 주장한 뒤(● 멕시코 반란, 1810~11), 인디오와 메스티소(에스파냐인과 인디오의 혼혈)의 혼성 부대를 이끌고 멕시코 중부의 도시 과나후아토로 들어갔다. 이달고의 지지자들은 과나후아토의 한 창고에서 바리케이드를 치고 방어했던 에스파냐 정부의 관리들과 크리올(크리오요. 서인도제도를 포함한 라틴아메리카의 에스파냐 식민지에서 태어난 백인) 등을 공격하여 학살했으며 그 뒤 도시를 약탈했다.

과테말라 내전, 1961~96
Guatemalan Civil War of 1961~96

1961년 과테말라 공산주의자들이 이끄는 게릴라 단체(극좌파)는 강력한 기업가들과 지주들의 지지를 받는 군대와 정부의 마구잡이 인권침해에 적극적으로 나서 정치적 테러 전쟁을 개시했다. 약속됐던 사회 개혁과 농업 개혁, 경제 개혁도 더불어 방해를 받았다. 1967년에서 1968년에 우파 집단들도 정부를 공격하기 위해 공산주의자들과 동일한 테러 전술을 사용했다. 정부가 서서히 빈곤한 인디오 농민의 생활을 개선하는 정책을 이행하려 했기 때문이다(과테말라 인구에서 순수한 인디오는 절반을 넘었고, 나머지는 대체로 라디노라고 불리는 에스파냐인과 인디오의 혼혈인이다). 1968년 1월 16일 공산주의 게릴라들은 수도 과테말라시티에서 미국 대사관의 육군 무관 2명을 저격하여 치명상을 입혔고, 1968년 8월 18일에는 미국 대사를 납치하려다 대사가 저항하자 살해했다. 1970년 우파 반체제 세력의 선동에 자극받은 좌파 반체제 세력이 폭력과 살인을 일삼아 공포와 혼란이 만연해졌다. 1970년 4월 5일 좌파 테러리스트들은 서독 대사를 납치했고 정부가 자신들의 요구(몸값 70만 달러와 정치범 25명의 석방)를 거절하자 그를 살해했다. 1978년 중반 페르난도 로메오 루카스 가르시아(1924~2006) 장군이 대통령이 됐는데, 전하는 바에 따르면 루카스 가르시아는 야당 정치 지도자 76명을 포함하여 약 5천 명의 살해를 명령했다고 한다. 미국은 잔인하고 부패한 루카스 가르시아 정권에 대한 군사원조를 중단했다. 1982년 불만을 품은 군 장교들이 루카스 가르시아를 축출하고 정권을 장악했다. 1983년 8월과 10월에 두 차례 군사 쿠데타가 발생했고, 1984년에 제헌의회가 구성되어 새 헌법을 제정했다. 1986년 마르코 비니시오 세레소 아레발로(1942~)가 대통령에 당선되어 과테말라는 민간 통치로 복귀했다. 5년 뒤 대통령직을 이어받은 호르헤 세라노 엘리아스(1945~)는 1993년에 헌법의 효력을 정지시키려다 군부와 기업계, 정치권의 지도자들에게 축출됐다. 그 뒤 일시적으로 게릴라들과 휴전이 이루어져 민주주의가 어느 정도 회복됐고 4명의 반군 최고 지도자와 정부 대표단 사이에 평화협정이 체결됐다(1996년 12월 29일). 전쟁으로 약 15만 명이 사망했으며 약 5만 명이 행방불명됐다. 사망자의 대부분은 인디오 주민이었다. 나라를 재건해야 하는 어려운 과제가 남았다.

과테말라 전쟁, 1885
Guatemalan War, 1885

1871년 자유당의 미겔 가르시아 그라나도스(1809~78)와 후스토 루피노 바리오스(1835~85)가 90일간의 군사행동으로 정부를 전복한 뒤 수도 과테말라시티를 점령하면서 오랜 기간 지속된 보수당의 통치가 끝났다. 그라나도스는 2년 동안 대통령으로 재임한 뒤 1873년에 은퇴했고 군 총사령관인 바리오스가 뒤를 이었다. 독재자처럼 통치했던 바리오스는 교회 권력을 축소했으며 주요 상업 작물인 커피의 재배를 장려하여 과테말라 경제를 튼튼하게 했다. 1876년 바리오스는 중앙아메리카 국가들의 평화적 통합을 실현하려다 실패했다. 1885년 2월 25일 바리오스는 자신을 대통령이자 군대 최고 지휘관으로 하는 중앙아메리카연방 공화국의 설립을 호소했다. 연방 국가 설립의 제안은 과테말라와 동맹했던 온두라스가 지지했으나, 엘살바도르와 니카라과, 코스타리카는 거부했다. 포르피리오 디아스(1830~1915) 멕시코 대통령도 제안에 반대하고 양국 사이의 국경에 부대를 배치했다. 바리오스는 무력으로 연방을 수립하고자 군대를 이끌고 엘살바도르로 쳐들어갔으나 1885년 4월 2일 찰추아파 전투에서 패하고 전사했다. 이로써 중앙아메리카를 통합하려는 또 한번의 시도가 실패로 돌아갔다.

과테말라 혁명, 1954
Guatemalan Revolution of 1954

1950년 자유주의적인 하코보 아르벤스 구스만(1913~71) 대령이 군대와 여러 좌파 정당의 지지를 얻어 과테말라 대통령에 당선됐다. 아르벤스는 이후 공산주의자들이 지지하는 농업개혁법에 서명하여(1952) 유나이티드프루트 회사를 비롯한 대토지 소유자들의 재산을 몰수했다. 1954년 3월 미국과 여러 라틴아메리카 국가가 회의를 열고 서반구에서 강해지고 있는 공산주의 운동을 비난했다. 곧이어 폴란드 선박이 과테말라에 공산주의 국가의 무기를 하역했으며 미국은 온두라스와 니카라과에 무기를 보내 국가의 방어에 쓰도록 했다. 1954년 6월 18일 카를로스 카스티요 아르마스(1914~57) 대령이 온두라스에서 2천 명의 반공산주의 군대를 이끌고 과테말라를 침공했으며 아르벤스 군대의 별다른 저항을 받지 않고 신속히 나라를 장악했다. 과테말라 정부는 국제연합 UN 안전보장이사회와 소련에 도움을 요청했으며 미주기구 OAS는 분쟁 조사에 나섰다. 그러나 국제기구들이 결정을 내리기도 전에 아르벤스는 축출되어(1954년 6월 27일) 멕시코로 도주했다. 카스티요 아르마스가 수도 과테말라시티를 점령하고 군사평의회 의장이 됐으며, 그 뒤 대통령으로 당선됐다.

교외郊外(아라발) 반란, 818
Revolt of the Suburb(Arrabal), 818

805년 음모자들이 에스파냐 코르도바의 후기 우마이야 왕조 에미르(군주) 알 하캄 1세(재위 769~822)를 쫓아내려 했으나 실패했다. 알 하캄 1세가 억압적인 조치를 실행하고 무거운 세금을 부과하자 코르도바의 반대파는 심히 분노했으며, 결국 818년 3월에 코르도바 교외郊外(에스파냐어로 아라발)의 주민들이 격렬한 반란을 일으켰다. 에미르의 궁전이 습격을 받았으나 수비대가 공격해오는 반란자들을 학살했으며, 이어 교외의 주요 인사 300명을 십자가에 매달아 죽였다. 교외는 약탈당했고 완전히 파괴됐으며, 대략 6만 명에 이르는 주민 전체가 에스파냐에서 추방당했다. 일부는 모로코의 페스에 정착했고, 나머지는 해적이 되어 이집트의 알렉산드리아를 장악했다가 827년에 크레타 섬으로 쫓겨났다. 에스파냐의 톨레도에서 에스파냐 그리스도교교도와 유대교도가 반란을 일으켰으나, 814년에 알 하캄 1세에게, 뒤이어 837년 에미르 지위를 이어받은 압드 아르 라흐만 2세(788~852)에게 잔인하게 진압됐다.

교황령-신성로마제국 전쟁
Papacy-Holy Roman Empire Wars

○ 신성로마제국-교황령 전쟁

구르 왕조-가즈나 왕조의 아프가니스탄 전쟁, 1148~52
Afghan War between Ghur and Ghazna, 1148~52

오늘날의 아프가니스탄과 이란에 있던 가즈나 왕조는 마흐무드(971~1030)가 사망한 뒤 쇠퇴했으며, 아프가니스탄 산악지대에 있던 속국 구르(고르)가 종주국에 맞서 일어났다. 샨사바니 왕조 치하의 구르인들은 1151년에 알라 웃 딘 후사인의 지휘로 가즈나 왕조의 수도를 공격하여 포위했고, 결국 1152년에 점령하여 7일 동안 약탈하며 불태웠다. 가즈나 왕조의 왕으로 가즈나(오늘날 아프가니스탄의 가즈니)를 마지막으로 통치했던 바르함 샤(야민 웃 다울라, 1118~52)는 1151년 가즈나에서 라호르로 수도를 이전했다. 가즈나인들은 케르만 술탄국으로부터 지원을 받아 가즈나를 되찾았으나 일단의 오구즈 튀르크족 약탈자들에게 빼앗겼다. 1173년 무함마드 구르(1150~1206)가 인도 정복에 나서기에 앞서 이들을 축출했고, 1175년에 가즈나를 구르의 부도副都로 삼았다.

○ 마흐무드 가즈나의 정복 ; 무함마드 구르의 정복

구르카족 전쟁, 1814~16
Gurkha War, 1814~16

○ 영국령 인도-네팔 전쟁

9월 학살, 1792
September Massacres, 1792

프랑스 왕 루이 16세(1754~93)가 폐위되고 왕의 가족이 투옥된 뒤(○ 프랑스 혁명), 많은 프랑스인은 감옥에 갇힌 왕당파 인사들이 반란을 계획하여 반혁명 음모에 가담하리라고 생각했다. 과격파는 반란을 일으킬 가능성이 있는 자들을 모조리 죽이라고 요구했다. 1792년 9월 2일 무장한 파리 시민들이 도시의 한 곳에서 다른 감옥으로 이감 중인 죄수들을 공격하여 살해했다. 그 뒤 '자발적인' 폭도가 파리와 베르사유, 리옹, 오를레앙, 랭스 등지의 수감자들 중 혐의자를 색출하여 서둘러 재판을 진행한 뒤 즉석에서 처형했다. 6일 동안 약 1,200명이 죽었고, 이들의 죽음은 프랑스 정부의 지배권을 두고 경쟁하던 여러 파벌 사이에서 정치적인 문제가 됐다.

군기軍旗 전투, 1138
Battle of the Standard, 1138

스코틀랜드의 데이비드 1세(1085?~1153)는 결혼을 통해 헌팅턴 백작이 되어 잉글랜드의 땅 노섬브리아와 더럼을 통제했다. 데이비드 1세는 이 땅을 스코틀랜드에 병합하기를 원했으나 행동에 나서지 못하고 있었는데, 잉글랜드 왕 스티븐(스티븐 블루아, 1096?~1154)과 왕위를 두고 싸우던 마틸다(1102?~67)가 자신을 지원해주면 헌팅턴과 노섬브리아, 컴벌랜드를 할양하겠다고 제안했다(◐ 잉글랜드 왕위 계승 전쟁, 1138~54). 1138년 7월 데이비드 1세는 군대를 이끌고 잉글랜드 북부로 들어갔고, 노샐러턴에서 마차 위에 '군기(깃발을 매단 장대)'를 꽂아둔 채 주위를 둘러싼 잉글랜드 귀족들의 군대와 대결했다(전투의 이름은 여기에서 유래한다). 잉글랜드의 군기에는 요크셔 현지의 성인 3명과 성체聖體가 그려져 있었다. 잉글랜드인들은 스코틀랜드인들과 맞서는 것은 신성한 의례의 거행이라고 설교하며 군대를 모으는 데 기여했던 요크 대주교 서스탠(1070?~1140)의 축성을 받아 스코틀랜드인들을 공격하여 물리쳤다. 스코틀랜드인들은 데이비드 1세가 죽었다는 헛소문을 듣고 도망갔다. 양쪽은 협정을 체결했다. 데이비드 1세는 칼라일과 컴벌랜드 등 원하던 땅을 계속 보유했으나 스티븐은 전략적으로 중요한 뱀브러 성과 뉴캐슬 성을 차지했다. 데이비드 1세는 스티븐에게 충성을 약속했다.

굽타 왕조의 정복, 320~467
Conquests of the Gupta Dynasty, 320~467

마우리아 제국이 몰락한 뒤(● 마우리아 제국의 정복), 이방인 침략자들이 인도에 세운 여러 정치체제 가운데 마지막이었던 나라는 40년경 아시아 유목민들이 수립한 쿠샨 왕조였다. 쿠샨 왕조는 3세기부터 허약함을 드러냈고 굽타 왕조의 찬드라굽타 1세(335년 사망)가 리차비족의 공주 쿠마라데비와 결혼하여 마가다 왕국을 상속했을(320?) 즈음에는 상당히 약해져 있었다. 찬드라굽타 1세는 비록 자신에 앞서 같은 이름을 썼던 사람*과 혈족 관계는 아니었지만 굽타 왕조를 서쪽으로 확장하여 그를 흉내 냈고, 세상을 떠날 즈음에는 알라하바드까지 도달했다. 찬드라굽타 1세의 아들 사무드라굽타(330?~380)는 제국을 동쪽으로는 아삼까지, 서쪽으로는 펀자브 경계까지 확장하여 데칸 고원의 12개 왕국으로부터 종주국의 예를 받았고 사카족(스키타이족)과 그 종족의 수도 우자인(오늘날의 마디아프라데시 주에 있다)에서 싸웠다. 사무드라굽타의 아들 찬드라굽타 2세(재위 380?~414)는 사카족 왕국(오늘날의 뭄바이 주)의 나머지 땅을 정복하여 왕조의 영토를 더 넓혔다. 굽타 왕조는 이제 파탈리푸트라(파트나)와 우자인에 수도를 정하고 북인도 전역을 지배했다. 서북부 모퉁이만 차지하지 못했는데 그곳은 외부의 침략자들이 늘 통로로 이용하는 고갯길이 있던 곳이었다. 굽타 제국은 번성하고 수준 높은 문화를 지녔기에 대부분의 역사가들로부터 인도의 고전기를 구현했다는 평가를 받았으나 서북부의 고갯길들을 장악하지 못해 결국 몰락했다. 에프탈족(화이트 훈족)의 침공이 성공하면서 제국은 완전히 힘을 잃었고, 왕조의 마지막 통치자가 사망할 때(467) 남은 곳은 벵골뿐이었지만 이마저도 499년에 잃었다. 북인도와 남인도 모두 마우리아 제국 이전의 상태로 축소됐다. 작은 나라들이 교역로와 항구의 지배권을 두고 끊임없이 다투었는데, 북부에서는 인더스 강 유역과 갠지스 강 유역, 남부에서는 북회귀선 아래 해안 지역이 쟁탈의 대상이었다.

● 찰루키아 왕조 전쟁 ; 찰루키아—하르샤 전쟁

* 인도 마우리아 제국의 창시자 찬드라굽타 마우리아(재위 기원전 320?~기원전 298).

'귀글러' 전쟁, 1375~76
'Gügler' War, 1375~76

뒷날 수아송 백작이 되는 쿠시의 영주 앙게랑 7세(1340~97)는 사촌인 합스부르크 가문의 오스트리아 공작 레오폴트 3세(1351~86)가 보유하고 있는 스위스의 영토 아르가우를 (어머니로부터 물려받은 권리로서) 요구했다. 앙게랑 7세는 백년 전쟁의 두 번째 국면에서 프랑스 왕으로부터 프랑스인과 잉글랜드인 용병 1만 명을 모집해도 좋다는 허가를 받고 자금도 얻었다. 여기에 앙게랑 7세가 초청한 기사들이 합류했다. 이 군대는 프랑스를 지나 알자스로 진격했고 여러 지역을 폐허로 만들며 남쪽으로 바젤까지 이동했으며 쥐라 산맥을 넘어 1375년 11월에 아르가우 남부로 진입했다. 용병들은 무거운 외투를 입고 뾰족한 미늘이 달린 덮개(이는 스위스식 독일어로 귀글러라고 불렸는데 전쟁의 명칭은 여기에서 따왔다)를 둘렀다. 레오폴트 3세는 북쪽의 브라이자흐에서 편안히 숨어 지내며 싸우기를 거부했다. 대신 레오폴트 3세는 아르가우를 철저히 파괴하여 앙게랑 7세의 군대에 단 하나의 마을도, 단 1명의 사람도, 전리품도, 가장 중요하게는 식량을 남기지 말 것을 명령함으로써 스위스인들의 끝없는 증오를 일깨웠다. 귀글러 군대는 스위스 연합의 소규모 시민군에 맞서 싸우려고 셋으로 갈라졌는데 이는 실수였다. 스위스 연합의 시민군은 이미 오스트리아의 공격을 저지하며 많은 경험을 쌓은 군대였다. 스위스인을 도우러 온 베른인들은 프라우브루넨에서 귀글러를 궤멸했으며(1375년 12월 27일), 1376년 봄에 귀글러는 힘들게 싸워 서쪽으로 쥐라 산맥을 넘어 프랑스로 들어가야 했다.

❍ 오스트리아-스위스 전쟁, 1385~88

귀족 전쟁, 1263~65
Barons' War, 1263~65

잉글랜드 왕 헨리 3세(1207~72)는 대헌장(마그나 카르타)을 무시하고 오만하게 통치했다. 6대 레스터 백작 시몽 드 몽포르(1208?~65)가 이끄는 귀족들은 헨리 3세의 비용만 많이 드는 어리석은 정책에 반대하여 1259년에 개혁위원회를 설립했다. 그러나 개혁위원회도 서투르게 운영됐다. 헨리 3세는 이전의 법률적 속박을 비난하며 개혁파에 맞섰다. 1263년 몽포르는 잉글랜드의 귀족들을 이끌고 반란을 일으켰다. 1264년 헨리 3세는 루이스 전투에서 몽포르의 군대에 허를 찔려 패했고 아들과 동생과 함께 포로로 잡혔다. 이후 몽포르는 최초의 하원 선거를 비롯한 여러 개혁을 시행하며 통치했으나 이런 개혁들로 인해 귀족들의 분노를 샀다. 1265년에 탈출한 헨리 3세의 아들 에드워드(에드워드 1세, 1239~1307)는 잉글랜드인과 웨일스인의 지원을 받아 케닐워스에서 몽포르의 아들을 물리친 뒤 1265년 8월 4일 이브셤에서 결정적인 전투를 치렀다. 에드워드는 몽포르의 군사전략을 이용하여 개혁파 군대들이 폭이 좁은 다리 위로 천천히 줄지어 건너올 수밖에 없도록 만들었다. 몽포르는 전사했고, 이후 2년 동안 귀족의 저항이 모조리 진압된 뒤 왕의 전제적 통치가 회복됐다.

그라나다 포위공격, 1491~92
Siege of Granada, 1491~92

1491년에 에스파냐 남부의 무어인 왕국 그라나다는 대부분이 카스티야·아라곤 연합군의 그리스도교도 군대 수중에 떨어졌다(● 에스파냐의 그리스도교도-이슬람교도 전쟁, 1481~92). 왕국 수도인 그라나다의 주민은 카스티야 여왕 이사벨 1세(1451~1504)와 아라곤 왕 페르난도 2세(카스티야 왕 페르난도 5세, 1452~1516)의 종주권을 인정하지 않았다. 그라나다 주민은 보아브딜이라고 알려진 술탄 무함마드 12세 아부 압달라(1460?~1533?)에게 페르난도 2세와 맺은 휴전협정을 깨고 자신들을 지휘하여 왕국을 지키자고 요청했다. 무함마드 12세는 이를 받아들였다. 1491년 4월 카스티야가 그라나다를 포위하고 서부 지휘소 산타페를 건설하여 그라나다가 외부 세계와 연락하지 못하도록 효과적으로 차단했다. 무어인들이 성에서 출격했으나 그리스도교도의 우세한 군대에 패배했다. 결국 식량이 부족해지자 무함마드 12세는 평화협상에 들어갈 수밖에 없었고, 1492년 1월 2일에 항복했다. 무어인 그라나다 왕국의 찬란한 궁성 요새인 알람브라가 카스티야의 손에 넘어가고 하루가 지난 뒤였다. 1492년 1월 6일 페르난도 2세와 이사벨 1세가 그라나다에 입성했다. 두 사람은 무어인에게 예배의 자유와 자치 정부를 허용하며 관대하게 통치했다. 무어인은 북아프리카로 이주할 수도 있었다. 그라나다의 함락으로 이슬람 세력의 에스파냐 통치는 종말을 고했다.

그라니코스 전투, 기원전 334
Battle of Granicus, BCE 334

알렉산드로스(기원전 356~기원전 323) 대왕과 다리우스 3세(기원전 380?~기원전 330)가 처음으로 큰 전투를 벌인 곳은 소아시아 서북부의 작은 강인 그라니코스(오늘날의 비가) 강의 하구였다(○ **알렉산드로스 대왕의 정복**). 기원전 334년 봄 알렉산드로스는 고인이 된 아버지 필리포스 2세(기원전 382~기원전 336)의 계획 즉 페르시아 제국 정복을 이행하기 위해 마케도니아인 보병 3만 명과 기병 5천 명을 이끌고 해군 선박 160척의 지원을 받아 헬레스폰트(오늘날의 다르다넬스) 해협을 건넜다. 기원전 334년 5월 알렉산드로스는 그라니코스 강을 건넌 뒤 중기병 부대를 이끌고 4만 명의 페르시아 군대와 대결하여 페르시아의 경기병 부대를 신속히 격파했다. 1만 명에 이르는 그리스인 용병을 이끌고 다리우스 3세의 군대에 합세한 로도스의 멤논(기원전 380~기원전 333)은 퇴각하며 지역을 폐허로 만들려고 했으나, 자신들이 통치하던 페르시아 주들을 보전하고자 했던 태수들은 멤논에게 그라니코스에서 싸울 것을 강요했다. 멤논의 군대는 알렉산드로스에게 궤멸됐다. 짧은 기간의 전투에서 페르시아는 막대한 손실을 입었지만, 마케도니아는 손실이 적었다. 그 뒤 알렉산드로스는 소아시아 해안의 그리스 도시들을 페르시아의 지배에서 해방시켰다.

○ 이수스 전투

그라쿠스 형제의 반란, 기원전 133, 기원전 121
Revolt of the Gracchi, BCE 133, BCE 121

그라쿠스 형제로 알려진 티베리우스 그라쿠스(기원전 163~기원전 133)와 그의 동생 가이우스 그라쿠스(기원전 154~기원전 121)는 로마를 지배한 귀족들에 반대하여 민주적인 개혁을 시도했다. 기원전 133년 호민관으로 당선된 티베리우스는 이탈리아의 공유지를 자유민 농민들에게 분배하여 부유한 로마 지주들에게 불리한 농지법을 통과시켰다. 티베리우스는 속주의 문제를 원로원에 맡기는 관례에 맞서다가 정적들이 부추긴 호민관 선거일의 폭동 중에 지지자 약 300명과 함께 살해됐다. 10년 뒤 형과 마찬가지로 호민관이 된 가이우스는 새로운 농지법과 사회 개혁 관련 법률들을 제정하여 재정과 속주에 관한 원로원의 권한에 도전했으며 형의 죽음에 복수했다. 그러나 가이우스는 세 번째 호민관 당선에 실패했다. 기원전 121년 지지자들은 그라쿠스법이 폐기될 가능성을 염려하여 무장하고 로마에서 원로원의 군대와 싸웠으나 패배했다. 지지자 약 250명이 전사했고 원로원의 명령에 따라 3천 명이 사형됐다.

○ (제1차) 노예 전쟁

그레나다 침공, 1983
Invasion of Grenada, 1983

1983년 10월 25일 새벽 미국군 해병대와 육군 특수부대 Army Rangers, 해군 특수부대 Navy SEALs, 제82공수사단의 몇몇 부대가 영연방 소속인 카리브 해의 작은 섬 그레나다를 침공했다. 이 기습공격에는 몇몇 카리브 해 국가의 군대도 참여했는데, 미국은 자국 시민 1천 명의 안전을 보장하는 것이 임무라고 밝혔다. 6일 전 마르크스주의자들이 모리스 비숍(1944~83) 총리를 살해하고 권력을 장악하여 새로운 군사정부를 세웠는데, 이 때문에 그레나다에 있는 미국 시민(대부분이 의학대학 학생들)의 안전이 위험해졌다는 것이었다. 동東카리브해국가기구 OECS와 서 폴 스쿤(1935~) 그레나다 총독은 그레나다에서 쿠바와 다른 공산주의 국가들의 영향력이 커지는 데 맞서고자 미국에 도움을 요청했다. 그레나다의 소규모 군대는 포인트세일린스에서 거대한 공항을 건설하고 있던 쿠바 병사들과 노동자들의 도움을 받아 여러 날 맹렬히 저항했으나 약 1,200명에서 7천 명 이상으로 증가한 침공군에 결국 완패했다. 수많은 정부군이 내륙의 밀림으로 도피하여 싸움을 계속했으나 군사정부의 지도자들은 한 달이 못 되어 전부 체포됐고, 쿠바인과 소련인, 북한인, 리비아인, 동독인, 불가리아인, 반란의 혐의가 있는 그레나다 공산주의자들이 체포되어 포로수용소에 억류됐다. 1983년 12월 중반 미국군 전투원은 전부 그레나다를 떠났고 스쿤은 선거가 가능해질 때까지 통치할 9인 자문위원회를 설치했다. 1984년 선거로 중도파 정부가 들어섰다. 침공으로 미국군 군인 19명이 사망했고, 그레나다인과 쿠바인 사망자 수는 알려지지 않았다.

그루지야 내전, 1991~93, 1996~2005
Georgian Civil Wars of 1991~93, 1996~2005
○ 조지아 내전, 1991~93, 1996~2005

그리스 내전, 1944~49
Greek Civil War of 1944~49

제2차 세계대전이 끝날 무렵 그리스 공산주의자들은 당시 영국군이 점령하고 있던 그리스를 넘겨받으려 했으나 6주 동안(1944년 12월 3일~1945년 1월 15일) 전투를 벌인 끝에 진압됐다. 영국은 서로 싸우는 우파와 좌파가 타협하여 휴전하도록 조정했고 섭정이던 그리스정교회의 다마스키노스(1891~1949) 대주교가 총리로 취임해 정부를 구성할 수 있도록 지원했다. 1946년 9월 그리스 국민이 군주제의 부활과 요르고스 2세(1890~1947)의 복위에 찬성한 뒤 공산주의 반군은 알바니아와 유고슬라비아, 불가리아의 지원을 받아 나라의 일부 지역을 점령했다. 영국으로부터 약간의 지원을 받은 정부 관리들은 국제사회에 도움을 요청했다. 해리 S. 트루먼(1884~1972) 미국 대통령은 트루먼 독트린에 따라 그리스(와 터키)에 경제적·군사적 원조를 확대했으며, 국제연합UN은 알바니아와 유고슬라비아, 불가리아에 반군 지원을 중단하라고 요구했다. 1947년 공산주의자들은 북부 접경 지역으로 밀려났고, 불가리아와 루마니아가 UN의 비난을 무릅쓰고 지원했는데도 1949년 8월 말 그리스와 알바니아 국경 산악지대의 근거지에서 포위됐다. 유고슬라비아는 1948년에 지원을 중단하고 국경을 폐쇄했다. 1949년 10월 16일 내전이 종결됐다.

그리스 독립 전쟁, 1821~32
Greek War of Independence, 1821~32

오스만 제국의 지배에서 벗어나 독립하고자 하는 그리스인의 열망은 서구 사상과 오스만 제국의 압제, 그리스 문화유산의 재발견 등에서 비롯됐다. 1821년 이전에는 이러한 열망이 두 가지 형태로 표출됐다. 그리스 민족주의 단체들, 특히 필리케 에테리아(우애회)는 교육받은 자들을 끌어모았으며, 클레프트klephts(그리스 산적)가 보여준 강도질과 폭력은 교육 수준이 낮은 자들에게 호소했다. 전쟁은 1821년에 입실란티스 반란으로 시작됐고, 이어 1822

년 1월 13일 그리스의 에피다브로스에서 독립이 선포됐다. 데메트리오스 입실란티스(두미트루 입실란티, 1793~1832)가 이끄는 그리스 반란자들은 육상과 해상에서 일제히 움직여 모레아(오늘날의 펠로폰네소스 반도)의 군 주둔지와 주요 항구들을 장악하고 식량을 나르는 오스만 제국의 선박들을 봉쇄했다. 반란자들은 모레아에 있는 오스만 제국의 주요 요새 트리폴리스(트리폴리차. 오늘날의 트리폴리)와 오스만 제국 술탄의 개인 재산으로 여겨진 아테네를 점령했다. 1822년에서 1823년에 오스만 제국 군대는 코린토스 만 입구에 있는 그리스의 요충지 메솔롱기 요새를 점령하는 데 실패한 뒤 철수했다. 한편 예니체리(오스만 제국의 정예 친위 부대)는 크레타 섬에서 그리스도교도를 학살했고(**◒ 크레타 반란, 1821~22**), 다른 오스만 제국 군대는 키오스 섬을 완전히 파괴하고 약 10만 명을 노예로 삼았다. 그러나 오스만 제국은 모레아를 탈환할 수 없었다. 1822년 그리스인들은 입헌 정부를 수립하기 위해 싸움의 고삐를 늦추는 실수를 범했다. 그리스인 내부에 분란이 일었고 내전이 발발했다. 1825년 오스만 제국 술탄 마흐무드 2세(1789~1839)가 이집트 총독 무함마드 알리(1769~1849)에게 지원을 요청했을 당시 그리스인들은 매우 약해진 상태였다. 총독의 아들 이브라힘(1789~1848)이 이집트 육군과 해군 원정대를 이끌고 모레아로 들어가 반도를 완벽히 장악했다. 북쪽에서 침공해 들어온 오스만 제국은 1826년에 메솔롱기를 포위하여 빼앗았고, 이듬해 아테네도 함락했다. 잔인한 오스만 제국을 내치려는 그리스의 투쟁은 유럽 국가들을 자극했고, 영국과 러시아는 그리스의 자치를 목적으로 그리스와 오스만 제국을 중재하자는 의정서에 서명했다. 이에 프랑스가 합세했고, 세 나라는 이집트의 철군을 요구했다. 이집트가 이를 거부하고 오스만 제국 정부가 휴전을 거절하자, 세 나라는 그리스로 해군을 파견하여 1827년 10월 20일 나바리노 전투에서 오스만 제국·이집트 연합 함대를 거의 궤멸했다. 프랑스는 이브라힘 군대의 잔여 병력을 그리스에서 내몰았다. 이후 1828~29년의 러시아-오스만 제국 전쟁으로 오스만 제국의 세력은 더욱 약해졌으며, 오스만 제국은 에디르네 조약(1829)으로 도나우 강 유역의 공국들(몰다비아와 왈라키아)을 포기하고 그리스의 자치를 승인했다. 1832년 런던 조약이 발효되면서 오스만 제국 정부는 마지못해 그리스의 독립을 받아들였다.

○ 예니체리의 반란, 1826

그리스-오스만 제국 전쟁(30일 전쟁), 1897
Greco-Turkish War(Thirty Days' War) of 1897

1896년 크레타 봉기 중에 오스만 제국 사람들이 그리스도교도를 학대한 일로 그리스 대중이 분노하자, 봉기 기간에 크레타 섬을 병합하려는 그리스 정부의 결의는 한층 더 강해졌고 오스만 제국 정부는 그리스와 맞서 싸울 수밖에 없었다. 그리스는 크레타 섬과 테살리아에서 별개의 전쟁을 벌였다. 오스만 제국이 두 지역에서 계속 승리하자 그리스는 크레타 섬에서 철군하고 1897년 5월 19일 테살리아에서 휴전을 받아들여야 했다. 4개월 뒤 평화 조약이 체결됐다. 전쟁은 그리스에 재앙이었다. 배상금을 물어야 했고 테살리아의 일부를 빼앗겼기 때문이다. 게다가 그리스의 재정을 감독하기 위해 국제위원회가 설립됐다. 오스만 제국은 크레타 섬에서 철군하고 크레타 섬이 그리스의 요르고스 왕자가 관리하는 국제보호국이 되도록 허용해야 했다. 오스만 제국 군대는 1898년에 떠났고, 제1차 발칸 전쟁을 끝낸 1913년의 런던 조약으로 크레타 섬은 마침내 그리스에 통합됐다.

그리스 전쟁, 기원전 323~기원전 322
Greek War of BCE 323~BCE 322
○ 라미아 전쟁

그리스-터키 전쟁, 1920~22
Greco-Turkish War of 1920~22

뒷날 케말 아타튀르크(1881~1938)로 알려진 무스타파 케말은 민족주의자들의 임시정부가 있는 앙카라에서 연합국의 점령과 오스만 제국 해체에 맞서 터키인들의 저항을 이끌었는데, 이런 저항의 목적 중 하나는 아나톨리아 서부에서 그리스 군대를 축출하는 것이었다. 그리스는 1920년의 세브르 조약에 의해 트라키아의 동부 대부분을 할양받았고 스미르나(오늘날의 이즈미르)를 받았으나 아나톨리아에서도 가능한 한 많은 영토를 얻으려고 터키를 계속 공격했다. 그리스 군대는 장비가 부실하고 보급 경로 역시 매우 취약했는데도 에스키셰히르로 진격했다. 그리스는 이뇌뉘에서 두 차례(1921년 1월과 3월) 격퇴됐지만 악착같이 앙카라로 이동했다. 그리스 군대는 앙카라에서 110킬로미터 정도 떨어진 사카리아 강에서 3주 동안 싸우며(1921년 8월 23일~9월 13일) 대패한 뒤 스미르나까지 약 400킬로미터에 이르는 거리를 1년에 걸쳐 고통스럽게 퇴각했다. 케말의 군대는 1922년 9월 9일에서 11일까지 스미르나를 포위하여 점령했다. 수많은 그리스 병사와 민간인이 터키인들에게 잡혀 학살당했다. 1923년 7월 24일 로잔 조약이 세브르 조약을 대체하여 분쟁을 종결지었고, 그리스는 어쩔 수 없이 동트라키아를 터키에 반환하고 모든 점령군을 철수했으며 터키의 섬들을 돌려주었다. 그리고 이전에 오스만 제국의 백성이었던 그리스인 소수민족과 자신들의 땅에 살던 튀르크족 소수민족을 교환했다.

○ 터키 독립 전쟁

그리스-페르시아 전쟁, 기원전 500~기원전 448
Greco—Persian Wars, BCE 500~BCE 448

기원전 500년경 다리우스 1세(기원전 550~기원전 486) 치하에서 크게 뻗어가던 페르시아 제국은 고대 세계에서 가장 큰 나라였다. 이오니아가 아테네인들의 도움으로 반란을 일으키자 다리우스 1세는 그리스에 복수하고자 했다. 다리우스 1세의 첫 번째 시도는 기원전 490년 마라톤 전투에서 아테네 군대의 기지와 기동력 때문에 좌절됐다. 다리우스 1세는 유럽을 거쳐 침공하는 것이 최선의 선택이라고 생각했다. 기원전 480년에 다리우스 1세의 아들 크세르크세스 1세(기원전 519?~기원전 465)는 대군을 이끌고 헬레스폰트(오늘날의 다르다넬스) 해협에 다리를 놓고 건너가 테살리아를 점령하여 테르모필라이 전투에서 승리했다(기원전 480). 이 전투에서 레오니다스 1세(기원전 480년 사망)가 이끄는 스파르타 군대와 동맹국 군대가 산악지대의 고갯길에서 영웅적으로 저항했다(○ 페르시아의 그리스 침공). 그러나 그리스 폴리스들의 연합군은 기원전 480년에 살라미스에서, 기원전 479년에는 미칼레(오늘날 터키의 삼순) 곳에서 페르시아 함대를 격파했다. 한편 그리스 육군은 극심한 어려움을 극복하고 보이오티아 남부의 플라타이아에 있는 페르시아의 기지基地를 솜씨 좋게 파괴했다. 페르시아의 침공 위협이 도사린 가운데,

이오니아의 폴리스들은 아테네의 지도와 도움을 받아 기원전 478년에 델로스 동맹을 결성했다. 아테네의 장군으로 밀티아데스(기원전 540?~기원전 489)의 아들인 키몬(기원전 507?~기원전 449)이 그리스 군대를 이끌고 트라키아와 에게 해 해안의 폴리스들을 되찾았다. 기원전 466년 키몬의 군대는 소아시아의 에우리메돈(오늘날의 쾨프뤼차이) 강에서 벌어진 해군과 육군의 대규모 전투에서 페르시아를 격파했다. 페리클레스(기원전 495?~기원전 429)가 지휘한 아테네는 그 뒤 이집트에서 일어난 반란도 지원했다. 기원전 459년 페리클레스는 이집트의 수도 멤피스를 봉쇄했다. 그곳에서 페르시아와 대적한 그리스는 기원전 456년경 벌어진 전투에서 함대 2개를 잃고 나일 강의 한 섬에 반란자들과 함께 갇혔다. 이들을 포위한 페르시아는 기원전 454년에 강의 물줄기를 바꾸어 반란을 진압했다. 페리클레스가 도편추방으로 내쫓았던 정적 키몬이 다시 돌아와 기원전 450년에 키프로스의 살라미스에서 페르시아와 싸워 승리를 거두었다. 키몬은 이듬해 키티온(오늘날의 라르나카)을 포위하여 키프로스의 대부분을 죽기 전까지 되찾았다. 기원전 448년 칼리아스의 평화조약으로 전쟁은 끝났고, 페르시아는 에게 해에 들어가지 않는다는 데 동의했다. 평화는 40년간 지속됐다.

○ (제1차) 펠로폰네소스 전쟁

글렌코 학살, 1692
Glencoe Massacre, 1692

잉글랜드와 스코틀랜드, 아일랜드의 왕 윌리엄 3세(1650~1702)는 하일랜즈의 재커바이트(제임스 2세 지지파)를 여러 방식으로 통제하려 했다(○ 재커바이트의 반란, 1689~90). 윌리엄 3세는 요새를 건설했고 충성을 사기 위해 씨족의 족장들에게 돈을 주었다. 그런 뒤에 충성의 맹세를 요구했는데, 받아들이지 않으면 죽이겠다고 위협했다. 윌리엄 3세의 위협을 받은 족장들은 쫓겨난 왕 제임스 2세(1633~1701)에게 윌리엄 3세의 요구대로 충성을 맹세해도 되는지 허락을 구했다. 제임스 2세는 처음에는 잉글랜드로 돌아가 왕위를 되찾을 생각에 머뭇거렸다가 그 가능성이 사라지자 윌리엄 3세에게 충성을 맹세해도 좋다는 전갈을 보냈다. 그러나 전갈은 윌리엄 3세가 제시한 시한인 1692년 1월 1일을 몇 주 남겨놓지 않고 도착하여 몇몇 족장은 간신히 날짜를 맞추었으나 넘긴 경우도 있었다. 글렌코의 맥도널드 가문 12대 족장인 매클레인은 하루 전에야 출발했고 5일이 지난 뒤 아가일의 셰리프* 콜린 캠벨(1433?~93)을 만나 맹세가 유효함을 인정받았다. 그런데 롤랜즈의 스테어하우스에서 출생한 스코틀랜드 담당 대신이었던 존 달림플(1648~1707)은 스코틀랜드가 잉글랜드에 통합되기를 바랐고 이에 방해가 되는 하일랜즈인들을 싫어했다. 재커바이트 족장들이 맹세를 했다는 사실에 실망한 달림플은 매클레인의 맹세가 규칙에 어긋난다며 윌리엄 3세를 설득하여 글렌코의 맥도널드 가문을 멸족시키라는 명령을 받아냈다. 1692년 1월 말(혹은 2월 초) 혼인으로 맥도널드 가문과 연결된 로버트 캠벨(1630~96) 중대장이 지휘하는 아가일 백작 보병연대 제1중대와 제2중대 약 120명은 징세를 위해 맥도널드 가문의 마을에 숙박했고, 맥도널드 가문은 하일랜즈의 전통에 따라 병사들을 후하게 대접했다. 그러나 2월 12일 드러먼드 대위가 은밀히 멸족 명령을 받아 도착했다. 이튿날 매클레인을 비롯하여 38명의 남자가 집에서 또는 도피하려다 살해됐으며, 가옥이 불탄 뒤 추위를 피하지 못한 여인과 아이 40명이 죽었다. 여러 병사가 자신들을 환대한 주민들에게 위험을 알리려 했고 2명의 장교는 명령을 거부했다. 매클레인의 아들들은 탈출에 성공했다. 글렌코의 학살은 스코틀랜드에서 다른 살인보다 더 극악한 범죄로 여기는 '믿음을 배반한 살인murder under trust'이어서 비난이 거셌다. 국왕도 직접 명령서에 서명했기에 책임을 면할 수 없었으나 관련자들은 아무런 처벌도 받지 않았다.

* sheriff. 앵글로색슨족이 잉글랜드를 지배하면서 광역 지방 구역인 샤이어(shire)에 임명한 지방장관.

글린두어의 반란, 1402~09
Glendower's Revolt, 1402~09

잉글랜드 왕 헨리 4세(1366~1413)는 통치 기간 내내 반란으로 시달렸다. 그중 최악의 경우는 교활하고 무자비한 오와인 글린두어(오언 글렌다우어, 1359?~1416?)의 반란이었다. 웨일스 지배자들 중 가장 유력한 인물로 유능한 지도자였던 글린두어는 과중한 세금과 부실한 행정 탓에 왕에 대한 적개심이 널리 퍼져 있는 것을 이용하여 웨일스의 여러 성과 도시에서 헨리 4세의 군대를 재빠르게 몰아냈다. 글린두어는 1400년에 웨일스 공을 자칭하고 1402

년에 에드먼드 모티머(1376~1409)의 지원을 얻었으며 1403년에는 잉글랜드 퍼시 가문의 지지도 받았다(**○ 퍼시 가문의 반란**). 1404년 요충지 성채인 아베러스투이스(애버리스트위스)와 하를레흐(할리크)를 점령한 글린두어는 프랑스 왕 샤를 6세(1368~1422)와 동맹을 맺고 승인을 얻었다. 그러나 글린두어의 군대는 1405년부터 1409년까지 패배했다. 프랑스의 지원이 오지 않았기 때문이다. 아베러스투이스와 하를레흐는 잉글랜드가 탈환했고 기세가 꺾인 글린두어는 웨일스의 산악지대로 피신했다.

기관차 대추적
Great Locomotive Chase

○ 앤드루스의 습격

기니비사우 내전, 1998~99
Guinea-Bissauan Civil War of 1998~99

1998년 6월 기니비사우의 주앙 베르나르두 비에이라(1939~2009) 대통령은 안수마느 마네(1940~2000) 군대 합동참모본부 의장이 이웃 나라 세네갈의 반군에 무기를 공급했다고 비난하며 해임했다. 세네갈 주민은 기니비사우 주민과 매우 가까운 종족이었다. 급여와 근무조건에 오랫동안 불만을 품었던 많은 병사들이 마네를 지지하여 폭동을 일으키고 수도 비사우에서부터 시작하여 나라의 여러 지역을 공격했다. 그러나 비에이라에 불만을 품은 자들은 병사들뿐만이 아니었다. 비에이라는 1980년에 군대 합동참모본부 의장으로서 쿠데타를 주도했고 1994년 자유선거에서 대통령에 당선된 뒤 시장을 개혁하고 복수 정당 제도를 도입하기 위한 조치를 실행했으나, 부패하고 권위주의적인 정권이라는 비난을 면하지 못했다. 폭동 이후, 비에이라의 요청을 받은 세네갈과 기니는 병력을 파견하여 여전히 비에이라에 충성하는 병사들을 지원했지만, 전투가 여러 달 동안 사납게 몰아치면서 수십만 명이 피살되거나 집에서 내쫓겼다. 포르투갈어사용국공동체 CPLP의 중재로 교전이 중단되고 휴전이 발효됐으나(기니비사우는 1974년에 포르투갈에서 독립했다) 오래가지 못했다(**○ 기니비사우 독립 전쟁**). 1999년 5월 마네의 군대가 비에이라를 축출하고 과도정부를 수립하면서 마침내 전투가 종결됐다.

1999년 말과 2000년 1월에 국제사회의 감독과 국제연합UN의 후원을 받아 치러진 선거에서 순조롭게 권력이 이양되어 쿰바 얄라(1953~) 대통령이 정부를 이끌었다. 11월 말 마네가 쿠데타를 시도하면서 곧바로 분쟁이 발생할 위험이 있었지만 마네는 정부군에 살해됐다. 기니비사우가 민주주의와 평화를 정착해가는 과정에는 다른 장애물들이 도사리고 있었다. 2003년 9월 쿠데타로 얄라 정권이 무너졌으며 약 1년 뒤에는 짧은 기간에 끝났지만 군에서 폭동이 일어나 참모총장이 살해됐다. 2005년 중반 대통령 선거를 치를 무렵, 세계 최빈국의 하나이자 기본적으로 농업 국가였던 기니비사우는 외국의 식량 원조에 크게 의존했으며 전쟁으로 폐허가 된 기반시설을 완전히 복구하지 못했다. 비에이라는 6년간의 포르투갈 망명 생활 끝에 귀국하여 2005년 대통령에 당선됐으며 안정과 국민통합을 달성하려 노력했다.

기니비사우 독립 전쟁, 1962~74
Guinea-Bissauan War of Independence, 1962~74

1956년에 아밀카르 카브랄(1924~73)은 '기니-카보베르데독립아프리카당 PAIGC'을 창설했다. 이 당은 포르투갈령 기니(기니비사우)와 카보베르데 제도를 독립시키기 위해 협상을 벌였으나 실패했다. PAIGC는 아프리카 대륙 본토에 거주하는 포르투갈령 기니 주민들의 든든한 지지를 얻어 무장투쟁을 준비했다. 1962년 말 소규모 게릴라 집단들이 포르투갈군 주둔지와 경찰서를 공격했고 곧 외국인을 몰아냈다. 각 게릴라는 숲속에 기지를 세우고 작전을 수행했다. 포르투갈은 리스본에서 전투기와 더 많은 병력을 끌어와 게릴라 기지를 연이어 폭격하고 습격하여 보복했다. 아프리카의 부족주의와 폭넓게 퍼진 주술 신앙이 게릴라의 통합을 저해했으나, 카브랄이 지휘관들의 회의를 소집하여 해방운동은 병사들이 주민을 정당하게 대우하고 주술을 포기해야만 성공할 수 있다고 설명하면서 통합의 토대가 마련됐다. 카브랄의 발언을 빌리자면 PAIGC는 식민주의와 시대에 뒤진 과거의 신앙에 맞선 '이중혁명'이었다. 1973년 PAIGC는 포르투갈령 기니의 3분의 2를 장악했다. 포르투갈령 기니는 독립을 선포하고 기니비사우 공화국으로 개명했다. 포르투갈은 승인을 거부했으나, 리스본에서 군사 쿠데타가 발생하여(1974) 새 정부가 들어서면서 그해 말에 기니비사우의 독립을 인정했다. 1973년 초 카브랄이 암살된 뒤 동생 루이스 디 알메이다 카브랄 (1931~2009)이 국가평의회 의장이 됐다. 1975년 카보베르데 제도는 포르투갈과 별도로 조약을 체결하여 독립 공화국이 됐다.

○ 모잠비크 독립 전쟁 ; 앙골라 독립 전쟁

'기록보관소 전쟁', 1842
'Archive War', 1842

1836년 텍사스는 멕시코에서 이탈하여 독립 공화국을 선포했다(○ 텍사스 독립 전쟁). 1836년에 건설된 멕시코 만 연안의 도시 휴스턴은 새뮤얼 휴스턴 (1793~1863)을 기념하여 도시 이름을 붙였고, 1837년부터 오스틴으로 수도를 옮긴 1839년까지 멕시코 공화국의 수도였다. 1842년에 멕시코 군대가 침공하자 텍사스 공화국의 휴스턴 대통령은 오스틴에 있는 행정부와 국가 기록보관소를 휴스턴으로 옮기라고 명령했다. 기록보관소가 이전하면 곧 이어 수도도 이전할 것이라고 여긴 오스틴 시민들은 안전을 이유로 기록물들을 감추었다. 휴스턴은 군대를 보내 명령을 이행하게 했는데 그동안 혼란과 은밀한 거래가 만연했다. 그해가 끝나갈 무렵 군인들이 감추어놓은 공문서를 찾아내 수레에 싣고 휴스턴으로 떠났으나, 성난 시민들이 수레를 추적하여 기록물들을 다시 오스틴으로 갖고 왔다. 휴스턴은 공화국의 기록이 파괴될 위험이 있다고 보고 수도를 계속 오스틴에 두는 것에 동의했다. 오스틴은 지금도 텍사스 주의 주도州都다.

기사 전쟁, 1522~23
Knights' War, 1522~23

루터의 종교개혁으로 독일은 극심한 사회적 변화를 겪었다. 이는 대체로 귀족 권력과 교회 권력의 축소를 겨냥했다. 1522년 제국기사연맹의 기사로 종교개혁을 옹호했던 프란츠 폰 지킹겐(1481~1523)과 울리히 폰 후텐 (1488~1523)이 제국기사연맹의 전통적인 지위를 유지하고 귀족과 교회의 토지를 농민에게 나누어주기 위해 전쟁을 개시했다. 1522년 기사들의 동맹은 가톨릭 도시 트리어를 포위했으나 성공하지 못했다. 1523년 5월 6일 헤센과 트리어, 팔츠의 제후들이 란트슈툴에 있는 지킹겐의 성을 공격하여 항복을 받아냈다. 지킹겐은 전투 중에 입은 부상으로 이튿날 사망했다. 후텐은 취리히로 도피하여 스위스의 종교개혁가 울리히 츠빙글리(1484~1531)에게 몸을 의탁했으나 몇 달 뒤 사망했다. 독일의 귀족들은 1524~25년의 농민 전쟁에서 다시 승리했다.

〈나〉

나

나닝 전쟁, 1831~32
Naning War, 1831~32

17세기와 18세기에 수마트라 섬에서 건너온 다수의 미낭카바우 이주민이
말레이 반도에 있는 믈라카(말라카) 인근의 나라 나닝에 정착하여 그 지역을
지배한 네덜란드동인도회사에 매년 세금을 납부했다. 경영 실패로 심각한
채무에 시달렸던 네덜란드동인도회사는 1799년 네덜란드 정부에 넘어갔는
데, 그때는 영국과 네덜란드가 그 지역에서 격렬하게 맞서던 시기였다(❍ **영
국−네덜란드의 자바 전쟁**). 1824년의 영국−네덜란드 조약으로 믈라카와 기타
'해협 식민지'*는 영국으로 넘어갔다. 영국은 원주민에게서 세금을 거둘 권
리를 네덜란드인들로부터 인계받았다고 주장했다. 1829년 영국은 나닝에
게 연간 수확의 10분의 1을 넘기라고 요구했지만, 나닝의 통치자는 이를 거
부했다. 1831년 영국은 나닝으로 원정대를 파견했으나 패했다. 이듬해 다
른 원정대가 도착하여 석 달 동안 치열하게 싸운 끝에 승리를 거두었다. 영
국은 많은 희생을 감수하며 힘겹게 전쟁을 치렀고, 이 때문에 말레이 반도
에서 교역의 권리와 치외법권을 획득하는 과정은 이후 40년에 걸쳐 더디게
진행됐다.

❍ **파드리 전쟁**

* Straits Settlements. 동남아시아에 있던 영국 영토 믈라카와 피낭(페낭), 싱가포르, 디딩(오늘날의 만
중), 라부안을 통틀어 말한다. 1946년에 해체됐다.

나미비아 독립 전쟁, 1966~90
Namibian War of Independence, 1966~90

1966년 국제연합UN은 결의안을 채택하여 이전의 독일 식민지로 나미비아
라고 알려진 서남아프리카에 대한 남아프리카공화국의 신탁통치를 종결했

다. 그러나 남아프리카공화국의 백인 소수 정권은 그 지역의 관리와 지배를 포기하지 않았다. 아프리카 흑인 민족주의자들은 즉시 게릴라 해방전선인 서남아프리카인민기구swapo를 설립하여 백인을 공격했다. SWAPO는 처음에는 미약하고 무력했으나 이웃 나라 앙골라에서 포르투갈이 내쫓기자(◐ 앙골라 독립 전쟁), 그곳에서 쿠바 군인들에게 훈련을 받고 지원을 받았으며 기지도 제공받았다. 독립을 위한 게릴라 전쟁은 점점 더 격렬해졌다. 남아프리카공화국 군대가 앙골라의 게릴라 기지들을 공격하자, SWAPO는 나미비아에서 반격했다. 1976년 UN은 남아프리카공화국이 그 지역을 '불법으로 점령'했다고 비난했고, 이듬해 UN 총회는 SWAPO를 나미비아를 대표하는 유일한 합법 단체로 인정했다. 1978년 UN은 분쟁을 해결하기 위한 국제회의를 요청했고, 발타자르 요하네스 포르스터르(1915~83) 남아프리카공화국 총리는 UN의 감독 아래 자유선거를 실시하여 나미비아의 운명을 결정하자는 데 동의했다가 곧 이를 취소했다. 1979년 당시 대통령이 된 포르스터르는 분쟁을 해결하자는 UN의 제안을 거절했다. 2년 뒤 제네바에서 평화회담이 열렸으나 남아프리카공화국 정부로부터 양보를 얻어내는 데 실패했다. 나미비아에서 수심이 깊은 유일한 항구인 월비스베이의 통제권이 가장 큰 쟁점이었다. 남아프리카공화국은 앙골라에서 쿠바 군대가 철수하지 않으면 자신들도 나미비아에서 철군하지 않겠다고 주장했고, 미국이 이를 지지했다. 1984년 휴전협정을 감독하기 위한 위원단이 구성됐다. 1985년 남아프리카공화국은 나미비아에 새로이 다인종 정부를 세웠으나, 나미비아 독립과 쿠바 군대의 앙골라 철수에 관한 UN 안전보장이사회 결의안 제435호의 이행에 아무런 진전이 없자 SWAPO는 무장투쟁을 계속했다. 1988년 12월 미국이 UN 결의안 제435호와 연계하여 중재한 평화협정에 남아프리카공화국과 쿠바, 앙골라가 서명하여 나미비아의 독립 일정표가 확정됐고, 동시에 쿠바와 앙골라는 앙골라에서 쿠바 군대가 단계적으로 철수한다는 데 합의했다. 그러나 나미비아의 과도기였던 1989년 4월 1일 앙골라 남부에 주둔한 SWAPO 군대가 나미비아로 침입해 들어가 평화협정을 위반했다. 게릴라의 침공에 대비하고 있던 나미비아 보안경찰은 수백 명을 살해하고 SWAPO의 침입을 저지했다. 그 뒤 수많은 나미비아 난민과 오랫동안 정치 지도자였던 새뮤얼 대니얼 샤퍼슈나 누조마(1929~)를 포함하여 추방됐던 SWAPO 구성원들이 나미비아로 평화롭게 귀환했다. 헌법을 만들 제헌의회의 선거가 실시됐고, 1990년 3월 21일 남아프리카공화국이 통제권을 포기하고 나미비아에 완전한 독립을 허용하면서 누조마가 대통령에 취임했다. SWAPO는 1994년 선거에서 크게 승리했고, 누조마는 대통령에 재선됐다.

나바호족 인디언 전쟁, 1860~65
Navaho War of 1860~65
❍ 아파치족 인디언과 나바호족 인디언의 전쟁, 1860~65

나이지리아 봉기, 1999~
Nigerian Uprisings of 1999~

올루세군 오바산조(1937~)는 15년 만에 나이지리아 최초의 민간인 지도자로 선거에서 승리하고 3개월이 지난 1999년 5월부터 집무를 시작했다. 7월 그리스도교도 요루바족과 이슬람교도 하우사족 사이에 무장 충돌이 벌어져 약 70명이 사망했다. 이 싸움은 일련의 민족 간 폭력사태로 번져 이후 몇 년간 나라를 파괴했다. 아프리카에서 인구가 가장 많은 나라(약 1억 3천만 명)인 나이지리아는 수백 개 종족의 터전이었다. 토착 종교를 믿는 종족들도 있었고, 북부에는 주로 이슬람교도가 거주했으며, 남부에는 그리스도교도가 압도적으로 많았다. 그렇지만 종족들과 종교 집단들 간에 명확한 지리적 구분은 존재하지 않았으며, 비교적 큰 규모의 소수민족들이 나라 전역에 퍼져 있었다. 이와 같은 종교적 충성과 부족적 충성의 혼재는 분쟁이 발생할 수 있는 비옥한 토양이었으며, 중앙정부에 대한 신뢰가 매우 낮고 빈곤과 부패가 만연했을 때는 분쟁의 가능성이 더욱 컸다. 북부의 이슬람교 당국이 형사 범죄의 재판에 샤리아(이슬람 율법)를 적용하겠다고 공포하자 그리스도교도가 반란을 일으켰고, 2000년 1월에서 3월까지 수백 명이 살해됐다. 그해 9월에서 10월에, 또 2001년 9월에 조스(플래토 주의 주도)에서 그리스도교도와 이슬람교도가 충돌했을 때도 많은 사람이 죽었다. 2002년 11월 나이지리아가 미스월드 선발대회의 주최국으로 선정되자 이슬람교도의 불만이 폭동으로 번져 200명 이상이 사망하고 1천 명 이상이 부상을 당했다. 최악의 종교 폭력은 2004년 5월 중부의 플래토 주에서 벌어졌다. 옐와에서 그리스도교도가 600명이 넘는 이슬람교도를 살해했고, 한 주 뒤에 카노에서 이슬람교도의 보복 공격으로 200명 이상이 사망했다. 그러나 플래토 주에서 사망자가 발생한 것은 종교적 근본주의 탓만은 아니었다. 카노의 경찰도 수많은 비무장 시민을 살해했다. 많은 나이지리아인이 경찰과 보안군을 신뢰하지 않았다. 경찰과 보안군은 다수의 무장 단체들로부터 시민을 보호하지 못했고 정치적 살인을 막지도 못했다. 정부군도 혐의자들을 임의로 체포하고 고문했으며 다른 폭력 사건에 연루시켰다. 예를 들면 2001년 10월 나이지리아 중동부 베누에 주의 부족 전쟁을 중단시키기 위해 파견된 병사들이 동료 19명이 사망한 것에 보복하여 민간인 200명 이상을 살해했다. 일부 논평자들은 정치인들이 새로이 회복된 민주주의 체제에서 지지를 얻고자 자신의 집단이 다른 집단에 희생되거나 차별을 받았다고 주장함으로써 자신들이 속한 종교와 종족을 강조했다고 믿고 있다. 사욕의 추구에는 부패가 뒤따랐다. 정치 활동은 공익에 봉사하는 것이 아니라 부자가 되는 수단으로 간주될 때가 많았다. 나이지리아는 주민의 3분의 2가 하루 1달러도 안 되는 돈으로 살아가는 가난한 나라여서 제한된 토지와 자원은 경쟁을 부채질했고, 특히 유전의 이익을 차지하려는 싸움은 치열했다. 나이지리아는 세계 최대의 원유 수출국이지만 정제되어 연료로 쓰이는 고가의 석유는 수입해야 했다. 정부는 원유 판매로 벌어들인 수입을 대도시에만 쏟아부었고 석유가 생산되는 나이저 강 삼각주 지역의 가난한 주민들은 그대로 내버려두었다. 보통 시민들도 높은 가격을 치르고 연료를 구입하거나 만성적인 연료 부족을 감내해야 했다. 이러한 불평등은 정부와 석유기업들에 반대하는 파업과 폭동으로 이어졌다. 예를 들면 2004년 8월에서 9월에 삼각주 지역의 어느 도시에서 발생한 폭동에서 정부군과 갱단이 충돌하여 수백 명이 목숨을 잃었다. 석유자원의 몫을 더 많이 차지하기 위해 싸웠던 나이저강삼각주해방운동 MEND의 전사들은 2006년 1월과 2월에 그 지역을 크게 공격하여 외국인 노동자를 납치하고 경찰을 살해했으며 석유시설을 폭파했고 더 많은 폭력을 행사하겠다고 위협했다. 한편 나이지리아 북부에서는 2005년 9월 덴마크 신문 『윌란스 포스텐 Jyllands-Posten』과 그 뒤 대체로 유럽의 신문이었던 다른 신문들에 실린 예언자 무함마드(570?~632)의 풍자만화에 분노한 이슬람교도와 그리스도교도 사이에 폭력이 증가했다. 덴마크 신문의 만화는 2006년에 전 세계 이슬람교도의 격렬한 항의를 유발했다.

나이지리아–비아프라 전쟁, 1967~70
Nigerian–Biafran War, 1967~70

1960년 나이지리아가 영국에서 독립했을 때, 문화적으로 서로 다른 3개의 큰 민족 즉 하우사족과 요루바족, 이보족이 주민의 대다수를 차지하고 있었다. 동부(당시의 이스턴 주. 나이지리아 남부) 출신의 이보족은 대체로 교육을 더 잘 받았기에 행정부의 공무원직 대부분을 맡았다. 이보족 '이방인들'에게 분노한 북부(당시의 노던 주)의 하우사족은 폭동을 일으켜(1966) 수많은 이보족을 살해하고 그 재산을 파괴했다. 이보족은 동부의 고향으로 피신했다. 이보족은 때때로 독립하겠다고 위협했는데, 나이지리아 정부가 그 지역을 3개 주로 분할하기로 결정하자 분리 운동에 불이 붙었다. 군사정부의 이스턴 주지사 추쿠에메구 오두메구 오주쿠(1933~) 중령이 지휘하는 이보족 지도자들은 1967년 5월 30일에 독립을 선언하고 비아프라 공화국을 선포했다. 아프리카통일기구OAU는 중재를 시도했으나 실패했다. 나이지리아 연방군이 비아프라를 침공했고 거센 저항에 직면했으나 결국 비아프라의 수도 에누구를 점령했다(1967년 10월 4일). 1968년 봄 평화회담이 열렸으나 성과가 없었고, 나이지리아 정부는 비아프라를 경제적으로 봉쇄한 뒤 영국과 소련, 네덜란드, 이탈리아로부터 군사원조를 받아 공세를 재개했다. 비아프라는 프랑스에서 무기를 확보하여 완강하게 맞섰으나 포트하커트와 아바, 오웨리를 사수하는 데 실패했다. 1969년 비아프라는 오웨리를 탈환하고 나이저 강을 건넜으나 더 잘 무장하고 약 20만 명으로 확대된 나이지리아 군대에 밀려 쫓겨났다. 비아프라는 주민이 굶주리고 경제가 피폐하자 1970년 1월 12일에 항복했다. 오주쿠는 전날 비행기를 타고 탈출하여 코트디부아르로 망명했다. 이보족은 다시 나이지리아 국민으로 서서히 통합됐다. 전쟁에서 약 200만 명이 죽었는데 대체로 굶주림 때문이었다.

나이지리아-시에라리온 전쟁, 1997~98
Nigerian–Sierra Leonean War of 1997~98

○ 시에라리온 내전, 1991~2002

나폴레옹의 러시아 침공, 1812
Napoléon's Invasion of Russia, 1812

러시아가 나폴레옹(1769~1821)의 대륙봉쇄령(나폴레옹이 영국을 경제적으로 붕괴시키기 위해 시행한 무역 금지)을 거부하고(나폴레옹 전쟁 중 영국을 겨냥한 나폴레옹의 경제 전쟁 계획은 러시아 경제의 파멸을 초래했다) 여기에 더하여 프랑스가 폴란드와 스웨덴, 발칸 반도 지역에 영향력을 행사하자 두 나라는 불화하게 됐다. 나폴레옹은 1812년 6월에 5만 명에 육박하는 대육군大陸軍(그랑드 아르메)을 이끌고 러시아를 침공했다. 수적으로 열세였던 러시아는 퇴각하며 곡물을 파괴했고 프랑스의 군량 보급은 점점 더 어려워졌다. 나폴레옹의 군대는 스몰렌스크(8월 16~17일)와 보로디노(9월 7일)에서 격렬한 전투를 벌이고 승리한 뒤 모스크바에 입성했으나(9월 14일) 피난민이 쓸 만한 것을 모조리 가져가고 불태운 도시만 남았다. 미하일 쿠투조프(1745~1813)가 이끄는 러시아 군대는 나폴레옹의 향후 진격을 저지했고, 러시아 황제는 휴전협상을 거부했다. 식량 부족과 극심한 추위, 질병, 피로에 지친 프랑스 군대가 할 수 있는 것은 철수뿐이었다. 프랑스 군대는 퇴각 중에 쿠투조프의 추격군과 카자크(코사크)의 부단한 공격을 받아 더 많은 병사를 잃었다. 특히 1812년 11월 26일에서 29일에 뱌레지나(베레지나) 강을 건널 때 희생이 컸다. 12월 나폴레옹은 전쟁에 지쳐 거지꼴이 된 부대를 떠나 파리로 돌아갔다. 소문으로 떠돌던 음모를 분쇄하고 새로운 군대를 모집하기 위한 조치였다. 러시아 침공과 퇴각에서 살아남은 프랑스 병사는 약 3만 5천 명뿐이었다.

○ 백일 전쟁

나폴레옹 전쟁, 1803~15
Napoléonic Wars, 1803~15

프랑스 혁명 전쟁은 점차 나폴레옹(1769~1821) 개인의 야망을 추구하는 것으로 변했다. 나폴레옹이 피에몬테를 병합하고 계속해서 이탈리아와 독일, 스위스, 네덜란드의 문제에 간섭하자 영국이 의혹의 시선을 보냈다. 영국은 몰타를 계속 보유하여 아미앵 조약(1802)을 무시하고 1803년에 전쟁을 선포했다. 나폴레옹은 대군을 모았으나 영국이 프랑스의 식민지를 체계적으로 강탈하는 것을 막을 수 없었다. 나폴레옹은 해군으로 영국을 침공하려는 계획을 세웠으나 날씨와 조류, 영국의 봉쇄 탓에 실패했다. 1805년 10월 21일 허레이쇼 넬슨(1758~1805) 경이 이끄는 영국 함대는 트라팔가르 전투에서 불운한 나폴레옹의 함대에 눈부신 승리를 거두었다. 한편 황제가 된 나폴레옹이 제노바를 병합하고 스스로 이탈리아 왕위에 오르자, 이에 영국과 오스트리아, 러시아, 스웨덴이 1805년에 제3차 대對프랑스 동맹을 결성했다(◑ 제3차 대對프랑스 동맹 전쟁). 프랑스는 1807년에 틸지트 조약으로 러시아와 강화를 맺었고, 1808년에 러시아의 도움으로 스웨덴을 물리쳤다. 영국을 굴복시키지 못한 나폴레옹은 대륙봉쇄령(나폴레옹이 영국을 경제적으로 붕괴시키기 위해 시행한 무역 금지)을 구축했으나 무역을 금지한 이 조치는 비용이 많이 들었고 결국 실패했다. 1809년 나폴레옹은 에스파냐와 나폴리의 왕좌에 친척을 앉히고 대륙을 대부분 예속시켜 유럽의 지도를 다시 그렸다. 오스트리아는 나폴레옹이 에스파냐에 전념해 있는 것을 보고 자주성을 되찾으려 했다. 나폴레옹은 곧 빈으로 들어왔으나 티롤과 도나우 강 북쪽에서 저지되어 1809년 5월에 아스퍼른과 에슬링에서 퇴각해야 했다. 영국은 이 싸움으로 드러난 프랑스의 약점에 고무되어 네덜란드로 원정대를 파견했으나 실패했다. 유럽 전역에서 반란이 일어났다. 그렇지만 나폴레옹은 다시 도나우 강을 건너 1809년 7월에 바그람 전투에서 오스트리아를 격파했다. 오스트리아는 1809년 10월에 나폴레옹이 강요한 쇤브룬 평화조약으로 일리리아(오늘날의 발칸 반도 서부) 지방을 잃었다. 나폴레옹은 다시 에스파냐와 포르투갈에 집중했으나(◑ 반도 전쟁) 결국 프랑스로 퇴각해야 했다. 프랑스와 러시아 사이의 관계는 나빠졌다. 특히 러시아가 1812년 6월 영국과 화친을 맺은 뒤에 더욱 악화됐다. 나폴레옹의 러시아 침공은 재앙에 가까운 것으로 나폴레옹의 권력에 치명타를 가했다. 프로이센의 협력자들은 나폴레옹의 약점을 눈치채고 러시아와 스웨덴, 오스트리아와 동맹을 맺어 '해방 전쟁'을 수행했다. 나폴레옹은 1813년 10월 16일에서 19일까지 라이프치히에서 벌어진 '제諸국민 전투(라이프치히 전투)'에서 패했으나 라인 강과 알프스 산맥을 프랑스의 국경으로 정하자는 평화 제안을 거부했으며 그 태도를 굽히지 않았다. 그러다 1814년 3월 동맹국이 파리를 점령하자 나폴레옹은 퇴위하여 엘바 섬에서 유배 생활을 하기로 동의했다. 루이 18세(1755~1824)가 프랑스 왕으로 즉위했다. 놀랍게도 나폴레옹은 추종자들을 모아 1815년 3월에 득의양양하게 파리로 귀환했다. 루이 18세가 피신하면서 제국을 재건하려는 나폴레옹의 '백일천하'가 시작됐다(◐ 백일 전쟁). 그러나 놀란 동맹국들이 맞서 일어났고, 나폴레옹은 리니에서 잠시 용맹함을 보여준 뒤 1815년 6월 워털루에서 게프하르트 폰 블뤼허(1742~1819)의 프로이센 군대가 합세한 영국의 웰링턴 공작 아서 웰즐리(1769~1852)에 패배하여 무질서하게 퇴각했고, 나중에 항복했다. 나폴레옹은 외딴 세인트헬레나 섬에 유폐됐고, 이로써 약 23년간 거의 끊임없이 지속된 전쟁이 끝났다.

◐ 러시아-스웨덴 전쟁, 1808~09 ; 티롤 반란, 1809~10

나폴리 반란, 1485~86
Neapolitan Revolt of 1485~86

나폴리 왕 페르디난도 1세(1423~94)가 무거운 세금을 부과하자 트라스타마라 가문의 귀족이 반란을 일으켜 로렌 공작 르네 2세(1451~1508)나 페르디난도 1세의 둘째 아들로 왕을 대체하려 했다. 1486년 일련의 체포와 재판, 처형을 통해 귀족들의 반란은 진압됐다. 그 뒤 페르디난도 1세는 피렌체의 로렌초 데 메디치(1449~92)와 동맹했고, 이에 페르디난도 1세의 의도를 의심한 밀라노의 루도비코 스포르차(1452~1508)는 프랑스 왕 샤를 8세(1470~98)에게 이탈리아 문제에 개입할 것을 요청했다.

◐ 샤를 8세의 이탈리아 전쟁

나폴리 반란, 1820~21
Neapolitan Revolt of 1820~21

프랑스인 조아생 뮈라(1767~1815)는 나폴리 왕으로서 자유주의적 개혁들을 시행했다. 뮈라의 추종자들인 뮈라파 장교들과 병사들은 1820년 7월 1일에서 2일까지 양시칠리아 왕국(나폴리와 시칠리아) 왕 페르디난도 1세

(1751~1825)의 반동적인 정부에 맞서 놀라에서 반란을 일으켰다. 정규군이 반란의 진압을 거부하자 겁이 난 왕은 옛 나폴리 왕국 지역에 헌법을 허용했다. 1820년 10월 나폴리의 새 의회는 헌법에 반대한 시칠리아의 혁명평의회와 맺은 통치협정을 취소하고 피에트로 콜레타(1775~1831) 휘하에 군대를 파견하여 시칠리아 정부를 진압했다. 시칠리아의 팔레르모에서 다른 반란이 일어나자, 유럽 강대국의 신성 동맹이 군사 개입과 질서 회복을, 즉 전제주의의 회복을 요청했다. 페르디난도 1세는 제국의 개입을 중단시키라는 지시를 받고 오스트리아의 류블랴나(오늘날 슬로베니아의 수도)로 파견됐으나 배반하고 오스트리아에 지원을 요구했다. 1821년 3월에 오스트리아 군대가 나폴리 국경으로 접근하자 반란군은 도주했고, 페르디난도 1세는 다시 왕좌에 올라 헌법을 거부했다. 제국의 점령군은 1827년까지 나폴리에 주둔하며 전제적 억압을 실행했다.

'난징 학살(난징 약탈)', 1937~38
'Rape of Nanking(Sack of Nanking)', 1937~38

1937~45년의 중일 전쟁 초기인 1937년 12월 13일 일본군은 인구 100만 명이 넘는 항구도시인 중국 수도 난징南京을 점령했다. 1938년 1월 며칠 동안 폭력의 난장판이 벌어졌다. 일본군 병사들은 도시의 대부분을 남김없이 불태웠고 2만 명 이상의 여성을 강간했으며 최소 3만 명에 이르는 중국군 포로를 살해했다. 일본군은 포로를 총검술 연습에 사용했고, 주민들의 사지를 절단하고 목을 잘랐으며, 산 채로 불에 태웠다. 일본군은 중국인 아버지에게 강제로 딸을, 아들은 어머니를 욕보이게 했다. 제정신이 아니었던 일본군은 많은 악행을 저질렀는데, 사람들의 혀에 갈고리를 걸어 매달거나 머리만 남기고 땅에 파묻은 다음 탱크로 밀어버렸고 얼어붙은 호수에 얼음을 깬 뒤 집어넣기도 했다. 난징에 체류하고 있던 외국인 지역공동체의 구성원들은 용감하게도 '안전지대'를 설치하여 중국인 난민을 보호했다. 나치 독일의 사업가로 1908년부터 난징에 거주했던 욘 라베(1882~1950)는 20만 명이 넘는 민간인이 학살당하는 야만적인 행태를 중단시키고자 아돌프 히틀러(1889~1945)에게 영향력을 행사하려 했으나 실패했다. 이후에도 많은 일본인들은 그 잔학 행위를 공식적으로 무시하고 부정했다.

남南로디지아 내전, 1971~80

Southern Rhodesian Civil War of 1971~80

1971년 백인이 통치한 남南로디지아(짐바브웨)에서 절대다수인 흑인의 통치를 위해 활동했던 경쟁 파벌들이 짐바브웨해방전선FROLIZI이라는 연합전선체 조직을 결성한 뒤 공동으로 게릴라전을 수행하여 정부를 전복하려 했다. 흑인 게릴라들은 잠비아와 모잠비크해방전선FRELIMO이 장악한 모잠비크에 기지를 두고 활동하며 이따금 남로디지아를 침입했다. 1974~75년에 포르투갈의 아프리카 식민지 제국이 붕괴하자(◐ 모잠비크 독립 전쟁 ; 앙골라 독립 전쟁), 남로디지아의 이언 더글러스 스미스(1919~2007) 총리는 자국이 우호적이지 않은 아프리카 국가들에 삼면으로 둘러싸여 있음을 깨닫고 반군 게릴라와 싸우기 위해 비상사태를 선포했다. 모잠비크는 약 1,300킬로미터에 이르는 남로디지아 국경을 폐쇄했으나, 남로디지아 정부군은 게릴라를 '맹렬히 추적하며' 빈번히 국경을 침범했다. 1976년 남로디지아 군인들이 국제연합UN의 난민수용소를 게릴라의 은신처로 지목하며 파괴했다. 흑인 반군은 잠비아에서도 세 전선을 형성하며 활동했다. 양쪽 모두가 폭력의 강도를 높이자, 미국과 영국이 협상을 통해 평화를 이끌어내려 했다. 그러나 남로디지아의 백인들은 정치권력과 경제권력을 포기할 의사가 없었으며, 흑인들은 부족과 이데올로기, 정치의 차이로 분열했다. 1978년 게릴라들은 남로디지아의 주요 도시 움탈리를 박격포로 공격했다. 이에 남로디지아 정부군은 모잠비크 안쪽으로 약 200킬로미터 들어간 지점의 기지들을 포격하여 보복했다. 1978년 마침내 헌법과 관련된 합의가 이루어져 다수파인 흑인이 권력을 넘겨받기로 했다. 나라 이름은 짐바브웨 로디지아로 변경됐고, 의회 선거에서(1979년 4월 24일) 67퍼센트 이상을 얻어 승리한 정당의 아벨 무조레와(1925~2010) 당수가 최초의 흑인 총리가 됐다. 그러나 조슈아 은코모(1917~99)와 로버트 무가베(1924~)가 이끄는 2개의 강력한 흑인 민족주의 파벌 즉 짐바브웨아프리카인민연합과 짐바브웨아프리카국민연합은 합의와 선거 결과를 부정하고 투쟁을 계속했다. 1979년 가을 영국은 내전을 치르고 있는 주요 교전 집단의 지도자들을 런던에 초청하여 평화회담을 열었다. 결국 누구나 수용할 수 있는 합의가 도출됐다. 1979년 말 UN은 1966년부터 남로디지아에 부과했던 경제 제재를 해제했다. 1980년 의회 선거에서 무가베가 약 63퍼센트를 얻어 총리로 선출됐다. 영국은 무가베에게 정권을 넘겼고, 새 공화국의 이름은 공식적으로 짐바브웨로 축약됐다.

남북 전쟁(미국 내전, 주들의 전쟁, 반란 전쟁, 분리 전쟁, 남부 독립 전쟁), 1861~65

American Civil War(US Civil War, War between the States, War of the Rebellion, War of Secession, War for Southern Independence), 1861~65

북부 주들의 연방과 남부 주들의 연합 사이에 벌어진 이 분쟁의 복잡한 원인은 미국 두 지역 사이의 경제적·사회적·정치적·지리적 차이에 있었다. 긴장은 수십 년 동안 조성됐고 서부에 새로운 주들이 추가될 때마다 그 주에서 노예제를 허용할 것인지와 관련해 격렬한 논쟁이 벌어졌다. 1860년에 에이브러햄 링컨(1809~65)이 대통령에 당선되자 사우스캐롤라이나 주는 주의회를 소집하여 연방에서 이탈하기로 결정했다. 두 달이 지나지 않아 조지아 주, 플로리다 주, 앨라배마 주, 미시시피 주, 루이지애나 주가 뒤따랐고, 1861년 2월 8일 이 주들은 남부연합 임시 헌법을 채택했다. 제퍼슨 데이비스(1808~89)가 남부연합 대통령으로 당선됐다. 새로운 국가는 요새와 세관 같은 연방 재산을 신속히 접수했으나, 사우스캐롤라이나 주 찰스턴 항구에 있는 섬터 요새를 장악하려 했을 때는 연방군(북군) 사령관이 저항했다. 남부연합 군대(남군)의 포격을 받은 요새는 항복했고(1861년 4월 12~14일) 이로써 남북 전쟁이 발발했다. 망설이던 버지니아 주와 노스캐롤라이나 주, 테네시 주, 아칸소 주의 4개 주가 남부연합에 합류했다. 그 뒤 4년 동안 양쪽은 수천 킬로미터에 이르는 산악지대와 숲, 들판, 강, 바다에서 싸웠다. 크고 작은 전투가 2,400번을 넘었으며, 이 중 다수는 잔혹하고 파괴적이었다. 두 진영은 신병을 징집하여 병력을 보충해야 했고 많은 사상자를 냈다. 남부는 영국의 지원을 바랐고 프랑스의 지원도 받을 수 있으리라고 기대했으나, 공식적으로는 아무 지원이 없었다. 오히려 연방의 남부 항구 봉쇄가 효력을 나타내면서 남부연합의 수출 무역이 급격하게 감소했다. 로버트 E. 리(1807~70) 장군이 지휘하는 남부연합 군대는 초기에는 동부에서 성공적이었다. 남부연합이 버지니아 주에서 거둔 주요 승리는 제1차, 제2차 불런(매너서스) 전투(1861년 7월 21일, 8월 29~30일), 반도회전半島會戰(1862년 3~7월), 7

일 전투(1862년 6월 25일~7월 1일), 프레더릭스버그 전투(1862년 12월 11일~15일), 챈슬러즈빌 전투(1863년 4월 30일~5월 6일)였다. 그러나 메릴랜드 주 북부로 밀고 들어간 리 장군의 부대는 1862년 9월 17일 샵스버그의 앤티텀 강에서 조지 B. 매클렐런(1826~85) 장군이 지휘하는 연방 군대에 저지당했다. 이후 셰넌도어 계곡을 거쳐 펜실베이니아 주 남부를 침공했을 때는 1863년 7월 1~3일 게티즈버그에서 조지 G. 미드(1815~72) 장군의 연방 군대에 패했다. 연방이 크게 성공한 곳은 서부였다. 율리시스 S. 그랜트(1822~85) 장군은 테네시 강과 컴벌랜드 강가의 두 요새를 점령하여 연방군 최초의 승리를 기록했다. 1862년 4월 6~7일에 그랜트는 테네시 주의 샤일로 전투에서 격전을 치른 뒤 또 승리를 거두었으며, 이듬해 미시시피 주 빅스버그와 테네시 주 채터누가를 점령했다. 1862년 4월 데이비드 G. 패러것(1801~70) 제독이 이끄는 연방군 함대가 뉴올리언스 항구를 장악하여 연방군은 미시시피 강 하류를 차지했으며 남부연합 군대를 둘로 가르기 시작했다. 1863년 말 연방은 남부연합 지역의 북부에 있는 여러 강은 물론 미시시피 강 전체를 통제했다. 1864년 링컨은 그랜트를 아메리카합중국 육군 총사령관으로 임명했고, 그랜트는 좀처럼 결말이 나지 않는 황야 전투를 수행하며(1864년 5월 5~7일) 리 장군의 부대를 남쪽의 리치먼드로 서서히 밀어냈다. 한편 윌리엄 T. 셔먼(1820~91) 장군의 연방군은 테네시 주를 지나 동진하여 조지아 주 애틀랜타를 점령하고 불태운 다음(1864년 9월 2일~11월 15일), 서배너를 향해 셔먼의 '바다를 향한 행군'을 계속했고 초토화 작전을 수행하며 남부를 둘로 갈랐다. 셔먼은 서배너를 얻은 뒤 북쪽으로 이동하여 그랜트에 합류했다. 연방 군대는 버지니아 주에 있는 남부연합의 마지막 군대를 포위했다. 1864년 8월에서 10월 사이에 (남부연합의 식량 공급원이었던) 셰넌도어 계곡의 농지를 파괴했던 연방군의 필립 H. 셰리던(1831~88) 장군은 1865년 4월 1일 버지니아 주 딘위디 카운티 법원 청사 인근 교차로(파이브 폭스)에서 조지 E. 피켓(1825~75) 장군의 남부연합 군대에 중요한 승리를 거두었다. 2일 뒤 연방군은 마침내 버지니아 주 피터스버그를 장악했으며 남부연합의 수도인 버지니아 주 리치먼드도 곧 함락했다. 1865년 4월 9일 리 장군은 더 저항해야 소용없다는 사실을 깨닫고 애퍼매턱스 카운티 법원 청사에서 항복했다. 전쟁은 끝났고 연방은 유지됐으나 대가는 엄청났다. 전쟁 이후 재건 시기에는 종종 무자비한 보복이 이어졌다. 양쪽 모두 불관용과 무정함을 보였고, 인종차별과 분파주의 문제는 여전히 사라지지 않았다.

○ 브라운의 하퍼스페리 습격 ; 와카루사 전쟁

남아프리카공화국 반란, 1990
South African Rebellion of 1990

1948년에 백인이 지배하는 남아프리카공화국 정부가 공식적으로 승인한 아파르트헤이트 제도(흑인과 백인의 분리)는 이후 수십 년 동안 인종 간의 갈등과 폭력을 더욱 부추겼다. 1980년대 말 정부는 흑인들에게 자치 지역인 '홈랜드'로 이주하고 시민권을 포기하도록 강요했다. 이에 국제사회는 거세게 비판하며 남아프리카공화국 정부에 아파르트헤이트를 끝낼 개혁을 요구했다. 1990년 2월 프레데리크 빌럼 데 클레르크(1936~) 남아프리카 공화국 대통령은 아파르트헤이트에 반대하는 주요 정당 아프리카민족회의 ANC의 금지를 해제했으며, 1962년부터 수감 중인 ANC의 흑인 정치 지도자 넬슨 만델라(1918~2013)를 석방했다. 1990년 3월 수천 명의 줄루족이 ANC에 충성하는 지역으로 자신들의 고향인 동남부의 나탈 주에서 강제로 내쫓긴 뒤 만델라의 ANC 지지자들과 줄루족을 기반으로 하는 망고수투 G. 부텔레지(1928~) 휘하의 잉카타자유당 IFP이 잔혹한 싸움을 벌였다. 줄루족의 IFP 당원들은 총과 칼, 곤봉으로 무장하여 지형이 험한 이든데일 계곡의 마을들을 장악하기 위해 싸웠고, 정부군은 경찰을 도와 유혈 충돌을 막고 질서를 회복했다. 다른 지역에서도 분파 간 투쟁이 벌어졌고 경찰은 이를 중단시키기 위해 노력했다. 1990년 7월부터 9월까지 IFP가 트란스발의 흑인 거주 지역을 침입하면서 남아프리카공화국 현대사에서 가장 격렬한 충돌이 발생했다. ANC 지지자들이 용감하게 방어한 이 싸움에서 약 800명이 사망했다. 기관총으로 무장한 경찰이 진압에 나섰으나, 분파 간 투쟁은 이후에도 1994년까지 끊일 듯 이어지며 지속됐다. 정부는 일부 아파르트헤이트 법률을 폐지했고(1991), 흑인의 '홈랜드'를 해체했으며(1994), 국가 최초의 1인 1표 선거를 실시했다(1994). 선거에서 ANC가 압도적 다수를 득표하여 만델라가 대통령이 됐다.

남아프리카 전쟁
South African War
○ (제2차) 보어 전쟁

남예멘 내전, 1986
South Yemenite Civil War of 1986

홍해 입구의 아라비아 반도 끝에 위치한 남예멘은 소련과 긴밀한 관계를 유지하던 아랍 세계의 마르크스주의 국가였는데, 1986년 1월 13일 남예멘의 정치국 회의에서 최고인민의회 상임위원회 위원장인 국가원수 알리 나시르 무함마드(1939~)와 반대파 지도자들이 총격전을 벌이면서 전면적인 내전이 발생했다. 이어진 한 주 동안 약 4천~1만 명이 죽었고, 가장 격렬한 전투가 벌어졌던 수도 아덴에서는 방치된 시체들로 며칠 동안 악취가 진동했다. 알리 나시르 무함마드는 이웃의 비마르크스주의 아랍 국가들과 경제 관계를 발전시키려 했고, 이 때문에 압둘 파타흐 이스마일(1939~86) 전임 최고인민의회 상임위원회 위원장을 비롯한 더욱 열성적인 친소련 동료들은 분노했다. 소련은 남예멘이 전략적으로 중요한 곳이었는데도 공개적으로 이스마일을 지지하지 않았고 폭력사태가 시작됐을 때 반란과 완전히 무관하다는 성명을 발표했다. 이는 다소 의외였다. 논평자들에 따르면 소련은 무함마드의 경제적 성공을 싫어하지 않았다고 한다. 그렇지만 무함마드 진영은 패배했고, 소련으로부터 정식으로 거부당한 무함마드는 다른 마르크스주의 국가인 에티오피아로 망명했다. 1월 24일에 1985년부터 총리를 지냈던 하이다르 아부 바크르 알 아타스(1939~)가 최고인민의회 상임위원회의 임시 위원장으로 취임했고, 1986년 10월에 의회 선거가 실시된 뒤 11월에 최고인민의회 상임위원회의 위원장으로 당선되어 다시 취임했다.

남한南漢-응오吳 왕조 전쟁, 907~939
Southern Han-Ngo Dynasty War of 907~939

당나라는 618년 이후 자오지交趾(베트남 북부와 중국 서남부) 북부를 장악했고 679년에 안남도호부를 설치했다. 당나라는 10세기에 들어서 혼돈에 빠졌고 먼 지역인 정해靜海(베트남 북부)에 대한 통제력을 상실했다. 이런 상황을 이용하여 쿡 트어 주曲承裕(907년 사망)가 반란을 이끌었고 마침내 성공하여 정해 절도사를 자칭했다. 906년 당나라 황제는 자치를 인정했다. 이후 쿡 가문은 쿡 트어 주의 아들인 쿡 하오曲顥(917년 사망), 손자 쿡 트어 미曲承美까지 3대에 걸쳐 베트남 북부의 실질적인 독립을 유지했으나, 당나라 몰락 뒤 광둥廣東을 지배했던 남한南漢을 종주국으로 인정하기를 거부하다 923년과 930년에 남한과 싸워 패했다. 931년 즈엉 딘 응에楊廷藝(937년 사망) 장군이 곧 지역을 장악하고 남한 세력을 몰아냈다. 937년 즈엉 딘 응에가 끼에우 꽁 띠엔矯公羨(938년 사망)에게 살해되자 즈엉 딘 응에의 사위였던 응오 꾸옌吳權(897~944)이 귀족과 농민을 이끌고 남한의 지원을 받은 끼에우 꽁 띠엔에 맞섰다. 응오 꾸옌은 반란자를 살해하고 베트남의 박당 강白藤江에서 중국인의 침략에 맞섰다. 명민한 전략가였던 응오 꾸옌은 밀물 때는 보이지 않도록 강바닥에 쇠꼬챙이를 박아놓으라고 명령했다. 남한의 선박들은 강을 따라 상류로 항해했고, 조수가 바뀌자 배가 쇠꼬챙이에 찔려 꼼짝할 수 없었다. 이 결정적인 패배로 중국의 베트남 지배는, 이후 짧은 기간(1407~27)을 제외하고는, 사실상 종결됐다. 응오 꾸옌은 중국의 윈난雲南 아래에서 남쪽으로 북위 17도선까지 뻗은 독립국 응오吳 왕조(베트남 북부)의 통치자가 됐다.

네덜란드 계승 전쟁,* 1667~68
War of Devolution, 1667~68

프랑스 왕 루이 14세(1638~1715)는 장인인 에스파냐 왕 펠리페 4세(1605~65)가 세상을 떠난 뒤 조심스럽게 에스파냐령 네덜란드(벨기에의 일부, 네덜란드, 룩셈부르크)를 프랑스 영토로 만들 계획을 세웠다. 루이 14세는 펠리페 4세의 딸인 왕비 마리 테레즈(1638~83)가 거액의 지참금을 받아오는 대신 에스파냐의 권리를 포기했다고 공개적으로 선언했으나 에스파냐가 지참금을 지불하지 않자 옛 법에 따라 마리 테레즈가 맏이로서 남동생보다 우선하여 왕위를 계승할 수 있는 권리를 보유한다고 주장했다. 루이 14세는 외교로써 적을 고립시켰다. 네덜란드 공화국(독립한 네덜란드, 특히 핵심 주였던 홀란트 주)은 조약에 따라 중립국으로 남아야 했고, 에스파냐는 포르투갈 전쟁 때문에 불안정했으며(● 에스파냐-포르투갈 전쟁, 1657~68), 잉글랜드는 비밀조약에 의거하여 중립을 지켰다. 1667년 튀렌 자작 앙리 드 라 투르 도베르뉴(1611~75)가 지휘하는 프랑스 군대가 네덜란드를 침공하여 석 달 만에 플랑드르(플란데런)의 주요 도시 레이설(오늘날의 릴)을 점령하여 손쉽게 승리를 거두었다. 1668년 2월 콩데 공 루이 2세(1621~86)가 지휘하는 프랑스 군대는 프랑슈콩테 지역을 침공하여 14일 만에 점령했다. 에스파냐가 포르투갈에 독립을 허용하고 잉글랜드와 스웨덴, 네덜란드가 동맹을 맺어 프랑스의 팽창을 제지하려 하자(1668), 루이 14세는 전쟁을 멈추고 협상하기로 결정했다. 1668년 5월 2일 엑스라샤펠(아헨) 조약이 체결되어 프랑스는 에스파냐령 네덜란드의 몇몇 요새와 도시를 할양받았고 프랑슈콩테를 에스파냐에 되돌려주었다. 에스파냐령 네덜란드 계승 문제는 해결되지 않았다.

○ 대동맹 전쟁 ; (제3차) 잉글랜드−네덜란드 전쟁

* 이양(移讓) 전쟁이라고도 한다.

네덜란드 독립 전쟁
Netherlands(Dutch) War of Independence

○ 80년 전쟁

네덜란드의 브라질 전쟁, 1624~29
Dutch War in Brazil, 1624~29

1621년 네덜란드서인도회사는 신세계(남북아메리카)에서 교역 특허권을 부여받았다. 특히 네덜란드동인도회사가 극동에서 했던 것과 같이 서인도제도에서도 포르투갈이 소유한 재산을 빼앗을 권한도 얻었다. 1624년 네덜란드 선박 35척으로 구성된 네덜란드서인도회사의 선단이 피트 헤인(1577~1629)의 지휘로 브라질 해안의 바이아(오늘날의 사우바도르)로 항해하여 항구를 점령했다. 1580년에 포르투갈을 병합한(○ 에스파냐−포르투갈 전쟁, 1580~89) 에스파냐는 이에 대응하여 네덜란드 침략자들을 내쫓고자 파드리케 알바레스 데 톨레도 이 멘도사 휘하에 선박 52척과 병력 1만 2천 명을 파견했다. 헤인의 군대는 내몰렸다가 1627년에 되돌아와 바이아를 탈환하고 약탈했다. 네덜란드 해군의 제독이 된 헤인은 1628년에 쿠바 외해에서 에스파냐의 귀금속을 수송하던 선박들을 나포했다. 부유해진 네덜란드서

인도회사는 선박 67척과 병력 7천 명을 보내 브라질 동북부의 헤시피(도시)와 페르남부쿠(관구)를 탈취했다. 1654년에 포르투갈인들이 반란에 성공하면서 네덜란드는 그 지역을 떠났다.

네덜란드-인도네시아 전쟁, 1962
Dutch—Indonesian War of 1962

◐ 인도네시아 전쟁, 1957~62

네덜란드-인디언 전쟁, 1655~64
Dutch—Indian Wars of 1655~64

1655년 9월 6일 네덜란드 식민지 니우네데를란트(뉴네덜란드. 오늘날의 뉴욕 주 일부, 뉴저지 주 일부, 델라웨어 주 일부, 코네티컷 주 일부, 펜실베이니아 주 일부, 로드아일랜드 주 일부)에서 페테르 스타위베산트(1592~1672) 총독이 자리를 비운 동안 네덜란드인들과 맨해튼의 인디언 사이에 싸움이 벌어졌다. 전쟁은 북쪽 허드슨 강가의 이소퍼스까지 확대됐다. 스타위베산트가 곧 돌아와 강화를 맺고 포로들의 몸값을 지불했으며 인디언의 활동을 규제하는 법을 제정했다. 인디언의 대부분은 알공킨족 인디언이었다(**◐ 알공킨족 인디언-네덜란드인 전쟁**). 그 뒤 맨해튼은 인디언의 공격을 받는 일이 없었지만, 1658년 5월에 알공킨족이 이소퍼스를 침입하자 그곳 주민들이 스타위베산트에게 도움을 요청했다. 총독은 다시 인디언과 강화를 맺고 말뚝 울타리를 세웠다. 그러나 스타위베산트는 1658년 8월 인디언이 다시 이소퍼스를 공격하자 정착민을 도와 인디언을 진압했다. 그렇지만 인디언은 총독이 내세운 가혹한 강화조건에 분노했고, 1663년 이소퍼스 인근에서 싸움이 재개됐다. 네덜란드는 인디언에게 굴복을 강요했고 이소퍼스 유역을 정착민에게 넘기는 1664년 조약에 서명하도록 했다.

네덜란드 전쟁, 1780~84
Dutch War of 1780~84

미국 독립 전쟁으로 영국은 대부분의 유럽 국가들과 적이 됐다. 영국이 전쟁에서 중립을 인정하지 않고 무차별적으로 선박을 나포했기 때문이다. 제

1차 무장 중립 동맹*이 결성되어 영국에 선박 나포 행위를 중단하지 않으면 전쟁에 돌입하겠다고 위협했으나, 동맹의 회원국들 중에서 실제로 손실을 입었던 나라는 네덜란드뿐이었다. 네덜란드가 서인도제도의 기지 신트외스타티위스 섬을 거쳐 프랑스와 에스파냐의 무기를 아메리카 저항군에게 공급하자, 1780년 전쟁을 선포한 영국은 다수의 네덜란드 선박들을 나포하고 침몰시켰으며 네덜란드 무역에 심각한 타격을 입혔다. 그리하여 1782년에 시작한 협상의 파리 조약이 1784년에 마침내 체결됐다.

* 1780년에서 1783년까지 유럽 국가들이 맺었던 동맹으로, 영국이 독립을 선언한 북아메리카 식민지들로 상품을 수송하는 중립국 선박들을 무차별 수색하자 이에 맞서 중립국 해운을 보호하기 위해 결성됐다.

네덜란드-포르투갈의 서아프리카 전쟁, 1620?~55
Dutch-Portuguese Wars in West Africa, c. 1620~55

포르투갈의 선원들은 15세기 중반에 아프리카 서해안의 아르깅 섬과 기니, 코스타두오루(포르투갈령 황금해안), 상투메 섬, 포르투갈령 서아프리카(앙골라) 해안에 교역소를 설치했다. 원래 포르투갈 선원들은 금과 상아를 찾아왔으나 곧 흑인 원주민까지 교역에 포함시켰다. 흑인 원주민은 수백 명씩 배에 태워져 브라질과 카리브 해의 섬들에 노예로 팔려갔다. 17세기 초 포르투갈의 인도양 무역 독점을 깨뜨렸던 네덜란드는 서아프리카로 관심을 돌려 모리와 고레 섬, 뤼피스크에 요새를 건설했다. 네덜란드는 이윤이 많이 남는 노예무역에 종사하여 포르투갈과 경쟁했으며, 두 경쟁국은 기회가 있을 때마다 상대 쪽의 기지와 선박을 공격했다. 1637년에서 1642년 사이에 네덜란드인들은 가나 해안에 있는 포르투갈 요새 엘미나와 악심, 앙골라에 있는 루안다 항, 상투메 섬, 그리고 브라질의 일부를 침입했다. 포르투갈은 대부분을 되찾고 콩고 해안과 기니에서 패권을 유지하는 데 성공했지만, 가나에서는 네덜란드와 다른 유럽 국가들에게 영토를 빼앗겼다.

네빌스크로스 전투, 1346
Battle of Neville's Cross, 1346

1346년 크레시에서 잉글랜드 왕 에드워드 3세(1312~77)의 장궁 궁수에 패배한 프랑스가 스코틀랜드에게 양동작전을 요청하자, 스코틀랜드 왕 데이비드 2세(1324~71)가 군대를 이끌고 요크셔를 침공했다. 크게 우세한 잉글랜드 군대와 대결한 스코틀랜드인들은 1346년 10월 17일 네빌스크로스에서 패배했고, 데이비드 2세는 포로가 됐다. 데이비드 2세가 11년간 세련된 잉글랜드의 궁전에서 '빈둥거리는' 동안 스코틀랜드는 뒷날 로버트 2세(1316~90)가 되는 로버트 스튜어트가 대신 통치했다. 로버트 스튜어트는 핼리든힐 전투 이후 빼앗긴 베릭을 탈환했으며(**○ 핼리든힐 전투**), 1357년 철저하게 잉글랜드화한 데이비드 2세가 높은 몸값을 지불하고 풀려나 스코틀랜드 왕으로 복귀하자 권력을 이양했다.

네이르빈던 전투, 1693
Battle of Neerwinden, 1693

대동맹 전쟁이 시작되고 다섯 번째 돌아온 여름인 1693년 7월 29일에 동맹군의 사령관인 잉글랜드 왕 윌리엄 3세(1650~1702)는 벨기에 동부 네이르빈던이라는 마을 근처에서 유리한 위치를 차지했다. 윌리엄 3세의 군대는 작은 강을 앞에 두고서 중앙을 보강하게 하고 양측면으로 중앙을 지원했다. 패배한 적이 없던 프랑스 군대가 매우 강력하게 공격하자, 윌리엄 3세의 군대는 양측면에서 예비 병력을 불러왔고, 그때 프랑스군이 약해진 잉글랜드 군대의 양측면으로 동시에 돌격하여 동맹군의 전선을 깨뜨렸다. 많은 동맹군 병사가 강에 빠져 익사했다. 프랑스군은 이 공격에서 8천 명 이상을 잃었던 반면 동맹군은 그 전쟁에서 세 번째로 큰 패배를 입으며 약 1만 8천 명을 잃었다.

○ 스테인케르커 전투

네즈퍼스족 인디언 전쟁(조지프 족장의 봉기), 1877
Nez Perce War(Chief Joseph's Uprising), 1877

아이다호 준주 서부 새먼 강을 따라 금이 발견되자, 미국 연방군이 높은 수준의 문명을 유지하며 평화롭게 살던 네즈퍼스족 인디언을 몰아내기 위해 개입했다. 그 지역은 미국 정부가 네즈퍼스족에게 할양한 땅이었다. 조지프(1840?~1904) 족장의 인도에 따라 완강히 저항한 인디언들은 화이트버드캐니언에서 승리를 거둔 뒤(1877년 6월 17일) 동진하여 아이다호 준주와 몬태나 준주로 들어갔다. 올리버 O. 하워드(1830~1909) 장군이 연방군을 이끌고 맞섰으나 훈련이 잘되어 있고 교묘하게 빠져나가는 네즈퍼스족을 격파하지 못했다. 그러나 조지프 족장은 백인들을 이길 수 없다는 것을 곧 깨닫고 전사들을 이끌고 북행하여 캐나다로 들어가고자 했다. 조지프는 네즈퍼스족 800명가량을 이끌고 2,400킬로미터가 넘는 거친 산악지대와 평원을 지나며 하워드와 넬슨 애플턴 마일스(1839~1925) 장군이 이끄는 두 추격부대를 따돌렸다. 이는 군사사에서 가장 뛰어난 퇴각 중의 하나로 꼽힌다. 조지프와 체력이 고갈된 부족민들은 캐나다 국경에서 약 65킬로미터 떨어진 몬태나 준주 북부에서 휴식하다가 연방군에 따라잡혀 6일 동안 전투를 벌였다. 1877년 10월 5일 조지프는 마일스에게 항복하며 감동적인 연설을 했다. "족장들이여, 내 말을 들으라. 나는 지쳤다. 가슴이 아프고 슬프다. 지금 해가 걸려 있는 이 시각부터 더 이상 싸우지 않을 것이다." 1878년 조지프의 무리는 오늘날 오클라호마 주에 있는 보호구역으로 보내졌고, 그곳에서 많은 사람이 병사했다. 조지프와 남은 부족민은 그 뒤 워싱턴 준주의 보호구역으로 이주했고, 그곳에서 조지프는 평화로운 방법으로 부족민의 상황을 개선하는 데 여생을 바쳤다.

네팔 내전('인민 전쟁'), 1996~2006
Nepalese Civil War('People's War') of 1996~2006

공식 명칭이 네팔통합인민전선인 네팔공산당의 대중전선이 정치(협상) 과정에서 배제되자 1996년 초 무장투쟁이 시작됐다. 이 싸움으로 10만 명이 넘는 사람이 집에서 쫓겨나고 1만 2천 명 이상이 목숨을 잃었으며, 히말라야의 빈곤한 네팔 왕국의 경제는 멈춰 섰다. 지도자인 프라찬다(1954~)와 바부람 바타라이(1954~)가 마오이스트 폭동이라고 설명했던 이 투쟁은 입헌왕정을 폐지하고 토지개혁을 시행하며 공산주의 국가를 수립하려 했다. 인민해방군을 자칭했던 반정부 반란자들은 전국 75개 구역들 중 50곳에서 민간인과 공무원을 가리지 않고 협박과 강탈, 고문, 표적 살인, 폭파 등으로 테러 전쟁을 펼쳤다. 반란자들이 평화회담을 취소하고 전국에 걸친 파업을 후원하며 공격을 강화하자 2001년 11월 왕 갸넨드라(1947~)는 군대를 배치할 수 있도록 비상사태를 선포했다. 경찰은 무력해졌으며(군대는 게릴라

전 경험이 없었다), 반란자들은 네팔의 농촌 대부분을 장악했다. 정부는 추가 방어 비용으로 4천만 달러가 필요하다고 예고했다. 한 차례의 군 주둔지 공격을 포함하여 이러한 공격으로 사망한 사람이 2002년 1년에만 5천 명을 넘었다. 2002년 5월 보안군이 네팔 서부에서 폭동 진압 작전을 수행하면서 반란자 약 500명을 살해하고 그들의 기지를 파괴했다. 반란자들은 남아시아 전역의 극단파 집단들과 연계했고, 페루의 '센데로 루미노소(빛나는 길)'에서 영감을 받은 것으로 전해졌다(● 페루 게릴라 전쟁, 1980~). 네팔 정부는 마오이스트에게 무장을 해제하지 않으면 협상은 없다고 선언했다. 한편 국제인권 단체들은 양쪽이 자행한 잔학 행위를 비난했으며, 미국은 네팔공산당을 테러 활동 조직으로 분류했다. 2005년 2월 네팔 왕은 반란 진압에 진전이 없음을 언급하며 의회를 해산하고 권력을 장악했다. 7개 정당이 연합하여 왕의 권력 장악에 반대하고 반란자들과 협상을 촉구하며 평화적으로 의회 회복 운동을 벌였다. 2005년 9월 3일 마오이스트는 일방적으로 휴전을 선언했으며(2003년의 휴전은 7개월간 지속됐다), 상대방과 협상할 것을 약속했다. 2006년 1월 초 마오이스트가 군주제를 다시 공격하여 휴전이 종결됐다. 2006년 2월 8일 지방 선거가 실시됐으나 왕(중국이 지지했다)과 주요 정당들(인도가 지원했다), 마오이스트 사이의 권력투쟁은 해결되지 않았다. 마오이스트는 다시 휴전을 선언한 뒤(4월 27일) 곧 새 정부와 평화회담을 가졌고, 새 정부는 왕에게서 의전과 관련된 권한을 제외한 모든 권한을 박탈하기로 결정했다(5월 18일).

노르만-비잔티움 제국 전쟁
Norman-Byzantine War

제1차 노르만-비잔티움 제국 전쟁(1081~85) 1059년 노르만의 모험가 로베르 기스카르(로베르토 기스카르도, 1015?~85)는 교황으로부터 풀리아와 칼라브리아, 시칠리아를 받았지만 그 영토들을 점령해야만 했다. 기스카르는 1061년에서 1091년까지 동생 로제 1세(루지에로 달타빌라, 1031?~1101)의 도움을 받아 시칠리아에서 이슬람교도를 내쫓았다. 기스카르는 이탈리아 남부를 장악하던 중에 비잔티움 제국과 다투게 됐다. 1081년 기스카르는 장남 보에몽 1세(1058?~1111)와 함께 발칸 반도 지역을 공격하기 위해 동쪽으로 항해하여 코르푸(오늘날의 케르키라) 섬을 장악하고 디라키온(오늘날 알바니아의 두러스)을 점령했다. 기스카르는 이어 제위를 노렸고 1082년에 비잔티움 제국 황제 알렉시오스 1세 콤네노스(1048~1118)에게 사로잡힐 뻔했으나 탈출했고, 이탈리아의 상황이 나빠 1083년에서 1084년까지 이탈리아에 머물러야 했다. 1085년 기스카르는 발칸 반도로 돌아와 케팔레니아(오늘날의 케팔로니아)를 공격했으나 비잔티움 제국 사람들에게는 고맙게도 전염병으로 죽었다. **제2차 노르만-비잔티움 제국 전쟁(1098~1108)** 기스카르의 아들 보에몽 1세는 아버지의 전략을 계속 추구했으나, 성지를 되찾으려는 제1차 십자군(**○ (제1차) 십자군**)의 안내를 도우면서 제국을 지배하려는 속내를 숨겼다. 보에몽 1세는 1097년 황제 알렉시오스 1세에게 했던 맹세를 어기고 공격을 개시하여 1099년에 안티오크 공국 군주가 됐으며, 안전을 위해 라틴 왕국 예루살렘의 통치자인 고드프루아 드 부용(1053?~1100)의 봉신이 됐다. 그러나 보에몽 1세는 1100년부터 1103년까지 이슬람교도에게 억류당했다. 보에몽 1세는 풀려나자마자 유럽으로 돌아가 프랑스 왕 필리프 1세(1052~1108)의 딸과 결혼했고 알렉시오스 1세를 겨냥하여 사사로이 십자군을 개시했으나 1108년에 패하여 다시 충성을 맹세해야 했다.

노르만의 잉글랜드 정복, 1066
Norman Conquest of England, 1066

1066년 1월 5일 참회왕 에드워드(1003?~66)가 후사 없이 죽자 잉글랜드 왕위를 둘러싸고 세 사람이 경쟁했다. 한 경쟁자는 노르웨이 왕 하랄 시구르손(하랄 3세, 1015?~66)이고, 또 한 사람은 잉글랜드에서 가장 강력한 귀족인 웨식스 백작 해럴드 고드윈슨(해럴드 2세, 1022?~66)이며, 나머지 한 사람은 노르망디 공작 윌리엄(1027?~87)이었다. 윌리엄은 참회왕의 오촌으로 가장 중요한 인물로 떠올랐다. 에드워드가 죽기 전에 있었던 일들 때문에 싸움은 복잡해졌다. 에드워드는 권력을 두고 웨식스 백작 고드윈(990~1053)과 늘 다투었는데, 고드윈은 추방을 당하고도 단념하지 않았다. 1051년 에드워드는 아마도 고드윈에게 협박당하여 노르망디에 지원을 요청하면서 윌리엄에게 구두로 왕위를 약속했던 것 같다. 1064~65년에 해럴드는 노르망디를 방문하여 윌리엄을 지지하고 그의 봉신이 됐다. 그러나 에드워드는 후계자를 지명하지 않고 죽었다. 잉글랜드의 대귀족들이 서로 협력하면서 해럴드는 3명의 경쟁자와 대결해야 했다. 권력에 굶주린 동생 토스티그(1066년 사망)와 하랄 시구르손, 그리고 윌리엄이었다. 패배하여 추방된 토스티그는 하랄과 합세하여 하랄의 잉글랜드 침공에 동행했다. 하랄은 왕이 되고 토스티그는 강력한 귀족이 될 생각이었다. 1066년 9월 25일 해럴드는 스탬퍼드브리지에서 노르웨이인들과 대결했다. 하랄과 토스티그 둘 다 전사했다. 이어 9월 28일 해럴드는 페번지와 헤이스팅스 사이로 침공한 윌리엄의 군대를 대적하기 위해 급히 남진했다. 1066년 10월 14일 해럴드는 헤이스팅스에 도착하여 흙으로 방벽을 쌓고 윌리엄의 첫 번째 공격을 막아냈다. 두 번째 공격에 해럴드는 전사하고 지휘관을 잃은 군인들은 항복했다. 크리스마스에 거행된 윌리엄의 대관식은 잉글랜드 문화의 진로와 성격을 근본적으로 바꾸어놓은 과정의 출발점이었다.

노르만의 침입
Norse Raids
　❍ 바이킹의 침입

노르만-프랑스 전쟁, 1077~82
Norman-French War, 1077~82

프랑스 왕 필리프 1세(1052~1108)는 노르만의 잉글랜드 정복에 놀라 1명의 통치자가 노르망디와 잉글랜드를 통합하지 못하도록 막는 것을 정책의 과제로 삼았다. 필리프 1세는 '정복왕' 윌리엄 1세(1028?~87)의 장자 로베르 쿠르퇴즈(로버트 커토즈, 로베르 2세, 1054?~1134)를 설득하고 부추겨 아버지에 맞서 반란을 일으키게 했다. 그러나 로베르는 허무하게 패했다. 아버지와 아들은 화해했지만 그 뒤 의견 차이가 크게 벌어져 로베르는 추방됐다. 그럼에도 로베르는 아버지가 사망한 1087년에 노르망디 공작 로베르 2세가 됐다. 필리프 1세는 계략을 꾸민 지 10년이 지나 희망을 이루었다.

노르망디 상륙작전, 1944
Invasion of Normandy, 1944

제2차 세계대전 중 1944년 6월 6일은 연합군의 D-데이(공격 개시일)였다. 유럽 전선 연합군 최고사령관인 드와이트 D. 아이젠하워(1890~1969) 장군은 그날 유럽 본토를 침공하는 과감한 작전을 지휘했다. 수천 척의 병력 수송선과 상륙정, 군함이 영국군과 프랑스군, 미국군, 캐나다군 등 연합군 부대를 태우고 폭풍이 이는 영불해협 건너편 프랑스 서북부의 노르망디로 향했다. 연합군은 침공 전에 공군과 해군으로 프랑스 해안을 따라 늘어선 독일의 강력한 방어시설을 맹렬히 폭격하거나 포격했지만, 설비를 잘 갖춘 적군은 참호 속에 몸을 숨긴 채 연합군에 저항했다. 미국군은 유타 해변과 오마하 해변에서 독일군의 거센 저항에 직면했고, 뒷날 캐나다 군대로 보강된 동쪽의 영국군은 독일군이 완강하게 지키는 캉 항구를 빼앗기 위해 결사적으로 싸웠다. 노르망디의 관목지대는 방어하기에 상당히 유리한 지형이었고, 독일군은 이를 충분히 이용했다. 그럼에도 1944년 7월 말 7주 동안 격렬한 전투를 벌인 뒤 연합군은 확고한 교두보를 마련했다. 침공은 성공했으며 연합군은 해안을 따라 하나로 연결됐다. 1944년 8월 초 미국 제3군이 서쪽에서 독일군 전선을 돌파하여 브르타뉴로 쇄도했고 이어 남쪽의 루아르 강으로, 다시 동쪽으로 파리를 향해 진격했다. 독일군은 미국군을 둘로 가르려 했으나 실패했고, 대신 남쪽에서 밀고 올라온 영국군이 독일 제7군을 포위하여 완전히 소탕했다.

○ 제2차 세계대전, 서부전선

노르웨이의 스코틀랜드 침공, 1263
Norwegian Invasion of Scotland, 1263

스코틀랜드의 왕들은 노르웨이로부터 헤브리디스 제도를 빼앗고자 했으나, 알렉산더 3세(1241~86)만 성공했다. 1263년 여름 노르웨이 왕 호콘 4세(1204~63)가 120척 이상의 대함대를 스코틀랜드의 라그스로 파견했다. 알렉산더 3세는 교활하게도 폭풍이 오기를 기다리며 가을이 올 때까지 협상을 벌였고, 예상대로 폭풍에 많은 선박이 파괴되자 노르웨이 군대는 극심한 혼란에 빠져 효과적으로 전투를 할 수 없었다. 호콘 4세는 클라이드 강의 라그스 전투에서 패한 뒤 노르웨이로 도주하다 오크니 제도의 커크월에서 사망했다. 호콘 4세를 계승한 망누스 6세(1238~80)는 1266년에 퍼스 조약을 체결하여 알렉산더 3세에게 아우터헤브리디스의 주권을 매각하고 아들들을 알렉산더 3세의 딸들과 결혼시켰다.

노르웨이 침공, 1940
Invasion of Norway, 1940

제2차 세계대전 초 노르웨이는 중립을 선언했지만, 1940년 4월 9일 독일은 이를 무시하고 군함을 보내 노르웨이 해안의 주요 항구들을 장악했다. 독일 공군이 노르웨이 비행장과 라디오 방송국을 폭격하는 동안 수송선에서 내려 상륙한 군인들이 도시들을 점령했다. 독일군이 신속하게 침공할 수 있었던 데에는 나치즘 동조자들의 도움이 있었다. 이 노르웨이인 반역자들은 노르웨이 나치당 지도자인 비드쿤 크비슬링(1887~1945)의 이름을 따서 크비슬링파라고 불렀다. 그러나 대다수 노르웨이인은 독일군에 저항했다. 영국 잠수함과 해군 함선들은 노르웨이 항구에 정박한 나치 수송선과 군함을 격침했고, 상륙 부대는 여러 달 동안 북단의 항구 나르비크에서 독일군을 내몰았다. 영국·프랑스 원정군이 노르웨이를 지원하고자 도착하여 수도 오슬로와 기타 전략적으로 중요한 요충지에서 독일군과 격렬한 교전을 치렀다. 독일군은 전격전 전술, 즉 탱크와 대포, 항공기를 투입한 신속한 기습으로 대응했다. 노르웨이 왕 호콘 7세(1872~1957)와 내각은 독일군의 점령이 확실해지자 런던으로 피신했다. 노르웨이의 많은 어선과 트롤어선이 영국으로 피신했으며, 저항운동에 합류한 노르웨이인도 역시 연합국을 지원했다.

노브고로트 약탈, 1570
Sack of Novgorod, 1570

러시아 차르 '뇌제' 이반 4세(1530~84)는 불충을 폭로한 죄인들에게 형을 감해주었는데, 유죄 선고를 받은 어느 러시아인 죄수가 감형을 받기 위해 노브고로트 대주교가 쓴 것처럼 편지를 위조했다. 내용은 대주교가 리투아니아에 동맹을 요청했다는 것이다(1569년 7월 1일에 체결된 루블린 연합으로 폴란드-리투아니아연합이 결성됐다). 1569년 12월 이반 4세는 노브고로트의 파괴를 명령하고 이를 직접 보기 위해 출발했다. 이반 4세의 군대는 가는 도중에 트베리(칼리닌)를 포함하여 여러 도시를 파괴하고 주민들을 학살했으며 1570년 1월 2일 노브고로트에 도착했다. 이반 4세는 교회와 수도원을 약탈했고, 노브고로트 주민 약 2천~1만 2천 명을 조직적으로 학살했다(하루에 500명에서 1천 명을 살해했다). 이반 4세는 마지막에 가서 생존자들을 용서했는데, 얄궂게도 이들 중 여럿이 곧 전염병에 걸려 죽었다. 이반 4세는 대주교와 여타 노브고로트의 지도자를 처형한 뒤 시신을 모스크바로 운반하여 공개 전시했다. 유혈이 낭자한 광경이었다.

○ 리보니아 전쟁

노섬벌랜드의 반란, 1408
Northumberland's Rebellion, 1408

1대 노섬벌랜드 백작 헨리 퍼시(1341~1408)는 슈루즈버리 전투에서 잉글랜드 왕 헨리 4세(1366~1413)에게 패한 일을 잊을 수 없었다(○ 퍼시 가문의 반란). 노섬벌랜드 백작은 반란에 직접 가담하지 않아 반역죄로 유죄 선고를 받지는 않았으나 로드 하이 컨스터블*에서 해임됐는데, 1405년에 헨리 4세를 왕좌에서 끌어내리고 에드먼드 모티머(1376~1409)를 즉위시키려는 새로운 모의에 가담했다. 음모에 경계를 늦추지 않았던 헨리 4세는 노섬벌랜드 백작과 함께 음모를 꾸민 노팅엄 백작과 리처드 스크루프 요크 대주교를 참수했다. 노섬벌랜드 백작은 스코틀랜드로 도피했다가 1408년에 스코틀랜드 군대를 이끌고 돌아왔으나 브래엄무어에서 함정에 빠져 요크셔 셰리프**가 지휘하는 군대에 죽임을 당했다.

* Lord High Constable. 중세 잉글랜드에서 왕의 군대를 지휘하고 말에 관련된 업무를 총괄하던 직책.
** sheriff. 앵글로색슨족이 잉글랜드를 지배하면서 광역 지방 구역인 샤이어(shire)에 임명한 지방장관.

노어 폭동, 1797
Nore Mutiny, 1797

영국 시어니스 인근 템스 강 하구의 유명한 정박지인 노어에서 영국군 수병들이 한 달 전에 있었던 스핏헤드 폭동의 성공에 큰 인상을 받아, 리처드

파커(1767~97)의 지휘 아래 폭동을 일으키고 템스 강 하구를 봉쇄했다. 그러나 이들은 해군 본부와 하원에 정중하게 청원하여 불만을 제시하는 대신 포획 상금을 더 많이 분배해 달라는 것을 포함한 과격한 요구를 내걸었다. 당연히 분노한 영국 정부는 반란자들의 조건을 거부했다. 국민감정은 폭동에 불리하게 돌아갔고, 의회는 모든 교섭을 금지하는 법률을 통과시켰다. 3주가 못 되어(1797년 6월) 폭동을 일으킨 수병 대부분이 군무에 복귀했다. 파커는 체포되어 유죄판결을 받고 교수형에 처해져 자신이 근무했던 군함의 활대 끝에 매달려 죽었고, 다른 지도자들도 사형당했다. 나머지는 관대한 처분을 받았으나 즉각 구제되지는 못했다.

노예 전쟁
Servile War

제1차 노예 전쟁(시칠리아 노예 전쟁, 기원전 135~기원전 132) 로마인을 먹여 살린 곡물은 대부분 시칠리아의 라디푼디움(대농장)에서 재배됐으며, 농장주들은 승리를 구가하던 로마 군대가 사로잡아 공급하는 값싼 노예 노동에 의존했다. 이 포로들은 짐승 같은 대우를 받았기에 주인에 맞서 반란을 일으켰다. 기원전 135년 에우누스(기원전 132년 사망)라는 시리아인이 약 7만 명의 노예를 이끌고 주인들에게 반기를 들어 3년 넘게 시칠리아에 로마 군대를 묶어두었으나 결국 진압됐다. **제2차 노예 전쟁(시칠리아 노예 전쟁, 기원전 104~기원전 99)** 시칠리아의 노예들은 가혹한 처사에 항의하여 다시 반란을 일으켰다. 노예들은 살비우스와 트리폰, 아테니온(세 사람 모두 전쟁에서 사망한 것으로 추정된다)의 지휘를 받아 개활지開豁地를 대부분 장악한 뒤 도시들을 포위했고, 도시들은 대개 굶주림에 지쳐 굴복했다. 이들을 진압하기 위해 맨 처음 파견된 군대는 패배했으나 두 번째로 파견된 군대는 반란을 진압하는 데 성공했다. **제3차 노예 전쟁(검투사 전쟁, 스파르타쿠스의 반란, 기원전 73~기원전 71)** 이탈리아 남부에서 발생한 이 전쟁은 노예 반란 중 최대 규모였다. 트리키아의 노예 출신 검투사 스파르타쿠스(기원전 109?~기원전 71)와 약 70명의 그의 동료가 카푸아의 검투사 훈련소에서 탈출하여 베수비우스(베수비오) 산에 은거했다. 그들은 다른 검투사들과 도망친 노예들, 기타 불만을 품은 자들을 충원하여 자신들을 진압하러 온 2개의 로마 부대를 격파한 뒤 아펜니노 산맥 남쪽의 이탈리아를 빠른 속도로 장악해갔다. 기원전 72년 4만 명에 이르는 스파르타쿠스의 군대는 둘로 나뉘어, 게르만족과 갈리아인은 다른 지도자를 따르고 나머지는 스파르타쿠스의 지휘를 받았다. 게르만족과 갈리아인들은 기원전 72년 풀리아에서 패주했으나, 스파르타쿠스는 그리스의 트라키아로 피신할 생각에 북진했다. 스파르타쿠스의 병사들은 이탈리아를 떠나기를 거부하고 남쪽으로 방향을 돌려 가는 곳마다 약탈했다. 스파르타쿠스는 다시 이탈리아 남부에 은거했고 기원전 71년에 마르쿠스 리키니우스 크라수스(기원전 115?~기원전 53)가 지휘하는 로마 군대와 브룬디시움(오늘날의 브린디시)에서 대결했다. 스파르타쿠스는 전사했고, 그를 따르던 무리는 궤멸됐다. 노예들이 항복한 뒤 약 6천 명이 십자가에 매달려 죽었으며, 탈출한 자들은 곧바로 폼페이우스(기원전 106~기원전 48)의 군대에 추적당해 살해됐다.

뇌샤텔 반란, 1856~57
Insurrection at Neuchâtel, 1856~57

나폴레옹 전쟁이 끝날 때 빈 회의(1814~15)는 뇌샤텔을 개편된 스위스 연방의 한 주canton로, 그리고 프로이센 왕의 개인 재산으로 만들어 불안정한 이중의 지위를 부여했다. 만족하지 못한 스위스인들은 1848년의 혁명 정신에 사로잡혀 반란을 일으키고 뇌샤텔 주를 공화국으로 만들었다(1848). 이에 분노한 주요 강대국은 런던 의정서(1852)에 서명하여 프로이센 왕 프리드리히 빌헬름 4세(1795~1861)의 권리를 인정했으나 권력을 행사할 때는 자신들의 동의를 받으라고 조언했다. 그렇지만 프리드리히 빌헬름 4세는 뇌샤텔의 왕당파 귀족들을 부추겨 1856년에 쿠데타를 일으키게 했다. 쿠데타는 실패했고 귀족 530명이 체포됐다. 뇌샤텔은 귀족들의 석방을 거부했고, 프로이센은 전쟁을 준비했다. 스위스인들도 무장했으나 프랑스 황제 나폴레옹 3세(1808~73)가 외교적 노력을 기울이는 동안 교전은 지연됐다. 프랑스가 뇌샤텔의 지원을 선언하고 영국이 프랑스를 지지하자, 프리드리히 빌헬름 4세는 제안을 받아들이고 체면을 세웠다. 프리드리히 빌헬름 4세는 뇌샤텔 군주의 칭호를 종신 보유하되 군주의 지위(통치권)는 단념하기로 했다. 뇌샤텔은 공화국이자 하나의 주로 돌아갔고, 귀족들은 석방됐으며, 양국 군대는 해산했다. 유럽으로서는 크게 다행스러운 일이었다.

누만티아 전쟁, 기원전 137~기원전 133
Numantian War, BCE 137~BCE 133

켈티베리아 전쟁 중 로마 군대가 오늘날 에스파냐의 소리아 인근 두에로(도루) 강 상류에 자리 잡은 켈티베리아 부족의 구릉지 요새 도시 누만티아(오늘날의 누만시아)를 공략했다. 앞서 로마의 공격을 여러 차례 격퇴한 적이 있던 누만티아인들은 로마의 지배에 격렬하게 반대했다. 기원전 137년 누만티아인들은 가이우스 호스틸리우스 만키누스(기원전 2세기 중반 활동)가 이끄는 로마 집정관의 군대 2만 명에게 항복을 받아냈고, 만키누스는 평화를 약속했다. 그러나 로마 원로원은 패배를 인정하지 않았다. 기원전 134년 집정관 스키피오 아이밀리아누스(기원전 185?~기원전 129)가 사기가 떨어진 히스파니아(이베리아 반도)의 로마 군대를 맡아 누만티아를 공격했다. 스키피오 아이밀리아누스는 6만 명의 군대로 누만티아 주변에 성벽을 세워 봉쇄했고, 8개월 뒤 굶주리며 방어하던 4천 명의 누만티아인이 항복했다. 요새 도시는 완전히 파괴됐고 주민들은 학살당하거나 노예가 됐다.

● 루시타니아 전쟁

누미디아 전쟁
Numidian War

● 유구르타 전쟁

누벨칼레도니 봉기, 1984~85
New Caledonian Uprising of 1984~85

남태평양에 있는 프랑스의 해외 영토인 누벨칼레도니 섬에서 장마리 치바우(1936~89)가 이끄는 카나크족(멜라네시아인)은 1984년에 전투적인 독립운동 단체인 카나크민족해방사회주의전선FLNKS을 설립했다. 11월 카나크족과 전체적으로 프랑스에서 독립하는 것을 반대했던 칼도슈라는 유럽인 정착민(주로 프랑스인) 사이에 격렬한 충돌이 벌어졌다. 1985년 1월 경찰과 카나크족 반군이 교전을 치르던 중에(FLNKS의 지도자 엘루아 마쇼로가 교전 중에 사망했다), 많은 사람이 시위에 나서 독립 제안을 거부하고 주도 누메아에서 폭동을 일으켰다. 비상사태가 여섯 달 동안 지속됐으며, 과도 정권이 수립되어 여러 집단이 프랑스와 함께 누벨칼레도니의 독립 과정에 관한 의견을 표명했다. 1988년 카나크족 분리주의자들이 우베아 섬의 경찰서를 공격하여 27명을 억류하자, 프랑스 보안군이 보복으로 카나크족 19명을 잔인하게 학살했다. 독립에 찬성하는 집단과 반대하는 집단은 마티뇽 협정(1988)에 동의했다. 협정은 새로운 지역 통치기구의 체계와 개발 계획을 제시했고, 1998년에 누벨칼레도니의 정치적 미래에 관한 주민투표를 실시하기로 했다 (투표 결과 압도적 다수가 계속 프랑스 안에 남아 있으면서 자치를 확대하는 데 찬성했다).

누에바그라나다 코무네로스 반란, 1781
Comuneros' Uprising in New Granada, 1781

누에바그라나다(콜롬비아)의 에스파냐 정부는 체납 세금을 강제로 추징하고 담배와 독주毒酒에 높은 세금을 부과하여 국고 수입을 늘리려다가 큰 저항을 불러일으켰고, 이는 1781년 3월 소코로 폭동을 야기했다. 크리올(크리오요. 서인도제도를 포함한 라틴아메리카의 에스파냐 식민지에서 태어난 백인)인 후안 프란시스코 베르베오, 호세 안토니오 갈란, 암브로시오 피스코의 지도를 받아 정치적 자유와 자치를 요구한 시민들인 코무네로스가 나라 도처에서 빠르게 출현하여 정부의 권위를 무시하고 세금 납부를 거부했다. 베르베오의 코무네로스 '군대'가 수도 보고타로 진격할 준비를 하자 당국은 즉시 협상을 시작했고, 세금을 없애고 특정 농산물과 공산품의 본국 독점을 끝내라는 코무네로스의 요구에 굴복했다. 그 뒤 반란자들은 해산했다. 그러나 증원군을 받은 에스파냐 부왕副王은 군대를 이끌고 내륙으로 들어가 코무네로스와 인디오 협력자들을 철저히 짓밟았다. 베르베오와 갈란, 피스코는 사로잡혔다. 베르베오와 갈란은 즉시 사형당했고, 피스코는 많은 추종자와 함께 장기 징역형의 처벌을 받았다.

늪 전투, 1675
Swamp Fight, 1675

내러갠싯족 인디언은 잉글랜드 식민지 주민들과 맞서 싸우는 왐파노아그족 인디언(○킹 필립의 전쟁)에 연합하기로 결정하고, 오늘날 로드아일랜드 주 킹스턴 외곽에 있는 늪의 한가운데 고지에 세워진 요새에 집결했다. 매사추세츠 만 식민지와 코네티컷 식민지 출신 약 1천 명으로 구성된 백인 식민지 주민의 군대는 조사이어 윈슬로(1628~80) 플리머스 식민지 총독이 지휘했다. 1675년 12월 19일 윈슬로는 매사추세츠 만 식민지 출신 분대를 이끌고 인디언 요새의 정문을 공격했지만 인디언이 지른 불에 막혀 물러났다. 그동안 벤저민 처치(1639~1718) 중대장이 이끄는 코네티컷 식민지와 플리머스 식민지 병사들이 배후로 우회하여 후문을 여는 데 성공했다. 이들은 요새 안에 있던 오두막집들에 불을 질렀고 인디언은 싸우면서 얼어붙은 늪을 건너 도망쳤다. 내러갠싯족 약 1천 명이 죽었다고 전해진다. 족장 카논체트(1676년 사망)는 겨우 피신했으나 이듬해 살해됐다.

니네베의 함락, 기원전 612
Fall of Nineveh, BCE 612

신아시리아 제국의 네 번째 수도이자 가장 찬란했던 니네베(니느웨)는 오늘날 이라크의 모술 건너 쪽인 티그리스 강변에 있었는데, 길이 약 12킬로미터에 두께 약 45미터에 이르는 성벽으로 둘러싸여 이론상으로는 난공불락이었다. 그렇지만 메디아와 바빌로니아, 그리고 일부 스키타이족과 페르시아인의 연합군이 도시를 점령하고 파괴하여 『구약성서』 「나훔서의 예언」과 「스바냐서」의 예언이 이행된 것처럼 보였다. 전투에 관한 기록은 무슨 일이 있었는지 상세히 설명할 수 있을 만큼 충분히 남아 있지 않지만, 메디아의 연대기에 티그리스 강이 범람했고 뗏목에 성벽을 부수기 위한 대형 망치를 세웠다는 기록이 있는 것으로 보아 공격군은 강변에 쌓은 긴 성벽의 약한 지점을 부수고 성안으로 진입한 듯하다. 그렇지 않다면 니네베의 함락과 파괴, 방치는 역사적인 불가사의로 남을 것이다. 광범위한 고고학적 발굴 작업으로도 의문을 풀 수 없었기 때문이다. 그리스 역사가 크세노폰(기원전 430?~기원전 354)이 200년 뒤에 니네베를 방문했다고 하는데, 그때에도 니네베는 비어 있었다고 한다.

○ 아시리아 전쟁, 기원전 746?~기원전 609?

니우포르트 전투(사구砂丘 전투), 1600
Battle of Nieuwpoort(Battle of the Dunes), 1600

네덜란드 7주 연합공화국을 이끌고 에스파냐에 맞서던 마우리츠 판 나사우(1567~1625)의 저항은 니우포르트(벨기에 서북부) 사구砂丘 가운데 있는 오스텐더 외곽에서 절정에 달했다. 1600년 7월 2일 마우리츠의 보병 1만 1천 명은 오스트리아 대공 알브레히트 7세(1559~1621)가 지휘하는 대등한 수의 군대와 맞섰다. 에스파냐 군대는 지형에 맞지 않는데도 4개의 거대한 방진을 구축하여 네덜란드인들보다 더 격식을 차려 정렬했다. 기동성에서 우세한 마우리츠의 군대가 머스킷 총탄 세례를 퍼붓자 에스파냐 군인들은 하나둘씩 쓰러졌고, 날이 저물 무렵 에스파냐 전선은 붕괴했다. 알브레히트 7세의 에스파냐 군대는 80년 전쟁에서 중대한 지상전이었던 이 전투에서 큰 사상자를 냈으나 이듬해 오스텐더를 점령할 힘은 남아 있었다.

니제르 내전, 1990~95
Nigerien Civil War of 1990~95

니제르인 중 독립을 원했던 북부 사막지대의 투아레그족은 수도 니아메의 중앙정부에 빈번히 대항했다. 1990년 5월 정부군은 친타바라덴에서 투아레그족 분리주의자들의 공격에 보복하여 투아레그족 유목민 수백 명을 살해하고 많은 사람을 체포했다. 그러나 반군은 북부 지역에서 보안군과 관광객을 계속 공격했으며, 1992년 8월 정부군은 이에 대한 보복으로 투아레그족 단체의 하나인 아이르아자와드해방전선FLAA의 구성원들을 체포했다. 정부는 북부에 비상사태를 선포했고 수많은 난민을 지원하기 위해 애썼으며 FLAA가 선언한 휴전을 1993년이 한참 지날 때까지 연장하는 데 성공했다. 한편 니제르는 절망적인 경제 때문에 파업과 학생들의 시위, 군인들의 폭동 등이 일어나 혼란에 빠졌다. 1994년 투아레그족의 주요 연합 단체인 통합무장저항CRA은 약 75만 명의 투아레그족을 위해 지정된 지역에서 제한적으로 자치를 시행하는 데 동의했다. CRA는 1994년 10월 9일 부르키나파소의

와가두구에서 정부와 평화협정을 체결했다. 1995년 4월 24일 다른 투아레그족 대표자들도 평화에 동의했고, 의회는 이전의 분리주의자들을 완전히 사면하고 투아레그족 포로를 전부 석방했다. 1995년 평화협정에 서명하지 않은 유일한 투아레그족 반군 단체인 변화민주동맹ADC도 1997년에 협정을 인정했다.

○ 말리 내전, 1990~96

니카라과 내전, 1909~12
Nicaraguan Civil War of 1909~12

1909년 니카라과에서 자유당 세력의 독재자 호세 산토스 셀라야(1853~1919) 대통령에 맞서 보수당 세력의 반란이 일어났다. 미국은 셀라야가 호전적인 태도를 보이고 중앙아메리카 국가들의 내정에 간섭하자 셀라야에 반대했고, 반군을 돕다가 체포된 미국 시민 2명이 처형되자 필랜더 C. 녹스(1853~1921) 미국 국무부 장관이 강하게 항의했다. 1909년 12월 17일 셀라야가 압력에 굴하여 사퇴한 뒤 니카라과는 거의 무정부 상태에 빠졌고 보수당과 자유당 세력 간에 권력투쟁이 이어졌다. 1911년 5월 보수당의 아돌포 디아스(1875~1964)는 임시 대통령이 되자마자 미국에 지원을 요청했다. 미국과 니카라과는 조약을 체결했고, 이에 따라 뉴욕의 은행들이 니카라과에 긴급 자금을 공급했으며 니카라과의 대내외 채무를 청산하기 위해 미국인 관세 징수관이 임명됐다. 미국 상원이 조약을 거부하자, 윌리엄 하워드 태프트(1857~1930) 대통령은 행정협정을 통해 일을 추진하려 했으나 차관은 제한됐다. 1912년 8월 니카라과의 자유당 세력이 '양키 제국주의자 타도'라는 구호로 반란을 일으켰다. 디아스의 요청에 따라 약 2,500명의 미국군 해병대가 니카라과에 상륙하여 보수당 정부를 보호했고 두 달 동안 반란을 진압했다. 1912년 미국군의 감독 아래 선거가 실시됐고 디아스가 대통령에 당선됐다. 약 100명의 미국군 해병대 군인이 13년 동안 공사관 경비병으로 니카라과에 주둔했다.

○ 온두라스 내전, 1909~11

니카라과 내전, 1925~33
Nicaraguan Civil War of 1925~33

1925년 보수당의 카를로스 솔로르사노(1860~1936)가 대통령에 당선되고 자유당 세력의 후안 바우티스타 사카사(1874~1946)가 부통령에 당선되어 니카라과에 연립정부가 수립됐다. 그 직후 미국군 해병대가 13년간의 주둔을 마치고 니카라과를 떠났다(**○ 니카라과 내전, 1909~12**). 1925년 10월 25일 에밀리아노 차모로 바르가스(1871~1966) 장군과 아돌포 디아스(1875~1964)가 쿠데타를 일으켜 사카사와 다른 자유당 세력을 정부에서 내쫓고 권력을 장악했다. 솔로르사노가 사임한 뒤 차모로가 1926년 1월에 대통령이 됐으나 미국은 이를 승인하지 않았고, 아우구스토 세사르 산디노(1895~1934) 장군의 지휘로 반란을 일으킨 자유당 세력이 미국 재산을 강탈하자 미국은 니카라과에 포함砲艦과 병력을 파견했다. 휴전이 이루어지고, 차모로는 1926년 10월에 사임한 뒤 나라를 떠났으며, 니카라과 의회는 보수당의 디아스를 대통령으로 선출했다. 그러나 멕시코에서 망명 생활을 하던 사카사가 귀국하여 멕시코의 지원으로 니카라과 동해안에 자유당 정권을 수립하여 대결했다. 호세 마리아 몬카다(1870~1945) 장군이 지휘하는 자유당 반군과 디아스 정부 사이에 내전이 벌어졌다. 디아스는 미국에 군사원조를 요청하여 지원받았다. 1927년 미국 군함이 도착하여 해병대원 약 2천 명이 상륙하고 물자를 하역했다. 미국이 니카라과 내정에 간섭하는 데 분노한 산디노가 전쟁에 끼어들어 그링고(백인 외국인)*에 맞서 게릴라전을 수행했다. 캘빈 쿨리지(1872~1933) 미국 대통령이 분쟁을 해결하기 위해 보낸 대리인 헨리 L. 스팀슨(1867~1950)은 서로 싸우는 두 당의 지도자 디아스와 몬카다를 설득하여 무장을 해제하고 미국군의 감독을 받아 선거를 실시하도록 했다. 1928년 11월 4일 자유당 세력의 몬카다가 대통령에 당선됐으나, 산디노는 결과를 수용하지 않고 게릴라전으로 미국군 해병대를 계속 공격했다. 미국은 이에 대응하여 전투기로 산악지대의 게릴라 거점들을 폭격했고, 멕시코로 도피한 산디노는 미국군 해병대가 니카라과를 떠날 때까지 싸움을 멈추지 않겠다고 맹세했다. 1932년 대통령에 당선된 사카사가 산디노와 협정을 맺으려 했고, 1933년 초에 미국군 해병대가 철수하자 산디노가 항복했다. 산디노는 정부로부터 사면을 받았는데, 이에 분노한 니카라과 국가방위대

군인들이 1934년에 니카라과 수도인 마나과에서 산디노를 암살했다.

* gringos. 라틴아메리카에서 외국인이나 외국 문화에 크게 동화된 자를 지칭할 때 쓰는 속어. 주로 미국
인이나 미국 문화에 동화된 자를 가리키는 경우가 많다.

니카라과 내전, 1978∼79
Nicaraguan Civil War of 1978∼79

1937년 이래 소모사 가문은 정치적·경제적으로 니카라과를 지배하면서 가문의 기업체와 농지에서 막대한 재산을 모았다. 아나스타시오 소모사 데바일레(1925∼80) 니카라과 대통령에게 저항한 세력은 주로 좌파 산디니스타민족해방전선FSLN이었고 반대는 더욱 거세졌다. 산디니스타라는 이름은 니카라과의 자유를 위해 싸우다 암살된 투사 아우구스토 세사르 산디노(1895∼1934)를 추모하여 붙인 것이다. 진위는 확실하지 않으나 소모사 데바일레의 아버지로 니카라과 국가방위대의 수장이자 뒷날 니카라과 대통령이 되는 아나스타시오 소모사 가르시아(1896∼1956)가 암살 명령을 내렸다고 한다. 1977년 미국 국무부는 소모사 정권의 인권침해를 언급했고, 니카라과의 로마가톨릭교회 고위 지도자들은 정부가 산디니스타에 맞서 싸우면서 민간인을 고문하고 처형했다며 비난했다. 소모사 정권의 반대자이자 일간지 『라 프렌사 *La Prensa*』의 발행인인 페드로 호아킨 차모로(1924∼78)가 살해당하자 수많은 니카라과인이 폭동을 일으켜 소모사가 차모로를 죽였다고 비난했다. 반정부 활동이 증가했고, 소모사의 사퇴를 촉구하는 목소리가 높았다. 1978년 8월 정부 청사에 침입한 산디니스타 게릴라는 하원 의장을 포함하여 대략 2천 명을 인질로 억류해 정치범 60명의 석방을 얻어내고 국외로 안전하게 나간 뒤에 풀어주었다. 1979년 5월 29일 코스타리카에서 침공해 들어온 산디니스타는 성공적으로 혁명을 촉발시켰다. 산디니스타가 니카라과 국가방위대와 대결한 지 7주가 지난 1979년 7월 17일, 소모사는 미국으로 망명했다. 산디니스타는 정부 라디오로 교전이 중단됐음을 알리고 5인 혁명평의회를 설치하여 통치했으며, 즉각 나라의 제도와 경제를 개혁하는 일에 착수했다.

니카라과 내전, 1982~90
Nicaraguan Civil War of 1982~90

니카라과의 쫓겨난 대통령 아나스타시오 소모사 데바일레(1925~80)에게 충성했다 하여 소모시스타라고 불린 전직 국가방위대 부대원들은 1979년에 니카라과를 장악한 좌파 산디니스타민족해방전선FSLN 정권에 대항했다. 이들 중 다수는 이웃 나라 온두라스와 코스타리카로 망명하여 산디니스타 정권을 무너뜨릴 계획을 세웠다. 반反산디니스타 세력을 지원했던 니카라과의 미스키토족 인디오는 산디니스타 정부가 코코 강(니카라과와 온두라스의 국경)에서 자신들을 다른 곳으로 내쫓으려 하자 온두라스로 피신했다. 1982년 1월 산디니스타 군대가 국경을 넘어 온두라스로 진입하여 인디오의 여러 마을을 침입하고 100명이 넘는 미스키토족을 살해했다. 이러한 행위에 니카라과 안팎의 많은 산디니스타 동조자가 등을 돌렸다. 일부 미스키토족은 소모시스타에 가입했고, 나머지는 니카라과 남부에서 활동하는 민주혁명연합ARDE이라는 다른 반정부 게릴라 단체에 협력했다. ARDE는 산디니스타 정권이 '소련식 스탈린주의 체제'를 세우고 인민을 배신했다고 비난했다. 이 두 반군 집단은 독자적으로 움직였다. 1983년과 1984년에 온두라스에 본부를 두고 미국의 지원을 받은 반정부 반란자, 즉 콘트라가 니카라과를 침략하여 교량과 유류 저장소를 폭파시켜 큰 손실을 입혔다. 산디니스타 정권은 자국 내부의 반군과 싸우느라 중앙아메리카의 좌파 혁명가들을 지원할 수 있는 능력이 상당히 제한됐다. 1985년과 1986년에 산디니스타 군대는 온두라스 영토에 기지를 두고 활동하는 최대 반군 집단인 니카라과 민주군FDN과 싸우는 데 힘을 집중했다(⊙ 온두라스 게릴라 전쟁, 1981~90). 그러나 게릴라 단체들은 패배하고 내부에 분란을 겪으면서도(특히 ARDE의 내분이 심했다) 미국이 니카라과에 무역 금지 조치를 내린 덕에 힘을 얻어 강력하게 저항했다. 당시 미국은 법이 허용하지 않았기에 콘트라를 군사적으로 지원할 수 없었다. 로널드 윌슨 레이건(1911~2004) 대통령은 (이란에 비밀리에 무기를 판매하고 얻은) 수입을 그 목적에 전용했다가 큰 물의를 일으켰다. 오스카르 아리아스 산체스(1940~) 코스타리카 대통령은 외국의 반군 지원 중단과 교전 당사자들 사이의 협상을 평화안으로 내놓았다. 1987년 8월 중앙아메리카 지도자들은 아리아스의 제안에 입각한 조약에 서명했다.

산디니스타와 1979년 이래로 니카라과의 국가재건평의회 의장이었던 호세 다니엘 오르테가 사베드라(1945~) 대통령은 1990년 2월 마침내 자유선거가 시행되면서 축출됐다. 비올레타 바리오스 데 차모로(1929~)가 이끄는 14개 정당의 반反산디니스타 연합이 입법부와 대통령직을 차지했다. 새 정부는 콘트라 반군과 평화협정을 체결했고, 반군은 1990년 5월에서 6월에 국제연합UN 평화유지군에 신고하고 해산하는 절차에 들어갔다. 최종적으로 약 2만 7,500명에 이르는 콘트라 반군이 자발적으로 무기를 넘겨주었다. 전쟁으로 약 3만 명이 목숨을 잃었으며, 니카라과는 경제적 파멸로 내몰렸다.

○ 엘살바도르 내전, 1977~92

니카 반란, 532
Nika Revolt, 532

비잔티움 제국 황제 유스티니아누스 1세(482?~565)는 제국 행정 관료들의 부패와 폭압적 행태를 근절시키려 했으나 완벽히 성공하지는 못했다. 532년 비잔티움 제국 수도 콘스탄티노플(오늘날의 이스탄불)의 일부 주민이 높은 세금과 정부의 착취에 맞서 반란을 일으켰다. 반란자들의 외침은 승리를 뜻하는 '니카'였다. 성난 폭도가 유스티니아누스 1세와 황후 테오도라(500?~548)의 거처이자 조정이 모이는 장소인 황궁을 에워쌌다. 폭도는 곧 도시를 장악했고, 화재로 도시 대부분이 파괴됐다. 유스티니아누스 1세는 안전한 장소로 피신하려 했으나, 테오도라는 떠날 생각이 없었다(테오도라는 진정한 황후의 단호함을 보여주기로 했다). 벨리사리우스(500?~565)와 나르세스(478?~573) 같은 장군은 친위대와 다른 부대를 도시로 불러들여 무자비하게 폭도를 진압하고 질서를 회복했다. 히파티우스(532년 사망)를 황제로 선포했던 반란자 약 3만 명이 학살당했고, 히파티우스는 체포되어 처형됐다. 그 뒤 유스티니아누스 1세는 민중에 대한 양보로써 과오를 저지른 몇몇 관료를 제거했다. 이는 유스티니아누스 1세의 오랜 치세 중 유일한 내부 반란이었다.

니코폴리스 십자군, 1396
Crusade of Nicopolis, 1396

14세기에 오스만 제국이 발칸 반도 지역을 정복하고 콘스탄티노플(오늘날의 이스탄불)을 포위하자 유럽은 크게 놀랐으며 교황 보니파시오 9세(1355?~1404)는 오스만 제국을 겨냥한 십자군을 선포했다. 약 10만 명이 교황의 호소에 응했다. 부더에 모인 이들은 헝가리 왕 지그몬드(신성로마제국 황제 지기스문트, 1368~1437)의 지휘 아래 도나우 강을 따라 내려가 오스만 제국의 두 요새 비딘과 오랴호보를 빼앗고 자신들이 해방시켜야 할 지역을 약탈한 뒤 마침내 오스만 제국이 장악한 니코폴리스(오늘날 불가리아의 니코폴)에 도착하여 포위공격에 나섰다. 역설적이게도 십자군은 전투 계획도, 통합된 명령 체계도 갖추지 못했다. 십자군은 1391년 이래로 콘스탄티노플을 포위한 술탄 바예지드 1세(1354~1403)의 오스만 제국 군대와 들뜬 상태에서 마주쳤다. 이에 '무겁공無怯公' 장(1371~1419) 휘하의 성미 급한 프랑스 기사들은 노련한 지그몬드의 현명한 충고를 무시하고 무모하게도 오스만 제국 군대의 제1선으로 (성공리에) 돌격했다. 그러나 이들은 선봉대를 희생하는 오스만 제국 군대의 표준 전술을 알지 못했다. 그 다음으로 나선 오스만 제국의 제2선은 프랑스 기사들과 이들을 구하려는 지그몬드의 본대 1만 6천 명을 포위했다. 지그몬드의 본대는 블라크인들과 트란실바니아인들의 예상치 못한 탈주로 약해져 있었다. 수천 명의 십자군은 전투하다가, 도주하다가, 또는 도나우 강에 빠져 목숨을 잃었다. 1만 명 이상이 오스만 제국에 포로로 잡혀 처형됐다(귀족 출신의 지도자들도 많이 잡혔으나 뒤에 몸값을 지불하고 풀려났다). 지그몬드와 다른 귀족들은 배편으로 탈출했다. 바예지드 1세는 계속해서 테살리아와 모레아(오늘날의 펠로폰네소스 반도)를 정복했고, 오스만 제국의 발칸 반도 정복은 티무르(1336~1405)가 소아시아로 들어오면서 일시 중단됐다(○ 앙고라 전투 ; 티무르의 정복).

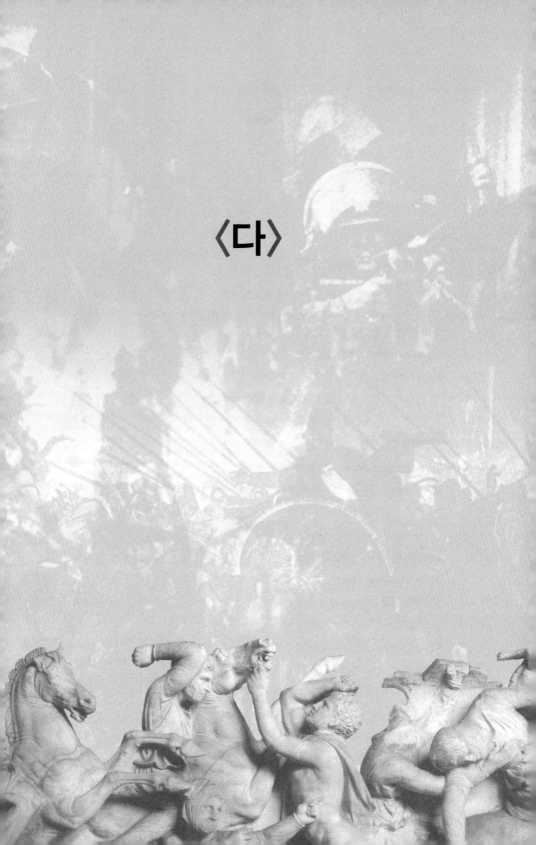

〈다〉

다르다넬스 전투, 1915
Dardanelles Campaign, 1915

○ 갈리폴리 전투

다마스쿠스 전쟁, 기원전 280~기원전 279
Damascene War, BCE 280~BCE 279

프톨레마이오스 2세 필라델포스(기원전 309~기원전 246)는 마케도니아인으로는 두 번째로 이집트의 파라오가 되어 왕국을 강하고 아름답게 꾸미고자 많은 일을 했다. 프톨레마이오스 2세는 시리아에 세워진 셀레우코스 왕국의 왕들을 시기하여 그 중심 도시인 다마스쿠스를 공격했다. 안티오코스 1세 소테르(기원전 324?~기원전 261)가 지휘하는 시리아인들은 전투에서 이집트인들에 크게 패하여 상당한 크기의 영토를 빼앗겼다. 이 전쟁은 시리아와 이집트의 마케도니아인 군주들이 벌인 일련의 전쟁 중 첫 번째였다(○ 시리아-이집트 전쟁).

다이라 씨平氏-미나모토 씨源氏 전쟁
Taira-Minamoto War

○ 겐페이 전쟁

다이비엣大越 내전, 1400~07
Đại Việt Civil War of 1400~07

1397년 다이비엣大越(베트남 북부)은 참파 왕국(베트남 중부)을 정복한 뒤 수도를 하노이에서 남쪽의 타인호아淸化로 옮겼다. 그동안 다이비엣은 참파와 늘 싸우느라 쇠약해졌고 쩐陳 왕조의 무능하고 부패한 통치자들은 반란을 일으킨 산악 부족들을 진압하지 못했다. 이에 다이비엣의 유능한 장군 호 꾸이 리胡季犛(1336~1407)가 야심을 품고 실권을 장악하기 시작했다. 호 꾸이 리는 섭정이 된 뒤 능숙하게 쩐 투언 똥陳順宗(1378~99)을 퇴위시키고 2세인 왕세자를 통치자로 삼았다. 그러나 1400년에 호 꾸이 리는 쩐 왕조를 무너뜨리고 스스로 군주에 올라 호胡 왕조를 세웠다.** 호 꾸이 리는 겨우 1년 뒤에 아들 호 한 트엉胡漢蒼(재위 1401~07)에게 왕위를 물려주었으나 권력자의 지위는 유지했다. 호 왕조의 군대는 참족의 지원을 얻어 권좌에서 쫓겨난 쩐 왕조를 복위시키려는 자들과 싸웠다. 명나라는 쩐 왕조의 지원 요청에 응하여 대규모 해군 원정대를 남쪽으로 파견했다(❍다이비엣−명 전쟁, 1405~07).

* 쩐 왕조 시대의 다이비엣에서는 물러난 황제가 죽을 때까지 실질적인 공동 통치자였다.
** 호 꾸이 리는 국호를 다이응우(大虞)로 바꾸었다.

다이비엣大越−명明 전쟁, 1405~07
Đại Việt−Ming War of 1405~07

호 꾸이 리胡季犛(1336~1407)가 다이비엣大越(베트남 북부)*의 왕위를 찬탈한 뒤 쫓겨난 쩐陳 왕조는 명나라 영락제(1360~1424)에게 지원을 호소했다(❍다이비엣 내전, 1400~07). 1405년에서 1407년 사이에 황제의 이슬람교도 환관 정화鄭和(1371~1433)가 명나라 해군 원정대를 이끌고 다이비엣의 남부 해안을 공격하여 참파 왕국(베트남 중부)을 해방했다. 1407년 2개의 대군으로 편성된 명나라 군사 약 20만 명이 다이비엣을 침공했다. 호 꾸이 리는 확신을 갖고 홍강紅江을 따라 적군에 맞섰으나 쩐 왕조를 복위시키려는 자들 때문에 군대의 사기가 꺾였다. 그리하여 다이비엣 군대는 어이없이 패했고, 왕위 찬탈자와 그의 아들 호 한 트엉胡漢蒼(재위 1401~07)은 포로가 되어 명나라로 끌려갔다. 영락제는 왕가를 복위시키지 않고 다이비엣을 명나라에 병합했다. 베트남은 거의 500년 만에 다시 중국의 지배를 받게 된 셈이었다(❍남한−응오 왕조 전쟁, 907~939). 명나라는 총독에게 다이비엣의 통치를 맡겼고, 도지휘사사都指揮使司와 승선포정사사承宣布政使司, 제형안찰사사提刑按察使司의 3사를 설치했다.

* 호 꾸이 리는 국호를 다이응우(大虞)로 바꾸었다.

다이비엣大越-명明 전쟁, 1418~28
Đại Việt–Ming War of 1418~28

다이비엣大越(베트남 북부) 주민들은 명나라의 지배에 분노했다(○ 다이비엣–명 전쟁, 1405~07). 다이비엣의 대지주로 다이비엣의 독립을 위해 1416년에 저항운동에 투신했던 레 러이黎利(1384~1433)는 문인 응우옌 짜이阮廌(1380~1442)의 도움을 받아 람선藍山 지역에서 게릴라 부대를 조직했다. 명나라에 반대하는 게릴라들은 명나라 점령군을 서서히 지치게 만들고자 적과 직접 교전하지 않고 먼저 전초기지와 보급선을 공격했다. 레 러이의 군대는 처음 세 전투에서 패한 뒤 람선 인근의 찌린산至靈山으로 철수했다. 1419년 레 러이의 게릴라 부대는 라오족의 지원을 받았다. 그러나 라오족은 그 뒤 다이비엣 대신 명나라를 도왔다. 1422년 레 러이는 다시 퇴각하며 2년간 휴전을 얻어냈다. 명나라는 영락제(1360~1424)가 사망한 뒤 쇠락하기 시작했다. 1426년 게릴라 반란군은 코끼리로 공격에 나서 홍강紅江 삼각주 남쪽의 응에안 성乂安省을 장악한 뒤 북쪽으로 진격하여 명나라에 맞섰다. 1427년경에 명나라가 지배하던 곳은 하노이뿐이었다. 명나라는 쩐陳 왕조의 후손이 다이비엣 왕위에 오른다면 철수하겠다고 제의했다. 레 러이는 이에 동의하고 쩐 까오陳暠(1428년 사망)를 왕위에 앉혔다. 그러나 레 러이는 증원군을 요청하는 명나라 장수의 전갈을 가로채고는 전쟁을 재개했다. 레 러이는 10만 명의 명나라 군대에 승리를 거두었고(명나라 군대의 장군 대부분을 사로잡거나 죽였다), 오랜 포위 끝에(1427~28) 하노이를 점령하여 명나라의 항복을 받아냈다. 레 러이는 항해에 필요한 물품을 정크선에 채우고 명나라 병사들을 태워 돌려보냈다. 레 러이는 쩐 까오를 죽이라고 명령한 뒤 후기 레黎 왕조(1428~1527, 1533~1789)의 초대 왕이 되어 명나라와 평화조약을 체결했다.

다이비엣大越-몽골 전쟁, 1257~88
Đại Việt–Mongol War of 1257~88

몽골의 위대한 지도자 쿠빌라이 칸(세조, 1215~94)은 송나라를 정복하면서(○ 몽골의 송(남송) 정복), 다이비엣大越(베트남 북부) 해안을 따라 이어진 동인도 제도(오늘날의 말레이 제도) 향신료 교역로를 장악하려 했다. 쿠빌라이 칸은

남쪽의 다이비엣과 참파 왕국(베트남 중부)으로 몽골 군대를 파견했다. 1257
년 몽골 군대는 홍강紅江을 따라 내려가 하노이를 약탈했는데 처음에는 대
적하는 군대가 없었다. 쿠빌라이 칸은 1260년 이후로 고집스럽게도 다이
비엣과 참파로부터 종주권을 인정받으려 했다. 이 분쟁의 결과 다이비엣과
참파가 연합하여 약 50만 명의 몽골 침략군에 맞섰고, 몽골 군대는 다이비
엣 장수 쩐 흥 다오陳興道(1228~1300)의 군대를 남쪽의 타인호아淸化로 밀어냈
다. 참족은 산악지대의 은신처에서 강력한 게릴라전을 벌였다. 쩐 흥 다오
는 육상과 해상 양쪽에서 반격에 성공하여 서서히 몽골을 중국으로 내쫓았
다. 1287년 몽골은 다시 침공하여(병력 30만 명) 하노이를 점령했으나 남쪽
으로 더 내려갈 때 거센 저항에 직면했다. 1288년 쩐 흥 다오는 오래된 계
책을 써서(● 남한-응오 왕조 전쟁, 907~939) 몽골 함대를 박당 강白藤江으로
유인해 조수가 높을 때 보이지 않도록 강바닥에 숨겨 박아놓은 쇠꼬챙이로
부셔버렸다. 몽골 선박 약 400척이 파괴됐고 군인 수천 명이 포로가 됐다.
남은 몽골 군대는 퇴각했으나 노이방 고개에서 패했다. 이즈음 양국은 큰
희생을 요구한 성가신 전쟁을 끝내기를 원했다. 다이비엣과 참파의 통치자
들은 쿠빌라이 칸의 종주권을 인정했으며, 몽골은 침공을 중단했다.

● 몽골의 정복

다이비엣大越-시암 전쟁
Đại Việt-Siamese Wars

● 시암-다이비엣 전쟁

다이비엣大越-참파 전쟁, 1000~44
Đại Việt-Champa War of 1000~44

팽창주의적 독립국가 다이비엣大越(베트남 북부)의 남쪽에는 참파 왕국(베트
남 중부)이 있었다. 참파는 농업이 발달하지 않았고 내륙의 경작지도 적은
해양 국가였다. 벼를 재배하는 다이비엣 농민들이 참파 북부를 점령하여 정
착했고 다이비엣 정부가 이들을 보호했다. 참파는 이에 대한 보복으로 홍
강紅江 삼각주 지역을 침략하여 성공을 거두었으나, 레 다이 하인黎大行(레 호
안黎桓, 941~1005)이 이끄는 다이비엣 군대가 참파 수도를 점령하여 약탈하

고 조공을 거두었다. 곧이어 참파는 아마라바티(오늘날의 꽝남성廣南省)를 다이비엣에 할양했고, 비자야(오늘날 베트남의 빈딘성平定省)가 참파의 수도가 됐다. 두 나라는 이따금씩 전쟁을 계속했다. 1044년 다이비엣의 통치자 리 타이 똥李太宗(1000~54)이 내전으로 혼란해진 참파를 해군으로 공격했다. 다이비엣은 비자야를 점령했고 더불어 참족 약 5천 명과 코끼리 30마리, 왕의 후궁들도 빼앗았다. 참파 왕은 살해됐다.

다이비엣大越-참파 전쟁, 1068~74
Đại Việt-Champa War of 1068~74

참파 왕국(베트남 중부)은 1044년에 다이비엣大越(베트남 북부)에 빼앗긴 수도 비자야(오늘날 베트남의 빈딘성平定省)를 되찾으려고 크메르 제국과 연합하여 기회를 엿보았다(⊙ 다이비엣-참파 전쟁, 1000~44). 참파는 다이비엣의 남부 3개 성省으로 공격해 들어갔다. 1068년 다이비엣 통치자 리 타인 똥李聖宗(1023~72)은 참파를 공격하여 비자야를 불태우고 왕 루드라바르만 3세(1074년 사망)를 사로잡았다. 1074년 참파는 포로가 된 왕의 몸값으로 국경의 3개 성을 다이비엣에 넘겨주었으나, 왕은 그 직후 사망했다.
⊙ 송-다이비엣 전쟁, 1057~61

다이비엣大越-참파 전쟁, 1103
Đại Việt-Champa War of 1103

참파 왕국(베트남 중부)의 왕 자야 인드라바르만 2세(1114?년 사망)는 다이비엣大越(베트남 북부) 망명자로부터 다이비엣에 빼앗긴 북부의 3개 성省을 쉽게 되찾을 수 있다는 말을 듣고 통례로 바쳐야 할 조공을 즉시 중단하고 3개 성을 공격했다. 자야 인드라바르만 2세의 군대는 처음에는 승리했으나 겨우 몇 달 동안 3개 성을 보유했다가 다이비엣에 패배하여 내쫓겼다.

다이비엣大越-참파 전쟁, 1312~26
Đại Việt-Champa War of 1312~26

다이비엣大越(베트남 북부) 왕 쩐 아인 똥陳英宗(1276~1320)은 남부 성省들에서 일어난 반란을 진압하고자 군대를 파견했다. 이 남부 성들은 과거에 참파 왕국(베트남 중부)에 속했으나 다이비엣으로 할양된 지역이었다. 1312년 쩐 아인 똥의 군대는 참파를 침공하여 참족을 격파하고 왕 자야 신하바르만 4세(쩨찌制至, 재위 1307~12)를 포로로 잡았으며 왕국을 다이비엣의 속국으로 삼았고 참파 왕의 동생이 다이비엣 황제의 제후로 참파 왕이 됐다. 1313년 다이비엣과 참파의 연합군이 시암(타이)의 침공을 격퇴했다. 쩐 아인 똥이 퇴위한 뒤 참파가 참파 왕의 지휘로 다시 다이비엣에 반기를 들었으나 (1314~18) 결국 패했다. 다른 소규모의 반란들도 진압됐다. 1318년 다이비엣의 새로운 왕 쩐 민 똥陳明宗(1300~57)은 쩨아난濟阿難(1342년 사망) 장군을 참파의 왕으로 임명했다. 그러나 쩨아난은 몽골의 지원을 얻어 참파를 독립시켰다. 1326년 쩨아난의 군대는 마침내 다이비엣에 승리를 거두었고 참파는 다이비엣의 속국 신세를 벗어났다. 쩨아난은 왕이 됐으며, 전쟁에 지친 두 나라는 여러 해 동안 평화를 유지했다.

다이비엣大越-참파 전쟁, 1446~71
Đại Việt-Champa War of 1446~71

11세기 이래로 참파 왕국(베트남 중부)의 영토를 잠식했던 북쪽의 다이비엣大越(베트남 북부)은 1446년에 다시 참파를 침공하여 수도 비자야(오늘날 베트남의 빈딘성平定省)를 빼앗았다. 참파는 명나라의 지원을 거부하고도 수도를 탈환할 수 있었지만, 그 뒤 내전이 발발하고 수십 년간 네 차례나 왕이 바뀌면서 왕국은 약해졌다. 1471년 다이비엣의 왕 레 타인 똥黎聖宗(1442~98)은 참족과 잔혹한 전쟁을 시작했다. 비자야를 점령하여 약탈했으며, 참족 약 6만 명을 학살했고, 왕족 50명을 포함하여 3만 명이 넘는 참족을 포로로 잡았다. 참파의 왕은 살해됐고, 왕국의 대부분은 다이비엣이 병합했다. 남부에 작은 참족 왕국만 남아 다이비엣과 캄보디아 사이의 완충지대가 됐다.

다이비엣大越-캄보디아 전쟁, 1738~50
Đại Việt-Cambodian War of 1738~50

1700년대 초 다이비엣大越(베트남 북부)은 메콩 강 삼각주 지역의 캄보디아 변경 지방을 침공하여 땅을 병합했다. 캄보디아는 이웃 나라에 영토와 세력을 빼앗긴 데 심기가 불편했다. 다이비엣이 캄보디아의 해안 지역에, 특히 하띠엔河僊(1714~17년의 시암-캄보디아 전쟁 중에 다이비엣이 점령했다)에 침투하여 정착지를 건설하자 캄보디아는 잃은 땅을 되찾으려고 군사행동에 나섰다. 오래 끌었던 전쟁에서 다이비엣이 캄보디아를 격퇴했으며 캄보디아 영토로 들어가 다른 지역을 빼앗아 보복했다. 1750년에 다이비엣은 코친차이나(베트남 남부의 일부)로 알려진 지역을 지배하게 됐다. 여기에는 메콩 강 삼각주의 비옥한 평야가 포함되어 있었다.

다이비엣大越-크메르 전쟁, 1123~36
Đại Việt-Khmer War of 1123~36

크메르 제국의 왕 수르야바르만 2세(1150?년 사망)는 다이비엣大越(베트남 북부)에 무능한 통치자들이 연이어 등장한 데 이어 송나라와 분쟁을 겪어 허약해진 것을 알고는, 북쪽으로 다이비엣까지 영토를 확장하고자 했다. 그리고 이를 위해 참파 왕국(베트남 중부)에 자신을 도우라고 강요했다. 1128년 수르야바르만 2세는 병사 약 2만 명을 이끌고 사완나켓(오늘날의 카이손 폼비한. 라오스 중남부)에서 응에안乂安(베트남 북부)에 이르는 옛날에 사절들이 다니던 길을 따라 북쪽으로 진격했으나 패주했다. 이듬해 가을 수르야바르만 2세는 700척이 넘는 배를 보내 다이비엣의 해안 지역을 폐허로 만들고 육상에서 소규모 전투를 계속했다. 1132년 크메르와 참파의 연합군이 응에안을 침공했으나 내쫓겼다. 1136년 참파 왕 자야 인드라바르만 3세(1145?년 사망)는 다이비엣과 강화를 타결하고 수르야바르만 2세의 새로운 베트남 원정에 합류하기를 거부했다. 그 뒤 크메르 왕은 참파 왕국의 상당 부분을 점령했다(● 크메르-참파 전쟁, 1144~50). 수르야바르만 2세는 1138년과 1150년에 군대를 이끌고 다이비엣을 공격했으나 이 싸움에서도 결판을 내지 못했다.

다케의 전쟁(다케의 반란), 1542~43
Dacke's War(Dacke's Rebellion), 1542~43

스웨덴 남부 스몰란드의 농민들은 왕 구스타브 1세(1496~1560)의 반가톨릭 정책과 가혹한 징세에 거세게 저항했다. 1542년 봄 스몰란드의 농민들은 수배자인 닐스 다케(1543년 사망)의 지휘 아래 무장하여 다수의 징세관을 살해했다. 농민들은 스웨덴의 강력한 귀족인 스반테 스투레(1517~67)에게 왕위를 차지할 수 있도록 지원하겠다고 제의했으나, 스반테 스투레는 내전에 관여하기를 거부했다. 다케의 군대는 왕의 군대에 승리를 거두었고, 양쪽은 1542년 11월 휴전에 합의했다. 구스타브 1세는 농민과 협력하고 징세 방식을 바꾸겠다고 약속하는 동시에 스몰란드에 있는 자신의 군대를 강화했고, 1543년 초 농민과 전투를 벌여 결정적인 승리를 거두었다. 다케는 전투 중에 사망한 것으로 추정된다. 다른 농민 지도자들은 사형됐고, 스몰란드의 도시민들은 금전적으로 혹독한 보복을 당했다. 그렇지만 구스타브 1세는 그 뒤 치세에서 전제적 통치를 완화했다.

다키아 전쟁
Dacian War

제1차 다키아 전쟁(101~102) 101년 로마 황제 트라야누스(53~117)는 다키아(대체로 오늘날의 루마니아에 해당한다)의 오만한 왕 데케발루스(디우르파네우스, 106년 사망)를 도나우 강 남쪽의 로마 속주들을 위협하는 인물로 여겨 직접 다키아 침공을 지휘했다. 다키아인들은 로마에 단호하게 맞섰으나, 전쟁이 일어나고 두 번째 해에 접어들면서 트라야누스는 왕국의 중심부를 돌파하여 수도 사르미제제투사를 점령했다. 데케발루스는 강화를 타결하여 로마를 종주국으로 인정하고 군대를 제공한다는 데 동의했다. 트라야누스는 도나우 강을 건널 수 있는 상설 돌다리를 건설하라고 명령한 뒤 귀국했다. **제2차 다키아 전쟁(105~106)** 데케발루스의 군대는 다키아에 주둔한 로마 수비대를 휩쓸어버리고 로마에 협력한 이웃 종족을 공격했다. 이듬해인 106년 트라야누스는 다시 다키아 왕국을 침공하여 수도를 장악했고 항복하지도 않고 피하지도 않은 다키아인들을 사냥했다. 패배한 데케발루스는 자살했고, 소아시아와 시리아에서 사람들이 건너와 로마의 속주가 된 다키아에 정착했다. 트라야누스는 자신의 다키아 원정을 묘사한 돌기둥*을 세워 승리를 기념했다. 이 돌기둥은 로마의 트라야누스 포룸에서 지금도 볼 수 있다.

* 트라야누스 원주(圓柱).

다호메이-프랑스 전쟁
Dahomeyan-French War

제1차 다호메이-프랑스 전쟁(1889~90) 1889년 영국은 프랑스와 협정을 맺어 서아프리카 다호메이 왕국(베냉)의 코토누를 프랑스에 할양하기로 했다. 이 문제에서 아무런 발언권도 행사하지 못한 다호메이 원주민들은 코토누에 상륙한 프랑스 군대를 공격했고 격렬한 전투가 이어졌다. 다호메이 군대의 특징은 여군이 존재한다는 것이었다. 다호메이 여군은 남성과 마찬가지로 용감하게 잘 싸웠고 프랑스에 맞선 전쟁에서 중요한 역할을 수행했다. 1890년 프랑스는 다호메이와 조약을 체결하여 코토누와 다른 해안 도시인 포르토노보를 받는 대신 다호메이 왕 베앙쟁(1844~1906)에게 매년 일정액을 납부하기로 했다. **제2차 다호메이-프랑스 전쟁(1892)** 다호메이에서는 노예제가 폐지됐지만, 왕 베앙쟁은 계속해서 인접 지역으로 노예 사냥을 나갔고 프랑스 포함砲艦을 공격하기도 했다. 이러한 행동은 또 다른 전쟁을 유발했다. 1892년 가을 프랑스의 식민지였던 세네갈로부터 진입한 알프레드 아메데 도드(1842~1922) 장군이 지휘하는 군대가 다호메이에 상륙하여 반란을 일으킨 원주민 군대와 맞섰다. 병력과 화력에서 우세한 도드 장군의 군대가 다호메이인들을 무찔렀다. 1892년 11월 17일 베앙쟁은 프랑스가 진입하기 앞서 수도 아보메이에 불을 지르고 북쪽으로 도주했다. 1894년 초에 결국 항복한 베앙쟁은 서인도제도의 마르티니크로 추방당했고, 다호메이 왕국은 프랑스의 식민지가 됐다.

단눈치오의 전쟁, 1919~20
D'Annunzio's War, 1919~20

제1차 세계대전이 끝난 뒤 이탈리아와 세르비아-크로아티아-슬로베니아왕국 두 나라 모두가 달마티아 해안의 항구도시 피우메(오늘날의 리예카)의 소유권을 주장했다. 협상이 진행되는 가운데 이탈리아의 시인이자 군인인 가브리엘레 단눈치오(1863~1938)가 원정대를 이끌고 피우메를 침공했다(1919년 9월 12일). 단눈치오는 피우메를 이탈리아의 정당한 영토라 믿고 공격하여 점령했다(단눈치오의 군대는 뒷날 파시스트 제복의 하나가 되는 검은 셔츠를 입었다). 이탈리아 정부와 유럽의 여러 나라는 단눈치오가 피우메에 확립한 강압적 지배에 반대했다. 이탈리아와 세르비아-크로아티아-슬로베니아왕국이 피우메를 독립국가인 피우메 자유국으로 변화시킬 라팔로 조약(1920년 11월 12일)에 조인하자, 단눈치오는 이탈리아에 전쟁을 선포했으나 이탈리아 군대가 피우메를 포격한(1920년 12월 26~27일) 뒤 철수할 수밖에 없었다. 피우메 자유국 정부는 정치적 소요에 휩싸였다가 1922년에 파시스트 쿠데타로 무너졌다. 그 뒤 피우메는 이탈리아 군대가 점령했지만 결국 세르비아-크로아티아-슬로베니아왕국에 귀속됐다(1947).

○ '로마 진군'

당唐-고구려·백제 전쟁, 660~668
Tang—Goguryeo·Baekje War of 660~668

고구려와 백제가 연합하여 오랜 경쟁국인 신라를 침공하면서 한반도에 전쟁이 발발했다. 신라는 당나라 고종(628~683)에게 지원을 요청했고, 한반도를 정복하려던 고종은 이에 쉽게 응했다. 당나라 육군은 만주를 거쳐 고구려를 침공했으며, 수군은 백제의 해안을 따라 공격했다. 661~663년에 일본이 백제를 위해 개입했으나 패배했다(백강白江 전투). 당나라 수군은 일본 함대를 격파했다. 백제는 점령됐고 당나라의 종주권을 받아들인 신라에 통합됐다. 고구려는 당나라와 신라에 완강하게 저항했으나 668년에 수도 평양을 빼앗겼다. 신라는 대동강 이남을 얻어 영토를 확장했고, 고구려의 대부분은 당나라가 병합했다.

당唐-고구려 전쟁,* 645~647
Tang—Goguryeo War of 645~647

당나라 태종(599~649)은 한반도까지 영토를 확장하기를 원했다. 645년에 태종은 대군을 이끌고 한반도 북부의 고구려를 침공하여 여러 차례 전투에서 승리를 거두었고 많은 성을 점령했으나 겨울이 오기 전에 고구려 군대의 본진을 격파하지 못하여 돌아갈 수밖에 없었다. 2년 뒤 태종은 고구려를 복속시키기 위해 다시 침공했으나 또 철수해야 했다.

* 고-당 전쟁이라고도 한다.

당唐-남조南詔 전쟁, 751~774
Tang-Nanchao War, 751~774

8세기 오늘날의 중국 남부 윈난성雲南省과 쓰촨성四川省 남부 지역에는 샨족이라는 타이의 한 민족이 살고 있었다. 샨족은 당나라의 종주권을 인정했다. 737년경 샨족 제후 피라각皮羅閣(재위 698~748)은 인접 영토를 장악하고 남조南詔의 왕임을 선포했다. 황제는 이를 추인했고 왕은 계속 조공을 납부했다. 왕위를 이어받은 그 아들 각라봉閣羅鳳(재위 748~779)은 당나라에 복종하기를 거부했다. 황제의 군대는 반란을 일으킨 왕을 제압하려 했으나 성공하지 못했고, 774년 당나라는 남조를 독립국가로 인정했다. 20년 뒤 남조는 당나라와 동맹하여 함께 티베트(토번)에 맞서 싸웠다(●당-티베트 전쟁, 763~821).

당唐-동돌궐 전쟁, 629~630
Tang-the Eastern Turks War, 629~630

618년 수나라에 이어 당나라가 등장할 무렵 당시 돌궐은 오늘날의 내몽골을 점령했다. 돌궐족은 수나라 양제(569~618)의 황후와 손자 공제(605~619)에게 피신처를 제공했고 10년 동안 북쪽 변경을 불안하게 했다. 정력적이고 유능한 황제였던 당나라 태종(599~649)은 침공의 위협을 인식하고 밀사를 파견하여, 동돌궐의 일릭頡利 카간可汗(?~634, 재위 620~630)에게 마지못해 충성했던 부족들의 불만을 자극했다. 627년에 반란이 일어났고 629년에 태종은 북쪽으로 군대를 보내 반란을 지원했다. 전투 중에 일릭 카간은 포로가 됐으나 태종은 수도로 끌려온 일릭 카간을 융숭히 대접했다. 태종은 패배한 돌궐 병사들에게도 자비를 베풀어 다수를 당나라 군대에 편입했다.

당唐-서돌궐 전쟁
Tang-the Western Turks War

제1차 당-서돌궐 전쟁(641~648) 당나라 태종(599~649)은 서돌궐과 맞서면서 과거 동돌궐과 싸울 때와 동일한 전술을 채택했다(●당-동돌궐 전쟁). 다시 말해서 서돌궐 내부에 경쟁하던 부족들의 불만을 자극하고 강력한 족장들의 충성을 확보하는 것이었다. 태종의 군대는 강력한 기병대로 유명했다.

당나라의 기병대는 돌궐족을 중앙아시아 산악지대에 있는 근거지에서 내몰아 서쪽으로 쫓아버렸다. 황제는 서역西域으로 이어지는 북부 교역로의 대상隊商을 괴롭히지 못하도록 돌궐족을 정복하려고 했으며 이는 649년 죽기 직전에 성공을 거두었다. **제2차 당-서돌궐 전쟁(657~659)** 이 전쟁은 중앙아시아의 초원지대에서도 벌어졌다. 주로 유목민 전사들과 당나라에 충성하는 기병대 사이의 싸움이었다. 위구르족은 한때 돌궐족의 협력자였으나 657년에 돌궐족을 버리고 당나라에 협조하여 돌궐족을 파미르 고원(중앙아시아. 특히 타지키스탄의 산악지대)과 오늘날의 아프가니스탄 너머로 내쫓았다.

당唐-카나우지 전쟁, 648~649
Tang-Kanauj War of 648~649

641년 당나라 조정과 인도의 카나우지 왕국은 우호적인 외교 관계를 수립했다. 647년 당나라 태종(599~649)은 사절을 파견하여 카나우지의 왕을 방문하도록 했다. 인도에 도착한 사절단은 왕 하르샤(590~647)가 죽고 아르주나가 왕위를 찬탈한 것을 알았다. 새로운 통치자는 선물을 착복하고 당나라의 사절을 모두 죽이려 했다. 사절 왕현책王玄策과 다른 1명이 겨우 탈출하여 네팔로 가서 적지 않은 군대를 모았고 여기에 당나라 기병대가 합세했다. 왕현책은 이 군대를 이끌고 카나우지로 들어가 수도를 포위하여 공격했고, 왕위 찬탈자를 포로로 잡아 사슬에 묶어 당나라 수도 장안長安(오늘날의 시안西安)으로 끌고 갔다.

당唐-티베트 전쟁, 641
Tang-Tibetan War of 641

634년 티베트(토번) 왕 손챈감포(605?~649?)는 당나라 태종(599~649)에게 사절을 파견했고, 태종은 사절을 크게 환대했다. 4년 뒤 태종은 답례로써 일단의 고위 관료를 손챈감포에게 보냈다. 손챈감포는 이 우호적인 행위를 당나라가 자신을 두려워하거나 아니면 자신의 도움을 원한다고 오해하여 거만하게도 당나라 공주를 부인으로 요구했다가 거절당했다. 641년 손챈감포는 대군을 이끌고 진두에 서서 당나라를 침공했으나, 티베트의 군대는 잘 훈련된 당나라 번진藩鎮 군대의 적수가 되지 못했다. 티베트 군대는 패주

하여 산악지대로 밀려났다. 태종은 손챈감포의 군대를 격파한 뒤 관대하게
도 적을 제후로 봉했다.

당唐-티베트 전쟁, 763~821
Tang-Tibetan War of 763~821

티베트(토번)는 당나라 내부의 문제점들을 이용하여 서부 지역을 계속 침공
했다. 한번은 수도 장안長安(오늘날의 시안西安)까지 도달하여 도성을 점령하고
약탈했다. 티베트인들은 무자비한 파괴와 방화, 살인으로 변경 지역을 공
포로 몰아넣었다. 당나라 군대는 때로 티베트 군대를 격파했으나, 티베트
인들은 그때마다 산악지대의 요새로 물러가 다시 타격할 기회를 기다렸다.
798년 당나라는 위구르 제국과 동맹을 체결하고 남조南詔 왕국의 지원을 받
아 티베트에 맞섰다. 당나라는 강력한 동맹국들의 도움으로 결국 티베트에
결정적인 패배를 안겼고, 821년 티베트는 평화조약을 체결하기로 동의할
수밖에 없었다.

대동맹 전쟁(아우크스부르크 동맹 전쟁), 1688~97
War of the Grand Alliance(War of the League of Augsburg), 1688~97

프랑스 왕 루이 14세(1638~1715)가 제3차 잉글랜드-네덜란드 전쟁 동안 독
일 영토를 침범한 결과 잉글랜드와 네덜란드 공화국(독립한 네덜란드, 특히
홀란트 주), 합스부르크 왕가의 오스트리아가 방어 동맹을 체결했다. 이 동
맹은 아우크스부르크 동맹이라 했고, 1689년 이후에는 대동맹이라 불렀다.
루이 14세는 독일에서 다른 나라의 방해를 받지 않고 짧게 전쟁을 수행하
고자 했으나, 명예혁명으로 쫓겨난 제임스 2세(1633~1701)를 뒤이은 윌리엄
3세(1650~1702)의 잉글랜드가 싸움에 끼어들어 루이 14세의 팽창 정책을 방
해했다. 루이 14세는 윌리엄 3세의 주의를 다른 곳으로 돌리기 위해 아일랜
드에서 스튜어트 가문의 물러난 왕을 지원하여 양동작전을 펼쳤으나(○아
일랜드 전쟁, 1689~91), 윌리엄 3세가 보인 강 전투에서 승리하여 계획이 무
산됐다. 당시로는 유럽 최고의 해군을 보유했던 루이 14세는 대동맹을 바
다에서 무력하게 만들고자 했다. 1690년 루이 14세의 군함들은 비치헤드
전투에서 잉글랜드·네덜란드 연합 함대에 결정적인 패배를 안겼으나, 1692

년에 라오그 해전에서 너무도 처절하게 패한 나머지 해군이 무용지물이 되고 말았다. 육상 작전밖에 할 수 없었던 루이 14세는 대동맹 전체와 싸워야 했고(대동맹은 확대되어 사보이아와 스웨덴, 에스파냐, 신성로마제국, 바이에른, 작센, 팔츠, 브란덴부르크, 포르투갈까지 포함했다), 또 각각의 동맹국과 개별적으로 맞서야 했다. 1690년 프랑스 기병대는 플뢰뤼스 전투에서 뛰어난 이중 포위로 잉글랜드와 에스파냐, 네덜란드, 독일의 병사 약 6천 명을 살해하고 8천 명을 포로로 잡았다. 이 승리와 비치헤드의 승리로 루이 14세는 무적이 된 듯했다. 에스파냐령 네덜란드(벨기에의 일부와 네덜란드, 룩셈부르크)의 핵심 도시 나뮈르에서는 두 번의 전투가 있었다. 1692년의 첫 번째 전투에서는 프랑스가 유혈극을 치르고 승리를 거두었다. 그 뒤 두 달이 지나지 않아 프랑스는 스테인케르커(오늘날 벨기엘의 에노 주 브렌르콩트) 전투에서 잔인한 승리를 거두었으며, 1693년에는 네이르빈던 전투에서 동맹군을 크게 학살했다. 루이 14세는 1693년에도 작센에서 승리를 거두었다. 작센은 이듬해 전쟁에서 이탈하여 1696년에 단독으로 평화조약을 체결했다. 루이 14세는 전쟁을 지속했지만, 패배를 몰랐던 장군 뤽상부르(1628~95) 원수가 사망하고 1695년에 제2차 나뮈르 전투에서 패하자 비밀리에 윌리엄 3세와 협상을 벌였다. 전쟁은 1697년 9월 20일, 10월 30일에 레이스베이크 조약이 체결되면서 끝났다. 조약에 따라 루이 14세는 윌리엄 3세의 잉글랜드 왕권을 인정했고, 네덜란드는 무역 특혜를 받았으며, 프랑스와 대동맹 회원국들은 1679년 이래 정복한 땅을 대부분 포기했다.

○ 루이 14세의 라인 지방 침공 ; 에스파냐 왕위 계승 전쟁 ; 윌리엄 왕의 전쟁

대북방 전쟁
Great Northern War

○ (제2차) 북방 전쟁

대서양 전투, 1940~43
Battle of the Atlantic, 1940~43

제2차 세계대전이 시작된 뒤 영국은 독일이 장악한 유럽 지역을 봉쇄했으나 효력이 없었다. 늘 영국 선박을 노렸던 독일의 U-보트(잠수함) 때문이었다. 식량과 전쟁 물자를 싣고 영국으로 가던 많은 연합국 상선이 북대서양에서 U-보트의 어뢰에 맞아 침몰했고, 그 결과 영국은 1940년에 식량을 배급해야 했다. U-보트는 항공모함과 전함, 구축함, 기타 군함들도 격침했다. 유럽의 방어는 미국의 방어에 지극히 중요했으므로 미국은 무기대여법에 따라 선박에 물품을 실어 유럽 국가들로 보냈다. 동시에 미국 해군의 함정들이 북대서양 서부를 순찰했으며, 영국 공군의 항공기들은 동부에서 해상 항로를 감시했다. 아이슬란드 서쪽에 집결한 미국과 캐나다의 대규모 상선단이 영국 군함들의 호위를 받으며 대서양을 건넜다. 1941년 10월 31일 미국의 구축함 루번제임스 함이 아이슬란드 근해에서 U-보트의 공격을 받고 침몰한 뒤(해군 115명을 잃었다) 미국 연방의회는 중립법을 사실상 폐기했고, 미국의 선박들은 무장한 채 전투 지역으로 들어갔다. 1942년과 1943년 초 독일군이 이른바 이리 떼wolf packs 작전 즉 15척에서 20척 정도의 잠수함이 합동으로 공격하여 목표물을 격침하는 작전을 시작하면서 U-보트에 침몰당하는 선박이 늘어났다. 그러나 영국은 결국 전세를 뒤집을 두 가지 장치를 개발했다. 단파방향탐지기와 센티미터파 레이더였다. 연합국은 이 두 장치로 U-보트의 위치를 정확하게 추적하여 파괴할 수 있었다. 수많은 잠수함이 그렇게 격침되어 독일은 1943년 중반 이후 해상 운송을 크게 방해할 수 없었고, 연합군은 곧 대서양과 다른 바다의 해상 항로를 장악했다.

대大카피르 전쟁
Great Kaffir War
　◐ (제8차) 카피르족 전쟁

대對테러 전쟁
War on Terrorism
　◐ 미국의 아프가니스탄 침공 ; 미국의 이라크 침공

대大펠로폰네소스 전쟁
Great Peloponnesian War
　◐ (제2차) 펠로폰네소스 전쟁

더글러스 가문의 반란, 1455
Douglas Rebellion of 1455

스코틀랜드 왕좌를 차지하려 애썼던 것으로 유명한 더글러스 가문은 제임스 2세(1430~60) 치세에 크게 위축됐다. 제임스 2세의 섭정이었던 5대 더글러스 백작은 1439년에 세상을 떠났고, 6대 더글러스 백작은 권력투쟁의 와중에 암살당했다. 7대 더글러스 백작의 아들 8대 더글러스 백작인 윌리엄(1425?~52)은 권력은 물론 6대 더글라스 백작에 대한 복수도 열망하여 왕국의 총사령관이 될 계획을 세웠고, 이어 다른 귀족들과 모의하여 제임스 2세를 조종하려 했다. 1452년에 왕과 대결하게 된 윌리엄은 항복을 거부했다가 스털링 성에서 제임스 2세에게 죽임을 당했다. 9대 더글러스 백작이자 마지막 더글러스 백작이었던 윌리엄의 동생 제임스(1426~88)는 인버네스를 점령했지만, 1455년 5월 12일 아키님 전투에서 제임스 2세의 스코틀랜드 군대에 패한 뒤 잉글랜드로 망명해야 했다.

더플린무어 전투, 1332
Battle of Dupplin Moor, 1332

스코틀랜드 통치자들은 1328년의 에딘버러-노샘프턴 조약에서 규정한 대로(◑스코틀랜드 전쟁, 1314~28) 잉글랜드에 우호적인 귀족들에게 토지를 되돌려주어야 했으나 이를 이행하지 않자 잉글랜드 왕 에드워드 3세(1312~77)는 분노했다. 에드워드 3세는 에드워드 베일리얼(1282?~1364?)에게 스코틀랜드 왕위를 되돌려줄 계책을 세웠고(◑스코틀랜드 전쟁, 1295~96), 마침내 스코틀랜드를 침공하여 1332년 8월 11일 더플린무어에서 스코틀랜드인들과 대결했다. 잉글랜드 군대는 야간에 장궁長弓과 말에서 내린 중기병을 이용하는 웨일스식 전술을 써서 스코틀랜드인들을 무찔렀고 지휘자인 마 백작을 살해했다. 이어 에드워드 3세는 스쿤에서 베일리얼을 왕위에 앉혔다. 그리하여 스코틀랜드에는 2명의 왕이 존재하게 됐으나 불만을 품은 스코틀랜드인들이 베일리얼을 다시 국경 너머로 내쫓았다(◑핼리든힐 전투).

던모어 경의 전쟁, 1774
Lord Dunmore's War, 1774

1771년 4대 던모어 백작 존 머리(1732~1809)는 뉴욕 식민지 총독에서 버지니아 식민지 총독으로 전임했다. 쇼니족 인디언과 오타와족 인디언 등 인디언 부족들이 서부 지역의 백인 사냥꾼과 정착민을 공격하자, 던모어 경은 '홍인red man(북아메리카 인디언)'을 진압하기 위해 두 방면으로 원정했다. 앤드루 루이스(1720~81) 연대장이 약 1,500명의 버지니아 식민지 주민으로 구성된 부대를 이끌고 카나와 강을 따라 서쪽으로 이동했고, 던모어 경이 지휘한 두 번째 부대는 오늘날의 펜실베이니아 주 피츠버그 인근 던모어(피트) 요새에서 출발하여 오하이오 강을 따라 진행했다. 1774년 10월 10일 쇼니족 족장 콘스토크(1720?~77)가 부족을 이끌고 오늘날의 웨스트버지니아 주 카나와 강 하구에 있는 포인트플레전트에서 루이스의 군대를 공격했다. 쇼니족은 하루 종일 격렬하고 힘든 전투를 치른 뒤 패하여 도주했고, 그 뒤 오늘날의 오하이오 주 피커웨이 평원에 있는 캠프 샬럿에서 던모어 경과 평화조약을 체결했으며 켄터키에 대한 권리를 버지니아 식민지 주민들에게 양도했다.

◐ 크레섭의 전쟁

던시네인 전투, 1054
Battle of Dunsinane, 1054

1042년 이후 잉글랜드의 웨식스 왕국이 점차 데인로의 통제권을 되찾자 (**◐ 바이킹의 잉글랜드 침입, 후기**), 참회왕 에드워드(1003?~66)는 잉글랜드를 봉건제의 상위 주군으로 인정하라고 스코틀랜드에 요구했다. 스코틀랜드인들이 이를 거부하자 에드워드는 강압으로 인정을 받아내기 위해 노섬브리아 백작 시워드(1055년 사망)를 보냈다. 1054년 시워드는 스코틀랜드 왕자인 그의 조카 맬컴 캔모어(1031~93)와 함께 군대를 이끌고 롤랜즈를 침공하여 퍼스 인근의 던시네인에서 왕 맥베스(1057년 사망)가 지휘하는 스코틀랜드인들과 격렬하고도 희생이 큰 (특히 잉글랜드의 인명 손실이 컸다) 전투를 치렀다. 맥베스는 전투 중 부상을 입었다. 시워드는 그 뒤 잉글랜드로 퇴각했다. 영국의 시인이자 극작가인 윌리엄 셰익스피어(1564~1616)로부터는 좋은 평가를 받지 못했지만 유능하고 인기 많은 통치자였던 맥베스는 그 뒤 맬컴의 추적을 받아 살해당했다. 맬컴은 스코틀랜드의 롤랜즈를 획득하여 맬컴 3세가 됐다.

덥의 반란, 1501~03
Dubh's Rebellion, 1501~03

스코틀랜드 왕 제임스 4세(1473~1513)는 우호적인 면모와 권위적인 면모를 번갈아 보여준 인물로 하일랜즈 북부와 서부를 통제하는 문제를 자신의 '총사령관' 캠벨 가문에게 영토가 아닌 권력을 주어 해결하려 했다. 1501년 초 앵거스 오그(○오그의 반란)의 아들 도널드 덥(1545년 사망)이 이에 반대하여 반란을 이끌었다. 1503년 왕에 충성하는 맥도널드 가문이 매클린 가문의 지원을 받아 덥의 군대를 무찌르고 덥이 은거했던 인버네스 성에 불을 질렀다. 덥은 도주했으나 1506년에 붙잡혀 투옥됐다. 통제력을 확보한 제임스 4세는 평화를 유지하기 위해 하일랜즈에 요새들을 건설했다.

데메라라-에세키보 봉기, 1823
Demerara-Essequibo Uprising, 1823

오늘날의 가이아나에 있는 비옥한 해안 지역 데메라라-에세키보에서 영국인 사탕수수 플랜테이션 소유주들과 그리스도교 선교사들이 사회 개혁과 노예 노동자의 권리에 관하여 논쟁했다. 1823년 약 1만 2천 명의 노예(다수가 친족 관계였다)가 자유를 얻고자 봉기하여 농장을 점령했다. 이에 동정적이었던 선교사 존 스미스(1790~1824)가 반란을 조장했다는 혐의로 고발당해 사형을 앞두고 옥사했다. 노예 봉기는 실패로 돌아갔고, 수백 명이 부상을 입거나 죽었다. 33명은 즉결재판을 받고 처형됐다(봉기 중에 사망한 백인은 3명뿐이었다). 1831년 데메라라-에세키보는 이웃의 버비스와 통합되어 식민지 영국령 가이아나가 됐고, 노예제는 1833년에 모든 영국 식민지에서 폐지됐다.

데메트리오스 전쟁, 기원전 239~기원전 229
War of Demetrius, BCE 239~BCE 229

안티고노스 2세(기원전 319~기원전 239)의 아들 데메트리오스 2세(기원전

278?~기원전 229)는 아버지로부터 마케도니아뿐만 아니라 그리스 문제(**○ 크레모니데스 전쟁**)까지 물려받았다. 데메트리오스 2세는 에페이로스(오늘날의 이피로스)를 유지하기 위해 에페이로스의 공주와 결혼했다. 그러나 에페이로스의 아카르나니아를 원했던 아이톨리아와 펠로폰네소스 반도 전체를 지배하고자 했던 아카이아가 동맹하여 데메트리오스 2세의 지배에 맞섰다. 아카이아는 클레오나이와 헤라이아를 빼앗았으나 기원전 238년에 아르고스에서 패했다. 반란을 일으킨 도시들은 아카이아 동맹에 합류했다. 그러자 데메트리오스 2세는 보이오티아를 침공하여(기원전 237~기원전 236) 아카이아 동맹과 아이톨리아 동맹을 효과적으로 분열시켰고 전쟁을 일련의 고립된 작은 전투로 축소했다. 기원전 229년 데메트리오스 2세가 세상을 떠나면서 전쟁이 종결됐으나, 데메트리오스 2세의 아홉 살 된 아들과 섭정은 에페이로스와 아테네를 잃었고(기원전 229), 일리리아 왕국과 분쟁을 겪었으며 기원전 219~기원전 217년의 동맹국 전쟁을 예고하는 사건들에 직면해야 했다. 마케도니아는 분열의 길에 들어섰다.

○ **일리리아 전쟁**

데카브리스트 봉기, 1825
Decembrists' Uprising, 1825

나폴레옹 전쟁 중에 서유럽의 자유주의 사상에 물든 러시아 군인들은 황제의 군주정을 공화정으로 대체하기 위해 비밀결사들을 결성했다. 황제 알렉산드르 1세(1777~1825)의 사망에 뒤이어 계승 분쟁이 일어나자 기회가 찾아왔다. 알렉산드르 1세의 동생 콘스탄틴(1779~1831)은 동생인 니콜라이 1세(1796~1855)에게 계승권을 양보했으나, 니콜라이 1세는 콘스탄틴의 공개적인 인정 없이 즉위하기를 주저했다. 1825년 12월 26일(러시아의 옛 역법인 율리우스력으로 12월 14일) 데카브리스트는 북부 지부의 음모가 발각되자 구체적인 강령도 없고 준비도 제대로 되지 않은 상태에서 '콘스탄틴과 헌법'을 지지하며 자신들의 군대를 이끌고 상트페테르부르크로 진격했다. 그러나 반란군이 의사당 광장(오늘날의 데카브리스트 광장)에 도착했을 때는 이미 군 장교들이 황제 니콜라이 1세에게 충성을 맹세한 뒤였다. 반란군 군인들이 항복을 거부하고 일부 시민이 돌을 던지면서 합세하자, 정부의 포병들이 1시간 동안 포도탄 세례를 퍼부어 반란군을 섬멸했다. 툴친 반란군의 지도자 파벨 페스텔(1793~1826) 육군 대령은 곧 러시아 남부에서 체포됐고, 1826년 1월 15일에 군사 봉기는 진압됐다. 시민의 지지가 부족하여 상트페테르부르크의 혁명가들(데카브리스트)과 다른 곳의 봉기는 실패할 수밖에 없었다. 니콜라이 1세는 지도자 5명의 교수형을 명령했고 129명을 시베리아로 추방했다. 러시아에서 19세기 내내 이어진 자기희생적 혁명의 전통이 바로 여기에서 출발했다.

덴마크 내전, 1137~57
Danish Civil War of 1137~57

덴마크 왕 에리크 2세 에무네(1100?~37)가 사망한 뒤 에리크 3세가 즉위하고 갑자기 퇴위하면서 왕국은 분열되어 3명의 제후가 제각각 왕위를 요구했다. 크누드 5세(1129?~57)와 스벤 3세(1125?~57)는 각기 다른 지역에서 왕으로 선출되어 내전을 일으켰고, 세 번째 왕위 요구자인 발데마르(1131~82)는 스벤 3세와 동맹했다. 크누드 5세가 독일 왕 콘라트 3세(1093~1152)의 지원을 받아 전쟁을 계속할 수 있게 되자, 콘라트 3세의 조카이자 뒷날 신성로마제국 황제가 되는 '붉은 수염' 프리드리히 1세(1122~90)가 개입하여 스벤 3세에게 왕위를 부여하고 크누드 5세에게는 왕 밑에서 셸란을 통치하게 했다. 누구도 이러한 해결책에 만족하지 않았으나, 발데마르가 후보자들에게 셸란 대신 윌란(위틀란트) 반도와 스코네(스웨덴 남단)의 땅을 받으라고 설득하면서 평화는 유지됐다. 스벤 3세가 가혹하게 통치하자, 발데마르가 다시 중재에 나서 덴마크 왕국을 왕위 요구자 3명이 나누어 가졌다. 스벤 3세는 뒤이은 축하행사에서 다른 공동 통치자들을 암살하라고 명령했다. 크누드 5세는 살해됐으나 발데마르는 피신하여 스벤 3세에 맞서 싸웠다. 1157년 스벤 3세는 비보르 인근에서 패하여 죽임을 당했다. 발데마르 1세 '대왕'으로 유일한 왕이 된 발데마르는 이어 벤드족에 맞서 전쟁에 착수했다.

덴마크-뤼베크 전쟁, 1501~12
Danish–Lübeck War of 1501~12

○ 덴마크-스웨덴 전쟁, 1501~12

덴마크-벤드족 전쟁, 1160~68
Danish War against the Wends, 1160~68

덴마크가 내전에 휩싸여 있을 때(○ 덴마크 내전, 1137~57), 독일 해안에서 떨어진 발트 해 뤼겐 섬에 거주하는 슬라브계 이교도 벤드족이 해적질로 덴마크와 독일 해안 지역을 끊임없이 괴롭혔다. 덴마크 왕 발데마르 1세(1131~82) '대왕'이 벤드족 정복에 나섰다. 이미 1147년부터 작센 공작 하인리히 데어 뢰베(사자공 하인리히, 1129?~95)와 브란덴부르크 변경백 알브레히트 데어 베어(웅飛공 알브레히트, 1100?~70)가 벤드족에 대항해 십자군 전쟁을 벌이고 있었다. 덴마크의 군인이자 정치가인 압살론(1128?~1201)이 군대를 이끌고 뤼겐 섬의 아르코나 곶에 있는 벤드족 요새를 포위했다. 1168년 요새는 함락됐고 벤드족 주민들은 덴마크에 항복했다. 덴마크인들은 이교의 신상들과 사원들을 파괴했다. 벤드족은 정복당했고 그리스도교를 받아들여야 했다.

덴마크-스웨덴 전쟁, 1497~1500
Danish–Swedish War of 1497~1500

한스(요한 2세, 1455~1513)는 덴마크 왕으로 선출되면서 노르웨이와 스웨덴, 덴마크의 왕위를 통합한 칼마르 연합의 규정에 의거하여 다른 두 나라의 왕도 겸했다. 노르웨이는 오래전부터 한스를 왕으로 받아들였지만, 스웨덴의 섭정 대★ 스텐 스투레(1440?~1503)는 한스의 스웨덴 통치권을 부정했다. 대 스텐 스투레가 칼마르 연합을 수용하는 문제에 불확실한 태도를 보이자 이를 용납할 수 없었던 한스는 1497년에 군대를 이끌고 칼마르 연합의 정치적 중심지였던 스웨덴 동남부의 칼마르를 점령했다. 그러자 대 스텐 스투레는 스웨덴 왕의 대관식 장소였던 웁살라를 포위했고 스웨덴의 주요 상업 중심인 스톡홀름으로 향하는 한스를 차단했다. 덴마크인들은 대 스텐 스투레에 합류하려는 달라르나 주민들의 증원군을 격파했고, 대 스텐 스투레는 핀란드와 노르보텐, 베스테르보텐(보트니아 만 북쪽에 있는 땅)의 통치권을 받는 대신 패배를 인정했다. 한스는 스웨덴 왕에 즉위했고 대 스텐 스투레를 왕국의 섭정에 임명했다.

○ 덴마크-스웨덴 전쟁, 1501~12

덴마크-스웨덴 전쟁, 1501~12
Danish—Swedish War of 1501~12

덴마크 왕 한스(요한 2세, 1455~1513)의 아들 크리스티안(크리스티안 2세, 1481~1559)과 몇몇 사람은 스웨덴의 섭정인 대大 스텐 스투레(1440?~1503)가 한스가 보유하고 있는 칼마르 연합(덴마크, 스웨덴, 노르웨이 세 왕국의 연합)의 왕위를 찬탈할 계획을 꾸미고 있다는 소문을 퍼뜨렸다. 한스가 대 스텐 스투레에게 해명을 요구하자 대 스텐 스투레가 대규모 무장 호위대를 이끌고 왔고, 두려워진 한스는 스웨덴의 한 요새로 피신했다가 왕비와 병사 1천 명에게 수비를 맡기고 덴마크로 떠났다. 뤼베크와 다른 한자 동맹(독일 북부와 발트 지역 도시들의 상업 동맹) 도시들의 지원을 받은 대 스텐 스투레는 스웨덴 군대를 이끌고 외레브로를 장악했으며 스톡홀름을 포위했다. 왕비는 항복했다. 스웨덴인들이 대체로 성공을 거두었고, 덴마크인들에게는 곧 칼마르와 보른홀름 섬만 남았다. 1502년 노르웨이 남부는 스웨덴과 동맹했으나 크리스티안이 포로로 잡은 노르웨이인 반란자들을 잔혹하게 다루자 이에 놀라 곧 굴복했다. 크리스티안은 덴마크인들을 이끌고 스웨덴으로 들어가 베스테르예틀란드의 요새 두 곳을 빼앗고 수비하는 병사들을 학살했다. 대 스텐 스투레는 1503년에 세상을 떠났고, 계승자 스반테 닐손 스투레(1460?~1512)가 칼마르와 보른홀름 섬을 포위했으나 공략에 실패했다. 한스가 개정한 법정은 스웨덴인들을 반역자로 판결했고, 신성로마 제국 황제 막시밀리안 1세(1459~1519)는 스웨덴을 지원하는 것을 반역 행위로 규정했다(이는 특히 뤼베크를 겨냥한 결정이었다). 스웨덴은 한자 동맹의 도시들의 도움을 받아 이따금씩 덴마크에 대적했다. 1509년에서 1511년 사이에는 뤼베크와 여러 한자 동맹의 도시들, 덴마크 사이에 전면전이 벌어졌다. 교전국들은 일진일퇴를 거듭하다가 결국 1512년에 내분으로 자멸한 뤼베크와 한자 동맹의 도시들이 평화조약에 서명하여 스웨덴에 대한 지원을 중단했다. 곧이어 교전도 멈추었다.

덴마크-스웨덴 전쟁(스칸디나비아 7년 전쟁), 1563~70
Danish-Swedish War(Scandinavian Seven Years' War) of 1563~70

덴마크의 젊은 왕 프레데리크 2세(1534~88)가 자신의 기장旗章에 스웨덴의
문장紋章을 넣을 권리가 있다고 주장하면서 스웨덴과 적대 관계가 형성됐
다. 스웨덴 왕 에리크 14세(1533~77)는 이에 보복하여 자신의 기장에 덴마
크의 문장을 집어넣었다. 프레데리크 2세가 스웨덴의 사절 3명을 체포하
고 스웨덴 함대를 공격한 사건도 에리크 14세를 화나게 했다. 에리크 14세
는 잉글랜드 여왕 엘리자베스 1세(1533~1603)에게 보내는 자신의 편지(에리
크 14세는 엘리자베스 1세에게 연애편지를 썼고 청혼했으나 뜻을 이루지 못했다)를
프레데리크 2세가 가로채자 전쟁을 선포했다. 홀슈타인과 슐레스비히, 뤼
베크의 귀족들이 스웨덴 서남부의 할란드에서 프레데리크 2세에 합세하여
그 동쪽에 있는 엘브스보리를 포위했고, 에리크 14세의 군대는 스코네(스웨
덴 남부에 있던 덴마크의 주)로 들어갔다. 스웨덴은 덴마크의 통치를 받던 노
르웨이에서 승리하여 그곳을 정복했다가 다시 빼앗겼다. 덴마크도 정복한
땅을 계속 보유할 수 없었다. 1570년 슈테틴(오늘날의 슈체친)에서 평화조약
이 체결됐는데 국경에는 대체로 변화가 없었다. 스웨덴은 덴마크에 고틀란
드와 엘브스보리를 반환하고 약간의 전쟁 배상금을 지불했다. 덴마크는 향
후 최종적으로 결정이 날 때까지 3개의 스웨덴 왕관 기장을 사용할 권리를
인정받았지만, 스웨덴은 덴마크나 노르웨이의 문장을 자국 기장에 넣을 수
없게 됐다.

➊ 스웨덴 내전, 1562~68

덴마크-스웨덴 전쟁, 1643~45
Danish-Swedish War of 1643~45

30년 전쟁이 진행 중이던 1642년에 스웨덴이 거둔 성공에 두려움과 질시를
느꼈던 덴마크 왕 크리스티안 4세(1577~1648)는 신성로마제국 황제 페르
디난트 3세(1608~57)와 이해를 같이하게 됐다. 스웨덴은 이에 대응하여 렌
나르트 토르스텐손(1603~51) 휘하에 군대를 맡겨 빈을 향해 진격했으나 곧

발트 해안 지역으로 방향을 바꿔 슬레스비-홀스텐(슐레스비히-홀슈타인)과 윌란(위틀란트) 반도를 빼앗았다. 덴마크는 1644년 7월 1일 해전에서 킬 만의 스웨덴 함대를 봉쇄했으나, 그 뒤 스웨덴 선박들이 롤란 섬 인근에서 덴마크의 선박 2척을 파괴하고 10척을 나포했다. 1645년 스웨덴이 덴마크의 상당 부분을 점령한 상황에서 크리스티안 4세는 브룀세브로 평화조약의 가혹한 조건들을 받아들여야 했다. 덴마크는 발트 해에 있는 고틀란드 섬과 외셀 섬, 그리고 노르웨이의 일부를 할양했고 외레순 해협을 통과하는 스웨덴 선박의 통행세를 면제해주었다.

덴마크-스웨덴 전쟁, 1675~79
Danish–Swedish War of 1675~79

스웨덴 왕 칼 11세(1655~97)는 제3차 잉글랜드–네덜란드 전쟁 중에 프랑스 왕 루이 14세(1638~1715)와 동맹을 체결했다. 덴마크 왕 크리스티안 5세(1646~99)는 1658년의 로스킬레 조약으로 빼앗긴 스코네(이전에 덴마크 영토였던 스웨덴 남부 지방)를 되찾고자(○ (제1차) 북방 전쟁) 전쟁에 끼어들었고 1675년에 스코네를 침공했다. 1676년 5월 25~26일 닐스 유엘(1629~97) 제독이 지휘하는 덴마크 군함들이 뤼겐 근해에서 벌어진 야스문트 해전에서 스웨덴 해군을 격파했다(유엘은 1677년에 코펜하겐 인근에서 스웨덴과 맞붙은 또다른 해전에서도 승리했다). 그러나 육상에서는 칼 11세가 지휘하는 스웨덴 군대가 1676년부터 1678년까지 덴마크와 그 동맹국인 브란덴부르크와 싸워 이겼다. 덴마크와 스웨덴은 스코네의 룬드에서 강화를 타결했고(스웨덴은 1676년에 이곳 전투에서 승리했다), 스코네는 계속 스웨덴이 보유했다.

덴마크-에스토니아 전쟁, 1219~27
Danish–Estonian War of 1219~27

리보니아(오늘날 에스토니아와 라트비아의 대부분)의 남쪽 지역이 그리스도교를 받아들이면서 종교적 분란이 일었다. 리보니아 그리스도 기사수도회(리보니아 검의 형제 기사단)와 리가 주교의 지원을 받은 덴마크 왕 발데마르 2세(1170~1241)는 러시아에 들어온 그리스정교회의 영향권에 있는 에스토니아인들을 겨냥한 십자군에 착수하여 대군을 이끌고 발트 해를 가로질러 탈린으로 항해했다. 수적으로 크게 열세였던 에스토니아·러시아 군대는 평화 협상을 요청하는 동시에 은밀하게 병력을 보강했다. 에스토니아가 다섯 갈래로 기습 공격을 해오자 내쫓긴 발데마르 2세는 독일의 증원군을 받아 보복에 나섰고 1219년에 에스토니아·러시아 군대를 무찔렀다. 탈린을 점령하여 파괴한 발데마르 2세는 그 자리에 요새를 건설하고 그리스도교 개종을 강행할 수비대를 남겨놓은 뒤에 떠났다. 1227년 덴마크는 발데마르 2세가 보른회페트 전투에서 상대하기 까다로운 독일인들에 패하면서 에스토니아의 종주권을 잃었으나, 1238년에 리보니아 그리스도 기사수도회와 협정을 맺어 이를 되찾았다.

덴마크 전쟁,* 1625~29
Danish War of 1625~29

덴마크는 발트 해를 오가는 선박들로부터 통행세를 징수했는데, 30년 전쟁 중에 합스부르크 왕가가 이에 간섭하자 덴마크 왕 크리스티안 4세(1577~1648)는 군대를 이끌고 신성로마제국에 맞섰다. 네덜란드와 잉글랜드의 지원을 받지 못한 크리스티안 4세의 군대는 1626년 8월 27일 루터 전투에서 틸리 백작 요한 체르클라스(1559~1632)가 이끄는 신성로마제국 군대에 참패를 당했다. 크리스티안 4세는 병력을 절반 가까이 잃었다. 앞서 1626년 4월 25일 데사우 전투에서는 만스펠트 백작 페터 에른스트(1580~1626)가 이끄는 덴마크·독일 연합 군대가 알브레히트 폰 발렌슈타인(1583~1634)이 지휘하는 신성로마제국 군대에 패배했다. 덴마크는 비록 발트 해의 슈트랄준트에서 발렌슈타인의 포위공격을 성공리에 저지했지만(1628) 합스부르크 왕가를 분쇄하려 했던 시도가 재앙으로 돌아왔고, 1628년 9월 2일 볼가스트 전투에서 발렌슈타인에 또다시 패배하여 전쟁에서 빠질 수밖에 없었다(1629년 5월 22일, 6월 7일 뤼베크 조약). 크리스티안 4세는 독일 문제에 간섭하지 않겠다는 데 동의하는 조건으로 덴마크 영토의 안전을 보장받았다.

* 덴마크–니더작센 전쟁이라고도 한다.

덴마크-프로이센 전쟁(슐레스비히-홀슈타인 전쟁), 1864
Danish–Prussian War(Schleswig-Holstein War) of 1864

독일인 주민이 압도적으로 많은 슐레스비히(슐레스비) 공국과 홀슈타인(홀스텐) 공국은 1848년 덴마크의 지배에 반기를 들었고, 공국의 소유권을 주장한 독일 연방의 위임을 받은 프로이센 군대에 점령당했다. 스웨덴 군대가 덴마크를 지원하고 영국이 해군 활동으로 프로이센을 위협했으며 러시아가 외교적으로 덴마크를 후원하면서 덴마크는 슐레스비히와 홀슈타인에 대한 권리를 되찾았다(1850). 그러나 1864년 초 프로이센의 프리드리히 카를 니콜라우스 폰 호엔촐레른(1828~85)이 오스트리아 군대의 지원을 받아 군대를 이끌고 슐레스비히와 홀슈타인을 침공하여 별 어려움 없이 승리를 거두었다. 1864년 8월 1일 덴마크는 강화를 요청했고 분쟁의 대상이었던 두 공국에 대한 권리를 포기했다. 슐레스비히와 홀슈타인 공국은 1865년의 가슈타인 조약으로 프로이센과 오스트리아가 공동으로 지배했다. 슐레스비히와 홀슈타인 공국을 병합하려 했던 오토 폰 비스마르크(1815~98) 프로이센 총리는 오스트리아의 홀슈타인 관리권을 빼앗을 수단을 강구했다(슐레스비히의 행정은 프로이센이, 홀슈타인의 행정은 오스트리아가 관리했고, 라우엔부르크 공국도 전쟁 뒤 프로이센이 지배했다).

○ 7주 전쟁

덴마크-한자 동맹 전쟁
Danish War with the Hanseatic League

제1차 덴마크-한자 동맹 전쟁(1361~63) 1360년 덴마크 왕 발데마르 4세(1320?~75)는 스웨덴이 노르웨이 문제에 골몰해 있는 상황을 틈타 이전에 덴마크 영토였던 스웨덴 남부의 스코네를 되찾았다. 1361년 발데마르 4세의 군대는 고틀란드에서 스웨덴 농민군을 무찔러 한자 동맹(독일 북부와 발트 지역 도시들의 상업 동맹)의, 스웨덴의 무역 중심지로 부유했던 비스뷔를 차지했다. 이에 한자 동맹의 협력국이었던 스웨덴과 메클렌부르크, 홀슈타인이 덴마크의 스코네와 비스뷔 점령에 반대하여 전쟁을 일으켰다. 덴마크는 코펜하겐을 약탈당했으나, 발데마르 4세의 군대는 1362년 헬싱보리 전투에서 대포를 이용하여 한자 동맹의 함대를 격퇴했다. 1363년 한자

동맹은 교역의 특혜를 크게 축소한 평화협상 조건을 수용해야 했다. 1365
년 덴마크와 노르웨이를 통합하려는 시도로 발데마르 4세의 딸과 노르웨
이 왕 호콘 6세(1340?~80)가 결혼했다. **제2차 덴마크-한자 동맹 전쟁(1367~70)**
1367년 한자 동맹은 스웨덴과 메클렌부르크, 홀슈타인, 심지어 왕에 반대
하는 덴마크의 일부 귀족들의 지원까지 받아 발데마르 4세를 공격했다. 국
내에서 내전을 벌이고 있던 발데마르 4세는 추밀원에 책임을 맡겨놓고 독
일로 갑자기 도주했다. 발데마르 4세는 브라운슈바이크와 브란덴부르크,
포메른(포모제)을 설득하여 한자 동맹의 후방을 공격하게 했지만 전쟁은 덴
마크에 불리하게 진행됐다. 1370년 덴마크는 슈트랄준트 평화조약을 체결
할 수밖에 없었다. 한자 동맹은 교역권과 특혜를 부여받았고, 덴마크로 귀
환해도 좋다는 허락을 받은 발데마르 4세는 마지못해 한자 동맹의 교역권
을 인정했다.

덴마크-홀슈타인 전쟁, 1348
Danish War with Holstein, 1348

덴마크 왕 발데마르 4세(1320?~75)는 덴마크 왕국의 통합을 이루기 위해
독일 서북부의 홀슈타인이 채무 담보로 보유하고 있는 퓐(퓌넨) 섬을 되찾
으려 했다. 1348년 홀슈타인은 네베고르 조약으로 발데마르 4세에게 퓐 섬
의 절반을 넘겨주었고 나머지 절반도 가져갈 수 있는 유리한 기회를 부여했
다. 그러나 조약의 조항들이 논쟁의 대상이 됐고, 덴마크 왕은 무력시위를
한 뒤에야 퓐 섬을 전부 소유할 수 있었다. 덴마크 왕이 군사적으로 가장
큰 성공을 거둔 곳은 감보르 성 인근이었다. 덴마크의 윌란(위틀란트) 반도
도 1348년에 발데마르 4세의 지배를 받게 됐다.
○ 덴마크-한자 동맹 전쟁

델리 술탄국-가즈나 왕조 · 구르 왕조 전쟁, 1208~28
Delhi Sultanate Wars with Ghazna and Ghur, 1208~28

12세기 아프가니스탄의 이슬람교도는 인도를 침공했으나(**○ 무함마드 구르
의 정복**), 서쪽에 있는 자신들의 왕국과 관계를 끊지 않았다. 맘루크 왕조(노
예 왕조)의 제3대 통치자인 일투트미시(재위 1211~36) 치세에 인도의 델리는

왕국의 수도였고 구르(아프가니스탄의 고르)는 제2의 수도였다. 그러나 다른 노예 출신 장군들은 쿠트브 웃 딘 아이바크(1210년 사망)가 무함마드 구르(1150~1206)를 계승하여 통치자가 될 권리를 보유한다는 데 이의를 제기했고, 1208년 쿠트브 웃 딘 아이바크는 가즈나(오늘날 아프가니스탄의 가즈니)에 있는 경쟁 관계의 노예 출신 장군을 무찔러야 했다. 일투트미시는 호라즘의 권력을 쟁취하기 위한 구르 왕조와 호라즘 샤 왕조 사이의 분쟁은 물론 쿠트브 웃 딘 아이바크의 권력투쟁도 물려받았다. 일투트미시는 이미 인도에서 힌두교 군주들을 굴복시킨 적이 있었기에 인내심이 있었다. 일투트미시는 경쟁자들이 자신에게 다가오도록 내버려두었다. 경쟁자의 한 사람인 타주딘 일도즈(?~1216)는 호라즘 군대에 밀려 가즈나에서 펀자브로 내쫓겼다. 1215년 일투트미시는 타라오리(타라인)에서 일도즈를 격파하고 사로잡았다. 일투트미시는 호라즘 군대가 일도즈를 추격하리라고 예상하고 대비했으나 1218년에 몽골-페르시아 전쟁이 발발하면서 전쟁을 피할 수 있었다. 일투트미시는 전쟁 대신 호라즘 왕조의 계승자인 잘랄 앗 딘(1231년 사망)을 포함한 유민들을 얻었다(○인더스 강 전투). 일투트미시는 외교적 술수를 써서 잘랄 앗 딘으로 하여금 델리의 지원 없이 움직이게 했고, 마찬가지의 외교적 책략으로 칭기즈 칸(태조, 1167?~1227)이 인도에서 철수하도록 했다. 또한 일투트미시는 전쟁으로 인한 파괴로 쉽게 마지막 경쟁자를 물리칠 수 있었다. 잘랄 앗 딘의 군대가 반란을 일으킨 노예 출신 나시르 웃 딘 카바차 장군에게 큰 피해를 입힌 것이다. 1228년 일투트미시는 허약해진 카바차의 군대를 라호르와 물탄에서 내쫓고 펀자브를 장악했다.

델리 술탄국-구자라트 · 말와 전쟁, 1299~1312
Delhi Sultanate Wars with Gujarat and Malwa, 1299~1312

인도에 있는 델리 술탄국의 통치자 발반(1287년 사망)이 죽으면서 아프가니스탄인들과 새로 들어온 튀르크족 귀족 사이에 격렬한 권력투쟁이 벌어졌다. 그 와중에 여러 힌두 국가의 군주, 특히 큰 왕국 구자라트와 말와의 군주는 델리에게 바치던 공물을 중단했다. 결국 튀르크족이 승리하여 칼지 왕조를 세우고 1290년부터 1320년까지 통치했다. 살인을 저지르고 왕위를 찬탈한 칼지 왕조의 제2대 통치자 알라 웃 딘(재위 1296~1316)은 힌두 군주들을 복속시켜 델리의 재정을 회복하기로 결심했다. 1299년 알라 웃 딘은 일련의 침입과 포위공격을 진행했고, 그해 말에 구자라트를 공격하여 정복했다. 말와를 정복하는 데는 시간이 조금 더 걸렸다. 말와 공격과 같은 시기인 1299년부터 1308년까지 몽골의 침공을 격퇴해야 했기 때문이다. 알라 웃 딘은 강력한 요새들을 어렵사리 포위하여 란탐보르(1301)와 치토르가르(1303), 만두(1304)를 점령했다. 이러한 공성은 지극히 잔혹했다. 특히 치토르가르에서는 방어군이 성을 지킬 가망이 없자, 부인과 자식을 화장용 장작더미 위에 내던지는 자우하르 의식을 거행한 뒤 공격군을 향해 자살 돌격을 감행했다. 그 뒤 알라 웃 딘은 남인도를 침입하는 동시에 말와의 요새 시와나(1308)와 잘로르(1311)를 점령하여 라지푸트족 군주들을 델리에 복종하게 했다.

델리 술탄국의 남인도 침입, 1307~13
Delhi Sultanate Raids in South India, 1307~13

1296년부터 1316년까지 델리 술탄국의 칼지 왕조 제2대 술탄을 지낸 알라 웃 딘(재위 1296~1316)과 구르 왕조 출신으로 환관에서 장군이 된 말리크 카푸르(1316년 사망)는 남인도가 풍요롭다는 이야기를 듣고 정복욕에 사로잡혔다. 델리 술탄국을 확대하고 보호하려면 많은 비용이 들었기 때문이다. 약탈을 통해 이익을 얻는 전통 속에서 자란 알라 웃 딘은 야다바 왕조로부터 아직 받지 못한 공물을 거두는 동시에 약탈도 병행하기로 결정했다. 1306년 알라 웃 딘과 말리크 카푸르는 데칸 고원으로 진입하여 데오기리(오늘날의 다울라타바드)를 점령하고 지역(데바기리) 통치자를 델리의 수하로 삼았다. 침입의 보상은 컸다. 1309년 카카티야 왕조의 수도 와랑갈 침입에서 그 수익이 매우 크자 남부 지역의 군사 정복은 계속됐다(1310~11). 이 원정은 호이살라 왕조를 집어삼키고 이전의 판디아 왕조 수도로 버려져 있던 마두라이를 휩쓸었으며, 실론(스리랑카) 맞은편 해안까지 이르렀다. 약탈자들은 엄청난 양의 전리품을 가져갔으나 현지 통치 기구를 무너뜨리거나 통치자를 폐위하지는 않았다. 대신 매년 공물을 바칠 것을 요구했다. 마두라이에는 이슬람교도 지방관을 두어 공물 수취와 기타 문제들의 감독을 맡겼다. 데바기리 통치자는 1313년에, 카카티야 통치자는 1323년에 공물을 납부하지 못했다. 이에 델리는 다시 원정대를 보내 데바기리의 통치자를 내쫓았고(1313) 판디아 왕조의 통치자도 폐위했다.

○ 마흐무드 가즈나의 정복 ; 무함마드 구르의 정복 ; 바흐만 술탄국-델리 술탄국 전쟁 ; 찰루키아 내전

델리 술탄국-자운푸르 전쟁, 1414?~93
Delhi Sultanate Wars with Jaunpur, c. 1414~93

1394년 인도에서는 투글라크 왕조의 술탄 2명이 델리 술탄국의 왕좌를 놓고 다투는 와중에 자운푸르의 샤르키 왕조가 델리 술탄국의 지배에서 벗어나 자운푸르 술탄국을 세웠다. 투글라크 왕조는 1397년 내내 내전이 지속된 탓에 이러한 상황을 바꿀 수 없었고, 1398년 티무르의 인도 침공으로 초래된 혼란 속에서 1401년에 말와와 구자라트도 이슬람교 군주국들로 독립하면서 델리 술탄국의 권위는 쇠락했다. 1413년에 투글라크 왕조의 마지막 통치자가 사망하자, 티무르의 부장部將 키즈르 칸(재위 1414~21)이 세운 사이드 왕조가 델리 시와 그 주변의 작은 지역만으로 구성된 술탄국을 지배했다. 사이드 왕조는 영토가 작았지만 이를 보전하는 데 전념했다. 그리하여 자운푸르는 번창했고, 왕국을 유지하고 무역을 지배했던 힌두교도들이 안전하다고 느낄 수 있도록 관용을 베풀었으며 재판에서 차별을 없앴다. 이는 무굴 제국의 위대한 악바르(1542~1605) 황제 이전에는 인도의 그 어느 이슬람 왕국에서도 볼 수 없던 현상이었다. 그러나 티무르 제국을 계승한 또 다른 파슈툰 왕조인 로디 왕조가 펀자브에서 세력을 키운 뒤 서서히 동진하여 1451년에 사이드 왕조를 대신하여 발룰 칸 로디(재위 1451~89)를 델리 술탄국의 술탄에 앉혔다. 1452년 자운푸르 술탄국은 생존뿐만 아니라 이슬람교도의 생활방식을 유지하기 위해서 싸움을 시작했다. 교전은 이따금씩 결말 없이 진행되다가 1479년에 델리가 자운푸르를 무찌르고 일부를 병합했다. 싸움은 지속됐지만, 자운푸르는 계속 약해졌고 1493년에 시칸다르 로디(재위 1489~1517)가 병합을 완성했다. 로디 술탄국의 영토는 왕조의 마지막 술탄 이브라힘 로디(재위 1517~26) 치세에 펀자브에서 비하르를 지나 벵골 경계까지 북인도 전역에 뻗어 있었고 자운푸르도 그 일부가 됐다. 그러나 이브라힘 로디는 티무르 가문의 바부르(1485~1530)와 싸워 패했다. 바부르는 인도 최초의 위대한 무굴인이 됐다(**○**바부르의 정복).

도끼 전쟁, 1846~47
War of the Ax, 1846~47

코사족과 유럽인들은 남아프리카 그레이트피시 강을 따라 자리한 방목지와 경작지를 두고 다투었는데 가뭄과 메뚜기 떼의 재난으로 어려움을 겪게 되자 다시 싸우게 됐다(◐ (제7차) 카피르 전쟁). 소들의 습격이 더욱 빈발했고, 1846년에 영국 군대가 카피르란드로 진입하여 코사족에게서 수배자를 강제로 넘겨받았다(이 가운데에는 확실하지 않은 사실이나 보포트 요새(오늘날의 포트보포트)의 한 상점에서 도끼를 훔쳤다는 이유로 체포된 자가 있었는데, 그는 코사족의 도움으로 도망쳤다고 한다. 그래서 전쟁의 명칭이 도끼 전쟁이다). 승리한 코사족은 케이프 식민지 영토를 침공했으나 처음에 약간의 성공을 거둔 뒤에는 다시 밀려났고 땅을 빼앗겼다. 영국의 서 해리 스미스(1787~1860) 총독은 패전한 코사족 족장들의 면전에서 화약을 실은 포장마차 1대를 폭파시키며 위협하여 영구히 평화를 얻으려 했으나 실패했다.

도리스인의 침입, 기원전 1120?~기원전 950
Dorian Invasions, BCE c. 1120~BCE 950

그리스의 선사 시대에는 그리스어를 쓰는 사람들의 큰 침입이 세 차례 있었다. 단단한 청동 무기로 무장한 미케네인들은 소아시아의 이주민 문화를 대체했고(기원전 2000?), 아카이아인들은 대체로 미케네인 지배자들과 공존했으며(기원전 1500?~기원전 1400), 철제 무기를 쓴 도리스인들은 미케네를 정복하고 그리스 전체의 청동기 시대 경제를 파괴했다. 에페이로스(오늘날의 이피로스)와 마케도니아 서남부에서 흥기한 도리스인은 두 시기에 걸쳐 침입했는데, 첫 번째는 기원전 1400년 무렵의 소규모 유입이었다. 그리스 역사가 투키디데스(기원전 460?~기원전 395?)에 따르면 도리스인은 아카이아인의 노예였고 아카이아인들이 미케네와 맞서 군사행동에 들어갔을 때 참전했다고 한다. 그리스의 전승에 따르면 도리스인은 트로이 전쟁이 끝나고 약 80년이 지난 뒤에 대규모로 유입됐고, 현대 고고학은 이러한 전승을 뒷받침한다. 선원이자 전사였던 도리스인은 바다와 육지로 그리스 중부를 지나 펠로폰네소스 반도에 들어왔고 미케네의 성채를 하나씩 차례로 파괴했다. 그러나 테바이의 카드메이아와 아테네의 아크로폴리스는 파괴를 모면했다.

도리스인은 파도처럼 밀려와 지역을 장악하고 땅과 노예를 획득했으며, 생존한 선주민들 다수는 동쪽의 에게 해와 소아시아로 건너가 새로운 성채를 쌓아야 했다. 도리스인은 마침내 이탈리아와 시칠리아, 소아시아에 여러 식민지를 건설했다. 그리스의 전승은 이 침입을 '헤라클레이다이*의 귀환'이라고 일컫는다. 전승에 따르면 도리스인의 핵심 세 부족(힐레이스, 디마네스, 팜필로이) 중 첫 번째 부족이 헤라클레스의 아들 힐로스의 통치를 받았기 때문이다. 그러나 도리스인의 정확한 기록은 남아 있지 않다. 아마도 도리스인이 원래 문자를 몰랐던 탓일 것이다. 도리스인은 철기를 사용했다는 점을 제외하면 문화적으로 아카이아인에 뒤졌지만 희곡과 시, 조각에서 그리스 문화에 기여했으며 견고하고 훌륭한 도리아 건축의 이상을 창조해냈다.

* Heracleidae. 헤라클레스의 후예들.

도미니카 공화국 내전, 1965~66
Dominican Republic Civil War of 1965~66

1963년 9월 25일 도미니카 공화국의 군 지휘관들이 사회주의자 후안 보슈(1909~2001) 대통령을 내쫓고 3인 군사평의회를 시행하여 나라를 통치했다. 1965년 4월 24일 보슈를 지지하는 군 인사들이 좌파와 연합하여 수도 산토도밍고의 정부를 무너뜨렸다. 산토도밍고에서는 폭동이 일어나 건물들이 불탔다. 그러나 보슈의 권좌 복귀를 원하지 않았던 해군과 공군, 일부 육군 부대가 수도의 대부분을 탈환하는 데 성공했다. 이 장교들은 자유선거를 치를 때까지 우파 군사평의회를 구성하여 나라를 통치했다. 그동안 좌파와 우파 사이의 싸움이 계속됐고, 린든 B. 존슨(1908~73) 미국 대통령은 미국의 이익을 보호하고 공산주의자들의 권력 장악을 막기 위해 공수부대와 해병대를 파견했다(1965년 4월 28일). 1965년 5월 5일 미주기구 oas가 휴전을 주선했다. 그즈음 약 2만 명에 이르는 미국군이 도미니카 공화국에 주둔했지만 도미니카 공화국 주민 2천 명 이상이 살해됐다. OAS 회원국 군인으로 편성된 아메리카 대륙 평화유지군이 질서 회복을 위해 도착했지만, 보슈파 '반군'과 미국군의 지원을 받는 군부 사이의 전투는 그해 내내 끊이지 않았다. 서로 대적하는 파벌의 지도자들이 임시정부 구성에 합의했고, 보슈는 국외에서 돌아와 OAS 군대의 철수를 요구했다. 1966년 2월 나라는 좌파가 선동한 폭동과 총파업으로 혼란에 휩싸였다. 보슈는 6월에 실시된 대통령 선거에서 중도파의 호아킨 발라게르(1906~2002)에 패했고, OAS와 미국군은 9월까지 전부 철수했다.

도미니카 공화국-아이티 분쟁, 1963
Dominican-Haitian Discord of 1963

아이티가 도미니카 공화국의 독재자였던 라파엘 레오니다스 트루히요 몰리나(1891~1961)의 후계자들과 추종자들이 도미니카 공화국을 무너뜨리기 위한 전복 활동의 기지로 자국을 이용할 수 있도록 하자 도미니카 공화국 국민이 분노했다. 아이티는 도미니카 공화국이 아이티의 억압적인 대통령 프랑수아 '파파 독' 뒤발리에(1907~71)의 정적들에게 피난처를 제공했다고 비난했다. 1963년 4월 아이티의 전직 군 장교들이 뒤발리에의 자식들을 살해하려 했던 것으로 전해졌으며, 혐의자들의 다수가 아이티 수도 포르토프랭스에 있는 중남아메리카 국가들의 대사관으로 피신했다. 아이티 경찰이 도미니카 공화국 대사관에 침입하여 피신자 22명을 체포하자, 도미니카 공화국은 외교 관계를 단절하고 아이티를 침공하려 했다. 미주기구 OAS가 분쟁을 중재하여 긴장이 완화됐고, 침공 준비를 마쳤던 도미니카 공화국 군대는 국경에서 물러났으며, 다수의 피신자가 아이티 밖에서 안전하게 활동할 수 있게 됐다(약 500명 정도가 도미니카 공화국으로 피신했다). 1963년 8월 5일 도미니카 공화국에 기지를 둔 아이티 피신자들의 작은 부대는 뒤발리에 정권을 무너뜨리기 위해 바다로 이동하여 아이티 북부를 침공했으나 2일 동안의 전투 끝에 국경 밖으로 밀려났다. 같은 해 9월 양쪽이 국경 너머로 포격을 주고받으며 다시 교전이 발발했다. OAS가 평화 정착을 위해 다시 개입했다. 그해 가을 허리케인이 두 차례 닥쳐 두 교전국은 큰 피해를 입었고, 게다가 후안 보슈(1909~2001) 대통령이 이끄는 도미니카 공화국 좌파 정부가 쿠데타로 무너졌다. 국내 문제를 해결하는 데 골몰하게 된 아이티 정부와 도미니카 공화국 정부는 교전을 중단했다.

도어의 반란, 1842
Dorr's Rebellion, 1842

미국 로드아일랜드 주 프로비던스의 변호사인 토머스 윌슨 도어(1805~54)는 로드아일랜드 주 헌법을 개정하고 남성의 보통선거권을 얻고자 인민당 People's Party을 조직했다. 지지자들인 이른바 도어파는 비공식적인 '인민대회'에서 도어를 지사로 하는 별개의 주 정부를 수립하고 합법적인 주 정부에 맞섰다. 도어는 자신의 지위를 지키기 위해 프로비던스에 있는 주 정부의 무기고를 강탈하려 했으나 성공하지 못했다. 그러나 도어의 정부는 도어파와 주 방위군 사이의 무장 충돌 중에 와해됐고, 도어는 로드아일랜드 주 밖으로 도주했다. 1842년 9월~1843년 1월에 주 정부는 선거권을 확대하여 주민세 1달러를 납부한 모든 성인 남성에게 선거권을 주었다.

도저의 반란(헝가리 농민 반란), 1514
Dozsa's Rebellion(Hungarian Peasants' Revolt), 1514

야심 가득한 헝가리의 추기경 바코치 타마시(1442~1521)는 오스만 제국에 대적할 십자군의 결성을 호소해 농민군 약 10만 명을 모았고 도저 죄르지(1470~1514)를 지휘관으로 임명했다. 알 수 없는 이유로 십자군이 갑자기 중단되자, 농민들은 해산을 거부하고 과거에 자신들을 잔인하게 억압하고 착취했던 영주들과 귀족들에 맞서 싸우기로 결정했다. 반란자들은 농촌을 휩쓸고 다니며 성을 불태우고 귀족 가족들을 살해하다가, 테메슈바르(티미쇼아라)에서 트란실바니아 총독이자 뒷날 헝가리 왕이 되는 서포여이 야노시(야노시 1세, 1487~1540)가 이끄는 영주들의 군대에 패했다. 도저는 체포당한 뒤 사형됐다(산 채로 열기에 익혀 죽였다). 1514년의 헝가리 의회는 살아남은 농민들에게 혹독한 벌을 내려 세금과 부역을 늘렸으며 반란으로 초래된 손해를 배상하도록 했고 영원히 농노로 살게 했다.

독일 내전, 1077~1106
German Civil War of 1077~1106

하인리히 4세(1050~1106)는 1056년에 독일 왕이 됐으나 미성년일 때 섭정 통치가 이루어지면서 주교들이 실질적인 권력자가 됐다. 하인리히 4세는

1065년 이후 권력을 되찾기 위해 자신의 뜻대로 움직일 수 있는 주교들을 선택하려 했다. 교황 그레고리오 7세(1015?~85)는 서임을 거부했고 신성로마제국 황제로 즉위하겠다는 하인리히 4세의 요구에도 반대했다. 위기는 1076년에 시작됐다. 하인리히 4세가 종교회의를 소집하여 그레고리오 7세의 폐위를 선언하게 했고, 그레고리오 7세는 이에 대응하여 종교회의에 참여하여 대항한 성직자들을 해임하고 하인리히 4세를 파문한 뒤 통치권을 정지시켰다. 하인리히 4세의 귀족들은 왕에게 최후통첩을 보내 1077년 2월 22일까지 그레고리오 7세의 사면을 받아내지 못하면 신서臣誓를 철회하겠다고 경고했다. 그레고리오 7세는 독일의 아우크스부르크에서 열릴 1077년 회의에 참석차 이동 중에 카노사에서 휴식했다. 하인리히 4세가 참회자로서 눈 쌓인 땅에 맨발로 나타나 그레고리오 7세의 권한에 굴복했고 용서를 받았다(카노사의 굴욕). 그럼에도 회의는 하인리히 4세의 왕 선출을 무효로 하고 대립왕을 세웠다. 교황당인 구엘프당(벨프당)은 1080년에 그레고리오 7세의 지지를 획득했고, 대부분의 독일 귀족은 하인리히 4세를 지지하고 기벨린당(바이블링겐당. 하인리히 4세의 호엔슈타우펜 가문 성城이 있는 바이블링겐에서 이름을 따왔다)을 결성했다. 1080년 브레사노네(브릭센)에서 열린 회의에서 기벨린당은 그레고리오 7세를 다시 폐위하고 구이베르토 디 라벤나(1030?~1100)를 대립교황 클레멘스 3세로 옹립했다. 하인리히 4세는 구엘프당에 맞서 싸웠으나 1080년 튀링겐에서 패했다. 그러나 전투의 패배는 정치적 승리였다. 대립왕이 사망했고 그의 계승자는 하찮은 인물로 구엘프당을 약화시켰다. 대부분의 독일인은 신이 그레고리오 7세가 아니라 하인리히 4세를 선택했다고 생각했다. 그러나 그레고리오 7세가 새로운 대립왕의 충성을 요구하자, 하인리히 4세는 내전을 중지하고 로마를 공격했다(1081~82). 그렇지만 성과는 없었다. 1084년 하인리히 4세의 군대는 마침내 로마를 점령하고 그레고리오 7세를 클레멘스 3세로 대체했지만(클레멘스 3세는 하인리히 4세에게 제관을 씌웠다), 그레고리오 7세의 동맹자인 노르만의 로베르 기스카르(로베르토 기스카르도, 1015?~85)가 군대를 이끌고 로마로 들어와 하인리히 4세의 군대를 격파하고 3일 동안 약탈했다. 로마 사람들이 질색했던 그레고리오 7세는 기스카르의 호위를 받으며 살레르노로 가서 망명 생활을 하던 중 이듬해 사망했다. 그 뒤 하인리히 4세는 독일로 개선하여 1086년에서 1088년까지 다른 경쟁자들을 무찔렀으며, 1090년에서 1092년까지 다시 로마를 공격해야 했으나 성과를 내지 못했다. 하인리히 4세는 1093년에서 1106년 사이 독일에서 아들들이 아마도 그레고리오 7세의 후계자들로부터 지원을 받아 일으켰을 반란을 진압하는 데 만족했다. 하인리히 4세의 아들인 하인리히 5세(1081~1125)는 독일 왕과 신성로마제국 황제가 되어 교황과 화해하기를 원했으므로 1105년에 아버지를 감금하고 아버지인 하인리히 4세에게 퇴위를 강요했다. 하인리히 4세는 탈출했고 군대를 모아 오늘날의 벨기에 동부 비제 인근에서 하인리히 5세의 군대를 격파했으나 1106년 리에주에서 갑자기 숨졌다.

● 신성로마제국-교황령 전쟁, 1081~84

독일 내전, 1197~1214
German Civil War of 1197~1214

신성로마제국 황제 하인리히 6세(1165~97)가 세상을 떠난 뒤 이어진 일련의 사건은 내전의 전형을 보여주었다. 독일 왕으로 선출된 프리드리히(1194~1250)는 미성년이었고, 하인리히 6세의 동생 슈바벤 공작 필리프(1177~1208)와 오토 폰 브라운슈바이크(1175?~1218)는 각각 기벨린당(황제당)과 구엘프당(교황당)을 대표하여 제위를 요구했다. 게다가 새로운 교황 인노첸시오 3세(1160/61~1216)가 막후에서 조종했다. 시칠리아의 왕이었던 프리드리히는 전쟁이 벌어지던 기간에 대부분 외지에 있었다. 성인 제위 요구자들은 서로 싸우면서 독일을 크게 파괴했다. 1198년에 독일 남부와 프랑스의 지원을 받아 비정상적으로 왕위에 오른 필리프와 독일 북부와 쾰른 대주교, 잉글랜드의 지원을 받은 오토는 1198년부터 싸움에 뛰어들었다. 한편 필리프와 오토는 1198년부터 독일 왕을 자처했다. 교황 인노첸시오 3세는 1201년에 오토가 이탈리아의 땅을 교황령에 기증하기로 동의할 때까지 중립을 지키는 척했다(오토는 약속을 지키지 않았다). 1205년 앞서 오토를 지지했던 쾰른 대주교가 갑자기 생각을 바꾸어 아헨(엑스라샤펠)에서 필리프에게 제관을 씌워주었다. 필리프는 1206년에 오토의 군대를 격파하고 교황령에 땅을 주는 대가로 인노첸시오 3세의 승인을 얻었으나 1208년에 살해됐다. 오토가 다시 등장한 것은 필연이었다. 오토는 1209년에 슈파이어에서 독일 왕의 독일 교회 통제권을 종식시키는 헌장에 조인했다. 그 뒤 오토는 군대를 이끌고 이탈리아를 침공하여 무력으로써 신성로마제국 황제 오토 4세로 즉위했으며(1209) 슈파이어에서 한 약속을 무시하고 시칠리아를 침공했다. 그러자 인노첸시오 3세가 독일에서 반란을 조장하고 프리드리히를 지원하여 1212년에 독일 왕 프리드리히 2세로 즉위하게 했다. 순전히 정치적인 싸움이 되어버린 독일의 전쟁은 부빈 전투에서(1214년 7월 27일) 프랑스 왕 필리프 2세(1165~1223)가 오토 4세와 잉글랜드의 존 왕(1166~1216), 플랑드르 지역 백작들의 연합군을 격파하면서 끝났다. 프리드리히 2세는 1215년 아헨에서 다시 대관식을 거행한 뒤 슈파이어 헌장을 재확인하고 즉시 제5차 십자군에 참전했다. 인노첸시오 3세는 승리했지만 독일은 다른 내전에 휩싸였고 이어 교황령과 싸워 계속 엄청난 희생을 치렀다.

독일 내전, 1314~25
German Civil War of 1314~25

하인리히 7세(1275?~1313)가 신성로마제국 황제로 재위하던 중에 독일의 제후들은 세속 제후나 종교 제후를 막론하고 영지를 추가하고 더 많은 행정 권한을 획득했다. 하인리히 7세가 세상을 떠나자 후계자 선출을 둘러싸고 분쟁이 벌어졌다. 합스부르크 가문에 우호적이었던 선제후들의 과반수는 오스트리아 공작 '미남왕' 프리드리히 3세(1286?~1330)를 원했으나 소수는 바이에른 공작(비텔스바흐 가문) 루트비히 4세(1282?~1347)를 지지했다. 프리드리히 3세와 루트비히 4세는 각자 지지자들에 의해 독일 왕으로 선출됐고 (1314), 신성로마제국 황제의 자리를 누가 차지할 것인지 결정하기 위해 오랫동안 혹독한 내전을 치렀다. 당시 교황 직위는 공위空位(1314~16)였기에 황제 선거(1201년 이후)와 관련된 이의를 교황이 판결할 수 없었다. 1322년 루트비히 4세의 황제군이 뮐도르프 전투에서 중요한 승리를 거두었고, 포로가 되어 투옥된(1322~25) 프리드리히 3세는 결국 경쟁자를 황제로 인정했다. 전쟁은 1325년에 끝났으나 교황 요한 22세(1244?~1334)는 루트비히 4세를 강력하게 반대하여 그 통치권을 인정하지 않았다. 루트비히 4세는 교황의 권위를 무시했으며 통치하는 데 필요한 것은 교황의 인가가 아니라 다수의 승인이라고 선언했다. 1327~28년에 루트비히 4세는 원정대를 이끌고 로마를 점령했다. 황제는 로마에 대립교황 니콜라오 5세(1333년 사망)를 세워 아비뇽의 교황 요한 22세에 맞서게 했다. 1328년 루트비히 4세는 '세속적' 대관식을 거행한 뒤 황제에 올랐다. 니콜라오 5세는 요한 22세에 파문당했고(1329) 자신을 지지하는 세력이 없음을 깨닫고는 정당성 없는 교황 지위 요구를 그만두었다(1330).

독일 내전, 1400~11
German Civil War of 1400~11

1125년에서 1806년까지 로마 왕 Rex Romanorum(신성로마제국의 독일 왕)은 세습이 아니라 선출로 결정됐다. 선출 제도는 폭군과 무능한 통치자의 출현을 예방했지만 동시에 세속 선제후*들과 종교 선제후들에게 통치자가 될 가능성을 주며 내전의 빌미를 제공하기도 했다. 1378년부터 1400년까지 독일 왕이었던 벤첼(바츨라프, 1361~1419)은 1384년과 1387년에 신성로마제국 황제로서 적절하지 않다는 판정을 받았다. 벤첼은 술고래에 게으름뱅이였는데, 1390년대에 들어서 더욱 심해졌다. 1400년 벤첼은 독일 왕에서 폐위됐고, 팔츠 선제후 루프레히트(1352~1410)가 대신 왕이 됐다. 그러나 벤첼은 큰 인기를 누렸다. 벤첼은 독일 왕의 권리를 계속 주장했으며 많은 사람에게 영향을 끼쳐 복위 전쟁의 가능성을 열어놓았다. 그러나 다행스럽게도 루프레히트가 죽으면서 전쟁은 피했다. 벤첼은 스스로 독일 왕의 후보자임을 선언했다. 선제후들은 벤첼을 다시 왕으로 선출하는 곤란한 상황에 직면하지 않고자 벤첼의 동생으로 헝가리 왕이었던 지그몬드(신성로마제국 황제 지기스문트, 1368~1437)와 욥스트 폰 메렌(요슈트 루쳄부르스키, 1351~1411)을 왕위 후보자로 지명했다. 1410년에 욥스트가 독일 왕으로 선출됐으나 1411년에 사망했다. 벤첼은 다시 선거에 입후보했으나, 왕위와 연금을 차지하려는 벤첼의 계획에 협력했던 지기스문트가 1411년에 독일 왕과 1433년에 신성로마제국 황제에 선출됐다(◐ 후스파 전쟁). 지기스문트는 아들이 없어 룩셈부르크 왕가가 독일 왕을 맡아온 전통이 그의 시대에서 끝났다. 지기스문트의 뒤를 이은 신성로마제국 황제인 프리드리히 3세(1415~93)는 합스부르크 왕가 최초의 황제로 로타르 3세(1075~1137)의 10대손이며, 지기스문트의 외동딸 엘리자베트 폰 룩셈부르크(1409~42)의 남편으로 독일 왕이었던 알브레히트 2세(1397~1439)와 육촌 간이었다.

독일 농민 전쟁, 1524~25
German Peasants' War, 1524~25

종교개혁 이전 독일에서는 대체로 실패했지만 봉기가 일상적이었다. 특히 스위스인들처럼 자유와 특권을 얻고자 열망했던 빈곤한 농촌 주민의 봉기 (분트슈)가 빈발했다(**○ 오스트리아-스위스 전쟁, 1499**). 이러한 충돌은 정치적·사회적·경제적으로 독일 봉건제에 내재한 극심한 불평등을 겨냥했으며, 마르틴 루터(1483~1546)와 울리히 츠빙글리(1484~1531), 장 칼뱅(1509~64)의 프로테스탄트 사상으로부터 어느 정도 영향을 받았다. 물론 농민들은 이러한 사상을 극단적으로 축소하고 단순하게 만들었다. 1524년 슈바벤과 프랑켄의 농민들이 군대를 조직하여 독일 남부의 농촌을 습격하고 약탈했다. 지역의 소작농은 물론 일부 도시까지도 반란을 지원했으며, 전쟁은 헤센과 튀링겐, 작센, 티롤로 확산됐고, 독일의 귀족들은 결연히 농민 반란을 진압하려 했다. 루터도 반란자들이 혼란을 초래하자 1525년에 농민 반란을 거부했다. 그해에 루터파인 헤센 제후와 가톨릭교도인 작센 공작의 연합군이 튀링겐의 프랑켄하우젠에서 반란자들과 대결했다. 전투는 농민의 패배로 끝났고, 토마스 뮌처(1489?~1525)가 사로잡혀 참수되면서 반란은 동력을 상실했다. 독일 농민은 이 싸움에서 약 10만 명이 학살당하고 제압됐으며, 오스트리아의 빈민들은 1526년까지도 싸웠으나 아무것도 얻지 못한 채 역시 진압됐다.
○ 기사 전쟁

독일 도시 전쟁, 1386~89
German Town War, 1386~89

14세기 후반에 독일은 혼돈 상태였다. 신성로마제국은 와해되고 있었으며, 영지를 보유한 귀족들은 사병을 유지하고 비밀 법정(베스트팔렌에서 들여온 '페메Veme')을 갖추어 독립적인 정치적 실체가 됐다. 독일과 보헤미아의 왕이었던 벤첼(바츨라프, 1361~1419)은 이 사사로운 권력자들을 통제하는 것이 어렵다는 사실을 깨달았다. 권력자들의 세력 기반이 오래된 봉건적 특권에 있었기 때문이다. 귀족들과 제국(자유)도시, 심지어 교회령의 군대까지도 끼어든 전쟁이 빈번했다. 도시는 점점 더 부유해져 많은 농촌 노동자를 끌어들였는데, 귀족들과 교회의 군대는 농민의 도시 유입을 막으려고 싸웠다. 소수가 과두지배로 통치했던 도시들은 자신들의 원료와 물품 교역에 법적 근거가 없는 세금이 과도하게 부과되지 못하도록 싸웠다. 보헤미아에서 통치하려 했던 술주정뱅이 왕 벤첼은 허약했으므로 상황은 거의 절망적이었다. 황제에 대항하면서 신성로마제국의 남부에서 합스부르크 가문의 지배력을 확대하려고 했던 오스트리아 공작 레오폴트 3세(1351~86)는 스위스 연합과 대결하게 됐고, 1386년 젬파흐에서 스위스 연합 군대와 싸우다가 전사했다. 이후 합스부르크 가문과 스위스 연합 사이의 전쟁은 1389년까지 지속되다가 끝났고, 스위스 연합은 이 전쟁에서 승리하여 자율성을 얻었다. 그러나 스위스 연합의 북방에 위치한 신성로마제국 남부의 도시들은 스위스 연합과는 달리 자치권을 획득하지도 보유하고 있던 자치권을 확대하지도 못했다. 합스부르크 가문을 포함한 귀족들을 지지하여 개입한 벤첼이 1389년에 만족스럽지 못한 평화안을 마련했고, 이로써 싸움은 진정됐지만 완전히 끝나지는 않았다. 그 반향은 알테 취리히 전쟁에서 울려퍼졌다.

독일령 동아프리카 아랍인의 봉기, 1888~90
Arab Uprising in German East Africa, 1888~90

1885년 카를 페터스(1856~1918)가 설립한 독일동아프리카회사는 독일령 동아프리카(르완다, 부룬디, 탄자니아의 아프리카 대륙 본토)를 지배했다. 1888년 해안 지역의 아랍인들이 독일인 행정관들의 호전적인 태도에 분노하여 맞서 일어났다(독일인들은 잔지바르의 술탄으로부터 해안 지역의 영토를 조차했다). 흑인들이 아랍인에 합세했고 독일인들은 영국인들의 지원을 받았다. 싸움은 2년 넘게 지속됐다. 1891년 1월 독일동아프리카회사의 봉기 진압을 도왔던 독일 정부는 그 지역을 넘겨받아 피보호국으로 선포했고 페터스를 독일 제국 판무관으로 임명하여 그곳을 통치하게 했다.

○ 헤헤족 전쟁

독일의 아프리카 식민지 전쟁, 1903~08
German Colonial Wars in Africa, 1903~08

독일은 경제 정책 면에서 자국의 아프리카 식민지가 자급할 수 있도록 하기 위해서는 백인 정착촌 건설이 핵심 열쇠라고 보고 정착촌 건설을 장려했다. 이 때문에 원주민 부족들이 전통적인 사냥터와 방목지에서 강제로 내쫓기는 일이 빈번했다. 1903년 독일령 서남아프리카(나미비아)에서 코이코이족(호텐토트족)이 반란을 일으켰고 지역 전역에 폭동이 확산됐다. 1904년에는 나미비아의 헤레로족이 반기를 들어 압제자이자 자신들을 잡아 노예로 삼았던 독일인과 격렬하게 싸웠다. 아프리카의 반란을 진압하기 위해 독일에서 온 군대는 1907년 힘겨운 싸움 끝에 참극을 벌이며 진압에 성공했다. 헤레로족의 약 80퍼센트와 코이코이족의 약 절반이 죽었다. 아프리카 원주민은 독일령 동아프리카(르완다, 부룬디, 탄자니아의 아프리카 대륙 본토)와(**○ 마지막 봉기**) 서아프리카의 카메룬에서도 반란을 일으켰으나 독일군은 잔인하게 진압했다. 대다수 아프리카 원주민은 사실상 광산과 농장에서 일하는 노예 신세로 전락했다.

○ 독일령 동아프리카 아랍인의 봉기 ; 헤헤족 전쟁

독일의 폴란드 침공
German Invasion of Poland

○ 전격전

독일 혁명, 1848
German Revolution of 1848

독일 혁명도 1848년에 유럽에서 발생한 여러 혁명처럼 결국 실패했다. 그러나 독일 혁명의 주요 추진력은 다른 혁명들의 경우와 달리 자유주의가 아닌 민족주의였다. 독일에서 봉건제는 아직 소멸하지 않았으며 비록 자유주의자들이 토지와 개인을 해방시키려 했고 일부 노동자 단체들이 '사회주의' 도입을 추진했지만, 독일의 통일을 달성하려는 압력이 더욱 컸다. 프랑스 왕 루이필리프(1773~1850)가 몰락한 뒤(**○ 프랑스 혁명, 1848**), 독일 민족의 의회를 요구하는 대중시위가 시작되어 바덴을 비롯한 독일의 여러 국가들이 자유주의적 개혁을 하게 됐고, 한자 동맹* 국가들은 1848년 3월에 민주공화국이 됐다. 극도의 실업에 시달리던 베를린에서 유혈 폭동이 발생하자 프로이센 왕은 일정하게 양보하고 실제로는 원하지 않았던 민족 통합을 어느 정도 수용해야만 했다. 1848년 5월 18일 프랑크푸르트에서 소집된 국민의회는 모이자마자 새로운 독일 연방에 오스트리아를 포함할 것인지의 문제를 두고 분열했다. 민주공화국 수립을 선동한 노동운동들은 진압됐고, 의회는 입헌군주제를 구상하고 오스트리아를 배제하며 자유주의적인 헌법을 내놓았다. 1848년 12월이 되면서 독일의 급진적인 추진력은 대체로 소멸됐고 분위기는 다시 보수주의자 쪽으로 선회했다. 프로이센 왕 프리드리히 빌헬름 4세(1795~1861)는 프랑크푸르트 헌법에 따라 제의받은 독일 왕위가 자신의 통치력을 지나치게 제한한다고 거부했으며 거꾸로 보수주의적인 구상을 제안했다. 독일 서남부에서 과격한 봉기들이 발생하자 군주의 권위를 지지하는 세력이 이를 진압했다. 1849년 1~2월에 다른 헌법안이 제시되고 1848년의 자유주의적 법령들 중 여러 개가 취소됐으며, 오스트리아가 (러시아의 지원을 받아) 강력한 지위를 회복하여 프리드리히 빌헬름 4세에게 굴욕을 주었다. 그 결과 오스트리아를 우두머리로 하는 옛 독일 연방의 의회가 1849년에 아무런 항의 없이 다시 소집됐다. 독일의 통일을 재촉한 극적인 추진력은 멈추었다.

◑ 7주 전쟁

* 1848년에 한자 동맹에 소속된 국가는 브레멘, 함부르크, 뤼베크뿐이었다. 한자 동맹은 1669년에 사실상 기능이 정지됐고, 1862년에 소멸됐다.

동맹국 전쟁, 기원전 357~기원전 355
Social War(War of the Allies) of BCE 357~BCE 355

델로스 동맹의 수장국이었으나 간섭이 심해 비판을 받았던 아테네(◑ (제1차) **펠로폰네소스 전쟁**)는 기원전 378년에 제2차 아테네 동맹(해상 동맹)을 결성하여 동맹국들로부터 분담금을 받았다. 기원전 357년에 테바이가 에우보이아를 부추겨 반란을 일으키게 하면서 동맹국 전쟁이 발발했다. 에우보이아는 아테네의 헬레스폰트(오늘날의 다르다넬스) 해협 곡물 공급로를 유지하려면 반드시 필요한 곳이었기에 처벌을 받았고, 아테네는 동맹의 다른 폴리스들을 한층 더 강하게 통제했다. 로도스와 비잔티움(오늘날의 이스탄불)이 반란을 일으켰고 키오스가 따랐으며, 그 뒤 사회적·정치적으로 아테네와 동등한 지위를 누리고자 했던 다른 모든 동맹국이 반란을 일으켰다. 기원전 356년 아테네는 사모스를 포위했으며, 같은 해 아테네 함대가 비잔티움으로 갔으나 엠바타 전투에서 패했다. 기원전 355년 페르시아는 엠바타 전투 이후 소아시아에 체류하면서 중앙정부에 반란을 일으킨 페르시아의 태수에 협력한 아테네의 한 장군에게 최후통첩을 보냈다. 아테네는 다시 '왕의 평화(안탈키다스 화약)'에 굴복하여 동맹국들의 이탈을 허용했고(**○ 코린토스 전쟁**) 에게 해에서 무역을 계속하는 대가로 북쪽의 항구들을 잃었다. 아테네의 묵인으로 마케도니아의 광포한 제국주의는 구속을 받지 않았다(**○ (제3차) 신성 전쟁**).

동맹국 전쟁, 기원전 219~기원전 217
Social War(War of the Allies) of BCE 219~BCE 217

이 전쟁은 약화된 마케도니아 왕국의 새로운 왕으로 즉위한(기원전 221) 필리포스 5세(기원전 238~기원전 179)의 용기를 시험했다. 헬레네스 동맹에서 가장 중요한 동맹국인 마케도니아는 동맹국들 사이의 문제를 중재하라는 요구를 받았다. 메세니아에서 활동하는 아카이아인들이 18살인 왕에게, 시민들이 자유롭게 해적질을 하도록 허용한 아이톨리아에 조치를 실행하라고 요청했기 때문이었다(기원전 220). 동맹이 제재를 가하자 아이톨리아 동맹은 전쟁을 준비했다. 로마의 개입을 우려해 주저했던 필리포스 5세는 대응을 늦추었다(**○ (제2차) 일리리아 전쟁**). 그러나 기원전 219년에 아이톨리아가 마케도니아를 공격하자, 필리포스 5세는 신속하게 움직여 펠로폰네소스 반도를 침공하고 아이톨리아의 동맹국인 엘리스를 응징했으며 일부 관리가 꾸민 반역 음모를 극복했고 아이톨리아를 공격했다. 특히 기원전 218년에는 아이톨리아 동맹의 중심지인 테르모스를 공격했다. 이어 필리포스 5세는 스파르타의 동원을 막기 위해 라코니아를 약탈했으며, 기원전 217년에 아이톨리아의 에게 해 전초기지인 프티오티데스테바이와 격렬한 전쟁을 벌였고, 기원전 217년 나우팍토스 평화조약의 체결을 주재했다. 필리포스 5세는 그리스인 대부분으로부터 사랑을 받았다. 전쟁에서 누구도 무엇을 얻거나 잃지 않았지만, 평화는 로마가 그리스 세계에 관여하는 것을 5년 동안 늦추었다.

동맹국 전쟁(마르시족 전쟁), 기원전 91~기원전 88
Social War(War of the Allies, Marsic War) of BCE 91~BCE 88

기원전 91년 호민관 마르쿠스 리비우스 드루수스(기원전 91년 사망)는 로마 시민권을 모든 이탈리아인에게 확대하는 법안을 로마 원로원에 제출했으나 본격적으로 일에 착수하기 전에 암살당했다. 남부와 중부의 산악지대 주민, 특히 마르시족이 반란을 일으키고 이탈리아라는 독자적인 국가연방을 창설했다. 종종 로마를 위해 로마군과 함께 싸운 마르시족은 로마 군대처럼 훈련이 잘되어 있었고 유능했다. 로마는 반란을 진압할 수 없었고 이탈리아 동맹국들(Socii, 라틴어로 동맹국들이라는 뜻)은 로마를 제압할 수 없었기에, 교착상태가 전개됐다. 그 뒤 기원전 90년에 로마 집정관 루키우스 율리우스 카이사르 3세(기원전 87년 사망)는 반란에 참여하지 않고 로마에 계속 충성하는 동맹국(주로 움브리아인과 에트루리아인, 라틴인) 주민과 즉각 무기를 내려놓은 자들에게 시민권을 허용하는 법안(율리우스법)을 제안하여 통과시켰다. 기원전 89년 결연하게 의지를 다진 반란자들은 루키우스 포르키우스 카토(기원전 135?~기원전 87)가 이끄는 로마 군대를 푸치노 호수에서 무찔렀다. 카토는 전사했으나 카토의 보병대에 복무했던 그나이우스 폼페이우스 스트라보(기원전 87년 사망)가 기원전 89년 아스쿨룸(오늘날의 아스콜리 피체노)에서 결정적인 승리를 거두어 북부 지방의 전쟁을 끝냈다. 같은 해 시민권법은 반란 참여 여부와 상관없이 60일 이내에 등록하는 모든 이에게 시민권을 부여했다. 한편 루키우스 코르넬리우스 술라(기원전 138?~기원전 78)가 이끄는 로마 군대는 남부에서 승리를 거두었고 폼페이도 반란 세력에게서 되찾았다. 기원전 88년에 거의 모든 이탈리아인이 로마로부터 시민권을 받았고 로마의 주권을 인정했다.

동진東晉, 유송劉宋-럼업林邑 전쟁, 431~446
Eastern Jin, Liu Song-Lam Ap War of 431~446

럼업林邑(뒷날의 참파. 베트남 중부)의 왕인 팜호닷范胡達(413?년 사망)은 몰락해 가는 동진東晉의 불안정한 상황을 이용하여 동진이 지배하던 북쪽의 남비엣南越 영토를 침입했다(405, 407). 413년 팜호닷은 진난晉南 북쪽으로 침공해 들어갔으나 돌아오지 못했다. 그 뒤 431년에 럼업 왕 팜즈엉마이范陽邁 2세

(402~446?)는 송나라(유송劉宋)가 보유한 통킹(베트남 북부)의 진난 해변을 따라 100척이 넘는 약탈 원정대를 지휘했다. 왕이 자리를 비운 사이 송나라가 취수區粟를 포위했으나 날씨가 나빠져 포위공격을 중단했다. 팜즈엉마이 2세의 병사들은 통킹에서 싸울 때 푸난扶南 왕국 병사들의 지원을 받으려 했으나 실패했다. 이따금씩 작은 교전이 벌어지다가 446년에 교주交州의 신임 자사刺史가 진행 중인 평화협상을 부정하고 취수를 포위했다. 자사는 취수를 함락하면서 많은 전리품을 차지했다. 자사의 군대는 뒤에 인근의 수도 럼업을 점령하여 많은 금을 강탈하고 럼업을 지배했다.

'돼지고기 전쟁', 1906~09
'Pig War', 1906~09

세르비아가 오스트리아-헝가리제국에 대한 경제적 의존도를 줄이기 위해 오스트리아-헝가리제국 대신 프랑스로부터 군수품을 수입하고(1904) 불가리아와 관세 동맹을 형성하자(1905), 관세가 부과된 오스트리아-헝가리제국의 상품이 세르비아에서 판매되기가 어려워졌다. 오랫동안 경제 정책의 수립에 익숙했던 오스트리아-헝가리제국은 1906년에 세르비아 돼지고기의 수입을 금지하여 대응했다. 세르비아는 이에 굴복하지 않았고 프랑스의 투자를 받아 새로운 가공 공장을 설립하여 국제무역에 나섰다. 오스트리아-헝가리제국의 경쟁국인 독일에서 원료를 주문했으며 오스트리아-헝가리제국이 관리하는 보스니아헤르체고비나에 아드리아 해로 나갈 출구를 내달라고 압박했다. 러시아가 세르비아의 조치를 지원했고, 오스트리아-헝가리제국과 러시아 사이에 전쟁이 일어날 뻔했으나, 독일이 러시아에 세르비아 지원을 중단하라고 최후통첩을 보내면서(1909) 전쟁을 피할 수 있었다. 세르비아와 오스트리아-헝가리제국은 새로 무역협정을 체결했으나(1909) 세르비아는 오스트리아-헝가리제국이 얼마 전 병합한 보스니아헤르체고비나에 거주하는 남슬라브족의 불만을 선동했다. 이는 제1차 세계대전의 촉발에 일조했다.

○ 발칸 전쟁

됭케르크 철수, 1940
Evacuation of Dunkirk, 1940

제2차 세계대전 중 독일군은 벨기에를 침공한 뒤 1940년 5월 15일부터 프랑스 북부 해안에 있는 영불해협의 항구들을 점령하려 했다. 독일군은 공중과 지상에서 항구들을 집중하여 공격했고, 영국과 프랑스, 벨기에, 기타 연합국 군대 병사 약 40만 명이 바다와 독일군 전선 사이에 갇혔다. 이 병사들을 구출하기 위해 영국 해군과 프랑스 해군, 상선단, 개인 소유의 트롤선, 요트, 기타 선박들이 총동원되어 됭케르크 해변으로 몰려들었다. 1940년 5월 26일부터 6월 4일까지 한 주가 넘는 동안 920척의 온갖 종류의 선박들이 병력 철수 작업에 참여하여 지친 병사들을 영국으로 안전하게 데려가느라 해협 양쪽을 오갔다. 동시에 독일 공군은 도주하는 연합군을 궤멸하기 위해 가차 없이 폭격하고 총격을 퍼부었다. 구축함 9척을 포함해 연합군 선박 여러 척이 침몰됐지만 대부분은 살아남아 병력 약 34만 명이 구출됐다.

두 형제의 전쟁
War of the Two Brothers

○ 미겔파 전쟁

드레이크의 카리브 해 습격, 1585~86
Drake's Raids in the Caribbean, 1585~86

잉글랜드에 봉사한(에스파냐 식민지와 보물선*을 성공리에 습격했고, 왕국을 위해 땅을 탐험하고 그 권리를 주장했으며 세계를 항해했다) 대가로 1581년에 기사 Knight 작위를 받은 서 프랜시스 드레이크(1540?~96)는 29척으로 편성된 잉글랜드 선단을 이끌고 카리브 해의 에스파냐 영토를 침입했다. 드레이크의 군대는 에스파냐의 보물선 함대를 빼앗는 데 실패한 뒤 에스파냐 식민지인 라에스파뇰라 섬(이스파니올라 섬. 아이티와 도미니카 공화국)의 산토도밍고를 공격하여 대부분을 불태웠다. 주민들은 그 뒤에야 드레이크에게 몸값을 지불했다. 드레이크는 이어 오늘날 콜롬비아에 있는 남아메리카 스패니시 메인**의 보물 같은 도시 카르타헤나를 공격하여 약탈했다. 카르타헤나 주민들도 몸값을 지불했다. 드레이크는 노획한 에스파냐의 대포 여러 문과 많은 돈을 갖고서 잉글랜드로 항해했고, 도중에 멈추어 플로리다 해안의 산아구스틴(오늘날의 세인트어거스틴)을 불태우는 등 여러 곳을 약탈했다. 드레이크는 1586년에 귀국하여 에스파냐 무적함대가 에스파냐에 집결하기 전에 공격할 것을 주장했다.

○ 잉글랜드-에스파냐 전쟁, 1587~1604

* 신대륙의 에스파냐 식민지에서 나는 귀금속들을 본국으로 운반하는 선박.
** Spanish Main. 카리브 해와 멕시코 만 주변에 있는 에스파냐 제국의 본토(섬은 제외) 해안을 말한다.

드루즈파 반란, 1600~07
Druze Rebellion of 1600~07

오늘날의 레바논에서 파크르 알 딘 2세(1572~1635)는 과거 자신의 가문이 보유했던 권력을 되찾을 준비를 했다(**○ 오스만 제국-드루즈파 전쟁**, 1585). 주적은 타라불루스(트리폴리. 레바논의 도시) 통치자가 이끄는 예멘당*이었다. 파크르 알 딘 2세는 적과는 달리 수니파와 시아파에 모두 우호적이었고 양쪽의 지원을 모두 받았으며, 처음으로 드루즈파와 마론파 그리스도교 지역을 통합했다. 1600년경 파크르 알 딘 2세는 사병私兵을 동원해 해안의 시돈(사이다)과 베이루트를 장악함으로써 오스만 제국 중앙정부와 오스만 제국이 파견한 타라불루스 지역 담당 최고위 관리의 반감을 샀다. 파크르 알 딘 2세의 카이스당**과 예멘당 사이에 싸움이 시작됐다. 오스만 제국 정부는 이쪽과 저쪽을 번갈아 지지하며 동요하다가 파크르 알 딘 2세가 계속 승리를 거두자 1607년에 파크르 알 딘 2세가 최종적으로 우위를 차지하도록 도왔다. 파크르 알 딘 2세는 오스만 제국이 자신의 제후국에 간섭하지 못하도록 미리 단속하기 위해 이스탄불에 사절과 뇌물을 보냈다.

○ 오스만 제국-드루즈파 전쟁, 1611~13

* 예멘당(Yemeni. Yemenites)은 아라비아 반도의 서남부인 예멘에서 올라온 자들이라는 의미다.
** 카이스(Qaysi. Qaysites)는 부족 이름이다.

드루즈파 반란, 1925~27
Druze Rebellion of 1925~27

프랑스 위임통치령인 시리아의 소규모 이슬람교 종파인 드루즈파는 지사의 전제적 처사에 항의했으나 프랑스 고등판무관으로부터 만족스러운 답변을 얻지 못했다. 외국의 지배에도 반대했던 드루즈파는 1925년 7월에 술탄 알 아트라시(1891~1982)의 지휘로 반란을 일으켜 농촌 지역을 대부분 장악했다. 시리아 민족주의자들이 드루즈파에 합세하여 다마스쿠스에서 프랑스인들을 내쫓았다. 프랑스는 중포重砲와 공중 폭격으로 다마스쿠스에 맹공을 퍼부었으나, 레바논 남부까지 확산된 반란은 1927년 6월에 드루즈파 지도자가 평화를 수용할 때까지 계속됐다(1926년 5월 23일 프랑스는 레바논이 공화국임을 선언했다). 드루즈파의 용맹함에 감탄한 프랑스군 장교들은 화해 분위기를 확실하게 조성하려고 노력했다.

드루즈파-오스만 제국 전쟁
Druze—Ottoman Wars

○ 오스만 제국-드루즈파 전쟁

디아도코이 전쟁,* 기원전 323~기원전 281
Wars of the Diadochi, BCE 323~BCE 281

알렉산드로스(기원전 356~기원전 323) 대왕의 갑작스러운 사망으로 제국의 유지에 문제가 생겼고(○ 알렉산드로스 대왕의 정복), 알렉산드로스 휘하의 최고위 장군 7명이—디아도코이(후계자들)—즉시 제각각 우위를 차지하기 위한 계획을 세웠다. 그 결과 40년 넘게 음모와 살인, 전투가 이어졌다. 이를 알렉산드로스 계승 전쟁이라고도 한다. 싸움의 주요 문제는 네 가지였다. 첫째, 누가 통치할 것인가. 후계자들은 알렉산드로스의 어머니가 다른 형제로 지능이 떨어지는 필리포스 3세 아리다이오스(기원전 359?~기원전 317)와 알렉산드로스의 부인 록사나(기원전 310?년 사망)의 유복자인 알렉산드로스 4세 아이고스(기원전 310? 사망)를 공동왕으로 세워 타협했다. 둘째, 누가 섭정이 될 것인가. 반대가 없지는 않았지만, 알렉산드로스가 정복에 나선 동안 마케도니아의 섭정이었던 안티파트로스(기원전 397?~기원전 319)가 그 직무를 맡았다. 라미아 전쟁이 발발하여 논쟁은 연기됐고 안티파트로스가 세상을 떠났다. 셋째, 누가 계승할 것인가. 그즈음 후계자의 한 사람으로 바빌론의 섭정이었던 페르디카스(기원전 321?년 사망)가 죽었고, 주요 경쟁자는 프리기아의 총독으로 제국을 통합하는 데 가장 큰 관심을 보였던 안티고노스 1세(기원전 382~기원전 301)와 안티파트로스의 아들 카산드로스(기원전 350?~기원전 297), 안티파트로스가 지명한 폴리페르콘(기원전 394~기원전 303) 등 3명으로 줄었다. 카산드로스는 리시마코스(기원전 360?~기원전 281) 트라키아 총독과 프톨레마이오스 1세(기원전 367?~기원전 283?) 이집트 총독과 동맹하여 안티고노스 1세에 대적했다. 카산드로스는 폴리페르콘을 집요하게 공격하여 기원전 317년에 마케도니아에서 내쫓았다. 필리포스 3세의 부인이 카산드로스를 섭정으로 삼자 이에 분노한 알렉산드로스의 어머니 올림피아스(기원전 375~기원전 316)는 기원전 317년에 필리포스 3세 부부를 살해하고 카산드로스의 친구 100명을 죽였다. 폴리페르콘이 돌아왔으나 카산드로스가 당도하여 스스로 섭정임을 선언하고 올림피아스의 사형을 명령했다. 그러나 기원전 315년 안티고노스 1세가 스스로 알렉산드로스 4세의 후견인이 됐고, 기원전 310년에 카산드로스가 알렉산드로스 4세와 그 어머니를 살해할 때까지 제국은 격렬한 싸움으로 흔들렸다. 디아도코이를 자극한 마지막 문제는 누가 왕이 되어야 하는가였다. 실제 일어난 전투와 전투가 벌어졌다는 소문으로 볼 때, 마케도니아에는 기원전 310년에서 기원전 281년 사이에 5명의 왕이 통치했고, 그중 한 사람이 두 차례에 걸쳐 왕을 지냈다. 카산드로스가 기원전 311년에서 기원전 306년까지 통치했고, 안티고노스 1세가 기원전 306년부터 기원전 301년 입소스 전투에서 사망할 때까지 통치했으며, 다시 카산드로스가 기원전 301년부터 기원전 297년까지(카산드로스의 아들이 기원전 297년부터 기원전 294년까지 섭정으로 통치했다) 왕위에 앉았다. 안티고노스 1세의 아들로 기원전 305년에 로도스 포위공격에 실패했던 데메트리오스 1세(기원전 337~기원전 283)는 기원전 294년부터 기원전 283년까지 통치했다. 리시마코스는 기원전 281년에 코루페디온 전투에서 사망했고, 기원전 283년에 왕위를 요구했던 안티고노스 2세(기원전 319~기원전 239)는 트라키아를 점령한 뒤 기원전 276년에 왕위에 올랐다. 코루페디온 전투는 디아도코이 전쟁의 군사적 단계가 끝난 종막이었다. 리시마코스에 이어 마케도니아의 왕이 됐던 셀레우코스 1세(기원전 358?~기원전 281)가 세상을 떠나면서 후계자들은 모두 사라졌다. 셀레우코스 왕국은 시리아와 메소포타미아, 페르시아를 지배했으며, 프톨레마이오스 왕조는 이집트와 소아시아를, 안티고노스 왕조는 마케도니아를 차지했다.

* 디아도코이는 후계자들이라는 뜻이며, 이 전쟁은 후계자들의 전쟁이라고도 한다.

디어필드 학살, 1704
Deerfield Massacre, 1704

1704년 2월 29일 프랑스 병사 48명과 인디언 협력자 약 250명이 매사추세츠 만 식민지 서부 변경의 작은 마을 디어필드를 주민들이 잠자는 동안 기습했다. 이들은 그 자리에서 56명을 살해하고 나머지 109명을 캐나다로 끌고 갔다. 많은 사람이 도중에 사망했으나 결국 여러 차례 협상 끝에 89명은 디어필드로 돌아갈 수 있었다. 이 잔인한 침입은 앤 여왕의 전쟁 중 북아메리카 뉴잉글랜드에서 벌어진 가장 야만적인 사건 중의 하나였다.

디오니시오스 전쟁
Dionysius War

제1차 디오니시오스 전쟁(기원전 398~기원전 397) 시라쿠사의 참주僭主 디오니시오스 1세(기원전 432?~기원전 367)는 시라쿠사 주민들의 복종을 받아내고 시칠리아 섬 대부분의 주인인 카르타고인을 격퇴하고자 교활한 전쟁을 시작했다. 디오니시오스 1세는 8만 명의 병사를 이끌고 카르타고의 주요 요새인 모티아(오늘날의 모치아)를 약탈했다. 카르타고인은 히밀코(기원전 396년 사망)의 지휘로 반격에 나서 시라쿠사 함대를 파괴하고 시라쿠사를 포위했다. 디오니시오스 1세는 스파르타의 지원을 받고 히밀코의 군대에 전염병이 퍼진 틈을 타 카르타고를 격파했다. 히밀코가 카르타고의 시민군 병사들을 구출한 것을 제외하면 시라쿠사의 승리는 완벽했다. 히밀코는 분노를 이기지 못하고 기원전 396년에 자살했다. **제2차 디오니시오스 전쟁(기원전 393~기원전 392)** 카르타고가 교전을 재개했으나, 디오니시오스 1세의 군대가 제압했다. 기원전 392년 디오니시오스 1세는 조약 체결을 강요하여 시칠리아의 대부분과 이탈리아의 '발(카르타고의 영토였던 풀리아와 칼라브리아)'을 지배했다. **제3차 디오니시오스 전쟁(기원전 382~기원전 376)** 큰 대결 뒤 10년이 지나고 디오니시오스 1세는 시라쿠사의 대군을 이끌고 시칠리아 서부의 카르타고와 대적했다. 디오니시오스 1세는 처음에 승리했으나 팔레르모 인근 크로니움에서 대패했다. 시칠리아 서부의 통제권은 카르타고에 넘어갔으며, 시라쿠사의 경계는 할리쿠스(플라타니) 강으로 획정됐다. **제4차 디오니시오스 전쟁(기원전 368~기원전 367)** 디오니시오스 1세는 다시 시칠리아 서부로 침공해 들어가 성공을 거두었으나 릴리바이움(오늘날의 마르살라)을 봉쇄하던 중에 세상을 떠나 카르타고에 승리를 넘겨주었다. 디오니시오스 2세(기원전 397?~기원전 343)가 디오니시오스 1세를 계승하면서 경쟁하던 두 도시국가는 분쟁을 중단했으나 약 20년 뒤에 티몰레온의 전쟁이 발발하여 다시 싸우게 됐다.

디파느가라 전쟁,* 1825~30
Dipanegara's war, 1825~30

욕야카르타(족자카르타) 술탄국의 제3대 술탄의 장자인 디파느가라(라덴 마스 온토위리오, 1785~1855) 왕자는 술탄위 계승에서 배제됐고, 술탄위는 1814년과 1822년에 네덜란드인들이 지원하는 어린 후보자에게 넘어갔다 (◐ (제3차) **자바 술탄위 계승 전쟁**). 네덜란드인들이 자바 섬에서 토지개혁을 시행한 결과 많은 토착 이슬람교도 귀족이 경제적 손실을 입었다. 디파느가라가 예언자 무함마드(570?~632)의 이름을 내걸고 이교도인 네덜란드인들에 맞서 지하드(성전聖戰)를 수행하여 그 지배를 무너뜨려야 한다고 역설하자 이슬람교도 귀족들이 그 편에 결집했다. 정부가 어느 '성묘(이슬람 성자의 묘지)' 옆의 토지에 도로를 건설하면서 전쟁이 촉발됐다. 자바 섬의 평민과 귀족은 '공정한 군주'인 디파느가라가 이교도를 내쫓아 잘못된 것을 바로잡고 평화를 가져오리라고 믿었다. 자바인들은 디파느가라의 뛰어난 군사적 지휘로 성공리에 게릴라전을 수행했으나, 네덜란드인들은 1828년에 큰 전투에서 승리한 뒤 나라 전역에 수많은 요새를 건설했고 '신속하게 기동하는' 부대가 작전할 수 있도록 좋은 도로를 건설하여 요새들을 연결했다. 많은 비용이 투입된 이 체제로 흐름이 바뀌었다. 1829년 디파느가라의 최고위 측근 2명이 항복했고, 이듬해 왕자도 평화협상에 동의했다. 회의 중에 디파느가라는 이슬람교도의 보호자라는 주장을 포기하지 않았고, 네덜란드인들은 안전한 통행을 약속했으면서도 디파느가라를 체포하여 술라웨시 섬으로 추방했다. 네덜란드인은 이 전쟁에서 사망자가 약 1만 5천 명이나 됐지만 권력을 되찾았다.

◐ 영국-네덜란드의 자바 전쟁 ; 파드리 전쟁

* 자바 전쟁이라고도 한다.

떠이선당西山黨의 난, 1772~1802
Tay Son Rebellion, 1772~1802

16세기 이후 후 레黎 왕조(1428~1527, 1533~1789)의 다이비엣大越* 지배는 유명무실했다. 실제 권력은 서로 경쟁하는 두 가문, 즉 북쪽의 찐鄭 가문과 후에順化를 수도로 삼은 남쪽의 응우옌阮 가문이 나누어 가졌다. 응우옌 가문(꽝남廣南 응우옌 씨)의 권력은 떠이선의 또 다른 응우옌 씨 세 형제 응우옌 반 후에阮文惠(1752?~92), 응우옌 반 낙阮文岳(?~1793), 응우옌 반 르阮文侶(1754~87)의 도전에 직면했다. 정치와 사회의 개혁을 원했던 세 사람은 고향 마을 떠이선西山에서 반란을 일으켰다(1771). 떠이선 형제들이 꾸이년歸仁 인근에서 응우옌 군대를 물리친 뒤(1773) 반란은 급속도로 확산됐다. 찐 가문은 남부에서 소요사태가 발생하자 이 지역을 차지하기 위해 군대를 파견하여 후에를 점령했고, 떠이선당西山黨이 사이공(오늘날의 호찌민)을 장악하도록 도왔다. 그러나 찐 가문에 맞선 떠이선당은 1775년에 후에에서 찐 가문의 군대를 내몰았다. 2년 뒤 사이공에서 떠이선당은 사실상 응우옌 가문을 무너뜨렸다. 15살 된 아들 응우옌 푹 아인阮福映(1762~1820)은 도주하여 피에르 피뇨 드 베엔(1741~99) 프랑스 선교사와 합세했다. 이제 떠이선 형제들이 남부와 중부를 지배했다. 1782년에서 1783년까지 응우옌 푹 아인의 지지자들이 사이공을 점령했다가 밀려났다. 응우옌 푹 아인은 시암(타이)으로 피신하여 지원을 얻은 뒤 떠이선당에 맞섰으며, 피뇨는 프랑스로부터 응우옌 푹 아인을 위한 지원을 얻는 데 실패했으나 많은 프랑스인을 모집했다. 1786년 떠이선당은 무정부 상태에 빠진 찐 가문의 하노이를 점령했고, 후 레 왕조와 찐 가문은 몰락했다. 베트남을 통일한 떠이선 형제들은 각자 나라의 일부를 통치했다. 북쪽에서는 응우옌 반 후에가 꽝쫑光中 황제라 칭했고, 1788~89년에 농민군을 이끌고 청나라의 침략에 맞서 승리를 거두었다. 한편 응우옌 푹 아인은 시암 군대와 함께 메콩 강 삼각주 지역에 상륙하여 1788년 9월에 사이공을 점령했다. 이듬해 프랑스의 지원으로 보강된 응우옌 푹 아인의 군대는 점차 응우옌 가문의 영토를 회복했으며 떠이선당과 싸워 연이어 승리를 거두었다. 떠이선당의 함대는 1792년에 파괴됐다. 세 형제가 사망한 뒤 아들들이 전쟁을 계속했으나 성공하지 못했다. 응우옌 푹 아인은 1801년에 후에를, 1802년에 하노이를 점령했다. 즉각 다이비엣의 황제임을 선포한 응우옌 푹 아인은 연호를 자롱嘉隆이라고 하고 응우옌 가문을 부활시켰다. 1804년 청나라는 응우옌 푹 아인을 공식적으로 승인했다.

* 이전에는 베트남 북부 지역이었으나 이때는 베트남 전부에 해당한다.

'뜨거운 물 전쟁'
'Hot Water War'
⭕ 프라이스의 반란

〈라〉

라마단 전쟁
War of the Ramadan
○ 욤 키푸르 전쟁, 1973

라미아 전쟁(그리스 전쟁), 기원전 323~기원전 322
Lamian War(Greek War), BCE 323~BCE 322

이 전쟁으로 디아도코이(후계자들)의 권력투쟁이 뒤로 미루어졌다(○ 디아도코이 전쟁). 알렉산드로스(기원전 356~기원전 323) 대왕의 후계자들이 모두 이 전쟁에 촉각을 곤두세워야 했기 때문이다. 전쟁의 원인은 두 가지였다. 하나는 아테네가 추방된 자들을 귀환시키라는 알렉산드로스의 죽기 직전의 명령을 거역하여 반란을 일으켰기 때문이고(○ 알렉산드로스 대왕의 정복), 다른 하나는 군대와 추방된 자들이 되돌아오면서 타이나론의 용병 시장이 혼란스러워졌기 때문이다. 전쟁의 이름은 아테네인들이 그리스의 라미아에서 마케도니아의 섭정 안티파트로스(기원전 397?~기원전 319)를 포위하여 공격한 데서 따왔다. 마케도니아의 증원군이 포위를 뚫었다. 아테네는 기원전 322년 그리스 동맹국들이 이탈한 탓에 해상에서 패했고, 육상에서는 기원전 322년에 마케도니아의 영토인 테살리아 내부의 크라논 전투에서 패했다. 아테네는 조건 없이 항복했으며, 몇몇 지도자가 사형됐다(데모스테네스(기원전 384~기원전 322)는 독약을 마시고 자살했다). 아테네는 막대한 배상금을 물었고, 과두 체제가 됐으며, 페이라이에우스(오늘날의 피레아스) 항구는 마케도니아 군대가 점령했다.

라버베즈 전쟁
Lava Beds War

○ 모도크족 인디언 전쟁

라슈트라쿠타−촐라 전쟁, 940?~972
Rashtrakutan−Cholan War of c. 940~972

찰루키아 왕조의 속국이었던 인도의 라슈트라쿠타 왕조는 제1차 찰루키아−라슈트라쿠타 전쟁에서 나르마다 강 북쪽의 말와 왕국을 병합할 기회를 잡았고, 왕 크리슈나 3세(재위 939~967)의 지휘로 과거 팔라바 왕조의 영토 중 아직 촐라 왕조가 지배하지 못한 땅을 장악할 준비를 할 수 있었다. 그러나 촐라 왕조가 파란타카 1세(재위 907~955?) 치세 때부터 이미 그 지역을 장악할 준비를 했다. 940년 촐라 왕조는 라슈트라쿠타로부터 넬로르를 빼앗았다. 그러나 이후 크리슈나 3세와 그의 계승자인 코티가 아모가바르샤(재위 967~972)가 촐라 왕조를 무찔렀다. 촐라 왕조는 벵기 평야와 타밀 평야를 포함하여 많은 영토를 잃었고(948~967), 팔라바 왕조의 수도였으나 촐라 왕조의 수도가 된 칸치푸람을 972년에 라슈트라쿠타의 맹공에 빼앗겼다. 라슈트라쿠타는 이 승리로 잠시 남부를 지배했으나, 제2차 찰루키아−라슈트라쿠타 전쟁 중에 빠르게 쇠퇴했다. 그 전쟁은 973년에 제2차 서西찰루키아 왕조의 수립으로 끝났고 찰루키아−촐라 전쟁을 유발했다.

라오그(우그) 해전, 1692
Battle of La Hogue(Hougue), 1692

대동맹 전쟁 중 유럽에서 가장 훌륭한 해군을 보유한 프랑스 왕 루이 14세(1638~1715)는 잉글랜드 함대와 네덜란드 함대를 격파하려는 계획을 세웠다. 루이 14세의 잉글랜드 침공 계획은 프랑스 서북부 바르플뢰르 곶에서 조금 떨어진 정박지 라오그에서 좌절됐다(1692년 5월 29일~6월 4일). 1690년 비치헤드 전투의 승자였던 루이 14세 진영의 투르빌 백작 안 일라리옹(1642~1701) 제독은 선박이 44척밖에 없었으나 동맹군 함대의 선박 수는 두 배 정도 됐다. 투르빌 백작은 툴롱에서 오기로 한 증원군이 도착하지 않았는데도 공격을 개시했다. 첫날 프랑스는 능숙한 수병의 자질 덕에 승리를 했다. 그날 밤 투르빌 백작은 서쪽으로 철수하여 29척을 생말로로 보냈다. 나머지 선박 15척은 4일간의 전투에서 격파됐는데, 이 중에는 투르빌 백작의 기함도 포함됐다. 투르빌 백작은 탈출했으나 프랑스 해군의 우위는 사라졌다.

라오디케아 전쟁
Laodicean War

○ (제2차) 시리아-이집트 전쟁 ; (제3차) 시리아-이집트 전쟁

라오스 게릴라 전쟁, 1977~90
Laotian Guerrilla War of 1977~90

1975년 라오스의 빠텟 라오(라오스인민혁명당) 지도자들은 왕정을 폐지하고 연립정부를 해체한 뒤 공산주의 체제인 라오스 인민민주주의공화국을 수립했다. 많은 라오스인이 타이로 피난했다. 1977년 왕당파인 메오족이 정부에 맞서 주로 시앙쿠앙 주에서 게릴라전을 시작했다. 메오족과 몽족(둘 다 박해를 받은 소수민족이다)은 중국의 지원을 받아 전국에서 반란을 일으켰고, 나라에 주둔한 약 4만 5천 명의 베트남 군대(라오스와 베트남은 동맹국이었다)가 반군과 중국군에 맞서 격렬한 전투를 벌였다. 라오스인들은 계속해서 타이로 피난했다. 1982년 빠텟 라오에 반대하는 '라오스 왕국 민주 정부'가 중국의 지원으로 라오스 남부에 수립됐다. 그 목적은 캄보디아의 반베트남 군대와 연합하는 것이었다. 반군 게릴라 단체들은 계속해서 빠텟 라오와 베트남 군대를 공격했다. 1984년부터 1988년 초까지 라오스와 타이는 국경분쟁 지역의 마을 세 곳을 두고 서로 영유권을 주장하며 이따금 전투를 벌였다. 반군 단체들은 집권당인 빠텟 라오 군대에 도전할 만큼 충분한 힘을 보유하지 못했고, 빠텟 라오는 타이가 라오스의 우파 게릴라들을 지원하고 국경에 은신처를 제공했다고 비난했다. 1988년 베트남은 라오스에 주둔한 군대의 약 절반을 철수했으며, 중국(베트남의 적국)은 빠텟 라오에 반대하는 저항운동을 더 이상 지원하지 않았다. 라오스는 중국과 타이, 베트남 등의 국가와 교역 관계를 크게 개선했다. 라오스와 타이는 게릴라의 공격에 관하여 대화를 시작했다. 그 결과 1990년에 교전이 중단됐으

며 1991년에 타이 군대가 국경 지역에서 철수했다. 빠텟 라오 군대가 반군 단체들을 진압했으며, 타이의 수용소에서 지내던 약 6만 명의 라오스인 난민이 송환됐다.

라오스 내전, 1954~73
Laotian Civil War of 1954~73

제네바 회담(1954)은 프랑스령 인도차이나의 일부인 라오스를 독립국이자 중립국으로 인정했다. 프랑스에 반대하는 공산주의 성향의 정당 빠텟 라오(라오스인민혁명당)가 곧 북부 2개 주를 장악했고 이웃 나라 베트남에서 침투한 베트민(베트남독립동맹회) 군대의 지원을 받아 라오스 정부를 공격했다. 1958년 수반나푸마(1901~84) 라오스 총리는 빠텟 라오의 지도자들을 정부에 참여시켰으나, 빠텟 라오와 권력 공유를 반대한 우파 정치인들이 공작을 벌인 것이 성공하여 라오스 국왕은 수반나푸마를 해임했다. 서방에 우호적인 우파 정부는 미국의 군사적·경제적 지원을 받아 공산주의자들이 지지하는 빠텟 라오를 분쇄하려 했다. 라오스 정부군과 빠텟 라오 군대는 주로 라오스 중북부의 항아리 평원에서 싸웠다. 1960년 군사 쿠데타로 위앙찬(비엔티안)의 정부가 무너져 중립적인 지도자인 수반나푸마가 총리로 복귀했으나, 빠텟 라오와 우파, 중도파의 통치권 장악을 위한 삼각 투쟁이 전개되면서 수반나푸마는 한동안 캄보디아로 도피하여 망명했다(1960). 수파누봉(1909~95)이 이끄는 빠텟 라오는 휴전에 동의했고(1961), 세 파벌의 대표자들로 연립정부가 구성됐는데(1962) 각기 군대를 보유했다. 1964년 우파가 수반나푸마를 잠시 동안 총리직에서 끌어내렸고, 수반나푸마는 정부 안 우파의 대표성을 확대한다는 데 동의하고 나서야 복귀했다. 북베트남 군대의 지원을 받은 빠텟 라오는 이에 항의하여 정부와 관계를 끊고 항아리 평원을 침공하여 장악했다. 그 뒤 몇 년 동안 라오스의 전선은 계절에 따라 변동했으나, 공산주의 세력인 빠텟 라오가 점차 나라의 동부와 남부, 북부를 점령했다. 수반나푸마의 라오스 정부는 미국군의 공중 지원을 받았는데도 공산주의자들의 반격에 패배했다(1970~72). 1973년 빠텟 라오와 정부는 휴전에 합의했고, 곧이어 중도파와 우파, 공산주의자들(빠텟 라오)의 연립정부가 수립되어 수반나푸마가 총리를 맡고 수파누봉이 국민의회에서 지명한 위원들로 구성된 자문회의의 의장이 됐다. 1975년에 공산주의자들이 남베트남과 캄보디아를 장악한 뒤 라오스도 사실상 빠텟 라오가 지배했다.

○ 베트남 전쟁 ; 프랑스령 인도차이나 전쟁, 1946~54

라오스-버마 전쟁
Laotian—Burmese Wars

○ 버마-라오스 전쟁

라이베리아 내전, 1989~2003
Liberian Civil War of 1989~2003

1989년 12월 24일 미국에서 교육받은 반군 지도자 찰스 테일러(1948~　)와 그 지지자들이 이웃 나라 코트디부아르에서 서아프리카의 라이베리아 공화국을 침공하면서 라이베리아의 지배권을 둘러싼 파괴적인 투쟁이 시작됐다. 테일러의 군대인 라이베리아국민애국전선NPFL은 잔인한 독재자 새뮤얼 K. 도(1951~90)로부터 권력을 빼앗으려 했다. 도는 1980년에 쿠데타를 일으켜 윌리엄 리처드 톨버트 주니어(1913~80) 대통령을 내쫓고 권력을 장악한 뒤 군사정권으로 라이베리아를 통치하고 있었다. 1990년 9월 테일러는 도 대통령이 정부 청사를 사수하고 있는 수도 먼로비아를 제외한 라이베리아 대부분을 점령했다. 서로 대적하던 파벌은 대체로 종족의 차이에 따라 나뉘었는데, 그해에 테일러와 지오족의 수장인 프린스 요미 존슨(1952~　)이 분열하면서 상황은 더욱 복잡해졌다. 존슨의 소규모 지오족과 테일러의 대규모 마노족(지오족의 다수가 여전히 테일러에 충성했다), 도의 군대(주로 크란족과 만딩카족(만딩고족))가 삼중의 전쟁을 벌였다. 서아프리카국가경제공동체ECOWAS의 16개 국가가 평화유지군(서아프리카국가경제공동체감시단ECOMOG)을 조직했으나, 테일러는 평화유지군이 중립을 지키리라는 확신이 없어 거부했다. 전쟁 초기에 도는 미국에게 지원을 요청했으나 받지 못했다. 1990년 9월 존슨의 반군이 도를 사로잡아 고문하고 살해했으며, 존슨은 스스로 대통령임을 선포했다. 도의 대통령 경호대 대장이었던 데이비드 님블레이 장군은 이제 라이베리아민주해방운동연합ULIMO이라고 불렀던 도의 지지자들을 지휘했다. 존슨과 님블레이는 ECOWAS가 선택한 과도정부를 지지하기로 합의했고, 두 군대가 합세하여(관계는 우호적이지 않았다) 테일러에 맞서 싸웠다. 세 파벌이 지배권을 두고 다투는 상황에서 싸움은 교착상태에 빠졌다. 존슨과 테일러, 알하지 G. V. 크로머 장군은 1995년 8월에 평화협정을 체결한 뒤 상대적으로 약한 다른 3명의 군벌과 함께 정부를 구성하여 여러 부처를 관장했다. 1996년 1월에 여러 아프리카 국가가 중재한 평화안은 효과가 없었고, 1996년 4월 먼로비아에서 반군과 정부군, ECOMOG 사이에 잔혹한 전투가 재발했다. 테일러는 나이지리아와 동맹하기 위해 끈질기게 협상했고, 1997년 7월 19일 나이지리아의 도움으로 라이베리아에서 자유선거가 실시됐다. 테일러가 압도적인 승리를 얻었고, 적대 행위는 종식되는 듯했다. 그러나 나라의 60퍼센트에서 80퍼센트를 장악한 두 반대 집단은 즉각 테일러를 전복하는 데 착수했다. 북부를 근거지로 하는 반군 집단인 라이베리아화해민주연합LURD이 나라의 대부분을 장악했다. 남부를 근거지로 하는 라이베리아민주운동MODEL은 코트디부아르에서 공격해 들어왔다. 라이베리아에서 단 하나뿐이었던 안전지대인 로파 주에서 1999년 4월과 8월에 큰 폭동이 일어나 원조 물자를 원활하게 분배하지 못했고 수많은 민간인이 추방당했다. 테일러는 시에라리온의 혁명통합전선RUF 전사들을 훈련시키고 무장시켰다는 비난을 받았다. RUF 전사 수백 명이 1999년 12월에 라이베리아로 피신했기 때문이다. 국제연합UN 안전보장이사회는 RUF를 지원한 대가로 라이베리아에 제재를 가했다. RUF는 기니와 시에라리온의 유혈극에 책임이 있었다. 국제사회의 라이베리아 정부에 대한 반대가 거세지는 가운데, LURD는 라이베리아 북부와 서부에서 정부를 표적 삼아 공격의 강도를 높였다(2001). 2002년에도 싸움은 지속됐고 비상사태가 선포된 상황에서 군대는 모자라는 병력을 미성년자를 징병하여 보충했다. 사태는 너무나 긴박하여 국제라이베리아접촉그룹ICGL은 양쪽에 즉각 아무런 조건 없이 휴전협상에 나서라고 압박했다(ECOWAS를 대표하여 말리가 중재에 나섰다). 다시 1만 2천 명의 난민이 발생하여 일부는 폭력을 피해 이웃 나라들로 피신했고 나머지는 먼로비아로 밀려들어왔다. 위기가 심화되는 가운데 2003년 6월 LURD가 나라의 3분의 2를 장악했고, 반군은 테일러의 사임을 요구했다. 6월 17일 2개의 주요 반군 단체와 정부가 휴전협정에 서명하여 과도정부를 세우기로 했다. 그러나 테일러는 임기가 끝나는 2004년 1

월까지 집무를 계속하겠다고 고집했다. 깨지기 쉬웠던 휴전은 결국 실패로 돌아갔고(6월 24일), 정부군과 반군이 다시 충돌하여 단 며칠 만에 주민 수백 명이 살해되고 약 1천 명이 부상당했다. 6월 30일 UN 안전보장이사회는 다국적군의 파견을 고려했고 미국은 다시 테일러에게 사임을 재촉했다. 2003년 8월 11일 테일러는 마침내 라이베리아를 떠나 망명지를 제공한 나이지리아로 향했다. 8월 18일 LURD와 MODEL은 협정을 체결하고 임시정부에 관한 협상을 개시했다. 그 밖에 UN 평화유지군이 약 6만 명에 이르는 반군의 무장을 해제하는 길고 지루한 과정에 착수했다. 10월 14일에 과도정부 수반으로 취임한 찰스 주드 브라이언트(1949~)는 각료직을 배분하는 문제에 직면했다. 국제사면위원회의 보고에 따르면 이 전쟁으로 약 20만 명이 목숨을 잃었고 70만 명의 난민이 발생했으며 전쟁 이전 인구 280만 명 중 140만 명이 살던 곳을 떠났다. 2005년 라이베리아는 여러 해 동안 폭력과 유혈극을 치른 뒤 비록 위태로웠지만 서서히 안정을 찾아가는 듯했다. 10~11월에 선거가 시행된 뒤 과도정부에서 적극적인 역할을 수행했던 엘런 존슨설리프(1938~)가 대통령으로 당선되어 아프리카에서 여성으로서는 최초로 국가원수가 됐다.

라이슬러의 반란, 1689~91
Leisler's Rebellion, 1689~91

명예혁명으로 프로테스탄트인 윌리엄 3세(빌럼 판 오라녀, 1650~1702)와 메리 2세(1662~94)가 잉글랜드 왕으로 즉위하자(1688), 아메리카의 여러 식민지에서 가톨릭교도로 의심받은 관리들에 반대하는 다수의 봉기가 발생했다. 뉴욕 시에서는 불만을 품은 장인들과 소상인들이 맨해튼의 요새를 점령하고 독일인 이민자 상인이었던 지도자 야코프 라이슬러(1640?~91)를 총사령관으로 선포했다. 라이슬러는 농민과 도시 노동자, 민병대의 지원을 받아 윌리엄과 메리 2세를 주권자로 인정하고 두 사람의 이름으로 뉴욕 식민지 남부를 통치했다. 뉴욕 식민지 올버니의 지도자들은 무서운 인디언의 공격으로부터 자신들을 지키는 데 라이슬러의 민병대가 필요하자 1690년이 되어서야 라이슬러를 인정했다. 1691년 1월 리처드 잉골데스비(1719년 사망) 중대장이 잉글랜드에서 군대를 이끌고 도착하여 요새를 넘기라고 요구했고, 라이슬러는 이를 거부했다. 이 거부 행위는 당연히 반역으로 해석됐다. 잉글랜드에서 새로운 총독이 도착하자 라이슬러는 요새를 넘긴 뒤 체포됐고 반역죄로 재판을 받았다. 유죄를 선고받은 라이슬러는 1691년 5월 16일 뉴욕에서 교수형에 처해졌다.

라진의 반란, 1665~71
Razin's Revolt, 1665~71

1658~67년의 러시아-폴란드 전쟁이 끝난 뒤 스텐카 라진(1630~71)은 1665년에 카자크(코사크)를 겨냥한 원정에서 형을 잃었는데도 토지 없는 카자크들의 지도자가 되어 볼가 강 인근의 돈 강 상류에 기지를 세웠다. 라진은 3년 동안 볼가 강 하류와 카스피 해 지역 곳곳을 습격했다. 돈 강의 카자크들은 러시아 차르에게 갈 물건을 실은 선단을 강탈했으며 이슬람교도들의 정착촌을 약탈했고 자신들을 진압하기 위해 페르시아의 샤가 파견한 함대를 격파했다(1669). 아스트라한 지사의 군대에 사로잡힌 라진은 충성을 맹세하고 부하들과 함께 약탈한 물건을 갖고 돈 강으로 돌아갔다. 1670년 약 7천 명에 이르는 라진의 카자크 추종자들은 차리친(오늘날의 볼고그라드)을 공격하여 점령하고 많은 귀족을 살해했으며, 수많은 농민에게 합류를 선동했고, 볼가 강 상류로 진격하여 사라토프와 사마라를 점령했다. 1670년 10월 러시아 정부군은 훈련받지 못한 2만여 명의 라진 군대를 심비르스크 근처에서 격파했다. 돈 강으로 도주한 라진은 카자크 지주들의 배신으로 붙잡혀 모스크바로 압송되어 처형당했다. 차르 군대는 반란자들의 마을을 파괴했고 반란의 주요 거점이 된 아스트라한을 포위하여 함락했다(1671년 12월).

라트비아 독립 전쟁, 1919~20
Latvian War of Independence, 1919~20

제1차 세계대전에서 독일이 패한 뒤 라트비아인(레트인)들은 독립을 선포하고 카를리스 아우구스츠 빌헬름스 울마니스(1877~1942)를 총리로 선출했다. 그러나 1918년 12월 1일에 소비에트(볼셰비키) 군대가 침공하여 수도 리가를 점령했고, 소비에트 정부가 수립됐다. 연합국의 승인을 받은 독일·라트비아 연합군은 1919년 3월부터 소비에트 군대를 몰아냈다. 독일인들은 베르사유 조약에 따라 라트비아를 떠나야 했지만 라트비아를 접수하려고 리가를 점령했다. 결국 독일은 1919년 11월 말에 쫓겨났다. 소비에트가 다시 라트비아를 점령하려 했으나 연합국의 압박으로 1920년 1월에 완전히 내쫓겼고 2월 1일에 라트비아와 휴전협정을 체결했다. 1920년 8월 11일의 리가 조약으로 소비에트 정부는 라트비아의 독립을 승인했다(제2차 세계대전 중이었던 1940년에 라트비아는 소련 군대에 점령당하여 소비에트 공화국이 됐고, 1991년에야 다시 독립했다).

라티움 전쟁, 기원전 340~기원전 338
Latin War, BCE 340~BCE 338

로마는 수십 년 동안 이탈리아 중부 라티움 평원에 있는 하나의 도시에 불과했으나, 점차 성장하여 한 지역을 지배하게 됐다. 많은 라틴족 도시가 로마와 느슨하게 연합하거나 동맹했으나, 기원전 340년에 여러 대도시가 로마의 지도권에 도전하여 동맹을 이탈했다. 이 도시들은 캄파니아인 같은 다른 반란 부족들의 지원을 받았다. 베수비우스 전투(기원전 340)에서 로마의 공동 집정관인 푸블리우스 데키우스 무스(기원전 339년 사망)와 티투스 만리우스 임페리오수스 토르콰투스는 전선이 먼저 열리는 쪽의 지휘관이 목숨을 희생해야 전쟁에서 이길 수 있다고 판단하고 그렇게 하기로 약속했으며, 그 결과 푸블리우스 데키우스 무스가 먼저 교전에서 사망했다. 그 일이 있고 난 직후 만리우스는 로마인을 이끌고 트리파눔 전투에서 승리를 거두었다(기원전 339).

라틴 제국—비잔티움 제국 전쟁
Latin Empire—Byzantine Empire War

제1차 라틴 제국—비잔티움 제국 전쟁(1204~22) 제4차 십자군으로 비잔티움 제국은 한동안 몰락한 상태였다(○ (제4차) **십자군**). 보두앵 1세(플랑드르 백작 보두앵 9세, 1172~1205?)의 지휘로 로마니아 제국 Imperium Romaniae 즉 라틴 제국이 선포됐으나, 제국은 여전히 많은 영토를 정복해야 했고 안팎으로 적들이 많았던 탓에 늘 약했다. 1205년 라틴 제국은 아드리아노플(오늘날의 에디르네)에서 불가리아·쿠만족 연합군에 패배했다. 보두앵 1세는 포로가 됐고, 라틴 제국은 소아시아에서 철수해야 했다. 1206년에 라틴 제국의 두 번째 황제가 된 앙리 드 에노(1174?~1216)는 소아시아를 침공하려다가 니카이아 제국 황제에게 밀려나 2년간의 휴전에 동의해야 했다. 그 뒤 라틴 제국은 1209년부터 니카이아 제국과 싸우고 있던 룸 술탄국과 비밀리에 동맹을 맺었다. 1211년에 라틴 제국이 패하자, 니카이아 제국은 큰 활력을 받아 1212년에 여러 차례 작은 승리를 얻었으며 1214년에는 휴전을 했다. 이때 라틴 제국은 니카이아 제국의 국경을 인정하고 존중하기로 약속했다. 1216년에 앙리가 사망하면서 라틴 제국의 세력은 더 축소됐고 사기도 저하됐다. 1219년 남슬라브족은 니카이아 제국을 비잔티움 제국의 계승 국가이자 정교회의 중심지로 인정했다. 1222년 니카이아 제국에 셀레우케이아(오늘날의 부자크셰이홀레르)를 빼앗긴 뒤 라틴 제국에 남은 땅은 콘스탄티노플(오늘날의 이스탄불)뿐이었다. **제2차 라틴 제국-비잔티움 제국 전쟁(1224~37)** 이오안네스 3세 두카스 바타체스(1192?~1254)가 통치하는 니카이아 제국은 한때 독립국이었던 불가리아를 지배하여 비잔티움 제국의 진정한 구세주가 됐다. 1224년 이오안네스 3세는 불가리아 차르 이반 아센 2세(1241년 사망)의 협력을 얻어 소아시아와 에게 해 섬들에서 영토를 획득했으나 콘스탄티노플을 점령하지는 못했다. 그때 이반 아센 2세는 라틴 제국 편으로 넘어갔다. 그럼에도 불구하고 1225년 이오안네스 3세는 소아시아의 라틴 제국 영토를 거의 전부 획득했다. 오직 트라키아만 에페이로스 공국에 빼앗겼다. 1228년 미성년이었던 보두앵 2세(1217~73)가 라틴 제국의 황제로 지명되고 이반 아센 2세가 섭정이 됐다. 그러나 1231년에 장 드 브리엔(1170?~1237)이 보두앵 2세에 합류하자, 이반 아센 2세의 섭정직은 무효가 됐다. 이반 아센 2세는 라틴 제국에 전쟁을 선포하고 1235년과 1236년에 콘스탄티노플을 공격했으나 실패했다. 그 뒤 이오안네스 3세가 몽골의 지원을 받아 이반 아센 2세를 압박했으며, 불가리아와 라틴 제국 모두 소국으로 전락했다. **제3차 라틴 제국-비잔티움 제국 전쟁(1261~67)** 1250년 이후 라틴 제국은 몰락의 길에 들어섰다. 비잔티움 제국의 전형적인 방식 즉 궁정 쿠데타 음모로 니카이아 제국의 제위를 찬탈한 미카엘 8세 팔라이올로고스(1223~82)는 1261년에 라틴 제국으로부터 콘스탄티노플을 빼앗고 비잔티움 제국을 재건했다. 미카엘 8세는 계속해서 나폴리와 시칠리아의 샤를 1세(카를로 1세, 1226~85)와 싸웠는데, 이는 에페이로스 공국에 맞서 싸운 힘겨운 전쟁의 부산물이었다. 1261년 미카엘 8세는 황제로 즉위했고 황제권을 공고히 하여 적들에 대비했다. 1261년에는 제노바와 조약을 체결했고 펠로폰네소스 반도와 라틴 제국의 섬들에서 승리도 거두었다. 1262년 미카엘 8세는 힘을 회복한 불가리아를 다시 짓밟았으며, 1263년에는 제노바 함대를 물리친 뒤 베네치아와 동맹을 체결했다. 1264년 초 비잔티움 제국은 에페이로스 공국과 싸워 승리했으나 그해 후반에 아카이아 공국과 싸운 마크리플라기 전투에서 크게 패했다. 그러나 1267년 미카엘 8세는 몇 차례 작은 전투와 해전의 승리, 신중한 외교(로마가톨릭과 정교회의 일시적 통합)를 통해 비잔티움 제국의 안전을 확보했고, 다른 큰 전쟁들을 피하며 비교적 평화로운 시절을 유지했다.

○ 비잔티움 제국 내전, 1222~24 ; 비잔티움 제국 내전, 1259 ; 비잔티움 제국 전쟁, 1207~11 ; (제6차) 십자군 ; (제8차) 십자군

란나-아유타야 전쟁
Lannai-Ayutthayan Wars

○ 시암 전쟁

래밍플랫 폭동, 1860~61
Lambing Flat Riots, 1860~61

유리카 반란을 초래했던 오스트레일리아의 엄격한 법은 결국 개정됐다(1854). 그렇지만 광부들이 '진정한 원주민'으로 여겼던 오스트레일리아의 보수주의자들은 자유주의 운동에 진심으로 굴복하지 않았다. 노동조합 운동을 둘러싼 싸움이 재개됐으며(1855), 실업률이 높을 때에는 특히 중국인 이주 노동자들에 반대하는 파업이 벌어졌다. 뉴사우스웨일스 식민지의 래밍플랫에서 중국인 노동자의 유입에 반대하는 최악의 폭동이 발생했고, 지역 안 금광에서 중국인 노동자를 내쫓으려던 백인 광부들은 중국인을 공격하여 물품을 강탈하고 구타하거나 살해했다. 폭동을 일으킨 자들은 일부 체포됐으나, 나머지는 경찰과 총격전을 벌였다. 결국 1861년 중반에야 경찰이 질서를 회복했다. 의회를 구성하고 있는 먼저 정착했던 백인 이주민들은 주민의 항의와 중국인의 수동적 저항, 오스트레일리아 선주민까지 포함하

는 인종차별의 확산에 놀랐지만 중국인의 거주를 특정 지역으로 제한하고 추가 이민을 억제하기 위해 주거세를 부과하는 데 그쳤다.

러브웰의 '전쟁', 1725
Lovewell's 'War', 1725

1724년 말 매사추세츠 만 식민지 정부가 인디언의 머리 가죽에 100파운드의 상금을 내건 뒤(**O**(제3차) 아베나키족 인디언 전쟁), 모험심이 많은 농민 존 러브웰(1691~1725)은 87명으로 원정대를 꾸려 위니퍼소키 호수 인근 메리맥 강 상류로 올라가 잠자는 인디언 10명을 급습하여 머리 가죽을 벗겨 돌아왔다(1725년 2월). 봄에 러브웰을 포함한 36명의 무리가 북쪽의 메인 디스트릭트(지구) 남부로 들어갔고, 1725년 5월 9일 일요일에 오늘날의 프라이버그에서 인디언 약 80명에게 기습을 당했다(이 일행에 동행한 목사는 그날 분명히 한 인디언을 살해하고 머리 가죽을 벗겼다). 인디언들은 러브웰을 포함해 16명을 살해했고, 나머지는 주술사가 총탄에 맞아 사망하는 바람에 인디언들이 철수하면서 목숨을 건졌다.

러시아 내전, 1425~53
Russian Civil War of 1425~53

바실리 2세(1415~62)는 나이 10살에 아버지 바실리 1세(1371~1425)를 뒤이어 모스크바 대공이 됐으나, 삼촌 유리 드미트리예비치(1374~1434)가 타타르인의 도움을 얻어 공국을 지배하려 했다. 보야르(러시아 귀족)들은 바실리 2세의 통치를 지지했으나, 1432년 유리가 바실리 2세와 분쟁을 벌이면서 보야르의 지원을 얻어냈다(대공위 분쟁의 단초는 유리의 아버지이자 바실리 2세의 조부인 드미트리 돈스코이(1350~89)의 유서에 있었다. 바실리 1세가 사망할 경우 유리가 영지를 상속한다는 내용의 이 유서는 바실리 1세가 후사를 보지 못했을 때 작성됐기에 자식이 생겼을 경우에는 적용될 수 없다는 주장이 가능했고, 바실리 1세와 유리의 어머니인 옙도키야 드미트리예브나(1407년 사망)는 이를 지지했다). 갈등은 내전으로 비화했다. 유리의 파벌은 잠시 모스크바를 장악하는 데 성공했으나, 유리가 사망하면서 대공위 요구도 사라졌다. 유리의 아들이 싸움을 계속했으나 1435년에 패하고 사로잡혀 눈을 뽑혔다. 바실리 2세가 타타르인을 돕지 않고 그 지도자(칸)를 모스크바 대공국에서 볼가 강변의 카잔으로 내쫓자, 격노한 타타르인은 이후 100년 동안 모스크바를 공격하고 괴롭혔다. 1439년 타타르인의 카잔한국 칸 울루 뫼햄매드(1445년 사망)가 모스크바를 포위하여 공격하자 바실리 2세는 도피해야 했다. 1445년 바실리 2세가 직접 군대를 이끌고 카잔한국에 대적했으나 패하여 포로가 됐고, 많은 몸값을 지불한 뒤 5개월 만에 풀려났다. 1446년 유리의 또 다른 아들로 갈리치아(오늘날의 폴란드 동남부와 우크라이나 서부)의 통치자였던 드미트리 셰먀카(1453년 사망)가 다른 통치자들과 함께 모스크바 대공국을 장악하여 바실리 2세를 잡아 눈을 뽑고 우글리치로 추방했으나, 모스크바에 여전히 바실리 2세의 지지자가 많았던 탓에 1447년에 바실리 2세를 다시 불러들여 볼로그다를 영지로 주었다. 셰먀카의 적의에 대항하여 결국 바실리 2세의 어린 아들 이반(1440~1505)이 갈리치아로 침공해 들어갔다. 패한 셰먀카는 노브고로트로 피신했고, 갈리치아는 다시 모스크바 대공국에 귀속됐다. 1453년 셰먀카는 노브고로트의 은신처에서 독살당했다. 모스크바 대공국은 이제 바실리 2세 치하에서 정치적으로 통합된 강력한 러시아 국가가 됐고 후계자인 이반 3세 '대제' 때에 한층 더 크고 강한 통합된 국가로 발전하게 된다(❍ 모스크바 대공국의 노브고로트 정복).

러시아 내전, 1604~13
Russian Civil War of 1604~13
❍ 러시아의 '동란 시대'

러시아 내전, 1918~21
Russian Civil War of 1918~21

인민의 선거로 구성된 러시아 제헌의회가 반혁명 기구로 낙인찍혀 해산되고 여러 달이 지난 뒤(❍ 러시아 10월(11월) 혁명), 1918년에 집권당인 볼셰비키(공산당)와 반反볼셰비키 '백군白軍' 사이에 내전이 발발했다. 내전을 촉발한 것은 시베리아를 횡단하던 체코슬로바키아 군단*과 볼셰비키 사이의 충돌이었다. 체코슬로바키아 병사들은 볼셰비키의 처벌에 자극을 받아 시베리아의 마을들을 약탈했다. 백군은 상황을 유리하게 이용하여 새로 창설된 볼셰비키의 적군赤軍과 맞서 싸웠으며 시베리아를 거의 전부 장악하는 데 성공했다. 1918년 7월 싸움이 벌어지던 중에 황제 니콜라이 2세(1868~1918)와 그의 가족이 예카테린부르크에서 살해됐다. 한 달 뒤 영국과 캐나다, 이탈리아, 일본, 미국의 군대가 백군을 지원하고자 태평양의 동해에 닿아 있는 블라디보스토크에 상륙했고, 영국과 미국, 프랑스, 캐나다, 세르비아, 루마니아, 이탈리아, 오스트레일리아의 군대는 백해의 아르한겔스크에 상륙하여 새로운 임시정부의 수립을 도왔다. 이러한 외국 군대의 개입으로 우랄 산맥 동쪽에서는 볼셰비키의 통치가 사라졌다. 그러나 공산당 육군·해군 인민위원 레프 트로츠키(1879~1940)가 이끄는 적군은 맹렬하게 전투를 수행했고 결국 캅카스와 발트 지역, 시베리아에서 3개의 백군 군대를 격파했다. 체코슬로바키아 군단은 떠났으나, 연합국은 공산주의자들과 싸울 병력과 물자를 계속 공급했다. 양쪽에서 모두 테러와 암살이 증가했고, 공산당의 반볼셰비키 세력에 대한 불신도 심화됐다. 평화협상이 결렬된 뒤 백군의 한 부대가 모스크바를 향해 진격하여 모스크바 남쪽 약 320킬로미터 떨어진 오룔에 도달하고 다른 백군 부대가 페트로그라드(오늘날의 상트페테르부르크)에서 약 16킬로미터 떨어진 곳까지 접근했으나, 적군은 이들을 되몰았고 흑해 연안 노보로시스크에서 승리를 거두었다. 1919년 11월에 알렉산드르 V. 콜차크(1874~1920) 제독의 반공산주의 군대 사령부가 있던 시베리아 서부의 옴스크가 적군에 함락되고 외국 군대들이 전쟁에서 철수한 뒤 적군의 영토에서 싸우게 된 백군은 서서히 진압됐다. 크론슈타트 반란이 일어나기도 한 이 격렬한 내전은 1921년경 소비에트(볼셰비키, 공산당)가 중앙정부와 (시베리아를 포함한) 지방을 확고히 장악하면서 종결됐다.

○ 러시아—폴란드 전쟁, 1919~20 ; 핀란드 독립 전쟁

* 제1차 세계대전이 발발하기 전부터 러시아에 거주하고 있었거나 오스트리아-헝가리제국 군대에서 탈영했거나 혹은 오스트리아-헝가리제국 군대에 징집됐다가 러시아 군대에게 포로로 붙잡힌 체코인과 슬로바키아인으로 구성된 러시아군의 한 부대. 러시아 내전 중 시베리아를 횡단해 블라디보스토크에서 배를 타고 귀국했다.

러시아 반란('제2차 10월 혁명'), 1993
Russian Rebellion('Second October Revolution') of 1993

1991년에 소련이 해체된 뒤 러시아가 겪은 가장 심각한 내부 위기는 1993

년 10월 초 소비에트 최고회의(의회)의 공산당 소속 의원들이 보리스 옐친(1931~2007) 대통령 정부를 무력으로 무너뜨리려 했던 2일간의 격렬한 거리 투쟁에서 절정에 달했다. 옐친은 경제를 비롯하여 러시아인의 생활을 자유화하려는 노력이 수많은 강경파 의원의 반대에 부딪히자 격분하여 1993년 7월에 새로운 헌법을 입안했다. 이는 대통령에게 한층 더 큰 권력을 부여함은 물론 인민대표회의와 소비에트 최고회의를 해산하고 새로운 양원제 입법부로 대체할 예정이었다. 인민대표회의의 헌법위원회가 입안 과정에 참여하기는 했지만, 보수파와 공산주의자들이 지배한 소비에트 최고회의는 즉각 초안을 거부했다. 양쪽이 두 달간 완고하게 비타협적 태도를 유지한 뒤 옐친은 9월 21일에 일방적으로 두 입법부를 해산하고 12월에 새로운 양원제 의회의 선거를 실시하겠다고 선언했다. 루슬란 임라노비치 하스불라토프(1942~) 소비에트 최고회의 의장과 알렉산드르 블라디미로비치 루츠코이(1947~) 부통령은 지지자 150명과 함께 신속하게 의사당(벨리 돔)을 점령했고, 소비에트 최고회의는 옐친을 해임하고 루츠코이를 대통령으로 선포했으며 핵심 장관들도 새로이 지명했다. 러시아정교회가 타협을 이끌어내려 했으나 실패했다. 서방 정부들과 옛 소련에 속했던 나라들은 옐친을 지지했고, 옐친은 반대파가 먼저 무력을 사용하기 전에는 자신도 무력에 호소하지 않기로 결정했다. 10월 3일 일요일 상당수가 지방에서 올라온, 공산당에 찬성하는 수천 명의 시위자가 모스크바 거리에서 시위를 벌였고 의사당과 시청을 막고 있는 경찰 저지선을 쉽게 뚫었으나 격렬한 싸움을 벌이고도 전략적 요충지인 오스탄키노 텔레비전 방송국을 점거하지는 못했다. 일요일 밤 옐친은 군대에 동원을 명령했고(옐친은 군대의 충성을 전적으로 확신하지는 않았다), 월요일 오전 7시 30분 탱크들이 의사당을 포격했다. 군대는 이따금 포격을 중단하여 불타는 의사당 안에서 방어하던 자들이 떠날 수 있도록 했다. 하스불라토프와 루츠코이는 오후 늦게 항복했고 레포르토보 교도소에 수감됐다. 전투 중에 대략 200명이 사망했고 체포된 자도 150명이 넘었다. 옐친은 승리했지만 만만찮은 장애물이 남아 있었다. 주의회들과 연방의회들에서 야당인 공산주의 세력이 강력했으며, 광적인 민족주의자 블라디미르 볼포비치 지리놉스키(1946~)가 점점 더 인기를 끌었다. 대중은 계속된 경제적 고난에 분노했고 민주주의의 가치에 회의를 느꼈으며, 군대는 옐친의 대통령직을 구한 것에 대한 보상을 기대하고 있었다. 12월 국민투표에서 승인받은 새로운 헌법은 옐친의 권력을 확대했고 국가두마(하원)와 연방의회(상원)로 구성된 양원제 의회를 신설했다. 그럼에도 공산주의자들의 세력은 의회 선거에서 크게 약진했다.

러시아-불가리아 전쟁, 969~972
Russian-Bulgarian War of 969~972

불가르족은 차르 시메온 1세(864~927)가 사망한 뒤 강력한 지도력을 잃었고, 불가리아를 문화적으로 비잔티움 제국의 경쟁국으로 만들려 했던 시메온 1세의 노력이 어떻게 될지 혼란스러워했다. 969년 키예프 공국(키예프 루시)의 스뱌토슬라프 1세(972년 사망)가 필리포폴리스(오늘날의 플로브디프)와 기타 불가리아 영토를 빼앗기 위해 남쪽으로 이동했다. 비잔티움 제국의 황제 이오안네스 1세 치미스케스(925?~976)는 루시인들의 진격과 팽창주의를 저지하고자 키예프 공국 군대를 쳐부수기로 결정했다(○ 비잔티움 제국-러시아 전쟁, 970~972).

러시아-스웨덴 전쟁, 1240~42
Russo-Swedish War of 1240~42

스웨덴과 덴마크, 리투아니아는 제2차 몽골의 러시아 침공으로 혼란해진 틈을 타 러시아의 영토를 획득하고 그리스도교를 전파하려 했다. 스웨덴의 군인정치가 비르예르(1210?~66)는 교황 그레고리오 9세(1170?~1241)의 지원을 받아 스웨덴과 덴마크, 리보니아 기사단의 군대를 이끌고 러시아로 들어가 네바 강과 핀란드 만의 영유권을 주장한 노브고로트에 도전했다. 1240년 정교회의 지지자인 노브고로트 대공 알렉산드르(1220?~63)는 네바 강가, 오늘날의 상트페테르부르크 인근에서 적군과 대결하여 빛나는 승리를 거두었다. 알렉산드르는 승리를 지키기 위해 요새를 건설한 뒤 노브고로트로 돌아와 승리를 기념하는 넵스키('네바 강의')라는 별명을 얻었다. 그러나 알렉산드르가 떠난 뒤 적군은 프스코프를 점령했다. 교황의 재촉에 리보니아 기사단은 세금을 거두고 네바 강가의 코포리예에 요새를 건설했으며 에스토니아 지역을 약탈했다. 이에 알렉산드르 넵스키는 코포리예와 프스코프에서 리보니아 기사단을 몰아내기 위해 군대를 이끌고 원정했으며, 1242년 4월 5일 페이푸스 호수로 이어지는 빙판 위에서 벌어진 유명한 '빙판 전투Battle of the Ice'에서 리보니아 기사단에 결정적인 패배를 안겼다. 그 뒤 알렉산드르 넵스키는 노브고로트로 돌아와 평화조약을 체결했다.

러시아-스웨덴 전쟁, 1590~95
Russo-Swedish War of 1590~95

러시아 차르 표도르 1세(1557~98)는 스웨덴이 장악하고 있는 에스토니아 북부와 주요 도시 레발(오늘날의 탈린)을 빼앗고자 했다. 1590년 초 러시아 군대가 서진하여 나르바 인근에서 스웨덴 병사 약 2만 명을 무찔렀다. 러시아는 스웨덴이 지키고 있는 나르바를 포위하면서 에스토니아를 약탈했다. 양국은 평화협상에 들어가 1년간 휴전하는 데 합의했다. 이에 따라 러시아는 여러 도시를 차지했으나 에스토니아 문제는 미결 상태로 남았다. 휴전하게 된 상황이 못내 분했던 스웨덴 왕 요한 3세(1537~92)는 군대를 보강하여 러시아에 할양된 도시들을 되찾으려 했다. 요한 3세는 나르바와 에스토니아 북부를 두고 벌인 협상이 결렬된 뒤 사망했고, 전투가 재개됐다.

○ 북방 전쟁

러시아-스웨덴 전쟁, 1613~17
Russo-Swedish War of 1613~17

러시아의 '동란 시대'가 끝난 뒤 모스크바인들은 스웨덴이 점령하고 있는 노브고로트로 진격했다. 스웨덴이 러시아의 차르 지위를 좌우하려 했기 때문이었다. 미하일 로마노프(미하일 1세, 1596~1645)가 차르에 선출되면서 스웨덴인들의 기회가 사라졌다. 스웨덴 왕 구스타브 2세 아돌프(1594~1632)는 노브고로트를 치러 온 군대를 저지한 뒤 모스크바로 쳐들어갔다. 1615~17년에 구스타브 2세는 국경의 강력한 프스코프 요새를 포위했으나 함락하지 못하여 철수하기로 결정했고, 그 뒤로는 러시아 영토를 넘보지 않았다. 평화협상이 시작됐고, 그 결과 1617년 2월 27일 스톨보보 조약이 체결됐다. 스웨덴은 노브고로트를 모스크바에 할양했고 핀란드 만의 모든 영토를 획득했다. 러시아는 잉그리아와 리보니아(오늘날 에스토니아와 라트비아의 대부분)에 대한 권리를 포기했다.

러시아-스웨덴 전쟁, 1656~58
Russo-Swedish War of 1656~58

제1차 북방 전쟁이 휘몰아치는 동안(◐ (제1차) 북방 전쟁), 러시아 차르 알렉세이 미하일로비치(1629~76)는 스웨덴에 빼앗겼던 땅을 되찾을 기회를 포착했으며 폴란드와 평화협정을 체결하고(◐ 러시아-폴란드 전쟁, 1654~56) 리보니아(오늘날 에스토니아와 라트비아의 대부분)를 공격했다. 알렉세이의 군대는 여러 도시와 요새를 점령하며 리가로 진격하여 1656년 8월에서 10월까지 포위했다. 스웨덴은 마침내 성 밖으로 출격하여 수많은 러시아 병사를 죽이고 포로로 잡았다. 알렉세이는 도주했으나 추적당했다. 1658년 스웨덴은 발트 해 지역의 방위를 강화하고 또 다른 러시아의 공세를 격퇴하여 그 지역의 영토를 확실하게 지켰으며, 알렉세이는 같은 해에 휴전협정을 체결할 수밖에 없었다.

러시아-스웨덴 전쟁, 1741~43
Russo-Swedish War of 1741~43

스웨덴의 떠오르는 세력인 '하타르당'은 빼앗긴 영토를 되찾기 위해 러시아와 전쟁을 하자고 주장했다. 스웨덴은 준비가 부족하고 병력도 겨우 2만 명뿐이었지만 프랑스의 부추김을 받아 전쟁을 시작했다(1741). 그러나 러시아는 1736~39년의 러시아-오스만 제국 전쟁을 막 끝낸 뒤였기에 공세에 나서 1741년 9월 3일 핀란드의 빌만스트란드(라펜란타) 전투에서 승리했다. 상트페테르부르크에서 무혈 쿠데타가 발생하여 옐리자베타 페트로브나(1709~62)가 제위에 올랐다. 옐리자베타 페트로브나는 스웨덴과 평화를 유지하고자 했으나 스웨덴이 도저히 수용할 수 없는 조건을 내걸자 핀란드를 다시 침공하여 스웨덴의 주력 부대를 궤멸한 뒤 1742년 9월 4일 헬싱키에서 1만 7천 명에 이르는 스웨덴 군대의 항복을 받아냈다. 전투는 중단됐으나 평화회담은 거의 1년을 끌다가 투르쿠 조약을 체결했다(1742년 8월 18일). 퀴미(큄메네) 강이 국경이 됐고, 러시아는 퀴미 강에 이르는 핀란드 영토의 남쪽 지역을 계속 보유했다. 왕위를 상속할 적자가 없었던 스웨덴 왕 프레드리크 1세(1676~1751)는 평화조약의 조건을 완화하는 대가로 옐리자베타 페트로브나가 선택한 홀슈타인 공작 아돌프 프리드리히(아돌프 프레드리크, 1710~71)를 스웨덴 왕위 계승자로 받아들였다.

○ 오스트리아 왕위 계승 전쟁

러시아-스웨덴 전쟁, 1788~90
Russo-Swedish War of 1788~90

1788년 6월 제2차 예카테리나 대제의 오스만 제국 전쟁 중 스웨덴 왕 구스타브 3세(1746~92)는 의회의 승인도 받지 않고 핀란드의 러시아 영토를 침공했다(구스타브 3세는 러시아나 프로이센이 스웨덴 영토로 진격할 것이라 예상하고 이에 대항하려 했다). 구스타브 3세는 1788년과 1789년에 원정했으나 성과를 얻지 못했다. 스웨덴 장교들이 이 부당한 전쟁에서 싸우기를 거부했고, 그 결과 스웨덴은 핀란드의 도시 프레드릭스함(하미나)에서 대패했다. 이 장교들은 러시아의 여황제 예카테리나(예카테리나 2세, 1729~96) '대제'와 강화를 협상하고자 작당하여 모반을 꾀했다(장교들이 결성한 아냘라 연맹의 음모). 스웨덴은 바다에서 여러 차례 패하여 많은 군함을 잃었다. 1790년 겨울이 지난 뒤 구스타브 3세는 전선으로 돌아와 핀란드 원정을 성공리에 이끌었고 상트페테르부르크로 진격했다. 구스타브 3세의 육군은 비푸리(오늘날의 비보르크)에서 저지됐고, 해군은 봉쇄됐다가 스벤스크순드 전투라는 대규모 해전에서 승리했다(1790년 7월 9~10일). 러시아 함대 151척은 3분의 1이 침몰하거나 나포됐다. 러시아 편에 가담한 덴마크가 스웨덴 서남부의 베스테르예틀란드를 침공하여 예테보리를 포위했다. 영국과 프로이센이 중재에 나서 덴마크의 휴전을 이끌어냈고, 스웨덴과 러시아는 1790년 8월 14일 배랠래 조약에 조인하여 전쟁 이전 상태로 돌아갔다.

러시아-스웨덴 전쟁, 1808~09
Russo-Swedish War of 1808~09

나폴레옹 전쟁 중 러시아는 프랑스와 평화조약을 체결하고(틸지트 조약, 1807) 스웨덴에게 대對프랑스 동맹에서 이탈할 것을 요구했다. 스웨덴 왕 구스타브 4세 아돌프(1778~1837)가 이를 거부하자 1808년 2월 황제 알렉산드르 1세(1777~1825)는 스웨덴 영토인 핀란드를 침공했다. 러시아 군대는 비아포리(스베아보리. 오늘날의 수오멘린나) 요새를 점령한 뒤 핀란드를 가로질러 1808년 말까지 스웨덴인들을 내쫓았다. 구스타브 4세는 전제적으로 통치하다 쿠데타를 야기하여 쫓겨났고(1809년 3월 13일) 망명해야 했다. 1809년 러시아는 불안정한 스웨덴 정부와 평화협상을 벌이지 않고 올란드 제도를 점령했으며 스웨덴 북부에서 두 차례 전투를 벌여 세바르 전투에서는 승리했고, 라탄 전투에서는 패배했다. 마침내 스웨덴의 새로운 왕 칼 13세(1748~1818)가 황제와 평화조약을 체결했다. 스웨덴은 프레드릭스함(하미나) 조약(1809년 9월 17일)으로 핀란드와 올란드 제도를 러시아에 할양했고, 핀란드는 러시아 황제에 속한 대공국이 됐다.

러시아 10월(11월) 혁명, 1917
Russian October(November) Revolution, 1917

볼셰비키 지도자 블라디미르 I. 레닌(1870~1924)은 1917년 7월에 페트로그라드(오늘날의 상트페테르부르크)의 러시아 공화국 임시정부로부터 권력을 빼앗으려던 시도가 실패한 뒤 핀란드로 도피했고, 러시아의 사회혁명당 당원인 알렉산드르 F. 케렌스키(1881~1970)가 자유주의적인 리보프(1861~1925) 공의 뒤를 이어 총리가 됐다(○ 러시아 2월(3월) 혁명 ; 볼셰비키 혁명). 반동적 쿠데타가 실패했으나(○ 코르닐로프의 반란) 케렌스키의 힘은 약해졌다. 제1차 세계대전을 치르느라 지치고 극심한 궁핍으로 고생하던 러시아인들이 군 지도자들과 정부 지도자들을 의심하면서 볼셰비키는 점점 더 많은 지지를 받았다. 1917년 11월(러시아의 옛 역법인 율리우스력으로 10월) 초, 혁명평의회인 소비에트가 러시아 전역에서 소비에트 정부를 수립하여 전쟁을 끝내고 공업과 농장을 시민이 운영하기로 했다. 볼셰비키 지도자 레프 트로츠키(1879~1940)는 페트로그라드 군사혁명위원회를 접수했고, 병사들은 위원회의 명령만 따르기로 결정했다. 케렌스키는 결정의 취소를 요구했고 페트로그라드의 볼셰비키 언론사를 폐쇄하기 위해 1917년 11월 6일(러시아 옛 역법인 율리우스력으로 10월 24일)에 군대를 파견했다. 볼셰비키는 동조하는 병사들과 노동자 적위대赤衛隊와 함께 정부 청사와 공공시설로 행진하여 충돌 없이 점령했다. 케렌스키가 볼셰비키를 내쫓으려고 군대를 모았던 반면, 겨울

궁전의 장관들은 볼셰비키의 무력 앞에 항복했다. 케렌스키의 병력은 페트로그라드 인근의 가치나로 이동했고, 그곳에서 케렌스키를 지지하는 국방위원회는 군사학교 생도들에게 군사혁명위원회를 막고 볼셰비키와 소비에트가 장악한 지역을 공격하라고 명령했다. 볼셰비키는 이 공격을 잘 견뎠으며 군사학교들을 장악했다. 트로츠키는 가치나로 군대를 이끌고 와서 2일 만에 정부군을 격파했다. 케렌스키는 국외로 도주했다. 레닌은 새 정부인 인민위원회의 의장이 됐고, 트로츠키와 이오시프 스탈린(1878~1953)이 주요 인민위원으로 참여했다. 볼셰비키는 격렬한 시가전을 벌여 곧 모스크바를 점령했고, 한 달이 못 되어 나라 전체를 장악했다. 1918년 1월, 레닌은 자유선거로 구성되어 사회혁명당이 지배하던 제정의회를 해산했다. 이로써 민주주의를 실천하려는 러시아의 첫 번째 시도가 실패로 돌아갔다.

○ 러시아 내전, 1918~21

러시아-아프가니스탄 전쟁, 1885
Russo-Afghan War of 1885

러시아 군대는 1884년 메르브(오늘날 투르크메니스탄의 마리 인근)를 점령한 뒤 1885년에 분쟁 지역인 아프가니스탄 국경을 넘어 판지데(오늘날 투르크메니스탄의 세르헤타바트) 지구에서 아프가니스탄 군대를 몰아냈다. 영국은 러시아가 아프가니스탄과 러시아 사이의 국경을 평화적인 방법으로 획정하기 위한 영러공동경계위원회의 협상을 중단한 데 놀라 이미 경계 태세를 갖추고 있었고, 즉각 인도를 보호하려면 필요했던 도시 헤라트를 방어하려고 군사작전에 들어갔다. 일시적인 화해로 러시아는 국경을 획정할 때까지 더 진격하지 않겠다고 약속했으나, 러시아 군대는 명령을 어기고 1885년 3월 30일 아크테페에서 격렬한 전투를 수행하여 아프가니스탄에 큰 패배를 안겼다. 영국과 러시아 사이에 전쟁이 벌어질 것 같았으나, 윌리엄 글래드스턴(1809~98) 영국 총리는 국내의 호전적 정서를 잠재웠고, 1885년 9월 10일 협상으로 합의를 도출했다. 이에 따라 러시아는 판지데 지구를 받았고, 아프가니스탄은 줄피카르 고개를 확보했다. 나머지 국경은 1887년에 획정됐다.

러시아-오스만 제국 전쟁, 1568~69
Russo-Turkish War of 1568~69

러시아의 팽창을 저지하려 했던 오스만 제국 술탄 셀림 2세(1524~74) 시대에 대재상 소콜루 메흐메드(1505~79)는 돈 강과 볼가 강을 잇는 운하를 건설하여 흑해와 카스피 해 사이에 선박이 오갈 수 있게 하려 했다. 그렇게 되면 오스만 제국이 선박으로 페르시아에 당도할 수 있고 중앙아시아로 진출할 수 있는 통로도 열리기 때문이었다. 1568년 소콜루는 러시아로부터 아스트라한을 빼앗을 의도로 아조프에 군대를 파견했다. 오스만 제국 군대는 돈 강 상류로 올라가 운하를 파기 시작했다. 3분의 1 정도 완성됐을 때 기술상의 문제 때문에 공사를 중단했고, 볼가 강까지 선박을 육로로 운반한 다음 1569년에 아스트라한을 공격했다. 오스만 제국 군대는 포위공격이 실패한 뒤 철수했고 귀국 길에 흑해에서 폭풍을 만나 사라졌다. 술탄은 소콜루에게 운하 건설을 포기하라고 명령했다.

러시아-오스만 제국 전쟁, 1676~81
Russo-Turkish War of 1676~81

오스만 제국 술탄 메흐메드 4세(1642~93)는 1672~76년의 폴란드-오스만 제국 전쟁을 끝낸 주라브노 조약에 만족하지 못하고, 우크라이나에서 러시아인과 폴란드인을 몰아내기 위해 대재상 카라 무스타파(1635~83)에게 지휘를 맡겨 군대를 파견했다. 오스만 제국은 여러 도시를 점령하고 파괴했지만 사상자가 많았고 다수의 포를 빼앗겨 결국 철수했다. 1681년 1월 23일에 오스만 제국과 러시아는 바흐치사라이 조약을 체결하여 드네프르 강을 양국의 국경선으로 결정했다.

러시아-오스만 제국 전쟁, 1695~1700
Russo-Turkish War of 1695~1700

러시아의 차르 표트르 1세(1672~1725) '대제'는 스위스 출신으로 러시아군 장교로 근무하던 술 친구 프랑수아 르포르(1656~99)의 간곡한 권유에 따라 오스만 제국이 점령하고 있는 돈 강 삼각주의 요새 도시 아조프를 공격하기로 했다. 1695년 표트르 1세가 직접 군대를 이끌고 아조프를 포위했으나 큰 손실을 입고 실패했다. 러시아는 해군이 없었던 탓에 아조프를 봉쇄할 수 없었다. 표트르 1세는 함대를 건설하여 1696년에 아조프를 봉쇄하고 그해 7월에 빼앗았다. 아조프를 획득하는 데 목숨을 잃은 러시아 군인이 3만 명이 넘었다. 표트르 1세는 이어 오스만 제국의 위협을 영구히 제거하기 위한 대규모 원정을 계획하고 유럽 전역을 돌며 협력자를 구했으며 서유럽의 기술과 과학에 관한 정보를 습득했다. 합스부르크 왕가가 1683~99년의 오스트리아-오스만 제국 전쟁을 끝내기 위해 단독으로 강화를 타결하자, 표트르 1세는 제2차 북방 전쟁(대북방 전쟁)이 시작할 즈음에 오스만 제국 원정을 포기하고 폴란드와 연합하여 스웨덴에 맞섰다(◐ (제2차) 북방 전쟁). 1700년 러시아는 오스만 제국과 휴전조약에 조인하고 마지못해 흑해 함대를 해체했다. 그렇지만 아조프는 계속 보유했다.

러시아-오스만 제국 전쟁, 1710~11
Russo-Turkish War of 1710~11

스웨덴 왕 칼 12세(1682~1718)는 제2차 북방 전쟁(대북방 전쟁) 중에 러시아에서 병력을 크게 잃은 뒤 소수의 군사를 이끌고 오스만 제국이 지배하는 몰다비아로 도주했다. 1710년 10월 차르 표트르 1세(1672~1725) '대제'는 오스만 제국 술탄에게 칼 12세를 추방하라고 요구했으나, 술탄은 칼 12세의 호소에 호응하여 표트르 1세와 전쟁을 벌였다. 1711년 오스만 제국이 러시아 국경을 압박하는 상황에서 자신만만한 표트르 1세는 6만 명의 병력을 이끌고 몰다비아 침공에 나섰다. 우세한 오스만 제국 군대에 프루트 강으로 내몰린 표트르 1세는 비밀리에 동맹을 맺었던 몰다비아인, 블라크인으로부터 지원을 기대했으나 얻지 못했고 식량 부족으로 고초를 겪은 뒤 평화협상에 들어갔다. 1711년 7월 21일 프루트 조약으로 러시아는 오스만 제국에 아조프를 반환하고(◐ 러시아-오스만 제국 전쟁, 1695~1700) 국경의 요새들을 허물었다. 스웨덴으로 자유롭게 돌아갈 수 있게 된 칼 12세는 3년 동안 오스만 제국의 영토에 머물며 오스만 제국을 설득하여 러시아를 크게 공격하게 하려 했으나 성공하지 못했다.

러시아-오스만 제국 전쟁, 1722~24

Russo-Turkish War of 1722~24

○ 러시아-페르시아 전쟁, 1722~23

러시아-오스만 제국 전쟁, 1736~39(오스트리아-오스만 제국 전쟁, 1735~39)

Russo-Turkish War of 1736~39(Austro-Turkish War, 1735~39)

1736년 러시아는 폴란드 왕위 계승 전쟁 중에 프랑스가 오스만 제국에 군사적 지원을 요청했다는 사실을 알고 오스만 제국에 전쟁을 선포하여 흑해 북쪽 오스만 제국 영토로 군대를 파견했다. 러시아 군대는 크림한국의 타타르인과 동맹을 결성한 오스만 제국에 큰 손실을 입고 러시아령 우크라이나로 철수해야 했다. 타타르인이 그 지역에 침입하여 극심하게 파괴하자 1737년 7월 러시아의 동맹국인 오스트리아가 오스만 제국에 전쟁을 선포했다. 오스트리아 군대는 보스니아와 왈라키아, 세르비아 남부를 침공했으나 거센 저항에 부딪혀 패배했다. 오스만 제국령 우크라이나에서 러시아 군대와 오스만 제국 군대는 아조프와 오차키우(오차코프) 등을 차지하려고 싸웠으며 그 도시들을 빼앗고 빼앗기기를 반복했다. 프랑스의 중재로 평화조약이 체결됐으나, 1738년에 오스만 제국이 도나우 강을 따라 베오그라드로 진격하면서 전쟁은 계속됐다. 오스트리아 군대는 발칸 반도 지역에서 오스만 제국을 저지하지 못했지만, 몰다비아에서는 부르크하르트 크리스토프 폰 뮈니히(1683~1767) 백작이 지휘한 러시아 군대가 오스만 제국의 대군을 격파하고 호침(호틴)과 몰다비아의 수도 이아시를 점령했으며 오스만 제국의 수도 이스탄불로 진격할 계획을 세웠다. 베오그라드가 오스만 제국의 수중에 떨어진 뒤 1739년 9월 18일 오스트리아는 베오그라드에서 조약에 서명했다. 오스트리아는 베오그라드와 세르비아 북부, 보스니아와 왈라키아의 일부를 할양했다. 그 뒤 오스만 제국은 뮈니히의 군대를 향해 진격했으나, 홀로 싸우게 된 러시아는 강화를 맺기로 결정했다. 1739년 9월 29일 니시 조약으로 러시아는 아조프를 제외한 정복지 전체를 포기했으며, 아조프의 요새를 파괴하기로 했고, 아조프 해와 흑해에 군함을 들이지 않겠다는 데에도 동의했다.

러시아-오스만 제국 전쟁, 1768~74
Russo-Turkish War of 1768~74

◐ (제1차) 예카테리나 대제의 오스만 제국 전쟁

러시아-오스만 제국 전쟁, 1787~92
Russo-Turkish War of 1787~92

◐ (제2차) 예카테리나 대제의 오스만 제국 전쟁

러시아-오스만 제국 전쟁, 1806~12
Russo-Turkish War of 1806~12

1806년 오스만 제국 술탄 셀림 3세(1761~1808)는 러시아의 후원을 받는 몰다비아 공국과 왈라키아 공국의 군주를 반란을 선동했다는 이유로 해임했다. 오스만 제국 주재 프랑스 대사는 러시아에 전쟁을 선포하라며 술탄을 부추겼고(◐나폴레옹 전쟁), 오스만 제국 정부는 1806년에 전쟁을 선포했다. 영국은 이스탄불로 함대를 발진했고, 오스만 제국 정부에게 프랑스 대사를 추방하고 러시아와 평화조약을 체결할 것을 요구했으나(1807) 술탄은 이를 거부했다. 영국 함대는 이스탄불 시민들이 모여 발사한 대포 1천 발에 심한 피해를 입고 철수했다. 1807년 6월 러시아의 군함들은 렘노스 전투에서 오스만 제국 군함을 격파했다. 나폴레옹(1769~1821)이 오스만 제국과 러시아의 휴전을 중재했으며(1807년 8월), 러시아는 몰다비아와 왈라키아에서 철군했고 오스만 제국 육군은 에디르네로 물러났다. 그러나 양쪽은 소규모 교전을 계속했고, 1812년 5월 28일 영국의 중재로 부쿠레슈티 조약을 체결했다. 몰다비아와 왈라키아는 오스만 제국이 지배했으나, 오스만 제국과 러시아 사이의 국경은 프루트 강으로 결정되어 베사라비아가 러시아에 넘어갔다.

러시아-오스만 제국 전쟁, 1828~29
Russo-Turkish War of 1828~29

1828년 4월 26일 러시아는 오스만 제국에 전쟁을 선포하여 그리스 독립 전쟁에서 그리스를 지원했고 영토를 확장할 기회도 포착했다. 러시아 군대는

왈라키아의 브러일라를 포위하여 성공리에 공략했고 도나우 강을 건너 오늘날 불가리아의 루세(루스추크)와 비딘에 있는 오스만 제국의 요새를 확보하려 했다. 한편 다른 러시아 군대는 1828년에 바르나를 석 달간 포위한 끝에 점령했다. 캅카스를 침공한 러시아는 카르스를 장악하고 아할치헤에서 승리한 뒤 쿠르드족의 저항에 막혔다. 1829년 오스만 제국은 실리스트라를 잃었다. 이반 이바노비치 디비치자발칸스키(한스 카를 폰 디비치, 1785~1831) 장군이 이끄는 러시아 군대는 체르코브나에서 레시드 메흐메드(1780~1839) 대재상에게 승리를 거두었고(6월 11일) 슬리벤에서도 이겼다(8월 12일). 8일 뒤 디비치자발칸스키의 군대는 병력이 크게 줄고 전염병의 타격을 받은 상황에서 에디르네에 진입했다. 한편 다른 러시아 군대는 1829년 9월 14일 에디르네 조약이 체결됐다는 사실을 알지 못한 채 예레반에서 승리를 거두었다. 에디르네 조약으로 도나우 강 유역의 공국들(몰다비아와 왈라키아)은 준자치를 획득했고, 러시아가 도나우 강 하구를 장악했으며, 모든 나라는 평화롭게 오스만 제국의 다르다넬스 해협과 보스포루스 해협을 출입할 수 있게 됐고, 그리스는 자치를 다시 보장받았다. 오스만 제국은 막대한 배상금을 물어야 했으며 자국 영토에서 정교회의 권리를 승인했다(**○ (제1차) 예카테리나 대제의 오스만 제국 전쟁**).

○ 크림 전쟁

러시아~오스만 제국 전쟁, 1877~78
Russo-Turkish War of 1877~78

러시아가 세르비아 반란자들을 지원했는데도(**○ 세르비아~오스만 제국 전쟁, 1876~78**) 오스만 제국은 계속해서 세르비아를 지배했고 정교회 신자를 탄압했다. 오스만 제국이 제도 개혁을 거부하자 러시아는 강력한 범슬라브주의 운동에 응하여 1877년 4월 24일 오스만 제국에 전쟁을 선포했다. 1862년에 몰다비아와 왈라키아가 합방하여 탄생한 루마니아가 러시아에 합세했다. 발칸 반도로 쳐들어간 러시아 군대는 시프카 고개와 플레벤을 공격했고, 오스만 제국의 6개월여에 걸친 영웅적 저항을 물리치고 1877~78년에 두 곳을 점령했다. 양국은 상대방을 전략적 요충지에서 몰아내려고 공격과 반격을 거듭했으나 이는 대체로 무익했다. 그러나 캅카스에서는 1877

년 11월 18일 러시아가 오스만 제국의 카르스 요새를 공격하여 빼앗고 연이어 에르주룸을 포위했다. 1878년 1월 30일 플레벤과 플로브디프, 에디르네를 점령했던 미하일 드미트리예비치 스코벨레프(1843~82) 휘하의 강력한 러시아 군대가 오스만 제국의 수도 이스탄불 외곽에 도달했다. 양국은 아드리아노플에서 휴전을 협상했고, 1878년 3월 3일 산스테파노에서 정식으로 조약을 체결했다. 루마니아와 세르비아, 몬테네그로는 독립했으며, 불가리아는 영토를 확장하고 자치를 획득했다.

러시아 왕조 전쟁, 972~980
Russian Dynastic War, 972~980

스뱌토슬라프 1세(972년 사망)는 죽으면서 세 아들 즉 올레크(977년 사망)와 야로폴크(야로폴크 1세, 980년 사망), 그리고 블라디미르(블라디미르 1세, 960?~1015)에게 키예프 공국(키예프 루시)을 남겼다. 세 형제는 대공의 자리를 두고 싸웠고, 977년에 키예프의 야로폴크 군대가 드레블랸족 영토의 올레크 군대를 무찔렀다. 올레크는 도망치다 살해됐다. 노브고로트의 블라디미르는 스칸디나비아로 도움을 요청하러 갔다가, 978년에 노르만 용병들을 데리고 돌아와 폴로츠크를 점령하고 야로폴크의 관리들을 추방한 뒤 노브고로트를 다시 장악했다. 블라디미르의 군인들은 키예프로 진격하여 야로폴크를 사로잡았다. 야로폴크는 전투도 벌이지 않고 도시를 포기했으며 블라디미르의 명령에 따라 처형됐다. 980년에는 블라디미르가 키예프 공국의 단독 통치자가 됐다.

○ 블라디미르의 정복

러시아 왕조 전쟁, 1015~25
Russian Dynastic War of 1015~25

키예프 공국(키예프 루시) 블라디미르 1세(960?~1015)가 사망한 뒤 많은 상속자가 왕국을 분할했다. 야심 많은 조카(혹은 아들) '저주받은 자' 스뱌토폴크 1세(980?~1019)는 홀로 공국을 지배하려고 형제인 보리스와 글레프, 스벤토플루크 1세를 살해하고(1015) 키예프를 차지했다. 그러나 노브고로트를 상속한 어머니가 다른 형제 야로슬라프(978?~1054)가 스뱌토폴크 1세에 대적하기 위해 키예프에서 진격했다. 스뱌토폴크 1세는 전투에서 패하여 장인인 폴란드의 볼레스와프 1세(967~1025)에게 피신했다. 1019년 스뱌토폴크 1세와 볼레스와프 1세가 이끄는 대군이 러시아를 무찔러 다시 야로슬라프를 키예프로 몰아냈다(●러시아-폴란드 전쟁, 1019~25). 스뱌토폴크 1세는 키예프 공국의 대공 지위를 되찾았고, 야로슬라프는 노브고로트로 물러났다. 그러나 스뱌토폴크 1세는 폴란드의 후원자들에게 등을 돌렸다가 야로슬라프의 지원을 받은 폴란드에 패하고 도주하던 중에 죽임을 당했다. 러시아는 이제 키예프의 대공이자 노브고로트 공작인 야로슬라프가 통치했다. 뒷날 다른 상속자가 군사행동에 성공하여 잠시 야로슬라프와 왕국을 나누었으나, 그가 사망한 뒤에는 러시아의 모든 영토가 야로슬라프에게 넘어갔다.

러시아의 '동란 시대', 1604~13
Russian 'Time of Troubles', 1604~13

차르 표도르 1세(1557~98)가 사망한 뒤 차르의 처남이자 고문이었던 보리스 고두노프(1551?~1605)는 스스로 차르에 오르고자 공작을 벌였다. 그러나 1604년에 고두노프에 반대했던 몇몇 보야르(러시아 귀족)와 폴란드의 주요 인사들이 차르 지위를 요구했던 '가짜 드미트리(1606년 사망)'를 표도르 1세의 합법적인 계승자로 내세웠다(실제로 표도르 1세의 동생이었던 드미트리(1582~91)는 망명 중에 살해됐다). 1605년 고두노프가 갑자기 사망하자 폴란드인들과 카자크(코사크)들은 가짜 드미트리를 차르 지위에 앉혔고, 1년 정도 권력을 쥐었던 가짜 드미트리는 반대파 보야르들에게 살해됐다. 러시아의 보야르 바실리 4세 슈이스키(1552~1612)가 차르 지위를 차지했으나 폴란드인과 카자크의 격렬한 반대에 부딪혔다. 1607년경에 두 번째 가짜 드미트리(1610년 사망)가 등장하여 모스크바 외곽 투시노에 진을 쳤다(그는 뒷날 '투시노의 사기꾼'으로 알려졌다). 바실리 4세의 군대는 카자크와 폴란드인에 대적하여 두 차례 패했고, 그리하여 두 번째 가짜 드미트리가 권력을 장악했다(●러시아-폴란드 전쟁, 1609~18). 1610년 바실리 4세는 내쫓겼고 두 번째 가짜 드미트리는 살해됐으며, 러시아의 차르 지위는 이후 3년간 쟁탈의 대상이 됐다. 세 번째와 네 번째 가짜 드미트리가 차르의 지위를 요구했으나, 세 번째는 1612년경에 살해됐고, 네 번째는 1613년에 처형됐다. 보야르들은 폴란드 왕의 아들 브와디스와프(1595~1648)에게 차르 지위를 제의했고, 중소 지주들은 스웨덴 왕의 동생에게 넘기려 했다. 그러나 1613년 2월 젬스키 소보르(러시아 신분의회)는 미하일 로마노프(미하일 1세, 1596~1645)를 새로운 차르로 선출했다.
○ 러시아-스웨덴 전쟁, 1613~17

러시아의 중앙아시아 정복, 1865~81
Russian Conquests in Central Asia, 1865~81

시베리아 남쪽 스텝 지역에 살던 중앙아시아의 유목민 투르크멘인과 타타르인은 19세기에 러시아의 지배를 받게 됐다. 시르다리야 강에 이르기까지 키르기스족을 복속하는 데에는 황제 알렉산드르 1세(1777~1825)와 니콜라이 1세(1796~1855)가 세운 요새들이 큰 도움이 됐다. 아랄 해 남쪽의 부하라 에미르국과 히바한국, 코칸트한국은 이슬람교 과격파의 반란을 구실로 군대를 출동시킨 러시아에 점령당해 총독 겸 군사령관의 지배를 받게 됐다. 러시아 군대는 주요 도시 타슈켄트(1865)와 사마르칸트(1868)를 점령했고, 아랄 해와 이시크쿨 호수 사이에 창설된 투르키스탄 주(1867)에 러시아 총독을 취임시켰다. 부하라의 에미르(군주)는 전투에서 패하고 2년이 지난 뒤인 1868년에 에미르 지위를 지키는 대신 러시아의 지배를 받는 데 동의했다. 히바한국의 칸도 1873년에 똑같은 내용에 동의했고, 카스피 해와 아무다리야 강 사이에 자카스피스카야 오블라스트가 신설됐다. 코칸트한국의 칸이 러시아의 지배를 받아들이지 않자, 1876년 러시아는 코칸트한국을 침략하여 병합했다. 1881년에는 카스피 해에서 동쪽으로 청나라 국경까지, 그리고 이르티시 강 유역에서 남쪽으로 아프가니스탄 국경까지 펼쳐진 중앙아시아의 거대한 지역이 러시아령 투르키스탄이 됐다.

러시아 2월(3월) 혁명, 1917
Russian February(March) Revolution, 1917

1917년 3월 8일(러시아의 옛 역법인 율리우스력으로 2월 23일) 페트로그라드(오늘날의 상트페테르부르크)에서 저임금과 식량부족, 전쟁의 패배, 부패한 정부에 항의하는 노동자들, 빵을 사느라 긴 줄을 기다려야 했던 낙담한 여성들과 젊은이들이 자발적으로 파업과 폭동을 일으키면서 혁명이 시작됐다. 파업은 확산됐고, 폭동은 대학생들에게 퍼져 '빵, 평화, 자유'를 요구하는 전면적인 시위로 변했다. 황제 니콜라이 2세(1868~1918)는 파업과 폭동을 진압하라고 명령했지만, 페트로그라드의 유일한 군대는 여전히 훈련 중이었고 동족에게 총을 겨누지는 않았다. 1917년 3월 10일 모스크바의 병사들이 반란을 지지하며 폭동을 일으켰고 질서는 순식간에 무너졌다. 질서를 회복하려던 경찰들은 살해됐다. 3월 11일 국가두마(하원)는 정회하라는 황제의 명령을 거부했다. 황제는 전선에서 페트로그라드로 병력을 이동시키라고 명령했으나 혁명으로 초래된 혼란 탓에 군에 대한 통제력이 무너져 군대는 파견되지 않았다. 노동자들과 병사들이 선거로 구성한 소비에트(평의회)가 황제에 맞서 페트로그라드를 방어했다. 3월 15일(러시아의 옛 역법인 율리우스력으로 3월 2일) 국가두마의 의원들은 이 근본적인 위협에 대처하기 위해 임시정부를 구성했다. 리보프(1861~1925) 공이 임시정부의 수반을 맡았고, 니콜라이 2세는 퇴위했다.

○ 러시아 10월(11월) 혁명 ; 코르닐로프의 반란

러시아-체첸 내전, 1994~96
Russo-Chechen Civil War of 1994~96

○ 체첸 반란, 1994~96

러시아-체첸 내전, 1999~2009
Russo-Chechen Civil War of 1999~2009

○ 체첸 내전, 1999~2009

러시아-타타르인 전쟁, 1571~72
Russian-Tatar War of 1571~72

크림한국의 타타르인(크림타타르족) 칸은 러시아의 차르 '뇌제' 이반 4세(1530~84)가 1568~69년의 러시아-오스만 제국 전쟁에 몰두해 있는 동안 모스크바를 공격하기 위해 일단의 기병을 이끌고 북진하여 농촌을 약탈했다. 1571년 크림타타르족은 러시아로 침입해 들어가 모스크바의 성벽에 도달한 뒤 도시를 공격했고 크렘린을 제외한 도시 전체에 불을 질렀으며 포로 약 10

만 명을 잡아갔다. 오스만 제국과의 전쟁에서 돌아온 러시아 군대는(오스만 제국은 여전히 크림한국을 지배했다) 1572년에 모스크바를 다시 공격한 크림타타르족을 격퇴했다. 크림타타르족은 같은 해 모스크바에서 약 40킬로미터 떨어져 있는 몰로디에서 발발한 전투에서 패한 뒤 고향으로 돌아갔다.

러시아-페르시아 전쟁, 1722~23
Russo-Persian War of 1722~23

러시아는 제2차 북방 전쟁(대북방 전쟁) 뒤 국력이 소진됐지만, 황제* 표트르 1세(1672~1725) '대제'는 오스만 제국의 카스피 해 진출을 염려하여 1709~26년의 아프가니스탄 반란으로 허약해진 페르시아에 맞서 전쟁을 시작했다. 러시아 군대는 별 저항을 받지 않고 1722년에 페르시아의 도시 데르벤트를, 1723년에 바쿠와 라슈트(레슈트)를 점령했다. 러시아의 침입에 위협을 느낀 오스만 제국은 페르시아 서북부 조지아(그루지야)의 수도 티플리스(오늘날의 트빌리시)를 점령하여 대응했다. 1723년 9월 12일 상트페테르부르크 조약으로 러시아는 카스피 해 연안의 데르벤트와 라슈트 사이의 해안 지역을 장악했고, 페르시아의 샤는 국내의 평화유지를 위해 황제 군대를 빌려 왔다. 그러나 오스만 제국은 영국의 지지를 받아 러시아가 카스피 해에 영토를 확보하는 것에 이의를 제기했다. 러시아와 오스만 제국 사이의 직접적인 전쟁은 이스탄불 조약(1724)으로 피할 수 있었다. 조약에 따라 오스만 제국은 페르시아 서부(1724~25년에 타브리즈와 케르만샤, 하마단을 점령했다)를, 러시아는 페르시아 북부를 얻었다(카스피 해에 닿아 있는 3개 주와 이미 장악한 영토를 계속 보유했다).

* 표트르 1세가 1721년부터 차르 대신 '황제'의 칭호를 채용한 뒤 황제가 러시아 군주의 정식 명칭이 됐다.

러시아-페르시아 전쟁, 1804~13
Russo-Persian War of 1804~13

러시아는 페르시아가 종주권을 지닌 캅카스 지역의 조지아(그루지야)와 카라바흐를 병합했는데(각각 1800년과 1805년), 이에 반대하는 파벌들이 페르시아에 도움을 요청했다. 1804년 러시아는 예레반을 포위했으나 샤 파트흐 알리(1772~1834)와 왕세자 아바스 미르자(1789~1833)가 원군을 이끌고 도착하자 퇴각해야 했다. 결말 없는 전쟁이 이어지다 1812년에 러시아가 아슬란두즈 전투에서 아바스 미르자가 이끄는 페르시아의 우세한 군대를 기습하여 전멸시켰다. 러시아가 나폴레옹의 러시아 침공에 대처하느라 여유가 없었는데도, 샤는 귈뤼스탄 조약에 서명하여(1813) 조지아와 카라바흐를 비롯한 캅카스 지역을 러시아에 할양했다.

🔾 오스만 제국-페르시아 전쟁, 1821~23

러시아-페르시아 전쟁, 1825~28
Russo-Persian War of 1825~28

1813년의 귈뤼스탄 조약에는 모호한 점이 있는 데다(🔾 러시아-페르시아 전쟁, 1804~13) 러시아가 새로 획득한 영토를 서둘러 통합하려 하자 1825년에 페르시아는 조약을 부정하고 조지아(그루지야)를 되찾으려 했다. 그러나 1826년 9월 26일 페르시아는 오늘날 아제르바이잔의 갠재(간자)에서 벌어진 전투에서 기병대가 러시아의 대포에 놀라 도주하면서 패배했다. 이반 파스케비치(1782~1856)가 지휘하는 러시아 군대는 페르시아로 진입하여 1827년에 예레반과 타브리즈를 점령했다. 그해 겨울이 되어 페르시아 군대가 해산하자, 러시아는 테헤란으로 진격하여 도시를 장악하고 페르시아의 대포 조병창을 통째로 빼앗았다. 이로써 전쟁은 종결됐고 투르크멘차이(토르크만차이) 조약으로 아라스 강이 러시아와 페르시아의 국경으로 획정됐으며, 러시아만 카스피 해에 군함을 배치할 수 있게 됐다. 페르시아는 배상금을 지불해야 했으며, 러시아는 영토와 상업상의 권리를 획득했다.

러시아-페르시아 전쟁, 1911
Russo-Persian War of 1911

1906~09년의 페르시아 혁명 뒤 러시아는 자국의 이익을 보호하고자 페르시아 북부의 도시 가즈빈으로 군대를 파견했다. 이는 1907년의 영국-러시아 협정을 위반하는 것이었지만 러시아는 철수를 거부했다. 페르시아의 재정총감으로 근무하며 재정 건전성 유지에 도움을 주었던 미국인 윌리엄 모건 셔스터(1877~1960)는 러시아와 충돌했다. 러시아가 1911년 중반에 전임 샤 모하마드 알리(1872~1925)의 재집권 기도를 지원했기 때문이다. 이 군

사적 시도는 실패했다. 러시아는 페르시아에 셔스터를 해임하라는 최후통첩을 두 차례 보냈으나, 의회(마질리스)는 이를 거부했다(1911년 11월). 러시아는 페르시아 북부 타브리즈에서 잔학 행위를 저지르고 아제르바이잔을 점령한 뒤 테헤란으로 진격했다. 샤 아흐마드(1898~1930)가 미성년이었던 1911년 12월 24일에 섭정 정부는 쿠데타를 일으켜 갑자기 의회를 폐쇄하고 통치위원회를 설치했으며 셔스터를 해임하라는 러시아의 요구를 수용했다.

러시아—폴란드 전쟁, 1019~25
Russo—Polish War of 1019~25

키예프 공국(키예프 루시)의 스뱌토폴크 1세(980?~1019)는 어머니가 다른 형제인 노브고로트 공작 야로슬라프(978?~1054)와 싸워 패한 뒤 장인인 폴란드 공작 볼레스와프 1세(967~1025)의 궁정으로 피신했다. 스뱌토폴크 1세는 야로슬라프에게 빼앗긴 영토를 되찾아 키예프에서 다시 통치할 수 있게 해달라고 폴란드인들을 설득했다. 볼레스와프 1세는 대군을 이끌고 러시아로 들어가 1020년에 부크 강에서 야로슬라프의 군대와 긴 전투를 벌인 끝에 승리했다. 볼레스와프 1세는 이어 키예프를 점령했고, 야로슬라프가 노브고로트로 퇴각하면서 스뱌토폴크 1세의 통치가 회복됐다. 그러나 스뱌토폴크 1세는 자신의 도시에 폴란드 군대가 주둔하는 것을 불쾌하게 여겨 외국 병사들을 학살하려는 계획을 세웠다. 계획이 발각됐고, 분노한 폴란드인들은 도시를 약탈하여 보복하고 떠났다. 스뱌토폴크 1세는 키예프 군대를 이끌고 추적했고 부크 강에서 패한 뒤 키예프로 돌아왔으나, 도시는 폴란드 군대의 공격을 받아 곧 함락됐다. 승리자가 되어 폴란드로 귀국한 볼레스와프 1세는 동서로 엘베 강에서 부크 강까지, 남북으로 발트 해에서 도나우 강까지 펼쳐진 지역을 지배했으며 왕을 자칭했다.

러시아—폴란드 전쟁, 1499~1503
Russo—Polish War of 1499~1503

신생국 폴란드-리투아니아연합왕국의 왕 알렉산데르(1461~1506)가 혼전 계약을 따르지 않자, 장인인 모스크바 대공 이반 3세(1440~1505)는 알렉산데르에게 싸움을 걸었다. 이반 3세의 군대는 폴란드 땅을 약탈했고 1500년 7

월 14일 리투아니아 군대와 맞붙어 크게 승리했다. 그러나 러시아인들은 리투아니아가 장악한 스몰렌스크를 빼앗을 수 없었다. 전쟁은 소강상태에 접어들었다가 리보니아 기사단의 지원을 받은 리투아니아가 시리차 강에서 러시아인들을 무찔렀다. 그러나 1502년에 프스코프 포위공격은 실패했다. 이듬해 평화조약이 체결되어 러시아는 정복한 땅 전부를 자국 영토로 삼았다.

러시아-폴란드 전쟁, 1506~08
Russo-Polish War of 1506~08

리투아니아 대공이자 폴란드 왕이었던(1506년 이후) 지그문트 1세(1467~1548)와 모스크바 대공 바실리 3세(1479~1533)는 끊임없이 싸웠는데, 바실리 3세가 자신을 지원하는 외국 군주들에게 리투아니아를 폐허로 만들라고 요청하면서 싸움은 전면전으로 비화했다. 지그문트 1세는 대규모 군사작전을 준비했다. 1508년에 싸움이 벌어졌으나 중대한 전투는 전혀 없었고 휴전이 이루어졌다. 러시아는 정복한 땅 전부를 계속 보유했으며, 폴란드-리투아니아연합왕국과 적대 관계를 유지했다.

러시아-폴란드 전쟁, 1512~21
Russo-Polish War of 1512~21

폴란드는 크림한국의 크림타타르족과 비밀리에 조약을 체결했고, 이에 따라 크림타타르족은 모스크바와 벨라루스 변경 지역을 공격할 작정이었다. 이런 사실을 알아챈 모스크바 대공 바실리 3세(1479~1533)는 폴란드-리투아니아연합왕국과 다시 전쟁을 벌였다. 1512년과 1513년에 러시아 군대는 리투아니아가 보유한 도시 스몰렌스크를 두 차례 포위하여 공격했으나 실패했다. 러시아는 다른 지역을 빼앗은 뒤 결국 1514년 6월에 스몰렌스크를 점령했다. 그러나 러시아는 오늘날 벨라루스의 보르샤(오르샤)에서 폴란드-리투아니아에 크게 패했다(사상자가 약 3만 명에 이르렀다). 모스크바 대공국인(러시아인)들은 스몰렌스크를 지키는 데는 성공했지만, 리투아니아 대공이자 폴란드 왕이었던 지그문트 1세(1467~1548)가 모스크바 대공국의 약점을 간파하고 크림타타르족을 부추겨 공격하게 했다. 크림타타르족은 1517년에 모스크바 남쪽의 툴라를 공격했으나 성공하지 못했다. 그 뒤 국경에서 전투가 벌어지는 가운데 평화협상이 개시됐다. 아무런 결론도 나지 않은 상태에서 크림타타르족은 1521년에 공격을 재개했다. 그 뒤 모스크바는 스몰렌스크를 계속 통치하는 조건으로 휴전을 얻어냈다.

러시아-폴란드 전쟁, 1534~37
Russo-Polish War of 1534~37

모스크바 대공 바실리 3세(1479~1533)는 죽으면서 자신의 부인에게 뒷날 '뇌제' 이반 4세(1530~84)가 되는 아들 이반이 성년이 될 때까지 모스크바 대공국을 통치하도록 했다. 보야르(러시아 귀족)들과 왕실 지지자들 사이의 궁정 음모가 고조된 가운데 바실리 3세의 부인은 친족들에게도 면종복배面從腹背했다는 혐의를 적용하여 일부를 감금하기에 이르렀다. 바실리 3세의 동생은 폴란드 왕 지그문트 1세(1467~1548)에게 도움을 요청하러 피신하던 도중에 잡혀 반역죄로 투옥됐다. 지그문트 1세가 대군을 모아 러시아와 싸웠으나 전쟁은 결판이 나지 않았고, 러시아는 폴란드-리투아니아연합왕국이 지원한 반란을 진압했다. 스몰렌스크는 러시아가 계속 보유했고, 1537년에 휴전이 체결되어 전쟁이 끝났다.

러시아-폴란드 전쟁, 1609~18
Russo-Polish War of 1609~18

폴란드 왕 지그문트 3세(1566~1632)는 '동란 시대'를 겪고 있는 러시아의 불안정한 상태를 이용하여 제위를 장악하고자 1609년에 군대를 이끌고 러시아를 침공하여 스몰렌스크를 포위했다. 지그문트 3세는 러시아에 있는 모든 폴란드인에게 자신을 도와달라고 호소했다. 러시아 차르 바실리 4세 슈이스키(1552~1612)는 스몰렌스크를 구하기 위해 병력 3만 명을 이끌고 진격했으나 1610년 7월에 클루시노(크우신) 전투에서 스타니스와프 주키에프스키(1547~1620)가 이끄는 소규모 폴란드 군대의 매복공격을 받아 패했다. 바실리 4세는 모스크바로 피했으나 이 패배 때문에 차르 지위를 내놓아야 했다. 폴란드 군대는 1610년 7월 하순에 모스크바를 점령했고(스몰렌스크는 약 10개월 2주 뒤에 항복했다), 앞서 체결된 스몰렌스크 조약에 따라 지그문트

3세의 아들 브와디스와프(브와디스와프 4세, 1595~1648)에게 차르 지위가 돌아갔다. 자신이 직접 제위에 오르려고 했던 지그문트 3세는 폴란드인들과 독일인들을 크렘린으로 보내 자신의 정부를 세우려 했다. 1611년 모스크바 시민들은 지방의 러시아인들과 함께 침략자에 맞섰으며, 침략자들은 반항하는 자들을 진압하기 위해 모스크바 대부분을 불태웠으나 지방 군대의 공격에 크렘린으로 몰려 포위됐다. 폴란드 군대가 크렘린에 포위된 동료들을 구하려 했으나 모스크바 시민들의 방해를 받았고, 크렘린은 곧 러시아인들에게 함락됐다. 1613년 미하일 로마노프(미하일 1세, 1596~1645)가 러시아의 새로운 차르로 선출됐다. 지친 폴란드 군대는 국경지대로 퇴각했고, 그곳에서 이따금 전투가 이어졌다. 1617년 브와디스와프의 군대가 모스크바를 공격했으나 실패했다. 1618년 12월 11일에 14년 6개월 동안의 휴전이 체결되어 전쟁은 끝났고 폴란드인들은 스몰렌스크를 계속 지배했다.

● 러시아-스웨덴 전쟁, 1613~17

러시아-폴란드 전쟁(스몰렌스크 전쟁), 1632~34
Russo-Polish War(War of Smolensk) of 1632~34

차르 미하일 1세(미하일 로마노프, 1596~1645)는 폴란드와 체결한 14년 6개월 동안의 휴전이 끝나감을 의식하고(● 러시아-폴란드 전쟁, 1609~18) 폴란드가 지배한 도시 스몰렌스크를 되찾으려는 군사작전을 수립했다. 차르는 폴란드 왕 지그문트 3세(1566~1632)가 사망하자 휴전은 서명한 군주의 재위 기간 중에만 적용된다고 주장하며 1632년 9월에 러시아 군대를 스몰렌스크의 성벽으로 파견했다. 중과부적이었던 폴란드인들은 식량 부족이 심각해질 때까지 거의 1년 동안 저항했다. 폴란드 왕 브와디스와프 4세(1595~1648)가 스몰렌스크를 지원하기 위해 군대를 이끌고 와 러시아 군대를 궤멸했다. 퇴각하던 러시아 군대는 추적을 당했으며 5개월 동안 포위됐다가 1634년 2월에 항복할 수밖에 없었다. 1634년에 폴랴놉카(폴라누프) 조약으로 폴란드는 스몰렌스크와 그 주변 지역, 발트 해 동북부 연안 지역 대부분을 영유했다. 더불어 브와디스와프 4세는 러시아 차르 지위 요구를 철회했고 미하일 로마노프를 차르로 인정했다.

● 30년 전쟁

러시아-폴란드 전쟁, 1654~56
Russo-Polish War of 1654~56

1654년 보흐단 지노비 미하일로비치 흐멜니츠키(1593?~1657)와 카자크(코사크)들은 우크라이나에서 폴란드인에게 당한 패배에 복수하기 위해(**○흐멜니츠키의 반란**) 러시아와 동맹을 맺고 키예프와 스몰렌스크의 폴란드인들과 맞붙으려고 이동했다. 동시에 차르 알렉세이 미하일로비치(1629~76)와 10만 명이 넘는 군대가 상대적으로 적은 수의 폴란드 군대를 궤멸하고 리투아니아 대부분을 점령했다. 1655년 알렉세이는 스스로 리투아니아 대공임을 선포했다. 폴란드가 제1차 북방 전쟁 중에 스웨덴의 공격으로 영토를 점령당한 가운데(**○(제1차) 북방 전쟁**), 러시아와 카자크의 군대는 우크라이나 대부분을 점령하고 폴란드를 습격했다. 폴란드 왕 바사 왕조의 얀 2세 카지미에시(1609~72)는 나라를 러시아인과 폴란드인의 손에 남겨두고 실롱스크(슐레지엔)로 도피했다. 얀 2세 카지미에시는 그곳에서 신성로마제국 황제 레오폴트 1세(1640~1705)와 동맹에 관한 협상을 벌였고 차르와 휴전조약을 체결했다. 차르는 우크라이나로 군대를 철수시켜 스웨덴이 차지하고 있는 리보니아(오늘날 에스토니아와 라트비아의 대부분)에 도전했다(**○러시아-스웨덴 전쟁, 1656~58**). 전쟁은 1656년에 오늘날의 빌뉴스 인근 네메지스에서 체결된 빌나 조약(니에미에시 조약)*으로 끝났다. 이 조약으로 체결된 러시아와 폴란드의 반反스웨덴 협정은 1658~67년의 러시아-폴란드 전쟁이 시작될 때까지 지속됐다.

* 조약 이름은 두 가지로 불리며, 니에미에시는 네메지스의 폴란드 지명이다.

러시아-폴란드 전쟁, 1658~67
Russo-Polish War of 1658~67

폴란드는 바사 왕조의 얀 2세 카지미에시(1609~72) 치세에 러시아와 맺은 휴전조약의 유효기간 2년이 끝나자(**○러시아-폴란드 전쟁, 1654~56**) 리투아니아에서 다시 러시아와 대결했다. 폴란드 군대는 빌나(오늘날의 빌뉴스)와 카우나스에서 패한 뒤 1660년에 리투아니아에서 러시아인들을 내쫓고 비쳅스크(비텝스크)와 폴로츠크 지역을 침공했다. 우크라이나에서는 류바르(루바르) 전투에서(1660) 잘 무장한 러시아 군대가 상대적으로 규모가 작은 폴란드 군대에 참패를 당했다. 폴란드는 예지 세바스티안 루보미르스키(1616~67)가 이끄는 타타르인의 지원을 받았는데, 루보미르스키는 그 직후 카자크(코사크)의 대군도 격파했다. 그 뒤 전쟁은 소강상태에 들어가 국경 전투만 이어지다가 1664년에 폴란드가 루블린 전투에서 승리하면서 유리한 입장에서 휴전협상을 진행할 수 있게 됐다. 그러나 폴란드 정부가 루보미르스키의 반란으로 혼란에 빠지면서 러시아는 휴전협상 조건들을 제시하여 관철할 수 있었다. 1667년 안드루소보 휴전조약으로 폴란드는 스몰렌스크와 키예프를 러시아에 할양하여 러시아는 스몰렌스크를 영구히 보유하게 됐으며 키예프는 2년 뒤에 돌려주었다. 우크라이나는 드네프르 강을 따라 두 나라로 분할됐다. 카자크들은 양국의 공동 통치를 받게 됐다.

○ 폴란드-오스만 제국 전쟁, 1671~77

러시아-폴란드 전쟁, 1919~20
Russo-Polish War of 1919~20

1918년의 휴전협정에 근거하여 독일군이 폴란드에서 철수하면서(**○ 제1차 세계대전**), 소비에트(볼셰비키) 군대는 1919년 2월까지 폴란드가 장악한 영토를 넘어 서진하여 부크 강에 도달했다. 이에 유제프 피우수트스키(1867~1935) 장군이 지휘하는 폴란드 군대는 소비에트 군대를 뱌레지나(베레지나) 강으로 몰아낸 뒤 우크라이나로 쫓아버렸다. 연합국의 최고전쟁회의는 폴란드의 동부 국경선을 임시로 러시아 내부에 두기로 했으나, 1920년 1월 28일 소비에트 지도자들은 당시 실제의 전선을 따라 서쪽으로 훨씬 더 나아간 지점에서 국경을 정하려 했다. 피우수트스키는 1772년의 폴란드 국경을 회복하고 우크라이나를 점령하고자 했다. 피우수트스키의 군대는 시몬 페틀류라(1879~1926)가 이끄는 우크라이나의 반소비에트 세력과 연합하여 키예프를 점령했다(1920년 4월 25일~5월 7일). 폴란드는 미하일 N. 투하쳅스키(1893~1937)가 지휘하는 소비에트 군대의 강력한 반격에 키예프와 빌나(오늘날의 빌뉴스)에서 쫓겨났다. 1920년 8월 중순 소비에트 군대가 바르샤바 외곽으로 이동했으나, 폴란드인들은 10일간의 격렬한 전투 끝에 침략군을 무찔렀다. 폴란드 군대는 공세에 나서 1920년 9월에 뇨만(네무나스. 네만) 강 인근의 여러 전투에서 투하쳅스키의 부대를 격파했다. 1920년 10월 12일

잠정적으로 리가 조약이 체결되어 휴전이 이루어졌다. 리가 조약은 1921년 3월 18일에 확정됐다. 소비에트 정권은 폴란드의 동부 영토에 대한 권리 주장을 인정했다.

○ 러시아 내전, 1918~21 ; 리투아니아 독립 전쟁

러시아-핀란드 전쟁, 1918~20
Russo-Finnish War of 1918~20

○ 핀란드 독립 전쟁

러시아 혁명, 1762
Russian Revolution of 1762

러시아의 황제 표트르 3세(1728~62)는 정책 때문에, 특히 러시아정교회에 루터파의 예배 방식을 채택하라고 강요한 탓에 많은 사람의 분노를 샀다. 야심이 많았으나 칭송받던 독일 태생의 황후 예카테리나(예카테리나 2세, 1729~96)는 연인이었던 그리고리 오를로프(1734~83)가 이끄는 친위대의 지원을 받아 권력을 찬탈하려는 음모를 꾸몄다. 군대가 표트르 3세의 덴마크 원정에 합류하기를 주저하면서(표트르 3세는 자신의 고향 홀슈타인 공국이 슐레스비히 공국을 넘겨받기를 원했다) 예카테리나에게 뜻밖의 기회가 찾아왔다. 표트르 3세가 상트페테르부르크 인근 오라니옌바움에 나가 있는 동안, 예카테리나와 그리고리, 친위대는 상트페테르부르크로 움직였고, 1762년 7월 9일(러시아의 옛 역법인 율리우스력으로 6월 28일)에 정무원과 교회의 환영을 받았다. 예카테리나는 즉시 카잔 성당에서 여황제로 대관을 받았고 표트르 3세의 퇴위를 선언했다. 퇴위 선언이 너무도 신속하게 이루어져 예카테리나가 무척 싫어했던 아들 파벨(1754~1801)의 지지자들이 반대에 나설 수도 없었다. 바로 그날 밤 예카테리나는 군대를 이끌고 오라니옌바움으로 갔으며 7월 10일에 정식으로 표트르 3세의 양위를 얻어냄으로써 무혈 쿠데타를 완수했다. 한 주 뒤 표트르 3세는 구금당한 상태에서 그리고리의 동생으로 공모자였던 알렉세이 오를로프(1737~1808)가 미리 계획한 소란 속에 살해됐다.

○ 7년 전쟁

러시아 혁명, 1905
Russian Revolution of 1905

러시아는 농민과 노동자, 귀족, 변경의 소수민족 등 불만을 품은 세력들 때문에 정권이 불안정했는데, 1904~05년의 러일 전쟁에서 패하면서 상황은 더욱 나빠졌다. 1905년 1월 22일('피의 일요일') 게오르기 가폰(1870~1906) 신부가 이끄는 노동자들이 황제 니콜라이 2세(1868~1918)에게 불만을 적은 진정서를 제출하기 위해 황제의 거처인 상트페테르부르크의 겨울궁전으로 행진했다. 그러나 황제는 당시 궁전에 없었다. 정부군이 행렬에 발포하여 96명이 사망하고 333명의 시위자가 부상을 입었다. 이 포악한 행위는 전국에 파업을 유발했다. 러시아의 내무부 장관은 온건한 새 헌법을 제안했으나 이는 오히려 좌파 야당에 활력을 더해주었을 뿐이었고, 결국 1905년 10월 20~30일에 러시아 전역에서 자발적인 총파업이 발생했다. 2개의 권력 중심이 출현했다. 하나는 레프 트로츠키(1879~1940)가 부의장을 맡았던, 상트페테르부르크 노동자 대표 소비에트였고 다른 하나는 입헌민주당(카데트)이었다. 농민은 '인민에게 토지를' 달라고 요구하며 지주의 재산을 강탈하거나 파괴했으며, 노동자들은 모스크바 철도 파업 중에 일반사면은 물론 시민의 권리들과 관련된 개혁도 요구했다. 황제는 고문인 세르게이 비테(1849~1915)에게 굴복했다. 비테는 10월 선언(1905년 10월 30일)을 발표하여 시민적 자유와 헌법, 국가두마(하원) 선거를 허용했다. 혁명은 목적을 달성한 것처럼 보였으나, 황제는 여전히 전제적이었고 반동적 테러 활동을 지원했다(**○ 초르나야 소트냐(블랙 헌드레드)의 습격**). 1905년 12월 16일 200명에 가까운 상트페테르부르크 노동자 대표 소비에트의 구성원들이 체포되어 투옥되자, 모스크바 노동자들이 이에 항의하여 한 주 뒤에 반란을 일으켰다. 러시아의 두 도시에서 시가전이 벌어졌고 정부군이 반란을 진압했다.

러시아 혁명, 1917
Russian Revolution of 1917

○ 러시아 2월(3월) 혁명 ; 러시아 10월(11월) 혁명 ; 볼셰비키 혁명 ; 코르닐로프의 반란

러일露日 전쟁, 1904~05
Russo—Japanese War of 1904~05

1903년 일본 정부는 러시아 정부에게 만주와 조선에서 상대국의 특수 이익과 경제적 특권을 인정하자고 제안했다. 일본은 러시아가 눈치채지 못하도록 해군과 육군을 양성하고 있었다. 러시아는 성의 없이 협상했고, 이에 분노한 러시아 주재 일본 공사는 1904년 2월 6일 회담을 중단하고 귀국했다. 3일 뒤 일본 함대가 조선의 제물포(오늘날의 인천)에서 러시아 군함 2척을 격침했고 청나라의 랴오둥遼東 반도에 있는 뤼순旅順 항의 러시아 태평양 함대의 주요 부대들에 어뢰를 발사했다. 나머지 러시아 함대는 결빙된 블라디보스토크 항구에 갇혀 있었다. 일본은 바다에서 우세를 차지하자 조선과 만주로 수많은 병력을 보낼 수 있었다. 일본은 신속하게 조선을 점령하고 5월 1일에 만주로 들어갔다. 9월 러시아는 북쪽의 선양瀋陽으로 밀려났고, 뤼순 항은 포위됐다. 격렬했지만 결과가 분명하지 않았던 가을의 두 차례 전투 뒤에 러시아는 북쪽으로 더 밀려났다. 1905년 1월 2일 뤼순 항은 일본군의 격렬한 포위공격을 받고 항복했다. 그동안 러시아는 서쪽에서 대규모 해군 함대를 파견했다(지노비 로제스트벤스키(1848~1909) 제독이 지휘하는 발트 함대). 1905년 초 일본은 만주에서 다시 공세를 실행하여 선양 전투(2월 21일~3월 10일)에서 승리했고 러시아를 북쪽으로 약 110킬로미터 더 쫓아냈다. 1905년 5월 38척으로 구성된 러시아 함대가 서쪽에서 도착하여 블라디보스토크로 향했으나, 도중에 쓰시마 섬對馬島 인근의 해협에서 도고 헤이하치로東鄕平八郎(1848~1934) 제독이 지휘하는 일본 해군과 교전했다. 2일 동안 지속된 쓰시마 전투에서(1905년 5월 27~28일) 러시아 함대는 거의 완전히 파괴됐으며 일본군은 겨우 어뢰정 3척을 잃었을 뿐이었다. 시어도어 루스벨트(1858~1919) 미국 대통령이 중재에 나섰고, 1905년 8월 10일 두 교전국의 대표가 뉴햄프셔 주 포츠머스에서 만나 9월 5일에 평화조약에 조인했다. 러시아는 북위 50도선 아래 사할린 섬의 일부를 일본에 할양했고, 조선에서 일본의 '정치적·군사적·경제적 이익'을 인정했으며, 청나라로부터 얻은 랴오둥의 조차지租借地를 일본에 넘겼고, 일본이 러시아인 포로를 관리하는 비용을 지불하기로 동의했으며, 시베리아 연해의 어업권을 허용했다. 그러나 예기치 않은 대승으로 일본이 얻은 가장 큰 성과는 세계적인 강대국으로 인정받은 것이었다. 반면 러시아는 황제 니콜라이 2세(1868~1918) 정부에 대한 의구심이 증폭되면서 혁명에 한층 더 가까이 다가갔다.

○ 3·1 독립운동 ; 청일 전쟁, 1894~95

럼주 반란
Rum Rebellion

○ 오스트레일리아 럼주 반란

레귤레이터스의 반란(레귤레이션 전쟁), 1771
Regulators' Revolt(War of the Regulation), 1771

노스캐롤라이나 식민지 서부 변경 지역의 오렌지 카운티, 앤슨 카운티, 그랜빌 카운티에 사는 농민들은 식민지 정부를 장악한 동부 지역 귀족들에게 불만이 많아 1768년에 불공정한 과세와 부정한 재판에 항의하고자 조합을 결성했다. 이듬해 일단의 변경 지역 농민들과 정착민들이 '레귤레이터스'*를 자칭하며 식민지 의회를 장악했으나, 영국의 윌리엄 트라이언(1729~88) 식민지 총독이 의회를 해산하여 아무런 조치도 취하지 못했다. 레귤레이터스는 처음에는 평화적이었으나 점차 폭력적으로 바뀌었다. 금품 강요 혐의로 유죄판결을 받은 변호사 1명이 석방되자, 레귤레이터스는 법원을 부수고 그 변호사를 기습하여 폭행했다. 1771년 정부는 유혈법Bloody Act을 통과시켜 폭동을 일으킨 자들에게 반역죄를 적용하겠다고 선포했다. 긴장은 계속 고조됐고, 그해 5월에 트라이언은 민병대 1,200명을 파견했다. 1771년 5월 16일 민병대는 그레이트앨러먼스크릭 전투에서 약 2천 명의 무장이 빈약한 레귤레이터스와 대결하여 참패시켰다. 6명의 레귤레이터스 지도자는 교수형을 당했고, 나머지는 동부의 타이드워터 지역 정부에 충성을 맹세해야 했다.

* 식민지 정부의 억압적이고 불공평한 통치에 대항하고자 주로 농민들이 결성한 저항 집단.

레드 강 반란
Red River Rebellion

○ (제1차) 리엘의 반란

레드 강 인디언 전쟁, 1874~75
Red River Indian War, 1874~75

1860년대 말 미국의 많은 인디언 부족(샤이엔족 인디언, 아라파호족 인디언, 코만치족 인디언, 카타카족 인디언, 카이오와족 인디언)은 오클라호마 준주와 텍사스 주의 보호구역에 들어갔으나, 갇힌 생활을 몹시 싫어했던 많은 인디언이 보호구역을 몰래 빠져나와 백인 정착촌을 침입했다. 1874년 가을 윌리엄 T. 셔먼(1820~91) 장군이 지휘하는 미국군 기병과 보병이 주로 텍사스 북부의 레드 강 유역에서 인디언과 14차례 정면 대결을 펼쳤다. 미국군은 팰로듀로 캐니언에 있는 여러 인디언 부족의 겨울 숙영지를 파괴한 뒤(● 카이오와족 인디언 전쟁, 1874), 이듬해 겨울 텍사스의 모든 인디언을 공격하는 데 나섰다. 미국군은 인디언에게 티피(천막)와 가재도구를 수리하고 사냥하거나 육포를 마련하고 휴식하는 등의 시간을 주지 않았다. 어느 전투에서는 속임수에 넘어가 공격군이 실제보다 훨씬 더 많고 강하다고 믿은 샤이엔족 족장의 숙영지가 파괴됐다. 인디언은 차츰 항복하고 보호구역으로 돌아갔으며, 인디언의 지도자들은 포로가 되어 플로리다 주로 보내졌다. 일부 샤이엔족은 캔자스 주로 도주했으나 추적당하여 잔인하게 학살당했다. 코만치족은 멀리 야노 에스타카도(스테이키드 플레인스)에 머물러 대체로 전쟁을 피했으나, 결국 백인 군대를 격파할 수 없다는 사실을 깨닫고 항복했다. 1875년 말에는 북아메리카의 남부 평원 지대를 자유롭게 떠돌아다니는 인디언은 존재하지 않았고, 버팔로도 대부분 사라졌다.

레바논 내전, 1958
Lebanese Civil War of 1958

1952년에 레바논 대통령으로 당선된 카밀 샤문(1900~87)의 정부에서는 유럽, 미국과 긴밀한 유대를 맺어야 한다는 그리스도교도(마론파)가 압도적이었다. 레바논의 이슬람교도는 인구의 약 절반을 차지했는데 경제적·정치적으로 주변 아랍 국가들과 더 친밀한 관계를 맺고자 했다. 1958년 5월 9일에서 13일까지 이슬람 단체들은 타라불루스(레바논의 트리폴리)와 레바논 수도 베이루트의 거리에서 폭동을 일으키고 시가전을 벌이면서 샤문 정권에 공공연히 저항했다. 이집트와 시리아가 정치적으로 통합되어 새로이 수립된 아랍연합공화국은 샤문 대통령의 친서방 정책에 격렬하게 저항하라며 드러내놓고 이슬람교도를 선동했다. 다수의 이슬람 지도자들과 드루즈파 지도자 카말 줌블라트(1917~77)가 지휘하는 반군이 정부군을 격파하면서 샤문 정부는 붕괴 직전으로 몰린 듯했다. 샤문은 사임을 거부하고 미국에 지원을 요청했다. 드와이트 D. 아이젠하워(1890~1969) 미국 대통령은 미국군에게 베이루트 인근에 상륙하여 미국인의 생명을 보호하고, 앞으로 있을지 모를 이집트·시리아의 레바논 침공에 대비하는 동시에 정부를 지원하라고 명령했다(1958년 7월 15~20일). 약 한 달 뒤 레바논 정부와 군대는 1만 4천 명이 넘는 미국군의 지원을 받아 사태를 수습했다. 1958년 9월 23일 마론파 그리스도교도인 푸아드 셰하브(1902~73) 장군이 샤문에 뒤이어 대통령이 됐다. 그리스도교도 4명, 이슬람교도 3명, 드루즈파 1명으로 새로운 내각이 구성됐다. 미국은 새 정부를 지지했으며 그해 10월 말에 레바논에서 철군했다.

레바논 내전, 1975~90
Lebanese Civil War of 1975~90

대개 시아파와 수니파, 드루즈파인 레바논의 이슬람교도는 전체 인구의 약 절반을 차지했는데, 1943년에 중앙정부에서 그리스도교도 즉 카타엡당(레바논팔랑헤당) 특히 마론파 그리스도교도에게 정치적으로 지배적인 역할을 맡긴 국민협약National Pact이 채택되자 불만을 품었다. 레바논에는 이슬람교도인 팔레스타인 사람들도 살고 있었으며, 이들은 주로 남쪽의 난민수용소나 팔레스타인해방기구PLO 기지들에 있었다. PLO의 게릴라들은 그곳에서 이웃의 이스라엘을 공격했다. 레바논의 이슬람교도는 PLO에 쉽게 공감했다. 팔레스타인인들을 태운 버스가 카타엡당 당원들의 공격을 받아 탑승자 여러 명이 살해당하면서(1975년 4월 13일) 오랫동안 격렬하게 지속될 내전이 시작됐다. 처음에는 좌파 이슬람교도 동맹이 우파 그리스도교도에 맞서 싸웠고, 1976년 초에 그리스도교도들이 팔레스타인 난민수용소를 습격한 뒤로는 PLO가 이슬람교도에 합세했다. 이스라엘은 그리스도교도들에게 무기를 공급했다. 시리아가 아랍 연맹의 지지를 받아 3만 명의 병력을 파견하여 레바논의 질서를 회복하고 평화안을 이행하려 했다(1976). 마론파 그리스도교도인 엘리아스 사르키스(1924~85)가 레바논 대통령으로 당선됐고, 시리아와 이스라엘, 미국, 사우디아라비아의 지지를 받아 권력을 다지려 했다. 1977년 레바논은 시리아 군대가 장악한 북부 구역과 그리스도교도가 통제하는 해안 구역, 그리고 좌파 이슬람교도와 PLO가 지배한 남부의 포령包領들*로 분할됐다. 시리아인과 그리스도교도 민병대가 곧 전투에 들어갔고, 시리아인들이 그리스도교도 구역인 레바논의 수도 베이루트를 포격했다. 팔레스타인 게릴라가 이스라엘에 테러 공격을 했고, 이스라엘 군대는 이에 대한 보복으로 레바논 남부를 침공하여(1978년 3월 14일) PLO 기지들을 파괴하고 북쪽 멀리 리타니 강까지 점령했다. 이스라엘은 국제연합 UN의 철군 요구에 응했고, 그 뒤 UN 평화유지군이 그곳을 점령했다(1978). 1980년 시리아는 레바논 중부의 베카 계곡에 병력을 집결시키고 소련제 지대공 미사일 SA-6을 배치했다. 카타엡당이 베이루트에서 시리아 수도 다마스쿠스로 이어지는 간선도로 인근 자흘레 주변의 전략적으로 중요한 구릉지대를 점령했고, 시리아는 이곳에 전면적인 공세를 감행했다. 이스라엘이 개입하여 전투기로 시리아 군대를 공격했고, PLO가 레바논에서 로켓포로 이스라엘 북부를 공격한 데 대한 보복으로 베이루트 지역도 폭격했다. 1981년 7월 24일 휴전이 발효됐으나 오래가지 못했다. 1982년 이스라엘 군대가 PLO를 소탕하기 위해 레바논을 침공하여 베이루트 외곽에 도달했고, PLO 게릴라들은 철수해야 했다. 퇴임하는 사르키스에 뒤이어 카타엡당의 바시르 제마엘(1947~82)이 대통령에 당선됐으나 1982년 9월 14일에 암살당했다. 불과 며칠 뒤 서西베이루트 사브라와 샤틸라의 난민수용소에서 카타엡당 당원으로 추정되는 자들이 팔레스타인 민간인 약 700~3,500명을 학살했다(1982년 9월 16~18일). 그리고 약간 더 온건한 그리스도교도 지도자로 바시르의 형이었던 아민 제마엘(1942~)이 대통령이 됐다. 그 뒤 미국 해병대와 영국, 프랑스, 이탈리아 군대가 평화유지군으로 베이루트에 진주했다. 1983년 4월 18일 베이루트의 미국 대사관에서 폭탄이 폭발하여 64명이 사망했다. 이스라엘 군대는 레바논의 슈프에서 철군했다. 왈리드 줌블라트(1949~)가 이끄는 드루즈파는 그리스도교도와 레바논 군대에 맞서 치열한 전투를 벌인 끝에 그곳을 점령했다. 사전 경고 없는 자살폭탄 공격이 베이루트의 미국군과 프랑스군 사령부를 덮쳐 미국인 241명과 프랑스인 58명이 사망했다(1983년 10월 23일). 타라불루스(레바논의 트리폴리)에서는 PLO 지도자 야세르 아라파트(1929~2004)와 그의 지지자들이 이스라엘과 이스라엘에 협력하는 반대 파벌들에게 1983년 6월 14일부터 9주 동안 포위공격을 당하다가 1983년 8월 30일까지 레바논을 떠나야 했다. 연안에 있던 미국 군함들이 시리아 군대와 드루즈파의 진지를 포격했다. 조국이 해체될 상황을 목도한 제마옐은 정부를 안정시키기 위해 정치 지도자들—카타엡당, 마론파 그리스도교, 드루즈파, 수니파, 시아파 등—사이의 다툼을 해결할 국민적 화해 회담을 추구했다. 1984년 2월에 미국군 해병대가 베이루트를 떠났으며, 레바논은 시리아 군대와 이스라엘 군대에 일부를 점령당했고 서로 반목하는 파벌들의 혹독한 싸움으로 분열됐다. 1986년의 평화 유지 협정은 얼마 안 되어 효력을 상실했고, 이슬람교도가 지배한 서베이루트에서 드루즈파와 시아파 민병대 사이에 잔혹한 전투만 이어졌다. 1987년 2월 시리아 군대가 침공하여 소요를 진압했다. 제마옐의 대통령직은 1988년 9월에 끝났고 그리스도교 지도자 미셸 아운(1933~) 장군의 정부가 뒤를 이었다. 아운이 통제하는 그리스도교도의 동東베이루트와 셀림 아흐메드 알호스(1929~) 총리가 대립 정부를 세운 이슬람교도의 서베이루트는 1989년 내내 피비린내 나는 전장이었다. 서로 대적했던 민병대들은 상대방에 잔인하게 포탄 세례를 퍼부었다. 서방 관료들은 휴전을 호소했지만 아무런 효력이 없었다. 마침내 1989년 10월에 임시 평화협정이 승인됐고, 새로운 레바논 대통령이 선출됐다. 1990년 시리아가 후원하고 아랍 연맹이 중재한 평화안은 그리스도교도와 이슬람교도의 관심사를 모두 다루었는데 베이루트에서 이행에 들어갔다. 서로 대적하던 민병대들은 베이루트에서 철수했으며, 1975년 이후 처음으로 레바논 군대가 완전한 통제권을 장악했고, 그리스도교도 구역과 이슬람교도 구역으로 도시를 분할한 '그린 라인'이 제거됐다. 그러나 레바논은 시리아로부터는 1991년에 독립국가로 승인받았지만 (1943년 이래 처음이었다) 남쪽에서 이스라엘 군대의 철군을 확보하지 못했다. 1975년에서 1990년까지 이어진 내전으로 대체로 민간인 14만 4천 명이 목숨을 잃었고, 19만 7천 명 이상이 부상을 당했으며, 수많은 사람이 양쪽의 민병대에 납치되어 다시는 돌아오지 못했다. 1990년대에 이스라엘 군대는 주기적으로 침입했고 헤즈볼라(히즈볼라)를 공습하고 포격했다. 헤즈볼라는 시리아와 이란의 후원을 받는 이슬람교 시아파 민병대로 1982년부터 레바논 남부에서 이스라엘에 맞서 싸우고 있었다. 1998년 이스라엘은 레바논 남부에서 철군하라는 UN 안전보장이사회 결의안 제425호를 수용했으나 1999년 2월에 그곳의 아르눈을 점령했다. 이스라엘 군대는 아르눈을 이른바 이스라엘 안전보장지대에 편입시켰고, 과거 십자군의 요새 보포르에 있는 자신들의 전초기지를 공격하는 아르눈의 게릴라들에 맞섰다. 2000년 5월 이스라엘은 레바논 남부에서 철군했고 국경의 획정과 안전보장 지원 임무를 UN에 넘겼다. 헤즈볼라는 무장을 해제하지 않았고, 이스라엘 전투기들은 헤즈볼라의 공격에 뒤이어, 그리고 헤즈볼라가 이스라엘의 하마스 같은 이슬람 '저항' 단체들을 지원한 데 대한 보복으로 레바논 중부 산악지대의 시리아 군대를 공습했다.

❍ 팔레스타인 게릴라 습격 ; 팔레스타인 봉기, 2000~

* enclave. 영토의 일부 또는 전부가 완전히 다른 나라의 영토 안에 있는 경우.

레베카*의 습격, 1842~44
Rebecca Raids, 1842~44

웨일스의 농촌 카마던셔에서 결성된 비밀단체의 회원들은 영국 정부의 여러 가지 부당한 처사에 항의했다. 이를테면 차티스트 운동이 요구한 산업 개혁과 정치 개혁에 정부가 반대한 것, 농민의 가난, 토지세 인상, 가난한 사람들의 운명을 더욱 나쁘게 했던 '개정' 빈민법(1834) 등이다. 그러나 이들은 주로 웨일스의 공공도로가에 세워진 통행료 징수소에 분노를 터뜨렸다. 새로운 통행료 징수소의 설치와 통행료 인상이 결정적이었다. 봉기자들은 『창세기』에서 좌우명을 끌어냈다. "그리고 그 사람들은 레베카를 축복하여 말하기를 '……네 후손은 원수들의 성문을 부수고 그 성을 **빼앗아라**'라고 했다(공동번역 『창세기』 제24장 제60절)." 모반자들은 각 지도자를 '레베카', 추종자들을 '레베카의 딸'이라고 불렀다. 남성 습격자들은 여자 옷을 입은 채 야간에 도끼와 횃불을 들고 통행료 징수소와 주택들을 기습하여 최종적으로 120곳을 파괴했다. 1843년 군인과 경찰이 침입을 진압하는 데 나섰고, 도로 통행료 징수소법이 개정되고 통행료 징수소의 수가 축소된 뒤 침입은 중단됐다(1844).

레피두스의 반란, 기원전 78~기원전 77
Revolt of Lepidus, BCE 78~BCE 77

마르쿠스 아이밀리우스 레피두스(기원전 120~기원전 77)는 기원전 78년에 로마의 집정관으로서 가진 것 없는 빈민의 주장을 옹호했고 그 고생을 덜어주려 했다. 레피두스의 노력이 실패로 돌아가자, 이탈리아 중서부 에트루리아의 주민들이 반란을 일으켰고, 레피두스가 반란자들을 지원했다. 레피두스는 이탈리아 북부에서 군대를 모아 로마로 진격했으나 퀸투스 루타티우스 카툴루스(기원전 120?~기원전 61)와 폼페이우스(기원전 106~기원전 48)의 군대에 격파됐다. 레피두스와 그 추종자들은 사르데냐로 도피했으나 레피두스는 곧 사망했다. 폼페이우스의 병사들이 이탈리아 북부의 레피두스 지지자들을 진압했다.

레히펠트 전투, 955
Battle of Lechfeld, 955

954년 마자르족은 프랑스와 이탈리아 북부를 침입하여 유린한 뒤(〇마자르족의 프랑스 침입), 카르니아 알프스 산맥을 넘어 드라바 강 유역과 도나우 강 유역으로 이동했다. 마자르족은 독일에서 승리를 거둘 것으로 낙관했다. 독일 왕 오토 1세(912~973)가 내전을 치르는 중이었기 때문이다. 약 5만 명의 마자르족은 고향(헝가리)에 잠시 머문 뒤 바이에른을 침공했고 아우크스부르크를 포위했다. 아우크스부르크의 용감한 주교는 오토 1세의 지원을 기다리며 공격을 이끌어 적군을 혼란에 빠뜨렸다(955년 8월). 이튿날 오토 1세가 1만 명의 병사와 함께 도착하자 마자르족은 포위를 풀고 오토 1세와 대적했다. 처음에는 수적으로 우세한 마자르족이 독일군 주둔지를 장악하고 오토 1세 군대의 3분의 1을 내쫓아 승리하는 듯했다. 과거에 오토 1세의 경쟁자였던 로렌 공작 콘라트 데어 로테(922?~955)가 증원군을 이끌고 지원하여 독일군은 다시 집결했고, 쇠미늘 갑옷을 입은 독일군 기병들은 마자르족의 경기병보다 월등함을 입증했다. 마자르족 기병대는 붕괴되어 도주했고 심한 손실을 입었다(콘라트는 불운하게도 승리의 순간에 전사했다). 마자르족은 오토 1세의 군대에 쫓겨 서둘러 동쪽으로 달아난 뒤 다시는 독일로 돌아오지 않았고, 960년대와 970년대에 군사적으로 너무 약해져 오스트리아를 점령하지 못했다. 마자르족의 위협은 영원히 사라졌다.

렐란토스 평원 전쟁, 기원전 670?
Lelantine War, BCE c. 670

칼키스와 에레트리아가 두 도시 사이의 자연 경계인 에우보이아 지역 렐란토스 평원에서 교역과 식민지 교역소를 둘러싸고 치른 육상 전투는 트로이 전쟁 이후 고대 그리스에서 최대의 군사적 충돌이었다. 칼키스는 코린토스와 사모스, 테살리아 동맹을 한편으로 끌어들였다. 에레트리아는 아이기나와 밀레토스를 한편으로 삼았는데 메가라도 여기에 동참했을 가능성이 있다. 식민지 개척이 강도 높게 진행 중이던 기원전 7세기 말에 벌어진 지상전과 해전인 이 전쟁은 렐란토스 평원에서 최후의 전투를 벌였고, 전쟁의 이름은 여기에서 유래한다.

로그 강 전쟁, 1855~56
Rogue River Wars, 1855~56

19세기 중반 오리건 준주의 지사와 미국군은 인디언 정책을 두고 충돌했다. 지사는 백인 정착민의 지원을 받아 인디언을 내쫓고 그 토지를 빼앗고자 했던 반면, 군대는 그러한 토지 강탈에 반대했다. 오리건 준주의 산악지대인 로그 강 계곡에서 레인 요새의 사령관은 종종 병사들을 투입하여 인디언과 정착민 사이를 중재했다. 정착민이 인디언 마을을 공격했기 때문이다. 1855년 10월 레인 요새의 사령관은 인디언 여성들과 아이들을 안전하게 요새 안으로 데려왔는데, 그때 일부 폭력적인 정착민들이 인디언 마을을 침입하여 전사 27명을 살해했다. 인디언은 이에 보복하여 정착민 27명을 학살했다. 살아남은 백인들은 겨울 동안에 인디언의 숙영지를 닥치는 대로 공격했다. 1856년 5월 27일 레인 요새에 주둔한 군대가 빅메도에서 인디언의 항복을 받아내려 했으나 인디언은 군인들을 공격했다. 이에 놀란 부대 사령관은 증원군이 올 때까지 참호를 파고 소총과 곡사포로써 인디언의 연이은 공격을 저지했다(5월 28일). 인디언들은 도주했으나 한 달이 못 되어 항복했고 태평양 연안의 보호구역으로 들어갔다.

로도스 포위공격, 기원전 305~기원전 304
Siege of Rhodes, BCE 305~BCE 304

안티고노스 1세(기원전 382~기원전 301)는 프톨레마이오스 1세(기원전 367?~기원전 283?)와 계속 싸우면서(**○디아도코이 전쟁**) 로도스(섬과 도시)를 포위하여 공격하라는 명령을 내렸는데, 이는 실수였다. 프톨레마이오스 1세는 기원전 307년에 키프로스를 잃으면서 수병을 보유하지 못했다. 그래서 로도스가 이집트에 선박 건조용 목재를 공급한다고 해도 이는 대수롭지 않은 일이었다. 그러나 안티고노스 1세는 이집트와 싸울 때 지원하지 않았다는 이유를 들어 아들 데메트리오스 1세(기원전 337~기원전 283)에게 로도스를 응징하라고 명령했다. 기원전 305년 데메트리오스 1세는 군함 200척과 수송선 170척에 병력 4만 명과 일꾼 3만 명을 태우고 로도스에 도착했다. 데메트리오스 1세는 방재防材를 띄워놓고 군함으로 로도스 항구를 공격했으나 로도스인들이 방재를 파괴했다. 그러자 데메트리오스 1세는 장갑을 덧댄 공성탑 헬레폴리스('도시 함락자')를 건조하여 성벽에 붙였다. 로도스인들은 내벽을 이중으로 쌓고 헬레폴리스를 불태워버렸다. 데메트리오스 1세는 기습을 노렸으나 역시 실패했다. 데메트리오스 1세는 봉쇄를 시도했으나 로도스의 큰 선박이 데메트리오스 1세의 보급선을 파괴했으며, 프톨레마이오스 1세는 로도스에 식량과 용병을 보냈다. 데메트리오스 1세는 1년 동안 포위공격을 진행한 뒤 중단하라는 명령을 받았다. 로도스는 안티고노스 1세의 이집트 전쟁에서 중립을 지킬 권리를 얻었으며, 데메트리오스 1세에게 폴리오르케테스('포위공격자')라는 얄궂은 별명을 안겨주었고, 승리의 기쁨을 표현하기 위해 로도스의 거상巨像을 만들었다.

로마–고트족 전쟁
Roman—Gothic War

제1차 로마–고트족 전쟁(249~252) 강인한 게르만족의 일파인 고트족은 3세기에 로마 제국 변경을 위협하기 시작했다(그 뒤 고트족은 동고트족과 서고트족으로 갈라졌고, 그 명칭은 유럽 안 정착 지역의 위치에서 유래한다). 249년 고트족의 일단이 도나우 강을 건너 남쪽의 모이시아 인페리오르(오늘날의 불가리아 북부와 루마니아 남부)로 들어갔다. 데키우스(201~251) 황제가 로마 군대를 이끌고 고트족을 공격하여 격파했으나, 고트족은 곧 그리스 북부로 몰려들었다. 이듬해 데키우스가 고트족을 추격하다 도리어 매복 공격을 받고 패했다. 데키우스는 손실을 보충하기 위해 새로운 병력을 채우고 251년에 다시 고트족을 뒤쫓았다. 이어진 전투는 초기에는 데키우스에게 유리한 듯했으나, 곧 운세가 바뀌어 고트족이 로마 군대를 포위하여 궤멸했다. 데키우스와 그의 아들도 죽임을 당했다. 데키우스 휘하에서 함께 싸웠던 갈루스(205?~253?)가 로마의 새로운 황제가 되어 명예롭지 못한 평화조약을 체결했다. 갈루스는 고트족이 약탈품을 갖고 평화롭게 도나우 강 건너편으로 철수하도록 허용했고 제국을 다시 침략하지 않는다는 조건으로 매년 공물을 바치기로 했다. **제2차 로마−고트족 전쟁(253~268)** 이 두 번째 전쟁은 고트족이 발칸 반도와 소아시아의 로마 영토를 연이어 침입한 것이었다. 253년 고트족은 에게 해 연안 지역을 공격했고, 몇 년 뒤에는 헬레스폰트(오늘날의 다르다넬스) 해협을 건너 이오니아 해안의 도시들을 침입했다. 약탈품을 챙긴 고트족은 내륙으로 방향을 바꾸어 가는 곳마다 습격했다. 결국 고트족은 흑해에 당도하여 배를 타고 북쪽의 고향으로 되돌아갈 수 있었다. 267년 고트족은 배를 타고 남쪽으로 내려와 그리스 해안을 다시 공격했는데, 남쪽 멀리 스파르타까지 공격했다. 아테네도 점령되어 약탈당했다. 로마 황제 갈리에누스(268년 사망)가 군대를 이끌고 모이시아 수페리오르로 들어가 고트족의 육상 퇴각을 저지하려 했다. 로마와 고트족의 군대는 나이수스(오늘날 세르비아의 니시)에서 대결하여 고트족 수천 명이 전장에서 학살당했고, 생존자들은 방비를 갖춘 주둔지로 도피했다. 갈리에누스는 이탈리아로 돌아와 내부의 문제를 해결해야 했으므로 고트족을 추격하지 못했다. **제3차 로마−고트족 전쟁(270)** 갈리에누스의 계승자인 '고티쿠스' 클라우디우스 2세(214?~270)는 제국 군대의 지휘권을 장악하고 고트족 정복에 나섰다가 승리하여 고티쿠스(고트족의 정복자)라는 별명을 얻었다. 클라우디우스 2세는 포로들이 다른 곳으로 이주하거나 로마 군대에 합류하게 했다. 270년에 클라우디우스 2세를 계승한 아우렐리아누스(214?~275)가 고트족 정복이라는 과업을 완수했다. 아우렐리아누스는 고트족에게 다키아(대체로 오늘날의 루마니아에 해당한다)를 주어 정착하게 했다. 향후 100년간 로마와 도나우 강과 라인 강 너머의 고트족은 비교적 평화로운 관계를 유지했다.

제4차 로마-고트족 전쟁(367~369) 이 전쟁의 원인 중 한 가지는 몽골의 유목민인 훈족이 유럽 동부에 거주하던 부족들을 남쪽과 서쪽으로 내몰면서 서진한 데 있다. 족장 아타나리쿠스(아타나리크, 381년 사망)의 지휘를 받던 서고트족은 다키아에서 남쪽으로 내몰려 트라키아를 거듭 침략했고, 이에 로마의 동부 황제 발렌스(328~378)는 불가피하게 군대를 파견했다. 369년 로마는 대승을 거두었고, 아타나리쿠스는 평화조건을 수용하여 도나우 강 북쪽에 머물기로 동의했다. 그러나 평화는 오래가지 않았다. 훈족이 우크라이나의 동고트족을 휩쓸고 모든 게르만 부족을 크게 압박했기 때문이다. 일부 게르만 부족은 발렌스에게 트라키아에 거주할 수 있게 해달라고 요청했다. 이 요청은 받아들여졌으나, 부패한 로마의 관리들이 새로운 정착민을 착취하자 이들은 무기를 들었다. **제5차 로마-고트족 전쟁(377~382)** 로마 황제 발렌스의 장군들은 증원군을 받았음에도 곳곳을 돌아다니며 약탈하는 서고트족을 제압할 수 없었고, 378년에 발렌스가 직접 군대를 지휘하게 됐다. 발렌스는 수적으로 크게 열세였는데도 아드리아노플(오늘날의 에디르네)에서 고트족과 그 동맹자들을 공격했다가 재앙과 같은 결과를 얻었다 (**⟳ 서고트족의 로마 제국 침입, 전기**). 발렌스는 전사했고, 병사의 3분의 2가 사망했다. 아드리아노플의 패배로 로마의 동부 속주들은 사실상 무방비 상태에 빠졌다. 다음 황제인 테오도시우스 1세(347~395) '대제'는 발칸 반도에서 서고트족과 계속 싸웠으나, 전쟁은 비용만 많이 들었을 뿐 아무런 결판도 나지 않았다. 테오도시우스 1세는 외교에 의존하여 전례 없는 조약을 체결했다. 이방인들은 로마의 군사적 동맹자가 되는 대가로 지정된 장소에 거주하며 자치 정부와 민족적 정체성을 보유하도록 허용됐다.

⟳ 서고트족의 로마 제국 침입, 후기

로마 내전, 기원전 84~기원전 82
Roman Civil War of BCE 84~BCE 82

로마 장군 루키우스 코르넬리우스 술라(기원전 138?~기원전 78)가 제1차 미트리다테스 전쟁에서 폰토스(폰투스) 왕 미트리다테스 6세(기원전 132?~기원전 63) '대왕'과 싸우느라 소아시아에 있을 때(◐ (제1차) 미트리다테스 전쟁), 로마에 있는 술라의 정적들은 정부를 장악하고 가이우스 플라비우스 핌브리아(기원전 84년 사망)를 술라 대신 동부 사령관으로 파견했다. 술라는 핌브리아와 그 군대를 자기편으로 끌어들인 뒤 기원전 83년에 복수를 하기 위해 이탈리아로 돌아갔다. 이탈리아의 일부 부족과 로마 군대가 술라에 저항했으나 패배하거나 술라 편으로 넘어왔다. 술라의 적들은 로마를 장악하기 위한 마지막 노력을 기울였으나 기원전 82년 11월 로마 성벽의 포르타 문에서 술라의 군대와 격렬한 전투를 치른 뒤 전멸했다. 로마 원로원은 술라를 독재관으로 세우는 법을 통과시켰고 이전에 술라가 보인 모든 행태를 합법화했다.

로마 내전, 기원전 43~기원전 31
Roman Civil War of BCE 43~BCE 31

이 시기는 음모와 의혹, 선전, 복수, 배신으로 점철된 혼란스러운 시절이었다. 율리우스 카이사르(기원전 100~기원전 44)가 사망한 뒤(◐ 카이사르의 내전), 카이사르의 외종손外從孫이자 후계자로 뒷날 아우구스투스라 불렸던 옥타비아누스(기원전 63~기원후 14)가 마르쿠스 안토니우스(기원전 83~기원전 30), 마르쿠스 아이밀리우스 레피두스(기원전 89/88~기원후 13/12)와 함께 지도자로 전면에 나섰다. 로마 원로원은 세 사람에게 공동으로 5년 동안 통치할 권한을 부여했는데, 이를 제2차 삼두정치라 불렀다. 이는 기원전 37년에 갱신됐다. 세 사람은 카이사르의 암살자인 마르쿠스 유니우스 브루투스(기원전 85~기원전 42)와 가이우스 카시우스 롱기누스(기원전 85?~기원전 42)가 모은 군대를 진압하기에 앞서 원로원 의원들 다수를 처형하고 그 재산을 몰수하여 로마의 안위를 확보했다. 이어 마케도니아로 원정하여 기원전 42년 10월 필리피 전투에서 적을 무찔렀다. 카시우스와 브루투스는 패한 뒤에 자살했다. 승자들이 제국을 나누어 가졌으나 알력이 생기는 것은 불가피했다. 안토니우스의 첫 번째 부인(풀비아)과 그의 동생(루키우스 안토니우스)이 옥타비아누스에 반대하는 반란을 선동했으나(기원전 41) 반란은 페루시아(오늘날의 페루자)에서 진압됐다. 옥타비아누스는 로마의 곡물 공급을 위협한 섹스투스 폼페이우스 마그누스 피우스(기원전 67?~기원전 35)의 해적단과도 충돌했다. 옥타비아누스는 두 번 패했으나, 기원전 36년 시칠리아 나울로쿠스 근해에서 세 번째 대결했을 때는 유능한 마르쿠스 빕사니우스 아그리파(기원전 63?~기원전 12) 장군 덕에 승리를 거두었다. 레피두스는 섹스투스 폼페이우스 마그누스와 결탁했다는 혐의를 받고 삼두정치에서 축출됐다. 한편 안토니우스는 파르티아에서 전쟁을 종결지으려 애쓰고 있었다 (○ 로마-파르티아 전쟁, 기원전 55~기원전 36). 옥타비아누스가 군대를 보내지 않자, 안토니우스는 밀통 관계에 있던 클레오파트라(기원전 69~기원전 30)에게 지원을 요청했다. 파르티아의 전쟁은 재앙이었고 안토니우스는 이집트로 돌아왔다. 로마에서 지위를 공고히 하고 있었던 옥타비아누스는 안토니우스와 클레오파트라의 관계를 이용하여 여론이 안토니우스에게 등을 돌리도록 만들었다. 기원전 32년 안토니우스가 로마에 있는 두 번째 부인(옥타비아누스의 누이인 소小 옥타비아)과 이혼하고 클레오파트라와 결혼하면서 재산을 클레오파트라와 그 자식들에게 남기겠다고 하자, 안토니우스에 대한 반감이 이탈리아 전역에 퍼졌다. 원로원은 클레오파트라에게 전쟁을 선포했다. 양쪽은 함대와 육군을 준비하여 이오니아 해에 닿아 있는 프레베자 인근의 악티움 해전에서 대결했다(기원전 31년 9월 2일). 아그리파의 군함들이 안토니우스의 함대를 막는 동안, 옥타비아누스는 안토니우스의 육상 보급로를 차단했다. 상황에 희망이 없다는 것을 안 안토니우스는 클레오파트라와 함께 필사적으로 봉쇄를 뚫고 탈출하는 데 성공했으나, 함대와 육군은 곧 항복했다. 옥타비아누스가 로마 세계의 주인이 됐고, 평화의 시대가 이어졌다.

○ 옥타비아누스-안토니우스 전쟁

로마 내전, 68~69
Roman Civil War of 68~69

네로(37~68) 황제의 잔인하고 포악한 통치로 로마 제국에는 불만이 팽배했다. 갈리아 루그두넨시스의 가이우스 율리우스 빈덱스(68년 사망) 총독이 반란을 일으켰고, 병사들이 (빈덱스의 조언에 따라) 황제로 선포한 히스파니아 타라코넨시스의 세르비우스 술피키우스 갈바(3~69) 총독이 이에 합세했다. 그러나 게르마니아 수페리오르의 루키우스 베르기니우스 루푸스(14?~97) 총독이 빈덱스의 반란을 진압했고(빈덱스는 그 뒤 자살했다) 자신을 황제로 옹립하려는 군인들의 뜻을 물리치고 갈바를 지지했다. 갈바는 황제의 친위대 대장으로 인정받은 뒤 원로원의 영접을 받았다. 네로는 원로원의 비난에 자살했다. 자신의 군대에 의해 황제로 옹립된 게르마니아 인페리오르의 아울루스 비텔리우스(15~69) 총독이 권력을 장악하기 위해 이탈리아로 진군했고, 변덕스러운 친위대 병사들은 루시타니아(오늘날의 포르투갈과 에스파냐 서부)의 총독이자 갈바가 네로에 맞서 싸울 때 지도자였던 마르쿠스 살비우스 오토(32~69)를 지지하며 갈바를 살해했다. 오토는 원로원의 승인을 얻어 황제에 올랐고 석 달 뒤 경쟁자인 비텔리우스와 대결하고자 로마에서 군대를 이끌고 나왔으나 이탈리아 북부 크레모나 인근에서 벌어진 제1차 베드리아쿰 전투(69년 4월 14일)에서 패했다. 그 뒤 오토도 자살했다. 비텔리우스는 로마에 입성하여 황제로서 원로원의 영접을 받았다. 한편 유다이아 지역의 유능한 사령관으로 시리아 총독과 아이깁투스(이집트) 총독의 지지를 받아 황제로 선포된 베스파시아누스(9~79)가 안토니우스 프리무스에게 지휘를 맡겨 도나우 강에서 이탈리아로 대군을 파병했다. 프리무스는 제2차 베드리아쿰 전투(69년 10월)에서 비텔리우스의 본대에 승리를 거두었고, 로마에 입성하여 성공리에 통제권을 장악한 뒤 비텔리우스를 죽였다(69년 12월 20일?). 이튿날 원로원은 베스파시아누스를 황제로 인정했다.

로마 내전, 193~197
Roman Civil War of 193~197

강력한 힘을 지녔으나 변덕스러웠던 로마의 친위대는 엄격한 경제적 조치로 미움을 받은 황제 푸블리우스 헬비우스 페르티낙스(126~193)를 살해하고 가장 많은 돈을 내놓은 마르쿠스 디디우스 율리아누스(133~193)에게 제위를 팔았다. 그러나 즉각 3명의 경쟁자, 즉 브리타니아의 클로디우스 셉티미우스 알비누스(150?~197), 판노니아(오스트리아 동부, 헝가리 서부, 옛 유고슬라비아의 일부)의 루키우스 셉티미우스 세베루스(145/146~211), 그리고 시리아의 페스켄니우스 니게르(135/140~194)가 각자 자신의 군단으로부터 전폭적인 지원을 받아 제위를 요구했다. 세베루스가 로마로 진격하여 권력을 찬탈했고, 제위를 매수한 데 반감을 지닌 원로원은 즉시 디디우스 율리아누스를 처형했다. 세베루스는 새로운 군단들로 친위대를 개편했고 경쟁자인 알비누스를 후계자로 받아들이는 것처럼 속여 지지를 얻어냈다. 세베루스는 군대를 이끌고 동진하여 제국으로 들어간 뒤 키지코스 전투(193)와 니카이아(니케아. 오늘날 터키의 이즈니크) 전투(193), 이수스 전투(194)에서 니게르에게 승리를 거두었다. 니게르는 도주하다 잡혀 죽임을 당했다. 니게르에 충성하는 군대가 점령한 비잔티움(오늘날의 이스탄불)은 세베루스의 오랜 포위공격을 버텨냈으나 결국 점령되고 약탈당했다(196). 세베루스와 불화한 알비누스가 스스로 황제임을 선언하고 브리타니아의 군단들을 이끌고 '갈리아로 진입하여', 메소포타미아에서 벌어진 전쟁을 중단하고(○ 로마-파르티아 전쟁, 195~202) 서쪽으로 온 세베루스의 판노니아 군단들과 교전했다. 알비누스는 루그두눔(오늘날의 리옹)에서 패하여 죽었고, 세베루스는 그 뒤 루그두눔을 완전히 파괴했다(197). 세베루스는 메소포타미아로 돌아갔고, 세베루스가 황제로 재위하는 동안 로마 정부와 원로원은 유감스럽게도 군대가 지배했다.

로마 내전, 235~268
Roman Civil War of 235~268

거대한 로마 제국은 끝없는 무정부 상태와 내전을 겪었는데(235~268), 그동안 수많은 경쟁자가 '아우구스투스(황제)' 지위와 여러 속주의 권력을 차지하기 위해 서로 싸웠다(○ 로마 내전, 238). 부패와 끊이지 않는 음모, 세금, 정부의 징발, 15년간 이어진 전염병(251~265)도 제국의 쇠락을 재촉했다. 로마 제국의 변경은 게르만족의 침입에 허물어지기 시작했다(○ 로마-고트족 전쟁). 260년까지 아버지 발레리아누스(261?년 사망)와 제국을 공동으로 통치했던 푸블리우스 리키니우스 에그나티우스 갈리에누스(218?~268) 황제의 치세(253~268)에 로마 제국 전역에서 모반자들과 제위 요구자들이 끊임없이 다투었다. 특히 갈리아(프랑스)와 일리리아(일리리쿰. 오늘날의 발칸 반도 서부), 동부의 속주들에서 분란이 심했다. 너무나 많은 제위 경쟁자가 독립적인 영역을 구축하거나 제위를 찬탈하려 했기 때문에, 일부 사람은 갈리에누스의 치세를 '폭군 30명의 시대'라고 부른다. 그러나 영국 역사가 에드워드 기번(1737~94)은 폭군으로 19명만 언급한다. 로마의 보병은 전장에서 기병에게 우위를 빼앗겼고, 방어 작전으로 여전히 통제력을 쥐고 있던 갈리에누스는 군대의 지휘권을 원로원에게서 빼앗아 유능한 기병 장교들에게 넘겼다. 268년 갈리에누스는 밀라노에서 반란을 진압하던 중에 자신의 군인들에게 살해됐다.

○ 아우렐리아누스-제노비아 전쟁 ; 아우렐리아누스-테트리쿠스 전쟁

로마 내전, 238
Roman Civil War of 238

로마 황제 가이우스 율리우스 베루스 막시미누스 트락스(막시미누스 1세, 173?~238)는 트라키아 출신의 군인 통치자로 치세의 대부분을 게르마니아에서 이민족의 침입을 막으며 보냈으나 원로원으로부터 조금도 인정받지 못했다. 238년 원로원은 마르쿠스 클로디우스 푸피에누스 막시무스(165/170?~238)와 데키무스 카일리우스 칼비누스 발비누스(165?~238)에게 황제의 영예를 안겼으며 두 사람은 공동 황제가 됐다. 그러나 북아프리카의 로마 군대가 폭동을 일으켜 연로한 고르디아누스 1세(159?~238)를 황제로 선출했다. 그 아들인 고르디아누스 2세(192?~238)는 아버지와 함께 공동으로 통치했으나 카르타고 인근에서 벌어진 전투에서 막시미누스를 지지하는 누미디아인들에게 살해당했다. 고르디아누스 1세는 슬픔에 잠겨 곧 자살했고, 손자인 고르디아누스 3세(225~244)가 황제로 선포됐다. 원로원에 의해 폐위된 막시미누스는 남쪽으로 진군하여 이탈리아 동북부의 주요 도시 아퀼레이아를 포위했다. 별다른 진전이 없는 상태에서 막시미누스는 자기 군인들의 손에 죽임을 당했다. 친위대는 푸피에누스 막시무스와 발비누스를 살해하고 고르디아누스 3세를 선택하여 제위 확보를 도왔다.

로마 내전, 284~285
Roman Civil War of 284~285

마르쿠스 아우렐리우스 카루스(224?~283)의 아들 카리누스(250?/257?~285)는 282~283년의 로마-페르시아 전쟁에서 아버지가 사망한 뒤 로마 제국 서부 황제로 선포됐다. 동시에 동부의 군인들은 카루스 휘하의 지휘관 디오클레티아누스(244?~312)를 동부 황제로 선택했다. 카리누스는 동부와 서부의 황제를 겸하고자 군대를 이끌고 동진하여 디오클레티아누스와 대결

했다. 카리누스는 모이시아 인페리오르(오늘날의 불가리아 북부와 루마니아 남부)에서 여러 차례의 접전을 승리로 이끌었다. 마르구스(대大모라바. 벨리카모라바) 강 전투에서 서부 제국 군대가 승리를 눈앞에 두었을 때 카리누스가 수하 지휘관에게 살해됐다. 디오클레티아누스가 승리하여 다시 통합된 로마 제국의 단독 황제가 됐다.

○ 로마-고트족 전쟁

로마 내전, 306~307
Roman Civil War of 306~307

305년 로마 황제 디오클레티아누스(244?~312)가 건강이 나빠져 퇴위한 뒤 제국은 내전으로 혼란에 빠졌다. 앞서 디오클레티아누스는 갈레리우스 막시미아누스(260?~311)를 동부의 '카이사르(부황제)'로 지명했고 콘스탄티우스 1세(250?~306)를 서부의 '카이사르'로 지명했다. 콘스탄티우스 1세가 사망하자 그의 군대는 아들인 콘스탄티누스 1세(272?~337)를 계승자로 선택했으나, 갈레리우스는 세베루스(307)를 황제로 밀었다. 그때 막센티우스(278?~312)가 제위를 요구했다. 갈레리우스와 세베루스가 합세하여 막센티우스에 대적했으나, 은퇴했던 막센티우스의 아버지 막시미아누스(250?~310)가 돌아와 아들을 지원했다. 부자의 군대는 로마 외곽에서 세베루스의 군대와 맞섰다. 세베루스는 병사들이 이탈하자 막시미아누스에 항복했으나 막시미아누스는 세베루스를 죽이라고 명령했다. 307년 막센티우스는 로마 황제임을 선언했다. 310년에는 황제를 자처하며 제국의 일부를 다스린 자가 5명이나 됐고, 음모와 모반이 판쳤다.

로마 내전, 311~312
Roman Civil War of 311~312

로마 황제 콘스탄티누스 1세(272?~337) '대제'는 4만 명의 병력을 이끌고 이탈리아 북부를 침공하여 수사와 토리노, 밀라노에서 경쟁 황제 막센티우스(278?~312)의 장군들이 지휘하는 우세한 군대와 대적하여 승리했다. 콘스탄티누스 1세는 브레시아와 베로나에서 두 차례 더 성공을 거둔 뒤 남쪽으로 로마를 향해 진격하며 병력을 보강했다. 312년 막센티우스의 7만 5천 명에 이르는 군대는 로마 외곽 테베레 강의 밀비우스 다리에서 수적으로 열세인 콘스탄티누스 1세의 군대(약 5만 명)와 대결했으나 결정적인 패배를 당했다. 막센티우스는 도주하다 강에 빠져 익사했다. 이 전투는 콘스탄티누스 1세가 전투를 시작하기에 앞서 하늘에서 타오르는 십자가를 보았다는 이야기로 유명하다. 콘스탄티누스 1세는 전투에 임하며 십자가를 상징으로 채택했고 승리한다면 그리스도교 신자가 되겠다고 맹세했다. 이듬해인 313년 콘스탄티누스 1세와 로마 제국의 동부 황제 리키니우스 1세(263?~325)는 밀라노에서 만나 그리스도교에 관용을 베풀고 몰수된 교회 재산을 반환하는 밀라노 칙령에 서명했다.

로마 내전, 313
Roman Civil War of 313

로마 제국의 동부 황제 리키니우스 1세(263?~325)는 막시미누스 2세(270?~313)와 대적했다. 원래 이름이 다이아였던 막시미누스 2세는 제위를 요구한 경쟁자로서 제국의 동부 전체를 장악할 계획을 세웠다. 313년 막시미누스 2세는 군대를 이끌고 보스포루스 해협을 건너 트라키아에 있는 리키니우스 1세의 군대를 공격했으나 성공하지 못하고 소아시아로 퇴각했다. 리키니우스 1세는 약 3만 명의 충성스러운 병사들을 이끌고 소아시아 서부로 건너가 치랄룸(오늘날 터키의 카라데니즈에렐리 인근) 전투에서 막시미누스 2세에 결정적인 승리를 거두었다. 막시미누스 2세는 소아시아 내륙으로 퇴각했으나 곧 사망했다. 리키니우스 1세는 즉시 막시미누스 2세의 모든 영토를 병합하고 로마 제국 동부의 황제가 됐다.

로마 내전, 314~324
Roman Civil War of 314~324

로마 제국의 동부 황제 리키니우스 1세(263?~325)가 서부 황제 콘스탄티누스 1세(272?~337) '대제'에 반대하는 반란을 조장하자 두 황제가 충돌했다. 콘스탄티누스 1세는 병사 2만 명을 이끌고 동부 제국으로 진격하여 314년 판노니아(오스트리아 동부, 헝가리 서부, 옛 유고슬라비아의 일부) 동남부에서 결말 없는 전투를 벌였다. 콘스탄티누스 1세는 철수하는 리키니우스 1세의 군대를 추적했다. 리키니우스 1세는 마르디아 전투에서 패한 뒤 트라키아를 제외한 콘스탄티누스 1세의 유럽 영토를 전부 인정했다. 콘스탄티누스 1세는 상위 황제의 권리를 포기하기로 동의했다. 그리스도교도의 처리 문제를 둘러싸고 긴장이 고조됐으며 다시 싸움이 벌어졌다. 323년 콘스탄티누스 1세의 군대가 일단의 고트족을 추적하여 트라키아로 들어가 협정을 위반했고, 전쟁은 본격적으로 재개됐다. 콘스탄티누스 1세는 공세를 시작하여 324년 7월 3일 아드리아노플(오늘날의 에디르네)에서 리키니우스 1세의 군대를 격파했다. 같은 해, 같은 달 콘스탄티누스 1세의 아들 플라비우스 율리우스 크리스푸스(300?/302?~326)는 헬레스폰트(오늘날의 다르다넬스) 해협에서 함대 200척을 이끌고 350척에 이르는 리키니우스 1세의 함대에 승리를 거두었다. 소아시아로 도주한 리키니우스 1세는 대군을 모아 324년 9월에 크리소폴리스(오늘날 터키의 위스퀴다르)에서 오랜 기간 격렬한 전투를 벌였으나 결국 완패했다. 리키니우스 1세는 다시 도주했으나 나중에 항복했고 새로이 술책을 꾸미다 처형당했다.

● 로마–고트족 전쟁

로마 내전, 350~351
Roman Civil War of 350~351

콘스탄티누스 1세(272?~337) '대제'가 사망한 뒤 로마 제국은 세 아들이 분할했다. 콘스탄티누스 2세(316?~340)는 갈리아와 히스파니아, 브리타니아를 물려받았고, 콘스탄티우스 2세(317~361)는 소아시아와 이집트, 시리아를 차지했으며, 콘스탄스(323?~350)는 이탈리아와 아프리카, 일리리쿰(일리리아. 오늘날의 발칸 반도 서부)을 얻었다. 콘스탄티누스 2세는 곧 동생 콘스탄스의 고압적인 행태에 분노하여 340년에 이탈리아를 침공했다. 콘스탄티누스 2세는 매복 공격으로 죽임을 당했고, 콘스탄스가 제국의 서부를 장악했다. 그러나 콘스탄스는 군대에서 인기가 없었고, 350년에 일어난 군사 반란에서 살해됐다. 군대는 마그넨티우스(303?~353)라는 이민족 장교를 계승자로 선택했다. 콘스탄티우스 2세가 콘스탄스의 죽음에 복수하고자 서쪽으로 진격했고, 마그넨티우스는 일리리쿰을 침공했다. 마그넨티우스의 군대는 처음에는 잘 싸웠으나 351년에 무르사(오늘날 크로아티아의 오시예크) 전투에서 콘스탄티우스 2세의 중장기병에 패했다. 그렇지만 양쪽 모두 큰 손실을 입었다. 마그넨티우스는 이탈리아 북부로 도피했고, 콘스탄티우스 2세는 아프리카와 히스파니아, 이탈리아 남부를 다시 지배했다. 콘스탄티우스 2세가 추격에 나서 마그넨티우스는 갈리아로 퇴각했으나 주민들과 병사들이 반기를 들자 자살했다. 그리하여 콘스탄티우스 2세가 로마의 단독 황제가 됐다.

로마 내전, 360~361
Roman Civil War of 360~361

350년대 중반 호전적인 페르시아가 그리스도교 왕국 아르메니아를 침공하자, 로마 황제 콘스탄티우스 2세(317~361)가 페르시아를 제압하려고 군대를 이끌고 동쪽으로 진군했으나 패배했다. 콘스탄티우스 2세는 그리스도교를 받아들인 조카 율리아누스(331/332~363)에게 자신을 도우라고 명령했다. 율리아누스는 갈리아에서 프랑크족과 알레마니족을 성공리에 격퇴하여 병사들 사이에서 인기가 높았다. 율리아누스는 떠날 채비를 했으나, 군대는 폭동을 일으키고 갈리아에서 떠나기를 거부했다. 병사들은 율리아누스를 황제로 선언했고, 율리아누스는 이를 수용했다. 이 소식을 들은 콘스탄티우스 2세는 서부로 돌아와 반란을 진압하기로 했고, 이로써 내전이 발발했다. 율리아누스도 삼촌과 대결하기로 했다. 두 군대는 서로 반대 방향에서 콘스탄티노플(오늘날의 이스탄불)로 진격했다. 율리아누스는 독일 남부를 거쳐 판노니아(오스트리아 동부, 헝가리 서부, 옛 유고슬라비아의 일부)로 신속히 이동하여 시르미움(오늘날 세르비아의 스렘스카 미트로비차)에서 전투 없이 콘스탄티우스 2세의 총독을 사로잡았다. 율리아누스는 이어 콘스탄티노플로 향했는데 콘스탄티우스 2세가 자신과 싸우러 오다가 병에 걸려 소아시아에서 사망했다는 소식을 들었다. 한편 율리아누스는 공개적으로 그리스도교를 배척하고 이교로 개종하여 뒷날 '배교자 율리아누스'라고 불렸다. 콘스탄티우스 2세가 후계자로 지명한 율리아누스는 새로운 황제로서 페르시아에 맞선 전쟁을 계속했다(❍ 로마-페르시아 전쟁, 337~363).

❍ 서고트족의 로마 제국 침입, 전기

로마 내전, 387~388
Roman Civil War of 387~388

375년 3명의 '아우구스투스(황제)'가 로마를 통치했다. 그라티아누스(359~ 383)는 서쪽에서, 어머니가 다른 동생인 발렌티니아누스 2세(371~392)는 이탈리아와 일리리쿰(일리리아. 오늘날의 발칸 반도 서부), 아프리카에서, 삼촌 발렌스(328~378)는 동부에서 통치했다. 378년 발렌스가 아드리아노플(오늘날의 에디르네)에서 서고트족과 싸우다 죽었다(◐ (제5차) **로마−고트족 전쟁**). 그라티아누스는 테오도시우스 1세(347~395) '대제'를 발렌스의 계승자로 지명했다. 그라티아누스는 평범한 통치자였기에 곳곳에서 불만이 터져나왔다. 특히 브리타니아에서는 383년에 군대가 지휘관인 플라비우스 마그누스 클레멘스 막시무스(335?~388)를 황제로 선출했다. 그라티아누스가 군대를 이끌고 갈리아로 진격했으나 병사들이 이탈하여 막시무스에게 잡혀 죽었다. 발렌티니아누스 2세와 테오도시우스 1세는 마지못해 막시무스를 갈리아와 히스파니아, 브리타니아의 황제로 인정했다. 387년 막시무스가 이탈리아를 침공하여 권력을 빼앗으려 하자, 발렌티니아누스 2세는 테오도시우스 1세에게 피신하여 도움을 요청했다. 테오도시우스 1세는 육군과 해군을 대규모로 모아 일리리쿰으로 원정하여 두 차례 교전에서 막시무스를 무찔렀다. 한번은 대담하게 기습하여 강을 건너 싸웠다(388). 막시무스는 이탈리아로 철수했고, 테오도시우스 1세는 아드리아 해를 장악하고 막시무스를 뒤쫓았다. 막시무스는 아퀼레이아(베네치아 인근)에서 포위당했고 배반한 병사들에게 붙잡혀 테오도시우스 1세에게 넘겨졌다. 테오도시우스 1세는 막시무스를 처형하라고 명령하고 발렌티니아누스 2세를 황제로 복위시켰다. 군사적 통제권을 장악하려는 반복된 시도가 4세기의 특징이기는 하지만, 로마 제국은 여전히 단일한 실체로 여겨졌다. 이러한 관념은 5세기에 들어서 바뀌게 된다.

◐ **서고트족의 로마 제국 침입, 후기 ; 훈족의 로마 제국 침입**

로마 내전, 394
Roman Civil War of 394

로마 제국 군대에서 근무하던 프랑크족 이교도 출신의 강력한 아르보가스트(아르보가스테스, 394년 사망) 장군은 갈리아와 라인 강 변경에서 이민족을 평정했다(388~389). 아르보가스트는 로마 제국의 서부 황제 발렌티니아누스 2세(371~392)에게 등을 돌렸고 황제의 시해를 사주한 것이 분명했다. 그 뒤 아르보가스트는 수사학 교사를 지냈던 부하로 그리스도교도였던 플라비우스 에우게니우스(394년 사망)를 황제로 선언했다. 로마 제국의 동부 황제(379년 이후)이자 서부 황제(392년 이후)였던 테오도시우스 1세(347~395) '대제'는 두 제위 찬탈자를 인정하지 않았고, 발렌티니아누스 2세의 죽음에 복수하기 위해 콘스탄티노플(오늘날의 이스탄불)에서 대군을 이끌고 이탈리아 동북부로 진격하여 아퀼레이아 인근 프리기두스(비파코) 강에서 에우게니우스와 아르보가스트의 군대와 대결했다. 전투 첫날(394년 9월 5일) 테오도시우스 1세는 패배에 몰렸다가 어둠이 내리면서 구출됐고, 그날 밤 (세례받은 그리스도교인으로서) 기도를 하고 부대를 재편했으며, 이튿날 공격에 나서 플라비우스 스틸리코(359?~408)의 뛰어난 지휘 덕에 승리를 거두었다 (**○ 스틸리코-서고트족 전쟁**). 에우게니우스는 살해됐고 아르보가스트는 자살했으며, 이교 혁명은 실패로 돌아갔다. 제국은 다시 통합됐다. 테오도시우스 1세가 사망한 뒤 제국의 동부는 아들 아르카디우스(377?~408)가 상속하고 서부는 아들 호노리우스(384~423)가 물려받았다. 두 아들 모두 변경 등지에서 침입하는 이민족을 대적하기에는 준비가 부족했다.

로마 대내전, 기원전 49~기원전 44
Great Roman Civil War, BCE 49~BCE 44
○ 카이사르의 내전, 기원전 49~기원전 44

로마-반달족 전쟁, 468
Roman War with the Vandals, 468

468년 게르만족의 일파인 반달족은 게이세리쿠스(게이세리크, 389?~477) 왕의 지휘 아래 로마의 아프리카 영토와 시칠리아, 지중해 동부의 섬들을 지배했다(**○ 반달족의 로마 제국 침입**). 비잔티움 제국 황제 레오 1세(401~474) '대제'는 처남 바실리스쿠스(476/477년 사망)에게 지휘를 맡겨 해군 원정대를 파견했으나, 바실리스쿠스는 주의 부족으로(몇몇 역사 서술에 따르면 배신을 당해) 함대를 서투르게 기동하고 공격을 너무 지연시킨 나머지 카프봉(튀니지의 라스아다르)에서 게이세리쿠스의 화공선에 대패했다. 원정은 재앙으로 끝났고, 바실리스쿠스는 콘스탄티노플(오늘날의 이스탄불)로 도망쳤으며, 반달족은 지중해의 승리자로 남았다.

○ 반달족-로마의 북아프리카 전쟁

로마-베이 전쟁
Roman War with Veii

제1차 로마-베이 전쟁(기원전 438~기원전 426) 로마에서 서북 방향으로 약 16킬로미터 떨어진 지점의 테베레 강 북쪽에 자리 잡은 에트루리아인의 강력한 도시 베이(베이오)는 로마에서 위쪽으로 얼마 떨어지지 않은 하류에 중요한 전초기지를 갖고 있었다. 기원전 438년 로마는 피데나이라는 이 기지를 빼앗기 위해 공격에 나섰다. 한 차례 전투에서 베이 왕 라르스 톨룸니우스(기원전 428?년 사망)가 로마 장군에게 살해됐다. 베이는 에트루리아 동맹의 다른 도시들에게 지원을 요청했으나, 거의 아무런 응답도 받지 못했다. 기원전 426년 로마는 오랜 포위 끝에 피데나이를 점령하여 자국 영토에 병합했다. **제2차 로마-베이 전쟁(기원전 405~기원전 396)** 로마의 군대가 베이를 포위하여 공격하려 했으나 베이 시민들이 이를 예상하고 낭떠러지 위에 세운 도시를 강력한 요새로 만들어 실패했다. 이후 로마의 마르쿠스 푸리우스 카밀루스(기원전 446?~기원전 365) 독재관이 베이를 포위하여 9년 동안 공격했다. 전하는 바에 따르면 로마 병사들은 베이 북쪽의 평지를 장악한 뒤 하수도를 통해 도시 중심부로 기어들어가 성을 점령하고 무자비하게 약탈했다고 한다. 베이는 파괴됐고, 주민들과 영토는 로마의 소유가 됐다. 베이의 몰락은 에트루리아의 이탈리아 중부 지배 종식과 로마의 흥기를 알리는 신호탄이었다.

○ 에트루리아-로마 전쟁 ; 켈트족의 로마 약탈

로마-아르메니아 전쟁, 기원전 93~기원전 92
Roman-Armenian War, BCE 93~BCE 92

파르티아 제국의 왕 미트리다테스 2세(재위 기원전 123?~기원전 88?) '대제’는 티그라네스 2세(기원전 140?~기원전 55?) ‘대왕’이 다스리는 아르메니아 왕국을 지배했다. 티그라네스 2세는 미트리다테스 2세에게 인질로 잡혀있었는데, 전하는 바에 따르면 계곡 70개를 넘겨주고 자유를 샀다고 한다. 티그라네스 2세는 소아시아 동부의 주변 지역을 병합하며 왕국을 확대했고, 폰토스(폰투스) 왕 미트리다테스 6세(기원전 132?~기원전 63) ‘대왕’과 연합하여 그의 딸과 결혼했다(◐ 미트리다테스 전쟁). 기원전 93년 티그라네스 2세는 소아시아 중동부에 있는 로마의 속국 카파도키아(아나톨리아의 중동부)를 침공했다. 소아시아 킬리키아 속주의 프라이토르(법무관)였던 루키우스 코르넬리우스 술라(기원전 138?~기원전 78) 장군과 미트리다테스 2세가 보낸 파르티아 사절 오로바주스(기원전 91?년 사망)는 유프라테스 강 앞에서 만나 (두 나라는 이 강을 국경으로 인정했다) 동맹을 맺고 티그라네스 2세에 맞섰다. 그러나 로마 군대는 파르티아의 지원군이 도착하기 전에 카파도키아에서 아르메니아 침략자들을 내몰았다. 오로바주스는 돌아가서 불경죄로 유죄 선고를 받고(유프라테스 강 회합에서 술라보다 낮은 자리에 앉았다) 참수당했다.

로마-아르메니아 전쟁, 기원전 72~기원전 66
Roman-Armenian War of BCE 72~BCE 66

폰토스(폰투스) 왕 미트리다테스 6세(기원전 132?~기원전 63) ‘대왕’은 제3차 미트리다테스 전쟁에서 루키우스 리키니우스 루쿨루스(기원전 117?~기원전 56?)가 지휘하는 로마군에 패한 뒤(◐ (제3차) 미트리다테스 전쟁) 사위인 아르메니아의 티그라네스 2세(기원전 140?~기원전 55?) ‘대왕’에게 피신했다. 티그라네스 2세는 미트리다테스 6세를 로마에게 넘겨주지 않았다. 그러자 루쿨루스가 기원전 69년 가을에 아르메니아를 침공하여 티그라노케르타(오늘날의 티그라나케르트)에서 전투를 벌인 뒤 그 풍요로운 도시를 점령했다. 이듬해 루쿨루스는 나라의 나머지도 정복하려 했으나 거친 산악지형과 험한 날씨에 제대로 대비하지 못했다. 미트리다테스 6세는 아르메니아의 새로운 군대를 로마식으로 신속히 훈련시켰으나, 티그라네스 2세의 병사들은 기원전 68년에 아르탁사타(오늘날 아르메니아의 아르타샤트)에서 패했다. 루쿨루스는 추운 겨울 날씨와 아르메니아 북부의 험한 지형, 병사들의 사기 저하로 남쪽으로 내려와 메소포타미아의 니시비스(오늘날의 누사이비)를 점령했으나 병사들은 오랫동안 급여를 받지 못하자 약탈을 일삼았고, 여러 차례 폭동을 일으켰다. 루쿨루스는 연이어 승리했으나 폰토스도 아르메니아도 점령하지 못했고, 기원전 66년에 로마로 소환됐다. 동방 원정군의 지휘권을 장악한 폼페이우스(기원전 106~기원전 48)는 티그라네스 2세의 불충한 아들로부터 도움을 받아 아르메니아 왕을 굴복시켰다(기원전 66). 티그라네스 2세는 많은 배상금을 물어야 했고 이후 로마의 속국 왕으로 통치했다.

로마-아르메니아 전쟁, 113~117
Roman–Armenian War of 113~117

○ 로마의 동부 전쟁, 113~117

로마-아르메니아 전쟁, 162~165
Roman–Armenian War of 162~165

○ 로마의 동부 전쟁, 162~165

로마-알레마니족 전쟁, 271
Roman–Alemannic War of 271

게르만족의 일파인 알레마니족은 로마가 아그리데쿠마테스라고 부르던 오늘날 독일 서부의 바덴뷔르템베르크 주를 점령하기 위해 서진했다. 270년경 알레마니족은 이탈리아 북부를 침공했다. 로마 황제 아우렐리아누스(214?~275)는 서둘러 북쪽의 밀라노로 군대를 이끌어 플라켄티아(오늘날의 피아첸차)에서 알레마니족과 대결했으나 크게 패했다. 아우렐리아누스는 군대를 재편하여 로마로 남진한 알레마니족을 쫓았고 이탈리아 중부 파노에서 따라잡아 승리를 거두었다. 알레마니족은 북쪽으로 물러갔다. 아우렐리아누스의 군대는 알레마니족을 추적하여 파비아에서 침략군을 거의 궤멸하고 다시 승리했다. 알레마니족의 잔당은 알프스 산맥을 넘어 고향으로 도주했다. 로마는 안전보장을 위해 270년대 말에 아그리데쿠마테스 지역을 포기했고, 도나우 강의 남안에 새로운 요새들을 건설했으며, 로마 주변에 성벽을 쌓았다.

로마-에트루리아 전쟁
Roman-Etruscan Wars

⭕ 에트루리아-로마 전쟁

로마-에페이로스의 피로스 전쟁, 기원전 281~기원전 272
Roman War against Pyrrhus of Epirus, BCE 281~BCE 272

이탈리아 남부 해안에 있는 스파르타 식민지 타렌툼(오늘날의 타란토)은 로마가 자국을 침범하는 데 분노하여 로마에 전쟁을 선포하고 그리스의 유능한 장군이었던 에페이로스 왕 피로스(기원전 319/318~기원전 272)에게 지원을 요청했다. 피로스는 흔쾌히 응했다. 로마는 기원전 280년 헤라클레아 루카니아(오늘날 이탈리아 남부의 타란토 만 인근) 전투에서 역사상 처음으로 그리스 군대와 대적하여 크게 패했다. 이듬해 피로스가 이끄는 그리스인들은 이탈리아 남부 아스쿨룸(오늘날의 아스콜리 사트리아노)에서 로마를 무찔렀으나 전장에서 너무 심한 손실을 입어 피로스가 이렇게 말했다고 한다. "이런 승리를 한 번 더 거둔다면 나는 멸망하고 말 것이다." 이 말에서 '피로스의 승리'라는 관용어가 생겨났다.

⭕ 카르타고-에페이로스의 피로스 전쟁

로마의 동부 국경 전쟁, 기원전 20~기원후 19
Roman Eastern Frontier Wars of BCE 20~CE 19

로마 황제 아우구스투스(옥타비아누스, 기원전 63~기원후 14)는 멀리 떨어진 동부 속주들에 군단을 주둔시켰다. 아우구스투스는 그곳에서 적대적인 세력에 직면했는데 특히 아르메니아(반란을 일으킨 속국)와 독립국 파르티아의 적의가 심했다. 기원전 20년 아우구스투스의 의붓아들 티베리우스(기원전 42~기원후 37)가 아르메니아로 원정했고 파르티아 왕과 평화조약을 체결했으며, 기원전 55~기원전 36년의 로마-파르티아 전쟁 중 기원전 53년에 빼앗긴 로마 군단의 깃발들을 되찾았다. 그렇게 로마의 명예를 지킨 티베리우스는 큰 찬사를 받고 아우구스투스가 사망한 뒤 황제가 됐다. 파르티아는 곧 로마가 아르메니아를 지배하는 데 이의를 제기했고, 아우구스투스는 동부로 장군들을 거듭 원정시켰으나(기원전 17~기원전 13, 기원후 1~4) 큰 성공을 거두지는 못했다. 기원후 6년 유다이아가 로마의 속주가 됐으며 시리아도 로마 군단에 점령당했다. 로마는 2년에 걸쳐 파르티아 전쟁(18~19)을 치렀고 마침내 아르메니아를 장악했으나, 아르메니아는 계속해서 골칫거리였다.

○ 로마-아르메니아 전쟁 ; 로마의 동부 전쟁

로마의 동부 전쟁, 113~117
Roman Eastern War of 113~117

로마 황제 트라야누스(53~117)는 유능한 장군이었을 뿐만 아니라 유달리 공정하고 뛰어난 행정관이었다. 113년 트라야누스는 파르티아가 로마의 동의도 받지 않은 채 아르메니아 왕을 내쫓고 파르티아인을 왕좌에 앉히자 군대를 이끌고 동진했다. 114년 아르메니아를 침공한 트라야누스는 별다른 저항 없이 왕을 제거하고 아르메니아를 로마 제국의 속주로 삼았다. 트라야누스는 그 다음 메소포타미아로 진격하여 역시 큰 저항을 받지 않고 새로운 속주 아시리아를 세웠다. 그러나 이듬해 로마 군대가 남쪽 멀리 바빌론에 머무는 동안 새로운 속주들이 반란을 일으켰고, 파르티아가 아르메니아와 아시리아를 침공했다. 트라야누스는 영토를 되찾고자 군대를 이끌고 서둘러 북쪽으로 이동했으며, 곧 메소포타미아를 회복하고 아르메니아에서 파르티아의 전진을 저지했다. 로마에 충성하는 파르티아의 귀족이 파르티아 왕으로 지명됐다. 117년 트라야누스는 자신이 임명한 왕을 지원하기 위해 다시 메소포타미아 원정을 계획했으나 병에 걸려 셀리누스(오늘날의 가지파샤)에서 사망했다.

로마의 동부 전쟁, 162~165
Roman Eastern War of 162~165

로마 황제 마르쿠스 아우렐리우스(121~180)가 통치를 시작할 때, 파르티아 왕 볼로가세스 4세(재위 147~191)는 아르메니아를 공격하여 그곳에 주둔한 로마 군대를 무찔렀고 계속해서 메소포타미아로 진격하여 로마 수비대를 격파하며 그 지역을 폐허로 만들었다. 마르쿠스 아우렐리우스는 가문에 양자로 들어온 동생 루키우스 아우렐리우스 베루스(130~169)에게 동부의 로마 군대 지휘권을 맡겨 질서를 회복하게 했다. 163년 로마는 아르메니아를 되찾았다. 그 뒤 2년 동안 메소포타미아에서는 전투가 계속됐고, 아비디우스 카시우스(175년 사망)가 지휘하는 로마 군대는 파르티아의 수도인 셀레우키아와 크테시폰을 점령했다. 파르티아는 평화협상을 요청했다. 로마 제국 동부와 유럽을 휩쓴 강력한 전염병 탓에 전쟁을 마치고 돌아오던 로마 병사들을 포함하여 수많은 사람이 사망했다. 이 때문에 정복자들은 파르티아를 영구히 굴복시킬 수 없었다.

로마의 북부 국경 전쟁, 기원전 24~기원후 16
Roman Northern Frontier Wars of BCE 24~CE 16

로마 황제 아우구스투스(옥타비아누스, 기원전 63~기원후 14)는 이탈리아와 갈리아를 보호하는 변경의 안전을 확실하게 지키기 위해, 기원전 51년에 율리우스 카이사르(기원전 100~기원전 44)가 확정한 라인 강의 경계로부터 북쪽과 동쪽으로 군단들을 이동시켰다. 아우구스투스는 이탈리아 북부에 아오스타를 건설하고(기원전 24) 일리리쿰(일리리아. 오늘날의 발칸 반도 서부)과 모이시아(오늘날의 불가리아 북부)를 점령했다. 아우구스투스는 기원전 16년 로마 군대가 게르만 부족의 침공에 패배하자 직접 갈리아로 가서 작전을 지휘했다. 아우구스투스의 의붓아들인 티베리우스(기원전 42~기원후 37)와 드루수스(기원전 38~기원후 9)가 원정대를 이끌어 라이티아(바이에른)와 노리쿰(오스트리아), 판노니아(오스트리아 동부, 헝가리 서부, 옛 유고슬라비아의 일부)에서 동시에 승리를 거두었고, 이 지역들은 모두 로마 제국에 병합됐다. 갈리아에서는 드루수스가 지휘하는 군단들이 게르만족의 침공을 저지했으며(기원전 12), 게르마니아로 진격하여 리페(루피아) 강에서 큰 열세를 딛고 승리를 거두었다(기원전 11). 승리한 드루수스는 로마의 힘을 과시하기 위해 군대를 이끌고 라인 강과 엘베 강 사이를 오갔다. 드루수스가 낙마하여 얻은 부상으로 사망한 뒤 티베리우스가 동생이 이끌던 게르마니아 전쟁을 속행했으나 기원전 7년에 정복과 복속은 중단됐다. 기원후 4년 티베리우스는 부족들의 반란을 진압하기 위해 게르마니아로 돌아와 수상과 육상의 원정대를 이끌고 엘베 강으로 나아갔다. 티베리우스는 집정관 푸블리우스 큉크틸리우스 바루스(기원전 46~기원후 9)에게 그곳의 지휘권을 맡기고 판노니아와 일리리아쿰으로 떠나 봉기를 성공리에 진압했다(6~9). 9년에 토이토부르크 숲 전투에서 로마군이 대패하여 게르마니아의 로마화가 중단됐다. 그럼에도 티베리우스와 드루수스의 아들 게르마니쿠스 카이사르(기원전 15~기원후 19)가 여러 차례 진압 원정을 이끌어 게르만족에 심각한 타격을 입히고 토이토부르크의 대재앙에 복수했다(11~16).

◐ 로마-고트족 전쟁

로마의 브리타니아 정복, 43~61
Roman Conquest of Britain, 43~61

로마 장군 율리우스 카이사르(기원전 100~기원전 44)가 갈리아 전쟁 중에 브리타니아를 공략하여 성공했지만, 섬의 정복은 황제 클라우디우스 1세(기원전 10~기원후 54)가 파견한 아울루스 플라우티우스 휘하의 4개 군단이 비타협적인 부족 왕국들을 정복하면서 시작됐다. 로마 군대는 43년에 해안의 루투피아이(오늘날 켄트 주의 리치버러)에 상륙한 뒤 호전적인 카투벨라우니족과 트리노반테스족을 기습하여 격파했다. 두 부족은 론디니움(오늘날의 런던)으로 퇴각했으나 두로브리바이(오늘날의 로체스터) 근처에서 다시 패했다. 클라우디우스 1세가 곧 도착하여 직접 전투를 지휘했다. 카투벨라우니족 지도자 카라타쿠스(재위 30~60)는 로마와 싸우던 중에 형제 토고둠누스(43년 사망)를 잃고 서쪽으로 피신하여 여러 부족(웨일스의 실루레스족과 오르도비케스족)을 규합했다. 로마 군대는 별동대를 파견하여 저항을 분쇄했고, 일부 부족은 쉽게 굴복하여 로마의 지배를 받았다. 47년에 로마는 로마의 생활방식을 받아들인 중심지 론디니움과 카물로두눔(오늘날의 콜체스터), 베룰라미움(오늘날의 세인트올번스)을 포함한 브리타니아 동남부를 확실하게 장악했다. 서쪽에서는 포스 가도로 알려진 도로를 따라 경계가 설정됐다. 로마의 군대는 이 경계를 넘어 브리간테스족 영토를 침공했다. 웨일스 북부에서 패한 카라타쿠스는 브리간테스족의 여왕 카르티만두아(재위 30~70)에게 피신하여 도움을 요청했으나, 51년 카르티만두아는 카라타쿠스를 로마에 넘겨주었다. 로마는 부족민들이 로마에 반대하여 수없이 많은 반란을 일으키는 중에 카르티만두아의 권좌를 확고히 지지했다(57년에 로마 군대는 카르티만두아가 이혼한 남편이자 공동왕이었던 베누티우스의 반란을 진압하는 것을 지원했다). 큰 저항이 일어났으나 실패한 뒤(◐ 부디카의 반란), 61년 네로(37~68)

황제의 치세에 브리타니아의 변경 지역은 확실하게 제국 영토에 포함됐다.
○ 몬스 그라우피우스 전투

로마의 함락, 476
Fall of Rome, 476

반달족이 455년에 로마를 약탈한 뒤(○ 반달족의 로마 제국 침입), 20년 동안 이 민족 장군들이 연이어 이탈리아를 통치했고 서로마 제국의 황제는 꼭두각시 수장일 뿐이었다. 476년 로마 군대의 대부분을 차지한 게르만 용병들이 반란을 일으키고 오도아케르(오도바카르, 434?~493) 대장을 왕으로 선포했다. 오도아케르는 476년 8월 23일 파비아 전투에서 서로마 장군 오레스테스(476년 사망)의 군대를 격파하고 장군을 사로잡아 처형했다. 오도아케르는 이어 서로마 제국의 수도가 된 라벤나를 점령했고 오레스테스의 아들인 황제 로물루스 아우구스툴루스(재위 475~476)를 폐위했다. 폐제는 캄파니아의 빌라에 은거해도 좋다는 허락을 받았다. 그 뒤 오도아케르는 이탈리아를 통치했으나 자신을 황제로 칭하지 않았고 자신의 영토를 서로마 제국의 일부로 여기지도 않았다. 476년은 서유럽에서 수백 년 동안 지속된 정치체제가 붕괴되고 이른바 암흑기가 시작된 해이기 때문에 중요하다. 서로마 제국은 486년 살리 프랑크족의 왕 클로도베쿠스 1세(클로비스 1세, 466?~511)가 수아송에서 갈리아의 시아그리우스(430?~486) 장군을 무찌르면서 더욱 약해졌다. 클로도베쿠스 1세는 이후 루아르 강 이북에서 세력을 확대하고 갈리아의 로마 영토를 병합했다.
○ 테오데리쿠스-오도아케르 전쟁

'로마 진군', 1922
'March on Rome', 1922

1922년 여름 이탈리아에서는 정당 간의 반목이 내전 직전에 이른 것 같았다. 특히 정부는 볼로냐와 밀라노 등지에서 권력을 장악한 파시스트에 맞설 수 없었다. 국가파시스트당PNF의 수장인 베니토 무솔리니(1883~1945)는 자유당 출신의 우유부단한 총리 루이지 파크타(1861~1930)의 사임과 파시스트 정부의 수립을 요구하며, 요구가 수용되지 않으면 비참한 결과가 따를 것이라고 위협했다. 파시스트의 '로마 진군(1922년 10월 28일)'으로 파크타는 (뒤늦게) 계엄령을 선포했다. 그러나 헌법상 이탈리아의 국가원수인 왕 비토리오 에마누엘레 3세(1869~1947)는 계엄령에 서명하지 않고 파크타를 해임했다. 1922년 10월 30일 무솔리니가 밀라노에서 열차의 침대차에 타고 안락하게 로마에 도착했을 때에는 겨우 2만 5천여 명밖에 되지 않았던 검은 셔츠단(파시스트)이 수도를 점령하고 있었다. 그러나 이튿날 수많은 추종자가 임시 열차편으로 도착하여 왕궁을 포위하고 무솔리니의 승리를 연호했다. 왕은 무솔리니에게 정부를 수립하여 질서를 회복하도록 허가했다.

○ 단눈치오의 전쟁

로마-콰디족·사르마트족 전쟁, 374~375
Roman Wars with the Quadi and Sarmatians, 374~375

로마가 이민족의 침입으로 곤란했던 것처럼(○ 로마-고트족 전쟁) 초기 이주자인 콰디족도 마찬가지였다. 게르만족의 일파인 콰디족은 훈족에 밀려 서쪽으로 쫓겨나다 359년에 대체로 오늘날의 루마니아에 해당하는 도나우 강의 북쪽에 있는 다키아에 정착했다. 로마 황제 발렌티니아누스 1세(321~375)가 콰디족의 영토인 도나우 강 남쪽에 로마 요새를 건설하자, 평화롭게 지내던 콰디족의 왕 가비누스(374년 사망)가 권리의 침해에 항의하고자 군대를 이끌었다. 로마의 요새 사령관은 이를 근거 없는 주장이라고 일축한 뒤 가비누스를 죽였다. 그 결과 콰디족이 반란을 일으켜 동맹자인 사르마트족과 함께 도나우 강을 건너 모이시아 인페리오르(오늘날의 불가리아 북부와 루마니아 남부)와 판노니아(오스트리아 동부, 헝가리 서부, 옛 유고슬라비아의 일부)를 폐허로 만들고 로마의 군단들을 격파하여 쫓아냈다. 뒷날 황제가 되는 테오도시우스(테오도시우스 1세, 347~395)가 군대를 이끌고 사르마트족을 저지하여 단독 강화를 체결했고(374), 동시에 발렌티니아누스 1세는 갈리아의 군대를 이끌고 콰디족 영토로 들어가(375) 폐허로 만든 뒤 겨울 숙영지로 귀환했다. 콰디족은 더 이상 저항해야 소용없다고 확신하여 발렌티니아누스 1세에게 사절을 보냈다. 콰디족의 사절단이 반란을 일으킨 것은 로마가 공격했기 때문이라고 변명하자, 발렌티니아누스 1세는 너무 심하게 분노한 나머지 발작을 일으켜 숨졌다. 콰디족은 405년까지 평화롭게 지내다 서고트족에 합세하여 이탈리아를 침공했다(❖ 스틸리코-서고트족 전쟁).

❖ 고트족-사르마트족 전쟁 ; 로마-고트족 전쟁

로마-킴브리족 · 테우토네스족 전쟁, 기원전 104~기원전 101
Roman War with the Cimbri and Teutones, BCE 104~BCE 101

원래 윌란(유틀란트) 반도에 거주한 게르만족이었던 킴브리족과 테우토네스족은 여러 해에 걸쳐 남진하여 로마의 영토인 갈리아로 들어갔고 여러 차례 로마 군대를 무찌른 뒤 서쪽의 히스파니아로 이동했다. 기원전 104년 이 이민족들은 이탈리아 북부로 방향을 틀었고 세 집단을 이루어 침공을 계획했다. 한편 로마의 유능한 가이우스 마리우스(기원전 157~기원전 86) 장군은 침략자들에 맞서기 위해 새로이 군대를 모아 훈련시키고 있었다. 마리우스는 론 강과 이제르 강이 합류하는 곳에 강력한 방어 요새를 세우고 기원전 102년 그곳에서 테우토네스족과 킴브리족의 공격을 격퇴했다. 론 강을 따라 내려오던 테우토네스족의 큰 무리가 알프마리팀(알피 마리티메)을 넘어 이탈리아로 진격할 계획을 세웠으나, 기원전 102년 아콰이 섹스티아이(엑상프로방스) 전투에서 마리우스 군대의 매복 공격을 받고 패주했다. 스위스를 거쳐 동진한 뒤 브레너 고개를 넘던 킴브리족은 이탈리아 북부의 아디제 강유역에서 로마 군대를 쳐부순 뒤 남쪽의 포 강 유역으로 이동했다. 급히 이탈리아로 돌아온 마리우스는 다른 로마 군대와 합세하여 기원전 101년 베르켈라이(오늘날의 베르첼리) 전투에서 킴브리족을 완파했다. 대략 이민족 14만 명이 죽임을 당했고, 5만 명 이상이 포로로 잡혔다. 다른 이민족 무리는 되돌아갔고 다시 로마를 괴롭히는 일이 없었다.

로마-파르티아 전쟁, 기원전 55~기원전 36
Roman-Parthian War of BCE 55~BCE 36

고대에 파르티아는 오늘날의 이란 북부에 위치한 나라였다. 파르티아는 기원전 65년까지 로마와 우호적인 관계를 유지했다. 10년 뒤 마르쿠스 리키니우스 크라수스(기원전 115?~기원전 53)가 대군을 이끌고 시리아에서 출발했을 때에도 전쟁의 이유는 없었다. 크라수스는 승전의 영광과 보상을 원했으나 실망했다. 기원전 54년 크라수스는 유프라테스 강을 건너 파르티아를 침공했으나 병사들은 사막 전투 경험이 없었다. 크라수스의 군대는 파르티아의 기병과 궁수들이 일으킨 짙은 먼지에 휩싸여 전체 군단의 상당수가 죽임을 당했다. 크라수스는 카르하이(오늘날의 하란)에서 탈출하려다가 살해됐다. 17년 뒤 마르쿠스 안토니우스(기원전 83~기원전 30)가 전쟁을 재개하여 아르메니아의 산악지대를 넘어 파르티아를 침공하려 했으나 아르메니아 왕은 돕기를 거부했고, 파르티아의 기병들이 안토니우스의 보급 부대를 습격하여 공성용 투석기를 파괴했다. 안토니우스는 프라스파 요새를 점령하려 했으나 실패했고, 로마 군대는 큰 손실을 입고 철수해야 했다.

로마-파르티아 전쟁, 56~63
Roman-Parthian War of 56~63

51년에 파르티아의 왕이 된 볼로가세스 1세(재위 51~77)는 로마가 세운 아르메니아의 꼭두각시 왕이 살해되자 형제인 티리다테스(73?년 사망)를 아르메니아 왕좌에 앉히려 했다. 이에 불쾌해진 로마 황제 네로(37~68)는 소아시아에 있던 코르불로(67년 사망) 장군에게 다른 꼭두각시 왕을 세우라고 명령했다. 57년 코르불로의 군대가 아르메니아를 침공하여 티리다테스를 왕좌에서 축출했다. 볼로가세스 1세는 당시 파르티아 국내의 위협적인 문제들에 전념하느라 코르불로에 대적할 병사들을 차출할 수 없었다. 그러나 볼로가세스 1세는 61년에 아르메니아를 침공하여 로마의 군단들을 내쫓고 티리다테스를 다시 즉위시켰다. 코르불로는 협상으로 문제를 해결했다. 이에 따라 티리다테스는 왕위를 유지했으나 네로를 상위 주군으로 인정했다.

로마-파르티아 전쟁, 195~202
Roman-Parthian War of 195~202

로마에서 2명의 황제가 서로 다투는 동안 파르티아 왕 볼로가세스 5세(재위 191~209)는 아르메니아 왕국을 침공하여 니시비스(오늘날의 누사이빈)를 포위했다. 루키우스 셉티미우스 세베루스(145?/146~211)는 황제가 된 뒤 로마 군대를 이끌고 동진하여 유프라테스 강 너머 파르티아의 도시 셀레우키아를 점령했다. 로마 군대는 크테시폰으로 진군하여 격렬한 전투 끝에 도시를 함락했다. 로마 군대가 북쪽으로 향하자 볼로가세스 5세의 군대는 니시

비스의 포위를 끝내고 산악지대로 퇴각했다. 그렇지만 파르티아의 하르타 요새는 로마가 197년과 199년에 거듭 공격했는데도 잘 버텼다. 세베루스는 니시비스를 점령하여 로마 제국의 속주 파르티아의 수도로 삼았다. 세베루스의 파르티아 원정은 비록 하르타에서는 실패했지만 성공적이었다.

로마-페르시아 전쟁, 230~233
Roman-Persian War of 230~233

대략 226년에서 227년 사이에 갑자기 등장하여 페르시아의 왕이 된 아르다시르 1세(241?년 사망)는 반란을 일으켜 파르티아의 상위 주군을 무너뜨리고 파르티아 제국을 점령했으며 사산 왕조를 창시했다. 아르다시르 1세는 이어 소아시아 전체를 새로운 페르시아 제국의 영토로 요구했다. 아르다시르 1세는 230년과 231년에 로마의 속주였던 메소포타미아를 침공했고 자신의 얼굴을 새긴 금화를 주조하여 로마의 권위에 도전했다. 젊고 군사적 경험이 적었던 로마 황제 마르쿠스 아우렐리우스 세베루스 알렉산데르(208?~235)는 협상으로 평화를 얻으려 했으나 실패했고, 동부 속주들을 위협하는 페르시아를 제압하려고 어쩔 수 없이 전장으로 나가야 했다. 232년 로마의 3개 군단이 각기 다른 방향에서 페르시아를 침공하려 했다. 세베루스 알렉산데르가 지휘하는 군대는 크게 패했으며, 나머지 두 군대도 작은 성공을 거두었을 뿐이었다. 그러나 페르시아가 입은 손실이 너무 극심하여 아르다시르 1세는 '승리'의 여세를 몰아갈 수 없었다. 세베루스 알렉산데르는 로마로 돌아가 승리를 축하했다. 공식적인 휴전은 없었으나, 로마의 국경은 회복됐다.

로마-페르시아 전쟁, 241~244
Roman-Persian War of 241~244

사산 왕조 페르시아 제국의 왕으로 아르다시르 1세(241?년 사망)의 아들이었던 샤푸르 1세(272년 사망)는 로마의 영토를 빼앗아 페르시아 제국을 확장한다는 아버지의 정책을 계승했다. 샤푸르 1세의 기병 부대와 보병 부대는 시리아를 침공하여 대부분 점령했고 안티오크(오늘날의 안타키아)를 위협했다. 242년 로마 황제 마르쿠스 안토니우스 고르디아누스 피우스(고르디아누스 3세, 225~244)와 그의 장인이자 유능한 장군이었던 가이우스 푸리우스 사비니우스 아퀼라 티메시테우스(190?~243)가 로마 군대를 이끌고 시리아에 도착하여 243년 레사이나 전투에서 샤푸르 1세의 페르시아 군대를 격파하고 내쫓았다. 그러나 티메시테우스가 사망하고 고르디아누스 3세가 살해되는 일이 발생했다. 혹자는 고르디아누스 3세의 계승자인 '아랍인' 필리푸스(204?~249)가 그를 죽였다고 한다. 이 때문에 로마는 성공을 제대로 이용하지 못했다. 황제 필리푸스는 샤푸르 1세와 화친을 맺었고, 종래의 로마-페르시아 국경이 회복됐다.

로마-페르시아 전쟁, 257~261
Roman-Persian War of 257~261

사산 왕조 페르시아 제국의 왕 샤푸르 1세(272년 사망)는 로마의 내분을 이용하여 아르메니아를 점령하고 페르시아의 꼭두각시 왕을 내세웠다. 258년 샤푸르 1세의 군대는 메소포타미아와 시리아를 침입하여 안티오크(오늘날의 안타키아)를 빼앗았다. 로마 황제 발레리아누스(261?년 사망)가 군대를 이끌고 소아시아로 들어가 안티오크에서 페르시아인들을 내쫓았으나 260년에 에데사(오늘날 터키의 샨르우르파) 전투에서 샤푸르 1세의 군대를 격파하지는 못했다. 로마 군대는 포위됐고, 발레리아누스는 절망적인 심정으로 샤푸르 1세와 평화회담을 진행했으나 포로가 됐다. 로마 군대는 혼란에 빠졌고 항복했다. 발레리아누스는 페르시아로 끌려가 감금당했고 그곳에서 사망했다. 샤푸르 1세의 군대는 재빠르게 시리아를 휩쓸고 안티오크를 탈환했으며 로마의 다른 동부 영토를 침입했다. 페르시아 군대는 약탈품을 갖고 귀국하던 중에 팔미라의 군주와 싸워 패했고, 이로써 샤푸르 1세가 소아시아와 시리아에서 벌였던 공격적인 행태도 끝났다.

로마-페르시아 전쟁, 282~283
Roman-Persian War of 282~283

282년 로마의 새로운 황제 마르쿠스 아우렐리우스 카루스(224?~283)는 둘째 아들 마르쿠스 아우렐리우스 누메리우스 누메리아누스(284년 사망)를 대동하고 바흐람 2세(재위 276~293)가 통치하는 페르시아로 군사 원정을 떠났다. 로마 군대는 페르시아로부터 메소포타미아를 되찾고 과거에 해당 속주의 주도였던 크테시폰을 점령했다. 페르시아는 동부 영토에서 발발한 반란 때문에 힘이 약해져 카루스와 평화협상을 진행했고, 카루스는 티그리스 강 동쪽으로 진군했다. 아마도 사산 왕조 페르시아 제국을 뒤흔들 의도였을 것이다. 283년 카루스는 티그리스 강 근처에서 알 수 없는 이유로 사망했다. 전하는 바에 따르면 벼락을 맞았다고 한다. 그렇지만 친위대 대장 아리우스 아페르(285년 사망)가 살해했다는 소문도 돌았다. 로마 군대는 소아시아를 거쳐 서쪽으로 돌아왔고, 형 카리누스(250?/257?~285)와 함께 공동황제가 됐던 누메리아누스는 군대가 보스포루스 해협에 도착한 뒤 죽은 채발견됐다. 누메리아누스를 살해했다는 혐의를 받은 아페르는 카루스 휘하에서 지휘관으로 싸웠던 디오클레티아누스(244?~312)가 직접 처단했다. 군대는 디오클레티아누스를 황제로 선언했다(○ 로마 내전, 284~285).

로마-페르시아 전쟁, 295~297
Roman-Persian War of 295~297

로마 제국은 광대한 영역에 걸쳐 전개되고 있던 속주들 내부의 반란과 국경 밖 이민족의 침공으로 여러 해 동안 괴롭힘을 당했다. 사산 왕조 페르시아 제국의 왕 나르세 1세(302?년 사망)는 다른 곳의 혼란을 틈타 로마의 속국 아르메니아를 장악했다. 로마 제국의 동부 '카이사르(부황제)'였던 갈레리우스 막시미아누스(260?~311)와 비교적 규모가 작은 군대는 페르시아에 맞서 메소포타미아에서 몇 차례 작은 전투를 승리로 이끌었으나 296년에 카르하이(오늘날의 하란) 전투에서 결정적인 패배를 당했다. 이듬해 군대를 보강하여 다시 페르시아에 대적한 갈레리우스는 티그리스 강 상류의 어느 곳에서 수적으로 월등히 우세한 적군을 기습하여 거의 전멸시킴으로써 승리를 거두었다. 갈레리우스는 많은 전리품을 노획했으며 나르세 1세의 하렘(후궁들)과 가족을 포함하여 많은 페르시아인을 포로로 잡았다. 나르세 1세는 로마의 평화협상 조건을 수용할 수밖에 없었다. 297년의 니시비스(오늘날의 누사이빈) 조약으로 페르시아는 메소포타미아를 로마에 반환했고 티그리스 강 동북쪽의 5개 주를 로마에 할양했으며 로마가 세운 꼭두각시 티리다테스 3세(238?~314)를 아르메니아 왕으로 인정했다. 나르세 1세는 가족과 하렘을 돌려받았다.

로마-페르시아 전쟁, 337~363
Roman—Persian War of 337~363

로마 황제 콘스탄티누스 1세(272?~337) '대제'가 사망하자 둘째 아들 콘스탄티우스 2세(317~361)가 제국 동부의 통치자가 됐다. 콘스탄티우스 2세는 아르메니아와 메소포타미아 북부를 다시 차지하려 애썼던 사산 왕조 페르시아 제국의 왕 샤푸르 2세(309~379) '대왕'과 늘 싸웠으나 결말을 보지 못했다. 콘스탄티우스 2세가 이탈리아로 돌아간 뒤 샤푸르 2세는 359년에 군대를 이끌고 다시 메소포타미아를 침공했다. 콘스탄티우스 2세는 동부로 돌아왔으나 권위를 확고히 다지지 못하고 킬리키아(오늘날의 추쿠로바)의 마미스트라(오늘날의 미시스)에서 죽었다. 계승자인 로마 황제 율리아누스(331/332~363)는 샤푸르 2세에 맞서 전쟁을 계속하여 처음에는 성공했으나 크테시폰을 점령하지는 못했고 과거 로마의 장군들처럼 사막에서 싸우는 어려움에 빠졌다. 율리아누스는 크테시폰에서 퇴각하던 중에 작은 교전에서 전사했다. 그 뒤 샤푸르 2세는 로마의 간섭을 받지 않고 자유롭게 페르시아 제국의 번영을 이루었다.

○ 로마 내전, 360~361

로마-페르시아 전쟁, 421~422
Roman—Persian War of 421~422

구르('야생 당나귀')라는 별명을 가진 사산 왕조 페르시아 제국의 왕 바흐람 5세(439년 사망)는 왕위를 확고히 장악하고 귀족들의 지지를 확보한 뒤 아버지 야즈데게르드 1세(420년 사망)의 정책을 뒤집어 다시 그리스도교도를 가혹하게 박해했다. 이에 로마가 격분하여 페르시아와 전쟁에 들어갔다. 바흐람 5세는 메소포타미아에서 벌어진 몇 차례 작은 전투에서 패했고, 페르시아 제국 전역에서 그리스도교를 관용한다는 평화조건에 동의했다. 이에 로마는 페르시아의 종교인 조로아스터교를 용인하기로 했다.

로마-페르시아 전쟁, 441
Roman–Persian War of 441

사산 왕조 페르시아 제국의 왕 바흐람 5세(439년 사망)의 아들이자 계승자인 야즈데게르드 2세(457년 사망)는 제국 안의 유대인과 그리스도교도를 박해했고(○ 로마-페르시아 전쟁, 421~422), 이 일로 로마와 짧은 기간 동안 전쟁을 벌이게 됐다. 로마는 평화로운 방법으로 야즈데게르드 2세의 정책을 뒤바꾸는 데 실패한 뒤 페르시아로 군대를 파견했다. 로마 군대는 몇 차례 작은 교전에서 승리했고, 페르시아 왕은 평화조약을 체결하여 유대인과 그리스도교도가 방해받지 않고 자신들의 방식대로 예배할 수 있도록 허용했다.

로마-페르시아 전쟁, 502~506
Roman–Persian War of 502~506

사산 왕조 페르시아 제국의 왕 카바드 1세(449~531)는 동생에게 빼앗긴 왕위를 되찾을 때 에프탈족(화이트 훈족)의 도움을 받았고, 비잔티움 제국 황제 아나스타시우스 1세(430?~518)에게 에프탈족에게 공물을 보내는 데 재정적인 지원을 해달라고 했다. 아나스타시우스 1세가 요청을 거부하고 페르시아령 아르메니아의 내정에 간섭하자, 502년에 카바드 1세가 군대를 이끌고 로마령 아르메니아를 침공하여 주요 도시 테오도시오폴리스(오늘날의 에르주룸)를 점령했다. 카바드 1세는 이듬해 석 달간의 포위공격 끝에 아미다(오늘날의 디야르바크르)를 장악하고 페르시아령 메소포타미아로 개선했다. 그 뒤 페르시아는 에데사(오늘날 터키의 샨르우르파)에서 비잔티움 제국에게 격퇴된 뒤로 점차 밀려났으며, 비잔티움 제국이 아미다를 탈환하고 강화가 체결됐다. 비잔티움 제국과 페르시아 사이의 국경은 전쟁 이전으로 돌아갔다.
○ 가산 왕조-라흠 왕조 전쟁 ; (제1차) 유스티니아누스의 페르시아 전쟁

로마-페르시아 전쟁, 524~532
Roman–Persian War of 524~532
○ (제1차) 유스티니아누스의 페르시아 전쟁

로마-페르시아 전쟁, 539~562
Roman-Persian War of 539~562

○ (제2차) 유스티니아누스의 페르시아 전쟁

로마-페르시아 전쟁, 572~591
Roman-Persian War of 572~591

사산 왕조 페르시아 제국의 왕 호스로 1세(579년 사망)는 561년에 비잔티움 제국 황제 유스티니아누스 1세(482?~565)와 체결했던 평화조약을 깨뜨리고 로마령 아르메니아를 침공하여 유프라테스 강가의 다라 요새를 장악했다(○ (제2차) **유스티니아누스의 페르시아 전쟁**). 호스로 1세의 군대는 캅카스(흑해와 카스피 해 사이의 지역)의 일부도 점령했으나 메소포타미아를 점령할 때만큼 성공하지는 못했다. 579년 비잔티움 제국과 페르시아는 평화협상을 시작했으나 호스로 1세가 사망하여 중단됐다. 호스로 1세의 아들로 왕위를 계승한 호르미즈드 4세(590년 사망)는 아버지가 정복한 영토를 조금도 포기하려 들지 않았기에 전쟁이 재개됐다. 사산 왕조 페르시아 제국은 내부 곳곳에서 반란이 일어나고 아랍인 침략자들이 호라산을 대부분 휩쓸어 혼란스러웠는데, 유능한 페르시아 장군 바흐람 추빈(바흐람 6세, 591?년 사망)이 아랍인들을 물리치고 잃은 영토의 대부분을 되찾았다. 바흐람 추빈은 다시 로마에 대적했으나 589년에 니시비스(오늘날의 누사이빈)와 아락세스(오늘날의 아라스) 강에서 대패했다. 그럼에도 바흐람 추빈은 강력한 세력을 유지했고 모반을 꾸며 호르미즈드 4세를 폐위하고 암살했다. 590년 바흐람 추빈은 스스로 왕위에 올랐고, 적법한 계승자인 호르미즈드 4세의 아들 호스로 2세(628년 사망)는 시리아로 도주하여 비잔티움 제국 황제 마우리키우스(539~602)에게 지원을 요청했다. 마우리키우스는 이에 동의하여 페르시아로 돌아가는 호스로 2세에게 군대를 같이 보냈고, 가는 도중에 자브 강 전투(590)에서 바흐람 추빈의 군대를 무찔렀다. 바흐람 추빈의 군대는 메디아(오늘날 이란의 서북부)에서 궤멸했다(591). 바흐람 추빈은 탈출했으나 곧 살해됐거나 사망한 것으로 추정된다. 호스로 2세가 왕좌에 복위했고, 비잔티움 제국과 평화협정을 체결했다. 과거의 국경을 복원했으며, 로마가 캅카스 요새들 때문에 페르시아에 지급하던 보조금은 중단됐다.

로앙의 반란
Rohan's Revolts

○ 베아른 반란

로페스 전쟁
López War

○ 파라과이 전쟁

로힐라족 전쟁, 1774
Rohilla War, 1774

1740년 페르시아 왕 나디르 샤(1688/98~1747)에게 쫓겨 동쪽으로 밀려난 아프간족인 로힐라족은 인도 중북부 로힐칸드(오늘날의 우타르프라데시 주)에 정착했다. 로힐라족은 1771년에 마라타 왕국이 위협하자 아와드(오우드)의 나와브(군주)에게 도움을 요청하여 용병을 제공받았다. 로힐라족은 지원의 대가를 지급하지 못했고, 대신 마라타의 공격을 받고 있던 아와드로 진격했다. 영국의 워런 헤이스팅스(1732~1818) 벵골 총독은 아와드를 마라타와 인도 동부 사이의 완충 국가로 삼으려 했기에 나와브에게 영국동인도회사의 1개 여단을 제공하기로 했다. 1773년 아와드와 영국군 여단이 마라타 군대를 몰아냈다. 그 뒤 아와드의 나와브는 1774년 2월 미란푸르카트라(오늘날의 미란푸르)에서 영국인 용병을 써서 로힐라족을 무찔렀다. 로힐칸드는 아와드에 병합됐다. 헤이스팅스는 완충 국가를 얻었고, 아와드는 영토를 확장했으나 런던의 영국 의회는 기뻐하지 않았다. 헤이스팅스는 권력 남용으로 고발되어 재판을 받았으나 무죄로 방면됐다.

○ 마라타 전쟁

롬바르디아 동맹 전쟁, 1167~83
Wars of the Lombard League, 1167~83

11세기와 12세기에 신성로마제국 황제들과 교황들은 종교적인 문제와 세속적인 문제, 특히 대수도원의 원장과 주교의 서임권을 두고 오랜 동안 권력투쟁에 휩싸였다. 신성로마제국 황제 '붉은 수염' 프리드리히 1세

(1122~90)는 교황령을 지배하기 위해 이탈리아로 여섯 차례 군사 원정을 수행했다(1154~86). 프리드리히 1세는 이탈리아 북부 롬바르디아의 도시들도 지배하려 했다. 프리드리히 1세의 군대는 처음에는 도시들을 굴복시키는 데 성공했다. 교황 알렉산데르 3세(1105?~81)는 황제의 압박에 프랑스로 피신해야 했고(1162), 1159년부터 1178년까지 황제가 내세운 3명의 대립교황이 연이어 즉위했다. 프리드리히 1세가 네 번째로 이탈리아 원정(1167~68)에 나서자 밀라노와 만토바, 베네치아, 파도바, 로디, 브레시아 등이 롬바르디아 동맹을 결성하여 독일인 침략군에 저항하려 했다. 독일인들은 로마를 점령했으나 병사들 사이에 말라리아가 번져 이탈리아를 떠나야 했다. 황제를 파문한(1165) 알렉산데르 3세는 롬바르디아 동맹과 연합했고, 동맹은 이탈리아 북부 산악지대의 고갯길을 방어하기 위해 요새 도시 알레산드리아를 건설했다. 프리드리히 1세의 다섯 번째 원정(1174~77)은 레냐노 전투(1176년 5월 29일)에서 롬바르디아 동맹의 뛰어난 창병槍兵과 기병이 말에 탄 독일 기사들을 격파하면서 비참한 패배로 끝났다. 프리드리히 1세는 변장한 채 도주했다. 이 승리는 향후 보병이 기병에 우세를 보일 것을 예고했다. 프리드리히 1세와 교황은 베네치아 평화조약을 체결했다(1177). 롬바르디아 동맹과 황제가 맺은 6년 동안의 휴전은 콘스탄츠 평화조약(1183)으로 전환되어 롬바르디아 도시들은 사실상 자치를 획득했으나 계속 프리드리히 1세에 충성을 맹세했다. 롬바르디아 동맹과 토스카나 사이에 분쟁이 일자 프리드리히 1세는 여섯 번째 원정에 나서(1184~86) 밀라노와 이탈리아 중부의 여러 지역을 정치적으로 확고히 지배했다. 롬바르디아 동맹은 1183년 이후 경쟁 파벌로 분열했으나 1226년에 롬바르디아를 황제령이라고 다시 주장한 신성로마제국 황제 프리드리히 2세(1194~1250)의 위협에 대처하기 위해 부활했다. 코르테누오바 전투(1237)에서 프리드리히 2세의 제국 군대는 밀라노의 구엘프당(교황당) 군대와 제2차 롬바르디아 동맹을 격파했다.

○ 신성로마제국-교황령 전쟁, 1228~41

루마니아 농민 반란, 1907
Romanian Peasants' Revolt, 1907

1881년에 왕국으로 선포된 루마니아는 이론상으로는 대의민주주의 체제였

으나 실제로는 도시 주민이 권력의 대부분을 장악했고 빈곤한 농촌 주민
은 복잡한 규정에 따라 참정권을 행사하지 못했다. 루마니아의 경제는 개
선됐으나, 권력을 쥔 자만이 부유해질 수 있었고 농촌 주민 특히 토지 없는
농민은 점점 더 가난해졌다. 1907년 3~4월 농민들이 단합하여 반란을 일
으키고 부유한 지주의 집을 불태웠으며 곡물을 파괴했다. 군대는 강경하게
반란을 진압했다. 의회에 개혁안이 제출되어 통과됐으나 제1차 세계대전 이
전에는 대토지 소유자에게만 이익이 되도록 운영됐다.

루마니아 반란(루마니아 혁명), 1989
Romanian Rebellion(Rumanian Revolution) of 1989

1989년 크리스마스, 공산당 독재자 니콜라에 차우셰스쿠(1918~89)와 그의
부인 엘레나(1916~89)가 막 탄생한 구국전선FSN 조직원들에게 비밀리에 처
형되면서 24년에 걸친 대실정이 갑자기 극적으로 종말을 고했다. 차우셰스
쿠는 1965년에 루마니아공산당의 서기장에 올랐고 1974년에 대통령이 됐
다. 차우셰스쿠는 처음에 1968년 소련의 체코슬로바키아 침공을 비난하는
등 소련에 반대하는 태도를 견지하여 서방의 지지를 받았다. 그러나 루마니
아인들은 차우셰스쿠의 기괴한 과대망상증과 꾸준한 경제의 파괴, 어떤 이
견도 허용하지 않는 태도, 농민의 집단 이주와 노년층에 대한 의료보호 거
부와 같은 잔인한 사회 정책에 점점 더 실망했다. 이는 1989년 12월 중순
차우셰스쿠의 국가보안부(세쿠리타테)가 서부 지역의 도시 티미쇼아라에서
활동하는 저명한 헝가리계 목사 퇴케시 라슬로(1952~)를 체포하면서 폭발
할 지경에 이르렀다. 분노한 시민들이 퇴케시를 보호하기 위해 거리로 쏟아
져 나왔는데, 국가보안부 부대는 수백 명의 시위자에게 사격을 하면서 무차
별적인 폭력을 휘둘렀다. 반란은 급속하게 수도 부쿠레슈티로 확산됐고 차
우셰스쿠의 국가보안부 군인들에게 수백 명이 더 죽임을 당했다. 그러는 동
안 군대는 국민을 지지하며 정권에 등을 돌렸고 루마니아 전역의 여러 도시
에서 국가보안부 부대와 격렬하게 교전했다. 차우셰스쿠 일가는 혼란의 와
중에 도주했으나 FSN에 붙잡혀 재판에서 사형선고를 받았다. 정권에서 이
탈한 이전의 루마니아공산당 당원들을 포함하여 구성원으로 자처한 60명이
급조한 이 단체는 권력을 장악하고 37명으로 이루어진 임시정부를 수립했

으며 봄에 자유선거를 실시하겠다고 공언했다. FSN은 세력을 확대하고자 새로운 정당들과 지역의 민병대, 시민위원회의 대표 수십 명을 받아들였다. 둘 다 루마니아공산당의 개혁파였던 임시 대통령 이온 일리에스쿠(1930~)와 임시 총리 페트레 로만(1946~)은 새로운 루마니아를 건설해야 하는 만만찮은 과제에 직면했다. 동시에 큰 충격을 받은 국민에게 안정을 심어주는 역할은 군대에 넘어갔다. 1990년 5월 선거가 실시되어 일리에스쿠가 대통령으로 확정됐으나, 야당이 불만을 품었고 일리에스쿠 쪽에서 차우셰스쿠를 연상시키는 고압적 태도를 보인 데다가 실업률은 높고 통화가치는 하락했으며 종족 간에 긴장이 고조되어 정권교체기가 고된 시절이 될 것임을 예견했다.

루보미르스키의 반란, 1665~67
Lubomirski's Rebellion, 1665~67

1658~67년의 러시아-폴란드 전쟁에 참전했던 폴란드 귀족이자 군인 예지 세바스티안 루보미르스키(1616~67)는 동료 귀족들의 지원을 받아 국왕 선출을 방해하려 했다. 1664년 폴란드 의회(세임)는 루보미르스키를 반역자로 선언하고 추방했다. 루보미르스키에 많은 지지자가 합세하여 거의 2년이나 의회를 방해하고 자신들만의 동맹을 결성했다. 루보미르스키의 군대는 왕국 군대와 교전하여 1667년 7월 13일 고프워 호수 전투에서 승리를 거두었다. 그 결과 1668년에 폴란드 왕 바사 왕조의 얀 2세 카지미에시(1609~72)가 권력을 잃고 퇴위해야 했다. 루보미르스키는 종국에는 오스트리아령 슐레지엔으로 철수했다. 루보미르스키는 러시아와 싸우던 폴란드를 결정적인 국면에서 약화시켰고, 이 때문에 폴란드는 안드루소보 평화조약을 수용할 수밖에 없었으며 동부의 영토 대부분을 영구히 러시아에 빼앗겼다.

루스번의 습격, 1582
Raid of Ruthven, 1582

스코틀랜드의 프로테스탄트 귀족들은 뒷날 잉글랜드 왕 제임스 1세가 되는 젊은 왕 제임스 6세(1566~1625)가 궁정 조언자들의 권유에 가톨릭으로 돌아설까봐 두려워 잉글랜드인들과 함께 권력을 장악하려는 음모를 꾸몄다. 앵거스 백작과 고우리 백작들이(가문 이름이 루스번이다) 이끈 귀족들은 1582

년 퍼스 인근의 루스번 성에서 제임스 6세를 체포했다. 정부를 넘겨받고 장로파(스코틀랜드 교회) 총회의 축복을 받은 귀족들은 제임스 6세를 포클랜드 성에 가두었다. 그러나 탈출한 제임스 6세는 세인트앤드루스로 도피하여 자신이 명실상부한 왕임을 선언했다. 고우리는 1584년에 처형됐고, 제임스 6세는 스스로 교회와 국가의 수장에 올라 장로파를 처벌했다.

○ 고우리의 음모

루시타니아 전쟁, 기원전 147~기원전 139
Lusitanian War, BCE 147~BCE 139

사나운 켈트 부족인 루시타니아인은 오늘날의 포르투갈 중부와 에스파냐 서부에 살고 있었는데, 켈티베리아 전쟁 중에 로마와 싸웠다. 기원전 150년 로마의 전직 집정관은 자신과 조약을 체결했던 루시타니아인들을 학살하라고 명령했다. 학살에서 살아남은 비리아투스(기원전 180~기원전 139?)라는 양치기는 주민들을 모아 저항했고 게릴라 부대를 결성하여 거듭 로마군을 격파했다. 비리아투스는 로마의 어느 부대를 함정에 빠뜨렸으나, 괴멸하는 대신 평화조약을 맺고 떠나보냈다. 로마로부터 뇌물을 받은 반역자가 비리아투스를 암살한 직후 루시타니아인의 저항은 무너졌다.

○ 누만티아 전쟁

루안다 내전, 1959~61
Ruandan Civil War of 1959~61

독일의 식민지였던 아프리카 중동부의 루안다는 제1차 세계대전 뒤에 벨기에가 관리하는 루안다-우룬디 위임통치령이 됐고, 1945년 이후에는 명칭만 루안다-우룬디 신탁통치령으로 바뀌어 존속했다. 장신의 투치족(와투시족. 투시족)은 주민의 15퍼센트밖에 되지 않았으나 역사적으로 그 지역을 지배했다. 1959년 11월 주민의 대다수를 차지했지만 오랫동안 봉건적 속박에 매여 억압받던 후투족(바후투족)이 지배층인 투치족에 맞서 반란을 일으켰다. 투치족은 트와족의 지원을 받았다. 벨기에는 곧 자치 정부를 승인했고, 후투족은 루안다 문제에서 주민 수에 비례한 발언권을 갖지 못했다고 느꼈다. 격렬한 종족 전쟁이 뒤따랐고, 후투족이 결국 승리했다. 주민들은 정부

형태를 선택할 수 있었다. 1961년 UN이 감시하는 주민투표에서 80퍼센트가 넘는 루안다인이 왕정을 폐지하고 투치족 음와미(왕)를 폐위하는 데 찬성했다. 1962년 공화국이 선포됐고, 투치족 15만 명 이상이 인접한 나라들로 피신했다(**○ 부룬디 내전, 1972**). 1963년 무장한 투치족 망명자들이 후투족이 지배하는 르완다를 침공했다. (1년 전에 독립국이 된 루안다는 르완다로 국가 명칭의 철자를 바꾸었다.) 후투족 군대는 침략자들을 격퇴했고, 보복으로 많은 투치족을 학살했으며, 1964년에 한 번 더 투치족의 침공을 저지했다.

루안다 내전, 1990~94
Ruandan Civil War of 1990~94
○ 르완다 내전, 1990~94

루이 12세의 이탈리아 전쟁, 1499~1503
Italian War of Louis XII, 1499~1503

1498년에 샤를 8세(1470~98)의 뒤를 이어 프랑스 왕이 된 루이 12세(1462~1515)는 베네치아 공화국·스위스 연합과 동맹하여 조모祖母 발렌티나 비스콘티(1366?~1408)에게서 상속받은 밀라노에 대한 권리를 찾으려 했다. 밀라노 공작 루도비코 스포르차(1452~1508)는 도피했다가 군대를 모아 돌아왔으나, 프랑스를 위해 일하는 이탈리아인 용병대 대장 잔 자코모 트리불치오(1441?~1518)가 지휘하는 프랑스 군대가 밀라노를 점령하고 있었다. 1500년에 벌어진 노바라 전투에서 스포르차의 스위스인 용병들은 프랑스가 고용한 스위스인 용병들과 싸우기를 거부했다. 프랑스가 승리하고 루이 12세는 밀라노 공작이 됐다. 스포르차는 포로가 되어 프랑스로 끌려갔다. 1501년 루이 12세는 아라곤 왕 '가톨릭' 페르난도 2세(카스티야 왕 페르난도 5세, 1452~1516)의 도움을 받아 나폴리를 정복했다(루이 12세와 페르난도 2세는 1500년에 그라나다 조약을 체결하여 양시칠리아 왕국(시칠리아와 나폴리)을 분할하기로 합의했으며 그로써 아라곤 왕가인 트라스타마라 가문의 권리 주장에 내포된 부당성을 줄였다). 두 사람 사이에 분쟁이 일어났으며, 프랑스가 체리뇰라와 가릴리아노에서 에스파냐에 패한 뒤 루이 12세는 양시칠리아 왕국에 대한 에스파냐 왕의 지배권을 인정했다. 제노바와 밀라노는 대략 1528년과 1535

년에 프랑스가 지배했다.

루이 14세에 대항한 동맹 전쟁들
Coalition Wars against Louis XIV

○ 대동맹 전쟁 ; 에스파냐 왕위 계승 전쟁 ; (제3차) 잉글랜드-네덜란드 전쟁

루이 14세의 라인 지방 침공, 1688~89
Louis XIV's Rhinish Invasion, 1688~89

쾰른은 프랑스 왕 루이 14세(1638~1715)에 종속된 도시로서 1681년 이후에 이미 스트라스부르와 여타 지역을 장악한 프랑스가 니더라인(라인 강 하류 지대)으로 진출하는 데 유용했다. 루이 14세는 자신이 영향력을 행사할 수 있는 인물을 쾰른 대주교로 추천했으나 교황이 그를 거부하자 분노를 참을 수 없었다. 신성로마제국 황제가 발칸 반도 지역에서 오스만 제국과 싸우자 루이 14세는 이를 이용하여 신성로마제국에 전쟁을 선포했다. 루이 14세는 쾰른 대주교 선출 문제, 오를레앙 공작이 팔츠에서 요구했던 권리의 미해결, 필립스부르크에 구축한 요새 등을 전쟁의 구실로 열거했다. 루이 14세는 단기전을 계획했지만, 라인 강 연안지대의 침공은 대동맹 전쟁이라는 유럽의 전쟁을 촉발시켰다. 프랑스군은 별다른 저항을 받지 않고 팔츠와 트리어, 마인츠, 쾰른을 점령했고, 이어 프랑켄과 슈바벤을 맹렬하게 침공하여 파괴했으며 계획적으로 테러를 자행했다. 황제와 독일 제후들은 오스만 제국과 강화를 타결하고 서둘러 귀국하여 프랑스에 전쟁을 선포했다. 동맹군은 프랑켄을 수복하고 프랑크푸르트에 수비대를 주둔시킨 뒤 하이델베르크로 진격했다. 프랑스는 퇴각하며 만하임과 보름스, 슈파이어 등의 도시를 불태웠다. 동시에 대동맹도 군사행동에 들어가 1689년에 독일의 마인츠와 본을 되찾으며 니더라인을 수복했다. 그러나 루이 14세는 평화를 회복하려는 노력을 보이면서도 하이델베르크를 되찾았는데, 하이델베르크는 우연한 화재로 도시 전체가 파괴됐다. 독일에서 벌어진 싸움은 1689년에 종결됐다. 그러나 해결은 계속 늦어지다가 1697년에 레이스베이크 조약이 체결됐다. 루이 14세는 1688년에 획득한 영토를 포기하는 대신 알자스와 스트라스부르를 얻었다.

루카-피렌체 전쟁, 1320~23
Luccan-Florentine War, 1320~23

1320년 4월 이탈리아 중부 루카의 통치자였던 기벨린당(황제당)의 야심 많은 지도자 카스트루치오 카스트라카니(1281~1328)는 피렌체의 구엘프당(교황당)에 공개적으로 전쟁을 선포했다(기벨린당과 구엘프당은 각각 신성로마제국 황제와 교황에 충성한 정치 파벌로 서로 경쟁했다). 루카 군대가 피렌체를 파괴했으나 종국에는 피렌체의 새로운 군대에 저지당했다. 카스트루치오는 이탈리아 중부의 도시 피스토이아와 동맹했고, 1323년 6월 중순 루카 군대는 피렌체에서 약 16킬로미터 떨어진 곳까지 약탈했다. 피렌체는 필사적으로 협상하며 새로운 군대를 모았다. 1325년 루카는 밀라노 군대의 지원을 받아 알토파시오 전투에서 피렌체에 결정적인 패배를 안겼다. 카스트루치오는 전쟁 채무를 갚기 위해 피렌체 영토를 약탈하라고 명령하고 다시 피렌체를 점령하려 했으며, 피렌체는 다른 구엘프당 지지자들에게 도움을 요청했다. 토스카나 지방을 거의 전부 장악한 카스트루치오는 교황령과 분쟁에 휩싸였고 마침내 싸움을 중단했다. 카스트루치오는 그 직후 돌연 사망하여 '제국'은 혼란에 빠졌고 피렌체는 곧 실지失地를 대부분 회복할 수 있었다.

뤼베크 전쟁, 1531~36
Lübeck's War of 1531~36

독일 북부의 항구 뤼베크는 상업 동맹인 한자 동맹(독일 북부와 발트 지역 도시들의 상업 동맹)을 주도한 도시로 발트 지역에서 스웨덴인과 덴마크인, 네덜란드인들을 억눌러 교역의 우위와 세력을 유지하려 했다. 뤼베크의 위르겐 불렌베버(1488?~1537) 시장은 스웨덴의 백작(스웨덴 왕 구스타브 1세(1496~1560)의 매부)이 전쟁 채무를 갚지 않는다는 핑계로 스웨덴 선박들을 압류하라고 명령했다. 구스타브 1세는 이에 대응하여 스웨덴 항구에 정박한 모든 뤼베크 선박의 출항을 금지했다. 뤼베크와 다른 한자 동맹의 도시들은 덴마크에서 반란을 일으킨 자들의 권고와 지원에 힘입어 스웨덴과 덴마크에 전쟁을 선포하고 말뫼와 코펜하겐을 점령했다. 그러나 뤼베크와 동맹 도시들은 점령지들을 지킬 수 없었다. 덴마크와 스웨덴은 전략적으로 임시 동맹을 맺고 침략군을 몰아냈으며 결국 뤼베크에 승리를 거두었다. 뤼베크는 평화조약(함부르크 조약, 1536)을 체결했고 그 뒤로는 발트 지역의 무역을 독점하지 못했다. 그러나 1536년의 조약으로 뤼베크의 선박들은 통행료를 일부 면제받았고, 전쟁 채무는 지불된 것으로 선언됐다. 뤼베크를 떠나야 했던 불렌베버는 사로잡혀 투옥됐는데 고문당한 뒤 사형됐다(1537).

○ 백작 전쟁 ; 칼마르 연합 내전, 1520~23

뤼베크 전쟁, 1563~70
Lübeck's War of 1563~70

○ 덴마크-스웨덴 전쟁, 1563~70

르완다 내전, 1990~94
Rwandan Civil War of 1990~94

1994년 4월에서 7월 사이에 아프리카 중동부 르완다(이전의 루안다)에서 르완다인 80만 명이 잔인하게 학살당했다. 이는 역사상 가장 잔혹한 제노사이드(집단학살)의 한 사례로 꼽힌다. 이러한 희생자를 낸 국내의 권력투쟁은 기이하게도 르완다의 두 주요 종족 집단인 투치족(와투시족, 투시족)과 후투족(바후투족) 사이의 4년에 걸친 내전을 종결지었다. 르완다 종족 분쟁의 뿌리는 더 부유하고 교육을 더 많이 받은 투치족에게 유리했던 벨기에의 초기 식민지 정책 때문으로 여겨진다. 이에 분노한 다수 종족인 후투족은 1959~61년의 루안다 내전에서 권력을 잡았고, 그 뒤 루안다는 1962년 7월 1일 르완다로 독립국이 됐다. 많은 투치족은 인접국 우간다로 피난하여 30년을 보냈다. 1990년 반란 집단인 르완다애국전선 FPR이 국가를 다시 지배할 의도를 갖고 우간다에서 르완다로 침투했다. 후투족이 이끄는 르완다 정부는 빚더미에 올라앉은 탓에 식량이 부족했고 FPR에 위협을 당하자, 1993년 8월에 아루샤 협정을 맺어 투치족에게 권력을 일부 이양했다. 그러나 1973년 쿠데타로 권력을 쥔 쥐베날 하뱌리마나(1937~94) 대통령은 권력 공유 절차를 지연시켰고, 협정은 완벽하게 이행되지 않았다. 그렇지만 긴장이 고조되는 가운데 투치족이 일부 각료직들을 맡았으며, 이듬해 4월에 하뱌리마나는 탄자니아에서 열린 회의에 참석하여 후투족과 투치족 사이의 문제들에 관하여 연설했다. 하뱌리마나와 부룬디 대통령인 후투족 시프리앵 은타랴미라(1955~94)는 르완다의 수도 키갈리로 돌아오는 중에 비행기가 폭파되어 사망했다(**⊙ 부룬디 내전, 1993~2005**). 의문의 폭발 사고에 대한 책임 추궁은 FPR에게 돌아갔으나, 사고는 사실 투치족과 화해하는 모든 조치에 격렬히 반대했던 강경노선의 후투족 대통령궁 경호대가 벌인 일이었다. 폭발 사고로 14주간 광란의 살인극이 벌어져, 후투족 군대와 후투족 민병대 학살단이 수십만 명의 민간인을 냉혹하게 도륙했다. 희생자들은 대개 투치족이었으나 정치적으로 온건한 후투족도 다수 포함됐다. 후투족 출신의 임시 총리 아가트 우윌링기지마나(1954~94)도 비행기 추락 뒤 몇 시간 안에 살해됐고, 이 여성의 목숨을 구하려던 국제연합 UN 평화유지군 10명도 함께 살해됐다. 투치족 반군은 후투족 대량학살에 관여하지 않았다. 그런데도 300만 명이 넘는 후투족 사람들이 투치족의 보복을 두려워하여 르완다를 떠나 인접한 국가인 콩고(자이르. 콩고 민주공화국)와 탄자니아, 부룬디, 우간다로 피신하여 거대한 난민수용소들을 세웠다. 난민수용소에서는 식량 배급 문제가 유례를 찾을 수 없을 만큼 어려웠고 질병이 창궐하여 국제구호 단체의 재원이 심한 압박을 받았다. 투치족 사람들이 많이 죽었는데도, FPR이 후투족 군대를 격파했다. 1994년 7월에 아루샤 협정이 마침내 완전히 이행되어 반군 지도자 폴 카가메(1957~) 소장이 부통령 겸 국방부 장관이 됐고 후투족 온건파가 대통령과 총리를 맡았다.

⊙ 우간다 게릴라 내전, 1986~

리그니츠 전투
Battle of Liegnitz

⊙ 발슈타트 전투

리모주 학살, 1370
Massacre at Limoges, 1370

1369년 잉글랜드가 다시 프랑스 왕위를 요구하며 백년 전쟁이 재개됐고 프랑스는 새로운 군사전략으로 맞섰다. 새로운 전략이란 잉글랜드 영토에서 반란을 조장하는 것, 매복과 기습, 야간 공격, 쉴 틈을 주지 않는 공격, 정규전의 기피였다. 존 곤트(1340~99)는 이제는 병약해진 형 흑태자 에드워드

(1330~76)에게 자신이 필적할 만하다는 것을 입증하고 싶어 프랑스군을 무자비하게 공격했다. 리모주 시가 반란을 일으키자, 존과 당시 치명적 질병으로 고생하고 있었던 에드워드 휘하의 잉글랜드 군대는 성벽 밑으로 구멍을 파 도시 안으로 돌진하여 3천 명이 넘는 주민을 학살했다. 다른 프랑스 도시들도 반란을 일으키면서 잉글랜드는 밀리기 시작했다. 잉글랜드는 1372년에 해전에서 패했고 1373년에 아키텐과 브르타뉴를 잃었으며 1374년에 휴전조약을 체결할 수밖에 없었다.

리보니아 전쟁, 1558~83
Livonian War, 1558~83

발트 해 진출로를 모색하던 러시아의 차르 '뇌제' 이반 4세(1530~84)는 리보니아(오늘날 에스토니아와 라트비아의 대부분)에 권리가 있음을 주장하며 리보니아 기사단이 통치하고 있는 그 지역들을 침공했다. 나르바와 타르투(도르파트) 등지를 잃어 약해진 기사단은 해산했고(1561), 리보니아의 여러 지역은 폴란드와 리투아니아, 스웨덴, 덴마크의 보호를 받았다. 처음에는 러시아가 네 나라에 맞서 싸워 승리하고 리보니아인들을 말로 다할 수 없이 잔학하게 유린했지만, 이반 4세가 국내 문제에 휩쓸리자(◐ 보야르 반란, 1564) 상황은 역전됐고, 1569년에 리투아니아가 폴란드와 정치적으로 통합하면서 그런 현상은 더욱 분명해졌다. 이반 4세는 외교 책략을 써서 덴마크가 리보니아에 지닌 권리였던 사레마(외셀) 섬으로부터 관심을 거두게 만들었다. 폴란드 왕위에 오른 바토리 이슈트반(스테판 바토리, 1533~86)은 1576년 이후 맹렬하게 전쟁을 계속했으며 수많은 승리를 얻어 폴로츠크를 포함한(1579) 여러 도시를 되찾았고 프스코프를 포위했다. 1582년 러시아는 교황이 사절로 파견한 예수회 수도사의 중재로 폴란드와 강화를 맺었고 리보니아에 대한 권리 주장을 포기했다. 이듬해 이반 4세는 스웨덴과 화친하여 러시아가 보유했던 핀란드 만의 도시들을 할양했다.

◐ 노브고로트 약탈

리본의 반란, 541~547
Lý Bôn's Rebellion, 541~547

남비엣南越 주민들은 중국계 베트남인 리본李賁(503~548)의 지휘 아래 억압적인 양나라 자사刺史에 맞서 541년에 반란을 일으켰다(○ 한의 남비엣 정복). 리본의 군대는 중국인들을 몰아내고 남쪽에 있던 럼업 왕국(뒷날의 참파 왕국. 베트남 중부)의 공격을 격퇴했다(543). 스스로 황제를 칭한 리본은 세력을 유지하지 못하고 548년에 양나라에 패하고 죽임을 당했다.

리비아-이집트 전쟁, 1977
Libyan-Egyptian War of 1977

1977년 4월에서 5월 사이 리비아와 이집트의 시위대가 상대 국가의 영사관을 공격하면서 양국 간 교전 행위가 크게 증가했다. 리비아의 국가원수 무암마르 알 카다피(1942~2011)는 이집트가 리비아의 유전을 빼앗으려고 전쟁을 도발했다고 비난했으나, 이집트는 이를 일축했다. 1977년 6월 무암마르 알 카다피는 리비아에서 일하거나 거주하고 있는 이집트인 22만 5천 명에게 7월 1일까지 나라를 떠나지 않으면 체포하겠다고 으름장을 놓았다. 1977년 7월 21일 국경에서 양국 군대가 서로 포격하면서 4일간의 전쟁이 벌어졌고, 두 나라는 탱크와 전투기를 동원하여 국경의 사막지대에서 여러 차례 전투를 벌였다. 이집트의 맹폭에 수많은 리비아 전투기가 지상에서 파괴됐다. 알제리 대통령이 중재자로 개입한 뒤 1977년 7월 24일 양쪽은 휴전에 합의했다. 두 나라는 인력과 물자에서 심한 손실을 입었다.

리엘의 반란
Riel's Rebellion

제1차 리엘의 반란(레드 강 반란, 1869~70) 1869년 허드슨베이회사가 오늘날 매니토바 주 남부에 보유했던 땅을 캐나다 정부에 할양하자, 인디언의 혈통을 계승한 프랑스계 캐나다인인 메티스(메이티)는 지역 안 레드 강 정착지에 대한 전통적인 권리를 잃을까봐 두려워했다. 1869년 11월 프랑스인과 메티스를 부모로 둔 루이 리엘(1844~85)이 무장 반란을 이끌어 개리(오늘날의 위니펙) 요새를 점령했다. 메티스는 그곳에 임시정부를 세우고 리엘을 대통령으로 내세웠다. 리엘의 지지자들과 영국계 정착민들 사이에 전투가 벌어졌다. 영국은 가넷 J. 울즐리(1833~1913) 대령 휘하의 정규군을 파견하여 반란을 진압하게 했고, 반란군은 1870년 8월 24일에 전투 없이 개리 요새를 포기했다. 리엘은 도주했다. 혼란에 빠진 그 지역은 1870년에 매니토바 주에 편입됐고, 메티스를 위한 별도의 프랑스어 학교 설립 등 리엘이 요구한 여러 권리를 보장받았다. **제2차 리엘의 반란(북서부 반란, 1885)** 메티스와 인디언은 오늘날 서스캐처원에 정착하고자 서쪽으로 이동했고 토지의 소유권을 두고 싸웠다. 메티스의 호소에 리엘이 돌아와 공공연히 반란을 이끌었고 인디언에 합세하라고 촉구했으며 임시정부를 수립했다. 1873년에 창설된 왕립북서부기마경찰과 캐나다 군대가 반란을 진압하기 위해 연합하여 바토슈에 있는 리엘의 본부를 포위했고, 1885년 5월 12일에 결정적 승리를 거두었다. 리엘은 체포되어 재판을 받고 반역죄로 교수형에 처해졌다. 리엘의 처형은 퀘벡의 프랑스계 캐나다인들로부터 항의를 촉발했으며 매니토바 주와 퀘벡 주에서 종파들이 운영하는 학교들과 관련한 격렬한 논쟁을 유발했다.

리오데라플라타 전쟁
Wars of the Río de la Plata

◐ 아르헨티나 독립 전쟁 ; 우루과이 반란, 1811~16 ; 파라과이 독립 전쟁

리투아니아 독립 전쟁, 1918~20
Lithuanian War of Independence, 1918~20

러시아의 지배를 받던 리투아니아는 러시아 황제 체제가 무너진 뒤(◐ **볼셰비키 혁명 ; '제2차 10월 혁명'**) 독립을 선포했다(1918년 2월 16일). 소비에트(볼셰비키) 군대가 즉각 리투아니아를 침공했으나, 독일이 신생국을 승인하고 소비에트 군대를 내쫓았다. 제1차 세계대전에서 독일이 항복하고(1918년 11월 11일) 리투아니아에서 강제로 철군하면서, 소비에트 정권은 1919년 1월 초에 다시 리투아니아를 침공하여 수도 빌뉴스를 점령했다. 폴란드인들이 리투아니아를 지원하여 개입했고 소비에트 군대를 빌뉴스에서 내몰았다. 그리하여 1919~20년의 러시아—폴란드 전쟁이 발발했다. 1919년 12월 연합

국은 리투아니아와 폴란드 사이의 국경을 획정하며 빌뉴스를 리투아니아에 넘겼다. 소비에트와 리투아니아는 전투를 계속하다가 1920년 7월 12일에 모스크바 조약에 서명했고, 리투아니아의 독립이 승인됐다. 그러나 루찬 젤리고프스키(1865~1947) 장군이 이끄는 폴란드인 특수 부대가 빌뉴스를 기습하여 점령하고(1920년 10월 9일) 임시정부를 수립한 뒤 의회 선거를 실시했다(1922년 1월 8일). 투표 결과 빌뉴스의 주민 대다수가 폴란드와 통합하기를 원했다. 이 때문에 폴란드와 리투아니아 사이의 모든 관계가 단절됐고, 1938년에야 회복됐다.

○ 메멜 폭동

리프 전쟁, 1893
Rif War of 1893

이슬람교도인 베르베르인의 한 부족인 리프족은 모로코 북부 에르리프 지역에 거주하면서 지중해 연안의 에스파냐 영토를 위협했다. 모로코의 술탄이 리프족을 제어하지 못하자 에스파냐는 포령包領* 멜리야를 요새로 만들었으나 리프족이 곧 포위하여 공격했다. 공격을 받았을 뿐만 아니라 멜리야의 군사령관이 살해당하자 에스파냐에서는 격렬한 항의가 빗발쳤고, 1893년 11월에 병력 7천 명이 멜리야로 파견되어 결국 리프족을 격퇴했다. 페스 조약(1894)으로 술탄은 에스파냐에 전쟁배상금 2천만 페세타**를 지불하고 리프족을 처벌하기로 동의했다. 게다가 에스파냐는 멜리야 요새 구축 작업을 계속할 수 있었다. 멜리야에는 에스파냐와 모로코 사이에 완충지대가 설치됐다.

* enclave. 영토의 일부 또는 전부가 완전히 다른 나라의 영토 안에 있는 경우.
** 에스파냐의 통화 단위.

리프 전쟁(압드 알 카림의 반란), 1919~26
Rif War(Abd al-Karim's Revolt) of 1919~26

1919년 모로코 북부의 에스파냐 영토는 두 구역에서 공격을 받고 있었다. 동쪽에서는 이슬람교도인 베르베르인의 한 부족인 리프족이 족장 압드 알 카림(1882?~1963)의 지휘로 공격했고, 서쪽에서는 비적匪賊 아흐메드 이븐 무함마드 라이술리(?~1925)가 이끄는 모로코인들이 공격했다. 에스파냐의 다마소 베렝게르(1873~1953) 모로코 총사령관은 라이술리와 싸워 승리했으나, 페르난데스 실베스트레(1871~1921) 장군은 압드 알 카림에게서 재앙을 맛보았다. 1921년 7월 22일 실베스트레와 (총 2만 명 중) 약 1만 2천 명의 에스파냐 부대가 아누알 전투에서 리프족에게 학살당했다. 이 사건으로 에스파냐는 동부 구역에서 철수해야 했고, 압드 알 카림은 그곳에 '리프 공화국'을 건설하여 대통령으로 취임했으며 프랑스군을 내쫓아 모로코 전체를 장악할 준비에 들어갔다. 1925년 압드 알 카림은 잘 무장한 리프족 부대 2만 명을 이끌고 남쪽으로 이동하여 페스에 이르는 길에 자리 잡은 프랑스의 작은 요새 여러 곳을 점령했다. 모로코에서 서로 경쟁하던 프랑스와 에스파냐는 압드 알 카림에 반격하기 위해 동맹을 맺었다. 에스파냐의 독재자 미겔 프리모 데 리베라(1870~1930)는 직접 대규모 에스파냐·프랑스 원정군를 이끌고 1925년 9월에 모로코의 지중해 연안 알루세마스 만에 상륙하여 압드 알 카림의 사령부가 있는 타르기스트로 진격했다. 남쪽에서는 필리프 페탱(1856~1951) 원수가 이끄는 프랑스군 16만 명이 신속하게 북진하여 격렬하게 저항한 리프족 군대를 타자 북쪽 지역으로 밀어내는 데 성공했다(1925). 우월한 군대에 패한 압드 알 카림은 1926년 5월 26일에 항복했다. 압드 알 카림은 레위니옹 섬으로 추방됐다. 파리 회의(1926년 6월 16일~7월 10일)에서 프랑스와 에스파냐는 1912년에 조약으로 획정된 양국의 모로코 지역 경계선을 복원했다.

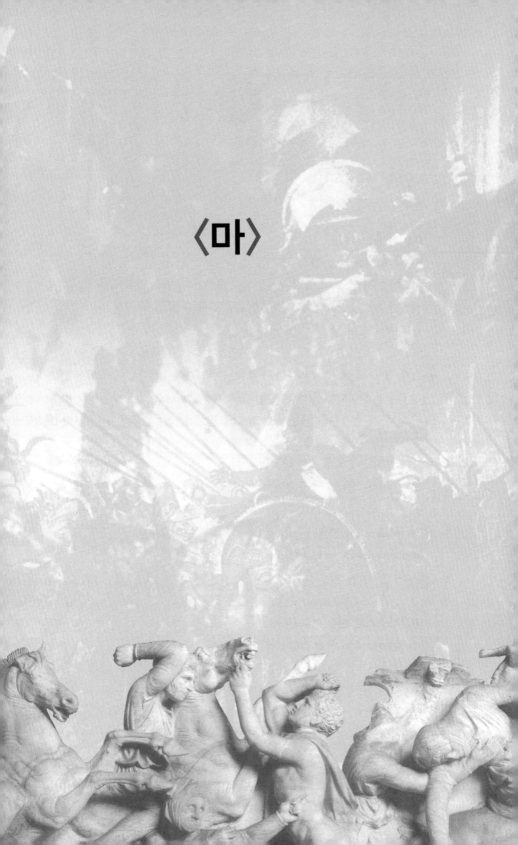

〈마〉

마

마니아케스의 반란, 1043
Revolt of Maniaces, 1043

비잔티움 제국 장군으로 1040~41년의 불가리아 반란을 진압하는 데 공을 세웠던 게오르기오스 마니아케스(1043년 사망)는 그 뒤 반역 혐의로 투옥됐다. 비잔티움 제국 황제 미카엘 5세 칼라파테스(1015~42)는 마니아케스를 석방하여 이탈리아 몇몇 지방의 통치를 맡겼다. 마니아케스는 그곳에서 이슬람 침략자들에 맞서 싸우던 중에 다시 반역죄로 고발당했다. 미카엘 5세의 퇴위에 일조했던 황제 콘스탄티노스 9세 모노마코스(1000?~55)는 마니아케스에게 콘스탄티노플(오늘날의 이스탄불)로 돌아오라고 명령했으나, 마니아케스는 이를 거부했고 군대에 의해 황제로 옹립된 뒤 콘스탄티노스 9세의 군대와 싸워 승리했다. 마니아케스는 콘스탄티노플로 진격하던 중 우연히 날아온 화살에 맞아 죽었고, 반란은 실패로 돌아갔다.

마니푸르-버마 전쟁
Manipuri—Burmese Wars

○ 버마-마니푸르 전쟁

마다가스카르 반란, 1947~48
Madagascar Revolt of 1947~48

1946년 마다가스카르 섬은 프랑스의 해외 자치령이 됐고, 이는 마다가스카르의 독립을 지향하는 최초의 공식 정당 말라가시혁신민주운동MDRM의 창당을 야기했다. 1년이 못 되어 민족주의적인 말라가시 부족민들이 동부 지역에서 반란을 일으켰다. 섬에 주둔했던 프랑스 군대는 증원군을 받은 뒤 반란 진압에 나섰으나 대규모 유혈극을 치른 뒤에야 마무리가 가능했다 (싸움에서 1만 1천 명 이상이 사망했다). MDRM은 불법 단체가 됐고, 반란은 1948년 내내 게릴라전으로 지속됐다. 10년 뒤 프랑스는 마다가스카르 주민들이 자신의 운명을 결정하도록 허용했다. 마다가스카르 주민들은 투표를 실시하여 독립하되 프랑스 공동체*에 머물기로 결정했다. 1958년 10월 14일 말라가시 공화국이 선포됐으며(1960년에 완전한 독립국이 됐다) 1975년에 나라 이름이 마다가스카르로 바뀌었다.

* Communauté Française. 1958~95년 프랑스 식민지였던 나라들의 국가 연합체. 1958년에 프랑스 연합에서 일부는 프랑스의 해외 영토 지위를 유지했고, 일부는 프랑스의 해외 도가 됐으며, 나머지 독립국들은 프랑스 공동체의 구성국이 됐다.

마다가스카르-프랑스 전쟁, 1883~85, 1895
Madagascar Wars with France, 1883~85, 1895

1882년 프랑스는 마다가스카르 섬 서북부를 보호령이라고 주장했으나, 말라가시의 주요 부족인 메리나족은 이를 인정하지 않았다. 프랑스는 1868년에 체결한 조약으로 메리나족이 섬 전체를 지배하는 것을 수용했으나 이를 무시하고 대신 지역 부족장들과 1840년에 체결한 조약들을 내세웠다. 그 조약에 따르면 프랑스는 서북 연안의 섬 몇 곳을 넘겨받게 되어 있었다. 메리나 왕국이 프랑스의 요구를 거부하자, 프랑스는 군함으로 해안가의 도시 마하장가(마중가)와 토아마시나를 포격했고 1883년 5월에 군대를 상륙시켜 두 도시를 점령했다. 프랑스는 2년간 종잡을 수 없는 전쟁을 치른 뒤 원주민 군대를 창설하여 1885년에 조약을 체결할 때 도움을 받았다. 프랑스의 보호령이 승인됐으며, 섬의 북단에 있는 디에고수아레스의 프랑스 조계도 함께 인정됐고, 메리나 왕국의 수도 타나나리베(오늘날의 안타나나리보)에 프랑스 관리가 주재할 수 있게 됐다. 그 뒤 호바족 정부는 프랑스에 점점 더 강하게 저항했다. 1894~95년 1만 5천 명의 프랑스 원정군이 마하장가에 상륙했고 질병과 수송 문제로 얼마간 지체한 뒤 내륙의 타나나리베로 이동했다. 1895년 9월 30일 수도는 포격을 받은 뒤 즉각 항복했다. 원주민 여왕은 프랑스의 지배를 받는 꼭두각시가 됐다. 1896년 프랑스가 마다가스카르를 피보호국 지위로 공식 결정하자 곳곳에서 프랑스에 반대하는 반란이 일어났다. 결국 프랑스의 조제프 S. 갈리에니(1849~1916) 총독이 질서를 회복했다. 갈리에니는 원주민 여왕을 폐위하고 메리나족의 패권을 종식시켰으며 모든 말라가시 부족을 동등하게 대우했다.

마두라이 반란, 1334~35
Madura Revolt of 1334~35

인도 델리 술탄국의 지배력은 불안정했다. 이유는 광대한 영토가 주로 봉건제 방식으로 조직됐고 작은 힌두교 군주국들에서 반란이 빈번했기 때문이었다. 총독 제도의 설치로 반란 문제는 해결된 듯했지만, 투글라크 가문의 튀르크족(델리의 새로운 투글라크 왕조와 친척이었다) 출신으로 델리로부터 마두라이 총독으로 임명된 사람이 1334년에 굴바르가를 수도로 삼아 독립 술탄국임을 선포했다. 마두라이는 1311년에 신설된 주로서(**○ 델리 술탄국의 남인도 침입**) 원래는 델리가 직접 통제하는 행정 중심지였다. 델리는 권위를 내세우려 군대를 파견했지만, 라호르와 델리에서 격렬한 반란이 일어나자 군대는 마두라이 총독을 벌하지 못하고 북쪽으로 되돌아왔다(1335). 독립을 추구하는 마두라이 총독의 소망은 다른 곳으로 퍼져갔다.
○ 바흐만 술탄국-델리 술탄국 전쟁 ; 비자야나가르 왕국의 마두라이 정복

마라타 왕국-무굴 제국 전쟁, 1670~80
Maratha-Mogul War of 1670~80

시바지 본슬레(1627~80)의 치세에 마하라슈트라 왕국은 1665년의 푸란다르 조약으로 할양한 영토와 요새들을 탈환하면서 무굴 제국과 전쟁을 재개했다(**○ 마라타족-무굴 제국 전쟁, 1647~65**). 시바지의 군대는 수라트를 다시 약탈했고(1670), 이어 칸데시와 베라르를 침공했다. 시바지는 술탄이 사망한 비자푸르 술탄국의 일부를 쉽게 빼앗았고(1672), 다른 곳의 전쟁에 병력이 묶여 있던 무굴 제국의 영토를 점령할 수 있었으며, 1674년에 차트라파티('왕 중의 왕')로 즉위하여 마라타 왕국을 세웠다. 무굴 제국이 비자푸르를 마라타 공격의 기지로 삼으려는 것을 알게 된 시바지는 카르나타카 연안 지역을 침공했고, 골콘다 술탄국과 동맹하여 진지를 점령했다. 그리고 무굴 제국은 독립국이었으나 허약했던 이슬람 국가 비자푸르를 억누르려 했는데, 시바지는 비자푸르로부터 무굴 제국에 맞서 싸울 때 도움을 주는 대가로 영토를 할양받았다(1676~80). 이즈음 시바지가 장악한 영토는 인도 중부의 나르마다 강에서 남쪽으로 고아까지, 그리고 동쪽으로 나그푸르까지 펼쳐졌다. 시바지가 질병으로 갑자기 사망하여 전쟁은 잠시 중단됐다(○ 마라타 왕국-무굴 제국 전쟁, 1681~1705).

○ 아우랑제브에 대항한 라지푸트족 반란

마라타 왕국-무굴 제국 전쟁,* 1681~1705
Maratha-Mogul War of 1681~1705

시바지 본슬레(1627~80)가 사망하자 마라타 왕국의 왕위는 시바지의 아들 삼바지 본슬레(1657~89)가 이어받았다. 삼바지는 무굴 제국에서 볼모로 지냈던 적이 있어 잠시나마 이슬람교도 편으로 이탈하기도 했다(○ 마라타 왕국-무굴 제국 전쟁, 1670~80). 삼바지의 즉위는 분쟁에 새로운 요소를 더했다. 무굴 제국 황제 아우랑제브(1618~1707)의 황자 무함마르 악바르(1657~1704)가 라지푸트족 반란 중에 힌두교 진영으로 이탈했는데, 악바르는 자신과 라지푸트족(힌두교도)에 합세하도록 삼바지를 감언이설로 꾀어 함께 아그라에 맞서려 했던 것이다. 아우랑제브와 무굴 제국 조정은 데칸 고원으로 가서(1681) 둘레가 약 50킬로미터에 이르는 천막 도시에서 24년을 보냈다. 직접 총사령관직을 수행한 아우랑제브는 초기에 성공을 거두었지만 요새를 근거지로 삼아 침입을 감행한 마라타족과 싸워 승리한 것은 아니었다. 그 대신 아우랑제브는 죽어가는 비자푸르 술탄국의 술탄을 사로잡았고(1686) 시아파의 골콘다 술탄국을 점령했다(1687). 아우랑제브는 우연히 삼바지와 다른 지도자들을 사로잡아 혹독하게 고문한 뒤 잔인하게 처형했다(1689). 삼바지의 동생 라자람(1670~1700)이 형의 뒤를 이어 죽을 때까지 전쟁을 계속했고, 라자람이 죽은 뒤에는 그의 부인 타라바이(1675~1761)가 전쟁을 속행했다(타라바이는 전쟁이 끝난 뒤 마라타 왕국의 새로운 수도 진지와 사타라에서 내전을 치렀다. ○ 무굴 제국 내전, 1707~08). 이제 초로에 접어든 아우랑제브는 그 엄청난 수행원들을 이끌고 마라타의 요새들을 옮겨다녔고 비워놓은 요새들은 적군이 다시 점령했다. 1705년 아우랑제브는 전쟁을 계속하기에는 너무 늙고 병들었으며 아마도 데칸 고원이 육신의 무덤은 물론 명성의 무덤이 될 것이라는 점을 의식하고 북쪽의 아메드나가르로 갔고 인근의 쿨다바드에서 1707년에 사망했다.

○ 마라타 전쟁

* 마라타 왕국 독립 전쟁이라고도 한다.

마라타 전쟁
Maratha War

제1차 마라타 전쟁(1775~82) 1700년대 초 인도의 마하라슈트라 왕국이 몰락하면서 마라타 동맹이 발전했다. 마라타 동맹은 5개 씨족과 그 영토의 연합체로 봄베이(오늘날의 뭄바이) 인근의 푸네를 수도로 삼았다. 푸네의 페슈와(재상)가 원칙적으로 마라타 동맹의 지도자였으나, 씨족 간의 끝없는 경쟁, 특히 페슈와직을 둘러싼 경쟁으로 영국동인도회사의 영토 침략에 공동으로 대응할 힘이 약해졌다. 1775년 페슈와직을 두고 다툼이 벌어졌는데, 영국동인도회사가 1774년에 축출된 전직 페슈와를 지지하며 금과 보석, 땅을 대가로 군대를 보내겠다고 약속하는 조약을 체결했다. 페슈와직을 요구했던 자가 푸네를 공격했으나 패배했다(1775). 그러자 영국이 개입하여 1779년에 마라타 동맹 군대를 격파하고 마라타 동맹에 이 전쟁과 제1차 마이소르 전쟁을 종결할 것을 강요했다(**○ (제1차) 마이소르 전쟁**). 1782년의 살바이 평화조약으로 영국동인도회사는 봄베이 근처에 섬을 하나 얻었을 뿐이었지만 마라타 동맹은 20년 동안 중립을 지켜야 했고 이로써 영국동인도회사는 다른 지역에서, 특히 마이소르(카르나타카)에서 자유롭게 싸울 수 있었다. **제2차 마라타 전쟁(1803~05)** 1799년 영국이 마이소르를 점령하자(**○ (제4차) 마이소르 전쟁**), 영국동인도회사가 인도 중부와 남부 전체를 지배하는 데 방해가 되는 것은 마라타 동맹뿐이었다. 페슈와직을 둘러싸고 경쟁이 지속된 것은 영국에게 다행이었다. 젊은 페슈와 바지 라오 2세(1775~1851)는 신디아 가문의 반대에 직면했는데, 영국은 1802년 바세인(오늘날의 바사이) 조약으로 바지 라오 2세에게 보호를 약속했다. 신디아 가문은 푸네를 장악하고 꼭두각시 페슈와를 세웠으나 이후 영국의 협력자였던 홀카르 가문이 푸네를 탈환하고 꼭두각시 페슈와를 내쫓았다. 영국동인도회사는 별다른 교전 없이 푸네에 영국의 총독 대리를 보낼 수 있었고 그가 마라타 동맹의 실질적인 통치자가 됐다. 영국의 총독 대리는 용병이자 약탈자로 변신한 마라타 병

사들인 핀다리를 끌어들여 인도 중부에 질서를 회복했다. 그 뒤 영국동인
도회사는 핀다리를 정규군으로 대체하고 관료기구를 설치하려 했는데, 이
러한 노력은 세 번째 전쟁의 한 원인이 됐다. **제3차 마라타 전쟁(1817~18)** 영
국동인도회사는 영국 총독 대리를 마라타 동맹의 실질적인 통치자로 유지
한 채 바지 라오 2세를 꼭두각시 통치자로 남게 하려 했으나, 바지 라오 2
세가 마라타의 국력 회복을 완강하게 시도했고, 이에 다른 가문들이 분노
했다. 핀다리 도적 떼를 쫓던 영국군 부대가 마라타 영토로 들어가자, 마라
타의 씨족 가문 5개 중 세 가문이 바지 라오 2세에 반기를 들었다. 영국은
바지 라오 2세를 보호하기는커녕 전력을 다해 푸네를 공격하여 격파했고
포위된 페슈와에게 연금을 주고 물러나게 한 뒤 추방했다. 그 뒤 영국동인
도회사는 마라타 영토를 봄베이 지역에 보유한 땅과 병합하고 인도에서 영
국의 패권을 확립했다.

마라타족-무굴 제국 전쟁, 1647~65
Maratha-Mogul War of 1647~65

무굴 제국의 이슬람 황제들은 인도를 통치하면서 일상적으로 힌두교도를
학대하고 모욕했다. 20세부터 가문의 영토를 통치했던 야바다의 군주 시
바지 본슬레(1627~80)는 무굴 제국의 폭군으로부터 자유로운 제국을 건설
하기 위해 나섰는데(1647), 그런 행동의 바탕에는 힌두교를 보호하고 유지
하려는 열망이 숨어 있었다. 시바지는 푸네에서 가까운 서西고츠 산맥의 힌
두교 본고장에서 나와 쇠락하는 이슬람 국가 비자푸르 술탄국을 공격하
고 구릉지대에 여러 요새를 건설했다. 1653년에는 시바지의 군대가 고아에
서 북쪽의 비마 강에 이르는 영토를 지배하고 데칸 고원을 가로질러 동진
을 시작했다. 시바지는 마라타족(힌두 전사 부족)과 라슈트라쿠타 왕국을 기
념하기 위해 새로운 나라를 마하라슈트라라고 부르고 무굴 제국의 다른 영
토를 침입했다. 델리의 무굴 제국 정부는 이를 우려했으나 병력을 파견하
지는 않았다. 아무 방해도 받지 않은 시바지는 유럽의 개입을 저지하기 위
해 아라비아 해에서 해군을 양성했고, 이어 1664년에 잉글랜드의 대규모 도
매상단이 자리 잡은 캄베이(오늘날의 캄바트) 만의 수라트를 공격했다. 무굴
제국 황제 아우랑제브(1618~1707)는 가장 유능한 장군인 자이 싱(1611~67)

을 비자푸르로 파견했고, 자이 싱은 그곳에서 이슬람 술탄의 지원을 확보하여 마라타의 푸란다르 요새를 공격하고 시바지를 격파했다(1665). 시바지는 부득불 조약을 체결하여(푸란다르 조약, 1665년 6월 11일) 25개 요새 중 23곳을 넘겨주고 아들 삼바지 본슬레(1657~89)가 '사르다르'*가 된다고 동의해야 했다. 1666년 아우랑제브는 시바지를 칸다하르로 보내 제국의 서북쪽 변경을 보강하려는 생각으로 시바지와 아홉 살 된 삼바지를 아그라(델리에 앞서 무굴 제국의 수도였던 곳)로 초청했다. 그러나 1666년 5월 12일 아우랑제브가 궁정에서 자신을 군 지휘관들 뒤에 세우자 모욕을 느낀 시바지는 자리를 박차고 나갔다가 즉각 가택연금됐다. 아우랑제브가 자신의 거처를 옮긴 뒤 죽이거나 아프가니스탄 변경으로 보내려 한다는 사실을 인지한 시바지는 계책을 세워 아들과 함께 탈출했다. 시바지는 3년 만에 준비를 갖추고 이따금 무굴 제국을 공격했다(❍ 마라타 왕국-무굴 제국 전쟁, 1670~80).

❍ 아우랑제브 전쟁

* sardar. 아시아 여러 지역에서 소국의 군주나 군 지휘관, 기사 등을 가리키는데 여기서는 인질을 뜻한다.

마라톤 전투, 기원전 490
Battle of Marathon, BCE 490

페르시아는 이오니아 반란을 지원한 아테네를 응징하려고 함대를 보내 그리스를 침공했으나, 함대는 기원전 492년에 폭풍을 만나 파괴됐다. 기원전 490년 틀림없이 5만 명은 됐을 병사들이 탄 페르시아 함대가 두 번째로 원정하여 에게 해를 건너 에레트리아를 공격하고 약탈한 뒤 남쪽의 마라톤 평원을 향해 항해했다. 마라톤 평원은 페르시아에 의존하여 권력을 회복하고자 했던 아테네의 알크마이온(알크마이오니스) 가문이 전장으로 지정해준 곳이었다. 밀티아데스(기원전 540?~기원전 489)가 지휘하는 아테네 시민군은 관심 없다는 듯 평원 근처에 주둔한 채 몹시도 혐오했던 페르시아 군대가 서쪽에서 함대와 막강한 기병대로 아테네를 공격하기를 기다렸다. 때가 되자 밀티아데스의 군대는 즉각 대담하게 페르시아 보병을 타격했으며 페르시아 함대보다 먼저 도착하기 위해 아테네로 강행군을 펼쳤다. 아테네 시민들은 전령 페이디페데스로부터 승리의 소식을 전해 들었다(기원전 490).* 페르시아는 현명하게도 함대를 상륙시키지 않았다. 이후 알크마이온 가문은 밀티아데스가 페르시아를 지원했던 그리스의 파로스 섬을 허락 없이 공격했다가 실패한 것을 비난했고, 밀티아데스는 불명예를 떠안아야 했으나 사고로 다리에 부상을 입어 사망했다.

⊙ 그리스-페르시아 전쟁

** 페이디페데스는 마라톤 평원에서 아테네까지 40킬로미터를 달려와 승리의 소식을 전하고 쓰러져 그 자리에서 죽었는데, 올림픽 경기의 마라톤 경주는 이로부터 유래됐다.

마르시족 전쟁
Marsic War
⊙ 동맹국 전쟁, 기원전 91~기원전 88

마른 강 전투
Battle of the Marne

제1차 마른 강 전투(1914) 1914년 8월 독일군은 벨기에와 프랑스 동북부로 침공하여(⊙ 제1차 세계대전) 파리에서 채 20킬로미터도 떨어지지 않은 마른 강까지 진격했으나, 그곳에서 독일군의 공격은 혼란에 빠져 중단됐다. 퇴각하던 프랑스군은 필사적인 반격을 개시하기로 결정했다. 1914년 9월 5일 한 부대가 독일군의 우익을 공격했고, 독일군이 방향을 바꾸어 반격하자 독일군 전선에 틈이 벌어졌다. 프랑스군과 영국군은 이 틈 안으로 진입하여 독일군의 다른 측면을 공격했다. 두 나라의 군대는 파리에서 약 6천 명의 추가 병력이 택시를 타고 도착하여 증강됐다. 독일군은 점차 밀리자 퇴각하기 시작했다. 독일군은 엔 강의 북안지대에 도달하자 후퇴를 멈추고 참호를 팠다. 그리하여 이후 4년 동안 벌어진 전쟁의 대체적인 특징이 될 전투 형태(참호전)가 시작됐다(⊙ 제1차 세계대전, 서부전선). 마른 강 연안지대에서 벌어진 이 8일 동안의 전투는(1914년 9월 5~12일) 프랑스군에 신속하고 손쉽게 승리를 거둘 것이라는 독일군의 기대를 무너뜨렸다. **제2차 마른 강 전투(1918)** 1918년 5월 말 독일군은 프랑스군 진영에 강력한 공세를 퍼부어 혼란에 빠뜨리고 마른 강으로 진격하여 파리에서 약 60킬로미터 떨어진 곳까지 당도했다. 독일군은 랭스를 점령하여 서부전선의 연합군을 둘로 가르려 했으나 거센 저항에 부딪혔다. 샤토티에리의 미국군은 굳은 결의로 싸웠으며 독일군의 공격을 거듭 물리쳤다. 독일군은 7월 15일에 최후의 공세를 펼쳐 마른 강을 건너는 데 성공했으나 2일 뒤에 멈추었다. 독일군 1개 사단이 포위되어 항복했다. 7월 18일 연합군 최고사령관 페르디낭 포슈(1851~1929) 장군이 지휘하는 프랑스군과 영국군, 미국군, 이탈리아군은 긴 전선에서 동요하고 있던 독일군을 반격했다. 1918년 8월 중순 독일군은 전 면적으로 퇴각하고 있었고, 한 달 뒤에는 전쟁 전 독일 국경의 바로 앞으로 이어진 강력한 요새 진지선인 '힌덴부르크 라인'까지 내몰렸다. 독일군은 곧 평화협상을 요청했고 제1차 세계대전이 끝났다.

마사니엘로의 폭동, 1647
Masaniello's Insurrection, 1647

억압적인 나폴리 귀족들이 에스파냐에 바칠 돈을 모으기 위해 과일에 새로운 세금을 부과하자(나폴리는 당시 에스파냐 왕의 소유였다), 하위 신분들이 항의하여 폭동을 일으켰고 원래 이름이 토마소 아니엘로였던 마사니엘로(1620~47)라는 젊은 어부가 지도자로 선출됐다. 1647년 7월 7일 마사니엘로가 이끄는 반란자들은 세관을 불태우고 나폴리 왕국 전역을 광포하게 휩쓸었으며 에스파냐 총독을 내쫓았다. 많은 귀족이 살해당한 뒤 마사니엘로와 총독은 반란자들을 사면하고 나폴리 왕국 주민들에게 일정한 권리들을 부여하며 부담이 큰 세금을 폐지한다는 데에 합의했다. 마사니엘로는 성공에 정신이 나간 듯 추종자들을 강권하여 더 많은 귀족을 학살하게 했으나, 1647년 7월 16일 자신도 살해당했다. 귀족들이나 총독이 고용한 첩자 또는 환멸을 느낀 추종자 중 누군가가 죽인 듯하다. 총독이 합의를 무시하자 나폴리와 주변 지역에서 영주들과 에스파냐인들을 겨냥한 폭력이 새로이 불타올랐다. 에스파냐 함대가 나폴리에 도착하여 포격했고, 에스파냐 군대는 나폴리를 점령하려 했으나 격노한 나폴리 반란자들에게 내쫓겼다. 프랑스 앙주 가문의 후손이 일시적으로 나폴리인들의 지지를 받아 통치자에 올랐으나 자의적인 통치로 다수의 분노를 샀다. 1648년 나폴리 주민들은 성문들을 열어 에스파냐 군대를 끌어들였다. 5대 기즈 공작인 앙주 2세는 에스파냐로 끌려가 구금됐고, 에스파냐가 다시 나폴리를 통치했다. 반란 지도자들은 체포되어 처형당했다.

마사다 포위공격, 72~73
Siege of Masada, 72~73

70년에 로마의 예루살렘 포위공격이 성공한 뒤 로마 군대의 일부는 사막의 요새들에 은거한 유대인 반란자들을 진압하러 떠났다. 헤로디움 요새는 곧 함락됐고, 마카이루스의 요새는 72년에 지도자가 우연히 체포된 뒤에야 굴복했다. 그러나 마사다는 거의 난공불락이었다. 사해 인근 해발 약 400미터 산 정상의 요새인 마사다는 유다 왕국의 헤로데스(호르도스, 『성서』의 헤롯왕, 기원전 73~기원전 4) 대왕이 화려한 3개의 궁전과 건물들을 세웠던 요새의 자리에 있었다. 마사다는 헤로데스 대왕이 사망한 이후 로마가 차지했으나, 66~73년의 유대인 반란이 시작되던 66년에 유대인 열심당원들이 점령했다. 1만 5천 명 병력의 로마 군대(10군단 프레텐시스 Legio X Fretensis)가 마사다를 포위하여 공격했으나 1천 명이 못 되는 남녀와 어린이의 강력한 방어에 거의 2년이나 성공하지 못했다. 로마 군대는 8개의 주둔지를 설치한 뒤 요새의 둘레에 성벽을 쌓고 거대한 공성 누벽과 공성망치를 세웠다. 그렇지만 이로써 마사다에 입힌 타격은 석조 성벽에 겨우 구멍 하나를 뚫은 것뿐이었다. 유대인이 나무와 흙으로 신속히 성벽을 보수했음에도 성벽이 약해져 마사다의 약점은 그대로 남았다. 로마 군대는 목재로 보수한 성벽에 불을 질러 요새 안으로 들어갈 수 있었다. 하지만 여인 2명과 아이 5명을 빼고는 전부 동굴 속으로 숨었다. 요새를 지키던 유대인 열심당원들은 노예가 되느니 차라리 죽는다며 식량 창고를 불태운 뒤 집단으로 자살했다. 오늘날에도 이스라엘인을 비롯한 많은 사람들이 마사다를 유대인의 영웅적 저항을 기념하는 성지로 여기고 해마다 방문하고 있다.

마스카치스(행상인들)의 전쟁, 1710~11
War of the Mascates(Peddlers' War), 1710~11

브라질 동부 페르남부쿠 카피타니아*에 있는 도시 올린다와 헤시피**의 주민들은 지역의 권력을 두고 충돌했다. 카피타니아의 행정 수도 올린다의 부유하고 귀족적인 농장주들은 헤시피의 이주민 선박 노동자들과 상인들에 분노했으며 그들에게 '행상인들'이라는 뜻의 마스카치스(단수는 마스카치)라는 딱지를 붙였다. 1709년 포르투갈 정부가 주민의 요청에 따라 헤시피를 자체의 정부를 갖는 별개의 도시로 만들자, 헤시피와 올린다 사이에 내전이 일어났다. 내전은 1711년까지 지속되다가 새로운 카피타니아 총독이 평화를 중재하며 양쪽 모두에게 사면을 약속했다. 올린다의 중요성은 감소했던 반면, 헤시피는 번성했고 결국 1827년에 페르남부쿠 카피타니아의 주도가 됐다.

* 1822년에 브라질은 포르투갈로부터 독립하면서 카피타니아를 주(州)로 바꾸었다.
** 1709년까지 헤시피는 올린다의 일부였다.

마야 반란
Mayan Revolt

○ 에스파냐의 유카탄 반도 정복

마요탱 봉기, 1382
Maillotin Uprising, 1382

백년 전쟁은 프랑스의 재정을 고갈시켰고, 그 분쟁에 필요했던 재정의 대부분을 세금으로 떠맡았던 프랑스 주민들은 실패로 돌아갔지만 여러 차례 봉기로 불만을 표출했다. 특히 1380년과 1382년의 봉기가 주목할 만하다. 매우 격렬했던 봉기로는 파리의 마요탱 봉기를 들 수 있다. 봉기의 이름은 봉기를 일으킨 사람들이 들고 다니던 큰 망치(마요 maillot)에서 유래한다. 추가 세금에 반대하는 폭동으로 시작된 마요탱 봉기는 대규모로 확산되어 유대인과 징세관들이 추적을 당해 매를 맞고 죽임을 당했으며 주택이 약탈당했고 샤틀레의 감옥이 습격을 받아 수감자들이 탈옥했다. 프랑스 왕 샤를 6세(1368~1422)는 1382년에 겨우 14살이었으나, 왕과 12인위원회, 다른 관리들은 봉기자들과 협상을 시도했다. 그렇지만 봉기는 지도자들이 체포된 뒤에야 중단됐다. 체포된 지도자들은 대부분 죽음을 면치 못했다. 증오의 대상이었던 세금은 폐지됐으나, 부수적인 결과가 발생했다. 파리 자치 정부 지원에 대한 왕의 관심이 완전히 사라진 것이었다. 이는 150년이 지난 뒤 프랑수아 1세(1494~1547)가 약간의 관심을 보이며 부활했다.

○ 자크리의 난

마우리아 제국의 정복, 기원전 325?~기원전 232
Conquests of the Mauryan Empire, BCE c. 325~BCE 232

인도의 역사는 1175년 이후 북쪽의 튀르크족 이슬람교도가 침공하기 전까지는(◐ **무함마드 구르의 정복**) 작은 나라들이, 때로는 아주 작은 나라들이 서로 끊임없이 다투는 과정이었다. 인도 아대륙이 단일한 정치 단위로 발전하지 못했던 요인은 두 가지로, 중앙아시아와 서아시아로부터 늘 침략을 당한 것이 하나이며, 분열을 조장하는 힌두교의 교리가 다른 하나였다. 이런 요인들이 있었는데도, 갠지스 강 유역의 마가다 왕국은 기원전 500년부터 기원후 5세기까지 형태를 바꾸어가며 존속했고 두 차례 값진 통합의 시도에 토대를 놓았다. 기원전 600년 마가다는 최소한 16개의 서로 경쟁하는 정치체 중 하나였다. 100년 안에 경쟁 국가들은 넷으로 줄어들었고 이어 마가다만 홀로 남아 파탈리푸트라(오늘날의 파트나)에 수도를 정하고 갠지스 강 유역 교역로의 지배자가 됐다. 마가다의 두 번째 형태는 마우리아 제국으로, 기원전 325년 찬드라굽타 마우리아(재위 기원전 320?~기원전 298)가 마가다 왕위를 차지하고 나르마다 강 남쪽의 인더스 강 동쪽 땅을 점령했으며, 기원전 303년에는—침략자들이 통로로 썼던 인도 서북부의 산악 고갯길을 봉쇄하려는 중에—셀레우코스 니카토르(셀레우코스 1세, 기원전 358?~기원전 281) 마케도니아 장군의 군대와 싸워 무찔렀다. 찬드라굽타의 아들 빈두사라(재위 기원전 290?~기원전 272?)는 마우리아 제국의 남쪽 경계를 데칸 고원(인도 중부)과 뒷날 마이소르(카르나타카) 왕국이 세워지는 곳까지 확장했다. 찬드라굽타의 손자 아소카(재위 기원전 272?~기원전 232)는 인도 아대륙 동부 해안의 칼링가 왕국을 고다바리 강까지 잔인하게 정복하여(기원전 271) 마우리아 제국을 완성했으며, 이로써 마우리아 제국은 남단을 제외한 인도 아대륙 전역을 지배했다. 마우리아 제국은 아소카 왕의 치세에 중앙집권 정부를 유지하여 평화 시대를 구가했으나, 아소카의 비폭력 정책으로 군대가 약화됐고 내부 분란이 조장됐으며 인도는 박트리아인과 스키타이족, 파르티아인의 침공을 받았다. 기원전 180년경 인도의 그리스인 왕국 군대가 파탈리푸트라에 도달했다. 마우리아 제국은 소멸했다. 기원후 3세기까지 인도·그리스인과 다른 이방 통치자들이 왕위에 올랐다. 그러나 마가다 왕국은 생존했고 4세기의 굽타 왕조부터 활력을 되찾았다.

마우마우 봉기, 1952~56
Mau Mau Uprising, 1952~56

마우마우는 영국령 동아프리카(케냐)에서 유럽인 백인 정착민들을 제거하고 아프리카 원주민에게 지역의 통제권을 돌려주려는 흑인의 비밀 테러조직이나 운동을 말한다. 마우마우는 '화이트 하일랜즈(케냐의 중부 고지대)'*와 수도 나이로비 인근에 거주한 키쿠유족과 메루족, 기타 흑인 부족들에게 급속히 확산됐다. 마우마우는 백인을 살해하고 백인의 집과 농지를 불태웠으며, 주저하는 아프리카 흑인들을 강제로 가입시켰고 거부하면 폭행하거나 그 자리에서 살해했다. 영국은 마우마우 봉기자들의 봉기에 무력으로 대응했다. 정부는 비상사태를 선포하고(1952년 10월 20일) 많은 병력을 파견하여 키쿠유족 등의 민족주의 지도자들을 체포했다. 그중 한 사람으로 마우마우의 지도자라는 혐의를 받은 조모 케냐타(1894?~1978)는 투옥됐다가(1952~61) 뒷날 케냐의 초대 총리가 됐다. 마우마우 운동이 확산되면서 폭력도 증가했고, 양쪽은 끔찍한 잔학 행위를 자행했다. 영국군은 혐의자들을 강제수용소에 가두었으며, 부족의 마을들은 향토방위대의 엄격한 감시를 받았다. 많은 부족민이 애버데어 산맥과 케냐 산의 숲으로 도피했으나, 영국군에 추적당하여 은신처에서 패주했다. 마우마우의 지도자 데단 키마시(1920~57)가 붙잡혀 처형된 뒤 영국군이 통제권을 장악하면서 봉기는 진정됐으나 그 대가는 컸다(마우마우를 진압하는 데 약 6천만 파운드와 5만여 명의 병력이 투입됐다). 많은 재산이 파괴됐고, 거의 1만 2천 명에 이르는 봉기자들이 살해됐다. 그렇지만 봉기는 토지개혁의 필요성과 자치의 확대 같은 아프리카의 진정한 불만에 세간의 이목을 끄는 데 성공했다.

* 정식 명칭은 센트럴 프로빈스(Central Province)이고, 백인들이 많이 거주하고 있어서 붙여진 별칭이다.

마운틴메도스 학살, 1857
Mountain Meadows Massacre, 1857

1857년 모르몬교도(예수 그리스도 후기성도 교회 신자)와 미국 정부는 서로 신뢰하지 못하며 긴장 관계를 유지하는 상태였다. 9월 아칸소 주에서 캘리포니아 주로 이동하던 140명의 이주민이 유타 준주 남부를 지나다가 마운틴메도스라는 계곡에 야영지를 구축했는데 파이우트족 인디언의 공격을 받았다. 이들은 포장마차로 원형의 마차 방책防柵을 친 뒤 참호를 파고 여러 날을 버텼다. 그 뒤 일부 백인들이 찾아와 무장을 해제하면 안전하게 호위해 주겠다고 제의했다. 그들은 이주민 무리를 다른 장소로 이동시키다가 기습하여 살해했다. 1~6세 정도의 어린이 17명만 목숨을 구했다. 뒷날 모르몬 교도는 자신들이 인디언의 공격을 지시했고 잔악한 살인에도 책임이 있다고 인정했으나, 살인자들을 지휘한 것이 분명한 모르몬교 광신도 존 도일리(1812~77)는 1874년이 되어서야 체포됐다. 살인죄로 유죄 선고를 받은 리는 1877년 마운틴메도스에서 사형됐다.

마이소르 전쟁
Mysore War

제1차 마이소르 전쟁(1767~69) 1600년 인도에서 포르투갈이 차지한 독점을 깨뜨리기 위해 설립된 영국동인도회사는 비교적 쉽게 번창하다가 1700년대 중반 협조적이었던 무굴 제국이 해체되고 프랑스가 경쟁에 뛰어들자 자위 조치로 인도 국가들을 장악하는 데 나섰다. 1765년에 벵골을 차지한 영국동인도회사는 마이소르(카르나타카)와 마라타 동맹이라는 막강한 경쟁자를 만났다(**○** (제1차) **카르나타카 전쟁**). 마이소르는 1761년에 이슬람교도 하이다르 알리 칸(1721~82) 총사령관이 장악한 힌두 국가로 마라타 동맹과 싸울 때 유익한 협력자가 될 수 있었지만, 영국동인도회사는 1767년에 하이다르 알리를 따돌렸고 마이소르가 사실상 소멸할 때까지(1799) 그런 행태를 지속했다. 1767년 영국동인도회사의 군대가 마이소르를 공격하여 승리했으나 1768년에 인도인 협력자들(하이데라바드와 마라타)이 철수했다. 그 뒤 하이다르 알리는 꾸준히 승리를 거두어 한때 마드라스(오늘날의 첸나이)에 있는 영국동인도회사 본부를 위협하기도 했고, 1769년에 사실상 자신들의 의지를 반영한 평화조약을 체결했다. **제2차 마이소르 전쟁(1780~84)** 아르코트 나와브(군주)의 채권자들은 나와브에게 마이소르를 공격하여 채무를 변제하게 했고, 영국이 아르코트 나와브를 지원했다. 마라타 동맹에 가담한 하이다르 알리는 처절하게 보복했다. 영국 군인들이 마라타의 공격을 받은 마드라스를 구하러 왔고(1780), 마라타 동맹은 철수하여 단독으로 강화를 체결했다. 하이다르 알리는 1782년에 사망했고, 약속받은 프랑스의 군사 지원은 너무 늦게 도착하여 하이다르 알리의 아들 티푸 사히브 (1750?~99)에게 도움이 되지 못했다. 결국 마이소르는 패배했다. 1784년 망 갈로르 조약이 체결되어 상황은 1780년 이전으로 되돌아갔다. **제3차 마이 소르 전쟁(1789~92)** 젊고 야심만만했으나 아버지만큼 영리하고 신중하지는 못한 티푸는 찰스 콘월리스(1738~1805) 경의 지휘로 마이소르를 병합하고 자 했던 영국동인도회사에 여전히 화가 나 있었다. 영국동인도회사에게 필 요한 것은 오직 공격할 구실뿐이었다. 콘월리스는 1790년 영국동인도회사 의 '우호국' 명부에서 티푸의 이름을 제외했고, 티푸는 이에 대응하여 공격 에 나섰다. 티푸의 군대는 마라타와 하이데라바드의 동맹 제안을 거부하기 는 했지만 여전히 강력했고, 콘월리스가 직접 지휘한 영국의 세 갈래 공격 을 잘 막아냈다. 1792년에 마이소르의 수도 스리랑가파트나를 겨냥한 마지 막 원정 때 마이소르는 영토의 절반을 잃었다. **제4차 마이소르 전쟁(1799)** 티 푸는 적대감을 갖고 영국을 대했으며 프랑스로부터 사절을 받아들이고 궁 정의 정원에 '자유의 나무'*를 심어 분노를 표출했다. 영국의 리처드 웰즐 리(1760~1842) 신임 총독은 인도 안에서 프랑스의 영향력을 제거하고 마이 소르를 병합하는 데 헌신한 인물로서 1799년에 하이데라바드의 도움을 얻 어 세링가파탐을 공격했다. 티푸는 전사했고, 제3차 마이소르 전쟁 뒤 남 겨진 땅은 둘로 분할되어, 절반은 영국동인도회사에 넘어갔고 북부 영토는 하이데라바드가 가져갔다. 남아 있는 작은 땅은 제1차 마이소르 전쟁 이전 인 1761년에 하이다르 알리에게 내쫓겼던 힌두교도 가문에 반환됐다.

* 프랑스 혁명 이후 프랑스에서 유행한 혁명의 상징들 가운데 하나다. 여기서는 영국의 적국인 프랑스의 상징을 받아들여 자국의 견해를 표시한 것이다.

마자르족의 신성로마제국 침입, 894?~955
Magyar Raids in the Holy Roman Empire, c. 894~955

헝가리 역사에 따르면 889년에 핀우그리아어족^{語族}에 속하는 마자르족의 일 곱 부족이 아르파드(840?~907?)를 통합 지도자로 선택하여 캅카스 북부 의 고향을 떠나 서쪽으로 이동했다. 이들은 894년이나 896년쯤 프랑크 왕 국의 판노니아(오스트리아 동부, 헝가리 서부, 옛 유고슬라비아의 일부)를 침공하 여 900년경에 완전히 장악했다. 마자르족은 판노니아를 기지로 삼아 사방으로 침입했고 906년에 모라비아를 정복했으며 엔스부르크(오늘날 오버외스터라이히 주 엔스의 일부인 로어히)에서 바이에른 군대를 격파했고 헝가리 대평원을 점령했다. 마자르족은 898년에서 955년 사이에 약 33차례 침입하여 북쪽으로 브레멘까지, 남쪽으로 오트란토까지, 서쪽으로 오를레앙까지, 동쪽으로 콘스탄티노플(오늘날의 이스탄불)까지 나아갔다. 여러 차례의 침입이 신성로마제국 안에서 이루어졌고, 908년에 작센과 튀링겐, 909년과 910년에 바이에른(각각 패배와 승리), 917년에 알자스가 침공당했다. 독일 왕 '새 사냥꾼' 하인리히 1세(876?~936)의 치세인 919년에서 936년 사이에 마자르족은 비교적 활동이 적었고, 특히 하인리히 1세가 마자르족의 주요 지도자를 생포한 결과로 9년간의 휴전이 발효된 924년 이후에 활동이 뜸했다. 하인리히 1세는 작센의 도시들을 요새로 만들고 군대를 개편했다. 933년 하인리히 1세는 휴전을 깨고 리아데 전투에서 승리하여 마자르족을 주둔지에서 내쫓았다. 그러나 936년에 독일 왕으로 오토 1세(912~973)가 즉위하자마자 내전에 직면하면서 상황이 바뀌었다. 그렇지만 튀링겐과 작센을 침공한 마자르족은 격퇴됐고, 948년에서 949년에 바이에른을 침입했을 때에도 마찬가지였다. 그 뒤 작센 군대가 헝가리로 진격했다. 마자르족은 951년부터 954년까지 프랑스를 침입했으며, 954년에 독일을 침공했고, 955년에는 레히펠트 전투에서 패하며 큰 손실을 입었다.

마자르족의 프랑스 침입, 907~954
Magyar Raids in France, 907~954

마자르족의 신성로마제국 침입은 907년에 마자르족 전사들이 라인 강을 건너 알자스와 프랑스 동부 특히 부르고뉴 공국을 괴롭히면서 프랑스까지 확장됐다. 마자르족은 독일의 기지들을 이용하여 917년부터 919년까지 부르고뉴 공국을 공격하여 심장부를 위협했다. 프랑스의 단순왕 카롤루스(샤를 3세, 879~929)는 귀족들의 지원을 받아 마자르족의 위협에 대처하려 했으나 실패했다. 카롤루스 왕조 시대에 프랑스 왕국의 방비가 충분하지 못했던 것은 여러 공국과 귀족들이 경쟁했기 때문이다. 926년에 마자르족이 아무런 방해도 받지 않고 진격하여 랭스를 위협했다. 침략자들은 프랑스와 이탈리아 북부를 계속 약탈했고, 951년에는 아키텐을 침입했으며, 954년에는 캉브레와 랑, 랭스의 외곽을 침략했다. 954년 마자르족은 대규모 침입으로 프랑스 동북부에서 남쪽으로 부르고뉴 공국을 지나 그랑생베르나르(그란산베르나르도) 고개 너머 이탈리아까지 휩쓸었다.

○ 레히펠트 전투

마지마지 봉기, 1905~07
Maji Maji Uprising, 1905~07

독일령 동아프리카(르완다, 부룬디, 탄자니아의 아프리카 대륙 본토)의 원주민들은 유럽에서 들어온 새로운 주인을 위해 강제로 일하고 세금까지 납부해야 하는 상황에 분노했다. 독일 정부가 경솔하게도 곡물 생산을 줄이고 면화 재배를 실험하자 원주민 사회의 불안은 더욱 커졌다. 아프리카인의 종교 집단이 하나 출현했는데, 그 신자들은 마지라는 특별한 물을 얻으면 총탄에 맞아도 다치거나 죽지 않는다고 믿었다. 이러한 믿음으로 힘을 얻은 아프리카인들은 독일에 맞서 봉기를 일으켰다. 처음에는 독일인들이 대비하지 못했던 탓에 봉기는 지역 곳곳으로 급속하게 퍼졌다. 봉기를 일으킨 아프리카인들은 2년 만에 거친 군사작전과 초토화 전술로 잔혹하게 진압됐다. 대략 20만 명에 이르는 원주민이 교수형과 총살, 굶주림, 질병으로 사망했다고 한다.

○ 독일의 아프리카 식민지 전쟁

마카빔 가문의 반란,* 기원전 168~기원전 143
Revolt of the Maccabees, BCE 168~BCE 143

마카빔 가문은 종교적·정치적 자유에 헌신하기로 유명한 경건한 유대인 가문이다. 시리아를 지배하고 있던 셀레우코스 왕국 왕 안티오코스 4세 에피파네스(기원전 215?~기원전 164)가 예루살렘 성전을 모독하고 유대인에게 이교 의식을 채택하라고 강요하자, 유대교 제사장 마티샤후(마타티아스, 기원전 166?년 사망)가 저항하여 시리아의 군인 1명을 살해했다. 마티샤후는 아들들을 데리고 산악지대로 피신했고, 그 뒤 유대인과 시리아인 사이에는 오랫동안 게릴라전이 이어졌다. 마티샤후가 사망하자 아들 유다스 마카바이우스(기원전 160년 사망)가 반란의 지도자가 되어 시리아 군대를 두 차례 격퇴했다. 기원전 164년 12월 14일 유다스는 예루살렘을 되찾았고 신께 성전을 다시 봉헌했다(유대인은 이 사건을 기념하여 빛의 축제인 하누카를 지낸다). 유다스는 시리아와 세 번째로 싸우다 전사했고, 동생 요나단 마카바이우스(기원전 143년 사망)가 유대의 지도자가 됐다. 영리한 외교관이었던 요나단은 로마·시리아와 우호조약을 체결했으나 평화협상을 제안한 시리아의 장군에게 속아 붙잡혔고 병사들과 함께 학살당했다. 막내 동생 시몬 마카바이우스(기원전 135년 사망)는 유대(팔레스타인 중부·북부) 전역에 요새와 성채를 건설했고, 시리아 왕은 시몬을 유대인의 대제사장이자 통치자, 지도자로 인정했다. 그 뒤 유대는 독립과 평화를 누렸으나, 시몬이 사망한 뒤로 내부에 분란이 일고 셀레우코스 왕국과 이웃한 아랍 부족들이 빈번히 침입하여 혼란에 빠졌다.

○ 셀레우코스 왕국-이집트 전쟁

* 마카베오 전쟁이라고도 한다. 마카빔은 히브리어이고, 마카베이는 그리스어다. 마카베오는 마태오나 삭개오처럼 『공동번역 성서』에서 옮긴 방식으로 쓴 것이다.

마케도니아 내전, 2001
Macedonian Civil War of 2001

1999년 코소보의 분쟁을 피해 약 30만 명의 알바니아인이 마케도니아에 도착하자, 마케도니아인(마케도니아정교도)과 알바니아인(이슬람교도) 사이의 오랜 갈등이 악화되어 결국 2001년에 마케도니아 정부군과 코소보해방군KLA(알바니아어로 UÇK)이라는 반정부 세력 사이에 무장 충돌이 벌어졌다. 마케도니아의 로마인(집시)과 알바니아인 사회는 오랫동안 차별을 당했다. 2000년 말 UÇK는 차별의 시정을 요구하면서 단계적으로 공격의 강도를 높였고, 2001년 3월에는 테토보(알바니아인이 우세한 곳)와 코소보 사이의 마케도니아 영토의 대략 30퍼센트를 차지하는 마케도니아 서부를 장악했다. 2001년 5월 정부군은 UÇK와 관련이 있다고 의심해 알바니아인 마을 루니차를 포격하고 파괴했다. 군대는 UÇK에 관한 정보를 얻기 위해 알바니아인 남성들을 가족과 격리하여 경찰서에서 고문했다. 6월에 UÇK가 비톨라의 경찰 3명을 살해하자, 알바니아인에 반대하는 대규모 폭동이 발생했다. 실체가 분명하지 않은 단체인 '마케도니아준군사조직 2000'은 6월 25일에 팸플릿을 발간하여 즉시 마케도니아를 떠나지 않는 알바니아인은 죽임을 당하고 재산을 빼앗길 것이라고 경고했다. 양쪽이 계속 잔인한 전술을 쓰면서 대규모 내전이 벌어질 위험성이 커졌다. 2001년 8월 13일 마케도니아 정부와 UÇK는 유럽연합과 미국의 압력으로 오흐리트 기본협정에 서명하여, 공무원과 군인, 경찰에서 인구의 25퍼센트를 차지하는 알바니아인의 대표성을 확대하기로 했고 알바니아어를 공용어로 선언했으며 테토보에 알바니아인 대학교를 세울 자금을 제공하기로 했다. 통치의 지방분권화도 시행될 예정이었다. UÇK는 '에센셜 하베스트' 작전이라는 30일 과업의 일환으로 무장을 해제하고 모든 무기를 북대서양조약기구NATO 군대에 인계한다는 데 합의했다. 2004년 말 이 중요한 조항들의 일부는 이행됐으나, 평화의 정착은 쉽지 않았다.

마케도니아 전쟁
Macedonian War

제1차 마케도니아 전쟁(기원전 214~기원전 205) 오늘날 그리스 북부에 있던 마케도니아는 고대 세계의 호전적인 국가였다. 마케도니아 왕 필리포스 5세(기원전 238~기원전 179)는 포부가 큰 인물로 제국의 확대를 원했다. 로마가 카르타고와 싸우는 동안(○ (제2차) 포에니 전쟁), 필리포스 5세는 동방의 로마 군대에 맞서 싸웠다. 전투는 10년간 이어졌으나 명확한 결과를 낳지 못했다. 필리포스 5세는 남쪽으로 눈을 돌려 그리스의 폴리스들에서 마케도니아의 영향력을 확대하는 데 나섰다. 로마는 그때까지 그리스 폴리스들의 싸움에서 중립을 지켰으나 이제는 그리스에서도 영향력을 확대하고자 했고, 따라서 새로운 전쟁이 촉발됐다. **제2차 마케도니아 전쟁(기원전 200~기원전 196)** 기원전 197년 로마의 군단들이 키노스케팔라이 전투에서 필리포스 5세의 팔랑크스 진형에 대승을 거두었고, 마케도니아 군대는 그리스에서 모두 철수했다. 필리포스 5세는 로마에 막대한 배상금을 물어야 했고, 로마는 해방자를 자처하고 관대하게 처신하여 그리스의 폴리스들을 보호국으로 삼았다. 기원전 179년 필리포스 5세의 아들 페르세우스가 왕위를 계승하여 그리스의 여러 폴리스와 동맹을 맺었다. 로마는 이러한 간섭에 불쾌해했고, 새로운 전쟁이 발발했다. **제3차 마케도니아 전쟁(기원전 171~기원전 167)** 로마 군대는 마케도니아 동남부의 피드나에서 승리했고, 페르세우스는 사슬에 묶여 로마로 끌려갔으며, 마케도니아는 4개의 공화국으로 분할됐다. 그러나 공화국들이 서로 다투어 공화정 실험은 실패로 돌아갔고, 혼란과 불만이 팽배했다. 기원전 152년 왕위 요구자가 나타나 마케도니아 왕국을 다시 세우려 하자 네 번째 전쟁이 시작됐다. **제4차 마케도니아 전쟁(기원전 150~기원전 148)** 마케도니아 군대는 우세한 로마 군대에 다시 패했다. 이번에는 마케도니아가 로마에 병합되어 로마 제국의 속주가 됐다.

○ (제3차) 포에니 전쟁

마케도니아 폭동, 1902~03
Macedonian Insurrection of 1902~03

불가리아는 경쟁하는 국가들인 세르비아와 그리스에 맞서 마케도니아, 트라키아와 관련한 권리 주장을 강화하고자 마케도니아위원회를 설립했다(1899). 불가리아 수도 소피아에서 활동한 마케도니아위원회의 목적은 마케도니아를 자치령으로 전환하고 불가리아의 감독관이 통제하는 것이었다. 불가리아는 테러를 벌여 이를 핑계로 강요하려고 했다. 불가리아는 이를 위해 코미타지(코미티)라는 혁명 단체를 파견하여 마케도니아, 트라키아를 습격했다. 이들은 1902년에서 1903년까지 마케도니아, 트라키아에서 폭동을 조장했다. 코미타지가 위원회의 논거에 반대하는 루마니아인 교수를 살해하고 미국인 여성 선교사를 납치하자 오스트리아-헝가리제국과 러시아는 테살로니키 주와 비톨라 주, 코소보 주와 관련한 개혁들을 제시할 수밖에 없었다(1903). 오스만 제국은 이러한 개혁을 수용했으나 개혁은 결코 이행되지 않았다. 계속된 내분은 불가피하게 제1차 발칸 전쟁으로 이어졌고, 서로 경쟁하는 세 나라(그리스, 불가리아, 세르비아)가 마케도니아를 분할했다.

마푸체족(아라우칸족) 인디오 전쟁
Mapuche(Araucanian) Wars

○ 에스파냐의 칠레 정복

마하바트 칸의 폭동, 1626~27
Mahabat Khan's Insurrection, 1626~27

인도 무굴 제국의 황제 자한기르(1569~1627)는 수하의 마하바트 칸(1634년 사망) 장군 덕에 제위를 유지했다(**⊙ 샤 자한의 반란**). 그러나 황후 누르 자한 (1577~1645)은 마하바트 칸의 성공을 질시했다. 누르 자한은 마하바트 칸 의 권력과 인기가 커지는 것에 두려움을 느꼈고, 마하바트 칸이 여전히 쿠 람(샤 자한, 1592~1666)을 제위 계승자로 지지하고 자신이 원하는 후보를 지 원하지 않자 불안해하며 분노했다. 누르 자한은 황제를 꾀어 마하바트 칸 을 멀리 떨어진 벵골의 지방장관으로 파견하게 했다. 아마도 충성에 대한 보상을 핑계로 들었을 것이다. 이어 누르 자한은 마하바트 칸에게 거짓 혐 의를 씌웠고 마하바트 칸을 라호르로 소환하여 재판하라고 자한기르를 설 득했다. 마하바트 칸은 명령을 거부하고 군대를 이끌고 펀자브의 황궁으로 쳐들어와 알현을 요청했으나 거부당한 뒤 자한기르를 체포했다. 누르 자한 과 그녀의 지지를 받던 제위 계승 경쟁자는 도피했으나 황제를 구출하지는 못했다. 황제는 마하바트 칸을 속여 탈출한 뒤 카슈미르로 도주했다. 마하 바트 칸은 서둘러 데칸 고원에 있는 쿠람에게 갔으나 설득당하여 황제에 항복하기로 했다. 그렇지만 자한기르는 사망했고, 마하바트 칸은 어떤 처 벌도 받지 않았다. 누르 자한의 지지를 받던 제위 경쟁자가 라호르에서 황 실의 보물을 훔쳤다가 붙잡혀 눈을 뽑혔고, 허를 찔린 황후는 품위 있게 은 퇴하기로 동의했다. 제위는 쿠람에게 돌아갔다. 그러나 쿠람은 제위를 지 키기 위해 모든 경쟁자를 처형하는 오스만 제국의 관행을 모방하여 동생과 조카 2명, 사촌 2명을 살해했다. 1628년 1월 25일 쿠람이 황제 샤 자한으로 즉위했다.

⊙ 무굴 제국 내전, 1657~59

마흐디파 전쟁
Mahdist War

⊙ 수단 전쟁, 1881~85

마흐무드 가즈나의 정복, 1000?~30
Conquests of Mahmud of Ghazna, c. 1000~30

인도 서북부의 정복자이자 998년 이후 오늘날의 아프가니스탄과 이란 동북 부로 이루어진 가즈나 왕조의 세 번째 튀르크족 통치자였던 마흐무드(971~

1030)는 인도를 침공했는데, 그 동기는 부분적으로 이슬람교의 원칙에서 유래했다. 마흐무드는 1000년에서 1026년 사이에 17차례 이상 침공하면서 힌두 사원들과 사당들이 이교의 것이라고 파괴하기도 했지만, 주된 동기는 약탈품을 축적하여 가즈나(오늘날 아프가니스탄의 가즈니)를 제2의 바그다드(800년경 이슬람 세계의 가장 화려한 도시)로 만들려던 것으로 보인다. 마흐무드가 죽었을 때, 왕국은 카슈미르, 펀자브, 그리고 마흐무드가 994년에 처음 침략한 곳인 오늘날 이란의 대부분을 포함하고 있었다. 마흐무드의 인도 침략 중 세 번째는 특별히 주목할 만하다. 1001년 훈련을 잘 받아 솜씨가 뛰어났던 마흐무드의 경기병 1만 5천 명은 페샤와르 인근에서 거의 세 배나 더 많은 샤히 왕조 군대를 물리쳤고, 샤히 왕조의 군주 자야팔라는 참패하자 양위한 뒤 자살했다. 1008년 라지푸트 연합이 부활하여 페샤와르 인근에서 가즈나인들을 거의 물리칠 뻔했다. 약 3만 명의 샤히 왕조 군대가 가즈나 군대를 공격하여 퇴각하게 했던 것이다. 그러나 마흐무드의 군대는 샤히 왕조 군대의 코끼리들이 갑자기 혼란에 빠진 틈을 타서 재집결하여 승리를 거두고 펀자브를 병합했다. 마흐무드의 탐욕은 카티아와르 반도를 침공한(1024) 것에서 볼 수 있다. 그곳에서 마흐무드는 솜나트를 점령하고 화려한 힌두 사원을 철저하게 약탈했으며 장식으로 꾸며진 사원의 문을 갖고 돌아갔다. 마흐무드는 정복한 지역들을 가혹하게 통치했지만 이슬람교 개종을 강요하지는 않았다. 마흐무드는 약탈하고 힌두교 예배당을 모독하는 데 힌두교도 부대를 이용하여 폭동을 두려워하지 않는 모습을 보여주기도 했다.

만딩고족-프랑스 전쟁
Mandingo-French War

제1차 만딩고족-프랑스 전쟁(1882~86) 프랑스 식민지 군대는 서아프리카의 코트디부아르 내륙에서 와술루 제국 알마미* 사모리 라피야 투레(1830?~1900)가 이끄는 흑인 만딩고(만딩카) 부족들에 맞서 전쟁을 벌였다. 만딩고족은 결국 패배했고(1886), 사모리 라피야 투레는 탈출했으며, 프랑스의 지배가 확립됐다. **제2차 만딩고족-프랑스 전쟁(1894~95)** 프랑스는 코트디부아르 전체를 피보호국으로 선포했으나 사모리 라피야 투레가 이끄는 만딩고족의 저항 때문에 오지까지 점령하지는 못했다. 프랑스의 군사행동은 실패로 돌아갔다. **제3차 만딩고족—프랑스 전쟁(1898)** 프랑스는 새로운 군사작전으로 만딩고족에 맞서 내륙의 요새들을 파괴하여 결국 승리를 거두었다. 사모리 라피야 투레는 사로잡혀(1898년 9월 29일) 가봉으로 추방당했다.

* Almami. 서아프리카의 이슬람 국가에서 군주를 지칭.

만주족의 명明 정복, 1618~62
Manchu Conquest of Ming, 1618~62

만주족은 만주 북부 여진족의 후손이다(**○ 여진족의 송 침공 ; 여진족의 요 정복**). 만주족은 유능한 부족장 누르하치(태조, 1559~1626)의 지휘로 인접 부족들을 통합하고 세력을 확대했다. 1618년 누르하치는 칠대한七大恨(일곱 가지 큰 원한)을 제시하며 명나라에 전쟁을 선포했다. 잘 훈련된 누르하치의 군대는 몇 년 안에 만리장성 북쪽의 명나라 영토를 전부 장악했고 만리장성에서 방비가 허술한 곳을 파괴했다. 1644년 명나라가 내란으로 분열되고(**○ 이자성의 난, 1622~44**) 수도 베이징北京이 반란자 이자성李自成(1606~45)에게 점령당하자, 북부 변경을 방어하고 있던 명나라 장수 오삼계吳三桂(1612~78)는 황제를 참칭한 반란자에 맞서 싸우고자 만주족에 지원을 호소했다. 만주족은 기꺼이 도움의 손을 내밀었고, 두 군대가 함께 베이징을 침입하여 반란군을 무찔렀다. 이자성은 서쪽의 상저우商州로 피신했으나 결국 붙잡혀 죽임을 당했다. 수도를 장악한 만주족은 자신들의 군주를 중국과 만주의 황제로 선포했다. 명나라의 일부 황족은 남쪽으로 피신하여 18년 동안 만주 군대의 진격을 저지하기 위해 싸웠다. 난징南京과 항저우杭州, 광저우廣州가 침략군에 함락됐고, 1662년 만주족의 중국 본토 정복 작업은 종료됐다. 만주족이 세운 청나라는 1911년까지 중국을 지배하게 된다(**○ 신해혁명, 1911~12**).

○ 청—국성야 전쟁

만토바 공국 계승 전쟁, 1628~31
War of the Mantuan Succession, 1628~31

곤차가 가문의 유일한 상속자인 딸이 만토바 공국과 몬페라토 공국을 받앉으나 만토바 공국은 프랑스의 느베르 공작에게 넘어갔고, 느베르 공작의 아들이 이 상속자와 결혼하여 이탈리아의 두 국가를 확보했다. 그러나 사보이아 가문이 만토바 공국과 몬페라토 공국과 관련한 권리를 다시 주장하려 했고, 곤차가 가문의 먼 친척이 만토바 공국을 요구했다. 동시에 신성로마제국 황제 페르디난트 2세(1578~1637)가 알프스 산맥 너머로 군대를 파견하여 만토바 공국과 밀라노 공국을 빼앗으려 했다. 만토바 공국은 1630년에 약탈당했다. 사보이아 가문은 몬페라토 공국을 분할하는 데 동의했으나, 프랑스 왕 루이 13세(1601~43)가 느베르 공작을 지원하기 위해 군대를 이끌고 진격하여, 결과적으로 황제의 군대로부터 만토바 공국을 구해 완전히 파괴되는 것을 막았다. 이어진 전쟁은 리슐리외(1585~1642) 프랑스 추기경이 군대를 이끌고 들어와 만토바 공국과 몬페라토 공국과 관련한 권리를 주장하는 느베르 공작을 성공리에 지원하면서 종결됐다.

○ 30년 전쟁

말레이 밀림 전쟁(말라야 연방 비상사태), 1948~60
Malay Jungle Wars(Malayan Emergency) of 1948~60

1948년 상당수의 중국인을 포함한 공산주의 게릴라들이 영국 고등판무관의 통치를 받는 신생국 말라야 연방의 밀림에서 마을 생활을 혼란에 빠뜨렸다. 게릴라들은 치고 빠지는 게릴라전으로 군 전초부대와 경찰서, 기타 정부 건물들을 공격했다. 비상사태가 선포됐으며, 영국군과 말라야 연방 향토방위대가 반격했다. 1949년 집중적인 게릴라 소탕작전이 시행되어 게릴라 수백 명이 살해되고 체포됐다. 밀림 전쟁이 가져온 한 가지 결과는 다양한 종족 집단과 종교공동체의 지도자들이 상호 이해를 바탕으로 한층 더 가까워졌다는 것이다. 정부는 브릭스 계획Briggs Plan(1950)을 실천에 옮겨 게릴라의 손쉬운 먹잇감이었던 이른바 불법 거주 중국인 농민들을 말라야의 보호구역으로 이주시켰다. 1951년 게릴라들은 활동을 강화하여 고무나무 숲을 파괴하고 플랜테이션 농장 노동자들을 위협했으며 영국 고등판무관을 암살했다. 서 제럴드 템플러(1898~1979)는 신임 고등판무관에 임명되어(1952) 정부군을 이끌고 일사불란하게 반군 소탕 전쟁을 개시했으며 여러 말레이 부족의 협력을 장려했다. 정부가 반군 지역으로 의심되는 곳에서 식량을 엄격하게 통제한 결과 많은 게릴라들이 항복하거나 굶어죽었다. 1954년에 말라야의 공산주의 최고사령부는 인도네시아의 수마트라 섬으로 이전했다. 말라야 연방이 영국으로부터 독립한 뒤(1957) 전쟁은 잦아들었다. 점점 더 많은 게릴라가 항복했다(정부는 1955년에 사면을 제의했고 많은 게릴라들이 이를 수용했다). 게릴라의 핵심이었던 수백 명의 공산주의자는 말라야 연방과 타이 사이의 국경지대에 있는 울창한 밀림에서 계속 활동하다가 1960년에 진압됐다.

말리 내전, 1990~96
Malian Civil War of 1990~96

말리는 서아프리카의 큰 내륙국으로 영토는 대부분 사하라 사막에 걸쳐 있다. 베르베르인 이슬람교도 유목민인 투아레그족과 말리의 독재자 무사 트라오레(1936~) 대통령은 오랫동안 적대 관계를 지속했는데, 마침내 1990년 6월 말 투아레그족 분리주의자들과 정부군이 메나카 지역에서 격렬하게 충돌했다. 1991년에 군사 쿠데타가 일어나 트라오레 정권이 무너지고 1992년에 민간인 알파 우마르 코나레(1946~)가 대통령으로 당선됐지만, 여러 투아레그족 해방운동 단체는 말리 북부에서 정부군과 계속 충돌했다. 1991년과 1992년에 평화협정이 체결됐는데도, 말리와 모리타니 사이 국경지대와 밤바와 가오 지역(나이저 강 만곡부)에서 전투가 지속됐다. 그 뒤 투아레그족의 강력한 연합군인 아자와드운동전선연합 MFUA이 정부와 두 차례 협정을 체결하여(1993, 1994) 약 7천 명의 투아레그족 반군을 정규군과 여타 정부기구들에 통합하기로 했다. 1995년 10월 말리는 인접한 나라들인 모리타니와 알제리, 부르키나파소, 니제르의 수용소에 체류하던 투아레그족 난민 약 12만 명의 본국 송환을 시작했다. 아자와드해방인민운동 MPLA과 여타 투아레그족 반군 단체들은 무장해제와 해체에 동의했다. 이로써 전쟁은 공식적으로 종결됐고(1996년 3월 27일), 말리 북부 지역에 자유로운 통행이 허용됐다.

○ 니제르 내전, 1990~95

맘루크 왕조-오스만 제국 전쟁, 1485~91
Mamluk-Ottoman War of 1485~91

1400~73년의 투르크멘-오스만 제국 전쟁 중 멀리 시리아의 유프라테스 강 유역까지 전역이 확장된 1470년대에 오스만 제국과, 이집트·시리아의 맘루크 왕조 사이의 관계가 악화됐다. 그 뒤 맘루크 왕조는 1481~82년의 오스만 제국 내전에서 형 바예지드 2세(1447~1512)와 권력투쟁을 벌인 젬(1459~95)을 지원했고, 바예지드 2세는 군 지휘관들로부터 맘루크 왕조에 보복하라는 압박을 받았다. 1485년 맘루크 왕조가 후원하는 카파도키아(아나톨리아의 중동부)의 둘카디르 왕조가 지배했던 투르크멘 영토를 두고 분쟁이 발생했지만, 전투는 간헐적이었다. 맘루크 왕조가 카파도키아에 간섭하여 동부 투르크멘인 유목민을 자극하고 소小아르메니아에 대한 권리를 주장했다. 오스만 제국은 매년 맘루크 왕조를 치기 위해 원정했으나 여섯 번 중 다섯 차례는 결정적 결과를 얻지 못했고, 맘루크 왕조는 1488년에 작은 승리를 거두었다. 1491년에 열린 평화회담에서 맘루크 왕조가 영토상의 양보를 얻어내고 전투는 중단됐으나, 두 나라 사이의 적대적인 관계는 1516~17년의 맘루크 왕조-오스만 제국 전쟁으로 이어졌다.

맘루크 왕조-오스만 제국 전쟁, 1516~17
Mamluk-Ottoman War of 1516~17

오스만 제국 술탄 셀림 1세(1470?~1520)가 1514~16년의 오스만 제국-페르시아 전쟁에서 벌인 군사행동으로 이집트·시리아의 맘루크 왕조를 위협하자, 이집트의 연로한 맘루크 왕조 술탄 칸수 알 가우리(1440?~1516)가 알레포에서 군대를 이끌고 북진하여 오스만 제국을 침공했다. 1516년 8월 24일 셀림 1세의 군대는 마르지다비크 전투에서 대포를 이용하여 맘루크 왕조 군대를 격파했다. 칸수 알 가우리는 알레포 인근의 전투에서 사망했고 알레포는 즉시 항복했다. 맘루크 왕조 군대는 시리아를 포기하고 이집트로 퇴각했다. 그 뒤 셀림 1세는 전쟁에 박차를 가하여 다마스쿠스와 베이루트, 가자, 예루살렘을 점령하고 각 지역에 오스만 제국의 지방장관을 파견했다. 또한 레바논의 제후들을 자신의 명목상의 수하로 삼았고, 이집트의 새로운 술탄 투만 바이 2세(1473?/77~1517)에게 오스만 제국의 종주권을 인정하는 조건으로 평화를 제안했다. 투만 바이 2세는 이를 거부했다. 셀림 1세의 군대는 1517년 1월 22일 리다니야 전투에서 투만 바이 2세의 맘루크 왕조 군대를 격파한 뒤 이집트, 그리고 카이로를 점령했다. 투만 바이 2세는 탈출하여 게릴라전을 펼쳤으나 사로잡혀 교살됐다. 메카의 샤리프 바라카트 2세 빈 무함메드(바라카트 에펜디, 1497~1525)는 셀림 1세에게 항복의 표시로 이 아라비아 반도의 성지를 상징하는 열쇠를 보냈고, 칼리파는 오스만 제국이 이슬람교 순례자들과 이슬람 세계 전체의 보호자가 됐음을 알리기 위해 예언자 무함마드(570?~632)의 신성한 외투와 깃발을 이스탄불로 가져왔다. 셀림 1세는 많은 인물들을 자신의 정부에 관리로 등용했다. 전하는 바에 따르면 칼리파는 셀림 1세에게 자신의 칭호와 권한을 넘겼다고 한다.

'매드 물라'의 지하드, 1899~1920
Jihad of the 'Mad Mullah', 1899~1920

살리히야는 전투적이고 엄격한 이슬람교 수피즘 데르비시 종파였다. 살리히야의 지도자인 소말리족 족장 사이드 무함마드 압드 알라 알 하산(1856~1920)은 '이교도 그리스도교' 이주자들이 나쁜 영향을 끼쳐 소말릴란드(소말리아) 이슬람교의 순수성을 해칠 것이라고 믿으며 그리스도교도에 맹렬하게 반대했고, 소말릴란드에서 영국인을 비롯한 외국인을 내쫓기 위해 지하드(성전聖戰)를 선포했다. 1900년에서 1904년 사이에 하산의 데르비시파 추종자들은 영국과 이탈리아, 에티오피아의 연합군을 네 차례나 격파했다. 1905년 하산은 추종자들과 함께 영국령 소말릴란드에 정착하기로 동의했고 그곳에 신정 국가를 세웠다. 1908년 하산은 다시 호전적으로 바뀌어 한 번 더 지하드를 시작했다. 영국인들이 '매드 물라*'라고 불렀던 하산은 약 1만 명의 지지자를 모아 지역 전체를 공포에 몰아넣었고 남성 주민의 약 3분의 1을 학살했다. 하산은 영국령 소말릴란드의 내륙을 영국이 통제하도록 내버려두었으나(1910) 해안 지역을 공격했다. 1913년 살리히야 군대는 둘마도바에서 영국이 지휘하는 소말릴란드낙타경찰대를 대파했다. 제1차 세계대전 중 이들은 오스만 제국과 독일의 지원을 받아 탈레흐의 요새에서 영국군을 괴롭혔다. 1920년에 포격을 받고 탈레흐에서 쫓겨난 매드 물라는 에티오피아로 도피했고 그곳에서 사망했다. 살리히야는 해체됐으나, 소말리아의 몇몇 지역에서는 지금까지도 매드 물라를 민족 해방 전쟁의 영웅으로 기리고 있다.

* mullah. 이슬람 신학과 율법을 교육받은 이슬람교 성직자의 경칭.

매켄지의 반란, 1837~38
Mackenzie's Rebellion, 1837~38

캐나다 저널리스트 윌리엄 라이언 매켄지(1795~1861)는 상부 캐나다(온타리오 주 남부)가 공화국이 되어야 한다고 강력히 주장하면서 영국인이 지배하는 통치 집단인 패밀리 콤팩트를 무너뜨리자고 호소했다. 매켄지의 추종자 약 210명이 토론토에 정부를 수립하려다 실패하고 나이아가라 강에 있는 네이비 섬으로 피했다. 매켄지는 그곳에서 정부 수립을 선포했다. 상부 캐나다 정부에 충성하는 캐나다인들이 강을 건너 매켄지의 반군에 군수품을 보급하던 미국 증기선 캐롤라인 호를 불태운 뒤, 매켄지는 네이비 섬을 포기하고 미국으로 피신했으나 중립 관련 법률들을 위반했다는 혐의를 적용받아 미국에서 11개월을 복역했다. 매켄지는 사면이 발효되자 1849년에 캐나다로 돌아왔다.

○ 파피노의 반란

맥도널드 가문의 반란, 1411
Macdonald Rebellion, 1411

1406년에 스코틀랜드 왕 제임스 1세(1394~1437)가 포로가 되어 잉글랜드에 18년 동안 감금당하면서 스코틀랜드 귀족들은 엄청난 권력을 손에 쥐었다. 스코틀랜드 서북부에서는 맥도널드 가문이 '킹 오브 디 아일스*'를 자칭하며 독립적인 군주로 행세했다. 1411년 도널드 맥도널드는 로스 백작 자리를 두고 제임스 1세 섭정의 조카와 다투던 중에 매클린 가문의 지원을 받아 애버딘으로 진격했다. 맥도널드의 군대는 야만적인 할로 전투에서 매클린 가문의 지도자로 '승리의 레드 헥터 Red Hector of the Battles'라고도 불렀던 헥터 로이 매클린의 지휘를 받아 교전에 참전했으나 전투는 결판이 나지 않았다. 레드 헥터는 죽었고, 맥도널드의 군대는 철수했으며, 오랫동안 평화가 지속됐다.

○ 덥의 반란 ; 오그의 반란

* King of the Isles. 로드 오브 디 아일스(Lord of the Isles)라고도 한다. 스코틀랜드 왕국이 탄생하기 이전에 스코틀랜드 서부 해안과 섬들을 지배한 통치자들에서 유래한 스코틀랜드 귀족 칭호다.

'맥주홀 폭동', 1923
'Beer Hall Putsch', 1923

독일의 나치당 지도자인 아돌프 히틀러(1889~1945)는 공화국 정부를 전복하려 했으나 실패했다. 1923년 11월 8일 히틀러의 돌격대가 뮌헨의 어느 맥주홀에서 열린 대규모 정치 집회에 난입하여 바이에른 주의 지도적 인물들에게 나치당에 충성한다고 선언할 것을 강요했다. 그러나 지도자들 가운데 소수는 도피했고 신속히 군대와 경찰을 동원하여 폭동을 진압했다. 히틀러는 란츠베르크 감옥에서 아홉 달 동안 수감 생활을 하며 『나의 투쟁Mein Kampf』을 썼다. 『나의 투쟁』은 이후 민족사회주의(나치즘)의 경전이 됐다. 폭동은 실패했지만 히틀러는 전국적으로 유명해졌으며 많은 독일인에게 영웅이 됐다.

머룬의 반란, 1795
Maroons' Rebellion of 1795

서인도제도의 자메이카에서 머룬이라고 부르는(도망친 노예를 뜻하는 프랑스어 마롱marron과 에스파냐어 시마론cimarrón에서 유래한다) 해방 노예와 도망친 노예들이 울창한 숲속과 산악지대에서 지내며 영국인 이주자들을 빈번히 공격하다가 1739년에 조약을 통해 자치권과 영토를 얻었다. 1795년 머룬 2명이 돼지를 훔쳤다는 이유로 영국인들에게 심한 채찍질을 당하자 머룬은 반란을 일으켰다. 큰 유혈사태가 벌어졌고 영국인들이 블러드하운드(경찰견)를 데려와 머룬을 쫓아냈다. 화해를 거부한 머룬들은 힘으로 제압된 뒤 배에 태워져 노바스코샤의 핼리팩스로, 나중에는 서아프리카의 시에라리온으로 보내졌다. 자메이카에 남은 머룬들은 영국인 식민지 이주자에게 더 이상 위협이 되지 못했다.

메기도 전투

Battle of Megiddo

제1차 메기도 전투(기원전 1457?) 미탄니 왕국이 남쪽으로 팽창하자(**◉ 후르리인의 정복**) 이집트가 시리아와 팔레스타인에 행사하던 영향력이 감소했다. 이집트 파라오 투트모세 3세(재위 기원전 1500~기원전 1447)는 국력을 키워 과거의 우월했던 지위를 되찾기로 결심했다. 기원전 1470년대 투트모세 3세는 서아시아 원정에 성공하여 팔레스타인을 다시 지배했고 시리아 북부로 진입했다. 그러나 현존하는 일부 기록에 의하면 투트모세 3세는 카데시의 미탄니 왕이 이끄는 약 330명의 시리아·팔레스타인 반란 제후들의 동맹과 대결했다. 기원전 1469년경 메소포타미아 진입 통로인 팔레스타인 북부의 요새 도시 메기도 인근에서 제후들의 군대와 이집트 군대가 교전에 들어갔다. 세 집단으로 나뉜 이집트 군대는 새벽에 기습했으며 적군은 안전을 위해 도시 안으로 피해야 했다. 투트모세 3세의 이집트 군대는 적의 숙영지 약탈을 중단하고 일곱 달 동안 메기도를 포위했으며 결국 성공을 거두었다. 투트모세 3세의 이 원정은 서아시아에 이집트의 제국을 세웠다는 점에서 중요했으며, 미탄니 왕국의 왕을 제외한 동맹 참여자들이 전부 굴복했고, 바빌로니아와 아시리아 제국, 히타이트는 공물을 바치게 됐다. 투트모세 3세는 계속해서 미탄니 서남부를, 특히 카르케미시를 파괴했으나 미탄니 왕국을 굴복시킬 수는 없었다. 미탄니 왕국은 후대의 이집트 통치자 때 잠시 이집트의 동맹국이 됐다. **제2차 메기도 전투(기원전 609)** 메기도는 그리스도교 이전 시대에 여러 차례 주요 전투가 벌어진 무대였고 거대한 아마게돈 전투(세상의 종말에 선의 세력과 악의 세력이 벌이는 전투)의 장소로 예언된 곳이었다. 또한 메기도는 기원전 612년에 니네베(니느웨)가 함락당하고 파괴된 뒤 아시리아 제국의 붕괴와 관련이 있었다. 이집트 파라오 네코 2세(재위 기원전 610~기원전 595)는 아시리아의 동맹국으로서 아시리아가 오늘날 터키의 샨르우르파 주에 새로 정한 수도 하란을 되찾을 수 있도록 도우려고 했다. 네코 2세는 유다 왕국에 영토의 통과를 요구했다. 유다 왕국은 요청을 거절했고, 이미 길을 떠난 네코 2세의 이집트 대군을 막기 위해 작은 부대를 파견했다. 유다 왕국의 병사들은 메기도에서 패했고, 유다 왕 요시야(재위 기원전 638?~기원전 609)는 전투 중에 화살에 맞아 죽었다. 북쪽으로 밀고 올라간 네코 2세의 군대는 하란에서 쓸데없는 노력을 기울이다가 팔레스타인으로 돌아와 바빌로니아를 간신히 저지했다.

○ 카르케미시 전투

메디아-리디아 전쟁, 기원전 590~기원전 585
Median-Lydian War of BCE 590~BCE 585

아시리아 제국이 붕괴하고(○ 니네베의 함락) 뒤이어 바빌로니아와 메디아가 그 영토를 분할하면서 리디아 왕국도 몰락했다. 아나톨리아 서부에서 오랫동안 지배 세력이었던 리디아는 60년에 걸쳐 두 차례 극심한 충격을 받고 결국 기원전 546년에 무너졌다. 첫 번째 사건에는 리디아의 왕 알리아테스(기원전 619?~기원전 560)와 메디아의 왕 키악사레스(기원전 585년 사망)가 연루됐는데, 키악사레스가 고대 아나톨리아의 우라르투 왕국을 정복하여 멸망시켰다. 메디아는 기원전 590년경 리디아의 동부 경계인 할리스(오늘날의 크즐르르마크) 강에 이르렀다. 5년간 이어진 전투로 메디아는 강의 동쪽에 성공리에 안착했다. 상세한 기록은 남아 있지 않으나, 바빌로니아의 통치자와 킬리키아(오늘날의 추쿠로바)의 통치자 시에네시스가 화해로 분쟁을 조정했다고 전해진다. 리디아와 메디아도 우세를 차지하지 못하고 스러졌기에, 할리스 강은 두 왕국의 공식적인 경계가 됐다. 그리스 역사가 헤로도토스(기원전 484?~기원전 425?)에 따르면 알리아테스의 딸과 키악사레스의 아들이 결혼했고, 두 번째 충격이었던 기원전 547~기원전 546년의 페르시아-리디아 전쟁으로 리디아의 세력이 꺾일 때까지 평화가 유지됐다.

메디아와 페르시아의 반란, 기원전 550~기원전 549
Median-Persian Revolt of BCE 550~BCE 549

메디아(페르시아) 왕국의 속국인 안샨의 통치자 키루스 2세(기원전 576?~기원전 530) '대왕'이 기원전 585년부터 기원전 550년까지 메디아의 왕이었던 외조부 아스티아게스(재위 기원전 585~기원전 550)에게 등을 돌리면서 새로운 페르시아 제국이 등장했다. 페르시아인 아버지 캄비세스 1세(재위 기원전 600?~기원전 559)와 메디아의 공주 사이에서 태어난 키루스 2세는 마침내 아케메네스(하하마니시) 왕조를 세우고 페르시아 제국을 탄생시켰다. 아케메네스 왕조는 기원전 330년에 알렉산드로스(기원전 356~기원전 323) 대왕에 패망할 때까지 세력을 유지했다. 키루스 2세가 처음에 추구한 목적은 메디아의 전복이 아니라 메디아의 개혁이었다. 아스티아게스는 평판이 나빠 친위대 안에서도 불만이 팽배했고, 키루스 2세는 아스티아게스의 가혹한 통치를 참을 수 없었던 메디아인들을 이끌고 반란을 일으켰다. 기원전 550년 키루스 2세는 일련의 결판이 나지 않은 전투를 치른 뒤 군대의 폭동을 이용하여 아스티아게스를 체포했으나 목숨을 빼앗지는 않았다. 이 자비는 기원전 547~기원전 546년의 페르시아-리디아 전쟁을 유발했다.

메리 여왕에 대항한 스코틀랜드의 봉기, 1567~68
Scottish Uprising against Mary, Queen of Scots, 1567~68

스코틀랜드 여왕 메리(1542~87)의 남편 단리 경 헨리 스튜어트(1545~67)가 의심스러운 정황에서 살해당하자 여왕은 장로파(스코틀랜드 교회)와 가톨릭으로부터 모두 미움을 받았으며 왕위를 잃게 됐다. 게다가 메리는 석 달 뒤 4대 보스웰 백작 제임스 헵번(1534?~78)과 갑작스럽게 결혼하여 더욱 평판을 잃었다. 머리 백작 제임스 스튜어트가 지휘하는 장로파 귀족들은 보스웰 백작이 단리 경을 죽인 살인자라 믿고 보스웰 백작으로부터 메리를 구한다는 핑계로 군대를 모았다. 1567년 6월 15일 보스웰 백작의 군대는 카버리힐에서 모레이 백작의 군대와 대결했으나 패주했다(카버리힐 전투). 메리는 포로가 됐고, 보스웰 백작은 스칸디나비아로 탈출했다. 메리는 어린 아들 제임스 6세(잉글랜드 왕 제임스 1세, 1566~1625)에게 왕위를 물려준 뒤 갇혀 있던 로크리번 성에서 곧 탈출하여 군대 6천 명을 모았으나 1568년 랭사이드에서 모레이 백작의 군대에 패했다. 메리는 패하자마자 잉글랜드로 피신했으나 남은 생애를 여왕 엘리자베스 1세(1533~1603)의 포로로 보냈다.

메릴랜드 종교 전쟁, 1644~46
Maryland's Religious War, 1644~46

제1차 잉글랜드 내전(1642~46)은 메릴랜드 식민지에도 영향을 미쳐 청교도(잉글랜드 프로테스탄트)와 가톨릭교도 사이에 싸움이 벌어졌다. 1644년 왕당파로 메릴랜드 식민지의 총독이었던 레너드 캘버트(1606~47)는 잉글랜드에 협의차 갔다가 메릴랜드 식민지로 돌아오자마자 청교도 반란자들을 피해 버지니아 식민지로 도피해야만 했다. 1645년 프로테스탄트 선원이자 담배 상인이었던 리처드 잉글(1609~53)은 메릴랜드 식민지에서 습격을 지휘하여 가톨릭교도가 압도적으로 많은 식민지 수도 세인트메리스시티를 점령했다. 1646년 캘버트는 버지니아 식민지의 윌리엄 버클리(1605~77) 총독의 도움을 받아 메릴랜드 식민지를 되찾았다. 캘버트가 사망한 뒤 프로테스탄트에 대한 양보 조치로 버지니아 식민지의 청교도 윌리엄 스톤(1603?~60)이 메릴랜드 식민지의 총독이 됐고, 프로테스탄트와 가톨릭교도가 같은 수로 각의를 재구성했다. 1649년의 메릴랜드 관용법은 예수 그리스도를 믿는 자라면 누구에게나 종교적 관용을 베풀어 종교 갈등을 끝내려는 시도였다.

메멜 폭동, 1923
Insurrection at Memel, 1923

발트 해에 닿아 있는 리투아니아 서부의 도시 메멜(오늘날의 클라이페다)은 독일인이 압도적으로 많은 곳으로 제1차 세계대전이 끝난 뒤(1918) 연합국이 통제하고 있었다. 리투아니아는 연합국에게 도시와 그 주변 지구의 통제권을 넘겨달라고 요청했지만, 연합국은 그 대신 이 지역을 관리하려고 도시에 프랑스군 주둔지를 설치했다. 1923년 1월 9일 리투아니아인들이 폭동을 일으켜 메멜을 점령하고 프랑스군을 내쫓았다. 며칠 뒤 리투아니아는 지구 전체를 장악했다. 연합국은 항의했고 상황을 조사한 뒤 메멜(도시와 지구)을 리투아니아 내부의 자치 지역으로 만들기로 결정했다. 리투아니아는 1924년 5월 8일 메멜 지구 관련 협정에 서명하여 그 결정을 수용했다.
○ 리투아니아 독립 전쟁

메세니아 전쟁
Messenian War

제1차 메세니아 전쟁(기원전 743~기원전 724) 기원전 1200년에서 기원전 950년 사이에 펠로폰네소스 반도를 침공한 도리스인(북부 그리스인)은 반도 동부를 점령하고 스파르타를 수도로 삼아 라케다이모니아 분지에 정착했다.

지역에 남아 있던 원주민 무리는 예속 농민들로 전락했으며 헤일로타이*라고 불렸다. 스파르타는 펠로폰네소스 반도 동남부 지역의 비옥함에 이끌려 먼저 라코니아인들을 굴복시킨 뒤 펠로폰네소스 반도의 다른 원주민인 메세니아인들에 맞서 20년간 지속될 전쟁을 시작했다. 저항은 비옥한 스테니클라로스 평원으로 들어가는 관문인 이토메 산 주위에서 격렬했다. 기원전 716년경 스파르타는 전설적인 왕 테오폼포스의 지휘로 승리를 거두었다. 스파르타는 메세니아에서 생산되는 모든 산물의 절반을 요구했고 메세니아인을 모욕했다. **제2차 메세니아 전쟁(기원전 685~기원전 668)** 과거 미케네 문명을 공유했던 메세니아는 억압에 분노하여 반란을 일으켰다(기원전 650?). 메세니아인들은 반~전설적인 지도자 아리스토메네스의 지휘로 오랫동안 큰 희생을 치르며 전쟁을 벌였는데, 이 전쟁으로 적 스파르타도 거의 파산 지경에 내몰렸다. 기원전 630년경 스파르타는 에이라 산에서 메세니아를 격파했다. 메세니아인들은 헤일로타이로 전락했다. **제3차 메세니아 전쟁(기원전 464?~기원전 455)** 스파르타에 대규모 지진이 발생하여(기원전 464) 라코니아의 헤일로타이가 반란의 기회를 잡았으나, 스파르타는 전설에 가까운 왕 아르키다모스 2세(재위 기원전 476~기원전 427)의 지휘로 반란을 진압했다. 기원전 463년 메세니아인들은 이토메 산에 참호를 팠고 서투르게 포위하려는 스파르타에 맞서 성공리에 저항했다. 동맹국들에 지원을 호소한 스파르타는 아테네로부터 호플리테스(중무장 보병) 4천 명을 받았으나 이들을 곧 귀환시켰다. 상당수가 스파르타인에게 적대감을 품었기 때문인 것으로 추정된다. 그리하여 제1차 펠로폰네소스 전쟁이 촉발됐다(**◐(제1차) 펠로폰네소스 전쟁**). 기원전 457년경부터 메세니아의 저항은 약해졌고, 기원전 455년에 이토메 산이 함락됐다. 살아남은 메세니아인은 자유를 얻었지만 펠로폰네소스 반도에서 추방됐다. 추방당한 메세니아인들 가운데 다수가 아테네에 합류하여 한층 더 크게 확대된 전쟁에서 스파르타에 맞서 싸웠으며 레욱트라 전투 이후 '조국'을 재건하는 데 성공했다(**◐ 테바이-스파르타 전쟁, 기원전 379~기원전 371**).

* 스파르타의 예속 농민.

메시나 반란, 1674~78
Messinan Rebellion of 1674~78

시칠리아 메시나의 에스파냐 총독과 메시나 주민들은 총독의 법적 의무에 관하여 자주 충돌했다. 1674년 메를리 Merli(귀족 파벌)와 말비치 Malvizzi(평민 파벌) 사이에 싸움이 벌어지고 폭동이 일어나면서 총독이 쫓겨났다. 메시나는 프랑스 왕 루이 14세(1638~1715)에게 도와준다면 도시의 지배권과 시칠리아·프랑스 동맹을 얻게 해주겠다고 제안했다. 1675년 루이 14세는 시칠리아 왕으로 선포된 뒤 메시나를 점령하고자 강력한 함대를 파견했다(○ (제3차) 잉글랜드-네덜란드 전쟁). 프랑스는 3년간 에스파냐와 네덜란드의 군함들과 해전을 치른 뒤 전투들에서 승리했으나 국내에서 재정 문제가 발생했다. 프랑스 함대는 에스파냐의 보복을 두려워하는 시민들만 남기고 메시나를 탈출했다. 반란에 연루된 메시나 시민들은 체포되어 처형됐거나 추방당했다. 에스파냐는 메시나의 특권들을 폐기했고, 주민의 절반 이상을 잃은 메시나는 다시는 과거의 영광을 되살리지 못했다.

메시아 전쟁
Messiah War
○ 수족 인디언 전쟁, 1890~91

메이지 유신明治維新, 1863~68
Meiji Restoration, 1863~68

일본은 17세기 초 이래 군사권과 행정권을 갖는 세습 지위인 에도 바쿠후江戸幕府(도쿠가와 바쿠후德川幕府)의 도쿠가와 쇼군이 지배했다. 쇼군의 수도는 에도(오늘날의 도쿄東京)였고, 대체로 이름뿐인 우두머리였던 고메이孝明 천황은 교토京都에 수도를 두었다. 19세기 중반에 외국인 상인들이 일본에 도래하면서 두 통치자와 다이묘大名(영주)들 사이의 관계가 변했다. 서남부의 조슈長州 번藩과 사쓰마薩摩 번, 히젠肥前 번, 도사土佐 번의 다이묘들은 처음에는 외국인들을 추방하려 했으나(○ 시모노세키 '전쟁') 태도를 바꾸었다. 에도 바쿠후의 고위 관리였던 이이 나오스케井伊直弼는 1859년에 고메이 천황의 반대를 무시하고 일미수호통상조약을 체결했으며, 에도 바쿠후와 에도 바쿠후 지지 파벌들은 1864년부터 조슈 번과 전쟁을 시작했고, 1863년에 조슈 번이 시모노세키 해협을 통과하던 외국 선박들을 공격하자 1864년 9월에 영국, 네덜란드, 프랑스, 미국 해군의 연합 함대가 시모노세키를 포격하여 보복했다. 1864~67년 조슈 번과 에도 바쿠후는 전쟁 중이었기에 쇼군은 천황에게 반란을 진압해야 한다는 점을 납득시켰으나, 1866년 8월에 쇼군이 사망하자 군사작전은 중단됐다. 1867년 초 고메이 천황이 사망하고 14살 난 아들 메이지明治(1852~1912) 천황이 뒤를 이었다. 그해 가을 서남부 지방의 다이묘들은 도쿠가와 요시노부德川慶喜(1837~1913) 쇼군에게 서한을 보내 정치적 권위의 분열로 나라의 존망이 위태로움을 지적하며 사퇴를 종용했다. 11월 요시노부는 대정봉환大政奉還을 결정했으며 1868년 1월에 새로운 정부에서 최고 지위에 임명될 것을 기대하며 사퇴했으나 그런 일은 일어나지 않았다. 1868년 1월 조정은 조슈 번을 조적朝敵(조정의 역적)이라고 선언한 이전의 결정을 철회했다. 새 정부를 지지하는 번들의 군대는 즉각 교토를 공격하여 에도 바쿠후로부터 도시의 군사적 통제권을 빼앗았다. 요시노부는 에도로 철수하여 전쟁을 준비했으나 새로운 천황의 기치 아래 결집한 군대와 싸운다는 것은 승산이 없음을 깨달았다. 요시노부는 에도와 영지를 넘겨주고 은퇴했다. 요시노부를 따르던 북부의 추종자들은 1869년 중반까지 저항했으나 이미 메이지 천황의 권위는 안정적으로 확립됐다. 정부의 변화는 극적이었다.

○ 세이난 전쟁

메카-메디나 전쟁, 624~630
Mecca-Medina War, 624~630

이슬람교의 예언자 무함마드(570?~632)는 메카의 원주민 쿠라이시 부족의 아랍 종교를 우상 숭배라고 비난했다. 622년 무함마드는 살기 위해 메카에서 메디나로 도피했고(헤지라) 보복하려 했다. 624년 3월 무함마드는 312명의 추종자와 함께 1천 명의 메카 대상隊商을 습격했다. 이 대상은 메카의 우마이야 가문 지도자 아부 수피안(561?~652?)이 이끌고 시리아에서 오는 중이었다(우마이야 가문은 처음에 무함마드의 가르침을 거부했으나 나중에 받아들였다). 무함마드는 대상의 물건을 강탈하고 그들이 신봉하는 종교의 신성을 모독했으며 메카의 주민들에게 자신의 말을 진실로 받아들이라고 강요했다. 625년 쿠라이시 부족은 메카 인근의 우후드 산에서 무함마드의 추종자들과 싸워 승리를 거두었다(우후드 전투). 627년에 종교적으로 무함마드를 지지하는 세력이 점차 증대하는 것이 두려웠던 아부 수피안은 1만 명의 병력을 이끌고 메디나로 진격하여 무함마드를 격파하고자 했으나 3천 명에 불과한 무함마드의 군대가 아부 수피안의 군대를 격퇴했다. 후다이비야 조약이 체결되어, 무함마드는 629년에 메카로 순례를 떠날 수 있었다. 그러나 일부 메카 주민들은 629년 11월에 무함마드의 추종자들을 공격하여 조약을 위반했다. 630년 1월 무함마드는 메카를 공격하여 반격했다. 무함마드는 아무런 저항도 받지 않았고 350개가 넘는 전통 종교의 신상들을 파괴했다. 그 뒤 메카의 많은 사람에게 추앙받은 무함마드는 메카를 이슬람의 성도聖都로 삼았다.

○ 이슬람 반란, 656

메카 약탈, 930
Sack of Mecca, 930

900년대 첫 10년 동안 아라비아 반도 동북부에 거주하는 이슬람교의 이단 종파인 카라미타파는 여러 차례 메소포타미아를 침공하여 바그다드의 칼리파들을 괴롭혔다. 899~906의 카라미타파 반란의 지도자였던 아부 사이드 잔나비(913/914년 사망)의 아들 아부 타히르 알 잔나비(906?~944)가 930년에 아라비아 반도 서부의 이슬람 성도聖都 메카를 습격하는 대사건을 일으켰다. 카라미타파는 메카를 약탈하고 메카의 이슬람 신전 카바에서 이슬람의 가장 성스러운 물건인 검은 돌을 가져왔다. 20년 뒤 카라미타파는 북아프리카의 이슬람 왕조인 파티마 왕조의 압력을 받아 검은 돌을 반환했다.

멕시코 내전, 1871~77
Mexican Civil War of 1871~77

1871년 베니토 후아레스(1806~72) 멕시코 대통령은 다섯 번째 연임하고자 후보 출마를 선언했다. 세바스티안 레르도 데 테하다(1823~89)와 포르피리오 디아스(1830~1915)도 출마했다. 현직 대통령이 재선되고 레르도가 대법원 원장에 임명되자, 디아스가 반란을 일으켰으나 실패한 뒤 산악지대로 도피하여 인디오의 보호를 받았다. 1872년에 후아레스가 사망한 뒤 레르도가 대통령직을 승계했고, 디아스는 사면을 받아 돌아왔다. 1876년에 레르도가 대통령에 재선되자 디아스는 다시 반란을 일으켰다. 반란군은 패배했고 국경 너머 미국으로 들어가 조직을 재편하고 재무장했다. 반란군은 멕시코로 돌아왔으나, 디아스는 배를 타고 쿠바의 아바나로, 다시 베라크루스로 갔다가 다른 군대를 지휘하기 위해 오악사카에 이르렀다. 1876년 11월 16일 디아스와 마누엘 곤살레스(1833~93) 장군이 지휘하는 두 반란군 부대가 틀락스칼라 인근에서 정부군을 격파했다. 디아스가 수도 멕시코시티에 입성하자 레르도는 망명했다. 1877년 디아스는 대통령에 당선됐다.

멕시코 내전, 1911
Mexican Civil War of 1911

미국에서 교육받은 변호사이자 자유주의자인 프란시스코 I. 마데로(1873~1913)는 멕시코 독재자 포르피리오 디아스(1830~1915)를 몰아내자고 호소하며, 1910년 대통령 선거에 출마하여 디아스와 맞섰다. 디아스는 마데로를 체포했고 선거 뒤에 자신이 이겼다고 선언했다. 1910년 11월 20일 마데로와 그의 지지자들은 무장 반란을 일으켰다. 1911년 디아스의 군대가 대체로 반란을 진압했으나, 파스쿠알 오로스코(1882~1915)는 치와와 주에서 저항을 계속했으며, 1911년 5월 오로스코와 프란시스코 비야(판초 비야, 1878~1923)가 이끄는 반군이 시우다드후아레스를 점령했다. 멕시코 전역의 혁명가들은 이에 힘입어 무기를 들었다. 디아스는 지지 세력이 사라지자 자신의 즉각적인 사퇴를 규정한 시우다드후아레스 협정을 수용할 수밖에 없었고, 1911년 11월에 마데로가 대통령이 됐다. 그러나 마데로는 자신이 풀어놓은 세력들을 통제할 수 없었고, 1911년의 사건들은 20여 년 동안의 참극으로 이어졌다(○ 멕시코 반란, 1914~15).

멕시코 내전, 1920
Mexican Civil War of 1920

베누스티아노 카란사(1859~1920)는 누가 자신을 뒤이어 멕시코의 대통령이 될 것인지 결정하려 했다(**○멕시코 반란, 1914~15**). 카란사가 선택한 사람은 잘 알려지지 않은 외교관 이그나시오 보니야스(1858~1942)였다. 알바로 오브레곤(1880~1928)은 카란사가 대통령직에 오르도록 돕고 그 밑에서 육군해군부 장관을 지냈으나, 자신이 대통령이 되어야 한다고 생각했다. 오브레곤의 옛 전우로 당시 소노라 주지사였던 아돌포 데 라 우에르타(1881~1955)와 소노라 주 군대의 지휘관이었던 플루타르코 엘리아스 카예스(1877~1945)는 카란사의 사퇴를 요구했다. 오브레곤과 카예스는 남쪽으로 진군하여 도중에 무기를 모으고 자원병을 모집했다. 카란사는 군인들이 오브레곤과 반군에 맞설 의사가 없음을 확인하고, 국고에서 훔친 금을 열차에 싣고 수도 멕시코시티를 떠나 베라크루스 주로 도주했다. 이동하다가 베라크루스 주에 주둔한 한 부대를 지휘하던 장군이 반군에 합류했음을 안 카란사는 말을 타고 산악지대로 피신했으나 배신당하여 살해됐다. 오브레곤은 아무런 저항도 받지 않고 멕시코시티에 입성했다. 우에르타가 임시 대통령이 됐으며, 1920년 말에 특별 선거를 치른 뒤 오브레곤이 대통령직을 승계했다.

멕시코 반란, 1810~11
Mexican Revolt of 1810~11

1810년 9월 16일 돌로레스의 미겔 이달고 이 코스티야(1753~1811) 교구 사제가 「돌로레스의 선언Grito de Dolores」을 선포하여 에스파냐의 멕시코 지배를 끝내자고 호소했다. 수만 명의 인디오와 메스티소(에스파냐인과 인디오의 혼혈)가 이달고의 깃발 아래 모여 여러 도시를 점거하고(**○과나후아토 학살**) 멕시코시티로 진군을 시작했다. 1811년 1월 17일 반란에 놀란 정부군이 대응에 나서 과달라하라 인근의 칼데론 다리 전투에서 각양각색의 사람들로 구성된 이달고의 부대를 격파했다. 이달고는 도주했으나 사로잡혀 총살당했다. 이달고와 「돌로레스의 선언」은 멕시코의 독립 투쟁에 불을 붙였다.

멕시코 반란, 1914~15
Mexican Revolt of 1914~15

빅토리아노 우에르타(1850~1916)는 1913년 2월 18일 쿠데타에 성공하여 프란시스코 I. 마데로(1873~1913) 정부를 무너뜨렸으나, 남부의 에밀리아노 사파타(1879~1919)와 동북부의 베누스티아노 카란사(1859~1920), 북부의 프란시스코 비야(판초 비야, 1878~1923), 서북부의 알바로 오브레곤(1880~1928)의 개별 세력들이 우에르타에 저항했다. 이 4개의 저항 세력은 군사행동을 꾸준히 확대하여 1914년 봄에는 멕시코의 4분의 3을 장악했고 우에르타 파벌을 수도 멕시코시티와 베라크루스 주변 지역에 몰아넣었다. 우드로 윌슨(1856~1924) 미국 대통령은 우에르타 정부를 승인하지 않았으며, 우에르타 정부의 적대 행위에 미국군은 베라크루스를 공격하여 점령했다(1914년 4월 21일). 비야의 군대가 사카테카스를 빼앗고 오브레곤의 군대가 과달라하라와 케레타로를 점령하자, 우에르타는 대통령직을 사퇴했다. 경쟁 관계에 있던 지도자들인 비야와 오브레곤은 수도로 질주했다. 오브레곤이 먼저 도착하여 친구인 카란사를 멕시코의 '행정부 수반'으로 선언했다. 지도자들은 1914년 말에 아과스칼리엔테스에서 만나 정부를 조직하려 했으나, 멕시코는 이미 분열되어 무정부 상태에 빠졌다. 비야와 사파타는 멕시코시티를 점령했고, 카란사와 오브레곤은 베라크루스를 장악했다. 비야와 사파타는 더 많은 군대를 보유하고 나라의 3분의 2를 지배했지만, 미국과 유럽의 8개 국가는 카란사를 멕시코의 실질적인 대통령으로 인정했다. 카란사는 미국과 맞닿아 있는 동북부 국경지대를 통제하고 미국으로부터 무기를 구매했으며, 오브레곤에게서 전문적인 군사 지원을 받았고 국민에게 사회 개혁을 약속하는 기민함을 보였다. 1915년 초 오브레곤의 군대는 수도를 점령했고 비야는 인근의 농촌으로 피신해야 했다. 오브레곤은 셀라야까지 비야의 군대를 추적하여 그곳에서 제1차 세계대전 중 개발된 군사 전술을 이용했다. 오브레곤은 셀라야 주위에 참호를 파고 철조망을 설치했으며, 1915년 4월에 3일간의 전투에서 비야를 무찌르고 결정적인 승리를 얻었다. 비야는 북쪽으로 퇴각했다. 비야의 병사들은 적군의 추격을 피하기 위해 철로를 뜯었다. 비야와 사파타는 게릴라전을 수행하여 카란사에 대적했고, 카란사는 뒤에 정식으로 대통령이 됐다. 오브레곤은 육군해군부 장관에 임명됐다.

◐ 멕시코 내전, 1911 ; 멕시코 내전, 1920 ; 비야의 침입

멕시코 반란, 1996~
Mexican Revolt of 1996~

에르네스토 세디요(1951~) 대통령 치하의 멕시코 정부는 사파티스타민족해방군EZLN과 협정을 체결하려고 노력하면서(**◐ 치아파스 반란, 1994**), 멕시코 서남부 게레로 주 아과스블랑카스 마을에 근거지를 둔 무장 게릴라 단체 인민혁명군EPR과 대결했다. 사파티스타와는 전혀 별개의 단체였던 EPR은 세디요 정권을 부패하고 정당성을 결여한 반민주 정권으로 규정했다. 1996년 8월 EPR 반군은 4개 주와 연방 구역에서 표적들을 정하여 체계적으로 정부를 공격했고, 세디요는 대규모 병력으로 공세에 나섰다. 1997년 게릴라들은 산악지대와 작은 마을들로 퇴각해야 했고, 그곳에서 선전전宣傳戰을 수행하며 정부를 공격했다. EPR 지도자들은 일부 좌파 정치인들의 지원을 받아 멕시코에 새 헌법을 요구했다.

멕시코 폭동, 1926~29
Mexican Insurrections of 1926~29

1924년 멕시코 대통령 선거에서 당선된 플루타르코 엘리아스 카예스(1877~1945)는 1917년도 헌법에 규정됐으나 실행되지 않고 있던 반反교권주의 조항들을 이행했다. 1926년 초 멕시코 로마가톨릭교회의 관리들은 그 조항들을 비난했다. 카예스는 성직자 등록을 강행했고 가톨릭 성직자단이 반역을 꾀했다고 고발하면서 가톨릭 학교와 수도회, 신학교를 폐쇄했다. 1926년 중반 가톨릭 평신도들은 필수품을 제외한 모든 물품의 구매를 중단함으로써 보복했고, 곧 가톨릭 성직자들이 성직자의 임무를 중단했다. '그리스도 왕 만세iViva Cristo Rey'라는 표어를 지녀 크리스테로스라고 불렀던 테러리스트들이 무장하고 반교권 정부에 맞서 싸웠으며 12개의 주에서 파괴와 살인이 벌어졌다. 가톨릭 성직자단은 크리스테로스와 아무런 관련이 없다고 주장했지만, 정부는 교회 재산의 국유화와 여러 주교와 신부, 수녀들의 추방, 많은 가톨릭교도의 처형을 명령했다. 1928년 초 정부군은 크리스테로스를 대부분 진압했다. 1928년 7월 1일에 알바로 오브레곤(1880~1928)이 대통령에 당선됐지만(오브레곤은 1928년 7월 17일에 암살당했고 에밀리오 포르테스 힐(1890~1978)이 오브레곤을 승계하여 임시 대통령이 됐다), 멕시코의 정치권력은 여전히 카예스가 쥐고 있었다. 1929년 3월 정치적·종교적으로 불만을 품은 장군들이 다시 폭동을 일으켜 약 두 달 동안 나라를 파괴한 뒤 정부가 질서를 회복했다. 카예스는 1929년에 파스쿠알 오르티스 루비오(1877~1963)가 대통령에 당선되도록 영향력을 행사했다. 오르티스에 반대하는 군사 폭동이 일어났으나 열기가 충분하지 못하여 실패했고, 오르티스는 카예스의 꼭두각시로 대통령에 취임하고 카예스의 반교권주의 정책을 지속했다.

멕시코-프랑스 전쟁, 1838
Mexican–French War of 1838
○ 페이스트리 전쟁

멕시코-프랑스 전쟁, 1861~67
Mexican–French War of 1861~67

개혁 전쟁 이후(**○** 개혁 전쟁) 재정에 곤란을 겪었던 멕시코의 베니토 후아레스(1806~72) 정부는 1861년에 2년간 대리채무의 지급유예를 선언했다. 영국과 프랑스, 에스파냐가 멕시코로부터 마땅히 받아야 할 돈을 빼내기 위해 합동으로 원정대를 파견했다. 원정대는 베라크루스에 상륙하여 오리사바로 이동했다. 영국과 에스파냐는 멕시코와 협의한 뒤 후아레스가 배상할 것으로 확신하고 철수했으나, 프랑스는 멕시코의 내정에 간섭할 기회를 잡았다(나폴레옹 3세(1808~73)는 멕시코 제국의 수립을 희망했다). 로랑세 백작 샤를 페르디낭 라트리유(1814~92)가 지휘하는 프랑스 군대는 멕시코시티로 진격했으나 푸에블라에서 이그나시오 사라고사(1829~62)가 이끄는 멕시코 군대에 패했다. 나폴레옹 3세는 증원군을 보냈고 멕시코시티의 프랑스군 지휘권을 엘리프레데리크 포레(1804~72) 장군에게 맡겼다. 포레는 푸에블라로 진격했고 헤수스 곤살레스 오르테가(1822~81)의 지휘로 푸에블라를 방어하던 멕시코 군대는 두 달 뒤인 1863년 5월에 항복했다. 1863년 6월 7일에 포레의 군대는 방어하는 이들이 없는 수도 멕시코시티로 진입했고, 후아레스는 북쪽으로 도피하여 텍사스 인근에 사령부를 설치했다. 프랑수아 아실 바젠(1811~88)이 수도에서 프랑스 군대를 이끌고 서진하여 아무런 저항을 받지 않고 도시들을 점령했다. 1864년 나폴레옹 3세는 오스트리아 대공 페르디난트 막시밀리안(막시밀리아노 1세, 1832~67)을 멕시코의 꼭두각시 황제로 앉혔고, 프랑스에게 채무를 상환할 자금을 모으는 대가로 1867년 내내 군사적으로 지원하겠다고 약속했다. 멕시코의 많은 보수주의자들이 막시밀리안을 지지했지만, 자유주의 세력은 반대했고 게릴라전으로 막시밀리안의 군대에 맞서 싸웠다. 1865년에 미국 남북 전쟁이 끝나자 필립 셰리든(1831~88) 장군이 미국군을 이끌고 미국과 멕시코의 국경인 리오그란데 강으로 진격했고, 미국 정부는 프랑스 군대의 멕시코 주둔에 항의했다. 1867년 나폴레옹 3세는 막시밀리안을 버리고 프랑스 군대를 철수했다. 마리아노 에스코베도(1826~1902)가 이끄는 멕시코 자유주의 세력의 군대가 케레타로에서 막시밀리안과 황제에 충성하는 멕시코인들을 71일 동안 포위했고, 결국 막시밀리안은 속아서 항복했다. 군사재판에 회부되어 유죄판결을 받은 막시밀리안은 1867년 6월 19일에 총살당했다. 후아레스가 다시 멕시코 대통령에 취임했다.

멕시코 혁명, 1821
Mexican Revolution of 1821

1820년에 에스파냐에서 자유주의자들이 권력을 장악하여 왕 페르난도 7세(1784~1833)에게 1812년의 자유주의적 헌법을 회복하도록 하자, 멕시코의 보수주의자들은 현상을 유지하는 최선의 방법은 멕시코의 독립이라는 결론을 내렸다. 아구스틴 데 이투르비데(1783~1824)는 식민지 정부를 무너뜨리기 위해 부왕副王 후안 루이스 데 아포다카(1754~1835)를 설득하여 에스파냐 군대의 지휘권을 얻었다. 명분은 비센테 게레로(1782~1831)가 이끄는 멕시코의 반란군 게릴라를 진압하는 것이었다. 이투르비데는 병사 2,500명을 이끌고 게레로를 추적했고, 게레로는 작은 전투에서 몇 차례 승리를 거두었으나 설득당하여 이투르비데에 합세했다. 1821년 2월 24일 두 지도자는 이괄라 강령을 발표하여 로마가톨릭을 유일한 종교로 하는 독립 멕시코 왕정의 수립(페르난도 7세를 왕으로 하는 입헌군주정)과 모든 멕시코 주민들의 법적 평등을 요구했다. 이괄라 강령은 니콜라스 브라보(1786~1854)와 과달루페 빅토리아(1786~1843) 같은 반란자들과 아나스타시오 부스타만테(1780~1853) 같은 보수주의자들을 끌어들였다. 이들은 병력 6천 명을 지휘하여 이괄라 강령의 대의를 위해 싸웠다. 이투르비데가 이끄는(게레로는 이투르비데의 지휘권을 수용했다) 멕시코 군대가 나라를 대체로 평정하자 식민지 정부군 병사들은 대부분 이탈했다. 에스파냐의 새로운 부왕 후안 오도노후(1762~1821)는 곧 이투르비데와 만났고 1821년에 코르도바 조약을 체결하여 멕시코의 독립을 확정했다. 군인들에 의해 멕시코 황제 아구스틴 1세로 선포된 이투르비데는 1822년 5월 19일에 왕관을 썼다(멕시코 의회는 이투르비데가 독재자가 될 것을 두려워하며 마지못해 군인들의 선언을 받아들였다).

멕시코 혁명, 1823
Mexican Revolution of 1823

멕시코 황제 아구스틴 1세(1783~1824)는 자신의 권력을 경계하는 의회와 함께 나라를 통치했다. 아구스틴 1세는 사치가 심해 많은 돈이 필요했다. 베라크루스 인근의 산후안데울루아 섬에 주둔한 에스파냐의 작은 수비대가 황제의 조세 수취를 방해했기에, 아구스틴 1세는 세입의 증대를 징발에 의존했다. 그러나 아구스틴 1세는 곧 군인들의 지지를 잃었다. 군인들이 몇 달 동안 급여를 받지 못했기 때문이다. 황제로부터 산후안데울루아를 점령하라는 명령을 받은 안토니오 로페스 데 산타 아나(1794~1876) 장군은 멕시코 군대의 지휘권을 장악하고 멕시코 공화국의 수립을 호소했다. 과달루페 빅토리아(1786~1843) 장군이 로페스 데 산타 아나에 합세했고, 두 사람은 1823년 2월에 카사마타 강령을 공표하여 제국의 종식과 새로운 헌법, 새 의회를 갖춘 공화국의 건국을 요구했다. 군대는 카사마타 강령을 지지했으며, 아구스틴 1세는 1823년 3월에 퇴위하여 유럽으로 망명했다. 과달루페 빅토리아를 대통령으로 한 공화국이 수립됐다.

멜리야 전쟁
War of Melilla

○ 리프 전쟁, 1919~26

명예혁명, 1688
Glorious Revolution, 1688

잉글랜드와 스코틀랜드, 아일랜드의 왕 제임스 2세(1633~1701)는 스튜어트 가문의 왕 중에서 가장 오만했을 것이다. 얼핏 보아도 정치적 감각이 크게 떨어졌던 제임스 2세는 몬머스의 반란에 피로 보복한 반란자들을 학살한 뒤 '피의 순회재판 Bloody Assizes'을 명령했다. 이 재판들로 반란자 약 300명이 교수형을 당했고 1천 명이 태형이나 벌금형에 처해지거나 바베이도스로 추방했다. 제임스 2세는 잉글랜드를 다시 가톨릭으로 개종시키겠다는 의도를 공공연히 드러냈으며 가톨릭교도가 지휘하는 상비군을 설치했다. 그리고 가톨릭교도를 공직에 임명했고, 복종하지 않은 의회를 정지시켰으며, 관용령에 항의하는 성공회(잉글랜드 교회) 주교들을 체포했다. 브리튼 전역이 불안에 휩싸였다. 왕은 프로테스탄트인 딸 메리 2세(1662~94)를 네덜란드에서 데려와 자신을 대신하려는 모의를 뒤늦게야 알아챈 듯했다. 그 뒤 제임스 2세의 화해 노력은 실패로 돌아갔다. 메리 2세와 남편 빌럼 판 오라녀(윌리엄 3세, 1650~1702)는 네덜란드 군대와 함께 잉글랜드 데번셔에 상륙하여 많은 지지자를 끌어모았고 솔즈버리의 제임스 2세 군대와 대적하기 위해 진격했다. 제임스 2세는 도주했으나 켄트에서 붙잡혀 런던으로 압송됐으며 결국 작고 지저분한 고깃배를 타고 프랑스로 떠나도 좋다는 허락을 받았다. 1689년의 의회 양원 특별합동회의는 왕위가 '공위空位' 중이라고 결정한 뒤 잉글랜드의 임시정부를 이끌고 있던 빌럼과 메리 2세에게 왕위를 제의했다. 두 사람은 의회가 임명한 최초의 통치자였다. 브리튼은 재커바이트(제임스 2세 지지파)를 제외하면(◐ 재커바이트의 반란, 1689~90) 거의 전부 이 명예로운(무혈) 혁명에 기뻐했다.

◐ 아일랜드 전쟁, 1689~91

모건의 파나마 침입, 1668~71
Morgan's Raids on Panama, 1668~71

웨일스 태생의 잉글랜드인 해적 헨리 모건(1635?~88)은 잉글랜드 정부로부터 급여를 받고 남아메리카 스패니시 메인*의 선박들을 괴롭히는 중요한 역할을 수행했다(사략선私掠船). 1668년 모건은 36척으로 구성된 함대와 약 2

천 명의 해적을 이끌고 파나마 지협으로 가서 난공불락일 것만 같았던 에스파냐의 요새 도시 포르토벨로를 침입하여 에스파냐의 대군을 무찌르고 도시를 약탈했다. 모건의 해적 일당은 파나마 지협을 가로질러 길을 내고 태평양 동부에서 해적질을 하며 한동안 시간을 보냈다. 1671년 초 모건 일당은 파나마시티 인근에서 에스파냐의 대군을 격파했으며 도시를 약탈하고 불태웠다. 그 뒤 모건은 추종자들을 버리고 배로 돌아왔으며 약탈품을 챙겨 급히 떠났다. 이 약탈은 잉글랜드와 에스파냐가 평화조약을 체결한 뒤에 벌어졌기에, 모건은 잉글랜드로 호송되어 해적으로 고발당했다. 그러나 모건이 도착할 즈음 잉글랜드와 에스파냐의 관계는 급격하게 악화되어 모건은 기사 작위를 받았고(1674), 자메이카의 부총독이 되어(1674) 그곳에서 여생을 보냈다.

* Spanish Main. 카리브 해와 멕시코 만 주변에 있는 에스파냐 제국의 본토(섬은 제외) 해안을 말한다.

모도크족 인디언 전쟁(라버베즈 전쟁), 1872~73
Modoc War(Lava Beds War), 1872~73

1870년 백인에게 캡틴 잭으로 알려진 모도크족 인디언 족장 킨트푸아시(1837?~73)는 캘리포니아 주 북부 로스트 강 인근에 있는 조상 땅의 반환을 요구하고자 부족을 이끌고 오리건 주 남부의 클래머스족 인디언 보호구역을 떠났다. 인디언을 보호구역으로 돌려보내려는 시도가 여러 차례 있었으나 모두 실패로 돌아갔다. 약 80명의 모도크족 전사와 가족들이 캘리포니아 주 툴리레이크 인근 동굴과 협곡으로 이루어진 자연 요새인 라버베즈로 은신했다. 1872년 11월 미국군 기병대가 모도크족을 연이어 포위했으나 모도크족은 방어에 성공했다. 1873년 4월에 열린 평화회담에서 캡틴 잭은 에드워드 R. S. 캔비(1817~73) 장군을 총으로 쏘아 죽였고, 미국군 부대는 모도크족 진압 노력을 강화했다. 1873년 5월 말 많은 병력을 잃은 캡틴 잭은 라버베즈에서 내몰렸고 추적당하여 사로잡혔다. 1873년 10월 3일 캡틴 잭은 클래머스 요새에서 교수됐다. 일부 모도크족은 오리건 주의 보호구역으로 돌아왔고, 일부는 오클라호마 주로 보내졌다.

모런트베이 반란, 1865
Morant Bay Rebellion, 1865

1865년 영국령 자메이카 섬의 빈곤한 농민들은 여왕 빅토리아(1819~1901)에게 정부가 보유한 토지를 경작할 수 있도록 허가를 요청했으나, 정부는 이를 거부했다. 불만이 가장 강했던 자메이카의 세인트앤 패리시*와 세인트토머스 패리시에서 원주민 폭도가 패리시 의회가 개회 중이던 모런트 베이의 법원 청사를 침입하고 방화했다. 치안판사와 백인 18명이 살해됐다. 에드워드 존 에어(1815~1901) 자메이카 총독은 계엄령을 선포하고 가차 없이 반란을 진압했다. 반란 지도자의 한 사람으로 결사 단체인 유색인 상인·자유인Merchants and Free Persons of Color의 일원인 조지 윌리엄 고든(1820?~65)은 재판에서 유죄 선고를 받고 사형됐다. 에어는 비非백인 주민들의 반란이 백인 농장주들에 미친 위협을 과장하고 자메이카 의회에 표결로써 해산하도록 유도했다. 1866년 에어는 영국으로 소환됐고, 영국 의회는 새로운 총독을 파견했다.

* Parish. 패리시는 지방 구역이며, 자메이카는 14개의 패리시로 구획되어 있었다.

모로족 전쟁, 1899~1913
Moro Wars, 1899~1913

모로족은 필리핀에서 두 번째로 큰 섬인 민다나오 섬의 중부와 서부에 거주하는 이슬람교도 부족이다. 모로족은 대부분이 그리스도교도인 다른 필리핀 사람들과 떨어져 그곳에서 수백 년을 살았다. 1898년 미국에 내쫓길 때까지(○ 에스파냐-미국 전쟁) 필리핀을 지배한 에스파냐는 모로족이 전통적 생활방식을 유지하도록 내버려두었고 그리스도교(가톨릭)로 개종시키려 하지 않았으나, 미국인의 생각은 이와 달라서 모로족이 동화되기를 바랐다. 모로족은 이에 저항하여 1899년부터 이따금씩 폭동을 일으켰다. 1903년 모로족은 민다나오 섬 내륙의 라노스 호수 인근에 주둔한 미국군을 공격했다. 1906년 인근의 홀로 섬에서 저항했던 모로족 약 600명이 큰 화산(다호산)의 분화구 안에 피했다가 레너드 우드(1860~1927) 장군이 지휘하는 미국군 부대에 학살당했다. 이 사건은 대중의 분노를 초래했다. 1913년 6월 이후 전투는 종결됐고, 모로족은 평화롭게 종교와 전통을 실천했다.

모로코 전쟁, 1907~12
Moroccan War of 1907~12

20세기 초 유럽의 주요 강대국들은 모로코에서 정치적·상업적으로 영향력을 확대하고자 경쟁했는데, 프랑스와 에스파냐는 비밀리에 조약을 체결하여(1904) 모로코를 분할하기로 합의했다. 알헤시라스 회의(1906)에서 강대국은 모로코 영토의 통합성과 어느 나라에게나 무역의 기회가 보장되어 있음을 재확인했고 프랑스와 에스파냐에 모로코의 치안 업무를 위임했다. 1907년 카사블랑카에서 외국인 노동자들에 반대하는 폭동이 일어났으나, 프랑스 군대가 수천 명을 죽이며 폭력적으로 진압하고 도시를 점령했다. 원주민은 외국인의 침입에 계속 저항했다. 1908년 이슬람 문화를 무시했다고 비난받아온 모로코의 술탄 압드 알 아지즈 4세(1880?~1943)는 형이 축출했고, 이 형은 1908년에 페스에서 술탄임을 선포했으나 질서를 유지할 수 없어 프랑스와 에스파냐의 도움을 받아야 했다. 리프족이 모로코 해안 멜리야에서 에스파냐인 노동자들을 공격했고(**○ 리프 전쟁**), 에스파냐 군대는 패배했다(1909). 리프족이 페스를 공격하자 프랑스가 이를 점령했다. 독일은 프랑스의 군사행동에 당황했고 모로코에서 자국의 이익이 위험에 빠졌다고 판단하여 대서양에 닿아 있는 모로코의 아가디르 항구에 포함砲艦 판터 함을 보내 프랑스에 전쟁을 위협했다(1911). 독일과 프랑스는 협상을 통해 전쟁을 피했다. 독일은 아프리카의 프랑스령 콩고에서 약간의 영토를 할양받는 대가로 모로코에서 프랑스의 권한을 인정했다. 모로코의 술탄은 페스 조약(1912년 3월 30일)에 조인하여 프랑스의 보호령이 되기로 동의했다. 뒤이어 프랑스와 에스파냐는 모로코를 네 구역으로 분할했고, 프랑스가 대부분을 지배했다.

모르몬교도 전쟁
Mormon War
○ 유타 주 전쟁

모리스코의 반란, 1568~71
Revolt of the Moriscos, 1568~71

에스파냐의 이슬람교도였으나 강제로 그리스도교 세례를 받은 모리스코는 이슬람교도처럼 말하고 쓰고 입었기 때문에 이베리아 반도의 그리스도교도로부터 박해를 받았다(에스파냐 왕 펠리페 2세(1527~98)는 1567년에 모리스코의 언어와 전통을 금지했다). 1568년 12월 25일 에스파냐 남부에 있는 안달루시아 지역의 모리스코는 가혹한 억압에 맞서 알푸하라에서 반란을 일으켰다. 1569년 에스파냐 군대는 모리스코가 그라나다에 큰 손실을 입힌 데 보복하여 알파하랄리 고개에서 많은 모리스코 반란자를 학살했다. 반란을 끝내라는 명령을 받은 돈 후안 데 아우스트리아(리터 요한 폰 외스터라이히, 1547~78)는 1571년 안달루시아에서 모리스코의 반란을 진압하는 데 성공했다. 모리스코는 에스파냐 전역으로 흩어지고 강제로 이주됐으나 이슬람교도 특유의 생활방식을 여전히 유지하다가 1605~09년에 왕의 명령으로 에스파냐에서 추방되어 대다수가 북아프리카에 정착했다.

모스크바 대공국의 노브고로트 정복, 1471~79
Muscovite Conquest of Novgorod, 1471~79

모스크바의 이반 3세(1440~1505) '대제'는 아버지 바실리 2세(1415~62)가 추진하던 과업을 이어받아 모스크바 대공국을 확대하고 강화하려 했다(○ 러시아 내전, 1425~53). 서북쪽에 있던 노브고로트는 러시아 북부에 광대한 영토를 보유한 교역 중심지로 몇 백 년 동안 모스크바와 패권 경쟁을 벌였다. 모스크바의 정교회 신자들은 노브고로트가 로마가톨릭을 믿는 리투아니아와 가깝게 지내는 것을 몹시 혐오했다. 1471년 노브고로트가 폴란드와 동맹하자, 이반 3세는 전쟁을 선포하고 군대를 이끌고 노브고로트로 진격하여 셸론 강과 실렌가 강에서 승리를 거두었다(1475). 노브고로트는 폴란드가 약속한 지원을 보내지 않자 항복하기로 하고 이반 3세에게 배상금으로 1만 5천 루블을 지불했으며 노브고로트 대주교 지명권도 양도했다. 노브고로트는 이에 더하여 리투아니아와 동맹하지 않겠다는 맹세도 해야 했다. 1477년 이반 3세는 자신이 노브고로트 '군주' 칭호를 갖는 데 반대하는 반란이 일어나자, 앞서 병력을 지원하여 자신의 승리를 도왔던 두 도시 프스코프와 트베리(칼리닌)의 지원을 받아 노브고로트로 진격했다. 이반 3세는 협상을 거부했고, 1478년 1월에 반란의 지도자가 포기하면서 노브고로트는 항복할 수밖에 없었다. 이반 3세는 노브고로트 수도원 영지를 몰수하고 몇몇 보야르(러시아 귀족)를 납치했다. 1479년 노브고로트는 폴란드의 도움을 받아 다시 독립하려 했으나, 이반 3세의 군대가 반란을 진압하고 많은 사람을 포로로 잡았다.

모잠비크 내전·게릴라전, 1976~92
Mozambican Civil and Guerrilla Wars of 1976~92

모잠비크해방전선FRELIMO은 포르투갈의 지배에 맞서 무장 독립운동의 선봉에 섰다가 성공한 뒤(○ 모잠비크 독립 전쟁), 마르크스주의 정권을 세웠고 모잠비크의 유일한 합법 정당이 됐다. 1976년에는 숙련된 기술을 지닌 백인들 대부분이 나라를 떠나 도피했다. 식량과 수입물자가 부족했는데 정부가 모든 공업과 은행, 운송 수단, 도시의 사유 토지를 국유화하고 세금을 늘리며 농업 집단화를 강제로 추진하여 상황이 더욱 나빠졌다. 불만이 팽배하고 부패와 탈법이 만연했다. 정부는 반역 행위를 가혹하게 다루었다. '인민법정'은 많은 사람을 교정수용소로 보냈고, 수감자의 수는 수용소의 수용 능력을 초과했다. 모잠비크의 흑인 게릴라들이 백인이 통치하는 이웃 나라 로디지아(오늘날의 짐바브웨)로 잠입하여 로디지아 군대와 충돌했고, 그 결과 로디지아가 독립을 획득하는 1980년까지 국경이 봉쇄됐다. 정권은 여러 반反공산주의 파벌의 거세지는 공격에도 맞서야 했다. 그중 하나인 모잠비크 국민저항RENAMO은 전국에서 철도와 통신선로, 송유관을 파괴했다. 남아프리카공화국의 반군 아프리카민족회의ANC는 모잠비크에 기지를 세우고 남아프리카공화국을 침입했는데, FRELIMO는 이 기지들을 파괴하려는 남아프리카공화국 군대와도 맞서 싸워야 했다. 사모라 모이제스 마셸(1933~86) 모잠비크 대통령은 군대를 직접 장악하여(1983) 반군 단체들에 대항하는 조치를 단계적으로 높여나갔다. 모잠비크는 1984년의 협약(은코마티 협정)으로 ANC 반군을 축출하기로 약속했고, 남아프리카공화국은 자국의 RENAMO에 대한 지원을 중단하겠다고 약속했다. 그러나 남아프리카공화국은 은밀히 지원을 계속했다. 1986년에 마셸을 뒤이은 대통령 조아킹 알베르투 시사누

(1939~)는 잠비아와 짐바브웨의 지원을 받아 반정부 게릴라 집단들과 맞서 대체로 방어적인 전쟁을 치렀다. 이 게릴라 단체들은 전국을 돌아다니며 무자비하게 파괴와 고문, 살인을 저질렀다. 이는 1988~89년에 전쟁과 기아, 질병으로 수많은 사람이 사망했다 하여 '모잠블리크Mozambleak'라 부른다. 200만 명에 가까운 모잠비크 농촌 주민이 토지에서 쫓겨나 국가는 더욱 심각하게 파산으로 내몰렸다. 지독한 가뭄은 양쪽에 모두 심한 타격을 주었다. 1989년 반군들의 무차별적 공격과 테러가 지속되는 가운데 RENAMO 지도자 아폰수 마르세타 마카슈 들라카마(1953~)는 로마가톨릭교회 성직자들과 평화 정착 방안을 두고 논의를 시작했다. 로마가톨릭 교회 지도자들과 로버트 무가베(1924~) 짐바브웨 대통령의 중재로 시사누 대통령과 게릴라 지도자들이 만났다. 1990년 FRELIMO는 마르크스주의 체제를 포기하고 RENAMO의 여러 요구를 수용했으며 새로운 헌법을 채택하여 시민적 권리들과 자유로운 시장경제를 허용하고 복수 정당들이 참여하는 선거와 권력분립을 시행했다. RENAMO는 송전선과 철도, 정부 시설들을 계속 파괴했으나 시사누와 들라카마는 협상으로 로마포괄평화협정을 이끌어냈다(1992년 10월 4일). 평화유지 기구인 국제연합모잠비크활동ONUMOZ이 게릴라의 무장해제를 감독하고 다당제 선거를 준비했다(1994년 10월). 선거 결과 시사누가 대통령직을 유지했다. 1995년 중반 약 170만 명에 이르는 모잠비크 난민과 400만 명에 가까운 국내난민IDPs이 집으로 돌아왔다. RENAMO는 1999년 12월에 실시된 의회 선거에서 절반에 가까운 의석을 확보했지만, FRELIMO가 강고히 권력을 장악하고 있는 상황에서 주지사를 한 자리도 차지하지 못하자 선거 결과에 이의를 제기했다. 대법원은 이를 지지했다. 2000년 11월 RENAMO가 조직한 반정부 시위 중에 야당 지지자 40명이 잔인하게 살해됐고, 80명이 감옥에서 목이 졸려 죽었으며, 저명한 탐사보도전문 저널리스트 카를루스 카르도주가 살해됐다. 2002년 10월 평화협정 10주년이 도래했다. 2004년 12월 대통령 선거에서 FRELIMO 후보 아르만두 에밀리우 게부자(1943~)가 승리하여 2005년에 취임했다.

모잠비크 독립 전쟁, 1964~74
Mozambican War of Independence, 1964~74

1962년 포르투갈령 동아프리카(모잠비크)의 독립을 추구한 소규모 민족주의 단체들이 탄자니아 수도 다르에스살람에 모여 모잠비크해방전선FRELIMO이라는 연합체를 결성하고 에두아르두 시밤부 몬들라네(1920~69)에게 지휘를 맡겼다. FRELIMO가 알제리에서 자원병 수백 명에게 게릴라 전술을 가르쳤고, 동시에 포르투갈령 동아프리카에서는 흑인 반군이 포르투갈인 통치자들에 맞서 이따금 전투를 벌였다. 1964년 FRELIMO는 출전 준비를 마쳤고 곧이어 포르투갈령 동아프리카 북부의 2개 주를 휩쓸었다. 포르투갈은 남부를 지키기 위해 추가로 병력과 물자를 보내야 했다(국가 재정이 엄청나게 소모됐다). 1969년 몬들라네가 다르에스살람에서 포르투갈 비밀경찰 공작원으로 추정되는 자들에게 살해당했고, 1년 뒤 마르크스주의자인 사모라 모이제스 마셸(1933~86)이 FRELIMO의 지휘를 맡았다. 마셸은 포르투갈에 대항하여 새로운 전선을 열었고(포르투갈은 모잠비크에 4만 명이 넘는 병력을 주둔시켰다) 1974년에 리스본에서 군사 쿠데타가 일어나 좌파 정권이 수립될 때까지 1만 명이 채 못 되는 병력으로 중부와 북부를 장악했다. 포르투갈은 반군과 협상하여 포르투갈이 일정한 권리를 보유하는 협정을 타결하려 했으나, FRELIMO가 이를 거부했다. 1974년 포르투갈이 모잠비크에 완전한 독립을 허용하면서 휴전이 이루어졌다. 백인 반란자들이 정부 장악을 시도하여 독립 과정을 방해하려 했으나 FRELIMO와 포르투갈 군대가 이를 진압했다. 1975년 마셸이 독립한 모잠비크의 초대 대통령으로 취임했다.

○ 기니비사우 독립 전쟁 ; 앙골라 독립 전쟁

몬머스의 반란, 1685
Monmouth's Rebellion, 1685

잉글랜드와 스코틀랜드, 아일랜드의 왕 찰스 2세(1630~85)의 치세는 아버지 찰스 1세(1600~49)의 치세와 마찬가지로 왕과 의회 사이의 격렬한 투쟁으로 점철됐다(○ (제1차) 잉글랜드 내전). 찰스 2세를 이어 1685년에 제임스 2세(스코틀랜드의 제임스 7세)가 되는 요크 공작 제임스(1633~1701)의 로마가톨릭교회 신앙에 집중해서 보면 돈이 아니라 종교가 주된 관건이었다. 최초로 정당들이 탄생했다. 휘그당이 지배한 의회는 제임스 2세의 왕위 계승 권리를 박탈하려다 세 차례 해산됐고, 찰스 2세는 의회 없이 통치했다. 1대 샤프츠버리 백작 앤서니 애슐리 쿠퍼(1621~83)는 누구나 찰스 2세의 사생아로 인정하는 1대 몬머스 공작 제임스 스콧(1649~85)을 후계자로 세우자고 제안했다(◐ 서약파의 반란, 1679). 몬머스는 약간의 환호를 받은 뒤 또 다른 내전을 두려워한 자들에게 쫓겨 네덜란드로 도피해야 했다. 1685년 찰스 2세가 사망한 뒤 몬머스는 잉글랜드 도싯셔에 상륙하여 스스로 왕임을 선포하고 4천 명의 군대를 모았다. 몬머스의 군대는 세지무어 전투에서 제임스 2세의 군대에 패했다. 몬머스는 사로잡혀 참수됐다. 이로써 1685년의 서약파誓約派(스코틀랜드 장로파) 반란과 협조를 구축한다는 계획은 실패로 돌아갔다.

몬스 그라우피우스 전투, 84
Battle of Mons Graupius, 84

로마 제국은 9년에 독일에서 재앙과도 같은 패배를 당했으나(◐ 토이토부르크 숲 전투) 84년에 브리타니아의 하일랜드 칼레도니아(스코틀랜드)에서 일단의 픽트족(칼레도니아인)에 승리를 거두어 패배를 되갚았다. 나이우스 율리우스 아그리콜라(40~93)가 이끄는 로마 군대는 77년에서 83년까지 웨일스를 정복하고 84년에는 오늘날의 애버딘까지 진격했다. 로마 역사가 타키투스(56?~117?)는 『아그리콜라의 생애와 인격De vita et moribus Iulii Agricolae』에서 기병과 로마에 충성하는 브리턴족을 포함한 보병 1만 1천 명이 그램피언 산맥의 어느 곳으로 추정되는 몬스 그라우피우스의 한 장소에서 칼가쿠스(갈가쿠스)가 지휘하는 3만 명의 픽트족과 싸웠다고 전한다. 전투는 격렬했다. 픽트족 1만 명이 사망하고 로마 병사 360명이 전사했다고 한다. 픽트족은 이 패배로 다시는 로마를 심각하게 괴롭히지 못했으나, 로마 영토 북쪽에서 계속 호전적인 태도를 유지했다. 픽트족이 너무나 호전적이어서 로마 황제 하드리아누스(76~138)는 122년에 타인 강에서 솔웨이 만에 이르는 장성을 축조하라고 명령했다.

◐ 로마의 브리타니아 정복

몬테네그로-오스만 제국 전쟁
Montenegrin-Turkish Wars

○ 오스만 제국-몬테네그로 전쟁

몬테비데오 포위공격, 1843~51
Siege of Montevideo, 1843~51

1830년대에 우루과이에서는 보수주의 정당인 블랑코당(국민당)과 자유주의 정당인 콜로라도당이 주요 정당으로 발전했다. 블랑코당은 주로 목장주와 상인, 성직자의 지지를 받았고, 지리적으로는 내륙에서 강했다. 콜로라도당은 항구도시 몬테비데오와 해안 지역에서 강했다. 1835년 블랑코당의 마누엘 오리베(1792~1857)가 우루과이 대통령으로 당선됐는데, 전직 대통령이었던 콜로라도당의 호세 프룩투오소 리베라(1784~1854)와 당파 싸움에 말려들었다. 리베라는 반란을 이끌어 1838년에 오리베를 내쫓고 대통령직을 승계했다. 오리베는 부에노스아이레스로 피신하여 아르헨티나의 독재자 후안 마누엘 데 로사스(1793~1877)와 동맹했다. 후안 마누엘 데 로사스는 1830년대에 우루과이의 독립성을 부정하고 우루과이를 통제하고자 내정에 간섭했던 적이 있었다(○ 아르헨티나-브라질 전쟁, 1825~28). 영국과 프랑스는 우루과이의 독립을 유지하고 자국의 상업적 이익을 보호하려 했다. 뒷날 로사스는 오리베에게 무기들을 주어 몬테비데오의 리베라에 맞서 내전을 벌이게 했다(1842). 오리베의 군대는 몬테비데오를 8년 동안 포위했다(1843~51). 몬테비데오를 방어하던 사람들 중에는 우루과이에 망명 중이던 이탈리아의 애국자 주세페 가리발디(1807~82)도 있었다. 영국과 프랑스의 해군이 도착하여 우루과이의 일부와 우루과이 강 하구의 마르틴가르시아 섬을 점령하고 라플라타 강을 봉쇄했다(1845~49). 후스토 호세 데 우르키사(1801~70) 엔트레리오스 주지사는 콜로라도당과 동맹하여 반란을 일으키고 로사스에 대적했다. 오리베는 몬테비데오 포위공격을 포기할 수밖에 없었고 조약에 서명하여 콜로라도당 정권을 인정했다(1851). 아르헨티나가 우루과이를 병합할까봐 두려웠던 브라질은 로사스와 싸우는 우르키사를 지원했고, 우루과이의 블랑코당과 콜로라도당은 일시적으로 동맹을 맺어 아르헨티나 독재자 로사스를 물리치는 데 성공했다. 1852년 2월 3일 몬테카

세로스 전투에서, 우르키사와 아르헨티나인, 우루과이인, 브라질인을 포함한 약 2만 명의 반군이 로사스가 지휘하는 아르헨티나 정부군에 결정적인 패배를 안겼다. 로사스는 영국으로 피신했고, 이로써 로사스의 전제적 통치가 끝나고 우루과이의 독립도 더 이상 위협받지 않았다.

○ 아르헨티나 내전, 1859

몰도바 내전, 1991~92
Moldovan Civil War of 1991~92
옛 소련의 공화국으로 프루트 강과 드네스트르 강 사이의 구릉성 평원에 있는 몰도바는 1991년에 독립을 선포한 뒤 격렬한 종족 간 분쟁에 휘말렸다. 몰도바인과 슬라브족(러시아인과 우크라이나인) 사이에 전투가 벌어졌다. 슬라브족들은 몰도바가 서쪽의 이웃 나라 루마니아와 통일할까봐 두려웠으며 드네스트르 강 동쪽 지역(트란스니스트리아)에서 자치를 추구했다. 몰도바에 주둔한 러시아군 제14사단이 슬라브족 반정부 폭도에게 무기들을 공급했고 때로는 병력까지 지원했다. 슬라브족 반정부 세력은 여러 차례의 전투에서 몰도바 군대를 무찔렀으며, 특히 1992년 6월 티기나(벤데리) 전투에서는 큰 승리를 거두었다. 1992년 7월에 보리스 옐친(1931~2007) 러시아 대통령과 미르체아 I. 스네구르(1940~) 몰도바 대통령이 협정에 서명하여 휴전이 발효됐고 트란스니스트리아 지역에 합동 평화유지군이 주둔했다. 트란스니스트리아 주민들은 독립적인 '드네스트르 공화국'을 수립했고(1992), 그 뒤 의회 선거를 실시하고 별도의 헌법을 승인했다(1995). 1994년에 새 헌법을 채택한 몰도바는 러시아 군대의 철수를 얻어냈고, 1997년 5월 8일 러시아어를 쓰는 분리파 드네스트르 공화국과 평화 각서에 서명했다.

몽골 내전, 1260~64
Mongol Civil War of 1260~64
위대한 뭉케 칸(헌종, 1209~59)이 사망한 뒤 몽골 제국은 분열했다. 뭉케 칸의 동생 쿠빌라이 칸(세조, 1215~94)은 중국화한 몽골을 대표했는데, 옛 몽골을 고수해야 한다는 막내 동생 아리크 부케(1266년 사망) 일파와 대결했다. 두 사람은 별도로 쿠릴타이(대회의)를 열었다. 쿠빌라이 칸이 1260년 5

월에 상도上都에서 먼저 소집했고, 이어 2주 뒤에 아리크 부케가 카라코룸에서 열었다. 두 사람 모두 카간可汗으로 선출됐다. 이로써 촉발된 싸움은 어느 편도 통제할 수 없었고, 몽골 제국의 내전은 13세기가 끝날 때까지 지속됐다. 아리크 부케는 쿠빌라이 칸을 지원한 형 훌레구 칸(1218?~65)을 멀리했고 킵차크한국(주치 울루스)의 베르케 칸(1266년 사망)과 싸우게 하여 킵차크한국-일한국 내전을 유발했다. 1260년 쿠빌라이 칸은 카라코룸으로 군대를 파견했고, 아리크 부케는 서쪽으로 퇴각했다. 양 진영이 충돌했으나 결정적인 승리 없이 철수했고(1261), 아리크 부케는 수도 카라코룸을 되찾으려 했으나 실패했다. 아리크 부케는 1264년에 쿠빌라이 칸과 싸워 패한 뒤 결국 항복했다. 아리크 부케는 자유롭게 떠날 수 있었으나 정치적 영향력을 잃은 채 2년 뒤 사망했다.

몽골-명明 전쟁, 1356~68
Mongol-Ming War of 1356~68

원 왕조를 세운 쿠빌라이 칸(세조, 1215~94)은 부지불식간에 나라의 몰락을 초래할 반란의 씨앗을 뿌려놓았다. 칭기즈 칸(태조, 1167?~1227)은 금나라 관리였던 야율초재耶律楚材(1190~1244)를 조언자로 두었으나, 쿠빌라이 칸은 조부와 마찬가지로 한족을 불신했기에 대체로 이슬람교도를 조언자로 삼았고 그로써 만다린(한족 사대부)의 심기를 불편하게 했다. 쿠빌라이 칸은 과거제도를 폐지하여 지식인의 분노를 샀다가 1313년 다시 시행했고, 한족에게 몽골어를 배울 권리를 인정하지 않고 이등 백성으로 대우하여 한족 전체를 화나게 했다. 일찍부터 작은 반란들이 일어났으나, 경계를 늦추지 않고 있었던 쿠빌라이 칸은 쉽게 반란을 진압했다. 원나라 황제들의 자질이 저하되고 궁정 안에 파벌과 방탕이 심화되면서, 몽골족은 모든 권위를 상실했다. 1350년대 양쯔 강揚子江 유역에서 발생한 반란들은 점차 통제할 수 없는 상황으로 치달았다. 한족 반란군 세력들은 점차 독립적인 통치자로 행세했고, 그중 한 사람인 명나라 태조 홍무제 주원장朱元璋(1328~98)은 명 왕조를 세우고 난징南京에 수도를 정했다. 홍무제는 대도大都(오늘날의 베이징北京)를 빼앗은 뒤(1368) 몽골족을 먼저 상도上都로, 그 다음 외몽골로 내몰았고, 몽골족은 외몽골에서 267년 동안(1368~1635) 중국의 정당한 통치자를 자처했으나 소용없는 일이었다.

몽골 반란, 1755~60
Mongol Revolts of 1755~60

준가르족을 비롯한 중국과 동東투르키스탄, 몽골 서부의 수많은 몽골 부족은 중국의 서북 변경에서 늘 반란을 일으켰다. 청나라의 건륭제(1711~99)는 유능하지만 무자비했던 자오후이(조혜兆惠, 1708~64) 장군을 파견하여 이 부족들을 진압하고 지역을 통제하게 했다. 1757년 자오후이는 약간의 어려움을 겪었지만, 청나라 조정에 해마다 조공을 바치기를 거부하고 조공을 받아내려고 파견한 관리들을 살해한 준가르족과 다른 몽골 부족을 격파했다. 한편 동투르키스탄 남부의 군사들을 이끌고 이슬람교도가 반란을 일으키자, 자오후이는 반란을 진압하기 위해 남쪽으로 이동했고, 반란자들은 오랫동안 격렬하게 싸운 뒤 결국 청나라의 통치에 굴복했다. 준가르 분지를 포함한 동투르키스탄과 몽골 서부는 청나라의 속국인 신장新疆(오늘날의 신장위구르자치구)이 됐다.

❍ 청의 이슬람교도 반란

몽골-버마 전쟁, 1277~87
Mongol-Burmese War of 1277~87

중국에 몽골 왕조(원나라)를 세운(❍ 몽골의 송(남송) 정복) 쿠빌라이 칸(세조, 1215~94)은 버마의 버간 왕 너라띠하빠띠(1287년 사망)에게서 조공을 받아내려 했으나, 너라띠하빠띠는 몽골의 속국 지위를 받아들이지 않았으며 1273년에 쿠빌라이 칸이 조공을 요구하려고 파견한 사절들을 살해했다. 1277년 너라띠하빠띠의 군인들이 코끼리에 올라타고 국경 곳곳에서 성공리에 침입을 감행한 뒤 윈난雲南 지역으로 진격해 들어갔다. 웅아사웅잔 전투(1277)에서 몽골의 기마 궁수들은 말이 코끼리를 보고 놀라자 말에서 내려 재집결한 뒤 코끼리를 쫓아버리고, 다시 말에 올라 수적으로 자신들보다 3 대 1로 우세했던 버마인들을 향해 돌격하여 승리를 거두었다. 그 뒤 몽골은 버모 인근에서 버간 군대를 분쇄했다(1283). 쿠빌라이 칸의 손자 테무르(성종, 1265~1307)가 침략군을 이끌고 에야와디 강을 따라 내려가 버간을 점령하고(너라띠하빠띠는 버간에서 남쪽의 바세인으로 도피했다) 꼭두각시 정권을 세웠다. 너라띠하빠띠는 몽골의 종주권을 인정하기로 결정했다가 곧 한 아들에게 살해됐다(1287).

몽골-버마 전쟁, 1299~1300
Mongol-Burmese War of 1299~1300

버마 동북부의 타이족인 샨족이 에야와디 강가 버간에 세운 몽골의 꼭두각시 정권을 무너뜨리자(◉ 몽골-버마 전쟁, 1277~87), 몽골은 그 지역을 다시 통제하고자 소규모 부대를 파견했다. 샨족 군대는 삼중 성벽을 갖춘 요새 도시 미인자잉에서 몽골 군대를 저지했고 몽골 병사 약 500명이 전사했다. 샨족 지도자들은 몽골이 증원군을 보낼까봐 두려워 몽골 지휘관들에게 많은 뇌물을 주겠다고 제의했다. 몽골 사령관은 이를 수락하고 중국 서남부의 윈난雲南으로 철수했다. 그 뒤 몽골 사령관은 윈난의 통치자 손에 처형당했다. 그러나 몽골은 다시 침공하지 않았다.

몽골의 고려 침공(고려-몽골 전쟁), 1231~70
Mongol Invasions of Korea(Goryeo-Mongol War), 1231~70

일찍이 1219년에 몽골은 대요국大遼國*을 세운 거란족을 쫓아 고려 영토로 들어가 강동성江東城 전투에서 고려군과 협력하여 거란족을 무찔렀다. 그 뒤 이를 계기로 고려와 협정을 체결하고 과도한 세폐歲幣를 요구하는 등 오만하게 처신하여 양국 관계가 차츰 악화됐다. 이런 와중에 1225년에 몽골 사신 저고여箸古與가 살해되자 몽골은 이를 고려의 책임으로 돌렸고, 칭기즈 칸(태조, 1167?~1227)의 아들이자 몽골 제국의 제2대 카간可汗 우구데이(오고타이, 태종, 1186?~1241)는 1231년에 살리타이撒禮塔(1232년 사망) 장군에게 지휘를 맡겨 고려를 침공했다. 살리타이의 몽골 군대가 침공하여 의주를 점령하고 남하했으며 고려군은 귀주(오늘날의 평안북도 구성龜城)와 자주慈州(오늘날의 평안남도 순천) 등지에서 저항했으나 결국 개경이 포위됐다. 고려 고종(1192~1259)은 강화를 맺었고, 1232년 몽골은 72명의 다루가치를 두고 철수했다. 그러나 최우崔瑀(최이催怡, 1249년 사망)의 요청에 따라 고종은 강화도로 천도하여 장기 항전에 들어갔다. 해전에 약하여 강화도를 치지 못한 몽골은 처인성處仁城(오늘날의 경기도 용인) 공격에서 살리타이가 전사하자 철수했으나 1235년에 다시 침공했다. 몽골은 강화도를 공격하지 못했지만 개주价州(오늘날의 평안남도 개천), 온수溫水(오늘날의 충청남도 온양), 대흥大興(오늘날의 충청남도 예산) 등 전국 각지를 휩쓸었다. 1238년 고종은 강화를 요청했고 몽골은 왕이 몽골 수도 카라코룸으로 입조한다는 조건으로 철수했다. 고려는 약속을 이행하지 않다가 몽골이 독촉하자 왕이 갈 수 없음을 말하며 왕족들을 왕의 아우와 왕자로 가장하여 인질로 보냈다. 이후 몽골은 구유크 칸(정종, 1206~48)과 뭉케 칸(헌종, 1209~59) 때 입조와 환도를 요구하며 여러 차례 침입과 철병을 반복했다. 1258년 무신정권의 마지막 집권자인 최의崔竩(1258년 사망)가 김준金俊(1268년 사망)에게 피살된 뒤 이듬해인 1259년 고려는 국왕의 출륙과 입조를 약조하고 태자 전倎(원종, 1219~74)을 인질로 보내면서 항복했다. 1270년 원종은 개경으로 환도했고, 고려는 몽골의 간접 지배를 받았다.

* 금나라가 몽골군에게 침략당하여 쇠퇴하기 시작하자 금나라의 일부 거란인이 세운 나라.

몽골의 금金 정복, 1231~34
Mongol Conquest of the Jin Empire, 1231~34

칭기즈 칸(태조, 1167?~1227)의 아들로 몽골의 제2대 카간可汗이었던 우구데이(오고타이, 태종, 1186?~1241)는 동쪽에 있는 중국 북부의 금나라와 싸우고 유럽을 침공하기로 결심했다. 금나라가 허난河南을 장악하고 점점 더 번창하고 있었기에, 우구데이와 동생 톨루이(예종, 1192~1232), 수베데이(1175~1248) 장군이 군대를 이끌고 금나라 영토로 들어갔다. 군사전략은 이중 공격이었다. 우구데이와 수베데이는 북쪽과 서쪽에서 진격하여 좌익을 이루고, 톨루이는 남쪽에서 진격하기로(우익) 했다. 톨루이는 약 3만 명의 병사로 진격하여 아무런 저항에 직면하지 않은 채 산악지대에 도달했고, 그곳에서 금나라의 공격을 받았지만 계략으로 물리쳤다. 금나라 군대는 수도 카이펑開封으로 퇴각했으나 몽골족이 기다리고 있었다. 톨루이는 사망했고, 수베데이가 카이펑 공성을 지휘했다. 성의 주민들은 둘레가 약 65킬로미터에 이르는 방어용 성벽 너머로 또 다른 성벽이 공성 무기로 세워지는 것을 목격했다. 여기에는 불덩어리와 화약으로 쏘는 발사무기도 있었다. 굶주림과 전염병이 포위공격을 도왔고, 우구데이는 이제 송나라 군사들의 지원을 받아 공격을 했다. 금나라 황제는 피신했다가 황후를 비롯한 비빈들을 죽인 뒤 자살했다. 카이펑이 함락됐다. 우구데이의 중국인 조언자 야율초재耶律楚材(1190~1244)가 힘을 쓴 덕에 귀중한 유물들과 건축물들이 살아남았고 대대적인 약탈과 학살이 예방됐다. 우구데이는 이어 송(남송)나라에 전쟁을 선포했다(**〇 몽골의 송(남송) 정복**).

〇 여진족의 송 침공 ; 칭기즈 칸-금 전쟁

몽골의 러시아 침공
Mongol Invasion of Russia

제1차 몽골의 러시아 침공(1221~23)　몽골은 우즈베키스탄 중앙에 있는 도시 부하라를 파괴한 뒤 호라즘을 버리고 도주한 샤를 추적하여 처음으로 러시아로 들어갔다. 몽골의 장군 2명이 샤를 쫓아 카스피 해로 갔다가 1221년에 샤의 죽음을 알았다. 몽골 군대는 이어 아제르바이잔을 지나 조지아(그루지야)로 진입했으며 1221년에 티플리스(오늘날의 트빌리시)를 점령하고 마라가를 폐허로 만들었으며 하마단 주민들을 전멸시키고 캅카스 산맥 북쪽 스텝 지역으로 들어갔다(1222). 그 뒤 몽골 군대는 알란족(아란족)과 아디게족, 킵차크족의 동맹과 대결했다(폴롭치족 혹은 쿠만족으로도 알려진 킵차크족은 몽골의 영원한 적으로서 뒷날 몽골의 유럽 침공 과정에서도 등장한다). 킵차크족은 패하여 서쪽으로 도주했고, 나머지는 러시아 제후들과 함께 1223년에 칼카 강 전투에서 패했다. 몽골은 크림 반도의 제노바령 수다크 항구를 점령했고, 이슬람교도인 불가르족과 캉글리족을 치려고 볼가 강을 따라 올라갔다가 페르시아에 머물던 황제 칭기즈 칸(태조, 1167?~1227)에게 돌아왔다. 칭기즈 칸이 맏아들 주치(1227년 사망)에게 준 이 영토는 1240년의 키예프 전투 이후 킵차크한국(주치 울루스)이 됐다. **제2차 몽골의 러시아 침공 (1236~40)**　몽골의 앞선 침공으로도 킵차크한국은 확실한 지배권을 얻지 못했다. 두 번째 칸 바투(1207~56. 금장한국이라는 별칭을 얻게 된 황금색 게르를 쓰던 부족 출신)는 뒷날 자신이 통치하게 될 러시아 땅을 얻기 위해 싸워야 했다. 1236년 몽골 군대가 볼가 강 인근의 '스타라 벨리카 불가리아'에 모여 나라와 수도를 파괴하고 유럽으로 진격했다. 뭉케 칸(헌종, 1209~59)과 바투 칸, 수베데이(1175~1248) 장군의 군대는 잠시 멈추어 몽골의 종주권을 확립했다. 1236년 뭉케 칸은 당시 '웅가리아 마그나_{Ungaria magna}'라고 부르던 지역의 바슈키르족, 킵차크족과 싸워 1241년까지 킵차크족을 헝가리 본토로 내몰았다. 바투 칸은 볼가 강을 건너 정치적으로 분열되어 허약했던 러시아로 들어가 1237년에 랴잔과 콜롬나를 완전히 파괴했다. 이어 러시아 중앙부로 이동하여 1238년에 블라디미르-수즈달공국을 정복했으며, 토르조크를 공격하고 노브고로트로 진격했다가 봄철 해빙기에 땅이 진창이 되자 되돌아왔다. 바투 칸은 몽골의 새로운 군대와 말이 도착하여 심한 손실을 극복할 때까지 1239년 내내 휴식했다. 1240년 바투 칸의 군대는 드네프르 강 중류 지역의 문화 중심지인 옛 키예프 공국(키예프 루시)을 공격하고 여러 도시를 폐허로 만들었으며 몽골 사절을 죽였다는 이유로 키예프를 파괴하여 완전히 지배했다. 그 뒤 다른 몽골 군대가 바투 칸에 합세하여 폴란드로 진격했다.

몽골의 바미안 파괴, 1221
Mongol Destruction of Bamian, 1221

칭기즈 칸(태조, 1167?~1227)은 정복한 지 얼마 되지 않은 호라즘을 통치하던 샤의 아들 잘랄 앗 딘(1231년 사망)을 추적하면서(**○ 몽골의 부하라 파괴**), 몽골 군대를 이끌고 사마르칸트를 출발하여 잘랄 앗 딘이 새로운 이슬람 군대를 모은 남쪽의 아프가니스탄으로 이동했다. (몽골로부터 피해를 입은 일이 없었던 페르시아의 도시 헤라트와 메르브는 몽골이 파르반에서 작은 패배를 당한 뒤 반란을 일으켰다가 칭기즈 칸의 군대에게 파괴됐다.) 몽골은 아프가니스탄의 한 도시인 바미안 인근의 힌두쿠시 산맥과 바바 산맥 사이의 고개에서 저지당했다. 칭기즈 칸은 도시를 포위했다. 수비군에 의해 손자가 사망하자 분노한 칭기즈 칸은 큰 손실을 입으면서도 도시를 점령하여 완전히 파괴했고 주민들을 모조리 학살했다. 몽골인들까지 바미안을 '슬픔의 도시'라고 일컬을 정도였다. 칭기즈 칸은 이어 잘랄 앗 딘을 쫓아 인도로 들어갔다(**○ 인더스 강 전투**).

○ (제1차) 몽골-페르시아 전쟁

몽골의 부하라 파괴, 1220
Mongol Destruction of Bukhara, 1220

칭기즈 칸(태조, 1167?~1227)의 군대는 후잔트 전투 뒤 호라즘의 샤를 추적
하여(○ (제1차) **몽골-페르시아 전쟁**) 우즈베키스탄(중앙아시아 남부) 중부의 부하
라 인근에서 호라즘의 방어선에 다다랐다. 칭기즈 칸은 10개 기마 부대를
4개의 군으로 나누어 편성했는데, 그 가운데 3개 군은 사마르칸트 인근에
서 샤의 우익(남쪽)을 분쇄하려고 한 곳에 집결시켰다. 칭기즈 칸은 제4군(4
만 명)을 이끌고 서쪽(후방)에서 부하라로 접근했다. 몽골 군대는 사방에서
많은 병력(약 10만 명)을 기동하며 어떤 군사전략가도 넘보지 못할 정밀함을
보여주었다. 샤는 부하라를 포기하고 더 큰 부대에 집중했다. 짧은 포위공
격 끝에 도시는 약탈당했고 우연히 발생한 화재로 불타버렸다. 주민은 한
사람도 살아남지 못하고 모두 살해됐다. 칭기즈 칸과 다른 3개의 군은 사
마르칸트에 모였다. 1220년 몽골 군대는 5일을 포위한 끝에 반역자들이 문
을 열어 도시로 들어갔고, 칭기즈 칸은 부하라를 파괴한 것처럼 이 도시도
일부를 파괴했다. 서북쪽으로 도주한 샤는 추적당했으며(○ **몽골의 러시아 침
공**), 칭기즈 칸은 샤의 아들을 쫓아 바미안으로 향했다(○ **몽골의 바미안 파괴**).

몽골의 송宋(남송) 정복, 1234~79
Mongol Conquest of the Song(Southern Song) Empire, 1234~79

몽골-송宋(남송) 전쟁은 4명의 카간可汗이 몽골을 통치하는 동안 지속됐다.
송나라가 몽골이 대적한 적들 중 가장 강력했을 뿐만 아니라, 몽골이 1235
년에서 1264년까지 다른 전쟁과 내부 분란으로 인력과 자금, 주의가 분산
되어 송나라와 싸우는 데 전력을 다할 수 없었기 때문이기도 했다(○ **몽골
내전, 1260~64 ; 몽골의 아바스 왕조 정복 ; 몽골의 유럽 침공**). 쿠빌라이 칸(세조,
1215~94)이 몽골의 카간에 오른 뒤 1260년대에 속도가 붙은 송나라 정복
은 유명한 수베데이(1175~1248) 장군이 이끄는 공성 전쟁으로 시작됐다. 초
기에는 쿠빌라이 칸도 직접 참전했다. 1252년 쿠빌라이 칸은 군사 10만 명
을 이끌고 티베트(토번)를 지나 윈난雲南으로 들어가 송나라의 서쪽을 공격
했고 이어 오늘날의 라오스를 지나 송나라의 남쪽 측면을 향해 진격했다.
1254년 쿠빌라이 칸은 북쪽으로 이동하여 코끼리를 쓰는 송나라 군대와 처

음 대결했다. 쿠빌라이 칸은 불화살로 송나라 군대에 대적했다. 그러나 쿠빌라이 칸의 손실은 컸고, 1254년에 쿠빌라이 칸이 지휘한 군사는 2만 명에 불과했다. 그렇지만 몽골은 쿠빌라이 칸의 형 뭉케 칸(헌종, 1209~59)의 지휘로 1257년에서 1259년 사이에 일련의 전투에서 빛나는 승리를 거두었다. 뭉케 칸이 갑작스럽게 죽으면서 전쟁은 중단됐고, 그 결과 송나라가 부활했다. 1260년 쿠빌라이 칸은 카간으로 선출됐고 1268년이 되어서야 송나라를 복속하는 데 전념하게 됐다. 몽골군은 많은 전투에서 승리하여 송나라의 대도시 여러 곳을 장악했다. 수도 항저우杭州도 1276년에 점령됐다. 그러나 외진 주들에서는 전쟁이 오래 지속됐다. 송나라에 충성하는 군대가 광저우廣州 만에서 어린 황제를 배에 태워 보호했으나, 1279년에 몽골 함대가 송나라 선박들을 파괴했다(황제는 익사했다). 몽골이 승리했고, 1260년에 송나라를 병합하겠다고 밝힌 포부는 쿠빌라이 칸이 재산권을 보장하여 송나라 지주들을 달래고 원나라를 세우면서 실현됐다. 쿠빌라이 칸은 카간이었지만 거대한 몽골 제국의 다른 지역에는 거의 주의를 기울이지 않았고, 그래서 각각의 종속 한국汗國은 송나라가 항복한 뒤로는 거의 독립적인 왕국이 됐다.

○ 다이비엣-몽골 전쟁, 1257~88

몽골의 아바스 왕조 정복, 1255~60
Mongol Conquest of the Abbasid Caliphate, 1255~60

1251년부터 죽을 때까지 몽골의 카간可汗이었던 뭉케 칸(헌종, 1209~59)은 아바스 왕조를 정복하여 대마초를 피우는 테러리스트와 살인자의 비밀결사인 이슬람교 아사신파의 뿌리를 뽑고 이집트 국경에 도달하고자 했다. 뭉케 칸의 동생으로 아바스 왕조에 인접한 일한국(훌레구 울루스)의 건국자 훌레구 칸(1218?~65)이 정복을 담당했다. 훌레구 칸은 군대를 이끌고 옥수스(아무다리야) 강을 출발하여 나일 강에 거의 닿을 때까지 진격했다. 페르시아는 몽골이 특히 이슬람교도의 야심을 꺾고 다시 지배권을 확립하기를 원했다. 키트부카(1260년 사망) 장군이 훌레구 칸의 신중하고 철저한 계획을 실천에 옮겼다. 몽골은 1256년에 사마르칸트를 떠나 알보르즈 산맥의 동굴과 성에 있는 아사신파의 거점들을 제거하고(1256) 칼리파의 수도인 바그다드를 삼면에서 포위하여(1257) 함락한 뒤(1258) 도시를 약탈하고 불태웠다. 홀레구 칸은 칼리파를 카펫으로 둘둘 말아 말들이 차고 짓밟게 하여 살해했다. 1258년 홀레구 칸은 약 40만 명의 몽골 군대로 메소포타미아의 남은 지역을 장악하고 이듬해 시리아를 공격했으며, 1260년에는 알레포와 다마스쿠스, 가자, 시돈(사이다)을 점령했다. 이집트도 위협을 받았으나, 뭉케 칸이 사망하자 홀레구 칸은 키트부카에게 1만 명의 군사를 남기고 귀국했다. 그 뒤 이집트가 몽골 군대를 공격하여 키트부카를 살해하고 승리를 거두었다(13세기에 몽골이 당한 두 번째 패배다). 이 승리에 고무된 이집트는 강력한 이슬람 국가가 됐으며 시리아를 되찾아 뭉케 칸이 품었던 기대를 무산시켰다.

몽골의 유럽 침공, 1237~42
Mongol Invasion of Europe, 1237~42

제안된 지 오래된 몽골의 러시아 공격은 1235년에 쿠릴타이(대회의)에서 신중하게 계획된 뒤 1236년에 약 15만 명의 병력이 서진하게 됐다. 몽골은 러시아의 공국들을 여유 있게 정복하면서(1237~40) 유럽에 진입했고, 이 영토는 킵차크한국(주치 울루스)이 차지했다(◐ (제2차) 몽골의 러시아 침공). 1240년 겨울에 몽골은 폴란드에 들어가 수베데이(1175~1248) 장군의 뛰어난 전략으로 루블린을 공격하고 산도미에시를 약탈했으며 볼레스와프와 흐미엘니크에서 폴란드인들을 무찌르고 크라쿠프를 불태웠다. 1241년에는 레그니차(리그니츠) 근처의 레그니츠키에폴레(발슈타트)에서 4만 명에 이르는 폴란드인과 독일인, 튜턴 기사단(독일 기사단)을 격파했다. 레그니차는 몽골의 진입에 저항했으나 패했다. 그러고도 기운이 넘쳤던 몽골 군대는 신속하게 카르파티아 산맥을 넘어 남쪽의 헝가리로 들어가 갈리치아(오늘날의 폴란드 동남부와 우크라이나 서부)로 진입하여 몰다비아를 거쳐 트란실바니아와 독일의 작센으로 침입했고 도나우 강에 당도했다. 기습당한 헝가리는 킵차크족과 싸우면서 약해진 터라 사방에서 쳐들어오는 몽골군에 대응할 여지를 찾지 못했다. 킵차크족은 몽골군을 불러들였다는 비난을 받았다. 헝가리 왕 벨러 4세(1206~70)는 몽골의 주력군이 북쪽에서(오늘날의 부다페스트인 페슈트 인근) 접근하리라 잘못 판단하고 서요(슬라나) 강을 따라 약간의 군대를 파견했다. 1241년 무히(서요 강) 전투에서 헝가리는 힘을 잃었고, 몽골은 페슈트를 불사른 뒤(1241년 크리스마스) 서진하여 오스트리아로 들어가 1242년 여름 동안 휴식하며 재무장했다. 카간可汗 우구데이(오고타이, 태종, 1186?~1241)가 죽으면서 몽골군 전원이 아시아로 소환됐다. 그렇지 않았더라면 원정이 재개됐을 것이다.

몽골의 인도 침공, 1221~1398
Mongol Invasions of India, 1221~1398

몽골의 인도 침략은 페르시아와 중국, 유럽의 경우와 달리 완전한 정복을 위한 상세한 계획이 없었다. 최초의 침입은 제1차 몽골-페르시아 전쟁의 우연한 귀결이었다(◑ (제1차) 몽골-페르시아 전쟁). 호라즘 샤의 아들 잘랄 앗딘(1231년 사망)이 몽골의 손아귀에서 벗어나 호라산에서 군대를 동원하고 아프가니스탄으로 도주한 뒤 또 군대를 동원했으며 그 다음 힌두쿠시 산맥으로 이동했던 것이다. 칭기즈 칸(태조, 1167?~1227)이 이끄는 몽골 군대는 잘랄 앗 딘을 뒤쫓아 1221년에 바미안 전투에서 학살극을 벌였고, 이어 신속히 잘랄 앗 딘을 추적하여 인도로 들어가 같은 해에 전략적으로 놀라웠던 인더스 강 전투를 치렀다. 몽골은 1241년과 1292년에, 1299년부터 1308년까지 주로 펀자브 지방의 라호르 인근을 침입했다. 1329년에는 델리를 위협했다. 그렇지만 인도에서 벌어진 최대의 전투는 거의 70년 뒤인 1398년에 티무르(1336~1405)가 침공하여 델리를 파괴할 때 벌어졌다(◑ 티무르의 인도 침공).

몽골의 일본 침공
Mongol Invasion of Japan

제1차 몽골의 일본 침공(1274) 고려의 조정을 복속시킨 몽골은 일본에 관심을 보였고 통상적 방식대로 항복할 것을 권고했다. 일본은 이를 거부했다. 쿠빌라이 칸(세조, 1215~94)은 몽골·고려 선단을 파견하여 해안가의 두 섬 즉 쓰시마 섬對馬島과 이키 섬壹岐島을 장악한 뒤 규슈九州 섬 북부의 하카타博多(오늘날의 후쿠오카福岡)에 상륙했다. 일본의 무기는 몽골 무기에 비해 열등한 것으로 판명됐고 몽골의 전초기지가 거의 완성됐으나, 그 무렵 태풍이 불어 공격군 선단의 일부가 파괴됐다. 여기에 일본인 사무라이들이 더 많이 모이자 몽골은 고려로 후퇴했다. 몽골이 다시 침공하리라고 확신한 호조 씨北條氏의 통치자들은 요새들을 구축했다. **제2차 몽골의 일본 침공(1281)** 일본이 몽골의 사절들을 살해하고 몽골의 종주권을 부정하자 분노한 쿠빌라이 칸은 중국 북부와 고려에서 몽골·고려 대선단(4,500척의 전선戰船에 병력은 15만 명이라고 추정된다)을 출발시켰다. 침략군은 다시 근해의 섬들을 빼앗고 규슈 섬 북부에 또 상륙했다. 몽골·고려 군대는 이중의 저항에 직면했다. 요새들 때문에 내륙으로 진격할 수 없었고, 일본 선단이 더 대규모였던 몽골 선단을 성공리에 공격했다. 육상 전투는 두 달간 지속됐고, 그 뒤 태풍이 닥쳐 선단이 거의 전부 파괴됐다. 몽골은 식량이 떨어지자 곧 패했다. 수천 명만 간신히 고려로 돌아왔다. 자신들의 섬나라가 신성하다고 확신한 일본인들은 신들이 자신들을 구하기 위해 가미카제神風를 보냈다고 믿었다. 쿠빌라이 칸은 세 번째 침공 시도를 단념했다. 1294년 쿠빌라이 칸이 사망한 뒤 제국 내부에 문제가 발생한 이후 몽골은 일본을 침략하지 않았다.

몽골의 정복, 1206~1405
Mongol Conquests, 1206~1405

유라시아 역사는 훈족, 마자르족, 튀르크족 등 이동하는 유목민들이 거둔 승리를 기록하고 있지만, 폭발적인 몽골족의 승리만큼 깊은 인상을 남긴 것은 없다. 몽골족과 그 용맹함에 매혹된 여타 부족들은 이따금 개별적으로 이웃을 침략하던 느슨한 부족 연합에서 규율을 갖춘 통합된 군사 기구로 변모하여, 13세기 말이 되면 동해에서 지중해까지, 시베리아 스텝 지역에서 아라비아 해까지 펼쳐진 광대한 영토를 지배했다. 부족들을 통합하여 통제한 힘은 원래 이름이 테무친이었던 칭기즈 칸(태조, 1167?~1227)에게서 나왔다. 칭기즈 칸은 조직에 재능이 있었고 카리스마가 넘치는 덕에 1206년에 몽골의 카간可汗이 됐다(**◐ 칭기즈 칸의 정복**). 칭기즈 칸은 보통 고분고분하지 않던 부족들을 승리할 수 있는 군대로 바꾸었고 죽을 무렵에는 중앙아시아와 중국 북부를 정복했다. 칭기즈 칸의 후손들이 몽골 영토의 하위 지배권을 할당받아 정복의 과업을 완수했다. 그리하여 1300년 몽골은 페르시아(**◐ (제2차) 몽골-페르시아 전쟁**), 러시아 남부(**◐ (제2차) 몽골의 러시아 침공**),

중국 대부분(**○ 몽골의 송(남송) 정복**)을 지배했다. 몽골은 유럽도 침입했으나 (1237~42) 계속 지배하지는 못했다(**○ 몽골의 유럽 침공**). 1260년 칭기즈 칸의 손자 쿠빌라이 칸(세조, 1215~94)은 원나라를 세우고 일본과 인도차이나, 인도 북부를 지배하려 했다. 그러나 14세기에 몽골 지도자들은 분열하여 통제력이 약해졌고 일한국(훌레구 울루스) 즉 페르시아를 잃었으며, 결국 원나라가 몰락했다. 킵차크한국(주치 울루스)에서 내전이 발생했으며(**○ 킵차크한국 왕조 전쟁**), 몽골 전통으로 양육된 튀르크족인 티무르의 정복에서 몽골의 용맹함은 마지막 불꽃을 태웠다(**○ 티무르의 러시아 침공**). 몽골 부족들은 결국 자신들끼리 싸우게 됐다. 훨훨 타올랐던 몽골의 용맹함은 거의 200년 동안 아시아를 경악하게 했으며 유럽을 공포에 떨게 했다.

○ 티무르의 정복

몽골–페르시아 전쟁
Mongol–Persian War

제1차 몽골–페르시아 전쟁(1218~21) 칭기즈 칸(태조, 1167?~1227)이 호라즘과 트란스옥시아나(오늘날의 우즈베키스탄과 타지키스탄, 그리고 카자흐스탄의 서남부), 호라산으로 이루어진 페르시아에 맞서 시작한 전쟁은 몽골족이 치른 전쟁 중 가장 잔인했다. 의외였지만 이는 자신의 영토에 평화로운 미래를 준비해놓으려는 칭기즈 칸의 노력이 가져온 슬픈 결과였다. 칭기즈 칸은 금나라와 싸우기를 중단하고(**○ 칭기즈 칸–금 전쟁**), 서요西遼의 이슬람교도 튀르크족을 도우러 갔다. 서요의 이슬람교도 튀르크족은 쿠츨루크屈出律(1218년 사망)에 맞서 싸우고 있었다. 쿠츨루크는 앞서 1204년에 칭기즈 칸에 패한 나이만 튀르크족의 마지막 타양칸太陽汗 타이부카(1204년 사망)의 아들로서 서요의 환대를 받아 칸 옐뤼 질루구耶律直魯古(1213년 사망)의 딸과 결혼했으나 곧 장인을 연금시키고 왕위를 빼앗은 자였다. 몽골 군대에 의해 해방된 서요는 호라즘 동쪽에 있었는데, 칭기즈 칸은 호라즘의 포악하고 야심 많은 샤에게 평화로운 교역사절단을 파견했다. 첩자를 두려워한 호라즘의 일부 인사들이 대상隊商을 덮쳐 사람들을 죽이고 물품을 강탈했다. 배상을 요구한 칭기즈 칸은 아무것도 받지 못하자 호라즘 제국에 전쟁을 선포했다(1218). 20만 명의 몽골 군대는 1219년에 오트라르와 후잔트를 쳐부수며 항복하기를 거부한 도시들을 모조리 약탈했으며 오로지 기술자와 숙련공만 살려 끌고 갔다. 몽골에 정복된 페르시아 도시들은 복속된 이후에 재건하여 교역을 재개해도 된다는 허락을 받았다. 호라즘의 샤는 도주했고 몽골은 뒤를 쫓았다. 호라즘 샤의 도피는 부하라의 파괴(1220)와 사마르칸트의 약탈(1220), 헤라트와 메르브의 함락(1220)을 초래했다. 이어 전쟁은 몽골이 아프가니스탄으로 도주한 샤의 후계자를 추적하면서 바미안의 파괴, 몽골의 인도 침공, 인더스 강 전투, 느닷없이 반란을 일으킨 헤라트와 메르브의 파괴로 이어졌다. 1221년 칭기즈 칸의 제국은 대도大都(오늘날의 베이징北京)에서 아랄 해까지 이어졌으며, 1222년에 칭기즈 칸은 제1차 몽골의 러시아 침공(**○ (제1차) 몽골의 러시아 침공**) 중에 휴식했다가 서하西夏와 다시 싸웠다 (**○ (제2차) 칭기즈 칸-서하 전쟁**). **제2차 몽골-페르시아 전쟁(1230~43)** 패배한 호라즘 샤의 아들 잘랄 앗 딘(1231년 사망)은 인더스 강 전투에서 피신한 뒤 라호르와 펀자브를 정복한 뒤 다시 인더스 강을 넘었다(1225). 잘랄 앗 딘은 메소포타미아 서부(이라크)의 영역을 점령한 뒤 타브리즈(1225)와 조지아(그루지야)의 티플리스(오늘날의 트빌리시)를 장악했으며 아르메니아를 점령하고 (1227) 소규모 몽골 군대를 격파했다. 1230년 카간可汗 우구데이(오고타이, 태종, 1186?~1241)는 잘랄 앗 딘을 진압하기 위해 대군을 파견했다. 잘랄 앗 딘은 몽골 군대의 추격을 피하려고 디야르바크르로 이동했다가 거기에서 암살당했다. 나라를 확대하기 위해 서진한 몽골은 아제르바이잔 근처를 중심지로 삼아 전쟁을 계속했고 아이유브 왕조의 영토들인 시리아와 메소포타미아 북부, 아나톨리아를 체계적으로 정복했다. 몽골은 1236~37년에 전개한 유럽 전쟁을 위해 보급선을 유지하느라 조지아와 아르메니아 같은 그리스도교 왕국을 공격했다(1235~36). 몽골은 서진하면서 조지아를 산산이 파괴했고 아르메니아의 수도를 약탈했으며(1239), 유럽을 침공하던 중이었는데도 1241년에 아나톨리아의 룸 술탄국과 맞붙어 1243년에 속국으로 복속시켰다. 1241년에 몽골의 최고 지도자 카간 우구데이가 사망하면서 큰 전투는 중단됐다. 다른 지도자들은 우구데이를 대신할 카간을 선출하기 위해 몽골의 수도 카라코룸으로 돌아왔다. 그렇지만 몽골 제국은 룸 술탄국과 계속 싸워 잠시 동안이나마 지중해로 나갈 출구를 얻었다.

무굴 제국-구자라트 전쟁
Mogul War against Gujarat

제1차 무굴 제국-구자라트 전쟁(1535~36) 인도 무굴 제국의 초대 황제 바부르(1483~1530)가 사망하자 아들 후마윤(1508~56)이 제위에 올랐는데, 후마윤의 치세에 인도의 이 신생 제국은 거의 사라질 뻔했다(**○ 바부르의 정복**). 1530년 인도의 무굴 제국은 침략자들이 군대로 점령한 지역들일 뿐이었다. 영토를 공고히 통합하는 일은 다소 무기력한 후마윤이 떠맡았는데, 후마윤의 실제 관심사는 포도주와 아편, 시, 점성술이었다. 후마윤은 델리 남쪽 분델칸드에 있는 제후국 칼린자르의 힌두교도를 군사적으로 굴복시키지 못하여(1530) 출발부터 좋지 않았다. 이어 후마윤은 속국 비하르의 통치자인 수르 왕조(아프간족의 일파인 파슈툰족 왕조)의 셰르 칸(1486~1545)과 싸웠으나 추나르에 있는 요새를 점령하지 못하여 전쟁을 오래 끌었다(**○ 무굴 제국-수르 왕조 전쟁, 전기**). 후마윤은 이어 남쪽과 서쪽으로 이동하여 말와와 구자라트를 침공했다(1535). 이 원정은 처음에는 성과가 있었다. 후마윤은 만두와 참파네르의 요새를 장악했고, 구자라트의 술탄 바하두르(1537년 사망)를 내몰았다. 쫓겨난 바하두르는 인도 서해안을 따라 내려가 피신하여 포르투갈인들의 보호를 받았다. 그러나 분노한 제후 셰르 칸은 독립을 선언하고 벵골을 침공했다(1536). 후마윤은 점령군을 남기지 않고 귀국했으며, 방해받지 않고 돌아온 바하두르는 자신의 영토를 다시 지배했고 계속해서 델리의 권위에 저항했다. **제2차 무굴 제국-구자라트 전쟁(1572~73)** 힌두스탄(북인도의 갠지스 평원)의 무굴 제국 황제 악바르(1542~1605)는 1561년부터 1570년까지 라자스탄을 대부분 정복한 뒤 델리 술탄국 시절부터 이슬람의 권위에 도전했던 서쪽의 구자라트 술탄국으로 쳐들어갔다(**○ 무굴 제국의 라자스탄 정복**). 구자라트 술탄국은 일련의 요새와 성채 도시들로 방어했고, 각 요새와 성은 공성전을 벌여 점령해야만 했다. 1572년 11월 아마다바드가 쉽게 함락됐고, 한 달 뒤 악바르는 캄베이(오늘날의 캄바트)에 있는 요새를 장악하고 사르날에서 관계가 소원한 사촌인 미르자 형제들을 무찌른 뒤 파테푸르시크리의 궁정으로 돌아왔다. 파테푸르시크리는 악바르를 위해 특별히 건설한 도시로 아그라와 델리를 대신했다. 사르날에서 패배한 미르자는 포기하지 않았다. 여름철 몬순의 폭우로 악바르가 움직이지 못할 것이라고 생각한 미르자 형제는 아마다바드를 포위했다(1573). 그러나 불굴의 전사 악바르는 날씨가 나빴는데도 군대를 이끌고 11일 만에 약 800킬로미터를 진군하여 2만 명의 반란군을 격파하고 자신에 대적했던 미르자를 사로잡아 감금했다. 구자라트를 지원했던 포르투갈인들은(구자라트의 디우 섬을 점령하고 있었다) 악바르와 강화를 맺었고, 악바르는 잠시 새로운 수도로 돌아왔다가 수르 왕조의 정벌을 속행했다.

○ 포르투갈의 디우 전쟁

무굴 제국 내전, 1600~05
Mogul Civil War of 1600~05

힌두스탄(북인도의 갠지스 평원)의 무굴 제국 황제 악바르(1542~1605)는 셋째 아들 살림과 저강도 전쟁을 치르며 치세를 마감했다. 뒷날 자한기르(1569~1627)라는 이름으로 나라를 통치하게 되는 살림은 마치 독립 군주인 듯이 알라하바드에 정부를 세웠다. 이에 분노한 악바르는 공공연히 살림에 적대감을 표출했는데 이는 거의 강박관념에 가까웠다. 살림은 대군을 이끌고 인도 전역을 돌아다니며(1600~02) 황제를 자칭하고 아버지의 명령을 따르지 않았다. 1602년 살림은 병력 3만 명을 이끌고 아그라로 진격했으나, 싸움이 벌어지기 전에 악바르의 설득을 받아들였다. 그러나 살림은 증오하던 경쟁자, 즉 아버지의 주요 조언자를 암살할 계획을 세웠다. 이 경쟁자는 경고를 받는데도 살림과 대결했고 사로잡혀 참수됐다. 살림은 적의 머리가 도착하자 창고에 내버리라고 명령했다. 악바르는 보복하지 않았다. 살림을 불쌍한 술주정뱅이라고 생각했기 때문이다. 화해가 이루어졌고(1603) 살림은 무장해제의 상징으로 코끼리 350마리를 바쳤으며, 악바르는 살림의 머리에 황제의 터번을 감아주어 황태자로 삼았다. 그러나 살림은 곧 가택 연금당했고 술과 아편도 금지됐다. 이에 깜짝 놀란 궁정 인사들은 공공연히 살림의 첫째 아들 쿠스라우(1587~1622)를 지지했다. 쿠스라우의 추종자들은 코끼리 전투에서 살림의 추종자들에 맞서 싸웠다(1605). 뒷날 샤 자한이 되는 살림의 13살 된 아들 쿠람(1592~1666)이 악바르의 명령에 따라 전투를 중단시켰다. 쿠람 역시 아버지에 맞서 반란을 일으키고 쿠스라우의 암살도 공모하게 됐다. 악바르는 병들어 죽기 직전 살림이 계승자임을 다시 확인했다.

무굴 제국 내전, 1606
Mogul Civil War of 1606

인도 무굴 제국 황제 자한기르(1569~1627)의 치세는 시작도 끝도 내전이었다. 실제로 1605년부터 1627년에 이르는 자한기르의 재위 시기는 다양한 차원의 내부 투쟁으로 점철됐다. 그동안 악바르(1542~1605)가 중흥시킨 제국은 영토를 조금도 더 늘리지 못하고 공동체 의식을 상실해갔다. 자한기르 자신도 반란을 일으킨 아들이었으며(○ 무굴 제국 내전, 1600~05) 내부의 분란으로 혼란과 유혈 충돌이 발생하는 것을 피하기 위해 골몰했다. 자한기르의 전략은 실패로 돌아갔다. 자한기르는 황제로 즉위하기 전에 장자 쿠스라우 미르자(1587~1622)를 궁정에 가두었다. 쿠스라우가 자신에게 저항했기 때문이다. 1605년에 부자간의 화해가 이루어져 갈등이 잦아들었으나 평화는 오래가지 않았다. 1606년 쿠스라우가 악바르 황제의 무덤을 참배한다는 핑계로 350명의 기병과 함께 수도 아그라를 떠나 반란군을 끌어모으고 라호르를 포위하여 자신만의 영토를 확보하려 했기 때문이다. 자한기르가 대군을 이끌고 라호르에 도착하여 바이로왈 전투에서 쿠스라우를 물리쳤고, 카불 쪽으로 도주하던 쿠스라우 일당을 첸나브 강을 건널 때 사로잡았다. 쿠스라우는 사슬에 묶인 채 라호르로 끌려왔고 여러 방식으로 모욕을 당했다. 쿠스라우가 황태자로서 지녔던 직위들과 특권, 지위는 뒷날 샤 자한이 되는 동생 쿠람(1592~1666)에게 넘어갔다. 자한기르는 추가 반란을 예방하기 위해 반란자들을 병적일 정도로 잔혹하게 처벌했다. 수백 명의 목을 자르고 말뚝에 찔러 죽였으며, 시크교도의 지도자들을 처형하여 시크교도들에게 영원한 증오를 불러일으켰다. 쿠스라우는 1년 동안 금 사슬에 묶여 있었다. 1607년 쿠스라우는 처벌로 시력을 일부 잃었고 궁정에 포로로 갇혀 지냈다가, 마찬가지로 아버지 자한기르에 반란을 일으킨 쿠람의 명령에 따라 1622년에 교살됐다(○ 샤 자한의 반란).

○ 샤 자한의 정복

무굴 제국 내전, 1657~59
Mogul Civil War of 1657~59

무굴 제국 군 지휘관 아우랑제브(1618~1707)는 16세 때부터 아버지 샤 자한 (1592~1666)의 명령에 따라 거의 모든 전쟁에 나가 승리했던 반면(○ 아우랑 제브 전쟁), 맏형이자 샤 자한이 총애했던 다라 시코(1615~59)는 궁정에서 편히 쉬고 있었다. 이는 반란을 일으키지 못하도록 하려는 조치였다(아들이 황제인 아버지에 맞서 반란을 일으킨 것은 무굴 제국의 관행이었다). 다라가 과감히 나서 군대를 지휘한 것은 단 한 차례뿐이었고, 그것도 성공하지 못했다. 동생을 두려워했던 다라와 그 일파는 실제로 골콘다 술탄국과 비자푸르 술탄국과 전쟁을 치를 때(1656~57) 상대국들을 정복하여 병합하는 대신 막대한 배상금을 물려 아우랑제브의 힘을 꺾어버렸다. 다라는 권력을 물려받은 뒤 동생들과 일절 연락을 끊었으며, 그리하여 계승 전쟁을 야기했다. 다라의 동생인 샤 슈자(1616~60)와 무라드 바크시(1624~61)는 각자 황제임을 선언하고 군대를 동원하여 무굴 제국의 수도인 아그라로 진격하려 했다. 슈자는 패했고(1658년 2월 24일) 벵골로 쫓겨났다. 무라드와 아우랑제브는 연합하여 다르마트 전투에서 제국 군대를 물리쳤으며(1658년 4월 25일) 아그라 인근 사무가르에서 다라를 격파했다(1658년 6월 8일). 다라는 추적하는 아우랑제브에 다시 맞섰으나 데오라이(아지메르 인근)에서 다시 한 번 결정적 패배를 당했다(1659년 3월 21일). 다라는 신드로 피신하여 발루치족 족장 말리크 지완에게 의탁했다. 말리크는 다라가 샤 자한의 진노로부터 몇 번 목숨을 구해준 사람이었다. 그러나 말리크는 신의를 저버리고 다라를 아우랑제브의 군대에 넘겼다(1659년 6월 20일). 델리로 끌려온 다라는 대중의 인기를 누리고 있어 정치적 위협으로 여겨졌고, 1659년 9월 9일 밤에 살해됐다. 무라드(투옥됐다가 나중에 처형됐다)와 슈자(벵골에서 매복공격을 받아 살해됐다)로부터 벗어난 아우랑제브는 샤 자한을 폐위하여 아그라 요새에 감금하고 찾지도 않았으며 스스로 황제임을 선포했다(1658년 7월 31일). 1659년 초 아우랑제브는 안심하고 즉위했다. 샤 자한은 죽을 때까지 타지마할이 보이는 감옥에 갇혀 있었다.

무굴 제국 내전, 1707~08
Mogul Civil War of 1707~08

무굴 제국 황제 아우랑제브(1618~1707)는 계승 전쟁을 피하려고 제국의 분할을 제안했지만, 아우랑제브가 사망하자 세 아들이 권력투쟁을 벌였다. 1707년 카불 지방장관이었던 맏형 무아잠(1643~1712)이 바하두르 샤 1세로 제위에 오르자, 데칸 고원에 있었던 아잠(1707년 사망)과 캄바크시(1709년 사망)는 분노했다. 아잠은 바하두르 샤 1세와 싸워 패하고 죽임을 당했으며, 그 뒤 캄바크시도 작은 교전에서 입은 부상으로 사망했다(1709). 이제 자유롭게 제국의 번영을 구가할 수 있게 된 바하두르 샤 1세는 아우랑제브에 맞서 반란을 일으켰다가(1679) 포로가 된 라지푸트족의 아지트 싱(1678~1724)을 석방하여 마르와르(조드푸르)의 통치자가 되게 함으로써 라지푸트족을 평정했고, 앞선 전쟁에서 부모와 함께 포로가 되었던 샤후(차트라파티 샤후지, 1682~1749)를 풀어주어 마라타 왕국을 파괴했다. 샤후가 풀려나자마자 1689년에 아버지 삼바지 본슬레(1657~89)가 처형된 이후로 마라타 왕국의 군사행동을 지휘했던 인물들과 내전을 벌였기 때문이다(**○ 마라타 왕국-무굴 제국 전쟁, 1681~1705**). 바하두르 샤 1세의 권위에 거세게 저항한 자들은 시크교도뿐이었다. 황제는 즉시 라호르로 원정하여(1710) 시크교도와 대결했다. 반란군은 산악지대로 내쫓겼지만, 전쟁은 결판이 나지 않았다. 1712년에 바하두르 샤 1세가 죽으면서 1712~20년의 무굴 제국 내전이 초래됐다.

○ 무굴 제국-시크 전쟁

무굴 제국 내전, 1712~20
Mogul Civil War of 1712~20

무굴 제국 황제 바하두르 샤 1세(1643~1712)가 사망하면서 황제 계승 분쟁을 촉발했고, 이 싸움으로 인도의 무굴 제국은 빠르게 쇠퇴해갔다. 바하두르 샤 1세는 여덟 아들을 두었는데, 가장 강력했던 장남 자한다르 샤(1661~1713)가 제위를 차지했으나 결국 무굴 제국 황제 중에서 가장 무능한 인물로 판명됐다. 자한다르 샤의 제위 계승에 이의를 제기했던 조카 파루크시야르(1685~1719)는 1713년에 강력한 사이드 형제인 후사인 알리

(1666~1722)와 하산 알리(압둘라 칸, 1668~1724)의 도움으로 쿠데타에 성공했고 자한다르 샤를 교살했다. 오랫동안 사이드 형제의 꼭두각시였던 파루크시야르는 제위에 올랐고, 반란을 일으킨 라지푸트족 지도자 아지트 싱(1678~1724)과 시크교도 지도자 반다 싱 바하두르(1670~1716)를 사이드 형제가 무찌를 수 있도록 도왔다. 그러나 파루크시야르는 사이드 형제에게 등을 돌렸다가(1719) 폐위되고 눈이 뽑혔으며 결국 살해됐다. 사이드 형제는 황실의 압박 때문에 황제가 되지 못하고 병약한 젊은 황제 2명을 연이어 즉위시켰다가(1719년 2~9월) 바하두르 샤 1세의 손자 무함마드 샤(1702~48)를 제위에 앉혔다. 1720년경 힌두교도 전사 부족인 마라타족이 힌두스탄(북인도의 갠지스 평원)까지 세력을 확대했다. 후사인 알리는 내전 중에 정적들에게 살해됐고, 동생인 하산 알리는 하산푸르 전투에서 패한 뒤 독살됐다. 이로써 사이드 형제의 지배도 종말을 고했다. 그러나 무굴 제국은 계속 쇠락하여 1764년 황제 샤 알람 2세(1728~1806)는 영국동인도회사에 기생하는 처지가 됐다.

○ 벵골-무굴 제국 전쟁, 1742 ; 아프가니스탄 반란, 1709~26 ; 페르시아의 무굴 제국 침공

무굴 제국-마라타 왕국 전쟁
Mogul-Maratha Wars
○ 마라타 왕국-무굴 제국 전쟁 ; 마라타족-무굴 제국 전쟁

무굴 제국-수르 왕조 전쟁, 전기(1535~36)
Mogul Wars against Sur Dynasty, Early(1535~36)
인도 무굴 제국 황제 후마윤(1508~56)은 1532년에 추나르에 있는 비하르의 요새를 점령하지 못하여 비하르의 수르 왕조(아프간족의 일파인 파슈툰족 왕조) 통치자 셰르 샤 수리(셰르 칸, 1486~1545)와 끝없는 싸움을 하게 됐다. 셰르 샤 수리는 바부르가 인도에서 승리를 거둘 때 카불에서부터 동행했다(○ **바부르의 정복**). 1535년 후마윤이 무굴 제국-구자라트 전쟁을 위해 델리를 비우자 셰르 샤 수리는 독립을 주장하며 벵골을 침공했다. 그러자 후마윤은 구자라트 술탄국을 포기할 수밖에 없었고 우기였는데도 군대를 동쪽

으로 몰아 1537년에 벵골에 당도했다. 그러나 후마윤은 구자라트 전쟁에서 그랬듯이 다른 곳으로 다시 이동했다. 이번에는 델리에서 동생들이 일으킨 반란 때문이었다. 1539년 셰르 샤 수리는 후마윤과 델리 사이에 군대를 배치할 수 있었고, 우기였던 탓에 수가 줄어든 황제의 군대를 차우사에서 궤멸했다. 후마윤은 아그라로 피신하여 동생들을 용서하고 그중 한 명인 캄란(1509~57)을 카불과 칸다하르의 지방장관으로 승인한 뒤 서쪽으로 피했으나 1540년에 카나우지에서 다시 패했다. 후마윤은 라호르로 도피했고, 셰르 샤 수리는 스스로 황제에 올라 후마윤을 추격했다. 후마윤은 신드로 피했다가 다시 동쪽의 라자스탄으로 갔고 다시 신드로 돌아왔다(신드에서 후마윤의 후계자 악바르(1542~1605)가 태어났다). 후마윤은 이어 칸다하르로 도피했으나 동생 캄란이 받아주지 않자 결국 페르시아로 물러나 코이누르 다이아몬드*를 샤에게 뇌물로 바치고 군대를 얻어내려 했다. 1547년 귀국 길에 오른 후마윤은 캄란과 7년을 싸운 뒤에야 인도에 재입성하여(1554) 수르 왕조 군대와 맞붙었다. 수르 왕조 군대는 무굴 제국 군대보다 우세했으나 삼중의 계승 분쟁에 말려든 탓에 펀자브에서 패했고, 결국 1555년에 로타스(로타크)에서 완전히 진압됐다. 후마윤은 황제에 올랐는데 1년도 채 안 되어 책들을 가득 들고 도서관 계단을 내려가다 넘어져 죽었다.

* 한때 세계 최대였던 105캐럿 다이아몬드. 인도 안드라프라데시 주에서 채굴되어 무굴 제국, 아프가니스탄, 페르시아 등을 거쳐 영국동인도회사의 소유가 됐다가 1877년 빅토리아 여왕이 인도 황제에 오르면서 영국 왕관에 장식됐다. 남성들이 가지고 있으면 저주가 온다는 전설에 따라 왕실 여성들만 패용해왔다.

무굴 제국-수르 왕조 전쟁, 후기(1556~57, 1575~76)
Mogul Wars against Sur Dynasty, Later(1556~57, 1575~76)

무굴 제국의 제3대 황제이자 가장 위대한 황제였던 악바르(1542~1605)는 13살의 나이에 아버지 후마윤(1508~56)이 해결하지 못하고 남겨둔 온갖 문제를 물려받았다. 그중 중요했던 문제는 라지푸트의 힌두교 군주들과 대결해야 했던 것과(◑ 무굴 제국의 라자스탄 정복) 수르 왕조(아프간족의 일파인 파슈툰족 왕조)와 파멸적인 경쟁을 계속해야 했던 것이다. 악바르에게는 자신만의 작은 문제들도 있었는데, 어머니가 다른 동생이 세력을 확대했고(◑ 무굴 제국-아프가니스탄 전쟁, 1565~81), 구자라트 술탄국과 싸웠으며(◑ (제2차) 무굴 제국-구자라트 전쟁), 셋째 아들과 분쟁을 겪었다(◑ 무굴 제국 내전, 1600~05).

후마윤이 1555년에 로타스(로타크)에서 승리를 거두었지만 단지 수르 왕조의 여러 제위 요구자의 세력을 조금 약화시켰을 뿐이었기에, 악바르는 수르 왕조와도 계속 싸워야 했다. 시칸다르 샤 수리(1559년 사망)가 펀자브에서 불안정한 무굴 제국의 권위를 흔들고 있을 때 황제에 오른 악바르는 섭정과 함께 즉각 서쪽으로 갔지만, 이때 수르 왕조가 통치하던 비하르와 벵골의 힌두교도 재상 헴 찬드라(헤무, 1501~56)가 델리와 아그라를 장악하고 스스로 라자 비크라마디티야*에 올랐다. 무굴 제국 군대는 급히 동쪽으로 쇄도했고 제2차 파니파트 전투에서 코끼리 약 1,500마리가 포함된 힌두 군대의 돌격에 좌우익을 모두 잃었지만, 그때 헴 찬드라가 눈에 화살을 맞았고 힌두 군대는 도주했다. 헴 찬드라는 사로잡혀 참수됐다. 델리와 아그라를 되찾은 악바르는 군사령관에게 통치를 맡기고 서쪽으로 돌아가 시르힌드에서 시칸다르 샤 수리를 격파했다(1557). 벵골의 술탄으로 셰르 샤 수리를 본받아 인도 전체를 정복하려 했던 아프간족의 다우드 칸 카라니(재위 1573~76)는 악바르가 구자라트 전쟁에 몰두해 있는 동안 가지푸르 인근의 자마니아를 침공하여 파괴했다. 1573년 파트나 전투에서 악바르에 패한 다우드 칸 카라니는 벵골로 퇴각했고, 악바르는 무님 칸을 비하르와 벵골의 지방장관으로 임명하고 귀국했다. 1575년 3월 3일 무굴 제국 군대와 아프간족 군대는 투카로이 전투에서 격렬하게 싸웠다. 다우드 칸 카라니가 오리사(오늘날의 오디샤)로 퇴각한 뒤 조약을 체결하여 벵골과 비하르를 무굴 제국에 할양하고 오리사만 보유했으나 무굴 제국 군대를 지휘한 무님 칸이 10월에 전염병으로 갑자기 사망하자 벵골 동부에서 무굴 제국 군대를 격퇴했다. 악바르는 새로운 군대를 파견하여 라지마할 전투에서 결정적인 승리를 거두고 다우드 칸 카라니를 처형했다(1576년 7월 12일). 이로써 1536년 이래 인도 아대륙 북부에서 티무르 왕조에 대항했던 저항 세력들이 완전히 사라졌다.

◑ 바부르의 정복

* Raja Vikramaditya. 기원전 1세기 지혜롭고 관대하기로 이름난 인도 우자인의 전설적인 황제 이름. 그 뒤 인도 역사에서 여러 명의 왕들이 이 칭호를 썼다. 비크라마디티야는 힌두교에서 신들의 어머니인 아디트야의 자식들이라는 뜻이다.

무굴 제국-시크 전쟁, 1675~1708
Mogul-Sikh War of 1675~1708

인도 북부의 시크교는 이슬람교와 힌두교의 요소를 혼합한 종교공동체였다. 무굴 제국의 관대한 황제 악바르(1542~1605)는 시크교의 진가를 인정했지만, 정통파 이슬람교도는 시크교를 싫어했다. 시크교가 무굴 제국의 제위 계승 분쟁에서 관용파를 지지했기 때문이다. 1606년 시크교의 제5대 구루 아르잔 데브(1563~1606)가 근거는 불확실했지만 쿠스라우(1587~1622)의 반란을 지원했다는 혐의로 무굴 제국 황제 자한기르(1569~1627)의 명령에 따라 체포되어 고문을 당하고 죽었다(**⊙ 무굴 제국 내전, 1606**). 제7대 구루 하르 라이(1630~61)는 무굴 제국 황제 샤 자한의 장남 다라 시코(1615~59)가 황제에 오른 동생 아우랑제브(1618~1707)에 대항할 때 지원했다가 아들을 제국의 궁정에 볼모로 보내야 했다. 사건이 발생할 때마다 시크교도의 전투성은 더욱 강해졌다. 아우랑제브는 인도 전체를 이슬람의 땅으로 만들려는 야심을 품었는데, 카슈미르의 브라만 공동체가 강제 개종 위협에 직면하여 시크교의 제9대 구루 테그 바하두르(1621~75)에게 도움을 요청했다. 브라만들은 테그 바하두르의 조언에 따라 구루가 개종하면 자신들도 따르겠다고 무굴 제국에 전했다. 구루의 체포령이 떨어졌고, 체포된 테그 바하두르는 제국의 수도 델리로 끌려가 이슬람교로 개종하기를 거부했다는 이유로 참수됐다. 테그 바하두르의 처형은 두 가지 결과를 가져왔다. 한 가지는 테그 바하두르의 아들로 제10대 구루이자 마지막 구루였던 고빈드 싱(1666~1708)이 시크교 군대 '칼사 Khalsa(순결한 자들)'를 조직한 것이고, 다른 하나는 고빈드 싱이 1708년에 암살당할 때까지 펀자브에서 압도적으로 우세한 무굴 제국 군대에 맞서 이따금 방어전을 치른 것이다.

⊙ 무굴 제국 내전, 1707~08

무굴 제국-시크 전쟁, 1709~16
Mogul-Sikh War of 1709~16

인도 무굴 제국의 황제 바하두르 샤 1세(1643~1712)는 처음에는 마라타 동맹과 싸우면서 시크교 제10대 구루 고빈드 싱(1666~1708)이 이끄는 시크교의 지원을 받았다. 그러나 1708년에 고빈드 싱이 사망하자, 시크교도는 반다 싱 바하두르(1670~1716)의 지휘를 받아 펀자브에 주둔한 무굴 제국 군대의 적이 되어 시르힌드의 요새를 점령하고(1710) 사실상 펀자브의 주인이 됐다. 도시 라호르만 유일하게 무굴 제국의 지배를 받았고, 반다 싱 바하두르는 구릉지에서 침입을 계속했다. 바하두르 샤 1세가 사망하여 반다 싱 바하두르는 사다우라와 롱가르를 회복할 수 있었다. 무굴 제국이 제위 계승 전쟁으로 약해지면서(● 무굴 제국 내전, 1712~20) 반다 싱 바하두르의 침입은 강도를 더했다. 1711년 바하두르 샤 1세의 후계자인 파루크시야르(1685~1719)에 패하여 포로가 된 반다 싱 바하두르는 델리로 끌려가 거리를 행진하는 모욕을 당했고, 결국 1716년 6월에 인두로 지지는 고문을 당한 뒤 사형당했다.

무굴 제국-아프가니스탄 전쟁, 1565~81
Mogul-Afghan War of 1565~81

이슬람교는 힌두교와 달리 장자상속의 전통이 없었기에 통치자가 사망한 뒤 계승 전쟁이 벌어지곤 했다. 인도의 이슬람교도는 이 문제를 두 가지 방식으로 해결했다. 하나는 상속자들이 왕국을 분할하는 것이었고, 다른 하나는 가장 강력한 후계자가 나머지 경쟁자들을 살해하는 오스만 제국의 관행을 채택하는 것이었다. 힌두스탄(북인도의 갠지스 평원)의 무굴 제국 황제 악바르(1542~1605)는 첫 번째 방식을 택했고, 아우랑제브(1618~1707) 황제는 두 번째 방식을 취했다(● 아우랑제브 전쟁). 그러나 첫 번째 방식에 언제나 평화가 뒤따르지는 않았다. 악바르의 어머니가 다른 형제 미르자 하킴(1585년 사망)은 카불의 통치권을 받았는데도 악바르의 눈엣가시가 됐다. 1565년 우즈베크족 귀족들이 카불에 반기를 들자 미르자 하킴은 인도로 피하여 악바르의 지원을 요청했다. 악바르가 라호르로 진격하자, 제국의 불충한 인사들이 미르자 하킴을 부추겨 반란을 일으켰다. 무굴 제국 군대의 출현에 겁먹은 미르자 하킴은 카불로 도주했다. 악바르는 미르자 하킴을 관대하게 용서하고 친족들과 속국들이 일으킨 다른 반란들은 잔혹하게 진압했다(● (제2차) 무굴 제국-구자라트 전쟁). 악바르가 이처럼 준엄한 처벌의 사례를 보여주었는데도 미르자 하킴은 가만히 있지 않았고, 악바르는 1581년에 다시 미르자 하킴을 상대하기 위해 원정해야 했다. 악바르는 이번에는 아량을 베풀지 않았고, 어머니가 다른 누이를 델리의 지방장관으로 앉혔다. 미르자 하킴은 사실상 아무런 힘도 없었지만 카불에서 죽을 때까지 통치했고, 미르자 하킴이 죽은 뒤 카불은 무굴 제국에 병합됐다.

무굴 제국의 라자스탄 정복, 1561~95
Mogul Conquest of Rajasthan, 1561~95

무굴 제국 황제 후마윤(1508~56)이 오랫동안 인도를 비우자(◐ 무굴 제국-수르 왕조 전쟁, 전기) 인도 중부와 서부의 힌두교 군주들은 독립할 수 있었다. 이 왕국들은 서로 느슨한 동맹을 맺고 라자스탄(라지푸타나)을 결성하여 무굴 제국의 경제적 안정을 위협했다. 후마윤을 계승한 아들 악바르(1542~1605)는 1561년에 이 문제를 군사와 외교라는 이중의 방법으로 해결하려 했다. 1561년 악바르는 데칸 고원 북쪽에 있는 인도 중부의 말와 왕국을 정복한 뒤 1562년에 아메르(뒷날의 자이푸르)의 라자(힌두교 국가 군주) 바르말(1491?~1574)의 장녀 마리암우즈자마니(1542~1622)와 결혼하여 바르말과 우호 관계를 유지했다. 우호 관계는 바르말의 치세 내내 계속됐다. 악바르는 이 이중의 해결책으로 1562년에서 1564년 사이에 조드푸르와 레와, 그리고 펀자브와 라자스탄 서부의 큰 영토를 장악했다. 악바르는 1567년에서 1570년까지 라자스탄의 거대한 요새들을 점령하여 점차 지역 전체를 지배했다. 난공불락으로 여겼던 치토르가르는 1567년에서 1568년까지 약 3만 명을 희생하며 점령했고, 란탐보르는 1568년에서 1569년까지 오랜 포위 공격 끝에 점령했다. 이듬해 악바르는 라지푸트족 통치자들의 회의를 소집했다. 네 왕국은 즉석에서 악바르의 종주권을 인정했고, 나머지 네 왕국은 그 직후 합류했다. 서부의 메와르 왕국만 우다이푸르의 인공 호수 안에 있는 섬을 근거지로 삼아 저항했다. 악바르가 군사적·외교적으로 노력을 기울였지만, 메와르 왕국은 악바르 치세에 계속 독립국으로 남았다. 큰 전투는 끝났으나, 악바르는 계속해서 무굴 제국의 영토를 확대했다. 카슈미르를 병합하고(1586) 신드를 점령했으며(1590) 오리사(오늘날의 오디샤)를 벵골에 병합했고(1592~94) 발루치스탄을 점령했다(1595). 1605년 악바르가 사망할 당시 (인도에서) 무굴 제국에 속하지 않은 곳은 서부의 메와르 왕국과 아삼, 그리고 데칸 고원뿐이었다.

무굴 제국-페르시아 전쟁, 1622~23
Mogul-Persian War of 1622~23

페르시아의 샤 아바스 1세(1571~1629) '대왕'은 무굴 제국이 장악하고 있는 전략상 중요한 성채 도시 칸다하르를 욕심냈다. 1605~06년에 아바스 1세의 군대가 칸다하르를 점령하려 했으나, 무굴 제국 황제 자한기르(1569~1627)가 군대를 보내 페르시아인들을 격퇴했다. 1622년 아바스 1세는 군대를 이끌고 칸다하르로 원정하여 45일 동안 포위공격한 끝에 도시를 점령했다. 자한기르는 다시 군대를 파견하여 도시와 난공불락일 것만 같은 요새를 탈환하려 했다. 그러나 자한기르는 정원과 포도주, 시, 여인에 너무나 마음을 빼앗긴 나머지 직접 싸울 수 없었으므로, 뒷날 샤 자한으로 즉위하는 아들 쿠람(1592~1666)에게 데칸 고원에서 군대를 이끌고 오늘날의 아프가니스탄으로 진격하도록 명령했다. 쿠람은 지체했다가 궁정으로부터 반역을 모의한다는 비난을 받고 결국 군대를 지휘했으나 아프가니스탄이 아니라 아버지에 맞섰다. 쿠람의 반란(❍ 샤 자한의 반란)으로 무굴 제국의 보복은 방해를 받았다. 무굴 제국 군대는 1623년에 칸다하르에 도달했으나 도시를 되찾기에는 너무나 약했다.

무굴 제국-페르시아 전쟁, 1638
Mogul-Persian War of 1638

페르시아의 나디르 샤(1688/98~1747)가 무굴 제국을 침공하기 정확히 100년 전에, 무굴 제국 황제 샤 자한(1592~1666)의 군대는 1622~23년의 무굴 제국-페르시아 전쟁에서 빼앗긴 칸다하르를 다시 점령했다. 샤 자한은 선조 티무르의 고향인 사마르칸트를 되찾을 수 있으리라고 기대했다. 칸다하르의 점령은 장기적 목표를 달성하기 위해 내딛은 첫 걸음이었다. 샤 자한은 칸다하르의 페르시아 총독에게 막대한 뇌물을 주고 정식 공성 전투 없이 항복을 받아냈다. 이어 샤 자한은 칸다하르와 그 부속 도시들에 방어용 시설들을 갖추어 요새로 만드는 데 많은 비용을 들였다. 1649~53년의 무굴 제국-페르시아 전쟁 중에 샤 자한은 군대 동원을 지체했고 뒤늦게 도착했을 때는 페르시아가 이미 칸다하르를 점령한 뒤였다. 그 뒤 무굴 제국은 칸다하르를 영원히 되찾지 못했다.

무굴 제국-페르시아 전쟁, 1649~53
Mogul-Persian War of 1649~53

인도의 무굴 제국 황제인 샤 자한(1592~1666)은 호전적인 페르시아에 안심할 수 없었다. 페르시아는 아프가니스탄의 도시 바미안을 점령했고(1639) 남쪽의 칸다하르를 다시 정복하려는 것처럼 보였다. 무굴 제국은 칸다하르의 방비를 철저히 했으나 페르시아가 공격하지 않자 샤 자한은 1646년에 아들 무라드 바크시(1624~61)를 파견하여 우즈베크인이 통제하는 바다흐샨을 침공하게 했으나 실패했다. 이에 대응하여 페르시아는 칸다하르를 공격하기 위해 군대를 동원했다. 샤 자한은 파병을 미루고 있었는데, 1649년에 칸다하르는 페르시아와 우즈베크인의 동맹에 함락됐다. 샤 자한의 아들 아우랑제브(1618~1707)가 지휘하는 무굴 제국 군대는 1650년에 칸다하르를 공격했으나 성공하지 못했다. 무굴 제국 군대는 규모가 너무 작고 무기들이 부족하여 포위공격에 성공할 수 없었다. 아우랑제브는 철수했고 1652년에 강력한 군대를 이끌고 다시 찾아왔다. 두 달 동안 전투를 벌였으나 페르시아 군대가 우세하여 아우랑제브는 또다시 퇴각했다. 치욕을 당한 아우랑제브는 맏형 다라 시코(1615~59)에게 과업을 넘겼다. 다라 시코의 군대도 1653년에 다섯 달 동안 포위공격을 펼쳤지만 그 요새 도시를 탈환하는 데 실패했다. 무굴 제국 군대는 그 뒤 다시는 칸다하르를 되찾으려 하지 않았다.

○ 아우랑제브 전쟁

무어인-그리스도교도의 에스파냐 전쟁
Moorish-Christian Wars in Spain

○ 에스파냐의 그리스도교도-이슬람교도 전쟁

무어인의 에스파냐 정복
Moors' Conquest of Spain

○ 이슬람의 에스파냐 정복

무어인-프랑크 왕국 전쟁
Moorish-Frankish Wars

○ 프랑크 왕국-무어인 전쟁

무카나의 반란, 775~778
Revolt of Muqanna, 775~778

시아파 이슬람교는 예언자 무함마드(570?~632)의 삼촌 아바스(566?~653?)에서 유래하는 아바스 왕조 칼리파의 권력 토대를 부정했고, 대신 칼리파의 기원을 예언자의 딸 파티마(606?~632)의 남편 알리(600?~661)에게서 찾았다. 아바스 왕조 칼리파 무함마드 알 마흐디(744/745~785)가 반대파를 박해하여 지위를 유지하고자 애썼는데도 시아파가 지배한 페르시아의 호라산에서 반란이 일어났다. 비정통파가 이에 부응하여 본명이 하심 이븐 하킴인 알 무카나('베일을 쓴 사람', 779년 사망)를 따랐다. 알 무카나는 시아파와 조로아스터교, 마니교 등의 사상을 흡수한 인물로 약 3년 동안 현장에서 싸우다가 사남 요새에 은거했다. 알 무카나는 778년에 패한 뒤 이슬람의 종교적 권위를 둘러싼 투쟁을 다른 이들에게 맡기고 자살했다(779). 그 싸움은 지금도 계속되고 있다.

무함마드 구르의 정복, 1175~1206
Conquests of Muhammad of Ghur, 1175~1206

구르 왕조의 가장 위대한 지도자 무이즈 웃 딘 무함마드 이븐 삼(1150~1206)은 무함마드 구르로 잘 알려져 있는데, 인도에서 이슬람교 통치를 확립한 창시자 중 한 사람이다. 무함마드는 구르 왕조의 왕위를 차지한 형과 함께 1162년에 권력을 장악했고 호라산을 차지한 전쟁에서 군사적 능력을 배양했다(무함마드는 1202년에 술탄으로 즉위했다). 1173년 무함마드는 가즈나(오늘날 아프가니스탄의 가즈니) 왕조를 점령했고(○ **구르 왕조-가즈나 왕조의 아프가니스탄 전쟁**), 이후 1175년부터 죽을 때까지 인도를 12차례 원정했다. 1179년 무함마드는 페샤와르에서 가즈나 왕조의 수비대를 괴멸시켰다. 1182년 무함마드는 신드를 정복했고, 1185년에 가즈나 왕조의 시알코트(카슈미르) 공국을 점령했으며, 1186년에 라호르를 획득했고 1187년에 펀자브를 정복하여 인도에서 구르 왕조의 가즈나 정복을 완료했다. 가즈나인들은 동쪽의 비하르와 벵골 지역으로 쫓겨났다가 1200년경 구르 왕조에 정복당했다. 무함마드는 1191년 사르수티 강가의 타네사르 인근 타라오리에서 서(西)찰루키아까지 포괄했던 라지푸트 왕국의 통치자들에게 패했는데, 이것이 무함마드의 유일한 패배였다. 그러나 무함마드는 1192년에 돌아와 같은 장소에서 라지푸트를 물리쳤다. 이듬해 무함마드는 델리를 정복했고 계속해서 자신의 제국을 확대했다. 1194년에 카나우지를 장악하고 바라나시를 약탈했으며, 1195년에는 괄리오르 요새를 점령했고, 1197년에는 비하르를 정복했으며, 1198년에는 구르 왕조의 첫 번째 벵골 원정을 이끌었다(그 과정에서 우연히 인도 불교가 몰락했다). 무함마드의 통치는 억압적이었다. 소수였던 이슬람교도가 힌두교도를 널리 약탈하고 식민지인 취급을 했기 때문이다. 그러나 인도인은 반란을 일으키지 않았다. 아마도 이슬람교도 이주자들과 이들이 퍼뜨린 소문 때문일 것이다. 이슬람교도 이주민들은 몽골이 페르시아에서 싸우고 있다는 소문을 퍼뜨렸다. 1206년에 무함마드가 젤룸에서 암살당하자, 노예 출신인 부관 쿠트브 웃 딘 아이바크(1210년 사망)가 뒤를 이었다. 아이바크는 델리 술탄국의 첫 왕조인 맘루크 왕조(1206~90)를 세웠다.

○ 델리 술탄국-가즈나 왕조·구르 왕조 전쟁

무히(서요 강) 전투, 1241
Battle of Mohi(Sajo River), 1241

몽골이 헝가리로 진격하고 있을 때(○ 몽골의 유럽 침공) 헝가리 왕 벨러 4세(1206~70)는 몽골이 대규모로 공격하리라 예상하여, 페슈트에 주력 부대를 남겨두고 10만 명의 병력을 이끌고 토커이에 있는 서요(슬라나) 강가의 무히 평원으로 나아갔다. 벨러 4세는 병력의 대부분을 주둔지에 남겨둔 채 소규모 지대(支隊)를 이끌고 어느 다리에서 바투 칸(1207?~55)이 지휘하는 몽골 군대와 교전했다. 한편 수베데이(1175~1248) 장군이 이끄는 몽골 군대는 서요 강 동쪽에 숨어 있다가 야음을 틈타 도하하여 1241년 4월 11일 유럽 최강의 군대를 배후에서 공격했고, 그 즉시 몽골군의 다른 분견대들이 좌우익을 타격했다. 유럽 연합군은 완벽히 기습을 당했고 몽골 주력 부대의 정면 공격을 받아 약 4만 명에서 7만 명이 학살당했다. 철저하게 사기가 저하된 벨러

4세는 도주했고, 몽골 군대는 벨러 4세를 추적하다 휴식하고 전리품을 실컷 약탈했다. 몽골 군대는 최고 통치자인 카간ᄒ᷀ᡃᵊ 우구데이(오고타이, 태종, 1186?~1241)가 사망하여 새로운 카간의 선출을 위해 카라코룸으로 소환됐는데, 이 일이 아니었다면 1242년 겨울에 다시 유럽을 침공했을 것이다.

'문화대혁명'
'Cultural Revolution'
○ 중국 '문화대혁명'

뮌헨 폭동
Munich Putsch
○ '맥주홀 폭동'

믈라카 포위공격, 1640~41
Siege of Malacca, 1640~41

포르투갈과 네덜란드는 17세기 초부터 동인도제도(오늘날의 말레이 제도)에서 패권 경쟁을 벌였다(○ 포르투갈-네덜란드의 동인도제도 전쟁). 1511년 포르투갈은 말레이 반도 서해안의 전략적 요충지 믈라카(말라카)를 점령하여 교역 활동의 본부로 삼았다. 수마트라 섬 북부의 아체인이 포르투갈인들을 축출하려고 자주 전투를 벌였으나 성공하지 못했고, 잠시 동안 네덜란드인과 동맹하여 믈라카 요새를 포위했다(1640년 8월). 믈라카는 높이 9.6미터에 두께가 7.2미터인 성벽을 갖춘 견고한 요새였다. 그해 6월 초 네덜란드는 조호르 술탄국 함대의 도움을 받아 믈라카 항구를 봉쇄했다. 요새를 방어하던 약 250명의 포르투갈인과 2천 명의 아시아인은 고아나 인도, 다른 포르투갈 기지로부터 아무런 지원도 받지 못한 채 결국 1641년 1월에 항복했다. 약 7천 명이 전투나 질병, 굶주림으로 사망했다. 네덜란드는 이 중요한 항구를 장악하여 매우 고가인 향료의 무역을 거의 완전히 독점했다.

미겔파 전쟁(두 형제의 전쟁), 1828~34
Miguelite Wars(War of the Two Brothers), 1828~34

동 미겔(1802~66)이 이끄는 포르투갈 절대왕정주의자들은 입법권을 지닌 새로운 코르트스(의회)의 구성을 반대했다. 동 미겔은 형인 브라질 황제 페드루 1세(포르투갈 왕 페드루 4세, 1798~1834)가 반포한 헌법제정 선언을 수용한 뒤(❍ 포르투갈 내전, 1826~27) 포르투갈 여왕 마리아 2세(1819~53)가 미성년일 동안 섭정으로 통치했다. 동 미겔은 마리아 다 글로리아라고도 불렀던 마리아 2세와 대리인을 내세워 혼인한 상태였다. 그러나 동 미겔은 페드루 1세에게 했던 맹세를 어기고 온건한 지사들과 군 장교들을 독재적인 인사들로 교체했으며, 코르트스를 복종적인 기구로 대체했다. 코르트스는 1828년 5월에 동 미겔을 포르투갈 왕으로 선포했다. 페드루 1세의 어린 딸이었던 여왕 마리아 2세는 브라질에서 포르투갈로 오다가 행선지를 바꾸어 영국으로 피신했다. 포르투 등지의 입헌주의자들은 페드루 1세와 마리아 2세를 지지했으나 1828년 6월 24일 코임브라 인근에서 '미겔파'에 완패했다. 동 미겔은 1828년 7월 11일 왕에 즉위했고, 미겔을 따르던 절대왕정주의자들은 잔혹한 보복 전쟁을 시작했다. 1829년 여왕 마리아 2세를 대표하는 섭정 통치가 수립된 대서양의 아소르스 제도를 제외하면 포르투갈 전체가 미겔파에게 넘어갔다. 페드루 1세는 아들에게 브라질 황제 자리를 물려주고 유럽으로 건너와 포르투갈을 정복하기 위해 군대와 자금을 모았다. 1831년 4월 페드루 1세는 아소르스 제도에 상륙했고 영국의 지원을 받아 원정대를 편성한 뒤 1832년 2월에 포르투로 출격했다. 페드루 1세는 포르투를 점령했으나, 부르몽 백작 루이오귀스트빅토르(1773~1846) 프랑스 장군의 지원을 받은 미겔파가 1년간 도시를 포위했다. 그러나 곧이어 1833년 7월 5일에 미겔파의 해군은 상비센트 곶 근해에서 서 찰스 제임스 네이피어('폰자 백작 카를루스', 1786~1860)가 지휘하는 '해방' 함대에 패했다. 1833년 7월 24일에 입헌주의자들이 리스본을 장악했다. 에스파냐 왕위를 요구했던 절대왕정주의자 돈 카를로스(1788~1855)가 동 미겔의 도움으로 코임브라 근처의 기지에 숨어 있자 에스파냐는 돈 카를로스를 체포하려고 포르투갈을 침공했다. 이를 계기로 영국과 프랑스, 에스파냐, 포르투갈이 입헌주의를 보호하고 절대왕정 국가인 오스트리아와 러시아, 프로이센의 신성 동맹에 대항하려고 사국 동맹을 결성했다. 입헌주의자들은 에스파냐의 도움을 받아 비제우와 코임브라, 토마르를 점령했고, 1834년 5월 16일 아세이세이라 전투에서 미겔파를 무찔렀다. 동 미겔은 폭넓은 정치적 사면을 받는 조건으로 10일 뒤 이보라몬트에서 항복하고 포르투갈 왕위 주장을 포기했으며 독일에 은거했다. 페드루 1세는 1826년도 헌법을 다시 도입했으며, 여왕 마리아 2세가 성년이 됐다는 선언과 함께 포르투갈 여왕으로 복위했다 (1834).

○ (제1차) 카를로스파 전쟁

미국 내전
American Civil War

○ 남북 전쟁

미국 독립 전쟁,* 1775~83
American Revolution, 1775~83

북아메리카 식민지들의 주민은 영국 의회가 법률로써 부과한 각종 세금에 '대표 없는 과세'라며 저항했고 매사추세츠 만 식민지 콩코드에 총과 탄약을 비축했다. 이에 매사추세츠 만 식민지 총독 토머스 게이지(1719/20~87) 장군은 법을 집행하고 무장 반란을 막고자 즉시 영국군을 파견하여 식민지인들이 비축해놓은 총과 탄약을 빼앗으려 했다. 미닛맨('통지 뒤 1분 이내에 전투 태세를 갖춘' 아메리카 식민지인)들이 렉싱턴과 콩코드에서 저항하자 영국군은 1775년 4월에 퇴각해야 했다. 식민지군은 곧 챔플레인 호숫가의 타이콘데로가 요새와 크라운포인트를 장악했다. 1775년 6월 17일 윌리엄 하우(1729~1814) 장군이 지휘하는 영국군은 벙커힐 전투에서 발판을 마련했지만 영국군의 승리는 큰 희생을 치렀으며(영국군은 병력의 거의 절반을 잃었다), 조지 워싱턴(1732~99) 장군이 지휘하는 북아메리카 식민지들의 연합군은 보스턴을 중심으로 진지를 조금씩 보강했다. 1776년 7월 4일 대륙회의는 「독립선언」을 공포하여 북아메리카 13개 식민지가 영국에서 독립하여 미합중국을 수립한다고 선언했다. 그러나 하우의 군대가 곧 워싱턴의 대륙군 Continental Army을 뉴욕으로 밀어내고 이듬해(1777) 대륙회의의 개최 장소인 필라델피아를 점령했다. 영국군은 캐나다에서 군대를 남진시켜 북아메리카 13개 식민지를 둘로 가르려 했다. 영국군의 존 버고인(1722~92) 장군은 타이콘데로가 요새와 크라운포인트를 되찾았으나 1777년 10월에 새러토가 전투에서 완패하여 대륙군의 허레이쇼 게이츠(1727~1806) 장군에게 항복했다. 프랑스는 대륙군이 펜실베이니아의 밸리포지에서 절망적인 겨울을 보내고(1777~78) 1778년 6월 28일 뉴저지의 몬머스 전투에서 어처구니없는 패배를 당하여 열세였는데도 대륙인들과 동맹했다. 미국의 사략선私掠船들은 해상에서 몇 차례 인상적인 승리를 거두었다. 그중에서 가장 유명한 것은 존 폴 존스(1747~92) 사령관이 지휘한 보넘 리처드 함(원래는 프랑스동인도회사의 뒤크 드 뒤라스 호였다)이 1779년 9월 23일 잉글랜드의 요크셔 근해에서 큰 해전을 치른 뒤 영국 군함 세라피스 함을 나포한 것이었다. 1778년 이후 전투는 남쪽으로 옮겨갔고 영국군이 조지아의 서배너와 사우스캐롤라이나의 찰스턴에서 승리를 거두었다. 그러나 너새니얼 그린(1742~86)과 프랜시스 매리언(1732?~95), 대니얼 모건(1736~1802) 장군이 지휘하는 대륙군은 영국군을 다시 공격했고 버지니아와 사우스캐롤라이나, 조지아에서 벌어진 전투들을 승리로 이끌었다. 대륙군은 프랑스의 지원을 받아 침입을 계속했다. 1781년 10월 버지니아의 요크타운에서 워싱턴과 로샹보 백작(1725~1807), 라파예트(1757~1834) 후작, 프리드리히 빌헬름 폰 슈토이벤(1730~94) 남작이 지휘하는 미국군은 증원군을 기다리고 있던 찰스 콘월리스(1738~1805) 장군의 영국군을 포위했다. 프랑스 해군이 바다를 통한 탈출을 저지했으며 버지니아 곶들(찰스 곶, 헨리 곶) 외해에서 영국 함대를 물리쳤다. 콘월리스는 여러 차례 대륙군·프랑스군 전선을 뚫으려 애썼으나 실패했고 10월 19일에 항복했다. 대부분의 전투는 중단됐으나(**○ 영국과 인디언의 습격, 1782**), 1783년에 파리 조약이 체결되어 영국이 공식적으로 미국의 독립을 승인한 뒤 이 독립 전쟁은 끝이 났다.

○ 보스턴 학살 ; 1812년 전쟁

* 미국 독립 혁명, 미국 혁명이라고도 한다.

미국-멕시코 전쟁, 1846~48
American-Mexican War, 1846~48

1845년에 멕시코가 미국의 텍사스 병합을 인정하지 않자 양국 관계가 악화됐다. 멕시코는 리오그란데 강이 텍사스 남부의 경계라는 미국의 주장도 거부하고 훨씬 더 북쪽의 누에세스(누에이서스) 강을 경계로 삼아야 한다고 주장했다. 1845년 제임스 포크(1795~1849) 미국 대통령은 존 슬라이델(1793~1871)을 멕시코로 파견하여 국경 문제를 협상하고 캘리포니아와 뉴멕시코를 매입하도록 했다. 멕시코는 협상을 거부했다. 1846년 4월 25일 멕시코 군대가 리오그란데 강을 건너 텍사스의 분쟁 지역으로 파견된 재커리 테일러(1784~1850) 장군의 미국군 부대를 공격했다. 1846년 5월 13일 미국 연방의회는 포크의 요청에 따라 멕시코에 전쟁을 선포했다. 1846년 5월 24일 테일러가 이끄는 미국군은 리오그란데 강을 건너 멕시코 군대를 격파하고 몬터레이를 점령했다. 이후 1847년 2월 22~23일에 테일러의 군대는 부에나비스타 전투에서 안토니오 로페스 데 산타 아나(1794~1876) 장군이 지휘하는 멕시코 군대에 승리를 거두었다. 한편 스티븐 W. 카니(1794~1848) 준장이 지휘하는 미국군은 산타페(오늘날의 샌타페이)를 점령하고 캘리포니아로 진격했다. 캘리포니아에서는 존 C. 프리몬트(1813~90) 중령이 미국인 정착민을 지휘하여 이미 멕시코로부터 독립한다고 선언했다. 윈필드 스콧(1786~1866) 장군 휘하의 미국군이 베라크루스에 상륙하여 도시를 점령했고 내륙으로 들어가 세로고르도와 콘트레라스, 차풀테펙에서 멕시코 군대를 격파했으며 1847년 9월 14일 멕시코시티를 점령했다. 멕시코의 지도자들은 항복했다. 1848년 2월 2일 과달루페 이달고 조약이 체결되어 멕시코는 오늘날의 뉴멕시코 주와 애리조나 주, 유타 주, 캘리포니아 주의 대부분을 미국에게 할양했다. 미국 정부는 멕시코에 맞선 자국 시민들의 권리 주장을 대신했다.

○ 베어 플래그 반란

미국의 아프가니스탄 침공, 2001~
US Invasion of Afghanistan, 2001~

2001년 10월 7일 미국과 그 동맹국들은 아프가니스탄의 탈레반 정권(○아프가니스탄 내전, 1979~2001)에 정밀공습을 개시하여 탈레반 정권과 알카에다 테러리스트의 기반을 무너뜨리고 9·11 테러의 배후 지휘자로 추정되는 오사마 빈 라덴(1957~2011)을 잡으려 했다. 빈 라덴은 아프가니스탄 동부 산악지대의 은거지에서 알카에다의 작전을 지휘했다(〇 **미국의 이라크 침공**). 공격은 아프가니스탄의 80퍼센트 이상을 장악한 탈레반이 빈 라덴을 인도하라는 국제연합UN 안전보장이사회의 요구를 거절한 뒤 시작됐다. 탈레반은 빈 라덴을 '손님'이라고 설명했다. 반대파인 북부동맹(주로 타지크족, 우즈베크인, 하자라족으로 이루어졌다)은 탈레반(주로 파슈툰족)을 공격하는 미국의 전쟁(항구적 자유 작전)에서 협력자가 됐다. 미국은 아프가니스탄의 남부와 동부에서 제2전선을 열고자 했고 파슈툰족의 지원을 요청했다. 그러나 파슈툰족은 북부동맹을 적으로 간주했고 미국 편에 서기를 꺼려했다. 미국은 칸다하르와 잘랄라바드에 있는 그들의 거점을 즉각 폭격했다. 또한 10월 말에는 탈레반이 파슈툰족 반탈레반 지도자 압둘 하크 사령관을 처형했다. 탈레반은 다수의 파키스탄 거주 파슈툰족도 자신들의 운동에 합류하도록 유도했다. 연합군은 11월에 카불을 점령했다. 11월 25일 마자르이샤리프 부근에 있는 포로수용소에서 탈레반 수감자들과 북부동맹 출신인 경비자들이 격렬하게 대치했다. 도스툼 장군이 지휘하는 500명의 병사는 포로수용소를 포위하고 미국 특수부대와 공군의 지원을 받았다. 이어진 전투에서 수감자 대다수가 사망했다. 같은 날 미국 해병대원 약 1천 명이 탈레반을 최후의 거점에서 몰아내려는 노력을 지원하기 위해 칸다하르 인근에 도착했다. 12월 초 탈레반은 칸다하르를 잃었다. 그 다음 12월 5일에 UN 주최로 독일의 본에서 열린 회의에서 4개의 아프가니스탄 파벌의 대표들은 파슈툰족 보수파이자 미국이 선호한 하미드 카르자이(1957~)를 수반(카르자이는 12월 22일부터 집무했다)으로 폭넓은 기반의 임시정부를 수립하고 2004년에 대통령 선거를 치르기로 합의했다. 또 12월에는 18개 국가(영국, 프랑스, 독일, 에스파냐, 오스트레일리아, 뉴질랜드, 캐나다, 요르단, 말레이시아 등이 포함된다)가 참여하여 여러 차례 회의를 가진 뒤 아프가니스탄 임시정부와 UN을 돕고 카불 주변에서 치안을 유지하기 위해 북대서양조약기구NATO가 지원하는 국제안보지원군ISAF을 파견했다. 한편 미국 공군은 토라보라(빈 라덴이 은신했다고 추정된 곳)와 칸다하르를 폭격하는 임무를 계속 수행했다. 2002년 6월 로야 지르가*는 카르자이를 국가의 임시정부 수반으로 공식 선출했고, 2004년 1월에 모인 두 번째 로야 지르가는 새 헌법을 승인했다. 탈레반 정권은 2001년에 무너졌지만, 그 지도자인 물라** 무함마드 오마르는 잡히지 않았다. 그러나 그 뒤부터 반군과 군벌이 다시 등장하여 동맹군과 선거를 관리하는 공무원들을 공격했다. 많은 원조 활동가가 살해됐고 외국인의 납치는 일상적인 일이 됐다. 2004년 7월까지 약 3,485명의 아프가니스탄 민간인과 8,587명의 군인이 사망했으며, 3만 명 이상이 부상을 당했다. 실제 사상자 수는 훨씬 더 많을 것으로 추산된다. 폭력의 급증으로 대통령 선거는 2004년 10월까지 연기할 수밖에 없었으며, 미국의 전략은 좁은 지역에 대한 군사적 타격에서 반군 퇴치와 재건 노력을 더 강조하는 쪽으로 바꿔어야 했다. 선거운동 기간 동안에 대대적인 부정 행위가 자행되고 있다고 주장하며 카르자이와 경쟁하던 후보자 17명 모두가 참여를 거부했다. 이들은 독립적인 조사단이 불법 행위가 있었는지 조사한 뒤 결과보고서를 낼 때까지 선거 참여 거부를 철회하라는 설득을 받았다. 카르자이는 손쉽게 승리를 얻었다. 아프가니스탄에는 미국군 1만 6,700명이 NATO군 8천 명과 미국군이 훈련시킨 2만 6천 명의 아프가니스탄 군대와 (2007년까지 7만 명으로 증원될 예정이다)*** 함께 주둔했다. 2005년 5월 23일 미국과 아프가니스탄은 카르자이 대통령이 미국을 방문하던 중에 양해각서에 서명했다. 양해각서의 주요 목적은 '아프가니스탄의 장기적인 안전보장과 민주주의, 번영을 보장하기 위해 미국과 아프가니스탄 사이의 유대를 강화'하는 것이었다. 2005년 9월 18일에 실시한 의회 선거 결과 입법부의 과반수가 카르자이를 지지했으며, 야당은 아프가니스탄 하원(정원 249명)에서 2006년까지 강력한 영향력을 행사했다. 미국이 이끄는 반군 소탕 전쟁에서 민간인 사망자가 발생하자 분노가 일었고 카불에서 외국인에 반대하는 폭동이 발생했다(2006).

* loya jirga. 파슈툰족이 주도하는 아프가니스탄 부족들 위주의 의사결정 협의기구.
** mullah. 이슬람 신학과 율법을 교육받은 이슬람교 성직자의 경칭.
*** 2002년 카르자이는 대통령에 당선된 뒤 2009년까지 7만 명으로 증원하겠다고 했으며, 2011년 현재 약 16만 명이 주둔하고 있다.

미국의 이라크 침공, 2003~
US Invasion of Iraq, 2003~

미국은 이슬람 지도자 오사마 빈 라덴(1957~2011)의 지휘를 받는 알카에다와 같은 전 세계적 테러조직에 맞섰다. 이러한 적대감은 2001년 9월 11일에 19명의 아랍인이 미국 여객기 4대를 납치하여 2대는 뉴욕의 세계무역센터 쌍둥이 건물로, 1대는 국방부로 돌진한 뒤 더욱 커졌다(나머지 1대는 펜실베이니아 들판에 추락했는데, 수도 워싱턴 D.C.로 향했던 것이 분명하다). 2002년 6월 조지 W. 부시(1946~) 미국 대통령은 미국을 표적으로 대량살상무기를 사용할 혐의가 있는 테러 국가나 테러조직에 대해서는 미국이 사전 경고 없이 예방적 타격을 할 권리를 갖는다고 선언했다. 미국 정부는 대량살상무기를 보유하고 있으며 알카에다 전사들을 숨겨주고 있다는 혐의(미국 정부의 주장)가 있는 이라크를 예방적 조처의 가시적 후보라고 확신하고 국제연합UN 안전보장이사회의 승인을 구했다. 그러나 UN 안전보장이사회는 미국과 그 동맹국들인 영국과 에스파냐에 이라크의 대통령이자 독재자인 사담 후세인(1937~2006)을 겨냥하여 전쟁을 벌일 명시적 권한을 부여하지 않았다. UN 무기사찰단이 이라크가 보유하고 있다고 추정되는 대량살상무기를 아직 발견하지 못했기 때문이다(프랑스는 전쟁 결의안에 거부권을 행사하겠다고 단언했고 UN 무기사찰단에 더 많은 시간을 허용해야 한다고 주장했다). 2003년 3월 20일 미국이 이끄는 동맹군은 후세인을 제거하고 수니파가 지배하는 정권으로부터 이라크 국민을 해방시키기 위해 크루즈 미사일과 스텔스 전투기로 일련의 거센 공격을 퍼부으면서 군사행동에 들어갔다. 처음에는 영국과 오스트레일리아, 폴란드만이 군대를 파견하여 미국과 함께 싸웠다. 세계 여러 나라가 침공을 비난했기 때문이다. 미국 제3보병사단이 선봉에 선 침공군은 시아파가 지배한 이라크 남부에서 유프라테스 강 유역을 따라 상류로 신속히 진격했고, 지역의 바트당 당원들과 후세인의 사담 페다인* 전사들, 기타 민병대, 일부 이라크 정규군이 나시리야와 나자프 등지에서 게릴라전 형태로 완강하게 저항했다. 미국군은 이라크의 남부 유전들을 확보했고, 영국군은 바스라와 그 인근 도시들을 공격했다. 미국군 비행기와 크루즈 미사일은 수도 바그다드와 키르쿠크, 모술, 티크리트 등을 폭격했다. 4월 3일 미국 중앙군사령부의 토미 레이 프랭크스(1945~) 장군이 지휘하는 미국군 주도의 군대가 서북쪽으로 진격하여 바그다드를 눈앞에 두었다. 미국군의 제1해병원정군(해병 제1사단, 해병 제3항공단, 해병 제1후방지원단)과 제101공수사단이 3보병사단을 지원하여 후세인의 공화국 수비대 6개 사단과 바그다드 외곽에 주둔한 친위부대를 격파했다. 그러나 동맹군(미국, 영국, 오스트레일리아, 에스파냐, 폴란드 등의 군대)의 몇 가지 착오와 집속탄으로 무고한 이라크 민간인들이 사망하는 비극이 초래됐다. 4월 9일 미국과 영국의 병력과 탱크들이 바그다드와 인근 지역에 진입하면서 이라크 군대와 정부는 붕괴됐다. 4월 10일 후세인과 후세인 정권은 자취를 감추었다(후세인은 12월 13일에 티크리트에서 붙잡혔다). 일부 이라크인은 해방감을 느꼈고, 일부는 약탈을 하거나 계속 싸웠으며, 침략자들이 조국을 폐허로 만들었다고 생각하는 이들도 있었다. 5월 1일 부시 대통령은 주요 전투 작전이 종결됐다고 선언했다. 그렇지만 그 뒤 다국적 점령군이 간신히 평화를 유지하고 있는 상황에서 이라크 전사들은 이따금씩 게릴라 전술로 보복하여 동맹군 부대와 헌병들을 공격했다. 미국군은 여름에 이라크 중남부의 시아파 성지인 카르발라의 통제권을 폴란드가 지휘하는 다국적군에 넘기고 그 지역을 떠났다. 미국이 이라크 재건 구상을 실행하기 시작했다. 10월에 오사마 빈 라덴이 녹음한 것으로 추정되는 테이프에서 폴란드와 에스파냐가 공격 목표로 언급됐다. 2004년 3월 11일 이슬람 단체가 에스파냐의 마드리드에서 여러 개의 폭탄으로 열차들을 폭파하여 191명이 사망하고 2,051명 이상이 부상을 입었다. 이는 에스파냐에 집권한 보수주의 정권의 전쟁 지원을 응징하려는 의도로 저지른 것이었다. 3일 뒤 에스파냐의 사회주의자들이 의회 선거에서 승리했고, 5월 27일까지 이라크에서 약 1,300명의 에스파냐 군대를 철수했다. 앞서 4월에 폭동을 일으킨 이라크인들(수니파와 시아파 모두 포함된다)은 미국군에 대항해 바그다드 서쪽의 팔루자와 라마디 인근, 남부 전역에서 매우 격렬한 전투를 벌였다. 2004년 6월 28일 미국 최고행정관이자 이라크의 동맹군 임시 행정처 수장인 L. 폴 브레머 3세(1941~)는 이라크 임시정부에 주권을 이양했다. 존 P. 애비제이드(1951~) 장군이 이끄는 미국군은 이라크에 남아 2005년 1월 30일에 의회 선거가 안전하게 치러지도록 지원했다. 의회 선거 결과 시아파 아랍인들이 새 정부를 장악했다. 이브라힘 알 자파리(1947~)를 총리로 하는 새 정부를 수립하는 데에는 3개월

이 걸렸다. 범죄단과 바트당 전前 당원들, 요르단 태생의 지도자 아부 무사브 알 자르카위(1966~2006)와 연계된 수니파 등이 폭동을 일으켰으며, 노상 폭파와 자동차 폭파, 자살폭탄 테러를 전개하여 미국군 부대와 이라크 민간인을 노린 공격을 단계적으로 강화했다. 2005년 7월 7일 런던의 지하철과 버스에서 폭탄이 터져 56명이 사망하고 최소 700명이 부상을 입었다(영국이 경악하여 전쟁에서 이탈하기를 원했던 이슬람 전사들이 저지른 일로 여겨졌다). 시아파와 쿠르드족이 압도적으로 지배했던 이라크 임시정부는 수니파의 호전성을 줄이기 위해 수니파의 정부 내부의 역할을 확대했고, 2005년 10월에 새로운 헌법의 찬반을 묻는 국민투표를 감독했다. 새 헌법은 투표자의 78퍼센트 찬성으로 승인됐다. 수니파가 이끄는 반정부 저항 세력은 동맹 세력을 파괴하기 위해 납치와 자살폭탄 테러로 공격을 계속했다. 이라크는 2006년 겨울과 봄에도 정치적 난국과 잇따르는 격렬한 전투들 때문에 고통을 받고 있었다.

❍ 미국의 아프가니스탄 침공

* Fedayeen Saddam. 사담 후세인의 바트당에 충성하는 준군사 조직으로 1995년에 창설됐고 2003년까지 존속했다.

미국의 파나마 침공, 1989~90
US Invasion of Panama, 1989~90

1983년 12월에서 1989년 12월까지 독재자 마누엘 안토니오 노리에가(1934~) 장군은 파나마 방위군의 수장으로서 사실상 파나마를 통치했다. 사회의 혼란이 가중되고 반대파가 탄압을 받자(노리에가는 1989년 5월에 실시한 대통령 선거의 결과를 무효로 했다) 미국이 외교적으로 또 경제적으로 노리에가를 강하게 압박했다. 노리에가는 미국에서 마약 거래 혐의로 기소됐다. 미주기구OAS와 여러 국가가 미국과 파나마 사이의 불화를 해소하려고 노력했으나 성과는 없었다. 1989년 10월 3일 노리에가를 제거하려는 군사 쿠데타가 실패한 뒤 파나마 정부는 국민의 권리를 제한하고 비상 '전쟁' 조치를 발포했다. 12월 15일 의회는 노리에가를 '최고 지도자'로 선언했고, 미국의 조지 H. W. 부시(1924~) 대통령은 12월 20일 오전 일찍 저항을 분쇄하고 노리에가를 체포한 뒤 안정적인 민주적 체제를 세울 의도로 '정당한 명분 작전 Operation Just Cause(미국군의 파나마 침공 작전)'을 개시했다. 파나마 운하를 보호하기 위해 이미 주둔해 있는 미국군 1만 2,700명에 새로이 침공한 약 1만 5천 명이 합류했다. 수도 파나마시티는 파나마 방위군(과 준군사 집단)과 미국군의 교전 중에 크게 파괴됐다. 직무를 수행할 경찰력이 없는 상황에서 약탈이 만연했다. 바티칸 대사관(외교공관)에 피해 있던 노리에가는 결국 1990년 1월 3일에 항복했고, 마이애미로 끌려가 나중에(1992) 마약 밀매 혐의로 유죄 선고를 받고 투옥됐다. 노리에가가 무효화했던 1989년도 대통령 선거에서 틀림없이 승리를 거두었을 기예르모 다비드 엔다라 갈리마니(1936~2009)가 미국의 지원을 받아 대통령이 됐다.

미국-프랑스 준準전쟁, 1798~1800
American-French Quasi-War, 1798~1800

프랑스 혁명 전쟁 시기에 프랑스가 미국의 해운에 간섭한 결과, 전쟁이 선포되지는 않았지만 미국과 프랑스는 주로 서인도제도에서 싸움을 벌였다. (1778년부터 미국과 동맹을 맺었던 프랑스는 영국과 미국 사이의 몇 가지 영토 분쟁을 해결한 1794년의 제이 조약에 격분하여 영국으로 향하는 미국의 상선들을 나포했다. 파리에서 일어난 XYZ사건(프랑스가 교역과 친선의 협상을 지속하는 대가로 미국에 돈을 요구한 일)에 존 애덤스(1735~1826) 미국 대통령은 분노했다. 애덤스의 보고서에 근거하여 의회는 1778년에 체결한 미국-프랑스 동맹 조약을 파기하고 프랑스와 무역을 중단했으며 프랑스 군함을 공격할 수 있도록 허용했다.) 미국 해군은 100척 이상의 프랑스 선박을 나포했다(미국 해군부는 1798년 4월 30일에 창설됐다). 1799년 2월 9일 대포 38문을 장착한 컨스텔레이션 함이 토머스 트럭스턴(1755~1822)의 지휘를 받아 대포 32문을 장착한 프랑스의 프리깃함 랭쉬르장트 함을 니비스 외해에서 나포했고, 1800년 2월 1~2일에는 과들루프 외해에서 대포 38문을 장착한 프랑스 군함 라방장스 함과 싸워 이겼다(라방장스 함은 밤에 간신히 도망갔다). 1800년 협정으로 싸움은 끝났다. 미국과 프랑스는 1778년도 조약을 종료하고 미국 상선들을 나포한 프랑스에 미국 시민이 제기할 배상 청구를 인정하지 않기로 합의했다.

○ 프라이스의 반란

미국 혁명, 1775~83
American Revolution, 1775~83

○ 미국 독립 전쟁

미국 혁명 전쟁
US Revolutionary War

○ 미국 독립 전쟁

미낭카바우 전쟁
Minangkabau War

○ 파드리 전쟁

미니싱크 학살, 1779
Minisink Massacre, 1779

미국 독립 전쟁 중에 오네이다족 인디언을 제외한 이로쿼이족 인디언은 모두 영국 편에 서서 식민지인 정착촌의 서부 변경을 위협했다. 지략이 뛰어나고 매우 유능했던 모호크족 인디언의 족장으로 원래 이름이 타이엔다네게아였던 조지프 브랜트(1743~1807)는 이로쿼이족의 침입을 여러 차례 이끌었다(○ 체리밸리 학살). 1779년 7월 19일 밤 브랜트와 인디언 60명, 인디언으로 위장한 27명의 왕당파(영국 지지파)가 가세하여 뉴욕 남부의 도시 미니싱크를 급습했다. 침략자들은 거센 함성으로 잠자고 있는 주민을 깨우고 집과 헛간, 제분소, 작은 방책防柵을 불태워 없애버렸다. 또한 무기력한 주민 여럿을 죽이고 포로로 잡았으며, 그 재산을 전리품으로 강탈했다. 일부 주민은 가까운 산으로 피신했다. 지역의 민병대가 인디언과 독립 반대파를 추적했으나 브랜트의 매복 공격을 받아 격렬하게 대치하던 중 120명 가운데 48명이 사망했다.

'미친 전쟁', 1485~88
'Mad War'('Guerre folle'), 1485~88

오를레앙 공작 루이(루이 12세, 1462~1515)는 프랑스 왕 샤를 8세(1470~98)

가 성년이 될 때까지 자신이 섭정으로 통치하겠다고 주장했다. 브르타뉴 공작 프랑수아 2세(1433~88)를 포함하여 이 주장을 지지했던 반란자들은 1488년에 생토뱅뒤코르미에에서 왕의 누이 안 드 프랑스(1460~1522) 휘하의 국왕군에 패했다. 사블레 조약으로 외국 군대는 브르타뉴에서 철수해야 했으며 프랑수아 2세의 상속녀인 안 드 브르타뉴(1477~1514)는 왕 샤를 8세의 동의 없이 결혼할 수 없었다. 그러나 안 드 브르타뉴는 아버지가 사망한 뒤 대리인을 통해 오스트리아 대공이자 독일 왕인 막시밀리안 1세(1459~1519, 1508~19년에는 신성로마제국의 황제)와 결혼했다. 오스트리아 합스부르크 가문에 포위당할 위험에 놓인 샤를 8세는 안 드 브르타뉴에게 그 혼인을 무효화하고 자신과 결혼하자고 청하여 싸움을 유발했다. 이 싸움에서 아라곤의 왕 페르난도 2세(카스티야 왕 페르난도 5세, 1452~1516)와 잉글랜드의 헨리 7세(1457~1509)는 막시밀리안 1세를 지지했다. 브르타뉴의 렌에서 프랑스 군대의 무력시위를 본 안 드 브르타뉴는 라발 조약을 체결하여 브르타뉴의 자치를 인정받는 대가로 샤를 8세와 결혼하기로 동의했다.

미트레의 반란, 1874
Mitre's Rebellion, 1874

1868년에 바르톨로메 미트레(1821~1906)는 도밍고 파우스티노 사르미엔토 (1811~88)에게 대통령직을 잃었다. 군대의 지지를 받은 사르미엔토의 정부는 교육개혁을 단행하고 경제 발전을 추진했다. 미트레는 아르헨티나의 다른 주들보다 우월한 재정 능력으로 국민 생활을 지배했던 부에노스아이레스 주에서 여전히 강력한 정치인이었다. 1874년 자유주의 정당인 자유당의 지도자 미트레는 대통령 선거에서 패했다. 미트레는 부정선거 때문에 패배했다며 반란을 일으켰으나 부에노스아이레스 주에서 사르미엔토가 이끄는 연방군에 패배하여(1874년 11월 6일) 항복할 수밖에 없었다. 사르미엔토 정부에서 장관을 지낸 니콜라스 아베야네다(1837~85)가 대통령 선거에서 이겨 1880년까지 통치했고, 파타고니아족 인디오와 싸운 전쟁(1878~79)에서 승리하여 전국적인 명성을 얻은 훌리오 아르헨티노 로카(1843~1914) 장군이 뒤를 이었다. 파타고니아족은 리오네그로 강 남쪽으로 밀려났으며, 이로써 팜파스의 식민화가 시작됐다.

○ 아르헨티나 내전, 1861

미트리다테스 전쟁
Mithridatic War

제1차 미트리다테스 전쟁(기원전 88~기원전 84) 미트리다테스 6세(기원전 132?~ 기원전 63) '대왕'은 어린 나이에 소아시아 중앙 지역인 폰토스(폰투스)의 왕이 됐고, 성인이 되자 주변 지역의 주민들을 자신의 제국으로 통합하는 일에 나섰다. 그 과정에서 소아시아에 주둔한 로마 군대와 충돌할 수밖에 없었다. 기원전 88년 미트리다테스 6세는 소아시아의 거의 모든 도시를 점령했고, 수많은 로마인을 학살하라고 명령했다. 기원전 85년 미트리다테스 6세의 그리스인 협력자들은 루키우스 코르넬리우스 술라(기원전 138?~기원전 78)가 지휘하는 로마 군대와 대결하여 패했고, 미트리다테스 6세는 가이우스 플라비우스 핌브리아(기원전 84년 사망)가 이끄는 다른 로마 군대에 쫓겨 폰토스로 되돌아왔다. 미트리다테스 6세는 정복한 지역을 대부분 포기해야 했으며 많은 배상금을 물어야 했다. **제2차 미트리다테스 전쟁(기원전 83~기원전 81)** 로마의 야심 많은 루키우스 리키니우스 무레나(기원전 83~기원전 82년 활동) 장군이 미트리다테스 6세의 영토인 크즐르르마크 강 지역을 침공하면서 전쟁이 시작됐다. 무레나는 패배했다. 기원전 75년 미트리다테스 6세는 히스파니아에 있던 로마의 퀸투스 세르토리우스(기원전 123?~기원전 72) 장군과 협력했고 그로써 다시 전쟁을 유발했다. **제3차 미트리다테스 전쟁(기원전 75~기원전 63)** 세르토리우스가 살해되자 서쪽에서 로마를 위협하던 세력은 사라졌고, 로마는 루키우스 리키니우스 루쿨루스(기원전 117?~기원전 56?) 장군을 파견하여 동쪽의 미트리다테스 6세를 상대하게 했다. 로마는 키지코스와 카비라(오늘날 터키의 시바스), 티그라노케르타(오늘날의 티그라나케르트), 아르탁사타(오늘날 아르메니아의 아르타샤트) 등 여러 전투에서 승리하고 미트리다테스 6세를 폰토스에서 내몰았지만, 루쿨루스의 지친 군대는 폭동을 일으키겠다고 위협했고 전쟁을 승리로 이끌지 못했다. 폼페이우스(기원전 106~기원전 48)는 지휘권을 장악하고(기원전 67) 기원전 66년에 리코스(리쿠스) 강 전투에서 미트리다테스 6세를 완파했다. 크림 반도로 피신한 미트리다테스 6세는 실수가 치욕스러워 노예에게 자신을 죽이라고 명령했다.

미트리다테스 6세의 사위이자 협력자였던 아르메니아 왕 티그라네스 2세(기원전 140?~기원전 55?)도 패한 뒤 포로가 됐다. 티그라네스 2세는 기원전 66년에 정복지 전부를 로마에 넘겼다.

○ 로마-아르메니아 전쟁, 기원전 72~기원전 66

밀라노 내전, 1447~50
Milanese Civil War of 1447~50

밀라노 공국의 공작 필리포 마리아 비스콘티(1392~1447)가 남성 상속자를 남기지 않고 사망한 뒤 비스콘티가 획득한 공국의 영토는 분할됐으며, 약 200년 동안의 전제적 통치가 끝나고 공화정이 부활됐다. 그러나 비스콘티의 사위 프란체스코 1세 스포르차(1401~66)가 밀라노 공화국의 대부분을 장악하고 피아첸차를 점령했으며 1448년에는 베네치아 공화국에 전쟁을 선포했다(○ 베네치아-밀라노 전쟁, 1448~54). 스포르차는 카라바조 전투에서 승리한 뒤에 편을 바꾸어 베네치아와 동맹하고 밀라노에 대적했다. 밀라노는 속임수를 썼다는 이유로 스포르차가 성에 들어오는 것을 거부했다. 스포르차는 밀라노를 포위했으며 1450년에 입성을 허락받고 밀라노 공작으로 선언됐다.

밀라노-베네치아 전쟁
Milanese—Venetian Wars

○ 베네치아-밀라노 전쟁

밀라노의 5일 봉기, 1848
Five Days' Revolt in Milan, 1848

오스트리아 제국의 영토인 밀라노에서 오스트리아 병사들이 5명의 주민을 죽이고 59명의 주민을 다치게 하자 오스트리아의 전제적 통치에 반대하는 격렬한 항의가 촉발됐고, 이는 5일 동안 계속됐다(1848년 3월 18~22일). 거리로 쏟아져나온 시민들은 살림살이를 끄집어내 도시 전역에 1,650개의 바리케이드를 쳤고, 대부분의 지역에서 오스트리아 군대에 맞서 전투를 벌였다. 요제프 라데츠키(1766~1858) 육군원수가 지휘하는 1만 4천 명 규모의 병력은 밀라노에서 철수할 수밖에 없었고 이탈리아 국가들이 결성한 연합군이 롬바르디아에 집결하는 동안 대기했다(○ 이탈리아 혁명, 1848~49). 밀라노의 독립은 단명했다. 몇 달 뒤 오스트리아가 다시 지배하게 됐기 때문이다.

밀라노-피렌체 전쟁
Milanese-Florentine Wars

○ 피렌체-밀라노 전쟁

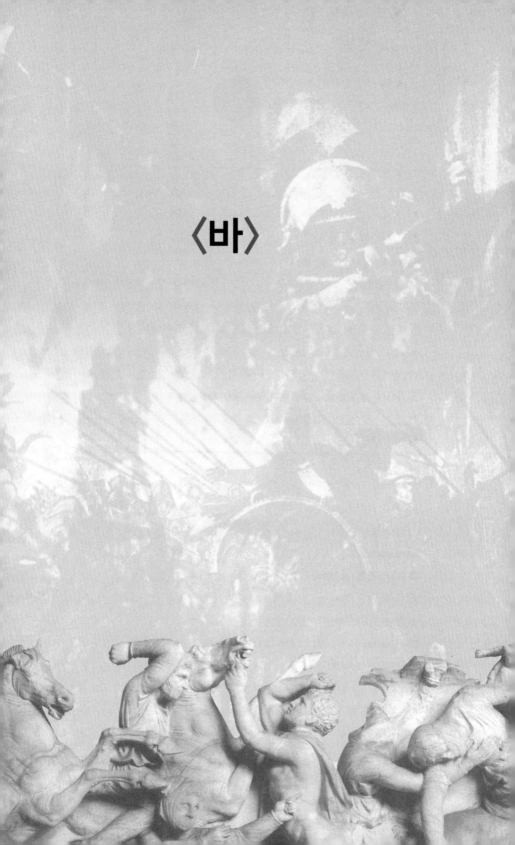

〈바〉

바락포르 폭동, 1824

Barrackpore Mutiny, 1824

제1차 영국-버마 전쟁 중 세포이 부대인 제47벵골보병 연대가 인도 바락포르(바락푸르)에서 폭동을 일으켰다. 영국군 당국이 자신들의 사회적·종교적 관습을 무시했다는 것이 이유였다. 배를 타고 버마로 가라는 명령에(높은 카스트의 힌두교도에게는 모욕이었다) 세포이는 명령의 철회를 요청했으나 거절당했다. 세포이가 행군을 거부하자, 1824년 11월 2일 사령관은 이들을 포위하여 공격하라고 명령했다. 세포이 병사는 총탄 세례를 받으며 도주해야 했다. 징계는 가혹했다. 폭동을 주도한 자들은 교수형에 처해졌고, 나머지는 투옥됐으며, 연대는 승인된 명령보다 종교를 우선할 만큼 어리석은 인도인에게 교훈을 주기 위한 조치로 부대 목록에서 '삭제'됐다. 군 당국은 어리석고 완고하며 터무니없이 가혹하다는 비판을 받았으나 무감했다.

바르바리 전쟁

Barbary Wars

⟳ 알제리 전쟁 ; 트리폴리 전쟁

바르 코크바의 반란, 132~135

Bar Cocheba's Revolt, 132~135

로마 황제 하드리아누스(76~139)는 예루살렘 성전 터에 로마의 최고 신 유피테르(그리스의 제우스)의 신전을 건립하려 하고 할례와 유대법의 공교육을 금하는 법령을 반포함으로써 유대 지역의 유대인들을 자극했다. 시몬 바르 코크바(135년 사망)는 자신이 사람들이 오랫동안 기다렸던 메시아라고 주장하며 큰 반란을 이끌었다. 처음에는 반란이 성공했지만, 섹스투스 율리우스 세베루스가 지휘하는 로마 군단이 점차 우세를 차지하여 팔레스타인의 마을 985곳을 없애버렸다. 바르 코크바는 베타르를 지키다가 죽었다. 많은 사람이 전사했으며, 기아와 화재, 질병으로도 목숨을 잃었다. 하드리아누스는 유대교의 예배를 금하여 가혹하게 보복했다.

바부르의 정복, 1524~29
Conquests of Babur, 1524~29

바부르('호랑이', 1483~1530)는 부계로는 티무르(1336~1405)의 5대손이며 모계로는 칭기즈 칸(태조, 1167?~1227)의 14대손이다. 바부르는 경험을 통해 기회주의적 행동 양식을 몸에 익혔다. 12살에 트란스옥시아나에 있는 페르가나의 수장에 오른 바부르는 왕국을 빼앗은 친척에 맞서면서 군사적 능력을 키웠다. 1503년 바부르는 티무르가 1389년에 인도에서 거둔 승리에(○티무르의 인도 침공) 대해 알게 되면서 쓸데없이 선조의 고향을 되찾는 일을 계속할 것이 아니라 선조의 위업을 다시 이루겠다고 맹세했다. 1524년 펀자브의 지방장관이 델리의 술탄 이브라힘 로디(재위 1517~26)에 반기를 들면서 오늘날 아프가니스탄 카불의 군주인 바부르에게 도움을 요청했다. 바부르는 기꺼이 요청을 받아들여 아프가니스탄의 협력자들을 모아 라호르 인근에서 인도 군대를 격파했다. 바부르가 자신의 부족 사람들(차가타이 튀르크족)을 행정관에 앉히자 분노한 협력자들은 귀국하여 수르 왕조를 세웠다. 그런데도 바부르는 2만 5천 명의 병력을 이끌고 4만 명의 이브라힘 로디 군대와 맞서기 위해 파니파트로 향했다. 양쪽 모두 상대방이 공격하기를 기다리며 8일 동안 움직이지 않았다. 이브라힘이 먼저 공격했으나(1526년 4월 21일), 바부르는 마치 미국 개척 시대에 줄지어 늘어선 대형 포장마차처럼 이룬 수레 700대를 연이어서 이브라힘의 공격을 잘 막아낸 뒤 돌격했다. 바부르의 군대는 오스만 제국을 제외하면 최초로 총으로 무장한 군대였다. 델리 술탄국의 전선이 깨졌고 병사들은 도주했으며 이브라힘은 살해됐다. 바부르는 아들 후마윤(1508~56)을 먼저 보내 아그라의 재화를 확보하게 한 다음, 1526년 4월 24일 인도의 델리에 도착하여 자신의 이름으로 마스지드(이슬람교 사원)에서 쿠트바(성스러운 설교)를 읽게 하고 힌두스탄(북인도의 갠지스 평원)의 무굴 제국 황제가 됐다. 바부르는 비교적 평탄하게 제 위를 유지했다. 칸와에서 메와르 왕국의 군대와 대결(1527년 3월 17일)한 바 부르는 파니파트에서 썼던 전략을 다시 이용하여 승리했다. 1528년에 힌두 교도의 괄리오르가 바부르의 손에 넘어갔으며, 로디 왕조의 마지막 통치자 와 그에 협력했던 아프가니스탄 사람들은 1529년에 갠지스 강과 고그라 강 이 합류하는 지점에서 마지막으로 패했다. 1530년에 바부르가 사망하자 인 도의 나머지 땅을 점령하는 일은 후손에게 남겨졌다. 바부르는 자신이 좋 아하던 카불의 정원에 묻혔다.

❍ 델리 술탄국-자운푸르 전쟁 ; (제1차) 무굴 제국-구자라트 전쟁 ; 무굴 제국-수르 왕조 전쟁, 전기

바브리 마스지드의 파괴, 1992
Destruction of the Babri Mosque, 1992

1992년 12월 6일 인도 북부의 성도聖都 아요디아에 있는 역사적인 바브리 마 스지드(이슬람교 사원)가 인도의 우파 힌두내셔널리즘 야당인 인도인민당(바 라티야자나타당 BJP)이 주도한 정치집회 도중에 힌두 투사들에 의해 파괴됐 다. 이는 이슬람 정서와 반이슬람 정서에 모두 충격을 주었고, 인도국민회 의INC가 이끄는 중앙정부가 마스지드를 재건하겠다고 약속하면서 지역 도 처에서 격렬한 충돌이 발생했다. 무굴 제국 황제 바부르(1483~1530)가 1528 년에 힌두교의 전사 신 라마(비슈누의 일곱 번째 화신)를 기렸던 신전 터에 세 웠다고 힌두교 원리주의자들이 주장하는 바브리 마스지드는 몇 년 동안 종교분쟁의 진원지였으며 1949년에 폐쇄 명령이 내려졌다. 그러나 1984년 에 힌두교 원리주의자들은 바브리 마스지드의 파괴를 공약으로 내걸어 선 거운동을 펼쳤고, 1990년 9월에 BJP는 바브리 마스지드로 항의 행진을 인 도했다. 이는 결국 종교 집단의 폭동으로 이어졌고(전국에서 1천 명의 사상자 가 발생했다), 중도파 정당들의 연립정부를 지휘했던 V. P. 싱(1931~2008) 현 직 총리가 사임하게 됐다. 대법원은 BJP가 지배한 우타르프라데시 주 정부 에게 분란의 대상인 재산에 관여하지 말라고 명령했다. 1992년 12월 6일 수 많은 힌두교도가 나서서 바브리 마스지드를 허물고 폐허로 만들었다. 이 에 분노한 이슬람교도가 폭동을 일으켜 인도 전역에서 1,150명이 사망했

다. BJP의 수많은 활동가는 폐허 속에 임시로 힌두교 사원을 세운 뒤 1992
년 12월 8일에 체포됐다. 지역 안의 마스지드 10곳과 여러 이슬람교도 가정
이 공격을 받았다. 한편 폭력은 뭄바이에서 아삼에 이르기까지 나라 곳곳
으로 확산됐으며, 처음 2일 동안에만 수백 명이 살해된 것으로 전해진다.
힌두교 원리주의 지도자 6명이 체포되자 전국에서 파업이 벌어졌다. 12월 6
일 중앙정부의 대통령은 BJP가 통제하던 우타르프라데시 주 정부의 기능
을 정지시키고 대통령이 직접 통치하기 시작했다. 12월 25일 마스지드 터를
다시 침입하겠다고 협박했던 3천 명이 넘는 투사들이 체포됐다. 다른 지역
에서는 사태가 진정됐으나 뭄바이에서는 1993년 1월 6일에 다시 악화됐다.
힌두교도 폭도는 우파 힌두 정당 시브세나(시브(시바지)의 군대)의 호소에 응
하여 이슬람교의 집과 사업체를 공격하고 불태웠는데, 소문에 따르면 경찰
이 묵인했다고 한다. 그 주말에 약 10만 명이 도시를 탈출했고 600명 이상
이 살해됐다. 1993년 1월 16일 인도 내각은 총사퇴했고 P. V. 나라시마 라
오(1921~2004) 총리는 새로 내각을 구성했다. 1993년 3월 뭄바이에서 일련
의 폭탄 테러 공격이 발생하여 건물이 파괴되고 250명 이상이 사망했다. 1
월의 폭동을 조사하기 위해 스리크리슈나위원회가 지명됐다. 위원회의 보고
서는 1993년 폭동에 연루된 우파 정당 시브세나가 마하라슈트라 주 정부(뭄
바이는 마하라슈트라 주의 주도다)를 이끌었던 까닭에 1998년에 가서야 정식으
로 공개됐다.

바비야르 학살, 1941
Babi Yar Massacre, 1941

1941년 9월 나치가 점령한 키예프에서 많은 우크라이나 유대인과 공산주의
자가 정해진 등록 장소로 소집됐다. 그때 많은 사람이 도시 밖의 바비야르
('늙은 여인의 골짜기')라는 깊은 계곡으로 끌려가 미리 파놓은 구덩이 앞에
서 오토 라슈(1891~1948) 장군이 지휘하는 나치 친위대의 기관총 세례를 받
아 죽었다. 불도저가 흙으로 집단 매장지를 덮었다. 나치는 수많은(10만 명
은 됐을 것이다) 키예프 주민을 학살했으며, 그중 적어도 3만 4천 명은 유대
인이었다.

바빌론의 파괴, 기원전 689
Destruction of Babylon, BCE 689

센나케립(재위 기원전 705~기원전 681) 왕이 통치하던 신아시리아 제국은 바빌로니아에서 발생한 내부 반란으로 불안해졌다. 바빌로니아의 칼데아인과 아람인은 페르시아 만 건너편 엘람인의 도움을 받아 아시리아인 부왕들을 축출하고 스스로 통치하려 했다. 센나케립은 군사 원정에 나서 반군을 진압하고 상황을 안정시키려 했다. 기원전 691년 센나케립의 군대는 디얄라 강변의 할룰레 전투에서 칼데아인과 엘람인에 맞서 승리를 거두었다. 그러나 센나케립도 전투에서 심한 손실을 입어 일시적으로 싸움을 중단했다가 기원전 689년에 다시 바빌론을 포위했다. 9개월간의 포위 끝에 바빌론을 함락한 아시리아는 도시를 완전히 파괴하고 아라카투 운하의 물길을 돌려 폐허가 된 도시를 침수시켰다. 이후 바빌론의 도심은 사람이 거주할 수 없는 곳이 됐으나 8년 뒤에 재건됐다.

바소토족 전쟁, 1865~68
Basotho War, 1865~68

모슈웨슈웨(1786?~1870) 왕이 이끄는 바소토족은 방목지와 경작지를 두고 오라녀 자유국과 경쟁했는데 잠식해 들어오는 보어인에 맞서 오랫동안 성공리에 저항했다. 그러나 1860년대 중반에 모슈웨슈웨의 권력은 쇠퇴하고 보어인의 세력은 성장했으며, 싸움이 치열해지면서 보어인이 우세를 차지했다. 모슈웨슈웨는 영국에 보호를 요청했으나 영국의 협상자들은 성공하지 못했고, 오라녀 자유국은 1866년에 타바보시우 조약으로 바수톨란드(레소토 왕국)의 대부분을 획득했다. 1867년에 또다시 싸움이 벌어졌으나, 바소토족이 완전히 몰락할 즈음 서 필립 에드먼드 우드하우스(1811~87) 남아프리카 고등판무관 겸 케이프 식민지 총독은 오라녀 자유국에 탄약 공급을 중단하고 바수톨란드를 병합했다.

바소토족 총포 전쟁, 1880~81
Basotho Gun War, 1880~81

남아프리카 바소토족 족장들은 영국인에게 보호를 요청하여 보어인에 대항하려 했지만(○ 바소토족 전쟁), 부족의 권력까지 넘겨 줄 생각은 없었다. 그래서 무기의 보급에 놀란 영국이 바소토족에게 무장을 해제하라고 명령하자 반란이 일어났고 많은 사상자가 발생했다. 1881년 말 교착상태에 빠진 양쪽은 영국의 서 허큘리스 로빈슨(1824~97) 남아프리카 고등판무관 겸 케이프 식민지 총독의 중재를 받아들였다. 로빈슨은 바소토족에게 총포를 등록하고 보유 면허를 받되 배상금을 지불하라고 결정했다. 그러나 정부군이 철수했기에 케이프 식민지의 체면을 세워주는 이 조치는 시행될 수 없었다.

바스크 독립 전쟁, 1968?~
Basque War for Independence, c. 1968~

에스파냐와 프랑스의 국경을 이루는 피레네 산맥 서쪽에 거주하는, 기원이 모호한 독특한 종족인 바스크족은 제2차 카를로스파 전쟁(○ (제2차) 카를로스파 전쟁) 뒤 잃었던 자치를 되찾고자 오랫동안 노력했다. 에스파냐 독재자 프란시스코 프랑코(1892~1975)는 바스크 독립운동을 분쇄하려 애썼지만 1959년에 과격한 민족주의 정당 '바스크 조국과 자유 ETA'가 수립되어 정치와 문화에서 바스크인의 독립을 확보하려고 하면서 바스크 독립운동이 되살아났다. 1970년 말 바스크 민족주의자들 몇몇이 1968년에 경찰을 살해한 일로 재판을 받았다. 선고가 내려진 뒤 널리 이의가 제기되어 감형이 이루어졌다. 다양한 바스크 투사들이 에스파냐 당국에 맞서 폭력 운동을 전개했는데, 부유한 기업가들은 이들의 목적에 반대했다. 1979년 테러리스트들은 마드리드의 공항과 철도역에서 폭탄을 터뜨렸으며, 1981년에는 레모니스 원자력발전소의 기사장을 납치하여 살해했다. 1987년에는 바르셀로나의 혼잡한 시장에서 폭발물을 터뜨렸으며, 1995년 말에는 마드리드와 발렌시아, 레온에서 다시 폭탄을 던졌다. 에스파냐와 프랑스 당국은 상호 협력하여 ETA 투사들을 체포하려 했다. 1989년 초 호수 테르네라라고도 알려져 있는 바스크 지도자 호세 안토니오 우루티코에체아 벤고에체아(1950~)가 프랑스의 바욘에서 체포됐고, 1992년에 같은 장소에서 다른 ETA 지도자들도 체포됐다. 그러나 바스크 과격파는 1995년과 1996년에 납치와 살인, 폭파를 계속했고, 이에 정부의 태도는 강경해졌다. ETA의 독립운동은 주로 바스콩가다스라고 부르는 에스파냐 북부의 바스크 지방에 속한 4개

주 즉 알라바 주, 기푸스코아 주, 비스카야(비스케이) 주, 나바라 주에서 지속됐고, 인접한 프랑스 서남부의 피레네자틀랑티크 도(導)를 계속해서 바스크의 안전한 피난처로 삼았다. 1998년 9월 12일 리사라-가라시 협정이 체결됐다. 6일 뒤 ETA는 일방적으로 무기한 휴전을 선언했고, 폭력을 비난했으며, 정치적 방식으로 독립국가를 수립하려 했다. ETA는 1998년 10월 25일 선거로 구성된 새로운 바스크 자치공동체 의회에 진입했다. 1999년 3월 프랑스는 파리에서 ETA의 군사 최고 지도자를 포함하여 6명을 체포했다. 에스파냐에서는 바스크 분리주의자 9명이 체포됐다. 1999년 말에 새로운 에스파냐 정부가 협상자 1명을 포함하여 66명의 ETA 협력자를 체포하면서 휴전이 종결됐다. ETA는 관광지를 공격하며 단계적으로 투쟁의 강도를 높였다. 2001년 8월 에스파냐 정부와 비폭력을 옹호한 바스크민족당 PNV이 합세하여 ETA의 무기를 빼앗고 몇몇 활동가를 체포했다. 후안 호세 이바레체 마르쿠아투(1957~)가 지도하는 바스크 자치공동체는 이미 상당한 자치를 누렸으나, 이바레체는 앞서 합의된 대로 사회보장과 고용, 인력 양성에서 더 많은 통제권을 원했다. 에스파냐 정부는 새로운 경제협정을 고려하겠다고 약속했지만 완전한 독립은 논의하지 않았다. PNV는 ETA의 정치 부문인 바타수나(통합)당의 금지에 반대했고, 이 때문에 당 내부에 상당한 분열이 생겼다. 2004년 3월 의회 선거 전 ETA는 사망자를 낸 일련의 폭파사건을 주도한 혐의로 비난을 받았으나 이는 부당했다. 그해 말 ETA의 최고위 지도자 몇 사람이 체포됐다. 2005년 1월 PNV는 민족자결에 관한 주민투표에서 큰 지지를 받았으나, 새로이 집권한 에스파냐사회주의노동당 PSOE 정부는 이를 거부했다. 2005년 5월 초 정부는 ETA를 평화회담에 참석시키자는 제안을 수용했다. 5월 25일 ETA가 마드리드에서 대규모 차량 폭탄 테러를 감행하여 52명이 부상을 당했다. 에스파냐 정부가 바스크의 자치 확대에 관한 회담을 제안하자 2006년 3월에 ETA는 휴전을 선언했다. 이 싸움으로 800명이 넘는 사람이 목숨을 잃었다.

바시 학살, 1562
Massacre at Vassy, 1562

프랑스 프로테스탄트(위그노)는 가톨릭 수호자인 귀족 기즈 가문에 지배당한 왕 프랑수아 2세(1544~60)의 탄압을 끝내려고 앙부아즈 궁전 음모를 꾸몄으나 실패했다(1560). 이로써 가톨릭교도와 프로테스탄트 사이의 지독한 싸움은 더욱 악화됐다. 모반을 꾀했던 위그노는 앙부아즈 궁전에서 왕을 납치하고 기즈 가문의 지도자들을 체포하려 했으나 실패한 뒤 체포되어 교수형에 처해졌다. 그러나 프랑수아 2세가 사망하면서 기즈 가문은 권력을 잃었다. 섭정 모후 카트린 드 메디시스(1519~89)는 내전을 피하려고 1월 칙령을 공포하여(1562) 일정한 지역 안에서 제한적이나마 프로테스탄트에게 관용을 베풀었다. 1562년 3월 1일 기즈 공작 프랑수아 1세(프랑수아 드 기즈, 1519~63)는 위그노가 법을 위반했다고 주장하며 열성당원들에게 바시에 모여 예배하는 프로테스탄트를 향해 총격을 가하라고 명령했다. 이 위법한 폭력 행위로 무고한 많은 사람이 살해됐으며 제1차 종교 전쟁이 촉발됐다(**○** (제1차) 종교 전쟁).

바오로스파 전쟁, 867~872
Paulician War of 867~872

○ 파울로스파 전쟁, 867~872

바운티 호의 폭동, 1789
Bounty Mutiny, 1789

영국의 무장 수송선 바운티 호는 태평양의 타히티 섬으로 파견되어 빵나무 묘목을 싣고 영국령 서인도제도로 가게 됐다. 빵나무 묘목은 그곳에서 일하는 흑인 노예들의 식량 공급원으로 재배할 예정이었다. 1789년 4월 28일 타히티 섬에서 되돌아오던 길에 바운티 호의 선원 44명 중 19명이 플레처 크리스천(1764~93) 항해사의 지휘로 윌리엄 블라이(1754~1817) 선장에 반기를 들어 폭동을 일으켰고 배를 장악했다. 블라이는 1778년에 영국인 탐험가 제임스 쿡이 마지막 탐험 여행을 떠났을 때 항해장으로 동행했던 사람이었다. 블라이와 그에게 충성했던 18명의 선원은 약간의 음식과 함께 갑판이 없는 작은 배에 태워져 표류하던 중 거의 6,701킬로미터나 항해한 끝에 동인도제도(오늘날의 말레이 제도)의 티모르 섬에 도착했다. 해도도 없이 47일 동안이나 표류하면서 살아남을 수 있었던 것은 오로지 블라이의 항해 경험과 항해술 덕이었다. 크리스천의 지휘를 받아 폭동을 일으켰던 자들의 일부는 남태평양의 핏케언 섬에 상륙하여 식민지를 건설했고, 나머지는 뒷날 체포되어 투옥되거나 사형됐다.

바울파 전쟁, 867~872
Paulician War of 867~872
◐ 파울로스파 전쟁, 867~872

바이에른 계승 전쟁, 1778~79
War of the Bavarian Succession, 1778~79

바이에른 선제후 막시밀리안 3세 요제프(1727~77)가 사망하여 비텔스바흐 가문의 한 지파가 남성 계승자가 없어서 소멸하자 바이에른 공작 지위는 팔츠 선제후 카를 테오도르(1724~99)에게 넘어갔다. 카를 테오도르는 합당한 이유도 없이 신성로마제국 황제 요제프 2세(1741~90)와 조약을 체결하여 니더바이에른을 오스트리아에 할양했다. 프로이센 왕 프리드리히 2세(1712~86) '대왕'은 이처럼 오스트리아의 국력이 증강되는 것을 용납하지 못했고 군대를 동원하여 1778년 7월에 보헤미아를 침공했다. 그리하여 두 나라가 충돌했으나, 전쟁에서는 적극적으로 교전에 나서지 않고 식량을 징발하는 데만 골몰했던 굶주린 병사들이 더 눈에 띄었다. 그래서 '감자 전쟁'이라는 별칭이 생겼다. 1779년의 테셴 조약으로 카를 테오도르의 통치권이 인정됐고, 오스트리아는 인 강을 따라 펼쳐진 세모꼴의 비옥한 땅덩어리를 제외한 나머지에 대해서는 권리 주장을 철회했다.

바이에른 전쟁, 1503~04
Bavarian War of 1503~04

비텔스바흐 가문의 바이에른-란트슈트 공작 부유공 게오르크(1455~1503)가 죽자 바이에른을 지배하려는 삼파전이 촉발됐다. 바이에른은 당시 온갖 공작들이 경쟁하며 번갈아 통치하던 지역이었다. 전통에 따르자면 란트슈트 영지는 비텔스바흐 가문 중에서 바이에른-뮌헨 공작 알브레히트 4세(1467~1508)가 지배하는 분파로 넘어가야 했으나, 여러 분파가 서로 다투었고 아들이 없던 게오르크는 영지를 딸과 사위(팔츠 선제후의 아들)에게 물려주었다. 뮌헨 분파가 법적인 조정을 거쳐 이득을 얻었으나, 팔츠 선제후는 불만을 품고 군대를 모았다. 신성로마제국 황제 막시밀리안 1세(1459~1519)는 법적 판결의 효력을 보장하려고 제국 군대를 파견했으며, 이를 지지하는 독일 귀족들이 황제의 군대에 합류했다. 이따금 중단됐던 전투는 1504년 예정된 상속자들이 갑자기 사망하면서 끝나버렸다. 나머지 사람들 모두가 승리한 셈이 됐다. 막시밀리안 1세는 모두가 탐내던 땅을 조금 얻었고, 팔츠 선제후는 두 지역을 얻어 위안을 받았으며, 알브레히트 4세는 가장 큰 땅을 얻었지만 한편으로는 바이에른을 통합하여 지배하는 것이 실현할 수 없는 꿈이라는 점을 확인했다.

바이킹의 러시아 침입, 825?~907
Viking Raids in Russia, c. 825~907

전사이자 상인이었으며 자신들을 루스Rus라고 불렀던 스웨덴 바이킹은 9세기 초 발트 해 동부를 침입했다. 860년에서 862년 사이 스웨덴의 반≠전설적인 지도자 루리크(830?~879?)는 침입한 것인지 슬라브족의 초대에 응한 것인지 정확히 알 수는 없으나 노브고로트를 점령하고 라도가 호수 인근에 교역소를 세웠다. 스웨덴 바이킹은 강을 따라 습격도 하고 교역도 하면서 남쪽으로 퍼져나갔다. 882년 바이킹은 루리크의 계승자인 올레크 체르니고프(912?년 사망)의 지휘로 키예프를 점령하여 루스(지역 이름)의 북부와 남부를 통합했다. 907년 올레크 체르니고프는 드네프르 강을 따라 대규모 선단을 이끌고 흑해로 들어가 콘스탄티노플(오늘날의 이스탄불)을 침공했고 큰 전투 없이 루스 상인에게 매우 유리한 조약을 얻어냈다. 비잔티움 제국 사람들이 바랑고이라고 불렀던 루스의 상당수가 비잔티움 제국 황제의 바랑고이 친위대에 들어갔다.

바이킹의 맨 섬 정복, 1079
Viking Conquest of Man, 1079

1079년 아일랜드 해의 맨 섬 스카이힐에서 바이킹 최후의 대규모 침입이 있었다. 맨 섬은 800년대 초부터 침입을 받았고 1079년에 더블린의 스칸디나비아인들의 지배를 받았지만, '스카이힐' 때문에 섬은 노르웨이의 속령이 됐다. 앞서 바이킹은 고드레드 크로반(1095년 사망)의 지휘를 받아 두 차례 맨 섬 주민들을 무찌르려 했으나, 스카이힐에서 승리한 뒤에야 섬을 지배할 수 있었다. 바이킹은 1266년까지 섬을 지배하다 스코틀랜드 귀족들에게 팔아버렸다.

⊙ 바이킹의 침입

바이킹의 북해 침입, 800?~994
Viking Raids in the North Sea, c. 800~994

노르웨이 왕들은 스코트족의 섬들(맨 섬, 오크니 제도, 셰틀랜드 제도, 아우터헤브리디스 제도와 이너헤브리디스 제도)을 800년 전후, 아니면 조금 더 이른 시기에 침입했던 것으로 보인다. 바이킹은 이 섬들을 기지로 삼아 825년까지는 수도원을 공격했고 이후로는 아일랜드와 스트래스클라이드를 습격했다 (**⊙ 바이킹의 아일랜드 침입**). 870년대에 오크니 제도에 노르웨이의 백작령이 설치됐고, 이 백작령을 기지로 스코트족의 본토에 습격이 이루어진 1057년에 가서야 노르웨이인들은 케이스네스와 머리를 지배하게 됐다. 994년 울라브 트뤼그바손(울라브 1세, 960년대~1000) 왕이 이끄는 노르웨이의 공격으로 오크니 바이킹은 강제로 그리스도교로 개종했다. 초기 정착민이었던 오크니 바이킹은 뒷날 다른 바이킹의 아일랜드와 잉글랜드 원정에서 전사로 활약했다.

바이킹의 브루난버 패배, 937
Viking Defeat at Brunanburh, 937

더블린 바이킹의 수장인 울라브 3세 거트프리트선(암라이브 맥 고프레이드, 941년 사망)은 데인로 동북부의 반환을 요구하는 앵글로색슨족에 대항하고자(**⊙ 바이킹의 잉글랜드 침입, 후기**) 스코트족 전사들과 스트래스클라이드의 브리턴족에 합세하여 잉글랜드 왕 애설스탠(893/894~939)을 권좌에서 내쫓으려 했다. 울라브 3세의 연합군은 잉글랜드를 침공하여 애설스탠이 927년에 점령한 요크를 되찾았으며, 미들랜드로 진격하여 브루난버에서 잉글랜드의 전사들과 마주쳤다. 2일간의 전투에서 공격군은 왕 5명과 아일랜드인 백작 7명을 잃었다. 울라브 3세는 잉글랜드인들에 패했으나 탈출하여 939년에 요크를 탈환했다. 애셜스탠이 잉글랜드에서 헤게모니를 확고히 장악할 수 있게 했던 이 승리는 아이슬란드 사가*와 『앵글로색슨 연대기*Anglo-Saxon Chronicle*』에서 시가詩歌로 찬양되어 있다.

* Saga. 10~12세기의 구전 설화들을 12~14세기에 기록한 북유럽 전통 산문문학.

바이킹의 아일랜드 침입, 795~1014
Viking Raids in Ireland, 795~1014

기록에 남아 있는 바이킹 최초의 아일랜드 해안 마을 침입은 795년 오크니 제도와 셰틀랜드 제도의 노르웨이인들이 벌인 것이었다. 습격의 횟수는 늘어났고, 특히 830년대에 심했는데 반半전설적인 투르게이스(투르게시우스, 845년 사망)가 아마와 얼스터, 카노트, 메이스를 침략했고, 837년에는 리피 강 상류로 거슬러 올라갔다. 그 뒤 바이킹은 비록 해안 지역에 국한된 것이지만 정착민이 되어 요새화된 정박지들을 건설하고 목축 생활을 하는 아일랜드인들에게 도시 생활을 전파했다. 841년에 건설된 더블린은 853년에 노르웨이인의 작은 왕국이 됐다. 워터퍼드와 웩스퍼드, 위클로, 리머릭에 다른 정박지들도 건설됐다. 바이킹은 그런 정박지를 기지로 삼아 스트래스클라이드와 머시아, 노섬브리아를 공격했다. 1014년 브라이언 보루(941?~1014)가 이끄는 아일랜드 군대가 더블린 인근 클론타프에서 덴마크 바이킹을 무찔렀다. 브라이언 보루는 전사했다. 바이킹은 아일랜드인들에게 더블린을 빼앗겼지만 1170년에 잉글랜드인들이 더블린을 점령할 때까지 계속 머물렀다.

바이킹의 앵글로색슨 왕국 침입, 871~896
Viking Raids into the Anglo-Saxon Kingdoms, 871~896

'전투의 해'였던 871년 앵글로색슨족은 애시다운에서 덴마크 바이킹에 승리를 거두면서 결의를 더욱 굳게 다졌다. 바이킹의 두 군대, 즉 이스트앵글리아 군대와 덴마크의 새로운 군대가 그레이트브리튼 섬 동부를 휩쓸고 레딩에 정착했다. 웨식스로 이동하던 바이킹은 애셜레드 1세(871년 사망)와 앨프레드(848/849~899)의 군대에 막혀 밀려났다. 웨식스 지도자들이 레딩의 바이킹 기지를 공격했으나 큰 손실을 입고 쫓겨났다. 승패를 결정짓지 못한 작은 교전이 이어졌고, 이제 왕이 된 앨프레드가 윌턴 인근에서 공격했다. 데인족은 퇴각하는 척하며 적을 끌어들인 뒤 승리를 거두었고, 앨프레드 대왕은 휴전을 얻어내기 위해 거액의 데인겔드*를 지불했으나, 데인족은 휴전을 어기고 872년에 머시아를 점령한 뒤 그레이트브리튼 섬 서남부를 침입했다. 878년 데인족이 앨프레드의 본부인 치퍼넘을 급습하고 웨식스 왕국을 휩쓸었으며, 앨프레드는 도피하여 총동원령을 내렸다. 그해 말 에선던(오늘날의 에딩턴) 전투에서 앨프레드는 결정적인 싸움에 임했다. 앨프레드의 군대는 전장에서 데인족을 몰아낸 뒤 치퍼넘까지 추적하여 포위공격에 성공했다. 885년 앨프레드는 켄트의 침입을 격퇴했으며 런던을 되찾았고 모든 앵글로색슨족의 잉글랜드를 지배하는 통치자가 됐다. 앨프레드는 웨드모어 평화조약을 강요하여 데인족에게서 웨식스와 데인로 지역 사이의 경계를 존중하겠다는 약속을 받아냈다. 892년부터 896년까지 잉글랜드는 유럽의 데인족으로부터 공격을 받았으나 대체로 평화로웠다.

◑ 바이킹의 잉글랜드 침입, 후기

* 데인족의 약탈을 막기 위해 거둔 세금.

바이킹의 잉글랜드 침입, 전기(793~870)
Viking Raids in England, Early(793~870)

기록에 남아 있는 바이킹 최초의 잉글랜드 침입은 노르웨이 바이킹이 린디스판 수도원을 파괴한 것이었다. 치고 빠지는 전술에 살인이 동반된 공격이었던 린디스판 수도원 습격은 유사한 형태로 이루어졌던 웨어머스와 재로, 아이오나를 겨냥한 침입의 전조였다. 노르웨이인들은 스코트족의 섬들에 서둘러 기지를 세운 뒤로는(◑ 바이킹의 북해 침입) 침입하는 일 없이 비교적 평화로운 시절을 허용했으나, 835년에 데인족 바이킹이 템스 강의 셰피섬을 습격했다. 데인족이 모두 참전한 네 차례의 중요한 전투가 이어졌다. 837년 힝스턴다운과 콘월에서 브리턴족이 바이킹의 도움을 받아 반란을 일으키자 웨식스의 색슨족이 처음으로 싸움에 말려들었다. 웨식스의 에그버트(775?~839) 왕이 콘월을 진압하고 병합했다. 바이킹은 템스 강의 새닛 섬에서 겨울을 난 뒤 851년에 애클리아를 공격했으나 앨프레드(848/849~899) 왕의 아버지 에설울프(858년 사망)에게 패했다. 웨식스는 앵글로색슨 7왕국 중 가장 강력한 왕국이 됐다. 865년 이스트앵글리아에 기병을 포함하는 소규모 군대의 새로운 바이킹이 정착했는데, 866년 노섬브리아는 이들의 싸움터가 됐다. 이스트앵글리아의 정착민들은 노섬브리아가 내란을 겪는 동안 요크에 진입하여 서로 싸우던 두 왕을 물리치고 살해했으며 브리튼 북부에서 앵글로색슨족의 세력을 제거했다. 4년 뒤에는 학선(오늘날의 미드서퍽)에서 이스트앵글리아 왕 에드먼드(840/841?~869/870)를 무찌른 뒤 그리스도교를 포기하지 않는다는 이유로 참수했다. 잉글랜드의 3분의 1 이상이 데인족의 수중에 떨어졌다.

바이킹의 잉글랜드 침입, 후기(899~1016)
Viking Raids in England, Later(899~1016)

899년 이후 왕 앨프레드(848/849~899)의 계승자들은 조금씩 데인로 지역을 회복했다. 에드워드(870?~924)는 902년에 이스트앵글리아에서 패한 뒤 910년에 테튼홀에서 노섬브리아의 데인족을 무찔렀다. 918년 에드워드의 군대는 템스퍼드를 침입하여 통치자를 살해하고 이스트앵글리아에서 모든 저항을 끝내버렸다. 927년 앵글로색슨은 요크를 탈환했으며 937년에 다시 바이킹의 공격을 받았다(**○ 바이킹의 브루난버 패배**). 980년 바이킹이 특히 런던 인근에서 맹렬하게 공격을 재개했다. 바이킹 습격대는 전문성을 더하고 숫자도 늘려 변화된 모습을 보여주었으며, 허약한 왕 애설레드 2세(965?~1016) 치세 때 잉글랜드는 공격을 견딜 수 없었다. 애설레드 2세는 데인겔드*의 액수를 늘려 공격을 막으려 했으나, 그렇게 넘어간 자금은 추가 공격의 비용이 됐을 따름이다. 991년 노르웨이인들은 몰던 전투에서(「몰던 전투 The Battle of Maldon」라는 앵글로색슨의 옛 시에 설명되어 있다) 승리했고, 애설레드 2세는 2만 1천 파운드의 데인겔드를 납부한 뒤 노르망디로 도주했다. 994년 데인족은 런던을 공격했으나 실패했고, 1002년 다시 공격하여 중량 2만 4천 파운드인 데인겔드를 받아갔다. 애설레드 2세는 잉글랜드 왕국에 거주하는 모든 데인족을 살해하라고 명령하여 복수했다. 1011년 캔터베리가 습격을 받아 대주교가 살해됐다. 1015년 덴마크의 크누드(995?~1035) 대왕이 잉글랜드를 침공했다. 그러나 애설레드 2세는 1016년에 사망했고, 에드먼드 아이언사이드(에드먼드 2세, 989?~1016)가 왕위를 계승하며 전쟁도 이어받았다. 1016년 에드먼드는 크누드와 싸웠고 펜과 애선던(애싱턴)에서 패했다. 크누드는 데인로와 머시아를 되찾았으나, 한 달 뒤 에드먼드는 사망했고 잉글랜드는 1042년까지 데인족의 나라가 됐다.

* 데인족의 약탈을 막기 위해 거둔 세금.

바이킹의 침입, 800?~1016?
Viking Raids, c. 800~c. 1016

200년 이상 유럽의 생활은 약탈자의 침입으로 혼란에 빠져 있었다. 특히 해안에서 가까운 곳과 배가 들어갈 수 있는 강가에 거주하는 사람들이 큰 피해를 입었다. 북해의 셰틀랜드 제도에서 이탈리아의 피사까지 아무런 경고도 없이 선단이 출현하여 도끼와 검으로 무장한 노르웨이인이나 덴마크인, 스웨덴인을 수백 명씩 쏟아내곤 했다. 침략자들은 교회나 수도원, 주변 마을을 덮쳤고, 강탈과 파괴, 살인을 자행했으며 외부에서 지원군이 도착하기 전에 떠났다. 공격은 맹렬했고 신속했으며 빈번했다. 아이오나 수도원처럼 부유한 수도원은 몇 년에 걸쳐 복구해놓으면 다시 공격을 받곤 했다. 한편 바이킹이 템스 강이나 센 강 같은 큰 강의 하구에서 겨울을 난 뒤 대규모로 공세하는 것이 이롭다는 것을 깨달은 뒤에는 도시도 안전하지 못했다. 파리와 아헨(엑스라샤펠), 세비야, 쾰른 등의 도시가 여러 차례 포위공격을 받아 약탈당했다. 주거지 둘레에 성벽을 쌓거나 방어용 성을 건설하든 보호 명목의 세금을 내든 그 어떠한 것도 바이킹의 침입을 막을 수 없는 것 같았다. 갑옷을 입은 카롤루스(샤를마뉴, 742?~814) 대제의 기사들도 약탈자 앞에서는 속수무책이었다. 바이킹 스스로 파괴와 약탈에서 식민지 건설과 교역으로 목표를 바꾼 뒤에야 상황이 그쳤고, 이러한 변화는 유럽의 역사에 심대한 영향을 끼쳤다.

바이킹의 프랑스 침입, 전기(799~886)
Viking Raids in France, Early(799~886)

바이킹 침략자들은 799년에 처음으로 프랑크 왕국을 공격했다. 침입은 프리시아(프리슬란트)가 공격당한 810년까지 이어졌고, 그때 카롤루스(샤를마뉴, 742?~814) 대제는 동북부 해안에 방어시설을 건설했는데 그 덕에 820년에는 센 강의 하구에서 노르웨이 선단을 효과적으로 격퇴했다. 덴마크 바이킹은 834년에 처음으로 프리시아와 도레스타드에 출현했고, 카롤루스 대제가 죽은 뒤 약해진 프랑크 왕국은 덴마크인의 공격을 막아낼 수 없었다. 836년 안트베르펀과 누아무티에 섬이 불에 탔다. 그 뒤 대규모 침입과 약탈이 이어졌는데, 841년에 루앙, 842년에 캉토비크(오늘날의 라칼로테리)가 당했다. 842년 노르웨이 전사들이 배 67척을 타고 루아르 강에 진입하여 낭트를 습격하고 사람들을 잡아갔으며 누아무티에 섬 인근에 정착했다. 845년 라그나르 로드브로크가 덴마크 바이킹 선단 120척을 이끌고 센 강으로 진입했다. 대머리왕 카롤루스(카롤루스 2세, 823~877)는 강 양안에 프랑크 군대를 주둔시켰다. 라그나르의 군대가 공격하여 승리를 거두었고, 북유럽 신화의 주신主神 오딘(보덴)에게 영광을 돌리기 위해 프랑크족 111명의 목을 매달았으며 13번에 걸쳐 받을 데인겔드*의 첫 번째 분납금을 거두었다. 857년 라그나르의 아들이 파리를 공격했는데, 공격이 끝난 뒤 남은 것이라고는 교회 4개뿐이었다. 프랑크족은 두 가지 새로운 방어 방법을 알게 됐다. 하나는 도시를 요새로 만드는 것이고 다른 하나는 바이킹에게 데인겔드를 뇌물로 주어 자기들끼리 싸우도록 하는 것이었다. 861년 은화 5천 파운드를 받은 데인족들이 누아무티에 섬에서 노르웨이인들을 내쫓았다. 요새로 바뀐 파리는 885년과 886년에 약 700척의 배를 타고 와 포위공격을 한 바이킹 4만 명에 맞서 11개월을 버텼다. 결국 뚱보왕 카롤루스(카롤루스 3세, 839~888)가 바이킹 지도자 시그프리드와 신리크에게 은 700파운드를 주어 부르군트의 프랑크족 반란을 진압하게 했다.

* 데인족의 약탈을 막기 위해 거둔 세금.

바이킹의 프랑스 침입, 후기(896~911)
Viking Raids in France, Later(896~911)

896년에 빈손으로 잉글랜드를 떠난 바이킹 중에는(◐ 바이킹의 앵글로색슨 왕국 침입) 롤로라는 이름으로 더 잘 알려진 '걸어다니는 흐롤프Gonger Hrolf(846?~931?)' 휘하의 데인족도 있었다. 1대 오크니 백작의 아들로 노르웨이인이었던 롤로는 고향으로 돌아가지 않고 센 강과 루아르 강 사이의 프랑스를 습격했다. 900년 이후 롤로의 군대는 프랑스에 정착하여 식민지를 건설했다.

이들은 습격을 멈추지 않았다. 910년에 롤로는 파리와 샤르트르를 공격했다가 실패했다. 911년 단순왕 카롤루스(샤를 3세, 879~929)는 바이킹 영토의 동쪽 경계에서 롤로와 만나 생클레르쉬르렙트 조약을 체결하여 별명과는 다른 인물이었음을 입증했다. 롤로와 그의 수하들은 카롤루스에게 충성을 맹세하는 대가로 정착지를 할양받았다. 침략자들은 다른 바이킹의 침입으로부터 영토를 보호하기로 서약하여 사냥터지기로 변신했다. 911년 로베르라는 이름으로 세례를 받은 롤로는 노르망디 공작 로베르 1세가 됐고, 바이킹의 다음 대침입은 1066년 노르망디에서 시작됐다.

○ 노르만의 정복 ; 바이킹의 맨 섬 정복

바테텔라족* 봉기, 1895~1900
Batetelan Uprisings, 1895~1900

1885년 벨기에 왕 레오폴 2세(1835~1909)는 국제사회로부터 적도 아프리카의 신생국 콩고 자유국(콩고 민주공화국)의 수장으로 승인을 받았다. 레오폴 2세는 그 광대한 영역을 개인 영지로 여겼으며, 행정관들은 흑인 원주민을 잔혹하고 거칠게 다루기로 유명했다. 1895년 콩고 자유국의 로마니 강과 룰루아 강 지역에 거주하는 호전적인 원주민 전사 부족 바테텔라족이 엄격한 벨기에인 주인들에 맞서 봉기를 일으켰으나 곧 진압됐다. 2년 뒤 바테텔라족은 다시 반란을 일으켜 콩고 자유국 동부의 넓은 지역을 지배했다. 바테텔라족은 진격해 들어오는 프랑수아 다니(1861~1909) 남작의 벨기에 군대에 맞서 3년 동안 격렬히 저항했다. 벨기에는 마침내 반란군과 그 완강한 지도자들을 진압할 수 있었다(1900년 10월). 벨기에는 1908년에 의회가 법을 통과시켜 콩고 자유국를 합병했고 콩고 자유국은 벨기에령 콩고가 됐다.

* 바테텔라족은 테텔라족(tetela)이라고도 한다.

바흐만 술탄국 내전, 1490?~1512
Bahmani Civil War, c. 1490~1512

한때 델리 술탄국이 통치했던 인도의 거대한 지역은 바흐만 술탄국의 마지막 술탄 시하브 웃 딘 마흐무드(마흐무드 4세, 재위 1482~1518) 때 분열하기 시작했다. 원인은 옛 튀르크족 귀족들과, 아프가니스탄과 페르시아에서 새로 술탄 정부에 들어온 이주자들이 경쟁했기 때문이었다. 이는 바흐만 술탄국이 본래 수니파였던 데 반해 이주자들은 시아파였기 때문에 본질적으로 종파 간 대립이었다. 처음에 내전은 술탄의 명령을 무시하는 태만 행위 따위에 그쳤으므로 공공연한 전쟁은 아니었다. 군사작전은 효과가 없었고 결국 중단됐다. 1490년경 술탄에 반대하는 귀족들과 지방 통치자들은 어느 정도 독립성을 획득했고, 결국 비자푸르 술탄국, 베라르 술탄국, 아메드나가르 술탄국을 수립했다. 바흐만 술탄국의 통제에서 마지막으로 이탈한 지역 통치자는 쿨리 쿠트브 울 물크샤(쿠트브 샤, 1543년 사망)로 골콘다에 쿠트브 샤 왕조를 세우고 독립 술탄국을 선포했다(1518). 수니파가 아니라 시아파였던 쿨리 쿠트브 울 물크샤는 골콘다를 데칸 고원에서 최초의 시아파 왕국으로 만들었고 그 사실을 숨기지 않았다. 저항은 거의 없었고 골콘다는 1518년에 이전 바흐만 술탄국을 계승한 여러 왕국의 하나가 됐다. 1687년 골콘다는 무굴 제국에 통합됐다(○ 마라타 왕국-무굴 제국 전쟁).

바흐만 술탄국-델리 술탄국 전쟁, 1346~47
Bahmani-Delhi Sultanate War, 1346~47

델리 술탄국의 투글라크 왕조 제2대 술탄 무함마드(재위 1325~51)는 인도의 권력을 중앙에 집중하려 했으나 이런 노력은 비참한 결과를 초래했다. 무함마드는 남인도를 확고하게 지배하려다 북부에서 지배권을 상실했고, 결국 남부에서도 권위를 잃었다. 1327년 술탄은 이슬람교 속주를 새롭게 창설하여 이전에 야다바 왕조의 수도였던 데오기리(오늘날의 다울라타바드)를 다울라타바드로 개명하여 주도로 삼았고 델리의 주민들을 강제로 이주시켰다. 새로운 주민들은 힌두교 지역에서 이슬람교도 소수집단으로 지내는 것이 힘겹다는 사실을 알고 델리의 통치에 저항했다. 이는 1347년에 반란으로 이어졌다. 그해에 하산 강구는 알라 웃 딘 바흐만 샤로서 바흐만 술탄국을 수립했고 1358년까지 통치했다. 델리가 파견한(1347) 군대는 바흐만 샤를 폐위하지 못하고(1334~35년의 마두라이 반란 때처럼) 북쪽으로 철군했다. 바흐만 샤의 지휘로 이슬람교도는 데칸 고원 서부 지역을 확고하게 지배했으며, 와랑갈을 속국으로 만들었다. 171년(1347~1518)에 걸친 바흐만 술탄국의 역사는 대부분 힌두교 왕국들, 특히 강력한 비자야나가르 왕국과 대결한 전쟁의 역사였다(**◑ 비자야나가르 왕국-바흐만 술탄국 전쟁**).

박차拍車 전투
Battle of the Spurs

제1차 박차 전투(1302)* 잉글랜드의 '키다리왕' 에드워드 1세(1239~1307)는 1207년에 체결된 플랑드르(플란데런) 교역 동맹의 일환으로, 프랑스의 '미남 왕' 필리프 4세(1268~1314)가 1301년에 병합한 땅으로 군대를 보냈다. 잉글 랜드 군대는 필리프 4세가 플랑드르를 굴복시키려고 파견한 군대와 빈번히 대결했으나 대체로 의미 있는 결과를 낳지 못했다(**◑ 잉글랜드-프랑스 전쟁, 1300~03**). 그러나 1302년에는 플랑드르의 요새 도시 브뤼허에서 온 군대 가 잉글랜드의 도움을 받아 7월 11일에 코르트레이크 근처에서 프랑스 군 대와 마주쳐 프랑스군을 완패시켰다. 전투가 끝났을 때 학살당한 프랑스 기사들로부터 빼내어 큰 무더기로 쌓아놓은 황금 박차拍車는 승리의 상징이 됐고, 여기에서 전투는 박차 전투라는 이름을 얻었다. **제2차 박차 전투(1513)** 잉글랜드 왕과 프랑스 왕은 오랫동안 서로 반목했는데, 잉글랜드 왕 헨리 8세(1491~1547)는 그런 관계를 이어받았다. 헨리 8세는 용기를 증명하고 싶 은 욕구와 존중받는 유럽의 강자가 되려는 욕망에 이끌려, 프랑스에 대적 하여 결성된 교황 율리오 2세(1443~1513)의 신성 동맹에 합류했다(**◑ 신성 동 맹 전쟁**). 헨리 8세는 에스파냐가 나바라 지역에서 싸우는 동안 바욘 인근에 서 군대를 훈련시켰다. 헨리 8세는 해전에서 패했고 기엔을 되찾으려 했으 나 뜻을 이루지 못했다(**◑ 백년 전쟁**). 신성 동맹이 강화를 맺자 욕망을 실현 하지 못한 헨리 8세는 프랑스의 도시 두 곳을 점령했고, 1513년 8월 16일 프랑스 북부 기느가트(오늘날의 앙기느가트)에서 박차 전투를 벌였다(패배한 프랑스군이 신속히 떠났다고 해서 이런 이름이 붙었다). 이어 헨리 8세는 강화를 체결했고, 어린 여동생과 늙어가는 프랑스 왕 루이 12세(1462~1515)를 혼인 시켰으며, 승리에 만족하며 귀국했다.

* 황금 박차의 전투라고도 한다.

박트리아-시리아 전쟁, 기원전 208~기원전 206
Bactrian–Syrian War, BCE 208~BCE 206

중앙아시아 북부의 번창하는 독립 왕국 박트리아(오늘날 아프가니스탄 북부 일부와 중앙아시아 남부 일부, 파키스탄 서북부 일부)는 한때 고대 페르시아 제국의 일부였다. 기원전 208년 시리아를 지배하고 있던 셀레우코스 왕국 왕 안티오코스 3세(기원전 241?~기원전 187) '대왕'은 페르시아까지 뻗어 있는 자신의 왕국에 박트리아를 통합하려고 군대를 이끌고 동북쪽으로 원정했다. 파르티아 왕 아르사케스 3세(기원전 212~기원전 171)는 셀레우코스 왕국(시리아)의 침공에 맞섰으나 패배한 뒤 박트리아 왕 에우티데모스 1세(재위 기원전 223?~기원전 200)에게 도움을 요청했다. 박트리아·파르티아 연합군은 기원전 208년에 아리우스(하리) 강가에서 셀레우코스 왕국과 싸웠으나 패주했다. 아르사케스 3세는 안티오코스 3세와 화친을 맺고 셀레우코스 왕국의 종주권을 인정했다. 그러나 에우티데모스 1세는 군대를 이끌고 수도 박트라(오늘날 아프가니스탄의 발흐)로 돌아갔고 2년에 걸친 셀레우코스 왕국의 포위공격을 성공리에 저지했다. 안티오코스 3세는 전쟁에서 승리했지만 박트리아의 흉포한 산악 종족을 영원히 굴복시킬 수 없다는 것을 깨닫고 에우티데모스 1세와 강화를 체결했다. 에우티데모스 1세는 셀레우코스 왕국의 종주권을 인정했지만 자신의 왕국은 지켰다.

박트리아-파르티아 전쟁, 기원전 170?~기원전 160?
Bactrian–Parthian War, BCE c. 170~ BCE c. 160

알렉산드로스(기원전 356~기원전 323) 대왕이 기원전 328년에 페르시아로부터 빼앗은 박트리아(오늘날 아프가니스탄 북부 일부와 중앙아시아 남부 일부, 파키스탄 서북부 일부)는 강국으로 성장하여 기원전 256년에 독립했다. 시리아를 지배하고 있던 셀레우코스 왕국(페르시아의 헬레니즘 왕국)과 파르티아 모두 박트리아를 지배하고자 했다. 중요한 이유는 박트리아가 중국과 교역을 했기 때문이다. 기원전 167년 셀레우코스 왕국은 에우크라티데스(에우크라티데스 1세, 기원전 159년 사망)를 보내 모험을 좋아하는 박트리아 통치자 데메트리오스(데메트리오스 1세, 기원전 200?~기원전 167)와 싸우게 했다. 한편 파르티아 왕국의 미트리다테스 1세(기원전 195?~기원전 138)는 이 전투를 이용하여 박트리아의 변경을 공격했다. 에우크라티데스는 기원전 167년에 데메트리오스를 죽이고 박트리아의 통치자이자 군대 지휘관이 됐고, 파르티아는 작은 땅을 얻는 데 그쳤다. 그리고 전쟁이 끝났다.

반달족-로마의 북아프리카 전쟁, 533~534
Vandal-Roman War in North Africa, 533~534

400년대 중반 이후 게르만족의 일파인 반달족은 북아프리카를 지배했다 (**◑ 반달족의 로마 제국 침입**). 반달족은 로마 문명을 받아들인 북아프리카 주민들을 가혹하게 지배했고 자신들의 종교 이외에 다른 종교를 허용하지 않았다. 533년 비잔티움 제국 황제 유스티니아누스 1세(482?~565)는 유능한 벨리사리우스(500?~565) 장군에게 지휘를 맡겨 북아프리카로 원정대를 보냈다. 철두철미하게 로마 제국에 대항했던 반달족의 왕 겔리메르(게일라미르, 재위 530~534)는 일찍이 530년에 로마에 우호적인 사촌으로부터 왕위를 빼앗은 자였다. 유스티니아누스 1세는 이를 핑계로 반달 왕국에 간섭했다. 벨리사리우스의 군대는 반달 왕국의 수도 카르타고 인근에서 벌어진 전투에서 겔리메르의 군대를 쳐부수고 카르타고를 점령했다. 석 달 뒤 533년 12월 전투에서 완패한 겔리메르는 누미디아(대강 알제리에 해당한다)로 도주했으나 추격당하여 사로잡혔고(534년 3월), 콘스탄티노플(오늘날의 이스탄불)로 끌려갔다가 나중에 소아시아 중부의 갈라티아에 정착했다. 이 패배로 반달족은 독자적 종족으로서 존재를 마감했다.

◑ 고트족(이탈리아) 전쟁, 534~554

반달족의 로마 제국 침입, 406~533
Vandal Raids on the Roman Empire, 406~533

위틀란트(월란) 반도의 고대 게르족의 일파인 반달족은 기원전 5세기에 오늘날 독일 베를린의 동쪽에 정착했다가 3세기 초에 로마 제국의 허락을 얻어 도나우 강 유역으로 들어왔다. 한 차례 내쫓긴 반달족은 406년에 갈리아를 침공했으나 409년에 다시 히스파니아(이베리아 반도)로 내쫓겼다. 반달족은 서로마 제국으로부터 체류 허가를 받았는데도 서로마 제국 군대와 다른 게르만족인 서고트족과 작은 싸움을 벌였다. 428년 아리우스파 그리스도교도인 게이세리쿠스(게이세리크, 389?~477)가 반달족의 왕이 됐다. 429년 게이세리쿠스는 서고트족에 밀려 주민을 이끌고 북아프리카로 건너가 서로마 제국 군대를 궤멸하고 435년까지 서로마의 아프리카 영토를 대부분 장악했다. 반달족은 카르타고를 점령하여(439) 수도로 정하고 그곳을 기지 삼아 시칠리아와 이탈리아 남부를 침입했다. 서로마 제국이 반달족을 독립국가로 인정하면서(442) 잠시 침입이 중단됐다. 서로마 제국 황제 발렌티니아누스 3세(419~455)가 살해되자 그 부인이 제위를 찬탈한 페트로니우스 막시무스(396?~455)와 대적하고자 게이세리쿠스에게 도움을 요청했다. 455년 게이세리쿠스는 함대를 이끌고 테베레 강 하구로 가서 로마로 진격했다. 반달족은 도주하는 페트로니우스 막시무스를 살해하고 로마를 점령하여 15일 동안 약탈한 뒤 발렌티니아누스 3세의 부인을 인질로 삼아 카르타고로 돌아왔다. 서로마 제국은 카르타고의 반달족을 전멸시키겠다고 맹세했으나 468년 서로마 제국-반달족 전쟁에서 비참하게 패했다. 476년 비잔티움 제국 황제는 게이세리쿠스와 화친을 맺었으나, 게이세리쿠스는 여러 차례 약탈에 나서 북아프리카와 시칠리아, 사르데냐, 코르시카, 발레아레스 제도를 장악했다. 게이세리쿠스가 죽으면서(477) 반달족의 이탈리아 침입은 끝났지만, 다른 곳에서는 533년에 벨리사리우스(500?~565) 장군이 비잔티움 제국 군대를 이끌고 카르타고에서 반달족을 격파할 때까지 침입이 지속됐다(**○ 반달족-로마의 북아프리카 전쟁**). 반달족은 곧 역사의 무대에서 사라졌다.

○ 서고트족의 로마 제국 침입, 후기

반도 전쟁, 1808~14
Peninsular War, 1808~14

나폴레옹 전쟁 중 나폴레옹(1769~1821)은 오스트리아에 앞서(오스트리아도 프랑스의 지배에서 벗어나려 했다) 이베리아 반도에서 먼저 근심을 떠안았다. 이 근심은 나폴레옹의 통치가 끝나고 나서야 사라졌다. 영국의 동맹국인 포르투갈이 대륙봉쇄령(나폴레옹이 영국을 경제적으로 붕괴시키기 위해 시행한 무역 금지)을 거부하자 나폴레옹은 에스파냐를 지나 포르투갈을 침공해도 좋다는 에스파냐의 허락을 받아냈다. 그 결과 에스파냐에서 불만이 일어 1808년 카를로스 4세(1748~1819)가 퇴위하고 아들 페르난도 7세(1784~1833)가 왕위에 올랐다. 페르난도 7세는 백성들의 열렬한 환영을 받았다. 그러나 나폴레옹은 페르난도 7세에게 왕위를 아버지에게 돌려주라고 강요했다. 이에 페르난도 7세가 프랑스 황제 나폴레옹에게 자신의 권리를 양도했지만 나폴레옹이 자신의 형 조제프 보나파르트(1768~1844)를 왕좌에 앉히면서 민족 봉기를 유발했다. 영국이 봉기를 지원했다. 1808년 프랑스는 바일렌과 비메이루에서 후퇴한 뒤 리스본을 포기했다. 그때 나폴레옹이 직접 프랑스군의 지휘를 맡아 영국군을 패배 작전으로 몰아갔다. 1809년 초 영국군은 아코루냐에서 간신히 벗어났다. 그해에 프랑스가 오스트리아를 점령한 가운데, 웰링턴 공작 아서 웰즐리(1769~1852)가 지휘하는 영국군이 돌아와 포르투갈에서 프랑스군을 내쫓고 에스파냐로 침공하여 1809년 7월 28일 탈라베라 전투에서 프랑스군을 물리쳤다. 그러나 나폴레옹의 증원군이 프랑스의 우세를 회복했다. 1811년에 웰링턴의 부대는 포르투갈 변경 요새들을 하나씩 되찾았고 다시 내주지 않았다. 웰링턴의 부대는 살라망카와 마드리드로 진격했고 1812년에는 에스파냐 남부에서 프랑스군을 쫓아냈다. 웰링턴은 부르고스를 장악하는 데 실패했지만, 1813년에 비토리아에서 프랑스군에 참패를 안기고 프랑스 안까지 추격하여 바욘과 보르도를 포위한 뒤 공격했다. 이런 웰링턴의 군사작전은 동맹군의 전체적인 해방 노력과 합쳐졌다. 반도 전쟁으로 에스파냐는 잔인해졌고, 그 결과 라틴아메리카 전역에서 혁명이 폭발했다.

발슈타트(리그니츠) 전투, 1241
Battle of Wahlstadt(Liegnitz), 1241

몽골이 리그니츠(폴란드의 레그니차) 인근의 발슈타트(폴란드의 레그니츠키에폴레)에서 거둔 승리는 1200년대에 효율적인 몽골군과 기강이 해이한 유럽 군대 사이의 크나큰 대조를 전형적으로 보여주었다(○ 몽골의 유럽 침공). 몽골족은 규율이 강하고 훈련이 잘된 전사들로서 단일한 명령 계통으로 통합됐으며 정보 보고를 신중히 검토하여 세심히 계획을 세우고 이를 충실히 따랐다. 유럽의 보병은 징집된 자들로 훈련이 부족했고, 중기병重騎兵 부대의 기사들이 받은 훈련이라고는 고작 마상창馬上槍 경기가 전부였다. 협력 전투에 익숙하지 않았던 유럽인들은 통합성이 없었고 전장에서 종합적인 전술도 갖지 못했다. 1241년 4월 9일 발슈타트에서 유럽 군대는 총사령관인 실롱스크-브로츠와프 공작 헨리크 2세(1196/1207~1241)의 급조된 병력 2만 명과 군주 후계자가 이끄는 몰다비아 군대, 튜턴 기사단(독일 기사단)의 분견대 등을 포함한 유럽 군대 약 2만 5천 명 규모를 4개 부대로 나누었다. 이러한 분할에 주목한 몽골군은 '망구다이(최전방에서 적을 유인하는 결사 공격)' 전술을 썼다. 이는 소규모 선봉대를 투입했다가 퇴각시켜 주력 부대의 감추어진 양익 사이로 적군을 유인하는 것이었다. 헨리크 2세는 다른 부대나 유럽 군대의 전략을 생각하지 않고 군대를 이끌고 함정 속으로 들어가 철저히 패했고, 다른 부대들도 몽골군의 분견대에 완패했다. 헨리크 2세는 탈출했으나 추적을 당하여 사로잡힌 뒤 참수됐다. 헨리크 2세의 성급한 행동으로 폴란드 기병대의 중핵이 전멸했다. 헨리크 2세의 잘린 목을 본 리그니츠 주민들은 항복을 거부했고, 이에 몽골이 도시를 공격하여 불태웠다. 몽골군은 심한 손실을 입었지만 한 달이 채 못 되어 헝가리에서 전투를 벌였다.

발칸 전쟁
Balkan War

제1차 발칸 전쟁(1912~13) 1911~12년 이탈리아-오스만 제국 전쟁의 강화가 체결되어 전쟁이 종결된 지 겨우 며칠 지나지 않아, 오스만 제국 정부는 발칸 반도에 남아 있는 영토를 지키고자 그리스와 세르비아, 불가리아에 맞서 싸웠다. 이 세 나라는 역사상 처음으로 연합했다. 곧이어 몬테네그로까지 가세한 이 발칸 동맹의 국가들은, 모두 그리스도교도인 자기 민족들이 오스만 제국의 이슬람교도에게 학대당했으며 특히 가혹한 통치를 받았던 마케도니아에서 학대가 심했다고 주장했다. 처음에 발칸 동맹은 마케도니아의 자치를 포함하는 개혁을 수용하기 위해 준비했지만, 오스만 제국 정부는 이를 주저했고 전쟁 준비도 장교도 매우 부족한 상태에서 격렬한 전쟁에 말려들었다. 그리스 군대는 남쪽에서 진격해 올라와 오스만 제국의 대군을 궁지에 몰아넣고 포와 차량을 노획했으며 테살로니키를 해방했다. 1912년 가을 세르비아가 북쪽에서 내려와 쿠마노보 전투와 모나스티르(오늘날의 비톨라) 전투에서 오스만 제국 군대를 물리쳤다. 불가리아는 동쪽에서 트라키아로 밀고 들어와 크르킬리세(오늘날의 크르클라렐리)와 뤼레부르가즈에서 승리를 거두었다. 불가리아와 맞붙은 오스만 제국 주력 부대는 수도 이스탄불로 밀려났다. 에디르네와 이스탄불이 점령당하지 않은 것은 오로지 불가리아 군대의 보급에 문제가 있었기 때문이다. 그리스와 몬테네그로는 불가리아-오스만 제국 휴전협정(1912년 12월 3일)을 무시했으며 런던 강화회의는 교전국들이 발칸 반도에서 원했던 상충하는 목표들을 해결하지 못했다. 오스만 제국 정부를 장악한 청년튀르크당은 휴전을 비난하고 전투를 재개했다. 1913년 3월 26일 에디르네가 불가리아·세르비아 연합군의 포위 공격에 함락됐다. 그리스가 이오아니나에서 오스만 제국의 항복을 받아낸 지 3주 만의 일이었다. 1913년 4월 23일 몬테네그로 군대가 슈코더르를 함락하자, 오스만 제국은 강대국들이 강요한 런던 조약을 마지못해 받아들였고, 이로써 차탈자와 갈리폴리 반도를 제외한 유럽 안의 영토와 크레타 섬을 잃었다. **제2차 발칸 전쟁(1913)** 청년튀르크당이 곧 평화조건을 거부하여 전쟁이 재개됐다. 불가리아가 마케도니아의 분할 방안을 두고 발칸 동맹의 나머지 국가들과 다투었던 까닭에 처음에는 오스만 제국에 승산이 있었다. 불가리아 군대는 1913년 6월에 세르비아를 공격했다(세르비아는 아드리아 해의 항구를 확보하지 못하여 괴로웠고, 몬테네그로는 신생국 알바니아에 슈코더르를 넘겨준 일로 분노했다). 1913년 7월 불가리아 군대는 별도로 작전을 벌인 세르비아 군대와 그리스 군대에 저지당했다. 이어 루마니아가 불가리아에 전쟁을 선포하고 소피아로 진격했다. 1913년 7월 20일 오스만 제국 군대는 에디르네를 탈환했다. 강화를 요청했던 불가리아는 부쿠레슈티 조약을 수용하여(1913년 8월 10일) 제1차 발칸 전쟁에서 얻은 영토를 발칸 반도 동맹의 다른 나라들에게 일부 할양했다. 오스만 제국은 에디르네를 계속 보유했으나 발칸 반도에 갖고 있던 영토의 80퍼센트 이상을 빼앗겼고 오스만 제국 안에 있던 유럽 지역 주민의 70퍼센트를 잃었다.

○ 제1차 세계대전

방글라데시 내전, 1973~97
Bangladeshi Civil War of 1973~97

인도와 버마의 국경을 공유하는 지역인 치타공 산악지대Chittagong Hill Tracts

(CHT)의 불교도 원주민 부족들(이른바 줌마인)은 오랫동안 정부의 차별 정책 때문에 소외당했는데, 1973년 자치 확보를 목적으로 저항운동인 샨티 바히니(평화군)를 창설했다. 방글라데시 정부는 폭동 진압 조치를 발동하고 군대로 몰수하여 대응했다. 이로써 무차별 체포와 살인, 방화, 강간, 강제 퇴거, 부족 토지의 점령을 포함하는 인권 유린이 자행됐다. 1962년에 캅타이 수력발전용 댐을 완공하여 저수를 시작한 결과로 범람하여 CHT의 10퍼센트와 그 경작지의 40퍼센트가 물에 잠기면서 수많은 줌마인이 쫓겨났다. 많은 사람이 인도 동부에 있는 아루나찰프라데시 주와 미조람 주, 트리푸라 주로 피했으나 그곳에서도 차별 대우를 받았다. 이보다 더 심한 논란의 대상이었던 것은 1970년대에 벵골 동부 지역의 이슬람교도 수십만 명이 국가의 후원을 받아 인구 밀도가 높은 갠지스 강 삼각주 지대에서 CHT로, 대부분 줌마인이 소유했던 땅으로 들어와 정착한 일이었다. 이는 정부의 의도대로 인구 분포를 근본적으로 바꾸어놓았고, 불교도 부족들을 더욱 소원하게 했으며, 두 집단의 상호 공격을 초래했다. 1997년 12월 2일 방글라데시 정부는 줌마인의 정당인 '치타공 산악지대 사람들의 연대 연합Parbatya Chattagram Jana Sanghati Samiti(PCJSS)'과 평화협정을 체결했으나, 협정은 헌법으로 보장되지 않았고 군대의 철수를 포함하지 않았으며 부족 토지의 불법적인 식민을 되돌리지 못했고 인권 침해도 조사하지 못했다. 그러나 트리푸라 주에서 5만 명의 난민이 돌아올 수는 있었다. 이 협정으로 부족문제부Tribal Affairs Ministry의 힐 평의회Hill Council가 CHT의 3개 지구를 관리하고 토지위원회가 토지 소유권을 둘러싼 분쟁을 해결하기로 했다. 이 PCJSS와 샨티 바히니의 구성원들은 사면을 받았다. 평화를 향한 큰 진전이 이루어졌으나 협정은 갈등의 핵심을 다루지 않았고 협상이 계속될 필요가 있었다.

방데 전쟁, 1793~1832
Wars of the Vendée, 1793~1832

프랑스 서부의 보수적인 농촌 지역 방데 도道에서 파리 정부가 시도한 변화들에 반대하여 다섯 건의 폭동이 발생했다. 경제적으로 낙후한 지역이었던 방데의 주민은 독실한 로마가톨릭교회 신자들이었기에 프랑스 혁명 뒤 파리 혁명가들이 선포한 반교회 법령들에 분노했다. 1793년에 징병법이 통과되자 방데 최초의 가장 중요한 폭동이 일어났다. 방데 주민 5만 명과, 저명한 왕당파 귀족들이 합세하여 가톨릭 근왕군을 조직하고 지역의 도시들을 점령했으며(1793년 3월), 리옹과 마르세유, 노르망디에서 이와 무관하게 발생한 반혁명 반란들에 힘입어 이미 프랑스 혁명 전쟁으로 고생하고 있는 프랑스 혁명정부를 크게 위협했다. 1793년 6월 가톨릭 근왕군은 소뮈르를 장악했고 이어 루아르 강을 건너 낭트를 포위했으나 성공하지 못하고 수렁에 빠져든 형국이 됐으며, 브르타뉴와 노르망디, 멘을 끌어들여 파리로 진격하려던 계획도 무산됐다. 다른 곳에서는 비교적 성공을 거두었던 반군은 6만 5천 명으로 병력이 늘어났으나 1793년 10월에 숄레에서 정부군에 대패했다. 반군의 잔여 병력은 계속 싸우다가 1793년 12월에 르망과 사브네에서 참패했다. 정부의 가혹한 보복에 새로운 반란이 일어났으나 성공하지 못했다. 사면령이 선포되고(1794년 12월) 징병 거부의 자유와 종교의 자유를 허용하는 법령이 선포된 뒤(라조네 성 조약, 1795) 싸움이 중단됐다. 1795년 6월 망명 귀족들이 영국의 지원을 받아 브르타뉴로 돌아와 소규모의 2차 반란을 일으켰으나 다음 달에 패배했다. 1796년에 귀족들의 지도자들이 체포되어 처형되면서 싸움은 영원히 종결됐다. 파리의 프랑스 혁명정부는 신속히 질서를 회복했다. 이후 1799년과 1815년, 1832년에 방데에서 종교적 폭동이 아닌 왕당파의 주요 폭동이 세 차례 발생했는데, 이것도 역시 방데 전쟁으로 알려져 있다. 1815년에는 황제 나폴레옹(1769~1821)의 통치에 반대하는 폭동이 있었고, 1832년에는 왕 루이필리프(1773~1850)의 통치에 반대하는 폭동이 있었다.

○ 나폴레옹 전쟁 ; 프랑스 혁명, 1830

배넉번 전투, 1313~14
Battle of Bannockburn, 1313~14

1313년 로버트 브루스(로버트 1세, 1274~1329)가 이끄는 스코틀랜드 군대가 잉글랜드가 장악한 스털링 성을 포위하자, 잉글랜드 왕 에드워드 2세(1284~1327)는 잘 무장한 대군을 이끌고 북쪽으로 진군하여 대응했다. 병력에서 3 대 1로 열세였던 브루스는 스털링 근처 배넉번의 언덕 위에 8천 명의 병사를 포진시키면서 좌익은 우거진 숲에 두었고 우익은 시내의 만곡부

彎曲部에 배치했다. 약 600미터에 이르는 전선이었다. 잉글랜드 군대는 언덕 위로 올라가야 했을 뿐만 아니라 그전에 수렁도 건너야 했다. 에드워드 2세가 명령을 내리자 스코틀랜드군의 화살과 창이 비처럼 쏟아지는 가운데 중무장한 잉글랜드의 기사들은 전진하다가 늪에 빠졌다. 스코틀랜드의 창병槍兵들은 에드워드 2세의 궁수들을 물리쳤고 곧 스코틀랜드 병사들이 퇴각하는 잉글랜드 병사들을 추격했다. 에드워드 2세는 당황하여 달아났고 남은 병력이 뒤를 따랐다. 스코틀랜드인들은 승리를 독립의 징표로 여겼으나 에드워드 2세는 고집스럽게 이를 인정하지 않았다(**○ 스코틀랜드 전쟁, 1314~28**).

○ 브루스의 반란

배넉족 인디언 전쟁, 1878
Bannock War, 1878

극심한 기근으로 고생하던 배넉족 인디언은 미국 정부로부터 아무런 도움도 받지 못하자 1878년에 아이다호 준주 동남부의 포트홀 보호구역을 벗어났다. 족장 버펄로 혼이 이끄는 인디언에 배넉족과 혈연적으로 가까운 북北파이우트족 인디언이 합류하여 식량을 찾아 백인 정착지를 습격했다. 배넉족 진압 임무를 띠고 파견된 올리버 오티스 하워드(1830~1909) 장군 휘하의 미국군 기병대는 아이다호 준주 남부에서 인디언과 두 차례 싸워 승리했다. 오늘날 와이오밍 주의 찰스포드에서 배넉족 남성과 여성, 아이들 약 140명이 학살당한 뒤 남은 인디언은 싸움을 포기하고 보호구역으로 되돌아갔다.

백년 전쟁, 1337~1453
Hundred Years' War, 1337~1453

1337년 잉글랜드 왕 에드워드 3세(1312~77)가 '프랑스 왕'을 자칭하면서 1066년 노르만의 정복에 기원을 둔 왕조 간의 분쟁이 지속됐다. 에드워드 3세가 프랑스 왕 필리프 6세(1293~1350)를 공격한 것은 기엔을 돌려주지 않은 것에 대한 응징인 동시에 프랑스가 자신의 스코틀랜드 원정에 간섭한 것에 대한 복수였으며(**○ 더플린무어 전투**), 대륙에 있는 잉글랜드의 영토들에서 주군으로서의 권위를 주장하는 봉건제 군주에 대한 응답이었고, 플랑드르를 장악하려는 계획을 실행한 것이었다. 전쟁은 네 국면으로 나눌 수 있는데, 첫 번째는 1337년부터 1360년까지다. 에드워드 3세는 플랑드르를 거쳐 프랑스를 침공하기 전에 슬라위스 해전(1340)에서 대승을 거두었다(**○ 슬라위스 해전**). 1346년 셰르부르에서 잉글랜드가 원정을 출발하여 크레시 전투(**○ 크레시 전투**)가 발발했는데, 이 전투에서는 잉글랜드의 장궁長弓에 프랑스의 활이 맥을 못 추었다. 1347년에 칼레를 점령한 에드워드 3세는 1350년에 필리프 6세가 사망하자 휴전협정을 체결했으나, 휴전은 1356년에 잉글랜드 왕의 장자 흑태자 에드워드(1330~76)가 푸아티에에서 프랑스 왕 장 2세(1319~64)를 사로잡으며 깨졌다(**○ 푸아티에 전투**). 전쟁의 압박에 프랑스 농민들은 1358년에 자크리의 난을 일으켰으며 브르타뉴에서는 내전이 발생했다(**○ 브르타뉴 공작위 계승 전쟁**). 1360년에 체결된 브레티니 조약으로 잉글랜드는 아키텐을 다시 획득했으며 에드워드 3세는 프랑스 왕위 요구를 포기했다. 둘째 국면은 1369년에 프랑스 왕이 1368년에 발생한 가스코뉴 귀족들의 반란에 현명하게 대처하면서 시작됐다. 프랑스 왕은 아키텐을 몰수했고 정식 전투를 피하며 지방의 반란들을 지원하는 새로운 전략을 써서 체계적으로 재정복에 나섰다(**○ 리모주 학살**). 1371년에 존 곤트(1340~99)가 흑태자를 계승하자 잉글랜드는 빠른 속도로 패했다. 1372년에는 잉글랜드가 존 곤트의 지휘로 푸아티에와 푸아투, 라로셸을 굴복시켰으며 격렬한 해전이 벌어졌다. 1373년 존 곤트는 새롭게 원정했으나 처참히 패배하여 아키텐과 브르타뉴를 잃었다(**○ 잉글랜드 농민 반란**). 1412년 잉글랜드가 노르망디에서 보르도로 침공하면서 전쟁이 재개됐다(셋째 국면). 잉글랜드 왕 헨리 5세(1386~1422)는 단독으로 아르플뢰르를 점령하고 아쟁쿠르에서 놀라운 승리를 거두었다(**○ 아쟁쿠르 전투**). 1419년 잉글랜드는 노르망디를 되찾았고, 프랑스 정부는 1420년에 트루아 조약에 서명하여 헨리 5세와 부르고뉴 공작의 프랑스 북부 지배권을 인정했다. 1423년에는 프랑스 왕세자파*가 크라방에서 패했고, 1424년에는 프랑스가 베르뇌이에서 패했다. 1428년 잉글랜드는 오를레앙에 집중하여 기사도에 어긋나는 포위공격을 했는데(**○ 오를레앙 포위공격**), 1429년에 신의 은총을 받은 듯한 잔 다르크(1412?~31)가 도시를 구하고 랭스로 가서 왕세자가 샤를 7세(1403~61)로 즉위할 수 있게 했다. 평화조약은 체결되지 않았다. 프랑스 정부와 군대가 개혁되면서 1449

년에 네 번째 국면이 시작됐다. 노르망디는 곧 프랑스의 수중에 들어왔고 샤를 7세는 1451년에 기엔을 정복했다. 1452년 잉글랜드는 보르도를 함락하고(**○ 보르도 함락**) 이어 기엔을 다시 점령하려 했으나, 프랑스의 새로운 대포가 장궁보다 더 효과적이라는 사실을 확인했다. 1453년 카스티용에서 패한 잉글랜드는 보르도로 철수했으나 더욱 강력해진 프랑스가 이를 되찾았다. 평화조약은 체결되지 않았지만 전쟁은 본질적으로 끝났다. 전쟁으로 잉글랜드가 얻은 것은 거의 없었다. 정부는 파산했고, 신뢰를 잃은 랭커스터 왕가는 요크 가문과 내전을 치러야 했다(**○ 장미 전쟁**). 프랑스에서는 전쟁의 효과가 상대적으로 긍정적이었다. 왕국은 통합됐고 봉건제에서 잘 벗어나고 있었다.

○ '귀글러' 전쟁 ; 포르투갈-카스티야 전쟁, 1369~88 ; 흑태자 에드워드의 침입

* Dauphinists. 샤를 6세가 사망하자 왕위 계승 분쟁이 일어났는데, 이때 샤를(뒷날 샤를 7세)을 지지한 세력들을 일컫는다.

백련교의 난, 1796~1804
White Lotus Rebellion, 1796~1804

백련교白蓮教는 13세기 후반 이래 중국에 존재했던 불교에서 유래한 종교였다. 이민족인 만주족이 침입하여 청나라(1616~1912)를 세우고 지배하자, 백련교는 만주족의 타도와 이전 왕조인 명나라(1368~1644)의 부활에 헌신했다. 1796년경 식량 부족과 정부의 차별에 불만을 품은 수많은 한족이 증오의 대상인 만주족을 쫓아내려는 열망과 미륵보살이 귀환하고 행운을 얻는다는 선전에 이끌려 중부 산악지대(후베이성湖北省, 쓰촨성四川省, 산시성陝西省의 접경)의 백련교에 합세했다. 게릴라 집단들이 정부군을 공격했지만 이들의 노력에는 통합성이 부족했다. 한편 건륭제의 한 총신寵臣이 백련교도 반란을 진압할 자금을 횡령했고, 군대는 부패와 무능의 결집체였다. 백련교가 매우 광대한 영역을 장악했기에 정부는 결국 거대한 방책을 치고 농민들을 가두어 반란자들이 식량을 얻지 못하게 했다. 정부는 농민을 무장시키고 민병대로 조직하여 백련교도 게릴라와 싸우는 데 투입했고, 마침내 백련교의 거점, 특히 빈곤했던 산시성과 쓰촨성, 후베이성에 있던 거점을 파괴했다. 게릴라들은 농민이 적으로 돌아서면서 진압당했다.

백일 전쟁, 1815
Hundred Days' War, 1815

나폴레옹(1769~1821)은 엘바 섬을 탈출하여(**○ 나폴레옹 전쟁**) 칸 인근에 상
륙했고 이에 미셸 네(1769~1815)와 대규모 프랑스 군대가 합류했다. 나폴
레옹은 파리로 진격하여 루이 18세(1755~1824)를 왕좌에서 내쫓고 다시 권
력을 장악함으로써 '백일천하' 통치를 시작했다. 오스트리아와 영국, 러시
아, 프로이센이 반反나폴레옹 동맹을 결성하여 프랑스를 침공할 계획을 세
웠다. 공세를 취한 나폴레옹은 12만 5천 병력의 선두에 서서 북진하여 벨
기에로 들어갔다. 가장 가까운 곳에서 동맹군을 분쇄할 생각이었다. 1815
년 6월 16일 나폴레옹은 샤를루아를 장악하고 리니에서 게프하르트 폰 블
뤼허(1742~1819)가 이끄는 프로이센 군대와 싸워 승리했다. 같은 날 미셸
네가 지휘하는 프랑스 군대는 인근의 카트르브라에서 웰링턴 경 아서 웰즐
리(1769~1852)의 영국군에 패했으나 웰링턴의 부대가 블뤼허를 돕지 못하
도록 막을 수는 있었다. 1815년 6월 18일 나폴레옹은 워털루에서 웰링턴
을 공격했으나, 블뤼허의 프로이센 군대가 지원하는 웰링턴의 부대에 패주
했다. 동맹군은 이어 아무런 저항에 맞닥뜨리지 않고 파리에 입성했으며 나
폴레옹을 퇴위시켜 전쟁포로로서 남대서양의 세인트헬레나 섬에 유폐했다.
나폴레옹은 여생을 그곳에서 보냈다.
○ 나폴레옹의 러시아 침공

백작 전쟁, 1533~36
Count's War, 1533~36

프레데리크 1세(1471~1533)가 사망한 뒤 귀족이 지배하던 덴마크 릭스로드
(국무회의)는 루터파의 열성 지지자를 받아들이느니 차라리 당분간 왕 없이
통치하자는 결정을 내렸다. 이는 도시와 농촌의 루터파와 로마가톨릭교도
인 귀족들 사이의 강한 종교적 반목을 반영했다. 덴마크 귀족들은 독일 북
부 도시 뤼베크와 동맹하여(**○ 뤼베크 전쟁, 1531~36**) 감금되어 있는 선왕 크
리스티안 2세(1481~1559)를 복위시키고(**○ 칼마르 연합 내전, 1520~23**), 코펜
하겐과 말뫼를 발트 지역 도시들의 상업 동맹인 한자 동맹에 가입시키려 했
다. 프레데리크 1세의 장자이자 후계자이며 루터파 교리를 교육받은 슐레

스비히 공국 공작이자 홀슈타인 공국 공작인 크리스티안(1503~59)은 위틀란트(윌란) 반도의 지도적인 귀족들과 주교들의 지지를 받아 군대를 이끌고 올덴부르크 백국 백작 크리스토페르(1504?~66)에 맞서 원정했다. 크리스토페르는 크리스티안 2세의 복위를 옹호하는 뤼베크와 덴마크 군대를 지휘했다(이 전쟁의 명칭은 크리스토페르 백작에서 유래했고, 그의 군대는 홀슈타인 공국을 침공하여 약탈했고 코펜하겐을 봉쇄하고 점령했으며, 그 뒤 셸란과 말뫼, 스코네를 얻었다). 덴마크 절반의 반대에 직면한 크리스티안은 왕 크리스티안 3세(크리스티안 3세는 1534년에 릭스로드에서 왕으로 선출됐다)로서 크리스토페르 백작이 장악한 땅을 빼앗았으며 백작의 군대를 위틀란트 북부의 올보르로 몰아냈고, 1535년 잔혹한 학살극을 펼친 끝에 그곳을 점령했다. 크리스티안 3세와 동맹했던 스웨덴 군대가 말뫼와 란스크로나, 셸란을 포위했다. 크리스티안 3세가 코펜하겐을 봉쇄하자 크리스토페르 백작은 결국 1536년 7월 말에 항복했으며, 크리스티안 3세는 덴마크 왕국을 장악했다. 뤼베크와 한자 동맹은 교역권을 유지했으나, 발트 지역에서 그들의 세력은 약해졌다(뤼베크는 전쟁 배상금으로 덴마크의 보른홀름 섬을 50년 동안 보유했다). 크리스토페르 백작은 다시는 덴마크에 들어가지 않겠다고 맹세해야 했으며 독일 북부의 올덴부르크(올덴부르)로 귀향했다. 크리스티안 3세는 덴마크에 루터파를 국가 종교로 지정하고 노르웨이에도 루터파를 국가 종교로 강요했다.

버마(미얀마) 게릴라 전쟁, 1948~
Burmese(Myanmar) Guerrilla War of 1948~

1948년 초 독립 공화국인 버마 연방(미얀마)이 수립된 뒤, 꺼잉족(카렌족)과 카친족, 샨족, 기타 소수민족들은 자치주들을 획득하려고 반정부 반란을 일으켰다. 버마 중남부에서 반란을 일으킨 공산주의자들은 꺼잉족 게릴라를 도왔다. 꺼잉족은 만들레(만달레이)를 장악하고 랑군(오늘날의 양곤)의 정부를 포위했다. 따웅우에서 꺼잉족의 독립국가가 선포되자(1949) 정부군이 따웅우를 공격하여 점령했다(1950). 삐에에 있던 공산주의 본진이 점령됐으나 분리주의자와 공산당 반군은 계속해서 싸웠다. 한편 중국에서 중국공산당이 정권을 장악하자 이를 피해 버마 동부로 들어간 중국국민당 군대는

(**○ 제2차 국공 내전, 1945~49**) 자신들을 내쫓으려는 버마 정부에 맞서 저항했으며, 1953~54년에 국제연합UN의 권고를 받아들여 타이완으로 물러났다. 그즈음 유능한 네 윈(1910?~2002) 장군이 지휘하는 버마 군대가 나라의 대부분을 다시 장악했다. 공산주의자들이 불안정한 정부를 무너뜨리려 하자 네 윈은 권력을 장악했다가 곧 민간인에게 이양했다. 끊이지 않는 반란에 4년 뒤(1962) 네 윈은 어쩔 수 없이 민간 정부를 무너뜨리고(1962), 군사독재 체제를 성립하게 됐다. 게릴라 활동이 지속됐고 반공산주의 폭동도 발생했다. 1974년 네 윈은 대통령에 당선됐고 1978년에 재선됐다. 중국에 우호적인 버마공산당CPB과 정부군이 유혈 충돌을 벌이면서 나라는 분열됐고 특히 꺼잉족을 포함한 분리주의 집단들의 분란이 나라를 혼란에 빠뜨렸다. 1981년에 네 윈이 사임하여 대통령이 된 산 유(1918~96)는 반군 분파들의 거센 반대를 무릅쓰고 버마를 결속시켰다. 1988년 중반 민주주의를 옹호하는 시위와 반정부 폭동이 널리 확산되자 네 윈은 7월에 집권당 의장직을 사퇴했고 소 마웅(1928~97) 장군이 지휘하는 군사평의회가 9월에 권력을 장악했다. 1989년 군부 통치자들은 국민의 과반수를 차지하는 버마족뿐만 아니라 나라 전역의 다양한 소수민족들을 고려하여 국명을 미얀마 연방으로 바꾸었다. 같은 해 소 마웅의 군대는 대규모 시위를 진압하고 여러 반란 지도자들, 특히 꺼잉족과 로힝야족(이슬람교도)의 지도자들을 체포했다. 1990년 5월에 30년 만에 처음으로 자유로운 다당제 의회 선거가 시행됐고, 주요 야당인 국민민주연맹NLD은 지도자들이 수감 중이거나 가택연금 상태에 있었는데도 결정적인 승리를 거두었다. 그러나 군사정부는 권력 이양을 거부했고 새로이 선거를 실시하기를 거부했다(야당이 93개였다). 많은 인권 침해 사례로 비난받은 소 마웅은 신경질환으로 1992년 4월에 사퇴했고, 육군 사령관 탄 슈웨(1933~) 장군이 그를 승계하여 일부 정치범의 석방을 명령하고 몇몇 개혁을 단행했다. 1993년 탄 슈웨의 군사평의회인 국가법질서회복위원회SLORC는 새 헌법을 기초할 국민회의를 설치했다. 그러나 SLORC가 진행 과정을 완전히 통제했으며 어떤 반대도 용납하지 않았다. 1995년 SLORC는 마노플로의 꺼잉족 반군 기지를(다른 소수민족 저항집단들의 근거지이기도 하다) 파괴했고, 샨족 반군인 몽타이군Mong Tai Army이 유일한 주요 반군 집단으로 남게 됐다. 1996년 SLORC는 민간 정부를 위한 새

헌법 제정을 원했던 NLD를 비롯한 모든 반대파를 강력히 탄압하고 NLD 당원을 250명 이상 체포했다. NLD 지도자로 1991년 노벨 평화상 수상자이며 미얀마 야당의 가장 대중적인 인사인 아웅 산 수 치(1945~)는 1989년 이래 계속 수감생활을 하다 가택연금된 상태였다.* 1997년 11월 SLORC는 국가평화발전위원회 SPDC로 이름을 바꾸었다. 1998년 8월 NLD는 1990년 선거 결과를 토대로 의회를 소집하려 했으나 NLD 당원 약 200명과 민주주의 활동가 수백 명이 즉결로 구금되면서 실패했다. 1990년대 내내 군대는 꺼잉족민족진보당 KNPP과 샨주군 SSA, 꺼잉족민족연합 KNU에 대한 공세를 계속하여 수많은 민간인이 이웃 나라 타이와 방글라데시로 피난했다. 군부 지도자들은 외국인과 접촉하는 것을 제한했고 정부 공무원들과 정치 활동가들을 감시했으며 출판물을 일상적으로 검열했다. 학대와 협박, 체포, 구금, 폭행이 다반사였다. 2001년 사태에 약간의 진전이 이루어져 국제적십자위원회 ICRC와 UN 미얀마 인권상황특별보고관(파울루 피녜이루)이 수감자들을 면담할 수 있었다. 정부는 또 NLD와 아웅 산 수 치와 대화를 시작하기도 했는데 2002년 5월 6일에 아웅 산 수 치를 석방했다가 1년 뒤에 다시 체포했다. 꺼잉족을 제외한 17개 반군 집단과 휴전협상했던 킨 뉸(1939~) 총리는 2004년에 권좌에서 쫓겨나 가택연금에 처해졌다. 독립적인 보고서들에 따르면 2004년 말경에 미얀마 동부에만 약 65만 명의 '국내난민 IDPs'이 존재했다. 어린이는 미얀마 군대의 35만 명 병력 중 이미 7만 명을 차지했는데, 신병의 35퍼센트에서 45퍼센트가 어린이였다. 2005년 초 정부는 샨족에게 무장해제를 명령했고 2월에 샨족 지도자 2명을 체포했다. 5월 말 2개의 샨족 반군 집단(하나는 휴전을 위반하고)이 독립국가 수립을 위해 통합했다. 2005년 7월 6일 미얀마 정부는 200명이 넘는 정치범을 석방했다.

* 2010년 11월 가택연금은 해제됐다.

버마 내전(잉와-버고 40년 전쟁), 1368~1408
Burmese Civil War(Ava-Pegu Forty Years' War) of 1368~1408

14세기에 버마는 서로 경쟁하는 다수의 왕국으로 분할되어 있었다. 그중 주요 왕국은 상부 버마의 잉와 왕국과 하부 버마의 버고 왕국이었다. 이 두 왕국은 서로 싸우는 동시에 인접 지역의 (잉와와 버고의 사이에 있는) 따웅우 왕조와 이웃의 샨족, 서부 해안에 있는 여카잉 왕국과도 다투었다. 1368년 잉와의 조정 대신들은 죽은 떠도민뱌(1343~68) 왕의 왕비 소 옴마와 관료 응아 누가 권력을 장악하는 데 반대하고 대신 민찌 떠야바 스와소케(1331~1401)를 지지했다. 스와소케는 곧 찬탈자를 축출했다. 1371년 스와소케는 잉와의 왕으로서 버고와 국경 전쟁을 치렀다. 1384년에 야자더릿(1368~1422)이 버고의 왕이 되자 야자더릿의 삼촌은 조카를 내쫓는 대가로 버고를 속국으로 바치겠다고 잉와에 제안했다. 하부 버마에서 전쟁이 발발했다. 북부의 샨족은 잉와를 침공했고 삐에의 버마족은 게릴라 전술로 몬족(버고의 원주민)을 공격했다. 1391년 야자더릿은 군대를 이끌고 에야와디 강 삼각주 지역의 먀웅먀 요새에서 버마족을 내쫓은 뒤 잉와와 휴전했다. 1401년에 스와소케가 사망한 뒤 계승 분쟁이 벌어졌고, 그 와중에 야자더릿이 북쪽을 여러 차례 공격했으며 1406년에는 에야와디 강을 따라 상류로 올라갔다. 야자더릿의 소함대는 가는 도중에 몇 차례 패배를 당했지만 상부 버마의 수도 잉와 건너편에 있는 저가잉의 성벽 밖에 무사히 도착했다. 야자더릿은 협상을 한 다음 철수했는데 남쪽의 삐에에서 딸이 포로로 잡히자 삐에 공성에 나서야 했다. 잉와의 새로운 왕 민카웅 1세(1373~1422)가 삐에를 지원하여 너윈(오늘날의 노엥)의 세 요새를 점령하고 주민들을 학살했다. 그 뒤 약 300척의 몬족 전투용 카누들이 에야와디 강을 따라 올라와 도시들을 파괴했다. 민카웅 1세는 병사들이 굶주리자 강화를 체결했다. 잉와와 버고 사이의 국경은 삐에 아래쪽에서 획정됐으며, 포로들이 교환됐다.

버마 내전, 1408~17
Burmese Civil War of 1408~17

상부 버마의 버마족 왕국 잉와와 하부 버마의 몬족 왕국 버고 사이의 평화는 오래가지 않았다(○ 버마 내전, 1368~1408). 버고 왕 야자더릿(1368~1422)은 서부 해안의 여카잉 왕국을 성공적으로 침공하여 꼭두각시 왕을 세운 뒤(1406), 북부 샨족 족장들을 설득하여 버고와 여카잉을 침공하려는 잉와 왕 민카웅 1세(1373~1422)의 주의를 분산시켰다. 민카웅 1세가 북부의 샨족 국가와 싸우는 동안 몬족이 잉와의 도시 삐에로 진격하자 민카웅 1세는 남쪽으로 돌아와야 했다. 1410년 민카웅 1세의 아들인 세자 민예쪼스와

(1391?~1417)는 여카잉을 침공하여 야자더릿이 세운 꼭두각시 통치자를 축출했으나 에야와디 강 삼각주 지역에서 패배했다. 1412년 몬족은 다시 삐에를 공격했다. 각각 강과 육로로 온 잉와의 두 부대는 몬족과 싸워 승리했으나 북쪽에서 침공해 들어온 샨족이 메이묘(오늘날의 삔우뤈)에 도달하자 이에 맞서고자 이동했다. 1414~15년에 민예쪼스와는 다시 버고를 침공하여 야자더릿을 남쪽 멀리 마르타반으로 내쫓았고 몬족의 버고 왕국을 파괴하려 했다. 북쪽에서 샨족이 또다시 공격하자 민카웅 1세는 버고 왕국에 있는 아들을 불러들였다. 1417년 다시 버고를 침공한 민예쪼스와는 야자더릿을 추적하다가 우연히 코끼리에 밟혀 불구가 됐다. 사로잡힌 민예쪼스와는 항복이 아닌 사형을 선택했다. 민예쪼스와가 죽으면서 전쟁은 서서히 끝나갔다. 1416년 잉와 군대는 잉와와 버고의 사이에 있는 따웅우 왕조를 지원하여 몬족의 공격을 격퇴했다. 1417년 야자더릿은 버고를 정복하려는 민카웅 1세의 마지막 시도를 여카잉 왕국의 도움을 받아 무산시켰다. 잉와 군대는 새로이 침입한 샨족을 막기 위해 퇴각했다.

버마 내전, 1426~40
Burmese Civil War of 1426~40

상부 버마 잉와 왕국의 민카웅 1세(1373~1422)가 사망한 뒤 아들 신뷰신 띠하뚜(1396~1426)가 왕위를 계승했고 인접한 샨족과 이따금 벌이던 싸움까지 물려받았다. 신뷰신은 샨족을 정복하는 원정 중에 샨족 부인의 배신으로 살해됐다. 상부 버마에서 불안이 가중됐고 샨족은 모닌떠도(1390~1440) 왕이 다스리던 잉와가 약해지는 틈을 타 세력을 확장하기 시작했다. 남쪽에서는 버마족의 따웅우 왕조가 샨 소알루(1437년 사망) 치세에 따웅드윈찌, 야메띤, 삔라웅과 함께 독립국에 준하는 지위를 얻었다. 샨족은 이 지역들이 잉와에 맞서 스스로를 지킬 수 있도록 도왔다. 따웅우는 하부 버마의 몬족 왕국인 버고와 연합하여 잉와의 속국인 삐에를 공격했다. 1437년에 소알루가 사망하자 버고 왕은 자신의 아들을 따웅우의 통치자로 앉혔다. 1440년 샨족은 상부 버마에서 잉와와 나란히 세력을 떨쳤다.

○ 버마–명 전쟁, 1438~46

버마 내전, 1527
Burmese Civil War of 1527

16세기 초 샨족 국가 모닌(버마 동북부)은 명나라의 조공국 지위를 내던지고 강도를 높여가며 버마족의 잉와 왕국을 침입했다. 1507년 잉와는 샨족을 달래 평화를 이루려고 했으나 샨족은 계속 공격했다. 잉와는 남쪽의 따웅우 왕조로부터 지원을 얻으려 했으나 실패했다. 1524년에 침공한 샨족은 잉와 국경의 요새들을 점령했고 에야와디 강 상류를 장악했다. 에야와디 강 좌안에 있는 밋응에 강과의 합류 지점에 수도 잉와가 있었다. 1527년 그곳에서 모닌의 샨족은 큰 전투를 벌여 잉와 왕을 죽였고 그 도시들을 점령했으며 약탈했다. 잉와 백성은 대부분 따웅우로 피란했다. 샨족은 왕자 또한브와(1506~43)를 잉와의 왕으로 즉위시켰으며, 버마족의 왕국에서는 끔찍한 참화가 이어졌다. 불교 사찰은 약탈당했고 불교 승려들이 화형됐으며 도서관이 파괴됐다. 샨족은 1555년까지 이 도시를 지배했다.

버마 내전, 1535~46
Burmese Civil War of 1535~46

따웅우 왕조(하부 버마 동북부)의 떠빈슈웨티(1516~50) 왕은 버마의 여러 왕국을 통합하기 위해 일련의 군사행동에 나섰다. 떠빈슈웨티는 북쪽의 곡창지대 짜욱세로 이동했다. 샨족 국가 모닌의 침공을 피해 떠난 버마족이 침략자들을 저지하기 위해 그 인근에서 떠빈슈웨티의 군대에 합세했다. 떠빈슈웨티는 싯따웅 강 유역 상류에서 그의 권력을 공고히 한 뒤 하부 버마의 몬족 왕국 버고를 침공하여 에야와디 강 삼각주의 버쎄인과 먀웅먀를 손쉽게 점령했다(1535). 1539년 버고 왕국 수도가 떠빈슈웨티에 함락되자 몬족 왕은 삐에로 피신했다. 떠빈슈웨티는 삐에로 진격했으나 잉와 왕국으로부터 샨족 병사들이 몰려오자 퇴각했다. 떠빈슈웨티는 포르투갈인 용병들의 도움을 받아 마르타반과 몰라먀잉, 그리고 더웨 남쪽의 해안 지역을 빼앗았다(1541). 떠빈슈웨티는 다섯 달 동안의 포위공격 끝에 삐에를 함락하여(1542) 하부 버마를 지배했고 대다수 몬족 제후들을 봉신으로 삼았다. 떠빈슈웨티는 1544년에 삐에를 공격한 샨족을 격퇴했고 에야와디 강 유역을 따라 버간까지 세력을 확장했으며, 1546년에 버고를 수도로 삼아 '모든 버마인의 왕'에 올랐다. 1547년 떠빈슈웨티는 군대를 이끌고 서부 해안의 여카잉 왕국을 정복하려 했다. 그러나 떠빈슈웨티의 병사들이 수도 먀욱우를 포위하여 공격하는 동안 시암(타이)의 아유타야 왕국(타이 중남부) 군대가 더 웨로 진격하자 떠빈슈웨티는 포위를 풀고 시암을 향해 동진했다(○ 시암-버마 전쟁, 1548).

버마 내전, 1551~59
Burmese Civil War of 1551~59

따웅우 왕조의 왕 떠빈슈웨티(1516~50)가 암살당한 뒤, 버마는 몬족과 버마족이 통제하는 여러 지역으로 분열됐다. 몬족의 반란 지도자 또Htaw(1553년 사망)는 버고를 장악했고 왕을 자칭했던 몬족 군주를 무찔렀다. 떠빈슈웨티의 매부였던 버인나웅(1516~81)이 왕국을 다시 통합하는 데 착수했다. 버인나웅은 포르투갈인 용병들의 도움을 받아 따웅우의 왕위를 참칭했던 자를 무찌르고 왕좌에 올랐다(1551). 버인나웅은 남쪽으로 이동하여 버고 외곽에서 또와 싸워 승리하고 곧바로 이 몬족 지도자를 처형했다. 버인나웅은 상부 버마의 다루기 힘든 샨족을 굴복시키기 위해 대군을 이끌고 북으로 침공하여 샨족이 장악하고 있던 이전 버마족의 잉와 왕국 수도 잉와를 빼앗았다(1555년 3월). 버인나웅의 군대는 샨족 국가들을 지나 시암(타이)의 란나 왕국(타이 북부)으로 남진하던 중에 시뽀(띠보) 등을 점령했고(1556), 란나 왕국은 전투 없이 항복했다. 버마족들이 떠난 뒤 라오스의 통치자 셋타티랏(1534~72)이 치앙마이로 돌아와 아버지가 획득하여 자신에게 물려주었던 왕위를 되찾으려 했다. 되돌아온 버인나웅은 셋타티랏이 지배권을 얻지 못하게 막았다. 셋타티랏은 샨족과 연합하여 승리했으나 결국 물러갈 수밖에 없었다. 1559년 샨족과 맺은 동맹도 깨졌다.

○ 버마-라오스 전쟁, 1564~65 ; 시암-버마 전쟁, 1548

버마 내전, 1599
Burmese Civil War of 1599

버마를 지배한 따웅우 왕조는 난다 버인(1535~1600) 왕이 통치할 때 여카잉 왕국(오늘날의 미얀마 서부 해안)이 공격해 들어오고 1593~1600년에는 시암-버마 전쟁을 치르느라 약해졌다. 1599년 난다 버인의 형제들인 잉와와 삐에, 따웅우의 통치자들이 합세하여 수도 버고의 중앙정부에 반기를 들었다. 따웅우의 통치자는 대가를 지불하고 여카잉의 지원을 받았다. 여카잉 왕은 병력과 함대를 보내 버고 남쪽 딴린 항구를 점령했다. 난다 버인은 버고가 공격자들에게 함락되면서 포로가 되어 사슬에 묶인 채 따웅우로 끌려가 살해됐다. 버고는 불에 타 완전히 파괴됐고, 재물은 약탈당했으며, 주민은 흩어졌다. 여카잉은 딴린의 통제권을 포르투갈인 용병인 필리프 드 브리투 이 니코트(1566?~1613)에게 보상으로 주었다. 시암(타이)의 아유타야 왕국(타이 중남부)이 쳐들어와 버고를 점령한 뒤 따웅우를 공격하려고 북으로 밀고 올라갔으나 버마족에게 크게 패하고 철수했다. 버마는 이제 소국으로 분열됐다.

○ 시암-버마 전쟁, 1607~18

버마 내전, 1740~52
Burmese Civil War of 1740~52

따웅우 왕조의 버마족 통치자들이 상부 버마를 침공한 마니푸리족(메이테이족)들과 싸우는 동안(○ 버마-마니푸르 전쟁, 1714~49), 따웅우의 지배에 반기를 든 하부 버마의 몬족은 피비린내 나는 싸움을 벌여 딴린과 마르타반을 장악했다. 몬족은 자주 독립을 선언하여 독립 왕국을 세우고 이전에 자신들의 본거지였던 버고에서 몬족의 환속한 승려를 왕위에 앉혔다. 1743년 몬족은 북으로 이동하여 삐에와 따웅우(통치 왕조의 고향)를 빼앗았고, 이에 맞선 버마족은 딴린을 점령하여 보복했으나(1743), 몬족에게 곧 다시 빼앗겼다. 몬족은 프랑스의 지원을 얻어 딴린과 버고를 방어하려 했다(1751년 시외르 드 브뤼노(1756년 사망)는 프랑스가 하부 버마를 지배할 수 있으리라고 기대하면서 도착했다). 빈냐 달라(1774년 사망) 왕 때부터 체계적으로 상부 버마 정복에 나선 몬족은 따웅우 왕조 시절 버마의 수도였던 잉와를 포위하여 도시를 점령했으며(1752), 왕국을 철저히 파괴했다.

버마 내전, 1753~57
Burmese Civil War of 1753~57

상부 버마의 잉와 왕국이 몬족에게 함락되자(**○** 버마 내전, 1740~52), 몬족 왕 빈냐 달라(1774년 사망)에 충성을 맹세하지 않은 마을 촌장 얼라웅퍼야(1714~60)가 지도자로 나서서 몬족 지배에 저항하는 지하 운동이 시작됐다. 얼라웅퍼야는 자신의 수도 목소보(오늘날의 슈웨보)를 근거지로 삼아 공공연히 몬족을 위협했다. 몬족은 잉와를 포기했고(1753), 나중에 되찾으려 했으나 실패했다(1754년 3월). 얼라웅퍼야의 군대는 남쪽으로 몬족을 추적하여 하부 버마로 들어가 삐에를 해방했으며, 이를 다시 점령하려는 몬족을 무찔렀고(1755), 이어 랑군(오늘날의 양곤)을 장악했다(1755년 5월). 1756년 얼라웅퍼야의 군대는 몬족 항구 딴린을 완전히 파괴했고, 군함을 이끌고 몬족을 지원했던 시외르 드 브뤼노(1756년 사망)를 비롯한 프랑스 장교들을 체포하여 처형했다. 몬족의 수도 버고가 점령되어 파괴됐다(1757). 빈냐 달라는 포로가 되어 억류됐다가 1774년에 얼라웅퍼야의 아들 신뷰신(1736~76)에 의해 죽임을 당했다. 버마는 얼라웅퍼야 왕의 꼰바웅 왕조로 통합됐다.

버마-라오스 전쟁, 1558
Burmese-Laotian War of 1558

라오스의 란상 왕국이 지배한 시암(타이)의 란나 왕국(타이 북부)은 상부 버마에서 샨족의 반란을 선동하고 이를 지원하고자 첩자들을 파견했다. 버마 따웅우 왕조의 버인나웅(1516~81) 왕은 이에 대한 보복으로 1556년 4월에 란나 왕국을 침공하여 점령했다. 라오족들은 유능한 지도자 셋타티랏(1534~72)의 지도를 받아 란나 왕국을 도왔으나 버마 군대를 무찌를 수 없었다. 버마 군대는 란나의 수도 치앙마이를 약탈하지 않도록 조심했으며 꼭두각시 통치자를 세웠다. 이후 버마 점령군은 치앙마이를 떠났으며, 치앙마이는 다시 란상의 라오족들이 지배했다.

버마-라오스 전쟁, 1564~65
Burmese-Laotian War of 1564~65

라오스의 란상 왕국 통치자이자 인접한 시암(타이)의 란나 왕국(타이 북부)

지배자였던 셋타티랏(1534~72)은 아유타야 왕국(타이 중남부)의 왕 마하 차끄라팟(1509~69)과 버마 따웅우 왕조의 왕 버인나웅(1516~81)이 벌인 전쟁에 말려들었다(**○ 시암-버마 전쟁, 1563~69**). 버마 군대는 동쪽으로 진군하여 란나의 수도 치앙마이를 점령했으며 라오스 영토를 침공했고 무앙수아(루앙프라방)에 있던 라오스 조정이 얼마 전에 자리를 옮겨 새로이 수도가 된 위앙찬(비엔티안)을 포위했다. 라오스가 게릴라전으로 강력하게 저항하자 버마 침략자들은 1565년에 그 지역에서 철수했다.

○ 버마 내전, 1551~59

버마-라오스 전쟁, 1571~75
Burmese–Laotian War of 1571~75

라오스의 란상 왕국 통치자인 셋타티랏(1534~72)은 버마와 싸우는 시암(타이)의 아유타야 왕국(타이 중남부)을 자주 도우려 했고 상부 버마의 샨족 국가들에서 버마족을 내쫓았다. 셋타티랏이 사망한 뒤 버마는 란상을 다시 침공했고 1574년에는 수도 위앙찬(비엔티안)을 점령했다(앞서 버마와 라오스 사이에 분쟁이 있었을 때 셋타티랏의 유능한 군사 지도력에 막혀 침략군이 목표를 이루지 못하고 결국 내쫓긴 적이 있었다). 20년 동안 라오스를 정복하려 했던 버마의 따웅우 왕조 왕 버인나웅(1516~81)은 1575년경 통제권을 완벽하게 확보하고 10년 동안 인질로 잡고 있던 란상의 왕자를 왕위에 앉혔다. 버마에 약탈당한 란상은 혼란에 빠졌다.

○ 시암-버마 전쟁, 1563~69

버마-라오스 전쟁, 1581~92
Burmese–Laotian War of 1581~92

라오스의 란상 왕국은 1575년 이래 버마의 속국이었는데, 버마의 따웅우 왕조 왕 버인나웅(1516~81)이 사망하자 라오족은 서로 협력하여 버마의 멍에를 벗어던지려 했다. 라오족은 버마가 시암(타이)의 아유타야 왕국(타이 중남부)과 전쟁을 하는 동안(**○ 시암-버마 전쟁, 1584~92**), 이따금씩 게릴라전으로 버마와 싸웠다. 1592년 란상은 독립을 쟁취했으나 곧 무정부 상태에 빠졌다가 1637년에 술리냐웡사(재위 1637~94)가 왕위에 오르면서 질서를 회복됐다. 그리고 이웃 나라인 아유타야 왕국, 다이비엣과 조약을 체결하여 국경을 획정했다.

버마-마니푸르 전쟁, 1714~49
Burmese-Manipuri War of 1714~49

마니푸르(버마에 인접한 인도 동북부의 왕국)의 라자(힌두교 국가 군주) 가리브 나와즈(재위 1709~48)는 대체로 기병으로 구성된 전사들을 동남쪽으로 보내 당시 허약한 치세를 보내고 있던 인접 지역 상부 버마를 침입하고 약탈했다. 불교도인 버마족을 힌두교도로 개종시키는 것이 자신들의 의도임을 밝혔던 마니푸리족(메이테이족)은 속임수를 써서 버마족 수천 명을 포로로 잡았다. 상부 버마는 거듭 공격을 받고 약탈당하여 황폐해졌다. 1737년에 마니푸리족은 적군의 3분의 2를 학살했고 따웅우 왕조의 수도 잉와로 여러 차례 진격했다(1738년에 가장 큰 승리를 얻었다). 무능한 버마 군대는 규모가 더 작았던 마니푸르 군대에 여러 해 동안 패배를 거듭했다. 그러나 1749년경 버마는 군사력을 회복하여 침략자를 무찔렀고 마니푸르의 라자는 전쟁을 중단하고 12살 된 딸을 버마에 평화의 선물로 보냈다.

○ 버마 내전, 1740~52

버마-마니푸르 전쟁, 1755~58
Burmese-Manipuri War of 1755~58

마니푸리족(메이테이족)은 상부 버마를 침입하여 폐허로 만들었는데, 특히 1738년에 따웅우 왕조 수도 잉와를 공격하자 버마의 유능한 군사 지도자 얼라웅퍼야(1714~60)는 이를 보복하려고 했다. 얼라웅퍼야의 군대는 마니푸르(버마에 인접한 인도 동북부의 왕국)를 침공하고 그곳에 요새를 세웠다(1755). 현지의 마니푸르 주민들과 전사들이 연이어 버마 군인들에 맞서 폭동을 일으키자 얼라웅퍼야는 원정대를 파견했다. 마니푸리족의 많은 마을이 파괴됐고, 수많은 주민이 포로가 됐으며, 강제로 버마에 이주하여 정착했다. 얼라웅퍼야는 마니푸리족 가운데서 말을 잘 타는 사람을 뽑아 자신의 기병대에 충원했다.

○ 버마 내전, 1753~57

버마-마니푸르 전쟁, 1764
Burmese-Manipuri War of 1764

1763년 신뷰신(1736~76)이 버마 꼰바웅 왕조의 창시자인 아버지 얼라웅퍼야 (1714~60)와 형의 뒤를 이어 제3대 왕에 올랐다. 영토팽창 정책을 추구한 신 뷰신은 서쪽의 힌두교 왕국 마니푸르(버마에 인접한 인도 동북부)를 침공했고, 1764년 12월까지 그 대부분을 장악했다. 많은 마니푸리족(메이테이족)이 전쟁 포로로서 신뷰신의 버마로 끌려와 수도 잉와 등지에서 노예가 됐다. 신뷰신 은 마니푸르를 지배하면 영국령 인도를 공격하기에 좋은 전략적 위치를 차 지할 수 있을 것이라고 믿고 마니푸르 전체에 대해 종주권을 행사하려 했다.
○ 버마-청 전쟁, 1765~69

버마-마니푸르 전쟁, 1770
Burmese-Manipuri War of 1770

1765~69년 버마-청 전쟁이 끝나면서 마하 띠하뚜라(1720년대~82) 버마 장 군은 청나라 군대가 제시한 강화조건을 수용하고 청나라 군대의 귀국을 허용했다. 그러나 마하 띠하뚜라는 완고한 왕 신뷰신(1736~76)을 대면하 기가 두려웠다. 왕은 적에게 관대함을 베풀었다는 이유로 자신을 사형하 라는 명령을 쉽게 내릴 수 있는 인물이었기 때문이다. 마하 띠하뚜라는 왕 이 청나라, 시암(타이)과 더 이상 싸우지 않도록 하기 위해(**○ 시암-버마 전쟁, 1764~69**) 마니푸르(버마에 인접한 인도 동북부 왕국)를 침공하여 버마의 지배 에 반대하는 작은 반란을 진압했다. 6년 전 버마와 마지막으로 싸운 뒤 아 직도 힘을 회복하지 못한 마니푸리족(메이테이족)은 3일 동안의 전투 끝에 패 했고 마니푸르의 라자(힌두교 국가 군주)는 도주했다. 이어 버마는 자신들이 지명한 자를 왕위에 앉혔다. 마하 띠하뚜라는 이렇게 승리했는데도 청나라 군대에 관용을 베풀었다는 이유로 귀국했을 때 신뷰신의 총애를 잃었다.

버마-명明 전쟁, 1438~46
Burmese-Ming War of 1438~46

명나라는 상부 버마의 샨족 왕국을 정복하고자 했다(**○ 몽골-버마 전쟁, 1299~1300**). 왕지(1445년 사망)*가 이끄는 명나라 군대는 샨족을 침공하여 어느 정도 성공을 거두었다. 왕지는 잉와 왕국의 수도이자 너라뼈띠(1413~68) 왕의 거처인 잉와로 진격하던 중에 떠가웅에서 패하고 전사했다. 명나라는 1446년에 병력을 보강하여 다시 침공했고 잉와에 도달하여 너라뼈띠에게 항복할 것과 그곳에 피신해 있던 샨족 족장 똥안브와(?~1446)를 넘기라고 요구했다. 결국은 샨족이 패할 것으로 생각했던 똥안브와는 항복했으나 곧 자살했다. 너라뼈띠도 조건부로 항복하고 명나라의 종주권을 인정했다. 잉와에서 에야와디 강을 따라 더 내려간 곳에 샨족이 보유했던 도시 버간은 너라뼈띠가 상부 버마에서 질서를 회복하도록 도왔던 중국인들이 차지했다.

* 원서의 로마자 표기는 Wang Chi로 되어 있는데, 이 시기 이 지역에서 군사행동을 한 인물 중 '왕지'로 읽히는 이름은 왕기(王驥, 1378~1460)가 유일하며 그는 전장에서 죽지 않고 명나라로 돌아갔다.

버마–명明, 청淸 전쟁, 1659~62
Burmese–Ming, Ching War of 1659~62

명나라가 망한 뒤 중국 남부지방에 들어섰던 남명南明 정권의 마지막 황제 영력제(주유랑朱由榔, 1623~62)는 1658년에 자신의 군대가 만주족(청 왕조)에 패하자 남부의 윈난성雲南省을 떠나 도피했다. 버마 따웅우 왕조 왕 삔덜레(1608~61)는 상부 버마에 있는 수도 잉와의 건너편 에야와디 강가의 저가잉에 영력제의 피신처를 마련해주었다. 남명의 또 다른 군대와 청나라 군대가 침공하여 버마 영토를 점령하고 그곳에서 서로 싸웠으며 삔덜레의 군대와도 전쟁을 벌였다. 중국 병사들은 삔덜레를 무너뜨리기 위해 잉와를 공격했고, 삔덜레는 반역을 일으킨 무리에 살해당한 뒤 동생 삐에(1620~72)가 대신 왕이 됐다. 청나라의 번왕藩王인 평서왕平西王으로서 윈난성을 통치하던 오삼계吳三桂(1612~78)는 영력제를 넘기지 않으면 파멸시키겠다고 버마에 경고했다. 삐에는 2만 명의 청나라 군대와 마주치자 이 요구에 응했다.

○ 시암–버마 전쟁, 1660~62 ; 시암 전쟁, 1660~62

버마–시암 전쟁
Burmese–Siamese Wars
○ 시암–버마 전쟁

버마-영국 전쟁
Burmese–British Wars
○ 영국-버마 전쟁

버마 전투(친디트 전쟁), 1943~45
Burma Campaign(Chindit War), 1943~45

1942년 초 일본은 버마(미얀마)를 침공하여 점령하고(○ 제2차 세계대전) 버마 북부에서 중국으로 이어지는 유일한 보급로이자 버마의 사활이 걸린 보급로인 버마로드*를 폐쇄했다. 영국군 오드 찰스 윈게이트(1903~44) 장군은 영국인과 구르카족, 버마인 병사들에게 밀림 전투 기술을 가르쳤는데, '윈게이트 특수부대Wingate's Raiders'나 '친디트'라고 불렸던 이들은 1943년부터 일본군의 비행장과 통신 기지를 침입했다. 버마에서 미국의 대對일본 전쟁은 중국-버마-인도 전역戰域의 미국군 사령관 조지프 워런 스틸웰('비니거 조', 1883~1946) 장군이 지휘했다. 스틸웰은 인도와 중국 남부 각각에서 중국인 부대를 서구의 전투 방식으로 훈련시켰다. 1943년 12월 미국·중국 연합군이 버마를 되찾기 위해 북쪽에서 출발했다. 이 부대는 노련한 일본군과 싸워야 했을 뿐만 아니라 험난한 산악지대를 넘어 빽빽한 밀림을 통과하고 물살이 빠른 강을 건너야 했다. 1944년 2월 스틸웰의 보좌관 프랭크 다우 메릴(1903~55)이 모집했고 장거리 침투 전술을 훈련시킨 3천 명의 자원병, 이른바 메릴의 습격대가 이 부대에 합류했다. 미국·중국 연합군은 믿기 어려운 고생 끝에 버마 북부 밋찌나의 비행장을 점령했다(1944년 5월 17~18일). 이는 연합군의 보급물자와 새로운 병력이 공수될 수 있음을 뜻했지만, 일본군은 매우 완강하게 버틴 뒤 1944년 8월 3일이 되어서야 밋찌나를 포기했다. 한편 중국 원정군은 버마로드의 룬링에 있는 일본군과 싸우기 위해 이동했다. '버마로드 쟁탈전'은 1944년을 지나 1945년까지 매우 격렬하게 지속됐고, 결국 연합군이 400여 개 마을을 해방하고 버마로드를 다시 열었다(○ 중일 전쟁, 1937~45).

* Burma Road. 중국이 1937~38년에 일본과 전쟁을 치르면서 군수물자 등을 공급받기 위해 우회 통로로 완성했으며, 버마 북부와 중국 남부의 윈난성(雲南省)을 연결하는 도로다.

버마-청淸 전쟁, 1765~69
Burmese-Ching War of 1765~69

버마 왕 신뷰신(1736~76)의 군대는 국경을 넘어 청나라 영토를 침략하곤 했다. 이런 팽창 정책에 놀란 청나라의 건륭제(1711~99)는 대군을 동원하여 버마를 침공하고 그 나라 동부의 대부분을 점령했다. 패배에도 사기가 꺾이지 않은 버마인들은 청나라 대군과 직접적인 전투를 피하고 맹렬한 게릴라전을 끊임없이 수행했다. 유능한 장군들이 이끄는 신뷰신의 군대는 전략적으로 유리한 위치에 있던 밀림의 요새들에서 나와 청나라의 보급선을 공격했고 적군을 여럿으로 나누어 고립시켰다. 청나라는 밀림 속에서 치고 빠지는 버마인들을 제압할 수 없었으며 많은 사상자가 발생하고 질병과 굶주림으로 고생하여 강화를 요청했다(청나라는 1769년까지 네 차례에 걸쳐 버마를 침공했으나 실질적인 성공을 거두지 못했다). 버마는 단순히 병력의 규모만 고려해도 청나라가 결국에는 자신들을 격파할 수 있음을 깨닫고 제안을 받아들였다. 청나라는 7만 명의 전사자와 녹아내린 대포, 불타버린 하천용 선박들을 남긴 채 철군했다.

○ 버마-마니푸르 전쟁, 1770 ; 시암-버마 전쟁, 1764~69

버마-포르투갈 전쟁, 1613
Burmese-Portuguese War of 1613

버마에서 활동하던 포르투갈인 용병대 지휘자인 필리프 드 브리투 이 니코트(1566?~1613)는 하부 버마 딴린에 있는 포르투갈 요새를 식민지를 위한 기지로 바꾸는 데 착수했다(○ 버마 내전, 1599). 그러나 드 브리투가 주민들에게 그리스도교 개종을 강요하고 불교 사찰을 약탈하자 어나욱펫룬(1578?~1628) 왕 치하 버마족의 적대감을 야기했다. 1610년 드 브리투는 어나욱펫룬의 속국의 왕으로 따웅우의 통치자였던 낫싯나웅(1578~1613)을 사로잡아 감금했다. 낫싯나웅이 자신과 동맹을 맺는 동시에 어나욱펫룬과도 동맹한 데 대한 처벌이었다. 어나욱펫룬은 이에 대한 보복으로 군대를 모아 딴린을 침공하여 땅굴을 파서 요새를 점령했다. 이듬해 드 브리투와 낫싯나웅 모두 처형됐다(드 브리투는 말뚝에 찔려 죽는 형벌을 받았다). 버마와 포르투갈 사이의 관계는 크게 악화됐지만 버마는 이 승리로 여러 나라의 인정을 받았다.

○ 시암-버마 전쟁, 1607~18

버킹엄 공작의 반란, 1483
Buckingham's Revolt, 1483

2대 버킹엄 공작 헨리 스태퍼드(1455~83?)는 우드빌 가문 사람과 혼인한, 사망한 에드워드 4세(1442~83)의 왕비 엘리자베스 우드빌(1437?~92)에 반대했다. 헨리 스태퍼드는 에드워드 4세의 동생이자 섭정인 글로스터 공작 리처드(1452~85)를 지지했는데, 엘리자베스 우드빌이 왕위에 오른 아들 에드워드 5세(1470~83)의 섭정이 되려 했기 때문이다. 헨리 스태퍼드는 글로스터 공작이 왕위를 찬탈하여 리처드 3세로 즉위하는 것을 도왔다. 헨리 스태퍼드는 충분히 보상을 받았는데도 1483년 리처드 3세에 대항하여 반란을 일으켰고 헨리 튜더(헨리 7세, 1457~1509)를 지지했다(**○ 장미 전쟁**). 1483년에 헨리 스태퍼드는 홍수 때문에 다른 군대와 합류하지 못하여 실패하고 몸을 숨겼다가 배신당하여 재판을 받은 뒤 참수됐다. 2대 버킹엄 공작의 몰수된 재산은 헨리 7세가 1485년에 돌려주었다.

벌지 전투(아르덴 전투), 1944~45
Battle of the Bulge(Battle of the Ardennes), 1944~45

아돌프 히틀러(1889~1945) 독일 총통은 라인 강으로 진격하는 연합군을 저지하여 전쟁을 승리로 이끌려는 마지막 필사적인 도박으로, 룩셈부르크와 벨기에 남부에 있는 아르덴 숲의 연합군을 공격하라고 명령했다. 독일군이 1940년 5월에 연합군의 전선을 뚫고 벨기에와 프랑스로 쇄도했던 바로 그 지역이었다. 1944년 12월 16일 히틀러는 아르덴 공격에 나섰다. 연합군의 전선은 전투 경험이 비교적 적은 미국의 4개 사단이 지키고 있었는데, 이들은 돌진해오는 독일군 3개 군에 적수가 되지 못했다. 한 주가 지났을 때, 독일군은 약 80킬로미터 너비의 전선에서 약 80킬로미터를 전진했다. 연합군은 날씨가 나빠 공군을 투입하지 못하다가 날이 개자 폭격기와 전투기로 공격했고 미국군의 저항도 강해졌다. 미국군의 조지 S. 패튼(1885~1945) 장군은 아르덴의 바스토뉴를 방어하기 위해 그의 육군 3군을 이끌고 신속하게 이동했고, 미국군의 도착으로 독일군의 공세가 성공하리라는 마지막 희망은 사라졌다. 1944년 12월 26일 독일군은 서서히 철수했고 독일군이 연합군 전선에 형성했던 '벌지 bulge(돌출부)'는 1945년 1월 독일군의 퇴각과 함께 사라졌다. 연합군은 반격에 나서 1945년 1월 28일에는 적군을 원래의 출발선까지 몰아냈다. 전투에서 독일군은 약 12만 명의 사상자를 냈고 탱크 약 600대와 항공기 1,600대, 차량 6천 대를 잃었다. 연합군의 사상자는 7만 5천 명을 웃돌았고, 파괴된 탱크와 대전차포는 약 730대였다.

베네수엘라 내전, 1859~63
Venezuelan Civil War of 1859~63

1858년 3월, 1848년부터 베네수엘라를 독재적으로 통치한 모나가스 형제 (❍ 베네수엘라 반란, 1848~49)의 정권은 권력을 두고 서로 경쟁했던 보수당과 자유당이 함께 주도한 혁명으로 무너졌다. 즉각 야망에 찬 주들의 카우디요(군사 지도자)들이 내전을 벌였고, 베네수엘라는 주로 보수당과 자유당이 대결한 이른바 연방주의 전쟁에 휩싸였다. 보수당은 중앙집권적 정부를 기대했고 자유당은 연방주의와 민주주의를 원했다. 전투는 치열했고, 정부는 여러 차례 주인을 바꾸다가 호세 안토니오 파에스(1790~1873) 전직 대통령이 망명에서 돌아와 보수당 내각을 구성했다(1861). 그러나 자유당이 파에스의 억압 정책에 맞서 싸우면서 소란은 지속됐고, 파에스는 모진 독재자로 통치하다 1863년에 지지자들이 패하면서 다시 망명길에 올랐다. 1863년 후안 크리소스토모 팔콘(1820~70) 장군과 안토니오 레오카디오 구스만 블랑코(1829~99) 장군이 이끄는 자유당이 권력을 장악하고 연방주의 헌법을 공포했다.

베네수엘라 내전, 1868~70
Venezuelan Civil War, 1868~70

자유당 출신의 후안 크리소스토모 팔콘(1820~70) 대통령 시대에 지방 분권 체제를 취한 베네수엘라는 정치적으로 점차 혼란을 겪었고 주들의 강력한 카우디요(군사 지도자)들은 싸움을 그치지 않았다. 1868년 호세 타데오 모나가스(1784~1868)가 보수당 혁명을 이끌어 팔콘을 실각시켰다. 모나가스는 권력을 되찾았으나 곧 사망했고, 내전이 발생하여 큰 유혈 충돌이 벌어졌다. 1870년 팔콘 정부에서 부통령을 지냈던 자유당의 정력적인 카우디요 안토니오 레오카디오 구스만 블랑코(1829~99)가 반혁명을 주도하여 보수당 정부를 무너뜨리고 권력을 장악했으며 이후 헌법에 의거하여 대통령에 선출됐다(1873). 자애로운 독재자로 통치하던 구스만은 경제제도와 교육제도를 개선했고 종교의 자유를 선포했으며 로마가톨릭교회를 억압했다. 1888~89년에 정적들이 혁명을 일으켜 구스만의 권력을 빼앗았고, 당시 외국에 있었던 구스만은 어쩔 수 없이 여생을 파리에서 보내야 했다.

베네수엘라 독립 전쟁, 1811~21
Venezuelan War of Independence, 1811~21

나폴레옹이 에스파냐를 침공한 뒤(**◐ 반도 전쟁**), 카라카스의 에스파냐 총독이 쫓겨났고 베네수엘라에서는 혁명평의회가 권력을 장악했다. 베네수엘라는 에스파냐의 통치에서 벗어나는 해방 전쟁에서 영국의 지원을 받고자 시몬 볼리바르(1783~1830)를 영국으로 파견했다. 곧이어 프랑스 혁명 전쟁에서 싸웠던 베네수엘라인 프란시스코 데 미란다(1750~1816)가 투쟁을 지도하기 위해 귀국했다. 1811년 7월 5일 베네수엘라의 독립이 선포됐으나, 미란다의 군대는 곧 패배했고 나라는 다시 군주의 지배를 받았다(미란다는 체포되어 에스파냐에 투옥됐고 그 뒤 그곳에서 죽었다). 1813년 볼리바르는 베네수엘라인들과 함께 도밍고 데 몬테베르데(1773~1832)가 지휘하는 에스파냐 군대에 맞서 승리하고 카라카스를 장악하여 '해방자'라는 칭호를 얻었다. 볼리바르는 다른 전투에서도 승리를 거두었으나, 에스파냐는 라푸에르타에서 볼리바르를 물리치고 다시 베네수엘라를 지배했으며, 볼리바르는 누에바그라나다 부왕령副王領(콜롬비아, 파나마, 베네수엘라, 에콰도르)으로 도주해야 했다. 볼리바르는 누에바그라나다와 자메이카, 아이티에서 거의 2년 동안 망명 생활을 했다(**◐ 콜롬비아 독립 전쟁**). 1816년 볼리바르는 베네수엘라로 돌아와 호세 안토니오 파에스(1790~1873)가 지휘하는 애국파들과 유럽에서 건너온 자원병들의 도움을 받아 앙고스투라(오늘날의 시우다드볼리바르)에 사령부를 설치했다. 볼리바르는 주로 누에바그라나다에서 벌어진 전투에 집중하여 1819년에 누에바그라나다를 에스파냐의 지배에서 해방시켰다. 베네수엘라로 눈을 돌린 볼리바르는 왕당파와 휴전협정에 서명했으나 곧 이를 깨뜨리고 1821년 6월 24일 카라보보 전투에서 에스파냐를 물리쳤다. 베네수엘라는 마침내 독립했다.

○ 칠레 독립 전쟁 ; 페루 독립 전쟁

베네수엘라 반란, 1848~49
Venezuelan Revolt of 1848~49

베네수엘라 보수당의 지도자 호세 안토니오 파에스(1790~1873)는 정치 안정과 경제 발전의 시기였던 1830년부터 1845년까지 대통령으로서, 또 권력의 배후 인물로서 베네수엘라를 지배했다. 파에스의 친구이자 1846년에 보수당 후보로 대통령에 당선된 호세 타데오 모나가스(1784~1868) 장군은 자유당 인사들을 장관으로 임명하며 파에스와 결별했다. 보수당이 지배하던 의회는 분노했으며, 파에스는 지지자들을 이끌고 반란을 일으켰으나 모나가스의 군대에 패하고 망명했다. 1848년부터 1858년까지 베네수엘라에서는 모나가스와 그의 동생 호세 그레고리오 모나가스(1795~1858)가 대통령으로 독재했다. 두 사람은 번갈아 나라의 최고위 직책을 맡았고 대통령의 임기를 4년에서 6년으로 연장하려 했다(**○ 베네수엘라 내전, 1859~63**).

베네수엘라 반란, 1945
Venezuelan Revolt of 1945

이사이아스 메디나 앙가리타(1897~1953) 베네수엘라 대통령은 정부의 통제를 완화하여 야당의 설립을 허용했다. 그중 하나인 민주행동당AD은 좌파 사회주의 정당으로 중간계급과 노동자, 학생, 청년 장교들에게 지지를 호소했다. 1945년 선거가 다가오자 AD는 차기 대통령을 직접선거가 아니라 의회의 간접선거로 선출하도록 규정한 헌법 조항에 불만스러워졌다. AD는 정부가 제안할 수 있는 대안들을 받아들일 수 없었다. 1945년 10월 18일 AD의 일부 청년 당직자들이 반란을 이끌어 메디나를 축출시켜 구금했으며, 로물로 베탕쿠르(1908~81)를 대통령으로 하는 7인 혁명평의회를 설치했다. 새 정부는 새로운 사회 입법을 규정한 1947년 헌법을 제정했고, 그해 말 베네수엘라 역사상 최초로 자유로운 대통령 선거를 실시했다.

베네수엘라 반란, 1958
Venezuelan Revolt of 1958

마르코스 페레스 히메네스(1914~2001) 대통령이 통치하는 베네수엘라 정부는 부패와 경찰의 탄압, 사회기반시설과 관광 호텔의 건설에 투입된 과도한 지출 때문에 비난받았다. 대중의 불만은 공공연한 혁명 활동으로 이어졌다. 1958년 1월 1일 몇몇 공군 부대가 수도 카라카스를 폭격하여 많은 사람이 목숨을 잃었다. 이튿날 페레스 히메네스의 정부군이 다시 통제권을 빼앗았다. 그러나 군대 내부에 동요가 심했으며, 한 주 뒤 해군에서도 폭동이 일어났다. 페레스 히메네스는 강력한 지휘권을 장악하기 위한 필사적인 노력으로 여러 차례 내각을 개편했다. 1958년 1월 21일 카라카스에서 총파업이 발생하여 생활이 완전히 멈추었다. 2일 뒤 모든 군대가 대중의 항의시위에 합세했다. 군부의 지원 없이는 통치할 수 없음을 깨달은 페레스 히메네스는 수백 만 달러를 갖고 도미니카 공화국에 갔다가 이후 미국 플로리다주 마이애미에 정착했다. 군 장교 5명이 새로 선거를 실시할 수 있을 때까지 임시정부를 지도하려고 스스로 혁명평의회를 구성했으나 대중으로부터 거센 비난을 받자 2명이 사임하고 그 자리에 민간인 2명이 참여하게 됐다.

베네수엘라 봉기, 1992
Venezuelan Uprisings of 1992

카를로스 안드레스 페레스(1922~2010) 대통령이 통치하는 베네수엘라에서 과격한 볼리바르혁명운동200 MBR-200은 마약거래로 부당 이득을 취한 군 고위 장교들을 비난했고 중간급 장교들의 반정부 소요에 일조했다. 1992년 2월 반란을 일으킨 장교들이 수도 카라카스 인근 마라카이의 공수부대 기지를 잠시 점령했다가 정부군에 내쫓겼다. 다른 반란군 집단도 마라카이를 장악했으나 곧 진압됐고, 장교 133명이 반란 혐의로 체포됐다. 그 뒤 군대의 부패에 관한 조사가 시작됐으며, 정치와 경제에서 몇 가지 개혁이 시행됐다. 불만을 품은 공군 부대들이 시민 사회의 좌파와 연합하여 1992년 11월 27일 페레스에 대항해 다시 쿠데타를 일으켰으나 실패했다. 전투기가 카라카스에 있는 페레스의 사무실을 공격했고, 반나절 동안 격렬한 전투가 벌어졌다. 군인과 민간인 240명이 체포됐다. 그러나 페레스는 부패 혐의를 받아 1993년 5월에 대통령직에서 쫓겨났고, 1996년 5월에는 수백만 달러의 정부 기금을 잘못 관리한 혐의로 유죄 선고를 받았다.

베네치아-밀라노 전쟁, 1404~06
Venetian–Milanese War of 1404~06

이탈리아 북부와 중부의 여러 도시가 지역 영주에 다시 귀속되면서 밀라노 공국은 통치자 잔 갈레아초 비스콘티(1351~1402)가 정복한 땅을 잃었다(○피렌체-밀라노 전쟁, 1397~1402). 베네치아 공화국이 밀라노의 영토였던 비첸차와 베로나, 파도바, 바사노를 점령했다. 1406년 베네치아는 파도바와 베로나의 영주권을 협정에 따라 유지했던 프란체스코 노벨로 다 카라라(프란체스코 2세, 1359~1406)를 교살하여 카라라 가문의 대를 끊었다. 베네치아가 이탈리아의 동북부 대부분을 지배했다.

베네치아-밀라노 전쟁, 1426
Venetian–Milanese War of 1426

밀라노 공국 공작 필리포 마리아 비스콘티(1392~1447)는 아버지가 죽은 뒤 잃었던 베로나 공화국과 비첸차를 되찾아 이탈리아 북부 전체를 지배하고자 했다. 1426년 베네치아는 상업적 이익을 고려하고 비스콘티의 야심에 위협을 느껴 피렌체와 동맹하여 밀라노에 대적했다. 곧 시에나와 페라라, 사보이아 공국, 만토바가 베네치아·피렌체 동맹에 합세했고 카르마뇰라 백작 프란체스코 부소네(1390?~1432)의 지휘로 대군을 결성했다. 부소네의 군대가 브레시아에 진입하자 사전에 준비된 반란이 일어나 포위공격을 도왔다. 밀라노를 방어하던 프란체스코 1세 스포르차(1401~66)가 항복했으나 양쪽 모두 원군을 받아 전투가 확대됐고 8개월 뒤에 1426년 11월에 신무기인 대포에 밀라노의 마지막 요새가 함락되면서 싸움이 끝났다. 교황 마르티노 5세(1368~1431)가 개입하여 1426년 12월 30일 베네치아에서 평화조약이 체결됐다. 베네치아는 브레시아와 그 주변 지역을 얻었고, 피렌체는 실지失地를 회복했으며, 사보이아는 밀라노에게서 빼앗은 영토를 지배하게 됐다. 밀라노는 자국과 로마 사이에 있는 국가들에 개입할 수 없게 됐다.

베네치아-밀라노 전쟁, 1427~28
Venetian-Milanese War of 1427~28

베네치아 평화조약이 체결된 직후(○ 베네치아-밀라노 전쟁, 1426), 밀라노 공국 공작 필리포 마리아 비스콘티(1392~1447)는 키아리에서 베네치아 공화국의 장군 카르마뇰라 백작 프란체스코 부소네(1390?~1432)를 매복공격으로 살해하려 했다. 비스콘티는 포 강 함대를 재무장하고 전쟁을 재개했다. 부소네는 고톨렌고에서 전투를 치렀으나 결말을 보지 못했고, 이어 크레모나로 갔으나 비스콘티의 군대가 이미 도시를 점령한 것을 확인하고 외곽의 카사알세코를 대대적으로 공격했다. 부소네의 군대는 죽은 병사들의 시체를 쌓아 크레모나의 해자를 메운 뒤 입구를 확보하여 승리를 얻었다. 그 뒤 부소네는 브레시아 인근의 습지에 매복하여 밀라노 군대를 격파했다. 밀라노는 전쟁에 지치고 베네치아 세력의 확대에 위협을 느껴 1428년 4월에 페라라에서 강화를 요청했다. 베네치아는 브레시아와 크레모나의 일부를 획득했다.

베네치아-밀라노 전쟁, 1429~33
Venetian-Milanese War of 1429~33

1429년 밀라노 공국이 루카를 공격하고 리비에라에서 제노바 함대를 격파하여 페라라 평화조약을 위반한 뒤(○ 베네치아-밀라노 전쟁, 1427~28), 베네치아 공화국과 밀라노 사이에 전쟁이 재발했다. 프란체스코 부소네(카르마뇰라 백작, 1390?~1432)가 베네치아 군대를 이끌고 크레모나에서 전투를 벌였으나 1431년 6월 6일 포 강 인근의 손치노에서 프란체스코 1세 스포르차(1401~66)가 지휘하는 밀라노 군대에 패했다. 밀라노 함대도 비나에서 벌어진 전면적인 해전에서 승리를 거두었다. 부소네는 전투에서 패했다는 이유로 베네치아에서 반역죄로 재판에 회부되어 유죄 선고를 받은 뒤 1432년 4월 5일에 참수됐다. 1433년 밀라노 공작이 평화조약에 동의하면서 전쟁이 끝났다. 베네치아는 브레시아와 베르가모를 다시 지배했다.

베네치아-밀라노 전쟁, 1448~54
Venetian-Milanese War of 1448~54

밀라노 공국 공작 필리포 마리아 비스콘티(1392~1447)가 후사 없이 사망하자 베네치아 공화국은 밀라노의 불안정한 상황을 이용하여 밀라노를 침공했다. 1448년 밀라노 군대를 이끈 지휘자인 프란체스코 1세 스포르차(1401~66)는 공세에 나서 베네치아의 많은 영토를 빼앗았고 베네치아 함대를 격파했으며 카라바조 전투를 승리로 이끌었다. 그러나 스포르차는 그 사이에 은밀히 베네치아와 협상했으며 결국 밀라노와 관계를 끊고 베네치아를 위해 전쟁을 수행했다. 스포르차의 군대는 밀라노를 봉쇄했으며, 밀라노는 항복하고 스포르차를 새로운 공작으로 인정했다. 1452년 스포르차는 피렌체와 제노바, 만토바와 동맹하여 베네치아에 대적했다. 베네치아와 밀라노 사이의 종잡을 수 없는 전쟁은 1454년의 로디 평화조약으로 끝났다.

베네치아-비잔티움 제국 전쟁, 1170~77
Venetian-Byzantine War of 1170~77

콘스탄티노플(오늘날의 이스탄불)의 비잔티움 제국 주민들은 제1차 십자군과 제2차 십자군 이후 베네치아 공화국 상인들이 늘어나고 그들이 특혜를 받는 데 점차 분노했다(○ (제1차) 십자군). 제노바와 피사, 베네치아의 여타 경쟁국들은 비잔티움 제국 황제 마누엘 1세 콤네노스(1118~80)에게 조치를 취해줄 것을 요구했고, 1171년 어느 날 단 하루 동안 비잔티움 제국 안의 모든 베네치아인이 체포되고 물품을 압수당했다. 황제는 에게 해의 베네치아 전초기지들을 빼앗았고, 아드리아 해의 베네치아 영토는 헝가리에 넘어갔다(○ 헝가리-베네치아 전쟁, 1171). 베네치아 도제Doge(국가원수)는 달마티아 해안의 도시 차라(크로아티아의 자다르)와 라구사(오늘날 크로아티아의 두브로브니크), 에게 해의 그리스 항구 칼키스를 탈환하기 위한 원정 비용을 마련하려고 처음으로 채권을 발행했다. 베네치아는 노르만의 도움을 받아 라구사를 점령하고 비잔티움 제국이 차지한 에게 해의 키오스 섬과 레스보스 섬을 약탈했다(1171). 1172년 베네치아가 안코나에서 패했을 때 무시무시한 전염병이 베네치아를 타격했다. 이어진 혼란 속에서 도제가 살해당하고 베네치아 정부가 개편됐으며, 대평의회Maggior Consiglio가 설립됐다. 1177년 모든 전투는 끝나고 지루한 협상이 시작됐다. 협상은 1183년까지 지속됐는데 비잔티움 제국의 새로 즉위한 황제 안드로니코스 1세 콤네노스(1118?~85)는 베네치아와 교역과 정치 관계를 재개했고 베네치아가 입은 손실을 배상하겠다고 약속했다.

베네치아-오스만 제국 전쟁, 1416
Venetian–Turkish War of 1416

오스만 제국이 에게 해로 진입하자 베네치아는 피에트로 로레단(1439년 사망) 휘하에 함대를 파견하여 1416년 6월에 갈리폴리 근해의 해전에서 오스만 제국 함대를 격파했다. 그 결과 베네치아는 달마티아 연안과 근해의 섬들을 장악했고 그리스와 에우보이아 섬 칼키스에도 새로이 전초기지를 확보했다. 술탄 메흐메드 1세(1389?~1421)는 그리스도교 국가에 처음으로 오스만 제국의 대사를 파견하여 강화를 요청해야만 했다.

베네치아-오스만 제국 전쟁, 1422~30
Venetian–Turkish War of 1422~30

오스만 제국 술탄 무라드 2세(1404~51)는 군함을 발진하여 알바니아 해안과 그리스 서부 에페이로스(오늘날의 이피로스)의 베네치아 전초기지들을 파괴했다. 1430년 오스만 제국은 베네치아인 1,400명이 수비하고 있는 에게 해의 도시 테살로니키를 점령했다. 도시 주민들은 학살당하거나 노예로 팔려갔으며, 교회 건물들은 마스지드(이슬람교 사원)로 개조됐다. 베네치아는 다른 곳에서도 전쟁에 말려들었기에 1430년에 강화를 체결할 수밖에 없었다(○ 베네치아-밀라노 전쟁, 1429~33).

베네치아-오스만 제국 전쟁, 1443~53
Venetian–Turkish War of 1443~53

베네치아는 오스만 제국 술탄 '정복자' 메흐메드 2세(1432~81)의 침공에 맞서 콘스탄티노플(오늘날의 이스탄불)을 방어하기 위해 군함을 보냈다. 1453년에 콘스탄티노플이 함락된 뒤(○ 콘스탄티노플의 함락) 오스만 제국 군대는 그리스와 알바니아를 정복하려고 계속 이동했고, 이로써 베네치아의 전초기지가 고립됐다. 베네치아인들은 발칸 반도 남부의 루멜리아와 아나톨리아에서 쫓겨났다.

베네치아-오스만 제국 전쟁, 1463~79
Venetian-Turkish War of 1463~79

오스만 제국 술탄 '정복자' 메흐메드 2세(1432~81)는 함대를 강화하여 에게해의 그리스 항구 미틸레네를 차지하고 달마티아 해안의 여러 곳을 습격했다. 1470년 오스만 제국의 해군과 육군은 에우보이아 섬의 칼키스 항구를 점령했다. 베네치아 공화국은 페르시아의 지원을 확보했다. 그러나 아나톨리아를 침공한 페르시아는 1473년에 유프라테스 강 상류 에르진잔 전투에서 메흐메드 2세의 오스만 제국 군대에 패했다. 페르시아는 철수할 수밖에 없었고, 그리하여 베네치아는 강력한 동맹국을 잃고 메흐메드 2세의 아나톨리아 지배를 사실상 허용해야 했다. 오스만 제국은 알바니아를 제압하고 베네치아의 교외까지 습격했다. 베네치아는 1479년에 이스탄불 조약을 체결하여 오스만 제국이 점령한 모든 지역을 할양해야 했다. 여기에는 스쿠타리(오늘날 터키의 위스퀴다르)와 에우보이아 섬, 림노스(렘노스) 섬, 베네치아가 에게 해에 두었던 다른 전초기지들이 포함됐다. 스쿠타리는 1478년에서 1479년 사이에 베네치아 수비대가 오스만 제국의 공격을 여러 차례 영웅적으로 격퇴한 곳이었다. 베네치아는 배상금 10만 두카토를 지불했고 교역 관련 권리들을 보유하는 대가로 매년 오스만 제국에 공물도 납부해야 했다.
○ 투르크멘-오스만 제국 전쟁, 1400~73

베네치아-오스만 제국 전쟁, 1499~1503
Venetian-Turkish War of 1499~1503

오스만 제국은 베네치아 공화국을 계속 침탈했고, 베네치아는 프랑스와 아라곤, 포르투갈의 왕들로부터 약간의 도움을 받았으나 교황령과 다른 경쟁국들로부터는 지원을 받지 못했다. 해상 훈련을 통해 전투 능력이 향상된 오스만 제국 함대는 1499년 7월 28일 촌키오 해전(제1차 레판토 전투)에서 베네치아 함대에 대승을 거두었다. 포로로 잡힌 베네치아 함대 사령관 안토니오 그리마니(1434~1523)는 나중에 사슬에 묶인 채 돌아왔다. 오스만 제국이 춘키오(오늘날의 필로스)와 메토니(모돈), 코로니(코론)에서 승리를 거두고 율리우스 알프스 산맥을 넘어 이탈리아의 비첸차까지 습격해오자, 베네치아는 결국 1503년 11월에 평화조약을 체결해야 했다. 오스만 제국은 모레아(오늘날의 펠로폰네소스 반도)의 일부와 몇몇 섬을 지배했지만 이오니아 해에서 가장 큰 섬인 케팔로니아 섬을 잃었다.

베네치아-오스만 제국 전쟁, 1537~40
Venetian-Turkish War of 1537~40

오스만 제국 술탄 쉴레이만 1세(1494~1566) '대제'는 베네치아 공화국에 모욕을 당했다고 생각하여 전쟁을 벌였다. 1537년에 오스만 제국 군대는 이탈리아 남부의 풀리아를 약탈했다. 쉴레이만 1세는 오스만 제국의 육군과 해군을 대규모로 동원하여 베네치아의 코르푸(오늘날의 케르키라) 섬을 포위했으나, 안드레아 도리아(1466~1560)가 지휘하는 신성로마제국·베네치아의 강력한 함대가 도착하자 계획을 포기했다. 바르바로스 하이레딘 파샤(1478?~1546)가 이끄는 오스만 제국 해군은 1538년에 에게 해와 아드리아 해를 평정하여 베네치아가 보유했던 여러 섬과 전초기지를 점령하고 크레타 섬을 습격했다. 1538년 9월 28일 바르바로스 하이레딘 파샤의 함대는 프레베자 전투에서 도리아가 지휘하는 신성로마제국·베네치아 함대에 승리를 거두었다. 1540년에 베네치아는 보유하고 있던 에게 해의 섬들과 나우플리아(오늘날의 나프플리오)와 모넴바시아를 포함한 모레아(오늘날의 펠로폰네소스 반도) 본토의 전초기지들을 오스만 제국에 할양했다.

베네치아-오스만 제국 전쟁, 1570~73
Venetian-Turkish War of 1570~73

오스만 제국 술탄 셀림 2세(1524~74)는 베네치아 공화국이 키프로스 섬의 할양을 거부하자 오스만 제국의 육군과 해군에게 키프로스를 침공하라고 명령했다. 1570년 여름 레프코시아(니코시아)에서 약 5천 명의 병사들이 포위공격을 수행하는 오스만 제국 군대 5만 명과 맞섰으나 결국 패했다. 오스만 제국 군대는 베네치아 수비대 전원과 주민 대다수를 학살했다. 그 뒤 오스만 제국 군대는 베네치아가 보유한 키프로스의 파마구스타를 거의 1년 가까이 포위하고 봉쇄했다. 파마구스타의 베네치아 총독은 병력이 약 2,500명으로 줄어들자 오스만 제국이 제시한 강화조건을 수용했다. 오스만 제국은 이어 1571년 8월 초에 방어하던 베네치아 병사들을 잔혹하게 학살했다. 오스트리아의 돈 후안 데 아우스트리아(리터 요한 폰 외스터라이히, 1547~78)는 베네치아와 에스파냐, 교황령의 함선 208척으로 구성된 신성동맹 함대를 이끌고 그리스의 레판토 전투에서 오스만 제국 함대를 추적하여 1571년 10월 7일에 전멸시켰다. 에스파냐는 승리의 여세를 몰아가지 않고 추적하기를 망설였고, 1572년에 오스만 제국 해군은 반격하여 베네치아가 동맹에서 이탈하게 만들고 1573년 3월 7일 조약에 서명하게 했다. 베네치아는 키프로스를, 그리고 알바니아와 에페이로스(오늘날의 이피로스)에 갖고 있던 영토를 오스만 제국에 할양하고 거액의 배상금을 지불했다.

베네치아-오스만 제국 전쟁, 1645~59
Venetian–Turkish War of 1645~59
○ 칸디아 전쟁

베네치아-오스만 제국 전쟁,* 1684~99
Venetian–Turkish War of 1684~99
1685년에서 1687년 사이에 베네치아의 통치자 프란체스코 모로시니(1619~94)는 독일계 스웨덴인 육군 원수 오토 빌헬름 쾨니히스마르크(1639~88)와 함께 오스만 제국으로부터 달마티아의 일부와 모레아(오늘날의 펠로폰네소스 반도)를 빼앗고 이어 그리스 중부를 공략했다. 1687년 9월 21일 쾨니히스마르크의 군대가 엘레우시스(오늘날의 엘레프시나)에 상륙하고 베네치아 함대가 피레아스에 진입했다. 오스만 제국 군대는 신속히 아테네에서 빠져나갔으나 수비대와 상당수의 주민은 고대 아크로폴리스로 피했다. 베네치아 군대는 6일 동안(9월 23~29일) 아크로폴리스를 포위했고 이 와중에 고대의 많은 기념물이 파괴됐다. 9월 28일 테바이에 있던 오스만 제국 군대가 구원하러 왔다가 패하면서 수비대는 항복했다. 그러나 오스만 제국 군대가 테바이에서 세를 키우고 있었고 기병대로 아티카 지방을 장악한 상황에서 아테네 주변으로 갇힌 모로시니의 위치는 불안정했다. 베네치아 군대는 이듬해 4월 모레아로 물러났다. 1694년 모로시니가 사망한 뒤 베네치아는 에게 해의 키오스 섬을 쉽게 장악했으나, 오이노우세스(코윤 아달라리) 섬 해전에서 오스만 제국에 패하자 철수했다. 오스만 제국은 키오스 섬을 1912년에 제1차 발칸 전쟁이 발발할 때까지 보유했다(● (제1차) 발칸 전쟁). 1699년 1월 오스만 제국과 신성 동맹(1684) 사이에 카를로비츠 조약이 체결되면서 전쟁이 종결됐고, 동맹의 일원이었던 베네치아는 모레아와 달마티아의 상당 부분을 획득했다.

● 오스트리아-오스만 제국 전쟁, 1683~99

* 모레아 전쟁이라고도 한다.

베네치아-오스만 제국 전쟁, 1714~18
Venetian-Turkish War of 1714~18

오스만 제국은 베네치아 공화국이 1714년에 몬테네그로에서 봉기를 선동한 데 보복하여(베네치아는 보스니아를 침공했고 또 지중해에 기지를 둔 오스만 제국 군함들을 나포하기도 했다) 베네치아에 전쟁을 선포하고, 육군과 해군을 파견하여 에게 해에 있는 베네치아의 섬들과 요새들을 빼앗으려 했다. 오스만 제국은 1년 뒤 모레아(오늘날의 펠로폰네소스 반도) 전체를 포위하여 점령했으며, 이집트와 바르바리 해안 국가들로부터 해군을 지원받아 칸디아 전쟁 이후 에게 해와 크레타 섬에서 작은 요새들을 보유하고 있던 베네치아인들을 내쫓았다. 베네치아는 코르푸(오늘날의 케르키라) 섬을 공격한 오스만 제국을 에스파냐와 포르투갈, 몇몇 이탈리아 국가의 도움을 받아 격퇴했다. 1716년에는 오스트리아가 베네치아 편으로 참전했다(● 오스트리아-오스만 제국 전쟁, 1716~18). 1718년 7월 21일 영국과 네덜란드의 중재로 포자레바츠 조약이 체결되어 강화가 이루어졌다. 베네치아는 모레아를 포기했으나 알바니아와 달마티아에서 몇몇 전초기지를 획득했다.

베네치아의 프리울리 정복, 1411~20
Venetian Conquest of Friuli, 1411~20

1411년 프리울리(아드리아 해에 닿아 있는 이탈리아 동북부의 역사적 지역으로 오늘날 일부는 슬로베니아의 영토다)의 공작은 뒷날 신성로마제국 황제 지기스문트가 되는 헝가리 왕 지그몬드(1368~1437)의 위협을 받자 베네치아 공화국에 군사 지원을 요청했다. 베네치아의 군사행동이 성공하여 1420년 베네치아는 프리울리를 확고히 장악했다. 베네치아는 북쪽으로 카르니아 알프스 산맥까지, 동쪽으로 율리우스 알프스 산맥까지 프리울리의 경계를 확장했다.

베네치아-제노바 전쟁, 1255~70
Venetian-Genoese War of 1255~70

지중해 동부에서 상업상 경쟁국이었던 베네치아 공화국과 제노바 공화국은 콘스탄티노플(오늘날의 이스탄불)과 십자군의 라틴 식민지들에서 상대방을 제거하고 교역의 권리를 독점하려다가 1255년 전쟁에 들어갔다. 베네치아는 팔레스타인 근해에서 세 차례 해전을 승리로 이끌어 아크레(아코)에서 제노바인들을 추방할 수 있었다. 에게 해의 섬들과 그리스 근해에서 소규모인 분명하지 않은 전투를 수없이 치렀다. 가장 결정적인 전투는 1264년 시칠리아 섬의 트라파니에서 벌어졌는데, 베네치아 함대가 제노바 해군을 격파하고 해군 병력 1천 명 이상을 살해했다. 베네치아가 콘스탄티노플의 황제로부터 추가로 교역의 권리를 획득한 뒤 1270년 베네치아와 제노바는 휴전협정을 체결했다.

베네치아-제노바 전쟁, 1294~99
Venetian-Genoese War of 1294~99

베네치아 공화국은 피사와 동맹하여 흑해와 지중해 동부에서 제노바 공화국의 향신료 교역로를 위협했다. 1294년 제노바는 알렉산드레타(오늘날의 이스켄데룬) 만에서 베네치아와 피사의 연합 함대를 격파했으며 이어 크레타 섬의 베네치아 항구 카니아를 약탈하고 정박 중인 베네치아의 향신료 수송 선단을 파괴했다. 콘스탄티노플(오늘날의 이스탄불)에서 제노바 시민은 베네치아인들을 공격하여 살해했다. 로제리오 모로시니(1290년대 활동)가 지휘하는 베네치아 해군이 콘스탄티노플 인근에 있는 제노바의 무역항인 갈라타를 약탈하여 보복했다. 소규모 공격과 반격이 발작하듯이 이어지다가 1298

년에 람바 도리아(1245~1323)가 지휘하는 제노바인들이 쿠르촐라(오늘날의 코르출라) 인근 달마티아 해안에서 벌어진 해전에서 대승을 거두었다. 베네치아인 5천 명 이상이 사망하거나 포로가 됐다. 1299년 베네치아와 제노바는 상호불가침조약에 서명했다.

베네치아-제노바 전쟁, 1350~55
Venetian-Genoese War of 1350~55

제노바 공화국이 크림 반도의 번창하는 식민지 카파(오늘날 우크라이나의 페오도시야) 인근에서 베네치아 공화국의 선박 다수를 나포하자, 양국 사이에 전쟁이 벌어졌다. 그 직후에 제노바는 그리스의 에우보이아 섬 칼키스에 있는 베네치아의 중요한 식민지를 점령했다. 베네치아는 신속히 콘스탄티노플(오늘날의 이스탄불)의 황제와 아라곤 왕과 동맹을 맺었다. 보스포루스 해협에서 결말 없는 전투가 이어졌다. 1352년 베네치아가 사르데냐 섬 근해에서 승리하여 제노바를 봉쇄하자, 제노바는 밀라노와 동맹을 체결하고 공세로 전환했다. 1354년 제노바가 사피엔차 전투에서 승리하여 베네치아는 평화조약을 체결해야 했다. 양국은 상대방의 영토와 교역로를 침범하지 않기로 약속했다.

○ 키오자 전쟁

베네치아-제노바 전쟁, 1378~81
Venetian-Genoese War of 1378~81

○ 키오자 전쟁

베니젤로스파의 봉기
Venizelists' Uprising

○ 크레타 봉기, 1935

베레니케 전쟁
War of Berenice

○ (제2차) 시리아-이집트 전쟁 ; (제3차) 시리아-이집트 전쟁

베르됭 전투, 1916
Battle of Verdun, 1916

제1차 세계대전 중 1916년 2월 뫼즈 강가의 프랑스 요새 도시 베르됭은 독일군 공세의 표적이 됐다. 독일군은 집중포격을 가한 뒤 진격하여 베르됭 주변의 작은 요새를 여러 곳 점령했다. 프랑스군이 반격에 나서 독일군의 맹공을 저지했다. 전투는 여러 달 지속됐다. 독일군 병사들은 약 3미터 깊이의 참호를 판 뒤 언덕 사면의 일부 참호를 콘크리트로 보강했다. 양쪽은 일진일퇴의 격렬한 공방전을 벌여 땅을 빼앗고 빼앗기기를 반복했다. 저항하는 프랑스군의 표어는 '독일군은 이곳을 지나갈 수 없다'였고, 실제로 베르됭은 독일군의 가혹한 포격 속에서도 의연히 서 있었다. 1916년 8월 독일군은 베르됭을 점령할 수 없다는 사실을 깨닫고 공격을 중단했다. 프랑스군과 독일군 30만 6천 명이 베르됭에서 사망했는데, 이는 산업화된 전쟁의 잔혹함을 오늘날까지 상징적으로 보여주고 있다.

베르킨게토릭스의 반란
Rebellion of Vercingetorix

○ 갈리아 전쟁

베아른 반란
Béarnese Revolt

제1차 베아른 반란(1620~22) 프랑스 왕 루이 13세(1601~43)가 로마가톨릭의 지위를 회복하고 교회가 잃은 재산을 되찾으려 하자, 프랑스 서남부 베아른 지방의 위그노(프랑스의 칼뱅파)는 로앙 공작 앙리 2세(1579~1638)의 지휘로 무장하여 프랑스 정부에 저항했다. 루이 13세의 군대가 낭트 칙령으로 위그노에 부여된 성채를(○ **(제9차) 종교 전쟁**) 대부분 탈환하고 프로테스탄트의 종교집회들을 억압하는 데 성공했지만, 위그노는 몽토방과 라로셸을 계속 지배했다. 이 싸움으로 세력을 키운 이후 리슐리외 공작 겸 프롱사크 공작인 아르망 장 뒤 플레시(1585~1642)는 1622년 추기경에 임명됐다. **제2차 베아른 반란(1625~26)** 로앙 공작 앙리 2세와 그의 동생 수비즈 공작 뱅자맹 드 로앙(1583~1642)은 라로셸의 기지에서 프랑스 정부에 맞서 다시 위그노의 반란을 일으켰다. 프로테스탄트는 초기에 해상에서 약간의 성공을 거두었으나, 몽모랑시 공작 앙리 2세(1595~1632)가 지휘하는 왕의 군대는 종국에 위그노 요새 주변의 해상을 일부 봉쇄할 수 있었다. **제3차 베아른 반란 (1627~29)** 리슐리외 추기경이 직접 군대를 지휘하여 라로셸까지 포위하면서 위그노와 프랑스 정부 사이에 싸움이 재개됐다. 리슐리외 추기경이 강력한 육상 작전을 펼치고 해상을 완벽하게 봉쇄하여 잉글랜드가 파견한 해군까지 손쉽게 격퇴하면서 라로셸은 사실상 고사됐다. 몽모랑시 공작이 랑그도크에서 로앙 공작을 물리치면서 프랑스 안에서 정치적 자치를 실현하려던 위그노의 희망은 끝나버렸다. 그러나 리슐리외 추기경은 현명하게도 위그노가 경제에 기여할 잠재력을 존중하여 알레스 평화조약으로 종교적 관용을 허용했다.

○ 잉글랜드-프랑스 전쟁, 1627~28

베어 플래그 반란, 1846
Bear Flag Revolt, 1846

멕시코-미국 전쟁(포크의 전쟁) 발발 뒤 멕시코의 영토인 알타칼리포르니아(오늘날의 캘리포니아 주, 네바다 주, 애리조나 주, 유타 주, 콜로라도 주의 서부 일부, 와이오밍 주의 서남부 일부)에 정착한 미국인들은 존 C. 프레먼트(1813~90) 대위의 지휘를 받아 멕시코 당국을 내쫓고, 1846년 6월 14일 소노머에 캘리포니아 공화국(별칭 베어 플래그 공화국)이라는 독립국가를 수립했다. 7월에 존 D. 슬로트(1781~1867) 해군 준장이 이끄는 미국 함대는 알타칼리포르니아의 수도 몬테레이(몬터레이)를 점령하고 미국 국기를 게양했으며 알타칼리포르니아를 미국 영토로 선언했다. 1847년 초에 스티븐 W. 카니(1794~1848) 장군이 그곳에 도착했을 때, 프레먼트와 슬로트를 대체한 로버트 필드 스톡턴(1795~1866) 준장이 이미 알타칼리포르니아를 미국의 이름으로 통제하고 있었다. 스톡턴과 카니는 지휘권을 두고 다투었고 프레먼트는 스톡턴을 지지했다. 그러나 미국 정부는 카니를 지원했으며 프레먼트는 불복종 혐의로 군사재판에 회부됐다. 1848년에 멕시코는 정식으로 알타칼리포르니아를 미국에 할양했다.

베이컨의 반란, 1676
Bacon's Rebellion, 1676

버지니아 식민지 변경에 거주하던 일단의 자영농들은 조약으로 보호받는 땅에 사는 아메리카 인디언들을 내쫓아야 한다고 주장했다. 버지니아 식민지 총독 윌리엄 버클리(1605~77)는 인디언 부족들과 식민지 주민 사이의 싸움이 격화되는 것을 피하려고 인디언의 위협을 봉쇄하는 정책을 취했다. 버클리는 그 일환으로 변경을 따라 여러 곳에 방어 요새를 구축할 것을 제안했다. 변경 주민들은 이 계획이 비용이 많이 들 뿐만 아니라 적절하지 않다고 생각했고 세금을 올리기 위한 핑계가 아닌지 의심했다. 버클리가 인디언과 적극 대적하기를 거부하자, 변경 주민들에게 브랜디를 나누어준 뒤 지도자로 선출된 너새니얼 베이컨(1647?~76)은 총독의 명령을 무시하고 인디언 마을을 침략하여 주민을 학살했다. 그 뒤 베이컨은 선거에서 승리하여 새로운 버지니아 식민지의 버지니아 식민지 의회 House of Burgesses 의원으로 선출됐으나 첫 등원 때 체포됐다. 곧 석방된 베이컨과 그를 지지한 자영농들은 제임스타운으로 진격하여 총부리를 들이대며 의회를 위협하여 인디언에 대한 추가 조치를 취하게 했다. 도피했던 버클리는 돌아와 제임스타운을 되찾았다. 유혈 충돌 뒤 베이컨이 제임스타운을 다시 통제했고 도시에 불을 질렀다. 베이컨이 갑자기 사망하자 반란은 종식됐고 버클리는 자신의 인디언 정책을 지키기 위해 가혹하게 보복한 뒤 잉글랜드로 돌아갔다.

베트남 내전, 1955~65
Vietnamese Civil War of 1955~65

남베트남(1946~54년 프랑스령 인도차이나 전쟁 뒤 독립 공화국임을 선포했다)의 응오 딘 지엠吳廷琰(1901~63) 총리는 미국 군사고문단의 지원을 받아 군대를 장악하고 무장이 잘된 3개의 집단, 즉 빈쑤옌파平川派와 호아하오교和好敎, 까오다이교高臺敎의 반란에 맞서 싸웠다. 1955년 남베트남 수도 사이공(오늘날의 호찌민)의 빈쑤옌파는 도시에서 내쫓길 때까지 정부군에 맞서 싸웠으며, 반란군의 끊이지 않는 교란에 응오 딘 지엠은 껀터와 빈롱永隆, 껀 산맥(바이누이. 세븐 마운틴스)에 있는 반란군을 공격해야 했다. 1956년에 응오 딘 지엠이 약속과 달리 총선거를 실시하지 않자, 북베트남은 남베트남민족해방

전선 반군(남베트남에서 반란을 일으킨 공산주의자들)에 대항해 게릴라전을 시작하고 테러를 벌여 남베트남 정권을 무너뜨리라고 지시했다. 응오 딘 지엠은 군사 반란을 진압했으나(1960), 미국이 훈련시킨 응오 딘 지엠의 군대는 남베트남민족해방전선의 전술에는 전체적으로 무기력했다. 남베트남민족해방전선을 쓸어버리기 위한 미국의 군사원조가 증가했고, 1962년에 남베트남은 남베트남민족해방전선의 공격을 막아낸 지역에 농민을 다시 정착시키는 '전략촌' 계획을 시작했다. 응오 딘 지엠 체제의 탄압에 불교 승려들이 폭동을 일으키고 분신했다. 1963년 11월 1~2일에 군사 쿠데타가 일어나 남베트남 정권이 무너졌다. 응오 딘 지엠은 피살됐으며, 군부가 통제하는 임시 체제가 수립됐다. 정치적으로 불안정한 시기가 이어진 가운데, 남베트남은 공산주의에 맞서기 위해 군사적 노력을 보강하려 했다. 1965년 응우옌 까오 끼阮高祺(1930~2011) 장군과 응우옌 반 티에우阮文紹(1923~2001)가 이끄는 군사평의회 Armed Forces Council가 나라를 통치했다.

○ 베트남 전쟁

베트남 전쟁, 1956~75
Vietnam War, 1956~75

베트남은 1946~54년 프랑스령 인도차이나 전쟁 뒤 북위 17도선에서 베트남 공화국(남베트남)과 베트남 민주공화국(북베트남)으로 분단됐다. 1956년 북쪽의 공산주의 체제와 명목상으로는 민주주의 체제로 미국이 지원하는 남쪽 체제 사이에 내전이 발발했다. 전쟁 초기의 전투는 대체로 남베트남민족해방전선-북베트남 연합군이 수행한 격렬한 게릴라전이었다. 이른바 남베트남민족해방전선-북베트남 연합군은 남쪽의 고향으로 돌아와 베트남공화국 육군ARVN에 맞서 싸웠다. 미국은 ARVN에 군사고문단을 파견했고, 1961년에는 남베트남 군인들을 훈련시킨 이 고문들에게 참전을 허용했다. 1964년 8월 2일 북베트남의 초계정들이 통킹 만의 미국군 구축함 2척을 공격했다고 한다. 린든 B. 존슨(1908~73) 미국 대통령은 무장 공격으로 격퇴해도 좋다는 의회의 승인을 받아냈고, 미국군 전투기들이 북베트남 공습에 들어갔다. 미국군 부대가 남베트남으로 파병되어 동맹국으로서 참전했다. 북베트남 군대가 남베트남민족해방전선과 함께 싸우기 위해 캄보디아의 '호찌민 루트'를 따라 계속 남쪽으로 내려왔다. 미국군과 ARVN은 시골에서 적군을 깨끗이 제거하기 위해 '수색과 섬멸', '자유사격지대', '평정'이라는 전술을 펼쳤으며, 또 북베트남의 군사 시설과 민간인 시설, 캄보디아의 군수품 집적장을 주기적으로 폭격했다. 1968년 1월 말 남베트남민족해방전선−북베트남 연합군은 36개 지역 도시를 겨냥하여 대규모 설(뗏)공세에 착수했고 남베트남을 크게 파괴한 뒤 심한 손실을 입고 철수했다. 그러나 이들의 전투력은 세계를 놀라게 했다. 윌리엄 C. 웨스트모어랜드(1914~2005) 장군이 물러나고 크레이턴 W. 에이브럼스 주니어(1914~74) 장군이 베트남에 파병된 미국군 사령관이 됐으며, 에이브럼스 주니어는 그 뒤(1972년 중반) 프레더릭 C. 웨이언드(1916~2010) 장군에게 지휘권을 넘겼다. 한편 미국에서는 선전포고 없는 이 전쟁에 반대하는 항의와 시위가 빈번히 일어났다. 1968~69년 사이 베트남에 파병된 미국군 군인은 약 50만 명이었다. 1968년 7월 미국은 '베트남화化'라는 새로운 정책을 시행하겠다고 발표했다. 남베트남이 점차 스스로 모든 전투를 수행하게 한다는 것이었다. 미국군 부대는 이듬해 5월부터 철수했으나 공군 지원 부대들은 잔류했다. 1972년 남베트남민족해방전선−북베트남 연합군은 위도 17도선 주변의 비무장지대를 넘어 남베트남 북부의 1개 성省을 점령했다. 미국은 하이퐁海防 항구와 여타 북베트남 항구들에 기뢰를 부설하여 보복했다. 미국과 북베트남은 1968년부터 이따금씩 평화협상을 했는데, 1972년 12월에 협상이 완전히 결렬되자 리처드 M. 닉슨(1913~94) 미국 대통령은 북베트남 도시들, 특히 하노이와 하이퐁에 11일 동안 집중적으로 '크리스마스 폭격'을 가하라고 명령했다. 그 뒤 회담이 재개됐고, 1973년 1월 27일 미국과 남베트남민족해방전선, 북베트남, 남베트남은 휴전협정을 체결했다. 그러나 전투는 전과 다름없이 계속됐고, 양쪽은 서로 상대방이 협정을 위반했다고 비난했다. 1974년 ARVN은 오지에 있는 전초기지들에서 부대를 철수하기 시작했고, 남베트남민족해방전선−북베트남 연합군은 여러 성 정부 소재 도시들을 점령했다. 오래 예견됐던 공산주의자들의 공세는 1975년 1월에 개시됐다. 남베트남민족해방전선−북베트남 연합군은 베트남의 중부 산악지대를 장악한 뒤 북위 17도선을 넘어 후에順化와 다낭沱瀁 이남까지 밀고 내려갔다. 응우옌 반 티에우阮文紹(1923~2001) 대통령이 이끄는 남베트남 정부가 북쪽에 있는 도시 꽝찌廣治와 후에를 소개疏開하기로 결정했을 때, 남베트남의 붕괴와 패배는 명확해졌다. 남부 해안의 도시들은 버려졌으며, 민간인과 군부대는 도주했고, 남은 미국군은 선박과 항공기로 베트남을 탈출했다. 1975년 4월 30일 남베트남은 공산주의자들에게 무조건 항복했으며, 공산주의자들은 전투 없이 남베트남 수도 사이공(오늘날의 호찌민)을 점령했다. 1976년 7월 2일 북베트남과 남베트남은 공식적으로 통일되어 베트남 사회주의공화국이 됐다. 공산주의자들의 승리로 미국 역사상 가장 고통스러웠던 싸움이 끝났다. 베트남에서 죽은 미국군은 5만 8,219명이다.

베트남-중국 전쟁
Vietnam–Chinese Wars

> ◐ 남한-응오 왕조 전쟁 ; 다이비엣-명 전쟁

베트남-프랑스 전쟁
Vietnamese–French Wars

> ◐ 프랑스령 인도차이나 전쟁

벨로르 반란, 1806
Vellore Mutiny, 1806

영국동인도회사는 인도인 용병 세포이들의 종교적 관습과 카스트 제도에 무관심했다. 이 때문에 1806년 5월 인도 벨로르에서 무익한 유혈 반란이 발생했다. 영국은 모자와 비슷한 머리덮개를 도입하여 인도인들의 터번을 대체하려 했고, 병사들이 단정함을 유지하도록 행군 중에는 장신구나 카스트 표식을 달지 못하도록 했다. 벨로르의 세포이 1,500명은 두 집단으로 나뉘어 한쪽은 병영에 체류하고 있던 유럽인 병사 4천 명을 공격하여 다수를 살해했고, 나머지는 장교 숙소에 난입하며 발포하여 장교들을 죽였다. 인근의 도시 아르코트에서 온 영국군 용기병 부대들은 세포이들이 장악한 벨로르 요새의 출입문을 파괴하고 반란자 약 400명을 죽였다(전투에서 사망한 영국군 군인은 약 130명이었다). 마드라스(오늘날의 첸나이) 총독은 직무 태만으로 교체됐다(1807).

벵골-무굴 제국 전쟁, 1742
Bengalese—Mogul War of 1742

1739년 페르시아가 무굴 제국의 수도 델리를 침입하여 유린한 뒤(●페르시아의 무굴 제국 침공), 무굴 제국은 유력한 힌두교 종족으로 무굴 제국에 대립했던 마라타족과 다양한 기회주의자들에게 붙잡힌 볼모가 됐다. 알리 바르디 칸(1671~1756)이라는 모험가가 벵골에서 권력을 장악한 뒤 벵골은 사실상 무굴 제국의 통제를 벗어난 독립 지역이 됐다. 알리 바르디 칸은 포르투갈의 후글리 강 탐사를 지원하고 캘커타(오늘날의 콜카타) 지역에서 영국의 사업을 장려하여 부자가 됐다. 알리 바르디 칸이 두려워한 것은 단 하나 마라타 왕국이었다. 마라타 왕국의 페슈와(재상) 발라지 바지 라오(재위 1740~61)가 동진을 시작하여 무굴 제국이 보유했던 분델칸드(인도 중부) 지역을 장악하고 당시 벵골의 하위 구성 지역이었던 오리사(오늘날의 오디샤)를 위협했기 때문이다. 발라지 바지 라오는 장군들을 통제하는 데 어려움을 겪었다. 그중 한 사람인 라고지 본슬레(1755년 사망)는 단독으로 오리사 원정에 나섰으며(1741) 캘커타 가까이에서 군사행동을 실행하여 영국군에게 유명한 '마라타 해자'를 파도록 만들었다(1742). 발라지 바지 라오는 라고지에게 오리사에서 약탈한 것을 일부 내놓으라고 명령했으나 라고지는 이를 거부했다. 이후 발라지 바지 라오는 델리의 요청에 응하여 알리 바르디 칸 쪽에 섰고 대규모 군대에 명령을 내려 라고지를 인도의 절반쯤 지난 나그푸르까지 쫓아냈다(1742). 다른 독립적 마라타족 집단들은 알리 바르디 칸이 죽을 때까지 벵골을 괴롭혔다. 그 뒤 영국은 플라시 전투에서 벵골인들에게 승리를 거두고(1757년 6월 23일) 캘커타를 장악했으며, 무굴 제국은 벵골을 영원히 잃었다.
● 벵골-영국 전쟁, 1756~57 ; 7년 전쟁

벵골-영국 전쟁, 1756~57
Bengalese—British War of 1756~57

영국동인도회사는 '7년 전쟁'을 예상하여 캘커타(오늘날의 콜카타)를 요새로 만들고 있었다. 벵골의 나와브(군주)인 시라즈 웃 다울라(1733~57)는 요새 공사를 중단하라고 요구했고 영국동인도회사가 이를 거부하자 1756년

6월 20일에 캘커타를 빼앗았다. 시라즈 웃 다울라는 4일 만에 도시를 점령했고 탈출할 수 없었던 유럽인들을 이른바 블랙홀이라는 영국동인도회사의 감옥에 감금했다. 지하 감옥에 갇힌 포로의 정확한 수는 알려지지 않았으나, 첫날 밤이 지나고 최소 43명에서 최대 123명이 사망한 것으로 추정된다. 이전에 영국동인도회사의 사무원이었다가 군인이 된 로버트 클라이브 (1725~74)와 찰스 왓슨(1714~57) 제독은 1757년 1월 2일 영국군을 이끌고 캘커타를 탈환했으며 나와브를 체포하여 처형했다. 그 뒤 클라이브는 영국에 우호적인 미르 자파르(1691~1765)를 새로운 나와브로 임명했다.

벵골-영국 전쟁, 1763~65
Bengalese–British War of 1763~65

영국동인도회사는 과세 문제를 두고 벵골의 새로운 나와브(군주)인 미르 카심(1777년 사망)과 다투었다. 1763년 카심의 군대가 영국동인도회사의 상관 商館이 있는 파트나를 점령하려 하면서 전쟁이 벌어졌다. 영국의 압박에 밀린 카심은 아와드(오우드)로 철수할 수밖에 없었고, 영국은 1764년 10월 22일 북사르에서 벵골과 싸워 중요한 승리를 거둔 뒤 아와드를 점령했다. 카심은 인도 서부 토착민의 지원을 받았지만 영국을 막지 못했으며, 1765년에 패했다. 미르 카심이 축출당하자, 영국과 대결했다가 나와브 지위를 상실했던 미르 자파르(1691~1765)가 영국의 지지를 얻어 1763년에 나와브로 다시 취임했다. 1765년에 영국동인도회사는 무굴 제국으로부터 벵골 지역의 세금징수권을 이양받아, 해당 지역의 실질적 통치 주체가 되면서 나와브를 형식적인 통치자로 전락시켰다.

벵골-잉글랜드 전쟁, 1686~90
Bengalese–British War of 1686~90

인도의 무굴 제국 황제 아우랑제브(1618~1707)는 잉글랜드동인도회사가 인도 동북부 벵골 지역의 후글리를 요새로 만들려 한다는 사실을 알고 1686년 10월에 군대를 파견하여 후글리를 약탈했다. 잉글랜드는 통행세를 요구한 현지 세관원들에 대한 보복으로 후글리를 군사기지로 삼아 무굴 제국의 벵골 요새들을 공격하던 중이었다. 잉글랜드는 후글리 강을 따라 내려가 윌리엄 요새(오늘날의 콜카타에 있다)를 건설했다. 잉글랜드는 벵골에서 교역을 계속하기 위해 1690년에 강화를 체결하여 배상금을 지불할 것을 동의했다.

○ 아우랑제브 전쟁

병자호란丙子胡亂, 1636~37
Byeongja War, 1636~37

정묘호란丁卯胡亂 뒤 후금後金은 조선에 식량과 병선을 요구했고 '형제지맹兄弟之盟'을 '군신지의君臣之義'로 바꿀 것을 요구했다. 이에 조선에서는 척화론斥和論이 대두됐고, 국호를 청淸으로, 연호를 숭덕崇德으로 바꾼 홍타이지(청 태종, 1592~1643)는 1636년 12월 2일 직접 12만 8천 명의 대군을 거느리고 후금의 수도 선양瀋陽을 출발해 9일 압록강을 건너 조선을 침공했다. 청나라 군대는 의주부윤 임경업林慶業(1594~1646)이 지키고 있던 백마산성을 피해 조선의 수도 한양(오늘날의 서울)에 도착했다. 인조는 주화론자인 최명길崔鳴吉(1586~1647) 등을 적에게 보내 시간을 벌면서 강화도로 피난하려 했으나 청나라 군대가 강화도로 가는 길을 차단하자 남한산성으로 피신했다. 인조는 명나라에 급사를 보내 원군을 요청하고 8도에 격문을 포고했으나, 청나라 군대는 16일 남한산성을 포위했으며 이듬해 1월에는 청나라 태종이 북한강가에서 직접 군대를 지휘했다. 식량 부족과 추위에 성안의 병사들은 지쳐갔고, 왕실 가족이 피신해 있던 강화도가 청나라 군대의 공격을 받아 봉림대군과 인평대군을 포함한 많은 조선인들이 포로로 잡혔다. 이에 조정에서는 주화파의 의견에 따라 항복하기로 결정했다. 인조는 청나라 태종의 요구에 응하여 남한산성에서 나와 삼전도三田渡에 만든 수항단受降壇에서 굴욕을 감수하며 삼궤구고두三跪九叩頭*의 항례降禮를 올렸다. 조선은 화약을 맺고 청나라에 신하의 예를 지키고, 청나라가 명나라를 공격할 때는 군대를 파견하여 지원하며, 조공을 바치기로 했다. 소현세자와 봉림대군 두 왕자가 인질로 끌려갔고, 강경 척화파인 3학사 즉 홍익한洪翼漢(1586~1637), 윤집尹集(1606~37), 오달제吳達濟(1609~37)가 선양으로 끌려가 참수됐다.

* 청나라 때 시행한 황제에 대한 인사법이다. 무릎을 꿇고 양손을 땅에 댄 다음 머리가 땅에 닿을 때까지 숙이기를 3번, 이것을 한 단위로 3번 되풀이하는 것이다.

보고밀파 반란, 1086~91
Bogomils' Revolt of 1086~91

파울로스파(바울파)와 관련이 있는 불가리아의 종파 보고밀파는 튀르크계 유목민인 페체네그족(파치나크족)과 쿠만족과 제휴하여 비잔티움 제국의 발칸 반도 동부 지역을 침입했다(**○ 파울로스파 전쟁, 867~872**). 황제 알렉시오스 1세 콤네노스(1048~1118)가 보낸 비잔티움 제국 군대는 1086년에 오늘날 불가리아의 두로스토룸(오늘날의 실리스트라)에서 패했다. 약탈품을 두고 논쟁이 벌어져 동맹은 마침내 와해됐다. 알렉시오스 1세는 보고밀파를 매수하여 자신의 군대에 편입시킨 뒤 페체네그족과 싸웠다(쿠만족은 북쪽으로 이동했다). 페체네그족은 콘스탄티노플(오늘날의 이스탄불)을 포위했으나 점령에 실패했고, 비잔티움 제국 군대는 페체네그족을 추적하여 레부르니온 전투에서 격파하고 도나우 강 건너 북쪽으로 내쫓은 뒤 1091년에 사실상 전멸시켰다.

보르도 함락, 1453
Fall of Bordeaux, 1453

오를레앙 이후(**○ 오를레앙 포위공격**) 프랑스와 영국은 어떤 평화조약도 체결하지 않았다. 이에 프랑스는 1435년에 부르고뉴 공국과 결성한 동맹, 프랑스 안 잉글랜드 소유의 영토에서 발생한 반란, 1444~49년의 휴전을 이용하여 정부와 군대를 개편하고 개혁하여 통일성을 높이려고 했다. 1449년 프랑스는 반란을 일으킨 노르망디를 지원하여 루앙을 얻었고 1450년 포르미니에서, 1453년 카스티용에서 잉글랜드에 참혹한 패배를 안겼다. 프랑스군은 개량된 화약과 컬버린포를 썼다. 컬버린포는 장궁長弓이 한번에 1명을 죽일 때 한꺼번에 6명을 죽일 수 있는 긴 대포였다. 잉글랜드는 실망했지만 1452년에 보르도를 점령했다. 프랑스는 모든 힘을 보르도 주변 지역에 집중하여 포위공격을 감행했고 몇 달 뒤 도시를 다시 차지했다. 평화조약은 체결되지 않았으나 백년 전쟁은 사실상 끝났다.

보불 전쟁, 1870~71

Franco-Prussian War, 1870~71

○ 프랑스-프로이센 전쟁, 1870~71

보스니아 내전, 1992~95

Bosnian Civil War of 1992~95

○ 보스니아헤르체고비나 내전, 1992~95

보스니아-오스만 제국 전쟁, 1459~63

Bosnian-Turkish War of 1459~63

15세기 중반 오스만 제국과 헝가리는 세르비아를 두고 서로 싸웠다. 1459
년 술탄 '정복자' 메흐메드 2세(1432~81)는 세르비아를 병합한 뒤 서쪽의
보스니아로 눈을 돌렸다. 잔혹한 전투에 뒤이어 보스니아도 1463년에 오스
만 제국이 지배하게 됐으나, 보스니아인들은 일부 지역에서 반란을 일으켰
고 1463~83년 헝가리-오스만 제국 전쟁 때에야 완전히 진압됐다.

보스니아헤르체고비나 내전, 1992~95

Bosnian-Herzegovinian Civil War, 1992~95

슬로베니아 공화국과 크로아티아 공화국에서 교전이 벌어진 뒤(○ 슬로베니
아 독립 전쟁 ; 크로아티아 독립 전쟁), 몇 달이 지나 시작된 보스니아헤르체고비
나 내전은 유고슬라비아 해체 과정에서 벌어진 가장 잔혹한 사건이었다.
1992년 3월 1일 가톨릭교도인 크로아티아인과 세르비아정교회 신자인 세
르비아인, 이슬람교 수니파 신자인 슬라브족이 나란히 살던 다민족 공화국
보스니아헤르체고비나는 독립을 묻는 국민투표를 실시했다. 그러나 보스
니아헤르체고비나의 세르비아계는 대다수가 독립에 동의하지 않았다. 슬로
보단 밀로셰비치(1941~2006) 같은 세르비아 지도자들은 동포를 보호한다
고 가장하면서 보스니아헤르체고비나에 군대를 들여보내 세르비아계 소수
민족을 군사적으로 지원했다. 예를 들면 1992년 봄에 세르비아계가 지배하
는 연방군은 보스니아헤르체고비나 수도 사라예보의 크로아티아인들과 보
스니아인에 포격을 가했다. 외국 정부들은 국제연합UN 안전보장이사회 결

의안 제713호에 근거하여 유고슬라비아로 연료와 무기가 들어가지 못하도록 제재했고(늘 엄격하게 시행되지는 않았다), 세르비아는 몬테네그로 공화국과 연합하여 이전보다 조금 작은 유고슬라비아 연방공화국(뒷날의 세르비아-몬테네그로연합) 즉 신유고 연방을 수립했다. 보스니아헤르체고비나의 세르비아계 게릴라는 맹렬한 '종족청소'를 수행하여 다른 민족 집단의 사람들을 학살하거나 고향에서 쫓아내 오로지 세르비아계만의 배타적 영역을 만들려 했다. 세르비아계가 민간인과 국제구호 단체 직원들을 공격한 결과, 도움이 절대적으로 필요할 때 식량과 생필품의 공급이 중단됐다. 1992년 7월까지 수백만 명의 보스니아헤르체고비나인과 크로아티아인이 고향에서 쫓겨났는데, 이는 제2차 세계대전 이래 유럽 최악의 난민 위기였다. UN은 종족청소와 여타 인권 침해(세르비아계가 자행한 것들보다 정도는 덜 했지만 크로아티아인과 보스니아인도 인권 침해에 관여했다)에 놀라 전쟁 범죄를 처벌하기로 결의했다. 1994년 초 삼자 간 싸움은 양자 간의 전쟁으로 바뀌었다. 2~3월에 보스니아헤르체고비나의 보스니아인과 크로아티아인은 휴전을 선언하고 연합을 결성했다. 이 연합은 8월에 보스니아헤르체고비나를 51 대 49로 분할하고 세르비아계에 49퍼센트를 주는(미국과 러시아, 영국, 프랑스, 독일이 구상한) 계획에 동의했다. 보스니아인과 크로아티아인이 동맹을 맺었고 평화 제안이 나왔으며 모든 교전 민족에 무기 금수가 계속됐는데도(무기 금수는 보스니아헤르체고비나의 세르비아계가 계속 무기의 우세를 차지하게 만든다는 비판을 많이 받았다) 전투는 중단되지 않았다. 1994년과 1995년에 보스니아헤르체고비나의 세르비아계는 1993년 5월 UN이 보스니아인의 '안전지대'로 지정했던 사라예보와 스레브레니차, 여타 도시에서 주민을 학살했다. 북대서양조약기구NATO가 공습을 시행하고(1994년 4월에 시작됐다) 세르비아로부터 식량이 들어오지 못하도록 차단했는데도(1994년 8월) 보스니아헤르체고비나의 세르비아계는 단념하지 않았다. 보스니아헤르체고비나의 세르비아계는 인도주의적 지원단의 통행을 막고, 교전을 중단시키려는 UN의 2만 4천 명 병력의 일부를 억류하기까지 했다. 보스니아헤르체고비나의 세르비아계는 세르비아의 동포와 마찬가지로 세르비아인이 차지한 옛 유고슬라비아의 땅을 전부 통합하고자 했다. 그러나 1995년 9월, 3분의 2가 넘었던 보스니아헤르체고비나 안 세르비아계의 영토는 보스니아인과 크로아티아계의 동맹에게 정복되어 2분의 1(평화 제안에서 세르비아계의 자치 지역에 할당된 비율) 이하로 줄었다. 1995년 12월 14일 보스니아헤르체고비나 대통령 알리야 이제트베고비치(1925~2003)와 크로아티아 대통령 프라뇨 투지만(1922~99), 유고슬라비아 연방공화국 세르비아 공화국의 슬로보단 밀로셰비치 대통령은 데이턴 평화협정에 서명하여, 보스니아헤르체고비나와 크로아티아에서 벌어진 전쟁을 공식적으로 끝냈다. 약 25만 명이 사망하고 220만 명 이상의 난민이 발생한 뒤였다. NATO는 보스니아헤르체고비나에 6만 명의 병력(3분의 1은 미국군이다)을 파견하여 평화를 유지하게 했다. 외국 정부들과 국제구호 단체들은 보스니아헤르체고비나최고대표사무처ОНR가 감독하는 전후 재건 사업에 50억 달러를 지원하겠다고 약속했다. UN 난민 기구인 국제연합난민고등판무관사무소에 따르면 전쟁 중에 피신한 200만 명의 난민(보스니아헤르체고비나 인구의 절반) 중에서 약 100만 명이 귀환했다. OHR은 판사와 검사를 둔 연방 사법부를 설립했으며, 비록 실패했지만 정부의 지휘를 받는 단일 경찰을 만들려고 노력했다. 그러나 민족 간의 극심한 분열은 외국의 투자를 방해했고 경제 발전을 저해했다(실업률은 40퍼센트였다). 예를 들면 보스니아헤르체고비나에서는 대통령이 3명(보스니아인, 크로아티아인, 세르비아계)이었고 상이한 교과 과정도 세 가지였다. 또한 보스니아헤르체고비나 연방과 스릅스카 공화국(보스니아헤르체고비나 내부의 세르비아계 공화국)은 별개의 군대와 사법제도를 유지했다. 세르비아인들이 전시의 잔혹 행위(특히 스레브레니차 학살)를 인정하지 않아 진전이 더욱 더뎠다. 마지막으로 2004년 중반에 5명의 판사로 꾸려진 구유고슬라비아 국제형사재판소는 보스니아헤르체고비나의 세르비아계 군대가 스레브레니차에서 고의로 자행한 학살이 반인륜적인 종족말살용 제노사이드(집단학살)에 해당하며 세르비아계 지도자 라도반 카라지치(1945~)와 라트코 믈라디치(1943~)가—카라지치는 2008년 7월에 체포됐고 믈라디치는 여전히 도피 중이다*—배후에서 범죄를 지휘했다고 인정했다. 군대를 이끌고 잔학 행위를 저지른 라디슬라브 크르스티치(1948~) 장군은 제노사이드에 간여했기에 구유고슬라비아 국제형사재판소의 1심 재판에서 유죄를 선고받았지만 2심에서는 일부 승소하여 형량을 줄일 수 있었다. 한편 널리 알려진 밀로셰비치 재판은—잔학 행위의 대부분은 밀로셰비치가 뒤를 봐주는 가운데 이루어졌다—관료제적인 격론 속에 진행됐지만, 2006년 3월 11일 밀로셰비치가 헤이그의 감방에서 심장마비로 숨지면서 갑자기 중단됐다. 2004년 12월 2일 유럽연합EU은 NATO로부터 보스니아헤르체고비나 임무를 인계받았다.

* 2011년 5월에 체포됐다.

보스턴 학살, 1770
Boston Massacre, 1770

매사추세츠 만 식민지 보스턴의 식민지인들은 영국 의회가 타운젠드법을 제정하여 새로운 세금을 부과하고 자신들의 집에 '레드코트(영국군)'를 강제로 숙박시키는 데 강력히 반대했다. 1770년 3월 5일 저녁 부두 노동자 등으로 이루어진 한 무리가 보스턴 세관에서 경비 근무를 서고 있던 영국군 군인 1명을 괴롭히기 시작했다. 곧이어 토머스 프레스턴(1722~98) 중대장이 이끄는 7명의 영국군 군인이 현장에 도착하여 군중을 해산시키려 했으나 진압하는 데 실패했다. 혼란 속에서 군인 1명이 맞아 쓰러졌고, 군인들은 발포 명령을 들었다. 부두 노동자 크리스퍼스 애턱스(1723?~70)를 포함하여 5명의 식민지인이 영국군이 쏜 총탄에 맞아 사망했고, 이후 영국군 군인들은 살인죄로 재판을 받았다. 프레스턴과 6명의 군인은 무죄로 석방됐고 다른 2명은 과실치사로 유죄판결이 내려져 처벌을 받았으나 얼마 뒤에 군에서 해고됐다.

○ 미국 독립 전쟁

보야르 반란, 1564
Boyars' Revolt of 1564

'뇌제' 이반 4세(1530~84)가 미성년으로 대공이었을 때 보야르(러시아 귀족)들은 막강한 정치력을 행사했다. 이후 1547년 차르로 칭호를 변경한 이반 4세는 차르에 우호적인 군인 지주(드보랴닌들)로부터 도움을 받아 보야르를 복종시키려 했다. 부인 아나스타샤 로마노바(1560년 사망)가 세상을 떠나자 이반 4세의 악마적 성격이 드러나는 듯했다. 보야르들은 아마도 어린 이반 4세를 모욕했을 것으로 생각되는데, 이반 4세는 그런 보야르들이 음모를 꾸민다고 의심했다. 이반 4세는 무차별적인 살인에 빠져들어 많은 보야르와 그 지지자들을 학살했다. 역사가들은 이것이 보야르를 완벽하게 지배하려는 계산된 행동이었다고 판단한다. 1564년 이반 4세의 신뢰를 받던 군사령관이자 조언자로 보야르였던 안드레이 쿠룹스키(1528~83) 대공이 리투아니아 대공국으로 망명하자, 이반 4세는 크게 당황했다. 보야르들은 이반 4세가 저지른 여러 건의 암살과 가혹한 처사에 맞서 반란을 일으켰고, 이반 4세는 이들과 성직자들이 러시아에서 일어난 동란들을 유발했다고 비난했다(**○ 리보니아 전쟁**). 결국 이반 4세를 지지하는 대규모 민중 반란이 일어날 것을 두려워한 모스크바 대주교는 차르가 '국가의 적들'을 처벌해도 간섭하지 않겠다고 동의했으며 광대한 영역(오프리치니나)*을 차르가 직접 지배하는 공간으로 넘겼다. 이반 4세는 새로 창설한 군대(오프리치니키)의 지원을 받아 보야르를 공격하여 죽이고 투옥하고 추방했으며 그들의 토지들을 빼앗았다. 이반 4세가 1572년에 오프리치니나를 폐지하기로 결정했을 때 보야르의 영향력은 상당히 줄어들어 있었다.

○ 러시아의 '동란 시대'

* oprichnina. 이반 4세가 러시아에 설치하여 배타적인 권력을 행사한 독립적인 지역이다. 1565년에서 1572년까지 계속된 억압 정책과 그 시기도 오프리치니나라고 한다.

보어인 봉기, 1914~15
Boer Uprising of 1914~15

영국이 1910년에 수립한 남아프리카연방(남아프리카공화국)은 1914년 연합군을 지지하여 제1차 세계대전에 참전했고, 남아프리카연방의 라우이스 보타(1862~1919) 총리는 인접한 독일령 서남아프리카(나미비아)를 침공할 준비를 했다. 그러나 보타를 지지했던 많은 보어인이 영국을 싫어하고(**○ 보어 전쟁**) 독일에 우호적이어서 이를 주저했다. 3명의 군 지휘관이 보어인 봉기를 이끌었는데, 1914년 말 오라녀 자유국과 트란스발 주에서 무장한 반군이 약 1만 2천 명에 달했다. 보타는 자신과 마찬가지로 이전에 보어 군대의 장군이었던 얀 스뮈츠(1870~1950)의 지원을 받아 주저 없이 이전의 동료들이 일으킨 반군에 맞섰다. 보타는 두 차례의 원정을 직접 지휘하여 1914년 10월과 12월 트란스발 주와 오라녀 자유국에서 반군을 무찔렀다. 세 번째이자 마지막이었던 반군은 1915년 2월에 패배했다. 보타는 반군과 그 지휘자들에게 이례적으로 관대함을 보여주었고 1917년까지 모든 포로를 석방했다.

보어 전쟁
Boer War

제1차 보어 전쟁(트란스발 반란, 1880~81) 보어인은 1877년에 영국이 트란스발(보어인의 독립국가)을 병합한 데 분노했다. 이는 결국 1880년 말 전쟁으로 폭발했다. 보어인은 그 지역에서 새로운 남아프리카공화국을 선포하면서 무장투쟁을 시작했다. 보어인들은 S. J. 파울 크뤼거르(1825~1904) 대통령과 피트 야우버르트(1831~1900) 장군의 지휘를 받아 랭스네크와 잉고고에서 영국군을 격퇴했고, 이어 1881년 2월 27일 마주바힐에서 완파했다. 프리토리아 협정으로 남아프리카공화국은 내정 분야에서 독립을 이루었으나 영국은 불명료한 '종주권'을 계속 보유했다. **제2차 보어 전쟁(대보어 전쟁, 남아프리카 전쟁, 1899~1902)** 1886년에 트란스발 남부(오늘날의 비트바테르스란트)에서 풍부한 금광이 발견되어 외국인들(주로 영국인)이 쇄도했는데, 이로써 영국과 보어인의 관계가 악화했다. 1895년에 제임슨의 침입이 일어나 양국의 긴장 관계는 더욱 팽팽해졌다. (제임슨의 침입은 그곳에서 보어인에 반대하는 봉기를 유발하게 됐다.) 결국 영국의 광업 이익을 보호하기 위해 주둔했던 군대가 철수하라는 보어인의 최후통첩에 응하지 않자, 1899년 10월 남아프리카공화국(트란스발 공화국)과 그 동맹국인 오라녀 자유국은 영국에 전쟁을 선포했다. 무장이 잘된 보어 군대는 야우버르트, 피트 크로녜(1836?~1911), 라우이스 보타(1862~1919), 야코뷔스 H. 더 라 레이(1847~1914) 등의 지휘로 초기에 성공을 거두어 킴벌리, 마페킹(오늘날의 마히켕), 레이디스미스를 점령했다. (크로녜는 1899년 12월 10~11일 마헤르스폰테인 전투에서 승리하여 폴 S. 머수언(1845~1932) 휘하의 영국군이 킴벌리를 구출하지 못하도록 방지했다. 1899년 12월 15일 보타가 콜렌소 전투에서 승리하여 레드버스 H. 불러(1839~1908)는 후퇴하고 레이디스미스를 내어줄 수밖에 없었다.) 그러나 1900년에 육군 원수 프레더릭 로버츠(1832~1914) 경과 장군 허레이쇼 허버트 키치너(1850~1916) 경이 이끄는 영국 증원군이 대거 도착하자 전쟁의 흐름이 바뀌었다. 로버츠 경은 오라녀 자유국으로 진입하여 1900년 3월 13일에 수도 블룸폰테인을 장악했고 곧 나라를 점령했다. 영국군은 이어 트란스발을 침공했으며 1900년

5~6월에 요하네스버그와 프리토리아를 빼앗아 보어인의 모든 저항을 사실상 분쇄했다. 로버츠 경은 영국이 보어인의 국가를 공식 병합하면서 전쟁이 끝났다고 믿고 귀국했으나, 키치너 경의 군대가 얀 스뮈츠(1870~1950)와 흐리스티안 더 벳(1854~1922), 보타, 더 라 레이 등 보어인 장군들이 지휘하는 게릴라 부대를 굴복시키는 데는 2년간의 혹독한 싸움이 더 필요했다. 키치너 경은 방어용 소형 건물들로 봉쇄선(가시철조망을 두른)을 쳐서 나라를 가르고 보어인 여성과 아이들을 강제수용소에 가두어 보어인의 사기를 서서히 깎아내렸으며 게릴라 부대를 체계적으로 파괴했다. (강제수용소에서 2만 5천 명 이상이 굶주림과 질병으로 사망했다.) 1902년 5월 31일 페레니힝 조약이 체결되면서 보어인들은 결국 상당 액수의 보상금과 기타 이권을 받고 영국의 주권을 인정했다. 전쟁 중에 영국은 보어 군대를 진압하려고 45만 명의 병사를 투입했지만 보어 군대는 8만 8천 명을 넘지 않았다.

보어-줄루 전쟁, 1838~39
Boer-Zulu War of 1838~39

남아프리카에서 영국의 통치를 피해 트란스발로 이주한 보어인 목축업자들의 그레이트 트렉(대이동)으로 유럽인들과 줄루족이 충돌했다. 피트 레티프(1780~1838)가 이끄는 일단의 이주자들은 줄루족 왕 딩간(1795?~1840)에게 토지를 할양해 달라고 요청했다. 딩간은 경쟁하던 종족이 훔쳐간 몇몇 소를 되찾아준다면 땅을 주겠노라고 긍정적으로 답했다. 레티프가 소를 데려왔으나 딩간은 땅을 내주는 대신 배신하여 보어인 일행 전부를 학살했다(1838년 2월 6일). 줄루족 전사들은 이어 나탈에 있는 보어인 정착촌 베닌('비탄의 장소')을 공격했고 아이를 포함하여 282명을 학살했다. 보어인은 보복을 위해 군대를 조직하고 1838년 4월에 줄루족 군대를 공격했다. 줄루족의 매복을 눈치채지 못한 보어인들은 화기를 써서 길을 내고 탈출했으나 많은 사람이 죽었다. 한편 동쪽에서 접근했던 영국군도 7천여 명에 이르는 줄루족의 매복에 포위됐다. 영국군은 세 차례 적을 격퇴했으나 네 번째 돌격은 막지 못하여 부대가 반으로 나뉘었다. 절반은 투겔라 강을 따라 빠져나가려 했으나 탈출에 성공한 병사는 소수에 지나지 않았다. 나머지 절반은 완전히 포위되어 거듭 공격을 받았고 줄루족은 단 1명의 영국군도 살려두지 않았다. 보어인들은 다시 군대를 조직했고 딩간에게 평화협상을 제안했으나 딩간은 협상에 나서는 대신 1만 명 규모의 병력을 파견했다. 1838년 12월 16일 블러드 강 전투에서 딩간의 줄루족 전사들은 보어인의 발포에 무너져 퇴각했다. 이듬해 줄루족의 왕위를 차지하기 위해 음모를 꾸민 딩간의 동생 음판데(1798~1872)와 그 지지자들은 백인에게 도움을 요청했고 백인은 기꺼이 이를 지원했다. 이들은 함께 딩간의 군대와 맞붙어 승리했다. 딩간은 북쪽으로 달아났으나 나중에 살해됐고 이후 백인이 나탈 지역을 지배했다.

보즈워스필드 전투, 1485
Battle of Bosworth Field, 1485

왕위를 찬탈했으며 악한이었고 조카들을 살해했다고 의심받은 잉글랜드 왕 리처드 3세(1452~85)는 랭커스터 가문의 멸시를 받았고 요크 가문의 같은 집안사람들도 그에게 맞섰다(**○ 장미 전쟁**). 설익은 반란은 진압됐으나, 랭커스터 가문의 왕위 요구자인 헨리 튜더(헨리 7세, 1457~1509)가 1485년에 프랑스의 지원을 받아 잉글랜드를 공격했으며 1485년 8월 22일 보즈워스필드에서 리처드 3세와 대결했다. 리처드 3세는 기병대로 돌격한 뒤 예비 부대를 불렀으나 반역을 꾀한 지휘관이 왕의 군대를 공격했다. 리처드 3세는 영웅적으로 용감하게 전투에 임했으나 뒤에서 공격을 받아 칼에 맞고 쓰러져 숨졌다. 플랜태저넷 가문의 대가 끊겼고, 전쟁은 종결됐다.

보헤미아 내전, 1390~1419
Bohemian Civil War of 1390~1419

보헤미아 왕이자 독일의 왕인 벤첼(바츨라프, 1361~1419)은 독일 도시 전쟁이 마침내 해결되어 독일의 귀족들과 그 문제들에서 벗어나 자유로워지자 대부분의 시간을 보헤미아의 프라하에서 보냈다. 벤첼은 보헤미아의 시샘이 많고 야심만만한 귀족들과 내전을 벌이게 됐다. 주적은 자신의 사촌으로 한때 오스트리아에서 자신을 감금했던 모라비아 변경백 욥스트 폰 메렌(요슈트 루쳄부르스키, 1351~1411)이었다. 이후 보헤미아 귀족들이 위원회를 구성하여 왕국을 통치했기에 벤첼은 권력을 많이 상실했다. 벤첼은 얀 후스(1369?~1415)가 이끄는 종교 운동 후스파를 지지했다가 성직자들, 그중

에서도 프라하의 대주교와 분쟁에 휘말렸다(○ 후스파 전쟁). 독일에서는 선제
후들이 1400년에 벤첼을 폐위했으며, 1402~03년에 보헤미아에서는 귀족들
이 벤첼의 어머니가 다른 형제로 뒷날 보헤미아와 독일의 왕이 되며 신성로
마제국 황제에 오르는 지기스문트(헝가리 왕 지그몬드, 1368~1437)의 도움을
받아 벤첼을 가두었다. 벤첼은 보헤미아 왕위를 되찾았으나 반대파 귀족들
과 계속 싸워야 했다. 귀족들은 (두 번) 벤첼을 잡았다가 작은 양보를 얻어
내고 풀어주었다. 왕의 고위직 임명을 둘러싼 논쟁과 싸움, 그리고 교회의
개혁으로 왕국은 혼란에 빠졌으며 벤첼이 사망하자 이미 1411년에 독일 왕
이 된 지기스문트가 보헤미아의 왕위에도 올랐다.

보헤미아 내전, 1448~51
Bohemian Civil War of 1448~51

후스파 프로테스탄트의 온건파인 양형영성체파兩形領聖體派의 지도자 이르지 즈
포데브라트(게오르크 폰 포디브라트, 1420~71)는 장래 보헤미아의 왕이 될 합스
부르크 가문의 후보 '유복자' 라디슬라우스(보헤미아 왕 라디슬라프, 헝가리 왕
라슬로 5세, 1440~57)에 맞섰다. 미성년이었던 라디슬라우스는 1452년부터
1493년까지 신성로마제국 황제를 지낸 독일 왕 프리드리히 4세(1415~93)의
보호를 받았다. 이르지는 다른 민족주의자들의 도움을 받아 권력을 장악하
고 1448년에 보헤미아 수도 프라하를 점령했다. 합스부르크 가문은 패배한
뒤 마지못해 이르지의 통치를 받아들였고 프리드리히 4세(이후 신성로마제국
황제 프리드리히 3세)는 순순히 동의했다. 1451년 보헤미아 신분의회(스넴)는
이르지를 섭정으로 임명했다. 1453년에 라디슬라우스가 보헤미아를 통치하
기 시작한 뒤에도 이르지는 프라하의 중앙정부를 강화하고 왕 직할지를 되
찾으며 왕국을 통제했다. 라디슬라우스는 1457년에 갑자기 사망했고, 이르
지가 1458년에 새로운 왕으로 선출됐다.
○ 후스파 전쟁

보헤미아 내전, 1465~71
Bohemian Civil War of 1465~71

교황 비오 2세(1405~64)는 보헤미아 왕 이르지 즈 포데브라트(게오르크 폰

포디브라트, 1420~71)에게 후스파 프로테스탄트의 양형영성체파兩形領聖體派를 합법화했던 이흘라바 협약을 파기하라고 명령했다(❍ 후스파 전쟁). 이르지는 이를 거부했고 보헤미아는 로마가톨릭교도인 귀족들의 지지를 잃었다. 1465년 귀족들은 이르지에 반대하여 젤레나호라에서 연합했다. 이듬해 교황 바오로 2세(1417~71)는 이르지를 포함한 후스파를 이단으로 선언하고 파문했다. 바오로 2세는 헝가리 왕 마차시 1세(마티아스 코르비누스, 1443~90)를 설득하여 이르지와 싸우게 했다(❍ 보헤미아-헝가리 전쟁, 1468~ 78). 마차시 1세는 보헤미아를 침공하여 이르지의 군대에 대적했으나 처음에는 성공하지 못했다. 1469년 가톨릭교도 귀족들은 투표로 마차시 1세를 보헤미아 왕 마티아시 코르빈으로 선출했고, 이르지는 왕위를 지키기 위해 아들의 보헤미아 왕위 계승권을 희생하며 폴란드 왕 카지미에시 4세(1427~92)와 협상했다. 뒷날 이르지가 사망한 뒤 카지미에시 4세의 아들인 브와디스와프(1456~1516)가 보헤미아 왕 블라디슬라프 2세로 선출됐다(1471).

보헤미아-팔츠 전쟁, 1618~23
Bohemian-Palatine War, 1618~23

가톨릭을 강요하려는 합스부르크 왕가에 저항한 보헤미아의 프로테스탄트 귀족들은 1618년 5월 23일 오스트리아 빈에서 온 가톨릭 사절 3명을 프라하의 프라하 성에서 창문 밖으로 내던졌으며(프라하의 창밖 투척), 독립 정부를 수립했다. 이 사건은 30년 전쟁이 벌어지게 된 원인 중의 하나였다. 이듬해 보헤미아인들은 가톨릭교도인 신성로마제국 황제 페르디난트 2세(1578~1637) 대신 프로테스탄트인 팔츠 선제후 프리드리히 5세(1596~1632)에게 보헤미아 왕위를 넘겼다. 그러자 틸리 백작 요한 체르클라에스(1559~1632)가 이끄는 가톨릭 동맹의 군대가 황제를 지원하여 보헤미아를 침공했다. 1620년 11월 8일 바이서베르크(빌라 호라, '흰 산'이라는 뜻) 전투(백산白山 전투)에서 틸리 백작이 지휘하는 신성로마제국과 가톨릭 동맹의 군대는 안할트-베른부르크 공 크리스티안 1세(1568~1630)가 이끄는 보헤미아 군대에 참패를 안겼다. 신성로마제국 군대는 프라하를 점령하고 가톨릭을 다시 강요했으며 보헤미아 왕국은 합스부르크 왕가의 상속 재산이 됐다. 황제는 프리드리히

5세의 팔츠 선제후 자격을 박탈할 것을 명령했고 가톨릭 동맹의 수장인 바이에른 공작 막시밀리안 1세(1573~1651)를 팔츠 선제후로 임명했다. 막시밀리안 1세는 에스파냐 군대의 도움으로 팔츠를 점령했다. 프리드리히 5세는 영지를 되찾으려 했으나 1622년 5월 6일 틸리 백작이 지휘하는 에스파냐·가톨릭 동맹의 연합군이 빔펜 전투에서 독일의 프로테스탄트 군대를 무찌르고 1622년 9월에 하이델베르크를 점령하자 공식 퇴위했다. 막시밀리안 1세가 팔츠 선제후 지위를 얻었다. 합스부르크 왕가에 반대하는 잉글랜드와 프랑스, 스웨덴, 덴마크가 외교를 통해 지원하려 했으나 성공하지 못했고 덴마크 홀로 제국의 북방 공격을 저지하려 했다(● 덴마크 전쟁, 1625~29).

보헤미아-폴란드 전쟁
Bohemian—Polish Wars

● 폴란드-보헤미아 전쟁

보헤미아-헝가리 전쟁, 1260~70
Bohemian—Hungarian War of 1260~70

보헤미아 왕 오타카르 2세(1233?~78) '대왕'과 헝가리 왕 벨러 4세(1206~70) 모두 오스트리아 공작령과 슈타이어마르크 공작령을 지배하고자 했다. 두 공작령은 오스트리아의 유력한 바벤베르크 가문이 1192년부터 1246년 대가 끊길 때까지 보유했다. 헝가리 군대와 보헤미아 군대가 충돌한 뒤 오펜(부더) 조약이 체결되어(1254) 벨러 4세는 슈타이어마르크를, 오타카르 2세는 오스트리아를 얻었다. 이후 슈타이어마르크의 귀족들이 반란을 일으켜 오타카르 2세에게 주군이 되어달라고 요청했다. 1260년 크레센브룬 전투에서 보헤미아는 헝가리를 물리쳤고 오타카르 2세는 슈타이어마르크를 빼앗았다. 정력 넘치는 보헤미아 왕은 신성로마제국이 무정부 상태인 동안 군대와 외교로써 성공리에 팽창 정책을 추진했다. 많은 오스트리아 귀족은 오타카르 2세의 권력과 통치에 분노했고, 일부는 모반을 꾀하다가 사형됐다. 발전하는 보헤미아 제국을 마지막까지 저지하려 했던 벨러 4세는 성과 없이 세상을 떠났다. 그 뒤 오타카르 2세는 슐레지엔에서 아드리아 해에 이르는 광대한 영토를 지배하여 중유럽에서 가장 강력한 나라를 이끌었다.

○ 합스부르크 왕가-보헤미아 전쟁, 1274~78

보헤미아-헝가리 전쟁, 1468~78
Bohemian-Hungarian War of 1468~78

보헤미아 민족주의자들의 수장인 왕 이르지 즈 포데브라트(게오르크 폰 포디브라트, 1420~71)는 교황과 합스부르크 가문에 우호적인 로마가톨릭교도의 반감을 샀다. 특히 로마가톨릭교도 귀족들은 이르지에 반대하여 연합했다(○ 보헤미아 내전, 1465~71). 교황 바오로 2세(1417~71)는 이르지를 파문했고 왕에 대한 충성의 의무를 제거하여 보헤미아의 가톨릭교도들을 지원했다. 야심 가득한 헝가리 왕 마차시 1세(마티아스 코르비누스, 1443~90)는 교황의 회유로 1468년에 보헤미아를 침공했으나 초기에는 이르지에 패했다. 그러나 마차시 1세의 군대는 모라비아 수도 브르노를 점령할 수 있었으며, 1469년 5월 3일 가톨릭 귀족들은 마차시 1세를 보헤미아의 왕 마티아시 코르빈으로 선언했다. 그러자 이듬해 이르지의 지지자들이 결집했고 이르지의 아들은 군대를 이끌고 헝가리로 진격했다. 이르지가 사망한 뒤 보헤미아 민족주의자들의 강력한 후원자인 폴란드의 브와디스와프(1456~1516)가 1471년 5월 27일 보헤미아 왕 블라디슬라프 2세로 선출됐다. 민족주의 세력이 우위를 차지한 것은 보헤미아에 반교권주의가 잠재해 있음을 뜻했다. 블라디슬라프 2세는 로마가톨릭 세력과 마차시 1세에 맞서 전쟁을 벌였으나 성공하지 못하고 모라비아와 슐레지엔, 루사티아를 잃었다. 1479년 4월 2일 올로모우츠 평화협정으로 보헤미아는 블라디슬라프 2세가 통치하게 됐고, 모라비아와 슐레지엔, 루사티아는 마차시 1세가 다스리게 됐다(그러나 이 세 지역은 마차시 1세가 죽은 뒤 보헤미아에 귀속됐다).

볼리비아 게릴라 전쟁, 1966~67
Bolivian Guerrilla War of 1966~67

1964년 볼리비아에서 군부 파벌이 국민의 신뢰를 잃은 빅토르 파스 에스텐소로(1907~2001)의 민족주의 정부를 무너뜨리고 군사평의회를 설치했다. 군사평의회는 농민의 비위를 맞춘 반면 파업하던 주석朱錫 광산 광부들은 가혹하게 다루었다. 아르헨티나 태생의 혁명가로 피델 카스트로(1926~)의 쿠바 군대에서 핵심 인물이었던 에르네스토 '체' 게바라(1928~67)에게 볼리비아는 남아메리카에서 쿠바식 혁명(○ 쿠바 혁명, 1956~59)이 이루어질 조건이 무르익은 나라로 보였다. 1966년 가을 게바라와 15명가량의 경험 많은 혁명가가 은밀히 볼리비아에 도착하여 주민이 없는 황량한 지역인 냥카우아수에 본부를 설치했다. 예기치 못한 문제들이 발생했다. 이들을 배신한 안내자가 25만 미국달러를 갖고 도망갔으며, 식량과 보급품이 떨어졌다. 게바라 일당은 볼리비아공산당의 여러 파벌이 비록 서로 다투기는 했지만 반란을 지원할 것으로 기대했는데 희망은 빗나갔다. 볼리비아 군대는 게릴라의 존재를 파악했으며 상당한 규모의 쿠바 군대가 있으리라고 짐작하고 수천 명의 병력을 보내 지역을 정찰했다. 작은 교전이 벌어졌고 대개는 게릴라 부대가 승리했다. 1967년 3월 볼리비아 전투기들이 게릴라의 활동 지역을 맹폭했고, 미국 육군의 특수부대인 그린베레가 훈련시킨 군부대들이 포위 작전을 개시했다. 당국은 이미 사망했다고 알려진 게바라가 게릴라 부대를 지휘하고 있는지 아닌지를 여전히 확신하지 못했다. 1967년 4월 20일 게바라가 생존해 있다는 사실과 그의 의도가 무엇인지를 세계에 알리고자 볼리비아를 떠나려 했던 프랑스인 쥘 레지 드브레(1940~   )와 아르헨티나인 한 사람이 군에 체포됐다. 군은 두 사람을 이용하여 볼리비아 국민에게 '외국인 침략자'에 맞설 것을 선동했다. 석 달 뒤 군은 모로코스 강가의 게바라 주둔지를 급습하여 대체 불가능한 필수 장비를 노획했고, 강의 얕은 여울에 매복해서 게릴라 9명을 사살했다. 1967년 가을에 게바라는 겨우 16명을 이끌고 밀림을 지나 퇴각하고 있었으며, 1,500명의 병력이 뒤를 쫓고 있었다. 1967년 10월 8일 특수부대가 유로 강의 강둑에서 게바라 일행을 발견했다. 몇 사람은 그 자리에서 살해됐다. 게바라는 부상을 입고 체포되어 인근의 라이게라로 끌려간 뒤 이튿날 아침 총살됐다.

볼리비아 독립 전쟁
Bolivian War of Independence

○ 페루 독립 전쟁

볼리비아 민족 혁명, 1952
Bolivian National Revolution, 1952

볼리비아의 민족혁명운동 MNR은 1946년에 불법 단체가 됐지만 토지개혁과 풍부한 주석朱錫 광산의 통제권, 정의를 요구한 수많은 볼리비아 국민으로부터 계속 지지를 받았다. 1951년도 볼리비아 대통령 선거에서 MNR은 MNR의 창설자 겸 지도자로 아르헨티나에 망명해 있던 전직 경제학 교수 빅토르 파스 에스텐소로(1907~2001)를 후보로 내세웠고 가장 많은 표를 얻어 승리했다. 정부는 파스 에스텐소로가 당선에 필요한 과반수를 얻지 못했으며 의회가 대통령을 선출해야 한다고 주장했다. 퇴임하는 대통령은 MNR의 권력 장악을 막기 위해 사임하고 정부를 10인 군사평의회에 이양했다. 수많은 사람들이 군사평의회의 통치를 혐오했다. 1952년 4월 8일에서 11일까지 볼리비아의 행정 수도인 라파스와 다른 곳에서 민중 반란이 일어났다. MNR은 무장한 노동자와 시민, 농민, 경찰의 지원을 받아 군사평의회를 타도하고 망명 중인 파스 에스텐소로를 불러와 대통령직을 맡겼다. 파스 에스텐소로는 대통령으로서 약속한 것을 실행에 옮겼다. 주석 광업을 국유화했고, 광부의 임금을 인상했으며, 강력한 지주들의 광대한 보유지를 정리하여 토지를 소유하지 못한 인디오에게 분배했다. 보통선거제가 허용됐으나 파스 에스텐소로는 정적에게는 무자비했고 그들 중 많은 사람을 투옥했다. 볼리비아 혁명은 라틴아메리카에서 발생한 주요 혁명들 중 하나였고, 볼리비아는 그 혁명으로 '갑자기 예속의 사슬에서 해방됐다.' 볼리비아 주민, 특히 인디오가 시민권과 정치적 권리를 획득했고 이후의 정부들은 이를 인정해야 했다.

볼리비아 반란, 1946
Bolivian Revolt of 1946

제2차 세계대전 중에 볼리비아의 주석朱錫은 연합국의 전쟁 수행에 필수적인 물자였다. 엔리케 페냐란다(1892~1969) 대통령의 볼리비아 정부가 추축국에 전쟁을 선포한 뒤(1943년 4월), 괄베르토 비야로엘(1908~46) 소령이 이끄는 반체제 장교 그룹은 민족혁명운동 MNR과 아르헨티나 정부, 부에노스아이레스에 있는 독일 첩보원들의 지원을 받아 쿠데타를 일으켰다. 쿠데타에 성공한 장교들은 페냐란다를 쫓아내고(1943년 12월 20일), 비야로엘을 대통령으로 세웠다. 처음에 미국은 비야로엘 정권을 승인하지 않았으나 나중에 비야로엘이 연합국과 협력하겠다고 약속하자 이를 인정했다. 전쟁이 끝날 무렵 광물 가격이 하락하고 인플레이션과 실업이 극심하여 볼리비아는 경제적으로 심각한 어려움을 겪었다. 이는 1946년 7월 17일부터 21일까지 라파스에서 반정부 민중 반란이 일어나는 원인이 됐다. 군대는 반란을 일으킨 병사와 노동자, 학생들을 진압하지 않았다. 비야로엘은 체포됐고 대통령궁 앞의 가로등 기둥에 교수됐다. 자유주의적인 임시정부가 수립됐고 미국과 아르헨티나는 새 정부를 승인했다.

볼리비아 반란, 1971
Bolivian Revolt of 1971

볼리비아의 산타크루스에서 우파 지도자 30명이 시위를 벌이다 체포당하면서 비록 짧은 기간이었지만 대대적인 반란이 촉발됐다(1971년 8월 19~22일). 농민과 학생, 광부, 공군, 좌파 대통령 후안 호세 토레스(1920~76) 지지자들이 육군의 대부분과 보수적인 중간계급, 상층계급과 맞서 싸웠다. 정부는 우파 시위자들을 체포한 것이 '파시스트의 음모'를 예방하기 위한 조치였다고 발표했고, 우파 반란자들은 "나라가 공산주의자들의 손아귀에 떨어지는 것을 막기 위해" 싸우고 있다고 말했다. 반란자들은 산타크루스와 코차밤바를 장악했고 하루 뒤에 공군이 반란자들 편으로 이탈한 뒤에는 행정수도 라파스를 점령했다. 토레스는 페루로 피신했다가 다시 칠레로 넘어가 보호를 받았다. 우고 반세르 수아레스(1926~2002) 반군 대령을 수장으로 하는 군부와 민간의 연립정부가 수립됐다. 잔혹할 정도로 억압적이었던 반세르의 군사정권은 결국 1978년에 전복됐다(반세르는 1997년에 민주적 선거로 다시 대통령이 됐으나 2001년 건강이 악화되어 사임했다).

볼셰비키 혁명, 1917
Bolshevik Revolution, 1917

러시아 제국은 제1차 세계대전 중에 군사적 패배와 물자의 부족, 정부 관료에 대한 만연한 불신이 겹치면서 무너졌다. 첫 국면은 1917년 3월에 니콜라이 2세(1868~1918)가 모스크바와 페트로그라드(오늘날의 상트페테르부르크)에서 발생한 노동자 폭동을 진압하는 데 실패하면서 시작됐다(러시아의 옛 역법인 율리우스력으로 2월 혁명). 국가두마(하원)는 해산을 거부하고 리보프(1861~1925) 공을 내세워 임시정부를 수립했다. 니콜라이 2세는 퇴위했고 그 뒤 사형됐다. 전국의 소비에트(혁명평의회)는 러시아 마르크스주의자 중에 좌파인 볼셰비키(공산당) 지도자 블라디미르 I. 레닌(1870~1924)의 권고에 따라 전쟁의 중단을 강력히 요구했다. 레닌은 권력을 장악하려다 실패하자 피신했고 온건한 사회주의자 알렉산드르 F. 케렌스키(1881~1970)가 총리가 됐다. 그러나 케렌스키는 지지를 잃었고 레닌이 페트로그라드로 돌아와 11월에 무혈 쿠데타를 이끌었다(러시아의 옛 역법인 율리우스력으로 10월 혁명). 쿠데타의 총지휘자는 레프 트로츠키(1879~1940)였다. 볼셰비키는 제1차 세계대전에서 이탈했으며 신속히 권력을 강화했다. 사유재산과 계급 특권, 성차별이 폐지됐고, 은행과 기업체들이 국유화됐으며, 반대파는 비밀경찰의 탄압을 받았다. 피의 내전이 이어졌다(❍ 러시아 내전, 1918~21). 레닌이 사망한 뒤 이오시프 스탈린(1878~1953)이 소련의 볼셰비키 독재자로 등장했다. 스탈린은 1930년대에 공포정치로 통치하며 300만 명이 넘는 사람들('음모자'와 적)을 죽였고 수백만 명을 굴라크(대규모 강제노동수용소)에 보냈다.

❍ 코르닐로프의 반란

부디카의 반란, 60~61
Boudicca's Rebellion, 60~61

59년부터 로마의 브리타니아 총독이었던 가이우스 수에토니우스 파울리누스(69년 이후 사망)는 드루이드교 저항의 본거지인 모나 섬(오늘날 웨일스의 앵글시)을 점령하기 위해 원정했으나 이케니족의 여왕 부디카(보아디케아, 60/61년 사망)가 로마에 저항하여 반기를 들자(60), 브리타니아 동남부로 돌아와야 했다. 이케니 왕국(오늘날의 노퍽 주)은 부디카의 남편인 프라수타구스 왕(60년 사망)이 세상을 떠난 직후 로마가 병합했다. 남자 후계자가 없던 프라수타구스는 재산을 딸들과 로마 황제 네로(37~68)에게 남겼다. 반란은 이스트앵글리아 전역으로 확산됐다. 반란자들은 카물로두눔(오늘날의 콜체스터)과 베룰라미움(오늘날의 세인트올번스), 론디니움(오늘날의 런던)을 약탈했다. 로마 역사가 푸블리우스 코르넬리우스 타키투스(56?~117?)에 따르면 로마군과 로마에 우호적이었던 브리턴족 약 7만 명이 학살당했다. 이후 파울리누스의 군단이 반란자들을 진압하고 통제력을 회복했다. 부디카는 스스로 독약을 마셨거나 충격으로 사망했거나 혹은 살해됐다고 전해진다.

○ 로마의 브리타니아 정복

부룬디 내전, 1972
Burundian Civil War of 1972

수백 년 전 중동부 아프리카에서 가축을 치고 살았던 호전적 종족으로 키가 매우 컸던 투치족(와투시족. 투시족)은 보통 키의 농민이었던 후투족(바후투족)을 정복했다. 소수였던 투치족은 전통적으로 지배 귀족층이었고 후투족은 봉건적인 예속 계층이었다. 1962년에 부룬디가 벨기에로부터 독립하자 투치족의 왕정이 수립됐다. 이어 투치족 엘리트들이 권력투쟁을 벌였다. 1966년에 군사 쿠데타가 발생하여 음와미(왕)가 폐위되고 공화정이 수립됐으나 투치족 특권 신분의 지배는 계속됐다. 1970년 억압받던 후투족이 봉기를 일으켜 많은 투치족 사람들을 학살하고 권력을 장악하려 했으나 실패했다. 이에 대한 보복으로 후투족 지도자들이 대부분 처형됐다. 쫓겨난 음와미가 1972년 4월에 다시 권력을 잡으려 했지만 정부에 진압당한 뒤 살해됐다. 부룬디 전역에서 무장 반란이 일어나 후투족이 투치족을 맹렬히 공격했다. 정부는 후투족 10만 명을 학살하여 보복하고 반란을 진압했다. 승리한 투치족은 약 1만 명을 잃었으나 몇 달 안에 나라를 확고히 통제했다. 1973년에 교전이 재개됐고 수많은 후투족 주민이 인접한 자이르(콩고 민주공화국)와 르완다, 탄자니아로 피난했다.

○ 루안다 내전, 1959~61

부룬디 내전, 1993~2005
Burundian Civil War of 1993~2005

수십 년에 걸쳐 종족 사이의 증오를 키우고 큰 분쟁들을 벌였던 부룬디의 후투족(바후투족)과 투치족(와투시족. 투시족)은 1993년 10월 다시 유혈 권력투쟁에 들어갔다. 넉 달 전, 투치족이 이끄는 정부는 적지 않은 국제적 압력을 받아 공개리에 대통령 선거를 실시했고 부룬디민주전선 FRODEBU이 승리했다. 예견할 수 있었던 일이지만 주민의 85퍼센트를 차지한 후투족은 동족인 멜키오르 은다다예(1953~93)를 대통령으로 선출했다. 은다다예는 부룬디가 1962년에 벨기에에서 독립한 뒤 민주적으로 선출된 최초의 대통령이다. 투치족이 이끄는 군대는 후투족의 지배를 두려워하여 쿠데타를 일으켰고 은다다예를 포함하여 몇몇 지도자를 살해하고 비상사태를 선포했다. 이로써 벌어진 일련의 복수 살인극으로 단기간에 5만 명이 넘는 사람이 목숨을 잃었으며 약 70만 명의 난민과 60만 명의 '내부난민 IDPs'이 발생했다. 이후 2년에 걸쳐 대개 후투족이었던 약 25만 명의 부룬디인이 르완다의 200만 후투족처럼(● 르완다 내전, 1990~94) 콩고(● 콩고 내전, 1998~2003)와 탄자니아로 피신했다. 1994년 2월 시프리앵 은타랴미라(1955~94)를 대통령으로 하는 연립정부가 수립됐다. 4월 후투족 과격파가 은타랴미라와 쥐베날 하뱌리마나(1937~94) 르완다 대통령이 탄 비행기를 격추하여 두 사람 모두 사망했다. 후투족 반군과 투치족이 이끄는 군대가 계속 전투를 벌였고 르완다에서 르완다애국전선으로부터 도피한 후투족 난민이 엄청나게(20만 명) 유입되면서 6월 선거가 연기됐다. 후투족 반군은 민주수호국가평의회-민주수호군 CNDD-FDD을 조직했다. 1995년에서 1996년까지 종족청소와 학살이 지속됐던 반면 권력 공유 협상과 연립정부는 이어지지 않았다. 1996년 7월 25일 군부는 정부가 외국 군대의 개입을 요청하자 분노하여 다시 쿠데타를 일으켰고, FRODEBU의 정치인들은 나라를 떠나 피신하거나 수도에 있는 외교 공관들에 피신했다(온건파인 후투족 출신의 실베스트르 은티반퉁가냐 (1956~) 대통령도 피신해야 했다). 피에르 부요야(1949~)가 임시 대통령으로 취임했고, 전국에 통행금지가 시행됐으며, 국경이 봉쇄됐다. 놀란 인접국들은 통상금지 조치를 실시했고, 이는 1997년 4월에 식량과 의약품의 인도를 허용하는 쪽으로 완화됐다. 그러나 군대와 후투족 민병대는 싸움을 그치지 않았다. 정부가 잔인한 강제 이주 정책을 취하면서 민간인의 추방은 강도를 더했다. 1998년 아프리카통일기구 OAU가 탄자니아의 아루샤에서 평화회담을 시작했다. 회담은 여러 당사자가 참여를 거부하여 무산될 뻔했으나 결정적인 시점에 넬슨 만델라(1918~2013) 남아프리카공화국 대통령이 개입하여, 2000년 8월에 (CNDD-FDD를 제외한) 당사자들은 예비 과도기와 과도기를 지낸 뒤 민주적인 선거를 치르기로 합의했다. 만델라는 700명의 남아 프리카공화국 군인들을 파견하여 망명 정치인들의 안전한 귀환을 보장하기로 약속했다. 부요야는 2001년 11월에 수립된 과도정부에서 처음부터 18개월 동안 대통령직을 유지하다가 다음 18개월 동안 후투족 도미티앵 은다이제예(1953~) 부통령에게 권력을 이양하기로 했다. 은다이제예는 2003년 4월 30일에 권력을 잡았다. 그해에도 폭력은 나라 곳곳에서 지속됐다. 11월 16일 정부와 CNDD-FDD가 다르에스살람에서 평화협정을 체결했다. 이 협정은 CNDD-FDD를 정당으로 지칭했으며 후투족 반군을 부룬디 군대에 흡수하기로 약속했다. 양쪽은 모두 일시적으로 면책특권을 부여받았다. 2005년 2월의 국민투표에서 후투족과 투치족의 분열을 끝내기 위한 권력 공유 헌법이 압도적인 찬성으로 승인됐다. 뒤이어 6월 3, 7일에 지방의회 3,225명의 의원을 선출하는 공개 민주 선거가 시행됐고, 당선자들이 7월 29일에 상원 의원들을 선출했다. 6천 명의 국제연합UN 평화유지군이 있었는데도 특히 수도 부줌부라에서 선거는 폭력으로 얼룩졌다. 31개 정당이 후보자를 냈지만 7월 4일의 국회의원 선거는 주로 FRODEBU와 CNDD-FDD 사이의 경쟁으로 귀결됐고 CNDD-FDD가 약 두 배 많은 의석을 차지하여 승리했다. 8월 하원과 상원은 후투족의 피에르 은쿠룬지자(1963~)를 새 대통령으로 선출했고 투치족의 정부 지배는 종식됐다. 그러나 30만 명이 넘는 사람의 목숨을 앗아갔고 수많은 사람을 고향에서 쫓아낸 종족 분쟁은 대호수Great Lakes 지대에서 단속적 양상을 보이면서 지속됐다.

부르고뉴 공국-스위스 전쟁, 1339
Burgundian-Swiss War of 1339

신성로마제국에 속한 자유제국도시인 스위스의 베른은 1300년대 초에 주변 영토를 장악하며 지속적으로 세력을 키웠다. 베른의 팽창을 억제하기 위해 침공한(보병과 기병 약 1만 5천 명) 부르고뉴 공국은 베른이 장악하여 방어하는 도시 라우펜을 포위했다. 베른은 스위스의 3개 산악 지역 주canton(우리, 슈비츠, 운터발덴 즉 영구 동맹Ewiger Bund)의 도움을 받았다. 스위스의 보병(창병檐兵과 궁수)은 숫자에서 3 대 1로 열세였지만 전장에서 부르고뉴 군대를 무찔렀으며 적의 기병대가 가한 반격에 강하게 버텼다(1339년 6월 21일).

라우펜의 포위공격이 풀렸다. 역사상 처음으로 스위스인의 군사적 용맹함과 불굴의 의지가 드러났고 베른은 오늘날 스위스로 알려진 지역에서 지도자의 위치를 굳혔다.

○ 오스트리아–스위스 전쟁, 1385~88

부르고뉴 공국–스위스 전쟁, 1474~77
Burgundian–Swiss War of 1474~77

부르고뉴 공작 '대담공大膽公' 샤를(1433~77)은 영토를 확대하려 1474년에 스위스와 전쟁을 치르게 됐다. 스위스는 독일, 오스트리아와 동맹을 맺고 오랫동안 샤를의 적이었던 프랑스 왕 루이 11세(1423~83)로부터 자금을 지원받아 에리쿠르에서 부르고뉴를 격퇴했으며 스위스 국경에 맞닿아 있는 부르고뉴 영토를 일부 점령했다. 1476년 2월 샤를의 군대가 그랑송의 스위스 수비대 전원을 몰살한 뒤 고도의 훈련을 받은 스위스 보병들이 1476년 3월 2일 그랑송에서, 1476년 6월 22일 모라(무르텐)에서 부르고뉴 군대를 격파했다. 스위스는 두 전투에서 우월한 군사 전술을 쓰지 않고도 승리했다. 1477년 1월 5일 새로이 부르고뉴 군대를 조직한 샤를은 자신의 영토 안으로 진격해 들어온 스위스 군대와 낭시에서 대결했다. 부르고뉴 군대는 포위되어 철저히 패했다. 샤를은 군대와 함께 퇴각 중에 살해됐다.

○ 프랑스–부르고뉴 공국 전쟁

부르고뉴 공국–프랑스 전쟁
Burgundian–French Wars
○ 프랑스–부르고뉴 공국 전쟁

부르군트 왕국–프랑크 왕국 전쟁, 500
Burgundian–Frankish War of 500

부르군트(부르군디아) 왕 군도바트(516년 사망)와 그의 동생 고데게질(고데기젤, 500년 사망)은 왕국의 통치권을 두고 공멸하는 전쟁을 벌였다. 프랑크 왕국의 클로도베쿠스 1세(클로비스 1세, 466?~511) 왕이 끼어들어 고데게질을 지원했고, 프랑크 왕국 병사들은 우슈에서 군도바트의 부르군트 군대에 승리를 거두었다. 클로도베쿠스 1세는 아비뇽에서 군도바트를 포위하여 공격했으나 성공하지 못하자 강화를 맺었다. 고데게질은 앞서 부르군트 왕국의 수도 빈도보나(오늘날의 빈)에서 군도바트와 싸워 패하고 죽임을 당했다.

부르군트 왕국-프랑크 왕국 전쟁, 523~534
Burgundian-Frankish War of 523~534

프랑크 왕국의 왕 클로도베쿠스 1세(클로비스 1세, 466?~511)의 네 아들 즉 테우데리쿠스 1세(테우데리크 1세, 484?~534)와 클로도메리우스 1세(클로도메르 1세, 495~524), 킬데베르투스 1세(킬데베르트 1세, 497?~558), 클로타리우스 1세(클로타르 1세, 498?~ 561)는 각자의 영역을 갖고 공동으로 통치하던 프랑크 왕국을 확대하려 했다. 523년 네 형제는 군대를 이끌고 부르군트(부르군디아) 왕국으로 진격하여 왕 지기스문트(524년 사망)를 사로잡은 뒤 살해했다. 524년에 클로도메리우스 1세가 사망하자, 클로타리우스 1세와 킬데베르투스 1세는 클로도메리우스 1세의 땅을 강탈하고 조카들을 죽였다. 같은 해 지기스문트의 동생 고도마르 2세(군도마르 2세, 532년 사망)가 이끄는 부르군트 군대는 베세룬티아(오늘날의 베즈롱스) 전투에서 프랑크족을 물리쳐 내쫓았다. 부르군트는 독립을 지켰으나 532년에 프랑크족이 다시 침공했다. 고도마르 2세는 살해됐고, 534년 부르군트 왕국은 클로타리우스 1세와 킬데베르투스 1세의 손에 넘어갔다. 두 사람은 부르군트를 공동으로 통치했다(같은 해 테우데리쿠스 1세가 죽으면서 공동 통치가 끝났다). 부르군트 왕가는 소멸했다.

부르키나파소 쿠데타, 1987
Burkina Faso Rebellion of 1987

1983년 서아프리카의 내륙국 부르키나파소에서 군사 쿠데타가 일어나 토마 상카라(1949~87) 대위가 대통령이 됐다(과거 프랑스의 식민지였던 오트볼타는 1960년에 독립했고 1984년에 나라 이름을 부르키나파소로 바꾸었다. 이 말은 현지 모시어와 줄라어로 '정직한 사람들의 나라'라는 뜻이다). 인기 있고 카리스마 넘치며 청렴한 지도자였던 상카라는 농업과 공중보건을 개선했으나 권력을 확고히 장악하지 못했다. 1987년 10월 15일 과거 쿠데타의 성공에 일조했고 오랫동안 상카라의 충직한 동료였던 법무부 장관 블레즈 콩파오레 (1951~ . 현재 대통령)가 유혈 쿠데타를 일으켰다. 수도 와가두구에서 병사들이 격렬한 총격전을 벌여 약 100명이 사망했다. 상카라와 12명의 보좌관은 총탄에 맞아 사망했고 집단 매장지에 묻혔다. 대통령이 된 콩파오레는 상카라의 정책들 가운데 대부분을 철회했고, 1990년대 이후에는 민간인들이 주도하고 복수 정당제도에 근거한 정부를 이끌었다.

부탄-영국 전쟁, 1865
Bhutanese-British War of 1865

영국이 아삼을 점령하여 영국령 인도에 병합한 뒤(1826), 영국과 인도 북쪽에 있는 부탄 국가 사이에 오랫동안 이어질 국경분쟁이 시작됐다. 1860년대 초 부탄은 아삼으로부터 전략상 중요한 국경 산악지대의 여러 고갯길(두아르스)*을 빼앗았고, 그 땅을 넘겨주든지 아니면 공물을 바치라는 영국의 요구에 전혀 응하지 않았다. 1865년 1월 영국군의 소규모 부대가 부탄을 침공했으나 부탄은 저항에 성공했고 다울라타바드에서 영국 수비대를 몰아냈다. 1865년 11월 11일 부탄은 서 헨리 톰스(1825~74)가 이끄는 영국 원정대가 점점 더 강하게 압박하자 강화에 동의했다. 부탄은 신출라 조약으로 남쪽의 고갯길을 할양하고 영국군 포로를 전부 석방했으며, 영국은 이에 대한 보상으로 매년 부탄에 보조금을 지급하기로 동의했다.

* duars. 단수인 두아르(duar)는 부탄과 인도를 잇는 히말라야 산맥 동부의 통로를 말한다.

부활절 봉기, 1916
Easter Uprising, 1916

부활절 봉기의 전조는(⊙ 아일랜드 독립 전쟁, 1916~21) 1905년 신페인당('우리 스스로')의 창당에서 처음 나타났다. 신페인당이 추구한 큰 목적은 아일랜드의 자치를 얻어내고 영국의 모든 것에 소극적으로 저항하는 것이었다. 급진적 성향의 신페인당 당원들은 독립을 부르짖었으며, 더 오래된 아일랜드공화국형제단(피니언IRB. 나중에 아일랜드공화국군IRA이 된다)은 공개적으로 반란을 요구했다. 과격파는 서 로저 케이스먼트(1864~1916)를 독일로 보내 지원을 요청하여 영국을 당혹스럽게 만들려 했으나 무위에 그쳤다. IRB와 아일랜드 의용군은 명령을 내렸다가 취소하고 이에 또다시 반대 명령을 내리면서 임박한 봉기를 앞두고 분열했다. 계획은 엉성했고, 결국 더블린 시로 한정된 봉기는 아일랜드 의용군 2천 명과 시민군 200명이 참여하여 인원이 부족했다. 지도자 패트릭 피어스(1879~1916)와 제임스 코널리(1868~1916)의 본부로 쓰기 위해 중앙우체국을 점령한 (부활주일 이튿날인 1916년 4월 24일 월요일) 아일랜드인 반란군은 공화국을 선포하고 임시정부를 수립했다. 영국은 기습을 당하여 460명 이상이 목숨을 잃었으나 한 주 만에 봉기를 진압하는 데 성공했다. 반란을 비난했던 더블린 시민들은 케이스먼트를 포함한 지도자들이 재판을 받고 사형당하자 그들을 존경했다. 봉기는 아일랜드 의회당을 파멸시켰지만, 신페인당은 에이먼 데 벌레러(1882~1975)의 지휘를 받게 됐고, IRA는 지하 게릴라 부대가 됐다.

북방 전쟁
Northern War

제1차 북방 전쟁(1655~60) 스웨덴 왕 칼 10세(1622~60)는 발트 해 지역에서 영토를 확장하고자 했고(**○ (제2차) 폴란드-스웨덴의 리보니아 전쟁**), 폴란드 왕 바사 왕조의 얀 2세 카지미에시(1609~72)가 자기 아버지의 스웨덴 왕위 요구를 내세우며 자신을 '폴란드의 보호자'로 인정하지 않자 전쟁을 선포했다. 스웨덴 군대는 3일간의 전투 끝에 바르샤바를 장악하고 폴란드를 점령했다(**○ 러시아-스웨덴 전쟁, 1656~58 ; 러시아-폴란드 전쟁, 1654~56**). 스웨덴 군대는 동북쪽으로 이동하여 리투아니아를 지배했다. 브란덴부르크 선제후 프리드리히 빌헬름 1세(1620~88)는 프로이센 공국의 주권자로 인정받는 대가로 스웨덴을 군사적으로 지원했으나 조약을 통해 폴란드 왕으로부터도 동일한 인정을 받자 스웨덴과 맺은 동맹을 파기했다. 폴란드 전선이 교착상태에 빠진 가운데 칼 10세는 덴마크-노르웨이왕국으로부터 홀슈타인과 슐레스비히, 그리고 윌란(위틀란트) 반도의 대부분을 빼앗으려 이동했고, 덴마크-노르웨이는 폴란드-리투아니아연합과 동맹했다. 칼 10세는 윌란 반도에서 대담하게도 빙판을 건너 공격하여 퓐(퓌넨) 섬을 차지하고 덴마크 수도 코펜하겐을 위협했다. 덴마크-노르웨이와 스웨덴의 평화조약인 로스킬레 조약에 만족하지 못한 칼 10세는 코펜하겐을 포위하여 공격하고 외레순 해협을 지배하려 했다. 덴마크-노르웨이는 코펜하겐을 봉쇄한 스웨덴 함대를 네덜란드 함대의 지원을 받아 격퇴했다. 홀슈타인과 슐레스비히에서 폴란드-리투아니아연합에 밀려나고 보른홀름 섬과 트론헤임에서 덴마크-노르웨이에 내쫓긴 스웨덴은 평화를 모색했다. 협상은 결렬됐으나, 덴마크-노르웨이 군대가 1659년 11월에 뉘보르 전투에서 승리하여 스웨덴 최고의 부대를 사로잡은 뒤 칼 10세에 뒤이은 스웨덴의 섭정 정부는(칼 10세는 노르웨이 침공을 계획하던 중에 열병으로 사망했다) 1660년에 올리바 조약에 서명했다. 올리바 조약으로 스웨덴의 리보니아(오늘날 에스토니아와 라트비아의 대부분) 지배, 덴마크의 보른홀름 섬과 트론헤임 지배, 브란덴부르크의 프로이센 공국(동프로이센)에 대한 권리가 확증됐다. **제2차 북방 전쟁(대북방 전쟁, 1700~21)** 발트 해의 패권을 차지하고 있던 스웨덴은 1697년에 칼 12세(1682~1718)가 즉위할 때 세 가지 위협에 직면했다. 덴마크 왕 프레데리크 4세(1671~1730)는 홀슈타인-고토르프(홀스텐-고토르프)를 덴마크에 병합하고자 했고, 작센 선제후(프리드리히 아우구스트 1세)이자 폴란드 왕이었던 아우구스트 2세(1670~1733)는 리보니아를 되찾을 의도로 주요 도시인 리가를 포위했으며, 잉그리아(잉에르만란드)를 원하던 러시아의 차르 표트르 1세(1672~1725) '대제'는 나르바를 포위했다. 칼 12세는 먼저 덴마크를 침공하여 코펜하겐을 점령했고, 덴마크는 강화를 요청했다. 칼 12세는 다음으로 러시아의 포위공격을 깨뜨리고 나르바를 구했다. 이어 리가를 해방한 칼 12세는 리보니아로 침공해 들어가 쿠를란트(라트비아 서남부의 쿠르제메)와 리투아니아를 점령한 뒤 계속 전진하여 폴란드의 바르샤바와 크라쿠프를 장악했다. 1703년 5월 1일 칼 12세의 군대는 푸우투스크 전투에서 병력이 훨씬 더 우세한 아우구스트 2세의 군대에 대승을 거두었다. 1704년 폴란드 의회는 칼 12세의 후보자 스타니스와프 1세 레슈친스키(1677~1766)를 왕으로 선출했다. 1706년 칼 12세는 리투아니아를 정복하기 위해 이동했고 작센에서 아우구스트 2세를 추적하여 폴란드 왕위를 스타니스와프 1세에게 넘기게 했다. 1707년 9월 칼 12세는 4만 4천 명의 병력을 이끌고 작센을 출발하여 폴란드 동부와 리투아니아를 가로질러 러시아로 들어갔다. 칼 12세는 혹한에 식량이 부족하고 러시아가 저항하자 모스크바에 당도하지 못했고, 표트르 1세에 맞서 카자크(코사크)의 봉기를 이끌었던 이반 마제파(1639~1709)와 합세하기 위해 우크라이나로 우회했으나 이는 1708년에서 1709년에 비참한 결과를 낳았다. 칼 12세는 크게 줄어든 병력으로 1709년 7월 8일 폴타바 전투에서 러시아 군대에 대패하고 겨우 군사 1,500명과 함께 오스만 제국의 속국인 몰다비아로 피신했다. 북쪽에서는 아우구스트 2세가 폴란드로 귀환하여 스타니스와프 1세를 축출했고, 표트르 1세는 잉그리아와 리보니아, 핀란드로 이동했으며, 프로이센은 스웨덴령 포모제(포메른)를 얻었다. 이제 스웨덴이 대면한 적은 폴란드와 러시아, 프로이센, 작센, 하노버, 그리고 1709년에 다시 전쟁에 뛰어든 덴마크의 연합 세력이었다. 스웨덴 군대는 스코네(스웨덴 남단)에서 덴마크를 격퇴하고 가데부슈에서 덴마크·작센 군대를 물리쳤다. 그러나 홀슈타인에서는 러시아와 덴마크, 작센의 연합군이 스웨덴 군대의 항복을 받아냈고, 스웨덴 함대는 러시아에 무너졌다. 그 뒤 이어진 평화협상은 칼 12세가 오스만 제국을 끌어들여 잠시 동안 러시아에 대적하게 하고(⊙ 러시아-오스만 제국 전쟁, 1710~11) 발트 해안의 독일 도시 슈트랄준트에 나타나 교전 재개를 명령하면서 중단됐다. 그러나 동맹국들이 슈트랄준트를 포위했고 1715년 12월에 함락했다. 칼 12세는 스웨덴으로 도주한 뒤 다시 군대를 모아 (덴마크가 지배하고 있던) 노르웨이를 침공했지만 1718년 12월에 프레데릭스할(오늘날의 할렌)을 포위하려던 중에 참호에서 총탄에 맞아 사망했다. 칼 12세가 죽은 뒤 스웨덴 군대는 귀국했으며, 평화조약의 조건이 결정됐다. 스톡홀름 조약이 체결되어 (1719~20) 스웨덴은 브레멘 공국과 페르덴 공국을 배상금으로 하노버 선제후령에 넘겼고 슈테틴(오늘날의 슈체친)과 스웨덴령 포모제의 일부를 프로이센에 할양했다. 덴마크-노르웨이는 스웨덴과 프레데릭스보르 조약을 체결하여 슐레스비히를 제외한 정복지를 배상금으로 받고 포기했다. 뉘스타드 조약(1721)으로 스웨덴은 리보니아, 잉그리아와 카렐리아의 일부, 발트 해의 여러 섬을 러시아에 할양했고, 러시아는 핀란드를 포기했다. 러시아는 유럽의 강국이 됐다.

북벌北伐, 1926~28
Northern Expedition, 1926~28

중국 남부에서 쑨원孫文(1866~1925)이 창당한 중국국민당은 쑨원이 사망한

뒤 친공산주의 세력과 우파로 분열했고, 중국 북부에서는 군벌들이 권력투
쟁을 벌였다. 1926년 7월 장제스蔣介石(1887~1975)가 지휘하는 중국국민당
군대는 국가를 통일하라는 쑨원의 유지에 따라 수도 광저우廣州를 출발하여
북쪽으로 진격했다. 중국국민당 군대는 8월까지 후난성湖南省을, 10월까지
우창武昌(오늘날의 우한武漢)과 한커우漢口, 한양漢陽, 난창南昌을 장악했다. 1927
년 봄 중국국민당 군대는 양쯔 강揚子江 이남의 모든 성省과 북쪽의 후난성
에서 권력을 장악했다. 중국국민당은 병사들에게 민간인을 약탈하지 말라
고 교육한 덕분에 중국 역사에서 병사들이 처음으로 주민들의 환영을 받
았다. 효과적인 선전도 한몫했다. 그러나 여름을 나는 동안 중국국민당 내
부에 반목이 심해졌다. 장제스는 갈등을 해결하기 위해 지휘권을 포기했으
며, 중국국민당은 러시아가 파견한 고문들을 해임하고 공산주의자들과 과
격파를 축출했으며 조직을 개편했다. 1928년 봄 장제스는 돌아와 군대를
지휘했고, 북진을 재개했다. 북쪽의 군벌들은 전투에서 패했고, 1928년 6
월 중국국민당에 동조하는 북부의 장군이 중국의 수도 베이징北京을 장악했
다. 일본 제국의 지원을 받아 베이징까지 지배했던 반대파 군벌 장쭤린張作霖
(1875~1928)은 만주로 피신했다. 일본 관동군은 장쭤린의 이용 가치가 소멸
했음을 알고 열차를 폭파하여 베이징에서 톈진天津으로 돌아오던 장쭤린을
암살했다. 이후 장쭤린의 지위를 계승한 그의 장남 장쉐량張學良(1901~2001)
이 항복하면서 북벌이 완수됐다. 이 승리로 중국은 통일됐고, 수도는 베이
징에서 남쪽의 난징南京으로 옮겨갔다. 쑨원의 국가 재건 계획 중 제1단계,
즉 군사적 통일(군정軍政)이 완료됐고, 중국국민당의 정치적 지도(훈정訓政)라
는 제2단계가 시작됐다.

○ 제1차 국공 내전, 1930~34

북서부 반란
Northwest Rebellion

○ (제2차) 리엘의 반란

북아일랜드 내전, 1969~98
Northern Ireland Civil War of 1969~98

북아일랜드(얼스터)에서 갈등이 지속된 데에는 세 가지 요인이 있다. 우선 영국인과 아일랜드인 사이의 수백 년에 걸친 적대 관계를 들 수 있다. 이는 오랫동안 프로테스탄트(영국인)와 로마가톨릭교회(아일랜드인) 사이의 적대 행위로 여겨졌다. 다음으로 얼스터(주민의 약 60퍼센트가 프로테스탄트)를 에이레 즉 아일랜드(주민의 95퍼센트가 가톨릭)에 강제로 통합하려는 노력이 한 가지 요인이며, 얼스터에 소수파로 거주하고 있는 가톨릭교도가 정치적·경제적으로 차별을 받았다는 사실이 또 하나의 요인이다. 1968년에 가톨릭 교도들이 시민권 쟁취를 위한 항의시위에 나섰고, 그 결과 발생한 폭력으로 영국군이 진주하면서 폭발성 강한 이러한 요인들에 불이 붙었다. 1969년 아일랜드공화국군IRA은 아일랜드공화국군 공식파OIRA와 아일랜드공화국군 임시파Provos로 나뉘었는데, Provos와 프로테스탄트의 얼스터방위협회UDA 같은 전투적인 단체들은 시위와 시가전, 폭파, 암살로써 적대 행위의 강도를 높였다. 적의가 너무나 극심한 나머지 영국 정부는 1972년에 북아일랜드 스토먼트(북아일랜드 자치 정부)의 활동을 정지시키고 직접 통치에 들어갔다. 1973년 주민투표 결과 북아일랜드 주민의 압도적 다수가 에이레와 통합하기를 거부하는 것으로 나타나자, 새로운 의회 선거를 실시했으며 가톨릭 진영의 사회민주노동당과 프로테스탄트 진영의 얼스터연합당, 그리고 비종파 정당인 북아일랜드연합당이 연립정부를 구성했다. 그러나 이언 페이즐리(1926~) 목사 같은 프로테스탄트 진영의 전투적 인물은 연립정부를 파괴하겠다고 선언했고 웨스트민스터(영국) 의회에 강경론자들을 내보냈으며 총파업을 벌여 스토먼트의 새 정부를 무너뜨렸다(1974). 폭력은 지속됐고, 아일랜드인들은 북아일랜드와 영국에서 사람들을 살해해 영국군의 '침략'에 대한 분노를 표출했다. 1982년 영국 의회는 북아일랜드 관련 법안을 제정하여 세 번째 자치 정부를 세우려 했다. 1982년 북아일랜드 의회 선거에서 프로테스탄트가 다수를 차지했고, 소수의 가톨릭 의원들은 등원을 거부했다. 1984년 에이레와 통합하는 새로운 계획이 제시됐다. 그러나 투쟁의 전통은 북아일랜드 문화의 한 부분으로 정착됐기에 다수가 제안을 승인했다고 해도 시민 간의 적대 행위는 그치지 않았다. 1990년대 내내 준군사 조직들 간의 폭력 충돌이 계속됐다. 1993년 말 영국 정부와 아일랜드 정부가 다우닝가(街) 선언을 발표하여 비무장 비폭력 단체들만 포함하는 평화 회담을 열기로 합의하자, 1994년 8월 31일 IRA가 휴전을 선언했다. 프로테스탄트 준군사 조직들도 10월에 휴전에 합류했다. 1995년 2월 북아일랜드에 관한 아일랜드의 영유권 관련 주장과 북아일랜드 주민의 자결권을 포함하는 중대한 정치적 의제를 다룬 기초문서Framework Document가 마련되어 안정을 향한 진일보가 이루어졌다. 이러한 양보는 테러리스트들의 영향력을 축소시키기 위한 것으로 여겨졌다. 정치적 해결은 불가능하다는 테러리스트들의 전제가 진실이 아닌 것으로 보였기 때문이다. 그러나 1996년 2월에 공식 회담에 준비 회의로 열린 협상에서 몇 가지 절차에 반대했던 IRA가 런던에서 폭탄을 터뜨리면서 휴전이 깨졌다. 1996년 7월 포터다운이라는 소도시에서 프로테스탄트 오렌지 협회가 정치적으로 민감한 주제를 갖고 가톨릭교도의 구역으로 행진하겠다고 고집하여 1968년 이래 최악의 거리투쟁이 발생했다. IRA는 평화회담의 당사자로 참여하기로 결정하고 1997년 7월에 다시 휴전을 선언했으며, 게리 애덤스(1948~)가 이끄는 신페인당(IRA의 정치 조직)은 1997년 9월에 회담에 참여할 수 있었다. 1998년 초 양쪽에서 모두 소수 분파 집단이 보복 살인을 저질렀는데도, 신페인당을 포함한 합법적인 야당들은 평화회담을 계속했다. 1998년 4월 10일 8개 정당 대표자들이 획기적 문서에 합의했다(벨파스트 협정). 이에 따라 프로테스탄트와 가톨릭이 108석의 북아일랜드 의회에서 공동으로 통치하기로 했으며, 이 의회는 새로이 구성된 남북각료회의를 통해 아일랜드 공화국과 협력하기로 했다. 1998년 5월 22일 아일랜드 공화국과 북아일랜드 주민은 아일랜드 공화국의 국민투표, 북아일랜드의 주민투표에서 과반수로 권력을 공유하는 내용의 이 평화협정을 승인했다. 북아일랜드의 프로테스탄트와 가톨릭교도는 30년 동안 싸우면서 3천 명이 넘는 남녀와 어린이를 살해했다. 그 뒤 평화에 반대하는 강경파가 교회 폭파와 기타 폭력 행위로 협정을 무위로 돌리려 했다. 오매Omagh에서 발생한 차량 폭탄테러에서는 29명이 사망했고 330명 이상이 부상당했다(1998년 8월 15일). 오매 공격이 자신들의 짓이라고 주장한 아일랜드공화국군 진정파 Real IRA는 여론이 급격하게 악화되자 다른 아일랜드공화국 단체들(북아일랜드와 아일랜드 공화국을 통합한 공화제 국가의 수립을 지향하는 단체)과 더불어 폭력 투쟁의 중단을 선언할 수밖에 없었다 (1998년 8월 18일). 선거로 의회를 구성했으나(1998년 6월 25일) IRA 대원이 스파이 활동을 했다는 주장과 권력 공유에 관한 이견 때문에 활동이 정지됐다(2002년 10월). 프로테스탄트 지도자로 자치 정부의 총리가 된 데이비드 트림블(1944~)은 IRA가 무장을 해제하지 않으면 행정부를 구성하지 않겠다고 했으며, IRA는 협정이 완전히 이행될 때까지 무장을 풀지 않겠다고 단언했다. 그러자 트림블은 항의의 표시로 사퇴했다. 2001년 9월 11일 미국의 세계무역센터 공격 이후 국제적인 압력에 IRA는 무장해제에 동의해야 했다. 영국 총리와 아일랜드 총리는 권력 공유 정부와 평화협정이 실제 작동할 수 있도록 IRA에 모든 범죄 행위와 준군사적 활동을 포기하도록 압박함으로써 교착상태를 돌파하려 노력했다. 2005년 9월 26일 IRA는 완전한 무장해제를 선언했다. 영국 정부와 아일랜드 정부의 관리들은 이 역사적인 조치로 벨파스트에 권력 공유 정부가 다시 수립되기를 희망했다.

북아프리카 전투, 1940~43
North African Campaign, 1940~43

제2차 세계대전 중 추축국이 북아프리카에 두었던 주된 목표는 수에즈 운하를 장악해 지중해를 통제하는 것이었다. 반면 연합국은 전략적으로 중요한 이 지역을 계속 지배하려 했다. 전투의 대부분은 리비아와 이집트의 해안에서 벌어졌다. 탱크와 항공기, 지뢰가 널리 이용됐다. 1940년 9월 이탈리아 군대가 이집트 영토로 침투했으나 영국군에 격퇴됐고 1941년 2월까지는 완패했다. 1941년 3월 '사막의 여우'로 알려진 사령관 에르빈 로멜(1891~1944) 장군으로부터 사막 전투에 대비하여 특별 훈련을 받은 독일아프리카군단DAK이 교전의 주도권을 차지했으며 영국군을 리비아에서 이집트로 내몰았다. 그해 11월 영국 육군 제8군이 반격하여 독일군을 서쪽으로 밀어냈다. 1942년 5월 로멜이 지휘하는 독일군은 다시 공세를 취하여 가잘라—비르하케임 전투(1942년 5월 26일~6월 21일) 중 나이츠브리지 교차 지점에 설치했던 방어구역에서 벌어진 대규모 탱크전에서 영국군에 참패를 안기고 약 400킬로미터 후방의 이집트로 내쫓았다. 영국군은 해안에 있는 엘알라메인부터 도저히 통과할 수 없는 악지형惡地形 지역인 카타라 분지까지 강력한 전선을 구축했다. 독일아프리카군단은 거듭 이 방어선을 돌파하려 했지만 실패했다. 1942년 10월 23일 버너드 L. 몽고메리(1887~1976) 장군이 지휘하는 영국 육군 제8군은 독일군 진지에 중포 사격과 공중 폭격을 가한 뒤 공격을 개시했다. 영국군은 독일군 전선을 돌파했고 로멜은 역사상 가장 긴 퇴각의 길에 올라 서쪽의 튀니지를 향했다. 로멜이 카이로와 수에즈 운하를 점령하지 못하게 막은 제2차 엘알라메인 전투는 이 전쟁에서 가장 결정적인 전투의 하나로 기록되며 연합군의 사기를 크게 드높였다. 1943년 5월 13일 북아프리카의 추축국 군대는 튀니지에서 영국군과 미국군에 패한 뒤 항복했다.

북예멘 내전, 1962~70
North Yemenite Civil War of 1962~70

1960년 9월 북예멘 왕세자인 무함마드 알 바드르(1926~96)는 막 사망한 아버지 아흐마드 빈 야히아(1891~1962)를 계승하여 이맘(이슬람교 종교지도자)이자 예멘 무타와킬 왕국(북예멘)의 왕이 됐으나 치세는 짧게 끝났다. 군 장교들이 반란을 일으켜 왕궁을 포격하고 군주정을 전복한 뒤 '자유로운 예멘 공화국'을 선포했던 것이다(1962년 9월 25~26일). 무함마드 알 바드르는 사막의 산지로 도피하여 왕위를 되찾겠다는 의지를 천명했고 많은 예멘의 부족들을 규합하여 자신에게 충성하는 지지자들과 힘을 합치려고 했다. 이집트가 곧 반란자들의 정부를 승인한 뒤 군대를 파병하고 물자를 지원한 반면, 사우디아라비아와 요르단은 무함마드 알 바드르를 지지했다. 북예멘과 사우디아라비아 국경에서 충돌이 일어났고, 국제연합UN과 여러 나라가 중재의 노력을 기울였지만 유혈 분쟁을 중단시키지 못했다. 1963년 남예멘에서 독립 전쟁이 시작되어 민족해방전선NLF과 이집트가 지원하는 점령남예멘해방전선FLOSY이 영국과 지역의 부족장들에 맞서 싸웠다(영국은 1832년부터 이 지역을 지배했다). 1967년 마르크스주의를 추구하던 NLF가 가장 강력한 세력이 되어 이 지역을 장악했고 영국은 철수했다. 1967년 11월 30일 남예멘이 독립했다. 그동안 북예멘에서 진행되고 있던 내전과 관련하여 가말 압델 나세르(1918~70) 이집트 대통령이, 사우디아라비아 왕 파이살(1906?~75)이 북예멘의 왕당파에 대한 군사원조를 완전히 중단한다면 이집트도 파견했던 군대를 철수하겠다고 약속했다. 1967년 11월 5일 북예멘의 공화국 정부가 군사 쿠데타로 전복됐고, 보수주의적 지도자들이 권력을 장악했다. 한동안 새 지도자들이 평화를 협상하는 듯했으나, 왕당파가 공세를 펼쳤다가 실패하면서 이 계획은 폐기됐다. 이제 소련과 시리아, 남예멘의 지원을 받은 공화파는 왕당파의 무수한 공격을 격퇴했으며, 사우디아라비아는 다른 나라들이 공화파를 지원하자 왕당파에게 지원을 재개했다(1968). 그 뒤 사우디아라비아는 왕당파를 설득하여 공화파와 화해를 모색하게 했다. 1970년 5월 두 교전 당사자는 합의에 도달했다. 왕당파는 공화파가 통치하던 예멘 아랍공화국 내부의 직위들을 부여받았고, 그런 뒤에 예멘 아랍공화국은 프랑스와 영국, 이란, 사우디아라비아로부터 승인을 받았다.

불가리아-마자르족 전쟁, 895
Bulgar-Magyar War of 895

불가르족이 비잔티움 제국을 침공했는데, 헝가리의 마자르족은 비잔티움 제국의 권고를 받아 불가르족을 공격했다(○ 불가리아-비잔티움 제국 전쟁, 889~897). 수장 아르파드(840?~907?)가 이끄는 마자르족은 차르 시메온 1세(864~927)가 지휘하는 불가리아와 러시아 남부의 튀르크계 유목민인 페체네그족(파치나크족)에 패했다. 마자르족은 선조의 고향인 흑해 인근에서 밀려나 도나우 강 유역으로 이동했고 그곳에서 슬라브족의 땅을 빼앗아 군주국을 세웠다. 이것이 오늘날의 헝가리다.

불가리아 반란, 1040~41
Bulgarian Revolt of 1040~41

불가리아 차르 사무일(958~1014)의 손자라 자처한 페터르 델란이 이끄는 불가리아 반란군은 비잔티움 제국의 지배에 반기를 들어 불가리아 독립을 다시 쟁취하려 했다(○ 불가리아-비잔티움 제국 전쟁, 981~1018). 1040년 델란은 베오그라드에서 차르 페터르 2세(재위 1040~41)로 즉위했고 왕가의 일원인 알루시안(재위 1040~41) 왕자가 공동 통치자로 합류했다. 불가리아는 비잔티움 제국 도시 테살로니키를 공격했으나 격퇴당했다. 불가리아 반란 지도자들 사이에 이견이 노출됐고 알루시안이 매복공격으로 델랸을 사로잡아 안구를 도려냈다. 이후 반란은 실패했다.

○ 마니아케스의 반란

불가리아-비잔티움 제국 전쟁, 755~772
Bulgarian-Byzantine War of 755~772

불가르족이 자신들의 보유지인 트라키아의 비잔티움 제국 요새들에 공납을 요구하자 전쟁이 벌어졌다. 비잔티움 제국 황제 콘스탄티노스 5세(718~775)는 755년에 제국을 침공한 불가르족을 트라키아에서 물리쳤다. 비잔티움 제국 군대는 756년에는 마르켈리에서, 763년에는 안키알로스(오늘날의 포모리에)에서 승리했다. 767년 불가르족은 평화조약을 체결했다. 그러나 5년 뒤인 772년 비잔티움 제국은 불가리아가 기습을 준비하고 있다는 사실을 알고서 군대를 동원하여 다시 불가르족을 정복했다. 768년 칸으로 즉위한 불가르족의 군사 지도자 텔레리크(706~777)는 3년 넘게 비잔티움 제국에 맞서 싸우다 775년에 콘스탄티노스 5세가 사망한 뒤 강화를 요청했다.

불가리아-비잔티움 제국 전쟁, 780~783
Bulgarian-Byzantine War of 780~783

780년 비잔티움 제국은 30년 전부터 시작한 불가리아 제국 정복을 계속했고, 제국에 맞붙어 있는 불가르족의 경계를 북쪽으로 밀어냈다. 792년에 불가리아 제국의 칸인 카르담(재위 777~803?)은 영토를 잃었는데도 비잔티움 제국 여황제 에이레네(이레네, 752?~803)를 압박하여 매년 불가르족에게 공물을 보내던 관행을 재개하게 했다.

불가리아-비잔티움 제국 전쟁, 809~817
Bulgarian-Byzantine War of 809~817

809년 비잔티움 제국 황제 니케포로스 1세(811년 사망)는 군대를 이끌고 불가리아로 들어가 수도 플리스카를 점령했다. 불가리아 제국의 칸 크룸(755?~814)이 거듭 강화를 제안했으나, 니케포로스 1세는 이를 거부했다. 불가르족은 비록 전쟁 중에 통치자들이 빠르게 잇달아 바뀌고 803~810년 프랑크 왕국과 비잔티움 제국이 전쟁을 벌이던 중에는 카롤루스(샤를마뉴, 742?~814) 대제와도 대결했지만, 811년에 야습으로 니케포로스 1세를 물리쳐 죽인 뒤에는 비잔티움 제국에 여러 차례 승리를 거두었다. 811년부터 813년까지 비잔티움 제국을 통치했던 미카엘 1세 랑가베(?~845)는 813년에 베르시니키야에서 불가르족에 패했다. 비잔티움 제국의 장군이었던 '아르메니아인' 레오(775~820)가 자신의 소아시아 출신 병사들을 전장에서 철수시켜 지지를 철회한 탓이다. 미카엘 1세에 반기를 든 레오는 비잔티움 제국의 황제 자리를 찬탈하여 레오 5세가 됐다. 815년 레오 5세는 메셈브리아(오늘날의 네세버르)에서 불가르족을 격파하고 30년 동안의 평화를 수용하게 했다.

○ 프랑크 왕국–비잔티움 제국 전쟁, 803~810

불가리아–비잔티움 제국 전쟁, 889~897
Bulgarian–Byzantine War of 889~897

894년 불가리아 제국 차르 시메온 1세(864~927)는 비잔티움 제국 군대를 물리쳤다. 비잔티움 제국은 패배에 대한 복수로 마자르족(헝가리인)을 부추겨 895년에 불가리아를 공격하게 했다. 시메온 1세는 러시아 남부의 튀르크계 유목민인 페체네그족(파치나크족)과 연합하여 895년 불가리아–마자르족 전쟁에서 마자르족을 물리쳤다. 896년 시메온 1세는 남쪽 전선으로 돌아와 비잔티움 제국 군대에 결정적인 승리를 거두었고, 이로써 이듬해 강화가 체결됐다. 비잔티움 제국은 시메온 1세에게 매년 공물을 보내기로 동의했다. 889년에 교역권을 둘러싼 분쟁으로 시작된 전쟁은 최고 통치권을 얻으려는 경쟁으로 점차 확대됐다. 시메온 1세는 바로 최고 통치권을 위해 싸웠던 것이다.

불가리아–비잔티움 제국 전쟁, 913~927
Bulgarian–Byzantine War of 913~927

913년 불가리아 제국 차르 시메온 1세(864~927)는 비잔티움 제국을 물리치고 그 수도 콘스탄티노플(오늘날의 이스탄불)로 진격하려 했으나 비잔티움 제국으로부터 공물을 받기로 하고 철수했다. 913~914년 궁정의 권력투쟁 끝에 레오 6세(866~912)의 황후였던 조에(?~?)가 914년에 섭정이 되어 공납을 제공하겠다는 약속을 철회하고 불가리아와 적대했다. 시메온 1세는 비잔티움 제국을 차지하려면 무력이 필요하다는 것을 깨닫고 군대를 진격시켜 914년에 마케도니아와 아드리아노플(오늘날의 에디르네), 알바니아를 빼앗았다. 918년 시메온 1세는 발칸 반도 대부분을 장악한 뒤 그리스 북부와 테살리아를 침공했다. 시메온 1세는 이후 5년 동안 네 차례나 콘스탄티노플 성벽까지 전진했다. 그러나 시메온 1세의 군대는 강력한 함대를 갖지 못한 탓에 매번 도시를 점령하지 못하고 철수했다. 927년 시메온 1세가 죽으면서 전쟁이 끝났다.

불가리아-비잔티움 제국 전쟁, 981~1018
Bulgarian-Byzantine War of 981~1018

981년 바실레이오스 2세(958?~1025)가 통치하던 비잔티움 제국은 불가리아를 침공했으나 소피아 인근에서 차르 사무일(958~1014)이 이끄는 불가리아에 패했다. 986년 사무일의 군대는 그리스 중부의 테살리아로 침공해 들어와 라리사와 디라키온(오늘날 알바니아의 두러스)을 점령했다. 사무일은 비잔티움 제국의 내분을 이용하여 불가리아 동부 너머까지 통제력을 확대했다. 그러나 바실레이오스 2세의 비잔티움 제국 군대는 997년에 불가리아 수도 오흐리드와 스페르케이오스 강에서 벌어진 격렬한 전투에서 승리하여 불가리아의 진격을 저지했다. 바실레이오스 2세는 이어 1004년에 그리스와 마케도니아를 되찾았다. 1014년 바실레이오스 2세의 군대는 클레이디온(오늘날의 클류치)에서 사무일의 군대를 괴멸했으며, 불가리아 병사 약 1만 5천 명을 포로로 잡았다. 바실레이오스 2세는 불가리아 병사들 거의 전부를 장님으로 만들어버린 뒤 사무일에게 돌려보냈다. 사무일은 눈이 먼 병사들을 보고 충격을 받아 그 자리에서 죽었다. 이에 '불가르족 학살자'라는 별명이 붙은 바실레이오스 2세는 1018년에 불가리아를 제국에 병합했으나 실질적인 자치를 허용했다.

불가리아-비잔티움 제국 전쟁, 1261~65
Bulgarian-Byzantine War of 1261~65

비잔티움 제국은 1018년부터 불가리아 제국을 지배했으나 1185년에 봉기가 일어나자 불가리아를 독립 제국으로 인정해야 했다. 1261년 다시 불가리아를 지배하려고 전쟁을 일으킨 비잔티움 제국은 불가리아의 항구 안키알로스(오늘날의 포모리에)와 메셈브리아(오늘날의 네세버르)를 점령했다. 1265년 비잔티움 제국 황제 미카엘 8세 팔라이올로고스(1223~82)는 불가리아 국경을 하이모스(발칸) 산맥 너머까지 밀어냈다. 미카엘 8세는 전투를 마치고 돌아오는 길에 불가리아인의 매복공격을 받고 포로가 됐다. 미카엘 8세는 1261년에 장악한 두 항구를 반환하겠다고 약속했으나 이를 지키지 않았다. 1272년 불가리아는 두 항구를 빼앗으려고 비잔티움 제국을 침공했지만 성공하지 못했고 결국 이에 대한 영유권 주장을 포기했다.

브라반트 혁명, 1789~90
Brabant Revolution, 1789~90

오스트리아 합스부르크 왕가 출신의 신성로마제국 황제 요제프 2세(1741~90)는 오스트리아령 네덜란드(오늘날 네덜란드의 일부와 벨기에, 룩셈부르크)에서 행정과 성직에 일대 변화를 일으켜 보수주의적 지도자와 가톨릭교회 지도자들의 분노를 샀다. 1789년 말 브라반트 공작령(오늘날 벨기에 북부의 일부)은 독립을 선언했다. 침공해 들어오던 오스트리아 군대는 튀른하우트에서 패했고, 1790년 초에 벨기에 국가연합의 헌장이 비준됐다. 그러나 브라반트 출신 지도자인 헨드릭 카럴 니콜라스 판 데르 노트(1731~1827)와 요하네스 프란시스퀴스 퐁크(1743~92)는 연합 전선을 지속할 수 없었고(판 데르 노트의 보수파는 퐁크의 진보파가 추구한 완전한 대의제 형태의 정부에 반대했고 과두제 통치로 돌아가기를 원했다), 1790년 12월에는 신성로마제국의 새로운 황제 레오폴트 2세(1747~92)가 힘으로 밀어붙여 브라반트에서 오스트리아의 지배권을 다시 확립했으며 선황의 개혁을 폐지했다. 이 승리는 오래가지 않았다. 4년이 채 못 되어 프랑스 혁명군이 그 지역을 장악했기 때문이다.

브라시다스의 침공, 기원전 424~기원전 423
Brasidas's Invasion, BCE 424~BCE 423

아테네 지도자 클레온(기원전 422년 사망)은 제2차 펠로폰네소스 전쟁에 들어가는 막대한 전비를 충당하기 위해 동맹국들이 납부해야 할 세금을 3배로 늘렸다(기원전 424). 칼키디케 반도의 올린토스 등 여러 동맹국이 반란을 일으켰고 스파르타에 도움을 요청했다. 스파르타 왕은 브라시다스(기원전 422년 사망) 장군에게 2천 명이 채 안 되는 병사들(헤일로타이* 호플리테스(중무장 보병)와 용병)을 주어 트라키아를 침공하게 했다. 브라시다스의 작은 군대는 테살리아를 관통하여 진격하며 도중에 아테네 군대를 두 차례 물리쳤고, 반란을 일으킨 폴리스들의 지원을 받아 트라키아에 있는 아테네의 가장 중요한 식민 폴리스 암피폴리스를 점령했다. 역사가 투키디데스(기원전 460?~기원전 395?)가 지휘하는 아테네 해군 함대는 암피폴리스의 긴급한 증원 요청을 받고 출발했으나 너무 늦게 도착하여 도울 수 없었다. 그렇지만 침략군이 인근의 항구 에이온을 장악하지 못하게 막을 수는 있었다. 그 직후 클레온은 투키디데스를 태만 혐의로 고발하여 20년 동안 추방했으며 니키아스(기원전 470?~기원전 413)가 지배하던 아테네 민회는 1년간 휴전하기로 결정했다. 그러나 브라시다스는 헬레스폰트(오늘날의 다르다넬스) 해협으로 이어지는 아테네의 보급로를 위협했고 기원전 422년 클레온은 암피폴리스를 공격했다. 브라시다스 부대의 기습을 받은 클레온은 패했고 전사했다(브라시다스도 죽었다).

* 스파르타의 예속 농민.

브라운의 하퍼스페리 습격, 1859
Brown's Raid on Harpers Ferry, 1859

미국의 노예제 폐지론자 존 브라운(1800~59)은 노예를 무장시키고 남부 산악지대에 기지를 세워 노예 해방 계획을 세웠다. 남부 산악지대는 흑인들이 도망쳐와 봉기를 준비할 수 있는 곳이었다. 브라운과 21명의 추종자들(브라운의 아들 3명과 흑인 5명이 포함됐다)은 첫 번째 조치로 1859년 10월 16일 밤에 버지니아 주 하퍼스페리(오늘날의 웨스트버지니아 주에 있다)에 있는 연방 정부의 조병창을 공격하여 장악했다. 이튿날 브라운의 무리는 도시를 접수하고 일부 주민을 인질로 억류했다. 브라운 일당은 강탈한 무기를 갖고 산악지대로 퇴각하는 대신 조병창의 기관실에서 방어를 든든히 하며 현지 민병대에 맞서 싸웠다. 로버트 E. 리(1807~70) 대령이 이끄는 해병대 1개 중대가 워싱턴 D.C.를 출발하여 도착했으며, 1859년 10월 18일 오전 짧은 전투에서 완강하게 싸워 조병창을 탈환했다. 브라운은 전투 중에 부상을 입었고 브라운 일당 10명이 사망했다. 브라운은 재판에 회부되어 반역과 살인으로 유죄판결을 받아 1859년 12월 2일 교수형을 당했다.

○ 포터워터미 학살

브라질 독립 전쟁, 1822~25
Brazilian War of Independence, 1822~25

반도 전쟁 중에 나폴레옹이 포르투갈을 침공한 결과, 포르투갈 왕실은 브라질의 리우데자네이루(히우지자네이루)로 피신했고 이 도시는 포르투갈 정부의 소재지가 됐다. 제국 안에서 브라질과 포르투갈의 위상을 동등하게 하고 브라질에 부과했던 무역 규제를 철폐하는 등 개혁을 실천했던 주앙 6세(1767~1826)는 1821년에 포르투갈로 돌아가면서 장남 페드루(1798~1834)를 섭정으로 남겼다. 포르투갈이 브라질의 지위를 다시 낮추어 종속시키려 하자 페드루는 1822년에 「이피랑가의 선언Grito do Ipiranga」으로 브라질의 독립을 선포하고 브라질 황제에 올랐다. 1823년 토머스 코크런(1775~1860) 경이 조직하여 지휘한 브라질 해군은 바이아 주에 있는 포르투갈군 주둔지를 봉쇄했다. 육상과 해상에서 공격을 받은 포르투갈인들은 대규모 수송선단을 타고 떠나야 했으며 마라냥 주 상륙에 실패한 뒤(코크런이 마라냥 주 상루이스 항구를 점령했다) 대서양을 건너 포르투갈로 향했다. 1824년 페드루 1세는 브라질에 최초의 헌법을 허용했고 1825년에 포르투갈은 브라질의 독립을 승인했다.

○ 아르헨티나-브라질 전쟁, 1825~28 ; 칠레 독립 전쟁 ; 포르투갈 내전, 1823~24

브라질 반란, 1893~95
Brazilian Revolt of 1893~95

브라질의 마누에우 데오도루 다 폰세카(1827~92) 장군은 무혈 군사 반란을 일으켜(1889) 브라질 제국을 멸망시키고 브라질 연방공화국을 세운 뒤 1891년에 초대 대통령으로 당선됐다. 그러나 그해에 데오도루 다 폰세카의 독재 정치에 반대하는 강력한 움직임이 나타났고 이는 육군과 해군의 반란으로 이어졌다(데오도루 다 폰세카는 군부의 권력을 줄이고자 했다). 거의 피를 흘리지 않은 이 반란으로 데오도루 다 폰세카는 사임했고 플로리아누 페이쇼투(1839~95) 부통령이 대통령직을 승계했다. 그러나 역시 장군이었던 페이쇼투는 부패를 숙정하려면 군사 독재자가 필요하다고 선언했다. 쿠스토지우 주제 지 멜루(1840~1902) 제독이 이끄는 해군은 두려움을 느꼈고, 1893년 9월에 해군 전체가 멜루의 지휘를 받아 페이쇼투 정부에 반대하는 폭동을 일으켜 수도 리우데자네이루(히우지자네이루)의 항구를 점령했다. 멜루는 히우그란지두술 주에서 발생한 다른 반란을 지원했으며, 멜루의 추종자들은 브라질 남부 대부분을 장악했으나 제정복고를 옹호하는 다른 반란군의 공격을 받아 수도를 점령하는 데는 실패했다. 페이쇼투의 군대는 외국에 주문해서 받은 군함들을 보유했지만 멜루를 물리치고 다른 반란군을 진압하는 일은 매우 힘들었다. 멜루는 항복했다(1894년 4월 16일). 히우그란지두술 주에서는 게릴라전이 계속됐으나 1895년 6월 29일에 페이쇼투가 사망하면서 갑자기 중단됐다. 브라질 '최초의 민간인 대통령' 프루덴치 주제 지 모라이스 바루스(1841~1902)는 대체로 환영받으며 취임했지만(1894), 4년간의 임기 내내 정부 안에 스며든 군국주의를 처리해야 했다.

브라질 반란, 1964
Brazilian Revolt of 1964

주앙 굴라르(1918/19~76) 브라질 대통령은 브라질해군군인·해병대군인협회와 다른 노동자 단체들의 지지를 받은 좌파 성향의 정부를 이끌었다. 1964년 3월 25일 해군·해병대협회 회원 약 1,400명이 자신들의 회장을 체포한데 항의하여 어느 노동조합 건물을 점거했다. 시위에 나선 군인들은 해군부 장관에 항복하기를 거부했으나 2일 뒤 육군 부대에 투항했고 즉시 사면을 받았다. 군대 최고위급 지도자들은 경악했으며 굴라르가 자신들을 지지하지 않고 규율을 해쳤다고 비난했다. 굴라르는 사면을 재심하겠다고 동의했지만 제4군구가 반란을 일으켰고(1964년 3월 31일) 곧 다른 군구들도 반란에 합류했다. 리우데자네이루(히우지자네이루)의 수비대는 굴라르에 충성하는 소수 병력에 맞서 싸워 곧 도시를 장악했다. 노동운동 조직인 노동자 총본부가 총파업을 선언하여 일상생활은 완전히 중단됐으나 군부가 정부를 장악하는 것을 막지는 못했다. 굴라르는 우루과이로 피신해야 했다. 새 정부는 즉시 모든 좌파 인사와 공산주의자라는 혐의를 받은 자들을 체포했고, 이어 굴라르의 브라질노동당PTB 소속이었던 연방의회 양원의 의원과 관료까지 숙청했다.

브라질 혁명(가우슈 혁명), 1930
Brazilian Revolution(Gaucho Revolution) of 1930

1930년 대통령 선거가 다가올 무렵 브라질 국민은 전 세계적인 대공황과 커피 시장의 붕괴로 고통을 받아 불만이 가득했다. 워신통 루이스 페레이라 지 소자(1869~1957) 현직 대통령은 친구인 파울리스타(상파울루 주 출신) 줄리우 프레스치스(1882~1946)를 자신을 승계할 보수파의 공식 후보로 지명했다. 그러나 이는 상파울루 주와 미나스제라이스 주의 주요 정치인이 교대로 대통령 후보로 나서던 관행적 합의를 깨뜨리는 행위였다. 선거에서 미나스제라이스 주의 지도자들은 히우그란지두술 주의 주지사였던 제툴리우 도르넬리스 바르가스(1883~1954)를 지지했다. 히우그란지두술 주민들은 가우슈라고 불렸다(그래서 이 혁명의 이름이 가우슈 혁명이다). 프레스치스가 승자로 선언되자(1930년 3월) 반대 세력인 남부 주들은 결과를 뒤엎을 계책을 세웠다. 바르가스의 법률 고문인 오스발두 아라냐(1894~1960)는 군사령부들을 순회하여 군부의 바르가스 지지를 끌어냈다. 1930년 10월 바르가스는 반란을 선동했고 경제와 정치의 수많은 개혁을 약속했으며 자신에 충성하는 주 군대와 연방군을 모아 열차를 타고 수도 리우데자네이루(히우지자네이루)로 들어갔다. 저항은 완전히 소멸됐고 바르가스는 무혈혁명을 거쳐 대통령직을 차지했다. 루이스는 사임했으며 프레스치스는 영국 공사관으로 피신했다. 이로써 옛 공화정, 즉 제1공화정이 끝났다.

브루스의 반란, 1306~14
Bruce's Revolt, 1306~14

개인적 야심을 지닌 로버트 브루스(로버트 1세, 1274~1329)는 스코틀랜드가 잉글랜드 왕 에드워드 1세(1239~1307)와 싸울 때 양쪽에 모두 접근했다. 브루스는 폴커크 전투(○ 월리스의 반란) 이후 윌리엄 월리스(1272?~1305)에 합세했으나, 1302년에 에드워드 1세의 편으로 돌아섰다. 그렇지만 브루스는 여전히 에드워드 1세를 받들고 있었던 1306년에 경쟁 귀족을 살해하고 스쿤에서 스스로 스코틀랜드 왕(로버트 1세)에 올랐다. 에드워드 1세는 다시 침공하여 메스번에서 승리를 거두고 브루스를 아일랜드로 추방했다. 1307년에 브루스가 돌아오자 스코틀랜드인들은 브루스를 중심으로 결집했고, 창병槍兵들이 라우던힐 전투에서 일단의 잉글랜드 기병들을 학살했다. 에드워드 1세는 1307년에 새로운 싸움이 시작될 때 사망했으며, 에드워드 2세(1284~1327)는 1310년 나약하게 침입했다가 아버지가 여러 해 동안 이루려고 애썼던 목표를 포기했다. 이 시기에 브루스는 대부분의 적과 화친했고 군대를 강화했다. 또한 프랑스로부터 왕으로 인정받았고 스코틀랜드의 성직자들을 자기편으로 만들었다. 1311년 브루스는 더럼과 하틀리풀을 공격했으며, 1314년에는 잉글랜드가 장악했던 성 가운데 베릭과 스털링을 제외하고 모두 되찾았다. 스털링은 이미 포위공격 중이었다(➡ 배넉번 전투).

➡ 스코틀랜드 전쟁, 1314~28

브르타뉴 공작위 계승 전쟁, 1341~65
War of the Breton Succession, 1341~65

브르타뉴 공작 장 3세(리치먼드 백작 존 3세, 1286~1341)가 후사 없이 세상을 떠나자 어머니가 다른 동생 몽포르 백작 장 2세(브르타뉴 공작 장 4세, 1295?~1345)와 조카사위 샤를 드 블루아(1319?~64)는 계승권을 두고 다투었고, 각각 잉글랜드 왕 에드워드 3세(1312~77)와 프랑스 왕 필리프 6세(1293~1350)에게 지원을 요청했다. 이로써 백년 전쟁의 중요 국면이 시작됐다. 두 나라 모두 브르타뉴 공국을 침공하여 1342년 말에 렌과 낭트, 반에서 서로 충돌했다. 새 교황 클레멘스 6세(1291~1352)가 보낸 사절이 개입하여 말레트루아 휴전협정이 체결되고 적대 행위가 중단됐으나 이는 일시적이었고 분명하지 않았다. 1345년 잉글랜드 군대가 브르타뉴 국경을 따라 늘어선 프랑스군 주둔지들을 다시 포위했고 동시에 다른 두 전선에서도 프랑스를 공격했다. 1347년 샤를 드 블루아는 라로슈데리앙 인근에서 포로가 됐고 런던 탑에 감금되어 9년을 보냈다. 그러나 샤를 드 블루아의 부인 잔 드 팡티에브르가 싸움을 계속했고 프랑스는 1352년 모롱에서 다시 패배의 쓴맛을 보았다. 거듭 휴전이 이루어졌으나 전투는 1364년에 오레 전투에서 샤를 드 블루아가 전사한 뒤에야 끝났다. 이듬해 게랑드 조약이 체결되어 몽포르가

브르타뉴 공작위 계승권을 인정받았다. 브르타뉴 공작 장 4세는 프랑스 왕에 신서臣誓했고 그 지역은 다시 안정을 찾았다.

브르타뉴 내전
Brittany Civil Wars

○ 브르타뉴 공작위 계승 전쟁

블라디미르의 정복, 981~985
Conquests of Vladimir, 981~985

972~980년의 러시아 왕조 전쟁 뒤 키예프 공국(키예프 루시)의 대공으로 즉위한 블라디미르 1세(960?~1015)는 드네프르 강 유역의 정복에 나섰다. 튀르크계 유목민인 페체네그족(파치나크족)이 거듭 공격하자, 블라디미르 1세의 군대는 변경 스텝 지역에 요새 도시들을 건설했다. 981년 블라디미르 1세는 갈리치아(오늘날의 폴란드 동남부와 우크라이나 서부)를 지배했고, 983년에는 오늘날 벨라루스의 이교도 부족들을 복속시켰으며, 남부의 불가르족의 국가도 정복했다. 블라디미르 1세의 원정으로 985년 폴란드에서 볼가강에 이르는 지역 전체가 키예프 공국의 지배를 받게 됐다. 처음에는 이교도였던 블라디미르 1세는 경제적·정치적 이익을 위해 비잔티움 제국과 동맹했으며 정교회 세례를 받고 러시아의 군주로서는 처음으로 그리스도교도가 됐다(988?).

'블랙 앤 탠스' 전쟁
'Black and Tans' War

○ 아일랜드 독립 전쟁, 1916~21

블랙 패치 전쟁, 1904~09
Black Patch War, 1904~09

켄터키 주 서쪽 끝과 서남쪽 끝의 훈증燻蒸 담배 재배자들은 블랙 패치라고 불렸는데, 이들은 시장과 가격을 통제하는 담배 수매 회사들의 독점적 관행에 반대했다. 담배 재배자들은 협회를 결성하여 담배 수매를 거부했다.

일부 주민들이 결성한 무장 집단인 더 나이트 라이더스The Night Riders가 야간에 담배 수매 회사와 협회에 가입하지 않은 담배 재배자들을 모두 위협했다. 지역은 무법천지로 변했고, 1907년에 어거스티스 에버릿 윌슨(1846~1931) 켄터키 주지사가 23개 카운티에 계엄령을 선포하고 주 방위군으로 반란자들에 맞서 싸우며 모든 도시를 통제하려 했다. 1908년 담배 재배자와 담배 수매 회사는 협정을 체결했고, 담배 수매 회사의 독점이 일부 깨졌다. 불만을 품은 더 나이트 라이더스는 이듬해에도 계속 폭력을 행사했고, 이러한 전술에 분노한 시민들이 무장하여 맞섰다. 이후 담배 재배자 협회가 내분을 겪으면서 교전이 끝났다.

블랙 호크의 전쟁, 1832
Black Hawk War, 1832

1832년 4월 초 족장 블랙 호크(1767~1838)가 이끄는 소크족 인디언과 폭스족 인디언은 미시시피 강을 건너 일리노이 주로 들어가 1804년에 체결된 조약으로 미국 정부에 할양된 부족의 땅을 반환하라고 요구했다. 블랙 호크는 단지 평화롭게 땅을 경작하기를 원했으나 일리노이 주지사가 파견한 민병대에 쫓겼다. 블랙 호크의 무리는 스틸먼스런에서 승리한 뒤 미시건 준주(오늘날의 위스콘신 주)로 물러가기로 결정했다. 민병대는 인디언이 미시시피 강을 건너려 할 때 따라잡았고, 위스콘신하이츠 전투에서 부분적인 승리를 거두었다. 블랙 호크와 그 무리의 몇 사람은 간신히 피하여 강을 건넜다. 1832년 8월 1~2일 헨리 앳킨슨(1782~1842) 장군이 지휘하는 일리노이 주 민병대와 연방군은 위스콘신 주 러크로스 남쪽 배드액스 강 하구에서 블랙 호크 무리를 공격하여 학살했다. 인디언 1천 명 중 살아남은 자는 150명에 못 미쳤다. 블랙 호크는 탈출하여 위너베이고족 인디언에게 피신했으나, 위너베이고족이 블랙 호크를 백인들에게 넘겼고 블랙 호크는 버지니아 주 먼로 요새에 투옥됐다. 1833년 블랙 호크는 아이오와 주 디모인 요새(오늘날의 아이오와 주 몬트로즈) 인근에 있던 부족의 생존자들과 합류해도 좋다는 허락을 받았다.

블러드 강 전투, 1838
Battle of Blood River, 1838

영국의 지배(**○ (제6차) 카피르족 전쟁**)를 피하기 위해 아프리카 남쪽 끝에서 북쪽으로 이동하던 보어인 이주자들은 피트 레티프(1780~1838)와 헤르하르되스 마르티뉘스 마리츠(1797?~1838)의 지도로 줄루족 왕 딩간(1795?~1840)의 동의를 구해 오늘날의 나탈에 정착할 수 있었다. 1838년 초 무장하지 않은 보어인 협상자들이 매복했던 줄루족 전사들의 습격을 받았고, 이어 이주자들의 야영지도 공격을 받았다(레티프와 마리츠를 포함하여 보어인 약 500명이 살해됐다). 그해 말에 안드리스 프레토리위스(1799~1853)가 이끄는 보어인 증원 부대가 도착했고, 딩간의 동생이자 경쟁자였던 음판데(1798~1872)와 동맹한 이주자들은 1838년 12월 16일 블러드 강 전투에서 딩간이 지휘하는 줄루족에 처절한 패배를 안겼다. (버펄로 강의 지류인 이 강의 강물이 학살당한 줄루족 약 3천 명의 피로 붉게 물들어 그 뒤부터 블러드 강이라고 불렀다.) 보어인들은 나탈리아 공화국을 수립했고, 이 공화국은 1843년에 병합되어 영국 식민지인 나탈 식민지가 됐다.

○ 보어-줄루 전쟁, 1838~39 ; 줄루 전쟁

블렌하임 전투, 1704
Battle of Blenheim, 1704

에스파냐 왕위 계승 전쟁 초기에 바이에른 선제후령의 도시 도나우뵈르트와 블렌하임(블린트하임)에서 결정적인 전투가 벌어졌다. 도나우뵈르트 전투(셸렌베르크 전투)에서는 오스트리아 수도 빈으로 진격하던 프랑스군이 무력화됐으며, 블렌하임 전투에서는 놀라운 전략 덕에 프랑스의 진격이 완전히 멈추었고 바이에른 선제후령이 전쟁에서 이탈했으며 프랑스는 라인 강으로 철수해야 했다. 도나우뵈르트에서 단지 대열이 흐트러졌을 뿐이었던 프랑스군은 도나우 강 북쪽 블렌하임 인근에 다시 집결했다. 1대 말버로 공작 존 처칠(1650~1722)은 강의 남쪽에서 아우크스부르크를 공격하기 위해 잉글랜드군을 이끌고 다시 강을 건너 지류인 네벨 강의 북안으로 가서 오스트리아 군대를 이끌고 온 사부아 공자 외젠(프랑수아외젠 드 사부아, 1663~1736)에 합류했다. 두 군대가 동맹한 약 5만 2천 명 규모의 전열에서 말버로 공작이 중앙을 맡고 사부아의 군대는 기병과 보병을 보강하여 우익을 담당했으며 또 다른 동맹군이 좌익(도나우 강 쪽)을 맡았다. 당시의 탈라르 백작 카미유 도스텅(1652~1728)과 막시밀리안 2세 에마누엘(1662~1726)이 이끄는 프랑스와 바이에른의 약 6만 명에 달하는 군대는 동맹군의 좌익으로부터 두 차례 공격을 받았다. 프랑스군은 이들을 물리쳤다. 사부아의 군대는 프랑스군에 맞서 위치를 사수하느라 바빴고, 양쪽 면을 지원하느라 약해진 프랑스군의 중앙은 말버러 공작의 기병대 공격을 받고 패주했다. 말버러 공작이 왼쪽으로 선회하자 많은 프랑스군 병사가 도나우 강에 빠져 죽었다. 프랑스군은 이 기동으로 분리당해 함정에 빠졌다. 사부아의 군대는 눈앞의 프랑스군을 격파하여 흩어버렸다. 약 1만 4천여 명의 프랑스군이 포로가 됐고, 약 2만 명이 부상당하거나 살해됐거나 물에 빠져 죽었다. 동맹군의 손실은 약 8천 명이 부상당하고 4,500여 명이 전사했다.

비아프라-나이지리아 전쟁
Biafran–Nigerian War

❍ 나이지리아-비아프라 전쟁

비야의 침입, 1916~17
Villa's Raids, 1916~17

프란시스코 비야(판초 비야, 1878~1923)는 멕시코에서는 혁명가로, 미국에서는 광포한 비적匪賊으로 유명하다. 1911년에 증오의 대상이었던 멕시코의 독재자 포르피리오 디아스(1830~1915) 대통령 정부가 무너지면서 권력투쟁이 촉발됐고, 비야는 미국의 지원을 받아 승리하던 중 1915년에 알바로 오브레곤(1880~1928)의 군대에 패했다. 알바로 오브레곤은 비야의 적인 베누스티아노 카란사(1859~1920)를 멕시코의 임시 대통령으로 취임시켰다. 미국은 카란사를 승인하고 비야를 거부했다. 이에 비야는 멕시코에 있는 미국인들을 공격하여 대응했다. 비야의 군인들은 국경 너머 뉴멕시코 주의 콜럼버스를 습격하여(1916년 3월 9일) 미국인 18명을 살해한 뒤 내쫓겼다. 우드로 윌슨(1856~1924) 미국 대통령은 존 퍼싱(1860~1948) 장군에게 원정대를 이끌고 멕시코로 들어가 비야를 추적하라고 명령했다. 비야의 군대는 침략자들과 여러 차례 작은 전투를 벌였다. 비야가 추적을 피하며 국경 너머로 습격을 계속했기에 미국군의 침공은 11개월 뒤(퍼싱은 1917년 2월에 철수했다)에 실패 판정을 받았다. 비야는 카란사가 사망하는 1920년까지 멕시코 북부에서 반란을 이끌었는데도 미국의 침공이 불러일으킨 분노 때문에 멕시코인들에게 국민적 영웅으로 존경을 받았다.

○ 멕시코 내전, 1911 ; 멕시코 반란, 1914~15

비자야나가르 왕국-바흐만 술탄국 전쟁, 1350~1410
Vijayanagar Wars with Bahmani, 1350~1410

1336년에 수립된 독립 힌두 왕국 비자야나가르와 1347년에 독립 이슬람 군주국으로 건국된 바흐만 술탄국은 인도에서 자연스럽게 적수가 됐다. 바흐만 술탄국은 초기에는 주로 남쪽으로 거의 키스트나(오늘날의 크리슈나) 강에 이르기까지 데칸 고원 서부를 공고히 지배하는 데 집중했지만, 두 번째 술탄 무함마드 샤 1세(재위 1358~75) 때는 비자야나가르와 끊임없이 충돌했다. 두 나라는 1350년부터 1410년 사이에 키스트나 강(비자야나가르의 북쪽 경계)과 퉁가바드라 강(바흐만 술탄국의 남쪽 경계) 사이에 놓인 비옥한 땅을 두고 10차례 전쟁을 벌였다. 이 지역은 두 왕국이 건국되기 이전부터 쟁탈의 대상이었던 곳이다. 무함마드 샤 1세는 두 번의 전쟁에서 당시로는 새로운 대포를 사용했지만 성취한 것은 적었다. 바흐만 술탄국은 1365년에, 그리고 1367년에 또다시 승리하여 학살을 자행했으나, 1377년과 1398년에 적국의 수도를 공격할 때에는 실패를 맛보았다. 1398년에 여러 번의 바흐만 술탄국 원정이 효과를 보지 못한 데에는 내부의 술탄위 계승 싸움이 분명히 한몫했다. 타지 웃 딘 피루즈(재위 1397~1422)가 바흐만 술탄국을 통치했을 때인 1410년에 잠시 평화가 있었다. 피루즈는 비자야나가르의 수도를 성공리에 공격하여 왕자들을 살해하고 공물을 거두었으며 공주와 결혼했다. 그러나 분쟁의 대상이었던 지역은 여전히 통제하지 못했다. 이러한 분쟁은 주목할 만한 전쟁이 못 됐는데, 이유는 북인도가 힌두-이슬람 전쟁으로 혼란스러웠던 반면 남인도는 델리 술탄국으로부터 아무 간섭도 받지 않았기 때문이다. 델리 술탄국은 1398년에 티무르의 인도 침공이라는 근심을 추가로 떠안았으며, 튀르크족과 몽골족의 잔인한 약탈로 큰 희생을 치렀다.

비자야나가르 왕국의 마두라이 정복, 1378
Vijayanagar Conquest of Madura, 1378

1320년대에 이슬람교도는 텔루구어를 쓰는 형과 동생을 잡아 델리로 끌고 가서 이슬람교로 개종시켰는데, 두 사람은 나중에 남인도 캄필리에서 관리가 됐다. 1336년 호이살라 왕조와 싸우다 패한 두 사람은 힌두교로 개종했고 현지 힌두교도 지주들의 지원을 받아 이데올로기적 국가 비자야나가르('승리의 도시(와 제국)')를 수립했다. 힌두교도와 이슬람교도가 대립했고 텔루구어를 쓰는 자들이 타밀족을 통치했는데도 나라가 번창했다. 형 하리하라 1세는 1336년부터 1356년까지 재위했고, 동생 부카 1세(재위 1356~77)와 그의 아들 하리하라 2세(재위 1377~1404)는 다른 왕국들에서 힌두교도가 이슬람교도에 반대하는 것을 이용하여 비자야나가르 왕국을 키스트나(오늘날의 크리슈나) 강의 남쪽으로 해안 곳곳까지 확장하려 했다. 비자야나가르는 영원한 적 바흐만 술탄국과 14세기 대부분의 기간 동안(○ **비자야나가르 왕국-바흐만 술탄국 전쟁**), 16세기에도 대부분의 기간에 걸쳐(○ **비자야나가르 왕국 전쟁, 1509~65**) 싸웠다. 힌두 왕국은 1377년에 바흐만 술탄국의 방해를 받아 팽창을 거의 멈추었으나, 1378년에 바흐만 술탄이 암살된 사건을 기회로 고아와 서부 해안의 다른 항구들을 장악했고, 과거 판디아 왕국의 수도로 1345년 이래 이슬람교도의 억압을 받았던 마두라이를 해방시켰다(○ **마두라이 반란, 1334~35**). 남인도 전체가 힌두교 지역이 됐으며, 1565년에 비자야나가르가 함락될 때까지 이슬람교 지역이 되지 않았다.

비자야나가르 왕국 전쟁, 1509~65
Vijayanagar Wars of 1509~65

1336년에 무굴 제국이 남인도를 침공한 결과로 건국된 힌두 왕국 비자야나가르는 거의 끊임없이 전쟁을 벌였다(○ **비자야나가르 왕국-바흐만 술탄국 전쟁**). 16세기경 비자야나가르의 군사 정책은 이슬람교도와 싸우는 것과 무역을 보호하는 것(나라 이름과 같이 비자야나가르였던 왕국의 수도는 1565년까지 세계 최대의 교역 중심지였다) 두 가지를 목적으로 삼았다. 왕국의 지위는 불안했다. 왕국은 비록 내부의 저항도 있었고 동북쪽에서 힌두 왕국의 침공을 받기도 했지만 크리슈나 데바(재위 1509~29) 치세에 가장 큰 세력을 떨쳤다.

비자야나가르는 1513~16년에 오리사(오늘날의 오디샤. 힌두 국가)와 싸우면서 영토와 왕조 간 혼인을 얻어냈다. 크리슈나는 인도의 좌우 해안에서 모두 위세를 드높이기 위해 '현실주의적 정치'에 전념했고, 우호적인 포르투갈인들과 함께 바흐만 술탄국의 계승국인 비자푸르 술탄국을 지배하려 했다. 크리슈나는 비자야나가르의 전통에 따라 이슬람교도 문제에 개입했으나 이는 결국 힌두 왕국의 파멸을 가져왔다. 바흐만 술탄국을 계승한 다른 국가들이 단합하여 비자야나가르에 대적했기 때문이다. 크리슈나의 후계자들은 비자야나가르 왕국의 재상 알리야 라마(1565년 사망)의 지배를 받는 꼭두각시일 뿐이었는데 이슬람 동맹국들의 침공에 맞섰으며 처음에는 국가 내부의 경쟁자들을 조종하여 권력을 유지했다. 골콘다 술탄국과 아메드나가르 술탄국이 연합하여(1560) 비자야나가르와 비자푸르에 대적하면서 다른 계승국들도 합세했다. 1565년 알리야 라마는 탈리코타 전투에서 크게 패하고 사망했다. 왕국의 수도 비자야나가르는 약탈당한 뒤 파괴당했고, 다시는 복구되지 않았다. 축소된 왕국은 혼란스럽게 존속했는데 1652년에 무굴 제국이 카르나타카 연안 지역 전체를 병합하면서 델리가 남인도의 통제권을 장악했고 비자야나가르의 마지막 통치자를 내쫓았다.

비잔티움 제국 내전, 1094
Byzantine Civil War of 1094

스키타이족과 룸 술탄국, 노르만족은 강력한 황제 알렉시오스 1세 콤네노스(1048~1118)가 통치하는 비잔티움 제국을 침공하여 그 힘을 시험했다. 황제는 침략을 저지했다(**○ 노르만-비잔티움 제국 전쟁 ; 비잔티움 제국-룸 술탄국 전쟁, 1064~81**). 1094년 자신이 전임 황제인 로마노스 5세 디오게네스의 아들로, 이미 1073년에 사망한 콘스탄티노스 디오게네스라고 주장하는 인물이 러시아에서 온 튀르크계 유목민인 쿠만족의 지원을 받아 황제 자리를 요구하며 반란을 일으켰다. 쿠만족 군대를 이끌고 도나우 강을 건넌 디오게네스는 남쪽으로 진군하여 트라키아의 아드리아노플(오늘날의 에디르네)을 포위했으나 타우로코몬 전투에서 알렉시오스 1세의 군대에 패했다. 황제는 제국의 통합을 위협하는 세력에 대적하기 위해 황제권과 군대를 강화했다.

○ 비잔티움 제국-룸 술탄국 전쟁, 1110~17

비잔티움 제국 내전, 1222~42
Byzantine Civil War of 1222~42

서로 경쟁하던 그리스의 두 독립국가 니카이아 제국과 에페이로스 공국은 비잔티움 제국을 재건하려고 서로 싸우는 동시에 콘스탄티노플(오늘날의 이스탄불)의 라틴 제국과도 전쟁을 벌였다(○ (제2차) 라틴 제국-비잔티움 제국 전쟁). 1222년 이오안네스 3세 두카스 바타체스(1192?~1254)는 니카이아 황제 자리를 두고 테오도로스 1세 라스카리스(1175?~1221?)의 아들인 두 형제와 싸워 승리한 뒤 라틴 제국 군대를 물리쳤으며, 1225년에는 소아시아 대부분을 지배했다. 같은 해 에페이로스의 데스포테스* 테오도로스 콤네노스 두카스(자칭 테오도로스 1세, 1180?/85?~1253?)가 비잔티움 제국 황제임을 선언하자 이오안네스 3세는 군대를 파견하여 대적했으나 트라키아의 아드리아노플(오늘날의 에디르네)에서 패했다. 1230년에 이오안네스 3세의 군대는 테오도로스의 군대에 승리를 거두었고, 1235년에는 불가리아 제국 차르 이반 아센 2세(1241년 사망)의 지원을 받아 콘스탄티노플을 포위했으나 도시를 점령하지는 못했다. 이반 아센 2세가 세상을 떠난 뒤 이오안네스 3세는 불가리아 영토를 병합하고 다시 에페이로스를 공격했다. 에페이로스는 니카이아가 1212년에 주장했던 종주권을 받아들여야 했다.

○ 비잔티움 제국 전쟁, 1207~11

* despotes. 비잔티움 제국 궁정에서 쓰던 '경' 정도를 나타내는 호칭.

비잔티움 제국 내전, 1259
Byzantine Civil War of 1259

1259년 니카이아 제국의 적법한 계승자인 이오안네스 4세 두카스 라스카리스(1250~1305?)의 섭정 미카엘 8세 팔라이올로고스(1223~82)는 스스로 황제임을 선언하고 테살로니키를 방어하기 위해 파병했다. 니카이아 제국이 1246년에 점령한 테살로니키는 에페이로스 공국 군대에 포위당해 공격을 받고 있었다. 평화협상이 결렬된 뒤 니카이아는 1259년 펠라고니아 전투에서 시칠리아와 프랑스 군대의 지원을 받은 에페이로스를 물리쳤다. 미카엘 8세는 이 승리로 콘스탄티노플(오늘날의 이스탄불)을 점령하여 비잔티움 제국을 다시 세울 수 있었다(○ (제3차) 라틴 제국-비잔티움 제국 전쟁).

비잔티움 제국 내전, 1321~28
Byzantine Civil War of 1321~28

비잔티움 제국 황제 안드로니코스 2세 팔라이올로고스(1259~1332)의 손자 안드로니코스 3세 팔라이올로고스(1297~1341)는 반항적인 청년으로 우연히 형제를 숨지게 한 탓에 조부로부터 제위 계승권을 인정받지 못했다. 1321년 안드로니코스 3세는 높은 세금에 분노한 비잔티움 제국의 강력한 귀족들로부터 지원을 받아 군대를 모으고 반란을 일으켜 황제의 군대와 전투를 벌이고 승리했다. 1325년 안드로니코스 2세는 안드로니코스 3세를 공동 황제이자 트라키아와 마케도니아의 통치자로 인정했다. 안드로니코스 3세는 계속해서 조부와 적대했고, 이 때문에 오스만 제국의 침공에 맞서 싸울 때 비잔티움 제국은 힘이 약해져 있었다(● 비잔티움 제국-오스만 제국 전쟁, 1329~38). 1328년 안드로니코스 3세는 조부를 강제 퇴위시키고 단독 황제가 됐다.

비잔티움 제국 내전, 1341~47
Byzantine Civil War of 1341~47

비잔티움 제국 황제 안드로니코스 3세 팔라이올로고스(1297~1341)가 사망한 뒤 제위를 계승한 이오안네스 5세 팔라이올로고스(1332~91)는 너무 어려서 통치할 수 없었고, 재상이었던 이오안네스 칸타쿠제노스(1292?~1383)가 황제의 섭정으로 지명됐다. 1341년 10월 26일 칸타쿠제노스는 스스로 황제 이오안네스 6세임을 선언하고 제위를 요구했다. 이오안네스 6세는 오스만 제국과 세르비아와도 동맹했는데, 세르비아인들은 비밀리에 콘스탄티노플(오늘날의 이스탄불)에 있는 이오안네스 5세의 제국 정부도 보호하겠다고 동의했다. 비잔티움 제국의 많은 사람이 이오안네스 6세의 권력 인수에 반대하여 테살로니키에 독립국가를 수립했다. 1347년 이오안네스 6세의 군대는 오스만 제국의 도움을 받아 콘스탄티노플을 점령했고, 이오안네스 6세는 1354년까지 황제로서 통치했다(● 비잔티움 제국 내전, 1352~55).
● 비잔티움 제국-오스만 제국 전쟁, 1359~99

비잔티움 제국 내전, 1352~55
Byzantine Civil War of 1352~55

1347년에 제위를 차지한(❍ 비잔티움 제국 내전, 1341~47) 비잔티움 제국 황제 이오안네스 6세 칸타쿠제노스(1292?~1383)는 강건한 제국을 건설하려고 했고, 칸타쿠제노스 가문의 구성원들에게 비잔티움 제국의 영토를 통치할 권한을 주었다. 이오안네스 6세가 트라키아와 마케도니아로 쳐들어온 오스만 제국과 싸우는 동안(❍ 비잔티움 제국-오스만 제국 전쟁, 1359~99), 콘스탄티노플(오늘날의 이스탄불)에서 내쫓긴 황제 이오안네스 5세 팔라이올로고스(1332~91)는 이오안네스 6세를 타도하려고 군대를 모았다. 이오안네스 5세와 이오안네스 6세의 군대는 1352년에 트라키아의 아드리아노플(오늘날의 에디르네)에서 대결했다. 일부 튀르크족의 도움을 받은 이오안네스 6세가 이오안네스 5세를 저지했고, 이오안네스 5세는 1354년까지 게릴라전을 벌였다. 이후 이오안네스 5세의 지지자들이 콘스탄티노플을 공격하여 이오안네스 6세를 제위에서 몰아냈다. 이제 단독 황제가 된 이오안네스 5세는 1355년에 군대를 동원하여 이오안네스 6세의 친족들이 통치하던 영토들을 되찾았다.

비잔티움 제국-노르만 전쟁
Byzantine-Norman Wars
❍ 노르만-비잔티움 제국 전쟁

비잔티움 제국-러시아 전쟁, 970~972
Byzantine-Russian War of 970~972

키예프 공국(키예프 루시)의 러시아인들은 비잔티움 제국과 동맹을 맺었지만 두 차례(911년에는 비잔티움 제국령 비니티아(소아시아 서북부의 흑해 연안지대)에서, 943년에는 도나우 강 유역에서) 파괴적인 무력을 보였고, 969년에 또다시 무력시위를 벌였다(❍ 러시아-불가리아 전쟁, 969~972). 러시아인들은 반란을 일으킨 불가리아인들을 진압해 달라는 비잔티움 제국의 요청에 따라 불가리아 제국으로 들어가서 여러 차례 전투를 벌인 뒤 승리하고 계속 머물렀다. 키예프 공국 대공 스뱌토슬라프 1세(972년 사망)가 서쪽 변경을 원했기 때문이다. 971년 러시아인의 진격에 놀란 비잔티움 제국의 황제 이오안네스 1세 치미스케스(925?~976)는 러시아인과 불가리아인에 맞서 싸웠고 프레슬라프에서 대승을 거둔 뒤 스뱌토슬라프 1세가 그곳에 세운 꼭두각시 차르를 사로잡았다. 이오안네스 1세의 군대는 이어 도나우 강가의 두로스토룸(오늘날의 실리스트라)을 포위했으며 스뱌토슬라프 1세의 항복을 받아냈다. 러시아인들은 정복한 불가리아 제국 영토를 포기했고, 절반쯤 독립적이었던 불가리아는 그 지위를 상실하고 비잔티움 제국의 소유가 됐다.

비잔티움 제국-룸 술탄국 전쟁, 1110~17
Byzantine—Seljuk Turk War of 1110~17

강력한 룸 술탄국이 다시 비잔티움 제국을 침공하여 아나톨리아로 침입해 들어와 멀리 보스포루스 해협까지 이르렀다. 그러나 룸 술탄국은 지도자인 킬리지 아르슬란 1세(1079?~1107)가 세상을 떠난 뒤 다른 지도자들 사이에 내분이 일자 분열하여 패배했으며 아나톨리아를 지나 퇴각해야 했다. 황제 알렉시오스 1세 콤네노스(1048~1118)의 비잔티움 제국 군대는 전쟁을 계속하여 1116년에 필로멜리온(오늘날의 아크셰히르) 전투에서 튀르크족에 참패를 안겼다. 1117년 룸 술탄국은 휴전을 받아들였고 비잔티움 제국은 아나톨리아 해안 지역을 전부 되찾았다.

비잔티움 제국-룸 술탄국 전쟁, 1158~76
Byzantine—Seljuk Turk War of 1158~76

비잔티움 제국 황제 마누엘 1세 콤네노스(1118~80)는 룸 술탄국이 아나톨리아를 병합할까봐 두려워 룸 술탄국 지도자 킬리지 아르슬란 2세(1156~92)의 군사 지원 요청에 응했다. 킬리지는 튀르크족의 경쟁 집단들과 싸우는 데 지원이 필요했고, 마누엘 1세는 튀르크족이 서로 계속 싸운다면 모두가 약해질 것이고 그러면 자신은 아나톨리아에서 힘을 잃은 단 하나의 튀르크족 군대와 싸우면 될 것이라고 생각했다. 그러나 킬리지는 마누엘 1세의 지원을 철저하게 이용하여 적들을 쳐부수고 영토를 확장했다. 마누엘 1세는 아나톨리아에서 룸 술탄국을 쫓아내려고 대군을 조직하여 1176년 9월에 미리오케팔론에서 룸 술탄국 군대와 대적했다. 비잔티움 제국은 전투에서 패했고 마누엘 1세는 강화를 요청했다. 아나톨리아는 룸 술탄국에 넘어갔고 이때부터 비잔티움 제국은 몰락하기 시작했다.

비잔티움 제국 반란, 976~989
Byzantine Revolts of 976~989

비잔티움 제국의 전임 황제 이오안네스 1세 치미스케스(925?~976)의 매부였던 유력한 장군 바르다스 스클레로스는 황제 바실레이오스 2세(958?~1025)의 권위에 도전했다. 스클레로스는 자신의 군대와 멜리테네(오늘날의 말라티아)의 아랍인들에게 황제로 추대받아 소아시아와 비잔티움 제국 속주인 시리아의 대부분을 장악했다. 979년 3월 바르다스 포카스(989년 사망)가 이끄는 바실레이오스 2세의 군대는 스클레로스의 군대를 물리쳤고, 스클레로스는 친구였던 바그다드의 칼리파에게 피신했다. 988년 스클레로스는 바실레이오스 2세에 등을 돌린 포카스와 협력하여 콘스탄티노플(오늘날의 이스탄불)의 황제 자리를 찬탈하려는 음모를 꾸몄다. 바실레이오스 2세는 이듬해 미시아에 있는 프리기아의 아비도스 전투에서 포카스와 싸워 승리했다. 그 뒤 포카스가 곧 죽으면서 반란은 실패했다.
○ 비잔티움 제국-이슬람 전쟁, 960~976

비잔티움 제국-불가리아 전쟁
Byzantine-Bulgarian Wars
○ 불가리아-비잔티움 제국 전쟁

비잔티움 제국-셀주크튀르크 전쟁, 1048~49
Byzantine-Seljuk Turk War of 1048~49

서아시아 셀주크튀르크의 강력한 한 무리가 비잔티움 제국의 동부 주들을 침공하여 아르메니아 왕국의 요새 도시 카르스에서 아르메니아인들을 격파했다. 황제 콘스탄티노스 9세 모노마코스(1000?~55)가 보낸 비잔티움 제국 군대는 셀주크튀르크에 맞서 몇 차례 전투를 벌였고 셀주크튀르크는 반 호수(터키 동부) 서쪽 지역에 정착했다. 셀주크튀르크는 결국 1049년에 패배하여 그 지역에서 물러나야 했다.

비잔티움 제국-셀주크튀르크 전쟁, 1064~81
Byzantine-Seljuk Turk War of 1064~81

서로 다투던 튀르크족의 독립적인 무리들이 수년간 비잔티움 제국을 침공했으나 많은 영토를 확보할 수는 없었다. 마침내 알프 아르슬란(1029~72)이 이끄는 셀주크튀르크가 튀르크족의 지배 집단으로 등장하여 1064년에 아나톨리아 동부의 아니를 장악하고 아르메니아를 약탈했다. 그 뒤 3년 동안 셀주크튀르크가 아나톨리아의 깊숙한 곳까지 침공하자, 비잔티움 제국 황제 로마노스 4세 디오게네스(1030/32~72)는 반격에 나섰고, 셀주크튀르크는 헤라클레이아 키비스트라(오늘날의 에레일리 인근)에서 알레포로 퇴각해야 했다. 그러나 셀주크튀르크는 1070년에 다시 비잔티움 제국을 침공했고 세바스테아(오늘날의 시바스)에서 승리했다. 1071년 8월 알프 아르슬란이 이끄는 셀주크튀르크는 아르메니아 마을 말라즈기르트에서 5만 명의 비잔티움 제국 군대를 궤멸하고 로마노스 4세를 포로로 잡은 뒤 아나톨리아의 대부분을 휩쓸고 많은 사람들을 학살했다. 비잔티움 제국은 튀르크족에 맞서기 위해 군대에 유럽인 용병을 대규모로 충원했고 비록 내부의 분란이 그치지 않았지만 셀주크튀르크의 진격을 저지할 수 있었다. 1080년 비잔티움 제국 황제로 즉위한 알렉시오스 1세 콤네노스(1048~1118)는 1081년에 룸 술탄국(셀주크튀르크)과 화친을 맺고 빼앗긴 지역을 그들에게 영토로 내주었다.

⊙ (제1차) 십자군

비잔티움 제국-시칠리아 전쟁
Byzantine-Sicilian Wars

⊙ 시칠리아-비잔티움 제국 전쟁

비잔티움 제국-아바르족 전쟁, 595~602
Byzantine-Avarian War of 595~602

볼가 강 인근에 정착했던 아바르족이 비잔티움 제국의 발칸 반도를 침공하자 비잔티움 제국 황제 마우리키우스(539~602)가 원정을 시작했다. 601년 비잔티움 제국의 프리스코스 장군은 도나우 강 남쪽 비미나키움 전투에서 아바르족을 물리쳤다. 비잔티움 제국은 이어 아바르족을 강 건너편으로 밀어냈으나 겨울이 닥쳐 더 이상 추격하지 못했다.

○ 포카스의 반란

비잔티움 제국-아바르족 전쟁, 603~626
Byzantine-Avarian War of 603~626

아바르족은 비잔티움 제국 군대가 전장을 벗어나자 비잔티움 제국이 지배하고 있는 마케도니아와 트라키아, 발칸 반도로 쇄도했다. 604년 비잔티움 제국의 황제 포카스(?~610)는 상당한 공물을 주고 잠시 아바르족의 침공을 막았다. 그러나 617년 콘스탄티노플(오늘날의 이스탄불) 성벽에 도달한 아바르족은 이후 3년 동안 도시를 공격했다. 비잔티움 제국은 동쪽에서 페르시아와도 싸우면서 아바르족을 저지하여 격퇴했다. 그러나 626년에 슬라브족과 불가르족, 게르만족을 포함한 아바르족의 대군이 콘스탄티노플을 공격했다. 페르시아 해군의 선박들이 지원한 이 공격은 육상과 해상에서 꼬박 10일 동안(626년 7월 29일~8월 7일) 중단 없이 지속됐다. 결국 아바르족은 식량 부족으로, 페르시아는 비잔티움 제국의 강력한 해군 때문에 콘스탄티노플에 병력을 상륙시키지 못하여 철수했고 승리는 비잔티움 제국에게 돌아갔다. 이는 역사상 가장 훌륭한 방어전의 하나로 기록된다.

비잔티움 제국-오스만 제국 전쟁, 1302~26
Byzantine-Ottoman Turk War of 1302~26

서아시아의 튀르크족은 몽골 유목민에 밀려 서남쪽으로 내려와 비잔티움 제국 영토 안으로 이동했다. 오스만 1세(1258~1326)가 이끄는 오스만 제국은 1302년에 보스포루스 해협 인근의 도시 니코메디아(오늘날 터키의 이즈미트) 근처에서 비잔티움 제국 군대를 격파했다. 비잔티움 제국은 튀르크족의 침공에 맞서 싸우기 위해 에스파냐인 용병, 카탈루냐 용병단을 고용했다 (○ 카탈루냐 용병단의 습격). 카탈루냐 용병단이 반란을 일으킨 뒤 비잔티움 제국은 늘 오스만 제국의 포위공격을 받았다. 오스만 제국은 일련의 요새를 건설하여 거점을 연결하고 부르사와 니코메디아를 포함하여 제국의 여러 도시를 포위했다. 오스만 제국에 9년 동안 포위됐던 부르사는 주민들이 굶어 죽어가던 1326년에 함락됐다. 그 뒤 부르사는 오스만 제국의 수도가 됐다(1365년에 아드리아노플(오늘날의 에디르네)이 함락당한 뒤로는 아드리아노플이 부르사를 대신하여 수도가 됐다).

비잔티움 제국-오스만 제국 전쟁, 1329~38
Byzantine-Ottoman Turk War of 1329~38

오스만 1세(1258~1326)의 아들이자 계승자인 오르한 1세(1281?~1359?)가 이끄는 오스만 제국은 1320년대에 슬기롭게 (에게 해와 다르다넬스 해협 사이) 갈리폴리 반도에 정착한 뒤 비잔티움 제국 영토인 트라키아와 마케도니아를 침공했다. 안드로니코스 3세 팔라이올로고스(1297~1341)가 통치하는 비잔티움 제국은 1321~28년 내전을 겪은 뒤 재정과 군사 면에서 비참할 정도로 궁핍해 튀르크족 침략자들을 물리칠 수 없었다. 오스만 제국은 1331년에 니카이아(니케아. 오늘날 터키의 이즈니크)를, 1337년에는 니코메디아(오늘날 터키의 이즈미트)를 점령했다. 1338년 오스만 제국은 소아시아 서부를 점령했고 비잔티움 제국 황제는 마지못해 오르한 1세의 휴전조건을 수용했다. 팽창주의적 지도자 스테판 두샨(1308?~55)이 이끄는 세르비아에 맞설 협력자가 필요했기 때문이기도 했다.

비잔티움 제국-오스만 제국 전쟁, 1359~99
Byzantine-Ottoman Turk War of 1359~99

이오안네스 5세 팔라이올로고스(1332~91)는 1354년에 이오안네스 6세 칸타쿠제노스(1292?~1383)로부터 비잔티움 제국의 제위를 되찾은 뒤 인접 제후국들의 도움을 받아 오스만 제국의 침공에 맞서 제국을 지키려 했으나 성공하지 못했다. 1359년 오스만 제국은 콘스탄티노플(오늘날의 이스탄불)을 포위하고 비잔티움 제국 대부분을 점령했다. 비잔티움 제국 군대가 오스만 제국을 저지하는 동안 이오안네스 5세는 1369년에 직접 로마로 건너가 지원을 간청했다. 오스만 제국은 공세를 지속하여 1371년에 (비잔티움 제국의 일부를 빼앗으려고 침공했던) 세르비아인들을 격파했고 마케도니아를 장악했다. 1389년 오스만 제국은 코소보 전투에서 세르비아인, 불가리아인, 보스니아인, 알바니아인 등으로 구성된 그리스도교도 군대에 결정적인 패배를 안겼다. 비잔티움 제국은 거의 붕괴 직전이었다. 이제 오스만 제국은 1399

년까지 콘스탄티노플을 포위했다가 용병들에 밀려 철수했다.

비잔티움 제국-오스만 제국 전쟁, 1422
Byzantine-Ottoman Turk War of 1422

비잔티움 제국 황제 이오안네스 8세 팔라이올로고스(1392~1448)는 오스만 제국의 군대와 지도부에 내분이 일어나기를 바라며 튀르크족 술탄위 요구자를 부추겨 무라드 2세(1404~51)를 술탄위에서 몰아내려고 했다. 무라드 2세는 1421년에 음모를 제압했고, 1359~99년의 비잔티움 제국-오스만 제국 전쟁 뒤에 비잔티움 제국 사람들에게 부여했던 모든 특권을 폐지했다. 오스만 제국은 1422년에 콘스탄티노플(오늘날의 이스탄불)을 공격했으나 도시의 성벽과 수비대에 막혀 퇴각해야 했다. 이 포위공격은 무라드 2세가 스스로 철회했을 수도 있다. 술탄위 요구자가 다시 출현했고 무라드 2세는 그의 권력 장악을 막기 위해 제국의 수도로 돌아가야 했기 때문이다. 술탄의 지위를 요구했던 자는 이번에도 비잔티움 제국의 부추김을 받았을 가능성이 있었다.

비잔티움 제국-오스만 제국 전쟁, 1453~61
Byzantine-Ottoman Turk War of 1453~61

비잔티움 제국은 콘스탄티노플(오늘날의 이스탄불)을 오스만 제국에 빼앗긴 뒤에도(◐ 콘스탄티노플의 함락) 마지막 남은 제국의 영토를 지키려 했다. 그러나 오스만 제국은 발칸 반도 지역과 아나톨리아에 남아 있는 그리스인과 라틴인, 슬라브족의 보유지들을 별 어려움 없이 제국에 병합했다(베오그라드는 1456년에 오스만 제국의 점령 시도를 성공리에 저지했다). 1456년 오스만 제국은 그리스의 아테네와 모레아 공국을 점령했다. 비잔티움 제국을 계승한 마지막 그리스 국가인 흑해의 트라페주스 제국은 1461년에 콤네노스 왕조의 황제 다비드(1408~63)가 오스만 제국 술탄 '정복자' 메흐메드 2세(1432~81)에게 어쩔 수 없이 항복하면서 오스만 제국의 수중에 떨어졌다.

비잔티움 제국-이슬람 전쟁, 633~642
Byzantine—Muslim War of 633~642

633년 정통 칼리파 시대의 이슬람교도 아랍인들은 알라의 이름으로 비잔티움 제국에 대한 정복 전쟁을 시작했다. 634년과 635년에 칼리드 이븐 알왈리드(592~642)가 이끄는 이슬람교도는 지금의 이스라엘과 요르단 서부에 해당하는 곳에서 헤라클레이오스(575?~641) 황제가 이끄는 비잔티움 제국 군대에 승리를 거두었다. 칼리드는 이어 635년에 시리아 남부의 다마스쿠스를 점령했다. 636년 칼리드의 이슬람 군대는 야르무크 전투에서 비잔티움 제국을 격파하여 시리아 전체를 빼앗았다. 이슬람교도는 같은 해 예루살렘을 손에 넣었으며 639년에는 메소포타미아를 점령했다. 칼리드는 642년에 세상을 떠났고, 이슬람의 새 사령관 아므르 이븐 알 아스(573?~664)가 퇴각 중인 비잔티움 제국 군대를 더욱 몰아붙여 이집트의 알렉산드리아를 포기하도록 만들었다. 알렉산드리아는 완전히 이슬람교도가 지배하게 됐다.

○ 이슬람의 페르시아 정복

비잔티움 제국-이슬람 전쟁, 645~656
Byzantine—Muslim War of 645~656

비잔티움 제국 황제 콘스탄스 2세(630~668)는 우마이야 왕조 이슬람교도로부터 알렉산드리아를 되찾으려 했다(**○** 비잔티움 제국-이슬람 전쟁, 633~642). 비잔티움 제국은 칼리파 우스만 이븐 아판(579?~656)이 아므르 이븐 알 아스(573?~664)를 알렉산드리아의 이슬람 총독에서 해임하자 이를 기회로 삼아 도시를 포위했고 처음에는 전과가 좋았다. 그러나 아므르가 복직되어 이슬람교도의 사기가 올랐고 14개월간의 포위공격 끝에 비잔티움 제국 군대를 격파했다. 이슬람교도는 더 많은 땅을 빼앗기 위해 비잔티움 제국으로 침입했고 653년에 키프로스와 비잔티움 제국령 아르메니아를 점령했다. 이슬람교도의 목적은 비잔티움 제국 수도 콘스탄티노플(오늘날의 이스탄불)을 점령하는 것이었다. 무아위야(무아위야 1세, 602?~680) 시리아 총독은 이를 염두에 두고 이슬람 최초의 함대를 건설했다. 655년 이슬람교도는 리키아 포이니코스(오늘날의 피니케) 부근 근해에서 벌어진 대규모 해전에서 콘스탄스 2세가 지휘하는 비잔티움 제국 함대를 물리쳤다. 무아위야는 칼리파에 오르려는 알리 이븐 아비 탈리브(600?~661)와 싸우기 위해 콘스탄티노플 진격을 멈춘 뒤 휴전협정을 체결하고 귀국했다(○ 이슬람 내전, 657~661).

비잔티움 제국-이슬람 전쟁, 668~679
Byzantine-Muslim War of 668~679

우마이야 왕조의 칼리파 무아위야(무아위야 1세, 602?~680)는 비잔티움 제국을 다시 침공했다(○ 비잔티움 제국-이슬람 전쟁, 645~656). 668년 무아위야의 이슬람 군대는 콘스탄티노플(오늘날의 이스탄불) 맞은편에 있는 보스포루스 해협의 도시 칼케돈(오늘날의 카드쾨이)을 점령했다. 이듬해 이슬람교도는 해협을 건너 콘스탄티노플을 공격했으나 비잔티움 제국에 격퇴됐다. 비잔티움 제국 사람들은 성벽이 공격을 받을 때 생석회와 나프타, 황, 바닷물을 섞어 만든 인화성 물질인 '그리스의 불'을 만들어 침략군을 저지했다. 이후 비잔티움 제국 사람들은 아모리온(아모리움) 전투에서 아랍 군대를 전멸시켰다. 비잔티움 제국은 672년에 마르마라 해의 키지코스 전투에서도 그리스의 불을 써서 아랍 함대를 격파했다. 이슬람교도는 한동안 사기가 꺾였으나 다시 찾아와 콘스탄티노플을 봉쇄했다. 이슬람교도는 673년부터 677년까지 거듭 콘스탄티노플을 공격했다. 이슬람교도를 막아낸 것은 그리스의 불이었다. 679년 비잔티움 제국 사람들이 소아시아 남부의 실라이온(실라이움) 외해에서 이슬람 함대를 파괴하자, 무아위야는 강화를 요청하여 전쟁을 끝냈고 비잔티움 제국에 매년 돈과 사람(노예)과 말馬을 공물로 바치기로 동의했다.

비잔티움 제국-이슬람 전쟁, 698~718
Byzantine-Muslim War of 698~718

우마이야 왕조 이슬람교도가 비잔티움 제국의 침공을 중단한 뒤(○ 비잔티움 제국-이슬람 전쟁, 668~679)에도 양쪽은 상대방의 도시와 영토를 지속적으로 습격하여 소규모 전투가 끊이지 않았다. 그러다가 698년에 아랍인들이 비잔티움 제국의 북아프리카 도시 카르타고를 공격하여 완전히 파괴하면서 전면전이 발발했다. 699년 비잔티움 제국은 카르타고 서북쪽의 우티카에서 아랍인들에게 쫓겨났고(우티카는 철저히 파괴됐다), 이로써 사실상 북아프리카에서 완전히 밀려나게 됐다. 비잔티움 제국은 무능한 지도자들 때문에 제국 곳곳을 침략하는 이슬람교도를 저지할 수 없었다. 아랍인들은 소아시아 동남부의 킬리키아(오늘날의 추쿠로바)를 폐허로 만든 뒤 북쪽의 폰토스(폰투스)를 침공했다. 713년에서 717년 사이에 비잔티움 제국 군대 내부에 폭동이 잇달아 일어나 3명의 황제가 물러났고, 717년에 비잔티움 제국 군대의 총사령관이었던 '이사우리아인' 레오(685?~741)가 레오 3세로 제위에 올랐다. 그때 대규모 이슬람 군대가 비잔티움 제국의 수도로 다가오고 있었다 (**○** 아나스타시오스 2세의 반란 ; 콘스탄티노플 포위공격).

비잔티움 제국-이슬람 전쟁, 740
Byzantine–Muslim War of 740

730년대 말 우마이야 왕조의 칼리파 히샴 이븐 압드 알 말리크(691~743)가 이끄는 이슬람교도들은 칼리파국을 확대하려고 비잔티움 제국을 침공했다. 740년에 이슬람교도는 소아시아에 있는 프리기아의 아크로이논(아크로 이눔. 오늘날의 아피온카라히사르) 전투에서 레오 3세(685?~741)가 이끄는 비잔티움 제국 군대와 대결했다. 비잔티움 제국은 이슬람교도를 격퇴하여 시리아의 다마스쿠스로 내쫓았고 아랍인들이 소아시아를 정복할 위험은 잠시 사라졌다.

비잔티움 제국-이슬람 전쟁, 741~752
Byzantine–Muslim War of 741~752

비잔티움 제국 황제 콘스탄티노스 5세(718~775)는 제위에 오르자마자 우마이야 왕조 이슬람교도에게 빼앗긴 땅을 되찾으려고 원정했다. 741년 콘스탄티노스 5세는 이슬람 내부에 일어난 분란을 이용하여 군대를 이끌고 시리아로 진격해 들어가 국경지대의 일부를 다시 점령했으나, 군대의 반란과 종교적 반란을 진압하기 위해 귀국해야 했다(**○** (제2차) 이콘파괴운동 전쟁). 이후 콘스탄티노스 5세는 시리아를 다시 침공하여 더 많은 영토를 점령했다. 746년 콘스탄티노스 5세의 함대가 키프로스 섬 인근에서 아랍 함대를 격파하고 키프로스에서 우마이야 왕조 이슬람교도를 축출했다. 752년 콘스탄티노스 5세는 여러 차례의 교전에서 아바스 왕조의 이슬람교도를 격파한 뒤 아르메니아를 되찾았다.

● 이슬람 내전, 743~747

비잔티움 제국-이슬람 전쟁, 778~783
Byzantine-Muslim War of 778~783

해마다 비잔티움 제국을 침입하던 이슬람교도는 778년에 대규모 병력으로 소아시아를 침공했으나 게르마니코폴리스(오늘날의 찬크르) 전투에서 결정적으로 패하여 쫓겨났다. 비잔티움 제국 황제 레오 4세(749/750~780)는 전투 중에, 그리고 전투가 끝난 뒤에 수많은 이슬람교도를 살해했다. 780년 아바스 왕조 칼리파 무함마드 알 마흐디(744/745~785)는 이에 보복하고자 메소포타미아인, 시리아인, 호라산인으로 대군을 모아 북쪽으로 진격했다. 레오 4세는 세상을 떠났고 계승자인 콘스탄티노스 6세(771~797?)는 겨우 아홉 살이었기에, 당시 섭정으로 통치하던 모후 에이레네(이레네, 752?~803)가 비잔티움 제국 군대에 이슬람교도를 저지하고 전멸시킬 것을 명령했다. 칼리파의 아들 하룬 알 라시드(763/766~809)는 여러 차례 공격하여 혁혁한 승리를 거두었고 아랍인의 서진西進을 이루었다. 783년 이슬람교도는 보스포루스 해협에 도달했으며, 인근의 니코메디아(오늘날 터키의 이즈미트)에서 비잔티움 제국을 물리쳤다. 에이레네는 강화를 요청했으며 공물을 바치기로 하고 3년간의 휴전을 받아들였다.

비잔티움 제국-이슬람 전쟁, 797~798
Byzantine-Muslim War of 797~798

786년에 아바스 왕조의 칼리파가 된 하룬 알 라시드(763/766~809)는 600년 경에 아랍인들이 파괴한 비잔티움 제국의 도시 타르소스(오늘날의 타르수스)의 재건과 요새화를 명령했고, 비잔티움 제국이 침공할 것을 대비하여 하다트에 요새를 세웠다. 797년 하룬 알 라시드의 군대는 비잔티움 제국의 도시 에페소스(오늘날의 에페스)와 안키라(오늘날의 앙카라)로 진격했다. 비잔티움 제국 여황제 에이레네(이레네, 752?~803)는 778~783년의 비잔티움 제국-이슬람 전쟁을 끝내고 휴전하면서 납부하기로 했던 공물을 다시 바치기로 동의해야 했다(에이레네는 군대가 폭동을 일으킬까봐 두려워 일부러 군대를 약화시켰다가 이런 일을 당했다).

비잔티움 제국–이슬람 전쟁, 803~809
Byzantine–Muslim War of 803~809

비잔티움 제국 황제 니케포로스 1세(811년 사망)는 에이레네(이레네, 752?~
803) 여황제가 798년에 이슬람교도와 맺은 휴전을 깨뜨렸다(○ 비잔티움 제
국-이슬람 전쟁, 797~798). 니케포로스 1세는 이슬람교도와 싸워 승리할 것
을 확신하고 칼리파 하룬 알 라시드(763/766~809)에게 지극히 모욕적인 서
한을 보냈다. 803년 하룬 알 라시드는 군대를 이끌고 아나톨리아의 토로
스 산맥을 넘어 비잔티움 제국 도시 헤라클레이아 키비스트라(오늘날의 에레
일리 인근)를 점령하여 응답했다. 니케포로스 1세는 강화를 요청했고 제시
받은 조건들을 수용하자마자 다시 휴전을 깨뜨렸다. 하룬 알 라시드는 다
시 침공하여 북쪽으로 진격하면서 아나톨리아의 많은 도시를 약탈하고 불
태웠다. 니케포로스 1세는 다시 강화를 요청했고, 또 약속을 어겼다. 806년
이슬람교도는 티아나와 안키라(오늘날의 앙카라)를 점령하고 805년에서 807
년까지 로도스 섬과 키프로스 섬을 약탈하여 육상과 해상에서 승리했다.
니케포로스 1세가 반격하자 이슬람교도는 정복했던 비잔티움 제국의 영토
를 포기해야 했다. 809년 휴전이 이루어졌고 황제는 이를 지켰다. 그때 하
룬 알 라시드는 직접 806~809년의 호라산 반란을 진압하러 나섰다.

비잔티움 제국–이슬람 전쟁, 830~841
Byzantine–Muslim War of 830~841

아바스 왕조 칼리파 알 마문(786~833)이 이끄는 이슬람교도는 830년, 831
년, 832년에 연속해서 비잔티움 제국을 공격했다. 비잔티움 제국 황제 테오
필로스(813~842)가 강화를 요청했는데도 알 마문은 완고하게 타협을 거부
하고 계속 공격했다. 알 마문은 비잔티움 제국의 주요 요새 아모리온(아모
리움)과 콘스탄티노플(오늘날의 이스탄불)을 점령하려고 원정대를 이끌던 중
에 티아나를 빼앗고는 세상을 떠났다. 모호한 휴전이 이어졌으나, 837년에
테오필로스가 이슬람교를 박멸하려 했던 바바크 알 코라미(바바크 코람딘,
795/798~838)의 코람파 반란을 지원하면서 휴전이 깨졌다(○ 코람파 반란). 테

오필로스는 비잔티움 제국 군대를 이끌고 멀리 시리아 동북부의 유프라테스 강까지 나아가 사모사타(오늘날의 삼사트)와 자페트라를 약탈했다. 알 마문에 이어 칼리파가 된 아부 이샤크 알 무타심(794~842)은 복수하기 위해 그 어느 칼리파가 모은 군대보다도 더 큰 규모의 이슬람 군대(튀르크족 노예와 호위병, 아랍인 전사들)를 이끌고 소아시아로 진격하여, 838년 7월에 할리스(오늘날의 크즐르르마크) 강가의 다지몬(오늘날 터키의 다즈만) 전투에서 테오필로스의 군대를 격파했다. 이슬람교도는 이어 안키라(오늘날의 앙카라)와 아모리온을 공격하여 점령했다. 알 무타심은 콘스탄티노플을 탈취하려 했으나 839년 콘스탄티노플로 가는 도중에 함대가 폭풍을 만나 파괴되면서 계획은 실패로 돌아갔다. 테오필로스의 군대는 이슬람교도 침략자들을 겨우 국경까지 밀어내는 데 성공했으며, 841년에 황제와 알 무타심은 휴전에 합의했다.

비잔티움 제국-이슬람 전쟁, 851~863
Byzantine-Muslim War of 851~863

비잔티움 제국은 아바스 왕조 칼리파국이 끊임없이 침공하자 851년에 새로이 공세에 나섰다. 853년 비잔티움 제국의 수륙 합동군은 이집트에 상륙하여 두미아트(다미에타)를 약탈했다. 비잔티움 제국은 이슬람 군대를 격파하기 위해 소아시아에서 동진하여 아미다(오늘날의 디야르바크르)에서 1만 명을 포로로 잡았다. 860년 이슬람교도는 박해받던 그리스도교 이단 종파인 파울로스파(바울파)의 지원을 받아 시리아 북부 유프라테스 강 유역에서 황제 미카엘 3세(840?~867)가 지휘하는 비잔티움 제국 군대를 물리쳤다. 이후 전쟁은 연이은 작은 전투로 바뀌었고 조약 체결과 포로 교환으로 끝났다. 863년 아바스 왕조의 오마르(863년 사망) 장군이 이끄는 이슬람 대군이 소아시아를 침공하여 흑해 항구 아미소스(오늘날의 삼순)에서 노략질을 했고 파플라고니아와 갈라티아 지역을 약탈했다. 아바스 왕조 칼리파국의 군대는 비잔티움 제국 군대가 진군해오자 알라 산맥으로 퇴각했다가 궤멸당했다. 오마르는 전사했다. 이슬람과 아랍의 팽창은 863년에 일시 중단됐다.

비잔티움 제국-이슬람 전쟁, 871~885
Byzantine-Muslim War of 871~885

비잔티움 제국 황제 바실레이오스 1세(811?~886)는 아바스 왕조 칼리파국 내부의 분란을(〇이슬람 내전, 861~870) 기회로 삼아 동부 국경을 확장하기로 했다. 비잔티움 제국 군대는 유프라테스 강 상류의 사모사타(오늘날의 삼사트)로 진군하여 873년에 이슬람 군대를 대파했다. 바실레이오스 1세는 이어 시칠리아와 이탈리아 남부에서 이슬람교도 침략자들을 내몰고자 원정대를 이끌었고, 871년에 바리 에미르국 수도인 바리를 포위하여 점령했다 (신성로마제국 황제 루트비히 2세(825~875)의 육군이 바실레이오스 1세의 해군을 도와 바리의 이슬람교도를 물리쳤다). 바실레이오스 1세는 시칠리아 섬에서 이슬람교도를 축출하는 데는 실패했지만 이탈리아에서는 880년에 타렌툼(오늘날의 타란토)에서, 885년에 칼라브리아에서 성공을 거두었다. 타렌툼은 시칠리아에서 이슬람교도에 내쫓긴 그리스도교도에게 피신처가 됐다.

비잔티움 제국-이슬람 전쟁, 960~976
Byzantine-Muslim War of 960~976

비잔티움 제국 황제 니케포로스 2세(912?~969)는 시리아 북부와 소아시아 동부의 이슬람교 시아파 국가인 함단 왕조의 침입을 저지하려고 반격에 나섰다. 965년 비잔티움 제국 군대는 킬리키아 속주를 장악하고 아다나와 타르소스(오늘날의 타르수스)를 점령했으며, 시리아와 메소포타미아 북부로 진격하여 969년경에 안티오크(오늘날의 안타키아)와 알레포를 점령했다. 칼리파는 강화를 요청했으나, 969년에 니케포로스 2세를 암살하고 황제로 즉위한 이오안네스 1세 치미스케스(925?~976)는 공격을 계속하여 시리아로 진입했고 974년에 다마스쿠스를 빼앗았다. 976년 예루살렘에서 이집트의 파티마 왕조에게 저지당한 비잔티움 제국 군대는 그해 말에 이오안네스 1세 치미스케스가 사망한 뒤 싸움을 멈추었다.
〇이슬람 내전, 976~977

비잔티움 제국-이슬람 전쟁, 995~999
Byzantine-Muslim War of 995~999

시리아와 소아시아에 있는 함단 왕조는 이집트의 파티마 왕조가 침공해 들어오자 비잔티움 제국 황제 바실레이오스 2세(958?~1025)에게 도움을 요청했다. 995년 비잔티움 제국 군대는 함단 왕조 군대를 도와 승리를 거두게 했으나 함단 왕조가 비잔티움 제국을 침공할 준비를 하고 있는 것으로 판단하고 자신들의 힘을 확인시키기 위해 아랍인의 도시 홈스(힘스. 이전의 에메사)를 약탈했다. 999년 바실레이오스 2세는 군대를 이끌고 시리아 북부를 휩쓸어 파티마 왕조를 내몰았고 이어 협상으로 10년 휴전을 이끌어냈다.

비잔티움 제국-이슬람 전쟁, 1030~35
Byzantine-Muslim War of 1030~35

달마티아의 이슬람교도 해적은 10세기 말에 베네치아 공화국 해군에 패배하고 쿠르촐라(오늘날의 코르출라)와 라스토보 요새를 빼앗겼지만 아드리아 해에서 계속 상선을 약탈했다. 그러자 라구사(오늘날 크로아티아의 두브로브니크)는 비잔티움 제국과 연합하여 해적들과 일련의 해전을 벌였다. 1032년에 비잔티움 제국·라구사의 연합 함대는 아드리아 해에서 해적을 궤멸했다. 주로 바이킹 용병들이 움직였던 비잔티움 제국의 군함들은 이후 지중해를 돌아다니며 여러 이슬람교도 해적과 싸워 승리했고 이슬람교도가 지배하던 북아프리카 해안의 여러 곳을 폐허로 만들었다.

비잔티움 제국 전쟁, 1207~11
Byzantine War of 1207~11

1204년에 십자군이 콘스탄티노플(오늘날의 이스탄불)을 약탈하고(**◑ (제4차) 십자군**) 그곳에 라틴 제국을 수립한 뒤 비잔티움 제국의 잔여 세력은 3개의 독립적인 경쟁 국가와 제국으로, 즉 흑해 연안의 트라페주스 제국과 그리스 서부의 에페이로스 공국, 소아시아의 니카이아 제국으로 분열했다. 망명한 비잔티움 제국 황제 알렉시오스 3세 안겔로스(1153?~1211)는 룸 술탄국이 보호를 제안하자 이를 받아들였다. 1208년 룸 술탄국은 알렉시오스 3세의 강권에 따라 니카이아를 침공하여 테오도로스 1세 라스카리스

(1175?~1221?)를 폐위하려 했다(테오도로스 1세는 황제를 자처했다). 테오도로스 1세의 군대는 룸 술탄국을 격퇴했고 트라페주스 제국 황제들과 십자군의 침공도 성공리에 막아 니카이아를 방어했다. 니카이아와 트라페주스, 에페이로스는 각기 황제권을 주장하고 룸 술탄국과 개별적으로 싸우면서 늘 긴장 관계에 있었다. 이는 1211년에 룸 술탄국이 니카이아의 제위를 원했던 알렉시오스 3세를 대동하고 테오도로스 1세의 제국을 침공하면서 절정에 달했다. 룸 술탄국은 또다시 패배했고 알렉시오스 3세는 테오도로스 1세에게 사로잡혀 니카이아의 어느 수도원으로 보내졌으며 그곳에서 곧 숨졌다.

○ 비잔티움 제국 내전, 1222~42

비잔티움 제국-페르시아 전쟁, 603~628
Byzantine-Persian War of 603~628

비잔티움 제국의 영원한 적인 사산 왕조 페르시아는 603년에 비잔티움 제국의 국경을 공격했고 605년에 팔레스타인의 오래된 항구도시 카이사레아를 점령했다. 황제 헤라클레이오스(575?~641)는 611년에 카이사레아에서 페르시아를 몰아냈고 613년에 안티오크(오늘날의 안타키아)를 포위했다. 비잔티움 제국은 계속 패하여 많은 희생을 치렀다. 613년 한 해에만 시리아와 타르소스(오늘날의 타르수스), 아르메니아를 잃었고, 예루살렘은 약탈당하고 보물을 빼앗겼다. 페르시아는 615년에 보스포루스 해협에 도달했고, 619년에는 이집트를 빼앗았다. 헤라클레이오스는 마침내 622년 아르메니아에서 페르시아를 내몰았고, 소아시아를 페르시아의 세력권에서 해방했으며, 페르시아 제국 안으로 침공해 들어갔다. 626년 헤라클레이오스의 군대는 콘스탄티노플(오늘날의 이스탄불)을 포위한 페르시아 제국 함대와 아바르족들의 육군을 물리쳤다. 그해 말에 하자르족과 동맹한 튀르크족이 캅카스에서 페르시아를 괴롭혀 쉴 틈을 주지 않았는데, 그동안 헤라클레이오스는 페르시아를 다시 침공했다. 628년 비잔티움 제국은 페르시아에 빼앗겼던 영토를 전부 회복했으며 앞서 예루살렘에서 약탈당한 성 십자가 True Cross도 되찾았다.

○ 로마-페르시아 전쟁, 502~506 ; 로마-페르시아 전쟁, 572~591 ; 유스티니아누스의 페르시아 전쟁

비지의 반란, 1822
Vesey's Rebellion, 1822

목수로 재주 많은 노예였던 자유 흑인 덴마크 비지(1767?~1822)는 미국 사우스캐롤라이나 주 찰스턴과 그 인근 지역에서 흑인의 대규모 반란을 계획하고 주도했다(비지는 흑인들을 비참한 상황에서 구해내고 찰스턴을 점령하려 했으며 필요하다면 서인도제도로 탈출하려고 했다). 비지와 그의 몇몇 동료는 많은 무기를 모아 노예 수천 명을 무장시키고 일요일인 1822년 7월 14일을 거사일로 정했다. 흑인 배신자들이 백인 당국에 정보를 제공하여 반란이 누설되자 비지는 거사 날짜를 6월 16일 일요일로 앞당겼으나, 당국은 신속히 찰스턴을 방어할 준비를 하고 비지를 비롯한 흑인 혐의자들을 체포하는 데 나섰다. 흑인 노예 131명이 재판을 받았고, 67명이 모반죄로 유죄 선고를 받았는데 32명은 추방형에, 비지를 포함한 35명은 반란 기도에 적극 가담한 혐의로 교수형에 처해졌다. 노예들과 함께 음모를 꾸민 죄로 백인 4명이 벌금을 물고 투옥됐다.

빈 포위공격, 1683
Siege of Vienna, 1683

1663~64년의 오스트리아-오스만 제국 전쟁 이후, 오스만 제국은 합스부르크 왕가가 지배한 오스트리아령 헝가리에서 반란을 일으킨 헝가리인 등을 지원했다. 오스만 제국 술탄 메흐메드 4세(1642~93)는 오스트리아 대공이자 신성로마제국 황제 레오폴트 1세(1640~1705)를 무찌르기 위해 1683년에 베오그라드에 대군을 집결하여 침공하려 했다. 도나우 강까지 진군하여 트란실바니아 공국 군대와 합류한 오스만 제국 군대는 약 15만 명 규모로 늘어나, 1683년 7월 중순에 오스트리아 수도 빈에 도착했고 즉시 포위공격에 나섰다. 빈을 지키는 수비대는 겨우 1만 5천 명이었다(레오폴트 1세와 그의 궁정은 파사우로 피난했다). 수비대는 수시로 성 밖으로 출격하여 거의 두 달 동안 오스만 제국 군대를 저지했으며, 오스만 제국 군대는 때로 도시의 성벽에 구멍을 냈지만 쫓겨났다. 폴란드 왕 얀 3세 소비에스키(1629~96)가 교황의 호소에 응하여 병력 약 3만 명을 이끌고 빈으로 진격했고, 오스트리아군과 독일군 약 4만 5천 명에 합류하여 도시를 구했으며, 1683년 9월 12

일 오스만 제국을 격파했다. 그 뒤 얀 3세는 오스만 제국으로부터 빼앗은 예언자 무함마드(570?~632)의 깃발을 교황에게 보냈다.

○ **오스트리아-오스만 제국 전쟁, 1683~99**

〈사〉

사구砂丘 전투
Battle of the Dunes

⊙ 니우포르트 전투

사국 동맹 전쟁, 1718~20
War of the Quadruple Alliance, 1718~20

프랑스 왕 루이 14세(1638~1715)의 손자인 에스파냐 왕 펠리페 5세(1683~1746)는 프랑스 왕위를 간절히 원했고, 재상이었던 줄리오 알베로니(1664~1752) 추기경은 은밀히 이를 부추겼다. 이와 동시에 펠리페 5세의 두 번째 부인으로 포부가 컸던 파르마의 이사벨 데 파르네시오(엘리사베타 파르네세, 1692~1766)는 자식들이 이탈리아의 가문 영지를 상속받기를 원했다. 그러나 신성로마제국 황제 카를 6세(1685~1740)는 물론 영국과 네덜란드도 에스파냐와 프랑스가 동맹을 맺는 것에는 무조건 반대했다(⊙ 에스파냐 왕위 계승 전쟁). 1718년 8월 2일 영국과 네덜란드, 프랑스, 신성로마제국이 사국 동맹을 결성하여 1713년의 위트레흐트 조약을 다시 확인했고, 펠리페 5세는 사르데냐와 시칠리아를 점령하여 이를 위반했다. 에스파냐가 시칠리아에서 철군하기를 거부하자, 1718년 8월 초 오스트리아 군대가 영국 함대의 배를 타고 시칠리아에 상륙했다. 1718년 8월 11일 에스파냐의 해군은 시칠리아의 카포 파세로 곶 근해에서 조지 빙(1663~1733) 제독이 지휘하는 영국 군함들에 궤멸됐다. 오스트리아 군대는 에스파냐로부터 시칠리아의 메시나를 빼앗았다. 1719년 에스파냐의 원정대가 스코틀랜드의 재커바이트(제임스 2세 지지파)에 병력과 식량을 전달하려 했으나 스코틀랜드 해안 외해에서 사나운 폭풍을 만나 실패했다(⊙ 재커바이트의 반란, 1745~46). 프랑스 군대가 에스파냐 북부의 바스크 지역으로 진입하여 그곳과 카탈루냐를 약탈한 뒤 1719년 11월 말에 험한 날씨와 질병 탓에 퇴각했다. 영국 해군은 대서양에 닿아 있는 에스파냐 항구 비고와 폰테베드라를 공격하여 점령했다. 펠리페 5세는 전쟁으로 재앙을 떠안게 되자 모든 것이 알베로니의 외교 정책 때문이라고 생각하여 알베로니를 추방하고(1719년 12월), 곧이어 헤이그 조약에 서명하여(1720년 2월 17일) 시칠리아와 사르데냐에서 철수했다. 사보이아 공작은 사르데냐를 받고 오스트리아에 시칠리아를 할양했으며, 이후 사르데냐 왕이라는 칭호를 사용했다. 펠리페 5세는 파르마와 피아첸차, 토스카나의 공국들을 자신과 이사벨 사이의 장자인 카를로스(1716~88)가 상속받도록 해주겠다는 오스트리아의 약속을 받고 이탈리아 영토에 대한 주장을 포기했다. 신성로마제국 황제 카를 6세는 에스파냐의 부르봉 왕조를 인정하고 자신의 권리를 에스파냐에 양도했다.

○ 영국-에스파냐 전쟁, 1727~29 ; 오스트리아 왕위 계승 전쟁

사르데냐 반란, 1821
Sardinian Revolt of 1821

○ 피에몬테 반란, 1821

사모아 내전, 1880~81
Samoan Civil War of 1880~81

남태평양 사모아 제도의 부족들은 오랫동안 산발적으로 전쟁을 벌였다. 사모아에서 미국과 독일, 영국은 조약을 체결하여 상업상의 권리 및 그 외의 권리들을 부여받았다(1878~79). 1880년 세 국가는 말리에토아 탈라보우(1810~80)를 사모아의 왕으로 승인했는데, 그해 말 탈라보우가 죽으면서 권력을 잡으려던 경쟁 집단들 사이에 내전이 일어났다. 8개월 뒤 말리에토아 라우페파(1841~98)가 외국의 인정을 받아 왕위에 올랐다.

사모아 내전, 1887~89
Samoan Civil War of 1887~89

남태평양의 사모아 제도에서 독일의 어느 무역회사는 원주민들로부터 막대

한 세금을 징수했고 납부하지 못하는 자들에게는 토지에 저당권을 설정하겠다고 위협했다. 이에 원주민은 분노했다. 독일 군함들이 1887년에 타파이파('모든 사모아인의 왕')로 선포된 족장 투푸아 타마세세 티티마에아를 지원하여 군인들을 상륙시켰다. 전임 왕 말리에토아 라우페파(1841~98)는 추방됐다. 1888년 9월 강력한 족장 마타파 이오세포(1832~1912)가 사모아인들을 지휘하여 타마세세에 대항하는 반란을 일으켰다. 아피아(사모아 제도 우폴루 섬에 있다)의 독일 영사가 타마세세의 전사들을 이끌고 반란자들에 대적했으나 물리누 곳으로 밀려났고 그곳에서 독일 포함砲艦의 보호를 받았다. 포함이 반란자들의 마을을 포격하자 영국과 미국의 관리들이 항의했다. 마타파의 군대는 독일인이 소유한 대농장을 약탈했고 침공해 들어오는 독일인 파견대를 궤멸했다. 격노한 독일 영사는 계엄령을 선포했고 2개의 해운회사에 지원을 요청했으나 이 회사들은 미국의 개입을 우려하여 거부했다. 1889년 미국과 영국, 독일이 체결한 협정에 따라 말리에토아 라우페파가 사모아 왕으로 복위했으며 세 국가 모두 사모아의 행정권을 획득했다.

사모아 내전, 1893~94
Samoan Civil War of 1893~94

1893년 봄 사모아의 주요 족장인 마타파 이오세포(1832~1912)는 수도 아피아로 출두하라는 명령서를 무시하고, 대신 숙적인 사모아의 왕 말리에토아 라우페파(1841~98)에 대항하여 전쟁을 벌였다. 그러나 말리에토아 라우페파의 군대는 훨씬 더 강력했고, 마타파는 사모아 제도의 작은 마노노 섬으로 쫓겨났다. 독일과 영국의 군함들이 도착하여 전투를 중단시켰다. 마타파는 결국 설득당하여 항복했으며 일부 지지자들과 함께 독일 선박에 태워져 당시 독일의 영토였던 마셜 제도로 끌려갔다.

사모아 내전, 1898~99
Samoan Civil War, 1898~99

사모아 왕 말리에토아 라우페파(1841~98)가 사망하자 오랜 경쟁자였던 마타파 이오세포(1832~1912)가 독일 군함을 타고 망명에서 돌아와 사실상 독일의 꼭두각시로 사모아 왕좌에 올랐다. 미국 영사와 영국 영사는 마타파

이오세포에 강력히 반대했고 대신 죽은 왕의 아들 말리에토아 타누마필리 1세(1879~1939)를 후원했다. 사모아인들 사이에 전투가 벌어졌고, 1899년 1월 약탈과 방화가 이어지고 시가전이 벌어져 수도 아피아는 혼란에 휩싸였다. 처음에는 마타파 이오세포를 지지하는 사모아인과 독일인들이 우세했으나 미국과 영국의 군함들이 아피아를 포격하면서 상황이 바뀌었다(1899년 3월 15일). 영국군과 미국군은 해안 도로를 장악했으나 내륙의 적군을 무찌를 수는 없었다. 1899년 5월 13일 삼국위원회(미국, 영국, 독일)가 설립되면서 모든 전투가 중단됐다. 양쪽(즉 독일이 후원한 마타파 이오세포와 미국과 영국이 후원한 말리에토아 타누마필리 1세)은 후한 보상을 받고 무기를 포기했으며, 군주제는 폐지됐다. 삼국조약(1899)에 따라 독일은 사바이 섬과 우폴루 섬(아피아가 있는 섬)을 비롯하여 사모아 서부의 중요한 섬들을 얻었고, 미국은 동부의 섬들을 얻어 투투일라 섬의 파고파고를 수도로 삼았고(미국령 사모아)을 획득했으며, 영국은 통가 제도와 솔로몬 제도에서 권리를 인정받는 대가로 사모아에서 철수했다.

'45년' 반란
'The Forty-five'
○ 재커바이트의 반란, 1745~46

사쓰마薩摩 반란, 1877
Satsuma Revolt, 1877
○ 세이난 전쟁, 1877

사우샘프턴 폭동
Southampton Insurrection
○ 터너의 반란

사크달 봉기, 1935
Sakdal Uprising, 1935
필리핀의 주요 언어 중 하나인 타갈로그어로 '고발'을 뜻하는 사크달은

1930년대 초 필리핀 제도 루손 섬 중부의 대농장에서 일하던 토지 없는 가난한 농민들의 불만과 분노를 의미한다. 농민 다수가 베니그노 라모스(1893~1946?)가 창설하여 지도한 사크달 운동에 합류했다. 베니그노 라모스는 빈민의 세금을 경감하고 토지개혁을 실시하며 필리핀이 미국의 지배에서 벗어나 즉각 독립할 것을 요구했다. 운동은 점차 정당으로 발전했고, 1934년 가을에 실시된 선거에서 많은 표를 얻었다. 1935년 5월 2일 밤 무장한 사크달 운동가들이 루손 섬의 14개 도시에서 정부 건물들을 장악했다. 이튿날 정부는 군대를 소집하여 신속하게 농민 반란을 진압했다. 그 과정에서 약 100명이 살해됐으며, 라모스는 일본으로 탈출했고, 사크달당은 불법이라는 낙인이 찍혀 해산됐다.

사킥사과나 전투, 1548
Battle of Xaquixaguana, 1548

에스파냐의 왕 카를로스 1세(신성로마제국 황제 카를 5세, 1500~58)는 법률가이자 사제인 페드로 데 라 가스카(1485?~1567?)를 페루에 사절로 보내 왕의 권위를 다시 확립하고 내전을 끝내려 했다(○ 페루의 에스파냐인 내전). 페루 리마에서 총독을 자처한 곤살로 피사로(1506?~48)는 왕에 반대하는 무리를 이끌고 가스카에 맞섰으며, 피사로의 잔혹한 통치에 분노한 에스파냐인과 원주민들이 가스카 편에 섰다. 피사로와 가스카의 군대는 1548년 4월 5일 혹은 9일에 사킥사과나(하키하우아나)에서 대결했다. 피사로의 병사 45명이 살해당했고 나머지는 항복했다(가스카 군대의 손실은 단 1명이었다). 피사로는 체포된 즉시 사형됐다. 페루에서 에스파냐 왕의 권위는 일부 회복됐다.

산디노의 반란
Sandino's Revolt
○ 니카라과 내전, 1925~33

산탄霰彈 전쟁, 1838
Buckshot War, 1838

새디어스 스티븐스(1792~1868)가 이끄는 반反메이슨당은 일부 휘그당 당원들의 지원을 받아 필라델피아 출신 민주당 당원들을 배제한 채 펜실베이니아 주 해리스버그에서 펜실베이니아 주의회 하원을 조직하려 했다. 이에 성난 필라델피아 출신 폭도가 해리스버그를 습격하여 폭력을 행사하려 했다. 펜실베이니아 주지사는 연방군의 도움을 요청했으나 거절당한 뒤 민병대를 소집하여 소총에 산탄霰彈(buckshot)을 장전하고 폭동 진압을 명령했다. 민주당원은 다시 주의회 하원에 받아들여졌고 질서가 회복됐다.

산토도밍고 반란
Revolt in Santo Domingo

● 아이티 내전, 1806~20

산토도밍고 혁명, 1844
Revolution in Santo Domingo, 1844

아이티는 산토도밍고(도미니카 공화국)를 가혹하고 포악하게 지배했다(● 아이티의 산토도밍고 재정복). 1830년대 후반 파블로 두아르테(1813~76)가 비밀 혁명 단체 '라 트리니타리아 La Trinitaria'를 결성하여 아이티에 맞섰다. 아이티에서 장피에르 부아예(1776~1850)의 부패한 통치에 저항하는 반란이 일어났고, 부아예는 1843년에 도주했다. 두아르테와 약 100명의 동료 음모자들은 불안정한 상황을 이용하여 1844년 2월 27일 푸에르타델콘데 요새와 산토도밍고를 장악했다. 아이티인들은 쫓겨났으며 산토도밍고는 도미니카 공화국으로 독립한다고 선포했다.

● 아이티 내전, 1806~20

살라딘의 지하드, 1187~89
Saladin's Jihad, 1187~89

이집트의 술탄이자 이슬람의 주요 전사인 살라딘(살라흐 앗 딘 유수프 이븐 아이유브, 1137/38~93)은 예루살렘의 라틴 왕국을 지배하기 위해, 중동의 여러 이슬람교도 집단을 모아 결성한 대규모 군대로 그리스도교도 십자군에 맞서 지하드(성전聖戰)를 개시했다(르노 드 샤티용(1187년 사망)이 그리스도교도를 이끌고 이슬람교도 대상隊商을 약탈하여 휴전협정을 위반했다). 그리스도교도가 사라센이라고 불렀던 살라딘의 이슬람교도는 1187년 하틴 전투에서 르노와 기 드 뤼지냥(1129~94)이 이끄는 십자군을 격파했다. 두 사람 모두 포로가 됐다(르노는 휴전을 깨뜨렸다는 이유로 매질을 당했으며 이슬람교로 개종하기를 거부하여 참수됐고, 기 드 뤼지냥은 아스칼론(오늘날의 아시켈론) 항구를 내어준 뒤 풀려났다). 살라딘은 그 뒤 예루살렘 포위공격에 성공하여 1187년 10월 2일에 입성했다. 살라딘은 1189년 6월에 아크레(아코)를 포위했으나 잉글랜드의 사자심왕 리처드 1세(1157~99)가 증원군을 이끌고 도착하여 점령에 실패했다(◐ (제3차) 십자군).

◐ 십자군-셀주크튀르크 전쟁, 1100~46 ; 십자군-튀르크족 전쟁, 1272~91

삼국 동맹 전쟁
War of the Triple Alliance

◐ 파라과이 전쟁

삼니움 전쟁
Samnite War

제1차 삼니움 전쟁(기원전 343~기원전 341) 호전적인 삼니움족은 대체로 남南아펜니노 산맥에 걸쳐 있는 오늘날 이탈리아의 아브루초 지역을 차지하고 살았으며 기원전 4세기부터 영토 확장에 나섰다. 삼니움족과 로마의 충돌은 불가피했다. 첫 번째 대결은 기원전 343년 라틴 동맹의 도시 카푸아가 삼니움족에 맞서기 위해 로마의 지원을 요청하면서 시작됐다. 로마 군대는 기원전 342년 가우루스 산에서 작은 승리를 거두었으나, 폭동이 일어나고 큰 손실을 입으면서 로마의 지원은 전반적으로 도움이 되지 못했다. 평화조약이 체결되어(기원전 341) 캄파니아의 여러 도시가 삼니움족에게 넘어갔고, 이 때문에 로마 공화국이 결성한 동맹체인 라틴 동맹의 회원국들은 크게 분노했다(◐라티움 전쟁). 캄파니아의 대부분은 로마의 보호를 받게 됐다. **제2차 삼니움 전쟁(기원전 327~기원전 304)** 기원전 327년 삼니움족은 나폴리를 장악하려는 투쟁에서 한 파벌을 지원했다. 로마가 나폴리를 포위했으며, 도시를 지키던 삼니움족은 설득당하여 떠났고, 나폴리는 로마의 동맹국이 됐다. 이 일로 전쟁이 재개됐다. 산악지대에서 더 잘 싸웠던 삼니움족은 기원전 321년 카우디움 갈림길이라고 부르는 아펜니노 산맥의 좁은 고갯길로 로마 군대를 몰아넣고 항복을 받아냈다. 로마인들은 멍에를 메고 행진하는 잊지 못할 치욕을 당했다. 그 뒤 로마는 군대를 개편하고 산악 전투에 더 적합한 군사작전을 채택했다. 기원전 317년 전투가 재개됐고, 이듬해 삼니움족은 라우툴라이 전투에서 다시 승리했다. 그러나 로마는 빠르게 회복하여 키우나에서 중요한 전투를 승리로 이끌었으며(기원전 315) 삼니움족을 캄파니아에서 내쫓아 수세에 몰아넣고 잃은 영토를 되찾았다. 로마는 삼니움(삼니움족의 나라) 주변에 식민지도 건설하여 요새이자 공격 기지로 사용했으며, 우기에도 확실하게 통신을 유지할 수 있도록 로마에서 카푸아에 이르는 포장도로인 아피아 가도를 건설했다. 삼니움족은 북쪽 에트루리아인의 도시들을 부추겨 반란을 일으키게 했으나 에트루리아인들은 바디모 호수 전투에서 로마에 패했고(기원전 310) 평화조약을 체결해야 했다(기원전 308). 그러자 삼니움족은 아펜니노 산맥 중부에 있는 부족들에게 로마와 맺은 동맹에서 이탈하라고 권고했으나, 이 부족들도 로마에 굴복했다. 삼니움족과 남은 동맹 부족들은 보비아눔 전투에서 패한 뒤(기원전 305) 기원전 304년에 평화조약에 동의했다. **제3차 삼니움 전쟁(기원전 298~기원전 290)** 삼니움족이 갈리아인과 에트루리아인, 사비니족과 동맹하여 북쪽으로 팽창하려는 로마를 저지하고 로마의 변경 지역을 공격하면서 전쟁이 발발했다. 에트루리아인과 갈리아인, 삼니움족의 연합군은 아드리아 해 인근의 센티눔(오늘날의 사소페라토 인근)에서 로마 군대와 대적했으나 기원전 295년에 대패했다. 그 뒤 삼니움족을 제외한 부족들은 평화조약을 체결했고, 로마는 삼니움족의 영토를 체계적으로 약탈했으며 아퀼로니아 전투에서 삼니움족을 격파했다(기원전 293). 결국 기원전 290년에 삼니움족은 강화를 요청할 수밖에 없었다. 삼니움족은 용맹함을 인정받아 속국이 아니라 동맹국의 지위를 얻었다. 이탈리아 반도는 이제 로마가 지배했다.

삼번三藩의 난, 1673~81
Revolt of the Three Feudatories, 1673~81

오삼계吳三桂(1612~78)를 포함한 전직 명나라의 장군 3명은 만주족이 명나라를 대신하여 중국을 지배하고 청나라를 수립하도록 협력했다(**○ 만주족의 명**

정복). 이 장군들은 그 보상으로 중국 남부 3개 번국藩國의 왕이 됐으나, 그 뒤 청나라 강희제(1654~1722)는 윈난성雲南省(오삼계)과 광둥성廣東省(상가희尚 可喜), 푸젠성福建省(경계무耿繼茂) 번왕藩王들의 세력이 증대하는 것에 위협을 느 꼈다. 1673년 광둥성의 통치자는 군대 지휘권을 포기하고 은퇴했다. 강희 제는 즉시 광둥성의 번을 폐지했다. 오삼계는 충성을 맹세하고 권리를 포 기하라는 황제의 명령을 거부했으며, 만주족 왕조에게 충성해야 하는 의무 를 부정하고 독립을 선언하면서 윈난성과 쓰촨성四川省, 구이저우성貴州省, 후 난성湖南省, 광시성廣西省을 장악했다(1673). 광둥성과 푸젠성의 상속자들(상지 신尚之信, 경정충耿精忠)이 곧 오삼계의 반란에 합류했다. 황제는 관군에게 우선 광둥성과 푸젠성의 반란을 진압하라고 명령했는데, 이는 여러 해 동안 많 은 피를 흘린 끝에 완수됐다. 오삼계는 황제를 자칭하고 주나라를 선포했 지만 윈난성과 쓰촨성으로 내몰려 싸우다가 1678년에 이질에 걸려 사망했 다. 오삼계의 손자가 반란을 이어갔으나 3년 뒤에 진압됐다.

30년 전쟁, 1618~48
Thirty Years' War, 1618~48

유럽의 전장을 폐허로 만들었던 이 전면전의 뿌리는 종교 분쟁에 있었다. 프로테스탄트와 로마가톨릭이 맞섰고, 다원주의적 관용과 신앙의 임의적 강요가 대립했으며, 루터파와 칼뱅파, 프로테스탄트 연합과 가톨릭 연맹이 대결했다. 30년 전쟁은 정치적 분쟁이기도 했다. 봉건제가 쇠퇴하면서 권력 이 중앙에 집중되자 독일의 독립적인 영방국가들이 세력을 넓혔다. 합스부 르크 왕가는 독일의 대다수 가톨릭을 지지하는 제후들의 도움을 받아 유럽 을 최대한 넓게 지배하려 했던 반면, 독일의 프로테스탄트 제후들과 다른 나라들(프랑스, 스웨덴, 덴마크, 네덜란드, 잉글랜드)은 합스부르크 왕가의 힘을 억누르려 했다. 에스파냐는 시시때때로 가톨릭을 지지하는 합스부르크 왕 가 편으로 참전했다. 보헤미아에서 반란이 일어나 분쟁이 촉발됐다(○ 보헤 미아-팔츠 전쟁). 보헤미아 귀족들은 가톨릭교도인 합스부르크 왕가의 신성 로마제국 황제 페르디난트 2세(1578~1637) 대신 프로테스탄트인 팔츠 선제 후를 보헤미아의 왕으로 선출했다. 가톨릭 연맹의 군대가 승리했고, 보헤미 아는 합스부르크 왕가의 통치를 받으며 다시 가톨릭 지역이 됐다. 바이에른 공작 막시밀리안(1573~1651)은 에스파냐 군대와 페르디난트 2세의 지원을 받아 팔츠 선제후가 됐다. 합스부르크 왕가에 반대하는 국가들이 신성로마제국 내부의 프로테스탄트 진영의 영방국가들을 지원하는 데 협력하지 못하자, 덴마크 홀로 1625~29년의 덴마크 전쟁을 치르게 됐고, 싸움의 무대는 유럽 중부에서 북유럽으로 이동했다. 크리스티안 4세(1577~1648)가 지휘하는 덴마크 군대는 1626년 8월 루터 전투와 1628년 9월 볼가스트 전투에서 참패했고, 1629년에 뤼베크 조약을 체결하여 독일 문제에 개입하지 않겠다고 동의하고 신성로마제국과 강화를 맺었다. 같은 해 조약이 체결되기 석 달 앞서 황제 페르디난트 2세는 1555년 아우크스부르크 화의 이래 프로테스탄트가 획득한 로마가톨릭교회의 모든 토지를 빼앗는 반환 칙령을 선포했는데, 이때가 전쟁의 중대 시점이었다. 합스부르크 왕조가 더욱 강하게 위협하자 두려움을 느낀 스웨덴 왕 구스타브 2세 아돌프(1594~1632)는 프로테스탄트의 와해를 막고자 1630~35년의 스웨덴 전쟁 초에 포모제(포메른)를 침공했고, 작센과 브란덴부르크, 그 밖에 독일의 대다수 작은 영방국가들과 연합하여 라인 강으로 진격해 1632년에 빈을 직접 위협했다. 스웨덴은 알브레히트 폰 발렌슈타인(1583~1634) 백작이 이끄는 신성로마제국 군대를 무찔렀으나, 1632년 11월 16일 뤼첸 전투에서 구스타브 2세가 전사했다. 그 뒤 황제가 반환 칙령을 폐기하여 독일의 군주들은 강화를 맺었다. 홀로 싸우다 지친 스웨덴은 프랑스에 도움을 요청했고, 프랑스 군대가 전쟁에 참전했다(**○ 프랑스 전쟁, 1635~48**). 리슐리외(1585~1642) 추기경의 프랑스가 사태를 주도하면서 분쟁은 합스부르크 왕조와 부르봉 왕조 사이의 정치적 투쟁으로 비화했다. 1639년 프랑스는 에스파냐를 물리쳐 알자스까지 세력을 확장했고, 동시에 동맹국인 네덜란드는 신대륙(아메리카)의 바다에서 에스파냐의 보급선을 끊었다. 프랑스는 계속해서 독일 남부로 밀고 들어갔고, 스웨덴은 북쪽에서부터 신성로마제국을 압박했다. 많은 전투가 벌어졌다. 1638년 라인펠덴(리펠더) 전투에서 프랑스가 고용한 베른하르트 폰 작센 바이마르(1604~39)의 용병부대가 신성로마제국 군대에 승리했으며, 스웨덴 군대는 1631년 브라이텐펠트에서 이긴 뒤 1642년에 그곳에서 다시 신성로마제국 황제의 군대에 승리를 거두었다. 1643년 로크루아 전투에서는 프랑스 군대가 에스파냐 군대를 거의 전멸시켰고, 1645년 얀카우(오늘날 체코의 얀코프) 전투에서 스웨덴은 신성로마제국 황제의 군대와 바이에른 군대의 연합군에 승리를 거두었다. 복잡한 협상이 이루어지는 동안 전투는 계속됐다. 제대로 급여를 받지 못한 용병들과 이에 딸린 식객들을 부양하느라 약탈과 징발이 불가피해지면서 전쟁이 미치는 파괴는 최고조에 이르렀다. 용병부대와 식솔들은 독일 전역을 폐허로 만들었다. 1648년 10월 24일 베스트팔렌 조약이 체결되어 전쟁이 끝났다. 독일의 영방국가들은 명목상으로 신성로마제국의 통제를 받았으나 자치를 얻었으며, 스웨덴은 발트해 남해안 영토를 획득했고 배상금을 받았다. 프랑스는 알자스와 로렌 대부분, 라인 강 연안지대의 변경을 얻었다. 그리고 스위스와 네덜란드(네덜란드 7주 연합공화국)는 독립을 인정받았다. 신성로마제국은 가톨릭 국가와 프로테스탄트 국가를 평등하게 대했다. 칼뱅파와 루터파 모두 인정받았다.

❍ 덴마크-스웨덴 전쟁, 1643~45 ; 만토바 계승 전쟁 ; 베아른 반란 ; 80년 전쟁 ; 프랑스-에스파냐 전쟁, 1648~59 ; 프롱드의 난 ; 트란실바니아-합스부르크 전쟁, 1645

30일 전쟁
Thirty Days' War

❍ 그리스-오스만 제국 전쟁, 1897

3월 혁명
March Revolution

❍ 러시아 2월(3월) 혁명

3·1 독립운동(3·1운동),* 1919~20
Samil Independence Movement(March First Movement), 1919~20

1910년 일본은 조선을 강제로 병합했다. 제1차 세계대전이 끝난 뒤 조선은 파리 강화회의에서 강대국들을 설득하여 자결권을 지닌 피억압 민족으로 인정받으려 했으나 실패했다. 1919년 3월 1일 조선의 문화계와 종교계 지도자 33명이 모여 독립선언서에 서명했고, 같은 날 오후 수도 경성(오늘날의 서울)의 탑골공원에 모인 학생들 앞에서 경신학교 출신 정재용이 독립선언서를 낭독했다. 독립운동은 들불처럼 다른 도시와 마을들로 확산됐다.

1920년까지 조선 전역에서 1,500회의 시위가 벌어졌고 약 200만 명이 참여했다. 일본의 경찰과 군대는 일본에 반대하는 시위자들에게 가혹하게 대응했다. 양쪽의 충돌에서 약 2만 3천 명이 죽거나 부상당했다. 약 4만 7천 명이 체포됐고, 그중 약 5천 명이 투옥됐다. 일본 정부는 시위들을 진압한 뒤 조선 통치의 방식을 바꾸어 유화 정책을 폈다. 오늘날 남한에서는 3월 1일이 이 만세 운동에 참여한 자들의 애국심을 기리는 국경일이다.

○ 청일 전쟁, 1894~95

* 기미독립운동(己未獨立運動)이라고도 한다.

색슨족의 침입, 205?~369
Saxon Raids of c. 205~369

고고학적 증거에 따르면 게르만족은 3세기 초부터 로마 제국의 영토였던 브리타니아(그레이트브리튼 섬의 중부와 남부)를 침입했다. 로마인들은 침략자들을 삭소네스(색슨족)라고 불렀고, 250년 무렵부터 해안의 9개 지역에 방어용 요새를 건설했다. 켄트에서 서쪽으로 오늘날의 햄프셔 포츠머스까지 이어진 방어용 요새는 '색슨 관구 사령관'이 루트피아이(오늘날의 리치버러)에서 지휘했다. 300년에 요새는 서쪽 멀리 카디프까지 건설됐다. 론디니움(오늘날의 런던)에는 강가에 방어용 성벽이 세워졌고, 요크는 요새가 됐다. 치고 빠지는 전술의 습격에는 약탈과 학살, 강간, 방화가 수반됐다. 침략자들은 암스테르담 해안에서 로마령 브리타니아의 워시 지역으로 들어가거나 불로뉴 지역에서 켄트로, 아니면 셰르부르 지역에서 와이트 섬으로 향했다. 색슨족의 습격은 오늘날의 스코틀랜드에서 픽트족이 공격해 들어오고 서쪽에서는 스코트족(아일랜드인)이 공격해 들어오던 367년에 절정에 달했다. 이때 색슨 관구 사령관과 북부군 장군이 전사했다. 로마 군대가 로마를 위협한 이방인들에 맞서기 위해 철수한 것이 색슨족에 도움이 됐다. 농촌 주민들은 마을을 버리고 성벽을 건설한 도시들로 피신했다. 상업과 농업은 극심한 타격을 입었다. 그 뒤 장군 테오도시오스(347~395, 379년 이후 황제 테오도시오스 1세)가 질서를 회복했고, 그 아들인 호노리우스(384~423) 황제 치세의 초기까지 질서가 유지됐다.

색슨족의 침입, 407?~550
Saxon Raids of c. 407~550

로마 군대가 로마를 보호하고 '군인황제들'을 돕기 위해 브리타니아(그레이트브리튼 섬의 중부와 남부)에서 철수하자 색슨족이 대규모로 침입을 재개했다. 색슨족은 내륙 깊숙한 곳까지 습격했다. 정규 전투 없이 싸움이 지속되다가 429년에 색슨족과 픽트족의 해적들이 베룰라미움(오늘날의 세인트올번스)을 공격하면서 브리타니아는 픽트족과 스코트족, 색슨족의 침입으로 혼란에 빠졌다. 브리타니아는 로마에 지원을 요청했으나 거절당했다(446). 왕가 출신이 아닌 폭군들이 지역을 지배했는데, 그중 한 사람인 브리턴족의 보르티게른은 이방인들을 고용하여 픽트족과 싸웠으며 그 대가로 그들에게 켄트에 있는 토지를 제공했다. 고용된 이방인이었던 '주트족(진짜 주트족과 앵글족, 색슨족, 프리시아족, 일부 프랑크족)'이 반란을 일으켜 더 많은 토지를 요구했고 친족들을 불러와 에일즈퍼드(455?)와 크레이퍼드(457?)에서 승리를 거두었으며, 475년경에 켄트 왕국을 세웠다. 보르티게른이 사망한 뒤 브리턴족은 서쪽으로 이주했고 수많은 사람이 아르모리카('리틀 브리튼')로 건너갔다. 브리턴족의 통합(470?)으로 전쟁은 잠시 소강상태에 들어갔다. 색슨족의 서식스 왕국(477?)과 웨식스 왕국(495?)이 건국될 때 대부분의 브리턴족은 서부에 남아 있었기 때문이다. 역사가 길더스(516?~570?)는 이름을 남기지 않았으나, 역사가 넨니우스(769?~?)가 아르토리우스(아서)라고 언급한 브리턴족 족장이 516년이나 518년 즈음 몬스 바도니쿠스*에서 기병들을 이용하여 색슨족을 대파했다. 당시 색슨족은 기병을 알지 못했다. 포스 가도라고 불렀던 옛 로마 도로를 따라 서부의 브리턴족과 동부의 색슨족을 가르는 길이 이어졌다. 이 경계는 550년까지 유지됐다.

* Mons Badonicus. 영어로 마운트 배던(Mount Badon)인데 윌트셔의 리팅턴이나 배드버리, 레스터셔의 바던힐 등 여러 곳으로 추정된다.

색슨족의 침입, 550?~577
Saxon Raids of c. 550~577

그레이트브리튼 섬에 정착한 게르만족 침략자들은 5세기 말부터 개별 왕국들을 세웠다(켄트, 475? ; 서식스, 477? ; 웨식스, 495? ; 이스트앵글리아, 500? ; 에

식스, 505? ; 노섬브리아(버니시아, 559 ; 데이라, 560?), 605? ; 머시아, 606? 역사가들은 이를 앵글로색슨 '7왕국 Heptarchy'이라고 부른다). 550년 이후 그레이트브리튼 섬에는 약탈을 위한 침입과 정착을 위한 전투, 앵글로색슨 7왕국 간의 팽창 전쟁이라는 세 가지 유형의 충돌이 벌어졌다. 552년까지 브리턴족은 주로 서부에 머물며 헨오글레드(올드노스)의 웨일스인 왕국인 스트래스클라이드(스코틀랜드)와 레게드, 고도딘, 엘멋, 컴브리아를, 웨일스 지방의 웨일스인 왕국인 귀네드와 디게드(디베드), 권트를, 그리고 둠노니아(오늘날의 데번과 그 일부의 인접 지역)를 지배했다. 브리턴족이 연루된 싸움은 대부분 서남부와 웨식스 지역에서 벌어졌다. 552년 브리턴족은 공세에 나서 시로버르(오늘날의 올드사럼)에서 포스 가도를 건넜으나 패배했다. 색슨족은 이에 보복하여 556년과 571년에 포스 가도를 건너 베런버르(오늘날의 바버리 성城)와 베딘퍼드(오늘날의 베드퍼드?)에서 승리를 거두었다. 577년 둠노니아의 브리턴족은 앵글로색슨족의 마지막 침입 때 데오람(오늘날 배스 인근의 디럼) 전투에서 결정적으로 패하여 상당히 많은 사람이 학살당했다. 그렇지만 둠노니아가 정복당하지는 않았다. 그레이트브리튼 섬의 켈트족은 간신히 명맥을 유지했으며, 비록 유럽 대륙의 색슨족이 이따금씩 그레이트브리튼 섬의 색슨족을 계속해서 침입했지만, 색슨족 침략자들의 전쟁은 대체로 동족 사이의 싸움이었으며 브리턴족이 연루된 경우는 드물었다.

○ 애설프리스의 전쟁

샌드크릭 학살(치빙턴 학살), 1864
Sand Creek Massacre(Chivington Massacre), 1864

1864년 11월 28일 추위 속에 5일 동안 평원을 가로지르던 미국 기병대와 포병대의 한 무리가 혼혈인 길잡이로부터 인디언의 야영지가 전방에 있다는 사실을 듣게 됐다. 지휘관 존 치빙턴(1821~94) 대령은 그곳으로 안내하라고 요구했다. 날이 밝자 기병대는 콜로라도 준주 동남부에 있는 아칸소 강의 지류 샌드크릭 강변에서 샤이엔족 인디언과 아라파호족 인디언의 야영지로 돌진했다. 샤이엔족 족장 블랙 케틀(1868년 사망)은 호의를 표하기 위해 자신의 천막 위에 미국 국기와 백기를 내걸었고, 인디언과 거래하던 어느 백인 상인은 군대에 폭력을 쓰지 말라고 설득했다. 그러나 혼란 속에 난전이 벌어져 양쪽은 사격을 개시했다. 인디언들은 모래로 덮인 강기슭 위로 밀려나면서도 싸웠지만 활과 화살은 군인들의 화기에 적수가 되지 못했다. 군인들은 맹렬하게 추적하며 전사들뿐만 아니라 여성들과 아이들에게도 총격을 가했다. 전투가 끝난 뒤 살아남은 인디언은 여성 2명과 아이 5명뿐이었는데 포로로 끌려갔다. (미국) 군인은 7명, 인디언은 400명 이상이 전사했다. 군대는 인디언 야영지의 물품들을 약탈하고 떠났다. 뒷날 연방군이 구성한 위원회가 사건과 치빙턴의 책임을 조사했으나, 누구에게 책임이 있는지 확실한 결론을 내지 못했다.

○ 샤이엔족 인디언과 아라파호족 인디언의 전쟁, 1864~68

샤를 8세의 이탈리아 전쟁, 1494~95
Italian War of Charles VIII, 1494~95

밀라노의 섭정 루도비코 스포르차(1452~1508)는 자신이 밀라노 공국을 강탈했다는 핑계로 쳐들어온 나폴리 왕국을 격퇴하고자(**○ 나폴리 반란, 1485~86**), 프랑스 왕 샤를 8세(1470~98)에게 나폴리에 대한 앙주 가문의 권리를 주장하라고 권유했다. 1494년 샤를 8세가 이끄는 프랑스군은 스위스인 용병대와 강력한 포대砲隊와 함께 알프스 산맥을 넘어 이탈리아로 들어갔고 롬바르디아를 손쉽게 통과했다. 피렌체에서는 피에트로 데 메디치(1471~1503) 정권이 무너지고 지롤라모 사보나롤라(1452~98)의 격려로 입헌 공화정이 수립됐다. 피렌체 사회를 개혁할 사람이 출현한다는 예언이 있었는데 사보나롤라는 샤를 8세가 이를 성취할 사람이라고 여기고 환영했다. 교황 알렉산데르 6세(1431?~1503)는 교황령에서 샤를 8세를 내쫓기 위해 베네치아 동맹을 결성하여 샤를 8세에 맞섰다. 샤를 8세는 나폴리를 점령했으나 질병과 군사적 실패 탓에 점령이 오래가지 못했다. 샤를 8세는 1495년 포르노보(포르노보 디 타로) 전투에서 겨우 패전을 면한 뒤 프랑스로 돌아갔다. 이탈리아 문제에 개입했다고 교황으로부터 '가톨릭'이라는 호칭을 받은 아라곤 왕 페르난도 2세(카스티야 왕 페르난도 5세, 1452~1516)가 나폴리 통치자로 복귀했다. 샤를 8세는 모험적인 전쟁으로 얻은 것이 전혀 없었지만, 이 전쟁은 이탈리아가 외부의 위협에 맞서 단합하지 못한다는 사실을 드러냈으며 뒷날 프랑스가 다시 원정하여 이탈리아 국가들의 독립을 종식시킬 빌미를 제공했다.

샤이엔족 인디언과 아라파호족 인디언의 전쟁, 1864~68
Cheyenne and Arapaho War of 1864~68

샤이엔족 인디언과 아라파호족 인디언은 1861년에 몇몇 족장이 체결한 조약을 여러 해 동안 준수했으나 콜로라도 준주의 보호구역에 할당된 작은 토지에서 살 수는 없었다. 1864년 일부 백인 정착민은 인디언이 소를 훔쳐 갔다고 주장했고 파견된 군부대의 성미 급한 군인들이 우호적인 인디언과 충돌했다. 인디언들은 자위에 나서 군인 여러 명을 살해했다. 이 작은 사건으로 백인 사회가 동요했고 백인 지도자들은 평원인디언에게 전쟁을 선포했다. 평원인디언의 여러 족장은 협상을 통해 평화를 얻으려 했다. 이런 노력이 무산되자 용감한 젊은 전사들은 주요 도로를 따라 이주해오는 포장마차 행렬을 공격했고, 농장과 변경 정착촌을 불태웠으며, 역마차 역사를 점령했다. 1864년 가을 평화를 모색하던 미국군 소령은 샤이엔족이 포트리온 인근에 야영지를 칠 수 있도록 허용했으나, 후임자는 샤이엔족을 제거하라고 명령했다. 이 일이 있고 난 직후 새로 도착한 부대가 학살 사실을 알게 됐다(**○ 샌드크리크 학살**). 이 잔인한 행태에 콜로라도 준주에서 텍사스 주까지 모든 인디언 부족이 격노하여 백인에 맞서 일어섰다. 1865년 인디언에 대적하기 위해 3진의 군대가 파견됐으나 썩 잘 싸우지는 못했고 겨우 아라파호족 캠프 한 곳만 제거했다. 이후 전쟁은 꽤나 어이없이 끝났다. 샤이엔족과 아라파호족의 남부 부족들은 아칸소 강 남쪽으로 이주하기로 동의했고 그곳을 떠돌아다니다 아주 가끔씩 습격을 감행했다.

샤이엔족 인디언 전쟁, 1878
Cheyenne War of 1878

수족 인디언과 북北샤이엔족 인디언의 협력자들이 패한 뒤(**○ 수족 인디언 전쟁, 1876~77**), 두 부족은 오늘날의 오클라호마 주에 있는 남南샤이엔족의 인디언 보호구역으로 보내졌다. 인디언들은 그곳에서 기아와 질병에 시달렸다. 9월에 두 부족의 족장인 덜 나이프와 리틀 울프는 부하 300명과 함께 보호구역을 탈출했다. 그들은 북쪽으로 올라가 고향(플랫 강 상류 주변)

에 도착했고 자신들을 저지하려던 군대와 싸워 네 번이나 물리쳤다. 이들은 유니언퍼시픽철도회사의 철도를 넘은 뒤 둘로 나뉘었다. 리틀 울프가 이끄는 한 무리는 로스트초크체리 강 인근에 숨어 겨울을 지냈고, 덜 나이프가 이끈 다른 무리는 서북쪽으로 향했다. 그들은 눈보라가 휘몰아치는 중에 우연히 기병 중대와 마주쳤다가 포로가 되어 로빈슨 요새로 보내졌는데, 남쪽으로 돌아갈 것을 완강하게 거부하자 감금됐고, 혹독하게 추운 날씨에도 음식과 물, 불을 받지 못했다. 1월의 추운 어느 날 밤 샤이엔족은 필사적으로 막사를 부수고 나와 목숨을 구하기 위해 내달렸다. 12일 동안 추적을 당한 뒤 많은 사람이 살해당하거나 부상을 입었으며 굶주림과 추위로 죽었다. 생존자 30명은 협곡에 몰려 전멸했다. 덜 나이프 가족은 따로 떨어져 마침내 어느 인디언 기관에 당도하여 피신했다. 샤이엔족을 가혹하게 다룬 일로 미국 전역에서 항의가 촉발됐고, 리틀 울프를 따르던 무리가 체포되어 커프 요새에 수용됐을 때는 인도주의적인 대우를 받았다. 뒷날 그들과 덜 나이프 무리의 생존자들, 남쪽으로 내려가지 않은 나머지 북샤이엔족을 위해 몬태나 준주에 텅 강ɪ 보호구역이 설치됐다.

샤 자한의 반란, 1622~26
Shah Jahan's Revolt, 1622~26

1622년 페르시아의 샤 아바스 1세(1571~1629) '대왕'은 무굴 제국으로부터 칸다하르를 빼앗으려 했고 두 번째 시도에서 성공했다(1605년 첫 번째 원정은 실패했다). 무굴 제국 황제 자한기르(1569~1627)는 뒷날 샤 자한으로 알려진 왕자 쿠람(1592~1666)에게 데칸 고원에서 아프가니스탄으로 군대를 이끌고 가 아바스 1세와 대결하라고 명령했다(**◐ 무굴-페르시아 전쟁, 1622~23**). 쿠람은 황후 누르 자한(1577~1645)이 자신을 파멸시키기 위해 음모를 꾸미고 있다는 사실을 알고 있었고(**◐ 샤 자한의 정복**), 병약한 아버지가 죽을 경우 제위를 장악할 수 있게 해 줄 델리 인근의 세력 기반을 떠날 뜻이 없었기에 원정을 하지 않았다. 대신 쿠람은 우기가 끝날 때까지 기다려야 한다는 내용의 전갈을 보냈다. 누르 자한은 쿠람의 원정 지연을 반란의 시작으로 보고 황제에게 이를 납득시켰으며 가혹한 징계를 공작했다. 1623년 쿠람은 진군을 개시했으나 목표는 칸다하르가 아니라 아그라였다. 쿠람의 군대는 과거 수도였던 파테푸시크리를 점령하려다 실패하고 데칸 고원으로 퇴각했다. 마하바트 칸(1634년 사망)은 1627년에 황후에 맞서 반기를 들었는데 무굴 제국 군대를 이끌고 쿠람을 추적하여 벵골로 내몬 뒤 다시 데칸 고원까지 쫓아갔다. 쿠람은 약간의 추종자를 얻었지만 영토를 획득하지는 못했다. 1625년에서 1626년에 지치고 완전히 패한 쿠람은 아버지의 요구에 철저히 굴복했으며 용서를 받고 데칸 고원 발라가트의 지방장관이 됐다.

○ 마하바트 칸의 폭동

샤 자한의 정복, 1613~21
Conquests of Shah Jahan, 1613~21

인도 무굴 제국 황제 자한기르(1569~1627) 시대에 군 최고사령관은 여러 해 동안 왕자 쿠람(1592~1666)이었다. 자한기르의 아들인 쿠람은 뒷날 샤 자한으로 황제에 올랐다. 자한기르는 1605년에 제위에 오른 뒤 직접 전투를 수행한 적이 없었다. 쾌락을 일삼고 한가롭게 노는 데 만족한 자한기르는 두 가지 이유로 차차 힘을 잃게 됐다. 하나는 술과 아편이고, 다른 하나는 자한기르가 제위에 있는 동안 실제로 제국을 통치했던 페르시아인 부인 누르 자한(1577~1645)과 그 가문의 권세 때문이었다. 자한기르의 치세에 제국의 영토는 확장되지 않았으나, 쿠람은 제국의 권위를 높였다. 1613년 쿠람은 악바르(1542~1605)조차 정복할 수 없었던 메와르(**○ 무굴 제국의 라자스탄 정복**)로 원정하여 군대와 매력적인 인성∞이라는 이중의 힘으로써 원만한 화해를 이끌어냈다. 메와르의 라나(인도 제후)는 영토를 포기하지는 않았지만 아들을 제국의 궁전에 보내어 우호적인 속국이 됐다. 메와르의 인접국인 캉그라는 1620년에 공격을 받아 패하고 이후 속국의 지위를 받아들였다. 골칫거리였던 데칸 고원도 1616~17년에 쿠람의 정복이 성공한 뒤 델리의 제국 권위에 굴복했다가 1620~21년에 반란을 일으켰으나 진압됐다. 그렇지만 병합되지는 않았다. 쿠람의 마지막 군사적 성공으로 누르 자한은 쿠람과 대결하게 됐다. 누르 자한은 쿠람의 힘과 성격으로 보아 쿠람이 즉위한 뒤에는 자신에게 아무런 통제권도 남지 않으리라고 판단했던 것이다. 누르 자한은 사위를 총애하기 시작했고 자한기르에게 효과적으로 영향력을 행사하여 쿠람이 아버지에 맞서 반란을 일으키지 않을 수 없도록 만들었다(**○ 샤 자한의 반란**).

○ 무굴 제국 내전, 1606

서고트족의 로마 약탈, 410
Visigothic Sack of Rome, 410

408년 라벤나의 서로마 제국 정부는 공물을 바치고 판노니아(도나우 강 남쪽과 서쪽의 로마 속주)를 내놓으라는 서고트족의 요구를 거부했다. 서고트족 왕 알라리쿠스 1세(알라리크 1세, 370~410)는 로마를 봉쇄하고 상당한 배상금을 받아낸 뒤 토스카나로 물러가 서로마 제국 군대와 싸웠다. 라벤나의 서로마 제국 관리들이 알라리쿠스 1세의 새로운 요구를 받아들이지 않자 서고트족은 409년에 로마의 외항인 오스티아 항구를 점령했고, 알라리쿠스 1세는 서로마 제국 원로원에 꼭두각시 황제를 세우게 한 뒤 자신을 총사령관에 임명하도록 했다. 이어 알라리쿠스 1세는 라벤나를 포위했으나 동로마 제국(비잔티움 제국)의 수도 콘스탄티노플(오늘날의 이스탄불. 라벤나는 서로마 제국의 수도였다)에서 원군 4천 명이 도착하자 철수했다. 휴전이 체결되고 꼭두각시 황제는 폐위됐으나, 서로마 제국 군대가 서고트족의 주둔지를 공격하여 휴전이 깨졌다(410). 로마를 약탈하고 북아프리카로 넘어가기로 결심한 알라리쿠스 1세는 일리리쿰(일리리아. 아드리아 해 동쪽 해안의 로마 속주. 오늘날의 발칸 반도 서부)에서 출발하여 이탈리아 북부를 침공하고 로마를 포위했다. 로마는 굶주림에 고통을 당했고, 원로원은 더 많은 공물을 납부하겠다고 동의했으나 라벤나 정부가 결정을 뒤집었다. 3주 뒤 배반자가 있어 로마의 포르타 살라리아 Porta Salaria 성문이 열렸다. 서고트족과 로마의 노예들이 교회만 남긴 채 도시를 파괴했다. 수많은 사람이 죽었고, 나머지는 억류되어 몸값을 요구받거나 노예가 됐다. 서고트족은 약탈품을 갖고 남쪽으로 내려갔다(**○ 서고트족의 로마 침입, 후기**).

○ 로마의 함락

서고트족의 로마 제국 침입, 전기(332~390)
Visigothic Raids on the Roman Empire, Early(332~390)

로마 제국을 침략한 게르만족 중에서 가장 강력했고 오래 버텼던 서고트족은 332년 오늘날의 도나우 강 유역을 침략했다가 콘스탄티누스 1세(272?~337) 대제의 아들(콘스탄티누스 2세)에게 크게 패하면서 로마 제국의 연대기에 처음으로 등장한다. 이후 서고트족은 북쪽으로 눈을 돌려 로마 제국을 괴롭혔다. 또한 서고트족은 많은 주민이 아리우스파로 개종했다. 로마 제국에 내전이 발생하자 서고트족은 동부 제국을 공격했다. 364년에서 365년까지 프로코피우스(366년 사망)가 동부 황제(로마 제국은 395년에 공식적으로 분리된다) 발렌스(328~378)에 맞서 반란을 일으키고 서고트족의 도움을 받아 발칸 반도 지역을 장악했던 것이다. 366년 시리아 군대가 프로코피우스를 성공리에 진압했고, 발렌스는 367년에서 369년까지 도나우 강을 건너 군사행동을 시작하여 서고트족의 또 다른 지도자 아타나리쿠스(아타나리크, 381년 사망)를 트란실바니아로 내쫓음으로써 서고트족이 프로코피우스를 도왔던 것에 보복했다. 그 결과 아타나리쿠스의 추종자들과 아리우스파 서고트족 사이에 내전이 벌어졌다. 아타나리쿠스는 에르마나리크의 후계자로 아리우스파 그리스도교도였던 프리티게르누스(프리티게른, 382년 이후 사망)에게 권력을 빼앗겼다. 그 뒤 고트족의 연합이 발렌스에 반기를 들었고, 378년에 아드리아노플(오늘날의 에디르네) 전투에서 발렌스를 죽였으며 참전한 로마 제국 군대의 3분의 2를 몰살했다(◑(제5차) 로마-고트족 전쟁). 379년에 동부 황제가 된 테오도시오스 1세(347~395) '대제'는 모든 고트족 집단들과 대결하여 동고트족을 서쪽으로 내몰았고 마케도니아와 테살리아를 폐허로 만든 서고트족에게는 용병을 제공받는 조건으로 트라키아 북부에 정착할 수 있게 했다(382). 그러나 테오도시오스 1세의 평화정착 계획은 오래가지 못했다. 390년에 알라리쿠스 1세(알라리크 1세, 370~410)가 서고트족을 이끌고 로마 제국의 플라비우스 스틸리코(359?~408) 장군에 맞섰기 때문이다. 스틸리코는 그 뒤 18년 동안 서고트족의 주적이었다(◑스틸리코-서고트족 전쟁).

◑로마-고트족 전쟁

서고트족의 로마 제국 침입, 후기(410~476)
Visigothic Raids on the Roman Empire, Later(410~476)

서고트족 지도자 알라리쿠스 1세(알라리크 1세, 370~410)는 로마를 약탈한 뒤 북아프리카를 지배하려는 계획을 실행에 옮겼다(◑서고트족의 로마 약탈). 서고트족은 레조디칼라브리아로 가서 배에 올랐으나 폭풍이 일어 되돌아왔다(410). 알라리쿠스 1세가 갑자기 죽고 매부였던 아타울푸스(아타울프, 415년 사망)가 지휘자로 등장하여 전쟁에서 사로잡은 서로마 제국 황제의 누이 갈라 플라키디아(388?~450)를 협상의 미끼로 이용하여 서로마 제국과 일시적으로 동맹을 맺었고, 서로마 제국은 서고트족을 이용하여 412년에 갈리아와 히스파니아에서 봉기를 진압했다. 그러나 아타울푸스 휘하의 서고트족은 곧 서로마 제국과 다시 싸웠다. 아타울푸스는 마르세유를 공격하고 나르본을 점령했으나(413), 갈라 플라키디아와 결혼한(414) 직후 서로마 제국의 새로운 공세에 맞닥뜨려 히스파니아로 내쫓겼다. 415년에 아타울푸스가 살해당하자 새로운 조약이 체결되어 갈라 플라키디아가 로마로 돌아가고 서고트족은 식량을 공급받는 대가로 히스파니아의 반달족과 알란족을 공격하기로 약속했다. 서고트족은 용병으로서 성공하여 418년에 루아르 강에서 보르도에 이르는 영토를 얻었으며 포이데라티* 지위를 획득했다. 그렇지만 서고트족은 422년 전투에서 반달족을 지원하여 다시 조약을 위반했다. 그 뒤 서고트족은 독립 왕국을 세웠고, 426년부터 437년 사이에 로마와 동맹하여 북아프리카의 반달족에 맞섰다(◐ 반달족의 로마 제국 침입). 서고트족은 서로마 제국을 지원하여 히스파니아의 반란을 진압했으며(453), 이어 마르쿠스 마이킬리우스 아비투스(456년 사망)를 도와 서로마 제국의 황제로 즉위시켰고, 히스파니아에서 게르만족의 일파인 수에비족과 싸웠다. 그러나 458년 서로마 제국 원로원을 지배한 수에비족이 아를에서 서고트족을 격파하여(463) 독립국의 지위를 빼앗고 다시 포이데라티의 지위로 되돌아가게 했다. 수에비족이 장악한 로마는 동로마 제국 군대가 에우리크(에바리크, 484?년 사망) 왕 치세의 서고트족과 싸우기 시작할 때까지 계속 서고트족을 이용했다. 유능한 전략가였던 에우리크는 갈리아와 히스파니아를 대부분 장악하고 아를과 부르주를 점령했으며(470) 평화조약을 체결하여 론 강 서쪽의 독립적인 통치자로 인정받았다(475). 476년에 게르만족 왕 오도아케르(오도바카르, 435~493)가 이탈리아의 주인이 되어 서로마 제국이 공식적으로 몰락한 뒤 에우리크는 478년에 히스파니아의 지배자가 됐다. 그곳의 서고트 왕국은 이슬람교도가 이베리아 반도를 정복할 때까지 12명의 왕을 배출하며 존속했다.

서고트족-프랑크 왕국 전쟁, 506~507
Visigothic-Frankish War of 506~507

로마가톨릭을 받아들인 살리 프랑크족의 왕 클로도베쿠스 1세(클로비스 1세, 466?~511)는 그리스도가 신과 동일한 본질임을 부인하는 아리우스파로 개종한 서고트족의 왕 알라리쿠스 2세(알라리크 2세, 507년 사망)와 싸웠다. 507년 클로도베쿠스 1세가 이끄는 프랑크족 군대는 푸아티에 인근 부이에 전투에서 서고트족에 결정적인 패배를 안겼다. 알라리쿠스 2세는 전투 중에 클로도베쿠스 1세에게 죽임을 당했다. 프랑크족은 남쪽 멀리 서고트족의 수도인 툴루즈까지 침투했고, 서고트족은 피레네 산맥 너머로 퇴각할 수밖에 없었다. 서고트족이 피레네 산맥 북쪽에 보유한 영토는 셉티마니아 지역뿐이었다. 클로도베쿠스 1세가 곧 갈리아의 대부분과 게르마니아 서부를 지배한 프랑크족의 왕이 되면서 서유럽에서 가톨릭이 아리우스파에 승리를 거두었다.

서西사하라 전쟁, 1975~91
Western Sahara War, 1975~91

1975~76년 에스파냐가 해외 영토 에스파냐령 사하라(서西사하라)의 북쪽 3분의 2를 모로코에, 남쪽 3분의 1을 모리타니에 할양했는데, 모로코 군대는 서사하라 북부의 영유권을 주장하고 약 35만 명의 주민으로 '녹색 행진'을 강행하여 그곳에 정착시키려 했다. 모리타니 군대도 1976년에 서사하라 남부에 진입했으나, '사기아 엘암라(알사키야 알 함라)와 리오 데 오로 인민해방전선(폴리사리오)'이라는 서사하라 게릴라 단체가 알제리와 리비아의 지원을 얻어 모로코인과 모리타니인을 공격하면서 사하라아랍민주공화국SADR으로 독립하려는 투쟁을 시작했다. 1979년 모리타니는 폴리사리오와 조약을 체결하여 서사하라 남부의 주권을 폴리사리오에 넘겼다. 그러나 모로코 왕 하산 2세(1929~99)는 서사하라 남부를 병합하고 군대를 파견하여 점령했다. 1981년 SADR 망명정부는 아프리카 국가들 대부분을 포함하

는 40개국의 승인을 받았고, 폴리사리오 게릴라는 서사하라를 점령하고 있던 모로코 군대를 공격하여 섬멸하려 했다. 모로코 군부는 폴리사리오의 공격을 막기 위해 1980년부터 방어용 장벽을 세우기 시작했고 1987년까지 이 방어용 장벽을 연장하여 폴리사리오를 동부 내륙 지역에 고립시켰다. 아프리카통일기구 OAU는 지역 내부의 자결권 문제를 두고 주민투표를 시행할 것을 역설했으며, 1988년 모로코는 국제연합 UN이 제시한 유사한 제안을 수용했다. 한편 폴리사리오 군대는 이따금씩 방어용 장벽을 공격했고, OAU는 모로코와 SADR을 중재하려 했으나 실패했다. SADR이 서사하라의 주권을 요구했기 때문이다. 1991년에 교전이 중지됐다. 모로코와 폴리사리오는 UN이 감독하는 가운데 서사하라의 장래에 관한 주민투표를 실시하고, 약 8만 명의 모로코 군대와 약 1만 5천 명의 폴리사리오 전사들 사이에 UN 평화유지군을 주둔시키기로 합의했다. 그러나 양쪽은 투표 과정과 유권자 명부에 거듭 이의를 제기했다(모로코는 승인된 8만 3천 명 이외에 모로코에 우호적인 수천 명을 추가하기를 원했다). 1997년 코피 아난(1938~) UN 사무총장은 제임스 베이커(1930~) 전임 미국 국무부 장관을 특사로 파견했다. 상황에 진척이 없다고 판단한 베이커는 새로운 제안을 내놓았다. 합의된 명부의 유권자들이 (내정을 책임지는) 행정부를 선출하고 이 행정부는 지역에 거주하는 모든 성인(다수가 모로코에 우호적인 주민이다)의 투표로 구성한 의회가 책임을 진다는 것이었다. 행정부의 4년 활동 기간이 끝나면 의회가 새로운 행정부를 지명하기로 했고, 모로코는 사법부의 직위를 임명하고 치안을 감독하기로 했다. 그리고 서사하라는 본질적으로 모로코 헌법에 의거하여 자치 지역이 될 예정이었다. 이른바 베이커 계획이라고도 하는 이 계획은 애초에 모로코 쪽 제안으로 출발했지만 모로코와 폴리사리오 전선 모두 이를 거부했다. 2003년 베이커는 서사하라 자치 정부의 권한을 분명하게 설명하는 내용을 추가하여 제안했고, 폴리사리오는 이를 협상의 기준으로 수용했다. 2003년 여름 UN 안전보장이사회는 새로운 제안에 만장일치로 찬성했다. 그러나 모로코는 공식적인 협상에 나서지 않았고, 국왕 무함마드 6세(1963~)는 독립에 관한 주민투표에 반대했다. 강대국들이 문제 해결에 관심을 보이지 않고 UN이 다른 대안을 제시하지 못한 상황에서, 2005년 5월 모로코가 통제하는 서사하라에서 독립과 주민투표를 지지하는 자들이 시위를 벌이고 폭동을 일으켰다. 여러 국제인권 단체가 모로코 치안 유지 부대들의 과도한 진압에 우려를 표했으며, 다수의 활동가들이 투옥됐다. 모로코는 2006년 2월 자치 허용을 고려 중이라고 선언했지만 여전히 독립에 관한 주민투표는 분명하게 거부했다. 2010년 11월 서사하라 주민들이 서사하라 지배를 반대하는 시위를 지속시킬 거점으로 그데임 이지크에 설치한 야영장에 모로코 보안군이 헬리콥터와 물대포를 동원하여 난입하는 등 평화는 요원했다.

서약파의 반란, 1666
Covenanters' Rebellion of 1666

잉글랜드와 스코틀랜드, 아일랜드의 왕 찰스 2세(1630~85)는 아버지와 마찬가지로 약속을 지키는 사람이 아니었다. 찰스 2세가 엄숙 동맹Solemn League and Covenant에 서명한 이유는 오로지 안전하게 왕좌에 오르려는 목적 때문이었다(● (제2차) 잉글랜드 내전). 스코틀랜드로 돌아올 계획이 없었던 찰스 2세는 칼뱅주의 서약파誓約派(스코틀랜드 장로파)인 로더데일 공작 존 메이틀랜드(1616~82)를 내세워 스코틀랜드를 통치했고, 제임스 샤프(1613~79)라는 세인트앤드루스 대주교를 통해 장로파(스코틀랜드 교회)를 지배했다. 두 사람 모두 찰스 2세가 성공회(잉글랜드 교회)의 주교제도를 복원하는 데 찬성했다(● (제1차) 주교 전쟁). 폐지법으로 공화정 시기의 모든 협정이 폐기되자 서약파는 분노했다. 1649년 이후 임명된 모든 성직자는 사임을 요구받았고, 허용되지 않은(장로파) 예배는 금지됐으며, 벌금이 부과됐고, 스코틀랜드 하일랜즈 군대가 스코틀랜드 롤랜즈에 주둔했다. 서약파는 에든버러를 공격했다가 1666년 11월 28일 펜틀랜드힐스 전투에서 패했으나 찰스 2세의 새로운 규제 조치를 계속 거부했다.

서약파의 반란, 1679
Covenanters' Rebellion of 1679

잉글랜드 왕 찰스 2세(1630~85)의 주요 각료 중 한 사람이었던 로더데일 공작 존 메이틀랜드(1616~82)가 장로파(스코틀랜드 교회)를 겨냥하여 억압 조치를 시행하자, 분노한 서약파誓約派(스코틀랜드 장로파)는 반란을 일으키고 자신들의 종파를 억압한 제임스 샤프(1613~79) 대주교를 살해했다. 1679년 6월 1일 서약파는 드럼클로그에서 왕의 군대를 궤멸했다. 이어 정부는 찰스 2세의 사생아인 1대 몬머스 공작 제임스 스콧(1649~85)에게 지휘를 맡겨 대군을 파견했고, 이 군대는 1679년 6월 22일 보스웰 다리에서 반란군에 결정적인 패배를 안겼다. 포로 1,400명이 에든버러로 끌려가 처형됐다. 찰스 2세는 장로파를 계속 억압했고, 그 뒤 서약파 설교자들은 공공연히 무장반란을 옹호했다. 1680년대는 '학살의 시절'로 알려지게 된다.

서약파의 반란, 1685
Covenanters' Rebellion of 1685

잉글랜드와 스코틀랜드, 아일랜드의 왕 찰스 2세(1630~85)가 사망하자 그의 동생 제임스(1633~1701)가 잉글랜드와 아일랜드의 제임스 2세이자 스코틀랜드의 제임스 7세로 즉위했다. 제임스 2세는 로마가톨릭 신자로 스코틀랜드와 잉글랜드에 가톨릭을 강요하려 한다는 의심을 받았는데, 이는 사실이었다. 그리하여 제임스 2세는 신뢰를 받지 못했고 근심거리가 됐다. 제임스 2세의 스코틀랜드 정책은 실상 가톨릭 신앙의 자유를 용인한 것을 제외하면 아버지인 찰스 1세(1600~49)의 정책과 유사했고, 역시 반대에 부딪혔다. 9대 아가일 백작 아치볼드 캠벨(1629~85)이 스코틀랜드에서 서약파誓約派(스코틀랜드 장로파)의 반란을 기도했으나 실패한 뒤 체포되어 사형당했다. 1대 몬머스 공작 제임스 스콧(1649~85)도 실패했다(**○ 몬머스의 반란**). 뒷날 잉글랜드와 아일랜드 왕 윌리엄 3세이자 스코틀랜드의 왕 윌리엄 2세가 되는 빌럼 판 오라녀(1650~1702)가 로마가톨릭에 반대하는 잉글랜드를 지지하고 재원을 제공하자 이 일은 국제적 문제로 비화됐다. 1688년 빌럼이 제임스 2세의 딸로 프로테스탄트인 메리 2세(1662~94)와 함께 공동 왕으로 즉위하자(**○ 명예혁명**), 스코틀랜드인들은 대부분 만족했다. 재커바이트(제임스 2세 지지파)만 불평했다(**○ 재커바이트의 반란, 1689~90**).

서요 강 전투
Battle of Sajo River

○ 무히 전투

성 게오르기우스 축일의 반란
St. George's Day Revolt
○ 에스토니아 반란, 1343~45

성 바르톨로메오 축일의 학살, 1572
Massacre of St. Bartholomew's Day, 1572

카트린 드 메디시스(1519~89)는 위그노(프랑스 칼뱅파) 지도자인 백작 가스파르 드 콜리니(1519~72)가 자신의 아들인 프랑스 왕 샤를 9세(1550~74)에게 영향력을 행사하는 것에 반대했다. 카트린 드 메디시스는 1572년 8월 22일 콜리니 백작을 암살하려다 실패한 뒤 샤를 9세를 설득하여 위그노 지도자들을 죽이라는 명령을 내리게 했다. 당시 다수의 위그노 지도자가 뒷날 프랑스 왕 앙리 4세(1553~1610)가 되는 나바라 왕 앙리 3세와 마르그리트 드 발루아(1553~1615)의 결혼을 축하하기 위해 파리에 모여 있었다. 성 바르톨로메오 축일인 1572년 8월 24일 정해진 시각에 파리의 폭도가 들고일어나 도시 전역에서 콜리니 백작을 비롯한 위그노 지도자들을 살해했다. 왕이 중단하라는 명령을 내렸지만, 학살은 지방으로 확산되어 1572년 9월 내내 지속됐다. 파리 한 곳에서만 프로테스탄트 약 3천 명이 학살당했고, 프랑스 전역에서 벌어진 학살극에서 5만 명 이상이 살해된 것으로 추산된다. 결국 이 사건으로 가톨릭 진영과 프로테스탄트 진영 사이에 내전이 재발했다(○ (제4차) 종교 전쟁).

성상파괴운동 전쟁
Iconoclastic War
○ 이콘파괴운동 전쟁

세네갈 국경 전쟁(모리타니-세네갈 국경 전쟁), 1989~91
Senegalese Border War(Mauritania-Senegal Border War) of 1989~91

1989년 4월 중순 가축 방목 권리를 둘러싸고 폭발 직전이었던 분쟁에서 세네갈 농부 2명이 모리타니 국경수비대에게 살해되자, 세네갈 강 연안지대(세네갈과 모리타니 사이의 국경지대)에서 세네갈과 모리타니 사이에 격렬한 민족 분쟁이 발발했다. 지역 안 무역을 장악했던 백인(비단bidan) 무어인은 전쟁 때문에 북쪽으로 피해야 했고, 무어인의 경쟁자로 풀라어를 쓰던 흑인들(투쿨로르족과 풀라족)은 세네갈 연안지대의 남부로 피신했으며 모리타니 영토를 습격하여 보복했다. 양쪽 모두가 약탈과 학살을 자행했고, 최소한 25만 명이 집을 떠나 다른 곳으로 피해야 했다. 1990년 아프리카통일기구 OAU가 중재를 시도했으나 실패했다. 압두 디우프(1935~) 세네갈 대통령이 세심하게 합의안을 만들어냈고 양국은 1991년 7월 18일에 이에 서명했다. 그 뒤 국경은 다시 열렸으며, 난민과 추방된 자들이 귀환했다. 같은 해(1991) 디우프 대통령은 세네갈 서남부 우림지대로 감비아(북쪽)와 기니비사우(남쪽)에 둘러싸인 카사만스의 분리주의 반군과도 휴전협정을 체결했다. 1985년에 결성된 카사만스민주군운동 MFDC의 군대 아티카('전사') 지도자 오귀스탱 셍고르(1928~2007)는 2004년에 세네갈 대통령 압둘라예 와데(1926~) 정부와 평화조약을 체결했으나 MFDC의 여러 분파는 참여를 거부하며 계속 싸우고 있다.

세누시파(사누시파) 반란, 1915~17
Sanusi Revolt of 1915~17

1837년에 무함마드 이븐 알리 앗 세누시(사누시)가 창설한 세누시 형제단은 수피즘의 신비주의적·금욕적인 교리를 채택하고 키레나이카(리비아 동부)를 근거지로 삼아 확고하게 정착했다. 키레나이카에서는 세누시파派라는 정치적 동기를 지닌 전투적인 추종자들이 사하라 사막으로 팽창하려는 프랑스와(1902~13) 리비아를 평정하여 식민지로 삼으려는 이탈리아에 맞서 싸웠으나(1911~34) 성공하지 못했다. 제1차 세계대전 중 세누시파는 오스만 제국의 선전 활동에 영향을 받아 이집트의 리비아 사막(사하라 사막의 동북부로 일부가 나일 강 서쪽의 이집트에 있다)에서 영국군을 공격했다. 1915년 11월 세누시파는 공격 초기에 성공을 거두었고 영국은 세누시파를 저지하기 위해 증원군을 보내야 했다. 1916년 2~3월 영국이 공세에 나서 세누시파를 수바 오아시스로 내쫓았다. 그렇지만 세누시파는 여전히 호전적이었고 굴복하지 않았다. 1917년 영국은 수바 오아시스를 점령했고, 쫓겨난 세누시파 잔당은 리비아로 돌아가 이탈리아에 맞섰으며 결국 제2차 세계대전 뒤 그곳을 장악했다. 1951년 세누시파 지도자이자 앗 세누시의 손자인 이드리스 (1889~1983)가 독립국 리비아의 왕이 됐다. 이드리스 1세는 1969년에 무암마르 알 카다피(1942~2011) 중위가 일으킨 군사 쿠데타로 폐위됐다.

세르비아 봉기
Serbian Uprising

제1차 세르비아 봉기(1804~13) 오스만 제국은 오랫동안 세르비아인 사이에서 발흥하던 민족주의를 억압하려 했다. 세르비아 주민들은 오스만 제국이 지배한 자신들의 땅에서 사실상 노예나 다름이 없었다. 세르비아인들은 베오그라드 파샬리크(파샤가 통치하는 지역)를 폭압적으로 통치한 예니체리(오스만 제국의 정예 친위 부대)를 극도로 혐오했다. 1804년 2월 세르비아인들은 농민의 아들인 카라조르제 페트로비치(1768~1817)의 지휘로 반란을 일으켜 예니체리를 몰아냈다. 카라조르제는 1805년에 오스만 제국 정부가 세르비아의 자치 요구를 거부하자 오스만 제국과 싸우고 있던 러시아(**○ 러시아-오스만 제국 전쟁, 1806~12**)와 동맹을 결성했다. 1810년 오스만 제국이 바르바린과 로즈니차에서 세르비아・러시아 군대에 패한 뒤 세르비아는 해방됐으나 나폴레옹의 러시아 침공(1812) 때문에 러시아는 부쿠레슈티에서 오스만 제국과 평화조약을 체결했다. 세르비아만 상대하여 힘을 집중할 수 있게 된 오스만 제국은 전력으로 세르비아를 침공하여 1813년에 승리를 거두었고, 다시 통제권을 장악했다. 카라조르제는 오스트리아로 도주했다. **제2차 세르비아 봉기(1815~17)** 카라조르제의 경쟁자였던 농민 혁명가 밀로시 오브레노비치(1780~1860)는 새로이 오스만 제국에 맞선 반란을 이끌어 성공을 거두었다(1815). 오스만 제국은 그 뒤 세르비아에 상당한 자치권을 부여했다. 1817년 카라조르제가 귀국했으나 밀로시의 명령에 의해 살해됐다(이 일로 카라조르제 가문과 오브레노비치 가문 사이에 오랜 유혈 투쟁이 시작됐다). 세르비아 민족회의에서 세르비아 대공으로 임명된(1817) 밀로시는 뒷날 오스만 제국으로부터 지위의 세습을 인정받았다(1827). 1830년 오스만 제국이 종주권을 지니고 러시아가 보호한 세르비아는 국제사회로부터 자치령인 공국으로 인정받았다.

세르비아-불가리아 전쟁, 1885~86
Serbo-Bulgarian War of 1885~86

1878년 베를린 회의로 확립된 발칸 반도 지역의 평화(● 러시아-오스만 제국 전쟁, 1877~78 ; 세르비아-오스만 제국 전쟁, 1876~78)는 1885년에 불가리아 대공 알렉산더르 1세(1857~93)가 동루멜리야(이즈토츠나 루멜리야)를 침공하여 점령하면서 끝났다. 좁은 영토에 만족하지 못한 세르비아는 불가리아에게 영토의 일부를 내놓으라고 요구했다. 국제회의에서 불가리아의 팽창과 세르비아의 요구와 관련하여 합의가 도출되지 못하자, 세르비아는 전쟁을 선포하고 불가리아를 침공했다. 그러나 알렉산더르 1세의 군대가 침략군을 격퇴하고 베오그라드로 진격했다. 세르비아를 보호국으로 두고 있던 오스트리아-헝가리제국은 깜짝 놀랐고, 1885년 11월 5~7일에 슬리브니차 전투에서 세르비아가 패하자 경계심은 더욱 커졌다. 불가리아의 세르비아 점령은 오스트리아-헝가리제국이 개입한 뒤에야 중단됐다. 알렉산더르 1세는 휴전을 수용했고, 1886년에 부쿠레슈티 조약으로 이전의 세르비아-불가리아 국경이 다시 획정됐으며, 불가리아의 동루멜리야 병합이 승인됐다.

세르비아-오스만 제국 전쟁, 1876~78
Serbo-Turkish War of 1876~78

1875년 보스니아헤르체고비나의 그리스도교도 주민들은 이슬람교도 튀르크족인 통치자들에 맞서 반란을 일으키고 당시 오스만 제국 안의 자치령이던 세르비아에 지원을 호소했다. 이러한 사태에 세르비아 민족주의가 기승을 부리고 러시아가 반란자들에게 도움을 약속하자 1876년 6월 30일 세르비아가 오스만 제국에게 전쟁을 선포했다. 하루 뒤 몬테네그로도 전쟁을 선포했다. 몬테네그로 군대는 헤르체고비나의 오스만 제국 군대를 격파하여 즉각 승리를 거두고 전쟁 내내 그곳에 주둔했다. 세르비아의 성과는 그보다 못했다. 약속했던 러시아의 지원군이 도착하지 않았기 때문이다. 오스만 제국은 세르비아를 공격하여 1876년 8월 9일 알렉시나츠에서 잔혹한 전투를 벌였고, 이에 세르비아는 강대국들에게 중재를 요청했다. 1876년 9월 1일 세르비아가 알렉시나츠에서 두 번째로 패한 뒤 잠시 휴전이 성사됐으나 세르비아가 3주 뒤에 휴전을 깨뜨렸다. 러시아는 오스만 제국에 전투를 중단하라고 요구했으나 소용없었다. 전쟁은 계속됐고 결국 강대국들의 후원으로 오스만 제국 정부와 세르비아가 별개 평화조약을 체결하면서(1877) 오스만 제국이 사실상 세르비아의 주인이 됐다. 그러나 러시아와 오스만 제국 사이의 갈등은 전쟁으로 비화했다(❍ 러시아-오스만 제국 전쟁, 1877~78). 전쟁을 끝낸 1878년의 산스테파노 조약에 영국이 불만을 품어 베를린 회의가 이어졌다. 그 결과 체결된 베를린 조약은 세르비아와 몬테네그로, 루마니아에 독립을 허용하고 오스트리아-헝가리제국에는 보스니아 헤르체고비나를 주어 러시아의 해상 강국 지위에 손상을 입혔으며, 발칸 반도 국가들과 협의 없이 체결됐기에 이후의 갈등, 특히 제1차 세계대전의 씨앗을 뿌렸다.

❍ 오스만 제국-몬테네그로 전쟁

세르토리우스 전쟁, 기원전 80~기원전 72
Sertorian War, BCE 80~BCE 72

퀸투스 세르토리우스(기원전 123?~기원전 72)는 유능한 장군으로 기원전 83년에 루시타니아(오늘날의 포르투갈과 에스파냐 서부)의 총독에 임명됐다. 기원전 81년 세르토리우스는 북아프리카로 도피해야 했다. 루키우스 코르넬리우스 술라(기원전 138?~기원전 78)가 로마 독재관이 되어 이전의 모든 정적에게 복수했는데, 세르토리우스도 그중 한 사람이었기 때문이다(❍ 로마 내전, 기원전 84~기원전 82). 1년 뒤 루시타니아인이 로마에 맞서 반란을 일으키고 세르토리우스에게 돌아와 자신들을 지휘해 달라고 요청했다. 세르토리우스는 이에 응했다. 기원전 80년 세르토리우스는 바에티스(오늘날의 과달키비르) 강 전투에서 로마의 합법적인 루시타니아 총독을 격파했다. 술라는 퀸투스 메텔루스 피우스(기원전 130년에서 기원전 127?~기원전 63)에게 지휘를 맡겨 반란을 진압할 군대를 파견했으나 세르토리우스의 군대에 패했다. 기원전 77년 세르토리우스는 히스파니아(오늘날의 에스파냐와 포르투갈)의 대부분을 장악했다. 폼페이우스(기원전 106~기원전 48)가 지휘하는 새로운 로마 군대가 이탈리아를 출발하여 피레네 산맥을 넘고 메텔루스의 군대에 합류했으나, 세르토리우스는 일련의 전투에서 계략을 써 승리를 거두었다(기원전 76~기원전 73). 로마 군대는 증원군이 도착한 뒤 점차 우세를 잡게 됐다.

세르토리우스는 고통스러운 훈련을 시작했고 군기를 위반할 때에는 엄격하게 처벌했다. 그 결과 부대 안에 불만이 팽배했다. 세르토리우스의 핵심 장교였던 마르쿠스 페프페르나(기원전 72년 사망)는 거세게 불만을 선동하여 불만 세력이 세르토리우스를 살해하는 것을 거들었으며 군대의 지휘권을 장악했으나, 그 뒤 곧 폼페이우스에 패하여 포로가 됐고 죽임을 당했다.

세미놀족 인디언 전쟁
Seminole War

제1차 세미놀족 인디언 전쟁(1817~18) 에스파냐령 플로리다는 도망친 흑인 노예들의 피신처였다. 이들은 세미놀족 인디언에게 의탁하여 그곳에서 새로운 안식처를 찾았던 것이다. 그러나 미국군은 빈번히 국경을 넘어 노예들을 추적했고, 이에 분노한 세미놀족은 매복 공격으로 미국군의 머리 가죽을 벗겨 보복했다. 미국군은 노예들을 잡고 애팔래치콜라 강가의 에스파냐 요새를 파괴하기 위해 원정대를 파견했으며, 본격적인 전쟁이 시작됐다. 1817년 지휘권을 떠맡은 앤드루 잭슨(1767~1845) 미국군 장군은 공격 명령을 받고 침공했다. 잭슨은 소규모 부대를 이끌고 남진하여 세인트마크스와 펜서콜라의 에스파냐 요새를 점령했다. 잭슨은 세미놀족 족장 여러 명과, 인디언과 교역하던 영국인 상인 알렉산더 아버스넛과 로버트 암브리스터를 사로잡았고, 모두 처형하라고 명령했다(1818). 이 일로 영국과 미국 대통령의 각료 대다수가 격렬하게 항의했지만, 어떤 조치도 없었다. 반면 잭슨은 아메리카의 서부에서 영웅으로 추앙받았다. 1819년 존 퀸시 애덤스(1767~1848) 국무부 장관은 에스파냐와 협상을 갖고 조약을 체결했으며, 이에 따라 에스파냐는 500만 달러를 받고 미시시피 강 동쪽의 모든 영토를 미국에 넘겼다. **제2차 세미놀족 인디언 전쟁(1835~42)** 세미놀족 족장 오시올라(1804~38)와 부족민 대다수가 일부 인디언 족장과 미국 정부가 합의한 이주 조약을 인정하지 않자 전쟁이 발발했다. 세미놀족은 플로리다의 고향을 떠나 미시시피 강 서쪽으로 이주하는 대신, 플로리다의 에버글레이즈 습지대로 물러나 약 1,500명의 전사로 4만 명이 넘는 미국군에 대항하여 7년간 싸웠다. 1837년 토머스 S. 제섭(1788~1860) 장군이 병사 8천 명을 이끌고 여러 차례 전투에서 이겼으나 결정적인 승리는 없었다. 그 뒤 오시올라는 자유로운 신분으로 평화회담에 참가할 수 있다는 약속에 속아 붙잡혔고 노스캐롤라이나 주의 군대 요새에 있는 감옥에 투옥되어 그곳에서 사망했다. 제섭의 속임수에 대중이 격분했다. 재커리 테일러(1784~1850) 장군은 일찍이 오키초비 호수에서 세미놀족 일부를 격파한 적이 있었으나(1837년 12월 25일), 1838년에 제섭으로부터 지휘권을 넘겨받았을 때 세미놀족의 조직적인 저항이 무너진 상황이었는데도 전쟁을 끝낼 수 없었다. 1840년 테일러는 자원하여 플로리다 준주 사령관직에서 물러났고, 결국 약 3,800명에 이르는 플로리다 준주의 세미놀족은 서쪽으로 이주하여 오늘날 오클라호마 주에 있는 보호구역에 살기로 동의했다. 에버글레이즈에는 400명가량의 세미놀족이 남아 은거했다. 이 전쟁으로 미국군은 4천만 달러 이상의 비용을 쓰고 병사 1,500명을 희생했으며 더불어 많은 인디언의 목숨과 집이 사라졌다. 전쟁은 미국군이 치른 인디언 전쟁 중 가장 큰 희생을 요구했다. **제3차 세미놀족 인디언 전쟁(1855~58)** 1845년에 플로리다 준주가 미국의 주로 편입된 뒤에도 세미놀족의 잔여 세력은 완강하게 조상의 토지를 사수했고 백인의 침입에 저항했다. 10년 뒤 수백 명의 인디언을 에버글레이즈의 본거지에서 몰아내 제거하려는 종합적인 시도가 이루어졌다. 대체로 작은 규모의 전투가 벌어졌다. 미국 정부는 종국에는 가장 거세게 저항한 세미놀족에게 서부로 이주할 비용을 지불했다. 그렇지만 에버글레이즈 습지대에는 작은 무리가 남았고 1934년이 되어서야 평화협정이 체결됐다. 세미놀족 전쟁은 미국이 승리를 거두지 못한 유일한 인디언 전쟁이었다.

세븐오크스 학살, 1816
Seven Oaks Massacre, 1816

5대 셀커크 백작으로 허드슨베이회사에 지배적 지분을 보유한 스코틀랜드의 자선가 토머스 더글러스(1771~1820)는 오늘날 캐나다 매니토바 주 위니펙 인근의 비옥한 레드 강 유역에 스코틀랜드 정착민들의 식민지를 건설하기로 했다. 더글러스의 첫 번째 정착민들은 1812년에 도착했는데, 허드슨베이회사의 경쟁사였던 노스웨스트회사는 모피 상인들이 그 지역을 거쳐 자사의 상품과 원료를 운반하고 있었기 때문에 크게 당황했다. 정착민들은 설득당하여 1815년에 떠나기로 했으나, 이듬해 다른 무리가 도착하여 레드 강 식민지를 재건했다. 노스웨스트회사 상인들은 혼혈 인디언 협력자들을 부추겨 식민지 정착민들에 맞서게 했고, 1816년 6월 식민지 정착민의 외곽 교역소와 작물을 파괴했다. 세븐오크스라 부르는 곳에서 식민지 정착민 약 25명이 파괴 행위를 막기 위해 공격자들(약 60명 규모)과 대결했다. 전투가 벌어져 식민지 정착민 21명이 사망했다. 레드 강 식민지는 노스웨스트회사의 수중에 넘어갔다. 더글러스는 일단의 스위스인 용병을 고용하여 노스웨스트회사의 주요 교역소인 포트윌리엄을 점령했다. 세브오크스 학살의 주모자들이 체포됐고, 1817년 식민지 정착민들은 레드 강으로 돌아왔으며 이번에는 살아남아 번성했다.

'세 산초의 전쟁', 1068
'War of the Three Sanchos', 1068

1065~71년의 카스티야 내전 중에 카스티야 왕 산초 2세(1038?~72)는 인접 지역의 영토를 빼앗아 나라를 확장하려 했다. 산초 2세는 나바라 왕 산초 4세(1054~76)를 겨냥하여 원정을 시작했고, 산초 4세는 아라곤 왕 산초 1세(산초 라미레스, 1042?~94)를 불러 지원을 요청했다. 산초 2세의 카스티야 군대는 처음에는 약간의 성공을 거두었다. 대체로 당대에 (단 한번의 전투로 나바라의 전사를 죽여) '엘 시드 캄페아도르(전사)'라는 별명을 얻었던 에스파냐 군인 로드리고 디아스 데 비바르(1048?~99)의 지휘를 받은 덕이었다. 그러나 카스티야는 이후 1068년에 패했다. 카스티야의 산초 2세와 나바라 왕 산초 4세, 아라곤 왕 산초 1세는 모두 나바라 왕이었던 산초 3세 가르세스(산초 대왕, 992?~1035)의 손자였다.

○ 알무라비툰(무라비트) 왕조의 이베리아 반도 정복

'세 앙리의 전쟁'
'War of the Three Henrys'

○ (제8차) 종교 전쟁

세이난西南 전쟁,* 1877
Seinan War, 1877

사무라이는 12세기 이래 일본의 세습 무사인데, 쇼군에 대한 사무라이의 불만은 1867년 에도 바쿠후江戸幕府(도쿠가와 바쿠후德川幕府)의 몰락(◐ 메이지 유신)과 천황의 국가 통합으로 이어졌다. 강력한 다이묘大名(영주)들이 자진하여 자신들의 번藩을 천황에게 넘겼는데, 이는 수백 년 동안 내려온 봉건제가 폐지되는 첫 걸음이었다. 1871년에 사무라이는 봉건제가 사라지면서 남은 유일한 흔적에 지나지 않았다. 사무라이는 이전까지 대대로 받았던 급여의 절반만을 연금으로 받았으며 두 자루의 칼을 휴대할 수 있었고 무역이나 상업, 농업, 공업에 종사할 수 있는 허가를 받았다. 1873년 사무라이는 연금 대신 일시불을 선택할 수 있었고, 1876년에는 연금의 일시불 전환이 강제로 시행됐다. 동시에 법령이 반포되어 군인, 경찰관, 신형 서구식 예복을 착용할 수 있는 자격의 귀족이나 고위 관료를 제외하고는 칼의 휴대가 금지됐다. 이로써 마지막 자존심에 상처를 입은 많은 사무라이가 반란을 일으켰다. 대부분은 쉽게 진압됐으나, 규슈九州 섬 남부에 있는 사쓰마薩摩 번에서 전통 무기와 현대식 무기를 모두 쓸 줄 아는 4만 명의 사무라이가 최초 개혁가의 한 사람인 사이고 다카모리西郷隆盛(1828~77)의 지휘로 반란을 일으켰다. 반란은 1877년 1월 29일에 발생하여 여덟 달 동안 지속됐다. 천황은 6만 5천 명의 병력을 보냈고, 결국 농민과 조닌町人으로 편성된 이 군대가 과거의 사무라이 출신 전사들과 싸워 승리했다. 일부 역사가들은 사이고가 구마모토熊本 성을 공략하느라 시간과 병력을 허비하지 않았다면 다른 결과가 나왔을 수도 있다고 주장한다. 어쨌든 실제는 그 반대였고 사이고는 가고시마鹿兒島 외곽에서 벌인 최후의 전투에서 패하고 헌신적인 부하들과 함께 할복했다(1877년 9월 24일).

* 사쓰마(薩摩) 반란이라고도 한다.

세인트올번스 습격, 1864
Saint Albans Raid, 1864

미국 남북 전쟁 중 캐나다에 기지를 둔 25명의 남부연합 요원들이 국경 너머 북부연방 지역으로 들어가 버몬트 주의 세인트올번스를 공격했다(1864

년 10월 19일). 이들은 남자 1명을 살해하고 은행 세 곳에서 약 20만 달러를 훔친 뒤 캐나다로 도주했다. 북부연방의 수색대가 이들을 추적하여 국경을 넘고 여러 명을 체포했으나 캐나다 관리들에게 인계해야 했다. 곧 남부연합 요원의 절반 정도가 체포됐으나, 캐나다 법원이 이들을 처벌하지 않고 석방하자 미국에서는 캐나다와 영국에 맞서 전쟁을 벌여야 한다는 주장이 제기됐다. 도둑맞은 돈은 되돌아왔고, 습격자 중 5명은 캐나다의 중립을 해친 혐의로 다시 체포되어 구금됐다. 그러나 전쟁의 공포는 심해졌고 캐나다는 1865년 초 국경을 따라 민병대 2천 명을 주둔시켰다. 1867년 캐나다인들은 미국의 공격을 받을까봐 두려워 뉴펀들랜드를 제외한 영국령 북아메리카 전체를 연방으로 결성했다.

세인트 클레어의 패배, 1791
St. Clair's Defeat, 1791

조사이어 하마(1753~1813)가 노스웨스트 준주(오하이오 강 노스웨스트 준주)의 인디언을 진압하는 데 실패하자(○ 하마의 패배), 노스웨스트 준주 지사이자 연방군 사령관인 아서 세인트 클레어(1737~1818)는 1791년 10월 3일 2,100명의 병력을 이끌고 신시내티에 있는 워싱턴 요새를 출발하여 북쪽으로 이동했다. 탈영병이 있어 1,400명 정도로 줄어든 세인트 클레어의 군대는 1791년 11월 4일 워배시 강 상류에서 야영하다가 족장 리틀 터틀(1752~1812)이 이끄는 인디언의 기습공격을 받았다. 3시간의 격렬한 전투 끝에 세인트 클레어는 병력의 절반 이상을 잃고 퇴각했다. 이 패배는 큰 굴욕이었기에 의회가 조사에 나섰다. 세인트 클레어는 결국 혐의를 벗었으며, 병사들의 미숙함에 책임이 돌아갔다.
○ 폴른팀버스 전투

세키가하라關ヶ原 전투, 1600
Battle of Sekigahara, 1600

도요토미 히데요시豊臣秀吉(1537~98)는 죽기 전에 어린 아들 도요토미 히데요리豊臣秀頼(1593~1615)를 보좌하여 나라를 통치할 5명의 다이로(고다이로五大老)를 임명했다. 그중 한 사람으로 일본에서 가장 강력한 다이묘大名(영주)인 도쿠가와 이에야스德川家康(1543~1616)는 곧 야심을 드러냈다. 1585년에 정부를 관리할 5명의 부교(고부교五奉行) 중 한 사람으로 임명됐던 이시다 미쓰나리 石田三成(1563~1600)는 곧 이에야스의 야심을 눈치채고 적극적으로 대응했다. 기민한 정치가였던 이에야스는 자신을 암살하려는 계획이 있음을 알아채어 이를 무산시켰고, 무단 혼인을 금지한 히데요시의 법을 어기고 도요토미 가문의 가신들과 사돈을 맺어 무장들을 자기편으로 끌어들였다. 이에 미쓰나리는 이에야스가 법을 어겼다고 고발하여 죄를 추궁했고, 그 결과 다이묘들이 양분되어 일촉즉발의 상황이 전개됐다. 미쓰나리는 오타니 요시쓰구大谷吉継(1559~1600), 고부교의 한 명이었던 마시다 나가모리增田長盛, 승려이자 이요노쿠니伊予國(오늘날의 에히메 현愛媛縣)의 다이묘였던 안고쿠지 에케이安國寺惠瓊(1539~1600) 등과 모의하여, 다이로 모리 데루모토毛利輝元(1553~1625)를 총사령관으로 옹립하여 서군西軍을 조직하고 여러 다이묘의 처자식을 인질로 삼아 거병했다. 1600년 10월 21일 미쓰나리의 서군과 이에야스의 동군東軍은 미노노쿠니美濃國(오늘날의 기후 현岐阜縣 남부)의 세키가하라에 집결했다. 그즈음 일본은 유럽인들에게서 화기를 들여왔고 칼은 물론 총으로도 싸웠다. 10만 명에 이르는 잡다한 구성의 서군은 내분으로 분열했고 훈련을 잘 받고 단결된 8만 명의 동군에 적수가 되지 못했다. 동군은 그날이 다 갈 무렵 완벽한 승리를 거두었고 3만 명이 넘는 서군을 살해했다. 미쓰나리는 체포되어 처형됐다. 이 전투는 일본 역사에서 가장 결정적인 전투의 하나로 꼽힌다. 그 뒤 264년 동안 일본을 통치하게 될 에도 바쿠후江戶幕府(도쿠가와 바쿠후德川幕府)가 탄생하는 무대였기 때문이다.

○ 오사카 포위 공격

세포이 항쟁,* 1857~59
Sepoy Mutiny, 1857~59

1857년 5월 10일 북인도 메루트에 주둔한 벵골군이 총탄에 동물 기름을 칠했다는 소문이 퍼진 뒤 인도 원주민 용병인 세포이들은 영국인 장교들에 반기를 들어 항쟁을 일으켰다. 동물 기름을 칠한 것은 이슬람교도든 힌두교도든 인도인의 종교적 금기를 깨뜨리는 것이기 때문이다. 항쟁은 영국이 아와드(오우드. 인도 중북부)를 병합하고 무굴 제국을 멸망시키려고 한 것에 분노한 다른 인도인들을 자극했다. 메루트의 반란은 곧 북인도 전역으로 확산되어 영국과 인도 사이의 전면전으로 발전했다. 항쟁을 일으킨 군인들은 인근의 델리를 점령하고 연로한 무굴 제국의 황제를 지도자로 선포했으며 아와드에서도 곧 항쟁이 일어날 것처럼 보이자 러크나우와 칸푸르를 장악했다. 영국은 갠지스 강 연안지대 중심부와 펀자브, 데칸 고원 등 여러 지역에서 빠른 속도로 통제력을 상실했다. 농촌에도 반란과 게릴라 활동이 확산됐다. 양쪽 모두 잔학 행위를 일삼았다. 1857년 7월 칸푸르에서 영국인 여성과 아이들 200명 이상이 학살당한 채 발견되면서 영국의 복수는 잔인해졌다. 인도인들의 항쟁은 내부 갈등으로 흔들렸으며, 영국은 곧 델리를 탈환하고(1857년 9월 20일) 마침내 러크나우를 포위하여 되찾았다(1858년 3월 16일). 1858년 6월 항쟁은 대체로 진압됐다. 그 뒤 인도의 통치권은 원주민에게 증오의 대상이었던 영국동인도회사에서 런던의 영국 정부로 이관되는 등 개혁이 시행됐지만, 사라지지 않은 원주민의 괴로운 심정은 인도 민족주의의 성장에 자양분이 됐다.

* 인도 반란(Indian Rebellion)이라고도 한다.

셀레우코스 왕국–이집트 전쟁, 기원전 171~기원전 168
Seleucid War with Egypt, BCE 171~BCE 168

이집트 왕국은 시리아에 세워진 셀레우코스 왕국의 왕 안티오코스 4세 에피파네스(기원전 215?~기원전 164?)가 지배하고 있던 영토인 코엘레시리아(레바논의 베카 고원)와 페니키아, 팔레스타인의 소유권을 주장하고 침공할 채비를 했다. 그러나 안티오코스 4세가 먼저 이집트를 침공하여 승리를 거두었다. 안티오코스 4세는 이집트의 주요 국경 요새 펠루시온(펠루시움)을 점령하고 수도 알렉산드리아를 제외한 프톨레마이오스 왕조의 이집트 왕국을 점령한 뒤 귀국하여 반란을 진압했다. 이집트 파라오 프톨레마이오스 6세 필로마토르(기원전 186?~기원전 145)와 그의 동생 프톨레마이오스 8세 에우에르게테스(기원전 184?~기원전 116)는 로마에 도움을 요청했다. 기원전 168년 안티오코스 4세는 다시 이집트를 침공하여 알렉산드리아를 포위했으나 로마가 개입할 태세를 보이자 철수했다. 프톨레마이오스 왕조는 이집트를 되찾았다. 안티오코스 4세는 시리아로 돌아가던 중에 유대인의 거점 도시 예루살렘을 공격하여 점령하고 유대교를 말살하려 했으며 이로써 반란을 초래했다(○ 마카빔 가문의 반란).

○ 시리아–이집트 전쟁

셀주크튀르크–비잔티움 제국 전쟁
Seljuk Turk–Byzantine Wars

○ 비잔티움 제국–셀주크튀르크 전쟁

셰이스의 반란, 1786~87
Shays's Rebellion, 1786~87

매사추세츠 서부의 농민들은 미국 독립 전쟁에 뒤이은 경기 침체로 가격 하락과 높은 세금에 직면하자 구제 조치를 요구했다. 요구 사항은 지폐 공급과 채무 상환 유예, 채무 불이행에 따른 투옥의 중단이었다. 매사추세츠 의회가 구제 조치 없이 폐회하자, 1786년 8월 대니얼 셰이스(1741?~1825)가 민사재판소에서 농장의 저당물 환수권 상실 결정을 내리지 못하도록 무장 반란을 이끌었다. 1787년 초 농민들이 매사추세츠 스프링필드의 무기고를 점령하려 하자, 제임스 보던(1726~90) 지사는 민병대를 소집하여 벤저민 링컨(1733~1810) 장군에게 지휘를 맡겼다. 1787년 2월 반란자들은 피터섬에서 패주하여 해산했다. 셰이스는 버몬트로 달아났다가 나중에 사면을 받았다. 반란으로 연합규약 Articles of Confederation의 개정과 새로운 연방헌법의 비준이 긴요해졌다.

소련의 아프가니스탄 침공
Soviet Invasion of Afghanistan

○ 아프가니스탄 내전, 1979~2001

소련의 체코슬로바키아 침공, 1968
Soviet Invasion of Czechoslovakia, 1968

1968년 초 슬로바키아계 지도자인 알렉산데르 둡체크(1921~92)는 체코슬로바키아공산당 제1서기가 됐다. '프라하의 봄'이라고 일컬었던 짧은 해방기가 시작됐고, 그동안 둡체크는 체코슬로바키아에서 개혁들을 실행했다. 둡체크는 언론 검열을 철폐하고 서방과 관계를 개선했으며 소비재 생산 증대를 약속했다. 또한 체코슬로바키아 안에서 슬로바키아의 자치를 모색했으며 개인의 자유를 허용하는 새로운 헌법을 계획했다. 체코슬로바키아와 다른 위성국가들을 엄격하게 지배하는 데 익숙했던 소련은 크게 놀랐고, 슬로바키아의 도시 치에르나에서 소련·체코슬로바키아 협의회를 열었다(1968년 7월 29일~8월 1일). 소련의 관료들은 협의회에서 떠날 때 우호적인 태도를 보였다. 그러나 소련은 돌변했다. 1968년 8월 20일에서 21일로 넘어가는 밤, 소련군은 불가리아와 헝가리, 폴란드, 동독으로부터 병력을 지원받아 체코슬로바키아를 침공하고 소수의 저항을 무너뜨린 뒤 점령했다(침공군은 최소 60만 명을 헤아렸다). 둡체크를 비롯한 체코슬로바키아 지도자들은 체포되어 모스크바로 끌려간 뒤 강압을 받아 굴복하고 귀국했다. 체코슬로바키아에는 친소련 공산당 정권이 수립됐다. 1969년 4월 둡체크의 개혁은 (슬로바키아의 자치를 제외하고) 전부 효력을 상실했고, 둡체크는 공직에서 쫓겨났다. 소련은 이른바 '브레즈네프 독트린("소련은 자국의 이익이나 안전보장이 심각한 위협에 처하면 언제라도 동유럽 공산주의 동맹국들의 문제에 군사적으로 개입할 권리를 보유한다")'으로 자신들의 행위가 정당했음을 주장하며, 1970년에 체포와 숙청, 종교적 박해를 명령하여 체코슬로바키아에서 자유주의적 경향을 제거하려 했다. 여러 해가 지난 뒤 1989년 말 소련과 불가리아, 헝가리, 폴란드, 동독의 지도자들은 1968년의 침공이 부당하게 "주권국가 체코슬로바키아의 내정에 간섭한 일"이었음을 공개적으로 인정했다. 1993년 1월 1일에 체코 공화국과 슬로바키아 공화국이라는 두 공화국이 탄생하여 1992년에 결성했던 체코슬로바키아의 평화적 분리가 끝났다.

소련-핀란드 전쟁(겨울 전쟁), 1939~40
Russo-Finnish War(Winter War) of 1939~40

1939년 유럽에서 전쟁이 발발했을 때(**○ 제2차 세계대전**), 소련은 핀란드에게 항코(항외) 반도의 해군기지를 임대하고 만네르헤임 라인(소련에 대비하여 카렐리아 지협을 가로질러 쌓은 참호선)의 무장을 해제하며 핀란드 만의 여러 섬을 할양하라고 요구했다. 핀란드는 요구를 거부했고, 1939년 11월 협상이 결렬되자 약 100만 명에 이르는 소련군이 이웃의 작은 나라를 침공했다. 약 30만 명의 핀란드 군대는(약 80퍼센트는 동원된 예비군이었다) 혹독한 핀란드의 겨울 날씨(높이 쌓인 눈과 영하의 기온)를 이용하여 '러시아의 곰'을 석 달 넘게(1939년 11월 30일~1940년 3월 12일) 궁지에 몰아넣었다. 핀란드인들은 핀란드 동부의 마을 수오무살미에서 한 달 동안 벌인 전투에서 포병과 보병으로 소련군 2개 사단을 거의 전멸시키는 눈부신 승리를 거두었다(1939년 12월 11일~1940년 1월 8일). 1940년 2월 스웨덴과 노르웨이, 연합국에서 핀란드를 동정한 자원병들이 합세하기는 했지만, 핀란드 군대는 만네르헤임 라인으로 끊임없이 밀고 들어오는 소련군의 공격을 저지할 수 없었다. 소련 군대는 큰 손실을 입었지만 엄청난 포격과 공중 폭격의 지원을 받아 방어선을 돌파했고 비푸리(오늘날의 비보르크)로 진격했다. 전쟁에 지치고 외국의 지원도 받지 못한 핀란드 군대는 강화를 요청했고, 1940년 3월 12일 소련의 요구조건을 수용하여 카렐리아 지협과 비푸리를 할양했다. 1941년 6월 핀란드인들은 독일과 연합하여 함께 소련을 침공했다(〇 제2차 세계대전, 소련 전선).

소말리아 내전, 1988~90
Somalian Civil War of 1988~90

소말리아는 1969년에 군부가 민간 정부를 무너뜨린 뒤 늘 분쟁과 기근으로 고통을 당했다. 모하메드 시야드 바레(1919~95)의 무능하고 잔인한 일당 독재가 키운 씨족 간의 혹독한 분쟁은 1988년 봄에 소말리아민족운동 SNM 이 북부의 도시들과 군사기지를 장악하면서 절정에 달했다. 수천 명이 죽임을 당했고 수십만 명이 이웃 나라 에티오피아로 피난했다. 소말리아 수도 모가디슈는 계속 사회주의 정부가 장악하고 있었다. 1989년 3월 오가덴 씨족의 병사들이 키스마요에서 폭동을 일으켰고, 7월에 정부군이 우세를 차지할 때까지 전투가 지속됐다. 그동안 SNM은 큰 소득을 얻었다. 전투 때문에 국제연합 UN과 다른 구호 단체 직원들이 5월에 소말리아를 떠났고, 1989년 7월 9일 모가디슈의 로마가톨릭 주교가 암살되어 폭력사태는 더 크게 확산됐다. 1970년대에 경제의 대부분을 국유화한 바레 대통령은 반란과 민간인의 거리 투쟁에 굴복하여 다당제 선거를 실시하겠다고 약속했다. 그러나 반란 단체들이 연합하여 선거를 무산시키고 결국 1990년 12월 말에 쿠데타를 일으켜 성공했다. 바레는 한 달 뒤 축출당해 나라를 떠나 도피했다.

○ 소말리아 내전, 1991~

소말리아 내전, 1991~
Somalian Civil War of 1991~

1990년에 자유선거가 약속되면서 3년 동안 이어진 소말리아 내전이 잠시 중단됐으나(○ 소말리아 내전, 1988~90), 곧이어 새로운 권력투쟁이 벌어졌다. 1969년 이래 일당 독재의 수장이었던 대통령 모하메드 시야드 바레 (1919~95)는 1991년 1월에 축출됐지만, 여러 씨족과 가문에 속했던 반란자들이 후계 문제로 충돌하면서 현재까지 21년 넘게 무정부 상태가 지속됐다. 분파 투쟁은 수도 모가디슈에서 특히 심했다. 주요 경쟁자였던 모하메드 파라 아이디드(1934~96) 장군의 지지자들도, 그의 정적들도 정부를 수립할 만큼 강력하지 못했다. 1991년 5월 북부의 한 지역이 모하메드 하지 이브라힘 에갈(1928~2002)의 지휘로 이탈했다(분리파 반군과 바레의 군대가 벌인 전투 초기에 주민 수십만 명이 사망했다). 새로운 정치적 실체인 소말릴란드는 빠르게 안정을 찾아갔으나, 1992년 중반 극심한 가뭄에 전쟁까지 겹쳐 경제 활동이 침체되고 농업이 파괴되어 소말리족 약 150만 명이 기아에 직면했다. 1992년 8월 국제연합UN은 전면적 기아를 피하고자 소말리아로 식량을 보냈다. 그러나 여러 지연 전술에 분배가 원활하지 못했고 다수 군벌은 분배를 완전히 막기도 했다. 1992년 12월 미국군이 식량을 수송하고 무질서를 진압하기 위해 도착했으며, 몇 달 뒤 UN 평화유지군이 들어와 구호 활동을 통제했다. 구호 활동으로 기근은 어느 정도 해결됐으나, 국제적 개입은 아이디드와 그의 최고 지휘관들을 체포하거나 살해하는 데까지 임무를 확장하면서 실패로 돌아갔다. 1993년 10월에 있었던 이러한 시도는 18명의 미국군 특수부대 전투원과 소말리족 약 500명이 사망하면서 재앙으로 끝났다. 1995년 초 UN 평화유지군은 철수했고 몇 달 안 되어 미국군도 떠났다. 1992년에 UN이 무기 수출 금지를 결정했지만, 모가디슈를 두고 다투었던 집단들은 지역 내부의 다른 국가들로부터 계속 무기를 공급받았다. 1996년 8월 아이디드가 교전 중에 입은 부상 때문에 사망했는데도 폭력은 중단되지 않았고, 아이디드의 아들로 미국 시민권자이자 해병대에 근무했던 후세인(1962~)이 뒤를 이었다. 그러나 분열은 수도에 국한되지 않았다. 1998년 중반 동북부 지역의 푼틀란드가 자치를 선언했다. 그렇지만 2000년 8월에 몇몇 씨족장의 참여로 압디카심 살라드 하산(1941~) 대통령이 이끄는 과도거국정부TNG가 수립되어 국가 통합의 길을 열었다. 그러나 TNG는 임기인 약 4년 동안 수많은 도전에 직면했다. 2001년 4월 일부 군벌은 에티오피아의 지원을 받아 다른 중앙정부를 수립했고, 그 다음 달 후세인의 민병대와 TNG 군대가 모가디슈에서 충돌하여 수십 명이 사망했다. 2002년 4월에는 서남부 지역을 지배한 여러 지도자가 자치를 요구했다. 2002년 10월 TNG와 소말리아에서 활동하는 21개 파벌이 케냐에서 열릴 평화회담의 선행조건으로 휴전을 선언했다. (푼틀란드는 참여를 거부했고, 2001년 5월의 주민투표에서 압도적인 찬성으로 독립을 지지했던 소말릴란드도 회담에 참여하지 않았다.) 대표자들이 상대방의 정당성을 빈번히 문제 삼으면서, 협상은 결렬될 것처럼 보였다. 그러나 2004년 1월 회담에 참여한 모든 당사자가 소말리아의 새로운 과도연방정부TFG를 수립하기로 합의했다. 정부는 우선 케냐에 두기로 했다. 8월에 구성된 275명 정원의 의회는 (4개의 주요 소말리족 씨족과 기타 여러 소수 종족들은 고정된 비율로 의회 의석을 할당받을 수 있음을 보장받았다) 10월에 푼틀란드의 지도자였던 압둘라히 유수프 아흐메드(1934~)를 대통령으로 선출했다. TFG의 수립을 지원했던 군벌들은 정부의 요직을 받는 대가로 무장을 해제할 예정이었다. 2005년 6월 TFG는 소말리아로 이전을 시작했으나, 정부 구성원들은 아직 어느 곳을 권력의 중심지로 삼아야 할지 결정하지 못했다. 다수는 모가디슈가 여전히 위험하다고 판단했다. 반면 소말릴란드는 경찰과 공무원, 정부가 제대로 기능을 수행하며 비교적 평온한 상태를 유지했다. 2003년 4월에 실시된 첫 번째 대통령 선거는 국제적 승인을 받지 못한 모하메드 하지 이브라힘 에갈 소말릴란드 공화국 대통령이 사망한 뒤로 대통령직을 승계했던 다히르 라얄레 카힌(1952~)의 지위를 추인했다. 독립을 고수하겠다는 소말릴란드의 강력한 태도는 TFG에 위협이었으며, 일부 군벌도 TFG에 반대했다. 그중에 모하메드 사이드 헤르시 모르간 장군은 2004년 9월에 남부의 항구도시 키스마요를 공격했다가 실패했다. 소말리아는 오랫동안 지속된 가뭄과 자연 재해(2004년 12월 인도양의 쓰나미), 그리고 내전으로 너무 많은 인명의 손실을 입어(약 100만 명이 사망했는데 1991년에서 1992년 사이에 죽은 사람만 4만 명이다) 계속해서 고통을 당했다. 게다가 다른 나라들은 소말리아가 여러 해 동안 무법천지였던 탓에 국제 테러리스트들에게 매력적인 기지가 됐다고 두려워했다.

솔로몬 제도 폭동, 1999~2003
Solomon Islands Insurrection of 1999~2003

서남태평양에 있는 솔로몬 제도의 과달카날 섬 원주민과 이웃 말레이타 섬의 원주민은 오랫동안 폭발할 듯 팽팽한 긴장 관계를 이어왔고, 1998년 12월 관계가 더욱 악화되어 1999년 1월에 폭력사태가 분출했다. 주민의 3분의 1을 차지한 말레이타인이 과달카날 섬의 경제와 정치를 완전히 지배하여 원주민의 큰 불만을 초래했다. 과달카날 섬의 전사들이 말레이타인의 집과 직장을 공격했고, 전하는 바에 따르면 일부는 납치하고 일부는 살해하여 나머지 수천 명이 과달카날 섬을 떠났다고 한다. 1999년 중반 이사타부 자유운동 IFM(이사타부는 과달카날 섬의 현지식 지명)과 말레이타독수리군 MEF의 민병대가 수도 호니아라 주변에서 무장투쟁에 휩싸였다. 의회는 4개월 동안 비상사태를 선포하여(6월 17일) 경찰의 수색과 체포 권한을 확대했으며 언론과 시민권을 제한했다. 호니아라 평화협정은 갈등을 해결하지 못했고, 다국적경찰평화감시단이 주둔했는데도 1999년 내내 분쟁은 더욱 기승을 부렸다. 2000년 6월 MEF의 전사들이 총리를 인질로 잡고(한 주 뒤에 풀려났다) 사임을 요구했으며 새로운 정부를 구성했다. 오스트레일리아와 뉴질랜드가 중재한 평화회담으로 휴전이 발효됐고(2000년 8월), 타운즈빌 평화협정이 체결되어(2000년 10월) 2년간의 고강도 폭력이 종식됐다. 그동안 일상생활은 큰 해를 입었고 경제는 거의 붕괴 직전에 몰렸다. 2001년 12월에 선거로 구성된 새 정부는 이와 같은 급격한 쇠락을 되돌리고 만연한 불법을 치유하는 데 노력을 집중했다. 2003년 태평양제도포럼 PIF은 미국이 주도하는 '대對테러 전쟁'을 배경으로 헬펨 프렌 작전 Operation Helpem Fren(친구를 돕는다)을 승인했다(6월 30일). 나중에 솔로몬 제도의 의회도 찬성한 이 작전은 솔로몬 제도에 군사적으로 개입하여 전사들의 무장을 해제하고 위기의 확산을 방지하려는 포괄적인 계획이었다. 그리하여 7월 24일 총리가 '안전

을 이유로' 나라를 떠난 뒤 태평양의 섬나라에서 2,225명의 군인이(4분의 3
이 오스트레일리아 군대) 이른바 '구원' 임무를 띠고 솔로몬 제도에 도착했다.
2003년 11월부터 솔로몬 제도는 차츰 안정을 되찾았다.

송宋—다이비엣大越 전쟁, 1057~61
Song—Đại Việt War of 1057~61

송나라 군대가 독립국가 다이비엣大越(베트남 북부)을 침공하여 정복하려 했
다. 중국인들은 여전히 그 지역을 얕보는 듯이 안남安南('평정된 남쪽'. 베트남
중부)이라고 불렀다. 송나라 군대는 홍강紅江 삼각주에서 방어하는 다이비엣
군대에 저지당했다. 전쟁은 4년간 계속됐으며, 결국 송나라 군대는 내쫓겨
북쪽의 자국 영토로 돌아갔다. 이 전쟁 중 이웃의 참파 왕국(베트남 중부)과
크메르 제국이 다이비엣을 침공하여 영토를 빼앗으려 했다. 1061년 다이비
엣은 남쪽의 참파로 진격하여 북위 17도선 이남까지 국경을 확장했다. 다
이비엣의 농민 병사들은 해안 지역에 정착했고 결국에는 남아 있던 참족 주
민들까지 축출했다.
○ 다이비엣—참파 전쟁, 1000~44

송宋—다이비엣大越 전쟁, 1075~79
Song—Đại Việt War of 1075~79

송나라는 다이비엣大越(베트남 북부)과 닿아 있는 남쪽 국경을 안전하게 하고
자 참파 왕국·크메르 제국과 연합하여 리李 왕조의 통치로 번성하고 있는
독립국가 다이비엣을 공격했다. 다이비엣은 패했고 리 왕조의 통치자들은
송나라가 철수하는 대가로 국경의 5개 성省을 할양했다. 이후 1084년의 조
약으로 이 성들은 다이비엣에 반환됐고 국경이 획정됐다.
○ 다이비엣—명 전쟁

송宋—요遼 전쟁, 979~1004
Song—the Khitans War, 979~1004

거란족은 950년경 중국 동북부에서 남쪽으로는 멀리 황허黃河 상류 연안지
대까지 중국의 상당 부분을 점령한 몽골계 부족의 하나였다. 거란족은 요

나라를 세웠는데 요遼는 '철'을 뜻했다. 송나라는 960년에 태조 조광윤趙匡胤(927~976)이 세웠고, 후계자인 태종 조광의趙匡義(조경趙炅, 재위 939~997)는 979년에 거란족으로부터 허베이河北와 산시山西를 되찾으려 했다. 태종은 요나라 수도 중 하나인 남경석진부南京析津府(오늘날의 베이징北京)를 점령하려는 첫 번째 시도에서 실패했으나 7년이 지난 뒤 산시 북부와 허베이 남부를 정복했다. 전쟁은 송나라 제3대 황제 진종 조덕창趙德昌(조항趙恒, 968~1022) 때도 계속됐고 전황은 양쪽에 모두 유리했다가 불리했다가를 반복했다. 1005년 마침내 전연澶淵(전주澶州. 오늘날의 허난성河南省 푸양시濮陽市)의 맹약으로 요나라는 허베이 남부 일부를 포기하는 대신 송나라로부터 산시의 북부 지역을 받고 매년 은 10만 냥과 비단 20만 필을 받는 데 동의했다.

○ 여진족의 요 정복

송宋-탕구트족 전쟁
Song-the Tanguts War

제1차 송-탕구트족 전쟁(990~1003) 송나라가 동북쪽에서 거란족과 싸우는 데 몰두해 있는 동안(○ 송-요 전쟁), 송나라의 서북쪽에 거주하는 또 다른 유목민인 탕구트족이 송나라 황제에게 충성하기를 거부하고 독립 왕국을 세웠다. 이 왕국은 뒷날 서하西夏로 불렸다. 거란족은 즉시 새 왕국을 승인했고, 송나라는 거듭 종주권을 주장하려 노력했으나 무기력했다. 당시 송나라는 이 호전적인 북방 인접국들과 평화롭게 지내는 것을 선호했다. **제2차 송-탕구트족 전쟁(1040~43)** 탕구트족(서하)은 남쪽의 송나라를 침공하여 점령하려 했으나 전황이 교착상태에 빠져 평화조약을 맺었다. 송나라 황제는 국경이 침입당하지 않도록 확실히 방비하고자 거란족에 주었던 것과 유사하게 매년 은과 비단, 차를 보내기로 합의했다. 이후 오래 유지된 평화 시기에 탕구트족과 거란족은 송나라의 생활방식과 문화를 받아들였다.

수隋-고구려 전쟁,* 598, 612, 613, 614
Sui-Goguryeo War, 598, 612, 613, 614

598년에 중국을 통일한 수나라 문제(541~604)는 여러 차례 사신을 보내 고구려를 염탐했다. 문제가 고구려를 치려 한다는 소문에 고구려의 영양왕

(618년 사망)은 병력 1만 명을 동원하여 랴오시遼西 지역의 임유관臨瑜觀을 공격했고, 이에 문제는 고구려 원정을 시작했다. 주라후周羅睺(541~604)가 이끌던 해군은 도중에 풍랑을 만나 철수했고, 랴오시로 들어오던 육군은 고구려의 방어를 뚫지 못하고 결국 퇴각했다. 604년에 아버지를 시해하고 제위에 오른 양제(569~618)는 612년에 대군을 이끌고 고구려를 침공했다. 수나라 군대는 랴오허遼河를 건너 요동성을 포위했으나 6개월이 지나도록 함락하지 못했다. 내호아來護兒(?~618)가 이끄는 수군이 단독으로 평양을 공격했으나 고구려군에 참패했다. 고구려의 장군 을지문덕乙支文德(567?~629?)은 거짓 항복으로 압록강 서쪽에 집결해 있던 적군의 동태를 살폈는데, 이것이 계략임을 알아챈 수나라의 우중문于仲文(545~613)과 유사룡劉士龍은 대군을 이끌고 압록강을 건너 평양성 인근에 당도했으나 식량 부족으로 퇴각했다. 을지문덕은 살수薩水(청천강)에 둑을 쌓아 물을 막았다가 수나라 군대가 강을 절반쯤 건넜을 때 무너뜨렸다. 30만 명에 이르는 수나라 군대에서 생존자는 2,700명에 불과했다. 613년 양제는 다시 고구려를 침공하여 요동성을 공격했으나 함락하지 못했고, 수나라 안에서 예부상서인 양현감楊玄感(?~613)이 반란을 일으키자 되돌아갔다. 반란을 진압한 양제는 다시 고구려를 침공했고, 수나라와의 전쟁으로 국력이 심각하게 소진된 고구려는 형식적인 항복 의사를 전달하며 양현감의 반란군과 내통했다가 양현감의 반란이 실패하자 고구려로 망명한 수나라 전임 병무상서인 곡사정斛斯政을 묶어 양제에게 보냈다. 양제는 고구려의 제안을 수용하고 철군했다. 수나라에서는 무리한 고구려 원정과 폭정, 기근이 겹쳐 반란이 일어났고, 양제는 618년에 장수들에게 죽임을 당했다.

* 여수(麗水) 전쟁이라고도 한다.

수단 내전, 1956~
Sudanese Civil War of 1956~

동아프리카 수단의 남부에는 대체로 흑인 그리스도교도와 애니미즘적 전통 종교의 신자들이 많았고 북부에는 아랍 세계의 영향을 받아 이슬람교도가 많았다. 1956년 독립 이후 남부의 반란군이 북부에 있는 수도 하르툼의 중앙정부로부터 자치권을 얻기 위해 투쟁에 나섰다. 정부가 이슬람교 수니파와 아랍어를 강요하고 수단의 자원과 부를 독점하려 하자 남부 지역이 분노했다. 1969년에 군사 쿠데타를 감행하여 의회제 정부 구조를 전복한 뒤 가파르 무함마드 안 니메이리(1930~2009) 장군은 군사력으로 권력을 장악하고 자신을 실각시키려는 기도를 잘 막아냈다. 1972년의 협상으로 남부에 일부 자치권이 허용된 뒤 11년간 휴전이 이루어졌으나, 니메이리 정부는 1983년에 협정을 폐기하고 나라 전체를 샤리아(이슬람 율법)에 따라 통치하려 했다. 일련의 엄격한 이슬람 율법인 샤리아는 이슬람교도가 아니더라도 형사범죄에 태형과 신체절단형으로 처벌하도록 규정한 법적 규범이었다. 남부의 딩카족이 지배한 주요 반군 집단인 수단인민해방운동 SPLM은 이에 대응하여 다시 폭동을 일으켰다. 그런데 SPLM은 궁극적 목적이 하르툼에서 완전히 독립하는 것인지, 단순한 자치인지 혹은 세속화의 확대인지 분명히 밝힌 적이 없었다. 정부는 남부의 마을들을 포격했을 뿐만 아니라 민병대에 무기를 공급하여 남부 시민들을 살해하거나 포로로 잡아 노예로 삼게 했다. (그러나 수년 동안 하르툼의 정부는 노예제를 용인한 적이 없다고 주장했다.) 수도의 권좌에는 변화가 있었지만—니메이리는 1985년에 일어난 군사 쿠데타의 결과로 축출됐고 1989년에는 오마르 알 바시르(1944~)가 군사 쿠데타를 감행하여 민간 정부를 전복한 뒤 군사평의회를 조직하여 통치했다—북부와 남부는 전쟁을 오래 끌었다. 1978년에 대체로 남부에서 석유가 발견됐는데, 이는 또 다른 다툼의 원인이 됐다. 특히 정부가 1999년부터 석유를 수출하고 벌어들인 돈으로 전투용 헬리콥터 등 무기를 구입하면서 대립은 더욱 심해졌다. 2002년 양쪽은 주로 미국의 압력을 받아(미국의 일부 그리스도교 단체들이 노예를 해방하기 위해 아랍인 민병대에 돈을 지불했다) 평화협상에 들어갔다. 평화협상에서는 휴전, 정부군의 남부 철수, 석유 수입의 분배, 중앙정부에서의 권력 공유에 관하여 여러 해에 걸쳐 서서히 조정했다. 2005년 1월 평화협정이 체결되어 남부는 자치를 약속받았고, 주민투표의 결과에 따라(6년 뒤) 분리하여 독립할 가능성도 남아 있게 됐다.* 2005년 7월 협정의 이행에 중대한 진전이 있었다. 평화협정에 근거하여 자치 관련 권리들을 부여받은 결과로, 수단 남부에는 남수단 자치 정부가 탄생했고, 존 가랑(1945~2005)이 대통령으로 취임했다. 아프리카에서 가장 오래 지속된 내전이 공식적으로 끝난 듯했다. 1983년부터 최소한 150만 명이 전쟁 때문에,

혹은 남부를 손상시키기 위한 정부 정책과 전투로 악화된 기근으로 사망했으며, 400만 명이 넘는 주민이 집을 떠나 콩고 민주공화국이나 우간다, 케냐, 에티오피아로 피난했다. (그러나 2005년 7월 30일 가랑이 수단 남부에서 일어난 헬리콥터 추락 사고로 불시에 사망하자 하르툼에서 유혈 폭동이 발생했고 평화협정은 위험해졌다.) 이 서부 지역에서 흑인 농부들과 아랍인 유목민들은 오랫동안 방목권과 수리권을 두고 다투었으며, 인구가 증가하고 경작지가 점차 사막으로 변하면서 알력이 심해졌다. 종교의 차이는 문제가 아니었지만(다르푸르인들은 대체로 이슬람교도였다) 흑인 농민은 점차 하르툼의 중앙정부가 자신들을 무시한다고 생각했다. 2003년 2월 흑인 농민들을 위해 활동한다고 주장한 두 반군 집단인 수단해방운동 SLM과 정의평등운동 JEM은 정부를 표적으로 삼아 타격했다. 반군과 같은 종족에 속한 민간인들이 잔자위드**의 공격을 받았다. 잔자위드는 무장한 아랍인 유목민과 범죄자들로 마을을 불태웠으며 주민을 살해하고 강간했다. 이는 여러 해 전에 남부 반군에게 사용한 것과 유사한 초토화 작전이었다. 하르툼의 중앙정부는 잔자위드와 아무런 연관이 없다고 강하게 주장했지만, 난민의 설명에 따르면 정부는 초토화 작전에 분명히 관여했다. 예를 들면 잔자위드가 말이나 낙타에 올라타고 활동에 나서기 전후로 정부군의 항공기들이 빈번하게 다르푸르 지역의 마을들을 폭격했다. 2004년 4월 하르툼의 정부와 다르푸르 지역의 반군 집단들 사이에 휴전이 성사됐으나 지속되지 않았다. 국제연합 UN을 비롯한 국제사회는 다르푸르 사태가 인도주의적 위기로 악화될 때까지 주목하지 않았다. 사망자 수를 정확히 계산할 수는 없었다. 오지까지 조사할 수 없기에 더욱 그랬다. 그렇지만 일부의 추산에 따르면 2년 동안의 사망자 수는 거의 20만 명에 육박한다. 2005년 중반까지 약 200만 명이 고향에서 추방됐고, 이 중 약 20만 명은 이웃 나라 차드로, 나머지는 수단 국경을 따라 늘어선 난민촌으로 쫓겨났다. 난민촌에서는 식량과 물, 땔감, 약품들이 부족했다. 게다가 다르푸르 전쟁은 수단의 안정까지 위협했다. 몇몇 논평자의 생각을 빌리자면 다른 주변적 집단들도 다르푸르의 흑인 농민처럼 대담해져 무장하고 하르툼의 정부에 반기를 들어 SPLA가 얻은 몫만큼 권력과 자원을 내놓으라고 요구할지도 모를 일이었다. 2005년 12월 잔자위드는 다르푸르 남부의 아부소루지를 비롯한 여러 마을을 공격하여 약탈하고 주민을 살해했

으며, 약 5천 명을 고향에서 내쫓아 북쪽으로 피신하게 했다. 다르푸르에
약 7천 명의 평화유지군을 주둔시켰던 아프리카연합 AU은 이 공격을 비난했
고, 2006년 1월 UN의 임원들도 잔자위드의 공격을 비난하며 수단의 불안정
증대와 차드와 수단 사이의 분쟁 발생 가능성을 경고했다.

* 수단 남부는 2011년 7월 9일에 남수단 공화국으로 독립했으며, 이어 7월 14일에 UN에, 7월 28일에
아프리카연합에 가입했다.
** Janjaweed. '말에 탄 무장한 남자'라는 뜻의 아랍어로, 다르푸르 지역에서 흑인 종족들을 공격하던 현
지의 다양한 민병대를 통칭한다.

수단 전쟁, 1881~85
Sudanese War, 1881~85

독실한 이슬람교도인 무함마드 아흐마드(1844~85)는 수단의 백나일 강에
있는 아바 섬에 은거했는데, 호전적인 다르비시파를 비롯한 많은 사람이
아흐마드의 신앙심에 이끌려 추종자가 됐다. 무함마드 아흐마드는 곧 자신
을 마흐디('신의 인도를 받은 자')라고 선언하고 영국이 지배하는 이집트에 맞
서 지하드(성전聖戰)를 개시했다. 영국과 이집트는 군대를 보내 무함마드 아
흐마드를 잡으려 했으나, 마흐디의 추종자들로부터 공격을 받고 밀려났다.
1881년 8월 12일 마흐디파는 아바 전투에서 또 승리했다. 마흐디파 군대는
서쪽으로 이동하여 수단의 코르도판에 있는 카디르 산으로 갔다. 마흐디파
를 공격하기 위한 원정대가 두 차례 파견됐으나 모두 매복공격을 받아 전
멸했다. 한편 수많은 이슬람교도가 마흐디 편에 가담했고, 이집트의 병사
들은 엄청난 초자연적 능력을 지니고 있다고 알려진 인물이 지휘하는 동료
이슬람교도와 싸우기를 두려워했다. 1882년 중반 마흐디파는 코르도판 곳
곳에서 정부군 주둔지를 공격하여 하나씩 점령했다. 광신자였으나 무장이
부실했던 마흐디파는 알우바이드를 공격하려 했으나 화력에서 우월한 영
국·이집트 정부군의 소총에 쓰러졌다. 마흐디파는 그 뒤 이 도시를 포위하
고 굶주리게 하여 항복을 받아내려 했다. 마흐디파는 알우바이드를 구하러
온 원정군을 분쇄했으며 1883년 1월 17일 도시를 함락했다. 한 영국군 장
교가 새로 편성된 부대를 이끌고 알우바이드를 탈환하려 했으나 도중에 끊
임없이 공격을 받고 결국 패주했다. 영국 정부는 수단을 마흐디파에 넘겨주
라고 이집트에 조언했으며, 찰스 조지 '차이니즈(중국인)' 고든(1833~85) 장

군을 파견하여 하르툼의 소개疏開를 감독하게 했다. 그러나 고든은 철수하는 대신 하르툼을 방어하기로 했다. 마흐디파 군대는 거의 1년 동안 하르툼을 포위하여 공격했고, 도시를 지키던 고든과 소수의 수비대는 증원군이 도착하기를 기다렸다. 1885년 1월 26일 마흐디파는 도시의 요새를 급습하여 수비하던 병사들을 살해했다. 고든도 전사했다. 2일 뒤 증원군이 도착했으나 퇴각하라는 명령을 받았다. 마흐디는 다섯 달 뒤에 사망했지만, 계승자인 칼리파The Khalifa 압둘라(1846?~99)가 마흐디파를 이끌어 승리를 거두고 수단을 외국의 지배에서 해방시켰다. 이후 마흐디파가 수단을 통치했으나, 1898년 허레이쇼 허버트 키치너(1850~1916)가 옴두르만 전투에서 마흐디파에 결정적인 승리를 거둔 뒤, 영국과 이집트는 이집트가 영국의 동의를 얻어 임명한 총독으로 수단을 통치한다는 데 합의했다.

수단 전쟁, 1896~99
Sudanese War of 1896~99

수단은 칼리파 압둘라(1846?~99)의 지휘로 마흐디파가 장악하고 있었는데, 이탈리아와 프랑스가 아프리카 식민지로 수단에 점점 더 큰 관심을 두는 가운데 영국이 수단을 다시 정복하기로 결정했다. 허레이쇼 허버트 키치너(1850~1916) 장군이 이끄는 영국·이집트 군대가 이집트에서 나일 강을 따라 남쪽으로 진격하여 수단으로 들어갔다. 소형 포함砲艦 선대船隊가 같이 갔다. 키치너는 이동하면서 철도를 건설했고 마흐디파의 거센 저항을 받았다. 영국·이집트 군대는 둔쿨라(동골라. 1896년 9월 21일)와 아부하마드(1897년 8월 7일)를 점령했으며, 아트바라 강 전투에서 마흐디파에 승리를 거두었다 (1898년 4월 8일). 1898년 9월 2일 5만 2천 명 규모의 다르비시파와 마흐디파는 칼리파의 명령을 받아 하르툼의 북쪽에 닿아 있는 나일 강변의 옴두르만에서 키치너가 지휘하는 2만 6천 명의 군대를 잔인하게 공격했다. 키치너의 군대는 기관총으로 공격을 격퇴했고, 칼리파는 큰 손실을 입었다. 키치너의 기병대(윈스턴 처칠(1874~1965)이 근무하고 있던 제21창기병연대)는 용감하게 반격하여 마흐디파를 내몰았다. 칼리파와 잔여 병력은 코르도판으로 쫓겨나 1년 넘게 버텼다. 1899년 11월 25일 마흐디파 군대는 완전히 괴멸됐으며, 칼리파는 전사했다. 영국과 이집트가 공동으로 통치하는 수단 정부가 탄생됐다.

수隋-럼업林邑 전쟁, 605
Sui-Lâm Ấp War of 605

수나라가 혼란에 빠지고 쇠약해지자 럼업林邑(뒷날의 참파. 베트남 중부) 왕 삼부바르만范梵志(629년 사망)은 수나라에 종속된 상황을 끝내려 했다. 그러나 삼부바르만은 그 뒤 수나라 군대가 전력을 회복하자 595년에 다시 조공을 바치기로 했다. 유방劉方 장군이 이끄는 수나라 군대는 통킹(베트남 북부)과 안남安南(오늘날의 베트남 중부)에서 일어난 강력한 반란을 진압한 뒤 남진하여 삼부바르만의 군대를 궤멸하고 취수區粟를 장악했으며 럼업의 수도 짜끼에우를 약탈했다. 수나라 군대가 철군한 뒤 삼부바르만이 지배권을 되찾았고 수나라 양제(569~618)에게 용서를 구했다.

수리남 게릴라 전쟁, 1986~92
Surinamese Guerrilla War of 1986~92

네덜란드령 기아나라는 식민지였다가 독립한 수리남에서 1980~91년에 실질적 권한을 장악한 데시레 델라노 바우테르서(1945~) 상사 휘하의 국가군사평의회는 야당 지도자들을 살해하고 인디오를 억압했으며 일상적으로 인권을 침해했다. 1986년 수리남 동부 지역에서 바우테르서의 경호원이었던 로니 브륀스베이크(1962~)가 반란을 이끌어 거세게 저항하자 12월에 비상사태가 선포됐다. 바우테르서는 의회 선거를 실시할 수밖에 없었고 1988년 1월에 민주적인 민간 정부가 탄생했다. 그러나 바우테르서는 여전히 군의 수장이었고, 1989년에 브륀스베이크와 수리남 정부의 대표가 이웃나라인 프랑스령 기아나의 쿠루에서 서명한 평화협정의 조건을 거부했다. 많은 수리남 인디오도 정부군이 동부의 부시니그로(마룬) 지역에서 철수하면(정부는 그렇게 하기로 동의했다) 안전을 보장받을 수 없을 것이라고 두려워하여 협정에 반대했다. 1990년 정부군은 수리남과 프랑스령 기아나의 국경에 있는 뭉오와 랑아타베시를 다시 장악했다. 1991년 바우테르서와 브륀스베이크는 휴전에 합의했다. 2개의 주요 게릴라 집단이었던 브륀스베이크의 수리남민족해방군(정글코만도)과 토마스 사바요의 튀카야나 아마조나스는

1992년 5월 마침내 전투를 중단했다. 두 단체와 다른 반군집단들은 정부와 평화협정을 체결했고, 협정에 따라 반군은 사면을 받고 민간 경찰로 통합 됐다. 1992년 8월 24일 뭉오에서 브뢴스베이크가 가장 먼저 미주기구 OAS의 중재자 앞에 무기를 내려놓았다.

수에즈 전쟁
Suez War
○ 아랍-이스라엘 전쟁, 1956

수족 인디언 전쟁, 1862~64
Sioux War of 1862~64

미네소타 주와 아이오와 주의 레드 강과 빅수 강 동쪽의 토지를 할양한 뒤 수족 인디언에게 남은 토지는 척박한 사냥터뿐이었다. 수족은 점차 백인 정 착민과 상인에게 적대적이 됐다. 많은 백인이 인디언 영토를 잠식했고 사악 하게 거래했기 때문이다. 1862년 8월 족장 리틀 크로(1810?~63)는 갑자기 일단의 수족 전사를 이끌고 미네소타 강 상류의 리즐리 요새에서 파견된 분견대를 매복공격으로 전멸시켰고 이어 리즐리 요새를 포위했다. 1862년 8월 24일 수족은 미네소타 주 뉴얼름에서 정착촌을 공격하여 백인을 학살 했다. 헨리 시블리(1811~91) 미네소타 주지사는 스넬링 요새에서 의용군을 모아 수족 원정에 나섰다. 수족은 창고를 불태우고 남녀를 불문하고 아이 까지 학살했으며 농작물을 파괴하여 공포를 조성하고 있었다. 시블리는 오 늘날의 노스다코타 주에 있는 우드 호수에서 리틀 크로에게 결정적인 패배 를 안겼고(1862년 9월 23일), 리틀 크로는 서쪽으로 피했으나 이듬해 되돌아 왔다가 미네소타 주의 어느 농부가 쏜 총탄에 맞아 죽었다. 그에 앞서 303 명의 인디언 포로가 사형선고를 받았다. 대다수는 감형을 받았으나 1862년 12월 26일 38명이 교수형에 처해졌다. 미국 역사상 최대의 집단 처형이었다. 한편 시블리는 앨프리드 설리(1821~79) 장군과 합동으로 대규모 군사작전 을 개시했다. 시블리의 군대는 오늘날의 노스다코타 주에서 수족의 여러 집 단과 싸워 승리했으며(1863년 7월), 동시에 설리도 별도로 수행한 군사작전 에서 승리를 거두었다. 설리는 또 다른 원정대를 이끌고 배들랜즈로 들어가

킬디어 산에서 수족의 대규모 부대를 격파했고(1864년 7월 28일), 이어 서쪽으로 옐로스톤 강까지 휩쓸어 저항하던 수족들을 살해한 뒤 오늘날의 노스다코타 주 비즈마크 인근에 새로 세운 라이스 요새로 돌아왔다.

수족 인디언 전쟁, 1866~68
Sioux War of 1866~68

많은 이주민의 포장마차 행렬이 그레이트플레인스(대평원)를 가로지르고 광부들이 오늘날의 콜로라도 주와 몬태나 주로 이동하면서, 오글랄라 수족(다코타 수족) 인디언은 자신들의 사냥터를 지나는 백인들에게 점점 더 적대적인 태도를 보였다. 오글랄라 수족은 와이오밍 주의 래러미 요새에서 몬태나 주의 금광산들로 이어지는 지름길인 보즈먼 트레일을 보호할 요새의 건설 임무를 받고 파견된 미국군 부대를 끊임없이 괴롭혔다. 1866년 수족은 포위된 노동자들을 구출하라는 명령을 받은 84명의 미국군 군인을 매복공격으로 학살했다(○ 페터먼 학살). 수족은 기마에 능숙했으며 뛰어난 저격수였고, 기습한 뒤 신속히 퇴각하는 전술을 사용했다. 수족이 감행한 습격과 약탈 사건이 너무 많아(○ 포장마차 전투) 시민들이 분노했으며, 1867년 미국 연방의회는 교전을 중단시키고자 인디언평화위원회를 창설했다. 이듬해 족장 레드 클라우드(1822~1909)는 평화조약에 동의했다. 이 협정의 조항에 따라 미국 군대는 보즈먼 트레일과 그곳의 요새들을 포기하기로 했고, 대신 수족은 영토의 일부를 포기하고 1876년까지 보호구역으로 이동하기로 했다. 이 조건들은 실행에 옮겨졌으며, 수족은 몇 년 동안 비교적 평화로운 시절을 보냈다.

수족 인디언 전쟁, 1876~77
Sioux War of 1876~77

1876년경 수족 인디언이 성지로 여기고 미국 정부가 존중하기로 약속한 지역인 블랙힐스 산맥(사우스다코타 주 서남부에서 와이오밍 주 동북부)에서 금이 발견됐다. 미국군은 노력하기는 했지만 금광을 시굴하려는 백인들을 막을 수 없었다. 수족의 백인에 대한 불만은 증대했고, 이는 정당했다. 유랑하던 여러 인디언 부족은 정부가 정한 시한인 1876년 1월 31일까지 자신들에게 남겨진 보호구역으로 들어가기를 거부했다. 이들을 처리하기 위한 원정군이 파견됐고, 조지 크룩(1828~90) 장군이 지휘하는 한 부대는 수족 족장 크레이지 호스(1840?~77)의 마을을 파괴했으나 곧 인디언에 패했다. 크룩은 잠시 물러나 증원군을 얻은 뒤 다시 북쪽으로 이동했다. 한편 앨프리드 하우 테리(1827~90) 장군이 이끄는 또 다른 부대는 당시 다코타 준주에서 서진하고 있었다. 이 부대에는 조지 암스트롱 커스터(1839~76) 중령이 지휘하는 제7기병연대도 참여했다. 규모가 큰 인디언 부족이 로즈버드 강변(스틸워터 강. 오늘날의 몬태나 주 동남부)에 머물고 있다는 보고가 들어오자, 제7기병연대가 정찰대로 먼저 파견됐으나 커스터는 명령을 무시하고 남쪽으로 인디언을 추적하여 리틀빅혼 강에 이르렀다. 그곳에서 인디언(시팅 불(1831?~90)과 골(1840?~94), 크레이지 호스가 이끄는 약 2,500명의 수족과 샤이엔족 인디언 전사들)이 수적으로 우세하다는 것을 몰랐거나 잊었던 커스터는 허세를 부려 증원군을 기다리지 않고 즉시 공격하기로 결정했다. 커스터는 이 분대를 셋으로 나누어 둘은 상류로 보내 인디언을 포위하여 공격하게 했고, 1876년 6월 25일 아침에 266명의 병사로 구성된 셋째 분대로 정면공격을 감행했다. 인디언은 한 언덕에서 커스터를 포위하여 부대를 전멸시켰다(뒷날 이것을 '커스터의 마지막 저항'이라고 불렀다). 다른 두 분대는 커스터를 구출하지 못하고 공격을 받아 퇴각해야 했으나 테리의 부대가 도착하면서 궤멸을 면했다. 테리와 크룩은 계속해서 작전을 힘차게 진행했는데 특히 수족을 겨냥했다. 1877년 크레이지 호스는 패하여 항복했다. 크레이지 호스는 탈출하려다 살해된 것으로 추정된다. 시팅 불과 골, 다른 전사들은 캐나다로 도주했으며, 다른 수족 사람들은 대부분 죽임을 당하거나 사로잡혀 보호구역에 정착해야 했다. 1881년 시팅 불과 골은 되돌아와 항복했고 사면을 받았다.

수족 인디언 전쟁(메시아 전쟁), 1890~91
Sioux War(Messiah War) of 1890~91

노스다코타 주와 사우스다코타 주, 몬태나 주의 보호구역에 정착한 수족 인디언과 다른 인디언들의 생활은 순탄하지 않았다. 1880년대에 작황은 나빴고 질병과 빈곤이 만연했으며 토지를 매각하라는 백인의 압력은 해를 거듭할수록 심해졌다. 많은 수족 인디언은 더 잘 견디기 위해 인디언의 메시 아가 1891년 봄에 와서 모든 인디언을 통합하여 지상낙원을 이루리라고 예언한 새로운 비교秘敎에 귀의했다. 신도들은 영혼 춤 Ghost Dance 의식을 실천했는데, 이는 황홀경과 환상, 집단 광란을 초래했다. 미국 정부의 인디언 담당 기구들은 이러한 의식에 경악했다. 춤을 멈추기 위해 군대가 소집되자 분노한 수족이 반란을 일으켰다. 인디언 경찰은 그랜드 강에서 족장 시팅불(1831?~90)을 체포에 불응했다는 이유로 총살했다. 2주 뒤인 1890년 12월 29일 미국 제7기병연대가 운디드니크릭(사우스다코타 주)의 블랙힐스 보호구역에서 수족과 싸워 승리했다. 인디언 남녀와 어린이 200명 이상이 학살당했다. 제7기병연대는 리틀빅혼 전투에서 당한 패배에 복수했다(**○ 수족 인디언 전쟁, 1876~77**). 작은 전투가 몇 차례 더 진행된 뒤 수족은 1891년 1월 15일에 항복했다. 중대한 인디언 분쟁은 이것이 마지막이었다. 다른 모든 경우와 마찬가지로 이 싸움도 인디언의 패배로 끝났다.

수코타이 반란
Sukhothai Revolt
○ 시암 전쟁, 1371~78

슈말칼덴 동맹 전쟁, 1546~47
Schmalkaldic War, 1546~47
1531년 신성로마제국의 작센 선제후 요한 프리드리히 1세(1503~54)를 비롯한 제후들과 제국자유도시들이 프로테스탄트의 방어 동맹으로서 슈말칼덴 동맹을 결성했다. 이 동맹은 가톨릭교도인 신성로마제국 황제 카를 5세(1500~58)의 적대 행위에 맞서기 위한 것이었다. 그러나 카를 5세는 처음에는 루터파 종교개혁에 관심이 없었으며 무슨 일이 일어나는지 이해하지 못했던 듯하다. 그래서 처음에는 동맹을 무시했다. 그렇지만 카를 5세는 1544년에 슈말칼덴 동맹이 자신의 적인 프랑스 왕 프랑수아 1세(1494~1547)와 연합하는 것이 두려워 사실상 동맹의 존재를 인정했다. 그 뒤 카를 5세는 동맹의 세력을 파괴하기로 결정하고(1546) 레겐스부르크에서 전쟁을 선포했다. 외견상의 이유는 프로테스탄트들이 빈번히 연기됐다가 개최한 트리엔트(트렌토) 공의회(1기, 1545~47)의 출석을 거부했다는 것이었다. 전쟁이 선포됐을 때는 카를 5세의 막강한 외국 군대들 중 어느 것도 가까이에 있지 않았다. 그래서 슈말칼덴 동맹이 승리할 수 있었는데도 기회를 허비했다. 1547년 4월 마침내 신성로마제국 군대가 뮐베르크에 도착했을 때에도 슈말칼덴 동맹 진영은 여전히 통합을 이루지 못했으며, 일부 동맹국들은 카를 5세 편으로 넘어갔다. 알바 공작 페르난도 알바레스 데 톨레도(1507~82)가 이끄는 황제의 군대는 슈말칼덴 동맹의 작센 선제후령 군대를 격파하고 작센 선제후 요한 프리드리히 1세를 사로잡았다. 슈말칼덴 동맹 편의 헤센 백작 필리프 1세(1504~67)도 뮐베르크에서 포로가 됐으며, 헤센 백작 필리프 1세와 작센 선제후 요한 프리드리히 1세는 신성로마제국 내부의 종파 간 차이를 해결하려던 아우크스부르크 제국의회(1548)에 끌려다녔다.

➊ 카를 5세와 프랑수아 1세의 이탈리아 전쟁 ; 합스부르크 왕가-발루아 왕가 전쟁, 1547~59

슐레스비히-홀슈타인 전쟁
Schleswig-Holstein War

➊ 덴마크-프로이센 전쟁, 1864

슐레지엔 전쟁
Silesian War

제1차 슐레지엔 전쟁(1740~42) 1740년 프로이센 왕 프리드리히 2세(1712~86) '대왕'은 브란덴부르크 변경백 영토와 권리의 상속자로서 당시 합스부르크 왕조가 국왕 지위를 세습하면서 통치하던 보헤미아 왕국의 영토 일부였던 슐레지엔(오늘날의 체코와 폴란드로 분할된 지역)을 자신의 왕조가 상속해야 한다고 주장했지만, 그 근거는 매우 불확실했다. 헝가리와 보헤미아의 여왕이었던 합스부르크 왕가의 마리아 테레지아(1717~80)는 프리드리히 2세의 요구에 즉각 이의를 제기했다. 프리드리히 2세는 마리아 테레지아와 협상을 시도하며 슐레지엔을 주면 합스부르크 왕조와 군사동맹을 체결하고 신성로마제국 황제를 선출할 때 그가 보유하고 있던 브란덴부르크 선제후라는 지위를 이용하여 마리아 테레지아의 남편(이후 신성로마제국의 황제 프란츠 1세)을 지지하겠다고 제안했으나 거절당했다. 1740년 프리드리히 2세는 4만 명의 병력을 이끌고 슐레지엔으로 진입했으며 오스트리아 군대보다 10배 더 많은 병력으로 7주 만에 이를 완전히 장악했다. 1741년 마리아 테레지아는 2만 명의 병력을 보내 대응했다. 프리드리히 2세는 그 전쟁에서 유일하게 큰 전투였던 몰비츠 전투에서 우월한 보병부대로써 오스트리아 군대를 물리쳤다. 처음에는 오스트리아의 대규모 기병이 프로이센 군대를 격파했고 프리드리히 2세도 도피할 수밖에 없었으나, 프로이센 보병은 다섯 차례의 맹렬한 돌격을 물리치고 승리를 거두었다. 이 전투는 종종 오스트리아 왕위 계승 전쟁이라는 유럽 전역에서 벌어진 전쟁의 서막으로 간주된다. 오스트리아 왕위 계승 전쟁이 진행 중이던 1742년 오스트리아는 브레슬라우(오늘날의 브로츠와프)에서 영국의 중재로 프로이센과 단독으로 강화를 체결했다. 프리드리히 2세는 슐레지엔의 거의 전부를 얻었다. **제2차 슐레지엔 전쟁(1744~45)** 프리드리히 2세는 슐레지엔과 상속받은 영토에서 자신을 축출하기 위해 오스트리아와 영국, 하노버, 네덜란드, 사르데냐, 작센이 비밀리에 동맹을 맺었다는 사실을 알고 1744년에 8만 명의 병력으로 보헤미아를 침공했다. 1744년 9월 초 프리드리히 2세는 성공리에 프라하를 점령했으나 갑자기 형세가 바뀌었다. 강력한 오스트리아 군대와 직면한 프리드리히 2세는 동북쪽으로 약 160킬로미터를 후퇴하여 슐레지엔으로 퇴각할 수밖에 없었으나, 1745년에 그곳의 호엔프리데베르크(오늘날의 도브로미에시)와 헤너스도르프(오늘날의 헨리쿠프 루반스키), 케셀스도르프에서 발발했던 역사적으로 중요한 세 전투를 승리로 이끌어 오스트리아 왕위 계승 전쟁에 깊은 영향을 끼쳤다. 1745년에 체결된 드레스덴 조약으로 프리드리히 2세가 제1차 슐레지엔 전쟁 중에 획득한 슐레지엔 영토의 보유가 추인됐으나, 더 큰 전쟁이 계속됐다. **제3차 슐레지엔 전쟁 ❍ 7년 전쟁**

스리랑카 내전, 1983~2009
Sri Lanka Civil War of 1983~2009

스리랑카가 독립한 뒤의 역사는 다수파인 불교도 신할라족과 소수파인 힌두교도 타밀족의 종족 간 분쟁과 폭력 충돌이 특징이다(❍ 인민해방전선 봉기, 1971). 인구의 18퍼센트를 차지하는 타밀족은 차별받았으며 역대 정부들의 정책 때문에 점점 더 소외당하고 있음을 느꼈다. 그러나 상황을 분명하게 한 최악의 국면은 1983년 7월 스리랑카 동북부에서 자치주 획득을 위해 싸웠던 투사 집단인 타밀일람해방호랑이LTTE 회원들이 자프나 지역에서 매복 공격으로 신할라족 병사 13명을 살해하면서(분명 신할라족의 도발이 없지 않았다) 시작됐다. 7월 23일 스리랑카의 수도 콜롬보에서 공식 장례를 치른 뒤 격앙한 폭도가 날뛰어(경찰과 군대와 정부 지지자들이 공모하여) 타밀족의 가옥과 사업체, 공장을 약탈하고 방화했다. 이튿날 버스를 타고 가던 20명의 타밀족이 잔인하게 살해됐다. 7월 25~27일에 웰리카다 감옥의 신할라족 수감자들이 52명의 타밀족 수감자를 살해했다. 7월 26일 콜롬보에 통행금지가 실시됐고, 칸디와 감폴라로 폭력사태가 번지면서 통행금지는 전국으로 확대됐다. 이미 384명이 사망하고 5만 명이 넘는 타밀족이 집에서 쫓겨났다. 7월 28일 J. R 자예와르데네(1906~96) 스리랑카 대통령은 최대 야당인 타밀통일해방전선TULF을 불법 단체로 규정했다. 통행금지는 7월 29일에 해제됐다가 콜롬보에서 추가로 충돌이 벌어지자 다시 시행됐다. 1983년 8월 5일 의회는 분리주의를 지지하는 모든 정당과 타밀족의 독립을 논의하는 모든 공개 토론을 금지했다(150 대 0). 여러 지역으로 비상사태와 통행금지가 확대되어 적용됐는데도, 8월 27~28일에는 7월의 학살에 항의하는 동부의 대중집회에서 다시 폭력사태가 발생했다. 정부는 폭력사태가 행정부를 뒤흔들려는 4개 좌파 정당이 사주한 것이라고 단언했다. 타밀족의 기업 경영자들은 9천만 달러의 손실을 입었고, 10만 명이 넘는 타밀족은 난민이 됐으며, 3만여 개에 가까운 일자리가 사라져 경제는 중병을 앓았다. 정부는 국제사회에 재건을 위한 원조를 호소했다. 그 뒤 몇 년간 폭력사태는 악화됐고 좀 더 조직적으로 변모했다. 한편 비밀리에 타밀족 전사들을 보호하고 무장시켰던 인도는 분쟁을 중재해 달라는 요청을 받았다. 그러나 4년간의 혼란과 6천 명의 사망자를 뒤로 한 채 공식화된 인도-스리랑카 평화협정은 도저히 평화협정이라 할 수 없었다. 1987년 7월 29일 자예와르데네 대통령과 라지브 간디(1944~91) 인도 총리가 서명한 평화협정은 반군이 이 협정의 준수를 보장하기 위해 특별히 파견된 7천 명 규모의 인도평화유지군IPKF에게 무기를 인계한다는 조건으로, 타밀족이 지배하는 동북부의 2개 주에 자치를 허용하기로 했다. IPKF의 주둔은 완충기구의 역할을 할 것으로 기대됐으나, 오히려 사태를 악화시켰다. 남부의 신할라족 반군은 협정의 폐기를 원했고 공격의 강도를 점차 높였다. IPKF는 타밀족 반군과 민간인에게 강경 정책을 펼치다가 동북부의 분쟁에 말려들었다. 폭력사태가 심해지면서 민간인 약 6천 명과 IPKF 군인 약 1,200명, LTTE 약 800명이 사망하자, IPKF의 즉각적인 철수를 요구하는 함성이 빗발쳤다. 그러나 IPKF는 1990년 3월이 되어서야 철군했다. 라나싱헤 프레마다사(1924~93) 대통령의 새 정부는 소수종족의 차별을 없애겠다고 공약했다. 1991년 라지브 간디가 인도 남부의 대중집회에서 타밀족의 자살폭탄 공격을 받아 사망했다. 프레마다사도 1993년 5월 콜롬보에서 같은 운명을 맞았다. 그 사이에 충돌은 계속됐다. 1994년에 대통령으로 당선된 찬드리카 반다라 나이케 쿠마라퉁가(1945~)는 평화회의를 시작하려 애썼다. 쿠마라퉁가는 휴전(1995년에 깨졌다)과 전쟁으로 피폐해진 동북부의 재건에 중점을 두었다. 그러나 반군이 칸디의 신성한 스리 달라다 말리가와(불치사佛齒寺)를 공격한 뒤 LTTE는 금지됐고 평화회담은 중단됐다. 1998년 내내 전투가 지속됐으며, 정부군은 LTTE가 1999년 초에 장악한 자프나 지역으로 조금씩 들어가면서 큰 피해를 입었다. LTTE는 공격을 멈추지 않았다. 정부는 언론 매체와 인권 단체에 제한적인 접근만을 허용했으나 타밀족이 묻혀 있는 것으로 의심되는 집단 매장지의 발굴에 동의할 수밖에 없었다. LTTE가 휴전을 제안했으나 정부는 LTTE가 먼저 협상에 나서야 한다고 주장하며 이를 거부했다(2000년 12월). 2001년 9월 11일 미국이 테러 공격을 받은 뒤 LTTE는 테러 단체로 분류됐고 자산이 동결됐으며 스리랑카 외부에 보유하고 있던 기지들이 폐쇄당했다. 이러한 조치로 LTTE는 좀 더 타협적인 자세를 취하게 됐다. 2001년 12월 라닐 위크레마싱헤(1949~)가 새로운 총리로 취임하면서 한 달 동안 휴전이 이어졌다. 정부는 LTTE가 장악한 지역에서 물자의 이동을 허용하기로 동의했다. 2002년 2월 휴전이 성사되어 LTTE는 무장투쟁을 포기했고, 9월에 개최된 평화회담에서 완전한 독립이 아닌 자치를 추구하며 활동하겠다고 동의했다. 노르웨이의 주도 아래 50명의 다국적 감독관으로 스리랑카감시파견단SLMM이 창설되어 평화 유지 임무를 맡았다. 11월 초 타이에서 열린 평화회담은 지뢰 제거와 국내난민 IDPs의 곤경, 국제원조 같은 문제를 다루었다. LTTE는 소년병들을 부모에게 돌려보내고 다른 정당들의 존재를 수용하기로 약속했다. 2003년 4월 LTTE는 북부와 동부에 '조국'을 건설할 의도로 국가 안에서 거의 완전한 독립에 가까운 지위를 요구하며 회담을 중단했다. 쿠마라퉁가 대통령은 모종의 조치를 취하라는 자기 정당 내부의 압력에 따라 정부의 협상 태도를 언급하며 비상사태를 선포했고, 보름간 의회를 휴회시켰으며 대중매체정보부와 공공행정내무부, 국방부의 주요 장관 3명을 해임하고 대신 그 직무들을 담당했다. 종족 간의 알력과 폭력은 2004년 12월 26일 최악의 쓰나미가 닥친 뒤 인도주의적인 구조 활동에도 영향을 미쳤다. 쓰나미로 가장 큰 피해를 입은 이슬람교도의 지역 공동체는 정부와 LTTE의 협상으로 탄생한 쓰나미사후대응관리기구ptoms에 자신들이 참여하지 못하는 것에 항의했다(2005년 7월). 2005년 내내 저강도 폭력이 지속됐다(5월에 LTTE의 한 분파가 정부군 정보부대의 부대장을 살해했다. 이는 휴전을 위반한 중대한 사건이었다). 정부는 LTTE가 8월에 암살당한 외무부 장관 라크슈만 카디르가마르(1932~2005)의 죽음에도 관여됐다고 믿었으나, LTTE는 이를 부인했다. 비상사태가 선포됐다. 두 달 간의 공격으로 150명 이상의 정부군 군인을 살해한 뒤인 2006년 1월 말에 LTTE는 노르웨이가 중재한 평화회담에 동의하여 스위스에서 스리랑카 정부와 대면했다. 이 분쟁으로 7만 5천 명 이상이 목숨을 잃었으며, 약 35만 명이 여전히 난민 상태에서 벗어나지 못하고 있다. 2006년 이후에는 스리랑카 정부와 LTTE가 평화협상과 교전을 지루하게 반복했다. 2008년부터 스리랑카 정부군이 LTTE를 연패하여 확실한 우세를 차지했다가 2009년에는 LTTE를 궤멸하여 승리하면서 내전이 끝났다.

스몰렌스크 전쟁
War of Smolensk
○ 러시아-폴란드 전쟁, 1632~34

스웨덴 내전, 1520~23
Swedish Civil War of 1520~23
○ 칼마르 연합 내전, 1520~23

스웨덴 내전, 1562~68
Swedish Civil War of 1562~68

에리크 14세(1533~77)가 스웨덴 왕위를 계승한 뒤 어머니가 다른 동생으로 에리크 14세를 내쫓으려 했던 핀란드 공작 요한(1537~92)은 폴란드 왕 지그문트 2세 아우구스트(1520~72)의 여동생과 혼인하여 폴란드에 세력 기반을 마련했다. 에리크 14세의 군대는 핀란드 서남부에 있는 요한의 수도 오보(투르쿠)를 빼앗았고 요한을 체포하여 반역죄로 투옥했다. 때때로 정신착란을 일으켰던 에리크 14세는 저명한 스투레 가문(스웨덴의 귀족 가문)의 인물들을 요한과 공모했다는 이유를 들어 살해하라고 명령했다. 자신의 핀란드 공작령을 포기한 뒤 풀려난 요한은 귀족들의 반란을 조장했다. 1568년 에리크 14세의 결혼식이 거행되던 중에 요한이 스톡홀름 요새를 점령하면서 내전이 발발했다. 요한은 스톡홀름 요새의 공성에 성공했고, 에리크 14세는 생명을 보존하는 대가로 요한에게 양위하겠다는 데 동의했다(에리크 14세는 반란에 의해 감금됐고 1577년에 옥중에서 독살당했다). 요한은 스톡홀름에서 요한 3세로 선포됐고 1563~70에 진행된 덴마크와 스웨덴 사이의 오랜 전쟁을 끝냈다.

스웨덴 농민 전쟁
Swedish Peasants' War
○ 다케의 전쟁

스웨덴-덴마크 전쟁
Swedish-Danish Wars
○ 덴마크-스웨덴 전쟁

스웨덴-러시아 전쟁
Swedish-Russian Wars
○ 러시아-스웨덴 전쟁

스웨덴-뤼베크 전쟁
Swedish War with Lübeck

○ 뤼베크 전쟁, 1531~36

스웨덴 전쟁, 1630~35
Swedish War of 1630~35

30년 전쟁에서 '덴마크 전쟁' 국면(**○** 덴마크 전쟁, 1625~29)에 뒤이어 신성로마제국의 성공이 절정에 달했을 때, 신성로마제국의 권력이 잠식해 들어오는 것을 두려워했던 스웨덴의 루터파 왕 구스타브 2세 아돌프(1594~1632)는 프로테스탄트의 소멸을 방지하고자 1630년 6월에 잘 훈련된 스웨덴 군대를 이끌고 독일에 상륙하여 포메른(포모제)의 확보에 나섰다. 황제 페르디난트 2세(1578~1637)는 독일을 통합하고자 알브레히트 폰 발렌슈타인 (1583~1634)을 해임하여 그를 증오했던 독일의 강력한 제후들을 달랬고, 틸리 백작 요한 체르클라에스(1559~1632)를 신성로마제국 군대의 총사령관으로 임명했다. 틸리의 군대는 루터파 제국자유도시 마크데부르크(마그데부르크)를 포위하여 점령하고 약탈했다(1630~31). 작센 선제후와 브란덴부르크 선제후를 비롯하여 수많은 독일 프로테스탄트 제후가 즉시 스웨덴의 구스타브 2세와 연합했고, 구스타브 2세는 베어발데 조약으로 프랑스로부터 재정 지원을 받았다. 1631년 9월 17일 라이프치히 인근의 브라이텐펠트 전투에서 스웨덴·작센 연합군은 틸리의 군대를 무찔렀고, 이어 라인란트(라인강 연안지대)로 진격하여 독일 서북부를 대부분 확보했으며 그해 말에는 제국을 위협했다. 구스타브 2세의 군대는 남쪽으로 이동하여 레흐 강 전투에서 틸리의 군대를 거의 궤멸했다(1632년 4월 15~16일). 틸리 자신도 치명적인 부상을 입어 얼마 지나지 않아 죽었다. 아우크스부르크와 뮌헨, 바이에른 남부를 수중에 얻은 스웨덴 왕은 빈을 향한 진격을 계속했다. 절망에 빠진 페르디난트 2세가 소환하자 돌아온 발렌슈타인의 제국 군대는 뤼첸 전투에서 스웨덴에 패했으나, 구스타브 2세가 전사하여 스웨덴의 사기도 저하됐다. 보헤미아의 왕이 되려고 음모를 꾸몄던 발렌슈타인의 야심은 페르디난트 2세에게 위협이 됐고, 발렌슈타인은 1634년에 암살당했다. 스웨덴은 1634년 뇌르틀링겐 전투에서 패한 뒤 독일 남부에서 철수했으며, 페르디난트 2세가 프로테스탄트에 불리한 반환 칙령을 철회하면서 1635년에 제국과 작센은 강화를 체결했다. 그 뒤 대부분의 독일 제후들이 이 선례에 따라 강화를 체결했다. 전쟁으로 힘이 소진된 스웨덴은 프랑스에 지원을 요청했다 (○ 프랑스 전쟁, 1635~48).

스위스 내전, 1436~50
Swiss Civil War of 1436~50

○ 알테 취리히 전쟁

스위스 독립 전쟁
Swiss War of Independence

○ 오스트리아-스위스 전쟁, 1385~88

스위스-밀라노 전쟁, 1478
Swiss—Milanese War of 1478

스위스와 이탈리아의 국경인 산고타르도 고개를 지나는 용병과 상인의 수가 증가하자, 명확하지 않은 국경을 분명하게 획정할 필요가 있었다. 1475년 발레 레벤티나(스위스 티치노 주의 주도인 벨린초나 부근에 있는 계곡)는 밀라노에 대한 충성을 거부했고, 일부 무장한 스위스인들의 지원을 받아 산고타르도 고개 인근인 스위스와 이탈리아 국경지대의 벨린초나를 포위했으나 실패했다. 1478년 12월 28일 훈련받은 스위스 보병들이 조르니코 전투에서 수적으로 우세한 밀라노 군대를 격파하고 승리를 거두었다. 대부분의 스위스 주canton는 밀라노에 군사적으로 대적하려는 노력을 더는 지지하지 않았지만, 1500년 스위스의 우리 주가 벨린초나를 점령했다.

스위스 반란, 1798
Swiss Revolt of 1798

스위스의 보Vaud 지역은 프레데릭 세자르 드 라 아르프(1754~1838)의 지휘로 몹시 증오했던 베른의 지배자들에 맞서 반란을 일으켰다. 프랑스 혁명군은 나폴레옹(1769~1821)의 제안에 따라 스위스를 침공했다. 이는 겉으로는 보 주민들을 도와주려는 조치였으나 실제로는 보가 '레망 공화국'이 되도록(1798년 1월) 지원하는 것이었다. 레망 공화국은 곧 레망 주canton가 됐다가 1803년 이후에는 보Vaud 주가 됐다. 몇 달 안에 프랑스는 스위스 전역을 지배하여 스위스를 '헬베티아 공화국'으로 개칭했다. 베른은 프랑스에 전쟁을 선포했고, 1798년 3월 5일 2개의 베른 군대가 각각 프랑스 군대와 싸워 한쪽은 이기고 다른 쪽은 패했다. 그 뒤 베른은 항복했다. 스위스의 다른 주들도 대부분 프랑스에 맞섰고, 1798년 5월에 로텐투름과 모르가르텐, 추크 호수에서 승리했다. 그 뒤 프랑스가 강화를 요청하자 대부분의 스위스인은 무기를 내려놓고 프랑스가 제정한 헌법(헬베티아 공화국 헌법)을 받아들였다. 운터발덴 주는 계속 싸웠으나 그해 7월에 우세한 프랑스 군대에 패했다. 1798년 8월에는 스위스 연합의 소멸이 기정 사실이 됐다. 스위스인들은 나폴레옹 전쟁에서 프랑스를 지원하고 점령군의 주둔을 허용하라는 요구를 받았다. 운터발덴 주의 일부인 니트발덴 지역만이 끝까지 저항했으나 1798년 9월에 슈탄스에서 남자 1천 명, 여자 102명, 아이 25명이 학살당한 뒤에 결국 항복했다.

○ 프랑스 혁명 전쟁

스위스-부르고뉴 공국 전쟁
Swiss–Burgundian Wars
○ 부르고뉴 공국-스위스 전쟁

스위스-사보이아 전쟁, 1403~16
Swiss War against Savoy, 1403~16

1403년 스위스의 우리 주canton와 운터발덴 주는 남쪽으로 영토를 확장하기 위해 스위스와 이탈리아의 국경지대인 티치노 강 상류 연안지대를 점령했다. 1410년 우리 주와 운터발덴 주는 스위스 연합의 다른 주들에 지원을 요청하여 셈피오네 고개 남단의 오솔라를 점령했다. 스위스인들은 1414년에 이 연안지대를 사보이아 공국에 빼앗겼으나 1416년 말에 되찾을 수 있었다. 그리하여 이탈리아 북부로 이어지는 알프스 산맥의 고갯길 대부분을 스위스가 장악했다.

스위스-슈바벤 전쟁

Swiss—Swabian War

⊙ 오스트리아-스위스 전쟁, 1499

스위스-오스트리아 전쟁

Swiss—Austrian Wars

⊙ 오스트리아-스위스 전쟁

스위스-합스부르크 전쟁

Swiss—Hapsburg Wars

⊙ 오스트리아-스위스 전쟁

스카게라크 해전

Battle of the Skagerrak

⊙ 윌란 해전

스칸디나비아 반란, 1433~39

Scandinavian Revolt of 1433~39

덴마크와 스웨덴, 노르웨이의 왕권이 결합하여 탄생한 칼마르 연합의 통치자 덴마크 왕 에리크 7세(1382~1459)는 스웨덴에 억압적인 덴마크식 지방관을 강요했고 칼마르 연합-한자 동맹 전쟁에 사용하려고 과도하게 군대와 금전을 징발했다. 1433년 6월 스웨덴 농민과 광부들이 광부 엥엘브레크트 엥엘브레크트손(1436년 사망)의 지휘 아래 덴마크인 지방관에 반대하는 반란을 일으켜 여러 도시를 공격하고 지방관들을 내쫓았다. 우플란드와 베름란드, 쇠데르만란드가 반란에 합류했고, 스웨덴 원로원은 노르웨이와 한자 동맹(독일 북부와 발트 지역 도시들의 상업 동맹)의 몇몇 도시에게도 합류를 권유했다. 1435년에 엥엘브레크트손이 스웨덴의 국가주석으로 선포됐는데, 에리크 7세는 스웨덴 귀족들과 협상하여 덴마크·스웨덴 연합을 다시 확립해 왕위를 장악하려 했다. 스웨덴의 국가주석 직책이 폐지됐으나, 에리크 7세가 덴마크로 돌아오면서 자신의 병사들에게 스웨덴 해안 지역을 약탈하도록 허용하자, 스웨덴 원로원은 칼 크누트손(1408?~70)을 국가주석으로 선출하여 보복했다. 에리크 7세는 입헌 정부 형태의 새로운 연합을 요구하는 덴마크인과 스웨덴인을 물리쳤으나 1439년에 덴마크와 스웨덴에서 폐위됐다(노르웨이는 1442년에 왕을 폐위했다). 에리크 7세의 조카였던 크리스토페르 아브 바이에른(덴마크 왕 크리스토페르 3세, 1416~48)이 뒤를 이어 칼마르 연합의 통치자가 됐다.

스칸디나비아 전쟁, 1026~30
Scandinavian War of 1026~30

올라브 2세(올라브 하랄손, 995~1030)가 노르웨이 왕으로 즉위하면서 스웨덴과 덴마크가 노르웨이에 행사하던 영향력이 감소했다. 덴마크의 크누드(995?~1035) 대왕이 노르웨이에서 덴마크의 권리를 회복하려 하자, 올라브 2세는 스웨덴 왕 아눈드 야코브(1050?년 사망)와 제휴했다. 올라브 2세와 아눈드는 크누드가 잉글랜드에 몰두해 있는 틈을 타 덴마크를 공격했다. 덴마크로 돌아온 크누드는 1026년 헬게오 강 전투에서 노르웨이인들과 스웨덴인들을 무찔렀다. 이로써 크누드는 스칸디나비아의 지배적인 지도자가 됐다. 아눈드는 스웨덴으로 돌아갔다. 스웨덴으로 내쫓긴 올라브 2세는 노르웨이를 다시 점령하기 위해 군대를 모았으나 1030년에 스티클레스타 전투에서 패하고 전사했다.

스칸디나비아 전쟁, 1448~71
Scandinavian War of 1448~71

스웨덴과 덴마크, 노르웨이의 통치자인 덴마크 왕 크리스토페르 3세(크리스토페르 아브 바이에른, 1416~48)가 사망한 뒤 스웨덴 귀족 칼 크누트손(1408?~70)이 1448년 6월에 스웨덴에서 칼 8세로 즉위하고 1449년 11월에 노르웨이에서 칼 1세로 즉위하여 통치하면서 스웨덴 왕권과 노르웨이 왕권이 결합됐다. 그러나 덴마크의 새로운 왕 크리스티안 1세(1426~81)는 덴마크와 전쟁을 피하려던 스웨덴 귀족들로부터 지지를 받아 스칸디나비아의 통합 왕국을 이루려 했다. 크리스티안 1세는 1450년 8월 2일 트론헤임에서 노르웨이 왕으로 즉위했다. 스웨덴 교회는 왕권을 강화하려는 칼 8세에 반대했고, 1457년 2월 대주교 왼스 벵트손(1417~67)과 귀족 에리크 토트의 지휘로 반란이 일어나 칼 8세는 그단스크(단치히)로 도피해야 했다. 크리스티안 1세는 '스칸디나비아의 왕'으로 즉위했다. 그러나 크리스티안 1세는 금전 문제로 교회와 다투었으며, 부담스러운 세금을 부과하여 곧 인기를 잃었다. 스웨덴 린쇠핑의 주교는 왕에 대한 충성 의무를 무효로 선언하고 무기를 들었다. 결국 왕의 군대는 스톡홀름으로 밀려났고, 덴마크인들이 스웨덴을 포기한 뒤 반란자들은 1464년 8월에서 1465년 1월 사이에 칼 8세를 다시 왕위에 앉혔다. 코펜하겐의 크리스티안 1세는 칼 8세에 대한 반대를 지휘한 웁살라의 대주교 왼스 벵트손과 우호 관계를 복원하려 했다. 칼 8세는 1465년에 전투에서 패하여 다시 왕위를 버리고 도주해야 했다. 웁살라의 대주교가 독립적으로 통치하다가 1466년에 적대자들이 음모를 꾸미자 크리스티안 1세에게 병력을 요청했다. 반대파는 덴마크의 통치를 거부하고 다시 칼 8세의 귀환을 도모했다. 칼 8세는 반대파 귀족들이 덴마크에 우호적인 성직자들과 연합하여 자신을 축출하려 했는데도 끝내 승리를 거두었고, 덴마크는 평화협상에 들어갔다. 1470년 칼 8세가 사망한 뒤 섭정직은 대★ 스텐 스투레(1440?~1503)에게 넘어갔다. 대 스텐 스투레는 1471년 10월 스톡홀름 인근 브룬케베리 전투에서 크리스티안 1세에 결정적인 패배를 안기고 덴마크의 간섭을 끝냈다.

스칸디나비아 7년 전쟁
Scandinavian Seven Years' War
○ 덴마크-스웨덴 전쟁, 1563~70

스코틀랜드 귀족 반란, 1488
Scottish Barons' Revolt of 1488
스코틀랜드 왕 제임스 3세(1451~88)는 1482년 로더에서 곤욕을 치렀는데도 (○ 잉글랜드-스코틀랜드 전쟁, 1482) 여전히 인기가 없었다. 1488년 제임스 3세는 또다시 아치볼드 '레드' 더글러스(1449~1514)에게 당했다. 더글러스의 음모자들이 제임스 3세의 아들을 잡아간 것이다. 왕은 이들과 타협하려 했으나 소득이 없었고 스털링 성으로 피신했다가 (스털링 성의 관리인은 불충하게도 제임스 3세를 성에 들이지 않았다) 소치번에서 음모자들의 군대와 마주쳤다. 낙마하여 부상당한 제임스 3세는 누군지 모를 공격자의 칼에 찔려 사망했다. 비탄에 빠진 아들이 제임스 4세(1473~1513)로 왕위에 올랐고, 더글러스가 섭정이 됐다.

스코틀랜드의 아일랜드 침공, 1315~18
Scottish Invasion of Ireland, 1315~18

스코틀랜드 왕 로버트 1세(로버트 브루스, 1274~1329)의 동생이자 계승자인 에드워드 브루스(1318년 사망)는 얼스터 백작령 일부의 상속권을 획득했고 1315년에 아일랜드를 침공했다. 에드워드는 6천 명의 병사를 이끌고 코노어 인근에서 얼스터 백작의 군대를 격파했으며, 1316년에 코너흐터와 미스웨스트의 아일랜드인 주민들로부터 충성을 얻어 아일랜드의 왕으로 즉위했다. 에드워드는 많은 잉글랜드계 아일랜드인의 지지를 받으면서 권력을 강화했다. 1317년 에드워드와 스코틀랜드 왕 로버트 1세는 남쪽 멀리 리머릭까지 원정했는데, 현지에 큰 피해를 입히면서 지지를 상실했다. 그러나 두 사람은 요새를 건설하지 않았고, 잉글랜드의 로저 모티머(1287~1330) 총사령관이 이끄는 잉글랜드계 아일랜드인의 군대에 밀려 얼스터로 쫓겨났다. 로버트 1세는 스코틀랜드로 돌아갔고, 에드워드는 1318년에 얼스터에서 나와 모티머와 대적했으나 던커크 인근 포거트에서 사망했다.
○ 스코틀랜드 전쟁, 1314~28

스코틀랜드–잉글랜드 전쟁
Scottish–English Wars
○ 잉글랜드–스코틀랜드 전쟁

스코틀랜드 전쟁, 1295~96
Scottish War of 1295~96

1284년 스코틀랜드 귀족들은 왕 알렉산더 3세(1241~86)의 미성년 손녀인 노르웨이 처녀 Maid of Norway 마거릿(1283~90) 공주를 정당한 왕위 계승자로 인정했다. 잉글랜드 왕 에드워드 1세(1239~1307)는 노르웨이 왕 에리크 2

세(1299년 사망)와 협상하여 아들인 에드워드 카나번(잉글랜드 왕 에드워드 2
세(1284~1327)) 왕자와 에리크 2세의 딸 마거릿의 혼인 약속을 받아냈다.
1290년 7월 스코틀랜드 의회는 버럼(솔즈버리) 조약으로 이 결혼을 승인하
면서 스코틀랜드는 독립국으로 남을 것임을 강조했다. 그러나 마거릿(알
렉산더 3세의 마지막 후계자)이 노르웨이에서 스코틀랜드로 항해하던 중 돌
연 사망하자 스코틀랜드 왕위를 합법적으로 주장할 수 있는 사람이 최소
한 13명은 됐다. 그중 가장 중요한 인물은 귀족인 로버트 브루스(로버트 1
세, 1274~1329)와 존 베일리얼(1249?~1314)이었다. 절충을 위해 초빙된 에드
워드 1세는 1291년에 베일리얼을 선택했고, 베일리얼은 1292년에 스쿤에서
스코틀랜드 왕위에 올랐다. 에드워드 1세가 신서臣誓와 기타 요구를 강요하
자 베일리얼이 반란을 일으켰다. 스코틀랜드는 1295년에 프랑스와 동맹을
맺었고 1296년에 병력을 동원하여 잉글랜드 북부를 침공할 준비를 했다.
에드워드 1세는 반격하여 브루스를 포함한 여러 사람에게서 신서를 받았
다. 그 뒤 에드워드 1세의 군대는 베릭을 약탈했고 베일리얼을 무찌르고 감
금했으며 에든버러와 스털링, 퍼스, 엘긴과 그 외 여러 성을 점령했다. 에드
워드 1세는 스코틀랜드의 신서를 받은 뒤 스쿤의 돌*을 훔쳐갔고 왕이 없
는 스코틀랜드를 '몰수한 봉토'로서 잉글랜드에 병합했으며 3명의 행정관
과 다수의 수비대에 관리를 맡겼다.

○ 배넉번 전투 ; 브루스의 반란 ; 스코틀랜드 전쟁, 1314~28 ; 월리스의 반란

* Stone of Scone. 스코틀랜드에서 왕의 대관식을 거행할 때 사용하던 직육면체 형태의 돌.

스코틀랜드 전쟁, 1314~28
Scottish War of 1314~28

1314년 로버트 브루스(로버트 1세, 1274~1329)가 이끄는 스코틀랜드 군대
는 빈번히 국경을 넘어 잉글랜드를 침공했다(**○ 배넉번 전투**). 로버트 브루스
가 동생과 함께 아일랜드 원정을 떠나 있던 동안(**○ 스코틀랜드의 아일랜드 침
공**), 1315~18년에는 제임스 '블랙' 더글러스(1286~1330)가 지휘하는 스코틀
랜드인들이 잉글랜드를 계속해서 침입했다. 스코틀랜드는 1318년에 베릭의
잉글랜드 주둔지를 탈환했다. 1319년에는 로버트 브루스가 더글러스에게
지휘를 맡겨 요크셔로 견제용 병력을 파견했다. 그곳의 미턴 전투에서 상당

히 많은 수도사와 신부가 죽임을 당했고 스코틀랜드인들은 이를 빗대어 자신들의 승리를 '미턴의 성직자 총회'라고 일컬었다. 로버트 브루스는 1322년까지 잉글랜드와 큰 싸움을 벌이지 않았다. 그 뒤 에드워드 2세(1284~1327)가 스코틀랜드를 침공하려 하자, 로버트 브루스의 군대는 빌런드 전투에서 잉글랜드 군대와 마주쳐 기습으로 승리를 거두었고 에드워드 2세는 전장에서 도망쳐 요크셔로 퇴각해야 했다. 1323년에 화친이 이루어졌지만, 국경을 넘는 침략은 1328년까지 계속되다가 에딘버러-노샘프턴 조약으로 스코틀랜드가 적법하게 독립했다.

○ 브루스의 반란 ; 스코틀랜드 전쟁, 1295~96 ; 윌리스의 반란

스테인케르커 전투, 1692
Battle of Steenkerke, 1692

대동맹 전쟁 중 프랑스는 에스파냐령 네덜란드(벨기에의 일부, 네덜란드, 룩셈부르크)로 원정하여(○ 대동맹 전쟁) 37일 동안 오늘날 벨기에 남부에 있는 나뮈르를 포위하고 격렬한 전투를 벌였다. 1689~91년의 아일랜드 전쟁에서 승리한 잉글랜드 왕 윌리엄 3세(1650~1702)는 동맹군의 최고지휘권을 맡아 공세에 나서 스테인케르커(오늘날 벨기에의 에노 주 브렌르콩트)의 프랑스군 주둔지를 기습하려 했다. 윌리엄 3세의 선봉에 공격당하여 프랑스군에서는 많은 사상자, 부상자가 발생했다. 프랑스군은 부대를 재편하여 잉글랜드의 8개 연대에 맞서 싸우다가 후퇴했으나 새로운 증원 병력의 도움으로 구조를 받았다. 잉글랜드 군대는 총격전과 백병전에 지쳐 정오가 되기 전에 퇴각했다(1692년 8월 3일). 이어 동맹군 전체가 장군 2명을 포함하여 8천 명 이상을 잃고 퇴각했다.

○ 네이르빈던 전투

스톡홀름 학살
Stockholm Massacre

○ 칼마르 연합 내전, 1520~23

스트렐치의 반란, 1698
Revolt of the Streltsy, 1698

머스킷 사수를 뜻하는 스트렐치(스트렐레츠strelets의 복수)는 러시아의 정예 부대를 지칭하는데, 차르의 호위 업무도 맡으며 엄청난 정치적 권력을 획득했다. 스트렐치는 표트르 1세(1672~1725)와 투쟁하던 어머니가 다른 형 이반 5세(1666~96)와 그의 누이로 섭정이었던 소피야 알렉세예브나(1657~1704)를 옹호하는 밀로슬랍스키 가문을 지지했다. 이반 5세가 사망하면서 표트르 1세는 유일한 차르가 됐다. 표트르 1세가 군대를 개혁하여 더 많은 활동과 뛰어난 능률을 요구하자 스트렐치는 분노했고, 표트르 1세가 유럽 순회에 나선 뒤에야(1697~98) 진정됐다. 그 뒤 스트렐치는 다시 표트르 1세에게 분노를 쏟아냈으며 노보데비치 수녀원에 유폐되어 있는 소피야 알렉세예브나를 권력자로 복귀시키려고 무력시위를 벌였다. 1698년 여름 스트렐치 4천 명이 소피야 알렉세예브나를 구출하여 재집권시키려고 진군했으나 표트르 1세의 용병에게 곧 진압됐다(빈에 있던 표트르 1세는 반란 소식을 듣자마자 귀국했다). 표트르 1세는 반란자들을 가혹하게 처벌했다. 1천 명 이상이 고문이나 말뚝에 찔려 죽이는 형벌로 목숨을 잃었으며, 공포정치는 차르에 반대하는 다른 세력들에게도 확대되어 적용됐다. 노보데비치 수녀원에 유폐된 소피야 알렉세예브나는 남은 생애 동안 감시를 받으며 지냈다. 스트렐치는 해체됐다.

스틸리코–서고트족 전쟁, 390~408
Stilicho's Wars with the Visigoths, 390~408

390년 서고트족은 훈족과 연합하여 트라키아를 유린함으로써 비잔티움 제국 황제 테오도시오스 1세(347~395)가 381년에 세운 평화를 깨뜨렸다(**○ 서고트족의 로마 제국 침입, 전기**). 이 사건으로 서고트족은 플라비우스 스틸리코(359?~408) 로마 장군과 대결하게 됐는데, 아버지가 반달인이고 어머니가 로마인인 스틸리코는 이민족의 전략을 잘 이해하고 있었다. 392년경 로마 제국은 서고트족의 침입을 제압했다. 테오도시오스 1세가 사망하고 알라리쿠스 1세(알라리크 1세, 370~410)가 서고트족의 왕위에 오르면서 발칸 반도 지역의 남부와 서부에서 침입이 재개됐다. 그리스에서는 데메테르 신전이 파괴당했고(396), 북부의 도시들 중에서는 테바이만 저항에 성공했다. 스틸리코는 테살리아에서 승리를 거두지 못했고 잠시 이탈리아로 갔다가 397년에 그리스로 돌아와 아르카디아에서 서고트족을 차단했다. 그렇지만 스틸리코가 로마로 곡물 수송을 거부한 북아프리카의 무어인을 응징하기 위해 다시 이탈리아로 파견된 까닭에 스틸리코의 전략은 효력을 잃었다. 그러자 일부 서고트족이 에페이로스(오늘날의 이피로스)를 파괴했고, 알라리쿠스 1세는 397년에 뇌물을 받은 뒤 강화를 체결했다. 알라리쿠스 1세는 일리리쿰(일리리아. 오늘날의 발칸 반도 서부) 지역 로마군 부대의 사령관으로 임명됐고 에페이로스를 얻었으나 이는 잘못된 보상이었다. 알라리쿠스 1세가 로마 제국의 서부를 괴롭힐 수 있었기 때문이다. 알라리쿠스 1세는 고트족의 지도자 라다가이수스(405년 사망)와 함께 반달족과 알란족을 포함하여 동맹을 결성했다. 401년경 이탈리아 북부, 특히 밀라노가 공격을 받았다. 스틸리코의 군대는 동맹 군대를 서쪽으로 몰아냈고, 402년 이탈리아 북부 폴렌티아(오늘날의 폴렌초)에서 격렬한 전투를 벌여 격파했다. 알라리쿠스 1세는 부인을 포함한 가족이 포로가 되자 일리리쿰으로 퇴각할 수밖에 없었다. 알라리쿠스 1세는 1년도 못 되어 돌아와 베로나를 포위했다. 스틸리코는 승리했고(베로나 전투) 서고트족을 학살할 수도 있었지만 로마 제국의 동부를 침공하여 황제가 되려 했기에 협상했다(403). 그렇지만 라다가이수스가 이탈리아로 가는 바람에 스틸리코의 계획은 실패했다. 스틸리코는 405년에 피에솔레에서 라다가이수스를 격파했다. 알라리쿠스 1세는 노리쿰(오스트리아 남부)의 고트족 기지를 차지했고 로마 제국에게 봉사하는 대가로 막대한 금전을 요구했으며 407년에 이를 받아냈다. 스틸리코의 군대에서 폭동이 일어났고, 반역을 꾀했다는 의심을 받은 스틸리코는 재판을 받고 408년에 처형됐다. 알라리쿠스 1세는 자신을 막을 자가 사라지자 다시 로마 제국을 위협했다(❍ 서고트족의 로마 약탈).

스파르타-아카이아 동맹 전쟁, 기원전 228~기원전 226
Spartan-Achaean War of BCE 228~BCE 226

디아도코이 전쟁이 남긴 것은 그리스의 분열이었고, 그리스의 폴리스들은 지배권을 두고 서로 다투었다. 기원전 3세기 말 주요 경쟁국은 마케도니아와 스파르타였고, 또 다른 경쟁국은 앞서 마케도니아의 협력자였던 아카이아 동맹(아카이아 지역 폴리스들의 연합체)이었는데, 그 지도자인 시키온의 아라토스(기원전 213년 사망)는 펠로폰네소스 반도 전체를 아카이아 동맹에 편입시키기로 결심했다. 반대 진영에서는 스파르타 왕 클레오메네스 3세(기원전 260?~기원전 219)가 분쟁 지역에 진입하여(기원전 229) 아카이아 동맹을 자극했다. 클레오메네스 3세는 아이톨리아의 폴리스들을 자기편으로 끌어들였고 아르카디아에서 아카이아 동맹이 장악하지 못한 만티네이아 주변의 쐐기 모양 지역을 확보했다. 기원전 228년 아라토스는 펠로폰네소스 반도의 일부를 점령했고, 클레오메네스 3세가 진격을 시작했다. 아카이아 동맹은 전쟁을 선포했다. 초기에는 작은 전투들만 발생했다. 기원전 227년 아카이아 동맹의 장군으로 재선된 아라토스는 리카이온에서 패한 뒤 만티네이아를 탈환했다. 기원전 226년에 일어난 반란 뒤 스파르타의 폭군이 된 클레오메네스 3세는 전쟁을 재개하여 만티네이아를 되찾고 아카이아를 침공하여 헤카토바이움에서 아카이아 동맹 군대를 궤멸했다. 협력자들을 잃은 아카이아 동맹은 평화를 선택하기로 결정하고 클레오메네스 3세를 자신들의 수장으로 받아들인 셈이 됐다. 그리스 지배를 두고 경쟁하는 나라로 마케도니아와 스파르타(나중에는 로마)만 남은 기원전 225년부터 아카이아 동맹은 해체의 길을 걸었다.

스파르타-아카이아 동맹 전쟁, 기원전 193~기원전 192
Spartan-Achaean War of BCE 193~BCE 192

제2차 마케도니아 전쟁으로 스파르타는 약해졌고 아카이아 동맹이 부활하여 성장할 추진력을 얻었다. 승리한 로마는 조약에서(기원전 195) 군사적 지원의 보상으로 아카이아 동맹에게 스파르타 항구들의 통제권을 부여했다. 그렇지만 소유권을 허용하지는 않았다. 아카이아 동맹의 필로포이멘(기원전 253~기원전 183) 장군은 스파르타를 지배하고자 했는데, 스파르타 왕 나비스(재위 기원전 207~기원전 192)가 선동하여 스파르타 항구들에서 반란이 일어나자(기원전 193) 필로포이멘에게 기회가 찾아왔다. 반란으로 스파르타는 도시들을 되찾았고, 나비스는 아카이아 동맹의 수비대가 주둔하고 있던 기테이온을 포위했다(기원전 193). 필로포이멘은 로마의 저명한 티투스

퀸크티우스 플라미니우스(기원전 230?~기원전 174) 장군의 지원을 확보했다. 로마 군대가 도착하기에 앞서 기테이온으로 진격한 필로포이멘이 전투를 개시했고 로마 군대가 성공리에 전투를 마무리했다. 그동안 아카이아 동맹의 군대는 바르보스테네스 산 방향으로 진군하여 나비스의 군대를 추격했다(기원전 192). 스파르타 군대는 전멸에 가까운 패배를 당했다. 필로포이멘은 계속해서 스파르타를 봉쇄했고 라코니아를 약탈했다. 그러나 더 강한 존재였던 플라미니우스가 전투를 중단하고 이전 상태로 되돌리자 스파르타를 병합하려던 필로포이멘의 욕망은 좌절됐다. 스파르타의 패배로 나비스는 암살당했고(기원전 192) 스파르타는 잠시 아카이아 동맹의 회원국이 됐다.

스파르타-아카이아 동맹 전쟁, 기원전 189~기원전 188
Spartan-Achaean War of BCE 189~BCE 188

그리스가 서로 싸워 공멸하는 가운데, 로마 원로원은 마케도니아를 계속 제어하면서 친그리스 정책을 추구하려 했다. 펠로폰네소스 반도 전체를 차지하려는 욕망을 버리지 않은 아카이아 동맹은 메시니와 엘리스를 병합하고 스파르타에서 일어난 반란을 진압했다(기원전 191). 그러나 아카이아 동맹의 필로포이멘(기원전 253~기원전 183) 장군은 로마 집정관의 허락 없이 스파르타의 반란을 진압했으며, 스파르타가 기테이온 인근의 라스를 공격했을 때도 마찬가지로 행동했다(기원전 189). 필로포이멘은 공격한 죄를 저지른 스파르타인들이 항복하지 않으면 전쟁을 해야 할 것이라고 위협했다. 스파르타는 이에 순응하지 않고 아카이아 동맹에 우호적인 시민 30명을 살해하고서 아카이아 동맹을 이탈하기로 결의했고 로마에 항복하여 보호를 받으려 했다. 필로포이멘은 전쟁을 선포했고, 아카이아 동맹의 군대가 라코니아를 침공하여(기원전 188) 스파르타의 분리주의 파벌에 속한 자들을 체포하여 전시용 재판*을 벌인 뒤 처형했다. 처형된 자는 80명에서 350명 사이였다. 스파르타 수도의 성벽은 철거당했고 모든 용병과 아카이아 동맹에 반대하는 스파르타 시민들, 투표권을 지닌 헤일로타이**가 추방됐다. 모든 법률은 아카이아 동맹의 법률로 대체됐고, 스파르타에게 새로운 조약이 강요됐다. 필로포이멘의 가혹함에 로마가 개입하여 아카이아 동맹의 새로운 권력을 억제했으며 결국 아카이아 동맹은 마케도니아와 다시 연합해야 했다.

스파르타쿠스의 반란
Revolt of Spartacus

○ (제3차) 노예 전쟁

스피릿레이크 학살, 1857
Spirit Lake Massacre, 1857

백인 상인이 수족 인디언 여러 명을 살해하자, 1857년 3월 8~12일에 족장 잉크파두타(1797?~1881?)가 수족의 일부를 지휘하여 아이오와 주 서북부의 스피릿레이크 인근에 새로 건설된 백인 정착촌을 습격했다. 인디언은 주민 35~40명을 살해했고, 14세 소녀 1명과 젊은 기혼 여성 3명을 납치했다. 그중 2명은 그 뒤 죽임을 당했고 생존한 2명은 구출 협상자들이 몸값을 지불하여 풀려났다. 미네소타 주 리즐리 요새에서 파견된 부대가 잉크파두타의 수족을 추적했으나 따라잡지 못했다.

스핏헤드 반란, 1797
Spithead Mutiny, 1797

영불해협에 닿아 있는 항구 스핏헤드에 있던 영국 해군의 사병들은 단조롭고 따분한 프랑스 봉쇄 작전에 투입됐다(○ 프랑스 혁명 전쟁). 더 나은 처우를 요구한 이 사병들은 1797년 4월 16일 반란을 일으켜 위원회를 수립하여 함선과 기지를 통제했다. 그들은 가혹한 규율과 부족한 식사, 1658년 이후에는 인상되지 않은 낮은 임금의 해결을 요구하며 해군 본부와 하원에 질서 정연하게 청원을 제출했다. 당국은 요구가 정당하다고 판단하여 조건을 수락했으며, 반란은 1개월 뒤 종결됐다.

○ 노어 폭동

슬라위스 해전, 1340
Naval Battle of Sluys, 1340

잉글랜드 왕 에드워드 3세(1312~77)는 백년 전쟁 중 1337년에 플랑드르를 원정했으나 큰 성공을 거두지 못했다. 에드워드 3세는 잉글랜드로 돌아와 더 많은 병력과 선박을 마련하여 다시 떠났다. 프랑스는 에드워드 3세의 재침을 막으려고 함대 150척에 병력 4만 명을 모았다. 그러나 결국에는 장궁 궁수를 중요하게 활용하고 프랑스군의 눈에 햇빛이 비치도록 선박을 조종한 에드워드 3세의 전술 덕에 잉글랜드 군대가 유리한 입장에서 승리를 거두었다. 하루 종일 진행된 전투에서 프랑스 선박들은 대부분 침몰했거나 나포됐다. 프랑스의 연대기 작가 장 프루아사르(1337?~1404?)는 이 전투가 "피비린내 나는 살벌한" 전투였다고 적고 있다. 잉글랜드는 1년 동안의 휴전과 영불해협의 통제권을 얻었다.

슬랑오르 내전,* 1867~74
Selangor Civil War, 1867~74

말레이 반도 서남부의 국가 슬랑오르의 족장들은 정치적·경제적으로 서로 다투었는데(특히 슬랑오르의 주요 수출품인 주석朱錫에 부과하던 관세가 큰 문제였다) 1860년대에 두 개의 적대하는 진영으로 분열했다. 클랑 강 상류 지역의 반체제 족장들은 클랑 강 하류 지역 주민과 슬랑오르의 술탄에 맞서 이따금 전투를 벌였다. 1870년경 주석 광산에서 일하며 두 개의 중국 비밀결사에 소속된 중국인 이주민 광부들이 전쟁에 끼어들었다. 푸젠성福建省 출신 이민자들이 주도하던 기힌콩시義興公司는 클랑 강 상류 지역 집단과 연합했고, 반면 하카인客家人 이민자들이 주도하던 하이산海山은 클랑 강 하류 지역 집단에 가담했다. 전투는 대개 밀림 속에 있는 주석 광산 광부들의 야영지에서 벌어졌다. 영국이 하류 지역 족장들을 지지하여 인접한 파항 술탄국의 군대가 이들을 지원하면서 전쟁의 흐름이 바뀌었다. 1874년에 반체제 족장들은 결국 패했다. 1874년에 슬랑오르 술탄국은 영국의 보호령이 됐다.

* 클랑 전쟁이라고도 한다.

슬로바키아 봉기, 1944~45
Slovakian Uprising of 1944~45

제2차 세계대전(1939~45) 중에 몬시뇨르* 요제프 티소(1887~1947)는 독일의 나치 독재자 아돌프 히틀러(1889~1945)의 지원을 받아 1939년에 체코슬로바키아에서 이탈하여 독립한, 독일의 괴뢰 국가 슬로바키아에서 국가원수인 대통령에 취임했다. 티소의 권위주의 체제에 많은 슬로바키아인이 저항하자 히틀러는 1944년 중반에 군대를 파견하여 통제력을 유지하고, 공중 강하로 침투하는 소련과 연합국 게릴라들로부터 슬로바키아를 지키려 했다. 1944년 8월 29일 8만 명이 넘는 슬로바키아인이 무장하고 슬로바키아 중부의 반스카비스트리차에서부터 독일군에 공공연히 저항했으며, 산악 지역인 중앙부를 장악했고, 사격을 받아 비행기가 추락하여 포로가 된 서방 연합군 비행사들을 구출했다. 소련군은 1945년 4월에 티소 체제를 전복했으며, 티소는 뒷날 반역죄로 재판을 받고 1947년 4월 18일 브라티슬라바에서 교수형을 당했다.

* Monsignor. 가톨릭에서 성직자에게 사용하는 경칭.

슬로베니아 독립 전쟁, 1991
Slovenian War of Independence, 1991

1980년에 공산주의 독재자 요시프 티토(1892~1980)가 사망한 뒤 오랫동안 계속된 유고슬라비아 내부의 종족적·종교적·경제적 갈등은 더욱 첨예해졌다. 비록 그 나라는 6개 공화국과 2개의 자치주로 구성됐지만, 가장 큰 공화국인 세르비아가 연방 정부와 연방군을 지배하고 있었다. 결국 세르비아 공화국의 대통령이 된 슬로보단 밀로셰비치(1941~2006)가 1989년에 세르비아 민족주의를 선동하자 세르비아에 대한 분노가 거세졌다. 번창한 공화국인 슬로베니아와 크로아티아는 더 이상 저개발 상태의 세르비아에 보조금을 지급할 뜻이 없었고 세르비아가 장악하여 중앙집권화한 연방 정부를 통제할 생각도 없었기에, 1991년 6월 25일에 유고슬라비아에서 독립한다고 선언했다. 슬로베니아는 국경을 통제한 뒤 슬로베니아 영토방위군으로 공화국 내부의 연방군 기지들을 봉쇄했고 연방군 병사 약 2,300명을 포로로 잡았다. 한편 연방군은 탱크로 밀고 들어왔고 슬로베니아 수도인 류블랴나의 공항과 국경의 몇몇 군 주둔지를 포격했다. 전쟁은 1991년 6월 27일~7월 7일까지 지속됐는데, 그때까지 연방군 44명, 슬로베니아 영토방위군 19명이 사망했다. 전쟁은 연방군이 탱크와 병력을 철수하여 역시 연방에서 이탈한 인접한 크로아티아 공화국에 집중하면서 끝났다(크로아티아에는 종족적 동질성이 매우 높은 슬로베니아와는 달리 세르비아인 소수민족이 적지 않았다). 1991년 7월에 이미 슬로베니아를 독립국으로 승인한 독일을 제외한 유럽공동체EC는 1992년 1월에 슬로베니아를 독립국으로 승인했고, 1992년 5월에 슬로베니아는 국제연합UN에 가입했다.

● 보스니아헤르체고비나 내전, 1992~95 ; 크로아티아 독립 전쟁

승병僧兵 전쟁, 1465
War of the Monks, 1465

15세기경 일본인은 대부분 불교도였으며, 당시 일본에서는 불교의 여러 종파가 권력과 토지, 영향력을 두고 서로 투쟁했다. 9세기부터 천태종天台宗은 수도 교토京都 동북쪽의 거대한 히에이 산比叡山에 있는 사찰들을 기반으로 권력을 행사했던 반면, 정토진종淨土眞宗은 수도 안에 자리 잡고 있었다. 두 종파 모두 승병僧兵 집단이었고 오랫동안 서로 경쟁했으나 양쪽은 쇼군의 지배를 받았다. 그렇지만 쇼군이 천황처럼 단순히 명목상의 지도자로 전락한 시기가 도래하자 종파 간의 적대감은 공공연한 싸움이 됐다. 히에이 산의 승려들이 교토로 몰려가 정토진종의 본사本寺인 혼간지本願寺를 모조리 태워버렸다. 농촌 지역에서도 여러 불교 종파가 서로 다투며 재산을 파괴했다. 이러한 종교 전쟁은 15세기 일본이 전반적으로 무정부 상태였음을 보여주는 증거 중의 하나다.

● 오닌의 난 ; 일본 센고쿠 시대의 내전, 1450~1550

시나이 전쟁
Sinai War

● 아랍-이스라엘 전쟁, 1956

시리아-로마 전쟁, 기원전 192~기원전 189
Syrian-Roman War of BCE 192~BCE 189

그리스 중부의 아이톨리아인들은 기원전 197년에 키노스케팔라이에서 마케도니아가 패한 뒤(○ (제2차) 마케도니아 전쟁), 마케도니아를 그리스의 지배 국가 지위에서 축출하기를 원했다. 기원전 192년 아이톨리아인들은 그리스에 있는 로마의 동맹국들을 공격했고 시리아를 지배하고 있던 셀레우코스 왕국 왕 안티오코스 3세(기원전 242~기원전 187) '대왕'에게 지원을 요청했다. 안티오코스 3세는 기꺼이 요청을 받아들여 약 1만 명의 병력으로 에게 해를 건넜다. 그러나 안티오코스 3세의 군대는 기원전 191년 테르모필라이에서 로마 군대에 패했으며, 왕은 아시아로 귀환해야 했다. 로도스 섬과 페르가몬(오늘날의 베르가마 인근)의 해군이 로마 군대에 합세했고 안티오코스 3세의 함대와 싸워 두 차례 승리했다. 푸블리쿠스 코르넬리우스 스키피오 아프리카누스(기원전 237~기원전 183)와 그의 동생 루키우스 코르넬리우스 스키피오 아시아티쿠스(기원전 183년 이후 사망)가 지휘하는 로마 군대가 소아시아를 침공했다. 양국 군대는 기원전 190년 12월 오늘날의 이즈미르 인근 마그네시아(오늘날의 마니사) 전투에서 대결했다. 처음에는 안티오코스 3세가 지휘하는 시리아 군대가 승리하는 듯했으나, 로마 기병대의 한 측면을 너무 깊숙이 추격했다가 다른 측면의 부대에 포위당해 뿔뿔이 흩어졌다. 시리아는 이 참패로 해안 지역의 영토를 빼앗겼고 10척을 제외한 군함 전부를 양도해야만 했으며 코끼리(전투에서 사용하는 귀중한 자산이었다)를 포기했고 막대한 배상금을 물어야 했다. 그 뒤 시리아는 내륙국으로 위축됐다.

시리아-이집트 전쟁(셀레우코스 전쟁)
Syrian-Egyptian War(Seleucid War)

제1차 시리아-이집트 전쟁(기원전 274~기원전 271) 알렉산드로스(기원전 356~기원전 323) 대왕이 사망한 뒤 마케도니아인 장군들은 알렉산드로스의 광대한 제국을 나누었는데, 이 장군들과 그들의 후손들은 이후 100년 동안 소아시아의 패권을 두고 거의 끊임없이 싸웠다(○ 디아도코이 전쟁). 프톨레마이오스 왕조가 이집트를 지배했고, 셀레우코스 왕국은 시리아를 통치했다. 기원전 274년 셀레우코스 왕국(시리아) 왕 안티오코스 1세 소테르(기원전 324~기원전 261)는 프톨레마이오스 2세 필라델포스(기원전 309~기원전 246)가 이집트 땅이라고 주장한 코일레시리아(오늘날 시리아의 남부)를 침공했다. 안티오코스 1세는 초기에 육상에서 승리했으나, 3년 뒤 이집트 군함들이 지중해 연안 항구들을 점령했다. **제2차 시리아—이집트 전쟁(기원전 260~기원전 253)** 안티오코스 2세 테오스(기원전 286~기원전 247)가 통치하는 셀레우코스 왕국은 1차 전쟁보다 2차 전쟁에서 더 나은 성과를 보였다. 안티오코스 2세는 아버지 안티오코스 1세가 빼앗겼던 지중해 동부 연안의 도시들을 다시 장악했다. 안티오코스 2세는 결국 강화에 합의하여 부인 라오디케를 버리고 프톨레마이오스 2세의 딸 베레니케(기원전 246년 사망)와 결혼했다. 결혼은 행복하지 못했다. 몇 년 뒤 안티오코스 2세는 두 번째 부인과 어린 아들을 떠나 라오디케에게 돌아갔다. 그러나 라오디케가 안티오코스 2세를 독살한 것으로 추정된다. 라오디케는 자신이 낳은 아들을 셀레우코스 2세(기원전 226년 사망)로 선포하고 안티오크(오늘날의 안타키아)에 있는 그녀의 추종자들을 시켜 베레니케와 그 아들을 살해하게 사주했다. 기원전 246년 이 두 사람이 살해당하자 베레니케와 남매 사이였던 프톨레마이오스 3세 에우에르게테스(기원전 282?~기원전 221)가 격노하여 전쟁을 벌였다. **제3차 시리아—이집트 전쟁(기원전 246~기원전 241)** 프톨레마이오스 3세의 이집트 육군은 셀레우코스 왕국의 영토를 침공하여 메소포타미아로 진군했고, 이집트 해군은 앞서의 전쟁에서 빼앗긴 영토를 되찾았다. 에게 해의 일부 항구들뿐만 아니라 소아시아 남부와 시리아의 대부분이 프톨레마이오스 3세의 지배를 받았다. 이 정복으로 프톨레마이오스 왕조의 이집트는 절정에 달했다. 기원전 223년 안티오코스 3세(기원전 242~기원전 187) '대왕'이 즉위하여 셀레우코스 제국의 재건에 착수했다. **제4차 시리아—이집트 전쟁(기원전 219~기원전 217)** 안티오코스 3세가 이끄는 셀레우코스 왕국 군대는 코일레시리아를 침공하여 남쪽으로 홍해까지 밀고 내려갔다. 프톨레마이오스 4세 필로파토르(기원전 244?~기원전 203)는 이집트 군대를 모아 이 위협에 대응했다. 기원전 217년 양국 군대는 라파에서 맞붙었고, 승리한 이집트는 안티오코스 3세의 군대가 퇴각하면서 곧 코일레시리아를 회복했다. **제5차 시리아—이집트 전쟁(기원전 202~기원전 195)** 안티오코스 3세는 다시금 코일레시리아 정복에 나서 성공을 거두었다. 셀레우코스 왕국 군대는 기원전 198년에 파니움 전투에서 이집트 왕국 군대를 완전히 물리쳤다. 코일레시리아와 소아시아 동남부에 보유했던 프톨레마이오스 왕조의 영토는 키프로스 섬만 제외하고 셀레우코스 왕국의 지배를 받았다. 안티오코스 3세는 평화조약의 효력을 보장하기 위해 딸 클레오파트라 1세(기원전 204?~기원전 176)를 프톨레마이오스 5세 에피파네스(기원전 210?~기원전 181)와 결혼시켰다.

❍ 다마스쿠스 전쟁 ; 마케도니아 전쟁 ; 셀레우코스 왕국-이집트 전쟁

시리아-파르티아 전쟁, 기원전 141~기원전 139
Syrian-Parthian War of BCE 141~BCE 139

아르사케스 5세라고도 불렸던 파르티아 왕 미트리다테스 1세(기원전 195?~기원전 138)의 군대는 소아시아에 있던 그리스의 폴리스 여러 곳을 점령하여 속령으로 삼았다. 미트리다테스 1세의 학정에 괴로웠던 그리스인들은 시리아를 지배하고 있던 셀레우코스 왕국의 데메트리오스 2세 니카토르(기원전 125?년 사망)에게 해방시켜 달라고 요청했다. 기원전 141년 데메트리오스 2세는 마지못해 요청에 응하여 군대를 이끌고 파르티아를 공격했다. 데메트리오스 2세는 처음에는 여러 전투에서 승리했으나 기원전 139년에 결정적으로 패하고 포로가 됐다. 데메트리오스 2세는 파르티아에 10년 넘게 억류당했으나 왕조를 유지하는 것은 허락받았다. 한편 데메트리오스 2세의 동생 안티오코스 7세 에우에르게테스(시데테스, 기원전 158?~기원전 129)는 왕으로 즉위하여 영토인 메소포타미아에서 파르티아인들을 내쫓고 파르티아 왕국의 일부인 메디아를 침공했다(❍ 시리아-파르티아 전쟁, 기원전 130~기원전 127). 기원전 129년 파르티아는 데메트리오스 2세를 풀어주었는데 시리아에서 내란이 일어나기를 기대했을 것이다. 그러나 안티오코스 7세는 파르티아의 기습공격을 받아 죽었고, 데메트리오스 2세가 다시 왕위에 올랐다.

시리아-파르티아 전쟁, 기원전 130~기원전 127
Syrian-Parthian War of BCE 130~BCE 127

안티오코스 7세 에우에르게테스(시데테스, 기원전 158?~기원전 129)는 셀레우코스 왕국(시리아) 군대를 이끌고 파르티아 왕국을 침공하여 잃었던 영토를 되찾았으며; 10년 넘게 억류당해 있는 형 데메트리오스 2세 니카토르(기

원전 125?년 사망)를 석방하라고 파르티아 왕 프라테스 2세(기원전 171~기원전 128)를 압박했다. 안티오코스 7세는 계속해서 메디아로 진격했으나 메디아의 수도인 엑바타나(오늘날 이란의 하마단) 전투에서 프라테스 2세의 군대에게 죽임을 당했다. 안티오코스 7세에게 협력했던 스키타이족이 시리아 군대를 지원하기 위해 파르티아를 침공하자 프라테스 2세는 군대를 재편하여 새로운 침공군에 대적했다. 파르티아 왕이 직접 군대를 지휘했으나 패하고 전사했다. 그렇지만 셀레우코스 왕국은 한때 장악했던 파르티아의 영토를 되찾지 못했다.

시리아-페르가몬 전쟁, 기원전 224~기원전 221
Syrian War with Pergamum, BCE 224~BCE 221

페르가몬(오늘날의 베르가마 인근)은 마케도니아인 정복자인 알렉산드로스(기원전 356~기원전 323) 대왕이 소아시아 북부에 건립한 여러 그리스식 도시 중 하나였다. 기원전 230년경 페르가몬 왕 아탈로스 1세 소테르(기원전 269~기원전 197)는 소아시아 중부 갈라티아의 주민들과 싸워 대승한 뒤 자신감을 얻자 다른 방향으로도 영토를 확대하려 했고, 시리아를 지배하고 있던 셀레우코스 왕국의 왕으로 새로 즉위한 젊은 안티오코스 3세(기원전 242~기원전 187) '대왕'과 싸우게 됐다. 안티오코스 3세가 코일레시리아(오늘날 시리아의 남부)에서 싸우느라 남쪽에 있을 때, 아탈로스 1세는 시리아 북부를 침공하여 대부분의 지역을 병합했다. 안티오코스 3세의 사촌 아카이오스(기원전 213년 사망)는 아탈로스 1세의 위협을 감지하여 군대를 이끌고 맞섰다. 전투는 여러 지역에서 벌어졌고, 기원전 221년경 페르가몬 침략군은 원래의 국경 바깥으로 내쫓겼다. 안티오코스 3세는 소아시아 중부의 대부분을 다시 장악했다.

시마바라島原의 난, 1637~38
Shimabara Revolt, 1637~38

에스파냐 나바라에서 출생한 예수회 소속 사제인 프란시스코 하비에르가 1549년부터 일본에 가톨릭을 전파했다. 이 선교사에 뒤이어 들어온 수많은 선교사가 상당히 많은 일본인을 개종시켰다. 에도 바쿠후江戸幕府(도쿠가와 바쿠후德川幕府) 쇼군들은 종종 선교사를 추방했으며 일본인들에게 그리스도교 예배를 금지했다. 1612~13년에 도쿠가와 이에야스德川家康는 가톨릭의 존재를 묵인하던 이전의 태도를 철회하고 가톨릭을 탄압했다. 가톨릭교도는 외국인과 내국인을 막론하고 가혹한 탄압을 받았다. 특히 포르투갈인과 에스파냐인을 만날 기회가 많았던 규슈九州 섬 남부에서 탄압이 심했다. 가톨릭이 매우 일찍 뿌리를 내린 규슈 섬의 나가사키長崎 동쪽 시마바라島原 반도와 인근의 아마쿠사天草 제도에서는 많은 가톨릭교도가 처형됐다. 1637년 12월에 수많은 전투적 가톨릭교도와 여타 주민들이 에도 바쿠후의 종교와 농업, 조세 분야에서 보인 억압적인 정책에 맞서 반란을 일으켰다. 1638년 초 남자와 여자, 어린이를 포함한 약 3만 7천 명의 반란자는 시마바라 반도 해변에 방치되어 있던 하라 성原城으로 철수하여 약 12만 5,800명에 이르는 군대로 포위한 에도 바쿠후의 공격에 석 달 동안 저항했다. 에도 바쿠후가 지원을 요청하자 네덜란드동인도회사가 파견한 함선 2척이 반란자들의 거점을 포격했다. 방어하던 반란자들은 결국 굶주리고 머스킷(조총) 총탄이 부족해 성벽을 더 이상 사수하지 못했다. 하라 성은 침입을 받아 함락됐고, 그 내부에 아직 살아 있던 사람들은 배신자 1명을 제외하고 창, 칼, 총에 학살당했다. 반란이 실패하면서 일본 가톨릭은 종교 조직으로서 명운을 다했다.

시모노세키下關 '전쟁', 1863~64
Shimonoseki 'War', 1863~64

일본에서 전략상 중요한 간몬關門(바칸馬關) 해협의 북쪽 해안에 있던 조슈長州 번藩의 다이묘大名(영주)는 나라에서 외국인을 모두 추방하자고 주장한 파벌(존왕양이파尊王攘夷派)을 지지했다. 1863년 6월 25일 조슈 번의 해안 포대들과 군함들은 간몬 해협의 외곽에 정박해 있던 미국 증기선을 공격했고, 6월 26일에는 프랑스 해군의 군함을 포격했으며, 7월 11일에는 네덜란드 군함을 공격했다. 미국 해군은 이에 보복하여 조슈 번의 군함 2척을 격침시켰으며, 프랑스의 군함은 작은 마을을 불태우고 해안 포대를 파괴했다. 조슈 번의 해안 포대는 이에 굴복하지 않고 사정거리 안에 들어오는 모든 외국 선박을 계속 포격했다. 이듬해 3월 에도江戸(오늘날의 도쿄東京)의 영국 영사는 간몬 해협을 개방하고 일본으로 하여금 서구 강대국과 맺은 통상조약을 준수하도록 강제하려면 무력을 써야 한다고 동료 외국인들을 설득했다. 서구 강대국은 서로 협조하기로 결정했고, 1864년 9월 5일 프랑스와 영국, 네덜란드, 미국의 군함 17척으로 구성된 함대가 간몬 해협 안으로 진입하여 3일 동안 조슈 번의 해안 포대를 체계적으로 모조리 파괴했다. 이 연합 함대의 지휘관들은 조슈 번과 협정을 체결하여 간몬 해협의 자유로운 통행과 비무장, 시모노세키下關에서 무역할 권리, 상당액의 배상금을 확보했다. 그 뒤 일본인들은 외국인을 내쫓으려는 대신 오히려 모방하고 그들의 우월한 공학 기술을 배우려 했다.

● 메이지 유신

시베리아 정복, 1581?~98
Conquest of Siberia, 1581?~98

러시아의 농촌을 약탈하던 도적단의 두목이었고 카자크(코사크)였던 예르마크 티모페예비치(1585년 사망)는 살인 혐의로 정부군에 쫓겨 볼가 강 상류로 도주했다가, 스트로가노프 상단商團에 고용되어 시베리아 타타르인의 위협으로부터 서西시베리아에 있는 이 상단의 보유지를 보호하게 됐다. 1581년 9월 1일 예르마크는 약 850명의 카자크를 이끌고 볼가 강 상류로 이동하여 우랄 산맥을 넘었고 1582년 봄에 타타르인의 시비르한국에 도달했다. 1582년 10월 카자크는 소총과 대포를 사용하여 수적으로는 우월했으나 활로 무장한 퀴춤 칸(?~1605?, 재위 1563~98)의 주력 부대와 대결하여 승리를 거두었으며, 서시베리아에 있는 시비르한국의 수도 카슐르크(이스케르)를 점령했다. 차르 '뇌제' 이반 4세(1530~84)는 처음에는 시베리아에 연루되는 것에 반대했으나 예르마크의 성공에 흥분하여 예르마크를 사면하고 모스크바를 방문한 카자크 사절단을 환대했다. 차르는 군대를 보내 예르마크를 도왔으나, 아직 충분한 병력을 유지하고 있던 퀴춤 칸은 1585년 8월 6일 예르마크와 일단의 카자크를 급습하여 거의 전멸시켰다. 전설에 따르면 예르마크는 이르티시 강을 헤엄쳐 도망치다가 차르에게 받은 선물인 갑주의 무게에 못 이겨 익사했다고 한다. 그 뒤에도 러시아는 시비르한국을 정복하려고 원정을 나갔으며, 1598년에 가서야 시비르한국—시베리아—을 멸망시켰다.

시아파 반란, 814~819
Shi'ite Rebellion of 814~819

이슬람 시아파는 알리 이븐 아비 탈리브(600?~661)와 그 후손들이 예언자 무함마드(570?~632)를 계승할 수 있는 정통성을 독점했다고 간주했고, 이슬람 수니파는 역대 칼리파 모두가 무함마드의 정당한 계승자라고 믿었다. 아바스 왕조 칼리파 알 마문(786~833)이 시아파와 수니파로 분열된 이슬람 세계를 통합하려 하자, 시아파의 과격파가 반란을 일으켰다. 반란을 일으킨 시아파의 알리 가문은 성도聖都 메카와 메디나를 점령하고 메소포타미아 남부를 장악했으며 아바스 왕조의 수도 바그다드를 위협했다. 알 마문의 충성스러운 장군 하르트마 이븐 아얀이 알리 가문의 반군을 격파하고 지도자 아부 이븐 무사 아르 사라야(818년 사망)를 잡아 참수했다. 알 마문은 알리 가문을 달래기 위해 시아파인 알리 이븐 무사 알 리다(765~818)를 계승자로 선언했다. 이에 바그다드의 수니파가 격분하여 알 마문의 폐위를 선언하고, 알 마문의 삼촌이자 아바스 왕조 제3대 칼리파인 무함마드 이븐 만수르 알 마흐디의 아들인 이브라힘 이븐 알 마흐디(779~839)를 새 칼리파로 선출했다. 알리 이븐 무사 알 리다는 경위를 알 수 없으나 독살됐고, 메르브에 체류했던 알 마문은 819년 8월에 많은 지지자와 함께 바그다드로 돌아와 알리 가문을 진압하고 칼리파 지위를 공고히 했다.

○ 이슬람 내전, 657~661

시암 내전(야마다 근위대 반란), 1611~12
Siamese Civil War(Yamada's Guards' Revolt) of 1611~12

1600년대 초 에도 바쿠후江戶幕府(도쿠가와 바쿠후德川幕府)의 억압을 벗어나 떠난 일본인들은 시암(타이)의 아유타야 왕국(타이 중남부)에서 환영을 받았다. 일본인들은 특전을 받아 동료 야마다 나가마사山田長政(1590~1630)의 지휘로 수도 아유타야에서 근위대가 됐다. 1611년 공정왕公正王 송탐(1590?~1628)이 왕이 되자, 일본인들은 다른 왕위 요구자를 지원하여 반란을 일으켰다. 동시에 란상 왕국 군대가 표면상 근위대를 지원한다는 핑계로 북쪽에서 침공해 들어와 아유타야 왕국의 수도 북쪽에 인접한 롭부리로 이동했다. 송탐은 란상 왕국 군대를 내몰았고 근위대의 반란을 진압한 다음, 일본인들에게 펫차분의 요새를 넘기는 대가로 군사적 지위를 유지하게 해주었다.

○ 시암 전쟁

시암 내전, 1629~36
Siamese Civil War of 1629~36

1629년 시암(타이)의 아유타야 왕국(타이 중남부)에서 고위 귀족이자 관료인 쁘라삿 통(1599~1656)이 공정왕公正王 송탐(1590?~1628)의 두 아들을 축출하고 왕위를 찬탈했다. 유혈투쟁이 이어졌다. 수많은 파벌이 쁘라삿 통에 맞섰고, 쁘라삿 통은 경쟁자인 아유타야 왕국 근위대의 일본인 대장 야마다 나가마사山田長政(1590~1630)를 독살했다. 쁘라삿 통은 일본 에도 바쿠후江戸幕府(도쿠가와 바쿠후德川幕府)의 쇼군이 자신의 통치를 인정하지 않자 근위대의 일본인 군인들을 학살하려 했으나 대다수는 바다를 통해 탈출했다. 이전 수코타이 왕조의 가족을 포함하여 약 3천 명이 붙잡혀 죽임을 당했다. 전부 쁘라삿 통의 통치를 보장하려고 살해됐다. 쁘라삿 통은 말레이 반도 빠따니에서 일어난 반란을 진압하기 위해 남쪽으로 군대를 파견했으나 실패했고(1634~36), 빠따니는 사실상 독립한 지역이 됐다.

시암 내전, 1733
Siamese Civil War of 1733

시암(타이)의 아유타야 왕국(타이 중남부) 왕 부민다라차(따이 사, 1679?~1733)가 사망하자, 둘째 아들 아파이(1733년 사망) 왕자와 선왕의 동생으로 마하 우빠랏uparat(합법적 왕위 계승권자)으로 지명된 보로마꼿(1680?~1758)이 격렬하게 권력투쟁을 벌였다. 앞서 부민다라차는 동생에서 아들 아파이에게 왕위 계승권을 넘겨주려고 했다. 처음에는 아파이의 군대가 승기를 잡은 듯했으나 보로마꼿의 군대가 왕궁으로 밀려들자 아파이의 병사들은 탈주했고, 보로마꼿은 왕이 되어 수도 아유타야를 장악했다. 도피했던 아파이와 그의 한 남동생은 곧 늪에서 붙잡혀 살해당했다. 보로마꼿은 주요 정적들을 모두 잔인하게 학살했다. 왕은 왕궁을 공격한 중국인 반란자 300명을 진압한 뒤(1733) 죽을 때까지 평화롭게 통치했다.

시암–다이남大南* 전쟁, 1841~45
Siamese–Đại Nam War of 1841~45

시암(타이)이 캄보디아 지배권을 되찾는 데 실패한 뒤(○ 시암–캄보디아 전쟁, 1831~34), 다이남大南(베트남)이 옹립한 여왕이 캄보디아 왕좌에 올라 통치하면서 나라는 점차 다이남 응우옌阮 왕조의 지배를 받게 됐다. 다이남의 억압이 심해지자 1841년에 전면적인 봉기가 발생했다. 캄보디아인들은 다이남인 지배자들을 학살하고 시암에게 지원을 요청했으며, 방콕에 망명 중인 캄보디아 왕자 앙 두옹(1796~1860)에게 돌아와 왕위에 오를 것을 요청했다. 시암 왕 라마 3세(1787~1851)는 군대를 파견하여 앙 두옹을 캄보디아 왕좌에 앉혔다(1841). 캄보디아 전역에 50곳이 넘는 요새를 보유했던 다이남은 봉기한 농민들과 시암 군대에 맞서 4년 동안 잔혹한 전쟁을 치렀다. 다이남이 거의 언제나 패배했으나 철군을 거부했다. 결국 1845년에 양쪽은 타협하여 강화에 합의했고, 이에 따라 캄보디아는 시암과 다이남이 공동으로 보호하게 됐으나 종주권은 시암에게 돌아갔다. 1848년 앙 두옹은 정식으로 캄보디아의 왕이 됐다.

* 1839년에서 1945년까지 베트남이 국호는 다이남(大南)이었다.

시암–다이비엣大越 전쟁, 1769~73
Siamese–Đại Việt War of 1769~73

캄보디아는 오랫동안 시암(타이)의 지배를 받았으나 동부의 지역은 다이비엣大越(베트남)이 장악했다. 1769년 캄보디아 왕 앙 논(1779년 사망)은 남동생에게 왕위를 빼앗겼다. 캄보디아 왕의 이 남동생은 다이비엣의 지원을 받았고 그 뒤 시암에 공물을 바치기를 거부했다. 시암 왕 딱신(1734~82)은 군대를 이끌고 동진하여 캄보디아의 시엠레아프와 바탐방을 점령했다. 1770년 다이비엣이 시암의 도시 뜨랏과 찬따부리를 공격하자, 딱신은 육상과 해상에서 동시에 캄보디아를 침공하여 반테아이메아스(오늘날의 하띠엔)와 프놈펜 등지를 장악했다. 다이비엣의 후원을 받는 꼭두각시 통치자는 시암 군대가 수도 반테아이펫으로 진격하자 도주했으며, 형 앙 논이 시암의 제후로서 다시 캄보디아의 왕위에 올랐다. 그러나 다이비엣은 다시 개입했다. 한 군대가 시암 만의 오늘날 락자를 점령했고, 또 다른 군대는 메콩 강을 타고 프놈펜으로 항해하여 전투에서 승리를 거두었고 꼭두각시 통치자인 앙 논의 남동생을 다시 왕좌에 앉혔다. 그러나 1773년경 다이비엣은 패배했고, 1775년에 앙 논이 다시 왕위에 올랐다. 앙 논은 이듬해 다이비엣의 공격을 저지했다.

시암-라오스 전쟁, 1826~29
Siamese-Laotian War, 1826~29

1707년에 란상 왕국이 분열하여 탄생한 3개 왕국 즉 루앙프랑방 왕국, 위앙찬 왕국, 참빠삭 왕국은 모두 1778년 시암(타이)의 장군 통 두앙(시암 왕 라마 1세, 1736~1809)에게 정복당하여 속국이 됐다. 위앙찬 왕국 왕 차오 아누(1767~1829)는 시암의 라오스 지배를 끝내고자 베트남* 군주 민망제明命帝(1791~1841)와 유대를 강화했다. 1826년 차오 아누는 영국 함대가 시암의 수도 방콕을 공격하려 한다는 소문을 듣고(실제로는 근거가 없었다) 영국에 맞서 시암을 보호한다는 명분 아래 위앙찬(비엔티안)과 로이엣, 우본랏차타니 등 세 지역에서 공격을 개시하여 신속하게 방콕으로 진격했다. 시암은 곧 차오 아누가 자국을 약탈하려 한다는 사실을 깨닫고 군대를 모았으며, 방콕에서 3일이면 닿을 곳까지 접근한 라오족 침략자들을 나콘랏차시마와 우본랏차타니까지 쫓아냈다. 1827년 라오족 군대는 농부아람푸에서 7일 동안 격렬하게 싸운 뒤 메콩 강 건너 북쪽으로 퇴각했다. 시암 군대는 뒤를 쫓아 위앙찬을 점령하여 폐허로 만들었다. 차오 아누는 밀림으로 피신했으나 그동안 많은 백성이 시암으로 끌려가 노예가 됐다. 1828년 차오 아누는 베트남 황제를 설득하여 영토를 되찾을 군대를 얻었으나 위앙찬으로 가는 동안에 병사들이 대부분 탈주했다. 차오 아누는 위앙찬에서 패하여 북쪽의 시앙쿠앙으로 도주했으나, 그곳의 통치자는 시암의 침공을 방지하려고 차오 아누를 시암에 넘겨주었다. 차오 아누는 우리에 갇혀 방콕으로 이송된 뒤 고문을 당해 죽었다.

○ 시암-캄보디아 전쟁, 1831~34

* 베트남의 국호는 1428년에서 1804년까지 다이비엣(大越)이었고, 1804년에서 1839년까지 베트남, 1839년에서 1945년까지 다이남(大南)이었다.

시암-버마 전쟁, 1548
Siamese–Burmese War of 1548

시암(타이)의 아유타야 왕국(타이 중남부)은 버마의 따웅우 왕조 왕 떠빈슈웨티(1516~50)의 군사작전을 염려하며 주시했다(○ 버마 내전, 1535~46). 아유타야 왕국은 떠빈슈웨티의 군대가 조금씩 자국 영토를 침범하자 이를 이유로 버마 남부의 더웨를 공격하여 보복하며 떠빈슈웨티가 아유타야 왕국을 정복하도록 자극했다. 따웅우 왕조 군대는 포르투갈인 용병들의 지원을 받아 동쪽으로 단체디삼옹(세 파고다 고개)을 넘어 깐차나부리와 아유타야 왕국의 수도인 아유타야로 진군하여 넉 달 동안 포위했다(1548). 아유타야 왕국의 왕비 수리요타이(1548년 사망)와 그의 딸은 남장을 하고 싸우다 전사했고, 왕자 라메수안(1564년 사망)과 사위는 모두 포로가 됐으나 군수물자가 고갈되고 아유타야 왕국의 수도를 점령하는 데 실패한 따웅우 왕조 군대가 안전한 퇴각을 보장받는 대가로 나중에 이들을 석방했다. 떠빈슈웨티는 패배하여 사기가 꺾이고 그의 왕국의 순종하지 않는 주민들을 통제할 수 없어 술에 빠져 지냈다. 1550년 하부 버마의 버고에서 몬족이 반란을 일으켰고 몬족 제후가 떠빈슈웨티를 암살한 뒤 스스로 왕이라고 선포했다. 떠빈슈웨티의 매부 버인나웅(1516~81)이 반란을 진압하고 왕위에 올랐다.

시암-버마 전쟁, 1563~69
Siamese–Burmese War of 1563~69

버마의 따웅우 왕조 왕 버인나웅(1516~81)은 시암(타이)의 아유타야 왕국(타이 중남부)과 상부 버마의 샨족 나라들이 동맹을 맺지 못하도록 막고자 했다(버인나웅은 결국 샨족 세력을 파괴하고 버마의 영토를 현재의 범위에 유사하게 확대했다). 버인나웅은 아유타야 왕 마하 차끄라팟(1509~69)이 신성한 흰 코끼리를 보내지 않자 이를 핑계로 삼아 아유타야 왕국을 침공했다. 버인나웅은 목탑 위에서 대포를 쏘는 부대를 이끌고 남진하여 수코타이 지역을 폐허로 만들고(1563) 수도 아유타야를 점령했다(1564). 마하 차끄라팟은 백성이 전쟁에 반대하자 평화협상에 나서 아들을 포함해 저항하는 지도자들을 버마의 따웅우 왕조에 넘겼다. 마하 차끄라팟의 아들 마힌트라(1539

~69)가 왕으로 즉위했지만 버마의 따웅우 왕조로부터 북부 지역을 되찾는 데 실패하자 아버지가 복위했다(1568). 버마의 따웅우 왕조는 이제 마하 차 끄라팟의 사위인 '흰 코끼리의 군주' 마하 탐마라차(1516~90)의 지원을 받 았고, 그의 딸은 그 결과로 외조부에게 인질로 억류됐다. 버인나웅은 이에 대응하여 대규모 군대를 아유타야 왕국에 파병했고 아유타야를 10개월 동 안 포위했다. 아유타야는 격렬히 저항했지만 결국 1569년 8월 30일 마하 차끄라팟이 사망한 직후 반역을 꾀한 승려가 버마 군대의 입성을 도우면서 정복당했다. 마힌트라는 포로로 잡혀 죽었고, 버인나웅은 마하 탐마라차를 속국이 된 아유타야 왕국의 왕으로 삼았다. 수많은 아유타야 왕국 주민이 버마의 따웅우 왕조로 끌려가 노예가 됐다.

○ 버마-라오스 전쟁, 1564~65

시암-버마 전쟁, 1584~92
Siamese-Burmese War of 1584~92

버마의 따웅우 왕조는 1563~69년의 시암-버마 전쟁이 끝난 뒤 15년 동안 시암(타이)의 아유타야 왕국(타이 중남부)을 지배했다. 1584년 아유타야 왕국 북부의 핏사눌록 지역의 지방장관이자 버마에 복종하던 왕 마하 탐마라차 (1516~90)의 아들인 나렛(나레수안, 1555~1605) 왕자는 버마의 버인나웅(1516 ~81)의 아들이자 계승자인 난다 버인(1535~1600) 왕에게 서약했던 충성을 철회했다. 버마의 따웅우 왕조는 단체디삼옹(세 파고다 고개)과 치앙마이(타 이 서북부)를 거쳐 두 방면에서 아유타야 왕국을 침공했으나 패하여 되돌아 갔다. 1586년 말 버마의 따웅우 왕조 군대가 세 방향에서 침공하여 수도 아 유타야로 진격했다. 버마의 따웅우 왕조 군대는 1587년 1~5월에 아유타야 를 포위하여 공격했으나 보급물자의 부족과 질병, 그리고 항복하기를 거부 하고 싸운 나렛 왕자의 전략 때문에 결국 철수해야 했다. 1590년 버마의 따 웅우 왕조는 다시 침공했으나 실패했다. 나렛 왕자는 아버지가 사망하자 나레수안으로 아유타야 왕국의 왕위에 올랐다. 난다 버인은 나레수안과 아 유타야 왕국의 독립운동을 제압하려는 마지막 시도로서 1592년에 침공을 시작했다. 버마 세자 민찌스와(1592년 사망)가 지휘하던 따웅우 왕조의 대군 이 농사라이 전투에서 나레수안의 군대와 교전했다. 두 지도자는 코끼리에 올라타 1 대 1로 맞붙었고 그 결과 세자가 전사했다. 사기가 꺾인 버마의 따웅우 왕조 군대는 퇴각했고, 아유타야 왕국은 마침내 버마의 따웅우 왕조 지배에서 벗어났다.

○ 시암-캄보디아 전쟁, 1587

시암-버마 전쟁, 1593~1600
Siamese-Burmese War of 1593~1600

버마 따웅우 왕조의 왕위 계승 예정자 민찌스와(1592년 사망)가 농사라이 전투에서 사망하고 버마 군대가 시암(타이)의 아유타야 왕국(타이 중남부)에서 철수한 뒤(**○ 시암-버마 전쟁, 1584~92**), 아유타야 왕 나레수안(1555~1605)은 1593년에 따웅우 왕조의 동남부 영토였던 말레이 반도 서북부로 진격하여 더웨와 테나세림 지역을 점령했다. 1594년에 나레수안의 군대는 북쪽으로 이동하여 몰라먀잉과 마르타반을 성공리에 공격했다. 동시에 나레수안은 동쪽의 캄보디아도 공격했다. 치열한 전투 끝에 캄보디아 수도 롱벡(프놈펜 북쪽 근교)이 함락됐고, 나레수안은 캄보디아에서 종주권을 행사했다(1594). 1595년 란상 왕국(라오스)이 치앙마이를 수도로 하는 란나 왕국(타이 북부)을 침략하자, 란나 왕국의 왕 노라트라 망소시(재위 1578~1607)가 나레수안의 도움을 받아 침략자들을 내몰았고, 그 뒤 나레수안은 란나를 지배하여 속국으로 삼았다. 1596년경 버마 왕 난다 버인(1535~1600)은 버마 수도 버고로 퇴각할 수밖에 없었고 아유타야의 공격을 막아 도시를 지켰다. 그 뒤 1599년에 버마 내전이 발발했을 때 나레수안은 다시 버고를 공격하여 점령했으나 난다 버인을 축출하고 살해했던 버마 반군이 다시 집결하여 아유타야 군대를 물리쳤다.

○ 시암-캄보디아 전쟁, 1593~94

시암-버마 전쟁, 1607~18
Siamese-Burmese War of 1607~18

버마의 따웅우 왕조는 버고가 파괴된 뒤 와해됐다가(**○ 버마 내전, 1599**), 상부 버마의 한 도시인 잉와의 통치자이던 어나욱펫룬(1578?~1628)이 1607년에 삐에, 1610년에 따웅우, 1613년에 딴린을 점령하여(**○ 버마-포르투갈 전쟁,**

1613) 나라를 다시 통합하려 했다. 어나욱펫룬의 따웅우 왕조 군대는 아유타야 왕국(타이 중남부)이 장악한 하부 버마 동남부의 더웨와 테나세림을 침공했다(1613~14). 따웅우 왕조는 한동안 더웨를 차지했으나 테나세림에서는 아유타야 왕국과 포르투갈 군대에 저지당했다. 이어 아유타야 왕국의 서부 국경선이 회복됐다. 동시에(1614) 따웅우 왕조는 치앙마이를 수도로 하는 란나 왕국(타이 북부)을 침략하여 아유타야 왕국을 대신해 종주권을 획득하려 했으며 람빵을 포위하는 데 성공했다. 1618년까지 작은 전투가 계속되다가 따웅우 왕조와 아유타야 왕국은 조약을 체결하여 따웅우 왕조는 란나 왕국을 속국으로 지배하고 아유타야 왕국은 더웨를 지배하기로 합의했다.

시암-버마 전쟁, 1660~62
Siamese–Burmese War of 1660~62

시암(타이)의 아유타야 왕국(타이 중남부) 왕 나라이(1632~88)는 버마 따웅우 왕조의 속국인 란나 왕국(타이 북부)의 통제권을 회복할 기회를 포착하고 군대를 이끌고 란나 왕국에 들어가 여러 도시를 장악했다가 격퇴되어(1660) 철수해야 했다(1661). 그러나 나라이는 따웅우 왕조가 불안해지자 다시 시도했다. 나라이는 군 지휘자를 교체한 뒤 10만 명의 병력을 파견하여 그 지역을, 특히 람빵과 람푼, 치앙마이를 점령하게 했다. 1662년 나라이의 병사들은 치앙마이를 빼앗아 약탈했고 따웅우 왕조의 지원군을 격파했다. 나라이는 따웅우 왕조 국경을 따라 강력한 군대를 주둔시켰고, 이 때문에 따웅우 왕조가 공격했으나 패배하여 물러갔다. 나라이는 이어 따웅우 왕조로 진군하여 마르타반과 랑군(오늘날의 양곤)을 빼앗았으나 군량이 떨어지자 점령한 영토를 포기하고 귀국해야 했다.
○ 버마-명, 청 전쟁, 1658~61 ; 시암 전쟁, 1660~62

시암-버마 전쟁, 1764~69
Siamese–Burmese War of 1764~69

버마의 꼰바웅 왕조 왕 신뷰신(1736~76)은 이웃 국가들을 희생시키는 팽창 정책을 추구했다(○ 버마-마니푸르 전쟁, 1764). 1764년 신뷰신의 군대는 동진하여 시암(타이)의 란나 왕국(타이 북부)으로 들어가 치앙마이 지역을 빼앗고 이어 오늘날의 라오스 지역을 침공했다. 원정에 성공한 꼰바웅 왕조는 남쪽으로 이동했으며 1767년 4월에 아유타야 왕국(타이 중남부)의 수도 아유타야를 포위하여 점령했다. 이는 주로 꼰바웅 왕조의 뛰어난 장군 마하 노야타 덕분이었는데 그는 승리를 얻기 직전에 사망했다. 꼰바웅 왕조 군대는 아유타야를 약탈하여 예술적 가치가 높은 귀중한 보물들을 파괴하거나 훔쳐갔다. 이후 단일 왕조가 통치하게 되는 시암의 수도는 톤부리로, 다시 방콕으로 옮겨졌다. 수많은 포로가 꼰바웅 왕조로 끌려가 노예가 됐다. 아유타야에서 패하고 도주한 아유타야 왕국 장군 딱신(1734~82)은 새로 군대를 모아 1768년에 승리를 거두었다. 딱신은 시암 톤부리 왕조의 왕으로 즉위하고(1767) 1769년에 두 왕위 경쟁자를 무찔렀으며 이어 국가를 통일했다.

○ 버마-청 전쟁, 1765~69 ; 시암-다이비엣 전쟁, 1769~73

시암-버마 전쟁, 1775~76
Siamese-Burmese War of 1775~76

1764~69년의 시암-버마 전쟁 중에 시암(타이) 톤부리 왕조의 왕으로 즉위한 딱신(1734~82)은 앞서 꼰바웅 왕조에 빼앗긴 치앙마이(타이 서북부)를 되찾기 위해 1769년에 군사행동에 돌입했으나 실패했다. 6년 뒤(1775) 딱신의 군대는 치앙마이를 빼앗는 데 성공했고, 이듬해 꼰바웅 왕조 왕 신뷰신(1736~76)이 치앙마이를 탈환하려 했으나 실패했다.

시암-버마 전쟁, 1785~92
Siamese-Burmese War of 1785~92

버마의 꼰바웅 왕조 왕 보도퍼야(1745~1819)는 1782년에 여러 경쟁자를 물리친 뒤 권력을 장악했고 1784년에 오늘날 미얀마(버마)의 서부 해안 지역의 이웃 국가 여카잉 왕국을 침공했다. 정복당한 여카잉 지역은 버마의 주가 됐고 그 왕은 포로가 됐으며 2만 명이 넘는 여카잉 주민이 포로로 끌려와 버마에서 노예가 됐다. 자신이 거둔 성공에 대담해진 보도퍼야는 군대를 이끌고 동진하여 시암(타이)을 침공했으나 무능한 지도력 때문에 크게 패했다. 전쟁은 틈틈이 지속되다가 결국 버마가 말레이 반도의 서북부 해안 지역인 더웨와 테나세림(하부 버마 동남부)을 장악했다.

시암-베트남 전쟁, 1831~34
Siamese-Vietnamese War of 1831~34
○ 시암-캄보디아 전쟁, 1831~34

시암 전쟁, 1371~78
Siamese War of 1371~78

1371년 시암(타이)의 아유타야 왕국(타이 중남부) 왕 보롬마라차 1세(1307?~ 88)는 시암의 수코타이 왕국(타이 중부)을 다시 종속시키려고 북쪽으로 군사 원정에 나섰다. 당시 탐마라차 2세(레우타이, ?~1399) 치하에서 쇠퇴하고 있던 수코타이 왕국에서 반란이 일어났다. 보롬마라차 1세는 난징南京에 있는 명나라 태조(1328~98)에게 선물을 보내 분쟁에 개입하지 못하도록 했다. 1372년 보롬마라차 1세의 군대는 므앙나콘과 팡카, 셍차라오를 점령했고, 이듬해 차깡라오(오늘날의 깜팽펫)로 이동하여 족장 사이 깨오(1373년 사망)를 살해하고 다른 족장 캄 헹과 그의 군대를 내몰았다. 아유타야 왕국은 2년간 교전을 중단했으나, 수코타이가 반란을 일으키자 보롬마라차 1세가 돌아와 핏사눌록을 빼앗고 족장 쿤 삼 깨오(1376?년 사망)를 포로로 잡았으며 많은 주민을 노예로 삼았다. 1376년 보롬마라차 1세는 캄 헹의 군대가 방어하고 있는 차깡라오를 공격했고, 캄 헹은 치앙마이에 수도를 둔 북쪽의 란나 왕국과 연합했다(란나 왕국의 왕은 수코타이를 란나와 아유타야 사이의 독립된 완충 국가로 남게 하여 란나 왕국의 안전을 보장하고자 했다). 연합군은 매복하여 아유타야 군대를 공격하려 했으나 실패했다. 군인들은 차깡라오 인근에서 벌어진 전투에서 학살당했다. 수코타이 족장 타오 파동은 탈출했으나 전투에서 다시 패했고, 수코타이의 많은 관리들이 포로로 잡혔다. 1378년 보롬마라차 1세는 다시 차깡라오를 포위했다. 그러나 이번에는 탐마라차 2세가 강화조건에 동의했다. 항복하고 차깡라오를 포함한 서부 지역을 아유타야에 할양한다는 것이었다. 탐마라차 2세는 아유타야의 종주권을 인정한 상태에서 핏사눌록을 수도로 하여 수코타이를 통치할 수 있었다.
○ 크메르-시암 전쟁, 1352?~1444

시암 전쟁, 1387~90

Siamese War of 1387~90

1385년에 샌 므앙 마(?~1401)가 오늘날 타이 북부 밀림 산악지대에 있는 란나 왕국의 왕위에 올랐다. 삼촌인 프롬은 왕좌를 빼앗기 위해 음모를 꾸몄고 계획이 실패하자 아유타야 왕국(타이 중남부)의 보롬마라차 1세(1307?~88)에게 도움을 요청했다. 은밀하게 란나 왕국을 지배하려 했던 보롬마라차 1세는 군대를 파견했다. 양국의 군대는 란나 왕국의 수도 치앙마이 인근 센사눅 전투에서 대결했다. 샌 므앙 마의 군대가 승리했고, 아유타야 왕국 군대는 치앙마이에서 철수했다. 샌 므앙 마와 프롬은 의견 차이를 해소했다. 프롬은 궁전의 한 구성원이 됐고 차깡라오(오늘날의 깜팽펫)의 통치자에게서 빼앗은 신성한 불상을 조카에게 우호의 징표로 주었다. 차깡라오의 통치자는 프롬의 군대가 불상을 훔치고 그가 통치하던 도시를 점령했던 사건과 관련해 항의했다. 보롬마라차 1세는 차깡라오를 지원하고자 군대를 이끌고 진격하여 차깡라오를 점령했다. 1388년 보롬마라차 1세는 귀국하던 중에 사망했다. 2년 뒤 샌 므앙 마는 표면상으로는 수코타이 왕국(타이 중부)이 아유타야 왕국의 지배에서 벗어나 다시 독립하는 것을 지원하고자 군대를 일으켰다. 그러나 수코타이 왕 탐마라차 2세(레우타이, ?~1399)는 란나가 자신의 왕국을 탈취할 가능성을 인식하고 샌 므앙 마와 대결하여 승리했고, 샌 므앙 마는 생포를 피하기 위해 시종 2명에게 업혀 도주해야 했다.

시암 전쟁, 1411

Siamese War of 1411

오늘날 타이 북부의 치앙마이에 수도를 둔 란나 왕국 왕 샌 므앙 마(?~1401)가 사망한 뒤 두 아들 삼 팡 캔(1389~1441/42) 왕자와 타오 이꿈깜 왕자 사이에 왕위 계승 분쟁이 일어났다. 이꿈깜은 아유타야 왕국(타이 중남부)의 인타라차(1359~1424) 왕에게 도움을 요청했고, 인타라차는 속국의 왕인 수코타이 왕국(타이 중부)의 탐마라차 3세(사일레우타이, ?~1419)에게 지휘권을 맡겨 군대를 파견하여 이꿈깜을 란나의 왕좌에 앉히려 했다. 탐마라차 3세가 지휘한 아유타야 왕국 군대는 파야오를 포위공격하기 위해 인근에 흙으로 22미터 높이의 둔덕을 쌓고 전투를 벌였다. 전하는 바에 따르면 양쪽 모두 전투에서 대포를 사용했다고 한다. 파야오를 방어하는 자들은 놋쇠 기와를 녹여 대포를 만들어 공격군을 격퇴했고 그 보루를 파괴했다. 얼마 지나지 않아 아유타야 왕국 군대는 란나 왕국의 수도 치앙마이를 포위했고, 치앙마이는 적군의 점령 기도에 격렬하게 저항했다. 그러다가 삼 팡 캔이 란나와 아유타야의 최고 전사가 한 차례 격돌하는 것으로 왕위 계승 분쟁을 해결하자고 제안했다.* 이꿈깜은 자신의 전사(아유타야인)가 패배하면 왕위를 포기하겠다고 동의했다. 두 최고 전사가 여러 시간 동안 싸운 뒤 아유타야 전사가 엄지발가락에 부상을 입었을 때, 란나 전사가 승리자로 선언됐다. 그 결과 아유타야 왕국 군대는 치앙마이에서 철수했지만 북쪽으로 진군하여 도시 치앙라이를 점령하고 많은 포로를 아유타야 왕국으로 데려가 노예로 삼았다(전쟁비용에 대한 보상이었다).

* 동남아시아 특유의 의례식 전쟁(ritual war) 관행이다.

시암 전쟁, 1442~48
Siamese War of 1442~48

오늘날 타이 북부의 치앙마이에 수도를 둔 란나 왕국 왕 삼 팡 캔(1389~1441/42)은 왕자들 중 타오 록('여섯째 왕자'라는 뜻, 1409~87) 왕자에게 강요당해 퇴위해야 했다. 타오 록은 즉위하여 띨록 왕이 됐다. 즉시 왕국에 내분이 발생해 삼 팡 캔의 열째 아들 타오 초이(?~1446?) 왕자는 형을 지지하지 않고 아버지를 므앙팡(오늘날의 팡)으로 데려갔으며 권력 장악을 위한 전쟁을 시작했다. 띨록이 므앙팡을 점령하자 타오 초이는 아버지를 버리고 므앙튼(오늘날의 튼)으로 도주했으며 그곳 지방관을 설득하여 남쪽의 아유타야 왕국(타이 중남부)으로부터 지원을 얻는 데 성공했다. 아유타야 왕 보롬마라차 2세(?~1448)는 왕국의 영향력을 확대하려던 차여서 기꺼이 군대를 이끌고 타오 초이를 지원하러 갔다. 그러나 보롬마라차 2세가 므앙튼에 도착하기에 앞서 띨록은 공격을 개시하여 타오 초이와 지방관을 살해했다. 보롬마라차 2세는 진격하던 중에 포로들을 잡았으나 란나 군대에 막혀 멈추었다. 란나 군대는 라오족 간첩들을 이용하여 아유타야 군대에 침투했고 아유타야 군대 코끼리들의 꼬리를 잘라 도망가게 했다. 뒤이은 혼란의 와중에 란나의 병사들은 아유타야 군대를 공격하여 격퇴했다. 보롬마라차 2세는 병들어 귀국했다. 1448년 보롬마라차 2세는 다시 란나 왕국으로 원정을 시작했으나 목적을 이루지 못하고 죽었다.

시암 전쟁, 1451~56
Siamese War of 1451~56

팽창하던 아유타야 왕국(타이 중남부)은 보롬마 뜨라일로까낫(1431~88) 왕 시절에 군사적으로 강해졌다. 보롬마 뜨라일로까낫은 시암 북쪽의 작은 란나 왕국을 종속시키려고 했다. 1451년 이전에 수코타이 왕국(타이 중부)의 세력권이었던 지역에서 아유타야의 지배에 반대하는 폭동이 일어났다. 도시 사완칼록의 지도자와 여타 인물들은 란나의 왕 띨록(1409~87)에게 독립을 되찾도록 도와달라고 요청했다. 그래서 란나 군대가 그 지역을 침공했으나 밀려났다. 아유타야의 공세에 란나의 수도 치앙마이가 점령당했다(1452). 이어 란상 왕국 왕 사이 띠아까팟(?~1479?)이 전쟁에 개입하여 아유타야를 밀어내고 란나가 스스로 방어하도록 했다. 뒷날 란나 군대가 아유타야 영토를 침공하여 잠시 동안 차깡라오(오늘날의 깜팽펫)를 차지했다. 그 뒤 교전이 일시 중단됐다.

시암 전쟁, 1461~64
Siamese War, 1461~64

지리적으로 인접하고 있었고 서로 경쟁하던 시암(타이)의 아유타야 왕국(타이 중남부)과 란나 왕국(타이 북부)은, 아유타야 왕국의 지배를 받던 도시인 사완칼록의 통치자가 음모를 꾸몄다가 떠난 뒤 란나 왕국의 도시 파야오의 수장이 되자 다시 전쟁에 들어갔다. 1461년 띨록(1409~87) 왕이 이끄는 란나 왕국 군대는 아유타야 왕국을 침공했으며 아유타야 왕국의 속국이던 수코타이 왕국(타이 중부)을 빼앗고 핏사눌록을 포위했다. 그러나 명나라가 윈난성雲南省에서 란나 왕국으로 공격해 들어오자 띨록은 아유타야 왕국에서 철군할 수밖에 없었다. 1463년 아유타야 왕국의 왕 보롬마 뜨라일로까낫(1431~88)은 군대를 활용한 중앙의 통제권을 더 강화하려고 수도를 핏사눌록으로 이전했다. 란나 왕국이 다시 수코타이 왕국을 공격했으나 보롬마 뜨라일로까낫이 이들을 물리쳐 내쫓았다. 란나 왕국 군대는 달밤에 코끼리를 이용하여 싸운 도이바 전투(1463)에서 아유타야 왕국 군대를 습지로 밀어붙여 퇴각시켰다. 1464년 평화가 회복됐다.

시암 전쟁, 1474~75
Siamese War, 1474~75

서로 대립하던 시암(타이)의 아유타야 왕국(타이 중남부)과 란나 왕국(타이 북부)은 분쟁을 해결하려고 외교적 접촉을 실행했으나 이는 6년 동안 이어질 유혈 사태만 야기했다. 결국 1474년에 아유타야 왕국이 란나 왕국의 영토를 침공하여 점령했다. 1475년 란나 왕국의 왕 띨록(1409~87)은 군대가 패하자 강화를 요청했다. 정식 평화조약은 체결되지 않았지만 전쟁은 중단됐다. 약 10년이 흐른 뒤 아유타야 왕국이 사절단을 보냈는데 띨록이 사절들을 살해했다. 아유타야 왕국이 란나 왕국을 침공했으나 결말이 나지 않았으며(1486) 교전은 띨록이 사망하면서 끝났다.

시암 전쟁, 1492
Siamese War, 1492

시암(타이)의 아유타야 왕국(타이 중남부)과 란나 왕국(타이 북부) 사이에 다시 전쟁이 발발했다. 이번에는 아유타야 왕국 왕의 아들이 란나 왕국에서 승려로 있을 때 훔쳐간 수정 불상 때문이었다. 란나 왕국 왕 욧 치앙 라이(재위 1487~95)는 아유타야 왕국이 불상을 반환하라는 요구를 무시하자 즉시 공격에 나섰다. 아유타야 왕 라마티보디 2세(1472/73~1529)는 아들이 가져온 불상을 반환해야만 했다.

시암 전쟁, 1500?~29
Siamese War, c. 1500~29

시암(타이)의 왕국 중 규모가 가장 컸던 아유타야 왕국(타이 중남부)은 규모가 작은 왕국 란나(타이 북부)에게 위협적인 존재였다. 그래서 란나 왕국은 적의 지배를 받지 않기 위해 공격적인 태도를 견지했다. 1507년 란나 왕 깨오(1480~1525)는 아유타야 왕국의 영토를 침공했으나 수코타이(도시) 근처

에서 격렬한 전투를 벌인 끝에 쫓겨났다. 이듬해 아유타야 왕국이 선수를 잡아 란나 왕국을 침공했다. 침공군은 프래를 빼앗은 뒤 인근에서 잔혹한 전투를 벌였으나 패하여 철수해야 했다. 1510년 아유타야 왕국이 다시 침 공했으나 더 나은 성과를 내지 못했다. 작은 교전이 5년간 지속되다가 란 나 왕국 군대가 남쪽의 수코타이 왕국과 차깡라오(오늘날의 깜팽펫)를 공격 했다. 아유타야 왕국 왕 라마티보디 2세(1472/73~1529)와 그의 두 아들이 강력한 공격을 펼쳐 적군을 내쫓았고 란나 왕국의 영토 깊숙한 곳으로 멀 리 람빵 근처 왕 강ェ까지 밀어냈다. 라마티보디 2세는 그곳 전투에서 승리 한 뒤 람빵을 약탈하고 귀중한 불상을 가져왔다. 아유타야 왕국은 이 전쟁 에서 포르투갈로부터 결정적인 지원(화기와 훈련교관단)을 받았다. 라마티보 디 2세가 사망할 즈음 란나 왕국 군대는 수코타이 왕국과 다른 아유타야 왕국의 도시들에서 축출됐다.

● 시암-버마 전쟁

시암 전쟁, 1660~62
Siamese War, 1660~62

청나라 군대는 명나라 옥좌의 주인임을 주장한 영력제(주유랑朱由榔, 1623~ 62)를 추격하여 버마 따웅우 왕조의 수도 잉와를 공격(1659)했다(● 버마-명, 청 전쟁, 1658~61). 시암(타이) 북부에 있는 란나 왕국의 수도 치앙마이에 피 신해 있던 버마 왕은 잉와의 몰락을 걱정하여 아유타야 왕국(타이 중남부) 왕 나라이(1632~88)에게 도움을 요청했다. 하부 버마에서 반란을 일으킨 몬 족도 나라이의 지원을 받으려 했다. 청나라가 공격을 멈추고 철수하자, 란 나의 관리들은 버마의 지원 요청을 철회하려 했으나 아유타야 군대는 이미 진군 길에 올랐다(나라이는 따웅우 왕조가 란나 왕국에 행사하던 종주권을 빼앗 고 싶어 했다). 아유타야 군대는 두 번째 시도에서 치앙마이를 점령하여 약탈 했고(1662), 그 뒤 하부 버마 깊숙한 곳까지 원정했다. 1664년 란나 왕국에 서 반란이 발생하여 아유타야인들이 쫓겨나고 따웅우 왕조는 란나 왕국의 지배를 회복했다. 그 지역은 1727년까지 따웅우 왕조가 지배했다.

● 시암-버마 전쟁, 1660~62

시암-캄보디아 전쟁, 1587

Siamese-Cambodian War, 1587

캄보디아 왕 체타 1세(사타, ?~1596)는 버마로부터 독립을 선언한 시암(타이)의 아유타야 왕국(타이 중남부) 왕자 나렛(나레수안, 1555~1605)을 지원했다(**○ 시암-버마 전쟁, 1584~92**). 1586년 4월 나렛 왕자가 란나 왕국(타이 북부)을 속국으로 통제하고 있던 버마인들을 공격하자 사타의 동생이 군대를 이끌고 참전했다. 그러나 나렛 왕자는 사타의 동생으로부터 멸시를 받자 라오족 포로들을 말뚝에 찔러 죽였다. 나렛 왕자의 행동에 당황한 사타는 시암인 왕자와 관계를 끊고 시암 남부를 침공하여(1587) 쁘라친부리를 점령했다. 캄보디아 왕국은 포르투갈과 에스파냐령 동인도제도(오늘날 필리핀, 미크로네시아 연방, 팔라우, 미국령 괌 섬, 북마리아나 제도)에 지원을 요청했으나 얻지 못했다. 나렛 왕자는 퇴각하는 따웅우 왕조(따웅우 왕조는 아유타야 왕국 수도 아유타야를 점령하는 데 실패했다)를 추격하는 대신 캄보디아 왕국을 압박하여 물러나게 했고 쁘라친부리를 탈환했으며, 캄보디아 왕국으로 침공해 들어가 바탐방과 푸르삿을 장악하고 멀리 수도 롱벡까지 진격했다가 군량이 부족하여 철수했다. 나렛 왕자는 동맹을 깨뜨린 죄를 물어 사타를 응징하겠다고 다짐했다.

시암-캄보디아 전쟁, 1593~94

Siamese-Cambodian War of 1593~94

시암(타이)의 아유타야 왕국(타이 중남부) 나레수안(1555~1605) 왕은 왕국을 버마 따웅우 왕조의 지배에서 해방시킨 뒤(**○ 시암-버마 전쟁, 1584~92**), 캄보디아 왕국 왕 체타 1세(사타, ?~1596)에게 복수하려 했다(**○ 시암-캄보디아 전쟁, 1587**). 1593년 5월 약 10만 명에 이르는 아유타야 왕국 군대가 동진하여 캄보디아 왕국을 침공했고 바탐방과 푸르삿(푸티삿)을 빼앗았다. 나레수안은 선두에 서서 캄보디아 왕국 수도 롱벡으로 밀고 들어갔고, 아유타야 왕국의 다른 군대 집단 2개가 북부의 시엠레아프와 바삭(오늘날 라오스의 참빠삭), 그리고 북쪽의 다른 도시들을 점령한 뒤 롱벡에서 나레수안에 합류했다. 사타는 마닐라의 에스파냐 총독에게 보호를 요청했으나 받지 못했다. 그럼에도 사타는 항복을 거부하고 아유타야의 사절을 투옥했으며 롱벡을 포위한 아유타야 군대에 반격을 가했다. 1594년 7월 롱벡은 맹공을 받아 함락됐다. 사타는 탈출하여 루앙프라방에 피신했고 1596년에 그곳에서 사망했다. 사타의 동생 스레이 소리오포르(1618년 사망)는 아유타야에 감금됐고, 캄보디아는 아유타야의 군인 통치자가 통치했다.

시암-캄보디아 전쟁, 1603
Siamese–Cambodian War of 1603

1596년 에스파냐 군대는 캄보디아 왕 체타 1세(사타, ?~1596)를 지원하러 도착했으나 왕은 이미 폐위됐다. 같은 해 에스파냐 군대는 캄보디아 왕국 왕위 찬탈자를 살해하고 사타의 아들을 바롬 레아체아 2세(바라마라짜 5세, 1579~99)로 왕좌에 앉혔다. 그러나 많은 캄보디아인은 외국인이 권력을 휘두르는 데 분노했고, 1599년 중반 프놈펜의 에스파냐 병사들을 공격하여 학살했다. 그 뒤 4년 동안 부패한 왕족 2명이 연이어 왕으로 즉위하자 바롬 레아체아 2세의 모후가 시암(타이)의 아유타야 왕국(타이 중남부) 나레수안(1555~1605) 왕에게 사타의 동생인 스레이 소리오포르(1618년 사망)를 왕좌에 앉혀달라고 요청했다. 1603년 스레이 소리오포르는 아유타야 병사 6천 명을 이끌고 캄보디아로 돌아왔으며, 곧 저항을 물리치고 나레수안의 제후 지위를 지니는 캄보디아 왕국 왕 바롬 레아체아 4세가 됐다.

❍ 시암-캄보디아 전쟁, 1593~94

시암-캄보디아 전쟁, 1622
Siamese–Cambodian War of 1622

즉위하기 전에는 스레이 소리오포르라고 불렸던 캄보디아의 왕 바롬 레아체아 4세(1618년 사망)가 죽은 뒤 아들이자 계승자인 포네아 놈(체타 2세, 1573~1627)은 캄보디아 왕국이 시암(타이)의 아유타야 왕국(타이 중남부)의 지배에서 벗어나 독립한다고 선포했다. 아유타야 왕국의 공정왕公正王 송탐(1590?~1628)은 캄보디아 왕국을 다시 장악하기 위해 육상과 해상으로 원정군을 파견했다(1622). 함대는 교전하지 않고 곧 아유타야 왕국으로 되돌아왔다. 아유타야 왕국 육군이 안내인에게 속아 좋은 길을 벗어나 헤매게 된 뒤 캄보디아 군대가 대담하게 공격해왔다. 아유타야 왕국 군대는 병력과 말, 코끼리에 큰 손실을 입고 퇴각했다. 송탐은 이 패배 뒤 잉글랜드와 네덜란드의 지원을 얻어 다시 침공하려 했으나 뜻을 이루지 못했다.

시암-캄보디아 전쟁, 1717
Siamese–Cambodian War of 1717

캄보디아 왕국에서는 왕위 계승을 둘러싼 내전이 발생했고, 그 결과 1710 년에는 왕 톰모 레아체아 3세(스리 다마라자 3세, 1690~1747)가 사촌이자 매형인 카에브 후아 3세(바롬 라마디파티, 1674~1730)에게 쫓겨났다. 1699~1701년에 왕이었다가 폐위당한 카에브 후아 3세는 다이비엣大越(베트남 북부)의 남부를 지배하고 있던 응우옌阮 가문이 보낸 군대와 참빠삭 왕국(라오스 남부)이 파견한 군대로부터 도움을 받아 왕위를 되찾았다. 축출당한 왕 톰모 레아체아 3세는 즉시 시암(타이)의 아유타야 왕국(타이 중남부)으로 피신하여 왕 부민다라차(따이 사, 1679?~1733)에게 지원을 요청했다. 부민다라차는 캄보디아 왕국에서 증대하고 있던 응우옌 가문의 세력을 상쇄시키고 싶어 했다. 1715년과 1716년에 톰모 레아체아 3세를 정당한 왕으로 복위시키려는 시도가 있었지만 두 번 다 실패했다. 1717년 부민다라차는 캄보디아로 2개의 대규모 원정군을 파견했는데, 규모가 컸던 원정군은 캄보디아 왕국 북부의 시엠레아프를 통과하여 지나갔고 다른 하나는 아유타야 해군으로부터 수송을 지원받아서 시암 만의 북부 근해를 지나 이동했다. 남쪽으로 이동한 아유타야 왕국 원정군은 공격을 당하자 당황하여 원해로 나갔다가 폭풍을 만나 궤멸됐기에 반테아이메아스(하띠엔) 전투에서 캄보디아·응우옌 가문 연합군에게 격파됐다. 그러나 북쪽의 아유타야 군대는 승리하여 캄보디아 왕국 수도 우동(프놈펜의 북쪽 근방)까지 진격했다. 카에브 후아 3세는 아유타야 왕국에 항복하고서는 충성을 약속했기에 왕위를 유지할 수 있었으며, 톰모 레아체아 3세는 버림받았다.

시암-캄보디아 전쟁(시암-베트남 전쟁), 1831~34
Siamese–Cambodian War(Siamese–Vietnamese War), 1831~34

우테이 레아체아 3세(우다야라자 3세, 1791~1834)가 캄보디아 왕국의 왕으로 복위하자(○캄보디아 반란, 1811~12) 시암(타이) 차끄리 왕조의 군대가 캄보디아 왕국의 북부 지역으로 진입한 뒤 남진하여 캄퐁참 전투에서 캄보디아 왕국 군대를 격파했으며, 우테이 레아체아 3세는 베트남* 응우옌阮 왕조의 군대와 대치하게 되자 퇴각해야 했다(1832). 차끄리 왕조는 베트남 남부의 짜우독과 빈롱永隆으로 진격했으나 응우옌 왕조의 군대와 부딪쳐 물러났다. 캄보디아와 오늘날 라오스 중부(시암이 직할지로서 지배한 지역)에서 전면적인 봉기가 일어났고, 1만 5천 명의 응우옌 왕조 군대가 차끄리 왕조의 군대를 공격하려고 진군하여(1833) 우테이 레아체아 3세가 캄보디아 왕국의 수도 우동(프놈펜의 북쪽 근방) 근교로 귀환할 수 있도록 도왔다. 차끄리 왕조의 군대가 철수하자 응우옌 왕조의 군대는 캄보디아 왕국을 속국으로 종속시켜 거의 완전히 통제하게 됐다.

○ 시암–다이남 전쟁, 1841~45

* 베트남의 국호는 1428년에서 1804년까지 다이비엣(大越)이었고, 1804년에서 1839년까지 베트남, 1839년에서 1945년까지 다이남(大南)이었다.

시에라리온 내전, 1991~2002
Sierra Leonean Civil War, 1991~2002

1991년에 서아프리카에 있는 시에라리온에서 통일혁명전선RUF으로 알려진 반군 집단이 라이베리아국민애국전선NPFL과 연계하여 공화정 정부를 전복하려고 이웃 나라인 라이베리아에 두었던 기지에서 공격을 개시했다(○ 라이베리아 내전, 1989~2003). 포다이 산코(1937~2003)가 지휘하는 RUF는 NPFL의 지도자이기도 했던 찰스 테일러(1948~) 라이베리아 대통령의 지원을 받아 민간인을 표적으로 삼고 잔혹한 전쟁을 벌였다. 성인 여성과 소녀를 강간하고 성 노예로 만들었으며, 어린이를 납치하여 마약을 투약한 뒤 병사로 징병했고, 수많은 사람의 사지를 잘라 장애인으로 만들었다. RUF가 나라의 상당 부분을 장악하자, 약 250만 명의 시에라리온인이 난민이 됐고 그들 중 많은 사람이 국경을 넘어 주변 국가로 피난했다. 이런 상황 속에서도 1996년에 민주적인 선거가 실시됐고 대통령에 당선된 아흐마드 테잔 카바(1932~)는 그해 11월에 RUF와 아비장 평화협정을 체결했으나 이는 오래가지 못했다. 수도 프리타운에는 반군으로부터 정부를 보호하기 위해 서아프리카국가경제공동체ECOWAS의 평화유지군인 서아프리카국가경제공동체감시단 ECOMOG(대체로 나이지리아인)이 주둔해 있었는데, 곧 RUF와 동맹하게 되는 시에라리온 군대 내부의 반란 집단인 군대혁명평의회가 1997년 5월 조니 폴 코로마(1960~)의 지휘로 반란을 일으키고 ECOMOG와 싸우면서 카바를 축출했다. 국제연합 UN과 ECOWAS는 시에라리온의 민주주의 정치체제를 회복시키기 위해 제재 조치들을 실행했고, 1998년 2~3월 ECOMOG는 프리타운을 탈환하고 군사혁명평의회의 지도자들을 내쫓았으며 이어 나라의 대부분을 평정하여 카바가 권력을 회복할 수 있게 했다. RUF가 1999년 1월과 2월에 수도를 공격하여 약 5천 명을 살해하는 등 폭력 행위를 계속했는데도, 카바는 1999년 7월 RUF와 로메 평화협정을 체결했다. 논란의 소지가 다분했던 권력 공유 조항에 근거하여 모든 반군이 완전한 사면을 받았으며, 산코는 부통령이 됐고 시에라리온 동부에 있는 다이아몬드 광산의 공식적 관리를 담당하게 됐다. (앞서 반군은 이 가난한 국가에서 유일하게 얼마 되지 않는 부의 원천인 다이아몬드의 밀수출로 무기를 구입했다. 무기는 대체로 테일러가 공급했다.) 1999년 10월 위태로운 휴전을 유지하기 위해 국제연합시에라리온파견단 UNAMSIL이 설립됐다. 그러나 RUF의 공격으로 휴전은 종종 중단됐으며, 때로는 UNAMSIL도 공격을 받았는데, 예를 들면 2000년 5월에는 500명이 넘는 UNAMSIL의 구성원이 여러 주 동안 억류되기도 했다. 과거 식민지 종주국이었던 영국이 외국인을 소개疏開하기 위해 파견한 군대는 정보와 군사의 측면에서 UN 활동을 지원하기도 했다. 구성원의 수가 1만 8천 명 이상으로 확대된 UNAMSIL은 시에라리온에 안전보장과 안정성을 제공했으며, 그 덕에 시에라리온은 서서히 전쟁의 상처에서 회복됐다. 2002년 1월 시에라리온 정부는 전쟁으로 사망한 사람이 약 7만 5천 명이라고 공식 발표했다. 그해 5월 대통령 선거와 의회 선거를 실시했고, 카바가 5년 임기의 대통령에 당선됐다. 영국은 군대와 경찰의 훈련을 도왔고, 2002년에 설립된 진실화해위원회 TRC는 반군과 친정부 민병대인 시민방위군의 인권유린 행위를 조사하고 치유와 국민의 단합을 진전시키기 위해 노력했다. 2001년부터 2004년까지 두 가지 원대한 계획이 수행됐다. 난민을 귀환하는 것(당시 인구의 50퍼센트 정도인 약 250만 명이 전쟁으로 고향에서 쫓겨났고 상당수는 이웃 나라 기니와 라이베리아로 피난했다)과, 대략 7만 2천 명에 이르는 모든 전투원(수천 명이 어린이였다)을 무장해제하여 시민

생활로 복귀시키는 것이었다. UN의 후원으로 2002년에 설립된 시에라리온 특별법정scsl은 산코와 코로마, 테일러를 비롯하여 1996년 말부터 자행된 전쟁범죄와 반인도적 범죄에 큰 책임이 있다고 판단되는 사람들을 소추했다. 산코는 2003년에 구금당한 채 재판을 기다리다 자연사했고, 다른 피고들의 소추는 2003년에 시작되어 2012년 현재에도 진행 중이다. 찰스 테일러는 2003년 8월 대통령직을 사임한 뒤 나이지리아에 망명하여 머물렀다. 그러나 테일러는 라이베리아 정부가 2006년 나이지리아 정부에 테일러의 송환을 요청해 이를 수락하자 카메룬으로 도주하다 체포되어 라이베리아로 송환됐다. 그 뒤 SCSL에서 소추되어 2012년 징역 50년 형을 선고받았다. 도주한 코로마의 행방은 2012년 현재도 알 수 없다. 이런 공식 기소는 시에라리온의 혼란이 아직 끝나지 않았다는 한 가지 신호였을 뿐이다. 한편, UNAMSIL의 구성원은 그들의 임무 기한이 끝나가자 2004년 철수를 시작했고, 2005년에는 활동을 종료했다. 전쟁의 원인이었던 부패와 빈곤은 사라지지 않았으며, 자급형 농업이 경제를 지배한 나라에서 과거 투사였던 자들과 난민이었던 자들이 일할 기회를 찾지 못하면서 사정은 더욱 나빠졌다. 2004년 10월 TRC의 최종 보고서는 전쟁으로 희생당한 민간인들에게 배상할 것을 권고했으나, 시에라리온이 배상금을 지불할 수 있을 것 같지는 않다.

10월 전쟁
October War

○ 욤 키푸르 전쟁, 1973

시칠리아 노예 전쟁
Slave Wars in Sicily

○ (제1차) 노예 전쟁 ; (제2차) 노예 전쟁

시칠리아-비잔티움 제국 전쟁, 1147~58
Sicilian-Byzantine War of 1147~58

야심 많은 시칠리아의 노르만 왕 루지에로 2세(1095~1154)는 12세기 지중해 세계에 불행을 가져왔다. 루지에로 2세는 노르만인의 국가였던 풀리아와 칼라브리아, 카푸아 공국을 지배하여 교황령의 세력균형 정책을 무너뜨렸고 신성로마제국이 이탈리아에 품은 희망을 꺾었으며 비잔티움 제국의 서부 영토를 위협했다. 모두가 루지에로 2세의 적이 됐으나, 시칠리아 왕국은 주로 비잔티움 제국 황제 마누엘 1세 콤네노스(1118~80)와 싸웠다. 루지에로 2세는 교활하게도 가톨릭교회 내부의 정치에서 자신에게 유리한 파벌들을 후원했으며 신성로마제국과 비잔티움 제국의 동맹을 방지하기 위해 신성로마제국 내부의 반란 참여자들을 지원했다. 1147~48년에 루지에로 2세는 코르푸(오늘날의 케르키라) 섬과 나폴리를 침공했으며, 에우보이아(오늘날 에비아) 섬을 폐허로 만든 뒤 테바이를 약탈했다. 행운도 따랐다. 독일 왕 콘라트 3세(1093~1152)가 사망하여 시칠리아를 합동으로 공격하려던 신성로마제국과 비잔티움 제국의 계획이 무산됐다. 대신 교황령과 신성로마제국이 동맹을 맺었고(1153), 황제 '붉은 수염' 프리드리히 1세(1122~90)는 시칠리아 왕국을 침공하려 했다. 루지에로 2세가 죽으면서 침공은 중단됐으나, 그의 아들 굴리엘모 1세(1131~66)가 아버지의 정책을 계승했다. 굴리엘모 1세는 마누엘 1세에게 강화를 제의했으나 거절당하자 비잔티움 제국의 동맹국이었던 베네치아 공화국과 강화하여 비잔티움 제국으로부터 전쟁에 쓸 함대를 빼앗았다. 마누엘 1세는 교황 하드리아노 4세(1100?~59)의 도움으로 이탈리아를 침공하여 이전의 카푸아 공국 영역을 점령했으나(1155) 브린디시에서 완패했다(1156). 하드리아노 4세는 단독으로 강화를 체결할 수밖에 없었고(1157), 굴리엘모 1세를 시칠리아와 폴리아, 카푸아, 나폴리, 아말피, 살레르노, 마르시카의 통치자로 인정했다. 그해 굴리엘모 1세의 군대는 비잔티움 제국의 해안을 파괴하여 마누엘 1세에게 평화조약을 강요했고(1158) 교황령에도 동맹을 강요하여 이탈리아에서 영토와 권력을 여전히 원했던 프리드리히 1세에 대항했다.

○ 노르만–비잔티움 제국 전쟁 ; 롬바르디아 동맹 전쟁

시칠리아–비잔티움 제국 전쟁, 1170~71
Sicilian–Byzantine War of 1170~71

시칠리아 왕국의 노르만 통치자들이 채택한 팽창 정책은 왕 굴리엘모 2세(1153~89) 때에도 지속됐다. 시칠리아의 숙적은 여전히 비잔티움 제국 황제

마누엘 1세 콤네노스(1118~80)였다. 이 전쟁에서 굴리엘모 2세는 베네치아를 돕는 부차적 역할을 수행했다. 베네치아 공화국은 1170년에 비잔티움 제국 내부의 경제 활동에 참여하지 못하도록 축출당했다가 상황을 되돌리고자 애썼다. 굴리엘모 2세는 제노바 공화국과도 동맹하여 비잔티움 제국이 제노바의 함대를 쓰지 못하게 막았다. 마누엘 1세가 굴리엘모 2세에게 자신의 딸과 결혼할 것을 제안했다가 철회하고(1172) 대신 신성로마제국의 왕자에게 다시 제안하자, 1173년 굴리엘모 2세는 안코나에서 베네치아를 도왔다. 베네치아는 1171년에 라구사(오늘날의 두브로브니크)와 키오스 섬에서 비잔티움 제국에 승리를 거두었지만 1173년 안코나에서는 실패했다. 그 뒤 전쟁은 승부를 내지 못하다가 1177년에 중단됐다. 그러나 만족하지 못한 굴리엘모 2세는 1177년에 신성로마제국과 동맹하고 잉글랜드 왕 헨리 2세(1133~89)의 딸 조앤(1165~99)과 결혼해서 잉글랜드를 멀리 있는 동맹국으로 확보하고서는 미래를 위한 중대한 군사행동을 준비했다(❍ **시칠리아-비잔티움 제국 전쟁, 1185**).

시칠리아-비잔티움 제국 전쟁, 1185
Sicilian–Byzantine War of 1185

노르만이 지배한 시칠리아의 숙적이었던 비잔티움 제국 황제 마누엘 1세 콤네노스(1118~80)가 사망한 뒤 비잔티움 제국에서는 제위 계승 분쟁이 있었다. 분쟁은 안드로니코스 1세 콤네노스(1118?~85)가 친척인 알렉시오스 2세 콤네노스(1169~83)를 폐위하고 살해하면서 끝났다. 늘 왕국의 영토를 확대하는 데 골몰했던 시칠리아 왕국의 왕 굴리엘모 2세(1153~89)는 발칸 반도로 약 8만 명의 군대를 파견하여 두라초 왕국(오늘날 알바니아의 두러스)과 테살로니키를 점령하고 비잔티움 제국 수도인 콘스탄티노플(오늘날의 이스탄불) 외곽으로 진격했다. 즉각 평화협상이 시작됐으나 시칠리아는 신뢰를 저버리고 협상 중에 공격했으며, 크게 분노한 비잔티움 제국은 시칠리아 왕국의 대군을 격퇴하여 서쪽으로 퇴각시켰으나 테살로니키에서 패했다. 굴리엘모 2세는 다른 원정도 계획했으나 이는 연기됐다.

❍ **시칠리아의 만종 전쟁**

시칠리아의 만종晩鐘 반란과 학살, 1282
Sicilian Vespers Rebellion and Massacre, 1282

시칠리아 섬 주민은 프랑스 앙주 가문 출신으로 나폴리 왕국과 시칠리아 왕국의 왕인 샤를 1세(카를로 1세, 1226~85)의 압제에 분노했다. 1282년 3월 30일 부활주일의 다음 날인 월요일에 시칠리아 섬의 팔레르모 인근 한 교회에서 저녁예배에 참여하고 있던 시칠리아 섬 주민들이 그들을 모욕한 프랑스인 병사 여러 명을 공격하여 살해하면서 반란이 일어났다. 팔레르모의 반란은 시칠리아 섬 전역에 확산됐다. 1282년 3월 30일에서 31일로 넘어가는 밤에 시칠리아 섬 주민들은 시칠리아 섬에 거주하는 프랑스인 약 2천 명을 학살했으며, 이어 시칠리아 왕위를 두고 샤를 1세와 경쟁하던 아라곤 왕 페드로 3세(1239~85)에게 지원을 요청했다(**⊙ 시칠리아의 만종 전쟁**).

시칠리아의 만종晩鐘 전쟁, 1282~1302
War of the Sicilian Vespers, 1282~1302

아라곤 왕 페드로 3세(1239~85)는 프랑스의 앙주 가문에 맞서 반란을 일으킨 시칠리아 섬 주민들의 지원 요청에 응하여(**⊙ 시칠리아의 만종 반란과 학살**) 1282년에 원정군을 이끌고 시칠리아 섬으로 들어갔다. 반란 참여자들은 페드로 3세를 시칠리아의 새로운 왕 페드로 1세로 선포했다. 나폴리 왕국과 시칠리아 왕국의 왕인 앙주 가문의 샤를 1세(카를로 1세, 1226~85)는 당시 이탈리아 남부의 칼라브리아에서 콘스탄티노플(오늘날의 이스탄불) 원정을 계획하고 있다가(지중해 동부에서 앙주 가문의 제국을 건설하려는 희망을 품었다) 시칠리아로 돌진하여 시칠리아 섬 주민과 아라곤 왕국의 연합군과 교전을 벌였다. 시칠리아·아라곤 군대의 루지에로 디 라우리아(1245?~1305) 제독은 1283년에 메시나 근해에서, 또 1284년에 나폴리 근해에서 앙주 가문과 벌인 중요한 해전을 승리로 이끌었다. 루지에로의 함대는 샤를 1세를 전폭적으로 지원하여 참전한 프랑스 왕 필리프 3세(1245~85)의 함대도 물리쳤다(**⊙ 아라곤-프랑스 전쟁, 1284~85**). 20년간 지속된 전쟁에서 앙주 가문 출신 나폴리 왕들과 아라곤 왕국 출신의 시칠리아 왕들은 시칠리아 섬의 소유권을 두고 싸웠다. 페드로 3세의 아들인 아라곤 왕 하이메 2세(자코모 1세, 1267~1327)는 1295년의 아나니 조약으로 시칠리아의 지배권을 포기했고 그 보상으로 교황 보니파시오 8세(1235?~1303)로부터 사르데냐 섬의 왕이자 코르시카 섬의 왕으로 옹립됐다(보니파시오 8세는 시칠리아 섬 영유권에 대한 앙주 가문의 주장을 지지했고, 아라곤은 1320년대가 되어서야 이 두 섬을 실제 지배하려고 했다). 그러나 시칠리아 섬 주민들은 반란을 일으켜 하이메 2세의 동생인 페데리코 2세(1272~1337)를 왕으로 즉위시켰고, 페데리코 2세는 앙주 가문에 대항하여 전쟁을 계속하다가 1302년에 칼타벨로타 조약을 체결했다. 보니파시오 8세와 앙주 가문의 나폴리 왕 샤를 2세(카를로 2세, 1254~1309)는 이 조약으로 페데리코 2세를 시칠리아 왕국의 왕으로 인정했다.

시크교 황금사원의 포위공격, 1984
Siege of the Sikh Golden Temple, 1984

인도 펀자브 주의 주민은 대다수가 힌두교와 이슬람교의 요소를 혼합하여 탄생한 유일신교인 시크교도였다. 시크교도를 대변하는 정당인 시로마니 아칼리 달이 펀자브 주에 정치적으로나 종교적으로 더 많은 자율성을 허용해 달라고 인도 연방 정부를 압박한 반면, 시크교도 과격파는 이 지역 곳곳에서 테러와 살인을 자행했다. 1984년 6월 초 펀자브 주의 도시 암리차르에서 발생한 시크교도의 시민 불복종 운동이 폭력 사태로 비화하자 약 1만 1천 명 규모의 인도 군대가 파견됐다. 암리차르에 있는 시크교의 가장 신성한 사원 하르만디르 사히브(황금사원)는 전사들과 테러리스트들의 은신처가 되어 있었다. 1984년 6월 1~10일 군대가 하르만디르 사히브를 급습했고, 방어하는 자들은 인도 군대에 기관총과 대전차 로켓 발사기를 사격했다. 군인과 경찰 95~700명과 시크교도 493명이 사망했고, 약 1,500명의 시크교도가 체포됐다. 사건 직후 군대와 경찰은 펀자브 주의 다른 시크교 종교시설을 습격했고, 반란군의 적극적인 저항은 중단됐다. 시로마니 아칼리 달은 군대의 조치에 항의했다.

시크 전쟁
Sikh War

○ 영국–시크 전쟁

신성 동맹 전쟁, 1511~16
War of the Holy League, 1511~16

병합하려던 교황령에 저항하고 있는 페라라 공작인 에스테 가문의 알폰소 1세 데스테(1476~1534)를 프랑스가 지원하자 교황 율리오 2세(1443~1513)는 이탈리아에서 프랑스를 축출하기 위해 이탈리아 국가들과 신성 동맹(얼마 전까지 교황령의 적이었던 베네치아 공화국과(○ 캉브레 동맹 전쟁) 스위스의 몇몇 주 canton, 에스파냐, 잉글랜드가 포함된다)을 결성했다. 프랑스는 1512년 5월까지 밀라노를 비롯한 여러 도시에서 쫓겨났다. 1513년 6월 6일 프랑스는 노바라 전투에서 스위스·밀라노 공국 연합군에 대패한 뒤 이탈리아에서 철수하고 스위스를 비롯한 캉브레 동맹의 동맹국들과 개별적으로 평화협정을 체결했다. 교황 율리오 2세가 세상을 떠나자 신성 동맹은 곧 해체됐다. 마시밀리아노 스포르차(1493~1530)가 밀라노 공국의 공작으로 지위를 회복하도록 지원하던 스위스 연합은 이탈리아 북부 롬바르디아에서 전쟁이 일어나 혼란스러워진 상황을 이용하여 로카르노와 루가노, 오솔라 계곡을 점령했다. 1515년 프랑스의 새로운 왕 프랑수아 1세(1494~1547)가 롬바르디아를 침공하여 1515년 9월 13~14일의 마리냐노(오늘날의 멜레냐노) 전투에서 스위스 연합·밀라노 공국 연합군을 격파하고 밀라노를 다시 획득했다. 프랑수아 1세는 1513년에 즉위한 교황 레오 10세(1475~1521)와 평화조약을 체결하여 파르마와 피아첸차도 얻었다. 1513년부터 프랑스의 동맹국이 된 베네치아는 1515년에서 1516년에 베르가모와 페스키에라델가르다, 브레시아를 다시 탈환하고 베로나를 포위했다. 프랑스와 스위스는 1516년에 평화조약을 체결하고 1521년에 동맹을 맺어, 스위스는 신성 동맹 전쟁 중에 점령한 영토 중 오솔라 계곡을 제외한 나머지를 영구 보유하게 됐고, 프랑스는 스위스인 용병을 모집할 권리를 확보했다.

신성로마제국–교황령 전쟁, 1081~84
Holy Roman Empire–Papacy War, 1081~84

파문을 당하고 왕위도 위협받았던 독일 왕 하인리히 4세(1050~1106)는 1080년에 중요한 전투에서 구엘프당(교황당)에 패했지만(○ 독일 내전, 1077~ 1106), 1081년에 이탈리아를 침공하여 오랫동안 로마를 포위함으로써 교황 그레고리오 7세(1015?~85)에 맞선 기나긴 투쟁을 계속했다. 로마는 하인리히 4세의 병사들에 맞서 저항했으나 1083년에 바티칸 구역과 성 베드로 대성당이 함락됐다. 1084년 하인리히 4세는 뇌물을 써서 로마 주민으로부터 항복을 받아내고 로마에 입성했다. 그레고리오 7세는 산탄젤로 성에 피신했고, 하인리히 4세는 바티칸 지구에 대립교황 클레멘스 3세(1030?~1100)를 즉위시키고 그 대가로 신성로마제국 황제의 제관을 받았다. 그러나 1083년에 그레고리오 7세의 지원 요청을 받았던 풀리아-칼라브리아 공작 로베르 기스카르(로베르토 기스카르도, 1015?~85)가 군대를 이끌고 도착했다. 로베르의 군대는 로마를 공격했고 저항할 수 없었던 하인리히 4세의 군대는 독일로 도망갔다. 고의적인 행동이 아닐 수도 있겠지만 노르만 병사들은 로마를 잔인하게 약탈했다. 그레고리오 7세는 구출됐으나 사실상 포로로서 로베르 군대의 호위를 받으며 살레르노로 가 병을 앓다가 1085년에 죽었다.

신성로마제국-교황령 전쟁, 1228~41
Holy Roman Empire-Papacy War of 1228~41

신성로마제국과 교황령 사이의 지배권 투쟁은 1077~1106년의 독일 내전을 계기로 시작되어 수백 년 동안 지속됐던 해묵은 갈등 중의 하나다. 프리드리히 2세(1194~1250)는 1197~1214년의 독일 내전 중인 1212년에 독일왕이 됐고, 1198년 이래 교황 인노첸시오 3세(1160/61~1216)의 후원으로 양육된 뒤 1220년에 신성로마제국 황제가 됐기에, 교황령은 프리드리히 2세가 유순하고 순종할 것이라고 여겨졌다. 그러나 기대와 달리 프리드리히 2세는 세속 통치자의 권리를 완강하게 옹호하여 3명의 교황 즉 인노첸시오 3세, 호노리오 3세(1148~1227), 그레고리오 9세(1170?~1241)를 분노하게 했다. 교황 호노리오 3세는 프리드리히 2세에게 예루살렘을 회복하기 위한 제5차 십자군에 참여하라고 요구했으나 프리드리히 2세는 자신이 왕으로 통치하고 있던 시칠리아 왕국의 상황을 유의하고 있었다. 프리드리히 2세는 제5차 십자군 원정에 직접 참여하지 않고 군대를 보내 호노리오 3세는 만족하지 않았다. 1225년에 호노리오 3세는 프리드리히 2세를 예루살렘 왕국의 여왕 이사벨라 2세(브리엔의 욜란드, 1212~28)와 재혼시켰고(그 결과 프리드리히 2세는 예루살렘 왕국의 공동 왕이 됐다), 1227년에 프리드리히 2세가 항해하여 성지로 떠나도록 강제했다(●(제6차) 십자군). 프리드리히 2세는 질병 때문에 일찍 귀환했다가 이름이 같은 선임 교황(그레고리오 7세)보다 더욱 막강했던 새 교황 그레고리오 9세에게 파문당했다. 게다가 그레고리오 9세는 그레고리오 7세보다 정직하지 못했다. 1228년에 프리드리히 2세를 다시 성지로 떠나게 한 뒤 또 파문하고서 프리드리히 2세의 영토에서 반란을 부추겼는데, 그동안에 프리드리히 2세는 예루살렘을 회복하고 귀환했다(1228~29). 프리드리히 2세는 시칠리아 왕국으로 귀환한 직후, 교황령으로부터 지원받아 반란을 일으키고 있던 귀족들을 모두 제압했다. 1230년 산제르마노 조약으로 내키지 않는 협조의 시기가 이어졌으나, 프리드리히 2세는 이탈리아를 통일하려는 노력을 계속하다 1231년에 롬바르디아 동맹(이탈리아 북부의 도시국가들은 신성로마제국의 황제들이 종속시키려고 위협하자, 1167년 롬바르디아 동맹을 결성했으며 프리드리히 2세가 사망한 직후인 1250년까지 존속했다)의 저항에 직면했다(부분적으로는 그레고리오 9세가 조장한 측면이 있다). 프리드리히 2세는 1235년에 1234년부터 잠시 틈을 내어 반란을 일으킨 아들인 독일 왕 하인리히 7세(1211~42)를 폐위시켰고, 1236년에 피아첸차에서 제국 의회를 소집하여 이탈리아 국가들에 협력하라고 강요했으며, 1237년에 다른 아들인 예루살렘 왕국의 왕 콩라 2세(1228~54)를 새로운 독일 왕 콘라트 4세로 즉위시켰다. 그 뒤 프리드리히 2세는 로마가톨릭교회가 시칠리아 왕국을 포함한 이탈리아의 여러 지역에 소유하고 있던 토지를 몰수했으므로 다시 파문을 당했고 전쟁이 재개됐다. 신성로마제국과 교황령은 다시 교전을 하면서 서로 승리와 패배를 겪었다. 프리드리히 2세의 군대는 1236년과 1237년에 베로나-아퀼레이아 변경 백령을 점령하고 밀라노를 격파했으며 코르테누오바에서 롬바르디아 동맹 군대를 무찔렀다. 1238년 프리드리히 2세는 브레시아를 포위했다가 실패한 뒤 교황령의 영토를 병합했다. 1239년 교황은 제노바 공화국, 베네치아 공화국과 비밀리에 동맹하고 황제를 다시 파문했다. 신성로마제국 군대가 밀라노를 포위했으나 실패했고 1240년에는 로마가 공격을 받았다. 평화협상이 진행됐으나 1241년 그레고리오 9세가 임의로 협상을 중단시키고 공의회를 소집했다. 프리드리히 2세는 대표자들의 참석을 막아 공의회를 열지 못하게 했다. 그 뒤 교황이 사망했다. 양쪽은 물밑에서 책략을 꾸미다가 1243~50년의 신성로마제국-교황령 전쟁을 다시 시작했다.

신성로마제국-교황령 전쟁, 1243~50
Holy Roman Empire-Papacy War, 1243~50

교황 그레고리오 9세(1170?~1241)가 세상을 떠나면서 두 차례 전쟁 사이에 원한에 사무친 막간극이 펼쳐졌다(**○ 신성로마제국-교황령 전쟁, 1228~41**). 양쪽은 미봉책으로 시간을 끌었다. 신성로마제국 황제 프리드리히 2세(1194~1250)는 시칠리아 왕국으로 갔고, 그동안 로마가톨릭교회는 첼레스티노 4세(?~1241)를 교황으로 선출했으나 새 교황은 겨우 16일 만에 병사했다. 프리드리히 2세는 자신에게 관대한 인물이 교황으로 선출되도록 힘을 썼으나 성공하지 못했다. 새로운 교황 인노첸시오 4세(1195?~1254)는 잔꾀에 능한 자로 결국 황제를 압도했다. 인노첸시오 4세는 프리드리히 2세와 협상하면서 비타협적인 태도를 보였으므로, 프리드리히 2세는 교황령의 남은 지역을 점령하고 교황령의 동맹국이었던 제노바 왕국과 베네치아 왕국을 해상에서 공격할 태세를 갖추었다. 인노첸시오 4세는 1243년에 롬바르디아 지역에서 프리드리히 2세에 대항하는 반란을 선동했고, 1244년에는 로마에 진입하여 프리드리히 2세에게 평화조약을 강요하려 했으나 실패했다. 교황이 제시한 조항들이 완벽히 이행된다면 프라드리히 2세가 평생 이룬 업적이 무위로 돌아갈 수 있었기 때문이다. 프리드리히 2세는 오히려 인노첸시오 4세가 제시한 조건과 어긋나는 요구를 제시하기 시작했고 인노첸시오 4세는 제노바 공화국으로 도주했다가 리옹으로 넘어갔다. 프리드리히 2세가 알프스 산맥의 고개들을 포함한 프랑스로 가는 교통로들을 차단했음에도 불구하고, 1245년 제1차 리옹 공의회는 성공리에 개최됐으며, 늘 평화를 해치고 신성모독을 자행했으며 이단의 혐의가 있다는 세 가지 죄목으로 프리드리히 2세를 다시 파문하고 황제 지위를 상실했다고 규정했다. 1246년에 시칠리아 왕국에서는 교황의 영향을 받아 신성로마제국에 맞선 반란이 일어났다. 프리드리히 2세와 적대하던 신성로마제국의 제후들은 프리드리히 2세의 아들 콘라트 4세(1228~54)의 정당성을 부인하고 1246년에 튀링겐 백작 하인리히 라스페(1204~47)를 대립왕으로 지명했다가 하인리히 라스페가 1247년에 사망하자 홀란드 백작 빌헬름 2세(1228?~56)를 새로운 대립왕으로 세웠다. 그러자 독일에서는 프리드리히 2세의 지지자들이 대립왕들에 대항하여 봉기했다. 그동안 프리드리히 2세의 군대는 1245년에 비테르보를 폐허로 만들고 피아첸차를 공격했으며, 1246년에는 파르마에서 구엘프당(교황당) 군대를 참혹하게 격파했고, 1247~48년에는 파르마를 포위하여 장기간 공격했으나 패배했다. 프리드리히 2세는 이탈리아에서 손실을 입은 데더하여 1249년에 토스카나를 잃고, 사르데냐 섬의 일부를 왕으로서 통치하고 있던 프리드리히 2세의 아들인 하인리히(1215?~72)가 포로로 잡혀 상황이 어려워졌다. 그 뒤 1249년에 프리드리히 2세는 다시 승리가도에 올랐다. 시칠리아 왕국에서 일어난 또 다른 반란을 진압했으며 여러 전투들에서 승리했다. 그러나 1250년에 프리드리히 2세가 세상을 떠나면서 전쟁은 끝났다.

○ 몽골의 유럽 침공 ; (제7차) 십자군

신성神聖 전쟁
Sacred War

제1차 신성 전쟁(기원전 595~기원전 585) 신성神聖 전쟁은 델포이의 아폴론 신전과 관련되어 그렇게 부르는데 종교적 분쟁일 뿐만 아니라 정치적 분쟁이기도 했다. 첫 번째 전쟁에는 인보隣保 동맹이 연루됐다. 인보 동맹은 처음에는 테르모필라이, 그리고 나중에는 델포이 '인근 주민들'이 아폴론 신전의 속사俗事를 관장하고 피티아(피톤) 경기대회*를 관리하기 위해 결성한 동맹이었다. 동맹의 표적은 델포이의 종주국으로 포키스의 도시인 키라였다. 아폴론 신전의 길목인 키라 항구가 델포이 순례자들에게 통행료를 요구하여 신성을 모독했기 때문이다. 인보 동맹이 육지 쪽을 포위하고 시키온의 참주僭主 클레이스테네스의 함대가 바다를 봉쇄하여 키라를 함락하고 파괴했다. 전쟁으로 인보 동맹은 신전을 완전히 장악했고 클레이스테네스는 유명세를 떨쳤으며 잠시 동안이었지만 테살리아의 폴리스들 특히 테바이가 포키스에 영향력을 행사했다. **제2차 신성 전쟁(기원전 449?~기원전 448)** 이 전쟁은 군사적 교전으로서는 별로 중요하지 않았다. 전쟁의 의미는 스파르타가 델포이 인보 동맹(인보 동맹)의 사안에 관여했다는 데 있다. 포키스가 자신들에게 관리 권한이 있음을 주장하며 델포이를 지배하고 있었는데, 델포이 인보 동맹이 도시 델포이와 델포이에 있는 아폴론 신전의 통제권은 자신들의 것이라고 항의했다. 스파르타 군대가 별다른 전투 없이 포키스인들을 내쫓았으나, 페리클레스(기원전 495?~기원전 429)가 이끄는 아테네 군대가 포키스의 권리를 되찾아주었다. 그 뒤 아테네는 스파르타와 조약을 체결했는데, 아테네가 소속된 델포이 인보 동맹은 이 일방적인 정치 행태에 분노했다. 테바이가 반란을 일으켰고, 아테네는 진압에 실패했으며, 이제 아테네의 동맹국이 아니었던 포키스는 계속 델포이를 지배했다. 위태로운 평화는 거의 100년 가까이 유지됐다. **제3차 신성 전쟁(기원전 355?~기원전 346)** 이 전쟁은 소규모로 시작됐지만 그리스 전체를 끌어들일 위험이 있었다. 테바이와 인보 동맹에 참여한 다른 테살리아의 폴리스들은 오래된 적국 포키스가 아폴론 신에게 바쳐진 토지를 경작했다고 비난했다. 포키스는 기원전 382년에 테바이의 카드메이아를 점령했다는 이유로 (뒤늦게) 벌금을 내야 했던 스파르타처럼 벌금을 부과받았다(**○ 테바이-스파르타 전쟁, 기원전 379~기원전 371**). 필로멜로스(기원전 354년 사망)가 통치하던 포키스는 벌금의 납부를 거부하고 무장하여 기원전 355년에 델포이의 아폴론 신전과 그 보물들을 강탈했으며 스파르타로부터 은밀히 지원을 받았다. 로크리아 지역의 폴리스들이 포키스인을 내몰려 했으나 실패했고, 아테네와 스파르타는 강화를 체결했다. 그러나 테바이는 기원전 355년에 전쟁을 선포하여 기원전 354년에 네온에서 필로멜로스를 격파했고 이에 포키스는 기원전 353년에 철수했다. 그리스에서 세력을 얻기를 간절히 원했던 마케도니아의 필리포스 2세(기원전 382~기원전 336)가 테바이를 지원하자 아테네와 스파르타는 포키스를 지원했다. 필리포스 2세는 기원전 351년부터 기원전 347년까지 테바이의 포키스 정복을 돕는 동시에 아테네와 평화를 모색했다. 기원전 346년 필로크라테스의 평화조약으로 필리포스 2세는 테르모필라이와 델포이를 포함하는 그리스 북부와 중부를 지배했고, 인보 동맹은 애초 전쟁이 발발하게 된 원인을 고려하여 포키스를 가혹하게 처벌했다. **제4차 신성 전쟁 (암피사 전쟁, 기원전 339~기원전 338)** 이 전쟁의 시작은 제3차 신성 전쟁과 유사했다. 성지 경작, 벌금 부과, 납부 거부가 이어졌고, 기원전 339년에 인보 동맹이 전쟁을 선포했다. 그러나 암피사인들은 델포이인들을 내쫓았고, 인보 동맹은 이번에도 팽창주의자인 마케도니아의 필리포스 2세로부터 도움을 받았다. 필리포스 2세는 먼저 보이오티아 북부의 엘라테아를 점령하여 아테네를 위협했고, 아테네의 데모스테네스(기원전 384~기원전 322)는 오래된 적국 테바이를 설득하여 동맹에 가입하게 했다. 기원전 339년 겨울 전투에서는 그리스 폴리스들의 연합군이 승리했으나, 기원전 338년 필리포스 2세가 카이로네이아에서 그리스의 폴리스 연합군을 격파했다. 아테네의 외교관 데마데스(기원전 380?~기원전 318)의 평화조약으로 테바이는 점령당했지만 아테네는 함대를 유지했다. 그렇지만 그리스의 폴리스들은 자유를 잃었다. 기원전 337년 마케도니아 왕국이 결성을 주도하고 헤게모니를 쥐고 있던 스파르타를 제외한 모든 그리스 폴리스의 동맹이었던 코린토스 동맹이 앞선 여러 동맹을 대체했다.

* 고대 그리스의 4개 체육경기 중 하나로 4년마다 한 번씩 올림픽 경기대회 중간에, 즉 올림픽 경기대회가 열리고 2년 뒤에 아폴론 신을 기념하여 열렸다. 전승에 따르면 아폴론이 델포이를 지키던 괴물 피톤을 죽이고 델포이를 차지한 뒤 승리를 기념하기 위해 개최했다고 한다.

신해혁명辛亥革命, 1911~12
Xinhai Revolution of 1911~12

청나라(1616~1912)가 260년 넘게 중국을 통치했음에도 한족은 (만주에서 기원한) 만주족을 여전히 오랑캐라고 생각했다. 이들은 해안의 항구들을 통제하고 철도와 도로건설, 광산개발의 이권을 얻은 서구인을 증오하고 두려워했지만, 만주족에 대한 혐오도 그에 못지않았다. 20세기 처음 10년 동안 청나라 사회는 불안했고 소요가 들끓었다. 도처에서 혁명 단체들이 우후죽순처럼 솟아났고, 새로운 공립학교와 사립학교들이 쏟아낸 졸업생들은 그들과 동포들이 더 나은 삶을 살기를 원했으며, 해외의 중국인들은 개혁과 저항운동을 위해 자금을 보내왔다. 영향력이 미약하던 청나라 황제 광서제(1871~1908)는 몇 가지 개혁을 시도했으나 나라의 실정을 제대로 깨닫지 못한 서태후(자희태후, 1835~1908)가 돌연히 중단시켰다. 1911년 10월 9일 한커우漢口에서 폭발 사건이 일어나 혁명 운동 단체의 존재가 알려졌고 그 지도자들은 곧 체포되어 처형됐다. 한커우에서 양쯔 강揚子江 맞은편에 있는 우창武昌(오늘날의 우한武漢)의 군인들은 이 단체의 계획을 알고 있었기에 연루될 것을 두려워하여 1911년 10월 10일에 폭동을 일으켜 후베이성湖北省과 후난성湖南省의 총독이자 후난성의 순무巡撫가 사용하던 청사를 약탈하고 도시를 점령하여 반청反淸 반란을 선언했다. 쌍십절雙十節로 기념되는 이 시점 이후부터 나라 전역에서 유사한 봉기들이 연이었다. 반란 세력은 중국 동북부와, 서북부의 성省들을 제외한 모든 성을 장악했다. 반란 세력은 자신들이 통제하는 영역에서 공화국을 선포했다. 유혈 충돌은 비교적 적었다. 대부분의 중국 관료와 군대 지휘관이 청나라의 종말이 얼마 남지 않았음을 깨달았기 때문이다. 섭정인 선통제(푸이溥儀, 1906~67) 아버지인 순친왕(1883~1951)은 위안스카이袁世凱(1859~1916)를 내각총리대신으로 선출했다. 위안스카이는 마지못한 척하며 이를 받아들였다. 위안스카이는 신군新軍의 조직자이자 유능한 지도자로 청나라에 강한 애착을 느끼지 못했으며 자신의 지휘하에 중국을 강한 근대 국가로 만들고자 했다. 위안스카이의 군대는 혁명가들로부터 여러 도시를 되찾았고 이어 혁명의 중단을 명령했다. 한편 중화민국의 '국부國父'로 알려진 지도자 쑨원孫文(1866~1925)은 미국에서 혁명을 위해 강연하고 자금을 모으다가 서둘러 귀국했다. 쑨원은 중국에 도착하자마자 임시 대총통 지위를 제안받고 1912년 1월 1일 임시 수도 난징南京에서 취임했다. 쑨원은 자신이 군사적 지원도 받지 못하고 통치 경험 역시 부족하다는 점을 알고 있었다. 다시 말해서 쑨원은 주요하게는 이론가이자 민주주의를 추구하는 이상주의자였다. 그리하여 어린 선통제가 2월 12일에 퇴위하여 청나라가 종언을 고했을 때 쑨원은 사임했다. 중화민국의 임시 입법부인 임시 참의원은 위안스카이를 임시 대총통에 선출했고, 중국 북부와 남부가 하나의 공화국으로 재통합됐다.

심널의 반란, 1487
Simnel's Rebellion, 1487

에드워드 4세(1442~83)의 딸로 헨리 7세(1457~1509)의 왕비인 엘리자베스 요크(1465~1503)는 종종 랭커스터 가문에 모질게 맞섰다(● 장미 전쟁). 엘리자베스는 여동생과 1대 링컨 백작 존 드 라 폴(1464~87)과 함께 램버트 심널(1477?~1525?)로 하여금 런던 탑에 갇힌 요크 가문의 17대 워릭 백작 에드워드를 가장하도록 훈련시켰다. 1487년에 요크 가문에 대한 지지가 여전히 강했던 아일랜드로 들어간 심널은 엄청난 지지를 끌어모았고 왕위에 등극했다(에드워드 6세). 심널은 같은 해에 약 2천 명의 용병과 함께 잉글랜드로 돌아왔다. 폴이 지휘했고 자금은 부르고뉴 공국이 지원했다. 국왕군은 폴을 죽이고 심널을 사로잡았다. 전해오는 이야기에 따르면 헨리 7세는 심널을 용서하고 왕실의 부엌에서 꼬치 돌리는 일을 맡겼다고 한다.

10년 전쟁, 1868~78
Ten Years' War, 1868~78

1860년대 쿠바에서는 많은 현지 주민들이 에스파냐인 통치자들에 반대했다. 에스파냐가 노예제를 유지했고 세금을 늘렸으며 현지 주민들을 정부의 직위에서 배제했기 때문이다. 1868년 에스파냐 혁명으로 여왕 이사벨 2세(1830~1904)가 퇴위당한 뒤, 카를로스 마누엘 데 세스페데스(1819~74)가 이끄는 쿠바 애국자들은 1868년 10월 10일 야라에서 쿠바의 독립을 요구하는 「야라의 선언El Grito de Yara」을 발표하여 혁명을 시작한다고 선언했다. 이로써 시작된 10년간의 게릴라전에서 쿠바인과 에스파냐인 약 15만~40만 명이 사망했으나 장기적으로 중요한 일은 전혀 해결되지 않았다. 1869년 반란자들은 쿠바 동부에 혁명파의 공화국을 세웠고 그곳에서 많은 전투와 학살이 벌어졌다. 에스파냐 군대는 서부의 아바나를 점령하고 그 지역의 풍요로운 사탕수수 플랜테이션 대부분을 장악했다. 전쟁에서 큰 전투는 거의 없었지만, 양쪽 모두 수없이 많은 습격과 보복을 일삼았다. 중요한 혁명 지도자로는 안토니오 마세오(1845~96)와 그의 동생 호세 마세오(1849~96), 막시모 고메스 이 바에스(1836~1905), 칼릭스토 가르시아 이니게스(1839~98), 토마스 에스트라다 팔마(1835~1908)가 있었다. 에스파냐 군대는 발레리아노 웨일레르 이 니콜라우(1838~1930) 장군의 지휘를 받았는데, 웨일레르는 쿠바인들을 잔혹하게 다루어 미국의 항의를 받았다. 미국은 전쟁에 개입하기를 거부했다. 그러나 에스파냐 군대가 쿠바의 반군을 지원하고 있던 미국의 증기선 비르기니우스(버지니어스) 호를 나포한 뒤(1873년 10월 31일) 미국인이거나 영국인인 이 선원의 거의 전부인 53명을 처형했고, 이 때문에 미국과 에스파냐 사이에 전쟁이 일어날 뻔하자 미국에서는 쿠바 반군에게 동정과 비공식 지원이 증가했다. 싸움이 오래 지속되다가 1876년에 쿠바의 총독으로 파견된 아르세니오 마르티네스 데 캄포스(1831~1900) 장군이 산혼 협정을 마련하여 개혁을 약속했다. 협정은 1878년 2월 10일에 체결됐다. 그러나 에스파냐는 1884년에 노예제는 폐지했지만 다른 개혁들에 대해서는 약속을 지키지 않았고, 쿠바인들의 불만은 커져만 갔다.
○ 쿠바 독립 전쟁

13년 전쟁
Thirteen Years' War

○ 오스트리아-오스만 제국 전쟁, 1591/93~1606

13년 전쟁, 1454~66
Thirteen Years' War, 1454~66

폴란드 왕 카지미에시 4세(1427~92)는 이전의 전쟁에서 튜턴 기사단(독일 기사단)에게 빼앗긴 발트 지역의 영토를 되찾고자 했다(○ **튜턴 기사단-폴란드-리투아니아연합 전쟁, 1410~11 ; 튜턴 기사단-폴란드 전쟁, 1309~43**). 1454년 튜턴 기사단의 전제적인 통치에 프로이센에서 반란이 일어났고 폴란드가 이를 지원했다. 카지미에시 4세는 튜턴 기사단에 전쟁을 선포했다. 튜턴 기사단은 초기에 호이니체에서 승리를 거두었으나 전쟁이 길어지면서 재정이 고갈됐다. 1457년 튜턴 기사단은 용병에게 급여를 지불할 수 없게 되자 폴란드에 마리엔부르크(오늘날의 말보르크) 성을 넘겨주었다. 1462년경 튜턴 기사단은 프로이센 공국(동프로이센)으로 밀려났고, 1462년 9월 17일 푸츠크(푸치히. 트체프 남쪽 비스와 강변의 요새) 전투에서 결정적인 패배를 당했다. 폴란드가 계속 성공을 거두어 1466년 10월 14일 제2차 토룬 조약이 체결됐다. 폴란드는 포메렐리아(포메라니아 동부. 오늘날의 포모제그단스키에)와 서프로이센을 얻었고, 1455년에 수도를 쾨니히스베르크(오늘날의 칼리닌그라드)로 이전한 튜턴 기사단은 프로이센 공국을 계속 보유할 수 있었지만 폴란드의 종주권을 받아들여야 했으므로, 기사단 단장은 폴란드 왕의 봉신이 됐다. 이전에는 독일인만으로 구성됐던 튜턴 기사단은 폴란드인들을 단원으로 받아들여야 했다.

'15년' 반란
'The Fifteen'

○ 재커바이트의 반란, 1715~16

15년 전쟁

Fifteen Years' War

○ 오스트리아-오스만 제국 전쟁, 1591/93~1606

11월 봉기

November Insurrection

○ 폴란드 반란, 1830~31

11월 혁명

November Revolution

○ 러시아 10월(11월) 혁명

십자군

Crusade

제1차 십자군(1095~99) 비잔티움 제국 황제 알렉시오스 1세 콤네노스(1048~1118)는 이슬람 국가인 룸 술탄국이 위협하자 서유럽 국가들에게 지원을 요청했다. 교황 우르바노 2세(1035?~99)는 클레르몽 교회회의에서 그리스도교도에게 완전한 대사大赦를 약속하며 성지 회복을 촉구했다. 대부분이 프랑스인이었지만 기사는 물론 평민까지 예상을 뛰어넘는 많은 사람이 모여 "신께서 이를 바라신다Deus vult."라고 외치며 십자가가 그려진 옷을 입었다(여기에서 십자군이라는 명칭이 유래한다). '은자隱者' 피에르(1050?/53?~1115?)와 고티에 상자부아Gautier Sans-Avoir(?~1096)가 지휘한 무질서한 군중 집단 즉 이른바 민중 십자군은 전투들에서 대패하고 와해하여 소멸됐다. 툴루즈 백작 레몽 4세(1042?~1105)와 노르망디 공작 로베르 2세(로버트 커토즈, 1054?~1134), 베르망두아 백작 위그 1세(1053/57~1101/02), 보에몽 1세(1058?~1111)와 조카 탕크레드 드 오트빌(1072?~1112), 보두앵 드 불로뉴(예루살렘 왕 보두앵 1세, 1058?~1118)와 고드프루아 드 부용(1058?~1100) 형제 같은 봉건 영주들이 이끈 십자군의 주력은 1096년에서 1097년에 콘스탄티노플(오늘날의 이스탄불)에 도착했고, 그곳에서 대다수는 알렉시오스 1세에게 충성하겠다고 서약했다(그들은 십자군이 영토들을 점령한다면 이 지역들을 비잔티움 제국에게 돌려주겠다고 약속했지만, 아무도 이를 실천하지 않았다). 십자군은 1097년에 니카이아(니케아. 오늘날 터키의 이즈니크)를 빼앗았고, 1098년에 도릴라이온(도릴라이움. 오늘날의 에스키셰히르)에서 룸 술탄국을 완패시켰고 안티오크(오늘날의 안타키아)를 점령했다. 1099년 십자군은 파티마 왕조가 지배하고 있는 예루살렘을 침입하여 점령한 뒤 수많은 이슬람교도와 유대인을 학살했다. 고드프루아는 예루살렘과 주변 지역의 군주가 됐지만, 예루살렘이 예수가 사망한 장소라는 사실을 중시하여 왕이라는 칭호를 거부했다(그러나 고드프루아는 사실상 예루살렘 왕국의 첫 왕이었다). 제1차 십자군 중에 또는 종결된 뒤에, 지중해 동부 지역에 보두앵 드 불로뉴가 에데사 백국, 보에몽 1세가 안티오크 공국(1098~1268), 예루살렘 왕국, 트리폴리 백국 등을 세웠다. **제2차 십자군(1147~49)** 장기 왕조가 에데사 백국이 보유하고 있었으나 불안정했던 에데사(오늘날 터키의 샨르우르파)를 1144년에 점령하자 교황 에우제니오 3세(?~1153)는 새로운 십자군을 선언하는 칙서를 발표했고, 생 베르나르 드 클레르보(1090/91~1153)가 이를 웅변으로 설교했다. 독일 왕 콘라트 3세(1093~1152)와 프랑스 왕 루이 7세(1120~80)가 호소에 응하여 각기 군대를 지휘하여 발칸 반도를 지났으며 비잔티움 제국 황제 마누엘 1세 콤네노스(1118~80)가 소아시아로 건너가는 수송편을 제공했다. 신성로마제국 국가들의 군대가 도릴라이온에서 1147년에 발발한 전투에서 대패하고 퇴각할 수밖에 없자, 이 두 군대는 아크레(아코)에 합류한 뒤 경솔하게도 다마스쿠스를 1148년에 공격했다가 대패했다. 그 직후부터 십자군에 내분이 일어나, 룸 술탄국, 부리 왕조, 장기 왕조 등 이슬람교 국가들이 쉽게 승리했다. **제3차 십자군(1189~92)** 아이유브 왕조의 군주인 살라딘(살라흐 앗 딘 유수프 이븐 아이유브, 1137/38~93)이 예루살렘을 함락하자 교황 그레고리오 8세(1100/05~87)는 제3차 십자군 원정을 시작했다(**○ 살라딘의 지하드**). 비잔티움 제국 황제 이사키오스 2세 앙겔로스(1156~1204)는 당시 살라딘과 동맹하여 십자군을 지원하지 않았지만, 신성로마제국 황제 '붉은 수염' 프리드리히 1세(1122~90)와 잉글랜드의 사자심왕 리처드 1세(1157~99), 프랑스의 필리프 2세(1165~1223)가 교황의 요청에 응했다. 프리드리히 1세는 이동 중에 익사했으며, 귀환하지 않고 잔류했던 일부 독일 군인들은 아크레에서 필리프 2세와 리처드 1세의 군대에 합류했다. 의견 충돌로 필리프 2세는 일부 병력을 남겨두고 귀환했으나, 성지로 오다가 비잔티움 제국에게서 키프로스 섬을 빼앗기도 했던 리처드 1세는 1191년에 아르수프에서 살라딘의 군대를 격퇴했으며 야파를 점령했다. 리처드 1세는 예루살렘에 당도하지 못했지만 그리스도교도의 자유로운 성지 순례를 허용한다는 것을 포함한 5년 동안의 휴전협정을 체결했다. 그러나 그 결과 아크레를 새로운 수도로 한 예루살렘 왕국은 위축되어 지중해 동부 해안의 좁고 긴 지역만이 왕국의 영토가 됐다. **제4차 십자군(1202~04)** 교황 인노첸시오 3세(1160/61~1216)는 아이유브 왕조의 영토인 이집트를 침공하려고 십자군 원정을 시작했다. 그런데 대다수가 프랑스인과 플랑드르인이었던 십자군은 수송 비용을 지불하지 못하고 있었다. 그러자 그들을 수송하겠다는 계약을 체결했던 베네치아 공화국은 헝가리로부터 보호를 받고 있던 도시국가 자다르(차라)를 점령하는 군사작전에 참여하면 수송 비용을 할인해주겠다고 했고, 베네치아와 십자군 연합군은 이를 이행하여 자다르를 점령했다. 그동안에 1195년에 폐위당한 비잔티움 제국 전임 황제 이사키오스 2세의 아들 알렉시오스 앙겔로스(알렉시오스 4세, 1182?~1204)는 십자군의 일부 대표자를 만나 자금과 군사 지원을 약속하며 제위를 찬탈한 그의 큰아버지 알렉시오스 3세 안겔로스(1153?~1211)를 내쫓는 것을 도와달라고 부탁했고, 십자군은 이를 수락했다. 알렉시오스 앙겔로스와 동맹을 결성한 베네치아 공화국과 십자군의 연합군은 콘스탄티노플을 점령했고 알렉시오스 3세는 도주했다. 그러나 베네치아 공화국과 십자군의 연합군과 협력하던 공동 황제인 이사키오스 2세와 알렉시오스 4세는 1204년에 쿠데타가 일어나 폐위당했고, 알렉시오스 5세(?~1205)가 황제로 즉위했다. 폐위당한 동맹자들이 사망하자(이사키오스 2세는 살해당했거나 자연사했다고 추정되고, 알렉시오스 4세는 살해당했다), 자극받은 베네치아와 십자군의 연합군은 콘스탄티노플을 다시 점령하고서는 약탈했다. 그리하여 제4차 십자군은 애초의 목적에서 완전히 벗어나, 멸망한 비잔티움 제국이 보유하고 있던 발칸 반도의 남부 지역에서 라틴 제국 등 새로운 십자군 국가들을 탄생시켰으며, 이후에 로마가톨릭교회와 그리스정교회 사이의 화해가 불가능하게 됐다. **제5차 십자군(1217~21)** 인노첸시오 3세와 뒤이은 교황 호노리오 3세(1148~1227)는 어린이 십자군이 무산된 데 대한 부끄러움을 상기하면서 새로운 노력을 기울일 것을 설파했고 1215년에 제

4차 라테란 공의회에서 십자군 소집을 선포했다. 목적은 이번에도 이집트를 예루살렘 탈환을 위한 지렛대로 삼자는 것이었다. 장 드 브리엔(1170?~1237)과 교황의 사절 펠라기우스(펠라요 가이탄, 1165?~1230)가 각각 지휘한 십자군은 두미아트(다미에타)를 포위했다. 장은 이슬람교도가 제의한 강화 조건을 수용하는 데 찬성했고, 펠라기우스는 신성로마제국 황제 프리드리히 2세(1194~1250)가 직접 십자군에 참여하여 증원군이 도착할 것을 기대하고 평화협상을 보류했으나 이는 무산됐다. 1221년 펠라기우스는 카이로로 진격했으나 나일 강이 범람하고 아이유브 왕조 군대가 반격하여 실패했고 앞서 거절한 것보다 더 불리한 조건의 휴전을 수용해야 했다. 이 십자군에서는 산 프란체스코 다시시(아시시의 성 프란체스코, 1182?~1226)가 술탄 알카밀(1180~1238)을 개종시키기 위해 아이유브 왕조의 궁정을 방문한 것이 유명한 일화다. **제6차 십자군(1228~29)** 신성로마제국 황제 프리드리히 2세는 제5차 십자군의 실패에 책임을 지고 군사가 아닌 외교적 노력으로 독특한 임무에 착수했다. 교황 그레고리오 9세(1170?~1241)는 프리드리히 2세가 질병을 이유로 출발을 지연시킨 것을 정당한 이유로 받아들이지 않고 파문했으나 프리드리히 2세는 파문당한 채 원정을 진행했다. 1229년 프리드리히 2세는 협상을 통해 술탄 알카밀에게 예루살렘과 다른 성지들을 내주고 10년간의 휴전을 얻어냈다. 그 뒤 프리드리히 2세는 혼인을 통해 예루살렘 왕위에 올랐다. 그러나 조약으로 큰 혼란이 초래됐고, 조약이 만료되면서 나바라 왕(티보 1세)이자 샹파뉴 백작(티보 4세)인 티보(1201~53)와 리처드 콘월(1209~72)의 지휘로 전쟁이 재개됐는데, 그들은 아이유브 왕조 군대에 패배하여 프리드리히 2세가 획득했던 영토들을 1244년까지 상실하게 됐다. **제7차 십자군(1248~54)** 1244년 룸 술탄국과 이집트의 이슬람교도는 나바라 왕 티보와 리처드 콘월의 노력을 무위로 돌리며 예루살렘을 점령했다. 이에 프랑스 왕 '성왕' 루이 9세(1214~70)가 교황 인노첸시오 4세(1195?~1254)의 지원을 받아 이집트를 겨냥한 새로운 십자군에 착수했다. 1249년 십자군은 두미아트를 되찾았으나 계획도 없이 나일 강 삼각주 지역을 통과하여 카이로로 진군하다가 1250년 2월에는 알만수라에서 저지당했고, 루이 9세는 포로가 됐다. 루이 9세는 몸값을 지불하고 풀려나 두미아트를 넘긴 뒤 최대한 많은 포로가 석방되도록 협상을 벌였으며 4년 동안 왕국의 방비를 강화시

컸다. **제8차 십자군(1270)** 1260년대에 이집트 맘루크 왕조의 뛰어난 술탄 바이바르스(1223~77)가 십자군 국가들을 공격하자, 1267년 루이 9세는 새로이 십자군 원정에 나설 준비를 했다. 분명히 동생인 샤를 1세(시칠리아 왕 카를로 1세, 1226~85)의 정치적 책략에 영향을 받았을 루이 9세는 십자군 국가들이 존재하던 지중해 동부 지역이 아니라 시칠리아 왕국의 적국인 하프스 왕조가 지배하고 있던 튀니지로 이동했다. 루이 9세가 튀니지에 도착한 뒤 질병으로 쓰러져 병사하면서 십자군의 진격은 갑자기 끝났다. 루이 9세가 사망하기 직전에 샤를 1세가 튀니지에 도착하여 하프스 왕조와 협상을 성사시켰다. 따라서 피폐해진 십자군이 안전하게 철수하고, 그리스도교도가 하프스 왕조의 주민과 무역 거래를 하며, 로마가톨릭교회 성직자들이 하프스 왕조 영토에 체류한다는 내용의 조약을 체결했다. **제9차 십자군(1271~72)** 잉글랜드 왕세자 에드워드(에드워드 1세, 1239~1307)는 북아프리카에 도착했지만 루이 9세의 노력을 되살리기에는 너무 늦었다. 에드워드는 아크레에서 휴전을 체결한 뒤 잉글랜드로 돌아와 1272년에 왕위를 계승했다. 1289년에 트리폴리가 무너지고 1291년에는 성지에 있는 그리스도교도의 마지막 거점인 아크레가 함락당하면서 십자군 시대는 대체로 종말을 고했다. 그렇지만 콘스탄티노플은 1453년까지, 키프로스는 1571년까지 그리스도교도의 수중에 남아 있었다.

◑ 라틴 제국-비잔티움 제국 전쟁 ; 비잔티움 제국-룸 술탄국 전쟁 ; 십자군-셀주크튀르크 전쟁 ; 십자군-튀르크족 전쟁

십자군-셀주크튀르크 전쟁, 1100~46
Crusader-Seljuk Turk Wars of 1100~46

오구즈 튀르크족이 아나톨리아 중부에 세웠던 다니슈멘드 왕조는 제1차 십자군 원정 이후 탄생한 안티오크 공국과 대적하고 있었다. 다니슈멘드 왕조 군대는 1100년에 말라티아에서 매복하고 있다가 안티오크 공국 군대를 기습하여 거의 전멸시키고 이 군대를 지휘하고 있던 안티오크 공국 공작 보에몽 1세(1058?~1111)를 체포하여 니크사르에 감금했다. 그러자 툴루즈 백작 레몽 4세(1042?~1105), 블루아 백작 에티엔 2세(스티븐 2세, 1045?~1102) 등 여타 귀족들이 다니슈멘드 왕조에 보복하고 보에몽 1세를 구출하려고

원정군을 조직하여 아나톨리아를 침공했다. 그러나 원정군들은 룸 술탄국 군대와 다니슈멘드 왕조 군대에 모두 처참하게 패배했고, 대다수가 사망했다(1101). 1100년에 예루살렘 왕국의 왕으로 즉위했던 보두앵 1세(보두앵 드 불로뉴, 1058?~1118)는 병력 수에서 우월한 이집트의 파티마 왕조를 공격하여 자신의 지위를 공고히 하려 했다. 보두앵 1세는 라믈라(라믈레)에서 처음에는 승리했으나(1101), 같은 장소에서 벌어진 두 번째 전투에서는 처참하게 패배했다(1102). 보두앵 1세는 곧 다른 군대들을 이끌고 야파에서 파티마 왕조 군대를 격파하여 남쪽으로 내몰았다. 덴마크인의 십자군이 야파에 도착하여 '불신자'와 싸우는 데 힘을 보탰다. 1103년에 풀려난 보에몽 1세는 안티오크 공국으로 돌아왔고 이듬해 셀주크튀르크인의 국가를 무찌르기 위해 다시 원정했으나 하란 주변에 있는 한 평원에서 발발한 전투에서 패했다. 1110년에는 노르웨이의 '십자군 왕' 시구르 1세 망누손(1090?~1130)이 군대를 이끌고 성지에 도착하여 보두앵 1세와 협력하여 파티마 왕조가 지배하고 있던 시돈(사이다)을 장악했다. 그 뒤에 보두앵 1세는 예루살렘 왕국의 남부를 보호하려고 몽레알 요새를 건설했다(1115). 보두앵 1세는 파티마 왕조를 공격하는 군사행동을 진행하는 중에 사망했고, 보두앵 1세의 사촌인 보두앵(?~1131)이 예루살렘 왕위를 계승하여 보두앵 2세가 됐다(1118). 보두앵 2세는 그 뒤에 시리아 북부에서 셀주크튀르크인들의 국가와 계속 싸웠다. 파티마 왕조 군대가 1124년에 예루살렘 왕국을 침공하고 예루살렘을 포위했으나 공성은 성공하지 못했다. 이마드 앗딘 장기(1084~1146)가 지휘한 장기 왕조 군대가 에데사 백국의 수도인 에데사(오늘날 터키의 샨르우르파)를 함락하자(1144), 교황 에우제니오 3세(?~1153)가 새로운 십자군을 요청했고 이에 유럽의 군대가 대의를 위해 결집했다(● **(제2차) 십자군**).

● 비잔티움 제국-룸 술탄국 전쟁 ; 살라딘의 지하드

십자군-튀르크족 전쟁, 1272~91
Crusader-Turkish Wars of 1272~91

13세기 중반에서 14세기 초반에 이슬람 국가인 이집트 맘루크 왕조와, 당시 지배층이 무교와 티베트불교를 신봉하던 일한국은 서로 싸웠다. 맘루크 왕조는 지중해 동부 지역의 십자군 국가들을 공격하여 결국에는 모두 멸망시켰고, 일한국은 십자군 국가와 셀주크튀르크인 국가와 협력하여 맘루크 왕조에 대항했다(○ (제9차) 십자군). 맘루크 왕조 술탄 바이바르스(1223~77)는 십자군 국가들의 거점들을 차례차례 점령했다. 예를 들면 1266년 성전 기사단(템플 기사단)이 제파트(사페드)를 잃었으며, 1268년에 예루살렘 왕국이 야파를 상실하고 안티오크(오늘날의 안타키아) 공국이 함락됐고, 1271년에 트리폴리 백국의 수도인 트리폴리가 공격당했다가 위기를 모면하기는 했지만 트리폴리 근처에 있던 구호 기사단(성 요한 기사단)의 거대한 요새가 점령당했다. 십자군의 운명은 결정됐다. 잉글랜드 왕세자 에드워드(에드워드 1세, 1239~1307)가 군대를 이끌고 성지에 도착하여 맘루크 왕조를 굴복시키려 했으나 실패했다(1271~72). 십자군 국가들은 내분을 겪어 더욱 빠르게 해체됐다. 바이바르스의 사망으로 잠시 휴지기가 있었으나, 계승자인 술탄 칼라운(1222?~90)이 시리아의 홈스(힘스) 전투에서 일한국의 침입을 막아 승리를 거두었다(1281). 이로써 사실상 일한국은 맘루크 왕조를 더 이상 위협하지 못했다. 1289년 칼라운은 트리폴리를 점령하여 트리폴리 백국을 멸망시켰는데 이후 십자군이 다시 상륙하지 못하도록 방지하기 위해 도시를 파괴하고 조금 떨어진 내륙에 새로운 시가지를 조성하라고 명령했다. 예루살렘 왕국이나 여타의 십자군 세력은 십자군이 성지에 보유하고 있던 최후의 중요 거점인 아크레(아코)를 영웅적으로 방어했으나, 1291년 5월 18일에서 28일에 맘루크 왕조가 이 도시를 정복하여 주민을 학살하고 노예로 삼았다. 승리한 맘루크 왕조는 그 뒤에, 십자군 세력이 지중해 동부 지역에 보유하고 있던 거점 가운데 키프로스 섬을 제외한 나머지 지역을 1303년까지 모두 점령했다.

○ 라틴 제국-비잔티움 제국 전쟁

〈아〉

아

아가토클레스의 카르타고 전쟁, 기원전 311~기원전 306
Agathocles' War against Carthage, BCE 311~BCE 306

시라쿠사의 참주僭主 아가토클레스(기원전 361~기원전 289)는 일찍이 티몰레온(기원전 411?~기원전 337) 휘하에서 군사적 능력을 발휘했다. 아가토클레스는 디오니시오스 1세(기원전 432?~기원전 367)의 선동정치를 흉내 내어 카르타고 본토를 공격하기로 하고 기원전 311년에 북아프리카 해안을 침공했다. 카르타고는 아가토클레스에 반대하는 시라쿠사 과두정 지지자들의 지원을 받아 리카타에서 즉각 시라쿠사 군대를 물리쳤고, 이와 별도로 시라쿠사를 포위하여 공격했다. 도망갔던 아가토클레스는 기원전 310년에 군대를 이끌고 북아프리카로 돌아와 카르타고를 완파했고, 기원전 308년에 시칠리아 섬으로 귀환하여 카르타고의 봉쇄를 깨뜨렸다. 그러나 북아프리카에 남아 있던 아가토클레스의 병력은 기원전 307년 카르타고에 패배했다. 아가토클레스는 여러 가지 이유로 카르타고와 강화하여 제3차 디오니시오스 전쟁 이후 획정된 시칠리아 섬 서부의 국경을 다시 설정해야 했다. 카르타고는 에페이로스의 피로스(기원전 319/318~기원전 272) 왕과 싸울 때까지 거의 30년 동안 평화를 유지했다.

❍ 카르타고-에페이로스의 피로스 전쟁 ; 티몰레온의 전쟁

아가토클레스의 학살, 기원전 317
Agathocles' Massacre, BCE 317

시칠리아 섬 출신인 아가토클레스(기원전 361~기원전 289)는 끊임없는 권력욕 때문에 시라쿠사에서 두 차례 추방당했다. 기원전 317년 아가토클레스는 시라쿠사의 통제를 받는 데 불만을 품은 도시들에서 군대를 규합하여

돌아와 무력으로 최고사령관이 됐다. 사실상 참주僭主였다. 아가토클레스는
또한 과거 디오니시오스 1세(기원전 432?~기원전 367)에게만 부여됐던 '전권
지도자'라는 직함을 사칭했다. 아가토클레스는 자신의 지배력을 보장하기
위해 정적들과 시라쿠사를 통치했던 600인회의 의원들을 제거했다. 모두 합
해 약 1만 명에 달했다. 안전을 확보한 아가토클레스는 이후 자유롭게 카르
타고에 맞서 싸울 수 있었다.

○ 아가토클레스의 카르타고 전쟁

아나스타시오스 2세의 반란, 719
Revolt of Anastasius II, 719

비잔티움 제국 황제 아나스타시오스 2세(719년 사망)는 715년에 발생한 군
대의 폭동으로 쫓겨났고 대신 테오도시오스 3세(717년 이후 사망)가 제위
에 올랐다. 비잔티움 제국의 주요 장군이었던 '이사우리아인' 레오(레오 3세,
685?~741)는 테오도시오스 3세를 인정하지 않았고, 테살로니키로 도피하여
수도사가 된 아나스타시오스 2세를 다시 옹립하려는 음모를 지지했다. 이
때 우마이야 왕조 칼리파국이 비잔티움 제국을 침공했다(○ 비잔티움 제국-이
슬람 전쟁, 698~718). 직접 제위를 장악할 기회를 포착한 레오는 콘스탄티노
플(오늘날의 이스탄불)로 군대를 이끌어 테오도시오스 3세를 폐위하고 717년
에 황제가 됐다. 719년 아나스타시오스 2세가 지휘하는 군대 장교들과 여
타 사람들이 레오 3세를 쫓아내기 위해 시칠리아 섬에서 반란을 일으켰으
나, 레오 3세는 즉시 그곳으로 군대를 파견했다. 반란군은 저항을 중지했
고 아나스타시오스 2세는 사로잡혀 719년에 처형됐다.

○ 콘스탄티노플 포위공격

아라곤-나폴리 전쟁, 1435~42
Aragonese-Neapolitan War of 1435~42

앙주 공작 르네 1세(1409~80)는 나폴리 왕국 여왕 조반나 2세(1373~1435)로
부터 나폴리 왕위를 물려받았다. 아라곤 왕 알폰소 5세(1396~1458)는 1421
년에 조반나 2세로부터 나폴리 왕위 계승자로 지명받았다가 1423년에 그
권리를 다시 박탈당했다(조반나 2세는 왕위를 강탈하려 했던 알폰소 5세에 대항

했다). 알폰소 5세는 1435년에 나폴리를 공격할 준비를 했으나 가에타 항구에서 패했다. 알폰소 5세는 제노바인들에게 포로로 잡혔다가 밀라노 공작의 도움으로 풀려나 그와 동맹을 맺고 나폴리에 맞서 싸웠다. 1442년 알폰소 5세는 전투에서 르네 1세를 물리치고 나폴리를 장악했으며 스스로 나폴리 왕국의 왕위에 올랐다(교황은 1443년에 이를 승인했다).

아라곤 내전, 1347~48
Aragonese Civil War of 1347~48

아라곤 왕 페드로 4세(1319~87)가 딸들 가운데 1명을 왕위 계승자로 선포하자, 귀족들은 선왕들인 페드로 3세(1239~85)와 그의 아들 알폰소 3세(1265~91)에게서 받은 특허장의 권리에 의거하여 이에 반대했다. 1347년 12월 전면적인 전투가 벌어졌고 귀족의 군대가 승리하여 페드로 4세는 귀족이 받아들일 만한 남자에게 왕위를 물려줄 수밖에 없었다. 1348년 5월 왕은 발렌시아에서 귀족과 평화를 협상하려던 중에 포로가 됐으나 페스트 때문에 석방됐다. 1348년 7월 21일 에필라 전투에서 왕에게 충성하는 자들이 마침내 귀족을 물리쳤다. 페드로 4세는 귀족들의 특허장을 박탈했다.

아라곤의 사르데냐 정복, 1323~26
Aragonese Conquest of Sardinia, 1323~26

아라곤 왕 하이메 2세(자코모 1세, 1267~1327)는 1295년의 아나니 조약에 따라 사르데냐 섬과 코르시카 섬을 지배하는 대가로 시칠리아에 대한 권리를 포기했다(**ⓞ 시칠리아의 만종 전쟁**). 이탈리아의 도시 피사와 제노바는 사르데냐 섬과 코르시카 섬에 이해관계가 있었다. 사르데냐 섬에 있는 도시 칼리아리와 이글레시아스의 피사인들이 섬을 지배했다. 지중해에서 아라곤의 영토를 확대하고자 했던 하이메 2세는 사르데냐 섬을 지배하려고 하지는 않았으나, 1323년에 뒷날 왕 알폰소 4세가 되는 아들 알폰소(1299~1336)에게 지휘를 맡겨 함대를 파견하여 피사인들과 제노바인들을 평정하라고 지시했다. 1326년 아라곤은 피사인들을 물리치고 칼리아리와 이글레시아스를 확보했다. 그러나 피사인들과 제노바인들은 1421년이 되어서야 사르데냐 섬에서 축출됐다. 아라곤은 코르시카 섬을 지배한 제노바인들을 내쫓을 수 없었다. 1434년에 제노바인들은 코르시카 섬을 완전히 장악했다.

○ 아라곤-제노바 전쟁, 1352~54

아라곤-제노바 전쟁, 1352~54
Aragonese-Genoese War of 1352~54

사르데냐 섬 주민들이 아라곤의 통치자들에 맞서 봉기했을 때 제노바인들은 과거에 지배했던 사르데냐 섬을 되찾을 기회를 포착했다(○ 아라곤의 사르데냐 정복). 아라곤 왕 페드로 4세(1319~87)는 베네치아와 카탈루냐의 지원을 확보했고, 이 동맹국들은 제노바 군대를 먼 바다로 내몰아 1352년의 해전에서 물리쳤다. 그러나 폭풍우가 일어 동맹국 함대가 파괴되면서 제노바는 다시 집결하여 사르데냐 섬과 코르시카 섬을 공격할 수 있었다. 제노바인들은 아르보레아 군주 마리아노 4세(1329~76)를 사르데냐 왕으로 선포했다. 1353년 동맹국들은 사르데냐 섬에 있는 알게로 해안 근처에서 제노바인들을 격퇴했다. 페드로 4세는 이듬해 사르데냐 섬으로 건너가서 가까스로 반란을 진압했으나, 아라곤의 통치에 대한 저항은 다음 세기가 한참 지날 때까지도 지속됐다.

아라곤-카스티야 전쟁, 1109~12
Aragonese-Castilian War of 1109~12

아라곤의 '전사戰士 왕' 알폰소 1세(1073?~1134)와 카스티야의 여왕 우라카(1081~1126)는 1109년에 결혼하자마자 싸움을 벌여 아라곤과 카스티야가 통합할 가능성이 사라진 듯했다. 두 사람의 개인적 충돌은 아라곤 왕국 귀족과 카스티야 왕국 귀족 간의 투쟁으로 비화됐고, 알폰소 1세의 군대가 우라카의 군대와 그녀의 가문 등에 맞서 전투를 벌였다. 1111년 알폰소 1세가 세풀베다 전투에서 승리했지만, 소규모 교전이 지속되다가 결혼도 아라곤과 카스티야의 정치적 통합도 1112년에 취소됐다. 자신의 왕국으로 돌아온 알폰소 1세는 1118년에 무어인들로부터 사라고사를 빼앗아 아라곤을 에브로 강 남쪽까지 확대했다.

아라곤-프랑스 전쟁, 1209~13
Aragonese-French War of 1209~13

십자군은 아라곤 왕 페드로 2세(1178~1213)를 도와 발렌시아에서 이슬람 군주국들을 멸망시킨 뒤인 1209년에 알비파(카타리파) 이단이 추종자들을 모으고 있던 아라곤 왕의 프랑스 안 영지, 즉 프로방스로 들어가 교황이 선포한 알비 십자군 전쟁을 계속하려 했다. 십자군 운동은 프랑스 남부 귀족과 프랑스 북부 귀족 사이의 전쟁이 되어 5대 레스터 백작 시몽 드 몽포르(시몽 4세, 1160~1218)와 툴루즈 백작 레몽 6세(1156~1222)가 맞붙었다. 페드로 2세는 매형이었던 프랑스 북부 귀족의 지도자 레몽 6세를 지원했다. 1213년 페드로 2세는 프랑스 남부의 뮈레 전투에서 시몽 드 몽포르의 군대와 싸우다가 죽었다. 페드로 2세가 죽자 피레네 산맥 북쪽에서 아라곤의 영향력도 사라졌다.

아라곤-프랑스 전쟁, 1284~85
Aragonese-French War of 1284~85

교황 마르티노 4세(1210?~85)는 시칠리아 섬에 권리가 있다는 프랑스 앙주 가문의 주장을 지지했다(**⊙ 시칠리아의 만종 전쟁**). 마르티노 4세는 추정일 뿐이었지만 아라곤 왕 페드로 3세(1239~85)가 음모를 꾸며 시칠리아 왕국의 문제에 간섭했으므로 아라곤의 통치권을 몰수하겠다고 선언했다. 마르티노 4세는 이어 페드로 3세를 파문했고, 프랑스 왕 필리프 3세(1245~85)의 넷째 아들인 샤를 드 발루아(1270~1325)를 아라곤 왕국의 왕이자 시칠리아의 왕으로 인정했다. 1284년 필리프 3세와 샤를은 군대를 이끌고 아라곤을 침공하여 헤로나(지로나)에서 승리를 거두었으나, 뒤이어 페드로 3세의 아라곤 군대에 밀려 퇴각해야 했다. 아라곤에서 프랑스 병사들을 유린한 질병은 필리프 3세의 목숨도 앗아갔다. 필리프 3세는 귀국하던 중에 사망했다.

아라발 반란
Revolt of the Arrabel

⊙ 교외 반란

아라파호족 인디언 전쟁, 1864~68

Arapaho War of 1864~68

> ◐ 샤이엔족 인디언과 아라파호족 인디언의 전쟁, 1864~68

아랍-비잔티움 제국 전쟁

Arab—Byzantine Wars

> ◐ 비잔티움 제국-이슬람 전쟁

아랍-이스라엘 전쟁, 1948~49

Arab—Israeli War of 1948~49

일부 아랍 국가들은 이스라엘이 차지한 지역을 자신들의 영토로 여겼기에 1948년 유대 국가 이스라엘의 건국에 반대했다. 이스라엘이 국가를 선포한 1948년 5월 14일에 이집트와 시리아, 트랜스요르단(요르단), 레바논, 이라크의 아랍 군대가 이스라엘을 침공하여 팔레스타인 남부와 동부를 장악했다. 트랜스요르단 부대가 예루살렘 옛 시가지를 점령했으나 신시가지는 빼앗을 수 없었다. 이스라엘은 간신히 아랍의 진격을 저지했으며, 국제연합UN은 6월에 넉 달간의 휴전을 이끌어내는 데 성공했다. 7월에 전투가 재개된 뒤 이스라엘 군대가 자국의 영토를 회복했고 석 달간의 또 다른 휴전이 발효됐다. 이스라엘 군대는 이어 모든 전선에서 아랍 군대를 밀어냈고 네게브 사막 지역(지중해 안의 가자 지구 제외)을 차지했다. 1949년 2월에서 7월 사이에 이스라엘은 이집트와 레바논, 시리아, 트랜스요르단과 정전협정을 체결했다(이라크는 서명을 거부했으나 군대는 철수했다). 전쟁이 끝났을 때 이스라엘은 팔레스타인의 분쟁 지역 대부분을 점령하여 영토를 절반가량 늘렸으며 막강한 상비군을 유지하고 있었다. 전쟁 중에 이스라엘에서 피신한 약 40만 명의 팔레스타인 아랍인들은 인접한 아랍 국가들에 설치된 난민수용소에 체류했다.

> ◐ 아랍-이스라엘 전쟁, 1956

아랍-이스라엘 전쟁(수에즈 전쟁, 시나이 전쟁), 1956
Arab-Israeli War(Suez War, Sinai War) of 1956

1956년 7월 이집트의 가말 압델 나세르(1918~70) 대통령이 수에즈 운하를 국유화하자 위기가 촉발됐다. 이집트는 수에즈 운하의 국제공동관리를 거부했다. 중동에서 자국의 이익을 보호하고자 했던 영국과 프랑스는 파리에서 이스라엘과 비밀 회담을 열고 이스라엘에게 수에즈 운하를 공격하라고 사주했다. 영국과 프랑스는 겉으로는 중립을 지키는 척하면서 군사적으로 개입하여 교전국들을 갈라놓고 수에즈 운하를 보호하기로 했다. 영국과 프랑스, 이스라엘은 나세르 정권을 무너뜨리자고 공모했다. 1956년 10월 29일 이스라엘은 사전에 준비한 대로 공격을 실행에 옮겼다. 이스라엘은 가자 지구와 샤름엘세이크, 여타 중요한 지점들을 장악했고, 영국과 프랑스 정부는 이스라엘과 이집트에 교전을 중단하고 그 지역에서 철군하라고 요구했다. 이스라엘은 계획대로 이에 응했으나 이집트는 예상대로 거부했다. 1956년 11월 5일 영국·프랑스 공수부대원들이 포트사이드 인근에 착륙하여 이집트 군대를 공격하고 병사들을 죽였다. 이집트와 이스라엘은 국제연합UN이 마련한 정전 계획을 수용했고, UN은 국제연합긴급군UNEF을 파견하여 정전 상태를 감시했다. 영국·프랑스 군대는 미국의 강한 압력을 받아 결국 철수했고, 영국의 앤서니 이든(1897~1977) 총리는 사임을 권고받아 물러났다(1956년 12월~1957년 3월에 이스라엘 군대는 가자 지구와 샤름엘세이크를 UNEF에 인계하여 철수를 완료했다).

❍ 6일 전쟁

아랍-이스라엘 전쟁, 1967
Arab-Israeli War of 1967

❍ 6일 전쟁

아랍-이스라엘 전쟁, 1973
Arab-Israeli War of 1973

❍ 욤 키푸르 전쟁, 1973

아랍인들의 정복
Arab Conquests

◐ 비잔티움 제국-이슬람 전쟁

아르고스 전쟁, 기원전 494
Argive War, BCE 494

그리스의 폴리스인 아르고스와 스파르타는 기원전 6세기에 펠로폰네소스 반도의 패권을 두고 경쟁했다(지역의 대부분은 기원전 669년에 히시아이에서 스파르타를 크게 물리친 아르고스가 오랫동안 지배했다). 기원전 510년 스파르타 왕 클레오메네스 1세(기원전 489?년 사망)는 스파르타에 도전했던 아티카의 폴리스 아테네로 군대를 이끌고 들어가 참주僭主 히피아스(재위 기원전 527~기원전 510)를 내쫓았다. 클레오메네스 1세는 친親스파르타 과두제를 수립하려 했으나 기원전 507년에 아테네 민주주의의 건설자인 클레이스테네스(기원전 570?~기원전 507?)에게 쫓겨났다. 스파르타의 국력을 키우려던 클레오메네스 1세는 아르고스로 진격했다. 클레오메네스 1세의 군대는 티린스 인근 세페이아 전투에서 저녁 식사를 하고 있던 아르고스의 병사들을 기습하여 쳐부수었다(기원전 494). 기원전 494년 아르고스는 클레오메네스 1세에게 점령된 뒤로 펠로폰네소스 반도의 주도권을 상실했다.

◐ 아르카디아 전쟁

아르다시르-로마 전쟁
Ardashir's War with Rome

◐ 로마-페르시아 전쟁, 230~233

아르덴 전투
Battle of the Ardennes

◐ 벌지 전투

아르두이노의 반란, 1002
Ardoin's Revolt, 1002

이브레아 후작 아르두이노(955~1015)는 이탈리아 북부의 한 지역인 롬바르디아의 주민들을 이끌고 신성로마제국 황제 오토 3세(980~1002)의 지배에 반기를 들어 성공했다. 오토 3세는 아르두이노에 앞서 자신을 롬바르디아 왕으로 선포하고 로마를 중심으로 한 '교회 제국'의 건설을 계획하고 있었다. 아르두이노는 이탈리아 주교들의 반대에 직면했지만 세속 귀족들의 지지를 얻어 오토 3세가 사망한 직후인 1002년 2월에 파비아에서 롬바르디아 왕임을 선포했다.

 ○ 아르두이노의 전쟁

아르두이노의 전쟁, 1004~14
Ardoin's Wars, 1004~14

독일 왕 하인리히 2세(973~1024)는 1002년부터 아르두이노(955~1015) 왕이 통치하고 있던 롬바르디아를 다시 지배하려 했다(○ 아르두이노의 반란). 하인리히 2세의 군대는 이탈리아 북부로 밀고 들어가 아르두이노의 군대를 궤멸했으며 파비아를 점령했다. 그곳에서 하인리히 2세가 롬바르디아 왕으로 즉위하는 동안에 시민들은 하인리히 2세의 군대에 맞서 싸웠고 이 도시는 대부분 파괴됐다. 우세를 확신하지 못한 하인리히 2세는 독일로 피신했다. 아르두이노는 일부 이탈리아 귀족들의 지원을 받아 하인리히 2세를 지지했던 주교들을 공격했다. 1013년 하인리히 2세는 로마로 가서 (아르두이노가 선동한) 이탈리아인들의 반란을 진압했고, 1014년 2월 14일 교황은 하인리히 2세를 신성로마제국 황제로 선포했다. 스스로 이탈리아 왕이라고 생각한 아르두이노는 베르첼리(밀라노 서쪽)를 장악하고 노바라와 코모를 포위했으나, 하인리히 2세의 군대는 또다시 아르두이노의 병사들을 궤멸했다. 아르두이노는 토리노 근처의 프루투아리아 수도원에 은거했다가 이듬해 사망했다.

아르마냐크파-부르고뉴파 내전, 1411~13
Armagnac-Burgundian Civil War, 1411~13

부르고뉴 공작 '무겁공無怯公' 장(1371~1419)은 프랑스 왕 샤를 6세(1368~ 1422)의 동생이고 정신질환 환자인 오를레앙 공작 루이 1세 드 발루아(1372~ 1407)를 암살하라는 명령을 내려 작은 분쟁을 촉발했다. 이는 결국 프랑스의 지배권을 둘러싼 공공연한 싸움으로 치달았다. 부르고뉴인들은 잉글랜드와 느슨한 동맹을 맺고 정부의 개혁을 추구하는 상인 결사인 카보시앵의 지지를 받아, 루이 1세의 아들이며 오를레앙 공작 지위를 계승한 샤를(1394~1465)의 장인인 아르마냐크 백작 베르나르 7세(1360~1418)가 이끄는 오를레앙 가문을 짧은 기간 동안 제압했다. 그러나 카보시앵이 공포정치를 지속하자 적으로 돌아선 부르주아가 오를레앙 가문(아르마냐크파)에 결정적인 지원을 제공했다. 장은 1413년에 축출된 뒤 다시 잉글랜드에게 도움을 요청했다(○ 백년 전쟁).

아르메니아-로마 전쟁
Armenian-Roman Wars

○ 로마-아르메니아 전쟁

아르메니아-아제르바이잔 전쟁, 1988~94
Armenian-Azerbaijani War of 1988~94

그리스도교도가 압도적 다수를 차지하고 있는 아르메니아와 주민 대부분이 시아파 이슬람교도인 이웃 나라 아제르바이잔은 나고르노카라바흐를 두고 오랫동안 영토 분쟁을 벌였고, 1988년 2월 말에서 3월에 두 정치체는 영유권 주장을 강력하게 제기했다. 나고르노카라바흐는 아제르바이잔의 영토이지만 주로 아르메니아인들이 거주하고 산이 많은 산업 지역이었다. 약간 더 작은 지역인 나히체반의 지배권을 두고도 종족 간에 유혈 충돌이 벌어졌다. 이란에 붙어 있는 나히체반은 긴 띠 모양의 아제르바이잔의 영토로서 아르메니아를 사이에 두고 본토에서 분리되어 있었다. 소련 서남부, 흑해와 카스피 해 사이에 위치한 소련의 두 구성공화국인 아르메니아와 아제르바이잔은 양쪽 사이의 종족 갈등을 소련 통치에 반대하는 대중봉기로 바꾸어버렸다. 아제르바이잔의 민병대가 공화국을 아제르바이잔인들이 많이 거주하는 이란 북부의 일부와 재통합하자고 호소하자 모스크바는 비상사태를 선포했고, 1990년 1월 말 이미 6천 명의 소련군이 주둔해 있는 아제르바이잔에 1만 1천 명의 지원 병력을 추가로 파견했다. 소련군은 공화국의 수도 바쿠를 침공했다. 그리하여 사냥총을 갖고 싸우던 작은 충돌로 시작된 분쟁은 미사일과 탱크, 중포重砲를 동반한 전투로 강도를 더했다. 1991년 늦여름 아제르바이잔이 독립을 선포하고 뒤이어 아르메니아도 독립을 선포했으나, 두 정치체가 완전한 독립국이 된 것은 1991년 12월 26일 소련이 해체된 뒤였다. 약 3만 명의 목숨을 앗아가고 100만 명 이상을 추방한 전쟁을 해결하기 위해 1991년과 1992년에 국제사회가 노력을 기울였지만 실패했다. 전투는 재개됐으며 양쪽은 서로 휴전을 위반했다고 비난했다. 1994년 5월 아르메니아 군대가 나고르노카라바흐와 아제르바이잔 영토의 14퍼센트를 통제하는 상황에서 러시아가 휴전을 중재했다. 휴전은 간간이 깨졌고 전혀 효력을 발휘하지 못했다. 이러한 상황에서 장기간에 걸쳐 화해가 되지 않아 긴장은 좀처럼 완화되지 않았고, 두 나라는 전쟁으로 피폐해졌다. 그러나 1990년대 말에 미국과 프랑스, 러시아가 중재에 나서 영토와 송유관을 교환하는 거래를 제안했다. 이는 아르메니아가 점령한 지역에서 철군하고 나고르노카라바흐에 대한 아제르바이잔의 주권을 인정한다는 조건을 충족시키면 바쿠─제이한 송유관이 아르메니아를 지나도록 설치하여 보상한다는 것이었다. 그 밖에 몇 가지 제안이 더 있었으나 아르메니아는 이를 모두 거부했다. 그 뒤 1999년에 미국은 새로운 평화안을 내놓았고, 두 나라의 대통령인 헤이다르 알리예프(아제르바이잔, 1923~2003), 로베르트 코차리얀(아르메니아, 1954~)과 함께 플로리다 주에서 회의를 열었다(2001년 4월). 토의된 제안들 가운데에는 나고르노카라바흐의 자치와 인접 지역 라츤의 자치, 아르메니아가 점령한 7개 지역 중 여섯 곳을 아제르바이잔에 반환하는 것, 국제사회의 감시 아래 아제르바이잔과 나히체반을 연결하는 도로를 건설하는 것 등이 있었다. 2005년 6월 17일 두 나라의 외무부 장관이 파리에서 만나 나고르노카라바흐의 미래를 논의했다. 두 국가 모두 평화를 바랐지만, 평화가 실현되려면 영토 등에서 양보를 해야 했음에도 어느 쪽도 그럴 준비가 되어 있지 않다. 협상은 여전히 진행 중이다.

아르메니아인 학살,* 1894~97
Armenian Massacres of 1894~97

아르메니아인들이 오스만 제국의 억압적인 지배에서 벗어나 독립하기 위한 혁명 운동을 전개하면서 오스만 제국 전역의 여러 도시에서 소요가 발생했다. 술탄 압뒬하미드 2세(1842~1918)가 내린 보복 명령에 따라 쿠르드족 기병들과 튀르크족 병사들이 사순과 이스탄불, 트라브존, 에르주룸, 비틀리스, 디야르바크르, 시바스, 마라슈(오늘날의 카흐라만마라슈) 등지에서 아르메니아인을 조직적으로 학살했다. 세계의 동정하는 나라들이 아르메니아인의 수난에 분노하여 조사에 나섰으나 의미 있는 조치는 없었다. 1897년에 아르메니아인의 혁명 운동이 실패한 뒤 학살은 일시 중단됐다. 그 시기에 대략 25만 명의 아르메니아인이 살해된 것으로 추정된다. 아르메니아인은 계속해서 탄압을 받았고, 술탄의 절멸계획 또는 추방계획은 더욱 은밀하게 실행됐다.

* 압뒬하미드 2세의 학살이라고도 한다.

아르메니아인 학살, 1909
Armenian Massacres of 1909

1909년 4월 오늘날의 터키 남부에 있는 킬리키아(오늘날의 추쿠로바) 지역에서 오스만 제국이 자행한 몇몇 학살 행위로 수많은 아르메니아인이 살해됐다. 오스만 제국의 압제에서 벗어나기를 원했던 아르메니아인 혁명가들이 공격과 시위로써 아르메니아의 수니파 이슬람교도인 튀르크족 관리들과 튀르크족 주민들을 자극하자 오스만 제국 술탄 압뒬하미드 2세(1842~1918)가 학살을 지시했다. 미국을 비롯한 세계의 강대국들이 잔혹한 학살을 중단시키기 위해 개입했다.

○ 청년튀르크당의 반란

아르메니아인 학살, 1915
Armenian Massacres of 1915

독립을 성취하려 했던 아르메니아인 혁명가들이 1915년 4월 20일에 오스만 제국 동부의 반Van에 있는 한 요새를 점령했다. 아르메니아인들은 러시아 군대로부터 지원받아 1915년 5월부터 이 요새를 고수했지만, 8월에 오스만 제국 군대가 그 통제권을 회복했다. 청년튀르크당 정부는 아르메니아인이 위험을 야기하는 민족이라고 간주하고 제1차 세계대전 발발 뒤부터 러시아의 침략자들을 도왔다고 비난하면서 모든 아르메니아인을 학살하거나 추방하라고 명령했다. 약 100만 명의 아르메니아인이 도피하거나 살해당했고, 60만 명에 가까운 아르메니아인이 시리아와 메소포타미아(오늘날 이라크의 일부)의 습지 지역과 사막을 지나 강제 행진을 하던 중에 기아와 질병, 탈진으로 사망했다. 튀르크족 군인들은 지쳐서 걷지 못하는 아르메니아인들을 자주 학살했다.

아르벨라 전투
Battle of Arbela

⚬ 가우가멜라(아르벨라) 전투

아르카디아 전쟁, 기원전 471?~기원전 469
Arcadian War, BCE c. 471~BCE 469

귀족들의 과두제 정체를 채택한 그리스의 호전적인 폴리스 스파르타는 펠로폰네소스 반도를 지배하려 했다가 반도 중부의 산악지대인 아르카디아에 있는 몇몇 폴리스와 충돌했다(스파르타는 점점 더 강성해지고 부유해지는 북부의 아테네와 대등해지기를 바랐다). 스파르타는 아르카디아의 주요 폴리스인 테게아와 오래 싸웠으나(기원전 580?~기원전 550) 승리하지 못하고 대신 동맹을 맺었다. 뒷날 펠로폰네소스 반도에서 스파르타의 권위가 쇠락하자 테게아는 스파르타를 배신하고 펠로폰네소스 반도 동쪽의 폴리스인 아르고스와 동맹을 결성했다. 스파르타는 테게아와 싸웠으나 결판이 나지 않았다. 이후 만티네이아를 제외한 아르카디아의 모든 폴리스가 스파르타에 대항하는 동맹을 맺었고, 스파르타는 전투력을 총동원하여 디파이아 전투에서 아르카디아인들을 격파했다(기원전 470?). 그 시점에 아르고스는 인접한 폴리스인 미케네와 티린스를 굴복시키기 위해 싸우고 있었기 때문에 테게아를 도울 수 없었고, 테게아는 곧 스파르타에 항복했다. 스파르타는 펠로폰네소스 반도의 패권을 회복했다. 약 100년이 지난 뒤 테바이의 에파미논다스(기원전 410?~기원전 362) 장군은 견고한 성벽을 갖춘 아르카디아의 폴리스인 메갈로폴리스를 스파르타를 억제하기 위해 수립된 아르카디아 동맹(기원전 370)의 본부로 삼았다(● 테바이-스파르타 전쟁, 기원전 379~기원전 371).

● (제3차) 메세니아 전쟁 ; 아르고스 전쟁

아르키다모스 전쟁, 기원전 431~기원전 421
Archidamian War, BCE 431~BCE 421

스파르타 왕 아르키다모스 2세(재위 기원전 476~기원전 427)는 아테네 인근의 아티카를 침공하여, 그리스의 두 강대국인 아테네와 스파르타가 주도한 전쟁인 제2차 펠로폰네소스 전쟁을 촉발시켰다. 페리클레스(기원전 495?~기원전 429)는 전투 수행을 열망하는 자국의 육군을 제지하여 아테네 성벽 안에 남겨두고 대신 페이라이에우스(오늘날의 피레아스) 항구에서 해상으로 공격하기로 했다. 아테네는 일련의 승리로 적군을 봉쇄하여 안전을 확보했다. 그때 전염병이 돌아 아테네는 약해졌고 페리클레스가 사망했다. 기원전 427년 주도권을 쥔 스파르타는 플라타이아를 점령했다. 아테네는 기원전 425년에 스팍테리아를 점령하여 응수하고 스파르타의 평화 제안을 거부했다. 스파르타는 그리스 동북부에서 화려한 공세를 펼쳐, 올린토스를 포함하는 아테네를 지지하던 여러 폴리스를 점령했다. 마침내 스파르타는 암피폴리스에서 결정적인 승리를 거두었다. 그 전투에서 스파르타 군대의 지도자인 브라시다스(기원전 422년 사망)와 페리클레스의 후임자인 클레온(기원전 422년 사망)이 죽었다. 아테네의 새 지도자 니키아스(기원전 470?~기원전 413)는 주요 문제들을 미해결 상태로 남겨둔 채 불안한 평화안을 마련했고, 그로써 적대 행위의 재발과 아테네의 궁극적인 파멸을 예비했다.

아르헨티나 내전, 1851~52
Argentine Civil War of 1851~52

● 몬테비데오 포위공격

아르헨티나 내전, 1859
Argentine Civil War of 1859

부에노스아이레스는 아르헨티나 연방에 가입하기를 거부하고 독립국으로

남아 있었다. 1852년에서 1853년에 탄생한 아르헨티나 연방은 1854년 이
래 후스토 호세 데 우르키사(1801~70) 대통령이 이끌었다. 엔트레리오스 주
파라나에 수도를 둔 우르키사 정부는 대외 무역과 국내 산업을 진흥하려고
노력했으나, 수입한 물자들에 독자적 관세를 부과하여 자금을 모았던 부
에노스아이레스의 반대파가 이를 방해했다. 무력을 써서 부에노스아이레스
를 제압하겠다고 결심한 우르키사는 연방군을 이끌고 바르톨로메 미트레
(1821~1906)가 지휘하는 부에노스아이레스 군대와 대결했고, 1859년 10월
23일 세페다 전투에서 승리하여 부에노스아이레스를 연방에 병합했다.

○ 몬테비데오 포위공격

아르헨티나 내전, 1861
Argentine Civil War of 1861

부에노스아이레스 주는 통치와 관련한 이견들 때문에 1860년부터 주지사
였던 바르톨로메 미트레(1821~1906)의 지휘로 아르헨티나 연방에서 탈퇴했
다(1861). 내전이 발발했고, 1861년 9월 17일 산타페 주 파본 전투에서 미트
레가 이끄는 부에노스아이레스 군대는 놀라운 승리를 거두었다. 1860년에
아르헨티나 대통령으로서 임기가 끝난 뒤에 다시 엔트레리오스 주지사로
취임했던 후스토 호세 데 우르키사(1801~70) 장군의 연방군은 전장에서 철
수해야 했다. 우르키사는 정치에서 은퇴하여 새로운 중앙정부의 수립이라
는 과제를 미트레에게 넘겼다. 새 중앙정부는 파라나에서 부에노스아이레
스로 수도를 이전했다. 1862년 통합된 아르헨티나의 대통령으로 당선된 미
트레는 자유주의적 개혁을 단행했고 연방 정부의 권한을 확대했다. 미트레
는 임기 6년 동안 주에서 일어난 여러 반란을 쉽게 진압했다.

○ 미트레의 반란

아르헨티나 독립 전쟁, 1806~16
Argentine War of Independence, 1806~16

나폴레옹 전쟁 중에 이전의 무역 상대국들과 관계가 단절당한 영국은 1806
년에 라플라타 강(아르헨티나와 우루과이 사이를 흐르는 강) 하구에 원정대
를 파견하여 주변 지역의 일부를 차지하려 했다. 산티아고 데 리니에르스

(1753~1810)가 지휘하는 에스파냐 식민지 민병대는 영국 침략군을 물리쳐 부에노스아이레스에서 내쫓았다. 1807년 8천 명 병력으로 이전보다 더 큰 규모였던 영국군 원정대가 몬테비데오와 부에노스아이레스를 연이어 점령했으나, 리니에르스의 군대는 영국군을 밀어붙여 라플라타 강에서 쫓아냈다. 나폴레옹(1769~1821)이 에스파냐로 진격하고(○ 반도 전쟁) 에스파냐 왕 페르난도 7세(1784~1833)가 폐위됐다는 소식이 부에노스아이레스에 전해지자, 코르넬리오 사베드라(1760~1828)와 마리아노 모레노(1778~1811), 마누엘 벨그라노(1770~1820), 베르나르디노 리바다비아(1780~1845)가 포함된 임시 통치평의회가 에스파냐 총독 겸 부왕副王을 내쫓고 리오데라플라타 연합주를 수립했다. 임시 통치평의회는 에스파냐 왕권에 충성하는 척하면서 왕의 관리들을 추방하고 무역 규제를 완화했으며, 성공하지는 못했지만 과거 리오데라플라타 부왕령에 속했던 주들(오늘날의 아르헨티나, 우루과이, 파라과이, 볼리비아)에게 리오데라플라타 연합주에 충성할 것을 권유했다. 임시 통치평의회는 내부에서 격한 불화와 충돌을 거친 뒤 1811년 9월에 3인 평의회로 대체됐다. 1816년에 산미겔데투쿠만에서 소집한 리오데라플라타 연합주 회의는 독립을 선언하고 국가 명칭을 남아메리카합주국이라고 했다. 1816년 7월 9일 후안 마르틴 데 푸에이레돈(1776~1850)이 최고집정관으로 취임하여 부에노스아이레스와 인근 주들의 대표로 구성된 남아메리카합주국 회의를 지도했다.

○ 우루과이 반란, 1811~16 ; 칠레 독립 전쟁 ; 파라과이 독립 전쟁

아르헨티나 반란, 1951
Argentine Revolt of 1951

아내 에바 페론(에비타, 1919~52)의 도움을 받아 통치했던 후안 도밍고 페론(1895~1974) 대통령의 제1차 임기(1946~55), 제2차 임기 동안(1973~74)에 아르헨티나는 사실상 독재 국가였다. 1951년 수출 감소와 치솟는 인플레이션, 철도노동자와 소방관, 기술자들의 파업으로 경제 상황이 악화됐다. 페론은 계엄령을 선포했고 파업을 일으킨 자들이 '외국인 선동가들'의 사주를 받았다고 주장하며 무력으로 파업을 분쇄했다. 페론은 아르헨티나 최대의 독립적인 신문으로 정부를 비판했던 『라 프렌사La Prensa』의 발행을 정지

시켰다. 신문의 발행 중단에 항의하는 폭동이 일어났다. 정부는 발행인이 국외로 피신하자 신문사를 몰수했다. 페론은 부인을 부통령에 지명하려 했으나, 여성이 군대의 최고 지휘자 역할을 수행하는 대통령 직위를 승계할 가능성이 있게 되자 격분한 장성들이 1951년 9월에 반란을 일으켰다. 반란은 실패로 돌아갔으나 에바는 부통령직 제안을 거부했다. 1951년 11월 11일 선거에서 페론은 대통령에 재선됐다.

아르헨티나 반란, 1955
Argentine Revolt of 1955

아르헨티나의 대통령이자 독재자인 후안 도밍고 페론(1895~1974)은 여성과 노동자, 빈민으로부터 강력한 정치적 지지를 얻었던 부인 에바 페론(에비타, 1919~52)이 세상을 떠난 뒤 힘을 잃었다. 많은 아르헨티나인이 경제 악화와 권위주의 체제의 억압이 심화되자 동요했다. 그리스도교사회주의 운동의 확대를 두려워한 페론은 과거의 협력자였던 로마가톨릭교회와 결별했다. 페론은 노동조합과 정치 단체, 학생 단체에 개입했다는 혐의로 사제들을 체포했고, 국가가 통제하는 초·중·고등학교와 대학교에서 근무하는 성직자 교원들을 해고했다. 정부는 가톨릭교회가 운영하는 교육기구들에게 지원하는 모든 재정 지원을 중단했으며 옥외 종교의식을 금지했다. 이와 같은 가혹한 조치에 반대하는 사람이 증가했고 많은 정부 공무원이 항의의 표시로 사직했다. 페론은 학교 안의 종교 교육을 중단하고 교회 재산에 과세하는 법률을 제정했다. 가톨릭교도들이 벌인 종교 행진은 반정부 시위로 변했고 경찰은 이를 무자비하게 진압했다. 1955년 6월의 성체聖體축일 뒤 고위급 주교 2명이 추방됐다. 바티칸은 페론을 파문하여 보복했고(1955년 6월 15일), 같은 날 해군과 공군의 일부가 수도 부에노스아이레스에서 반란을 일으켰으나 실패했다. 페론의 장악력이 약해지면서 불만이 확산됐다. 페론은 사임을 제안했으나, 노동 계급은 총파업을 호소하여 페론을 계속 지지했으며 결국 페론은 대통령으로서 직무를 계속 수행하겠다고 약속했다. 1955년 9월 16일 코르도바와 로사리오, 산타페, 파라나에서 페론에 대항하는 육군 부대들이 반란을 일으켰고, 해군과 공군이 곧 가담하여 페론이 사임하지 않으면 부에노스아이레스를 폭격하겠다고 위협했다. 육군과 해군,

공군이 수도에 몰려들자, 페론은 항구에 정박해 있던 파라과이 포함砲艦으로 피신하여 파라과이로 도주했다가 에스파냐로 망명했다. 페론이 실각하고 5일이 지난 뒤인 1955년 9월 23일 에두아르도 로나르디(1896~1956) 장군이 임시 대통령이 됐으나, 그의 전임자가 아르헨티나 정치에 남긴 영향은 여전히 강력했고(● **페론주의자들의 반란**, 1956~57), 아르헨티나의 페론주의자들은 아직도 고려해야만 할 세력이었다.

아르헨티나 반란, 1962~63
Argentine Revolts of 1962~63

아르헨티나의 페론주의자들은 1955년에 지도자 후안 도밍고 페론(1895~1974)이 대통령직에서 축출당한 이후 1962년의 주지사 선거와 연방의회 하원 선거에서 처음으로 다시 입후보할 수 있었다(●**아르헨티나 반란**, 1955). 페론주의자들은 연방의회 하원의 192석 중 45석을 차지했고, 14개 주지사 선거에서 10곳을 승리로 이끌었다. 페론주의자에 대한 반감이 강했던 군부의 고위 지도자들은 이런 결과에 격분했다. 이른바 '고릴라스 Gorilas'라고 불렸던 극단적 보수주의자들은 당선된 페론주의자들이 취임하도록 허용하지 않았다. 총파업이 발생하여 나라는 혼돈에 휩싸였다. 아르투로 프론디시(1908~95) 아르헨티나 대통령이 사임을 거부하자(프론디시의 온건한 정치가 페론주의자들의 성공을 불러왔다는 비난을 받았다), 고릴라스는 프론디시를 쿠데타로 추방하고 정부를 장악했다. 상원 의장 호세 마리아 기도(1910~75)가 꼭두각시 대통령이 되어 기존의 선거 결과를 무효로 하고 1963년에 재선거를 실시했다. 한편 군부 안에서도 선거를 허용할 것인지 아니면 독재 체제를 수립할 것인지를 두고 분란이 심했다. 1962년 말 육군 총사령관 후안 카를로스 옹가니아 카르바요(1914~95) 장군은 군대가 정치에서 손을 떼야 한다는 입장이었으나, 군대의 다른 지도자들은 민간 정부에 군부의 정치적 영향력을 행사하려 했다. 페론주의자들은 자신의 대표들이 1963년에 실시한 선거들에 후보자로 참여하는 것이 금지되자 1957년에 실시한 헌법제정의회 선거에서처럼 무효표를 던졌다(●**페론주의자들의 반란**, 1956~57). 음모와 비밀결사, 시가전, 군부의 위협들, 대중의 소요로 폭발하기 직전이었던 정치 상황에서 좌파에 가까운 아르투로 움베르토 이이아(1900~83)가 대통령에 당선했다. 아르헨티나 경제는 비틀거렸으며, 정당들은 서로 대립하여 증오를 키웠고, 페론주의자들의 격정은 이른바 암울한 해Black Year가 지난 뒤 더욱 강력해졌다.

아르헨티나-브라질 전쟁, 1825~28
Argentine-Brazilian War of 1825~28

1825년 우루과이의 혁명가 후안 안토니오 라바예하(1784~1853)를 포함하는 '33명의 반다오리엔탈인'이라는 작은 집단은 반다오리엔탈(오늘날 우루과이와 브라질 리우그란지두술 주의 일부)이 브라질에서 독립한다고 선언했다. 반다오리엔탈을 얻고자 했던 아르헨티나가 우루과이인들을 지원하자, 브라질은 아르헨티나에 전쟁을 선포하고 부에노스아이레스 항구를 봉쇄했다. 1827년 2월 20일 아르헨티나·우루과이 연합군은 브라질의 산타마리아 강 연안에 있는 팜파스에서 벌어진 이투사잉고 전투에서 브라질 군대를 격파했다. 영국과 프랑스, 미국이 항의하자 브라질은 봉쇄를 해제할 수밖에 없었다. 영국의 중재로 조약이 체결되어, 브라질과 아르헨티나 사이의 완충 국가로서 독립국 우루과이가 탄생했다.

○ 아르헨티나 독립 전쟁 ; 우루과이 반란, 1811~16

아르헨티나의 '추악한 전쟁', 1976~83
Argentine 'Dirty War', 1976~83

1976년 3월 24일 아르헨티나 군부는 쿠데타를 감행하여 이사벨 마르티네스 데 페론(1931~) 대통령 정부를 전복하고 페론을 '가택연금'하여 억류했다. 호르헤 라파엘 비델라(1925~) 장군이 이끄는 3인 군사평의회는 국정을 떠맡아 자유주의자와 좌파 인사, 그리고 1970년대 초에 군 기지를 공격하거나 강도, 납치, 살인 행위 등을 자행하여 큰 혼란을 초래했던 정치적 테러리스트들(특히 몬토네로스)에 맞서 잔인한 군사작전을 전개했다. 이 집단들에게 우호적이라는 혐의를 받으면 누구나 임의로 체포됐고, 부패했던 정의당(페론당) 정부에서 불법으로 이득을 얻은 자들이 기소됐다. 거리에서 납치당한 사람들은 다시 볼 수 없었고, 교도소는 이른바 정치범들로 넘쳐났으며, 고문은 흔한 일이 됐다. 재판도 없었고 법 절차를 준수하는 시늉

조차 없었다. 1976년에서 1983년 사이에 대략 9천 명에서 최대 3만 명의 아르헨티나 국민이 실종됐다. 인권 유린 행위가 극도로 심각해지자 지미 카터(1924~) 대통령의 미국 정부는 아르헨티나에 군사원조를 중단했다. 일부 저명한 수감자들이 석방되어 나라를 떠날 수 있게 됐으며, 치안 유지 부대는 세계 곳곳의 반대 여론에 밀려 '추악한 전쟁'을 조금씩 줄여나갔다. 1983년 12월 10일 민간 정부가 부활했고, 아르헨티나의 새 대통령으로 당선되어 취임한 라울 알폰신(1927~2009)은 1976년부터 민주주의 정치체제가 회복되는 1983년의 '추악한 전쟁' 시기, 즉 공포정치 시기에 통치했던 9명의 군부 지도자들을 기소하겠다고 공표했다. 부에노스아이레스에서 7개월 18일에 걸쳐 재판이 진행된 뒤 1985년에 비델라와 전임 해군총사령관인 에밀리오 에두아르도 마세라(1925~2010)는 살인과 불법 구금, 기타 인권 침해로 종신 징역형을 선고받았다. 비델라의 뒤를 이어 대통령이 됐던 로베르토 에두아르도 비올라(1924~94)를 포함한 다른 3명의 공동 피고는 조금 약한 혐의로 4년 6개월에서 17년까지 징역형을 선고받았다. 나머지 4명의 장교는 무죄 판결을 받고 석방됐다. 1990년 12월 29일 카를로스 사울 메넴(1930~) 아르헨티나 대통령은 군대 내부의 불만을 진정시키기 위해(1983년부터 군 반란이 네 차례 발생했다) 비델라를 포함하여 투옥된 군인들을 사면했는데, 이는 대중의 거센 항의와 분노를 초래했다. 군부 체제는 만연한 혼란과 두려움을 끝냈지만, 그 수단은 끔찍한 잔학 행위와 공포였다.*

○ 아일랜드 전쟁, 1689~91 ; 포클랜드(말비나스) 제도 전쟁

* 아르헨티나 정부는 2003~05년에 과거의 사면 조치, 기소 면제 특권 보장 법률들을 무효화했고, 2006년부터 '추악한 전쟁' 관련 범죄자들을 기소하기 시작했다. 그 결과 2012년 현재 상당수 재판들이 종료됐지만, 계속 진행되고 있는 재판들도 있다.

아리카라족 인디언 '전쟁', 1823
Arikara 'War', 1823

아리카라족(리족) 인디언은 백인 모피 사냥꾼들이 다코타 준주 미주리 강 상류를 따라와서 자신들의 영역을 침범하자 원정에 나섰다. 아리카라족이 덫사냥꾼들을 잔인하게 공격하자(1823) 평원인디언을 진압하기 위해 미국 군의 첫 번째 원정대가 파견됐다. 헨리 레번워스(1783~1834) 대령이 지휘하는 부대가 아리카라족 마을들을 파괴하여 백인에게 그 지역을 개방했다.

북쪽으로 이동한 아리카라족은 결국 1870년대에 다코타 준주 포트버솔드 인디언 보호구역에 정착했다.

아미스타드 호 반란, 1839

Mutiny in *La Amistad*, 1839

아프리카 노예 57명을 태운 에스파냐의 스쿠너* 라 아미스타드 호는 1839년 7월 아바나를 출항하여 쿠바의 다른 항구로 이동하기 시작했다. 본명은 셍베 피에였으나 나중에 미국에서는 조지프 싱케(1814?~79?)라고 불렸던 인물이 노예들을 이끌어 반란을 일으킨 뒤 선장과 요리사를 죽였다. 항해에 무지했던 노예들은 선원 2명을 시켜 배를 아프리카로 돌렸고 나머지 선원들은 뱃전 너머 보트에 몰아넣었다. 그러나 이 백인 항해사들은 몰래 배를 북쪽으로 조종했다. 약 50일이 지난 뒤 배는 롱 섬 외해에 도달했고 미국 군함에 나포되어 코네티컷 주 뉴헤이번으로 끌려갔다. 그곳에서 싱케와 반란을 일으켰던 다른 노예들은 해적 행위와 살인 혐의로 기소됐다. 미국 대통령 마틴 밴 뷰런(1782~1862)의 행정부가 이 아프리카인들을 이전의 소유자들에게 돌려보내려 노력했지만 노예제 폐지론자들이 싱케 집단의 변호를 담당했다. 연방대법원에서 진행된 3심 재판에서 존 퀸시 애덤스(1767~1848) 전직 대통령 등 싱케 쪽 변호사들이 설득력 있는 논거를 제시했다. 1841년 3월 9일 연방대법원은 납치당해 노예가 됐다고 판단되니 싱케 집단을 석방하라고 판결했다. 그들은 서아프리카의 시에라리온으로 돌아갔다.

➲ 크리올 호 반란

* 16세기 또는 17세기에 네덜란드인들이 처음 사용했고 18세기 초 북아메리카에서 개량된 소형 범선. 2개 이상의 마스트에 세로돛을 쓴다.

아바스 혁명(아부 무슬림의 반란), 747~750

Abbasid Revolution(Abu Muslim's Revolt) of 747~750

예언자 무함마드(570?~632)의 삼촌 아바스(566?~653?) 후손인 아바스 가문은 당시 권력을 쥐고 있던 우마이야 왕조에 반기를 들었다. 747년 12월 또는 748년 1월에 아바스 가문은 아부 무슬림(700?~755)을 앞세우고 반란을 일으켜 페르시아 동북부 호라산 지역의 메르브를 점령했다. 우마이야 왕조의 마지막 칼리파였던 마르완 2세(680~750)는 아바스 가문의 세력을 진압하려 했으나 니샤푸르와 나하반드, 카르발라에서 발발한 전투에서 패배했다. 반란은 우마이야 왕조 칼리파국의 다른 지역들로 확산됐다. 750년에 아바스 가문 진영들이 대x자브 강에서 우마이야 왕조 진영에 결정적인 패배를 안기자 마르완 2세는 이집트로 피신했으나 그곳에서 곧바로 살해됐다. 아부 무슬림의 가까운 친구 아부 알 아바스 압둘라 앗 사파(722?~754)는 유프라테스 강 가까이에 있는 메소포타미아의 도시 쿠파에서 자신이 아바스 왕조 초대 칼리파임을 선포했다.

○ 이슬람 내전, 743~747

아베나키족 인디언 전쟁
Abenaki War

제1차 아베나키족 인디언 전쟁(1675~78) 아베나키족(아브나키족) 인디언은 오늘날 미국의 메인 주, 뉴햄프셔 주, 버몬트 주에 살았으며, 프랑스의 협력자로서 50년 동안 그 지역의 잉글랜드인 식민지 주민들과 싸웠다. 킹 필립(메타콤, 메타코메트, 1639~76)이 이끄는 왐파노아그족 인디언이 1675년에 뉴잉글랜드의 잉글랜드인 식민지 주민들에 맞서 일어섰을 때(○ 킹 필립의 전쟁), 아베나키족을 포함하여 동부의 여러 인디언 부족이 합세했다. 아베나키족은 약 3년 동안 매사추세츠 만 식민지의 북부 경계(오늘날의 메인 주) 변경을 따라 잉글랜드인과 싸웠으며 백인 정착민들을 밀어냈다. 인디언들은 산재한 농가와 작은 정착촌을 계속 습격하여 폐허로 만들었으며, 그 결과 1678년에 평화조약이 체결됐다. 잉글랜드 정착민들은 아베나키족에게 매년 공물을 납부하기로 약속했다. **제2차 아베나키족 인디언 전쟁(1702~12)** 1702년에 앤 여왕의 전쟁이 발발한 직후 아베나키족과 프랑스군은 매사추세츠 만 식민지 북부 변경의 잉글랜드 정착민들을 공격했다. 웰스에서 캐스코에 이르는 여러 마을에서 약 300명이 살해됐다. 인디언들은 10년 동안 지속적으로 습격했고 1713년의 위트레흐트 조약으로 영국*과 프랑스가 화해한 뒤에야 공격을 멈추었다. 프랑스의 지원을 잃은 아베나키족은 영국인들을 물리칠 수 없었고 1712년에 강화를 요청해야 했다. **제3차 아베나키족 인디언 전**

쟁(1722~25) 메인 주의 아베나키족은 영국 식민지 주민들이 점점 더 많이 잠식해 들어오자 분노했고, 프랑스 출신의 예수회 선교사 세바스티앙 랄 (1652~1724)은 아베나키족에게 영역을 지키라고 부추겼다. 영국 식민지인들이 랄을 사로잡으려 하자 아베나키족은 브런즈윅, 애로식, 메리미팅 만의 정착민들을 습격했다. 그러자 매사추세츠 만 식민지 정부는 주로 아베나키족과 그 협력자들을 뜻하는 '동부 인디언'에게 전쟁을 선포했다. 노리지윅 (1724)과 사코 강 상류의 프라이버그(1725)에서 피비린내 나는 전투가 벌어졌고, 랄은 노리지윅에서 죽었다. 보스턴과 캐스코 만에서 평화회담을 개최하여 전쟁이 종결됐다.

○ 러브웰의 '전쟁'

* 1707년 잉글랜드와 스코틀랜드가 합방하여 영국(브리튼)이 탄생했으므로, 이 이후에는 영국으로 표기된다.

아부 무슬림의 반란
Abu Muslim's Revolt

○ 아바스 혁명, 747~750

아부시리의 봉기, 1888~91
Abushiri's Uprising, 1888~91

독일령 동아프리카(르완다, 브룬디, 탄자니아의 아프리카 대륙 본토)에서 아부시리 이븐 살림(1889년 사망)은 해안 지역의 아랍인 노예 상인들을 부추겨 독일의 가혹한 식민지 통치에 대항하는 봉기를 일으켰다. 저명한 아프리카 대륙탐험가 헤르만 폰 비스만(1853~1905)은 1888년에 독일령 동아프리카의 판무관으로 취임하면서 이 봉기를 진압하라는 명령을 받았다. 1889년 초 비스만은 수단인 위주로 구성된 600명의 부대를 이끌고 독일령 동아프리카 해안에 상륙했고 그해 내내 반란을 일으킨 아랍인들과 여러 차례 소규모 전투를 벌였다. 1889년 12월 비스만의 부대는 반군의 거점인 바가모요를 공격하여 점령했고 아부시리를 잡아 교수형시켰다. 비스만이 육지에서 질서를 되찾는 동안, 독일은 영국과 함께 아랍인들의 노예 수출과 무기 수입을 저지하기 위해 해안 지역을 봉쇄했다. 1891년 초반에 비스만은 반란을 완전히 진압했다.

아비시니아-이탈리아 전쟁

Abyssinian-Italian Wars

○ 이탈리아-에티오피아 전쟁

아샨티 전쟁

Ashanti War

제1차 아샨티 전쟁(1823~31) 1800년대 초 서아프리카의 아샨티 연맹(아샨티 제국)은 영국이 장악한 인접 지역 황금해안(오늘날의 가나)으로 영토를 확장했다. 황금해안을 따라 늘어선 영국 교역거점의 총독이었던 서 찰스 매카시(1764~1824)는 아샨티족 전사들의 공격을 막아 영국인 체류자들과 해안 부족들을 보호하려 했으나 패하고 살해됐다. 영국은 증원군을 보냈고, 1827년 아샨티 제국은 패배하여 1831년에 황금해안 지역 일부의 주권을 포기했다. **제2차 아샨티 전쟁(1873~74)** 아샨티 제국은 1863년부터 1872년까지 황금해안의 영국 교역거점들을 습격하다가 1873년에 마침내 그 지역으로 침입해 들어갔다. 약 2만 명의 아샨티 제국 전사들은 영국을 압도했고 이 지역을 통제했다. 새 총독으로 임명된 서 가넷 J. 울즐리(1833~1913)는 영국에서 증원군을 받아 지역을 탈환했다. 이어 영국군 병사들은 아샨티 제국의 수도인 쿠마시에서 적군의 전선을 붕괴시키고 1874년 2월에 도시를 평정했다. 포메나 조약으로 아샨티 제국은 금 1,417.48킬로그램(5만 온스)의 막대한 배상금을 지불해야 했으며 인간을 제물로 바치는 관행을 중단해야만 했다. **제3차 아샨티 전쟁(1893~94)** 아샨티 제국의 새로운 통치자 프렘페 1세(1870~1931)는 영국 통치 지역으로 습격대를 파견했다. 소규모 유혈 충돌이 벌어졌고, 영국은 프렘페 1세를 압박하여 새로운 조약을 수용하도록 하려 했다. 1894년 아샨티 제국은 마지못해 영국의 보호국이 되기로 했다. **제4차 아샨티 전쟁(1895~96)** 프렘페 1세는 제3차 아샨티 전쟁 뒤 영국이 부과한 배상금을 지불하지 않았고 지역 안의 영국인 체류자들을 존중하지도 않았다. 전쟁이 발발하여 영국 군대가 아샨티 제국 수도 쿠마시를 다시 점령했고 프렘페 1세와 다른 아샨티 제국 지도자들을 체포하여 추방했다. 아샨티 연맹은 해체됐고 영국은 보호령을 확립했다.

아센 형제의 봉기, 1185~89
Asens' Uprising, 1185~89

1185년 아센 형제인 토도르(페터르 4세, 1197년 사망)와 이반(요안, 1196년 사망), 칼로얀(1168?~1207)은 비잔티움 제국의 지배에 반기를 들어 불가리아인과 블라크인(왈라키아인)의 대규모 봉기를 이끌었다. 이들은 불가리아의 독립을 선언했다. 1186년 비잔티움 제국 황제 이사키오스 2세 앙겔로스(1156~1204)가 군대를 이끌고 불가리아인들을 궤멸했다. 아센 형제는 군대를 다시 모았고 튀르크계 유목민 쿠만족의 지원을 받아 비잔티움 제국의 트라키아와 마케도니아를 여러 차례 공격하여 폐허로 만들었다. 1189년에 비잔티움 제국이 베로이아 전투에서 패한 뒤 이사키오스 2세는 아센 형제와 휴전협정을 맺어 발칸 산맥과 도나우 강 사이에 탄생한 불가리아인들의 국가 즉 제2차 불가리아 제국을 인정했다.

아스투리아스 봉기, 1934
Asturian Uprising, 1934

1930년대 초 에스파냐의 정당들은 주로 로마가톨릭교회에 부여된 권리를 둘러싸고 대립했다. 에스파냐사회주의노동자당 PSOE과 여타 좌파 집단들은 로마가톨릭교회에 우호적인 우파의 에스파냐자치우익연합 CEDA이 에스파냐 정부에 참여한 직후인 1934년 10월부터 에스파냐 제2공화국을 전복하고 우익 정권이 수립하지 못하도록 전국적인 총파업을 전개했다. 한편 바르셀로나에서도 같은 시점에 카탈루냐 민족주의자들이 봉기를 일으켜 카탈루냐의 독립을 선포했다(○ 카탈루냐 반란, 1934). 1934년 10월 4일 노동조합 조직률이 높았던 아스투리아스(에스파냐 서북부)의 광부 7만 명이 폭동을 일으켜 몇 시간 만에 오비에도를 점령하고 지역의 대부분을 통제했다. 그러나 프란시스코 프랑코(1892~1975)와 다른 장군 1명이 에스파냐 외인부대와 정규군 육군 부대를 이끌고 아스투리아스로 들어와 15일 만에 봉기를 잔인하게 진압했다. 광부들은 교회 건물 58개소를 파괴했고 사제 37명을 살해했다. 정부군은 약 3천 명을 살해했고, 약 3만~4만 명을 포로로 잡아 고문했으며, 1935년 이후에도 오랫동안 이들을 재판에 회부했다. 정부의 잔학 행위는 에스파냐 국민이 분열하는 원인이 됐으며, 1936~39년에 진행된 에스파냐 내전을 촉발했다.

아시리아 전쟁, 기원전 1244?~기원전 1200?
Assyrian Wars, BCE c. 1244~BCE c. 1200

후르리인의 미탄니 왕국과 전쟁을 끝내면서 자유로워진 고대 아시리아 제국은 다른 경쟁국인 히타이트와 바빌로니아에 맞설 수 있었다. 왕국의 네 번째 지도자로 공격적이었던 왕 투쿨티닌우르타 1세(재위 기원전 1243~기원전 1207)는 그리스의 전설에서 니노스로 알려진 인물인데 아시리아의 네 번째 수도 니네베(니느웨)로 명명되는 영예를 얻었다. 아시리아가 투쿨티닌우르타 1세 덕에 이집트와 싸우느라 약해진 히타이트에 승리한 것을 기린 것이다(○ 카데시 전투). 아시리아는 승리를 거둔 뒤 새로이 획득한 메소포타미아와 소아시아 동부의 영토를 지배하기 위해 수많은 사람을 추방했고, 그로써 히타이트의 신新왕국은 사실상 멸망했다(○ 히타이트의 아나톨리아 정복). 투쿨티닌우르타 1세는 팽창을 시작한 바빌로니아와도 싸웠다. 투쿨티닌우르타 1세의 군대는 바빌론을 침탈했고, 아시리아 역사상 최초로 바빌론의 사원을 약탈하고 파괴했다. 그러나 투쿨티닌우르타 1세는 폭군이었고, 아들들이 일으킨 반란으로 기원전 1207년에 사망했다. 그리하여 기원전 1200년경 고대 아시리아 제국이 몰락했고, 바빌로니아는 특히 네부카드네자르 1세(재위 기원전 1146~기원전 1123) 치세에 잠시나마 지역의 맹주로 올라설 수 있었다.

아시리아 전쟁, 기원전 1200?~기원전 1032?
Assyrian Wars of BCE c. 1200~BCE c. 1032

중기 아시리아 제국은 티글라트필레세르 1세(재위 기원전 1115?~기원전 1077?)가 등장하여 통치할 때까지는 군사적으로 불운했다. 그때까지 아시리아는 너무 약하여 바빌로니아가 엘람에 대패했는데도(기원전 1180?) 이득을 얻지 못했다. 티글라트필레세르 1세는 아시리아의 국력을 회복시켜 아르메니아 남부에 있는 후르리인의 소왕국 무스키를 제압하고 아람인을 억압했다. 기원전 1100년 이후에 아시리아는 바빌로니아 북부를 정복하고 바빌론을 두 번째로 약탈했으나 바빌로니아의 남부 영토를 장악하지는 못했다. 티글라트필레세르 1세가 죽으면서 아시리아는 다시 쇠퇴기에 접어들었다. 시리아 북부와 메소포타미아 중부에서 아람인들이 반기를 들어 아시리아와 바빌로니아를 괴롭혔다.

아시리아 전쟁, 기원전 1032?~기원전 746?
Assyrian Wars of BCE c. 1032~BCE c. 746

기원전 891년까지 신아시리아 제국의 주된 활동은 급속하게 늘어가는 아람인 도시국가들을 통제하는 것이었다. 아시리아와 아람인의 국경에서 여섯 차례 소규모 전쟁이 벌어졌다. 아시리아의 또 다른 적은 기원전 930년에서 기원전 904년 사이에 두 차례 전쟁을 치르면서 속국의 지위로 전락한 북바빌로니아였다. 아시리아는 아슈르나시르팔 2세(재위 기원전 884~기원전 859) 때 기병을 대규모로 배치하는 방식을 도입했으며 대형 공성기계를 개발했다. 두 가지 혁신은 메소포타미아 북부를 지배하는 데 도움이 됐다. 아시리아는 샬만에세르 3세(재위 기원전 859~기원전 825) 때 시리아 북부를 지배하려 했으나 다마스쿠스를 정복하는 데 실패했고, 킬리키아(오늘날의 추쿠로바)와 아르메니아에서 벌인 전쟁도 지지부진했다. 샬만에세르 3세는 바빌로니아의 남부(메소포타미아 남부)를 정복하지 않고도 지배했다. 아시리아의 샴시아다드 5세(재위 기원전 824~기원전 811)는 칼데아를 자신의 왕국에 추가했고, 이어 샬만에세르 4세(재위 기원전 782~기원전 772)는 아르메니아 일부를 아시리아에 병합하는 데 성공했다. 그러나 아시리아는 다마스쿠스 원정에서 샬만에세르 4세가 패하고 사망하여 시리아의 대부분을 잃었고 전형적인 왕위 계승 분쟁으로 30년에 걸쳐 쇠락하게 됐다.

아시리아 전쟁, 기원전 746?~기원전 609?
Assyrian Wars of BCE c. 746~BCE c. 609

신아시리아 제국은 쿠데타로 제위에 오른 장군 티글라트필레세르 3세(재위 기원전 745~기원전 727) 때 영토가 최대에 이르렀다. 티글라트필레세르 3세와 자치 속국들은 반란을 일으킨 바빌로니아인들을 쳐부수었다. 동시에 다른 아시리아 군대는 기원전 743년에 시리아의 우라르투를 정복했고 기원전 740년에는 아르파드를 장악했으며 기원전 738년에 시리아 북부 동맹을 격파했다. 아시리아는 시리아에서 거둔 승리로 모든 시리아 제후와 소아시아 동부로부터 공물을 받게 됐다. 티글라트필레세르 3세는 기원전 735년에서 기원전 733년까지 유다 왕국을 동맹국으로 삼아 팔레스타인에서 이스라엘 왕국을 물리치고 많은 영토를 획득했다. 기원전 732년 아시리아는 다마스쿠스를 파괴하여 승리를 거두고 아라비아 반도를 압박하여 공물을 받아냈다. 티글라트필레세르 3세를 계승한 세 왕이 아시리아의 국력을 키웠다. 기원전 721년 아시리아는 사르곤 2세(재위 기원전 722~기원전 705) 때 엘람을 물리쳤고, 같은 해에 사마리아를 정복하여 이스라엘 왕국을 속국으로 만들었으며, 약 2만 7천 명의 이스라엘 왕국 주민을 시리아 동부로 추방하여 전설로 내려오는 이스라엘 왕국의 사라진 10지파를 탄생시켰다. 기원전 720년 사르곤 2세는 가자에서 이집트 군대를 격퇴했고, 기원전 716년에는 프리기아의 역사적 실존인물인 미다스 왕이 선동한 킬리키아(오늘날의 추쿠로바)의 반란을 진압했으며, 자신의 이름을 딴 또 다른 수도 두르샤루킨(오늘날 이라크의 코르사바드)을 세웠다. 아시리아 왕 센나케립(재위 기원전 705~기원전 681)은 한층 더 난폭하게 통치했고, 아람인 찬탈자가 부활시키려던 바빌로니아를 격퇴했다. 기원전 702년 센나케립은 페르시아 서부와 시리아, 팔레스타인으로 원정하여 예루살렘을 위협했으며, 끊임없이 반란을 일으키는 바빌로니아(기원전 700?~기원전 689)에 맹공을 퍼부어 수도 바빌론의 성벽과 사원, 왕궁을 파괴하고서 그 잔해들을 인근의 바다에 수장했다. 기원전 681년에 센나케립이 암살당한 뒤 권력을 이어받은 아들 에사르하돈(기원전 669년 사망)은 바빌로니아, 엘람과 화친을 맺었다. 에사르하돈은 기원전 671년에 이집트와 싸워 멤피스를 점령했다. 에사르하돈의 아들 아슈르바니팔(재위 기원전 669~기원전 626)은 아시리아가 몰락하는 마지막 시기에 접어들었을 때 왕위에 올랐다. 기원전 656년 이집트가 다시 독립을 쟁취했고, 엘람의 침입을 받은 남바빌로니아는 기원전 652년부터 기원전 648년까지 계속 공격을 당했다. 싸움에서 승리한 아슈르바니팔은 기원전 647년부터 기원전 646년까지 엘람을 응징하고 페르시아로 침입했으며 엘람의 주요 도시 수사를 점령했다. 기원전 635년 이후 아슈르바니팔이 생존해 있는데도 아들들이 왕좌를 두고 싸움을 벌여 아시리아에 내전이 발생했다. 그 틈에 기원전 629년에 칼데아인들이 바빌론을 점령하고 나보폴라사르(재위 기원전 625~기원전 605) 왕 때 신바빌로니아 왕국을 건설했다. 기원전 626년 스키타이족이 시리아와 팔레스타인을 폐허로 만들었으며, 기원전 623년에는 바빌로니아인들이 아시리아인들을 몰아냈고, 기원전 616년에는 메디아가 처음으로 아시리아 수도 니네베(니느웨)를 공격했다. 기원전 612년 니네베가 함락되고 파괴됐지만, 신아시리아 제국은 3년을 더 버틴 뒤에 멸망하게 된다. 아시리아 군대의 잔여 병력은 하란을 새로운 수도로 삼아 자신들의 사령관을 왕에 앉혔다. 하란은 기원전 610년에 메디아와 바빌로니아의 공격을 받아 일부가 파괴됐다. 아시리아 군대는 기원전 609년에 항복했고, 이후 아시리아는 문헌 역사에서 사라졌다.

○ (제2차) 메기도 전투 ; 카르케미시 전투

아시리아-후르리인 전쟁, 기원전 1350?~기원전 1245
Assyrian-Hurrian Wars, BCE c. 1350~BCE 1245

아시리아인과 후르리인은 기원전 2000년경에 소아시아에서 당대의 제국을 건설했다(○ 후르리인의 정복). 후르리인은 기원전 1700년경 소아시아 동북부를 지배했다. 고대 아시리아 제국은 기원전 1670년경 티그리스 강가의 수도 아슈르(오늘날 이라크의 칼라트샤르카트)에서 통치를 시작했다. 당시 아시리아는 후르리인의 왕국인 미탄니의 속국으로 자치국이었다. 기원전 1350년경 아시리아 통치자 아슈르우발리트(재위 기원전 1365?~기원전 1330?)와 미탄니 왕 투슈라타 사이에 분쟁이 일어났다. 아마도 아시리아가 히타이트 통치자 수필룰리우마 1세(기원전 1375?~기원전 1335?)의 지원을 받아 미탄니를 공격했기 때문일 것이다(○ 히타이트-후르리인 전쟁). 기원전 1380년 히타이트에 패하여 이미 약해진 미탄니는 메소포타미아 동북부의 일부를 잃었고 그로써 아시리아인들의 새로운 왕국 즉 중기 아시리아 제국이 팽창할 수 있게 됐다. 기원전 1325년 미탄니와 아시리아는 잠시 동맹을 맺고 서로 협력하여 미탄니의 소왕국 하니갈바트를 히타이트의 지배로부터 해방했다. 그러나 아시리아의 연대기에 따르면 아다드니라리 1세(재위 기원전 1307?~기원전 1275)가 연대를 정확히 알 수 없는 전쟁에서 미탄니의 두 왕과 연속해서 싸워 이겼다. 메소포타미아 전역이 아시리아의 한 지역으로 편입됐고, 하니갈바트는 아시리아의 적국으로 남았다. 히타이트와 바빌로니아가 시리아

남부를 지배하는 데 전략적으로 중요하다는 점을 들어 하니갈바트를 계속 존립시키려 했지만, 아시리아 왕 샬만에세르 1세(재위 기원전 1274?~기원전 1245)가 이 후르리인 최후의 왕국을 아시리아의 지역으로 병합했다.

아오르노스 포위공격, 기원전 327~기원전 326
Siege of Aornos, BCE 327~BCE 326

알렉산드로스(기원전 356~기원전 323) 대왕이 공성전의 명수라는 평판은 아오르노스 산(오늘날 파키스탄의 피르사르 산으로 추정) 인근 카이베르 고개의 전투에서 절정에 달했다. 알렉산드로스에 반항했기에 추격당했던 고산 지역 부족민들은 고도가 해발 약 2,100미터인 암석 고지 위로 피신했다. 아오르노스는 내부의 농성자들을 굶겨서 항복을 받아낼 수도 없는 곳이었고, 일반 공성용 기계로 함락시킬 수 있는 곳도 아니었다. 알렉산드로스는 투석기를 설치하기 위해 약 240미터 깊이의 골짜기를 메워 고원의 북쪽 절벽에 도달했다. 어느 날 밤 알렉산드로스는 병사 30명을 데리고 절벽을 기어올랐다. 알렉산드로스는 병사들이 절벽의 위쪽 마지막 부분으로 먼저 오를 수 있도록 도와주었지만, 원주민들이 고지에서 돌을 퍼부어 30명이 모두 사망했다. 셋째 날 밤 승리를 알리는 원주민의 북소리를 들은 알렉산드로스는 다시 공격을 시도했다. 알렉산드로스의 친위대는 원주민을 모조리 죽여버렸다. 알렉산드로스는 아테나 여신에게 봉헌하려고 제단을 쌓고(동쪽으로 가장 멀리 있는 제단이다) 인더스 강 연안을 따라 계속 남하했다(⊙ 알렉산드로스의 인도 침공).

⊙ 알렉산드로스 대왕의 정복

아우랑제브에 대항한 라지푸트족 반란, 1679~1709
Rajput Rebellion against Aurangzeb, 1679~1709

호전적인 정통 수니파 이슬람 신자이며 알람기르('세계의 정복자')라는 호칭을 지닌 인도 무굴 제국 황제 아우랑제브(1618~1707)는 힌두교 국가들과 그 통치자들의 지위를 깎아내려 이슬람교를 드높이겠다고 결심했다. 1678년 아우랑제브가 마르와르(조드푸르) 왕위를 계승할 라지푸트족의 (힌두교도) 어린 후계자 아지트 싱(1678~1724)을 사로잡자, 1679년에 마르와르 왕국과 메와르 왕국이 군사를 일으켜 아우랑제브와 대결했다. 아우랑제브는 협력하던 힌두교 국가 아메르(오늘날의 자이푸르)에 있는 아지메르로 무굴 제국 궁전을 옮겼고, 아지트 싱을 다시 잡아들였으며(라지푸트족 병사들이 잠시 구출했다), 마르와르 왕국을 제압하여 병합했고(1679), 황제 악바르(1542~1605)가 힌두교도만 납부한다는 이유로 1562년에 폐지한, 증오의 대상이었던 지즈야(인두세)를 다시 부과했으며, 라지푸트족이 거주하는 지역 전체에서 250개가 넘는 힌두교 사원의 파괴를 명령했다. 메와르 왕국과 대결한 전쟁은 큰 규모로 1681년까지 계속됐는데 이때에 아우랑제브의 왕자 무함마르 악바르(1657~1704)가 반란을 일으켰고, 이어 메와르 왕국과 무굴 제국은 강화를 체결했다. 악바르는 아우랑제브가 할아버지 샤 자한에 맞서 반란을 일으킨 것과(○무굴 제국 내전, 1657~59), 무굴 제국 정부가 힌두교도를 잔인하게 억압한 것을 반란의 이유로 내세우며 군대를 이끌고 아지메르로 진군했다. 악바르의 군대는 아우랑제브의 군대보다 수적으로 우세했지만, 아우랑제브의 책략에 라지푸트족 제후들이 악바르를 배신했고, 악바르는 데칸 고원으로 도주하여 지원을 요청했으나 실패하고 그 뒤 페르시아로 망명하여 그곳에서 죽었다. 메와르 왕국은 강화를 체결하고 인두세를 납부하지 않는 대신 영토를 할양했다. 아우랑제브는 승리하여 얻은 충성이라 라지푸트족을 여전히 의심했지만 데칸 고원으로 궁전을 이전했고 델리나 힌두스탄(북인도의 갠지스 평원)을 다시 보지 못하게 됐다(○마라타 왕국-무굴 제국 전쟁, 1681~1705). 무굴 제국은 라지푸트족과 1707년까지 소규모로 계속 대결했고, 데칸 고원 가까이까지 포로로 끌려갔던 아지트 싱은 1707~08년의 무굴 제국 내전이 끝난 뒤인 1709년에 풀려났다.

○ 아우랑제브 전쟁

아우랑제브 전쟁, 1636~57
Wars of Aurangzeb, 1636~57

아우랑제브(1618~1707)는 인도 무굴 제국의 황제가 되기 전에 아버지 샤 자한(1592~1666)의 명령을 받는 군대 지휘관이었다. 1636년 아우랑제브는 데칸 고원 지역의 나와브(부왕副王)가 되어 새로이 복속시킨 비자푸르 술탄국과 골콘다 술탄국에서 평화를 유지하고 데칸 고원 서부의 마라타족이 팽창하는 것을 막는 임무를 맡았다. 아우랑제브의 군대는 마라타족의 요새들을 점령하고 영토를 새로 병합했는데, 1644년 형이 꾸민 음모 때문에 철군해야 했다(이로써 아우랑제브의 군사적 성공에 오점이 남았다). 1645년에 문제가 많은 구자라트의 지방장관이 된 아우랑제브는 곧 더욱 감당하기 어려운 직위인 트란스옥시아나(오늘날의 우즈베키스탄과 타지키스탄, 그리고 카자흐스탄의 서남부)의 발흐 지방장관으로 부임했다(1647). 발흐에서 아우랑제브의 군대는 호전적인 우즈베크인에게 확고한 승리를 거두었다. 그러나 페르시아로부터 지원을 받은 튀르크족은 무굴 제국 군대를 밀어냈다. 아우랑제브는 물탄의 지방장관이 됐다. 페르시아로부터 칸다하르를 지키라는 명령을 받고 소집된 아우랑제브의 군대는 너무 늦게 도착하여 할 수 있는 일이라고는 무익한 포위공격뿐이었다(❍ 무굴 제국-페르시아 전쟁, 1649~53). 아우랑제브는 몇 달 뒤 샤미르에서 페르시아에 대항하여 승리를 거두어 이 실패를 만회했다 (1650). 1652년에 아우랑제브는 칸다하르로 돌아와 2차 포위공격을 실행했으나 역시 성과를 거두지 못했다. 치욕을 안고 다시 데칸 고원으로 보내진 (1653) 아우랑제브는 골콘다와 비자푸르와 싸워 승리했으나(1656~57) 강화 조건을 결정할 때에는 형과 아버지로부터 배제당했다. 아우랑제브는 데칸 고원에서 더 싸웠으나 1657년에서 1659년까지 이어진 무굴 제국의 내전으로 원정을 중단했다.

아우렐리아누스-제노비아 전쟁, 271~273
Aurelian's War against Zenobia, 271~273

로마 제국이 게르만족이나 갈리아 제국과 싸우는 데 몰두해 있는 동안(❍ 로마-고트족 전쟁), 시리아 중부의 도시 팔미라의 여왕 제노비아(240?~274)는 시리아와 소아시아, 이집트에서 영토를 확장할 기회를 잡았다. 271년 제노비아는 아들 바발라투스(266?~273?)를 황제로, 자신을 여황제로 즉위시키고 팔미라 제국이 로마 제국으로부터 독립한다고 선언했다. 이 소식을 들은 새로운 로마 황제 아우렐리아누스(214?~275)는 군대를 이끌고 동쪽의 소아시아로 들어갔다. 271년 아우렐리아누스는 안티오크(오늘날의 안타키아) 근처에서 팔미라 제국의 유명한 중갑기마창병重甲騎馬槍兵과 궁수에 맞서 성공적으로 싸웠다. 로마 제국 군대의 추격을 받은 팔미라 제국 병사들은 질서 정연하게 퇴각했다. 아우렐리아누스는 272년 에메사(오늘날 시리아의 홈스) 전투에서 다시 팔미라 제국 군대를 격파했으며 이어 팔미라를 포위했다. 제노비아는 항복했으나 아우렐리아누스의 용서를 받아 아들과 함께 계속 통치했다. 아우렐리아누스는 떠났다가 제노비아가 다시 독립을 선언하자 곧 되돌아왔다. 로마 제국 군대는 팔미라를 다시 점령했다. 제노비아는 도피하려다 잡혀 포로가 됐고 로마로 끌려가서 274년 아우렐리아누스의 개선식 때 사슬에 묶여 전시됐다. 바발라투스는 전쟁이 끝날 무렵에 살해된 것으로 추정된다. 로마 제국은 팔미라를 파괴했다.

아우렐리아누스-테트리쿠스 전쟁, 273~274
Aurelian's War against Tetricus, 273~274

270년 갈리아의 귀족 가이우스 피우스 에수비우스 테트리쿠스(테트리쿠스 1세, 276?년 사망)는 갈리아와 브리타니아, 히스파니아(이베리아 반도) 북부의 황제임을 선언했다. 테트리쿠스의 속주 제국은 군대의 폭동과 게르만족의 침입으로 붕괴됐다(○ 로마-고트족 전쟁). 로마 황제 아우렐리아누스(214?~275)는 갈리아 제국을 멸망시키려고 군대를 이끌고 알프스 산맥을 넘어, 갈리아를 지나 북쪽으로 진군했다. 274년 초 아우렐리아누스는 카탈라우노스(오늘날의 샹롱장상파뉴)에서 테트리쿠스와 대결했다. 테트리쿠스는 갈리아 제국 군대가 패배하자 적군에 투항했다. 아우렐리아누스는 몇 달 안에 갈리아 제국 전역을 장악하여 로마 제국에 병합했다. 테트리쿠스는 아우렐리아누스 황제의 로마 개선식에서 전승을 기념하는 포로로서 모습을 드러냈다(274). 테트리쿠스는 뒷날 사면을 받아 이탈리아 반도 서남부 한 지역의 지방장관이 됐다.

아우크스부르크 동맹 전쟁
War of the League of Augsburg

○ 대동맹 전쟁

아유타야-란나 전쟁
Ayutthaya-Lanna Wars

○ 시암 전쟁

아이고스포타미 해전, 기원전 405
Battle of Aegospotami, BCE 405

제2차 펠로폰네소스 전쟁 중에 스파르타의 리산드로스(기원전 395년 사망) 사령관은 헬레스폰트(오늘날의 다르다넬스) 해협을 경유하는 아테네의 곡물 보급로를 봉쇄하기 위해, 해군을 이끌고 당시 아테네와 동맹을 체결한 헬레스폰트 해협 인근의 폴리스 람프사코스를 포위하여 점령했다(기원전 405). 코논(기원전 444?~기원전 390?) 제독이 지휘하는 아테네군은 침공한 적군에 맞서고자 사용할 수 있는 모든 함선을 동원하여 항해했으나 적군을 전투로 유인할 수 없었다. 아테네군은 5일 동안 대기한 끝에 알키비아데스(기원전 450?~기원전 404)의 경고를 무시하고 아이고스포타미 강 하구에서 가까운 갈리폴리 반도 외해의 불리한 위치에 정박한 뒤 많은 병력을 상륙시켰다. 리산드로스의 함대가 아테네 함대를 급습하여 약 180척 중 171척을 침몰시키거나 탈취했다. (코논은 9척의 함선으로 간신히 탈출했다.) 약 3천~4천 명의 아테네인이 사로잡혔으며 1명을 제외하고 모두 사형당했다. 아테네 함대는 파괴됐고, 아테네의 곡물 보급로는 봉쇄됐으며, 아테네의 동맹국은 (사모스를 제외하고) 반란을 일으켰고, 아테네의 외항인 페이라이에우스(오늘날의 피레아스)는 리산드로스의 군대에 포위됐다. 아테네는 아이고스포타미 해전 뒤에 위험해졌다.

아이보리코스트 내전, 2002~07
Ivory Coast Civil War of 2002~07

○ 코트디부아르 내전, 2002~07

아이티 내전, 1806~20
Haitian Civil War of 1806~20

1804년 장자크 데살린(1758~1806)은 아이티의 황제 자크 1세*로 즉위했다

(ⓞ 아이티-프랑스 전쟁, 1801~03). 1806년에 데살린이 물라토(라틴아메리카에 사는 백인과 흑인의 혼혈)의 폭동을 진압하던 중에 살해되자, 곧이어 라에스 파뇰라 섬(이스파니올라 섬. 아이티와 도미니카 공화국)의 지배권을 두고 북부 의 앙리 크리스토프(1767~1820)와 남부의 알렉상드르 페시옹(1770~1818) 사이에 내전이 벌어졌다. 라에스파뇰라 섬의 동부인 산토도밍고(도미니카 공화국)에 남아 있던 소규모 프랑스 군대는 1808년에 에스파냐 식민지 주민들의 봉기에 직면했다. 폭동을 일으킨 주민들은 영국의 지원을 받아 프랑스군을 격파했고, 침공해온 아이티인들을 산토도밍고에서 내쫓고 1808년의 본디야 협정으로 에스파냐에 충성할 것을 선언했다. 라에스파뇰라 섬 서부에서는 크리스토프가 페시옹과 물라토 반군에 맞서 계속 싸우고 있었던 1811년에 스스로 아이티 전체의 왕 앙리 1세임을 선포하고 카프아이시앵 남쪽의 구릉지에 거대한 상수시 궁전과 요새를 건설했다. 페시옹은 아이티 남부에 공화국을 수립하고 1806년 대통령에 당선되어 1818년 죽을 때까지 통치했다. 페시옹의 후임자로 물라토였던 장피에르 부아예(1776~1850)는 크리스토프와 대결하여 승리했고, 크리스토프는 1820년에 스스로 목숨을 끊었다. 이어 부아예가 아이티 전역을 장악했다.

ⓞ **아이티의 산토도밍고 재정복**

* 장자크 데살린은 1804년 9월 2일부터 1806년 10월 17일까지 황제였다.

아이티 내전, 1991~94
Haitian Civil War of 1991~94

1991년 장베르트랑 아리스티드(1953~)가 아이티의 새 대통령으로 당선됐으나 정권에 대항하는 쿠데타가 두 차례 발생하여 민주주의의 전망이 어두워졌다. 1991년 1월 6일 악명 높은 준군사 조직인 통통 마쿠트의 지휘관이었던 로제 라퐁탕(1931~91)의 일당은 대통령궁을 침입하여 임시 대통령 에르타 파스칼트루요(1943~)의 사임을 강요했다. 아리스티드의 취임을 저지하고자 했던 라퐁탕은 자신이 임시 대통령이라고 선포했다. 이튿날 아침 대통령궁을 탈환한 정부군이 파스칼트루요를 구출하고 라퐁탕 일당을 투옥했다. 한편 수많은 사람이 거리로 쏟아져나와 바리케이드에 불을 지르고 수도인 포르토프랭스의 공항으로 가는 길을 봉쇄했다. 라퐁탕의 본부는 파괴됐고, 라퐁탕의 지지자로 알려졌거나 지지자로 의심받은 사람들의 다수가 칼에 찔려 숨졌다. 포르토프랭스 대교구 대주교의 관저와 그 지역에서 가장 오래된 성당도 모두 약탈당했다. 최소한 75명이 살해됐고 150명이 부상을 입었다. 1월 27일 종신형을 선고받은 라퐁탕이 감옥에서 탈출했다는 소문이 돌자 격렬한 항의 시위가 벌어졌으며 경찰서 두 개가 공격을 받고 수도 포르토프랭스에서는 17명의 사망자가 발생했다. 아리스티드의 대담한 개혁에 신新뒤발리에파(얼마 전 축출된 뒤발리에 가문의 독재 체제에 공감했던 사람들)가 혐오감을 드러냈다. 특히 강력한 군부는 1991년 9월 29일에 쿠데타를 일으켰다. 이튿날 라울 세드라(1949~)와 그의 부대들이 아리스티드를 체포하고(그 뒤 베네수엘라로 안전하게 출국할 수 있도록 허용됐다) 3인 통치평의회를 구성하여 라디오와 텔레비전을 장악했다. 군부는 모든 가두시위를 폭력으로 진압했고 엄격한 통행금지를 실시했다. 쿠데타가 발발하고 나서 몇 주 만에 약 500명이 무력 충돌로 살해됐다. 미국과 유럽공동체EC는 아이티에 제공하던 경제원조를 중단했고, 미주기구OAS는 통치평의회를 고립시키려 노력하면서 아리스티드의 권력 회복을 요구했다. 아리스티드는 국제연합UN 안전보장이사회에 민주주의 회복을 도와달라고 촉구했다. 그러나 아리스티드가 통치하던 시기에 인권을 침해했다는 주장이 흘러나오자 미국의 지지는 줄어들었다. 미국을 포함한 여러 나라가 무역 금지 조치를 발동했으나 이 조치들은 일관성 있게 집행되지 않았다. 경제적 고난이 가중되고 인권 유린 행위가 심해지자 수많은 아이티인이 이웃 국가들로 피난하면서, OAS와 UN은 아이티에서 민주주의를 회복하기 위해 여러 협정을 중재했다. 그중 1993년 7월 3일 뉴욕에서 아리스티드와 세드라가 아리스티드의 권좌 복귀를 두고 직접 협상한 거버너스 섬 협정 Governor's Island Accord만이 성공할 가망이 있었다. 그러나 아이티에서 우파의 폭력과 사보타주가 심해지고 미국이 다른 정책을 내놓으면서 이 협정의 이행은 무산됐다. 압력에 굴복한 미국 정부는 (UN 안전보장이사회 결의안 제940호에 따라) 다국적 군대를 파견하여 아이티의 위기를 해결한다는 데 동의했다. 마침내 아이티의 군부 지도자들은 물러났고 1994년 10월 15일 아리스티드가 귀국하여 다시 대통령직에 올랐다. 아리스티드는 1996년 2월에 임기가 종료되자 퇴임했고 르네 가르시아 프레발(1943~)이 그 뒤를 이었다.

○ 아이티 봉기, 2000~

아이티 반란, 1858~59
Haitian Revolt of 1858~59

아이티는 1843년에 부패하고 재정적으로 무능력했던 장피에르 부아예 (1776~1850) 정권이 무너진 뒤 오랫동안 억압을 받으며 불안정한 시기를 보냈다. 4년 뒤 아이티의 대통령이 된 흑인 노예 출신의 포스탱엘리 술루크 (1782~1867)는 1849년에 포스탱 1세로 스스로 황제에 올랐다. 사치스러운 궁전에서 지극히 억압적으로 통치했던 포스탱 1세는 여러 번 이웃 나라 도미니카 공화국을 정복하려 했으나 실패했고, 결국 한때 자신을 지지한 물라토(라틴아메리카에 사는 백인과 흑인의 혼혈)에게 등을 돌리면서 일어난 유혈 반란(1858~59)으로 퇴위했다. 포스탱 1세는 망명했고, 그 수하 장군이었던 파브르 니콜라 제프라르(1806~78)가 반란을 이끌어 공화국을 선포한 뒤 대통령이 되어 필요한 개혁을 실시하려 했으나 성공하지 못했다. 제프라르의 정부는 반혁명으로 끝없이 혼란스러웠으나 1862년에 미국의 승인을 받았다. 1867년에 제프라르가 축출되어 망명한 뒤 아이티는 다시 무질서와 억압으로 회귀하여 일련의 폭동을 겪고서(1870, 1874, 1876, 1888~89) 법과 질서가 어느 정도 회복됐다. 흑인과 물라토 사이의 격렬한 투쟁은 아직도 문제로 남아 있다. 마찬가지로 도미니카 공화국에서도 19세기 후반에 독재자가 연이어 등장하여 가혹하게 통치했고 빈번했던 봉기를 진압했으며 아이티의 침공을 격퇴했다.

아이티 반란, 1915
Haitian Revolt of 1915

1915년 초 장 빌브룅 기욤 상(1859~1915)과 그 지지자들이 혁명가들 때문에 혼란스러웠던 아이티의 정부를 장악했다. 상은 대통령직을 유지하다가 1915년 7월 28일에 적대적인 폭도에게 암살됐다. 나라가 무정부 상태에 빠진 상황에서 미국 해병대가 아이티 수도 포르토프랭스에 상륙하여 우드로 윌슨(1856~1924) 미국 대통령의 명령에 따라 외국인과 외국 재산을 보호하고 새로운 대통령 선거를 감독했다. 대통령이 된 필리프 쉬드레 다르티게나브(1863~1926)는 조약을 체결하여 아이티가 정치적·경제적으로 미국의 보호국임을 선언했다(1915년 9월 16일). 세관은 미국 관리들이 인수했고 아이티의 장다르메리*도 미국의 통제를 받았다.

* 국가헌병. 경찰과 헌병 역할을 동시에 하는 준군사 조직으로 프랑스를 비롯한 서구 국가 및 그 관련 국가에 있었다.

아이티 반란, 1918~19
Haitian Revolt of 1918~19

아이티는 1915년부터 10년 동안 정치적·재정적으로 미국의 보호국이었다(◐ 아이티 반란, 1915). 1918년 미국군이 감독하는 가운데 실시된 국민투표에서 9만 8,225표 대 768표로 지나치게 한쪽으로 기운 의심스러운 결과가 나왔으나 새로운 헌법이 채택되어 발효됐다. 공직의 선거는 없었다. 필리프 쉬드레 다르티게나브(1863~1926)는 대통령직을 유지했으며 미국 관리들이 정부를 운영했다. 국가의 장다르메리*는 농촌 주민에게 일을 시키기 위해 부역corvée을 부활시켰다. 1918년 말 앵슈 주변 지역에서 샤를마뉴 마세나 페랄트(1886~1919)와 브누아 바트라빌(1877~1920)이 부역과 미국군의 아이티 주둔에 반대하여 주민들을 이끌고 반란을 일으켰다. 2만 명에서 4만 명 정도였던 반란군은 무장 상태가 보잘것없었으나, 부두교의 약물이 보호해 줄 것이라고 믿으며 누구도 자신들을 해칠 수 없다고 생각했다. 반란군은 테러를 자행하다가 마침내 수도 포르토프랭스를 공격했으나, 미국군 해병대의 지원으로 전력이 보강된 장다르메리가 공중 지원을 받아 진압했다. 페랄트와 바트라빌은 살해당했다. 미국군의 점령으로 아이티는 평화를 되찾았고 미국군의 주둔은 1934년까지 연장됐다.

* 국가헌병. 경찰과 헌병 역할을 동시에 하는 준군사 조직으로 프랑스를 비롯한 서구 국가 및 그 관련 국가에 있었다.

아이티 봉기, 2000~2009
Haitian Uprising of 2000~2009

2000년 11월 선거에서 장베르트랑 아리스티드(1953~)가 득표율 92퍼센트로 대통령에 당선됐다(◐ 아이티 내전, 1991~94). 15개 야당의 연합체(민주연합)는 부정선거라고 주장하며 2001년 2월 취임식에 참여하지 않았고 아리스티드를 대통령으로 인정하지 않았다. 야당의 연합체는 재선거가 시행될 때까지 자신들의 후보를 임시 대통령으로 세우고자 했다. 국제사회도 선거를 비난했다. 반정부 활동이 즉각 개시됐으며 부패와 비참한 경제 상황은 사태에 기름을 부었다. 7월과 12월에 두 차례 있었던 쿠데타 기도는 불만을 품은 전직 군 장교들의 소행이었다. 2003년 9월 정부를 비판하는 목소리와 반정부 폭력의 강도가 높아졌다. 아리스티드에 반대하는 자들이 무장하고 거리로 뛰쳐나와 경찰서를 공격하고 아리스티드 지지자들과 충돌했으며 여러 도시를 장악했다(최대 도시는 2004년 2월에 장악한 고나이브다). 선동은 빠르게 확산됐고 친親아리스티드파와 반란자들(상당수가 아리스티드의 정당인 라발라스 가족당 전前 당원이었다)은 거리에서 공공연히 대결했으며 장비가 부족한 경찰은 이를 통제할 수 없었다. 아이티가 프랑스에서 독립한 지 200주년이 되는 날이 다가오면서(2004년 1월 1일) 폭력 대결은 더욱 기승을 부렸다. 미국 정부는 아리스티드에게 지지자들을 통제하라고 단호히 경고했고, 민간인에게 테러 행위를 자행했다고 비난했으며, 반란자들에게는 수도로 진격하지 말라고 요구했다. 아리스티드는 미국이 제안한(캐나다와 프랑스, 카리브 해 국가들이 지지했다) 평화안을 수용했다. 이 방안에 따르면 아리스티드는 임기가 끝나는 2006년까지 대통령직을 유지하되 야당과 권력을 공유해야 했다. 아리스티드의 퇴진 외에 그 어떤 것도 받아들일 뜻이 없었던 야당은 이 제안을 단호히 거부했다. 2004년 2월 29일 미국은 아리스티드를 납치하여 비행기에 태워 나라 밖으로 데려갔다. 아리스티드 정부는 붕괴했고, 제라르 라토르튀(1934~) 총리와 보니파스 알렉상드르(1936~) 대통령이 이끄는 과도정부로 대체됐다. 6월 국제연합UN 평화유지군(국제연합아이티안정화임무단MINUSTAH) 1진은 미국이 이끄는 군대로부터 치안 임무를 인수했다. 2004년 내내 미국이 지지하는 아이티 정부와 UN 평화유지군이 아리스티드 지지자들을 공격하고 잔인한 점령에 저항하는 수많은 활동가를 억류하면서 폭력은 점차 증가했다. 2006년 2월 7일 오랫동안 기다렸던 선거가 시행되어 르네 가르시아 프레발(1943~)이 51퍼센트에 이르는 득표율로 대통령 당선인으로 선포됐으나, 당시 UN 평화유지군이 치안 유지 활동을 펼치고 있었는데도 선거에 부정이 있었다는 주장이 제기되고 항의가 이어지면서 선거 결과는 완전히 받아들여지지 않았다.

○ 아이티 내전, 1991~94

아이티의 산토도밍고 재정복, 1822
Haitian Reconquest of Santo Domingo, 1822

산토도밍고(도미니카 공화국)는 에스파냐의 식민지였다가 프랑스에 할양되어 아이티의 지배를 받기도 했는데(○ 투생 루베르튀르의 반란), 한때 에스파냐에 충성했던 주민들은 1813년 12월에 반동적인 페르난도 7세(1784~1833)가 에스파냐 왕좌에 복귀하자 불만을 품게 됐다. 1821년 11월 30일 산토도밍고는 에스파냐로부터 독립을 선언하고 아이티 에스파뇰이라는 국명을 채택했으며 남아메리카의 해방자 시몬 볼리바르(1783~1830)에게 사절을 파견하여 그란콜롬비아(오늘날의 콜롬비아, 에콰도르, 파나마, 베네수엘라, 가이아나 일부, 니카라과 일부, 브라질 일부, 코스타리카 일부, 페루 일부)와 통합하려 했다(○ 콜롬비아 독립 전쟁). 그러나 전갈이 볼리바르에게 도착하기 전에 장피에르 부아예(1776~1850) 아이티 대통령은 산토도밍고가 아이티의 법에 굴복했다고 선언했으며 군대를 이끌고 들어가 에스파냐인들을 내몰고 라에스파뇰라 섬(이스파니올라 섬. 아이티와 도미니카공화국) 전체를 지배했다.

○ 산토도밍고 혁명 ; 아이티 내전, 1806~20

아이티-프랑스 전쟁, 1801~03
Haitian-French War of 1801~03

1801년 라에스파뇰라 섬(이스파니올라 섬. 아이티와 도미니카 공화국)의 프랑수아 도미니크 투생 루베르튀르(1743~1803)는 헌법을 제정하여 질서를 회복하고 정부를 개편했다(○ 투생 루베르튀르의 반란). 프랑스의 나폴레옹(1769~1821)은 섬을 다시 지배하고 그곳에 노예제를 재도입하고자 매제인 샤를 빅투아르 엠마누엘 르클레르(1772~1802)에게 약 2만 5천 명의 병력을 주어 파견했다. 1802년 2월 5일 카프프랑세(오늘날 아이티의 카프아이시앵)에 상륙한 르클레르의 부대는 앙리 크리스토프(1767~1820)가 이끄는 흑인 부대가 도시를 불태우고 퇴각한 것을 알았다. 프랑스 군대는 내륙에서 사나운 저항에 부딪혔고 질병에, 특히 황열병에 큰 피해를 입었다. 1802년 3월 말 르클레르의 군대는 크레타피에로에서 장자크 데살린(1758~1806)이 지휘하는 약 1,300명의 흑인 부대를 격파했고, 그 직후 데살린과 크리스토프, 그리고 그 추종자들의 대부분이 르클레르에게 넘어왔다. 사면을 약속받은 투생 루베르튀르는 무기를 내려놓았으나 배신당하여 체포됐고 프랑스에 포로로 끌려갔다가 약 1년 뒤인 1803년 4월 7일에 사망했다. 크리스토프와 데살린은 한동안 프랑스를 도와 투쟁을 멈추지 않은 흑인과 물라토(라틴아메리카에 사는 백인과 흑인의 혼혈) 게릴라를 진압하는 데 참여했으나, 나폴레옹이 섬에 노예제를 다시 도입하려 한다는 사실을 알고 이탈했다. 프랑스 군대는 황열병 때문에 다수가 앓아누워 있었고 영국이 항구들을 봉쇄하여 (◐나폴레옹 전쟁) 증원군을 받을 수도 없었기에, 1803년 11월 흑인 지도자들에게 항복하고 라에스파뇰라 섬을 떠나야 했다. 1804년 1월 1일에 데살린은 아이티를 독립 공화국으로 선포하고 국가원수가 됐다.*

◐ 아이티 내전, 1806~20

* 장자크 데살린은 1804년 1월 1일부터 국가원수를 유지하다 1804년 9월 2일 황제 자크 1세에 올랐다.

아일랜드 대반란, 1641~49
Great Irish Rebellion, 1641~49

잉글랜드 왕 찰스 1세(1600~49)와 의회가 심각하게 다투던 도중(◐(제1차) 잉글랜드 내전) 아일랜드에서는 냉혹한 처우와 프로테스탄트의 얼스터 이주, 광신적인 신앙이 결합하여 반란이 일어났다. 아일랜드의 가톨릭교도와 '올드 잉글리시'*는 더블린을 빼앗으려 했으나 실패한 뒤 얼스터를 점령했고, 이 때문에 1641년 렌스터(라인)에서 반란이 일어났다. 당황한 의회는 적절치 못하게 대응했다. 의회는 찰스 1세에게 군대를 주지 않았으며 아일랜드 토지를 주겠다며 자원병을 모았고 1642년에 스코틀랜드인으로 구성된 부대를 파견했다. 그 무렵 반란자들은 아일랜드를 3분의 2 정도 장악했고, 스코틀랜드인들의 일은 순조롭게 풀리지 않았다. 1642년 반란 세력은 킬케니에 임시정부를 세웠고, 찰스 1세의 부관이었던 1대 오먼드 공작 제임스 버틀러(1610~88)가 휴전안을 마련했으나 아일랜드 의회와 잉글랜드 의회 모두 이를 거부했다. 교황의 눈치오 nuncio(외교사절)가 개입했지만, 반란은 끊일 듯 말듯 지속됐다. 반란 세력은 1645년에 승리했고, 1647년까지는 실패했으며, 1648년에는 휴전 시도가 있었으나 무산됐고, 1649년에 라스마인스 전투에서 잉글랜드 의회파 군대가 잉글랜드 왕당파와 아일랜드 반란 세력의 연합군을 대파했다. 올리버 크롬웰(1599~1658)이 등장하고 난 뒤에야 싸움이 종결됐다(○ **크롬웰의 아일랜드 원정**).

* Old English. 노르만 왕조의 아일랜드 침입 이후 웨일스와 노르망디, 잉글랜드에서 아일랜드로 건너와 정착한 사람들의 후손.

아일랜드 독립 전쟁, 1916~21
Irish War of Independence, 1916~21

1801년에 잉글랜드 왕국과 아일랜드 왕국이 합방하여 영국이 탄생한 뒤부터 아일랜드에서 민족주의적 정서가 강해졌다. 그리하여 아일랜드인의 분노가 심해지고 소요가 증가했으며 법으로 자치권을 보장받으려는 시도가 이어졌다. 영국 의회는 1914년에 자치를 승인했으나, 제1차 세계대전이 발발하여 자치가 무기한 연기됐다. 자치의 지연에 좌절한 아일랜드인들은 1916년 부활절 봉기를 일으켜 영국 정부에 맞서 투쟁의 마지막 단계에 돌입했으나 실패했다. 영국 정부는 봉기 지도자들을 사형한 뒤 아일랜드협의회 Irish convention를 구성하여 아일랜드 전체의 합의를 이끌어내려 했고 (1917~18), 소기의 성과를 얻어내는 듯했으나 제1차 세계대전에 아일랜드인을 징병한다는 실현할 수 없는 계획을 세웠다가 철회했다(1918). 아일랜드인들은 정치적으로 대응했고 테러리즘으로 응수했다. 영국에서 독립하려는 아일랜드 정당인 신페인당은 1918년 실시한 의회 하원 선거에 참여하여 아일랜드가 할당받은 105석 중 73석을 얻었지만 런던에 있는 의회 하원의 출석을 거부하고 다일 에이렌(아일랜드 의회)을 수립하려고 했다. 영국은 즉각 다일 에이렌에 참여하겠다고 선언한 신페인당 소속 당선자 중에서 34명을 감금하고 3명을 추방했지만, 27명이 첫 번째 회의에 참석하여 1916년 부활절 봉기 중에 선포된 아일랜드 공화국을 비준했다. 이제 충돌은 불가피했다. 아일랜드 공화국 임시정부가 수립되고 임시 사법제도가 제정됐다. 아일랜드공화국군IRA과 아일랜드 의용군은 2년 반 동안 지속된 게릴라전에 들어갔다. 아일랜드인들이 '분쟁 The Troubles'이라고 불렀던 이 싸움은 영국군의 지원을 받는 왕립아일랜드경찰에 맞선 폭력 투쟁이었는데, 1920년에 코크 시장이 성공리에 보여주었던 단식투쟁처럼 고립적인 영웅적 행위로도 표현됐다. 영국 정부는 서서히 타협했다. 1920년에 영국은 아일랜드를 북아일랜드와 남아일랜드로 분할하고 두 지역에 각각의 자치를 허용했다. 그러나 신페인당은 그 결과로 새로 탄생한 남아일랜드 의회의 하원의원을 선출하려고 1921년에 실시한 선거에서 128석 중 124석을 얻고서도 의회 구성을 거부하여 자치가 아닌 아일랜드의 독립을 추구하고자 했다. 1921년 7월부터 휴전이 발효되고 평화협상을 시작한 결과, 1921년 12월에 영국−아일랜드 조약이 체결됐으나 이 조약은 아일랜드의 분할, 영국 제국 내부에서의 아일랜드 자치 따위를 규정했기 때문에, 아일랜드 독립 운동 진영은 이 조약을 지지하는 다수파와 반대하는 소수파로 나뉘었다가 다수파가 승리하면서 1922년 남아일랜드는 영국 제국의 한 자치령인 아일랜드 자유국이 됐다.

아일랜드 십일조 전쟁, 1831~36
Irish Tithe War, 1831~36

법에 따라 아일랜드 교회(아일랜드 성공회)에 십일조를 납부해야 했던 아일랜드의 가톨릭교도는 부당한 세금에 저항하고자 1823년에 대니얼 오코널(1775~1847)이 세운 가톨릭 협회로 단결했다. 이들의 성공으로 아일랜드 교회 성직자들은 몹시 빈곤해졌다. 그러나 1831~36년에 수동적으로 저항하던 아일랜드 교회 성직자들이 격렬하게 대응했다. 아일랜드 뉴타운배리(오늘날의 번클로디)에서 소의 몰수를 지지하던 12명이 사살됐고, 캐릭쇼크에서는 농기구로 무장한 아일랜드인 농민들이 경찰관 12명을 살해했다. 캐슬폴러드에서는 경찰관이 10명을 사살했고, 고트로치에서는 어느 성직자가 정부 관리에게 발포를 명령하여 8명이 사망하고 13명이 부상을 입었다. 정부는 개입했다가 징수 업무가 부담스러운 일임을 깨닫고 개입을 중단했다. 1836년에 부분적인 경감 조치가 이루어질 때까지 '십일조 전쟁'이라 부르는 비교적 평화로운 저항이 한 번 더 일어났다.

아일랜드인 수형자 반란
Irish Convict's Revolt

❍ 오스트레일리아의 아일랜드인 수형자 반란

아일랜드인 연합단체 반란, 1798
Society of United Irishmen's Revolt, 1798

아일랜드인 연합단체라고 알려진 아일랜드 민족주의자들은 시어볼드 울프 톤(1763~98)과 제임스 내퍼 탠디(1740~1803) 등의 지도자에 고무되어 아일랜드의 독립을 쟁취하기 위해 영국의 통치에 맞서 전면적인 반란을 일으켰다. 제러드 레이크(1744~1808)가 지휘하는 영국군은 아일랜드 반란자들을 제압하고 다수를 체포했다. 무장한 아일랜드인들이 반란을 일으켜 웨스퍼드 주를 장악했으나 1798년 6월 21일에 비니거힐 전투에서 항복했다. 반란을 도우려던 톤은 프랑스 원정대를 조직하여 이끌었으나 도니골 주의 러프 스윌리 근해에서 영국 해군의 전대에 막혀 패했다. 체포되어 군사재판에 회부된 톤은 반역죄로 교수형을 당할 예정이었으나 집행 전에 자살했다. 반란은 와해됐고, 1801년 그레이트브리튼 왕국과 아일랜드 왕국이 합방하여 연합왕국 United Kingdom이 됐다.

아일랜드인의 브리타니아 침입, 395?~405
Irish Raids in Britain, c. 395~405

로마가 점령한 브리타니아는 색슨족과 픽트족, 기타 침략자들의 공격을 받던 중에 서쪽에서도 기습을 당했다. 4세기 말 아일랜드의 지위 높은 왕 니얼 노이이얼러흐('아홉 볼모를 잡은 닐', 450?년 사망)의 통치를 받던 아일랜드인들(당시에는 스코트족이라 불렀다)이 스트래스클라이드에서 남진한 뒤 오늘날의 웨일스를 공격하여 해안의 마을들을 파괴하고 수천 명을 노예로 잡아갔던 것이다. 포로로 끌려간 사람들 중 가장 유명한 사람은 브리턴족의 패트릭(파트리쿠스, 387?~493?)으로 400년경에 사로잡혀 돼지치기가 됐다. 패트릭은 탈출한 뒤 뒷날 성聖 파트라치오로 아일랜드에 되돌아왔다. 400년경 웨일스 북단에 있는 귀네드 왕국의 통치자는 스코트족을 내쫓았다. 이후 침입은 차츰 줄어들다 중단됐다. 니얼은 자신이 부당하게 강탈한 것을 우연히 되갚았다. 니얼은 이오나 수도원을 창설한(563) 아일랜드인이자 켈트족 그리스도교도의 사도였던 성 골룸바(521~597)의 고조부로서 브리튼 제도의 초기 그리스도교 수용에 간접적으로 기여했기 때문이다.

○ 색슨족의 침입

아일랜드 전쟁, 1689~91
Irish War of 1689~91

잉글랜드 왕 제임스 2세(1633~1701)는 초기 재커바이트(제임스 2세 지지파)의 일원이었다(⊙ 재커바이트의 반란). 왕좌에서 쫓겨난(⊙ 명예혁명) 제임스 2세는 크롬웰의 정복을 아직도 쓰라리게 기억하고 있는 아일랜드인들에게(⊙ 크롬웰의 아일랜드 원정) 도움을 요청했다. 프랑스 왕 루이 14세(1638~1715)로부터 병력과 자금을 얻어 아일랜드에 상륙한(1689) 제임스 2세는 더블린의 아일랜드 의회로부터 왕으로 인정받았고(아일랜드 의회는 프로테스탄트의 토지를 모두 몰수했다), 아일랜드·프랑스 연합군을 소집하여 프로테스탄트가 공동왕 윌리엄 3세(1650~1702)와 메리 2세(1662~94)에게 충성을 맹세하고 있던 런던데리로 진격했다. 제임스 2세는 런던데리를 102일 동안 포위했지만 승리를 거두지 못했다. 윌리엄 3세는 잉글랜드·네덜란드 연합군을 이끌고 아일랜드에 상륙하여 1690년 7월 11일 보인 강 전투에서 제임스 2세의 군대와 대결하여 승리했다. 제임스 2세는 프랑스로 도주했으나 그의 지지자들은 진압하러 온 잉글랜드·네덜란드 연합군에 맞서 저항했다. 1691년 7월 12일 오그림 전투는 아일랜드·프랑스 연합군의 패배로 끝났으며, 재커바이트의 본부인 리머릭은 두 차례의 포위공격을 막아내는 데 성공했으나 결국 항복했다. 리머릭 평화조약으로 아일랜드 병사들은 프랑스로 자유롭게 떠날 수 있었고 아일랜드는 종교(가톨릭)의 자유를 얻었다. 그러나 아일랜드 프로테스탄트들은 이에 반대하여 프로테스탄트가 지배한 의회에서 억압적인 반가톨릭 법률을 제정했고, 이 때문에 아일랜드 가톨릭교도들은 1696년까지 이따금씩 싸움에 나섰다.

아일랜즈 만 전쟁(제1차 마오리족 전쟁), 1845~46
Bay of Islands War(First Maori War), 1845~46

뉴질랜드 북섬 아일랜즈 만(베이오브아일랜즈) 북부의 마오리족 족장 호네 헤케(1807?~50)는 와이라우 학살과 토지 강탈, 식민지 정부의 오클랜드 이전, 지역 주민과 소득의 감소에 분노하여 1844년 7월에 코로라레카(오늘날의 러셀)를 습격하여 영국의 국기게양대를 부러뜨렸고, 1845년 3월에는 이 도시를 약탈했다. 영국의 식민지 군대가 이를 저지하려 했으나 호네 헤케와 다른 족장 테 루키 카위티(1770년대~1854)는 마오리족을 이끌고 1845년 중 반까지 북쪽으로 더 멀리에 있는 영국인 거주지들을 공격했다. 그 뒤 영국 군의 책임을 맡은 서 조지 그레이(1812~98)는 1846년 1월에 카위티를 물리 쳤으며, 호네 헤케를 단호히 밀어붙여 싸움을 중지시켰다. 그레이는 새로운 총독으로서 뉴질랜드에 평화를 가져왔고 이는 1860년까지 지속됐다. 오스 트레일리아에서 금이 발견되어 그레이의 노력에 도움이 됐다. 마오리족과 영국인 정착민이 식료품을 판매할 시장이 생겼기 때문이다. 그러나 토지 관 련 분쟁들은 필연적으로 세 차례의 타라나키 전쟁으로 이어졌다. 이 싸움을 모두 합하여 제2차 마오리족 전쟁이라고도 한다.

아쟁쿠르 전투, 1415
Battle of Agincourt, 1415

잉글랜드는 아르마냑파-부르고뉴파 내전과 카보시앵 반란으로 프랑스 에 대한 관심이 식어버렸으나, 1412년 잉글랜드의 노르망디-보르도 침공과 1413년 헨리 5세(1386~1422)의 즉위로 잉글랜드와 프랑스 사이에 백년 전쟁 이 재개됐다. 헨리 5세는 1415년에 아르플뢰르를 점령했고 약 9천 명의 병 력을 이끌고 칼레를 향해 진군하다 1415년 10월 25일 아쟁쿠르에서 3만 명 이 넘는 프랑스군과 부딪쳤다. 프랑스군은 쟁기질을 하여 빗물을 흠뻑 머 금은 밭에 도착했다. 헨리 5세는 프랑스군이 돌격하여 진창에 빠지기를 기 다렸다. 잉글랜드의 궁수들이 프랑스군의 진격을 두 차례 저지했다. 그 뒤 헨리 5세의 병사들이 배후에서 공격했고 프랑스군은 패주했다. 프랑스군 약 6천 명에서 약 1만 명이 사망한 이 대단한 유혈극에 뒤이어 잉글랜드는 노르망디를 탈환했고, 1420년에는 프랑스에 굴욕적인 트루아 조약을 강요 했다.

아체 반란, 1953~59
Achinese Rebellion of 1953~59

수마트라 섬 북부의 이슬람교도 아체인 반란자들은 자신들의 영역이 네 덜란드로부터 1949년에 독립을 인정받은 인도네시아에 병합되자 저항했 다. 병합되기 이전에 아체 지역의 군사 통치자인 퉁쿠 무하맛 다웃 브르에

(1899~1987)는 1953년 9월 20일에 수카르노(1901~70) 대통령이 이끄는 인도네시아 정부에 맞서 무장 반란을 일으켰다. 아체인은 더 많은 무기를 확보하여 전면적인 반란을 일으키려고 경찰과 군대의 주둔지들을 공격했다. 산발적인 게릴라전이 계속되다가 1957년 3월 아체인에게 별개의 주가 허용되면서 휴전이 발효됐다. 인도네시아의 다른 섬 주민들도 더 많은 자치 관련 권한을 원하며 반란을 일으켰다. 아체인 반란군이 전투를 재개하자 결국 수카르노 대통령은 아체를 종교와 법에서 자율권을 갖는 특별지구로 선포했다.

아체 반란, 1999~2005
Achinese Rebellion of 1999~2005
➲ 인도네시아의 아체 전쟁, 1999~2005

아체 전쟁, 1873~80, 1883~1914
Achinese War, 1873~80, 1883~1914

영국이 수마트라 섬 북부의 이슬람 군주국인 아체 술탄국을 네덜란드 영향권으로 인정한 뒤 네덜란드는 1873년에 저항하는 아체인을 정복하기 위해 원정대를 두 번 파견했다. 1874년에 쿠타라자(오늘날의 반다아체)가 점령당했고, 네덜란드는 아체를 자국의 식민지인 네덜란드령 동인도제도에 병합한다고 선포했으나 전쟁은 끝나지 않고 지속됐다. 1903년 아체 술탄국의 술탄 모하맛 다웃 샤는 네덜란드와 조약을 체결하여 그 지역에 대한 네덜란드의 주권을 인정하고 술탄 지위를 포기했다. 그러나 많은 아체인은 네덜란드의 통치 수용을 거부하고 계속 전쟁을 벌였다. 네덜란드는 서두르지 않고 지역 전역에 요새를 구축하여 네덜란드 군대를 주둔시키는 '축성 전략castle strategy'으로 1914년까지 아체인을 천천히 평정했다.

아카이아-스파르타 전쟁
Achaean–Spartan Wars
➲ 스파르타-아카이아 동맹 전쟁

아카이아 전쟁, 기원전 146
Achaean War, BCE 146

고대 그리스 중남부의 주민인 아카이아인들은 적에 대비하여 서로를 보호하려는 목적으로 펠로폰네소스 반도 폴리스들의 동맹체인 아카이아 동맹을 결성했다. 아카이아 동맹은 로마 공화국의 보호를 받고 있는 스파르타에게 가입을 강요하려 했다. 기원전 146년 루키우스 뭄미우스 아카이쿠스가 지휘하는 로마군이 그리스를 침공하여 제대로 훈련받지 못한 노예가 대부분인 아카이아 동맹의 군대를 코린토스 근처에서 격퇴했다. 그 뒤 로마군은 코린토스를 약탈하고 완전히 불태웠으며, 아카이아 동맹을 해체시키고 그리스 전역을 로마 공화국에 속주로 편입했다.

아파치족 인디언과 나바호족 인디언의 전쟁, 1860~65
Apache and Navaho War of 1860~65

아파치족 인디언과 나바호족 인디언은 대체로 오늘날의 뉴멕시코 주와 애리조나 주에 거주하던 호전적인 부족이었다. 두 부족의 전사들은 자신들의 영역을 잠식하는 백인 문명에 저항했다. 1850년대에 미국 군대는 그곳에 백인의 정착을 장려하고 정착지를 보호하기 위해 서남부 여러 곳에 일련의 요새를 건설했다. 1860년 두 부족은 발 빠르고 튼튼한 조랑말을 타고 원정을 시작했으며 지역 도처에서 파괴를 자행하는 동시에 총과 탄약, 소, 말 등을 빼앗았다. 1861년 치리카와 아파치족 족장 코치스(1805?~74)와 다른 인디언 족장 5명이 목장에서 소를 훔치고 소년 1명을 납치한 죄로 고발됐다. 그러나 이 고발은 잘못된 것이었다. 족장 1명이 살해됐고, 코치스는 탈출했으며, 나머지 4명은 곧 교수형에 처해졌다. 코치스는 남북 전쟁 중에 여러 전사와 함께 백인에 맞서 피비린내 나는 복수전을 벌였다. 남북 전쟁으로 서남부에서 연방군(북군)이 많이 빠져나가자 코치스는 한동안 별다른 저항을 받지 않고 그 지역을 폐허로 만들 수 있었다. 1862년 제1 캘리포니아 자원 보병연대는 아파치 고개에서 적의 매복 공격을 받았으나 갖고 다니던 산악 곡사포 2문 덕에 승리했고 인디언을 쫓아냈다. 동부에서 남부연합군(남군)과 싸우던 연방군 부대는 이동해야만 했다. 인디언에 맞서 싸웠던 노련한 전사 크리스토퍼 휴스턴 '킷' 카슨(1809~68) 대령은 1863년과 1864년에 제1

뉴멕시코 자원기병연대를 이끌고 인디언과 싸웠다. 인디언 남성은 그 자리에서 모두 죽고 여인들과 아이들은 포로가 됐다. 카슨의 부대는 아파치족을 650명 이상 살해했고 9천 명 이상을 포로로 잡았다. 1865년 나바호족은 항복했고 뉴멕시코 준주 페이커스 강 주변의 보호구역에 정착하기로 동의했다. 코치스와 아파치족은 산악지대로 퇴각하여 습격을 계속했다.

아파치족 인디언 전쟁, 1871~73
Apache War of 1871~73

미국 서남부의 아파치족 인디언은 백인 정착민과 미국군의 진출에 저항했다. 아파치족은 빠르게 기습했다가 산악지대의 은신처로 퇴각하기를 반복했다. 캠프그랜트 학살에서 아파치족 여성과 아이 100명 이상이 죽은 뒤 인디언은 대규모 원정을 시작했다. 1871년 인디언과 강화를 맺기에 앞서 이들을 격퇴해야만 한다고 언급했던 조지 크룩(1828~90) 장군은 뉴멕시코 준주와 애리조나 준주에 주둔하고 있던 미국군에게 여러 개의 작은 분대로 나뉘어 아파치족을 사로잡거나 죽이라는 명령을 내렸다. 크룩은 병력을 이끌고 치리카와 아파치족 족장 코치스(1805?~74)에 맞섰다. 코치스는 결국 1872년 평화조약에 서명했고 부족의 인디언 보호구역 정착에 동의했다. 빅토리오(1825?~80) 족장과 제로니모(1829~1909) 족장이 지휘하는 다른 아파치족은 계속 싸웠으나 지속적으로 미국군의 공격을 받았으며 식량과 탄약의 부족으로 고생했다. 1873년 4월 싸우다 지친 인디언은 항복했고 애리조나 준주의 샌칼로스 아파치 인디언 보호구역으로 들어가 살게 됐다. 평화는 일시적이었다. 아파치족은 제약이 많이 따르는 보호구역의 생활을 몹시 싫어했으며 약속을 지키지 않는 백인의 행태에 분노했다. 몇 년 뒤 인디언들은 보호구역 밖으로 나와 다시 약탈을 했다.

아파치족 인디언 전쟁, 1876~86
Apache War of 1876~86

규제가 많은 샌칼로스 아파치 인디언 보호구역 안의 삶은 아파치족 인디언에게 맞지 않았다. 사냥감이 부족하고 가족이 굶주릴 때 고생이 더욱 심했다. 술에 취한 아파치족 몇 명이 백인 철도역 역장驛長을 살해한 뒤 미국군이 수백 명의 무고한 인디언을 더 멀리 있는 보호구역으로 추방하려 하자 다시 전쟁이 터졌다(○ 아파치족 인디언 전쟁, 1871~73). 족장 빅토리오(1825?~80)와 제로니모(1829~1909)의 지휘로 이곳저곳을 떠돌던 아파치족이 광맥 탐사자들과 목축업 종사자들을 살해하고 말과 총을 강탈하면서 애리조나 준주와 뉴멕시코 준주의 대부분은 공포에 휩싸였다. 인디언은 미국군이 가까이 오면 미국인이 쫓아올 수 없는 국경 너머 멕시코로 피신했다. 아파치족은 국경을 넘나들며 습격을 계속했고, 코만치족 인디언과 다른 이탈자들이 아파치족에 합류했다. 빅토리오는 무리를 이끌고 멕시코에서도 테러 활동을 벌이다가 1880년에 살해됐다. 시에라마드레 옥시덴탈 산맥으로 피한 제로니모의 부족은 소와 탄약을 훔치려고 모험을 하기도 했다. 미국의 조지 크룩(1828~90) 장군과 넬슨 애플턴 마일스(1839~1925) 장군이 이끄는 부대가 여러 해 동안 제로니모의 부족과 싸웠다. 1883년 크룩 장군은 아파치족 배신자의 인도를 받아 제로니모의 산악 거점을 기습하고 설득을 통해 항복을 받아냈다. 인디언은 포트아파치 인디언 보호구역에서 새 생활을 하기로 동의했다. 1885년에 제로니모와 그 추종자들이 다시 이탈하여 약탈 생활을 재개했으나 미국군의 끝없는 공격에 지쳐 한 해 뒤 항복했다. 제로니모와 다른 아파치족 부족민은 플로리다 주의 피컨스 요새로 보내졌다. 뒷날 제로니모는 다시 서부로 돌아올 수 있었고 오클라호마 주 실 요새 인근에서 여생을 마쳤다.

아펜첼 전쟁, 1403~11
Appenzell War, 1403~11

아펜첼 전쟁은 유럽의 봉건적 사회 구조가 붕괴되면서 일어난 고통스러운 투쟁들을 잘 보여준다. 장크트갈렌 수도원령의 장크트갈렌은 직물 교역에 널리 관여했는데, 봉건제적 부담 의무들 때문에 영주인 수도원과 대립하게 되자 아펜첼 주canton에 지원을 요청했다. 아펜첼 주는 슈비츠 주와도 연합하여 장크트갈렌 수도원에 대항했다. 1403년 장크트갈렌 수도원의 군대가 아펜첼 주를 공격했으나 패했다. 1405년 장크트갈렌 수도원은 합스부르크 가문의 오스트리아 공작 프리드리히 4세(1382~1439)의 도움을 받아 장크트갈렌과 아펜첼 주를 공격했으나 다시 패했다. 독일 왕 루프레히트(1352~

1410)는 장크트갈렌에게 독립을 포기하고 전처럼 장크트갈렌 수도원의 영지로 돌아가라고 했으며, 아펜첼 주에게 장크트갈렌 수도원령으로 할양받은 영토를 반환해야 한다고 명령했지만 스위스 연합의 회원국인 아펜첼 주와 장크트갈렌은 무력한 루프레히트의 이런 명령에 대항해 1411년에 스위스 연합의 보호를 획득했다.

아편 전쟁(영국-중국 전쟁)
Opium War(Anglo-Chinese War)

제1차 아편 전쟁(1839~42) 청나라는 자국 영토 안에서 외국인의 교역과 주거를 제한하려 하고 아편의 수입을 금지했으나 성공하지 못했다. 영국 상인들은 청나라의 규제를 무시했고 금지된 약물인 아편을 계속 들여왔다. 1839년 3월 30일 흠차대신欽差大臣 임칙서林則徐(1785~1850)는 광저우廣州의 영국 창고와 선박에 있는 아편을 몰수하여 없애라고 명령했다. 영국은 이에 보복하여 군함과 병력을 파견해 항저우杭州와 홍콩, 광저우 등의 중국 해안 도시를 공격했다. 영국군은 봉쇄를 시작했고, 육군·해군 합동군이 주 강珠江에 진입하여 광저우 주변의 요새들을 공격했고 1841년 5월에 도시를 점령했다. 영국군은 곧이어 해안 도시 샤먼廈門과 닝보寧波를 함락했으나, 병사들이 보급물자의 부족에 질 낮은 급식, 질병, 태풍 등에 지쳐 작전은 난국에 빠져들었다. 1842년 봄 새로 부임한 정력적인 영국군 사령관은 양쯔 강揚子江에서 일관된 군사작전을 벌여 상하이上海와 전장鎭江을 점령했다. 청나라는 현대식 무기와 해군을 갖춘 영국의 적수가 되지 못했고, 1842년 8월 영국군이 난징南京에 이르자 강화를 요청했다. 청나라는 가혹한 난징 조약으로 은화 2,100만 달러를 지불하고 홍콩을 할양해야 했으며 광저우와 샤먼, 푸저우福州, 닝보, 상하이의 항구를 개방해야 했다. **제2차 아편 전쟁(애로 호 전쟁, 1856~60)** 1856년 청나라로부터 추가로 양보를 얻으려 했던 영국은 프랑스와 협력하여 청나라로 원정대를 파견했다. 중국인 소유의 애로 호는 홍콩에 등록하고 불법적 아편 무역에 관여했다고 의심받고 있었다. 1856년 10월 8일에 청나라 관리들이 애로 호를 나포하자 영국·프랑스 연합군이 광저우를 공격하여 점령한 뒤 북쪽으로 항해하여 톈진天津 인근에 있는 다구포대大沽砲臺를 잠시 점거했다. 청나라는 영국과 프랑스, 러시아, 미국과 톈진 조약을 체결하여 더 많은 항구를 개방하고 베이징北京에 외국 공사관 설치를 허용하며 영국과 프랑스로부터의 아편 수입을 합법화하기로 동의했다. 중국인들이 외국 외교관들의 베이징 진입을 거부하고 톈진 인근에서 영국 침공군을 살해하자(1859), 영국·프랑스 원정대가 다구포대를 점령하고 하이허海河로 진입하여 톈진을 장악했으며 베이징 외곽에서 청나라 군대를 격파했다(1860). 전쟁 동안 평화협상을 시도하려고 영국이 파견한 서 해리 스미스 파크스(1828~85) 사절단을 청나라가 체포하여 고문하고 몇몇은 살해하자 이에 대한 보복으로 영국·프랑스 연합군은 베이징의 원명원圓明園을 약탈한 뒤 방화하고 파괴했다. 청나라 황제는 도피했으며 전권흠차대신 공친왕(1833~98) 등 청나라의 협상자들은 영국, 프랑스, 러시아와 개별적으로 불평등조약을 체결했다(베이징 조약). 이로써 청나라는 톈진 조약을 인정했으며 톈진을 비롯한 여러 항구를 무역항으로 개방했다. 그리고 3국 외교관들의 베이징 주재를 허용했으며 해안 지역의 조차지에 치외법권을 적용했고 중국 내 종교의 자유를 허용했다. 또한 영국과 프랑스에 은 8백만 냥의 배상금을 지불하기로 했다.

○ 의화단 봉기

아프가니스탄 내전, 1928~29
Afghan Civil War of 1928~29

아프가니스탄의 왕 아마눌라 칸(1892~1960)은 나라를 근대화하려고 시도했지만, 국내에서 그의 개혁을 반대하는 자들이 1928년 11월에 대규모 반란을 일으켰다. 1929년 1월 14일 아마눌라 칸은 병약한 형에게 양위했지만, 비적匪賊 무리의 수장이었던 반란 지도자 하비불라 칼라카니(1890?~1929)가 강력한 무리를 이끌고 아프가니스탄 수도 카불을 점령한 뒤 자신을 아미르 하비불라 가지라고 선포했다. 1929년 봄 아마눌라 칸은 칸다하르에서 군대를 규합하고 왕좌를 되찾기 위해 카불로 진군을 시작했다. 아마눌라 칸은 가는 도중에 패하여 외국으로 피신했다. 왕을 자칭했던 다른 경쟁자들도 실패했다. 아마눌라 칸의 사촌인 무함마드 나디르 칸(1883~1933) 장군은 인도에서 영국의 지원을 받아 군대를 조직한 뒤 귀국하여 하비불라 칼라카니에 맞서 진군했고, 1929년 10월 승리하여 카불을 점령했다. 하비불

라는 사로잡혀 처형됐고, 승리한 무함마드 나디르 칸은 왕으로 즉위하면서
무함마드 나디르 샤라는 칭호를 사용했다.

아프가니스탄 내전, 1979~2001
Afghan Civil War of 1979~2001

1979년 12월 말 소련의 아프가니스탄 침공은 소련 외교 정책의 중대한 실
패였다. 1973년 아프가니스탄이 공화국이 됐을 때, 소련은 아프가니스탄인
민민주당PDPA과 같은 과격한 정당들을 지원함으로써 아프가니스탄을 중국
과 친밀한 파키스탄에 맞서 경제적으로 자국에 의존하는 완충 국가로 만
들려고 했다. 그러나 소련은 서구 사상이든 마르크스주의든 근대적 사상
의 도입이 언제나 아프가니스탄의 보수적인 이슬람 종족들의 저항에 부딪
혔다는 사실을 잊고 있었다. 아프가니스탄 정부들은 개혁을 실행하려 했
지만 그다지 성공하지 못했다. 1978년 PDPA의 투사들이 정부를 전복하고
아프가니스탄 최초의 대통령인 무함마드 다우드 칸(1909~78)을 암살했다.
PDPA의 누르 무함마드 타라키(1913/17~79)가 혁명평의회의 의장으로 취임
했지만, PDPA 내부의 경쟁자인 하피줄라 아민(1929~79)이 그를 축출하고
암살했다(1979년 9월). 그리고 곧 소련 군대가 아프가니스탄을 침공하여 하
피줄라 아민을 살해했고, 소련이 지원한 PDPA의 다른 좌파 인사인 바브라
크 카르말(1929~96)이 혁명평의회 의장으로 취임했다(1979년 12월 27일). 카
르말은 소련식 체제를 강요하려 했으나 무장 저항에 직면했고 이에 반대파
를 분쇄하기 위해 소련의 지원을 요청했다. 10만 명이 넘는 소련군은 현대
적인 장비를 갖추었음에도 아프가니스탄 반군을 쉽게 제압하지 못했다. 반
군이 게릴라 전술과 파괴 활동으로 침공군을 혼란에 빠뜨렸기 때문이다.
부족 간의 오래된 적대감과 언어의 차이 탓에 반군도 소련군과 아프가니스
탄 정부군을 물리칠 통합된 전략을 세우지 못했다. 카불 정부는 아프가니
스탄 정부군의 탈영병 수가 너무 많아지자 1984년에는 14살 소년도 강제
로 징집했다. 소련의 '베트남전'이라고도 일컫는 이 전쟁으로 소련은 국제적
으로 곤란한 처지에 빠졌다. 1986년 11월에 바브라크 카르말은 소련의 압
력에 굴복하여 혁명평의회 의장을 사임했으며, 1987년 9월에는 비밀경찰의
수장을 지냈던 무함마드 나지불라(1947~96)가 혁명평의회 의장으로 취임했

다(1987년 11월에 혁명평의회가 폐지되면서 이후 무함마드 나지불라도 대통령이 됐다). 국제연합UN이 중재한 평화협정(1988년 4월)의 조건에 따라 소련이 아프가니스탄에서 철군한 뒤 경쟁하던 온건 이슬람교 분파와 근본주의적 이슬람교 분파가 지배권을 차지하려고 정부에 맞서 싸웠으며, 자신들끼리도 다투었다. 여러 경쟁 집단 중에는 헤즈비이슬라미(이슬람당)와 비와흐다트이슬라미아프가니스탄당(아프가니스탄이슬람통합당)이 있었는데(모두 강력한 근본주의 분파), 둘 다 군사적 우위를 확보하기 위해 때때로 다른 무장 집단들과 연합했다. 1992년 4월 무함마드 나지불라는 정권 유지가 불가능해지자 대통령 직위를 사임했고, 일부 반군은 수도 카불에 온건한 이슬람 정권을 수립했으나, 곧 경쟁 관계에 있는 다른 반군들은 아흐마드 샤 마수드(1953~2001) 지휘의 군대를 보유한 새 정부에 대항했다. 또 다른 강력한 파벌인 탈레반은 이슬람법에 근거한 가혹한 통치를 옹호했다. 이들은 다른 파벌들이 부패했다고 비난했으며 군사적으로 큰 성공을 거두었고(1994), UN의 평화 제안을 거부했다(1995). 탈레반 군대는 1996년 9월 27일에 마수드의 군대로부터 카불을 빼앗았고, 카불에 진입한 직후에 나지불라를 처형했으며, 탈레반에 대항하던 무장 집단들의 연합을 1997년까지 아프가니스탄의 동북부와 북부로 축출했다. 이처럼 탈레반이 카불을 장악하고 세력을 빠르게 확대하자, 탈레반을 반대하는 무장 집단들이 결집하여 1996년 9월 말에 북부동맹이라는 동맹체를 결성했다. 그러나 북부동맹은 파키스탄으로부터 지원받던 탈레반에 공격당해 고전했고, 아프가니스탄 북부를 탈레반에게 잃은 1998~2001년에는 아프가니스탄의 동북부만을 통제할 수 있었다. 탈레반은 1998년 8월에 마자르이샤리프를 점령하면서(주민의 약 2천 명이 학살당했다) 아프가니스탄의 3분의 2 이상을 장악했다. 오사마 빈 라덴(1957~2011)이 지도하던 알카에다가 1998년 8월 7일에 자행한 케냐 주재 미국대사관 폭탄 테러 공격과 탄자니아 주재 미국대사관 폭탄 테러 공격을 보복하려고, 미국은 1998년 8월 20일에 파키스탄 국경 근처에 있는 알카에다의 전투원 훈련소들을 순항미사일로 공격했다(탈레반은 알카에다에게 아프가니스탄을 피난처로 제공했고, 알카에다와 긴밀하게 협력하고 있었다). 1999년 3월 중순 UN이 중재한 탈레반 대표자들과 1998년 이후 북부동맹을 주도했던 마수드 진영 대표들 사이의 평화회담이 투르크메니스탄에서 열렸다. 한편 UN

은 탈레반이 안전을 보장하고 인권감시단의 입국을 허용하며 빈 라덴을 계속 감시한다면 카불 사무소를 다시 열겠다고 동의했다. 그러나 탈레반이 오사마 빈 라덴을 포함하는 알카에다의 인도나 아프가니스탄에서의 활동 제한을 거부하자, 미국과 UN은 1999년부터 탈레반 체제의 국외 자산을 동결하고, 탈레반 체제가 통제하는 비행기의 국가 간 운항을 금지했다(인도주의적 필요에 의한 국가 간 비행 요청은 예외로 인정했다). 그 뒤에도 UN은 제재 강도를 더욱 강화하여 탈레반 체제가 국외에서 운영하던 사무소의 폐쇄, 탈레반 고위 지도자의 국외 여행 금지, 무기 금수 조치 등을 시행했다. 1998년부터 북부동맹에서 주도적 무장 집단이었던 마수드의 군대와 탈레반 군대 사이의 교전은 2001년까지 지속했는데, 후자가 우세했다. 수많은 민간인이 살던 곳에서 쫓겨나 국경 근처나 파키스탄에 있는 난민수용소로 피난했다. 2001년 9월 9일 마수드는 알카에다가 실행했다고 추정되는 자살 폭탄 테러로 사망했다. 미국은 테러 공격이 있었던 2001년 9월 11일로부터 26일이 지난 2001년 10월 7일부터 아프가니스탄을 공격했고 그 와중에 탈레반 체제를 타도했다(●미국의 아프가니스탄 침공). 1979년 이래 전쟁으로 200만 명 이상이 목숨을 잃었으며, 이와 비슷한 수의 인명이 부상을 입었고, 거의 500만 명이 거주지로부터 쫓겨났다.

● 아프가니스탄 내전, 1928~29

아프가니스탄-마라타 왕국 전쟁, 1758~61
Afghan-Maratha War of 1758~61

페르시아 제국은 아프샤르 왕조의 창시자 나디르 샤(1688/98~1747)가 사망하면서 해체됐다(● 페르시아 내전, 1747~60). 아프간족은 압달리족(두라니족. 파슈툰족의 주요 부족)* 족장으로 나디르 샤의 군 지휘관이었던 아흐마드 샤 두라니(1722?~73)의 지휘로 독립했다. 아흐마드 샤 두라니는 힌두스탄 서부(펀자브와 갠지스 강 상류 지역)를 장악하려 했으며, 세 번의 침공으로(1747~53) 펀자브를 병합할 수 있었다. 아흐마드 샤 두라니는 1756~57년 침공으로 델리를 약탈했고 마라타 왕국의 꼭두각시였던 무굴 제국 황제 알람기르 2세(1699~1759)를 그대로 둔 채 반대파를 진압하기 위해 카불로 돌아왔다. 당시 재상 발라지 바지 라오(1721~61, 재위 1740~61)가 통치하면서 전성기를 구가했던 마라타는 펀자브에서 아프간족을 내쫓아달라는 델리 재상의 부탁을 받자 그 지역을 장악할 기회로 판단하고 전쟁에 돌입했다. 마라타는 처음에 눈부신 승리를 거두었다. 1758년에 라호르를 점령하고 시르힌드에서 승리했다. 그러나 아흐마드 샤 두라니는 다시 돌아와(1759) 라호르를 되찾고 델리를 점령했으며 알람기르 2세가 살해당한 것을 확인했다(마라타와 연합했던 재상 가지 웃 딘 칸 페로제 중 3세(1736?/45?~1800)가 알람기르 2세 일족을 죽였다. 알람기르 2세가 아흐마드 샤 두라니를 다시 불러올까봐 두려웠기 때문이다). 아흐마드 샤 두라니는 무굴 제국의 제위를 사양하고 대신 샤 알람 2세(1728~1806)를 무굴 제국 황제로 앉혔다. 푸네에서는 발라지 바지 라오가 마라타 역사상 최대인 약 7만 명의 병력을 모아 델리로 보냈다. 아흐마드 샤 두라니는 지하드(성전聖戰)를 외치며, 병력 수도 더 많았고 장비도 더 잘 갖춘 군대를 모았다. 1761년 두 군대는 파니파트에서 맞닥뜨렸다. 하루 동안의 전투에서(1월 14일) 약 3만~4만 명의 마라타 병사들이 전사했으며, 포로가 된 병사들은 곧 학살당했다. 그러나 승리한 군대는 아흐마드 샤 두라니에게 카불로 돌아갈 것을 강요했다. 샤 알람 2세는 제위를 유지했지만, 영국군과 마라타군은 이슬람교와 힌두교의 귀족 가문들과 함께 무굴 제국을 분할했다. 그 뒤 영국이 세 차례 마라타 전쟁을 치르면서 마라타는 서서히 파괴됐다.

* 압달리족은 두라니 왕조가 탄생한 뒤에 두라니족이라고 불렸다.

아프가니스탄 반란, 699~701
Afghan Revolt of 699~701

○ 이슬람 반란, 699~701

아프가니스탄 반란, 1709~26
Afghan Rebellions of 1709~26

17세기에 오늘날 아프가니스탄의 대부분은 페르시아의 사파비 왕조가 지배했다. 1709년 길자이족(파슈툰족의 최대 부족 연맹)의 족장 미르와이스 칸 호타크(1673~1715)는 칸다하르에서 부족민을 이끌고 봉기를 일으켜, 칸다하르 총독 구르긴 칸(카르틀리 왕국의 게오르기 11세, 1651~1709)을 살해하고 호타크 왕조를 세웠다. 1710년부터 1713년까지 아프간족은 이스파한에서 파견된 페르시아의 강력한 군대를 여러 차례 격퇴했다. 1711년 압달리족(두라니족. 파슈툰족의 주요 부족)*은 헤라트에서 반란을 일으켜 그 도시를 장악하고 우즈베크인과 연합하여 주변 지역을 약탈했다. 1719년 3만 명 규모의 페르시아 군대가 헤라트를 탈환하려다 지리멸렬한 전투 끝에 패배했다. 1721~22년에 길자이족의 대군이 페르시아를 침공하여 케르만과 시라즈를 점령했고 수도 이스파한을 향해 전진했다. 아프간족은 페르시아 군대의 저지를 뚫고 이스파한을 포위했으며, 1722년 10월 이스파한의 방어자들은 이 도시의 주민들이 굶어 죽어가던 상황에서 항복했다. 사파비 왕조가 허약해지자 러시아(➊ 러시아-페르시아 전쟁, 1722~23)와 오스만 제국도 개입했고, 오스만 제국은 페르시아 서부의 일부를 점령했다. 1725~30년의 페르시아 내전은 더욱 심각한 혼란을 야기했다. 아프가니스탄은 1725년에 테헤란을 점령하고 1726년에 러시아 군대와 오스만 제국 군대를 별개의 전투에서 물리친 뒤 주권을 찾는 듯했다. 하지만 갑자기 나디르 칸(아프샤르 왕조의 나디르 샤, 1688/98~1747)이 페르시아의 군대 지휘자로 등장하여 아프가니스탄의 해방은 나디르 칸이 암살될 때까지 미루어졌다(➊ 페르시아-아프가니스탄 전쟁, 1726~38).

* 압달리족은 두라니 왕조가 탄생한 뒤에 두라니족이라고 불렸다.

아프가니스탄-페르시아 전쟁
Afghan-Persian Wars
➊ 페르시아-아프가니스탄 전쟁

악티움 해전
Actian War
➊ 로마 내전, 기원전 43~기원전 31

안녹산安祿山의 난,* 755~763
Revolt of An Lu-shan, 755~763
소그드인 아버지와 돌궐족 어머니 사이에 태어난 안녹산安祿山(703?~757)은 몽골에서 성장했고 청년기에 당나라로 이주한 뒤 군에 들어갔다. 안녹산은 병졸에서 빠르게 진급하여 결국 중국 북부 3개 번진藩鎭의 절도사가 됐고 궁중에서 현종(685~762)의 총애를 받았다. 그러나 안녹산은 현종이 총애한 양귀비楊貴妃(719~756)의 육촌 오빠이자 재상이었던 양국충楊國忠(?~756)과 적대하게 됐고, 분노한 안녹산은 반란을 일으켜 당의 동도東都(당시 장안長安의 부도副都) 뤄양洛陽으로 진군했다. 뤄양을 장악한 안녹산은 스스로 연燕의 황제라고 선포했다. 안녹산을 추종하는 반란군은 당의 수도 장안(오늘날의 시안西安)으로 진격했으나, 여섯 달 동안 장안과 뤄양 사이에서 관군의 저지를 받았다. 결국 장안이 점령당하자 현종은 도피해야 했다. 건강이 나빠 후방인 뤄양에 머물렀던 안녹산은 둘째 아들인 안경서安慶緖(?~759)와 부하인 엄장嚴莊이 사주한 환관 이저아李猪兒에게 757년 초에 암살당했다. 그렇지만 안녹산의 난은 6년 동안 매우 격렬하게 지속되어 많은 인명이 희생됐다. 안녹산의 난은 비록 성공하지 못했지만 당나라 조정의 위신을 실추시켰고 문신들이 아니라 강력한 절도사들이 궁정에서 가장 큰 영향력을 행사하는 관행의 선례를 남겼다.

* 당나라 절도사인 안녹산과 그의 둘째 아들인 안경서, 그 부하인 사사명(史思明), 사사명의 장남인 사조의(史朝義)가 주동이 되어 난을 일으켰다고 안사(安史)의 난이라고도 한다.

알공킨족 인디언-네덜란드인 전쟁, 1641~45
Algonquian-Dutch War, 1641~45

알공킨족 인디언은 네덜란드인 정착민들이 오늘날 뉴저지 주의 스태튼아일랜드와 해컨색에 있는 자신들의 영역을 점거하자 분노했다. 네덜란드의 빌럼 키프트(1597~1647) 식민지 총독이 알공킨족에게 세금 납부를 요구하자, 1641년 여름 인디언들은 스태튼아일랜드와 맨해튼에 정착한 네덜란드인들을 공격했다. 잔인한 싸움이 계속되다가 이듬해에 휴전이 발효됐다. 1643년 2월 정착민들이 무장시킨 모호크족 인디언 전사들이 알공킨족을 공격했고, 알공킨족은 네덜란드인들을 다시 공격하여 보복했다. 유혈극과 보복이 여러 차례 오간 뒤 1645년 네덜란드인들은 모호크족의 지원을 받아 알공킨족을 쫓아내고 평화를 강요했다.

○ 네덜란드-인디언 전쟁, 1655~64

알렉산드로스 계승 전쟁
War of the Alexandrian Succession

⊙ 디아도코이 전쟁

알렉산드로스 대왕의 정복, 기원전 334∼기원전 323
Conquests of Alexander the Great, BCE 334∼BCE 323

알렉산드로스(기원전 356∼기원전 323)는 아버지 필리포스 2세(기원전 382∼기원전 336)가 살해된 뒤 20세 때 마케도니아의 왕과 그리스의 지배자가 됐다. 알렉산드로스는 기원전 336년에 테바이를 야만적으로 파괴하는 등 군사행동을 실행하여 지배력을 강화했다. 필리포스 2세는 그리스−페르시아 전쟁과 이어진 페르시아의 그리스 지배(⊙ 동맹국 전쟁, 기원전 357∼기원전 355 ; 코린토스 전쟁)에 대한 복수로 페르시아를 응징한다는 계획을 세웠고, 알렉산드로스는 그 계획을 이행할 준비가 되어 있었다. 알렉산드로스의 부차적 동기는 마케도니아의 부족한 국고를 다시 채우는 것이었다. 보병 약 3만 명과 기병 약 5천 명으로 편성된 알렉산드로스의 군대는 기원전 334년에 헬레스폰트(오늘날의 다르다넬스) 해협을 건넜고, 알렉산드로스가 트로이에 있는 아킬레우스 무덤에 기도를 올리느라 잠시 우회했다가 그해에 그라니코스(오늘날의 비가차이) 강에서 다리우스 3세(기원전 380?∼기원전 330)가 지휘하는 페르시아 군대를 물리쳤다(⊙ 그라니코스 전투). 알렉산드로스는 프리기아의 도시를 장악하여 페르시아 함대에 손실을 입히고 시리아 북부로 들어가 기원전 333년 이수스 전투에서 다리우스 3세를 물리쳤다. 알렉산드로스는 페르시아 함대를 완전히 무력하게 만들고자 페니키아로 진입하여 몇몇 도시를 손쉽게 장악하고 티레(티로스)를 포위하여 공격한 뒤 시리아를 정복했다. 알렉산드로스는 기원전 332년에 이집트를 해방시켰고 기원전 330년에는 아문(이집트 최고 신)의 아들로 선포됐다. 알렉산드로스는 기원전 331년에 시리아로 돌아와 가우가멜라 전투에서 다리우스 3세를 물리쳤고 바빌론과 수사를 빼앗았으며 페르세폴리스를 약탈했다. 기원전 330년에 다리우스 3세를 쫓아 엑바타나(오늘날 이란의 하마단)로 갔다. 기원전 331년부터 알렉산드로스는 동방화하는 징후를 보였다. 알렉산드로스는 '왕들의 왕(페르시아 아케메네스 왕조의 왕들이 사용한 호칭)'이라고 자칭했으며 페르시아 의

복을 입었다. 몇몇 병사는 알렉산드로스의 변화에 반대해 반란을 일으켰으나, 알렉산드로스는 이를 진압하고 지도자들을 처형했다. 알렉산드로스는 적인 다리우스 3세가 사촌 베수스에게 살해된 것을 발견하고 자신의 겉옷으로 시신을 덮어준 뒤 전임 왕을 예우하는 의례에 따라 장례를 치러주었다(베수스는 기원전 329년에 사로잡혀 사형당했다). 기원전 330년 힌두쿠시 산맥 근처에서 겨울을 난 알렉산드로스는 기원전 329년에 아시아 원정에 착수했다(○ **알렉산드로스의 아시아 원정**). 기원전 327년 알렉산드로스는 박트리아(오늘날 아프가니스탄 북부와 중앙아시아 남부 일부, 파키스탄 서북부 일부) 주변 지역을 장악했고 알렉산드리아라고 명명한 도시들 중 하나로 마케도니아에서 가장 동쪽 끝 지역에 알렉산드리아에스카테(오늘날 타지키스탄에 있다)를 세운 다음 동남쪽으로 이동하여 인도를 침공했다(○ **알렉산드로스의 인도 침공**). 기원전 327년 알렉산드로스는 인도의 아오르노스 산(오늘날 파키스탄의 피르사르 산으로 추정)을 포위하여 공격하는 놀라운 능력을 보여주었고(○ **아오르노스 포위공격**), 기원전 326년에는 히다스페스(오늘날의 젤룸) 강 전투에서 일생에 가장 어려웠던 싸움을 벌였다. 계속 증원되어 12만 명을 헤아렸던 알렉산드로스의 병사들은 인도의 히파시스(오늘날의 베아스) 강(마케도니아에서 1만 7,703킬로미터 떨어진 곳이다)에 도착하자 더 나아가기를 거부했다. 알렉산드로스는 이를 인정하여 기원전 325년에 인도양 해안의 다른 알렉산드리아 도시에서 함대를 건조하고 군대를 나누었다. 일부는 알렉산드로스와 함께 마크란 사막을 건넜는데 여러 번 참사를 겪어 수많은 사람이 죽었다. 기원전 324년 알렉산드로스의 군대는 수사에서 재결합했다. 그곳에서 알렉산드로스는 아시아인과 그리스인이 조화롭게 살아간다는 꿈을 실현하기 위해 통혼을 명령하고 자신도 다리우스 3세의 딸 바르시네, 아르타크세르크세스 3세(기원전 425?~기원전 338)의 딸 파리사티스와 결혼했다. 바르시네와 파리사티스는 기원전 323년에 알렉산드로스의 첫 부인 록사나에게 암살당했다. 그리고 알렉산드로스는 그리스인이든 페르시아인이든 가리지 않고 무능하고 부패한 관료들을 제거했으며, 병사들을 고향으로 돌려보냈고, 그리스의 폴리스들로부터 추방당했던 인사들의 귀환을 허용하는 포고령을 발표했고, 자신을 신으로 간주하라고 명령했다. 알렉산드로스는 군대의 마지막 반란을 진압하고 기원전 323년에 바빌론으로 이동했으며,

아라비아 반도 원정을 준비하던 중에 열병에 걸려 숨졌다.

○ 디아도코이 전쟁

알렉산드로스의 아시아 원정, 기원전 329~기원전 327
Alexander's Asiatic Campaign, BCE 329~BCE 327

알렉산드로스(기원전 356~기원전 323) 대왕과 그의 병사들은 메디아(오늘날 이란의 서북부에 있던 고대 국가)의 엑바타나(오늘날 이란의 하마단)를 출발하여 동방으로 힘든 행군을 시작했다(○ 알렉산드로스 대왕의 정복). 알렉산드로스는 보급물자들이 부족했으므로 일부 병사들에게 돈을 주어 고향으로 돌아가도록 했다. 알렉산드로스는 적이었지만 존경하는 다리우스 3세(기원전 380?~기원전 330)가 창에 찔려 살해당하자 또다시 원정했다. 다리우스 3세를 죽인 베수스(기원전 329년 사망)를 잡기 위해서였다. 알렉산드로스는 파르티아 북부와 소그디아나(고대 페르시아의 두 지역)를 정복했고 베수스를 생포한 뒤 애마愛馬 부케팔로스를 훔쳐간 다일람족에게 혹독히 응징하겠다고 위협했다. 애마는 되돌아왔다. 알렉산드로스는 남쪽으로 방향을 틀었다가 다시 동북쪽으로 오늘날 아프가니스탄의 카불을 향해 진격하여 박트리아(고대 페르시아의 태수령으로 나중에 그리스인들의 왕국이 됐다. 오늘날 아프가니스탄 북부 일부와 중앙아시아 남부 일부, 파키스탄 서북부 일부)를 정복하고 기원전 327년 박트리아 공주 록사나(기원전 310?년 사망)와 결혼했다. 알렉산드로스의 병사들은 소그디아나를 다시 정복했고 오늘날 파키스탄 서북부이며 아프가니스탄 동부인 간다라를 점령했다. 그때 박트리아와 소그디아나에서 반란이 일어나는 바람에 질서를 되찾는 데 장기간의 원정이 필요했다. 알렉산드로스는 자신을 죽이려던 음모를 모면한 뒤 기원전 327년 말 병사들을 이끌고 인도로 진군했다.

○ 알렉산드로스의 인도 침공

알렉산드로스의 인도 침공, 기원전 327~기원전 325
Alexander's Invasion of India, BCE 327~BCE 325

알렉산드로스(기원전 356~기원전 323) 대왕이 이끄는 약 9만 명의 군대가 힌두쿠시 산맥(오늘날 아프가니스탄과 파키스탄 사이의 국경에 있는 높은 산맥)에서 겨울을 난 뒤 인더스 강을 향해 동남진하여 기원전 327년 여름에 그 지류들에 도달했다(○ **알렉산드로스 대왕의 정복**). 군대는 박트리아(고대 페르시아의 태수령으로 나중에 그리스인들의 왕국이 됐다. 오늘날 아프가니스탄 북부 일부와 중앙아시아 남부 일부, 파키스탄 서북부 일부)를 떠난 뒤 낯선 상황에 적응해야 했다. 처음 겪는 기후, 적대적인 원주민과 우호적인 원주민을 번갈아 만난 일, 코끼리 등 모든 것이 알렉산드로스에게는 극복해야 할 대상이었다. 아오르노스 산(오늘날 파키스탄의 피르사르 산으로 추정)을 힘들게 포위하여 공격해야 했고(○ **아오르노스 포위공격**), 펀자브의 평원에서는 저항하던 포라바족의 라자(힌두교 국가 군주) 포로스(기원전 317년 사망)와 대결해야 했다. 그러나 포로스는 기원전 326년 히다스페스(오늘날의 젤룸) 강 전투 이후 알렉산드로스의 편이 됐다. 알렉산드로스는 계속해서 인더스 강의 지류인 히파시스(오늘날의 베아스) 강을 향해 나아갔고, 남서계절풍이 불어오는 우기였는데도 더 진군하려 했다. 그러나 병사들이 귀향을 갈망했다. 기원전 326년 알렉산드로스와 그의 병사들은 인더스 강을 따라 남하하여 서방으로 귀환하기 시작했다. 알렉산드로스는 부상을 입었음에도 기원전 325년에 서쪽으로 돌아가는 행군을 잠시 멈추고 오늘날의 카라치 근처에 체류하면서 말리족을 정복했다.

알렉산드리아 학살, 215
Alexandrian Massacre, 215

로마 제국 황제 카라칼라(마르쿠스 아우렐리우스 안토니누스, 188~217)는 도나우 강 하류 지역으로 침입한 고트족을 정복하는 원정을 수행한 뒤 파르티아(오늘날의 이란 동북부)를 공격하는 군사작전을 계획했고, 파르티아로 진군하기 전 215년에 이집트의 알렉산드리아를 방문하여 체류했다. 일부 알렉산드리아 주민들이 카라칼라가 이전에 저지른 흉악한 범죄들(카라칼라는 그의 처와 남동생 게타, 게타에게 충성했던 여러 추종자를 살해했다)과 카라칼라의 어머니인 시리아 출신 율리아 돔나(170~217)의 악행을 언급했다. 이에 카라칼라는 수많은 주민을, 특히 군 복무 연령대의 청년 남성들을 처형하라고 명령했다. 상당수 유혈 참극을 면한 사람들은 대체로 그리스도교도였다. 2년 뒤 잔인했던 카라칼라는 메소포타미아의 카르하이(오늘날의 하란)에서 몇

몇 부하 장교의 손에 암살당했다.

알무라비툰(무라비트) 왕조의 이베리아 반도 정복, 1086~94
Almoravid Conquest of Iberian Peninsula, 1086~94

카스티야 왕국과 레온 왕국의 왕 알폰소 6세(1047~1109)에게 정복당할지도 모른다는 위협을 느낀 세비야와 그라나다, 바다호스의 에미르(군주)들은 예속될 위험을 무릅쓰고 금욕주의적 이슬람교 종파인 북아프리카 베르베르인이 통치하는 알무라비툰(무라비트) 왕조에 도움을 요청했다. 1086년 알무라비툰 왕조 군대가 알헤시라스에 상륙하자 곧바로 세비야와 그라나다, 말라가의 에미르들이 합류한 뒤 바다호스를 향해 북진했다. 알폰소 6세의 군대는 아라곤의 지원을 받아 침공에 대응했고, 1086년 10월 23일 바다호스 인근의 사그라하스(잘라카) 전투에서 유수프 이븐 타슈핀(1106년 사망)이 이끄는 알무라비툰 왕조와 이베리아 반도의 타이파(이베리아 반도에 있던 소규모 이슬람 국가)의 연합군과 충돌했다. 증원군을 이끌고 오던 프랑스 귀족들이 너무 늦게 도착하는 바람에 카스티야, 레온, 아라곤 연합군은 궤멸됐다. 알무라비툰 왕조의 군주인 유수프 이븐 타슈핀은 곧 북아프리카로 돌아갔으나, 엘 시드 캄페아도르(전사)라는 별명 혹은 엘 시드로 잘 알려진 로드리고 디아스 데 비바르(1048?~99)의 지휘로 그리스도교도들이 전투에서 승리하고 타이파의 영토를 성공리에 약탈하자, 1089년 6월 이베리아 반도로 되돌아왔다. 유수프 이븐 타슈핀은 타이파들의 에미르로부터 지원을 받아 알폰소 6세에 맞서 싸웠으나 성공하지 못하여 모로코(북아프리카)로 퇴각했다. 유수프 이븐 타슈핀은 알무라비툰 왕조의 군대를 이끌고 이베리아 반도로 다시 돌아와 말라가와 그라나다에서 승리하고 에미르들을 내쫓았다. 세비야의 에미르 무함마드 알 무타미드(1040~95)는 알무라비툰 왕조가 위협하자 알폰소 6세에게 지원을 요청했으나, 그의 지원도 세비야의 함락을 막지 못했다. 세비야는 1091년 11월에 함락됐다. 바다호스는 1094년 알무라비툰 침략군에 멸망했다. 발렌시아를 수도로 둔 발렌시아 타이파를 제외한 (➡ **엘 시드의 발렌시아 정복**). 이베리아 반도의 남부 전역이 알무라비툰 왕조에 넘어갔다.

➡ **알무와히둔(무와히드) 왕조의 이베리아 반도 정복**

알무와히둔(무와히드) 왕조의 이베리아 반도 정복, 1146~72

Almohad Conquest of Iberian Peninsula, 1146~72

북아프리카 베르베르인 중에 금욕주의적 이슬람교 종파인 알무와히둔(무와히드) 왕조는 다른 베르베르인 이슬람교 종파인 알무라비툰(무라비트) 왕조와 적대하는 집단이 됐으며, 1120년대 전반기에 아프리카 서북부에 전투적인 종교 연맹체를 결성했다(이 연맹체는 1130년에 왕조 국가가 됐다). 이베리아 반도에 거주했던 많은 주민이 궁정의 사치로 점점 더 타락해가는 알무라비툰 왕조의 지배에서 벗어나고자 했다(● 알무라비툰 왕조의 이베리아 반도 정복). 1146년 5월 알무와히둔 왕조는 알무라비툰 왕조를 축출할 수 있게 도와달라는 호소에 이끌려 이베리아 반도 남단을 침공했다. 타리파와 알헤시라스를 손에 넣은 알무와히둔 왕조는 압드 알 무민(1094~1163)의 지휘로 즉시 북쪽으로 이동했고, 압드 알 무민은 1146년 이베리아 반도 남부의 통치자라고 선포했다. 알무라비툰 왕조는 세비야에서 쫓겨났고(1147년 1월), 이어 아프리카에서 증원군을 받아 강화된 알무와히둔 왕조에게 코르도바와 하엔을 빼앗겼다. 알무와히둔 왕조는 점차 과거에 알무라비툰 왕조가 보유했던 지역을 넘어 말라가(1153)와 그라나다(1154)까지 장악했고, 이어 카스티야 왕국과 레온 왕국의 왕 알폰소 7세(1105~57)가 1147년에 인상 깊었던 포위공격으로 빼앗았던 이슬람 세력의 요새화된 도시 알메리아를 공격하여 성공을 거두었다. 1150년대 알무와히둔 왕조에 맞선 주요한 적은 이베리아 반도 동남부에 있던 무르시아 타이파(이베리아 반도에 있던 소규모 이슬람 국가)의 에미르(군주)였던 무함마드 이븐 마르다니시(1124~72)였다. 압드 알 무민은 국내 문제에 전념했으므로 이베리아 반도의 정복은 아들들에게 맡겨두고 북아프리카로 돌아갔다. 1162년 무함마드 이븐 마르다니시의 군대는 그라나다 인근에서 벌어진 전투에서 패주했고 3년 뒤 무르시아 근처에서 다시 패배했다. 이후 무함마드 이븐 마르다니시의 추종자들은 알무와히둔 왕조와 평화를 추구했고 이븐 마르다니시는 죽으면서 그의 아들에게 알무와히둔 왕조 칼리파의 종주권을 수용하라고 조언했다. 그리하여 알무와히둔은 알안달루스(이베리아 반도 남부) 정복을 완료했다.

알바니아 반란, 1997
Albanian Rebellion of 1997

유럽의 최빈국 알바니아는 1997년 1월에 피라미드 투자기업이 파산한 직후부터 무정부 상태에 빠져 무장 폭동이 빈번했다. 투자기업들은 (실제로는 자금 세탁과 무기 거래를 은폐하려고 설립한 것이었다) 투자자의 수가 늘어나 알바니아인 대다수가 가입하자 지급 불능에 빠졌다. 알바니아인들은 빠르게 부자가 될 수 있다는 말에 넘어갔다. 2월부터 수많은 시민이 날마다 집회를 열어 정부에게 대신 상환하라고 요구했다. 시민들은 정부가 그 투자기업들로부터 이익을 얻었다고 의심했다. 1997년 3월부터 남부에서 항의가 폭력적으로 변했다. 특히 항구도시 블로러 주변에서는 많은 주민이 군 병영에서 약탈한 무기로 무장했다. 3월 2일 살리 베리샤(1944~) 대통령은 비상사태를 선포했지만, 폭동과 파괴는 전국으로 확산됐고 수도 티라나도 2주 동안 소요 사태를 겪었다. 북부에서는 정부가 폭동을 진압했지만, 남부의 도시들은 3월 중순에도 반란자들이 장악하고 있었다. 3월 28일 국제연합UN은 알바니아 국경 너머로 소요가 확산될 것을 염려했고, 알바니아에서 10년 만에 세 번째 난민의 물결이 이어진 데 놀라 7천 명의 병력(이 부대는 이탈리아 군대가 운영을 주도한 다국적 혼성군이다) 파견을 허용하여 구호 노력을 지휘하고 질서를 회복하게 했다. 1997년 6~7월에 실시된 의회 선거에서 베리샤와 그의 정당(알바니아민주당)은 행정부 권력을 상실했고, UN이 파견한 다국적 혼성군은 8월 11일까지 알바니아를 완전히 떠났다.

알바니아 봉기, 1910
Albanian Uprising of 1910

오스만 제국의 청년튀르크당은 알바니아인들에게 자치권을 허용하고 가혹한 세금을 폐지하거나 경감하겠다고 약속하여 지원을 받아냈다. 그러나 청년튀르크당은 집권을 하고 나서 이 약속을 파기했고 알바니아인들에게 새로운 세금을 부과했다. 1910년 3월 이 나라의 북부에서 약 8천 명에 이르는 알바니아인이 봉기를 일으켰다. 봉기는 곧 알바니아 동남부의 코르처와 알바니아인들이 많이 거주하는 마케도니아 서부로 확산됐다. 몬테네그로에 회합한 알바니아의 지도자들은 알바니아 자치 정부의 수립을 요구하는 각서를 채택하여 오스만 제국 정부에 보냈으나 오스만 제국 정부는 이를 거부했다. 1910년 6월에 오스만 제국의 대군이 봉기를 잔인하게 진압했다.

알바니아 봉기, 1932, 1935, 1937
Albanian Uprisings of 1932, 1935, 1937

알바니아 왕 조구 1세(1895~1961)는 1932년, 1935년, 그리고 1937년에 자유주의적 개혁가 집단들과 마르크스주의에 경도된 급진적인 이슬람 집단들의(국민 대다수는 그때나 이전이나 이슬람교도였다) 봉기에 직면했다. 알바니아의 봉건적 사회를 보전하려고 전제적으로 통치한 독재자 조구 1세는 비교적 소규모인 데다 계획도 부실했던 이 봉기들을 쉽게 진압했다. 놀랍게도 조구 1세의 처벌은 관대했다. 소수 주동자만 사형했고, 사소한 것이었지만 사회적·행정적 개혁을 단행했다. 조구 1세의 통치는 알바니아의 후견 지원국이었던 이탈리아가 알바니아 왕국을 피보호국으로 선포하고 침공하면서 (이탈리아 파시즘 체제의 군대가 도시들을 포격하고 알바니아를 점령했으며, 이탈리아는 알바니아를 병합했다) 1939년 4월 7일에 끝났다. 조구 1세는 망명할 수밖에 없었다.

○ 제2차 세계대전, 발칸 반도

알바니아-오스만 제국 전쟁, 1443~78
Albanian-Turkish Wars of 1443~78

알바니아에 있던 카스트리오티 공국 대공의 아들로 스컨데르베우라는 이름으로 잘 알려진 제르지 카스트리오티(1405~68)는 청년 시절 오스만 제국의 술탄 무라드 2세(1404~51)의 궁정에 인질로 잡혀갔다가 총신이 됐다. 그는 이스켄데르('알렉산드로스')라는 이름과 명예 호칭 왈리*를 받았으며 이슬람교로 개종하고 군대의 지휘를 맡았다. 스컨데르베우는 자신의 뿌리를 기억하지 못했다면 오스만 제국 궁정의 쾌락에 빠졌을 것이다. 알바니아가 오스만 제국 군대에 공격받을 위험에 봉착하자 스컨데르베우는 고국으로 도망쳤으며(1443), 서로 다투기만 했을 알바니아 귀족들을 규합하고 다시 그리스도교로 개종했다. 그리고 난공불락인 크루여 요새를 점령하여 오스만 제국의 지배에 맞서 싸움을 시작했고(1443), 1444년에서 1466년 사이

13번에 걸쳐 오스만 제국의 침략을 성공리에 격퇴했다. 1450년 스컨데르베우는 크루여를 포위한 무라드 2세의 군대를 물리쳐 유럽 세계에서 영웅이 됐으며 베네치아와 나폴리, 헝가리, 교황령으로부터 지원을 받았다. 스컨데르베우의 군대는 종종 게릴라 전술을 써가며 늘 성공했다. 1461년 큰 승리를 거둔 스컨데르베우는 오스만 제국 정부가 10년간의 휴전을 받아들이도록 했지만, 새로운 십자군을 바라는 교황의 요청에 응하여 스스로 휴전을 파기했다(1463). 스컨데르베우의 병사들은 마케도니아를 침공했고(1463), 1464년과 1465년에 오스만 제국을 격파했다. 술탄 '정복자' 메흐메드 2세(1432~81)가 마지막으로 강력하게 크루여를 포위공격하여 알바니아는 폐허가 됐고 스컨데르베우는 동맹자들을 잃었다. 동맹자들은 스컨데르베우를 버렸다. 스컨데르베우가 죽은 뒤 알바니아 귀족들은 다시 다투었고 오스만 제국에 맞서 산만한 전쟁을 지속했다. 오스만 제국은 1478년에 알바니아를 다시 장악했다.

* wali. 오스만 제국에서 최고위급 관리를 지칭하는 존칭이며, 왈리와 파사라는 관리는 지위가 비슷했다.

알비 십자군, 1208~29
Albigensian Crusade, 1208~29

로마가톨릭교회는 프랑스 남부 종교개혁가들의 분파였던 알비파(카타리파)를 이단이라고 비난했으며, 1208년에 교황 인노첸시오 3세(1160/61~1216)는 알비파를 겨냥한 십자군을 선포했다. 5대 레스터 백작 시몽 드 몽포르(시몽 4세, 1160~1218)가 이끈 프랑스 북부 세력은 십자군을 정치적 전쟁으로 변모시켜 프랑스 남부 랑그도크 귀족들의 독립을 종식시켰다. 몽포르의 병력은 1213년 9월 12일 뮈레 전투에서 귀족들과 알비파를 격파했다. 그러나 이단은 살아남았고 전쟁은 지속됐다. 알비파의 지도자인 툴루즈 백작 레몽 6세(1156~1222)는 뮈레에서 패했지만 1218년 툴루즈에서 몽포르의 포위공격을 버텨냈으며 십자군에 빼앗긴 영지를 되찾았다. 1226년 프랑스 왕 루이 8세(1187~1226)의 군대가 프랑스 남부 랑그도크 지역을 대부분 점령하여 알비파를 압박했다. 1229년 모_{Meaux} 협정을 체결한 결과로, 1271년에 툴루즈 백작령은 프랑스 왕령지로 편입되면서 소멸했다.

○ 아라곤-프랑스 전쟁, 1209~13

알제리 내전, 1992~2002
Algerian Civil War of 1992~2002

알제리에서는 이슬람 원리주의자들을 한편으로, 종교적으로 온건한 주민과 비종교적인 주민을 다른 한편으로 하여 국민이 분열하면서 1992년부터 전례 없던 공포정치가 시작됐다. 군부의 지지를 받는 정부는 1월에 의회를 해산하고 이슬람구국전선FIS의 승리가 확실했던 의회 선거를 중지시켰다. FIS가 지지를 얻은 까닭은 종교적으로 보수적인 태도를 견지했을 뿐만 아니라 (FIS의 목표는 샤리아(이슬람 율법) 즉 『쿠란』의 법으로 통치하는 것이었다) 경제적 고통과 권위주의적 군부 통치를 끝내겠다고 약속했기 때문이다. 의회 선거가 중지된 뒤 FIS는 온건파와 다수의 무장 과격파로 분열했다. 이 내전의 특징은 여러 마을에서 자행된 학살들인데, 이는 대체로 FIS의 과격파가 저지른 소행으로 보인다. 거의 10년 동안 격렬한 싸움이 이어진 가운데 최소한 10만 명의 민간인이 전국에 걸친 급습에 학살당했다. 특히 집을 버리고 피난한 사람보다 민간인 자위 집단의 구성원이 더 많을 것 같은 지역에서 학살이 심했다. 사망자 중에는 외국인과 수십 명의 기자, 정부군 병사들, 저명한 관료들이 있었으며, 1992년 1월 권좌에 오른 모함메드 부디아프(1919~92) 대통령은 그해 6월에 암살당했다. 모든 살인이 반군의 책임은 아니었다. 2005년 초 정부는 6천 명이 넘는 민간인의 행방불명이 정부군의 책임이라고 인정했다. 서방 국가들은 분쟁이 발생하고 처음 몇 년 동안은 대체로 침묵했다. 1962년까지 알제리를 식민지로 지배한 프랑스(잔인했던 1954~62년의 알제리 독립 전쟁이 끝나자 알제리는 1962년 독립을 쟁취했다)도 침묵했다. 프랑스인들은 알제리에서 횡행한 테러가 프랑스로 확산될까봐 심히 두려워했고, 이런 공포는 1995년과 1996년에 파리에서 벌어진 폭탄 테러 사건들로 증명됐다. 1994년부터 국가원수로 재임하고 있던(1995년에 대통령으로 당선했다) 리아민 제루알(1941~)은 1996년 11월에 억압적인 헌법을 채택했다. FIS를 분쇄한다는 것이 이유였다. 그러나 점점 더 많은 사람들이 살해되면서 1997년 6월에 다당제 선거가 실시됐다. 대다수의 알제리인들이 종교적 근본주의자들에게 환멸을 느꼈기에 당시 정부를 지지하던 정당이 압승을 거두었다. 1999년 4월에 치러진 다음 대통령 선거에서는(야당들이 선거부정을 방지할 장치들이 부족하다는 점을 들어 참여를 거부했으므로 결함이 있는 선거로 여겨진다) 압델아지즈 부테플리카(1937~)가 승리했다. 상당수 반군 집단들과 휴전협정을 체결한 부테플리카는 1999년 9월에 국민투표를 실시했고 알제리 국민은 부테플리카의 사면 방안을 승인했다. 그 뒤부터 폭력은 크게 감소했다. 대부분의 반군 집단들의 전투원은 무기를 반납했고, FIS의 한 분파인 이슬람구국군은 2000년 1월에 해산했다. 비록 반군 집단의 일부는 민간인과 정부를 표적으로 삼아 산발적인 공격을 계속했지만, 2004년 4월 부테플리카가 유효 투표의 84.99퍼센트를 얻어 재선되면서 알제리는 더욱 안정됐다. 알제리 국민의 압도적 다수는 국민투표에 참여하여 부테플리카가 발의한 「평화와 국민 화해의 선언」에 찬성했다(2005년 10월). 이로써 피비린내 나는 내전에 관여했던 이슬람교도와 군인들은 거의 모두 사면을 받았다(강간, 집단 학살, 공공장소의 폭탄 테러에 관여한 인물들에게는 사면 혜택이 배제됐다). 그러나 모든 테러 활동들을 종식시키려는 화해의 시도들은 2006년까지도 격렬한 논란의 주제들이 되고 있다(알제리 정부의 최종 화해 제안을 거부한 소수의 이슬람 집단들은 2001년 이후부터 알카에다와 제휴하여 테러 활동을 계속하고 있다).

알제리 독립 전쟁, 1954~62
Algerian War of 1954~62

민족해방전선FLN은 프랑스의 알제리 통치에 대항해 1954년 공개적으로 전쟁을 시작했다. FLN은 프랑스 군사시설과 유럽인의 재산을 공격했다. 1957년 프랑스 정부는 알제리의 독립을 거부했고, 알제리 반군을 진압하기 위해 많은 병력을 파견했다. 샤를 드 골(1890~1970)은 1958년 프랑스 대통령으로 집무를 시작하면서 알제리에 자치안을 제시했고, 1960년에는 알제리 반군 지도자들과 명예로운 휴전협정을 체결하려 했다. 프랑스군 장교인 라울 살랑(1899~1984)은 알제리의 독립을 무산시키기 위해 1961년 4월 알제에서 프랑스군 폭동을 지원했다. 폭동은 실패로 돌아갔다. 프랑스 지도자들과 알제리 반군 지도자들은 1962년 3월 휴전협정에 서명했으나, 살랑은 불법 단체인 비밀군사조직OAS을 이끌고 휴전협정에 반대하는 폭동을 일으켰다. 프랑스군은 살랑을 체포했지만 프랑스와 OAS 사이에 싸움은 계속됐다. 1962년 7월 1일 유럽인을 제외한 알제리 주민들은 주민투표에 참여하여 독립을 지지했고, 2일 뒤 프랑스는 알제리를 주권국가로 승인했다.

알제리-모로코 전쟁, 1963~64
Algerian-Moroccan War of 1963~64

알제리가 프랑스에서 독립하자(◐ 알제리 독립 전쟁, 1954~62) 알제리도 모로코(1956년 에스파냐와 프랑스는 모로코에 대한 권리를 포기하여 주권을 완전히 회복했다)도 만족하지 않았다. 프랑스가 과거의 두 속령과 협의하지 않고 두 나라 사이의 국경을 획정했기 때문이다. 알제리의 아흐메드 벤 벨라(1918~) 대통령이 제기했던 국경 조정 요구는 무시됐고, 1963년 10월에 알제리 군대와 모로코 군대가 국경에서 전쟁을 벌여 많은 사람이 목숨을 잃었다. 에티오피아 황제 하일레 셀라시에 1세(1892~1975)와 말리의 모디보 케이타(1915~77) 국가원수의 주도로 갓 탄생한 아프리카통일기구OAU가 개입하여 휴전을 중재할 수 있었다(1964년 2월 20일). 그러나 알제리와 모로코 사이의 관계는 긴장의 연속이었다. 1967년 국경에서 다시 충돌이 벌어졌다. 1975~76년에 에스파냐가 식민지로 보유하고 있던 에스파냐령 사하라(서西사하라)를 포기하자 모로코와 모리타니는 이 지역을 분할하여 병합했다(이후 국력이 취약하여 모리타니는 서사하라 남부를 1979년에 포기하고 서사하라 남부에서 철수하자 모로코가 이 지역도 병합했다). 그러나 이에 대응하여 알제리는 서사하라의 독립을 추구하는 무장투쟁 조직을 지원하기 시작했고, 1976년까지 알제리 군대와 모로코 군대가 직접 대결하기도 했다(◐ 서사하라 전쟁).

알제리 전쟁, 1815
Algerine War, 1815

1815년 초 북아프리카 바르바리 해안 근해에서 해적들이 창궐하자 미국의 지중해 무역에 대한 100여 년에 걸친 위협이 재개됐다. 미국은 이제 1812년의 전쟁*에 신경 쓰지 않아도 됐으므로 스티븐 디케이터(1779~1820) 사령관에게 지휘를 맡겨 그 지역으로 함대를 파견했다. 디케이터는 에스파냐 가타 곶 근해에서 알제리의 기함 마슈다 함을 재빨리 나포한 뒤 알제 항으로 들어가 통행료 지급의 중단과 모든 미국인 포로의 석방, 포괄적인 면책권을 규정한 조약을 얻어냈다. 그리하여 미국은 통상의 안전을 보장받았다.

❍ 트리폴리 전쟁, 1800~05

* 미국과 영국 사이에 1812~15년에 벌어진 전쟁.

알제리-프랑스 전쟁, 1832~47
Algerian-French Wars of 1832~47
❍ 압드 알 카디르의 전쟁

알테 취리히 전쟁, 1436~50
Old Zurich War, 1436~50

이 전쟁은 급격히 성장하는 근대와 쇠락하는 중세 사이의 긴장을 잘 보여준다. 제국자유도시 취리히는 여러 곳의 봉건적 영지를 획득했고, 1436년 마지막 토겐부르크 백작인 프리드리히 7세(1370?~1436)가 계승자를 지정하지 않고 사망하여 해방됐을 때에도 영지를 획득할 것으로 예상됐다. 취리히의 경쟁자는 스위스 연합의 슈비츠 주canton였다. 슈비츠 주가 먼저 행동을 시작하여 토겐부르크 백작령에 게마인데(행정구역)를 설치하고 취리히로 이어지는 도로를 봉쇄했다. 1437년에 개최된 회의에서 주canton 대표자들은 그 조치에 동의했다. 이러한 결정으로 취리히는 시장市場의 일부를 잃었고, 1440년에 보수적인 제국의회에 도움을 요청했다. 합스부르크 가문의 일원으로 오스트리아 공작이자 완고한 독일 왕이었던 왕 프리드리히 4세(1452년 이후 신성 로마제국 황제 프리드리히 3세, 1415~93)는 취리히를 돕기로 동의했고(1442), 슈비츠 주와 이에 동맹을 맺은 글라루스 주는 취리히와 오스트리아에 전쟁을 선포할 수밖에 없었다. 취리히 군대는 시장이 살해되자 퇴각했으며, 제국의회는 화해 명령을 내렸고, 취리히는 제국의회의 명령을 거부한 오스트리아와 관계를 끊었다. 스위스 연합은 슈비츠를 지원했고 병력 2만 명으로 취리히를 포위했다. 프리드리히 4세는 프랑스에 도움을 요청했고, 바젤을 다시 찾으려 했던 샤를 7세(1403~61)는 병력 4만 명을 파견했다. 프랑스 군대는 1444년에 전투 중에 퇴각했고, 앙시스엠에서 평화조약을 체결했다(취리히는 서명하지 않았다). 새로 콘스탄츠 평화조약이 체결되어(1446) 오스트리아와 취리히 사이의 동맹은 공식적으로 해체됐으며, 취리히는 일부 영토를 다시 획득했고, 슈비츠는 옛 토겐부르크 백작령의 대부분을 받았다.

암리차르 학살, 1919
Amritsar Massacre, 1919

1919년 4월 12일 인도 펀자브 지역의 도시 암리차르에서 인도 민족주의자들이 영국의 롤럿법에 항의하여 폭동을 일으켰고 그 와중에 영국인 5명이 살해됐다. 롤럿법은 폭동을 방지하기 위해 두 가지 강력한 조치를 담고 있었다. 이튿날인 4월 13일 약 1만 5천~2만 명의 비무장 인도인이 암리차르에 모여 다시 법안에 항의했다. 영국군 레지널드 다이어(1864~1927) 준장이 지휘하는 구르카족 부대는 해산하라는 경고조차 하지 않고 인도인에게 발포했다. 인도인은 최소 1천 명이 사망했고, 약 1,100명이 부상을 당했다. 이 발포 사건 이후 영국의 인도 식민지 정부는 계엄령을 선포했고 체포된 사람들을 태형에 처해 공개적으로 모욕을 주라고 명령했다.

암보이나 학살, 1623
Amboyna Massacre, 1623

잉글랜드 상인들은 네덜란드인들을 좇아 동인도제도(오늘날의 말레이 제도)로 가서 오늘날 인도네시아 동부에 있는 말루쿠(몰루카) 제도의 암보이나(오늘날의 암본) 섬에 정착했다. 그곳에는 이미 네덜란드동인도회사가 무역용 기지를 설치하고자 향신료를 재배하는 농민들과 거래를 하고 있었다. 암보이나 섬의 네덜란드 총독은 잉글랜드 상인들이 일본인 용병들과 함께 자신을 죽이고 암보이나의 네덜란드 수비대를 공격하려는 음모를 꾸미고 있다며 의심하고 용의자들을 체포하여 자백을 받기 위해 고문했다. 1623년 2월 잉글랜드인 10명과 일본인 10명, 포르투갈인 1명이 사형됐다. 네덜란드인들에게 암보이나의 상관商館을 빼앗긴 잉글랜드인들은 동인도제도의 대부분에서 향신료 무역을 포기하고 인도에 집중했다.

○ 포르투갈-네덜란드의 동인도제도 전쟁

암피사 전쟁
Amphissean War

○ (제4차) 신성 전쟁

압드 알 카디르의 전쟁
War of Abd al-Kadir

제1차 압드 알 카디르의 전쟁(1832~34) 1830년 프랑스가 알제리를 침공했다. 이슬람 지도자이자 마스카라의 에미르(군주)인 압드 알 카디르(1808~83)는 알제리인들을 이끌고 오랑과 모스타가넴(무스타가남)에서 프랑스 군대를 집요하게 공격하여 성공을 거두었다. 1834년에 데미셸 조약을 체결한 프랑스는 압드 알 카디르를 마스카라의 데이*로 인정하고 오랑의 내륙 지역 통제권을 내줄 수밖에 없었다. 프랑스는 조약을 체결하면서 알제리에서 압드 알 카디르를 프랑스의 대리인으로 활용할 수 있기를 바랐다. **제2차 압드 알 카디르의 전쟁(1835~37)** 프랑스 군대는 계속해서 압드 알 카디르의 알제리 부족 연맹체에 맞섰으나 여러 차례 패배했다. 1837년에 타프나 조약이 체결되어 압드 알 카디르는 알제리 내륙 대부분을 통제하게 됐고, 프랑스는 겨우 몇 개의 항구만 보유했다. 압드 알 카디르는 영토를 확보하면서 진정한 이슬람 국가를 건설했고 종교적 정서를 이용하여 알제리인들을 통합했다. **제3차 압드 알 카디르의 전쟁(1839~47)** 1840년 12월 프랑스는 토마 로베르 뷔조(1784~1849) 장군을 알제리로 파견하여 압드 알 카디르의 알제리인들을 격파하기 위한 일련의 군사작전을 개시했다. 1841년 압드 알 카디르는 모로코로 내쫓겼고 그곳에서 모로코인들의 도움을 받아 프랑스에 맞섰다. 압드 알 카디르는 소총으로 무장한 기병대를 효과적으로 이용하여 프랑스 부대를 습격했다 퇴각하기를 끊임없이 반복했다. 그러나 1844년 8월 14일 뷔조가 지휘하는 프랑스군은 마침내 이슬리 강에서 4만 5천 명 병력의 압드 알 카디르 군대를 공격하여 승리했다. 이슬리 강 전투 이후 압드 알 카디르는 1846년에 다시 모로코로 피신했으며, 작은 집단을 이끌고 프랑스에 맞서 소규모 접전을 치렀다. 1847년 압드 알 카디르는 모로코 술탄의 지원을 받지 못하고 병력도 거의 남지 않은 상황에서 프랑스의 크리스토프 레옹 루이 쥐쇼 드 라모리시에르(1806~65) 장군에게 항복했다.

* dey. 오스만 제국이 알제리를 정복한 뒤 알제리의 지방 구역을 다스린 통치자.

압드 알 카림의 반란
Abd al-Karim's Revolt
○ 리프 전쟁, 1919~26

앙고라 전투, 1402
Battle of Angora, 1402

'파괴의 군주'라고 불리는 티무르(1336~1405)는 바그다드와 알레포, 다마스쿠스를 정복한 뒤 1402년에 군대를 이끌고 오스만 제국으로 침입했다(○ 티무르의 정복). 티무르는 이미 66살이었지만 니코폴리스(오늘날의 불가리아의 니코폴)에서 십자군에 승리를 거둔 오스만 제국의 위대한 장군인 술탄 바예지드 1세(1354~1403)와 싸워볼 만하다고 생각했다(○ 니코폴리스 십자군). 콘스탄티노플(오늘날의 이스탄불)을 포위하고 있던 바예지드 1세는 포위공격을 중단하고 티무르를 향해 진군했고, 속임수에 능했던 티무르는 16만 명의 병력을 이끌고 산악지대로 들어갔다. 바예지드 1세는 티무르가 철수했다고 판단하고 앙고라(오늘날의 앙카라) 근처에 숙영지를 만들어 식량을 남겨둔 채 티무르를 추격했다. 티무르는 갑자기 되돌아와 숙영지를 장악하고 오스만 제국 군대에 맞설 준비를 했다. 오스만 제국 군대는 식량이 부족했고 무엇보다 물이 없었다. 바예지드 1세가 지나치게 순진했던 탓에 여러 명의 오스만 제국 제후들과 타타르인 군대가 티무르에게 넘어갔다. 바예지드 1세는 필사적으로 싸웠지만 적의 술책에 빠져 사로잡혔고, 포로가 되어 죽었다. 오스만 제국 영토를 지배하는 데는(술탄위 계승 분쟁으로 인한 오스만 제국의 내분은 1413년에야 끝났다) 확실히 관심이 없었던 티무르는 군대를 이끌고 수도 사마르칸트로 돌아갔다.

앙골라 내전, 1975~2002
Angolan Civil War of 1975~2002

1976년에 앙골라인민해방운동MPLA(1977년에 명칭을 앙골라인민해방운동노동당MPLA-PT으로 바꾸었다)이 앙골라 정부를 지배했을 때, 주도권을 두고 싸우던 2개의 서로 다른 파벌인 앙골라완전독립민족연합UNITA과 앙골라해방민족전선FNLA은 마르크스주의적인 새 정부를 인정하지 않았다. 1977년에 MPLA-PT는 UNITA의 마지막 주요 거점을 점령했다. UNITA 지도자들은 인접국 자이르(콩고 민주공화국)와 잠비아로 피신하여 조직을 재편하고 MPLA-PT에 맞서 게릴라전을 재개했다. 백인 용병들과 남아프리카공화국이 때때로 UNITA를 군사적으로 지원했고, 미국도 암암리에 무기와 원조를 보냈다고 한다. 1977년에 UNITA는 일련의 게릴라전으로 앙골라 도시 지역들을 공격했지만 UNITA가 지원한 반란은 분쇄됐다. 이듬해 정부는 게릴라들을 겨냥하여 공세에 나섰으나 앙골라 남부의 광대한 지역에서 게릴라를 제거하는 데 실패했다. 앙골라 남부는 게릴라들이 통제하는 지역이었다. 남아프리카공화국에 동조했던 UNITA는 남아프리카공화국 군대가 자신들의 영역에 기지를 유지하여 서남아프리카(나미비아)를 공격할 수 있게 했다(**❍나미비아 독립 전쟁**). 1980년대 초 UNITA는 앙골라의 중부와 동남부까지 통제권을 확대했다. FNLA, UNITA는 서방 진영 국가의 일부, 친서방적 아프리카 국가의 일부, 그리고 중국으로부터 지원을 받았지만, MPLA-PT는 소련과 스웨덴, 쿠바의 후원을 받았다. 계속된 전쟁으로 앙골라의 경제는 붕괴했고 주민의 6분의 1이 쫓겨났으며, 그중 상당수는 난민으로 자이르와 잠비아, 콩고 공화국으로 들어갈 수밖에 없었다. 미국은 쿠바 군대가 그 나라에 주둔하는 동안에는 앙골라를 국가로 승인하지 않았다. 1988년 말 미국이 중재한 회담으로 체결된 평화협정에 따라 남아프리카공화국은 군대를 철수했으나 마르크스주의적 MPLA-PT 정부와 UNITA 반군 사이의 싸움은 지속됐다(FNLA는 1980년대 초반까지 세력이 급격히 쇠퇴하여 내전에 거의 참전하지 못했다). 1989년 6월에 앙골라의 주제 에두아르두 두스 산투스(1942~) 대통령과 UNITA 의장 조나스 사빔비(1934~2002)가 서명한 다른 휴전협정도 적대 행위를 끝내지 못했다. 쿠바는 1991년 5월에 철군했다. 1년 동안 소련과 미국이 협상을 이끈 결과 1991년 5월 31일 포르투갈의 리스본에서 산투스와 사빔비가 평화협정을 체결하여 16년간 지속된 내전이 공식적으로 끝났다. 1992년 9월 29~30일에 의회 선거와 대통령 선거의 1차 투표가 실시됐다. 산투스는 49.57퍼센트를 얻었고 사빔비는 40.07퍼센트를 얻었다. 과반수 득표자가 없어 선거법에 따라 2차 투표가 실시되어야 했다. 사빔비는 선거 과정의 관리가 공정하지 않았다고 주장하면서도 UNITA의 부대표 제레미아스 칼란둘라 시툰다(1942~92)를 파견하여 대통령 선거 2차

투표에 적용할 조건에 관해 협상하려 했지만, 10월 30일~11월 1일에 수도 루안다의 정부군이 UNITA를 공격하면서 협상이 깨졌다. 며칠 전부터 경찰에게서 무기를 받은 민간인들이 집집마다 수색하며 UNITA 지지자들을 학살하거나 공동묘지와 협곡으로 끌고 가 총살하여 집단 매장했다. 11월 2일에는 시툰다가 암살됐다. UNITA는 투쟁을 재개했고 농촌의 대부분을 장악했다. 1994년 11월 20일 양쪽은 휴전에 합의했고, 정부가 양보하여 반군에 일정한 권력을 부여했다. 그 뒤 UNITA가 (휴전 이행을) 피했기 때문에 국제연합UN 안전보장이사회는 표결로 UNITA를 제재하기로 했다(1997). 정부와 UNITA는 1998년 7월에 룬다노르트 주에서 200명 이상이 학살당한 일을 두고 서로 비난했다. 정부군은 UNITA를 압박하여 1994년의 휴전협정(루사카 협정)을 이행하게 하려고 1998년 12월 반군의 거점인 안둘루와 바일룬두를 공격했다. UNITA는 1999년 1월에 음반자콩구를 점령하여 보복했다. UN은 몇몇 단계로 나누어 제재를 가했지만 싸움을 멈추게 할 수 없었다. 오히려 재개된 폭력으로 1999년 이후 2년간 300만 명의 앙골라인들이 거주지로부터 쫓겨났다. 1999년 말 UNITA는 통상적 전투를 수행할 능력을 거의 상실하여 불가피하게 남부의 나미비아 국경 인근 지역과 중부 산악지대에서 게릴라 전술에 의존했다. 사빔비가 대화를 제안하자(2001년 3월) 산투스는 정부도 협상할 의사가 있다고 시사하여 응답했다(4월). 사빔비가 앙골라의 로마가톨릭교회에 위기를 중재해 달라고 촉구했는데도 UNITA 반군은 5월에 카시투(루안다에서 64킬로미터 떨어져 있다)를 공격하여 100명 이상을 죽이고 어린이 60명을 납치했다. 6월에 반군은 우이즈 주의 주도州都 우이즈를 공격했으며, 8월에는 열차를 폭파하여 250명을 살해하고 100명이 넘는 사람들에게 부상을 입혔다. 2002년 2월 22일 정부군은 총격전에서 사빔비를 죽였고, 이 사건은 수십 년에 걸친 내전의 전환점이 됐다. 3월 13일에 정부는 공격 중단을 선언했고, 군대는 지역의 UNITA 사령관들과 협상을 시작했다. 3월 30일 앙골라 정부군과 UNITA는 앙골라 동부의 루에나에서 임시 협정에 서명했다. 앙골라 정부는 동시에 항복한 반군을 사면하고 (5주 안에 반군의 80퍼센트가 항복했다) 앙골라 군대에 통합한다는 이전의 제안을 다시 했고, 양쪽은 루안다에서 휴전협정을 체결했다(4월 4일). 영구 평화를 위한 회담은 5월에 계속됐다. 27년간의 내전으로 약 50만 명이 사망했고(일부 전문가들에 따르면 150만 명), 50만 명이 아사 직전에 몰렸으며, 400만 명의 앙골라인이 거주지로부터 쫓겨났다. 앙골라 정부는 2006년에 의회 선거와 대통령 선거를 실시하겠다고 발표했으나, 2008년에 의회 선거를 실시했고 2009년에 대통령 선거를 치르려다 다시 연기했다. 그러다 2010년에 의회 선거에서 의석 수를 가장 많이 차지한 정당의 지도자가 대통령이 되도록 헌법을 개정했다.

앙골라 독립 전쟁, 1961~76
Angolan War of Independence, 1961~76

포르투갈의 실질적인 독재자 안토니우 드 올리베이라 살라자르(1889~1970)는 아프리카 식민지 통제권을 포기할 의사가 없었으나, 사태는 그 반대로 전개됐다. 1961년 2월 앙골라(포르투갈령 서아프리카)에서 마르크스주의적인 앙골라인민해방운동MPLA이 수도 루안다에서 억압적인 식민지 정부에 맞서 반란을 일으켰다. 약 한 달 뒤 온건한 앙골라인민연합UPA이 북부 지역에서 반정부 게릴라전을 시작했다. 반군은 무자비하게 진압됐고 약 2만 명의 흑인이 전사했다. 그러나 MPLA가 나라의 동부 지역으로 활동 무대를 옮기면서 반란은 확산됐다. MPLA는 이웃 나라 잠비아에 기지를 설치하고서 게릴라전을 수행했다. 1966년 UPA는 친서방 성향을 지니면서도 사회주의를 지향한 앙골라해방민족전선FNLA과 친서방 성향을 지닌 앙골라완전독립민족연합UNITA으로 분열했다. UNITA는 중남부 지역으로 이동하여 게릴라 작전을 벌였다. 반정부 게릴라의 활동은 매복과 기습에 국한됐지만 지속적이었으며 적지 않은 포르투갈 군대의 발을 묶어두었다. 1960년대 말 포르투갈 국가 예산의 절반이 아프리카에 주둔한 군대에 쓰였다(**○ 기니비사우 독립 전쟁 ; 모잠비크 독립 전쟁**). 포르투갈 군대의 젊은 장교들은 잦아들지 않는 게릴라전에 분노했고 수도 리스본에서 전쟁을 지휘하는 관료 체계의 비효율성 때문에 분개했다. 1974년 4월 청년 장교들은 정부를 무너뜨리고 좌파 정권을 수립했다. 이들은 통치권의 이양이 평화롭게 이루어진다면 기꺼이 앙골라를 포기할 의사가 있었다. 주요한 해방운동 단체 3개(MPLA, FNLA, UNITA)는 연립정부를 두 차례 수립했으나 두 번 다 내분 때문에 붕괴됐다. 1975년 11월 포르투갈이 마침내 철수하자, 나라는 UNITA와 FNLA가

MPLA에 맞서 싸우는 내전으로 분열했다. MPLA는 수도 루안다와 수도의 항구를 장악했고, 그 항구를 통해 MPLA를 지원할 쿠바의 병사들과 소련의 기술자들, 소련의 무기가 들어왔다. 이 지원이 흐름을 바꾸었다. 남아프리카공화국 군대와 미국의 보급 물자 공급이 UNITA와 FNLA에 도움이 됐지만, MPLA와 쿠바와 소련의 협력자들은 1976년 2월까지 반대파에 승리했다. UNITA는 남아프리카공화국 군대가 철수하고 미국이 자원을 중단했는데도 게릴라전을 계속하려 했다. 확실한 승리를 얻은 MPLA는 정부를 장악했고 아프리카통일기구OAU로부터 신생 독립국 앙골라를 합법적인 권력으로 승인받았다. 아프리카에서 포르투갈의 식민지 통치는 끝났다.

◐ 앙골라 내전, 1975~2002

야마다 근위대 반란
Yamada's Guards' Revolt

◐ 시암 내전, 1611~12

야마시족 인디언 전쟁, 1715~17
Yamasee War, 1715~17

에스파냐령 플로리다 북부와 영국령 조지아 식민지 남부에 살던 야마시족 인디언은 1687년에 에스파냐의 지배에 저항하여 북쪽에 있는 오늘날의 사우스캐롤라이나 주 동남부로 도피한 뒤 영국인 이주민들과 우호적으로 지냈다. 야마시족은 모피 상인들과 정착민들이 자신들의 영역을 침범하자 적대적 태도를 보이기 시작했고, 1715년 4월 15일 백인 상인들 약 90명과 그 가족들을 살해했다. 분노한 식민지 주민들이 이에 맞섰으나 인근의 인디언 부족들로부터 지원을 받은 야마시족을 격파하지 못했다. 서배너 강을 따라 늘어선 인디언 야영지들이 습격을 받아 불탔고, 영국의 교역소와 플랜테이션도 공격을 받아 약탈당했다. 결국에는 이웃 식민지들로부터 증원군을 받은 영국인들이 야마시족을 물리쳤다. 야마시족은 남쪽의 에스파냐령 플로리다로 도피했고 영국의 적인 에스파냐와 한편이 됐다. 이후 1727년에 영국인들은 에스파냐령 플로리다의 산아구스틴(오늘날의 세인트어거스틴) 인근의 야마시족 마을을 공격하여 파괴했고, 1733년에는 야마시족이 크릭족 인디언과 싸워 파멸됐다.

야키마족 인디언 전쟁, 1855~58
Yakima Wars, 1855~58

야키마족 인디언은 워싱턴 준주의 컬럼비아 강과 야키마 강을 따라 거주했는데, 백인은 이 토지를 정착지로 삼아 광산을 개발하려고 했다. 미국의 관리들은 야키마족를 비롯한 13개 인디언 부족과 매우 힘들게 협상하여 조약을 체결했고, 인디언 모두가 자신들의 땅을 내주고 거대한 단일 보호구역 안에 들어가기로 동의했다. 퇴거에 항의하는 일부 부족은 야키마족 족장 카미아킨(카마이아칸, 1800~77) 아래 단합하여 약 3년 동안 미국군을 격퇴했다. 지역 안의 다른 인디언들도 야키마족의 지도에 따라 반란을 일으켰고, 작은 충돌과 습격, 전투가 여러 차례 발생했다. 결국 인디언은 워싱턴 준주 스포캔 인근 포레이크스 전투에서 결정적으로 패배한 뒤(1858년 9월) 보호구역으로 들어갔다. 소수 부족이 보호구역 밖에 남기는 했다. 카미아킨은 캐나다로 도주했으나 24명의 다른 족장은 체포되어 교수됐거나 총살당했다. 야키마족은 오늘날의 야키마라는 도시의 남쪽에 있는 보호구역으로 들어갔다.

애닉 전투
Battle of Alnwick

제1차 애닉 전투(1093) 스코틀랜드의 왕 맬컴 3세(1031~93)는 1066년까지 잉글랜드에 살다가 헤이스팅스에서 노르망디 공작령 군대가 잉글랜드에 승리한 뒤(● 노르만의 정복) 스코틀랜드로 거처를 옮겼다. 맬컴 3세는 왕으로 자처했으나 대관식은 거행하지 못한 잉글랜드 웨식스 왕조의 왕족인 에드거(1051?~1126?) 애설링*을 보호하고 그 누이와 결혼했다. 왕비는 맬컴 3세가 스코틀랜드를 교화하는 데 도움을 주었다. 1072년 맬컴 3세는 영토를 획득하고 스코틀랜드의 독립을 지키려고 노섬브리아와 컴벌랜드를 공격했다가 잉글랜드의 노르망디 왕조로부터 보복을 받았다. 1093년 맬컴 3세는 선수를 쳐 잉글랜드 노르망디 왕조의 침략을 막으려고 노섬브리아의 애닉을 공격했으나 매복 중에 죽임을 당했다. 맬컴 3세의 사망으로 스코틀랜드는 30년 동안 혼란에 빠졌다. **제2차 애닉 전투(1174)** 사자왕 윌리엄 1세 (1143?~1214)는 1165년에 스코틀랜드의 왕이 되어 최초의 프랑스—스코틀랜드 조약을 체결했다(윌리엄 1세는 선왕이 잉글랜드인들에게 노섬브리아를 빼앗긴 것에 분노했다). 잉글랜드 왕 헨리 2세(1133~89)는 아들들과 귀족들이 일으킨 반란에 직면했고(**○ 플랜태저넷 왕조 내전, 1173~74**), 윌리엄 1세는 헨리 2세의 아들 헨리 왕자(청년왕 헨리, 1155~83)가 자기 아버지를 공격하면 노섬브리아와 컴벌랜드를 주겠다고 약속하자 이제는 거대한 요새가 된 애닉을 포위하여 공격했다. 스코틀랜드인들은 안개가 자욱한 날에 보초를 배치하지 않는 등 성급하고 경솔했다. 잉글랜드인들은 들키지 않게 집결해 있다가 대승을 거두었다. 말을 타고 있지 않았던 윌리엄 1세는 사로잡혀 프랑스의 팔레즈로 끌려가 헨리 2세의 봉신이 된다는 굴욕적인 조건에 동의한 뒤에야 풀려났다.

* 애설링(Ætheling)은 앵글로색슨 잉글랜드에서 왕위 계승 자격을 지닌 왕족을 지칭한다.

애런들의 반란, 1549
Arundell's Rebellion, 1549

잉글랜드인은 부자나 가난한 자나 가릴 것 없이 헨리 8세(1491~1547)의 종교 정책과 경제 정책에 부정적인 영향을 받았다. 1549년 콘월의 주요 지주였던 험프리 애런들(1513?~50)은 데번과 콘월에서 인클로저*와 가톨릭 탄압에 맞서 발생한 농민 반란을 지휘했다. 콘월의 반란군은 초기에 승리를 거두고 엑시터를 공격했다. 2일 동안 왕의 군대와 싸워 패한 반란군은 도주했고, 샘퍼드코트니에서 다시 패했다. 애런들은 랜선으로 피신했다가 사로잡혀 런던으로 압송됐고 타이번에서 사형됐다.

* 15세기 이후 영국에서 지주계급이 공유지에 울타리를 쳐서 남이 땅을 사용하지 못하도록 한 것이다. 인클로저로 인해 토지가 없어진 농민들은 산업혁명으로 공장들이 많이 세워진 도시로 가서 하층 노동자가 됐다.

애로 호 전쟁
Arrow War

○ (제2차) 아편 전쟁

애설볼드의 전쟁, 733~750
Æthelbald's Wars, 733~750

앵글로색슨 잉글랜드에서 머시아 왕국이 확실하게 패권을 쥐게 된 것은 위대한 왕 애설볼드(재위 716~757)와 오파(재위 757~796) 덕이었다. 애설볼드는 브리턴족의 둠노니아(오늘날의 데번과 그 일부의 인접 지역) 중 서머싯 지역을 점령하여(733) 머시아의 영토를 확장했으며 남쪽에서 브리턴족의 땅을 데번과 콘월로 축소시켰다. 749년 애설볼드는 광대한 지역을 유린하여 노섬브리아와 60년에 걸쳐 유지하던 평화를 깨뜨렸다. 속국의 왕 몇몇이 웨일스인과 국경분쟁을 벌이던 중에(743) 애설볼드의 도움을 받았다. 애설볼드는 전체적으로 보아 강력한 통치자였고 평화를 추구했으며 '브리타니아의 왕'이라는 칭호를 얻었다. 애설볼드는 전쟁에서 단 한 번 패배했지만(웨식스 지역 버퍼드에서 벌인 군사작전이 실패로 돌아갔다) 이 실패가 머시아가 웨식스에서 누린 패권에 영향을 미치지는 않았다. 애설볼드의 치세는 영광스러웠지만, 그 끝은 그렇지 못했다. 애설볼드는 757년에 근위병에게 살해됐다.

○ 오즈월드의 전쟁 ; 오파의 전쟁

애설프리스의 전쟁, 593~616
Æthelfrith's Wars, 593~616

앵글로색슨 7왕국을 공멸하게 한 싸움 중 가장 컸던 것은 앵글족의 버니시아 왕국을 통치했던 애설프리스(재위 593?~616?)로부터 시작됐다. 애설프리스는 앵글족의 또 다른 국가인 데이라 왕국의 공주와 결혼하고 남자 상속자인 에드윈(586?~632/633)을 추방함으로써 두 나라를 통합했다. 애설프리스는 국경을 방어하기 위해 데그새스턴* 전투에서 달리아타 왕국(중세 초기 아일랜드 동북부, 스코틀랜드 서부에 있던 왕국) 왕과 스트래스클라이드의 브리턴족과 싸워(603) 이겼고, 앵글족의 점유지를 동쪽에서 서쪽으로 포스 만 아래까지 확장했다. 이제 노섬브리아(버니시아와 데이라의 연합)의 왕이 된 애설프리스는 615년(혹은 616년)에 웨일스의 체스터에서 포위스 왕국, 흐로스 왕국의 연합군과 대결하여 승리했고, 웨일스 왕국의 승리를 축원하려고 전장에 와 있던 웨일스벵거 수도원의 수도사 1,250명 중 1,200명을 학살했으며, 브리턴족을 웨일스에 있는 자들과 북쪽에 있는 자들로 분리했다. 한편 에드윈은 이스트앵글리아 왕의 지원을 확보하여 616년경에 오늘날의 노팅엄 근처에서 애설프리스를 공격하여 죽였다. 그때부터 에드윈은 웨일스의 귀네드 왕국과 머시아 왕국의 연합군과 싸우다 전사할 때까지(632/633) 노섬브리아를 지배했다.

○ 색슨족의 침입, 550?~577 ; 오즈월드의 전쟁

* 이후의 일부 기록은 이곳이 리데스데일의 도스테인이라고 되어 있다.

앤더슨의 습격, 1864
Anderson's Raid, 1864

1864년 9월 27일 한 무리의 남부연합 게릴라 부대(남군)가 윌리엄 T. 앤더슨 (1839?~64)의 지휘를 받아 미주리 주 센트레일리아를 기습했다. 이 가운데에는 제시 제임스(1847~82)와 그의 형 프랭크(1843~1915)도 있었다. 이들은 역마차 1대를 공격한 뒤 열차를 강탈하여 무장하지 않은 연방군(북군) 병사 24명을 살해했고 민간인 승객들에게서 물건을 빼앗고 살인과 약탈을 마치고서는 열차를 불태웠다. 연방군의 부대 1개가 이들을 추격했지만 별명이 '피투성이 빌 Bloody Bill'인 앤더슨과 그 일당은 이 부대와 대결하여 압승했고 연방군 군인들 155명 중 123명을 사살했다.

○ 남북 전쟁 ; 퀀트릴의 습격

앤드루스의 습격(기관차 대추적), 1862
Andrews's Raid(Great Locomotive Chase), 1862

남북 전쟁(1861~65) 중이었던 1862년 4월 12일 밤 제임스 J. 앤드루스(1829?~62)가 이끄는 22명의 연방군(북군) 자원자와 1명의 민간인이 조지아 주 메리에타와 테네시 주 채터누가 사이의 철도 선로를 절단하기 위해 남부연합 영역 깊숙이 침투했다. 이들은 다리와 통신선을 파괴하려는 의도를 지니고, 명칭이 '제너럴'인 기관차가 채터누가로 끌고 가는 웨스턴앤애틀랜틱철도의 열차를 강탈했다. 남부연합 병사들(남군)이 '텍사스'라는 이름의 다른 기관차에 올라타 재빨리 이들을 추격했으며 약 144.841킬로미터를 달린 뒤 연료가 떨어진 '제너럴'을 따라 잡았다. 앤드루스와 민간인 1명, 연방군 병사 7명은 간첩죄로 교수형당했다. 미국 정부는 이 작전에 참여한 사형당한

병사 7명 중 4명, 생존한 병사 16명 중 15명에게 1863~83년 사이에 명예훈
장을 수여했다.

앤 여왕의 전쟁, 1702~13
Queen Anne's War, 1702~13

북아메리카 대륙의 지배권을 둘러싼 잉글랜드와 프랑스의 싸움은 에스파
냐 왕위 계승 전쟁의 일부라고 간주할 수 있다. 전쟁은 잉글랜드가 1702년
에 에스파냐령 플로리다의 산아구스틴(오늘날의 세인트어거스틴)을 급습하
면서 시작됐다. 프랑스와 인디언 협력자들은 뉴잉글랜드 전역의 잉글랜드
인 정착촌을 공격했다(**○ (제2차) 아베나키족 인디언 전쟁**). 1704년 프랑스 군대
와 인디언이 매사추세츠 만 식민지 디어필드의 청교도 식민지에서 학살극
을 벌여 싸움이 격해졌다(**○ 디어필드 학살**). 1710년 프랜시스 니콜슨(1655~
1728/29)이 지휘하는 잉글랜드군 원정대가 아카디(오늘날 캐나다 퀘벡 주 동부
일부, 뉴브런즈윅 주, 프린스에드워드아일랜드 주, 노바스코샤 주와 미국의 메인 주
북부 일부)에 있는 프랑스군의 핵심 거점 포르루아얄(오늘날 캐나다 노바스코
샤 주의 애너폴리스로열)을 점령하고 퀘벡과 몬트리올을 잇달아 공격했으나
프랑스는 이를 물리쳤다. 1713년의 위트레흐트 조약으로 프랑스는 루아얄
(오늘날의 케이프브레턴) 섬과 생장(프린스에드워드) 섬을 포함하여 누벨프랑스
(뉴프랑스. 북아메리카에 있던 프랑스 식민지)를 계속 보유했지만 뉴펀들랜드와
허드슨 만, 아카디를 잃었다.
○ 젠킨스의 귀 전쟁 ; 조지 왕의 전쟁

앵글로색슨족-픽트족 전쟁, 685
Anglo-Saxon—Pictish War of 685

593년에서 641년까지 앵글족의 독립 왕국인 버니시아와 데이라는 노섬브리
아로 알려진 자신들의 지역 안에서 정치적 우위를 두고 경쟁했으며(**○ 애설
프리스의 전쟁 ; 오즈월드의 전쟁**), 이 때문에 머시아가 앵글로색슨 7왕국의 지배
왕국으로 등장하게 됐다(**○ 색슨족의 침입, 550?~577**). 이 경쟁은 앵글로색슨
족이 오늘날의 스코틀랜드를 정복하는 것도 막았다. 스코틀랜드에서는 스
트래스클라이드의 북웨일스인과 달리아다 왕국(중세 초기 아일랜드 동북부,

스코틀랜드 서부에 있던 왕국)의 스코트족(아일랜드인), 토착민인 픽트족이 패권을 다투고 있었다. 브리데이 3세(693년 사망)가 통치하던 픽트족은 672년 이래로 스트래스클라이드의 브리턴족과 싸웠으며 노섬브리아의 통치자 엑그프리스(645?~685, 재위 670~685)의 적의를 유발했다. 엑그프리스는 대군을 모아 로디언을 지나 넥턴즈미어(스코틀랜드 앵거스의 더니천이나 스코틀랜드 베이드녹의 더넉턴이라고 추정된다)에 도달하여 브리데이 3세가 이끄는 비슷한 규모의 대군과 마주쳤다. 이곳의 전투에서 엑그프리스는 패배했고 전사했다(685). 엑그프리스가 죽자 노섬브리아는 약해졌고 포스 만 너머의 영토를 전부 잃었으며, 결국 스코틀랜드는 한동안 앵글로색슨족의 영향에서 벗어나 독립할 수 있었다.

어루스툭 전쟁, 1838~39
Aroostook War, 1838~39

미국 독립 전쟁을 끝낸 1783년의 파리 조약은 미국의 메인 주와 영국령 북아메리카의 뉴브런즈윅 식민지(오늘날 캐나다의 뉴브런즈윅 주) 사이의 미국-캐나다 국경을 획정하지 못했다. 메인 주의 농민은 어루스툭 강 유역의 토지를 경작하기 원했고, 캐나다의 제재업자들은 그 지역을 자신들의 벌목지로 여겼다. 일단의 메인 주 토지 중개인들이 그 지역에서 벌목 노동자들을 쫓아내려다 캐나다인들에게 붙잡히자, 메인 주의 관리들은 민병대를 소집했고 뉴브런즈윅 식민지도 민병대를 불러모았다. 마틴 밴 뷰런(1782~1862) 미국 대통령은 윈필드 스콧(1786~1866) 장군에게 지휘를 맡겨 어루스툭 지역에 소규모의 연방군을 파견했다. 1839년 3월 스콧은 뉴브런즈윅 식민지의 영국 당국과 성공리에 협상을 이끌었고, 분쟁을 해결하기 위해 국경위원회를 설립했다. 약 3만 1,150킬로미터에 이르는 분쟁 지역의 국경은 '지도 위에서의 전투'를 벌인 뒤 1842년의 웹스터-애슈버턴 조약으로 정리됐다. 어루스툭 지역에서 벌어진 전쟁은 선포되지 않은 전쟁이었고, 양쪽에서 몇 사람이 코피를 흘린 것과 험악한 분위기가 연출된 것을 제외하면 무혈 전쟁이었다.

어린이 십자군, 1212
Children's Crusade, 1212

1200년대 초 서유럽을 휩쓴 십자군의 열기는(**○ (제4차) 십자군**) 어린이들까지 집어삼켰다. 프랑스의 농촌 소년 에티엔 드 클루아예는 수많은 소년과 소녀를 이끌고 마르세유로 향했다. 12세 미만인 아이들이 많았다. 이 무리는 성지를 해방시키기 위해 배를 타고 팔레스타인으로 떠났고 어른들이 실패하여 비참한 꼴을 당했던 일에서 성공하기를 바랐다. 어린이들은 배가 난파하여 조난당했거나 파렴치한 선장들에 의해 노예로 팔려간 것으로 전해진다. 쾰른의 니콜라우스라는 독일 소년 설교사가 이끌었던 또 다른 수천 명의 무리는 이탈리아로 갔다가 걸음을 되돌렸다. 많은 어린이가 굶주림과 질병 때문에, 또는 버려져서 사망했다.

에리트레아 독립 전쟁
Eritrean War of Independence
○ 에티오피아-에리트레아 게릴라 전쟁

에밋의 봉기, 1803
Emmet's Insurrection, 1803

로버트 에밋(1778~1803)은 영국에 맞서 거병했다가 실패한 봉기의 순교자로 아일랜드 민족주의자들이 추앙하는 인물이다. 이 봉기는 에밋의 우상인 아일랜드인 연합단체의 창설자 시어볼드 울프 톤(1763~98)의 뜻과 마찬가지로 프랑스식 공화국의 수립을 목적으로 삼았다(**○ 아일랜드인 연합단체 반란**). 에밋은 1800년에서 1802년까지 이 단체의 지도자들과 함께 프랑스에 머물며 봉기를 일으키고 프랑스의 지원을 받는다는 계획을 수립했다. 1803년 7월 말 에밋이 무기를 은닉해놓은 장소 중 한 곳이 우연히 폭발하면서 신속히 계획을 실행에 옮겨야 했으나, 혼란의 와중에 봉기는 실패했다. 한 무리는 도착하지 않았고, 또 한 무리는 봉기가 연기된 줄 알고 집으로 돌아갔으며, 또 다른 무리는 신호를 기다렸으나 누군가가 신호 보내는 것을 잊어 헛수고만 하고 말았다. 에밋과 약 100명쯤 되는 그의 추종자들은 무모하게도 더블린 성*을 공격했으나 성공하지 못했다. 에밋은 도주하여 위클로의 산악지대에 숨었다. 약혼자 곁에 있으려고 돌아오다 잡힌 에밋은 반역죄로 재판을 받았고 1803년 9월 20일 사형당했다.

* 영국이 아일랜드를 통치하는 수단으로 활용하던 행정부들이 있었다.

에스토니아 독립 전쟁, 1917~20
Estonian War of Independence, 1917~20

제1차 세계대전 중인 1917년 11월 28일 러시아령 에스토니아는 독립을 선포했고, 이에 볼셰비키(소비에트 러시아) 군대는 영토를 회복하려고 즉시 진격했다. 그러나 독일이 볼셰비키를 막으려고 에스토니아를 점령했고(1917년 12월), 에스토니아는 독일의 방어에 힘입어 1918년 2월 24일에 다시 독립을 선언했다. 소비에트 러시아는 브레스트리톱스크 조약으로 발트 국가들(에스토니아, 라트비아, 리투아니아)을 포기했으나, 독일이 패하고(1918년 11월 11일) 조약이 폐기된 뒤 소비에트 러시아 군대는 다시 에스토니아를 침공했다. 에스토니아인들은 발트 해에 있던 영국 소함대의 도움을 받아 맹렬히 저항했고 1919년 1월 소비에트 러시아 군대를 내쫓았다. 1919년 10월 니콜라이 니콜라예비치 유데니치(1862~1933)가 규합하여 이끌었던 반反볼셰비키 군대가 용감하게도 페트로그라드(오늘날의 상트페테르부르크)를 점령하기 위해 에스토니아와 러시아 사이의 국경을 넘어 진군했다. 볼셰비키 지도자 레프 트로츠키(1879~1940)는 이러한 사태에 놀라(**○ 러시아 내전, 1918~21**) 잡다한 노동자와 군인을 급하게 모아 군대를 조직해 유데니치의 군대를 격퇴하여 에스토니아로 내몰았다. 1920년 2월 2일 소비에트 러시아 정부는 타르투(도르파트) 조약으로 에스토니아의 독립을 공식 승인했다(에스토니아는 제2차 세계대전 중인 1940년에 소련군에 점령되어 소련의 한 구성공화국이 됐다).

에스토니아 반란(성 게오르기우스 축일의 반란), 1343~45
Estonian Revolt(St. George's Day Revolt) of 1343~45

1219~27년의 덴마크–에스토니아 전쟁 이래로 에스토니아에 많은 영지를 갖고 있던 덴마크와 독일의 귀족들은 에스토니아 농민들이 평화조약을 위반하여 자신들의 몇몇 특권과 자유를 침해했다고 비난했다. 농민들은 억압적인 귀족들에 맞서 이따금 폭력을 행사했으며, 1343년 성 게오르기우스

축일(4월 23일)에 큰 반란을 일으켰다. 에스토니아의 하류마에서 시작된 반란은 사레마(외셀) 섬을 비롯한 인근 지역으로 급속하게 퍼져나갔다. 반란을 일으킨 농민들은 1,800명이 넘는 귀족을 살해했고 레발(오늘날의 탈린)을 포위하고 핀란드의 스웨덴 요새들에 도움을 요청했다. 프로이센의 튜턴 기사단(독일 기사단)이 귀족들의 지원 호소에 응하여 분쟁에 개입했고 평화회담을 주선했으나 이를 위해 열린 회합에서 농민 지도자들을 살해했다. 튜턴 기사단은 이어 레발 인근에서 스웨덴 지원군이 도착하기 전에 농민군을 격파했다. 덴마크 왕 발데마르 4세(1320?~75)는 그 지역을 통제하기가 매우 어렵다는 사실을 깨닫고서 은화 1만 9천 마르크를 받고 에스토니아 북부를 튜턴 기사단에 매각했다(1346년 8월). 튜턴 기사단은 당시에는 튜턴 기사단의 일부였던 리보니아 그리스도 기사수도회에게 지역의 관리를 맡겼다.

에스파냐 내전, 1820~23
Spanish Civil War of 1820~23

1812년도 자유주의적 헌법을 수용하지 않은 에스파냐 왕 페르난도 7세(1784~1833)의 무능한 통치는 큰 불안을 초래했는데, 특히 군대의 동요가 심했다. 남아메리카의 에스파냐 식민지들은 최근에 일으킨 반란에 성공하여 에스파냐의 주 세입원을 앗아갔고, 페르난도 7세는 이를 되찾으려 했다(❍ 베네수엘라 독립 전쟁 ; 아르헨티나 독립 전쟁 ; 칠레 독립 전쟁 ; 콜롬비아 독립 전쟁). 1820년 1월 에스파냐의 카디스에서 남아메리카 원정을 위해 집결했던 병사들이 빈번한 급여 체불과 형편없는 급식, 초라한 막사에 분노하여 라파엘 델 리에고 이 누녜스(1784/85~1823) 대령의 지휘로 폭동을 일으켰다. 1812년도 헌법에 충성을 맹세한 이 병사들은 지휘관을 체포하고 가까이 있는 산페르난도로 이동한 뒤 수도 마드리드로 진격할 채비를 갖추었다. 1820년 3월 10일 페르난도 7세는 반군이 비교적 약했는데도 헌법을 수용하여 에스파냐 역사상 최초의 입헌왕정 시기(1820~23)가 시작됐다. 그러나 이 자유로운 분위기에서 보수주의 세력과 자유주의 세력의 정치적 음모가 급격히 확산됐다. 자유주의 혁명가들은 왕궁을 습격하고 그 뒤로 3년 동안 페르난도 7세를 사실상 포로로 삼았다. 마드리드 수비대에서 폭동이 일어났으며, 카스티야와 톨레도, 안달루시아 지역에서는 내전이 발발했다. 신성 동맹(러시아,

오스트리아, 프로이센)은 페르난도 7세의 지원 요청을 거부했으나, 오국 동맹 (오스트리아, 러시아, 프랑스, 프로이센, 영국)은 베로나 회의(1822년 10월)에서 사태에 개입하여 에스파냐에서 전제 왕정을 회복하는 임무를 프랑스에 위임했다(◐ 프랑스-에스파냐 전쟁, 1823). 프랑스 군대는 에스파냐를 침공하여 마드리드를 점령했고 혁명가들을 남쪽의 카디스와 세비야로 내쫓았다. 1823년 8월 31일 반군은 카디스 인근의 전투에서 참패했고, 곧이어 프랑스 군대가 마드리드에서 포로로 끌려왔던 페르난도 7세를 구출하여 복위시켰다. 페르난도 7세는 예상과 달리 적대자들에게 가혹하게 보복하고 1812년도 헌법을 폐기했으며 에스파냐의 절대왕정(전제정치)을 재건했다.

에스파냐 내전, 1840~43
Spanish Civil War of 1840~43

제1차 카를로스파 전쟁 뒤(◐ (제1차) 카를로스파 전쟁) 마리아 크리스티나(1806~78)는 딸인 여왕 이사벨 2세(1830~1904)가 미성년일 동안 섭정을 맡아 1837년도 헌법을 폐지하고 에스파냐 도시들의 독립성을 제한하려 했다. 도시들에서 봉기들이 발생하자 마리아 크리스티나는 좀 더 자유주의적이었던 1812년도 헌법을 수용해야 했으나, 중앙정부가 강압적으로 지역에 공무원들을 수용하도록 하자 봉기는 지속됐다. 제1차 카를로스파 전쟁의 영웅인 발도메로 에스파르테로(1793~1879) 장군은 반란을 진압하라는 마리아 크리스티나의 명령을 거부하여 많은 인기를 얻었다. 에스파르테로는 총리로 취임했다(마리아 크리스티나와 이사벨 2세가 망명한 뒤에는 섭정이 됐다). 마리아 크리스티나의 권력을 제약하는 온건한 개혁들을 입법하자 마리아 크리스티나는 이사벨 2세와 함께 나라를 떠나(1840년 10월) 프랑스에 머물며, 이제 정부의 수장으로 독재자가 된 에스파르테로에 반대하는 폭동을 조장했다. 마리아 크리스티나가 부추긴 폭동은 1841년 10월에 팜플로나에서, 1842년 12월에 바르셀로나에서 진압됐다. 1843년에 마리아 크리스티나의 스파이들은 후안 프림 이 프라츠(1814~70) 대령을 도와 에스파냐 남부에서 반란을 선동했다. 라몬 마리아 나르바에스(1800~68) 장군이 발렌시아에서 반군을 이끌고 마드리드로 진격하여 수도를 장악하자 에스파르테로 체제는 무너졌다. 에스파르테로는 영국으로 피했다가 뒷날 돌아왔다(1848). 1843년 11

월 이사벨 2세는 겨우 13살이었지만 성년이라고 선언되고 친정을 시작했다. 마리아 크리스티나는 귀환했고, 나르바에스는 1844년에 총리가 됐다.

○ 에스파냐 혁명, 1854

에스파냐 내전, 1936~39
Spanish Civil War of 1936~39

에스파냐 좌파와 우파의 정치적 과격파는 서로 늘 싸웠고, 세계경제 대공황 시기의 경제적 고초로 투쟁은 더욱 악화되어 1931년에 수립된 중도적 공화국은 몰락할 운명에 놓였다. 1936년의 의회 선거에서 좌파 인민전선이 승리하여 세속주의적 개혁을 계속하자, 왕당파 장군인 호세 산후르호(1872~1936)와 에밀리오 몰라(1887~1937) 등이 반란을 기획했다. 군사 쿠데타의 조짐을 눈치챈 산티아고 카사레스 키로가(1884~1950) 총리는 군대의 주요 인사인 프란시스코 프랑코(1892~1975) 장군을 카나리아 제도로 전출시켰다. 1936년 7월 17일 멜리야에서 군 장교들이 반란을 일으키자 즉각 카디스, 세비야, 부르고스, 사라고사, 우에스카 등 에스파냐 여러 곳의 주둔지에서 반란이 발발했다. 좌파의 체포를 피해 에스파냐의 모로코 내부 보호령으로 빠져나간 프랑코는 7월 18일 성명서를 발표하고 아프리카를 떠나 이튿날 에스파냐에 도착하여 반란군 즉 '국민파'의 지휘를 떠맡았다. 국민파는 공화파 정부군을 압도하여 에스파냐 남부와 서부를 장악했다. 1936년 8월 14일 바다호스를 점령한 반란군은 그 지역을 통합했다. 북부에서 반란을 일으킨 자들은 이룬과 산세바스티안(도노스티아)으로 이동했고, 남부의 반란군은 공화파가 국제여단(에스파냐 내전이 발발하자 공화파를 지원하려고 에스파냐에 온 외국인들로 구성된 부대)과 함께 완강하게 지키고 있던 수도 마드리드를 위협했다. 마드리드는 29개월 동안 포위공격을 받고 항복했다. 1936년 10월 1일 반란군으로부터 '에스파냐 국가원수'라는 칭호를 받은 프랑코는 독재적인 중앙집권 통치를 시작했다. 영국과 프랑스는 전쟁 불간섭 정책을 시행했으나, 다른 강대국들, 특히 독일과 이탈리아, 소련은 자신들이 지지하는 진영을 지원하여 개입했다. 이탈리아의 지원을 받은 반란군은 1937년 2월에 말라가를 점령했고, 1937년 4월에는 독일의 공중 폭격 지원을 받아 게르니카와 두랑고를 장악할 수 있었다. 공화파는 1937년

5월에 바르셀로나에서 발생한 아나키스트의 봉기를 진압하며 큰 유혈극을 벌였고, 그 결과 새로운 공화파 정부를 구성해야만 했다. 1937년 6월 18일 빌바오가 80일 동안의 포위를 버틴 뒤 반란군의 수중에 떨어졌다. 1937년 8월 31일에서 9월 1일 밤에 서지중해에서 이탈리아 잠수함 1척이 영국군 구축함 1척을 공격한 사건으로 스위스 니옹에서 국제회의가 열렸다. 회의에 참여한 9개국은 전쟁 중 '해적 행위'*를 저지하기 위해 해상순찰지대라는 제도를 채택했다(이탈리아와 독일은 불참했다). 공화파가 강력한 반격으로 테루엘을 점령했으나 두 달 뒤인 1938년 2월 중순에 반란군의 역공으로 다시 빼앗겼다. 1938년에 소련이 공화파 지원을 중단하자 공화파의 대의는 절망적이었고, 이제 에스파냐 대부분을 장악한 반란군은 1937년 10월 말 이래로 공화파 정부의 중심지였던 바르셀로나를 점령하기 위해 대규모 공세를 준비했다. 1939년 1월 26일 프랑코의 부대는 이탈리아의 지원을 받아 공화파 군대를 격파하고 바르셀로나를 점령했으며, 이로써 에스파냐 전역에서 공화파의 저항은 급속히 붕괴됐다. 마드리드의 공화파 국가방위위원회는 명예로운 항복조건을 제시했고, 자신들에 반대하는 공산주의자들을 물리치고, 1939년 3월 28일에 프랑코의 요구에 응하여 무조건 항복했다. 프랑코 정권의 특별법원은 영국과 프랑스의 자제 요청을 무시하고 다수의 공화파 지지자들을 재판에 넘겨 유죄를 선고하고 처형했다. 1939년 4월 1일 미국은 프랑코 정권을 승인했다.

○ 아스투리아스 봉기, 1934 ; 카탈루냐 반란, 1934

* 독일 해군, 이탈리아 해군의 전쟁 간섭을 지칭하는 완곡한 표현이다.

에스파냐령 사하라 전쟁
Spanish Saharan War

○ 서사하라 전쟁

에스파냐-모로코 전쟁, 1859~60
Spanish—Moroccan War of 1859~60

모로코가 모로코에 있는 에스파냐 영토인 세우타와 멜리야를 공격하자 에스파냐는 전쟁을 선포했고(1859년 10월 22일), 레오폴도 오도넬(1809~67) 에스파냐 총리는 모로코의 술탄이 적절한 배상을 지불하지 않자 에스파냐 시민들이 제기한 손해배상 청구를 구실로 삼아 전쟁에 들어갔다. 오도넬은 직접 지휘권을 맡아 병력 4만 명으로 모로코의 항구들을 봉쇄했으나 전투 계획은 허술했다. 에스파냐 군대는 불리한 지점에 상륙했고 좋지 않은 도로에서 궁지에 빠졌으며 콜레라에 감염됐다. 게다가 모로코 군대는 강인한 상대였다. 에스파냐는 1860년 1월 1일 후안 프림 이 프라츠(1814~70) 장군이 승리를 거두고 30일 뒤 테투안을 점령함으로써 체면을 살렸다. 영국의 압박에 1860년 4월 26일 평화조약이 체결됐다. 많은 사상자를 낸 에스파냐는 배상금을 받았으며 포령包領* 세우타는 면적이 늘어났다.

* enclave. 영토의 일부 또는 전부가 다른 나라의 영토 안에 있는 경우.

에스파냐 무적함대의 패배, 1588
Defeat of the Spanish Armada, 1588

에스파냐 왕 펠리페 2세(1527~98)는 잉글랜드가 네덜란드 문제에 간섭한 것에 복수하고, 잉글랜드 여왕 엘리자베스 1세(1533~1603) 정부를 무너뜨리며, 잉글랜드 왕위를 얻고자 정교하게 잉글랜드 정복 계획을 수립했다. 펠리페 2세는 500척의 에스파냐 무적함대와 플란데런(플랑드르)의 파르마 공작 군대를 결합하여 대대적으로 침공할 계획을 세웠다. 그러나 1588년 5월 메디나 시도니아 공작의 지휘로 리스본을 출발한 것은 선박 130척과 병력 약 2만 8천 명뿐이었다. 무적함대는 영불해협으로 진입하여 도버 기지의 잉글랜드 함대와 여러 날 싸우다가 우세한 대포를 장착한 적군에 밀려 영불해협의 프랑스 항구인 칼레로 피신했으나, 1588년 8월 6일에서 7일로 넘어가는 밤에 화공선을 사용한 에핑엄 남작 찰스 하워드(1536~1624) 휘하의 잉글랜드 함대에 다시 쫓겨났다. 이튿날 잉글랜드는 흐레벨링언(오늘날 프랑스의 그라벨린) 근해에서 전열이 흐트러진 에스파냐 무적함대를 공격하여 큰 손실을 입혔다. 살아남은 에스파냐 함선들은 바람의 방향이 바뀌자 북쪽으로 달아나 스코틀랜드를 돌아 아일랜드로 갔다가 에스파냐로 향했다. 그렇지만 도중에 스코틀랜드 인근 해상에서 폭풍을 만나 함선 51척과 약 1만 5천 명의 병사를 잃었다. 귀환한 선박은 겨우 67척이었다. 이 싸움에서 잉글랜드는 단 1척의 배도 파괴되지 않았고, 에스파냐의 해상 패권은 종말을 고했다.

○ 잉글랜드-에스파냐 전쟁, 1587~1604

에스파냐-미국 전쟁,* 1898
Spanish-American War, 1898

미국의 언론은 에스파냐 당국이 쿠바인들을 학대한 일을 널리, 때로는 선 정적으로 알렸다(○ 쿠바 독립 전쟁). 1898년 2월 15일 쿠바의 아바나 항구에 정박 중이던 미국 군함 메인 함이 원인을 알 수 없는 폭발로 침몰했고, 탑 승하고 있던 266명의 해군이 사망했다. 참사의 정확한 원인은 밝혀지지 않 았으나 에스파냐가 비난을 받았고, 1898년 4월 9일 에스파냐가 휴전에 동 의했는데도 미국의 개입은 점차 강화됐다. 1898년 4월 25일 미국은 에스파 냐에 전쟁을 선포했다. 전투는 대서양과 태평양에서 벌어졌다. 태평양에서 는 조지 듀이(1837~1917) 준장이 지휘하는 미국군의 아시아 소함대가 필리 핀의 마닐라 만으로 항해하여 1898년 5월 1일에 상대적으로 규모가 큰 에 스파냐 함대를 대파했다. 두 달 뒤 웨슬리 메릿(1836/37~1910) 장군이 약 1 만 1천 명의 미국군 병사들을 이끌고 마닐라 만에 도착했고 1898년 8월 13 일에 에밀리오 아기날도(1869~1964)가 지휘하는 필리핀 반란군의 지원을 받아 마닐라를 점령했다. 한편 대서양에서는 파스쿠알 세르베라 이 토페테 (1839~1909) 제독이 에스파냐 함대를 이끌고 산티아고데쿠바 항구로 갔으 나, 윌리엄 토머스 샘슨(1840~1902) 제독이 지휘하는 미국 북대서양 소함대 가 이를 봉쇄했다(1898년 5~6월). 윌리엄 루퍼스 샤프터(1835~1906) 장군 휘 하의 약 1만 7천 명으로 구성된 미국군 원정군이 쿠바의 다이키리에 상륙 하여 인근의 산티아고데쿠바로 움직였다. 1898년 7월 1일 산후안 언덕 전 투와 엘카네이 전투에서 제1자원기병연대('러프 라이더스 Rough Riders')를 포함 한 샤프터 휘하의 미국군 병사들은 격렬한 전투 끝에 승리를 거두었고, 산 티아고데쿠바를 내려다보는 고지를 점령했으며 자신들을 몰아내려는 에스 파냐 군대를 격퇴했다. 제1자원기병연대는 레너드 우드(1860~1927) 대령과 시어도어 루스벨트(1858~1919) 중령의 지휘를 받았는데, 시어도어 루스벨 트는 그날 '러프 라이더스'를 이끌고 인근의 케틀힐(주전자언덕)을 공격하여 성공을 거두었다. 세르베라는 미국군의 봉쇄를 돌파하려 했지만, 이 에스파냐 함대는 1898년 7월 3일 산티아고데쿠바 해전에서 완패했다. 2주 뒤 산티아고데쿠바의 에스파냐 육군은 항복했다. 1898년 7월 25일 넬슨 애플턴 마일스(1839~1925) 장군이 지휘하는 미국군 부대가 푸에르토리코에 상륙했으며, 휴전협정이 체결될 때(1898년 8월 13일) 이 섬의 일부를 점거하고 에스파냐 군대와 대치했다. 1898년 12월 10일에 체결된 파리 조약으로 에스파냐는 쿠바의 지배권을 포기하고 푸에르토리코와 괌, 필리핀을 미국에 할양했으며, 미국은 이 영토의 대가로 2천만 달러를 지불했다.

○ 필리핀 봉기, 1896~98

* 미서(美西) 전쟁이라고도 한다.

에스파냐-알제리 전쟁, 1775
Spanish-Algerine War of 1775

에스파냐 왕 카를로스 3세(1716~88)는 이슬람 세력이 분란을 일으키는 북아프리카를 평정하고자 부단히 노력했다. 1767년 카를로스 3세는 모로코와 평화조약을 체결했으나 1774년에 술탄이 그리스도교도를 모조리 내쫓으라고 명령하고 멜리야를 공격하여 평화조약을 파기했다. 에스파냐는 공격을 저지했고 (부당하게도) 영국이 문제를 일으켰다고 비난했다. 카를로스 3세는 이어 모로코를 완전히 쳐부수기로 결심하고 병력 1만 8천 명을 파견하여 모로코 술탄의 동맹자인 알제의 데이*를 공격했다. 에스파냐는 재커바이트(제임스 2세 지지파)였던 아일랜드인 알레한드로 오레이이(알렉산더 오라일리, 1722~94) 장군에게 지휘를 맡겨 위협적인 태세로 알제를 향해 진격했으나, 결정적인 패배를 당했으며 수천 명이 목숨을 잃고 이슬람교 세력의 적대감만 더욱 키웠다.

* dey. 오스만 제국이 알제리를 정복한 뒤 알제리의 지방 구역을 다스린 통치자.

에스파냐 왕위 계승 전쟁, 1701~14
War of the Spanish Succession, 1701~14

합스부르크 왕조의 에스파냐 왕 카를로스 2세(1661~1700)는 죽기 직전 유언장을 변경하여 부르봉 왕조에서 후계자를 정했다. 카를로스 2세는 제국을 분할하지 않는다는 조건으로 루이 14세(1638~1715)의 장자 루이

(1661~1711)의 둘째 아들 필리프(펠리페 5세, 1683~1746)에게 제국 전체를 물려주었다. 이에 에스파냐와 프랑스의 합방을 두려워한 잉글랜드와 네덜란드, 오스트리아는 프랑스에 맞서 동맹을 결성했다. 북아메리카에서는 앤(1665~1714) 여왕의 전쟁이었던 이 전쟁은, 유럽에서는 이탈리아와 독일, 에스파냐, 에스파냐령 네덜란드(벨기에의 일부, 네덜란드, 룩셈부르크)에서 치러졌다(○ 대동맹 전쟁). 프랑스 군대는 이탈리아에서 1701년부터 1706년까지 싸우다가 밀려났다. 독일에서 벌어진 전투에서는 잉글랜드의 말버러 공작존 처칠(1650~1722)이 뛰어난 수완을 발휘했다. 말버러 공작은 1703년에 빈을 향해 질주한 프랑스 군대를 도나우뵈르트 전투(셸렌베르크 전투, 1704)와 블렌하임(블린트하임) 전투(1704)에서 저지했다. 앤 여왕이 통치하는 잉글랜드는 강경하게 전쟁을 수행하여 1704년에 지브롤터 해협을 장악했고 에스파냐의 바르셀로나를 점령했다. 바르셀로나에서는 합스부르크 왕가의 카를(신성로마제국 황제 카를 6세, 1685~1740)이 에스파냐 왕 '카를로스 3세'로 즉위했다(포르투갈과 잉글랜드, 아일랜드, 신성로마제국 안의 대다수 국가들로부터 지지를 받은 카를로스 3세는 1706년에 자신의 왕국에 상륙하여 5년을 머물렀으나 카탈루냐에서만 통치권을 행사할 수 있었다). 전쟁의 결정적인 전투는 대체로 에스파냐령 네덜란드에서 벌어졌다. 1706년 약 6만 명 규모의 프랑스 군대가 나뮈르와 리에주 사이로 동진하다가 라미예 인근에서 말버러 공작이 지휘하는 대등한 병력의 잉글랜드·네덜란드·독일 연합군과 마주쳤다. 전투에서 말버러 공작은 프랑스군의 좌익을 공격하는 척하다가 다른 쪽으로 돌아섰고, 기병 2만 5천 명은 오른쪽으로 선회한 프랑스군을 향해 돌격하여 프랑스군의 후위 전체를 덮쳤다. 연합군의 보병은 정면에서 프랑스군을 공격했다. 프랑스군은 연합군보다 3배나 많은 병력을 잃어 재앙 같은 패배를 당했다. 연합군의 승리로 브뤼셀과 안트베르펀, 그리고 주변 지역은 항복할 수밖에 없었다. 그러나 1707년에 연합군이 패하여 프랑스가 브뤼셀과 헨트를 탈환하면서 형세는 다시 불안해졌다. 이어 프랑스군 약 10만 명이 스헬더 강을 따라 상류의 아우데나르더를 향해서 진군했는데, 1708년 7월 11일 그곳에서 10만 5천 명에 이르는 말버러 공작 군대의 기습을 받았다(말버러 공작은 프랑스군과 대적하기 위해 브뤼셀에서 너무도 신속히 이동한 나머지 군대를 제대로 전개할 시간조차 없었다). 날이 저물 무렵, 연합군은 프랑스군

의 우익을 에워쌌고 프랑스군은 전장에서 철수하여 다시 헨트로 돌아가야 했다. 프랑스군 약 8천 명이 항복했고 약 7천 명이 사망하거나 부상당했다. 연합군의 손실은 모두 3천 명 정도였다. 연합군은 릴(1708)과 투르네(1709), 말플라케(1709)에서도 승리했는데, 이 세 곳에서는 두 진영 모두가 큰 손실을 입었다. 바르셀로나의 '카를로스 3세'가 1711년에 신성로마제국 황제 카를 6세가 되자, 이제는 에스파냐와 오스트리아의 합방을 두려워한 잉글랜드가 프랑스와 평화회담을 시작하고 말버러 공작을 소환했으며(말버러 공작이 지휘권을 갖고 있었다면 연합군이 1712년에 드냉에서 패하는 일은 없었을 것이다), 1713년에 위트레흐트 조약에 따라 전쟁에서 이탈했다. 신성로마제국은 계속 싸우다가 이듬해 라슈타트 조약과 바덴 조약에 동의했다. 루이 14세는 프랑스 왕위와 에스파냐 왕위를 분리하여 유지한다는 데 동의했으며, 프랑스와 에스파냐는 잉글랜드에게 영토를 할양하고 경제적 이권을 양도해야 했으며, 오스트리아와 여타 신성로마제국 내부 국가들은 에스파냐령 네덜란드와 에스파냐가 이탈리아에서 보유하고 있던 영토를 할양받았다. 유럽 국가들은 많은 희생을 치르며 적극적으로 참전한 이 전쟁으로부터 (그리고 뒷날 오스트리아 왕위 계승 전쟁으로부터) 조심스럽게 세력 균형을 유지하는 것이 왕조의 권리나 민족의 권리보다 더 중요하다는 사실을 배우게 됐다.

◐ 명예혁명 ; 사국 동맹 전쟁 ; 카미사르 반란

에스파냐의 그리스도교도-이슬람교도 전쟁, 912~928
Spanish Christian-Muslim War of 912~928

이슬람교도 아랍인과 베르베르인, 물라디(이슬람교로 개종한 에스파냐인)는 알안달루스(이베리아 반도 남부)의 통제권을 두고 다투었다. 후기 우마이야 왕조의 에미르(군주) 압드 아르 라흐만 3세(889/891~961)는 반란자들을 사면했지만 질서를 회복하지 못했고, 후기 우마이야 왕조의 통치에 저항하는 이슬람 반란 세력의 중심지인 톨레도를 정복하려 했다. 4만 명에 이르는 압드 아르 라흐만 3세의 군대는 아랍의 반란자 우마르 이븐 하프순(850?~917?/918?)과 반대파와 부족민으로 구성된 군대에 맞서 싸워 승리했다. 에스파냐 남부와 동부의 대부분은 압드 아르 라흐만 3세가 지배했지만,

이 반란자들은 한동안 압드 아르 라흐만 3세에 대적해 전쟁을 계속했다. 에스파냐의 그리스도교 세력들은 갈리시아의 왕이자 레온의 왕인 오르도뇨 2세(871?/873?~924)의 지휘로 갈리시아 왕국과 레온 왕국에서 후기 우마이야 왕조의 군대를 공격하여 물리쳤으며 침략자들을 궁지에 몰아넣었다. 그러나 920년에 오르도뇨 2세는 발데훈케라 전투에서 그리스도교 국가인 나바라 왕국의 왕을 돕다가 후기 우마이야 왕조의 군대에 패했다. 우마르 이븐 하프순의 아들들은 계속해서 압드 아르 라흐만 3세와 에스파냐 그리스도교 국가에 대항해 싸우다가 928년에 항복했다. 1년 뒤 압드 아르 라흐만 3세는 코르도바의 초대 칼리파가 됐다. 에스파냐의 그리스도교 국가와 후기 우마이야 왕조 사이의 변경 전투는 빈번해졌고 큰 유혈극을 낳았다.

○ 이슬람의 에스파냐 정복

에스파냐의 그리스도교도−이슬람교도 전쟁, 977~997
Spanish Christian−Muslim War of 977~997

칼리파 히샴 2세(965/966~1013)는 알안달루스(이베리아 반도 남부)를 지배하는 후기 우마이야 왕조의 허약한 지배자였다. 무함마드 이븐 아비 아미르(938?~1002)가 장인 갈리브(981년 사망) 장군의 도움을 받아 히샴 2세의 권력을 찬탈했다. 그러나 갈리브는 무함마드 이븐 아비 아미르의 권력을 두려워하기 시작했고 이에 레온과 나바라, 카스티야 왕국의 그리스도교도 왕들과 연합했다. 미리 군대를 양성해놓은 무함마드 이븐 아비 아미르는 977년에 갈리시아 왕국을 침공했으며, 981년에 갈리브를 물리치고 죽였다. 무함마드 이븐 아비 아미르는 다음으로 레온의 라미로 3세(961~985)에 맞서 사모라 전투(981)와 시망카스 전투에서 승리했다. 시망카스는 일찍이 939년에 에스파냐의 그리스도교 세력들이 라미로 2세(898~951)의 지휘를 받아 당시의 칼리파 압드 아르 라흐만 3세(889/891~961)가 지배하던 후기 우마이야 왕조의 군대에게 큰 패배를 안긴 곳이었다. 무함마드 이븐 아비 아미르는 이러한 승리로써 알 만수르 비 일라('신의 은총으로 승리한 사람')라는 명예로운 호칭을 사용했고 히샴 2세 치세에 섭정으로서 후기 우마이야 왕조가 보유하고 있던 알안달루스를 통치했다. 982년 레온에서 내전이 터져 베르무도 2세(999년 사망)가 알 만수르 비 일라와 그리스도교도인 나바라 왕으로부터 병력을 지원받아 왕위를 사실상 박탈했다. 985년 알 만수르 비 일라는 바르셀로나를 점령하고 불태웠다. 987년 베르무도 2세가 레온 왕국에서 후기 우마이야 왕조의 영토로부터 왔던 용병들을 내쫓자, 988년에 알 만수르 비 일라의 군대가 레온을 침공하여 그 영역 전체를 약탈했다. 989년 알 만수르 비 일라는 카스티야에서 반란을 선동하여 침공의 핑계로 삼았고 마디나트살림(오늘날의 메디나셀리)에서 그리스도교 군대와 대결하여 승리를 거두었다. 알 만수르 비 일라는 평화의 대가로 공납을 강요했다. 알 만수르 비 일라의 군대는 갈리시아 전역을 광포하게 휩쓸었으며 신성한 도시 산티아고데콤포스텔라의 대성당에서 종들을 훔쳐갔다. 997년 후기 우마이야 왕조는 이베리아 반도 대부분을 점령했다.

에스파냐의 그리스도교도─이슬람교도 전쟁, 1001~31
Spanish Christian─Muslim War of 1001~31

무함마드 이븐 아비 아미르(알 만수르 비 일라, 938?~1002)는 이베리아 반도 북부의 그리스도교 국가를 침공하려고 후기 우마이야 왕조의 군대를 이끌고 두에로 강을 따라 동진했다. 알 만수르 비 일라는 칼라타냐소르 근처에 있던 레온 왕국·나바라 왕국·카스티야 왕국의 연합군에 패배했다(칼라타냐소르 전투, 1002). 후기 우마이야 왕조의 칼리파 히샴 2세(965/966~1013) 치세인 1002년, 알 만수르 비 일라가 사망한 뒤 그의 아들 압드 알 말리크 알 무자파르(975~1008)가 후기 우마이야 왕조의 재상 직위를 세습했다. 압드 알 말리크 알 무자파르는 후기 우마이야 왕조의 지도자들 사이에 내분이 심해지는 상황에서도 그리스도교 국가와 대결한 전투에서 여러 차례 승리를 거두었다. 그러나 압드 알 말리크 알 무자파르가 일찍 죽자 내전이 벌어졌고, 어머니가 다른 동생인 압드 알 라흐만(산추엘로, 983?~1009)이 권력을 장악하고 히샴 2세를 압박하여 자신을 계승자로 선포하게 했다. 이 사건으로 코르도바에서 반란이 일어났으며, 히샴 2세가 퇴위하고 무함마드 2세(무함마드 알 마흐디, 980?~1010)가 뒤를 이었다. 베르베르인 용병들과 이들이 지지하는 칼리파 후보 술라이만 2세(술라이만 알 무스타인 비 알라, ?~1017)는 무함마드 2세에 반대했다. 압드 알 라흐만은 1009년에 살해됐다. 무함마드 2세가 칼리파 지위를 찬탈했으나 1009년 11월에 베르베르인이 카스티야의 산초 가르시아(1021년 사망) 백작의 도움을 받아 무함마드 2세를 축출했고, 그리스도교도·이슬람교도 연합군은 이어 코르도바를 약탈하고 술라이만 알 무스타인 비 알라를 칼리파로 즉위시켰다. 후기 우마이야 왕조가 지배력을 잃자, 이베리아 반도 남부에서 새로운 이슬람 국가들이 등장했다. 무함마드 2세는 바르셀로나 백작 라몬 보렐(972?~1017) 형제와 연합했고, 1010년 6월 그리스도교도·이슬람교도 연합군이 코르도바를 침공하여 베르베르인 세력을 제압하고 도시를 불태웠다(코르도바는 후기 우마이야 왕조의 수도다). 연합군이 떠난 뒤 무함마드 2세는 암살당했고, 히샴 2세가 칼리파 지위를 되찾았으나 재위 기간은 짧았다. 1013년 5월 히샴 2세는 다시 퇴위할 수밖에 없었고, 이어진 혼란 속에서 칼리파의 지위는 후기 우마이야 왕조와 함무드 왕조가 권력을 두고 쟁패하면서 주기적으로 주인이 바뀌었다. 1031년 코르도바의 후기 우마이야 왕조는 칼리파 히샴 3세(975?~1036)가 강압을 받아 퇴위하면서 붕괴했다. 그리하여 이베리아 반도에서 통합된 이슬람 세계의 마지막 자취가 사라졌다.

에스파냐의 그리스도교도-이슬람교도 전쟁, 1172~1212
Spanish Christian—Muslim War of 1172~1212

알폰소 8세(1155~1214)는 통제하기 어려운 귀족들과 싸워 카스티야의 왕으로서 권위를 확립한 뒤 알무와히둔(무와히드) 왕조의 이슬람교도 침략자들에 맞서 전쟁을 벌였고(ㅇ **알무와히둔(무와히드) 왕조의 이베리아 반도 정복**), 1177년에 이슬람 국가인 쿠엔카 왕국을 멸망시키고 그 영토를 병합했다. 카스티야 왕국은 계속해서 승리를 거두었으나, 1195년 알폰소 8세는 시우다드레알 인근 알라르코스 전투에서 알무와히둔 왕조의 칼리파 아부 유수프 야쿱 알 만수르(1160?~99)에게 처절하게 패배했다. 그 뒤 카스티야는 이슬람 국가뿐만 아니라 레온 왕국과 나바라 왕국으로부터도 침략을 받았으나, 알폰소 8세의 군대는 침략자들을 격퇴했다. 알폰소 8세는 교황 인노첸시오 3세(1160/61~1216)와 카스티야 성직자들의 지원을 받아 알무와히둔 왕조와 여타 이슬람 국가들을 계획적으로 공격할 준비를 했고 여러 번 승리를 거두었다. 1212년 알폰소 8세는 라스나바스데톨로사 전투에서 가장 큰 승리를 거두었고 이로써 카스티야는 이베리아 반도 중부를 확고하게 통제했다.

1195년에 절정에 달했던 알무와히둔 왕조는 이베리아 반도와 북아프리카에서 곧 쇠락했다.

에스파냐의 그리스도교도-이슬람교도 전쟁, 1230~48
Spanish Christian-Muslim War of 1230~48

카스티야 왕국과 레온 왕국의 왕 페르난도 3세(1199?~1252)는 '성왕'이라는 별명을 가진 그리스도교 광신도로 이베리아 반도 남부에서 알무와히둔(무와히드) 왕조의 지배를 끝내기 위해 맹렬하게 십자군을 개시했다. 페르난도 3세의 군대는 과달키비르 강 유역으로 침공하여 알무와히둔 왕조의 요새들을 공격하고 일련의 전투를 승리로 이끌어 코르도바(1236)와 하엔(1246), 그리고 알안달루스(이베리아 반도 남부)의 최대 도시였던 세비야(1248)를 점령했다. 페르난도 3세가 전개한 십자군 운동으로 알무와히둔 왕조는 이베리아 반도에서 완전히 축출당했고, 이베리아 반도에 있던 여타 이슬람 국가들 중에서 그라나다 에미르국을 제외한 모든 국가가 카스티야 왕국에게 멸망당했다. 그라나다에서는 1400년대 초까지 주기적으로 그리스도교 카스티야 왕국과 이슬람교 그라나다 에미르국 사이에 싸움이 이어졌다.

에스파냐의 그리스도교도-이슬람교도 전쟁, 1481~92
Spanish Christian-Muslim War of 1481~92

이베리아 반도 남부에서 무어인과 그리스도교도는 평화를 유지했으나, 1481년 12월 26일 그라나다 왕 아부 알 하산 알리(물레이 아센, 1485년 사망)가 갑자기 론다 인근의 사하라 요새를 습격하여 점령하고 그리스도교도를 노예로 삼으면서 평화가 깨졌다. 1482년 2월 28일 카디스 후작은 이에 대응하여 유사한 기습공격으로 그라나다에서 가까운 무어인의 도시 알라마데그라나다를 점령했다. 이어 아부 알 하산 알리는 알라마데그라나다를 포위했으나 카스티야 왕 페르난도 5세(아라곤 왕 페르난도 2세, 1452~1516)가 그리스도교도 군대를 이끌고 온다는 소식을 듣고는 포위를 풀었다. 1482년 5월 14일 페르난도 5세가 알라마에 입성했다. 페르난도 5세의 왕비이자 카스티야 왕국과 레온 왕국의 공동왕이었던 이사벨 1세(1451~1504)는 무어인이 해상으로 증원군을 받지 못하도록 함대를 띄워 페르난도 5세가 무어인이 장악한 로하를 포위할 수 있게 도왔다. 그러나 1482년 7월 1일 페르난도 5세는 로하 전투에서 패했다. 1483년 4월 보아브딜로 알려진, 아부 알 하산 알리의 아들 아부 압달라(무함마드 12세, 1460?~1533?)가 루세나를 포위했다가 도주하던 중에 그리스도교도의 포로가 됐다. 아부 압달라는 풀려나기 위해 그라나다 왕국에 대한 페르난도 5세의 종주권을 인정했으나 아부 알 하산 알리는 이를 거부했다. 그리스도교도는 육상에서 계속 그라나다를 포위했고 동시에 에스파냐 함대는 북아프리카에서 식량이 전달되지 못하도록 바다를 차단했다. 이사벨 1세는 전쟁을 성스러운 과업으로 생각하고 직접 전쟁에 참전했다. 카스티야의 그리스도교도 군대는 론다(1485년 5월)와 로하(1486년 5월)를 점령했다. 1487년 8월 말라가가 그리스도교도에 넘어가자 무어인은 바사와 알메리아 요새로 퇴각해야 했고, 두 곳 모두 1489년에 오랫동안 포위공격을 받아 함락됐다. 1490년 카스티야는 에스파냐 동남부를 지배했고, 아부 압달라가 지휘하는 무어인은 그라나다로 내몰려 포위됐다. 아부 압달라는 앞서 체결했던 협정을 부정하고 그라나다의 주권을 포기하지 않았다. 그리스도교도가 도시를 점령하면서(1492년 1월 2일) 수백 년에 걸친 이슬람교도의 에스파냐 통치가 끝났다(ⓞ 그라나다 포위공격).

에스파냐의 멕시코 정복, 1519~21
Spanish Conquest of Mexico, 1519~21

1519년 에르난 코르테스(1485~1547)가 라에스파뇰라 섬(이스파니올라 섬. 아이티와 도미니카 공화국)에서 600명으로 구성된 에스파냐 원정대를 이끌고 멕시코로 향했다. 코르테스는 오늘날 베라크루스 인근에 상륙한 뒤 돌아갈 수 없도록 배를 불태우고 병사들을 작지만 강한 규율을 지닌 부대로 만들었다. 에스파냐인들은 멕시코 내륙으로 침입하여 틀락스칼라의 전사들을 무찌르고 다른 인디오들을 동맹자로 삼았다. 1519년 11월 코르테스와 그의 병사들은 아스테카(아스텍) 제국의 수도인 테노치티틀란(오늘날의 멕시코시티)에 도착하여 아스테카 황제 몬테수마 2세(1466?~1520)로부터 입성 허가를 받았다. 몬테수마 2세는 침략자들을 케찰코아틀 신의 후예들로 믿었던 것이다. 코르테스는 몬테수마 2세를 인질로 억류하여 금과 귀금속으로 몸값을 받아내려 했다. 1520년 중반 에스파냐는 코르테스를 대신하여 판필로

데 나르바에스(1470?~1528)를 파견했다. 코르테스는 이 관리를 상대하기 위해 멕시코 해안으로 나오면서 페드로 데 알바라도(1485?~1541)에게 테노치티틀란의 통제를 맡겼다. 알바라도의 가혹한 행태로 아스테카인이 살해되면서 아스테카인들은 봉기를 일으켰고, 코르테스가 돌아온 뒤인 1520년 6월 30일 코르테스와 그의 병사들은 공격을 받아 도피해야 했다(몬테수마 2세는 전사했다). 코르테스는 테노치티틀란을 다시 점령하려고 에스파냐인과 인디오를 규합하여 훈련시켰다. 이듬해 코르테스는 공격에 성공했다. 1521년 8월 13일 테노치티틀란은 함락됐고, 아스테카 제국의 마지막 황제 콰우테모크(1495?~1525)는 포로가 됐다. 아스테카 제국이 몰락하면서 코르테스는 멕시코의 주인이 됐고 제국의 지도자들은 코르테스에게 충성을 맹세했다.

○ 에스파냐의 유카탄 반도 정복

에스파냐의 북아프리카 정복, 1505~11
Spanish Conquests in North Africa, 1505~11

아라곤 왕 페르난도 2세(카스티야 왕 페르난도 5세, 1452~1516) 치세에 종교재판소의 대심문관인 프란시스코 히메네스 데 시스네로스(1436~1517)는 자신의 대주교구 재원으로 북아프리카의 이교도인 이슬람교도를 공격할 군사 행동을 조직하고 지원했다. 1509년 유능한 정치가이자 장군이었던 히메네스는 직접 알제리의 항구도시 오랑을 겨냥한 수륙 공동작전을 지휘하여 하루 만에 도시를 점령하고 그리스도교도 군대를 주둔시킨 뒤 귀국했다. 이듬해인 1510년 알제리의 지중해 항구 부지(오늘날의 베자이아)를 함락시킨 에스파냐인들은 곧이어 알제와 튀니스, 트리폴리(1510년에 별도의 작전으로 점령했다)를 빼앗았다. 1511년 이 도시들의 이슬람 통치자들은 에스파냐에 세금을 납부해야 했다. 히메네스는 새로 북아프리카 원정을 준비했으나 교황이 프랑스의 이단을 척결하는 데 지원을 요청하자 그만두었다.

에스파냐의 유카탄 반도 정복, 1527~46
Spanish Conquest of Yucatán, 1527~46

프란시스코 데 몬테호(1479?~1550?)는 동료 에르난 코르테스(1485~1547)에 합세하여 에스파냐의 멕시코(아스테카 제국) 정복에 나섰다가 유카탄 반도를 정복하라는 임무를 부여받았다. 몬테호는 1527년에 동쪽에서 원정을 시작했으나 지역 주민이었던 마야인(중앙아메리카 인디오)의 거센 저항에 부딪혀 1528년에 철수했다. 몬테호는 1531년과 1535년 사이에 두 번째 원정에 나섰다. 이번에는 서쪽에서 공격했는데 적의에 불타는 마야인에게 다시 격퇴됐다. 상심한 몬테호는 정복의 임무를 이름이 같은 아들 프란시스코에게 맡겼고, 이 아들은 많은 인명의 손실을 감수하며 인디오를 잔혹하게 진압한 뒤 메리다와 캄페체 등의 정착촌을 건설했다(에스파냐는 1546년에 마야인이 일으킨 격한 반란을, 유카탄 반도에서 인디오의 도전을 끝낸다는 의미로 신속하고도 잔인하게 진압했으나, 일부 마야인은 오늘날 과테말라의 밀림에서 저항을 계속했고 1697년에야 굴복했다).

에스파냐의 칠레 정복, 1540~61
Spanish Conquest of Chile, 1540~61

일찍이 디에고 데 알마그로(1475?~1538)가 오늘날의 칠레를 정복하려 했으나 실패했고, 뒤이어 페드로 데 발디비아(1500?~53)가 1540년 1월에 에스파냐인 150명과 페루의 인디오 협력자 약 1천 명으로 원정에 나섰다. 원정대는 아타카마 사막을 힘들게 건너 호전적인 마푸체족(아라우칸족) 인디오와 일련의 전투를 벌여 승리했고, 1541년 2월 12일 칠레의 산티아고데칠레를 건설했다. 여섯 달 뒤 마푸체족이 산티아고데칠레를 공격하여 거의 완전히 파괴했다. 생존자들은 2년 동안 작은 섬에서 버티다가 1543년에 페루에서 도착한 지원군에게 구출됐다. 1547년 발디비아는 페루로 돌아가 정복에 필요한 원조를 추가로 요청했고, 군대를 보강한 뒤 남쪽으로 더 밀고 내려가 1550년에 콘셉시온을, 1552년에 발디비아(도시)를 건설했다. 이듬해 라우타로(1534?~57)가 지휘하는 마푸체족이 에스파냐인들과 맞서 싸워 발디비아를 사로잡아 죽였다. 인디오는 이어 1554년에 콘셉시온을 점령했으나 1557년에 산티아고데칠레 공략에 실패한 뒤 패배했다. 1561년 에스파냐 군대는 안데스 산맥을 넘어 멘도사와 산후안을 건설했다. 두 도시는 200년이 넘게 칠레에 속하게 됐다. 에스파냐는 인디오의 저항을 평정하고 지역을 장악했다(마푸체족은 1800년대까지도 싸움을 멈추지 않았다).

에스파냐의 페루 정복, 1531~33
Spanish Conquest of Peru, 1531~33

1531년 프란시스코 피사로(1475?~1541)와 에스파냐 병사 180명은 말 37마리와 대포 2문을 가지고 다리엔(오늘날 파나마 동부 지역)에서 남쪽으로 항해하여 페루 해안의 툼베스에 상륙했다. 피사로는 이 작은 부대를 이끌고 내륙으로 들어가 안데스 산맥을 올라 카하마르카에 당도했다. 그곳에는 잉카 제국의 황제 아타우알파(아타발리파, 1500?~33)가 약 3만 명의 수행원과 함께 있었다. 피사로는 호의를 보이며 아타우알파를 카하마르카의 거대한 광장으로 유인했다. 수행자 약 3,500명은 대개 무장을 하지 않았다. 그곳에서 황제가 경멸하듯 『성서』를 바닥에 내던지자(피사로는 황제에게 그리스도교를 받아들이라고 권고했다), 에스파냐인들은 사방에서 발포하여 잉카인들을 쓰러뜨렸다. 피사로가 황제를 직접 붙잡아 막대한 몸값을 요구했다. 황제는 풀려나지 못하고 처형됐다(혐의는 에스파냐에 대한 모반과 이단, 즉 그리스도교도가 되기를 거부한 것이었다). 피사로는 디에고 데 알마그로(1475?~1538)의 에스파냐 부대와 합세하여 제국의 수도인 쿠스코로 진격했다. 금으로 된 큰 원반과 장신구가 넘쳐났던 쿠스코는 1533년 11월에 유혈 참극 없이 함락됐다. 에스파냐가 잉카 제국을 장악했다.

○ 잉카 반란 ; 페루의 에스파냐인 내전

에스파냐의 푸에르토리코 정복, 1508~11
Spanish Conquest of Puerto Rico, 1508~11

1508년 후안 폰세 데 레온(1460?~1521)은 에스파냐 탐험대를 이끌고 보리켄(푸에르토리코)으로 갔다. 에스파냐인들은 처음에는 아라와크족 인디오에게 좋은 대접을 받았으나 아라와크족이 에스파냐를 위해 금을 채굴해야만 되자 아라와크족과 에스파냐인의 관계는 급속도로 나빠졌다. 작은 폭동이 이어지다가 1511년에 카시케(인디오 족장) 아게이바나 2세(1511년 사망)가 섬 전역에 걸친 반란을 계획했다. 모의에 관한 정보를 얻은 후안 폰세 데 레온은 에스파냐 병사 120명을 이끌고 숲을 지나 잠자고 있던 아게이바나 2세와 인디오 전사들을 공격하여 수백 명을 살해했다. 아게이바나 2세와 일부는 도피했다가 여러 날이 지난 뒤에 에스파냐인들을 공격했으나 패했고 아게이바나 2세는 전사했다. 나머지 인디오는 퇴각했다. 일부는 후안 폰세 데 레온과 강화를 타결했고, 일부는 인접한 섬들로 도주하여 이전의 적이었던 카리브인에 합세하여 에스파냐인들과 맞서 싸웠다.

에스파냐–잉글랜드 전쟁
Spanish–English Wars

○ 잉글랜드–에스파냐 전쟁

에스파냐–칠레 전쟁, 1865~66
Spanish–Chilean War of 1865~66

○ 에스파냐–페루 전쟁, 1864~66

에스파냐 7월 혁명
Spanish July Revolution

○ 에스파냐 혁명, 1854

에스파냐 코무네로스 반란, 1520~21
Comuneros' Uprising in Spain, 1520~21

에스파냐인들은 플란데런(플랑드르) 궁정의 낭비와 황제 선거에 들어간 채무를 갚기 위해 코르테스(의회)에 새로운 세금을 요구하여 승인받은 왕 카를로스 1세(신성로마제국 황제 카를 5세, 1500~58)의 전제적인 통치에 불만을 품었다. 코무네로스라고 불렸던 에스파냐인들이 세금의 폐지와 자금의 국외 유출을 반대하며 봉기를 일으켰다. 코무네로스 운동의 서로 다른 당파들(귀족, 부르주아, 과격파)은 통일을 이루지 못했고, 결국 귀족이 이탈하여 카를로스 1세를 지지했다. 1521년 4월 23일 정부군은 비얄라르에서 코무네로스를 격파했고(비얄라르 전투), 비얄라르 전투 이후 운동의 지도자들이 체포되어 사형당했다. 정부의 권위는 재확립됐고, 카를로스 1세는 더욱 강력히 권력을 장악했다.

에스파냐-페루 전쟁, 1864~66(에스파냐-칠레 전쟁, 1865~66)
Spanish-Peruvian War of 1864~66(Spanish-Chilean War of 1865~66)

1864년 에스파냐는 페루의 플랜테이션에서 일하는 바스크인 이민자들이 공격을 받자(**⊙탈람보 사건**) 태평양으로 해군을 파병했다. 겉으로는 에스파냐의 권리를 보호하려는 조치였으나 속셈은 과거의 식민지였던 페루를 다시 장악하려는 것이었다. 1864년 4월 14일 에스파냐 군대는 페루 해안에서 약 20킬로미터 떨어진 곳의 구아노*가 풍부한 친차 제도를 점령했다. 1865년 1월 27일 비방코-파레하 조약이 체결되어 에스파냐는 실질적으로 페루의 주권을 인정했고, 페루는 탈람보에서 에스파냐 국민이 입은 손실과 친차 제도의 반환 대가로 300만 페소를 달라는 에스파냐의 요구를 수용했다. 이러한 조항에 페루 국민이 분노하여 마리아노 이그나시오 프라도(1826~1901) 장군이 권력을 장악하고 1866년 1월 14일 에스파냐에 전쟁을 선포했다. 호세 호아킨 페레스(1800~90) 칠레 대통령은 에스파냐가 남아메리카에서 다시 세력을 얻을까봐 두려웠기에 페루에 합세했고, 페루는 볼리비아, 에콰도르와도 방어 동맹을 결성하여 에스파냐에 전쟁을 선포했다. 남아메리카 국가들은 태평양의 항구를 봉쇄하여 에스파냐 함대가 입항하지 못하도록 막았고, 에스파냐 함대들은 이에 보복하여 칠레의 항구 발파라이소(1866년 3월 31일)와 페루의 항구 카야오(1866년 5월 2일)를 포격했다. 에스파냐는 카야오를 포격하고 한 주가 지난 뒤 전쟁을 중단했다. 그 뒤 1871년에 미국의 중재로 휴전이 발효됐다. 에스파냐는 1879년에 조약에 조인하여 페루의 독립을 공식적으로 승인했다.

* 건조한 해안 지방에서 바닷새의 배설물이 응고하여 퇴적한 것으로 특히 페루의 건조한 해안 지방이 산지로 유명하다.

에스파냐-포르투갈 전쟁, 1580~89
Spanish-Portuguese War of 1580~89

에스파냐 왕 펠리페 2세(1527~98)는 포르투갈에서 세바스티앙(1554~78)과 '추기경 왕' 엔히크 1세(1512~80)가 사망한 뒤 왕위 계승 분쟁이 일어나자 협상을 통해 왕위 계승권을 주장하고(세바스티앙은 펠리페 2세의 조카였다) 이와 동시에 포르투갈 침공을 준비했다. 엔히크 1세의 서출 조카인 안토니우

(1531~95)가 포르투갈 왕위에 오르자, 펠리페 2세의 군대는 포르투갈 왕궁이 있는 에보라로 이동했다. 1580년 8월 25일 알바 공작 페르난도 알바레스 데 톨레도(1507~82)가 지휘하는 에스파냐 군대는 테주(타호) 강 인근 알칸타라 전투에서 농민과 도시민으로 구성된 포르투갈 군대를 무찔렀다. 안토니우는 포르투갈의 포르투로 도주했으나 1581년 5월에 다시 패하여 프랑스로 피신했다. 펠리페 2세가 포르투갈에 남은 안토니우의 마지막 거점인 아소르스 제도로 에스파냐 함대를 보냈을 때, 카트린 드 메디시스(1519~89)가 포르투갈로 프랑스 지원군을 파견했으나 이 부대는 에스파냐에 패주했고 따라서 포르투갈 왕위를 되찾으려는 안토니우의 희망도 사라졌다. 그 뒤 잉글랜드가 에스파냐 무적함대를 격파한 이듬해인 1589년에 잉글랜드 여왕 엘리자베스 1세(1533~1603)는 안토니우의 포르투갈 귀환을 군사적으로 지원했다. 포르투갈 침공에 실패한 잉글랜드 군대는 귀국했으며, 안토니우는 파리로 되돌아가 1595년에 사망했다. 이제 펠리페 2세가 확고하게 왕좌를 지키고 있는 포르투갈은 1640년까지 에스파냐의 속국이 됐다.

● 포르투갈-모로코 전쟁, 1578

에스파냐-포르투갈 전쟁, 1641~44
Spanish-Portuguese War of 1641~44

포르투갈의 새로운 왕 주앙 4세(1604~56)는 포르투갈을 다시 지배하려는 에스파냐의 기도에 맞서 자신의 지위를 강화하고자 잉글랜드, 네덜란드와 동맹을 맺고 1641년에는 에스파냐와 전쟁을 할 것 같던 프랑스와 조약을 체결했다. 에스파냐와 포르투갈은 엘바스와 바다호스의 요새에서 소규모 군사적 충돌을 겪으며 전쟁으로 돌입했고, 서둘러 대규모 전쟁에 대비했다. 포르투갈은 에스파냐에서 안달루시아를 분리하여 에스파냐를 약화시키려 했고, 에스파냐는 주앙 4세를 내쫓으려는 리스본의 모반을 지원했다. 1642년 포르투갈 군대가 올리벤사에서 승리하고 베이라를 방어했다. 1644년 5월 마티아스 드 알부케르크(1580?~1647) 장군이 포르투갈 군대를 이끌고 에스파냐를 침공했고 한 달 뒤 몬티호 전투에서 중요한 승리를 거두었다. 1644년 범유럽평화회담이 열렸으나(● 30년 전쟁), 에스파냐는 프랑스가 포르투갈의 독립 요구를 철회할 때까지 참여하지 않았다. 협상이 시작되면서 비록 일시적이었지만 비공식 휴전이 발효됐다.
🔾 에스파냐-포르투갈 전쟁, 1657~68

에스파냐-포르투갈 전쟁, 1657~68
Spanish-Portuguese War of 1657~68

포르투갈은 왕 주앙 4세(1604~56)가 사망한 뒤 에스파냐가 다시 자국을 지배하려고 할까봐 두려워했다(🔾 에스파냐-포르투갈 전쟁, 1641~44). 그래서 포르투갈은 프랑스와 잉글랜드, 스웨덴과 동맹을 맺으려 했으며 에스파냐의 침공에 대비했다. 에스파냐 군대는 먼저 올리벤사를 공격하여 포르투갈인들을 내쫓았다. 포르투갈은 계획을 세워 바다호스를 공격했으나 에스파냐의 증원군이 도착하여 실패했으며, 1659년 1월에야 엘바스에서 승리를 했다. 1662년 5월 돈 후안(호세 데 아우스트리아, 1629~79)이 지휘하는 에스파냐 군대가 포르투갈을 위해 일하는 부유한 독일인 군인 프리드리히 숌베르크(1대 숌버그 공작, 1615/16~90)가 이끄는 포르투갈 군대를 격파하자 리스본은 공포에 휩싸였다. 돈 후안은 에보라를 빼앗았으나 1663년 6월 8일 아메익시알 전투에서 패했다. 쉼베르크는 발렌시아데알칸타라 전투와 몬치스클라루스 전투에서 승리했고 성공리에 안달루시아를 침공했다(1665). 1668년 잉글랜드 왕 찰스 2세(1630~85)의 중재로 에스파냐는 결국 리스본 조약을 체결하여 포르투갈의 독립과 통치 가문인 브라간사 왕가를 승인하고 점령지를 모두 반환했다.

에스파냐-포르투갈 전쟁, 1735~37
Spanish-Portuguese War of 1735~37

펠리페 5세(1683~1746) 시대의 에스파냐는 폴란드 왕위 계승 전쟁에 휘말려 스타니스와프 1세 레슈친스키(1677~1766)의 폴란드 왕위 요구를 지지하고 프랑스와 연합하여 오스트리아에 대적했다. 에스파냐는 프랑스 군대와 함께 롬바르디아를 포함하는 이탈리아 북부를 침공했고, 동시에 다른 부대로 1734년에 시칠리아 왕국과 나폴리 왕국을 장악했다. 남아메리카의 에스파냐인들은 반다오리엔탈(오늘날 우루과이와 브라질 리우그란지두술 주의 일부)의 라플라타 강변에 있는 포르투갈의 주요 요새 콜로니아두사크라멘투(오늘날 우루과이의 콜로니아델사크라멘토)를 점령하여 숙적인 포르투갈과 전쟁을 시작했다(1735). 콜로니아두사크라멘투는 1680년에 포르투갈 군인들이 세운 요새였는데 영국의 설득에 에스파냐가 콜로니아두사크라멘투를 반환한 뒤에야 전투가 중단됐다(1737).

에스파냐-포르투갈 전쟁, 1762
Spanish–Portuguese War of 1762

7년 전쟁에서 카를로스 3세(1716~88) 치하의 에스파냐는 처음에는 중립을 지켰으나, 영국이 프랑스에 승리하여 유럽과 해외에서 에스파냐의 권리(특히 아메리카 식민지와의 독점 특권 무역)가 침해될 것처럼 보이자 영국에 맞서 프랑스와 상업적·정치적·군사적 동맹(부르봉 왕가 협정, 1761)을 체결했다. 1762년 초 영국은 에스파냐에 전쟁을 선포했고 1763년까지 쿠바와 필리핀을 공격하여 점령하려 했다. 이제 영국과의 싸움에 깊이 연루된 에스파냐는 포르투갈을 침공했고, 포르투갈의 강력한 재상 세바스티앙 주제 드 카르발류 이 멜루(1대 폼발 후작, 1699~1782)는 영국에 지원을 요청했다. 에스파냐는 프랑스의 지원을 받아 브라간사와 알메이다 요새를 함락했다. 포르투갈 군대를 개혁하여 지휘한 샤움부르크 리페 백작 프리드리히 빌헬름 에른스트(1724~77)는 존 버고인(1722~92)과 4대 라우던 백작 존 캠벨(1705~82) 등이 지휘하는 영국군으로부터 지원을 받아 1762년 말 포르투갈을 침공한 자들을 격퇴했다. 영국은 파리 조약(1763)으로 에스파냐로부터 플로리다를 얻었다. 에스파냐는 프랑스의 7년 전쟁 패배를 함께 나눈 꼴이 됐다.

에스파냐-프랑스 전쟁
Spanish–French Wars
○ 프랑스-에스파냐 전쟁

에스파냐 혁명(7월 혁명), 1854
Spanish Revolution(July Revolution) of 1854

레오폴도 오도넬(1809~67) 장군과 안토니오 카노바스 델 카스티요(1827~97)는 여왕 이사벨 2세(1830~1904)의 인기 없고 비밀스러운 모후 마리아 크리

스티나(1806~78)가 섭정하는 부패한 정부를 무너뜨리려고 모의했다. 1854
년 6월 말 정부군끼리 서로 대적하여 마드리드 외곽에서 싸웠으나 승부를
가리지 못했다. 한편 카노바스는 「만사나레스 선언」을 발표하여 마드리드
의 대중이 반란을 지지하도록 선동했다. 「만사나레스 선언」은 여러 가지 정
부 개혁을 약속했는데, 그중에서도 국민군 제도는 전국의 자유주의자들로
부터 지지를 받았다. 1854년 7월 바르셀로나와 바야돌리드, 마드리드에서
반란이 일어났고, 마드리드는 10일 동안 혼돈의 수도가 됐다. 당시 루이스
호세 사르토리우스 이 타피아 총리는 사임했고, 여왕은 마침내 '공안위원
회'를 설립한다는 데 동의하며 자유주의적 개혁을 약속했다. 여왕 이사벨 2
세는 은퇴한 발도메로 에스파르테로(1793~1879)를 다시 불러 질서를 회복
하도록 요청했다. 에스파르테로는 7월 19일에 질서를 회복하여 총리가 됐
고, 마리아 크리스티나에게는 유감스러운 일이었지만 오도넬이 육군부 장
관이 됐다. 마리아 크리스티나는 많은 불화를 남기고 1854년 8월 28일에
에스파냐를 떠나 망명했다.

○ 에스파냐 내전, 1840~43 ; (제1차) 카를로스파 전쟁

에스파냐 혁명, 1868
Spanish Revolution of 1868

스캔들에 휩싸여 있던 에스파냐 여왕 이사벨 2세(1830~1904)의 전제가 점점
더 심해졌고, 그리하여 몇몇 장관이 1868년 7월에 여왕을 축출하기 위한 군
대의 반란을 선동했다. 그러나 반란은 실패했고, 반란을 주도한 장군들은
카나리아 제도로 추방당했다. 이사벨 2세가 나폴레옹 3세(1808~73)와 동맹
을 체결하려고 프랑스에 가 있는 동안 후안 바우티스타 토페테 이 카르바
요(1821~85) 제독이 1868년 9월 19일에 에스파냐의 카디스에서 봉기선언을
공포했다. 곧이어 마드리드와 다른 도시들에서도 봉기가 일어났다. 여왕
은 귀국하여 자유주의적 장군들을 추방했다. 그중에는 후안 프림 이 프라
츠(1814~70)처럼 1866년의 봉기 실패로 쫓겨났다가 귀국한 사람도 있었다.
1868년 9월 28일 프란시스코 세라노(1810~85) 장군이 이끄는 반군은 코르
도바 인근 알콜레아 전투에서 마누엘 파비아 이 라시(1814~96) 장군이 지휘
하는 정부군에 결정적인 패배를 안겼다. 이사벨 2세는 이튿날 프랑스로 도

주했고 폐위가 선언됐다. 에스파냐는 혼란에 휩싸였지만, 임시정부가 수립되어 반동적 법률들을 폐지하고 예수회와 다른 수도회들을 해산했으며 보통선거제와 언론의 자유를 보장했다. 정부 지도자 세라노와 프림은 제헌의회(코르테스)를 소집했고, 제헌의회는 투표를 실시하여 입헌군주제를 새로운 정체로 채택한 뒤 새로운 헌법을 공포했다.

○ (제2차) 카를로스파 전쟁 ; 프랑스-프로이센 전쟁

에콰도르 내전, 1830~34
Ecuadoran Civil War of 1830~34

에콰도르는 1830년 5월에 그란콜롬비아(오늘날의 콜롬비아, 에콰도르, 파나마, 베네수엘라, 가이아나 일부, 니카라과 일부, 브라질 일부, 코스타리카 일부, 페루 일부)에서 탈퇴하여 후안 호세 플로레스(1800~64) 장군을 대통령으로 독립 공화국이 됐다. 플로레스는 시몬 볼리바르(1783~1830)의 해방군과 함께 에콰도르로 건너온 볼리비아인이었고, 주로 외국인 병사들로 구성된 군대와 1830년의 전제적 헌법에 의지하여 권력을 유지했다. 플로레스는 대체로 보수주의자 주민들이 거주하는 산악 도시 키토에서 통치했는데, 불만의 바람은 자유주의자들이 주로 사는 과야킬 항구에서 불어왔다. 1834년 해안 지역에서 비센테 로카푸에르테(1783~1847)가 지휘하는 봉기가 시작됐다. 봉기의 목적은 플로레스를 포함하여 외국인을 몰아내는 것이었다. 플로레스는 통제력을 유지했고 로카푸에르테를 잠시 투옥하기도 했지만 두 사람이 대통령직을 교대로 맡는다는 데 합의했다. 1835년 로카푸에르테가 대통령이 됐고 플로레스는 군대의 최고사령관이 됐다.

○ 콜롬비아 독립 전쟁

에콰도르 독립 전쟁
Ecuadoran War of Independence

○ 콜롬비아 독립 전쟁

에콰도르-콜롬비아 전쟁, 1863
Ecuadoran—Colombia War of 1863

에콰도르와 누에바그라나다(콜롬비아)는 서로 더 많은 영토를 차지하기 위해 여러 해 동안 국경에서 격렬한 싸움을 치렀다. 1861년 보수주의자 가브리엘 가르시아 모레노(1821~75)는 로마가톨릭교회가 민족주의 정서를 불러일으켜 사회를 결속시킬 수 있다고 판단하고 에콰도르 대통령이 되자마자 로마가톨릭교회에 많은 권한을 넘겨주어 계급과 지역, 언어의 차이로 심각하게 분열된 나라를 통합하려 했다. 가르시아 모레노 정권은 성직자에게 교육과 복지의 통제권을 부여하고 자유주의 지도자들과 다른 정적들을 탄압했는데, 대다수 국민은 이러한 독재 체제에 반대했다. 그라나다 연방(콜롬비아)의 자유주의자 토마스 시프리아노 데 모스케라(1798~1878) 대통령은 가르시아 모레노 정권을 무너뜨리려고 반란을 일으킨 에콰도르인들을 지원했다. 이에 가르시아 모레노는 장인이었던 초로初老의 후안 호세 플로레스(1800~64) 장군에게 병력 6천 명을 주어 콜롬비아 연방(콜롬비아)을 침공했다. 1863년 12월 6일 쿠아스푸드에서 모스케라는 병력 약 4천 명으로 침략군을 완파했다. 침략군 중 약 1,500명이 전사하거나 부상을 당했고 2천 명이 포로가 됐다. 전쟁은 끝났고, 분쟁은 조약으로 해결됐다.

에콰도르-페루 국경 전쟁, 1995
Ecuadoran—Peruvian Border War of 1995

에콰도르와 페루는 오랫동안 영토 분쟁을 겪었다. 1995년 1월 26일 외진 산악지대 콘도르 산맥의 험한 밀림에서 전투가 벌어졌다. 국경선이 분명하게 표시된 적이 없던 콘도르 산맥 지역에는 금과 우라늄, 석유가 매장되어 있는 것으로 추정됐다. 페루는 대략 1,600킬로미터에 이르는 두 나라 사이의 국경이 1942년 리우데자네이루(히루지자네이루) 의정서로 획정됐다고 주장했다. 이 의정서는 1941년에 27일 동안 벌어진 영토 전쟁에서 페루가 에콰도르에 승리했음을 확인하는 것이었다. 그러나 1960년 에콰도르는 마지막 남은 약 77킬로미터의 국경을 획정하기 전에 리우데자네이루 의정서가 무효가 됐다고 선언했다. 알베르토 후지모리(1938~) 페루 대통령은 약 77킬로미터의 국경선을 실질적인 국경으로 만들겠다고 단언하고 그 지역으로

(산티아고 강과 사모라 강 사이) 병력과 전투기를 파견했다. 그러자 식스토 두 란바옌(1921~) 에콰도르 대통령은 평화협상에 나섰다. 양쪽은 서로를 침 략자라고 비난했으며 해안을 따라 군함들을 배치했다. 긴장된 회담 끝에 마침내 1995년 2월 28일 분쟁의 대상인 국경 밀림을 비무장으로 규정한 휴 전이 발효됐다. 페루는 전투기 몇 대와 50명에 가까운 병사를 잃었다고 발 표했으며, 에콰도르의 공식 통계로는 전사자가 38명에 부상자가 89명이었 다. 그러나 양국의 사상자는 이보다 더 많았을 것이다. 1998년 10월 26일 두 나라는 평화조약을 체결하여 약 77킬로미터에 이르는 국경을 획정하고 국경 문제를 평화적으로 해결할 위원회를 설립했으며, 양국 간 무역과 항 해의 권리에 관한 조건을 규정했다. 1999년 5월 에콰도르와 페루는 정식으 로 협정을 체결했다. 협정으로 에콰도르는 페루 영토의 작은 부분을 얻고 페루의 몇몇 강에서 항해할 권리를 얻었으며 국경의 몇몇 접점이 획정됐다.

에트루리아-로마 전쟁, 전기(기원전 509?~기원전 308)
Etruscan-Roman Wars, Early(BCE c. 509~BCE 308)

기원전 800년경 소아시아에서 이탈리아로 건너온 이주민들은 청동기와 철 기를 쓰는 고급문화를 가져왔다. 이 이주민들을 그리스인들은 티레노이, 라틴인들은 투스키라고 불렀고, 그들 스스로는 라센나라고 했으며, 오늘날 에는 에트루리아인으로 알려져 있다. 에트루리아인은 비교적 평화롭게 상 업 활동을 하며 세력을 확장했고, 완전하게 통합되지 않은 도시국가들의 느슨한 연맹체를 수립하여 코모 호수에서 테베레 강까지 이탈리아 반도 서 부를 지배할 수 있었으나, 공격적인 라틴 부족들과 정치적·군사적으로 갈 등을 겪게 됐다. 에트루리아인이 기원전 625년에 라틴 부족들의 영토로 들 어갔기 때문이다. 에트루리아인은 테베레 강을 건너 로마(로마의 학자 티투 스 리비우스(기원전 59~기원후 17)와 바로(기원전 116~기원전 27)에 따르면 기원전 753년경에 건설됐다)라고 부르는 일군의 산재한 마을들을 점거했다. 이로써 도시국가 로마의 타르퀴니우스 왕조가 수립됐다. 로마는 에트루리아인의 도시처럼 배수로를 파고 하수도를 설치했으며 땅을 여러 구역으로 구획했 다. 최초의 포룸이 포장됐고 카피톨리누스 언덕 위에 유피테르(그리스 신화 의 제우스) 신전이 세워졌다(기원전 83년에 불탔다). 기원전 509년에 쿠데타가 일어나 타르퀴니우스 왕조의 마지막 왕이 내쫓기고 로마 공화정이 수립됐다. 에트루리아인이 이탈리아의 3분의 1 이상을 장악하고 있는 상황에서 로마와 에트루리아 사이의 갈등이 심해졌다. 우월한 지위를 원했던 에트루리아인들은 축출된 타르퀴니우스 수페르부스(기원전 503?년 사망)가 로마를 되찾으려 했을 때 이를 묵인했다. 세 차례의 전투가 벌어졌는데, 한때 타르퀴니우스의 협력자였던 에트루리아인의 도시 클루시움(오늘날의 키우시)의 왕이 로마를 포위하여 점령했다. 그러자 타르퀴니우스는 사비니인과 일부 라틴인, 그리고 쿠마이의 그리스인과 동맹하여 클루시움 군대를 격파하고 로마에서 내몰았다. 그러나 또 다른 전투에서 패한 타르퀴니우스는 쿠마이로 돌아와 죽었다. 그 뒤 로마는 에트루리아인의 도시국가들을 차례로 제거하는 데 착수했다. 베이(베이오)는 적의 침입을 잘 버텨냈으며(기원전 485) 10년에 걸친 전쟁(기원전 483?~기원전 474)에서 로마를 공격하여 거의 함락시키기 직전까지 몰고 갔고 40년간의 휴전을 얻어냈다. 로마는 기원전 438년부터 기원전 426년까지 베이를 공격했고(○ 제1차 로마-베이 전쟁) 두 번째 휴전을 허용했다가, 기원전 405년부터 기원전 396년에 항복할 때까지 베이를 포위했다(○ 제2차 로마-베이 전쟁). 베이는 에트루리아인의 도시국가 세 곳으로부터만 도움을 받았고, 에트루리아가 북쪽으로부터 침공을 당하여 북부 영토를 잃은 뒤로는(○ 켈트족의 로마 약탈) 보복을 당해야 했다. 베이의 시민들은 노예로 팔려갔다. 에트루리아가 약해지면서 로마의 이탈리아 지배는 더욱 신속히 진행됐다. 기원전 387년에 수트리움(오늘날의 수트리)과 네페트(오늘날의 네피)가 함락됐고, 기원전 384년에 카이레와 그 항구 피르기가 무너졌다. 타르쿠나(오늘날의 타르퀴니아)는 기원전 358년부터 기원전 351년까지 싸워 휴전을 얻어냈으나 수트리움과 동맹하게 됐다(기원전 309년 두 나라는 함께 반란을 일으켰으나 진압됐다). 페루시아(오늘날의 페루자)는 기원전 309년 로마에 함락됐다. 200년이 지나는 동안 에트루리아의 영토는 아펜니우스(아펜니노) 산맥과 쿠마이 숲 사이의 좁은 지역으로 줄어들었다.

에트루리아-로마 전쟁, 후기(기원전 302?~기원전 264)
Etruscan-Roman Wars, Later(BCE c. 302~BCE 264)

기원전 308년의 휴전(○ 에트루리아-로마 전쟁, 전기)은 겨우 6년밖에 유지되지 않았다. 기원전 302년 아레티움(오늘날의 아레초)에서 상층 시민과 로마에 협력한 에트루리아인 킬니 가문 사이에 권력투쟁이 벌어지자 로마가 개입했다. 매복 작전에 당한 로마 군대는 루셀라이(오늘날의 로셀레) 인근에서 기병대의 돌격으로 두 번째 매복을 격퇴하고 승리를 거두었다. 2년간의 휴전이 체결됐다. 희망을 버리지 않은 에트루리아인들은 싸움을 멈추지 않고 갈리아인을 포함한 협력자를 구했으나 볼라테라이(오늘날의 볼테라) 인근에서 패하고(기원전 298), 센티눔에서 2만 5천 병력을 잃었으며(기원전 295), 기원전 294년에는 루셀라이와 페루시아(오늘날의 페루자), 볼시니(오늘날의 볼세나)에서 반란을 일으켰다가 다시 패했다. 에트루리아인과 갈리아인은 40년간의 휴전과 막대한 배상금을 얻어내고도 공격(기원전 283)을 멈추지 않았으나 바디모 호수에서 두 번 연속으로 패했다. 에페이로스의 왕 피로스(기원전 319/318~기원전 272)가 도움을 주었으나 잠시뿐이었다. 피로스가 그리스 군대를 이끌고 로마를 공격하기로 결정했을 때 불키와 볼시니의 에트루리아인 동맹자들은 로마에 항복했고, 피로스는 이탈리아 반도 남부 해안의 타렌툼(오늘날의 타란토)으로 퇴각했다(❍ 로마-에페이로스의 피로스 전쟁). 불키는 독립을 상실했고 볼시니는 기원전 264년에 로마에 저항했으나 철저히 약탈당했다. 로마는 제1차 포에니 전쟁의 비용을 대기 위해 청동상 2천 개를 훔쳐갔다. 이탈리아 중부의 에트루리아는 더 이상 독립국이 아니었다. 로마가 에트루리아의 영토에 식민지를 건설하면서 에트루리아인들은 엄격한 감시를 받는 예속 민족이 됐고 기껏해야 성가신 존재일 뿐이었다. 에트루리아는 제2차 포에니 전쟁 중에 로마의 군비 선적을 방해했고, 기원전 91~기원전 88년의 동맹국 전쟁에서는 포풀라레스(민중파)를 지원했다. 그러나 승리한 로마 장군 루키우스 코르넬리우스 술라(기원전 138?~기원전 78)가 정적에게 잔인하게 보복하면서 에트루리아는 철저히 파괴됐다. 남아 있던 에트루리아의 두 '자유' 도시 발라트리와 페루시아는 각각 기원전 80년과 기원전 40년에 몰락했다. 에트루리아는 로마의 한 구역(제7지역)으로 전락했으나, 몰락 이후에도 살아남은 그 문화적 영향력은 서구에서 로마의 힘보다 더 오래 지속됐다(❍ 로마의 함락).

에티오피아 내전, 1868~72
Ethiopian Civil War of 1868~72

에티오피아(아비시니아)에서는 황제 테워드로스 2세(1818?~68)가 스스로 목숨을 끊은 뒤 제위를 두고 경쟁하던 각 지역 족장들 사이에 내전이 벌어졌다. 에티오피아 중북부 라스타 지역을 통치한 자그웨 왕조의 와그슘 고베제가 테클레 기요르기스 2세(1873년 사망)로 황제에 올라 다른 경쟁자들에게 뇌물을 주고 지지를 얻으려 했다. 티그레족 족장 카사이(1831?~89)는 지원의 대가로 제안받은 라스 ras (제후) 직위를 거부했으나, 셰와족 족장 살레 마리암(메넬리크 2세, 1844~1913)은 자신의 구역이 자율성을 보장받는다면 반대하지 않겠다고 동의했다. 테클레 기요르기스 2세는 이어 티그레족과 전쟁을 벌였으나, 더 근대적인 무기를 지닌 티그레족에게 일련의 작은 교전에서 패했다. 1872년 카사이는 모든 경쟁자를 물리치고 황제 요하니스 4세로 즉위했다. 요하니스 4세는 권력의 중앙 집중을 시도했는데 치세 내내 지역 족장들이 이에 반대하며 반란을 일으켰다. 요하니스 4세는 압박에 시달리다 수단의 마흐디파와 싸우던 중에 전사했다.

에티오피아-소말리아 국경 전쟁, 1963~88
Ethiopian-Somali Border War, 1963~88

1960년에 이탈리아 관할 소말릴란드 신탁통치령과 영국령 소말릴란드가 통합되어 탄생한 소말리아 공화국은 프랑스령 소말릴란드(지부티)와 케냐, 그리고 일부가 에티오피아 오가덴 지역에 걸쳐 있는 하우드의 광대한 영토에서 땅을 추가하려고 영유권을 요구했다. 소말리족은 소말리아 반도(아프리카의 뿔)에서 자신들이 요구한 영역인 하우드의 원주민은 아니었지만 영국 보호령 시기에 허가를 받아 가축을 방목하며 살아왔다. 1963년 초 소말리족과 에티오피아인들이 국경 인근 지역에서 싸움을 벌였다. 반란을 일으킨 소말리족은 에티오피아의 오가덴 지배를 받아들일 수 없었다. 오가덴 지역에서 석유가 발견됐으며(1973), 에티오피아에서 제정이 전복되고 오가덴 지역에서 소말리족이 일으킨 큰 반란이 실패하면서(1977) 문제는 더욱 복잡해졌다. 1978년 3월 에티오피아 군대가 소련과 쿠바의 지원을 받아 오가덴 지역에서 소말리족을 내쫓았으나, 소말리족은 겨우 석 달 만에 서$_{ff}$소말리아해방전선WSLF을 앞세워 되돌아왔다. 소말리족은 승리했다고 주장했지만 (입증되지 않았다), 에티오피아가 국경 인근 지역에 있는 작은 도시들을 폭격하면서 곤란을 겪었다. 1978년 이후 여러 해 동안 국경 인근 지역을 따라 이따금 게릴라전이 벌어졌으나 큰 충돌은 없었다. 에티오피아는 소말리아가 오가덴 영유권 주장을 철회하지 않으면 평화는 없을 것이라고 밝혔다. 1980년 소말리아는 1981년 이후 몇 년 동안 현대식 무기와 경제원조를 받는 대가로 군사기지 사용권을 주기로 미국과 합의했다. 당시 소말리아에는 오가덴에서 난민 약 130만 명이 몰려든 상태였고 미국이 식량 공급을 대부분 책임졌다. '서소말리아'* 해방 운동 단체 2개가 오가덴에서 전쟁을 계속했고 다른 지역에서도 씨족을 기반으로 하는 더 작은 게릴라 단체들이 활동했다. 1988년 반군 단체인 소말리아민족운동SNM은 소말리아 북부에서 반란을 일으켜 주도州都 하르게이사와 베르베라 항구를 포위했다. 11월에 소말리아 정부군이 반란을 진압했다. 한편 소말리아와 에티오피아가 오가덴을 두고 1986년부터 시작한 협상은 1988년 4월 3일 평화조약을 체결하여 종료했다. 에티오피아는 1983년 이래 장악하고 있던 국경 지역에서 철수했고 소말리아 내부의 반군 단체들을 지원하지 않겠다고 결정했다. 소말리아도 그 뒤부터는 에티오피아 내부의 반군 단체들을 지원하지 않았다.

○ 소말리아 내전, 1988~90

* 소말리아 공화국과 오가덴의 소말리인들이 오가덴을 지칭하던 지명.

에티오피아-에리트레아 게릴라 전쟁, 1961~91
Ethiopian-Eritrean Guerrilla War, 1961~91

1941년부터 1952년까지 영국의 지배를 받았던 에리트레아는 에티오피아와 연방을 결성하면서 자치주 지위를 획득했다. 에티오피아가 연방을 결성한 동기는 홍해 해안의 항구를 얻으려는 데 있었다. 따라서 이러한 변화에 만족한 것은 에티오피아뿐이었다. 에티오피아인들은 즉시 암하라어를 공용어로 삼고 모든 행정관을 에티오피아인으로 바꾸어 에리트레아의 자치권을 잠식하는 데 나섰고, 그리하여 에리트레아의 그리스도교도와 이슬람교 수니파 신자 모두 분노했다. 1961년 초 무장투쟁이 시작됐다. 처음에는 카이로에 본부를 둔 에리트레아해방전선ELF이 싸움을 일으켰으나, 그 뒤 투사

들이 내분을 겪으면서 새로운 게릴라 단체인 에리트레아인민해방전선EPLF
이 등장하여(1970) 반군 전사 약 1만 명을 전투에 투입했다. 여기에 또 다른 단체인 인민해방군PLF도 출현했다. 경합하던 이 집단들이 주로 서로 다투는 데 집중한 탓에 에티오피아 정부에 맞선 싸움은 약해졌고, 에티오피아 정부는 1967년에 대규모 군사작전을 펼쳐 수많은 에리트레아인이 수단으로 피난해야 했다. 전쟁은 여러 가지 상황으로 복잡해졌다. 1971년 에리트레아에 계엄이 선포됐고, 1973년에 기근이 발생했으며, 1974년에는 에티오피아에서 제정이 전복당했다. 1975년에 다시 기근이 찾아왔고, 1977년에는 에리트레아의 주요 도시들에 대한 에티오피아의 통제가 약해졌으며 에티오피아에서 반란이 일어났다. 에티오피아 정부군은 소련과 쿠바의 지원을 받아 동남부의 오가덴 지역에서 침입해 들어온 소말리아군을 격퇴했고(1978), 이어 에리트레아 게릴라에 대항하여 두 차례 큰 공세를 펼쳤으나 성과는 크지 않았다(1978~79). 에티오피아의 국가원수이자 최고 권력자였던 멩기스투 하일레 마리암(1937~) 중령은 1977년에 권력을 장악하고 1984년에 공산주의 독재 정권을 수립한 다음, 에리트레아와 오가덴, 티그라이(에리트레아와 인접한 북부 지역)의 분리주의 운동을 단호하게 진압했다. 1989년 에티오피아 정부는 주요 게릴라 집단인 EPLF와 티그라이인민해방전선TPLF(1975년 결성)을 무너뜨리기 위해 집중했지만, 두 집단은 더 강해졌다. 1990년 에티오피아는 소련의 지원을 잃고 밀려났다. EPLF는 마사와 항구를 장악하고 에리트레아 수도 아스마라(아스메라) 장악에 한 걸음 더 가까이 다가갔다. 1989년에 결성되어 TPLF와 동맹한 에티오피아인민혁명민주전선EPRDF도 멩기스투와 싸웠다. EPRDF와 TPLF는 오로모해방전선OLF(1973년에 남부 지역의 자치를 위해 결성된 소규모 단체)의 도움을 받아 마침내 멩기스투를 내쫓는 데 성공했다(1991년 5월). 그 뒤 EPLF가 장악한 에리트레아는 독립을 쟁취했고(1993년 5월 24일), 에티오피아는 바다와 단절된 내륙국이 됐다. 30년에 걸친 오랜 전쟁에 가뭄과 기근이 겹쳐 25만 명 이상이 목숨을 잃었다.

에티오피아-에리트레아 국경 전쟁, 1998~2000
Ethiopian-Eritrean Border War of 1998~2000

오랫동안 격렬했던 에티오피아-에리트레아 게릴라 전쟁이 끝난 뒤 1993년

에리트레아는 내륙국이 된 이웃 나라 에티오피아로부터 평화롭게 분리하여 독립했으나, 한때 사이가 좋았던 멜레스 제나위(1955~) 에티오피아 총리와 이사이아스 아페웨르키(1946~) 에리트레아 대통령의 관계는 곧 적대적으로 변했다. 통화 문제와 교역 문제로 다투었던 두 나라는 에티오피아 북부의 작은 도시 바드메 인근의 인구가 희박한 황무지 소유권을 두고 싸웠다. 1998년 5월 에리트레아가 바드메를 침공하여 점령했으나 그 뒤 에티오피아가 되찾았다. 국경의 다른 두 지점에서도 전선이 형성됐다. 한 곳은 중부 지역으로 잘람베사 주변이었으며, 다른 한 곳은 동부 지역으로 전쟁이 발발한 뒤 에티오피아가 접근할 수 없었던 홍해 인근이었다. 이 분쟁의 기원은 1900년대 초까지 거슬러 올라간다. 그때 에티오피아와 이탈리아(당시 에티오피아를 식민지로 보유하고 있던 국가)는 유럽인이 아직 철저히 탐사하지 못한 지역에서 영토의 경계를 정하기 위해 지방에 따라 다양한 이름으로 불렸던 수로에 의존하여 몇 개의 조약을 체결했다. 그 국경선은 비록 정밀하지는 않았지만 아프리카통일기구 OAU의 1963년 협정에 따라 유지됐다. 오늘날의 아프리카 국가들은 이 협정으로써 과거 식민지 시대의 국경선을 인정하기로 했다. 1990년대 말 소말리아 반도(아프리카의 뿔)에는 과거의 국경선을 명확하게 하려는 의도를 넘어서는 다른 이해관계가 걸려 있다는 견해들이 나왔다. 더 크고 인구도 더 많으며 더 많이 개발된 에티오피아는 북방 인접국의 경제를 불구로 만들려고 한다는 의심을 받았다. 예를 들면 2000년 5월 에리트레아로 진격한 에티오피아 군대는 자급 농업에 의존하여 사는 이 나라를 폐허로 만들었다. 에리트레아는 약 600만 달러의 손실을 입었으며(이 중 3분의 1은 가축의 폐사에 원인이 있었다), 상당수의 주민이 집을 버리고 떠났고(일부는 수단으로 들어갔다), 남은 사람들은 그해에 곡식을 파종할 수 없었다. 에티오피아도 해를 면할 수 없었다. 두 나라를 강타한 지독한 가뭄이 전쟁과 겹쳐 비교적 가난한 나라였던 에티오피아는 약 30억 달러의 손실을 보았고 35만 명의 난민이 발생했다. 결국 양국 군대의 전투가 교착 상태에 빠지고 국경무역이 소멸하고 사망자 수가 7만 명을 넘어서자, 2000년 6월 에티오피아와 에리트레아는 휴전을 선언하고 전선에서 자국 군대를 철수했다. 양쪽은 알제 협정에서(2000년 12월에 체결한 평화조약) 에리트레아-에티오피아 국경위원회가 내린 결론을 수용하기로 약속했다. 2003년에 발표된 에리트레아—에티오피아 국경위원회의 결정은 바드메를 에리트레아에 넘겨주는 것이었다. 그러나 에티오피아는 2006년 중반까지도 이를 인정하지 않았다. 2004년 12월 에티오피아는 4만 명이 넘는 병력을 에리트레아와의 국경에 배치했다. 2000~08년에 국제연합 UN 평화유지군이 국경을 따라 설정된 간격이 25킬로미터의 완충지대인 임시경비지구 TSZ를 순찰했지만, 2005년과 2006년에 완충지대에서 벌어진 총격 사건은 두 나라가 여전히 긴장 관계에 있음을 보여주었다.

에티오피아—이집트 전쟁, 1875~77
Ethiopian—Egyptian Wars of 1875~77

명목상으로는 오스만 제국 술탄의 신하였던 이집트의 케디브(부왕副王) 이스마일 파샤(1830~95)는 에티오피아(아비시니아)에 닿아 있는 홍해 해안을 따라 공격적으로 식민지 건설 정책을 추진했다. 1875년 이집트 군대는 에티오피아 해안 항구 여러 곳과 내륙의 도시 하라르를 점령한 뒤 식민지화 기도들을 모두 포기하고도 한참 지난 1887년까지 소유했다. 에티오피아 황제 요하니스 4세(1831?~89)는 1875년 이집트에 전쟁을 선포하고 군대를 진격시켜 아우사(오늘날의 아사이타)에서 승리했으며(1875), 마사와 서남쪽 구라 인근에서 한번 더 승리했다(1876). 구라와 곤다르는 1877년에 이집트의 두 번째 원정에서 획득하려던 중요 거점이었는데 이 원정도 실패로 돌아갔다. 그 뒤 이집트는 포기했다.
◐ 이탈리아—에티오피아 전쟁, 1887~89

에티오피아—이탈리아 전쟁
Ethiopian—Italian Wars
◐ 이탈리아—에티오피아 전쟁

엘살바도르 내전, 1977~92
Salvadoran Civil War of 1977~92

1977년 엘살바도르에서는 보수주의적 민간—군부 연립정부가 권력을 장악했고, 좌파와 우파는 점점 더 격렬하게 충돌했다. 납치와 암살, 자의적 체포, 고문으로 나라가 만신창이가 된 가운데 군부 쿠데타가 일어나 정부를 무너뜨렸고(1979년 10월 15일) 새로 들어선 군사평의회는 우파와 좌파 모두에게 무장해제를 요구했으나 소용없었다. 1980년 3월 24일 거리낌 없이 가난한 자들과 인권을 옹호했던 엘살바도르의 오스카르 아르눌포 로메로(1917~80) 대주교가 수도 산살바도르에서 미사를 집전하던 중 우파 테러리스트에게 암살당했다. 대주교의 장례식에 참석했던 대규모 군중은 폭발들, 저격병의 사격 때문에 공포에 휩싸였다. 최소 31명이 사망하고 약 200명이 부상을 입었다. 그해 말(1980년 12월 4일) 행방불명됐던 미국의 한 선교 단체가 파견한 미국인 여성 4명이 엘살바도르에서 살해된 채 발견되자 미국은 엘살바도르 정부에 일시적으로 경제적·군사적 원조를 중단했다. 1981년 12월 정부군은 반군을 소탕하던 중에 엘모소테라는 마을과 그 주변에서 약 733~1000명 정도의 남녀와 어린이를 학살했다. 좌파 반군은 쿠바와 니카라과의 지원을 받아 주로 농촌에서 활동하며 도시와 경찰서, 군대의 기지들을 습격하여 무기를 탈취하고 나라의 약 3분의 1을 장악했다. 좌파 혐의자들을 제거하기 위해 결성된 우파의 암살 부대들은 예수회의 신부와 수녀, 노동조합 조직 활동가, 농민운동 지도자, 공산주의자로 추정된 자들, 민주적 개혁가들을 포함한 많은 민간인을 살해했다고 비난받았다. 미국의 지원을 받는 중도파와 우파 정부가 연이어 들어섰으나 마르크스주의자들이 지도하는 파라분도마르티민족해방전선FMLN 반군을 격파하지 못했다. FMLN은 멕시코, 베네수엘라, 코스타리카, 콜롬비아, 파나마가 중앙아메리카 지역에서 진행하고 있던 내전들을 종식시키려고 제안했던 평화안(1987)과 정부의 일방적인 휴전을 거부했다. 1989년 초에 FMLN은 엘살바도르 군대와 군사적으로 교착상태에 빠졌고 거의 아무런 정치권력도 획득하지 못했다. 1989년 3월 대통령 선거 운동 기간에 FMLN은 대담한 공세를 펼쳐 약 20곳의 도시를 공격했는데도, 알프레도 크리스티아니(1947~)가 지도하는 우파의 민족주의공화연합ARENA이 권력을 획득했다. 그러나 널리 확산된 부패에 대한 고발은 계속됐다. 1989년 11월 FMLN은 산살바도르에서 한 번 더 대담하게 공세에 나섰다. 크리스티아니(재임 1989~94) 대통령은 21개월 동안 국제연합UN이 중재한 협상에 참여했다. 결국 1992년 1월 16일 평화협정이 체결되고 2월 1일에 전투는 영구히 종결됐다. 그 뒤 FMLN의 군대는 점진적으로 해체됐고, 정부군의 병력은 절반으로 감축됐으며, 정치 개혁과 경제 개혁이 이루어졌다. 이 전쟁으로 약 7만 5천 명이 목숨을 잃었고 주민 약 100만 명이 삶의 터전을 빼앗겨 난민이 됐으며 사회적 기반시설이 파괴됐다.

○ 니카라과 내전, 1982~90

엘살바도르 반란, 1948
Salvadoran Revolt of 1948

1931년부터 엘살바도르를 독재적으로 통치하던 장군이자 대통령 막시밀리아노 에르난데스 마르티네스(1882~1966)는 1944년 4월에 군사 반란이 발생하자 이를 가혹하게 진압했고, 뒤이어 이에 대한 항의로 총파업이 일어나자 다음 달에 사임했다. 군부가 지원하고 참여했던 정부는 살바도르 카스타네다 카스트로(1888~1965)를 대통령으로 앉히고 그 뒤 3년간 몇 가지 자유를 제한했으나, 카스타네다는 교육과 노동 분야에서 여러 가지 개혁을 실천했고 엘살바도르와 이웃 나라 과테말라의 합방을 추진하기도 했다. 카스타네다는 이러한 노력에도 불구하고 경제 개혁과 사회 개혁으로 생활 수준 제고를 요구했던 청년 장교들의 군사 반란에 의해 축출됐다(1948년 12월 12~14일). 권력을 장악한 군사평의회의 일원이었던 오스카르 오소리오(1910~69) 중령이 정부를 이끌다가 1950년 대통령에 당선됐다. 오소리오는 노동조합을 합법화했으며 주거를 개선하고 공업과 농업의 발전을 장려했다.

엘살바도르-온두라스 전쟁, 1969
Salvadoran–Honduran War of 1969
○ 축구 전쟁

엘 시드의 발렌시아 정복, 1089~94
El Cid's Conquest of Valencia of 1089~94

알무라비툰(무라비트) 왕조가 이슬람이 점령한 알안달루스(이베리아 반도 남부)를 정복하던 시기에 엘 시드(엘 시드 캄페아도르)로 잘 알려진 로드리고 디아스 데 비바르(1048?~99)는 명목상으로는 카스티야 왕국과 레온 왕국의 왕 알폰소 6세(1047~1109)를 주군으로 섬겼으나 실상은 독립적인 떠돌이 기사였다. 엘 시드는 야히야 알 카디르(1092년 사망)가 에미르(군주)로 통치하고 있는 이슬람교 군주국(타이파) 발렌시아를 지배하려 했다. 알무라비툰 이슬람 왕조도 발렌시아를 정복하고자 했다. 1092년 10월 발렌시아인들은 알무라비툰 왕조의 지원을 받아 반란을 일으켜 알 카디르를 살해했다. 엘 시드의 병사들은 발렌시아가 알무라비툰 왕조에 항복하지 못하도록 즉시 도시 발렌시아를 포위했고, 알무라비툰 왕조는 공격하지 않기로 결정했다. 발렌시아 주민들은 엘 시드에 맞서 저항했으나 20개월이나 포위를 버틴 뒤 1094년 6월 17일 결국 굶주림 때문에 항복할 수밖에 없었다. 엘 시드는 발렌시아의 새로운 통치자로서 종교신앙의 자유와 사유재산권을 허용하고 공납만 징수했다. 1094년 10월 엘 시드의 군대는 도시 발렌시아의 성벽 외부에 있는 쿠아르테(오늘날의 콰르트데포블레트) 전투에서 알무라비툰 왕조의 군대를 격퇴하여 쫓아냈다. 엘 시드는 1097년에 바이렌 전투에서 알무라비툰 왕조의 대규모 공격을 저지했고 1099년 죽을 때까지 발렌시아를 지배했다.

여덟 성자의 전쟁, 1375~78
War of the Eight Saints, 1375~78

교황 그레고리오 11세(1329?~78)는 교황청을 프랑스의 아비뇽에서 로마로 이전하고자 했다(1309~77년의 이른바 '교황의 바빌론 유수(아비뇽 유수)' 중에 교황들은 프랑스 땅에 유폐되어 있었다). 피렌체가 이탈리아 도시국가들의 동맹을 이끌고 교황의 권위에 맞서 반란을 일으키자 1376년 교황은 피렌체 정부의 모든 구성원을 파문했고 피렌체 공화국에 성무금지령(금지 제재)을 포고했다. 이에 피렌체는 밀라노와 동맹했고 피렌체의 전쟁 수행 8인위원회 Otto di Guerra인 '여덟 성자'가 교황에 대적하여 전쟁을 지휘했다. 1377년 교황이 파견한 제네바의 로베르토(로베르토 디 지네브라, 1342~94) 휘하의 군대는 반란을 일으킨 이탈리아 국가들을 가차 없이 파괴했고, 교황 그레고리오 11세는 이탈리아로 돌아와 로마에 정착했다. 후임 교황 우르바노 6세(1318~89)가 성 카테리나 다 시에나(1347~80)의 중재로 티볼리 조약을 체결하여 20만 플로린을 받고 성무금지령을 철회하기로 했다.

여진족의 송宋 침공, 1125~62
Jurchen Invasion of the Song Empire, 1125~62

송나라는 여진족의 요遼 정복 때 남만주와 산시山西와 허베이河北에서 요나라 세력을 몰아내는 것을 지원한 동맹국이었으나, 여진족(금나라)은 송나라와 대결하게 됐다. 1125년 금나라는 황허黃河 이북의 송나라 영토를 침공했고, 1125년과 1126~27년에 강을 건너 송나라 수도 카이펑開封을 포위했다. 1127년 카이펑은 함락됐고, 상황 휘종(1082~1135)과 흠종(1100~61)은 포로로 잡혀 만주로 끌려가 유폐당했다. 휘종의 아들 고종(1107~87)은 남쪽의 난징南京으로 피신하여 황제로 즉위하여 북송北宋 시대가 끝나고 남송南宋 시대가 시작됐다. 1129년 금나라는 황허를 도하하여 고종과 남송 조정을 추격하면서 난징을 점령했다. 고종은 린안臨安(오늘날의 항저우杭州)으로 피신하여 그곳에서 통치했다. 악비岳飛(1103~42) 장군이 지휘하는 남송 군대는 양쯔 강揚子江에 포진한 함대의 지원을 받아 금나라 군대를 무찔러 양쯔 강 북방으로 내몰았다. 남송은 10여 년간 여진족을 격퇴하면서 도시들을 되찾았다. 남송 조정에서는 전쟁을 계속해야 하는지에 대해 논쟁이 일었으며 금나라와 화친을 맺어야 한다는 결론이 도출됐다. 전쟁광이라고 매도당한 악비는 소환되어 처형당했다. 1141년 남송과 금나라는 평화조약에 합의하여 양쯔 강의 지류인 한강漢江의 북방 연안, 화이허淮河를 기준으로 양국의 새로운 국경을 삼았다. 불안한 평화는 1161년에 금나라 군대가 남송을 침공하면서 끝났다. 금나라의 침공군들은 양쯔 강과 황해에서 화약을 사용한 남송에 패주했다. 이는 역사상 최초로 화약이 전투에 사용된 사례였을 것이다. 고종은 금나라와 새로운 평화조약을 체결했다(1164).

❍ 몽골의 금 정복 ; 몽골의 송(남송) 정복

여진족의 요遼 정복, 1114~25
Jurchen Conquest of the Liao Empire, 1114~25

오늘날의 만주 지역에서, 북부의 여진족은 남쪽 요나라(거란족)의 종주권을 인정했으나 1114년에 수장 아구다阿骨打(1068~1123)가 요나라와 주종 관계를 끊었다(유목민인 거란족은 916년에 요나라를 건국했다). 여진족의 전사들은 남만주를 휩쓸었고 가는 곳마다 정복했다. 공납을 강요해온 요나라에 복수할 기회를 찾던 송나라가 남쪽에서 공격했고 동시에 여진족은 북쪽에서 밀고 내려왔다. 2년 만에 여진족은 남만주 전체를 차지했으며 이어 산시山西 북부와 허베이河北의 요나라 영토를 빼앗으러 갔다. 여진족은 1115년에 연경燕京(오늘날의 베이징北京)에 수도를 정하고 금나라를 세웠고, 아구다가 황제(태조)로 즉위했다. 요나라의 일부 유민은 오늘날의 중앙아시아 동부, 중국 서북부로 도피하여 새로운 나라를 세우고 서요西遼라 칭했다.

○ 송-요 전쟁

'연인들의 전쟁'
'Lovers' War'

○ (제7차) 종교 전쟁

염군捻軍의 난, 1853~68
Nien Rebellion, 1853~68

1850년대 초 황허黃河 유역에 살고 있던 중국인들은 강이 거듭 범람하자 기근으로 고통을 당했다. 많은 사람이 염당捻黨이라는 불법 무장 집단에 가입했는데, 이 무리는 19세기 전반기에 안후이성安徽省과 허난성河南省, 산둥성山東省을 약탈했다. 청나라 조정이 남부에서 태평천국太平天國의 난을 진압하고 있을 때, 염당은 장락행張樂行(1810/11~63)의 지도로 군대를 모아 마을을 요새로 만들었고 자신들을 진압하려던 정부군을 강력한 기병대의 기동력을 이용하여 괴롭히고 교묘히 피했다. 염당은 곧 중국 북부의 광대한 영역을 통제했고 이는 결국 19세기 후반부에 독립적인 영역이 됐다. 그러나 장락행이 정부군에 체포당해 사형된 뒤 염당 운동은 강한 지도부를 잃었고, 남부의 태평천국 반란자들과 행동을 같이할 수 없었다. 승격림심僧格林沁(1811~65)과 증국번曾國藩(1811~72), 이홍장李鴻章(1823~1901), 좌종당左宗堂(1812~85)이 차례로 지휘한 정부군은 염군捻軍의 요새들을 포위해 굶겨서 항복을 받아냈으며 그 근거지들을 약탈했다. 1868년 반란군은 패배했고, 황제의 군대가 다시 그 지역을 장악했다.

영국과 인디언의 습격, 1782
British-Indian Raids, 1782

1781년 10월 영국 육군의 한 주력 부대가 버지니아 식민지의 요크타운에서 항복했지만, 미국 독립 전쟁은 아직 종결되지 않았다. 영국·인디언 연합군은 올드노스웨스트(오하이오 강 북쪽과 미시시피 강 동쪽 사이의 지역)에서 변경 정착지들을 계속 공격했다. 1782년 8월 15일 약 350명의 영국·인디언 연합군이 미국인 배신자 사이먼 거티(1741~1818)의 지휘로 불시에 오하이오 강을 건너 켄터키 카운티의 브라이언 스테이션을 습격했으나 변경 지역에 살던 약 200명의 무장한 식민지인에 내쫓기고 추격당했다. 추적하던 미국인들은 버지니아 식민지 켄터키 카운티의 블루릭스 인근에서 매복한 영국군·인디언 연합군의 공격을 받아 182명 중 72명이 죽임을 당하고 11명이 포로가 됐다. 혼란스러운 상황이 이어지자 조지 로저스 클라크(1752~1818) 장군이 1천 명이 넘는 병력을 이끌고 북쪽으로 올라가 여러 곳의 인디언 마을을 파괴하고 그 영토를 지배했다.

영국-네덜란드의 자바 전쟁, 1810~11
Anglo-Dutch War in Java, 1810~11

네덜란드령 동인도제도의 헤르만 빌럼 다엔딜스(1762~1818) 총독은 영국의 공격에 대비하여 자바 섬을 요새화했다(○ **나폴레옹 전쟁**). 1810년 당시 인도 총독이었던 1대 민토 백작 길버트 엘리엇 머리 키닌마운드(1751~1814)가 지휘하는 영국동인도회사의 강력한 원정대가 인도양에 있는 프랑스령 레위니옹 섬과 프랑스(오늘날의 모리셔스) 섬, 네덜란드령 동인도제도의 암보이나(오늘날의 암본) 섬을 포함하는 말루쿠(몰루카) 제도를 정복했다. 원정대는 이어 자바 섬으로 이동하여 1811년 8월에 항구도시 바타비아(오늘날의 자카르타)를 장악했고, 1811년 9월 17일 스마랑에서 네덜란드령 동인도제도 식민지 정부의 항복을 받아냈다. 영국은 이 시점부터 1816년까지 네덜란드령 동인도제도를 통치하게 됐다. 영국이 통제하게 된 동인도제도의 부총독에 임명된 서 토머스 스탬퍼드 래플스(1781~1826)는 억압적이었던 네덜란드식 행정을 끝내고 농지 임차 제도의 규정을 완화했으며 무역을 확대했다. 1816년 영국은 나폴레옹 전쟁을 종결한 조약의 한 부분에 근거하여 자바 섬과 동인도제도에 소속한 여타 소유들을 네덜란드에 반환했다.

◑ 나닝 전쟁 ; 디파느가라 전쟁

영국-네팔 전쟁, 1814~16
Anglo-Nepalese War of 1814~16

◑ 영국령 인도-네팔 전쟁, 1814~16

영국령 인도-네팔 전쟁, 1814~16
British Indian-Nepalese War, 1814~16

군사적 용맹으로 유명한 네팔의 지배 종족 구르카족은 인도의 다르질링에서 심라에 이르는 지역의 마을들을 병합하고 조세를 거두어 영국동인도회사를 괴롭혔다. 영국동인도회사는 네팔의 수도 카트만두에 최후통첩을 보냈고 구르카족은 이를 거부했다. 이어 영국은 네팔로 진입하여 치안 유지를 위한 주둔지를 설치했다. 구르카족은 매복 공격으로 영국군에 보복했다. 영국은 네팔을 점령하기 위해 4개의 산길로 4개 사단을 파병했고, 결국 1815년에 구르카족의 항복을 받아냈다. 짧은 휴전이 이어졌으나 조약의 조항을 둘러싼 분쟁이 발생하여 전투가 재개됐다. 1816년 영국은 서 데이비드 옥털로니(1758~1825)의 지휘로 카트만두 분지(네파 스와니가)에서 결정적인 승리를 거두었다. 네팔은 시킴과 심라를 포함한 몇몇 지역에서 통제권을 빼앗겼으며, 영국군과 인도군에 배속된 구르카족 연대는 뒷날 군사적인 명성을 얻었다.

* 네팔 전쟁이라고도 한다.

영국-버마 전쟁
Anglo-Burmese War

제1차 영국-버마 전쟁(1824~26) 버마는 인도 동북부의 아삼과 마니푸르를 점령하면서 영국과 전쟁을 벌이게 됐다. 1824년에 서 아치볼드 캠벨(1769~1843)이 지휘하는 영국 해군이 랑군(오늘날의 양곤)을 장악했다. 버마 군대는 1825년에 랑군을 탈환할 수 없었다. 영국령 인도에서 파견된 군대는 에야와디 강을 따라 상류로 이동했고 동시에 해안 지역도 지배했다. 버마는 에야와디 강가의 잉와 인근에서 패했다. 1826년 2월의 얀더보 조약으로 버마는 아삼과 마니푸르, 여카잉, 테나세림(오늘날의 타닌타리) 해안을 영국에 할양했다. **제2차 영국–버마 전쟁(1852~53)** 영국이 버마 왕 소유의 선박 1척을 강탈한 사건으로 또 다른 전쟁이 발발됐다(영국은 인도의 식민지들에서 싱가포르로 이어지는 육로를 확보하고자 했다). 영국령 인도에서 파견된 군대는 버마 남부의 랑군과 버고를 점령했다. 랑군에서 반란이 일어나 버마 왕 버간(1811~80)이 어머니가 다른 형 민돈(1808~78)에게 쫓겨났고, 민돈은 영국의 버마 남부 병합을 인정했다. **제3차 영국–버마 전쟁(1885~86)** 버마 왕 시보(1859~1916)는 프랑스에 우호적이었고 당시 수도 만들레(만달레이)에서 인도 국경에 이르는 철도를 건설하기 위해 프랑스와 협상했으며, 영국 공사를 받아들이지 않음으로써 영국을 드러내놓고 무시했다. 분노한 영국은 만들레와 버마 북부를 점령하여 인도에 병합했으며, 시보를 폐위하여 인도로 끌고 갔다. 버마의 게릴라들은 1886년까지 영국군과 싸우다가 진압됐다.

영국–보어 전쟁
Anglo–Boer Wars

○ 보어 전쟁

영국 본토 항공전, 1940
Battle of Britain, 1940

제2차 세계대전에서 프랑스가 독일의 침략에 점령당한 뒤(○ 프랑스 전투), 나치 독일의 전쟁 기계는 영국에 집중적으로 그 능력을 발휘하여 영불해협을 건너 침공군을 파견하기 전에 폭격으로 항복을 받아내려 했다. 1940년 8월 12~13일에 독일 공군은 첫 번째 대규모 폭격기 편대를 영국 남부로 보냈지만 영국 전투기들의 거센 저항에 직면했다. 처음에 독일 공군은 비행장들에 공격을 집중하여 약간의 성공을 거두었고 이어 런던 등 도시를 폭격했다. 1940년 9월 집중 공습을 받은 런던은 크게 파괴됐고 많은 생명을 잃었으나 영국 국민의 사기는 꺾이지 않았다. 영국 공군은 강인하게 싸웠고 독일 항공기를 많이 격추했다. 1940년 9월 7일 독일은 공중전에서 우위를 차지하기 위해 폭격의 강도를 점점 더 높였으나 실패했다. 아돌프 히틀러(1889~1945) 독일 총통은 영국 침공 계획을 취소하고 런던을 비롯한 대도시를 무차별 폭격하라고 명령했다. 주요 공습은 야간에 집중됐는데 이런 폭격은 1941년 5월까지 계속됐다. 윈스턴 처칠(1874~1965) 영국 총리는 "그 어떤 전장에서도 이처럼 많은 사람이 이처럼 적은 사람들로부터 은혜를 얻지는 못했다"라고 말하며 국가가 영국 공군의 조종사에게 진 빚을 인정했다.

영국-시크 전쟁
Anglo-Sikh War

제1차 영국-시크 전쟁(1845~46) 1818년 이후 인도에서 영국의 지배에 유일하게 맞선 국가는 8만 명의 칼사('순결한 자들', 성도聖徒 병사) 대군을 지닌 펀자브의 신생국가 시크 왕국이었다. 영국은 란지트 싱(1780~1839)이 이끄는 시크 왕국을 공격하기에는 너무 강하다고 판단하여 내버려두었으나, 1838년에 란지트 싱이 군대를 지원하지도 않고 아프가니스탄으로 영국군을 통과시키지도 않자 당황했다(❍ (제1차) **영국-아프가니스탄 전쟁**). 란지트 싱이 사망한 뒤 시크 왕국의 세력이 약해지자 영국은 전쟁을 도발했다. 1843년 영국은 먼저 시크 왕국과 접경한 신드를 점령한 뒤 1844년에 국경으로 군대를 이동시켜 이듬해 석 달 만에 라호르를 빼앗았다. 1846년에 이 전쟁을 종결하고 라호르 조약, 암리차르 조약, 비로발 조약을 계속 체결했다. 이 조약들에 근거해서 시크 왕국은 카슈미르와 하자라(오늘날 파키스탄의 일부)와 사틀루지 강 사이에 있는 비옥한 토양을 잃었고, 영국에 종속당한 국가가 되어 영국 통감이 주재하게 됐다. **제2차 영국-시크 전쟁(1848~49)** 국가의 독립을 염원하는 시크교도와 인도 아대륙을 전부 장악하려는 영국이 충돌하여 한 차례 더 전쟁이 발발했다. 이 전쟁은 시크교도의 반란으로 시작됐다. 영국군은 1848년에는 운이 나빴고 1849년 초에는 칠리안왈라에서 다시 패했으나, 두 달 안에 펀자브 전역(영국령 인도의 곡창지대)을 장악했고 이어 오늘날의 파키스탄 중심부도 차지했다. 영국은 '백인의 짐'*을 지고 자애로운 전제 군주처럼 시크교도를 통치했고, 시크교도는 이슬람교도로부터 더 나쁜 대우를 받느니 차라리 영국 제국에 충성하기로 결정했다.

* 영국 시인 조지프 러디어드 키플링(1865~1936)이 「백인의 짐(The White Man's Burden)」이라는 시에서 제국주의를 정당화한 논리로, 미개한 인종을 올바르게 이끄는 것이 백인이 져야 할 짐, 백인의 의무라고 했다.

영국-아프가니스탄 전쟁
Anglo-Afghan War

제1차 영국-아프가니스탄 전쟁(1839~42) 영국은 러시아가 아프가니스탄의 에미르(군주) 도스트 모함마드 칸(1793~1863)에게 점점 더 많은 영향력을 행사할까봐 두려워했다. 이에 인도로 이어지는 북쪽 길을 보호하고자 했던 영국은 도스트 모함마드 칸을 쫓아내고 자국에 더 호의적이었던 이전의 에미르 두라니 왕조의 슈자 샤(1785~1842)를 복위시키려 했다. 1839년 영국군은 도스트 모함마드 칸을 폐위하고 투옥했다. 도스트 모함마드 칸은 탈출하여 권력을 되찾으려 애썼으나 실패하고 인도로 추방됐다. 그러나 영국군은 혹독한 겨울과 아프간족의 불굴의 저항에 직면하여 1842년 1월에 철수해야 했다. 아프간족은 퇴각하는 부대를 공격하여 거의 전멸시켰다. 이듬해 도스트 모함마드 칸은 권좌에 복귀했다. **제2차 영국-아프가니스탄 전쟁(1878~81)** 아버지 도스트 모함마드 칸을 계승하여 에미르가 된 셰르 알리 칸(1825~79)은 러시아와 협상하고 영국 사절단의 입국을 거부하여 영국을 놀라게 했다. 1878년 11월 영국군은 아프가니스탄을 침공했다. 셰르 알리 칸은 러시아의 지원을 요청했으나 강화를 맺으라는 조언을 들었다. 1879년에 셰르 알리 칸이 사망하자 아들 모함마드 야쿱 칸(1849~1923)이 카이베르 고개와 전략적으로 중요한 여타 지역들을 영국에 할양하는 조약을 체결했다. 그러나 영국 특사가 살해되자 영국군은 다시 한번 카불을 점령했고 모함마드 야쿱 칸은 피신해야 했다. 이 분쟁은 도스트 모함마드 칸의 손자 압두르 라흐만 칸(1844?~1901)이 에미르에 오르면서 종결됐다. 압두르 라흐만 칸은 영국의 이익을 지지하고 아프가니스탄에 강력한 중앙정부를 수립했다. **제3차 영국-아프가니스탄 전쟁(1919)** 1919년 에미르로 즉위한 아마눌라 칸(1892~1960)은 아프가니스탄을 외국의 지배로부터 자유로운 근대 국가로 바꾸기로 결심했다. 아마눌라 칸의 자주성 선포는 영국에 다시 적대 행위를 촉발하여 영국령 인도를 위협했다. 이 짧은 투쟁은 아프가니스탄의 내정과 외교의 자주성을 인정한 라왈핀디 조약으로 끝났다.

○ 페르시아-아프가니스탄 전쟁, 1836~38

영국-에스파냐 전쟁(프랑스-에스파냐 전쟁), 1727~29
Anglo-Spanish War(Franco-Spanish War) of 1727~29

에스파냐의 외교사절이었던 리페르다 공작 요한 빌럼(후안 기예르모 리페르다, 1680?~1737)은 1725년 빈 조약으로 에스파냐 왕 펠리페 5세(1683~1746)와 신성로마제국 황제 카를 6세(1685~1740)의 동맹을 체결했다. 카를 6세는 지브롤터와 메노르카 섬을 에스파냐에 확실히 할양하도록 영국을 '설득'한다는 데 동의했다. 영국의 찰스 타운젠드(1674~1738) 북방담당부 장관은 이 동맹에 반격하기 위해 하노버 조약을 마련했다(1725년 9월 3일). 영국과 프랑스, 1726년에는 네덜란드가, 1727년에는 덴마크와 스웨덴이 참여했다. 상호안전보장과 상업적으로 위협이 됐던 오스텐더회사의 파산을 목적으로 동맹을 체결한 것이었다. 오스텐더회사는 오스트리아령 네덜란드(오늘날 네덜란드의 일부와 벨기에, 룩셈부르크)에서 활동하는 무역회사로 영국동인도회사, 네덜란드동인도회사와 경쟁했다. 영국과 프랑스는 펠리페 5세의 아들 카를로스(카를로스 3세, 1716~88)가 이탈리아로 가서 계승권을 지닌 공국들을 통치하도록 내버려두지 않았다(❍ 사국 동맹 전쟁). 1727년 2월 에스파냐는 영국에 전쟁을 선포하고 지브롤터를 포위했으나, 오스트리아는 하노버 동맹을 두려워하여 중립을 지켰다. 에스파냐는 오스트리아에 자금을 지원하여 전쟁에 끌어들이려 했으나, 영국은 이를 막기 위해 서인도제도에서 에스파냐의 수송선 선단들을 나포했다. 영국의 군함들은 파나마의 포르토벨로를 봉쇄했으며, 카리브 해와 멕시코 만 해안을 순찰하고 여러 차례 소규모 해전을 수행했다. 프랑스의 앙드레에르퀼 드 플뢰리(1653~1743) 추기경이 노력한 결과 1728년 2월에 휴전이 발효되면서 정식 교전은 끝났다. 그러나 평화협상은 시간을 끌다가, 에스파냐 왕비 이사벨 데 파르네시오(엘리사베타 파르네세, 1692~1766)가 자신들이 정한 전쟁 규정을 오스트리아가 위반했다는 소식을 듣고 격노하여 두 나라 사이의 동맹을 거부한 뒤에야 이루어졌다. 1729년 11월 9일의 세비야 조약으로 에스파냐는 1713년 위트레흐트 조약의 조건들을 수용했으며(❍ 에스파냐 왕위 계승 전쟁), 영국의 지브롤터 해협 통제를 인정했고, 영국과 프랑스에 무역 특혜를 부여했다. 영국과 프랑스 모두 카를로스가 파르네세 가문이 소유한 이탈리아의 파르마 공국, 피아첸차 공국, 토스카나 공국을 상속받는 데 동의했다. 카를 6세도 제2차

빈 조약(에스파냐는 오스트리아와 영국이 1731년 3월 16일에 체결했던 해당 조약을 1731년 7월 22일에 비준하여 추가 조약 체결국이 됐다)으로 이 조건들에 동의했으며, 이후 카를로스는 파르네세 가문의 공국들을 상속받았다.

영국의 아프리카 식민지 전쟁, 1900~15
British Colonial Wars in Africa, 1900~15

19세기가 끝나고 20세기에 접어들면서 영국은 나이지리아와 황금해안(가나), 시에라리온의 아프리카 서해안을 확고히 장악하고 있었으나, 그 보호령은 광대했고 내륙에서는 통제를 강화할 필요가 있었다. 영국군 장교들과 원주민 병사들은 서로 싸우는 부족들 사이의 화해를 주선해야 했고, 영국의 보호를 받아 평화롭게 살고 있는 원주민을 공격하는 부족들을 압박해야 했으며, 노예를 사냥하거나 교역로를 차단하는 원주민을 진압해야 했다. 1900년 황금해안의 쿠마시에서 아샨티족이 반란을 일으켰고 영국이 질서를 회복하는 데는 8개월이 걸렸다. 나이지리아의 아로족은 1901년에 굴복했다. 나이지리아의 바우치 주, 보르노 주, 나사라와 주는 1902년에 정복됐다. 1903년 영국군은 나이지리아 북부의 하우사족 나라들(인접한 흑인 아프리카 이슬람교 국가들)로 원정에 나섰는데 역시 성공했다(카노 지역과 소코토 지역을 점령했다). 영국은 골칫거리인 부족의 통치자나 족장을 내쫓고 영국 정부에 충성하는 자들로 대체했다. 1906년에는 영국령 동아프리카(오늘날의 케냐)에서 원주민이 반란을 일으켰으나 진압됐다. 1914년 황금해안에 주둔한 연대 하나가 이웃의 독일령 토골란드(토고. 가나 동부의 일부)를 침공하여 신속히 장악했다(**◐ 제1차 세계대전**). 영국군과 프랑스군은 이듬해 독일령 카메룬과 독일령 동아프리카(르완다, 브룬디, 탄자니아의 아프리카 대륙 본토)에서 승리를 거두었다.

◐ 보어 전쟁 ; 수단 전쟁 ; 아샨티 전쟁 ; 은데벨레 왕국–영국 전쟁

영국의 에티오피아 원정, 1867~68
British Expedition in Ethiopia, 1867~68

1855년 에티오피아(아비시니아)의 소小족장 카사 하일루는 정복을 통해 힘을 키운 뒤 테워드로스 2세(1818?~68)로 황제에 즉위했다. 테워드로스 2세의 통치는 출발이 좋았다. 테워드로스 2세는 강대국들이 무역과 영향력을 두고 경쟁을 벌이는 상황을 이용하여 법제와 행정을 개혁했다. 그러나 치세 말년에 테워드로스 2세는 정서적으로 불안해지고 변덕이 심해졌다. 테워드로스 2세는 영국의 빅토리아(1819~1901) 여왕에게 지원을 확대해 달라고 편지를 보냈으나 거절당하자 분노하여 1867년에 에티오피아에 체류하던 영국 국민들과 영사관의 몇몇 외교관들을 투옥했다. 영국령 인도에서 파견된 로버트 네이피어(1810~90)가 지휘하는 약 3만 2천 명 규모의 원정대는 홍해 연안의 에티오피아 항구 줄라에 상륙한 뒤 내륙으로 들어가 산악지대를 넘고 정부에 반대하는 부족들의 협력을 얻었다. 1868년 4월 13일 네이피어는 테워드로스 2세의 군대를 무찌른 뒤 막달라를 공격하여 점령했다. 테워드로스 2세는 그 직후 스스로 목숨을 끊었다. 네이피어는 영국인 포로들을 구출하고 막달라를 파괴한 뒤 떠났다.

○ 에티오피아 내전, 1868~72

영국-줄루 전쟁, 1879
Anglo-Zulu War, 1879

영국은 1877년에 트란스발 지역에 있던 보어인들의 국가인 남아프리카공화국을 병합하자 오랫동안 지속됐던 남아프리카공화국과 줄루 왕국(오늘날 남아프리카공화국의 콰줄루나탈 주) 사이의 국경분쟁(○ 블러드 강 전투)도 물려받았다. 줄루 왕 케츠와요(1826?~84)가 영국의 실질적인 지배 요구를 무시하자, 2대 첼름스퍼드 남작 프레더릭 A. 세시저(1827~1905) 장군이 지휘하는 영국군이 줄루 왕국을 침공했다. 창으로 무장한 줄루족은 맹렬하게 싸워 1879년 1월 22일 이산들와나에서 영국군을 격파했고, 에쇼웨와 캄불라 등 다른 곳에서도 강력히 저항했다. 1879년 4~5월에 영국의 증원군이 도착했고, 그 직후 정찰하던 줄루족의 매복공격에, 프랑스 황제였던 나폴레옹 3세(1808~73)의 아들로 영국군에 자원했던 루이 보나파르트(1856~79)가 전사하면서 전쟁은 국제적인 문제로 비화했다. 1879년 7월 4일 세시저 장군이 지휘하는 영국군은 울룬디에서 결정적인 승리를 거두어 줄루 세력은 사실상 몰락했다. 케츠와요는 탈출했으나 8월에 붙잡혀 평화조약을 체결했다. 그러나 영국은 줄루족의 지속적인 봉기를 종식시키기 위해 1887년에 줄루 왕국을 공식 병합했다.

○ (제1차) 보어 전쟁

영국-중국 전쟁
Anglo-Chinese Wars

○ 아편 전쟁

영국-페르시아 전쟁, 1856~57
Anglo-Persian War of 1856~57

페르시아가 헤라트를 점령하기 위해 아프가니스탄을 침공하자 영국이 아프가니스탄을 지원했다(○ 페르시아-아프가니스탄 전쟁, 1855~57). 1856년 11월 1일 영국은 페르시아에 전쟁을 선포했고, 1857년 1월에 페르시아 만의 부셰르 항구를 장악했다. 서 제임스 아웃램(1803~63)이 이끄는 영국령 인도에서 파견된 원정대는 페르시아와 대결하여 승리했고, 페르시아는 1857년 3월에 강화를 요청했다. 체결된 조약에는 페르시아 군대가 아프가니스탄에서 철수하는 것과 양국의 협력 증진을 추구하는 조항들 이외에 다른 추가적 양보들이 요구되지는 않았다.

영국-프랑스의 인도 전쟁
Anglo-French Wars in India

○ 7년 전쟁 ; 카르나타카 전쟁

예니체리의 반란, 1621~22
Janissaries' Revolt of 1621~22

술탄 무라드 1세(1319/26~89)가 창설한 오스만 제국 술탄의 친위군인 예니체리는 기대했던 것만큼 순종적이지도 충성스럽지도 않았다. 1600년에 이르면 예니체리 부대는 강력한 정치 세력이 되어 종종 뜻하지 않게 야망을 품은 사람들의 도구가 됐다. 예니체리의 반란은 상존하는 위험이었는데, 특히 급여를 받지 못하는 때에 그 위험이 더욱 컸다. 1618년 예니체리는 우둔한 술탄 무스타파 1세(1591~1639)를 폐위하고 군사적 영광을 꿈꾸는 사춘기의 오스만 2세(1604~22)를 즉위시켰다. 1621년 오스만 2세는 오스만 제국의 종속적 동맹국인 크림타타르족의 크림한국과 작은 교전을 벌이던 폴란드-리투아니아연합령 우크라이나의 카자크(코사크)와 맞서기 위해 대군을 이끌고 드네스트르 강가의 호틴(호침)을 공격했으나 성공을 거두지 못했다. 큰 손실을 입어 기운이 꺾인 오스만 제국 군대는 싸우기를 거부했다. 오스만 2세가 대승을 거두었다고 주장하며 이스탄불로 돌아오자, 급여를 받지 못한 예니체리 병사들이 술탄을 비난하며 반란을 일으키려 했다. 오스만 2세는 새로운 군대를 모아 아시아로 진격하는 듯 움직이다 방향을 바꾸어 예니체리를 몰살하려 했다. 그러나 비밀이 누설됐고, 예니체리가 반란을 일으켜 궁전을 습격했다(1622). 오스만 2세가 계획을 취소하겠다고 약속했지만, 예니체리는 궁전으로 들어와 무스타파 1세를 내놓으라고 요구했고 대재상과 환관을 살해했으며 무스타파 1세를 술탄으로 복위시키고 오스만 2세를 모두가 지켜보는 가운데 병영으로 끌고 가서 교살했다. 이는 오스만 제국 역사상 최초의 술탄 시해 사건이었다. 예니체리는 오스만 2세의 시체에서 잘라낸 귀를 술탄의 모후에게 보냈고, 모후는 무스타파 1세를 이용해 통치하기 위해 오스만 2세의 살해가 정당한 행위였다고 인정했다. 그렇지만 모후와 무스타파 1세의 치세는 짧았다. 1623년 무라드 4세(1612~40)가 술탄에 올랐다. 이유는 단지 군부가 변화를 원했기 때문이었다.

● 오스만 제국-페르시아 전쟁, 1623~39

예니체리의 반란, 1703
Janissaries' Revolt of 1703

1703년 예니체리(오스만 제국의 정예 친위 부대)는 오스만 제국 정부로부터 급여를 받지 못하자 6주 동안 반란을 일으켰다. 이는 거의 내전과도 같았다. 술탄 무스타파 2세(1664~1703)는 에디르네에 숨어 수도 이스탄불로 들어오라는 요구를 거부한 채 대적할 군대를 모았다. 예니체리는 예언자 무함마드(570?~632)가 사용했다고 알려져 있고 이스탄불에 보관되어 있던 신성한 군기軍旗를 들고 무스타파 2세에게 가서 군대의 이반을 이끌어낸 뒤 무스타파 2세를 폐위하고 아흐메드 3세(1673~1736)를 즉위시켰다. 그러나 폭력을 사용하여 즉위시켰던 아흐메드 3세도 예니체리가 1730년에 실행한 반란의 희생자가 됐다.

예니체리의 반란, 1730
Janissaries' Revolt of 1730

페르시아의 나디르 샤(1688/98~1747)가 자국 영토의 여러 장소에서 오스만 제국인 불법 거주자들을 추방했는데도(○ 페르시아 내전, 1725~30), 오스만 제국 술탄의 친위 군인인 예니체리는 전쟁 참여를 거부하거나 기피했다. 예니체리는 일거리가 없었으며 급여도 제대로 받지 못했다. 페르시아 군대가 오스만 제국 영토 안까지 들어와 정찰 활동을 펼쳐 1730~36년의 오스만 제국-페르시아 전쟁이 발발했는데도 예니체리는 1만 2천 명 규모의 알바니아인 부대가 일으킨 반란을 지원하면서 두 달 동안 참전을 늦추었다. 예니체리는 오스만 제국의 대재상과 해군 최고사령관, 여타 고위 장교들을 교살했고, 술탄 아흐메드 3세(1673~1736)를 폐위시키고(처형하지는 않았다) 조카인 마흐무드 1세(1696~1754)를 술탄으로 즉위시켰다. 술탄을 교체했는데도 반란은 끝나지 않았다. 예니체리가 반란자들에 대한 지원을 그만두면서 새로운 술탄의 정부가 세운 계획이 성공했다. 다반(대신 회의)에 참여하라고 초청받은 반란 지도자들은 체포되어 술탄이 보는 앞에서 교살됐다. 그 뒤 3주 동안 반란자 7천 명이 학살당해 반란의 열기가 식었다. 학살과 뒤이은 처벌로 군대는 5만 명이 감소했으나, 페르시아에 맞서 싸울 준비는 진행됐다.

예니체리의 반란, 1807~08
Janissaries' Revolt of 1807~08

1805년 오스만 제국 술탄 셀림 3세(1761~1808)는 신뢰할 수 없는 예니체리(오스만 제국의 정예 친위 부대)와 불화하여 당대의 프랑스 군대식으로 훈련받는 부대인 '신식 군대'를 창설하겠다는 칙령을 포고했다. 그러나 예니체리가 다소 폭력을 사용하며 반대하여 이 칙령은 철회해야 했다. 1807년에 보조군(야마크인)이 유럽식 제복에 반대하여 반란을 일으켰고 예니체리가 이에 합세했다. 술탄의 고문과 대신 가운데 개혁가들은 그러한 제복이 샤리아(이슬람 율법)에 위배된다는 대★무프티(뮈프튀. 율법학자)의 해석 때문에 관련 개혁들의 실행을 저지당하게 된 뒤 재판을 받고 처형됐다. 셀림 3세는 폐위됐고, 무스타파 4세(1779~1808)가 술탄의 지위를 계승했다. 셀림 3세의 지지자들은 궁전을 습격했으나 무스타파 4세가 셀림 3세를 교살하라고 명령한 뒤였다. 사나운 집단인 예니체리는 무스타파 4세가 즉위하고 1년 6개월이 안 된 시점에 무스타파 4세를 폐위시키고서는 활시위로 목을 졸라 죽였으며, 마흐무드 2세(1789~1839)를 술탄으로 선포했다. 예니체리의 최고 지휘관은 새로운 대재상이 되어 셀림 3세가 도입하려고 준비했던 신식 군대를 창설하려는 의지를 보여주었다. 그러나 예니체리는 완고했을 뿐만 아니라 명민하기도 했다. 예니체리는 개혁을 받아들이는 척하면서 대재상을 억류한 뒤 살해했으며 이로써 20년 가까이 예니체리 제도의 소멸을 늦추었다.

예니체리의 반란, 1826
Janissaries' Revolt of 1826

'개혁자'라는 별명을 지닌 오스만 제국 술탄 마흐무드 2세(1789~1839)는 제국 안에서 술탄 지위를 위협하는 가장 강력한 적이었던 사나운 예니체리(오스만 제국의 정예 친위 부대)를 제거하려 했다. 근대화가 필요하다고 확신한 마흐무드 2세는 이전의 군사적 개혁 시도가 격렬한 저항에 부딪혔음을 알고 있었기에 대ォ무프티(뮈프튀. 율법학자)의 지원을 확보하고 자신의 직속 부대인 포병대를 조용히 개선한 뒤 '신식 군대'를 창설했다. 주목할 만한 차이는 예니체리를 해산하는 대신 각 대대에서 150명씩 차출하여 자신의 식신 군대의 사단들에 배속시킨 것이었다. 마흐무드 2세는 이를 과거의 오스만 제국 군제를 복원하는 것이라고 설명했다. 여느 때와 마찬가지로 반항적이었던 예니체리는 궁전을 습격했으나 마흐무드 2세의 병사들로부터 포도탄 세례를 받았다. 병영들로 퇴각한 예니체리는 술탄 포병대의 표적이 됐고 오스만 제국 민중에게 희생됐다. 예니체리 약 4천 명이 사망했으며, 다른 지역에서도 곧 수많은 예니체리가 학살당했다. 예니체리라는 용어는 금지됐고, 예니체리를 교사했던 벡타시 종단*은 불법 단체가 됐다.

* 13세기에 페르시아 출신인 이슬람교 성인 하지 벡타시 왈리(1209?~71?)가 설립한 수피주의 종단(이슬람교 신비주의 종단)으로 16세기에 발림 술탄(1457~1517)이 재조직하면서 교단의 고유하고 독특한 예배 의식과 종교 신앙 체계가 형성됐다. 예니체리와 긴밀한 관계를 맺고 있었다.

예루살렘의 바빌론 유수幽囚, 기원전 586~기원전 538
Babylonian Captivity of Jerusalem, BCE 586~BCE 538

카르케미시 전투 이후 바빌로니아의 속국이었던 유다 왕국(팔레스타인 남부)의 왕은 기원전 601년에 그 지위를 거부하고 이집트와 동맹을 맺었으나 기원전 598년에 주요 도시 예루살렘을 바빌로니아에 빼앗겼다. 기원전 597년 시드기야(재위 기원전 597~기원전 586)가 새로이 복속된 왕으로 즉위한 뒤 다시 이집트와 동맹을 맺자 기원전 589년에 바빌로니아가 또 원정에 나섰다. 시드기야와 예루살렘 주민들은 바빌로니아에 대항했고 기원전 588년에 바빌로니아가 예루살렘을 포위했다. 포위는 18개월 동안 계속됐다. 유다 왕국의 예언자 예레미야(기원전 650?~기원전 585?)는 예루살렘의 파괴를 막기 위해 항복을 촉구했으나 주민들은 이집트의 지원을 기대하며 버텼다. 그러나 많은 사람이 부질없는 희망 속에 굶어죽었다. 기원전 587년 예루살렘 성벽이 무너졌다. 시드기야와 일부 사람들은 다시 세력을 규합할 것을 기대하며 예리호(예리코)로 피신했으나 사로잡혔고, 바빌로니아의 복수는 계속됐다. 시드기야는 두 눈을 뽑혔으며 다른 지도자들은 사형됐다. 눈을 뽑는 것은 반역을 벌하는 관습적인 형벌이었다. 도시는 불탔고 성벽은 허물어졌다. 서아시아에서 널리 적용되던 관행에 따라 예루살렘 사람들은 가난한 자들을 제외하고 강제 이주당했다. 유다 왕국의 인구는 약 2만 명으로 줄었다. 바빌로니아로 추방당한 주민의 대부분이 독실한 유대교 신자였는데, 기원전 538년에 바빌로니아를 점령한 페르시아의 키루스(키루스 2세, 기원전 576?~기원전 530) '대왕'이 이들의 귀국을 허용했다. 부유한 유대인과 귀국을 두려워한 유대인이 많이 잔류했지만, 1,287킬로미터를 걸어 예루살렘으로 돌아간 유대인들은 성전 재건에 착수하여 기원전 516년에 성전을 완공함으로써 유수幽囚가 70년 동안 계속되리라는 예언을 실현했다.

예루살렘 포위공격, 70
Siege of Jerusalem, 70

66~73년의 유대인 반란 중에 티투스(39~81)가 지휘하는 로마 군대는 유대인 열심당원들이 장악한 예루살렘을 포위했다. 당시 예루살렘은 여러 겹의 성벽으로 둘러싸여 있었다. 로마 군대는 북쪽과 서쪽의 취약한 외성을 파

괴한 뒤 거대한 공성탑을 이용하여 내성을 공략했다. 유대인들은 거짓으로 항복을 제안하여 티투스로 하여금 공격을 중단하게 한 뒤 고지대 구역Upper City과 성전 구역으로 물러났다. 티투스는 공격을 계속하여 이제는 텅 빈 공간을 포위한 성벽을 파괴했고, 병력을 점검한 뒤 도시 전체를 둘러싸는 거대한 공성용 성벽을 건설하여 방어하는 유대인들을 굶겨 항복을 받아내려 했다. 소수 유대인이 항복했지만, 노예 상태와 죽음 중 하나를 선택해야 했던 유대인은 대부분 더욱 맹렬하게 싸웠다. 로마 군대는 하룻밤에 보통 500명 정도를 포로로 잡아 예루살렘 성전을 지키는 유대인이 보는 앞에서 십자가에 매달았다. 티투스는 성전을 보호하는 안토니아 요새를 점령하는 데 집중하여 밤낮으로 공성망치를 사용하여 요새를 함락했다. 유대인 열심당원들은 요새화된 성전을 사수했으나, 로마 군대는 관문에 불을 질러 입구를 확보했고 우연한 사고로 화염에 휩싸인 성전을 점령하여 보물을 약탈했다. 그렇지만 방어군이 고지대 구역을 지키고 있었기에 포위공격은 계속됐다. 평화협상은 실패로 돌아갔고, 로마 군대는 저지대 구역Lower City을 불태우고 고지대 구역을 공격하여 성벽을 허물었다. 저지대 구역과 고지대 구역은 썩어가는 시체들로 가득했다. 로마 군대는 예루살렘의 나머지 지역도 모두 불태운 뒤 포로들을 사형하거나 노예로 만들어 로마로 끌고 가서는 티투스의 개선 행진에 전시했다.

◑ 마사다 포위공격

예멘 내전, 1994
Yemenite Civil War of 1994

1994년 4월 27일 예멘에서 보수주의적인 옛 북예멘의 이익을 대변하는 알리 압둘라 살레(1942~) 대통령과 마르크스주의 국가였던 옛 남예멘의 이익을 대변하는 알리 살림 알 바이드(1939~) 부통령 사이에 여러 주 동안 작은 충돌이 벌어진 뒤 전면적인 내전이 일어났다. 분란은 대체로 보통 예멘인들 사이의 적대감 표출이 아니라 두 아랍 정치 지도자들의 사사로운 세력 대결로 간주됐다. 수백 년 동안 오스만 제국의 지배를 받은 뒤에도 계속 이슬람 국가로 남은 북예멘과, 1967년에 영국에서 독립한 뒤로 소련과 유대 관계를 형성했던 남예멘이 4년 전에 합방될 때 일반 시민들은 이를 환영했기 때문이다. 다수의 예멘인이 만족했지만 신생 예멘 공화국의 생존 능력은 살레와 알 바이드가 경쟁하면서 감퇴됐다. 두 사람은 처음부터 북부와 남부의 군대와 경제를 통합하기를 거부했고, 1993년에 살레가 자신의 인사들로 내각의 31개 직위 중 21곳을 충원하고 남예멘의 집권당이었으며 합방 이후의 공동 집권당이었던 예멘사회당이 지지하는 법안을 수용하지 않자, 알 바이드는 북예멘의 수도였고 합방 이후의 수도인 사나를 완전히 떠나버렸고 정부는 기능을 상실했다. 예멘의 분쟁은 아랍 국가들의 분열을 돋보이게 했다. 특히 사우디아라비아 왕 파드(1923?~2005)는 1990~91년의 페르시아 만 전쟁에서 살레가 이라크를 지원한 데 분노했다. 1994년 6월 1일 국제연합UN은 사우디아라비아의 주도에 따라 북부인들을 비난하는 성명을 발표했고 휴전을 요구했다. 북부인들은 휴전을 수용한다고 말했지만 남부의 주요 도시로 과거에 남예멘의 수도였던 아덴을 계속 공격했다. 남부가 분리 독립하여 예멘 민주공화국이 탄생했다고 선언한 시점으로부터 47일 뒤인 7월 7일에 아덴이 항복했다. 예멘 공화국은 그대로였으나, 북부는 남부의 사회주의자들을 축출하고 국민에게 이슬람교의 영향력을 확대하여 확실하게 변화의 길을 걸었다.

예멘 전쟁, 1979
Yemenite War of 1979

친서방 국가였던 예멘 아랍공화국(북예멘)은 소련이 후원하는 예멘 인민민주주의공화국(남예멘)이 1978년 6월 24일에 자국 대통령인 아흐마드 후사인 알 가슈미(1938~78)를 암살했다고 비난했다. 2일 뒤 온건한 마르크스주의자로 두 예멘 국가의 합방을 위해 일하던 남예멘의 대통령위원회 의장인 살림 루바이 알리가 극좌파의 군사 쿠데타로 실각해 사형을 당했다. 양국 간에 적대감이 심해졌고, 1979년 2월 24일 양쪽 군대가 국경에서 총격을 주고받았다. 북예멘의 과격파 군 장교들은 군대를 이끌고 국경 너머 남예멘의 여러 마을을 공격했다. 남예멘 군대는 소련과 쿠바, 동독의 지원을 받아 북예멘을 침공했다. 사우디아라비아는 자국의 동맹국(북예멘)이 침공당했다는 사실에 놀라 아랍 연맹(아랍국가연맹)의 긴급회의를 소집했고 미국과 함께 북예멘으로 군대를 급파했다. 미국도 아라비아 해로 해군 기동대를 파견했다. 휴전이 이루어졌다 깨지기를 여러 차례 반복하다가, 1979년 3월 19일에 마침내 휴전이 발효됐다. 양쪽은 국경에서 군대를 철수했고, 대신 아랍 연맹의 다국적 정찰대가 주둔하여 휴전을 감독했다. 북예멘과 남예멘의 지도자들은 화해했고 단일한 정부를 수립하여 합방하려고 계획을 세웠다. 그렇지만 이는 쉽사리 달성되지 않았다.

예카테리나 대제의 오스만 제국 전쟁(러시아-오스만 제국 전쟁)
Catherine the Great's War with the Turks(Russo-Turkish War)

제1차 예카테리나 대제의 오스만 제국 전쟁(1768~74) 러시아의 여황제 예카테리나(예카테리나 2세, 1729~96) '대제'는 폴란드 왕위 계승 문제에 군사적으로 개입함으로써, 1736~39년의 러시아-오스만 제국 전쟁 뒤 체결했던 조약을 위반했다. 1768년 오스만 제국은 준비가 덜 된 상태에서 전쟁을 선포했고, 러시아 군대는 폴란드인들을 추적하다가 오스만 제국의 영토로 진입한 뒤에 현재 우크라이나에 있는 도시인 발타를 공격하여 살상과 파괴를 자행했다. 오스만 제국 군대는 오스트리아의 지원을 받았으나 조지아(그루지아)와 카바르디노발카리야, 크림 반도와 주변 지역에서 러시아에 패했다. 오스만 제국의 주력 부대가 드네스트르 강가에서 패하자 러시아는 1769년에 몰다비아와 왈라키아로 쇄도하여 폐허로 만들었다. 1770년 오스만 제국은 러시아가 부추기고 지원한 그리스에서 일어난 반란을 알바니아의 도움을 받아 진압할 수 있었다. 그러나 1770년 7월 5~7일에 오스만 제국의 함대가 에게 해의 체슈메와 가까운 바다에서 발발했던 전투에서 러시아에 패했고, 몰다비아를 되찾으려 했던 오스만 제국 군대와 크림한국 군대의 연합군은 1770년 8월에 대패했다. 오스만 제국은 도나우 강과 드네스트르 강, 프루트 강을 따라 늘어선 요새들을 빼앗겼다. 러시아 군대는 크림한국을 점령했으며(1771), 이집트와 시리아에서는 오스만 제국에 반대하는 반란이 일어났으나 결국 1773년에 진압됐다. 러시아는 부쿠레슈티 회의(1773)에서 평화조건을 제시했으나 오스만 제국이 이를 거부하여 전쟁은 계속됐다. 승리를 이끈 표트르 알렉산드로비치 루만체프(1725~96) 백작은 도나우 강을 따라 남쪽으로 이동하여 오스만 제국의 주력 부대와 격돌했다. 다른 러시아 군대는 바르나와 실리스트라를 공격했고 오스만 제국의 대재상은 루만체프와 평화협상을 시작했다. 1774년 6월 오스만 제국은 슈멘 인근에서 벌어진 전투에서 알렉산드르 바실리예비치 수보로프(1730~1800)가 지휘하는 러시아 군대에 패하여 주력군의 대부분을 잃었다. 1774년 7월 21일 오스만 제국과 러시아는 퀴취크카이나르자(오늘날 불가리아의 카이나르자) 조약에 서명했다. 러시아는 푸가초프의 반란에 휘말려 있었다. 몰다비아와 왈라키아는 다시 오스만 제국의 속국이 됐다. 크림한국은 독립을 획득했지만 러시아에 사실상 종속당했고, 러시아는 흑해 북쪽 연안을 대부분 지배했으며 그리스정교회를 보호하기 위해 오스만 제국 문제에 개입할 권리를 얻었다(이 규정으로 오스만 제국이 지배하는 유럽의 영토에 '동방 문제'*가 야기됐다). **제2차 예카테리나 대제의 오스만 제국 전쟁(1787~92)** 크림한국을 병합한(1783) 러시아가 조지아(그루지야)를 보호국으로 만들려고 했는데 여기에 오스만 제국이 크림타타르인의 반란을 조장하려 한 것이 겹쳐 예카테리나 대제의 전쟁이 재개됐다(예카테리나 대제가 오스만 제국을 흡수하려고 한다는 소문이 돌았다). 1788년 수보로프는 크림 반도와 주변 지역을 빼앗으려는 오스만 제국을 물리쳤고, 루먄체프는 몰다비아를 침공했다. 1788년 6월 러시아의 흑해함대는 러시아에서 해군 소장으로 근무한 미국 해군의 영웅 존 폴 존스(1747~92)의 지휘를 받아 드네프르 강 하구 근처에서 두 차례의 해전을 승리로 이끌었다. 러시아는 몰다비아와 흑해 연안에서 호틴(호침)과 이아시, 오차코프(오늘날 우크라이나의 오차키우)를 점령하고 체포한 튀르크족 주민을 학살했으며(1788), 오스트리아의 지원을 받아 몰다비아와 왈라키아의 경계에서 발발한 폭샤니 전투에서 오스만 제국 군대를 격파했다(1789). 오스트리아는 세르비아로 침공해 들어온 오스만 제국 군대를 격퇴했고 베오그라드를 점령했다. 1790년 러시아에 반대하는 레오폴트 2세(1747~92)가 신성로마제국 황제로 즉위하면서 오스트리아와 오스만 제국은 지슈토비(오늘날 불가리아의 스비슈토프)에서 평화조약을 체결했고, 베오그라드는 다시 오스만 제국의 영토가 됐다. 러시아가 오스만 제국 영토 안으로 계속 밀고 들어오자 오스만 제국의 술탄 셀림 3세(1761~1808)는 1792년 1월 9일에 이아시 조약을 체결했다. 러시아는 몰다비아를 반환했으나 오차코프와 드네스트르 강 동쪽의 모든 점령지를 계속 보유했고, 드네스트르 강은 오스만 제국과 러시아 사이의 국경이 됐다.

* Eastern Question. 유럽사에서 18세기에서 20세기 초에 이르는 동안 오스만 제국의 쇠퇴로 외교와 정치에서 야기된 여러 문제들.

옌바이安沛 봉기, 1930~31
Yèn Bái Uprising of 1930~31

베트남인들이 프랑스인의 식민지 정부로부터 정치적 양보를 얻어내지 못하자 비밀 혁명운동 단체들이 등장했다. 그중 하나인 베트남국민당VNQDD은 1927년에 창당됐다. 베트남의 많은 군 장교와 지식인이 프랑스에서 독립하여 민주주의적 정부를 세우려는 희망에서 VNQDD에 입당했다. 교사 출신의 응우옌 타이 혹阮太學(1902~30)이 지도자였다. VNQDD는 테러 활동에 관여하면서 식민지 군대 내부에서의 전면적 봉기를 계획했다. 1930년 2월 9일에서 10일로 넘어가는 밤에 통킹(베트남 북부)의 옌바이安沛 수비대에 소속되어 있던 베트남인 병사들이 폭동을 일으켜 프랑스인 장교들과 부사관들을 살해했다. 사전에 정보를 입수하고 경계한 프랑스는 다른 수비대들에 소속되어 있던 베트남인 병사들이 따라하지 못하도록 하루 뒤에 봉기를 잔인하게 진압했다. 응우옌 타이 혹과 그의 추종자 12명이 체포되어 참수됐다. VNQDD를 지지한 자 중 다수의 베트남인은 이 정당이 사실상 파괴됐으므로 1930년에 응우옌 탓 타인阮必成(뒷날의 호 찌 민胡志明, 1890~1969)이 세운 인도차이나공산당에 합류했다. 인도차이나공산당은 통킹과 베트남 중부에서 농민을 선동하여 큰 봉기를 촉발했다. 프랑스 군대는 반란자들을 매우 혹독하게 진압하고 통제력을 회복했다. 베트남인 수백 명이 살해당하고 수천 명이 투옥됐다. 그렇지만 프랑스의 지배에 반대하는 소요는 계속됐고 점점 더 격렬해졌다.
○ 프랑스령 인도차이나 전쟁, 1946~54

오가덴 전쟁
Ogaden War

○ 에티오피아─소말리아 국경 전쟁

오그의 반란, 1480/83
Og's Rebellion, 1480 or 1483

1411년 맥도널드 가문의 반란은 실패로 돌아갔지만, 맥도널드 가문은 스코틀랜드 왕에게 골칫거리였다. 스코틀랜드 왕 제임스 3세(1451~88)는 로스 백작이자 제4대(마지막) 로드 오브 디 아일스*인 존 아일레이(존 맥도널드, 1434~1503)가 잉글랜드 왕 에드워드 4세(1442~83)와 비밀리에 조약을 체결했다는 사실을 알고 난 뒤 존 아일레이에게서 네언과 인버네스의 셰리프** 지위는 물론 백작 지위도 빼앗았다. 그렇지만 나머지 영지와 로드 오브 디 아일스 지위는 남겨두었다. 존 아일레이의 서자로 로스의 상속자였던 앵거스 오그(1490년 사망)는 이러한 조치를 받아들일 수 없었다. 앵거스 오그는 로스와 다른 잃어버린 영지를 되찾으려 싸웠다. 앵거스 오그는 처음에는 아버지의 도움을 받을 수도 있었지만 이는 오래가지 않았을 것이다. 앵거스 오그는 1대 아가일 백작인 콜린 캠벨(1433?~93)의 딸과 결혼했다. 위신이 땅에 떨어진 존 아일레이는 아들의 손에 쫓겨났다. 아버지와 아들이 대립한 결과 하일랜즈 서부가 둘로 갈라져 반목했다. 1480년이나 1483년에 블러디 베이 전투에서 앵거스 오그는 매클라우드 가문과 매켄지 가문의 지원을 받아 아버지와 매클린 가문의 두 지휘관을 체포하여 감금했다. 기록에 따르면 대단히 격렬하고 흉포한 전투였다고 한다. 그 뒤 앵거스 오그는 1490년에 암살당할 때까지 하일랜즈를 혼란에 빠뜨렸다.

○ 덥의 반란

* Lord of the Isles. 킹 오브 디 아일스(King of the Isles)라고도 한다. 중세 스코틀랜드 서부 해안과 섬들을 지배한 통치자들에게서 유래한 스코틀랜드 귀족 칭호다.
* sheriff. 앵글로색슨족이 잉글랜드를 지배하면서 광역 지방 구역인 샤이어(shire)에 임명한 지방장관.

오닌應仁의 난, 1467~77
Onin War, 1467~77

중세 일본에 강력한 가문은 농민이 경작하는 대규모 장원莊園들을 지배했다. 쇼군 아시카가 요시마사足利義政(1436~90)는 동생인 아시카가 요시미足利義視(1439~91)가 보유하고 있던 후계자 지위를 박탈하고 아들인 아시카가 요시히사足利義尙(1465~89)를 새로운 후계자로 지정하자 계승 분쟁이 일어났고, 일본 서부에서 쇼군을 섬겼던 두 경쟁 다이묘大名(영주)가 전쟁을 벌이게 됐다. 주된 싸움터였던 수도 교토京都는 곧 잿더미가 됐다. 서로 대적한 다이묘 야마나 모치토요山名持豊(1404~73)와 그의 사위 호소카와 가쓰모토細川勝元(1430~73)는 오닌應仁의 난 중에 사망했고(전쟁의 명칭은 전쟁이 끝난 뒤 창작된 문학작품『오닌기應仁記』에서 유래한다), 싸움은 시간을 끌다 1477년에 교착상태에 빠져들었다. 한편 이 분란은 시바 씨斯波氏와 하타케야마 씨畠山氏 같은 10여 개의 대가문을 끌어들였고, 구니國들을 봉건적 권력의 재분배 쟁탈전에 몰아넣었다. 천황의 조정과 쇼군의 권위가 붕괴되면서 다이묘들은 보유한 토지를 늘리려고 서로 싸웠다. 농촌은 사무라이들의 파괴적인 무력 분쟁으로 폐허가 됐고, 수많은 사람이 살해되고 위협당했으며, 장원은 심각하게 파괴되고 영주는 파산했다.

○ 일본 센고쿠 시대의 내전, 1450~1550

오두미도五斗米道, 190~215
Way of the Five Pecks of Rice, 190~215

산둥山東과 산시山西에서 농민들이 반란을 일으킨 동안(**○ 황건의 난**), 100년대 초부터 작은 도교 종파가 번성하고 있던 중원의 남쪽에서도 소요가 일어났다. 이 종파를 창시한 장릉張陵(장도릉, 34?~156?)은 교법敎法 치료사로, 환자들은 치료의 대가나 종파 가입비 명목으로 장도릉에게 매년 쌀 다섯 말斗을 주었다. 오두미도五斗米道의 지도자가 된 장도릉의 손자 장로張魯(?~216?)는 190년에 군대를 창설하고 오늘날의 쓰촨성四川省 북부와 산시성陝西省 남부에 독립적인 신정神政 국가를 세웠다. 장로는 사유재산 제도를 폐지했으며, 주민에게 곡물을 분배했고, 여행자에게 무료 식사, 무료 숙박을 제공하는 의사義舍들을 세웠으며, 도교를 장려했다. 장로의 '백성'은 속죄를 위해 도로 개선 작업에 나서라는 권고를 받았다. 한나라 황제들이 장로와 이른바 그의 반란자들을 진압하려고 군대를 보냈으나 이 독립국가를 굴복시키지 못했다. 25년간의 전쟁 끝에 장로는 한나라의 장군 조조曹操(155~220)에게 항복했다. 조조는 장로를 용서하고 많은 재산과 고위 관직을 주었다.

오렌지 전쟁, 1801
War of the Oranges, 1801

프랑스의 황제 나폴레옹(1769~1821)은 포르투갈에 영토의 많은 부분을 프랑스에 할양하고 항구들을 폐쇄하여 영국과 교역하지 말 것을 요구했다(**ᗒ 프랑스 혁명 전쟁**). 포르투갈이 요구를 거부하자 나폴레옹은 포르투갈을 침공했고, 에스파냐는 마지못해 프랑스에 합세하기로 했다. 1801년 4월 프랑스 군대가 공격했고 마누엘 데 고도이(1767~1851)가 이끄는 에스파냐 군대가 프랑스군에 합류했다. 고도이는 당시에는 포르투갈 영토였고, 포르투갈과 에스파냐 국경에 있는 올리벤사 인근에서 포르투갈 군대를 격파한 뒤 에스파냐 왕비에게 근처의 엘바스에서 가져온 오렌지와 함께 승전보를 전하며 리스본으로 진격하겠다고 했다(전쟁의 이름은 이때 바쳤던 오렌지에서 유래한다). 그 뒤 1801년 6월 6일 포르투갈은 바다호스 평화조약에 서명하고 1801년 9월 29일에는 마드리드 조약을 체결하여 영국에게 항구를 개방하지 않고 프랑스에 무역 특혜를 부여하며 에스파냐에 올리벤사를, 프랑스에는 브라질의 일부(포르투갈령 기아나)를 할양하고 전쟁 배상금을 지불하겠다고 약속했다.

ᗒ **나폴레옹 전쟁**

오를레앙 포위공격, 1428~29
Siege of Orléans, 1428~29

1420년에 트루아 조약이 체결되어(**ᗒ 백년 전쟁**) 잉글랜드 왕 헨리 5세(1386~1422)는 프랑스의 왕위 계승자가 됐다. 뒷날 샤를 7세(1403~61)가 되는 왕세자와 부르주에 있던 그의 추종자들 상당수는 이를 부정했다. 1422년에 헨리 5세가 사망하자 헨리 6세(1421~71)를 대신하여 섭정이 통치하던 잉글랜드 정부는 프랑스 남부를 공격하여 여러 차례 승리를 거두었다. 1428년 10월 12일 4대 솔즈버리 백작 토머스 몬터큐트(1388~1428)는 잉글랜드 군대를 이끌고 프랑스 왕세자의 주요 도시인 오를레앙을 포위하여 공격했다. 오를레앙 공작이 포로였기에 이는 기사도에 어긋나는 것이었다. 프랑스인들은 몇 달 동안 저항했고, 이어 신앙심이 깊은 농촌 소녀 잔 다르크(1412?~31)가 등장하여 프랑스 군대에 승리를 안겼다. 잔의 군대는 루아르 강 유역에서 잉글랜드 군대를 몰아냈고, 프랑스 군대의 사기를 높였다. 잉글랜드는 트루아와 샬롱쉬르마른, 랭스에서 밀려났으며, 샤를 7세는 랭스에서 대관식을 거행했다. 잔은 1431년에 잉글랜드·부르고뉴 공국의 군대와 대결하다가 포로가 된 뒤 이단으로 지목되어 처형됐으나 잉글랜드에 치명적인 상처를 입혔다.

오사카大阪 포위공격,* 1614~15
Siege of Osaka, 1614~15

세키가하라關ヶ原 전투 뒤 일본의 명목상 통치자로 미성년이었던 도요토미 히데요리豊臣秀頼(1593~1615)는 아버지 도요토미 히데요시豊臣秀吉(1537~98)가 오사카大阪에 1583년부터 건축하기 시작해 1597년 완공했던 큰 성에 어머니와 함께 거주했다. 히데요리는 교토京都 지진으로 무너진 호코지方廣寺 대불전大佛殿을 재건하는 데 얼마간의 재산을 기부하라는 권고를 받았다. 공사가 완료됐을 때 도쿠가와 이에야스德川家康(1543~1616)는 범종의 명문銘文에 이의를 제기하고 대불공양大佛供養을 연기했다. 분노한 히데요리는 불만을 품은 다이묘大名(영주)들에게 집결하라는 격문을 보냈고 로닌浪人(일본의 방랑 무사)들을 모아 이에야스를 무너뜨릴 음모를 꾸몄다. 그러나 히데요리가 행동하기 전 1614년 12월 이에야스의 대군이 오사카 성을 포위했다. 히데요리의 군대는 공성군에 맞서 완강하게 저항했으나 성을 탈출할 수는 없었다. 1615년 1월 휴전이 이루어졌는데, 다른 무엇보다 중요했던 조건은 내부 구역인 혼마루本丸를 보호하던 니노마루二の丸, 산노마루三の丸를 파괴하고 해자堀를 흙으로 메운다는 것이었다. 조건이 이행됐을 때 이에야스는 새로운 구실을 찾아 1615년 5월에 다시 성을 포위했다. 방어시설이 상당히 취약해졌으므로 이에야스의 군대는 쉽사리 성을 공격하여 불태웠다. 히데요리는 그의 어머니와 함께 할복했고, 가족과 지지자들은 학살당하거나 추방당했다. 이에야스는 일본의 확실한 통치자가 됐고, 도쿠가와 가문의 상속자들은 1867년까지 일본을 지배하게 됐다(◑ 메이지 유신).

◑ 시마바라의 난

* 오사카의 역(大坂の役), 오사카의 진(大坂の陣)이라고도 한다.

오스만 제국(터키)-그리스 전쟁
Turko-Greek Wars

○ 그리스-터키 전쟁

오스만 제국 내전, 1402~13
Ottoman Civil War of 1402~13

술탄 바예지드 1세(1354~1403)가 앙고라(오늘날의 앙카라) 전투에서 패하여 사로잡힌 뒤 사망하자 신생 오스만 제국은 흔들렸다. 바예지드 1세의 아들 8명 중 4명이 각각 개별 근거지를 확보하고서 술탄직을 차지하려고 투쟁했다. 메흐메드(메흐메드 1세, 1389?~1421)는 카라만을 장악했고, 쉴레이만(1377~1411)은 오스만 제국의 유럽 영토를 지배했으며, 이사(1405년 사망)와 무사(1413년 사망)는 아나톨리아의 영토를 차지했다. 처음에는 쉴레이만이 최고 권력을 얻은 듯했다. 쉴레이만은 1405년에 비잔티움 제국과 동맹을 맺고 이사를 물리쳐 교살했다. 그 다음에는 동생인 무사가 쉴레이만과 트라키아의 비잔티움 제국의 공동 황제 중에 한 명인 마누엘 2세 팔라이올로고스(1350~1425)를 격퇴하려고 시도했지만(1406), 동맹자였던 세르비아인과 불가리아인이 무사를 배반했고 쉴레이만의 군대가 오스만 제국의 수도인 에디르네를 점령했다. 쉴레이만의 권세는 단명했다. 무사가 튀르크족과 블라크인을 이끌며 쉴레이만에 맞섰고, 예니체리(오스만 제국의 정예 친위 부대)를 설득하여 이탈하게 한 뒤 쉴레이만을 사로잡아 목 졸라 죽이라고 명령했다(1411). 무사의 군대는 콘스탄티노플(오늘날의 이스탄불)을 포위하려 했으나 함대를 잃고 패배했다. 그래도 지배권을 잃지 않은 무사는 비잔티움 제국 황제가 티무르 왕조에 도움을 간청했다는 거짓 비난을 퍼부어 대규모 군대를 모았다(1412). 무사는 1406년에 자신을 배신한 세르비아인을 응징했으며 테살로니키를 점령하고 그 통치자였던 쉴레이만의 아들의 눈을 멀게 했다. 그러나 메흐메드가 강력한 튀르크족 귀족들의 지원을 받아 쉴레이만을 대신하여 복수했다. 비잔티움 제국과 동맹한 메흐메드는 다시 콘스탄티노플을 포위한 무사의 군대를 격파하는 데 도움을 주었으며 예니체리를 되찾았고 세 차례의 전투에서 결국 무사를 무찔러 교살을 명령했다(1413). 이제 메흐메드 1세는 가족 누구의 반대도 받지 않고 제국의 재통합이라는 어려운 과제를 떠안았다.

오스만 제국 내전, 1481~82
Ottoman Civil War of 1481~82

술탄 '정복자' 메흐메드 2세(1432~81)는 통치권을 분할할 수 없다는 원칙을 세움으로써 오스만 제국을 강화했다. 메흐메드 2세는 권력을 독차지했는데, 재위하고 있는 술탄에게 형제들을 처형할 수 있도록 허용하는 오스만 제국의 독특한 관습이 이 전제 정치를 보호했다. 그러나 메흐메드 2세의 아들들은 아버지만큼 무정하지 않았으며, 이는 그들 모두에게 불행이었다. 메흐메드 2세가 죽었을 때 아마시아, 시바스, 토카트의 총독이었던 아들 바예지드(바예지드 2세, 1447~1512)는 가장 먼저 이스탄불에 도착했으며, 예니체리(오스만 제국의 정예 친위 부대)가 반란을 일으켜 그의 동생을 지지하는 대재상을 살해하고 그리스도교도와 유대인을 학대하고 있음을 알게 됐다. 바예지드는 사면과 급여 인상을 약속하여 예니체리의 지지를 얻어냈다. 그리고 1481년에 술탄 바예지드 2세로 즉위했다. 카라만과 코니아의 총독이었던 동생 젬(1459~95)은 예니체리를 피하기 위해 오스만 제국의 옛 수도 부르사로 가서 술탄임을 선포하고 18일 동안 통치했다. 젬은 우호적인 해결책을 내놓았다. 바예지드 2세가 오스만 제국의 유럽 내부 영역을 통치할 수 있다는 것이었다. 그렇지만 젬은 종교적 논거와 바예지드 2세의 야심으로 더욱 확고해진 권력 불가분의 원칙 때문에 1481년 예니셰히르에서 바예지드 2세와 대결해야 했다. 패배한 젬은 카이로로 도주했다. 1482년 젬은 맘루크 왕조의 지원을 받아 되돌아와서 카라만에서 선동하려다 실패한 뒤 다시 패하여 로도스 섬으로 피했다. 1480년에 메흐메드 2세의 함대에 맞서 로도스 섬을 성공리에 방어했던 피에르 도뷔송(1423~1503)의 구호 기사단(성 요한 기사단)이 젬을 포로로 잡아 (해마다 수고의 대가를 받으며) 죽을 때까지 억류했다. 아마도 바예지드 2세의 요구에 따랐을 것이다. 그 13년 동안 바예지드 2세는 젬이 석방되어 내전이 재개될까봐 두려워 유럽에서 전쟁을 삼갔다. 바예지드 2세는 동생이 죽었다는 소식을 들은 뒤에야 안심하고 베네치아 공화국과 전쟁을 벌였다(○ 베네치아-오스만 제국 전쟁, 1499~1503).

오스만 제국 내전, 1509~13
Ottoman Civil War of 1509~13

반란과 형제간의 다툼이 이어진 시기에 즉위한(● 오스만 제국 내전, 1481~82) 술탄 바예지드 2세(1447~1512)는 여전히 비슷한 상황에서 벗어나야 하는 운명이었다. 아들들과 투르크멘인 주민들, 예니체리(오스만 제국의 정예 친위 부대)가 모두 반기를 들었던 것이다. 죽음도 닮은꼴이었다. 동생 젬(1459~95)은 독살됐다고 하는데 바예지드 2세도 1512년에 독살당한 것으로 알려져 있다. 젬의 독살은 아마도 바예지드 2세의 명령에 따른 것으로 보이며, 바예지드 2세의 독살은 아들 셀림(셀림 1세, 1470?~1520)이 명령을 내린 것으로 추정된다. 바예지드 2세는 아들 아흐메드(1465~1513)를 후계자로 선택했으나, 트라페주스(오늘날의 트라브존) 총독인 셀림은 더 큰 권력을 원했다. 바예지드 2세가 아흐메드에게 양위할 뜻을 내보이자, 셀림은 군대를 이끌고 에디르네로 진격하여 (바예지드 2세가 술탄 지위를 유지하는 상황에서) 유럽의 속주 한 곳을 달라고 요구했다. 셀림은 곧 이 도시를 장악했으나 패하여 트라페주스로 돌아가야 했다(1509~10). 한편 페르시아 사파비 왕조의 이스마일 1세(1487~1524)의 세력이 확대되자 1511년에 시아파 투르크멘인 유목민들이 반란을 일으켜 에디르네에서 약 240킬로미터 떨어진 부르사를 점령했다. 대재상이 반란을 진압하기 위해 떠나 있는 동안 약속대로 제위를 계승받기를 간절히 원했던 아흐메드는 바예지드 2세를 기습했다. 바예지드 2세는 퇴위를 거부함으로써 예니체리가 아흐메드에 맞서 반란을 일으키지 못하도록 막았다. 그 뒤 아흐메드와 그의 동생 코르쿠드(1467?~1513)가 아나톨리아에서 권력을 장악하려 했다. 1512년 아흐메드의 군대는 페르시아의 지원을 받아 셀림의 군대와 맞붙었으나 패했고, 셀림은 에디르네로 진격하여 예니체리의 도움을 받아 바예지드 2세를 강제로 퇴위시켰다. 바예지드 2세는 그 뒤 한 달이 못 되어 사망했고, 코르쿠드도 죽었다. 1513년 아흐메드도 패배하여 교살됐다. 셀림 1세의 조카들도 모두 비슷하게 죽임을 당했다. 셀림 1세는 적대자가 될 가능성이 있는 자를 모조리 제거하기 위해 다섯 아들 중 넷을 제거했고 4만 명에 이르는 아나톨리아의 시아파를 학살하라고 명령했다. 셀림 1세는 그 잔혹함 때문에 '냉혈한(야후즈 Yavuz)'이라는 별명을 얻었다. 부당하게도 셀림 1세는 질병으로 사망했다.

⊙ 오스만 제국-페르시아 전쟁, 1514~16 ; 페르시아 내전, 1500~03

오스만 제국 내전, 1559
Ottoman Civil War of 1559

술탄 쉴레이만 1세(1494~1566)는 엄격하게 군사적인 기준으로만 본다면 유럽인들이 붙여준 '장려한 쉴레이만'이라는 별명에 걸맞은 인물이었다. 그러나 쉴레이만 1세의 사생활은 그만큼 칭찬받을 정도는 아니었다. 오스만 제국의 여러 술탄과 마찬가지로 쉴레이만 1세도 하렘이 정책에 영향력을 행사하거나 정책을 명령하도록 내버려두었기 때문이다. 쉴레이만 1세는 애첩 록셀라나(휘렘 술탄, 1559년 사망)에게 매우 무른 태도를 보였다. 록셀라나는 쉴레이만 1세를 설득하여 무스타파(1515~53)가 술탄 지위를 찬탈할 음모를 꾸미고 있다고 믿게 했고, 1553년 쉴레이만 1세는 무스타파를 교살했다. 록셀라나가 죽자 두 사람 사이에서 태어난 아들 셀림(셀림 2세, 1524~74)과 바예지드(1525~61)는 경쟁자가 됐다. 바예지드가 군대를 모아 쉴레이만 1세의 총애를 받은 셀림에 대적했으나 1559년 코니아 전투에서 패한 뒤 페르시아로 도피했다. 1561년 페르시아의 샤 타흐마스프 1세(1514~76)는 셀림이 쉴레이만 1세의 승인을 받아 보낸 사형집행인들에게 바예지드를 넘겨주었다. 쉴레이만 1세는 샤에게 넉넉하게 대가를 지불했다.

오스만 제국-드루즈파 전쟁, 1585
Ottoman–Druse War of 1585

드루즈파는 1017년 이집트 파티마 왕조의 제6대 칼리파로 재위할 당시 신의 화신으로 여겨진 알 하킴(985~1021)의 최초 추종자들의 후손이다. 드루즈파는 오늘날에는 작은 이슬람교 종파이지만 11세기에 오늘날의 레바논과 시리아에서는 지배 세력인 시아파의 대항 세력으로서 정치적으로 중요했다. 오스만 제국이 맘루크 왕조를 정복하고(⊙맘루크 왕조-오스만 제국 전쟁, 1516~17) 레바논을 장악한 뒤 술탄 셀림 1세(1470?~1520)는 드루즈파를 달래는 것이 중요하다고 인식하여 만Maan 가문의 파크르 알 딘(파크르 알 딘 1세, 1544년 사망)을 오스만 제국 안 드루즈파의 에미르(군주)로 임명했다. 왜냐하면 셀림 1세는 이단, 특히 호전적인 시아파를 응징하는 자로 자처했기 때문이다. 그러나 현재의 레바논을 포함한 시리아 지역의 엘리트들은 여러 차례에 걸쳐 상당한 자치권을 확보하려 애썼고, 그런 시도의 하나로 1585년에 트리폴리의 시아파 지도자 유수프 사이파(1580년대 활동)가 지휘하여 일어난 폭동은 이슬람교의 여러 종교적·정치적 집단이 연루된 전쟁으로 비화했다. 오스만 제국은 그 지역을 다시 지배하고 드루즈파의 지도자였던 파크르 알 딘의 아들 코르크마즈(쿠르코마즈, 1544~85)를 처형했다. 코르크마즈의 한 숙부가 먼저 에미르 지위를 계승했다가 1590년에 초대 에미르의 손자인 파크르 알 딘 2세(1572~1635)가 지도자가 되어 드루즈파를 레바논 정치를 주도하는 세력으로 만들었다.

오스만 제국-드루즈파 전쟁, 1611~13
Ottoman-Druse War of 1611~13

1590년부터 드루즈파의 에미르(군주)였던 파크르 알 딘 2세(1572~1635)는 드루즈파가 오늘날의 레바논과 시리아에서 종교적·정치적 세력이 될 때까지 영향력을 강화하고 확대했다. 1608년 파크르 알 딘 2세는 오스만 제국이 유럽과 아시아에서 전쟁하느라 여념이 없는 것을 알고(◐ 오스만 제국-페르시아 전쟁, 1603~12 ; 오스트리아-오스만 제국 전쟁, 1591/93~1606) 이탈리아의 토스카나 대공국과 동맹을 결성하여 안전보장과 교역을 추구했다. 오스만 제국 술탄 아흐메드 1세(1590~1617)는 이러한 사태의 진전에 크게 놀랐고 비옥한 초승달 지역에 또 다른 십자군 국가가 성립할 가능성을 우려하게 됐으며, 다마스쿠스 지방장관에게 원정대를 파견하여 파크르 알 딘 2세와 드루즈파를 진압하라고 명령했다. 파크르 알 딘 2세는 남쪽의 나사렛에서 북쪽의 카르멜 산에 이르는 영역의 보유자이자 군인 4만 명의 지휘관이었기에 최상의 조건에 있을 때에는 제어하기가 힘든 인물이었다. 따라서 오스만 제국의 치안 활동은 처음에는 실패했다. 그러나 1613년에 다마스쿠스 지방장관의 공격이 성공한 뒤 파크르 알 딘 2세는 토스카나 대공국으로 망명했다. 아흐메드 1세에게는 다행스러운 일이었다. 그렇지만 10대의 나이에 오스만 제국의 새로운 술탄이 된 오스만 2세(1604~22)는 1618년에 파크르 알 딘 2세가 은밀하게 토스카나 대공국과 비밀리에 동맹 관계를 유지하고 있다는 것을 알지 못한 채 그의 귀환을 환영했다. 파크르 알 딘 2세는 오스만 제국 정부의 축복 속에 사방으로 영역을 팽창할 수 있었다.

오스만 제국-드루즈파 전쟁, 1631~35
Ottoman-Druse War of 1631~35

드루즈파 통치자 파크르 알 딘 2세(1572~1635)는 끝없는 영토 욕심으로 레바논과 시리아 내부에 적을 만들었다. 1625년 파크르 알 딘 2세의 적들은 다마스쿠스 지방장관의 지원을 받았는데도 진압됐다. 파크르 알 딘 2세는 이탈리아의 토스카나 대공국 대공으로부터 은밀히 지원을 받아 오스만 제국 정부에 맞서기를 멈추지 않았고 오스만 제국의 군사행동을 막기 위해 이스탄불의 관리들에게 뇌물을 건넸다. 그러나 오스만 제국 술탄 무라드 4세(1612~40)는 1623~38년의 오스만 제국-페르시아 전쟁을 계획하던 중에 드루즈파의 충성을 의심했고(드루즈파는 시리아와 메소포타미아의 페르시아 군대의 부대들을 지원할 수도 있었다) 1633년에 육지와 바다를 통해 파크르 알 딘 2세를 공격하는 원정을 시작하라는 명령을 내렸다. 오스만 제국의 해군이 레바논 해안을 봉쇄하는 동안, (시리아와 이집트의) 8만 명에 이르는 오스만 제국 군대가 파크르 알 딘 2세가 이끄는 2만 5천 명의 드루즈파와 마론파 그리스도교도, 용병들과 대적하여 승리를 거두었다. 파크르 알 딘 2세는 생포를 모면하고 산악지대로 탈출했고, 파크르 알 딘 2세의 아들 한 명은 체포되어 처형당했다. 1634년 말 파크르 알 딘 2세도 사로잡혀 이스탄불로 압송됐고, 그곳에서 다른 세 아들과 함께 참수됐다(1635). 만 Maan 가문은 1697년에 계보가 끊겼지만, 드루즈파의 호전성은 오늘날까지도 이어지고 있다.

오스만 제국-러시아 전쟁
Turko-Russian Wars
❍ 러시아-오스만 제국 전쟁

오스만 제국-맘루크 왕조 전쟁
Ottoman-Mamluk Wars
❍ 맘루크 왕조-오스만 제국 전쟁

오스만 제국-몬테네그로 전쟁
Turko-Montenegrin War

제1차 오스만 제국-몬테네그로 전쟁(1852~53) 몬테네그로는 발칸 반도의 작은 나라로 오스만 제국의 속국이었으나 결코 완전히 굴복하지는 않았다. 몬테네그로의 독립운동은 1852년에 블라디카(군주로서 통치하는 주교) 다닐로 2세(크네즈(군주) 다닐로 1세, 1826~60)가 군주 지위와 주교 지위를 분리하고 자신의 호칭을 공작 다닐로 1세로 바꾼 시점부터 시작됐다. 오스만 제국의 신하였던 다닐로 2세의 이러한 행태는 그의 권한을 넘어서는 일이었고, 오스만 제국은 1852년에 군대를 파견했다. 몬테네그로인들은 여러 차례 승리하여 오스만 제국 군대는 퇴각해야만 했다. 이 전쟁과 관련한 이해관계가 있었던 오스트리아 황제는 오스만 제국의 영토였던 보스니아헤르체고비나와의 국경으로 군대를 보내 오스만 제국의 외메르 파샤(1806~71) 사령관에게 몬테네그로에서 철군할 것을 요구했고, 오스만 제국은 러시아의 압박이 더해지자 1853년에 이를 받아들였다. 정식 평화조약은 체결되지 않았다. **제2차 오스만 제국-몬테네그로 전쟁(1861~62)** 다닐로 2세가 사망한 뒤 혼란스런 상황에서 반란이 일어나자 오스만 제국은 외메르 파샤에게 지휘를 맡겨 몬테네그로로 대규모 원정군을 파견했다. 오스만 제국 군대는 몬테네그로의 역사적 수도 체티네를 공격했고, 이 도시를 완전히 굴복시키지는 못했지만 이 작은 나라를 폐허로 만들었다. 슈코더르에서 평화조약이 체결됐으나 몬테네그로가 접경 지역에 요새를 건설하지 않고 무기를 수입하지 않겠다고 동의한 것을 제외하면 오스만 제국의 속국이라는 지위와 국경선 등 이전의 상태가 유지됐다. 몬테네그로는 1876~78년의 러시아-오스만 제국 전쟁 뒤 체결된 베를린 조약으로 독립했다.

○ 크림 전쟁

오스만 제국-비잔티움 제국 전쟁
Ottoman-Byzantine Wars

○ 비잔티움 제국-오스만 제국 전쟁

오스만 제국-오스트리아 전쟁

Turko-Austrian Wars

○ 오스트리아-오스만 제국 전쟁

오스만 제국-이집트 전쟁

Turko-Egyptian War

제1차 오스만 제국-이집트 전쟁(1831~33) 이집트의 총독 무함마드 알리(1769~1849)는 그리스 독립 전쟁 중에 군사 지원을 한 대가로 오스만 제국이 자신의 아들에게 시리아와 크레타 섬을 주겠다고 했으나 오스만 제국 술탄이 (크레타 섬은 주었으나) 시리아를 넘겨주지 않고 약속을 위반하자 복수를 맹세했다. 무함마드 알리는 프랑스 장교들이 지휘하는 자신의 군대로 시리아를 침공할 계획을 세웠고, 1831년에 아크레(아코)의 총독과 사사로이 싸울 일이 있다는 핑계로 아들 이브라힘(1789~1848)에게 대군을 맡겨 공격하게 했다. 그해 이집트는 완벽한 승리를 거두었다. 가자와 예루살렘을 신속하게 함락했으며, 아크레를 포위하고 봉쇄하여 압승을 거두었고, 알레포와 다마스쿠스에서 술탄 마흐무드 2세(1789~1839)를 격파했다. 이브라힘은 아나톨리아로 밀고 들어가 코니아를 장악하고 이스탄불에서 약 80킬로미터 떨어진 부르사로 진격했다. 오스만 제국 정부는 러시아에 지원을 요청했고, 러시아는 1833년에 함대와 병력 1만 8천 명을 이스탄불로 파견했다. 이브라힘은 즉시 부르사 공격 계획을 중단했다. 러시아의 움직임에 놀란 프랑스와 영국은 이브라힘과 평화협상을 벌였고(1833), 이브라힘의 아버지 무함마드 알리는 시리아와 아다나, 크레타 섬의 총독으로 승인받고 이 지역들을 지배하기 시작했다. 프랑스와 영국은 러시아가 철군하는 대가로 이집트의 개입이 더 이상 없을 것이라고 보장했다. 그러나 이와 별도로 오스만 제국은 1833년의 휜카르 이스켈레시 조약으로 러시아와 상호방어동맹을 체결했다. 러시아는 전쟁이 발발할 경우 군함들로 다르다넬스 해협을 봉쇄하여 어떤 외국 선박들도 들어올 수 없도록 막을 권리를 비밀리에 부여받은 것이다. 무함마드 알리는 이렇게 도래한 평화를 단순한 휴전으로 여겼다.

제2차 오스만 제국-이집트 전쟁(1839~41) 1838년 이집트가 오스만 제국에 보내던 공납을 중단하며 독립을 공식화하려고 하자, 술탄 마흐무드 2세는 군대에 시리아 침공을 준비하도록 명령했다. 1839년 마흐무드 2세는 준비가 완료되자 전쟁을 선포하고 지중해로 함대를 보내 침공을 시작했다. 육상과 해상의 원정은 모두 재앙으로 끝났다. 많은 병사가 이집트로부터 금을 뇌물로 받고 탈영했고, 나머지는 참패를 당했다. 반역을 꾀한 함대 사령관은 알렉산드리아로 가서 이집트에 항복했다. 프랑스가 이집트를 지원하자 다른 유럽의 강대국들은 러시아가 개입할까봐 두려웠으나, 러시아는 여느 때와 달리 타협적이었고 다르다넬스 해협의 배타적 통행권을 포기했다. 프랑스와 영국, 러시아가 함께 오스만 제국 정부를 설득하여 오스만 제국 함대의 귀환을 조건으로 이집트 파샬리크(파샤가 다스리는 주)의 통치권을 세습하는 지역으로 만들기로 했다(1840). 무함마드 알리는 어리석게도 이런 제안을 거부했으며, 유럽의 강대국들은 무력으로 문제를 해결했다. 영국은 베이루트와 아크레의 요새를 포격하여 파괴하고 병력을 상륙시켰으며, 무함마드 알리의 가혹한 통치에 반대하는 아랍인의 반란에 힘입어 시리아와 아다나에서 이집트 점령군을 격파했다. 알렉산드리아가 포격의 위협을 받자 무함마드 알리는 오스만 제국 함대를 돌려보냈고 이전처럼 오스만 제국 정부에 매년 공물을 바쳤으며 군대 규모의 감축에 동의했고 시리아에서 완전히 철수했다.

오스만 제국-페르시아 전쟁, 1473
Turko-Persian War of 1473

○ 베네치아-오스만 제국 전쟁, 1463~79

오스만 제국-페르시아 전쟁, 1514~16
Turko-Persian War of 1514~16

오스만 제국 술탄 셀림 1세(1470?~1520)는 피비린내 나는 싸움을 통해 술탄에 즉위한 뒤 시아파의 페르시아와 싸울 준비에 들어갔다. 열렬한 수니파 신자인 셀림 1세는 정통파가 아닌 시아파 이슬람교도와 1509~13년의 오스만 제국 내전에서 형 아흐메드(1465~1513)를 지원한 페르시아를 응징하고자 했다. 1514년 셀림 1세는 본거지인 에디르네를 떠나 아제르바이잔으로 장거리 행군을 시작했는데, 페르시아가 퇴각하며 초토화 작전을 구사했으므로 오스만 제국 군대는 오랫동안 굶주려야 했다. 셀림 1세는 페르시아의 도시 타브리즈를 그대로 둔 뒤 1514년 8월 23일 찰디란 전투에서 대포와 보병이 모두 부족한 페르시아 군대를 격파했다. 타브리즈로 돌아온 셀림 1세는 주민이 일부 돌아온 도시를 2주에 걸쳐 점령한 뒤 약탈하고, 이스탄불로 보낼 장인 1천 명을 제외한 나머지를 모두 학살했다. 이어 오스만 제국 군대는 아마시아와 앙고라(오늘날의 앙카라)로 퇴각하여 해산했다. 셀림 1세는 곧이어 2차 군사행동을 시작해서는 케마흐의 거대한 요새를 점령했고 페르시아의 사파비 왕조가 지배하고 있던 쿠르디스탄을 장악했다. 오스만 제국이 엘비스탄에서 둘카디르 왕조를 제거한 뒤 그 국가의 영역을 축소하여 속국으로 삼자, 맘루크 왕조가 분노하여 1516~17년의 맘루크 왕조-오스만 제국 전쟁이 발발됐다. 이 전쟁으로 오스만 제국은 페르시아에서 군사행동을 벌이기가 더욱 어려워졌다. 페르시아의 샤 이스마일 1세(1487~1524)는 이를 이용하여 오스만 제국을 공격할 수 있었는데도 그러지 못했다. 오스만 제국-페르시아 전쟁은 단지 10년간 중단됐을 뿐이었다.

오스만 제국-페르시아 전쟁, 1526~55
Turko-Persian War of 1526~55

1514~16년의 오스만 제국-페르시아 전쟁이 끝난 뒤 페르시아의 사파비 왕조는 오스만 제국의 여러 지역에서 반란을 조장하려 했다. 유럽과 관련된 문제들 때문에 분주했던(◐ 헝가리-오스만 제국 전쟁, 1521~26) 오스만 제국 술탄 쉴레이만 1세(1494~1566) '대제'는 페르시아와 큰 전쟁을 벌이는 것을 피하고, 대신 아나톨리아 동부에 있는 사파비 왕조의 선동자와 지지자를 억압하려 했으며, 트란스옥시아나(오늘날의 우즈베키스탄과 타지키스탄, 그리고 카자흐스탄의 서남부)의 우즈베크인을 설득하여 동쪽에서 페르시아를 공격하게 했다. 이렇게 노력했는데도, 투르크멘인이 킬리키아(오늘날의 추쿠로바)에서 반란을 일으켜 1526년에 전쟁이 발발했다. 오스만 제국은 카라만에서 칼렌다르오글루(1528년 사망)가 지도했고 맘루크 왕조 군대가 관여했던 봉기(1526~28)를 진압했고, 쿠르디스탄의 지도자가 배신하여 페르시아로 넘어가자 쿠르디스탄을 침공했다. 그렇게 전쟁은 계속됐다. 1532년 바그다드가 오스만 제국에 항복한 뒤 메소포타미아 침공 계획을 세운 쉴레이

만 1세는 먼저 타브리즈(1534)와 반 Van을 빼앗고 에르주룸에 오스만 제국의 새로운 지방 구역을 설치한 뒤 (유례없는 겨울 행군을 강행하여) 바그다드에 입성하여 메소포타미아를 지배했다. 타브리즈는 1535년 초에 페르시아가 되찾았으나 그해 말 쉴레이만 1세가 오스만 제국의 수도 이스탄불로 돌아오자마자 다시 빼앗았다(그리고 약탈했다). 오스만 제국과 페르시아는 국경지대에서 계속 싸웠는데, 페르시아가 타브리즈와 반을 되찾았으나 1548년 쉴레이만 1세가 두 곳을 다시 점령했다. 1552년 사파비 왕조가 에르주룸을 공격하여 점령하면서 전쟁이 재개됐고, 쉴레이만 1세는 에르주룸을 탈환한 뒤 페르시아 서부로 진격하여 약탈했다(1553~54). 1554년 말 휴전을 선언한 쉴레이만 1세는 1555년 아마시아에서 휴전협정을 체결하고 타브리즈와 예레반, 나히체반과 관련한 모든 영유권 주장을 포기했으나 메소포타미아와 에르주룸, 아르메니아 서부, 쿠르디스탄 대부분은 계속 지배했다. 쉴레이만 1세는 많은 비용이 드는 전면전으로 페르시아를 이기고 지배할 수는 있었겠지만 오스만 제국 정부와 외국의 상황 때문에 전면전을 수행할 수 없음을 깨달았다.

○ 베네치아-오스만 제국 전쟁, 1537~40 ; 오스트리아-오스만 제국 전쟁, 1529~33

오스만 제국-페르시아 전쟁, 1578~90
Turko-Persian War of 1578~90

페르시아의 샤 타흐마스프 1세(1514~76)가 사망한 뒤 페르시아에서 군주 지위의 계승을 둘러싸고 내전이 벌어질 듯하자 오스만 제국은 드디어 페르시아를 정복할 수 있겠다고 판단했다. 1578년 오스만 제국은 크림 반도에서부터 기습 침공하여 대대적인 공세를 시작했다. 오스만 제국은 페르시아 군대 2개를 연이어 순식간에 궤멸했으며, 조지아(그루지아)를 정복하여 오스만 제국에 편입했고 페르시아의 영토였던 다게스탄을 침공했다. 그러나 페르시아가 좀 더 효과적으로 저항하면서 오스만 제국의 초기 여세는 지속되지 못했다. 게다가 오스만 제국은 조지아를 확보하고 1579년에 카르스의 거대한 요새를 점령하는 한편, 1583년에 아르메니아의 예레반을 빼앗아 요새를 보강하고 1584년에 티플리스(오늘날의 트빌리시) 인근에 방어시설을 구축하느라 너무 많은 시간과 노력을 쏟았다. 1583년에는 오스만 제국의 다른 군대가 크게 불리한 상황에서 다게스탄 정복을 완수했고 시르반을 장악했다. 오스만 제국은 1585년부터 1588년까지 아제르바이잔 정복을 목표로 삼았으나, 페르시아는 반격에 나서 오스만 제국의 손아귀에서 타브리즈를 구했고 잠시나마 티플리스와 예레반을 점령했다. 페르시아 내부에 문제가 발생하고 우즈베크인이 동쪽에서 페르시아를 공격한 탓에 오스만 제국에 맞서는 페르시아 군대의 규모가 줄어들었다. 이에 1588년 오스만 제국은 간나와 카라바흐에서 성공을 거두었다. 그 뒤 페르시아는 평화협상을 해야만 했다. 오스만 제국이 1590년에 타브리즈를 점령하고 이어 속국이었던 아제르바이잔을 다시 정복하자 최종적인 평화협정이 체결됐다. 페르시아는 조지아와 아제르바이잔, 시르반, 여타 여러 지역을 오스만 제국에 할양했다. 전쟁은 실제로 해결한 것이 별로 없었다. 일찍이 술탄 쉴레이만 1세(1494~1566) '대제'가 획정한 오스만 제국과 페르시아의 국경을 재확인했을 따름이다.

오스만 제국-페르시아 전쟁, 1603~12
Turko-Persian War of 1603~12

페르시아는 1578~90년의 오스만 제국-페르시아 전쟁이 끝난 뒤 오스만 제국에 할양했던 영토를 되찾고자 했으나, 우즈베크인과 싸우느라 1603년까지는 새로이 공세에 나설 수 없었다. 페르시아의 샤 아바스 1세(1571~1629) '대왕'은 반反오스만 제국 동맹의 결성을 진척시키기 위해 유럽으로 사절을 파견했다(1599). 아바스 1세는 이러한 외교에서 성공을 거두지 못하자 캅카스 지역과 아제르바이잔에서 동원한 병력을 아나톨리아로 파견하여 오스만 제국으로 하여금 세 개의 전선에서 싸우도록 유도했다. 한 곳은 헝가리(● 오스트리아-오스만 제국 전쟁, 1591/93~1606), 다른 한 곳은 아나톨리아 동부였으며, 나머지는 전쟁으로 부과된 세금 때문에 폭동에 휩싸인 오스만 제국 내부였다. 1603년 페르시아는 오랜 포위 끝에 타브리즈를 되찾았고 이어 1604년에는 예레반과 시르반, 카르스를 탈환했다. 페르시아의 재정복에 분노한 오스만 제국 술탄 아흐메드 1세(1590~1617)는 1606년에 대군을 이끌고 우르미아 호수 인근에서 아바스 1세가 지휘하는 상대적으로 작은 군대와 대결했으나 큰 손실을 입고 패배했다. 그 뒤 아바스 1세는 바그다드와 모술, 디야르바크르를 장악했다. 이 전쟁 때문에, 그리고 이집트와 레바논, 시리아, 지중해 동부, 그리고 카자크(코사크)가 끊임없이 괴롭히는 흑해 지역에서 분쟁이 발생한 까닭에 아흐메드 1세는 1606년에 오스트리아와 강화하며 체결한 지트바토로크 조약을 어느 정도 존중하게 됐다. 유럽에서 오스만 제국 군대가 돌아오더라도 아무런 실익이 없었다. 1608년 아바스 1세는 1590년에 잃었던 영토를 모두 회복했고 사실상 오스만 제국의 캅카스 지배를 끝내버렸다. 1612년 아바스 1세는 승자의 지위에서 평화조약의 조건을 제시했는데, 모두 페르시아에 유리한 것이었다.

오스만 제국-페르시아 전쟁, 1616~18
Turko-Persian War of 1616~18

1603~12년의 오스만 제국-페르시아 전쟁을 끝낸 조약의 조건들과 관련된 분쟁들 때문에 1616년에 싸움이 다시 시작됐다. 1616년 오스만 제국의 대군이 예레반을 포위했다가 격퇴됐고 겨울의 극심한 추위와 페르시아 군대의 추적에 철수할 수밖에 없었다. 1618년 오스만 제국은 다시 침공하여 타브리즈로 진격했으나 페르시아 군대의 매복에 군대의 일부를 잃었고 뒤이어 타브리즈 인근에서 패주했다. 즉시 평화협상이 개시되어 조약이 체결됐는데 그 내용은 1612년에 체결한 평화조약의 규정을 단순히 되풀이했을 뿐이었다. 오스만 제국과 페르시아의 국경은 1526~55년의 오스만 제국-페르시아 전쟁 이전의 상태로 돌아갔다.

오스만 제국-페르시아 전쟁, 1623~39
Turko-Persian War of 1623~39

이 전쟁은 바그다드의 오스만 제국 고위급 지배자 집단 내부에서 벌어진 권력투쟁에서 비롯됐다. 당시 바그다드에서는 총독과 군대가 지배권 경쟁을 벌이고 있었다. 이 투쟁은 1621년에 결정적인 국면에 들어섰다. 예니체리(오스만 제국의 정예 친위 부대)의 수바시 바크르 장교가 파벌을 결성하여 2년 동안 총독보다 더 강력한 권한을 행사했다. 수바시 바크르는 예니체리를 이끌고 바그다드의 지배자가 된 뒤 오스만 제국 정부에게 자신을 새로운 총독으로 승인해 달라고 청원했으나 실패했다. 수바시 바크르는 이어 페르시아의 샤 아바스 1세(1571~1629) '대왕'에게 지원을 요청했고, 오스만 제국 정부가 자신을 총독으로 인정하기로 결정한 순간에 페르시아로부터 소규모 지원군을 받았다. 수바시 바크르는 아바스 1세의 지원을 거부한 뒤 페르시아의 공격을 받아 1623년에 살해당했다. 오스만 제국은 페르시아의 수중에 들어간 바그다드와 여타 지역을 되찾기 위해 세 차례 군사작전을 시도했다. 즉 1625~26년의 군사작전은 대포의 부족과 오스만 제국 군대의 폭동으로 실패했고, 1629~30년의 군사작전은 나쁜 날씨 탓에 문자 그대로 완전히 실패했다. 1630년의 군사작전에서는 메흐리반 전투에서 승리하고 하마단을 약탈하여 성공을 거두었으나 바그다드를 눈앞에 두고 저지당했다. 4차 군사작전은 술탄 무라드 4세(1612~40)가 연기했다. 무라드 4세는 그동안에 1631~35년의 오스만 제국-드루즈파 전쟁에서 반역자가 될 가능성이 있는 자들을 진압했다. 1635년 무라드 4세는 군대를 이끌고 예레반을 탈환했으나 타브리즈에서 막혔다. 5차 군사작전은 1636년에 페르시아가 예레반을 다시 빼앗았는데도 지연됐다가 1638년에 오스만 제국의 바그다드 진격으로 이어졌다. 무라드 4세가 직접 지휘한 군대는 바그다드를 점령하기 위해 39일 동안이나 포위했다. 페르시아 군대의 수비대가 마지막 한 사람까지 결사항전으로 버텼기 때문이다. 바그다드가 점령된 뒤(1638) 1639년에 강화가 이루어져 오스만 제국이 바그다드를 차지하고 페르시아는 예레반을 보유했다. 메소포타미아와 페르시아 사이의 경계가 오스만 제국과 페르시아의 국경이 됐다.

○ 예니체리의 반란, 1621~22

오스만 제국-페르시아 전쟁, 1730~36
Turko-Persian War of 1730~36

뒷날 나디르 샤(1688/98~1747)로 불리게 된 나디르 칸이 페르시아 영토에서 오스만 제국 점령군을 내쫓으려다(○ 페르시아 내전, 1725~30) 오스만 제국까지 침범하면서, 오스만 제국과 페르시아 사이에 정식으로 충돌이 일어났다. 이는 초기에는 1730년의 예니체리(오스만 제국의 정예 친위 부대) 반란 때문에 잠시 지연됐다. 나디르 칸은 아프간족을 정복하는 군사행동에 몰두해 있는 중이었는데도 오스만 제국의 허약해진 군대와 싸워 계속 성공을 거둘 수 있었다(**○ 페르시아-아프가니스탄 전쟁, 1726~38**). 나디르 칸은 아르메니아와 조지아(그루지아)에 대한 통제권을 되찾았으며 아르데빌을 회복했고 페르시아 만에 해군을 진출시켜 그 지역에서 오스만 제국의 세력을 크게 축소시켰다. 나디르 칸은 1733년에 바그다드 포위공격에서 단 한번 실패했지만 그 뒤 공성에 성공했다. 1736년 나디르 칸은 어린 데다가 명목상의 군주일 뿐이어서 실권을 행사하지 못하고 있던 사파비 왕조의 샤 아바스 3세(1731?~39?)를 폐위시키고 자신이 직접 샤로 즉위했으며 이와 거의 같은 시기에 오스만 제국과 평화협상을 시작했다. 1736년의 이스탄불 조약으로 오스만 제국과 페르시아의 국경은 오스만 제국 술탄 쉴레이만 1세(1494~1566) '대제'의 치세 이전으로 복원됐으며, 나디르 샤는 아프샤르 왕조의 초대 샤가 되어 아프간족에 맞서 자유롭게 싸움을 재개할 수 있었다.

오스만 제국-페르시아 전쟁, 1743~46
Turko-Persian War of 1743~46

1730~36년의 오스만 제국-페르시아 전쟁을 끝낸 1736년 이스탄불 조약을 비준하려는 시도는, 페르시아가 시아파의 소규모 종파인 자파리를 정통으로 선언해야 한다고 주장하고 오스만 제국이 오만하게도 나디르 샤(1688/98~1747)가 보낸 사절들을 고문하면서 무산됐다. 1743년 나디르 샤는 오스만 제국에 전쟁을 선포했고, 바그다드를 할양하라고 요구한 뒤 이스탄불로 장정에 나섰다. 그러나 나디르 샤는 오스만 제국의 울라마(이슬람 율법학자)가 페르시아에 맞선 지하드(성전聖戰)를 존중할 만하다고 규정했다는 소식을 듣고는 바그다드를 위협하는 조치로 키르쿠크와 아르빌을 장악하고 모술을 포위한 뒤 동쪽으로 되돌아갔다. 나디르 샤가 전비를 조달하려고 세금을 높이자 페르시아 전역에서 반란이 일어났는데, 나디르 샤는 다게스탄의 도전을 핑계로 반란을 진압하는 기지를 보여주었다(1743~44). 페르시아는 1744년 초에 다시 오스만 제국을 공격했다. 나디르 샤는 하마단에서 서진하여 카르스를 포위했다가 다게스탄으로 돌아가 폭동을 진압했다. 1745년 8월 나디르 샤는 다게스탄에서 되돌아와 카르스 전투에서 오스만 제국의 대군을 격파했다. 오스만 제국 군대는 서쪽으로 도주하면서 자국의 영역을 습격하여 튀르크족 사이에 싸움을 유발했다. 전쟁은 서서히 사라졌다. 나

디르 샤는 점차 실성하여 백성에게서 돈을 강탈하고 무능한 관리들을 실명시키거나 그들을 처형했다. 그 결과 1745년 초부터 1746년 6월까지 페르시아에서는 반란이 이어졌다. 1746년에 강화가 이루어졌다. 오스만 제국과 페르시아의 국경은 그대로였고 바그다드도 여전히 오스만 제국이 지배했지만, 나디르 샤는 현명하게도 자파리를 인정하라는 그의 요구를 철회했다. 오스만 제국 정부는 기뻐했고 수행원 1천 명이 딸린 사절을 파견했으나, 나디르 샤는 사절단이 도착하기 전에 군대의 일부 장교들에게 암살당했다.

○ 페르시아 내전, 1747~60

오스만 제국-페르시아 전쟁, 1821~23
Turko-Persian War of 1821~23

페르시아의 왕세자 아바스 미르자(1789~1833)는 1804~13년의 러시아-페르시아 전쟁 때 조지아(그루지아)에서 큰 패배를 당한 뒤 군대를 근대화시키겠다고 다짐했다. 아바스 미르자는 영국으로 페르시아인들을 파견해 서구의 군사 기술을 배우게 했고 영국 장교들을 초빙하여 군대를, 특히 새로이 도입한 보병 부대를 훈련시켰다. 1821년 오스만 제국이 아제르바이잔의 반란 부족들을 옹호하자 아바스 미르자는 아나톨리아 동부를 공격했다. 반 호수 지역에서 싸움이 벌어졌고, 아바스 미르자가 상대적으로 우세했던 오스만 제국 군대를 에르주룸 전투(1821)에서 격파하면서 전쟁은 페르시아의 승리로 끝났다. 그러나 평화는 2년 뒤 에르주룸 조약이 체결된 뒤 찾아왔다. 양국은 영토의 변경 없이 기존의 국경을 인정했다.

○ 러시아-페르시아 전쟁, 1825~28

오스만 제국-폴란드 전쟁
Turko-Polish Wars

○ 폴란드-오스만 제국 전쟁

오스만 제국-헝가리 전쟁
Turko-Hungarian Wars

○ 헝가리-오스만 제국 전쟁

오스트레일리아 럼주 반란, 1808
Australian Rum Rebellion, 1808

오스트레일리아 뉴사우스웨일스 식민지의 윌리엄 블라이(1754~1817) 총독은 상품 값을 증류주로 지급하는 것을 금지했다. 많은 식민지 주민이 무역을 정상화시키려는 블라이의 시도를 지지했지만, 다른 사람들은 이러한 개입에 분노했다. 일련의 비난과 반박은 결국 1808년 1월에 존 맥아서가 주도하는 군사 반란을 야기했고, 블라이는 맥아서를 체포했다. 뉴사우스웨일스 연대장 대리는 맥아서를 석방하고, 블라이를 체포했다. 블라이는 결국 영국으로 가는 것에 동의해 시드니를 떠났으나 그는 영국이 아닌 태즈메이니아 식민지로 가서 반란을 진압할 군대를 요청했으며, 이에 뉴사우스웨일스 연대장이 그를 1년 가까이 억류했다. 1810년 영국 정부는 블라이를 복직시킨 뒤 본국으로 소환하기로 결정했다(◐ 바운티 호의 폭동).

오스트레일리아의 아일랜드인 수형자 반란, 1804
Australian Irish Convict Revolt, 1804

상당수가 재판도 받지 않고 오스트레일리아로 추방당했던 아일랜드인 형사범과 정치범들은 1804년 3월에 시드니 밖의 캐슬힐에서 무장 반란을 기도했다. 배신자가 있어 음모가 발각됐고 계엄령이 내려졌으며 반란은 쉽게 진압됐다. 생존자들 가운데 9명은 사형을 당했고 7명은 태형을 맞았는데, 이 태형을 당한 자를 포함해 반란의 주동자들은 모두 헌터 강변에 새로 건설된 유형지인 뉴캐슬로 이송됐다.

오스트리아-러시아-오스만 제국 전쟁
Austro-Russian-Turkish War

◐ 러시아-오스만 제국 전쟁

오스트리아령 네덜란드 내전, 1477~92
Austrian Netherlands Civil War of 1477~92

뒷날 신성로마제국 황제가 되는 오스트리아 대공 막시밀리안(막시밀리안 1세, 1459~1519)은 1477년에 마리 드 부르고뉴(1457~82)와 혼인하여 마리가 상속한 재산의 일부인 네덜란드 공국을 얻으면서 더불어 두 가지 서로 밀접하게 연관된 문제도 떠안았다. 부르고뉴 공국을 두고 프랑스와 간간이 싸움이 벌어졌으며(○ 프랑스-오스트리아 전쟁, 1477~93), 네덜란드가 저항하여 이따금 내전이 일어났던 것이다. 이 내전의 특징은 프랑스가 간섭했다는 것이다. 스위스인들처럼(○ 오스트리아-스위스 전쟁) 네덜란드인들도 폭넓게 자유를 누려왔으며 더 많은 자유를 원했다. 그러나 마리 드 부르고뉴와 막시밀리안은 프랑스와 싸우는 전쟁 때문에라도 지역의 특권을 회복시켜 전비를 얻어내야 했지만 오히려 강력한 중앙정부를 세우려 하면서 자치권을 제한했다. 네덜란드인들의 저항은 마리 드 부르고뉴가 죽은 1482년에 절정에 달했다. 막시밀리안은 아들 필리프(카스티야와 레온 왕 펠리페 1세, 1478~1506)가 네덜란드를 포함하는 부르고뉴 공국의 섭정이 되어야 한다고 주장했다. 플랑드르(플란데런) 지역, 특히 브뤼허와 헨트는 막시밀리안의 요구를 인정하지 않았고, 필리프를 억류했으며, 프랑스로부터 교활한 조언을 받아 오스트리아와 네덜란드 사이의 1482년 아라스 조약을 지지했다. 이는 막시밀리안에게서 부르고뉴를 앗아간 조약이었다. 막시밀리안의 군대는 1485년에 아들을 되찾을 때까지 플랑드르에서 싸웠다. 막시밀리안은 이어 중앙집권화를 다시 추진하고 전쟁을 계속하여 네덜란드인들의 분노를 초래했으며 두 차례 서투르게 프랑스를 침공하려다 실패했다(1486, 1487). 1487년 막시밀리안은 브뤼허에 제국의회를 소집했으나, 브뤼허 주민들은 막시밀리안이 독일인 용병들을 데려오려 하자 성문을 닫고 넉 달 동안 막시밀리안을 억류했다. 1488년 막시밀리안의 아버지인 신성로마제국 황제 프리드리히 3세(1415~93)는 아들을 구하러 진군해왔다가, 막시밀리안이 이른바 브뤼허 평화협정으로 굴욕당하는 것을 지켜보았다. 네덜란드 지역의 신분의회는 이 조약으로 막시밀리안에게 연방제에 따른 자치를 허용하는 헌법을 약속하게 했다. 합스부르크 가문의 두 통치자 즉 프리드리히 3세와 막시밀리안은 1488년에 독일로 갔으나, 막시밀리안은 1489년에 프랑스와 일시적으로 화친을 맺으며, 브뤼허에서 했던 약속을 이행하지 않고 네덜란드로 돌아갔다. 1490년 네덜란드에서는 플랑드르의 대다수 도시가 참전한 내전이 다시 발발하여 1492년까지 지속됐다. 한 발 비켜서 있던 프랑스는 1488년에 기획했던 헌법적 규범을 보장하겠다고 약속했지만 내전에 개입하지는 않았다. 1491년 막시밀리안은 헨트의 반란을 평정했고 1492년에는 과중한 세금에 반대하여 폭동을 일으킨 네덜란드인들을 진압했다. 막시밀리안의 군대가 슬라위스를 포위하자 네덜란드인들은 강화를 요청했다. 네덜란드인들의 지도자인 필립스 판 클레이프(필리프 폰 클레베)는 1492년에 포로가 됐다. 그해에 막시밀리안이 내건 조건대로 강화가 이루어졌다. 아들이 확보한 상속으로 영토를 얻은 막시밀리안은 프랑스와 전쟁을 벌였고, 1493년에 두르농에서 승리하여 상리스 평화조약으로, 1482년 아라스 조약으로 잃었던 영토 중의 일부를 회복했다.

○ '미친 전쟁'

오스트리아-스위스 전쟁, 1385~88
Austro-Swiss War of 1385~88

13세기와 14세기에 스위스의 코뮌Communes들과 주canton들은 세력을 확장하는 왕가들, 특히 합스부르크 가문 레오폴트(동부) 계열의 먹이였다. 이러한 압력에 직면한 주들은 상호 방위를 위해 비공식적으로 협력했다. 1291년 우리 주, 슈비츠 주, 운터발덴 주 등 3개 주가 오랫동안 존속하게 될 스위스 연합의 핵심인 영구 동맹을 결성했다. 이는 때로 '스위스 반란'이라고 부르기도 한다. 스위스 연합은 모르가르텐에서 합스부르크 가문에 맞서 잘 버텼고(1315), 바이에른에 저항하고 신성로마제국 황제 카를 4세(1316~78)의 주목을 받았으며(1355), 취리히를 잠시 합스부르크 가문에 빼앗겼고(1368), 1385년에 합스부르크 가문의 또 다른 공격을 받았다. 독일 남부의 슈바벤에 영토를 얻으려던 차에 스위스 연합의 영토까지 넘보게 된 오스트리아 공작 레오폴트 3세(1351~86)가 스위스 연합을 침공한 것이었다. 그해가 끝날 무렵, 루체른 군대가 합스부르크 가문이 지배하는 로텐부르크와 젬파흐를 점령했다. 레오폴트 3세는 빼앗긴 영토를 벌충하기 위해 강력한 군대를 이끌고 스위스를 침공했다. 젬파흐 마을 인근에서 오스트리아 중기병의 한 대열이 말에서 내려 스위스 선봉대를 루체른 주에서 손쉽게 밀어냈으나 스위스 연합의 본대와 마주쳐 도끼창과 미늘창에 패했다. 말에서 내린 기병대의 또 다른 대열은 편제를 갖추어 진격하기도 전에 학살당했다. 오스트리아 군대의 다른 부대는 도주했으며, 레오폴트 3세와 말에서 내린 기사 전원이 전사했다. 레오폴트 3세를 크게 물리쳐 사기가 충천한 스위스 연합은 뒤이은 모든 교전에서 승리했다. 그중 하나였던 1388년의 네펠스 전투에서는 글라루스 부대가 매복하고 있다가 오스트리아 군대가 다가오자 돌을 마구 던져 혼란에 빠뜨렸으며 기병과 보병을 모두 격퇴했다. 휴전이 이루어졌고, 그동안 스위스 연합은 군사의 구성을 개선했다. 오스트리아는 패하여 취리히와 20년간 유효한 평화조약을 체결했고(1394), 루체른 주와 추크 주, 글라루스 주에 대한 권리를 포기했다. 이제 우리 주, 슈비츠 주, 운터발덴 주, 루체른 주, 취리히 주, 베른 주, 추크 주, 글라루스 주 등 8개의 주로 늘어난 스위스 연합은 사실상 자치를 향유하게 됐다.

오스트리아-스위스 전쟁, 1460
Austro-Swiss War of 1460

스위스 연합은 1415년에 아르가우에서 오스트리아의 지배를 종식시켰지만 팽창 정책을 추구하는 오스트리아의 합스부르크 왕가로부터 완전히 벗어나지 못했다. 오스트리아 공작 지기스문트(1427~96)는 티롤을 상속받았고, 지기스문트 공작과 대립하고 있던 다른 경쟁 파벌에 속한 신성로마제국 황제 프리드리히 3세(1415~93)는 황제권 주장과 합스부르크 왕가의 스위스 안 권리 주장의 강화 사이에 균형을 맞추어야 했다. 이에 프리드리히 3세는 합스부르크 왕가를 후원하고 스위스 연합을 분열시키려고 했는데 이는 실수였다. 프리드리히 3세는 스위스 연합의 충성심과 힘을 잘못 판단했던 것이다. 스위스 연합은 점점 더 성장하여 장크트갈렌, 라퍼스빌, 슈타인암라인, 아펜첼과 슈타인하우젠을 동맹 세력으로 포섭했다. 프리드리히 3세는 신성로마제국 황제로서 스위스 연합을 위협했으나 공격하지는 않았다. 스위스 연합은 지기스문트 공작이 흔히 있는 서임 문제로 파문을 당했던(**○신성로마제국-교황령 전쟁**) 1460년에 북쪽 멀리 라인 강까지 군대를 보내 군사 행동에 들어갔다. 스위스 군대는 도중에 어떤 적도 마주치지 않은 채 프라우엔펠트를 점령했고, 쓸데없는 일이었지만 빈터투어를 포위하여 공격했으며, 오스트리아로부터 투르가우를 빼앗았다. 1461년에 콘스탄츠 평화조약이 체결되어 합스부르크 왕가는 라인 강 상류 유역의 남쪽에 소수의 거점만을 보유했고, 스위스는 합스부르크 왕가가 1499년의 오스트리아-스위스 전쟁에서 패할 때까지 자유롭게 세력을 확대했다.

오스트리아-스위스 전쟁(스위스-슈바벤 전쟁), 1499
Austro-Swiss War(Swiss-Swabian War) of 1499

합스부르크 왕가의 오스트리아는 아르가우에서 쫓겨나 결국 스위스 연합에서 내몰린 뒤 복수를 모색했다. 합스부르크 왕가의 신성로마제국 황제 막시밀리안 1세(1459~1519)는 스위스 연합 동부의 영토를 지배하고 세금을 거두려 했다(오스트리아와 스위스는 경계 문제로 분쟁을 겪고 있었다). 스위스 연합은 프랑스의 지원을 받아 저항했고 합스부르크 왕가는 전쟁을 벌일 수밖에 없었다. 대부분 슈바벤(독일 남부) 출신인 합스부르크 왕가의 병사들은 파두츠와 발간, 브루더홀츠, 슈바더로의 작은 전투와 프라스탄츠와 칼벤, 도르나흐의 큰 전투에서 패했다(스위스 연합은 1499년 7월 22일에 도르나흐에서 결정적인 승리를 거두었다). 막시밀리안 1세는 1499년 9월 22일 바젤 조약을 체결하여 스위스 연합에 실질적 독립을 인정했다.

오스트리아-오스만 제국 전쟁, 1529~33
Austro-Turkish War of 1529~33

1521~26년의 헝가리-오스만 제국 전쟁이 끝날 무렵 오스만 제국은 헝가리의 3분의 2를 지배했으나, 위세가 꺾이지 않은 오스트리아는 오스만 제국령 헝가리 왕으로 새로이 즉위한 서포여이 야노시(야노시 1세, 1487~1540)를 1527년에 폴란드로 쫓아냈다. 야노시 1세는 이스탄불의 오스만 제국 정부에 지원을 요청했고, 술탄 쉴레이만 1세(1494~1566) '대제'는 빈 점령을 맹세하고 1529년에 군대를 동원하여 진격했다. 쉴레이만 1세의 원정은 처음부터 운이 없었다. 출발이 너무 늦었을 뿐만 아니라 베오그라드로 가는 여정은 석 달이나 걸렸고 날씨도 나빴다. 오스트리아는 이러한 지연을 이용하여 방어를 강화했다. 오스만 제국 군대는 빈을 포위하여 공격했으나(1529년 9월 27일~10월 15일) 실패하여 철수했고, 오스트리아 군대의 추격을 받았다. 그렇지만 오스트리아 대공 페르디난트(페르디난트 1세, 1503~64)는 야노시 1세가 부더에 건재하여 여전히 두려웠으므로 오스만 제국에게 헝가리 전체를 자신이 갖는 대신 공물을 바치겠다고 제안했다. 이 전쟁을 중단해야

만 했으나 쉴레이만 1세는 심히 굴욕을 당한 것에 분노하여 1532년에 다시 한번 오스트리아를 쳐부수려 했다. 쉴레이만 1세는 이스탄불에서 일찍 출발했으나 쾨세그(귄스)의 요새에서 오스트리아에 막혀 옴짝달싹하지 못했다. 오스트리아는 거의 1개월 가까이에 걸친 오스만 제국의 포위공격(1532년 8월)을 격퇴했다. 쉴레이만 1세는 중도에 베오그라드를 습격하여 파괴를 자행했으나 끝내 되돌아갔다. 1533년 쉴레이만는 페르디난트에게 양보하여 휴전을 인정했으며, 이스탄불로 귀환했다가 메소포타미아를 침공하러 갔다. 그러나 오스만 제국 병사들은 습격에 재미를 붙인 터라 계속해서 약탈과 살인, 강간을 즐겼다. 이러한 약탈 행위는 전쟁의 재개에 일조했다(**○ 오스트리아-오스만 제국 전쟁, 1537~47**).

오스트리아-오스만 제국 전쟁, 1537~47
Austro-Turkish War of 1537~47

오스만 제국 술탄 쉴레이만 1세(1494~1566) '대제'가 오스트리아와 다시 전쟁을 하게 된 것은 두 가지 사건 때문이었다(**○ 오스트리아-오스만 제국 전쟁, 1529~33**). 1537년에 2만 4천 명의 오스트리아 군대와 보헤미아 군대가 쓸데없이 오시예크의 오스만 제국 요새를 공격했고, 몰다비아에서는 군주인 공작 페트루 4세(1487?~1546)가 오스트리아와 밀통한 혐의를 받았던 것이다. 1538년 쉴레이만 1세는 몰다비아를 점령하고 새 공작으로 슈테판 5세를 세웠다. 헝가리 왕 서포여이 야노시(야노시 1세, 1487~1540)와 오스트리아 대공 페르디난트(페르디난트 1세, 1503~64)는 서로 싸우지 않기로 엄숙하게 조약을 체결했으나 이는 어리석은 짓이었다. 협정 내용은 각자 자신이 지배하는 곳을 보유하되, 야노시 1세가 자녀 없이 죽으면(야노시 1세는 아직도 결혼하지 않았다) 페르디난트가 야노시 1세의 영토를 상속한다는 것이었다. 야노시 1세는 쉴레이만 1세와 이런 내용을 상의하지도, 알리지도 않았다. 야노시 1세는 결혼했고(1539) 이듬해에 아들 서포여이 야노시 지그몬드(야노시 2세, 1540~71)가 태어난 뒤 죽었다. 페르디난트는 상속자임을 주장하며 군대를 이끌고 헝가리 수도 부더로 진군했다. 쉴레이만 1세는 위기에 처했음을 깨닫고는 1541년에 서둘러 부더와 인근의 페슈트를 장악했다. 이어서 오스트리아에 야노시 1세의 사망 이후 획득한 모든 영토를 반환하라고 요구하는 동시에 오스트리아령 헝가리를 갖는 대신 공물을 납부하겠다는 페르디난트의 제의를 수락하겠다고 전했다. 오스트리아는 이에 저항했다. 1543년 오스만 제국 원정대는 신중한 계획으로 베오그라드를 떠나 부더로 향하며 도중의 모든 요새를 점령했고, 에스테르곰(그란)과 그 지역에서 가장 큰 세케슈페헤르바르 요새를 차지했다. 쉴레이만 1세는 진행 중인 1526~55년의 오스만 제국-페르시아 전쟁에 참전하기 위해 이스탄불로 돌아왔으나, 쉴레이만 1세의 베이(지방관)*들은 전쟁을 계속하여 1544년에 슈타이어마르크, 케른텐, 크로아티아를 빼앗았다. 페르디난트는 심한 압박을 받은 데다 외부의 지원을 받지 못하여 1545년에 휴전을 요청했다. 이기고 있는 싸움을 멈출 이유가 없었던 오스만 제국에게 이는 좋지 않은 일이었다. 그러나 교전은 중단됐으며, 1547년에야 에디르네에서 강화가 이루어졌으나 그 결과 평화가 지속된 기간은 겨우 5년이었다. 페르디난트는 오스만 제국에 공물로 연간 3만 두카트(중세와 근대 유럽에서 사용한 금화)를 지불하고 오스트리아령 헝가리를 계속 보유했다. 그렇지만 페르디난트는 끊임없이 일을 꾸미며 믿음을 저버렸다(❍ 오스트리아-오스만 제국 전쟁, 1551~53).

* bey. 오스만 제국에서 군권과 행정권을 함께 담당하는 지방 관리.

오스트리아-오스만 제국 전쟁, 1551~53
Austro-Turkish War of 1551~53

1537~47년의 오스트리아-오스만 제국 전쟁을 끝낸 에디르네 휴전협정은 예정된 5년간의 유효기한을 다 채우지 못했다. 오스트리아 대공 페르디난트(페르디난트 1세, 1503~64)는 헝가리 왕국의 영토였다가 오스만 제국 파샬리크(파샤가 통치하는 지역)가 된 부더 때문에 오스트리아령 헝가리와 트란실바니아가 분리된 것이 불만스러웠다. 앞서 헝가리 왕 서포여이 야노시(야노시 1세, 1487~1540)는 나중에 야노시 2세(1540~71)가 되는 어린 아들 서포여이 야노시 지그몬드를 위해 프라테르 죄르지(머르티누지 죄르지, 1482~1551)를 섭정으로 임명했는데, 야노시 2세의 모후 야겔로 이자벨라(1519~59)는 프라테르 죄르지와 번번이 충돌했다. 프라테르 죄르지는 술탄 쉴레이만 1세(1494~1566)의 심기를 건드리지 않은 채 오스트리아와 우호적인 관계를 유지하고 트란실바니아를 중립 지역으로 안전하게 지키는 정책을 취했다가

나중에는 오스트리아와 대등한 입장에서 동맹을 추구했다. 프라테르 죄르지를 너무도 싫어했던 야겔로 이자벨라는 술탄에게 프라테르 죄르지를 고발했고, 술탄은 이 반역자를 이스탄불로 끌고 오라고, 산 채로 데려오지 못하면 머리라도 가져오라고 명령했다(1550). 그러나 프라테르 죄르지는 야겔로 이자벨라를 알바이울리아에 감금하고 트란실바니아에 있던 오스만 제국의 관리들을 몰아냈으며 데바에서 오스만 제국 군대를 물리쳤다. 결국 야겔로 이자벨라는 트란실바니아를 포기하는 대신 오스트리아에서, 특히 슐레지엔에서 그에 상당하는 영토를 갖는다는 조건으로 오스트리아와 화해할 수밖에 없었다. 페르디난트는 이러한 교환이 확실하게 이루어지도록 트란실바니아의 리퍼(오늘날 루마니아의 리포바)를 포위했다. 프라테르 죄르지는 중개자의 역할을 맡았다. 오스만 제국은 리퍼를 점령하고 수비대를 주둔시키기 위해 군대를 파견했다. 페르디난트는 프라테르 죄르지가 배신했다고 의심하여 그를 살해했다. 오스만 제국 군대는 세 차례의 군사행동으로 요새 세 곳을 점령하고 테메슈바르(티미쇼아라)를 정복하여 새로운 파샬리크로 삼았으나, 1552년에 에게르 요새를 점령하는 데는 실패했다. 이듬해 그럭저럭 휴전이 이루어져 전투가 종결됐다. 오스만 제국 군대의 주력은 소환되어 1526~55년의 오스만 제국–페르시아 전쟁에 원정했다. 오스트리아는 비공식적 휴전을 이용하여 외교로써 오스트리아령 헝가리의 여타 영역들을 합병하려 했으나 실패했다. 10년 뒤에 체결된 정식 강화는 단지 1547년에 합의된 조건을 재확인했을 뿐이었다. 그리하여 오스트리아령 헝가리, 오스만 제국령 헝가리(부데), 트란실바니아의 동헝가리 왕국 등 3개의 헝가리가 존재하게 됐다. 각각은 언제라도 전쟁을 재개할 수 있도록 만반의 준비를 갖추었다.

오스트리아–오스만 제국 전쟁, 1566
Austro–Turkish War of 1566

오스만 제국의 술탄 쉴레이만 1세(1494~1566) '대제'는 장 파리조 드 라 발레트(1494~1568)가 이끄는 구호 기사단(성 요한 기사단)의 저항으로 몰타 포위공격(1565)이 실패로 끝나자 오스만 제국이 무적이라는 자신의 믿음을 증명하기 위해 최후의 승리를 갈구했다. 또 쉴레이만 1세는 1551~53년의 오스트리아-오스만 제국 전쟁 때 에게르에서 당한 패배에 복수하고자 했다. 마침 신성로마제국 황제인 막시밀리안 2세(1527~76)가 오스트리아령 헝가리를 보유하는 대가로 바쳐야 할 공물을 납부하지 않고 트란실바니아를 침공하자 전쟁이 일어났다. 1566년 쉴레이만 1세는 엄청난 대군을 이끌고 요새 도시 시게트바르를 포위했다. 쉴레이만 1세는 이 도시를 파괴했으나 점령하지는 못했다. 크로아티아인 즈리니 미클로스(1508?~66) 사령관은 최후의 한 명까지 싸우기로 맹세했다. 요새의 성벽이 거의 무너질 즈음, 즈리니는 화약고에 기계 신관을 장착하고 요새 밖으로 돌격했다. 즈리니와 그의 병사들은 죽임을 당했다. 쉴레이만 1세는 이미 세상을 떠났으나, 오스만 제국 군대는 요새를 함락할 때까지 그 사실을 비밀에 부쳤다. 요새 안으로 돌격해 들어간 약 3천 명의 오스만 제국 병사들은 화약고가 폭발하면서 온몸이 찢겨 날아갔다. '피로스의 승리'*를 거둔 뒤 살아남은 오스만 제국 병사들은 쉴레이만 1세가 사망했다는 소식을 듣고 그의 시체를 방부 처리한 뒤 이스탄불로 운구하여 매장했다.

◑ 베네치아-오스만 제국 전쟁, 1570~73

* 막대한 손실이 발생하여 패전이나 다름없는 승리. 고대 그리스 지방 에페이로스의 왕 피로스의 고사에서 유래했다.

오스트리아-오스만 제국 전쟁(13년 전쟁, 15년 전쟁, '장기전'), 1591/93~1606

Austro-Turkish War(Thirteen Years' War, Fifteen Years' War or 'Long War'), 1591/93~1606

오스트리아령 헝가리와 오스만 제국의 직할 영토가 된 옛 헝가리 왕국 지역 사이의 국경분쟁은 최초의 오스트리아-오스만 제국 전쟁 이래 간헐적으로 계속됐다. 이는 1591년에 한층 더 격렬해졌고, 1593년 보스니아 파샬리크(파샤가 통치하는 지역)의 오스만 제국 군대가 시사크에서 오스트리아 군대에 패하면서 전면전으로 확대됐다. 오스트리아와 오스만 제국이 맞붙은 여러 충돌 중에서 가장 오래 끌었던 이 전쟁의 원래 초점은 에스테르곰(그란) 요새 북쪽에 있는 오스트리아령 헝가리의 작은 지역이었다. 하지만 오스만 제국 정부는 1593년부터 1595년까지 오늘날의 헝가리 중부와 루마니아에서 너무나 많은 영토를 잃었기에 이후 11년 동안 그 영역을 되찾는 데 전념했다. 이 전쟁 기간 중 오스만 제국은 단 한 차례만 승리를 맛보았을 뿐(쾨르, 1594), 속국인 몰다비아 공국과 왈라키아 공국, 트란실바니아 공국이 이반하여 오스트리아를 지지하게 되고(1594) 드네프르 강 지역의 카자크(코사크)들이 육상과 해상에서 공격해 들어와 애를 먹었다. 오스만 제국은 1595년에 에스테르곰을 잃었고 그 직후 지우르지우에서 참패를 당했다. 오스만 제국 술탄 메흐메드 3세(1566~1603)는 직접 군대를 지휘하기 위해 헝가리로 왔으며 1596년에 에게르에서 승리했고, 곧바로 메죄케레스테시에서 거의 기적에 가까운 승리를 거두었다. 메흐메드 3세는 병사들이 떼를 지어 도망가자 퇴각을 강력히 주장했으나 작전회의에서 이의가 제기되자 잔여 병력과 함께 전세를 뒤집고 약 3만 명의 독일인과 헝가리인을 학살했다. 메흐메드 3세는 자신의 담대함에 도취하여 이스탄불로 돌아왔다. 전쟁은 오스트리아가 트란실바니아를 점령한 터라 전체적으로 요새 전투가 되어버렸다. 오스트리아는 쾨르를 되찾았으나 부더에서 실패했고(1598), 오스만 제국은 같은 해 바라주딘에서 실패했다. 1599년 오스트리아는 강화를 요청했다. 오스만 제국은 이를 거부하고 너지커니저를 빼앗았으나(1600) 세케슈페헤르바르를 잃었다(1601). 1602년에서 1604년 사이에 오스트리아는 다시 부더를 탈환하려 했으나 실패했고, 오스만 제국은 페슈트를 장악하는 데 실패했다. 그러나 오스만 제국은 1605년에 에스테르곰과 비셰그라드, 베스프렘, 바르펄로터를 빼앗았고 1595년에 잃었던 영토를 되찾았다. 트란실바니아는 보치커이 이슈트반(1557~1606)이 공작이었을 때 다시 오스만 제국을 지지하고 오스만 제국의 속국이 됐다. 보치커이는 헝가리에 로마가톨릭교회 신앙을 강요하려는 합스부르크 왕조 신성로마제국 황제 루돌프 2세(1552~1612)에 맞서 오스만 제국의 지원을 받아 반란을 일으켰고(1604), 트란실바니아의 군주(공작)가 되어 보상을 받았다. 이는 오스만 제국이 인정한 지위였다. 보치커이는 빈 조약(1606)으로 루돌프 2세와 단독으로 강화를 맺어 오스트리아령 헝가리와 트란실바니아에서 종교의 자유를 허용받았다. 이 전쟁의 주요 당사국인 오스트리아와 오스만 제국도 지트바토로크 조약(1606)으로 강화를 체결했다. 1603~12년 오스만 제국-페르시아 전쟁으로 오스만 제국이 강한 압박을 받았기 때문이었다. 오스만 제국 정부는 에스테르곰 지역의 영유권 주장을 포기했고, 한 번에 20만 굴덴을 받는 것으로 연도별 공납을 대신했으며, 향후 외교에서 신성로마제국의 황제를 공식 칭호로 하겠다고 약속했다. 오스만 제국 정부는 13년 동안 또는 15년 동안의 전쟁에서 겨우 에게르 요새와 너지커니저를 얻었을 뿐 유럽 안으로 더 깊숙이 팽창하지는 못했다.

오스트리아-오스만 제국 전쟁, 1663~64
Austro-Turkish War of 1663~64

오스만 제국의 대재상 쾨프륄뤼 파즐 아흐메트 파샤(1635~76)가 지휘하는 오스만 제국 군대는 합스부르크 왕가(오스트리아)의 반종교개혁에 분노하게 된(● 30년 전쟁) 몰도바 공국과 왈라키아 공국으로부터 지원을 받아 트란실바니아에서 질서를 회복했고(● 트란실바니아-오스만 제국 전쟁, 1657~62), 이 군대는 합스부르크 왕조의 폭정을 종식시켜준 해방군으로 여겨졌다. 1663년 오스만 제국 군대는 오스트리아령 헝가리와 트란실바니아 공국에 침공하여 부더를 점령하고 기습으로 노베잠키 요새를 파괴했다. 이 승리는 1591/93~1606년의 오스트리아-오스만 제국 전쟁 때 메죄케레스테시에서 거둔 승리에 버금가는 것이었다. 베오그라드에서 겨울을 난 오스만 제국 군대는 오스트리아령 헝가리로 진격을 재개하여 빈으로 가는 도중 최대한 많은 요새를 점령했고, 이에 신성로마제국 황제 레오폴트 1세(1640~1705) 치하의 오스트리아는 평화협상을 개시하게 됐다. 오스만 제국은 평화협상의 잠재적 합의 사항을 수용하기 전에 라버 강 이북 지역을 장악할 계획을 세웠으나, 운도 따르지 않고 날씨도 나빠 실패했다. 오스만 제국 군대가 센트고트하르드에서 강을 건너려 했으나 비 때문에 강이 범람하여 절반 정도는 건넜으나 나머지 절반은 건널 수 없었다. 앞서갔던 이 집단은 1664년 8월 1일에 센트고트하르드(라버 강) 전투에서 라이몬도 몬테쿠콜리(1608/09~80)가 지휘하는 오스트리아 기병대에 패했다. 오스만 제국 군대는 처음으로 대패하여 버스바르 조약을 체결해야 했다. 20년간의 휴전을 규정한 이 조약으로 오스만 제국은 트란실바니아에서 종주권을 확인받았으나, 양국 군대 모두 대결을 피하기 위해 그 지역에서 철수해야 했다. 오스만 제국은 점령한 요새들을 계속 보유했다.

● 빈 포위공격

오스트리아-오스만 제국 전쟁, 1683~99
Austro-Turkish War of 1683~99

오스트리아는 1683년에 오스만 제국이 침공하자 폴란드와 동맹을 결성하여 전쟁에 돌입했다. 폴란드 왕 얀 3세 소비에스키(1629~96)가 지휘하는 오스트리아·폴란드 연합군은 1683년 말에 오스만 제국 군대를 추격하여 헝가리 서북부에서 내몰았다. 교황 인노첸시오 11세(1611~89)는 오스만 제국과 싸우기 위해 신성 동맹 십자군의 결성을 부추겼는데, 신성로마제국과 베네치아 공화국, 폴란드, 그리고 1686년 이후 모스크바까지 포함하는 신성 동맹은 1686년 9월 초에 헝가리의 오스만 제국 세력들을 부더에서 내쫓았다. 오늘날의 헝가리 남부와 트란실바니아 대부분은 1687년에 합스부르크 왕가(오스트리아)의 지배를 받았고, 합스부르크 왕조는 그 이듬해에 베오그라드를 포함하는 세르비아를 점령했다. 오스만 제국 술탄 쉴레이만 2세(1642~91)는 군대를 보내 트란실바니아와 세르비아를 침공했다. 트란실바니아 침공은 처음에는 성공했지만 1691년에 결정적으로 패하여 실패했으며, 세르비아로 보낸 군대는 1690년에 세르비아와 베오그라드를 탈환했다. 오스트리아는 대동맹 전쟁에 깊이 관여하면서 프랑스와 싸우던 중이라 오스만 제국을 강하게 압박할 수 없었고, 따라서 국경은 5년 넘게 획정되지 않은 채 남아 있었다. 1697년 9월 11일 사부아 공자 외젠(프랑수아외젠 드 사부아, 1663~1736)이 지휘하는 오스트리아 군대는 베오그라드에서 헝가리로 침공해 들어온 오스만 제국의 대군을 센타(젠터)에서 물리쳤다. 오스만 제국은 참패를 당하여 더 이상 헝가리에 심각한 위협이 되지 못했다. 1699년 1월 26일 카를로비츠 조약이 체결되어 전쟁이 종결됐다. 오스트리아는 오스만 제국으로부터 오늘날 보스니아헤르체고비나의 일부, 세르비아 북부, 헝가리와 트란실바니아, 슬라보니야(오늘날의 크로아티아 동부)를 할양받았고, 베네치아는 모레아(오늘날의 펠로폰네소스 반도)와 달마티아의 대부분을 얻었으며, 폴란드는 오스만 제국으로부터 포돌레(포돌리아. 오늘날 우크라이나 남서부)를 받았고, 오스만 제국은 베오그라드를 포함하는 세르비아의 남부를 유지하게 된다.

○ 러시아-오스만 제국 전쟁, 1695~1700 ; 베네치아-오스만 제국 전쟁, 1684~99

오스트리아-오스만 제국 전쟁, 1716~18
Austro-Turkish War of 1716~18

오스트리아는 1714~18년의 베네치아-오스만 제국 전쟁 중 1714~16년에는 공식적으로 중립을 지켰으나, 1716년에는 뛰어난 전략가인 사부아 공자 외젠(프랑수아외젠 드 사부아, 1663~1736)에 휘둘려 베네치아 공화국과 방어 동맹을 체결했다. 오스트리아는 오스만 제국 정부가 1699년의 카를로비츠 조약을 위반했고 그로써 베네치아 공화국이 그 영역 중 달마티아(오스트리아 영토인 크로아티아와 슈타이어마르크)를 위협하고 있다고 주장하며 공격을 개시했고, 외젠은 1716년 8월 5일에 약 6천 명의 병력을 이끌고 도나우 강가의 페트로바라딘 전투에서 오스만 제국에 참패를 안겼다. 오스만 제국은 병사 6천 명과 대포 100문 이상을 잃었고 대재상이 전사했으므로 쉽사리 위력을 회복하지 못했다. 외젠은 적군의 혼란을 틈타 트란실바니아에 남아 있던 오스만 제국의 마지막 요새인 테메슈바르(티미쇼아라)를 점령하고 발칸 반도 남부에서 가장 강력한 오스만 제국의 요새인 베오그라드를 포위했다. 외젠의 오스트리아 군대는 신속히 이동한 오스만 제국의 대군과 대결하여 처음에는 졸전을 펼쳤으나 기병대로 기습하여 적을 분쇄하고 승리를 거두었다. 베오그라드는 1717년 8월 17일에 항복했다. 오스트리아 군대는 세르비아의 대부분과 왈라키아, 그리고 발칸 반도의 다른 지역을 점령하고 이스탄불로 진격했다. 그러자 오스만 제국은 강화를 요청했다. 1718년 오스트리아는 파사로비츠(포자레바츠) 조약으로 테메슈바르, 오늘날 보스니아헤르체고비나 북부의 일부, 세르비아 중부, 그리고 왈라키아의 서부 일부를 얻었다.

⚬ 러시아-오스만 제국 전쟁, 1710~11

오스트리아-오스만 제국 전쟁, 1735~39
Austro-Turkish War of 1735~39

⚬ 러시아-오스만 제국 전쟁, 1735~39

오스트리아 왕위 계승 전쟁, 1740~48
War of the Austrian Succession, 1740~48

신성로마제국 황제 카를 6세(1685~1740)가 세상을 떠나자, 국사조칙(1713)

에 의거해 마리아 테레지아(1717~80)는 아버지를 계승하여 합스부르크 왕조의 영토를 통치했으나, 여러 명의 왕위 요구자들이 국사조칙에 이의를 제기했다. 몇몇 유럽 국가는 합스부르크 제국의 일부를 분할할 채비를 하고 있었다. 가장 위협적인 인물은 프로이센의 프리드리히 2세(1712~86) '대왕'이었다. 프리드리히 2세는 1740년에 슐레지엔을 침공하고 소유권을 주장했으나 이 요구는 근거가 불확실한 것이었다(❖ (제1차) 슐레지엔 전쟁). 이어 프랑스와 에스파냐, 바이에른, 작센이 다양한 동기에서 프리드리히 2세와 동맹을 결성했으며, 유럽 국가들 사이에 전면적인 세력 다툼이 벌어졌다. 젱킨스의 귀 전쟁에서 에스파냐의 적이었던 영국만 마리아 테레지아를 도왔으나, 그 또한 초기 얼마 동안뿐이었다. 마리아 테레지아의 군대는 유럽의 이곳저곳으로 이동했는데, 그중 중요한 전투만 약 20번이었고 다섯 번은 대규모 전투였다. 마리아 테레지아는 먼저 프리드리히 2세에 패했고(1741), 프로이센에 슐레지엔을 양도하여 중립을 확보하고자 했다(1742). 1741년에 프라하가 바이에른과 프랑스의 수중에 떨어졌기 때문이다. 1742년 마리아 테레지아의 군대는 프라하를 포위하여 점령했고 바이에른을 폐허로 만들었다. 마리아 테레지아는 1743년에 작센과 동맹했고, 사르데냐 왕국을 설득하여 이탈리아에서 에스파냐와 나폴리 왕국을 저지할 때 도움을 받았다. 프랑스 군대는 활력을 되찾은 마리아 테레지아의 군대에 밀려 서쪽의 라인 강 연안으로 쫓겨났고 바이에른의 데팅겐에서 영국군과 마주쳤다. 1743년 6월 27일 그곳에서 프랑스군 기병대는 너무 일찍 공격했고, 영국 왕 조지 2세(하노버 선제후 게오르크 2세, 1683~1760)가 헤센카셀 방백령과 하노버 선제후령 군대의 지원을 받아 직접 지휘했던 영국군 보병은 지원 부대가 도착하기 전에 프랑스군 기병들을 격파했다. 프랑스 군대는 라인 강을 건너 퇴각했고 독일이나 오스트리아에서 추가 작전을 벌일 생각을 접은 채 라인 강 서안에 머물렀다. 프랑스 군대는 대신 오스트리아령 네덜란드(오늘날 네덜란드의 일부와 벨기에, 룩셈부르크)로 이동했다. 1744년 오스트리아가 거둔 성공에 놀란 프리드리히 2세는 다시 싸움에 끼어들었다(❖ (제2차) 슐레지엔 전쟁). 프랑스 군대는 오스트리아령 네덜란드로 들어가 투르네를 포위하여 공격했다. 오스트리아의 동맹군, 즉 컴벌랜드 공작 윌리엄 오거스터스(1721~65) 왕자가 지휘하는 영국·네덜란드·하노버 군대는 1745년 5월

11일 퐁트누아에서 모리스 드 삭스(작센의 모리스 백작, 1696~1750) 원수가 지휘하는 프랑스군을 공격했으나 프랑스의 대반격에 패주했다. 투르네는 항복했으며, 프랑스군은 계속해서 브뤼셀을 포위했다. 한편 바이에른 선제후이자 신성로마제국 황제로서 합스부르크 왕가가 신성로마제국 황제 지위를 독점하는 전통을 깨려 했던 카를 7세(카를 1세 알브레히트, 1697~1745)가 세상을 떠난 뒤(1745) 오스트리아와 바이에른은 화친을 맺었다. 바이에른은 오스트리아가 점령한 모든 땅을 돌려받는 대신 마리아 테레지아의 남편을 신성로마제국 황제 프란츠 1세(1708~65)로 옹립하기로 했다. 1745년의 퓌센 조약으로 프로이센이 고립됐고, 마리아 테레지아의 군대는 슐레지엔으로 진격하여 6만 5천 명의 프로이센 군대에 맞섰다. 그러나 언제나 기민했던 프리드리히 2세는 1745년 6월 4일에 호엔프리데베르크(오늘날의 도브로미에시)에서 마리아 테레지아 군대의 선봉대를 공격하여 적의 주력 부대가 도착하기 전에 격파했다. 프로이센군의 공격에 마리아 테레지아 군대의 본대는 도주해야 했고 맹렬한 추격을 받았다. 합스부르크 왕가 진영의 2개 부대가 프로이센의 수도인 베를린을 향해 진격했다. 1745년 11월 23일 두 부대 중 작센인으로 구성된 한 부대는 슐레지엔과 작센의 경계에 있는 헤너스도르프에서 프리드리히 2세의 병사들에 패했다. 1745년 12월 15일 다른 프로이센 부대는 드레스덴 인근 케셀스도르프에서 대개 작센인들로 구성된 나머지 제국 군대를 공격하여 무찔렀다. 10일이 지난 뒤 마리아 테레지아는 드레스덴 조약에 동의했다. 7개월 동안 네 번 패하여 군대의 사기가 크게 저하됐기 때문이었다. 이 조약에 따라 프리드리히 2세는 슐레지엔을 지배했고 마리아 테레지아의 남편을 신성로마제국 황제 프란츠 1세로 선출한 9월 13일의 선거를 인정했다. 그러나 오스트리아령 네덜란드와 네덜란드의 남부, 이탈리아에서는 군사행동이 지속됐고, 전쟁은 북아메리카와 인도에서도 전개됐다(● **조지 왕의 전쟁** ; **카르나타카 전쟁**). 1748년 10월 18일 전쟁에 지친 교전국들은 결국 엑스라샤펠(아헨) 조약을 체결했다. 이 조약으로 국사조칙이 승인을 받았고, 프리드리히 2세의 슐레지엔 병합이 승인됐으며, 에스파냐는 이탈리아의 일부를 얻었다. 그러나 엑스라샤펠 조약으로도 프랑스와 영국 사이의 식민지 분쟁은 해결되지 않았다.

● **7년 전쟁** ; **프랑스·인디언 전쟁**

오스트리아-프로이센 전쟁, 1756~63
Austro-Prussian War of 1756~63
○ 7년 전쟁

오스트리아-프로이센 전쟁, 1866
Austro-Prussian War of 1866
○ 7주 전쟁

오스트리아-헝가리제국 전쟁, 1439~57
Austro-Hungarian War of 1439~57
○ 합스부르크 왕가 전쟁, 1439~57

오스트리아 혁명, 1848~49
Austrian Revolution of 1848~49

1848년 2월 파리에서 일어난 반란(○ 프랑스 혁명, 1848)은 다른 곳에서도 정치적·경제적 개혁을 요구하는 시위를 촉발했는데, 특히 오스트리아 제국에서 많은 시위가 벌어졌다(○ 밀라노의 5일 봉기 ; 이탈리아 혁명, 1848~49 ; 헝가리 혁명, 1848~49). 오스트리아의 반란도 프랑스나 독일의 경우와 마찬가지로(○ 독일 혁명, 1848) 처음에는 성공했지만 결국 실패로 끝났다. 1848년 3월 13일 빈에서 평화롭던 시위가 격렬하게 변했다. 교외에서 봉기가 일어났고 황제는 너무 놀라 극단적 보수주의자인 클레멘스 폰 메테르니히(1773~1859) 재상 겸 외무부 장관을 해임했으며, 메테르니히는 영국으로 도피했다. 1848년 3월 15일 황제 페르디난트 1세(1793~1875)는 소요를 진정시키려고 자유주의적 헌법을 약속했고 언론의 자유를 허용했으며 각료회의를 설치했다. 그러나 약속과 이행은 별개였다. 세 가지 헌법이 준비됐다. 첫 번째 헌법은 프란츠 폰 필러스도르프(1786~1862) 남작이 주도하여 제정했다고 붙인 이름인 필러스도르프 헌법으로 1848년 4월 8일에 준비됐다. 보헤미아에 대의제 의회의 설치를 약속받았고 프라하는 별개의 헌법을 약속받았다. 필러스도르프 헌법은 입헌군주제를 포함하고 있었으며 만 24세 이상의 남성 국민이 선거권을 얻기로 되어 있었다. 그러나 메테르니히가 망명하자 임시 총리가 된 카를 루트비히 폰 피켈몬트(1777~1857) 백작은 제국의회(입법부)를 해산하고 개혁가들을 체포함으로써 계획을 좌절시키려 했다. 폭력은 없었지만 대중의 강력한 항의에 제국의회는 재소집될 수밖에 없었고 헌법은 1848년 4월 25일에 공포됐다. 이후 개혁 과정은 정부가 오스트리아의 다른 영토에서 벌어진 문제로 분주했던 까닭에 지연됐다. 1848년 10월 6일 빈에서 새로운 봉기가 일어났다. 봉기를 진압하는 데는 3일이 걸렸다. 제국의회는 자유주의적 성격이 덜한 다른 대의제 헌법을 만들었으나 그 직후 황제는 퇴위하여(1848년 12월 2일) 반동적인 아들 프란츠 요제프 1세(1830~1916)에게 제위를 물려주었다. 제국의회는 모라비아로 옮겨간 뒤 해산됐다. 빈에서 봉기가 발생하고 거의 1년이 지난 뒤 최종 헌법이 등장했다(1849년 3월 4일). 헌법은 민족 간의 평등과 제한적인 형태의 대의기구, 봉건제와 농노제의 폐지, 사법제도의 개혁을 담았다. 이 헌법은 필러스도르프 헌법만큼 자유주의적이지도 민주적이지도 않았지만 저항 없이 받아들여졌다. 오스트리아 제국이 러시아 군대를 끌어들여 '보호'를 받으면서(1849년 5월) 개혁 세력의 무기력은 더욱 심해졌다.

5일 반란, 1848
Five Days' Revolt, 1848
○ 밀라노의 5일 봉기

오즈월드의 전쟁, 633~641
Oswald's Wars, 633~641

데이라의 왕 에드윈(586~632/633)이 사망하자 버니시아 귀족들은 왕 애설프리스(재위 593?~616?)의 아들 오즈월드(604?~642)의 지휘로 버니시아와 데이라가 통합되어 탄생한 노섬브리아 왕국에서 지배권을 되찾을 수 있었다(○ 애설프리스의 전쟁). 616년 이후 노섬브리아에서 추방된 오즈월드는 또 다른 앵글로색슨 통치자인 머시아의 왕 펜다(577?~655)에게 지원을 요청했다. 두 사람의 적은 웨일스 북부의 귀네드 왕국 왕인 카드월론(633/634년 사망)이었다. '브리턴족의 왕'을 자칭한 카드월론은 632년 또는 633년에 햇필드체이스 전투에서 에드윈을 살해한 뒤 머리를 잘라 요크로 가져갔고, 잉글랜드 역사가 비드(672/673~735)의 말을 빌리자면 '성난 폭군처럼' 데이라와 버니시아를 파괴했다. 633년 또는 634년 오즈월드와 펜다는 1년 동안 싸운 끝에 헤븐필드에서 카드월론을 죽였다. 오즈월드는 치세의 대부분을 노섬브리아 국경을 지키고 남쪽으로 권위를 확대하는 데 바쳤다. 오즈월드는 왕조 간의 결혼으로 웨식스의 상위 주군이 됐다. 오즈월드는 평화로운 왕국을 원했고 린디스판(신성한 섬)에 수도원을 세워 켈트족의 그리스도교를 노섬브리아에 들여왔으나, 협력자였던 펜다가 웨식스를 겨냥한 조처에 불만을 품고 경쟁자로 돌아섰다. 두 사람은 641년 혹은 642년에 발발한 메이저필드(오늘날의 오즈웨스트리라고 추정한다) 전투에서 싸웠고, 오즈월드가 죽임을 당했다. 그 뒤 150년 동안 머시아는 앵글로색슨족의 지배적 왕국이 됐다. 오즈월드는 그리스도교의 성인으로 시성諡聖됐다.

○ 애설볼드의 전쟁

오터번 전투, 1388
Battle of Otterburn, 1388

스코틀랜드와 잉글랜드 사이의 국경을 보호하는 임무를 맡은 양쪽 귀족들은 종종 서로 충돌했다. 1388년 오터번(노섬벌랜드 체비체이스)에서 스코틀랜드가 대승을 거두었다. 헨리 퍼시(별명은 해리 핫스퍼, 1364/66~1403)가 이끄는 잉글랜드 군대는 병력이 스코틀랜드에 3 대 1로 우세했지만, 땅거미가 질 무렵 더글러스 백작과 머리 백작이 지휘하는 스코틀랜드 군대가 매우 가깝게 접근하자 아군을 죽일까봐 화살을 쏘지 못했다. 더글러스 백작은 전사했으나 스코틀랜드 군대는 퇴각하는 잉글랜드인 2천 명을 도륙했다. 퍼시는 포로가 됐다가 몸값을 치르고 풀려났다.

오파의 전쟁, 771~796
Offa's Wars, 771~796

오파(재위 757~796)는 재종조부 애설볼드(재위 716~757) 왕을 살해한 자들에 맞서 싸운 짧은 기간의 내전에서 승리한 뒤(757) 머시아의 왕이 됐고, 오늘날 요크셔 남쪽의 앵글로색슨 잉글랜드 대부분을 직접적으로 지배하거나 간접적으로 통제했다. 774년 오파는 '잉글랜드인의 왕'이라는 호칭을 얻었다. 오파가 치른 전쟁은 대체로 응징이 명목이었다. 이를테면 771년에 켄트와 서식스 사이에 있는 소왕국 헤이스팅스를 속국으로 만든 것이나, 775년과 795년, 796년에 켄트의 반란을 진압한 것을 들 수 있다(한번은 사위인 웨식스 왕의 도움을 받았다). 오파는 벤싱턴 전투(779)에서 웨식스 왕 키너울프를 격파한 뒤 786년에 사위 베오트릭(브리트릭, 802년 사망)을 웨식스의 왕으로 즉위시켰다. 고분고분하지 않았던 이스트앵글리아 왕 애설버트 2세는 패하여 참수됨으로써 한층 더 심한 처벌을 받았다(794). 오파의 군대는 서쪽에서는 웨일스인들과 여러 차례 소규모 전투를 벌였다. 오파는 오파의 방벽 Offa's Dyke이라는 흙으로 된 제방을 쌓았는데, 이는 요새라기보다 잉글랜드와 웨일스 사이의 경계로 쌓은 것이었다. 세련된 군주였던 오파는 법전을 편찬했고 새로운 화폐를 주조했다.

◐ 애설볼드의 전쟁

옥타비아누스-안토니우스 전쟁, 기원전 33~기원전 30
Octavian's War against Antony, BCE 33~BCE 30

뒷날 로마 제국의 황제 아우구스투스가 되는 옥타비아누스(기원전 63~기원후 14)와 마르쿠스 안토니우스(기원전 83~기원전 30)는 제2차 삼두정치의 주요 인물로서 우세를 차지하기 위해 경쟁했다. 안토니우스는 옥타비아누스가 파르티아 원정을 지원하지 않자(◐ 로마-파르티아 전쟁, 기원전 55~기원전 36) 이집트의 여왕 클레오파트라(기원전 69~기원전 30)에게 도움을 요청했다. 클레오파트라는 이집트 제국의 부활을 열망했고 안토니우스가 도움이 될 것으로 생각했다. 두 사람은 연인이 됐으며, 기원전 32년에 안토니우스는 옥타비아누스의 여자 동생인 로마에 있는 부인과 이혼하고 클레오파트라와 결혼했다. 그동안 양쪽은 이탈리아와 로마의 속주들에서 선전전宣傳戰을 벌이고 있었다. 대다수 로마인은 이혼에 충격을 받았고, 정복한 영토와 정복하려 했던 영토까지 클레오파트라와 그의 자식들에게 남겨준다는 내용의 안토니우스 유언장이라는 것이 발견되자 격분했다. 옥타비아누스는 이러한 정서를 이용하여 이탈리아와 서부 속주의 모든 사람이 자신에게 충성을 맹세하도록 했다. 안토니우스는 관직을 박탈당했고, 로마 원로원은 클레오파트라에게 전쟁을 선포했다. 기원전 32년에서 기원전 31년으로 넘어가는 겨울에 안토니우스와 클레오파트라는 군대를 모아 함대에 태워 그리스로 향했다(◐ 로마 내전, 기원전 43~기원전 31). 봄에 옥타비아누스와 그의 휘하 장군 마르쿠스 빕사니우스 아그리파(기원전 63?~기원전 12)는 안토니우스의 군대와 대등한 병력을 이끌고 아드리아 해를 건넜고, 기원전 31년 9월 2일 이오니아 해의 악티움 곶에서 적과 교전했다. 아그리파는 안토니우스의 해군을 봉쇄했고, 옥타비아누스는 안토니우스 육군의 보급로를 차단했다. 싸움에서 지고 있음을 깨달은 안토니우스는 육군에 퇴각을 명령했고 함대에는 봉쇄를 뚫고 나가라고 명령했다. 탈출한 함선은 겨우 몇 척뿐이었고, 그중 1척에 안토니우스와 클레오파트라가 타고 있었다. 나머지 함선들과 육군의 대부분은 즉각 항복했다. 기원전 30년 옥타비아누스와 그의 군인들은 이집트를 침공했으나 처음에는 알렉산드리아로 진격하던 중에 안토니우스의 군대에 막혀 밀려났다. 안토니우스는 클레오파트라가 자살했다는 잘못된 소식을 듣고 슬픔에 겨워 스스로 목숨을 끊었다. 클레오파트라는 옥타비아누스에게 영향력을 행사할 수 없었고, 포로로서 로마로 끌려가며 사람들에게 전시되는 굴욕을 당할 처지가 되자 자살했다. 독사를 이용한 듯하다. 옥타비아누스는 고대 지중해 세계의 구원자로 추앙받았다.

옥타비아누스-폼페이우스 전쟁, 기원전 40~기원전 36
Octavian's War against Pompey, BCE 40~BCE 36

폼페이우스(기원전 106~기원전 48)의 막내아들로 역시 폼페이우스로 불렸던 섹스투스 폼페이우스 마그누스 피우스(기원전 67?~기원전 35)는 카이사르의 내전에서 아버지가 패하여 죽은 뒤 이집트로 피신했다가 다시 히스파니아로 도망갔으며, 율리우스 카이사르(기원전 100~기원전 44)와 그 후계자들과 계속해서 싸웠다. 섹스투스 폼페이우스는 군대를 이끌고 시칠리아 섬을 점령했고, 섹스투스 폼페이우스의 해적 함대는 로마의 곡물 수송을 방해했다. 이어 기원전 40년에 섹스투스 폼페이우스는 나중에 로마 제국의 황제 아우구스투스가 되는 옥타비아누스(기원전 63~기원후 14)에게서 사르디니아(사르데냐) 섬을 빼앗았다. 이듬해 제2차 삼두정치의 통치자인 옥타비아누스와 마르쿠스 안토니우스(기원전 83~기원전 30), 마르쿠스 아이밀리우스 레피두스(기원전 89/88~기원전 13/12)는 섹스투스 폼페이우스와 타협하여 미세눔 협정을 체결했고, 이 협정에 따라 섹스투스 폼페이우스는 로마로 곡물을 수송하는 대가로 시칠리아와 사르디니아의 총독직을 얻고 아버지가 잃은 재산을 보상받았다. 그러나 협정은 효력을 지속하지 못했고, 기원전 38년에 옥타비아누스의 군대가 사르디니아 섬을 다시 점령하여 전쟁이 재발했다. 옥타비아누스의 함대는 시칠리아를 점령하려다가 섹스투스 폼페이우스의 군함들과 폭풍에 파괴됐다. 2년 뒤 옥타비아누스 휘하에서 가장 유능한 마르쿠스 빕사니우스 아그리파(기원전 63?~기원전 12) 장군이 군함 300척을 이끌고 나울로쿠스 인근의 시칠리아 서북해안 근해에서 섹스투스 폼페이우스의 함대를 격파했다. 섹스투스 폼페이우스는 소아시아로 도피했으나 기원전 35년 당시에는 옥타비아누스의 동맹자였던 안토니우스에게 잡혀 살해됐다. 그 뒤 로마는 안전하게 곡물을 공급받았다.

❍ 옥타비아누스-안토니우스 전쟁

온두라스 게릴라 전쟁, 1981~90
Honduran Guerrilla War of 1981~90

수많은 엘살바도르인과 미스키토족 인디오, 그리고 산디니스타(산디니스타 민족해방전선FSLN)에 반대하는 니카라과인들이 온두라스로 피난했다. 온두라스는 이웃 국가들의 내전이 국경 너머로 확산되어 자국 좌파의 저항을 키울까봐 염려했다(❍ 니카라과 내전, 1982~90 ; 엘살바도르 내전, 1977~92). 쿠바에서 훈련받은 마르크스주의자 게릴라들이 정부를 공격했고, 자신들의 대의를 주장하는 데 극적 효과를 더하기 위해 수도 테구시갈파의 미국 대사관에 총격을 퍼붓고 온두라스 비행기를 납치하는 등 도심에서 여러 차례 테러를 자행했다. 경찰과 군대는 게릴라 반군을 진압하기 위한 조치를 단계적으로 강화했고, 반군의 폭동이 증가하자 미국은 온두라스 정부에 군사원조를 확대했다. 온두라스에 본부를 둔 니카라과민주군FDN은 지속적으로 국경 너머 니카라과를 침입하여 두 나라 사이에 긴장이 고조됐다. 1986년 이에 대응하여 니카라과(산디니스타) 군대가 국경을 넘어 온두라스의 FDN 기지를 파괴하려 했다. 미국군의 헬리콥터들이 온두라스 병사들을 수송하여 국경에서 니카라과 군대와 싸우도록 지원했다. 미국은 산디니스타에 반대하는 반군(콘트라)을 지원하여 전투부대 약 3,200명을 온두라스로 파견했고(1988), 미국군의 주둔에 대한 분노 때문에 좌파 폭력이 증가했다. 1990년 니카라과의 산디니스타 정권이 대통령 선거와 의회 선거에서 패하고 온두라스에 대한 미국의 원조가 줄어들면서 교전은 대체로 중단됐다. 그렇지만 농업 개혁을 원하던 온두라스의 농민 단체들은 정부의 조치가 없으면 토지를 점거하자고 호소했으며, 버려진 시골의 토지를 경작하려던 토지 없는 농민들이 공격을 받고 살해됐다(1991). 정부 관리들은 악습의 중단을 약속했다.

온두라스 내전, 1909~11
Honduran Civil War of 1909~11

1907년 온두라스-니카라과 전쟁 뒤 온두라스의 마누엘 보니야(1849~1913) 전직 대통령은 그의 보수주의적 지지자들을 이끌고, 니카라과 독재자 호세 산토스 셀라야(1853~1919) 대통령이 취임시켜 권력을 잡은 자유주의적인 미겔 라파엘 다빌라 쿠에야르(1856~1927)에 맞서 반란을 일으켰다. 이어진 내전은 결말을 보지 못하다가 1911년 2월 8일에 양쪽이 휴전에 합의하고 대통령 선거와 의회 선거를 실시하기로 결정하면서 중단됐다. 1911년 10월 29일 보니야가 대통령에 당선됐다.

○ 니카라과 내전, 1909~12

온두라스-니카라과 전쟁, 1907
Honduran-Nicaraguan War of 1907

1893년에 자유주의자의 봉기가 성공한 뒤 니카라과 대통령이 된 호세 산토스 셀라야(1853~1919)는 사실상 독재자였고 다른 중앙아메리카 국가들을 무력으로 통합하려는 의도로 내정에 간섭했다. 1903년 온두라스의 보수주의파 지도자 마누엘 보니야(1849~1913)는 셀라야가 지원했던 자유주의적인 정부를 무너뜨리고 대통령이 됐다. 1906년 온두라스 반군이 셀라야의 도움을 받아 보니야 정권을 전복하려 했다. 온두라스 정부군이 반군을 뒤쫓아 니카라과에 침입한 뒤 셀라야는 전쟁으로 인한 피해를 배상하라고 요구했으나 온두라스는 이를 거부했다. 그러자 니카라과 군대가 온두라스 영토를 침공하여 1907년 3월 18일 나마시게 전투에서 승리를 거두었다. 나마시게 전투는 중앙아메리카에서 처음으로 기관총이 사용된 전투였다. 니카라과는 온두라스의 수도 테구시갈파를 점령했고, 보니야는 미국으로 도주했으며, 셀라야는 미겔 라파엘 다빌라 쿠에야르(1856~1927)를 온두라스 새 정권의 대통령으로 지명했다.

○ 온두라스 내전, 1909~11

온두라스-엘살바도르 전쟁, 1969
Honduran–Salvadoran War of 1969

○ 축구 전쟁

와이라우 학살(와이라우 소요), 1843
Wairau Massacre(Wairau Affray), 1843

백인이 뉴질랜드에 처음으로 정착하던 1840년대에 즉 1840~41년에 뉴질랜드 부총독으로, 1841~42년에 뉴질랜드 총독으로 마오리족 족장들에게 파견된 윌리엄 홉슨(1792~1842) 영사는 영국동인도회사 때문에 벌어진 폭력사태를 피하고 싶었다. 홉슨은 현명하게 처신하여 1840년에 와이탕이(와이탕기) 조약을 이끌어냈다. 마오리족 족장들은 조약에 의거하여 영국의 보호를 받는 대신 주권을 내주었다. 족장들은 토지의 소유권을 인정받았으나 정부에 매각하기로 동의했다. 이 조약은 상위 족장들에게 매각 제안을 거부할 권리가 있다는 중요한 조항들이 있었다. 그러나 뉴질랜드회사는 다소 비도덕적으로 절차를 진행하여 하위 족장들과 매각에 합의했으며 불법으로 다른 땅도 취득했다. 놀란 마오리족은 땅을 강탈하려는 백인의 시도에 맞섰다. 그렇지만 망설였던 탓에 1843년 6월 17일 와이라우 학살이 벌어졌다. 뉴질랜드회사와 같은 편이 된 유럽인 49~60여 명은 마오리족 족장들이 '구매 완료된' 지역의 측량을 거부했다고 알렸다. 그들은 족장들이 체포되기를 원했다. 유럽인(백인)들은 마오리족 90명과 (체포를 거부한) 족장 2명을 만나 정부가 이 문제를 조사해야 한다는 족장들의 요구를 받아들였으나, 영국인의 우발적인 발포로 교전이 발발하여 마오리족 족장의 부인 1명을 포함하여 마오리족 4명과 유럽인 22명이 사망했다. 나중에 알려진 바에 따르면 잘못은 뉴질랜드회사에 있었다. 마오리족은 처벌받지 않았으나, 서로 적대하는 분위기는 아일랜즈 만(베이오브아일랜즈) 전쟁, 즉 제1차 마오리족 전쟁의 발발에 일조했다.

와이엇의 반란, 1554
Wyatt's Rebellion, 1554

1554년 1월 여왕 메리 1세(1516~58)가 에스파냐의 펠리페 2세(1527~98)와 약혼했다는 사실을 알고는 많은 잉글랜드인이 크게 놀랐다. 잉글랜드의 귀족들은 잉글랜드가 에스파냐의 속국이 되도록 내버려둘 수 없었고 에스파냐가 종교 정책에 간섭할 것을 알았기에 음모를 꾸며 메리 1세를 퇴위시키려 했으며, 메리 1세의 어머니는 또 다른 여동생인 엘리자베스(엘리자베스 1세, 1533~1603) 공주를 왕위에 올리려 했다. 프랑스가 계획을 도왔으며 군대를 보내겠다고 약속했으나, 1554년 3월에 모반하기로 한 계획이 누설됐다. 메리 1세는 신속하게 주요 음모자들을 투옥했고, 시인이자 외교관인 서 토머스 와이엇(1503~42)의 아들로 음모의 지도자였던 토머스 와이엇 더 영거(1521~54)가 1월 말에 행동에 나섰다. 와이엇과 그를 따르는 소수의 추종자들은 프랑스의 지원 없이 켄트에서 런던으로 진격했고 이 도시의 외곽에서 격렬하게 전투를 벌였으나 항복했다. 와이엇은 엘리자베스 1세가 반란에 연루됐음을 밝히려는 고문을 받은 뒤 재판을 받고 여러 반란 지도자와 함께 대역죄로 즉시 교수형에 처해졌다.

와이오밍밸리 학살, 1778
Wyoming Valley Massacre, 1778

미국 독립 전쟁 중인 1778년에 영국군은 변경 정착지를 더욱 빈번하게 공격했다. 존 버틀러(1728~96) 연대장은 1천 명의 왕당파(영국 지지파) 군대와 이로쿼이족 인디언 협력자들을 이끌고 펜실베이니아 식민지 와이오밍밸리를 휩쓸고 지나가다 주민 5천여 명의 저항에 직면했다. 1778년 7월 3일 버틀러의 부대는 대륙군(식민지 독립군)의 부대들이 지키고 있는 요새를 습격하여 곧 함락했다. 이 요새를 수비하고 있던 대륙군 360명 중 최소 300명 이상이 전사하거나 학살당했고, 이 요새에 피신하고 있던 주변 지역의 주민들 상당수가 죽임을 당했다. 나머지는 숲으로 피했으나 몸을 숨길 곳이 없었고 굶주려 죽었다. 대륙군 사령관 조지 워싱턴(1732~99) 장군은 '이런 '혁명(미국 독립 전쟁)'에서 상상을 초월하는 참상'에 격분하여 대륙군을 파견했고, 1779년에 학살을 자행했던 왕당파 유격부대(버틀러 유격대)를 완전히 무찔렀다.

○ 체리밸리 학살

와이카토 전쟁
Waikato War

○ (제2차) 타라나키 전쟁

와카루사 전쟁, 1855
Wakarusa War, 1855

1854년에 캔자스·네브래스카법이 제정되어 캔자스 준주와 네브래스카 준주 주민은 노예제 찬반 여부를 국민주권 원칙에 의거하여(주민투표로) 결정할 수 있게 됐다. 캔자스 준주의 노예제에 찬성하는 주민과 반대하는 주민은 각각 리컴프턴과 토피카에 별개의 헌법을 갖는 정부를 세웠다(1855). 1855년 11월 한 노예제 폐지론자가 살해당하자 이른바 와카루사 전쟁이 벌어졌다. 이 전쟁은 캔자스 준주 로렌스 인근 와카루사 강을 따라 노예제에 찬성하는 쪽과 반대하는 쪽이 벌인 일련의 충돌을 말한다(1855년 11월 26일 ~12월 7일). 소수의 사상자가 발생했고, 노예제에 찬성하는 미주리 주 주민들의 무장 집단인 이른바 보더 러피안Border Ruffians이 자유주(노예 없는 주) 지지자들(노예제를 서부 준주로까지 확대하는 데 반대했던 캔자스 준주의 주민들)이 지키는 로렌스를 공격할 계획을 세웠다. 이 공격과 '전쟁'은 캔자스 준주 지사의 개입으로 중단됐다. 1856년 보더 러피안은 로렌스를 침략했고, 노예제 폐지론자들은 이에 대한 보복으로 포터워터미크릭의 주민을 공격했다(○ 포터워터미 학살). 자유주 지지 이해 관계자와 노예주 이해 관계자 사이의 적대 행위들은 '피흘리는 캔자스'라는 내전으로 비화했고, 연방군이 개입하여 질서를 회복하는 1860년까지 지속됐다.

○ 남북 전쟁

와트 타일러의 난, 1381
Wat Tyler's Revolt, 1381

백년 전쟁 중 잉글랜드에 전염병이 돌고 경제적으로 혼란스러워지자 농민이 크게 고생했다. 임금을 통제하려는 기도에 직인들이 격분했고, 임금의 인상은 임금을 받지 못한 예농隷農을 동요하게 했다. 존 곤트(1340~99)가 전비를 조달하려고 인두세를 부과하자 모두가 분노했다. 특히 1381년에는 모든 성인이 자유농의 일주일 임금인 1실링씩을 납부해야 했다. 1381년 에식스의 어느 마을에서 지나치게 열성적이었던 세리가 내쫓겨 반란에 불이 붙었고, 이는 켄트로 확산됐다. 켄트에서 와트 타일러(1341~81)가 지도자로 선출됐고, 곧 잉글랜드 전역이 농민 반란의 영향을 받았다. 잭 스트로가 이끄는 에식스 주민과 와트 타일러가 이끄는 켄트 주민은 런던으로 몰려가 존 곤트가 소유하고 있던 저택을 불태웠고, 어린 왕 리처드 2세(1367~1400?)와 만나 사면을 받고 구제를 약속받았다. 런던의 하층민 폭도가 런던 탑을 점거하고 캔터베리 대주교를 비롯하여 여럿을 살해하자 정부 안의 여론은 모든 반란자에게 적대적으로 바뀌었다. 리처드 2세와 반란자들의 2차 회동에서 타일러를 포함한 반란의 지도자들은 새로운 요구를 제시했다. 그러나 이 회동 중에 타일러는 살해당하고, 반란자들은 해산됐으며, 왕은 앞서 했던 약속을 파기했다. 반란은 전국에서 진압됐다. 1358년에 프랑스 자크리의 난이 제압될 때보다는 덜했지만 매우 광포하게 진압이 이루어졌다. 반란은 잉글랜드 봉건제의 해체 속도를 늦추었다.

요르단 내전, 1970~71
Jordanian Civil War of 1970~71

6일 전쟁(1967) 뒤 거의 40만 명에 이르는 팔레스타인인들이 이스라엘이 점령한 요르단 강 서안 지구와 가자 지구를 떠나 요르단 강 동안에 이미 거주하고 있는 70만 명의 팔레스타인인에 합류했다. 팔레스타인인들이 지원하던 무장투쟁 단체들은 요르단에서, 그리고 레바논과 시리아의 일부 지역에서 이스라엘에 테러 공격을 했고, 이스라엘은 팔레스타인인들에게 대응해 보복 폭격을 했다. 팔레스타인인 난민들 가운데 야세르 아라파트(1929~2004) 팔레스타인해방기구PLO 의장이 통제하고 있던 더욱 전투적 성향이 강한 팔레스타인인들은 요르단의 법이 자신들에게 적용되지 않는다고 주장하며 서안 지구를 미래에 수립할 팔레스타인 독립국가의 영토로서 요구했다. 이런 팔레스타인인의 무장투쟁 단체들로부터 생명의 위협을 받고 있던 요르단 왕 후세인(1935~99)은 나라가 군사기지가 되어버리고 자신은 권력을 잡기 위해 투쟁하는 경쟁자 중의 하나가 됐음을 깨달았다. 1970년 9월 6~9일('검은 9월') 팔레스타인인 테러리스트들이 외국 항공기업의 여객용 비행기를 납치하여 요르단의 수도 암만으로 끌고 오자, 후세인은 난폭한 팔레스타인인 무장투쟁 단체를 무너뜨리기로 결심했다. 후세인은 1970년 9월 15일 계엄령을 선포했으며, 그의 군대는 12일 동안 난민수용소를 포위하고 게릴라들의 무장을 해제했으며 무장투쟁 단체들의 지도자 여러 명을 추방했다. 9월 24일에는 시리아도 요르단에 있던 팔레스타인인 무장투쟁 단체들에 대한 지원을 중단했고, 그 뒤 아랍 국가들의 국가원수들이 휴전을 중재했다. 팔레스타인인의 게릴라 단체들과 맞선 전투는 1971년에도 계속됐다. 4월에 암만이 팔레스타인 세력의 손에서 벗어났으며, 7월에는 요르단 북부의 팔레스타인 기지들이 파괴됐다. 팔레스타인인 무장 투쟁단체들은 레바논으로 이동했고, 결국 1975~90년의 레바논 내전이 발생하는 한 요인이 됐다.

욤 키푸르 전쟁(10월 전쟁, 라마단 전쟁), 1973
Yom Kippur War(October War, Ramadan War), 1973

1967년 6일 전쟁 뒤로도 아랍 국가들과 이스라엘 사이에는 간헐적으로 싸움이 이어졌다. 1973년 10월 6일 아랍 국가들은 이스라엘이 점령 지역의 반환 협상을 거부하자 두 방면에서 이스라엘을 기습했다. 그날은 유대교의 종교축일인 욤 키푸르(속죄일)였다. 안와르 사다트(1918~81) 대통령의 이집트 군대는 수에즈 운하를 건너 서쪽에서 공격했고, 시리아 군대는 북쪽에서 이스라엘로 진격했다. 이집트와 시리아 군대에 이라크와 요르단, 레바논, 모로코, 북한, 사우디아라비아, 리비아 등의 군대가 합류하여 방심한 이스라엘에 큰 손실을 입혔다. 이스라엘은 이에 보복하여 시리아로 밀고 들어가 다마스쿠스에서 약 32킬로미터 떨어진 지점까지 진격했으며, 수에즈 운하를 넘어 이집트 군대를 포위하고 수에즈 운하의 서안에 병력을 주둔했다. 이스라엘과 이집트는 미국과 소련이 요청한 휴전에 동의했으나 국제연합

UN 평화유지군이 전투 지역으로 이동할 때까지 싸움을 계속하다가 1973년 11월 11일에 휴전협정을 체결했다. 1974년에 체결한 군대 철수 협정 2개에 근거하여 이스라엘은 시나이 반도의 미틀라 고개와 기디 고개 서쪽까지 군대를 철수시켰고, 이집트는 수에즈 운하 동안의 자국 군대를 축소했다. 이스라엘이 6일 전쟁 이후 점령하고 있던 시리아의 영토인 골란 고원과 시리아의 나머지 영토 사이에는 UN이 관리하는 완충지대가 설치됐다.

○ 레바논 내전, 1975~90 ; 팔레스타인 게릴라 습격

우간다 게릴라 내전, 1981~
Ugandan Guerrilla and Civil Wars of 1981~

아프리카 중동부의 우간다는 이디 아민(1928?~2003)의 독재정치 이후 사회적·경제적으로 혼란스러웠다(○ 우간다 내전, 1978~79). 1980년에 다시 권력을 장악한 아폴로 밀턴 오페토 오보테(1924~2005) 대통령의 부패한 정권은 군사 쿠데타로 무너졌고(1985), 우간다에서 활동하고 있던 주요 반체제 정치 단체인 국민저항운동NRM의 군사 조직인 국민저항군NRA은 곧 새로운 통치자(군사평의회 의장) 티토 루트와 오켈로(1914~96)의 군대를 공격했다. 오켈로는 수도 캄팔라를 떠나 피신했다(1986년 1월). NRA 사령관 요웨리 카구타 무세베니(1944?~   )는 대통령이 되어 서로 적대했던 경쟁 집단들(부족 집단과 정치 집단)의 국민적 화해를 모색했다. 그러나 나라는 여전히 혼란스러웠고, 특히 북부에서는 오보테나 오켈로에 충성하는 반군 집단이 정부군과 맞서 싸웠다. 1988년 무세베니는 우간다자유운동 UFM, 우간다연방제민주주의운동 FEDEMU, 우간다인민민주군 UPDA, 우간다연방주의군 UFA을 포함하는 모든 반란 조직에게 무기를 내려놓으라고 요청했으나 아무런 소용이 없었다. 사정이 그러했는데도, 무세베니는 정부를 더욱 강하게 장악했고 NRA의 도움으로 반군들의 저항을 억누르는 데 성공했다. NRA는 1990년에 소로티 디스트릭트(광역 지방 구역)와 쿠미 디스트릭트에서 공세를 전개하여 성공했다. 국경에서 르완다 군대와 우간다 게릴라 부대가 충돌하여 인접한 두 나라 사이에 긴장이 유발됐고, 르완다와 우간다는 1992년에 안보협정을 체결했다(○ 르완다 내전, 1990~94). 과거에 우간다 남부에 있었던 4개의 왕국에서 군주의 후손들이 명목상 군주로 즉위하여 비공식적 영향력을 행사

할 수 있도록 하는 헌법이 개정되어(1993) 우간다 내부의 알력은 줄어들었다. 그러나 무세베니는 제헌의회의 지지를 얻어 다당제 민주주의의 재도입에 반대하여 성공했으며, 동시에 다른 나라들의 후한 원조를 받아 경제 개혁 계획을 실행했다. 1995년 중부와 동남부 지역에서 반군의 공세가 중단됐으며, 이듬해 무세베니는 우간다가 1962년에 영국에서 독립한 뒤 처음 실시한 대통령 직접선거에서 승리했다. 무세베니는 권력을 계속해서 공고히 했다. 무세베니는 2001년(우간다인들이 국민투표로 다당제의 재도입에 반대한 이듬해)에 재선됐고, 2002년 12월에는 무세베니 정부가 5년이 넘는 협상 끝에 제2차 우간다민족회복전선UNRF 반군과 평화협정을 체결했으며, (미국 같은) 서방의 원조 공여 국가들은 우간다가 에이즈 확산 방지사업을 벌이고 남부에서는 자유로운 시장경제 활동을 촉진하여 번영했다고 거듭 칭찬했다. 그러나 군사행동은 중단되지 않았다. 우간다 군대는 1997년부터 2003년까지 콩고 민주공화국(이전의 자이르)에서 전쟁을 벌이는 다양한 반군 세력을 지원했다. 우간다인들에게 더욱 유해했던 것은 신의 저항군LRA이 벌인 잔인한 군사행동들인데, 1986년에 시작된 이 군사행동은 주로 아콜리족이 거주하는 북부의 굴루, 파데르, 키트굼 디스트릭트에서 전개됐다. 그리고 이후에는 랑고족이 밀집해 거주하는 아파크, 리라 디스트릭트나 테소족이 밀집해 거주하는 소로티, 카타크위 디스트릭트까지 확산됐다. 무세베니 정부(북부 출신 지도자들이 지배하지 못한 최초의 행정부)는 아콜리족을 차별했는데, LRA는 비록 이 차별을 철폐하려 한다고 주장했지만, 게릴라 전쟁의 희생자는 대부분 아콜리족 주민이었다. 『성서』의 십계명을 토대로 정부를 세우는 것이 목표라고 했던 조지프 라오 코니(1961?~)는 LRA를 이끌고 마을에 침입하여 주민들을 학살했고, 아이들을 납치하여 성 노예나 병사로 만들어버리는 대표적 전술을 구사했다(많은 아이가 친척들이 죽는 것을 목격하거나 살해에 참여해야 했다). 정부는 파데르 디스트릭트의 30만 명을 포함하는(이 디스트릭트의 거의 전 인구다) 많은 민간인에게 수용소에 입소하여 보호를 받으라고 명령했으나, 그곳에서도 주민들은 안전하지 않았다(2004년 2월 LRA는 리라라는 도시 인근의 수용소에서 약 200명을 살해했다). 고향에 남아 있던 사람들은 LRA에 납치되는 것을 피하고자 밤마다 자녀를 큰 도시에 보내 재웠는데, 이 도시 중 상당수는 몇 킬로미터를 걸어가야 했다. 국제구호 단체들

은 2005년 현재에 북쪽에서 벌어진 싸움으로 적어도 150만 명의 우간다인
이 난민이 됐고, 우간다인 약 50만 명이 사망했으며 2만 8천 명가량의 어린
이가 납치됐다고 추산한다. 2002년 초 반군 집단의 몇몇 기지가 있던 수단
은 우간다 군대가 국경을 넘어 자국 영토로 들어와 LRA 대원들을 근절하
도록 허용했다. 두 나라는 상대국 내부의 반군 세력들을 지원하지 않기로
합의했다. LRA는 수단의 지원이 끊기자 우간다에서 공격을 강화하여 대응
했다. 2004년 헤이그의 국제형사재판소는 LRA가 저지른 전쟁 범죄 관련 혐
의들을 수사하기 시작했다. 일시적인 휴전이 이루어진 뒤인 그해 늦게 LRA
는 처음으로 정부와 직접 평화협상을 가졌고, 정부는 무장을 해제한 반군
전사들을 사면하겠다고 제안했다. 그러나 무세베니가 계속 권력을 장악할
것으로 보이면서 양 진영은 이 협상 기회를 충분히 활용하지 않았으므로,
반란의 종식은 2005년 중반에도 멀게만 보였다. 특히 무세베니가 지배권을
유지하려 했던 것이 큰 이유였다. 무세베니는 다른 정당들이 선거에 참여하
도록 하는 대신(2004년에 대법원은 다당제 민주주의에 반대한 2000년도 국민투표
의 결과를 무효화시켰다) 1995년도 우간다 헌법에 명시된 대통령의 임기 3회
이상 중임 금지 조항을 삭제하는 헌법 개정을 실행하도록 우간다 의회를
설득하여 대통령 임기 제한을 폐지시켰다. 그리하여 무세베니는 2006년도
대통령 선거와 2011년도 대통령 선거에서 승리하여 계속 재임하고 있다.

🜚 콩고(킨샤사) 내전, 1998~2003

우간다 내전, 1978~79
Ugandan Civil War of 1978~79

1978년 가을 우간다 군대는 독재자이자 종신 대통령인 이디 아민(1928?~
2003)의 명령을 받아 탄자니아 북부를 침공했고 카게라 강의 양안을 연결하
던 유일한 다리를 폭파한 뒤 카게라 돌출부라고 부르는 탄자니아의 영토 중
약 1,813제곱킬로미터를 점령했다. 이에 대응하여 줄리어스 캄바라게 니에
레레(1922~99) 탄자니아 대통령은 아민의 독재 통치를 피해 국경을 넘어 조
국을 탈출한 우간다인 망명자들이 참여하여 강화된 군대를 파견했고, 이
들은 국경을 넘어 우간다로 진입했다(1978년 10월). 탄자니아군은 몇 차례의
작은 전투에서 승리한 뒤 우간다 남부를 지나 진격했다. 이어 우간다 수도

캄팔라를 포위했으나, 아민을 지원하러 온 리비아 군대에 잠시 저지당했다. 1979년 4월 11일 탄자니아 군대와 우간다인 망명자들이 결성한 정치·군사 조직인 우간다국민해방전선UNLF의 구성원들이 캄팔라에 진입했고, 주민들은 그들을 해방자로 환영했다. 체포를 피한 아민은 가난해진 우간다와 잔인하게 취급당한 주민들을 남겨두고 리비아로 도피했다. 아민은 8년가량 통치하면서 아시아인을 모조리 추방했으며 수많은 부족민과 그리스도교도를 살해했고 군대를 양성하는 데 지나치게 많은 자금을 썼으며 소유자에게 보상하지도 않고 모든 토지를 국유화했다.

우간다 종교 전쟁, 1885~92
Ugandan Religious Wars, 1885~92

1879년경 성공회(잉글랜드 교회)와 프랑스의 로마가톨릭, 그리고 아랍의 이슬람 선교사들이 우간다로 알려진 아프리카 적도 지역에 도착했다. 부간다 왕국(오늘날 우간다의 남부 일부)의 카바카(왕) 음왕가 2세(1868~1903)는 외부인들이 백성에게 영향력을 행사하는 데 점차 두려움을 느끼고 이들을 제거하기로 결심했다. 1885년 음왕가 2세는 성공회의 최고위급 선교사들을 체포했고 동쪽(전설에 따르면 부간다를 정복할 사람들이 온다는 방향)에서 그 지역으로 진입했던 성공회 주교 1명을 살해했다. 그리스도교도는 점점 더 심하게 박해를 받았고, 개종자들은 냉혹하게 살해되거나 말뚝에 묶여 화형을 당했다. 음왕가 2세는 모든 그리스도교도와 이슬람교도를 빅토리아 호수 안에 있는 한 섬에 감금하여 굶겨 죽이려 했으나 실패했다. 왕은 목숨을 구하기 위해 도피해야 했고, 어머니가 다른 형인 키케와(1889년 사망)가 왕으로 즉위했다. 평화를 얻고자 했던 키케와는 주요 직책을 세 종교 집단에 배분했다. 그러나 이슬람교도가 그리스도교도 원주민 족장 여러 명을 살해했고, 그리스도교 족장들의 추종자들은 도피했다가 나중에 다시 세력을 회복하여 돌아와 1889년 10월에 발발한 전투에서 이슬람교 집단을 격파했다. 다음 달 이슬람교 집단은 다른 전투에서 승리했으나 1890년 2월에 결정적인 패배를 당했다. 그 뒤 가톨릭과 성공회가 싸움에 들어갔다. 프랑스와 연계된 가톨릭 당파는 공격에 나섰다가 1892년 봄 캄팔라에서 영국과 연계된 성공회에 패한 뒤 빅토리아 호수의 세세 섬으로 피하여 그곳을 기지로 삼아 성공회를 공격했다. 그해 말 영국군 장교 1명이 이 섬의 공격을 이끌어 가톨릭 집단을 완패시켰고, 패주한 가톨릭교도는 부간다 왕국의 남부에 정착했다. 이슬람교도는 다른 지역에 거주했고, 성공회는 부간다의 주요 지역을 장악했다. 성공회가 장악한 지역은 1894년에 영국의 보호령(오늘날의 우간다 공화국)이 됐다.

우루과이 내전, 1842~51
Uruguayan Civil War of 1842~51
○ 몬테비데오 포위공격

우루과이 독립 전쟁
Uruguayan War of Independence
○ 아르헨티나─브라질 전쟁, 1825~28 ; 우루과이 반란, 1811~16

우루과이 반란, 1811~16
Uruguayan Revolt of 1811~16
반다오리엔탈(오늘날 우루과이와 브라질 리우그란지두술 주의 일부)은 오랫동안 에스파냐와 포르투갈이 영유권을 주장한 분쟁 지역이었다. 1776년 반다오리엔탈은 오늘날의 아르헨티나, 파라과이, 볼리비아를 관할하던 에스파냐의 식민지 구역인 리오데라플라타 부왕령副王領의 일부가 됐다. 1808년에 나폴레옹(1769~1821)이 에스파냐 왕 페르난도 7세(1784~1833)를 폐위한 뒤(○ 나폴레옹 전쟁 ; 반도 전쟁), 1810년 5월 혁명으로 리오데라플라타 부왕령의 부왕이던 발타사르 이달고 데 시스네로스(1758?~1829)가 쫓겨나자, 몬테비데오의 총독으로 재임하고 있던 프란시스코 하비에르 데 엘리오(1767~1822)는 스스로 부왕이 됐다고 선포했다(○ 아르헨티나 독립 전쟁). 호세 헤르바시오 아르티가스(1764~1850)가 지휘하는 몬테비데오의 우루과이인들은 엘리오를 강제로 제거하려 했다. 엘리오는 페르난도 7세의 누이이자, 포르투갈 왕국의 세자이자 섭정이던 주앙(주앙 6세, 1767~1826) 왕자의 부인인 카를루타 조아키나(1775~1830)에게 도움을 요청했다. 1811년 포르투갈 부대가 독립을 추구하는 몬테비데오와 부에노스아이레스의 혁명가들로부터 엘리오를 보호하기 위해 반다오리엔탈을 침공했다. 아르티가스는 혁명 군을 이끌고 승리를 거두었으며, 반다오리엔탈을 장악했고, 반다오리엔탈 이 아르헨티나에서 분리되어야 한다고 결정했다. 1814년 아르헨티나 군대 가 몬테비데오를 공격했지만 1815년에 격퇴되어 반다오리엔탈은 에스파냐 와 아르헨티나에서 독립했다. 이듬해 브라질 군대가 침공하여 아르티가스 를 내몰고 그 지역을 점령했다. 반다오리엔탈은 1821년에 브라질의 일부가 됐다가 1825~28년의 아르헨티나-브라질 전쟁 때 우루과이로 독립했다.

우루과이 쿠데타, 1933
Uruguayan Coup d'état of 1933

1931년 자유주의적인 콜로라도당의 가브리엘 테라(1873~1942)가 우루과 이 대통령에 당선됐다. 당시 우루과이는 세계경제 대공황으로 경제가 어려 웠다. 테라는 행정권을 제약한 국가행정위원회와 갈등을 겪었고, 보수주의 정당인 블랑코당과 경제의 사회화(국유화)를 원했던 콜로라도당 급진적 인 사의 반대에 직면했다. 1933년 3월 31일 테라는 국가행정위원회와 의회를 해산하고 헌법을 폐지했으며 독재 권력을 장악했다. 1934년에 공포된 새 로운 헌법은 국가행정위원회를 폐지하여 대통령에 권력을 집중했으며 내각 과 상원에서 정당 비례대표제를 시행했다. 대통령에 재선된 테라는 독재자 로 통치했으며 이듬해 소소한 반란을 진압했다(1935). 한동안 표현의 자유 가 제한됐으며 반대파 신문들이 정간됐다. 그렇지만 테라의 통치 기간에 우 루과이 경제는 개선됐고 사회 발전도 이루어졌다. 1938년 테라는 권좌에서 물러났으며 알프레도 발도미르 페라리(1884~1948) 장군이 대통령으로 취임 했다. 알프레도 발도미르 페라리는 1933년에 테라가 감행한 쿠데타에 참여 했으며, 1942년까지 테라가 수립한 비민주적 정치체제를 유지했으나, 1942 년 친위 쿠데타를 감행하여 성공한 뒤 민주적인 정부를 회복했다.

우즈베키스탄 봉기, 2005
Uzbekistan Uprising of 2005

우즈베키스탄은 소련 해체 후 중앙아시아의 다른 지역과 마찬가지로(**○**타 지키스탄 내전, 1992~97) 정치적 분쟁의 소지가 있었다. 이전에 공산당 지도자였던 이슬람 압두가니예비치 카리모프(1938~) 대통령의 권위주의 체제는 종교의 자유와 정치적 자유를 심하게 억압했으며, 이는 극단파의 등장을 유발하고 나라의 안정을 해쳤다. 2005년 5월 13일 정치적으로 민감한 페르가나 분지의 도시 안디잔에서 시위자들이 경찰서와 군 병영을 공격하고 무기를 탈취했다. 이들은 약 2천 명의 죄수를 풀어주었는데, 여기에는 활동이 금지된 과격한 이슬람 정당 히즈웃타흐리르Hizb-ut-Tahrir에 협력했다고 정부가 선언한 23명의 기업가가 포함됐다. 열악한 경제 상황에 불만을 품은 사람들이 거리로 쏟아져나와 시위를 벌였으며 정부 건물을 장악하고 정부군과 충돌했다. 전하는 바에 따르면 정부군은 총격으로 시위자 수백 명(정부 계산으로 169명이나 목격자의 증언에 따르면 거의 700명에 이른다)을 살해했다고 한다. 카리모프는 군대가 시위자에게 발포했다는 사실을 부인했고 폭력사태의 책임을 이슬람 과격파에 돌렸다. 가까운 동맹국이었던 미국은 우즈베키스탄이슬람운동IMU을 테러 집단으로 선언했다. 카리모프는 사건을 독립적으로 조사할 기구를 요청하는 목소리를 무시하고 보도의 완전한 금지를 명령했다. 이튿날 수백 명의 우즈베키스탄인이 이웃 나라 키르기스스탄으로 탈출하면서 정부 건물을 불태우고 국경을 경비하던 군인들을 공격했다. 인권 단체들은 이 사건을 10년에 걸친 정부의 이슬람교도 박해의 한 사례로 보았다(이슬람교도는 우즈베키스탄 주민의 76퍼센트에 이른다). 안디잔에서 체포된 15명은 나중에 정부 전복 혐의로 기소됐다.

워릭 백작의 반란, 1469~71
Warwick's Rebellion, 1469~71

'국왕 옹립자kingmaker'로 알려진 워릭 백작 리처드 네빌(1428~71)은 잉글랜드 왕 에드워드 4세(1442~83)의 조언자 역할을 하며 사실상 만족스럽게 왕을 조종했다. 1465년에 워릭 백작은 프랑스에서 에드워드 4세의 왕비 문제를 두고 조심스럽게 협상하던 중 에드워드 4세가 왕가 출신이 아닌 엘리자베스 우드빌(1437?~92)과 비밀리에 혼인했다는 사실을 알았다. 워릭 백작은 내색하지 않았지만 화가 났고, 친정 체제를 구축한 에드워드 4세가 자신이 임명한 자들을 우드빌 가문 사람으로 대체하면서 또다시 좌절을 겪었다. 워릭 백작은 에드워드 4세가 1469년에 어리석게도 프랑스의 적국인 부르고뉴 공국과 동맹을 맺자 분노했고, 그해에 공공연히 반란을 일으켜 데 인스무어에서 에드워드 4세를 사로잡았다. 워릭 백작은 자기 사람들이 다 시 관직에 임명되리라는 희망을 품고 에드워드 4세를 풀어주었다. 그러나 에드워드 4세는 1470년에 워릭 백작이 반역죄를 저질렀다고 비난하여 워릭 백작은 프랑스로 피신해야 했다. 워릭 백작은 프랑스에서 런던 탑에 감금 된 헨리 6세(1421~71)의 왕비로 이전의 적이었던 마거릿 앙주(마르그리트 당 주, 1430?~82)와 화해했다. 1470년 워릭 백작과 마거릿 앙주는 프랑스의 도 움으로 군대를 모아 잉글랜드로 쳐들어갔고 헨리 6세를 구출하여 복위시켰 다. 부르고뉴 공국으로 도피했던 에드워드 4세가 1471년에 되돌아와 바닛 전투에서 워릭 백작을 죽였고, 헨리 6세의 아들이 사망한 뒤에 튜크스버리 에서 헨리 6세의 가족을 다시 사로잡았다. 다시 붙잡힌 헨리 6세는 런던 탑 에서 사망했다. 이제 에드워드 4세는 권력을 장악했고, 요크 가문과 랭커스 터 가문 사이의 전쟁은 끝난 듯했다(❍ 장미 전쟁).

워벡의 반란, 1495~99
Warbeck's Rebellion, 1495~99

잉글랜드 왕위를 찬탈한 헨리 4세(1366~1413)에 반대했던 세력은 1487년 램버트 심널(1477?~1525?)의 반란이 실패로 돌아간 뒤에 또다시 가짜 인물 을 내세워 음모를 꾸몄다. 이번에는 플랑드르 태생의 견직물 생산 노동자 퍼킨 워벡(1474?~99)이 리처드 3세(1452~85)에 의해 살해됐다고 알려진 왕 자 요크 공작 리처드(에드워드 4세의 둘째 아들, 1473~83?)로 처신하는 훈련 을 받았다. 워벡의 후원자들로는 뒷날의 신성로마제국 황제 막시밀리안 1 세(1459~1519)와 언제나 책략을 획책하는 부르고뉴 공국 여공작 마리, 워 릭 백작 에드워드 플랜태저넷, 스코틀랜드 왕 제임스 4세(1473~1513)가 있 었다. 1495년 워벡의 잉글랜드 침공은 실패로 돌아갔다. 워벡은 스코틀랜 드로 가서 제임스 4세에게 자신이 진짜임을 납득시키고 제임스 4세의 사촌 과 결혼했다. 1496년 스코틀랜드는 잉글랜드를 침공했으나 제임스 4세와 워벡이 불화하여 실패했다. 워벡은 스코틀랜드를 떠나 1497년에 콘월을 침 공했으나 엑서터에서 헨리 7세(1457~1509)의 군대와 직면하자 6천 명의 반 군과 함께 퇴각하여 다시 실패했다. 워벡은 도주했다가 1499년에 햄프셔의 불리 수도원에서 체포됐다. 워벡은 용서해주겠다는 거짓 약속에 내막을 전부 털어놓았고, 런던 탑에 갇혔다가 두 차례 탈출을 시도한 뒤 실패하고 교수형을 당했다.

워커의 니카라과 침공, 1855~57
Walker's Invasion of Nicaragua, 1855~57

1855년 6월 미국의 용병 군인 윌리엄 워커(1824~60)는 니카라과의 보수파 정부에 맞서 반란을 일으킨 자유주의 세력의 지도자 돈 프란시스코 카스텔론(1815?~55)의 초청을 받아 그의 추종자 58명과 함께 니카라과로 갔다. 아메리칸 팔랑크스라고 불렸던 워커의 군대는 니카라과 반군에 합류하여 니카라과 호수에 있던 미국 증기선을 강탈했고, 이어 호숫가에 있는 보수파의 요새 그라나다를 점령했다. 카스텔론이 사망한 뒤 워커는 전쟁의 지휘권을 떠맡아 곧 보수파를 격파했다. 1856년 7월 워커는 니카라과 대통령으로 당선됐고 잠시나마 미국 정부의 승인을 받았다. 이 미국인 불법 침략자는 중앙아메리카의 나라들과 대립했고, 이전의 친구였던 미국인 부호로 니카라과를 관통하는 횡단도로를 지배하려 한 코닐리어스 밴더빌트(1794~1877)와도 반목했다. 1856년 가을 코스타리카 대통령 후안 라파엘 모라(1814~60)가 지휘하는 코스타리카 군대가 니카라과를 침공하여 산후안 델수르와 리바스, 니카라과 횡단도로를 장악했고, 라파엘 카레라(1814~65) 과테말라 대통령도 군대를 파견하여 엘살바도르와 니카라과의 보수파로부터 지원을 받아 마사야를 점령하고 그라나다를 포위했다. 워커를 동정한 미국인들이 이에 합세하려 했으나 방해를 받았다. 워커는 콜레라로 병력이 줄어들자 그라나다에서 철수하여 리바스로 향했으나 여러 주 동안 코스타리카 군대의 포위공격을 받았다. 1857년 5월 1일 워커는 체포를 피하기 위해 세인트메리스 함에 승선한 찰스 헨리 데이비스(1807~77) 미국군 중령에게 항복했다. 워커는 그해 말에 니카라과에 돌아왔으나 체포되어 추방당했다. 1860년 워커는 중앙아메리카에서 다시 권력을 잡기 위해 온두라스에 상륙했으나 체포되어 군사재판에서 유죄판결을 받고 총살당했다.

워커의 멕시코 침공, 1853~54
Walker's Invasion of Mexico, 1853~54

캘리포니아 주에 사는 미국인 모험가 윌리엄 워커(1824~60)는 멕시코에 미국인 정착촌을 설립하려는 계획에 개입했다. 불법 침입 원정대를 조직한 워커는 1853년 10월 15일 멕시코 서북부에서 세력을 떨치던 아파치족 인디언으로부터 멕시코인들을 보호한다는 핑계로 샌프란시스코에서 배에 병력을 태우고 출발했다. 워커는 바하칼리포르니아 준주의 라파스에 상륙하여 독립 공화국을 선포하고 스스로 대통령이 됐다(1853년 11월 3일). 워커는 이어 멕시코의 소노라 주를 병합한다고 선언했다(1854년 1월 18일). 멕시코인들은 미국인 침략자를 빈번히 공격했고, 식량과 탄약이 부족한 미국인들은 멕시코에서 떠날 수밖에 없었다. 1854년 5월 워커는 샌디에이고 인근의 국경에서 미국 당국에 항복했다. 워커는 곧이어 중립법 위반 혐의로 재판을 받았으나 무죄로 방면됐고, 1년 뒤 니카라과에서 불법 침입 활동을 재개했다.

워털루 전투
Battle of Waterloo
○ 백일 전쟁

월리스의 반란, 1297~1305
Wallace's Revolt, 1297~1305

잉글랜드 왕 에드워드 1세(1239~1307)는 스코틀랜드 정책의 일환으로 계획적인 테러를 자행했다. 이런 상황에서 윌리엄 월리스(1272?~1305)가 잉글랜드 병사들과 언쟁하고 잉글랜드의 셰리프*를 암살한 사건이 일어나 민족적 저항운동이 빠르게 확산됐다. 1297년 월리스의 반란군은 스털링 다리에서 잉글랜드 침략군을 격파했다. 잉글랜드의 지휘관은 어리석게도 자신만만한 병사들에게 캠버스케네스 수도원 근처의 좁은 다리를 건너라고 명령했다가 훨씬 적은 수의 월리스의 군대에 궤멸됐다. 에드워드 1세가 침공하여 1298년에 폴커크에서 월리스를 쳐부수었고, 월리스는 게릴라전으로 싸워야 했다. 폴커크 전투는 장궁 궁수를 써서 창병의 밀집 대형을 격파한 최초의 전투였다. 그 뒤 에드워드 1세는 세금에 화가 난 귀족들과 싸우느라 스코틀랜드를 떠났다가 1303년에 다시 돌아와 스털링에서 월리스를 물리쳤다. 월리스는 도피했으나 그 목에 걸린 현상금은 배신을 불러왔다. 1305년 월리스는 재판을 받고 잔혹하게 교수당했다가 질식하기 직전에 끌어내려서는 내장을 발라낸 뒤 사지가 찢겼다.

○ 브루스의 반란 ; 스코틀랜드 전쟁, 1295~96

* sheriff. 앵글로색슨족이 잉글랜드를 지배하면서 광역 지방 구역인 샤이어(shire)에 임명한 지방장관.

웨일스 변경백령 반란, 1322
Rebellion of the Welsh Marches, 1322

잉글랜드 왕 에드워드 2세(1284~1327)와 귀족들 사이의 관계는 매우 험악했는데, 특히 행정권을 지닌 요직을 둘러싸고 분란이 일었다. 1312년 총신의 한 사람인 피에르 가베스통(1284?~1312)은 처형됐다. 그 다음으로 문제가 된 사람은 왕의 시종장이었던 휴 르 디스펜서(1261~1326)였다. 디스펜서가 글로스터 백작령의 공동 상속자인 엘리너 드 클레어(1292~1337)와 결혼하여 웨일스 남부의 글러모건을 장악하자 웨일스 변경백령*의 영주들은 불만을 품었다. 랭커스터 백작 토머스(1278?~1322)가 반대 세력을 규합한 뒤 책략을 써서 디스펜서 부자의 추방을 이끌어냈으나, 이후 귀족들은 분열했다. 에드워드 2세는 귀족들 사이의 분란을 틈타 1322년 3월 버러브리지 전투에서 웨일스 변경백령의 영주들을 공격했다. 에드워드 2세의 군대는 기병을 말에서 내려 싸우게 하고 궁수로서 기병을 대적하는 새로운 전술로 반란군을 무찔렀다. 왕은 랭커스터 백작과 그 패거리를 처형하고, 디스펜서 부자를 다시 불러들였으며 아들 휴 르 디스펜서를 다시 총신으로 삼았다.

* Welsh March, The March of Wales. 중세 잉글랜드가 웨일스 남부에 설치한 지방 구역. 이 구역의 영주인 변경백들은 특정한 권리를 보유했다.

위그노 전쟁
Huguenot Wars

○ 종교 전쟁

위너베이고족 인디언-일리노이족 인디언 전쟁, 1671
Winnebago-lllinois War of 1671

위너베이고족 인디언은 평화로운 부족으로 17세기에 오늘날 위스콘신 주 동부의 그린베이로부터 위너베이고 호수에 이르는 지역에 거주했다. 일리노 이족 인디언은 원래 미시시피 강 동안에 살았으나 공격적인 이로쿼이족 인 디언에 의해 서쪽으로 밀려났다. 1671년 일리노이족은 위너베이고족 영토 를 침입했고, 두 부족들 사이에 일련의 침입과 전투가 벌어졌다. 위너베이 고족은 더 호전적인 일리노이족을 대적하지 못하여 밀려났다. 이 충돌로 위 너베이고족의 수는 절반 이하로 감소했고, 약 3천 명만 살아남았다.

위스키 반란, 1794
Whiskey Rebellion, 1794

1791년 미국 연방의회는 미국 독립 전쟁 중에 발생한 국가 부채를 갚기 위 해 위스키에 소비세를 부과하도록 허용했다. 반대의 목소리가 높았는데, 가장 격한 저항은 1794년 펜실베이니아 주 서부에서 발생했다. 연방 정부의 세금 징수 담당 공무원들이 공격을 받았고 건물들이 불탔다. 1794년 10월 조지 워싱턴(1732~99) 대통령은 재정 확보를 위해 소비세 도입을 제안하고 중앙정부(연방 정부)의 권한을 역설한 알렉산더 해밀턴(1755/57~1804) 재무 부 장관의 강권에 따라 연방 정부가 소집한 민병대 부대를 파견했다. 해밀 턴이 직접 지휘권을 맡아 약 1만 3천 명의 병력을 이끌고 반란자들을(대부분 농민들) 진압하러 갔다. 전투는 없었고, 반란자들은 11월에 해산했으며, 군 대가 그 지역을 점령했다. 수감된 반란자 20명 중에서 두 사람이 반역죄로 유죄판결을 받았으나 나중에 대통령의 사면을 받았다. 미국의 연방 정부는 처음으로 단호하게 법을 집행할 수 있는 능력을 지녔음을 입증했다.

○ 프라이스의 반란

윌란 해전(스카게라크 해전),* 1916
Battle of Jutland(Battle of the Skagerrak), 1916

제1차 세계대전에서 영국의 주요 전략은 강력한 해상 봉쇄로 독일에 맞서 는 것이었다. 영국 함대는 북해를 정기적으로 순찰하여 독일 항구에서 어떤 배도 떠날 수 없도록 막으려 했다. 라인하르트 셰어(1863~1928) 제독이 지휘하는 독일의 대양함대 Hochseeflotte는 바다로 나가 월란(위틀란트) 반도와 노르웨이 사이의 북해 출구인 스카게라크 해협으로 진입하여 영국 해군의 힘을 시험했다. 1916년 5월 31일에서 6월 1일에 월란 반도 해안으로부터 약 100킬로미터 떨어진 해상에서 프란츠 폰 히퍼(1863~1932) 제독이 지휘하는 독일의 정찰 함대가 데이비드 리처드 비티(1871~1936) 제독과 휴 에번스토머스(1862~1928) 제독이 지휘하는 영국 해군 함대와 맞닥뜨렸다. 이 영국군은 독일군의 정확한 포격에 큰 손실을 입고 존 러시워스 젤리코(1859~1935) 제독이 지휘하는 대함대 Grand Fleet에 합류했고, 히퍼의 정찰 함대는 대양함대에 합류했다. 젤리코의 대함대와 셰어의 대양함대가 맞붙었다. 독일 함대를 항구로 돌아가지 못하도록 차단하고 포위하여 격파한다는 영국 해군의 작전은 그날 거의 성공할 뻔했다. 그러나 독일군은 어둠과 안개를 이용해 능숙한 전술을 펼친 뒤 탈출에 성공했고 전투에 참전한 군함 총 99척 중 겨우 11척을 잃었다. 영국은 더 많은 군함(151척 중 14척)과 인명(적군의 두 배 이상)을 잃었지만 북해에서 전력의 우위를 유지했다. 독일 해군은 사기가 꺾였으며 이후 전쟁이 끝날 때까지 전투를 회피했다. 대구경大口徑 함포를 주요한 무기로서 탑재한 중장갑 군함인 드레드노트(노급함弩級艦) 전함의 건조는 제1차 세계대전이 발발한 한 가지 원인이었는데 월란 해전은 드레드노트 전함들을 포함시킨 함대가 대결한 최초의 대규모 전투였다.

* 유틀란트 해전으로 알려져 있다.

윌리엄 왕의 전쟁, 1688~97
King William's War, 1688~97

유럽의 대동맹 전쟁은 북아메리카에까지 확산됐다. 이로쿼이족 인디언과 동맹한 잉글랜드군은 허드슨 강 유역 상류와 세인트로렌스 강 유역, 아카디(오늘날 캐나다의 퀘벡 주 동부 일부, 뉴브런즈윅 주, 프린스에드워드아일랜드 주, 노바스코샤 주와 미국의 메인 주 북부 일부), 그리고 허드슨 만 지역의 통제권을 두고 프랑스와 동맹을 결성한 부족(와바나키 연맹)에 맞서 싸웠다. 서 윌리엄 핍스(1651~95)가 지휘하는 잉글랜드군은 1690년에 포르루아얄(오늘날 캐나다 노바스코샤 주의 애너폴리스로열)을 장악했고, 프롱트나크 백작 루이 드 뷔

아드(1622~98)가 지휘하는 프랑스군은 뉴욕과 뉴잉글랜드의 도시들을 성공리에 공략했다. 잉글랜드군은 주요 목표로 설정했던 퀘벡을 장악하는 데 실패했고, 프랑스군은 주요 표적이었던 보스턴을 빼앗을 수 없었지만 포르루아얄을 되찾았다. 싸움은 1697년 레이스베이크 조약으로 끝났고 '앤 여왕의 전쟁'이 발발할 때까지 재개되지 않았다.

윌리엄 1세의 노르망디 침공, 1076
William I's Invasion of Normandy, 1076

'정복왕' 윌리엄 1세(1028?~87)는 잉글랜드를 굴복시키면서(● 노르만의 정복), 프랑스 서북부의 노르망디까지 통제하는 것이 벅차다는 사실을 깨달았다. 윌리엄 1세는 1073년에 야심만만한 앙주 백작 풀크 4세(1043~1109)로부터 프랑스의 멘 지역을 빼앗아야 했으며, 용감하지만 사려가 부족했던 장자 로베르 퀴르퇴즈(로버트 커토즈, 로베르 2세, 1054?~1134)에게 노르망디를 맡겨두었으나 로베르는 끊임없이 애를 먹였다. 프랑스 왕 필리프 1세(1052~1108)는 프랑스 영토를 확장하고 봉신이었던 윌리엄 1세를 괴롭히려 했는데, 로베르는 이런 필리프 1세의 속임수에 넘어가 단순히 노르망디를 지키는 관리인이 아니라 노르망디 공작이 되기로 결심했다. 로베르는 반란을 일으켰고, 윌리엄 1세는 1076년에 군대를 이끌고 침공하여 로베르를 굴복시키고 화해했다. 그러나 우호 관계는 중단됐고, 로베르는 잠시 동안 추방됐다. 그렇지만 로베르는 노르망디 공작이 된 뒤에도(1087) 야망을 버리지 못하여 잉글랜드의 왕이 된 형제들 즉 윌리엄 2세(1056?~1100), 헨리 1세(1068/69~1135)와 싸웠다.

● 윌리엄 2세-로베르 2세 전쟁 ; 탱슈브레 전투

윌리엄 1세의 스코틀랜드 침공, 1072
William I's Invasion of Scotland, 1072

노르망디 공작령의 군대가 잉글랜드를 정복했을 때(● 노르만의 정복) 잉글랜드 북방 국경은 획정되지 않은 상태였다. 스코틀랜드의 왕 맬컴 3세(1031~93)는 이를 유리하게 해석했다. 맬컴 3세는 웨식스 왕조의 왕족이자 왕위 요구자인 에드거(1051?~1126?) 애설링*에게 피신처를 제공했고 에드거의

누나 마거릿(1045?~93)과 결혼했으며 스코틀랜드를 확대하려는 욕심에 노
섬브리아와 컴벌랜드를 침공하기로 결심했다(1070~71). '정복왕' 윌리엄 1
세(1028?~87)는 노르망디에 정치적 문제가 생겨 1071년에서 1072년으로 넘
어가는 겨울 동안 잉글랜드를 떠나 있었으나, 군대를 이끌고 되돌아와 노
섬브리아와 로디언을 지나 애버네시에서 맬컴 3세와 대면했다. 맬컴 3세는
스코틀랜드에서 최상위 주군을 보자 도전을 멈추었고 윌리엄 1세의 종주권
을 인정하고 신서臣誓했다(1072) . 에드거는 플랑드르로 도피했다.

* 애설링(Ætheling)은 앵글로색슨 잉글랜드에서 왕위 계승 자격을 지닌 왕족을 지칭한다.

◐ 잉글랜드-스코틀랜드 전쟁, 1079~80

윌리엄 2세-로베르 2세 전쟁, 1089~96
William II's War with Robert Curthose, 1089~96

'정복왕' 윌리엄 1세(1028?~87)가 사망하자 유언에 의해 왕국을 분할하는
봉건적 관행에 따라 상속자들이 앵글로노르만 왕국을 나누어 가졌다. 장자
인 노르망디 공작 로베르 2세(로버트 커토즈, 1054?~1134)는 프랑스의 노르
망디를 받았으나 아버지가 예견했듯이 공작령을 확고히 장악하지 못했다.
노르망디가 프랑스 왕 필리프 1세(1052~1108)에게 좌우되어 관리에 문제가
생기자 로베르 2세의 동생인 잉글랜드 왕 윌리엄 2세(1056?~1100)는 프랑스
에 있는 가문의 보유지를 확실하게 통제하려고 노르망디를 침공했다(1089,
1091, 1094). 윌리엄 2세의 군대는 큰 성공은 거두지 못했으나, 제1차 십자군
에(◐ (제1차) 십자군) 참전하기로 결심한 로베르 2세가 자금을 모으기 위해 노
르망디 공작령을 윌리엄 2세에게 저당잡히면서(1096) 윌리엄 2세가 잉글랜
드와 노르망디를 모두 통치하게 됐다.

◐ 윌리엄 1세의 노르망디 침공 ; 탱슈브레 전투

윌리엄 2세의 스코틀랜드 침공, 1091~93
William II's Invasion of Scotland, 1091~93

스코틀랜드 왕 맬컴 3세(1031~93)는 1072년에 '정복왕' 윌리엄 1세(1028?~
87)에게 신서臣誓했는데도(◐ 윌리엄 1세의 스코틀랜드 침공) 스코틀랜드를 확장
하려는 시도를 멈추지 않았다. 맬컴 3세의 군대는 1091년에 잉글랜드를 침

공했고, 윌리엄 2세(1056?~1100)와 잉글랜드 군대는 이들을 밀어내고 신서를 받았으며, 이어 1092년에 컴벌랜드를 정복하고 솔웨이 만(하드리아누스 방벽)을 잉글랜드의 북방 국경으로 설정했다. 그런데도 맬컴 3세는 다시 침공하려 했고 1093년에 노섬브리아의 제1차 애닉 전투에서 패하며 사망했다. 뒤이어 스코틀랜드에 내분이 발생했고, 윌리엄 2세는 1094년에 맬컴 3세의 한 아들인 던컨을 스코틀랜드 왕 던컨 2세(1060?~94)로 즉위시켰고, 1097년에 맬컴 3세의 다른 아들인 에드거를 스코틀랜드 왕 에드거(1074?~1107)로 왕위에 앉히면서 스코틀랜드의 안전을 어느 정도 확보했다.

윌리엄헨리 요새 학살, 1757
Massacre at Fort William Henry, 1757

1755년 윌리엄 존슨(1715?~74)이 지휘하는 영국 식민지군은 뉴욕 식민지의 조지 호수 남단에 윌리엄헨리 요새를 건설했다. 이곳은 북쪽의 캐나다로 연결되는 지점이었기에 프랑스·인디언의 전쟁 중에 영국군과 프랑스군 모두에게 중요한 전략적 거점이었다. 1757년 8월 3~9일에 루이조제프 드 몽칼름(1712~59) 프랑스 장군이 프랑스 병사들과 북아메리카 인디언 대군으로 영국 요새를 공격했다. 병력에서 크게 열세였던 조지 먼로(1700~57) 대대장은 항복했고, 영국군 병사들은 무기를 내려놓고 요새에서 걸어나왔다. 몽칼름은 병사들을 투항자로 예우하여 안전을 약속했다. 그러나 인디언들은 방어 능력이 없는 포로들을 사납게 덮쳐 몽칼름을 전율하게 했다. 몽칼름은 심지어 자신의 목숨을 대신 내놓겠다고 하면서 겨우 질서를 회복했으나, 이미 많은 영국군 병사가 살해당했고 요새는 파괴됐다. 먼로를 포함한 생존자들은 탈출하여 허드슨 강가의 에드워드 요새에 무사히 도착했다.

윌리히-클레베-베르크 연합공국 계승 전쟁, 1609~14
War of the Jülich-Cleves-Berg Succession, 1609~14

윌리히-클레베-베르크 공작 요한 빌헬름(1562~1609)이 죽으면서 그의 영토인 윌리히-클레베-베르크 연합공국의 계승을 둘러싼 싸움이 벌어졌다. 브란덴부르크 선제후 요한 지기스문트(1572~1619)와 팔츠-노이부르크 공작 필리프 루트비히(1547~1614)의 장남인 볼프강 빌헬름(팔츠-노이부르크 공국의 공작, 1578~1653)이 모계 후손임을 내세워 공작 지위를 요구했고, 작센 선제후 크리스티안 2세(1583~1611)는 황제의 봉토에 대한 권한을 보유했다고 주장했으며, 신성로마제국 황제 루돌프 2세(1552~1612)는 그 영토를 에스파냐에 주기를 원했다. 브란덴부르크 선제후와 볼프강 빌헬름은 이 영토를 '공동 소유 속령'으로 설정하여 공동 통치한다는 합의에 도달했다. 황제의 명에 따라 오스트리아 대공 레오폴트 5세(1586~1632)가 윌리히-클레베-베르크 연합공국을 점령했으나, 네덜란드·신성로마제국의 프로테스탄트 영방국가의 연합군이 프랑스의 도움을 받아 윌리히-클레베-베르크 연합공국을 침공하고 레오폴트 5세를 축출했다. 프랑스 왕 앙리 4세(1553~1610)가 암살당한 뒤 계승자인 루이 13세(1601~43)가 에스파냐와 오스트리아를 지원했는데도, 네덜란드·신성로마제국 프로테스탄트 영방국가의 연합군이 요새화된 도시 윌리히를 1610년 7월 28일에 포위했다가 9월 2일에 함락했다. 1613년 브란덴부르크 선제후령과 팔츠-노이부르크 공국이 윌리엄-클레베-베르크 연합공국을 공동 통치하기로 한 이전의 협정을 파기했고, 팔츠-노이부르크 공국은 가톨릭 동맹의 지원을 요청했다. 전선은 가톨릭 동맹과 프로테스탄트 동맹으로 대치됐지만 전투는 벌어지지 않았고, 1614년 11월 12일 크산텐 조약으로 평화가 찾아왔다. 브란덴부르크 선제후는 클레베 공국과 마르크(와 라벤스베르크) 백국을 받았으며, 아버지 필리프 루트비히가 사망하자 팔츠-노이부르크 공작 지위를 계승한 직후 볼프강 빌헬름은 윌리히와 베르크(라벤슈타인) 공국을 지배했다. 볼프강 빌헬름은 가톨릭 동맹의 지지를 계속 유지하기 위해 새로운 영지에서 주민들을 가톨릭으로 개종하려 했다. 칼뱅파였던 브란덴부르크 선제후는 새로 획득한 영지에서 볼프강 빌헬름보다 종교적으로 더 관대하게 통치했다.

○ 30년 전쟁

유구르타 전쟁(누미디아 전쟁), 기원전 112~기원전 105
Jugurthine War(Numidian War), BCE 112~BCE 105

누미디아는 북아프리카에 있던 고대 국가로 로마의 동맹국이었다. 기원전 118년 누미디아 왕국은 왕의 두 아들과 조카 유구르타(기원전 160?~기원전 104)가 계승했는데, 두 아들 중 한 사람은 사촌에게 암살당했고 나머지 1명은 로마로 피신하여 도움을 요청했다. 기원전 112년 유구르타는 군대를 이끌고 수도를 점령한 뒤 사촌과 로마인이 다수를 차지했던 방어군 병사들을 살해했다. 기원전 111년 로마 군대가 누미디아로 파견됐으나 격퇴됐다. 그 뒤 유구르타는 자신의 행위가 정당함을 주장하기 위해 로마로 갔으며, 그곳에서 왕위 경쟁자를 살해했다. 전쟁이 재개됐으며 로마는 다시 패했다. 기원전 109년 퀸투스 카이킬리우스 메텔루스(기원전 160?~기원전 91) 로마 장군이 아프리카 군대의 지휘를 맡아 누미디아를 폐허로 만드는 데 착수했다. 유구르타는 게릴라전으로 맞섰다. 이어 2년 뒤 가이우스 마리우스(기원전 157~기원전 86)가 누미디아 담당 로마 장군이 되어 마을과 요새를 파괴했으나, 유구르타는 군대를 지휘하여 계속 싸웠다. 유구르타의 장인이 반역을 꾀하여 사위를 로마에 넘기자, 마리우스는 유구르타를 포로로 잡아 로마로 개선했다.

유대인 반란, 기원전 168~기원전 143
Jewish Revolt of BCE 168~BCE 143
➲ 마카빔 가문의 반란

유대인 반란, 66~73
Jewish Revolt of 66~73

팔레스타인에 있던 로마 제국의 속국인 유대 국가에서 모든 이방인을 축출하는 데 헌신했던 극단적인 유대교 열심당원들은 시리아의 로마 총독 가이우스 케스티우스 갈루스(67년 사망)와 돈을 갈취해간 유대의 로마 징세관 게시우스 플로루스(재직 64~66)에 적대적이었다. 두 사람 다 유대인을 경멸할 가치조차 없는 존재로 여겼다. 플로루스는 유대의 수도 카이사리아에서 일어난 분란을 이유로 예루살렘 성전에 거액의 벌금을 내라고 요구했다. 플로루스는 요구가 거부되자 예루살렘으로 가서 약탈에 반대하는 유대인의 대규모 대표단을 만났으나 격분하여 예루살렘 주민을 학살하라는 명령과 함께 회합을 끝냈다. 약 3,600명이 죽었다. 즉각 로마에 저항하는 반란이 일어났고 유대 왕국에 빠르게 확산됐다. 유대인 열심당원들은 외곽의 요새들을 점령했는데, 그중 하나인 마사다를 66년에 점령하여 73년까지 영웅적으로 사수했다(○ 마사다 포위공격). 갈루스는 군대를 이끌고 열심당원의 본부가 있는 예루살렘으로 쳐들어가 성전을 공격했으나 실패했다. 갈루스는 예루살렘 교외 베제타를 지나 철수하면서 유대인 군대에 병사 6천 명과 장비, 공성 무기를 잃었다. 몹시 화가 난 로마 황제 네로(37~68)는 티투스 플라비우스 베스파시아누스(베스파시아누스 황제. 9~79)를 파견하여 반란을 진압하게 했다. 베스파시아누스는 갈릴리에서 요세프 벤 마티탸후(37~100?)가 지휘하는 요새를 포위했다. 47일 뒤 요새는 함락됐고, 로마의 포로가 된 이 지휘자는 티투스 플라비우스 요세푸스로 개명하고 이 충돌의 유일한 증언인 『유대 전쟁사 *Bellum Judaicum*』를 써서 전쟁의 공식 역사가가 됐다. 베스파시아누스는 불필요한 해악을 끼칠 뜻이 없었고 자제력을 갖춘 자로서 협상으로 평화를 얻으려 했으나 실패하고 티베리아스와 기샬라(구시 할라브 Gush Halav), 가말라 요새에서 전투를 벌였다. 68년 베스파시아누스의 군대는 반란을 일으킨 여러 도시를 진압한 뒤 예루살렘으로 남진했다. 예루살렘은 유대교 열심당원들이 로마인과 로마를 지지하는 유대인을 학살하면서 벌어진 혼란으로 허약해져 있었다. 로마도 네로가 살해당한 뒤 내분이 일어나 혼란에 빠졌고, 베스파시아누스는 어쩔 수 없이 로마를 위해 전장을 떠나 황제의 지위를 확보할 수밖에 없었다. 베스파시아누스의 아들 티투스(39~81)가 아버지로부터 군대를 넘겨받아 70년 봄에 예루살렘을 포위했다(○ 예루살렘 포위공격).

유대인 반란, 115~117
Jewish Revolt of 115~117

○ 키토스 전쟁

유대인 반란, 132~135
Jewish Revolt of 132~135

○ 바르 코크바의 반란

유리카 반란, 1854
Eureka Rebellion, 1854

1851년 오스트레일리아 빅토리아 식민지에서 금이 발견되자 농업에 종사하지 않는 노동자 계급의 이민이 늘었을 뿐만 아니라 광부에게 불리한 엄격한 법률도 제정됐다. 일종의 경제적·사회적 통제장치로, 채굴의 성공 여부와 상관없이 1개월마다 징수하는 허가세를 비싸게 거두었고 검열이 잦았다. 선거권이 없었던 광부들은 규제에 대한 불만으로 항의시위를 했고 한번은 시위가 매우 거칠어 군대가 출동했다. 영국에서 인민헌장운동(차티즘운동)을 경험했던 지도자들은 보통선거권을 요구하는 대중운동을 일으켰다. 대응하지 않던 빅토리아 식민지는 광부들이 허가증을 불태우자 군대를 파견했다. 1854년 12월 유리카 금광의 광부들이 비록 무장은 초라했지만 군대를 조직하여 방책防柵을 세우고 정부군에 대항했다. 약 400명에 이르는 정부군이 광부 150명이 지키는 방책을 공격했다. 30명의 사망자를 낸 이 전투는 광부들의 참패로 끝났다. 그 뒤 정부군이 천막 속의 광부들을 공격하여 여러 명이 죽고 다수가 부상을 당했다. 그러나 이러한 행태는 사회 변화의 요구를 더욱 강하게 했을 뿐이었다.

⟳ 래밍플랫 폭동

유스티니아누스의 페르시아 전쟁
Justinian's Persian War

제1차 유스티니아누스의 페르시아 전쟁(524~532) 유스티니아누스 1세(482?~565)는 과거의 로마 제국 황제나 비잔티움 제국 황제들과 마찬가지로 국경 동부를 침공하는 페르시아 때문에 괴로웠다. 524년 무렵 페르시아는 메소포타미아로 침입했고, 유스티니아누스 1세는 이를 격퇴하기 위해 군대를 보내야 했다. 527년 유스티니아누스 1세는 가장 뛰어난 벨리사리우스(500?~565) 장군에게 군대를 이끌고 페르시아에 맞서라고 명령했다. 벨리사리우스는 530년에 다라에서 보병으로 방어하고 기병으로 공격하는 놀라운 전술을 선보이며 4만 명에 이르는 페르시아인·아랍인의 연합군을 물리쳐 대승을 거두었다. 벨리사리우스는 이듬해에도 페르시아 군대를 격퇴했지만 칼리니쿰에서 우세한 적군에 크게 패하여 지친 병사들을 이끌고 유프라테스 강가의 수라로 퇴각했고 그곳에서 페르시아의 거듭된 공격을 잘 버텨냈다. 페르시아의 왕 카바드 1세(449~531)가 사망한 뒤 왕위를 계승한 그의 아들 호스로 1세(579년 사망)는 유스티니아누스 1세와 '영구' 평화조약을 체결했다. 그러나 평화는 오래가지 않았다. 비잔티움 제국이 강성해지고 페르시아의 종교 조로아스터교를 관용하지 않는 것에 두려움을 느낀 호스로 1세는 전쟁을 선포하고 시리아를 침공했다. **제2차 유스티니아누스의 페르시아 전쟁(539~562)** 호스로 1세의 군대는 시리아의 중심부로 진격하여 당시 로마 세계에서 세 번째로 큰 도시였던 안티오크(오늘날의 안타키아)를 점령하고 약탈했다. 페르시아는 메소포타미아와 흑해, 라지카(콜키스. 오늘날 조지아(그루지야)의 서부)에서 승전했다. 545년에 휴전이 이루어졌으나 유스티니아누스 1세가 페르시아에 매년 상당한 액수의 공물을 지급했는데도 평화는 오래가지 않았다. 전투가 간헐적으로 이어지다가 561년에 비잔티움 제국과 페르시아는 50년 동안 휴전하도록 규정한 조약을 체결했다. 라지카는 로마에 반환됐으며, 페르시아는 로마가 캅카스 지역에서 요새들을 유지하는 대가로 계속해서 매년 금화로 공물을 받기로 했다.

○ 니카 반란 ; 로마–페르시아 전쟁, 502~506 ; 반달족–로마의 북아프리카 전쟁

유타 준주 전쟁(모르몬교 전쟁), 1857~58
Utah War(Mormon War), 1857~58

1840년대 중반에 모르몬교도(예수 그리스도 후기성도 교회 신자)가 정착한 유타는 1850년에 미국의 준주로 선포됐고, 모르몬교 지도자 브리검 영(1801~77)이 지사에 임명됐다. 연방 정부의 관리들은 영의 독재적인 통치 방식과 교회 권력에 불평했으며, 다른 이들은 모로몬교도의 일부다처 관행에 경악했다. 반면 모르몬교도는 자신들의 준주에 신자가 아닌 자들이 들어오는 것을 원하지 않았으며 이주자들이 자신들의 준주 안으로 들어오거나 통과하는 데 분노했다. 사태는 점차 악화됐다. 1857년 제임스 뷰캐넌(1791~1868) 미국 대통령은 앨버트 시드니 존스턴(1803~62) 준장과 2,500명의 병력을 유타 준주로 파견하여 모르몬교도가 아닌 자를 새로운 지사로 내세우고 연방 정부의 권위를 확립하려 했다. 모르몬교도 민병대인 대나이츠Danites(『성서』「다니엘서」에 나오는 예언자 다니엘에서 유래한 명칭)가 말들을 쫓

아버리고 포장마차 행렬을 파괴했으며 초원을 불태워 평원을 지나는 존스턴 부대의 전진을 늦추었다. 영은 유타 준주 곳곳의 정착민에게 솔트레이크시티로 집결하여 수도를 지키자고 호소했다. 큰 충돌이 일어나기 전에 연방 정부의 중개자가 타협을 이끌어냈다. 새 지사가 승인을 받아 솔트레이크시티로 들어갔고, 연방 군대는 외곽에 주둔했다가 동쪽으로 돌아갔다. 대통령이 '반란자'들을 사면했지만, 모르몬교도와 연방 정부 사이의 불화는 40년 동안 이어졌다. 모르몬교도가 일부다처를 금지한 뒤에야 유타 준주는 1896년에 주로 승격됐다.

○ 마운틴메도스 학살

6일 전쟁, 1967
Six-Day War, 1967

가말 압델 나세르(1918~70) 이집트 대통령은 1967년 5월에 국제연합긴급군 UNEF에게 이집트 영토에서 떠날 것을 요구했다(요구는 받아들여졌다). 그 직후 나세르는 티란 해협의 통행을 봉쇄하여 사실상 아카바 만(에일라트 만)에 있는 이스라엘 항구 에일라트를 봉쇄해버렸다. 이때 시리아와 요르단, 이집트, 이스라엘의 군대가 자국의 국경선을 따라 집결했다. 이 국경들에서는 1956년의 아랍-이스라엘 전쟁이 끝난 이래로 게릴라 습격이 빈번하게 발생했다. 1967년 6월 5일 이스라엘의 전투기들이 갑자기 공격하여 아랍 국가 진영의 비행장 24곳을 폭격했고, 이로써 지상에 있던 이집트와 시리아, 요르단의 항공기가 400대 이상 파괴됐다. 이스라엘 군대의 육군은 시나이 반도와 예루살렘 옛 시가지, 요르단 강 서안 지구, 가자 지구, 골란 고원을 침공했다. 1967년 6월 10일 국제연합 UN이 보증한 휴전으로 전쟁이 종결됐지만, 이스라엘은 그 지역들을 계속 점령하고 있었다. 이스라엘은 38년에 걸쳐 가자 지구를 점령하고 있다가 2005년 8~9월에 점령을 종료했다. 당시 가자 지구에 있던 21개의 이스라엘 유대인 정착지는 모두 파괴됐다. 이는 팔레스타인인으로부터 '이탈하는' 계획의 일환이었다(**○ 팔레스타인 게릴라 습격 ; 팔레스타인 봉기, 2000~**).

○ 요르단 내전, 1970~71 ; 욤 키푸르 전쟁, 1973

은데벨레 왕국-영국 전쟁, 1893
Ndebele-British War, 1893

1893년 가을 은데벨레족(마타벨레족) 전사들의 핵심 집단이 북쪽에서 반투족의 한 일파인 쇼나족을 정복하기 위해 싸우는 동안, 영국남아프리카회사의 무장 행렬이 오늘날 짐바브웨 서부의 은데벨레 왕국를 침공했다. 은데벨레족의 왕 로벵굴라 쿠말로(1833/45~94)는 이 침입에 격노했고 침략자들에 맞서 싸울 준비를 했다. 은데벨레족은 샹가니 강의 평원에서 영국인들을 공격했으나, 맥심 기관총으로 무장한 영국인에 제압당하여 여러 명이 사망했다. 영국인들은 은데벨레족의 수도 불라와요로 가는 도중에 기습을 받았으나, 이번에도 전사들의 창은 맥심 기관총의 적수가 되지 못했다. 영국인들은 수도를 점령했고(1893년 11월 4일) 이후 은데벨레 왕국을 지배했다. 로벵굴라는 북쪽으로 도주했고 1894년 1월 23일에 사망했다. 농업과 목축으로 살아가던 은데벨레족은 많은 토지를 빼앗겼고 종종 징용에 끌려가 영국 금광에서 노역했다.

의화단 봉기(의화단 운동), 1899~1901
Boxer Uprising(Boxer Rebellion), 1899~1901

청나라의 비밀결사인 의화단義和團은 외국인이 나라에 들어와 영향력을 확대하는 데 반대하여 반란을 일으켰다. 의화단은 미신과 외국인 혐오, 가난, 중국을 지배하려는 외국에 대한 분노로 일어선 동조자들과 함께 서방 외교관과 선교사, 특히 그리스도교로 개종한 중국인들을 공격했다. 영국과 프랑스, 이탈리아, 독일, 러시아, 일본, 미국, 오스트리아-헝가리제국은 1900년 여름에 자국 대표단이 간신히 학살을 피해 탈출한 뒤 톈진天津과 베이징北京 등지로 군대를 보냈다. 서태후(자희태후, 1835~1908)는 의화단을 지원했고 모든 외국인을 죽이라고 명령했다. 외국인은 수적으로 공격자들보다 약 500 대 1로 열세였다. 잔혹하고 야만스러운 싸움에서 수만 명이 죽임을 당했는데, 대다수는 서구의 종교로 개종한 중국인들이었다. 뒤늦게 서구 강대국의 증원군이 도착한 뒤 의화단은 마침내 진압됐다. 베이징과 황궁皇宮(쯔진청紫禁城)이 점령됐으며 서태후는 조정을 이끌고 북쪽으로 피신했다. 러시아는 남만주를 점령했다(❍ 러일 전쟁, 1904~05). 청나라 고위 황족들이 일본을 포함하는 11개 국가를 상대하여 이른바 신축조약辛丑條約을 체결하면서 적대 행위가 끝났다. 청나라는 배상금을 지불해야 했으며 외국에 이권을 허용해야 했다. 청나라의 행정과 영토상의 '권리'는 강대국 사이의 상호 협의에 의해 유지하게 됐다.

○ 아편 전쟁

이란-이라크 전쟁(페르시아 만 전쟁), 1980~88
Iran-Iraq War(Persian Gulf War) of 1980~88

서로 이웃한 나라인 이란과 이라크는 이라크의 주요 항구 바스라와 이란의 항구 아바단을 지나 페르시아 만으로 흘러드는 길이가 약 199.56킬로미터의 감조하천* 샤트알아랍 강의 통제권을 두고 오랫동안 분쟁을 겪었다(강 하류의 동안 지역이 두 나라 사이의 국경의 일부를 이룬다). 1979년 이란 혁명 이후, 사담 후세인(1937~2006) 대통령이 통치하는 이라크는 이란이 지원하는 이라크 시아파의 테러 조직인 알다와('호소')와 이란의 신랄한 비난 선전의 표적이 됐다. 둘 다 이란 지도자 대大아야톨라(이슬람교 시아파의 최고위급 종교 지도자) 루홀라 무사비 호메이니(1902~89)의 지휘를 받았다. 이란은 이라크의 부총리 타지크 아지즈(1936~)를 살해하려 했고, 이라크 수도 바그다드에서 소요를 일으켰다. 또한 이라크의 로마 주재 대사관을 공격했고, 이라크의 소수 시아파가 반란을 일으키도록 부추겼으며, 이라크의 도시를 포격하여 민간인이 죽거나 부상당했다. 이라크는 1980년 9월 22일에 호메이니 정권을 신속하게 무너뜨리려고 전투기와 육군을 동원하여 이란을 침공했다. 샤트알아랍 강의 이란 포함砲艦들이 폭격을 받고 침몰했으며, 아바단 등지의 비행장과 정유시설이 이라크 군대의 침공에 손상됐다. 호메이니는 순종하지 않던 국민을 국가적 대의에 결집시킬 기회로 포착하고 반격을 개시했다. 총동원을 선포한 이란은 소련제 탱크와 미사일, 중포, 프랑스제 전투기로 강력히 무장한 이라크에 광신적인 군사행동(전장에서 순교하기)을 전개할 것을 호소했으며, 페르시아 만의 호르무즈 해협을 지나는 유조선들을 파괴하겠다고 위협했다. 국제연합UN도 여러 이슬람 국가가 개최한 회의도 전쟁을 중단시키지 못했고, 전쟁은 곧 중동 역사상 가장 큰 희생을 치르고 가장 무용無用한 전쟁의 하나로 발전했다. 이라크 군대는 선적이 봉쇄당한 바스라의 습지에서 북쪽 이라크 국경 도시 만달리와 카나킨까지 이어진 약 480킬로미터의 전선을 따라 참호와 흙벽, 모래주머니로 엄폐호를 쌓은 채 주기적으로 밀려드는 이란의 대규모 공세(10대의 이슬람혁명수비대 등의 인해 전술)를 저지했다. 어느 쪽도 적의 영토를 점령하거나 결정적인 공세를 펼칠 수 없었다. 병력은 이라크가 약 50만 명, 이란이 약 200만 명이었고, 이라크 는 화학무기를 사용했다는 비난을 받았다. 이란과 이라크 모두 적의 경제 를 지탱하는 생명선(원유 선적)을 자르려 했다. 두 나라는 페르시아 만(특히 이란의 하르그 섬 주변)을 오가는 유조선을 전투기로 공격했고 이 때문에 소 모전의 양상은 더욱 심해졌다. 중동에서 미국인을 겨냥한 테러의 대부분이 이란의 책임이라고 주장했던 미국은 정치적으로 점차 이라크 쪽으로 기울 었고, 서유럽과 일본의 주된 석유 공급원을 보호하기 위해 페르시아 만에서 항해가 가능하도록 하겠다고 단언했다. 1986년 2월 이란의 군대가 두 전선 에서 영토를 빼앗았으나, 이라크가 곧 되찾았다. 1987년 5월 17일 이라크 의 전투기가 페르시아 만에서 초계 중인 미국 해군의 프리깃함 스타크 함에 우연히 미사일을 발사했다. 이라크는 미국군 37명의 목숨을 앗아간 오폭에 대해 사과했다. 1988년 7월 3일 다시 우연한 사고가 발생했다. 페르시아 만 에 있던 미국 순양함인 빈센스 함이 이란의 민항기를 이란 공군의 F-14 전 투기로 오인하고 실수로 격추하여 탑승자 290명 전원이 사망했다. 1988년 에 이란 군대가 여러 차례 패배를 겪은 뒤 호메이니는 휴전협상에 나설 것 을 호소하는 1987년의 UN 안전보장이사회의 결의안에 동의했다(이라크는 이미 분쟁의 종결을 원하고 있었다). 1988년 8월 20일 휴전이 발효되어 적대 행 위는 끝났으나, 샤트알아랍 강의 귀속 문제는 여전히 해결되지 않았다.

* 조수간만의 차이가 있어 밀물 때만 항구에 배가 접안할 수 있는 하천.

이란 혁명, 1979
Iranian Revolution of 1979

이란의 샤 모하마드 레자 샤 팔레비(1919~80)는 자유주의자들과 지식인, 보 수파의 반대에 직면했다. 자유주의자들과 지식인은 샤를 독재자로 보았 고 보수파는 샤가 서구 문물을 과도하게 받아들이며 지나치게 진보적이라 고 생각했다. 1978년에 이 두 집단은 망명 중인 보수적 이슬람교 지도자 대

ㅊ아야톨라(이슬람교 시아파의 최고위급 종교 지도자) 루홀라 무사비 호메이니 (1902~89)의 지도를 받아 결집했다. 가능할 것 같지 않았던 이 결합은 호메이니의 완고함 때문에 내분이 일면서 끝내 분열했다. 폭동이 나면서 정부는 혼란에 빠졌고, 1979년 1월 샤는 부재중에 통치할 섭정위원회를 지명한 뒤 이집트로 피신해야 했다. 프랑스에 망명 중이던 호메이니는 허약해진 정부를 타도하라고 촉구했다. 파업과 시위(몇몇 시위는 참여자가 100만 명을 넘었다), 군대의 중립 유지, 호메이니의 귀국으로 한 달이 채 못 되어 정부는 붕괴됐다(1979년 2월). 호메이니는 지도자로서 이란이 세속적 공화국이 아닌 종교(이슬람)적 공화국임을 선언했고, 모든 법을 이슬람(특히 시아파) 교리에 따라 다시 검토해야 한다고 주장했으며, 통치를 보좌할 이슬람혁명평의회를 구성했다. 반대파와 파괴 분자들의 재판과 사형이 잇따랐다. 호메이니에 반대하는 여성들이 가두행진을 벌이고 소수민족, 특히 쿠르드족이 폭동을 일으켰는데도 1979년 3월 30~31일의 국민투표 결과 99퍼센트가 호메이니를 지지했다. 약식재판과 처형이 계속됐고, 국민투표의 결과에 어긋나는 혼란이 이어지자 이슬람혁명수비대의 창설이 필요해졌다(1979년 5월 6일). 이슬람혁명평의회는 공포정치를 이어갔다. 한편 호메이니는 서방과 관계를 끊었고, 다른 이슬람 국가들 상당수와도 관계를 단절했는데 이는 더욱 비극적인 일이었다. 서방세계가 볼 때 호메이니의 반동적이고 불법적인 행태는 1979년 11월 4일 민병대원들이 테헤란의 미국 대사관 직원들을 억류했을 때 절정에 달했다. 민병대원들은 샤와 그 막대한 재산이 이란에 돌아올 때까지 미국 대사관 직원들을 인질로 억류하겠다고 선언했다. 1980년 7월에 샤가 이집트에서 세상을 떠났는데도 인질사태는 끝나지 않았다. 이는 결국 1981년 1월 20일에 알제리의 중재와, 미국과 이란 사이의 재정과 정무에 관한 협정으로 해결됐다. 52명의 미국인이 444일의 억류 생활 끝에 석방됐다. 이란의 서로 경쟁하는 혁명 파벌들은 1980~88년의 이란-이라크 전쟁이 발발할 때까지 권력을 두고 다투었다.

이로쿼이족 인디언-프랑스 전쟁,* 1642~96
Iroquois-French Wars, 1642~96

프랑스 탐험가 사뮈엘 드 샹플랭(1574~1635)이 1609년에 일단의 휴런족 인디언 전사들과 함께 이로쿼이족 인디언 몇 명을 사살한 뒤 이로쿼이족은 프랑스에 대한 증오가 사무쳤다. 샹플랭이 숨진 직후, 이로쿼이족은 세인트로렌스 강과 오타와 강을 따라 늘어선 프랑스인의 정착지를 위협했다. 그리하여 도보 여행이나 수상 여행이 위험해졌다. 프랑스 예수회 선교회가 공격을 받아 파괴됐고, 주민들은 잔혹한 고문을 받고 죽었다. 휴런족은 1648~50년의 이로쿼이족 인디언-휴런족 인디언 전쟁에서 사실상 전멸했다. 이로쿼이족은 여러 장소에 전투용 요새를 건설하고 전사들을 나누어 사철 밤낮을 가리지 않고 숲과 수로를 철저히 순찰했다. 주기적으로 협상이 이루어져 평화조건이 논의됐지만, 오렌지 요새(뉴욕 주 올버니)의 네덜란드인 후원자들의 도움으로 무장한 호전적인 이로쿼이족이 협상을 깨뜨리곤 했다. 계속되는 분쟁은 그 지역에 풍부했던 비버 모피 교역을 장악하려는 전쟁이기도 했다. 이로쿼이족은 프랑스와 이에 협력한 인디언들이 캐나다의 퀘벡으로 비버 모피를 반출하지 못하도록 막고 대신 비버 모피를 오렌지 요새로 돌리려 했다. 1660~61년에 몬트리올이 위협을 받았고, 1661년에는 롱솔트에서 일단의 프랑스인들이 학살당했다. 그러나 1666년에 프랑스에서 새로 도착한 군사들이 공세를 취하여 이로쿼이족의 일파인 모호크족 인디언을 그 근거지에서 격파했다. 인디언은 강화를 요청했고, 거의 20년 동안 불안한 평화가 이어졌다. 그러나 프랑스가 서진하면서 긴장은 다시 고조됐고, 프랑스와 잉글랜드도 서로 반목하게 됐다. 1685년에 도착한 프랑스의 새로운 총독 드농빌 후작 자크르네 드 브리세(1637~1710)는 이로쿼이족의 일파인 세니카족 인디언을 혼내주기로 결심했다. 1687년 드농빌 후작은 대군을 이끌고 오늘날 뉴욕 주의 서부로 들어가 세니카족의 마을 네 곳을 파괴했다. 이 일과 프랑스의 다른 배신 행위에 격노한 이로쿼이족은 2년 뒤 대규모 병력으로 세인트로렌스를 급습하여 라신 주민을 학살하고 멀리 몬트리올까지 농촌을 공포의 도가니로 몰아넣었다. 이로쿼이족은 그 지역에 거듭 돌아와 프랑스의 요새와 도시, 작은 정착촌을 기습했다. 1689년에 누벨프랑스(뉴프랑스. 북아메리카에 있던 프랑스 식민지)의 총독으로 돌아온 프롱트나크 백작 루이 드 뷔아드(1622~98)는 이로쿼이족과 싸우는 것을 최우선의 과제로 삼았다. 1696년 이로쿼이족은 마침내 굴복했지만, 1700년대에 잉글랜드의 동맹 세력이 되어 다시 프랑스와 싸웠다(**○프랑스·**

인디언 전쟁).

이로쿼이족 인디언–휴런족 인디언 전쟁, 1648~50
Iroquois–Huron War, 1648~50

오늘날 캐나다 온타리오 주에 거주하던 휴런족 인디언과 그 남쪽의 광대한 지역을 점유한 이로쿼이족 인디언은 전통적으로 적대 관계에 있었다. 1648년 이로쿼이족이 오렌지 요새(뉴욕 주 올버니)의 네덜란드인 정착민과 상인들로부터 총포를 얻어 휴런족 영역을 침공했다. 휴런족을 그리스도교로 개종시킨 프랑스 예수회 선교사 장 드 브레뵈프(1593~1649)와 가브리엘 랄망(1610~49)이 이로쿼이족에 사로잡혀 잔인하게 고문당해 죽었다. 이 전쟁에서 이로쿼이족은 휴런족을 거의 전부 죽음으로 몰아넣었다. 탈출한 휴런족은 사방으로 도주하여 이웃 부족들의 보호를 받았지만 이로쿼이족은 생존자들을 무자비하게 추적했고, 1649년에 휴런족을 숨겨준 티오논타티족(페퇑족) 인디언을 맹렬히 공격하여 대다수를 학살했다. 1650년 이로쿼이족은 휴런족의 생존자들을 받아들인 아타완다론족(중립종족)을 공격하여 거의 전멸시켰다.

이사우리아 전쟁, 492~497
Isaurian War, 492~497

비잔티움 제국 황제 제노(425?~491)는 오늘날 터키 중남부의 산악지대인 이사우리아 태생이었다. 제노는 여러 친족을 제국의 중요한 권력의 지위에 임명했다. 제노가 사망하자 새로운 황제 아나스타시오스 1세(430?~518)는 이 관리들을 해임하고 제국의 수도 콘스탄티노플(오늘날의 이스탄불)에서 이사우리아 출신 군인들을 내쫓았다. 거칠고 호전적이었던 이사우리아인들은 이러한 조치에 맞서 반란을 일으켰고 소아시아 서부를 침공했다. 아나스타시오스 1세는 전쟁을 선포했고, 493년에 코티아이움(오늘날의 퀴타히아) 전투에서 대체로 동고트족으로 구성된 군대로 이사우리아인들을 격파하여 이사우리아로 내몰았다. 이사우리아인들은 수적으로 크게 열세였지만 제국 군대와 계속해서 싸웠고 자주 패했다. 결국 이사우리아의 모든 요새들이 파괴됐으며, 상당수 주민이 트라키아로 이주당했다. 그 뒤 이사우리아는 세력이 크게 쇠퇴하여 영원히 소아시아의 평화를 위협하지 못했다.

이소퍼스 전쟁
Esopus War

○ 네덜란드-인디언 전쟁, 1655~64

이수스 전투, 기원전 333
Battle of Issus, BCE 333

마케도니아의 알렉산드로스(기원전 356~기원전 323) 대왕과 페르시아의 다리우스 3세(기원전 380?~기원전 330)는 오늘날 터키의 이수스에서 두 번째로 큰 전투를 벌였다(○ 그라니코스 전투 ; 알렉산드로스 대왕의 정복). 알렉산드로스의 병력 4만 850명은 페르시아 군대에 수적으로 크게 열세였지만, 페르시아 군대는 훈련이 부족했다. 다리우스 3세는 시리아 평원의 은신처에서 군대를 이끌고 나와 산맥의 한쪽 기슭을 따라 북진하여 알렉산드로스의 군대를 차단하려 했다. 반대쪽 기슭에서는 알렉산드로스가 페르시아 군대의 은거지에 도달하기 위해 이수스에서 군대를 이끌고 남진하다가 방향을 바꾸어 다시 북쪽으로 진격했다. 두 군대는 피라노스 강(오늘날의 파야스 강으로 추정된다)에서 마주쳤다. 알렉산드로스는 페르시아의 투석기를 피하기 위해 강을 건너 돌격했고, 다리우스 3세 전열의 좌익에서 균열을 발견하고 기병대를 투입했다. 페르시아 군대는 전열이 붕괴되어 그리스인 용병들만 남겨둔 채 도주했다. 이 그리스인 용병들은 학살당했다. 알렉산드로스의 군대는 페르시아 군대를 추격하여 11만 명을 죽였다(마케도니아인의 손실은 302명이었다). 다리우스 3세는 피신했고, 남겨둔 왕실 가족은 알렉산드로스의 포로가 됐다.

이스라엘-아랍 전쟁
Israeli-Arab Wars

○ 아랍-이스라엘 전쟁

이스라엘의 레바논 침공
Israeli Invasion of Lebanon

○ 레바논 내전, 1975~90

이슬람 내전, 657~661
Muslim Civil War of 657~661

정통 칼리파 시대 칼리파국의 시리아 총독 무아위야(무아위야 1세, 602?~680)는 자신의 사촌이었던 제3대 칼리파 우스만 이븐 아판(579?~656)의 살해에 제4대 칼리파 알리 이븐 아비 탈리브(600?~661)가 관련되어 있다고 믿었다(○ 이슬람 반란, 656). 알리는 무아위야의 반란을 진압하려고 시리아를 침공하여 657년에 시핀에서 오랫동안 전투를 벌였다. 석 달 동안 승패 없는 싸움이 이어지다가 휴전이 성사됐고, 누가 진정한 칼리파인지 결정할 협상이 시작됐다. 660년 무아위야는 예루살렘에서 자신이 칼리파라고 선언했다. 이듬해 알리는 협상 중에 독자적인 진영을 형성했던 한 이슬람교 종파의 일원에게 살해됐다. 이른바 카와리즈파派라는 이 종파는 태생이 아니라 신앙심이 칼리파직 승계의 기준이 되어야 한다고 믿었다. 661년 알리의 장남 하산(하산 이븐 알리, 625~670)은 무아위야의 압력에 굴복하여 칼리파직을 넘겨주었다. 무아위야는 같은 해에 우마이야 왕조의 초대 칼리파가 됐으며, 다마스쿠스를 우마이야 왕조 칼리파국의 새로운 수도로 선포했다. 그리하여 2개의 이슬람교 종파가 탄생했다. 시아파는 알리의 아들들이 예언자 무함마드(570?~632)를 계승했다고 믿었으며, 수니파는 알리를 인정하지 않고 우마이야 가문을 지지했다.

이슬람 내전, 680~692
Muslim Civil War of 680~692

우마이야 왕조 칼리파 무아위야 1세(602?~680)가 사망하자 칼리파직을 요구하는 세력이 새롭게 싸움을 시작했다. 무아위야 1세의 아들 야지드 1세(645?~683)가 칼리파가 됐으나 시리아와 메소포타미아에서 광범위한 반대에 직면했다. 시아파인 쿠파인들은 알리 이븐 아비 탈리브(600?~661)의 둘째 아들 후사인(후사인 이븐 알리, 626~680)을 칼리파로 선출했다(○ 이슬람 내전, 657~661). 후사인이 야지드 1세와 대적하고자 메카에서 진격했으나 680년에 카르발라에서 쿠파인들에게 버림받은 뒤 야지드 1세의 지지자들에게 공격받아 죽었다. 682년 메카와 메디나 주민들은 압달라 이븐 앗 주바이르(624?~692)의 지휘 아래 야지드 1세의 군대에 맞서 메카를 방어하는 데 성공했다. 그 결과 683년에 야지드 1세가 사망한 뒤 주바이르가 아라비아 반도와 메소포타미아, 이집트의 칼리파로 인정됐다. 그러나 주바이르의 지지자들은 684년에 다마스쿠스 인근 마르즈라히트 전투에서 칼리파직을 요구하던 다른 경쟁자 마르완 이븐 알 하캄(마르완 1세, 623~685)의 군대에 패배했다. 마르완 1세가 칼리파직을 보유했으나, 우마이야 왕조 칼리파국은 극심한 부족 간 전쟁으로 북부와 남부로 분열됐다. 마르완 1세가 사망한 뒤 그의 아들 압드 알 말리크(646~705)가 칼리파가 되어 여러 아랍 부족을 통합하려 했다. 압드 알 말리크의 시리아 군대는 메카를 포위하고 대립 칼리파로서 통치하고 있던 주바이르를 살해했다.

이슬람 내전, 743~747
Muslim Civil War of 743~747

743년부터 744년 사이에 3명의 허약한 칼리파가 통치했던 우마이야 왕조 칼리파국은 마르완 2세(688~750)가 칼리파가 될 때까지 여러 불만 집단의 반란에 혼란스러웠다. 우마이야 왕조의 마지막 칼리파였던 마르완 2세는 시리아와 메소포타미아, 아라비아 반도, 페르시아의 반란자들을 진압하기 위해 무력을 사용했다. 그렇지만 페르시아의 호라산에서 일어난 강력한 반란 집단인 아바스 가문은 우마이야 왕조에 반대하는 시아파와 제휴하여 747년에 대규모 반란을 일으켰다(◐ 아바스 혁명, 747~750).

이슬람 내전, 809~813
Muslim Civil War of 809~813

802년 아바스 왕조의 칼리파 하룬 알 라시드(763/766~809)는 자신이 죽은 뒤 두 아들이 아바스 왕조 칼리파국을 공동으로 통치할 것이라고 선언했다. 하룬 알 라시드는 아들 무함마드 알 아민(787~813)을 칼리파 계승자로 선포했고, 다른 아들 알라 알 마문(786~833)은 호라산을 포함하는 제국 동부 절반의 통치자로 삼아 어머니가 다른 동생인 무함마드 알 아민의 최고 통치권에 복종하도록 했다. 하룬 알 라시드가 죽자 알 마문은 반란을 일으켰고, 페르시아 출신의 타히르 이븐 후사인(822년 사망) 장군이 지휘하는 호라산 주류 군대의 일부가 이를 지원했다. 타히르의 군대는 호라산에서 알 아민의 군대를 격파하고 메소포타미아로 이동하여 칼리파의 영토들을 대부분 점령했고, 811년 8월에 바그다드를 포위하여 813년 9월에 점령했다. 알 아민은 항복했으나 도주하려다 체포되어 사형당했다. 알 마문은 칼리파로 인정받았지만, 형제간의 전쟁으로 아바스 왕조 칼리파국의 중앙정부 권력은 약해졌고, 시리아와 메소포타미아, 이집트는 10여 년 동안 칼리파의 지배에서 벗어났다.

○ 시아파 반란, 814~819 ; 호라산 반란, 806~809

이슬람 내전, 861~870
Muslim Civil War of 861~870

튀르크족이 칼리파국의 고위직에 등용되자 이 이슬람 제국 내부에 큰 불화가 생겼다. 강력한 튀르크족 군대 지도자들은 정부를 조종했고, 861년에서 870년 사이에 마음에 들지 않는 칼리파를 살해하거나 폐위하면서 4명의 칼리파를 옹립했다. 견고하고 안정된 중앙정부의 권력이 부재했기에, 페르시아와 트란스옥시아나(오늘날의 우즈베키스탄과 타지키스탄, 그리고 카자흐스탄의 서남부), 메소포타미아, 아라비아 반도, 이집트의 지방정부들은 갖가지 종교 반란이나 군사 반란에 시달렸다. 869년 메소포타미아 남부에서 흑인 노예들이 일으킨 반란은 거의 15년을 끌었다(**○** 잔지의 난). 튀르크족이 과격하고 살인적인 통치를 그만둔 이유는 확실하게 알 수 없다. 그러나 군대와 궁정을 유지하는 데 필요한 재정이 고갈되고 지방으로부터도 재정 수입을 얻을 수 없게 되자 튀르크족 지도자들이 통치를 중단했으므로, 알 무타미드(844~892)는 칼리파로서 870년부터 죽을 때까지 방해받지 않고 통치했다.

이슬람 내전, 936~944
Muslim Civil War of 936~944

아바스 왕조 칼리파국은 861~870년의 이슬람 내전에서 튀르크족 친위군의 지배를 받으며 영토가 줄기 시작한 뒤 영원히 그 세력을 되찾지 못했다. 936년경 아바스 왕조 칼리파국은 통치력을 행사할 수 있는 영역이 바그다드와 그 주변 지역에 한정됐다. 아바스 왕조의 칼리파 아흐마드 아르 라디(907~940)는 모험가였던 무함마드 이븐 라이크(942년 사망)를 칼리파국의 군 지휘관으로 임명하고 칼리파국의 재정권도 맡겼다(아바스 왕조는 이후 오로지 종교 문제만 관장했다). 무함마드 이븐 라이크는 함단 왕조를 물리치고 이집트 이크시드 왕조의 침공을 막아내 시리아를 장악했다. 무함마드 이븐 라이크가 사망한 뒤에는 함단 왕조가 알레포와 홈스(힘스)를 빼앗고 시리아 북부를 점령했다. 944년 전쟁이 끝나고 휴전이 발효됐지만 불안정했다.

이슬람 내전, 945~948
Muslim Civil War of 945~948

사이프 알 다울라('국가의 검', 916~967)가 이끄는 함단 왕조는 시리아를 장악하려는 이집트 이크시드 왕조의 침공에 맞섰다. 시리아 서북부의 알레포를 장악하고 있던 함단 왕조는 처음에는 이크시드 왕조에 여러 차례 승리를 거두었으나 북쪽의 비잔티움 제국이 침입하여 방해하는 바람에 948년에 시리아 중부와 남부를 이크시드 왕조에 넘겨줄 수밖에 없었다. 사이프 알 다울라는 군사전략을 능숙하게 구사하여 비잔티움 제국을 막아냈고 시리아 북부를 지켰다.
○ 비잔티움 제국-이슬람 전쟁, 960~976

이슬람 내전, 976~977
Muslim Civil War of 976~977

예언자 무함마드(570?~632)의 딸 파티마(606?~632)의 후손이라고 주장하는 이슬람교 종파가 건국한 국가인 파티마 왕조 칼리파국은 969년에 이집트 이크시드 왕조를 공격하여 라믈라(라믈레)에서 격파한 뒤 시리아의 남부와 중부를 지배했다(○ 이슬람 내전, 945~948). 시리아 북부의 함단 왕조는 카라미타파(카라미타파는 971년과 974년에 이집트를 침공했다가 파티마 왕조에 저지당하여 좌절을 겪었다)와 동맹하여 976년에 시리아에서 파티마 왕조를 내쫓았다. 파티마 왕조는 이듬해 새로운 군대를 이끌고 돌아와 라믈라 전투에서 함단 왕조와 카라미타파에 참패를 안겼다. 파티마 왕조는 시리아의 남쪽 절반을 지배했다.

○ 비잔티움 제국-이슬람 전쟁, 960~976

이슬람 내전, 1104~07
Muslim Civil War of 1104~07

십자군이 에데사(오늘날 터키의 샨르우르파)를 점령한 동안(○ (제1차) **십자군**), 시리아와 메소포타미아 북부는 당시 시리아 중부와 남부의 도시들을 대부분 장악하고 있던 강력한 룸 술탄국과 주로 농촌 지역을 장악하고 있던 경쟁하는 아랍 집단 사이의 내분으로 계속 혼란스러웠다. 1102년 룸 술탄국의 술탄인 킬리지 아르슬란 1세(1079?~1107)는 메소포타미아 북부의 주요 도시 모술을 장악했다. 1107년 킬리지 아르슬란 1세는 셀주크튀르크가 분열하여 등장한 알레포 술탄국의 다른 지도자 파크르 알 물크 라드완(1113년 사망)이 대항하자 카부르 강 전투에서 맞섰으나 패하고 죽임을 당했다. 그 뒤 라드완과 그의 계승자들은 다른 아랍인 세력들과 셀주크튀르크족의 국가들을 복속시키려 애썼으나 크게 성공하지는 못했다.

○ 비잔티움 제국-룸 술탄국 전쟁, 1110~17 ; 비잔티움 제국-셀주크튀르크 전쟁, 1064~81

이슬람 반란, 656
Muslim Revolt of 656

제3대 칼리파 우스만 이븐 아판(579?~656)이 살해당한 뒤 예언자 무함마드(570?~632)의 사촌이자 사위인 알리 이븐 아비 탈리브(600?~661)가 제4대 칼리파가 되자 예언자의 추종자인 탈하 이븐 우바이둘라(탈하, 594?~656)와 알 주바이르 이븐 알 아왐(알 주바이르, 594~656)이 즉시 반란을 일으켰다. 이 두 이슬람 지도자는 죽은 예언자의 부인 아이샤(614?~678)의 지원을 받아 3만 명의 군대를 모았고, 656년 12월 4일 메소포타미아의 바스라 인근에서 알리의 군대와 맞섰다. 아이샤가 병사들 가운데 낙타에 올라앉아 있었다고 해서 '낙타 전투'라고 부르는 이 전투는 탈하와 알 주바이르 모두 살해되면서 끝났다. 아이샤는 사로잡혀 추방됐다. 알리의 칼리파 승계를 둘러싼 갈등은 계속됐고, 결국 657~661년의 이슬람 내전으로 이어졌다.
○ 메카-메디나 전쟁

이슬람 반란, 699~701
Muslim Revolt of 699~701

우마이야 왕조 칼리파국의 동부 지역들을 통치하던 알 하자즈 이븐 유수프
(661~714) 총독은 오늘날의 아프가니스탄 동남부에서 자국의 소규모 군대
가 아프간족에 저지당하자 아랍인의 지위를 회복하기 위해 자신의 유명한
공작군(화려한 군복 때문에 붙여진 이름이다)을 파견했다. 아랍인 킨다 부족의
이븐 알 아샤트(704년 사망)가 이끄는 공작군은 아프간족의 반란을 진압했
으며 기한 없이 그 지역에 머물라는 명령을 받았다. 이븐 알 아샤트는 부족
의 충성 서약을 원하는 알 하자즈 이븐 유수프의 요구와 명령을 거부한 뒤
일부 군대를 이끌고 메소포타미아로 돌아오며 반란 세력을 규합했다. 701년
1월 알 하자즈 이븐 유수프의 군대는 투스타르에서 이븐 알 아샤트의 군대
와 대결했으나 패했다. 이븐 알 아샤트는 바스라를 점령하고 쿠파로 진격하
여 알 하자즈 이븐 유수프에 맞섰고 쿠파 인근 다이르 알 자마짐 전투에서
승리를 거두었다. 알 하자즈 이븐 유수프는 칼리파 압드 알 말리크 이븐 마
르완(646~705)이 지원한 시리아의 증원군을 받아 이븐 알 아샤트와 협상하
여 휴전을 얻어내려 했으나 실패한 뒤 701년에 티그리스 강가의 마스킨 전
투에서 이븐 알 아샤트의 반군에 결정적인 패배를 안겼다.

이슬람-비잔티움 제국 전쟁
Muslim—Byzantine Wars
○ 비잔티움 제국-이슬람 전쟁

이슬람 왕조 전쟁, 1196~1200
Muslim Dynastic War of 1196~1200

이집트와 시리아의 술탄으로 아이유브 왕조의 창건자인 살라딘(살라흐 앗
딘 유수프 이븐 아이유브, 1137?~93)은 사후의 계승 분쟁을 예방하기 위해 그
의 제국을 남성 친족들에게 나누어주었다. 그러나 살라딘은 카이로의 술탄

위 계승자를 지명하지 못했다. 1196년 살라딘의 아들들인 시리아의 통치자와 이집트의 통치자가 카이로의 권력을 두고 다투었고, 삼촌 알 말리크 알 아딜 사이프 알 딘 아부 바크르 이븐 아이유브(알 아딜 1세, 1145~1218)가 싸움에 끼어들어 양쪽과 맞서 싸우다가 1200년 1월 이집트의 전투에서 우세를 확보했다. 알 아딜 1세는 술탄으로 통치하며 시리아와 이집트를 다시 통합하여 지배함으로써 살라딘의 제국을 완벽하게 장악했다. 그러나 가문 안의 끝없는 불화로 아이유브 왕조는 허약해졌고, 결국 1249년에 마지막 술탄이 반란을 일으킨 맘루크들에게 살해되면서 멸망했다.

이슬람의 로마 약탈, 846
Muslim Sack of Rome, 846

800년대 초 이베리아 반도와 북아프리카의 이슬람 세력은 해적을 하며 지중해를 지배했고, 831년에 시칠리아의 팔레르모를 장악했으며, 840년에 이탈리아 반도 남부 해안의 타란토와 바리에 작은 이슬람 국가들을 세웠다. 이슬람 세력은 이런 기지들을 중심으로 아드리아 해와 티레니아 해를 공포로 몰아넣었고 때론 내륙을 습격하기도 했다. 이슬람 세력은 846년에 나폴리에서 격퇴당한 뒤 테베레 강까지 북상하여 교황 그레고리오 4세(844년 사망)가 하구에 세운 요새를 정복했다. 이슬람 세력은 테베레 강의 남안에 상륙하여 로마로 진격했다. 이슬람 세력은 가는 도중에 로마의 교외에서 약탈과 방화를 일삼았다. 당시 로마 방어벽 바깥에 있던 바티칸 언덕 구역은 큰 피해를 입었고 구擊 성 베드로 성당도 훼손됐다. 침략자들이 약탈한 물건들을 갖고 도주한 뒤 교황 레오 4세(790?~855)는 바티칸 언덕 구역 둘레에 성벽을 쌓았다. 오래도록 '레오의 성벽'으로 알려진 이 방벽은 오늘날까지도 '레오의 도시'라고 부르는 바티칸 언덕 구역을 보호하고 있다.

이슬람의 에스파냐 정복, 711~718
Muslim Conquest of Spain, 711~718

이베리아 반도에 있던 서고트 왕국은 왕위 계승 문제로 내전을 겪고 있었는데, 우마이야 왕조 칼리파국이 북아프리카에 파견한 총독 무사 이븐 누사이르(640?~715/716)는 내전 중 대립하고 있던 서고트 왕국의 한 파벌로부터 지원 요청을 받고 이베리아 반도를 침공하기로 했다. 711년 무사 이븐 누사이르는 타리크 이븐 지야드(670?~720?)에게 아랍인과 베르베르인으로 구성된 군대의 지휘를 맡겨 파병했고, 이들은 지브롤터 해협을 건너 711년 7월 19일 오늘날 과달레테 강(리오 바르바테) 인근이나 라한다 호수, 혹은 바르베테 강 주변으로 추정되는 곳에서 서고트 왕국의 왕 로데리쿠스(711/712년 사망)가 지휘하는 군대에 결정적 패배를 안겼다. 로데리쿠스는 탈출하던 중에 살해당했거나 물에 빠져 죽은 것으로 보인다. 로데리쿠스의 군대에 분열의 씨앗을 뿌렸던 서고트족은 타리크의 군대와 합세하여 북쪽으로 이동하면서 나라를 약탈하고 코르도바와 서고트 왕국의 수도인 톨레도를 점령했다. 712년 6월 무사 이븐 누사이르는 직접 아랍인 약 1만 8천 명을 이끌고 오늘날의 알헤시라스에 도착한 뒤 내륙으로 들어가 메디나시도니아, 세비야, 메리다를 점령했다(713년 6월 30일). 무사 이븐 누사이르는 에스파냐 유대인의 지원을 얻은 타리크와 합세하여 계속해서 성공리에 전진했다. 타리크는 별개의 군사행동으로 서북부의 레온과 아스토르가에서 승리했다. 713년 무사 이븐 누사이르는 시리아의 다마스쿠스로 귀향했고, 아들 압드 알 아지즈 이븐 무사(716년 사망)를 우마이야 왕조 칼리파국의 새 영토인 알 안달루스(이베리아 반도 남부)의 초대 총독으로 임명하여 남겨두었다. 압드 알 아지즈 이븐 무사는 무르시아의 서고트족 군주와 화친을 맺고 약간의 자율성을 허용하는 대신 공납과 협력을 받아냈다. 714년경 이슬람교 세력은 사라고사를 함락했고, 717년에는 바르셀로나를 점령하여 지중해 동부에서 배를 타고 들어올 수 있었다. 718년 서고트족을 포함하는 에스파냐의 그리스도교 세력은 북부와 서부의 산악지대로 밀려났고, 우마이야 왕조 칼리파국은 북쪽 멀리 피레네 산맥까지 전진했다.

○ 프랑크 왕국-무어인 전쟁

이슬람의 페르시아 정복, 634~651
Muslim Conquest of Persia, 634~651

예언자 무함마드(570?~632)를 따르는 정통 칼리파 시대 칼리파국의 전사들과 약탈자들은 아라비아 반도를 장악한 뒤 비잔티움 제국과 사산 왕조 페르시아 제국을 공격했다(○ 비잔티움 제국-이슬람 전쟁, 633~642). 칼리파국 군대는 비잔티움 제국의 동부 영토인 시리아와 팔레스타인에서 비잔티움 제국 군대를 끈질기게 쫓아다니며 전쟁을 벌였는데 결국 승리하여 여러 도시를 빼앗고 토착민을 복속시켰다(634~644). 칼리파국의 동진은 메소포타미아에서 잠시 중단됐다. 유프라테스 강가의 다리 전투(634)에서 사산 왕조 페르시아에 참패하여 알히라로 퇴각했던 것이다. 추적하던 사산 왕조 페르시아 군대들은 쿠파(이라크에 있다) 남쪽 부와입에서 벌어진 전투(635)에서 저지당했다. 칼리파 우마르(586?~644)가 새로 파견한 약 3만 명 규모의 칼리파국 군대가 메소포타미아로 진입하여 알카디시야 전투에서 5만 명이 넘는 사산 왕조 페르시아 군대에 승리를 거두었다(637). 그해 말에 아랍인들은 사산 왕조 페르시아의 겨울 수도인 티그리스 강변의 크테시폰(바그다드 남쪽)을 점령하고 약탈했으며 그곳에서 북쪽으로 약 80킬로미터 떨어진 잘룰라 전투에서 다시 승리했다(637년 12월). 페르시아 중심부를 장악한 침략자들은 싸움을 계속하여 마침내 나하반드에서 결정적인 승리를 거두었다(641). 병력 수에서 대략 5 대 1로 열세였던 것으로 추정되는 칼리파국 군대는 전장에서 패한 척하며 퇴각하면서 사산 왕조 페르시아 군대를 협곡으로 끌어들인 뒤 기습으로 약 10만 명을 살해했다. (아랍인들은 640년에 펠루시온(펠루시움)과 헬리오폴리스를 장악한 뒤 이즈음 이집트를 거의 전부 점령했다.) 사산 왕조 페르시아에서 아랍인들에 맞서 저항하던 세력은 꾸준히 붕괴됐고, 칼리파국 군대는 메르브에 피신했던 사산 왕조 페르시아의 마지막 샤인 야즈데게르드 3세(651년 사망)가 살해당하면서 페르시아에서 우월한 지위를 차지했다.

이오니아 반란, 기원전 499~기원전 493
Ionian Revolt, BCE 499~BCE 493

기원전 6세기 페르시아 제국은 참주僭主들을 내세워 소아시아 서부 해안 지역과 인근의 섬들로 이루어진 이오니아의 그리스 폴리스들을 지배했다. 기원전 499년에 이오니아의 항구도시 밀레토스는 아테네와 에레트리아의 지원을 받아 반란을 일으켰다. 스파르타는 지원하지 않았다. 다른 이오니아의 폴리스들이 열렬히 반란에 동참하여 참주들을 내쫓았다. 기원전 498년 리디아(소아시아 서부의 고대 지명)의 페르시아 태수가 수도 사르디스에서 쫓

겨났다. 반란자들은 이 도시를 불태운 뒤 어리석게도 해산했다. 페르시아
는 신속하게 사르디스를 되찾은 뒤 그리스인들의 침공을 물리쳤으며 반란
을 일으킨 이오니아의 폴리스들을 다시 점령했다. 기원전 494년 페르시아
는 밀레토스를 포위했고, 다리우스 1세(기원전 558?~기원전 486)는 페르시아
의 대함대에 명령을 내려 도시를 봉쇄하고 라데(인근의 작은 섬) 전투에서 이
오니아 폴리스들의 연합군을 격파했으며 밀레토스를 점령하여 약탈하고 성
인 남자 거의 모두를 죽였다.

○ 그리스−페르시아 전쟁

2월 혁명, 1848
February Revolution, 1848
○ 프랑스 혁명, 1848

이자성의 난(명明 내전), 1622~44
Rebellion of Li Zicheng(Ming Civil War), 1622~44

명나라 말기의 중국인들은 과중한 세금과 만주족의 침입이 가져온 파괴
(○ 만주족의 명 정복), 참화를 초래한 홍수와 기근, 정치적 음모들로 큰 고초
를 겪었고 제국의 여러 곳에서 반란을 일으켰다. 반란의 지도자들은 유랑
민들을 사병으로 모집하여 광대한 영역을 통제했다. 이러한 우두머리 중 가
장 강력한 부류에 해당하던 이자성李自成(1606~45)은 1637년에 쓰촨성四川省의
성도 청두成都를 점령하려다가 실패했다. 그래도 반란의 의지를 굽히지 않
은 이자성은 산시성陝西省으로 군대를 이끌고 들어갔고, 1640년에는 허난성
河南省에 진입했다. 1642년 이자성은 산시성과 허난성의 지배자가 됐고 이듬
해에는 산시성山西省을 장악하고 스스로 황제를 칭했다. 1644년 이자성은 병
력 30만 명을 이끌고 명나라 수도인 베이징北京으로 진군했다. 정부군 지휘
관 2명이 성 밖으로 나와 이자성의 군대에 맞섰으나 경쟁 관계였던 두 사람
은 서로 협력하지 않아 큰 패배를 당했고, 반란군이 승리자로 입성했다. 명
나라 마지막 황제 숭정제(1611~44)는 절망에 빠져 목을 매 죽었고 이자성이
짧은 기간 동안 제위를 차지했다.

이집트-와하브파 전쟁, 1811~18
Egyptian War against the Wahabis, 1811~18

1730~40년대에 아라비아 반도의 이슬람교 신학자인 무함마드 이븐 압드 알 와하브(1703~92)는 예언자(무함마드, 570?~632)가 세상을 떠난 뒤 부가된 교리나 의례는 전부 허위이고 정통이 아님을 선언하며 이슬람교의 개혁을 설파했다. 때로 금욕주의자라고 불렸던 이 근본주의적 이슬람교 종파(와하브파)는 사우드 가문이 디리야 에미르국을 건국하면서 국교로 채택한(1744) 뒤로 남부의 일부를 제외한 아라비아 반도 대부분을 휩쓸었다. 와하브파는 오늘날에도 사우디아라비아의 국교다. 1800년대 초 디리야 에미르국을 함께 통치하던 사우디 가문과 와하브파는 해적 활동으로써 오스만 제국의 명목상 영토인 이집트의 주요 동맹국이자 후원국인 영국의 인도양 무역을 방해했다. 이집트 총독 무함마드 알리(1769~1849)는 오스만 제국의 동의를 받아 와하브파를 진압하기로 결정했다. 1811년 와하브파는 수도 디리야에서 외부로 진출해 메카와 메디나, 제다(지다)를 장악하고 오스만 제국의 영토인 시리아를 위협했으며, 그리하여 무함마드 알리는 명목상으로는 오스만 제국의 속국이었던 디리야 에미르국으로 원정했다. 무함마드 알리와 그의 아들 이브라힘(1789~1848)과 투순(1794~1816)이 이끄는 이집트 군대는 사막과 그 인근 지역에서 7년 동안 와하브파와 지독한 전투를 벌였다. 1818년까지 이집트는 주로 해전에서 승리해 이슬람의 성지로 간주되는 도시들을 포함한 홍해 동안의 주변 지역을 탈환했고 디리야 에미르국을 멸망시켰다.

이콘파괴운동 전쟁
Iconoclastic War

제1차 이콘파괴운동 전쟁(726~731) 비잔티움 제국의 황제 레오 3세(685?~741)는 이콘(성화聖畵와 성상聖像을 총칭) 옹호가 이단이며 우상숭배이기 때문에 반대한다고 선언했다. 성직자들과 로마의 교황 그레고리오 2세(669~731)는 레온 3세와 다른 이콘파괴론자들(이콘 옹호를 거부하는 자들)에 반대했다. 727년 그리스에서 이콘파괴론에 반대하는 폭동이 일어났고, 이어 반란자들이 함대에 대립황제를 태우고 콘스탄티노플(오늘날의 이스탄불)로 향했으나 레오 3세의 함대가 이를 격퇴했다. 이탈리아 라벤나 총독관구 주민들이 반란을 일으키자, 레오 3세는 라벤나를 점령하려고 함대를 보냈다. 그러나 함대는 폭풍에 일부가 파괴되어 731년에 라벤나에서 퇴각했다. 비잔티움 제국의 권위를 회복하지 못한 레오 3세는 교황이 관할하던 칼라브리아와 시칠리아 섬, 일리리아(오늘날의 발칸 반도 서부)를 콘스탄티노플 총대주교의 관할권에 두었다. **제2차 이콘파괴운동 전쟁(741~743)** 레오 3세를 계승한 황제 콘스탄티노스 5세(718~775)는 이콘옹호론자들을 이전보다 더 가혹하게 박해했다. 콘스탄티노스 5세가 원정해 있는 동안(❍ 비잔티움 제국-이슬람 전쟁, 741~752), 매형인 아르타바스도스(743년 사망)가 이콘옹호론자들의 지원을 받아 군사적·종교적 반란을 이끌어 황제의 군대에 승리를 거두었다. 그 뒤 아르타바스도스는 스스로 황제에 올라 이콘옹호를 회복했다. 743년 아르타바스도스의 군대는 사르데이스(오늘날의 사르트)와 모드리나에서 두 차례 패했고, 콘스탄티노스 5세는 제위를 되찾을 수 있었다. 아르타바스도스는 항명의 대가로 두 눈을 뽑혔다.

이탈리아 독립 전쟁, 1848~49
Italian War of Independence of 1848~49
❍ 이탈리아 혁명, 1848~49

이탈리아 독립 전쟁, 1859~62, 66
Italian War of Independence of 1859~62, 66
이탈리아 북부에 왕국을 세우려고 했던 프랑스 황제 나폴레옹 3세(1808~73)와 사르데냐 왕국의 총리 카밀로 카보우르(1810~61)는 그 지역의 오스트리아 세력을 축출하고자 동맹을 맺었다. 이 일로 오스트리아가 1859년 4월에 전쟁을 선포하고 사르데냐 왕국을 침공했다. 1859년 6월 프랑스·사르데냐 왕국 군대가 마젠타와 솔페리노 전투에서 오스트리아를 무찔렀고 밀라노를 점령했다. 그러나 이탈리아의 힘을 두려워한 나폴레옹 3세가 예기치 않게 취리히 평화조약에 서명하여, 사르데냐 왕국에 롬바르디아 지역의 대부분을 넘겨주고 오스트리아는 베네치아를 포함하는 베네토 지역을 계속 보유하도록 허용하여 이탈리아의 분열을 유지했다. 이탈리아인 대다수가 분노했다. 1860년 3월 파르마-피아첸차-구아스텔라 공국과 모데나-

레조 공국, 토스카나 공국, 교황령 북부는 주민투표를 실시하여 사르데냐 왕국과 합병하기로 했고, 1860년 3월 24일에 사르데냐 왕국은 프랑스와 토리노 조약을 체결하여 사보이아(오늘날의 사보아)와 니차(오늘날의 니스)를 프랑스에 할양했다. 이탈리아 남부에서는 제노바에서 출항하여 시칠리아 섬의 마르살라에 상륙한 주세페 가리발디(1807~82)와 '1천 명의 붉은 셔츠대隊(일명 천인대千人隊)'가 내륙으로 들어가 양시칠리아 왕국(시칠리아와 나폴리)의 프란체스코 2세(1836~94)에 대항하여 일어난 반란을 지원했고, 1860년 5월 15일 칼라타피미에서 양시칠리아 왕국 군대를 격파하고 팔레르모를 점령했다. 처음에는 가리발디의 전술에 반대했던 카보우르도 남부의 반란을 지지했으며 양시칠리아 왕국을 북부의 사르데냐 왕국에 병합하려 했다. 카보우르를 신뢰하지 않았던 가리발디는 이탈리아 본토로 건너가 나폴리를 장악했으나 리리 강에서 양시칠리아 왕국 군대에 저지당했다. 사르데냐 왕국 군대가 교황령을 침공하여 움브리아와 마르케를 빼앗았고 1860년 9월 18일에 카스텔피다르도에서 교황령 군대에 결정적인 패배를 안겼다. 카보우르는 가리발디에게 영토를 포기하도록 압박하며 나폴리에 진입했다. 주민투표 결과, 이탈리아인들이 사르데냐 왕국에 병합하기 바란다는 사실을 확인한 뒤 가리발디는 그가 점복한 영토들을 포기하고 카프레라 섬에 은거했다. 긴급 정부가 수립됐고, 1861년 2월 토리노에 모인 이탈리아 전역에서 선출된 의원으로 구성된 정부의 의회는 사르데냐 왕 비토리오 에마누엘레 2세(1820~78)를 헌법에 따른 '이탈리아 왕'으로 선포했다. 오스트리아의 지배를 받던 베네치아를 포함한 베네토 지역과 프랑스가 점령한 교황령의 잔존 영역만 계속 이탈리아 왕국 밖에 존재했다. 카보우르가 사망한 뒤 가리발디는 자원병을 모아 로마 공격을 준비했으나, 국제적인 위기가 발생할까 봐 두려웠던 이탈리아 정부가 병력을 파견하여 가리발디의 군대를 차단했다. 가리발디는 1862년 8월 29일 아스프로몬테 전투에서 패하고 부상을 입은 채 포로가 됐다(나중에 사면받았다). 1866년 이탈리아는 프로이센과 동맹하여 오스트리아에 맞섰다(◐ 7주 전쟁). 오스트리아는 이탈리아가 프로이센과 맺은 동맹을 깨뜨린다면 베네토 지역을 이탈리아에 할양하겠다고 제안했지만, 비토리오 에마누엘레 2세는 이 제안을 거부했다. 이탈리아는 육상(1866년 6월 24일 쿠스토차)과 해상(1866년 7월 20일 리사 섬(오늘날 크로아티아의 비스 섬))에서 중요한 전투를 망쳤지만, 전쟁을 종결시킨 빈 조약에 따라 베네토 지역을 얻었다. 가리발디와 그의 지지자들은 다시 교황령을 점령하려 했으나 1867년 11월 3일 멘타나에서 프랑스와 교황령의 연합군에 격파당했다. 프랑스가 1870년에 프랑스-프로이센 전쟁 때문에 교황령에서 철군했을 때 이탈리아 군대가 교황령으로 진입하여 큰 어려움 없이 점령했다. 교황령 주민들이 투표로써 이탈리아 왕국과 병합하기로 결정한 뒤 이탈리아 정부는 수도를 피렌체에서 로마로 옮겼다.

🔾 이탈리아 혁명, 1848~49

이탈리아 반란, 1831~34
Italian Revolts of 1831~34

오스트리아의 전제적 지배를 받고 있던 상당수 이탈리아 국가들은 독립과 혁명이라는 프랑스 사상에 자극을 받고, 이탈리아를 통일하여 공화정 정부를 수립하려는 애국자 주세페 마치니(1805~72)의 활동에 고무되어 과두적 지배 집단들과 교황청이 파견한 사절들로부터 권력을 빼앗아 임시정부들을 구성하려 했다. 1831년 모데나-레조 공국 의회는 공작 프란체스코 4세(1779~1846)의 폐위를 선언했고, 곧이어 파르마-피아첸차-구아스텔라 공국과 로마냐, 마르케, 움브리아에서 임시정부를 수립했다가 볼로냐에 단일 임시정부를 세웠다. 이에 앞서 교황청의 볼로냐 주재 사절은 혁명평의회에 권력을 양도해야 했다. 교황 그레고리오 16세(1765~1846)의 요청으로 오스트리아가 개입하여 무력으로 모데나-레조 공작 프란체스코 4세와 파르마-피아첸차-구아스텔라 공국 여公작 마리 루이사(1791~1847)를 복위시키고 로마냐의 반란을 진압했으며, 갓 태어난 공화파 연방을 분쇄하고 반란 이전의 상태로 복원했다.

🔾 이탈리아 혁명, 1848~49

이탈리아 봉기, 1914
Italian Uprisings of 1914

우파 자유주의자인 안토니오 살란드라(1853~1934)가 이탈리아의 총리로 취임한 이후에 모든 부류의 급진주의자들이 강경하게 세금 부과에 저항하고 임금 인상을 요구하며 군국주의에 반대했다. 1914년 6월 7일 마르케와 로마냐에서 대중 봉기가 일어나('붉은 1주 Settimana rossa') 토지를 소유하지 못한 농업 노동자들이 현지 지주들이 고용한 파업파괴자들과 대치했다. 파업자들과 봉기자들은 당시 밀라노의 사회주의 신문 수석 편집자였던 베니토 무솔리니(1883~1945) 같은 선동가들의 부추김을 받아 안코나에서 징병 반대 시위를 벌여 경찰의 총격을 유발했으며 이에 보복하려 했다. 볼로냐를 장악한 반체제 인사들은 총파업을 실시하고 상점을 약탈했으며 전선과 철로를 파괴했다. 안코나 등의 도시는 독립 코뮌임을 선포했고, 로마냐는 공화국임을 선포했으며, 페라라와 라벤나는 봉기자들에 항복했다. 10만 명이 넘는 군대가 투입된 뒤에야 질서가 회복됐다. 그렇지만 1914년 7월 초 이탈리아는 독일과 오스트리아와 동맹한 상태였는데도 중립을 유지하는 조치에 집중하느라 끊임없이 소요를 일으키는 자국의 노동자 문제를 일시적으로 제쳐두었다.

○ 제1차 세계대전

이탈리아-에티오피아 전쟁, 1887~89
Italo-Ethiopian War of 1887~89

1885년 이탈리아는 수단의 광신적인 이슬람교 종파인 마흐디파를 통제하려던 영국의 지원을 받아 에티오피아의 홍해 연안 영토인 에리트레아의 마사와에 기지를 확보했다. 이탈리아는 또 에리트레아의 아사브 항구를 현지 통치자로부터 구매했다. 단지 해안 지역을 이용하는 데에서 그칠 생각이 없었던 이탈리아는 에티오피아 제국 안의 쇼아 왕국 왕 살레 마리암(메넬리크 2세, 1844~1913)과 협정을 체결했고 영국의 부추김을 받아 에리트레아의 내륙으로 침투해 들어갔다. 황제 요하니스 4세(1831?~89)의 에티오피아 군대가 이탈리아 군대와 대결했고, 이탈리아 병사 562명이 1887년 1월 26일 도갈리 전투에서 포위당해 거의 전멸했다. 이탈리아는 이에 대응하여 2만 명 규모의 병력을 파견하여 에리트레아에 주둔시켰으나 교전은 거의 없었고, 결국 이질과 열병으로 철수했다. 요하니스 4세는 에티오피아 북부로 침공해 들어오는 마흐디파와 싸우다가 1889년 3월 9~10일 수단의 갈라바트와 에티오피아의 메템마 사이에서 벌어진 메템마(갈라바트) 전투에서 전사했다.

이제 이탈리아의 지원을 얻은 메넬리크 2세가 제위를 차지하고 1889년 5월 2일 이탈리아와 우찰레 조약을 체결했다. 이탈리아는 이탈리아어본 조약에 의거해 에티오피아를 보호국으로 보유하는 것으로 조약을 해석했는데, 메넬리크 2세는 이것이 암하라어본 조약에 근거해 위배되는 것이라고 거부했다(1891). 그러나 영국은 이탈리아의 에티오피아 보호국 지위를 인정했다.

이탈리아–에티오피아 전쟁, 1895~96
Italo–Ethiopian War of 1895~96

우찰레 조약은 이탈리아어본과 암하라어본의 문구에 차이가 있었다(○ 이탈리아–에티오피아 전쟁, 1887~89). 이탈리아는 에티오피아 전체가 적용받는 종주권을 지녔다고 주장했으나, 에티오피아 황제 메넬리크 2세(1844~1913)는 조약의 원문에는 그러한 내용이 없다고 했다. 1895년 이탈리아 군대는 에티오피아 내륙으로 더 깊숙이 침투하여 티그라이 지역을 점령했다. 메넬리크 2세의 군대는 메켈레에서 약 2,400명의 이탈리아 군대를 무찔러 항복을 받아냈다. 이에 이탈리아는 증원군 약 1만 7,700명을 보내 1896년 3월 1일 아드와(아도와) 전투에서 에티오피아 군대 8만~10만 명과 대적했다. 에티오피아가 압도적인 승리를 거두어 적군 약 7천 명을 죽이고 약 3천 명을 포로로 잡았다. 패배한 이탈리아군 지휘자인 오레스테 바라티에리(1841~1901) 장군은 은퇴해야 했으며, 이탈리아는 강화를 요청하여 1896년 10월 26일 아디스아바바 조약에 조인했다. 이탈리아는 에티오피아의 독립을 승인했고 에리트레아의 해안 지역 식민지만 보유하게 됐다. 1900, 1902, 1908년에 체결된 후속 조약으로 이탈리아가 에티오피아에 보유한 식민지 면적은 약 207제곱킬로미터로 줄었다. 또 다른 굴욕이었다.

이탈리아–에티오피아 전쟁, 1935~36
Italo–Ethiopian War of 1935~36

1922년 이후 이탈리아의 독재자로 군림한 베니토 무솔리니(1883~1945)는 이미 1928년에 1895~96년의 이탈리아–에티오피아 전쟁에서 당한 패배에 복수할 계획을 세웠다. 무솔리니는 뻔뻔스럽게도 1887년과 1896년, 1900년에 에티오피아와 체결한 조약과 1908년의 강대국이 체결한 조약의 자구를 조작한 뒤 국제연맹에 호소하여 에티오피아에 대한 이탈리아의 권리를 세계에 주장하려 했다. 무솔리니의 책략은 효과가 있었다. 1934년 이탈리아령 소말릴란드 국경의 분쟁 지역이던 웰웰(왈왈, 우알우알)에서 이탈리아 군대와 에티오피아 군대 사이에 유혈 충돌이 벌어졌다. 에티오피아 황제 하일레 셀라시에 1세(1892~1975)는 그의 군대를 에티오피아-이탈리아령 에리트레아 국경에서 약 32킬로미터가량 후퇴시켰지만, 이탈리아는 1935년 10월 3일 선전포고도 없이 에티오피아를 침공했다. 이탈리아 군대는 비행기와 최신 무기를 동원하여 방어할 수단을 갖지 못한 에티오피아를 서서히 파괴했다. 영국의 외교부 장관 새뮤얼 호어(1880~1959)와 프랑스의 총리이자 외교부 장관인 피에르 라발(1883~1945)은 1935년 12월에 전쟁을 종식시키기 위해 호어-라발 계획을 제시했으나 에티오피아는 나라의 대부분을 이탈리아에 할양하도록 규정되어 있는 이 평화 계획을 거부했다. 1936년 5월 5일 에티오피아 수도 아디스아바바가 점령됐다. 하일레 셀라시에 1세는 도피하여 국제연맹에 지원을 호소했지만 소용없었다. 그러나 이탈리아는 이미 자국의 왕 비토리오 에마누엘레 3세(1869~1947)를 '에티오피아 황제'로 부르고 에티오피아를 병합했으며 에티오피아와 에리트레아, 이탈리아령 소말릴란드를 통합하여 이탈리아령 동아프리카를 구성했다. 이탈리아는 콥트정교회* 에티오피아 관구장주교를 사형하고 수도사들을 학살했으며 아디스아바바의 주민들 상당수를 살해했다. 이탈리아는 에티오피아 전체를 정복하지는 못했지만 제2차 세계대전 중이었던 1941년까지 에티오피아를 점령했다. 그해 영국과 남아프리카연합, 뉴질랜드, 오스트레일리아, 벨기에, 자유 프랑스,** 에티오피아 연합군이 에티오피아를 해방하고 하일레 셀라시에 1세가 귀환하여 1941년 5월 5일에 다시 황제로 복위했다.

* 에피오피아, 이집트의 그리스도교 교회로 그리스정교회의 한 분파.
** 1940년 프랑스가 항복하고 점령당한 뒤에 독일에 협력했던 비시 프랑스와 달리 계속 독일과 싸웠던 프랑스 망명정부.

이탈리아-오스만 제국 전쟁, 1911~12
Italo-Turkish War of 1911~12

1800년대 말 오스만 제국 정부의 아프리카 보유지가 해체되던 중에, 오랫동안 북아프리카에 식민지를 세우고 싶어 했던 이탈리아의 반대에도 불구하고 프랑스가 튀니지를 보호령으로 차지했다. 이탈리아는 오스만 제국의 영토였던 리비아 북부를 병합하기 위해 1880년에서 1910년 사이에 그 지역으로 이민자들과 상인들을 보냈다. 1911년 9월 26일 이탈리아 정부는 그 지역의 이탈리아인들이 학대당하고 있다는 핑계를 대고 리비아에 침공을 위협하며 24시간 기한의 최후통첩을 보냈다. 1911년 9월 29일 전쟁을 선포한 이탈리아는 병력을 파병하여 아무런 대비 없이 혼란스러웠던 이스탄불의 오스만 제국 정부를 놀라게 했다. 1911년 10월 이탈리아 군대는 리비아의 수도 트리폴리를 포격한 뒤 점령했다. 당시에는 오스만 제국의 명목상 영토였던 이집트가 영국의 요구를 수용하여 중립을 선언하고 오스만 제국 군대의 통과를 허용하지 않았다. 그래서 1911년 11월까지는 소수의 오스만 제국 장교들만이 리비아에 상륙하여 현지 아랍인의 지원을 받아 일부 해안 지구를 점령해 전쟁을 교착상태로 끌고 갈 수 있었다. 이탈리아는 양동작전의 일환으로 해전에 나서(1912) 베이루트와 이즈미르를 포격했고 도데카니사(도데카니소스) 제도의 다른 섬들을 점령했으며 다르다넬스 해협을 보호하는 요새들을 폭격하여 해협을 봉쇄했다. 통일진보위원회CUP가 이끄는 오스만 제국 정부가 무너졌고, 오스만 제국은 전쟁을 종결시키기 위해 1912년 10월 18일에 스위스 로잔 근처에서 우시 평화조약을 체결하여 리비아에 대한 명목상 종주권을 제외한 실질적 통제권을 이탈리아에 양도했다. 이탈리아는 이 조약에 의거해 도데카니사 제도를 오스만 제국에 반환해야 했지만, 이를 거부하고 계속 점유했다.

○ 발칸 전쟁 ; 청년튀르크당의 반란

이탈리아 혁명(이탈리아 독립 전쟁), 1848~49
Italian Revolution(Italian War of Independence) of 1848~49

리소르지멘토('부흥')는 이탈리아를 해방하고 통일하려는 운동이다. 사르데냐 왕 카를로 알베르토(1798~1849)가 지휘하는 리소르지멘토는 이탈리아에서 오스트리아 세력을 축출하려고 했다(○ 이탈리아 반란, 1831~34). 사르데냐 왕국은 밀라노의 5일 봉기 직후 오스트리아에 전쟁을 선포했다. 베네치아를 포함하는 베네토 지역의 이탈리아 애국자들이 반란을 일으켰고 다니엘레 마닌(1804~57)을 대통령으로 추대해 독립 공화국임을 선포했다. 사르데냐 왕국의 카밀로 카보우르(1810~61), 교황 비오 9세(1792~1878), 그리고 모데나-레조 공국과 파르마-피아첸차-구아스텔라 공국, 토스카나 공국, 양시칠리아 왕국(시칠리아와 나폴리), 여타의 지도자들과 자원병들이 전쟁을 지원했다. 카를로 알베르토가 이끄는 이탈리아 연합군은 7만 명 규모의 오스트리아 군대보다 많았고, 요제프 라데츠키(1766~1858) 육군원수가 지휘하는 오스트리아 군대를 콰드릴라테로(사각형)라는 만토바와 베로나, 페스키에라델가르다, 레냐고 사이의 요새 지역으로 몰아넣었다. 라데츠키가 능숙한 공격 전술과 방어 전술을 보여준 반면 카를로 알베르토는 우유부단하여 승리는 오스트리아에 넘어갔다. 오스트리아 군대는 토스카나 공국 군대에 참패를 안겼고 교황령 군대를 인질로 잡았다. 그리하여 이탈리아 연합군에 불안감이 조성됐으며, 양시칠리아 왕국 군대는 본국으로 소환됐다. 홀로 남아 싸우게 된 사르데냐 왕국 군대는 1848년 7월 22일에서 27일 사이에 베로나 인근에서 벌어진 쿠스토차 전투에서 라데츠키의 군대에 궤멸됐다. 라데츠키는 이어 밀라노를 다시 점령했다. 오스트리아는 베네치아를 제외하고 이탈리아에서 보유하고 있던 영토를 전부 되찾았다. 1849년 3월 23일 노바라 전투에서 라데츠키가 또다시 사르데냐 왕국 군대를 물리친 뒤 카를로 알베르토는 아들 비토리오 에마누엘레 2세(1820~78)에게 왕위를 양위했다. 비토리오 에마누엘레 2세는 가혹한 강화조건을 저항하지 않고 받아들여야 했다. 양시칠리아 왕국에서는 왕 페르디난도 2세(1810~59)가 메시나와 팔레르모를 포격하여 소요를 진압하라고 명령했다. 로마를 지배한 혁명평의회는 교황의 복위 요구를 숙고했다(비오 9세는 앞서 폭동 때문에 로마를 떠나 가에타로 피신했다). 프랑스 대통령 루이 나폴레옹(나폴레옹 3세, 1808~73)은 프랑스군 파견부대를 보내 '로마의 자유권리'를 지키려 했다. 프랑스 군대는 1849년 4월 말에 로마의 성벽까지 진격했다. 로마 공화국 군대는 프랑스 군대와 대결하여 밀어냈다. 로마 군대에는 외국 군대를 믿지 않았던 주세페 가리발디(1807~82) 휘하의 병사들('붉은 셔츠대臤')이 5천 명 포함되어 있었다. 프랑스 군대를 돕기 위해 북쪽에서 오스트리아 군대가 내려왔고 남쪽에서 양시칠리아 군대가 올라왔으며 테베레 강가에 에스파냐 군대가 상륙했다. 가리발디의 지원을 받은 로마는 양시칠리아 왕국 군대를 물리쳤고, 에스파냐 군대는 철수했다. 그러나 프랑스 군대가 점점 더 많이 증원되어 결국 가리발디의 부대는 철수할 수밖에 없었다. 로마 공화국 군대는 1849년 6월에 함락됐으며, 교황의 통치가 복원됐다. 베네치아에서는 마닌의 군대가 라데츠키의 군대에 맞서 약 넉 달 동안 저항했으나(1849년 5~8월) 포격과 굶주림, 콜레라로 극심한 고초를 겪었다. 사르데냐가 오스트리아와 강화를 맺은 뒤 18일 만에 마닌은 항복했다(1849년 8월 27일).

○ 이탈리아 독립 전쟁, 1859~61

인더스 강 전투, 1221
Battle of the Indus River, 1221

칭기즈 칸(태조, 1167?~1227)은 자신을 공격할 가능성이 있는 자를 살려두지 않는다는 원칙에 따라 몽골 제국 군대를 이끌고 자신에게 패한 호라즘 왕조 샤(○ (제1차) 몽골-페르시아 전쟁)의 아들 잘랄 앗 딘(1231년 사망)을 뒤쫓아 힌두쿠시 산맥으로 들어가 바미안 전투를 벌였고, 이어 인도의 인더스 강가까지 잘랄 앗 딘을 추적했다. 4만 명의 몽골 군대와 5만 명의 호라즘 군대가 맞섰다. 호라즘 군대는 오른쪽은 강의 만곡부에, 왼쪽은 산 능선이 보호하는 지형에 배수진을 쳤다. 호라즘 군대는 우익을 전진시키고 중앙이 뒤따르면서 돌격했다. 칭기즈 칸은 적의 좌익에서 약점을 포착하고 능선 너머로 약간의 병력(이제는 유능한 산악 기병 역할을 수행한다)을 보내 공격하여 호라즘 군대를 포위하고 그들을 허다하게 살육했다. 기민한 잘랄 앗 딘은 이번에도 탈출했다. 그러나 몽골은 호라산을 강하게 통제하기 위해 인도에서 추격전을 멈추고 페르시아로 돌아갔다.

○ (제2차) 몽골-페르시아 전쟁

인도 내전, 1947~48
Indian Civil War of 1947~48

1947년 영국령 인도는 영국에서 독립하고 인도 아대륙 전체를 통합하려고 했으나 실패로 돌아갔다. 영국이 연방 국가 창설을 시도했는데도 전인도무슬림연맹과 인도국민회의가 합의를 도출하지 못했기 때문이다. 1946년 8월 16일에서 22일까지 영국령 인도의 동북부와 서북부에서 전통적인 경쟁자였던 이슬람교도와 힌두교도, 시크교도가 '캘커타 대학살'로 충돌했다. 1947년 8월 15일 인도와 파키스탄의 분리가 선언됐다. 분할에 뒤이어 8월 16일에 인도와 파키스탄이 분점하게 된 지역인 펀자브에서 이슬람교도와 힌두교도·시크교도 사이에 내전이 벌어졌고, 싸움은 인도와 파키스탄 국경에 인접한 지역에서 계속 발발했다. 서西파키스탄(파키스탄)과 인도 서부 사이에 최소한 550만 명의 난민이 이동했으며, 동東파키스탄(방글라데시)에서 서西벵골 주로 약 125만 명이 옮겨갔고, 서파키스탄의 신드에서 40만 명의 힌두교도와 시크교도가 인도로 피신했다. 폭동은 끊이지 않았고, 아마도 100만 명의 난민이 사망했을 것이다. 자와할랄 네루(1889~1964) 인도 초대 총리가 영국군의 개입을 허용하지 않았기 때문이다. 영국령 인도의 분할 과정에서 카슈미르 지역의 귀속 문제를 처리하는 방식에 대한 불만으로 1947~48년의 인도-파키스탄 전쟁이 촉발됐고 이로 인해 악감정이 심해졌으며 난민 문제도 더욱 어려워졌다. 수많은 사람이 델리로 몰려들어 이슬람교도와 대결해 폭동을 일으켰다. 힌두교 진영의 민족주의적 지도자이자 종교 지도자였던 마하트마 간디(1869~1948)는 화합을 이루려다가 브라만 카스트에 속한 한 암살범이 쏜 총탄에 사망했다. 간디는 살아서는 영향력을 발휘하지 못했지만, 죽음으로써 질서를 회복하고 인도 정부를 통합했다.

인도네시아 독립 전쟁, 1945~49
Indonesian War of Independence, 1945~49

오늘날의 인도네시아인 네덜란드령 동인도제도는 제2차 세계대전 중인 1942~45년에 일본이 점령했다. 1945년에 인도네시아 민족주의자들이 독립 공화국임을 선포했다(1945년 8월 17일). 네덜란드는 인도네시아 공화국을 승인하지 않았고, 곧이어 네덜란드와 영국의 군인들은 일본군을 무장해제하여 일본으로 송환하고 1942년 이전의 상태(네덜란드의 지배)를 회복하라는 명령을 받고 바타비아(오늘날 자바 섬의 자카르타)에 상륙했다. 그러나 네덜란드와 영국 점령군과, 인도네시아 군대 사이에 전투가 발발했다. 특히 자바 섬의 도시인 반둥과 수라바야에서 전투가 치열했다(1945). 네덜란드와 인도네시아가 협상하여 링가자티 협정(1946)을 체결하여 네덜란드 왕이 수장이 될 인도네시아 연방의 탄생을 승인했다. 협정의 해석을 둘러싼 의견 차이로 결국 자바 섬 등지에서 소요가 발생했고, 질서를 회복하기 위한 네덜란드의 대규모 '치안 활동'이 전개됐다(1947년 7월 21일). 전 세계에서 네덜란드의 진압 조치에 반대하는 여론이 비등했다(영국은 1946년 11월에 네덜란드령 동인도제도를 떠났다). 네덜란드 군대는 중요 구역에서 '소탕' 작전에 나섰고 '반란 참여자(인도네시아 공화국 정부)'가 계속 봉쇄했다. 한편 이슬람 국가를 원했던 극단적 이슬람주의자는 네덜란드군과 인도네시아 공화국 군대에 맞서 게릴라전을 수행했고, 사회주의 좌파 집단인 인민민주전선FDR은 자바 섬의 마디운에서 인도네시아 공화국의 정부에 맞서 봉기를 일으켰다가 신속하고도 가혹하게 진압당했다(1948년 9월). 1948년 말 네덜란드군은 인도네시아 공화국의 임시 수도 욕야카르타(족자카르타)를 점령하고 인도네시아 공화국의 주요 지도자들을 체포했다. 그러나 인도네시아 공화국을 지원하는 네덜란드령 동인도제도의 주민들은 계속해서 게릴라전을 펼쳐 네덜란드군과 싸웠고, 네덜란드는 국제연합UN으로부터 거센 비난을 받았다. 인도네시아와 네덜란드의 대표자들은 헤이그에서 원탁회의를 열었고(1949년 8월 23일~11월 2일), 네덜란드는 수카르노(1901~70) 대통령과 모하맛 하타(1902~80) 부통령이자 총리가 이끄는 인도네시아 연방 정부에게 1949년 12월 27일에 주권을 이양했다. 1950년에도 특히 동부 지역에서는 이따금 게릴라전이 벌어졌고 이 때문에 중앙정부는 그해 국가를 재편했으며 따라서 새로운 인도네시아 공화국이 등장했다.

인도네시아-말레이시아 전쟁, 1962~66
Indonesian—Malaysian War of 1962~66

1963년 인도네시아를 지배한 '종신 대통령'이자 총리인 수카르노(1901~70)는 새로 선포된 민주적인 연방 국가인 말레이시아(말라야 연방, 사바, 사라왁, 싱가포르. 싱가포르는 1965년에 탈퇴하고 독립 공화국이 됐다)를 승인하지 않았다. 수카르노는 말레이시아를 '뭉개버리자'는 신랄한 연설로 인도네시아인들의 전쟁 지지 열의를 불러일으켰으며, 말레이시아는 뉴질랜드, 오스트레일리아, 영국의 군사 지원을 받아 사바와 사라왁(둘 다 보르네오 섬에 있다) 등지로 침투한 인도네시아 게릴라에 맞서 싸웠다. 인도네시아 공수부대원들이 말레이 반도의 여러 지점에 침투했고, 해저로 침투한 잠수대원들은 싱가포르 항구에서 폭탄을 터뜨렸다. 비록 제한전制限戰이기는 했지만 인도네시아는 전쟁으로 매우 큰 비용을 치렀고, 1965년 10월 1일 새벽에는 공산주의자들이 권력 장악을 시도하면서 혼란이 발생했다. 수하르토(1921~2008) 장군이 즉시 군대를 이끌고 쿠데타 기도를 진압한 뒤 전국에 걸쳐 가혹한 반공산주의 숙청을 진행했다(공산주의자와 좌파 약 50만~100만 명이 살해됐다. ◐ 인도네시아 학살, 1965~66). 공산주의 국가 중국과 유대를 강화하고 인도네시아공산당PKI의 지지를 받았던 수카르노는 정부를 다시 완전히 장악하는 데 실패했다. 수카르노가 반공산주의적 정부 관료들을 좌파 인사로 대체하자 수도 자카르타와 자바 섬의 다른 도시들에서 폭동과 항의시위가 발생했다(1966). 결국 수카르노는 모든 행정권을 수하르토에게 넘길 수밖에 없었고, 수하르토는 임시 대통령이 된 뒤(1967) 대통령에 당선됐다(1968). PKI는 금지됐다. 인도네시아와 말레이시아는 방콕에서 평화협상을 하고 적대 행위를 끝내기로 합의했으며(1966년 5월 28일), 자카르타에서 조약을 체결했다(1966년 8월 11일).

인도네시아의 동東티모르 전쟁, 1975~2002
Indonesian War in East Timor, 1975~2002

말레이 제도 티모르 섬의 동쪽 절반인 포르투갈령 티모르(동東티모르)에서는 3개의 주요 정당이 권력을 두고 경쟁했다(과거 네덜란드령 티모르였던 서쪽 절반은 1949~50년에 인도네시아에 귀속됐다). 동티모르독립혁명전선FRETILIN은 완전한 독립을 요구했고, 동티모르의 다른 정당인 티모르대중민주협회APODETI는 인도네시아에 합병되기를 원했으며, 티모르민주연합UDT은 계속해서 포르투갈령으로 남아야 한다고 주장했다가 점진적 독립을 지지했다. 1975년 8월에 발발한 매우 혹독한 내전으로 포르투갈 총독과 보좌진은 난민 수천 명과 함께 동티모르를 떠났다. FRETILIN은 정부를 장악하고 동티모르민주공화국을 수립했다. 이에 반대한 다른 몇몇 정당은 인도네시아에 개입을 요청했고 인도네시아는 이를 흔쾌히 수용했다. 1975년 12월 7일 미국의 무기로 무장한 인도네시아 군대가 동티모르를 침공하여 해안가의 수도 딜리를 점령한 뒤 그달 말에 FRETILIN 전사들을 산악지대로 내몰았다. FRETILIN은 그곳에서 저항을 계속했다. 국제연합UN이 공격을 비난하고 UN의 총회와 안전보장이사회는 결의안을 발표하여 인도네시아 군대의 철수를 요구했지만, 인도네시아는 1976년 7월 17일에 동티모르를 인도네시아의 한 주로 공식 병합했다(포르투갈은 인도네시아가 침공하기 전인 1975년에 식민지에 대한 주권을 포기했다). 산악지대의 요새에 숨은 FRETILIN 게릴라들은 소련과 포르투갈 공산주의자들의 지원을 받아 인도네시아 군대에 맞서 이따금씩 전투를 벌였다. 그동안 동티모르는 폐허가 됐으며 도시와 농장은 큰 혼란에 빠졌고, 주민은 기승을 부린 질병과 기근으로 고통을 당했다(상당수는 정치범으로 강제수용소에 억류당했던 사람들이다). 인도네시아는 동티모르가 외부 세계와 연락하지 못하도록 차단했으며 게릴라는 물론 독립에 찬성하는 시위까지 진압하기 위해 잔혹한 전술을 채택했다. 1991년 11월 딜리의 한 공동묘지에서 시위자 약 250명이 학살당하자, 인권 단체들이 UN 등의 국제적인 개입을 요청했다. 인도네시아와 동티모르 지도자들 사이에 회담이 시작됐다(1994). 동티모르는 폭넓은 자치와 언론의 자유, 종교의 자유(동티모르 주민의 90퍼센트가 로마가톨릭교도였던 반면 인도네시아 주민은 90퍼센트 가까이가 이슬람교도였다), 정부와 군부의 개입 축소를 요구했다. 동티모르의 활동가 카를루스 필리프 시메네스 벨루(1948~) 주교와 주제 하무스 오르타(1949~)가 1996년 노벨 평화상을 수상하자 동티모르에 주둔한 인도네시아 군대의 잔학상을 전 세계가 주목하게 됐다. 동티모르에서는 계속되는 전쟁과 기근, 질병으로 주민 약 25만 명이 사망했다. 인도네시아와 포르투갈이 동티모르 문제로 회담을 한 뒤인 1999년 5월에 코피 아난(1938~) UN 사무총장은 독립과 인도네시아 안에서 자치를 하는 두 가지 방안을 두고 UN이 보증하는 주민투표를 실시한다고 선언했다. 1999년 8월 30일 동티모르 주민들은 독립에 압도적인 찬성표를 던졌다(78.5퍼센트). 9월 4일 동티모르 주민들이 승리를 축하할 때, 인도네시아에 우호적인 민병대와 인도네시아 정규군이 학살과 집단강간 등 전례 없는 폭력을 자행하고 동티모르를 대부분 파괴했다. 그 뒤 2주 이상 주민의 절반에 해당하는 약 50만 명이 집을 떠나야 했고, 약 1,400명 이상이 살해됐다. 인도네시아 관리들은 이 공격이 소수 불만분자들의 자발적인 행위일 뿐 자신들은 협력하지 않았다고 주장했다. 그러나 목격자들의 증언과 외국에서 온 주민투표 감시자들이 내놓은 증언, 여러 문서(소탕 작전Operation Clean Sweep, 타바르스 문서, 가르나디 문서)

에 담긴 증거로 볼 때 인도네시아 군부 최고위층 수준에서 공모했음은 물론 계획하고 허가한 것이 분명했다. 게다가 경찰도 공격을 막지 않았거나 막을 수 없었고, 실질적으로 민병대를 돕는 장면이 종종 목격되기도 했다. 계엄령을 선포한 뒤(9월 7일) 정규군과 경찰은 체계적인 방화와 약탈을 시작했다. UN 안전보장이사회는 오스트레일리아가 지휘하는 다국적군인 동티모르국제군INTERFET에게 평화와 치안 회복의 임무를 위임했고, 1999년 10월 25일에는 독립까지의 이행기를 조정할 책임을 맡은 국제연합동티모르과도 행정기구UNTAET도 수립했다. 2000년 초 인도네시아 인권조사관들은 위란토 (1947~　) 장군을 비난했다. 폭력은 대체로 위란토 장군이 보는 가운데 자행됐기 때문이다. 2001년 8월 30일 동티모르는 첫 번째 자유선거를 실시했다. 그 뒤 의원들이 새로운 헌법을 제정했고, 2002년 3월 22일에 헌법이 승인됐으며, 5월 20일에 동티모르는 독립국이 됐다. 2006년 4월에서 6월에 청년들과 국가에 반대하는 사람들이 일으킨 폭동을 진압하기 위해 외국 군대가 배치되어야 했다. 내전의 우려가 제기됐다.

인도네시아의 아체 전쟁(아체 반란), 1999~2005
Indonesian War in Aceh(Aceh Rebellion), 1999~2005

인도네시아 수마트라 섬 북단에 있는 아체 주는 1970년대 중반 이래 갈등의 중심이 됐다. 최근의 '전쟁'은 1999년 11월 9일 수많은 아체 주민이 주도 반다아체로 행진하여 아체의 미래에 관한 주민투표를 요구하면서 시작됐다(〇 인도네시아의 동티모르 전쟁). 이미 그해에 발생한 폭동에서 수백 명의 아체 주민이 살해됐다. 2000년 5월 12일 인도네시아 정부는 제네바에서 자유아체운동GAM 대표자들과 3개월간의 휴전(아체의 인도주의적 휴전)에 공동 합의하고 지역 안 부대에서 아체인이 아닌 병사들의 수를 줄여나갔다. 휴전은 6월 2일부터 발효됐고 여러 차례 연장됐다. 12월 압두라만 와힛(1940~2009) 인도네시아 대통령이 2시간 동안 방문했으나 반란 지도자들은 항의의 표시로 그를 만나지 않았으며, 이어진 폭력사태로 12명이 살해됐다. 그해 사상자는 800명으로 전년도 사상자의 두 배에 육박했다. 이 폭동에서 가장 격렬한 해였던 2001년에는 대략 1,500명이 살해됐다. 국제사면위원회는 정부군이 일부러 인권 운동가들을 표적으로 삼았다고 비난했다. 2001년 5월 12일 양해각서가 체결되어 평화회담을 촉진할 수 있도록 휴전을 연장했고, 메가와티 수카르노푸트리(1947~) 새 대통령이 아체 주민에게 사과하여 평화협상이 진척되는 듯했다. 그러나 지상 전투는 중단되지 않았고 2002년 내내 지속됐다. 2002년 12월 스위스의 인도주의대화센터HDC(이전의 앙리뒤낭센터HDC)가 인도네시아 정부와 GAM 사이의 교전중지협정COHA을 중재했다. 협정에 따라 GAM은 HDC에 무기를 넘겨 사찰을 받는 동시에 인도네시아 정부는 전장에서 군대를 철수하기로 했다. 아체 주는 특별 자치권을 부여받았고 샤리아(이슬람 율법)를 준수할 수 있었으며 천연자원에서 나오는 수입의 80퍼센트를 보유했다. 살해 사건을 조사하여 가해자를 처벌하기로 했다. 정부는 GAM과 '포괄적인 대화'를 개시하기로 약속했다. 그러나 몇 달이 지난 뒤에도 군인들과 반군은 마약운반, 밀수, 약탈 행위를 계속한 것으로 의심받았으며, 반면 정부가 약속한 지원사업은 기대만큼 실현되지 않았다. 그리고 아체 주의 미래에 대한 논의는 시작되지도 않았다. 2003년 4월 초 휴전은 깨지기 시작했다. 정부군과 반군 사이의 교전으로 한 주 만에 15명이 사망했다. HDC의 현장 사무소들이 공격을 받자 감시자들이 반다아체로 철수했다. 2003년 5월 정부는 GAM이 먼저 무장을 해제하고 독립 요구를 철회하지 않는다면 협상에서 완전히 손을 떼겠다고 위협했다. 도쿄東京에서 열린 평화회담이 결렬되면서, 인도네시아는 5월 19일 아체 주에 계엄령을 선포했다. 그 뒤 2년간 분쟁으로 희생된 사람은 3,400명이 넘었고 그중 다수는 민간인이었다. 수실로 밤방 유도요노(1949~) 대통령은 대통령 선거 운동 기간 중에 아체 분쟁을 해결하겠다고 공언하면서도 이 분쟁이 국제 문제가 아닌 국내 문제라고 선언했다. 아체에서 가장 많은 사상자를 냈던 2004년 12월 26일의 쓰나미 이후, 인도네시아 정부는 구호작업을 지원하기 위해 수천 명의 병력을 추가로 파견했다. 공격과 반격이 이어졌고, 정부군은 반군 소탕 작전을 계속하면서도 반군이 구호작업을 방해한다고 비난했다. 2005년 5월 18일 정부는 비상사태를 해제했고, 위기관리이니셔티브CMI가 중재한 평화회담이 헬싱키 근교에서 시작됐다. 회담은 회를 거듭했다. 그동안에도 폭력은 계속됐고, 정부는 반군이 무장 반란을 그만두지 않으면 휴전협상은 없을 것이라고 선언했다. 8월 15일 마침내 GAM과 정부는 협정을 체결하여 28년 8개월 이상 이어진 전쟁을 끝냈다. 정부는 아체에 주둔한 병력 3천 명 중 절반을 철수하고 정치범 1,400명을 석방하며 무장해제를 조건으로 수천 명의 반군을 사면하기로 했다. GAM도 독립을 고집하지 않기로 동의하고 지방 선거에 참여하기로 결정했다. 협정의 이행은 유럽연합 EU과 동남아시아국가연합 ASEAN이 감독하기로 했다.

❍ 아체 반란, 1953~59 ; 아체 전쟁

인도네시아 전쟁, 1957~62(네덜란드-인도네시아 전쟁, 1962)
Indonesian Wars of 1957~62(Dutch-Indonesian War of 1962)

1957년 수카르노(1901~70)가 권위주의적으로 통치하던 인도네시아는 수마트라와 술라웨시, 보르네오 등 여러 섬의 반란군 장교들이 중앙정부를 거부하고 자신들의 정권을 세우면서 교란당하고 있었다. 군대를 증원하여 신속히 반란을 진압한 수카르노는 제헌의회를 해산한 뒤 나라를 실질적인 독재 국가로 만들었다(1959). 좌파 성향의 수카르노 정부는 점점 더 많은 공산주의자를 영입하여 등용했다. 인도네시아는 네덜란드가 뉴기니 섬의 서부(네덜란드령 뉴기니)를 계속 통치하는 데 분노했다. 인도네시아는 그 지역을 이리안바랏(서부 이리안)이라는 이름의 자국 영토라고 주장하고 국제연합 UN에 문제의 해결을 호소했으나 실패했다. 1957년 12월 인도네시아 정부는 인도네시아 국내에서 네덜란드인들이 소유한 기업들을 겨냥하여 24시간 파업을 지시했으며 네덜란드 항공기의 인도네시아 공항 착륙을 금지했고 네덜란드의 출판물도 금했으며 네덜란드 시민을 추방하고 네덜란드인의 재산을 몰수했다. 이 때문에 네덜란드인 약 4만 명이 인도네시아에서 집단 탈출하는 사태가 벌어졌다. 양국 간의 외교 회담이 결렬되자 네덜란드는 뉴기니 섬 서부에 방어시설을 구축하고 현지 주민들에게 민족자결권의 행사를 준비시켰으며, 인도네시아는 소련으로부터 군함과 전투기를 확보했다. 1962년 인도네시아 공수부대가 뉴기니 섬 서부에 착륙하여 반군 게릴라와 함께 네덜란드에 맞서 싸웠고, 네덜란드 군대는 근해에서 적군의 어뢰정을 공격했다. 이 분쟁이 전면적으로 비화될 가능성이 엿보이자 미국과 UN은 중립적인 태도를 버리고 평화협상을 후원했다. 그 결과 도출된 인도네시아-네덜란드 협정으로(1962년 8월 15일) 네덜란드가 먼저 서뉴기니 섬 서부의 행정부를 UN에 이관하고(1962), 그 뒤 UN이 이를 인도네시아에 이양했다(1963).

인도네시아 학살, 1965~66
Indonesian Massacre, 1965~66

인도네시아의 정치와 경제가 안정을 잃으면서 1965년 10월 1일 새벽에 인도네시아 육군 내부의 음모자들이 할림 페르다나쿠스마 공군기지를 핵심 근거지로 삼아 쿠데타를 시도했다. 이들은 육군 참모총장을 포함해 육군 장군 6명을 납치하여 살해한 뒤 정부를 장악했다고 라디오 방송으로 발표했다. 그러자 수하르토(1921~2008) 장군은 곧 인도네시아 군대의 통제권을 장악했고, 수카르노(1901~70) 대통령을 감시했으며, 인도네시아공산당 PKI 이 쿠데타 음모를 사주했다고 주장하면서 공산주의자, 화인華人들을 잔혹하게 공격하는 군사작전을 펼쳤다(당시 PKI는 중국으로부터 지원을 받고 있었으므로 인도네시아 군부는 화인들이 중국에 충성하고 PKI에 협력하는 위험분자라고 간주했다). 이 군사작전으로 약 50만~100만 명가량이 학살당했다. 이로 인해 좌파 성향의 수카르노는 권력 기반이 크게 약화되어 점차 수하르토에게 통치권을 이양해야만 했다. 1990년 미국의 전직 고위 관리들은 1965년에 5천 명이나 되는 PKI 지도자들의 명단을 수하르토에게 전했음을 시인했다. 이는 인도네시아에서 공산주의자들이 권력을 잡지 못하도록 막으려는 미국의 정보 활동의 일환이었다. 미국이 베트남 전쟁으로 인도네시아 북쪽에서 공산주의 게릴라와 싸우고 있었기 때문이다.

인도 대반란
Great Indian Mutiny
○ 세포이 항쟁

인도차이나 전쟁
Indochina Wars
○ 프랑스령 인도차이나 전쟁

인도-파키스탄 전쟁, 1947~48
Indo-Pakistani War of 1947~48

인도 아대륙이 인도와 동東파키스탄(방글라데시), 서西파키스탄(파키스탄)으로 분할됐지만 독립 왕국이었던 잠무카슈미르의 지위가 결정되지 않은 채 남아 있었다. 잠무카슈미르는 서파키스탄의 이웃 나라로 주민은 대개 이슬람교도였으나 힌두교도인 전제 군주가 지배했다. 인도와 파키스탄이 모두 잠무카슈미르를 탐내는 상황에서, 잠무카슈미르의 군주 하리 싱(1895~1961)은 자국을 '아시아의 스위스'로 만들기를 원한 반면에 힌두교도와 이슬람교도 모두를 대변하던 정당인 잠무카슈미르국민회의는 먼저 민주화부터 추진하려 했으므로 잠무카슈미르는 곤란한 처지에 놓였다. 1947년 10월 이러한 정서에 파키스탄의 요구가 결합하여 푼치의 파슈툰족 이슬람교도가 잠무카슈미르의 억압적인 힌두교도 지주들에 맞서 반란을 일으켰다. 10월 22일 파키스탄은 군대를 파견하여 무자파라바드와 우리를 점령했고 마을들을 불태우고 민간인을 학살했으며 잠무카슈미르의 수도 스리나가르로 진격했다. 잠무카슈미르 통치자는 나라를 인도에 편입시키면서 지원을 요청해 받았다(1947년 10월 26~27일). 인도의 시크교도로 구성된 부대가 침략자들을 파키스탄으로 내몰았으나, 파키스탄은 파병 태세를 갖추었다가 영국인 장교들이 사직하겠다고 위협하자 '자원병'들을 침공한 지역으로 이동시켜서는 그 지역을 장악한 뒤 아자드 잠무카슈미르(자유 잠무카슈미르) 지방 구역을 설치했다. 힌두교도와 이슬람교도의 난민이 델리와 캘커타(오늘날의 콜카타)로 쏟아져 들어와 종교 간의 긴장이 증대됐고 폭동이 발생했다(◐**인도 내전, 1947~48**). 혼란은 이 전쟁에 반대하며 이슬람교도와 힌두교도의 화합을 이루려 했던 존경받는 힌두교도 지도자 마하트마 간디(1869~1948)가 힌두교 분파주의자에게 암살될 정도로 절정에 달했다(1948년 1월 30일). 그러나 간디의 사망으로 인도의 힌두교도와 이슬람교도가 단합했다. 국제연합UN이 개입한 뒤인 1948년 12월 31일부터 휴전이 이루어졌고 휴전 당시의 전선이 사실상 국경이 됐다. 그 뒤에도 파키스탄은 잠무카슈미르 문제에 개입을 중단하지 않았고 수자원을 이용하는 권리와 관련된 분쟁은 1960년까지 해결하지 못했으며, 인도는 잠무카슈미르의 정치적 귀속을 결정할 주민투표를 약속했으나 이행하지 않았다.

인도-파키스탄 전쟁, 1965

Indo-Pakistani War of 1965

1958년 무함마드 아유브 칸(1907~74)이 파키스탄의 권력을 장악하고 중국과 우호조약을 체결한 뒤, 인도와 파키스탄 사이의 적대 행위가 증가했고 잠무카슈미르와 중국 영토 사이의 국경이 위태롭게 됐다. 협상이 결렬되고 긴장이 고조됐으며 쿠치 염성 습지濕地에서 인도 군대와 파키스탄 군대가 국경 충돌을 벌였다(1965년 4월 8~30일). 그해 7월에 휴전이 이루어져 양국의 군대가 철수했으나, 8월 초와 9월 초에 양국 군대는 다시 충돌하여 1947~48년 인도-파키스탄 전쟁에서 설정된 휴전선을 넘었다. 9월 6일에 인도가 약 70만 명의 병력으로 세 방향에서 라호르로 진격하면서 전면전이 시작됐다. 라호르는 공격을 받지 않았으나, 파키스탄의 탱크 450대가 파괴된 뒤 국제연합UN이 중재한 9월 27일부터 휴전이 발효됐다. 교전 중단으로 중국의 개입 가능성이 사라졌으며, 군수물자가 바닥난 양국 군대는 8월 이전의 전선들 후방으로 물러났다. 영국과 미국, 소련의 중재 노력으로 타슈켄트에서 회담이 열렸고(1966), 이 회담에서는 양국 상호간의 관계 정상화와 증진, 내정불간섭 원칙 천명, 양국 군대의 전쟁 이전 위치로 복귀 등을 합의했다. 인도의 대표인 랄 바하두르 샤스트리(1904~66) 총리가 회의가 끝난 뒤에 사망했다. 후임자인 인디라 간디(1917~84)가 인도의 약속을 대부분 이행했지만 1971년의 파키스탄 내전이 같은 해 인도-파키스탄 전쟁을 유발하여 오랫동안 미루어졌던 잠무카슈미르의 주민투표는 또 연기됐다.

인도-파키스탄 전쟁, 1971

Indo-Pakistani War, 1971

1971년에 파키스탄 내전이 발발하여 1천만 명이 넘는 동東파키스탄(방글라데시) 난민이 인도에서 가장 빈곤한 지역인 서西벵골 주로 들어갔다. 인도는 국제사회에 지원을 호소했으나 호응이 거의 없었다. 후견인으로서 파키스탄을 지원하던 리처드 M. 닉슨(1913~94) 미국 대통령은 인도가 파키스탄의 안정을 저해하려고 시도했기 때문에 파키스탄 내전이 벌어졌다고 발표했다. 닉슨은 인도에 지원하던 미국의 차관을 중단했다. 파키스탄의 전투기들이 인도 서북부에 있는 인도 공군 비행장을 공격하자(1971년 12월 3일) 인도 군대가 그날부터 서西파키스탄(파키스탄)과 동파키스탄을 공격하여 14일 동안의 전쟁을 시작했다. 인도는 1971년 12월 6일에 방글라데시의 독립을 승인했고, 10일 뒤 공군과 육군의 합동 공격으로 방글라데시의 수도인 다카를 함락하고 방글라데시에서 파키스탄 군대의 항복을 받아냈다. 인도는 약 9만 7천 명 이상의 포로를 잡았고 서파키스탄과 방글라데시에서 전쟁을 종결했다(1971년 12월 16일). 파키스탄은 전쟁에서 패했을 뿐만 아니라 인구의 과반수를 잃어 혹독한 결과를 떠안았다. 미국이 격려하고 지원했지만, 파키스탄 군대와 경제는 붕괴 직전이었고 국민의 사기도 크게 떨어졌다. 미국은 1972년 4월 8일이 되어서야 새로운 공화국 방글라데시를 승인했으며, 파키스탄은 마침내 1974년에 이 신생 공화국을 승인했다.

인디언스트림 '전쟁', 1835
Indian Stream 'War', 1835

캐나다와 미국 뉴햄프셔 주 사이의 경계가 불분명한 외딴 지역 인디언스트림에 살던 주민 약 300명 중 일부가 헌법과 양원제 입법부, 군대 40명을 갖춘 자유로운 임시 공화국을 수립했다(1832~35). 일부 주민들은 영국령 캐나다인이 되기를 원했고, 다른 일부 주민들은 인디언스트림의 독립에 반대했던(미국 정부도 반대했다) 뉴햄프셔 주에 합류하기를 바랐다. 1835년 영국령 캐나다에 우호적이었던 일부 주민이 뉴햄프셔 주에서 온 보안관 2명을 공격하여 내쫓았고, 뉴햄프셔 주는 결국(11월) 민병대 대원 50명을 보내 사상자 없이 손쉽게 '전쟁'에서 승리했다. 그 뒤 인디언스트림은 뉴햄프셔 주에 통합됐다(1836).

인민해방전선 봉기, 1971
JVP Insurrection, 1971

1948년 실론(스리랑카)은 영국으로부터 독립했고 명목상 자치국의 지위(실질적 독립국임)를 얻었다. 그러나 실론은 다수파인 불교도 신할라족과 소수파인 힌두교도 타밀족 사이의 불화가 그치지 않았고 경제는 혼란스러웠다. 정당들은 서로 다투었고 1959년에는 신할라족 출신인 스리랑카자유당 SLFP 의 솔로몬 반다라나이케(1899~1959) 총리가 암살당하는 사건이 벌어졌다.

반다라나이케의 부인 시리마보 라트와테 디아스 반다라나이케(1916~2000)
가 SLFP의 지도자가 됐고 이어 총리에 올라(1960) 신할라족을 우대하게 됐
고 좌파 성향이 두드러진 정권을 수립했다. 이 정권은 정치적·민족적으
로 양극단의 반대에 부딪혔다. 시리마보 라트와테 디아스 반다라나이케는
1965년 의회 선거에서 서방에 우호적인 우파 정당인 통합국민당 UNP의 지도
자인 더들리 셸턴 세나나야케(1911~73)에게 총리 자리를 빼앗겼다가, 1970
년 의회 선거에서 다시 권력을 잡아 SLFP와 마르크스주의적 사회주의 정당
들의 새로운 연립정부를 세웠다. 극좌파와 마르크스주의 정당인 인민해방
전선 Janatha Vimukthi Peramuna(JVP)은 정부의 더딘 사회 개혁을 참지 못하고 수도
콜롬보와 다른 도시들을 점령하려 했다(1971년 4~6월). 실론의 정부는 소련
과 인도, 파키스탄, 영국으로부터 군사 지원을 받아 먼저 도시에서 반군을
진압했고, 이어 6월 중순에는 농촌과 밀림 지역에서 이를 물리쳤다. 1972년
시리마보 라트와테 디아스 반다라나이케는 공화국의 탄생과 새로운 헌법의
발효, 나라의 새로운 이름 스리랑카(신할라어로 '찬란한 나라'라는 의미)를 선
포했다. 그러나 다수파와 소수파 사이의 문제는 여전히 해결되지 않았다.
○ 스리랑카 내전, 1983~2009

일곱 선교원 전쟁, 1754~56
War of the Seven Reductions, 1754~56

에스파냐와 포르투갈은 오랫동안 라플라타 강의 동안 지역인 반다오리엔
탈(오늘날 우루과이와 브라질 리우그란지두술 주의 일부)을 차지하려고 다투었
는데, 1724년에는 반다오리엔탈의 대부분을 에스파냐가 지배했다. 에스파
냐와 포르투갈은 1750년에 마드리드 조약을 체결하여 예수회가 오늘날 우
루과이 강의 주변에 설립하여 운영한 일곱 선교원 reducciones(에스파냐인들이
흔히 노동자로 착취하려 했던 원주민 과라니족 인디오에게 그리스도교를 전파하고
보호하며, 농업 교육을 실시하기 위한 선교 정착지)과, 라플라타 강가의 중요한
강변 교역 도시로 포르투갈이 건설하여 지배한 콜로니아두사크라멘투(오
늘날 우루과이의 콜로니아델사크라멘토)를 맞바꾸기로 결정했다. 예수회도, 그
리고 예수회와 포르투갈인의 무역 상대국인 영국인들도 이 계획에 반대했
다. 1754년 예수회는 선교원의 통제권을 넘겨주었으나, 세페 티아라유(1756

년 사망)가 이끄는 과라니족은 이주 명령에 응하지 않았다. 1754년 에스파냐 군대가 선교원에서 과라니족을 강제로 내쫓으려 했으나 실패했다. 1756년 2월 3천 명의 에스파냐·포르투갈 연합군이 선교원을 공격하여 과라니족 1,511명을 살해하고 선교원을 점령했다. '반란'에 가담한 예수회 수도사 4명은 리스본으로 압송당한 뒤 처형됐고, 1759년 포르투갈 재상 세바스티앙 주제 드 카르발류 이 멜루(1대 폼발 후작, 1699~1782)는 포르투갈의 정부와 교육, 식민지 통치기구 등에서 모든 예수회 수도사를 축출했다. 1777년 에스파냐는 콜로니아두사크라멘투를 획득했다.

일리리아 전쟁
Illyrian War

제1차 일리리아 전쟁(기원전 229~기원전 228) 그리스의 통치자들은 보통 야만스럽고 호전적인 일리리아인들을 피했으나, 팽창적인 성향의 로마인들은 기원전 230년에 일리리아 해적들이 이탈리아인 몇몇 상인들을 약탈하고 살해하자 일리리아(오늘날의 발칸 반도 서부) 섭정인 왕비 테우타(재위 기원전 230/231~기원전 228)와 교섭을 시도했다. 전투적인 왕비는 로마가 보낸 사절을 거만하게 맞이한 뒤 귀국하는 사절을 매복공격으로 살해했다. 로마 원로원은 복수를 명령했고 이웃 그리스 폴리스들을 포위하려는 일리리아의 움직임을 방해했다. 기원전 229년 일리리아는 로마 함대와 병사들이 도착하기 전에 그리스의 코르키라(오늘날의 케르키라) 섬을 포위했다. 로마는 별다른 전투 없이 일리리아의 포위를 풀었고, 기원전 228년 일리리아 왕비는 항복하고 영유권 주장을 포기했으며 배상금 지불을 약속했다. 이탈리아와 그리스 사이의 수역에서 안전을 확보한다는 목적을 달성한 로마는 일리리아의 측면 공격에서 바다를 지키기 위해 마케도니아와 동맹을 맺었다. **제2차 일리리아 전쟁(기원전 219)** 기원전 220년 일리리아의 통치자가 된 파로스 섬의 데메트리오스(기원전 214년 사망)는 기원전 228년의 평화조약을 깨고 로마가 보호하는 지역을 침공했으며 제1차 일리리아 전쟁을 촉발했던 해적 행위를 재개했다. 로마는 카르타고와 전쟁을 치를 가능성이 있었기 때문에 신속히 대응했다. 데메트리오스는 디말레와 파로스 두 도시에 방어시설을 구축했다. 디말레는 7일 동안 포위공격을 받고 로마에 함락됐으며, 파로스

는 로마의 두 대군 사이에 끼여 하루 만에 항복했다. 데메트리오스는 도주
했고, 기원전 228년에 결정된 평화 조건이 다시 발효하게 됐다.

1만 용병대의 행군, 기원전 401~기원전 399
March of the Ten Thousand, BCE 401~BCE 399

페르시아의 왕위 계승 분쟁에 연루되어 적국인 페르시아에 용병으로 들어
갔던 그리스인 약 1만 명이(○ 쿠낙사 전투) 자신들에게 우호적인 피난처로는
가장 가까운 곳인 흑해 연안의 그리스인이 건설한 식민지 폴리스인 트라페
주스(오늘날의 트라브존)로 약 1,600킬로미터를 행군하기 시작했다. 그리스
인 용병들은 그들이 대항하고 있던 아르타크세르크세스 2세(?~기원전 358)
가 파견한 페르시아 군대가 추적하는 가운데 큰 어려움에 직면했다. 행군
하면서 식량을 얻어야 했고 잔인한 산악 부족들과 싸워야 했으며 겨울의
세찬 눈보라를 견뎌야 했다. 그 밖에도 생소한 음식과 기이한 관습, 기괴한
현지인들과 맞닥뜨려야 했다. 1년 이상 싸우며 행군한 끝에 약 6천 명이 생
존하여 트라페주스에 도착했고, 이어 배를 타고 비잔티움(오늘날의 이스탄
불)과 마주보는 보스포루스 해협의 칼케돈(오늘날의 카드쾨이)으로 이동했다.
이 영웅적 퇴각을 지휘한 인물 중 한 사람이었던 크세노폰(기원전 430?~기
원전 354)은 뒷날 그리스의 유명한 전사戰史를 적은 『아나바시스 Anabasis』에 이
이야기를 담았다.

일본 그리스도교도의 반란
Christians' Revolt in Japan
○ 시마바라의 난

일본 난보쿠초南北朝 시대의 내전, 1336~92
Japanese Civil War in Nanboku-chō of Period of 1336~92

상관과 동료를 배신하고 고다이고後醍醐(1288~1339) 천황을 지지하여 가마
쿠라 바쿠후鎌倉幕府를 타도했던 아시카가 다카우지足利尊氏(1305~58)는 곧 고
다이고 천황과 대립하게 됐다(○ 겐코의 난, 1331~33). 1335년 아시카가 다카
우지는 간토關東 지역에서 일어난 반란을 지지하며 반란군의 수장이 됐으며

1336년에 교토京都를 점령했다. 고다이고 천황은 유폐됐으나 이듬해 탈출하여 천황의 상징물인 '삼종신기三種神器'*를 지니고서 야마토노쿠니大和國의 산악지대로 도피했다. 아시카가 다카우지는 고묘光明(1322~80) 천황을 꼭두각시로 세웠고, 고묘 천황으로부터 1338년에 세이타이쇼군征夷大將軍(쇼군)의 직위를 받고 무로마치 바쿠후室町幕府를 설치했다. 이 직위는 이후 235년 동안 아시카가 가문으로 이어졌다. 고다이고 천황은 쇼군이 된 아시카가 다카우지와 고묘 천황을 반역자라고 비난했고 요시노吉野에 남조南朝를 세웠다. 두 조정의 투쟁은 곧 나라 전체를 삼켜버렸다. 봉건적 지배자들은 한쪽에 가담했다가 다른 쪽으로 편을 바꾸었고, 무법과 약탈 행위가 만연했다. 지역을 번갈아가며 간헐적으로 싸움이 지속된 이 시기를 '배신자의 시대'라고 부른다. 1367년 무로마치 바쿠후의 역대 쇼군들 가운데 가장 뛰어난 아시카가 요시미쓰足利義滿(1358~1408)는 1368년에 쇼군으로 취임한 뒤 내분으로 나라가 허약해지고 있다는 사실을 인식했다. 요시미쓰는 명나라와 조선과 우호적인 관계를 복원하고 왜구를 소탕하려 했으며 전국에서 질서를 회복하려 노력했다. 1392년 요시미쓰는 남조의 고카메야마後龜山(1347?/50?~1420) 천황을 설득하여 북조北朝의 고코마쓰後小松(1377~1433) 천황과 벌이던 정통성 정쟁을 중단하고 퇴위하게 유도했다. 삼종신기는 북조에 반환됐고, 폐위된 고카메야마 천황은 상당한 연금을 받았으며 1394년 공식적으로 상황上皇으로 인정됐다. 일부 지역에서는 여러 해 동안 대립과 무력 충돌이 계속됐으나, 전체적으로 보아 일본은 대내외적으로 평화를 유지했다.

* 일본에서 고대부터 천황에게 황위의 표시로서 대대로 전해진 세 가지 보물 즉 구사나기(草薙)의 검, 야타(八咫)의 거울, 야사카니(八尺瓊)의 곡옥(曲玉).

일본 내전, 672
Japanese Civil War of 672
　❍ 임신의 난

일본 내전, 764~765
Japanese Civil War of 764~765
　❍ 후지와라노 나카마로의 난

일본 내전, 1863∼68'

Japanese Civil War of 1863∼68

○ 메이지 유신

일본 센고쿠戰國 시대의 내전, 1450∼1550

Japanese Civil War in Sengoku Period of 1450∼1550

일본에서 '센고쿠 시대戰國時代'라 부르는 이 시기는 내전과 반란, 강탈, 불화, 분쟁이 연이은 시절이었다. 무로마치 바쿠후室町幕府에서나 황실, 조정에서나 권위 따위는 찾아볼 수 없었고, 교토京都와 교토에 바로 붙은 지역(기나이畿內)을 제외하면 조정이 통제권을 행사할 수 없게 됐다. 기존 통치자를 대신해서 무사 계층(사무라이)이 정치를 주도하게 됐고 이들 중 다이묘大名라 불리는 지방 영주들이 새로 등장했다. 다이묘들은 천황에게 세금을 내지 않고 충성도 바치지 않으면서 영지를 지배했으며, 자체의 세금 징수 제도와 군대, 정치체제를 갖추었다. 많은 농민이 토지를 버리고 사병 집단에 합류했고 능력만 있다면 이 집단에서 지위를 향상시킬 수 있었다. 물론 다이묘는 중세 유럽의 중소 군주들처럼 영지와 세력을 확대하기 위해 서로 늘 싸웠다. 한 다이묘 세력의 내부에서도 경쟁하는 파벌들끼리는 지배권을 두고 다투었다. 유력한 가문들이 흥기하기도 몰락하기도 했다(○ 오닌의 난). 불교 사찰의 승려들까지 서로 싸웠다(○ 승병 전쟁). 이 시기는 서유럽의 고대 말에서 중세 초 혹은 중세와 유사한 정치적 혼돈의 시기였고 혼란이 널리 확산된 시기였다.

일본 아즈치-모모야마安土桃山 시대의 내전, 1560∼90

Japanese Civil War in Azuchi-Momoyama Period, 1560∼90

오다 노부나가織田信長(1534∼82)는 17살에 일본 중부 오와리노쿠니尾張國(오늘날 아이치 현愛知縣의 서부) 다이묘大名(영주)가 됐는데, 오와리노쿠니의 동쪽에 있는 미카와노쿠니三河國, 도토미노쿠니遠江國, 스루가노쿠니駿河國를 지배하고 있던 강대한 이마가와 씨今川氏는 이 젊은 통치자를 쉽게 무너뜨리고서 그의 영지를 흡수할 수 있을 것으로 생각했다. 1560년 이마가와 씨의 수장이자 다이묘인 이마가와 요시모토今川義元(1519∼60)가 군대를 모아 오와리노쿠니를 침공했으나 노부나가를 과소평가했다. 침략군은 크게 패하여 오와리노쿠니로부터 쫓겨났고 요시모토는 전사했다. 노부나가는 이어 오와리노쿠니의 통제에서 벗어나 미카와노쿠니의 다이묘가 된 지 얼마 되지 않은 도쿠가와 이에야스德川家康(1543~1616)와 동맹했다. 노부나가는 동쪽이 안전하다고 판단하고 오와리노쿠니의 북쪽에 있는 미노노쿠니美濃國를 1567년까지 점령했으며 이어 서남쪽의 이세노쿠니伊勢國를 공격했다. 1565년부터 노부나가는 이세노쿠니를 침공했는데 완전히 정복하지는 못했지만, 이 지역의 다이묘들 중 잔존하고 있던 다이묘들을 1576년까지 복속시켰다. 1568년에 노부나가는 쇼군 직위 계승 분쟁으로 발생한 무로마치 바쿠후室町幕府의 내분에 개입하여 승리한 뒤, 그에게 지원을 요청했던 아시카가 요시아키足利義昭(1537~97)를 무로마치 바쿠후의 쇼군으로 세워 배후의 실력자가 됐다. 그러나 요시아키와 노부나가가 권력투쟁을 벌이게 되자, 노부나가의 권력이 강대해질 것을 두려워한 다이묘와 불교 세력들, 그리고 무로마치 바쿠후의 오다 노부나가 반대자 등이 요시아키의 사주로 동맹을 맺어 그에게 대항했고(1차 노부나가 포위망, 2차 노부나가 포위망, 3차 노부나가 포위망), 이에야스와 이세노쿠니의 일부 소규모 다이묘들만이 노부나가를 지원했다. 노부나가는 1570~83년에 이 적대 세력들과 대결했는데, 그는 이 세력들 중 특히 불교 세력들인 교토 시가지에 있는 정토진종淨土眞宗의 혼간지파本願寺派, 교토 북쪽 히에이산比叡山에 있는 천태종天台宗의 엔랴쿠지延曆寺와 격렬하게 투쟁했고, 엔랴쿠지의 건물들을 철저하게 파괴했으며(엔랴쿠지는 노부나가 사후에 건물들을 재건했다) 이 불교 세력들을 많이 살해했다. 노부나가는 이 적대 세력과 대결했다가 모두를 패배시켰고 동맹에서 이탈하도록 했다. 그 결과 지배 영역을 크게 확장했다. 1582년 노부나가는 빗추노쿠니備中國에서 모리 데루모토毛利輝元(1553~1625)가 지휘하던 모리 씨毛利氏의 군대와 교전하고 있던 도요토미 히데요시豊臣秀吉(1537~98)를 지원하기 위해 전투 태세를 갖추고 이동하던 중에 그의 가신 중 한 사람인 아케치 미쓰히데明智光秀(1528?~82)가 일으킨 반란에 패하고 자결했다(혼노지의 변本能寺の變). 히데요시는 모리 씨와 유리한 휴전을 체결하고 3만 명이 넘는 병력을 이끌고 교토로 회군하여 쇼군을 자칭한 미쓰히데를 무찌르고 노부나가의 죽음에 복수했다. 그러자 노부나가의 상속자들과 여러 가신들, 그리고 노부나가의 동맹이던 이에야스는 출신 신분이 비천한 그가 노부나가의 권력을 계승하는 것을 경계하여 그와 대립했는데, 그 결과 노부나가의 가신들은 분열되어 전쟁을 했다. 히데요시가 지도하던 파벌이 책략과 우월한 무력을 구사하여 승리했고, 이에야스는 히데요시에게 굴복하여 그의 세력을 유지했다. 히데요시는 권력을 확고하게 장악하자 조정에서도 영향력을 확대하여 여러 관직에 임명받았고, 1585년에 히데요시는 간파쿠關白*에, 이듬해에 태정대신太政大臣**으로 취임하면서 일본의 최고 권력자가 됐다. 히데요시는 이전의 적들을 공격하거나 회유하여 충성과 지지를 확보하고 1590년에는 일본 전역을 통제할 수 있었다.

* 10세기 이후 일본에서 천황을 대신하여 정무를 총괄하는 관직. 천황이 성년인 상태에서 취임하여 통치를 대행했다.
** 근대 이전 일본에서 중앙정부의 최고위 관직. 10세기 이후에는 섭정과 간파쿠가 권력을 행사하면서 명목상의 관직이 됐다.

일본 황위 계승 전쟁
Japanese War of Succession
○ 일본 난보쿠초 시대의 내전, 1336~92

1월 봉기
January Insurrection
○ 폴란드 반란, 1863~64

임보아바스 전쟁, 1708~09
War of the Emboabas, 1708~09

17세기에 브라질 동남부(오늘날의 미나스제라이스 주)에서 금이 발견되자 상파울루 출신으로 광물에 대한 독점적 권리를 주장한 그 지역 최초의 정착민들과, 대개가 포르투갈이나 브라질에서 이주해와 새로이 정착했던 이른바 임보아바스 사이에 분쟁이 발생했다(상파울루 사람들은 새로운 이주자들을 무단 침략자나 뜨내기로 여기고 그들에게 임보아바스라는 호칭을 붙였다. 반면 임보아바스는 상파울루 출신자들이 무례하고 미개하다고 생각했다). 10년 동안 이민자들이 계속 들어와 결국 상파울루 출신의 수보다 많아지자 긴장이 고조됐고, 1708년에 금광 소유권을 놓고 내전이 벌어졌다. 임보아바스는 식민지 정부의 지원을 받아 상파울루 출신 주민들을 내쫓았고 그들은 브라질의 중서부(오늘날의 마투그로수 주)로 이동하여 금광을 발견했다.

임신壬申의 난, 672
Jinshin War of 672

이 천황 계승 전쟁은 임신년壬申年인 672년에 일어난 일본 내전이다. 덴지天智 천황(626~671)이 사망하자, 덴지 천황의 아들이자 황태자였던 오토모大友(648~672) 황자가 고분弘文 천황으로 즉위했다. 황태제였으나 덴지 천황의 변심으로 천황위를 포기해야 했던 오아마大海人(631?~686) 황자는 반란을 일으켜 여러 지역에서 고분 천황의 부대들을 격파했고, 패배한 고분 천황은 자살했다. 오아마 황자는 야마토노쿠니大和國(오늘날의 나라 현奈良縣)에 있는 아스카飛鳥로 천도한 뒤 덴무天武 천황으로 즉위했다.

임진왜란壬辰倭亂,* 1592~99(정유재란丁酉再亂, 1598)
Imjin War, 1592~99(Jeongyu War, 1598)

도요토미 히데요시豊臣秀吉(1537~98)는 일본을 통합한 뒤(**○ 일본 아즈치-모모야마 시대의 내전, 1560~90**), 조선과 명나라를 연이어 정복한다는 거창한 계획을 실행에 옮겼다. 1592년 5월 23일 일본군 선봉부대가 조선 동남부의 부산진에 상륙했고 17일 뒤인 1592년 6월 10일 한양(오늘날의 서울)에 당도해 점령했다. 전쟁 발발 뒤 3주도 되지 않아 수도를 뺏긴 조선 정부는 명나라에 지원을 요청했다. 일본은 한반도의 여러 지역을 장악하기는 했지만 약 200킬로미터에 이르는 양국 사이의 바다와 한반도의 여러 해안을 지배하지는 못했다. 조선은 지붕을 씌워 갑판을 은폐하고 그 지붕 위에 적군의 승선을 막기 위해 쇠꼬챙이를 박아넣은 거북선이 있어 해군의 전력이 월등히 우세했다. 거북선은 노를 저어 이동했고 방향 전환이 쉽도록 설계됐다. 또한 조선 해군의 주력 전선은 판옥선으로 이는 일본 군함보다 견고할 뿐더러 구조와 무장도 일본 군함보다 유리했다. 반면 일본군의 전선戰船은 갑판이 열린 것뿐이었고 이동 속도는 조선 군함보다 빨랐으나 조종이 어려워 조선 해군의 유인 전술에 큰 피해를 입었고, 구조가 취약해 쉽게 부서졌다. 거북선은 도주하는 척하다가 일본군이 추격하면 갑자기 방향을 바꾸어 이물에 장착한 견고한 충각衝角으로 일본 전선을 들이받아 침몰시켰다. 거북선 때문에 일본군의 증원군은 조선에 제대로 도착할 수 없었다. 조선을 돕고자 도착한 명나라 군대의 제1진은 패배했으나, 1593년 1월 대군이 도착하여 일본군을 남쪽으로 내몰기 시작했다. 그해 5월 잠정적 휴전이 이루어져 일본군은 동남쪽 해안으로 후퇴했다. 협상은 몇 년을 끌었다. 1597년 9월 명나라 황제로부터 일본 왕으로 책봉하겠다는 서한을 받은 히데요시는 격노하여 교전의 재개를 명령했다. 많은 일본군이 다시 조선 남부에 상륙하여 북진했다. 일본군은 앞서와 마찬가지로 초기에는 성공했으나 결정적인 승리를 거두지 못했다. 그러다가 1598년 9월에 히데요시가 사망하자 일본군은 침공을 중단했다. 곧이어 일본군은 귀국했다. 조선은 황폐해졌고 주민은 굶주렸으며 많은 사람이 사망했다. 특이하게 생겼으나 치명적인 파괴력을 발휘하던 거북선의 공격에 많은 일본 전선이 침몰했다(노량해전).

* 일본에서는 분로쿠 · 게이초(文祿 · 慶長)의 역(役), 중국에서는 만력(萬曆)의 역이라고 하며, 1597~98년에 있었던 제2차 침공은 정유재란, 혹은 게이초의 역이라고 한다.

입소스 전투, 기원전 301
Battle of Ipsus, BCE 301

기원전 306년 스스로 마케도니아 왕임을 선언한 안티고노스 1세(기원전 382~기원전 301)는 병사 약 3만 명을 이끌고 소아시아로 들어가 알렉산드로스(기원전 356~기원전 323) 대왕이 건설한 제국을 부활시키려고 했다(○ 디아도코이 전쟁). 마찬가지로 스스로 마케도니아 왕임을 선언한 카산드로스(기원전 350?~기원전 297)가 병력 3만 명을 이끌고 셀레우코스 1세(기원전 358?~기원전 281)와 리시마코스(기원전 360?~기원전 281)를 대동한 채 안티고노스 1세에 맞섰다. 알렉산드로스 대왕의 후계자들인 디아도코이의 결정적 전투에서 안티고노스 1세와 그의 마케도니아인 병사 약 2만 2천 명이 전사했고, 그 뒤 승리자들은 폐허가 된 옛 제국을 전리품으로 삼아 분할했다. 셀레우코스 1세가 시리아를 얻어 창건한 셀레우코스 왕국은 기원전 63년까지 존속했다. 카산드로스는 마케도니아(따라서 그리스 전부)를 얻었으며, 전투에 참전하지 않은 프톨레마이오스 1세(기원전 367?~기원전 283?)는 이집트를 자유롭게 통치했다.

입실란티스 반란, 1821
Ypsilantis Rebellions, 1821

오스만 제국 정부와 불화하여 러시아로 망명했던 저명한 파나리오테스(이스탄불의 파나르 지구에 거주했던 그리스인)인 입실란티스 가문은 그리스 독립 전쟁 초기 두 차례의 군사행동에 관여했다. 알렉산드로스 입실란티스(알렉산드루 입실란티, 1792~1828)는 러시아 군대의 장군이 됐고, 1820년에는 그리스 독립을 염원하는 비밀결사 필리키 에테리아(우애회)의 지도자가 됐다. 알렉산드로스는 지도자로서 모든 발칸 반도 국가가 그리스인의 반란을 지원할 것이라 예상하고 오스만 제국에 맞선 발칸 반도 전역의 봉기를 꿈꾸었다. 1821년 3월 알렉산드로스는 '신성대'를 이끌고 몰다비아를 침공하여 수도 이아시를 점령하고 부쿠레슈티로 진입했다. 파나리오테스 출신인 몰다비아의 총독이 알렉산드로스를 지지하고 왈라키아의 그리스인들이 그 대의를 위해 집결했지만, 러시아 황제 니콜라이 1세(1796~1855)는 클레멘스 폰 메테르니히(1773~1859) 오스트리아 외교부 장관의 압력을 받아 알렉산드로스를 지지하기는커녕 관계를 끊었으며, 그리스정교회의 총대주교는 알렉산드로스를 파문했다. 더욱 중요했던 사실은 루마니아인들이 억압적인 그리스 파나리오테스 관리들을 견디지 못하고 또 자체의 독립운동에 힘쓰느라 알렉산드로스를 지원하지 않은 것이었다. 몰다비아와 왈라키아의 주민은 그리스인들을 위해 반란을 일으키지 않았다. 중요한 이유는 알렉산드로스의 조직이 루마니아의 한 지도자를 납치하여 살해했기 때문이었다. 1821년 6월 19일 알렉산드로스의 군대는 부쿠레슈티 서쪽 약 145킬로미터 지점의 드러거샤니 전투에서 오스만 제국에 철저하게 패했다. 알렉산드로스는 오스트리아로 탈출했으나 오스트리아 정부에 체포되어 1827년까지 수감됐다. 형과 마찬가지로 러시아 군대에서 근무했고 이아시에서 형을 도왔던 알렉산드로스의 동생 데메트리오스 입실란티스(1793~1832)가 몰다비아에서 모레아(오늘날의 펠로폰네소스 반도)로 도피한 뒤 그리스인 반란자들을 모아 독립 전쟁을 시작했다.

잉글랜드 귀족 반란, 1387

English Barons' Revolt of 1387

왕위에 올랐을 때 겨우 10살이었던 잉글랜드 왕 리처드 2세(1367~1400?)는 섭정이었던 1대 랭커스터 공작 존 곤트(1340~99)를 싫어했고, 그래서 친정을 시작하자 친구들을 고위직에 앉혔다. 리처드 2세가 9대 옥스퍼드 백작 로버트 드 비어(1362~92)에게 1385년에는 더블린 후작을, 1386년에는 아일랜드 공작을 수여하자, 1대 글로스터 공작 토머스 우드스톡(1355~97)이 이끄는 귀족들이 1387년에 반란을 일으켰다. 로버트 드 비어는 5천 명의 병력을 끌어모아 1387년에 템스 강에 있는 래드콧 다리의 주변에서 3대 더비 백작 헨리 볼링브루크(헨리 4세, 1366~1413)가 지휘하는 귀족들의 연합군과 대결했다. 로버트 드 비어는 전열이 무너지자 도주했다. 왕의 다른 지휘자들은 포로가 된 뒤에 처형됐고, 반란을 일으킨 귀족들은 1389년까지 잉글랜드를 통치했다.

잉글랜드 내전

English Civil War

제1차 잉글랜드 내전(1642~46) 잉글랜드 왕 찰스 1세(1600~49)는 신이 부여한 권한으로 자신이 통치한다고 믿었으며, 의회는 단지 조언만 할 뿐이고 의회가 지닌 권한은 모두 자신이 준 것이라고 생각했다. 그러나 의회는 의사결정권을 공유해야 한다고 생각했다. 양쪽 모두 뜻을 굽히지 않았다. 전쟁과 왕으로서 추구하던 목표에 쓸 돈이 필요했던 찰스 1세는 고분고분하지 않은 의회를 거듭 소집하여 돈을 얻어내려 했다. 찰스 1세는 11년 동안 계속해서 전제적으로 세금을 징수했고 법률적 근거에 의하지 않은 자의적 재판기구를 운영했으며 의회 없이 통치하려 했다. 통치 방식을 바꾸지 않은 찰스 1세는 토지를 몰수했고 세금을 징수했으며 반대자들을 투옥하고 미움을 받는 조언자들을 등용했다. 또한 스코틀랜드에 성공회(잉글랜드 교회)의 고高교회파 기도서를 사용하라고 강요했다(**○주교 전쟁**). 전쟁을 제대로 수행할 수 없었던 찰스 1세는 1640년에 의회('단기의회')를 소집했으나 의회는 의회가 제기한 불만 사항을 논의하지 않으면 금전을 지원하지 않겠다고 했다. 겨우 23일 만에 의회를 해산한 찰스 1세는 1640년에 다시 의회(1653

년까지 지속됐기에 '장기의회'라고 부른다)를 소집했지만 의회에는 점점 더 늘어가는 청교도를 포함하여 반대자로 가득했다. 의회는 폭정으로 인한 권리의 침해를 막을 법률들을 제정하여 찰스 1세를 공격했다. 왕의 몇몇 조언자를 탄핵하고 처형했으며, 의회를 해산할 때는 양쪽의 합의가 필요하다고 규정했다. 1641년에 아일랜드 대반란이 시작되어 군대가 필요했으나, 왕을 불신한 의회는 군대를 직접 통제했고 청교도가 요구한 교회 개혁안을 추가했다. 찰스 1세는 의회 지도자들을 체포하고 타협을 거부했으며 귀족과 성공회 신도, 가톨릭교도로 군대를 모았다. 그렇지만 이들이 가진 재원에는 한계가 있었다. 의회파는 남부와 동부의 부유한 장인들과 상인 계급을 동원했고 해군을 통제했다. 1642년 잉글랜드 전역에서 작은 전투들로 싸움이 시작됐다. 에지힐에서 벌어진 첫 번째 큰 전투는 무승부로 끝났다. 1643년 찰스 1세는 옥스퍼드에 자리를 잡고 런던을 점령하려 했으나 뜻을 이루지 못했다. 요새들을 점령하지 못한 왕당파는 실질적인 힘을 발휘하지 못했고, 반면 의회파는 엄숙 동맹Solemn League and Covenant을 체결하여 스코틀랜드인들과 제휴했다. 의회파는 잉글랜드에 '스코틀랜드의 장로파 교회 권력 구조를 도입'하는 대신 병력 2만 명을 지원받기로 했다. 스코틀랜드 군대는 1644년에 요크셔로 침공해 들어왔고 잠시 동안이었지만 뉴어크를 점령하는 데도 기여했다. 왕당파는 마스턴무어에서 올리버 크롬웰(1599~1658)이 지휘하는 의회파 군대인 철기대鐵騎隊의 뛰어난 기병 작전에 대패했다. 1645년 의회파 군대의 지휘자 중 서열 2위가 된 크롬웰은 신모범군新模範軍을 편성했다. 훈련을 잘 받고 급여를 풍족하게 지급받은 신모범군은 아일랜드의 지원도 유럽 대륙 본토의 지원도 받지 못한 찰스 1세의 군대를 네이즈비에서 격파했다(⊙ 잉글랜드−스코틀랜드 전쟁, 1542~49). 1646년 옥스퍼드가 함락됐고 찰스 1세는 잉글랜드 북부로 피신하여 스코틀랜드인들에게 항복했다. 그리하여 제1차 잉글랜드 내전이 끝났다. **제2차 잉글랜드 내전(1648~51)** 옥스퍼드 함락 이후 장기의회는 정부와 교회를 개조하려 했다. 의회의 다수파였던 장로파는 잉글랜드에 적용할 장로파 교회 체제를 계획하여 1643년에 결성한 엄숙 동맹을 실현하려 했다. 이러한 조치에 장로파와 자주 대립하던 독립파가 많이 있던 군대가 따돌림을 받았고, 의회는 군대를 해산하려 했다. 외국의 지원을 받아 복위하기를 바랐던 찰스 1세는 의회의 장로파 관련 법안에 대한 답변을 늦추었다. 그러자 분노한 스코틀랜드인들이 1647년에 40만 파운드를 받고 찰스 1세를 잉글랜드 의회에 넘겼다. 의회는 찰스 1세에게 제한군주제를 제안했지만, 찰스 1세는 모든 타협을 완강히 거부했다. 찰스 1세를 처형할 준비가 되어 있던 군대는 그를 잡아 런던으로 데려왔다. 크롬웰이 지휘권을 쥐고 있었다. 찰스 1세는 도주하여 와이트 섬으로 피신했고, 의회와 외국 정부들, 스코틀랜드와 계속 협상했고, 그중 스코틀랜드에게는 잉글랜드에 지원하는 대가로 장로파를 허용할 것을 약속했다. 1647년에 싸움이 재개됐으며, 켄트와 에식스, 웨일스에서 일어난 왕당파의 봉기는 진압됐다. 1648년 스코틀랜드 군대가 침공했으나 잉글랜드 북부 프레스턴에서 크롬웰의 군대에 패했다. 의회는 다시 타협하려 했으나 크롬웰이 지배하던 군대는 1648년에 프라이드의 숙청 Pride's Purge을 감행하여 장로파를 제거했다(토머스 프라이드(1658년 사망)는 군대의 명령에 따라 왕당파라는 자의적 규정을 제시하여 장로파를 의회에서 축출했다). 1649년 둔부臀部의 회로도 알려져 있는 잔여殘餘의회는 특별법정을 설치하여 찰스 1세를 반역죄로 재판했다. 찰스 1세는 잉글랜드에서 재판으로 유죄 선고를 받고 사형당한 유일한 왕이다. 의회는 그 뒤 국무회의를 통해 잉글랜드를 통치했고 크롬웰에게 아일랜드와 스코틀랜드에서 찰스(1630~85) 왕세자가 찰스 2세로 즉위하겠다고 포고한 선언에 대응할 것을 명령했다(**◐ 크롬웰의 스코틀랜드 원정 ; 크롬웰의 아일랜드 원정**). 찰스 2세는 잉글랜드를 침공했으나 1651년에 우스터에서 패한 뒤 국외로 피신했다. 비극적 투쟁은 끝났으나 잉글랜드에는 치유해야 할 상처가 많이 남아 있었다.

잉글랜드 내전, 1215~17
English Civil War of 1215~17

잉글랜드 왕 존(1166~1216)은 1215년에 대헌장(마그나 카르타)으로 여러 자유를 박탈당하자 놀라 즉시 교황 인노첸시오 3세(1160/61~1216)에게 지원을 요청했고, 교황은 대헌장을 무효화하는 포고령을 공포했다. 존은 프랑스인 용병들과 해적들을 고용하여 신속하게 잉글랜드의 귀족들과 전쟁을 벌였다. 프랑스는 잉글랜드 귀족들에게 공성포를 보냈고 존의 군대가 처음에 잘 싸우자 루이(루이 8세, 1187~1226) 왕세자를 보내겠다고 제의했다. 수많은 잉글랜드인이 귀족들을 지지했으며, 귀족들은 루이에게 잉글랜드 왕위를 제안했다. 1216년 존이 세상을 떠나자 루이가 침공하여 신속하게 잉글랜드 동남부의 지배자가 됐다. 헨리 3세(1207~72)가 즉위했고, 1217년 섭정 윌리엄 마셜(1147~1219)이 잉글랜드 군대를 지휘하여 도버에서 루이의 해군을 무찔렀으며 링컨을 포위하고 있던 루이의 육군도 거의 동시에 격파했다. 그즈음 귀족들은 마셜의 개혁에 회유되어 루이를 저버렸다. 루이는 1217년 9월에 마셜과 평화조약을 체결한 뒤 철수했다.

○ 귀족 전쟁

잉글랜드-네덜란드의 서아프리카 전쟁, 1664~65
Anglo-Dutch War in West Africa, 1664~65

아메리카에 식민지들을 건설한 잉글랜드인들에게는 토지를 경작하고 힘든 노동을 수행할 노예가 필요했다. 잉글랜드인들은 서아프리카의 황금해안(가나)을 따라 수많은 교역소와 요새를 건설하고 네덜란드인들로부터 케이프코스트 요새를 빼앗아(1664) 노예무역을 시작했다. 네덜란드인들은 케이프코스트 요새를 자신들의 소유로 생각했기에 격노했다. 1664년 미힐 더 라위터르(1607~76) 제독이 지휘하는 네덜란드 해군 함대가 잉글랜드의 교역소와 요새 몇 곳을 공격하여 파괴했다. 케이프코스트 요새는 잉글랜드인들이 계속 보유했다. 남대서양에 있는 세인트헬레나 섬의 영유권을 포기한 네덜란드는 1665년에 잉글랜드로부터 황금해안의 코먼타인 요새를 빼앗았다. 1667년의 브레다 조약으로 네덜란드는 이 지역의 영유권을 인정받았다. 1672년 잉글랜드 왕 찰스 2세(1630~85)로부터 특허장을 받은 왕립아프리카회사가 금과 노예를 수출하기 위해 황금해안의 딕스커브, 세콘디, 아크라 등지에 새로운 무역 거점을 구축했다.

○ (제2차) 잉글랜드-네덜란드 전쟁

잉글랜드-네덜란드 전쟁
Anglo-Dutch Wars

제1차 잉글랜드-네덜란드 전쟁(1652~54) 잉글랜드 왕 찰스 1세(1600~49)가 사형된 뒤 잉글랜드는 공화정을 수립했는데 공화정의 두 가지 중요한 업적은 해군의 규모를 두 배로 늘린 것과 1651년에 항해법을 제정한 것이다(ㅇ (제2차) 잉글랜드 내전). 잉글랜드의 무역을 진흥시키기 위해 제정한 항해법은 주로 잉글랜드인 선원들이 근무하는 잉글랜드 선박이 수입품을 운송해야 한다고 규정했다. 그 의도는 당시 유럽의 주요 해상 교역자였던 네덜란드와 동인도제도(오늘날의 말레이 제도) 사이의 교역에 타격을 주려는 것이었다. 항해법은 전쟁을 유발했다. 1652년 네덜란드 함대가 로버트 블레이크(1598~1657) 제독이 지휘하는 잉글랜드 함대에 깃발을 조금 내려 예를 표해야 했으나 이를 이행하지 못한 일이 발생했다. 블레이크가 네덜란드 함대에 조사받을 것을 요구했지만 마르턴 트롬프(1597~1653) 함대 사령관이 이를 거부하자 두 함대는 서로 포격했고, 곧이어 전쟁이 선포됐다. 아홉 차례 해전이 벌어졌다. 주로 블레이크가 조지 몽크(1608~70)의 지원을 받아 트롬프와 싸운 전투였다. 1653년 7월 31일 트롬프는 스헤베닝언(텍설) 전투에서 네덜란드인 1,600명과 함께 전사했다. 블레이크는 한번밖에 패하지 않았지만, 그 뒤 네덜란드 함대가 상선 500척을 항구까지 안전하게 호위했다. 네덜란드는 전쟁이 계속되던 기간 거의 내내 덴마크인들을 설득하여 잉글랜드인들이 발트 해에 접근하지 못하도록 막았으며 지중해를 통제했다. 잉글랜드는 네덜란드를 봉쇄했고, 1653년에 굶주린 네덜란드는 스헤베닝언 전투 뒤 강화를 요청했다. 1654년 4월에 웨스트민스터 조약이 체결되어 네덜란드는 손실을 입은 잉글랜드 상인들에게 배상하고 잉글랜드 영해에서 예를 표해야 했다. 그러나 잉글랜드와 네덜란드 사이의 상업적인 경쟁은 지속됐다. **제2차 잉글랜드-네덜란드 전쟁(1665~67)** 이 분쟁은 잉글랜드가 1663년에 네덜란드 노예무역의 원천이었던 서아프리카 항구들을 공격하고 1664년에 뉴암스테르담(오늘날의 뉴욕)을 점령하면서 벌어졌다. 1665년 로스토프트 전투에서 뒷날 제임스 2세가 되는 제임스(1633~1701) 왕자 휘하의 잉글랜드 해군 선박들(150척)이 야코프 오프담(1665년 사망)이 지휘하는 100척의 네덜란드 함대를 물리쳤다. 오프담은 네덜란드와 잉글랜드의 다른 해군 지휘관들과 함께 전사했다. 몽크가 지휘했던 군함들은 미힐 더 라위터르(1607~76) 제독의 네덜란드 해군에 패했으나 1666년에는 라위터르의 템스 강 봉쇄를 뚫었다. 어쨌거나 왕정복고 시대의 잉글랜드 해군은 크롬웰 시대의 해군보다 약했다. 관리의 부실과 부패, 왕과 의회 사이의 불화, 급여를 받지 못한 수병들의 폭동 때문이었다. 1667년 6월 라위터르는 네덜란드의 템스 강 침입을 이끌어 메드웨이 강가의 채텀에서 잉글랜드 선박 16척을 파괴했다. 대역병(1665~66)과 런던 대화재(1666)에 이 사건이 겹쳐 잉글랜드는 화해를 모색했다. 1667년의 브레다 조약으로 항해 조례는 네덜란드에 유리하게 수정됐다. 네덜란드는 오늘날의 수리남을 획득했고, 지금의 뉴욕과 뉴저지, 델라웨어에서 잉글랜드의 통제권을 인정했다. **제3차 잉글랜드-네덜란드 전쟁(1672~78)** 이 충돌은 프랑스 왕 루이 14세(1638~1715)의 계략과 나라를 독단으로 통치하려는 잉글랜드 왕 찰스 2세(1630~85)의 욕망에서 비롯했다. 루이 14세는 네덜란드에 속한 벨기에를 프랑스의 '자연스러운 국경'으로 원했으나, 잉글랜드와 스웨덴, 네덜란드의 삼국 동맹(1668)은 프랑스가 그 지역을 획득하지 못하도록 방해했다(**○ 네덜란드 계승 전쟁**). 루이 14세는 네덜란드를 고립시키기 위해 스웨덴에 은밀히 뇌물을 주어 동맹에서 이탈하게 했으며, 돈에 쪼들렸던 찰스 2세에게는 지원금을 전하여 잉글랜드의 도움을 받아냈다. 1672년 루이 14세는 네덜란드를 공격했고 잉글랜드는 전쟁을 선포했다. 라위터르의 네덜란드 군함들은 간신히 잉글랜드와 프랑스의 함대를 피했다. 네덜란드는 제방을 열어 물이 범람하게 만들어 침공을 막아냈다. 찰스 2세는 관용령을 공포했으나 이는 너무나 인기가 없어 의회는 1673년에 심사법審査法을 제정하고 전비를 삭감했다. 그리하여 잉글랜드는 네덜란드를 봉쇄하고 침공하는 데 실패했다. 1674년 의회는 잉글랜드가 전쟁에서 이탈하여 다시 프랑스에 반대하는 동맹 편으로 돌아서게 했다. 프랑스는 싸움을 계속했다. 1674년 콩데 공 루이 2세(1621~86)가 지휘하는 프랑스 군대는 세네프 전투에서 빌럼 판 오라녀(윌리엄 3세, 1650~1702)가 지휘하는 네덜란드 군대를 물리쳤다. 라인란트(라인 강 연안지대)의 독일인들은 튀렌 자작 앙리 드 라 투르 도베르뉴(1611~75)가 지휘하는 프랑스 군대를 격퇴하지 못하고 1674년에 진츠하임에서, 1675년에 튀르크하임에서 패했다. 동맹군(네덜란드, 에스파냐, 신성로마제국)은 프랑스를 침공하려 했으나 프랑스 군대에 패했다. 특히 프랑수아 드 크레키(1629?~87) 원수가 지휘하는 부대는 알자스와 로렌 지역에서 중요한 전투를 승리로 이끌었다. 1676년 프랑스 군대는 시칠리아의 메시나에서 에스파냐 군대를 격파했고, 아브람 뒤켄(1610~88) 제독이 지휘하는 프랑스 군함들은 라위터르가 지휘하는 네덜란드·에스파냐 해군을 격파했다. 라위터르는 치명상을 입었다 (**○ 메시나 반란, 1674~79**). 전쟁 중 프랑스는 네덜란드 대부분을 폐허로 만들었다. 루이 14세는 전체적으로 승리를 거두었는데도 잉글랜드가 다시 참전하고 재정이 파탄나자 위협을 느꼈으며, 결국 1678년에 평화조약을 맺기로 결정했다. 프랑스와 동맹국들은 네이메헌 조약을 체결했다. 전쟁에서 프랑스에 대적했던 브란덴부르크 선제후는 생제르맹 조약으로 정복지 포모제(포메른)를 루이 14세의 협력자였던 칼 11세(1655~97)의 스웨덴에 할양해야 했다.

○ 대동맹 전쟁 ; 덴마크-스웨덴 전쟁, 1675~79

잉글랜드 농민 반란, 1381
English Peasants' Revolt, 1381

○ 와트 타일러의 난

잉글랜드-스코틀랜드 전쟁, 1079~80
Anglo-Scottish War of 1079~80

'정복왕' 윌리엄 1세(1028?~87)는 1072년에 스코틀랜드의 신서臣誓를 받았는데도(**○ 윌리엄 1세의 스코틀랜드 침공**) 요크셔 지역의 자연적 북쪽 경계였던 티스 강 이북에서는 평화를 유지할 수 없었다. 스코틀랜드 왕 맬컴 3세(1031~93)는 잉글랜드를 침공하여 분쟁 지역을 지배할 명분을 찾느라 혈안이 되어 있었는데, 윌리엄 1세의 장자 노르망디 공작 로베르 퀴르퇴즈(로버트 커토즈, 로버트 2세, 1054?~1134)가 반란을 일으키자 기회를 포착했다. 1079년 맬컴 3세의 군대는 노섬브리아를 침략하여 남쪽으로 멀리 타인 강까지 휩쓸었다. 1080년 윌리엄 1세는 잉글랜드·노르만 군대를 이끌고 스코틀랜드로 왔으며, 1072년에 그랬듯이 싸울 필요 없이 봉신 맬컴 3세에게 새로운 평화조건을 강요했다. 그러나 중요하지 않은 소규모 충돌이 끊임없이 지속됐다. 윌리엄 1세는 잉글랜드의 북쪽 국경을 보호하기 위해 뉴캐슬어폰타인에 방어용 성을 건설했다. 매우 완강했던 맬컴 3세는 저항을 계속했다(**○ 윌리엄 2세의 스코틀랜드 침공**).

잉글랜드-스코틀랜드 전쟁, 1215~16
Anglo-Scottish War of 1215~16

잉글랜드의 귀족들은 러니미드에서 대헌장(마그나 카르타. 1215)이 승인받기 전에 스코틀랜드 왕 알렉산더 2세(1198~1249)에게 존(1166~1216) 왕에 대항하여 잉글랜드를 침공하라고 요구했다. 존이 교황 인노첸시오 3세(1160/61 ~1216)를 조종하여 대헌장을 무효로 선언하게 했다(이 문서에 따르면 잉글랜드 왕의 권한은 줄어들고 귀족들은 특정한 권리를 보유한다). 이에 잉글랜드 귀족들이 반란을 일으키자 알렉산더 2세는 행동에 나섰다. 알렉산더 2세는 잉글랜드 북부의 존 지지자들을 거듭하여 공격했고 스코틀랜드 국내에서 왕위를 요구했던 자들을 무찔렀다. 알렉산더 2세는 이어서 군대를 지휘하며 잉글랜드로 남하하여 잉글랜드 귀족들의 반란에 개입하고 있던 프랑스군과 협력했다가, 새로 잉글랜드 왕으로 즉위한 헨리 3세(1207~72)에 패했다(**○ 잉글랜드-프랑스 전쟁, 1213~14**). 프랑스군을 지휘하던 루이(루이 8세, 1187~1226) 왕세자와 함께 알렉산더 2세는 1217년 9월에 잉글랜드와 평화조약을 체결한 뒤 철수했다.

잉글랜드-스코틀랜드 전쟁, 1295~96
Anglo-Scottish War of 1295~96

○ 스코틀랜드 전쟁, 1295~96

잉글랜드-스코틀랜드 전쟁, 1314~28
Anglo-Scottish War of 1314~28

○ 스코틀랜드 전쟁, 1314~28

잉글랜드-스코틀랜드 전쟁, 1482
Anglo-Scottish War of 1482

스코틀랜드 왕 제임스 3세(1451~88)의 동생인 올버니 공작 알렉산더 스튜어트(1454?~85)는 스코틀랜드 왕위를 요구했고 이를 차지하기 위해 잉글랜드 왕 에드워드 4세(1442~83)와 음모를 꾸몄다. 곧이어 스코틀랜드 왕의 최대 숙적이었던 5대 앵거스 백작 아치볼드 '레드' 더글러스(1449~1514)가 올

버니 공작에 합세했다. 올버니 공작은 1479년 제임스 3세에 체포당해 감금
됐다가 탈출하여 프랑스를 거쳐 잉글랜드로 도피했다. 1482년 올버니 공작
이 잉글랜드 군대를 이끌고 침공했으며 이에 5대 앵거스 백작이 다른 귀족
들을 대동하고 합류하여 로더의 로더 다리에서 제임스 3세를 사로잡았다.
그곳에서 5대 앵거스 백작은 제임스 3세의 총신들을 다리 난간에서 교수형
시키고 제임스 3세에게 에든버러의 궁전으로 돌아가라고 명령하여 모욕했
으며, 올버니 공작과 함께 나라를 통치했다. 잉글랜드인들은 스코틀랜드를
떠나기 전에 베릭을 탈환했다(◐ 스코틀랜드 전쟁, 1314~28). 이후에도 전쟁은
계속됐고, 1484년과, 1487년, 1491년에 휴전이 발효됐다.
◐ 스코틀랜드 귀족 반란, 1488

잉글랜드-스코틀랜드 전쟁, 1513
Anglo-Scottish War of 1513

'평화중재왕 Rex Pacificator'이라는 별명을 갖고 있는 스코틀랜드 왕 제임스 4
세(1473~1513)는 유럽에서 세력 균형을 유지하고 전쟁을 피하기 위해 열성
으로 노력했다. 그러나 교황 율리오 2세(1443~1513)가 프랑스의 이탈리아
간섭에 분노하여 1511년 신성 동맹을 결성했고, 이에 스코틀랜드와 잉글
랜드가 1502년에 조약을 체결하여 이룬 평화가 위험해졌다. 제임스 4세는
1512년 프랑스와 결성한 '옛 동맹 Auld Alliance'을 갱신했으며, 프랑스에서 전
쟁이 발발하자 잉글랜드 왕 헨리 8세(1491~1547)에게 마지막으로 평화를 호
소했다. 헨리 8세는 스코틀랜드 왕의 주군이라는 지위를 요구하며 호전적
으로 대응했고, 제임스 4세는 1513년에 잉글랜드를 침공했다. 브랭스턴에
서 잉글랜드 군대와 맞닥뜨린 스코틀랜드 군대는 병력에서 우세했다. 그러
나 잉글랜드 군대의 무기가 월등하게 뛰어나 스코틀랜드인들은 대패했다.
제임스 4세는 9명의 백작과 14명의 남작과 함께 전사했다. 제임스 4세의 어
린 장남이 제임스 5세(1512~42)로 왕위에 올랐다. 제임스 5세는 이후 거의
30년 동안 성가신 국경 전투를 감내해야 했다.

잉글랜드-스코틀랜드 전쟁,* 1542~49
Anglo-Scottish War of 1542~49

잉글랜드 왕 헨리 8세(1491~1547)는 스코틀랜드를 지배하고자 했다. 헨리 8세는 잉글랜드의 아일랜드 지배에 저항하던 아일랜드의 많은 지도자들이 스코틀랜드 왕 제임스 5세(1512~42)를 아일랜드 왕으로 추대하겠다고 제안하자 정당한 근거를 제시하지 못한 채 자신을 스코틀랜드 왕의 주군이라고 선언함으로써 전쟁을 도발했다. 1542년 11월 24일에 스코틀랜드 군대는 잉글랜드 북부 컴벌랜드의 솔웨이모스에서 훨씬 더 적은 수의 잉글랜드 군대에 맞섰으나 반항적인 병사들과 무기력한 지휘 탓에 완패했다. 제임스 5세는 이후 곧 사망했고, 그의 자식 중에서 유일하게 생존하고 있던 메리(1542 ~87)가 1542년에 여왕으로 즉위했다. 헨리 8세는 그의 아들 에드워드(에드워드 6세, 1537~53)를 메리와 결혼시킬 것을 스코틀랜드에 제안했다가 거부당하자 1543년 12월에 전쟁 재개를 선언했다. 잉글랜드 군대는 1544년에 에든버러를 공격하여 약탈하고 파괴했지만 항복을 받아내지는 못했다. 스코틀랜드인들은 이를 '난폭한 청혼'이라고 불렀다. 1545년 헨리 8세는 권력 투쟁 과정에서 불만을 품은 스코틀랜드인들과 함께 음모를 꾸몄다가 실패했으나, 1547년에는 핑키클루흐 전투에서 잉글랜드 군대가 스코틀랜드 군대에게 참패를 안겼다. 그러나 1548년 메리 여왕이 프랑스로 피신한 뒤 프랑스의 왕세자 프랑수아(프랑수아 2세, 1544~60)와 약혼하자 잉글랜드는 전쟁을 계속할 필요가 없어졌다. 그 뒤 잉글랜드는 1550년에 프랑스와 불로뉴 조약을, 1551년에 스코틀랜드와 노럼 조약을 체결해 전쟁을 끝냈다.

* 난폭한 청혼 전쟁(War of the Rough Wooing)이라고도 한다.

잉글랜드-스코틀랜드 전쟁, 1559~60
Anglo-Scottish War of 1559~60

1559년 스코틀랜드의 프로테스탄트(장로파)와 가톨릭교도 사이에 싸움이 매우 격렬해져 죽은 제임스 5세(1512~42)의 부인 마리 드 기즈(메리 기즈, 1515~60)는 프랑스에 도움을 요청하여 프랑스군의 부대를 파견받았다. 스코틀랜드의 장로파로부터 구원 요청을 받은 잉글랜드 여왕 엘리자베스 1세(1533~1603)는 잉글랜드 함대와 군대를 보내 여러 달 동안 리스 성을 포위했다. 1560년에 두 가지 조약이 체결되어 이 '평화로운 전쟁'이 끝났다. 하나는 프랑스의 간섭에 대비하는 스코틀랜드와 잉글랜드의 상호방위조약인 베릭 조약이었고, 다른 하나는 에든버러 조약으로 이에 따라 외국 군대가 스코틀랜드에서 철수하고 스코틀랜드-프랑스 동맹 관계의 근거였던 '옛 동맹 Auld Alliance'을 파기하여 프랑스와 잉글랜드 사이의 평화가 약속됐다. 이 전쟁에서 스코틀랜드의 가톨릭 진영이 패했으므로 스코틀랜드의 장로파는 이제 자유롭게 성장할 수 있었다.

○ 잉글랜드-프랑스 전쟁, 1557~60

잉글랜드-시암 전쟁, 1687
Anglo-Siamese War, 1687

1684년에 콘스탄티노스 예라키스(콘스탄틴 폴컨, 1647~88)라는 그리스인 모험가가 시암(타이의 아유타야 왕국)의 대외 정책을 프랑스에 유리하게 조종하여 잉글랜드동인도회사의 한 상관商館이 문을 닫게 됐다. 잉글랜드는 대응이 느렸다. 1686년 잉글랜드 정부는 잉글랜드인이 외국 선박에서 일할 수 있는 권리를 거두어들인다고 포고했으며, 이를 실행하고 자국의 상관이 입은 피해의 배상을 받아내기 위해 2척의 군함을 시암에 파견했다. 잉글랜드의 배는 프랑스가 급히 파견한 함대보다 조금 늦게 도착했다. 밤새 포격이 이어져 잉글랜드 군함 중 1척이 침몰했고 상륙한 선원들은 살해됐으며 나머지 1척도 도피해야 했다. 사건 직후 전쟁이 선포됐으나 실행되지는 않았다. 1688년 프랑스를 포함한 외국 세력에 반대하는 쿠데타가 성공하여 예라키스는 영향력을 잃었다.

잉글랜드-에스파냐 전쟁, 1585~1604
Anglo-Spanish War of 1585~1604

잉글랜드 여왕 엘리자베스 1세(1533~1603)와 에스파냐 왕 펠리페 2세(1527~98)는 각자의 치세 후반기에 바다와 에스파냐령 네덜란드(벨기에 일부와 네덜란드, 룩셈부르크), 프랑스, 에스파냐에서 오랫동안 지리멸렬하게 이어질 싸움을 시작했다. 이 전쟁은 1585년에 이르러 잉글랜드가 에스파냐에 저항하는 에스파냐령 네덜란드를 지원하기 위해 군을 파병하면서 불가피해졌다. 여기에서 가장 극적인 사건은 1588년 에스파냐 무적함대의 패배였다. 서 프랜시스 드레이크(1540?~96)가 지휘하는 잉글랜드 군대는 1587년 에스파냐의 카디스, 리스본 등 이베리아 반도 서남부와 아소르스 제도를 습격했고, 아소르스 제도에서는 중남아메리카로부터 귀중품을 싣고 오던 포르투갈 선박 1척을 나포했다. 이로써 에스파냐 함대의 잉글랜드 침공이 1년 정도 늦어지게 됐고, 포르투갈의 주민들에게 깊은 인상을 심어주었다. 드레이크의 잉글랜드 함대가 카디스 만에서 에스파냐 함대와 싸워 대승한 뒤에는 1대 레스터 백작 로버트 더들리(1532/33~88)가 지휘한 잉글랜드 육군 파견대가 에스파냐령 네덜란드에서 패했고, 잉글랜드와 포르투갈의 연합함대는 에스파냐로부터 리스본을 탈취하지 못했으며, 프랑스에서는 잉글랜드 육군의 2개 파견대들이 승리했다. 그 뒤에 이 전쟁은 잉글랜드의 군함이나, 1581년에 독립하여 잉글랜드와 협력하던 네덜란드의 군함들, 사략선私掠船 등의 습격들로 그 규모가 천천히 줄어들었는데, 그런 습격들 중에서는 1596년의 카디스 점령과 약탈이 대표적 사례. 습격 사건들이 계속 발생하는 동안에 펠리페 2세는 1598년에, 엘리자베스 1세는 1603년에 사망했다. 에스파냐와 잉글랜드가 1604년에 런던 조약을 체결하여 평화가 도래했다.

○ 드레이크의 카리브 해 습격

잉글랜드-에스파냐 전쟁, 1654~59
Anglo-Spanish War of 1654~59

잉글랜드의 호국경 올리버 크롬웰(1599~1658)은 에스파냐와 동맹을 맺기를 바랐고 이들에게 무역 관련 특혜를 요구했는데 협상이 완전히 결렬됐다. 크롬웰은 에스파냐를 응징하기 위해 서 윌리엄 펜(1621~70) 제독의 지휘에 원정대를 파견하여 서인도제도의 에스파냐 식민지 산토도밍고와 자메이카를 공격하게 했다. 두 곳은 1655년에 점령됐다. 프랑스와 동맹한 잉글랜드는 서인도제도와 공해公海에서 에스파냐에 도전했다. 1656년 에스파냐의 카디스 만에서 귀금속을 포함한 귀중품을 대량으로 수송해오던 에스파냐의 수송선단이 잉글랜드 함대에 습격당해 파괴되거나 나포됐다. 1657년 로버트 블레이크(1598~1657) 제독이 지휘하는 잉글랜드 함대는 카나리아 제도와 멕시코의 베라크루스에서 에스파냐 선박들을 파괴했다. 1658년 6월 14

일 에스파냐는 당시 에스파냐령 네덜란드(벨기에의 일부, 네덜란드, 룩셈부르크)의 됭케르크 전투(사구砂丘 전투)에서 튀렌 자작 앙리 드 라 투르 도베르뉴(1611~75)가 이끄는 네덜란드·잉글랜드·프랑스 연합군에 처절하게 패했다. 에스파냐는 플랑드르(플란데런)의 여러 도시를 잉글랜드에 빼앗겼고, 1659년의 피레네 평화조약으로 거의 무력할 정도로 약해졌다.

○ 네덜란드 계승 전쟁 ; 잉글랜드-네덜란드 전쟁

잉글랜드 왕위 계승 전쟁
War of the English Succession

○ 명예혁명 ; 아일랜드 전쟁, 1689~91 ; 재커바이트의 반란, 1689~90

잉글랜드 왕위 계승 전쟁, 1138~54
English Dynastic War of 1138~54

적자들 중에 하나뿐인 아들을 잃은(1120) 잉글랜드 왕 헨리 1세(1068/69~1135)는 나약하고 믿음직하지 못한 외조카 스티븐 블루아(1096?~1154)를 후계자로 지명하기에는 마음이 놓이지 않아 귀족들과 함께 의논한 뒤 딸 마틸다(1102?~67)가 왕위를 잇도록 결정했다. 헨리 1세가 세상을 떠나자 잉글랜드의 귀족들과 성직자들은 마틸다 대신 스티븐에게 왕위를 제안했으나, 스티븐이 평화와 질서를 유지하지 못한 탓에 1138년 귀족들이 마틸다를 지지하는 반란을 일으켰다. 1139년 마틸다는 어머니가 다른 형제인 1대 글로스터 백작 로버트(1100?~47)의 도움을 받아 프랑스로부터 침입하여 스티븐의 지지자들과 싸움을 시작했다. 스티븐은 1141년에 잉글랜드 링컨에서 포로로 잡혔다. 그러나 마틸다는 런던에 도착한 뒤 오만하게 행동했다. 귀족들에게 엄청나게 많은 금전을 요구했고 일반 시민들이 세금을 절반으로 줄여달라는 것을 거절했다. 그 결과 런던 주민들은 마틸다의 지지를 철회하고 반란을 일으켰다. 이 때문에 마틸다는 대관식을 거행하지 못한 채 런던을 떠나 잉글랜드 서남부로 돌아가야 했다. 마틸다의 군대는 1141년 9월 14일에 윈체스터에서 발발한 전투에서 대패했고, 그 지휘자들 중 글로스터 백작은 포로가 됐다가 마틸다 진영과 스티븐 진영이 포로들인 스티븐과 글로스터 백작을 교환하여 석방됐다. 마틸다는 그의 강력한 지지자였던 글로스터 백작이 1147년에 사망하자 1148년에 프랑스로 이주하여 다시는 잉글랜드에 오지 않았다. 스티븐의 치세는 무질서했으며 내란이 지속됐다. 1148년 이후의 내란은 마틸다의 아들 헨리 플랜태저넷(헨리 2세, 1133~89)을 위한 것이었다. 월링퍼드에서 전투 같지 않은 전투가 벌어져 무승부로 끝난 뒤 1153년에 강화가 이루어져 스티븐은 끝까지 통치할 수 있었고 헨리가 후계자로 지명됐다(❍ 잉글랜드-프랑스 전쟁, 1159~89).
❍ 군기 전투

잉글랜드의 아일랜드 침공, 1394~99
English Invasions of Ireland, 1394~99

잉글랜드 왕 리처드 2세(1367~1400?)의 혼란스러운 치세에 아일랜드 관련 문제는 두 차례의 아일랜드 침공으로 이어질 만큼 매우 중요했다. 첫 번째 침공은 1394년에 아일랜드의 유력한 가문들 사이의 무력 충돌이 잉글랜드의 아일랜드 통치에도 영향을 끼쳐 일어났다. 교전은 거의 없었으나 리처드 2세는 매우 성공적인 협상으로 1395년까지 아일랜드 유력 가문의 수장 50명의 항복을 받아내고 아일랜드 왕 5명에게 작위를 준 뒤 돌아왔다. 아일랜드에서는 다시 분쟁이 발생했고, 잉글랜드는 군대를 동원해 개입했다. 1398년 말 리처드 2세는 자신의 군사령관이 패하고 전사하여, 1399년 5월 아일랜드로 다시 원정을 시작했다. 그러나 상륙하자마자 잉글랜드에서 프랑스에 망명하고 있던 헨리 볼링브루크(헨리 4세, 1366~1413)가 반란을 일으켰다는 소식을 듣고 귀국해야 했다.

잉글랜드-포르투갈 '전쟁', 1612~30
Anglo-Portuguese 'War', 1612~30

1600년에 여왕 엘리자베스 1세(1533~1603)로부터 특허장을 받아 창설한 잉글랜드동인도회사(뒷날의 영국동인도회사)는 동인도제도(오늘날의 말레이 제도)에서 네덜란드인들의 향신료 무역 독점을 깨뜨리고자 했다. 그러나 인도에 도착한 잉글랜드 상인들은 주요 경쟁자가 포르투갈인들이라는 사실을 알게 됐다. 포르투갈인들은 고아 같은 인도 서부의 교역 중심지들에서 인도양을 통제했다. 1611년 인도 동해안의 마실리파트남(마술리파트남)에 잉글랜드인의 거류지가 건설됐다. 전투에 대비하여 무장한 잉글랜드동인도회사의 선박들이 인도 서해안 수라트 근해에서 포르투갈 선박들과 싸워 승리했으며(1612, 1614), 잉글랜드동인도회사는 포르투갈을 견제하고자 한 무굴 제국으로부터 1615년에 무역권을 허가받아 수라트에 상관商館을 설치했다. 잉글랜드동인도회사는 몇몇 방식을 구사하여 교란하고 전복하는 정책을 채택했다. 이를테면 포르투갈 선박들의 수송을 방해하고 적국인 포르투갈의 식민지에서 일어난 반란을 지원했으며 포르투갈의 지배에서 벗어나기를 갈구하는 나라들에 원조를 제공했다. 이 시기에 잉글랜드동인도회사와 네덜란드동인도회사는 인도 아대륙의 해안을 따라 무역 거점을 확보하여 포르투갈에 피해를 입혔다. 포르투갈의 고아 주재 총독과 잉글랜드동인도회사의 수라트 주재 대표자가 협정을 맺어(1630) 적대 행위가 중단됐고, 포르투갈은 자국이 보유하고 있던 인도의 무역 거점의 권리들을 다른 유럽 국가들의 상인에게 넘겼다. 이후 그 지역에서 포르투갈인의 활동은 위축됐다.

○ 암보이나 학살 ; 포르투갈-네덜란드의 동인도제도 전쟁

잉글랜드-프랑스 전쟁, 1109~13
Anglo-French War of 1109~13

'정복왕' 윌리엄 1세(1028?~87)에게는 눈엣가시였던 아들 노르망디 공작 로베르 퀴르퇴즈(로버트 커토즈, 로베르 2세, 1054?~1134)는 그의 동생인 잉글랜드 왕 헨리 1세(1068/69~1135)를 괴롭히기 위해 1101년에 잉글랜드를 침공했다가 실패했고(○ 윌리엄 1세의 노르망디 침공), 이에 헨리 1세가 노르망디를 침공했다. 헨리 1세는 로베르를 물리치고(○ 탱슈브레 전투) 직접 노르망디를 지배했다(1106). 로베르의 조언자였던 프랑스 왕 루이 6세(1081~1137)는 그의 아버지 필리프 1세(1052~1108)와 마찬가지로 노르망디 공작령의 잉글랜드 세력과 늘 대립했으며 노르망디 내부의 반란을 부추겼다. 1109년 헨리 1세는 군대를 이끌고 프랑스를 침공했다. 루이 6세와 앙주 가문 지도자들, 로베르의 아들이 노르망디 공작령과 프랑스 왕실 직할령의 경계에 있던 중요 지역인 벡생을 분할했기 때문이었다. 루이 6세의 군대는 이따금 잉들랜드인들을 공격하고 또 휴전을 맺었지만 좋은 성과를 내지는 못했다(○ 잉글랜드-프랑스 전쟁, 1117~20).

잉글랜드-프랑스 전쟁, 1117~20

Anglo-French War, 1117~20

1109~13년 잉글랜드-프랑스 전쟁에서는 다양한 음모들이 등장하는 가운데 간헐적으로 습격과 휴전이 반복됐는데, 이런 상황은 프랑스 왕 루이 6세(1081~1137)에게는 확실히 느긋하게 즐길 만한 것이었다. 1117년에 루이 6세는 새로운 전쟁을 개시하여 잉글랜드의 안정을 해치려 했는데, 그 목적은 프랑스 서북부의 멘과 브르타뉴 지역을 확실하게 장악하는 것이었다. 프랑스군은 처음에는 지지 않고 잘 버텼지만 전투는 뜻대로 되지 않았다. 1119년 헨리 1세는 벡생으로 들어가 루이 6세와 대적했다. 중요한 전투는 브레뮐에서 벌어졌는데 잉글랜드 군대는 프랑스군에 결정적인 패배를 안겼다. 루이 6세는 멘과 브르타뉴의 지배권이 잉글랜드에 있음을 인정할 수밖에 없었다.

잉글랜드-프랑스 전쟁, 1123~35

Anglo-French War of 1123~35

잉글랜드 왕 헨리 1세(1068/69~1135)는 군대를 이끌고 프랑스 서북부를 침공하여 멘 지역을 확실하게 통제하고자 했다(**◐ 잉글랜드-프랑스 전쟁, 1117~20**). 헨리 1세의 적 중에는 앙주 백작 풀크 5세(1092~1143)도 있었는데, 헨리 1세는 자신의 아들을 풀크 5세의 딸과 결혼시키려 했다. 그러나 헨리 1세는 이 아들이 죽자(1120) 전쟁 중이었는데도 딸 마틸다(1102?~67)를 풀크 5세의 아들인 제프리 플랜태저넷(조프루아 5세, 1113~51)과 혼인시켰다. 1128년 전까지 산발적으로 벌어진 군사적 충돌이었던 전쟁은 소모전이 되어버렸고 1135년에 헨리 1세가 사망하면서 끝났다. 1128년 마틸다와 제프리의 결혼은 평화를 가져오기 위한 조치였지만 그 자체로 갈등의 씨앗이 됐다(**◐ 잉글랜드 왕위 계승 전쟁, 1138~54**).

잉글랜드-프랑스 전쟁, 1159~89

Anglo-French War of 1159~89

앙주 백작 앙리(헨리 플랜태저넷)는 잉글랜드 왕 헨리 2세(1133~89)가 되어 잉글랜드와 유럽 대륙에 걸친 거대한 제국을 통치했는데, 봉건제 주군인 프랑스 왕 루이 7세(1120~80)는 이런 상황이 화가 나고 두려웠다. 정식으로 싸우기에는 군사적으로 너무 약했던 루이 7세는 음모를 꾸미고 책략을 구사하여 헨리 2세를 교란했다. 툴루즈 백작령의 소유권 획득을 강하게 주장하고 싶었던 헨리 2세는 1159년에 군대를 이끌고 노르망디 공작령으로부터 침공해 들어왔지만 루이 7세는 이미 툴루즈에 와 있었다. 헨리 2세는 그의 봉건제 주군을 공격할 생각이 없었기 때문에 군대에 퇴각을 명령했다. 헨리 2세는 화친을 맺었으나 복수를 맹세했다. 루이 7세는 잉글랜드가 프랑스 안에 보유한 영지들에서 폭동을 조장하여 계속해서 헨리 2세의 세력 기반을 약화시켰다. 1173년 루이 7세는 헨리 2세에 대항하라고 헨리 2세의 왕비인, 남편의 정부들을 질투하고 있던 엘리너 애퀴테인(알리에노르 다키텐, 1122/24~1204)과, 그들 사이에 태어난 세 아들을 사주했다(**◐ 플랜태저넷 왕조 내전, 1173~74**). 그리하여 엘리너 애퀴테인의 아들들은 더 많은 권한을 얻기 위해 1173년에 반란을 일으켰지만 1174년에 패하자 굴복하고 헨리 2세와 화해했다. 1180년에 루이 7세가 사망하자 잠시 적대 행위들이 중지됐다. 헨리 2세의 적자 중 한 명인 리처드('사자심왕' 리처드 1세, 1157~99)는 1189년에 잉글랜드의 왕위를 찬탈하려고 프랑스 왕 필리프 2세(1165~1223)와 제휴하여 아버지 헨리 2세에 대적했다가 그해 헨리 2세가 사망하자 잉글랜드의 왕위에 올랐다.

◐ 헨리 2세의 웨일스 원정

잉글랜드-프랑스 전쟁, 1202~04
Anglo-French War of 1202~04

잉글랜드 왕 존(1166~1216)이 이미 프랑스의 귀족과 약혼한 상태였던 앙굴렘 백작령의 여백작 이사벨(1188?~1246)과 혼인을 하자, 존의 법률상 봉건제 주군이었던 프랑스 왕 필리프 2세(1165~1223)는 이자벨의 약혼자가 혼인 관련 분쟁을 제기하여 존을 소환했다. 그러나 존은 이에 응하지 않았다. 따라서 필리프 2세는 존의 프랑스 안 영지 중에 노르망디 공작령을 제외한 나머지를 모두 몰수하겠다고 선포했다. 그 결과 전쟁이 발발했는데 가장 중요한 전투는 1203년부터 1204년까지 필리프 2세의 군대가 포위하여 공격했던 센 강가의 잉글랜드 전초기지인 가이야르 성과 노르망디 지역의 루앙에서 벌어졌다. 존은 앙주와 브르타뉴, 멘, 노르망디, 투렌을 잃었지만 루아르 강 이남의 영지는 계속 보유했다. 보복을 예상했던 필리프 2세는 이 기간 동안 거의 상비군에 유사한 국왕 직속 군대를 창설했다.

잉글랜드-프랑스 전쟁, 1213~14
Anglo-French War of 1213~14

잉글랜드 왕 존(1166~1216)은 1202~04년의 잉글랜드-프랑스 전쟁에서 프 랑스 왕 필리프 2세(1165~1223)에게 빼앗겼던 프랑스 서북부의 영지를 되찾 으려고 조카인 신성로마제국 황제 오토 4세(1174?~1218), 플랑드르 백작 페 르난두(1188~1233)와 동맹을 맺었다. 존은 양동작전으로 푸아투를 침공했 으나 동맹자인 오토 4세와 페르난두가 1214년 7월 27일 프랑스 플랑드르 백작령의 부빈 전투에서 필리프 2세에 완패하면서 실패했다. 부빈 전투의 승리로 프랑스 카페 왕조의 권력은 한층 더 강해졌으며 필리프 2세는 프랑 스에서 두루 갈채를 받았다.
 ○ 알비 십자군

잉글랜드-프랑스 전쟁, 1242
Anglo-French War of 1242

잉글랜드 왕 헨리 3세(1207~72)가 프랑스 남부에 있는 귀족들과 동맹을 결 성하고 프랑스를 침공하면서 두 나라 왕 사이에 싸움이 재개됐다. 프랑스 왕 '성왕' 루이 9세(1214~70)가 타유부르와 생트에서 승리를 거두어 프랑스 남부 귀족들의 사기가 꺾였고, 헨리 3세는 퐁스에서 5년 동안의 휴전을 받 아들여야 했다. 그러나 루이 9세는 아마도 제7차 십자군 전쟁 개시를 간절 히 바랐기 때문이었는지 단호하게 헨리 3세를 응징하지 않아서 잉글랜드 세 력이 프랑스에 잔존할 수 있도록 허용했고 이는 향후 갈등의 씨앗이 됐다.

잉글랜드-프랑스 전쟁, 1294~98
Anglo-French War of 1294~98

프랑스가 가스코뉴에 있는 잉글랜드의 성채들을 점령하자 잉글랜드 왕 에 드워드 1세(1239~1307)는 프랑스의 '미남왕' 필리프 4세(1268~1314)에게 했던 신서田書를 철회했다. 이로써 아키텐 공작령의 통제권을 둘러싼 분쟁은 절정에 달했다. 이어진 전쟁에서 필리프 4세는 스코틀랜드와 동맹을 맺고 가스코뉴 깊숙이 밀고 들어갔다. 에드워드 1세는 일련의 동맹자들과 협력하여 반격했다. 1297년 에드워드 1세는 영불해협을 건넜고 플랑드르 지역의 동맹 세력이 구성한 군대와 합류했으나 곧 퓌른(오늘날의 뵈르너)에서 프랑스군에 저지당했다. 1298년에 비브생바봉에서 휴전이 이루어졌으나, 그 뒤에도 지속적인 평화를 보장하기 위해 두 건의 양국 왕실 간 혼인을 성사시켰다.

잉글랜드-프랑스 전쟁, 1300~03
Anglo-French War of 1300~03

1298년에 프랑스와 잉글랜드 사이에 휴전이 이루어졌지만(**○ 잉글랜드-프랑스 전쟁, 1294~98**), 잉글랜드의 동맹자였던 플랑드르인들은 프랑스에 품었던 자신만의 원한을 해결하려 했다. 1302년 플랑드르 서부의 쿠르트레(오늘날의 코르트레이크) 인근에서 프랑스 중기병重騎兵이 플랑드르 보병(창병槍兵)과 싸웠다가 결정적으로 패하자(**○ (제1차) 박차 전투**), 잉글랜드의 협상력이 크게 향상됐다. 잉글랜드는 1303년의 파리 조약으로 가스코뉴 지역의 지배권을 되찾았으며, 1298년 이전의 영역 분할 상태를 복원했다.

잉글랜드-프랑스 전쟁, 1475
Anglo-French War of 1475

잉글랜드 왕 에드워드 4세(1442~83)는 요크 가문과 랭커스터 가문이 잉글랜드 왕위를 두고 벌인 싸움에(**○ 장미 전쟁**) 프랑스가 개입한 데 복수하고자 부르고뉴 공작 '대담공大膽公' 샤를(1433~77)과 동맹하여 프랑스에 전쟁을 선포했다. 에드워드 4세의 군대는 영불해협을 건너 칼레에 상륙했지만, 동맹국인 부르고뉴 공국으로부터 물자와 지원 병력을 받지 못하여 교전에 들어가지 못했다. 에드워드 4세와 프랑스 왕 루이 11세(1423~83)는 피키니에서 조약을 맺었고, 이에 따라 에드워드 4세는 상당한 돈을 받는 대가로 군대를 철수했다.

잉글랜드-프랑스 전쟁, 1512~14, 1522~26, 1542~46
Anglo-French War, 1512~14, 1522~26, 1542~46

1453년 이후 잉글랜드와 프랑스는(● 백년 전쟁) 불안정하고 대체로 적대적인 관계를 이어갔다. 신성로마제국과 프랑스 사이에서 균형을 유지하던 잉글랜드 왕 헨리 8세(1491~1547)는 1511년 황제 막시밀리안 1세(1459~1519)를 지지하기 시작했고, 1513년에 프랑스를 침공하여 기느가트(오늘날의 앙기느가트)에서 승리를 거두었다(● (제2차) 박차 전투). 프랑스가 스코틀랜드에 영향력을 행사했기에 스코틀랜드가 잉글랜드를 상대로 전쟁을 벌여 1522년에 헨리 8세의 군대는 다시 프랑스를 침공했다(● 잉글랜드-스코틀랜드 전쟁, 1542~49). 1542년에 헨리 8세는 다시 신성로마제국 황제 카를 5세(1500~58)와 동맹하여 프랑스 왕 프랑수아 1세(1494~1547)에 맞섰다. 헨리 8세는 1543년에 군대를 프랑스에 상륙시켜 1544년에 불로뉴를 장악했으나 같은 해에 카를 5세가 프랑스와 화친을 맺자, 1546년에 헨리 8세도 강화를 모색했다. 그 결과 프랑스에 조약을 강요하여 잉글랜드의 불로뉴 지배를 승인하게 했다. 헨리 8세는 전쟁 비용으로 약 200만 파운드를 썼다.

잉글랜드-프랑스 전쟁, 1549~50
Anglo-French War of 1549~50

프랑스는 1542년에서 1546년까지 잉글랜드와 싸운 끝에 화친을 맺었지만 불로뉴를 탈환하려고 잉글랜드를 계속 압박했다. 프랑스는 외교적 책략, 1542~49년 잉글랜드-스코틀랜드 전쟁에서 스코틀랜드를 지원한 일, 그리고 불로뉴 지역에서 벌인 해상과 육상의 양동작전(전면전이나 다름없는 조처였다)으로 잉글랜드를 연속적으로 공격하여 괴롭혔다. 1549년 프랑스 왕 앙리 2세(1519~59)는 전쟁을 선포하고 해상과 육상에서 동시에 공격하여(잉글랜드가 고용하고 있던 독일인 용병들에게 뇌물을 주기도 했다) 불로뉴를 포위했다. 그러나 프랑스군은 불로뉴를 점령할 수 없었고, 1550년에 지난 두 차례 프랑스와 싸우느라 심한 채무로 피폐했던 잉글랜드로부터 불로뉴를 매입했다. 이는 떳떳하지 못한 승리였다.

잉글랜드-프랑스 전쟁, 1557~60
Anglo-French War of 1557~60

1557년 잉글랜드 여왕 메리 1세(1516~58)의 남편인 에스파냐 왕 펠리페 2세 (1527~98)는 프랑스와 전쟁하며 잉글랜드의 지원을 받았다. 이 전쟁은 에스파냐를 증오하여 처부수겠다고 맹세했던 늙은 교황 바오로 4세(1476~1559)의 간곡한 요청으로 시작된 것으로, 잉글랜드의 국익과 무관했기에 잉글랜드에서는 거의 지지를 받지 못했다(**◐ 합스부르크 왕가-발루아 왕가 전쟁, 1547~59**). 게다가 잉글랜드는 전쟁으로 많은 비용을 치러야 했다. 잉글랜드가 크레시 전투(**◐ 백년 전쟁**) 이후에 마지막까지 보유하고 있던 칼레를 1558년에 기즈 공작 프랑수아 1세(프랑수아 드 기즈, 1519~63)가 지휘하는 프랑스군에 점령당했기 때문이다. 그 밖에는 군사적으로 중요하지 않았던 이 전쟁은 1560년 에든버러 조약이 체결되어 끝났다. 이 조약으로 강화가 이루어졌고 프랑스는 엘리자베스 1세(1533~1603)를 잉글랜드 여왕으로 인정했고, 스코틀랜드에서는 잉글랜드 군대와 프랑스 군대가 철수했다.

잉글랜드-프랑스 전쟁, 1627~28
Anglo-French War of 1627~28

프랑스 왕 루이 13세(1601~43)와 리슐리외(1585~1642) 추기경은 권력의 중앙 집중을 심화하려는 자신들의 계획에 위그노(프랑스 프로테스탄트)가 장애가 된다고 생각했고, 위그노는 리슐리외 추기경이 실행한 억압 조치에 반대하여 반란을 일으켰다. 이 반란을 제3차 베아른 반란이라고 한다. 이 반란 초기에 잉글랜드 왕 찰스 1세(1600~49)는 라로셸에서 프랑스 정부군에 포위당한 위그노를 동정했다. 찰스 1세는 라로셸을 구하기 위해 해군 함대를 3차례 파견했고, 결국 무리하게 자금을 빌려 비용을 충당했다. 리슐리외 추기경이 직접 지휘한 프랑스 군대는 13개월여의 포위 끝인 1628년 10월에 라로셸을 점령했다. 그 와중에 잉글랜드군은 격퇴됐다.

◐ 30년 전쟁

잉글랜드 혁명, 1688
English Revolution of 1688
○ 명예혁명

잉와-버고 40년 전쟁
Ava-Pegu Forty Years' War
○ 버마 내전, 1368~1408

잉카 반란, 1536~44
Inca Revolt, 1536~44

프란시스코 피사로(1475?~1541)와 디에고 데 알마그로(1475?~1538)가 이끄는 에스파냐 원정대는 1532년에서 1533년까지 페루의 잉카 제국을 비교적 쉽게 점령했다. (잉카 황제 아타우알파(1500?~33)는 배신을 당하여 사로잡힌 뒤 감금됐다가 에스파냐에 대항하려 했다고 살해됐다.) 그 뒤 '정복자(콩키스타도르)'는 만코 카팍 2세(1500?~44)를 꼭두각시 황제로 즉위시켰다. 만코 카팍 2세는 한동안 에스파냐인들에게 협력했지만, 1536년에 피사로와 디에고 데 알마그로가 자리를 비운 사이 잉카 제국 주민들에게 반란을 호소했다. 잉카 제국 주민들이 봉기해 에스파냐인들을 학살했으며 에스파냐인들이 장악한 잉카 제국의 수도 쿠스코를 10개월 동안 포위했다. 그러나 원주민들은 격퇴되자 봉기를 포기하고 집으로 돌아가 농사를 지었다. 만코 카팍 2세는 산악 지대로 도주하여 잉카 제국의 망명정부를 수립했고 이따금 습격을 감행하다가 1544년에 한 무리의 배신자들에게 살해됐다.

○ 에스파냐의 페루 정복

〈자〉

자바 술탄위 계승 전쟁
Javanese War of Succession

제1차 자바 술탄위 계승 전쟁(1704~07) 17세기에 네덜란드는 인도네시아 자바 섬의 해안 도시 바타비아(오늘날의 자카르타)에 확고히 자리를 잡았으며 동인도제도(오늘날의 말레이 제도)의 서로 경쟁하는 왕들과 술탄들의 일에 빈번히 간섭했다. 1700년대 초 발리 섬 출신으로 도망친 노예였던 운퉁 수로파티(1660~1706)가 원주민 군대를 조직하여 네덜란드에 맞섰다가 패하여 자바 섬 중부의 마타람 술탄국으로 피신하여 술탄 아망쿠랏 3세(재위 1703~08)에 의탁했다. 그 뒤 수로파티는 자바의 동북부로 이동하여 스스로 술탄위에 올랐다. 네덜란드는 수로파티에게 피난처를 제공한 마타람을 징벌하기 위해 아망쿠랏 3세의 삼촌으로 마타람의 술탄위를 요구했던 파쿠부워노 1세(1719년 사망)를 지지했다. 네덜란드와 파쿠부워노 1세는 힘을 합쳐 아망쿠랏 3세를 물리쳤고, 패한 아망쿠랏 3세는 안전을 위해 피신하여 동쪽의 수로파티에게 갔다. 파쿠부워노 1세가 술탄위에 올랐고(1704), 네덜란드인들은 아망쿠랏 3세를 추적하여 격파하고 수로파티를 살해했다. 1708년 아망쿠랏 3세는 실론(스리랑카)으로 망명할 수밖에 없었다. **제2차 자바 술탄위 계승 전쟁(1719~23)** 마타람의 술탄 파쿠부워노 1세가 사망하자 많은 원주민 제후는 술탄위 계승권을 주장하며 전쟁을 벌였다. 자바 섬의 네덜란드인들이 다시 개입하여 자신들이 원하는 바를 가장 잘 들어줄 계승자를 지원했다. 네덜란드인들은 4년간의 유혈극 끝에 모든 경쟁자를 사로잡아 추방하고 자바 섬에서 영토상의 통제권을 확대했다. **제3차 자바 술탄위 계승 전쟁(1749~57)** 마타람은 사실상 네덜란드동인도회사의 속국이 됐다. 술탄 파쿠부워노 3세(재위 1743~57)는 술탄가의 분쟁에 휘말렸는데, 서로 협력하여 자신을 술탄 자리에서 끌어내리려 했던 도전자 2명에 맞서 싸우며 네덜란드인들로부터 군사적 지원을 받았다. 1751년 네덜란드인들은 크게 패하고 지휘관이 전사했다. 도전자 중 한 사람이 결국 강화에 동의했고(기얀티 조약, 1755), 이에 따라 마타람은 둘로 분할됐다. 파쿠부워노 3세가 지배한 북부는 수라카르타에 수도를 두었고, 서남부는 욕야카르타(족자카르타)를 중심지로 삼았다. 또 다른 도전자는 1757년까지 저항하다가 네덜란드인과 화친을 맺고 옛 마타람 술탄국 영토 동남부의 일부를 얻었다.

자바 전쟁, 1825~30
Java War, 1825~30
○ 디파느가라 전쟁, 1825~30

자바-중국-네덜란드 전쟁, 1740~43
Javanese-Chinese-Dutch War, 1740~43

중국 상인들은 수백 년 동안 자바 섬(인도네시아의 섬)의 항구들과 교역했다. 네덜란드동인도회사가 바타비아(오늘날의 자카르타)에 본부를 설치했을 때에는 많은 중국인 즉 화인華人이 그곳에 정착하여 활발히 상업 활동을 하고 있었다. 얼마 지나지 않아 자바 섬의 화인 수는 유럽인들을 크게 앞질렀으며, 네덜란드는 실업자 상태인 화인의 수가 상당히 많은 것이 불안하여 이들을 실론(스리랑카)과 희망봉(오늘날 남아프리카공화국의 케이프 주)으로 추방하기 시작했다. 1740년 화인들은 바타비아에서 반란을 일으켰다. 이에 당황한 네덜란드인들은 많은 사람을 학살했다. 화인들은 네덜란드의 지배에 저항하는 자바인들의 지원을 받아 자바 섬 전역에서 전쟁을 개시했다. 자바 섬의 통치자들이 어느 편을 들 것인지 논쟁하는 동안 자바 섬의 설탕산업은 멈춰 섰다. 마타람 술탄국의 술탄 파쿠부워노 2세(1711~49)는 원래 화인을 후원했고 카르타수라에서 네덜란드 수비대를 학살하기도 했지만, 네덜란드인이 화인보다 더 강하다는 사실을 깨달은 즉시 편을 바꾸었다. 파쿠부워노 2세가 북부 해안 지역을 네덜란드에 할양하기로 동의하면서 마침내 평화가 찾아왔다. 화인들은 인명 손실이 컸지만 자바 섬의 항구들과 도시들에 있는 그들의 공동체 사회에 계속 거주했으며 18세기 말에는 자바 섬 경제에 없어서는 안 될 중간상인이 됐다.

자이르 내전, 1996~97
Zairian Civil War of 1996~97

로랑데지레 카빌라(1939~2001)가 이끄는 반군은 7개월간의 싸움 끝에 독재
자 모부투 세세 세코(조제프데지레 모부투, 1930~97) 정권을 1997년에 무너뜨
렸다. 모부투가 자이르의 풍부한 천연자원을 30년간 약탈하여 자이르 경제
는 파탄 났다. 카빌라는 모부투가 권력을 장악한 1965년부터 자이르 동부
탕가니카 호수 일대에 본부를 두고 모부투와 싸웠다. 이따금씩 벌인 싸움
은 성과를 내지 못했다. 1996년 가을 카빌라에게 모부투를 완전히 내쫓을
기회가 왔다. 토착 원주민 투치족(와투시족, 투시족)과 여타 종족 집단들은
자이르 동부의 르완다 접경에 있는 난민수용소들의 후투족(바후투족) 민병
대와 불편한 관계를 유지했는데, 두 진영 사이의 긴장이 고조됐다. 마구 늘
어나는 이 난민수용소는 1994년 르완다에서 후투족 군대가 투치족을 학살
한 뒤 후투족 주민들이 탈출하여 세워진 것들이다(● 르완다 내전, 1990~94).
국제구호 단체들이 난민수용소를 관리했는데, 과격파는 수용소를 기지로
삼아 르완다를 공격했다. 이제 르완다 정부는 (앞서는 후투족이 장악하고 있
었지만) 투치족 반군 지도자였던 폴 카가메(1957~)가 후투족 온건파 지도
자들과 제휴하여 이끌고 있었다. 후투족 과격파가 자이르 당국을 설득하
여 투치족을 나라 밖으로 추방하게 하자 카가메는 요웨리 카구타 무세베니
(1944?~) 우간다 대통령의 지원을 받아 카빌라에게 자이르의 투치족 신병
약 2천 명의 지휘권을 맡겼다. 이 신병들은 르완다에서 막 훈련을 끝낸 상
태였고 이미 난민수용소에서 후투족 민병대를 내쫓고 자이르 동부의 상당
부분을 점령했다. 카빌라는 이제 충분한 병력을 보유하여 모부투를 확실하
게 공격할 수 있었다. 카빌라는 1997년 2월에 동부 국경을 따라 북쪽의 와
트사에서 남쪽의 칼레미까지 뻗어 있는 긴 회랑지대를 장악했다. 우간다와
부룬디, 앙골라로부터 더 많은 지원을 받은 카빌라의 군대는 자이르를 가
로질러 1997년 5월에 수도 킨샤사 인근에 도달했다. 6개월 전 모부투는 프
랑스의 리비에라에서 킨샤사로 날아왔다. 모부투는 호화로운 저택을 여러
채 갖고 있었는데, 그중 하나가 리비에라에 있었다. 전립선암으로 고생하던

모부투는 무기력하게 머물다가 다시 프랑스로 날아갔다. 킨샤사로 되돌아온 모부투는 휘하 장군들과 넬슨 만델라(1918~2013) 남아프리카공화국 대통령의 설득으로 권력을 이양하고 북쪽으로 1,142,634킬로미터 떨어진 고향 그바돌리테로 갔다. 며칠 뒤 반군은 아무 교전도 없이 수도에 진입했다. 카빌라의 평화로운 수도 진입과 권력 인수는 만델라와 모부투, 카빌라, 국제연합 UN 주재 미국 상임대표 빌 리처드슨(1947~)이 사전에 협상을 통해 조율한 것이었다. 모부투는 망명길에 올랐고 모로코의 라바트에서 사망했다(9월 7일). 카빌라는 1971년에 자이르 공화국으로 개명되기 전에 쓰던 콩고 민주공화국으로 나라 이름을 다시 바꾸었다. 카빌라는 반대파를 정부에 등용하라는 다른 아프리카 지도자들과 미국의 요청을 물리치고 오직 하나의 정당만, 즉 자신의 정당인 콩고자이르해방민주세력연합 AFDL만 허용했다.

○ 우간다 게릴라 내전, 1986~ ; 콩고(킨샤사) 내전, 1998~2003

자크리의 난, 1358
Jacquerie, 1358

백년 전쟁 중 잊힌 존재였던 프랑스 농민은 잉글랜드 침략군과 프랑스의 영주들로부터 고통을 당했다. 약탈에 집을 잃은 농민들은 보초를 세워야만 일을 할 수 있었으며, 동굴이나 습지, 숲에서 밤을 보냈다. 병사들은 돈과 음식을 내놓지 않으면 죽이겠다고 위협했고, 영주들은 몸값이나 페스트로 입은 손실을 메우기 위해 곡물과 가축을 요구했다. 1358년 5월 파리 북쪽 보베 인근에서 프랑스 자크리의 난이 시작됐다. 자크리는 프랑스 농민의 반란이나 귀족이 농민을 경멸하듯이 일컫는 별명이었던 자크 보놈*의 무리를 말한다. 기욤 칼(1358년 사망)이 이끄는 농민들은 농촌을 약탈하고 성을 불태웠으며 귀족을 살해했다. 모두 정의를 위한 것이었지만 성과가 없었다. 농민들은 에티엔 마르셀(1358년 사망)의 지휘 아래 프랑스 왕 샤를 5세(1338~80)를 무너뜨리려던 파리의 반란자들과 합세했다. 파리의 반란은 진압됐고 마르셀은 살해됐다. 귀족들이 나바라 왕 샤를 2세(1332~87) 등의 지휘를 받아 농민에 맞서 많은 사람을 살해하고 지도자들을 사로잡아 처형했으며 흩어지는 농민 반란자들을 학살하여 응징했다.

* Jacques Bonhomme. '선량한 자크'라는 뜻이다.

잔지바르 반란, 1964
Zanzibar Rebellion of 1964

1963년 영국은 잔지바르 섬과 인근의 펨바 섬에 독립을 허용했다. 잔지바르의 통치 권력은 아랍인이 지배한 두 정당이 장악했고 국가원수는 아랍인 술탄이 맡았다. 1964년 1월 12일 흑인 아프리카 민족주의자들이 일으킨 폭력적인 좌파 반란에 정부가 무너졌다. 반란자의 일부는 공산주의 국가인 중화인민공화국에서 훈련받았다. 인민공화국이 선포됐으며, 아랍인들의 정당은 금지됐다. 수많은 아랍인이 체포되어 투옥됐으며 재산을 몰수당했고, 술탄은 추방됐다. 흑인 아프리카인을 지지 기반으로 하는 아프로시라지당 ASP이 지휘한 새 정부는 토지개혁을 시행하고 계급 특권을 폐지하는 조치를 취했다. 잔지바르는 경제를 안정시키고 강화하기 위해 탕가니카와 합방하여(1964) 탄자니아 연합공화국을 수립했으며 줄리어스 캄바라게 니에레레(1922~99) 대통령의 통치를 받았다.

잔지의 난, 869~883
Zanj Rebellion, 869~883

잔지(젠지)로 알려진 흑인 노예 수천 명이 861~870년의 아바스 왕조 칼리파국 내전 중에 칼리파국이 쇠약해진 틈을 타 메소포타미아 남부에서 반란을 일으켜 자유를 쟁취하려 했다. 동아프리카에서 붙잡혀온 잔지는 주로 바스라 동쪽 염습지鹽濕地에서 아랍인 지주들을 위해 일했다. 잔지는 처우가 열악했고 열등한 이교도 취급을 받았는데, 불만을 품은 자들(흑인과 농민)을 한편으로 끌어들였다. 잔지 반란자들은 염습지에 자신들의 수도를 건설했고(870), 바스라를 약탈했으며(871), 많은 영토를 빼앗았다. 아바스 왕조 칼리파 알 무타미드(844~892)가 파견한 이슬람 군대는 거의 15년 동안 잔지와 싸웠다. 883년 교역을 철저히 교란하고 지역 안에서 행패를 부렸던 잔지 반란자들은 칼리파의 형 알 무와파크(842~891)가 이끈 군대에 패배했다.

잠무카슈미르 폭동, 1988~
Jammu and Kashmir Insurgency of 1988~

1947년에 인도와 파키스탄이 분리된 뒤 잠무카슈미르 주에서 두 차례의 전쟁이 있었는데(**⊙ 인도-파키스탄 전쟁, 1947~48 ; 인도-파키스탄 전쟁, 1965**) 1988년에 다시 위기가 발생했다. 중앙정부의 정책이 자신들을 경시한다고 생각한 잠무카슈미르 주의 이슬람교도가 자치를 위한 무장투쟁에 돌입한 것이다. 1989년 12월 인도는 잠무카슈미르 주로 병력을 파견하여 대응했다. 이에 대중시위가 벌어져 반체제 인사들은(13개의 반란 집단들이 있었는데, 그중 가장 유명한 것이 잠무카슈미르해방전선 JKLF이다) 민간인, 특히 힌두교도들을 겨냥한 폭파와 납치, 공격을 단계적으로 강화했다. 잠무카슈미르 주에서 소수집단이었던 힌두교도는 대부분 잠무와 델리의 난민수용소로 피난했다. 한편 인도 치안 유지 부대들은 억류된 자들과 카슈미르 민간인, 의료진에 대한 끔찍한 인권 침해(방화, 살해, 납치, 강간, 고문)로 비난받았다. 점점 더 심하게 소외된 이슬람교도 주민은 분리주의 운동을 지지했다. 인도는 잠무카슈미르 주의 분리를 거부했고, 파키스탄은 잠무카슈미르 주가 분리되면 독립하는 것이 아니라 자국에 합병될 것이라고 기대하며 주민투표를 지지했다. 1990년 5월 스리나가르의 저명한 이슬람 성직자가 살해되자 대규모의 항의 시위가 벌어졌고 인도가 임명한 지사가 사임했다. 인도 군대가 군중에 발포하여 47명이 사망하고 300명이 부상당했다. 두 나라는 1990년과 1991년에 총격전을 벌였으며, 1991년 5월 인도 군대는 한 주 동안 66명의 민병대를 살해했다. 1992년 2월 파키스탄은 아자드잠무카슈미르의 반체제 인사들을 향해 발포했다. 1993년 10월 반군이 숨어 있다는 스리나가르의 유명한 하즈라트발 마스지드(이슬람교 사원)가 포위됐다. 대치 중에 29명이 사망했다. 1995년 5월 카슈미르의 수호성인에게 봉헌된 15세기 차르에샤리프 마스지드가 파괴되자 주 전역에서 보복 폭력이 전개됐다. 통행금지가 실시됐고 분리주의자 35명이 살해됐다. 파키스탄은 반란자들에게 무장과 훈련을 제공하려는 노력을 강화했다고 한다. 국제사회는 인도에 이 지역 주둔 병력을 감축하고(50만 명에서 70만 명으로 추산된다) 반체제 집단들과 대화하라고 요청했다. 인도는 잠무카슈미르 주의 민주적 절차를 보강하고 개발 일정을 제시하여 주 경제의 발전 계획을 발표했다. 인도는 민병대를 고립시키고 예방적 차원에서 상황을 통제할 수 있기를 바랐다. 1998년 말까지도 해결 방안이 등장하지 않았다. 델리와 라호르 사이에 버스가 통행하는 역사적인 도로가 개통되고 두 나라가 평화회담을 준비하면서 새로운 시대가 열릴 것 같았다. 그러나 1999년 여름 파키스탄이 카르길에서 휴전선 너머로 침입하여 10주 동안 격렬한 전투가 벌어졌고, 양쪽에서 최소한 1,500명이 사망한 뒤 파키스탄 군대가 철수했다. 이 일이 있고 난 뒤 폭동은 새로이 동력을 얻었다. 1999년 7월 빌 클린턴(1946~) 미국 대통령과 나와즈 샤리프(1949~) 파키스탄 총리는 워싱턴 D.C.에서 정상회담을 한 뒤 1972년의 휴전선을 복원하기로 합의한 공동성명을 발표했다. 파키스탄은 싸움을 계속하기로 맹세한 게릴라들과 이슬람교도 민병대를 지지하는 데 관여하지 않았다고 주장했으나, 파키스탄의 야당들은 협정을 '완전한 항복'이자 카슈미르의 저항을 배반한 것이라고 평가했다. 힌두교도들이 지배한 잠무에서 민병대는 군 기지를 공격했고 보안군에 동조했다는 의심을 받은 힌두교도들을 납치했다. 2000년 말 인도와 히즈불 무자히딘(가장 전투적인 집단) 사이에 일시적으로 휴전이 논의됐으나 실현되지 못했다. 이듬해인 2001년은 폭동이 일어난 이래 최악의 해였다. 10월 스리나가르의 잠무카슈미르 주의회가 폭탄 공격을 받았다. 이어 12월 13일 2개의 민병대 조직이 연방의회를 공격하여 양국 간 대화가 중단됐다. 양국 군대가 국경에 집결하면서 긴장이 고조됐다. 인도는 파키스탄 안 민병대의 훈련장 폐쇄와 월경 테러에 대한 지원 중단, 테러리스트 20명의 인도를 요구했다. 페르베즈 무샤라프(1943~) 파키스탄 대통령은 마지막 요구조건을 고려해보겠다고 약속했으며 가장 전투적인 두 단체의 활동을 금지했다. 2002년 11월에 새로이 들어선 주 정부가 약속을 했는데도, 그 뒤 2년간 폭동과 살인(2003년에만 3천 명이 넘었다), '실종'이 계속됐다. 2003년 11월 휴전이 발효됐다. 이따금씩 고위급 회담이 열렸으나, 잠무카슈미르 주민은 대체로 참여하지 못했다. 2005년 4월 인도와 파키스탄 사이의 버스 여행을 재개하기 위해 승객들이 모여 있던 스리나가르의 정부 건물에 민병대가 불을 질렀다. 2005년 중반 온건한 분리주의자들은 파키스탄에 모여 국제연합 UN의 주선으로 카슈미르 지위와 관련하여 주민투표를 실시해야 한다는 자신들의 주장을 재고할 수 있으나 통제선 Line of Control을 영구적인 국경의 기준으로 삼을 수는 없다고 선언했다. 파키스탄은 양국 군대가 20년 전의 점령 지점으로 퇴각하자고 제안했다. 인도는 철군을 하기에 앞서 양국 군대가 현재 점령한 경계를 명확히 해야 한다고 주장했다. 17년간의 폭동으로 죽은 사망자 수는 4만 명에서 10만 명 사이로 추정된다. 전쟁에 지친 두 나라는 평화회담을 열었으나, 회담장 밖의 현실은 이를 반영하지 못했다.

'장기전'
'Long War'
○ 오스트리아-오스만 제국 전쟁, 1591/93~1606

장미 전쟁,* 1455~85
Wars of the Roses, 1455~85

잉글랜드 왕위 쟁탈전이었던 이 전쟁에는 잉글랜드 왕가의 두 가문만이 연루됐다. 다른 사회적 신분들은 군대가 자신들의 영역을 침범할 때를 제외하면 무관심했거나 중립을 지켰다. 싸움은 오를레앙 전투 뒤(○ 오를레앙 포위공격) 백년 전쟁을 끝내려 했던 보퍼트(랭커스터) 가문에 대한 반대로 시작됐다. 랭커스터 가문은 젊은 왕 헨리 6세(1421~71)를 조종했고, 잉글랜드 주민들은 보르도를 잃으면서(○ 보르도 함락) 요크 공작 리처드(1411~60)가 이끄는 요크 가문을 지지했다. 리처드는 1450년에 자식이 없던 왕의 후계자로 인정받은 자였다. 헨리 6세가 정신이 나갔을 때 섭정이었던 리처드는 권좌에서 내쫓기자 반란을 일으켰다. 1455년 리처드는 세인트올번스에서 승리를 거두고 다시 섭정이 됐다. 헨리 6세의 왕비인 마거릿 앙주(마르그리트 당주, 1430?~82)는 군대를 모았고, 반역자로 선포된 요크 가문 사람들은 도피했다가 다시 돌아와 1460년에 노섬브리아에서 승리했다. 왕은 포로가 됐고, 리처드는 왕의 후계자임을 선포했다. 1460년 말 마거릿의 후원을 받은 랭커스터 가문의 다른 군대가 웨이크필드에서 요크 가문에 승리를 거두었다. 리처드는 살해됐으나 리처드의 아들이 후계자로 지명됐다. '국왕 옹립자 kingmaker'인 워릭 백작 리처드 네빌(1428~71)이 요크 가문을 지휘했다. 마거릿의 군대는 제2차 세인트올번스 전투에서 승리했으나, 랭커스터 가문은 1461년에 모티머스크로스와 타우턴에서 패했고, 마거릿은 대항 세력을 모으기 위해 스코틀랜드로 피신해야 했다. 런던에서는 리처드의 아들이 에드워드 4세(1442~83)로 선포됐고, 워릭 백작은 1467년에 자신이 지명한 자들이 에드워드 4세에 의해 해임할 때까지 권력을 쥐고 있었다(**○ 워릭 백작의 반란**). 워릭 백작은 프랑스로 도피하여 프랑스 왕과 연합했고 마거릿과 화해했다. 1470년 워릭 백작과 마거릿은 군대를 이끌고 런던으로 돌아와 에드워드 4세를 폐위하고 헨리 6세를 복위시켰다. 에드워드 4세는 부르고뉴로 달아났다가 1471년에 원병을 이끌고 잉글랜드로 돌아와 바닛과 튜크스버리에서 랭커스터 가문을 물리쳤다. 바닛에서는 워릭 백작이 사망했고 튜크스버리에서는 헨리 6세의 늦둥이 아들이 굴복했다. 마거릿과 헨리 6세는 포로가 됐다. 헨리 6세는 의심스러운 정황에서 사망했다. 1483년까지는 비교적 평화가 유지됐다. 그 뒤 에드워드 4세의 아들이 에드워드 5세(1470~83)로 즉위하여 잠시 통치했으나, 삼촌이 왕위를 찬탈하여 리처드 3세(1452~85)로 즉위했다(**○ 버킹엄 공작의 반란**). 이 일로 랭커스터 가문의 왕위 요구자인 헨리 튜더가 적의를 품었다. 1485년 헨리 튜더는 보즈워스필드 전투에서 리처드 3세가 사망하자(**○ 보즈워스필드 전투**) 헨리 7세(1457~1509)로 즉위했다. 에드워드 4세의 딸과 혼인한 헨리 7세는 서로 싸우던 가문들을 통합했으며, 이로써 잉글랜드에서 전쟁과 봉건제가 동시에 종식됐다. 귀족들은 너무 약해져 튜더 가문을 무너뜨릴 수 없었다(**○ 심널의 반란**).

* 전쟁의 이름은 두 가문의 상징 즉 요크 가문의 흰 장미와 랭커스터 가문의 붉은 장미에서 유래했다.

장정長征, 1934~36
Long March, 1934~36

약 20만 명에 이르는 중국공산당 군대(홍군紅軍)는 중국 남부 장시성江西省의 산악지대에서 1년 동안 중국국민당 군대를 저지한 뒤(**○ 제1차 국공 내전, 1930~34**) 근거지에서 내쫓겨, 1934년 10월에 후난성湖南省과 구이저우성貴州省, 쓰촨성四川省을 지나 질서 있게 퇴각했고 마침내 1936년 10월에 산시성陝西省 북부로 들어갔다. 중국공산당 당원들은 2년에 걸쳐 약 9,600킬로미터를 이동하는 놀라운 여정 동안 5개의 눈 덮인 산맥을 포함하여 18개의 산맥을 넘었고 24개의 강을 건넜으며 거대한 진흙 습지를 지났고 적진을 두 차례 관통했다. 게다가 장정長征 내내 중국국민당 군대와 적대하는 지방 군벌들의 군대와 교전했다. 출발할 때 20만 명이었던 병사들 중 생존자는 약 5만 명뿐이었고, 도중에 약 5만 명이 추가로 합류했다. 주더朱德(1886~1976)와 마오쩌둥毛澤東(1893~1976)이 이끈 팔로군八路軍이 최대 규모였다. 팔로군은 가장 먼 길을 행군했고 산시성에서 다른 홍군 부대에 합류했다.

재커바이트의 반란, 1689~90
Jacobite Rebellion of 1689~90

잉글랜드 의회가 네덜란드 스탓하우더르(통치자) 빌럼 판 오라녀(1650~1702)에게 잉글랜드 왕위를 계승해 달라고 요청한 뒤 왕 제임스 2세(1633~1701)와 스튜어트 가문에 충성하는 토리당원들이 한데 뭉쳐 이른바 재커바이트(제임스 2세 지지파)를 결성했다. 1689년 스코틀랜드 하일랜즈의 재커바이트는 아일랜드에 있던 제임스 2세의 복위를 주장했다(**◐ 명예혁명**). 스코틀랜드인 대다수로부터 이미 왕으로 인정받은 윌리엄 3세(빌럼 판 오라녀)가 재커바이트를 진압하기 위해 파견한 군대는 킬리크랭키에서 패배 직전에 몰렸다가 재커바이트의 지도자인 던디 자작이 전사하면서 위기를 넘겼다. 재커바이트는 흩어졌다. 재커바이트는 던켈드에서 벌어진 잔혹한 충돌에서 또 패하여 스코틀랜드 하일랜즈의 구릉지와 협곡 안으로 퇴각했다. 1690년 재커바이트는 크롬데일에서 다시 반란을 일으켰으나 재앙으로 끝맺고 말았다. 그해 7월 11일 제임스 2세가 아일랜드 원정에 참여했다가 보인 강 전투에서 맞은 운명과 같았다. 제임스 2세는 잉글랜드 왕위를 되찾으려는 노력을 더 이상 하지 못하고 1701년 망명지인 프랑스에서 세상을 떠났다. 윌리엄 3세는 스코틀랜드에 요새를 건설했고 하일랜즈의 충성을 확보하려 애썼으나 성과는 보지 못했다(**◐ 글렌코 학살**).

재커바이트의 반란('15년' 반란), 1715~16
Jacobite Rebellion('The Fifteen') of 1715~16

제임스 2세(1633~1701)를 잉글랜드와 스코틀랜드 왕위에 다시 앉히려는 첫 번째 시도에서 실패한(**◐ 재커바이트의 반란, 1689~90**) 재커바이트(제임스 2세 지지파)는 1707년 스코틀랜드와 잉글랜드의 합방에 반대했으며 1713년에 합방 철회 법안을 제출했으나 4표가 모자라 좌절됐다. 제임스 2세의 둘째 딸인 앤 여왕(1665~1714)이 사망한 뒤 재커바이트는 제임스 2세의 아들로 스코틀랜드에서 봉기를 호소했던 제임스 프랜시스 에드워드 스튜어트(1688~1766)에게 새로운 희망을 걸었다. 1715년 마 백작이 반란을 이끌어 제임스 에드워드를 잉글랜드의 제임스 3세이자 스코틀랜드의 제임스 8세로 선포하고 합방이 무효임을 선언했다. 마 백작은 퍼스를 장악했으나 스털링으로 진격하지 못하여 잉글랜드 군대가 북쪽으로 들어올 수 있었다. 마 백작의 군대는 남쪽으로 전진하여 잉글랜드의 재커바이트에 합류했으나, 1715년 11월 14일 잉글랜드 재커바이트의 어설픈 판단 때문에 프레스턴에서 잉글랜드 군대에 패했다. 1715년 11월 중순 스코틀랜드에서는 내전이 벌어졌고, 동시에 셰리프뮤어에서는 네덜란드인 용병들과 마 백작의 군대가 지리멸렬한 전투를 벌였다. 한편 잉글랜드 군대는 병력을 보강했다. 제임스 에드워드는 스코틀랜드로 왔으나 1716년에 잉글랜드 군대에 참패한 뒤 마 백작과 함께 프랑스로 탈출했다. 런던 정부는 신속하게 움직여 반란자들을 추방하고 사형했으며, 작위의 몰수를 선언하고 가문들의 무장을 해제했으며 요새를 구축했다. 그러나 스코틀랜드인들은 결코 진심으로 충성을 바치지 않았다.

○ 재커바이트의 반란, 1745~46

재커바이트의 반란('45년' 반란), 1745~46
Jacobite Rebellion('The Forty-five') of 1745~46

대체로 완고한 스코틀랜드인이었던 재커바이트(제임스 2세 지지파)는 1719년과 1742년에 선왕 제임스 2세(1633~1701)의 후손들을 지지하여 반란을 계획했으나 실행에 옮기지 못했다(○ 재커바이트의 반란, 1715~16). '늙은 왕위 요구자 Old Pretender' 제임스 프랜시스 에드워드 스튜어트(1688~1766)의 아들인 찰스 에드워드 스튜어트(1720~88)는 1745년에 7명을 대동하고 스코틀랜드로 건너왔다. 찰스는 아버지가 제임스 3세로 다시 선포된 뒤 빠르게 지지를 모아 에든버러로 가서 퍼스를 장악하고 이어 콜트브리지에서 정부군의 2개 연대를 격파했다. '보니 프린스 찰리 Bonnie Prince Charlie(찰스 에드워드 스튜어트, '멋진 찰리 왕자'라는 의미)'는 유능한 지도자였다. 1745년 9월 21일 프레스턴팬스 전투에서 단 한 차례의 돌격으로 잉글랜드의 2개 용기병 연대를 쫓아버렸으며, 이어 랭커셔를 침공하여 칼라일과 맨체스터를 점령했다. 찰스는 더비로 이동했다가 봄 공세를 준비하기 위해 스코틀랜드로 돌아왔다. 1746년 초 찰스의 스코틀랜드 하일랜즈 사람들은 폴커크 전투에서 잉글랜드 정부군을 무찔렀으나 1746년 4월 16일 컬로든무어 전투에서 학살당했다(찰스는 간신히 목숨을 구했다). 찰스는 3만 파운드의 현상금이 걸렸는데도 하일랜즈에서 숨어 지내다가 프랑스로 망명했다.

적미赤眉의 난, 18
'Red Eyebrow' Rebellion, 18

한나라 황태후의 조카 왕망王莽(기원전 45~기원후 23)은 대략 10년간 대사마大司馬로 통치하다가 유아인 황제를 폐위하고 스스로 제위에 올라 신新나라를 세웠다. 왕망은 노예제를 폐지하고 소득세를 부과하는 등 전면적인 개혁을 단행했다. 이 때문에 호족들이 분노하여 왕망에 맞섰고, 농민은 적의를 품었다. 기원후 17년 폭우와 제방 관리의 부실로 황허黃河가 범람하여 홍수가 났고, 수많은 사람이 집을 잃었다. 산둥山東에서 여모呂母라는 기백 넘치는 여인이 주도한 농민 반란은 중원中原 곳곳으로 확산됐다. 종교적 열정에 사로잡힌 반란자들은 눈썹을 붉게 칠하여 귀신처럼 보이게 했다. 왕망은 강력한 고위층과 하층 농민의 반대에 버틸 수 없었다. 왕망은 살해됐고, 단명한 신나라는 종말을 고하고 한나라가 회복됐다.

전격전(독일의 폴란드 침공), 1939
Blitzkrieg(German Invasion of Poland), 1939

독일이 1938~39년에 체코슬로바키아를 분할하고 점령한 뒤 독일의 아돌프 히틀러(1889~1945) 총통이 제3제국(나치 독일 국가)에 흡수하려는 다음 나라가 폴란드라는 사실이 명백해졌다. 1939년 여름에 프랑스와 영국, 소련이 필사적으로 협상을 벌였으나 무위로 돌아갔다. 1939년 9월 1일 새벽, 대부분이 기계화 부대였던 독일군은 계획에 따라 폴란드 국경을 넘어 수도 바르샤바로 신속히 진격했다. 독일 공군은 폴란드 소규모 공군 대부분을 폭격하여 괴멸시켰으며 주요 철도망과 도로망을 교란했고 폴란드의 중공업 중심지들을 강력하게 타격했다. 동프로이센으로부터 다른 독일군 부대가 침공했으며 소련이 동쪽 국경을 따라 침공했다. 폴란드군의 많은 부대가 침략군에 용맹하게 맞섰지만 무장 상태가 빈약했으며 제대로 동원되지도 않았다. 영국과 프랑스는 독일에 전쟁을 선포했으나(⊙ 제2차 세계대전), 동맹국인 폴란드를 지원하지 못했다. 독일군 기갑(탱크) 사단들이 폴란드의 평원을 짓밟는 동안 폴란드 군대는 상호간 연락이 두절됐고 바르샤바에 집결하려 했으나 성공하지 못했다. 바르샤바는 포위공격을 받고 1939년 9월 28일에 함락됐다. 8일 뒤 폴란드의 마지막 저항이 루블린 주변에 있는 코츠크에서 무너졌다. 폴란드는 36일이라는 짧은 기간에 붕괴됐다. 이로써 히틀러의 전격전이 끝났다.

정난靖難의 변, 1399~1402
Chinese Civil War of Jingnan Rebellion, 1399~1402

명나라를 세운 홍무제 주원장朱元璋(1328~98)은 몽골 침략자들을 내쫓고 (⊙ 몽골-명 전쟁, 1356~68) 중국 경제와 농업을 재건했다. 홍무제는 아들들을 두고 세상을 떠났으나 제위는 손자인 건문제 주윤문朱允炆(1377~?)이 이었다. 21살 된 청년은 즉시 야심 많은 숙부들의 세력을 무너뜨리는 일에 착수했다. 그러나 1399년에 연왕燕王 주체朱棣(1360~1424)가 저항하여 북부의 성城들을 전부 장악했다. 1402년 주체는 강력한 군대를 이끌고 수도 난징南京으로 진격하여 포위했다. 도성은 별다른 전투 없이 곧 항복했다. 여기에는 궁정의 배반자들이 한몫했다. 주체는 명나라 제3대 황제인 영락제로 제위에 올랐으며 건문제는 사라졌다. 불타는 궁궐에서 죽었을 수도 있고, 아니면 불교 승려로 신분을 위장한 채 도피했을 수도 있다. 중국의 여러 역사가는 후자에 무게를 두고 있다.

정묘호란丁卯胡亂, 1627
Jeongmyo War, 1627

조선의 왕 광해군(1575~1641)은 명나라가 후금을 건국한 누르하치(1559~1626)의 공격을 받고 원군을 요청하자, 강홍립姜弘立(1560~1627) 등에게 군대를 주어 파견하면서 형세를 보아 처신하라는 명령을 내렸다. 강홍립은 명나라 군대가 패하자 후금에 항복하여 원하지 않은 파병이었음을 설명하고 침

략을 모면했다. 광해군은 실리를 중시하는 외교 정책을 실행했으나, 서인
의 반정으로 즉위한 인조(1595~1649)는 향명배금向明排金 정책을 펼쳤다. 이에
후금의 태종 홍타이지皇太極(청 태종, 1592~1643)는 이괄李适의 난을 빌미로 광
해군을 위해 보복한다며 1627년 1월 3만 명의 군대로 조선을 침공했다. 인
조의 조정은 강화도로 피난했다. 양국에서 주화론이 대두되어 '형제지맹兄弟
之盟'의 강화가 체결되고 후금의 군대는 철수했다. 후금은 압록강 너머로 철
군한다는 약속을 어기고 의주에 병력을 주둔시켜 명나라에 대비했으며 의
주의 개시開市*를 얻어내 물자를 확보했다.

* 근세 조선에서 외국과 교역하기 위하여 시장을 개방하는 행위, 또는 개방한 시장을 지칭.

정유재란丁酉再亂, 1597
Jeongyu War, 1597

❍ 임진왜란, 1592~99

제브지도프스키의 반란, 1606~07
Zebrzydowski's Insurrection, 1606~07

폴란드 왕 지그문트 3세(1566~1632)는 과거에 상실한 스웨덴 왕위를 계속
요구하고 가톨릭을 드러내놓고 반대했으며 오스트리아에 우호적인 정책을
채택하고 귀족들만의 의회가 보유했던 권한들을 축소하며 왕권을 신장하
고자 폴란드 헌법을 개정하려 했는데, 이러한 이유들 때문에 귀족들은 분
노했다. 1606년 지그문트 3세가 국왕이 지휘하는 상비군을 설치하라고 명
령하자 폴란드 귀족들이 크라쿠프 지사 미코와이 제브지도프스키(1553~
1620)의 지휘를 받아 이에 항의하여 궐기하면서 들끓던 불만은 공개적 반란
으로 폭발했다. 제브지도프스키와 국왕에 대항하던 그의 동지들은 일련의
요구를 작성했으나 왕은 이를 거부했다. 반란자들은 큰 혼란을 초래했으
나 1607년 7월 지그문트 3세가 스웨덴에서 차출하여 폴란드 국내로 데려온
군대와 싸워 패했다. 1609년 폴란드 의회는 반란자들의 사면을 선포하고
헌법을 보증하여 의회가 왕보다 우위에 있다는 것과 폴란드 가톨릭 귀족들
의 우세를 확인했다.

제1차 국공 내전國共內戰, 1930~34
Chinese Civil War of 1930~34

1928년 중국국민당 군대가 중국을 다시 통일했지만(**❍ 북벌**), 중국을 근대 국가로 만드는 과정에 도사린 문제들은 엄청나고도 복잡했다. 이는 몇 년 안에 달성할 수 있는 과제가 아니었다. 이전의 군벌들이 권력을 되찾으려 했으며 농민이 홍수와 기근에 재화를 입으면서 나라 전역에 불만이 팽배했다. 한 성省에서 반란이 진압되면 다른 성에서 또 다른 반란이 일어났다. 그러나 중국국민당 장제스蔣介石(1887~1975)는 중국공산당을 주적으로 보았고 대도시들에서 쫓겨난 중국공산당은 남부의 징강산#岡山으로 피신했다. 장제스의 군대는 1930년에서 1934년 사이에 다섯 차례 중국공산당의 근거지들을 포위하려 했다. 1차 시도와 2차 시도, 그리고 4차 시도는 실패했다. 1931년 3차 공격작전 때는 가오싱高興에서 격렬한 전투가 벌어져 양쪽 모두 큰 손실을 입었다. 장제스는 승리했다고 주장했으나, 홍군紅軍은 전멸당하지 않았으며 기지들을 남쪽으로 더 멀리 옮겼다. 1933년 9~10월에 중국국민당은 100만 명의 병력으로 5차 공격작전을 시작했다. 이번에는 독일 장군의 지도를 받고 있었고 최신 비행기와 대포들을 활용하고 있던 중국국민당 군대가 초토화 작전을 벌여 적군을 굶겨서 항복을 받아내려 했다. 모든 도로에 토치카를 설치하고 보루를 쌓았으며 검문소를 세워 중국공산당이 흔히 구사하던 게릴라전 기법들을 방해했고 농민들을 몰살했다. 이 잔혹한 공격작전은 1년간 지속됐고 중국 남부 산악지대의 중국공산당은 결국 내쫓겨 새로운 기지로 장정長征에 올랐다(**❍ 장정**).

제2차 국공 내전國共內戰, 1946~49
Chinese Civil War of 1946~49

제2차 세계대전에서 일본이 패하고(**❍ 제2차 세계대전, 중국 ; 제2차 세계대전, 태평양**), 일본 군대가 중국 본토에서 축출당한 뒤 북부의 중국공산당 군대와 남부의 중국국민당 군대 모두 일본이 점령했던 지역들을 장악하기 위해 서둘렀다. 미국 군용기들이 수많은 중국국민당 부대들을 상하이上海와 난징南京 등 중국 도시들에 수송했고, 조지 마셜(1880~1959) 미국군 장군은 서로 대적하는 중국의 두 진영이 강화하도록 협상하는 임무를 띠고 파견됐다.

중국공산당 지도자 마오쩌둥毛澤東(1893~1976)은 합의할 의사가 있었던 것으로 보였으나, 중국국민당 지도자 장제스蔣介石(1887~1975)는 중국공산당과의 대화를 완강하게 거부했다. 마셜은 협상이 이루어지지 않으면 흔들리는 중국 경제가 완전히 붕괴될 것이라고 장제스에게 경고했으나 장제스는 이를 귀담아듣지 않았다. 마셜은 임무가 실패했다고 보고하고 1947년 초에 귀국했다. 미국군도 철수했으나 미국의 군사원조와 경제원조는 지속됐다. 한편 중국국민당 쪽에서는 사단이 통째로 중국공산당 쪽으로 이탈하는 일이 일어났고, 지휘관들은 자신들끼리 싸우며 공세를 벌이기를 거부했다. 중국국민당은 한때 인기를 끌었지만 솟구치는 인플레이션과 정부의 부패로 신뢰를 잃었다. 1948년 10월 만주에서 중국국민당 군대 약 30만 명이 중국공산당에 항복했으며, 두 달 뒤에는 중북부에서 중국국민당 군대의 66개 사단이 포위당하여 항복했다(탈주했다). 이듬해 4월 중국공산당 군대는 양쯔 강揚子江을 건너 남부 전역을 장악했다. 상하이가 5월에 함락됐고, 광저우廣州는 10월에, 이전의 (전시의) 임시 수도 충칭重慶은 11월에 무너졌다. 1949년 12월 장제스와 중국국민당 정부, 그들의 추종자들은 타이완 섬으로 도피했고 장제스는 그곳으로 중화민국 정부를 이전했다(1950). 이 내전에서 중국인 수백만 명이 사망했고, 통제 불가능한 인플레이션 때문에 수백만 명이 빈곤에 허덕였다. 미국이 중국국민당을 지원했기에 중국인 대다수가 반미 정서를 품게 됐다. 중국공산당은 승리했고 베이징北京을 수도로, 마오쩌둥을 주석主席(중화인민공화국 국가원수)으로 삼아 중화인민공화국을 선포했다(1949). 중국공산당은 곧 사회적·경제적·정치적으로 완전히 새로운 계획을 내놓았다. 타이완은 본토와 다시 통합되기를 거부했고, 공산주의 국가 중국은 이따금 이런 타이완에 전쟁 위협을 했다.

○ 중일 전쟁, 1937~45

제1차 대對프랑스 동맹 전쟁, 1792~97
War of the First Coalition, 1792~97

국민공회는 프랑스 혁명 전쟁 첫 국면에서 승리를 거둔 데 고무되어 영토를 확장하거나 주변 지역들에 혁명을 파급하여 위성국가들인 '자매공화국'을 수립하려고 했다. 이에 더하여 루이 16세(1754~93)가 사형되고 스헬더 강

하구가 프랑스의 교역을 위해 개방되자 영국과 네덜란드, 에스파냐, 오스트리아, 프로이센은 제1차 대對프랑스 동맹을 결성했다. 대프랑스 동맹 진영은 초기에 네이르빈던, 마인츠, 카이저스라우터른에서 승리했으며, 프랑스는 오스트리아령 네덜란드(오늘날 네덜란드의 일부와 벨기에, 룩셈부르크)에서 쫓겨났다. 프랑스군은 사기가 떨어졌으나 부대를 재편하고 주민을 대규모로 동원하여 시민군을 결성한 뒤 공세에 나서 프로이센 군대를 라인 강너머로 밀어냈다. 프랑스군이 군사적으로 성공하자 네덜란드(바타비아 공화국으로 이름을 바꾸었다)는 1795년에 강화를 맺을 수밖에 없었고, 프로이센과 에스파냐도 1795년의 제1차 바젤 조약과 제2차 바젤 조약으로 뒤따라 강화를 체결했다. 2년 뒤 오스트리아는 만토바가 나폴레옹(1769~1821)이 지휘하는 프랑스군에 포위당한 뒤 캄포포르미오 조약을 체결하여 오스트리아령 네덜란드를 프랑스에 할양했다.

제2차 대對프랑스 동맹 전쟁, 1798~1801
War of the Second Coalition, 1798~1801

프랑스의 공격으로 교황이 로마에서 내쫓기고 프랑스가 후원하는 로마 공화국과 리구리아 공화국, 치살피나 공화국, 헬베티아 공화국이 수립되자 러시아와 오스트리아, 영국, 포르투갈, 나폴리 왕국, 오스만 제국이 프랑스에 맞서 다시 동맹을 결성했다(○ 제1차 대對프랑스 동맹 전쟁). 1799년 초 프랑스에 굴복했던 나폴리는 파르테노페아 공화국으로 선포됐다. 그러나 그해 이탈리아 북부에서는 알렉산드르 바실리예비치 수보로프(1729~1800)가 지휘하는 러시아군이 오스트리아군과 협력하여 카사노다다와 트레비아 강, 노비리구레에서 프랑스군에 중요한 승리를 거두었다. 프랑스의 패배로 프랑스가 이탈리아에 수립한 완충 공화국들 중에 일부는 해체됐다. 수보로프의 러시아군은 알프스 산맥을 넘어 스위스로 들어갔으나, 오스트리아군과의 의견 차이로 전쟁에서 이탈했다. 1800년 6월 14일 이제는 제1통령인 나폴레옹(1769~1821)이 프랑스군을 지휘하여 스피네타마렝고 전투에서 오스트리아군을 분쇄했다. 1800년 12월 3일 장 빅토르 마리 모로(1763~1813)가 지휘하는 프랑스군이 호엔린덴에서 승리한 뒤 오스트리아의 저항은 완전히 무너졌다. 제2차 대對프랑스 동맹은 1801년 2월 9일 오스트리아가 뤼네빌

조약에 조인하면서 붕괴됐다.

○ 나폴레옹 전쟁 ; 프랑스 혁명 전쟁

제3차 대對프랑스 동맹 전쟁, 1805~06
War of the Third Coalition, 1805~06

나폴레옹 전쟁 중인 1805년 프랑스 황제 나폴레옹(1769~1821)은 이탈리아 왕임을 선포하여(나폴레옹은 제노바를 병합했다) 영국과 오스트리아, 러시아, 스웨덴의 제3차 대對프랑스 동맹 결성을 유발했다. 영국 침공 계획을 포기한 나폴레옹은 자신의 대육군大陸軍(그랑드 아르메)을 오스트리아 쪽으로 돌렸고, 1805년 10월 울름에서 압승을 거두었다. 나폴레옹은 이어 빈을 점령했고, 1805년 12월 2일에 아우스터리츠(체코의 슬라프코프 우 브르나)에서 러시아군과 오스트리아군에 참패를 안겼다. 오스트리아는 프레스부르크(오늘날 슬로바키아의 브라티슬라바) 조약으로 동맹을 이탈했고 이탈리아에서 내쫓겼다. 프로이센은 1806년 동맹에 합류하자마자 10월에 예나와 아우어슈테트에서 패했다. 나폴레옹이 지휘하는 프랑스 군대는 1807년 2월 프로이시슈 아일라우(오늘날의 바그라티오놉스크)에서 러시아군과 언제 끝날 지 모를 싸움에 들어갔다. 러시아 전선으로 진격한 나폴레옹의 군대는 잠시 저지당했으나, 1807년 6월 14일 프리틀란트(오늘날 러시아의 프라브딘스크)에서 러시아 군대를 격파했으며 3일 뒤 러시아는 강화를 요청했다. 1807년 7월의 틸지트 조약으로 프랑스는 러시아와 화친을 맺었고 프로이센은 영토의 절반을 포기해야 했다. 나폴레옹은 이제 서유럽과 중유럽의 실질적인 지배자가 됐다.

○ 나폴레옹의 러시아 침공

제1차 마오리족 전쟁
First Maori War

○ 아일랜즈 만 전쟁 ; 와이라우 학살

제2차 마오리족 전쟁
Second Maori War

○ 타라나키 전쟁

제1차 세계대전, 1914~18
World War I, 1914~18

오스트리아-헝가리제국의 영토였던 보스니아헤르체고비나의 사라예보에서 오스트리아-헝가리제국의 제위 계승자 프란츠 페르디난트(1863~1914) 대공이 암살당한 사건이 이른바 대전大戰을 촉발시켰지만, 국제적인 긴장과 경쟁은 이미 여러 해 동안 고조하고 있었다(❍발칸 전쟁). 1914년 7월 28일 오스트리아-헝가리제국은 세르비아에 전쟁을 선포했다. 러시아는 독일 국경을 따라 군대를 동원해 배치하기 시작했으며, 독일은 러시아와 그 동맹국인 프랑스에 전쟁을 선포했다. 독일군은 즉각 프랑스에 대항하여 행동했다. 독일의 계획은 6주 안에 프랑스를 점령한 다음 독일의 강력한 군사 조직을 러시아로 돌리는 것이었다. 독일군이 룩셈부르크와 벨기에의 중립을 무시하고 두 나라를 침공하여 동북쪽에서부터 프랑스를 휩쓸고 들어가자, 영국은 침략군을 격퇴하기 위해 프랑스에 합류했다. 오스트리아-헝가리제국과 독일, 이후에 합류한 오스만 제국과 불가리아의 동맹국 진영이 프랑스와 영국, 세르비아, 러시아, 벨기에의 연합국 진영에 맞섰으며 그 뒤 이탈리아와 루마니아, 포르투갈, 몬테네그로, 일본, 오스트레일리아, 미국, 그 밖에 18개국이 연합국 편으로 참전했다. 독일군 사단들은 한 달 안에 파리의 교외 지역에 도달했지만, 퇴각하던 프랑스군은 재집결하여 반격했고(❍(제1차) 마른 강 전투), 독일군을 북쪽으로 밀어냈다. 이후 4년 동안 양쪽 군대들은 북해에서 스위스까지 이어진 긴 전선에서 때로는 겨우 수십 미터를 사이에 두고 대치했다(❍제1차 세계대전, 서부전선). 이페르(이프르)와 아르투아, 솜 강, 뫼즈 강 유역, 아르곤 삼림지대 등지에서 피비린내 나는 전투가 이어졌다(❍(제2차) 마른 강 전투; 베르됭 전투). 양쪽은 어마어마한 손실을 입었지만 전선은 기본적으로 1918년 가을까지 멈추어 있었다. 오스트리아-헝가리제국 군대는 동부 국경에서 러시아와 맞서야 했고(❍제1차 세계대전, 동부전선), 남쪽에서는 이탈리아군과 대적하며(❍제1차 세계대전, 이탈리아 전선), 세르비아와 몬테네그로를 점령하여 종속시켰다(❍제1차 세계대전, 발칸 반도). 독일은 북해에서 해군의 작전 수행이 불가능해지자(❍윌란 해전), 무제한적 잠수함 활용 전법에 의존했다. 이에 크게 분노한 미국이 1917년 4월 6일 독일에 전쟁을 선포했다. 미국이 대규모로 병력과 물자를 보내기까지는 시간이 좀 더 걸렸지만, 미국이 분쟁에 참여하여 연합국의 사기는 크게 진작됐다. 영국은 갈리폴리에서 패배했지만(○ 다르다넬스 전투) 수에즈 운하를 보호하여(○ 제1차 세계대전, 이집트) 바다를 지배하는 국가로 계속 남아 있었고, 그리하여 아프리카의 독일 식민지들을 장악하고 중동의 자국 군대에 병력을 보충할 수 있었으며(○ 제1차 세계대전, 메소포타미아 ; 제1차 세계대전, 팔레스타인), 영연방 국가들로부터 병력을 수송해올 수 있었다. 1917년에 러시아가 전쟁에서 이탈하자(○ 볼셰비키 혁명) 독일은 동부전선에서 병력을 이동시켜 무너져가는 오스트리아-헝가리제국과 오스만 제국을 지원할 수 있었지만, 새로운 부대들조차 서부전선의 교착상태를 타파하지는 못했다. 프랑스군과 영국군, 미국군이 독일군을 '힌덴부르크 라인'까지 서서히 완강하게 밀어내는 동안 불가리아가 굴복했고 오스만 제국은 강화를 요청했으며 오스트리아-헝가리제국이 붕괴했다. 독일군이 전쟁에 지친 가운데 1918년 11월 3일 킬 항구의 수병들이 일으킨 폭동이 혁명으로 이어져 군주제가 소멸했다. 새로 수립된 공화국 정부는 11월 11일 정전협정에 서명했다. 뒤이은 베르사유 조약과 기타 조약들은 유럽과 중동의 지리적 면모를 바꾸었으며 수많은 정치적·경제적·사회적 변화를 초래했다. 전쟁은 탱크와 비행기, 독가스의 도입을 목도했으며 전투가 발발한 장소가 어디든 엄청난 고통과 파괴를 초래했다. 1천만 명 이상이 사망했으며, 부상자는 더 많았다.

○ 러시아-폴란드 전쟁, 1919~20 ; 제이브뤼허 습격 ; 터키 독립 전쟁

제1차 세계대전, 동부전선, 1914~17
World War I on the Eastern Front, 1914~17

1914년 7월 28일 오스트리아-헝가리제국이 세르비아에 전쟁을 선포했을 때(○ 제1차 세계대전), 러시아는 독일의 항의를 받는데도 군대의 동원을 시작했고, 1914년 8월 1일 두 나라는 전쟁에 들어갔다. 러시아 군대는 동프로이센을 침공했지만 타넨베르크 전투(1914년 8월 23~30일)와 마주렌 호수 전투(1914년 9월 6~14일)에 참전하여 독일군에 크게 패하고 많은 포로와 물자를 빼앗겼다. 러시아군은 오스트리아-헝가리제국 군대와 맞서 싸웠던 갈리치아(오늘날의 폴란드 동남부와 우크라이나 서부)에서 더 성공적이었다. 1915년 초 러시아는 오스트리아-헝가리제국으로부터 카르파티아 산맥의 주요 고

갯길들을 빼앗았고 행정 중심 도시(수도) 렘베르크(오늘날의 리비우)와 요새 도시 프셰미실을 점령했다. 앞선 가을 독일군은 러시아령 폴란드를 두 차례 침공하여 폴란드 서부를 장악하기는 했지만 두 번 모두 바르샤바를 점령하는 데는 실패했다. 1915년 겨울까지 양국 군대는 약 1,450킬로미터에 이르는 전선에서 참호전을 치렀다. 그해 5월 오스트리아-헝가리제국과 독일의 합동군이 갈리치아를 공격하여 산악지대에 거점을 확보하고 있는 러시아군을 중포重砲로써 내몰았으며 렘베르크와 프셰미실을 탈환했다. 그 뒤 독일군은 뛰어난 전략가 파울 폰 힌덴부르크(1847~1934) 장군의 이름을 따서 '힌덴부르크 공세'라 불렀던 대대적인 공세를 펼쳐 폴란드에서 러시아 군대를 내몰고자 했다. 독일군은 포위 기동으로 러시아 군대를 가두려 위협했고, 러시아군은 바르샤바와 브레스트리톱스크(오늘날의 브레스트), 빌뉴스를 적군에게 남겨두고 황급히 퇴각했다. 1년 뒤인 1916년 6월 러시아는 스티르 강과 시레트 강 지역에서 오스트리아-헝가리제국에 공세를 펼쳤고 약 400킬로미터 길이의 전선에서 약 30킬로미터에서 80킬로미터 정도 전진하는 데 성공했다. 러시아군은 군수품들이 떨어진 뒤에야 멈추었다. 한편 러시아에서는 황제의 부패한 정부에 대한 불만이 팽배했는데, 1917년 3월에 제정이 타도됐다(**○ 러시아 2월(3월) 혁명 ; 볼셰비키 혁명**). 새로운 러시아 정부는 신속히 독일과 강화를 체결했고, 동부전선의 전쟁이 끝났다.

제1차 세계대전, 메소포타미아, 1914~18
World War I in Mesopotamia, 1914~18

1914년 10월 29일에 오스만 제국이 제1차 세계대전에 동맹국 진영으로 참전한 직후, 영국은 메소포타미아에 세력권을 형성하여 인도와 이집트를 보호하기 위해 인도에서 페르시아 만 입구로 소규모 군대를 파견했다. 이 부대는 페르시아 만을 따라 북쪽으로 이동하여 최종적으로 바그다드를 점령하라는 명령을 받았다. 영국군은 오스만 제국 군대와 대결하여 처음에는 성공했으나, 영국·프랑스군이 갈리폴리 반도에서 실패하자(**○ 다르다넬스 전투**) 오스만 제국의 사단들이 메소포타미아로 몰려들었다. 영국군은 쿠트알아마라로 밀려나서 포위공격을 받았다. 구원 부대들이 여러 차례 파견됐으나 이들은 오스만 제국 쪽 전선을 돌파하지 못했다. 영국군은 149일 동안 포위공격을 견디다 1916년 4월에 항복했다. 이듬해 연합군 증원 부대와 포함砲艦들이 페르시아 만으로 파견됐고, 영국군은 북진하면서 티그리스 강 양안에 신속히 포진했다. 영국군은 격렬한 전투 끝에 쿠트알아마라를 점령했고 티그리스 강 상류로 후퇴하는 오스만 제국 군대를 추격하여 바그다드에 도달했다. 영국군은 적의 반격을 예방하고자 도주하는 오스만 제국 군대를 계속 추격했으며, 그 결과 바그다드-사마라 철도를 포함하여 메소포타미아 대부분을 장악했다. 이 모든 군사행동은 전쟁 전체에서 전략적으로 큰 의미를 지니지는 않았지만 가라앉던 연합군의 사기를 북돋았으며 오스만 제국에 결코 회복하지 못할 타격을 입혔다.

제1차 세계대전, 발칸 반도, 1914~18
World War I in the Balkans, 1914~18

유럽 동남부의 발칸 반도는 오랫동안 민족주의적인 경쟁 관계들이 경합하는 영토적 야심으로 요동치던 곳이었다(○ 발칸 전쟁). 1914년 7월 28일 오스트리아-헝가리제국이 발칸 반도의 국가 세르비아에 전쟁을 선포했지만(○ 제1차 세계대전), 오스트리아-헝가리제국이 세르비아에 주의를 전환하여 북쪽에서부터 침공해 들어온 때는 오스트리아-헝가리제국 군대와 독일 군대가 연합한 합동군이 갈리치아(오늘날의 폴란드 동남부와 우크라이나 서부)에서 러시아 군대를 축출한 뒤였다(○ 제1차 세계대전, 동부전선). 1915년 10월 불가리아가 동맹국(독일, 오스트리아-헝가리제국, 오스만 제국)에 합류하자마자 남쪽에서 세르비아를 침공했으나 병력과 화력의 열세로 패배했다. 그 뒤 오스트리아-헝가리제국 군대가 세르비아와 붙어 있는 몬테네그로로 진격하여 1916년 1월에 수도를 점령했다. 그 뒤 불가리아 군대와 오스트리아-헝가리제국 군대가 북쪽과 동쪽에서 알바니아를 침공했으나 남부 지역에서 이탈리아 군대를 축출하는 데 실패했다. 루마니아는 어느 진영이 전쟁에서 승리할지를 두고 논쟁을 벌이며 2년을 머뭇거리다가 1916년 8월에 연합국에 합류하기로 결정하고 동맹국에 전쟁을 선포했다. 루마니아 군대는 헝가리의 트란실바니아를 침공하여 초기에는 성공을 거두었으나 곧 2개의 독일 군대*에 밀려났다. 곧 루마니아 본토가 불가리아군과 독일군에 제압당했다. 그리스에서는 연합군이 전신과 우편, 그리스 해군, 그리스 육군이 보유하고 있던 대규모 군수품 저장소를 장악했고 해안을 봉쇄했다. 그리스 북부 테살로니키에 도착한 프랑스와 영국의 파견군은 그리스의 중립을 확보했으나 1918년 9월 이후에야 마케도니아에 있던 불가리아에 맞서 기동했다. 망명한 세르비아의 군사들과 그리스 군대로 보강된 연합군은 세 전선에서 공격을 개시했고 2주 안에 불가리아의 주요 방어 거점들을 점령했다. 불가리아는 곧 강화를 요청했고 무조건 항복에 동의했다. 연합군은 계속 북진하여 세르비아와 몬테네그로를 해방했다. 루마니아 군대가 발칸 반도 전역 戰域에 다시 개입하여 자국의 국경 지역과 러시아 남부에서 오스트리아-헝가리제국 군대와 독일군을 내모는 데 일조했다. 발칸 반도 국가들의 친독일 성향의 통치자들은 모두 실각했고, 이 국가들의 운명은 다가오는 파리 평화회의에서 결정됐다.

○ 세르비아-불가리아 전쟁, 1885~86 ; 헝가리 혁명, 1918

* 각각 에리히 폰 팔켄하인 장군과 아우구스트 폰 막켄젠 장군이 지휘했다. 막켄젠의 군대는 불가리아 군대와 오스만 제국 군대도 포함한 다국적 부대였다.

제1차 세계대전, 서부전선, 1914~18
World War I on the Western Front, 1914~18

제1차 세계대전이 발발했을 때 독일군은 벨기에와 프랑스 동북부를 지나 신속하고도 강력하게 진격했으나, 1914년 9월에 프랑스군과 영국군에 저지당하여(**○**(제1차) 마른 강 전투) 엔 강 너머로 후퇴할 수밖에 없었다. 북쪽에서는 연합군과 독일군이 벨기에 서남부의 이페르(이프르)와 영불해협의 항구들을 두고 다투었으며, 동남쪽에서는 독일군이 산악지대로 밀려났다. 1914년 12월까지 양쪽 모두 참호를 파고 서로 연결했다. 대략 950킬로미터에 이르는 이 참호는 오스텐더(벨기에 서북부 항구)에서 두에, 생캉탱, 랭스, 베르됭, 생미엘, 뤼네빌(프랑스 동북부의 도시)까지 이어지고 남쪽으로 스위스 국경까지 연결됐다. 이 전선은 그 뒤 4년 동안 거의 변화가 없었다. 빈번히 포격이 이어지고 참호에서 병사들이 쏟아져나와("참호를 넘어가서 돌격하라") 적진으로 돌격했지만, 빼앗은 땅은 하찮았는데 인명 손실은 막대했다. 참호 안의 생활은 모두에게 비참했다. 많은 소설과 회고록이 이 참호전의 공포와 진창, 추위, 불결함을 묘사했다. 1916년 독일군은 프랑스군이 견고하게 지키고 있던 연합군의 가장 강력한 요새에 대규모 공세를 시작했다(● 베르됭 전투). 1918년 7~8월 독일군은 다른 공세도 펼쳤으나(● (제2차) 마른 강 전투), 연합군이 이를 격퇴했고, 페르디낭 포슈(1851~1929) 원수가 지휘하는 연합군이 대대적인 반격에 나서 프랑스와 벨기에의 대부분에서 독일군을 내몰았다. 미국군은 반격하여 독일군을 아르곤 삼림지대와 생미엘에서 밀어냈다. 전쟁이 종막으로 치달으면서 서부전선은 동쪽으로 이동했다.

제1차 세계대전, 이집트, 1914~17
World War I in Egypt, 1914~17

오스만 제국이 연합군에 맞서 제1차 세계대전에 참전한다고 선언하자마자 영국은 이집트를 피보호국으로 선포하고 독일에 우호적인 통치자를 실각시켰는데, 이집트의 수에즈 운하는 필수적인 생명선이었고 어떤 희생을 치르고라도 지켜야 했기 때문이다. 오스만 제국과 독일도 수에즈 운하의 통제권을 갈구했다. 1915년 1~2월 오스만 제국 군대의 세 부대가 각기 다른 경로를 거쳐 운하에 접근했으나, 영국은 이미 수에즈 운하의 서안에 방어시설을 설치해두었고, 오스만 제국 군대는 큰 손실을 입고 내몰렸다. 1년 뒤 영국은 수에즈 운하의 동안을 따라 약 130킬로미터에 걸쳐 방어시설을 갖추고 시나이 사막의 확보에 나섰다. 영국군은 팔레스타인과의 경계 가까이에 있는 알아리시를 향해 서서히 북진하면서 철도와 수도관을 부설했다. 1916년 8월 상당한 규모의 오스만 제국 군대가 영국군을 공격했으나 다시 크게 패하고 많은 수가 포로가 됐다. 그해 12월 영국군은 알아리시에서 약 32킬로미터 떨어진 지점까지 도달했고, 그곳을 지키던 오스만 제국 군대는 한 차례의 전투도 치르지 않고 철수했다. 이집트에는 여전히 오스만 제국에서 파견한 2개 부대가 있었지만 제국낙타병여단Imperial Camel Corps의 기습 공격을 받고 괴멸됐다. 1917년 오스만 제국 군대의 마지막 부대가 이집트에서 철수했고, 수에즈 운하는 위험에서 벗어났다.

제1차 세계대전, 이탈리아 전선, 1915~18
World War I on the Italian Front, 1915~18

이탈리아는 중립을 지키다가 1915년 5월 23일부터 연합국에 합류하여 전통적인 적국 오스트리아-헝가리제국과 싸우기로 결정했다(○ 제1차 세계대전).
이탈리아 군대는 이손초 강 유역에서 공세를 개시했으나 오스트리아-헝가
리제국 군대가 이미 이 산악지대의 봉우리들에 방어시설들을 설치해두었으
므로 공격을 거듭했는데도 확실한 진전을 보이지 못했다. 이탈리아 군대는
1915년 가을에 카포레토 지역에서 간신히 이손초 강을 건넜고 1916년에 고
리치아(고리차)를 점령했다. 이듬해 이탈리아가 다시 몇몇 지역에서 진격하
자 독일은 동맹국인 오스트리아-헝가리제국이 후퇴할까봐 두려워 증원군
을 파견했다. 그리하여 흐름이 바뀌었다. 맹렬한 포격 뒤에 사기가 꺾인 이
탈리아 군대는 카포레토에서 퇴각하기 시작했고, 퇴각은 곧 패주로 이어졌
다가 피아베 강에 도달한 뒤에야 멈추었다. 이탈리아 전선의 다른 대규모
전투는 1916년에 이손초 강 서쪽에 있는 알프스 산맥의 트렌토 지역에서
오스트리아-헝가리제국 군대가 방비가 허술한 이탈리아의 전초기지들을 공
격하면서 시작됐다. 국경 지역을 휩쓴 오스트리아-헝가리제국 군대는 베네
치아를 점령하고 이손초 강 유역에 있는 이탈리아 군대를 고립시킬 듯했다.
그러나 몬테치오베 산의 고지를 방어하고 있던 이탈리아 군대는 압도적인
열세를 극복하여 오스트리아-헝가리제국 군대의 진격을 저지하고 고지를
사수했다. 이 공세로 오스트리아-헝가리제국의 동부전선이 약해져 러시아
군대가 스티르 강과 시레트 강 지역에서 오스트리아-헝가리제국 영토를 침
공할 수 있었다(○ 제1차 세계대전, 동부전선). 1918년 11월 오스트리아-헝가리
제국은 비토리오(비토리오베네토)에서 이탈리아에 패하고 항복했으며, 1919
년 연합국과 오스트리아가 체결한 생제르맹앙레 조약에 따라 이탈리아는
트리에스테와 다른 영토들을 획득했다.

제1차 세계대전, 팔레스타인, 1917~18
World War I in Palestine, 1917~18

영국군은 이집트에서 오스만 제국 군대를 몰아낸 뒤(○ 제1차 세계대전, 이집
트), 적군을 추격하여 북쪽의 팔레스타인으로 진입했다. 영국군은 가자 요
새를 점령하려 했는데 앞선 두 차례의 시도는 실패했고, 에드먼드 H. H. 앨
런비(1861~1936)가 지휘한 3차 시도에서 성공했다. 앨런비는 앞서 가자의
동쪽에 있는 베르셰바를 점령했고 가자에서 승리한 뒤에는 병력을 이끌고

북진하여 별다른 저항 없이 야파(오늘날의 텔아비브야파)와 예루살렘을 잇는 철도의 한 접속점인 리다에 도달했다. 영국군은 격렬한 전투를 치른 뒤 오스만 제국 군대를 축출하고 사실상 양분했다. 영국군은 이어 해안의 야파를 빼앗은 뒤 동쪽으로 방향을 틀어 강력한 요새인 예루살렘으로 진군했다. 앨런비는 도시를 포위하고 모든 전초기지를 점령할 계획을 세웠는데 이는 악천후에 험한 지형에서 매우 고되게 싸울 것을 감안한 것이었다. 증원군이 도착한 뒤 1917년 12월 8일 성도聖都를 공격하기 시작됐고, 이튿날 오스만 제국 군대는 항복했다. 오스만 제국은 2주 뒤에 군대를 재편하여 예루살렘을 탈환하려 했으나 실패했다. 영국군은 오스만 제국 군대를 구릉지대에서 당시 예루살렘 동쪽에 있던 시리아 빌라예트(오늘날 시리아의 일부와 요르단의 일부)로 서서히 내몰았다. 팔레스타인은 수백 년에 걸친 오스만 제국 지배에서 벗어나 영국의 보호령이 됐다.

제2차 세계대전, 1939~45
World War II, 1939~45

추축국의 핵심인 독일은 베르사유 조약의 가혹한 조건들에 기만당했다고 느꼈으며(● 제1차 세계대전), 영토를 되찾고 확대하기를 열망했다. 독일은 파시즘 국가가 됐으며 군사독재 정권의 통치를 받았고 아돌프 히틀러(1889~1945)의 지도로 조약들을 무시하고 공격적인 행태를 보였다. 독일은 1935년에 라인란트(라인 강 연안지대)를 재무장했으며, 1938년에 오스트리아와 체코슬로바키아의 수데티(주데텐란트)를 연이어 병합했고, 1939년에는 메멜 지역(오늘날 리투아니아의 클라이페다 주변 지역)을 병합했다(● 메멜 폭동). 마찬가지로 파시즘 국가였던 베니토 무솔리니(1883~1945) 치하의 이탈리아는 에티오피아(● 이탈리아-에티오피아 전쟁, 1935~36)를 정복했고 1939년에는 알바니아를 점령했다. 일본은 1931년에 만주를 침공하여 선전포고 없이 중국과 전쟁을 시작했다(● 중일 전쟁, 1937~45). 평화를 원했던 전 세계 대부분은 이러한 전쟁 행위를 불안한 마음으로 주시했다. 히틀러의 군대가 폴란드를 침공하자(● 전격전) 영국과 프랑스는 폴란드인들을 보호하겠다는 약속을 지켜야 했다. 그렇지만 때가 너무 늦었다. 처음에 소련은 발트 국가들(라트비아, 리투아니아, 에스토니아)을 점령하고 핀란드를 굴복시켰지만(● 소련-핀란드 전쟁, 1939~40), 1941년에 히틀러가 소련 영토를 침공했다(**○제2 차 세계대전, 소련 전선**). 히틀러는 폴란드를 점령한 뒤(1939년 9월) 서쪽에 힘을 쏟았고, 1939년 9월 3일 영국과 프랑스가 독일에 전쟁을 선포했다. 히틀러의 강력한 기계화 군대는 덴마크를 휩쓸고 노르웨이를 침공했다(**○노르웨이 침공**). 한 달 뒤인 1940년 5월 독일의 나치 군대는 네덜란드와 벨기에, 룩셈부르크로 진격했고 프랑스의 방어선인 마지노선을 돌파하고(**○프랑스 전투**), 영불해협의 항구들을 장악하여 영국파견군 BEF을 내쫓았다(**○됭케르크 철수**). 독일군은 프랑스 북부를 점령하고 프랑스 남부에 비시 괴뢰정부를 세운 뒤 공군으로 영국을 폭격하여 항복을 받아내려 했으나 성공하지 못했다(**○영국 본토 항공전**). 1940년 말 전쟁은 발칸 반도(**○제2차 세계대전, 발칸 반도**)와 이탈리아가 이집트를 침공한 북아프리카로 확산됐다. 미국은 중립을 지켰지만 영국과 무기대여협정을 체결하여 식량과 물자를 독일 U-보트의 공격으로부터 보호하기 위해 무장한 수송 선단들로 대서양을 횡단하여 수송했다(**○대서양 전투**). 1941년은 영국에게 암울한 해였다. 독일이 소련을 침공하고 진주만의 미국 해군기지가 일본의 공격을 받을 때까지 홀로 추축국에 맞서야 했기 때문이다. 1942년 초 일본은 '대동아공영권'을 신속히 확장했으나, 미국은 초기의 패배에서 빠르게 회복되어 일본 해군을 격멸하기 시작했다(**○제2차 세계대전, 태평양**). 독일아프리카군단 DAK은 이집트 북부 엘알라메인에서 패배했고(**○북아프리카 전투**), 수에즈 운하라는 생명선은 유지됐다. 1942년 11월에 알제리와 프랑스령 모로코에 상륙한 자유프랑스군*과 미국군, 영국군, 캐나다군은 북아프리카 동부의 영국군 부대를 포함한 연합국 부대에 합세하여 1943년 5월까지 아프리카에서 추축국 부대를 내몰았다. 독일은 소련에서 승리할 것으로 예상됐으나 1943년 초에 스탈린그라드(오늘날의 볼고그라드)에서 패했고, 연합군은 북아프리카의 기지들에서 시칠리아 섬과 이탈리아 반도를 침공했다(**○제2차 세계대전, 이탈리아 전선**). 연합국 지도자들(영국과 프랑스, 캐나다, 오스트레일리아, 소련, 벨기에, 네덜란드, 중국, 미국 등)은 여러 차례 회의를 열고 향후 전략들과 목표들을 결정했으며 연합국 선언에 서명했다. 동방에서는 일본이 버마(**○버마 전투**)와 태평양 섬들에서 중국과 미국, 영국, 오스트레일리아 군대에 맞서 완강하게 싸웠으나 중국에서만 성공을 거두었다(**○제2차 세계대전, 중국**). 연합군은 독일이 점령한 유럽에 맹폭격을 가한 뒤 병력을 투입하여 해방했다(**○ 노르망디 상륙작전 ; 제 2차 세계대전, 서부전선**). 1940년에서 1945년 사이 영국과 미국은 약 1천 개에 이르는 독일의 마을, 소도시, 도시에 100만 톤이 넘는 폭탄을 투하했다. 특히 함부르크(1943년 7월)와 드레스덴(1945년 2월)은 폭격을 받고 폐허가 됐다. 1944년 말에 연합군의 승리는 확실해졌고, 소련과 미국, 영국 군대는 쓰라린 패배를 당하기도 했지만(**○ 벌지 전투**), 동쪽과 서쪽에서 독일 수도 베를린으로 꾸준히 진격했다. 1945년 4월 25일 연합국 소속 국가들의 부대가 작센의 토르가우에서 만났다. 히틀러와 그의 애인이었다가 부인이 된 여인은 며칠 뒤 베를린의 지하 벙커에서 자살한 것으로 추정된다. '부적절한' 집단들, 특히 유대인을 절멸하려던 히틀러의 계획은 약 600만 명의 유대인 등을 비극적인 죽음으로 내몬 홀로코스트를 낳았지만 결국 실패했다. 1945년 5월 7~8일 독일은 조건 없이 항복했다. 일본은 미국의 원자폭탄이 대도시인 히로시마廣島와 나가사키長崎를 폐허로 만든 뒤 1945년 8월 15일에 항복했다. 전쟁이 끝난 뒤 미국과 소련이 초강대국으로 등장했다. 이 최악의 전쟁에서는 공습과 U-보트의 공격, 로켓 공격, 강제수용소, 죽음의 강제 행진, 혹독한 전투, 질병, 기아, 고문, 강제 노동으로 육군과 해군, 공군, 해병대의 군인과 민간인 수천만 명이 사망했고, 그 밖에 수백만 명이 집을 잃고 고아가 되고 빈곤의 나락에 빠졌으며 불구가 됐다.

* 1940년 프랑스가 점령당한 뒤에 독일에 협력했던 비시 프랑스와 달리 독일과 계속 싸웠던 프랑스 투사들.

제2차 세계대전, 발칸 반도, 1939~41
World War II in the Balkans, 1939~41

이탈리아의 독재자 베니토 무솔리니(1883~1945)는 독일의 파시스트 동맹자 아돌프 히틀러(1889~1945)의 도움을 받아 영광스러운 이탈리아 제국을 확립할 수 있기를 꿈꾸었다. 1939년 4월 이탈리아 군대는 알바니아를 공격하여 점령했고, 1940년 10월에 그리스를 침공했다. 그러나 이탈리아 군대는 월등히 뛰어난 그리스 군대에 내밀려 곧 알바니아로 쫓겨났다. 1940년 6~7월 소련은 루마니아에게 3개 지역(부코비나 북부와 베사라비아, 헤르차)을 요구했고, 1940년 8월 헝가리는 트란실바니아를 요구했다. 독일에 우호적이었던 루마니아의 독재자 군주인 카를 2세(1893~1953)는 마지못해 두 나라의 요구를 받아들였다. 히틀러는 발칸 반도에서 동맹국을 확보하기 위해 1941년 1월에 헝가리와 루마니아로 군대를 보냈으며 곧이어 불가리아에도 파병했다. 유고슬라비아의 지도자들은 조약을 체결하고 나치의 꼭두각시가 됐으나, 군대는 이에 반대해 싸우기로 결정했다. 1941년 4월 6일 독일 공군과 육군이 유고슬라비아와 그리스를 공격했고 두 나라는 우세한 독일 군대에 대적할 수 없었다. 유고슬라비아는 12일 만에 제압당했고, 수도 베오그라드는 '응징 작전'으로 무자비한 폭격을 당했으며, 유고슬라비아 군대의 잔여 병력은 산악지대로 도피하여 그 뒤 3년 동안 나치에 맞서 파괴적인 게릴라전을 수행했다. 영국 원정군이 그리스를 돕기 위해 파병됐으나 지연전 작전들을 수행한 것이 전부였다. 알바니아에 있던 그리스 군대는 1941년 4월 20일에 항복했다. 영국군은 크레타 섬으로 철수했으나 독일군의 추격을 받았고, 독일 공군은 13일 동안의 공중전과 해전 끝에 섬을 맹렬하게 공격하여 항복을 받아냈다. 터키는 독일과 우호조약을 체결하고 독일군의 다르다넬스 해협 통과를 허용했다. 영국은 발칸 반도를 잃었고 나치 독일의 전쟁 수행 기구와 홀로 대적해야 했기에 심각한 타격을 받았다.

제2차 세계대전, 서부전선, 1944~45
World War II on the Western Front, 1944~45

제2차 세계대전 중 1942년과 1943년에 영국과 미국의 폭격기들이 독일의 주요 공업 중심지들을 타격했으나, 유럽 대륙에 서부전선이 형성된 것은 1944년 6월 연합군이 프랑스의 노르망디에 성공적으로 상륙한 뒤의 일이었다(◐ 노르망디 상륙작전). 기계화 부대인 미국 육군 제3군은 남쪽으로 이동하여 루아르 강 유역으로 진입한 뒤 독일군이 점령한 파리를 향해 동진하여 1944년 8월 25일에 도시를 해방했다. 한 달 뒤 미국군은 동쪽의 모젤 강으로 진격하여 리에주 요새를 점령한 뒤 아헨(엑스라샤펠) 인근의 독일 국경에 닿았고, 영국군은 벨기에의 브뤼셀과 안트베르펀을 탈환했으며, 프랑스 남부에 상륙한 다른 연합군 부대는 북쪽을 향해 진격했다. 그러나 연합군의 진격은 군수품, 특히 연료의 부족으로 지체됐고 대륙의 항구들이 다시 개방될 때까지 거의 멈추었다. 1944년 9월 네덜란드 아른헴에서 라인 강의 교량을 장악하려던 시도가 실패했다. 3개월 뒤 독일군은 연합군을 둘로 갈라 공략할 의도로 아르덴 숲의 취약한 미국군 전선을 기습했으나(● 벌지 전투), 이 최후의 공격은 실패했다. 1945년 2월 연합군은 다시 공세에 나서 퇴각하는 독일군을 라인 강 서안에서 축출한 뒤 레마겐과 이후에는 여타 장소들에서 라인 강을 건넜고, 약 30만 명의 독일군을 루르 강 유역으로 몰아넣었다. 그 뒤 서부전선은 빠른 속도로 동쪽의 베를린을 향해 이동했고, 서방 연합군의 맹렬한 공중 폭격과 그 이후 소련군 중포重砲의 집중 포화를 받은 베를린은 1945년 5월 2일 소련군에 점령당했다(5~6일 뒤 독일은 항복했다).

제2차 세계대전, 소련 전선, 1941~45
World War II on the Russian Front, 1941~45

공산주의자인 지도자 이오시프 스탈린(1878~1953)이 이끄는 소련은 제2차 세계대전에 참전하여 핀란드를 격파하고(● 소련-핀란드 전쟁, 1939~40) 발트 국가들(라트비아, 리투아니아, 에스토니아)을 병합했지만, 소련 지도자들은 아돌프 히틀러(1889~1945) 독일 총통이 신뢰할 수 없는 인물이라는 사실을 깨달았다. 1941년 6월 22일 독일군 3개 군이 루마니아와 헝가리, 이탈리아, 핀란드, 슬로바키아 군대의 지원을 받아 소련을 침공하자 전 세계가 놀랐다. 한층 더 놀라웠던 것은 소련의 군인들과 민간인들이 보여준 용감한 저항이었다. 히틀러는 4주에서 6주 만에 소련을 완전히 제압할 수 있을 것으로 기대했지만, 적군의 능력과 광대한 소련에서 주파해야 할 거리, 도로와 철도의 상태가 나쁘다는 사실을 감안하지 못했다. 독일군은 초기에 탱크들과 기갑 차량들로 소련군을 격퇴하여 성공을 거두었다. 레닌그라드(오늘날의 상트페테르부르크)를 2년 넘게 포위하여 공격했고, 키예프를 함락했으며, 약 수백만 명의 소련군을 죽이거나 포로로 잡았다. 그리고 우크라이나의 곡창지대와 공업지대를 장악했고, 모스크바가 보이는 곳까지 도달했다. 그러나 그때 겨울이 찾아왔고 전쟁은 난항에 빠졌다. 1942년 봄 독일군은 캅카스 지역과 바쿠 유전을 빼앗을 의도로 공세를 재개했으나 스탈린그라드(오늘날의 볼고그라드)에서 저지당했다. 도시는 폭격을 받아 폐허로 변했으나, 소련군은 집집마다 공장마다 완강하게 싸웠다. 1942년 11월 중순 소련군 최고사령부는 잔여 병력을 집결시켜 북쪽과 남쪽에서 스탈린그라드로 진격했다. 소련군의 두 부대는 독일군 전선의 배후에서 합류하여 연기만 피어오르는 도시의 적군을 포위했다. 모든 돌파 시도는 실패로 돌아갔고, 1943년 2월 2일 독일군은 항복했다. 스탈린그라드의 승리는 이 전쟁의 전환점이었다. 그 뒤 소련은 공세로 전환했고 퇴각하는 나치군을 추격하여 학살하고 궤멸했다. 양쪽 모두가 충격적인 잔학 행위를 자행했다. 독일군은 고의로 포로를 굶겼으며 외국인 여성을 빈번하게 강간했고 소련의 유대인 등을 몰살했다. 소련 군대는 분리주의자들과 기타 '부적절한 분자들'을 고문하고 살해했으며, 그중 상당수는 칼미크족과 같은 소수민족으로 강제노동수용소로 추방당해 굶어 죽었다(배후의 지휘자는 비밀경찰의 총수인 라브렌티 P. 베리야(1899~1953)였다). 1944년 소련군은 발트 국가들과 폴란드 동부, 우크라이나, 루마니아, 불가리아를 장악했다. 1945년 초 소련은 동프로이센과 체코슬로바키아, 독일 동부를, 4~5월에는 독일 수도 베를린을 점령했다. 히틀러는 나폴레옹(1769~1821)처럼 소련 국민의 의지와 소련의 혹독한 겨울을 과소평가했다(◐ 나폴레옹의 러시아 침공).

제2차 세계대전, 이탈리아 전선, 1943~45
World War II on the Italian Front, 1943~45

연합군은 북아프리카 전투에서 추축국 군대를 무찌른 뒤 이탈리아로 눈을 돌렸다. 1943년 7월 10일 미국군과 영국군의 수많은 군인이 야음을 틈타 시칠리아 섬 남부 해안에 상륙했다. 이 부대들은 완벽한 기습으로 그곳에 주둔한 독일군과 이탈리아군을 공격했고 약 240킬로미터의 해안을 장악했다. 연합군은 젤라의 해안 교두보에서 전투를 벌인 뒤 섬을 휩쓸고 팔레르모를 점령했으며, 1943년 8월 17일 시칠리아 전체를 확보했다. 한편 이탈리아의 독재자 베니토 무솔리니(1883~1945)는 실각했고, 후임자는 강화를 요청했다. 영국군이 이탈리아 반도의 발가락 부분에 상륙한 1943년 9월 3일에 강화 요청을 수용했다. 6일 뒤 미국군은 거의 저항이 없을 것으로 예상하며 살레르노에 대규모 합동 상륙작전을 펼쳤다. 그러나 독일의 독재자 아돌프 히틀러(1889~1945)는 독일군을 보내 이탈리아의 전략적 요충지들을 점령했고 연합군의 침공군과 맹렬히 싸웠다. 연합군은 서서히 반도 위쪽으로 진격하여 나폴리를 점령했고, 1943년 12월 독일군이 요새로 구축한 로마 남쪽의 카시노 고개에 도달했다. 이 산악지형에서 벌어진 몇 차례 전투는 이 전쟁에서 가장 치열했던 것에 속한다. 독일군의 측면을 공격하기 위해 연합군의 다른 부대가 안치오 해안 교두보로 들어왔으나 독일군의 증원군이 도착했고, 연합군은 거점을 지키기 위해 싸워야 했다. 1944년 2월 15일 연합군의 폭격기들이 몬테카시노 산에서 독일군을 몰아내려고 산 정상부에 있는 오래된 성 베네딕트 수도회의 몬테카시노 수도원을 폭격하여 산산이 파괴했으나 소용없었다. 독일군은 한층 더 깊게 참호를 파고 싸웠으며 연합군은 많은 사상자를 냈다. 1944년 5월 연합군은 마침내 안치오와 몬테카시노 산에서 독일군을 무찌르고 다시 북쪽으로 진격했다. 1944년 6월 4일 로마가 해방됐으며, 두 달 뒤 피렌체도 해방됐다. 그러나 연합군은 이탈리아 북부에서 아펜니노 산맥을 가로질러 뻗은 독일의 방어선인 고트선에 가로막혔다. 교착상태가 이어진 가운데 이탈리아 파르티잔은 독일군이 주둔한 곳이면 어디든지 공격하여 괴롭혔다. 1945년 4월 연합군은 포 강을 건넜고 파르티잔 부대는 밀라노와 제노바, 베네치아를 점령했다. 무솔리니는 도주하려다 파르티잔에 체포되어 정부情婦와 함께 즉결 방식으로 총살당했다. 1945년 4월 29일 이탈리아의 독일군은 항복했고, 그 직후 파르티잔은 무기를 인계하고 저항운동을 해산했다.

제2차 세계대전, 중국, 1941~45
World War II in China, 1941~45

1941년 말 여러 해 동안 일본과 전쟁을 벌이고 있던 중국(**◐ 중일 전쟁, 1937~45**)은 연합군 편으로 제2차 세계대전에 참전했다. 중국의 해안은 대부분 일본이 장악하고 있었고, 내륙의 중국 군대는 버마로드*를 거쳐 트럭들로 물자를 보급받았다. 1942년에 버마로드가 봉쇄되자(**◐ 버마 전투**) 영국과 미국의 숙련된 비행사들이 높고 험준하여 그 상공을 비행하는 것은 위험하다고 낙타 등의 혹 The Hump이라는 별명이 붙은 히말라야 산맥 동단을 넘어 중국으로 군수품을 수송했다. 미국군 육군 제14항공군**은 중국 동남부에 기지들을 세우고 일본 선박을 효과적으로 공습했다. 미국의 조지프 워런 스틸웰('비니거 조', 1883~1946) 장군은 참모장으로서 중국—버마—인도 전역戰域에서 연합군 최고사령관이었던 장제스蔣介石(1887~1975)를 도왔다. 1944

년 봄 일본은 새로 대규모 공세를 펼쳐 군대가 도주한 허난성河南省을 점령했고 이어 우한武漢에서 광저우廣州로 이어진 철도를 따라 남진했다. 미국 정부가 중국국민당 정부에 제공한 중화민국 공군 미국인 의용대대AVG의 P-40 전투기들은 일본군의 진격선에 끊임없이 폭격과 기총소사를 가했는데, 일본군은 이른바 이 '플라잉 타이거스(비호대飛虎隊)'를 피하기 위해 야음을 타서 이동했다. 1944년 11월 일본군은 인도차이나에서 북쪽의 베이징北京으로 이어지는 철도를 장악한다는 목표를 완수했고 중국의 8개 성省을 점령했다. 그러나 북쪽에서는 일본군의 성과가 신통치 않았다. 중국공산당 팔로군과 농민 민병대들이 게릴라 전술로써 일본군의 주둔지들과 요새들을 지속적으로 공격했기 때문이다. 그 뒤 전쟁이 끝났을 때, 중국공산당은 일본군에게 항복을 요구하여 무기들을 넘겨받았다. 충칭重慶의 중국국민당 정부는 영국과 미국으로부터 많은 원조를 받았지만 부패하고 내분에 휩싸여 일본에 대항하는 전쟁에서 주도권을 쥐지 못했으며 최상의 부대들은 중국공산당과 싸우게 될 것을 대비하여 남겨두었다.

* Burma Road. 중국이 1937~38년에 일본과 전쟁을 치르면서 군수물자 등을 공급받기 위해 우회 통로로 완성했으며, 버마 북부와 중국 남부의 윈난성(雲南省)을 연결하는 도로다.
** 미국군 육군 제14항공군은 미국이 중국에 파견한 중화민국 공군 미국인 의용대대(AVG)를 재편한 것이다.

제2차 세계대전, 중동, 1941
World War II in the Middle East, 1941

제2차 세계대전 중 영국은 중동이 추축국의 수중에 떨어지는 것을 막으려 했다. 영국은 독일에 우호적인 정부가 들어선 이라크의 바스라와 바그다드 서쪽의 공군기지 하바니야에 군대를 보냈다. 이라크는 영국군의 바그다드 진격을 막기 위해 티그리스 강과 유프라테스 강 사이의 땅을 침수시켰다. 30일 동안 산발적으로 전투가 이어진 뒤 이라크의 저항이 무너졌고, 영국군은 바그다드를 확보했다. 한 주 뒤인 1941년 6월 8일 자유프랑스군*이 영연방 군대의 지원을 받아 팔레스타인과 트랜스요르단(요르단)에서 시리아와 레바논을 침공했다. 곧이어 영국군도 이라크에서 시리아를 침공했다. 레바논의 도시 시돈(사이다)에서 비시 프랑스 군대가 공격군에 저항했으나 영국군의 포격을 받고 내쫓겼다. 서진하던 연합군은 시리아의 도시 할랍(알레포)

과 라타키아를 점령했다. 독일군은 연합군을 공습했으나 큰 성공을 거두지
는 못했다. 1941년 7월 14일 아크레(아코)에서 휴전협정이 체결됐고, 자유프
랑스군과 영국군은 전쟁이 끝날 때까지 시리아와 레바논을 점령했다. 이란
에서는 독일인 기술자들이 유전의 관리를 돕고 있었는데, 영국은 이를 빼앗
으려 했다. 1941년 늦여름 연합군은 놀라운 속도로 이란을 침공했으며, 소
련군은 카스피 해의 동해안과 서해안을 따라 남진하여 주요 항구들을 점령
했고 동시에 전투기로 테헤란을 폭격했다. 영국군은 이라크에서 침공해 들
어와 유전을 장악했다. 규모가 매우 왜소했던 이란 해군은 수장됐다. 연합
군의 전쟁은 시작한 지 4일 만에 성공리에 끝났다. 영국은 인명과 물자의
큰 손실 없이 목표를 이루었다.

* 1940년 프랑스가 항복하고 점령당한 뒤에 독일에 협력했던 비시 프랑스와 달리 독일과 계속 싸웠던 프랑스
투사들.

제2차 세계대전, 태평양, 1941~45
World War II in the Pacific, 1941~45

진주만을 기습한 지 몇 시간 뒤에, 일본의 폭격기들은 필리핀의 마닐라 외
곽 비행장 지상에 있던 미국군 전투기들을 대부분 파괴했다. 3일 뒤 일본
은 남중국해에서 영국군 군함 2척을 격침했다. 그 뒤 일본은 거의 저항받지
않고 웨이크 섬과 괌 섬, 홍콩에 있는 영국군 기지들을 점령하고 전력으로
필리핀을 침공했다. 바탄 반도와 코레히도르 섬은 거의 5~6개월을 저항하
다가 함락당했다. 타이가 항복한 뒤 일본군은 말레이 반도를 따라 남진했
으며 1942년 2월에 영국의 항구 싱가포르를 장악하고 8만 명의 군인을 포
로로 잡았다. 자바 섬과 보르네오 섬, 발리 섬, 수마트라 섬, 티모르 섬, 버
마를 차례로 점령한 일본은 동남아시아 전체를 장악했다. 뉴기니 섬의 포
트모르즈비가 일본군의 다음 표적이었다. 일본군은 그곳에서 오스트레일
리아를 공격할 심산이었다. 그러나 일본은 산호해 전투에서(1942년 5월 7~8
일) 일본군 함대와 미국군 함대가 결판 없는 싸움을 벌이느라 오스트레일리
아를 공격하지 못했다. 그리고 나서 미드웨이 해전의 흐름이 바뀌었다(1942
년 6월 4일). 미드웨이 해전은 대체로 비행기만 이용하여 상대방의 군함을 격
침시키려는 교전이었고, 일본군은 극심한 손실을 입었다. 그 뒤 미국은 공

세에 나서 주변 바다와 그 내부 밀림에서 여섯 달 동안 격렬한 전투를 벌여 (1942년 8월 7일~1943년 2월 9일) 과달카날 섬을 확보했으며 뉴기니 섬의 일부도 탈환했다. 1943년 일본군은 알래스카 외해의 알류샨 열도에서 내쫓겼다. 그 다음에 연합군은 공중 폭격과 해상 포격의 지원을 받은 대규모 합동작전으로 솔로몬 제도, 키리바시와 마셜 제도를 점령했다. 1944년 7~8월 연합군은 마리아나 제도의 사이판 섬과 티니언 섬, 괌 섬을 장악했다. 이제 미국군은 폭격기들이 비행하여 일본에 도달할 수 있는 범위까지 접근했고 일본을 거듭 폭격했다. 1944년 10월 20일 미국군은 필리핀의 레이테 섬에 상륙했고, 서남태평양 전역의 연합군 최고사령관인 더글러스 맥아더(1880~1964) 미국군 장군은 "나는 돌아왔다"라고 선언했다. 1944년 10월 23일에서 26일까지 역사상 가장 거대한 해전 중의 하나가 레이테 만에서 벌어졌다. 일본군은 패배했으나 육상의 전투는 일본이 항복할 때까지 끝나지 않았다. 1945년 3월 미국 해병대가 이오 섬硫黃島을 점령했고 다음 달에 오키나와沖縄를 침공했다. 오키나와의 일본군은 두 달 넘게 저항했다. 1945년 7월 연합군은 포츠담 회의에서 결정된 조건으로 일본에 최후통첩을 보냈으나, 일본은 이를 무시했다. 그러자 미국은 새로 개발한 무기인 원자폭탄을 사용하기로 결정했다. 1945년 8월 6일 일본의 히로시마廣島에 원자폭탄이 투하되어 도시의 약 90퍼센트가 파괴됐으며, 주민 약 13만 명이 죽거나 부상당했다. 1945년 8월 9일 나가사키長崎에 두 번째 원자폭탄이 투하되어 도시의 36퍼센트가 파괴되고 약 7만 5천 명이 죽거나 부상을 입었다. 5일 뒤 일본 천황 히로히토裕仁(1901~89)는 군부의 조언자들을 억누르고 포츠담 회의의 평화조건을 수용했다.

'제2차 10월 혁명'
'Second October Revolution'
○ 러시아 반란, 1993

제이브뤼허 습격, 1918
Zeebrugge Raid, 1918
제1차 세계대전이 시작된 1914년에 독일군은 벨기에를 침공한 뒤 벨기에 항구 제이브뤼허를 북해와 대서양을 오가는 연합국 선박을 공격할 U-보트 (잠수함) 기지로 바꾸었다. 1918년 4월 22일에서 23일로 넘어가는 밤에 로저 J. B. 키스(1872~1945) 경이 지휘하는 대담한 영국 해군이 항구를 습격하여 시멘트로 가득 채운 구형 순양함 3척을 항구의 통로에 침수시켜 잠수함이 작전하지 못하도록 일부 봉쇄했다. 이튿날 U-보트 3척이 빠져나가기는 했다. 같은 시각에 영국군은 벨기에의 항구 오스텐더도 공격했으나 성공하지 못했다. 그러나 1918년 5월 9~10일에 키스 휘하의 병사들이 유사한 습격으로 오스텐더 항구 입구에 순양함 1척을 가라앉혀 항구를 봉쇄했다.

제임스타운 학살, 1622
Jamestown Massacre, 1622
1607년 버지니아 식민지 제임스타운에 정착한 잉글랜드 이주민들은 알공킨 어족에 속한 언어를 쓰는 인근의 인디언 부족들과 평화롭게 지냈고, 잉글랜드인에게는 포하탄으로 알려진 족장 와훈소나콕(1550?~1618)이 지휘하는 연맹체에 가입했다. 포하탄이 사망한 뒤 그를 계승한 연로한 동생 오프찬카노(1545/54/66~1644)는 4년 동안 표면상으로는 식민지 주민들에게 우호적 태도를 보여주었다. 1622년 3월 22일 오프찬카노는 인디언을 이끌고 제임스타운과 그 주변 지역을 기습하여 남자와 여자, 어린이 약 347명을 학살했다. 이른바 포하탄 전쟁이 시작됐다.
○포하탄 전쟁, 1622~44

제임슨의 침입, 1895~96
Jameson's Raid, 1895~96
케이프 식민지의 영국인 세실 존 로즈(1853~1902) 총리는 영국 식민지 마쇼날란드의 행정관 서 리앤더 스타 제임슨(1853~1917)과 함께 S. J. 폴 크뤼거르(1825~1904) 대통령이 이끄는 트란스발 보어인의 정부인 남아프리카공화국을 전복하려는 음모를 꾸몄다. 엄청난 다이아몬드 광산을 장악한 로즈는 남아프리카 전체를 영국의 깃발 아래 연방으로 통합하는 것을 꿈꾸었다. 1895년 12월 29일 제임슨은 행동을 늦추자는 로즈의 요청을 무시하고 기병 약 661명으로 남아프리카공화국(트란스발)을 침공했으나 1896

년 1월 1일 크뤼거르스도르프에서 패했고 이튿날 항복했다. 보어인들은 영국의 요청으로 제임슨을 넘겨주었다. 제임슨은 런던에서 재판에 넘겨져 유죄 선고를 받았으나, 수감 생활은 겨우 몇 달에 그쳤다. 습격대에 참여했던 다른 사람들은 결국 상당한 몸값을 지불한 뒤에야 보어인들에게서 풀려났다.

● (제2차) 보어 전쟁

젠쿠넨前九年 전쟁, 1051~62
Japanese Earlier Nine Years' War, 1051~62

일본 동북부 기타카미 강北上川에 접경한 무쓰노쿠니陸奧國를 지배한 아베 씨安倍氏는 세금을 내지도, 무쓰노쿠니가 지출하는 비용을 보태지도 않았다. 아베 씨가 영지를 확대하자 무쓰노쿠니와 데와노쿠니出羽國의 가미守*들이 연합하여 아베 씨에 맞서 군대를 파견했으나 패하여 퇴각했다. 조정이 이 사실을 알고 미나모토노 요리요시源賴義(988~1075)와 그의 아들 미나모토노 요시이에源義家(1039~1106)에게 무쓰노쿠니로 가서 반란을 일으킨 가문을 진압하라고 명령했다. 아베노 요리토키安倍賴時(1057년 사망)는 첫 교전에서 화살에 맞아 사망했으나, 그의 아들 아베노 사다토安倍貞任(1019~62)가 지휘권을 이어받아 전쟁을 계속했다. 1058년 미나모토 씨의 군대는 가와사키川崎에서 사다토에게 괴멸당했으며 소수만이 살아남아 눈보라를 뚫고 탈출했다. 4년 뒤 미나모토 씨 부자는 새로운 군대와 데와노쿠니의 기요하라 씨清原氏로부터 지원받은 7천 명의 추가 병력을 이끌고 돌아왔다. 요리토키의 둘째 아들은 곧 항복하고 유배당했으나, 사다토는 두 차례 패배했는데도 계속 싸웠다. 사다토는 구리야가와厨川와 우바토嫗戸에 있는 자신의 요새들에서 3차 전투를 벌였으나, 요새가 불탔고 자신도 죽임을 당했다. 사다토의 잘린 머리는 교토京都의 천황에게 보내졌다.

* 일본 조정이 구니(國)에 파견한 수석 지방 관리(지방장관).

젱킨스의 귀 전쟁, 1739~48
War of Jenkins' Ear, 1739~48

1730년대에 영국과 에스파냐의 관계가 악화되어 오스트리아 왕위 계승 전쟁을 피할 수 없게 됐다. 두 나라가 1713년의 위트레흐트 조약을 무시하고 상대방 국가의 상선을 습격하여 약탈하자, 로버트 월폴(1676~1745) 총리를 반대하는 진영은 로버트 젱킨스 선장이 1738년에 발표하여 큰 충격을 주었던 주장을 이용했다. 젱킨스는 1731년에 에스파냐 해안경비대 라 이사벨라 함의 훌리오 레온 판디뇨 함장에게 자신의 배 레베카 호를 빼앗기고 왼쪽 귀를 잘렸다고 말했다. 1739년 11월 월폴은 마지못해 전쟁을 선포했다. 1739년 에드워드 버넌(1684~1757) 제독이 파나마에 있는 에스파냐령 항구 포르토벨로를 점령했다. 1740~41년에는 버넌과 제임스 E. 오글소프 (1696~1785) 조지아 식민지 총독 둘 다 패했는데, 버넌은 콜롬비아의 카르타헤나에서 패했고, 오글소프는 에스파냐령 플로리다의 산아구스틴(오늘날의 세인트어거스틴)을 군대로 점령하려다 졌다. 1742년 7월 18~19일 에스파냐 부대가 조지아 식민지의 세인트사이먼스 섬을 공격했으나 오글소프의 부대가 블러디마시 전투에서 격퇴했다. 1743년 오글소프는 산아구스틴을 다시 공격했지만 패하여 에스파냐령 플로리다에서 철수했다.

조지아 내전, 1991~93, 1996~2005
Georgian Civil Wars of 1991~93, 1996~2005

서쪽 땅이 흑해에 인접한 조지아(그루지야) 공화국이 1991년 4월 소련의 지배에서 독립한 뒤 민주주의를 옹호하는 시민들은 조지아 국가방위대의 일부 군인이 반란을 일으키자 합류하여 독재가 점점 더 심해지고 있는 대통령 즈비아드 감사후르디아(1939~93?) 정부를 무너뜨리려 했다. 준군사 조직 수준인 반란자들은 정부군과 격렬한 유혈 전투를 벌였고, 결국 감사후르디아는 1992년 1월에 대통령 지위를 상실했다. 당시 조지아는 흑해 서북쪽 연안에 닿아 있는 압하스와 사메그렐로(메그렐리아), 러시아의 북北오세티야와 인접해 있는 북쪽의 남南오세티야에서 소수민족의 분리주의 반란에 휩싸여 있었다. 1992년 3월 소련에서 장관을 지냈던 에두아르트 암브로시예비치 셰바르드나제(1928~)는 2명의 군 지휘자로부터 도움을 받아 임시 통치 기구인 조지아 국가평의회 의장에 취임했다가 조지아 의회의 의장이 됐다. 조지아 군대와 남오세티야 주민들 사이에 전투가 벌어졌다. 남오세티야 주민들은 북오세티야와 통합하기를 원했는데, 결국 조지아와 남오세티야, 러시아가 3자 협정을 체결하여(1992년 6월) 남오세티야와 조지아 국경을 따라 다국적평화유지군을 배치했다. 1992년 10월 어느 반군 의용대가 압하스의 일부를 점령했고, 이듬해 전쟁은 확대됐다. 압하스와 러시아의 군대는 3월과 7월에 수후미(압하스 수도) 항구를 장악하는 데 실패했다. 그 뒤 휴전이 성사되어 조지아 군대가 지역을 떠났다. 1993년 9월 말 압하스 군대가 수후미로 쇄도하여 지역 전체를 장악했다. 조지아 군대가 수후미를 포기하고 떠난 뒤 조지아인 소수민족 약 20만 명이 압하스로부터 피신했다. 국제연합 UN이 후원한 회담으로 평화협정이 체결되어(12월 1일) 압하스는 조지아 안에서 자치를 얻었고 UN 평화유지군이 진주했다. 1993년 9월에 감사후르디아의 사병 집단이 조지아 서부의 도시들을 점령한 뒤 쿠타이시로 진격했으나 러시아의 지원을 받은 정부군에 밀려나면서, 체첸에 망명 중이던 감사후르디아의 권력 재장악 노력은 실패로 돌아갔다. 감사후르디아는 이후 자살했거나 살해당했다고 추정된다. 1994년 러시아와 조지아는 경제·군사 부문에서 협력을 강화하기로 합의했다. 암살을 모면한 셰바르드나제는 1995년 대통령 선거에서 승리하여 대통령으로 취임하고 압하스와 남오세티야의 집으로 돌아가기를 원하는 조지아인들을 안전하게 보호하고자 했으며, 1998년에 또 다른 폭탄 공격에서 살아났다. 1998년 10월 18~19일 아카키 엘리아바(1956~2000) 대령(감사후르디아의 지지자)이 반정부 쿠데타를 일으켰으나 성공하지 못했다. 이 일로 구암 GUAM(조지아, 우크라이나, 아제르바이잔, 몰도바로 이루어진 구암민주주의경제개발기구)* 보안군이 창설되어 경제적으로 중요한 카스피 해 송유관을 지키게 됐다. 2000년 12월 조지아와 러시아 사이의 긴장은 더욱 고조됐다. 러시아가 조지아인에게 비자를 받게 하고(남오세티야인은 이 규정을 적용받지 않았다) 압하스 주민에게는 러시아 국적을 주겠다고 제안하자, 조지아 정부는 러시아가 그 지역을 탐내고 있다고 확신하며 불쾌감을 감추지 않았다. 게다가 조지아는 러시아가 자국 영토에 둔 네 곳의 군사기지를 2001년까지 비워주기를 원했으나 러시아는 임차 기한을 연장하려 했다. 2001년 10월 체첸 반군(● 체첸 내전, 1999~2009)과 압하스에 주둔한 조지아의 준군사 조직이 합동으로 공격을 개시했다. 이제 국내난민 IDPs의 수는 30만 명을 넘었다. 정부는 이들의 귀환을 돕고자 압하스에 제한적 자치를 제안했으나 반군은 완전한 독립이 아니라면 어떤 조건에도 응할 뜻이 없었다. 셰바르드나제는 2003년 11월에 대통령 지위를 상실했고, 대신 친서방 인사인 미헤일 사카슈빌리(1967~)가 대통령이 됐다. 사카슈빌리는 러시아 군대가 여전히 주둔하고 있는 압하스와 남오세티야를 다시 중앙에서 통제하려 했다가 러시아의 격한 반응을 불러일으켰다. 조지아국가안보전보장회의는 압하스를 조지아 연방 안에서 크게 보아 주권을 갖는 국가로 인정하는 새로운 분쟁 해결 원칙을 제시했다(2004년 5월 21일). 2004년 7월 15일 조지아와 러시아, 남오세티야는 평화협정을 체결했으나 그 결과로 얻어진 휴전은 빈번히 위반됐고 전투는 지속됐다. 2004년 말 러시아는 압하스의 야당 지도자 세르게이 바가프시(1949~2011)가 친러시아 정부를 전복하려 했다고 비난했다. 바가프시는 스스로 압하스 대통령이라 칭했고, 압하스는 독립을 선언했으나 국제적 승인을 받지 못했다. 불안한 평화가 계속됐고 긴장은 여전했다. 2005년 6월 초 러시아의 협상단이 트빌리시에 도착하여 예정된 러시아 군대의 철수 문제를 세밀히 논의했다. 러시아는 6월 중순에 모스크바에서 조지아 지도자들과 압하스 지도자들 사이의 회담을 주선했다. 2006년 1월 말 조지아는 러시아의 군용기가 다니지 못하도록 자국의 영공을 폐쇄하여 러시아를 압박했다.

○ 아르메니아–아제르바이잔 전쟁, 1988~94

* 2001년 6월 얄타의 정상회담에서 네 나라와 나중에 탈퇴한 우즈베키스탄이 헌장에 서명했다. GUAM은 네 나라의 머리글자다.

조지 왕의 전쟁, 1744~48
King George's War, 1744~48

오스트리아 왕위 계승 전쟁 중 북아메리카에서 벌어진 전투는 대체로 뉴잉글랜드 주민들이 노바스코샤 반도에서 프랑스인들과 싸운 것이었다. 윌리엄 셜리(1694~1771) 매사추세츠 만 식민지 총독은 부유한 해상海商 윌리엄 페퍼릴(1696~1759) 연대장에게 뉴잉글랜드 민병대를 이끌고 영국 해군 함대의 지원을 받아 노바스코샤 주 루아얄(오늘날의 케이프브레턴) 섬에 있는 루이스버그를 공격할 권한을 부여했다. 루이스버그는 프랑스군의 거점으로 튼튼한 요새였다. 페퍼릴의 부대는 영국 해군이 요새와 도시를 포격하는 동안 프랑스군 대포의 사정거리에서 벗어난 지점에 해안 교두보를 설치했다. 이들은 통상적인 방법과는 다른 기습 전술을 이용하여 배후에서 요새를 공격했다. 49일간의 포위 끝에(1745년 5월 11일~6월 28일) 도시와 요새 모두 항복했다. 1746년 루이스버그를 탈환하러 오던 프랑스군 원정대가 노바스코샤 반도의 외해에서 폭풍을 만나 난파했다. 프랑스군과 프랑스에 동맹한 인디언은 뉴잉글랜드 서북부와 뉴욕 식민지의 도시들을 공격했고, 영국군과 영국에 동맹한 이로쿼이족 인디언은 캐나다를 습격하여 보복했다(1746~48). 이 모든 교전은 아무런 의미가 없었다. 1748년에 체결된 엑스라샤펠(아헨) 조약으로 현상이 회복됐고 루이스버그는 영국이 보유하고 있다가 오스트리아 왕위 계승 전쟁 중에 프랑스에게 탈취당했던 인도의 마드라스(오늘날의 첸나이)와 맞바꾸어 프랑스의 소유로 되돌아갔기 때문이다(**○ 카르나타카 전쟁**).

조지프 족장의 봉기
Chief Joseph's Uprising
○ 네즈퍼스족 인디언 전쟁

조큐承久의 난, 1221
Jōkyū War, 1221

1192년 바쿠후幕府라 불리는 무가정권武家政權이 가마쿠라鎌倉에 수립됐다. 가마쿠라 바쿠후는 쇼군의 통치를 받았지만, 이 쇼군은 곧 천황과 마찬가지로 꼭두각시 통치자가 됐다. 실제 권력은 가문의 지도자들이 싯켄執權* 칭호를 가졌던 호조 씨北條氏가 쥐게 됐다. 12세기 초 가마쿠라 바쿠후와 교토京都의 황실 조정은 서로 독립적으로 움직였다. 고토바後鳥羽 천황(1180~1239)은 나라에 아무런 영향력도 행사하지 못함을 깨닫고 천황에서 물러나 중요한 관리들을 조종한다면 더 강력한 실권을 행사할 수 있을 것으로 판단하여 퇴위했다. 1221년 고토바 상황上皇은 독자적 군사력을 보유하고 있던 다양한 세력에게 지지를 호소하여 가마쿠라 바쿠후를 타도하려 했다. 그러나 교토에서 일어난 봉기는 호조 씨의 군대에 1개월 뒤에 진압됐고, 고토바 상황은 유배됐다. 이 봉기의 가장 중대한 귀결은 호조 씨가 문중의 두 사람을 교토의 군사 지배자로 세우고 조정을 통제하게 됐으며, 고토바 상황을 지지한 자들의 재산을 몰수하여 자신들의 지지자들에게 나누어준 것이다. 이러한 조치로 일본에서는 봉건제와 무사 계층의 지배가 강화됐다.

* 가마쿠라 바쿠후에서 쇼군의 위임을 받아 통치 업무를 수행했던 최고 관리.

조헤이承平·덴교天慶의 난,* 936~941
War of Jōhei·Tengyo, 936~941

일본에서 10세기 후반은 대체로 평화로운 시기로 교토京都의 우아하고 세련된 궁전에서 미술과 문학이 번성했으나, 격렬한 내전이 발생하여 평화가 깨졌다. 세토내해瀬戸内海에서는 오랫동안 해적이 창궐했으며, 936년 조정은 후지와라노 스미토모藤原純友(893?~941)를 서쪽으로 파견하여 해적을 진압하게 했다. 스미토모는 임무를 완수했으나, 일을 마치자마자 조정의 명령을 무시하고 부하들과 함께 서부 지역을 약탈했다. 이들에 대적할 군대가 파견됐고, 세이와 겐씨清和源氏 무사 가문의 초대 수장인 미나모토노 쓰네모토源經基(?~?)도 반란의 진압에 합류했다. 스미토모가 죽은 뒤 무정부 상태는 진정되고 평화가 돌아왔다. 한편 동부의 간토關東 지방에서는 다이라노 마사카도平將門(940년 사망)가 세력을 확대하고 있었다. 939년 마사카도는 충분히 강력해졌다고 판단하고 스스로 간토의 천황임을 선언했다. 마사카도는 교토 조정을 모범으로 삼아 자체의 조정을 세웠으나, 그 치세는 오래가지 못했다. 이전부터 다이라노 마사카도에 대립해오던 다이라 씨平氏의 주요 구성원들이 교토의 조정을 지지했고, 940년 마사카도는 진압됐다. 두 차례의 소요는 오래가지 않았고 지속적인 의미를 지니지 못했지만 일본 무사 계층의 성장을 알렸으며, 조정은 무사들의 보호와 힘에 점점 더 의존하게 됐다.

* 일본 연호인 조헤이(承平)와 덴교(天慶) 연간에 일어난 무사 가문의 집안싸움으로, 다이라노 마사카도(平將門)의 난과 후지와라노 스미토모(藤原純友)의 난이다.

존더분트 전쟁, 1847
Sonderbund War, 1847

1840년대 초 스위스의 프로테스탄트 자유주의자들은 헌법의 개정과 더욱 강한 중앙정부(연방 정부), 종교의 자유, 세속교육(예수회 수도사들의 추방)을 얻고자 스위스 연방 전체에 자신들의 견해를 강요하려 했으나 가톨릭의 거센 저항에 직면했다. 1845년 루체른 주canton와 우리 주, 슈비츠 주, 니트발덴 주, 옵발덴 주, 프리부르 주, 추크 주, 발레 주의 8개 가톨릭 주는 가톨릭의 이익을 보호하고 연방의 강화를 막기 위해 존더분트('분리주의 동맹')를 결성했다. 스위스 연방의 연방 회의에서 과반수를 차지한 프로테스탄트 자유주의자 정당들이 존더분트의 해산을 명령하는 법안을 가결하자(1847), 준더분트에 소속된 8개 가톨릭 주는 이를 거부하고 무장했으며 외국의 도움을 호소했다(성과는 없었다). 피 흘림이 거의 없던 짧은 내전에서(1847년 11월 3~29일) 존더분트 군대는 기욤 앙리 뒤푸르(1787~1875) 장군이 지휘하는 연방 군대에 패배했다. 존더분트는 해체됐으며, 동맹 주들은 전비를 부담해야 했다. 승자들은 새로운 헌법을 채택하여(1848) 강력한 연방 정부를 수립했지만 주 정부를 존속시켰다.

종교 전쟁
War of Religion

제1차 종교 전쟁(1562~63) 가톨릭교도인 기즈 공작 프랑수아 1세(프랑수아 드 기즈, 1519~63)의 지지자들은 프랑스 칼뱅주의 프로테스탄트인 위그노에게 관용을 베푸는 1월 칙령(1562)에 격분하여 바시에서 집회를 열고 있던 위그노들을 학살했다. 콩데 공 루이 1세(1530~69)와 가스파르 드 콜리니(1519~72) 백작이 이끄는 위그노는 오를레앙을 점령하여 보복했고, 이로써 여러 곳에서 작은 충돌이 벌어졌다. 가톨릭이 위그노의 거점인 루앙을 공격할 때 콩데 공의 형인 방돔 공작 앙투안 드 부르봉(1518~62)이 부상당한 뒤 사망했다. 격렬했지만 아무런 결판도 내지 못한 드뢰 전투에서 양쪽의 사령관인 콩데 공과 안 드 몽모랑시(1493~1567) 공작 모두 포로가 됐다. 1563년 2월 기즈 공작이 암살당했는데도 두 포로는 협상을 통해 앙부아즈 평화협정을 체결하여 제한적인 관용을 허용했다. 양쪽은 위그노를 지원하여 르아브르를 점령한 잉글랜드 군대를 내몰기 위해 힘을 합쳤다. **제2차 종교 전쟁(1567~68)** 콩데 공과 콜리니 백작은 가톨릭의 국제적인 음모를 두려워하여 모Meaux에 있는 왕의 가족을 체포하려 했으나 실패했다. 그렇지만 위그노의 다른 분견대들은 효과를 보았고, 1567년 말에 파리를 위협했다. 생드니 전투에서 콩데 공은 수적 열세를 딛고 전열을 사수했으며 몽모랑시 공작은 죽음을 맞이했다. 이어진 롱쥐모 평화협정에 근거하여 위그노는 추가로 양보를 얻어냈다. **제3차 종교 전쟁(1568~70)** 콩데 공과 콜리니 백작을 체포하려던 계획이 실패로 돌아가고 프랑스 왕 샤를 9세(1550~74)가 위그노를 억압하면서 불안하게 유지되던 평화가 결국 깨졌다. 작은 충돌이 여러 차례 벌어진 뒤 1569년 3월 가스파르 드 솔(1509~75)이 이끄는 가톨릭 진영 군대가 자르나크에서 위그노를 기습하여 격파하고 콩데 공을 살해했다. 7개월 뒤 스위스인 용병들이 합세하여 증원된 가톨릭 군대는 몽콩투르에서 한 번 더 위그노와 독일인 지원군에 승리를 거두었다. 그러나 콜리니 백작은 주도권을 되찾아 생제르맹앙레 평화협정을 이끌어낼 수 있었다. 이 타협으로 위그노는 더 많은 종교의 자유를 얻었다. **제4차 종교 전쟁(1572~73)** 나바라 왕 앙리 3세(프랑스 왕 앙리 4세, 1553~1610)와 마르그리트 드 발루아(1553~1615)의 결혼을 축하하려고 파리에 모인 약 3천 명의 위그노와 콜리니 백작이 살해된, 악명 높은 성 바르돌로메오 축일의 학살로 인해 전쟁이 재개됐다. 이 시기에 가톨릭 온건파인 정치파 Politiques가 전면에 부상하여 국가통합이라는 대의를 제시하여 위그노와 타협할 것을 강력히 주장했다. 왕당파가 라로셸을 점령하려다 실패한 것을 제외하면 실제 전투는 거의 없었지만, 프로테스탄트는 프랑스 서남부에서 우세를 차지할 수 있었다. **제5차 종교 전쟁(1574~76)** 다시 전쟁이 터졌다. 1575년 10월 가톨릭 군대는 기즈 공작 앙리 1세(1550~88)의 지휘로 도르망 전투에서 승리를 거두었으나, 위그노는 대체로 우위를 유지하는 데 성공했다. 프랑스 왕 앙리 3세(1551~89)는 정치파가 위그노를 지원하는 데 감명을 받아 1576년에 볼리외 칙령으로 종교의 자유를 허용한다는, 효력도 없었던 약속을 한 번 더 되풀이했다. 기즈 공작은 이 협정을 거부하고 가톨릭 동맹(신성 동맹)을 조직했으며 에스파냐 왕 펠리페 2세(1527~98)의 지원을 받아 왕위를 빼앗으려 했다. **제6차 종교 전쟁(1576~77)** 프랑스 왕 앙리 3세는 가톨릭 동맹에 위그노에 대한 새로운 공격을 지원하라고 압박했다. 가톨릭 귀족들은 왕권에 복속되는 것을 피하기 위해 동맹을 해산했지만, 앙리 3세의 군대는 위그노를 진압했고, 위그노는 정치파의 지원을 상실했다. 베르주라크 평화협정에는 위그노의 예배를 허용하는 특별 지역이 규정되어 있었지만, 앙리 3세가 실행을 망설였기에 이 조항은 이행되지 않았다. **제7차 종교 전쟁(1579~80)** 종교 전쟁의 이치에 합당하지 않앉던 이른바 '연인들의 전쟁'은 가톨릭과 위그노 사이의 알력이 아니라 호색한이었던 나바라 왕 앙리 3세의 부인으로 남편 못지않게 성적으로 문란했던 아름다운 '왕비 마르고(마르그리트 드 발루아)'의 낭만적인 탈선과 관계가 있었다. **제8차 종교 전쟁(1585~89)** 후사가 없는 프랑스 왕 앙리 3세의 왕위 계승자로 위그노인 나바라 왕 앙리 3세의 지위에 관심이 커지면서 진행 중이던 가톨릭과 위그노 사이의 싸움에 왕위 계승 문제가 끼어들었다. 기즈 공작 앙리 1세는 이런 결과를 피하고자 가톨릭 동맹을 재조직했고, 분노한 위그노들과 이른바 '세 앙리의 전쟁'을 치렀다. 1587년 나바라 왕 앙리 3세는 쿠트라에서 병력 수가 더 많았던 왕의 군대를 무찔렀으나, 곧이어 기즈 공작 앙리 1세가 지휘한 가톨릭 동맹의 군대가 비모리와 오노에서 승리하여 프랑스 왕 앙리 3세는 1588년 파리에서 기즈 공작 앙리 1세에게 항복하게 됐다. 그리하여 프랑스 왕 앙리 3세는 1588년 7월에 파리에서 위그노와 타협하지 않겠다는 내용의 칙령을 포고해야 했다. 그러나 뒤이은 음모의 도가니에서 기즈 공작 앙리 1세와 동생 루이 드 기즈(1555~88) 추기경이 암살당했다. 프랑스 왕 앙리 3세는 가톨릭 동맹의 격분을 피했으나 1589년에 암살당했다. 나바라 왕 앙리 3세가 가톨릭 동맹의 지지를 받지는 못했지만 프로테스탄트와 가톨릭 진영의 정치파로부터 지원을 받아 앙리 4세로 즉위했다. **제9차 종교 전쟁(1589~98)** 마옌 공작 샤를 드 기즈(1554~1611)가 이끄는 가톨릭 동맹은 앙리 4세와 맞선 싸움에 에스파냐를 끌어들였다. 앙리 4세는 1589년에 아르크에서, 1590년에 이브리에서 중요한 승리를 거두었지만, 내전은 프랑스 전역을 할퀴었고, 파리는 포위되어 공격을 받고 있었다. 앙리 4세는 3년 동안 결말 없는 기동만 계속하다가 1593년에 가톨릭으로 다시 개종했고, 그로써 프랑스의 대부분을 자신의 깃발 아래 두었으며 에스파냐와 가톨릭 동맹이 계획한 공격을 피할 수 있었다. 이듬해 앙리 4세는 파리로 개선했다. 남은 전쟁은 프랑스 왕 앙리 3세와 사촌임을 내세워 프랑스의 왕위를 요구하고 있던 사보이 공국 공작 카를로 에마누엘레 1세(1562~1630)의 주장을 실현하려던 에스파냐 군대를 축출하는 데 집중됐다. 1598년 베르뱅 조약으로 에스파냐가 앙리 4세를 프랑스 왕으로 인정했고, 낭트 칙령으로 위그노에 실질적인 관용이 허용되면서 종교 전쟁은 종말을 고했다.

주교 전쟁
Bishops' War

제1차 주교 전쟁(1639) 1637년 스코틀랜드 주교들은 잉글랜드 왕이자 스코틀랜드의 왕인 찰스 1세(1600~49)와 캔터베리 대주교 윌리엄 로드(1573~1645)의 강권에 따라 장로파(스코틀랜드 교회)에게 새로운 『공동기도서』 사용을 강요하려 했다. 이에 저항한 장로파는 1638년 2월에 국민서약을 작성하여 성공회(잉글랜드 교회)의 침투에 맞서 자신들의 종교를 지키기로 맹세했다. 1638년 11월 스코틀랜드 교회 총회는 주교 직위를 모두 폐지했으며 찰스 1세의 해산 명령을 무시했다. 찰스 1세는 1639년에 전쟁을 하려 했으나 허약하고 경험 없는 군대가 스코틀랜드 서약파誓約派(스코틀랜드 장로파)에 격퇴되자 베릭 협정을 수용하여 스코틀랜드 교회의 새로운 총회 수립을 허용할 수밖에 없었다. **제2차 주교 전쟁(1640)** 찰스 1세와 스코틀랜드 장로파 사이에는 커다란 이견이 있었다. 장로교도들은 성공회를 강요하려는 찰스 1세에 반대했다. 스코틀랜드 수도 에든버러에 있는 스코틀랜드 교회 총회는 계속 왕을 무시했고, 1640년 스코틀랜드인들은 자신들에 동조하는 잉글랜드의 여러 젠트리와 귀족의 부추김을 받아 잉글랜드로 쳐들어갔다. 믿을 만한 군대와 자금이 부족했던 찰스 1세는 훈련을 잘 받은 스코틀랜드 군대에 패하여 굴욕을 당했다. 그 결과로 체결된 리펀 협정에 따르면 스코틀랜드 군대는 잉글랜드 북부를 점령하고 잉글랜드의 새로운 의회가 최종적인 평화조건을 도출해낼 때까지 매일 850파운드를 받기로 했다. 그리하여 찰스 1세는 1640년에 장기의회를 소집할 수밖에 없었고 제1차 잉글랜드 내전의 막이 올랐다.

줄루 내전, 1817~19
Zulu Civil War of 1817~19

줄루족은 원래 오늘날 남아프리카공화국의 동부 고원으로 이주한 소규모 종족이었으나 야심적인 지도자 샤카(1787?~1828)의 노력 덕분에 강력한 국가로 성장했다. 반항적인 청년 샤카는 줄루족 족장이었던 아버지와 사이가 틀어져 음테트와족의 전사가 됐다. 음테트와족의 최고 수장인 딩기스와요(1780?~1817)는 1816년에 샤카의 아버지가 사망한 뒤 샤카가 줄루족의 수장으로 인정받도록 도왔다. 두 수장은 가까운 친구였고, 그 전사들은 즈위데(1758~1820?)가 이끄는 은드완드웨족 같은 공동의 적에 맞서 싸웠다. 딩기스와요가 즈위데에게 살해당한 뒤 음테트와족은 스스로 샤카에 복속해 줄루족의 일부가 됐다. 샤카는 가벼운 투창인 아세가이를 무기로 도입하고, 전사들을 큰 쇠가죽 방패 뒤에 밀집 대형을 이루어 싸우는 부대로 훈련시켜 전통적인 전투 방식을 혁명적으로 바꾸었다. 1818년 고클리 언덕 전투에서 샤카의 군대와 전술은 병력 수에서 우세한 은드완드웨족을 무찔렀다. 은드완드웨족은 패주했고, 즈위데는 살해됐다. 은드완드웨족의 대부분은 땅을 버리고 북쪽으로 이주했으며, 샤카가 줄루 왕국(오늘날 남아프리카공화국의 콰줄루나탈 주)의 주인이 됐다. 1820년대 초 일련의 종족 간 전쟁인 음페카네 Mfecane('분쇄, 분산')가 시작되어 지역은 폐허가 됐으며 샤카는 줄루족의 호전적인 제국을 세워 오늘날의 콰줄루나탈 주에서 세력을 확대했다. 줄루족 전사들은 지역의 종족들을 격파하고 다수를 학살했다.

줄루 내전, 1856
Zulu Civil War of 1856

줄루 왕 음판데(1798~1872)는 허약한 통치자였으나 두 아들 케츠와요(1826?~84)와 음불라지(1856년 사망)는 야심에 찬 인물로 둘 다 아버지를 계승하기를 열망했다. 두 아들 사이의 경쟁과 다툼은 줄루 왕국(오늘날의 남아프리카공화국 콰줄루나탈 주)에서 내전을 유발했다. 케츠와요가 군대를 이끌고 음불라지가 지휘하는 군대를 공격했고, 1856년 12월 투겔라 강 근처의 은돈다쿠수카에서 발발한 전투에서 결정적인 승리를 거두었다. 음불라지와 전투에서 살아남은 그의 추종자들은 모두 붙잡혀 처형됐다. 음판데는 16년을 더 생존했지만 케츠와요가 실질적 통치자가 됐다.

줄루 내전, 1883~84
Zulu Civil War of 1883~84

줄루 왕 케츠와요(1826?~84)는 1879년의 줄루 왕국 전쟁에서 영국군에 패한 뒤 피신했으나 결국은 체포되어 투옥됐다. 영국은 줄루 왕국(오늘날 남아프리카공화국의 콰줄루나탈 주)을 13개 소규모 왕국으로 나누어 통제했는데, 줄루족들 사이에 내분이 발생하자 케츠와요를 복위하여 이 지역을 안정시키고자 했다. 줄루 왕국에 돌아온 케츠와요는 자신이 없는 동안 지베부(1841~1904)가 권력을 잡고 많은 줄루인의 충성을 확보했음을 알게 됐다. 즉시 케츠와요파와 지베부파 사이에 내전이 벌어졌다. 1년 동안 싸움이 계속되는 가운데 케츠와요가 사망했고, 아들 디누줄루(1868~1913)가 줄루 왕이 됐다. 전쟁이 오래 지속되면서 디누줄루는 보어인에게 줄루 왕국의 영토 중 북방의 상당한 부분을 할양하는 대가로 지원을 얻었다. 이로써 전세가 바뀌었고, 보어인의 지원을 받은 디누줄루의 군대가 승리했다. 그러나 디누줄루는 곧 영국과 싸웠고 백인의 침투에 저항했다. 1889년 디누줄루는 체포되어 남대서양의 세인트헬레나 섬으로 추방됐다.

중국 내전, 1674~81
Chinese Civil War, 1674~81
○ 제1차 국공 내전

중국 내전, 1945~49
Chinese Civil War of 1945~49
○ 제2차 국공 내전

중국 '문화대혁명', 1966~76
Chinese 'Cultural Revolution', 1966~76

프롤레타리아 계급의 문화대혁명으로 알려진 새로운 정치운동은 중국공산당 지도자 마오쩌둥毛澤東(1893~1976)이 청년층을 사주하면서 시작됐다. 군대에 권력 기반을 두었던 마오쩌둥은 교육과 산업 경영, 농업과 경제의 발전으로 성장한 관료들로부터 권력을 되찾으려 했으며 중국 문화 생활에서 혁명이 지속되도록 장려하고자 했다. 무료 열차 승차권이 발급됐고, 전투적인 청년 남녀 수십만 명이 수도 베이징北京으로 몰려들어 톈안먼天安門 광장에서 마오쩌둥이 보는 앞에서 열병식을 거행했다. 이 공산주의자들(홍위병紅衛兵)은 애국심과 마오쩌둥에 대한 헌신을 서로 경쟁하듯 과시했다. 공산주의자 청년들은 마오쩌둥의 적들을 비난하는 대자보로 건물의 벽을 뒤덮었고, 중국 전역을 돌아다니며 마오쩌둥의 『마오 주석 어록毛主席語錄』에 담긴 신조를 퍼뜨렸다. 그러나 1934~36년의 홍군紅軍 장정長征의 열기를 재창조하고 경험하려던 이러한 노력은 곧 사라졌다. 홍위병 무리들은 예술작품과 역사적 가치가 있는 유물을 파괴했고 지식인을 비난했으며 책을 불태웠고 엘리트나 마오쩌둥에 반대하는 사람으로 간주된 자들을 공격했다. 각급 학교와 대학교가 폐쇄됐고 경제는 거의 정지하게 됐다. 홍위병은 이데올로기의 차이에 따라 서로 싸우기도 했으며, 거의 모든 성省, 소수민족 자치구에서, 특히 남부에서 여러 파벌 사이의 무력 충돌이 발생했다. 질서를 회복하고 분파주의를 제거하기 위해 군대의 대표자들과 책임감이 좀 더 강한 홍위병, 농민과 노동자로 새로이 혁명위원회를 설립하면서 폭력과 혼란은 점차 줄어들었다. 1969년 봄, 학교가 다시 문을 열었으나 대학교는 1970년 9월에야 개교했다. 일부 주장에 따르면 문화혁명은 부자와 빈자, 도시와 농촌 사이의 여러 가지 오래된 차이를 없애는 데 성공했지만 그 비용과 희생은 엄청났다.

중국-버마 전쟁
Chinese-Burmese Wars

○ 버마-명 전쟁 ; 버마-명, 청 전쟁 ; 버마-청 전쟁

중국-베트남 전쟁, 1979
Sino-Vietnamese War of 1979

중국은 남베트남과 미국에 맞서 싸우는 북베트남을 지원했지만(○ 베트남 전쟁), 두 나라는 전통적으로 적국이었다. 베트남이 소련과 유대를 강화하며 1977년에 라오스와 조약을 체결하여 라오스에 자국의 고문과 군대를 체류시켰고, 1978년 말에 캄보디아를 침공하고, 베트남에 거주하는 화인華人들을 억압하여 화인들 과반수 이상이 탈출하자 양국 사이에 긴장이 고조됐다. 약 20만 명의 중국 군대가 여러 지점에서 국경을 넘어 베트남 북부로 진입하고 여러 도시를 장악했다. 중국군은 그 뒤에 베트남 국경 안으로 계속 침투했다가 거센 저항에 부딪혔다. 캄보디아를 점령하고 있던 베트남 사단들이 도착하여 중국에 저항하던 군대를 보강했으나 중국군을 저지하지 못

했고, 중국군은 3일 동안의 격렬한 전투 끝에 1979년 3월 6일 베트남 북부의 중요 도시 랑선誌山을 점령했다. 베트남의 공산당 정부는 하노이에서 남쪽으로 540킬로미터 떨어진 후에順化로 피난해야 했으나, 중국은 소련의 개입 가능성 때문에 진격을 멈추었다. 1979년 3월 6일 중국은 베트남을 응징하는 군사작전이 성공을 거두었다고 선언하고 1979년 3월 16일까지 침공군을 모두 철수시켰다. 이 전쟁이 끝난 뒤인 1980년대에도 중국-베트남 국경에서는 소규모 전투가 계속 발생했는데, 양국이 1990년대에 상호 관계들을 개선하면서 종식됐다. 한편, 중국과 베트남은 2000년에 양국의 국경 획정 관련 조약을 체결하고 2008년 12월에 양국의 국경을 최종 획정했다.

중국-인도 국경분쟁, 1959~62
Sino-Indian Border Dispute, 1959~62

인도는 1947년에 독립한 뒤 영국이 과거 설정했던 중국과 인도의 국경을 인정했으나, 중국은 제국주의 국가가 획정한 국경은 불법이며 협상을 다시 해야 한다는 입장이었다. 분쟁 지역은 인도가 카슈미르 동부 라다크의 일부라고 주장한 악사이친 고원과 영국령 인도의 노스이스트 프런티어 에이전시NEFA*가 있던 곳의 북방 경계선인 맥마흔 라인** 주변이었다. 1950년대 말 중국은 악사이친 고원을 가로질러 티베트 서부로 이어지는 도로를 건설했다. 인도인들은 1959년에 그 지역으로 군대를 파견했다가 중국군이 이미 주둔해 있는 것을 알게 됐다. 양국 사이에 전면적인 전투가 벌어질 수밖에 없었다. 협상을 통해 문제를 해결하려는 시도가 있었으나 실패했다. 1962년 인도 정부는 군대에 중국이 맥마흔 라인의 북방에 부대들을 전진해서 배치하라고 명령했다. 중국은 이에 항의했고, 인도 군대가 맥마흔 라인의 남방으로 철수하지 않자 중국군이 악사이친 지역과 맥마흔 라인 주변에서 공격을 개시했다. 인도 군대는 크게 패한 뒤 후퇴했다. 중국은 휴전을 선언했고, 1959년 11월 7일에 당시 설정되어 있던 국경선으로부터 20킬로미터를 물러나 중국군 부대를 배치한다고 발표했다.

* 노스이스트 프런티어 에이전시(North-East Frontier Agency). 영국령 인도 아래에서 부탄, 인도, 버마, 중국(티베트) 접경에 설치한 국경 행정구역이다. 영국은 심라 협정을 체결한 직후인 1914년에 맥마흔 라인의 남방에 노스이스트 프런티어 트랙츠(North-East Frontier Tracts, NEFT)라는 행정구역을 설치했고, 이는 1951년에 노스이스트 프런티어 에이전시라고 명칭을 바꿔 1972년까지 존속했다.

중앙아메리카연방 내전, 1826~29, 1838~42
Central American Federation Civil Wars, 1826~29, 1838~42

과테말라와 엘살바도르, 니카라과, 온두라스, 코스타리카가 수립한(1823) 느슨한 정치적 연합체인 중앙아메리카연방 공화국은 1825년에 엘살바도르 출신의 자유주의자 마누엘 호세 아르세(1787~1847)를 초대 대통령으로 선출했다. 수도 과테말라시티에 소재한 연방의회는 보수주의파(중앙집권주의와 로마가톨릭교회를 옹호하는 자들)와 자유주의자(연방주의와 개혁을 지지하는 자들) 사이의 불화로 혼란에 빠졌다. 자신의 당과 대립하고 있던 아르세는 연방의회가 자신이 제출한 법안을 폐기하자 독재적 권한을 행사했다. 엘살바도르의 자유주의자들은 과테말라시티의 아르세 정부를 무너뜨리려 했으나 보수주의파가 과테말라시티를 지배하여 실패했다(아르세의 군대는 엘살바도르 군대를 패배시켜 중앙아메리카연방을 보전했고, 그리하여 보수주의파가 아르세를 지지했다). 그 뒤 아르세의 군대는 엘살바도르의 수도 산살바도르를 포위했고, 산살바도르를 방어하던 군대는 자유주의자인 프란시스코 모라산(1792~1842)이 자신의 출신지인 온두라스에서 군대를 이끌고 와 도시를 해방하면서 구출됐다(1829). 모라산은 이어 과테말라시티에서 보수주의파 군대를 격파하고 권력을 장악하여(1829) 중앙아메리카연방의 대통령이 됐으며(1830), 산살바도르로 수도를 옮겼다. 그러나 모라산은 연방의 주들에 존재하던 정파 사이의 분쟁을 끝내지 못했으며, 보수주의파는 점차 모라산에 등을 돌렸다. 1838년에는 니카라과, 온두라스, 코스타리카가 연방에서 독립했고, 1839년에는 과테말라가 연방을 탈퇴했으며, 1840년에는 로스알토스가 과테말라와 멕시코에 분할됐고, 1841년 2월에는 엘살바도르가 연방의 해체를 기정사실로 인정하고 독립을 선언했다. 모라산은 무자비한 극단적 보수주의파인 라파엘 카레라(1814~65)의 반군이 장악하고 있던 과테말라를 다시 통제하려 했으나 무위로 돌아갔다. 1840년 3월 모라산의 군대는 과테말라시티에서 완전히 궤멸됐고 모라산은 망명했다. 모라산은 뒷날(1842) 코스타리카에서 군대를 이끌고 돌아와 중앙아메리카연방을 다시 세우려 했으나 실패했다. 카레라는 과테말라의 독재자가 됐으며 연방에서 탈퇴하여 탄생한 다른 독립국가들에서 보수주의파 정권이 수립되는 것을 도왔다.

중일中日 전쟁, 1937~45
Sino-Japanese War of 1937~45

일본은 만주(중국 동북부)에서 여러 해 동안 러시아와 중국을 대신하여 지배적인 외세로 우위를 차지하고 있었고 만주국이라는 괴뢰국가를 세웠다. 일본은 만리장성 북쪽의 성省까지 영향력을 확대했고, 중국국민당 정부의 최고지도자 장제스蔣介石(1887~1975)는 일본의 무기와 장비가 더 우수하다는 사실을 알았으므로 일본에 대적하기를 두려워했다. 1937년 7월 중국과 일본의 군대는 베이징北京 북쪽 루거우차오盧溝橋에서 총격전을 벌였다. 양쪽은 협상을 시도했으나, 사건의 파장은 국지적 단계를 벗어났다. 다른 곳에서도 충돌이 일어났으며, 곧 선전포고 없는 전쟁이 휘몰아쳤다. 일본은 신속하게 움직였다. 만주국에서 이륙한 폭격기들이 중국 북부의 도시들을 강타했다. 일본 함대는 상하이上海를 포격했고, 중국은 이를 용감하게 방어했다. 상하이의 운명이 확실해지자, 중국은 공장들의 설비를 일일이 분해하여 먼 내륙까지 옮겼다. 1937년 12월 중국 수도 난징南京이 함락되고(**◐ 파나이 호 사건**) 우한武漢이 새로운 수도가 됐다. 일본군은 난징을 대부분 파괴하고 수많은 여성을 강간했으며 중국의 민간인을 20만 명 넘게 학살했다(**◐ '난징 학살'**). 이듬해 광저우廣州와 우한이 점령됐으며, 수도를 다시 양쯔 강揚子江 협곡(싼샤三峽)의 서쪽에 있는 산악지대의 충칭重慶으로 옮겼다. 1938년 말 일본군은 해안의 거의 모든 항구를 점령하고 중국의 철도와 주요 도시를 장악했다. 이어 1941년까지 교착 상태가 지속되다가 일본군이 '대동아공영권'을 동남아시아까지 확장했고 미국이 참전했다(**◐ 제2차 세계대전, 태평양**). 일본이 버마로드*와 다른 보급로를 봉쇄하자, 대체로 미국군이었던 연합군은 인도에서 히말라야 산맥 동부의 '낙타 등의 혹(당시 비행기들이 지나가려면 위험을 감수해야 했던 험준한 산악지대여서 붙여진 이름)'을 넘어 수송용 비행기로 중국의 쿤밍昆明에 물자와 군대용 장비들을 공수했다(**◐ 제2차 세계대전, 중국**). 중국은 1937~41년에는 소련 공군으로부터 지원을 받고 1941~45년에는 미국이 파견한 공군을 활용하여 일본군에 대항했다. 북쪽에서는 중국공산당의 게릴라가 점령 기간 동안 계속해서 일본군 수송대를 매복했다가 공격하고, 소규모 수비대를 습격하며, 다리와 철도 연결부를 폭파하여 일본군을 괴롭혔다. 일본군은 중국의 농촌을 점령할 수 없었으며 중국인들을 괴뢰정부에 참여하도록 유인할 수도 없었다. 소련군이 전쟁에 참전한 1945년 8월 9일 이후에 소련군은 일본군이 장악한 만주를 휩쓸어 해방시켰고, 1945년 9월 2일 일본이 정식으로 항복할 즈음 중국은 해안의 여러 지역을 탈환했다. 일본은 극동을 지배한다는 장대한 계획을 실현시키지 못했지만, 그동안에도 중국은 내부의 근본적인 정치적 차이를 해결하는 데 실패했다 (**○ 제2차 국공 내전, 1945~49**).

○ 버마 전투 ; 제2차 세계대전

* Burma Road. 버마 남부에서 중국을 잇는 간선도로로, 중일 전쟁 중에 외부에서 군수물자 등의 보급을 받기 위해 중국이 완성했다.

지부티 내전, 1991~2001
Djiboutian Civil War of 1991~2001

1991년 11월 홍해의 남쪽 출입구 부분에 있는 동북아프리카의 작은 공화국 지부티(1896~1967년에는 프랑스령 소말릴란드, 1967~77년에는 프랑스령 아파르 이사Affars Issas)에서 주로 아파르족이 지지한 통합민주주의회복전선FRUD은 이사족이 지배한 정부에 맞서 교전을 시작했다. 주요 종족 집단인 두 종족은 권력을 놓고 경쟁했는데, 아파르족은 북부와 서부에 집중하여 거주하고 있었고, 소말리족 가운데의 일부인 이사족은 남쪽에 자리를 잡았다. 1992년 초 프랑스는 싸움을 중단시키기 위해 평화유지군을 파병했다. 그러자 아파르족 반군은 일방적으로 휴전을 선언했다. 그러나 1992년 말 타주라 인근에서 전쟁이 다시 시작됐고, 수십 명이 사망하고 수백 명이 부상을 당했다. 하산 굴레드 압티돈(1916~2006) 지부티 대통령은 압력을 받았으므로, 1993년 2월에 행정부를 개편하여 아파르족과 이사족이 적절히 균형을 이루도록 했다. FRUD는 정부와 토론하는 문제를 두고 의견 차이를 드러내 강경파와 온건파로 분열했다. 논의 결과, 1994년 12월 26일에 정부는 주요 파벌이던 FRUD의 온건파와 화해와 평화의 실현을 규정한 협정을 체결했다. 헌법이 개정됐고, FRUD 온건파의 지도자 7명이 정부에 합류했는데, 그중 2명이 장관이 됐다(1995). 정부와의 타협을 거부하던 FRUD 강경파는 이후에도 상당 기간 무장투쟁을 계속했지만, 2000년에 정부를 상대하여 평화협상을 시작했다가 2001년에 체결했다. 그리하여 10년 가까이 진행되던 내전은 완전히 끝났다.

진주만 공격, 1941
Attact on Pearl Harbor, 1941

1941년 12월 7일 일요일 오전 7시 55분에 일본군의 전투기 편대가 급강하하여 하와이 제도 오아후 섬에 있는 미국군의 해군기지와 공군기지를 기습 공격했다. 미국과 일본은 얼마간 긴장 관계를 형성하고 있기는 했지만, 이 공격은 완벽한 기습이었다(**○ 제2차 세계대전**). 하와이에서는 일요일 아침에 누구도 전투 준비가 되어 있지 않았고, 대략 2시간 동안에 일본군 전투기들은 잠수함과 초소형 잠수정의 지원을 받아 미국군 함대를 크게 파괴했다. 전함 8척 중에 3척은 침몰했고, 1척은 전복됐으며, 1척은 좌초했고, 3척은 손상당했다. 다른 함선들 가운데에는 기뢰부설함 1척, 사격연습용 표적함 1척이 전복당했고, 구축함 3척, 순양함 3척, 수상기모함 1척, 수리함 1척이 파손당했다. 미국군은 전투기 402대 가운데 159대가 손상당하고 188대가 완전히 파괴됐는데, 파괴된 188대 중에 155대는 지상에서 공격당했다. 일본군의 전투기 414대 중 29대만이 격추당했고, 손상당한 74대를 포함한 나머지 기체들은 멀리 떨어져 있는 항공모함으로 귀환했다. 습격당한 미국군 인력 가운데 2,402명이 사망하고 1,247명이 부상당했으며, 오아후 섬에 거주하던 민간인들 중에는 57명이 사망하고 35명이 부상당했다. 이튿날 미국 연방의회는 일본에 전쟁을 선포했고, 프랭클린 D. 루스벨트(1882~1945) 미국 대통령은 1941년 12월 7일을 '치욕으로 기억될 날'이라고 선언했다.
○ 제2차 세계대전, 태평양

쯩徵씨 자매의 반란, 39~43
Trun'g Sisters' Rebellion, 39~43

한나라가 지배하던 오늘날의 베트남 북부에서 티 삭詩索(?~39)은 관료적 통치로써 베트남 토착의 봉건적 방식을 위협한 한나라에서 파견된 지배자에 맞서 다른 촌장들과 음모를 꾸몄다는 이유로, 교지군交趾郡(한나라가 베트남 북부에 설치한 3개 군 가운데 하나)의 태수 소정蘇定(?~?)에게 사형당했다. 그 뒤 티 삭의 부인인 쯩 짝徵側(?~43)과 그녀의 동생 쯩 니徵貳(?~43) 자매는 토착 지배 세력이 중심이 된 독립운동의 지도자가 됐다(● 한의 남비엣 정복). 열정적인 쯩씨 자매는 반란을 주도하여 1년 안에(39~40) 65군데의 거점을 장악했고, 한나라가 파견한 중국인 지배자들은 도주했다. 거대한 독립 왕국(오늘날의 베트남 북부)의 여왕임을 스스로 선언한 쯩씨 자매는 농민의 지지를 받지 못했고, 훈련받지 못한 쯩씨 자매의 병사들은 곧 마원馬援(기원전 14~기원후 49)이 이끌고 침공한 한나라 군대에 괴멸됐다. 오늘날의 하노이 인근에서 패배한 쯩씨 자매는 핫몬喝門(오늘날 하노이의 일부인 선떠이山西)으로 철수했으나 그곳에서 결정적으로 패했다. 굴욕을 느낀 쯩씨 자매는 홍강紅江과 핫강喝江의 합류 지점인 강물에 몸을 던져 자살했다. 한나라가 그 지역을 다시 지배했다.

〈차〉

차드 내전, 1965~96
Chadian Civil War of 1965~96

차드 북부에는 아랍인 이슬람교 유목민과 목자牧者들이 살았고, 남부에는 반투족 그리스도교도와 전통 종교를 신봉하는 농부들이 거주하고 있었다. 북부인들은 남부인들이 지배하는 차드 정부가 자신들을 차별한다고 생각했고, 1965년에 내전이 발발했다. 1975년 군사 쿠데타가 일어나 펠릭스 말룸(1932~2009) 장군이 반투족 통치자로 권력을 잡았다. 말룸 정권은 리비아의 지원을 받는 차드민족해방전선FROLINAT의 반대에 부딪혔다. 반군 게릴라 운동인 FROLINAT는 1978년 말까지 영토의 약 80퍼센트를 장악했다. 정부의 북부 거점인 티베스티가 습격을 받아 폐허가 되자 프랑스 외인부대가 들어와 게릴라의 공격을 저지했다. 휴전이 중재됐으나 깨졌고, 게릴라들은 밀려났다. 1979년 말룸은 권좌에서 쫓겨나 나이지리아로 피신했다. 임시정부가 수립되어 FROLINAT의 지도자였던 구쿠니 웨데이(1944~　)가 대통령을 맡았고 이센 아브레(1942~2011)는 국방부 장관이 됐다. 이 두 이슬람교도 지도자들 사이에 곧 권력투쟁이 전개됐다. 1980년 말 웨데이를 지원하는 리비아 군대가 차드의 수도 은자메나를 점령했다. 리비아의 국가원수 무암마르 알 카다피(1942~2011) 대령은 차드와 리비아의 합방을 선언했지만 반대가 많았다. 리비아 군대는 그해 말 차드에서 철수했다(1981). 1982년 중반 아브레의 군대가 은자메나를 점령했고 웨데이는 피신했다. 차드는 사실상 북위 15도에서 분단됐다. 북부의 웨데이 게릴라는 리비아의 지원을 받아 남부의 아브레 정권을 무너뜨리기 위해 싸웠다. 아브레 정권은 서방에 우호적인 정권으로 프랑스의 지원을 받았다. 1987년 초 웨데이의 게릴라가 리비아 군대에 적대적으로 돌아서면서 전황은 급격히 변했다(웨데이는 1986

년 10월에 리비아인들의 총격을 받고 부상당했다). 이어 웨데이는 아브레와 연합하여 차드 북부에서 리비아인들을 몰아냈다. 1987년 아브레의 고문이었던 이드리스 데비(1952~) 대령은 카다피의 군대를 공격하여 성공을 거두었다. 1990년 말에 데비의 게릴라 부대가 은자메나의 아브레 정권을 전복시켰으며, 대통령이 된 데비는 즉시 리비아인 포로 약 400명을 석방했다(그리하여 데비의 병력은 카다피가 제공했다는 의혹이 떠돌았다). 1994년경 40개의 저항 집단과 6개의 반란 운동이 데비의 정권에 맞서 싸웠다. 1993년 데비는 자신을 겨냥한 쿠데타 기도를 두 차례 물리쳤다(그중 하나는 아브레를 위한 쿠데타였다). 오래 끌던 무장투쟁은 1996년에 차드 정부가 북부와 남부의 여러 정치 집단과 반군 단체와 평화협정을 체결하면서 종결됐다.

차모로의 반란
Chamorro's Revolt
● 니카라과 내전, 1925~33

차코 전쟁, 1932~35
Chaco War, 1932~35
볼리비아와 파라과이는 1825년 이래로 파라과이 강 서쪽과 필코마요 강 북쪽에 있는 약 25만 9천 제곱킬로미터의 황무지 차코보레알(그란차코)의 소유권을 두고 분쟁을 벌였다. 칠레에 해안 지역을 빼앗긴(● 태평양 전쟁) 볼리비아는 차코를 지나 파라과이 강과 파라나 강을 통해 대서양으로 이어지는 선박 항로를 자국의 석유 운송로로 삼으려고 했다. 볼리비아 군대와 이주민들이 석유가 다량 매장된 것으로 여겨지는 차코로 밀고 들어오면서 이미 그 지역에 거주하고 있던 파라과이인들과 무력 충돌이 발생했다. 1928년 두 나라 군대는 서로 공격했다. 범아메리카연맹PAU이 중재하는 동안 전면전은 피했으나 분쟁은 해결되지 않았다. 작은 교전이 이어지다가 1932년에 파라과이가 대대적인 공세를 펼쳤으며, 이어 1933년 5월 10일 볼리비아에 공식적으로 전쟁을 선포했다. 장비와 규모 면에서 우세했던 볼리비아 군대는 처음에는 독일인 한스 쿤트(1869~1939) 장군이 훈련시키고 지휘했는데, 전략적으로 중요한 보케론 요새를 포함하여 차코 북부와 중부의 파라과이 요새들을 여럿 점령했다(1932년 6월 15일). 그 뒤 파라과이는 이 싸움을 국가 방위 전쟁으로 보고 국민적 동원 노력을 개시했으며 호세 펠릭스 에스티가리비아(1888~1940) 대령의 지휘 아래 대규모 공격을 준비했다. 파라과이가 승리했다. 에스티가리비아는 보케론 요새와 다른 요새들을 되찾고 1934년에 차코의 대부분을 정복했다. 엔리케 페냐란다(1892~1969) 장군이 쿤트를 대신하여 볼리비아 군대의 사령관이 됐다. 1934년 11월 17일 에스티가리비아는 볼리비아의 주요 요새인 바이비안을 장악했고 1935년 초에는 볼리비아 동부로 진격했다가 반격을 받고 퇴각했다. 미국과 남아메리카의 다섯 국가는 전쟁으로 지친 두 나라가 휴전하도록 타협을 이끌어냈다(1935년 6월 12일). 양국은 부에노스아이레스 평화조약을 체결했다(1938년 7월 21일). 파라과이는 차코 지역의 75퍼센트를 얻었고, 볼리비아는 파라과이 강과 파라나 강을 통한 대서양 출입권을 확보했으며 푸에르토카사도를 자유무역항으로 이용할 수 있게 됐다.

찰루키아 내전, 1156?~81
Chalukyan Civil War of c. 1156~81

인도의 왕국들은 늘 세력 투쟁을 벌였는데 특히 데칸 고원에서 싸움이 격렬했다. 인도의 봉건제가 느슨한 탓에 지배하는 왕국이 속국에 권위를 행사하지 못하고 단지 영향력을 끼치는 데 그쳤기 때문이다. 속국은 필요한 경우 병력을 제공하고 매년 공물을 납부하기로 되어 있었지만 간섭받지 않고 자국 영토를 통치했으며, 봉건적 관계를 역전시킬 충분한 힘을 보유할 수 있었고 실제로 그 관계를 뒤집기도 했다. 찰루키아―라슈트라쿠타 전쟁에서 비잘라 2세(1130~67, 재위 1156~67)가 이끄는 속국 칼라추리 왕조가 서(西)찰루키아 왕조에 맞서 일어나 잠시 왕좌를 빼앗은 적이 있었다. 비잘라 2세의 후계자들이 인도의 전형적인 방식대로 서로 싸우는 바람에 제2차 서찰루키아 왕조 최후의 유력 통치자인 소메스바라 4세(재위 1183?~89)가 빼앗긴 왕위를 되찾아 1183년에 두 번째 내전이 벌어지게 됐다.

○ 찰루키아 왕조 전쟁

찰루키아 내전, 1180~89

Chalukyan Civil War of 1180~89

마흐무드 가즈나(971~1030)가 사망할 무렵(1030) 인도의 제2차 서(西)찰루키아 왕조는 남인도의 카티아와르 반도에서 키스트나(오늘날의 크리슈나) 강에 이르는 광대한 영토를 보유하고 있었다. 왕국의 동쪽 경계는 동(東)찰루키아 왕조의 영토와 인접해 있었고 남쪽 경계는 새로이 힘을 회복하여 성장하던 촐라 왕조에 맞닿아 있었다. 마흐무드가 북부를 정복하면서(● 마흐무드 가즈 나의 정복) 남부의 봉건적 관계가 혼란스럽게 바뀌었고, 서찰루키아 왕조들은 두 차례에 걸쳐 내전을 겪었다. 한번은 1156년경부터 1181년까지(● 찰루 키아 내전, 1156?~81) 이어졌고, 두 번째 내전은 텔루구어를 쓰는 속국들인 호이살라 왕조와 야다바 왕조와 싸운 내전이었다. 이 두 왕국은 촐라 왕 조가 동찰루키아 왕조를 흡수할 때(1070) 같이 촐라의 속국이 됐던 카카티 야 왕조와 연합했다. 찰루키아 왕조는 삼면에서 궁지에 몰려 싸우다가 작은 왕국으로 전락했다. 1189년 호이살라 왕조는 오늘날의 카르나타카 주 인 남부 영토를 장악했고 야다바 왕조는 나르마다 강의 남쪽 지역을 지배했다. 축소된 찰루키아 왕조는 두 왕조 사이에 끼어 압박을 받았으며 동쪽에서는 카카티야 왕조에 가로막혔다. 그러나 승리한 세 왕조의 지위는 불안정했다. 해안 지역의 무역을 통제하려면 데칸 고원 전체를 단독으로 지배해야 했기 때문이다. 그러한 힘은 14세기에 델리 술탄국이 확보했다(● 델리 술탄국의 남인도 침입).

찰루키아-라슈트라쿠타 전쟁, 753, 973~975

Chalukyan-Rashtrakutan Wars, 753, 973~975

인도에서 팔라바 왕조와 서(西)찰루키아 왕조 사이의 전쟁(● 찰루키아-팔라바 전쟁)으로 인해 찰루키아 왕조는 점진적으로 쇠락했고 그 속국이었던 라슈 트라쿠타 왕조가 성장했다. 8세기 중엽 라슈트라쿠타 왕조의 힘이 매우 강성해져 통치자 단티두르가(재위 752~760)는 서찰루키아 왕 키르티바르만 2세(753년 사망)를 무찌르고 살해했으며 바타피(오늘날의 바다미)를 점령했다. 라슈트라쿠타 왕조는 제1 서찰루키아 왕조를 무너뜨리면서 데칸 고원의 서부와 중부를 차지했고, 동부 해안에서 이전에 바카타카 왕조가 보유했던 고다바리 강 이북의 영토를 점령했으며, 데칸 고원 북부에서는 이전에 사타바하나(안드라) 왕조가 보유하던 지역을 점령했다. 갠지스 강 유역의 교역로도 장악하려 한 라슈트라쿠타 왕조는 데칸 고원의 왕국으로는 처음으로 인도 북부를 차지하기 위해 노력했다. 라슈트라쿠타 왕조가 주도권을 차지했지만 동찰루키아 왕조는 이에 영향을 받지 않았으며, 마니아케타(오늘날의 말케드)를 수도로 정한 라슈트라쿠타 왕조의 힘이 지속되지도 않았다. 973년 제2차 서찰루키아 왕조의 타일라 2세(재위 973~997)는 라슈트라쿠타 왕조를 무너뜨리기 위한 군사행동에 들어가 2년 뒤 성공했다. 이때부터 제2차 서찰루키아 왕조는 공격적인 촐라 왕조와 다투며 당시 번창하던 인도 동부 해안을 지배하려 했다.

○ 찰루키아−촐라 전쟁

찰루키아 왕조 전쟁, 543~655
Wars of the Chalukya Dynasty, 543~655

굽타 왕조가 몰락하면서(**○ 굽타 왕조의 정복**) 인도 전체는 혼돈에 빠져들었고, 지역의 지배권을 둘러싼 중요한 전투가 촉발됐다. 그중 가장 일찍 벌어진 싸움에서는 인도 중부 데칸 고원의 작은 나라들이 휩쓸렸다. 정복자는 외부인으로 왕가(라지푸트족) 혈통임을 주장한 소족장 출신 풀라케신 1세(566년 사망)였다. 풀라케신 1세는 구릉지 요새 바타피(오늘날의 바다미)를 점령하고 바카타카 왕조의 통치자들로부터 데칸 고원 서부와 서고츠 산맥 사이의 영토를 빼앗아 찰루키아 왕조를 세웠다. 597년 풀라케신 1세의 아들 키르티바르만 1세(재위 566~597)는 콘칸 해안(오늘날의 뭄바이 주)에 이르기까지 북쪽으로 영토를 더 넓혔고 서북 해안을 집중적으로 압박했다. 풀라케신 2세(재위 610~642)는 계속해서 그 지역에 노력을 집중하여 구자라트의 일부(카티아와르 반도)와 말와를 획득했고, 찰루키아−하르샤 전쟁(620)을 승리로 이끌어 왕국의 남쪽 경계를 나르마다 강으로 획정함으로써 찰루키아 왕조 초기에 세력을 크게 확장했다. 풀라케신 2세는 이전에 사타바하나(안드라) 왕조가 지배하던 땅을 병합했고 이에 왕국의 동쪽 영토는 남쪽 멀리 키스트나(오늘날의 크리슈나) 강까지 이르렀다. 풀라케신 2세는 이어 동쪽으로 방향을 틀어 624년에 동쪽 해안의 벵기 지역(오늘날의 오디샤 주 칼링가 근처)의 비슈누쿠디나 왕조를 장악했고, 벵골 만의 피슈타푸라(오늘날의 피타푸람)를 새로 장악한 지역의 통치 거점으로 삼았다. 풀라케신 2세의 친족들이 관리하던 이 영토는 풀라케신 2세가 사망한 뒤에 동東찰루키아 왕조로 독립했다. 동찰루키아 왕조는 1070년까지 존속했다. 풀라케신 2세의 활약으로 찰루키아 왕조는 그 영토가 인도의 동서 해안에 전부 닿았고 동아시아와의 교역을 장악했으며 야심적인 남인도 왕국들을 막을 장벽을 얻었다. 그러나 풀라케신 2세의 정복은 팔라바 왕조의 심기를 불편하게 했다. 팔라바 왕조는 갠지스 강 유역을 떠나 드라비다어를 쓰는 남부 지역을 점령하여 그곳에서 처음으로 황제가 됐던 파르티아인들의 왕조로서, 제1차 촐라 왕조로부터 동쪽 해안의 좁고 긴 땅을 빼앗아 칸치푸람(타밀나두 주)에 수도를 정했다. 벵기 지역을 원했던 팔라바 왕조는 641년부터 647년까지 데칸 고원을 공격하여 642년에 바타피를 빼앗았고 풀라케신 2세를 살해했다. 찰루키아 왕조는 이에 굴하지 않고 구자라트에 힘을 집중했고 충분히 세력을 키워 655년에 바타피를 되찾았으며 팔라바 왕조와 다시 싸울 준비를 했다 (❍ 찰루키아-팔라바 전쟁).

❍ 찰루키아 내전 ; 찰루키아-라슈트라쿠타 전쟁 ; 찰루키아-촐라 전쟁

찰루키아-촐라 전쟁, 990?~1070?
Chalukyan-Cholan Wars, c. 990~c. 1070

850년 무렵에 팔라바 왕조와 동東찰루키아 왕조가 인도 남단을 압박하자 제2차 촐라 왕조가 세력을 회복하고 위세를 떨쳤다. 촐라 왕조는 한때 굽타 왕조 이전에 인도 중부에 존재했던 사타바하나(안드라) 왕조의 속국이었고, 850년에는 인도 아대륙의 남단을 통치한 세 왕조 중의 하나였다. 촐라 왕조는 동부를 지배했고, 서부는 체라(케랄라) 왕조가, 남단 끝은 판디아 왕조가 지배했다. 950년경 촐라 왕조는 팔라바 왕조, 동東찰루키아 왕조와 수없이 작은 교전을 벌였지만 지역 전체를 지배했으며 마음 놓고 제2차 서西찰루키아 왕조와 맞설 수 있었다(❍ 촐라-판디아 전쟁, 910?). 촐라 왕조는 990년에서 993년 사이에 데칸 고원의 남부와 서부를 침공하여 전쟁을 계속했지만 성과를 보지 못하자 1021년에 공격을 중지했다. 소메스바라 1세(재위 1042~68)가 지휘하는 서찰루키아 군대는 공세로 전환하여 촐라 왕조와

격렬하게 싸웠다. 촐라 왕조가 동아시아 교역을 좌우하고자 벵기 지역을 지배하려 했기 때문이다(촐라 왕조는 940?~972년의 라슈트라쿠타-촐라 전쟁 이전에 잠시 벵기 지역을 점령했다). 촐라 왕조는 1052년에 대패했으나 제2차 서찰루키아 왕조도 1062년에 똑같이 중요한 전투에서 패배했다. 평화협상이 이어졌고, 서로 다투던 왕조 사이에 통혼이 이루어졌으며, 동찰루키아 왕조가 촐라 왕조에 흡수됐다. 제2차 서찰루키아 왕조는 촐라 왕조와 더 이상 싸우지 않고 존속했으나, 1156년 무렵부터 1167년까지 왕위 찬탈을 겪은 뒤 데칸 고원의 텔루구어 사용 지역을 지배한 일단의 통치자들에 병합됐다.
○ 찰루키아 내전, 1156?~81

찰루키아-팔라바 전쟁, 670~975
Chalukyan-Pallavan Wars, 670~975

642년에 제1차 서丽찰루키아 왕조를 무찌른 팔라바 왕조는(○ 찰루키아 왕조 전쟁) 굽타 왕조가 몰락한 뒤(○ 굽타 왕조의 정복) 인도의 지배권을 획득하려던 세 번째 왕국이었다. 제1차 서찰루키아 왕조가 팔라바 왕조의 데칸 고원 진입을 방해하는 동안, 동東찰루키아 왕조는 벵기 지역 남쪽의 넬로르라는 구역으로 밀고 들어가 팔라바 왕조를 이전에 사타바하나(안드라) 왕조가 있던 해안의 좁고 긴 땅에 가두어버렸다. 팔라바 왕조가 30년 전에 싸움을 시작할 때 차지하고 있던 바로 그곳이었다. 제1차 서찰루키아 왕조는 비크라마디티아 1세(재위 655~680) 때인 655년에 사원 요새 바타피(오늘날의 바다미)를 다시 세웠고, 670년에는 팔라바 왕조의 수도로 힌두교도가 '남쪽의 바라나시'라고 성스럽게 여기는 칸치푸람을 점령하여 일부를 파괴했다. 이 일로 팔라바 왕조가 몰락하지는 않았다. 그러나 팔라바인들은 이후 칸치푸람에 다시 들어와 거주한 뒤에도 큰 교전은 피했다. 오늘날의 역사가들이 인식하듯이, 팔라바 왕조는 자신들이 군사적으로 무력했다는 사실을 알고 있었을 것이다. 제1차 서찰루키아 왕조의 비크라마디티아 2세(재위 733~746)는 730년에서 742년까지 팔라바 왕조와 이따금 전쟁을 벌였고 이긴 싸움 끝에 칸치푸람은 두 번째로 함락됐다(742). 팔라바 왕조는 서서히 쇠퇴하여 9세기 말에 찰루키아 왕조에 패했고, 이어 한때 자신들의 속국이었던 제2차 촐라 왕조에도 제압당했다. 찰루키아 왕조도 쇠약해져 752년에

속국 라슈트라쿠타 왕조에 패했다(**◑ 찰루키아-라슈트라쿠타 전쟁**). 975년 제2
차 서찰루키아 왕조가 라슈트라쿠타 왕조를 무찔러 다시 속국으로 삼았다.

◑ 찰루키아-촐라 전쟁

찰루키아-하르샤 전쟁, 620
Chalukyan War against Harsha, 620

굽타 왕조가 몰락한 뒤(**◑ 굽타 왕조의 정복**) 델리 인근 스탄비스바라 왕조의
군주였던 하르샤(590?~647?)는 역사상 두 번째로 인도를 통일하려던 자였
다. 굽타 왕조의 속국 왕이었던 하르샤는 굽타 왕조의 영토를 회복하고자
했다. 하르샤는 606년에 왕위에 올라 서쪽의 구자라트에서 동쪽의 아삼까
지 세력권을 확대하고, 중앙집권이 아닌 봉건적 기반 위에 정치체제를 수립
하면서 거대한 인도 제국의 건설에 나섰다. 인더스 강 서쪽 지역을(서북쪽의
취약한 고갯길을 포함한다) 장악할 수 없었던 하르샤는 데칸 고원의 중남부를
얻으려 했으나 당시 풀라케신 2세(재위 610~642)가 통치하던 제1차 서(西)찰루
키아 왕조의 맹렬한 저항에 부딪혔다. 620년 찰루키아 지도자에 패한 하르
샤는 나르마다 강을 제국의 남부 경계로 획정하는 조약을 체결했고, 이후
나르마다 강은 인도의 북부와 남부를 가르는 전통적인 경계가 됐다. 하르
샤가 군사행동에 나선 까닭은 데칸 고원을 지배하는 자가 인도 남부 동해
안과 서해안의 교역지대를 장악할 수 있다는 점을 깨달았기 때문이다. 찰
루키아 왕조는 하르샤를 무찔러 구자라트를 확보할 기회를 얻었으며(**◑ 찰
루키아 왕조 전쟁**) 데칸 고원 전체를 장악할 수 있었다. 647년경 하르샤가 사
망하자 인도 북부의 통일은 깨졌고, 이 분열은 13세기에 이슬람의 델리 술
탄국이 수립될 때까지 계속됐다. 단명했던 팔라바 왕조나 제1차 촐라 왕
조와 제2차 촐라 왕조 같은 야심 찬 왕국들은 이제 인도 북부와 남부에서
모두 제1차 서찰루키아 왕조, 제2차 서찰루키아 왕조와 동(東)찰루키아 왕
조에 맞서게 됐다.

찰스퍼드 학살
Charles's Ford Massacre

◑ 배넉족 인디언 전쟁

참파 내전, 1150~60

Champa Civil War of 1150~60

참파 왕국(베트남 중부) 통치자 자야 하리바르만 1세(1167년 사망)는 크메르 제국과 싸워 승리한 뒤(◐ 크메르-참파 전쟁, 1144~50) 빈번히 도전을 받았다. 대부분 매부 밤사라자(1150?년 사망)가 참족의 산악 부족들의 지원을 받아 일으킨 반란이었다. 밤사라자는 1150년에 패한 뒤 다이비엣大越(베트남 북부)의 통치자에게 도움을 요청하여 병력 5천 명을 지원받았다. 자야 하리바르만 1세는 참파 수도 비자야(오늘날 베트남의 빈딘성平定省)에서 군대를 이끌고 나와 달바 평원과 라방 평원에서 전투를 벌여 승리했다. 자야 하리바르만 1세는 다이비엣 군대에 큰 손실을 입혔다. 참파 군대는 이어 1151년에 아마라바티(오늘날의 꽝남성廣南省)의 참족 반란을 제압했으며, 1160년에는 5년간의 험난한 투쟁을 끝내고 판두랑가를 평정했다.

참파-베트남 전쟁

Champa-Vietnamese Wars

◐ 다이비엣-참파 전쟁

참파-중국 전쟁

Champa-Chinese Wars

◐ 동진, 유송-럼업 전쟁, 431~446 ; 수-럼업 전쟁, 605

참파-크메르 전쟁

Champa-Khmer Wars

◐ 크메르-참파 전쟁

1688년 혁명

Revolution of 1688

◐ 명예혁명

천일千日 전쟁, 1899~1903
War of a Thousand Days, 1899~1903

콜롬비아 공화국은 둘 다 보수주의자였던 라파엘 누녜스(1825~94)와 그의 후임자 미겔 안토니오 카로(1843~1909)가 대통령직을 수행하던 기간에 자유주의자들과 보수주의자들 사이의 극심한 정치투쟁으로 자주 분열했다. 1898년 보수주의자들은 마누엘 안토니오 상클레멘테(1813~1902)를 카로의 후임자로 선출했다. 그러나 승리한 보수주의자들 내부에 분란이 일자 1899년에 자유주의자들이 정부에 반기를 들 기회를 잡았다. 1900년 7월 31일 보수주의자였던 호세 마누엘 마로킨(1827~1908) 부통령은 쿠데타에 성공하여 상클레멘테를 축출하고 대통령직을 차지했다. 무장한 자유주의자들과 보수주의자들 사이에 격렬한 유혈 충돌이 발생했고, 3년간 내전이 맹위를 떨치면서 콜롬비아 경제는 붕괴됐다. 마로킨의 연방군은 마침내 자유주의자들의 반란을 진압하고 질서를 회복했다. 1903년 6월에야 이 싸움은 끝났으나 콜롬비아인 약 10만 명이 목숨을 잃었다. 1903년 말 콜롬비아의 일부였던 파나마가 독립을 선언하고 미국의 도움을 받아 성공리에 독립을 성취했다 (❍파나마 혁명, 1903). 1904년 라파엘 레예스(1849~1921) 장군이 콜롬비아 대통령에 당선되어, 모욕당하고 전쟁으로 피폐해진 나라의 재건에 착수했다.

1812년 전쟁(제2차 미국 독립 전쟁), 1812~14
War of 1812(Second War of American Independence), 1812~14

나폴레옹 전쟁 때 영국과 프랑스는 모두 중립국 상선의 권리를 존중하지 않았으며, 미국의 선박 여러 척을 나포했다. 영국은 한 걸음 더 나아가 미국인 선원들을 자국 해군에 강제로 편입시켰다. 영국인들은 노스웨스트 준주(오하이오 강 노스웨스트 준주)의 인디언에게 미국의 변경 기지와 정착지를 공격하라고 부추기기도 했다. 미국 서부와 남부의 주전파는 '자유무역과 선원의 권리'라는 구호로 단합했으며, 의회는 근소한 표 차이로 영국에 전쟁을 선포하기로 결정했다. 1812년 미국은 세 방면에서 몬트리올을 공격했으나 처참하게 패했고 디트로이트가 함락됐다. 그렇지만 공해公海에서는 창설된 지 얼마 되지 않은 미국 해군이 다섯 차례 승리를 기록했다. 1813년 미국은 디트로이트를 되찾았고, 올리버 페리(1785~1819) 대령은 이리 호수에서 영국 함대를 격파했다. 윌리엄 H. 해리슨(1773~1841) 장군은 템스 강 전투에서 테쿰세(1768~1813)의 인디언 동맹을 분쇄했으나, 미국 선박들은 영국군의 봉쇄 때문에 항구에 묶여 있었다. 영국은 1814년에 공세를 했으나 최종적으로 뉴욕 주 플래츠버그에서 저지당했다. 남쪽에서는 영국 해군이 체서피크 만의 제해권을 확보했으며, 육군이 워싱턴 D.C.를 점령하고 의사당과 백악관을 불태웠다. 그러나 영국군은 볼티모어의 매킨리 요새에서 격퇴됐다. 1814년 12월 영국 해군과 육군이 또다시 뉴올리언스에 접근했으나 외교관들이 헨트 조약을 체결하여 전쟁을 끝내기로 한 뒤 2주가 지난 1815년 1월 8일 앤드루 잭슨(1767~1845) 장군이 지휘하는 미국군에 패배했다. 미국은 이제 독립국가이자 군사 강국으로 인정받았다.

○ 미국 독립 전쟁

1848년 혁명
Revolutions of 1848

○ 독일 혁명, 1848 ; 오스트리아 혁명, 1848~49 ; 이탈리아 혁명, 1848~49 ; 프랑스 혁명, 1848 ; 헝가리 혁명, 1848~49

청淸-국성야國姓爺 전쟁, 1646~62
Ching-Koxinga War, 1646~62

국성야*라는 존칭으로 더 잘 알려진 정성공鄭成功(1624~62)은 만주족의 침략에 맞서 명나라 부흥 운동을 주도했던 충신이었으나 남중국 해안과 섬들을 약탈한 잔인한 해적이기도 했다. 정성공은 여러 곳에 기지를 세워 대규모 해적단으로 해상 화물과 중국 해안 도시들을 약탈했다. 어찌할 수 없었던 청나라 조정은 해안에서 내륙으로 약 27킬로미터 떨어진 곳에 방벽을 세우고 해안 주민들을 소개疏開했으며 정성공 일파에 식량과 보급품이 들어가지 못하도록 마을과 경작지를 파괴했다. 청나라는 이어 네덜란드의 도움을 받아 해적단의 해안 요새들을 파괴했다. 1661년 정성공은 이에 보복하여 네덜란드가 지배한 타이완 섬을 습격했고 해적선 수백 척으로 네덜란드 수비대의 제일란디아 요새安平城를 포위하여 오랫동안 공격한 끝에 점령했다. 타이완은 정성공이 사망한 뒤 그의 아들과 손자들의 통치를 받다가 1683년에 청나라의 일부가 됐다.

⊙만주족의 명 정복

* 國姓爺. 청나라에 쫓겨 남부로 도망친 명나라 융무제에게서 황실 성인 주(朱) 씨를 하사받으면서 주성공 (朱成功) 또는 국성야라고 불렸다.

청년튀르크당의 반란, 1908~09
Young Turks' Rebellion, 1908~09

오스만 제국은 1876년 전제주의에 가까운 헌법을 제정했지만, 술탄 압뒬하 미드 2세(1842~1918)는 이마저도 억압했다. 술탄의 조치에 대부분이 서구화 된 젊은이였던 헌법의 지지자들(청년튀르크당)은 유럽으로 망명하여 통일진 보위원회CUP를 결성하고 오스만 제국의 개혁을 선전했다. 1908년 마케도니 아에 있던 제3군단의 청년튀르크당 소속 장교들은 테살로니키에서 해방의 기치를 들어 헌법을 다시 제정하고, 1877년에 정회된 의회를 다시 소집할 것을 요구했다. 반란은 파리에 있는 CUP의 지지를 받아 급속히 확산됐다. 이스탄불로 밀고 들어가겠다는 청년튀르크당의 위협에 압뒬하미드 2세는 속내와는 달리 요구를 수용하겠다는 성명을 발표했다(1908년 7월 24일). 기 본적인 목적을 달성한 CUP는 정부를 운영할 줄 몰랐고, 행정 실수에 뒤이 어 무혈 군사 쿠데타가 일어났다. CUP는 이전의 관료기구를 그대로 유지 했고, 1909년에 믿지 못할 술탄이 회복된 의회를 개최하도록 허용했다. 압 뒬하미드 2세는 입헌군주가 되기로 약속하는 동시에 CUP를 무력하게 만들 기 위해 은밀히 음모를 꾸몄다. 압뒬하미드 2세의 음모 덕에 매우 반동적인 단체였던 무함마드 연합이 거리낌 없이 의견을 표현했고, 무함마드 연합의 압력에 영향을 받은 제1군단 병사들이 샤리아(이슬람 율법)의 회복과 헌법의 폐지를 요구하며 의회 하원에 난입했다(1909년 4월). 술탄은 유감스러운 척 하며 반란군의 요구에 응했다. CUP 정부는 몰락했고, CUP가 참여하지 않 은 새로운 정부는 아다나와 킬리키아(오늘날의 추쿠로바)의 아르메니아인을 학살하고(⊙**아르메니아인 학살, 1909**) 계엄령을 선포했으며, 1908년 반란자들 을 체포하고 이스탄불 수비대를 축소하라는 술탄의 명령이 지당하다며 이에 따랐다. 테살로니키는 이에 대응하여 뒷날 케말 아타튀르크(1881~1938)로 알 려지는 무스타파 케말에게 지휘를 맡겨 해방군을 파견했다. 해방군은 이스탄불에 입성하여 이슬람교 종교 지도자들의 승인을 받아 술탄 압뒬하미드 2세를 폐위했고, 동생인 메흐메드 5세 레샤드(1844~1918)를 통치자로 지명했다. CUP가 운영하는 행정부는 국내외의 여러 복잡한 문제에 직면했다.

청淸 반란, 1865~81
Ching Revolts of 1865~81

1865년 중국 남부 대부분을 휩쓸었던 큰 반란은 진압됐지만(**○ 태평천국의 난**), 이후 16년 동안 작은 규모의 반란이 청나라 곳곳에서 산발했다. 그중 가장 중요한 반란들은 산시성陝西省과 간쑤성甘肅省, 서부의 신장新疆 지역(오늘날의 신장위구르자치구)에서 일어났다. 반란에 참여한 자들의 동기는 매우 다양했다. 일부 반란은 과거에 존재했던 것과 같은 비밀결사들(**○ 오두미도 ; 적미의 난 ; 황건의 난**)이 조직한 반청 혁명운동이었다. 일부는 강한 반서구, 반그리스도교 정서에 입각하여 행동했으나 그 지지자들은 외국인이 조약으로 폭넓게 권리를 얻은 데 반대했다. 나머지는 당대의 소요를 이용하여 교역로나 여행자를 공격하거나 '보호'를 명목으로 도시에 돈을 요구했던 비적匪賊들이 일으킨 것이었다. 원인이 무엇이든 간에 청나라 군대는 반란을 진압하고 지도자들을 처형했다.

청淸의 이슬람교도 반란, 1863~77
Muslim Rebellion in Ching, 1863~77

1863년 티베트 북쪽 동東투르키스탄(오늘날의 신장위구르자치구)의 이슬람교도 부족들은 만주족(청나라) 지배자들에 맞서 반란을 일으켰다. 이슬람교도는 야쿠브 베크(1820~77)의 지휘로 카슈가르에 독립 정부를 세웠다. 인근의 영토를 지배한 러시아 정부는 반란이 자국으로 확산될까봐 두려웠고, 1871년에 이를 핑계로 군대를 파병하여 일리 강변의 쿨자(오늘날의 이닝伊寧) 주변 동투르키스탄 북부 지역을 점령했다. 이듬해 러시아는 야쿠브 베크와 통상조약을 체결하여 야쿠브 베크의 주권을 인정했다. 그러나 청나라는 반란을 가볍게 여기지 않았고 좌종당左宗棠(1812~85) 장군에게 동투르키스탄의 질서를 회복하라고 명령했다. 좌종당의 군대는 험한 지역을 매우 천천히 행군하여 1876년에 카슈가르에 닿았다. 야쿠브 베크의 이슬람 군대는 패배했고

1877년에 다시 청나라의 주권을 인정해야 했다. 러시아는 점령지에서 떠나기를 주저했지만, 1881년에 조약을 체결하여 점령지 대부분을 청나라에 반환하고 점령 비용으로 900만 루블을 받았다.

○ 몽골 반란, 1755~60

청일淸日 전쟁, 1894~95
Qing-Japanese War of 1894~95

1894년 6월 조선 남부에서 동학 지지자들이 반란을 일으키자 조선 정부는 즉시 조선 지배권을 두고 경쟁하던 청나라와 일본에 진압을 도와달라고 호소했다. 조선으로 파견된 청나라와 일본의 군대는 반란이 멈춘 뒤에도 철수하지 않았다. 1894년 7월 일본군은 한성(오늘날의 서울)의 경복궁을 공격하여 새 정부를 수립했다. 새 정부는 곧 조선이 청나라와 맺은 모든 협정을 파기했고 일본에 청나라 군대를 내쫓아달라고 요청했다. 일본과 청나라는 육상과 해상에서 여러 차례 충돌한 뒤 1894년 8월 1일 서로 전쟁을 선포했다. 청나라 군대는 평양에서 패하고 즉시 한반도에서 내쫓겼다. 양국 해군이 압록강(압록강의 하구 부근) 전투에서 대결했고 일본 해군은 약간의 손실을 보면서 청나라 해군에 큰 피해를 입혔다(1894년 9월 17일). 일본은 이 승리에 뒤이어 1894년 11월 21일 랴오둥遼東 반도(중국 동북부)의 뤼순旅順을 점령했고, 1895년 2월 12일 산둥山東 반도의 웨이하이웨이威海衛(오늘날의 웨이하이) 전투에서 해전과 육전을 승리로 이끌었다. 매번 패한 청나라는 1895년 3월에 강화를 요청했다. 시모노세키下關 조약의 조건은 가혹했다. 청나라는 타이완 섬과 펑후澎湖 제도를 일본에 할양하고 조선이 독립국임을 인정해야 했으며, 일본의 상인들에게 항구를 4개 더 개방하고 막대한 배상금을 물어야 했다. 러시아와 프랑스, 독일이 개입하여 랴오둥 반도의 영토 할양을 방해하지 않았더라면 조건은 더 가혹했을 것이다.

청淸-프랑스 전쟁,* 1884~85
Qing-French War of 1884~85

1860년대 초 이후로 프랑스는 코친차이나(베트남 남부의 일부)와 베트남, 캄보디아에서 서서히 세력권을 확대했다. 1882년 베트남의 응우옌阮 왕조 왕은 왕국을 잠식해 들어오는 프랑스를 저지할 수 있게 도와달라고 청나라에 지원을 호소했다. 이듬해 4월 프랑스 군대가 베트남이 지배하던 통킹(베트남 북부)의 주요 도시 하노이를 장악했다. 몇 달 뒤 베트남 왕은 왕국을 프랑스의 피보호국으로 삼는 조약에 서명할 수밖에 없었다. 청나라 군대가 통킹으로 파견되어 프랑스의 침략에 맞서는 흑기군黑旗軍을 도왔다. 한편 프랑스 해군은 1884년에 청나라 항구 푸저우福州로 이동하여 군함과 육상의 요새들을 파괴했다. 타이완 섬에 있는 일부 항구들은 프랑스의 공격을 저지하다 1885년에 항복했다. 통킹에서는 프랑스가 초기에 성공을 거둔 뒤로 대패하여 철수했다. 그러나 어느 쪽도 선전포고 없는 이 전쟁을 계속할 생각이 없었으며, 평화협상이 진행되어 1885년 6월 9일 톈진天津 조약이 체결됐다. 청나라는 프랑스가 베트남과 맺은 조약을 인정했으며 통킹에서 철군했다. 프랑스는 타이완 섬을 청나라에 반환했고 점령하고 있던 인근의 펑후澎湖 제도도 반환했다.

◐ 프랑스령 인도차이나 전쟁, 1882~83

* 청프 전쟁, 청불 전쟁이라고도 한다.

청淸-티베트 전쟁, 1750~51
Qing-Tibetan War of 1750~51

중국의 황제들은 수백 년 동안 서부 변경에서 군사 강국이 출현하는 것을 막기 위해 티베트의 종교적 지도자인 달라이 라마를 지원했다. 18세기 초 청나라는 티베트의 수도 라싸에 주장대신駐藏大臣이라는 청나라 조정의 대표자 2명을 파견하기 시작했다. 1750년 두 주장대신이 일을 꾸며 티베트의 섭정을 살해하자, 티베트 주민이 분노하여 라싸에 거주하는 모든 중국인을 살해했다. 청나라 건륭제(1711~99)는 질서 회복을 위해 산악지대의 티베트로 군대를 파견했다. 청나라 군대는 어렵게 전진하여 결국 저항을 분쇄했다. 주장대신이 달라이 라마의 정치 활동을 단속하고 달라이 라마의 후계자 확인에 발언권을 지님으로써 청나라의 권위가 다시 확립됐다. 청나라는 티베트에서 두 번째로 높은 지위의 종교적 인사인, 타실룬포사의 6대 판첸 라마*를 더 적극적으로 지원하여 7대 달라이 라마를 제어했다.

* 티베트 불교의 전생 활불(活佛)로 달라이 라마 다음의 위치다.

체로키족 인디언 전쟁, 1760~62
Cherokee War of 1760~62

식민지인 노스캐롤라이나와 사우스캐롤라이나의 체로키족 인디언은 아메리카 인디언 부족들 중에서 진보한 부족에 속했다. 체로키족은 처음에는 백인 정착민들과 사이가 좋았으나 아타쿨라쿨라('작은 목수') 족장은 부족을 설득하여 백인 이주민의 영토 잠식에 맞서 싸웠다. 노스캐롤라이나 식민지와 사우스캐롤라이나 식민지의 경계를 따라 3년 동안 전쟁이 휘몰아쳤으나 인디언들은 우월한 무기와 군사적 기술을 갖춘 백인들의 적수가 되지 못했다. 체로키족은 크게 패하여 강화를 요청해야 했고, 그 결과 영토의 상당 부분을 할양할 수밖에 없었으며, 두 식민지의 경계선 부근 오지까지 정착촌이 확대됐다.

체리밸리 학살, 1778
Cherry Valley Massacre, 1778

미국 독립 전쟁 중에 미국 군대는 영국 쪽에 선 이로쿼이족 인디언을 압박하고자 뉴욕 식민지 경계선 부근 지역에 있는 이로쿼이족 마을 두 곳을 파괴했다. 1778년 11월 11일 이에 격노한 이로쿼이족 442명이 족장 조지프 브랜트(1743~1807)의 지휘로 뉴욕 식민지의 요새화한 도시인 체리밸리를 공격하여 보복했다. 공격에는 월터 N. 버틀러(1752?~81) 중대장이 지휘하는 식민지인 왕당파(영국 지지파) 병력 150명과 영국군 병력 50명이 합세했다. 도시의 모든 건물이 불타 허물어졌고 방어하는 병사 14명, 주민 30명 이상이 학살당했다. 여기에는 대륙군 제7 매사추세츠 연대 병사 200명을 이끌고 체리밸리에 주둔했던 이커보드 올던(1739~78) 연대장과 병사 20명도 포함됐다. 공격군이 떠나기 전까지 주민 70명이 부상을 당하거나 체포됐다.

○ 미니싱크 학살 ; 와이오밍밸리 학살

체비체이스 전투, 1388
English Defeat at Chevy Chase, 1388

○ 오터번 전투

체첸 내전(러시아-체첸 내전), 1999~2009
Chechen Civil War(Russo-Chechen Civil War) of 1999~2009

1999년 8월 지역 안에 독립 이슬람 국가를 세우려는 체첸 반군이 인접한 다게스탄 공화국(러시아 연방 산하)을 공격했다. 다게스탄은 이슬람교가 다수를 차지하는 공화국으로 러시아에 전략적으로 중요한 카스피 해 해안 가운데 러시아 연방 영토의 70퍼센트를 차지하고 있었다. 반군의 지도자는 강경파인 샤밀 바사예프(1965~2006)였다. 러시아는 모스크바 등지에서 벌어진 여러 건의 폭탄 테러가 반군의 소행이라고 주장하며 체첸 공화국(러시아 연방 산하) 수도 그로즈니에 대규모 공중폭격을 가했다. 그리하여 아직 해결되지 않은 분쟁이(○ **체첸 반란, 1994~96**) 다시 불붙었다. 그로즈니의 군대 시설과 민간 시설을 파괴하면서 약 1만 3천 병력의 러시아 군대가 테러범들의 주둔지로 의심되는 곳과 체첸, 다게스탄의 경계에 집결했으며, 전체 주민의 10퍼센트에 가까운 10만 명이 넘는 체첸인이 인구시 공화국으로 피신했다. 1999년 9월 블라디미르 V. 푸틴(1952~) 러시아 총리는 체첸 대통령으로 당선된 아슬란 마스하도프(1951~2005)에게서 법의 보호를 박탈했고, 1996년에 러시아가 점령했을 당시 기능했던 의회를 '유일한 합법적 권력'으로 선언했다. 그로즈니는 2000년 3월 러시아 군대에 점령당할 당시 주민 수가 2만 5천 명을 간신히 넘는 유령 도시가 되어 있었다. 2000년 3월 러시아에서 니콜라이 코시만 부총리가 임시 대통령으로서 대통령 선거를 치르는 동안 체첸 반군이 체첸 동부의 노자이유르톱스키 구역을 장악했다. 러시아는 조지아(그루지야)가 체첸 반군에게 판키시 협곡을 거점으로 활동할 수 있도록 허용했다고 비난했다(○ **조지아 내전, 1991~93, 1996~2005**). 푸틴은 2002년 초에 군사작전을 중단한다고 선언했으나 러시아 군대와 친러시아 군대, 반군 사이에는 매일 공격과 반격이 오갔다. 이어 바사예프가 관여한 많은 사람들을 사망케 한 모스크바 연극공연장 점거 사건이 있었고(2002년 10월), 추가 공격의 위협이 도사린 가운데 러시아는 8만 병력으로 지역 안 군사작전의 수준을 한 단계 격상시켰다. 2003년 3월 23일 체첸의 새로운 헌법이 주민투표로 가결됐다. 새 헌법은 체첸에 상당한 자치권을 부여했으나 러시아 연방에 잔류한다는 조건이 따랐으므로 분리주의자들의 거센 비판을 받았다. 국가두마(하원)는 무장을 해제한 체첸 반군과 체첸에서 저지른 전쟁 범죄로 고발당한 러시아 군인들을 일부 사면했다(2003년 6월 6일). 2003년 10월에 시행된 중요한 선거에서 아흐마트 카디로프(1951~2004)가 승리했다. 과거 반군의 협력자였던 카디로프는 2000년부터 체첸의 무프티(뮈프튀. 율법학자)이자 푸틴의 현지 행정관으로 일했다. 카디로프의 임무는 아들 람잔이 지휘하는 잔인하고도 강력한 카디롭치(민병대)*의 지원을 받아 '체첸화' 과정을—일정한 자치를 허용하되 완전한 독립은 주지 않는 것—촉진하는 것이었다. 카디로프의 임기는 2004년 5월 9일 폭력으로 종결됐다. 폭탄 공격으로 살해당한 카디로프는 소련 해체 이후 네 번째로 암살당한 체첸의 대통령이다. 2004년 9월 1일 러시아에 억류된 체첸 반군의 석방을 모색하던 전사들이 베슬란의 한 학교를 습격했다(대규모 인질극). 어린이 수백 명이 살해됐고 많은 어린이가 부상당했다. 바사예프는 뒤에 이 흉악한 범죄의 책임이 자신에게 있음을 밝혔다. 2005년 3월 러시아 군대가 마스하도프를 살해했다. 이는 최근의 광포한 체첸 역사의 한 장을 장식한 사건으로 기록된다. 마스하도프는 비교적 온건한 인물로 죽기 앞서 일방적인 휴전을 명령했으며, 바사예프를 국제 법정에 회부해야 한다고 제안하는 등 공격적인 바사예프와 거리를 두었다. 러시아는 복구에 수백만 달러를 쏟아부었으나, 이 자금은 대부분 부패한 공무원들의 호주머니로 들어갔다. 게다가 납치와 유괴, 살해는 끊이지 않았다.

* Kadyrovtsy. 카디로프의 추종자라는 의미다.

체첸 반란(러시아-체첸 내전), 1994~96
Chechen Revolt(Russo-Chechen Civil War) of 1994~96

러시아 군대는 주민 대부분이 이슬람교도인 체첸 공화국의 경계를 따라 몇 주 동안 군대를 배치한 뒤 협상이 진행 중이었는데도 1994년 12월 11일 수도 그로즈니를 포격해서 게릴라전 방식으로 진행된 내전을 유발했다. 이 전쟁은 21개월 동안 지속되다가 1996년 8월에 휴전이 이루어지고 평화협정을 체결하면서 끝났다. 흑해와 카스피 해 사이 캅카스 산맥 북쪽에 자리 잡은 작은 공화국 체첸은 1991년에 러시아 연방에서 독립을 선언했다. 그러나 체첸은 국제사회로부터 주권국가로 승인받지 못했으며, 미국을 비롯한 서방 국가들은 보리스 옐친(1931~2007) 러시아 대통령이 엄밀하게는 내정 문제라고 선언한 것에 간섭할 의사가 없음을 선언했다. 체첸 공화국 자체는 2개의 주요 파벌로 분열됐다. 하나는 러시아로부터 완전 독립을 지향하는 파벌로 체첸 대통령이자 전직 소련 공군 장군인 조하르 두다예프(1944~96)가 이끌었고, 다른 하나는 러시아 연방의 일부로 존속하는 데 찬성했다. 옐친이 공격하기 전에, 체첸의 온건파는 은밀히 러시아의 지원을 받았고 두다예프의 영향력을 효과적으로 축소했다. 그러나 옐친이 전면적인 군사 공격을 시작하자—옐친은 체첸의 악명 높은 범죄 문화를 근절하겠다고 공언했는데, 그런 의도뿐만 아니라 인기의 하락을 만회하려는 것과 러시아의 힘을 증명하려는 것도 공격의 동인이었다—온건파는 러시아와 유대를 끊고 두다예프와 연합했다. 옐친의 행위는 군대와 경쟁하는 정치인들뿐만 아니라 정부와 군부 안의 저명인사들로부터도 널리 비판을 받았다. 그중에는 옐친의 인권 분야 고문인 세르게이 코발료프(1930~)와 국방부 차관 게오르기 콘드라티예프(1944~), 아프가니스탄 전쟁의 영웅 보리스 그로모프(1943~), 유명한 군대 지휘관 알렉산드르 레베디(1950~2002)도 있었다. 그로즈니와 키즐랴르 등의 도시에서 탱크로 무장한 러시아 군대와 이에 대항하는 체첸 반군이 치열한 전투를 벌였다. 양쪽 모두 용병이 가담했으며 체첸 공화국의 저격수들은 수많은 러시아 군인들을 사살했다. 옐친은 여전히 단호했다. 전쟁은 지속되어 수만 명이 사망하고 40만 명의 난민이 발생했으며, 체첸의 대부분이 파괴됐다. 1996년 4월 두다예프는 러시아군이 발사한 유도 미사일 등에 폭격당해 사망했다. 1996년 9월 전쟁 중에 비교적 온건했던 체첸의 총사령관 아슬란 마스하도프(1951~2005)가 이후의 평화 정착 과정을 주관했다. 체첸에서 군대를 철수시킨 옐친은 체첸에 자치 정부를 허용하기는 했지만 완전한 독립은 허용하지 않았다. 체첸은 여전히 러시아 연방의 일부라는 사실을 거부하고 러시아는 체첸의 이탈을 거부하는 교착상태가 지속됐는데 이후에 체첸이 납치 작전을 벌이자 모든 공무원에게 분리 독립을 추구하는 이 공화국에서 빠져 귀환하라고 명령했다(1999년 3월).

○ 체첸 내전, 1999~2009

초르나야 소트냐(블랙 헌드레드)의 습격, 1906~11
Raids of the Chornaya sotnya(Black Hundreds), 1906~11

1905년 러시아 혁명 중에 러시아인민연합이라는 반동적 반유대주의 단체가 비밀리에 결성됐다. 비공식적으로 정부의 승인을 받은 이 단체는 일명 초르나야 소트냐(블랙 헌드레드)였다. 대개 지주와 부농, 관료, 경찰로 구성된 초르나야 소트냐는 러시아의 여러 주에서 혁명가들을 공격하여 살해했다. 황제 알렉산드르 2세(1818~81)가 암살당한 이래로 러시아의 각지에서 소수민족을, 특히 유대인을 조직적으로 학살하는 것(포그롬)은 일상적인 일이었지만, 초르나야 소트냐의 '존경받을 만한' 지도부가 벌인 학살극은 유별나게 광포했고 잦았다. 초르나야 소트냐는 100개가 넘는 도시에서 소수민족을 학살했다. 오데사에서는 유대인과 여타 소수민족이 4일 동안 학살당한 뒤에야 질서가 회복됐다. 러시아의 전제적인 지도자들은 이와 같은 소름끼치는 억압을 기회로 삼아 1905년 혁명이 얻어낸 새로운 헌법의 제정을 미루었다.

촐라-판디아 전쟁, 910?
Cholan-Pandyan War of c. 910

인도 제2차 촐라 왕조의 왕 파란타카 1세(재위 907~955?)는 왕좌에 오른 직후 팔라바 왕조의 남은 영토를 차지하여 왕국을 북쪽으로 확장했다. 그러나 남쪽의 판디아 왕조가 인도 중부의 작은 서(西)강가 왕조와 연합하여 팔라바 왕조의 땅을 탐냈다. 촐라 군대는 영토 분쟁에 익숙하지 않았던 적들을 쉽게 물리쳤고, 926년에서 942년 사이에 인도 남부 전 지역을 완전히 지배하지는 못했지만 세력권으로 확보했다. 그러나 그 뒤 제2차 촐라 왕조는 제1차 찰루키아 왕조를 뒤이은 라슈트라쿠타 왕조와 맞붙어 940~972년의 라슈트라쿠타-촐라 전쟁을 치렀다.

O 찰루키아-촐라 전쟁

축구 전쟁, 1969
Soccer War(Guerra del Fútbol), 1969

1950~60년대에 약 30만 명에 이르는 무토지 소유 농민과 실업자가 엘살

바도르에서 온두라스의 서부 지역으로 이주하여 토지를 경작하고 더 나은 생활을 영위하는 데 성공했다. 1969년 온두라스 정부는 엘살바도르인 '무단 거주자'들의 농지를 온두라스 원주민에게 넘기는 농업개혁법을 시행했다. 엘살바도르인들은 대개 수확을 앞둔 시점에 추방당했다. 이들 중 약 1만 7천 명이 엘살바도르로 강제 추방되어 박해당한 이야기를 전했다. 양국 모두에게 악감정이 확산됐다. 온두라스가 세 차례 경기를 치르는 1970년도 세계축구선수권대회 예선에서 엘살바도르에 패하자, 온두라스에서 엘살바도르인 이민자들을 겨냥한 폭동이 발생했으며 전쟁이 촉발되어 짧은 기간 이어졌다(1969년 7월 14~18일). 엘살바도르 전투기들이 온두라스의 공항에 폭탄을 투하했고, 엘살바도르 육군은 온두라스 영토를 점령했다. 온두라스는 적국에 보복 폭격했지만 방어 태세를 유지했고 미주기구 OAS가 휴전을 중재하여 위기를 넘겼다. 엘살바도르 군대는 OAS의 설득에 철수했다. 전쟁으로 3천 명 이상이 사망했고, 넓은 토지가 황폐해졌다. 양국 국경을 따라 비무장지대가 설치됐지만 여러 해 동안 이따금씩 전투가 벌어졌다.

치빙턴 학살
Chivington Massacre

○ 샌드크릭 학살

치아파스 반란, 1994
Chiapas Rebellion of 1994

1994년 1월 1일 멕시코 남쪽 끝 과테말라 국경에 인접한 치아파스 주에서 인디오 농민 반란이 일어났다. 1914~15년 멕시코 반란의 농민 영웅 에밀리아노 사파타(1879~1919)의 이름을 따서 자신들을 사파티스타민족해방군 EZLN이라고 불렀던 무장 반군은 경찰과 정부 공무원들의 지원을 받는 부유한 목장주들과 커피 재배농들에게 사회적·경제적으로 오랫동안 불만을 품어왔다. 반란은 멕시코와 캐나다, 미국의 북미자유무역협정 NAFTA 발효에 때맞추어 일어났다. 마야인의 후손으로 가난했던 인디오는 NAFTA로 커피와 옥수수 가격이 급락하여 부자만 혜택을 받고 자신들은 파멸한다고 보았다. 농민 게릴라 약 2천 명이 치아파스 주 고산지대의 산크리스토발데라스카사스와 다른 여섯 도시를 점령했다. 게릴라들은 경찰과 목장주 등 여러 명을 사로잡고 12일 동안 정부군(연방군) 병사들과 격렬한 총격전을 벌인 뒤 산들로 내쫓겼다. 반군과 연방 정부가 잠정 협정에 합의했다. 이는 불법적으로 점유된 대토지를 빈농에게 재분배하고 공공사업을 시행하며 인디오에 대한 차별 금지를 약속한다는 내용이었다. 그러나 1995년 2월 정부군 병사들이 치아파스 주의 반군 영역으로 들어와 사파티스타를 체포하거나 라칸돈 밀림까지 추적하면서 1년에 걸친 휴전이 끝났다. 소요는 계속됐고 2005년에는 사파티스타 반군 지도자 '부사령관' 마르코스(1957~)가 이끄는 전국적인 정치 운동이 시작됐다. 1995년에 멕시코 당국이 확인한 바에 따르면 마르코스는 예수회의 교육을 받은 전직 '대학 강사' 라파엘 세바스티안 기엔 비센테였다. 사파티스타의 근거지에는 빈곤한 반군 지지자 약 25만 명이 개혁과 인디오의 권리를 쟁취하기 위해서 정치체제에 다시 저항할 준비를 갖추고 있었다.

○ 멕시코 반란, 1996

치옴피의 난, 1378
Revolt of the Ciompi, 1378

피렌체 공화국의 주민들은 구엘프당(교황당)이 '여덟 성자'를 성공리에 처리한 뒤(○ 여덟 성자의 전쟁) 교황청의 지원을 받아 다시 억압적으로 통치하는데 분노했고, 1378년에 메디치 가문이 복귀하면서 분노는 더욱 치솟았다. 가난한 소모공梳毛工(양모를 빗질하는 공정을 담당하는 하급 노동자), 즉 치옴피는 길드를 결성할 수 없어 정치 권력을 보유하는 것이 불가능했기에 소小길드를 구성한 상점주들을 포함한 하층계급들을 자극하여 피렌체에 민주적 정부를 구성하려 했다. 1378년 7월 하층계급들은 정부를 장악했고 치옴피는 길드의 지위를 얻었다. 그러나 정치적 격변 때문에 경제 상황이 악화되자 곧 소길드들은 치옴피를 포기하고 대大길드들에 합류하여 새 정부를 무너뜨렸다. 피렌체는 새로운 과두지배 집단이 지배하는 또 다른 보수적 사회질서로 되돌아갔다. 치옴피 길드는 폐지됐다. 피렌체에서는 폭동과 소요가 지속됐으나 1382년에 마침내 대길드들이 도시에서 지배를 회복했다. 치옴피 지도자들은 살해되거나 추방됐으며 구엘프당은 곧 이전의 권력을 되찾았다.

치트랄 전투, 1895
Chitral Campaign, 1895

치트랄(파키스탄 북쪽 끝 구역)의 부족민들은 자신들의 지역에 들어와 제후령 관리사무처를 세운 영국에 적대적이었다(1889). 1895년 치트랄에 쿠데타가 발생하여 통치하던 족장이 목숨을 잃었고 승자들은 영국이 파견한 대표를 추방하려 했다. 이 때문에 영국은 반란을 진압하고자 병력 1만 6천 명을 파견했다. 1895년 4월 3일 침공군은 말라칸드 고개에서 병력 약 1만 2천 명의 치트랄 부족을 무찔렀고, 치트랄 부족은 500명이 넘는 인명의 손실을 본 뒤 고개의 통제를 포기했다. 영국군의 사상자는 약 70명이었다. 영국은 치트랄에 수비대를 배치하고 영국령 인도에 병합했다. 부족의 반란이 몇 차례 있었지만 영국군의 주둔으로 결국 1898년에 평화가 정착됐다.

친디트 전쟁
Chindit War
○ 버마 전투

7년 전쟁, 1756~63
Seven Years' War, 1756~63

영국과 프랑스가 식민지 경쟁을 벌이고 오스트리아와 프로이센이 오스트리아 왕위 계승 전쟁 때부터 헤게모니 투쟁을 지속하면서, 결국 유럽 안에서는 프로이센과 영국, 하노버를 한편으로 하고, 프랑스와 오스트리아, 러시아, 작센, 스웨덴, 그리고 한동안은 에스파냐를 다른 한편으로 하는 전 세계적 투쟁이 일어났다. 프랑스와 영국은 북아메리카와(○ 프랑스·인디언 전쟁) 인도에서 대결했다. 유럽과 그 밖의 지역에서 30차례가 넘는 전투를 수반했던 이 전쟁은 프랑스 혁명 전쟁 이전에 유럽의 강대국들이 모두 연루된 마지막 대충돌이었다. 프로이센과 오스트리아 군대가 많은 전투를 치른 까닭에 '1756~63년의 오스트리아-프로이센 전쟁'이라고 종종 불리기도 한다. 1756년 프로이센이 작센을 침공하여 전쟁이 시작됐다. 1757년 신성로마제국(오스트리아)이 프로이센 왕 프리드리히 2세(1712~86) '대왕'에게 전쟁을 선포했다. 프로이센 군대는 이듬해에 오스트리아령 보헤미아를 침공했으나 1757년 6월 18일 콜린에서 레오폴트 요제프 폰 다운(1705~66) 원수가 지휘하는 오스트리아에 패하여 프라하의 포위를 풀고 보헤미아에서 철수해야 했다. 프리드리히 2세가 지휘하는 프로이센 군대는 1757년 11월 5일 작센의 로스바흐에서 프랑스·오스트리아 군대를 격파했고, 1757년 12월 5일 슐레지엔의 로이텐(오늘날 폴란드의 루티니아)에서 오스트리아 군대를, 브란덴부르크에서는 1758년 8월 25일 조른도르프(오늘날의 사르비노보)의 격렬한 전투에서 러시아 침략군을 격퇴했다. 영국군과 하노버 군대는 1758년 6월 23일 크레펠트에서, 그리고 1759년 8월 1일 민덴에서 프랑스군을 무찔렀다. 민덴 전투 이후 프랑스는 하노버와 프로이센을 크게 위협하지 못했다. 프랑스는 1759년 11월 20일 키브롱 만에서 영국에 대패하여 제해권도 빼앗겼다. 그러나 프로이센은 1759년 막센과 쿠너스도르프(오늘날 폴란드의 쿠노비체)에서 참패하면서 기울기 시작했다. 막센에서는 1만 2천 명의 프로이센 병사들이 오스트리아에 항복했으며, 쿠너스도르프에서는 5만 9천여 명의 오스트리아·러시아 군대가 프리드리히 2세가 지휘하는 5만여 명의 프로이센 군대를 완전히 압도했다. 그 뒤 크게 사기를 잃은 프리드리히 2세는 퇴위를 고려했다. 프로이센의 쇠락은 러시아가 프리드리히 2세의 수도 베를린을 점령한 1760년까지 지속됐다. 1760년 11월 3일 토르가우 전투에서 프리드리히 2세가 다운의 군대에 큰 희생을 치르고 승리를 거두면서 잠시 운이 바뀌기도 했지만, 프로이센은 곤경에 빠졌다. 1761년에 치러진 영국 하원 선거로 프로이센 지지자들이 권력을 상실했고, 그 결과 영국이 프로이센에 보냈던 지원도 끊겼던 것이다. 그렇지만 러시아의 통치자가 바뀌면서 이 효과가 상쇄됐다. 표트르 3세(1728~62)가 잠시 황제에 즉위하여 프로이센을 도왔던 것이다. 그러나 표트르 3세가 암살당하면서 러시아는 전쟁에서 빠지게 됐다. 1762년 스웨덴이 프로이센과 단독으로 강화를 체결했고, 그 직후 다운이 지휘하는 오스트리아 군대가 슐레지엔의 부르커스도르프(오늘날 폴란드의 부르카투프)에서 프리드리히 2세의 군대에 패했다. 인도 남부의 카르나타카 지역에서는 영국군이 1760년에 반다바시(완디와시)에서 프랑스 군대를 격파하고 1761년에 퐁디셰리(오늘날의 푸두체리)를 점령한 뒤 지배권을 획득했다. 영국은 1762년에 유럽과 쿠바, 필리핀에서 에스파냐와도 싸워 승리했다. 그렇지만 오랜 전쟁으로 자원이 고갈되자 교전국들은 대부분 평화를 추구했다. 1763년 2월 10일 파리 조약으로 프랑스는 북아메리카와 인도에서 추구하던 영유권들을 포기하고 영국에 넘겼으며, 5일 뒤 후베르투스부르크 조약으로 오스트리아와 작센, 프로이센은 전쟁 발발 이전 상태로 회귀하는 강화를 체결했다. 프로이센은 슐레지엔을 유지했다.

○ 마이소르 전쟁 ; 에스파냐-포르투갈 전쟁, 1762 ; 카르나타카 전쟁

칠레 내전, 1829~30
Chilean Civil War of 1829~30

1823년 칠레 최고집정관 베르나르도 오히긴스(1778~1842)가 퇴임한 뒤 칠레는 극도로 불안한 시절을 보냈다. 보수주의적인 대지주와 성직자들이 연합하여 대개 하층계급들로 구성된 자유주의 세력에 맞섰다. 하층계급들은 지방자치와 농업 개혁, 성직자 권한의 축소를 옹호했다. 1828년에 자유주의적 헌법이 공포되자 위기가 촉발됐고 1829년에 내전이 발발했다. 보수주의자는 콘셉시온에 주둔한 군 최대 규모 수비대의 사령관인 호아킨 프리에토(1786~1854) 장군을 지지했다. 1830년 4월 17일 양쪽은 리르카이에서 충돌했고 보수주의자가 결정적인 승리를 거두었다. 프리에토가 칠레 대통령이 됐고 디에고 포르탈레스(1793~1837)를 그의 내각에 장관으로 임명했다. 포르탈레스는 보수주의파 정권의 실질적인 독재자였다.

○ 페루-볼리비아국가연합 전쟁

칠레 내전, 1891
Chilean Civil War of 1891

1886년 자유주의자인 호세 마누엘 발마세다(1840~91)는 칠레 대통령으로 당선된 뒤 공공사업을 촉진하고 국민 보건과 공교육을 개선했다. 1890년 칠레 의회가 정부의 예산안을 거부하며 발마세다의 계획에 반대했다. 1891년 초 발마세다는 의회 없이 일하겠다고 선언했고, 의회는 곧 발마세다를 탄핵한 뒤 호르헤 몬트(1845~1922) 해군 장교를 임시 대통령으로 지명했다. 해군은 의회를 지지했던 반면, 발마세다는 육군을 계속 통제했으며 수도 산티아고데칠레에서 독재적 권력을 행사했다. 1891년 8월 해군은 발파라이소에서 북쪽으로 약 20킬로미터 떨어진 킨데로에 의회파의 병력 9천 명을

상륙시켰다. 발마세다의 병력 1만 명 중 다수가 전투를 거부하고 발파라이소 점령을 허용했다. 산티아고데칠레는 곧 의회파 군대에 함락됐다. 대통령직에서 내쫓긴 발마세다는 수도에 있는 아르헨티나 공사관으로 도피했다가 임기가 끝나는 시점인 1891년 9월 19일에 스스로 목숨을 끊었다.

칠레 독립 전쟁, 1810~26
Chilean War of Independence, 1810~26

나폴레옹(1769~1821)이 에스파냐 왕 페르난도 7세(1784~1833)를 폐위했다는(**○ 반도 전쟁**) 소식이 칠레에 전해지자, 페르난도 7세에게 충성을 바친다고 공언했던 혁명평의회는 에스파냐군 총독을 내쫓고 통제권을 장악하여 식민지 관리들을 축출하고 칠레 항구들을 자유무역에 개방했다. 칠레의 혁명 운동은 1811년에서 1814년까지 호세 미겔 카레라(1785~1821)를 따르는 급진파와 베르나르도 오히긴스(1778~1842)를 추종하는 온건파 사이의 폭력을 수반한 분쟁으로 분열됐다. 그 덕에 에스파냐 왕당파 군대는 1814년 랑카과 전투에서 혁명군을 무찌르고 산티아고데칠레를 다시 장악했다. 그 뒤 오히긴스와 카레라는 호세 데 산 마르틴(1778~1850)과 합세했다. 산 마르틴은 칠레를 거쳐 페루를 해방하기 위해 아르헨티나 서부의 멘도사에서 3년 동안 군대를 조직하여 훈련시키고 있었다(**○ 페루 독립 전쟁**). 산 마르틴은 곧 선동 행위를 했다는 이유로 카레라를 추방했다. 1817년 초 산 마르틴은 병사 약 5천 명을 이끌고 안데스 산맥을 넘어(이전에는 누구도 이루지 못한 위업이었다) 1817년 2월 12일 차카부코 전투에서 에스파냐군을 격파했다. 산 마르틴은 산티아고데칠레를 점령하고 이듬해 칠레의 독립을 선포했다. 1818년 4월 5일 마이포 강변에서 산 마르틴이 왕당파 군대를 무찌르면서 칠레는 독립을 확보했다. 유능한 영국인 장교 토머스 코크런(1775~1860) 경이 지휘하는 칠레의 소규모 해군은 에스파냐가 보유했던 칠레 해변의 거점들을 파괴하고 항로를 봉쇄했다. 코크런은 1818년에서 1820년 사이에 에스파냐 요새들을 성공리에 포격했고 수많은 군함을 나포했다.

○ 아르헨티나 독립 전쟁

칠레 쿠데타, 1973
Chilean Coup d'état of 1973

1970년 마르크스주의자라고 공언했던 살바도르 아옌데 고센스(1908~73)가 칠레 대통령에 당선됐다. 아옌데는 선거운동 중에 민주주의 체제 안에서 사회주의를 실현하겠다고 했다. 아옌데는 당면 과제였던 경제 개혁을 물가 동결과 임금 인상으로 시작했다. 이후 아옌데는 미국인들이 소유한 구리 광산들과 몇몇 중공업 기업을 국유화했고 대규모 플랜테이션들을 해체했으며 농민들에게 토지를 분배했다. 이러한 조치들에 칠레의 중간계급과 상층계급, 우파 정당들은 물론 여러 국가도 적으로 돌아섰다. 식량 부족이 심화되고 파업으로 생산에 차질이 생겼으며, 외국이 차관 제공을 거부하고 인플레이션이 상승하면서 경제는 악화됐다. 시가전과 사보타주, 의회 내부의 언쟁은 일상사가 됐다. 국유화를 거부한 트럭운송기업 소유주들이 두 달 동안 파업을 벌여 국가가 마비됐고, 국가는 내전 직전으로 몰렸다. 1973년 9월 11일 군대가 쿠데타에 성공하여 정부를 무너뜨리고 산티아고데칠레의 대통령궁을 장악했으며, 아옌데는 대통령궁이 군대의 공격을 받을 때 자살한 것으로 보인다. 소문에 따르면 미국 중앙정보국CIA이 아옌데 축출 계획을 지원했고 그 음모의 비용을 댔다고 한다. 그 뒤 칠레는 아우구스토 호세 라몬 피노체트 우가르테(1915~2006) 장군을 수장으로 하는 4인 군사평의회의 지배를 받았다. 피노체트는 1973년부터 1990년까지 독재자로 칠레를 통치했다. 그 뒤 피노체트는 인권침해 혐의로 고발됐으나 2002년 칠레 대법원은 건강악화를 이유로 형사처분 시도들을 중지하도록 판결했다가 2004년에 다시 피노체트의 형사처분을 재개했다. 그러나 2006년 피노체트가 사망하면서 한 건의 형사처분도 확정하지 않은 채 중지됐다.

칠레-페루-볼리비아국가연합 전쟁
Chilean War with the Peruvian-Bolivian Confederation
○ 페루-볼리비아국가연합 전쟁

7월 26일 운동, 1953
26th of July Movement, 1953
이 운동은 피델 카스트로(1926~　)가 쿠바 국민의 지원을 받아 독재자 풀헨시오 바티스타 이 살디바르(1901~73)를 축출하고자 만든 게릴라 운동이자 집회 구호였다. 1953년 7월 26일은 카스트로와 청년 반군 135명이 산티아고데쿠바의 몽카다 육군 병영을 공격한 날이다. 그러나 이 노력은 성과가 없었고, 공격에 가담한 자들은 대부분 사망하거나 체포됐다. 피델 카스트로와 그의 동생 라울 카스트로(1931~　)는 간신히 탈출했다가 며칠 만에 체포됐다. 카스트로는 15년 징역형을 선고받고 쿠바 피노스(오늘날의 라후벤투드) 섬의 감옥에 19개월을 투옥됐다가 석방됐다. 카스트로는 멕시코로 갔다가 돌아와 바티스타에 맞선 투쟁을 계속했다(**○ 쿠바 혁명, 1956~59**). 카스트로는 참혹한 실패로 끝났지만 대담했던 1953년의 공격과 재판에서 했던 긴 자기 변호 연설로 쿠바 대중의 영웅이 됐다. 특히 청년들이 열광했다.

7주 전쟁(오스트리아–프로이센 전쟁),* 1866
Seven Weeks' War(Austro–Prussian War), 1866
프로이센의 오토 폰 비스마르크(1815~98) 총리는 독일 연방을 지배하는 오스트리아를 누르고 프로이센의 헤게모니 아래 독일 국가들을 통합하기 위해, 왕 빌헬름 1세(1797~1888)의 반대를 무시하고 홀슈타인 공국을 점령하여 전쟁을 도발했다. 홀슈타인 공국은 1864년의 덴마크–프로이센 전쟁 뒤 조약에 의거하여 오스트리아가 관리하고 있었다. 점령 직후 오스트리아와 그 동맹국인 뷔르템베르크와 작센, 하노버, 바덴, 기타 작은 독일 국가들은 프로이센과 그 동맹국 이탈리아에 맞서 싸웠다. 프로이센 군대는 작센과 하노버, 헤센 선제후국, 보헤미아를 제압했고, 1866년 7월 3일 보헤미아 동부의 사도바(쾨니히그레츠) 전투에서 오스트리아를 격파했다. 이탈리아에서는 오스트리아가 육지와 바다에서 승리를 거두었다. 쿠스토차에서는 7만 5천 명의 오스트리아 군대가 이탈리아 왕 비토리오 에마누엘레 2세(1820~78)의 서투른 지휘를 받던 12만 명의 이탈리아 군대를 무찔렀으며, 오늘날 크로아티아 비스 섬 인근의 바다에서 벌어진 전투(리사 해전)에서는 유럽에서 처음으로 장갑함이 모습을 드러냈다. 나폴레옹 3세(1808~73)의 중재로 예비 평화회담이 열렸고, 1866년 8월 23일 프라하 조약이 체결되어 7주간 지속된 전쟁이 끝났다. 조약에 따라 오스트리아는 독일 문제에 개입할 수 없게 됐으며, 프로이센은 슐레스비히-홀슈타인, 하노버, 헤센 선제후국, 나사우, 프랑크푸르트를 얻었고, 이전의 독일 연방은 프로이센이 지배하는 북독일 연방으로 대체됐다. 이는 프랑스-프로이센 전쟁 이후 1871년에 선포될 독일 제국의 서막이었다. 오스트리아 제국은 이탈리아에서 승리했지만 나폴레옹 3세의 설득에 따라 베네치아 지역의 통제권을 이탈리아인들에게 넘겨주었다(빈 조약). 그 뒤 오스트리아는 남은 영토를 재조직하여 오스트리아-헝가리제국을 세웠다(1867).

* 보오(普墺) 전쟁이라고도 한다.

칭기즈 칸-금金 전쟁, 1211~15
Genghis Khan's War with the Jin Empire, 1211~15

칭기즈 칸(태조, 1167?~1227)은 면밀히 계획을 세운 뒤 몽골 군대를 이끌고 금나라로 향했다. 칭기즈 칸은 앞서 금나라의 북쪽 국경에 자리 잡은 옹구트족의 위치와 금나라에 복수하려는 거란족의 욕망을 이용하여, 튀르크족 계통인 두 종족을 한편으로 끌어들였다. 칭기즈 칸에게 필요한 것은 싸움을 개시할 명분뿐이었다. 1210년 금나라는 칭기즈 칸에게 새로 즉위한 위소왕 완안윤제完顔允濟(1168?~1213)에게 신하의 예를 표하라고 명령했다. 칭기즈 칸은 이를 거부하고 군대를 동원하여 옹구트족에게 금나라의 북쪽 국경을 침입하라고 명령했고, 1211년에 만리장성 남쪽 지역 깊숙이 침입했다. 칭기즈 칸은 공성 기술을 갖고 있는 금나라 기술자들을 포로로 잡아 한층 더 체계적인 공격 계획을 세웠다. 칭기즈 칸의 군대는 이제 세 집단으로 나뉘어 세 방면으로부터 허베이河北와 랴오닝遼寧을 공격했다. 칭기즈 칸이 중도中都(오늘날의 베이징)를 위협하자, 금나라 조정은 남쪽으로 약 320킬로미터 떨어진 카이펑開封으로 천도했다. 칭기즈 칸의 군대는 1214년부터 금나라 수도 중도를 둘러쌌고, 1215년에 베이징 약탈을 종료했다(◑ 칭기즈 칸의 베이징 약탈). 몽골은 서요西遼가 지원을 요청하자(◑ (제1차) 몽골-페르시아 전쟁) 금나라 공격을 중단했다가 1231년에 재개했다(◑ 몽골의 금 정복).

칭기즈 칸-서하西夏 전쟁
Genghis Khan's War with the Hsia Empire

제1차 칭기즈 칸-서하 전쟁(1206~09) 금나라의 서쪽이자 고비 사막 아래에 자리 잡은 서하西夏 왕국은 중국에서 가장 약한 나라였다. 종교로는 불교도이며 종족으로는 티베트계 탕구트족인 서하는 북송과 황하黃河 상류 유역의 지배권을 두고 다투면서 국경지대를 침입하기도 했다. 그리고 서하는 몽골의 남쪽을 괴롭히는 가시와도 같았다. 전쟁이 벌어진다면 칭기즈 칸(태조, 1167?~1227)은 훈련된 대규모 몽골 전사들의 능력을 시험할 기회를 얻을 것이고, 정복에 성공한다면 몽골은 중국과 유럽을 잇는 대상로隊商路에서 나오는 수입을 차지할 것이었다. 전쟁에는 어떤 도시도 연루되지 않았다. 몽골이 아직 공성 기술을 몰랐기 때문이다. 전쟁은 소모전으로 전개됐다. 몽골이 농촌을 철저히 약탈하자 서하는 1209년에 강화를 요청하고 몽골의 종주권을 인정했다. 승리를 얻은 몽골은 이제 홀가분하게 금나라에 맞서고 서쪽으로 더 팽창할 계획도 세울 수 있었다(○ **칭기즈 칸-금 전쟁**). **제2차 칭기즈 칸-서하 전쟁(1226~27)** 칭기즈 칸에게는 서하 정복을 재개할 개인적인 이유가 있었다. 서하는 고분고분한 속국의 태도를 보이지 않았다. 몽골의 지도자는 제1차 몽골-페르시아 전쟁에 군대를 동원하고자 병력을 요구했지만, 탕구트족 통치자는 병사가 부족하다면 최고 권력을 지닐 자격이 없다고 답했다. 칭기즈 칸은 훤히 트인 농촌에서 섬멸전을 수행하는 동시에 서하의 수도 닝샤寧夏(칭기즈 칸은 닝샤를 싱징興慶(오늘날의 인촨銀川)으로 개칭했다)를 포위하여 치욕을 갚았다. 1227년에 칭기즈 칸이 세상을 떠난 뒤 서하의 수도는 함락됐고 주민 전체가 칼에 쓰러졌다. 탕구트족의 세력은 첫 번째 전쟁 이후 손상되지 않았지만 이때 완전히 파괴됐다.

칭기즈 칸의 베이징 약탈, 1215
Genghis Khan's Sack of Peking, 1215

초기의 역사에서 베이징北京은 여러 번 이름이 바뀌었다. 금나라는 중도中都라 불렀고, 쿠빌라이 칸(세조, 1215~94)은 대도大都라 했으며, 돌궐족(튀르크족)은 대도를 칸발리크Khanbaliq라 칭했다. 1266년에 베이징에 도착한 베네치아 공화국 여행가 마르코 폴로(1254?~1324)는 이 도시를 캄발라크Cambaluc

와 칸불라크Cambuluc라고 지칭했는데, 이런 명칭들은 칸발리크에서 유래한다. 어쨌든 베이징은 1214년에 몽골의 침공으로 크게 낙담했다. 몽골은 초기 포위에 성공하지 못했는데, 그 뒤 금나라 조정은 남쪽의 카이펑開封으로 천도했다. 금나라 기술자들이 칭기즈 칸(태조, 1167?~1227)에 합류하여 두 번째 포위공격에 나선 몽골족을 지도했다. 금나라 군대들은 비록 사기가 꺾였지만 굳건한 요새 도시 안에서 완강하게 저항했고, 포위공격은 오랫동안 힘들게 이어졌다. 몽골의 봉쇄로 방어군은 힘을 잃었고 배반자들이 있어 결국 성벽이 파괴됐다. 몽골 군대는 도성으로 진입하여 궁궐과 공공건물을 약탈했다. 베이징 방어군의 최고 지휘자는 자살했고 많은 주민이 학살당했다. 도시는 일부만 파괴됐으나, 당대의 기록에 따르면 한 달 동안 불탔다고 한다. 몽골이 지배를 확립한 뒤 칭기즈 칸은 도성 안의 탕구트족 관리들을 그대로 둔 채 군대를 이끌고 서진했다(○ (제1차) 몽골-페르시아 전쟁).

칭기즈 칸의 정복, 1190~1227
Conquests of Genghis Khan, 1190~1227

칭기즈 칸(태조, 1167?~1227)의 원래 이름은 테무친이다. 테무친은 지명도가 높지 않은 몽골 부족장의 아들이었다. 테무친은 다른 몽골 부족인 타타르인이 아버지를 독살하여 아홉 살에 추방당했으나 어머니와 남자 동생들을 보호하며 매력적인 성격을 닦고 소질을 계발했다. 그 덕에 테무친은 10년 이상 타타르인과 다른 부족들에 맞서 혹독한 전쟁을 성공적으로 치렀고 1202년에 몽골의 유력한 지도자가 될 수 있었다. 1206년 칭기즈 칸은 몽골의 카간可汗으로 선포됐고 사망할 무렵에는 중앙아시아와 중국 북부를 정복하여 지배자가 됐다(○ 몽골의 정복). 칭기즈 칸은 글을 읽을 줄도 쓸 줄도 몰랐지만 예리한 지성과 타고난 관리 능력을 통해, 흔히 독립성이 높고 통솔하기 어려운 유목민 부족들을 십진법에 따라 조직하여 20만 명에 이르는 규율 잡힌 군대로 통합할 수 있었다. 칭기즈 칸은 갑옷을 입고 검과 창으로 무장한 중기병과 활과 투창으로 무장한 경기병이 구사할 냉혹한 전격전 전략들을 고안했고 유명한 장군들에게 새로운 전술들을 가르쳤다. 칭기즈 칸은 포위공격을 수행하는 방법을 다른 사람들에게서 듣고 모방하며 기술자들을 고용하여 배웠다. 칭기즈 칸은 대상로隊商路를 따라 역참驛站을 세워 이용했고 효율성이 높은 교통망과 통신망을 발전시켰다. 칭기즈 칸은 항복하라는 자신의 요구를 거부하는 자들은 도륙해야 한다는 신념으로 전쟁에서 무자비했고 복수심에 불탔으며, 강력하고 효과적인 심리전을 고안하여 군대를 내보이기도 전에 항복을 받아냈다. 칭기즈 칸은 서하西夏와 싸우면서 정복을 시작했다(**○ 칭기즈 칸-서하 전쟁**). 칭기즈 칸은 금나라를 정복했으며(**○ 칭기즈 칸-금 전쟁**), 러시아(**○ (제1차) 몽골의 러시아 침공**)와 인도(**○ 몽골의 인도 침공**), 페르시아(**○ (제1차) 몽골-페르시아 전쟁**)를 침공했고, 유럽을 공격할 계획을 세웠다(**○ 몽골의 유럽 침공**). 칭기즈 칸은 원정한 뒤에는 매번 오늘날 몽골의 카라코룸에 들렀다. 칭기즈 칸의 아들들과 손자들은 그가 시작한 과업을 완성했으며 정복한 영토들을 나누어 가졌다.

○ 티무르의 정복

〈카〉

카데시 전투, 기원전 1274?
Battle of Kadesh, BCE c. 1274

히타이트는 후르리인의 미탄니 왕국, 신흥 아시리아 제국과 전쟁을 벌여 영토를 잃고 위신에 큰 타격을 입었다(**○ 아시리아-후르리인 전쟁 ; 히타이트-후르리인 전쟁**). 히타이트의 통치자 무와탈리(재위 기원전 1295?~기원전 1272?)는 시리아를 지배하기로 결심했다. 이집트 제19왕조 제3대 파라오 람세스 2세(재위 기원전 1279~기원전 1213)도 무너져가는 왕국을 되살리기로 마음먹었다. 람세스 2세는 군대를 이끌고 팔레스타인을 다시 장악했으며 이어 오늘날의 시리아 홈스 인근 오론테스 강가의 히타이트 요새 카데시로 북진했다. 그곳에서 고대 최대 규모의 전투 가운데 하나이자 전술과 진형이 알려진 최초의 전투가 벌어졌다. 람세스 2세의 병력은 누미디아인 용병을 포함하여 약 2만 명이었고 무와탈리의 히타이트인은 약 1만 6천 명이었지만, 3인승 전차 2,500대를 지닌 히타이트가 유리했다. 모두 보병이었던 이집트 병사들은 깜짝 놀랐고, 히타이트의 협공작전에 포위당했다. 이집트 병사들이 저항하여 패배를 면했던 것은 오로지 람세스 2세의 용맹함 덕이었다. 히타이트인들은 잠시 멈추어 쓰러진 적들의 물건을 약탈했는데, 그동안 이집트 군대는 다시 집결하여 반격할 수 있었다. 람세스 2세는 카데시를 포위했으나 성공하지 못하고 결국 군대를 물렸지만 전투에서 승리했다고 생각했다. 카데시 전투는 사실상 비긴 싸움이었고, 이는 기원전 1272년의 평화조약으로 증명됐다. 조약으로 어느 쪽도 영토를 얻거나 잃지 않았다. 대신 교전국들의 왕조 간 결혼이 성사됐고 람세스 2세의 오랜 치세 동안 평화가 계속됐다.

카라미타파 반란, 899~906
Qarmatians Revolt of 899~906

메소포타미아 남부(하부 메소포타미아)에 거주하던 시아파의 대규모 종교공동체인 카라미타파는 수니파인 아바스 왕조 칼리파의 통치에 반발하여 반란을 일으켰다. 899년 칼리파 알 무타디드(902년 사망)는 반란을 진압하기 위해 군대를 파견했으나 성공하지 못했다. 아부 사이드 잔나비(845에서 855~913/914)가 이끄는 카라미타파는 메소포타미아 대부분과 시리아를 휩쓸고 페르시아 만 인근 샤트알아랍 강가의 바스라를 비롯한 이슬람의 주요 도시들을 장악했다. 카라미타파는 결국 아라비아로 물러가 오늘날의 바레인 인근 페르시아 만 해안에 독립국가를 수립했다. 시리아에 남은 카라미타파는 곧 칼리파의 군대에 진압됐다.

○ 메카 약탈

카롤루스 대제의 데시데리우스 격파, 773~774
Charlemagne's Defeat of Desiderius, 773~774

단구왕短軀王 피피누스(714?~768)는 롬바르드족의 침공을 막아 로마를 보호했으며(754, 756), '피피누스의 기증'으로 롬바르드족의 일부 영토를 교황에 할양했다(교황령의 토대가 된다). 그 뒤 투스키아(토스카나) 공작이자 롬바르드족으로는 이탈리아에서 마지막 왕을 지냈고 딸을 프랑크 왕 카롤루스(샤를마뉴, 742?~814) 대제와 혼인시킨 데시데리우스(재위 756~774)가 프랑크 왕국과 교황에게 종속된 롬바르디아의 자립을 추구했다. 데시데리우스의 처사에 분노한 카롤루스 대제는 롬바르드족 왕비와 이혼하고 죽은 지 얼마 되지 않는 동생 카롤로마누스 2세(751~771)의 영토를 취했다. 당시 카롤로마누스 2세의 부인과 자녀들은 데시데리우스가 보호하고 있었다. 데시데리우스가 로마를 공격하고(771) 교황의 다른 영토도 공격하자 교황 하드리아노 1세(795년 사망)는 카롤루스 대제에게 도움을 요청했다. 프랑크족은 알프스 산맥을 넘어 베로나를 장악하고 카롤로마누스 2세의 가족을 사로잡았으며(773), 롬바르디아의 수도 파비아를 포위했고, 데시데리우스를 잡아 리에주 인근의 한 수도원에 감금했다(774). 또 상당히 많은 프랑크족 귀족이 도착했고, 카롤루스 왕국이 롬바르디아를 계승하면서 카롤루스 대제는

774년 부활절을 로마에서 보냈으며 아버지인 단구왕 피피누스가 교황에게 준 선물을 재확인했다. 카롤루스 대제는 이후 자신을 '프랑크족과 롬바르드족의 왕이자 로마의 귀족'이라 칭했다.

카롤루스 대제의 정복, 771~814
Conquests of Charlemagne, 771~814

프랑크족의 카롤루스 왕조를 연 단구왕短軀王 피피누스(714?~768)가 사망하자 왕국의 영토는 프랑크족의 관습에 따라 두 아들 카롤루스(샤를마뉴, 742?~814)와 카롤로마누스 2세(751~771)가 분할하여 상속했다. 프랑크족의 관습이 으레 그러했듯이, 두 형제는 서로 협조하지 않은 채 각각 왕국의 서부(네우스트리아)와 동부(아우스트라시아)를 통치했다. 카롤로마누스 2세가 사망하자 카롤루스는 동생의 영토를 얻어 프랑크 왕국 전체의 왕이 됐고 학문을 장려하는 등의 과업에 착수했다. 그 결과 프랑크 제국이 발전했으며 카롤루스는 도유식塗油式을 거쳐 신성로마제국 황제로 즉위해 카롤루스 마그누스(대제)의 칭호를 얻었다. 카롤루스 대제의 위대함은 교회와 사법, 행정, 교육 분야에서 거둔 업적 등에 있는데, 이는 전부 군사적 승리 덕분이었다. 카롤루스 대제의 전쟁은 일찍 시작됐다. 카롤로마누스 2세의 왕국을 점유하면서 투스키아(토스카나) 공작 데시데리우스(재위 756~774)의 적이 됐기 때문이다. 데시데리우스가 호전적 태도를 보이자(772) 카롤루스 대제는 롬바르디아로 쳐들어갔다(❍ 카롤루스 대제의 데시데리우스 격파). 카롤루스 대제는 롬바르디아에 대비하는 동시에 계략에 밝은 이교도 작센족과도 32년간 지속될 전쟁을 시작했다(❍ 카롤루스 대제-작센족 전쟁). 카롤루스 대제는 776년에 롬바르디아에서 일어난 반란을 진압했으나, 778년에는 히스파니아(이베리아 반도) 북부에서 패배를 당했다(❍ 카롤루스 대제의 히스파니아 북부 침공). 780년에 다시 롬바르디아를 침공하여 아들을 왕위에 앉히고 교황령을 강화했으며, 이어 작센족과 싸워 작은 패배를 겪었으나 782년에 비난을 면하기 어려울 정도의 학살로써 복수했다. 카롤루스 대제는 자신의 신흥 제국을 발전시키고 관리하는 데 성공했다. 작센족의 빈번한 침공을 막아냈으며(엘베 강과 엠스 강 사이), 786년에 브르타뉴를 정복했고, 787년부터 788년에는 바이에른을 성공리에 정복했다. 아바르족과 5년에 걸쳐 전쟁을 벌였고(❍ 프랑크 왕국-아바르족 전쟁, 791~796), 800년에 이탈리아로 원정했으나 전투도 벌이지 않고 결국 로마에서 신성로마제국의 제관을 받았다. 카롤루스 대제는 '아우구스투스(황제)'라는 로마의 칭호를 받은 뒤 801년에 반란을 일으킨 교황의 영토 베네벤툼을 침공했으며 비잔티움 제국과도 전쟁을 치렀다(❍ 프랑크 왕국-비잔티움 제국 전쟁, 803~810). 804년 카롤루스 대제는 마침내 작센족을 격파했고, 805년에 사나운 보헤미아인들을, 806년에 슬라브 계통의 벤트족을 굴복시켰으며, 808년에서 810년까지는 데인족과 싸웠고 804년에는 굴복하지 않은 작센족의 다른 동맹 세력들과 싸웠다. 카롤루스 대제는 66살이 되던 804년 이후로는 병고에 시달려 활발히 싸울 수가 없었다. 카롤루스 대제는 제국을 위해 법을 제정하고 811년에 유언장을 작성했다. 자식들 몇몇이 먼저 죽었으므로 생전에 군사적으로 혹은 평화롭게 이룩한 모든 것에 관하여 숙고했을 것이다. 20명이 넘는 자식을 두었던 카롤루스 대제는 아들 중에서 뒷날 경건왕敬虔王 루도비쿠스 1세(778~840)가 되는 자를 분할되지 않은 프랑크 제국의 계승자로 세웠다.

❍ 프랑크 왕국 내전

카롤루스 대제의 히스파니아 북부 침공, 777~801
Charlemagne's Invasion of Northern Spain, 777~801

삭소니아(작센)가 잠잠해지자(❍ 카롤루스 대제-작센족 전쟁) 카롤루스(샤를마뉴, 742?~814) 대제는 히스파니아(이베리아 반도)의 내분을 보고 777년에서 778년까지 프랑크 왕국의 대군을 이끌고 피레네 산맥 너머 히스파니아의 사라고사를 향해 남진했다. 히스파니아에서는 후기 우마이야 왕조가 다른 이슬람 왕국인 아바스 왕조에 맞서 저항하고 있었다. (카롤루스 대제가 침공을 결심한 이유는 자신의 제국과 문명, 그리스도교를 전파하려는 포부가 있었기 때문이다.) 사라고사에 입성하지 못한 카롤루스 대제의 군대는 여러 도시를 약탈하여 폐허로 만들었다. 삭소니아 문제로 귀국하던 카롤루스 대제는 팜플로나를 무어인의 도시로 오인하고 파괴했다가 나바라의 그리스도교도 바스크인(가스코뉴인)의 분노를 샀다. 778년 8월 15일 나바라의 그리스도교도는 이슬람교도와 연합하여 론세스바예스에서 카롤루스 대제의 조카 롤랑(778년 사망)이 지휘하는 카롤루스 군대의 후위를 매복 공격으로 몰살했다. 피레네 산맥에서 벌어진 이 전투가 롤랑을 전설적인 영웅으로 만든 유명한 서사시 「롤랑의 노래」의 배경이다. 카롤루스 대제는 이후 히스파니아에 들어가지 않았으나 아키텐 주민들은 무어인과 계속 소규모 전투를 벌였다. 프랑크족은 바스크인을 굴복시켰고 무어인들을 히스파니아의 에브로 강 이남으로 밀어냈다. 바르셀로나는 오랜 포위공격을 받은 끝에 프랑크 왕국에 함락됐고(800~801), 무어인을 저지하기 위해 히스파니아 동북부에 세운 프랑크 왕국의 히스파니아 변경백령에 포함됐다.

카롤루스 대제-작센족 전쟁, 722?~804
Charlemagne's War against the Saxons, c. 722~804

카롤루스(샤를마뉴, 742?~814) 대제의 여러 군사적 목표 중에서 시간을 가장 오래 끌었던 것은 게르마니아에 남은 마지막 이교도 독립 부족인 작센족을 저지하고 통제하는 것이었다. 작센족은 브리타니아(그레이트브리튼 섬)에 있는 동족(색슨족)과는 달리 쉽사리 그리스도교를 받아들이지 않았고, 이웃의 슬라브족과 북유럽인처럼 문명을 흔쾌히 수용하지도 않았다. 작센족은 프랑크족이 획득한 부에 이끌려 종종 아우스트라시아(프랑크 왕국의 동부)를 침입했으며 카롤루스 대제는 (엘베 강과 엠스 강 사이의) 작센족을 정복하기 위해 32년 동안 14차례 원정했다. 772년 카롤루스 대제의 첫 번째 작센족 원정은 가혹한 보복이었다. 카롤루스 대제는 작센족의 신화에서 세상을 떠받치고 있는 나무의 상징인 이르민술 기둥을 파괴하고 그 보물을 강탈했다. 작센족은 이러한 사태에 당황하지 않고 계속 공격했으며, 카롤루스 대제는 775년에 대규모 군대를 모아 전면적으로 침공해야 했다. 그러나 작센족은 맹렬하게 싸워 저항에 성공했다. 그러자 카롤루스 대제는 전략을 바꾸었다. 작센족의 땅을 조금씩 병합하여 요새를 건설하고 선교사를 파견했다. 그러나 작센족은 베스트팔렌의 지도자 비두킨트(807?년 사망)를 얻었다. 비두킨트는 777년부터 785년까지 데인족과 슬라브족의 지원을 받아 카롤루스 대제를 괴롭혔고, 782년에는 작센족 주둔지를 어설프게 공격하던 프랑크족을 무찔렀다. 카롤루스 대제는 이에 대한 복수로 페르덴에서 작센족 4,500명을 학살했다(782). 비두킨트가 785년에 항복하고 이듬해 그리스도교도로 세례를 받았는데도 전쟁에는 별다른 변화가 없었다. 카롤루스 대제의 작센족 정복은 너무도 가혹하여 프랑크 왕국 궁전의 최고 학자인 앨퀸(735?~804)은 은근히 불만을 드러냈다. 792년에 작센족이 큰 반란을 일으킨 뒤 카롤루스 대제의 병사들에게 매년 작센족을 공격하는 것은 관례가 됐다. 795년 이후에는 프랑크족이 작센족을 내쫓고 대신 그 지역에 들어가 정착했다. 카롤루스 대제의 마지막 실질적인 원정은 804년에 작센족이 노르달빙기엔을 넘겨주면서 끝났다. 전쟁은 잔혹했고 작센족은 그리스도교도가 됐다.

○ 카롤루스 대제의 정복

카르나타카 전쟁
Carnatic War

제1차 카르나타카 전쟁(1744~48) 오스트리아 왕위 계승 전쟁은 인도까지 확산됐다. 인도에서 프랑스동인도회사는 남부의 카르나타카 지역의 통제권을 두고 영국동인도회사와 싸웠다. 1746년 프랑스의 조제프프랑수아 뒤플레(1696~1763) 인도 식민지 총독이 지휘하는 프랑스·인도 연합군은 마드라스(오늘날의 첸나이)를 장악했고 카르나타카의 인도인 협력자들을 도우려는 영국군을 방해했다. 전투는 1748년에 유럽에서 아헨(엑스라샤펠) 조약이 체결되자 중단됐다. 마드라스는 영국에 반환됐다. (대신 조지 왕의 전쟁 중에 영국이 점령했던 캐나다 노바스코샤의 루이스버그가 프랑스에 반환됐다.) **제2차 카르나타카 전쟁(1749~54)** 프랑스동인도회사와 영국동인도회사는 각기 다른 이슬람 지도자를 카르나타카 지역의 나와브(군주)로 지지하며 싸움을 재개했다. 1751년경 뒤플레는 카르나타카 지역과 데칸 고원 지역(인도 중서부의 고원 지역)의 거의 전체를 장악했다. 1751년 9월 12일 로버트 클라이브(1725~74)가 지휘하는 영국·인도 연합군은 요새 도시 아르코트를 점령했다. 이어 53일간 계속된 프랑스군의 공격을 훌륭하게 견뎌냈으며 이후 카르나타카 동남부의 티루치라팔리에서 프랑스·인도 연합군의 포위공격을 무산시켰다. 1754년 뒤플레가 파리로 소환되자 인도 안에서 프랑스 제국의 희망은 사라졌다.

○ 7년 전쟁

카르케미시 전투, 기원전 605
Battle of Carchemish, BCE 605

제2차 메기도 전투에서 이집트는 시리아에 새로이 영토를 확보했고, 이후 바빌로니아가 그곳을 지나 팔레스타인으로 들어오는 일이 없도록 막으려 했다. 이집트 파라오 네코 2세(재위 기원전 610~기원전 595)는 먼저 바빌로니아 왕 나보폴라사르(재위 기원전 625~기원전 605)와 싸웠고, 이어 나보폴라사르의 아들이자 계승자인 네부카드네자르 2세(기원전 630?~기원전 562)와도 전쟁을 벌였다. 네부카드네자르 2세는 군대를 이끌고 시리아에서 승리했다. 기원전 609년에 아시리아 제국을 메디아와 분할했던(**○ 아시리아 전쟁, 기원전 746?~기원전 609?**) 바빌로니아는 곧 진격하여 팔레스타인을 접수했고, 네코 2세의 이집트 군대는 유프라테스 강가의 카르케미시에서 바빌로니아와 부딪쳤다. 전투는 치열했고 이집트의 손실이 컸다. 바빌로니아는 패하여 도주하는 이집트 군대를 추적하여 갈릴리 호수 근처 하마스에서 따라잡았고, 그곳에서도 카르케미시에서 그랬던 것만큼이나 격렬하게 싸웠다. 기원전 604년 이집트의 잔존 병력은 팔레스타인에서 쫓겨났으며, 이집트는 기원전 601년에 바빌로니아와 잠시 교전했지만 아시아에서 보유했던 영토를 상실했다.

카르타고 내전, 기원전 241~기원전 237
Carthaginian Civil War, BCE 241~BCE 237

서지중해 카르타고의 국력은 카르타고-에페이로스의 피로스 전쟁 이후, 특히 제1차 포에니 전쟁 때문에 계속 쇠퇴했다. 카르타고는 기원전 241년 아이가테스(오늘날의 에가디) 제도 인근에서 로마와 싸워 함대를 잃은 뒤 시칠리아 전체를 빼앗겼다. 카르타고는 이후에도 포에니 전쟁을 두 차례 더 감당해야 했으며, 로마는 카르타고에 3,200탈렌툼(고대에 화폐를 측정했던 무게 단위)의 배상금을 물려 패배에 모욕을 더했다. 로마가 시칠리아를 장악하자마자 카르타고의 속국들, 특히 사르디니아(사르데냐)에서는 카르타고가 고용한 용병들이 반란을 일으켰다. 카르타고는 반란을 진압하려 했지만, 로마가 개입하여 카르타고를 무찔렀고 사르디니아와 코르시카를 점령했으며 1,200탈렌툼의 배상금을 부과했다. 카르타고는 심한 타격을 입었으나 기원전 146년에 제3차 포에니 전쟁을 치를 때까지는 미약하게나마 명맥을 유지했다.

카르타고-시라쿠사 전쟁,* 기원전 481~기원전 480
Carthaginian-Syracusan War, BCE 481~BCE 480

기원전 500년경 북아프리카의 고대 도시국가 카르타고는 이탈리아 남부와 시칠리아를 제외한 서지중해의 모든 섬을 지배했다. 기원전 481년 카르타고는 시칠리아마저 차지하기 위해 하밀카르 마고(기원전 480년 사망)에게 대군을 맡겨 시칠리아를 침공했다. 하밀카르 마고는 파노르무스(오늘날의 팔레르모)에 상륙한 뒤 히메라로 진격하여 도시를 포위했다. 시칠리아에 있던 그리스인들의 폴리스 시라쿠사의 참주僭主 겔론(기원전 478년 사망)은 대군을 이끌고 하밀카르 마고와 그 장인(침공을 부추긴 자로 추정된다)에 대항했다. 시라쿠사는 카르타고 군대를 궤멸했으며 하밀카르 마고도 사망했다. 카르타고는 70년 뒤 한니발이 히메라를 파괴하면서 이 패배에 복수했다.

*제1차 시칠리아 전쟁이라고도 한다.

카르타고-에페이로스의 피로스 전쟁, 기원전 278~기원전 276*
Carthaginian War against Pyrrhus of Epirus, BCE 278~BCE 276

그리스와 로마가 경제적으로 대립한 결과, 카르타고는 시칠리아에서 우연히 전쟁을 재개하게 됐다. 풀리아의 스파르타 식민지 타렌툼(오늘날의 타란토)은 기원전 272년까지 로마에 대항하다 에페이로스의 왕 피로스(기원전 319/318~기원전 272)에게 지원을 요청했다. 로마는 조약을 위반하고 타렌툼 만으로 선박을 보냈으나 타렌툼 함대의 공격에 전부 침몰했다. 피로스는 앞서 기원전 280년에 헤라클레아 루카니아(오늘날 이탈리아 남부의 타란토 만 인근)에서, 기원전 279년에는 아스쿨룸(오늘날의 아스콜리 사트리아노)에서 로마를 물리쳐 고통을 준 적이 있었다(아스쿨룸 전투에는 새로운 전술인 코끼리 기병대가 이용됐다). 카르타고인들은 위협을 느끼고 로마에 해군과 자금의 지원을 제의했다. 카르타고와 로마가 동맹을 맺고 시라쿠사를 공략했으나, 피로스가 그리스 식민지인들의 요청에 따라 시칠리아로 가서 릴리바이움(오늘날의 마르살라)을 제외한 카르타고의 모든 영토를 정복했다. 카르타고는 서지중해에서 다시 약소국으로 전락했으며, 이 상황은 카르타고 내전 때까지 지속됐다.

○ 로마-에페이로스의 피로스 전쟁

* 기원전 280년에서 기원전 275년까지 에페이로스가 로마와 카르타고와 싸운 전쟁은 피로스 전쟁이라고 한다.

카르타고 전쟁
Carthaginian Wars

○ 포에니 전쟁

카를로스파 전쟁
Carlist War

제1차 카를로스파 전쟁(1834~39) 에스파냐 왕 페르난도 7세(1784~1833)가 세상을 뜨자 동생 돈 카를로스(1788~1855)와 그의 보수주의파 추종자들(카를로스파)은 이사벨 2세(1830~1904)가 여왕으로 즉위하는 데 반대했다. 후계자로 지명된 페르난도 7세의 어린 딸 이사벨 2세는 군대와 정부의 지원을 받아 여왕으로 선포됐고 모후 마리아 크리스티나(1806~78)가 섭정이 됐다. 카를로스파는 여성의 왕위 계승을 금지하는 렉스 살리카Lex Salica(살리 프랑크족 법)에 의거하여 돈 카를로스가 적법한 계승자라고 믿었다. 반동적인 성직자단은 돈 카를로스를 에스파냐 왕 카를로스 5세로 선포했고 성직자들과 에스파냐 북부의 대부분(바스크, 카탈루냐, 아라곤, 나바라)이 이를 승인했다. 그리하여 돈 카를로스는 카를로스파의 첫 번째 왕위 요구자가 됐다. 자유주의자들의 지지를 얻은 마리아 크리스티나 치하의 에스파냐 정부는 포르투갈, 프랑스, 영국과 사국 동맹을 체결하여 외국의 지원을 받아 카를로스파에 맞섰으며, 카를로스파는 입헌 정부를 무너뜨리고 크리스티나파를 타도하기 위해 혁명에 돌입했다. 토마스 수말라카레기(1788~1835) 장군은 카를로스파 군대를 이끌고 북부에서 여러 차례 승리를 거두었으나 1835년에 빌바오를 포위하여 공격하다 다리에 부상을 입고 치료를 제대로 받지 못하여 사망했다. 이후 발도메로 에스파르테로(1793~1879) 장군이 지휘하는 크리스티나파와 정부군은 이른바 영국의 에스파냐 군단*과 프랑스 외인부대의 지원을 받아 승리했다. 프랑스 외인부대는 테라페기 전투

(1836)와 우에스카 전투(1837)에서 승리하는 데 공헌했다. 1837년 돈 카를로스는 마드리드에서 철수해야 했다. 1839년 8월 31일 카를로스파 마로토(1785~1847) 최고사령관은 돈 카를로스의 지시도 받지 않고 베르가라 협정에 서명했다. 이로써 마로토의 부대는 사면을 받았고 바스크와 나바라의 주들은 자유를 얻는 대가로 크리스티나파에 합류했다. 그리하여 돈 카를로스와 일부 충성파는 라몬 카브레라(1806~77)에 군대의 지휘를 맡기고 프랑스의 부르주로 피신했다. 카를로스파 군대는 카탈루냐에서 계속 싸우다가 1840년 7월 에스파르테로에 패주했다. **제2차 카를로스파 전쟁(1873~76)** 여왕 이사벨 2세가 폐위된 뒤(**○ 에스파냐 혁명, 1868**), 코르테스(의회)는 결국 1870년에 사보이아 가문의 아오스타 공작 아마데오(1845~90)를 에스파냐 왕으로 선출했다. 그러나 아마데오는 패배한 후보 쪽과 민중이 강력히 반대하며 자신의 목숨을 빼앗으려 하자 1873년에 퇴위했고, 동시에 과격파가 장악한 코르테스는 에스파냐 제1공화정을 선포했다. 왕정을 신뢰했던 카를로스파는 즉각 반란을 일으켜 돈 카를로스 1세의 손자이자 카를로스파의 세 번째 왕위 요구자인 돈 카를로스 3세(1848~1909)를 지지했다. 북쪽에서는 바스크인들이 카를로스파가 많은 영토를 획득하도록 도왔다. 남쪽에서는 도시들이 코뮌을 결성했으며, 장군들이 카를로스파에 합류하면서 군대는 분열했다. 카를로스파는 알코이와 세비야, 카디스, 발렌시아를 점령했고, 다른 도시들은 전투를 치르지 않고 항복했다. 카르타헤나는 넉 달 동안 포위공격을 견디다 항복했다. 1874년 1월 공화정은 무너졌고 대신 프란시스코 세라노 이 도밍게스(1810~85) 장군이 이끄는 군사독재 정권이 들어섰다. 세라노 이 도밍게스는 군대를 파견하여 카를로스파를 내쫓고 빌바오의 포위를 풀었다. 에스파냐는 혼란에 빠졌고 양쪽 모두 지극히 야만적이었던 내전으로 파멸했다. 카를로스파가 에스테야와 쿠엔카에서 승리했지만 1874년 말에 군대 지도자들이 이사벨 2세의 아들 알폰소 12세(1857~85)를 헌법에 따른 왕으로 즉위시키면서 부르봉 왕가가 왕위를 되찾았다. 이듬해 알폰소 12세의 군대는 카탈루냐와 아라곤에서 카를로스파를 진압할 수 있었고, 1876년 2월 오랜 포위공격 끝에 바스크의 요새 도시인 팜플로나에 진입했다. 돈 카를로스 3세는 싸움을 포기하고 프랑스로 피신했으며 약 1만 명에 이르는 카를로스파가 추방됐다. 바스크의 주들은 강압을 받아 고

유의 세제와 군대를 포기해야 했다. 1876년 7월 새로운 선거로 구성된 코르테스가 새 헌법을 승인했다.

❍ 에스파냐 내전, 1840~43

* British Legion. 원래 보조군단(Auxilliary Legion), 웨스트민스터 군단(Westninster Legion), 영국 군단(British Legion)으로 불렀다고 한다.

카를 5세와 프랑수아 1세의 이탈리아 전쟁
Italian War between Charles V and Francis I

제1차 카를 5세와 프랑수아 1세의 이탈리아 전쟁(1521~25) 카를 5세(1500~58)가 신성로마제국 황제에 오르면서 합스부르크 가문과 발루아 가문 사이에 이탈리아 패권을 둘러싸고 40년이 넘게 이어질 다툼(제국군 대 프랑스군)이 시작됐다. 카를 5세는 1521년 프랑스 왕 프랑수아 1세(1494~1547)에 맞서고자 교황과 동맹을 맺은 뒤 밀라노에서 프랑스를 내몰고 자신들의 협력자인 프란체스코 마리아 스포르차(1491~1535)를 지배자로 앉히기 위해 움직였다. 1522년 4월 27일 프랑스와 스위스 군대는 밀라노 인근 비코카 전투에서 제국 군대에 패했다. 그 뒤 프랑스는 롬바르디아에서 철수했다. 이탈리아가 주된 전장이었지만, 몇몇 전투는 에스파냐 북부의 나바라 지역에서 벌어졌다. 1521년 침공해 들어가던 프랑스 군대는 팜플로나 인근에서 에스파냐 군대에 패하여 쫓겨났다. 1524년 프랑수아 1세는 군대를 이끌고 이탈리아를 다시 침공하여 잃어버린 영토를 되찾으려 했다. 이탈리아·에스파냐·독일의 신성로마제국 연합군은 1525년 2월 24일에 파비아 전투에서 침략자들을 물리쳤다. 프랑수아 1세는 포로로 잡혀 마드리드에 감금됐다가, 그곳에서 이탈리아에 대한 모든 권리 주장을 포기하고 부르고뉴와 아르투아, 플랑드르를 카를 5세에게 할양한다는 조약에 조인했다. **제2차 카를 5세와 프랑수아 1세의 이탈리아 전쟁(1526~30)** 합스부르크 세력의 강화에 놀란 교황 클레멘스 7세(1478~1534)는 카를 5세에 대한 지원을 철회하고 1526년에 프랑수아 1세(감금당한 상태에서 조인했다는 이유로 마드리드 조약을 부정했다)와 밀라노 공작 스포르차, 베네치아와 피렌체의 통치자들과 코냑 동맹을 결성했다. 1527년 5월 초 에스파냐와 독일의 용병들이 이탈리아를 침공하여 동맹에 대적하고 로마를 약탈했다. 지휘관이었던 부르봉(1490~1527) 공작이 전사하면서 지휘부를 잃은 용병대는 굶주린 데다 급여도 받지 못하자 로마에서 잔학 행위를 일삼았다. 교황 클레멘스 7세는 잠시 동안 감금됐다. 프랑스는 여러 차례 큰 패배를 당했고 이탈리아 안의 주요 근거지였던 제노바를 잃었다. 제노바는 황제와 동맹했다. 로트렉(1528년 사망) 자작이 병력을 모으려 애썼지만 프랑스 군대는 평화를 간절히 원했고, 1529년에 프랑수아 1세와 카를 5세는 캉브레 조약에 조인했다. 프랑스는 다시 한번 이탈리아와 관련된 프랑스의 모든 권리를 포기했고 신성로마제국은 부르고뉴에 대한 권리 주장을 철회했다. 교황 클레멘스 7세는 에스파냐와 한편이 되어야 장기적으로 유리하다는 점을 깨닫고 1529년에 바르셀로나 조약에 조인했으며, 반란을 일으킨 피렌체 공화국을 무너뜨리는 데 신성로마제국의 지원을 받았다. 피렌체는 계속해서 신성로마제국에 맞서 싸웠다. 피렌체 공화국은 용감하게 버텼지만 1530년에 항복했고, 알레산드로 데 메디치(1510~37)가 피렌체 공작이 됐다. 밀라노와 제노바를 제외한 이탈리아의 모든 독립국가는 에스파냐의 지배에 굴복했다. 1530년 교황 클레멘스 7세는 카를 5세에게 롬바르디아 왕관을 씌워주었다. **제3차 카를 5세와 프랑수아 1세의 이탈리아 전쟁(1535~38)** 1535년에 밀라노 공작 스포르차가 사망하면서 황제 카를 5세는 캉브레 조약에서 결정된 대로 밀라노를 취하고 뒷날 에스파냐 왕 펠리페 2세가 되는 아들 펠리페(1527~98)에게 통치권을 부여했다. 프랑스 대군이 일부 지역의 통제권을 되찾기 위해 이탈리아를 침공하여 토리노를 점령했다. 카를 5세의 신성로마제국 군대가 프랑스 동남부의 프로방스로 진격하여 아비뇽에서 프랑수아 1세의 군대와 싸울 태세를 갖추었다. 그러나 양쪽은 한 발씩 물러났고 니스 휴전조약을 체결하여 프랑스가 이탈리아 서북부를 계속 통제하기로 했다. **제4차 카를 5세와 프랑수아 1세의 이탈리아 전쟁(1542~44)** 프랑수아 1세는 오스만 제국 술탄 쉴레이만 1세(1494~1566) '대제'와 동맹을 맺어 많은 프랑스인을 놀라게 했다. 시에나는 프랑스의 마지막 이탈리아 침공에 힘을 보태 휴전을 깨뜨렸다. 1543년 프랑스와 오스만 제국의 연합 함대가 신성로마제국의 도시 니스를 포격하고 공격한 뒤 약탈했다. 카를 5세는 프랑스 북부의 피카르디를 침공하여 잉글랜드와 함께 두 방향에서 프랑스를 공격할 계획을 세웠다(◉ 잉글랜드-프랑스 전쟁, 1512~14, 1522~26, 1542~46). 잉글랜드 왕 헨리 8세(1491~1547)는 1542년에 카를 5세와 동맹했다. 1544년 4월 14일 프랑스의 한 부대가 이탈리아 토리노 남쪽 체레솔레 전투에서 '승리답지 않은' 승리를 거두었다(기병 부대가 보병 부대를 지원하는 데 큰 역할을 했다). 잉글랜드 군대와 신성로마제국 군대의 프랑스 진격이 조화를 이루지 못하고 지연된 탓에, 프랑스가 준비 태세를 갖추어 공격군을 저지할 수 있었다. 1544년 프랑수아 1세와 카를 5세는 크레피 평화조약을 체결하여 이전의 상태를 거듭 확인했다. 프랑수아 1세는 처음으로 나폴리에 대한 모든 권리 주장을 포기했다.

○ 합스부르크 왕가-발루아 왕가 전쟁, 1547~59

카메룬 반란, 1984
Cameroonian Revolt of 1984

1984년 4월 6일 중서부 아프리카의 기니 만에 있는 카메룬의 수도 야운데에서 대통령궁 경호대의 일부가 불만을 품고 폭력으로 정권을 잡으려 했다. 반란을 촉발한 것은 명백히 남부 그리스도교도 출신인 폴 비야(1933~) 대통령의 명령이었다. 비야는 이슬람교도의 수가 압도적으로 많았던 북부 출신의 경호원들을 모두 전출시키라고 명령했다. 비야에 충성하는 군대는 여러 날 격렬한 전투를 벌인 끝에 반군에 승리를 거두었다. 전투 중에 적어도 500명이 사망했다. 불만을 품은 '지방분권주의자와 분리주의자'가 1천 명 넘게 체포됐고, 그중 35명은 즉시 사형선고를 받고 처형됐다. 곧이어 정부는 야운데와 그 주변 지역에 여섯 달 동안 비상사태를 선포했다. 권력을 공고히 한 비야는 장기집권에 성공했다(2004년 10월 선거에서 임기 7년의 대통령직에 당선됐다).

카미사르 반란, 1702~10
Camisards' Rebellion, 1702~10

프랑스 왕 루이 14세(1638~1715)가 부정적으로 기억되는 이유는 에스파냐 왕위 계승 전쟁에서 야심을 드러냈을 뿐만 아니라 반종교개혁에 이롭게 하려고 잔학 행위를 저질렀기 때문이다. 프랑스인들에게 로마가톨릭의 전통을 실천하도록 강요하려던 루이 14세는 프로테스탄트에 시민적 자유와 정치적 권리를 부여한 1598년의 낭트 칙령을 폐지했다(1685). 반발은 강했지만 폭력적이지는 않았다. 그러다가 박해가 이어지자 1702년에 프랑스 남부의 세벤과 랑그도크 지역 농민들이 증오의 대상이었던 박해자를 살해했다. 그 뒤 야간에 공격할 때 쉽게 알아볼 수 있도록 흰 셔츠(카미사)를 입어 카미사르라고 불렸던 프랑스의 프로테스탄트는 교회를 약탈하고 방화했으며, 증오했던 성직자들을 추방하고 때로 살해했다. 이들의 지도자는 장 카발리에(1681?~1740)와 롤랑 라포르트(1675~1704)였다. 보복은 지극히 가혹했다. 마을 전체를 몰살시키고 불태우는 일이 흔했다. 라포르트는 1704년에 죽임을 당했다. 카발리에는 왕당파 장군이자 프랑스 원수인 클로드 빌라르(1653~1734)의 양보와 약속에 속아 항복했다(1704). 지도자를 잃은 카미사르는 1710년 내내 간헐적으로 싸웠다. 박해는 루이 14세가 세상을 떠난 뒤인 1750년까지 지속됐다.

카보시앵 폭동, 1413
Cabochien Revolt, 1413

본명이 시몽 르 쿠스틀리에인 파리의 모피상 시몽 카보슈는 정부의 부패와 낭비에 반대하며 불만을 품은 프랑스 상인 약 500명(푸주한과 모피상 길드 회원들이 포함됐다)을 이끌고 반란을 일으켰다. 아르마냐크파–부르고뉴파 내전에서 부르고뉴 공작 '무겁공無怯公' 장(1371~1419)을 지지한 이른바 카보시앵(카보슈파)은 1413년 4월 파리에 있는 왕의 요새이자 감옥인 바스티유를 맹렬하게 습격하여 점령했다. 프랑스 왕 샤를 6세(1368~1422)는 카보시앵 칙령을 포고하여(1413) 근본적인 개혁을 약속할 수밖에 없었다. 그러나 카보시앵이 폭동을 멈추지 않자 파리의 중간계급이 적으로 돌아섰고, 이에 부르고뉴 공작의 경쟁자인 오를레앙 공작 샤를(1407~65)이 카보시앵을 진압하고 칙령을 폐기했다. 이 봉건적 반동은 개혁의 희망을 제거했으며, 잉글랜드에 이로웠다.

○ 백년 전쟁 ; 아쟁쿠르 전투

카비테 반란, 1872
Cavite Mutiny, 1872

1872년 1월 20일 필리핀에 주둔한 에스파냐 군대 소속의 필리핀 병사 200명이 마닐라 남부의 카비테 주 산펠리페 요새에서 반란을 일으켰다. 반란을 일으킨 병사들은 곧 진압됐고 혹독한 처벌을 받았다. 에스파냐의 반동적인 필리핀 총독은 봉기를 핑계로 삼아 갓 출발한 필리핀 독립운동을 진압했으며 정부의 개혁을 촉구한 지식인 등 여러 사람을 폭동에 가담했다는 누명을 씌워 체포했다. 가톨릭 사제 3명이 체포되어 재판을 받고 반역죄로 유죄 판결을 받아 공개리에 사형됐다. 세 사람은 부당하게 죽음으로써 에스파냐의 지배에서 벗어날 필리핀의 자유라는 대의의 순교자가 됐다.

카스트로의 혁명
Castro's Revolution
○ 쿠바 혁명, 1956~59

카스티야 내전, 1065~72
Castilian Civil War of 1065~72

카스티야 왕국과 레온 왕국의 왕 페르난도 1세(1065년 사망)가 세상을 떠난 뒤 후손들이 왕국을 분할했다. 카스티야의 왕이 된 장남 산초 2세(1038?~72)는 에스파냐를 통일하려 했다. 산초 2세는 사촌들과 맞붙어 '세 산초의 전쟁'을 치렀으나 성공하지 못했고, 이어 형제들인 레온 왕 알폰소 6세(1047~1109)와 가르시아 데 갈리시아(1042~90)에 맞서 싸웠다. 1068년 알폰소 6세는 얀타다에서 패했으나 겨우 왕국을 지켜냈다. 1071년 산초 2세는 갈리시아에서 가르시아를 축출했고 1072년에 골페헤라에서 알폰소 6세를 무찔렀다. 알폰소 6세도 포로가 되어 레온에서 내쫓겼고 한때 톨레도의 무어인 궁전에 머물렀다. 곧이어 알폰소 6세의 누이가 레온에서 반란을 일으켰고 산초 2세는 요새 도시 사모라에서 반란자들을 포위했다. 산초 2세는 성벽을 공격하던 중에 배반한 기사에게 살해당했고, 이 때문에 군대가 해체됐다. 그 뒤 알폰소 6세가 되돌아와 카스티야와 레온을 모두 장악했다(1072). 가르시아는 자신의 정당한 유산인 갈리시아를 되찾고자 했으나 알폰소 6세에 의해 감옥에 갇혀(1073) 여생을 보냈다. 따라서 카스티야와 레온, 갈리시아의 통치자인 알폰소 6세는 에스파냐에서 가장 강력한 그리스도교도 군주가 됐다.
○ 알무라비툰(무라비트) 왕조의 이베리아 반도 정복

카스티야 내전, 1214~18
Castilian Civil War of 1214~18

카스티야 왕 알폰소 8세(1155~1214)와 왕비 레오노르(엘리너, 1214년 사망)가 같은 해에 사망하자, 10살의 아들이 엔리케 1세(1204~17)로 왕위에 올랐고 누이 베렝겔라(1171~1246)는 후견인이 됐다. 귀족들의 음모로 내전이 발발하려 하자 베렝겔라는 카스티야의 백작 알바로 누녜스 데 라라(1170?~1218)에게 섭정직을 넘겼다. 그러나 백작은 협정을 무시했고 폭압적 행태로 카스티야를 반란과 파멸의 문턱으로 이끌었다. 1217년에 엔리케 1세가 뜻하지 않게 사망하자 왕위 계승자였던 베렝겔라가 여왕으로 즉위하여 몇 달 동안 통치했다. 베렝겔라는 신하들의 요청에 따라 계승권을 레온 왕 알폰소 9세(1230년 사망)와의 사이에서 태어난 아들에게 넘겼고, 1217년 8월 31일 베렝겔라의 아들이 페르난도 3세(1199~1252)로 즉위했다. 알폰소 9세는 이러한 일의 진척을 알지 못했다. 이어 페르난도 3세는 군주 행세를 했던 카스티야 백작을 지지한 도시들을 진압하는 데 나섰다. 무슨 일이 일어났는지 알게 된 알폰소 9세는 두 왕국(카스티야와 레온)을 통합하려는 의도로 카스티야를 침공했다. 그러나 알폰소 9세는 카스티야의 귀족들이 아들의 편을 들어 지지 세력을 확보하지 못하자 1218년 8월 아들과 우호 협정을 맺었다. 페르난도 3세는 카스티야 왕위를 유지했으며 뒷날 아버지가 사망하자 레온을 상속받았다.

카스티야 내전, 1474~79
Castilian Civil War of 1474~79

카스티야 왕국의 공주 이사벨(이사벨 1세, 1451~1504)은 어머니가 다른 오빠이자 카스티야 왕국과 레온 왕국의 왕인 엔리케 4세(1425~74)와 맺은 약속을 어기고, 아라곤 왕국의 왕자 페르난도(페르난도 2세, 1452~1516)와 결혼했다(1469). 이에 화가 난 엔리케 4세는 자신의 딸로 추정되는 포르투갈의 후아나 라 벨트라네하(조아나 드 트라스타마라, 1462~1530)를 왕위 계승자로 지명했다. 1474년에 엔리케 4세가 사망하고 후아나가 카스티야의 여왕으로 이미 즉위했는데도 이사벨 1세와 페르난도 2세 부부는 귀족-성직자 집단과 협정을 맺고 카스티야와 레온의 공동 왕에 올랐다. 그러나 후아나를 지지하는 많은 귀족이 후아나의 지위를 강화하고자 대리인을 내세워 후아나를 삼촌인 포르투갈 왕 아폰수 5세(1432~81)와 혼인시켰다. 이에 아폰수 5세는 포르투갈 군대를 파견하여 1475년에 레온의 사모라 요새를 점령했다. 그러나 카스티야 군대는 배신한 귀족들의 땅을 빼앗고 반란에 가담한 도시들을 다시 우군으로 끌어들여 우세를 증명했다. 카스티야는 사모라를 되찾고 1476년 3월 토로 전투에서 아폰수 5세의 포르투갈 군대에 결정적인 패배를 안겼다. 후아나를 지지했던 마드리드는 페르난도 2세와 이사벨 1세의 통치에 굴복했다. 아폰수 5세가 프랑스의 지원을 얻는 데 실패하자 귀족들이 협상에 나서 1479년 9월 14일에 트루히요 평화조약을 얻어냈으며 공동 왕을 받아들였다. 아폰수 5세는 카스티야 왕위 주장을 포기했고, 후아나와 한 혼인을 취소했으며, 에스트레마두라와 카나리아 제도의 보유지를 할양했다. 페르난도 2세와 이사벨 1세는 포르투갈의 아프리카 점령지를 인정했다. 후아나는 공동 왕의 한 살짜리 아들과 결혼하기를 거부하고 대신 은퇴해 포르투갈에 있는 수녀원에 칩거했다.

카이사르의 내전, 기원전 49~기원전 44
Caesar's Civil War, BCE 49~BCE 44

율리우스 카이사르(기원전 100~기원전 44)는 갈리아를 정복한(○ 갈리아 전쟁) 로마의 군사 영웅으로 평민의 권리를 옹호했다. 로마 원로원은 카이사르와 그 군단을 두려워했다. 원로원은 카이사르의 경쟁자인 폼페이우스(기원전 106~기원전 48)의 지지를 얻어 기원전 49년 1월 초 카이사르에게 갈리아 속주의 통치권을 포기하라고 명령했다. 카이사르는 이를 일축하고 루비콘 강을 건너 이탈리아로 들어왔다. 이로써 폼페이우스와 대결하게 되는 내전이 촉발됐다. 이는 오랫동안 예견됐던 싸움이었다. 카이사르가 도중에 병력을 충원하여 군대를 이끌고 로마를 향하자, 폼페이우스의 군대와 원로원의 대부분은 새로 군대를 모으기 위해 그리스로 이동했다. 이들이 그리스에 있는 동안, 카이사르는 급히 히스파니아(이베리아 반도)로 가서 폼페이우스의 군단을 격파했다. 카이사르는 로마로 돌아오자마자 질서를 회복한 다음 그리스를 향해 떠났다. 기원전 48년 8월 9일 카이사르는 파르살루스(오늘날의 파르살라) 전투에서 화려한 전술을 펼쳐 폼페이우스의 군대를 짓밟았다. 폼페이우스는 이집트로 피신했으나 해변에 발을 내딛을 때 살해됐다. 폼페이우스를 추격한 카이사르는 이집트의 알렉산드리아에 도착했고 이때 왕 프톨레마이오스 12세(기원전 95?~기원전 51)와 그의 누이이자 부인이었던 클레오파트라(기원전 69~기원전 30)가 권력투쟁을 벌이는 것을 알았다. 카이사르는 클레오파트라를 지지했고 클레오파트라의 왕위를 확고히 한 뒤 육로로 시리아를 거쳐 폰토스(폰투스) 왕 파르나케스 2세(재위 기원전 63~기원전 47)를 정복하러 떠났다(⊙ 카이사르의 폰토스 전쟁). 카이사르는 로마로 돌아와 기원전 47년에서 기원전 46년으로 넘어가는 겨울 동안 군대의 폭동을 진압했고, 봄에는 원로원 무리가 유바 1세(기원전 85?~기원전 46) 치하의 누미디아인들을 포함하여 새로운 군대를 모으고 있던 북아프리카로 출발했다. 이 군대는 기원전 46년 탑수스 전투에서 카이사르의 군단에 참패를 당했다. 한편 폼페이우스의 아들들은 히스파니아에서 군대를 규합하고 있었는데, 기원전 45년 3월 17일 오늘날 에스파냐의 몬티야 인근으로 추정되는 문다 전투에서 카이사르의 군대와 대결하여 패배했다. 이는 폼페이우스와 원로원이 군사로 카이사르에 대적하려 했던 마지막 노력이었다. 카이사르는 로마로 돌아와 임시 직책인 독재관에 올랐다. 카이사르가 왕이 되려고 했는지는 확실하지 않으나, 카이사르의 많은 적과 심지어 애국적인 동료들도 카이사르의 뜻이 그랬을 것이라고 믿었다. 카이사르에 적대하는 음모가 꾸며졌고, 기원전 44년 3월 15일 카이사르는 원로원 의사당에서 이전에 폼페이우스파였던 사람들과 마르쿠스 유니우스 브루투스(기원전 85~기원전 42) 같은 불만을 품은 일부 협력자들이 휘두른 칼에 찔려 사망했다. 다시 내전이 벌어졌다(⊙ 로마 내전, 기원전 43~기원전 31).

카이사르의 폰토스 전쟁, 기원전 47
Caesar's War in Pontus, BCE 47

파르나케스 2세(재위 기원전 63~기원전 47)는 아버지 미트리다테스 6세(기원전 132?~기원전 63) '대왕'이 세상을 떠난 뒤(⊙ 미트리다테스 전쟁), 로마의 동부 사령관 폼페이우스(기원전 106~기원전 48)로부터 보스포로스(보스포루스 키메리우스) 왕국의 통치자로 승인받았다. 카이사르의 내전 중 폼페이우스의 지지자들이 율리우스 카이사르(기원전 100~기원전 44)와 싸우고 있을 때, 파르나케스 2세는 아버지의 폰토스(폰투스) 왕국을 다시 세우고 정복을 통해 소아시아로 영토를 확장할 기회를 잡았다. 클레오파트라(기원전 69~기원전 30)와 손을 잡고 이집트에서 안전하게 떠난 카이사르는 군대를 이끌고 시리아를 지나 북쪽으로 진격하여 소아시아로 들어갔다. 기원전 47년 5월 카이사르의 우수한 군대는 폰토스의 젤라(질레) 전투에서 파르나케스 2세의 군대를 쉽사리 무찔렀다. 카이사르는 즉시 로마로 유명한 전갈을 보냈다. "왔노라, 보았노라, 정복했노라Veni, vidi, vici." 폰토스의 영토는 여러 소왕국으로 분할됐고 산악지대의 요새들은 파괴됐다.

카이오와족 인디언 전쟁, 1874
Kiowa War of 1874

카이오와족 인디언은 야노 에스타카도(스테이키드 플레인스)라는 텍사스 북부 지역에 거주했다. 그곳은 레드 강의 지류들이 깊은 협곡으로 흘러 쉽게 접근할 수 없는 곳이었다. 인디언들은 조랑말이 뜯어먹을 풀이 있고 눈보라를 피할 수 있어 그 협곡 안에서 겨울을 보냈다. 미국 군대는 산타나(1878년 사망) 족장이 이끄는 이 호전적 부족을 절멸하기로 결정하고 각기 다른 방향에서 6개 부대의 기병과 보병을 파견했다. 미국군은 카이오와족의 주요 마을들을 공격하여 많은 인디언을 포로로 잡았다. 그 뒤 정찰대가 팔로 두로 협곡에서 카이오와족의 비밀 은신처를 발견했다. 이튿날 아침 일찍 미국군 병사들이 협곡의 가파른 비탈을 내려가 잠자고 있던 카이오와족을 습격했다. 숙영지에서 패주한 카이오와족은 약 8킬로미터를 추격당했다. 지휘관은 카이오와족의 조랑말들을 잡아 죽이라고 명령했다. 카이오와족은 그 뒤로도 계속 싸우긴 했지만, 이로써 오랫동안 백인을 증오했던 자부심 강한 한 부족이 종말의 길에 접어들었다(❍ 레드 강 인디언 전쟁).

카이유스족 인디언 전쟁, 1848~55
Cayuse War, 1848~55

아메리카의 카이유스족 인디언이 백인 14명을 살해하고 53명을 억류했다가 몸값을 받고 풀어준 뒤(❍ 휘트먼 학살), 정착민 약 500명은 무장을 하고 카이유스족 영토(워싱턴 주 동남부와 오리건 준주 동북부)를 지나 범죄에 책임이 있는 전사들을 넘기라고 요구했다. 미국군 부대와 오리건 준주의 방위군이 소집되어 카이유스족 진압에 투입됐으며, 카이유스족은 평화조약의 체결을 거부하고 정착촌을 공격했다. 1850년 6월 3일 군사위원회는 사로잡은 카이유스족 5명을 살인죄로 재판에 넘겨 유죄를 선고했다. 유혈극이 계속되다가 1855년에 카이유스족은 패배하여 우마틸라족 인디언과 함께 보호구역으로 들어갔다. 카이유스족은 전쟁을 치르며 인구가 크게 감소했고 부족의 땅은 대부분 빼앗겼다.

카자크와 농민 반란
Cossack and Peasant Revolts
○ 라진의 반란 ; 푸가초프의 반란 ; 흐멜니츠키의 반란

카탈루냐 반란, 1461~72
Catalan Revolt of 1461~72

에스파냐 동북부의 카탈루냐에서 왕위 계승 분쟁을 둘러싸고 폭동이 일어났다. 카탈루냐인들은 자신들이 지지하는 왕위 요구자가 사망하자 공화정을 선포하고 명목상 카탈루냐의 왕이기도 한 나폴리 왕 페르디난도 1세(1423~94)의 거처가 있는 헤로나(지로나)를 포위했다. 1462년 프랑스 왕 루이 11세(1423~83)는 카탈루냐의 통치자로 아라곤과 나바라, 시칠리아의 왕인 후안 2세(1397~1479)를 지지했다. 카탈루냐의 혁명가들은 이에 반대하여 먼저 카스티야의 엔리케 4세(1425~74)부터 시작하여, 다음으로 포르투갈 총사령관(콘데스타벨 드 포르투갈) 페드루(1466년 사망), 그 다음으로 앙주 공작 르네 1세(1409~80)를 차례로 자신들의 왕좌에 앉혔다. 르네 1세는 아들 장 드 칼라브르(1470년 사망)를 카탈루냐의 수도 바르셀로나로 보내 통치하게 했다. 장이 사망한 뒤 카탈루냐는 아라곤 왕 후안 2세에게 굴복하여 그의 통치를 받았다. 1479년에 아라곤과 카스티야가 통합된 이후 그 지역은 강력한 '독립' 지역의 위세를 서서히 상실했다.

카탈루냐 반란, 1640~59
Catalan Revolt of 1640~59

에스파냐 왕 펠리페 4세(1605~65)의 재상 올리바레스(1587~1645) 백작은 권력을 중앙에 집중하고 새로운 세금을 부과했는데, 에스파냐 동북부 카탈루냐의 주민들은 이런 통치에 반대하여 끊임없이 자치 운동을 벌였다. 30년 전쟁 중에 카스티야 군대와 정부 관리들은 카탈루냐에 주둔하면서 주민을 극도로 성가시게 했다. 이에 카탈루냐인들은 1640년 6월에 이른바 '피투성이 시체'라고 알려진 반란을 일으켰다. 반란자들은 바르셀로나로 몰려들어 광포하게 날뛰며 카스티야 당국에서 일하던 많은 사람과 에스파냐의 부왕副王을 살해했다. 한편 프랑스 재상 리슐리외(1585~1642) 추기경은 1642년에 카탈루냐와 인접한 루시용으로 병력을 파견하여 그 지역을 점령했다. 카탈루냐 반란자들은 정부군의 맹습을 예상하면서 독립 공화국을 수립했고 프랑스에 지원을 요청했다. 반란자들은 에스파냐 군대에 진압당할 처지에 몰리자 갓 태어난 국가를 해체하고 프랑스 왕 루이 13세(1601~43)를 바르셀로나 백작으로 세웠다. 이어 약 5천 명의 프랑스 병사들이 피레네 산맥을 넘어 카탈루냐의 타라고나에 있는 에스파냐 왕국의 요새를 포위했다. 루이 13세는 직접 추가 병력을 이끌고 도착했고 프랑스는 한동안 우세를 차지했다. 그러나 전투는 확실한 결말을 보지 못한 채 지속됐으며, 명목상 16년 동안 프랑스의 통치를 받던 카탈루냐인들이 에스파냐에 복귀하기로 결정했다. 1659년에 생장드뤼에서 평화조약이 체결됐다. 루시용은 프랑스가 차지했다.

카탈루냐 반란, 1934
Catalan Revolt of 1934

에스파냐 중앙정부가 우경화되면서 카탈루냐 제네랄리타트*가 통과시킨 농지법을 뒤엎고 카탈루냐 자치 법령의 이행을 늦추자 카탈루냐 주민들은 불안해졌다. 1934년 10월 5일 좌파와 공산주의자들이 총파업을 이끌었다. 에스카모츠라고 부르는 카탈루냐 경찰은 파시스트에 가까웠는데 좌파 파업 참가자들을 잔인하게 진압하여 이 지역에 소요가 발생했다. 1934년 10월 6일 니세토 알칼라 사모라 이 토레스(1877~1949) 에스파냐 대통령은 전국에 계엄령을 내렸으며, 그날 밤 루이스 콤파니스(1883~1940) 카탈루냐 자치 정부 총리는 카탈루냐가 독립 공화국임을 선포했다. 정부군이 즉시 이동하여 여러 명의 반란자를 살해했고 분리주의 운동을 진압했다. 콤파니스를 포함한 카탈루냐 정부 인사들은 에스파냐의 합법적인 권력에 반란을 일으킨 죄로 투옥됐고, 카탈루냐 자치 선언도 취소됐으며, 중앙정부는 다시 카탈루냐를 지배했다.

○ 아스투리아스 봉기, 1934 ; 에스파냐 내전, 1936~39

* Generalitat de Catalunya. 카탈루냐 지방의 자치 정부 구성 기구들.

카탈루냐 용병단의 습격, 1302~11
Raids by the Catalan Company, 1302~11

절약을 위해 제국 군대를 작은 규모로 축소했던 비잔티움 제국 황제 안드로니코스 2세 팔라이올로고스(1260~1332)는 오스만 1세(1258~1326)의 오스만 제국이 침공하자 이에 대적하기 위해 로헤르 데 플로르(1267~1305)가 지휘하는 에스파냐인 용병 약 6,500명, 즉 카탈루냐 용병단을 고용했다. 1304년 카탈루냐인 용병들은 소아시아 서부의 필라델피아(오늘날의 알라셰히르)에서 튀르크족을 무찔렀다. 카탈루냐인들은 황제가 급여를 제대로 지급하지 않았다고 주장하며 반란을 일으켜 콘스탄티노플(오늘날의 이스탄불)을 공격했으나 점령하지는 못했다. 황제의 명령으로 플로르가 살해되자 카탈루냐인 용병들은 비잔티움 제국 곳곳에서, 특히 트라키아와 마케도니아에서 약탈과 살인을 저질러 복수했다. 용병들은 수년간 발호하다가 종국에는 그리스로 진격했고 1311년 아테네에 공국을 수립했다.

카틴 학살, 1940
Katyn Massacre, 1940

제2차 세계대전이 발발한 뒤인 1939년 말에 폴란드 병사와 장교 약 1만 5천 명이 소련의 포로수용소 세 곳으로 이송됐다. 그때 독일군은 폴란드 서부를 침공했고, 당시 독일의 동맹국이었던 소련의 군대는 폴란드 동부를 침공했으며 1941년에 적으로 돌아선 독일군에 내쫓길 때까지 그곳에 머물렀다. 2년 뒤인 1943년 나치 독일은 소련 서부 스몰렌스크 남부의 카틴 숲에서 여덟 군데의 집단 매장지에 묻혀 있는 폴란드 장교의 시신 4,143구를 발견했다. 1만 1천 명의 다른 폴란드인 포로의 시신은 어디에서도 찾을 수 없었다. 독일과 소련은 서로에게 카틴 학살의 책임을 돌렸으며, 이 학살 때문에 폴란드는 전쟁 이후 크렘린의 보호를 받는 종속국으로 지낸 40년 동안 소련을 불신했다. 1987년 소련과 폴란드의 합동위원회가 설립되어 학살을 조사했다. 대부분의 폴란드 역사가와 서방 역사가들은 전시 국제적십자사와 폴란드 적십자사의 보고서를 토대로 소련 비밀경찰인 내무인민위원부NKVD가 1940년 4월이나 5월에 학살을 자행했다고 결론 내렸다(독일이 그 지역을 침공하기 한참 전이다. 그러나 나치의 요청에 의해 학살됐을 가능성도 있다). 1990년 소련 정부는 그 범죄에 책임이 있음을 인정했다.

카틸리나의 반란, 기원전 63~기원전 62
Revolt of Catiline, BCE 63~BCE 62

로마의 정치가 루키우스 세르기우스 카틸리나(기원전 108?~기원전 62)는 집정관에 선출되기를 열망했으나 기원전 63년에 세 번째로 실패했다. 쓰라린 마음에 분노한 카틸리나는 무력으로 집정관직을 얻기로 결심했다. 카틸리나의 첩자들이 에트루리아에 있는 지지자들에게 은밀히 자금을 보내 군대를 모았고, 로마에서는 카틸리나가 동료들과 함께 모의하여 도시를 불태우고 노예들을 무장시키려 했다. 음모를 눈치챈 마르쿠스 툴리우스 키케로(기원전 106~기원전 43) 집정관은 원로원 앞에서 뒷날 유명해진 연설로 카틸리나를 공개적으로 비난했다. 카틸리나는 도주했다. 로마에 남은 음모자들은 선동을 계속하다 체포됐다. 기원전 63년 12월 3일 이들은 재판 없이 사형 선고를 받고 처형됐다. 재판 없는 사형은 불법이었다. 카틸리나는 한 달 뒤 전투 중에 사망했다. 이 일화는 많은 로마인이 과두 지배계층에 품었던 불안과 불만을 드러내준다.

카펠 전쟁, 1529, 1531
Kappel Wars, 1529, 1531

16세기 스위스에서 팽팽했던 가톨릭과 프로테스탄트 사이의 긴장은 독일에서도 되풀이됐다(♥ 독일 농민 전쟁 ; 슈말칼덴 동맹 전쟁). 스위스의 주canton 취리히는 프로테스탄트 지역이었는데, 종교개혁가 울리히 츠빙글리(1484~1531)의 영향을 많이 받았다. 취리히 주는 이웃의 스위스인을 개종하는 데 착수했고 계속해서 로마에 충성하는 주들과의 교역을 금지했다. 스위스 연합의 5개 가톨릭 주인 우리 주와 슈비츠 주, 루체른 주, 운터발덴 주, 추크 주가 동맹을 결성하여 취리히 주의 프로테스탄트 세력에 맞섰다. 1529년 두 세력의 군대가 대결했다. 취리히 주와 추크 주 사이의 경계에 있는 카펠에서 휴전협정이 체결되어 가톨릭 세력은 동맹국인 오스트리아와 관계를 끊어야 했고 회원 주들에 종교의 자유를 허용해야 했다. 투르가우가 강압을 받아 프로테스탄트로 개종하고 있다고 확신한 가톨릭 세력은 1531년에 돌연 전쟁을 선포하고 1531년 10월 11일 카펠 전투에서 서둘러 모인 프로테스탄트 군대를 격파했다. 츠빙글리는 전사했다. 제2차 카펠 평화조약이 체결되어 (1531) 스위스 연합에서 가톨릭의 권리와 자유가 인정됐다.

○ 필메르겐 전쟁

카피르족 전쟁
Kaffir War

제1차 카피르족 전쟁(1779) 남아프리카공화국의 케이프타운에서 동북쪽으로 약 650킬로미터 떨어진 먼 곳으로 이주한 보어인 목축업자들과, 코사어를 쓰는 부족으로 역시 목축업에 종사했던 코사족(카피르족)은 그레이트피시 강을 따라 펼쳐진 비옥한 목초지를 두고 서로 다투었다. 두 집단 모두 강을 경계로 정하려는 노력을 무산시켰으며, 1779년에 카피르족(보어인은 아프리카인들을 그렇게 불렀다)이 짐작건대 살해당한 부족민의 복수를 위해 유럽인의 소를 습격하고 몇몇 목부牧夫를 살해하면서 큰 싸움이 터졌다. 보어인들은 코만도(민병대)로 침입하여 코사족을 강 건너편으로 되쫓았고 5천 마리가 넘는 소를 포획했다. 그러나 본질적인 문제는 100년 동안 해결되지 않았다. **제2차 카피르족 전쟁(1793)** 변경 지역의 보어인들로부터 지원 요청을 받은 네덜란드동인도회사는 코사족과 협상하여 문제를 해결하고자 마이니르를 파견했다. 군대도 경찰력도 없었던 마이니르는 두 집단의 상호 습격을 막을 수 없었고, 1793년에 혹독한 가뭄이 들자 보어인 농민들이 목초지를 찾아 카피르란드로 들어갔다. 린데크버라는 농민이 명령을 무시하고 소를 습격했으며, 이에 코사족은 보어인 영토를 공격하여 대응했다. 마이니르는 코만도 부대를 소집하여 침략자들을 쫓아냈으나 손실에 대한 배상으로 소를 요구하라는 요청을 거부함으로써 보어인들을 힘들게 했다. **제3차 카피르족 전쟁(1799~1801)** 스벨렌담과 새로이 만들어진 흐라프레이너트의 시민들은 1795년에 독립을 선언했으나, 프랑스의 위성국가로 전락한 네덜란드(바타비아 공화국)와 대결하고 있던 영국이 곧 두 도시를 차지했고 보어인과 카피르족 사이의 소동까지 물려받았다. 목초지와 소를 둘러싼 갈등이 재발하자, 코사족은 보어인 사회에서 일했던 코사족 하인들과 연합했다. 그들은 총과 말을 갖고 도망쳐왔다. 케이프타운에 있는 영국의 과도정부는 코사족에게 양보하여 이 협력을 깨뜨리는 데 성공했으나 코사족을 완전히 추방하지는 못했다. 1802년 전쟁은 진정됐으며, 1803년에 프랑스와 영국 사이에 체결된 아미앵 조약에 따라 케이프 식민지는 네덜란드에 귀속됐다. **제4차 카피르족 전쟁(1811)** 유럽에서 전쟁이 재개됐는데, 이번에는 네덜란드가 프랑스와 연합하여 영국에 대적했다. 1806년에 강력한 영국 함대가 케이프 식민지를 장악했다. 보어인과 코사족이 거의 끊임없이 충돌했는데 타지에서 전쟁을 피해 들어온 아프리카 난민으로 상황은 더욱 악화되어 1811년에 전쟁이 발발했다. 영국은 다루기 힘든 보어인에게 분쟁의 책임을 돌리면서 침범당하지 않은 국경을 유지하려 했다. 그러나 네덜란드인들처럼 영국은 코사족을 그레이트피시 강 너머로 몰아낸 뒤 일련의 요새를 구축했는데 어느 쪽에게도 복종을 강제할 수단은 갖지 못했다. **제5차 카피르족 전쟁(1818~19)** 전쟁이 일어날 때마다 한층 더 필사적이었던 코사족은 내부의 알력으로 무너졌다. 경쟁하는 두 족장 은들람비와 가이카 사이의 다툼은 가이카의 패배로 끝났지만, 케이프 식민지의 정부는 가이카의 권리를 계속해서 인정했고 은들람비의 추종자들을 진압하기 위해 군대를 보냈다. 은들람비는 그레이엄스타운을 공격하여 다시 보어인과 대적했다. 교전이 중단되자, 영국 총독 찰스 서머싯 경은 그레이트피시 강과 케이스카마 강 사이에 중립지대를 설정하려 애썼지만, 이 정책은 양쪽 모두에게 필요했던 땅을 출입금지 구역으로 선포했기에 애초부터 실패할 수밖에 없었다. 중립지대에서 농사를 지을 수 있도록 허가받은 영국인 정착민들은 신속히 외곽으로 피신했다. **제6차 카피르족 전쟁(1834~35)** 늘 목초지를 찾았던 보어인들은 카피르란드 안의 깊숙한 곳까지 침투했다. 포트엘리자베스에 정착한 영국인들은 양쪽 모두와 동시에 교역하기를 원했기 때문에 긴장이 악화되어 1834년에 전쟁이 발발했다. 서 벤저민 더번(1777~1849) 영국 총독은 코사족을 추방한 뒤 부족의 땅을 정착촌으로 개방했다. 그러나 더번은 코사족의 침입을 막을 수 없었고 새로운 주의 합병을 곧 취소했다. 영국의 아프리카인에 대한 정책에 실망한 많은 보어인이 주인 없는 땅에 대한 기대에 부풀어 '그레이트 트렉(대이동)'으로 알려진 북방 이주를 시작했다. **제7차 카피르족 전쟁(❍ 도끼 전쟁) 제8차 카피르족 전쟁(1850~53)** 코사족은 영국이 자신들의 영토를 병합하고 족장들의 권위를 박탈한 데 분노했다. 코사족은 주문으로 총탄을 비껴갈 수 있다는 주술사의 주장에 고무되어 다시 전쟁을 시작했다. 증원군을 수송하는 선박을 잃는 등 영국이 여러 차례 좌절을 겪어 싸움이 길어지기는 했지만, 코사족 족장들은 결국 항복할 수밖에 없었다. 코사족은 조상 영웅들의 도움을 불러내려는 뜻에서 소를 죽이고 곡식을 파괴하는 의식을 거행하여 몰락을 자초했다. **제9차 카피르족 전쟁(1877~78)** 코사족은 1853년에 재앙과도 같은 패배를 당한 뒤에 소와 곡식을 제물로 바치는 미신에 더욱 열중했고, 그 결과 부족민의 수도 급격히 줄었다. 꼬박 한 세대에 걸쳐 힘과 자원을 회복한 코사족이 1877년에 마지막으로 땅을 되찾으려 했으나, 봉기는 진압됐고 영국령 카프라리아 전체가 병합됐으며 코사족은 경제적으로 예속된 지위로 전락했다.

❍ 블러드 강 전투

칸디아 전쟁, 1645~69
Candian War, 1645~69

오스만 제국 술탄 이브라힘 1세(1615~48)는 베네치아의 식민지 칸디아(베네치아 사람들은 크레타 섬과 그 주요 도시인 이라클리오를 합쳐 칸디아라고 불렀다)를 정복하기 위해 원정했다. 1648년 오스만 제국 군대는 섬에 신속하게 근거지를 확보하고 이라클리오의 점령에 나섰다. 한편 베네치아 선박들이 다르다넬스 해협을 봉쇄하여 이스탄불에서는 굶주린 사람들이 반란을 일으켰고, 칸디아의 베네치아인들은 계속 군수품을 전달받은 덕에 자신들을 포위한 오스만 제국인에 맞서 22년 동안 도시를 지킬 수 있었다. 칸디아의 베네치아인들은 포위된 시기의 후반에 프란체스코 모로시니(1619~94)의 훌륭한 지휘를 받았다. 1669년 칸디아는 결국 메흐메드 4세(1642~93) 때 오스만 제국에 함락됐다(모로시니는 베네치아를 지원하던 프랑스 군대가 철수한 뒤 항복했다). 평화조약이 체결되어 오스만 제국이 크레타 섬의 대부분을 가져갔고, 베네치아는 에게 해와 달마티아 지역의 여러 섬과 식민지를 포기했으며 지중해 동부에서 모든 영향력을 상실했다.

칼마르 연합 내전(스웨덴 내전), 1520~23
Kalmar Civil War(Swedish Civil War) of 1520~23

1520년 칼마르 연합(덴마크, 스웨덴, 노르웨이 세 왕국의 연합)에 의거하여 스웨덴 왕의 지위를 유지하려 했던 덴마크 왕 크리스티안 2세(1481~1559)는 덴마크 군대를 이끌고 스웨덴을 침공하여 정복했다. 스웨덴의 섭정으로 크리스티안 2세의 경쟁자였던 소小 스텐 스투레(1493?~1520)는 보예순드(오늘날의 울리세함) 전투에서 치명적인 부상을 입었다. 소 스텐 스투레가 사망하자 스웨덴 정부는 붕괴됐고 릭스다그(신분제 의회)는 크리스티안 2세를 왕으로 인정할 수밖에 없었다. 저항은 사라졌고, 크리스티안 2세는 1520년 11월 4일 스톡홀름에서 스웨덴 왕위에 올랐다. 전하는 바로는 기쁨에 들뜬 군중이 운집했다고 한다. 3일 뒤 크리스티안 2세는 전국에 걸쳐 모든 적대자를 학살하는 데 필요한 종교적 '근거'를 제공할 교회법정을 소집했다(이 학살은 스톡홀름 시장에서 반대파 스웨덴 귀족들을 살해했다고 하여 '스톡홀름의 피바다'라고 부른다). 스웨덴 귀족 구스타브 에릭손 바사(1496~1560)는 아버지와 외조카가 참수당하자 투옥을 피해 탈출했고, 스웨덴 중부 달라르나의 농민을 설득하여 덴마크인에 맞서 반란을 일으킴으로써 이 극도의 잔학 행위에 대적했다. 구스타브는 지방을 점령하면서 병사를 충원하여 웁살라를 지나 스톡홀름을 포위하는 데 성공했고 1521년 8월에 릭스다그에서 스웨덴의 해방자이자 통치자로 선포됐다. 크리스티안 2세는 폐위되어 덴마크와 스웨덴, 노르웨이에서 내쫓겼고, 구스타브가 구스타브 1세로 스웨덴 왕이 되어 칼마르 연합은 종언을 고했다. 구스타브 1세는 1년 뒤인 1524년에 크리스티안 2세에 뒤이어 덴마크를 계승한 프레데리크 1세(1471~1533)와 분쟁을 해결하기 위해 만났다. 스웨덴 서남부의 블레킹에는 덴마크에 반환됐고, 해결되지 않은 의견 차이는 양국 의회의 회의에서 해소하기로 했다.

칼마르 연합-한자 동맹 전쟁, 1422~35
Kalmar War with Hanseatic League, 1422~35
1422년 독일 북부와 발트 지역 도시들의 상업 동맹인 한자 동맹은 덴마크와 스웨덴, 노르웨이 왕국이 결합한 칼마르 연합의 통치자 덴마크 왕 에리크 7세(1382~1459)에게 전쟁을 선포했다. 한자 동맹은 노르웨이에 무역을 빼앗기고 터무니없이 과도한 통행세를 부담할까봐 외레순 해협을 통과하는 해상 무역에 대한 에리크 7세의 과세 독점을 깨뜨리려 했다. 에리크 7세는 발트 해의 플렌스부르크 항구를 점령하여 외레순 해협의 입구를 장악했다. 1428년 한자 동맹의 육군과 해군이 코펜하겐으로 진격했으나 격퇴됐다. 발트 해의 슈트랄준트에서 오랜 시간 지속된 해전에서 스웨덴 함대는 거의 괴멸됐다. 1431년 플렌스부르크가 한자 동맹에 항복했으며, 1453년 내부의 반란에 직면한 에리크 7세가 마지못해 불리한 강화를 체결했다. 슐레스비히는 한자 동맹의 중요한 동맹 세력인 홀슈타인에 할양됐다.

○ 스칸디나비아 봉기, 1433~39 ; 칼마르 연합-홀슈타인 전쟁

칼마르 연합-홀슈타인 전쟁, 1409~35
Kalmar War with Holstein, 1409~35
덴마크와 스웨덴, 노르웨이 왕국이 결합한 칼마르 연합의 왕 에리크 7세(1382~1459)는 홀슈타인 백작이 소유한 슐레스비히를 얻기 위해 싸웠고, 1409년에 슐레스비히 공국을 점령했다. 홀슈타인이 자포자기의 심정으로 항구를 개방하자, 비탈리(페탈리) 형제(해적)가 에리크 7세를 덴마크로 내몰았다. 1416년에서 1418까지 에리크 7세는 계속 패배하여 영토를 잃었으나, 1419년에 격렬한 전투 끝에 페마른 섬을 다시 점령했다. 1422년 에리크 7세가 칙령을 포고하여 덴마크인에게만 무역과 수공업을 허용함으로써 한자 동맹(독일 북부와 발트 지역 도시들의 상업 동맹)의 힘을 꺾으려 하자, 한자 동맹은 홀슈타인과 협력했다(○ 칼마르 연합-한자 동맹 전쟁). 에리크 7세는 한자 동맹이 포모제(포메른)를 침공할까봐 두려워 전장을 떠났고, 에리크 7세의 육군은 플렌스부르크를 성공리에 장악했으며 덴마크 해군은 외레순 해협

에서 한자 동맹의 선박들을 격파했다. 에리크 7세가 외레순 해협을 통과하는 선박에 통행세를 부과하자(1428), 홀슈타인과 한자 동맹 군대가 즉각 코펜하겐을 포위하여 세금 징수를 중단시키려 했으나, 코펜하겐의 주민들은 왕비의 지휘에 따라 집결하여 성을 지키는 데 성공했다. 1431년 플렌스부르크가 한자 동맹과 홀슈타인에 함락됐고, 에리크 7세는 4년 뒤 한자 동맹과 홀슈타인이 내건 조건에 따라 개별적으로 강화를 체결했다. 슐레스비히는 홀슈타인에 반환됐고, 에리크 7세는 25년 넘게 싸우면서 아무것도 얻지 못했다.

칼마르 전쟁, 1611~13
War of Kalmar(Kalmar War), 1611~13

스웨덴 왕 칼 9세(1550~1611)가 덴마크-노르웨이 왕국 왕의 어업과 모피동물 사냥에 매우 중요한 땅인 핀마르크를 장악하고 발트 해 동부 특히 리가 만에서 덴마크의 무역을 제한하려 하자, 덴마크-노르웨이의 왕 크리스티안 4세(1577~1648)가 외레순 해협의 교역을 보호하기 위해 함대를 파견했다. 칼 9세가 스웨덴과 덴마크-노르웨이의 국경과 양국 간의 이견에 관하여 협상하기를 거부한 뒤 두 나라의 왕은 상대국에 전쟁을 선포했다. 덴마크 군대는 두 길로 진격하여 베스테르예틀란드를 지났고, 크리스티안 4세가 이끈 부대는 스웨덴의 항구도시 칼마르를 포위했다. 칼 9세와 그의 아들 구스타브 아돌프(1594~1632)가 칼마르를 지원했으나 덴마크의 증원군이 도착하자 비스뷔 인근으로 퇴각했고, 1611년 여름에 덴마크인들이 칼마르를 함락했다. 패배에 분노한 칼 9세는 결투로 분쟁을 해결하자고 제안했다. 크리스티안 4세는 이를 거부하고 비스뷔를 공격했으나 3일간의 전투 끝에 바다를 거쳐 코펜하겐으로 물러났다. 1611년 10월 말 칼 9세가 세상을 떠나고 구스타브 2세로 즉위한 아들 구스타브 아돌프는 전쟁을 계속했다. 노르웨이인들이 핀마르크에서 스웨덴을 내쫓았고, 1612년 5월에 덴마크인들이 스웨덴 동남부의 엘브스보리 항구를 점령했다. 1613년 초 크네레드 평화조약으로 전쟁이 끝났다. 덴마크-노르웨이의 왕은 핀마르크를 지배했고 배상금을 받는 대가로 엘브스보리를 스웨덴에 반환했다. 칼마르는 다시 스웨덴이 지배했다. 전쟁은 칼마르에서 이름을 따와 칼마르 전쟁이라고 부른다.

칼카 강* 전투, 1223
Battle of the Kalka River, 1223

칭기즈 칸(태조, 1167?~1227)이 호라즘에서 몽골의 지배를 확고히 다지는 동안(**○ (제1차) 몽골-페르시아 전쟁**), 유명한 장군 수베데이(1175~1248)가 이끄는 몽골군 분견대는 러시아 남부의 아조프 해를 향해 카스피 해 서쪽으로 진격하고 있었다(**○ (제1차) 몽골의 러시아 침공**). 러시아의 군주들과 쿠만족 지도자들은 킵차크족의 잔당을 포함하여 서둘러 8만 명의 병력을 모았으나, 이 군대는 몽골군의 전광석화 같은 전술에 맞서기에는 훈련이 현저하게 부족했다. 1223년 드네프르 강의 하구 근처에서 수베데이의 몽골 군대는 수적으로 열세였는데도 러시아·쿠만족 군대를 포위하여 거듭 공격했다. 몽골군 궁수들이 적군을 거의 전멸시켰다. 승리한 몽골 군대는 북쪽으로 진격하다 곧 방향을 돌렸고 약 4,800킬로미터를 달려 페르시아에 있는 칭기즈 칸의 몽골군 본대에 합류했다.

○ 몽골의 유럽 침공

* 드네프르 강의 지류들 중에 하나다.

캄보디아 내전, 1970~75
Cambodian Civil War of 1970~75

캄보디아는 베트남 전쟁에 말려들었다. 캄보디아의 통치자 노로돔 시아누크(1922~2012)가 국내에 잠입하여 선동하는 공산주의자들에게 관용을 베풀었고, 북베트남이 콤퐁솜(시아누크빌) 항구와 호찌민 철도를 이용해 캄보디아를 통과하여 남베트남에 있는 군대에 군수품을 보급하고 그 지역에 기지를 설치할 수 있도록 허용했기 때문이다. 1970년에 시아누크가 항구를 폐쇄하자 북베트남 군대는 시아누크와 싸우는 캄보디아공산당(크메르루주)을 지원했다. 그러나 1970년 3월 시아누크가 국외에 체류하던 중에, 론 놀(1913~85) 장군이 친서방 쿠데타를 일으켜 정부를 무너뜨렸다. 론 놀은 북베트남 군대와 남베트남민족해방전선(남베트남의 공산주의 군사 조직) 군대에 캄보디아에서 떠나라고 요구했다(캄보디아는 옛 왕정을 버리고 크메르 공화국으로 국명을 바꾸었다). 시아누크는 베이징北京에 망명정부를 세웠다. 론 놀을 지원하는 남베트남과 미국의 군대가 캄보디아 영토에 침입하여 적군의 은

신처를 공격했다. 미국군의 공습이 증가했다. 1972년 캄보디아(크메르 공화국) 대통령이 된 론 놀은 북베트남과 크메르루주를 저지할 수 없었고, 이들은 꾸준히 진격하여 농촌 지역을 점점 더 많이 장악했다. 캄보디아 수도 프놈펜은 1972년에서 1975년 사이에(특히 1973년 3월에서 4월에) 포격을 받았으며 빈번히 포위됐다. 프놈펜은 미국이 공중으로 물자를 보급했는데도 1975년 4월 17일 크메르루주에 함락됐다. 론 놀 정부는 항복하고 비행기로 도주했다. 캄보디아는 새로운 헌법에 따라 민주캄푸치아로 나라 이름을 바꾸었다. 크메르루주는 프놈펜 주민 대다수를 농촌 지역으로 소개疏開했는데, 공포작전 동안 100만 명 이상이 노역을 하기 위해 농촌 지역으로 강제 행진을 하던 중에 굶어 죽거나 공산주의자들에게 살해됐다. 이 학살은 인구 대비로 보아서는 홀로코스트를 뛰어넘는다.

○ 캄보디아 내전, 1978~98

캄보디아 내전, 1978~98
Cambodian Civil War of 1978~98

폴 포트(1925~98) 캄푸치아(캄보디아) 총리는 1975년 이후 크메르루주(캄보디아공산당)를 지휘하여 나라를 급격하게 변모시켰다(○ 캄보디아 내전, 1970~75). 폴 포트의 잔학한 정권은 모든 토지와 생산수단을 장악했고 가공할 인권유린의 범죄를 저질렀다. 캄푸치아는 베트남과 국경 충돌을 일으켜 1977년 말 외교 관계를 단절했다. 국경에서 공격의 강도를 높인 베트남은 캄푸치아 반군이 폴 포트 정권을 무너뜨리도록 조장했다. 1978년 말 약 15만 명의 베트남 군대가 캄푸치아를 침공하여 점령했다. 수도 프놈펜은 1979년 1월 7일에 함락됐다. 크메르루주였으나 이견을 가졌던 헹 삼린(1931~)이 베트남의 지원을 받는 체제의 혁명평의회 의장이 됐다. 그러나 크메르루주 충성파는 농촌 지역과 밀림에서 싸움을 계속하여 직접적인 대규모의 전투를 피하면서 적의 보급선을 공격했다. 서북쪽의 밀림으로 도피한 폴 포트는 미국과 중국의 승인을 받았고, 두 나라 모두 소련이 후원하는 베트남의 침공을 인정하지 않았다. 1982년 베트남에 반대하는 크메르루주 3개 핵심 부대가 연합하여 베트남을 축출하고 군사 점령을 끝내고자 했으며, 동시에 전임 왕이었던 노로돔 시아누크(1922~2012)도 폴 포트의 크메르루주를 포함한 연합 망명정부를 세워 미국으로부터 승인을 받았고 베트남이 지원하는 정권을 대체할 가능성이 있었다. 베트남은 타이와 캄푸치아 국경을 따라 설치된 크메르 '자유의 전사들'의 주둔지에 강한 공격을 퍼부었다. 1984년 베트남은 게릴라의 완강한 저항에 맞서면서 점차 소련에 더 많이 의존하게 됐다. 1987~88년에 시아누크는 여러 차례 프놈펜의 지도자들과 만났으나 아무런 성과도 거두지 못했다. 베트남은 소련의 강권에 따라 14만 명 병력의 일부를 철수하기 시작했고 1990년까지 완전히 철군하기로 계획을 세웠다. 크메르루주(4만 명)는 영토를 되찾으려 애썼고, 다른 반군인 비공산주의 계열의 크메르인민족해방전선 KPNLF은 내분을 겪었다. 1989년 프놈펜 정권은 나라 이름을 캄보디아로 고쳤고, 베트남은 철군의 속도를 높였다. 1991년 10월 23일 국제연합 UN이 중재한 파리의 평화회담에서 캄보디아의 네 파벌(시아누크파, KPNLF, 크메르루주, 프놈펜 정부)과 회담에 참여한 19개 국가의 각료들이 협정에 서명했다. 그 뒤 국제연합캄보디아과도행정기구 UNTAC 아래에서 일부 파벌이 무장해제에 들어갔고, 이로써 타이 국경에 피신했던 난민 37만 5천 명이 귀환할 수 있었다. 1991년 시아누크가 프놈펜으로 돌아와 1993년 선거를 통해 왕에 즉위하여 헹 삼린을 대신했다. 그러나 크메르루주 반군은 협력을 거부하고 1992년에 UNTAC 군대를 공격했다. 프놈펜의 집권 세력은 파벌 싸움으로 분열했다. 1996년 서부의 바탐방 주에서 큰 충돌이 벌어졌고 크메르루주 반군은 빠이린과 프놈말라이의 기지를 전투 없이 포기했다. 폴 포트의 크메르루주는 밀림으로 내쫓겨 해체됐다. 1995년에서 1996년에 약 200만 명의 시신이 묻힌 집단 매장지가 발견됐다. 이 사람들은 1975년에서 1979년까지 폴 포트가 통치할 때 구타와 굶주림, 노동으로 사망한 뒤 '킬링필드'에 묻혔다. 서로 경쟁 관계에 있던 공동 총리 훈 센(1952~)과 노로돔 라나리드(시아누크의 아들, 1944~)의 불안정한 연립정부에는 긴장이 증폭됐다. 두 군벌은 크메르루주를 협력자로 삼아 세력을 확대하고자 했다. 1997년 7월 프놈펜에서 전투가 벌어져 훈 센이 권력을 장악했고, 패한 라나리드는 탈출했다. 암에 걸린 시아누크는 그 뒤 나라를 떠났다. 집단 이탈로 약해진 폴 포트의 크메르루주는 지도자에 반기를 들고 폴 포트의 오랜 동료였던 타 목(1924~2006)을 지도자로 내세웠으며, 1997년에 밀림의 전시용 재판*에서 폴 포트에게 종신 가택연금을 선고했다. 1998년 크메르루주의 잔당은 캄보디아 북부의 밀림에서 내분으로 분열했고, 군사적·정치적으로 정부에 위협이 되지 못했다. 폴 포트는 제노사이드(집단학살)의 죄로 재판에 회부되어야 했으나 밀림의 은거지에서 살해됐거나 병사한 것으로 추정된다(1998년 4월 15일). 1998년 12월 크메르루주의 마지막 남은 병력은 무기를 내려놓고 정부에 항복했다. 타목은 1999년 3월에 체포됐고, 캄보디아는 20년 만에 처음으로 평화를 되찾았다.

* show trial. 여론 조작을 위한 공개 재판.

캄보디아 반란, 1811~12
Cambodian Rebellion of 1811~12

캄보디아 왕 앙 찬 2세(1791~1835)는 평화를 유지하기 위해 시암(타이)과 베트남에 공물을 바치고 양국의 종주권을 인정했다. 앙 찬 2세의 동생이 시암의 지원을 받아 왕위를 찬탈하려고 했다(1811). 시암의 왕 라마 2세(1767?~1824)가 군대를 보내어 앙 찬 2세를 축출하는 데 도움을 주었고, 앙 찬 2세는 베트남 남부로 피신했다가 지원을 확보하여 왕위를 되찾았다. 베트남 황제 쟈롱嘉隆(1762~1820)이 캄보디아로 대군을 파견하여 위협하자 시암은 전투 없이 철수했다. 앙 찬 2세는 다시 왕위에 올랐다.

○ 시암-캄보디아 전쟁, 1831~34

캄보디아-시암 전쟁
Cambodian-Siamese Wars

○ 시암-캄보디아 전쟁

캄푸치아 내전, 1978~98
Kampuchean Civil War of 1978~98

○ 캄보디아 내전, 1978~98

캄푸치아-타이 국경 전쟁, 1977~95

Kampuchean-Thai Border War, 1977~95

1975년 캄보디아공산당인 크메르루주가 국가를 장악한 뒤 수많은 캄푸치아(캄보디아) 난민이 기아와 죽음을 피해 국경 너머 타이로 들어갔다. 크메르루주 군대는 아라냐쁘라텟 인근의 타이 국경 지역을 공격했다. 타이는 국경을 봉쇄하고 군대에 경계 태세를 내렸으며 적군을 격퇴하기 위해 공습하고 포격했다. 1979~80년에 캄푸치아를 점령한 베트남 군대가 타이 영토를 침범하여 난민수용소에 숨어 있는 것으로 추정된 반군 게릴라들을 수색했다(난민수용소에는 다수의 라오스인과 베트남인 또한 정착했다). 국경에서 간헐적으로 전투가 이어졌고, 군부가 지배한 타이 정부는 자국 안의 반정부 세력에 맞서 싸웠다. 반정부 세력은 공산주의자들과 반란을 일으킨 메오족, 이슬람 분리주의자들, 아편 군벌 등이었다. 캄푸치아의 베트남 군대는 타이 국경지대에 있는 크메르루주의 주둔지를 소탕하기 위해 1985년에서 1988년까지 습격을 반복했다. 타이는 중국과 더불어 크메르루주 저항의 주된 지지 세력이었다(➲ **캄보디아 내전, 1978~98**). 1992년 1만 6천 명이 넘는 국제연합UN 평화유지군이 캄보디아에서(1989년 이후로는 캄푸치아라고 부르지 않았다) 가능한 정치적 해결과 평화 정착 과정을 이행하고 있었다. UN 평화유지군과 민간감시단은 타이 국경에서 난민 약 37만 5천 명의 본국 송환을 도왔고, 1992년 8월까지 약 10만 명이 캄보디아로 돌아왔다. 국경 전쟁은 크게 잦아들었으나, 1993년에 크메르루주의 테러로 많은 사람이 다시 타이로 피난했다. 1995년 9월 캄보디아와 타이는 싸움을 멈추고 국경(서로 주장이 달랐던 타이 만灣은 제외)을 관리할 위원회를 설립했다.

캉브레 동맹 전쟁, 1508~10

War of the League of Cambrai, 1508~10

1508년 교황 율리오 2세(1443~1513)는 베네치아가 교황령이었던 로마냐 지역을 점령한 데 분노하여 베네치아의 적들인 신성로마제국 황제 막시밀리안 1세(1459~1519)와 프랑스 왕 루이 12세(1462~1515), 아라곤 왕 페르난도 2세(카스티야 왕 페르난도 5세, 1452~1516)를 규합하여 캉브레 동맹을 결성했다. 그리고 이를 이용해 베네치아가 이탈리아 반도에서 획득한 영토를 분할하고 교황령의 땅을 직접 지배하고자 했다. 캉브레 동맹의 군대는 남쪽의 페루자를 점령한 뒤 로마냐의 핵심 도시인 볼로냐를 향해 진격했고, 베네치아에 대한 대규모 공격을 감행하여 1509년 아냐델로 전투에서 승리를 거두었다. 베네치아가 본토에 소유했던 영토는 해체됐으며, 베네치아는 로마냐의 도시들에 대한 권리를 상실한 것은 물론 교회 문제에 관해서도 독립성을 주장할 수 없게 됐다. 그러나 황제 막시밀리안 1세가 파도바를 잃고, 교황이 점차 외국의 이탈리아 지배를 두려워하면서 캉브레 동맹은 해체됐다. 베네치아는 결국 본토의 도시들을 되찾았지만, 이전에 누렸던 세력은 회복하지 못했다.

○ 신성 동맹 전쟁

캐나다 반란, 1837
Canadian Rebellions of 1837

○ 매켄지의 반란 ; 파피노의 반란

캘커타의 '블랙홀'
'Black Hole' of Calcutta

○ 벵골-영국 전쟁, 1756~57

캠프그랜트 학살, 1871
Camp Grant Massacre, 1871

1871년 4월 30일 밤 아파치족 인디언을 증오했던 파파고족 인디언과 백인 약 150명이 애리조나 준주 남부의 캠프그랜트로 잠입했다. 이들은 백인 정착민들과 평화롭게 살기 위해 노력하던 아리바이파 아파치족 남자와 여자, 아이 108명을 잔인하게 살해했다. 전사들은 대부분 밖에서 사냥하고 있었기 때문에 학살당한 사람 중에서 성인 남자는 겨우 8명뿐이었다. 살인자들은 29명의 아이를 인질로 끌고 갔고 나중에 멕시코에 노예로 팔아버렸다. 당국은 학살 지휘자들을 체포했으나 곧 방면했다. 이 학살 사건은 정책에 영향을 미쳐, 율리시스 S. 그랜트(1822~85) 미국 대통령은 아파치족을 인디언 보호구역 안에 가두는 정책을 시행했다. 보호구역 안에서 '문명'을 주입할 수 있다는 것이 이유였다. 이 학살로 1871년에 아파치족의 전쟁이 발발하여 1873년 까지 지속됐다.

'커스터의 마지막 저항'
'Custer's Last Stand'

○ 수족 인디언 전쟁, 1876~77

컬페퍼의 반란, 1677~79
Culpeper's Rebellion, 1677~79

잉글랜드 무역법은 잉글랜드로 가는 상품에 높은 관세를 부과하여 교역을 제한했는데, 캐롤라이나 식민지의 북부 주민들은 이를 지지한 특권 지주 식민지* 정부에 반대했다. 1677년 12월 이들은 존 컬페퍼의 지휘로 정부를 무너뜨리고 부총독이자 관세 징수관인 토머스 밀러와 다른 관리들을 감금했으며, 컬페퍼를 총독으로 삼아 대중에 기반한 새로운 정부를 수립했다. 그 뒤 밀러는 잉글랜드로 탈출하여 당국에 자신의 사정을 변호했다. 컬페퍼도 잉글랜드로 건너가 자신의 견해를 전달했다. 재판에 회부된 컬페퍼는 반역과 횡령 혐의에 대해 무죄판결을 받았지만 특권 지주 식민지에 의해 제거됐다. 특권 지주 식민지는 새로운 총독과 관세 징세관을 임명했다.

* proprietary colony. 지주인 개인이나 집단이 총독의 행정권까지 보유하는 식민지다.

케이드의 반란, 1450
Cade's Rebellion, 1450

백년 전쟁이 끝날 무렵 발생한 이 반란은 전쟁이 잉글랜드 주민들에게 어떤 영향을 미쳤는지 보여준다. 존 모티머라는 이름으로 자신이 요크 공작 리처드(1411~60)의 사촌이라고 했던 존 케이드(잭 케이드, 1450년 사망)는 소지주들을 잘 조직하여 반란을 일으켰다. 존 케이드는 세금과 물가를 내리고 헨리 6세(1421~71) 궁전의 몇몇 대신을 해임하여 왕실의 부패를 끝냈으며, 헨리 6세의 경쟁자로 망명 생활을 하고 있던 리처드를 불러들이라고 요구했다. 1450년 6월 18일 주로 켄트와 서식스 출신으로 구성된 케이드의 군대는 세븐오크스에서 왕의 군대를 무찔렀고 한동안 런던을 점령했으며, 프랑스에서 벌어진 전쟁의 모든 패배에 책임자로 간주되어 혐오의 대상이었던 재정대신을 그곳에서 사형했다. 반란자들은 약탈과 방화를 일삼다가 1450년 7월 6일 런던 주민들에게 쫓겨났다. 정부가 사면령을 내리자 반란에 참여했던 자들은 대부분 해산했으나, 케이드는 싸움을 계속했고 치명적인 부상을 입은 뒤 사로잡혔다. 반란은 왕실 권위의 추락에 한몫했으며 리처드가 망명지인 아일랜드에서 잉글랜드로 돌아올 수 있게 했다.

○ 장미 전쟁

케이프프런티어 전쟁
Cape Frontier Wars

○ 카피르족 전쟁

켈트족의 로마 약탈, 기원전 390
Celtic Sack of Rome, BCE 390

기원전 396년 켈트족이 알프스 산맥을 넘어 이탈리아 북부로 들어와 멜품(오늘날의 밀라노)을 점령하고 계속 남진하여 기원전 391년에 에트루리아 중부의 클루시움(오늘날의 키우시)을 포위했다. 로마 역사가 티투스 리비우스(기원전 59~기원후 17)에 따르면 클루시움의 지원 요청에 로마가 평화 사절을 보냈으나 켈트족을 알프스 산맥 이북으로 돌려보내는 데 실패했다고 한다. 족장 브렌누스가 지휘하는 침략군은 알리아 강에서(기원전 390년 7월) 로마 군대를 격파한 뒤 로마를 공격하여 카피톨리누스 언덕의 성채와 유피테르(그리스 신화의 제우스) 신전을 제외한 로마 전체를 점령했다. 목재로 지어진 건물들은 대부분 불타 잿더미가 됐고, 약탈과 살인이 기승을 부렸다. 여러 달 뒤에도 켈트족은 카피톨리누스 언덕을 점령할 수 없었고 일리리아(일리리쿰. 오늘날의 발칸 반도 서부)의 베네티족이 포 강 유역에 있는 자신들의 영토를 위협하자 로마 지도자 마르쿠스 푸리우스 카밀루스(기원전 446?~기원전 365)가 제시한 거액의 공물을 받아들이고 로마를 떠났다. 전하는 이야기에 따르면 금의 무게를 잴 때 로마의 호민관이 저울추가 정확하지 않다고 불평하자 브렌누스는 즉각 저울에 자신의 검을 올리고 "패자敗者는 무참하도다Vae victis!"라고 외쳤다고 한다.

○ 에트루리아-로마 전쟁, 전기

켈티베리아 전쟁, 기원전 154~기원전 133
Celtiberian Wars, BCE 154~BCE 133

이베리아 반도를 침공한 로마군은 켈트 부족들과 오랜 기간 잔인하고 격렬한 전쟁을 벌였다. 켈티베리아(에스파냐 중북부)의 산악 지역에 거주하던 부족들은 구릉지에 거대한 요새들을 세워 방어했는데, 그중 가장 중요한 곳이 누만티아(오늘날의 누만시아)였다(○ **누만티아 전쟁**). 오늘날의 포르투갈 중부와 에스파냐 서부에 거주하던 호전적 켈트족들의 부족 연맹체였던 루시타니아는 로마의 침략에 맞서 잘 저항했으나, 기원전 151년에 루시타니아인과 켈티베리아인 모두 패배했다. 기원전 147년 켈트 부족들은 로마가 제3차 포에니 전쟁에 전력을 기울이던 상황을 이용하여 반란을 일으켰고 로마에 중대한 손실을 입혔다. 루시타니아인을 지휘한 비리아투스(기원전 180~기원전 139?)는 8년 동안 전쟁을 치르며 그 지역을 지켰다(○ **루시타니아 전쟁**). 켈티베리아인은 퀸투스 카이킬리우스 메텔루스(기원전 210?~기원전 115?)가 지휘하는 로마 군단에 패했고(기원전 143?), 누만티아는 로마의 공격을 일시 저지하기도 했으나 기원전 140년에 점령됐다. 그렇지만 누만티아는 7년을 더 버틴 뒤에야 완전히 항복했다.

켓의 반란, 1549
Kett's Rebellion, 1549

돈이 부족한 잉글랜드 지주 귀족들이 가축 방목을 위해 공유지에 울타리를 쳐 빈민들이 고초를 겪었으나 귀족들은 농사를 짓고 싶어 하는 빈민들의 욕구에 냉담했다. 1549년 무두장이였다가 돈을 모아 지주가 된 로버트 켓(1549년 사망)이 조직적인 반란을 일으켰다. 주로 농민으로 1만 5천 명이 넘는 것으로 추정되는 반란자들은 오늘날 잉글랜드 노퍽 주의 토지 인클로저*에 항의했다. 반란자들은 주도 노리치를 점령하고 인클로저 울타리를 망가뜨렸으며 부유한 지주들을 약탈했다. 독일인 용병의 지원을 받은 잉글랜드 군인들이 반란을 진압했고 큰 유혈극이 벌어졌다. 체포된 켓은 사슬에 묶인 채 노리치 성에 매달려 죗값으로 굶어 죽었다. 반란에 참여했던 켓의 형제 윌리엄 켓도 같은 운명에 놓였다. 다른 것이 있다면 윌리엄은 교구 교회의 첨탑에 매달려 죽었다는 것이다.

* 15세기 이후 영국에서 지주계급이 공유지에 울타리를 쳐서 남이 땅을 사용하지 못하도록 한 것이다. 인클로저로 인해 토지가 없어진 농민들은 산업혁명으로 공장들이 많이 세워진 도시로 가서 하층 노동자가 됐다.

코람파 반란, 816~838
Khurramites' Revolt, 816~838

카스피 해 서남 연안 아제르바이잔의 조로아스터교와 이슬람교 시아파를 혼합한 종파인 코람파는 이슬람교의 타도를 자신들의 임무로 선포하며 페르시아와 메소포타미아의 이슬람교도 세력을 공격했다. 아바스 왕조 칼리파 알라 알 마문(786~833)의 군대는 비잔티움 제국으로부터 지원을 받은 반란자들을 진압할 수 없었다(⊙ 비잔티움 제국-이슬람 전쟁, 830~841). 아부 이샤크 알 무타심(794~842)은 칼리파가 된 뒤 코람파와 비잔티움 제국을 분쇄하기로 결심했다. 메디아(아제르바이잔 근처) 총독 알 아프신이 지휘하는 칼리파의 이슬람 군대는 반란자들을 끈질기게 추적하여 838년에 마침내 격파했다. 코람파 지도자 바바크 알 코라미(바바크 코람딘, 795/798~838)는 살해당했다.

코루페디온 전투, 기원전 281
Battle of Corupedion, BCE 281

알렉산드로스의 후계자들이 벌인 군사적 충돌은 고대 소아시아 서부의 리디아에 있는 코루페디온에서 벌어진 기이한 전투로 끝났다(⊙ 디아도코이 전쟁). 소아시아의 주인을 정하기 위한 이 전투는 마케도니아 군대를 이끈 리시마코스(기원전 360?~기원전 281)와 시리아 군대를 지휘한 셀레우코스 1세(기원전 358?~기원전 281)가 벌였다. 늙은 지휘관들은 군대가 집결하기 전에 둘이서 맞붙었다. 셀레우코스 1세가 리시마코스를 죽였고, 그 뒤 시리아 군대가 마케도니아 군대에 참패를 안겼다. 이제 소아시아의 주인이 된 셀레우코스 1세는 기원전 281년에 마케도니아를 침공했으나 그곳에서 암살당했다. 셀레우코스 1세의 아들 안티오코스 1세(기원전 324?~기원전 261?)는 이집트를 차지했고, 안티고노스 2세(기원전 319~기원전 239)는 마케도니아의 왕이 됐다. 트라키아와 마케도니아에서는 기원전 276년까지 안티고노스 2세의 왕위를 확고히 하기 위한 투쟁이 계속됐지만, 셀레우코스 1세의 사망으로 후계자들 간의 경쟁은 종결됐다. 원래의 후계자들은 모두 죽었다.

코르닐로프의 반란, 1917
Kornilov's Revolt, 1917

러시아의 보수파 장군들은 군사독재를 수립하고 2월 혁명 이후 초래된 무정부 상태와 군대의 규율 부재를 끝내기로 결심했다. 리보프(1861~1925) 공을 대신하여 임시정부의 총리가 된 알렉산드르 F. 케렌스키(1881~1970)는 자신이 임명한 군 총사령관 라브르 G. 코르닐로프(1870~1918)가 독재자가 되려 한다는 것을 깨닫자 코르닐로프를 반역자로 선언하고 해임했다. 이에 코르닐로프는 자신의 카자크(코사크) 군대를 페트로그라드(오늘날의 상트페테르부르크)로 파견하여 소비에트(혁명평의회)와 임시정부의 노선을 좀 더 보수적으로 바꾸려고 했다. 케렌스키는 우파의 군부 장악 기도에 대한 지원을 중단하고 소비에트 중앙위원회와 군대 안 좌파의 지지를 추구했다. 볼셰비키는 노동자들을 무장시켰고 혁명을 위협하는 코르닐로프에 맞서 저항하라고 강력하게 권고했다. 노동자들은 이에 따라 카자크 병사들에게 탈영을 설득했고, 반혁명은 5일 만에(1917년 9월 9~13일) 실패했다. 코르닐로프는 체포되어 투옥됐으나, 10월 혁명 뒤 탈출하여 페트로그라드를 벗어났다.
○ 볼셰비키 혁명

코르시카 반란, 1729~69
Corsican Revolts of 1729~69

이탈리아의 제노바는 코르시카 섬을 지배했는데, 섬의 원주민들은 제노바인들의 폭정에 점점 더 강하게 분노했다. 코르시카인들은 현지 귀족들의 지휘를 받아 자발적으로 반란을 일으켜 섬의 내륙을 장악했고 독립 투쟁을 전개했다. 독일의 모험가 테오도어 노이호프(1694~1756) 남작이 반란자들의 지원으로 코르시카 섬에 상륙하여 한동안 제노바에 맞서는 데 성공했으며 코르시카 '왕' 테어도로 1세로 선포됐다(1736). 그러나 1736년 말 노이호프는 내전이 격화되면서 패하고 섬을 탈출했다. 노이호프는 두 차례(1738, 1743) 되돌아와 '왕국'을 재건하려 했으나 실패했고, 프랑스의 지원을 받은 제노바인들에 패하여 영국으로 도피했다. 1755년 코르시카 섬의 민족주의자 파스콸레 파올리(1725~1807)가 국외 망명에서 돌아와 동포를 이끌고 제노바인의 지배에 맞서 반란을 일으켜 승리했고 공화정 헌법에 따라 코르시카 의회의 행정위원회 위원장에 당선했다(1755). 파올리는 1734~35년에 코르시카인의 반란을 이끌고 노이호프를 지지했던 인물의 아들이었다. 제노바인들은 파올리와 계속 싸웠고, 파올리는 계몽된 자치 정부와 개혁을 도입했다. 1764년 이후 제노바의 협력국인 프랑스가 파올리 정권을 무너뜨리기 위해 전쟁을 시작했으며, 1768년에 섬을 정복할 희망이 전혀 없다고 판단한 제노바로부터 코르시카 섬을 매입했다. 월등하게 강한 프랑스 군대가 침공했고, 파올리의 병사들은 뛰어난 장군의 지휘로 맹렬하게 저항했으나 수의 열세를 극복하지 못하고 결국 패하고 말았다(1769). 파올리는 영국으로 피신했고, 프랑스는 코르시카 섬을 병합했다.

코린토스 전쟁, 기원전 395~기원전 387
Corinthian War, BCE 395~BCE 387

기원전 404년의 강화 뒤(○ (제2차) 펠로폰네소스 전쟁), 테바이는 스파르타의 전제적 지배에 크게 분노하여 얼마 전까지도 적이었던 아테네와 기원전 395년에 동맹을 맺었다. 테바이는 보이오티아를 침공한 스파르타를 격파했으며, 스파르타가 페르시아와 싸운 것을 기회로 아테네는 페르시아의 자금을 얻어 함대를 재건할 수 있었다. 기원전 394년 크니도스에서 아테네는 재건한 함대로 스파르타 함대를 무찔렀고 기원전 390년경에는 에게 해의 여러 항구도시를 되찾았다. 아테네는 요새들을 재건했다. 육상에서 승리한 쪽은 대개 스파르타였다. 스파르타는 네메아에서 승리하고(기원전 394) 페르시아의 지원을 다시 확보한 덕에 코로네아에서 다시 승리를 거둘 수 있었으며(기원전 394), 코린토스(기원전 393)와 아테네(기원전 392)를 봉쇄했다. 기원전 390년 아테네는 코린토스를 점령하여 아르고스에 관리를 맡겼으나, 기원전 387년경 아테네의 유일한 힘인 헬레스폰트(다르다넬스) 해협의 함대가 페르시아 해군에 차단됐다. 파산 지경에 이른 아테네는 페르시아가 제시한 평화조약('왕의 평화', 즉 안탈키다스 화약, 기원전 387)을 수용해야 했고, 에게 해의 아테네 동맹은 해체됐다. 테바이는 보이오티아 도시들의 지배권을 상실했고, 아르고스는 코린토스에서 철수했다. 스파르타만 세력을 유지했으나 그 뒤 페르시아는 바라는 것은 무엇이든 할 수 있었다.

○ 테바이-스파르타 전쟁, 기원전 379~기원전 371

코린토스-케르키라 전쟁, 기원전 435~기원전 433
Corinthian-Kérkira War, BCE 435~BCE 433

이오니아 해에 있는 그리스의 식민지 케르키라는 모시母市 코린토스가 자신들과 공동으로 개척한 본토의 식민지 에피담노스(오늘날 알바니아의 두러스)를 홀로 지배하려 하자 이에 맞서 해상 전쟁을 시작했다. 기원전 435년 케르키라가 에피담노스로 이동하자, 75척으로 구성된 코린토스 함대가 에피담노스를 구하려 했으나 암브라키아(오늘날의 아르타) 만에서 케르키라 3단노선櫓船 80척에 크게 패했다. 손실을 입고 굴욕을 당한 코린토스는 더 큰 함대를 건설했고, 겁을 먹은 케르키라는 아테네에 지원을 요청했다. 아테네는 선박 10척을 케르키라로 파견했다. 시보타 전투(기원전 433)에서 코린토스 함대가 케르키라를 공격하여 압도하던 중에 아테네가 추가로 파견한 군함이 도착하자 코린토스는 철수하여 귀환해야 했다. 코린토스는 케르키라·아테네 동맹에 쓰라린 분노를 느꼈고, 이는 2년 뒤 제2차 펠로폰네소스 전쟁을 재촉하는 데 일조했다.

코모로 반란, 1997
Comoran Rebellion of 1997

모잠비크 북부와 마다가스카르 사이의 인도양에 있는 코모로는 1975년 프랑스에서 독립했다. 코모로의 핵심인 3개 섬, 즉 그랑드코모로(응가지자) 섬, 앙주앙(은주와니) 섬, 모엘리(음왈리) 섬의 주민은 이슬람교도가 압도적이었다. 앙주앙 섬의 동남쪽에 있는 마요트(마오레) 섬은 계속 프랑스의 지배를 받기로 했는데, 주민의 대다수는 그리스도교도였다. 1997년 8월 앙주앙 섬과 모엘리 섬은 코모로 정부가 부패했다고 비난하고 다시 프랑스와 통합하자고 촉구하며 독립을 선포했다. 9월 3일 앙주앙 섬을 다시 장악하기 위해 그랑드코모로 섬의 수도 모로니에서 군인 약 300명이 파견됐다. 앙주앙 섬의 분리주의자들은 외국인 용병과 대포 등을 이용하여 맹렬하게 저항했다.

며칠 뒤 군대는 철수했다. 프랑스는 이를 '내정 문제'로 일축하고 개입하기를 거부했다. 아프리카통일기구 OAU가 양쪽의 평화회담을 주선했다. 1997년 말 코모로 대통령은 앙주앙 섬 출신을 총리로 임명했다.

코소보 봉기, 1998
Kosovo Uprising of 1998

유고슬라비아 남부에 있는 세르비아의 코소보 주에서는 알바니아계 게릴라들과 세르비아계 경찰 간에 이따금 전투가 벌어졌다. 이는 1998년 3월 초 세르비아 경찰과 준군사 조직이 주도 프리슈티나 주변 지역의 알바니아인 마을들을 폭파하여 무방비 상태의 주민 수십 명을 살해하면서 공공연한 충돌로 번졌다. 1992~95년의 보스니아헤르체고비나 내전을 끝낸 1995년 데이턴 평화협정의 이행을 감독하기 위해 설립된 '접촉그룹 Contact Group(미국과 영국, 프랑스, 독일, 이탈리아, 러시아)'은 발칸 반도에서 다시 전면전이 일어나는 것을 우려해 5월 9일 유고슬라비아에 대한 무기 금수조치를 발동했다. '접촉그룹' 중 미국만 세르비아를 한층 더 가혹하게 처벌하기를 원했다. 러시아가 데이턴 평화협정을 위반하고 1997년 12월 유고슬라비아에 무기를 판매하기로 동의했다는 사실이 드러났다. 200만 명의 주민 중 약 90퍼센트가 알바니아인인 코소보 주는 세르비아 공화국 안의 자치주였으나, 1989년에 세르비아 대통령 슬로보단 밀로셰비치(1941~2006)는 코소보 자치주의 자치 권한을 크게 축소하자 코소보가 독립을 요구했다. 이어진 몇 년 동안 온건한 이브라힘 루고바(1944~2006)가 지도하는 코소바르(코소보의 알바니아인)의 평화적인 시민 저항운동은 세르비아의 행정을 거부함으로써 어느 정도 성공을 거두었다. 연이어 유고슬라비아의 대통령이 된 밀로셰비치는 코소보 주에 세르비아와 몬테네그로에 부여했던 유고슬라비아 국가 안의 자치 공화국 지위를 주지 않고 경찰에 의존한 통치를 지속했다. 1998년 3월 경찰의 소탕작전은 대다수 알바니아인의 저항을 부채질했을 뿐이었다. 외교관들은 이 조치가 어리석다고 생각했다. 세르비아 군대가 마을들을 계속 포격하자, 초라한 무장의 작은 집단으로 출발했으나 자원병과 알바니아가 제공한 무기로 빠르게 팽창한 코소보해방군 KLA(알바니아어로 UÇK)이 코소보 주의 40퍼센트를 장악했다. 6월 초 밀로셰비치는 코소바르를 고향에서 쫓아내는 활동을 강화했다. 이에 따라 수많은 코소바르가 목숨을 구하기 위해 알바니아로 피난했다. 분쟁을 해결하려는 미국의 노력은 실패로 돌아갔고, '접촉그룹'은 여전히 제재에 대해서 합의하지 못했다. 1998년 8월 세르비아의 공세에 UÇK는 거점에서 내쫓겼으며, 코소보인들의 피난처가 있는 알바니아로 가는 탈출로에 전투가 집중됐다. 양쪽은 평화협상의 청사진을 재검토했다. 세르비아는 계속해서 마을들에 테러 공격을 가하여 UN의 비난을 자초했다. 1998년 12월 세르비아 보안군과 반란자들(민간인) 사이의 충돌로 약 50명이 사망했고, 영구 평화를 얻기 위한 교섭 국가들의 협상 노력이 더욱 긴요해졌다. 1999년 2월 교전 당사자들은 프랑스 랑부예의 평화회담에 대표단을 파견했다. 세르비아 군대는 계속해서 코소보 주의 알바니아인들을 공격했고, 동시에 베오그라드의 연방 정부는 마케도니아 접경(북대서양조약기구NATO의 평화유지군이 활동할 가능성이 있는 지역)에 방어 요새를 건설했다. 데이턴 평화협정의 산파였던 미국의 사절 리처드 C. A. 홀브룩(1941~2010)은 밀로셰비치를 설득하여 미국이 지지하는 평화안에 서명하게 하려 했으나 실패했고(1999년 3월 10일), NATO는 3월 24일에 전략 폭격을 개시했다. 집중 공습은 78일 동안 지속됐다. 결국 6월 9일에 마케도니아에서 평화회담이 진행된 뒤 군사 절차에 관한 협정이 체결됐다. 세르비아 군대는 NATO가 평화적인 철군의 증거를 보고 폭격을 중단하는 동안 11일에 걸쳐 단계적으로 철수해야 했다(애초 제시된 기간은 한 주였다). 협정은 코소보 주에서 평화를 유지할 다국적 방위군의 배치 조건도 결정했다. 회담 결과 평화 방안의 문안도 도출됐다. 그러나 2000년 내내 프레셰보·메드베자·부야노바츠해방군UÇPMB*이라 자칭했던 알바니아계 반란자들은 비무장지대 안팎에서 군사행동을 지속했다. 코소보의 미래에 관한 협상(독립하는가, 세르비아의 주로 남는가)은 2005년에서 2006년으로 연기됐고, 코소보는 1999년부터 6년 동안 국제적 관리를 받은 뒤 독자적으로 국가를 수립할 준비가 된 듯했다. 몬테네그로도 세르비아와 함께 결성했던 신유고 연방에서 이탈하여 독립국가를 수립했다(2006년 6월). 코소보는 2008년 2월 세르비아에서 독립을 선언했지만 독립국의 지위에 대해서는 국제적으로 의견이 일치하지 않는다. 2008년 10월 8일 UN은 세르비아의 요청에 따라 국제사법재판소에 코소보 자치 정부의 일방적인 독립선언이 국제법에 부합하는지 조언을 요청하기로 투표하여 통과시켰다. 코소보의 독립은 아직 미결이다.**

코스타리카 내전, 1948
Costa Rican Civil War of 1948

1948년에 실시된 코스타리카 대통령 선거에서 오틸리오 울라테(1891~1973)
가 승리했으나, 1948년 3월 1일에 의회는 결과를 무효로 선언했다. 코스타
리카 농장주 호세 피게레스 페레르(1906~90) '대령'이 이끄는 울라테의 지지
자들과 패배한 대통령 후보 라파엘 칼데론 과르디아(1900~70)의 지지자들
사이에 즉각 내전이 발발했다. 정부군과 공산주의자들이 참여한 칼데론의
군대는 아나스타시오 소모사 가르시아(1896~1956) 니카라과 대통령과 티부
르시오 카리아스 안디노(1876~1969) 온두라스 대통령으로부터 지원을 받았
지만, 이른바 '카리브 군단'이라는 피게레스의 군대에 패배했다. 피게레스는
6주 동안 싸운 뒤 1948년 4월 28일에 수도 산호세로 입성하여 정부를 내쫓
았다. 1948년 5월 8일 피게레스는 군사평의회를 설립하여 18개월 동안 재임
하며 통치했다. 군사평의회는 코스타리카 군대를 해산하고 공산당을 불법
화했으며 은행을 국유화하고 공무원 제도를 개혁하여 혁명적 변화를 가져
왔다. 변화에 반대하는 사람들도 있었다. 1948년 12월 10일 니카라과에 망
명했던 칼데론파 무장 반군이 코스타리카를 침공했으나 격퇴됐고, 미주기구
OAS는 소모사가 침공에 관여했는지 조사하기 위해 위원단을 파견했다. 1949
년 초 코스타리카 제헌의회가 소집되어 울라테의 대통령 당선이 유효함을
확인했고 새 헌법을 제정했다. 1949년 11월 8일 피게레스는 울라테에게 정
부를 이양했다.

코스타리카 반란, 1955
Costa Rican Rebellion of 1955

1953년 온건한 사회주의자였던 호세 피게레스 페레르(1906~90)는 코스타
리카 대통령으로 당선됐다. 니카라과의 독재자 아나스타시오 소모사 가르
시아(1896~1956) 대통령은 카리브 연안 국가들의 정치 망명자 집단인 '카리

브 군단'이 피게레스의 지원을 받아 자신을 암살하려는 음모에 관여했다고 주장했다(카리브 군단은 선거에서 피게레스를 지원했다). 소모사는 확실한 보복 계획을 세웠고, 불만을 품은 코스타리카의 전직 대통령 라파엘 칼데론 과르디아(1900~70)를 지원했다. 칼데론은 니카라과에서 일단의 반군을 이끌고 남쪽으로 내려가 팬아메리칸 하이웨이가 지나가는 코스타리카 중북부에 있는 비야케사다(시우다드케사다)를 점령했다(1955년 1월 11일). 피게레스는 즉시 미주기구 OAS에 조사를 요구했고, OAS의 위원회는 반군의 전쟁 물자가 니카라과에서 나오고 있다는 사실을 알아냈다. 이러한 사실이 공개되자마자, 니카라과는 대부분이 코스타리카인으로 구성된 반군에 대한 지원을 중단했다. 한편 미국은 코스타리카에 전투기 4대를 판매했다. 여러 도시에서 격렬한 전투가 벌어졌지만, 반군은 대중의 지지를 받는 정부군의 적수가 되지 못했으며, 북쪽으로 쫓겨 국경 너머 니카라과로 들어갔다. 1956년 초 코스타리카와 니카라과는 국경 감시에 협력하기로 합의했다.

코스타리카 혁명, 1917
Costa Rican Revolution, 1917

코스타리카의 민주주의자 알프레도 곤살레스 플로레스(1877~1962)는 1913년에 코스타리카 대통령으로 당선된 뒤 개혁에 나섰으나 페데리코 티노코 그라나도스(1868~1931) 장군의 반대에 부딪혔다. 티노코는 군사 쿠데타를 일으켜 곤살레스 정부를 무너뜨렸다(1917년 1월 27일). 티노코는 군사독재를 수립했고, 곧이어 독재 정권에 반대하는 반란들이 일어났다. 미국은 티노코 정부를 승인하지 않고 비난했다. 미국의 개입을 두려워한 티노코는 1919년 8월에 사임했다. 약 한 달 뒤 미국군 해병대가 코스타리카 안의 미국 이익을 보호하기 위해 상륙했다. 1920년에 훌리오 아코스타 가르시아(1872~1954)가 새 대통령으로 당선되면서 질서 있는 민주주의 정부를 회복했다. 아코스타 가르시아는 미국 정부의 승인을 받았다. 이듬해 코스타리카는 오랜 국경분쟁 때문에 이웃 나라 파나마와 전쟁을 치를 뻔했다. 파나마 군대가 태평양 연안의 분쟁 지역으로 이동하여 전투가 벌어졌으나, 미국 관리들이 설득하여 철수했고 그 지역은 코스타리카가 계속 보유했다. 국경은 1941년에 가서야 최종적으로 획정됐다.

코시치우슈코의 봉기, 1794
Kościuszko's Uprising, 1794

1793년 프로이센과 러시아가 제2차 폴란드 분할로 폴란드의 대부분을 가져간 뒤 타데우시 코시치우슈코(1746~1817)가 이끄는 폴란드 망명 애국자들은 독일의 라이프치히에 모여 반란을 계획했다. 1794년 3월 코시치우슈코는 크라쿠프로 가서 폴란드인 반체제 장교들의 지원을 얻어 민족 봉기를 선언하고 독재적 권력을 장악했다. 코시치우슈코는 러시아가 차지한 바르샤바로 군대를 이끌고 가던 중에 상대적으로 우세한 러시아 군대를 격파했다. 이 승리에 고무된 많은 폴란드인이 잃어버린 영토를 되찾자는 투쟁의 대의에 합류했다. 폴란드인들은 격렬한 시가전 끝에 바르샤바와 빌나(오늘날의 빌뉴스)를 외국인의 손에서 되찾았으나, 쿨름(오늘날의 헤움노) 등지에서 프로이센·러시아의 대군에 패했다. 크라쿠프가 러시아에 함락되자 바르샤바 시민들은 누가 반역자인지 불안해하며 경계했다. 코시치우슈코가 질서를 회복할 때까지 밀고의 혐의를 받은 자들이 학살당했다. 그 뒤 바르샤바는 프로이센·러시아 군대의 포위공격을 한 달간 버텼는데, 프로이센·러시아 군대는 1794년 9월 초에 프로이센이 지배한 지역에서 발생한 폴란드인들의 봉기를 진압하러 돌연히 철수했다. 그즈음 코시치우슈코는 비엘코폴스카(그레이터 폴스카)를 대부분 통제했으나, 리투아니아는 러시아의 수중에 들어갔다. 러시아 군대가 바르샤바로 진격하며 폴란드 군대를 덮쳤다. 1794년 10월 10일 코시치우슈코가 마치에요비체에서 패하여 포로가 되면서 반란은 실패로 돌아갔다. 바르샤바는 곧 함락됐고 적군은 주변 도시들에서 민간인을 학살했다. 1795년 제3차 폴란드 분할이 결정되어, 러시아가 리투아니아와 벨라루시, 우크라이나 서부를 지배했고, 프로이센은 바르샤바와 폴란드 북부 전체를 지배했으며, 오스트리아는 크라쿠프와 남부 지역을 차지했다. 폴란드라는 국가는 이제 존재하지 않았다.

코치노스 만* 침공, 1961
Bahía de Cochinos Invasion, 1961

1959년에 피델 카스트로(1926~)와 그를 추종하는 혁명 세력이 쿠바를 지배하자(**○ 쿠바 혁명, 1956~59**) 많은 쿠바인이 대체로 미국으로 탈출했다. 공산주의를 지향하는 카스트로 정권이 사유재산을 몰수하고 소련과 긴밀한 유대를 맺자, 미국은 쿠바에 식량과 의약품을 제외한 모든 물품의 수출을 금지하는 제재를 가했고 외교 관계를 단절했다(1960~61). 카스트로에 반대하는 쿠바인 망명자들은 미국에 자신들의 조국을 침공하여 정부를 무너뜨려 달라고 요구했다. 미국 중앙정보국 CIA은 일찍이 1960년부터 과테말라에서 망명자 부대를 훈련시켰다. 1961년 4월 17일 약 1,400명의 망명자들이 쿠바 남부의 코치노스 만을 침공했으나 4월 20일에 쿠바 군대에 완패했다. 침략자들은 대부분 살해되거나 포로가 됐다. 이 실패를 비판한 자들은 마지막 순간에 해군의 항공 지원을 철회한 미국 대통령 존 F. 케네디(1917~63)에게 책임을 돌렸다. 그렇지만 면밀한 조사 결과 CIA의 계획은 그릇된 정보를 근거로 삼았으며 어설펐을 뿐만 아니라 궁극적으로 실행도 서툴렀다는 사실이 드러났다. 게다가 그 계획은 은밀히 추진하려던 것이었으나 이미 오래전에 알려져버렸다. 침공이 실패하자 이미 서로 적개심에 불탔던 미국과 쿠바 사이의 관계는 더욱 나빠졌다. 결국 침공했다가 포로가 되어 살아남은 1,113명의 석방을 위해 식량과 의약품으로 5,300만 달러를(카스트로에게 줄 몸값으로 개인 기부자들이 모았다) 지출하게 됐다(1962~65).

* 흔히 '피그스 만(Bay of Pigs)'으로 알려져 있으나 코치노스는 '쥐치'를 뜻하는 것으로, 피그스(돼지)로 옮긴 것은 잘못이다.

코트디부아르 내전, 2002~07
Côte d'Ivoire Civil War of 2002~07

코트디부아르는 독립(1960) 이후 수십 년 동안 비교적 안정을 유지했고 커피와 코코아 수출, 외국의 투자 덕에 번영했으나 2002년에 무장 분쟁이 발생하여 나라가 둘로 갈라졌다. 그렇지만 외국인혐오증은 전쟁이 발발하기 전부터 여러 해 동안 계속 끓어오르고 있었다. 최소한 인구의 4분의 1은 대개 이 나라의 풍요에 이끌려 흘러들어온 이슬람교도 노동자들이었고, 동시에 많은 코트디부아르 국민이 인접 국가들에 가족을 두고 있었다. 1993년에 국가의 지도자가 된 앙리 코난 베디에(1934~)에서 시작해 코트디부아르 대통령들은 종족적·종교적 긴장을 선동했고, 북부의 지배적인 집단인 이슬람교도의 정치적 참여를 제한하는 국적법을 강화했다. 베디에 정권은 1999년 12월 로베르 게이(1941~2002)가 일으킨 이 나라 최초의 군사 쿠데타로 무너졌다. 게이는 이듬해 대부분의 야당 후보자들을 방해하는 식으로 선거를 조작하여 통치의 정당성을 내세우려 했다. 야당 후보자들 중 가장 저명한 인사로 전직 총리였던 북부 지역 출신의 이슬람교도 알라산 와타라(1942~)는 부모 중 1명이 외국 국적을 지닌 것으로 밝혀져 대통령 후보에서 탈락됐다. 부정선거에 대한 대중의 불만 때문에 게이는 승리자로 추정된 로랑 그바그보(1945~)에게 권력을 이양했고, 그바그보는 와타라 쪽에 몇 가지 제안들을 내놓으면서도 공식적인 이슬람교도 차별 정책을 유지했다. 2002년 9월 그바그보에 반대하는 폭동이 발생했고, 비록 실패했으나 쿠데타가 일어나면서 전면전이 벌어졌으며, 반군이 곧 나라의 북부 절반을 장악했다. 그 뒤 몇 달 동안 계속된 전투에서 많은 사람이 살해당했고(게이는 폭동 초기에 죽임을 당했다) 난민이 100만 명을 넘었다. 라이베리아 국경 인근의 서부 지역에서 부족 민병대가 등장하면서 상황은 더욱 복잡해졌다. 2003년 1월 그바그보가 지도하는 권력 공유 체제를 세운다는 내용의 평화협정이 체결됐으나 논란이 분분했다. 통칭하여 신군新軍(FN)이라 불렀던 반군은 무장을 해제하는 대가로 핵심 각료직을 얻기로 되어 있었다. 두 진영은 서로 크게 불신했고 이는 그 뒤 2년간 계속됐다. 이따금 무장해제 절차가 중단됐으며 반군 지도자들은 종종 정부에서 물러났다. 휴전도 자주 깨졌는데 2004년 11월에 가장 심각했다. 그달에 정부군이 반군 진지를 기습하면서, 불안정했던 휴전을 지속시키기 위해 2002년부터 주둔하고 있던 프랑스 평화유지군 소속 군인 9명이 사망했다. 프랑스는 코트디부아르의 소규모 공군을 대부분 파괴하여 보복했다. 이에 정부 지지자들이 거리로 뛰쳐나와 폭동을 일으키고 과거 식민 모국이었던 프랑스에 철수를 요구했다. 그러나 프랑스 군대는 국제연합UN 평화유지군(대개 서아프리카 국가들 출신으로 구성됐다)과 함께 반군이 장악한 북부와 주민 대다수가 그리스도교도로 정부가 통제하는 남부 사이에서 계속 완충지대를 유지하려 했다. 2005년 중반에 큰 전투는 중단됐으나, 민병대의 공격은 끊이지 않았고 평화협정은 완전히 이행되지 않았다. 그리고 국가의 정치는 여전히 혼란스러웠고 경제는 피폐했다. UN은 안정을 유지하여 새로운 무장해제 절차와 전국적 선거(2005년 10월에서 2006년 10월 31일까지만 연기하기로 했으나 2007년에 2008년으로, 2008년에는 다시 2009년으로 연기했다)*에 도움을 주려는 의도로 2006년까지 평화 유지 활동을 수행했는데 이를 연장했다. UN은 또 다른 제재를 가할 수도 있다고 경고했다.

* 2009년 10월로 예정된 대통령 선거는 2010년 10~11월로 연기되어 실시됐고, 이 선거 결과로 다시 분쟁이 일어나 정치 위기로 치달았다.

콘스탄티노플의 함락, 1453
Fall of Constantinople, 1453

비잔티움 제국은 오스만 제국에 포위되어 콘스탄티노플(오늘날의 이스탄불) 주변 지역으로 축소됐다. 1453년 4월 6일 '정복자'라고 불리는 술탄 메흐메드 2세(1432~81)는 오스만 제국 군대 8만 명을 이끌고 비잔티움 제국의 황제 콘스탄티노스 11세 팔라이올로고스(1404~53)와 병사 1만 명이 방어하는 콘스탄티노플을 공격했다. 도시를 봉쇄한 오스만 제국 해군은 비잔티움 제국을 지원하러 온 베네치아 해군 함대를 격퇴했다. 오스만 제국 군대의 대포가 쏟아낸 포탄들에 육중한 성벽이 파괴되어 비잔티움 제국 군대는 버티지 못했고, 1453년 5월 29일 오스만 제국 군대는 마침내 콘스탄티노플에 입성했다. 콘스탄티노스 11세는 성문의 한 곳에서 오스만 제국에 맞서 용감하게 싸웠으나 죽임을 당했다. 메흐메드 2세는 전사들에게 3일 동안 콘스탄티노플을 약탈할 수 있도록 허용했다. 비잔티움 제국은 종말을 고했다.
◆ 비잔티움 제국-오스만 제국 전쟁, 1422

콘스탄티노플 포위공격, 717~718
Siege of Constantinople, 717~718

페르가몬(오늘날의 베르가마 인근)은 698~718년의 비잔티움 제국-이슬람 전쟁 중 716년에 이슬람교도가 비잔티움 제국으로부터 빼앗은 도시였다. 717년 7월 페르가몬에서 원정한 8만 명의 이슬람 군대는 보스포로스 해협을 건너 비잔티움 제국의 수도 콘스탄티노플(오늘날의 이스탄불)을 포위했다. 황제 레오 3세(685?~741)는 생석회와 나프타, 황, 바닷물을 섞어 만든 인화성 물질인 '그리스의 불'을 이용하여 이슬람교도 침략군을 도시의 성벽에서 밀어냈다. 이슬람의 칼리파 쉴레이만(674?~717)이 보스포루스 해협을 거쳐 아랍 군함 약 2천 척과 추가 병력 8만 명을 이끌고 공격에 합류했으나, 상륙한 뒤 레오 3세의 비잔티움 군대에 격퇴됐다. 이슬람 군대는 진을 치고 겨울을 났으며 718년 봄에 증원군 5만 명을 받아 다시 공격했으나, 레오 3세의 육군과 해군이 승리를 거두었다. 비잔티움 제국과 동맹하여 아랍인에 맞섰던 불가르족이 차르 테르벨(재위 695~715)의 지휘 아래에 트라키아로 행군하여 아드리아노플(오늘날의 에디르네) 인근에서 이슬람 군대를 궤멸했다. 718년 8월 이슬람 군대는 레오 3세 군대의 추격을 받아 소아시아를 거쳐 퇴각했으며, 이슬람 함대는 많은 병사를 태우고 떠났다가 폭풍을 만나 거의 완파됐다.

콜롬비아 게릴라 전쟁, 1976~
Colombian Guerrilla War of 1976~

1976년 콜롬비아 정부는 내전을 도발하려던 좌파 게릴라 집단들을 겨냥하여 계엄령을 선포했다. 좌파의 정치 폭력이 계속되자 정부는 개인의 자유를 박탈하는 강경한 '보안법'을 제정했으나(1978) 콜롬비아자유당과 언론은 이에 반대했다. 1970년 악명 높은 영웅 구스타보 로하스 피니야(1900~75)가 대통령 선거에서 패한 날에서 이름을 따온 M-19(4월 19일 운동)의 게릴라들은 1979년 1월 1일 수도 보고타의 무기고에서 5천 점이 넘는 무기를 강탈했다. 수백 명의 좌파 인사가 반란에 참여한 혐의로 체포되어 투옥됐다. 일부는 고문을 당했다고 한다. 다른 좌파 게릴라 세력인 콜롬비아혁명군FARC은 정부군의 탱크를 폭파하고 무장투쟁을 수행하여 반정부 폭력 활동을 강화했다. 1980년 M-19 게릴라들은 보고타에 있는 도미니카 공화국 대사관의 파티장을 습격하여 외교관을 포함한 15명을 잡아갔다. 이들은 인질을 석방하는 대가로 정치범 311명의 석방과 몸값 50만 달러를 요구했다. 61일이 지난 뒤 협상을 통해 결말이 났고, 게릴라들은 인질 12명과 함께 쿠바의 아바나로 안전하게 빠져나간 뒤 인질을 풀어주었다. 콜롬비아 정부군과 격렬한 총격전을 치르면서 M-19의 지도자들 여러 명이 목숨을 잃거나 포로가 됐지만(1981년 3월 18일), M-19와 FARC는 다른 반군 집단과 나란히 정부 전복 활동을 계속했으며, 우파의 준군사 조직들(암살단)은 게릴라를 겨냥한 보복 활동을 시작했다. 정부는 게릴라에게 사면을 제안했으나 큰 성과를 거두지는 못했다(1982~83). 1985년 11월 6일 M-19 게릴라들이 보고타의 대법원을 습격했다. 이튿날 정부군이 건물을 급습하면서 교전이 벌어졌고, 106명이 사망했다. 대법원 판사 11명이 목숨을 잃었고, 나머지 사망자는 모두 반군이었다. 마약밀매 혐의자들을 미국에 인도하여 재판을 받게 한다는 협정 때문에 1986년에서 1990년까지 '마약 전쟁'이 벌어졌다. 1990년 마약과 관련된 극단적인 폭력에 대통령 선거에 나선 후보 4명이 사망했다. 콜롬비아자유당의 세사르 가비리아 트루히요(1947~)가 승리하여 콜롬비아자유당과 콜롬비아보수당, 기타 정파들의 연립정부를 수립했다. FARC는 다른 좌파 게릴라 단체인 민족해방군ELN과 합세하여 전략적으로 중요한 시설 약 50곳을 공격했다(1991). M-19는 1991년에 콜롬비아인을 외국 재판에 인도하지 않는다고 명기한 새 헌법이 발효된 뒤 다른 두 반란 단체와 함께 해산했다. 정부군은 안티오키아 주에서 게릴라와 교전했으며(1992), 메데인 코카인 카르텔의 지도자 파블로 에스코바르(1949~93)를 사살했다. 그 뒤 세력을 키운 칼리 카르텔은 1995년에 전 세계 코카인 거래의 70퍼센트를 장악했다고 한다. 1994년에 대통령에 당선된 에르네스토 삼페르 피사노(1950~)의 콜롬비아자유당 정부는 FARC, ELN과 계속 싸웠으며, 두 반군 단체들은 푸투마요 주와 카케타 주의 코카인 재배 농민들(정부의 코카인 근절 정책 때문에 망실된 마약 작물에 대해 보상을 바란 자들)의 폭동(1996)을 지원했다. FARC와 ELN은 계속해서 송유관과 송전선, 경찰, 군대 시설을 공격했으며 때때로 요구조건이 충족될 때까지 군인들을 인질로 억류하기도 했다. 1998년 8월에 대통령에 취임한 안드레스 파스트라나(1954~)는 경제를 되살리고 폭력을 종식시키겠다고 약속했다. 파스트라나는 여러 게릴라 단체와 평화협상을 재개했으며 첫 번째 조치로 FARC가 장악한 약 4만 1,500 제곱킬로미터의 비무장지대에서 정부군을 철수시켰다. 파스트라나는 포로 교환에도 동의했는데, 이 때문에 FARC는 목적을 달성하기 위한 수단으로 정치인을 납치하기도 했다. 2002년 2월 20일 FARC는 민간 항공기를 강탈하여 탑승 중인 콜롬비아 상원의원을 납치했다. 이에 파스트라나는 비무장지대를 다시 접수했고 협상을 중단했다. 그 뒤 FARC는 여러 정치인을 납치하여 살해했고, 폭력이 도시로 확산되면서 지방 공무원들은 일상적으로 위협을 받았다. 한편 ELN도 자체의 비무장지대를 원했으나 군대와 준군사 조직들은 이에 반대했으며, 준군사 조직인 콜롬비아자위군연합 AUC 이 힘을 얻었다. 파스트라나는 콜롬비아의 주요 문제들을 다루기 위한 다섯 분야(평화회담, 경제, 마약 퇴치 전쟁, 사법 개혁과 인권보호, 민주화와 사회 발전)의 해결책으로 플란 콜롬비아 Plan Colombia(콜롬비아 계획)를 시작했으나(미국으로부터 많은 재정 지원을 받았다) 타협적 제안으로 대중의 지지를 잃었다. 2002년 5월 강경론자인 알바로 우리베(1952~)가 압도적 승리로 대통령에 당선됐다. 우리베는 게릴라 단체들이 휴전에 동의하지 않으면 협상하지 않겠다고 선언하고 군비 지출을 늘렸으며, 경찰을 확충했고 반란 운동에 관한 정보를 파악할 민간 연락망을 조직했다. 2002년 9월 우리베는 두 주에서 비상사태를 선포하고 군대에 법률 집행권과 사회 운동을 제한할 권한을 부여했다. 우리베는 미국으로부터 넉넉하게 군사 지원을 받은 덕에('대對테러 전쟁'의 일환) 2003년 늦게 남부에서 FARC의 거점을 겨냥한 플란 파트리오타 Plan Patriota(애국 계획)에 착수할 수 있었다. FARC는 군사 공격을 받고 붕괴되지는 않았지만 소집단들로 분열됐고 정부군에 맞서 치고 빠지는 유격전 전술을 채택했다. 특히 2005년 초부터 그런 전술이 두드러졌다. 우리베는 AUC의 준군사 조직들과도 평화회담을 시작했다. AUC는 무장해제에는 동의했지만 투옥에는 동의하지 않았고 부당하게 획득한 자산을 강제로 반환하는 일도 없었다.

콜롬비아 내전, 1861
Colombian Civil War of 1861

콜롬비아의 초기 역사에는 중앙정부와 로마가톨릭교회를 옹호한 보수주의자들과, 주 정부의 강화와 로마가톨릭교회의 권력 축소를 바란 자유주의자들(콜롬비아자유당)의 정치적 분열이 있었다. 보수주의자들(콜롬비아보수당)이 오랫동안 대통령직을 장악하다가 1849년에 자유주의자인 호세 일라리오 로페스(1798~1869)가 대통령에 당선했다. 로페스의 임기 중에 자유주의자들은 새로운 헌법을 공포했으며(1853) 노예제를 폐지했고 교회와 국가를 분리했다. 또한 모든 성인 남성에게 투표권을 주었고 거의 모든 공직을 선출제로 바꾸었으며 주 정부가 거의 완전한 자치권을 갖는 연방주의 원칙

을 확립했다. 이 연방주의 헌법으로 중앙정부가 약해지고 반란이 빈번해지
자 자유주의자들에 대한 신뢰가 떨어졌으며, 1857년에는 보수주의파인 마
리아노 오스피나 로드리게스(1805~85)가 대통령에 당선됐다. 1858년 오스
피나는 정적들과 화해하기 위해 연방주의의 여러 원칙을 구현한 새 헌법을
공포하여 그라나다 연방(콜롬비아)을 수립했다. 연방의 주들은 점차 더 많은
독립성을 확보했는데, 1860년에 중앙정부가 주의 선거 절차를 감독하고 주
방위군을 통제하려 하자 내전이 벌어졌다. 카우카 주지사였던 자유주의자
토마스 시프리아노 데 모스케라(1798~1878) 장군은 주의 독립을 선포하고
군대를 이끌고 수도 보고타로 진격했다. 오스피나는 축출되어 투옥됐고,
1861년 7월 18일 모스케라는 스스로 임시 대통령에 올랐다.

○ 콜롬비아 '내전기'

콜롬비아 내전, 1899~1903
Colombian Civil War of 1899~1903
○ 천일 전쟁

콜롬비아 '내전기', 1863~80
Colombian 'Epoch of Civil Wars', 1863~80

1861년 자유주의자 토마스 시프리아노 데 모스케라(1798~1878) 장군은 스
스로 콜롬비아 임시 대통령에 올라(○ 콜롬비아 내전, 1861) 거의 20년간 불안
한 콜롬비아자유당의 통치를 시작했다. 1863년 리오네그로에서 모인 제헌
의회는 새로운 연방헌법을 채택하고 9개 주가 동맹을 맺은 콜롬비아 연방
을 선포했다. 중앙정부는 대통령의 임기가 2년이고 현직 대통령은 재선될
수 없어 약한 상태로 유지됐다. 모스케라는 첫 임기를 마친 뒤 1866년 재선
됐다. 그러나 두 번째 임기는 많은 사람의 신뢰를 잃어 1년으로 끝났다. 권
력을 전횡한 모스케라는 자신의 당인 자유당과 의회에 맞서 싸웠다가 쫓겨
나 투옥됐고(1867), 2년간 추방당했다. 자유당이 연이어 대통령과 임시 대
통령을 지명했다. 대통령들은 제한된 임기 동안 절름발이 중앙정부를 이끌
었고 임시 대통령들의 집무 기간은 더 짧았다. 이 시기는 개별 주들을 장악
하려는 분파들 사이에 40건이 넘는 무장 충돌이 벌어져 혼란이 지속됐기에

뒷날 '내전기'라고 부르게 됐다. 1876년 자유당 대통령에 대한 보수주의자들의 강력한 반대가 카우카 주를 비롯한 여러 주에서 공공연한 무장 반란으로 타올랐다. 1880년 자유주의자들과 보수주의자들의 지지를 함께 받아 대통령에 선출된 라파엘 누녜스(1825~94)는 집무를 시작한 뒤 점차 보수적이 되어 중앙정부를 강화했고 주들의 반란을 종식시켰다.

콜롬비아 독립 전쟁, 1810~19
Colombian War of Independence, 1810~19

에스파냐에서 벌어진 반도 전쟁 중 에스파냐 왕 페르난도 7세(1784~1833)의 정권이 무너졌을 때, 누에바그라나다(콜롬비아)의 보고타에 있는 시의회는 왕에 충성을 맹세했으나 1810년에는 왕의 관리들을 추방하고 지역 혁명평의회를 설립했다. 누에바그라나다의 다른 대도시들도 대부분 에스파냐 당국을 내쫓고 혁명평의회를 구성했으며, 일부 혁명평의회는 헌법의 초안을 마련하기도 했다. 여러 혁명평의회는 단합하여 공동으로 왕당파에 맞서지 못하고 자신들끼리 싸웠으므로 혁명 운동은 약해졌다. 시몬 볼리바르(1783~1830)가 지휘하는 반란군은 약간의 성공을 거두었으나 1815년 산타마르타에서 파블로 모리요(1775~1837)가 이끄는 에스파냐 군대에 결정적인 패배를 당했다. 왕당파는 다시 누에바그라나다를 장악했고, 볼리바르는 자메이카로 피신했다가 다시 아이티로 건너갔다. 1816년 볼리바르는 앙고스투라(오늘날의 시우다드볼리바르)에 기지를 설치한 뒤(◐ 베네수엘라 독립 전쟁) 대담한 계획을 실천에 옮겼다. 베네수엘라 전역에서 모집한 3,500명을 무장시키고 누더기를 입혀 강 7개를 건너고 안데스 산맥의 고지대를 넘어 보고타를 공격한 것이다. 1819년 6월과 7월에 볼리바르의 군대가 고된 행군을 하던 중 프란시스코 데 파울라 산탄데르(1792~1840)의 부대와 유럽인 의용병들이 합세했다. 행군 도중에 1천 명 이상이 사망했다. 1819년 8월 7일 보야카 전투에서 혁명군은 에스파냐 군대를 격파하고 곧이어 보고타를 탈환했다. 누에바그라나다는 독립했다. 볼리바르는 그란콜롬비아(콜롬비아)라는 새 공화국의 대통령이 됐고, 이어 앙고스투라로 돌아가 베네수엘라의 끝나지 않은 전쟁에 참전했다. 이후 1822년에 볼리바르와 안토니오 호세 데 수크레(1795~1830)는 애국파 군대를 이끌고 키토 주(에콰도르)에 들어가 격렬한 전투를 벌였는데, 결국 1822년 5월 24일 피친차 화산 근처에서 결정적인 승리를 거두었다. 오늘날 에콰도르인 이 지역은 에스파냐의 지배에서 해방됐으며 볼리바르의 설득에 그란콜롬비아(오늘날의 콜롬비아, 에콰도르, 파나마, 베네수엘라, 가이아나 일부, 니카라과 일부, 브라질 일부, 코스타리카 일부, 페루 일부)와 통합했다.

○ 페루 독립 전쟁

콜롬비아 폭동, 1948
Colombian Revolt of 1948

사회·경제 문제로 골머리를 앓던 콜롬비아에서 콜롬비아자유당의 대중적 좌파 지도자 호르헤 엘리에세르 가이탄(1903~48)이 1948년 4월 9일 수도 보고타에서 범아메리카연맹PAU이 열리던 중에 암살당하자, 콜롬비아의 전통적인 두 정당인 콜롬비아자유당과 콜롬비아보수당이 정치투쟁에 휩싸였다. 곧바로 나라 전역에서 폭동과 폭력 행위가 발생했다(이 갑작스러운 폭력은 수많은 지역 문제와 전국적인 문제에 오랫동안 좌절한 대중의 울분이 분출한 결과로 보인다). 콜롬비아는 1948년부터 1958년까지 끝없는 폭동과 범죄의 상태('라 비올렌시아')에 빠져들었다. 이 시기 동안 목숨을 잃은 사람은 20만 명이 넘었으며 재산 손실은 10억 달러 이상이었다. 콜롬비아보수당의 지도자인 라우레아노 엘레우테리오 고메스(1889~1965)는 1950년부터 대통령으로 집무하다가 1953년에 쿠데타로 축출당했다. 쿠데타를 이끈 구스타보 로하스 피니야(1900~75) 육군참모총장은 대통령으로 독재하다가 콜롬비아자유당과 콜롬비아보수당이 함께 지지한 군사평의회에 의해 내쫓겼다(1957). 1958년 알베르토 예라스 카마르고(1906~90)가 대통령으로 선출되고 자유당과 보수당의 연립정권(국민전선)이 수립되면서 콜롬비아에 민주주의가 회복됐다. 카마르고는 비틀거리는 나라의 경제에 서서히 안정을 가져왔으며 농업 개혁을 시행했다.

콩고(킨샤사) 내전, 1960~68
Congolese(Kinshasa) Civil War of 1960~68

벨기에는 1960년 6월 30일 콩고(자이르, 콩고 민주공화국)에 독립을 허용했다.

그러나 이 거대한 아프리카 신생 공화국의 조제프 카사부부(1910?~69) 대통령과 좌파 성향의 파트리스 루뭄바(1925~61) 총리는 200개가 넘는 부족으로 이루어진 주민 2,200만 명에게 국민이라는 일체감을 심어 줄 준비가 되어 있지 않았다. 독립하자마자 부족 간 분쟁이 발발했고 콩고군 부대들이 폭동을 일으켰다. 1960년 7월 11일 카탕가(샤바) 주의 지도자 모이스 촘베(1919~69)는 광물이 풍부한 자신들의 주를 콩고에서 분리하겠다고 선언했고, 쉬드카사이 주가 곧 뒤따랐다. 카사부부와 루뭄바는 국제연합UN에 군사원조와 평화유지군을 요청했고, UN은 4년간 주둔할 군대를 파견했다. 루뭄바는 소련에도 지원을 간청했는데, 1960년 9월 5일 공산주의자로 고발당해 직위에서 해임됐다. 혼란이 뒤이었고, 9일 뒤 뒷날 모부투 세세 세코(1930~97)라고 불리는 육군 참모총장 조제프데지레 모부투 대령이 사실상 정부를 장악했다. 루뭄바는 두 달쯤 지난 뒤 체포됐고 1961년 2월에 카탕가의 감옥에서 의문사했다.* 그 뒤 몇 년은 폭력과 유혈극으로 점철됐다. 훈련이 부족한 콩고 군대로서는 평화와 질서를 유지하기에 역부족이었다. 1963년 UN은 카탕가 주를 설득하여 콩고에 복귀하게 했으며, 1964년 중반에 UN군은 콩고를 떠났다. 망명 생활을 마치고 돌아와 총리에 지명된(1964년 7월 9일) 촘베는 여러 반군 단체를 힘으로 밀어붙여 휴전하려 했고, 백인 용병부대와 용병 장교들을 군대에 불러들였다(아프리카의 공산주의 국가들은 이를 비난했다). 그러나 촘베는 전임자들과 마찬가지로 드넓은 이 나라에 평화를 가져올 수 없었다. 반군은 다수의 백인을 인질로 잡아 스탠리빌(오늘날의 키상가니)에 억류했고, 미국군 비행기를 타고 온 벨기에 공수부대가 이들을 구출했다(1964년 11월 25~27일). 권력투쟁에서 패한 촘베는 1965년 10월 13일 카사부부에게 쫓겨나 다시 망명을 떠났다. 다음 달 모부투는 무혈 쿠데타로 카사부부를 내쫓고 군사정부의 의장이 되어 중앙의 권한을 점차 강화했다. 지방에서는 폭동이 불타올랐고, 카탕가 주의 충성심은 여전히 의심스러웠다. 1967년 콩고 군대에서 해고당한 백인 용병들이 카탕가 반군의 도움을 받아 스탠리빌과 키부 주의 주도 부카부를 점령했다. 비상사태를 선포한 뒤 정부군은 격렬한 싸움 끝에 스탠리빌을 탈환했다. 용병들과 카탕가 반군은 부카부를 포기했지만 1967년 8월에 다시 점령했다. 콩고 정부군은 다시 도시를 되찾았으며 용병들과 그 협력자들을 이웃 나라 르완다로 내몰았다(1967년 10월). 1968년 가장 넓은 지역에서 가장 집요하게 저항하던 내부 반란이 진압됐고, 그 지도자는 사형됐다. 결석 재판에서 반역죄로 사형을 선고받은 촘베는 알제리로 피신하여 1969년에 사망했다. 그즈음 모부투는 매우 확고하게 권력을 장악했다.

* 이후 총살당했다는 사실이 드러났다.

콩고(브라자빌) 내전, 1997
Congolese(Brazzaville) Civil War of 1997

1997년 6월, 1979년부터 1992년까지 콩고 공화국 대통령이었던 드니 사수응게소(1943~)에 충성하는 군인들이 반역을 꾀하여 파스칼 리수바(1931~) 대통령 정부를 무너뜨리려 했다. 파스칼 리수바가 1992년에 당선된 뒤로 국내 석유시장을 지배하고 있던 프랑스의 거대 석유회사 엘프아키텐의 영향력을 축소하려 했기 때문이었다. 수도 브라자빌에서 전투와 약탈이 벌어지면서 2천 명 이상이 사망했다. 브라자빌은 그 뒤 넉 달 동안에 걸쳐 거의 완파됐다. 프랑스는 이전의 식민지에서 외국인과 군대를 철수시켰다. 교전 당사자들은 휴전 요청을 무시했고 가봉의 중재로 휴전이 이루어진 뒤에야(7월 5일) 격렬한 전투가 종결됐다. 그러나 전투는 간간이 이어졌고, 가봉과 아프리카의 다른 일곱 국가가 분쟁을 종식하려고 했지만 성과가 없었다. 1997년 10월 사수응게소의 군대는 전투기와 탱크, 병력 3,500명을 전개한 앙골라의 지원을 받아 브라자빌과 주요 해안 도시 푸앵트누아르를 점령했다. 파스칼 리수바는 부르키나파소로 피신했으며, 승리한 사수응게소는 대통령에 취임한 뒤 화해를 요청했다.

콩고(킨샤사) 내전, 1998~2003
Congolese(Kinshasa) Civil War of 1998~2003

1998년 초 로랑데지레 카빌라(1939~2001) 콩고(자이르. 콩고 민주공화국) 대통령은 소수계 투치족(와투시족. 투시족)을 겨냥하여 전쟁을 벌였다. 투치족 소수민족은 1996~97년에 전직 대통령 모부투 세세 세코(1930~97)에 맞서 싸우던 카빌라를 지원했으나(○자이르 내전, 1996~97), 여전히 시민권을 포함한 기본권을 보장받지 못했다. 르완다는 콩고 정부가 르완다 제노사이드(집단학살)의 책임자들에게 피신처를 제공했다고 비난했다(**○ 르완다 내전, 1990~94**). 1998년 8월 3일 투치족 부대들은 이런 르완다의 부추김을 받아 카빌라 정권을 무너뜨리고 좀 더 민주적인 정부로 대체하기 위해 콩고 민주공화국 동부 변경에 있는 고마와 부카부를 점령했다. 부족차별주의와 권력 찬탈, 재정 관리의 실수, 호화로운 생활로 비난을 받은 카빌라는 인접국 르완다와 긴밀히 연결된 바냐물렝게Banyamulenge, 즉 투치족을 차별했다. 8월 중순 르완다 군인들과 카빌라에 환멸을 느낀 콩고인들로 구성된 반군은 키상가니와 그 서쪽의 하항河港 마타디를 점령했다. 르완다의 부통령이자 국방부 장관이었던 폴 카가메(1957~)는 콩고 동부의 반란을 지원했고, 반면 로버트 무가베(1924~) 짐바브웨 대통령은 부대를 배치하여 카빌라가(카빌라는 르완다의 후투족(바후투족)을 자신의 편에 끌어들였다) 콩고 수도 킨샤사로 공격해 들어오는 반군을 피하도록 도왔다. 앙골라 군대도 콩고로 진입하여 카빌라를 지원했다. 나미비아(親카빌라)와 우간다(반군이 국경을 침범하지 못하도록 지켰으나 반군의 반정부적 태도를 지지했다)도 격렬한 전투에 말려들었다. 이 싸움으로 아프리카 최대의 내전이 시작되어 1년 넘게 지속했다. 내전에서 350만 명 이상이 목숨을 잃었고 귀중한 천연자원이 상당 부분 약탈당하고 파괴됐다. 1999년 7월에 루사카 평화협정으로 휴전이 이루어졌으나 무장해제와 외국 군대의 철수는 뒤따르지 않았다. 무장한 인테라함웨 민병대(1994년 제노사이드에 연루된 르완다 군대의 일원이었던 자들)가 콩고에 도착하면서 르완다는 전쟁에 더 깊이 관여하게 됐다. 2000년 4월 모든 관련 당사자들이 휴전에 동의했고, 5월에 (국제연합UN 미국 대표) 리처드 C. A. 홀브룩(1941~2010)이 UN 참관인들과 지원 부대의 도착 문제를 조정하기 위해 킨샤사를 방문했다. 그러나 서로 적대했던 진영들은 전장의 유리한 진지를 포기하는 것까지 수용하며 UN군의 배치를 도울 생각이 없었다. 8월 중순에 개최된 남아프리카개발공동체SADC 긴급회의에서도 교착상태가 해결되지 않자 카빌라는 협정의 이행을 유예했고, 르완다와 우간다, 부룬디 3국 사이의 직접 대화를 제안했으며(**○ 부룬디 내전, 1993~2005**), 평화유지군의 주둔 제안을 거절했다. 이어 카빌라는 에카퇴르 주에서 활동하는 우간다의 협력자 콩고해방운동MLC을 공격했고, 킨샤사에 과도 의회를 세워 의원 300명 전원을 직접 임명했다. 8월과 9월에 MLC는 정부군에 몇 차례 패배를 안겼으나, 의회는 정치로써 위기를 해결할 생각을 하지 않았다. 카빌라가 부상당한 정부군 군인들을 처형하라고 명령한 탓에 군인들이 탈영했다. 2001년 1월 18일 카빌라는 경호대에게 잔인하게 암살당했고, 카빌라의 아들 조제프(1971~)가 대통령이 됐다. 2001년 중반 콩고에는 무장한 외국인이 10만 명가량 활동하고 있었고 그중 절반은 인접국의 반군으로 콩고의 광대한 땅에 은신하여 자국을 기습하곤 했다. 최악의 전투는 2002년 초에 콩고의 후투족과 르완다가 벌인 싸움이었다. 2002년 4월 정부는 대다수 반군 집단들과(콩고 동부에서는 르완다가 통제하는 콩고민주연합 RCD이 핵심 단체였다) 평화협상을 하면서 나라의 70퍼센트 이상을 통제하는 대가로 더 많은 권력을 공유하기로 동의했다. 결국 앙골라는 완전히 철군했다. 우간다는 일부 군대를 철수했고, 짐바브웨 군대는 르완다인들로부터 조제프 카빌라를 보호하려고 남았다. 르완다인들이 마지막 1명의 후투족 전사가 사라질 때까지 계속 머물러 있겠다고 맹세했기 때문이다. 조제프 카빌라는 나라가 다시 통합되면 자유선거를 치르겠다고 약속했다. 한편 RCD는 동부 지역에서 반군의 무장해제를 감독할 UN 직원들의 자유로운 통행을 보장하려 하지 않았다. 2002년 7월에 프리토리아에서 남아프리카공화국이 중재한 평화조약이 체결된 뒤 국제적 압력이 가중되자 르완다 군대는 10월에 대부분 철수했다. 부니아(오리앙탈 주의 일부)에서는 렌두족과 헤마족 사이의 부족 간 폭력으로 1천 명이 살해됐고, 폭력이 빈번히 반복될 우려가 있어 우간다 부대가 남아 부니아를 지켰다. 2002년에 루안다 협정(9월)과 그바돌리테 협정(12월)이 체결됐다. 남아프리카공화국은 평화회담을 추가로 시작하는 동시에 평화 유지를 위해 병력 1,500명을 파견하겠다고 공언했다. 2003년 4월 2일 선시티 협정이 체결되어 여러 해 동안 지속된 잔혹한 전쟁이 끝나고 새로운 통합을 반영한 과도정부가 수립됐다. 2003년 6월 30일 조제프 카빌라가 이끄는 과도정부가 업무를 시작하여 내전은 공식적으로 종결됐다. 그러나 이로써 적대 행위가 그친 것은 아니었다. 각양각색의 무장 반군 분파들이 여전히 나라 전역을 배회했고, 비록 빈도는 줄었다고 해도 폭력의 악순환은 분명히 계속될 것이었기 때문이다.

쿠낙사 전투, 기원전 401
Battle of Cunaxa, BCE 401

소小 키루스(기원전 424?~기원전 401)는 형 아르타크세르크세스 2세(?~기원전 358)로부터 페르시아의 제위를 빼앗으려는 야심을 품고 제2차 펠로폰네소스 전쟁이 끝나면서 한가해진 그리스 병사 1만 1천 명 이상을 용병으로 고용했다. 표면상 피시디아를 겨냥한 원정군에 참전하는 것으로 알았던 그리스인들은 바빌론이 진짜 목표였음이 드러나자 이의를 제기했으나 임금을 두 배로 주겠다는 제안에 넘어갔다. 기원전 401년 바빌론 인근 쿠낙사에서 클레아르코스(기원전 401년 사망)가 지휘하는 그리스인들과 소 키루스의 페르시아 반군은 약 10만 명에 이르는 아르타크세르크세스 2세의 페르시아 대군에 맞서 싸웠다. 반군의 승리가 임박해 보였으나, 소 키루스가 전사하면서 군대는 붕괴됐다. 그리스인들은 용감하게 싸웠지만 결국 전장을 내주고 말았다. 그 뒤 페르시아의 소아시아 해안 지역 태수였던 티사페르네스(기원전 395년 사망)가 클레아르코스와 다른 그리스 지도자들을 회담에 초청한 뒤 믿음을 배반하고 살해했다. 그리스인 용병 1만 명가량이 긴 퇴각의 길에 들어섰고 티사페르네스가 페르시아 군대를 이끌고 추적했다(**○ 1만 용병대의 행군**).

쿠르드족 게릴라 전쟁, 1984~
Kurdish Guerrilla Wars of 1984~

쿠르드족은 현재 인구가 약 2,500만 명이며, 대체로 이라크 북부와 터키 동부, 이란에 걸쳐 거주한다. 동족 간의 분쟁과 정치적 구심의 끊임없는 변동으로 쇠약해진 쿠르드족은 1920년대 이래 수십 년 동안 각각의 나라에서 자치를 얻거나 독립국가를 수립하려고 노력했다. 그러나 쿠르디스탄(정치적인 명칭이 아닌 지리적 명칭)이라고 불리는 그 지역이 실제 통합될 가능성은 없었다. 우선, 서방 국가들이 쿠르드족의 주권국가를 지지할 경우 터키와 이란의 안정을 해칠까봐 두려워했고, 둘째, 적지 않은 쿠르드족의 씨족들과 파벌들을 민족적·정치적으로 견고히 통합하는 일이 쉽지 않다는 것이 입증됐기 때문이다. 예를 들면 1984년에 터키의 쿠르드족 테러리스트들이 쿠르디스탄노동자당PKK을 창당하여 터키 정부에 충성한다고 여겨진 쿠르드족 사람들을 살해했다. 터키 정부가 대對테러 조치를 취해 1996년에 사상자 약 2만 명과 난민 200만 명이 발생했다. 쿠르드족은 서로 싸웠을 뿐만 아니라 20세기 내내 터키와 이란, 이라크의 체계적인 학살과 정치적 조작에 희생됐다. 최근의 학살로는 사담 후세인(1937~2006) 이라크 대통령이 이라크에 반대하는 바르자니 부족의 남성 약 8천 명을 사형한 일과, 대략 1만 8천 명의 쿠르드족이 자신들의 마을에서 독가스로 죽거나 도로를 따라 이라크 남부로 끌려가 집단 사살된 1988년의 악명 높은 알 안팔Al-Anfal 작전을 들 수 있다. 1991년 초 이라크의 쿠르드족 주요 정당인 쿠르디스탄민주당KDP과 쿠르디스탄애국연합PUK의 게릴라들은 석유 매장량이 풍부한 북부의 고향에서 사담 후세인의 군대를 몰아내고 중요한 영토를 획득했다. 100만 명이 넘는 난민이 터키 국경 인근에 게릴라들이 설정한 안전지대로 피신했다. 몇 달 뒤 게릴라 부대가 떠나자 충분히 예견 가능한 일이었지만 사담 후세인이 군대를 파견했고, 이들은 쿠르드족에 다시 내쫓겼다. 1992년 4월 쿠르드족의 의회 선거가 실시됐다(사담 후세인은 정치적 구경거리로만 이를 인정했다). 그러나 1994년 5월 KDP와 PUK가 지배권을 두고 경쟁하며 폭력을 사용하면서 쿠르드족의 장기적 통합 전망은 흔들렸다. 1995년 4월 두 정당은 선의에서 출발하여 네덜란드의 헤이그에서 평화회의를 개최했으나 1996년 9월 이제는 사담 후세인과 동맹한 KDP가 아르빌에서 PUK 반군을 축출했고 이어 술라이마니야와 두칸을 점령하여 일시적으로나마 이라크의 쿠르디스탄을 지배했다. 1996년 10월 PUK 군대가 이란의 지원을 받아 반격해 술라이마니야를 포함한 영토의 대부분을 되찾았다. 그 무렵 미국의 중재로 평화회담이 시작되어 1996년 10월 23일에 KDP와 PUK는 휴전협정을 체결했다. 그러나 1년 뒤에 두 경쟁 파벌이 다시 충돌하여 휴전이 깨졌다. 그때(1997) 터키 군대는 KDP와 바르자니 부족의 지원을 받아 이라크 북부의 PKK 반군 기지를 공격했다. PKK는 큰 손실을 입었고, 터키는 KDP에 약간의 땅을 내주었다. 터키가 PKK의 반군 지도자로 케냐의 그리스 대사관에 숨어 도피하던 압둘라 외잘란(1948~)을 체포하여 터키로 압송하자 즉각 대규모 항의시위가 촉발됐고, 1999년 2월 16일 격분한 쿠르드족이 최소한 21개의 유럽 도시에서 (터키) 대사관과 영사관을 공격하여 인질을 억류했다. 터키는 외잘란의 반군 운동을 제압하고 승리를 거두었다고 주장했지만, 국제사회는 쿠르드족에게 더 많은 시민적·정치적 권리를 허용하라고 점점 더 강하게 압박했다. 특히 터키가 미국 주도의 대對테러 전쟁에 참전하면서 이러한 압력은 더욱 거세졌다(○미국의 아프가니스탄 침공). 국제단체들과 다른 나라 정부들은 터키에 100만 명이 넘는 난민의 귀환을 허용하는 투명한 정책을 제시하라고 재촉했다. 쿠르드족 반군 단체들은 2002년에서 2004년까지 이스탄불 안팎의 식당과 법원 등지에서 닥치는 대로 테러 공격을 했다. 2003년 7월 터키 의회는 특정 테러 단체들 소속의 전사가 무장을 해제하거나 정보를 제공하면 형량을 경감해주는 '재통합법'을 통과시켰다. 터키는 유럽연합EU 가입의 준비 조치로서 1,200만 명에 이르는 쿠르드족에게 약간의 문화적 권리를 허용했다. 예를 들어 2003년 9월에 쿠르드식 인명의 사용을 금지하는 조항을 수정하고 지역 공무원들에게 이 내용을 통보했다. 그러나 이러한 변화가 언제나 적용되지는 않았다. 또 분리주의 선전을 금지한 반테러법 제8조가 폐기됐다. 그렇지만 작가들과 출판인들에게 표현의 자유는 거의 없었다. 2003년 9월 2개의 반군 단체가 일방적인 휴전을 끝냈다. 사담 후세인의 잔혹한 통치 기간에 오랫동안 소외됐던 이라크의 쿠르드족 (○미국의 이라크 침공)은 오늘날 이라크 북부의 키르쿠크 지역에서 수많은 쿠르드족 난민의 귀환을 촉진하여 힘을 과시하고 있다. 이는 북부에서 미묘한 차이로 유지되고 있는 종족 간의 균형을 흔들 수 있으며 이로써 또 다른 내전을 촉발할 수도 있다. 이라크 북부의 쿠르드족은 새로운 정치 과정에 합류하라는 강력한 권고를 받고 있다. 마찬가지로 많은 쿠르드족 주민을 지배하고 있는 터키나 이란도 쿠르디스탄의 독립에 찬성하지 않고 있다.

쿠바 독립 전쟁, 1895~98
Cuban War of Independence, 1895~98

에스파냐가 식민지 쿠바에 정치적·경제적 개혁을 약속했으나 이를 이행하지 못하자 10년 전쟁 뒤 불안이 가중됐다. 뉴욕에 본부를 둔 쿠바혁명당PRC은 새로이 쿠바 독립을 요구했고, 그 결과 망명 작가 호세 훌리안 마르티(1853~95)와 이전의 반란 지도자들인 안토니오 마세오(1845~96), 막시모 고메스 이 바에스(1836~1905), 칼릭스토 가르시아 이니게스(1839~98) 등과 국외로 추방당했던 군인들이 쿠바로 돌아왔다. 1895년 반란자들은 쿠바 동부에 공화정을 수립하고 에스파냐에 맞서 게릴라전을 수행했다. 반란자들은 정면 대결을 피한 채 서부로 전쟁을 확장했고 1896년에 수도 아바나로 접근했다. 에스파냐 군대의 지휘관은 이전에(1868~73) 쿠바 반란자들과 싸운 적이 있던 발레리아노 웨일레르 이 니콜라우(1838~1930)였다. 아바나에 기지를 둔 웨일레르는 공세를 개시하여 동부 주들로 밀고 들어갔고 쿠바 시민을 '강제수용소'에 수용하여 물의를 일으켰다. 수용소에서는 식량 부족과 비인도적인 환경, 질병 등으로 수많은 사람이 죽어나갔다. 1896년 말 웨일레르의 군대는 반군을 섬의 동쪽 끝으로 밀어냈다. 미국의 언론은 이러한 사건들과 에스파냐가 실제로 자행했거나 자행했다고 추정되는 잔학 행위들을 널리 알렸고, 이에 쿠바 시민을 위해 개입해야 한다는 '전쟁의 열기'가 타올랐다. 미국 언론은 수용소의 폐지와 웨일레르의 소환, 그리고 에스파냐가 쿠바에 자치를 제안한 일은 언급하지 않았다(전부 1897년에 있었던 일이다). 반란을 옹호하는 미국인의 정서는 꾸준히 심화됐고, 결국 1898년 아바나 항구에 정박 중이던 미국군 전함 메인 함이 폭파되면서 에스파냐–미국 전쟁이 발발했다.

쿠바 반란, 1917
Cuban Revolt of 1917

1916년 쿠바의 보수주의자 마리오 가르시아 메노칼(1866~1941) 현직 대통령이 폭력과 부정으로 얼룩진 선거에서 자유당 후보 알프레도 사야스(1861~1934)를 이기고 재선됐다. 자유당은 투표수가 유권자 수보다 많고 일부 지방의 투표는 망실되거나 바뀌었다고 주장하며 메노칼의 재선에 이의를 제기했다. 쿠바 대법원이 이의를 받아들이면서 1917년 2월에 여러 주에서 재선거를 실시할 예정이었으나, 선거가 끝나기 전에 자유주의자들이 반란을 일으켰다. 호세 미겔 고메스(1858~1921)는 산타클라라에서 자유주의 세력을 인도하여 수도 아바나로 들어가 정부를 무너뜨리려 했으나, 의용대를 모집한 메노칼이 미국으로부터 무기를 구매하고 군대를 소집하여 고메스의 진격을 막았다. 여러 차례 작은 전투가 벌어졌다. 미국군 해병대의 작은 부대가 자유주의 세력의 중심지인 오리엔테 주 산티아고데쿠바에 상륙하여 질서를 회복했다. 메노칼의 군대는 몇 주 안에 반란을 진압했다

(1917년 3월). 우드로 윌슨(1856~1924) 미국 대통령은 자국이 제1차 세계대전에 참전하게 된 상황이었기에 쿠바에서 질서를 유지하려 했으며 메노칼이 연합국에 더 우호적이라고 믿었다. 1917년 4월 7일 쿠바는 독일에 전쟁을 선포했다. 1917년 5월 20일 대통령에 취임한 메노칼은 미국군을 요청했고, 미국군은 1923년까지 쿠바에 주둔했다.

쿠바 반란, 1930~33
Cuban Revolts of 1930~33

1924년 자유당의 헤라르도 마차도 이 모랄레스(1871~1939)가 쿠바 대통령에 당선됐다. 마차도는 이후 대통령의 임기를 6년으로 연장하는 헌법 수정안을 통과시켰고 1928년에 재선됐다. 마차도가 독재적으로 정책을 펼치고 자유를 억압하자 아바나 대학교 학생들이 강하게 반발했다. 아바나 대학교는 학생들의 소요가 심하다는 이유로 1930년에 폐쇄됐다. 수많은 학생과 교수가 투옥되거나 살해됐다. 1931년 8월 약 40명의 혁명가들이 쿠바 항구 히바라에 상륙하여 경찰서와 시청을 장악하고 대중에게 무기를 나누어준 뒤 내륙의 올긴을 향해 이동했으나 곧 군대에 패했다. 마차도에 맞선 반란이 실패하기는 했지만, 쿠바인들은 비밀 혁명 단체로 결집했다. 그중 가장 중요한 것이 ABC였다. 당원이 3만 명에서 4만 명 정도인 ABC는 테러와 사보타주로 정부에 맞섰고, 정부는 잔인하게 보복했다. 1933년 6월 비밀 혁명 단체들은 섬너 웰스(1892~1961) 미국 대사의 중재를 수용하여 폭력을 끝내기로 합의했으나, 곧이어 총파업이 일어나고 경찰과 시민이 충돌했다. 1933년 8월 12일 군대가 반란을 일으켜 마차도가 물러났다. 카를로스 마누엘 데 세스페데스 이 케사다(1871~1939)가 임시 대통령에 취임했으나 1933년 9월 5일에 풀헨시오 바티스타 이 살디바르(1901~73) 중사가 일으킨 군사 쿠데타로 축출됐다. 쿠데타 세력의 지지를 받은 라몬 그라우 산 마르틴(1881~1969) 교수가 대통령이 됐다. 육군 참모총장이 된 바티스타가 실질적인 쿠바의 독재자였다.

쿠바 혁명(카스트로의 혁명), 1956~59
Cuban Revolution(Castro's Revolution) of 1956~59

1955년 5월에 정치범의 일반사면으로 반군 지도자 피델 카스트로(1926~) 와 그의 추종자들이 쿠바 감옥에서 석방됐다(● 7월 26일 운동). 이들은 즉시 멕시코로 떠나 쿠바 독재자 풀헨시오 바티스타 이 살디바르(1901~73) 정부를 무너뜨리려는 계획을 다시 세웠다. 바티스타 정권은 노골적인 부패와 경찰의 탄압, 횡령으로 악명 높았다. 1956년 카스트로와 81명의 추종자들은 요트에 무기와 탄약을 싣고 쿠바 동부로 되돌아왔다. 이 '침략자' 중 많은 사람이 바티스타의 군대에 죽임을 당하거나 체포됐지만(카스트로가 죽었다고 추정하는 실수가 있었다), 나머지는 오리엔테 주의 바위투성이 산맥인 시에라 마에스트라 산맥에 피신했다. 그 뒤 2년 동안 카스트로의 반군은 산악지대의 요새에서 성공리에 게릴라전을 수행했다. 군대도 경찰도 카스트로의 반군을 요새에서 축출하지 못했다. 동조자들이 게릴라 부대에 합류하면서 카스트로의 대원은 수백 명으로 늘어났고, 이따금씩 군사시설을 습격하고 재산을 파괴했다. 1957년 반군은 미국 민간인 10명과 선원 28명을 납치했으나, 미국 정부와 언론이 격렬하게 항의하자 온전히 돌려보냈다. 쿠바 전역에서 바티스타의 독재에 반대하는 목소리가 점점 커졌으며, 바티스타에 도전했던 턱수염 기른 혁명가를 찬양하는 사람들이 급속하게 늘어났다. 카스트로는 바티스타 정권에 맞서 '전면전'을 벌이자고 호소한 뒤 1958년 가을에 산속에서 나와 공세를 시작했다. 1958년 12월 31일 반군은 라스비야스 주의 주도 산타클라라를 점령했다. 2일 앞서 카스트로의 동지 에르네스토 '체' 게바라(1928~67)가 무기를 싣고 산타클라라로 향하던 열차를 강탈하여 큰 성공을 거두었다. 바티스타는 정부를 지원하는 세력이 완전히 사라졌음을 깨닫고 1959년 1월 1일에 부정으로 축재한 재산을 들고 가족과 함께 도미니카 공화국으로 도주했다. 쿠바 정부는 3인 평의회에 넘어갔다. 1일 뒤 카스트로는 잡다한 사람들로 구성된 부대를 이끌고 아바나에 진입했고, 대중은 열렬히 환영했다. 정부군은 반군을 저지하려는 노력을 아예 하지 않았다. 대부분이 반군 편에 섰고 그들을 환영했다. 카스트로를 총리로 하는 임시정부가 신속히 수립됐고, 쿠바는 점차 소련의 지원을 받는 공산주의 국가로 변모했다.

○ 코치노스 만 침공

쿤의 적색테러, 1919
Kun's Red Terror, 1919

신생 헝가리 공화국(**○ 헝가리 혁명, 1918**)은 블라디미르 I. 레닌(1870~1924)이 러시아에서 보낸 쿤 벨러(1885~1939?)가 1918년 11월 24일에 헝가리공산당을 창당하면서 위험에 빠졌다. 백작 카로이 미하이(1875~1955) 대통령이 더 많은 영토를 양보하라는 연합국의 요구에 항의하여 사퇴하자(1919년 3월 21일) 헝가리공산당과 헝가리사회민주당의 연립정부가 수립됐고, 지휘를 맡은 쿤은 곧 헝가리사회민주당을 밀어내고 공산주의 독재 체제를 확립했다. 쿤 일당은 헝가리 민족주의에 호소하고 러시아의 원조를 얻어내겠다고 약속하면서(원조는 없었다) 적군赤軍을 창설하여 1919년 4월 체코슬로바키아와 루마니아에 전쟁을 선포했으며, 체코슬로바키아로부터 슬로바키아의 상당 부분을 일시적으로 다시 빼앗았다. 쿤은 국내 문제에서 토지를 농민에게 분배하지 않고 국유화하여 농민의 지지를 잃었으며, 점차 반대파에 폭력을 행사하면서 부르주아의 지지도 잃었다. 연합국은 쿤이 슬로바키아를 포기하게 했고, 헝가리의 반혁명 세력은 쿤과 헝가리공산당을 무너뜨리려 했다. 이에 앞서 1919년 4월에 루마니아 군대는 옛 헝가리령 트란실바니아(루마니아가 지배하는 곳)를 헝가리에 빼앗기지 않으려고 헝가리를 침공했고 쿤의 반격을 격퇴했다. 쿤의 군대는 루마니아 군대가 부다페스트로 진격하자 전투를 회피했고, 루마니아가 부다페스트를 점령하고 4일이 지난 1919년 8월 1일에 쿤은 빈으로 도주했다. 부다페스트를 점령한 루마니아 군대는 도시를 약탈한 뒤 1919년 11월 14일에 철수했다. 반혁명 세력의 정부를 이끌었던 너지바녀이 호르티 미클로시(1868~1957) 제독이 부다페스트에 입성하여 1920년 3월에 섭정이자 국가원수로 임명됐다. 호르티 미클로시는 오스트리아와 분리된 것이기는 했지만 군주정을 복구했고 오스트리아의 황제였던 카를 1세(카로이 4세, 1887~1922)의 헝가리 왕위를 되찾으려는 두 차례 시도(1921년 3월, 10월)를 무산시켰다(**○ 헝가리 내전, 1921**).

퀸트릴의 습격, 1861~65
Quantrill's Raids, 1861~65

피에 굶주린 모험가 윌리엄 클라크 퀸트릴(1837~65)은 전직 교사로 남북 전쟁 때 남부연합에 찬동했으며 남부연합 편의 게릴라 암살단을 조직하여 이끌었다. 이 단체에는 콜 영거(1844~1916), 윌리엄 T. 앤더슨(1839?~64), 프랭크 제임스(1843~1915)가 소속됐고 프랭크 제임스의 동생 제시(1847~82)는 1864년에 가입했다(○ 앤더슨의 습격). 퀸트릴의 게릴라 부대는 캔자스 주와 미주리 주에서 정기적으로 연방군(북군) 분견대를 패퇴시켰으며, 남부연합을 위해 싸운다는 구실로 지역 사회를 습격하고 약탈했으며(돈과 보석, 기타 값진 재산을 훔치는 것이 이들의 진짜 목적이었다), 가리지 않고 사람들을 살해했다. 퀸트릴이 저지른 일 중 가장 악명 높은 것은 1862년 9월 6일 캔자스 주 올레이서를 불태우고 약탈한 일이었다. 1863년 8월 21일 약 450명에 이르는 퀸트릴 일당은 노예제 반대의 거점인 캔자스 주 로렌스에서 남자와 여자, 아이 약 180명을 사살했고 대부분의 건물을 불태웠다. 1863년 10월 6일 캔자스 주 백스터스프링스에서는 연방군 100명 정도를 무찌른 뒤 (비전투원을 포함한) 포로 전원을 총살했다. 퀸트릴 일당은 뒤이어 지도권을 둘러싼 경쟁 때문에 분열됐다. 퀸트릴은 충성스러운 추종자 약 20명과 함께 켄터키 주로 이동했으나 뒤쫓아온 연방군의 습격을 받았다. 도망치려던 중 등에 총탄을 맞아 사로잡힌 퀸트릴은 1865년 6월 6일 루이빌 감옥에서 부상의 고통에 시달리다 죽었다.

크라쿠프 봉기, 1846
Cracow Insurrection, 1846

나폴레옹 전쟁이 끝나고 빈 회의(1815)에서 수립된 작은 자유공화국 크라쿠프(폴란드 크라쿠프와 인근 지역)는 비록 오스트리아와 러시아, 프로이센의 보호를 받았지만 한때 독립국이었던 폴란드를 상징하는 중요한 잔여 국가였다(폴란드는 러시아와 오스트리아, 프로이센이 분할했다). 1833년에서 1846년 사이에 폴란드 지하 혁명가들은 국가의 독립을 쟁취하려 했으나 무위에 그쳤다. 1846년 2월에서 3월에 크라쿠프의 혁명 지도자 얀 티소프스키(1811~57) 등은 인근 갈리치아(오스트리아가 지배하는 폴란드) 등지에서 봉기를 선동했다. 농촌에서는 주로 폴란드 민족주의자로 지주였던 반란자들이 오스트리아에 충성하는 농민들과 맞붙어 싸웠다. 농민들은 선동하는 지주를 체포하거나 죽이면 한 사람당 10굴덴을 상금으로 받았다. 러시아와 오스트리아가 크라쿠프로 밀고 들어가 봉기를 진압했고, 그 뒤 크라쿠프는 독립된 실체로서 존재하지 않았다. 오스트리아는 크라쿠프를 갈리치아에 귀속시켰다. 반란의 실패로 폴란드는 1848년의 한층 더 전면적인 자유주의 혁명에 참여하기가 어려워졌다.

○ 코시치우슈코의 봉기

크레모니데스 전쟁, 기원전 266~기원전 261
Chremonidean War, BCE 266~BCE 261

에페이로스 왕 피로스(기원전 319/318~기원전 272)가 사망하자 마케도니아 왕 안티고노스 2세(기원전 319~기원전 239)의 지위가 강화되어 마케도니아가 그리스를 완전히 통제할 가능성이 커졌다(**○ 디아도코이 전쟁**). 안티고노스 2세는 미리 수비대를 배치하고 우호적인 국가들과 동맹을 맺어 그리스의 반란으로부터 마케도니아를 지키려 했으나, 기원전 267년 아테네와 스파르타가 이집트의 지원을 받아 동맹을 결성하고 크레모니데스의 지휘 아래 전쟁을 선포했다. 전쟁의 명칭은 동맹의 제안자인 크레모니데스의 이름을 땄다. 안티고노스 2세는 전쟁을 원하지 않았으나 기원전 266년에 아티카를 침공했다. 기원전 265년 안티고노스 2세의 군대는 코린토스 인근에서 스파르타를 물리쳤으며 이듬해 마케도니아를 침공한 에페이로스를 잘 막아냈다. 기원전 263년 아테네를 지원하는 프톨레마이오스 왕조의 이집트 함대가 마케도니아를 봉쇄하다 떠난 뒤 안티고노스 2세는 아테네를 공격했으며 기원전 262년에 항복을 받아냈다. 기원전 261년에 체결된 평화조약은 10년간 효력을 유지했다.

크레섭의 전쟁, 1774
Cresap's War, 1774

이른바 옐로크릭(베이커스캐빈) 학살(1774년 4월 30일) 사건이 벌어졌다. 오늘날의 오하이오 주와 웨스트버지니아 주에서 백인에 우호적이었던 쇼니족 인디언으로 제임스 로건으로 더 잘 알려진 타가주테(1725?~80)의 가족과 밍고족 인디언 몇 명이 대니얼 그레이트하우스(1752?~75) 휘하의 백인들에게 학살당했던 것이다. 이로써 백인 정착민과 인디언 사이의 싸움이 격렬해졌다. 그러나 로건 등은 그 지역의 백인 민병대 지도자인 마이클 크레섭(1742~75) 대위를 학살 혐의로 고발했고, 그곳에서 적대적인 인디언과 맞서 싸우던 크레섭은 분명 책임이 없었지만 곧 던모어 경의 전쟁에 휘말려 앤드루 루이스(1720~81) 연대장 휘하에서 싸웠다.

크레시 전투, 1346
Battle of Crécy, 1346

잉글랜드 왕 에드워드 3세(1312~77)는 스코틀랜드 문제로 분주했던 까닭에 백년 전쟁의 전장으로 돌아오는 데 지체했다. 에드워드 3세는 1346년에 아들인 흑태자 에드워드(1330~76)와 병력 2만 명으로 셰르부르로부터 프랑스 전역을 급습했다. 1346년 8월 26일 에드워드 3세는 자신이 선택한 싸움터인 크레시에서 프랑스군 약 6만 명과 대결했다. 에드워드 3세는 주력 부대를 언덕 중간쯤에 두고 예비 부대를 꼭대기에 둔 채 장궁 궁수를 옆면에 배치했다. 프랑스군의 보병 연대 3개가 화살에 나가떨어졌으며 기병의 말들도 벌집이 됐다. 이어 잉글랜드의 중기병들이 프랑스군을 몰살하면서 전투를 마무리했다. 에드워드 3세는 칼레를 점령하며 절정에 이른 하루 동안의 전투로 유럽에서 가장 무서운 군주가 됐다.

크레타 반란, 1770
Cretan Rebellion of 1770

1669년 오스만 제국에 점령당한 크레타 섬의 주민들은 대부분 그리스도교도로 이슬람교도가 지배하던 시기에 반항적일 수밖에 없었다. 러시아가 오스만 제국 안의 피지배 소수민족들을 자극하는 정책을 채택한 뒤 크레타 섬 주민의 반발은 더욱 거세졌다. 크레타 섬의 상인이자 선주인 다스칼로야니스(?~1771)는 러시아 첩자들의 사주를 받아 크레타 섬의 산악지대인 스파키아에서 반란을 선동했고, 1770년에 반란을 지휘하여 북쪽 카니아 인근 평야지대로 들어갔다. 다스칼로야니스는 기대했던 러시아의 지원을 받지 못했고, 스파키아인들은 오스만 제국의 거센 반격에 추격당하며 레프카오리('흰 산들') 산맥으로 내쫓겼다. 오스만 제국은 항복을 요구했으나 다스칼로야니스는 거부했고 많은 스파키아인이 전사했다. 오스만 제국이 두 번째로 항복할 것을 명하자 다스칼로야니스는 70명의 추종자와 함께 굴복했다. 동료들은 학대를 당했고, 심문받기 위해 오스만 제국의 크레타 섬 수도 이라클리오(칸디아)로 끌려간 다스칼로야니스는 피부를 벗겨 죽이는 형벌을 받았다. 권력을 확고히 한 오스만 제국은 계속해서 크레타 섬을 제국 안에서 가장 혹독하게 통치했다.

크레타 반란, 1821~22
Cretan Rebellion of 1821~22

그리스 독립 전쟁은 크레타 섬을 살벌한 분위기로 몰아갔다. 잔학 행위로 이미 유명했던 오스만 제국의 예니체리(오스만 제국의 정예 친위 부대)는 돌연 공포에 휩싸여 그리스도교도 주민을 학살했다. 예니체리의 무장 집단들이 크레타 섬 도시의 거리를 배회하며 그리스도교도를 목매달아 죽이고 물에 빠뜨리거나 불태워 죽였다. 이라클리오(칸디아) 대주교는 교회에서 신자들과 함께 학살당했다. 오스만 제국은 1770년의 크레타 반란에 복수하고자 스파키아를 약탈했다. 다섯 달 뒤 스파키아인들은 이에 대한 대응으로 크레타 섬 도시들에 거주하는 오스만 제국의 튀르크인들을 감금했다. 이 때문에 일시 평화가 유지됐으나 이집트 군대가 오스만 제국을 지원하러 침공하면서 휴전은 중단됐다. 침략자들이 신속하게 크레타 섬 동부에 진입하여 마을들을 파괴하고 숲을 불태워, 남은 반란자들은 스파키아의 동굴 속으로 숨어야 했다. 이집트 총독 무함마드 알리(1769~1849)는 크레타 섬에 파샬리크(파샤가 통치하는 지역)의 지위를 부여했다.

크레타 봉기, 1866~68
Cretan Uprising of 1866~68

크레타 섬의 그리스도교도는 오스만 제국 통치자들을 증오했다(○그리스 독립 전쟁 ; 크레타 반란, 1821~22). 레프카오리('흰 산들') 산맥 스파키아 지역의 그리스도교도가 공격을 감행하자 오스만 제국은 크레타 섬 주민 전체를 스파키아인으로 여겼다. 오스만 제국 정부가 약속한 개혁을 공포하지 못하자, 1866년에 스파키아인들과 도시 주민들이 동시에 반란을 일으켰다. 크레타 섬의 파샤(고위 관리)는 이스탄불로부터 지원을 받았으나, 반란자들은 1866년 아포코로나스 평원에서 오스만 제국 군대 전체의 항복을 받아냈다. 이어 반란자들은 해산했고 오스만 제국의 다른 군대가 아르카디의 요새 수도원을 공격하여 복수했다. 요새의 화약고가 폭발하여 그곳에 피신해 있던 여인들과 어린이들 수백 명이 죽었다. 그 뒤 오스만 제국은 레프카오리 산맥 지역을 체계적으로 파괴한 뒤 1867년에 돌아갔다. 그리스와 몇몇 서구 국가가 크레타인을 지원하자 이에 분노한 오스만 제국은 1868년 12월 11일 크레타인에 대한 지원을 중단하지 않으면 그리스를 봉쇄하겠다고 위협했다. 그리스는 전쟁을 피하기 위해 이에 따랐으나, 서구 국가들은 1869년 파리에 모여 크레타 섬에 일정한 자치권을 부여하도록 했다. 그렇지만 제한적인 자치로도 1896년의 크레타 봉기를 막을 수는 없었다.

크레타 봉기, 1896
Cretan Uprising of 1896

오스만 제국의 술탄 압뒬하미드 2세(1842~1918)는 크레타 섬을 섬 주민의 10퍼센트에 불과한 소수 이슬람교도를 위해 통치했다. 술탄은 그리스도교도 총독을 내세웠다가 가혹한 이슬람교도를 총독에 임명하여 그리스도교도에 대한 억압을 반복하면서 개혁을 장려하는 척했다. 크레타인들은 국외에 불만을 호소하며 그리스에 개입을 요청했다. 1896년 마침내 그리스도교도가 봉기를 일으켜 이슬람교도를 학살하고 짧은 내전을 유발했다. 그리스는 이미 오스만 제국 군대에 맞서기 위해 크레타 섬으로 병력을 파견했다. 강대국들이 개입했으나 그들의 정책은 서로 달랐다. 독일과 러시아는 그리스를 봉쇄하되 오스만 제국 군대는 존속시키려 했고, 영국은 크레타의 자치와 그리스 군대의 전면 철수, 오스만 제국 정부 군대의 일부 잔류를 요구했다. 적대 행위가 심화되면서 1897년에 그리스-오스만 제국 전쟁이 발발했다. 크레타인들의 투쟁은 계속됐다. 독일과 오스트리아-헝가리제국은 철군했고, 영국과 프랑스는 크레타 섬의 자치를 위해 노력했다. 영국은 이슬람교도들 때문에 자국의 부영사가 사망하자 정책을 일부 바꾸어 오스만 제국 군대의 완전한 철수를 강요했다. 그리하여 크레타 섬은 약 2천 년 전에 로마에 정복당한 뒤 처음으로 자유를 얻어 자치령이 됐다.

크레타 봉기, 1935
Cretan Uprising of 1935

1910년에서 1933년 사이에 일곱 차례 그리스 총리를 지낸 크레타 섬 출신의 정치인 엘레프테리오스 베니젤로스(1864~1936)는 왕정에 반대하는 자유당 지도자였다. 베니젤로스는 1933년 이래로 총리를 지낸 파나이스 찰다리스(1868~1936)의 인민당 People′s Party(군주정의 복귀를 추구하던 그리스의 보수주의 정당)과 대립했다. 1935년 3월 초 베니젤로스파는 임박한 왕정복고에 저항하고자 크레타 섬과 아테네, 마케도니아에서 무기를 들었다(그리스는 1924년부터 공화국이었다). 요르고스 콘딜리스(1878~1936) 장군이 이끄는 정부군은 반란을 일으킨 베니젤로스파와 싸워 승리했다. 베니젤로스파는 크레타 섬에서 가장 오래 버텼다. 베니젤로스는 프랑스로 도피했고 1년 뒤 파리에서 망명 중에 사망했다. 1935년 가을 콘딜리스는 찰다리스에 맞서 쿠데타를 일으켜 성공하고 총리직을 차지한 뒤 의회를 재촉하여 망명 중인 왕 요르고스 2세(1890~1947)를 불러들였다. 1935년 11월 3일 국민투표 결과 거의 만장일치로 요르고스 2세의 복위가 결정됐다.

크로아티아 독립 전쟁, 1991~95
Croatian War of Independence, 1991~95

1991년 6월 25일 민족주의자 프라뇨 투지만(1922~99) 대통령이 이끄는 크로아티아는 유고슬라비아 연방으로부터 독립을 선언했고, 연방군은 즉각 대응했다. 다른 이탈 공화국인 슬로베니아에서 벌어진 싸움은 짧게 끝났던 반면(○ 슬로베니아 독립 전쟁), 연방군과 크로아티아 공화국 방위군 사이의 충돌은 전면전으로 비화했다. 연방군 함정들은 해안에서 크로아티아를 포격했고, 크로아티아 군대는 연방군 병영을 봉쇄하여 군수품과 식량의 공급을 차단했다. 포위당한 부대는 인근의 민간인 구역을 포격했다. 1991년에 세르비아계는 크로아티아 인구의 8분의 1을 차지했다. 연방군의 격려와 도움으로 무장한 세르비아계 게릴라들은 공화국의 약 3분의 1을 장악했고 다른 종족 집단에 속한 자들을 내쫓았다. 베오그라드(유고슬라비아의 수도)의 몇 몇 연방 지도자는 군대의 공격적인 전술에 동의하지 않았다. 이들은 군대가 나라 전체의 이익이 아니라 세르비아 장교들의 이익을 위해 활동한다고 보았다. 1992년 1월 크로아티아에서 최소한 1만 명이 사망하고 14번의 휴전이 깨진 뒤에야 국제연합UN이 보증하는 휴전이 효력을 발했다. 1만 4천 명의 UN 평화유지군은 대략 3년에 걸쳐 크로아티아 방위군과 크로아티아 안 세르비아계 군대 사이에서 불편한 균형을 유지했고, 세르비아계 군대는 결국 1991년에 장악한 영토에서 자신들만의 세르비아 크라이나 공화국을 선포했다. 그러나 1992년 7월에 세르비아 군대가 두브로브니크를 포격한 사건이 보여주듯이 그 3년 동안에도 전투는 결코 중단되지 않았다. 동시에 인접한 보스니아헤르체고비나도 전쟁에 빠져들었고(❍ 보스니아헤르체고비나 내전, 1992~95), 크로아티아인들은 1994년 말에 보스니아헤르체고비나의 세르비아계가 진격한 일로 세르비아 크라이나 공화국의 세르비아계가 더욱 대담해질까봐 두려워했다. 1995년 5월 크로아티아 군대는 세르비아 크라이나 공화국의 세르비아계 포령包領*들 중 한 곳을 휩쓸어 주민들을 추방했다. 그러자 세르비아계는 크로아티아의 수도인 자그레브로 미사일을 발사하여 소수의 인명을 살해했으며, 150명이 넘는 사람들에게 부상을 입혔다. 세르비아계의 보복이 크로아티아의 공세를 멈추게 하지는 못했다. 8월까지 크로아티아 군대는 세르비아계가 장악했던 땅을 대부분 되찾았고, 세르비아계 10만 명 이상이 피난했다. 크로아티아에서 벌어진 전쟁은 (보스니아헤르체고비나 전쟁과 같이) 1995년 12월 14일 크로아티아와 보스니아헤르체고비나, 세르비아의 지도자들이 데이턴 평화협정에 서명하면서 공식적으로 종결됐다.

* enclave. 영토의 일부 또는 전부가 완전히 다른 나라의 영토 안에 있는 경우.

크론슈타트 반란, 1921
Kronshtadt Rebellion, 1921

볼셰비키가 러시아 도시들에 식량을 분배하지 못하고 자유를 제한하며 가혹한 노동 규율을 법률로 정하자 크론슈타트 해군기지의 분노한 해군 병사들은 임시 혁명위원회를 설립하여 도시 노동자들의 파업을 지지했다. 1917년

10월 혁명의 성공에 기여했던 해군 병사들은 공산당 독재의 종식과 소비에트의 완전한 권력 장악, 볼셰비키가 아닌 수감자들의 석방, 더욱 완전한 정치적 자유와 권리를 요구했다. 레프 트로츠키(1879~1940)와 미하일 N. 투하쳅스키(1893~1937)는 페트로그라드(오늘날의 상트페테르부르크)에서 병사들을 이끌고 빙판을 건너 반란을 진압했으며 생존자들을 사살하거나 투옥했다. 반란은 실패했지만 1921년 3월의 신경제 정책(네프 NEP)을 탄생시켰다.

○ 러시아 내전, 1918~21

크롬웰의 스코틀랜드 원정, 1650~51
Cromwell's Scottish Campaign, 1650~51

찰스 1세(1600~49)가 1649년 런던의 (관청가인) 화이트홀 거리에서 참수된 사건은 1646년에 찰스 1세를 잉글랜드에 포로로 넘겨준(○ (제2차) 잉글랜드 내전) 스코틀랜드인들에게는 지극히 경악스러운 일이었다. 스코틀랜드의 통치자인 1대 아가일 후작 아치볼드 캠벨(1607~61)은 찰스 1세가 사형당하자 1648년에 네덜란드로 망명하여 체류하고 있던 찰스 1세의 아들을 1649년에 스코틀랜드 왕 찰스 2세(1630~85)로 선포했고, 찰스 2세로 하여금 스코틀랜드를 침공하게 하려고 시도했으나 실패했다. 찰스 2세는 스코틀랜드와 잉글랜드의 장로파를 지지하겠다고 서약한 뒤 1650년에 스코틀랜드에 도착했다. 올리버 크롬웰(1599~1658)은 즉각 침공에 나서 던바에서 스코틀랜드 군대를 크게 격파하고 에든버러를 점령했다. 크롬웰은 승리했지만 장로파를 지원하겠다는 약속을 어겼기 때문에, 완강한 스코틀랜드인들이 1651년 스쿤에서 찰스 2세를 왕에 앉혔다. 크롬웰은 대응에 나서 스털링에서 스코틀랜드 군대를 무찌르고 퍼스를 장악했으며 불운한 스코틀랜드 군대를 추적하여 잉글랜드로 들어갔다. 1651년 9월 3일 크롬웰의 군대는 우스터 전투에서 스코틀랜드인들과 이들의 협력군인 잉글랜드의 왕당파를 격파하고 승리를 거두었다. 찰스 2세는 프랑스로 도피해야 했고, 크롬웰은 스코틀랜드의 호국경이 됐다.

크롬웰의 아일랜드 원정, 1649~50
Cromwell's Irish Campaign, 1649~50

1649년 올리버 크롬웰(1599~1658)은 잉글랜드 의회의 국무회의가 아일랜드에 있는 왕당파를 추격하라고 요청하자(● (제2차) 잉글랜드 내전), 처음에는 주저했으나 곧 이를 이행해야 한다고 판단했다. 1대 오먼드 공작 제임스 버틀러(1610~88)가 지휘하는 왕당파는 더블린의 프로테스탄트파 총독 군대에 패한 뒤 북쪽의 드로헤더로 이동했다. 하지만 그곳에서 크롬웰은 무기를 지닌 반란자는 모조리 죽이겠다고 위협하며 '신의 정당한 심판'에 따라 2천 명을 살해하라고 명령했고, 웩스퍼드에서 했던 것처럼 재판에 적극 관여했다. 크롬웰은 1650년대 중반까지 아일랜드의 대부분을 점령했다. 크롬웰의 식민사업도 역시 혐오스러웠다. 잉글랜드는 아일랜드의 3분의 2를 점령하여 식민지를 건설했으며 수많은 주민을 황야나 식민지로 추방했다. 주민의 약 3분의 1이 목숨을 잃었다.

크리올 호 반란, 1841
Creole Mutiny, 1841

1841년 11월 흑인 노예 135명을 태우고 버지니아 주 햄프턴로즈에서 뉴올리언스로 가던 미국의 브리그 범선* 크리올 호는 항해 중에 노예들에게 탈취됐다. 아프리카계 미국 흑인인 매디슨 워싱턴이 지휘한 반란에서 백인 선원 1명이 살해됐다. 배는 이어 바하마 제도의 영국 항구 나소로 항해했는데, 그곳의 영국인들은 소유주들과 미국 남부인들이 격렬하게 항의했는데도 선박이나 노예의 인도를 거부했다. 대니얼 웹스터(1782~1852) 미국 국무부 장관은 아미스타드 호의 반란이 남긴 선례를 무시한 채 미국 시민의 재산이라는 이유로 노예의 반환을 요구했다. 영국 법에 따라 폭동에 가담한 자들을 제외한 모든 노예가 해방됐다. 폭동 가담자들은 살인 혐의로 투옥됐다. 1855년 두 나라는 조정을 거쳐 이 사건을 최종적으로 해결했다. 영국은 노예 재산을 잃은 데 대한 보상으로 미국에 11만 330달러를 지불했다.

* 브리그는 돛대가 2개인 범선 중에서 사각형 돛만을 돛대에 장착한 범선이다.

크릭족 인디언 전쟁, 1813~14
Creek War, 1813~14

1812년 전쟁 중에 영국의 협력자였던 크릭족 인디언은 백인이 조지아 주와 앨라배마 주의 사냥터를 잠식하는 데 분노했다. 1813년 몇몇 크릭족이 족장 레드 이글(윌리엄 웨더퍼드, 1780?~1824)을 따라 앨라배마 강 하류에 있는 포트밈스를 공격하여 불태우고 백인 약 500명을 살해했다(◐ 포트밈스 학살). 그 뒤 앤드루 잭슨(1767~1845) 장군이 지휘하는 미국군이 앨라배마 주 중부에 있는 크릭족 영토를 침공하여 1813년 가을에 탤러디가와 탤러해치라는 인디언 마을 두 곳을 파괴했다. 잭슨은 크릭족을 추적했다. 1814년 3월 27일 3천 명에 이르는 잭슨의 부대는 앨라배마 주 동부 탤러푸사 강변의 호스슈벤드에서 크릭족을 공격하여 무찔렀다. 크릭족은 전사 800명 이상을 잃고 몰락했다. 1814년 8월 9일 포트잭슨 조약으로 크릭족은 약 9만 3천 제곱킬로미터(앨라배마 주 절반과 조지아 주 남부의 일부)를 백인에게 할양해야 했다.

크림 전쟁, 1853~56
Crimean War, 1853~56

오스만 제국이 장악한 성지 예루살렘의 관할권 논쟁에 연루된 러시아 황제 니콜라이 1세(1796~1855)는 러시아가 오스만 제국 영토 안의 정교회 신자들을 보호할 권리를 독점적으로 보유한다고 주장했다. 오스만 제국이 이를 거부하자 니콜라이 1세는 군대에 (오스만 제국의 속국인) 몰다비아와 왈라키아 점령을 명령했고, 1853년에 러시아가 오스만 제국의 철군 요구를 물리치자 오스만 제국은 전쟁을 선포했다. 러시아 해군 함대가 흑해 연안의 시노프에서 오스만 제국의 소함대를 포격하여 파괴하자(1853년 11월 30일), 프랑스와 영국의 연합 함대가 그 지역으로 이동하여 러시아에 철수를 요구했다. 러시아가 요구에 따르지 않자 영국과 프랑스는 전쟁을 선포했다. 두 나라 모두 러시아가 중동에서 보일 팽창 정책을 두려워했기 때문이다. 오스트리아-헝가리제국은 러시아에 대비하여 프로이센과 상호방어조약을 체결했고, 오스만 제국의 허가를 받아 몰다비아와 왈라키아로 진입한 뒤 1854년 러시아로 하여금 두 공국을 포기하게 했다. 1854년 9월 영국과 프랑스, 사르데냐, 오스만 제국의 군인들로 구성된 연합 원정군이 크림 반도에 상륙하여 세바스토폴로 진격했다. 영국과 프랑스 연합군은 거의 1년에 걸쳐 요새 도시 세바스토폴을 포위하여 공격했고, 포위공격 중인 1854년 발라클라바(앨프리드 테니슨의 시 「경기병 여단의 돌격 The Charge of the Light Brigade」으로 영원히 기억되고 있다)와 잉케르만에서 알렉산드르 멘시코프(1787~1869) 대공이 지휘하는 러시아 군대와 대결하여 중요한 전투를 승리로 이끌었다. 러시아는 결국 세바스토폴을 폭파하고 철수했다. 1855년 9월 8~9일에 프랑스와 영국 연합군이 격렬한 전투 끝에 세바스토폴을 내려다보는 러시아의 방어거점인 말라코프와 레단을 점령했고 세바스토폴을 확보했다. 곧이어 니콜라이 1세의 아들로 제위를 계승한 알렉산드르 2세(1818~81)가 평화협상에 나섰다. 캅카스 지역에서는 러시아가 야만적인 전투 끝에 카르스의 포위공격에 성공했다(1855). 이 오스만 제국 요새는 원군이 도착하기 전에 굶주림과 질병에 시달리다 굴복했다. 영국군과 프랑스군이 발트 지방의 러시아 요새들을 포격했다(1854, 1855). 교전국들과 오스트리아, 프로이센이 외교적 조정을 거친 뒤 러시아 황제는 강화에 동의했고, 그 조건은 1856년 파리 회의에서 비준됐다. 오스만 제국의 통합은 유지됐고, 러시아는 오스만 제국에서 정교회 보호자의 역할을 단념했으며, 몰다비아와 왈라키아, 세르비아의 자치국 지위는 보호를 받았다. 그리고 항해 자유의 원칙이 인정됐다.

크메르-시암 전쟁, 1352?~1444
Khmer-Siamese Wars, c. 1352~1444

라마티보디 1세(1314~69)가 1350년경에 세운 시암(타이) 왕국 아유타야(타이 중남부)는 동쪽의 크메르 제국을 침공했다. 1352년경 왕 라마티보디 1세는 롭부리(남쪽의 주) 지방관인 아들 라메수안(1395년 사망)에게 공격군의 지휘를 맡겼다. 라메수안은 군대의 일부를 선발대로 보냈는데 이는 전략상 실수였다. 크메르의 왕자는 5천 명의 선발대를 무찔러 침공을 저지했다. 이 소식을 들은 라마티보디 1세는 수판부리의 영주였던 매부 쿤 루앙 빠 응우아(뒷날의 보롬마라차 1세, 1307?~88)를 보내 궁지에 몰린 원정대를 구출하게 했다. 쿤 루앙 빠 응우아는 크메르에 승리를 거두었고 코랏(오늘날의 나콘랏차시마)과 찬따부리 지구(타이 동부)를 병합했다. 최근의 역사 연구에 따르면 시암인 침략자들(아유타야인)은 1369년과 1389년에 크메르의 수도 앙코르를 점령했다. 시암인과 참족의 빈번한 공격에 크메르 제국을 떠받쳤던 수리 관개시설이 파괴될 지경이었다고 한다. 여기에 아유타야가 이따금씩 크메르 왕실의 정치에 개입했는데 크메르 궁전에 내분이 일어나고 크메르

가 전쟁 포로로 병사들을 잃으면서, 크메르는 더욱 약해졌다. 보롬마라차 2
세(?~1448)가 이끄는 아유타야 왕국 군대가 일곱 달 동안(1430~31) 앙코르
를 포위했는데, 불교 승려 2명과 크메르 관료들의 배반으로 도시는 결국 점
령당했다. 시암인들은 앙코르를 약탈한 뒤 내쫓겼으나(1432), 다시 돌아와
앙코르를 파괴했다(1444). 크메르 궁정은 새로운 수도 프놈펜으로 옮겨졌고,
그 뒤 크메르는 수도 주변의 작은 왕국으로 축소됐다.

크메르-참파 전쟁, 1050~51
Khmer-Champa War of 1050~51

참파 왕국(베트남 중부)과 크메르 제국 남부에서는 불안정한 무정부 상태가
지속됐다. 1050년에 참파 왕 자야 파라메스바라바르만 1세(1060년 사망)와
그의 아들 유바라자 마하세나파티(1092?년 사망)가 판두랑가에서 일어난 반
란을 진압하면서 상황이 개선됐다. 유바라자의 군대는 크메르와 싸워 승리
하여 삼부푸라를 점령하고 그곳의 모든 사원을 파괴했으며 훔친 보물과 포
로를 미선에 있는 사원에 기증했다. 이 군사행동은 크메르 남부에서 반란
이 일어나는 데 일조했다(1051). 반란의 지도자는 크메르의 속국 왕 혹은 참
족의 수장이라고도 하는데 참파의 지원을 받아 크메르 제국의 남부 전역을
점령했다. 크메르의 명장들이 군대를 이끌고 반란군에 대적했으나 성과가
없었다. 결국 크메르의 최고 장군이 반란군을 결정적으로 진압했고, 반란의
지도자는 참파로 피신했다. 승리한 크메르는 라자티르타에 있는 이스바란
(시바의 다른 이름) 사원에 노획물을 바쳤다.

○ 다이비엣-참파 전쟁, 1000~44

크메르-참파 전쟁, 1144~50
Khmer-Champa War of 1144~50

크메르 제국의 왕 수르야바르만 2세(1150?년 사망)는 참파 왕국(베트남 중부)
이 다이비엣大越(베트남 북부)을 함께 공격하자는 자신의 요구를 거부하고 다
이비엣과 강화하자 분노했다(○ 다이비엣-크메르 전쟁, 1123~36). 1144~45년
까지 수르야바르만 2세의 군대가 참파로 들어가 수도 비자야(오늘날 베트남
의 빈딘성平定省)를 점령하고 왕 자야 인드라바르만 3세(1145?년 사망)를 폐위

했다. 수르야바르만 2세는 스스로 왕위에 올랐다. 그러나 판두랑가에서는 참족이 루드라바르만(1147년 사망)을 왕으로 옹립했고, 루드라바르만이 숨진 뒤에는 그의 아들 자야 하리바르만 1세(1167년 사망)를 왕으로 세웠다. 이에 수르야바르만 2세는 크메르와 비자야의 군대와 자신의 가장 뛰어난 장수 세나파티 산카라(12세기에 활동)를 파견하여 공격하게 했다. 자야 하리바르만 1세는 판랑 강 유역(베트남 남부)의 짜끌량에서 이 군대를 괴멸했다. 1148년에 두 번째로 대군을 파병했으나, 이 또한 비라푸라 평원의 까예브에서 전멸했다. 이제 수르야바르만 2세는 매부 하리데바(1149?년 사망)를 참파의 왕으로 앉혔고 크메르 군대에 장군들을 딸려보내 하리데바를 보호하게 했다. 자야 하리바르만 1세의 군대는 북쪽으로 진격하여 비자야를 점령했고 마히사에서 크메르와 참파의 군대를 제압하여 하리데바와 족장들을 살해했다. 자야 하리바르만 1세는 비자야에서 왕좌에 올랐다. 1150년 수르야바르만 2세는 마지막으로 참파에 군대를 파병했으나 이번에도 실패했다.

○ 참파 내전, 1150~60

크메르-참파 전쟁, 1167~90
Khmer—Champa War of 1167~90

자야 인드라바르만 4세(1192년 사망)는 참파 왕국(베트남 중부)의 통치자가 된 즉시 이웃한 크메르 제국의 풍부한 재화에 현혹당해 크메르를 침공했다. 1171년 참파는 조난당한 송나라 관원으로부터 전투에서 코끼리보다 말을 사용하는 것이 더 유리하다는 사실을 알고, 크메르와 싸웠을 때 이를 적용해 승리를 얻었다. 자야 인드라바르만 4세는 이후에도 광둥廣東과 후난湖南에서 크메르 침공에 쓸 말을 얻고자 했으나 실패했다. 1177년 참파는 해상 공격에 나서 성공했다. 참파는 톤레삽 호수(캄보디아 중부의 '대호수')와 시엠레아프 강을 거슬러 올라가 무방비 상태인 크메르의 수도 앙코르(원래는 야소다라푸라고 불렀다)를 장악했다. 도시의 목조 건물들은 불탔고, 앙코르와트 사원은 약탈당하여 폐허가 됐으며, 크메르의 반란자 트리부바나디탸바르만(재위 1166~77)은 살해됐다. 그 뒤 크메르 왕 자야바르만 7세(1120?~1215?)가 백성을 독려하여 독립을 위해 싸웠으며 잃었던 땅을 되찾았다. 자야바르만 7세는 참파에 복수전을 펼치면서 크메르에 거주하는 타이인 병사들과 참족 피난민의 도움을 받았다. 1181년 자야바르만 7세는 해전에서 승리를 거둔 뒤 옛 수도 북쪽에 앙코르(앙코르톰)를 재건했다. 1190년 자야바르만 7세는 다시 참파를 침공하여 그 영토와 수도 비자야(오늘날 베트남의 빈딘성平定省)를 유린했다. 정복된 참파는 둘로 나뉘어 꼭두각시 속국이 됐다.

크메르-참파 전쟁, 1191~1203
Khmer-Champa War of 1191~1203

1191년 참족은 1년 전에 강요당한 크메르 제국의 지배에 맞서 반란을 일으켰다(♦ 크메르-참파 전쟁, 1167~90). 크메르의 꼭두각시 통치자 2명 중 한 사람이었던 인(1203년 이후 사망)이 축출당하고 참파 왕국(베트남 중부)의 왕자가 자야 인드라바르만 5세(1192?년 사망)로 즉위했다. 자야 인드라바르만 5세는 나머지 절반의 참파 왕국을 통치했던 크메르의 꼭두각시를 정복하여 참파를 하나의 왕국으로 통합했다. 참파는 두 차례에 걸쳐 침략한 크메르 군대를 물리쳤다. 그러나 1203년에 크메르 왕 자야바르만 7세(1120?~1215?)가 침공하여 참족 반란자들의 지원을 받아 승리했으며 참족의 옹 다나파티그라마(1220년 이후 사망)를 참파의 꼭두각시 왕에 앉히고 크메르 군대를 지원했다. 참파는 약 20년 동안 사실상 크메르 제국의 속주가 됐다.

크세노폰의 1만 용병대의 퇴각
Xenophon's Retreat of the Ten Thousand
♦ 1만 용병대의 행군

클레이번의 반란, 1644~46
Claiborne's Rebellion, 1644~46

국왕 교부지交付地를 둘러싼 분쟁으로 메릴랜드 식민지와 버지니아 식민지가 충돌했다. 식민지인 윌리엄 클레이번(1600?~1677?)은 버지니아 식민지 의회의 지원을 받아 버지니아 식민지 군대를 지휘했다. 두 차례 버지니아 식민지의 국무부 장관을 지낸 적이 있는 클레이번은 1631년 켄트 섬에 교역소를 세웠다. 켄트 섬은 1609년에 버지니아 식민지에 교부된 지역의 일부였지만, 1632년에 메릴랜드 식민지의 일부로서 1대 볼티모어 남작 조지 캘버트 (1580?~1632)에게도 교부됐다. 이따금씩 해상에서 싸움이 벌어졌고 두 식민지는 왕에게 시정을 요청했으나 받아들여지지 않았다. 한편 켄트 섬은 1637년 메릴랜드 식민지에 점령당했으나, 1644년에 클레이번의 군대가 다시 빼앗았다. 클레이번은 가톨릭에 반대하는 메릴랜드 식민지 주민을 부추겨 폭동을 일으키게 했고, 조지 캘버트의 둘째 아들로 메릴랜드 식민지 총독이었던 레너드 캘버트(1606~47)를 버지니아 식민지로 내몰았으며, 1644년부터 분쟁 지역의 재교부를 지시한 국왕의 1642년 명령이 집행되는 1646년까지 메릴랜드 식민지를 보유했다.

키메르인의 프리기아 침공, 기원전 696?~기원전 695
Cimmerian Invasion of Phrygia, BCE c. 696~BCE 695

인도이란어파의 흉포한 유목민 스키타이족은 기원전 1000년 이후 시베리아 서부에서 이동하다가 캅카스 지역에 도달하여 고대 캅카스 종족인 키메르인을 아나톨리아로 몰아냈다(기원전 8세기). 키메르인은 먼저 아나톨리아 동부에 정착한 뒤 아시리아의 영토로 진입하려 했으나 아나톨리아 중부로 내쫓겨 그곳의 고대 왕국 프리기아를 침공했다. 키메르인은 아시리아 왕 센나케립(재위 기원전 705~기원전 681) 치세에 프리기아의 수도 고르디움을 파괴했다. 이로써 프리기아는 정치적 강국의 지위를 잃었다. 그리스 역사가 헤로도토스(기원전 484?~기원전 425?)에 따르면 실존 인물 미다스 왕은 자살했다(기원전 695?년 사망). 아시리아의 기록에서는 기마라이 Gimarrai로, 『구약성서』에는 고메르 Gomer(고멜. 공동번역 『창세기』 10장)로 나오는 키메르인은 리디아를 약탈한 뒤 스키타이아인들에게 내몰려 카파도키아(아나톨리아의 중동부)로 들어갔다. 아르메니아어 이름 가미르 Gamir는 키메르인이 카파도키아에 있었음을 암시한다. 프리기아는 이후 아나톨리아 지배자들 시대에도 계속해서 지리적 명칭으로 남아 있었지만 정치적 실체로는 운명을 다했다.

키오자 전쟁, 1378~81
War of Chioggia, 1378~81

무역에서 경쟁자였던 베네치아와 제노바는 각각 협력국인 밀라노와 헝가리로부터 지원을 확보한 뒤 싸움을 재개했다(❍ 베네치아-제노바 전쟁, 1350~55).
1379년 제노바는 폴라(크로아티아의 풀라)의 해전에서 비록 전투 중에 루치
아노 도리아(1379년 사망) 총사령관을 잃었지만 베네치아에 승리한 뒤 베네
치아 본토를 직접 공격했다. 제노바는 베네치아의 남쪽에 바로 붙어 있는
도시 키오자를 장악했으며 베네치아인들을 굶겨 항복을 받아내려고 봉쇄
를 시작했다(헝가리 군대도 육상에서 베네치아를 포위했다). 1380년 겨울 베토
르 피사니(1324~80)가 지휘하는 베네치아 함대는 키오자에서 제노바인들을
봉쇄하는 데 성공했고 아드리아 해에서 일련의 작은 해전을 벌여 승리했
다. 불리한 상황에서 굶주리게 된 제노바 군대는 항복할 수밖에 없었고 함
대를 내주어야 했다(제노바인 약 4천 명이 포로가 됐다). 1381년에 토리노 평화
조약을 수용해야 했던 제노바는 베네치아의 해상 패권을 다시는 위협하지
못했다.

❍ 헝가리-베네치아 전쟁, 1378~81

키토스* 전쟁, 115~117
Kitos War of 115~117

기원전 67년부터 로마의 속주였던 키레나이카(리비아 동부)에는 그리스인과
유대인이 많이 거주했다. 유대인은 일찍이 그리스인이 자신들의 권리를 무
시한다고 느꼈는데 이제는 로마의 통치자들을 한층 더 악독한 압제자로 여
기게 됐다. 유대인은 열심당원들의 영향을 받아 키레네에서 반란을 일으켰
다(115). 로마는 반란의 지도자 루쿠아스를 '유대인의 왕'이라고 조롱했다.
키레네에서 그리스인과 로마인이 학살당하고 건물들이 불탔다. 117년경 로
마 황제 트라야누스(53~117)는 루시우스 퀴에투스(118년 사망)에게 지휘를
맡겨 군대를 파견했고, 로마군은 유대인의 반란을 잔인하게 진압했다. 이
집트와 키프로스, 소아시아, 팔레스타인, 메소포타미아의 유대인들도 반란
을 일으켰다(116~117). 반란이 일어난 모든 곳에서 유혈 충돌과 파괴가 이
어진 뒤 로마가 통제권을 장악했다. 알렉산드리아에서는 유대인이 교외에
서 잠시 성공을 거두기도 했다. 키프로스의 살라미스에서는 유대인이 이민
족들을 모조리 살해했고 도시를 약탈했으나 결국 모두 내쫓겼다. 소탕작전
은 트라야누스의 치세가 끝난 뒤에도 지속됐고, 가혹한 총독들이 파견되어

반란을 진압하고 로마의 평화(군대가 지탱한 평화)를 유지했다.

* 전쟁의 이름인 키토스는 유대인의 반란을 진압한 루시우스 퀴에투스의 성(姓) 퀴에투스가 전와(轉訛)된 것이다.

키프로스 전쟁, 1963~64(그리스-터키)

Cypriot War of 1963~64(Greek-Turkish)

1960년 8월 16일 키프로스 주민들은 그리스나 터키에 병합되지 않기 위해 키프로스 공화국을 공식 수립하여 독립했다. 전체 인구에서 그리스계가 4분의 3이고 터키계가 4분의 1이었던 키프로스는 정치적·사회적 내분으로 분열됐다. 대통령인 키프로스정교회 대주교 마카리오스 3세(1913~77)는 그리스와 통합*하지 않겠다고 맹세했으나 억압받고 있다고 주장하는 터키계 주민들로부터 끊임없이 공격당했다. 그리스와 터키의 주민은 각각 그리스계와 터키계 키프로스인들에게 폭력 행위를 벌이도록 부추겼다. 영국은 두 경쟁 국가에 키프로스의 평화를 보장하도록 했다. 1963년 말 터키계는 그리스계가 헌법을 변경하려 하자 자신들의 권리가 위협받고 있다고 생각하여 싸움을 시작했고, 이에 1964년 3월 국제연합UN이 키프로스에 평화유지군을 파견했다. 터키가 키프로스를 침공할 가능성이 있었으나 이는 린든 B. 존슨(1908~73) 미국 대통령의 경고에 의해 좌절됐고, UN 평화유지군이 키프로스에 계속 주둔했음에도 터키계와 그리스계 사이의 싸움은 조금도 약해지지 않고 지속됐다. 1964년 8월 터키 전투기들이 그리스계 키프로스인들을 공격하자 마카리오스 3세는 이집트와 소련에 도움을 요청했다. 그러나 UN이 곧 휴전안을 마련했다. 그 뒤 키프로스 정부가 법안을 통과시켜 터키계 주민들에 대한 실질적인 차별을 폐지하자 폭력은 불만의 수준으로 진정됐고, 그리스와 터키 사이에 전쟁이 발발할 위험도 줄었다.

* 에노시스(Enosis). 키프로스를 그리스에 통합하려는 그리스계 키프로스인들의 운동.

키프로스 전쟁, 1974(그리스-터키)

Cypriot War of 1974(Greek-Turkish)

1964년 키프로스에 평화가 찾아왔으나(❍ 키프로스 전쟁, 1963~64(그리스-터키)) 서로 대적하던 당파들은 이 불안정한 평화를 점점 더 거세게 공격했다.

아테네를 근거지로 삼은 테러 단체 키프로스 투사전국기구-B는 1973년에 있었던 마카리오스 3세(1913~77) 키프로스 대통령 암살 기도와 정부 관리 납치의 배후세력으로 추정됐다. 반체제 주교들은 주교회의를 소집하여 마카리오스 3세의 대주교 직위를 박탈했으나, 전체 종교회의는 이 조치를 무효로 선언하고 주교들을 처벌했다. 1974년 7월 중순 키프로스 국가방위군은 그리스에서 건너온 장교들의 사주를 받아 마카리오스 3세 정부를 무너뜨리고 그리스와 통합*을 추진할 새로운 정부를 수립했다. 마카리오스 3세는 런던으로 피신했다. 국제연합 UN은 행동에 나서지 못했고, 모든 관련 당사자가 참석한 런던 회의는 성과를 내지 못했다. 터키 군대가 침공하여 그리스계와 싸웠으며 키프로스 동북부에서 상당한 영토를 확보했다. 그 지역 주민들은 단독 정부 수립에 압도적으로 찬성했다. 1974년 7월 22일 UN이 보증하는 휴전으로 전쟁은 거의 중단되고 산발적인 전투만 이어졌으나, 그리스 군사정부가 무너지자 전쟁이 재개됐다. 1974년 7월 30일 휴전이 이루어졌고 UN은 키프로스 섬의 그리스계 영토와 터키계 영토 사이에 완충지대를 설정했다. 1974년 8월 16일에는 1960년에 보장 조약 Treaty of Guarantee을 체결하여 키프로스의 독립을 보장한 국가들이 협상을 타결해, 이제는 섬의 37퍼센트를 보유하게 된 터키계에게 적용될 휴전협정이 발효됐다. 1974년 말 귀국한 마카리오스 3세는 터키계의 자치를 허용했지만 국가의 분할에는 반대했다.

* 에노시스(Enosis). 키프로스를 그리스에 통합하려는 그리스계 키프로스인들의 운동.

킬 폭동, 1918
Kiel Mutiny, 1918

제1차 세계대전 말 독일은 연합국과 휴전 논의에 들어갔다. 그 당시 독일 해군에서는 폭동이 일어나고 있었다. 독일의 대양함대 Hochseeflotte가 북해로 진입하여 영국군과 대규모 전투를 벌이라는 명령을 받자, 킬 항구에 있는 독일 수병들이 명령을 거부하고 무장 폭동을 일으켰으며(1918년 10월 29일 ~11월 3일) 이로써 독일 전역에 혁명을 촉발했다. 오직 U-보트 승조원들만 황제에게 계속 충성했다. 함부르크와 브레멘, 뤼베크에서 일어난 큰 반란 (11월 4~5일)은 뮌헨으로 확산됐고(11월 7~8일), 바이에른은 민주적 사회주

의 공화국을 선포했다. 황제는 퇴위할 수밖에 없었고, 1918년 11월 11일에
전쟁이 끝났다.

킵차크한국 왕조 전쟁, 1359~81
Golden Horde Dynastic War, 1359~81

칭기즈 칸(태조, 1167?~1227)의 장자 주치(1227년 사망)는 카스피 해 북쪽과
서쪽의 몽골 점령지를 지배하는 통치자가 됐다. 이 지역은 역사적으로 킵차
크한국(주치 울루스) 또는 제2대 통치자의 부유함을 빗대어 '골든 호르드'*
로 알려져 있다. 1359년에 주치의 마지막 몽골족 계승자가 사망했고, 영
토 쟁탈전이 벌어졌다. 몽골족이 아닌 두 사람, 즉 청장靑帳한국의 마마이
칸(1380년 사망)과 백장白帳한국(아랄 해 북쪽을 다스린 몽골한국)의 오로스 칸
(1380년 사망)이 지배권을 차지하려 했다.** 그러나 티무르(1336~1405)는 자
신의 휘하에 있었으나 한때 마마이 칸의 은혜를 입었다가 배신한 토크타
미시(1406년 사망)를 칸의 자리에 앉히려 했다. 1377년 토크타미시는 백장
한국의 칸으로 선포됐다. 그러나 마마이 칸은 여전히 통치하고 있었다. 토
크타미시는 마마이 칸이 모스크바 대공 드미트리 돈스코이(돈 강의 드미트
리, 1350~89)에 패했을 때 마마이 칸을 공격했으나 두 차례 패배했다. 드미
트리 돈스코이는 몽골에 공납을 거부한 러시아인들을 이끌고 싸워 러시아
에 첫 승리를 안겨준 인물이다. 마마이 칸이 죽고 이어 오로스 칸도 사망하
자 토크타미시가 합법적인 통치자가 됐다(1380~81). 토크타미시는 선조들이
보여준 파괴적인 방식에 따라 러시아에서 전쟁을 벌여 '몽골의 멍에'를 되풀
이했다. 토크타미시는 승리한 뒤 스승에 대한 충성을 망각했고, 티무르는 10
년 동안 두 차례 전쟁을 벌여 토크타미시가 품은 반란의 야망을 꺾어버렸다
(○ 티무르-토크타미시 전쟁).

* 금장한국. 천막의 윗부분을 금으로 장식한 데서 이름이 유래한다.
** 백장한국과 청장한국은 둘 다 킵차크한국에 속했으며 백장한국이 동부에, 청장한국이 서부에 있었다.

킵차크한국-일한국 내전, 1261~62
Golden Horde-Il Khan Civil War, 1261~62

아리크 부케(1266년 사망)가 소집한 몽골의 대회의인 쿠릴타이는 1260~64

년 몽골 내전을 촉발했고, 아리크 부케의 형으로 페르시아의 일한국(훌레구 울루스) 통치자인 훌레구 칸(1218?~65)과 킵차크한국(주치 울루스)의 베르케 칸(1266년 사망) 사이의 두 번째 분쟁을 유발했다. 이 분쟁은 훌레구 칸이 쿠빌라이 칸(세조, 1215~94)을 지지하고 베르케 칸이 아리크 부케를 지지하면서 일한국과 킵차크한국 사이에 존재해오던 적대의식이 더 커졌기에 발발했다. 이미 훌레구 칸에 화가 난 이슬람교도 베르케 칸은(○ **몽골의 아바스 왕조 정복**) 일한국의 적인 뛰르크족의 맘루크 왕조와 조약을 체결했다. 1262년 훌레구 칸의 군대는 북진하여 베르케 칸의 군대를 기습공격으로 무찔렀으나 얼어붙은 테레크 강을 건너려다 다수의 병사들이 익사하여 패했다. 훌레구 칸은 퇴각한 뒤 이슬람교도의 영원한 적인 비잔티움 제국의 공주와 정략결혼을 하여 싸움을 끝냈다. 칸의 나라(한국汗國)들은 1335년에 일한국이 몰락할 때까지 서로 적대했다. 티무르(1336~1405)의 러시아 침공은 바로 킵차크한국과 일한국 사이의 오랜 경쟁에 그 뿌리를 두고 있었다.

킹 필립의 전쟁, 1675~76
King Philip's War, 1675~76

뉴잉글랜드 정착민들이 킹 필립으로 불렀던 메타콤(메타코메트, 1639?~76)은 마사소이트(1581?~1661)의 아들이자 왐파노아그족 인디언의 족장 sachem(세습 수장)이었다. 킹 필립은 플리머스 식민지의 인디언 통제법으로 굴욕을 당하자 자기 부족과 뉴잉글랜드 남부의 이웃 부족들을 이끌고 뉴잉글랜드 정착민들을 습격했다. 이들은 1675년 6월부터 지역 도처에서 방화와 약탈, 살인, 폭력을 자행했다. 5만 명이 넘는 뉴잉글랜드 식민지의 백인들 중 많은 사람이 뉴잉글랜드 연합을 결성했고 민병대를 파견하여 조직을 갖추지 못한 인디언 부족들에 맞섰다. 먼저 내러갠싯족 인디언과 카논체트(1676년 사망) 족장이 패했고, 이어 니프무크족 인디언과 왐파노아그족이 굴복했으며, 그 뒤로도 식민지인들은 코네티컷 강 유역에서 우호적인 모히간족 인디언의 도움을 받아 원정을 성공리에 마쳤다(1676년 6월). 킹 필립은 마운트호프(로드아일랜드 주의 브리스틀)의 은신처에서 숨어지내다 발각된 뒤 식민지인들을 위해 일했던 어느 인디언에게 살해당했다(1676년 8월 12일). 식민지인들이 킹 필립의 부인과 아들을 사로잡은 뒤 약 10일 만이었다(두 사람은 분명히 왐파노아그족과 니프무크족, 내러갠싯족의 여러 포로와 함께 노예가 됐을 것이다). 뉴잉글랜드 남부에서는 인디언 부족 세력이 사실상 분쇄당했지만, 북부에서는 1678년 4월에 강화를 성사시킬 때까지 인디언의 습격이 지속됐다. 이 전쟁 중에 뉴잉글랜드 식민지인들과 인디언이 무수히 많이 죽으면서 양자 간에 형성됐던 정치적·문화적 상호의존관계가 동요됐으며, 그리하여 이후 여러 인디언 부족과 유럽인 식민지인들 사이에 갈등이 심화됐다.

○ 습지대 전투

〈타〉

타라나키 전쟁
Taranaki War

제1차 타라나키 전쟁(1860~61) 1859년 뉴질랜드 북섬 타라나키 지역 마오리족의 어느 하급 족장은 부족의 동의도 받지 않고 와이타라 강 지역의 토지를 유럽인들에게 팔았고, 그 뒤 마오리족은 토지의 몰수에 저항했다. 1860년 초 영국은 1840년도 와이탕이(와이탕기) 조약의 거부권 조항을 망각하고 마오리족의 요새를 공격했으나(○ **와이라우 학살**) 처음에는 성공하지 못했다. 영국은 마침내 1861년에 테아레이파 요새를 점령했으며 휴전을 얻어냈고 유럽인들이 소유한 타타라마이카 부족의 땅을 마오리족이 점유하도록 허용했다. 1861년에 휴전이 이루어졌는데도 마오리족과 영국은 1872년까지 이따금씩 작은 전투를 벌였다. 그 결과 마오리족 사회는 많은 영토를 빼앗기고 붕괴됐으며 마오리족 주민의 54퍼센트(5만 명 이상)가 사라졌다. 이 12년간의 싸움은 흔히 제2차 마오리족 전쟁이라고 부르는데, 1863년과 1864년에 제2차 타라나키 전쟁과 제3차 타라나키 전쟁으로 계속됐다. **제2차 타라나키 전쟁(와이카토 전쟁, 1863~64)** 1863년 4월 서 조지 그레이(1812~98) 뉴질랜드 총독이 유럽인 정착민들이 탐내던 북섬의 한 구역인 와이카토 강 지역으로 들어가는 군사 공격로를 건설한 뒤 마오리족과 영국 사이에 전쟁이 재개됐다. 정부군은 타타라마이카 구역에서 마오리족을 내몰았고 마오리족 요새들을 포위했으며, 게릴라 전술을 채택한 마오리족에 포함砲艦과 특수부대로써 맞섰다. 영국은 메레메레와 랑기리리(1863), 오라카우파(1864)에서 승리하여 와이카토 지역의 군사작전을 중지했으나, 북섬에서는 전투가 1872년까지 지속됐다. **제3차 타라나키 전쟁(1864~72)** 이 기간에 마오리족의 유명한 하우하우 Hau Hau(총탄에 맞아도 멀쩡하다고 여긴 전사들의 종교·군사적 집단)가 영국군을 괴멸했다. 정부는 제2차 타라나키 전쟁 때 오라카우파에서 승리한 뒤 평화를 바랐지만, 영국동인도회사가 땅을 더 얻으려 했던 탓에 전투가 지속됐다. 그즈음 모든 관계 당사자는 1840년도 와이탕이 조약의 조항들을 다 잊었다. 1865년 영국은 웨로로아파 요새에서 승리했으나, 식민지를 확대하려는 강공은 1868년 내내 매번 중단됐다. 두 번째 종교·군사적 집단 링아투 Ringatü가 일어나 영국의 성공을 방해했기 때문이다. 1872년까지는 명백한 승리도 명백한 패배도 없었다. 그러나 양쪽이 완전히 지쳐 싸움을 멈추었을 때, 마오리족 사회는 철저하게 붕괴되어 유럽인들이 들어갈 수 없는 곳은 뉴질랜드의 킹컨트리뿐이었다. 마오리족은 20세기가 되어서야 전쟁에서 어느 정도 회복됐다.

○ 아일랜즈 만 전쟁

타이런 백작의 반란, 1595~1603
Tyrone's Rebellion, 1595~1603

자신들끼리 또는 이방인 지배자들에 맞서 늘 싸웠던 아일랜드인들은 잉글랜드 군대의 주둔 비용을 대기 위한 세금에 반대했으며, 교황의 선전에 동조해 잉글랜드 여왕 엘리자베스 1세(1533~1603)의 교회 정책에 반대했다. 1595년 2대 타이런 백작 휴 오닐(1540?~1616)은 불만 집단들을 통합하고 에스파냐에 지원을 호소하여, 여러 차례 작은 교전에서 엘리자베스 1세의 최고 지휘관 몇 명에게 승리를 거두었다. 엘리자베스 1세는 이 문제의 해결에 200만 파운드를 투입했으며, 1598년 타이런 백작의 추종자들이 에스파냐의 지원으로 세력을 보강하자 2대 에식스 백작 로버트 데버루(1565~1601)에게 병력 1만 6천 명을 주어 타이런 백작을 진압하게 했다. 에식스 백작은 여러 차례 패한 뒤 결국 굴욕적인 조건으로 휴전을 체결했다. 에식스 백작은 분노한 여왕의 귀환 금지 명령을 어기고 런던으로 돌아왔다가 저택에 구금됐으며 재판에서 유죄판결을 받고 참수됐다. 1601년 10월 돈 후안 데 아길라가 이끄는 에스파냐 군대가 아일랜드에 상륙하여 남부의 킨세일을 점령했으나 잉글랜드 군대에 포위됐다. 북쪽에서 내려오던 타이런 백작의 군대는 잉글랜드 기병대의 돌격에 패하여 흩어졌고, 에스파냐 지휘관은 항복했다. 북쪽으로 돌아간 타이런 백작은 잉글랜드 군대의 얼스터 파괴로 힘을 잃었고 1603년에 항복했다. 여왕이 사망하고 스코틀랜드 왕 제임스 6세(1566~1625)가 제임스 1세로 즉위했다는 소식을 들은 타이런 백작은 왕을 알현하고 환대를 받았으나 잉글랜드 궁정에 분란을 일으켰고, 곧 체포당할 것이라는 경고를 받고는 도주했다.

타이 전쟁
Thai War

○ 시암 전쟁

타지키스탄 내전, 1992~97
Tajikistan Civil War of 1992~97

1992년 5월 중앙아시아의 내륙국 타지키스탄에서 이슬람 국가를 세우려던 이슬람교도 무장 반군은 신新공산주의자들이 지배한 정부(소비에트 최고회의)와 싸움을 시작했다. 자칭 민주주의를 옹호한다는 세력들과 다른 이슬람 집단들도 권력을 장악하기 위해 다투었다. 전투는 처음에는 대체로 남부의 쿨로브와 쿠르곤테파 주변에서 벌어졌으나, 곧 수도 두샨베도 위협을 받았다. 1992년 12월 정부는 러시아와 독립국가연합 CIS, 우즈베키스탄 군대의 지원을 받아 반군을 무찔렀다. 타지크야당연합 UTO이 불참했던 1994년 11월 대통령 선거에서 에모말리 라흐몬(1952~)이 승리했다. 반군은 라흐몬을 지원하여 타지키스탄 남부 국경 인근에 주둔한 2만 5천 명 규모의 러시아 군대와 주기적으로 충돌했다. 이미 평화유지 노력에 관여했던 국제연합 UN은 국제연합타지키스탄감시단 UNMOT을 설립했다(1994년 12월). 양쪽 모두가 빈번히 위반하기는 했지만 임시 휴전(1994년 10월 20일)은 1994년 내내 유효했다. 마침내 1997년 6월 27일 모스크바에서 라흐몬과 사이드 압둘로 누리(UTO 지도자), UN 사무총장 특별 대표인 게르트 메렘이 일반 협정과 모스크바 의정서에 서명했다. 이에 따라 국민화해위원회가 소집됐고 과도기가 시작됐다. 평화협정에 반대한 무장 단체들은 공격을 계속했다. 예를 들면 1998년 11월 후잔트에서 반군의 공격으로 100명 이상이 사망하고 600명 이상이 부상당했다. 정부군이 반군에 맞서 싸웠다. 내전으로 난민 약 8만 명이 이웃 나라들로 피신했으며, 국내난민 IDPs은 약 60만 명에 이르렀고, 사망자는 6만 명에서 10만 명 사이로 추산된다.

탈람보 사건, 1862
Talambo Incident, 1862

페루 노동자들이 탈람보의 아시엔다(대농장)에서 일하는 일단의 바스크족 이민자들을 공격했다. 에스파냐 정부는 페루로 국왕 대리 대표를 파견하여 배상을 요구했으나 페루 정부는 에스파냐가 페루의 독립을 침해했다며 분노했으며 에스파냐인들을 맞아들이기를 거부했다. 협상이 실패로 돌아간 뒤 1864년 에스파냐 함대가 페루의 귀중한 구아노* 생산지인 친차 제도를 점령했다. 페루 대통령은 에스파냐의 요구에 응하여 섬을 돌려주는 대가로 300만 페소를 지불했다(1865). 그러자 대다수 페루인이 격노했고, 마리아노 이그나시오 프라도(1826~1901) 장군이 대통령을 축출했다.

○ 에스파냐-페루 전쟁, 1864~66

* 건조한 해안 지방에서 바닷새의 배설물이 응고하여 퇴적한 것으로 특히 페루의 건조한 해안 지방이 산지로 유명하다.

태평양 전쟁, 1879~84
War of the Pacific, 1879~84

페루, 볼리비아, 그리고 칠레는 모두 아타카마 사막 지역을 차지하려 했다. 페루는 타크나와 아리카, 타라파카에 대한 권리를 주장했으며, 볼리비아는 안토파가스타를 요구했고, 볼리비아와 칠레 사이의 국경은 획정되지 않았다. 1860년대에 사막에서 발견된 질산나트륨 때문에 칠레 기업들이 지역 안으로 들어왔다. 1866년 칠레와 볼리비아는 남위 24도 선에서 국경을 정했다. 칠레는 즉시 채굴을 시작했고 북쪽으로 광산을 확장해갔다. 1873년 페루와 볼리비아는 아타카마 사막의 자국 영토를 보호하기 위해 비밀리에 동맹을 맺었다. 1875년에 페루가, 1878년에는 볼리비아가 칠레 질산나트륨 채굴 기업들의 재산을 압류했다. 1879년 2월 칠레의 아니발 핀토(1825~84) 대통령은 병력 500명을 보내 안토파가스타 항구를 점령했고, 1879년 4월 5일 칠레는 볼리비아와 페루에 전쟁을 선포했다. 전쟁의 첫 국면은 주로 해상에서 진행됐는데, 칠레 군함들이 공격에 나서 해안 항구들을 봉쇄했다.

미겔 그라우(1834~79) 제독이 지휘하는 페루의 장갑함 우아스카르 함은 칠레 해군을 거듭 공격하다가 1879년 10월 8일 안토파가스타 전투에서 파괴됐다. 그라우와 많은 해군 병사가 전사했다. 전쟁의 두 번째 국면은 육상에서 벌어졌는데, 1879년 말 타라파카 지역에서 칠레 군대가 볼리비아와 페루의 연합군을 격퇴했다. 칠레는 안토파가스타와 타라파카를 점령한 뒤 북쪽의 타크나와 아리카로 원정대를 보내 1880년 6월까지 두 도시를 장악했다. 볼리비아는 완전히 패배했으나, 페루는 타라파카를 되찾으려고 계속 싸웠다. 평화협상이 시작됐다. 2만 5천 명에 이르는 칠레 군대가 페루의 피스코에 상륙하여 패주하는 페루 군대를 따라 북으로 진군했고 1879년 12월 17일 페루 수도 리마를 점령했다. 저항군은 진압됐고, 페루는 거의 멸망 직전에 이르렀다. 페루는 앙콘 조약(1883년 10월 20일)으로 칠레에 타라파카를 할양했고, 칠레가 타크나와 아리카를 10년 동안 보유한 뒤에 두 지역이 어느 나라에 귀속할 것인지 주민투표로 결정하기로 했다. 칠레와 볼리비아가 체결한 발파라이소 조약(1884년 4월 4일)에 따라 칠레는 안토파가스타(도시와 아타카마 사막을 포함한 주)를 차지했으나, 이 조건은 1904년에 가서야 정식으로 인정됐다.

태평천국의 난, 1850~64
Taiping Rebellion, 1850~64

1850년 청나라 황제 함풍제는 부분적으로는 프로테스탄트 교리에 근거를 두고 있는 한 종교 집단을 해산하라고 관군에게 명령했다. 관군은 크게 패했고, 학자 홍수전洪秀全(1814~64)이 세워 지도한 배상제회拜上帝會는 빠르게 청나라에 맞선 반란 집단으로 변모했다. 배상제회는 처음에는 회원이 많지 않았으나 체제에 반대하는 중국 남부 주민들이 곧 무리를 지어 합류했다. 1852년 배상제회는 웨양岳陽의 병기고를 장악했고, 일단 무장한 뒤 양쯔 강揚子江 유역을 따라 휩쓸고 내려가 난징南京을 점령했으며 그곳에서 홍수전은 새로운 왕국으로 태평천국太平天國을 선포했다. 추종자들은 중국 남부 전역에서 엄청난 파괴를 일삼았고, 지방군과 중앙군은 그들을 저지할 수 없었다. 제1차 아편 전쟁과 제2차 아편 전쟁에서 중국으로부터 큰 이권을 빼앗은 외세는 1860년 조정을 돕는 것이 최대의 이익이라고 판단했다. 미국 무역업자이자 용병이었던 프레더릭 타운센드 워드(화이華爾, 1831~62)가 서구식으로 소규모의 관군을 조직했는데, 이 부대는 성공을 거두면서 '상승군常勝軍'이라고 했다. 1862년 찰스 조지 고든(1833~85) 영국군 장교가 지휘권을 맡아 여러 성시城市를 탈환했다. 자원병으로 구성된 중국인 부대 2개 즉 증국번曾國藩의 상군湘軍과 이홍장李鴻章의 회군淮軍이 반란의 진압을 도왔다. 1864년 7월 난징이 기습으로 탈환됐으며, 1년 뒤 막다른 골목에 몰린 저항은 완전히 무너졌다. 한때 번성했던 지역들이 대부분 폐허가 됐고, 청나라를 뿌리 깊이 흔들었던 이 반란 중에 수백만 명이 사망했다.

○ 염군의 난

탱슈브레 전투, 1106
Battle of Tinchebrai, 1106

노르망디 공작 로베르 2세(로버트 커토즈, 1054?~1134)는 아버지에 맞서 반란을 일으켰고(○ 윌리엄 1세의 노르망디 침공) 동생과 싸웠다(○ 윌리엄 2세-로베르 2세 전쟁). 1100년에 십자군에서 돌아온 로베르 2세는 이듬해 동생인 헨리 1세(1068/69~1135)에게서 잉글랜드의 왕좌를 강탈하려다 실패했다. 로베르 2세가 노르망디를 제대로 통치하지 못하자 헨리 1세가 침공하여 1106년 9월 28일에 프랑스의 탱슈브레에서 형의 추종자들을 물리쳤다. 사로잡힌 로베르 2세는 웨일스의 카디프에 투옥됐고 여생을 그곳에서 보냈다. 탱슈브레 전투는 헤이스팅스 전투(○ 노르만의 정복)만큼이나 중요했다. 이로써 앵글로노르만 왕국이 30년 만에 처음으로 평화롭게 통합될 수 있었기 때문이다.

○ 잉글랜드-프랑스 전쟁, 1109~13

터너의 반란(사우샘프턴 폭동), 1831
Turner's Rebellion(Southampton Insurrection), 1831

버지니아 주 사우샘프턴 카운티에서 교양 있고 경건한 흑인 노예 냇 터너(1800~31)는 동료들을 예속에서 해방할 자로 신에게 선택받았다고 주장했다. 1831년 8월 21~22일 터너와 그의 추종자 75명이 살벌하게 날뛰며 사우샘프턴 카운티에서 터너의 주인인 조지프 트래비스(1831년 사망) 가족을 포함하여 백인 55명을 학살하고 타이드워터 지역을 공포에 몰아넣었다. 반란을 진압하기 위해 포트먼로에서 군대를 파견했고 해군도 군인들을 보냈다. 흑인들은 해산했으며, 일부는 죽거나 사로잡혔다. 터너는 숲으로 탈출했으나 6주 동안 추적을 당한 끝에 체포되어 추종자 20명과 함께 교수형을 당했다. 반란의 폭력으로 남부 주들은 노예에게 더 엄격하게 조치를 취했고 도망 노예에 관한 법률을 더 엄하게 개정했다.

터키 독립 전쟁, 1919~23
Turkish War of Independence, 1919~23

제1차 세계대전이 끝난 뒤 승리한 유럽의 연합국은 오스만 제국을 점령하여 해체하려 했다. 청년튀르크당(통일진보위원회 CUP) 정부는 망명했다. 오스만 제국의 마지막 술탄 메흐메드 6세 바히데딘(1861~1926)는 연합국에 저항해도 소용없다고 확신했으나, 뒷날 케말 아타튀르크(1881~1938)로 불리는 청년튀르크당의 무스타파 케말은 항복을 거부했다. 현대 터키의 출현은 케말의 인내를 증명하는 기념비적 업적이다. 그 인내심은 1934년 이후 케말(완전한 자) 아타튀르크(터키의 아버지)라는 이름에 영원히 새겨졌다. 1919년 아나톨리아에서 공직을 얻은 케말은 그곳에서 민족저항운동을 지휘하여 술탄의 군대와 그리스 점령군에 맞서 싸웠다. 1919년 케말은 에르주룸 회의에서 열린 대회에서 '아나톨리아와 루멜리아 권리보호연합'의 지도자가 됐다. 1920년 케말의 세력은 이스탄불 정부를 굴복시켰고, 제1차 세계대전의 종전일인 1918년 11월 11일의 경계를 기준으로 터키 영토를 정하는 '국민협약'을 통과시켰다. 연합국은 이에 대응하여 이스탄불을 점령하고 의원들을 체포했으며 군사적으로 케말과 민족주의자들에 대적했다. 내전이 발발했고, 케말은 앙카라의 임시 의회에서 술탄이 외세에 조종당한다고 선언하고 모든 터키인들은 외세에 저항하여 싸우라고 호소했다. 1921년에 제정된 새로운 기본법은 터키의 주권을 국민에게 부여했으며 터키라는 국명을 채택했다. 싸움은 더 치열해졌다. 그리스인들은 1921년 사카리아 강 전투에서 패하여(◑ 그리스-터키 전쟁, 1920~22) 고난을 겪으며 퇴각했고, 1922년 9월 이즈미르에서 항복했다. 케말파는 1921년과 1922년에 국제적 승인을 받았다. 터키는 소비에트 러시아와 조약을 체결했고, 이탈리아가 철군했으며, 프랑스는 킬리키아(오늘날의 추쿠로바)를 포기했고, 이스탄불과 트라키아 일부가 다시 터키 영토가 됐다. 1922년 케말파 의회가 술탄의 지위를 폐지했고, 스위스의 로잔 회의(1922년 11월~1923년 7월)에서 현대 터키의 국경을 획정했다. 그리스인과 터키인의 주민 교환이 이루어졌으며 다르다넬스 해협과 보스포루스 해협은 공해公海가 됐다. 1923년 10월 29일 케말 아타튀르크를 초대 대통령으로 터키 공화국이 선포됐다.

○ 청년튀르크당의 반란

테바이-스파르타 전쟁, 기원전 379~기원전 371
Theban–Spartan War of BCE 379~BCE 371

그리스 폴리스들은 이론상으로는 기원전 387년의 '왕의 평화(안탈키다스 화약)'로 자치권을 얻었으나(**○ 코린토스 전쟁**), 실제로는 페르시아의 비위를 맞추는 데 열성이었던 스파르타가 폭압적으로 지배했다. 스파르타의 주적은 테바이였다. 스파르타는 일부러 테바이를 자극했다. 스파르타는 보이오티아의 다른 폴리스들에 자치를 허용했고, 기원전 382년에 테바이의 요새인 카드메이아를 점령했으며, 반란이 일어나도록 조장한 뒤 진압했다. 스파르타는 기원전 379년에는 아테네와 칼키스가 테바이를 지원하지 못하도록 올린토스를 점령했다. 테바이는 기원전 379년에 카드메이아를 탈환했고, 두 차례에 걸쳐 스파르타의 증원 부대를 물리쳤으며, 기원전 378년에는 아테네와 동맹하여 함께 방어했다. 이 시점부터 스파르타의 힘은 급격히 쇠퇴했다. 규약에 의거한 아테네 동맹이 한 번 더 탄생했고, 페르시아는 스파르타에 대한 지원을 철회했다. 스파르타는 여러 계책을 썼다. 보이오티아를 침공했으며(기원전 377, 기원전 376), 아테네 해상 동맹과 조약을 체결했고(기원전 374), 범그리스평화회의를 열어 보이오티아에 도발했다(기원전 371). 스파르타가 기울인 최후의 군사적 노력은 레욱트라 전투(기원전 371)에서 패하면서 물거품이 됐다. 반란이 일어나 스파르타의 펠로폰네소스 동맹이 와해됐다. 강화된 아테네 동맹과 보이오티아 동맹은 치안권을 지닌 아르카디아 동맹을 결성했다. 테바이는 그리스 폴리스의 맹주가 됐다.

테오데리쿠스–오도아케르 전쟁, 489~493
Theodoric's War with Odoacer, 489~493

게르만족의 일파인 동고트족은 테오데리쿠스(테오도리크, 454~526) 대왕의 지휘로 비잔티움 제국의 속주들을 침입하여 제국을 귀찮게 했다. 비잔티움 제국 황제 제노(425?~491)는 동고트족을 제거하기 위해 테오데리쿠스를 이탈리아의 파트리키우스*에 임명하여 군대를 이끌고 이탈리아로 들어가, 서로마의 마지막 황제를 폐위한(**◑ 로마의 함락**) 오도아케르(오도바카르, 435~493)를 축출하고 이탈리아의 통치자가 될 것을 의뢰했다. 테오데리쿠스는 15만 명이 넘는 동고트족을 이끌고 율리우스 알프스 산맥을 넘어 이탈리아 북부에서 오도아케르의 군대와 대결했다. 489년 손티우스(오늘날의 이손초) 전투와 베로나 전투에서 패한 오도아케르는 인근의 견고한 수도 라벤나로 피한 뒤 남쪽에서 증원군을 받았고 490년에 성을 포위한 테오데리쿠스를 성공리에 타격했다. 동고트족은 파비아로 퇴각하며 오도아케르 군대의 추격을 받았으나(오도아케르 군대의 절반은 서고트족과 부르군트족 연합군의 침공에 맞서 싸우느라 여념이 없었다), 490년 8월 11일 아다 강 전투에서 승리했다. 오도아케르는 테오데리쿠스에게 쫓기며 다시 라벤나로 퇴각했다. 테오데리쿠스의 군대는 아드리아 해와 가까운 이 도시를 3년 6개월 동안 포위했고, 오도아케르는 결국 동고트족의 해상 봉쇄에 굴복하여 강화를 타결하고(493년 2월 27일) 조약을 체결하여 테오데리쿠스와 공동으로 이탈리아를 통치할 것을 합의했다. 그 직후 오도아케르는 그의 아들들, 족장들과 함께 연회를 즐기다가 배반당해 사로잡혔고 그 자리에서 테오데리쿠스의 군인들에게 살해됐다. 테오데리쿠스는 이탈리아의 단독 통치자로 선포됐고 비록 비잔티움 제국 황제의 공식 인정을 받지는 못했지만 오랫동안 통치했다.

* 고대 로마 제국이나 비잔티움 제국에서 사회적 지위가 높은 개인을 지칭하는 칭호.

텍사스 독립 전쟁(텍사스 혁명), 1836
Texan War of Independence(Texan Revolution), 1836

1836년 무렵 멕시코가 차지한 텍사스에는 미국인이 약 3만 명 정도 거주하고 있었다. 멕시코는 미국인의 이주를 중단시키고 텍사스에서 중앙의 통제를 더 강화하려 했다. 텍사스인들은 1836년 3월 2일에 반란을 일으켜 독립을 선포했다. 안토니오 로페스 데 산타 아나(1794~1876) 장군이 멕시코 군대 6,019명을 이끌고 반란을 진압하러 텍사스로 진군했다. 텍사스인 182명이 샌안토니오의 알라모에서 12일 동안 멕시코 군대를 저지하다가 패하여 학살당했다. 곧이어 텍사스군 부대 400명이 골리아드 인근에서 항복했고, 이 중 300명 이상이 살해당했다. "알라모를 기억하라! 골리아드를 기억하라!"라는 투쟁의 호소에 응하여, 새뮤얼 휴스턴(1793~1863) 장군이 이끄는 소규모 텍사스군 부대가 1836년 4월 21일 산하신토 전투에서 산타 아나의 멕시코 부대를 격파했다. 포로가 된 산타 아나는 텍사스의 독립을 승인하는 조약에 조인해야 했다. 멕시코는 나중에 그 조약을 부인하기는 했지만 텍사스를 다시 지배하려는 노력은 하지 않았다. 그리하여 텍사스는 미국에 병합되기를 열망하는 독립 공화국이 됐다.

톈안먼天安門 광장 학살, 1989
Tiananmen Square Massacre, 1989

1987년에 민주주의와 인권을 외쳤던 학생 시위를 막지 못했다는 이유로 중국공산당 중앙위원회 총서기에서 내쫓겨 불명예를 안은 진보적인 개혁가 후야오방胡耀邦(1915~89)이 사망하자(4월 15일) 대학생들이 시위에 나섰다. 베이징北京의 대학생들은 후야오방을 '현대화'의 상징으로 칭송했고 날마다 톈안먼天安門 광장으로 항의 행진을 벌이며 그곳에서 춤을 추고 정치와 부패를 논의했다. 덩샤오핑鄧小平(1904~97)이 이끄는 정부 지도자들은 민주주의 운동에 공산주의의 정당성이 위협을 받을까봐 두려워 군대에 군중을 해산하고 질서를 회복하라는 명령을 내렸다. 1989년 6월 3일 토요일 늦은 밤 철모를 쓴 군인들이 탱크와 장갑차의 지원을 받아 톈안먼 광장과 베이징 교외의 다른 지역으로 진입했고, 이튿날 오전 이른 시각에 광장에 최루탄을 던지고 학생과 군중을 해산시켰다. 일부 시위자들은 바리케이드를 치고 돌과 화염병을 던지며 거세게 저항했다. 군대는 군중에게 AK-47 자동소총으로 발포했으며 탱크는 도로를 마구 포격했다. 6월 4일 몇 시간 만에 광장의 시위자들은 모두 쫓겨났고 부상자 수백 명이 연기를 내뿜으며 불타는 차량들과 파편 더미 사이로 서둘러 사라졌다. 중국 정부는 '반혁명 폭도'에게 큰 승리를 거두었다고 선언한 뒤 가혹한 계엄령을 선포하여 민주주의를 옹호하는 지도자들과 반체제 인사들을 체포하라고 명령했다. '문화대혁명' 때 보았던 것과 유사했다. 그날 베이징에서 대략 5천 명의 시민이 죽었다. 중국의 지도자들은 이후 대체로 민주주의와 인권 옹호자들의 입을 막았으며, 다수를 투옥하거나 추방했다.

톈진 교안天津教案*, 1870
Tianjin Massacre, 1870

청나라의 많은 학자와 불교, 도교 등 여러 토착 종교를 따르던 사람들은 19세기 중반에 몰려든 백인 그리스도교 선교사들에게 분노했으며, 보통 사람들을 선동하기 위해 종종 외국인들이 마법사라는 소문을 퍼뜨렸다. 톈진天津에서 고아원을 운영하던 프랑스의 자선자매회는 집 없는 자들이나 버려진 아이들을 데려오는 사람에게 소정의 현금으로 보상했는데, 이 때문에 아이들을 납치하여 학대하고 마법에 쓴다는 소문이 돌았다. 1870년 6월 21일 지역의 향신鄕紳이 분노한 군중을 이끌고 고아원 밖에 모였다. 프랑스 영사는 호위병들에게 발포하여 폭도를 해산하라고 명령했다. 이에 격분한 중국인들이 고아원을 습격하여 약탈했고, 그 와중에 영사와 수녀 10명을 포함하여 외국인 18명이 살해됐다. 프랑스와 로마 교황청은 거세게 항의했고, 서구 국가들의 해군 선박이 톈진으로 향했다. 프랑스는 책임자들을 가혹하게 처벌하라고 요구했고, 중국인 16명이 사형당했으며 청나라는 프랑스에 정식으로 사과했다.

* 교안(教案)은 근대 중국에서 그리스도교도와 관련되어 일어난 폭력 사건을 가리킨다.

토고 내전, 1991~92
Togolese Civil War of 1991~92

서아프리카 남쪽 해안 토고(이전의 프랑스령 토골란드)에서 보안군이 자행했다고 추정되는 학살극이 폭로되자(1991년 4월), 군부가 지배한 냐싱베 에야데마(1935?~2005) 대통령의 정부에 반대하는 격렬한 대규모 시위가 촉발됐다. 에야데마는 민주화를 요구하는 거센 압박에 직면하여 야권을 합법화했고 총파업에 굴복하여 군부와 민간 대표자들이 함께 참여하는 국민회의를 소집했다(1991년 7~8월). 군인들이 국민회의를 무산시키려 했으나 실패했고,

회의는 주권 기구임을 선언했다. 시민들은 통치위원회를 구성하고 1992년에 다당제 자유선거를 실시하기로 했다(나중에 연기된다). 전투 부대들이 회의장에 난입했으나 시민의 힘을 확인하고 철수했다. 에야데마는 명목상 여전히 대통령이었으며, 에야데마에게 충성하는 군대는 수도 로메의 의사당을 점거하여(1992년 10월) 민간인 의원들을 억류했다가 의회가 에야데마의 정당인 토고인민연합RPT의 자산 동결을 해제하기로 동의한 뒤 풀어주었다. 에야데마의 군대는 그 뒤 야당 지도자들과 민주주의를 옹호하는 시위자들, 반체제 군인 등을 공격하여 살해했고(1993~94), 에야데마는 토고 정부를 확고하게 장악했다.

토이토부르크 숲 전투, 9
Battle of the Teutoburg Forest, 9

게르마니아의 라인 강 서쪽 부분을 장악한 로마는 기원후 6년 장군이자 집정관인 푸블리우스 퀸크틸리우스 바루스(기원전 46~기원후 9)에게 3개 군단과 보조군을 주어, 이미 로마 문명을 받아들인 라인 강 동부 지역을 지배하기 위해 엘베 강을 향해 동진하도록 했다. 거만하고 요령부득이었던 바루스는 로마의 시민이자 게르만의 체루스키족 족장으로 로마 군대에서 장교로 근무하던 아르미니우스(헤르만 데어 체루스커, 기원전 17?~기원후 21?)를 화나게 했다. 반란을 획책한 아르미니우스는 교묘하게 바루스를 설득하여 9년 늦여름에 군단들과 보조군을 토이토부르크 숲으로 이끌었고 자신은 후위를 맡았다. 오늘날의 독일 서부 데트몰트 인근으로 추정되는 토이토부르크 숲에서 군량 수송 마차는 진창에 빠졌고 부대의 대형이 흐트러졌다. 게르만족 게릴라들이 공격했고, 게르만족 출신 로마 군인들이 부대에서 이탈했으며, 아르미니우스가 지휘하는 후위는 아무런 의심도 없이 전진하던 바루스의 군인들을 타격했다. 바루스는 안전을 도모하고자 서쪽으로 피하려 했으나 허사였다. 전투 이틀째 되던 날 바루스의 기병대가 전멸했으며, 셋째 날이 끝날 때 약 2만 명의 보병이 전사했다. 굴욕을 당한 바루스는 자살했다. 이 패배로 황제 아우구스투스(옥타비아누스, 기원전 63~기원후 14)는 엘베 강이 아닌 라인 강을 제국의 게르마니아 영토의 동쪽 경계와 북쪽 경계로 삼았다.

○ 로마의 북부 국경 전쟁, 기원전 24~기원후 16

투르(푸아티에) 전투, 732
Battle of Tours(Poitiers), 732

제1차 프랑크 왕국-무어인 전쟁 중(○ (제1차) **프랑크 왕국-무어인 전쟁**) 압드 아르 라흐만(732년 사망)이 무어인을 이끌고 프랑크족의 왕국들 안으로 깊숙이 침입했다. 아키텐 공작 오도(외드 다키텐, 665?~735)는 침략을 막을 수 없었기에 프랑크 왕국의 궁재宮宰 카롤루스(688?~741)에게 지원을 요청했고 (○ (제3차) **프랑크 왕국 내전**), 카롤루스는 군대를 이끌고 오를레앙 근처로 이동했다. 투르와 푸아티에로 남진하던 카롤루스는 732년 10월 초에 두 도시 사이에서 압드 아르 라흐만의 군대와 대면했다. 견고한 방진으로 포진한 프랑크 왕국의 보병은 무어인 기병들이 빠르고 거칠게 돌격하자 검과 도끼로 말과 사람을 동시에 공격했다. 이는 앞서 721년에 툴루즈에서 무어인을 격파할 때 썼던 전술이었다. 무어인의 돌격은 이슬람교도 기록에는 2일, 그리스도교도의 역사적 기록에는 7일 동안 지속됐다고 한다. 압드 아르 라흐만이 전사하면서 무어인은 남쪽으로 도주했고 프랑크족은 추격하지 않았다. 카롤루스는 이슬람의 유럽 진출을 결정적으로 저지했고 이 위대한 승리로써 마르텔루스('망치')라는 이름을 얻었다.

투르크멘-오스만 제국 전쟁, 1400~73
Turkoman—Ottoman Wars of 1400~73

오스만 제국은 1400년 이전에는 주로 발칸 반도에서 영토를 병합하는 데 힘썼으나(○ **니코폴리스 십자군**), 술탄 바예지드 1세(1354~1403) 때에는 동쪽 지역을 병합하기 시작했다. 1402년에 티무르(1336~1405)가 돌연히 등장하여 앙고라(오늘날의 앙카라)에서 승리를 하고 티무르 왕조의 제후국들을 세우면서 영토 확장 과정이 복잡해졌다. 게다가 오스만 제국은 정치력을 자각하고 있는 이민족 귀족들의 지지를 확보해야 했고, 종교적 신념 때문에 중앙 정통파 권력의 지배에 반대한 투르크멘인 유목민의 저항도 극복해야 했다. 1421년 이전에는 영토 확장에 진전이 없었는데 1402~13년의 오스만 제국 내전도 한 가지 원인이었다. 그러나 술탄 무라드 2세(1404~51)는 1421

년에 통치를 시작해서 죽을 때까지 티무르 왕조의 모든 제후국을 힘으로 복속시켰다. 카라만과 잔다르만 예외적으로 자치권을 유지했다. 무라드 2세를 제위에 앉힌 귀족들은 무라드 2세가 튀르크족이 아닌 집단에 의존하고 예니체리(오스만 제국의 정예 친위 부대)를 창설하여 직접 급여를 지급하자 힘을 잃었다. 그리스도교도 노예 출신이었으나 이슬람교도로 개종한 예니체리는 오로지 무라드 2세에게만 충성했다. 1444년경 늘 소란스러웠던 카라만에서 반란이 일어난 뒤 오스만 제국은 아나톨리아에서 영토를 획득하고 거의 아제르바이잔까지 제국을 확대했다. 그러나 투르크멘인 유목민 문제는 여전히 해결되지 않았다. 투르크멘 부족은 따로따로는 약했으나, 그들은 하나의 정파이기도 했던 이단적 종교 단체에 대한 충성으로 단합했다. 그중 지배적인 것은 이슬람 신비주의적인 데르비시파의 영향을 크게 받은 키질바시('붉은 머리')파였다. 키질바시파는 타타르인의 아크 코윤루('흰양') 왕조와 그 영토의 지도자였던 우준 하산(1423~78)의 지휘를 받았다. 다른 부족연맹 카라 코윤루('검은 양')는 오늘날의 이라크 북부와 아제르바이잔을 지배했는데 아나톨리아 동부로 진입하다가 1466년에 하산의 군대에 패하고 바그다드를 빼앗겼다. 하산은 오스만 제국의 적대자가 될 정도로 매우 중요한 인물이 되어 1463~79년의 베네치아-오스만 제국 전쟁 중 교황의 설득을 받아 아크 코윤루와 카라만 군대를 이끌고 동쪽에서 제국을 공격했다. 오스만 제국 술탄 '정복자' 메흐메드 2세(1432~81)는 카라만을 점령하고 하산을 동쪽으로 내쫓았다. 밀려난 아크 코윤루 유목민은 오틀루크벨리 전투(1473)에서 패하여 페르시아로 들어갔다. 이제 오스만 제국 정부의 동부 아나톨리아 지배는 불안정해졌고, 아제르바이잔과 페르시아에서 시아파의 사파비 왕조가 아크 코윤루를 대신하면서(1501) 사정은 더욱 복잡해졌다. 시아파의 쿠데타는 1514~16년의 오스만 제국-페르시아 전쟁을 초래했다.

투생 루베르튀르의 반란, 1793~1803
Revolt of Toussaint Louverture, 1793~1803

프랑스 혁명은 식민지들에도 반향을 불러와 1791년에 평등한 권리와 자유를 염원하던 생도맹그(아이티)의 흑인 노예들이 백인 주인들에 맞서 반란을 일으켰다. 1793년 흑인 노예 출신으로 독학으로 지식을 습득한 프랑수아 도미니크 투생(1743~1803)이 흑인 군대를 조직하여 프랑스와 싸우기 위해 침공한 에스파냐 군대에 합류했다(**○ 프랑스 혁명 전쟁**). 투생은 신속한 원정으로 성공을 거두었고 루베르튀르('개시, 시작')*라는 별명을 얻었으며, 장자크 데살린(1758~1806)과 앙리 크리스토프(1767~1820) 같은 다른 흑인 지도자들이 투생에 합세했다. 1794년 투생은 프랑스가 모든 노예를 해방했다는 소식을 듣고 프랑스 편으로 전향했고, 그 뒤 에티엔 라보 프랑스 장군을 도와 1795년에 산토도밍고(도미니카 공화국)에서 에스파냐를 몰아냈으며 3년 뒤에는 생도맹그의 해안 지역을 점령한 영국을 몰아냈다. 1797년에는 흑인과 백인 사이의 긴장을 완화하려 애썼던 투생이 라에스파뇰라 섬(이스파니올라 섬. 아이티와 도미니카 공화국)의 실질적인 통치자가 됐다. 투생에게 유일하게 도전했던 인물은 섬 남부에 준독립국을 세웠던 물라토(라틴아메리카에 사는 백인과 흑인의 혼혈) 지도자 앙드레 리고(1761~1811)였다. 1799년 여름 데살린이 지휘하는 투생의 군대는 자크멜에 있는 물라토 요새를 공격하여 여섯 달 동안 포위한 끝에 리고의 부사령관 알렉상드르 페시옹(1770~1818)의 항복을 받아냈다. 투생은 이어 아캥 전투에서 리고를 무찌르고 물라토 군인 700명과 함께 섬을 떠나게 했으며, 1년 안에 섬 전체를 지배하고 프랑스의 총독이라는 직함을 채택했다(1801).

○ 아이티-프랑스 전쟁, 1801~03

* 1793년에 전투 대열의 선두에 서서 몇 차례 승리를 거둔 뒤 성(姓)으로 썼다고 한다.

투스카로라족 인디언 전쟁, 1711~13
Tuscarora War, 1711~13

오늘날의 노스캐롤라이나 주 동부에 거주하며 이로쿼이어를 썼던 투스카로라족 인디언은 백인이 땅을 빼앗고 사냥터를 잠식하며 백인 노예 상인이 아이들을 납치하는 등 약탈 행위를 자행하자 영국인 정착민에게 매우 적대적인 태도를 보였다. 1711년 9월 22일 투스카로라족은 족장 핸콕의 인도에 따라 팸리코 강과 로어노크 강의 강변에 정착한 영국인 약 200명을 급습하여 학살했다. 영국은 원정대 2개를 파견하여 보복했다. 하나는 존 반웰 연대장이 이끄는 부대로 백인 50명과 350명 이상의 인디언 협력자들로 구성됐는데 실속 없는 휴전으로 활동을 마쳤다(1712년 1~4월). 백인 35명과 인디언 협력자 1천 명으로 구성된 두 번째 원정대는 제임스 무어 대령이 지휘했고 노스캐롤라이나 주 스노힐 인근에서 3일 동안 전투를 벌인 끝에 투스카로라족의 항복을 받아냈다(1713년 3월). 생존한 투스카로라족 사람들은 가혹한 평화조약에 따라 북쪽으로 이주하여 결국은 모호크족 인디언과 오네이다족 인디언, 오논다가족 인디언, 케이유가족 인디언, 세니카족 인디언으로 구성된 이로쿼이족 연합에 여섯 번째 부족으로 통합됐다. 투스카로라족의 저항이 분쇄된 이후 노스캐롤라이나 주 서부에서 식민화가 촉진됐다.

투아레그족 반란
Tuareg Rebellions

◐ 니제르 내전, 1990~95 ; 말리 내전, 1990~96

투치족-후투족 전쟁
Tutsi-Hutu Wars

◐ 부룬디 내전, 1972 ; 루안다 내전, 1959~61 ; 르완다 내전, 1990~94

투쿨로르족-프랑스 전쟁, 1854~64
Tukulor-French Wars, 1854~64

투쿨로르족은 9세기부터 13세기까지 서아프리카 세네갈 강 유역에 테크루르라는 나라를 세워 지배했다. 11세기에 이슬람교로 개종한 투쿨로르족은 북쪽으로 모로코까지 세력을 확대했으며 알무라비툰(무라비트) 왕조를 세웠다. 13세기에 말리 제국에 정복당한 투쿨로르족은 피지배 종족으로 지냈으나 1800년대 중반 카리스마 넘치는 지도자 알 하지 우마르 탈(1797?~1864)이 티자니야(티자니 형제단)를 세우고 지하드(성전聖戰)를 선포하여 과거 테크루르가 누렸던 영광을 되살리려 했다. 우마르 탈은 세네갈 해안 지역을 식민지로 만든 프랑스의 견해를 고려하지 못했다. 루이 페데르브(1818~89) 프랑스 총독은 내륙으로 식민지를 확대할 계획을 갖고 있었다. 우마르 탈이 세네갈 강 상류의 동쪽을 공격하는 데 중점을 두는 동안, 프랑스는 신중하게 경계만 했다. 그러다가 투쿨로르족이 서쪽으로 주의를 돌리자(1854), 프랑스 군대가 우마르 탈의 군대와 교전을 시작했으며 주둔지를 공격하는 투쿨로르족 군대를 저지했다(1856). 투쿨로르족은 프랑스의 식민지가 아닌 곳으로 관심을 돌려 세구의 거대한 바마나(밤바라) 왕국을 점령했다(1861). 투쿨로르족은 동쪽 멀리 말리 중부의 통북투(팀북투)까지 진출했으나 프랑스에는 특별한 손해를 끼치지 않았다. 그러나 투쿨로르족은 착취하는 정복자였고 봉기가 발생하여 혼란이 초래되고 그 와중에 우마르 탈이 사망했는데도 프랑스인들은 대체로 방관자의 태도를 견지했다. 골칫거리였던 우마르 탈의 아들들도 이러한 혼란으로 목숨을 잃었다(우마르 탈의 아들들은 여러 해 동안 계승을 둘러싼 왕조 전쟁을 벌여 자멸했다). 1890년 프랑스는 큰 싸움 없이 세구와 세네갈을 차지할 수 있었다.

투파마로스의 공포정치, 1967~73
Tupamaros' Reign of Terror, 1967~73

우루과이의 좌파 게릴라 단체인 투파마로스는 정부에 반기를 들고 습격, 폭파, 은행 강도, 납치, 암살 등의 테러를 자행했다. 투파마로스는 무기와 탄약을 얻기 위해 경찰서와 무기고, 군 기지를 공격했고, 몸값을 받아내거나 체포된 동료들을 석방시키기 위해 우루과이인과 외국인을 막론하고 저명 인사를 납치했다. 1971년 100명이 넘는 투파마로스 수감자가 대담하게도 12미터나 되는 땅굴을 파고 탈옥했으며, 여성 38명이 경계가 가장 삼엄한 감옥에서 탈주했다. 이때까지는 투파마로스와 싸우고 구성원들을 체포하는 일을 경찰만이 담당했으나, 이후로는 우루과이 군대도 그 임무에 투입됐다. 반정부 테러는 계속 이어졌고, 1972년 4월 '내란 상황'이 선포됐다. 우루과이는 반정부 게릴라에 맞선 경찰과 군대의 투쟁에 힘을 모으기 위해 계엄령으로 통치했다. 1973년 2월 12일 후안 마리아 보르다베리(1928~2011) 대통령은 군부의 행정부 통제에 동의했고 의회를 폐지하고 넉 달 뒤 국가평의원으로 대체했다. 군대는 투파마로스를 분쇄하기 위해 대량 체포와 고문 등 가혹한 억압 조치들을 실행에 옮겼다고 한다. 1973년 이후 투파마로스의 일부는 아르헨티나로 피신하여 그곳에서 반정부 투쟁을 벌였다. 1975년 1월 1일 우루과이의 모든 마르크스주의 정당은 영구히 불법 단체가 됐으며, 그때까지 군부가 주민들의 삶을 강력히 통제하여 정부를 무너뜨리는 것은 거의 불가능했다.

투팍 아마루의 반란

Tupac Amaru's Revolt

○ 페루 반란, 1780~82

튜턴 기사단의 프로이센 정복, 1233~83

Teutonic Knights' Conquest of Prussia, 1233~83

1226년 폴란드의 마조프세(마조비아) 공작 콘라트 1세(1187?~1247)는 폴란드를 지배하고자 십자군 원정을 떠나 있는 튜턴 기사단(독일 기사단)을 불러들였다. 마조프세 공작은 폴란드 그리스도교와 폴란드의 지위를 강화할 생각도 있었다. 1233년 튜턴 기사단은 북쪽으로 이동하여 폴란드 서북부 비스와 강가의 토룬에 요새를 건설하고 동쪽의 이교 지역 프로이센을 정복했으며 그리스도교를 전파하는 데 착수했다. 독일 지역에 독립적인 교회 국가를 세우기를 열망했던 튜턴 기사단 단장 헤르만 폰 잘차(1179?~1239)는 정복지를 교황의 종주권에 귀속시켰다. 폴란드인들이 튜턴 기사단에 대한 종주권을 주장하려 했으나 성공하지 못했고, 튜턴 기사단은 50년간의 군사행동으로 프로이센 정복에 성공했다. 1242년 포모제(포메른. 발트 해에 닿아 있는 폴란드 지역) 공작 바르님 1세(1270?~78)는 독일 동부에서 튜턴 기사단의 국가가 성장하는 데 위험을 느끼고 프로이센의 반란을 조장하여 전쟁을 시작했으나 10년 동안 전쟁을 치르고도 튜턴 기사단을 축출하지 못했다(마조프세 공작은 튜턴 기사단의 위험성을 파악하지 못했기에 전쟁 초기에는 튜턴 기사단을 지원했다). 1261년에서 1283년 사이에 튜턴 기사단은 매우 많은 프로이센 원주민을 몰살했고 뇨만(네무나스. 네만) 강으로 진격하여 프로이센을 확고히 장악했다.

튜턴 기사단-폴란드-리투아니아연합 전쟁, 1410~11

Teutonic Knights' War with Poland and Lithuania of 1410~11

리투아니아 대공은 1409년에 일어난 사모기티아(오늘날의 제마이티야. 1398년부터 튜턴 기사단(독일 기사단)이 점령한 리투아니아 지역) 반란을 지원하여 프로이센과 포메렐리아(포메라니아 동부. 오늘날의 포모제그단스키에), 독일과 동부 발트 지역의 영토를 장악하고 있던 튜턴 기사단의 적의를 샀다. 튜턴 기사단은 새로 수립된 폴란드-리투아니아연합도 깨뜨리기를 원했고, 두 나라는 튜턴 기사단의 침략에 맞서고자 군대를 동원했다. 1410년 7월 15일 타넨베르크(오늘날 폴란드의 동북부인 프로이센 공국(동프로이센) 타넨베르크(오늘날 폴란드의 스텡바르크)와 그륀펠데(오늘날 폴란드의 그룬발트) 사이의 마을들) 전투에서 폴란드 왕 브와디스와프 2세 야기에워(1362?~1434)가 지휘하는 폴란드-리투아니아연합 군대가 튜턴 기사단에 결정적인 승리를 거두었고, 10시간에 걸친 전투에서 기사단 단장과 대다수 지휘관이 전사했다. 포메라니아(오늘날의 포모제)와 프로이센의 상당 지역은 항복했으나, 폴란드-리투아니아연합 군대는 튜턴 기사단의 마리엔부르크(오늘날의 말보르크) 성을 점령하지 못하고 결국 철수했다. 이로써 튜턴 기사단은 잃은 영토를 모두 되찾을 수 있었다. 그렇지만 동쪽으로 팽창하려던 튜턴 기사단의 활동은 완전히 중단됐고, 1411년 2월 1일 제1차 토룬 조약으로 튜턴 기사단은 사모기티아와 도브진 주변 지역을 리투아니아에 할양했다. 리투아니아는 브와디스와프 2세가 사망할 때까지 그 지역을 보유했다. 그러나 1422년 세 차례 충돌이 벌어진 뒤 튜턴 기사단은 사모기티아에 대한 모든 권리를 포기했다.

○ 13년 전쟁

튜턴 기사단-폴란드 전쟁, 1309~43
Teutonic Knights' War with Poland of 1309~43

독일의 브란덴부르크가 폴란드로부터 포메렐리아(포메라니아 동부. 오늘날의 포모제그단스키에)를 빼앗으려 하자 폴란드인들은 튜턴 기사단(독일 기사단)에 방어를 요청했다(**○ 튜턴 기사단의 프로이센 정복**). 1308년 튜턴 기사단은 독일인들을 격퇴한 뒤 단치히(그단스크)를 포함하여 포메렐리아를 점령했다(튜턴 기사단은 단치히의 폴란드인 군인들과 시민들을 학살했다). 기사단 단장은 단치히 인근의 마리엔부르크(오늘날의 말보르크) 성을 거처로 삼았다. 폴란드 왕 '단신왕' 브와디스와프 1세(1260?~1333)는 폴란드에서 바다로 나가는 유일한 출구인 포메렐리아를 되찾고자 튜턴 기사단에게 영향력을 행사할 수 있는 교황과 협상에 들어갔고 튜턴 기사단의 적국인 리투아니아와 동맹했다. 브와디스와프 1세가 남쪽을 위협하는 보헤미아를 상대하느라 관심을 거두자, 튜턴 기사단은 1331년과 1332년에 폴란드를 침공했다. 1331년

9월 27일 튜턴 기사단은 프워프체 전투에서 폴란드인들에 패했으나 그 뒤 폴란드 서북부를 약탈하고 영토를 빼앗았다. 카지미에시 3세(1310~70) '대왕'은 폴란드 왕위를 계승한 뒤 1343년에 칼리시 조약을 체결하여 전쟁을 끝내는 데 성공했다. 폴란드는 포메렐리아를 튜턴 기사단이 통제하도록 내버려두는 대가로 빼앗긴 영토를 되찾았다.

튜턴 기사단-폴란드 전쟁, 1454~66
Teutonic Knights' War with Poland of 1454~66
○ 13년 전쟁

트란스발 내전, 1862~64
Transvaal Civil War of 1862~64

보어인들은 남아프리카에서 영국의 통치를 피해 북쪽으로 그레이트 트렉(대이동)을 결행한 뒤 트란스발의 4개 지역에 정착했으며 이 지역들에 각기 작은 수도를 두었다. 트란스발의 지역 정부들은 경계와 종교, 정책을 두고 서로 끊임없이 싸웠다. 1856년에 트란스발 동북부에서 남아프리카공화국(통칭 트란스발 공화국)이 설립됐고, 마르티뉴스 프레토리위스(1819~1901)가 대통령으로 당선됐다. 프레토리위스는 트란스발 전체를 통합하려 했으나 저항에 부딪혔다. 의견을 달리하는 파벌들이 계속 독자적인 정부를 유지했기 때문이다. 또한 남쪽으로 인접한 오라녀 자유국 대통령으로도 당선된(1859) 프레토리위스는 계속해서 트란스발의 분파들을 조정하면서 두 공화국을 통합하려 했으나, 역시 실패했다. 보어인들 사이에 내전이 발발했으며, 프레토리위스는 오라녀 자유국 대통령직을 사임하고(1863) 교전 당사자들 간의 싸움을 중재하는 데 온 힘을 쏟았다. 1864년 초 프레토리위스는 협상을 통해 싸움의 중단을 끌어낼 수 있었다. 그해에 4개 지역은 남아프리카공화국으로 통합됐고, 프레토리위스는 두 번째로 대통령에 당선됐다(1864).

○ (제1차) 보어 전쟁

트란스발 반란
Transvaal Revolt

➲ (제1차) 보어 전쟁

트란실바니아 농민 반란, 1784
Transylvanian Peasants' Revolt, 1784

1784년 11~12월 블라크인 토착 농민들은 호라로 알려진 루마니아의 애국자 바실레 우르수 니콜라(1731~85)의 지휘를 받아 마자르인 귀족들의 학대와 억압을 벗어나고자 당시 오스트리아의 관료적 통치를 받고 있던 헝가리령 트란실바니아 일부 지역에서 격렬한 반란을 일으켰다. 폭동 중에 무장한 농민들은 마을과 가옥을 습격하고 파괴했으며, 마자르인 귀족과 정부 관리를 포함한 헝가리인 약 4천 명을 학살했다. 결국 오스트리아 제국 군대가 잔인하게 폭동을 진압했으며, 호라는 1785년 2월 28일에 붙잡혀 처형됐다.

트란실바니아-오스만 제국 전쟁, 1657~62
Transylvanian—Turkish War of 1657~62

오스만 제국은 유럽에 있는 속국들을 통제하기 위해 때로 군사행동에 나섰다. 오스만 제국의 속국인 트란실바니아는 1657년에 폴란드와 맞서 단독으로 싸웠으나 성과를 내지 못했고, 이 때문에 오스만 제국 정부는 트란실바니아 군주 라코치 2세 죄르지(1621~60)에게 등을 돌렸다. 새 군주가 선택됐으나, 라코치 2세는 1658년에 다시 권력을 잡았고 트란실바니아 수도 리퍼(오늘날 루마니아의 리포바)를 포위하고 있던 오스만 제국 군대를 격퇴했다. 다섯 달 뒤 대재상이 지휘하는 블라크인과 튀르크족이 협공하여 줄러페헤르바르(알바이울리아)를 약탈하고 다른 요새 세 곳을 점령했다. 라코치 2세는 폐위되어 오스트리아령 헝가리로 피신했다. 1659년 라코치 2세는 헝가리인들을 충원하여 트란실바니아로 돌아와 다시 군주로 선포됐다. 부더의 파샤(고위 관리)가 이끄는 오스만 제국 군대는 이에 대응하여 테메슈바르(티미쇼아라)로부터 침공해 들어와 토르더(투르다)와 너지세벤(시비우)을 공격했고, 가는 도중 연이어 승리했다. 라코치 2세는 오스트리아령 헝가리에 영토를 내주면서 지원을 요청했으나 오스트리아인들은 지체했고, 오스만 제국 군대는 헝가리 동북부에서 출발하여(1660) 트란실바니아에 진입하며 페네슈에서 라코치 2세의 군대를 격파했다. 라코치 2세는 질러우 전투에서 입은 치명적인 부상으로 사망했다. 1661년 반란을 일으킨 트란실바니아인들이 케메니 야노시(1607~62)를 군주로 세웠는데, 이 군주는 병력이 겨우 1만 명밖에 되지 않은 데다 오스트리아 군대가 트란실바니아를 폐허로 만들고 있던 오스만 제국의 4개 부대와 직면하여 퇴각하면서 일시적으로 약해졌으며, 세게슈바르(시기쇼아라) 근처에서 함정에 빠져 패하고 살해됐다(1662). 오스만 제국은 트란실바니아에서 질서를 회복하고 자신들이 선택한 군주를 옹립했으나, 1663~64년의 오스트리아-오스만 제국 전쟁을 개시함으로써 기묘하게도 승리를 패배로 만들어버렸다.

트란실바니아-합스부르크 전쟁, 1645
Transylvanian-Hapsburg War, 1645

30년 전쟁 중 프로테스탄트인 트란실바니아는 가톨릭인 합스부르크 왕가가 헝가리에서 반종교개혁을 실행하지 못하도록 저지하는 데 성공했다(트란실바니아는 원래 헝가리의 동쪽 부분이었다). 라코치 1세 죄르지(1593~1648)가 지휘하는 트란실바니아는 프로테스탄티즘의 투사로서 국제적인 지위를 얻었으며, 스웨덴의 주목을 받았다. 스웨덴은 슐레지엔을 지나 모라비아로 행진을 하면서 1642년에 라이프치히를 점령했다. 스웨덴과 트란실바니아는 1644년에 연합하여 합스부르크 왕가에 전쟁을 선포했다. 전쟁은 1645년에 스웨덴이 보헤미아를 다시 침공하고 얀카우(오늘날 체코의 얀코프)에서 오스트리아 군대와 바이에른 기병대를 격파한(1645년 3월 6일) 뒤 오버외스터라이히로 진격하면서 시작됐다. 라코치 1세의 군대는 북쪽으로 행군하여 빈 자체를 위협했다. 1645년 8월 3일 스웨덴과 트란실바니아 연합군이 프랑스와 헤센 군대의 지원을 받아 바이에른의 알러하임(오늘날 독일의 뇌르틀링겐 인근) 전투에서 제국(오스트리아·바이에른) 군대를 쳐부수었다. 제국 군대의 용감한 사령관 프란츠 폰 메르치(1590?~1645) 남작은 전사했다. 1645년 12월 16일 린츠 평화조약으로 헝가리는 종교의 자유를 얻었으며 트란실바니아는 더 많은 영토를 획득했다.

트로이 전쟁, 기원전 1200?
Trojan War, BCE c. 1200

호메로스의 『일리아스』에서 신화로 기술된 트로이 전쟁은 역사적 사실을 근거로 했을 가능성이 크다. 고대의 기록에는 호메로스의 서사시에 나오는 인명들이 등장하며, 기원전 13세기 그리스의 아카이아인들이 고대 도시 트로이를 포함한 지중해 동부에서 패권을 차지하게 된 침공은 고고학적 증거를 남겨놓았다. 호메로스가 전하듯이, 트로이 전쟁은 트로이 왕 프리아모스의 아들 파리스(알렉산드로스)가 여신 아프로디테의 도움으로 스파르타 왕 메넬라오스의 부인 헬레네를 납치하면서 시작됐다. 메넬라오스는 그리스의 다른 지도자들에게 도움을 요청했고, 이들은 메넬라오스의 형인 미케나이 왕 아가멤논의 지휘 아래 함께 모였다. 아가멤논은 아울리스(오늘날의 아블리다)에서 배에 그리스의 영웅들을 태우고 순풍을 얻기 위해 딸 이피게네이아를 제물로 바쳤다. 그리스인들은 에게 해를 건너 9년 동안 트로이 지역(소아시아 서북부)을 파괴했다. 트로이 왕 프리아모스의 아들 헥토르는 공격을 막는 데 성공했으나, 10년째 되던 해에 그리스인들의 책략에 넘어갔다. 나무로 만든 거대한 말에 은밀히 그리스 군인들을 숨기고 트로이인들에게 보내는 신의 선물인 것처럼 놓아두고는 고향으로 퇴각하는 척했던 것이다(트로이의 목마). 그러나 트로이인들이 나무로 만든 말을 성벽 안으로 끌고 들어가자, 그리스인들은 되돌아왔고 말 안에 숨어 있던 병사들이 성문을 열고 동료들을 불러들였다. 트로이는 함락됐다.

트리니다드토바고 반란, 1970
Trinidadian and Tobagonian Rebellion of 1970

트리니다드 섬과 토바고 섬으로 이루어진 국가 트리니다드토바고에서 사회적·경제적 상황이 악화되자 소요가 발생했다. 특히 인구의 약 43퍼센트를 차지하는 흑인과 약 40퍼센트를 차지하는 인도인 사이에 알력이 심했다. 흑인 지도자들이 일련의 시위를 이끌며 실업을 포함한 여러 문제를 해결하기 위한 조치를 정부에 요구하자, 수도 포트오브스페인의 총독은 비상사태를 선포하고 시위를 금지했다. 또한 일몰에서 일출까지 통행금지를 시행했고 언론 보도를 검열했으며 흑인 지도자 여러 명을 체포했다. 두 섬 곳곳에서 폭동과 폭력사태가 벌어졌다. 동시에 군인 수백 명이 폭동을 일으킨 흑인 세력을 지지하며 반란을 일으켜 무기고를 장악하고 인질을 억류했다. 정부는 미국에 무기와 탄약을 요청했고, 미국과 영국의 해군 함선들이 지역으로 파견되어 '대기'했다. 폭동과 군대의 반란이 시작된 지 5일이 지난 1970년 4월 25일에 정부군이 반란군을 진압했다. 정부는 추가로 가혹한 조치를 단행해 개인의 자유와 정치 활동을 제한했다. 비상사태는 1972년 7월에 해제되어 정치범들이 석방됐다. 한 달 뒤 반란에 가담하여 투옥됐던 군인들도 풀려났다.

트리니다드토바고 반란, 1990
Trinidadian and Tobagonian Rebellion of 1990

1990년 7월 말 베네수엘라 해안 동북쪽 카리브 해에 있는 두 섬으로 이루어진 공화국 트리니다드토바고에서 이맘(이슬람교 종교지도자) 야신 아부 바크르(1950?~)가 창설하여(1984) 지도한 전투적인 자마트 알 무슬리멘(아랍어로 이슬람교도 단체)의 회원 114명이 정부를 전복하려 했다. 회원이 250명에서 300명가량 되는 것으로 추정되는 이 작은 흑인 이슬람 단체는 정부와 토지 분쟁을 겪고 있었고 여러 경제 정책을 비판했다. 전직 경찰관이었던 아부 바크르는 '인간의 법'이 아닌 '알라의 법'만 인정했으며 '트리니다드토바고의 새로운 출발'을 추구했다. 수도 포트오브스페인에서 아부 바크르의 반군은 경찰서를 습격하여 폭파했고 국영 텔레비전 방송국과 의사당을 점령하여 아서 N. R. 로빈슨(1926~) 총리와 일부 각료, 의원 42명을 인질로 억류했다. 반란 중에 전투와 약탈이 이어지면서 최소한 30명이 사망했다. 대중의 지지를 받지 못한 반란은 5일 뒤인 1990년 8월 1일에 끝났다. 반란자들은 항복했고 인질을 석방했다. 살인과 반역, 기타 범죄로 체포된 114명의 자마트 알 무슬리멘 회원들은 결국 1992년 7월 대법원이 반란 중에 인질의 안전한 석방을 위해 부여한 사면이 유효하다는 점을 확인한 뒤 석방됐다.

트리폴리 전쟁, 1800~05
Tripolitan War, 1800~05

바르바리 해안 국가들(트리폴리, 튀니지, 알제리, 모로코)의 이슬람교도 해적들은 여러 해 동안 북아프리카 인근의 지중해를 지나는 그리스도교 국가의 선박들로부터 통행료를 받아내고 선원들을 잡아 노예로 삼았다. 1800년 트리폴리의 파샤(고위 관리)는 미국에 더 많은 통행료를 요구했고 전쟁까지 선포했다. 토머스 제퍼슨(1743~1826) 미국 대통령은 마지못해 해적에 대항할 때가 왔다고 결정했으며 북아프리카 해안으로 함대를 파견했다. 미국은 한동안 트리폴리를 봉쇄하는 데 성공했으나, 도시를 공격하는 데는 실패했다. 1803년 에드워드 프레블(1761~1807)이 다른 함대를 이끌고 지중해로 이동했다. 프레블은 프리깃함인 필라델피아 함을 파견하여 트리폴리를 다시 봉쇄하도록 했다. 필라델피아 함은 폭풍을 만나 항구 주변으로 떠밀려가 나포됐고 해군 군인들은 포로가 됐다. 해적들은 필라델피아 함을 다시 바다에 띄워 자신들의 해군에서 이용했다. 1804년 2월 어느 날 어두운 밤에 스티븐 디케이터(1779~1820) 미국 대위가 작은 부대를 이끌고 트리폴리 항구의 필라델피아 함에 올라 불을 질렀다. 이는 이 전쟁에서 가장 대담한 공적이었다. 미국은 강경하게 봉쇄를 지속했고, 1805년 트리폴리인들은 평화조약 체결에 동의했다. 비록 다른 그리스도교 국가들은 계속해서 트리폴리에 매년 통행료를 납부했지만 미국은 이제 그러지 않았다. 미국인들은 바르바리 해안의 다른 국가들에게는 1815년까지 통행료를 지불했다(○ 알제리 전쟁). 1830년에 프랑스가 알제를 점령한 뒤에야 지중해에서 해적의 위협이 사라졌다.

티레 포위공격, 기원전 333~기원전 332
Siege of Tyre, BCE 333~BCE 332

아오르노스(오늘날 파키스탄의 피르사르 산으로 추정) 포위공격이 있기 전까지 알렉산드로스(기원전 356~기원전 323) 대왕의 공성 재능을 가장 혹독하게 시험한 곳은 바로 티레(티로스)였다(○ 알렉산드로스 대왕의 정복). 페니키아 본토 근해의 섬에 세워진 고대의 티레는 바빌로니아 왕 네부카드네자르 2세(기원전 630?~기원전 562)가 12년간(기원전 585~기원전 573) 공격하다 무위에 그친 뒤 오직 한 차례만 함락됐기에 난공불락으로 여겨졌다. 알렉산드로스는 육지와 가까운 쪽으로 섬에 도달하고자 방파제(방죽길)를 만들라고 명령했다. 영리한 티레인은 군인들에게 화살을 쏘게 하고 화공선火攻船을 띄워 공성탑을 파괴함으로써 알렉산드로스의 방파제 건설 작업을 거의 중단시켰다. 6개월이 지난 뒤 알렉산드로스는 사기 진작을 위해 군인들에게 티레의 함락은 페르시아 함대의 붕괴를 뜻한다는 점을 일깨웠다. 요행히 키프로스 함대가 항복했고, 이어 알렉산드로스는 공성 망치와 공성탑을 티레의 성벽까지 옮기기 위해 배 220척을 2척씩 이어 바다에서 공격을 개시했다. 알렉산드로스는 9개월에 걸친 포위공격 끝에 성공을 거두었고 그 와중에 티레인약 8천 명이 사망했다. 포로들은 노예로 팔려갔다.

티롤 반란, 1809~10
Tyrolean Rebellion of 1809~10

오스트리아 서부의 알프스 산악 지역 티롤에서 합스부르크 가문의 오스트리아 왕가에 충성하는 가톨릭교도 여관 주인 안드레아스 호퍼(1767~1810)가 농민 반란을 이끌었다. 호퍼는 자신의 고장을 바이에른의 지배에서 해방하려 했다(1805년 나폴레옹이 티롤을 바이에른에 넘겼다). 오스트리아인들의 지원을 받은 호퍼의 무장 농민들은 티롤을 점령하고 있는 바이에른과 이탈리아·프랑스 군대에 맞서 몇 차례 작은 전투에서 승리했고, 호퍼는 1809년 8월에 인스브루크 인근에서 바이에른 군대에 결정적인 패배를 안긴 뒤 티롤의 총사령관이 됐다. 그러나 1809년 10월에 쇤브룬 평화조약이 체결되면서 오스트리아는 승리한 프랑스에 티롤을 할양했고(○ 나폴레옹 전쟁), 호퍼는 티롤을 점령한 이탈리아·프랑스 군대에 저항했으나 실패했다. 호퍼는 어쩔수 없이 피신했으나 배신을 당하여 프랑스군에 사로잡혔고 만토바로 끌려가 1810년 2월 20일 나폴레옹의 명령에 따라 총살당했다.

티몰레온의 전쟁, 기원전 344~기원전 339
Timoleon's War, BCE 344~BCE 339

디오니시오스 2세(기원전 397?~기원전 343)의 폭정이 너무 가혹하여 시라쿠사 시민들은 모시母市 코린토스에 도움을 요청했다. 코린토스는 정치가이자 장군으로 '참주僭主의 천적'으로 알려진 티몰레온(기원전 411?~기원전 337)을 파견하여, 디오니시오스 2세와 그를 지원하는 레온티니(오늘날의 렌티니)의 참주에 맞서 싸우게 했다. 티몰레온은 적들을 축출하고 온건한 과두제를 채택하여 새로운 체제를 세웠으나 카르타고 세력에 맞선 싸움을 물려받았다. 기원전 341년 티몰레온은 카르타고의 대군을 물리치고 '한니발의 아크라가스(오늘날의 아그리젠토) 약탈'과 '히밀코의 전쟁'에서 빼앗겼던 도시인 아크라가스와 겔라(오늘날의 젤라), 카마리나(오늘날의 산타크로체카메리나)를 되찾았다. 30년에 가까운 기간의 평화를 선포했으나 아가토클레스의 카르타고 전쟁이 평화를 저해했다.

티무르의 러시아 침공, 1391~95
Tamerlane's Invasion of Russia, 1391~95

티무르(1336~1405)는 토크타미시(1406년 사망)와 맞선 두 번째 응징 전쟁(◐ (제2차) 티무르-토크타미시 전쟁)의 첫 번째 전투(1391) 이후 킵차크한국(주치 울루스)의 수도 사라이를 점령하고 일부를 약탈했다. 티무르는 조금도 쉬지 않고 병력 10만 명을 이끌고 러시아를 침공하여 옐레츠를 점령했으나 모스크바 전방 약 320킬로미터 지점에서 멈추었다. 티무르의 군대는 1395년까지 진격을 멈추고 대신 페르시아로 빠져 타나이스(오늘날의 아조프)에서 이슬람교도가 아닌 주민을 학살하고 아디게족과 알란족의 땅을 약탈했으며 카스피해의 항구 아스트라한을 파괴했다. 토크타미시는 테레크 강 전투(1395)에서 완전히 패했고, 티무르는 사라이의 파괴를 끝마치고 남쪽으로 돌아오는 길에 저항하는 조지아(그루지야)인들과 싸웠다. 티무르의 군대는 페르시아 북부에서 알부르즈 산맥으로 들어가 비범한 산악 전투 능력을 보여주며 난공불락으로 여겨졌던 성채 두 곳을 점령했다. 이제 앞서 차지한 영토는 물론 페르시아 북부의 산악지대와 캅카스 지역을 지배하게 된 티무르는 6개월가량 휴식한 뒤 수도 사마르칸트로 돌아와 인도 침공을 준비했다(◐티무르의 인도 침공).

티무르의 비타우타스 격파, 1399
Tamerlane's Defeat of Witold, 1399

티무르(1336~1405)의 러시아 침공 이후에도 킵차크한국(주치 울루스)은 러시아의 서부와 남부를 다시 지배하지 못했다. 리투아니아 대공 비타우타스(비톨트, 1350?~1430)는 그 지역의 통제권을 두고 짧은 기간 동안 티무르와 싸웠다. 비타우타스는 사촌인 폴란드 왕과 연합하여 키예프와 스몰렌스크를 점령했고 모스크바 앞까지 당도했다. 게다가 비타우타스는 그 지역에서 티무르의 주요 적수로서 1395년 테레크 강 전투에서 패하여 피신한 토크타미시(1406년 사망)를 보호했다(● (제2차) **티무르-토크타미시 전쟁**). 킵차크한국의 칸 테무르 쿠틀루그(1370?~99)는 토크타미시의 인도를 요구했으나, 비타우타스는 이를 거부하고 킵차크한국을 겨냥하여 십자군을 계획했다. 비타우타스는 리투아니아인과 폴란드인, 그리고 튜턴 기사단(독일 기사단) 500명으로 구성된 군대를 이끌고 킵차크한국 영토로 진격했다. 테무르는 사마르칸트에서 원정을 출발하여 1399년 보르스클라 강 전투에서 비타우타스의 연합군을 배후에서 공격했다. 테무르의 전술에 적은 혼란에 빠졌고, 비타우타스 병력의 3분의 2가 학살당했다. 비타우타스의 깃발 아래 싸운 약 50명의 공작 중 약 20명이 사망했다. 비타우타스는 몽골인들의 추적에 드네프르 강까지 달아나 간신히 목숨만 건졌다. 몽골인들이 키예프를 포위하여 공격했으나 배상금을 받고 물러나 토크타미시를 추적하며 멀리 폴란드의 루츠크(우츠크)까지 약탈했다. 폴란드 침공으로 킵차크한국의 권위가 회복됐고 러시아도 중세 유럽의 주요 적이었던 튜턴 기사단에서 해방됐다. 비타우타스도 1410년 타넨베르크(오늘날 폴란드의 스텡바르크) 전투에서 튜턴 기사단의 지배를 깨뜨리는 데 일조하여 이득을 보았다(● **튜턴 기사단-폴란드-리투아니아연합 전쟁, 1410~11**).

티무르의 인도 침공, 1398~99
Tamerlane's Invasion of India, 1398~99

몽골 지도자인 튀르크족 티무르(1336~1405)는 칭기즈 칸(태조, 1167?~1227)처럼 공적인 동기 없이는 거의 전쟁을 하지 않았다. 티무르는 겉으로는 델리 술탄국이 비이슬람교도에게 과도한 호의를 베푸는 것에 반대했으나, 실제로는 술탄의 지배권을 둘러싼 왕조 분쟁과 인도 전역에서 벌어진 이슬람교도와 힌두교도 사이의 싸움을 이용했다. 티무르는 몽골 전통에 따라 아프가니스탄을 지나 인도로 진입하여 배다리로 인더스 강을 건너 펀자브 지방을 약탈하고 여유롭게 동진했다. 티무르의 목표는 델리와 델리의 재화였다. 티무르의 군대는 포위공격을 하지 않고 도시 밖의 전투에서 승리를 거두었고(1398년 12월 17일) 많은 포로를 잡았다. 티무르는 델리로 개선한 지하루 만에 권좌에 올랐고 몸값을 거두었다. 그러나 곧 상황이 악화됐다. 병사들이 닥치는 대로 약탈과 강간을 자행했으며 델리 전투에서 잡힌 5만 명에서 8만 명으로 추산되는 인도인 포로들을 끌어내 처형했다. 그 뒤 델리는 불에 탔다. 10일 뒤 정복자들은 지금은 파괴된 사마르칸트의 마스지드(이슬람교 사원)를 건축할 재화와 장인들을 끌고 천천히 출발했다. 가는 도중에도 약탈을 자행한 티무르의 군대는 라호르를 폐허로 만들고 인더스 강을 다시 건너 귀국했다. 철저하게 파괴된 델리에는 전염병과 기근이 창궐했다(역사가들은 두 달 동안 아무런 움직임이 없었다고 기록했다). 티무르의 전통은 북인도에 살아남았다. 1526년 내손乃孫(증손의 손자) 바부르(1483~1530)가 위대한 무굴 왕조를 건설한 것이다.

티무르의 정복, 1360~1405
Conquests of Tamerlane, 1360~1405

영어로 태멀레인이라 부르는 티무르 랑('절름발이 티무르', 1336~1405)은 종종 칭기즈 칸(태조, 1167?~1227)의 화신으로 여기지만, 몽골족이 아니라 바를라스 부족에 속한 튀르크족이었다. 보수적인 이슬람교도였던 티무르는 칭기즈 칸과는 달리 다른 종교에 관대했으며, 비록 지적 호기심이 왕성했지만 칭기즈 칸처럼 문맹이었고 민정民政에 관심을 둘 만큼 참을성이 많지도 않았다. 티무르는 튀르크족 족장의 아들로서 막 소멸한(1335) 일한국의 전통에서 성장했기에 몽골식 군사전략과 적을 다루는 방법을 물려받았고, 이를 통해 튀르크족을 노련하고 규율 잡힌 군대로 훈련시켜 잔인한 정복에 나섰다. 티무르는 20대 중반에 정복 전쟁에 나섰는데 몽골식의 야만스러운 전쟁 수행으로 유명했다. 티무르는 차가타이한국의 아미르(지휘관)로서 트란스옥시아나(오늘날의 우즈베키스탄과 타지키스탄, 그리고 카자흐스탄의 서남부)와 투르키스탄(카스피 해에서 고비 사막에 이르는 중앙아시아 지역) 정복을 지휘했다. 1369년 티무르는 튀르크족의 최고 지도자가 됐고, 이슬람교도는 티무르의 지휘로 군사적 우세를 되찾아 트란스옥시아나에서 티무르의 전쟁을 잔혹하게 완수했다. 티무르는 1375년에 차가타이한국을 지배했고 1380년까지 그 영토의 4분의 3을 정복했으며, 이어 1387년에는 유프라테스 강에 이르기까지 페르시아를 무자비하게 제압했다. 이러한 정복은 제1차 티무르-토크타미시 전쟁으로 중단됐다. 토크타미시(1406년 사망)는 티무르가 킵차크한국(주치 울루스) 왕조 전쟁 중에 칸으로 세운 인물이었다. 1392년 티무르의 군대는 유프라테스 강을 건너 조지아(그루지야)와 아제르바이잔, 러시아 남부 국가들을 통제했다(크림타타르족은 제2차 티무르-토크타미시 전쟁 중에 티무르의 힘을 알게 된다). 그 뒤 티무르는 제국의 수도 사마르칸트로 돌아왔으나, 늘 그랬듯이 짧은 기간 머물다가 인도 침공 계획에 따라 델리를 약탈했다(◐ **티무르의 인도 침공**). 티무르는 인도의 재화를 갖고 사마르칸트로 돌아온 뒤 리투아니아의 비타우타스(비톨트, 1350?~1430) 대공을 무찌르고 조지아를 다시 파괴했다(◐ **티무르의 비타우타스 격파**). 티무르의 군대도 몽골족처럼(◐ **(제2차) 몽골-페르시아 전쟁**) 지중해를 향해 진격하여 1400년까지 맘루크 왕조의 튀르크족들로부터 바그다드와 다마스쿠스, 알레포를 빼앗았다. 티무르는 1402년 앙고라(오늘날의 앙카라) 전투에서 오스만 제국 술탄이자 소아시아 정복자인 바예지드 1세(1354~1403)를 격파했다(1402?). 이제 66살이 된 티무르는 사마르칸트로 돌아와 명나라 침공을 면밀하게 준비했으나 1405년 원정 도중에 사망했다. 티무르 왕조는 156년간 지속되어 군사 활동보다는 학문과 과학, 예술의 발전에 더 많은 힘을 쏟았다.

◐ 칭기즈 칸의 정복

티무르-토크타미시 전쟁
Tamerlane's War against Toktamish

제1차 티무르-토크타미시 전쟁(1385~86) 몽골 지도자 토크타미시(1406년 사망)는 경쟁자였던 마마이 칸(1380년 사망)이 그랬듯이, 스승인 티무르(1336~1405)에 대한 의무와 감사를 빠르게 잊어버렸다(◐ **킵차크한국 왕조 전쟁**). 티무르는 토크타미시의 칸 즉위를 도우려던 중에 과거 킵차크한국(주치 울루스)의 영토였던 우르겐치를 점령했는데, 토크타미시는 이를 되찾겠다고 맹세했다. 티무르가 캅카스에 있다는 사실을 안 토크타미시는 은밀히 티무르 제국의 수도 사마르칸트를 정복하기로 했다. 1385년 토크타미시의 성공적인 군사 활동으로 호라즘과 트란스옥시아나(오늘날의 우즈베키스탄과 타지키스탄, 그리고 카자흐스탄의 서남부)에서 전쟁이 발발했다. 부하 토크타미시의 의도를 알아챈 티무르가 사마르칸트로 급히 말을 달려 먼저 도착한 뒤 즉시 토크타미시를 공격했기 때문이다. 침략군은 티무르의 군대를 대군의 선봉대로 보고 철수했고, 티무르는 토크타미시를 도왔던 백장白帳한국의 자트족과 우르겐치(도시와 국가)를 몽골식으로 잔혹하게 처벌한 뒤 1386년에 토크타미시를 추적했다. 이후 티무르는 킵차크한국에서 토크타미시와 대결할 계획을 세웠으며 1391년에 토크타미시를 징벌하고 러시아를 침공하고자 사마르칸트를 출발했다. **제2차 티무르-토크타미시 전쟁(1391~95)** 티무르는 스타라 벨리카 불가리아(올드 그레이트 불가리아)에 당도하기 위해 카스피 해 북쪽의 텅 빈 초원지대를 가로지르던 중에 토크타미시의 군대가 우랄 강 서안으로 진격하고 있다는 사실을 알았다. 식량이 부족한 군대로 사막을 횡단하기에는 너무 긴 행군이 될 터였으나 티무르는 공격을 결정했다. 1391년 티무르의 군대가 토크타미시의 배후에 다가갔을 때, 은혜에 감사할 줄 모르는 부하는 선물을 바치며 공격을 중단시키려 했지만 배신의 쓴맛을 본 티무르는 계속 진격하여 공격했다. 3일간 벌어진 콘두르차 강 전투 초기에 티무르의 좌익이 거의 전멸했으나, 중군의 후방에 대기한 예비 병력이 토크타미시의 후방을 포위하여 무찔렀다(게다가 티무르 진영에서 토크타미시가 사망했다는 소문을 퍼뜨려 토크타미시 군대의 사기를 꺾었고 이것이 승리에 일조했다). 토크타미시는 도주하여 이집트의 맘루크 왕조 술탄과 동맹을 체결하고 다시 군대를 모아 1394년에 티무르의 전선을 괴롭혔으며 1395년에 티무르 제국의 시르반을 침입했다. 티무르는 공격에 나서(◑ **티무르의 러시아 침공**) 영토를 탈환한 뒤 토크타미시의 킵차크한국 수도 사라이를 일부 약탈하고 꼭두각시 칸을 세웠다. 1395년 4월 티무르는 테레크 강 전투에서 토크타미시에 결정적인 승리를 거둔 뒤 서쪽으로 우크라이나까지 집요하게 추적했다. 도망자의 삶을 살던 토크타미시는 티무르와 화해하려 했으나 실패했다. 킵차크한국은 과거의 영광을 되찾지 못하고 결국 1502년에 크림한국에 패하여 몰락했다.

티에폴로의 반란, 1310
Tiepolo's Rebellion, 1310
베네치아를 지배했던 대평의회(마조르 콘실리오)는 의원 자격이 세습으로 엄격히 통제받는 극단의 과두지배 기구가 됐다. 정부의 결정에 참여할 수 없었던 베네치아 시민들이 반란을 일으켰으나 실패했고(1300), 지도자들은 교수형에 처해졌다. 10년 뒤 바자몬테 티에폴로(1329년 이후 사망)가 귀족 가문인 퀘리니 가문과 공모하여 정부를 전복시키려 했지만 계획이 새어나갔고, 1310년 6월 15일 준비가 부족한 채 반란을 일으킬 수밖에 없었던 모반자들은 광장을 점령했다. 베네치아 도제doge(국가원수) 피에트로 그라데니고(1251~1311)의 군대가 반란자들과 곧 시가전을 벌여 반란자들을 진압했다. 퀘리니 가문의 지도자 즉 마르코 퀘리니와 피에로 퀘리니는 붙잡혀 처형됐으나, 티에폴로는 겨우 탈출했다. 그 뒤 10명의 의원으로 구성된 비밀 법정 즉 10인 위원회가 설립됐다. 표면상의 목적은 음모를 밝히고 반란자들을 추적하여 베네치아 공화국을 '보호'하는 것이었다. 1335년 비밀 법정은 상설기구가 되어 점차 정부의 여러 기능을, 특히 재정과 군사 기능을 넘겨받았다.

〈파〉

파

파나마 혁명, 1903
Panamanian Revolution of 1903

콜롬비아는 헤이-에란 조약(1903년 1월 22일)으로 파나마 지협 지역의 땅을 미국에 운하 건설 용도로 임대하기로 했다(당시 파나마는 콜롬비아의 일부였다). 내전으로 거의 파산한(○ **천일 전쟁**) 호세 마누엘 마로킨(1827~1908) 콜롬비아 대통령은 조약을 지지했으나, 콜롬비아 의회는 1903년 8월 12일에 이를 거부했다. 운하 건설권을 보유했던 필리프장 뷔노바리야(1860~1940)는 한때 프랑스의 실패한 운하 건설 시도에 관여했던 인물로 파나마 운하를 건설하기 위해 자금을 모으려 했고 미국 정부가 이를 지원했다. 뷔노바리야는 파나마에서 콜롬비아에 맞선 반란이 일어나는 데 힘을 보탰다. 1903년 11월 3~4일 파나마의 콜론에서 소수의 철도노동자와 소방관, 군인이 모여 반란을 일으키고 파나마의 독립을 요구했다. 근해에 정박해 있던 미국군 포함砲艦 내슈빌 함이 반란을 진압하러 온 라파엘 레예스(1849~1921) 장군 휘하의 콜롬비아 군대가 상륙하지 못하도록 저지했다. 1903년 11월 6일 시어도어 루스벨트(1858~1919) 미국 대통령은 전례 없이 신속하게 파나마의 독립을 승인하고 곧이어 신생국 파나마 공화국에서 보낸 공사(외교관) 뷔노바리야를 받아들였다. 1903년 11월 18일 미국과 파나마는 헤이-뷔노바리야 조약을 체결했다. 조약에 따라 미국은 1천만 달러를 지불하고 지협의 너비가 약 16킬로미터인 긴 띠 모양의 땅(파나마 운하 지구)을 조차했으며 매년 임대료로 25만 달러를 파나마에 지불하기로 했다.

파나이 호 사건, 1937
Panay Incident, 1937

중국 난징南京 인근에서 양쯔 강揚子江을 정찰하던 미국 포함砲艦 파나이 호는 일본이 그 지역을 폭격할 때 외국 대사관 직원의 방공호 역할을 했다(● 중일 전쟁, 1937~45). 1937년 12월 12일 일본 전투기들이 도발을 당하지 않았는데도 갑자기 강에 정박 중이던 파나이 호와 영국의 포함을 거듭하여 폭격했다. 파나이 호는 침몰했고, 영국의 포함은 크게 파손됐다. 이 공격으로 2명이 사망하고 48명이 부상당해 미국 여론이 비등했다. 일본은 조종사들이 파나이 호의 갑판과 뱃전에 그려진 미국 국기를 보지 못했다며 사과했고 미국이 요구한 배상금을 지불했다.

● '난징 학살'

파드리 전쟁(미낭카바우 전쟁), 1821~37
Padri War(Minangkabau War), 1821~37

수마트라 섬 중서부에 자리 잡은 국가 미낭카바우에는 늦어도 16세기부터 개화된 이슬람교도가 거주했다. 1800년대 초 이슬람교도 순례자 3명이 메카에서 수마트라 섬 북부의 항구 페디르를 거쳐 고향으로 돌아가던 중에, 종교적 열정이 불같이 타올라 미낭카바우의 이슬람 사회를 엄정한 기준에 따라 개혁하려 했다. 세 사람은 곧 많은 추종자를 끌어들였고, 이들은 긴 흰 옷을 입고 흰 터번을 둘렀다고 해서 '흰 사람들' 또는 파드리파派라고 불렸다. 파드리파는 많은 사람에게 자신들이 옹호한 개혁을 강요했고, 순응하지 않는 사람들을 혹독하게 처벌했다. 모계에 따라 토지와 직위를 물려받았던(이슬람 율법으로 금지된 관행) 현지 족장들은 개혁가들에게 불안을 느꼈다. 이들은 개혁가들이 일종의 신정 정부를 세울까봐 두려웠다. 족장들은 권력을 유지하기 위해 무장투쟁에 의존했으나 파드리파를 물리치는 데 실패한 뒤 자바 섬의 네덜란드인들에게 도움을 요청했다. 네덜란드인들은 이슬람 개혁가들을 위협으로 인식하여 개입했으나, 그 때문에 파드리파에 합세한 일부 봉건적 귀족들이 적으로 돌아섰다. 파드리파의 본부였던 강력한 요새 도시 본졸은 15년 동안 네덜란드인의 포위공격을 버텨냈다. 1837년에 파드리파가 항복한 뒤에도 일부는 산악지대에서 게릴라전을 수행하며 완강하게 저항을 계속했다.

○ 나닝 전쟁 ; 디파느가라 전쟁

파라과이 내전, 1947
Paraguayan Civil War of 1947

1940년 파라과이 대통령에 취임한 이히니오 모리니고(1897~1983) 장군은 헌법을 정지하고 군사 독재자로 통치했다. 모리니고의 통치 때 파라과이는 노동자의 파업과 학생의 폭동을 비롯하여 빈번히 소요에 휩싸였다. 국민소득의 45퍼센트를 가져간 군부는 모리니고에 충성했고 반대파를 분쇄했다. 1946년 7월 모리니고는 1940년부터 금지됐던 정치 활동의 재개를 허용했고 2월혁명당PRF과 콜로라도당이 참여하는 내각을 구성했다. 이듬해 PRF는 내각에서 사퇴했으며 대통령을 역임했던 지도자 라파엘 프랑코(1896~1973)의 지휘 아래 다른 자유주의자들의 지지를 얻어 정부를 장악하려 했다. 이들은 1947년 3월에서 8월까지 이어진 내전에서 패배했다. 모리니고는 계속 대통령으로 집무했으며 1948년 6월 3일 군사 쿠데타로 축출됐다. 그 뒤 15개월 동안 파라과이 대통령은 다섯 차례 바뀌었다.

파라과이 독립 전쟁, 1810~11
Paraguayan War of Independence, 1810~11

1776년 파라과이는 아르헨티나와 볼리비아, 반다오리엔탈(오늘날 우루과이와 브라질 리우그란지두술 주의 일부)과 결합하여 리오데라플라타 부왕령副王領이 됐다. 나폴레옹(1769~1821)이 에스파냐 왕 페르난도 7세(1784~1833)를 폐위한 뒤(○ 나폴레옹 전쟁 ; 반도 전쟁), 부에노스아이레스의 아르헨티나인들은 리오데라플라타 연합주 통치평의회를 구성했고 주변의 여러 주에 중앙 권력에 충성할 것을 권유했다. 파라과이인들이 자치를 선언한 지 1년이 지난 뒤인 1811년 부에노스아이레스에서 마누엘 벨그라노(1770~1820)가 지휘하는 군대가 아순시온으로 파견되어 파라과이인들에게 순응을 강요했으나 패배하여 철수했다. 이후 파라과이는 에스파냐 왕실의 총독을 내쫓고 독립을 선언했으며 아순시온에 혁명군사평의회를 수립했다. 1814년에 절대적인 통치권을 부여받은 초대 집정관 호세 가스파르 로드리게스 데 프란시아

(1766~1840)는 2년 뒤 '최고 종신 독재관'으로 선포됐다.

○ 아르헨티나 독립 전쟁

파라과이 반란, 1954
Paraguayan Revolt of 1954

1949년부터 파라과이 대통령이었던 페데리코 차베스(1978년 사망)는 재임 중 많은 지지를 받지 못했는데도 정치적 반대를 극복하고 1953년 재선에 성공했다. 1954년 5월 5일 육군 총사령관 알프레도 스트로에스네르(1912~2006) 장군이 군대와 자유주의자들의 지지를 받아 반란을 일으켜 정권을 무너뜨리고 차베스를 내쫓았다. 스트로에스네르는 반대 없이 대통령 후보에 나서 1954년에 '당선'됐으며 권위주의 정부를 수립하여 모든 반대를 물리치고 많은 정적을 투옥하거나 추방했다. 이 독재자는 여러 차례 반란을 견뎌냈고 파라과이 통화에 안정을 가져오는 데 성공했으며 대규모 공공사업에 착수했다.

파라과이 반란, 1989
Paraguayan Revolt of 1989

1954년부터 파라과이를 통치한 알프레도 스트로에스네르(1912~2006) 장군의 억압적인 체제(**○ 파라과이 반란, 1954**)는 인권 침해로 비판을 받았고, 1989년 2월 3일 스트로에스네르의 2인자였던 안드레스 로드리게스(1923~97) 장군이 이끈 반란에 무너졌다. 로드리게스에 충성하는 군대는 수도 아순시온의 정부를 폭력으로 장악했고, 그 과정에서 민간인과 군인 약 300명이 사망했다. 스트로에스네르는 가택연금됐으며 해외로 망명해도 좋다는 허락을 받았다. 코카인 거래자로 의심받은 로드리게스는 대통령이 됐으며 민주주의를 회복하고 인권을 존중하겠다는 서약을 했다. 1993년 로드리게스의 후임으로 후안 카를로스 와스모시(1938~　)가 파라과이 역사상 민주적으로 선출된 최초의 민간인 대통령이 됐으나 군부의 권위주의 세력과 싸워야 했다.

파라과이 봉기, 1959~60
Paraguayan Uprisings of 1959~60

1954년부터 대통령이었던 알프레도 스트로에스네르(1912~2006)의 가혹한 통치에 반대한 많은 파라과이 국민은 국경 너머 아르헨티나로 가서 기지를 세우고 파라과이 정부를 무너뜨리려고 조국을 공격했다. 1959년 9월 스트로에스네르는 국경 남부를 폐쇄하라고 명령했다. 1959년 12월 12일 아르헨티나에 근거지를 둔 반군 약 1천 명이 월경하여 10여 킬로미터를 침투했으나 격퇴당했다. 파라과이 정부는 계엄령을 선포했다. 국경분쟁이 지속되어 파라과이와 아르헨티나의 관계가 악화됐다. 1960년 반군은 여섯 차례 파라과이를 침공하려 했으나, 스트로에스네르의 군대에 저지당하자 남부에서 게릴라 활동이 시작될 수 있도록 지원했다. 반군과 게릴라는 결국 정부군에 진압됐다.

파라과이 전쟁(로페스 전쟁, 삼국 동맹 전쟁), 1864~70
Paraguayan War(López War, War of the Triple Alliance), **1864~70**

파라과이의 대통령이자 독재자였던 프란시스코 솔라노 로페스(1827~70)는 남아메리카 라플라타 강 유역에 파라과이를 중심으로 큰 나라를 세워 통치하려는 포부를 지녔다. 브라질이 콜로라도당을 지원하여 우루과이의 정치에 군사적으로 개입하자(1864), 콜로라도당의 맞수 블랑코당*을 지지했던 로페스는 브라질 제국 군대의 철수를 요구했다. 브라질이 아무런 대응도 하지 않자 1865년 말 파라과이 군대가 브라질의 마투그로수 주를 침공하여 점령했고, 로페스는 브라질에 전쟁을 선포했다. 로페스는 아르헨티나 영토를 통과하여 브라질 남부를 침공하려 했으나 아르헨티나의 허락을 받지 못하여 1865년 3월 18일 아르헨티나에 전쟁을 선포했다. 브라질과 아르헨티나, 우루과이는 삼국 동맹을 체결했고(1865년 5월 1일) 연합군을 결성하여 아르헨티나의 바르톨로메 미트레(1821~1906) 장군에게 지휘권을 맡겼다. 1865년 중반 아르헨티나 해군은 아르헨티나 코리엔테스 주 남부 파라나 강에서 큰 전투를 승리로 이끌었고, 파라과이 군대는 퇴각하여 자국 땅에서 전투를 벌여야 했다. 로페스는 여러 차례 패배를 당했으나 쿠루파이티 전투에서 연합군에 승리했다(1866년 9월 22일). 1867년 연합군은 서서히 파라과이 강 상류로 진격했고 로페스가 병력을 이끌고 북쪽의 안고스투라와 이파카라이로 철수하면서 전략적으로 중요했던 강변의 우마이타 요새를 점령했다. 1868년 말 이 두 도시가 연합군에 넘어간 뒤 브라질이 파라과이 수도 아순시온을 점령하여 약탈했고, 브라질군의 카시아스 공작 루이스 아우베스 지 리마 이 시우바(1803~80) 사령관이 미트레를 대신하여 연합군을 지휘했다. 로페스는 유격대를 이끌고 도주하여 파라과이 북부와 동부에서 게릴라전을 수행하다가 1870년 3월 1일 콘셉시온 주에서 브라질 군대와 전투를 치르던 중에 사망했다. 파라과이 임시정부와 동맹국은 평화조약을 체결했고(1870년 6월 20일) 아르헨티나와 브라질은 파라과이 영토 14만 2,500제곱킬로미터를 받았다. 전쟁으로 파라과이는 황폐해졌고, 전쟁 이전에 약 52만 5천 명이었던 인구는 약 22만 1천 명으로 줄었다. 그중 성인 남성은 겨우 2만 9천 명뿐이었다. 이 전쟁은 라틴아메리카 역사상 가장 잔혹한 분쟁이었다.

* 현존하는 국민당의 별칭이다.

파라과이 코무네로스 반란, 1723~35
Comuneros' Uprising in Paraguay, 1723~35

호세 데 안테케라 이 카스트로(1690~1731)는 정치적 자유와 자치를 요구한 시민들인 코무네로스를 이끌고 파라과이 수도 아순시온에 있는 에스파냐 왕정 정부의 억압적인 총독에 맞섰다. 총독은 감금됐고, 안테케라가 대신 총독에 올라 에스파냐 왕의 권리보다 국민의 권리를 더 높이 받들었다. 페루 부왕副王이 거듭 군대를 파견하여 안테케라를 제거하려 했으나 실패했다. 1726년 부에노스아이레스 총독이 정부군을 이끌고 침공하여 아순시온을 점령했다. 안테케라는 체포되어 페루의 리마에 투옥됐고, 1731년 7월 5일에 결국 참수됐다. 안테케라는 감옥에 있으면서 동료 수감자인 페르난도 몸폭스에게 파라과이에서 자행되는 자의적이고 부당한 통치에 맞서 싸워야 한다는 의식을 심어주었다. 코무네로스는 몸폭스의 지휘를 받아 파라과이를 독립 공화국으로 선포했고 새 정부를 파괴하러 온 브루노 마우리시오 데 사발라(1682~1736)의 원정대에 맞서 저항하다가 1735년에 패배했다. 에스파냐 왕권은 파라과이에서 즉각 회복됐다.

파르티아-로마 전쟁
Parthian-Roman Wars

○ 로마-파르티아 전쟁

파르티아-시리아 전쟁
Parthian-Syrian Wars

○ 시리아-파르티아 전쟁

파울로스파 전쟁, 867~872
Paulician War of 867~872

600년대 중반 아르메니아에서 발전한 이원론 그리스도교 종파인 파울로스파*는 비잔티움 제국의 테프리케(터키의 디브리이)에 파울로스파 국가를 수립했다. 파울로스파는 비잔티움 제국으로부터 이단이라고 탄압을 받았지만 살아남아 자신들의 교리를 전파했으며, 이슬람교도 편에 서서 비잔티움 제국에 맞섰다(○ 비잔티움 제국-이슬람 전쟁, 851~863). 867년 비잔티움 제국 황제 바실레이오스 1세(813?~886)는 파울로스파 국가를 타격하기 위해 원정했고, 872년에 테프리케를 폐허로 만들고 파울로스파 지도자 크리소케이르(크리소케레스)를 비롯하여 많은 사람을 살해했다. 남은 파울로스파 신자들은 아르메니아와 시리아로 피신해야 했다.

*종파의 창시자는 파울로스(로마가톨릭교회에서는 바오로, 그리스도교에서는 바울)의 순수한 그리스도교를 회복할 사명을 받았다고 생각했으며, 종파의 명칭은 여기에서 비롯된다.

파키스탄 내전(방글라데시 독립(해방) 전쟁), 1971
Pakistani Civil War(Bangladesh Liberation War) of 1971

1960년대 파키스탄 대외 무역의 4분의 3을 차지하는 동東파키스탄(방글라데시)이 경제적 혜택을 거의 받지 못하자 동파키스탄과 서西파키스탄(파키스탄) 사이에 긴장이 조성됐다. 1966년 동파키스탄의 자치 확대를 강력히 요구하는 총파업이 벌어졌고 1968년과 1969년에는 폭동이 이어졌다. 1969년에 대통령에 오른 아가 무함마드 야히아 칸(1907~74)은 1970년에 의회 선거의 실시를 명령했다. 이는 1947년 이후 첫 번째 의회 선거였다. 163석을 배정받은 동파키스탄에서 동파키스탄의 완전한 자치를 요구하는 운동 단체로

셰이크 무지부르 라흐만(1920~75)이 이끄는 아와미 연맹(방글라데시인민연맹)
이 의석의 거의 전부를 차지했다. 야히아 칸이 이에 대응하여 의회의 개회
를 연기하고 선거 결과를 무효로 선언했다. 이에 동파키스탄에서는 총파업
이 일어나고 납세 거부가 이어졌다. 야히아 칸은 협상을 통한 문제 해결에
실패하자 계엄령을 선포하고 최정예 부대 6만 명을 동파키스탄에 파견했
다. 라흐만이 체포됐으며, 다카에서 질서 회복의 임무를 맡은 군대는 대학
생 기숙사와 사람들로 붐비는 시장에서 총을 난사했다(1971년 3월 25일). 이
튼날 동파키스탄은 방글라데시로 독립을 선포했다. 그러나 서파키스탄 군
대의 뛰어난 군사적 능력에 수십만 명의 '반란자'가 살해됐고 약 1천만 명
의 동부 난민이 인도의 서(西)벵골 주로 밀려들었다. 인도는 1971년 12월 3일
에 카슈미르에서 공격을 받아 두 전선에서 전쟁을 수행했으며(◐ 인도-파키
스탄 전쟁, 1971) 12월 중순경 방글라데시에서 서파키스탄 군대의 항복을 받
아냈다. 야히아 칸은 사임하며 줄피카르 알리 부토(1928~79) 총리에게 대
통령직을 넘겨주었다. 석방된 라흐만은 방글라데시 총리가 되어 통치했다.
1972년 파키스탄과 방글라데시는 외교로써 양국 사이의 긴장을 완화했으
며, 1973년에는 포로를 교환했다. 그러나 파키스탄은 1974년에 가서야 방
글라데시의 주권을 인정했다.

파키스탄(신드) 내전, 1990년대
Pakistani(Sindh) Civil War of 1990s

파키스탄의 신드 주에서 토착 주민 신드족과 우르두어를 쓰는 무하지르 사
이에 분쟁이 발생했다. 무하지르는 인도 출신 이민자로 1947년에 파키스
탄과 인도가 분할된 뒤 주로 신드족의 도시 구역에 거주했다. 원주민과 이
주민 사이의 관계는 처음에는 우호적이었으나 1960년대 중반 서(西)파키스
탄 단일구역화 정책(중앙정부의 대표 선출을 위해 4개 주를 전부 하나의 단위로
합치는 것)이 실행되고 펀자브 주에서 관료기구의 중앙집권화가 추진된 이
후 악화됐다. 그 결과 다른 3개 주(그중 신드가 가장 크다)의 중요성이 감소했
고 주민들은 소외감과 좌절감을 느꼈다. 예를 들어 약 3만 2천 제곱킬로미
터에 이르는 신드족의 토지가 아무런 보상도 없이 군사적인 목적이나 기타
의 이유로 정착한 사람들에게 넘겨졌다. 신드족은 자신들의 몫으로 남겨진

인더스 강의 물도 빼앗겼고 풍부한 천연자원을 착취당했다. 카라치에 있는 신드족 중학교들은 폐쇄됐다. 신드족은 이방인이 신드의 문제에서 지배력을 행사하는 것을 자신들의 헤게모니에 대한 모욕으로 간주했고, 이에 지브 신드 Jeeve Sindh 운동과 신드민족연합SNA이 탄생했다. 두 운동의 정치인들이 반反무하지르 정서를 자극하고 이용하면서, 문화적으로 조금의 동질성도 없는 두 사회는 소원해졌다. 무하지르는 고향으로 생각한 곳에서 이방인 취급을 당하자 1984년 3월에 무하지르민족운동MQM을 조직했고, 1994년에 별개의 주를 확보하기 위한 전면적인 투쟁에 들어갔다. 그때 이후로 신드의 도시 지역은 사실상 전장으로 바뀌어 폭동과 방화, 약탈, 냉혹한 학살의 장소가 됐으며 경찰의 잔학 행위가 상황을 더욱 악화시켰다. 지도자들이 호전적인 데다 아프가니스탄을 통해 쉽게 무기를 구할 수 있었고 불만을 시정할 수 있는 정치적 논의가 부족한 탓에 신드 지역은 폭발 직전의 상황에 몰렸다. 1992년 5월 27일 시작된 군사적 조치로 폭동은 일시 진압됐으나 MQM의 고문과 강압적인 행태가 드러났다. 결국 MQM은 알타프 후사인 일당과 알타프 후사인을 반대하는 파벌로 분열했고, 후자는 MQM에서 이탈하여 '진정한 MQM'을 결성했다. 신드의 다른 여러 정당과 유력 가문들도 은밀히 범죄 행위에 가담했기 때문에 조치가 철저지지는 않았다. 신드족 민족주의 지도자들 간의 불화도 표면으로 떠올랐다. 1994년 3월 정부가 카라치에 새로운 행정구역의 설치를 선언하고 점증하는 불만을 폭력으로 진압하려 하자 전투가 점점 더 심해졌다. 군대는 1994년 11월에 철수했고, MQM의 두 파벌은 새로이 테러를 자행했다. 차량 폭탄테러와 로켓포 공격을 했고, 매주 파업을 벌였으며, 우르두어로 말하지 않는 자들과 MQM을 비판한 자들을 비밀리에 살해했다. 그 뒤 며칠 동안 서로 다른 파벌과 종족, 종파(시아파와 수니파) 사이의 폭력과 갱단의 폭력으로 카라치 시민 수백 명이 죽어 연간 사망자가 750명을 웃돌았다. 질서를 회복하기 위해 들어온 준군사 조직이 민간인 문제의 중재에 나섰다. 사망자 수는 1994년 12월 1일에서 1995년 3월 15일까지 542명이었고, 1995년 중반 800명을 넘었으며, 그해 말까지는 2천 명에 이르렀다. 종파 간 폭력은 1995년 5월에 가라앉았으나, MQM은 테러의 강도를 높였다. 이에 카라치는 내전 직전에 이르러 누구도 안전하지 못했고 법을 집행하는 관리들은 구금된 자들에게 끔찍한 범죄를 자행했다. 1995년 중반까지 이 분란으로 죽은 사람이 5천 명을 넘었으며, 1996년에 추가로 500명이 살해됐고, 신드를 통치하고 있던 MQM과 파키스탄무슬림연맹PML-Q 연합 정부는 1997년 초반 몇 달간 수감되어 있던 민병대원들을 석방하여 새로운 폭력이 반복되면서 270명 이상이 사망했다. 1998년과 1999년에 카라치에는 정치 폭력과 종파적 살인이 만연했으며, 페르베즈 무샤라프(1943~) 장군이 파키스탄의 새로운 군인 통치자가 되고 그 뒤 스스로 대통령에 오르면서(2001) 폭력이 감소됐다. 펀자브인과 무하지르가 지배한 정부에 소외된 신드족은 근본주의 이데올로기에 비폭력으로 맞섰으나 때로 이슬람 과격파와 싸우기도 했다. 이슬람 과격파의 일부는 민병대 조직인 발루치스탄해방군BLA에 가담하여 정치적 자치와 풍부한 천연자원의 통제권을 얻기 위해 발루치스탄(신드의 서쪽) 주 정부와 대결했다(2006).

파푸아뉴기니 내전, 1988~98
Papua New Guinean Civil War of 1988~98

태평양 서남부에 있는 파푸아뉴기니의 부건빌 섬에서 10여 년에 걸친 유혈 분쟁으로 약 2만 명이 사망하고 4만 명이 집을 잃었으며, 국가 경제가 결국 붕괴됐다. 분쟁은 오스트레일리아의 광산기업인 부건빌구리주식회사BCL와 회사가 쫓아낸 팡구나의 토착 지주 수백 명이 보상 문제를 두고 다투면서 시작됐다. BCL은 2만 2천 제곱킬로미터가 넘는 숲을 파괴하고 독성 오염물질을 강에 방류했으며 원주민 1,400명에게서 어업권을 빼앗았다. 또한 BCL은 파푸아뉴기니의 다른 지역에서 다른 종족 출신의 노동자들을 데려와 부건빌 사람들을 당황하게 했다. 지주들은 항의했고 여러 해 동안 BCL과 정부와 협상을 통해 올바른 해결을 보려 노력했다. 1988년 말 지주들은 결국 구리 광산을 폐쇄할 수밖에 없었다. 1989년 3월 정부는 경찰과 군대를 파견했다(오스트레일리아가 재정과 훈련, 장비를 담당했다). 오랫동안 잔인하게 지속된 진압은 뒷날 탐파라 작전이라 부른다. 1990년 5월 정부군은 공중과 해상에서 부건빌 섬을 봉쇄했다. 원주민이 기본적인 인도적 지원도 받지 못하게 하고 분리파로 독립을 선언했던 부건빌혁명군BRA에 등을 돌리도록 만들어 협정을 받아들이게 하려는 조치였다. 1994년 9월의 호니아라 협정이 그랬듯이, 뉴질랜드가 중재한 두 가지 협정(엔데버 함 협정과 버넘 선언)도 단명했다. 1997년 초 파푸아뉴기니 정부는 BRA의 뿌리를 뽑기 위해 용병을 고용했으나 이 때문에 벌어진 논쟁으로 줄리어스 챈(1939~) 총리가 사임했다(샌들라인 사건). 1997년 7월 뉴질랜드가 다시 평화회담을 주선했다. 1998년 4월 30일 양쪽은 큰 환호 속에서 영구 휴전에 서명했다. 정부는 섬에서 군대를 철수하고 이동의 자유를 보장하기로 했으며, 다국적 평화유지군이 순찰 임무를 맡기로 했다.

파피노의 반란, 1837
Papineau's Rebellion, 1837

프랑스계 캐나다인 정치 지도자 루이조제프 파피노(1786~1871)는 영국 정부가 하부 캐나다(퀘벡)의 프랑스계 캐나다인들을 '불공평하게' 대우하는데 공개 항의했다. 파피노는 연설을 통해 영국인이 지배하는 통치 집단인 샤토 클리크(프롱트나크 성 파벌)를 해체하라고 요구했고 몬트리올에서 폭동과 전투를 부추겼다. 몬트리올 지역의 생드니와 생샤를, 생퇴스타슈에서 파피노의 프랑스계 캐나다인 반란군과 캐나다 정부군 사이에 일련의 무장 충돌이 벌어졌다(1837년 11월). 영국군 군인들이 지원한 캐나다 정부군이 훈련과 장비에서 더 우세했다. 정부군은 쉽게 승리했고, 질서가 회복됐다. 파피노는 미국으로 피신한 뒤 프랑스로 도주했다가(1839) 사면을 받아 캐나다로 돌아왔다(1845).

○ 매켄지의 반란

파항 내전, 1857~63
Pahang Civil War, 1857~63

동쪽 해안이 남중국해에 닿아 있는 말라야의 파항 통치자 술탄 벤다하라 툰 알리(1857년 사망)가 사망하자 두 아들이 술탄위를 요구했다. 장자 툰 무타히르(1863년 사망)는 남쪽의 조호르 술탄국과 당시 시암(타이)의 말라야 지배에 대항하고 있던 영국의 지지를 받았다. 또 다른 아들 완 아맛은 북쪽의 트렝가누 술탄국과 시암의 지지를 받았다. 두 진영은 모두 숨은 동기를 지닌 외부 지원 세력의 도움을 받아 주로 습격과 매복을 감행했고 이따금 성

채 근처에서도 싸웠다. 1862년 시암의 선박들이 완 아맛을 지원하기 위해 파견됐으나 영국 군함에 패주했다. 1863년 툰 무타히르가 사망한 직후 전쟁은 종결됐고, 완 아맛이 새로운 술탄으로 인정됐다.

팔라 왕조 전쟁, 800?~1025
Palan Wars, c. 800~1025

과거의 굽타 왕국을 복원하려는 하르샤(590?~647?)의 노력이 실패로 돌아가자(❍ 찰루키아–하르샤 전쟁) 북인도는 혼돈에 빠졌고, 많은 소왕국이 세력을 확장하려 했다. 그중 가장 두드러졌던 것은 750년경에 수립된 팔라 왕조의 벵골 왕국이었다. 팔라 왕조는 그 뒤 300년 동안 세 차례 서진을 시도했으나 매번 더 호전적인 왕국들에 패배를 당했다. 팔라 왕조의 통치자 다르마팔라(재위 770~810)는 서쪽으로 하루샤 왕조의 수도였던 카나우지까지 영토를 확대했으나 신흥 왕국 라슈트라쿠타의 저항에 부딪혔다. 다르마팔라의 후계자 바팔라(재위 810~850)는 데칸 고원에 대한 옛 권리를 주장하며 군대를 이끌고 나르마다 강을 따라 진격했으나 라슈트라쿠타 군대에 궤멸됐다. 갠지스 강 동쪽에서는 느슨한 연합이었지만 규모가 컸던 라지푸트 동맹이 팔라 왕조의 활동에 분노하여 916년에 벵골을 침공하고 승리를 거두었다. 팔라 왕조는 한동안 공격을 멈추었다가 마히팔라(재위 988~1038) 치세에 서쪽으로는 바라나시까지, 그리고 남쪽으로는 인도 동해안을 따라 세력을 확대했다. 이에 촐라 왕조가 1021년에 북쪽으로 원정을 시작했다. 1025년 촐라 왕조는 벵골로 진입하여 마히팔라가 이끄는 팔라 군대를 격파했다. 그 뒤 팔라 왕조는 쇠퇴의 길에 접어들었고 11세기 말에 무함마드 구르(1150~1206) 군대의 침공으로 몰락했다(❍ 무함마드 구르의 정복).

팔레스타인 게릴라 습격, 1960?~93
Palestinian Guerrilla Raids, c. 1960~93

시리아가 후원하는 알사이카, 마르크스주의를 지향하는 팔레스타인해방인민전선PFLP, 야세르 아라파트(1929~2004)가 이끄는 파타흐 등 팔레스타인 게릴라 단체들은 이스라엘을 게릴라전으로 습격하여 수세에 몰아넣으려 했다. 습격은 아랍과 이스라엘 사이의 주요 전쟁 중에, 또 전쟁과 전쟁 사이에 이루어졌다. 이론적 지도자였던 아라파트는 1964년에 팔레스타인해방기구PLO를 설립하고 1968년에 그 지도자가 됐다. 게릴라들은 이스라엘의 학교와 버스, 시장에서 폭탄을 터뜨렸고, 무작위로 암살을 자행했으며, 민간인 시설에 로켓포를 발사했다. 1967년 이전에 이러한 테러리스트 습격의 진원지는 주로 시리아였다. 6일 전쟁(1967) 뒤에 게릴라들은 요르단에 기지를 두었고, 1970~71년의 요르단 내전 중에는 레바논으로 옮겨가야 했다. 아라파트를 따르는 팔레스타인 사람들은 1983년에 레바논에서 나와야 했다(**○ 레바논 내전, 1975~90**). 팔레스타인 사람들의 습격은 결국 점점 줄어들었고, 시아파 단체들의 모방 습격이 잦아졌다. 팔레스타인 사람들의 공격 두 건이 전 세계적인 비난을 받았다. 하나는 검은 9월단(1970년 9월 6~9일)이 민간 항공기를 납치한 사건이고(승객 435명이 암만에서 인질이 됐다), 다른 하나는 이스라엘 운동선수 11명이 살해된 1972년의 뮌헨 올림픽 습격이었다. 1987년 말 가자 지구의 팔레스타인 사람들이 이스라엘 경찰에 맞서 폭동을 일으켰고 이는 이스라엘이 점령한 다른 지역에서 또 다른 폭력을 낳았다. 1988년 PLO는 형식상으로는 이스라엘을 인정하면서 독립을 선포했고 미국과 실무급 외교적 접촉을 얻어냈다. 1989년과 1990년 팔레스타인 사람들은 '인티파다'라고 불렸던 봉기에서 요르단 강 서안 지구와 가자 지구의 이스라엘 경찰에 맞섰다. 팔레스타인 사람 수십 명이 죽거나 다쳤다. 1993년 9월 PLO와 이스라엘은 역사적인 협정(오슬로 협정)을 체결했다. 이스라엘은 PLO를 팔레스타인 사람들을 대표하는 기구로 받아들였고, PLO는 이스라엘의 존립권을 인정했으며, 팔레스타인 사람들은 요르단 강 서안과 가자 지구에서 제한적이나마 자치를 획득했다(1994년에 공식적으로 서명됐고 1995년에 발효됐다). 팔레스타인 사람들이 평화협상에서 드러난 무기력에 분노하고 절망한 데다가 1996년 5월에 강경노선을 추구하는 베냐민 네타냐후(1949~)가 이스라엘 총리에 선출되면서, 1996년 9월 말 이스라엘이 아랍인들의 동예루살렘(장래 팔레스타인 국가의 수도로 제안된 곳)에서 발굴한 고대 하슈모나임(하스몬) 터널(하슈모나임 수로) 개통식 뒤에 무장한 이스라엘 사람들과 팔레스타인 사람들이 격렬하게 충돌했다. 미국은 평화협상을 재개할 외교적 수단을 찾으려 애썼고, 1997년 초에 이스라엘은 요르단 강 서안 헤브론에서 부분 철군하기로 동의했다. 양쪽의 과격파는 도로와 예루살렘, 여러 곳의 유대인 정착지, 일부 종교 유적지에서 계속 충돌했다. 미국이 중재하여 메릴랜드 주의 와이 강변에서 이스라엘과 팔레스타인 사이에 새로운 평화회담이 열리고 협정이 체결(와이리버 협정. 1998년 10월 중순)됐다. 이스라엘은 안보의 강화를 대가로 영토를 양보하기로 동의했다. 그러나 양자의 평화공존 가능성은 여전히 희박했다.

○ 레바논 내전, 1975~90 ; 욤 키푸르 전쟁, 1973

팔레스타인 봉기(알아크사 인티파다), 2000~
Palestinian Uprising(Al-Aqsa Intifada) of 2000~

이스라엘과 팔레스타인 사이의 폭력이 그치지 않는 가운데(○ 욤 키푸르 전쟁, 1973 ; 팔레스타인 게릴라 습격) 갑자기 터진 팔레스타인 인티파다(봉기)는 당시 이스라엘의 리쿠드당 지도자 아리엘 샤론(1928~)과 군대가 유대인과 이슬람교도 모두 성지로 여기는 예루살렘의 알아크사 마스지드(이슬람교 사원)를 방문한(2000년 9월 28일) 일로 촉발됐다. 싸움은 급속히 도시의 거리로 번졌으며, 2일 뒤에는 요르단 강 서안 지구와 가자 지구까지 확산됐다. 휴전협정이 체결됐으나(10월 1일) 곧이어 터진 격한 전투는 결국 레바논 국경까지 퍼졌고, 그곳에서 이스라엘 군인 3명이 포로가 됐다. 프랑스와 미국의 중재로 팔레스타인과 이스라엘의 군대가 민감한 지역에서 후퇴했으나, 폭력이 줄어들지는 않았다. 이스라엘 군대는 요르단 강 서안 지구와 가자 지구를 봉쇄했으며 요셉의 무덤에 팔레스타인 국기가 게양되자 그곳을 습격했다. 협정의 일환으로 이스라엘 군대가 철수하자, 시위대는 시너고그(유대교 회당)를 약탈하고 『구약성서』를 불태워 유대인 정착민들의 거친 대응을 유발했다. 이스라엘의 에후드 바라크(1942~) 총리는 야세르 아라파트(1929~2004) 팔레스타인해방기구PLO 의장에게 평화협상이 지속되기를 바란다면 48시간 이내에 싸움을 중단하라고 촉구하는 최후통첩을 보냈다. 이스라엘은 팔레스타인의 주요 도시를 연결하는 도로를 봉쇄했고 송금을 동결했으며 팔레스타인 무장대원들을 겨냥한 작전을 강화했다. 2001년 4월 이집트와 요르단이 내놓은 평화안이 일말의 희망을 던져주는 듯했다. 평화안은 이스라엘에게 동예루살렘을 포함하여 모든 곳에서 정착 활동을 전면 중단하고 팔레스타인과 안보협력을 재개하며 요르단 강 서안 지구와 가자 지구의 포위를 끝낼 것을 요구했다. 이 시기에도 기존의 이스라엘 정착촌은 계속 확대됐고 몰수된 팔레스타인 땅에 새로운 정착촌이 계속 건설되어, 팔레스타인 마을들은 서로 고립됐으며 부락과 배후지도 차단됐다. 그리하여 정착민과 정착지는 팔레스타인 저항의 주된 표적이 됐다. 4월까지 폭력으로 희생당한 사람은 이스라엘 사람 43명과 팔레스타인 사람 400명이었고 그 밖에 수천 명이 부상을 입었다. 2001년 12월 아라파트는 이스라엘을 겨냥한 무장 공격을 중단하라고 호소했으나 무장 세력인 하마스(이슬람 급진주의자)와 팔레스타인해방인민전선 PFLP은 이를 거부했다. 두 집단 모두 이스라엘 내부에서 벌어진 여러 건의 치명적인 공격에 연루됐다. 한편 이스라엘 방위군 IDF은 팔레스타인에 대한 군사 공격을 지속했다. 2002년 초 2주동안 연이은 공격과 반격으로 178명이 사망했다. 이스라엘의 강경파는 아라파트를 축출하고 팔레스타인 자치 정부를 무너뜨려 평화의 가능성을 없애버리고자 했다. 사우디아라비아의 왕세제 압둘라(1924~)는 아랍 정상회담을 대변하여 이스라엘이 모든 아랍 국가로부터 완전한 승인을 받는 대가로 1967년 6일 전쟁에서 점령한 영토로부터 철수할 것을 제안했다. 2002년 3월 말 이스라엘 군대는 아라파트를 축출하고자 그의 관저를 에워쌌으며 무장 세력이라는 혐의를 받은 자들과 그들의 가옥들을 정확하게 공격할 수 있도록 팔레스타인 주요 지역으로 주둔지를 넓혔다. 미국의 고위급 외교 사절단이 여러 차례 파견되어 긴장을 완화하고 평화협정을 이끌어내려 했지만 성공하지 못했다. 미국은 폭력의 책임이 아라파트에게 있다고 주장했으나 이스라엘의 철군을 요구하는 국제연합 UN 안전보장이사회 결의안 제 1402호에 찬성표를 던졌다. 이스라엘 군대는 예닌(4월 2일)과 나블루스(4월 8일)를 공격하여 수백 명에 부상을 입히고 최소한 팔레스타인 사람 150명을 (주로 민간인) 살해했다. 이스라엘 군인은 23명이 죽었다. 이어 두 도시로 들어가는 교통이 차단됐고, 구급차와 기자도 출입이 금지됐다. 몇몇 다른 팔레스타인 도시에서는 식수와 전기의 공급이 중단됐다. 샤론 총리는 팔레스타인 자치 정부를 '테러 정권'으로 규정하고 선언한 지도자 아라파트를 무시했고, 정권의 토대를 파괴하고 새로운 지도자와만 협상하겠다고 공언했다. 미국은 아라파트에게 즉각 휴전을 선언하고 과격한 무장 세력을 단호하게 다루라고 촉구했다. 2002년 6월 이스라엘은 테러리스트들이 요르단 강 서안 지구를 넘어 자국으로 들어오지 못하도록 354킬로미터 길이의 장벽을 건설하기 시작했다. 이는 논란을 불러일으켰다. 며칠 뒤 두 건의 자살폭탄 공격으로 아이 6명을 포함하여 이스라엘 사람 25명이 죽었다. 이스라엘은 요르단 강 서안 지구의 일부 마을을 침공했고 가자 지구를 폭격했으며 테러가 사라질 때까지 계속 공격하겠다고 선언했다. 한편, 예정된 분리 장벽의 노선은 이스라엘 내부에서도 많은 불만을 자아냈고, 미국과 러시아, UN, 유럽연합EU이 적극 권고한 '평화 로드맵'을 위협했다. 2004년 1월 가자 지구의 경계에서 팔레스타인 여성의 자살폭탄 공격으로 이스라엘 사람 4명이 죽고 12명이 부상을 입었다. 2004년 3월 이스라엘의 미사일 공격으로 하마스 고위급 지도자(아흐메드 야신)를 포함하여 3명이 사망했다. 하마스는 보복을 맹세했다. 2004년 11월 파리의 병원에서 아라파트가 사망하고 2005년 1월에 마흐무드 아바스(1935~)가 팔레스타인의 지도자로 선출되자 임시 휴전이 선언됐으나 폭력의 악순환은 끝나지 않았다. 봉기가 시작된 이래, 이스라엘 사람 약 1천 명과 팔레스타인 사람 3,500명 이상이 살해됐고, 수천 명이 부상당했다. 이스라엘 군대는 2005년 9월 가자 지구에서 철수했으며 요르단 강 서안 지구의 일부 정착촌을 비워주었다. 분리 장벽의 건설은 지속됐고, 팔레스타인 과격파는 일부 지역에서 폭력 활동을 계속했다. 팔레스타인의 경쟁 집단인 하마스와 파타흐는 2006년 1월 팔레스타인 자치 정부 의회 선거 중에, 그리고 선거 뒤에 권력투쟁에 돌입했다(하마스는 74석의 안정적인 과반수를 확보했으며 파타흐는 45석을 얻었다). 샤론이 심각한 뇌출혈을 일으킨 뒤 카디마당의 수장이 된 이스라엘의 새 총리 에후드 올메르트(1945~)는 요르단 강 서안에서 많은 유대인 정착민을 소개疏開할 계획을 세웠다. 예루살렘을 지배하는 것이 여전히 주된 관심사였다.

80년 전쟁(네덜란드 독립 전쟁), 1568~1648
Eighty Years' War(Netherlands, Dutch War of Independence), 1568~1648

신성로마제국 황제 카를 5세(1500~58)가 아들인 에스파냐의 펠리페 2세(1527~98)에게 네덜란드를 넘겨준 1555년 이후, 자치를 열망하는 네덜란드인들과 비타협적인 합스부르크 왕가가 충돌했다. 펠리페 2세는 네덜란드에서 거주하고 통치했으나 불행했다. 펠리페 2세는 전쟁과 높은 세금, 오래된 특권을 파괴하는 중앙집권적 통치라는 합스부르크 왕가의 통상적인 정책을 수행하면서 신분제 의회와 다투었다. 1559년 펠리페 2세는 몇몇 에스파냐 요새에서 철군해야만 하는 상황에 분노하여 네덜란드를 떠났고, 이는 멀리 떨어진 수도에 머무는, 계몽되지 않은 군주의 통치를 받는다는 또 다른 불평거리를 만들었다. 남부의 가톨릭교도와 북부의 칼뱅파 모두 펠리페 2세에 격분하여 일찍이 1562년에 플란데런(플랑드르)과 브라반트(브라방)에서 작은 봉기들을 일으켰다. 1567년 펠리페 2세는 알바 공작 페르난도 알바레스 데 톨레도(1507~82)를 파견하여 공포정치로 브뤼셀을 장악하게 했다. 그때 1만 2천 명이 사망했다. 1568년 홀란트와 제일란트가 반란을 일으키면서 간헐적으로 전투가 이어지고 장기간에 걸친 독립 전쟁이 시작됐다. 초기에는 교전이 드물었지만 네덜란드의 칼뱅파 게릴라인 '거지들 Geuzen'은 육상에서 약탈하고 바다에서 해적질을 했다. 네덜란드는 헤일리헤를레이에서 벌어진 전쟁 중에 최초의 전투(1568)에서는 승리했으나 곧이어 예밍언에서 벌어진 두 번째 전투에서는 패했다. '바다의 거지들 Watergeuzen'은 브뤼셀의 해상 출구를 봉쇄했고, 오라녀 공 빌럼 더 즈베이허르(침묵공 빌럼, 빌럼 판 오라녀, 1533~84)가 네덜란드 스탓하우더르(통치자)로 선출된 1572년에 네덜란드인들은 브뤼셀 인근 지역을 장악했다. 에스파냐는 서서히 패배했으며 1574년에 레이던 공성에 실패했다. 네덜란드의 남부 주들(오늘날의 벨기에)은 헨트의 화의(1576)로 북부 주들(오늘날의 네덜란드)과 연합하여 (급여를 받지 못해) 약탈에 나선 에스파냐 주둔군을 내몰았다. 에스파냐령 네덜란드의 새로운 총독인 알레산드로 파르네세(알레한드로 파르네시오, 1545~92)가 군대를 이끌고 남부 주들을 다시 점령했고, 남부 주들은 회유를 받아 아트레흐트(아라스) 연합으로 에스파냐 통치를 받아들였다(1579). 북부 주들은 네덜란드 공화국(위트레흐트 연합, 1579)으로 동맹하여 더 많은 자치를 추구했다. 1581년 네덜란드 공화국은 정식으로 독립을 선언했다. 빌럼 더 즈베이허르는 외국에 도움을 요청하여 앙주 공작 프랑수아 드 프랑스(1555~84)의 지원을 얻어 냈다. 1583년 앙주 공작은 안트베르펀을 장악하려다 실패했다. 이로써 앙주 공작의 진짜 목적이 프랑스를 위해 네덜란드를 지배하는 것이었음이 드러났다. 1584년 빌럼 더 즈베이허르가 암살된 뒤 에스파냐는 플란데런과 브라반트를 다시 통제했고 네덜란드 공화국은 헤이그로 수도를 옮겨야 했다.

1586년 1대 레스터 백작 로버트 더들리(1532/33~88)가 네덜란드인들을 돕기 위해 잉글랜드 원정대를 이끌고 네덜란드를 침공했지만 성과를 얻지 못하고 철수했다. 네덜란드 공화국은 스탓하우더르가 된 빌럼 더 즈베이허르의 아들 마우리츠 판 나사우(1567~1625)의 지휘 아래 홀로 싸우기로 결정했다. 다른 곳에서 전쟁을 치르느라(❍ 에스파냐 무적함대의 패배 ; 에스파냐-포르투갈 전쟁, 1580~89) 분주했던 에스파냐는 네덜란드 북부를 침공하지 못했고 대신 일종의 협정 없는 휴전이 지속됐다. 이러한 휴전이 심각하게 위협받은 것은 1600년에 마우리츠 판 나사우가 니우포르트 전투(사구砂丘 전투)에서 승리하고 1601년에서 1604년까지 에스파냐가 오스텐더를 포위하여 점령했을 때뿐이었다. 전쟁에 지친 에스파냐는 12년간 이어질 휴전협정으로 공존을 인정했고(1609), 이로써 네덜란드 공화국은 부분적으로 승인을 얻었다. 전쟁은 1621년에 재개됐다. 에스파냐가 30년 전쟁에 연루되자 네덜란드가 상황을 이용하려 했기 때문이었다. 네덜란드는 브레다와 마스트리흐트에서 승리했고(1625), 쿠바 근해에서 은을 실은 에스파냐 선단을 나포했으며(1628), 프랑스와 조약을 체결했다(1635). 에스파냐 함대는 다운스에서 격파됐다(1639). 이 때문에 에스파냐는 평화협상에 응해야 했다. 80년 전쟁과 30년 전쟁을 끝낸 1648년의 베스트팔렌 조약에서 남부 주들은 에스파냐령 네덜란드(벨기에, 룩셈부르크, 프랑스 북부 일부)에 남았고 네덜란드 공화국은 마침내 독립했다.

❍ 오스트리아령 네덜란드 내전, 1477~92

퍼시 가문의 반란, 1403
Percy's Rebellion, 1403

잉글랜드 왕 헨리 4세(1366~1413)는 왕위를 찬탈했는데도 경솔하게 귀족의 심기를 건드렸다. 노섬벌랜드 백작이 이끄는 퍼시 가문은 헨리 4세의 왕위 찬탈을 지지했다. 그러나 1402년 백작의 아들 헨리 퍼시(별명은 해리 핫스퍼, 1364/66~1403)가 호밀던힐(험블턴힐. 잉글랜드인들은 이곳에서 스코틀랜드 침략자들을 무찔렀다) 전투에서 스코틀랜드의 지휘관 더글러스 백작을 체포하자, 헨리 4세는 부당하게도 더글러스와 몸값을 받아낼 권리를 요구했다. 이에 분노한 퍼시 부자는 잉글랜드 왕위 계승권을 갖고 있는 에드먼드 모티머(1376~1409)를 지지했다. 퍼시 부자는 오와인 글린두어(오언 글렌다우어,

1359?~1416?)가 지원하기로 약속한 웨일스 군대와 합세하기 위해 병사들을 이끌고 이동했으나, 헨리 4세와 뒷날 헨리 5세(1386~1422)가 되는 헨리 왕자의 군대에 차단당했다. 1403년 7월 21일 슈루즈버리 전투에서 퍼시 부자는 글린두어의 도움을 받지 못하고 패배했다. 헨리 퍼시는 살해됐고, 부대는 항복했다(**○ 노섬벌랜드의 반란**).

페라라-교황령 전쟁, 1512
Ferrarese War against the Papal States, 1512

1509년에 교황 율리오 2세(1443~1513)에게 파문당했던 페라라 공작 알폰소 1세 데스테(1476~1534)는 프랑스의 이탈리아 침공 중에(**○ 신성 동맹 전쟁**) 프랑스와 협력하여 라벤나 외곽의 교황 군대와 에스파냐 군대, 베네치아 군대를 공격했고 라벤나를 점령했다. 전쟁 중에 스위스인들은 밀라노에서 프랑스를 축출하는 데 성공했고, 신성 동맹 군대는 피렌체에서 메디치 가문이 확실하게 권좌에 복귀하도록 했다. 패배한 페라라의 에스테 가문은 간신히 통치권을 유지했는데 이는 1513년에 교황 율리오 2세가 사망했기 때문이다. 에스테 가문은 후임 교황들과 화해했다.

페라라 전쟁, 1482~84
Ferrarese War, 1482~84

페라라가 협정에 따라 베네치아에 부여된 권리를 인정하지 않자 베네치아는 교황 식스토 4세(1414~84)의 부추김을 받아 이를 핑계로 페라라를 공격했다. 제노바와 시에나, 피렌체, 밀라노, 나폴리는 이 전쟁에서 페라라를 지원했다. 교황의 군대는 카스텔로와 리미니에서 피렌체에 패한 뒤 5년간의 평화조약을 체결하고 철수했다. 베네치아는 휴전하라는 교황의 명령을 존중하지 않고 진격하여 아르젠타에서 페라라 군대를 격파했다. 이탈리아 연합군이 결성된 뒤 흐름은 베네치아에 불리하게 바뀌었고, 포 강의 베네치아 함대는 뿔뿔이 흩어졌으며 베네치아 육군도 밀라노와 페라라에서 패배했다. 1483년 말 페라라는 잃었던 영토의 대부분을 되찾았다. 1484년 8월 베네치아는 자국에 대적하던 이탈리아 연합군이 해체되자 밀라노와 비밀리에 바뇰로 평화조약을 체결했다. 조약에 따라 베네치아는 전투에서 패했는데도 페라라에 대한 형식적인 권리를 계속 보유했고 로비고와 폴레지네를 되찾았다. 이탈리아 본토 안에서 베네치아 영토가 가장 넓게 확대된 것이 바로 이때였다.

페락 전쟁, 1875~76
Perak War, 1875~76

1818년 말레이시아 서북부의 페락*에서 영국은 지역 족장들과 먼저 무역협정을 체결하면서 영향력을 확대하기 시작했다. 1874년의 팡코르 조약으로 영국은 제임스 W. W. 버치(1826~75)를 첫 번째 통감으로 파견하여 정부의 행정 업무를 담당하게 했다. 버치는 1874년에 도착한 직후 비효율적인 구식 절차들, 특히 징세와 노예제에 관한 절차를 바꾸었다. 1875년 7월 버치의 근대화 방식에 반대했던 상부 페락Upper Perak 술탄과 다른 말라야 족장들이 비밀리에 회합하여 버치를 제거하고 모든 외세의 영향력을 차단하기로 결정했다. 세금 문제로 상부 페락에 있던 버치는 어느 족장과 그 전사들에게 살해됐다. 영국군은 즉각 페락으로 진입하여 모든 저항을 신속하게 진압했다. 1876년 중반까지 반대파 족장들은 모두 체포됐고 그 뒤 재판을 통해 처벌을 받았다. 술탄은 폐위됐다. 말라야인들은 영국의 정치적·경제적 영향력 확대를 막는 데 실패했으나, 이후 영국 통감들은 말레이 고유의 관습을 바꾸려 하지 않았으며 말레이 원주민 통치자들과 협력했다.

* 현재는 말레이시아의 13개 주 가운데 하나이지만, 당시는 독립국가였다.

페론주의자들의 반란, 1956~57
Perónist Revolts of 1956~57

아르헨티나의 독재자 후안 도밍고 페론(1895~1974)이 몰락한 뒤(♻ 아르헨티나 반란, 1955), 먼저 에두아르도 로나르디(1896~1956) 장군이, 뒤이어 페드로 에우헤니오 아람부루(1903~70) 장군이 군 지도자들의 지지를 받아 임시정부의 수장이 됐다. 1955년 11월 13일에 무혈 쿠데타로 로나르디를 축출한 아람부루는 페론이나 그 추종자들이 정치권력을 획득하도록 내버려둘 생각이 없었다. 정의당(페론당)은 불법으로 규정됐으나, 파괴 활동과 폭력이 만연했다. 파라과이에 망명 중이던 페론은 그의 지지자들에게 폭동과 사보타주, 테러를 통해 정부를 공격하라고 명령했다. 1956년 6월 14일 페론주의 자들은 산타페 주, 라팜파 주, 부에노스아이레스 주에서 반란을 일으켰다. 정부는 계엄령을 선포하고 질서를 회복하기 위해 군대를 투입했다. 양쪽에서 많은 사람이 죽고 부상당한 뒤에야 반란은 진압됐다. 2천 명이 넘는 민간인과 군인이 체포됐고, 그중 38명이 처형됐다. 1956년 말에 페론주의자들은 다른 음모가 발각되어 진압됐다. 신페론주의 정당인 인민연합당은 유권자에게 앞으로 있을 제헌의회 선거에서 백지투표를 하라고 촉구했다. 이때문에 1957년 제헌의회 선거에서는 투표자의 22퍼센트가 기표하지 않아 무효투표가 대량 발생했다. 페론주의를 반대하는 정당들에 소속된 의원만으로 구성된 제헌의회는 1949년도 헌법을 폐기하고 1853년도 헌법을 부활시켰지만(1860년도, 1866년도, 1898년도의 헌법 개정 내용도 함께 부활시켰다), 그밖에 달리 성취한 것은 없었다. 전화와 전신 노동자들의 파업과 대다수가 페론주의자였던 반정부 노동자들의 총파업으로 정부는 활동에 방해를 받았다. 이러한 투쟁은 더 많은 손해와 더 큰 생산 손실을 낳았고 정치와 경제는 대체로 혼란에 휩싸였다.

페루 게릴라 전쟁, 1980~
Peruvian Guerrilla War of 1980~

1980년대 중반 마오이스트 공산주의와 고대 잉카 부족주의가 뒤섞인 이데올로기를 지닌 게릴라 단체 '센데로 루미노소 Sendero Luminoso(빛나는 길)'가 개인과 정부의 재산을 파괴하고 공동체 지도자 등을 살해하여 페루를 공포에 몰아넣기 시작했다. 처음에는 테러 활동이 아야쿠초 주변에 집중됐으나, 곧 수도 리마와 수도로 이어지는 항구 카야오로 퍼져나갔다. 센데리스타 게릴라(센데로 루미노소의 조직원)들은 아야쿠초의 한 감옥을 공격하여 수감자 약 250명의 탈출을 도왔고(1982), 송전탑과 철도, 공공건물을 폭파하기도 했다. 1983년 초 페루 기자 8명이 아야쿠초 인근에서 테러 활동을 취재하다 마을 사람들에게 살해당했다. 마을 사람들이 기자들을 1년 전 그 지역에서 정치인들을 암살한 센데리스타 게릴라로 오인했기 때문이라고 한다. 센데리스타 게릴라는 이후 여성과 어린이를 포함하여 마을 주민 66명을 학살했다. 리마에서는 1983년에 폭파 사건으로 화학제품 공장이 파괴됐고 도시의 전력 공급이 중단됐다. 그 뒤 인근 농촌의 언덕에 불타는 망치와 낫이 나타나 폭파 사건이 센데로 루미노소의 소행이라는 것을 암시했다. 이후 1980년대 내내 센데리스타 게릴라는 특히 리마와 카야요에서 정치적·경제적·문화적 표적들을 선정하여 공격했고, 1985년부터 1990년까지 집권했던 알란 가르시아 페레스(1949~) 대통령의 중도좌파 정부를 흔들려 했다. 1988년 센데리스타 게릴라는 총파업을 지원하여 페루를 마비시켰고, 다른 게릴라 운동인 투팍아마루혁명운동MRTA을 지원하여 1990년 중반에 집권한 알베르토 후지모리(1938~) 대통령의 새 정부를 무너뜨리려 했다. 후지모리는 암살 기도를 모면한 뒤(1992) 게릴라 단체들에 '전쟁'을 선포했으며 센데로 루미노소의 대담한 지도자 아비마엘 구스만(1934~)을 포함한 게릴라 지도자들을 체포했다. 테러리스트들은 차량폭탄 테러와 살인 등 폭력 행위를 계속했고, 후지모리는 정치적·경제적으로 나라를 안정시키려 노력했으며 어느 정도 성공을 거두었다. 센데리스타 게릴라는 주로 우아야가 강 유역 상류와 리마 주변을 위협했다. 1996년 12월 17일 리마에서 MRTA 소속 게릴라 14명이 만찬을 벌이던 일본 대사 관저를 공격하여 외국 정부 고관들을 포함한 600명 이상을 인질로 잡았다가 대다수를 풀어주었다. 게릴라들은 수감 중인 MRTA 동료 수백 명의 석방을 요구했으나, 약 넉 달 뒤인 1997년 4월 22일 페루 특수부대가 공격하여 게릴라를 살해하고 남은 인질 72명을 구출했다. 1998년과 1999년에도 게릴라의 파괴 행위와 테러는 국가적인 딜레마였다. 2001년 후지모리가 부정선거 논란 중에 사임하고 알레한드로 톨레도(1946~)가 대통령에 당선되어 고위급만 과도하게 많은 군 장교단을 감축하고(400명 이상이 전역했다) 방위예산을 대폭 삭감했다. 톨레도는 지난 20년간 벌어진 살인과 실종 등의 범죄를 조사하기 위해 진실화해위원회도 설립했다. 한편 페루 대법원이 후지모리가 제정한 몇 가지 반테러법을 폐기하여, 군사법정에서 유죄판결을 받았던 구스만이 민간법정에서 다시 재판을 받게 됐다. 톨레도 정부는 근거지에 은거한 테러 혐의자들을 공세적으로 색출하여 2002년에 199명을 체포했다. 2003년 8월 29일 진실화해위원회는 보고서를 발표하여 잔학 행위의 전모를 밝혔다. 1980년 이래 약 6만 9천 명이 살해됐는데 대체로 민간인이었고 사망자의 절반 가까이가 센데로 루미노소에 희생됐으며 3분의 1가량은 보안군에게 목숨을 잃었다.

게릴라 활동은 한동안 눈에 띄게 줄었으나, 센데로 루미노소는 마약 거래를 통해 부활하는 것처럼 보였다. 센데로 루미노소의 전투적인 파벌인 '프로세기르Proseguir(전진)'는 동부전선에서 활동하며 MRTA와 충돌했다. 전하는 바에 따르면 콜롬비아의 좌파 게릴라 단체인 콜롬비아혁명군FARC은 페루까지 활동을 확대하여 페루의 게릴라들과 협력을 모색했다고 한다(◐ 콜롬비아 게릴라 전쟁, 1976~). 2004년 9월 센데로 루미노소의 조직원 17명이 체포됐고, 2005년 1월에는 남부에서 준군사 집단이 반란을 일으켰다 실패하여 항복했으며 이 일로 내무부 장관이 사임했다. 톨레도는 2005년에 여러 차례 정치적 위기에 직면했고, 2005년 5월 의회 조사단은 톨레도가 선거에서 부정을 저질렀다고 선언했다. 2006년 톨레도는 여론을 무시한 탓에 급격하게 인기를 잃었는데 공공사업을 추진하는 등 여론을 호전시키기 위해 애썼다.

페루 내전, 1842~45
Peruvian Civil War of 1842~45

1841년의 페루-볼리비아 전쟁 때 잉가비 전투에서 아구스틴 가마라(1785~1841) 대통령이 사망한 뒤 페루는 1842년에 내전으로 분열됐다. 1843년 초 '쇄신자'를 자처한 마누엘 이그나시오 데 비방코(1806~73)가 권력을 장악하고 군대의 지원을 받아 독재자로서 나라를 통치했다. 비방코는 1839년 헌법을 무시했고 의회를 소집하지 않았으며 불복종을 총살집행반으로 다스렸다. 1844년부터 페루 남부에서 집중적으로 비방코에 대한 저항이 분출했다. 라몬 카스티야(1797~1867) 등이 군대를 이끌고 이전의 헌법을 지지했다. 입헌파 군대는 비방코가 자리를 비웠을 때 수도 리마를 장악했다. 1844년 7월 22일 카스티야가 지휘하는 입헌파 군대는 카르멘알토 전투에서 비방코의 군대와 맞서 승리했고, 비방코는 도주하여 망명할 수밖에 없었다. 분파 투쟁이 계속되다가 1845년에 카스티야가 대통령에 선출되면서 페루는 어느 정도 안정을 찾았다.

페루 독립 전쟁, 1820~25
Peruvian War of Independence, 1820~25

에스파냐 혈통의 남아메리카 혁명지도자 호세 데 산 마르틴(1778~1850)은 오랫동안 에스파냐 왕권의 보루였던 페루가 해방되지 않으면 남아메리카에 자유는 오지 않을 것이라고 믿었다. 산 마르틴은 칠레에서 에스파냐를 무찌른 뒤(● 칠레 독립 전쟁), 1820년 칠레의 발파라이소에서 4천 명의 병력과 함께 배를 타고 페루의 피스코로 이동했다. 토머스 코크런(1775~1860) 경이 지휘하는 칠레 함대가 이를 호위했다. 산 마르틴의 군대는 우아초에 숙영지를 두고 많은 페루인을 군인으로 끌어들였다. 에스파냐의 부왕副王이 페루의 수도 리마를 떠나자, 1821년 산 마르틴이 시민들의 초청을 받아 리마에 입성했다. 산 마르틴은 즉시 페루 독립을 선언했다. 당시 페루는 알토 페루로 알려진 오늘날의 볼리비아를 포함했다. 군사 지원이 필요했던 산 마르틴은 북쪽에서 활동하는 남아메리카 혁명가들의 지도자 시몬 볼리바르(1783~1830)에게 도움을 요청했다. 1822년 7월 26~27일에 두 지도자가 만나 과야킬에서 군대를 합쳤다. 산 마르틴은 볼리바르에게 통제권을 넘기고 혁명 활동에서 은퇴했다. 1823년 볼리바르와 안토니오 호세 데 수크레(1795~1830)는 페루에 도착했고, 병력 9천 명을 이끌고 1824년 8월 6일 후닌 전투에서 호세 데 칸테락(1775?~1835)이 지휘하는 에스파냐 군대를 격파했다. 1824년 12월 9일 수크레는 아야쿠초 전투에서 병사 약 6천 명을 이끌고 호세 데 라 세르나(1770~1832) 휘하의 에스파냐 군대 9,300명과 맞서 싸워 승리했다. 데 라 세르나의 부대 전체가 포로가 됐으며, 에스파냐 지휘관들은 항복하고 페루에서 완전히 철군하기로 동의해야 했다. 해방 전쟁을 수행하고 있었으나 성과를 내지 못했던 알토 페루의 혁명가들은 이제 볼리바르와 수크레 군대의 지원을 받았고 1824년에 에스파냐 군대 4천 명을 무찌를 수 있었다. 볼리바르였다면 페루와 알토 페루를 통합하려 했겠지만, 수크레는 이미 알토 페루의 지도자들과 별개의 국가를 수립하기로 합의했다. 수크레는 신생국의 이름을 볼리바르 공화국(볼리비아)이라 칭하여 시몬 볼리바르의 마음을 달랬으며 초대 대통령이 됐다.

● 베네수엘라 독립 전쟁 ; 아르헨티나 독립 전쟁 ; 콜롬비아 독립 전쟁

페루 반란, 1780~82
Peruvian Revolt of 1780~82

잉카의 마지막 황제였던 위대한 선조 투팍 아마루의 이름을 붙여 투팍 아

마루 2세를 자처했던 호세 가브리엘 콘도르칸키(1742?~81)는 페루 고지대 인디오를 이끌고 강제 노동과 관련하여 비난을 받았던 에스파냐 정부에 맞서 반란을 일으켰다. 1780년 11월 인디오 약 7만 5천 명이 빈약하게 무장한 채 일부 크리올(크리오요. 서인도제도를 포함한 라틴아메리카의 에스파냐 식민지에서 태어난 백인)의 지원을 받아 폭동을 일으켰고, 곧 오늘날의 페루 남부와 볼리비아, 아르헨티나 북부 대부분을 장악했다. 자신을 주민의 해방자로 선언한 투팍 아마루 2세는 두 차례 쿠스코를 공격했으나 실패하고 1781년 3월에 가족과 함께 사로잡혀 쿠스코로 끌려가 처형됐다(투팍 아마루 2세는 부인과 아들들이 죽는 것을 지켜본 뒤 고문을 당하고 참수됐다). 그러나 투팍 아마루 2세의 어머니가 다른 형제들이 반란을 이어갔다. 인디오는 라파스를 두 차례 포위했으나, 1782년에 에스파냐 관리들이 병력 약 6만 명을 동원하여 반란을 진압했다. 당국은 인디오를 달래기 위해 사면령을 내렸다.

페루 반란, 1948
Peruvian Revolt of 1948

1945년 빅토르 라울 아야 데 라 토레(1895~1979)가 설립하여 이끈 페루의 개혁 정당인 아메리카인민혁명동맹APRA, 즉 아프리스타당은 호세 루이스 부스타만테 이 리베로(1894~1989)가 대통령에 당선되는 데 일조했다. 상원과 하원에서 모두 다수를 차지했고 내각에도 세 사람을 진출시킨 아프리스타당은 사회 개혁과 경제 개혁을 밀어붙이기로 결정했으나 정부 안 보수주의자들의 강력한 반대에 부딪혔다. 1947년 보수적 신문의 편집장이 살해되는 사건이 일어나자 아프리스타당이 비난을 받았다. 논쟁 중에 아프리스타당 출신 각료들이 사임했고, 아프리스타당 출신이 아닌 상원의원들이 회기참석을 거부하여 모든 법안의 통과가 봉쇄됐으며, 정부는 마비됐다. 아프리스타당과 보수주의자들의 싸움은 1948년 10월 이견을 지닌 아프리스타당 당원들이 항구도시 카야오에서 반란을 일으키면서 절정에 달했다. 수많은 선원과 시민이 군함 여러 척을 장악했고, 국가는 내전 직전에 몰린 듯했다. 1948년 10월 27~29일에 페루 군대의 보수적인 육군 참모총장 마누엘 오드리아(1897~1974) 장군이 아프리스타당에 반대하는 반란을 이끌어 부스타만테 정부를 무너뜨렸고 군사평의회를 수립하여 권력을 장악했다. 아프리스타당과 페루공산당은 금지됐고, 수많은 아프리스타당 당원이 투옥되거나 추방당했으며, 아야 데 라 토레는 리마에 있는 콜롬비아 대사관으로 피신했다. 1950년 7월 2일 오드리아는 합법적으로 페루 대통령에 당선됐다.

페루-볼리비아국가연합 전쟁, 1836~39
War of the Peruvian-Bolivian Confederation, 1836~39

1835년 볼리비아 독재자 안드레스 데 산타 크루스(1792~1865)가 페루군 반란을 끝내기 위해 페루를 침공한 뒤 페루-볼리비아국가연합이 수립됐다. 페루인들은 국가연합을 환영했다. 칠레와 아르헨티나는 세력 균형의 변화를 두려워하여 이에 반대했다. 칠레는 무역에서 페루와 경쟁 관계에 있었고 페루가 독립 전쟁을 치르며 진 채무를 갚지 않았기에 불만을 품고 있었다. 칠레 정치인 디에고 포르탈레스(1793~1837)는 전쟁을 선동했고, 1836년 11월 11일에 칠레는 전쟁을 선포했다. 7개월 뒤 폭동을 일으킨 군인들이 포르탈레스를 암살하면서 칠레의 전쟁 수행 노력은 대중의 지지를 받았다. 1837년 페루 첫 원정은 교착상태로 귀결됐고, 데 산타 크루스는 파우카르파타 조약으로 강화를 체결하자고 제의했으나 칠레가 이를 거부했다. 1838년 마누엘 불네스(1799~1866) 장군이 이끄는 칠레 군대가 페루 수도 리마를 점령했고, 그해 말에는 데 산타 크루스의 군대가 리마를 탈환했다. 1839년 1월 20일 양쪽 군대는 융가이 전투에서 대결했고, 페루-볼리비아국가연합의 군대가 결정적으로 패했다. 데 산타 크루스는 에콰도르로 피신했으며, 페루-볼리비아국가연합은 해체됐다.

○ 페루-볼리비아 전쟁, 1841

페루-볼리비아 전쟁, 1841
Peruvian-Bolivian War of 1841

1841년 아구스틴 가마라(1785~1841) 페루 대통령은 볼리비아를 페루에 병합하고자 침공했다. 1841년 11월 18일 볼리비아는 호세 바이비안(1805~52) 대통령의 지휘에 따라 잉가비 전투에서 침략자를 무찔렀다. 가마라는 교전 중에 사망했다. 1842년 6월 평화조약이 체결되어 페루가 볼리비아를 통합하려던 기도는 무산됐다.

○ 페루 내전, 1842~45 ; 페루-볼리비아국가연합 전쟁

페루시아 반란
Perusian Revolt

○ 로마 내전, 기원전 43~기원전 31

페루-에콰도르 국경 전쟁, 1995
Peruvian–Ecuadoran Border War of 1995

○ 에콰도르-페루 국경 전쟁, 1995

페루의 에스파냐인 내전, 1537~48
Spanish Civil Wars in Peru, 1537~48

에스파냐인 정복자(콩키스타도르)인 디에고 데 알마그로(1475?~1538)와 프란시스코 피사로(1475?~1541)는 서로 협력하여 1532년 카하마르카 전투에서 황제 아타우알파(아타발리파, 1500?~33)가 지휘하는 잉카 군대를 격파했고 새로운 도시들을 건설하여 지배를 공고히 했다. 두 사람은 아타우알파의 보물을 분배한 뒤 1533년에 쿠스코를 정복했는데 이후 페루 정복의 권한과 보상 문제로 서서히 사이가 멀어졌다. 1534년 에스파냐 왕은 정복지를 누에바 카스티야(페루)와 누에바 톨레도(칠레)로 나누어 각각 피사로와 알마그로에게 총독을 맡겼다. 알마그로는 보물을 찾아 누에바 톨레도를 탐험했으나 성과를 거두지 못하고 1537년 페루로 돌아와 쿠스코를 요구했다. 알마그로는 피사로의 동생들과 싸워 쿠스코를 장악했지만 결국 1538년 4월 라스살리나스 전투에서 패했다. 알마그로가 패하여 처형된 뒤 알마그로의 아들이 암살 음모를 꾸몄고 1541년 6월 26일 지지자들과 함께 저택에 있던 피사로를 공격하여 살해했다. 알마그로의 아들 때문에 야기된 반란을 진압하기 위해 크리스토발 바카 데 카스트로(1492?~1566)가 페루 총독으로 파견됐다. 1542년 카스트로는 질서를 회복하고 알마그로의 아들을 사형했다. 2년 뒤 블라스코 누녜스 벨라(1490?/95?~1546)가 도착하여 페루의 초대 부왕副王이 됐고 정복자의 특권을 제한하고 인디오의 권리를 보호하는 인도적인 법인 이른바 신법Leyes Nuevas을 시행했다. 누녜스의 통치에 많은 사람이 반대했고, 그중 프란

시스코 피사로의 동생 곤살로 피사로(1506?~48)는 대중의 폭동을 성공리에 이끌어 1546년의 아냐키토 전투에서 누녜스의 국왕군을 격파했다. 누녜스는 체포되어 처형됐고, 곤살로가 페루의 통치권을 장악했다(**◑사킥사과나 전투**).

페르시아–그리스 전쟁
Persian–Greek Wars

◑ 그리스–페르시아 전쟁

페르시아 내전, 기원전 522~기원전 521
Persian Civil War, BCE 522~BCE 521

아케메네스(하하마니시) 왕조의 페르시아에서는 권력투쟁이 빈번했다. 키루스 2세(기원전 576?~기원전 530) '대왕'의 아들로 왕위를 계승한 캄비세스 2세(기원전 522년 사망)는 페르시아를 단독으로 통치하고자 동생 스메르디스(바르디야, 기원전 525?년 사망)를 암살했다. 캄비세스 2세는 이어 이집트를 침공하여 펠루시온(펠루시움)에서 프삼티크 3세(기원전 523?년 사망)의 군대를 격파하고(기원전 525) 헬리오폴리스와 멤피스를 점령했다. 캄비세스 2세는 나일 강 상류를 따라 누비아와 에티오피아 원정을 지휘하던 중에(원정은 실패했다), 메디아의 조로아스터교 마구스(사제) 가우마타(기원전 521년 사망)가 스메르디스를 사칭하고(스메르디스의 죽음은 그때까지 비밀이었다) 반란을 일으켜 왕위를 찬탈했다는(기원전 522) 사실을 알게 됐다. 캄비세스 2세는 통치권을 되찾기 위해 급히 귀국하다 칼에 베인 상처로 세균에 감염되어 사망했다. 자신이 휘두른 칼에 베였다는 이야기도 있다. '가짜 스메르디스'는 7개월을 통치하다 캄비세스 2세의 먼 친척인 다리우스 1세(기원전 550~기원전 486)에 패하고 살해당했다. 뒷날 '대왕'의 호칭을 받았던 다리우스 1세는 페르시아 제국의 거의 모든 주에서 적을 무찔러야 했다. 다리우스 1세는 아케메네스 왕조의 일원으로서 캄비세스 2세의 적법한 계승자임을 선언했다.

◑ 페르시아 반란, 기원전 521~기원전 519

페르시아 내전, 1500~03
Persian Civil War of 1500~03

투르크멘 부족들은 1473년에 패배하여 페르시아 서부로 강제 이주하게 된 것에(○ **투르크멘-오스만 제국 전쟁, 1400~73**) 복수하려 했으나 지도자 우준 하산(1423~78)이 아제르바이잔에 세운 왕조(아크 코윤루 왕조)가 무너지고 1501년에 사파비 왕조의 통치를 받으면서 복수는 지연됐다. 복수는 1514~16년의 투르크멘-페르시아 전쟁으로 나타났는데, 그 서막은 페르시아 내전이었다. 데르비시파의 영향을 받아 약간의 이단성을 지녔던 투르크멘의 아크 코윤루('흰 양') 왕조는 티무르 왕조의 법과 몽골의 법을 정통파(수니파) 율법에 의거하여 개정함으로써 이단성이 더 강한 주민들의 감정을 상하게 했다. 특히 아르다빌의 수피 시아파 장로sheikh 하이다르가 크게 분노했다. 하이다르는 1488년에 수니파 신자에 의해 살해됐고, 아들 이스마일 1세(1486~1524)가 아버지의 '키질바시(붉은 머리)' 조직을 넘겨받아 아크 코윤루 왕조의 내분(1478년부터 1501년까지 통치자 9명이 바뀌었다)을 이용하여 복수하고 사파비 왕조를 세웠다. 1501년 카리스마 넘쳤던 이스마일 1세는 타브리즈를 장악하고 스스로 샤에 즉위했다. 1501년 이스마일 1세는 아제르바이잔의 섀루르에서 벌어진 전투에서 아크 코윤루 왕조의 마지막 통치자를 무찔렀고 신속하게 오늘날의 이란과 이라크 대부분을 정복했으며, 1503년에 하마단을 점령했고 시아파를 공식 종교로 삼아 정통파인 수니파를 개종시켰다. 이스마일 1세는 그 뒤 멀리 루마니아 남부까지 세력을 확대하면서 아나톨리아의 모든 투르크멘 집단의 종교 지도자이자 정치 지도자가 됐다.

페르시아 내전, 1725~30
Persian Civil War of 1725~30

1700년대 초 아프가니스탄의 페르시아 침공(○ **아프가니스탄 반란, 1709~26**)은 사파비 왕조(페르시아)의 세력이 쇠퇴하고 뒷날 나디르 샤(1688/98~1747)로 알려지는 호라산(투르크멘)의 장군 나디르 칸이 흥기하는 계기가 됐다. 페르시아 사파비 왕조의 무능한 샤 후세인(1675?~1726)은 사파비 왕조의 가신이었던 아프가니스탄인의 손에 살해됐고, 뒤이은 혼란과 내전으로 오스만 제국이 조지아(그루지야)에서 하마단에 이르는 영토를 점령할 수 있었다. 1726년 당시 호라산의 총독이었던 나디르 칸은 왕위에 오르지 못한 페르시아의 샤 타흐마스프 2세(1704?~40)의 주요 군사전략가가 됐고, 계속 확대되고 늘 승리를 거두는 군대를 지휘하다가 1730년에 오스만 제국을 하마단과 케르만샤, 타브리즈에서 내몰았다. 나디르 칸의 공격은 1730~36년의 오스만 제국-페르시아 전쟁과 1726~38년의 페르시아-아프가니스탄 전쟁으로 확대됐다. 두 전쟁을 치르며 너무 강력해진 나디르 칸은 타흐마스프 2세를 폐위하고(1732), 그의 미성년 아들 아바스 3세(1731?~39?)를 왕위에 앉혔다. 나디르 칸은 그 어린 아들도 폐위하고(1736), 나디르 샤가 되어 사파비 왕조를 아프샤르 왕조로 대체한 뒤 1747년에 암살당할 때까지 통치했다.

페르시아 내전, 1747~60
Persian Civil War of 1747~60

페르시아의 위대한 지도자 나디르 샤(1688/98~1747)가 사망하면서 11년 된 아프샤르 왕조가 끝났고, 나디르 샤의 군사령관들이 제국을 분할하여 페르시아 제국도 일시적으로 붕괴됐다. 1747년에는 6명이 왕위를 두고 다투었다. 1760년경 페르시아 중부와 남부는 사파비 왕조 마지막 샤의 외손자인 무기력한 미성년 샤 이스마일 3세(재위 1755?~80)가 잔드 왕조의 창시자인 강력한 섭정 카림 칸(1705?~79)을 통해 통치하는 단일 왕국이었다. 카림 칸은 1757년에 3명의 왕위 경쟁자를 물리치고 이스마일 3세를 왕좌에 앉혔으며, 나디르 샤의 눈 먼 손자 샤루크(1734?~96)가 통치하는 호라산의 아프샤르 왕조를 지지하지 않는다면 누구에게든 관용을 베풀었고, 마잔다란에서 페르시아의 다음 왕조를 창시하는 반항적인 카자르 가문을 견제했다(ⓞ 페르시아 내전, 1779~94). 샤의 칭호를 취하지 않았던 카림 칸은 1760년부터 죽을 때까지 훌륭한 건물들을 세우고 세금을 줄이며 교역을 발전시켜 페르시아의 부활을 위해 노력했다.

페르시아 내전, 1779~94
Persian Civil War of 1779~94

페르시아 잔드 왕조의 지도자 카림 칸(1705?~79)이 죽은 뒤 권력투쟁이 벌어졌다. 먼저 잔드 왕조의 후계자들이 유산을 두고 싸웠고 1789년에 왕조의 마지막 주요 인사인 용맹한 루트프 알리 칸(1769?~94)이 지배자가 됐다. 루트프 알리 칸의 주적은 카림 칸이 1747~60년의 페르시아 내전 중에, 그리고 내전이 끝난 뒤에 매우 능란하게 통제하고 제어했던 경쟁 가문인 카자르 가문 출신이었다. 카자르 가문의 아가 무함마드 칸(1742~97)은 잔인하고 탐욕스러운 투사로 루트프 알리 칸을 추적하여 케르만에서 격파하고 사로잡았다. 아가 무함마드는 루트프 알리 칸을 살해한 뒤 잔드 왕조의 마지막 지도자를 지원한 케르만 주민을 학살하고 수족을 절단하거나 눈을 뽑았다. 1796년에 샤안샤(왕들의 왕)로 즉위한 아가 무함마드는 반란을 일으킨 호라산을 공격하여 눈 먼 통치자(아프샤르 왕조의 샤루크)를 고문해 죽였다. 아가 무함마드의 권력 추구로 페르시아의 번영과 경제는 파괴됐으나, 카자르 왕조는 반란과 적을 제압하고 팔라비 왕조가 등장할 때까지 페르시아를 지배했다(● 페르시아 혁명, 1921). 아가 무함마드의 극단적인 잔인함은 정의의 심판을 받았다. 1797년에 아가 무함마드는 암살당했다.

페르시아–러시아 전쟁
Persian–Russian Wars

● 러시아–페르시아 전쟁

페르시아–로마 전쟁
Persian–Roman Wars

● 로마–페르시아 전쟁

페르시아–리디아 전쟁, 기원전 547~기원전 546
Persian–Lydian War of BCE 547~BCE 546

메디아 왕국의 속국이었던 안샨의 통치자 키루스 2세(기원전 576?~기원전 530) '대왕'은 기원전 550~기원전 549년의 메디아와 페르시아의 반란 뒤 메디아의 상위 주군이 됐다. 키루스 2세는 힘들게 싸우지 않고도 메디아의 수도 엑바타나(오늘날 이란의 하마단)에 입성했고 재화를 강탈하여 안샨의 수도 수사로 가져갔다. 리디아의 왕 크로이소스(기원전 547년 사망)는 키루스

2세에 억류당한 메디아의 마지막 왕이자 처남인 아스티아게스(재위 기원전 585~기원전 550)를 구출하여 복위시키려는 계획을 세웠다. 바빌로니아인들은 키루스 2세를 '페르시아의 왕'이라고 부르며 두려워했는데, 키루스 2세는 이들에게 두려워할 필요가 없다고 안심시킨 뒤 킬리키아(오늘날의 터키 남부)를 점령하여 리디아(소아시아 서부의 고대 지명)로 이어지는 모든 육상 통로를 봉쇄했다. 크로이소스는 바빌로니아와 이집트에 도움을 요청했으나 지원받지 못하고 기원전 547년에 할리스(오늘날의 크즐르르마크) 강을 건너 키루스 2세를 공격했고, 결판이 나지 않은 전투를 벌인 뒤 (전투하기에 적당한 계절이 지났다고 생각하고) 왕국의 수도 사르디스로 돌아갔다. 키루스 2세는 관습에 얽매이지 않고 사르디스로 진격했다. 키루스 2세의 군대는 크로이소스의 군대를 격파하고 사르디스를 포위하여 보름 뒤에 함락했다(기원전 546). 크로이소스는 사로잡혔으나 목숨은 구했다. 키루스 2세는 리디아의 속령이었던 아이올리아와 이오니아 지역의 그리스 폴리스들을 정복하러 서쪽으로 진격했다. 밀레토스만 스파르타로부터 약간의 지원을 받아 저항했는데, 이로써 엄청난 보복을 초래하게 됐다.

페르시아 만 전쟁, 1980~88
Persian Gulf War of 1980~88

○ 이란-이라크 전쟁, 1980~88

페르시아 만 전쟁(이라크의 쿠웨이트 침공), 1990~91
Persian Gulf War(Iraqi Invasion of Kuwait) of 1990~91

1990년 7월 사담 후세인(1937~2006) 이라크 대통령은 페르시아 만 북단에 있는 이웃의 작은 나라 쿠웨이트를 비난했다. 쿠웨이트가 석유수출국기구 OPEC의 할당량을 어기며 과잉생산하여 큰 이익을 얻었고, 두 나라 모두가 영유권을 주장한 국경 지역 루마일라에서 은밀히 석유를 훔쳤다는 것이었다. 후세인은 석유 가격과 쿠웨이트가 이라크에 준 차관에도 불만을 가졌다. 1990년 8월 2일 이라크의 대규모 군대는 쿠웨이트를 침공했고 병력에서 열세였던 쿠웨이트 군대의 강한 저항을 잠시 받았지만 쿠웨이트를 휩쓸었다. 후세인은 이라크가 점령한 쿠웨이트에 새로운 군정의 수립을 선언했고(이라크의 19번째 주로 선포됐다). 쿠웨이트와 사우디아라비아의 국경을 따라 병력 약 12만 명을 배치했으며, 다른 나라들에게 쿠웨이트를 지원하지 말라고 경고했다. 아랍 연맹은 이라크의 침공을 비난했고 즉각 철군을 요구했으며, 이라크가 페르시아 만의 다른 취약한 나라들, 특히 석유가 풍부한 사우디아라비아를 침공할 것을 우려한 미국과 일본, 12개 유럽공동체 EC 국가들도 철군을 요구했다. 8월 6일 국제연합 UN 안전보장이사회는 전 세계에 대對이라크 무역 금지를 주문했으며 금지를 집행할 군사행동을 승인했다. 미국과 EC도 이라크에 무기 판매를 중단했으며 이라크의 해외 자산을 동결했다. 후세인은 이에 대응하여 금수조치에 참여한 나라들이 이라크 안에 보유한 자산을 강탈했다. 미국의 조지 H. W. 부시(1924~) 대통령은 사우디아라비아와 페르시아 만 지역으로 공군과 육군, 해군(신속배치군 RDF)을 급파했다. 1990년 11월 29일 UN 안전보장이사회는 이라크가 1991년 1월 15일까지 쿠웨이트에서 철수할 것을 요구하는 결의안을 12 대 2로 가결했다. 그 뒤로는 미국과 그의 동맹국들이 무력을 사용할 수 있게 됐다. 후세인이 무조건 철군을 거부하고 만약 공격을 받는다면 화학무기를 쓰겠다고 위협하자, 미국 연방의회는 부시에게 전쟁 수행 권한을 부여했다. 1991년 1월 17일 미국군의 노먼 슈워츠코프(1934~) 장군이 지휘하는 연합군(미국, 영국, 프랑스, 이집트, 사우디아라비아 등) 군대는 사막의 폭풍 작전이라는 대규모 공세에 착수하여 이라크로부터 쿠웨이트를 해방시키려 했다. 다음 달 연합군의 전투기들이 사막과 도시에 숨은 이라크 군대에 폭격과 포격을 했고 저장된 화학무기와 대포, 항공기를 파괴했으며 제공권을 완벽하게 장악했다. 이라크는 스커드 미사일로 이스라엘을 공격했고 쿠웨이트의 몇몇 석유 시설에 불을 질렀으며 쿠웨이트의 초대형 유조선에 연결되는 주 송유관을 파괴하여 석유 수백만 리터를 페르시아 만에 쏟아부었다. 2월 24일 연합군은 미국군 약 45만 명이 참전한 이른바 사막의 기병 작전으로 이라크군 약 100만 명(쿠웨이트를 점령하고 있는 약 35만 명을 포함)을 겨냥하여 대규모 지상 공격을 감행했다. 쿠웨이트의 점령군은 연합군의 주공격이 수도 쿠웨이트 시티를 향할 것이라고 믿고 있었다. 그렇지만 실제 연합군의 공격은 두 갈래의 측면 기동으로 이루어졌다. 41개 이라크 사단은 사실상 전멸했고, 엄청난 양의 기갑 무기를 빼앗겼다. 2월 27일 바스라 인근의 공화국방위대(후세인의 정예 부대) 사단들은 미국군과 영국군 부대에 패했으며, 쿠웨이트의 이라크 부대는 와해되어 북쪽으로 도주했고, 2월 28일 후세인은 휴전을 받아들일 수밖에 없었다. 대체로 오래된 소련제 무기를 사용한 후세인의 군대는 전자전電子戰 체제와 현대적 헬리콥터, 탱크, 패트리엇 미사일, 크루즈 미사일로 무장한 연합군과 맞서기에 역부족이었다. 이라크 군인은 약 8만 5천 명이 전사했는데, 사망자가 400명에 채 못 미치는 연합군과 현격한 대조를 이루었다. 이라크는 모든 독가스와 세균무기를 폐기하고 UN의 무기 사찰관에게 현장 점검을 허용하기로 동의했다. 무역 제재와 군사적 제재는 이라크가 순응할 때까지 계속 유효했다. 동맹국은 시아파 이슬람교도와 쿠르드족 반군을 보호하기 위해 이라크 남부와 북부에 각각 '비행금지' 구역을 설정했다. 휴전 결의안을 이행하고 부시 대통령 암살 음모에 보복하며 대량살상무기의 생산을 중단시키기 위해 미국군이 주둔했다.

❍ 미국의 이라크 침공 ; 이란−이라크 전쟁, 1980~88 ; 쿠르드족 게릴라 전쟁, 1984~

페르시아−무굴 제국 전쟁
Persian−Mogul Wars
❍ 무굴 제국−페르시아 전쟁

페르시아 반란, 기원전 521~기원전 519
Persian Revolts of BCE 521~BCE 519

기원전 522~기원전 521년의 페르시아 내전 중에 페르시아 왕으로 즉위한 다리우스 1세(기원전 550~기원전 486)는 즉위 뒤 2년간 권력을 확고히 하기 위해 투쟁해야 했고 일부 지역에는 많은 병력을 투입해야 했다. 다리우스 1세는 먼저 메디아 왕국으로 돌격하여 왕위를 찬탈한 키루스 2세(기원전 576?~기원전 530) '대왕'의 아들을 죽인 뒤 독립적인 정부들이 들어선 수시아나(엘람)와 바빌로니아, 사가르티아, 마르기아나의 반란을 직접 진압하거나 대리인을 보내 제압했다. 다리우스 1세는 페르시아와 바빌로니아(그곳에서 발생한 두 번째 반란 중에)에서 키루스 2세나 키악사레스(기원전 585년 사망)의 후손이라고 주장하는 자들을 쳐부수었다. 다리우스 1세는 아르메니아와 파르티아로도 군대를 보내야 했다. 그리하여 베히스툰(오늘날 이란의 비시툰) 마을의 비문에 따르면 다리우스 1세는 수시아나에서 또 다른(세 번째) 반란을 진압한 기원전 519년까지 19번의 전투에서 반란 지도자 9명을 격파했다. 여유가 생긴 다리우스 1세는 기원전 518년과 기원전 517년의 군사행동으로 반란을 일으킨 태수들을 진압하고 정복에 나섰으며, 키루스 2세처럼 '대왕'이라는 호칭을 얻었다.

❍ 페르시아의 정복, 기원전 559~기원전 509

페르시아-아프가니스탄 전쟁, 1726~38
Persian-Afghan War of 1726~38

1709~26년의 아프가니스탄 반란이 끝날 즈음, 아프간족은 페르시아의 약 절반을 지배했으며 사파비 왕조(페르시아)의 샤 후세인(1675?~1726)을 폐위하고 길자이족(파슈툰족의 최대 부족 연맹)의 아슈라프(1730년 사망)를 왕위에 앉혔다(호타키 왕조 페르시아). 왕위에 오르지 못한 사파비 왕조의 샤 타흐마스프 2세(1704?~40)는 수하의 장군 나디르 칸(1688/98~1747)의 조언에 따랐다. 뒷날 나디르 샤로 불리는 나디르 칸은 반역을 꾀한 아프간족에 맞서 전쟁을 벌이고 있었다. 조금씩 군대의 규율을 강화한 나디르 칸은 현명하게도 병사들이 준비될 때까지 정규 전투를 피했다가 아프가니스탄이 장악한 헤라트 인근 지역을 점령했다. 나디르 칸은 1728년에 길자이족으로부터 마잔다란을 빼앗고 테헤란에 이르는 도로를 봉쇄했다. 나디르 칸은 1729년에 완벽하게 준비된 군대로서 헤라트로 진격하여 네 차례 전투에서 압달리족(두라니족. 파슈툰족의 주요 부족)을 무찔렀고, 이들을 주된 동맹자로 삼아 길자이족에 대항했다. 1729년 나디르 칸의 군대는 메흐만두스트(이란의 담간 인근)에서 압달리족의 도움으로 가짜 샤 아슈라프의 군대를 격파했다(담간 전투). 압달리족은 1729년 이스파한 인근의 무르차코르트에서도 아슈라프를 무찌르는 데 일조했다. 아슈라프는 시라즈로 도주했다. 나디르 칸은 이스파한을 점령하고 타흐마스프 2세를 샤로 즉위시켰으며 케르만의 길자이족으로부터 자발적인 항복을 받아낸 뒤 병사들을 쉬게 했다가 시라즈로 진격했다. 아슈라프는 자르간 전투(1730)에서 다시 패한 뒤 아프가니스탄의 칸다하르로 피신했으나 그곳 통치자인 사촌 후사인 호타키의 명령으로 살해됐다. 나디르 칸은 1731년에서 1732년까지 헤라트에서 반란을 일으켰다.

1732년 나디르 칸은 타흐마스프 2세를 폐위하고 대신 그의 어린 아들 아바스 3세(1731?~39?)를 샤에 앉혔으며, 나중에는 아들도 폐위시킨 뒤(1736) 자신이 직접 샤가 됐다. 한편 나디르 칸은 10만 명이 넘는 압달리족과 이들과 친족 관계인 아프샤르족을 마슈하드로 보내 호라산을 지키게 했고, 오스만 제국과 전쟁을 속행했으며(○ **오스만 제국-페르시아 전쟁, 1730~36**) 페르시아에 안정을 가져왔다. 1737년 나디르 칸은 대부분 압달리족인 8만 명의 기병대를 이끌고 당시 세계 최고의 요새였던 칸다하르로 진격했다. 1738년 나디르 칸은 칸다하르를 침공하여 후사인 호타키가 마지막까지 지키고 있던 요새를 파괴했고 도시 서쪽에 새 도시를 세워 자신의 이름을 따 나디라바드로 명명하고 길자이족에 속하지 않은 자들을 이주시켰다. 길자이족이 아닌 자들은 나디라바드로 이주했다. 나디르 칸은 칸다하르를 매우 힘들게 일부를 파괴했다. 군데군데 두께가 9미터나 되는 성벽의 잔해가 오늘날에도 남아 있다. 길자이족은 압달리족을 대신하여 호라산으로 보내졌고, 나디르 칸은 2개월을 머물다가 무굴 제국 침공을 개시했다.

○ **페르시아 내전, 1725~30**

페르시아-아프가니스탄 전쟁, 1798
Persian-Afghan War of 1798

페르시아의 샤 파트흐 알리(1772~1834)는 영국으로부터 영국령 인도로 진격하지 말고 아프가니스탄의 왕 자만 샤(1801?년 사망)를 압박하라는 권유를 받았다. 아프가니스탄을 지배한 강력한 바라크자이 왕가의 스물두 형제 중 하나였던 자만은 델리와 카슈미르 공격을 계획했다. 자만의 군대는 인도 영토를 침공했으나, 자만이 그곳에 있는 동안 파트흐 알리가 자만의 형 마흐무드 샤 두라니(1769~1829)에게 아프가니스탄 왕위를 빼앗으라고 부추겼다. 마흐무드 샤는 페르시아의 지원을 받아 칸다하르를 점령했고 이어 아프가니스탄의 수도 카불도 장악했다. 자만 샤는 인도에서 돌아왔으나 붙잡혀 두 눈을 뽑혔고 투옥됐다. 마흐무드 샤가 새로운 왕이 됐다.

페르시아-아프가니스탄 전쟁, 1816

Persian–Afghan War of 1816

페르시아의 샤 파트흐 알리(1772~1834)의 군대는 아프가니스탄 헤라트의 영유권을 주장했으며, 아프가니스탄을 침공하여 이 도시를 차지하기 위한 예비 조치로 국경의 페르시아 요새 고리안으로 행군했다. 헤라트의 지방장관은 파트흐 알리의 이름이 새겨진 주화로 큰 보상금을 지급하겠다고 약속하며 침략자들을 매수했다. 아프가니스탄 왕 마흐무드 샤 두라니(1769~1829) 궁정의 재상으로 바라크자이족 족장이었던 파테흐 칸(1818년 사망)은 헤라트 지방장관을 사로잡아 추방하라고 명령했다. 재상이 지방장관을 체포한 데 분노한 파트흐 알리는 즉시 군대에 명령을 내려 헤라트로 진군했다. 마흐무드 샤는 페르시아 군대의 진격을 막기 위해 파트흐 알리의 요구에 응하여 재상의 두 눈을 뽑았다. 피비린내 나는 싸움 끝에 마흐무드 샤는 헤라트를 제외한 영토 전부를 파테흐 칸의 동생들에게 빼앗겼다. 그중한 사람인 도스트 모함마드 칸(1793~1863)은 1826년에 아프가니스탄 에미르(군주)가 되어 바라크자이 왕조를 열었다.

페르시아-아프가니스탄 전쟁, 1836~38

Persian–Afghan War of 1836~38

페르시아 왕 무함마드 샤(1810~48)는 러시아의 영향을 받아 아프가니스탄 침공을 준비했고 호라산에 병력을 집결시킨 뒤 아프가니스탄 영토로 진입하여 헤라트로 진격했다. 1837년 11월 23일 페르시아는 헤라트를 포위하여 공격했으나, 아프가니스탄은 러시아가 그 지역을 지배하는 데 반대한 영국의 지원을 받아 10개월을 버텼다. 결국 페르시아는 1838년 9월 28일에 철수해야 했다. 아프가니스탄 지도자 도스트 모함마드 칸(1793~1863)은 이제 시크교가 점령한 국경의 동부 지역 페샤와르를 겨냥하여 두 번째 지하드(성전聖戰)에 착수하려 했으나(첫 번째 전쟁은 아프가니스탄의 내분으로 실패했다), 영국이 반대했다. 그 뒤 도스트 모함마드 칸은 자신의 궁정에 러시아인들을 끌어들였다(۞ (제1차) 영국-아프가니스탄 전쟁).

페르시아-아프가니스탄 전쟁, 1855~57
Persian–Afghan War of 1855~57

1855년 페샤와르 조약으로 영국과 아프가니스탄은 12년에 걸친 적대 관계를 청산하고 평화와 우호 관계를 공식 수립했다. 같은 해 페르시아는 헤라트를 점령하려고 아프가니스탄을 침공했으며(◐ 페르시아-아프가니스탄 전쟁, 1836~38), 아프가니스탄은 침략군에 맞서 싸우기 위해 영국에 도움을 요청했다(◐ 영국-페르시아 전쟁, 1856~57). 1857년 페르시아는 도스트 모함마드 칸(1793~1863)으로 하여금 지역의 여러 독립 지도자를 중심으로, 이어 자신의 군주권을 중심으로 아프가니스탄을 통합하도록 내버려두고 떠났다.

페르시아-오스만 제국 전쟁
Persian–Turkish Wars

◐ 오스만 제국-페르시아 전쟁

페르시아의 그리스 침공, 기원전 480~기원전 479
Persian Invasion of Greece, BCE 480~BCE 479

페르시아가 마라톤 전투에서 패한 뒤 다리우스 1세(기원전 550~기원전 486)는 대규모 육군과 함대를 모아 그리스를 침공하여 점령할 준비를 시작했다. 그러나 다리우스 1세는 출발 전에 사망했고, 그의 아들로 왕위를 계승한 크세르크세스 1세(기원전 519?~기원전 465)가 기원전 480년에 침공을 이끌었다. 페르시아는 마케도니아에서 공격해 들어와 테살리아를 점령하고 남쪽으로 진격했다. 대부분이 아테네의 해군이었던 그리스 함대가 에게 해에서 페르시아 함대와 교전하는 동안, 스파르타 왕 레오니다스 1세(기원전 480년 사망)가 이끄는 대군이 테살리아와 보이오티아 사이의 테르모필라이로 향했다. 페르시아가 후방에서 공격하자 레오니다스 1세의 부대는 좁은 고갯길에 갇혔다. 레오니다스 1세는 용감하게 저항했으나 테르모필라이는 함락됐다. 기원전 480년 9월 그리스 해군은 우월한 전투 능력으로 살라미스 해전에서 페르시아 함대를 대부분 파괴했다. 크세르크세스 1세는 병력의 절반만 이끌고 소아시아로 도주했고 마르도니우스(기원전 479년 사망)에게 남은 병력의 지휘를 맡겼다. 기원전 479년 마르도니우스는 보이오티아를 공격했으나 플라타이아에서 좌절을 겪었다. 포위당한 그리스 군대는 파우사니아스(기원전 471년 사망) 지휘관의 교묘한 작전으로 마르도니우스를 죽이고 페르시아의 주둔지를 공략하여 빼앗았다. 그리스 함대가 사모스 인근 미칼레 곶에서 페르시아 해군을 격파하면서 페르시아의 유럽 침공 위협은 영원히 사라졌다.

○ 그리스-페르시아 전쟁

페르시아의 무굴 제국 침공, 1738~39
Persian Invasion of Mogul India, 1738~39

1726~38년의 페르시아-아프가니스탄 전쟁에서 무굴 제국 황제가 아프간족을 지원하자 페르시아의 나디르 샤(1688/98~1747)는 당시 쇠락하고 있던 무굴 제국을 침공하기로 결정했다. 1738년 9월 나디르 샤는 병력 5만 명으로 카불의 항복을 받아낸 뒤 펀자브로 진격했다. 페르시아 군대는 카이베르 고개에서 무굴 제국에 승리를 거두고 이어 페샤와르와 라호르를 장악했으며 도중에 농촌을 습격하며 제국의 수도 델리로 진격했다. 거의 30만 명에 이르는 인도인과 2천 마리의 코끼리가 침략군을 저지하려고 카르날에 집결했다. 나디르 샤는 무굴 제국 군대의 주둔지를 돌아 인근의 마을에서 매복한 뒤 적군(우익)의 일부를 유인해 맹렬한 타격을 가했다. 무굴 제국 군대의 중앙군은 용감하게 싸웠으나 머스킷 총 앞에서 무기력했으며, 좌익은 전투가 지속되는 4시간 동안 아예 기동하지 못했다(1739년 2월 24일). 나디르 샤는 무굴 제국 군대의 항복을 받아내고 델리에 입성했다. 나디르 샤가 살해됐다는 소문에 샤의 병사들이 폭동을 일으켰다. 인도인들이 페르시아 군대에 저항하면서 나디르 샤는 실제로 거의 암살당할 뻔했다. 그 뒤 나디르 샤의 학살 명령에 인도인 약 2만 명이 죽임을 당했으며, 페르시아 군대는 델리 전역에서 약탈과 방화를 자행했다. 나디르 샤는 모든 주민에게서 세금을 거두어 배상금 700만 루피를 모았고, 무굴 제국 황제를 제위에 그대로 둔 채 통치 기술을 조언한 뒤 페르시아로 떠났다. 나디르 샤는 인더스 강 서쪽의 모든 무굴 제국 영토를 페르시아에 병합하고 인도의 재화와 왕실의 보석들, 코이누르 다이아몬드,* 옥좌를 빼앗아 수 킬로미터에 이르는 포장마차 행렬을 끌고 귀국했다.

페르시아의 정복, 기원전 559~기원전 509
Persian Conquests of BCE 559~ BCE 509

다리우스 1세(기원전 550~기원전 486) '대왕'은 페르시아 안에서 권력을 공고
히 다진 뒤(**◐ 페르시아 반란, 기원전 521~기원전 519**) 제국의 국경을 보호하고
확장하기 위해 군사행동을 지속했다. 다리우스 1세는 먼저 국경을 보강한
뒤, 그리스 역사가 헤로도토스(기원전 484?~기원전 425?)에 따르면 사악하고
유해했던 스키타이족을 정복하는 데 나서 카스피 해 동쪽에서 승리를 거두
었다. 이 승리로 페르시아의 영토는 동쪽 멀리 인더스 강까지 확장됐다. 기
원전 513년 다리우스 1세는 서쪽으로 시선을 돌려 트라키아 동부의 스키타
이족과 게타이족의 영토 동부를 정복했다. 이는 페르시아가 처음으로 유럽
으로 진출하게 된 대공세였다. 다리우스 1세의 군대는 배다리로 보스포루
스 해협을 건너(결국에는 도나우 강도 건넜다) 스키타이족과 게타이족을 오늘
날의 루마니아로 밀어냈다. 그 뒤 페르시아 침략자들은 고생을 했다. 적들
이 초토화 작전을 펼친 까닭에 극심한 식량난에도 시달렸다. 다리우스 1세
는 정복을 포기했고, 태수들에게 기원전 509년까지 트라키아와 소아시아의
그리스 폴리스들을 완전히 정복하고 마케도니아를 굴복시키며(항복을 받아
내는 것이 아니다) 에게 해의 림노스(렘노스) 섬과 임브로스(임로즈. 오늘날의 괴
크체아다) 섬을 빼앗으라고 명령했다. 페르시아는 이제 그리스 본토로 진격
할 수 있게 됐으나, 이 전쟁은 기원전 500년까지 연기됐다(**◐그리스-페르시아
전쟁**).

페르시아 전쟁
Persian Wars

◐ 그리스-페르시아 전쟁

페르시아 혁명,* 1906~09
Persian Revolution of 1906~09

1900년대 초 페르시아는 지극히 곤란한 처지에 놓였다. 허약한 샤 모자파르 앗 딘(1853~1907)은 병들었고, 은 가격이 폭락하고 러시아에 진 채무를 갚지 못하여 재정이 위태로웠으며, 영국과 러시아의 상업적 경쟁에 페르시아가 희생됐다. 1906년 말 샤는 헌법을 요구하는 대중의 압력에 굴복하여 서구를 모델로 삼은 근대적 문서인 기본법에 서명했고, 이에 따라 입헌군주제가 수립됐다. 모자파르 앗 딘은 곧 사망했고 아들 모하마드 알리(1872~1925)가 샤를 승계하여 헌법에 따라 구성된 새 의회(마질리스)를 해산하려 했다. 모하마드 알리는 군대를 동원하여 의회 청사를 포격하고 의회를 정지시켰다. 다시 새롭게 구성된 의회는 1906년도 헌법(첫 번째 문서)을 폐기하지 않은 채 절대주의적 헌법을 제정했으며(1907), 새로운 자유주의적 총리를 비롯하여 첫 번째 문서를 지지했던 사람들이 체포됐고(1907년 12월), 카자크 여단이 의회를 해산했으며(1908년 6월), 세 번째 의회가 이슬람 율법(샤리아)에 위배된다는 이유로 1906년 문서를 폐기했다. 그 뒤 모하마드 알리는 독재적인 통치를 시도했으나, 1908년에 타브리즈의 페르시아인들이 반란을 일으켰고, 라슈트(레슈트)와 이스파한 주민들도 1909년에 반란을 일으켰다. 1909년 3월 러시아 군대는 타브리즈를 포위하여 공격하던 샤의 군대를 도와 반란군을 잔인하게 진압했다. 1909년 7월 반란을 일으킨 라슈트의 바크티아리족 주민과 군대가 페르시아의 수도 테헤란을 공격하여 점령했고 모하마드 알리를 폐위하고 11살 된 아들 아흐마드 미르자(아흐마드 샤 카자르, 1898~1930)를 왕위에 앉혔다. 아흐마드는 카자르 왕조의 마지막 샤였으며 통치는 섭정이 했다.

* 페르시아 입헌혁명이라고도 한다.

페르시아 혁명, 1921
Persian Revolution of 1921

1921년 페르시아는 붕괴 직전에 몰렸다. 카자르 왕조의 마지막 샤였던 아흐마드 샤 카자르(1898~1930)는 허약한 데다 타락했으며, 왕국의 재정은 오로지 상업적이고 전략적인 이익만 추구한 영국과 러시아가 지배하여 혼란에 빠졌다. 1921년 2월 21일 육군 장교였던 레자 칸 팔레비(1878~1944)는 이러한 혼란을 끝내기 위해 약 3천 명의 카자크(코사크) 여단을 이끌고 수도 테헤란으로 들어가 쿠데타에 성공하여 샤 정권을 무너뜨리고 새 정부를 세웠다. 레자 칸은 스스로 방위부장관 겸 군대 총사령관이 됐고 과세권을 비롯한 권력을 이용하여 나라 전체를 장악했다. 레자 칸은 독재적 성격을 지녔지만 여러 가지 개혁을 실시했고 군대를 개편했다. 또한 러시아로 하여금 철군하게 했고(1921), 총리가 됐으며(1923), 제1차 세계대전 이후 페르시아에 군대를 주둔시켰던 영국과 철군을 협상했다. 게다가 복종적인 의회(마질리스)를 조종하여 독재권을 부여받은 뒤 자리를 비운 샤를(유럽에 있었다) 공식적으로 폐위했다(1925). 레자 칸은 이어 리자 샤로 1925년 말에 팔레비 왕조를 창설했다.

페이스트리 전쟁, 1838
Pastry War, 1838

멕시코 공화정 초기 외국인들은 내전으로 종종 재산의 손실을 보았다. 이들은 멕시코로부터 배상을 받아낼 수 없자 자국 정부에 지원을 기대했다. 페이스트리(바삭하게 구운 빵 혹은 과자)를 만들어 파는 어느 프랑스인 제빵사는 멕시코 군인들의 약탈로 상점이 파괴됐다고 주장하며 프랑스 왕 루이 필리프(1773~1850)에게 도움을 호소했다. 프랑스는 자국민이 입은 피해로 60만 페소를 멕시코에 요구했으며 함대를 파견하여 베라크루스 항구 인근의 산후안데울루아 요새를 포격하고 점령했다. 1838년 멕시코는 전쟁을 선포했다. 퇴역했던 안토니오 로페스 데 산타 아나(1794~1876) 장군이 군무에 복귀하여 멕시코 군대를 이끌고 프랑스가 잠시 점령했던 베라크루스에서 프랑스 군대와 대결했다. 아나스타시오 부스타만테(1780~1853) 대통령의 멕시코 정부는 곧 60만 페소를 지불하기로 약속했고, 프랑스 군대는 철수했다. 산타 아나는 베라크루스에서 작은 교전을 치르다 부상을 입고 한쪽 다리를 절단해야 했다.

페터먼 학살, 1866
Fetterman Massacre, 1866

광부들이 서부로 떼지어 몰려들자 미국 정부는 보즈먼 트레일을 건설하여 금광촌과 동부를 연결함으로써 광부들을 지원했다. 그러나 보즈먼 트레일이 수족 인디언의 사냥터를 침범하자 레드 클라우드(1822~1909) 족장은 이를 용납하지 않겠다고 경고했다. 와이오밍 준주 북부에 보즈먼 트레일을 보호하기 위한 포트필커니가 건설됐으나 수족은 빈번히 미국군 부대를 공격했다. 수족이 요새에서 나온 일꾼들을 덮치자 윌리엄 저드 페터먼(1833?~66) 대위가 병사 82명을 이끌고 구출에 나섰다. 페터먼의 부대는 요새 밖으로 나오자마자 함정에 빠져 1866년 12월 21일 하이 백본 족장이 지휘하는 1,500명 규모의 수족 전사들에게 학살당했다. 그 뒤 보즈먼 트레일의 일부가 폐쇄됐다.

○ 수족 인디언 전쟁, 1866~68

펜러독의 반란, 1655
Penruddock's Revolt, 1655

1655년 초 잉글랜드와 스코틀랜드, 아일랜드의 '호국경' 올리버 크롬웰(1599~1658)은 협조적이지 않은 의회를 해산하고 군사 독재자가 됐다. 많은 사람이 왕정복고를 원했기에 왕당파의 반란들이 이어졌다. 잉글랜드 윌트셔에서 기사 가문의 후손으로 왕당파였던 존 펜러독(1619~55)은 정치 활동 때문에 이미 재정상 피해를 입은 상태였다. 펜러독은 지지자 200명과 함께 솔즈버리를 점령하고 왕당파를 반역죄로 재판하던 판사들을 체포했다. 펜러독은 그들의 목숨을 살려준 뒤 데번으로 진격했으나 크롬웰의 연대에 붙잡혔다. 펜러독은 자신이 솔즈버리에서 생포했던 판사들 앞에서 재판을 받고 유죄 선고가 내려져 참수됐다. 그러나 크롬웰은 약간의 관대함을 보여 펜러독의 자식들에게 몰수당한 영지의 일부를 할양했다.

○ (제1차) 잉글랜드 내전

펠로폰네소스 전쟁

Peloponnesian War

제1차 펠로폰네소스 전쟁(기원전 460~기원전 445) 델로스 동맹(●그리스–페르시아 전쟁)은 점차 아테네의 해상 제국으로 변질되어 아테네의 경쟁국이자 그리스의 폴리스인 스파르타와 코린토스의 적의를 불러일으켰다. 아테네는 헤일로타이*의 반란에 시달렸던 스파르타(●(제3차) 메세니아 전쟁)에 지원을 제안했으나 거부당하자 스파르타의 적들과 동맹했다(기원전 462). 코린토스와 싸운 메가라는 아테네에 지원을 요청하여 받았고, 그로써 기원전 460년에 전쟁이 촉발됐다. 아테네는 초기에 코린토스 함대를 격파하고(기원전 460) 메가라를 공격하러 온 코린토스 군대를 무찌른 뒤(기원전 459) 점차 그리스의 육상 제국으로 변모했다. 기원전 457년 아테네는 코린토스의 동맹국인 아이기나를 포위하여 점령했다. 스파르타는 동맹국인 테바이를 지원하기 위해 보이오티아로 원정대를 파견하여 양동작전을 펼쳤다. 스파르타는 테바이 인근 타나그라 전투(기원전 457)에서 아테네에 승리를 거두었으나 철수했다. 그 뒤 아테네는 오이노피타에서 테바이를 무찌르고(기원전 457) 보이오티아를 차지했다. 기원전 455년 아테네는 페리클레스(기원전 495?~기원전 429)의 지휘로 아카이아 해안의 좁고 긴 띠 모양의 땅을 차지했고 스파르타의 헤일로타이를 노예로 삼아 코린토스 만에 식민지를 건설하라고 명령했다. 기원전 451년 5년간의 휴전이 성사됐다. 보이오티아가 아테네에 반란을 일으킨 뒤 흐름은 스파르타와 그 동맹국들에게 유리하게 바뀌었다. 메가라와 포키스, 에우보이아가 반란을 일으켰다(●(제2차) 신성 전쟁). 스파르타 군대가 아테네로 진격했으나 페리클레스가 제때에 저지했다. 아테네는 에우보이아를 되찾았지만, 아테네의 육상 제국은 사라졌다. 기원전 445년에 평화협상이 타결되어 아테네는 해상 제국을, 스파르타는 육상 제국을 보유하게 됐다. 두 나라는 30년간 우호 관계를 유지하기로 했으나, 겨우 14년이 지난 뒤 스파르타와 아테네의 식민 폴리스들과 동맹국들이 서로 싸우면서 전쟁이 재개됐다. **제2차 펠로폰네소스 전쟁**(기원전 431~기원전 404)* 전쟁은 아테네가 동맹국인 플라타이아에서 테바이에게 승리를 거두며 시작됐다. 그 뒤 페리클레스는 정규전을 피하는 정책을 취했고 스파르타는 아테네를 포위했으나 실패했다(● 아르키다모스 전쟁). 그러나 전염병이 퍼져 페리클레스와 아테네 주민의 4분의 1이 사망했고, 아테네의 새로운 지도자 클레온(기원전 422년 사망)은 전쟁 정책을 습격과 봉쇄로 변경하여 기원전 429년에 코린토스 만을 차단하는 데 성공했다. 아테네는 클레온의 지휘로 레스보스의 반란을 진압했고(기원전 428), 보이오티아를 점령하려다 실패했으며(기원전 427), 코린토스 만의 기지를 단 한 곳만 제외하고 전부 장악했다. 이후 기원전 425년에 아테네는 스파르타 영토인 스팍테리아에 기지를 세우는 놀라운 성과를 거두었다. 기원전 424년 아테네가 메가라와 그 항구 니사이아에서 승리를 거둔 것은 새로운 전쟁 정책이 옳았음을 입증하는 듯했다. 그러나 보이오티아 원정이 델리온(델리움)에서 실패하면서 사기는 저하됐고, 니키아스(기원전 470?~기원전 413)가 이끄는 아테네의 주화파가 클레온에 반대했다. 아테네의 정책은 정파적으로 결정됐고, 그 결과는 종종 재앙에 가까웠다. 기원전 424년 브라시다스(기원전 422년 사망) 장군이 지휘하는 스파르타 군대가 암피폴리스에서 아테네를 격파했다. 1년간의 휴전 뒤에 아테네가 암피폴리스를 탈환하려 했으나 무위에 그쳤다(○ 브라시다스의 침공). 클레온과 브라시다스가 사망한 뒤 아테네의 새로운 지도자 니키아스는 잘못된 강화를 체결했다(기원전 421). 아테네는 필로스(메세니아의 항구)를 보유하고 스파르타는 암피폴리스를 차지하기로 했다. 아테네의 기민한 정치인 알키비아데스(기원전 450?~기원전 404)는 스파르타와 관계를 끊고 아르고스와 만티네이아, 테게아(이전의 스파르타 동맹국)와 동맹을 맺었다. 50년 동안 지속될 예정이었던 평화가 끝났다. 알키비아데스는 니키아스 일파를 설득하여 시칠리아의 시라쿠사를 정복한다는 화려한 계획을 지지하게 만든 것으로 보인다. 기원전 415년 아테네의 해군과 육군이 시라쿠사를 향해 떠났으나, 신성모독 혐의로 소환된 알키비아데스는 배신하여 스파르타로 넘어갔고 스파르타를 설득하여 군대를 파견하여 시라쿠사를 돕도록 했다. 니키아스가 지휘한 아테네 군대는 시라쿠사 공성에 실패했으며 기원전 414년에는 오히려 자신들이 포위당했다. 아테네의 위대한 장군 라마코스(기원전 414년 사망)가 전사했으며, 아테네 함대는 기원전 413년에 스파르타·코린토스·시라쿠사의 연합 함대에 파괴됐다. 아테네인 생존자는 대부분 노예가 됐다. 아테네는 인명 4만 명 이상과 선박 240척을 잃었고, 지도자 니키아스와 데모스테네스(기원전 413년 사망)가 붙잡혀 처형됐다. 알키비아데스의 인도를 받은 스파르타는 아티카의 데켈레이아에 요새를 건설하여 아테네를 위협했고, 아테네는 라우리온 은 광산을 이용할 수 없게 되어 재정에 어려움을 겪었다. 사르데이스(오늘날의 사르디스)의 페르시아 태수는 스파르타와 조약을 체결하고 소아시아에 있는 아테네의 식민지들에 반란을 일으키라고 부추겼다(스파르타는 소아시아에 대한 페르시아의 종주권을 인정하고 페르시아의 자금을 들여와 해군을 유지했다). 아테네는 기적같이 함대를 재건하고 반란을 일으켰던 몇몇 폴리스를 되찾았으며(기원전 412), 알키비아데스는 비밀리에 아테네에 다시 합류할 것을 협상하여 아테네 과두지배를 분쇄하는 데 협력하겠다고 약속한 뒤 부름을 받았다(기원전 411). 함대의 사령관으로 임명받은 알키비아데스는 기원전 410년에 키노세마와 아비도스에서 스파르타 함대에 승리를 거두었다. 스파르타·페르시아의 해군과 육군은 키지코스 전투(기원전 410)에서 결정적인 패배를 당했으며, 스파르타는 현상을 유지하는 강화를 요청했으나, 아테네의 새로운 지도자 데마고기아(선동정치가) 클레오폰(기원전 404년 사망)은 이를 거부했다. 기원전 408년 아테네는 알키비아데스의 정복으로 비잔티움(오늘날의 이스탄불)을 다시 지배했다. 알키비아데스는 아테네로 개선했으나 에페소스에 남겨두고 온 함대가 기원전 406년 노티온(노티움) 앞바다에서 리산드로스(기원전 395년 사망)가 지휘하는 스파르타·페르시아 함대에 패하면서 곧 영향력을 상실했다. 그 뒤 아테네 함대는 레스보스에서 봉쇄당했으나, 전혀 새로운 함대를 구성하여(아테네가 거의 파산 지경에 이르렀기에 이는 불가사의한 일이었다) 기원전 406년에 아르기누사이 전투에서 스파르타를 격파했다. 스파르타가 강화를 제의했으나 클레오폰은 다시 거절했다. 기원전 405년 리산드로스의 해군이 야간에 정박 중인 아테네 함대의 군함 약 200척을 기습하여 헬레스폰트(오늘날의 다르다넬스) 해협 인근 아이고스포타미 해전에서 완전히 파괴했다. 아테네의 해군 군인들은 사로잡히고 학살당했다. 리산드로스는 페이라이에우스(오늘날의 피레아스)와 아테네로 항해하여 두 곳 모두 포위했고, 6개월이 지나자 굶어 죽어가던 아테네인들은 항복했다. 클레오폰은 재판을 받고 사형당했다. 그리하여 아테네에서는 요새들이 파괴되고 함대는 군함 12척으로 축소됐으며 과두제가 회복됐다. 스파르타에 종속된 협력자로 낙인 찍힌 고대 아테네는 이후 다시는 정치력을 회복하지 못했다.

포르투갈 내전, 1449
Portuguese Civil War of 1449

1446년 아폰수 5세(1432~81)가 포르투갈 왕이 됐고 섭정이었던 삼촌 코임브라 공작 페드루(1392~1449)의 딸과 결혼했다. 아폰수 5세는 선왕 두아르트(1391~1438)의 어머니가 다른 동생으로 또 다른 삼촌인 아폰수(1377~1461)를 브라간사 공작으로 봉작했는데, 브라간사 공작은 왕에게 영향력을 행사하여 페드루에게서 멀어지도록 했고 왕의 냉대를 느낀 페드루는 코임브라로 물러갔다. 페드루에 대한 비난이 그치지 않자 아폰수 5세는 이를 진실로 믿고 페드루에게 병력을 넘겨달라고 요구했다. 페드루가 군대를 포기하지 않자 브라간사 공작이 대결에 나섰으나 페넬라에서 페드루의 지지자들에 패주했다. 1449년 5월 21일 아폰수 5세는 알파호베이라 강가에 3만 명의 군사를 집결시켰고 이어진 전투에서 페드루와 그 병사들을 학살하여 전쟁을 끝냈다.

포르투갈 내전, 1481~83
Portuguese Civil War of 1481~83

1481년에 포르투갈 왕으로 즉위한 주앙 2세(1455~95)는 재정과 통치에서 권력 남용의 죄가 있는 귀족의 권한을 축소하려 했다. 주앙 2세가 1481년 에보라에서 소집한 코르트스(신분제 의회)는 귀족들을 제약하고 충성서약을 요구하는 규정을 만들었다. 귀족들은 이러한 조치에 불만을 품고 음모를 꾸며 반란을 일으켰으나 왕은 이들을 잔인하게 진압하고 사형했다. 주앙 2세는 궁정에서 반란을 일으킨 사촌 2명을 직접 살해했다. 주앙 2세는 이처럼 귀족을 가혹하게 다루었는데도 중간계급과 농민의 전폭적인 지지를 받았다.

포르투갈 내전, 1823~24

Portuguese Civil War of 1823~24

1823년 포르투갈에서 민주주의적 헌법의 초안이 작성되던 중에, 왕당파는 절대왕정으로 복귀하기 위해 두 차례 폭동을 일으켰으나 실패했다. 첫 번째 폭동은 빌라헤알에서, 두 번째 폭동은 빌라프란카드시라에서 일어났다. 두 번째 폭동은 포르투갈 왕 주앙 6세(1767~1826)의 셋째 아들인 동 미겔 (1802~66)의 지원을 받았다. 1824년 4월 30일 동 미겔과 왕당파 추종자들은 리스본의 정부에 반기를 들었고, 리스본 수비대 군인들은 동 미겔을 왕으로 인정했다. 왕비인 어머니가 동 미겔 편에 합세했다. 리스본의 경찰총 감 등은 작당하여 왕실에 반대했다는 혐의로 체포됐고, 주앙 6세는 온건한 조언자들이 두려움에 피신한 뒤 벰포스타 궁전에 홀로 남았다. 동 미겔은 자신의 추종자들을 군 장교로 임명했다. 포르투갈 주민들은 동 미겔이 군주인 주앙 6세를 방자하게 대우하는 데 분노하여 지원을 거두어들였고, 동 미겔은 아버지에게 용서를 구해야 했다. 주앙 6세는 외교관들의 지원을 받아 다시 통치권을 확립할 수 있었고, 동 미겔은 체포되어 빈으로 추방됐다. 왕은 코르트스*를 재설치하는 헌법을 승인했다. 1825년 주앙 6세는 브라질의 독립을 수용했고, 브라질과 포르투갈의 계승권을 전부 브라질 황제인 아들 페드루 1세(포르투갈 왕 페드루 4세, 1798~1834)에게 부여했다(**◑ 브라질 독립 전쟁**).

◑ 포르투 혁명

* 코르트스는 신분제 의회인데, 이때는 근대 의회다.

포르투갈 내전, 1826~27

Portuguese Civil War of 1826~27

포르투갈 왕 주앙 6세(1767~1826)가 사망하자 아들인 브라질 황제 페드루 1세(1798~1834)가 포르투갈의 새로운 왕 페드루 4세로 인정됐다(**◑ 포르투갈 내전, 1823~24**). 페드루 4세는 (영국식 의회제를 기본으로 하는) 포르투갈 헌법 제정 선언을 발표했으나 브라질에 머물렀고 포르투갈 왕위를 어린 딸 마리아 다 글로리아(1819~53)에게 넘겨주었다. 조건은 마리아 다 글로리아가 자신의 동생 동 미겔(1802~66)과 약혼하고 동 미겔은 입헌 정부를 수용한다는 것이었다. 동 미겔을 지지하는 왕당파와 입헌주의자들 사이에 내전이 발발했다. 이른바 미겔파라고 불렸던 왕당파는 리스본을 장악했고, 입헌주의자들은 포르투의 주앙 카를루스 드 살다냐 올리베이라 이 다웅(1790~1876)의 도움을 받았다. 1827년 1월 영국군 5천 명이 리스본에 상륙하여 입헌주의자들을 도와 동 미겔의 추종자들을 진압했다. 동 미겔이 페드루 4세의 선언에 동의하자 영국군은 떠났고(동 미겔은 앞서 대리인을 내세워 마리아 다 글로리아와 혼인했으나 신방에 든 적이 없었다), 동 미겔은 섭정에 임명됐다.

○ 미겔파 전쟁

포르투갈-네덜란드의 동인도제도 전쟁, 1601~41
Portuguese-Dutch Wars in the East Indies, 1601~41

17세기 초 네덜란드인들은 동인도제도(오늘날의 말레이 제도)에서 우위를 차지하고 100년 이상 그 지역을 지배했던 포르투갈인들을 대신하기 시작했다. 1601년 네덜란드인들은 실론(스리랑카)의 통치자와 동맹을 맺고 섬에서 포르투갈인들을 내쫓았다. 1602년 네덜란드인들은 반다 섬(인도네시아 동부) 근해에서 포르투갈의 강력한 해군에 패배를 안겼다. 네덜란드인들은 포르투갈인들이 장악한 북쪽의 암보이나(암본) 섬을 점령했고(1605), 이어(1608) 포르투갈인들을 압박하여 12년간의 휴전에 동의하도록 했다. 1619년 네덜란드인들은 일본인의 자카르타 정착지를 점령하여 완전히 파괴했으며 인근에 성벽을 쌓아 수도 바타비아(식민지 시대 자카르타의 이름)를 건설했다. 바타비아는 네덜란드동인도회사의 본부가 됐다. 네덜란드 선박들은 이곳에서 출항하여 잉글랜드인들과 지역의 토착 지배자들은 물론 몹시 증오했던 포르투갈인들과 대결했다. 네덜란드인들은 암보이나와 반다, 트르나테, 실론, 자바 섬과 향신료를 교역하는 귀중한 권리를 점차 획득했으며, 이 섬들과 여타 동인도제도에 전초기지나 상관商館을 설치했다. 네덜란드인들은 멀리 포르투갈령 인도까지 가서 싸웠다. 실론의 주요 항구이자 향신료의 집산지인 갈러(골)는 1507년 이래로 포르투갈이 지배했지만 1640년에 네덜란드인들이 침공하여 점령했다. 그해 말레이 반도 남쪽에 포르투갈이 장악한 항구도시 믈라카(말라카)도 포위공격을 받았다(○ 믈라카 포위공격). 1641년에 믈라카가 함락되자, 포르투갈의 상업제국이 몰락하면서 네덜란드인들은 동인도의 새로운 유럽인 주인이 됐다.

○ 암보이나 학살

포르투갈-모로코 전쟁, 1458~71
Portuguese-Moroccan War of 1458~71

포르투갈 왕 '아프리카인' 아폰수 5세(1432~81)와 카스티야 왕 엔리케 4세(1425~74)가 이슬람교도를 겨냥하여 십자군을 시작하기로 협정을 맺은 것은 콘스탄티노플(오늘날의 이스탄불)의 함락(1453) 이후 유럽인들이 오스만 제국의 이슬람교도에 두려움을 느꼈던 탓이 컸다. 엔리케 4세는 그라나다(오늘날 에스파냐의 남부)의 무어인을 복속시키기로 했고, 아폰수 5세는 서북 아프리카 모로코의 이슬람교도를 정복하기로 했다. 1458년 아폰수 5세는 이슬람교도의 탕헤르 요새를 파괴하고자 병력 2만 5천 명을 이끌고 지브롤터 해협을 건넜으나 설득당하여 내륙 도시 크사르엣세기르(알카세르세게르)를 포위하여 함락했다. 1464년 아폰수 5세는 마침내 모로코에 있는 이슬람의 주요 항구 탕헤르를 공격했으나 큰 패배를 당하여 왕 자신도 간신히 목숨을 건졌다. 아폰수 5세는 여러 해 동안 군사행동에 나서기를 꺼려했다. 1468년 포르투갈은 대서양에 닿아 있는 이슬람의 도시 안파(오늘날의 카사블랑카)를 점령하여 파괴했다. 3년 뒤 아폰수 5세는 약 3만 명의 병력을 이끌고 탕헤르로 진격하여 패주하는 이슬람교도를 학살했다. 공포에 사로잡힌 탕헤르 시민은 도시를 버렸고, 포르투갈이 이를 넘겨받았다.

○ 에스파냐의 그리스도교도-이슬람교도 전쟁, 1481~92

포르투갈-모로코 전쟁, 1578
Portuguese-Moroccan War of 1578

예수회 교육을 받은 포르투갈 왕 세바스티앙(1554~78)은 오늘날의 모로코에 있는 이슬람교도를 겨냥한 대규모 십자군을 꿈꾸었다. 교황 그레고리오 13세(1502~85)와 에스파냐 왕 펠리페 2세(1527~98)는 만류했지만, 1578년 6월 세바스티앙은 대체로 용병이었던 약 2만 5천 명의 병력을 이끌고 모로코 페스의 왕위 요구자를 지원하러 원정을 떠났다. 포르투갈 군대는 육로로 크사르엘케비르(알카세르키비르)를 향해 진격했다. 그곳에는 병력 수에서 우세했으나 식량이 부족하고 뜨거운 햇볕에 지친 페스(모로코 술탄국의 사디 왕조) 왕의 이슬람 군대가 기다리고 있었다. 1578년 8월 4일 '세 왕의 전투'에서 고집 센 세바스티앙이 모로코 왕위 요구자와 함께 포르투갈인과 용병으로 구성된 군대를 이끌고 싸움에 나섰으나 이슬람에 참패를 당했다. 페스 왕과 세바스티앙, 페스 왕위 요구자 모두 전장에서 죽었다. 세바스티앙의 병사 약 8천 명이 사망했고, 1만 5천 명이 포로가 됐으며, 나머지는 간신히 도주했다. 이슬람교도는 포로가 된 귀족들을 두둑한 몸값을 받고 풀어주었다. 이 때문에 거의 파산 지경에 이른 포르투갈에서는 세바스티앙이 전사하지 않았다는 소문이 끊이지 않았고, 세바스티앙이 언젠가 돌아와 에스파냐의 지배를 끝내고 포르투갈을 구원하리라는 메시아 신앙인 세바스티아니즈무 Sebastianismo가 출현했다.

○ 에스파냐-포르투갈 전쟁, 1580~89

포르투갈-무굴 제국 전쟁, 1631~32
Portuguese-Mogul War of 1631~32

갠지스 강 삼각주에 자리 잡은 후글리는 1537년에 포르투갈이 건설했는데 곧 인도 동부의 벵골 만에서 포르투갈의 가장 중요한 항구가 됐다. 성공은 곧 몰락이기도 했다. 그곳에서 포르투갈은 소금을 전매했고, 높은 수수료를 받고 벵골 무역을 관리했으며, 담배에 관세를 부과했다. 포르투갈은 담배에 부과한 관세를 무굴 제국과 나누지 않았으며, 여전히 이슬람교도와 힌두교도 어린이를 잡아 노예로 팔아 상황을 더욱 복잡하게 했다. 무굴 제국 황제 샤 자한(1592~1666)은 이러한 행태를 중단하라고 했으나 소용이 없자 포르투갈의 후글리 요새를 파괴할 계획을 세웠다(1631). 1632년 6월 24일 약 15만 명의 무굴 제국 군대가 후글리를 공격하여 석 달 동안 포위했다. 후글리를 방어하던 병력은 포르투갈 군인 300명과 원주민 그리스도교도 군대 700명이었다. 주민 수백 명이 배를 타고 탈출하려다 익사했고, 무굴 제국 군대는 병사 1천 명을 잃으며 후글리를 함락했다. 요새를 방어하다 살아남은 약 400명은 포로가 되어 무굴 제국 수도 아그라로 끌려갔고 이슬람교로 개종하기를 거부하여 뒷날 처형당했다(1635). 후글리 항구는 다시는 번영을 구가하지 못했다.

포르투갈-에스파냐 전쟁
Portuguese–Spanish Wars

○ 에스파냐-포르투갈 전쟁

포르투갈-오만의 동아프리카 전쟁, 1652~1730
Portuguese–Omani Wars in East Africa, 1652~1730

포르투갈은 오늘날 케냐 근해의 몸바사 섬을 근거지로 삼아 여러 해 동안 아프리카 동해안의 황금 무역과 노예무역을 지배했다. 1652년 몸바사 원주민들은 아라비아 반도 오만의 술탄에게 포르투갈인들을 내쫓아달라고 요청했다. 오만의 술탄은 함대를 파견하여 몸바사 남쪽 포르투갈인이 장악한 잔지바르 섬을 공격했다. 이는 동아프리카 해안과 현지의 천연자원, 이윤이 큰 아프리카 노예무역의 지배권을 두고 아랍의 이슬람교도 오만인들과 포르투갈(백인 그리스도교도)이 벌인 오랜 투쟁의 시작이었다. 1687년 파테(케냐 외해의 섬)의 전임 왕이 오만인들로부터 왕국을 되찾고자 포르투갈에 도움을 호소했다. 파테에 도착한 포르투갈 함대는 훨씬 더 강한 오만 함대와 부딪치자 남쪽의 몸바사로 퇴각해야 했다. 1696년 오만 함대가 몸바사로 항해하여 포르트제주스를 포위했다. 포르투갈은 3년 동안 포위공격을 견디다 패배를 인정했고, 델가두 곶 이북의 해안 교역소를 모조리 빼앗겼다. 1727년 포르트제주스의 아랍인 수비대가 폭동을 일으켰고, 파테 왕은 오만인들을 축출하려고 포르투갈에 지원을 간청했다. 당시 오만은 사회가 혼란하여 증원군을 보낼 수 없었다. 포르투갈은 별다른 전투 없이 몸바사와 파테를 탈환했고 잔지바르에 다시 노예무역 기지를 세웠다. 원주민과 포르투갈인은 곧 갈등을 겪었고, 포위된 포르투갈 수비대는 결국 굶주려 항복했다. 1730년 포르투갈인들은 잔지바르와 몸바사, 파테에서 쫓겨나 인도 서해안의 고아나 포르투갈령 동아프리카(모잠비크)의 식민지로 빠져나갔다.

포르투갈의 디우 전쟁, 1509~47
Portuguese Campaigns against Diu, 1509~47

포르투갈은 동인도제도(오늘날의 말레이 제도)의 향료 무역을 독점하기 위해 이집트의 이슬람교도로부터 아라비아 해의 통제권을 빼앗으려고 했다. 포르투갈은 인도에 요새와 교역소를 설치했을 뿐만 아니라(➡ 포르투갈의 인도와 동인도제도 정복) 1509년에 인도 구자라트 술탄국의 소유였던 디우 섬 근해에서 이집트 함대를 격침시켜 이슬람교도에 대한 군사 공격을 시작했다. 고아 같은 인도 서해안의 항구도시들을 정복한 포르투갈은 1531년에 디우를 점령하기 위해 체계적인 노력을 기울였다. 디우를 방어하던 이집트인과 구자라트의 군인들은 1533년에 굴복했고, 포르투갈은 이후 400년 넘게 디우를 지배했다. 1538년에 구자라트가 디우를 포위했으나 실패했고, 디우는 고아와 다만(1538년에 점령됐다)과 함께 요새로 구축되어 아라비아 해의 동단을 지배하는 포르투갈의 교역 중심지가 됐다. 그렇지만 포르투갈의 지배는 아직 절대적이지 않았다. 1546~47년에 구자라트가 디우를 포위공격하여 크게 성공을 거두었고, 고아의 포르투갈인들이 전선을 사수하기 위해 증원군을 파견해야 했다. 디우와 다만, 고아는 1961년까지 포르투갈이 계속 지배하다 인도에 빼앗겼다.

포르투갈의 세우타 정복, 1415
Portuguese Conquest of Ceuta, 1415

무어인들은 자신들의 페스 술탄국 술탄이 마그레브(모로코, 알제리, 튀니지, 리비아 등의 북아프리카 서부 지역)에서 발생한 반란을 진압하는 동안 서북아프리카 지브롤터 해협에 있는 군항 도시 세우타를 무방비 상태로 내버려두었다. 포르투갈 왕 주앙 1세(1357~1433)와 엔히크(1394~1460) 항해왕자를 비롯한 왕자들은 그리스도교도 십자군으로서 교황과, 카스티야 왕국과 레온 왕국 왕의 지원을 받기 위해 1415년 7월 25일 세우타를 공격하려고 리스본에서 함대를 출항시켰다. 주앙 1세는 뒷날 '항해자'로 유명해지는 엔히크 왕자가 전투 경험을 쌓기를 원했다. 함대는 타리파에 닻을 내렸다가 세우타로 이동했고, 세우타는 첫 번째 공격을 잘 버텼다. 세우타 주민들은 실제보다 그 수가 더 많아 보이게 하려고 창문에 초를 켜두었다. 산악지대의 무어인들이 내려와 세우타를 방어했지만, 포르투갈인들은 두 번째 공격에서 세우타를 점령했다(1415년 8월 24일). 이 사건으로 포르투갈의 아프리카 본토 진출이 시작됐다. 그 뒤 3년 동안 주로 그라나다의 무어인들이 거듭하여 세우타를 공격했지만, 이곳에 남은 소수의 병력이 이를 막아냈다.

포르투갈의 인도와 동인도제도 정복, 1500~45
Portuguese Conquests in India and the East Indies, 1500~45

1498년 바스쿠 다 가마(1469?~1524)가 지휘하는 포르투갈 탐험대는 인도 말라바르 해안의 캘리컷(오늘날의 코지코드)에 상륙했다. 석 달 뒤 이들은 인도가 포르투갈에게 기회라는 확신을 갖고서 향신료를 싣고 귀항했다. 포르투갈은 이로써 그리스도교 개종자들과 많은 향신료를 얻을 수 있으며, 그리스도교 세계를 잠식하여 증오의 대상이었던 이슬람교도의 동지중해 무역 독점을 깨뜨릴 수 있다고 믿었다. 1498년 상륙 이후 포르투갈 제국이 세운 계획은 동인도제도(오늘날의 말레이 제도)에서 아라비아 해까지 일련의 요새들과 무역기지들을 설치하고 중무장한 함대로 지킨다는 매우 특이한 것이었다. 포르투갈 식민지를 세운다는 계획은 없었으며, 실제로 1557년 중국 해안에서 마카오를 획득할 때까지 식민지는 건설되지 않았다. 그러나 원정대는 1505년까지 향신료를 싣고 고국으로 귀항할 때마다 우호적인 라자(힌두교 국가 군주)들과 적대적인 술탄들에게 그리스도교도 상인의 우월함을 보여주기 위해 선박에서 오만한 태도로 대포를 발사했다. 1505년에 프란시스쿠 드 알메이다(1450?~1510)를 시작으로 포르투갈의 총독이 건너왔다. 1509년에서 1515년까지 총독을 지낸 아폰수 드 알부케르크(1453~1515)는 포르투갈의 마지막 제국 건설 계획을 발전시켰다. 인도의 캘리컷과 코치, 칸누르, 소코트라(예멘 해안 외해의 섬), 동아프리카 해안에 항구들이 세워졌다. 1509년에는 디우(인도의 섬) 외해에서 포르투갈인들이 이집트의 함대를 파괴했다(**○ 포르투갈의 디우 전쟁**). 포르투갈인들은 두 차례의 종군 이후 비자푸르의 시아파 샤와 비자야나가르의 통치자로부터 말라바르 해안의 고아를 빼앗았다. 1511년 알부케르크는 믈라카(말라카)를 점령하여 동인도제도의 향신료 재배 지역을 정복하는 데에 나섰다. 1516년에 아체와 파사이가 무너졌고, 트르나테와 티도레는 1521년에, 마카사르는 1545년에 함락됐다. 포르투갈은 이때까지 캘리컷과 네 차례(1505, 1509, 1510, 1525~26)에 걸쳐 전쟁을 했다. 잔혹한 싸움 끝에 승리하여 차울을 얻었으며(1520), 디우를 정복했고(1533), 봄베이(오늘날의 뭄바이)를 지배했으며(1534), 다만에서 승리를 거두었다(1538). 포르투갈인들은 나라를 불문하고 이슬람교도에게는 지독히도 적대적이었고 힌두교도와는 우호적으로 공공연히 통혼했으며 반세기도 지나지 않아 향신료 독점권을 장악했고 역사상 가장 큰 무역 제국의 하나를 갖게 됐다.

○ 비자야나가르 왕국 전쟁, 1509~65

포르투갈-카스티야 전쟁, 1140
Portuguese-Castilian War of 1140

아폰수 엔히크스(1109?~85) 백작은 오리크 전투(오늘날 포르투갈 남부의 오리크 인근)에서 무어인에게 승리를 거둔 뒤 사촌인 카스티야 왕국과 레온 왕국의 왕 알폰소 7세(1105~57)로부터 독립을 선언하고 포르투갈의 초대 왕 아폰수 1세에 올랐다(1139). 아폰수 엔히크스는 이어 갈리시아 남부(에스파냐 서북부) 땅에 대한 어머니의 정당한 권리를 찾으려 했다. 그러자 1140년 알폰소 7세는 군대를 일으켜 포르투갈 영토를 침공했다. 아폰수 엔히크스와 알폰소 7세가 아르쿠스드발드베스에서 만나 마상 경기로 분쟁을 해결하기로 결정했다. 1141년 이 모의 전투에서 포르투갈이 승리하여 땅을 확보했으며, 알폰소 7세는 마지못해 아폰수 엔히크스를 포르투갈 왕으로 인정했다. 알폰소 7세는 1143년의 사모라 조약에서 정식으로 아폰수 1세의 즉위를 승인했다.

포르투갈-카스티야 전쟁, 1369~88
Portuguese-Castilian Wars of 1369~88

백년 전쟁 중, '공정왕'이나 '무자비왕'으로 불렸던 포르투갈의 페드루 1세(1320~67)는 카스티야 왕위와 레온 왕위를 두고 백작 엔리케 데 트라스타마라(1333~79, 재위 1366~67, 1369~79)와 다투었다. 페드루 1세가 살해되자 아들 '미남왕' 페르난두 1세(1345~83)가 포르투갈 왕이 됐고 카스티야의 여러 도시가 바친 충성을 받아들였다. 1369년 엔리케 백작은 카스티야(와 레온) 왕위를 얻어 엔리케 2세가 된 뒤 즉각 포르투갈을 침공했다. 페르난두 1세는 알코팅 평화조약(1371)을 수용하여 카스티야에 대한 권리 주장을 포기하고 엔리케 2세의 딸과 결혼하기로 약속할 수밖에 없었다. 그렇지만 페르난두 1세는 포르투갈 귀족 출신으로 기혼자인 레오노르 텔스스 드 메네즈스(1350~86)를 마음에 두고 있었다(페르난두 1세는 나중에 결혼 약속을 무효로 하고 레오노르 텔르스를 왕비로 삼았다). 1372년 엔리케 2세는 다시 포르투갈을 침공하고 수도 리스본을 포위했다. 페르난두 1세는 여러 성을 내주어야 했으며, 형이었던 엔리케 2세와 내전을 치르며 퇴위당했다가 복위한 카스티야 왕 페드로 1세(1334~69, 재위 1350~66, 1367~69)의 장녀 콘스탄사(1354~94)와 결혼했기에 카스티야 왕위를 요구했던 잉글랜드의 랭커스터 공작 존 곤트(1340~99)와 관계를 끊어야 했다. 엔리케 2세가 사망한 뒤 페르난두 1세는 잉글랜드와 다시 동맹을 맺었고, 1381년 잉글랜드 군대가 포르투갈 군대와 합세하여 카스티야를 침공했다. 그러나 전쟁은 페르난두 1세에게 재앙이었다. 페르난두 1세는 평화조약을 체결하고(1382년 8월) 그의 딸이자 상속녀인 베아트리스 드 포르투갈(1372?~1412?)을 카스티야 왕 후안 1세(1358~90)와 혼인시켜야 했다. 인기 없는 군주였던 페르난두 1세가 사망한 뒤 포르투갈 주민들은 카스티야의 포르투갈 소유권 주장에 반대하여 페드루 1세의 서자인 아비스 기사단의 단장 주앙 1세(1372?~1412?)를 '왕국의 수호자'로 선택했다. 섭정으로 통치하던 왕비 레오노르 텔르스는 리스본에서 내쫓겨 산타렝으로 도피했고, 그곳에서 1384년에 포르투갈을 침공하던 카스티야 왕 후안 1세의 도움을 받았다(레오노르 델르스는 곧 수녀원으로 보내졌다). 후안 1세는 리스본을 포위하여 공격했지만 전염병이 돌고 포르투갈 반역자들의 지원이 약했던 탓에 실패한 뒤 부대를 이끌고 카스티야로 돌아갔다. 1385년 4월 6일 코임브라의 포르투갈 코르트스(신분제 의회)는 아비스 가문의 주앙 1세를 새로운 왕으로 선포했고, 주앙 1세는 즉시 자신의 통치에 저항하는 지역을 공격했다. 이 일로 카스티야의 후안 1세가 프랑스 기사들과 연합하여 군대를 이끌고 돌아왔다. 1385년 8월 14일 리스본 인근 알주바호타 전투에서 포르투갈 군대는 수적으로 열세였으나 잉글랜드 궁수들의 도움을 받아 카스티야·프랑스 군대를 격파하여 포르투갈에서 내쫓았다. 포르투갈은 확실하게 독립을 확보했다. 1386년 포르투갈과 잉글랜드는 윈저 조약에 서명하여 영구 동맹을 수립했다. 카스티야 왕위를 한층 더 강하게 요구했던 존 곤트는 1387년에 포르투갈의 지원을 받아 카스티야를 침공했으나 성공하지 못했다. 1388년 존 곤트는 프랑스의 바욘에서 강화를 맺고 금전을 받는 대가로 카스티야에 대한 권리를 포기했다. 1387년의 포르투갈–카스티야 휴전은 연장되어 1411년에 정식으로 평화조약이 체결됐다.

포르투갈-트르나테 전쟁, 1550~88
Portuguese War against Ternate, 1550~88

16세기에 포르투갈은 세계 도처에 전초기지를 갖춘 선도적인 해상 강국이었다. 이 기지들 중 일부는 포르투갈이 이윤이 크게 남는 향료 무역을 독점하고 있던 동인도제도(오늘날의 말레이 제도)의 트르나테에 있었다. 말루쿠(몰루카) 제도의 섬 트르나테에는 정향이 자라고 있었다. 포르투갈인들은 통치자인 이슬람 술탄 하이룬 자밀룬(1570년 사망)의 동의를 얻어 트르나테에 요새를 세우고 섬을 향료 집산지로 만들었다. 포르투갈인 선원들과 행정관들의 탐욕은 곧 술탄의 적의를 불러일으켰고 전쟁이 이어졌다. 1565년 그리스도교 사회는 거의 붕괴 직전에 인도의 고아에서 온 함대에 구출됐다. 평화가 회복됐지만 몇 해가 지나며 상황은 다시 긴박해졌고, 그 와중에 포르투갈인들이 향료 무역에서 트르나테와 맺은 협정에 규정된 것 이상으로 많은 이윤을 가져간다는 사실이 드러났다. 유혈 충돌을 피하기 위해 술탄은 『쿠란』을, 포르투갈 총독은 『성서』를 두고 평화를 지키기로 맹세했으나, 이튿날 하이룬이 요새를 방문하던 중에 살해됐다. 하이룬의 아들로 계승자인 바불라 다투 샤가 복수를 다짐하며 요새를 포위했고 4년이 지난 1574년에 이를 점령하여 포르투갈 수비대를 학살했다. 5년 뒤 잉글랜드인 해적 프랜시스 드레이크(1540?~96)가 트르나테를 방문하여 술탄에게 환대를 받고 정향 5톤을 싣고 떠났다. 1581년 포르투갈인들은 다시 내쫓겼다. 그 전해에 포르투갈 왕위가 에스파냐 왕위와 통합됐는데, 두 왕국은 뒷날 함께 트르나테를 되찾았다. 그러나 1588년에 에스파냐 무적함대가 잉글랜드 근해에서 패하자 에스파냐는 대양의 통제권을 상실했고, 포르투갈과 에스파냐는 다시 트르나테에서 축출됐다.

포르투갈 혁명(12월 1일 혁명), 1640
Portuguese Revolution(December 1st Revolution) of 1640

에스파냐의 억압적인 통치에 지친 포르투갈인들은 브라간사 공작 주앙(1604~56)에게 구조를 요청하며 리스본과 브라가, 에보라에서 폭동을 일으켰다. 주앙의 인기에 놀라고 모반을 두려워한 에스파냐는 모든 포르투갈 귀족들과 병사들에게 마드리드에 모이라고 명령했다. 그러나 포르투갈 귀족들은 1640년 12월 1일 에스파냐 총독을 내쫓고 주앙에게 포르투갈 왕위를 제안했다. 주앙은 이를 수용하여 1640년 12월 15일 주앙 4세로 즉위했다.

포르투 혁명, 1820
Revolution of Oporto, 1820

포르투갈은 나폴레옹 전쟁 중 중대 국면이었던 반도 전쟁에서 프랑스를 물리친 뒤 영국이 세운 섭정의 통치를 받고 있었다. 포르투갈 왕 주앙 6세(1767~1826)는 전쟁 중에 브라질로 피신하여 그곳에 정부를 세웠다. 포르투갈 군대를 책임지고 있던 윌리엄 카 베리스퍼드(1768~1854) 영국군 원수는 포르투갈에서 자코뱅주의가 발흥할까봐 두려워 브라질로 건너가 주앙 6세에게 귀국하라고 설득했다. 왕이 포르투갈의 혁명을 막을 수 있을 것으로 믿었기 때문이다. 한편 베리스퍼드가 떠나 있는 동안 포르투갈에는 자유주의에 기인한 불안이 증대했고 1820~23년의 에스파냐 내전이 이를 부채질했다. 1820년 8월 24일 포르투갈의 포르투에 있던 자코뱅 클럽 회원들은 베리스퍼드를 추방하고자 했던 군 고위 장교들과 함께 쿠데타를 일으켰다. 대령 2명이 부대를 이끌고 혁명평의회의 수립을 선언했고, 일제사격으로 '혁명'이 완수됐다. 수도 리스본에서는 1820년 9월 15일에 반란이 일어나 혁명평의회가 섭정 통치를 끝내고 코르트스(의회)의 소집을 요청했다. 포르투갈에 주둔했던 영국 군대는 쫓겨났고, 베리스퍼드는 영국으로 돌아갔다. 1821년 주앙 6세는 포르투갈로 돌아와 입헌군주로서 통치했다.

○ 브라질 독립 전쟁 ; 포르투갈 내전, 1823~24

포에니 전쟁
Punic War

제1차 포에니 전쟁(기원전 264~기원전 241) 로마가 이탈리아 반도에서 영토를 확장할 때, 북아프리카의 페니키아인 도시 카르타고는 지중해 서부와 시칠리아를 포함한 이탈리아 해안으로 지배력을 확대하고 있었다. 카르타고가 메사나(오늘날의 메시나)를 빼앗고 시칠리아와 이탈리아 해안 사이의 해협을 봉쇄하려 하자, 로마는 식민지를 보호하기 위해 전쟁을 일으켰다. 전투는 대체로 시칠리아에서 벌어졌다. 로마는 바다를 지배하고 있는 카르타고와 싸우려면 강력한 해군이 필요하다는 점을 깨닫고 함대를 건설하여 해군 양성에 착수했다. 이는 비용이 많이 들고 위험한 사업이었다. 로마는 시칠리아와 북아프리카, 그리고 해상에서 수없이 패했는데도 지중해를 장악하는 데 성공했고, 시칠리아의 카르타고인들은 증원군과 보급품을 받지 못하여 아이가테스(오늘날의 에가디) 제도 전투에서 패한 뒤 기원전 241년에 항복할 수밖에 없었다. 시칠리아는 평화조약에 의거하여 로마의 속주가 됐고, 카르타고는 엄청난 배상금을 물어야 했다. 카르타고는 패배했지만, 하밀카르 바르카(기원전 270?~기원전 228) 장군은 복수를 갈망했고 히스파니아(이베리아 반도)에서 식민지 건설에 나섰다. 하밀카르 바르카가 사망한 뒤 히스파니아에서 벌인 사업을 넘겨받은 아들 한니발(기원전 247~기원전 183)은 기원전 218년 즈음 그곳에서 대군을 모았다. 한니발의 군대는 (코끼리 약 80마리와 함께) 신속하게 이동하여 프랑스 남부를 지나고 알프스 산맥을 넘어 이탈리아 북부를 침공했다. 이로써 새로운 전쟁이 유발됐다. **제2차 포에니 전쟁(한니발 전쟁, 기원전 218~기원전 202)** 로마는 카르타고의 대군에 대비하지 못했다. 카르타고 군대가 무장을 잘 갖추었을 뿐만 아니라 갈리아인들이 합세하여 보강됐기 때문이다. 한니발은 티키누스(티치노) 강 전투(기원전 218), 트레비아 강 전투(기원전 218), 트라시메노 호수 전투(기원전 217)에서 차례로 로마군을 격파했고, 기원전 216년 8월 2일의 칸나이 전투에서 로마군을 거의 전멸시켰다(로마군 약 6만 명이 학살당했다). 한니발은 점령 지역의 이탈리아인들이 로마에 반기를 들어 합세할 것이라고 기대했으나, 그런 자들은 거의 없었다. 로마의 새로운 장군 퀸투스 파비우스 막시무스(기원전 275?~기원전 203)는 정식 전투를 피하고 도주하는 전략을 펼쳤고, 카르타고는 헛되이 추적하느라 군수품과 병력을 소모했다. 기원전 204년 푸블리쿠스 코르넬리우스 스키피오 아프리카누스(기원전 237~기원전 183)가 로마 원정군을 이끌고 북아프리카로 들어가자, 한니발은 카르타고를 방어하려고 서둘러 귀국했다. 그러나 로마는 기원전 202년 자마 전투에서 한니발의 군대를 확실하게 무찔렀다. 로마는 히스파니아를 속주로 삼았고, 카르타고 함대는 항복했다. 카르타고는 한 번 더 막대한 배상금을 물어야 했고 외교권을 박탈당했다. 50년이 지난 뒤 카르타고는 해상국의 번영을 상당한 정도로 되찾았고, 로마의 동맹국인 누미디아의 공격을 막으려고 로마의 동의 없이 전쟁을 벌였다. 로마는 이를 전쟁의 핑계로 삼았다. **제3차 포에니 전쟁 (기원전 149~기원전 146)** 누미디아 왕 마시니사(기원전 238?~기원전 149)는 카르타고인들을 자극하여 전쟁을 도발한 것으로 보이며, 카르타고인들은 누미디아를 점령하고 떠나기를 거부했다. 카르타고는 로마 군대의 침공을 3년 동안 저지했으나, 기원전 146년에 스키피오 아이밀리아누스(기원전 185?~기원전 129)가 이끄는 군대는 카르타고를 성공리에 공격하여 완전히 파괴했다. 도시 주민의 10분의 9가 전투 중에, 혹은 굶주림이나 질병으로 사망했다. 생존자는 노예로 팔려갔다. 로마는 북아프리카를 차지했고, 카르타고인들의 재산은 로마인의 소유가 됐으며, 한때 카르타고인들이 지배했던 교역은 페니키아의 다른 도시들이 차지했다.

○ 켈티베리아 전쟁

포장마차 전투, 1867
Wagon Box Fight, 1867

와이오밍 준주 북부의 포트필커니에서 제임스 파월(1860년대 활동) 대위가 겨울을 나는 데 필요한 땔감을 구하기 위해 작은 분견대를 이끌고 빅파이니크릭으로 나갔다. 대위는 레드 클라우드(1822~1909)와 수족 인디언 전사들이 원정했다는 사실을 알고(○ **수족 인디언 전쟁, 1866~68**), 포장마차의 바퀴를 떼어 야영지 주변에 세워 작은 요새를 만들었다. 1867년 8월 2일 레드 클라우드와 크레이지 호스(1840?~77)가 이끄는 인디언 약 1,500명이 언덕 위에서 아래쪽으로 급습하여 야영지에서 미국군 분견대를 몰아냈고 노새와 말을 쫓아버렸다. 혼란의 와중에 벌목꾼들과 호위대는 포트필커니로 피하거나 파월이 포장마차로 만든 요새로 겨우 숨었다. 신형 후장식後裝式 소총으로 무장한 파월과 32명의 병사는 거듭 공격해 들어오는 인디언들에게 사격을 했고, 여러 차례에 걸친 인디언의 돌격은 빗발치듯 쏟아지는 총탄에 가로막혔다. 전투는 그날 하루 종일 지속됐고 마침내 포트필커니로부터 원군이 도착했다. 파월 부대의 월등한 화력에 인디언 약 60명이 목숨을 잃었고 120명 정도가 다쳤다. 저격수 33명 중 2명이 전사하고 2명이 부상을 입었다.

포카스의 반란, 602
Phocas's Mutiny, 602

602년 겨울 도나우 강가에 주둔한 비잔티움 제국 군대(○ 비잔티움 제국-아바르족 전쟁, 595~602) 켄투리오(백인대장百人隊長) 포카스(?~610)는 병사들을 이끌어 폭동을 일으켰다. 급여 삭감과 혹독한 추위에 분노한 병사들은 지휘관 프리스코스를 내쫓고 포카스를 새 지휘관으로 세웠다. 포카스는 부대를 이끌고 콘스탄티노플(오늘날의 이스탄불)로 들어가 황제 마우리키우스(539~602)와 그의 다섯 아들을 죽였다. 포카스가 새 황제로 즉위했다.

포클랜드(말비나스) 제도 전쟁, 1982
Falkland Islands(Islas Malvinas) War, 1982

남대서양 포클랜드(말비나스) 제도의 영유권을 둘러싼 분쟁은 17세기까지 거슬러 올라간다. 1833년 영국은 섬을 점령하고 그곳에 거주하던 아르헨티나인들을 강제로 추방하면서 영유권 주장을 강화했다. 그러나 아르헨티나는 대부분의 라틴아메리카 국가들의 지원을 받아 계속 권리를 주장했다. 1982년 2월 27일 영국이 포클랜드 제도의 주권 양도에 관한 문제의 협상을 무위로 끝내자 아르헨티나는 다른 방식으로 문제를 해결하려 했다. 1982년 3월 19일 아르헨티나의 금속 지스러기 수집 노동자들이 포클랜드 제도의 부속 섬인 사우스조지아 섬에 자국의 국기를 게양했다. 1982년 4월 2일 아르헨티나 군대가 포클랜드 제도를 침공하여 수도 스탠리를 비롯한 섬의 모든 주요 지점을 점령했다. 결국 2만 명에 가까운 아르헨티나 병사들이 섬을 완전히 점령했다. 병사들은 대체로 전투 경험이 없는 신병이었다. 미국과 국제연합UN이 폭넓게 외교적 노력을 기울였으나 위기의 근본 문제를 해결하지 못했다. 마거릿 대처(1925~2013) 영국 총리는 의회의 승인을 얻어 존 포스터 우드워드(1932~   ) 소장을 지휘관으로 삼아 대규모 해군 기동전단을 파견했고 포클랜드 제도의 주변 약 200해리를 전쟁 구역으로 선포했다. 훈련 상태가 좋고 뛰어난 장비를 갖추었으며 공격의 동기가 충분했던 영국 군대는 사우스조지아 섬을 탈환했다. 아르헨티나 공군과 폭탄, 미사일, 특히 엑조세 미사일이 영국 함대에 큰 타격을 가해 구축함 2척과 프리깃함 2척, 기타 군함 여러 척이 침몰하고 다수의 항공기가 격추됐다. 영국의 잠수함은 적국 군함 여러 척을 침몰시켰다. 1982년 5월 21일 아르헨티나 군대는 존 제러미 무어(1928~2007) 소장이 이끄는 영국군 보병 부대와 포클랜드 제도의 산카를로스 항구에서 교전했다. 1982년 6월 14일 영국군은 교두보를 확보한 뒤 제2차 세계대전에서 썼던 것과 유사한 전술로 내륙으로 진격했고 마리오 벤하민 메넨데스(1930~) 장군이 지휘하는 아르헨티나 군대의 항복을 받아냈다. 전사자는 아르헨티나군 약 649명, 영국군 258명이었다. 영국이 승리하면서 대처의 보수당 정권은 인기가 높아진 반면, 아르헨티나의 대통령 레오폴도 포르투나토 갈티에리(1926~2003) 정권은 패배와 거의 동시에 몰락했다. 전쟁으로 포클랜드 제도의 영유권 논란이 일단락되지는 않았다. 아르헨티나의 '추악한 전쟁'에 관한 혐의에서 무죄로 방면된(1985) 갈티에리는 아르헨티나의 굴욕적인 패배의 결과로 태만과 무능으로 유죄판결을 받은 뒤 12년 징역형을 선고받았다(1986). 갈티에리는 1990년에 사면을 받았으나 2002년에 '추악한 전쟁'과 관련된 혐의로 가택연금됐다.

포터워터미 학살, 1856
Pottawatomie Massacre, 1856

1850년대 중반 캔자스 준주에서 노예제에 찬성하는 주민과 반대하는 주민, 기타 주민 사이에 벌어진 싸움(○ 와카루사 전쟁)은 1861년에 일어난 남북 전쟁의 전조였다. 1856년 5월 21일 미주리 주의 무장 폭력조직으로 노예제에 찬성하는 '보더 러피안Border Ruffians'이 캔자스 준주 로렌스를 침입하여 자유주 지지자들(노예제를 서부 준주로까지 확대하는 데 반대했던 캔자스 준주의 주민들)이 소유한 건물을 불태우고 파괴했다. 열렬한 노예제 폐지론자인 존 브라운(1800~59)은 1855년에 아들들과 함께 지내며 노예제 반대 세력을 지원하기 위해 캔자스 준주 오서워터미로 왔는데 '로렌스 약탈'에 격노하여 복수를 결심했다. 1856년 5월 24일에서 25일로 넘어가는 밤에 브라운과 네 아들을 포함한 6명의 부하는 캔자스 준주 프랭클린 카운티의 노예제에 찬성하는 마을 포터워터미크릭에서 5명을 끌어내 1명씩 잔인하게 난자해 살해했다. 이 '학살'은 '피 흘리는 캔자스'에서 이따금 벌어진 변경의 게릴라전에 기름을 부었다. 결국 연방군이 개입하여 유혈 충돌과 무법사태를 중단시켰다. 1861년 캔자스가 자유주(노예 없는 주)로 연방에 가입할 때쯤, 충돌로 사망한 자는 200명을 넘었다.

○ 브라운의 하퍼스페리 습격

포트밈스 학살, 1813
Fort Mims Massacre, 1813

크릭족 인디언 젊은이들로 이루어진 '레드 스틱스Red Sticks' 대군은 얼마 전 백인 정착민들의 매복공격에 복수하고 백인이 빼앗아간 인디언 땅을 되찾기 위해 원정했다(○ 크릭족 인디언 전쟁). 1813년 8월 30일 크릭족은 족장 레드 이글(윌리엄 웨더퍼드, 1780?~1824)의 지휘에 따라 앨라배마 주 남부 앨라배마 강과 톰빅비 강이 합류하는 지점에 임시로 세워진 포트밈스를 기습했다. 레드 이글이 자제를 호소했는데도 인디언들은 백인을 517명이나 학살했고, 이에 미국군 민병대가 계획적으로 크릭족을 격파하여 복수하려 했다.

포하탄 전쟁, 1622~44
Powhatan War, 1622~44

포하탄 연합은 버지니아 식민지 동부의 알공킨어를 쓰는 약 30개의 부족이 족장 포하탄(1550?~1618)의 지도로 결합한 연맹체다. 제임스타운 학살에서 살아남은 잉글랜드인 생존자들은 포하탄 연합의 인디언 지도자들을 평화회담에 초청한 뒤 공격했다. 족장 오프찬카노(1545/54/66~1644)를 비롯하여 여러 명이 탈출했고 백인 이주민들과 맞서 싸웠다. 포하탄 연합을 분쇄하기로 결심한 백인 이주민들은 약 14년 동안 해마다 세 차례씩 원정에 나섰다. 소강상태가 이어졌으나 1641년에 인디언의 갑작스러운 공격으로 중단됐다가 다시 이어졌고, 1644년에 인디언의 마지막 침입으로 백인 약 500명이 살해됐다. 잉글랜드인들은 그리스도교를 받아들인 우호적인 인디언의 지원을 받아 원정하여 포하탄 연합을 진압했다(오프찬카노는 사로잡혀 총살당했다). 식민지 이주민들은 개별 부족과 강화를 맺고 상호간에 땅의 경계를 정했다.

폰티액의 전쟁(폰티액의 반란, 폰티액의 음모), 1763~66
Pontiac's War(Pontiac's Rebellion, Pontiac's Conspiracy), 1763~66

오타와족 인디언 족장 폰티액(1720~69)은 1763년 파리 조약으로 오하이오 강 유역의 광대한 땅이 영국에 넘어가자(○ 프랑스·인디언 전쟁) 격노했다. 애 팔래치아 산맥 서쪽의 부족들은 폰티액의 지도에 따라 동맹을 결성하여 사 냥터를 지키고 백인 정착민들을 내쫓으려 했다. 1763년 5월 폰티액은 디트 로이트 요새를 기습했으나 요새는 증원군이 도착할 때까지 함락당하지 않 았다. 폰티액은 11월까지 요새를 포위했다. 그동안 영국이 폰티액의 주둔 지를 공격했는데, 1763년 7월 31일 블러디런 강 전투에서 대패했다. 그래도 디트로이트는 인디언의 수중에 떨어지지 않았다. 한편 다른 부족들은 뉴욕 식민지 북부에서 버지니아 식민지까지 영국의 요새와 전초기지를 급습했으 며 나이아가라 요새와 핏(이전의 뒤켄) 요새를 제외한 거의 전부를 파괴했다. 1763년 8월 6일 헨리 부켓(1719~65) 연대장이 이끄는 원군이 핏 요새로 진 격하여 부시런 전투에서 일단의 인디언 부족들을 격파하여 쫓아내고 요새 를 구했다. 1764년 봄 영국은 황야로 부대 2개를 파견하여 서서히 인디언을 진압했다. 폰티액은 강화를 요청하지 않다가 1766년에 조약에 서명하고 영 국으로부터 사면을 받았다.

폴란드 내전, 1382~84
Polish Civil War of 1382~84

폴란드 왕 루드비크 1세(러요시 1세, 1326~82)가 사망한 뒤 두 귀족이 왕위 를 두고 다투었다. 두 왕위 요구자의 군대는 여러 지역을 약탈했다. 결국 루드비크 1세의 막내 딸 야드비가(1373?~99)가 폴란드인이 선택한 군주와 혼인한다는 조건으로 왕위 계승자를 결정하기로 했다. 야드비가가 미성년 이었으므로, 모후가 딸의 즉위를 수락했으나 왕위 쟁탈전을 벌였던 두 귀 족 중 1명을 섭정으로 지명했다. 성난 폴란드인들은 섭정을 거부했다. 야드 비가는 1384년에 크라쿠프에서 즉위했고 2년 뒤 리투아니아 대공과 결혼했 다. 이로써 폴란드-리투아니아연합이 탄생했다.

폴란드 내전, 1573~74
Polish Civil War of 1573~74

폴란드 왕 지그문트 2세 아우구스트(1520~72)가 후사 없이 사망하여 후계 자를 선정하는 일이 백성에게 남겨졌다. 나라 전역에서 폴란드와 리투아니아를 통합한 1569년 루블린 연합에 반대하는 목소리가 드높았지만, 1573년 4월 바르샤바 의회가 소집되어 외국인 후보 5명 중 한 사람을 선택하기로 하면서 혼란을 피할 수 있었다. 앞서 1573년 1월 28일에 바르샤바 동맹으로 가톨릭교도가 아닌 자들에게 종교의 자유를 허용하면서 종교적 불화가 해소됐는데, 이로써 발루아 왕가의 앙주 공작 앙리(앙리 3세, 1551~89)가 폴란드 왕으로 선출될 수 있게 됐다. 그러나 1573년의 개정된 헌법과 앙리의 조항들*은 왕의 행동을 심각하게 제약했기에, 13개월 뒤 앙리의 형인 프랑스 왕 샤를 9세(1550~74)가 사망하자 앙리는 폴란드를 떠나 프랑스로 가서 앙리 3세로 즉위했다(● (제5차) 종교 전쟁). 분란이 재발됐고 폴란드 귀족들은 트란실바니아의 바토리 이슈트반(스테판 바토리, 1533~86)을 군사적으로 지원하고 왕으로 삼았다.

* 국왕을 선출하는 선거에서 앙리가 당선되면 준수하겠다고 제시한 약속들이다.

폴란드 내전, 1768~73
Polish Civil War of 1768~73

1768년 폴란드에서 가톨릭 귀족들이 바르 동맹을 결성하여, 러시아의 영향력에 맞서고 종교적·정치적 평등을 요구하는 프로테스탄트파와 정교도파에 대항했다. 프랑스의 적극적인 지원을 받은 귀족들의 군대는 폴란드에서 러시아 여황제 예카테리나(예카테리나 2세, 1729~96) '대제'의 간섭을 배제하려 했고, 예카테리나 대제의 강요에 못 이겨 가톨릭교도가 아닌 사람들에게도 권리를 부여한 폴란드 왕 스타니스와프 2세 아우구스트(1732~98)를 폐위하려 했다. 러시아의 팽창 정책을 저지하려던 오스만 제국은 바르 동맹을 지원했다. 바르 동맹이 스타니스와프 2세의 폐위를 선언하여 정부와 바르 동맹 사이에 내전이 벌어졌고, 1770년 6월 러시아 군대가 폴란드를 침공하여 내전을 진압하려 했다. 오스트리아 군대가 이동하여 러시아에 맞서려 하자, 예카테리나 대제는 직업 군대로 폴란드의 소규모 자원병 군대를 궤멸한 뒤 유럽의 전면전에 참전하기를 꺼렸으나 폴란드 땅을 원했던 프로이센 왕 프리드리히 2세(1712~86) '대왕'에게 도움을 요청했다. 1772년 2월 러시아와 프로이센은 조약을 체결하여 제1차 폴란드 분할을 준비했다. 오스트리아는 그해 8월에 자신들의 몫을 받았다. 폴란드는 이 분할로 영토의 약 30

퍼센트를 잃었고, 1773년 폴란드 의회는 분할을 수용할 수밖에 없었다.
○ (제1차) 예카테리나 대제의 오스만 제국 전쟁

폴란드-러시아 전쟁
Polish-Russian Wars

○ 러시아-폴란드 전쟁

폴란드 반란, 1606~07
Polish Rebellion of 1606~07

○ 제브지도프스키의 반란, 1606~07

폴란드 반란, 1715~17
Polish Rebellion of 1715~17

아우구스트 2세(1670~1733)는 폴란드 왕위를 되찾은 뒤(**○** (제2차) 북방 전쟁) 폴란드에 작센 군대를 주둔시켰는데, 이들의 도적질과 파괴 행위에 주민들이 크게 분노했다. 귀족들의 전폭적인 지지를 받은 폴란드인들은 반란을 일으켜 왕의 병사들과 충돌했다. 아우구스트 2세는 상황을 통제할 수 없었고 수백 명의 시민이 살해됐다. 아우구스트 2세는 군대가 큰 손실을 입자 러시아 차르에 도움을 요청했다. 이에 위협을 느낀 폴란드 귀족들은 협상에 동의했고, 1717년 왕과 귀족 사이에 화해가 이루어졌다. 작센 군대는 폴란드를 떠나기로 했고, 폴란드 군대의 규모는 1만 8천 명으로 감축됐다.

폴란드 반란, 1794
Polish Rebellion of 1794

○ 코시치우슈코의 봉기, 1794

폴란드 반란(11월 봉기), 1830~31
Polish Rebellion(November Insurrection) of 1830~31

제3차 폴란드 분할 뒤(**○** 코시치우슈코의 봉기, 1794), 폴란드를 통치한 러시아 정부는 여러 방식으로 폴란드인을 모욕하고 권리를 빼앗았다. 이에 분노한

폴란드인들은 독립을 위한 반란의 열망을 품었다. 반反러시아전국연합이라는 비밀단체의 폴란드 군인들은 1830년 프랑스 혁명(7월 혁명)에서 영감을 얻어 러시아의 군주 체제를 뒤엎기로 공모했다. 1830년 11월 29일 러시아인에 밀려 쫓겨날까봐 두려웠던 바르샤바 사관학교의 폴란드인 생도들은 프랑스의 지원을 확신하고 반란을 일으켜 러시아 기병대를 공격했으며 바르샤바에 있는 러시아 대공의 거처를 습격했다. 폴란드 군대의 병사들과 시민들, 수감자들이 합세하여 폭동을 일으켰고, 그 결과 더 잔인한 무정부 상태가 초래됐다. 러시아 황제 니콜라이 1세(1796~1855)의 형인 콘스탄틴 파블로비치(1779~1831) 대공은 도주했고, 폴란드인들은 유제프 흐워피츠키(1771~1854) 장군을 폴란드 지배자로 세웠다. 황제 니콜라이 1세는 이를 인정하지 않았고 폴란드인들을 진압하려 했다. 1831년 1월 25일 폴란드인들은 러시아인이 폴란드 왕위를 계승하는 일은 없을 것이라고 선언했다. 폴란드인들이 여러 차례 전투에서 러시아 군대와 싸워 성공을 거두기는 했지만, 러시아는 1831년 2월 25일 그로후프 전투에서 저지당할 때까지 계속 진격했다. 이후 러시아 군대는 겨울의 남은 기간 동안 휴식을 취했으며, 폴란드인들은 내부의 정치적 반목으로 분열했다. 1831년 5월 26일 러시아 군대는 오스트로웽카 전투에서 승리한 뒤 서진하여 1831년 9월 8일에 바르샤바를 점령했다. 지도자들이 폴란드를 떠나 도피하면서 반란은 실패했다. 러시아는 우크라이나 등지에서 동조 봉기들을 진압한 뒤 폴란드의 민족의식을 흔적도 없이 파괴하려 했다. 이와 같이 억압적인 러시아화 정책은 역설적이게도 폴란드 민족주의의 발달에 일조했다.

○ 크라쿠프 봉기

폴란드 반란(1월 봉기), 1863~64
Polish Rebellion(January Insurrection) of 1863~64

러시아 황제 알렉산드르 2세(1818~81)는 교육과 종교, 행정에서 자유주의적 개혁을 시행하여 폴란드인의 지지를 얻으려 노력했으나, 황제의 폴란드 나미에스트니크(부왕副王) 알렉산드르 니콜라예비치 리데르스(1790~1874)가 권위주의적으로 처신한 탓에 1861년에 과격한 청년들뿐만 아니라 온건한 지주들까지도 독립 시위를 벌였다. 이듬해 황제는 동생 콘스탄틴 니콜라예비치(1827~92)를 바르샤바 나미에스트니크로 임명했고 지역에 투표권을 부여했다. 그러나 폴란드인들은 이에 만족하지 않았고 콘스탄틴을 암살하려 했다. 콘스탄틴이 대부분이 학생이었던 청년 반란자들을 러시아 군대에 징병하려 하자, 다수가 숲으로 피신하여 혁명평의회를 결성하고 정부를 전복하려 했다. 1863년 1월 22일 공공연한 반란이 일어나 급속하게 나라 전역으로 확산됐고 리투아니아에까지 퍼졌다. 경험도 없고 무장도 빈약한 청년 무리가 거의 2년 가까이 러시아 군대에 맞서 게릴라전을 벌였다. 영국과 프랑스, 오스트리아가 싸움을 끝내려 했으나 실패하고 러시아의 강한 민족주의적 대응만 초래했다. 폴란드 반란자들은 바르샤바와 리투아니아에 비밀 정부를 세웠고, 프로이센이 러시아를 지원하는 것이 싫었던 프랑스 황제 나폴레옹 3세(1808~73)가 군사 지원을 약속했으나 충분한 지원을 받지 못한 비밀 정부는 1864년 5월에 진압됐다. 러시아인들은 반란자들을 죽이거나 추방했으며 그들의 재산을 몰수했다. 폴란드는 최소한의 자치권까지 빼앗겼으며 러시아의 한 주로 개편됐고, 학교에서 러시아어를 의무적으로 사용해야 했다.

폴란드-보헤미아 전쟁, 1305~12
Polish-Bohemian War of 1305~12

보헤미아는 바츨라프 2세(1271~1305)가 1290년에 완전하게 통제권을 장악한 뒤 국력과 위신을 크게 회복했다(○ 합스부르크 왕가-보헤미아 전쟁, 1274~78). 1300년 바츨라프 2세는 은 광산에서 얻은 큰 이익으로 마워폴스카(레서 폴란드)에서 승리했고 폴란드 왕위(바츠와프 2세)를 확보했다. 바츨라프 2세가 사망한 뒤 아들이자 계승자인 바츨라프 3세(1289~1306)는 권위 주장에 어려움을 겪었고, 1306년 상속받은 폴란드 왕위를 요구하러 가던 중에 모라비아의 올로모우츠에서 암살당했다. 폴란드의 유명한 전사인 쿠야비(쿠야비아) 공작 브와디스와프(1260~1333)는 폴란드의 여러 공국을 통합하고자 했다. 브와디스와프는 교회 지도자들의 승인을 얻어 전쟁에 나섰고 1305년에 마워폴스카를, 1312년에는 비엘코폴스카(그레이터 폴란드)를 점령하여 두 지역을 통합했다. 1320년 브와디스와프는 폴란드 왕 단신왕 브와디스와프 1세로 즉위했다. 1306년에 바츨라프 3세가 사망하면서 프르제미

슬(프셰미실) 왕조가 끝났다. 여러 명이 보헤미아 왕위를 두고 다투었으나, 왕위는 1310년에 바츨라프 2세의 사위인 룩셈부르크 백작 요한 데어 블린데(얀 루쳄부르스키, 1296~1346)에게 돌아갔다.

○ 헝가리 내전, 1301~08

폴란드-보헤미아 전쟁, 1438~39
Polish-Bohemian War of 1438~39

1438년 독일 왕(오스트리아 합스부르크 가문) 알브레히트 2세(1397~1439)가 장인 지기스문트(헝가리 왕 지그몬드, 1368~1437)의 뒤를 이어 신성로마제국 황제에 올라 헝가리와 보헤미아의 왕위도 차지했다. 그러나 반대파는 1434년 이래 폴란드 왕이었던 브와디스와프 3세(1424~44)가 헝가리와 보헤미아의 왕위를 잇기를 바랐다. 브와디스와프 3세는 나중에(1440년 이후) 헝가리 왕 울라슬로 1세가 됐다. 브와디스와프 3세와 알브레히트 2세는 전쟁을 벌였고, 알브레히트 2세는 오스만 제국과도 싸우다가 참패를 당하여 1439년 헝가리에서 사망했다. 브와디스와프 3세는 울라슬로 1세로 헝가리 왕에 오른 뒤 얀 이스크라 즈 브란디사(1470년 사망)가 이끄는 슬로바키아 후스파의 강력한 반대에 직면했다. 1440년 후스파는 보헤미아의 슬로바키아를 장악했다. 울라슬로 1세가 오스만 제국과 싸우다 죽은 뒤에는 헝가리의 뛰어난 후녀디 야노시(1407?~56) 장군이 슬로바키아의 관리자를 자처했다. 이스크라 즈 브란디사가 후녀디에 맞서 여러 차례 전투를 벌인 뒤 승리를 거두었다(후녀디는 1451년 루체네츠에서 가장 큰 패배를 당했다). 결국 휴전이 성사되어 이스크라 즈 브란디사가 슬로바키아의 대부분을 통제하게 됐다.

○ 보헤미아 내전, 1448~51 ; 헝가리-오스만 제국 전쟁, 1441~44 ; 후스파 전쟁

폴란드-스웨덴의 리보니아 전쟁
Polish-Swedish War for Livonia

제1차 폴란드-스웨덴의 리보니아 전쟁(1600~11) 리보니아(오늘날 에스토니아와 라트비아의 대부분)를 둘러싼 폴란드와 스웨덴의 갈등은 전쟁으로 비화되어 1600년에 스웨덴 군대가 리보니아를 침공하여 대부분을 폐허로 만들었다. 폴란드 군대는 리가를 방어하는 데 성공했고 반격을 개시하여 타르투(도

르파트)와 레발(오늘날의 탈린) 등지의 전투에서 승리했으나, 그 지역을 장악할 수는 없었다. 1604년 스웨덴 왕으로 새로이 즉위한 칼 9세(1550~1611)가 병력 1만 5천 명의 군대를 이끌고 리보니아를 침공하여 리가를 향해 진격했으나 키르흐홀름(살라스필스) 전투에서 얀 카롤 호트키에비치(1560~1621)가 지휘하는 폴란드 군대 4천 명에 패주했다. 칼 9세가 사망한 뒤 휴전협정을 체결하여 1611년에 전쟁이 끝났다. **제2차 폴란드-스웨덴의 리보니아 전쟁(1617~29)** 휴전이 깨지고 전쟁이 재개됐다. 1617년 스웨덴 왕 구스타브 2세 아돌프(1594~1632)가 군대를 이끌고 리보니아에 있는 발트 해의 여러 항구를 빼앗았다. 휴전이 이루어져 전투가 중단됐다가 1620년에 구스타브 2세가 병력 1만 6천 명을 이끌고 침공하여 1621년 9월에 리가를 포위하여 점령했다. 스웨덴은 곧 리보니아와 쿠를란트(라트비아 서남부의 쿠르제메) 전체를 점령했고, 이어 1626년에 프로이센 북부를 침공하여 장악했으며 이로써 폴란드의 발트 해 출구를 위협했다. 구스타브 2세는 겨울을 나기 위해 귀국했다가 1627년 봄에 증원군을 이끌고 돌아와 1628년에는 폴란드 군대를 폴란드 남쪽 국경까지 내몰았다. 스웨덴 기병대와 폴란드 기병대 사이에 여러 차례 승패를 가리지 못하는 소모전이 이어졌다. 군대로서 발트 해 연안을 지배했던 구스타브 2세는 1629년에 알트마르크 휴전으로 전쟁을 끝냈다. 폴란드는 리보니아를 잃었고, 스웨덴은 단치히(그단스크)와 쾨니히스베르크(오늘날의 칼리닌그라드), 푸츠크(푸치히. 트체프 남쪽 비스와 강변의 군항)를 제외한 프로이센 항구 전체를 이용할 수 있는 권리를 획득했다.

❍ 30년 전쟁

폴란드-오스만 제국 전쟁, 1444~56
Polish-Turkish War of 1444~56

❍ 헝가리-오스만 제국 전쟁, 1444~56

폴란드-오스만 제국 전쟁, 1484~1504
Polish-Turkish War of 1484~1504

카지미에시 4세(1427~92) 치세 때 폴란드는 병합한 지역인 몰다비아에서 오스만 제국과 점점 더 거세게 충돌했다. 오스만 제국 해군이 폴란드의 흑해 진출을 차단하기 위해 도나우 강과 드네스트르 강 하구에 있는 킬리야와 아케르만(우크라이나의 빌호로드드니스트로우스키)을 점령했다. 카지미에시 4세는 이처럼 폴란드의 교역을 위협하는 오스만 제국과 싸우기 위해 동맹을 결성하고 몰다비아에서 오스만 제국인들을 강제로 내쫓았으며, 1485년에 2만 명의 병력을 이끌고 프루트 강가의 콜로미야로 진격했다. 그곳에서 오스만 제국의 술탄 바예지드 2세(1447~1512)는 평화협상에 들어갔다. 양쪽이 점령한 요새들을 어떻게 처리할 것인지는 결정되지 않았으나, 휴전이 선포되어 카지미에시 4세가 사망할 때까지 지속됐다. 1496년 카지미에시 4세의 아들이자 계승자인 얀 1세 올브라흐트(1459~1501)가 오스만 제국과 싸우는 몰다비아의 슈테판 3세(1433?~1504) '대공'을 도우려고 전쟁을 시작했다(1475년 슈테판 3세의 군대는 라코바에서 오스만 제국에 참패를 안겨 영웅적으로 몰다비아의 자치권을 지켰다). 그러나 슈테판 3세는 얀 1세 올브라흐트가 자신을 폐위하려 한다고 의심하고 폴란드 군대에 대적하여 1497년 수체아바에서 무찔렀다. 오스만 제국 군대도 그 지역으로 진입하여 몇 차례 작은 교전을 치렀으나 여느 때처럼 추웠던 1498년 겨울에 철수했다. 1500년에 휴전이 이루어져 폴란드와 오스만 제국은 적대 행위를 멈추었으나, 몰다비아는 슈테판 3세가 사망할 때까지(1504) 버티다가 자치권을 유지하기 위해 오스만 제국 술탄에게 공물을 바쳐야 했다.

폴란드-오스만 제국 전쟁, 1614~21
Polish-Turkish War of 1614~21

폴란드가 오스만 제국의 지배를 받는 몰다비아와 왈라키아에서 반란을 조장하자, 오스만 제국은 타타르인과 동맹하여 폴란드령 우크라이나를 잔인하게 침략함으로써 보복했다. 스타니스와프 주키에프스키(1547~1620) 장군이 폴란드 군대 1만 명을 이끌고 몰다비아로 진격했으며, 그곳에서 일부 카자크(코사크)와 몰다비아인이 폴란드 군대에 합세하여 1620년 9월 20일 이아시 전투에서 오스만 제국·타타르인 군대를 격파했다. 이에 오스만 제국 술탄 오스만 2세(1604~22)가 이스탄불에서 대군을 이끌고 와 주키에프스키를 그 지역에서 밀어냈다. 주키에프스키의 군대는 1620년 말에 궤멸됐다. 그럼에도 전쟁은 계속됐으며, 1621년 스타니스와프 루보미르스키

(1583~1649)가 이끄는 폴란드 군대 7만 5천 명이 드네스트르 강가의 호침(호틴) 전투에서 술탄의 군대와 접전을 벌였다. 곧 평화조약이 체결됐으나 양쪽은 침입을 멈추지 않았다.

○ 러시아-폴란드 전쟁, 1609~18 ; 30년 전쟁

폴란드-오스만 제국 전쟁, 1671~77
Polish-Turkish War, 1671~77

튀르크족, 타타르인과 동맹을 맺은 카자크(코사크)들은 1658~67년의 러시아-폴란드 전쟁 뒤 우크라이나 서부(폴란드령 우크라이나)의 폴란드 권력을 인정하지 않았다. 카자크는 그 지역을 잔인하게 침탈했다. 얀 소비에스키(1629~96)가 지휘하는 폴란드 군대는 호전적인 카자크를 쫓아버렸으나, 1672년 오스만 제국 술탄 메흐메드 4세(1642~93)가 이끄는 튀르크족 약 25만 명이 포돌레(포돌리아. 오늘날 우크라이나 서남부 포딜랴) 지방을 침공하여 카미에니에츠포돌스키(카먀네츠포딜스키) 요새를 점령하자 퇴각할 수밖에 없었다. 폴란드 왕 미하우(1640~73)는 마지못해 부차치 조약(1672)을 수용했다. 조약에 따라 포돌레는 오스만 제국에 할양하기로 했고 폴란드령 우크라이나는 독립국이 되어 오스만 제국의 보호를 받았다. 그러나 폴란드 의회는 부차치 조약을 비준하지 않았고, 폴란드인들은 소비에스키의 지휘로 단합하여 전쟁을 재개했다. 1673년 11월 11일 소비에스키의 병사들은 호침(호틴) 전투에서 오스만 제국 군대를 무찔러 폴란드에서 내쫓고 부차치 조약을 폐기했다. 전투 전날 미하우가 사망했고, 소비에스키는 바르샤바로 개선하여 새로운 왕 얀 3세로 선출됐다. 1675년 15만 명이 넘는 튀르크족과 타타르인의 군대가 포돌레를 빼앗았으나 결국 르부프(리비우) 전투에서 패하고 말았다. 얀 3세는 내부 분란과 궁정의 음모에 휩싸여 대군을 모을 수 없었으나, 1676년 10월 주라브노 전투에서 2만 명이 못 되는 병력으로 20만 명에 이르는 또 다른 침략군을 격퇴했다. 오스만 제국은 얀 3세의 용기에 큰 감명을 받고 폴란드령 우크라이나의 대부분을 폴란드에 돌려주었으나 1676년 10월 17일에 체결한 주라브노 조약에 따라 포돌레를 계속 보유했다.

○ 러시아-오스만 제국 전쟁, 1676~81

폴란드–오스만 제국 전쟁, 1683~99
Polish–Turkish War of 1683~99

❍ 오스트리아–오스만 제국 전쟁, 1683~99

폴란드 왕위 계승 전쟁, 1733~38
War of the Polish Succession, 1733~38

폴란드 왕 '강건왕' 아우구스트 2세(1670~1733)가 사망하자 프랑스 왕 루이 15세(1710~74)의 장인인 스타니스와프 1세 레슈친스키(1677~1766)가 프랑스와 에스파냐, 사르데냐로부터 외교적 지원과 군사적 지원을 얻어 다시 폴란드 왕위를 차지하려 했다(❍ (제2차) 북방 전쟁). 폴란드 귀족 대부분은 스타니스와프 1세를 왕으로 원했으나, 다른 사람들 특히 리투아니아인들은 러시아와 오스트리아의 지원을 받아 작센 선제후이자 아우구스트 2세의 아들인 '작센인' 아우구스트 3세(1696~1763)를 후보로 밀었다. 1733년 러시아 군대가 바르샤바로 진격하여 잔부殘部의회로 하여금 아우구스트 3세를 왕으로 선언하게 했고, 스타니스와프 1세는 그단스크(단치히)로 피신했다. 러시아와 작센 군대가 1734년 1월부터 프랑스 지원군을 포함한 스타니스와프 1세 진영을 포위하여 공격했고, 6월에 스타니스와프 1세는 그단스크가 항복하기 직전에 피신했다. 그 뒤 전쟁은 주로 두 전선에서 벌어졌다. 라인란트(라인 강 연안지대)에서는 1734년에 프랑스가 로렌을 점령한 뒤 필립스부르크를 포위하여 점령한 것을 제외하면 전쟁은 결말을 보지 못했다. 이탈리아에서는 1734년 6월 29일에 파르마 전투에서 오스트리아가 프랑스의 진지를 공격했으나 격퇴됐고, 1734년 9월 19일에 루차라 전투에서 오스트리아와 프랑스가 다시 맞붙었으나 양쪽 모두 큰 손실을 보고 결판을 내지 못했으며, 1735년 5월 25일에 이 전쟁의 마지막 중요 전투였던 비톤토 전투에서는 에스파냐가 오스트리아에 승리를 거두었다. 그동안 폴란드는 스타니스와프 1세와 아우구스트 3세를 지지하는 경쟁 파벌 간의 내분으로 혼란스러웠다. 1735년에 예비 평화안이 제시됐고, 결국 1738년 11월 18일에 빈 조약으로 분쟁이 해결됐다. 조약에 따라 스타니스와프 1세는 폴란드 왕위를 포기하고 로렌 공작이 됐으며(스타니스와프 1세가 사망한 뒤 로렌은 프랑스 왕에게 귀속하도록 되어 있었다), 아우구스트 3세가 폴란드 왕으로 인정됐다

(즉위식은 1734년에 크라쿠프에서 거행됐다).

○ 에스파냐-포르투갈 전쟁, 1735~37

폴란드-튜턴 기사단 전쟁
Polish Wars with the Teutonic Knights

○ 13년 전쟁 ; 튜턴 기사단의 프로이센 정복 ; 튜턴 기사단-폴란드-리투아니아연합 전쟁, 1410~11 ; 튜턴 기사단-폴란드 전쟁, 1309~43

폴른 팀버스 전투, 1794
Battle of Fallen Timbers, 1794

아서 세인트 클레어(1737~1818) 장군의(○ 세인트 클레어의 패배) 뒤를 이어 노스웨스트 준주(오하이오 강 노스웨스트 준주)의 미국 연방육군 지휘관이 된 앤서니 웨인(1745~96)은 근심거리였던 지역 안 서부인디언연맹을 제거하라는 지시를 받았다. 웨인은 2년 가까이 훈련을 받은 병력 1천 명을 이끌고 오늘날 오하이오 주 모미 강가의 영국 요새인 마이애미 요새를 향해 진격했다. 그곳에는 인디언 약 2천 명이 웨인의 군대와 맞서기 위해 집결해 있었다. 웨인은 평화를 제안했으나 거절당했다. 1794년 8월 중순 웨인은 병사들을 능숙하게 기동시켜 오늘날 오하이오 주의 털리도 인근에서 인디언과 정면으로 대결했다. 인디언은 쓰러져 있는 나무들Fallen Timbers을 방책防柵 삼아 숨어 있었다. 웨인은 공격을 예상하고 있던 인디언에 대적하여 여러 날 동안 버티기 전술을 펼쳤다. 8월 20일 많은 인디언이 식량 공급을 위해 마이애미 요새에 머물러 있는 동안 웨인이 공격했고 두 시간이 채 못 되어 인디언은 퇴각했다. 영국인들이 인디언 전사들에게 지원을 약속했으나 이를 지키지 못했고, 웨인의 병사들은 인디언 마을과 옥수수 밭을 폐허로 만들었다. 1795년 8월 3일 리틀 터틀(1752~1812) 족장은 서부인디언연맹을 대표하여 그린빌 조약에 서명하고 오늘날을 기준으로 오하이오 주의 대부분과 인디애나 주와 일리노이 주, 미시간 주의 일부를 미국에 할양했다.

* 폭풍 때문에 나무들이 쓰러져 쌓인 곳에서 싸움이 벌어져 전투의 이름이 폴른 팀버스(쓰러진 나무들)라고 붙여졌다.

푸가초프의 반란, 1773~74
Pugachev's Revolt, 1773~74

1773년 예멜리얀 이바노비치 푸가초프(1742?~75)는 볼가 강 동쪽의 스텝 지역에 갑자기 나타나 자신이 폐위된 황제 표트르 3세(1728~62)라고 주장했다. 표트르 3세는 1762년의 러시아 혁명 중 부인인 예카테리나(예카테리나 2세, 1729~96)가 제위를 찬탈했을 때 살해됐다. 푸가초프는 제위 요구, 열렬한 '복고신앙파'* 설교, 권력을 잡으면 농노제를 폐지하겠다는 약속 등으로 곳곳을 돌아다니면서 억압받던 카자크(코사크)와 농민, 하층계급 노동자의 '군대'를 모았다. 1774년 푸가초프의 군대는 우랄 강가의 오렌부르크를 포위했으나 점령하지는 못했다. 예카테리나 대제가 보낸 제국 군대는 처음에는 카잔을 약탈하고 사라토프를 점령한 반란군을 무찌를 수 없었다. 그러나 러시아 전역의 농민과 그 밖의 사람들이 구세주 푸가초프가 오기를 기다리는 동안, 장비가 부족하고 제대로 훈련받지 못한 푸가초프의 군대는 알렉산드르 바실리예비치 수보로프(1729~1800) 백작이 지휘한 예카테리나 대제의 군대에 궤멸됐고, 1774년 9월 차리친(오늘날의 볼고그라드)에서 철저하게 패했다. 푸가초프는 사로잡혔다가 탈출했다. 배신당해 다시 잡힌 푸가초프는 모스크바로 압송되어 1775년에 사형됐다. 예카테리나 대제의 개혁은 러시아 농노제의 기반을 더욱 확고하게 다졌다.

* Starovery. 러시아정교회의 모스크바 총대주교인 니콘의 전례 개혁을 거부한 러시아 비국교도 집단이다.

푸아티에 전투, 732
Battle of Poitiers, 732
○ 투르 전투

푸아티에 전투, 1356
Battle of Poitiers, 1356

프랑스 왕 장 2세(1319~64)는 흑태자 에드워드(1330~76)가 이끄는 침공을 저지하기 위해 정예 부대에 용기병이 말에서 내려 공격하는 잉글랜드의 전술을 채택하도록 했다. 그러나 프랑스 병사들은 지쳤으며, 쇠뇌는 장궁의 적수가 되지 못했다. 장 2세의 돌격은 실패했고, 1356년 9월 19일 흑태자는 화살에 나가떨어진 프랑스군을 공격하여 완승을 거두었다. 장 2세는 포로가 되어 잉글랜드로 끌려갔다. 1360년 에드워드 3세(1312~77)와 장 2세가 브리테니 조약을 체결하여 프랑스는 왕의 몸값으로 300만 리브르를 지불하기로 했고, 이후 잉글랜드 왕은 프랑스 왕위 요구를 철회하되 프랑스 안의 영지를 프랑스 왕에게 신서臣誓하지 않고 보유하기로 했다. 잉글랜드는 장 2세의 아들 루이를 칼레에 볼모로 잡아두고 몸값을 마련하라며 프랑스 왕을 돌려보냈으나, 1363년 7월 루이가 칼레를 탈출했다는 소식에 불명예를 느낀 장 2세는 자금을 마련하지 못한 채 제 발로 잉글랜드로 돌아가 얼마 뒤 사망했다.

● 흑태자 에드워드의 침입

푸에블로족 인디언 봉기, 1680
Pueblo Uprising, 1680

1500년대 말 에스파냐는 푸에블로라는 여러 인디언 부족이 거주하던 오늘날의 뉴멕시코 공동체 마을들로 가톨릭 선교사를 파견했다. 인디언들은 곧 식민지의 피지배자들이 됐으나 세월이 흐르면서 자신들의 성물聖物을 파괴한 에스파냐인 정복자(콩키스타도르)들에 분노했다. 1680년 족장이자 주술사였던 포페(1690?년 사망)가 호피족 인디언과 주니족 인디언, 기타 푸에블로족 인디언 부족들을 통합하여 그해 8월에 에스파냐에 맞서 반란을 일으켰다. 이들은 식민지의 에스파냐인 주민과 선교사 약 400명을 살해하고 선교회 건물을 불태웠으며 자신들의 수도 산타페(오늘날의 샌타페이)에서 에스파냐인들을 내쫓았다. 푸에블로족은 에스파냐 문화의 흔적을 조금도 남기지 않고 없애버렸으나, 포페가 사망한 직후 부족 간의 통합은 깨졌다. 1692년 에스파냐인들은 그 지역을 다시 점령했고 많은 푸에블로족 마을을 파괴했다.

프라그리 반란, 1440
Praguerie, 1440

이 사건은 프랑스 귀족과 왕자들이 왕 샤를 7세(1403~61)에 맞서 일으킨 다섯 달 동안의 반란을 말한다. 당대 보헤미아의 수도 프라하에서 일어난 유사한 사건에 뒤이어 발생했기에 프라하에서 반란의 이름을 따왔다. 백년 전쟁으로 프랑스 군주정의 권위는 축소되고 귀족들이 때로 거의 완전한 자치에 가까운 권력을 쥐었다. 샤를 7세가 사병의 모집과 보유를 금지하여(따라서 사사로운 전투를 불법으로 규정하여) 자신의 권력을 주장하자 샤를 7세의 아들로 뒷날 루이 11세(1423~83)가 되는 왕세자를 포함한 일부 귀족과 왕자들, 그리고 용병대장들이 1440년 2월 푸아투에서 반란을 일으켰다. 국왕군의 작전에 말려든 반란자들은 부르봉 공작의 지휘를 받아 부르봉 영지로 들어갔으나 다시 패배했다. 퀴세 평화조약으로 전투는 종결됐고, 반란자들과 지도자들은 관대한 처분을 받았다. 반란 지도자 중에는 1429년에 오를레앙에서 잔 다르크(1412?~31)와 함께 싸웠던 알랑송 공작 장 2세(1476년 사망)도 있었다. 그러나 군주와 귀족 사이의 경쟁은 1477년에 루이 11세의 군대가 부르고뉴 공작 '대담공大膽公' 샤를(1433~77)이 이끄는 대귀족들의 세력을 꺾을 때까지 끝나지 않았다.

○ 부르고뉴 공국-스위스 전쟁, 1474~77 ; 잉글랜드-프랑스 전쟁, 1475 ; 장미 전쟁 ; 후스파 전쟁

프라이스의 반란('뜨거운 물 전쟁'), 1799
Fries Rebellion('Hot Water War'), 1799

1798년 7월 미국 연방의회는 프랑스와의 전쟁에 대비한 전비 충당을 위해 연방직접세인 재산세 법안을 가결했다(○ 미국-프랑스 준전쟁). 1799년 2월 펜실베이니아 주 벅스 카운티와 몽고메리 카운티, 노샘프턴 카운티의 독일계 농민들은 인기 있는 순회 경매인 '영도자' 존 프라이스(1750~1818)의 지휘 아래 무장하고, 주택과 토지를 조사하기 위해 파견된 연방 과세평가인들에 저항했다. 벅스 카운티의 분노한 주부들은 창문의 크기를 재려는 과세평가인들에게 끓는 물을 퍼부었다(주부들은 이를 창문세를 부과하려는 것으로 알았다). 관리들은 프라이스 휘하의 반란자들에게 내쫓겼고 프라이스는 베슬리헴에서 체포되어 반역죄로 두 차례 재판을 받았다(두 번째는 새뮤얼 체이스(1741~1811) 연방대법원 대법관이 재판했다). 유죄판결을 받은 프라이스는 교수형이 선고됐으나 앞서 주 방위군을 파견하여 폭동을 성공리에 진압했던 존애덤스(1735~1826) 대통령으로부터 사면을 받았다.

○ 위스키 반란

프랑스계 캐나다인 반란, 1837
French-Canadian Rebellion of 1837
○ 파피노의 반란

프랑스 내전, 1871
French Civil War of 1871

프랑스–프로이센 전쟁 중 프랑스 황제 나폴레옹 3세(1808~73)가 스당에서 항복하여 포로가 된 뒤 파리에서는 제3공화정이 수립됐고 자존심 강한 파리 시민들은 독일군의 포위공격에 저항했으나 1871년 1월 28일 굶주림 때문에 항복할 수밖에 없었다. 그때 보르도로 자리를 옮긴 제3공화정 국민의회는 독일과 강화조건을 협상했다. 독일군이 주둔한 상태에서 대체로 왕당파가 지배한 국민의회가 '치욕스러운' 평화조약에 동의하자, 파리에 남았던 프랑스 지도자들은 파리 코뮌이라는 별도의 공화정 정부를 구성하고 국민의회에 따르기를 거부했다. 이에 국민의회는 1871년 3월 파리를 점령하기 위해 정부군을 파견했으나 격퇴됐다. 급진적인 코뮈나르*들은 내부의 분란을 겪으며 자치 정부를 실험했지만 성과는 없었다. 시민의 반란에 직면한 국민의회는 베르사유로 피해야 했고 파리를 포위할 군대를 모으기 위해 중립을 가장하고 있는 승전국 프로이센을 설득하여 프랑스 포로들을 석방하게 했다. 코뮈나르들은 '피의 주간(1871년 5월 21~28일)' 동안 바리케이드 뒤에서 필사적으로 저항했지만 정부군의 총탄에 많은 사람이 무참히 쓰러졌다. 점차 도시 중앙으로 몰린 코뮈나르들은 파리 대주교를 포함한 인질들을 살해하고 튈르리 궁전과 시청, 사법부 공동 청사를 비롯한 유명한 건물들을 불태운 뒤 진압됐다. 승자는 약 1만 7천 명을 즉결 사형했고, 그 밖에 많은 사람을 투옥하거나 유형지로 추방했다. 다른 프랑스 도시들, 특히 마르세유와 툴루즈, 생테티엔의 코뮌도 1871년에 가혹한 보복을 당했다. 과격파는 지도자를 빼앗겼고, 부르주아 계층은 질서를 단호하게 유지할 수 있는 공화정을 요구했으며, 왕당파는 왕정복고를 요구했는데 심지어 절대주의 체제까지 원했다.

* 파리 코뮌에 참여하고 이를 지지한 자들.

프랑스-독일 전쟁, 978~980
Franco-German War of 978~980

카롤루스 왕조의 마지막에서 두 번째 왕이었던 프랑스(서프랑크 왕국)의 로타리우스(941~986)는 925년 독일(동프랑크 왕국)에 빼앗겼던 로타링기아(로렌)를 군사행동을 통해 주군인 신성로마제국 황제 오토 2세(955~983)로부터 되찾기로 결심했다. 이는 어리석은 결정이었다. 카롤루스(샤를마뉴, 742?~814) 대제가 남긴 프랑크 제국을 급격하게 축소시켰던 오토 왕가의 오토 2세는 프랑스 왕들이 허약한 상태에 있는 것을 원했다. 로타리우스는 로타링기아를 침공하여(978) 아헨(엑스라샤펠)을 점령하고 오토 2세를 거의 사로잡을 뻔했다. 오토 2세의 군대는 이에 강력히 대응하여 프랑스를 침공했다. 그러나 980년에 화해가 이루어져 별 싸움 없이 전쟁이 끝났고, 로타리우스는 자신의 권리 주장을 모두 부인했다. 그렇지만 983년에 오토 2세가 사망하고 어린 아들이 신성로마제국 황제 오토 3세(980~1002)로 선포되자 제위 계승을 둘러싸고 내전이 벌어졌다. 로타리우스는 985년에 다시 로타링기아를 침공했으나 이듬해 3월 2일에 사망했고 제위는 어린 루도비쿠스 5세(루이 5세, 967?~987)에게 넘어갔다. 루도비쿠스 5세는 겨우 1년을 통치하고 일찍 죽었기에 '한 일 없는 자 le Fainéant'라는 별칭을 얻었다.

프랑스-러시아 전쟁, 1812
Franco-Russian War of 1812

○ 나폴레옹의 러시아 침공

프랑스령 인도차이나 전쟁, 1858~63
French Indochina War of 1858~63

프랑스는 황제 나폴레옹 3세(1808~73) 때 베트남이 프랑스 선교사들을 박해하지 못하도록 하고, 인도차이나 지역에서 더 큰 해외 시장을 차지하기 위해 시암(타이)의 팽창주의를 억누르고자 했다. 베트남이 유럽인들에게 계속 적대감을 보이자 1858년 늦여름에 프랑스·에스파냐의 연합 원정대가 다낭泡瀘(투란) 항구를 포격하고 점령했다. 원정대는 열대의 풍토병과 식량 부족 문제에 직면하여 북쪽의 베트남 수도 후에順化로 진격하지 못하고 대신 남쪽에 있는 코친차이나(베트남 남부의 일부)의 사이공(오늘날의 호찌민)으로 항해했다. 사이공은 1859년에 함락됐고, 군대가 다낭으로 돌아가 새로운 위협에 맞서려는 동안 병력 1천 명의 프랑스·에스파냐 수비대가 사이공에 남아 지켰다. 프랑스는 군대가 콜레라에 타격을 받고 또 청나라의 전쟁에 말려든 상황에서(**○** (제2차) **아편 전쟁**) 베트남 황제 뜨 득嗣德(사덕제嗣德帝, 1829~83)과 평화협상을 시도했으나 실패했다. 사이공의 프랑스·에스파냐 수비대는 거의 1년 동안 베트남의 포위공격에 저항하다가 1861년 2월에 도착한 프랑스 군대에 구출됐다. 청나라에서 임무를 마친 프랑스 군대가 코친차이나의 동부 3개 성省 즉 딘뜨엉성定祥省, 비엔호아성邊和省, 쟈딘성嘉定省으로 이동했다. 뜨 득은 통킹(베트남 북부)에서 폭동이 발생하자 강화를 요청했다(1862). 뜨 득은 프랑스에 코친차이나의 동부 3개 성(사이공, 미토美湫, 비엔호아邊和)과 콘선崑山 섬을 넘겼으며, 3개 항구를 프랑스에 개항하고 종교의 자유를 허용하며 상당한 금액의 배상금을 지불하기로 했다. 1863년 4월 뜨 득은 프랑스의 군사적 압력에 굴복하여 평화조약(후에 조약)을 승인했다. 같은 해 캄보디아 왕 노로돔(1834~1904)은 프랑스의 보호령이 되는 것을 받아들였다. 1867년 시암은 캄보디아에 대한 권리를 프랑스에 넘겼다.

프랑스령 인도차이나 전쟁, 1873~74
French Indochina War of 1873~74

1867년 베트남 황제 뜨 득嗣德(사덕제嗣德帝, 1829~83)은 청나라 서남부로 이어지는 교역로를 찾던 프랑스에 코친차이나(베트남 남부의 일부) 전부를 할양했다. 프랑스는 탐험가 프랑수아 가르니에(1839~73)에게 소규모 병력을 주고 하노이로 파견해 지방관들과 이들에게 체포된 프랑스인 상인 겸 밀수업자 사이의 분쟁을 해결하게 했다. 프랑스인 상인 편을 들었던 가르니에는 하노이 정부가 굴복하지 않자 하노이 요새를 습격하여 점령했고, 계속해서 홍강紅江 삼각주 지역에 있는 요새들을 빼앗고 베트남 북부의 주요 도시들도 대부분 장악했다. '흑기군黑旗軍'이라는 베트남·중국 연합군인이 가르니에에 맞섰는데 가르니에는 1873년 말 전사했다. 프랑스는 선박들을 빼앗겼고 통킹(베트남 북부)에 있는 프랑스인 그리스도교도들이 사는 마을들은 불타버렸다. 프랑스는 하노이와 여타 도시들이 지배할 가치가 없다고 판단하여 일시적으로 철수했다. 뜨 득은 프랑스의 코친차이나 지배를 기정사실로 받아들이고 그리스도교(로마가톨릭교회) 선교사들과 개종자들을 박해하지 않을 것임을(자신이 한 약속) 인정해야 했다. 프랑스는 홍강을 교역 항로로 이용할 수 있게 됐다.

프랑스령 인도차이나 전쟁, 1882~83
French Indochina War, 1882~83

1883년 청나라는 베트남의 종주국임을 선언하고 홍강紅江을 따라 군대를 파견하여 북부 지역인 통킹을 점령했다. 프랑스는 베트남이 그리스도교 선교사들을 계속 박해하는 데 분노하여 인도차이나에서 다시 식민지를 확대하려 했는데 청나라가 이에 반대했다. 앙리로랑 리비에르(1827~83) 프랑스 대위가 소규모 병력을 이끌고 통킹의 행정 중심지인 하노이로 파견되어 중국인들을 축출하고 베트남·중국 연합군인 '흑기군黑旗軍'을 진압하려 했다. 리비에르는 하노이 요새와 남딘성南定省 해안, 혼가이 탄광을 점령했다. 이후 리비에르는 베트남이 반격할 때 전사했다. 프랑스는 그 지역으로 증원군을 파병했고 베트남으로부터 통킹을 할양받는 조약을 얻어냈다(1882). 청나라가 이를 인정하지 않자 프랑스는 하이퐁海防과 하노이를 장악하고 베트남의 수도 후에順化를 포격했다(1883). 양쪽은 전투 중에 협상을 진행하여 마침내 베트남 북부(통킹)와 중부를 프랑스의 보호령으로 인정하는 조약을 체결했다(1883년 8월 25일). 베트남 남부 코친차이나(베트남 남부의 일부)는 이미 프랑스가 지배하고 있었다. 10년 뒤 시암(타이)이 라오스에 대한 권리를 포기했고, 라오스는 프랑스령 인도차이나로 알려진 연방에 병합됐다.

○ 청-프랑스 전쟁, 1884~85

프랑스령 인도차이나 전쟁, 1946~54
French Indochina War of 1946~54

제2차 세계대전이 끝나고 일본 침략자들이 물러났으나 프랑스는 이전의 식민지였던 프랑스령 인도차이나에서 즉시 통치력을 회복할 정도로 확고한 위치에 있지 못했다. 북부에서는 호 찌 민胡志明(1890~1969)이 이끄는 정당 베트민(베트남독립동맹회)이 독립국가 베트남 민주공화국을 선포했다. 프랑스는 베트남을 프랑스 연합 안에서 자유국가로 승인한다는 데 동의했으나 협상의 타결은 지체됐다. 1946년 12월 베트민 군대는 프랑스군 주둔지를 공격했으며, 그 뒤 몇 년 동안 전국에서 게릴라 활동이 증가했다. 1949년 바오 다이保大(1913~97) 황제를 수반으로 하는 베트남 임시정부가 수립됐다. 프랑스는 임시정부를 승인했고 미국도 1950년에 이를 승인했다. 공산주의자들이 지배한 베트민은 프랑스인 지배자들의 잔류를 거부했고 당연하게도 중국과 베트남 국경을 따라 늘어선 프랑스군 주둔지들을 공격했다. 베트민은 중국으로부터 실질적인 군사원조를 받고 있었다. 1951년 중국의 지원을 받은 베트민은 라오스와 캄보디아의 공산주의자들과 공동전선을 수립했고 점점 더 공격적으로 변해갔다. 이를 지휘하던 보 응우옌 잡武元甲(1911~2013) 장군은 1954년 3월 13일 베트남 서북부 디엔비엔푸에 있는 전략적으로 중요한 프랑스의 거점을 공격했다. (프랑스군 앙리 외젠 나바르(1898~1983) 사령관은 그곳에서 정식으로 맞붙어 적군을 무찌를 수 있기를 바랐다.) 보 응우옌 잡은 56일 동안 포위공격을 지속했다. 보 응우옌 잡의 베트민 군대는 방어하는 프랑스 군대를 대포와 박격포, 자살 '인해' 전술로써 계속 공격했다. 프랑스군은 수에서 열세였을 뿐만 아니라 탄약이 부족했고 군수품을 (공중공급을 제외하곤) 공급받지 못했으며 우기의 폭우에 침수되어 진흙 투성이의 지하 생활을 하다가 결국 1954년 5월 7일에 항복했다. 그동안 제네바에서 열린 국제회의에서 협정이 도출됐으며 이에 따라 전투가 중지되고 프랑스군이 철수했다. 베트민은 북위 17도선 북쪽에 정부를 수립했고, 비공산주의자들은 경계선 남쪽에 정부를 세웠다. 전쟁은 프랑스에서 인기를 끌지 못했다. 비록 패하고 동남아시아에서 영향력을 잃었지만 프랑스 시민들 대부분은 전쟁이 끝났다는 사실에 안도했다. 1954년 7월 베트남은 베트남 민주공화국(북베트남)과 베트남 공화국(남베트남)으로 분단됐다.

⟳ 베트남 내전, 1955~65 ; 베트남 전쟁

프랑스-베트남 전쟁
French–Vietnamese Wars

⟳ 프랑스령 인도차이나 전쟁

프랑스-부르고뉴 공국 전쟁, 1464~65, 1467~77
Franco-Burgundian Wars, 1464~65, 1467~77

중앙집권을 강화하려던 프랑스 왕 루이 11세(1423~83)의 시도는 다수의 강력한 프랑스 귀족들의 적의와 반대에 부딪혔다. 그중 한 사람인 부르고뉴 공작 '대담공大膽公' 샤를(1433~77)은 루이 11세에 맞서 싸우기 위한 귀족들의 동맹인 공익公益 동맹을 결성하는 데 힘을 보탰다(1464). 루이 11세는 하급 지주와 부르주아를 자기편으로 끌어모을 수 있었다. 루이 11세는 몽틀레리 전투에서 공익 동맹에 패했고(1465년 7월 13일), 콩플랑스 조약(1465)에 따라 반란을 일으킨 귀족들에게 영지를 되돌려주어야 했다. 샤를은 솜 강을 끼고 있는 땅을 받았는데 나중에 루이 11세가 그곳 주민들에게 폭동을 부추기자 분노했다. 샤를은 1467년에 아버지가 사망하자 부르고뉴 공작 지위를 계승했고 루이 11세에 맞서 부르고뉴를 프랑스에서 완전히 독립시키려는 오랜 투쟁을 시작했다. 한편 루이 11세는 교묘한 외교를 펼쳐 공익 동맹을 깨뜨리는 데 성공했다. 루이 11세는 페론에서 샤를과 협상하려 했으나(1468) 리에주에서 자신의 첩자들이 조장한 반란이 터지자 샤를에게 사로잡혔으며 자유를 되찾기 위해 양보해야 했다. 무력으로써 라인 강까지 통치를 확대하려 했던 샤를은 다른 나라들과(샤를과 동맹을 맺었던 잉글랜드도 포함된다) 공모하여 루이 11세를 살해하고 프랑스를 분할하려 했으나, 루이 11세는 부르고뉴의 협력자들과 강화를 맺거나 뇌물을 주는 외교 책략으로 샤를의 기도를 좌절시켰다. 1473년 신성로마제국 황제 프리드리히 3세(1415~93)는 샤를을 부르고뉴 왕으로 앉히기를 거부했다(부르고뉴는 왕국의 지위로 격상될 예정이었다). 샤를이 재편성하여 잘 훈련시킨 군대는 프랑스와 스위스, 독일(신성로마제국 황제) 군대의 공격을 받았으나 1475년에 부르고뉴를 프랑스의 지배에서 해방시켰으며(**◑ 부르고뉴 공국-스위스 전쟁, 1474~77**) 로렌을 포함하여 많은 영토를 점령했다. 샤를이 전투 중 낭시 외곽에서 사망하자 부르고뉴는 루이 11세에 대한 도전을 멈추었다. 그 뒤 1482년에 루이 11세는 아라스 조약을 체결하여 부르고뉴에 대한 완전한 주권을 획득했다.

◑ 프랑스-오스트리아 전쟁, 1477~93

프랑스-알제리 전쟁, 1832~47
Franco-Algerian Wars of 1832~47

○ 압드 알 카디르의 전쟁

프랑스-에스파냐 전쟁, 1547~59
Franco-Spanish War of 1547~59

○ 합스부르크 왕가-발루아 왕가 전쟁, 1547~59

프랑스-에스파냐 전쟁, 1648~59
Franco-Spanish War of 1648~59

30년 전쟁이 끝나면서 프랑스에서는 내전이 발발했고(○ **프롱드의 난**), 오만한 콩데 공 루이 2세(1621~86)를 비롯한 반란 지도자들은 재빠르게 에스파냐와 동맹을 맺었다. 1650년대 에스파냐가 잉글랜드와 싸우느라 여념이 없고(○ **잉글랜드-에스파냐 전쟁, 1655~59**), 잉글랜드는 네덜란드와 싸우고 있을 때(○ **(제1차) 잉글랜드-네덜란드 전쟁**) 프랑스 북부에서 튀렌 자작 앙리 드 라 투르 도베르뉴(1611~75) 휘하의 프랑스 군대는 이제는 에스파냐의 장군이 된 콩데 공 휘하의 우세한 에스파냐 군대를 계략을 써서 물리쳤다. 1654년 8월 25일 앙리는 아라스 전투에서 승리했으나 1656년 7월 16일 발랑시엔 전투에서 패했다. 에스파냐는 1658년 6월에 프랑스 북부의 됭케르크 전투(사구砂丘 전투)에서 패하고 됭케르크를 빼앗기면서 더 버틸 수 없게 됐고 프랑스는 유럽 제일의 강국이 됐다. 1659년 11월 5일 피레네 평화조약으로 피레네 산맥에서 프랑스와 에스파냐 사이의 국경이 획정됐다. 프랑스는 루시용과 아르투아를, 그리고 에스파냐령 네덜란드(벨기에, 룩셈부르크, 프랑스 북부 일부)의 몇몇 요새를 획득했다.

○ (제1차) 북방 전쟁 ; (제2차) 잉글랜드-네덜란드 전쟁

프랑스-에스파냐 전쟁, 1727
Franco-Spanish War of 1727

○ 영국-에스파냐 전쟁, 1727~29

프랑스-에스파냐 전쟁, 1823

Franco-Spanish War of 1823

에스파냐에서 통치권을 두고 벌어진 약 3년간의 분파 투쟁을 걱정스럽게 지켜보던 강대국들은 절대왕정에 반대하는 무장 혁명군이 왕 페르난도 7세(1784~1833)를 체포한 데 놀랐다. 이에 베로나 회의(1822년 10월)에서 프랑스는 페르난도 7세의 복위를 위해 영국의 반대를 무릅쓰고 분쟁에 개입했다(◎ 에스파냐 내전, 1820~23). 1823년 4월 7일 앙굴렘 공작 루이 앙투안 드 부르봉(1775~1844)이 이끄는 프랑스 군대는 피레네 산맥을 넘어 에스파냐로 들어가 바스크인과 카탈루냐인의 환영을 받았다. 앙굴렘 공작은 분견대를 파견하여 산세바스티안을 포위하는 동시에 혁명가들이 장악하고 있던 수도 마드리드를 공격했다. 반군 정부는 세비야로 철수했으며, 마드리드의 군 지휘관은 은밀히 항복하여 프랑스로 도주했고, 지휘관을 잃은 마드리드 수비대는 프랑스 군대를 저지할 수 없었다. 프랑스 군대는 마드리드를 점령했고 페르난도 7세의 귀환을 기다리는 동안 에스파냐인들이 선택한 섭정에 통치를 맡겼다. 프랑스 군대는 남쪽으로 이동하여 라파엘 델 리에고 이 누녜스(1785~1823) 대령이 지휘하는 카디스의 혁명군을 포위했다. 카디스에서는 코르테스(의회)가 페르난도 7세를 억류하고 있었다. 1830년 8월 31일 리에고의 군대가 트로카데로 전투에서 패했고, 9월 30일 프랑스 군대는 카디스를 함락하고 페르난도 7세를 인도반아 왕좌에 복위시켰다. 왕은 앞서 혁명가들을 사면하겠다고 한 약속을 어기고 가차 없는 보복을 명령했다. 프랑스 군대는 어찌할 수 없이 지켜보고만 있었다.

프랑스-오스트리아 전쟁, 1477~93

Franco-Austrian War of 1477~93

부르고뉴 공작 '대담공大膽公' 샤를(1433~77)이 죽자(◎ 부르고뉴 공국-스위스 전쟁, 1474~77), 팽창주의자인 프랑스 왕 루이 11세(1423~83)는 즉시 부르고뉴의 소유권을 주장했다. 1477년에 대담공 샤를의 딸이자 상속자였던 마리 드 부르고뉴(1457~82)가 오스트리아 대공 막시밀리안(막시밀리안 1세, 1459~1519)과 결혼하여 좌절을 맛보았던 루이 11세는 쟁탈의 대상이었던 땅을 침공했으나 투르네에서 마리의 군대에 패했다(1477). 전쟁은 산발적인 전투로 지속됐는데, 막시밀리안이 네덜란드인들과 분쟁을 겪은 것이 이에 일조했다(◑ 오스트리아령 네덜란드 내전, 1477~92). 프랑스는 작은 규모의 기느가트(오늘날의 앙기느가트) 전투에서 패하고(1479) 휴전에 합의했으나 막시밀리안에 대항해 반란을 일으킨 플랑드르(플란데런) 도시들과 은밀히 공모하여 1482년에 굴욕적인 아라스 평화조약이 체결되도록 유도했다. 막시밀리안은 아라스 조약에 따라 프랑스와 플랑드르 사이의 친선 관계와 협력을 보장하기 위한 조치로 성년이 되지 않은 딸을 프랑스 왕세자 샤를(샤를 8세)과 혼인시키고 즉시 부르고뉴와 아르투아, 프랑슈콩테 지방을 지참금으로 내준다는 데 동의했다. 그리하여 막시밀리안의 아들 필리프(카스티야와 레온 왕 펠리페 1세, 1478~1506)는 '나라 없는 부르고뉴 공'이 되어 반항적이 됐을 뿐만 아니라 프랑스의 조언도 받는 플랑드르를 네덜란드인 대리인들을 통해 통치하려 했다. 막시밀리안은 상황을 정면으로 돌파해야 했다. 막시밀리안은 네덜란드인들과 싸우기 위해 프랑스에 맞서기를 중단했으나 1486년에 신성로마제국 황제로 선출되자* 플랑드르의 생토메르를 점령했다. 두 차례 더 진행된 오스트리아의 플랑드르 침공은 실패로 끝났고(1486, 1487), 프랑스와 오스트리아 사이에 강화가 체결됐으며(1489), 플랑드르에서는 막시밀리안에 반대하는 새로운 반란이 일어났다. 1492년에 최종적으로 반란이 분쇄되자 막시밀리안은 프랑스와 다시 전쟁하여 1493년에 두르농에서 프랑스 군대를 격파했다. 같은 해 상리스 조약으로 프랑스는 아르투아와 프랑슈콩테를 오스트리아에 할양했다. 막시밀리안은 프랑스 왕세자가 브르타뉴와 그 여공작을 얻기 위해 내친 자신의 딸을 되찾았으며(◑ '미친 전쟁'), 불가침조약을 얻어냈다. 막시밀리안은 프랑스가 국경의 몇몇 요새를 군사적으로 통제하고 필리프는 민간 행정을 담당한다는 다소 위험스러운 협조도 이끌어냈다. 그러나 부르고뉴는 이후 영구히 프랑스 영토로 남았다.

◑ 프랑스-부르고뉴 공국 전쟁

* 동시에 독일 왕이 됐으나 황제 대관은 부친이 세상을 떠난 1493년에 이루어졌다.

프랑스의 차드 정복, 1897~1914
French Conquest of Chad, 1897~1914

19세기 말 유럽 강대국들이 아프리카를 분할할 때, 프랑스와 영국, 독일은 차드 호를 경제적으로 매우 중요하게 생각하여 서로 차지하기 위해 경쟁했다. 프랑스가 가장 먼저 도착하여(1897) 거대한 호수의 동쪽 기슭을 차지했다. 프랑스의 탐험가 에밀 장틸(1866~1914)은 탐험대를 이끌고 차리 강을 따라 호수의 남쪽 부분까지 내려가 바기르미족 술탄과 조약을 체결하고 그 지역에 프랑스의 보호령을 설치했다. 1900년 프랑스 군대는 알제리에서 남쪽으로, 세네갈과 니제르에서 동쪽으로 행군했고, 이슬람교 족장이자 마흐디파의 추종자인 라비흐 앗 주바이르(1900년 사망)의 아프리카인 전사들과 맞서 싸우기 위해 장틸의 병사들에 합류했다(● 수단 전쟁, 1881~85). 1900년 4월 22일 라크타(쿠세리) 전투에서 라비흐는 패하여 전사했고 목이 잘렸다. 그럼에도 매우 잔인한 전투가 계속 이어졌다. 광적인 이슬람교 종파 세누시파를 물리치는 데는 몇 년이 걸렸다. 차드 호 인근의 카넴 지역은 1906년에 프랑스의 지배를 받았으며, 와다이 지역은 1912년에, 마지막으로 차드 북부 영토 보르쿠는 1914년에 프랑스의 지배를 받게 됐다. 그때 차드는 프랑스 식민지로서 프랑스령 적도아프리카에 편입됐다.

프랑스-이로쿼이족 인디언 전쟁
French–Iroquois Wars

● 이로쿼이족 인디언–프랑스 전쟁

프랑스 2월 혁명
French February Revolution

● 프랑스 혁명, 1848

프랑스 · 인디언 전쟁, 1754~63
French and Indian War, 1754~63

이 전쟁은 프랑스와 영국, 인디언, 영국령 북아메리카 식민지들의 주민이 세인트로렌스 강과 오하이오 강 유역의 지배권을 둘러싸고 장기간 벌인 대결의 마지막이자 가장 결정적인 싸움이었다. 로버트 딘위디(1693~1770) 버지니아 식민지 부총독은 프랑스에 그 지역을 빼앗기지 않으려고 조지 워싱턴(1732~99)에게 지휘를 맡겨 민병대를 파견했고, 앨러게니 강과 모농거헤일러 강이 합류하는 지점에 요새를 건설하게 했다. 이미 그 땅에 뒤켄 요새(오늘날의 피츠버그에 있다)를 세운 프랑스는 인근에 너세스터 요새를 건설한 워싱턴을 공격하여 항복을 받아냈다(1754년 7월 3일). 워싱턴은 휘하의 생존자들과 함께 돌아가도 좋다는 허락을 받았다. 이듬해 에드워드 브래덕(1695~1755) 장군이 영국군과 식민지 군대를 이끌고 뒤켄 요새를 공격했으나, 1755년 7월 9일 요새 근처에 매복한 프랑스군과 인디언 협력자들의 공격을 받고 패주했다. 모호크밸리의 영국인 관리였던 윌리엄 존슨(1715?~75)이 이끈 식민지 부대는 크라운포인트 원정 중에 조지 호수 전투(1755년 9월 8일)에서 프랑스군과 인디언을 물리쳐 좀 더 나은 성과를 냈다. 그러나 프랑스가 장악한 나이아가라 요새를 공격한 영국 원정대는 실패했다. 1756년 프랑스와 영국은 전쟁을 공식 선포했다(◐ 7년 전쟁). 루이조제프 드 몽칼름(1712~59) 후작이 캐나다의 프랑스군 전부를 지휘했고, 4대 라우던 백작 존 캠벨(1705~82) 장군이 아메리카의 영국군 사령관이 됐다. 타이콘데로가 요새에서 진격한 몽칼름 휘하의 프랑스군은 영국군이 조지 호수 남쪽에 건설하여 지키고 있는 윌리엄헨리 요새를 포위하여 점령하고 파괴했다(◐ 윌리엄헨리 요새 학살). 크게 당황한 영국군은 북아메리카에서 프랑스를 몰아낼 계획을 세웠다. 캠벨을 대신한 제임스 애버크롬비(1706~81) 장군은 타이콘데로가 요새의 프랑스군을 격파하려 했으나 실패하여(1758년 7월 8일) 제프리 애머스트(1717~97) 남작으로 대체됐다. 1758년 11월 말 프랑스군은 식민지인·영국 군대에 점령되기 직전에 뒤켄 요새를 포기하고 폭파해버렸다. 한편 애머스트와 제임스 울프(1727~59) 장군의 부대는 노바스코샤의 프랑스군 요새 루이스버그를 공격했고(◐ 조지 왕의 전쟁), 격렬한 전투 끝에 항복을 받아냈다(1758년 7월 27일). 애머스트는 1759년 6월에서 7월에 병력 1만 1천 명으로 타이콘데로가 요새와 크라운포인트를 성공리에 습격했다. 동시에 영국군은 이로쿼이족 인디언의 도움을 받아 오하이오 식민지와 일리노이 식민지에서 프랑스를 내쫓았다. 전쟁의 절정은 1759년 9월 13일 캐나다 퀘벡 인근의 에이브러햄 평원에서 몽칼름과 울프가 대결한 전투였다. 두 사람 모두 전사했다. 영국이 승리하여 퀘벡을 점령했고, 프랑스는 1760년에 퀘벡을 되찾으려 했으나 실패했다. 1760년 9월 영국군은 몬트리올을 점령했고, 캐나다는 영국의 수중에 떨어졌다. 1762년 조지 로드니(1719~92) 제독이 이

끄는 해군 선박들이 서인도제도에서 프랑스를 격파하여 세인트루시아, 그
레나다, 세인트빈센트, 마르티니크가 항복했다. 그러나 평화는 유럽에서 7
년 전쟁이 끝난 뒤에야 공식적으로 찾아왔으며, 프랑스는 파리 조약(1763)
으로 북아메리카의 거의 모든 영토를 잃었다. 남은 것은 뉴올리언스와 생
피에르 섬, 미클롱 섬, 과들루프 섬, 마르티니크 섬 등 섬뿐이었다.

○ 앤 여왕의 전쟁 ; 윌리엄 왕의 전쟁 ; 폰티액의 전쟁

프랑스-잉글랜드 전쟁
Franco-English Wars

○ 잉글랜드-프랑스 전쟁

프랑스 전쟁, 1635~48
French War of 1635~48

프랑스 왕 루이 13세(1501~43)의 재상인 리슐리외(1585~1642) 추기경은 30
년 전쟁 중에 라인란트(라인 강 연안지대)를 획득하려 했다. 신성로마제국의
힘을 견제하려 했던 프랑스는 가톨릭 국가였지만 독일의 프로테스탄트 제
후들을 재정적·군사적으로 지원하기로 약속했고, 독일 프로테스탄트 제후
들은 신성로마제국 즉 가톨릭교도인 합스부르크 왕가에 맞서 전쟁을 계속
하고자 (프랑스라는) 가톨릭(세력)을 받아들였다. 1635년 신성로마제국 황제
는 작센을 포함한 루터교 국가들과 평화협정을 체결했다. 합스부르크 왕
가와 동맹한 에스파냐는 네덜란드를 겨냥하여 군사행동을 개시했고, 리슐
리외는 합스부르크 왕가 세력의 확대를 두려워하여 프로테스탄트 세력의
수장인 스웨덴의 옥센셰르나(1583~1654) 재상과 유대를 강화하고 네덜란
드와 동맹한 다음 1635년 5월 21일 에스파냐에 전쟁을 선포했다. 프랑스가
리슐리외의 전략에 따라 유럽의 각기 다른 지역에서 싸우려고 병력을 나누
자, 에스파냐 군대와 바이에른 군대가 1636년에 프랑스를 침공했으나 결국
내쫓겼다. 프랑스 군대는 남쪽에서 침공해 들어오는 에스파냐 군대를 저
지하는 데는 성공했지만(1637) 이탈리아와 네덜란드에서는 격퇴됐다(1638).
1639년 네덜란드 함대가 다운스 해전에서 에스파냐의 강력한 함대를 무찔
렀다. 1641년에서 1642년까지 프랑스와 에스파냐, 포르투갈에서 사회 불

안과 폭동이 연이어 발생하는 바람에 프랑스와 에스파냐 사이에 큰 전투는 없었다. 콩데 공 루이 2세(1621~86)가 이끄는 프랑스 군대는 1643년 5월 19일 로크루아에서 에스파냐 군대를 거의 전멸시켜 전쟁에서 몰아냄으로써 혁혁한 승리를 거두었다. 독일에서는 스웨덴 군대가 꾸준히 남진하는 동안 프랑스가 라인 강을 넘어 북쪽으로 치고 올라갔다. 황제의 대리인들은 오스나브뤼크에서 스웨덴과, 뮌스터에서 프랑스와 평화협상을 개시했고, 양쪽은 여러 해 동안 격렬한 전투를 벌이면서 협상을 계속했다. 합스부르크 왕가·에스파냐 연합군의 마지막 프랑스 침공은 1648년 8월 2일 랑스 전투에서 콩데 공이 다시 한 번 승리함으로써 실패로 끝났다. (신성로마제국) 황제 페르디난트 3세(1608~57)는 1648년 10월 24일 베스트팔렌 조약에 조인하기로 결정하면서 잠시 분쟁을 끝냈다(**◑ 프랑스-에스파냐 전쟁, 1648~59**).

◑ 베아른 반란

프랑스 전투, 1940
Battle of France, 1940

프랑스는 비록 완성되지는 않았지만 프랑스와 독일 사이의 국경을 따라 튼튼하게 구축한 마지노선 덕에 여러 해 동안 독일의 공격을 염려하지 않을 수 있었다. 그러나 독일의 아돌프 히틀러(1889~1945) 총통의 강력한 군대가 갑자기 덴마크와 노르웨이(1940년 4월 9일)를 침공한 데 이어 한 달 뒤 룩셈부르크와 네덜란드, 벨기에를 침공하고(**◑ 제2차 세계대전**), 영불해협의 프랑스 항구들을 점령하면서(**◑ 됭케르크 철수**) 프랑스의 안도감은 흔들렸다. 1940년 6월 독일군은 프랑스의 솜 강 지역에서 공세를 개시하여 마지노선을 측면에서 타격했다. 그러면서 독일의 다른 부대가 북부 해안 지역을 휩쓸고 브르타뉴로 진입했고, 또 다른 군대는 샹파뉴를 돌파하여 마지노선을 후방에서 공격했다. 1940년 6월 10일 이탈리아가 프랑스에 전쟁을 선포하고 프랑스 남부에 있는 사부아와 니스 북부로 진격했다. 독일군이 꾸준히 서진하면서 프랑스 군대는 무너져 후퇴했다. 1940년 6월 14일 프랑스 수도 파리가 전투 없이 함락됐고, 독일군은 샹젤리제에서 개선 행진을 벌였다. 프랑스 정부는 투르로 옮겼다가 이어 보르도로 갔으나 1940년 6월 22일 히틀러의 휴전조건을 받아들였다. 연로한 앙리 필리프 페탱(1856~1951)

장군이 나치 협력자였던 피에르 라발(1883~1945)의 조력을 받아 프랑스 총리가 됐다. 두 사람은 비시에 새 정부를 수립했으나 북부와 동부 대부분은 독일군이 점령했다. 프랑스가 독일에 굴복하기는 했지만 수많은 프랑스 병사가 탈출하여 연합군과 함께 싸웠으며, 더 많은 사람이 프랑스 레지스탕스에 합류하여 조국 땅에서 은밀히 지하투쟁을 벌였다.

프랑스-청淸 전쟁, 1884~85
Franco-Ching War of 1884~85

○ 청-프랑스 전쟁, 1884~85

프랑스 7월 혁명
French July Revolution

○ 프랑스 혁명, 1830

프랑스-프로이센 전쟁(프랑스-독일 전쟁),* 1870~71
Franco-Prussian War(Franco-German War), 1870~71

7주 전쟁에서 프로이센이 승리한 뒤 오토 폰 비스마르크(1815~98) 프로이센 총리는 독일 남부의 독립국가들을 프랑스에 대항하는 북독일 연방과 통합하는 작업을 시작했다. 1870년 프로이센이 프로이센 왕가의 친척인 호엔촐레른 왕가의 왕족을 에스파냐 왕좌에 앉히려 하자, 프랑스 황제 나폴레옹 3세(1808~73)는 프로이센과 에스파냐가 양쪽에서 프랑스를 위협할까봐 크게 걱정했다. 전쟁을 도발할 구실을 찾던 비스마르크는 1870년 7월 13일 저녁에 프로이센 왕과 자신 사이의 교신인 엠스 전보Emser Depesche를 공개했다. 그 전날 에스파냐 왕위를 두고 프로이센 왕과 프로이센 주재 프랑스 대사가 회담을 열었으나 결론을 내지 못했는데, 비스마르크는 그 회담에 관하여 프랑스와 프로이센 모두 모욕을 느끼도록 전문을 조작했다. 양국 관계에 파열이 생겼고, 1870년 7월 19일 프랑스는 전쟁을 선포했다(나폴레옹 3세는 프랑스 군대가 무적이며 '확실한' 승리로 국내에서 추락하던 위신을 회복할 수 있을 것이라는 말을 들었다). 프랑수아 아실 바젠(1811~88)이 지휘하는 프랑스 군대가 동쪽으로 진격했으나 1870년 8월 18일 그라블로트 전투에서 패한 뒤 퇴각했다. 그곳에서 베르됭으로 향하던 프랑스 군대를 총 19만 명에 이르는 헬무트 폰 몰트케(1800~91) 백작 휘하의 프로이센 1군과 2군이 막아섰다. 독일군이 공격했고 먼저 큰 손실을 입었으나, 프랑스 군대는 반격에 실패하고 패주했다. 1870년 9월 1일 프랑스 스당에서 다른 프랑스 부대가 패한 뒤(진중에서 병에 걸린 나폴레옹 3세는 항복하여 포로가 됐다), 바젠의 부대 18만여 명은 메스에서 포위되어 69일을 버티다가 결국 항복했다(바젠은 뒷날 반역죄로 사형선고를 받았다가 감형되어 징역 20년을 선고받았다).** 파리의 국민방위군이 세운 임시정부는 나폴레옹 3세를 폐위하고 제3공화정을 선포했다. 프로이센 군대는 1870년 9월부터 1871년 1월까지 파리를 포위했고 굶주림 때문에 도시는 항복할 수밖에 없었다. 프랑스군과 독일군이 지방에서 계속 싸우다가 결국 휴전으로 전쟁은 끝났지만, 1871년 3월에 프랑스 내전이 발발했다. 1871년 5월 10일에 체결된 프랑크푸르트 조약으로 독일은 알자스와 로렌을 얻었으며 프랑스는 50억 프랑의 엄청난 배상금을 물어야 했고 배상금을 지불할 때까지 점령에서 벗어날 수 없었다. 1871년 프로이센 왕 빌헬름 1세(1797~1888)는 (생색내듯이 베르사유에서) 독일 황제로 선포됐다. 이제 프랑스는 유럽의 강대국들 중 지배적인 국가가 아니었고, 제1차 세계대전이 발발할 때까지 유럽 강대국들은 평화를 유지했다.

* 보불(普佛) 전쟁이라고도 한다.
** 그 뒤 바젠은 수감 중에 탈출하여 에스파냐로 망명했고, 현지에서 사망했다.

프랑스-플란데런 전쟁, 1300~03
Franco-Flemish War of 1300~03

○ (제1차) 박차 전투 ; 잉글랜드-프랑스 전쟁, 1300~03

프랑스 혁명, 1789~92
French Revolution, 1789~92

프랑스 왕 루이 16세(1754~93)는 재정 파탄을 모면하고자 세금을 부과했는데 명사회名士會가 이를 거부하자 1789년 5월 5일에 삼부회를 소집할 수밖에 없었다. 평민을 대표하는 제3신분은 신분별 투표가 아니라 머리수 표결을 즉각 요구하여 성직자와 귀족에 비해 수적 우위를 확보하려 했다. 루이 16세가 이를 망설이자 제3신분은 국민의회를 선포했다. 3일 뒤 개혁적 대의원들과 지지자들이 왕궁의 테니스장에 모여 헌법을 얻어내자고 맹세했다. 왕은 겉으로는 국민의회를 인정했으나 베르사유 궁전을 군대로 에워쌌다. 1789년 7월 14일 성난 폭도가 절대왕정의 상징으로 혐오의 대상이었던 파리의 바스티유 감옥을 습격했다. 이어 이른바 '대공포大恐怖'라는 농민 폭동이 일어났고, 이에 귀족과 성직자는 1789년 8월 4일에 모든 특권을 잃었다. 국민의회는 곧 「인간과 시민의 권리선언」을 발표했으며, 교회 토지를 국유화하고 수도원 제도를 불법화하는 조치들을 연속해서 단행했다. 이러한 법령들이 결합하여 만들어진 1791년 헌법은 권력분립과 개인의 자유, 시민적 평등을 제도로 규정했다. 그러나 망명귀족(왕당파)은 국외에서 반혁명 정서를 조장했고, 국민의회는 로마가톨릭교회에 반대하는 견해로 지지자들이 줄어든 상태에서 오스트리아에 전쟁을 선포했다(**◐ 프랑스 혁명 전쟁**). 1792년 폭도들은 '자발적으로' 이른바 9월 대학살에서 수많은 왕당파 수감자를 살해했다. 국민의회가 새로운 통치 기구로 설립한 국민공회는 1792년 9월 21일에 입헌군주정을 폐지하고 공화정을 수립했다. 루이 16세는 반역죄로 재판을 받아 사형됐고, 방데 지방을 중심으로 왕당파의 폭동이 발생했으며, 프랑스 정부를 지배하려는 집단들 사이에 권력투쟁이 벌어졌다. 이른바 공포정치(1793~94) 시기 동안 수많은 사람이 체포당해 즉결재판을 받고 반혁명분자로 사형됐다. 1795년의 새 헌법으로 수립된 총재 정부는 부패했고 파산했으며, 결국 1799년 11월 9일 나폴레옹(1769~1821)이 일으킨 쿠데타로 무너졌다.

◐ 나폴레옹 전쟁 ; 방데 전쟁

프랑스 혁명(7월 혁명), 1830
French Revolution(July Revolution) of 1830

무능한 통치자 샤를 10세(1757~1836)는 프랑스 중간계급과 언론으로부터 반감을 샀다. 이들은 특히 극단적 왕당파 조언자들에 대한 분노가 강했다. 샤를 10세가 반동적 총신 쥘 드 폴리냐크(1780~1847)에게 새로이 조각組閣을 지시하자 하원이 거세게 반대했다. 성난 샤를 10세가 하원을 해산하자 (1829), 샤를 10세가 증오하던 이 국가기구를 억압하려던 시도는 결국 체제의 붕괴로 이어졌다. 1830년 선거 결과 하원의 반대파는 더 강해졌고, 샤를 10세는 다시 하원을 해산하고 폴리냐크와 더불어 '7월 칙령'을 발표하여 언론을 엄격히 통제했으며 선거권 보유자들의 규모를 축소했다. 1830년 7월 27일 파리 시민은 반란을 일으켰고 거리에 바리케이드를 쌓았다. 바리케이드를 지키던 자들 중에는 군대의 병사들과 1827년에 해산된 국민방위군 출신들도 있었다. 샤를 10세는 새로운 칙령들을 폐기하고 폴리냐크를 해임했으나(1829년 7월 29일) 너무 늦었다. 폴리냐크는 체포되어 종신형을 선고받았다가 나중에 사면됐다(1836). 샤를 10세는 도주한 뒤 퇴위하여 손자에게 왕위를 물려주었다. 반란자들이 라파예트(1757~1834) 후작을 지지한 공화파와 보수적인 오를레앙 공작 루이필리프(1773~1850)를 따르는 왕당파로 분열하여 논란을 벌이던 중에, 해산 명령을 받은 하원은 공위空位를 선언하고 루이필리프를 왕으로 선포했다. 루이필리프의 무능하고 우파적인 조처로 '7월 왕정'은 결국 1848년 프랑스 혁명과 제2공화정을 낳았다.

프랑스 혁명(2월 혁명), 1848
French Revolution(February Revolution) of 1848

1830년의 프랑스 혁명처럼, 1848년 혁명에서도 보수주의적 각료가 분노의 표적이었다. 그러나 1848년 혁명에서는 1846~47년의 불황에 따른 고통을 정부가 덜어주지 못한 데 분노한 노동계급이 참여했다. 분노를 초래한 각료는 프랑수아 기조(1787~1874)였고, 인기 없던 군주는 루이필리프(1773~1850)였다. 당시에는 드러내놓고 선거운동하는 것을 금지했기에 다음 번 하원선거를 위해 프랑수아 기조를 반대한 당파들은 재치 있게 '연회banquet'를 개최하여 선거운동을 했다. 왕과 기조가 2월 22일에 파리에서 개최하기로 예정된 반대파의 가장 중요한 집회를 금지하자, 파리 시민들은 무력을 써서 연회 장소에 모였고 거리투쟁이 벌어졌다. 최악의 전투가 벌어지던 1848년 2월 23일 정부군 부대 일부가 발포를 시작한 반면, 나머지는 무기를 내려놓거나 반란자들에 합류하면서 혁명이 일어났다. 기조는 해임됐고 이튿날 루이필리프는 퇴위했다. 하원이 임시정부를 수립했고, 알퐁스 드 라마르틴(1790~1869)이 임시정부의 수장으로 임명됐다. 임시정부는 제2공화정을 선포하고 모든 요구를 충족시키기 위해 국립작업장을 설립하고 노동권법을 선포했으며 헌법 제정 의회 선거를 실시했다. 혁명은 전체적으로 국지적이었다. 프랑스 전역의 반응은 눈에 띄게 온건했다. 라마르틴을 포함한 집행위원회가 임시정부를 대체하여 대중의 새로운 불만을 해결하려 했다(1848년 5월). 집행위원회는 국립작업장을 폐쇄하여 노동자들의 반란을 초래했다('6월의 나날들', 6월 23~26일). 반란은 실패했다. 새로운 선거로 구성된 프랑스 의회에서는 다시 균형이 바뀌어 군주정 지지 정파(정통파와 오를레앙파)가 450석을 얻어, 255석을 획득한 공화정 지지 진영을 압도했다. 이제 혁명은 소멸됐으며 공화정은 곧 쇠망하게 된다. 오랫동안 보나파르티슴을 주창한 보수주의자 루이 나폴레옹(1808~73)이 1848년 12월 대통령에 당선했다. 제2공화정은 1852년까지 존속하다가 루이 나폴레옹이 수완 좋게 쿠데타를 일으켜 스스로 제2제정 황제 나폴레옹 3세임을 선언하면서 사라졌다.

프랑스 혁명 전쟁, 1792~1802
French Revolutionary Wars, 1792~1802

프랑스 입법국민의회(입법의회)는 온건 공화파인 지롱드파의 압박을 받아 오스트리아의 황제 프란츠 2세(1768~1835)에게 전쟁을 선포했다. 프란츠 2세의 아버지 레오폴트 2세(1747~92)는 프랑스 구체제(앙시앵 레짐)의 회복을 지지하는 필니츠 선언에 서명한 군주였다(○ 프랑스 혁명). 브라운슈바이크 공작 카를 빌헬름 페르디난트(1735~1806)는 왕의 가족이 위해를 당한다면 오스트리아 군대와 동맹국 프로이센 군대를 이끌고 라인 강을 건너가 파리를 파괴하겠다고 위협했다. 이에 프랑스인들이 분노하여 도리어 군주제를 폐지했다. 1792년 프랑스는 발미에서 침략군을 무찔렀고 이어 오스트리아령 네덜란드(오늘날 네덜란드의 일부와 벨기에, 룩셈부르크)를 공격하여 즈마프에서 오스트리아 군대를 격퇴했으며 오늘날의 벨기에를 휩쓸었다. 프랑스의 공격에 프로이센은 라인 강 너머로 내쫓겼고, 1792년 11월 프랑스 군대가 사보이아(오늘날의 사부아)와 니차(오늘날의 니스)를 점령했다. 그동안 영국과 네덜란드, 에스파냐, 오스트리아, 프로이센, 러시아는 프랑스가 대담하게 국외로 혁명을 전파하는 데 놀라 제1차 대對프랑스 동맹을 결성했다(○ 제1차 대對프랑스 동맹 전쟁). 처음에는 동맹군이 모든 전선에서 프랑스와 싸워 승리했으나, 1793년에 징병제로 창설된 프랑스 국민군이 동맹군을 라인 강 너머로 내몰았다. 프랑스는 영토를 점령하고 지배하면서 프랑스와 국외의 적들 사이에 완충 공화국들을 창설했다. 그리하여 네덜란드는 1795년에 바타비아 공화국이 됐고, 스위스는 1798년에 헬베티아 공화국이 됐다. 한편 사르데냐는 프랑스가 사보이아와 니차를 점령한 1792년 이래로 프랑스와 계속 싸웠다. 1796년 초 이탈리아인들은 지나치게 넓게 전선을 확대하여 굶주리던 프랑스 군대를 쉽사리 궁지에 몰아넣었다. 그때 나폴레옹(1769~1821)이 군대의 지휘권을 장악했으며, 화려했던 군사 원정 중 첫 번째에서 3주 만에 사르데냐인들의 무릎을 꿇리고 케라스코에서 휴전을 얻어냈다. 나폴레옹이 1796년에서 1797년까지 이탈리아에서 여러 차례 승리를 거둔 뒤 많은 공화국이 들어섰다. 러시아 황제의 주도로 러시아와 영국, 오스트리아, 포르투갈, 나폴리, 오스만 제국이 참여한 제2차 대對프랑스 동맹이 결성됐다(○ **제2차 대對프랑스 동맹 전쟁**). 동맹은 초기에는 성공을 거두었으나 이견이 생긴 탓에 스위스에서 참혹한 패배를 당했고 러시아가 전쟁에서 이탈했다. 1800년 제1통령이 된 나폴레옹은 알아리시 협정으로 이집트 원정에서 철군함으로써 오스만 제국과 해결을 보았다(1798년 프랑스 함대는 나일 강 전투에서 허레이쇼 넬슨(1758~1805)이 지휘하는 영국 함대에 패했다). 나폴레옹이 스피네타마렌고 전투에서 승리하고 장 빅토르 마리 모로(1763~1813)가 호엔린덴에서 이기자 더 버틸 수 없었던 오스트리아는 1801년 2월에 전쟁에서 이탈했다. 그러나 해군력이 우세한 영국은 지중해와 서인도제도 등지의 공해公海에서 계속 승리했다. 1800년 영국은 1798년에 나폴레옹에게 빼앗긴 몰타를 탈환했다. 그럼에도 영국은 덴마크가 새로운 적으로 등장하자 사기가 꺾여 1802년에 아미앵 조약을 수용하고, 프랑스가 교황령과 시칠리아에서 철수하는 대가로 프랑스의 식민지들을 되돌려주었다.
○ 나폴레옹 전쟁 ; 스위스 반란, 1798 ; 오렌지 전쟁

프랑크 왕국 내전
Frankish Civil War

제1차 프랑크 왕국 내전(670~679) 프랑크족의 두 부족인 살리족과 리푸아리족은 게르만 프랑크족의 땅을 지배했다. 리푸아리족이 그 지역을 점령한 뒤, 프랑크족의 땅은 네우스트리아(루아르 강 이북의 갈리아 서부 즉 프랑

스)와 아우스트라시아(루아르 강 이북과 라인 강 서쪽의 갈리아 동부), 부르군디아(부르군트, 부르고뉴)의 세 왕국으로 나뉘었다. 각 왕국에는 관습에 따라 왕과 궁재宮宰가 있었고 이 관습을 바꾸려는 모든 시도는 프랑크족 내부에 분란을 일으켰다. 5세기 말 아우스트라시아에서만 메로베우스(메로베크, 메로베, 재위 448~458)가 창시한 메로베우스 왕조로 왕위가 세습됐고, 다른 왕국들은 선출의 관습을 유지했다. 670년 네우스트리아에서 단독으로 궁재를 차지하려던 에브로인(681년 사망)이 부르군디아의 레오데가리우스(레제르, 679년 사망)에게 붙잡혔다. 에브로인은 탈출하여 레오데가리우스를 잡아 죽였고, 네우스트리아와 부르군디아 왕국을 통합하여 궁재로서 폭정을 일삼다가 681년에 암살당했다. 이로써 네우스트리아의 지배도 끝났다. **제2차 프랑크 왕국 내전(687)** 피피누스 2세로 불렸던 에리스탈(헤르스탈)의 피피누스(피핀, 635?~714)는 680년부터 714년까지 아우스트라시아 궁정의 궁재였다. 피피누스 2세는 메로베우스 왕가의 미성년 왕이 즉위할 때까지 네우스트리아의 야심을 전투도 없이 막아냈다. 아우스트라시아의 새 왕이 즉위했을 때 네우스트리아의 궁재와 왕이 네우스트리아와 부르군디아의 귀족을 동원하여 피피누스 2세에 대적했다. 테트리 전투에서 승리한 피피누스 2세는 메로베우스 왕가의 미성년 왕 휘하에 세 왕국을 모두 통합하고 자신이 궁재를 맡았다. 그리하여 피피누스 2세는 조부 란덴의 피피누스(640년 사망)가 창설한 카롤루스 왕조의 위상을 한 단계 높였다(751년까지는 궁재만 배출했다). 왕조의 이름은 에리스탈의 피피누스의 서자인 카롤루스 마르텔루스(카를 마르텔, 688?~741)의 이름에서 따왔다. **제3차 프랑크 왕국 내전(714~719)** 에리스탈의 피피누스 즉 피피누스 2세가 사망했을 때에는 이미 아들들이 죽었기에 왕국은 손자 3명이 분할하고 부인이 섭정으로 통치했다. 피피누스 2세의 서자 카롤루스 마르텔루스는 자신을 감금하려는 섭정의 손아귀를 벗어나 아우스트라시아의 궁재로서 권력을 장악하고 경쟁자들에 맞서 그 영토를 차지할 준비를 갖추었다. 716년에서 718년 사이에 카롤루스 마르텔루스의 군대는 네우스트리아와 세 차례 대결하여 승리를 거두었고 718년 뱅시(오늘날의 레뤼데비뉴)에서 최종적으로 적군과 그들의 왕, 궁재를 무찔렀다. 카롤루스 마르텔루스는 네우스트리아에 꼭두각시 왕을 세웠다. 부르군디아는 패배를 기다리지 않고 카롤루스 마르텔루스의 지배에 굴복했다. 그때까지 프랑크 왕국들의 간섭을 받지 않고 독립을 유지했던 아키텐은 719년에 항복했다. 718년 무어인의 공격을 받으면서 앞으로 카롤루스 마르텔루스의 도움이 필요하다는 점을 깨달았기 때문이다(● (제1차) **프랑크 왕국-무어인 전쟁**). 카롤루스 마르텔루스는 궁재로서 법령을 반포하고 궁정회의를 주재하며 군대를 지휘하는 군주의 역할을 수행했다. 카롤루스 마르텔루스의 아들 단구왕 短軀王 피피누스(714?~768)는 카롤루스 왕가 최초로 궁재였다가 왕위에 올랐다.

● **카롤루스 대제의 정복**

프랑크 왕국-무어인 전쟁
Frankish-Moorish War

제1차 프랑크 왕국-무어인 전쟁(718~732) 무어인은 에스파냐의 서고트족을 정복한 뒤 피레네 산맥 이북 지역을 침공하여 718년 아키텐과 프랑스 남부를 공격하고 719년에는 나르본을 점령했다. 721년 아키텐 공작 오도(외드 다키텐, 665?~735)가 이끄는 프랑크족 군대는 툴루즈에서 무어인을 격파하여 에스파냐로 내몰았지만, 725~726년에 무어인은 셉티마니아(부르고뉴에 인접한 프랑스 남부의 지역)를 전부 점령했다. 그 뒤 에스파냐의 이슬람 총독 압드 아르 라흐만(732년 사망)이 새로이 무어인의 공격을 이끌어 가론 강에서 오도를 물리치고 보르도를 불태웠으며 프랑스 중서부의 푸아티에를 지나 북진하면서 아키텐을 폐허로 만들었다(●**투르 전투**). 오도의 지원 요청을 받은 프랑크 왕국의 궁재宮宰 카롤루스 마르텔루스(카를 마르텔, 688?~741)는 732년에 무어인을 격퇴하여 에스파냐로 내쫓았고 이 승리로 마르텔루스('망치')라는 이름을 얻었다(● (제3차) **프랑크 왕국 내전**). **제2차 프랑크 왕국-무어인 전쟁(734~759)** 아키텐 공작 오도와 프랑크족 전사들은 불시에 침입해 약탈품이나 노리는 수준으로 전락한 무어인들을 쉽게 통제했다. 735년에 오도가 사망하자 아들들이 카롤루스 마르텔루스에 맞서 짧은 기간 동안 반란을 일으켰다. 카롤루스 마르텔루스는 보르도 지역을 평정하러 왔다가 오도의 아들들로부터 신하가 되겠다는 서약을 받아냈다. 무어인은 습격을 계속했고 한때 아를을 점령하고 론 강 상류 유역까지 공격하기도 했다.

프랑크족은 737년에 발랑스에서, 739년에 리옹에서 무어인을 저지했다. 카롤루스 마르텔루스가 세상을 떠난 뒤 아들 카를로마누스(754년 사망)와 단구왕短軀王 피피누스(714?~768)가 궁재로서 공동으로 프랑크 왕국을 통치하며 무어인의 침략을 막아냈다. 카를로마누스가 수도원에 들어가자(747) 단독 통치자가 된 단구왕 피피누스는 다시 나르본을 점령한 무어인을 셉티마니아에서 내쫓아 피레네 산맥 너머로 몰아내고 셉티마니아를 프랑크 왕국에 통합했다. 그 뒤 무어인은 북방 공격을 포기했다. 아바스 왕조와 우마이야 왕조의 분쟁도 한 가지 원인이었지만, 주된 이유는 에스파냐 북부의 그리스도교 왕국 나바라와 아스투리아스가 무어인과 피레네 산맥 사이의 완충지대 역할을 했기 때문이다.

프랑크 왕국–비잔티움 제국 전쟁, 803~810
Frankish–Byzantine War of 803~810

카롤루스(샤를마뉴, 742?~814) 대제가 이끄는 프랑크족은 아드리아 해에 닿아 있는 베네치아와 달마티아를 점령하고자 비잔티움 제국과 전쟁을 벌였다. 카롤루스 대제의 육군과 해군은 전체적으로 성공했다. 809년 비잔티움 제국 황제 니케포로스 1세(811년 사망)는 불가르족과 싸우게 됐고(◐불가리아–비잔티움 제국 전쟁, 809~817), 프랑크 왕국과 협정을 맺으려 했다. 810년 카롤루스 대제는 니케포로스 1세와 강화를 맺고 정복한 지역을 대부분 포기하는 대신(아드리아 해의 이스트라 반도는 보유했다) 비잔티움 제국으로부터 서로마 제국의 황제로 인정받았다.

프랑크 왕국–아바르족 전쟁, 791~796
Frankish–Avarian War of 791~796

카롤루스(샤를마뉴, 742?~814) 대제와 그의 아들 피피누스(814년 사망)는 도나우 강 중부 유역을 장악하고 약탈로 엄청난 부를 축적한 몽골계 아바르족에 맞서고자 원정했다. 전쟁 초기 프랑크족은 아바르족을 추적했으나 진압하는 데 성공하지 못했고, 카롤루스 대제는 동부 변경의 병력을 보강하기 위해 돌아갔다. 796년 피피누스가 지휘하는 프랑크족 군대에 패한 아바르족은 헝가리 평원의 티서(타이스) 강 너머로 내쫓겼다. 프리울리 공작 헤이리쿠스(에헤리쿠스)가 지휘하는 프랑크족 군대는 아바르족이 숨겨둔 보물을 발견했고 짐수레 15대 분량의 전리품을 카롤루스 대제에게 바쳤다. 805년 아바르족은 카롤루스 대제에게 굴복했다.

프랑크 왕국-알레마니족 전쟁, 496
Frankish-Alemannic War of 496

라인 강가에 거주하던 프랑크족의 일파인 리푸아리족은 게르만 부족인 알레마니족이 자신들의 왕국 쾰른을 침공하자 역시 프랑크족의 일파인 살리족의 왕 클로도베쿠스 1세(클로비스 1세, 466?~511)에게 지원을 요청했다. 496년 클로도베쿠스 1세는 프랑크족을 이끌고 쾰른 서남쪽 톨비아크(오늘날의 췰피히) 전투에서 알레마니족을 격파했다. 클로도베쿠스 1세는 전투 도중에 자신의 왕비가 믿는 신에게 기도하면서 승리한다면 로마가톨릭으로 개종할 것을 서약했다고 한다. 그 뒤 클로도베쿠스 1세는 496년에 약 3천 명 정도로 추정되는 부하들과 함께 랭스 주교 성 레미기우스(생 레미, 437?~533?)에게 세례를 받아 그리스도교로 개종했다.

프롱드의 난, 1648~53
Wars of the Fronde, 1648~53

1648년 파리 고등법원은 미성년 왕 루이 14세(1638~1715)의 섭정 통치 때 제출된 프랑스 왕정의 세입 법안들을 승인하지 않았다. 이러한 반대는 강화되고 있던 왕권을 제약하고 점점 더 늘어만 가는 귀족의 불만, 특히 왕의 대신들이 부과한 중세의 부담에 대한 분노를 드러내기 위한 것이었다. 반反국왕 활동의 첫 국면, 즉 고등법원의 프롱드(1648~49)*를 유발한 것은 판사들에게 재임용되려면 4년 동안의 급여를 포기하라는 국왕의 요구였다. 고등법원은 이를 받아들이지 않고 대신 왕의 법령을 논의하고 수정할 수 있는 권한과 새로운 세금을 승인할 권리를 요구했으며, 다른 개혁들을 요구했다. 30년 전쟁에 휩쓸린 프랑스 정부는 베스트팔렌 조약(1648)으로 왕의 군대가 자유로워질 때까지 굴복할 수밖에 없었다. 이어 고등법원 귀족들이 체포됐다. 파리 시민이 봉기하여 거리를 봉쇄하고 고등법원 귀족들의 석방을 얻어냈다. 1649년 왕의 군대가 파리를 봉쇄했으나 성과를 얻지 못했고, 프랑스 조정은 뤼에유 평화조약에 서명하여 고등법원에 사면령을 내리고 양보했다. 그러나 왕실을 도왔던 콩데 공 루이 2세(1621~86)가 정치적 보상이 없는 데 실망하여 반란을 일으키고 체포되면서 공작들의 제2의 프롱드가 터졌다.** 1650년 콩데 공의 지지자들은 지방에서 일련의 봉기를 일으켰으나 콩데 공을 석방시키지 못했다. 그 뒤 정부는 한 걸음 물러나 잠시 콩데 공을 풀어주었으나 다시 기소했고 콩데 공은 1651년에 에스파냐로 도피해야 했다. 내전이 이어졌다. 콩데 공은 파리에 입성하는 데 성공했지만(1652) 군 지휘관이 배신하여 패했다. 콩데 공은 에스파냐령 네덜란드(벨기에, 룩셈부르크, 프랑스 북부 일부)로 도주했다. 1652년 콩데 공의 지지자들이 모두 도피하거나 투항한 상황에서 왕실은 파리로 귀환했고 이듬해 대신들이 뒤따라 들어왔다. 고등법원과 귀족 모두 왕의 대항 세력으로서 힘을 잃었고 루이 14세의 절대왕정 후반기를 위한 토대가 놓였다.

* 프롱드는 파리의 주민이 추기경 마자랭(1602~61)을 지지하는 자들의 집 유리창을 깨뜨릴 때 썼던 새총이다.
** 제1차 고등법원의 프롱드(1648~49)에 이은 제2차 귀족의 프롱드(1649~53)다.

프리도니아 반란, 1826~27
Fredonian Rebellion, 1826~27

1821년 에스파냐는 미국인에게 텍사스를 개방하여 정착할 수 있게 했고, 이듬해 새로이 독립한 멕시코 정부도 이 정책을 지속했다(**○ 멕시코 혁명, 1821**). 멕시코로부터 허가를 얻은 미국인 헤이든 에드워즈(1771~1849)는 텍사스 동부 내커도치스 인근에 식민지를 건설하여 약 200가구를 정착시켰다. 이 땅은 일부 멕시코인 정착민들이 소유권을 주장했던 곳이나 그들은 권리가 있음을 명백하게 입증하지 못했다. 격렬한 논쟁이 벌어지자 멕시코 정부는 에드워즈의 면허를 취소하고 텍사스에서 나가라고 명령했다. 그러자 에드워즈와 몇몇 그의 동조자들이 내커도치스를 장악하고 독립 공화국 프리도니아를 선포했으며 1826년 12월 21일에 헌법을 채택했다. 200명 병력의 에드워즈 부대는 소수 체로키족 인디언들과 동맹을 체결했으나 1827년 1월에 훨씬 더 큰 규모의 멕시코 군대에게 괴멸됐고, 프리도니아 정부는 종말을 고했다.

○ 텍사스 독립 전쟁

플랑드르 백작 보두앵의 반란, 1006~07
Revolt of Baldwin of Flanders, 1006~07

1002년 '성왕' 하인리히 2세(973~1024)는 팔촌 오토 3세(980~1002)를 계승하여 독일 왕이 됐는데 신성로마제국 황제로 지명되자 여러 독일 제후와 속국으로부터 심한 압박을 받았다. 하인리히 2세는 오토 왕조의 왕국을 강화하고 확대하기 위해 여러 세력과 두루 싸웠으며, 이 때문에 서프랑크 왕국 카페 왕조의 부르고뉴 공국과 공국의 여러 봉신이 적대적으로 나올 가능성이 커졌다. 부르고뉴 공국의 봉신이었던 플랑드르 백작 보두앵 4세(980~1035)는 헨트를 점령하여 영토를 확장하고 발랑시엔을 빼앗아(1006) 스헬더 강 동쪽의 독일 영토를 침범했다. 보두앵 4세의 주군이었던 부르고뉴 공국의 '경건왕' 로베르 2세(970?~1031)와 하인리히 2세는 1006년에 잠시 연합하여 원정대를 파견했으나 실패했다. 이로써 보두앵 4세와 로베르 2세는 적이 됐다. 1007년 하인리히 2세는 단독으로 대규모 군대를 이끌고 스헬더 강으로 가서 그 지역을 폐허로 만들었고 보두앵 4세는 발랑시엔을 넘겨주어야 했다. 하인리히 2세는 보두앵 4세를 용서하고 자신의 봉신으로 삼았으며 헨트의 관리를 맡겼다.

플래먹의 반란, 1497
Flammock's Rebellion, 1497

콘월의 유서 깊은 가문의 지주였던 토마스 플래먹(플래멍크, 1497년 사망)은 왕 헨리 7세(1457~1509)가 퍼킨 워벡(1474?~99)을 도운(⊙ 워벡의 반란) 스코틀랜드를 정벌하기 위한 군사작전의 비용을 대려고 세금을 부과하자 이에 맞섰다. 플래먹은 스코틀랜드 변경의 방어는 북부 귀족들이 할 일이라고 이의를 제기하는 동시에 마이클 조지프(1497년 사망)라는 선동가와 협력하여 콘월 주민에게 런던으로 행진하여 왕에게 청원서를 제출하고 불만을 토로해야 한다고 제안했다. 톤턴으로 진입한 거대한 폭도는 시장을 살해했고 웰스로 행진하여 귀족 지도자(7대 오들리 남작 제임스 터쳇)를 확보한 뒤 계속 런던을 향해 나아갔다. 1497년 6월 22일 잉글랜드의 반란자들은 런던의 데트퍼드 스트랜드에서 헨리 7세의 군대에게 처절한 패배를 당했다. 플래먹과 다른 지도자들은 체포되어 사형당했다.

플랜태저넷 왕조 내전, 1173~74
Plantagenet Civil War of 1173~74

헨리 2세(1133~89)는 전술적 재능을 타고난 덕에 반란을 일으킨 아들 3명과 이미 사랑이 식어버린 부인에게 승리할 수 있었다. 헨리 2세는 아들들에게 스코틀랜드에서 피레네 산맥까지 이어진 제국의 해외 영토를 나누어주었으나 실권은 주지 않았다. 존(1166~1216)을 제외한 나머지 아들들은 늘 다투었는데 모두 독립을 요구하며 프랑스로 도망갔다. 아들들은 어머니인 엘리너 애퀴테인(알리에노르 다키텐, 1122/24~1204)과 프랑스 왕의 조언과 지원을 받아 노르망디와 브르타뉴에서 반란을 일으켰다. 이와 동시에 불만을 품은 귀족들과 스코틀랜드의 사자왕 윌리엄 1세(1143?~1214)가 잉글랜드에서 반란을 일으켰다. 헨리 2세의 군대는 이 힘든 싸움을 치르면서도 영불해협의 양쪽에서 모든 전투를 승리로 이끌었고, 1174년 말에는 모든 세력이 헨리 2세에게 용서를 간청했다. 헨리 2세의 아들들은 보조금을 받았을 뿐 추가적 권한들은 얻지 못했다. 귀족들의 지위는 하락했고, 잉글랜드의 포로가 된 윌리엄 1세는 스코틀랜드 남부의 일부를 잉글랜드에 할양해야 했고, 잉글랜드 왕의 봉신이 되겠다고 서약했다.

○ 잉글랜드-프랑스 전쟁, 1159~89

피그스 만 침공, 1961
Bay of Pigs Invasion, 1961

○ 코치노스 만 침공

피니언 형제단의 습격, 1866, 1870
Fenian Raids, 1866, 1870

불같이 열렬한 아일랜드계 미국인인 피니언 형제단은 아일랜드를 영국의 지배에서 해방시키기 위해 영국에 맞선 자신들의 전쟁에 미국을 끌어들이려 했다. 피니언 형제단은 영국 영토인 캐나다를 공격하여 계획을 실행하려 했다. 1866년 6월 1일 피니언의 군대가 뉴욕 버펄로를 출발하여 국경 너머 캐나다의 포트이리를 점령했다. 캐나다의 자원병들은 약 1,500명 규모의 피니언 군대를 3일이 지난 뒤에야 나이아가라 강 너머로 내쫓았다. 그 다음 주에는 버몬트 주에서 캐나다(퀘벡) 동부로 유사한 습격이 있었으나 실패했다. 미국 당국이 피니언 형제단의 습격에 반대하여 조치를 단행했지만 이는 계속 골칫거리였고, 1870년 5월 25~27일에 버몬트 주와 뉴햄프셔 주에서 다시 캐나다를 습격했다. 이 습격도 성공한 것은 아니었다. 이듬해 공개적인 압력과 강경 조처에 피니언 형제단의 소요는 끝났다.

피렌체-교황령 전쟁, 1485~86
Florentine War with the Papal States, 1485~86

교황 인노첸시오 8세(1432~92)는 나폴리 왕 페르디난도 1세(1423~94)에 맞서 반란을 일으킨 앙주의 귀족들을 지원했다(◐ 나폴리 반란, 1485~86). 피렌체 통치자 로렌초 데 메디치(1449~92)가 피렌체에서 인기가 없는 페르디난도 1세를 군사적으로 지원하자, 교황은 앙주 귀족들을 돕는 동시에 동맹을 깨뜨리기 위해 피렌체와 나폴리로 군대를 파견했다. 피렌체는 페르디난도 1세를 성공리에 지원하여 교황의 병사들을 패퇴시켰다. 1486년 포괄적인 평화조약을 체결하면서, 로렌초 데 메디치는 1478년에 제노바에 빼앗겼던 사르차나를 다시 장악할 수 있었다.

피렌체-대용병단 전쟁, 1358~59
Florentine War against the Great Company, 1358~59

여기저기를 떠도는 독일인 용병의 여러 '용병집단'들 중 하나인 '대용병단'은 밀라노와 싸우는 이탈리아 제후들의 동맹에 고용됐다. 동맹이 급여를 지불하지 않자 대용병단은 이탈리아 반도 전체를 약탈하여 공포로 몰아넣었다. 피렌체는 약탈자들의 토스카나 진입을 막으며 고갯길을 폐쇄하고 1358년 7월 24일에 산지 주민들을 모아 스칼렐라 고개에서 대용병단을 무찔렀다. 대용병단을 고용하고자 했던 몬페라토 후작은 대용병단을 돈을 주어 내쫓으라고 피렌체를 설득하면서 전투에 대비하여 토스카나 경계에 이탈리아인으로만 구성된 군대를 집결시켰다. 대용병단은 피렌체 영토를 포위했으나 진입하지는 못했으며, 이탈리아인과 대결하지 못하고 결국 다른 지역의 군주들을 위해 싸우고자 이탈리아를 떠났다.

피렌체-밀라노 전쟁, 1351
Florentine-Milanese War of 1351

이 전쟁은 피렌체가 밀라노의 비스콘티 가문의 위협에 맞서려고 일으켰던 일련의 전쟁 중 첫 번째로 벌어진 싸움이다. 조반니 비스콘티(1290?~1354)는 밀라노의 통치자가 된 뒤 1350년에 볼로냐를 획득하여 영토를 넓혔고, 토스카나의 기벨린당(황제당)과 제휴했으며 피렌체 영토의 침공을 명령했다. 피렌체는 두 달간의 전투 끝에 스카르페리아에서 밀라노의 진격을 저지하는 데 성공했고 결국에는 침략자들을 볼로냐로 몰아냈다. 비스콘티는 공격 재개를 준비했으나 실행에 옮기지 못하고 사망했다. 이 전쟁의 결과로 피렌체의 구엘프당(교황당)은 기벨린당의 관직 보유자들을 겨냥하여 공포정치를 시작하게 됐다(구엘프당과 기벨린당은 이탈리아 정치의 적대적 당파로서 전자는 교황에, 후자는 신성로마제국에 각각 우호적이었다).

피렌체-밀라노 전쟁, 1397~1402
Florentine-Milanese War of 1397~1402

잔 갈레아초 비스콘티(1351~1402)가 통치하는 밀라노 공국은 이탈리아의 북부와 중부에서 선전포고 없이 전쟁을 시작하여 베로나와 파도바, 피사, 시에나, 페루자 등의 도시를 점령했다. 비스콘티는 토스카나를 약탈한 뒤 피렌체로 눈을 돌렸으나, 피렌체는 1402년 9월 전투 전날 밤에 비스콘티가 전염병으로 사망하면서 파멸을 모면했다. 비스콘티의 아들들과 용병들이 정복지를 나누어 가지면서 비스콘티 가문의 세력과 위협은 사라졌다.

피렌체 반란, 1343
Florentine Revolt of 1343

이탈리아 피렌체의 시민들은 자신들이 선출한 시뇨레* 구알티에리 디 브리엔네(브리엔 백작 고티에 6세, 1304?~56)의 혹독한 과세와 잔혹함에 분노했고, 1343년 구알티에리를 축출하기 위해 세 건의 모반을 일으켰다. 구알티에리는 토스카나의 도시들과 볼로냐의 지원을 얻어 반역의 혐의가 있다고 여긴 피렌체의 중요 인사 300명을 체포했고 그중에 절반을 사형할 계획을 세웠다. 공모자들이 세력을 규합하고 반란을 일으켜 사형을 막았다. 군주는 궁전에 갇혀 포위됐고 결국 외국 군대는 구알티에리를 버렸다. 그러자 구알티에리는 피렌체 주교에게 개혁을 시행할 권한을 부여했으나, 통제할 수 없는 분노의 광기에 휩싸인 시민들은 군주의 지지자 대다수를 학살했다. 군주는 도시에서 떠났고, 곧이어 민주적인 무역 공화국이 번성하게 됐다.

* 중세 이탈리아에서 군주가 공화정의 형식을 유지했지만 실제 정치권력을 독점하여 세습한 통치자.

피렌체-피사 전쟁, 1313~1406
Florentine Wars against Pisa, 1313~1406

14세기에 내륙 도시였던 피렌체는 항구도시였던 피사를 얻어 바다로 출입하고자 했다. 여러 해 동안 결말 없는 전투가 간헐적으로 이어졌다. 1362년에서 1364년까지 지속된 전쟁에서 피사는 서 존 호크우드(1394년 사망)가 이끄는 잉글랜드 용병단의 도움을 받아 독립을 지켰고 뒤이어 프랑스 왕 샤를 6세(1368~1422)와 협상하여 보호를 받았다. 1405년 피렌체는 프랑스를 유인하여 프랑스가 후원하는 대립교황 베네딕토 13세(페드로 데 루나, 1328?~1423)를 지지하는 대가로 피사를 넘겨받았다. 피사 주민들이 반란을 일으키자 피렌체는 여섯 달 동안 육상과 해상에서 피사를 봉쇄했다. 1406년 10월 9일 피사는 함락됐고, 피렌체는 오랫동안 원했던 항구와 관련 항만시설을 넘겨받아 해상 무역의 발전을 촉진시켰다.

피에몬테 반란, 1821
Piedmontese Revolt of 1821

피에몬테의 자유주의적 귀족들과 카르보나리(정치적 자유를 옹호한 비밀결사)는 프랑스 혁명의 영향을 받아, 헌법의 수용을 거부한 사르데냐 왕 비토리오 에마누엘레 1세(1759~1824)의 반동적인 통치에 저항하여 반란을 일으켰다(이탈리아 서북부의 피에몬테는 당시 사르데냐 왕국의 일부였다). 반란자들은 왕위 계승자로 지명된 사보이아 왕조의 카를로 알베르토(1798~1849)로부터 지원을 받아 비토리오 에마누엘레 1세를 내쫓았고 동생 카를로 펠리체(1765~1831)를 즉위시켰다. 1821년 3월 10일 반란이 일어났으나 진압됐고, 카를로 펠리체가 부재중일 때 카를로 알베르토가 섭정이 되어 사르데냐의 헌법을 공포했다. 그러나 카를로 펠리체는 헌법의 채택에 반대했고, 1821년

4월 8일 오스트리아·사르데냐 연합군이 노바라 전투에서 피에몬테 반란군을 격파했다. 피에몬테는 다시 사르데냐가 확고하게 지배했다. 카를로 펠리체는 군대를 숙청했고 주요 음모자 3명을 처형했으며 나머지는 투옥했다. 카를로 알베르토가 카를로 펠리체와 화해하자 자유주의자들이 분노했다.

'피의 주간'
'Bloody Week'

○ 프랑스 내전, 1871

피지 반란, 2000
Fijian Rebellion of 2000

2000년 5월 19일 조지 스페이트(피지 원주민. 1957~)의 무장 반란군이 마헨드라 초드리(인도계. 1942~) 총리와 내각 전체를 인질로 삼자 피지 원주민(멜라네시아인)과 인도계 피지인 사이의 오랜 갈등이 고조됐다. 스페이트는 전체 인구의 50퍼센트를 넘는 멜라네시아인이, 인구의 44퍼센트에 불과했지만 피지 경제를 장악하고 있는 인도계 피지인들에게 착취당하고 있다고 주장하며 멜라네시아인 사회를 위해 행동에 나섰다고 주장했다. 스페이트는 인도계 피지인의 공직 보유를 영원히 금지하려 했다. 피지 족장들의 대회의는 스페이트가 원하는 것을 승인했다. 스페이트는 권력을 장악한 군부의 지지도 받았으며 카미세세 마라(1920~2004) 대통령의 사퇴를 강요했고 피지 원주민들로 정부를 재구성했다. 임시 총리는 피지 원주민을 보호하고 그 '이익을 증진'하기 위해 차별철폐 일정을 마련했다. 인도계 피지인은 '과도하게 진출해 있는' 상업에서 배제될 예정이었고 반면 피지 원주민은 특혜를 받게 됐다. 인질 위기는 2000년 7월에 마지막 인질이 풀려나면서 끝났다. 스페이트와 그의 추종자들은 무장해제를 조건으로 사면을 받았다. 스페이트는 새로운 내각에 더 많은 권력을 요구했으나 내각이 이를 선언하기 전에 체포됐다. 혐의는 대통령 위협과 불법 무기 소지였다. 군부는 스페이트의 추종자 300명이 무장하고 주둔해 있던 수바의 한 학교를 급습했다. 반군 약 30명과 정부군 병사 1명이 부상을 당했고 여러 명이 체포됐다. 정부는 2001년 의회 선거에서 승리했으나 인도계 피지인이 지배한 피지노동당이 배제됐으므로 선거가 위헌이라는 주장이 제기됐다. 피지노동당은 초드리가 배제됐다는 이유로 참여를 거부했다. 2002년 2월 스페이트는 사형을 선고받았지만 사면위원회는 대통령에게 종신형으로 감형할 것을 권고했다. 대통령은 이에 응했고 의회는 이튿날 사형제도를 폐지하여 이를 확인했다. 스페이트의 추종자들은 비교적 가벼운 형을 선고받았다. 정부는 화해통합위원회의 설립을 제안했다.

피쿼트족 인디언 전쟁, 1637
Pequot War, 1637

내러갠싯 만과 코네티컷 강 사이의 뉴잉글랜드 남부 삼림에 거주하던 호전적인 피쿼트족 인디언은 지역 안에서 경쟁 관계에 있는 인디언들과 전쟁에 말려들었다. 잉글랜드인 이주민들이 코네티컷 강 유역에 정착하면서 피쿼트족은 고향 땅을 잠식당하여 불쾌했고, 양쪽 사이에 충돌이 잦았다. 1636년 잉글랜드인 상인 존 올덤(1600?~36)이 블록 섬에서 살해됐는데 피쿼트족의 소행으로 추정됐다. 1637년 매사추세츠 만 식민지에서 잉글랜드인 원정대가 출발했고 피쿼트족의 여러 마을을 파괴하여 보복했다(잉글랜드인들은 네덜란드인들과 교역하는 데 피쿼트족이 간섭한 것에 대해서도 분노했다). 존 메이슨(1600?~74) 중대장이 식민지 군대와 우호적인 인디언들을 이끌고 코네티컷 식민지의 미스틱에 있는 피쿼트족의 주요 요새를 공격하여 방어하던 피쿼트족을 500명 이상 살해했다. 피쿼트족은 거의 절멸했으며, 포로들은 서인도제도나 북아메리카 식민지인들에게 노예로 팔려갔다. 1655년 식민지인들은 피쿼트족의 생존자들에게 미스틱 강가에 보호구역을 마련해주었고, 지금도 소수의 후손이 그곳에 살고 있다.

피털루 학살(맨체스터 학살), 1819
Peterloo Massacre(Manchester Massacre), 1819

19세기 초 영국에는 나폴레옹 전쟁 뒤 혁명을 두려워한 특권계급(상층계급)과, 의회 개혁과 경제 개혁을 열망하는 하위계급(중간계급과 하층계급)이 존재했다. 두 계급은 충돌이 불가피했고 1819년 8월 16일에 맨체스터의 세인트피터스필드에서 열린 평화로운 집회에서 마침내 부딪쳤다. 이 집회는 경기침체, 높은 곡물가격, 정부의 나태에 항의하는 1819년의 집회 중 마지막으로 열린 것이었다. 약 6만 명이 참여했다. 많은 참여자와 그들의 관심사에 놀란 당국은 질서를 유지하기 위해 제15국왕경기병연대와 체셔 자원병연대 Cheshire Volunteers, 훈련받지 않은 민병대를 소집했다. 연설이 시작된 직후 집회를 해산하라는 당국의 명령으로 혼란이 초래됐다. 당국은 연설자들을 체포할 예정이었으나 서투른 민병대가 군중을 전면적으로 공격했다. 기병대의 돌격으로 광장은 10분 만에 정리됐지만, 11명이 사망했고 부상자는 400명이 넘었다. 조사를 거쳐 정부는 혐의를 벗었지만, 분노한 대중은 그 살벌한 폭행에 풍자적인 이름을 붙여주었다. 피털루는 워털루를 빗대 신랄하게 비꼰 말이다(〇 백일 전쟁).

'피 흘리는 캔자스'
'Bleeding Kansas'

〇 와카루사 전쟁 ; 포터워터미 학살

핀란드 독립 전쟁, 1918~20
Finnish War of Independence, 1918~20

러시아 임시정부(〇 러시아 2월(3월) 혁명 ; 볼셰비키 혁명)가 러시아의 대공국인 핀란드에 자체의 민주적 정부를 허용했지만, 1917년 12월 6일 핀란드인들은 러시아로부터 독립하겠다고 선언했다. 러시아의 새로운 소비에트 정부는(〇 러시아 10월(11월) 혁명) 1918년 1월 4일에 핀란드의 독립을 승인했으나, 1918년 1월 28일 볼셰비키의 지원을 받는 핀란드 급진파가 페르 에빈드 스빈후부드(1861~1944)가 이끄는 핀란드 연립정부를 무너뜨려 나라 전역에 걸친 내전이 시작됐다. 핀란드의 북부는 볼셰비키에 반대했던 칼 구스타프 에밀 만네르헤임(1867~1951) 남작이 이끄는 '백군白軍'이, 남부는 핀란드인 적군赤軍과 수도 헬싱키를 점령한 볼셰비키가 장악했다. 만네르헤임은 바사를 차지한 뒤 군대를 이끌고 남쪽으로 내려가 탐페레를 점령했으나 1918년 4월 중순에 적군에 막혀 멈추었다. 골츠 백작 구스타프 아돌프 요아힘 뤼디거(1865~1946)가 지휘하는 독일군이 만네르헤임을 도와 헬싱키를 점령하고 적군을 나라에서 내쫓았다. 1918년 4월 29일 비푸리(오늘날의 비보르크) 전투에서 백군이 독일군의 지원을 받아 적군의 집단 항복을 받아냈다(포로 1만 2천 명). 승리한 백군은 짧은 기간 동안 공포정치를 펼쳤고 많은 사람을 공산주의자라는 혐의로 살해했다. 1919년 7월 17일 핀란드 공화국이 수립됐다. 핀란드와 러시아는 1919년 6월부터 카리알라 서부 지역의 영유권을 두고 다투다가 1920년 10월 14일 타르투(도르파트) 조약을 체결하여 적대 행위를 중단하고 핀란드의 독립을 재확인했다. 북극권의 항구 펫사모(오늘날의 페첸가)는 핀란드의 영토가 됐다.

○ 러시아 내전, 1918~21

필리핀 게릴라 전쟁, 1969~
Philippine Guerrilla Wars of 1969~

필리핀은 1946년에 미국에서 독립한 뒤 이데올로기와 종교의 차이에 따른 파벌들이 중앙정부를 공격하면서 혼란에 빠졌다. 반대파는 처음에는 루손 섬 중부를 중심으로 활동했는데, 1954년에 이데올로기로 보아 공산주의 단체인 후크발라하프(항일인민군. 후크단)가 그곳을 장악했다(○ **후크발라하프 반란**). 그러나 페르디난드 에마누엘 에드랄린 마르코스(1917~89)가 대통령으로 재임할 때인 1969년에 후크발라하프는 적대 행위를 재개했으며, 이는 민족주의적인 모로족이 민다나오 섬에서 반란을 일으키면서 되풀이됐다. 1972년 태풍이 루손 섬을 덮치자 마르코스는 섬 전역에 계엄령을 선포했고, 정부가 펼친 군사작전으로 게릴라의 저항이 한층 더 악화되자 마르코스는 당근과 채찍을 함께 쓰는 전략으로 무기를 반납한 자들을 사면했다. 많은 필리핀인이 신인민군NPA(불법 단체가 된 필리핀공산당PKP의 군대)을 따랐으나, 모로족은 말라야 반군과 리비아의 지원을 받아 술루 제도까지 반란을 확대했다. 모로족의 공격은 1974년에 정점에 달해 술루 제도의 도시 홀로를 폐허로 만들었고, 정부 보안군은 3만 5천 명까지 증원됐다. 그 뒤로도 게릴라 활동은 만연했으나 산발적이었고 1973년에 마르코스가 사실상 독재 권력을 장악한 것과 맞물려 수도 마닐라에서도 1980년과 1982년, 1984년, 1985년에 반정부 폭동과 시위가 벌어졌다. 1981년 8년 넘게 지속된 계엄령이 해제되면서 의회가 다시 소집됐고 형식적인 권력을 부여받았다. 그러나 공산주의자와 모로족은 마르코스에 맞서 서로 죽고 죽이는 싸움을 그치지 않았다. 1986년 군사 반란으로 도움을 받은 코라손 아키노(1933~2009)가 마르코스 정권을 무너뜨리고 대통령이 됐으며, NPA와 모로민족해방전선MNLF, 민다나오 섬과 필리핀 남부에서 독립국가 수립을 위해 투쟁했던 모로이슬람교해방전선MILF과 평화협상에 나섰다. 그러나 이 게릴라 단체들은 아키노 정부를 뒤흔들기 위해 계속 맹렬하게 공격했고, 아키노 정부는 군대의 반체제 장교들과 쿠데타 기도에 맞서 싸워야 했다. 서로 연관된 군부 내부의 2개 운동, 즉 군대개혁운동RAM과 청년장교연합YOU은 NPA보다 더 큰 위협이 됐다. NPA는 1990년대에 정부의 군사적 압력이 강해지고 전 세계적으로 공산주의가 퇴조하면서 점차 세력이 약해졌다. 그렇지만 NPA의 많은 게릴라는 공무원과 미국군 군무원 등을 암살했다. 1992년 피델 V. 라모스(1928~　)가 아키노의 뒤를 이어 대통령이 됐다. 아키노는 대통령으로 재임하던 중에 10번의 쿠데타 기도를 견뎌냈다. NPA는 내부의 분란으로 약 1만 3천 명까지 줄어들었다(1987년의 절반). 1994년 라모스는 모든 반군과 정부 전복 혐의로 고발된 반체제 경찰들과 군인들에게 사면령을 선포했다. 라모스는 평화회담을 열고 MNLF의 지도자 누르 미수아리(1942~　)와 협정을 체결했다. 1996년 미수아리는 신설된 이슬람교민다오자치지역ARMM의 지사가 됐다. 그러나 MNLF의 과격한 분파인 MILF는 협정을 수용하지 않았고 정부군을 공격했으며 민다나오 섬 등지에서 도시를 습격했다. MILF의 지도자 하심 살라마트(1942~2003)는 라모스의 협상 제의를 거부하고 1997~98년에 폭동을 일으켰으며 폭탄 테러와 납치를 자행했다. 미수아리는 그 뒤 반란을 일으켰다가 투옥됐다. 그러나 MNLF의 두 과격 분파였던 MILF와 아부 사야프*는 협정을 거부했고 이슬람 율법에 따라 조직된 독립국가가 아니면 화해할 수 없음을 명백히 했다. 두 과격 분파는 납치와 폭파, 정부와 사회에 대한 공격을 계속했다. 아부 사야프는 특히 외국인 납치에 전념하여 몸값을 뜯어냈다. 정부군은 미국이 제공한 군사 장비를 갖추고도 바실란에서 반군을 축출하지 못했다. 반군은 궁지에 몰리면 민다나오 섬의 밀림으로 피하거나 은밀히 시민 생활에 복귀했다. 초기에 협상을 거부했던 MILF는 나중에 정부와 평화회담을 했다. 2000년 정부는 MILF가 다른 국가들에서 이슬람 전사들을 훈련시켰다고 비난했다. 2001년 6월 휴전협정이 체결됐으나 전투는 그치지 않았다. 2002년 미국은 '대對

테러 전쟁'의 일환으로 필리핀 군대에 훈련과 장비를 제공하여 게릴라에 맞서게 했다. 2003년 2월 정부군은 불리오크에 있는 MILF의 상설 기지를 점령했다. MILF는 고속도로와 그리스도교도 마을에 대한 공격을 강화했다. 2003년 5월 MILF는 시오콘을 공격하여 많은 민간인을 살해하고 거의 2년에 걸쳐 유지되어온 휴전을 깨뜨렸다. 글로리아 아로요(1947~) 대통령은 평화회담을 중지했고 범죄자를 체포하면 상당한 보상금을 지급하겠다고 선언했다. 그 뒤 정부군과 MILF 사이의 충돌은 크게 감소됐고, 지난 5년간 고향에서 내쫓겼던 150만 명의 주민 상당수가 집으로 돌아와 일상으로 복귀할 수 있었다. 2005년 1월 MILF에서 분리된 한 파벌은 다시 정부와 싸움을 벌였으나, 2005년 중반 말레이시아의 중재로 쿠알라룸푸르에서 평화회담이 열렸다. 이 분쟁으로 지금까지 목숨을 잃은 사람은 12만 명이 넘는다.

* Abu Sayyaf. 필리핀 남부를 중심으로 활동한 이슬람교 분리주의 군사 집단의 하나.

필리핀 봉기, 1896~98
Philippine Insurrection of 1896~98

많은 필리핀인은 부패한 에스파냐 식민지 정부에 반대하여 카티푸난에 가입했다. 카티푸난은 안드레스 보니파시오(1863~97)가 마닐라에 세운 비밀 혁명 단체였다. 에스파냐인들이 카티푸난의 정체를 알게 되자 보니파시오는 즉시 필리핀의 독립을 쟁취하기 위한 무장 혁명을 호소했다(1896년 8월 26일). 에스파냐 군대에 패배한 반란군은 루손 북부로 퇴각해야 했지만, 독립운동을 고취한 애국자 작가 호세 리살(1861~96)이 체포되어 군중 앞에서 사형당한 뒤 필리핀인들은 더욱 거세게 저항했다. 보니파시오와 루손 섬의 에밀리오 아기날도(1869~1964) 카비테(오늘날의 카위트) 시장은 에스파냐에 대항하여 함께 싸우면서도 서로간에는 권력을 두고 싸우는 경쟁자였다. 1897년 아기날도는 근거가 불분명한 혐의로 정적이 총살당하도록 유도했다. 대부분의 전투가 벌어진 카비테 주는 1897년 후반까지 대체로 에스파냐의 지배에 있었다. 1897년 12월 15일 양쪽이 비아크나바토 협정에 합의하여, 일시적으로 폭동이 중단됐다. 아기날도와 다른 봉기 지도자들은 40만 페소와, 더불어 필리핀의 통치를 개혁하겠다는 에스파냐의 약속을 받아들이고 홍콩으로 망명했다. 1898년에 에스파냐-미국 전쟁이 발발하고 미국 함대가 마닐라 만에서 에스파냐 함대에 승리하자, 1898년 5월 19일 필리핀으로 돌아온 아기날도는 미국의 지원을 받아 필리핀 군대를 조직했고 미국군을 도와 개혁의 약속을 저버린 에스파냐를 무찔렀다. 에스파냐는 2천만 달러를 받고 필리핀을 미국에 매각했다.
○ 필리핀 봉기, 1899~1902

필리핀 봉기, 1899~1902
Philippine Insurrection of 1899~1902

1898년 6월 12일 필리핀은 에밀리오 아기날도(1869~1964)의 지휘로 에스파냐로부터 독립을 선언했지만, 에스파냐는 파리 조약에 따라 2천만 달러를 받고 필리핀을 미국에 매각했다(○ 에스파냐-미국 전쟁). 아기날도와 필리핀인은 조약을 받아들이지 않았으며 말로로스 헌법을 제정하여 필리핀 제1공화정을 수립했고(1899년 1월 21일) 아기날도가 대통령이 됐다. 1899년 2월 4일 필리핀 군대와 미국군이 마닐라 인근에서 상대방에 발포하면서 미국의 통치에 반대하는 전쟁이 시작됐다. 필리핀 군대는 초기에는 퇴각해야 했지만 1899년 2월 22일에서 24일에 안토니오 루나(1866~99) 장군의 지휘로 마닐라를 공격하며 응수했다. 아서 맥아서(1845~1912) 장군이 지휘하는 미국군은 필리핀 군대를 밀어냈고 결국 수도 말로로스를 점령했다(1899년 3월 31일). 아기날도는 피신해야 했다. 그 뒤 아기날도는 자신의 군대를 해산하고 게릴라전을 시작했다. 미국군은 반군과 싸우며 루손 섬 남부와 비사야 제도, 민다나오 섬, 술루 제도까지 들어갔다. 1901년 3월 23일 아기날도는 프레더릭 펀스턴(1865~1917) 장군이 꾸민 계략에 빠져 미국군에서 활동한 필리핀인 정찰병에게 붙잡혔다. 봉기 지도자는 미국에 충성을 맹세해야 했고, 평화를 호소하는 성명서를 발표했다. 게릴라전은 필리핀인 장군들이 대부분 항복할 때까지 1년 더 지속됐다가 1902년 7월 4일에 종결됐다. 필리핀에는 미국이 통제하는 민간 정부가 들어섰고 윌리엄 하워드 태프트(1857~1930)가 민정 초대 총독이 됐다.

필메르겐 전쟁
Villmergen War

제1차 필메르겐 전쟁(1656) 종교개혁이 끝난 뒤 스위스에서는 여러 차례 봉기가 일어났고 봉기의 위협이 존재했는데, 그 원인은 대체로 경제적인 것이었다. 스위스의 농민은 도시의 관리들이 방위비 명목으로 요구한 세금을 납부해야 했고, 종종 각 주canton가 발행한 변조된 화폐를 사용할 수밖에 없었으며, 대체로 열악한 대우를 받았고 이런 상황에 분노했다. 이러한 불만은 1653년의 농민 봉기로 분출됐으나 봉기는 실패했다. 이 봉기들이 필메르겐 전쟁의 배경이었으나, 농민은 가톨릭교도였고 도시민은 프로테스탄트였다는 차이가 있다. 1656년 가톨릭 주 5개가 부유한 프로테스탄트 주인 취리히 주와 베른 주에 맞서 싸워 필메르겐 전쟁에서 승리를 거두었다. 그 뒤 필메르겐 조약(제3차 국내평화Dritte Landfriede, 1656)에서 각 주는 내부의 종교적 통합성을 유지할 권리를 인정받았다. **제2차 필메르겐 전쟁(1712)**＊ 장크트 갈렌 수도원 원장이 토겐부르크의 프로테스탄트에게 불리한 간선도로 건설을 지원하면서 필메르겐 조약을 위반했다. 화해 시도가 있었으나, 취리히 주와 베른 주의 군대가 토겐부르크와 아르가우 주, 투르가우 주, 라인탈 지역을 점령하면서 무산됐다. 프로테스탄트인 베른인들은 제2차 필메르겐 전쟁에서 가톨릭 세력을 격파한 뒤 아르가우 평화조약을 체결하여(1712) 제2차 카펠 평화조약을 폐기했고(ⓞ **카펠 전쟁**), 가톨릭과 프로테스탄트가 공동으로 지배하며 종교적 관용을 실천하기로 했다. 권력의 중심은 다시 프로테스탄트 주들로 옮겨갔다.

＊ 토겐부르크 전쟁이라고도 한다.

〈하〉

하마의 패배, 1790
Harmar's Defeat, 1790

조사이어 하마(1753~1813) 장군은 노스웨스트 준주(오하이오 강 노스웨스트 준주)의 아서 세인트 클레어(1737~1818) 지사로부터 오늘날 오하이오 주의 모미 강 유역에 있는 호전적인 인디언을 진압하라는 명령을 받았다. 1790년 9월 26일 하마는 주 방위군 약 1,100명을 이끌고 출발했는데, 그중 320명은 정규군이었으나 나머지는 훈련과 무장 상태가 빈약했다. 족장 리틀 터틀(1752~1812)의 지휘 아래 느슨한 연합을 이루었던 인디언들은 자신들의 영토 안으로 적군을 깊숙이 유인한 뒤 매복하여 공격했다. 하마는 오늘날 인디애나 주의 웨인 요새 근처에서 반격했으나 처절한 패배를 당하고 퇴각해야 했다. 하마는 이 충돌을 승리로 보고했다. 나중에 의회는 조사위원회를 설치했으나 하마에게는 책임이 없음이 입증됐다. 그렇지만 하마는 자리에서 물러났다.

◐ 세인트 클레어의 패배

하와이 전쟁, 1782~1810
Hawaiian Wars of 1782~1810

오늘날 하와이라 부르는 태평양의 제도는 카메하메하 1세(1758?~1819) '대왕'과 그의 사촌이 가장 큰 섬(역시 하와이라 부른다)의 통치권을 상속받았을 때(1782) 서로 적대하는 족장들이 각자 지배하는 지역들로 나뉘어 있었다. 두 편이 서로 싸워 전쟁을 벌였고 그 와중에 카메하메하 1세의 사촌이 모쿠오하이 전투에서 살해됐다(1782). 카메하메하 1세는 왕국에서 경쟁 족장들과 싸우는 동시에 대담하게 서쪽의 섬들을 정복하는 데 나섰다(전설에 따르면 카메하메하 1세는 반란자이자 족장 살해자로서 여러 섬을 전부 통합하여 지배하려 했다). 1780년 침략자들은 마우이 섬을 장악했는데, 와일루쿠 근처에서 적을 얼마나 많이 살해했는지 시신이 시냇물을 가로막았다고 한다. 1년 뒤 오아후 섬과 카우아이 섬의 족장들이 마우이 섬의 반환을 요구하며 하와이를 공격했다. 카메하메하 1세는 미국인과 유럽인 상인들에게서 총포를 구입하여 이들에 맞서 싸웠다. 카메하메하 1세는 공격자들을 격퇴하고 하와이의 단독 통치자가 됐으며(1792), 3년 뒤인 1795년에 몰로카이 섬과 라나이 섬, 오아후 섬의 족장들을 겨냥하여 함대를 파견했다(돛을 단 카누 약 1,200척과 병력 1만 2천 명). 오아후 섬을 방어하던 많은 주민은 누아누팔리의 정상부로 몰려 오늘날의 호놀룰루 인근 약 360미터 높이의 절벽인 누아누팔리에서 밀려 떨어지거나 절망감에 뛰어내려 죽었다. 카우아이 섬과 니하우 섬만 카메하메하 1세의 지배에서 벗어났다. 1800년 오아후 섬과 카우아이 섬 사이의 위험한 해협을 건너려던 카메하메하 1세의 함대는 폭풍에 카누 여러 척이 전복되면서 되돌아가야 했다. 1803년 카메하메하 1세는 다시 해협을 건널 준비를 했으나 전염병(분명히 콜레라나 페스트였을 것이다)이 돌아 많은 전사가 사망했다. 카메하메하 1세는 계획을 포기한 뒤 뒷날 평화로운 협상을 시작했고, 1809년 카우아이 섬 족장은 카메하메하 1세를 주군으로 인정하는 대신 죽을 때까지 자신의 섬을 통치해도 좋다는 허락을 받았다. 1810년 하와이의 모든 섬이 카메하메하 1세의 왕국으로 통합됐다.

하퍼스페리 습격
Harpers Ferry Raid

○ 브라운의 하퍼스페리 습격

한국 전쟁, 1950~53
Korean War, 1950~53

제2차 세계대전이 끝났을 때 연합국은 일본 점령군의 무장을 해제하기 위해 북위 38도선을 기준으로 공산주의 국가 북한과 민주주의 국가 남한을 '임시'로 분할했고, 그 뒤 국제연합UN은 나라를 통일하려 노력했으나 성공하지 못했다. 1950년 6월 25일 북한 군대가 예고 없이 남한을 침공했다. 남한은 두 달이 채 못 되어 한반도의 남단으로 내몰려 부산 주변(낙동강 방어선)에서 방어했다. 침공 뒤 2일이 지났을 때, UN은 회원국들에게 남한을 도울 것을 호소했고 16개 나라가 이에 호응했다. 다국적군을 지휘한 더글러스 맥아더(1880~1964) 미국군 장군은 적군 전선의 배후인 서해안의 항구 인천에서 상륙작전을 계획하여 성공리에 실행했고(1950년 9월 15일) 적군의 보급선을 차단했다. 북쪽으로 내쫓긴 북한군은 결국 중국과 북한의 경계인 압록강과 두만강까지 퇴각했다(1950년 11월 25일). UN군은 한반도의 중심이 되는 태백산맥의 양쪽에서 2개의 진격로로 북진하여 나라를 통일하고 남한의 지배에 두려 했으나, 1950년 11월 25일 공산주의 국가 중국의 대규모 군대가 북한을 지원하여 침공하고 치열한 전투 끝에 UN군을 남쪽으로 밀어내면서 이 계획은 실현되지 못했다. 북한의 장진에서 약 1만 2천 명의 미국군 해병대는 폭풍이 몰아치는 영하의 날씨에 중국군 7개 사단의 포위를 뚫고(1950년 11월 27일~12월 13일) 제한된 탄약으로 싸우면서 퇴각하다 큰 손실을 입었다(장진호 전투). 1951년 1월 1일 약 48만 5천 명에 이르는 북한과 중국 군대는 약 36만 5천 명 정도의 맥아더 휘하 UN군을 북위 38도선 이남으로 다시 밀어냈다. 남한의 수도 서울은 적군에 점령됐으나(1·4 후퇴), 1951년 3월 14일 UN군이 탈환했다. 양쪽은 정전협정을 체결하기 위해 '회담 전쟁'을 시작했으나, 협상이 시간을 끄는 동안 전선 주변에서는 간헐적으로 전투가 지속됐다. 맥아더는 UN과 미국의 방침과는 반대로 만주에 있는 중국 기지들을 폭격하고 공격할 것을 주장했다. 1951년 4월 11일 해리 S. 트루먼(1884~1972) 미국 대통령은 맥아더를 UN군과 미국 극동군 사령관 직위에서 해임하고 매튜 B. 리지웨이(1895~1993) 장군을 대신 임명했다. 양쪽은 공격과 반격을 되풀이하며 심한 손실을 입었다. 리지웨이는 정전협상을 진행했으나, 대체로 포로의 송환 문제가 관건이었던 협상은 1952년 10월에 결렬됐다. UN군은 공산주의 진영이 발표한 6만 5천여 명의 포로 중에서 일부를 넘겨받았고, UN 협상자들은 포로들이 북한으로 돌아갈 것인지 남한에 남을 것인지 또는 타이완으로 갈 것인지 선택할 수 있어야 한다고 주장했다. 결국 남쪽에 남겠다는 견해가 우세했고 포로의 4분의 3이 남한에 잔류했다(미국군 포로 21명이 공산주의자들과 함께하기로 결정했다). 1953년 4월 휴전회담이 재개되어 1953년 7월 27일에 판문점에서 양쪽은 정전협정에 서명했다. 그러나 종전협정은 체결되지 않았다.

한니발의 아크라가스 약탈, 기원전 406
Hannibal's Sacking of Acragas, BCE 406

기원전 406년 카르타고 군대는 시칠리아로 돌아와 한니발의 히메라 파괴를 잇는 전쟁을 벌였다. 이번에는 하밀카르 마고의 손자 한니발 마고(기원전 406년 사망)뿐만 아니라 종손從孫이었던 저명한 히밀코(기원전 397년 사망)까지 지휘에 참여했다. 두 사람은 군사행동을 벌이면서 남쪽의 해안 도시 아크라가스(오늘날의 아그리젠토)도 포위했다. 포위공격 중에 한니발 마고가 사망했으나 히밀코는 항복을 받아내 명성을 얻었다. 히밀코의 군대는 아크라가스를 지독하게 약탈했다. 히밀코의 전쟁으로 해안 도시들에 대한 추가 공격이 이어졌다.

한니발의 히메라 파괴, 기원전 409
Hannibal's Destruction of Himera, BCE 409

카르타고는 카르타고-시라쿠사 전쟁 중 시칠리아 북쪽 해안의 히메라에서 패배한 일을 결코 잊지 않았다. 하밀카르 마고의 손자인 한니발 마고(기원전 406년 사망)는 기원전 480년에 조부가 히메라에서 사망한 사실을 되새겼다. 한니발 마고는 대군을 모아 다시 히메라를 포위했다. 이번에는 시라쿠사의 저항이 공격을 저지하기에 부족했다. 한니발 마고와 카르타고 군대는 히메라에 입성하여 전리품을 약탈하고 도시를 영구적인 폐허로 만든 뒤에 떠났다.

한니발 전쟁
Hannibalic War

◑ (제2차) 포에니 전쟁

한漢의 남비엣南越 정복, 기원전 111
Han Conquest of Nam Viet, BCE 111

기원전 500년경 중국의 상인들은 남쪽으로 여행하여 오늘날의 베트남 북부로 들어가기 시작했다. 진秦나라(기원전 221~기원전 207) 때는 하노이 인근에 중국의 항구들이 건설됐다. 조타趙佗(베트남어 찌에우다)는 진나라의 장군으로 중국 남부 지역의 평정에 참전했다가 나라가 혼란스러워지자 독립 세력으로 성장해 남비엣南越을 건국했다(기원전 204). 조타는 베트남의 어우락국을 공격해 합병했다. 중국에서 강력한 한나라가 발흥하자 기원전 181년경 한나라와 남비엣 사이에 무력 충돌이 일어났다. 남비엣을 침공한 한나라는 기원전 113년 홍강紅江 삼각주에 도달했고 기원전 111년 남비엣을 점령했다. 한나라 무제(기원전 156~기원전 87)는 남비엣 왕국을 자신의 제국에 병합했다. 남비엣은 한나라의 쟈오지交趾(이후 자오저우交州로 바뀐다. 베트남 북부와 중국 서남부) 군郡이 됐고 10개의 현懸으로 나뉘었다. 한나라는 소규모 둔전 부대를 남비엣에 파견하여 마을을 건설하고 요새를 세우도록 하여 안남安南('평정된 남쪽'. 베트남 중부)이라 불렀다. 이후 중국인들은 한층 더 진보한 농업기술과 관개기술, 문화를 이곳에 소개했다.

○ 리본의 반란 ; 쯩씨 자매의 반란

합스부르크 왕가−발루아 왕가 전쟁, 1547~59
Hapsburg−Valois War of 1547~59

프랑스 왕 프랑수아 1세(1494~1547)가 사망한 뒤 아들이자 계승자였던 앙리 2세(1519~59)는 합스부르크 가문(오스트리아 왕가)에 맞선 발루아 가문(프랑스 왕가)의 싸움을 재개했다. 이 싸움은 특히 카를로스 1세로서 에스파냐 왕도 겸했던 신성로마제국 황제 카를 5세(1500~58)를 겨냥한 것이었다(○ 카를 5세와 프랑수아 1세의 이탈리아 전쟁). 1549~50년의 잉글랜드−프랑스 전쟁이 끝난 뒤 프랑스 군대는 토스카나를 침공했으나 1553년 8월 2일 마르치아노 전투에서 제국 군대에 패배했다. 블레즈 드 몽뤼크(1501?~77) 프랑스군 사령관은 에스파냐의 지배를 뒤엎고 프랑스의 지배를 받아들인 시에나에 갇혔으며 피렌체 공작 코시모 데 메디치(코시모 1세, 1519~74)가 지휘하는 제국 군대의 15개월에 걸친 포위를 버티지 못하고 항복할 수밖에 없었다. 그 뒤 시에나는 1555년에 다시 에스파냐의 지배를 받았다. 프랑스 군대는 이탈리아 남부를 침공하여 나폴리 북부에 요새를 설치했으나, 1557년에 철수해야 했다(○ 잉글랜드−프랑스 전쟁, 1557~60). 1559년에 카토캉브레지 조약으로 전쟁은 종결됐다. 프랑스는 국경 지역인 살루초를 제외하고 이탈리아 안의 모든 권리 주장을 철회했으며, 사보이아와 피에몬테(토리노와 도시 몇 개는 제외)는 에마누엘레 필리베르토(1528~80)에게, 양시칠리아 왕국(시칠리아와 나폴리)과 밀라노는 에스파냐의 펠리페 2세(1527~98)에게 넘어갔다. 독립 공화국으로는 베네치아와 제노바, 루카, 산마리노밖에 남지 않았다.

합스부르크 왕가-보헤미아 전쟁, 1274~78
Hapsburg-Bohemian War of 1274~78

신성로마제국 황제인 합스부르크 가문의 루돌프 1세(1218~91)는 오스트리아 공작령, 슈타이어마르크 공작령, 케른텐 공작령, 크라인 변경백령이 자신의 소유라고 주장했으나, 오스트리아와 슈타이어마르크, 카르니올라(오늘날 슬로베니아의 크라니스카)를 병합한 보헤미아 왕 오타카르 2세(1233?~78) '대왕'의 반대에 부딪혔다. 1274년 레겐스부르크에 소집한 제국의회는 오타카르 2세의 영토 획득을 무효로 했고, 루돌프 1세는 자신들의 왕에게 도전하는 보헤미아 귀족들로부터 지원을 받아 군대를 이끌고 오타카르 2세에 맞섰다. 바이에른 기사들이 합류한 루돌프 1세의 군대는 오타카르 2세가 요새로 만든 빈을 공격했다. 오타카르 2세의 충성스럽지 못한 병사들은 탈주했다. 바이에른의 기사들은 빈 인근 클로스터노이부르크의 군량 저장소를 장악했고, 루돌프 1세의 군대는 풍부한 군량 덕에 포위 공격을 계속할 수 있었다. 보헤미아의 지원을 받지 못한 빈 사람들은 항복하고 루돌프 1세를 군주로 인정했다. 오타카르 2세는 군대가 여러 차례 패하자 곧 조건부로 항복했고 보헤미아와 모라비아를 제외하고 획득한 땅을 전부 포기했다(1276). 패배에 당혹했던 오타카르 2세는 루돌프 1세가 보헤미아와 모라비아 종주권도 인정받은 데 격분하여 프라하에서 군대를 모았고 협상을 시도하던 루돌프 1세를 무시하고 빈으로 진격했다. 루돌프 1세는 알사티아(오늘날의 알자스)와 슈바벤 병사들로 군대를 보강하여 1278년 8월 26일 마르히펠트 전투에서 오타카르 2세에 대적하여 승리했다. 오타카르 2세는 전사했다. 뒷날 보헤미아는 오타카르 2세의 계승자인 바츨라프 2세(1271~1305) 때 힘과 위상을 회복했고, 루돌프 1세는 자녀들의 정략결혼으로 정복의 성과를 공고히 했다.

합스부르크 왕가 전쟁, 1439~57
Hapsburg Dynastic War of 1439~57

1439년 합스부르크 왕가의 신성로마제국 제위 세습을 시작한 독일 왕 알브레히트 2세(오스트리아 대공 알브레히트 5세, 1397~1439)가 사망하자 합스부르크 왕가에 위기가 닥쳤다. 비교적 피는 많이 흘리지 않은 위기였다. 알브레히트 2세는 오스트리아와 보헤미아, 헝가리를 통치했고,* 유일한 상속자는 유복자로 태어난 라디슬라우스(1440~57)였다. 알브레히트 2세가 죽자 육촌으로 이너외스터라이히(슈타이어마르크와 케른텐, 크라니스카) 공작이었던 프리드리히 5세(1415~93)가 합스부르크 왕가의 수장이 됐다. 라디슬라우스의 상속을 질시한 프리드리히 5세는 적법한 섭정으로 지명되지 않았는데도 어린 라디슬라우스를 좌지우지했다. 그러나 헝가리의 장군 후녀디 야노시(1407?~56)가 프리드리히 5세에 맞섰다. 헝가리의 실세였던 후녀디는 라디슬라우스를 곁에 두어 자신의 권력을 유지하려 했다. 1446년 후녀디는 헝가리 군대를 이끌고 슈타이어마르크로 진격했으며 프리드리히 5세에게 라디슬라우스를 내놓으라고 요구했다. 프리드리히 5세는 라디슬라우스를 중재자인 추기경에 넘겨주었다. 라디슬라우스를 넘겨받지 못한 후녀디는 설득을 당하여 오스만 제국에 맞선 십자군으로 원정하게 됐다(**○ 헝가리-오스만 제국 전쟁, 1444~56**). 1451년 프리드리히 5세는 라디슬라우스를 요구한 오스트리아 귀족들의 반란에 직면했으나 불법적인 섭정 지위를 유지하는 데 성공했다. 1451년 보헤미아인들도 어린 라디슬라우스를 요구했으나, 프리드리히 5세는 이르지 즈 포데브라트(1420~71)를 보헤미아 섭정에 임명하여 사태를 수습했다(그리하여 이르지는 통치자가 됐으며 나중에 보헤미아 왕국의 왕이 됐다). 1452년 신성로마제국 황제 프리드리히 3세가 된 프리드리히 5세는 자신의 거주지인 오스트리아 빈 남쪽 비너노이슈타트에서 라디슬라우스의 사촌이자 오스트리아의 권력자인 칠리(첼레) 백작 울리히(울리크, 1406~56)가 이끄는 병사 1만 6천 명에게 포위됐다. 황제 프리드리히 3세로부터 라디슬라우스를 넘겨받아 빈으로 데리고 간 울리히는 1453년에 쿠데타로 권좌에서 내쫓겼으나 라디슬라우스를 계속 데리고 있으면서 고문 역할을 했다. 라디슬라우스는 1444년에 헝가리 왕 라슬로 5세가 됐고, 1453년에 보헤미아 왕 라디슬라프로 즉위했으며, 1455년에 친정 체제를 구축하여 후녀디와 이르지에 대항했고, 1457년에 죽기까지 짧은 기간 동안 헝가리와 보헤미아를 통치했다. 라슬로 5세는 독살된 것으로 추정된다. 황제 프리드리히 3세는 13년 동안 섭정을 하면서 온갖 고초를 겪었지만 별반 소득을 건지지는 못한 듯하다.

* 알브레히트 2세는 신성로마제국 황제 지기스문트로부터 후계자로 지명됐는데, 헝가리와 보헤미아, 독일의 왕은 됐지만 신성로마제국 제위는 받지 못했다.

합스부르크 왕가 형제 '전쟁', 1606~12
Hapsburg Brothers' 'War', 1606~12

합스부르크 왕가의 오스트리아 총독인 마티아스(마차시, 1557~1619)는 합스부르크 왕가 회의(1605)에서 정신병을 앓고 있던 형 신성로마제국 황제 루돌프 2세(1552~1612)의 헝가리에 대한 권한을 넘겨받았다. 위협적인 오스만 제국과 전쟁을 피하려는 것이 주된 이유였다. 마티아스는 헝가리의 프로테스탄트에 양보하여 헝가리의 반종교개혁을 지원하는 합스부르크 왕가의 정책을 폐기했고, 그리하여 헝가리 프로테스탄트가 오스만 제국에 의존하는 관행을 버리게 했다. 열렬한 로마가톨릭 신자였던 루돌프 2세가 개입하려 하자 마티아스는 1606년에 스스로 가문의 수장임을 선포했다. 루돌프 2세는 제위를 유지했으나 마티아스가 보헤미아와 오스트리아를 지배했다. 루돌프 2세는 이에 맞섰고 마티아스는 1608년에 헝가리와 오스트리아, 모라비아의 귀족과 동맹했다. 그러나 보헤미아의 귀족들은 루돌프 2세를 지지했다. 타협으로 형제간의 전쟁은 피했으나, 편집증이 있던 루돌프 2세는 사촌이자 가톨릭 주교였던 알브레히트 공작(오스트리아 대공 알브레히트 7세, 1559~1621)에게 보헤미아의 프라하를 약탈하라고 권유했다. 1611년 알브레히트의 군대는 권고대로 프라하를 약탈했다. 보헤미아 귀족들이 편을 바꾸었고, 마티아스의 협력자들은 루돌프 2세에게 보헤미아 왕에서 물러나라고 강요하며 황제의 지위만 보유하게 했다(1611). 이듬해 루돌프 2세가 사망하자 마티아스가 황제의 지위와 권한을 획득했다.

○ 30년 전쟁

핼리든힐 전투, 1333
Battle of Halidon Hill, 1333

더글러스 백작과 머리 백작이 스코틀랜드 왕으로 새로 즉위한 에드워드 베일리얼(1282?~1364?)을 국경 너머 잉글랜드로 내쫓자(**◐ 더플린무어 전투**), 잉글랜드 왕 에드워드 3세(1312~77)가 군대를 보내 1333년 7월 19일 잉글랜드 동북부 베릭어펀트위드 인근 핼리든힐에서 스코틀랜드인들과 맞붙었다. 스코틀랜드인들은 1314년 배넉번에서 승리할 때 썼던 전술을 이용하여 언덕 위에서 아래쪽의 잉글랜드 군대로 돌격했다. 그러나 스코틀랜드인들은 어리석게도 그 가운데에 있는 습지의 진창에 빠져 잉글랜드의 장궁 궁수들이 쏜 화살에 몰살당했다. 만 9살 난 스코틀랜드 왕 데이비드 2세(1324~71)는 프랑스로 보내졌고 섭정이 퍼스 이북의 스코틀랜드를 통치했다. 그 남쪽에서는 에드워드 베일리얼이 잉글랜드 군대에 의존하여 두 번째로 스코틀랜드 왕좌에 '복위'했다.

행상인들의 전쟁
Peddlers' War
◐ 마스카치스(행상인들)의 전쟁

헌틀리의 반란, 1562
Huntly's Rebellion, 1562

4대 헌틀리 백작 조지 고든(1514~62)은 핑키클루흐 전투에서 도망쳤고 잉글랜드에 포로로 잡혔다. 1548년에 스코틀랜드로 돌아온 조지 고든은 비록 존 녹스(1505~72)와 스코틀랜드 여왕 메리(1542~87)의 의심을 받았지만 자신과 잉글랜드를 위해 은밀하게 계략을 꾸몄다. 조지 고든은 공공연히 아들을 여왕 메리와 혼인시키려 애썼는데, 어쩌면 1562년에 메리를 납치하려는 아들의 시도에 가담했는지도 모른다. 그해 말 메리는 조지 고든을 응징하고자 북쪽으로 올라갔고, 애버딘 인근 코리치에서 조지 고든의 스코틀랜드 반란군을 전멸했다. 조지 고든은 뇌졸중으로 사망했고 아들은 사형됐으며 백작령은 몰수됐다.

헝가리 내전, 1301~08
Hungarian Civil War of 1301~08

헝가리 왕 '베네치아인' 언드라시 3세(1265?~1301)가 사망하면서 아르파드 왕조가 단절됐다. 그리하여 헝가리의 성聖 이슈트반 왕관 szent korona을 원하는 여러 명의 후보자가 계승 전쟁을 벌였다. 주요 인사로는 보헤미아 왕 바츨라프 3세(1289~1306), 바이에른 공작 오토 3세(1261~1312), 나폴리의 왕자인 앙주 가문의 샤를 로베르(헝가리 왕 카로이 1세, 1288~1342)를 들 수 있는데, 샤를 로베르는 외삼촌인 독일 왕 알브레히트 1세(1250?~1308)와 교황 보니파시오 8세(1235?~1303)의 지원을 받았다. 알브레히트 1세는 바츨라프 3세의 아버지인 보헤미아 왕 바츨라프 2세(1271~1305)에게 권리 주장을 포기하고 아들을 헝가리 왕위에서 퇴위시키라고 요구했다(헝가리 의회는 1301년에 바츨라프 3세를 선택했다). 바츨라프 2세가 이를 거부하자 알브레히트 1세는 1304년에 보헤미아를 침공했다. 바츨라프 2세의 군대는 알브레히트 1세를 격퇴한 뒤 오스트리아를 침공하려 했으나 바츨라프 2세가 사망했다. 1305년 바츨라프 3세가 보헤미아 왕위를 계승했고 헝가리 왕위도 주장했으나 반대에 부딪혀 바이에른 공작 오토 3세에 헝가리 왕위를 양보했다. 무질서와 혼란이 지속되다가 마침내 1308년에 의회는 샤를 로베르를 헝가리 왕 카로이 1세로 선출했다(카로이 1세는 2년 뒤 대관식을 거행했다).

헝가리 내전, 1439~40
Hungarian Civil War of 1439~40

헝가리와 보헤미아의 통치자 알브레히트 2세(얼베르트 1세, 1397~1439)는 1439년에 임신한 부인을 두고 죽었다. 즉시 헝가리 왕위 계승 문제를 두고 위기가 발생했다. 귀족들의 선택을 받은 폴란드 왕 브와디스와프 3세(1424~44)는 성공한 장군이자 귀족이었던 후녀디 야노시(1407?~56)의 지지를 받았다(● 헝가리-오스만 제국 전쟁, 1437~38). 다른 헝가리인들은 합스부르크 가문의 후보로 갓 태어난 알브레히트 2세의 아들 라디슬라우스(1440~57)를 지지했다. 뒷날 신성로마제국 황제 프리드리히 3세(1415~93)가 되는 독일 왕이 라디슬라우스를 보호했으나 이는 적법한 것이 아니었다. 내전이 일어났고 브와디스와프 3세가 헝가리 왕 울라슬로 1세로 선출됐다.

후녀디의 도움이 컸다. 울라슬로 1세가 1444년에 바르나 전투에서 사망하자(○ 헝가리-오스만 제국 전쟁, 1444~56) 알브레히트 2세의 네 살짜리 아들이 헝가리 왕 '유복자' 라슬로 5세로 선출됐고 후녀디가 섭정이 됐다.

헝가리 내전, 1526~29
Hungarian Civil War of 1526~29

1521~26년의 헝가리-오스만제국 전쟁 뒤 트란실바니아 총독 서포여이 야노시(야노시 1세, 1487~1540)는 오스만 제국의 지원을 받아 오스만 제국령 헝가리 왕으로 선출됐다. 그러나 뒷날 신성로마제국 황제가 되는 오스트리아 대공 페르디난트(페르디난트 1세, 1503~64)는 선왕先王 러요시 2세(1506~26)의 손윗동서 자격으로 왕위를 주장했고 헝가리 의회는 1527년에 이를 승인했다. 페르디난트의 군대가 헝가리를 침공하여 죄르와 에스테르곰(그란), 부더를 공격하고 점령했다. 토커이 전투(1527)에서 패한 서포여이는 오스만 제국 술탄 쉴레이만 1세(1494~1566) '대제'에게 도움을 요청했고, 쉴레이만 1세는 군대를 이끌고 헝가리로 돌아와 부더를 탈환했으며, 1529년에 서포여이에게 왕위를 되찾아주었다. 서포여이는 술탄의 빈 원정에 동참했다(○ 오스트리아-오스만 제국 전쟁, 1529~33).

헝가리 내전, 1540~47
Hungarian Civil War of 1540~47

1537~47년의 오스트리아-오스만 제국 전쟁 중 은밀히 체결된 너지바러드(오늘날 루마니아의 오라데아) 조약으로 헝가리가 분할됐다. 오스트리아 대공 페르디난트(페르디난트 1세, 1503~64)는 크로아티아와 슬라보니아, 헝가리의 서쪽 지역을 받았고, 서포여이 야노시(야노시 1세, 1487~1540)는 헝가리 왕위와 수도 부더를 포함한 나머지 영토를 차지했다. 서포여이가 사망하면 왕위와 영토는 페르디난트가 양도받기로 되어 있었다. 그러나 서포여이가 죽으면서 미성년 아들 서포여이 야노시 지그몬드(1540~71)가 야노시 2세로 즉위했다. 페르디난트는 왕국을 요구하며 부더를 점령했고 이에 서포여이의 부인은 아들의 권리를 지지해 줄 세력을 찾았다. 오스트리아의 헝가리 진출을 막기 위해 오스만 제국 술탄 쉴레이만 1세(1494~1566) '대제'가 침공하

여 부더와 다른 도시를 점령하고 나라 전체를 오스만 제국 방식으로 통치했다. 싸움이 지속되다가 1547년에 술탄은 페르시아 문제 때문에(● 오스만 제국-페르시아 전쟁, 1526~55) 결국 5년간의 휴전조약을 체결했고, 이 조약에 따라 헝가리는 다시 분할됐다. 페르디난트는 원래의 땅(오스트리아령 헝가리)을 계속 보유했으나 매년 공물을 납부해야 했다. 야노시 2세는 트란실바니아와 인근 지역을 받고 '군주prince' 칭호를 얻었으며, 오스만 제국은 헝가리의 남부와 중부 지역을 획득했다. 신성로마제국 황제 카를 5세(1500~58)와 교황, 프랑스, 베네치아가 휴전조약에 서명하여 오스만 제국의 영향력과 세력을 유럽 정치의 요인으로서 처음 인정했다.

● 오스트리아-오스만 제국 전쟁, 1551~53

헝가리 내전, 1921
Hungarian Civil War of 1921

오스트리아-헝가리제국의 황제였던 카를 1세(카로이 4세, 1887~1922)는 1919년 초 이후로 스위스에서 망명 생활을 하고 있었다(● 쿤의 적색테러). 1921년 3월에 카를 1세는 갑자기 헝가리 왕위를 되찾고자 헝가리로 돌아와 섭정이자 국가원수인 너지바녀이 호르티 미클로시(1868~1957)에게 권력을 내놓으라고 요구했다. 그러나 나라 안팎에서 격렬한 반대가 일었고 카를 1세는 헝가리를 떠났다. 카를 1세가 여전히 헝가리의 합법적인 왕인가 하는 군주정 지지자들이 제기한 문제는 해결되지 않았다. 같은 해 10월 카를 1세는 헝가리의 쇼프론(외덴부르크)에 도착하여 왕위를 되찾고자 군대를 이끌고 부다페스트로 행진했다. 정부군이 총포를 발사하여 이들을 진압했고 카를 1세를 체포하여 마데이라로 추방했다. 헝가리 의회는 오스트리아(합스부르크 왕가)의 헝가리 왕위 주장을 전부 무효로 선포했다.

헝가리 농민 반란
Hungarian Peasants' Revolt

● 도저의 반란

헝가리 반란, 1956
Hungarian Revolt of 1956

헝가리의 자유주의 세력은 소련의 지배에 뿌리 깊은 반감을 품고 있었다. 1956년 10월 23일 부다페스트의 학생과 노동자 등이 공산당 체제에 반대하는 시위와 폭동을 일으키고 자유선거와 경제 개혁, 소련군의 철수를 요구했으며, 소련의 간섭을 비판했다가 1956년 초에 공산당에서 쫓겨난 너지 임레(1896~1958) 전임 총리의 복권을 요구했다. 대부분의 헝가리 군인이 시위에 합류하여 정부는 난감해졌다. 이튿날인 10월 24일 소련군의 탱크들이 봉기를 진압하려고 이동했으며, 너지가 다시 총리에 복귀했고, 나라 곳곳에서 자유를 지지하는 혁명평의회가 설립됐다. 공산당 정부가 무너졌고(10월 25일), 혁명가들이 공공건물과 산업시설을 점거하고 투옥된 반공산주의 지도자인 민드센치 요제프(1892~1975) 추기경을 풀어주면서 서방에 우호적인 민주주의 체제가 수립됐다. 1956년 10월 말 소련군은 부다페스트에서 철수했고 너지는 바르샤바 조약(소련이 헝가리 등 동유럽 국가들과 맺은 방어동맹)에서 이탈하여 국제연합UN에 헝가리의 국제적 중립국 지위를 승인해 줄 것을 요청했다. 1956년 11월 4일 조용히 집결한 소련군이 (약 20만 명의 병력에 탱크와 장갑차 2,500대) 부다페스트와 다른 여러 곳의 중심지를 휩쓸었다. 너지는 UN에 지원을 호소했지만 실패했고 헝가리의 자유의 전사들은 용감히 저항했으나 성공하지 못했다. 너지는 도피했고(나중에 소련군에 체포됐다), 카다르 야노시(1912~89)가 총리가 되어 공산주의 정부를 수립했다. 새 정부가 국경을 개방하여 약 15만 명의 헝가리인이 서양으로 탈출했지만 반란은 소련에 진압됐다. 그 뒤 소련은 카다르와 협정을 체결하여(1957) 소련군의 주둔을 합법화했으며 그로써 공산당의 지배를 지속할 기반을 마련했다.

헝가리-베네치아 전쟁, 1171
Hungarian–Venetian War of 1171

이슈트반 3세(1147~72) 치세 때 헝가리는 달마티아 해안을 따라 이동하여, 당시 비잔티움 제국과 전쟁을 하고 있던 베네치아로부터(○ 베네치아-비잔티움 제국 전쟁, 1170~77) 여러 도시를 빼앗았다. 이에 베네치아는 노르만족의 지원을 받아 1171년에 달마티아 항구 자다르(차라)와 라구사(오늘날 크로아티아의 두브로브니크)를 되찾았다. 2년 뒤 비잔티움 제국 황제 마누엘 1세 콤네노스(1118~80)는 무력을 써서 벨러 3세(1148?~96)를 헝가리 왕좌에 앉혔고, 벨러 3세는 두 차례 전쟁에서(1181~88, 1190~91) 달마티아 영토를 회복하려 했다. 헝가리는 부분적으로 성공을 거두어 자다르와, 베네치아가 장악한 다른 도시들을 탈환했다.

헝가리-베네치아 전쟁, 1342~46
Hungarian–Venetian War of 1342~46

1308년에 헝가리 왕 카로이 1세가 된 앙주 가문의 샤를 로베르(1288~1342)는 베네치아에 달마티아를 빼앗겼고, 베네치아는 카로이 1세의 장자이자 계승자로 달마티아 재정복을 원했던 러요시 1세(폴란드 왕 루드비크 1세, 1326~82) '대왕'과 전쟁을 해야 했다. 그러나 베네치아는 침략자들에 성공적으로 맞서 1346년에 아드리아 해의 항구도시 자다르(차라)에서 헝가리를 격퇴했다. 러요시 1세는 동생 언드라시(1327~45)가 나폴리의 여왕 조반나 1세(1326?~82)의 궁정에서 살해되어(조반나 1세가 음모를 꾸며 첫 번째 남편 언드라시를 죽인 것으로 추정된다) 방해를 받자 분노했고, 두 차례 이탈리아를 침공하여(1348, 1350) 복수하는 동시에 나폴리에 대한 앙주 가문의 지배를 확고히 하고자 했다. 그때마다 조반나 1세는 도피했다. 조반나 1세는 교황의 중재로 러요시 1세와 평화협정을 맺고 1352년에 나폴리로 돌아왔다.

헝가리-베네치아 전쟁, 1357~58
Hungarian–Venetian War of 1357~58

부더에 훌륭한 궁전을 지은 헝가리 왕 러요시 1세(폴란드 왕 루드비크 1세, 1326~82) '대왕'은 왕국을 다시 강대국의 반열에 올려놓으려 했다. 특히 발칸 반도에서는 불가리아 북부에서 승리를 거두어(1356) 오스만 제국의 진출을 일시적으로 저지했다. 그 뒤 베네치아가 장악한 달마티아로 눈을 돌린 러요시 1세는 군사 원정에 나서 여러 도시를 장악하는 데 성공했다. 1358년 2월 자다르(차라) 조약으로 베네치아는 헝가리에 달마티아의 영토 대부분을 할양했다.

헝가리-베네치아 전쟁, 1378~81
Hungarian–Venetian War of 1378~81

헝가리 왕 러요시 1세(폴란드 왕 루드비크 1세, 1326~82) '대왕'은 아드리아 해의 달마티아를 전부 지배하기 위해 길고도 치열한 싸움을 벌였다. 이 싸움은 키오자 전쟁(1378~81) 중에 성공적으로 매듭지어졌다. 러요시 1세는 베네치아의 숙적 제노바와 동맹하여 베네치아가 달마티아 해안 지배권을 포기하도록 군사작전에 들어갔다. 제노바가 패하기는 했지만, 헝가리는 앞서 동쪽의 발칸 반도에서 오스만 제국과 싸워 승리하여(1366, 1377) 위력을 과시하고 사실상 달마티아 전 영역을 장악하는 데 성공했다. 토리노 평화 조약(1381년 8월 18일)으로 달마티아에 대한 헝가리의 권리가 확인됐다. 폴란드 왕으로 즉위한(1370) 러요시 1세는 발칸 반도의 주변 속국인 달마티아 등지에서 자신의 헝가리 왕국을 지배 국가로 만들어 동유럽에서 가장 강력한 군주가 됐다.

헝가리-보헤미아 전쟁
Hungarian–Bohemian Wars

○ 보헤미아-헝가리 전쟁

헝가리-신성로마제국 전쟁, 1477~85
Hungarian War with the Holy Roman Empire, 1477~85

독일 왕이자 신성로마제국 황제인 프리드리히 3세(1415~93)는 마차시 1세(마티아스 코르비누스, 1443~90)가 차지하고 있는 헝가리 왕위까지 요구했다. 오스트리아의 합스부르크 가문 출신인 프리드리히 3세는 제국 전역의 강력한 귀족들이 봉건적 권리 주장으로 귀찮게 넘보았던 왕조의 권력을 온전히 유지하려 했고 마차시 1세의 즉위에 이의를 제기했다. 하지만 1458년에 부더와 페슈트에서 열린 의회는 프리드리히 3세의 이의를 무시하고 마차시 1세를 왕으로 선출했다. 마차시 1세는 내부의 이견을 극복했고 오스만 제국에 대비하여 헝가리의 방위를 보강했으며 통치 영역의 정치적·사회적 여건을 개선했다. 1477년 프리드리히 3세의 아들 막시밀리안(막시밀리안 1세, 1459~1519)이 부르고뉴의 상속자인 '대담공大膽公' 샤를(1433~77)의 딸 마리드 부르고뉴(1457~82)와 결혼하여 합스부르크 가문의 위세와 재산이 늘어났다. 이는 프리드리히 3세의 가훈 머리글자 AEIOU(라틴어로 오스트리아의 세계 지배 의지Austriae est imperare orbi universo. 또는 독일어로 전 세계가 오스트리아의 지배를 받는다 Alles Erdreich ist Österreich untertan)를 확인하는 듯했다. 그러나 마차시 1세는 프리드리히 3세의 권위에 도전했고 오스트리아와 독일 내부에 있는 황제의 적들로부터 도움을 받았으며 군사행동을 개시하여(1477, 1479, 1482) 오스트리아의 대부분을 약탈했다. 마차시 1세는 합스부르크 가문의 수도 빈을 포위하여 빼앗았으며(1485), 프리드리히 3세를 내쫓고 1490년까지 도시를 점령했다. 헝가리는 5년 동안 유럽의 중부와 동남부 대부분을 지배했다. 마차시 1세가 사망한 뒤 막시밀리안은 헝가리가 차지한 빈과 다른 오스트리아 도시들을 되찾았다. 막시밀리안은 1486년 독일 왕에 선출됐으며 1490년에는 황제의 권한을 대부분 차지했다.

헝가리–오스만 제국 전쟁, 1437~38
Hungarian–Turkish War of 1437~38

트란실바니아의 귀족인 후녀디 야노시(1407?~56)가 이끄는 군대는 유럽과 헝가리 영토로 진격해 들어오는 오스만 제국 군대를 성공리에 막았다. 베오그라드는 오스만 제국에 대비하여 강력한 요새로 만들어졌고, 오스만 제국 군대는 도나우 강을 따라 남쪽으로 이동하여 스메데레보 요새를 포위했다. 그러나 후녀디의 군대는 1437년에 훌륭하게 요새를 구했고 오스만 제국 군대를 쫓아냈다. 그 결과 헝가리와 보헤미아의 왕이었던 알브레히트 2세(얼베르트 1세, 1397~1439)는 후녀디를 왈라키아에 있는 세베린의 총독(반bán)으로 임명했고 후녀디는 그곳에서 오스만 제국과 더 격렬한 전투를 벌였다 (**○** 헝가리–오스만 제국 전쟁, 1441~44).
○ 헝가리–베네치아 전쟁, 1378~81

헝가리–오스만 제국 전쟁, 1441~44
Hungarian–Turkish War of 1441~44

오스만 제국의 합법적인 술탄 무라드 2세(1404~51)는 헝가리가 오스만 제국 술탄임을 주장한 '가짜 무스타파'를 지원한 데 대한 보복으로 1440년에 헝가리로 원정했다. 후녀디 야노시(1407?~56)는 대부분 슬라브족과 마자르족으로 이루어진 군대를 이끌고 진격해 들어오는 오스만 제국 군대에 대응하여 1441년 스메데레보 전투와 1442년 시비우 전투에서 승리했다. 교황 에우제니오 4세(1383~1447)는 십자군으로 지원하겠다고 약속하며 헝가리와 폴란드의 왕인 울라슬로 1세(폴란드 왕 브와디스와프 3세, 1424~44)에게 오스만 제국과 전면전을 벌이라고 강권했다. 울라슬로 1세는 대군을 모아 도나우 강을 건너 남진했고 스메데레보에서 오스만 제국 군대를 내몰았다. 1443년 후녀디는 세르비아의 니시에서 오스만 제국을 크게 물리쳤고 불가리아의 소피아를 점령했다. 울라슬로 1세에 합류한 후녀디의 군대는 1443년에 스나임(쿠스티니차) 전투에서 무라드 2세의 군대를 격파하여 발칸 반도의 오스만 제국 세력을 파괴했다. 더 많은 것을 잃을까봐 두려웠던 무라드 2세는 헝가리의 세게드에서 평화협상에 들어가 헝가리와 10년 휴전에 합의했다 (1444년 7월 12일). 헝가리는 세르비아와 왈라키아의 지배권을 얻었다.

헝가리-오스만 제국 전쟁, 1444~56
Hungarian-Turkish War of 1444~56

헝가리는 1441~44년의 헝가리-오스만 제국 전쟁 말기에 술탄 무라드 2세(1404~51)가 퇴위하자 겨우 19일이 지난 뒤 강화를 깨뜨려 오스만 제국의 세력 약화를 이용했다. 베네치아와 동맹을 맺은 헝가리와 폴란드의 왕 울라슬로 1세(폴란드 왕 브와디스와프 3세, 1424~44)는 뛰어난 후녀디 야노시(1407?~56) 장군과 줄리아노 체사리니(1398~1444) 추기경과 함께 군대를 이끌고 흑해로 진출하여 오스만 제국의 함대를 격파하고 수니온(수니움)과 페제흐, 카바르나를 점령했으며 이어 바르나를 공격했다. 술탄에 복귀한 무라드 2세는 대군을 이끌고 바르나로 향하여 1444년 11월 10일 헝가리 군대에 눈부신 승리를 거두었다. 울라슬로 1세와 체사리니는 전사했고, 후녀디는 탈출했다. 그 뒤 무라드 2세는 세르비아와 보스니아를 탈환했다. 1448년 후녀디는 군대를 이끌고 세르비아로 들어갔으나 코소보에서 2일간 싸우다 왈라키아 부대가 배신하여 떠나는 바람에 패배했다. 후녀디는 화포火砲로 무장한 용병들을 잘 이용했지만 무라드 2세가 이끄는 훨씬 더 큰 규모의 오스만 제국 군대에 완패했다. 무라드 2세의 아들이자 술탄 계승자인 메흐메드 2세(1432~81)는 1453년에 콘스탄티노플(오늘날의 이스탄불)을 손에 넣은 뒤(◐ **콘스탄티노플의 함락**) 헝가리와 다른 그리스도교 국가들을 새로이 압박했다. 오스만 제국은 세르비아인 약 5만 명을 납치해갔다. 1449년 세르비아에서 오스만 제국 군대를 성공리에 공격한 적이 있던 후녀디는 1454년 다시 세르비아를 침공하여 오스만 제국을 스메데레보에서 크루셰바츠로 밀어냈고 메흐메드 2세와 만났으나 강화를 타결하지는 않았다. 1456년 7월 메흐메드 2세의 군대가 3주 동안 베오그라드를 포위했으나, 후녀디의 군대가 도나우 강 위에 배로 친 봉쇄선을 깨고 오스만 제국 군대를 격파했으며 도시를 차지했다. 메흐메드 2세는 콘스탄티노플로 철수했다. 1456년 8월 11일 후녀디는 군영에서 전염병에 감염되어 사망했고, 지휘관을 잃어 슬픔에 젖은 군대는 승리를 이어갈 수 없었다.

◐ 베네치아-오스만 제국 전쟁, 1443~53 ; 합스부르크 왕가 전쟁, 1439~57

헝가리-오스만 제국 전쟁, 1463~83
Hungarian-Turkish War of 1463~83

1463년 헝가리와 베네치아, 교황은 동맹을 맺고 오스만 제국의 세르비아 정복을 막기로 했다. 보스니아가 오스만 제국에 넘어간 뒤(◐ **보스니아-오스만 제국 전쟁, 1459~63**) 헝가리 왕 마차시 1세(마티아스 코르비누스, 1443~90)는 보스니아인들을 지원하여 여러 요새에서 오스만 제국 군대를 내쫓았다. 1464년 봄 술탄 '정복자' 메흐메드 2세(1432~81)가 오스만 제국 군대를 이끌고 보스니아의 도시 야이체를 공격했으나 헝가리 군대가 야이체와 보스니아 북부의 일부를 지켜냈다. 나머지 영토는 오스만 제국이 점령하여 1483년부터 완전히 지배했다. 1479년 마차시 1세는 베네치아와 오스만 제국이 평화조약을 체결한 데(◐ **베네치아-오스만 제국 전쟁, 1463~79**) 분노하여 오스만 제국이 세운 사바 강가의 서바치(오늘날 세르비아의 샤바츠) 요새를 빼앗았다. 전쟁은 점차 작은 교전들로 완화됐고, 1481년 메흐메드 2세가 죽은 뒤로는 그런 현상이 더욱 심해졌다. 보스니아 남쪽의 헤르체고비나는 1483년 오스만 제국에 무너졌다.

헝가리–오스만 제국 전쟁, 1492~94
Hungarian–Turkish War of 1492~94

술탄 바예지드 2세(1447~1512)가 이끄는 오스만 제국 군대는 베오그라드를 기습했으나 헝가리인들로부터 도시를 빼앗지는 못했다. 1492년 신성로마 제국 황제 막시밀리안 1세(1459~1519)의 군대가 케른텐의 필라흐에서 오스만 제국 침략자들을 무찔렀다. 이후 바예지드 2세의 군대는 트란실바니아와 크로아티아, 슈타이어마르크, 카르니올라(오늘날 슬로베니아의 크라니스카)로 진격했다. 막시밀리안 1세는 유럽의 다른 그리스도교 통치자들에게 도움을 구했으나 아무도 오지 않았다. 전쟁 중에 이 지역들을 괴롭힌 것은 전면전이 아니라 작은 교전이었다.

헝가리–오스만 제국 전쟁, 1521~26
Hungarian–Turkish War of 1521~26

오스만 제국 술탄 쉴레이만 1세(1494~1566) '대제'는 헝가리 왕 러요시 2세(1506~26)에게 공납을 요구했다. 러요시 2세가 오스만 제국 사절을 모욕하면서 요구를 거부하자 쉴레이만 1세는 1521년에 헝가리로 진격했다. 오스만 제국은 서바치(오늘날 세르비아의 샤바츠)와 베오그라드의 요새를 포함하여 헝가리의 여러 요새를 파괴했고 베오그라드를 기지로 삼아 북쪽으로 더 침공하려 했다. 헝가리는 오스만 제국에 적대한 페르시아, 신성로마제국과 동맹을 맺어 지원을 받았다. 반면에 프랑스의 프랑수아 1세(1494~1547)는 '이교도'와 동맹하는 것에 복잡한 감정을 지녔는데도 오스만 제국을 지지했다. 쉴레이만 1세는 약 20만 명의 오스만 제국 병사들을 이끌고 도나우 강을 따라 진격하여 오늘날 헝가리 남부의 모하치 평원에 도달했다. 이곳에 집결해 있던 러요시 2세 휘하의 헝가리군 3만 명은 당황했다. 1526년 8월 29일 양쪽은 교전에 들어갔고 헝가리 군대는 대규모 사상자를 내고(약 1만 5천 명이 사망했다) 처참한 꼴로 도주했다. 러요시 2세는 정신없이 달아나던 중에 익사했다. 정예 예니체리(오스만 제국의 정예 친위 부대)를 포함한 오스만 제국 군대도 심한 손실을 입었으나, 술탄은 부대를 재편하여 부더로 진격했고 전투 없이 도시를 점령했다. 그러나 아나톨리아 동부에서 다급한 일이 생겨 포로 10만 5천 명을 이끌고 헝가리에서 곧 철수했다(➲ 오스만 제국-페르시아 전쟁, 1526~55).

○ 오스트리아-오스만 제국 전쟁, 1529~33 ; 헝가리 내전, 1526~29

헝가리 이교도 봉기, 1046
Hungarian Pagan Uprising of 1046

헝가리 왕 이슈트반 1세(성 스테파누스, 975?~1038)는 죽기 전에 왕국 안의 이교도를 그리스도교로 개종하지 못했다. 많은 사람이 저항했고 심지어는 통치 가문인 아르파드 왕가조차 완전히 개종하지 않았다(이슈트반 1세는 개종을 주저하는 친척들을 추방했기에 먼 친척인 베네치아 도제doge(국가원수)의 아들 피에트로 오르세올로(페테르 1세, 1011~59)를 후계자로 선택할 수밖에 없었다). 그러나 페테르 1세는 궁정 음모의 희생양이 됐고(1041), 도피하여 신성로마제국 황제 하인리히 3세(1017~56)의 보호를 받았다. 페테르 1세는 하인리히 3세로부터 군대를 받아 1044년에 왕위를 되찾았으나 많은 백성이 왕을 외국인이자 하인리히 3세의 봉신, 외국인 고문들을 끌어들인 자로 증오했다. 교회의 성직자들조차 페테르 1세를 경멸했다. 1046년 추방당했던 아르파드 왕가의 2명이 키예프의 러시아 군대를 이끌고 헝가리의 이교 지역으로 들어와 모든 이교도와 반대 파벌들의 지지를 획득했다. 침략자들과 광적인 폭도는(주교와 헝가리 귀족으로 구성된 환영대표단을 학살했다) 페테르 1세의 궁전으로 진격했고, 도주한 왕을 사로잡아 투옥한 뒤 눈을 뽑았다. 페테르 1세는 이 상처로 사망했다. 아르파드 왕가의 일원으로 러시아에서 그리스도교로 개종한 언드라시 1세(1013?~60)가 헝가리 왕이 됐으나 되살아나는 이교를 자신의 목적에 이용했다. 신성로마제국에 맞서 저항을 계속하면서 그리스도교의 겉치장 아래 이교를 유지했던 것이다.

헝가리-체코슬로바키아 전쟁, 1919
Hungarian–Czechoslovakian War of 1919

○ 쿤의 적색테러

헝가리 혁명, 1848~49
Hungarian Revolution of 1848~49

민족주의 지도자 코슈트 러요시(1802~94)는 1848년 3월 3일 의회에서 열변을 토하며 헝가리의 왕을 겸임했던 페르디난트 1세(1793~1875) 황제의 오스트리아(합스부르크 왕가) 통치 체제를 비난했고, 군주제 존속의 전제조건으로 민주주의 헌법을 요구했다(● 오스트리아 혁명, 1848~49). 헝가리의 농민, 노동자, 과격한 학생들, 특히 마자르족 지주들이 코슈트와 자치 정부를 지지하여 시위를 벌였다. 의회는 부다페스트에 독립국 정부를 세우는 내용을 담은 3월 법률들(1848)을 제정했고, 황제는 이를 마지못해 수용했다. 그러나 혁명적 민족주의 운동은 분열을 가져왔다. 오스트리아의 장군이었던 크로아티아 귀족 요시프 엘라치치(1801~59)는 의회의 권위를 거부하고 크로아티아의 자치를 추구했다. 세르비아인, 슬로바키아인, 체코인, 루마니아인도 자치 정부를 간절히 원했다. 페르디난트 1세는 처음에는 헝가리 정부의 수반인 버차니 러요시(1807~49) 총리를 지지했으나 이를 철회했고 엘라치치를 후원하여 헝가리인들에 맞서 싸울 제국 군대의 사령관에 임명했다. 저항하라는 코슈트의 호소에 수천 명이 모여들어 빈디슈그래츠 후작 알프레드 칸디두스 페르디난트(1787~1862)가 이끌고 침공하는 오스트리아 군대를 공격했다. 헝가리 정부는 나라 전역의 도시들이 다방면으로 공격을 받아 침략군에 함락되면서 데브레첸으로 이동했다. 침공은 결국 1849년 1월 8일에 부다페스트의 항복과 버차니와 그 외 헝가리 지도자들의 체포로 끝났다. 괴르게이 어르투르(1818~1916)가 이끄는 헝가리 군대는 부다페스트 북쪽 산악지대로 피했으며, 폴란드인 헨리크 뎀빈스키(1791~1864) 사령관이 이끄는 헝가리군 부대가 괴르게이의 부대를 구하려 했으나 1849년 2월 26~27일 카폴너 전투에서 빈디슈그래츠 후작의 부대에 패했다. 펠릭스 슈바르첸부르크(1800~52) 오스트리아 총리는 제국 내부의 반란자를 진압하기 위해 외부의 지원을 요청했고 러시아의 도움을 받았다. 트란실바니아에서는 유제프 벰(1794~1850)의 소규모 군대가 코슈트와 연합하여 우세한 오스트리아 군대를 기적처럼 저지했다가 1849년 7월 말에 러시아 증원군에 격파됐다. 한편 1849년 봄에 괴르게이의 부대는 빈디슈그래츠 후작의 군대에 승리를 거두어 그 부대를 헝가리에서 내쫓았고, 헝가리는 1849년 4월 14

일에 코슈트를 대통령으로 삼아 독립 공화국을 선포했다. 그러나 1849년 6~7월에 러시아와 오스트리아가 침공하여 괴르게이를 헝가리 동남부로 내몰았고, 내부 분쟁을 일삼았던 헝가리 정부도 그곳으로 피난했다. 괴르게이의 부대는 1849년 8월 9일에 테메슈바르(티미쇼아라) 전투에서 율리우스 야코프 폰 하이나우(1786~1853) 남작이 이끄는 오스트리아 군대에 처절하게 패했고, 코슈트는 정부의 수장 지위를 괴르게이에게 넘기고 다른 지도자들과 함께 오스만 제국으로 피신했다. 2일 뒤 괴르게이는 러시아에 항복했다. 예상하지 못한 일은 아니었으나 하이나우는 돌연 헝가리인들에게 잔인하게 보복했다. 버차니와 여러 명의 헝가리 장교들이 사형됐고, 수많은 민간인이 교수형을 당하거나 투옥됐다. 오스트리아는 독일어를 쓰는 관리들을 동원해 나라를 개조했다.

헝가리 혁명, 1918
Hungarian Revolution of 1918

제1차 세계대전 중 패배와 식량 부족 탓에 점점 더 심하게 동요한 헝가리의 좌파와 민족주의자들은 오스트리아(합스부르크 왕가)의 지배에서 벗어나려고 오스트리아-헝가리제국에서 떨어져나와 독립하려 했다. 헝가리 의회는 군대를 불러들였고, 1918년 10월 25일 카로이 미하이(1875~1955) 백작이 자유주의적 민족위원회(헝가리국민위원회)를 설립했다. 헝가리인들은 카로이를 지지하는 반란을 일으켰고 전쟁의 종결과 의회의 해산, 보통선거제, 오스트리아-헝가리 이중왕국 해체를 공공연히 요구했다. 황제 카를 1세(카로이 4세, 1887~1922)는 질서 회복을 바라는 심정으로 카로이를 총리에 임명할 수밖에 없었고(1918년 10월 31일), 과격파와 사회주의자의 연합이 헝가리의 권력을 장악했다. 그러나 슬로바키아인과 세르비아인, 루마니아인이 탈퇴를 고려하면서 소수민족의 민족주의가 국가를 위협했다. 카로이는 국가의 통합을 유지하기 위해 동남부 지역에서 헝가리 군대의 철수를 규정하는 평화협정을 프랑스와 체결했다. 세르비아 군대는 남부를 점령했고, 루마니아인들은 트란실바니아로 진입했으며, 체코(보헤미아, 모라비아, 슐레지엔의 작은 일부) 병사들은 슬로바키아에 주둔했다. 오스트리아-헝가리 이중왕국은 무너졌고, 황제는 국사에서 손을 떼겠다고 선언했다. 1918년 11월 16일 민족위원회는 헝가리를 공화국으로 선포했다.

◑ 쿤의 적색테러

헤이지平治의 난, 1159~60
Heiji War, 1159~60

일본 천황 고시라카와後白河(1127~92)가 아들에게 제위를 물려주고 퇴위한
뒤(◑ 호겐의 난), 고시라카와를 지지했던 다이라 씨平氏와 미나모토 씨源氏는
서로를 의심하기 시작했다. 두 가문 사이의 질시와 분열은 심해졌고 미나모
토 씨는 음모를 꾸며 경쟁자들을 궁정에서 내쫓으려 했다. 그러나 모의가
발각됐고 두 가문이 충돌했다. 두 가문의 부하들은 훈련받은 무사로서 완
강하게 싸웠다. 1160년 다이라 씨가 상대를 굴복시켰으며 가문의 지도자인
다이라노 기요모리平淸盛(1118~81)는 독재에 가까운 권력을 획득했다. 미나
모토 씨의 지도자 미나모토노 요시토모源義朝(1123~60)와 궁정의 혈족은 모
조리 학살당했다. 어린 네 아들만 목숨을 구했다. 그중 한 사람인 미나모
토노 요리토모源賴朝(1147~99)는 20년 뒤 가문의 패배를 설욕했다(◑ 겐페이
전쟁).

헤헤족 전쟁, 1891~93
Wahehe War, 1891~93

독일령 동아프리카(르완다, 부룬디, 탄자니아의 아프리카 대륙 본토) 킬리만자로
지구의 카를 페터스(1856~1918) 독일 제국 판무관은 전통적으로 아랍인이
관장하던 지방의 사법과 행정을 그대로 유지하기로 했다(◑ 독일령 동아프리카
아랍인의 봉기). 그러나 다수의 아랍인 하급 관리들은 부패했고 파렴치했으며
독일에 아무런 충성심도 없었다. 이들은 자신들의 권력을 이용하여 흑인 부
족들을 착취했다. 루피지 강을 따라 거주한 호전적인 헤헤족은 이에 항의
하여 아랍인들에게 저항했다. 헤헤족은 2년 동안 아랍인들에 맞서 싸웠으
나 독일군 부대와 용병이 도착하여 아랍인을 지원하면서 패배했다. 페터스
는 그 뒤 음코노와다무('피로 손을 더럽힌 자')라고 불렸다. 1897년 페터스는
아프리카인들을 잔혹하게 대했다는 이유로 판무관직에서 해임됐다.

헨리 볼링브루크의 반란, 1399
Henry of Bolingbroke's Revolt, 1399

잉글랜드 왕 리처드 2세(1367~1400?)는 치세 말기에 랭커스터 가문에, 특히 치세 초기에 자신을 조종했던 자들에게 복수했다. 삼촌이자 섭정이었던 존 곤트(1340~99)가 사망하자 리처드 2세는 존 곤트의 영지를 몰수했고 추방된 헨리 볼링브루크(1366~1413)에게 아버지(존 곤트)의 재산을 넘겨주지 않았다. 1399년 볼링브루크는 상속 재산을 받으러 왔다며 요크셔의 레이번스펀을 침공했다. 많은 사람이 볼링브루크 편에 가담했다. 볼링브루크는 아일랜드에서 돌아온 리처드 2세를 체포하여 강제로 퇴위시키고 폰티프랙트 성에 가두었으며(리처드 2세는 그곳에서 살해당했거나 아니면 굶어 죽었다) 왕위를 찬탈하여 헨리 4세로 즉위했다. 랭커스터 왕가의 첫 왕이었다.

○ 백년 전쟁

헨리 2세의 웨일스 원정, 1157, 1165
Henry II's Campaigns in Wales, 1157, 1165

잉글랜드 왕 스티븐(1096?~1154)의 통치가 혼란에 빠지자 웨일스인들은 자신들을 지배하기 위해 임명된 노르망디인 마치 백작들에 맞서 대항할 기회를 잡았다. 웨일스의 두 지도자, 즉 북웨일스 군주 오와인 귀네드(1100?~70)와 남웨일스 지도자 리스 압 그뤼퓌드(1132~97)는 앞서 빼앗겼던 땅을 되찾았다. 1157년 잉글랜드 왕 헨리 2세(1133~89)는 군대를 이끌고 웨일스를 침공했고 패했는데도 오와인의 신서臣誓를 받아낼 수 있었다. 웨일스에 있는 잉글랜드의 요새들이 재건됐으나 오와인이 1165년에 반란을 선동하여 헨리 2세가 다시 침공했다. 날씨가 나쁘고 식량이 부족하여 싸움은 뚜렷한 결말을 보지 못하고 종결됐다. 웨일스 지도자들은 대체로 밀려났으나 자신들의 지역에서 계속 자치권을 누렸다. 헨리 2세는 새로운 요새들을 건축했다.

○ 잉글랜드-프랑스 전쟁, 1159~89

헨리 7세의 브르타뉴 침공
Henry VII's Invasion of Brittany

제1차 헨리 7세의 브르타뉴 침공(1488) 헨리 7세(1457~1509)는 잉글랜드의 왕이 된 뒤(○ 장미 전쟁) 왕위와 영토의 안전을 도모했다. 헨리 7세는 잉글랜드의 영토인 브르타뉴 공국이 프랑스 왕 샤를 8세(1470~98)에게 넘어갈 위험에 놓였음을 알고 있었다. 헨리 7세는 브르타뉴에 대한 잉글랜드 대중의 정서에 힘입어 자금을 모아 군함 3척과 일단의 자원병 부대를 브르타뉴로 파견할 수 있었다. 헨리 7세는 동시에 파리와 브르타뉴로 사절도 보냈다. 그러나 잉글랜드 군대는 프랑스에 패했고, 브르타뉴 공작 프랑수아 2세(1433~88)는 자신의 딸 안 드 브르타뉴(1477~1514)와 결혼하기를 원했던 샤를 8세에게 복종하기로 약속했다. 잉글랜드는 프랑스와 사블레 조약을 체결하여 이전에 맺었던 휴전을 갱신할 수밖에 없었다. **제2차 헨리 7세의 브르타뉴 침공(1489~92)** 프랑수아 2세는 조약을 체결하고 2주가 채 되지 않아 세상을 떠났고, 샤를 8세는 브르타뉴와 공작의 딸 안 드 브르타뉴를 모두 요구했다. 헨리 7세는 지연 전술을 쓰면서 브르타뉴의 섭정을 지원했다. 즉 중재자가 되겠다고 제의하며 브르타뉴로 군대를 파병하기로 약속했고, 에스파냐와 동맹하여 카탈리나 데 아라곤(1485~1536)과 자신의 아들 아서(1486~1502)를 혼인시키기로 했다. 그런 뒤에 헨리 7세는 군대를 파견했다. 그러나 안 드 브르타뉴는 샤를 8세에 항복하며 결혼하기로 동의했고 에스파냐는 비밀리에 프랑스와 동맹했다(○ '미친 전쟁'). 그 뒤 헨리 7세는 프랑스로 건너가(1490) 불로뉴를 포위했고(1491), 에타플 조약을 체결하여(1492) 프랑스로부터 74만 5천 금 크라운과 연금을 받기로 하고 평화 제안에 따라 전쟁을 포기했다. 브르타뉴는 프랑스에 통합됐다.

호겐保元의 난, 1156
Hōgen War, 1156

일본 천황은 어린 아들에게 제위를 물려준 뒤 사찰에 은거했고 그곳에서 계속 통치하며 궁정의 업무를 지시했다. 이는 100년 가까이 내려온 전통이었다. 그렇게 은거했던 도바鳥羽 법황法皇(1103~56)*은 1141년에 아들 스토쿠崇德 천황(1119~64)을 폐위하고 대신 둘째 아들을 천황에 앉혔다. 1155년에 천황이 사망하자 도바 법황은 셋째 아들 고시라카와後白河(1127~92)를 후계자로 지명했다. 1156년에 도바 법황이 사망하자 스토쿠는 사찰을 떠나 천황 지위를 되찾고자 했다. 황실 가문은 일부는 고시라카와를 지지하고 다른 이들은 스토쿠를 지지하여 둘로 나뉘었다. 두 파벌은 강력한 다이라 씨平氏와 미나모토 씨源氏에 지원을 요청했다. 기간은 짧았지만 혹독했던 무력 충돌의 결과 고시라카와 세력이 승리했다. 스토쿠는 추방됐고, 그의 추종자들은 살해됐다. 2년 뒤 고시라카와는 아들에게 제위를 물려주고 실제로는 사찰에서 통치하는 관행을 유지하려 했으나, 싸움에서 승리한 무사들에게 실질적인 권력이 넘어갔기에 이런 노력은 의미가 없었다.

○ 헤이지의 난

* 은퇴하여 승려가 된 천황.

호라산 반란, 806~809
Khorasan Rebellion of 806~809

아바스 왕조의 칼리파 하룬 알 라시드(763/766~809)는 폭압적으로 통치했던 알리 이븐 이사 이븐 마한 총독에 제기된 불만들을 조사하러 페르시아의 호라산 주로 여행했다. 하룬 알 라시드는 많은 선물을 받고 비행과 관련해서는 아무 이야기도 듣지 못하자 마한의 직위를 인정하고 떠났다. 라피 이븐 라이트(재임 805?~810)가 이끄는 이슬람 반란자들은 총독에 반기를 들어 폭동을 일으켰고, 806년에 트란스옥시아나(오늘날의 우즈베키스탄과 타지키스탄, 그리고 카자흐스탄의 서남부)에서 총독의 군대를 격파했다. 총독이 도주하고 칼리파가 반란자들의 요구에 공감하는 새 정부를 세우겠다고 약속하며 폭동의 중단을 호소했으나 반란은 지속됐다. 라피 이븐 라이트는 트란스옥시아나에 독립적인 이슬람 국가를 세웠다. 809년 하룬 알 라시드는 라피 이븐 라이트를 진압하러 직접 원정했으나 도중에 사망했다. 하룬 알 라시드의 군대는 반란자들과 대결하지 않고 바그다드로 돌아갔다.

○ 이슬람 내전, 809~813

화약 음모 사건, 1605
Gunpowder Plot, 1605

잉글랜드를 무너뜨리기 위해 가톨릭 국가들이 은밀히 전쟁을 벌이면서(대체로 에스파냐가 도발했다) 잉글랜드 내부에서도 음모가 꾸며졌다. 1605년 11월 5일 의회를 폭파하고 왕 제임스 1세(1566~1625)를 시해하려던 계획이 그것이다(왕이 의회를 개회하는 날을 거사 일자로 정했다). 이로써 잉글랜드 가톨릭의 대규모 반란을 촉발해 로마가톨릭을 탄압하지 않는 개혁 정부를 수립하는 것이 음모자들의 목적이었다. 웨스트미들랜즈의 가톨릭교도였던 음모자들은 상원의 지하실을 5,729리터의 화약으로 가득 채우고 가이 포크스(1570~1606)에게 이를 지키도록 했다. 이 음모는 어느 상원 의원에게 '끔찍한 폭발'을 피하려면 개회식에 참석하지 말라고 권유하는 정체불명의 편지가 전달되어 발각됐다. 포크스는 지하실로 들어가다가 체포되어 고문을 받고 동료 음모자들의 이름을 누설했으며 이들은 모두 체포됐다. 포크스는 교수형을 당했고 다른 이들은 처형당하거나 투옥됐다. 대부분의 잉글랜드인들은 가톨릭교도로부터 지지를 받아 엘리자베스 1세의 왕위를 요구했던 스코틀랜드의 여왕 메리(1542~87)와 가톨릭 국가인 에스파냐의 무적함대를 떠올리며 안도의 한숨을 내쉬었다. 이 사건의 결과로 잉글랜드에는 가톨릭을 더욱 가혹히 다루는 법률이 제정됐다.

황건의 난,* 184~204?
'Yellow Turban' Rebellion, 184~c. 204

노자老子(기원전 604?~기원전 531)가 창시한 도교의 추종자들이 100년대에 중국 동부에서 주술 치료에 빠져들었다. 장각張角(184년 사망)과 그의 두 동생은 도교의 한 파벌인 태평도太平道를 이끌었는데, 수많은 추종자들이 '흙土'과 이어져 있다는 의미로 머리에 노란 띠를 둘렀다(중국 철학은 세상을 바꾸는 다섯 가지 주된 요소, 즉 오행五行으로 물水과 불火, 쇠金, 나무木, 흙土을 꼽았다). 184년 황허黃河가 범람하여 농민들이 땅에서 내몰렸고, 전염병이 창궐하고 불만이 팽배했는데, 태평도의 '황건적黃巾賊'은 삶에 필요한 위로와 종교적 평안을 제공하는 듯했다. 장각은 한나라 황제와 반대파 학자들을 살해한 탐욕스러운 환관들에 맞서 반란을 일으켰다. 장각은 살해됐으나, 반란은 동부 해안에서 북부와 서부까지 확산됐다. 188년까지 40만 명에 가까운 사람이 무장 반란에 참여하여 우세한 무기를 지닌 황제의 대군에 맞서 싸웠다. 황건적은 결국 잔인하게 진압됐으나 한나라를 쇠퇴시켰고 그 몰락을 재촉했다. 한나라는 220년에 멸망했다.

◐ 오두미도

* 황건적(黃巾賊)의 난이라고도 한다.

후르리인의 정복, 기원전 1700?~기원전 1500?
Hurrian Conquests, BCE c. 1700~BCE c. 1500

틀림없이 캅카스에서 남쪽으로 이주했을 후르리인은 셈족에 속하지 않는 종족으로 점차 메소포타미아 북부와 티그리스 강 동쪽 지역에 정착하여 기원전 2000년대가 시작할 무렵부터 작은 나라를 점령해 속국으로 삼았다. 기원전 1700년경 후르리인은 충분히 숫자가 늘어난 뒤 서로 단합하여 셈족 지배자들을 몰아내고 먼저 반 호수와 자그로스 산맥 사이의 지역을 장악했다. 후르리인은 상업 중심지들을 세웠고, 계속해서 서쪽과 남쪽으로 세력을 확장하여 기원전 1500년경에는 아나톨리아 동부와 시리아 북부를 지배했다. 종족의 이름은 메소포타미아 북부 지역인 후르리에서 따왔다. 후르리인은 아나톨리아와 시리아 북부에서 미탄니 왕국의 지배자들로 기억된다. 미탄니 왕국은 기원전 1470년경 시리아를 두고 이집트와 싸웠으며, 이집트 파라오 투트모세 3세(재위 기원전 1500~기원전 1447)에 패했다(**◐ (제1차) 메기도 전투**). 뒤에 이집트와 미탄니의 동맹이 결성됐으나, 히타이트 제국과 아시리아 제국이 미탄니를 괴롭힐 때 동맹은 아무런 도움도 되지 못했다(**◐ 아시리아-후르리인 전쟁 ; 히타이트-후르리인 전쟁**). 기원전 1350년 이후 미탄니는 작은 왕국 하니갈바트로 축소됐고, 하니갈바트 왕국은 기원전 1245년경 아시리아에 정복당했다. 기원전 1000년 무렵 후르리인은 서아시아에서 독자적인 종족 정체성을 상실했다.

후스파 내전, 1423~34
Hussite Civil War, 1423~34

보헤미아와 모라비아의 얀 후스(1369?~1415) 추종자들인 후스파는 후스파 전쟁 중에 과격한 타보르파와 온건한 양형영성체파_{兩形領聖體派}로 분열했다. 1423년 두 분파 사이에 싸움이 벌어졌고 얀 지슈카(1360?~1424)가 타보르파를 지휘하여 호르지체와 스트라호프에서 승리했다. 이듬해 지슈카는 스칼리체와 말레쇼프에서 양형영성체파를 물리쳐 또 다른 이견을 잠재웠다. 1424년에 지슈카가 사망한 뒤 후스파의 지도자가 된 '위대한' 프로코프는 1433년에 재개된 타보르파와 양형영성체파 사이의 전쟁을 막을 수 없었다. 1434년 5월 30일 리파니 전투에서 '위대한' 프로코프와 다른 타보르파 지도자들이 죽임을 당했고, 보헤미아 귀족들이 합세한 양형영성체파가 승리를 거두었다. 1년 전에 가톨릭으로 복귀한 양형영성체파는 종교적 타협인 이흘라바 협약을 수용했다.

후스파 전쟁, 1419~36
Hussite Wars, 1419~36

보헤미아의 종교개혁가 얀 후스(1369?~1415)는 로마가톨릭교회로부터 이단이라는 유죄판결을 받고 1415년에 말뚝에 묶여 화형을 당했다. 후스의 추종자들, 즉 후스파는 계속해서 박해를 받았으며 1419년에 무장봉기를 일으켜 가톨릭과 독일 왕 지기스문트(헝가리 왕 지그몬드, 1368~1437)에 반기를 들었다. 지기스문트는 보헤미아 왕위를 상속받은 자로 후스의 화형에 연루됐다. 과격한 타보르파와 온건한 양형영성체파_{兩形領聖體派}의 두 분파로 나뉜 후스파는 얀 지슈카(1360?~1424)의 지휘를 받아 전투에서 승리했으며, 교황 마르티노 5세(1368~1431)가 1420년에 선포한 후스파 타도 십자군의 공격을 잘 버텼다. 후스파는 1420년 수도메르시에서, 1421년 쿠트나호라(쿠텐베르크)에서, 1422년 네보비디에서 각각 승리를 거두었다. 1423년 4월 20일 지슈카가 호르지체에서 양형영성체파를 무찌른 직후 보헤미아에 대한 십자군이 다시 조직됐다는 소식에, 6월 24일 코노피슈테에서 두 파가 휴전했고 십자군이 해산하자 곧 내분이 재발했다. 1424년에 지슈카가 세상을 떠난 뒤 '위대한' 프로코프가 후스파를 이끌어 가톨릭 십자군을 물리치고 승리했으며, 1426년에서 1432년 사이에 독일과 헝가리, 슐레지엔을 공격했다. 1433년에 타보르파와 양형영성체파 사이에 내전이 벌어졌고, 1434년에 리파니 전투에서 타보르파가 패배했다. 이제 양형영성체파가 지배한 후스파의 여러 사람은 교리에 관한 가톨릭의 타협을 수용했고(타보르파는 거부했다), 1436년에 지기스문트를 보헤미아 왕으로 인정했다.

○ 후스파 내전

후지와라노 나카마로藤原仲麻呂의 난, 764
War of Fujiwara no Nakamaro, 764

고켄孝謙(718~770) 여천황은 어린 준닌淳仁(733~765) 천황을 위해 제위에서 물러나 출가하여 비구니의 승복을 입었으나 야심 많고 매력적인 불교 승려 도쿄道鏡(700~772)의 조언에 따라 계속해서 권력을 행사했다. 도쿄는 고켄 여천황의 연인으로 추정된다. 준닌의 총신이자 태정대신太政大臣인 후지와라씨藤原氏의 에미노 오시카쓰惠美押勝(후지와라노 나카마로藤原仲麻呂, 706~764)는 도쿄가 조정에서 지배적인 영향력을 발휘하자 이를 질시했다. 764년 두 사람의 권력투쟁은 내전으로 비화했다. 몇 차례의 격렬한 전투 끝에 오시카쓰가 패했고 대다수의 수하와 함께 살해됐다. 고켄이 쇼토쿠孝謙 여천황으로 다시 제위에 올라 준닌 천황을 체포한 뒤 먼 아와지 섬淡路島에 유배했다. 쇼토쿠 여천황은 곧 도쿄를 태정대신에 임명하고 법왕法王이라는 호칭을 하사했다. 쇼토쿠 여천황이 사망한 뒤 도쿄는 신사紳社인 우사하치만궁宇佐八幡宮에 모셔진 하치만八幡 신으로부터 자신이 다음 천황이 되리라는 계시를 받았다고 했으나 후지와라 씨 출신이 다수를 차지하고 있는 공경公卿들의 강력한 반대에 부딪혀 천황으로 등극하지 못했다. 도쿄는 수도에서 먼 곳으로 유배됐고, 여성 통치자를 경계한 일본인들은 17세기가 되어서야 다시 여천황을 허락했다.

후크발라하프 반란, 1946~54
Hukbalahap Rebellion, 1946~54

1930년대에 토지를 소유하지 못한 농민들이 개혁을 요구했던 필리핀의 루손 섬 중심부의 비옥한 농업 지역에서는 공산주의자와 사회주의자 조직가들이 많이 활동하고 있었다. 1942년에 일본이 필리핀을 점령한 뒤(○ 제2차 세계대전, 태평양), 많은 필리핀인이 후크발라하프(항일인민군) 즉 후크단團이라는 게릴라 단체를 결성했다. 공산주의자 지도자들의 지도를 받은 후크단은 수많은 일본군과 필리핀인 협력자들을 살해했다. 1945년 후크단은 루손 섬 중부의 대농장들을 대부분 장악했으며 지역 정부를 수립하여 자체적으로 세금을 징수하고 자체의 법을 집행했다. 제2차 세계대전이 끝난 뒤인 1946년 4월 필리핀은 미국으로부터 독립하고 7월 4일에 들어설 새 정부를 위한 선거를 실시했다. 후크단은 선거에 참여했고 후보 1명이 의원에 당선됐다. 그러나 그 당선자는 곧 면직됐다. 이에 분노한 후크단은 밀림의 은거지로 물러나 중앙정부에 맞서 반란을 개시했다. 많은 동조자가 후크단에 합류했으며, 정부군은 이들을 축출하지 못했다. 1950년 충분히 강력해진 후크단은 수도 마닐라를 공격할 수 있을 것으로 판단했다. 그러나 마닐라 공격 직전에 수도에 있던 비밀 본부가 습격을 받고 정치 지도자들이 전부 체포되어 공격은 취소됐다. 거의 동시에 미국은 대량으로 무기와 다른 물자를 필리핀 군대에 보냈고 이로써 필리핀 군대의 전투 능력이 더욱 향상됐다. 1953년에 라몬 막사이사이(1907~57)가 대통령에 당선되어 개혁을 이행하면서 후크단에 대한 대중의 지지는 줄어들었다. 1954년 후크단 지도자가 항복했고 오랜 반란이 종결됐다.

훈족의 로마 제국 침입, 375?~454
Hun Raids on the Roman Empire, c. 375~454

아시아의 유목민 훈족은 흑해 북쪽의 스텝 지역에서 내려와 로마 제국을 침공하여 80년간 약탈한 뒤 되돌아갔다. 훈족은 375년에 고트족과 싸워 동고트족을 격파했고, 도나우 강의 근거지로 밀고 내려가면서 아리우스파의 서고트족을 점차 서쪽으로 내쫓았다. 그 뒤 훈족은 다른 이방인 집단을 복속시키고 서서히 부족을 통합하는 왕이라는 개념을 만들어갔다. 가장 유명한 지도자 아틸라(406?~453)는 여전히 풍요로웠던 로마 제국의 부를 획득하는 데 전념했다. (훈족은 일찍이 434년에 금을 얻을 수 있다는 사실을 알았다.) 콘스탄티노플(오늘날의 이스탄불)의 지도자들이 침입을 막기 위해 매년 약 320킬로그램의 금을 지불하겠다고 약정했기 때문이다. 그렇지만 훈족은 이 금전 공납이 지체될 때마다 공격했다. 441년에서 442년에, 또 447년에 훈족은 발칸 반도의 속주들을 유린하고 남쪽 멀리 테르모필라이와 콘스탄티노플까지 내려왔으며 평화를 대가로 배상금을 거두어갔다. 아틸라는 서쪽에서 프랑크족의 내분을 이용하여 갈리아를 공격하고 메스와 벨기에의 도시들을 약탈한 뒤 남쪽의 오를레앙으로 향했다. 451년 아틸라의 군대는 샬롱쉬르마른 전투에서 로마 장군 플라비우스 아에티우스(396?~454)가 이끄는 갈로로만(로마화된 갈리아인), 서고트족, 알란족의 연합군에 저지당했다. 훈족은 언덕 위로 돌격하여 알란족의 중앙 전열을 깨뜨렸으나 서고트족의 우익과 갈리아인들에게 내몰려 주둔지로 돌아갔다. 라인 강을 건너 철수한 아틸라는 이후 정식 전투를 다시 하지 않았다. 훈족은 이탈리아로 향해 아퀼레이아를 약탈했다. 약탈은 너무나 가혹하여 도시는 복구되지 못했고 주민들은 서남쪽으로 피신하여 베네치아를 세웠다. 452년 밀라노와 파비아도 훈족의 침입을 받았다. 교황 레오 1세(400?~461)는 로마의 파괴를 막기 위해 사절단을 이끌고 아틸라에게 갔다. 무슨 말을 했는지는 알려지지 않으나 어쨌든 훈족은 로마에 해를 끼치지 않고 전리품을 갖고 알프스 산맥을 넘어 북쪽으로 돌아갔다. 453년 아틸라는 결혼식을 치른 첫날밤에 사망했다. 454년 아틸라의 아들들은 반란을 일으킨 게피드족(게르만족의 일파)에 패했다. 어떻게 패했는지 상세한 설명은 없지만 이 때문에 훈족은 고향으로 돌아갔다.

◐ 로마–고트족 전쟁

휘트먼 학살, 1847
Whitman Massacre, 1847

1836년 마커스 휘트먼(1802~47) 의사는 오늘날의 워싱턴 주 월러월러 인근에 와이일럿푸라는 선교회를 세웠다. 우호적이지 않았던 카이유스족 인디언은 홍역이 퍼져 많은 사람을 잃었는데 휘트먼은 몇몇 환자를 치료하다 실패했다. 카이유스족은 홍역의 발병이 백인 선교사들 때문이라며 1847년 11월 29일 선교회를 공격하여 휘트먼 부부를 포함한 14명을 살해하고 여성과 어린이 53명을 납치한 뒤 몸값을 받고 풀어주었다. 카이유스족은 사망자의 생존한 친척이 주술사(의사)에게 복수를 허용하는 인디언의 관습을 실천했다고 한다. 오리건 준주의 이 지역에 거주하는 자들은 카이유스족에 전쟁을 선포했다(◐ **카이유스족 인디언 전쟁**).

흐멜니츠키의 반란, 1648~54
Khmelnytsky's Revolt, 1648~54

우크라이나의 카자크(코사크)와 농민은 폴란드인의 억압적인 통치에 분노했다. 폴란드 왕 브와디스와프 4세(1595~1648)는 카자크를 억압하기 위해 요새를 건설했으며 포로를 학살했고 예전에 인정했던 권리들을 폐기했다. 우크라이나에 폴란드 군대가 더 많이 주둔하고 카자크가 거의 농노의 지위로 전락한 상황에서, 우크라이나인 지주였던 보흐단 지노비 미하일로비치 흐멜니츠키(1593?~1657)는 폴란드 총독이 자신의 땅을 몰수하고 가족을 학대하자 분노하여 카자크의 반란을 이끌었다. 이는 우크라이나인들의 전국적인 봉기로 이어졌다. 카자크와 타타르인, 우크라이나인 농민으로 편성된 흐멜니츠키의 군대는 초기 국면에서 몇 차례 승리를 거두었고, 1648년에서 1649년에 남쪽 멀리 르부프(리비우)까지 폴란드를 침공했다. 브와디스와프 4세가 사망한 뒤 새로운 폴란드 왕 바사 왕조의 얀 2세 카지미에시(1609~72)가 평화협상을 시도했으나 폴란드 귀족들이 왕에 반대하여 무기를 들었다. 침공해 들어오던 카자크들은 즈보루프에서 왕을 포위했고, 그곳에서 1649년에 (임시) 조약이 체결되어 흐멜니츠키가 카자크의 합법적인 최고사령관hetman으로 인정됐으며 카자크는 자유와 권리를 되찾았다. 흐멜니츠키가 아들을 몰다비아의 지도자로 세우려 하자 폴란드인들이 반대하여 전쟁이 재개됐다. 1651년 베레스테치코 전투에서 얀 2세 카지미에시와 폴란드 군대 15만 명이 20만 명에 이르는 흐멜니츠키의 카자크와 타타르인의 군대를 격파했다. 카자크는 강화를 체결했으나 흐멜니츠키와 그의 일부 추종자들은 싸움을 계속했다. 차르의 우크라이나 지배를 인정한 1654년의 러시아-카자크 조약은 1654~56년의 러시아-폴란드 전쟁을 유발하는 데 일조했다.

○ 폴란드-오스만 제국 전쟁, 1671~77

흑태자 에드워드의 침입, 1355~56
Raids of Edward the Black Prince, 1355~56

백년 전쟁 중 잉글랜드가 크레시와 칼레에서 승리한 뒤 페스트가 퍼지고 프랑스 왕 필리프 6세(1293~1350)가 세상을 떠나면서 잉글랜드와 프랑스는 휴전했다. 영구적인 해결을 간절히 원한 잉글랜드 왕 에드워드 3세 (1312~77)는 1355년에 프랑스가 아키텐을 양보하는 것으로 전쟁을 끝내자 고 제안했으나 프랑스 왕 장 2세(1319~64)는 이를 거부했다. 에드워드 3세 와 흑태자 에드워드가 새로운 군대로 신속하게 프랑스를 침공하여 싸움이 재개됐다. 에드워드 3세는 스코틀랜드 문제 때문에 돌아갔으나, 흑태자는 8천 명의 작지만 강고한 군대를 거느리고서 랑그도크를 공격하여 폐허로 만들었다. 흑태자는 1356년에 계속해서 루아르 강을 따라 올라가 장 2세가 이끄는 프랑스군 8만 명을 푸아티에에서 맞닥뜨렸다(○ **푸아티에 전투**).

히다스페스(젤룸) 강 전투, 기원전 326
Battle of the Hydaspes(Jhelum) River, BCE 326

고대 세계에서 알렉산드로스(기원전 356~기원전 323) 대왕만큼 탁월한 군사 전략가는 없었다. 오늘날 젤룸이라고 부르는 인도의 히다스페스 강에서 벌 어진 전투는 이를 가장 훌륭하게 입증한다. 알렉산드로스는 그라니코스(오 늘날의 비가) 강과 이수스에서(○ **그라니코스 전투 ; 알렉산드로스 대왕의 정복 ; 이 수스 전투**) 그랬듯이 히다스페스 강에서도 강을 건너야 했는데, 특별한 문제 들이 있었다. 강은 범람할 정도로 수량이 많았고, 적인 인도인은 말을 날뛰 게 하는 코끼리를 200마리나 보유하고 있었으며, 그리스 군대의 주둔지는 개활지開豁地여서 노출되어 있었다. 알렉산드로스는 신경전을 개시했다. 알 렉산드로스가 보트와 뗏목을 띄우고 군량을 모으며 기병대를 훈련시키자 인도인들은 안심했고 정신이 해이해졌다. 알렉산드로스는 주둔지에 대규 모 병력을 남긴 채 1만 1천 명을 이끌고 강을 따라 이동하다 강을 건너 인 도군의 전차들을 격파한 뒤 오른쪽으로 돌격했고(○ **가우가멜라 전투**), 동시 에 남아 있던 다른 부대로 코끼리 부대의 배후로 돌아 인도군 보병을 괴멸 한 뒤 도끼로 무장한 자신의 보병들로 코끼리를 공격했다. 인도군은 패했 으나 지도자였던 포라바족의 라자(힌두교 국가 군주) 포로스(기원전 317년 사 망)는 알렉산드로스의 편이 되어 이후 인더스 강까지 알렉산드로스를 인도 했다(○ **알렉산드로스의 인도 침공**). 그리스가 이 전투에서 입은 가장 큰 손실은 알렉산드로스의 애마 부케팔라스의 죽음이었다. 말의 죽음을 기리기 위해 인근에 부케팔라라는 도시가 건설됐다.

히밀코의 전쟁, 기원전 405
Himilco's War, BCE 405

히밀코(기원전 396년 사망)가 이끄는 카르타고 군대는 시칠리아 남부 해안을 침공했던 한니발의 아크라가스(오늘날의 아그리젠토) 약탈의 성공을 되풀이하려 했고, 시라쿠사의 참주僭主 디오니시오스 1세(기원전 432?~기원전 367)의 군대와 대적하게 됐다. 시라쿠사는 젤라(오늘날의 젤라)와 카마리나(오늘날의 산타크로체카메리나)를 빼앗겼다. 시라쿠사는 카르타고와 싸운 전쟁에서 처음으로 조약을 체결할 수밖에 없었다. 시라쿠사는 카르타고의 요구조건을 수용하여 시칠리아의 절반을 내주었다. 그러나 카르타고는 불과 10년도 못 되어 디오니시오스 전쟁이 일어나면서 그 통치권을 상실했다.

히타이트의 아나톨리아 정복, 기원전 1700?~기원전 1325?
Hittite Conquest of Anatolia, BCE c. 1700~BCE c. 1325

인도유럽어족에 해당하는 고대 언어를 사용한 히타이트인들은 기원전 2000년경 아나톨리아에 출현했다. 기원전 1340년 무렵에는 히타이트인들이 서아시아에서 지배적인 세력이었으나, 기원전 1190년 이후로는 정치적·군사적으로 크게 중요한 세력이 아니었다. 히타이트 제국이 이동하는 해상 민족과 계속 팽창하던 아시리아 제국에 희생됐기 때문이다. 기원전 710년 히타이트인들은 정치적으로 완전히 소멸했다. 그렇지만 히타이트인들은 기원전 1700년에서 기원전 1325년 사이에 두 차례에 걸쳐 전성기를 맞았다. 아나톨리아 중부의 수도 하투샤(오늘날의 보아즈칼레 인근)에서 얼핏 보아도 확실히 알 수 있듯이 같은 낱말이 들어간 이름의 왕 하투실리(재위 기원전 1650?~기원전 1620?)와 그의 후손들이 군대를 이끌고 나와 많은 승리를 거두어 히타이트 고古왕국이 몰락할 즈음(기원전 1500) 수도는 영토의 북쪽 가장자리에 있었다. 하투실리는 아나톨리아에서 킬리키아(오늘날의 추쿠로바)를 지나 과감하게 남쪽과 서남쪽으로 전진하여 시리아 북부 평원의 안티오크(오늘날의 안타키아) 근처에 도달했고, 미탄니의 후르리인과 알레포의 시리아인을 적으로 만들었다. 하투실리는 킬리키아를 미탄니에 빼앗겼다가 알레포의 지원을 받아 되찾았다. 전투 중에 부상을 입은 하투실리는 귀국하여 앓다 죽었다. 3명의 무능한 아들이 형편없이 통치를 했으나, 손자 무르실리(기원전 1620?~기원전 1590)는 알레포를 점령하고 미탄니를 정복했으며(기원전 1595?) 아모리족의 수도 바빌론을 파괴했다(기원전 1590?). 무르실리가 살해된 뒤 허약한 시기(중中왕국. 기원전 1500?~기원전 1400?)에 미탄니가 부활하여 시리아 북부에 하니갈바트 왕국을 세웠다(○ 히타이트-후르리인 전쟁). 기원전 1400년 무렵 새로운 왕 투드할리야 1세가 신新왕국(기원전 1400?~기원전 1200?)을 건설했다. 수필룰리우마 1세(기원전 1375?~기원전 1335?)는 기원전 1370년에 즈음하여 미탄니에 원한을 갚았고, 유프라테스 강가의 미탄니 도시 카르케미시를 점령하고(기원전 1340?) 히타이트와 아시리아 사이에 완충 국가를 세워 동방 원정을 완성했다. 평화는 짧았다. 기원전 1325년경 미탄니·아시리아 연합군이 그 지역을 점령했다. 히타이트는 다시 쇠퇴했으며, 이집트와 싸웠고(○ 카데시 전투), 아나톨리아로 들어오는 이주민과 강력한 아시리아에 헛되이 맞섰다(○ 아시리아-후르리인 전쟁).

○ 후르리인의 정복

히타이트-후르리인 전쟁, 기원전 1620?~기원전 1325?
Hittite-Hurrian Wars, BCE c. 1620~BCE c. 1325

후르리인은 기원전 2000년대에 300년 동안 아나톨리아의 지배를 두고 히타이트와 경쟁했다. 기원전 1620년경 히타이트는 서남쪽의 아르자와 왕국과 싸우는 동안 아나톨리아의 남부와 동남부를 무방비 상태로 남겨두었는데, 성장하고 있던 후르리인의 미탄니 왕국이 그 지역을 지배했다. 히타이트의 전사들은 한동안 후르리인을 밀어냈으나 알레포 쟁탈전에서 다시 후르리인과 맞서야 했다(기원전 1600?). 이 싸움은 약 5년 뒤 미탄니의 패배로 끝났으나 그 뒤 히타이트는 지도자가 살해되면서 왕위 계승 문제로 내분을 겪어 거의 파멸에 이르렀다. 미탄니의 후르리인들은 히타이트로부터 킬리키아(오늘날의 추쿠로바)를 빼앗아 소왕국 키주와트나를 수립했다(기원전 1590?). 미탄니는 시리아 북부에서 히타이트인을 밀어내기 위해 하니갈바트 왕국을 세웠고, 이 때문에 기원전 1470년경 힘을 회복한 이집트와 시리아를 두고 전쟁을 벌이게 됐다(○ (제1차) 메기도 전투). 기원전 1400년경 투드할리야 1세 때부터 등장한 히타이트 제국(신新왕국, 기원전 1400?~기원전 1200?)은 수필룰리우마 1세(기원전 1375?~기원전 1335?) 때 힘을 회복했다. 수필룰리우마 1세는 시리아를 침공하여 후르리인 문제를 해결하려고 했다. 수필룰리우마 1세는 유프라테스 강 유역의 동쪽에서 이동하는 새로운 공격로를 선택했다. 수필룰리우마 1세의 조치에 놀란 미탄니는 미약하게 저항했고 동맹국인 이집트로부터 아무런 지원을 받지 못하여 다마스쿠스 북쪽의 영토와 오늘날의 레바논에 해당하는 영토 전부를 잃었다(기원전 1370?). 남은 미탄니 왕국은 히타이트의 다른 경쟁국인 아시리아와 연합했다. 강력했던 히타이트는 유프라테스 강가의 미탄니 도시 카르케미시를 점령했다가(기원전 1340?) 기원전 1325년경에 미탄니·아시리아 연합군에 다시 빼앗겼다. 카르케미시는 미탄니가 이전의 주도 와슈칸니를 토대로 히타이트와 아시리아 사이에 완충 국가로 세운 곳이었다. 후르리인은 소왕국 하니갈바트를 회복했다. 그러나 아시리아는 아나톨리아를 전부 집어삼켰고, 히타이트와 후르리인 모두 정치적·군사적으로 곧 중요성을 상실했다.

◐ 아시리아–후르리인 전쟁

힉소스의 이집트 침공, 기원전 1674?~기원전 1567
Hyksos Invasion of Egypt, BCE c. 1674~BCE 1567

기원전 1700년경 이집트인들이 힉소스라 불렀던(헤카카세heqakhase라는 말에서 비롯됐으며 '이방을 지배하는 통치자'나 '이방에서 온 통치자'라는 뜻이다) 고대 셈족 계통의 민족은 이집트의 왕조가 약해진 틈을 타 그 나라를 침략하고 이집트의 제15왕조와 제16왕조를 세웠다. 힉소스는 기원전 1674년 무렵에 멤피스를 포위하여 함락했으나 나일 강 삼각주의 아바리스(아우아리스)라는 수도에서 하ㅏ이집트(북이집트)를 통치했다. 그리스어로 글을 쓴 이집트 역사가 마네토(마네톤)는 지금은 사라진 증거를 이용하여 힉소스의 도래에 '침공'이라는 표현을 붙였다. 그렇지만 고고학적 자료는 힉소스가 전투 없이 그 지역에 침투했으며 나중에 충분히 수를 불린 뒤에야 하이집트의 수도를 파괴하고 적법한 통치자를 축출했음을 암시한다. 그 뒤 힉소스는 평화적인 지배자가 되어 상ㅏ이집트(남이집트. 나일 강 상류)에는 적법한 통치자들을 꼭두각시 왕으로 세웠고 독립한 지 얼마 되지 않는 누비아와 동맹했다. 제17왕조의 왕 카모세(기원전 1570년 사망) 치세부터 원주민 통치자들이 힘을 회복했다. 기원전 1567년 원주민 통치자들은 멤피스를 되찾고 힉소스의 침략자들을 내쫓았다. 이 시기의 이집트 기록은 많지 않지만 기원전 1567년 이후에는 힉소스에 대한 언급이 없다. 종족 집단으로서 힉소스는 역사에서 사라진 듯하다.

지리 찾아보기

라오스 게릴라 전쟁, 1977~90 · 144

러시아와 소련

바이킹의 러시아 침입, 825?~907 · 347

러시아—불가리아 전쟁, 969~972 · 157

비잔티움 제국—러시아 전쟁, 970~972 · 458

러시아 왕조 전쟁, 972~980 · 168

블라디미르의 정복, 981~985 · 449

러시아 왕조 전쟁, 1015~25 · 168

러시아—폴란드 전쟁, 1019~25 · 147

칭기즈 칸의 정복, 1190~1227 · 976

덴마크—에스토니아 전쟁, 1219~27 · 111

몽골의 정복, 1206~1405 · 303

몽골의 부하라 파괴, 1220 · 299

(제1차) 몽골의 러시아 침공, 1221~23 · 297

칼카 강 전투, 1223 · 1009

(제2차) 몽골의 러시아 침공, 1236~40 · 297

몽골의 유럽 침공, 1237~42 · 301

러시아—스웨덴 전쟁, 1240~42 · 157

몽골의 아바스 왕조 정복, 1255~60 · 300

킵차크한국—일한국 내전, 1261~62 · 1065

킵차크한국 왕조 전쟁, 1359~81 · 1065

티무르의 정복, 1360~1405 · 1098

(제1차) 티무르—토크타미시 전쟁, 1385~86 · 1099

(제2차) 티무르—토크타미시 전쟁, 1391~95 · 1100

티무르의 러시아 침공, 1391~95 · 1096

티무르의 비타우타스 격파, 1399 · 1096

러시아 내전, 1425~53 · 153

모스크바 대공국의 노브고로트 정복, 1471~79 · 286

러시아—폴란드 전쟁, 1499~1503 · 174

러시아—폴란드 전쟁, 1506~08 · 175

러시아—폴란드 전쟁, 1512~21 · 175

러시아—폴란드 전쟁, 1534~37 · 176

리보니아 전쟁, 1558~83 · 232

보야르 반란, 1564 · 412

러시아—오스만 제국 전쟁, 1568~69 · 163

노브고로트 약탈, 1570 · 72

러시아—타타르인 전쟁, 1571~72 · 171

시베리아 정복, 1581~98 · 561

러시아—스웨덴 전쟁, 1590~95 · 158

러시아의 '동란 시대', 1604~13 · 169

러시아—폴란드 전쟁, 1609~18 · 176

러시아—스웨덴 전쟁, 1613~17 · 158

러시아—폴란드 전쟁(스몰렌스크 전쟁), 1632~34 · 177

흐멜니츠키의 반란, 1648~54 · 1252

러시아—폴란드 전쟁, 1654~56 · 178

러시아—스웨덴 전쟁, 1656~58 · 159

러시아—폴란드 전쟁, 1658~67 · 178

라진의 반란, 1665~71 · 149

러시아—오스만 제국 전쟁, 1676~81 · 163

러시아—오스만 제국 전쟁, 1695~1700 · 163

스트렐치의 반란, 1698 · 548

(제2차) 북방 전쟁(대북방 전쟁), 1700~21 · 101

러시아—오스만 제국 전쟁, 1710~11 · 164

러시아—페르시아 전쟁, 1722~23 · 172

폴란드 왕위 계승 전쟁, 1733~38 · 1176

러시아—오스만 제국 전쟁, 1736~39(오스트리아—오스
    만 제국 전쟁, 1737~39) · 165

러시아—스웨덴 전쟁, 1741~43 · 159

7년 전쟁, 1756~63 · 968

러시아 혁명, 1762 · 180

폴란드 내전, 1768~73 · 1168

(제1차) 예카테리나 대제의 오스만 제국 전쟁, 1768~
    74 · 745

푸가초프의 반란, 1773~74 · 1178

(제2차) 예카테리나 대제의 오스만 제국 전쟁, 1787~
    92 · 745

러시아—스웨덴 전쟁, 1788~90 · 160

프랑스 혁명 전쟁, 1792~1802 · 1198

제1차 대(對)프랑스 동맹 전쟁, 1792~97 · 905

코시치우슈코의 봉기, 1794 · 1026

제2차 대(對)프랑스 동맹 전쟁, 1798~1801 · 906

인명 찾아보기

네 윈(Ne Win) 370

네로(Nero) 195, 196, 211, 215, 424, 813

네루, 자와할랄(Nehru, Jawaharlal) 844

네부카드네자르 1세(Nebuchadnezzar I) 631

네부카드네자르 2세(Nebuchadnezzar II) 986, 1094

네빌, 리처드(Neville, Richard) 801, 897

네이피어, 로버트(Napier, Robert) 737

네이피어, 찰스 제임스(Napier, Charles James) 322

네코 2세(Necho II) 267, 986

네타냐후, 베냐민(Netanyahu, Benjamin) 1116

넬슨, 허레이쇼(Nelson, Horatio) 54, 1199

노리에가, 마누엘 안토니오(Noriega, Manuel Antonio)
  330, 331

노이이얼러흐, 니얼(Noígíallach, Niall) 649

노이호프, 테오도어(Neuhof, Theodor) 1019, 1020

노자(老子) 1246

노트, 헨드릭 카럴 니콜라스 판 데르(Noot, Hendrik
  Karel Nicolaas van der) 443

녹스, 존(Knox, John) 1228

녹스, 필랜더 C.(Knox, Philander C.) 80

누녜스, 라파엘(Núñez, Rafael) 955, 1034

누녜스 벨라, 블라스코(Núñez Vela, Blasco) 1130

누르 자한(Nur Jahan) 258, 494, 495

누르하치(努爾哈赤) 260, 902

누리, 사이드 압둘로(Nuri, Sayid Abdulloh) 1072

누사이르, 무사 이븐(Nusayr, Musa ibn-) 830, 831

누조마, 새뮤얼 대니얼 샤피슈나(Nujoma, Samuel
  Daniel Shafiishuna) 49, 50

니게르, 페스켄니우스(Niger, Pescennius) 196, 197

니메이리, 가파르 무함마드 안(Nimeiry, Gaafar
  Muhammad an-) 524

니에레레, 줄리어스 캄바라게(Nyerere, Julius
  Kambarage) 797, 894

니케포로스 1세(Nikephoros I) 440, 441, 469, 1202

니케포로스 2세(Nikephoros II) 471

니콜라, 바실레 우르수(Nicola, Vasile Ursu) 1090

니콜라예비치, 콘스탄틴(Nikolayevich, Konstantin)
  1170, 1171

니콜라오 5세(Nicolaus V) 125

니콜라이 1세(Nikoli I) 106, 107, 170, 865, 1056,
  1057, 1170

니콜라이 2세(Nikoli II) 155, 171, 181, 183, 424

닉슨, 리처드(Nixon, Richard) 403, 853

님블레이, 데이비드(Nimblay, David) 146

| 다 |

다니, 프랑수아(Dhanis, François) 354

다닐로 2세(Danilo II) 758

다라 시코(Dara Shikoh) 309, 314, 318

다리우스 1세(Darius I) 39, 833, 1131, 1137, 1138,
  1141, 1143

다리우스 3세(Darius III) 16, 34, 664~666, 823

다울라, 사이프 알(Daula, Sayf al-) 827

다울라, 시라즈 웃(Daulah, Siraj ud-) 405, 406

다이라노 기요모리(平淸盛) 22, 1242

다이라노 마사카도(平將門) 931

다이어, 레지널드(Dyer, Reginald) 677

단눈치오, 가브리엘레(d'Annunzio, Gabriele) 96, 97

달라이 라마(Dalai Lama) 960, 961

대처, 마거릿(Thatcher, Margaret) 1164, 1165

더글러스, 아치볼드 '레드'(Douglas, Archibald 'Red')
  544, 545, 873

더글러스, 토머스(Douglas, Thomas) 509, 510

더들리, 로버트(Dudley, Robert) 877, 1120

더번, 벤자민(D'Urban, Benjamin) 1005

덥, 도널드(Dubh, Donald) 105

덩샤오핑(鄧小平) 1079

데고야도, 산토스(Degollado, Santos) 19

데메트리오스 1세(Demetrios I. 마케도니아 왕) 136,
  191

데메트리오스 1세(Demetrios I. 박트리아의 왕) 357

데메트리오스 2세(Demetrios II. 마케도니아 왕) 105,

라모스, 피델 V.(Ramos, Fidel V.) 1214
라미로 2세(Ramiro Ⅱ) 701
라미로 3세(Ramiro Ⅲ) 701
라바예하, 후안 안토니오(Lavalleja, Juan Antonio) 624
라발, 피에르(Laval, Pierre) 840, 1194
라베, 욘(Rabe, John) 56
라벤나, 구이베르토 디(Ravenna, Guiberto di) ⇒ 클레멘스 3세
라슬로 5세(László Ⅴ) 417, 1226, 1227, 1230
라슬로 퇴케시(László Tőkés) 224
라시드, 하룬 알(Rashid, Harun al-) 468, 469, 825, 826, 1245
라오, P. V. 나라시마(Rao, P. V. Narasimha) 341
라우페파, 말리에토아(Laupepa, Malietoa) 479, 480
라위터르, 미힐 더(Ruyter, Michiel de) 849, 870~872
라이술리, 아흐메드 이븐 무함마드(Raisuli, Ahmed ibn Muhammad) 236
라이슬러, 야코프(Leisler, Jacob) 148, 149
라이트, 라피 이븐(Laith, Rafi ib) 1245
라자람(Rajaram) 241
라진, 스텐카(Razin, Stenka) 149
라파예트 후작(Lafayette, marquis de) 324, 1197
라포르트, 롤랑(Laporte, Roland) 993
라퐁탕, 로제(Lafontant, Roger) 640, 641
라흐만, 셰이크 무지부르(Rahman, Sheik Mujibur) 1111
라흐만, 압드 아르(Rahman, Abd ar-) 1082, 1201
란덴의 피피누스(Pepin of Landen) 1200
랄, 세바스티앙(Rasles, Sébastien) 628
람세스 2세(Ramses Ⅱ) 980
래플스, 토머스 스탬퍼드(Raffles, Thomas Stamford) 730
러브웰, 존(Lovewell, John) 153
러요시 1세(Lajos Ⅰ) 1167, 1233, 1234
러요시 2세(Lajos Ⅱ) 1230, 1238
레 다이 하인(Le Dai Hanh, 黎大行) 91

레 러이(Le Loi, 黎利) 90
레 타인 똥(Lê Thánh Tông, 黎聖宗) 93
레닌, 블라디미르 I.(Lenin, Vladimir I.) 161, 162, 424, 1046
레드 이글(Red Eagle) ⇒ 웨더퍼드, 윌리엄
레드 클라우드(Red Cloud) 530, 1146, 1163
레르도 데 테하다, 세바스티안(Lerdo de Tejada, Sebastián) 274, 275
레몽 4세(Raymond Ⅳ) 597, 601
레몽 6세(Raymond Ⅵ) 610, 672
레베디, 알렉산드르(Lebed, Alexandr) 964
레예스, 라파엘(Reyes, Rafael) 955, 1104
레오 1세(Leo Ⅰ. 교황) 1251
레오 1세(Leo Ⅰ. 황제) 204
레오 3세(Leo Ⅲ. 이사우리아인. 황제) 467, 607, 834, 835, 1029, 1030
레오 4세(Leo Ⅳ. 교황) 830
레오 4세(Leo Ⅳ. 황제) 468
레오 5세(Leo Ⅴ. 황제) 441
레오 6세(Leo Ⅵ. 황제) 441
레오 10세(Leo Ⅹ. 교황) 587
레오노르(Leonor. 엘리너) 995
레오니다스 1세(Leonidas Ⅰ) 39, 1141
레오폴 2세(Leopold Ⅱ. 벨기에 왕) 354
레오폴트 1세(Leopold Ⅰ. 신성로마제국 황제) 178, 474, 778
레오폴트 2세(Leopold Ⅱ. 신성로마제국 황제) 443, 746, 1198
레오폴트 3세(Leopold Ⅲ. 오스트리아 대공) 32, 127, 770, 771
레오폴트 5세(Leopold Ⅴ) 811
레온, 후안 폰세 데(León, Juan Ponce de) 708, 709
레이, 야코뷔스 H. 더 라(Rey, Jacobus H. De La) 414, 415
레이건, 로널드 윌슨(Reagan, Ronald Wilson) 83
레티프, 피트(Retief, Piet) 415, 451

레피두스, 마르쿠스 아이밀리우스(Lepidus, Marcus
　　Aemilius. 정치가) 194, 195, 787
레피두스, 마르쿠스 아이밀리우스(Lepidus, Marcus
　　Aemilius. 집정관) 189
로건, 제임스(Logan, James) 1048, 1049
로나르디, 에두아르도(Lonardi, Eduardo) 623, 1123
로데리쿠스(Rodericus) 831
로드리게스, 안드레스(Rodríguez, Andrés) 1107
로드리게스 데 프란시아, 호세 가스파르(Rodríguez de
　　Francia, José Gaspar) 1106
로디, 발룰 칸(Lodi, Bahlul Khan) 117
로디, 시칸다르(Lodhi, Sikandar) 117
로레단, 피에트로(Loredan, Pietro) 392
로마노바, 아나스타샤(Romanov, Anastasia) 412
로마노스 4세 디오게네스(Romanos IV Diogenes) 461
로마노프, 미하일(Romanov, Michael. 미하일 1세) 158,
　　170, 177
로멜, 에르빈(Rommel, Erwin) 437, 438
로버츠, 프레더릭(Roberts, Frederick) 414, 415
로버트 1세(Robert I) 364, 447, 448, 545~547
로버트 2세(Robert II) 66
로베르 1세(Robert I) 354
로베르 2세(Robert II. 노르망디 공작) 70, 597, 808,
　　809, 880, 872, 1075
로베르 2세, 경건왕(Robert II le Pieux) 1205
로베르, 샤를(Robert, Charles) ⇒ 카로이 1세
로빈슨, 아서 N. R.(Robinson, Arthur N. R.) 1093
로사스, 후안 마누엘 데(Rosas, Juan Manuel de) 291,
　　292
로앙, 뱅자맹 드(Rohan, Benjamin de) 399
로제스트벤스키, 지노비(Rozhestvensky, Zinovy) 182
로카푸에르테, 비센테(Rocafuerte, Vicente) 715
로타리우스(Lothārius) 1182
로페스, 프란시스코 솔라노(López, Francisco Solano)
　　1108, 1109
로페스, 호세 일라리오(López, José Hilario) 1032

로하스 피니야, 구스타보(Rojas Pinilla, Gustavo) 1030,
　　1035
롤로(Rollo) 353
루도비쿠스 1세(Ludovicus I) 983
루도비쿠스 5세(Ludovicus V) 1182
루돌프 1세(Rudolf I) 1225
루돌프 2세(Rudolf II) 777, 811, 1227
루드라바르만 3세(Rudravarman III) 92
루드비크 1세(Ludwik I) ⇒ 러요시 1세
루만체프, 표트르 알렉산드로비치(Rumyantsev, Pyotr
　　Aleksandrovich) 745, 746
루뭄바, 파트리스(Lumumba, Patrice) 1036
루보미르스키, 스타니스와프(Lubomirski, Stanisław)
　　1174
루보미르스키, 예지 세바스티안(Lubomirski, Jerzy
　　Sebastian) 179, 225
루스벨트, 시어도어(Roosevelt, Theodore) 182, 697,
　　1104
루이 1세(Louis I. 콩데 공) 932
루이 1세 드 발루아(Louis I de Valois. 오를레앙 공작)
　　615
루이 2세(Louis II. 콩데 공) 63, 1187, 1193, 1204
루이 6세(Louis VI) 880, 881
루이 7세(Louis VII) 598, 882
루이 8세(Louis VIII) 672, 868, 873
루이 9세(Louis IX) 600, 601, 883
루이 11세(Louis XI) 428, 884, 1180, 1186, 1188
루이 12세(Louis XII) 227, 332, 356, 1013
루이 13세(Louis XIII) 261, 399, 811, 886, 1000, 1192
루이 14세(Louis XIV) 62, 63, 100, 101, 111, 143, 228,
　　272, 478, 650, 698, 700, 871, 872, 992, 993, 1203,
　　1204
루이 15세(Louis XV) 1176
루이 16세(Louis XVI) 29, 905, 1195, 1196
루이 18세(Louis XVIII) 55, 368
루이나폴레옹(Louis-Napoléon) ⇒ 나폴레옹 3세

루이스, 앤드루(Lewis, Andrew) 104, 1049

루이스 페레이라 지 소자, 워싱통(Luís Pereira de Sousa, Washington) 447

루이필리프(Louis-Philippe) 128, 364, 1145, 1197

루지에로 2세(Ruggero Ⅱ) 582, 583

루카스 가르시아, 로메오(Lucas García, Romeo) 26, 27

루쿨루스, 루키우스 리키니우스(Lucullus, Lucius Licinius) 206, 207, 334

루터, 마르틴(Luther, Martin) 126

루트비히 2세(Ludwig Ⅱ) 471

루트비히 4세(Ludwig Ⅳ) 124, 125

루푸스, 루키우스 베르기니우스(Rufus, Lucius Verginius) 195

루프레히트(Ruprecht) 125, 655, 656

뤼지냥, 기 드(Lusignan, Guy de) 484

르네 1세(René Ⅰ, 앙주 공작) 607, 608, 1999

르클레르, 샤를 빅투아르 엠마누엘(Leclerc, Charles Victoire Emmanuel) 645, 646

르포르, 프랑수아(Lefort, François) 163

리 타이 통(Lý Thái Tông, 李太宗) 92

리, 로버트 E.(Lee, Robert E.) 58, 444

리고, 앙드레(Rigaud, André) 1084

리니에르스, 산티아고 데(Liniers, Santiago de) 620, 621

리베라, 미겔 프리모 데(Rivera, Miguel Primo de) 236

리보프 공(Lvov, 게오르기 예브게니예비치 리보프) 161, 171, 424, 1019

리본(李賁) 233

리비에르, 앙리로랑(Rivière, Henri-Laurent) 1184

리비우스, 티투스(Livius, Titus) 717, 1016

리산드로스(Lýsandros) 639, 1149

리살, 호세(Rizal, José) 1215

리수바, 파스칼(Lissouba, Pascal) 1037

리슐리외 추기경(Cardinal Richelieu) 261, 399, 400, 487, 886, 1000, 1192

리시마코스(Lysimachos) 136, 864, 1018

리에고 이 누녜스, 라파엘 델(Riego y Nuñez, Rafael del) 692, 1188

리엘, 루이(Riel, Louis) 233, 234

리지웨이, 매슈 B.(Ridgway, Matthew B.) 1222

리처드(Richard, 요크 공작) 802, 897, 898, 1015, 1016

리처드 1세, 사자심왕(Richard Ⅰ the Lion-hearted) 484, 600, 882

리처드 2세(Richard Ⅱ) 793, 866, 879, 1243

리처드 3세(Richard Ⅲ) 384, 416, 802, 898

리틀 울프(Little Wolf) 493, 494

리틀 크로(Little Crow) 529

리틀 터틀(Little Turtle) 512, 1177, 1220

링컨, 벤저민(Lincoln, Benjamin) 515

링컨, 에이브러햄(Lincoln, Abraham) 58, 59

| 마 |

마거릿 앙주(Margaret of Anjou, 마르그리트 당주) 802, 897, 898

마그넨티우스(Magnentius) 201, 202

마그누스, 섹스투스 폼페이우스(Magnus, Sextus Pompeius) 194, 195, 787, 788

마네, 안수마느(Mané, Ansumane) 42, 43

마누엘 1세 콤네노스(Manuēl Ⅰ Komnēnos) 391, 459, 460, 583, 584, 598, 1233

마누엘 2세 팔라이올로고스(Manuel II Palaiologos) 752

마니아케스, 게오르기오스(Maniaces, Georgios) 238

마데로, 프란시스코 I.(Madero, Francisco I.) 275, 277

마로킨, 호세 마누엘(Marroquín, José Manuel) 955, 1104

마르다니시, 이븐(Mardanish, Ibn-) 669

마르도니우스(Mardonius) 1141, 1142

마르셀, 에티엔(Marcel, Étienne) 893

마르완 1세(Marwan Ⅰ) 825

마르완 2세(Marwan Ⅱ) 627, 825

마르코스, 페르디난드 에마누엘 에드랄린(Marcos,

Ferdinand Emmanuel Edralin) 1213

마르코스 부사령관(Subcomandante Marcos) 967

마르티노 4세(Martinus Ⅳ) 610

마르티노 5세(Martinus Ⅴ) 389, 1248

마리아 2세((Maria Ⅱ. 마리아 다 글로리아) 322, 323

마리우스, 가이우스(Marius, Gaius) 214, 812

마리아노 4세(Mariano Ⅳ) 609

마리츠, 헤르하르되스 마르티뉘스(Maritz, Gerhardus
　　Martinus) 451

마마이 칸(Mamai Khan) 1065, 1099

마문, 알라 알(Ma'mun, Allah al-) 469, 562, 825, 826,
　　1018

마세오, 안토니오(Maceo, Antonio) 595, 1042

마셸, 사모라 모이제스(Machel, Samora Moises) 287,
　　289

마수드, 아흐마드 샤(Masoud, Ahmad Shah) 659, 660

마스하도프, 아슬란(Maskhadov, Aslan) 962, 964

마오쩌둥(毛澤東) 899, 905, 937, 938

마우리아, 찬드라굽타(Maurya, Chandragupta) 31, 249

마우리키우스(Mauricius) 221, 461, 1164

마일스, 넬슨 애플턴(Miles, Nelson Appleton) 67, 655,
　　698

마차도 이 모랄레스, 헤라르도(Machado y Morales,
　　Gerardo) 1044

마차시 1세(Mátyás Ⅰ) 418, 420, 1234, 1235, 1237

마치니, 주세페(Mazzini, Giuseppe) 837

마카리오스 3세(Makarios Ⅲ) 1063, 1064

마카바이우스, 요나단(Maccabaeus, Jonathan) 255

마카바이우스, 유다스(Maccabeus, Judas) 254, 255

마티샤후(Matitiyahu) 254

마티아스(Matthias) 1227

마티아스 코르비누스(Matthias Corvinus) ⇒ 마차시 1세

마티탸후, 요세프 벤(Matityhau, Yosef Ben. 티투스 플라
　　비우스 요세푸스) 813

마틸다(Matilda) 30, 878, 879, 881

마하 띠하뚜라(Maha Thihathura) 380

마하 차끄라팟(Maha Chakkraphat) 378, 566, 567

마하 탐마라차(Maha Thammaracha) 567

마하바트 칸(Mahabat Khan) 257, 258, 495

마흐디, 무함마드 알(Mahdi, Muhammad al-) 319, 468

마흐무드, 시하브 웃 딘(Mahmud, Shihab-ud-Din. 마흐
　　무드 4세) 354

마흐무드 1세(Mahmud Ⅰ) 740

마흐무드 2세(Mahmud Ⅱ) 37, 741, 759, 760

마흐무드 4세(Mahmud Ⅳ) 354

마힌트라(Mahinthra) 567, 568

막사이사이, 라몬(Magsaysay, Ramón) 1250

막센티우스(Maxentius) 199, 200

막시무스, 마르쿠스 클로디우스 푸피에누스(Maximus,
　　Marcus Clodius Pupienus) 198

막시미누스 2세(Maximinus Ⅱ) 200

막시미누스, 가이우스 율리우스 베루스 트락스
　　(Maximinus, Gaius Julius Verus Thrax. 막시미누스
　　1세) 198

막시미아누스, 갈레리우스(Maximianus, Galerius) 199,
　　218

막시밀리안(Maximillian. 오스트리아 대공) ⇒ 막시밀리
　　안 1세(신성로마제국 황제)

막시밀리안 1세(Maximilian Ⅰ. 바이에른 공작. 팔츠 선제
　　후) 419, 487

막시밀리안 1세(Maximilian Ⅰ. 신성로마제국 황제) 109,
　　333, 347, 768~772, 802, 885, 1013, 1014, 1034,
　　1035, 1118, 1189, 1238

막시밀리안 2세(Maximilian Ⅱ. 신성로마제국 황제) 776

막시밀리안 2세 에마누엘(Maximilian Ⅱ Emmanuel)
　　452

막시밀리안 3세 요제프(Maximilian Ⅲ Joseph) 346

막시밀리안, 페르디난트(Maximilian, Ferdinand. 막시밀
　　리아노 1세) 280

만네르헤임, 칼 구스타프 에밀(Mannerheim, Carl Gustaf
　　Emil) 1212

만델라, 넬슨(Mandela, Nelson) 60, 426, 427, 893

몰리나, 라파엘 네오니다스 트루히요(Molina, Rafael Leónidas Trujillo) 120

몰트케, 헬무트 폰(Moltke, Helmuth von) 1195

몽고메리, 버나드 L.(Montgomery, Bernard L.) 438

몽모랑시, 안 드(Montmorency, Anne de) 932, 933

몽칼름, 루이조제프 드(Montcalm, Louis-Joseph de) 810, 1191

몽크, 조지(Monck, George) 870

몽포르, 시몽 드(Montfort, Simon de. 5대 레스터 백작. 시몽 4세) 610, 672

몽포르, 시몽 드(Montfort, Simon de. 6대 레스터 백작) 32, 33

무가베, 로버트(Mugabe, Robert) 57, 58, 288, 1038

무라드 1세(Murad I) 738

무라드 2세(Murad II) 392, 464, 671, 672, 1082, 1083, 1235, 1236

무라드 4세(Murad IV) 739, 757, 765

무레나, 루키우스 리키니우스(Murena, Lucius Licinius) 334

무르실리(Mursili) 1255

무민, 압드 알(Mu'min, Abd al-) 669

무사, 압드 알 아지즈 이븐(Musa, Abd al-Aziz ibn) 831

무샤라프, 페르베즈((Musharraf, Pervez) 896, 1113

무세베니, 요웨리 카구타(Museveni, Yoweri Kaguta) 795~797, 892

무솔리니, 베니토(Mussolini, Benito) 212, 213, 839, 340, 915, 917, 920

무스, 푸블리우스 데키우스(Mus, Publius Decius) 150

무스타파 1세(Mustafa I) 738, 739

무스타파 2세(Mustafa II) 739

무스타파 4세(Mustafa IV) 740, 741

무아위야 1세(Muawiyah I) 465, 466, 824

무아잠(Muazzam) ⇒ 바하두르 샤 1세

무어, 제임스(Moor, James) 1085

무와탈리(Muwatalli) 980

무카나, 알(Muqanna, al-) 319

무타미드, 알(Mu'tamid, Al-) 826, 894

무타심, 아부 이샤크 알(Mu'tasim, Abu Ishaq al-) 470, 1018

무함마드(Muhammad. 예언자) 51, 138, 264, 273, 274, 319, 475, 562, 626, 739, 824, 827, 828, 831, 834

무함마드 2세(Muhammad II. 무함마드 알 마흐디) 702

무함마드 12세 아부 압달라(Muhammad XII, Abu Abdallah) 33, 705

무함마드 샤(Muhammad Shah. 무굴 제국 황제) 311

무함마드 샤(Muhammad Shah. 페르시아 왕) 1140

무함마드 샤 1세(Muhammad Shah I) 453

무함마드 알리(Muhammad Ali. 이집트 총독) 37, 759, 760, 834, 1050

무함마드 알리(Muhammad Ali. 페르시아 샤) 1144

물크, 쿨리 쿠트브 울(Mulk, Quli Qutb-ul-) 355

뭉케 칸(Möngke Khan) 292, 296~298, 300, 301

뮈니히, 부르크하르트 C. 폰(Münnich, Burkhard C. von) 165

뮈라, 조아생(Murat, Joachim) 55

뮌처, 토마스(Müntzer, Thomas) 126

미나모토노 쓰네모토(源經基) 931

미나모토노 요리요시(源賴義) 926

미나모토노 요리토모(源賴朝) 22, 1242

미나모토노 요시쓰네(源義經) 22

미나모토노 요시이에(源義家) 23, 926

미나모토노 요시토모(源義朝) 22, 1242

미드, 조지 G.(Meade, George G.) 59

미라몬, 미겔(Miramón, Miguel) 19

미란다, 프란시스코 데(Miranda, Francisco de) 386

미르 자파르(Mir Jafar) 406

미르 카심(Mir Qasim) 406

미르자, 아바스(Mirza, Abbas) 172, 173, 767

미르자 하킴(Mirza Hakim) 315, 316

미수아리, 누르(Misuari, Nur) 1214

미카엘 1세(Michaël I) 441

미카엘 3세(Michaël III) 470

발디비아, 페드로 데(Valdivia, Pedro de) 707

발라게르, 호아킨(Balaguer, Joaquín) 120

발라지 바지 라오(Balaji Baji Rao) 405, 660, 661

발레리아누스(Valerianus) 197, 217

발레트, 장 파리조 드 라(Valette, Jean Parisot de La) 775

발렌스(Valens) 193, 203, 497

발렌티니아누스 1세(Valentinianus I) 213, 214

발렌티니아누스 2세(Valentinianus II) 203

발렌티니아누스 3세(Valentinianus III) 359

발루아, 마르그리트 드(Valois, Marguerite de) 503, 933, 934

발루아, 샤를 드(Valois, Charles de) 610

버고인, 존(Burgoyne, John) 324, 713

버넘, 린든 포브스(Burnham, Linden Forbes) 16

버인나웅(Bayinnaung) 375, 377, 378, 566, 567

버차니 러요시(Batthyány Lajos) 1240

버치, 제임스 W. W.(Birch, James W. W.) 1123

버클리, 윌리엄(Berkeley, William) 270, 401

버틀러, 제임스(Butler, James. 1대 오먼드 공작) 646, 1055

버펄로 혼(Buffalo Horn) 365

베네딕토 13세(Benedictus XIII) 1209

베루스, 루키우스 아우렐리우스(Verus, Lucius Aurelius) 209

베르무도 2세(Vermudo II) 701, 702

베르베오, 후안 프란시스코(Berbeo, Juan Francisco) 77

베르케 칸(Berke Khan) 293, 1066

베르킨게토릭스(Vercingetorix) 17, 18

베리야, 라브렌티 P.(Beria, Lavrentiy P.) 920

베스파시아누스(Vespasianus) 197, 813

베엔, 피에르 피뇨 드(Béhaine, Pierre Pigneau de) 139

베이드, 알리 살레 알(Beidh, Ali Saleh al-) 743, 744

베이커, 제임스(Baker, James) 500

베일리얼, 에드워드(Balliol, Edward) 103, 1228

베일리얼, 존(Balliol, John) 546

벨그라노, 마누엘(Belgrano, Manuel) 621, 1106

벨라, 아흐메드 벤(Bella, Ahmed Ben) 675

벨러 3세(Béla III) 1233

벨러 4세(Béla IV) 301, 320, 419

벨리사리우스(Belisarius) 25, 84, 358, 359, 814

벳, 흐리스티안 더(Wet, Christiaan De) 415

보 응우옌 잡(Võ Nguyên Giáp, 武元甲) 1185

보나파르트, 루이(Bonaparte, Louis) 737

보니야, 마누엘(Bonilla, Manuel) 789

보니야스, 이그나시오(Bonillas, Ignacio) 276

보니파시오 8세(Bonifacius VIII) 586, 1229

보니파시오 9세(Bonifacius IX) 85

보니파시오, 안드레스(Bonifacio, Andrés) 1215

보던, 제임스(Bowdoin, James) 515

보도퍼야(Bodawpaya) 570

보두앵 1세(Baudouin I. 예루살렘 왕) 597, 598, 602

보두앵 1세(Baudouin I. 플랑드르 백작) 150

보두앵 2세(Baudouin II. 라틴 제국 황제) 151

보두앵 2세(Baudouin II. 예루살렘 왕) 602

보두앵 4세(Boudouin IV) 1205

보로마꼿(Boromakot) 563

보롬마 뜨라일로까낫(Boromma Trailokanat) 574, 575

보롬마라차 1세(Borommaracha I) 571, 572, 1057

보롬마라차 2세(Borommaracha II) 573, 574, 1058

보르다베리, 후안 마리아(Bordaberry, Juan María) 1086

보아브딜(Boabdil) ⇒ 무함마드 12세 아부 압달라

보에몽 1세(Bohemond I) 68, 69, 597, 598, 601, 602

보치커이 이슈트반(Bocskai István) 777

보타, 루이(Botha, Louis) 413~415

본슬레, 삼바지(Bhosale, Sambhaji) 241, 244, 310

본슬레, 시바지(Bhosale, Shivaji) 240, 241, 243, 244

볼레스와프 1세(Bolesław I) 169, 174

볼로가세스 1세(Vologases I) 215

볼로가세스 4세(Vologases IV) 209

살라딘(Saladin) ⇒ 아이유브, 살라흐 앗 딘 유수프 이
   븐
살라자르, 안토니우 드 올리베이라(Salazar, António de
   Oliveira) 682
살란드라, 안토니오(Salandra, Antonio) 837
살랑, 라울(Salan, Raoul) 674
살레, 알리 압둘라(Saleh, Ali Abdullah) 743, 744
살림(Salim) 307
살림, 아부시리 이븐(Salim, Abushiri ibn) 628
살비우스(Salvius) 74
삼 팡 캔(Sam Fang Ken) 572, 573
삼, 빌브룅 기욤(Sam, Vilbrun Guillaume) 642
삼부바르만(Sambhuvarman, 范梵志) 528
삼페르 피사노, 에르네스토(Samper Pizano, Ernesto)
   1031
상자부아, 고티에(Sans-Avoir, Gautier) 597
상카라, 토마(Sankara, Thomas) 429, 430
샌 므앙 마(Saen Muang Ma) 572
샤 알람 2세(Shah Alam II) 311, 661
샤 자한(Shah Jahan) 258, 307~309, 314, 317, 318,
   494~496, 636, 1154
샤 후세인(Shah Hussein) 1132, 1138
샤론, 아리엘(Sharon, Ariel) 1117~1119
샤를(Charles, 마옌 공작) 934
샤를(Charles, 오를레앙 공작) 615, 993
샤를, 대담공(Charles the Bold, 부르고뉴 공작) 428,
   884, 1180, 1186, 1188, 1234
샤를 1세(Charles I, 카를로 1세) 151, 585, 601
샤를 2세(Charles II, 카를로 2세) 586, 893
샤를 3세(Charles III) ⇒ 카롤루스, 단순왕
샤를 5세(Charles V) 15, 893
샤를 6세(Charles VI) 42, 248, 366, 615, 993, 1209
샤를 7세(Charles VII) 366, 367, 676, 750, 751, 1179,
   1180
샤를 8세(Charles VIII) 55, 227, 332, 333, 492, 1189,
   1244

샤를 9세(Charles IX) 503, 933, 1168
샤를 10세(Charles X) 1196, 1197
샤를마뉴(Charlemagne) ⇒ 카롤루스 대제
샤문, 카밀(Chamoun, Camille) 184
샤스트리, 랄 바하두르(Shastri, Lal Bahadur) 853
샤카(Shaka) 935
샤티용, 르노 드(Châtillon, Renaud de) 483
샤푸르 1세(Shapur I) 217
샤푸르 2세(Shapur II) 219
샤프터, 윌리엄 루퍼스(Shafter, William Rufus) 697
샨 소알루(Shan Soalu) 373
샬만에세르 1세(Shalmaneser I) 635
샬만에세르 3세(Shalmaneser III) 632
샬만에세르 4세(Shalmaneser IV) 632
샴시아다드 5세(Shamshi-Adad V) 632
샹플랭, 사뮈엘 드(Champlain, Samuel de) 820, 821
서태후(西太后) 593, 817
서포여이 야노시(Szapolyai János, 야노시 1세) 121,
   772~774, 1230
서포여이 야노시 지그몬드(Szapolyai János Zsigmond)
   773, 774, 1230
성 레미기우스(Saint Remigius) 1203
세드라, 라울(Cédras, Raoul) 641
세디요, 에르네스토(Zedillo, Ernesto) 278
세라노, 프란시스코(Serrano, Francisco) 714, 715
세라노 엘리아스, 호르헤 안토니오(Serrano Elías, Jorge
   Antonio) 27
세라노 이 도밍게스, 프란시스코(Serrano y Domínguez,
   Francisco) 989
세레소 아레발로, 마르코 비니시오(Cerezo Arévalo,
   Marco Vinicio) 27
세르토리우스, 퀸투스(Sertorius, Quintus) 334, 507,
   508
세바스티앙(Sebastião, 포르투갈 왕) 710, 1153, 1154
세베루스, 루키우스 셉티미우스(Severus, Lucius
   Septimius) 196, 197, 215, 216

185

아케치 미쓰히데(明智光秀) 861

아키노, 코라손(Aquino, Corazon) 1214

아타나리쿠스(Athanaricus) 193, 497

아타스, 하이다르 아부 바크르 알(Attas, Haidar Abu
 Bakr al-) 61

아타우알파(Atahualpa) 708, 887, 1130

아타울푸스(Ataulphus) 498

아타쿨라쿨라(Attakullakulla) 961

아탈로스 1세 소테르(Attalos I Soter) 559

아틸라(Attila) 1250, 1251

아판, 우스만 이븐(Affan, Uthman ibn) 465, 824, 828

아포도카, 후안 루이스 데(Apodaca, Juan Ruíz de) 280

아폰수 1세(Afonso I) 1158

아폰수 5세(Afonso V) 996, 1150, 1153

아흐마드, 무함마드(Ahmad, Muhammad) 526

아흐마드 샤 두라니(Ahmad Shah Durrani) 660, 661

아흐마드 샤 카자르(Ahmad Shah Qajar) 1144

아흐메드 1세(Ahmed I) 756, 763

아흐메드 3세(Ahmed III) 739, 740

아흐메드, 압둘라히 유수프(Ahmed, Abullahi Yusuf)
 519

악바르(Akbar) 117, 241, 306~308, 312~316, 495,
 636

악비(岳飛) 728

안녹산(安祿山) 662, 663

안드로니코스 1세 콤네노스(Andronikos I Komnenos)
 392, 584

안드로니코스 2세 팔라이올로고스(Andronikos II
 Palaiologos) 457, 1001

안드로니코스 3세 팔라이올로고스(Andronikos III
 Palaiologos) 457, 463

안토니우(António) 710, 711

안토니우스, 마르쿠스(Antonius, Marcus) 194, 195,
 215, 786~788

안티고노스 1세(Antigonos I) 136, 191, 864

안티고노스 2세(Antigonos II) 105, 136, 1018, 1048

안티오코스 1세 소테르(Antiochos I Soter) 88, 556,
 557

안티오코스 2세 테오스(Antiochos II Theos) 557

안티오코스 3세(Antiochos III) 357, 556~559

안티오코스 4세 에피파네스(Antiochos IV Epiphanes)
 254, 514

안티오코스 7세 에우에르게테스(Antiochos VII
 Euergetes. 시데테스) 558, 559

안티파트로스(Antipatros) 135, 136, 142

알라 웃 딘(Ala-ud-Din) 115, 116

알라 웃 딘 바흐만 샤(Ala-ud-Din Bahman Shah) 355

알라리쿠스 1세(Alaricus I) 496~498, 548, 549

알라리쿠스 2세(Alaricus II) 499

알람기르 2세(Alamgir II) 660, 661

알렉산더 2세(Alexander II) 873

알렉산더 3세(Alexander III) 71, 72, 545, 546

알렉산더 1세(Alexander I) 506

알렉산데르(Alexander) 174

알렉산데르 3세(Alexander III) 223

알렉산데르 6세(Alexander VI) 492

알렉산드로스(Alexandros) 16, 34, 135, 136, 142, 269,
 357, 556, 559, 635, 664~667, 823, 864, 1018,
 1094, 1095, 1253

알렉산드로스 4세 아이고스(Alexandros IV Aegus)
 135, 136

알렉산드르 1세(Aleksandr I) 106, 160, 170

알렉산드르 2세(Aleksandr II) 965, 1057, 1170, 1171

알렉산드르, 넵스키(Aleksandr, Nevskii) 157, 158

알렉상드르, 보니파스(Alexandre, Boniface) 644

알렉시오스 1세 콤네노스(Alexios I Comnenos) 69,
 408, 455, 459, 461, 597

알렉시오스 2세 콤네노스(Alexios II Comnenos) 584

알렉시오스 3세 안겔로스(Alexios III Angelos) 472,
 473, 599

알렉시오스 4세 안겔로스(Alexios IV Angelos) 599

알루시안(Alusian) 439, 440

알리 바르디 칸(Ali Vardi Khan) 405

알리, 모하마드(Ali, Muhammad) 173, 1144

알리, 후사인 이븐(Ali, Husayn ibn) 824

알리예프, 헤이다르(Aliev, Heydar) 616

알마그로, 디에고 데(Almagro, Diego de) 707, 708, 887, 1130

알베로니, 줄리오(Alberoni, Giulio) 478, 479

알베르토, 카를로(Alberto, Carlo) 841, 842, 1209, 1210

알부케르크, 마티아스 드(Albuquerque, Matias de) 711

알부케르크, 아폰수 드(Albuquerque, Afonso de) 1157

알브레히트 1세(Albrecht I) 1229

알브레히트 2세(Albrecht II) 125, 1172, 1226, 1227, 1229, 1230, 1235

알브레히트 4세(Albrecht IV) 346, 347

알브레히트 7세(Albrecht VII) 79, 1227

알비누스, 클로디우스 셉티무스(Albinus, Clodius Septimus) 196, 197

알칼라사모라 이 토레스, 니세토(Alcalá-Zamora y Torres, Niceto) 1000

알키비아데스(Alcibiades) 639, 1148, 1149

알폰소 1세(Alfonso I. 아라곤 왕) 609

알폰소 1세 데스테(Alfonso I d'Este. 페라라 공작) 587, 1122

알폰소 3세(Alfonso III) 608

알폰소 4세(Alfonso IV) 608

알폰소 5세(Alfonso V) 607, 608

알폰소 6세(Alfonso VI) 668, 727, 994

알폰소 7세(Alfonso VII) 669, 1158

알폰소 8세(Alfonso VIII) 703, 995

알폰소 9세(Alfonso IX) 995

알폰소 12세(Alfonso XII) 989

알폰신, 라울(Alfonsín, Raúl) 625

암브리스터, 로버트(Ambrister, Robert) 508

압두르 라흐만 칸(Abdur Rahman Khan) 734

압둘라(Abdullah. 수단 칼리파) 527

압뒬하미드 2세(Abdülhamit II) 617, 957, 958, 1051

압드 아르 라흐만 2세(Abd ar-Rahman II) 29

압드 아르 라흐만 3세(Abd ar-Rahman III) 700, 701

앙 논(Ang Non) 564, 565

앙 두옹(Ang Duong) 564

앙 찬 2세(Ang Chan II) 1012

앙게랑 7세(Enguerrand VII) 32

앙리 1세(Henri I) 933, 934

앙리 2세(Henri II. 로앙 공작) 399

앙리 2세(Henri II. 몽모랑시 공작) 400

앙리 2세(Henri II. 프랑스 왕) 885, 1224

앙리 3세(Henri III. 나바라 왕) ⇒ 앙리 4세

앙리 3세(Henri III. 프랑스 왕) 933, 934, 1168

앙리 4세(Henri IV) 503, 811, 933, 934

애덤스, 존(Adams, John) 331, 1180

애덤스, 존 퀸시(Adams, John Quincy) 508, 626

애런들, 험프리(Arundel, Humphrey) 685

애머스트, 제프리(Amherst, Jeffrey) 1191

애설레드 1세(Æthelred I) 349

애설레드 2세(Æthelred II) 351

애설볼드(Æthelbald) 686, 785

애설스탠(Æthelstan) 348, 349

애설울프(Æthelwulf) 350

애설프리스(Æthelfrith) 686, 687

애퀴테인, 엘리너(Aquitaine, Eleanor of) 882, 1206

앤더슨, 윌리엄 T.(Anderson, William T.) 687, 1047

야노시 2세(János II) ⇒ 서포여이 야노시 지그몬드

야로슬라프(Yaroslav) 168, 169, 174

야마나 모치토요(山名持豊) 749

야마다 나가마사(山田長政) 562, 563

야신, 아흐메드(Yassin, Ahmed) 1119

야우버르트, 피트(Jouabert, Piet) 414

야자더릿(Razadarit) 372, 373

야즈데게르드 1세(Yazdegerd I) 219

야즈데게르드 2세(Yazdegerd II) 220

야즈데게르드 3세(Yazdegerd III) 832

올라브 3세 거트프리트선(Olaf III Guthfrithson. 암라이 브 맥 고프레이드) 348

올라슬로 1세(Ulászló I) 1172, 1229, 1230, 1236

울리히(Ulrich) 1126

울즐리, 가넷 J.(Wolseley, Garnet J.) 234, 629

울필라(Wulfila) 24

우준 하산(Uzun Hasan) 1083, 1132

워벡, 퍼킨(Warbeck, Perkin) 802, 803, 1205

워싱턴, 매디슨(Washington, Madison) 1055

워싱턴, 조지(Washington, George) 323, 324, 791, 806, 1190, 1191

워커, 윌리엄(Walker, William) 803, 804

웨더퍼드, 윌리엄(Weatherford, William) 1056, 1166

웨일레르 이 니콜라우, 발레리아노(Weyler y Nicolau, Valeriano) 595, 1043

웰즐리, 리처드(Wellesley, Richard) 252

웰즐리, 아서(Wellesley, Arthur) 55, 360, 368

위안스카이(袁世凱) 594

윈게이트, 오드 찰스(Wingate, Orde Charles) 382

윈슬로, 조사이어(Winslow, Josiah) 78

윌리엄 1세, 사자왕(William the Lion) 685, 1206

윌리엄 1세, 정복왕(William the Conqueror) 70, 808, 809

윌리엄 2세(William II) 808~810

윌리엄 3세(William III) 40, 41, 66, 100, 101, 148, 282, 502, 547, 650, 871, 899

윌슨, 우드로(Wilson, Woodrow) 277, 452, 642, 1044

유데니치, 니콜라이 니콜라예비치(Yudenich, Nikolai Nikolayevich) 691

유도요노, 수실로 밤방(Yudhoyono, Susilo Bambang) 849

유바라자 마하세나파티(Yuvaraja Mahasenapati) 1058

유수프, 알 하자즈 이븐(Yusuf, Al-Hajjaj ibn) 829

유스티니아누스 1세(Justinianus I) 24, 25, 84, 221, 358, 814, 815

율리오 2세(Giulio II) 356, 587, 874, 1013, 1122

은다다예, 멜키오르(Ndadaye, Melchior) 426

은다이제예, 도미티앵(Ndayizeye, Domitien) 427

은코모, 조슈아(Nkomo, Joshua) 57

은쿠룬지자, 피에르(Nkurunziza, Pierre) 427

은타랴미라, 시프리앵(Ntaryamira, Cyprien) 231, 426

은티반통가냐, 실베스트르(Ntibantunganya, Sylvestre) 426

을지문덕(乙支文德) 523

음왕가 2세(Mwanga II) 798

음판데(Mpande) 416, 451, 936, 937

응오 꾸옌(Ngô Quyền. 吳權) 62

응오 딘 지엠(Ngô Đình Diêm. 吳廷琰) 401, 402

응우옌 까오 끼(Nguyễn Cao Kỳ. 阮高祺) 402

응우옌 반 냑(Nguyễn Văn Nhac. 阮文岳) 139

응우옌 반 르(Nguyễn Van Lu. 阮文呂) 139

응우옌 반 티에우(Nguyễn Van Thiêu. 阮文紹) 402, 403

응우옌 반 후에(Nguyễn Van Hue. 阮文惠) 139

응우옌 짜이(Nguyễn Trãi. 阮廌) 90

응우옌 타이 혹(Nguyễn Thái Học. 阮太學) 747

응우옌 푹 아인(Nguyễn Phúc Ánh. 阮福映) 139, 140

이꿈깜(Yi Kumkam) 572, 573

이든, 앤서니(Eden, Anthony) 612

이마가와 요시모토(今川義元) 860, 861

이반 3세(Ivan III) 154, 174, 286, 287

이반 4세(Ivan IV) 72, 73, 171, 176, 232, 412, 413, 561

이반 5세(Ivan V) 548

이반 아센 2세(Ivan Asen II) 151, 456

이브라힘 1세(Ibrahim I) 1005

이사벨 1세(Isabel I) 33, 703, 704, 995, 996

이사벨 2세(Isabel II) 595, 693, 694, 713, 714, 988, 989

이사키오스 2세 앙겔로스(Isaakios II Angelos) 598, 599, 630

이슈트반 1세(István I) 1239

이슈트반 3세(István III) 1232

제로니모(Geronimo) 654, 655

제마옐, 바시르(Gemayel, Bashir) 186

제마옐, 아민(Gemayel, Amin) 186, 187

제브지도프스키, 미코와이(Zebrzydowski, Mikołaj) 903

제섭, 토머스 S.(Jesup, Thomas S.) 508, 509

제임스(James. 9대 더글러스 백작) 103

제임스 1세(James Ⅰ. 스코틀랜드 왕) 265

제임스 1세(James Ⅰ. 잉글랜드 왕) ⇒ 제임스 6세

제임스 2세(James Ⅱ) 40, 41, 100, 103, 282, 289, 290,
    502, 650, 870, 899, 900

제임스 3세(James Ⅲ) 544, 545, 748, 873, 874, 900

제임스 4세(James Ⅳ) 105, 545, 802, 874

제임스 5세(James Ⅴ) 874, 875

제임스 6세(James Ⅵ) 23, 225, 226, 269, 1072

제임스 7세(James Ⅶ) 289, 502

젱킨스, 로버트(Jenkins, Robert) 781, 926, 927

조광윤(趙匡胤) 522

조광의(趙匡義) 522

조덕창(趙德昌) 522

조반나 1세(Giovanna Ⅰ) 1233

조반나 2세(Giovanna Ⅱ) 607

조아키나, 카를루타(Joaquina, Carlota) 799

조에(Zoë) 441

조조(曹操) 749

조지 2세(George Ⅱ) 781

존스, 존 폴(Jones, John Paul) 324, 746

존슨, 린든 B.(Johnson, Lyndon B.) 119, 402, 1063

존슨, 윌리엄(Johnson, William) 810, 1191

존슨설리프, 엘런(Johnson-Sirleaf, Ellen) 148

좌종당(左宗棠) 729, 958

죄르지 라코치 1세(György Rákóczi Ⅰ) 1091

죄르지 라코치 2세(György Rákóczi Ⅱ) 1090, 1091

주더(朱德) 899

주앙 1세(João Ⅰ) 1156, 1159

주앙 2세(João Ⅱ) 1150

주앙 4세(João Ⅳ) 711, 712, 1161

주앙 6세(João Ⅵ) 445, 799, 1151, 1161

주원장(朱元璋) 293, 902

주치(Juchi) 297, 1065

주키에프스키, 스타니스와프(Żółkiewski, Stanisław)
    176, 1174

준닌 천황(淳仁天皇) 1249

즈리니, 미클로시(Zrínyi, Miklós) 776

즈베이허르, 빌럼 더(Zwijger, Willem de) 1120, 1121

증국번(曾國藩) 729, 1075

지그문트 1세(Zygmunt Ⅰ) 175, 176

지그문트 2세 아우구스트(Zygmunt Ⅱ August) 538,
    1167

지그문트 3세(Zygmunt Ⅲ) 176, 177, 903, 904

지기스문트(Sigismund. 부르군트 왕) 429

지기스문트(Sigismund. 신성로마제국 황제, 헝가리 왕 지
    그몬드) 85, 125, 397, 417, 1172, 1248

지기스문트(Sigismund. 오스트리아 공작) 771

지기스문트, 요한(Johann Sigismund) 810

지리놉스키, 블라디미르 볼포비치(Zhirinovsky, Vladimir
    Volfovich) 156

지슈카, 얀(Žižka, Jan) 1248

지야드, 타리크 이븐(Ziyad, Tarik ibn-) 831

지킹겐, 프란츠 폰(Sickingen, Franz von) 44, 45

쩐 까오(Trần Cảo, 陳暠) 90

쩐 민 똥(Trần Nghệ Tông, 陳明宗) 93

쩐 아인 똥(Trần Anh Tông, 陳英宗) 90, 91

쩐 투언 똥(Trần Thuận Tông, 陳順宗) 89

쯩 니(Zhēng Ěr, 徵貳) 944

쯩 짝(Zhēng Cè, 徵側) 944

| 차 |

차모로 바르가스, 에밀리아노(Chamorro Vargas,
    Emiliano) 81

차베스, 페데리코(Chávez, Federico) 1107

차오 아누(Chao Anou) 565

차우셰스쿠, 니콜라에(Ceauşescu, Nicolae) 224

프리드리히 2세(Friedrich Ⅱ. 신성로마제국 황제) 124, 223, 588~591, 600

프리드리히 2세(Friedrich Ⅱ. 프로이센 왕) 346, 533, 534, 781, 782, 968, 969, 1168

프리드리히 3세(Friedrich Ⅲ. 신성로마제국 황제) 125, 417, 676, 769, 771, 1186, 1226, 1227, 1229, 1234, 1235

프리드리히 3세, 미남왕(Friedrich Ⅲ der Schöne) 124

프리드리히 4세(Friedrich Ⅳ) 655

프리드리히 5세(Friedrich Ⅴ. 보헤미아 왕) 418, 419

프리드리히 5세(Friedrich Ⅴ. 오스트리아 공작) 1226

프리드리히, 아돌프(Friedrich, Adolph) 160

프리드리히 빌헬름 1세(Friedrich Wilhelm Ⅰ) 431

프리드리히 빌헬름 4세(Friedrich Wilhelm Ⅳ) 75, 129

프리에토, 호아킨(Prieto, Joaquín) 970

프삼티크 3세(Psamtik Ⅲ) 1131

프톨레마이오스 1세(Ptolemaios Ⅰ) 136, 191, 864

프톨레마이오스 2세 필라델포스(Ptolemaïos Ⅱ Philádelphos) 88, 557

프톨레마이오스 3세 에우에르게테스(Ptolemaos Ⅲ Euergétēs) 557

프톨레마이오스 4세 필로파토르(Ptolemaïos Ⅳ Philopátōr) 557

프톨레마이오스 5세 에피파네스(Ptolemaïos Ⅴ Epiphanês) 558

프톨레마이오스 6세 필로메토르(Ptolemaïos Ⅵ Philomêtōr) 514

프톨레마이오스 8세 에우에르게테스(Ptolemaïos VIII Euergétēs) 514

프톨레마이오스 12세(Ptolemaios XⅡ) 997

플라미니우스, 티투스 큉크티우스(Flaminius, Titus Quinctius) 550, 551

플로레스, 후안 호세(Flores, Juan José) 715, 716

플로르, 로헤르 데(Flor, Roger de) 1001

플뢰리, 앙드레에르퀼 드(Fleury, André-Hercule de) 735

피로스(Pyrrhus) 208, 606, 719, 776, 986, 987, 1048

피루즈, 타지 웃 딘(Firuz, Taj-ud-Din) 453

피사로, 곤살로(Pizarro, Gonzalo) 482, 1131

피사로, 프란시스코(Pizarro, Francisco) 708, 887, 1130, 1131

피에르, '은자(隱者)'(Pierre l'Ermite) 597

피우수트스키, 유제프(Piłsudski, Józef) 179

피피누스 2세(Pippinus Ⅱ) ⇒ 에르스탈의 피피누스

피피누스, 단구왕(Pippinus Brevis) 981, 982, 1201, 1202

핀토, 아니발(Pinto, Aníbal) 1073

필러스도르프, 프란츠 폰(Pillersdorf, Franz von) 783

필로멜로스(Philomelus) 592

필로포이멘(Philopoimen) 550, 551

필리베르토, 에마누엘레(Filiberto, Emanuele) 1225

필리포스 2세(Philippos Ⅱ) 34, 592, 593, 664

필리포스 3세 아리다이오스(Philippos Ⅲ Arrhidaeus) 135, 136

필리포스 5세(Philippos Ⅴ) 130, 256

필리프 1세(Philipp Ⅰ. 프랑스 왕) 69, 70, 808, 809, 880

필리프 1세(Philipp Ⅰ. 헤센 백작) 533

필리프 2세(Philippe Ⅱ) 124, 598, 882, 883

필리프 3세(Philippe Ⅲ) 585, 610

필리프 4세(Philippe Ⅳ) 356, 883, 884

필리프 6세(Philippe Ⅵ) 365, 366, 448, 1252

핌브리아, 가이우스 플라비우스(Fimbria, Gaius Flavius) 194, 334

| 하 |

하드리아노 1세(Hadrianus I) 981

하드리아노 4세(Hadrianus Ⅳ) 583

하드리아누스(Hadrianus) 290, 338, 339

하르 라이(Har Rai) 314

하리하라 1세(Harihar Ⅰ) 454

하리하라 2세(Harihar Ⅱ) 454

하머, 조사이어(Harmar, Josiah) 512, 1220

지명 찾아보기

레닌그라드(Leningrad) ⇒ 상트페테르부르크

레드 강(Red River) 184, 233, 234, 509, 510, 529, 998

레발(Reval) 158, 692, 1173

레스보스(Lesbos) 391, 1148, 1149

레위니웅 섬(la Réunion) ⇒ 부르봉 섬

레이던(Leiden) 1120

레이테 섬(Leyte) 924

렌(Rennes) 333, 448

렘노스 섬(Lemnos) 393, 1143

로더(Lauder) 544, 874

로도스(Rodos) 34, 129, 136, 191, 469, 556, 753

로디언(Lothian) 689, 809

로렌(Lorraine) 488, 871, 1176, 1186, 1195

로마(Roma) 17, 18, 24, 25, 34, 35, 76, 95, 122, 123,
    125, 130, 131, 150, 189, 192~220, 223, 226, 247,
    255~257, 290, 334, 338, 358, 359, 389, 424,
    425, 463, 484, 485, 489, 490, 496~498, 507,
    514, 548~551, 556, 587, 588, 613~615, 637,
    638, 649, 653, 667, 717~719, 727, 742, 743,
    786~788, 811~815, 830, 834, 836, 837, 842,
    856, 857, 906, 921, 981~983, 986, 987, 990,
    996~998, 1002, 1003, 1016, 1017, 1052, 1062,
    1063, 1081, 1110, 1134, 1161~1163, 1250, 1251

로마냐(Romagna) 838, 1013, 1014

로잔(Lausanne) 841

로텐부르크(Rothenburg) 770

로힐칸드(Rohilkhand) 222

론다(Ronda) 704, 705

론디니움(Londinium) 211, 424, 489

롬바르디아(Lombardia) 223, 335, 492, 587, 589, 590,
    614, 712, 835, 981, 982, 990, 991

롭부리(Lop Buri) 562, 1057

롱벡(Lovek) 568, 577, 578

루블린(Lublin) 72, 179, 301, 902

루셀라이(Rusellae) 719

루손 섬(Luzon) 482, 1213, 1215, 1216

루시용(Roussillon) 1000, 1187

루안다(Luanda) 65, 226, 227, 230, 681~683

루앙(Rouen) 353, 408, 932

루이스버그(Louisburg) 929, 930, 985, 1191

루체른(Lucerne) 770, 771, 932, 1003

뤄양(洛陽) 663

뤼순(旅順) 182, 959

류블랴나(Ljubljana) 56, 554

리가(Riga) 150, 159, 432, 1172, 1173

리그니츠(Liegnitz) 301, 360

리마(Lima) 482, 1074, 1109, 1124~1127, 1129

리머릭(Limerick) 545, 650

리보니아(Livonia) 111, 112, 158, 159, 178, 232, 431~
    433, 1172, 1173

리스(Leith) 875

리스본 43, 289, 322, 360, 680, 682, 696, 711, 712,
    750, 856, 877, 1151, 1152, 1156, 1159~1161

리에주(Liège) 123, 699, 918, 981, 1186

리오네그로(Río Negro) 333, 1033

리우그란지두술(Rio Grande do Sol) 624, 712, 799,
    855, 1106

리우데자네이루(Rio de Janeiro) 445~447, 716

리치먼드(Richmond) 21, 59

리틀빅혼 강(Little Bighorn River) 531

리퍼(Lippa) 775, 1090

린디스판(Lindisfarne) 350, 785

린쇠핑(Linköping) 544

릴리바이움(Lilybaeum) 138, 987

링컨(Lincoln) 869, 878

| 마 |

마그레브(Maghreb) 1156

마니푸르(Manipur) 379, 380, 731, 732

마두라이(Madurai) 116, 240, 454

마드라스(Madras) 251, 404, 930, 985

마드리드(Madrid) 329, 343, 344, 360, 692~695, 714,

반다아체(Banda Aceh) 652, 848, 849

반다오리엔탈(Banda Oriental) 624, 712, 799, 800, 855, 1106

반둥(Bandung) 844

반떼아이펫(Bateay Pech) 564

반스카비스트리차(Banská Bystrica) 554

발라클라바(Balaklava) 1056

발랑스(Valence) 1202

발레아레스 제도(Balearic Islands) 359

발렌시아(Valencia) 343, 610, 668, 693, 726, 727, 989

발루치스탄(Baluchistan) 316, 1113

발미(Valmy) 1198

발슈타(Wahlstatt) 301, 360, 361

발칸 반도(Balkan peninsula) 53, 54, 68, 69, 85, 165, 167, 192, 193, 197, 201, 203, 210, 228, 361, 362, 393, 408, 442, 461, 462, 464, 496, 497, 506; 507, 548, 549, 584, 598, 599, 671, 758, 780, 856, 865, 911, 912, 916, 918, 1016, 1022, 1082, 1233, 1234, 1236, 1250

발파라이소(Valparaiso) 710, 970, 971, 1127

방데(Vendée) 363, 364, 1196

방콕(Bangkok) 564, 565, 846

뱅시(Vinchy) 1200

뱌레지나 강(Byarezina River) 53, 179

버펄로(Buffalo) 1206

버펄로 강(Buffalo River) 451

베넌(Weenen) 415

베라크루스(Veracruz) 19, 275~277, 279, 325, 705, 877, 1145

베로나(Verona) 199, 389, 549, 587, 589, 693, 842, 981, 1078, 1188, 1208

베룰라미움(Verulamium) 211, 424, 490

베르뇌일(Verneuil) 366

베르됭(Verdun) 399, 912, 1195

베르사유(Versailles) 30, 150, 1181, 1195, 1196

베른(Bern) 427, 428, 540, 541, 771, 1217

베를린(Berlin) 129, 358, 506, 507, 782, 917, 919, 920, 969

베스테르예틀란드(Västergötland) 109, 160, 1008

베오그라드(Belgrade) 165, 439, 464, 474, 505, 506, 746, 772~774, 778~780, 918, 1023, 1053, 1235, 1237, 1238

베이(Veii) 205, 718

베이루트(Beirut) 134, 184~187, 263, 760, 841

베이징(北京) 260, 293, 305, 434, 522, 657, 729, 817, 833, 905, 922, 937, 941, 974~976, 1009, 1079, 1080

벡생(Vexin) 880

벨린초나(Bellinzona) 540

벵골(Bengal) 31, 117, 222, 251, 258, 306, 309, 311~ 313, 316, 320, 363, 405~407, 495, 513, 844, 853, 951, 1014, 1111, 1115, 1154

보(Vaud) 540, 541

보고타(Bogotá) 77, 1030, 1031, 1033~1035

보르도(Bordeaux) 360, 366, 367, 408, 498, 651, 897, 1181, 1193, 1201

보른홀름 섬(Bornholm) 109, 369, 432

보이오티아(Boeotia) 39, 106, 592, 1020, 1077, 1141, 1147, 1148

보헤미아(Bohemia) 126, 127, 346, 416~420, 486, 533, 534, 539, 773, 783, 968, 969, 973, 983, 1088, 1091, 1171, 1172, 1179, 1225~1227, 1229, 1234, 1235, 1241, 1247~1249

본졸(Bondjol) 1105

볼라테라이(Volaterrae) 719

볼로냐(Bologna) 212, 837, 838, 1014, 1208

볼시니(Volsinii) 719

봄베이(Bombay) 242, 243, 1157

부건빌 섬(Bougainville Island) 1113

부다페스트(Budapest) 301, 1046, 1231, 1232, 1240

부더(Buda) 85, 773~775, 777~779, 1230, 1233, 1234, 1238

| 사 |

아르플뢰르(Harfleur) 366, 651

아른험(Arnhem) 918

아를(Arles) 498, 1201

아마다바드(Ahmadabad) 306, 307

아마라바티(Amaravati) 92, 954

아마시아(Amasya) 753, 761, 762

아모리온(Amorion) 466, 469, 470

아바나(Havana) 275, 595, 626, 697, 1030, 1043, 1045

아바단(Abadan) 818

아부하마드(Abu Hamad) 527

아삼(Assam) 31, 316, 341, 430, 731, 732, 953

아소르스 제도(Archipelago of the Azores) 322, 711, 877

아순시온(Asunción) 1106~1109

아스쿨룸(Asculum) 131, 208, 987

아스트라한(Astrakhan) 149, 163, 1096

아오르노스(Aornos) 635, 665, 667, 1094

아와드(Awadh) 222, 406, 513

아우스트라시아(Austrasia) 982, 984, 1200

아유타야(Ayutthaya) 562, 563, 566, 567, 570, 577

아이가테스 제도(Aegates Islands) 986, 1162

아이고스포타미 강(Aegospotami) 639

아이다호(Idaho) 66, 365

아쟁쿠르(Agincourt) 366, 651

아조프(Azov) 163~165, 1009, 1096

아체(Aceh) 651, 652, 848~850, 1157

아카바 만(Gulf of Aqaba) 816

아퀼레이아(Aquileia) 198, 203, 204, 1251

아크라(Accra) 14, 869

아크라가스(Acragas) 1096, 1223, 1254

아크레(Acre) 397, 484, 598, 599, 601, 603, 759, 760, 923

아타카마 사막(Atacama Desert) 707, 1073, 1074

아티카(Attica) 395, 504, 613, 619, 1048, 1149

아풀리아(Apulia) ⇒ 풀리아

아피아(Apia) 480, 481

아피아 가도(Via Appia) 485

악사이친(阿克賽欽) 939, 940

안달루시아(Andalucia) 286, 692, 711, 712

안치오(Anzio) 921

안코나(Ancona) 391, 584, 838

안키알로스(Anchialos) 440, 443

안토파가스타(Antofagasta) 1073, 1074

안티오크(Antioch) 216, 217, 471, 473, 557, 598, 603, 637, 815, 1254

안티오키아(Antioquia) 1031

안후이(성)(安徽省) 729

알라모(Alamo) 1079

알라하바드(Allahabad) 31, 307

알람브라(Alhambra) 33

알레산드리아(Alessandria) 223

알레포(Aleppo) 263, 301, 461, 471, 679, 759, 827, 828, 922, 1099, 1254, 1255

알렉산드레타 만(Gulf of Alexandretta) 397

알렉산드리아(Alexandria) 28, 465, 514, 665, 667, 760, 787, 997, 1062

알메리아(Almería) 669, 705

알아리시(al Arish) 913

알안달루스(Al-Andalus) 669~701, 704, 726, 831

알우바이드(Al Ubayyid) 526

알제(Algiers) 674, 675, 698, 706

알프스 산맥(Alps) 17, 55, 189, 207, 261, 394, 397, 492, 541, 590, 638, 906, 914, 981, 1016, 1078, 1162, 1251

알헤시라스(Algeciras) 285, 668, 669, 831

알히라(Al-Hirah) 15, 832

암리차르(Amritsar) 586, 677

암보이나 섬(Amboina) 677, 730, 1152

암본 섬(Ambon) ⇒ 암보이나 섬

암피폴리스(Amphipolis) 444, 619, 1148

앙고스투라(Angostura) 386, 1034

앙코르(Angkor) 1057~1060

앙코르톰(Angkor Thom) 1060

애닉(Alnwick) 684, 685, 810

애로식(Arrowsic) 628

애버딘(Aberdeen) 265, 290, 1228

야라(Yara) 595

야운데(Yaoundé) 992

야이체(Jajce) 1237

야파(Jaffa) 599, 602, 603, 915

얼스터(Ulster) 349, 435, 545, 646, 1071

에게르(Eger) 775~778

에데사(Edessa) 217, 220, 598, 602, 828

에든버러(Edinburgh) 501, 502, 546, 874, 875, 900,
　　935, 1054

에디르네(Edirne) 150, 166~168, 193, 201, 203, 362,
　　442, 455, 456, 458, 463, 497, 739, 752, 754,
　　760, 774, 1030

에레트리아(Eretria) 190, 244, 832

에르주룸(Erzurum) 168, 220, 617, 762

에버글레이즈(Everglades) 508, 509

에보라(Évora) 711, 712, 1150, 1160

에스키셰히르(Eskişehir) 38, 598

에스테르곰(Esztergom) 774, 776, 777, 1230

에스파뇰라 섬(Española) 133, 640, 645, 646, 705,
　　1084

에야와디 강(Ayeyarwady River) 294, 295, 372~374,
　　381, 731, 732

에우보이아(Euboea) 129, 190, 392, 393, 398, 583,
　　1147

에페이로스(Epeiros) 106, 118, 392, 395, 549

엘바스(Elvas) 711, 712, 750

엘브스보리(Älvsborg) 110, 1008

엘알라메인(El-Alamein) 437, 438, 916

예나(Jena) 907

예니셰히르(Yenişehir) 753

예닌(Jenin) 1118

예레반(Yerevan) 167, 172, 173, 762~765

예루살렘(Jerusalem) 69, 247, 254, 255, 263, 338,
　　465, 471, 473, 483, 484, 514, 588, 589, 597~
　　600, 602, 603, 611, 633, 742, 743, 759, 812, 813,
　　816, 824, 915, 1056, 1116, 1117, 1119

예리코(Jericho) 742

예밍언(Jemmingen) 1120

예카테린부르크(Yekaterinburg) 155

예테보리(Göteborg) 160

옌바이(安沛) 747

오가덴(Ogaden) 517, 720~722, 747

오데사(Odessa) 965

오라니엔바움(Oranienbaum) 180

오랑(Oran) 678, 706

오룔(Oryol) 155

오를레앙(Orléans) 30, 253, 366, 408, 750, 932, 1082,
　　1180, 1151

오리사(Orissa) 313, 316, 405, 455

오매(Omagh) 436

오사카(大阪) 751

오서워터미(Osawatomie) 1165

오스텐더(Oostende) 79, 903, 912, 1121

오아후 섬(Oahu) 942, 1221

오악사카(Oaxaca) 275

오키나와(沖繩) 924

옥수스 강(Oxus) 170, 300

올긴(Holguín) 1044

올리벤사(Olivenza) 711, 712, 750

올린다(Olinda) 247, 248

올린토스(Olynthos) 443, 619, 1077

옴두르만(Omdurman) 527

옴스크(Omsk) 155

와가두구(Ouagadougou) 80, 430

와랑갈(Warangal) 116, 355

와이타라 강(Waitara River) 1070

와이트 섬(Isle of Wight) 489, 868

와일루쿠(Wailuku) 1221

왈라키아(Walachia) 37, 165~167, 745, 746, 777, 778, 780, 865, 1056, 1057, 1174, 1235, 1236

왈왈(Welwel) ⇒ 웰웰

왕 강(Wang River) 576

외레순 해협(Øresund) 111, 432, 1007, 1008

외셀 섬(Ösel) 232, 692

욕야카르타(Jogjakarta) 138, 845, 891

우동(Udong) 579, 580

우랄 강(Ural River) 1100, 1178

우루과이 강(Uruguay River) 291, 855

우르겐치(Urgench) 1099, 1100

우리(Uri) 540, 541, 771, 932, 1003

우마이타(Humaitá) 1109

우본(Ubon) 565

우아야가 강(Huallaga River) 1125

우아초(Huacho) 1127

우자인(Ujjain) 31, 313

우창(武昌) 434, 593

우타르프라데시(Uttar Pradesh) 222, 340, 341

우한(武漢) 434, 593, 922, 941

운터발덴(Unterwalden) 427, 541, 770, 771, 1003

울름(Ulm) 907

움브리아(Umbria) 836, 837

워터퍼드(Waterford) 349

워털루(Waterloo) 55, 368, 804, 1212

월러월러(Walla Walla) 1251

웨양(岳陽) 1074

웩스퍼드(Wexford) 349, 649, 1055

웰웰(Walwal) 840

위니펙(Winnipeg) 233, 509

위앙찬(Viangchan) 145, 378, 565

위클로(Wicklow) 349, 690

윈체스터(Winchester) 878

윌란 반도(Jutland peninsula) 107, 111, 114, 214, 358, 369, 431, 806, 807

유틀란트 반도(Jutland) ⇒ 윌란 반도

유프라테스 강(Euphrates River) 16, 206, 214, 215, 221, 328, 393, 470, 471, 627, 815, 832, 922, 986, 1098, 1099, 1255, 1256

은자메나(N'Djamena) 946, 947

음반자콩구(Mbanza Congo) 681

응에안(乂安) 90, 94

이뇌뉘(Inönü) 39

이닝(伊寧) 958

이르티시 강(Irtysh River) 170, 561

이손초 강(Isonzo) 914

이스탄불(Istanbul) 18, 24, 84, 85, 129, 134, 151, 165, 166, 168, 172, 197, 202, 204, 205, 238, 253, 264, 347, 358, 362, 391~393, 397, 398, 408, 441, 456 ~458, 460, 462~466, 469, 472, 473, 496, 585, 597, 607, 617, 679, 739, 752, 753, 757, 759, 761, 762, 766, 772~777, 780, 822, 834, 841, 857, 865, 957, 958, 1001, 1005, 1029, 1042, 1051, 1076, 1149, 1153, 1164, 1174, 1237, 1250

이스트앵글리아(East Anglia) 349, 351, 424, 490, 687, 786

이스파한(Isfahan) 661, 662, 1138, 1144

이오나(Iona) 350, 352, 649

이즈미르(Izmir) 38, 556, 841, 1076

이즈미트(İzmit) ⇒ 니코메디아

이즈토츠나 루멜리야(Iztochna Rumeliya) ⇒ 동(東)루멜리야

이토메 산(Ithome) 271

인 강(Inn River) 346

일리리쿰(Illyricum) 197, 201~203, 210, 496, 549, 1016

| 자 |

자그레브(Zagreb) 1053

자다르(Zadar) 391, 599, 1232, 1233

자오지(Jiāozhǐ, 交趾) 1224

자운푸르(Jaunpur) 117

카르타헤나(Cartagena) 133, 927, 989

카르하이(Carrhae) 215, 218, 667

카마던셔(Carmarthenshire) 188

카마리나(Kamarina) 1096, 1254

카물로두눔(Camulodunum) 211, 424

카버리힐(Carberry Hill) 269

카보베르데(Cabo Verde) 43, 44

카불(Kabul) 308, 310~312, 315, 316, 326, 327, 339, 340, 657~661, 666, 734, 1139, 1142

카사만스(Casamance) 504

카슈가르(喀什) 958

카스텔로(Castello) 1122

카스티용(Castillon) 367, 408

카야오(Callao) 710, 1124, 1128

카이로(Cairo) 264, 438, 600, 601, 721, 753, 829, 830

카이베르 고개(Kyber Pass) 635, 734, 1142

카이사리아(Kaysaria) 812

카이펑(開封) 296, 297, 728, 974, 976

카잔(Kazan) 154, 1178

카탈루냐(Catalonia) 479, 609, 630, 699, 988, 989, 999~1001

카트르브라(Quatre Bras) 368

카티아와르(Kathiawar) 259, 949, 950

카파(Caffa) 398

카포 파세로 곶(Capo Passero) 478

카푸아(Capua) 74, 484, 485, 583

카프레라 섬(Caprera) 835

카프프랑세(Cap Français) 645

카하마르카(Cajamarca) 708, 1130

칸(Cannes) 368

칸누르(Kannur) 1157

칸다하르(Kandahar) 244, 312, 317, 318, 326, 494, 637, 657, 661, 1138, 1139

칸데시(Kandesh) 240

칸디아(Candia) 1005, 1006

칸와(Khanwa) 340

칸치푸람(Kanchipuram) 143, 951, 952

칸푸르(Kanpur) 514

칼데론(Calderón) 20, 276

칼라브리아(Calabria) 68, 137, 471, 583, 585, 588, 835

칼라일(Carlisle) 30, 901

칼라타피미(Calatafimi) 836

칼레(Calais) 366, 651, 696, 884, 886, 1049, 1179, 1252

칼리니쿰(Callinicum) 814

칼리아리(Cagliari) 608

칼링가(Kalinga) 249, 950

칼마르(Kalmar) 108, 1008

칼케돈(Chalcedon) 466, 857

칼키스(Chalcis) 190, 391~393, 398, 1077

캄불라(Kambula) 737

캄팔라(Kampala) 795, 798

캅카스(Kavkaz) 155, 167, 172, 173, 221, 252, 297, 473, 764, 815, 919, 963, 1057, 1061, 1096, 1099, 1247

캉(Caen) 71

캉그라(Kangra) 495

캐스코(Casco) 627, 628

캘리컷(Calicut) 1157

캘커타(Calcutta) 405, 406, 852

컴벌랜드(Cumberland) 30, 59, 684, 685, 809, 810, 875

케냐 산(Mount Kenya) 250

케르만(Kerman) 662, 1134, 1138

케르만샤(Kermanshah) 172, 1133

케르키라(Kerkyra) 69, 394, 396, 583, 856, 1021

케른텐(Kärnten) 774, 1225, 1226, 1238

케셀스도르프(Kesselsdorf) 534, 782

케이프브레턴 섬(Cape Breton) 688, 930

케이프코스트(Cape Coast) 869

케이프타운(Cape Town) 1003, 1004

켄트(Kent) 211, 282, 350, 489, 490, 786, 791, 793,

타히티(Tahiti) 345

탕헤르(Tánger) 1153

탤러디가(Talladega) 1056

텅 강(Tongue River) 494

테구시갈파(Tegucigalpa) 788, 790

테나세림(Tenasserim) 568~570, 732

테노치티틀란(Tenochtitlán) 705, 706

테르모필라이(Thermopylae) 556, 591, 592, 1141, 1250

테메슈바르(Temesvár) 121, 224, 775, 780, 1090, 1241

테바이(Thebai) 118, 129, 130, 395, 583, 591~593, 618, 664, 1020, 1077, 1147

테베레 강(Tevere) 200, 205, 359, 717, 830, 842

테살로니키(Thessaloniki) 257, 361, 392, 439, 456, 457, 584, 607, 752, 912, 957

테살리아(Thessalia) 38, 39, 85, 142, 190, 442, 444, 497, 549, 591, 592, 1141

테토보(Tetovo) 255, 256

테튼홀(Tettenhall) 351

테헤란(Tehran) 173, 174, 662, 820, 923, 1138, 1144, 1145

템스퍼드(Tempsford) 351

톈안먼(天安門) 광장 937, 1079

톈진(天津) 434, 656, 657, 817, 1080

토겐부르크(Toggenburg) 1217

토룬(Toruń) 1087, 1088

토스카나(Toscana) 223, 229, 479, 496, 591, 735, 756, 757, 835, 841, 1207, 1208, 1224

톨레도(Toledo) 28, 692, 700, 831, 994

통북투(Tombouctou) 1086

통킹(Tonkin) 132, 402, 528, 747, 960, 1183, 1184

투렌(Touraine) 883

투르가우(Thurgau) 771, 1003, 1217

투르네(Tournai) 700, 781, 782, 1198

튀니스(Tunis) 706

튜크스버리(Tewkesbury) 802, 988

트라브존(Trabzon) 617, 857

트라키아(Thrace) 38~40, 75, 136, 151, 193, 198, 200, 201, 257, 361, 440, 444, 455~458, 462, 463, 497, 548, 630, 752, 823, 1001, 1018, 1030, 1076, 1143

트란스니스트리아(Transnistria) 292

트란스옥시아나(Transoxiana) 304, 339, 637, 761, 826, 1098, 1099, 1245

트론헤임(Trondheim) 432, 543

트르나테(Ternate) 1152, 1157, 1160

트리폴리(Tripoli) 37, 134, 184, 187, 601, 603, 706, 756, 841, 1093, 1094

트리폴리타니아(Tripolitania) 134, 185, 187

트베리(Tver) 73, 287

트빌리시(Tbilisi) 172, 297, 305, 762, 929

트체프(Tczew) 596, 1173

튼(Thoen) 573

틀락스칼라(Tlaxcala) 275, 705

티그라노케르타(Tigranocerta) 206, 334

티그리스 강(Tigris) 16, 78, 218, 634, 829, 832, 911, 922, 1247

티란 해협(Strait of Tiran) 816

티레(Tyre) 664, 1094, 1095

티롤(Tyrol) 54, 126, 771, 1095

티미쇼아라(Timişoara) ⇒ 테메슈바르

티베스티(Tibesti) 946

티스 강(Tees River) 872

티치노 강(Ticino) 541

티플리스(Tiflis) 172, 297, 305, 763, 762

| 파 |

파라나(Paraná) 620, 622

파로스 섬(Paros) 245, 856

파리(Paris) 15, 30, 53, 55, 71, 245, 248, 331, 344, 352~354, 363, 364, 368, 386, 503, 612, 616, 673, 711, 783, 893, 908, 918, 933, 934, 957, 985,

사항 찾아보기

| 마 |

242

마헤르스폰테인 전투(Battle of Magersfontein) 414

만네르헤임 라인(Mannerheim Line) 516, 517

말라가시혁신민주운동(Mouvement Démocratique de la Rénovation Malagache. MDRM) 238

말레이타독수리군(Malaita Eagle Force. MEF) 520

망갈로르 조약(Treaty of Mangalore) 252

메와르 왕국(Kingdom of Mewar) 316, 340, 636

메이지 유신(明治維新) 272, 511, 561, 751, 860

명예혁명(Glorious Revolution) 100, 148, 282, 502, 650, 700, 878, 887, 899, 954

모도크족(Modoc) 283

모로민족해방전선(Moro National Liberation Front. MNLF) 1214

모르몬교(Mormons) 250, 251, 285, 815, 816

모리스코(Morisco) 286

모잠비크국민저항운동(Resistência Nacional Moçambicana. RENAMO) 287

모잠비크해방전선(Frente de Libertação de Moçambique. FRELIMO) 57, 287, 289

모쿠오하이 전투(Battle of Mokuohai) 1220

모호크족(Mohawk) 332, 663, 821, 1085

몬머스 전투(Battle of Monmouth) 324

몬족(Mons) 372~377, 566, 576

몬치스클라루스 전투(Battle of Montes Claros) 712

몬테카세로스 전투(Battle of Monte Caseros) 291

몬티호 전투(Battle of Montijo) 711

몰비츠 전투(Battle of Mollwitz) 534

몽족(Hmong) 144

무기대여법(Lend-Lease Act) 102

무히 전투(Battle of Muhi) 302, 320

뮈레 전투(Battle of Muret) 610, 672

뮐도르프 전투(Battle of Mühldorf) 124

미스키토족(Miskitos) 83, 788

미주기구(Organization of American States. OAS) 28, 119, 120, 330, 529, 641, 966, 1024, 1025

미탄니 왕국(Kingdom of Mitanni) 267, 631, 980, 1247, 1255, 1256

민족해방군(Ejército de Liberación Nacional. ELN) 255, 278, 528, 966, 1031

민족해방전선(Front de Libération Nationale. FLN) 82, 83, 438, 674, 725, 788, 946, 1011, 1214

민족혁명운동(Movimiento Nacionalista Revolucionario. MNR) 422

민주행동당(Acción Democrática. AD) 387

| 바 |

바그람 전투(Battle of Wagram) 54

바뇰로 평화조약(Peace of Bagnolo) 1122

바다호스 평화조약(Peace of Badajoz) 750

바마나 왕국(Kingdom of Bamana) 1086

바빌론 유수(Babylonian Captivity) 727, 742

바세인 조약(Treaty of Bassein) 242

바스크민족당(Partido Nacionalista Vasco. PNV) 344

바운티 호(HMS Bounty) 345, 768

바이서베르크 전투(Battle of Weisser Berg) 418

바흐만 술탄국(Bahmani Sultanate) 117, 240, 354~356, 453~455

박트리아(Bactria) 249, 357, 358, 665~667

반달족(Vandals) 24, 25, 204, 205, 212, 358, 359, 498, 499, 549, 815

반도 전쟁(Peninsular War) 54, 359, 360, 386, 445, 621, 799, 971, 1034, 1106, 1161

반도 전투(Peninsular Campaign) 58

반테아이메아스 전투(Battle of Banteay Meas) 579

반환 칙령(Edict of Restitution) 487, 540

발데훈케라 전투(Battle of Valdejunquera) 701

발랑시엔 전투(Battle of Valenciennes) 1187

발렌시아데알칸타라 전투(Battle of Valencia de Alcántara) 712

버마로드(Burma Road) 382, 921, 941

버스바르 조약(Treaty of Vasvár) 778

| 사 |

사구(砂丘) 전투(Battle of the Dunes) ⇒ 니우포르트 전
투
사르마트족(Sarmatians) 24, 213, 214
사모라 전투(Battle of Zamora) 701
사블레 조약(Treaty of Sablé) 333, 1244
사이드 왕조(Sayyid Dynasty) 117
사카리아 강 전투(Battle of Sakarya River) 1076
사카족(Sakas) 31
사파비 왕조(Safavid Dynasty) 661, 662, 754, 761,
762, 766, 1083, 1132, 1133, 1138
사피엔차 전투(Battle of Sapienza) 398
사하라아랍민주공화국(Sahrawi Arab Democratic
Republic, SADR) 499
산스테파노 조약(Treaty of San Stefano) 507
산제르마노 조약(Treaty of San Germano) 589
산하신토 전투(Battle of San Jacinto) 1079
산호해 전투(Battle of Coral Sea) 923
산혼 협정(Treaty of Zanjón) 595
상리스 평화조약(Peace of Senlis) 770
상트페테르부르크 조약(Treaty of St. Peterburg) 172
새러토가 전투(Battle of Saratoga) 324
색슨족(Saxons) 42, 73, 348~351, 489~491, 649,
687~689, 748, 785, 805, 984
생제르맹 조약(Treaty of St. Germain) 872
샤르키 왕조(Sharqi Dynasty) 117
샤리아(sharia) 50, 524, 673, 740, 849, 957, 1144
샤이엔족(Cheyenne) 184, 491~494, 531, 611
샤일로 전투(Battle of Shiloh) 59
샨사바니 왕조(Shansabānīs Dynasty) 29
샨족(Shans) 98, 295, 369~375, 377, 378, 380, 381,
566
샨티 바히니(Shanti Bahini) 363
샬롱쉬르마른 전투(Battle of Châlons-sur-Marne) 1251
서고트족(Visigoths) 24, 191, 193, 202~204, 213, 214,
358, 359, 496~499, 548, 549, 831, 1078, 1201,

1250, 1251
서아프리카국가경제공동체(Economic Community of
West African States, ECOWAS) 146, 580
서약파(誓約派) 290, 501, 502, 935
선시티 협정(Sun City Agreement) 1039
성 바르돌로메오 축일의 학살(Massacre of St.
Bartholomew's Day) 934
『성서』 78, 247, 255, 708, 796, 815, 1061, 1117, 1150,
1160
성 요한 기사단(Order of st. John) ⇒ 구호 기사단
세네프 전투(Battle of Seneffe) 871
세니카족(Seneca) 821, 1085
세라피스 함(HMS Serapis) 324
세미놀족(Seminole) 508, 509
세브르 조약(Treaty of Sèvres) 38, 39
세비야 조약(Treaty of Seville) 735
세지무어 전투(Battle of Sedgemoor) 290
세페다 전투(Battle of Cepeda) 620
세풀베다 전투(Battle of Sepúlveda) 609
센데로 루미노소(Sendero Luminoso) 68, 1124~1126
셀주크튀르크(Seljuk Turk) 460, 461, 484, 515, 601~
603, 828
셰와족(Shewa) 720
소말리아민족운동(Somali National Movement, SNM)
517, 721
소비에트(soviet) 149, 150, 155, 156, 161, 162, 171,
179~181, 234, 235, 424, 691, 1019, 1054, 1072,
1076, 1212
쇤브룬 평화조약(Peace of Schönbrunn) 54, 1095
쇼나족(Shona) 817
수니파(Sunni) 134, 185, 187, 328~330, 355, 409,
523, 562, 617, 635, 721, 760, 824, 981, 1112,
1132
수르 왕조(Sur Dynasty) 306, 307, 311~313, 316, 339,
340
수리남민족해방군(Suriname National Liberation Army)

아파치족(Apache) 50, 653~655, 804, 1014, 1015

아프로시라지당(Afro-Shirazi Party. ASP) 894

아프리스타당(Aprista Party) 1128, 1129

아프리카민족회의(African National Congress. ANC) 60, 287

아프리카통일기구(Organization of African Unity. OAU) 52, 426, 500, 504, 675, 683, 723, 1022

아프샤르 왕조(Afshar Dynasty) 660, 662, 766, 1133, 1134

악티움 해전(Battle of Actium) 195, 662

안드루소보 평화조약(Truce of Andrusovo) 225

안탈키다스 화약(Peace of Antalkidas) ⇒ 왕의 평화

알공킨족(Algonquian) 64, 663

알라르코스 전투(Battle of Alarcos) 703

알란족(Alans) 297

알무라비툰 왕조(Almoravid Dynasty) 668, 669, 727

알무와히둔 왕조(Almohad Dynasty) 669, 703, 704

알비 십자군(Albigensian Crusade) 610, 672, 883

알비파(Albigenses) 610, 672

알아리시 협정(Convention of Al Arish) 1199

알제 협정(Algiers Agreement) 723

알카디시야 전투(Battle of al-Qādisīyyah) 832

알카에다(al-Qaeda) 326, 328, 659, 660, 674

알칸타라 전투(Battle of Alcântara) 711, 712

알코팅 평화조약(Peace of Alcoutim) 1158

알트마르크 휴전(Truce of Altmark) 1173

암하라어(Amharic) 721

압달리족(Abdali) 660~662, 1138, 1139

앙골라완전독립민족연합(União Nacional para a Independência Total de Angola. UNITA) 679, 682

앙골라인민연합(União dos Povos de Angola. UPA) 682

앙골라해방민족전선(Frente Nacional de Libertação de Angola. FNLA) 679, 682

앙콘 조약(Treaty of Ancón) 1074

앨러먼스크릭 전투(Battle of Alamance Creek) 183

야다바 왕조(Yadava Dynasty) 116, 355, 949

「야라의 선언」(El Grito de Yara) 595

야키마족(Yakima) 684

에든버러 조약(Treaty of Edinburgh) 876, 886

에르주룸 전투(Battle of Erzurum) 767

에리트레아인민해방전선(Eritrean People's Liberation Front. EPLF) 722

에리트레아해방전선(Eritrean Liberation Front. ELF) 721

에티오피아인민혁명민주전선(Ethiopian People's Revolutionary Democratic Front. EPRDF) 722

에필라 전투(Battle of Épila) 608

엑스라샤펠 조약(Treaty of Aix-la-chapelle) 782

엘알라메인 전투(Battle of El Alamein) 438

엘카네이 전투(Battle of El Caney) 697

엠바타 전투(Battle of Embata) 130

영국동인도회사(East India Company) 222, 242, 243, 251, 252, 311, 312, 404~406, 514, 730, 731, 735, 790, 879, 985, 1071, 1143

예니체리(Janissaries) 37, 38, 505, 738~741, 752~754, 764, 765, 1050, 1083, 1238

오그림 전투(Battle of Aughrim) 650

오네이다족(Oneida) 332, 1085

오논다가족(Onondaga) 1085

오레 전투(Battle of Auray) 448

오리크 전투(Battle of Ourique) 1158

오스트로웽카 전투(Battle of Ostrołęka) 1170

오펜 조약(Treaty of Ofen) 419

오흐리트 기본협정(Ohrid Framework Agreement) 256

올리바 조약(Treaty of Oliwa) 432

와이라우 학살(Wairau Massacre) 650, 790, 1070

와이탕기 조약(Treaty of Waitangi) 790, 1071

와투시족(Watusi) ⇒ 투치족

와하브파(Wahhabi) 834

왈라키아인(Wallachian) 630

왐파노아그족(Wampanoag) 78, 627, 1066

엮은이 **조지 차일즈 콘**

조지 차일즈 콘은 펜실베이니아 대학교 석사와 하트퍼드 대학교 교육학 석사를 마쳤다. 30년 넘게 역사에 관한 참고서적들을 쓰고 편집하여 출간했는데, 대표적으로는 『사료 사전*Dictionary of Historic Documents*』과 『전쟁 사전*Dictionary of Wars*』이 있다. 여러 권의 영어사전도 편집했고, 학생용 백과사전의 편집장으로도 일했다. 그 외에 『미국 스캔들 백과사전*Encyclopedia of American Scandal*』, 『역병과 전염병 백과사전*Encyclopedia of Plague and Pestilence*』 등을 쓰고 편집했다.

옮긴이 **조행복**

1966년 경기도 화성에서 태어났다. 서울대학교 대학원 서양사학과를 졸업하고 같은 학과 박사과정을 수료했다. 옮긴 책으로는 『포스트워』, 『독재자들』, 『1차세계대전사』, 『백두산으로 가는 길』 등이 있다.

세계 전쟁사 사전

엮은이   조지 차일즈 콘
옮긴이   조행복
교 정   박종석, 채인택
펴낸이   윤양미
펴낸곳   도서출판 산처럼

등 록   2002년 1월 10일 제1-2979
주 소   서울시 종로구 사직로 8길 34 경희궁의 아침 3단지 오피스텔 412호
전 화   725-7414
팩 스   725-7404
E-mail   sanbooks@hanmail.net
홈페이지 www.sanbooks.com

제1판 제1쇄 2014년 1월 25일

값 78,000원

ISBN 978-89-90062-51-2 91900

* 잘못된 책은 바꾸어 드립니다.